DICTIONNAIRE

DES

PHILOSOPHES ANTIQUES

DICTIONNAIRE
DES
PHILOSOPHES ANTIQUES

publié sous la direction de

RICHARD GOULET

VI
de Sabinillus à Tyrsénos

CNRS ÉDITIONS

15, rue Malebranche, 75005 PARIS

DICTIONNAIRE
DES
PHILOSOPHES ANTIQUES

sous la direction de RICHARD GOULET

Déjà parus :

Volume I :   d'Abammon à Axiothéa, 1989.

Volume II :   de Babélyca d'Argos à Dyscolius, 1994.

Volume III :   d'Eccélos à Juvénal, 2000.

Volume IV :   de Labeo à Ovidius, 2005.

Volume V :   de Paccius à Rutilius Rufus, 2012 (2 vol.).

Supplément, 2003.

© CNRS Éditions, Paris, 2016
ISBN 978-2-271-08989-2

AVANT-PROPOS

Ce sixième et avant-dernier tome du *Dictionnaire des philosophes antiques* contient 373 notices préparées par 62 rédacteurs. Elles couvrent les lettres S et T. Il était prévu de regrouper toutes les notices de S à Z dans un même tome en deux parties, mais l'extension du matériel rassemblé pour les seules lettres S et T, de même que le travail considérable nécessaire à la mise en forme et à la révision de toutes ces notices ont finalement justifié la publication d'un tome indépendant muni de ses propres tables, laissant ainsi un peu de temps supplémentaire pour l'achèvement d'un tome VII qui comprendra les notices de U à Z, avec de nombreux compléments pour les tomes antérieurs et des tables cumulatives pour l'ensemble du *Dictionnaire*.

Au cours de la préparation de ce nouveau tome, trois de nos collaborateurs ont disparu : Jean Bouffartigue, Jean-Claude Fredouille et Margherita Isnardi Parente.

Jean Bouffartigue est décédé le 28 février 2013. Professeur à l'Université de Nanterre (Paris X), spécialiste de l'Antiquité tardive, éditeur de traités de Porphyre et de Plutarque, il a soutenu notre projet depuis ses origines et a collaboré à la préparation de plusieurs tomes de ce dictionnaire, en rédigeant notamment des notices sur Julien, Libanius et plusieurs personnages de leur entourage. Dans le présent tome, on lui doit des notices sur Sallustius et sur Sextus, l'auteur des *Sentences*. Ses condisciples et collègues gardent tous l'image d'un savant d'une grande simplicité et d'une extrême discrétion.

Jean-Claude Fredouille, qui fut professeur à l'Université de Paris-Sorbonne et directeur de l'Institut des Études Augustiniennes, avait rédigé la notice «Minucius Félix» pour le tome IV du *DPhA* et, dès 2008, pour ce tome VI une importante notice sur Tertullien, dont il était un spécialiste internationalement reconnu. A la suite de sa disparition, survenue le 19 août 2012, son ami Pierre Petitmengin et son disciple Frédéric Chapot ont bien voulu mettre à jour les informations bibliographiques de cette notice et en corriger les épreuves finales.

Quant à Mme Margherita Isnardi Parente, professeur à la "Sapienza" à Rome, spécialiste éminente de Platon et de l'Académie, son concours pour les notices "Speusippe" et "Xénocrate" nous a été obtenu par Tiziano Dorandi, qui a assuré l'édition posthume de sa nouvelle édition des fragments de Xénocrate, après son décès le 16 novembre 2008.

Comme pour tous les tomes précédents, la réalisation du présent tome a été rendue possible grâce au dévouement et à la générosité de nombreux collègues qui ont accepté de consacrer parfois plusieurs mois de travail pour rendre accessibles les bases érudites indispensables à une recherche de première main en histoire de la philosophie antique. Quelques amis m'ont également assisté dans des tâches éditoriales : traduction de notices, révision des notices rédigées par d'autres collaborateurs, vérifications bibliographiques et révision des tables finales. Je dois notamment remercier Tiziano Dorandi, Pedro Pablo Fuentes González, Concetta Luna, Maroun Aouad et Hamidé Fadlallah. Les deux derniers collègues mentionnés ont notamment pris en charge le difficile travail d'identification des noms arabes figurant dans les notices sur la tradition orientale et leur classement systématique.

Je dois également une grande reconnaissance à Marie-Odile Goulet-Cazé dont la relecture finale, sur papier, de l'ensemble de l'ouvrage, au cours d'un été où elle a connu de graves soucis de santé, a permis de supprimer d'innombrables imperfections et d'assurer une plus grande cohérence à ce travail collectif.

Enfin, je remercie une fois de plus les auteurs qui m'ont fait parvenir leurs ouvrages ou des tirés à part de leurs publications. Compte tenu de l'éclatement actuel de la bibliographie scientifique en des revues et des recueils toujours plus nombreux, c'est pour eux une garantie supplémentaire de voir leurs études les plus récentes prises en compte dans les notices du *Dictionnaire*.

RICHARD GOULET.

Toute correspondance peut être adressée à

Richard Goulet
4, rue de l'Abbaye
F – 92160 ANTONY

Sénèque
Double-hermès du IIIᵉ s. de notre ère,
mais effectué à partir d'un modèle fait du vivant même du philosophe
Staatliche Museen Berlin, Antikensammlung (Inv. Sk 391)

Socrate
Double-hermès du IIIe s. de notre ère
Staatliche Museen Berlin, Antikensammlung (Inv. Sk 391)

Théon de Smyrne
Buste de l'époque d'Hadrien
Musée du Capitole, Sala dei Filosofi Inv. 529

Théophraste
Rome, Musée du Capitole, Sala dei Filosofi Inv. 602.
Copie d'époque romaine d'un original de la fin du IVe siècle av. J.-C.
Photo : Arbeitsstelle für Digitale Archäologie, Köln, Mal897-5_16030 [B. Malter].

AUTEURS DES NOTICES DU TOME VI

Francesca ALESSE — Istituto per il Lessico Intellettuale Europeo e Storia delle Idee del Consiglio Nazionale delle Ricerche

S 31 ; 134 ; T 181.

Anna ANGELI — Liceo Classico « Vittorio Emanuele III » (Napoli)

T 156.

Mireille ARMISEN-MARCHETTI — Université de Toulouse II-Jean Jaurès

S 43.

Janick AUBERGER — Département d'histoire, Université du Québec à Montréal

S 164.

Yasmina BENFERHAT — Université Nancy 2

S 55 ; 78 ; 94.

Emmanuel BERMON — Université Bordeaux Montaigne - Institut Universitaire de France

S 16 ; 91 ; T 176.

Maddalena BONELLI — Università degli studi di Bergamo, Dipartimento di Lettere e Filosofia

T 147.

Véronique BOUDON-MILLOT — C.N.R.S. – UMR 8167 « Orient & Méditerranée » et Université de Paris-Sorbonne (Paris IV).

S 30 ; 49 ; 58 ; 68 ; 82 ; 111 ; 153 ; T 44 ; 67 ; 115 : 123.

Jean BOUFFARTIGUE † — Université de Paris X (Nanterre)

S 5 ; 6 ; 69.

Luc BRISSON — C.N.R.S. (Villejuif)

S 1 ; 9 ; 50 ; T 21 ; 26 ; 39 ; 72 ; 151 ; 178.

Aude BUSINE

Université libre de Bruxelles (U.L.B.) – Fonds de la Recherche Scientifique - FNRS

T 106.

Michel CACOUROS

École Pratique des Hautes Éudes, Sciences Historiques et Philologiques

T 63.

Michael CHASE

C. N. R. S. (Villejuif)

T 127.

Pierre CHIRON

Université de Paris-Est – Institut Universitaire de France

T 45 ; 87 ; 170 ; 171.

Dee L. CLAYMAN

Graduate Center, City University of New York.

T 160.

Elisa CODA

Università di Pisa

S 92.

Marco DI BRANCO

Deutsches Historisches Institut in Rom

S 7.

Tiziano DORANDI

C. N. R. S. (Villejuif)

S 14 ; 101 ; 104 ; 129 ; 141 ; 148 ; 166 ; 168 ; T 6 ; 10 ; 11 ; 36 ; 66 ; 83 ; 92 ; 111 ; 114 ; 118 ; 131 ; 137 ; 150 ; 157.

Anne-Marie FAVREAU-LINDER

Université Blaise Pascal, Clermont-Ferrand

S 29.

Jacqueline FEKE

Department of Philosophy, University of Waterloo, Waterloo, Canada

T 88.

Simone FOLLET

Université de Paris IV (Sorbonne)

S 12 ; 36 ; T 24 ; 127 .

Jean-Claude FREDOUILLE †

Université de Paris IV (Sorbonne)

T 16.

Pedro Pablo FUENTES GONZÁLEZ

Universidad de Granada

S 8 ; 53 ; 158 ; T 13 ; 25 ; 51 ; 60.

Giovanna R. GIARDINA	Università degli Studi di Catania
	S 135.
Richard GOULET	C. N. R. S. (Villejuif)

S 4 ; 10 ; 11 ; 13 ; 17 ; 19 ; 20 ; 26 ; 27 ; 28 ; 37 ;
38 ; 39 ; 41 ; 42 ; 45 ; 48 ; 51; 56 ; 59 ; 61 ; 64 ;
65 ; 66 ; 67 ; 73 ; 74 ; 76 ; 77 ; 79 ; 80 ; 87 ; 92 ;
93 ; 95 ; 96 ; 97 ; 102 ; 103 ; 107 ; 108 ; 109 ; 112 ;
117 ; 118 ; 119 ; 120 ; 121 ; 122 ; 123 ; 124 ; 143 ;
146 ; 147 ; 149 ; 151 ; 156 ; 157 ; 161 ; 162 ; 163 ;
170 ; 172 ; 173 ; 176 ; 181 ; 182 ; T 2 ; 3 ; 12 ; 17 ;
20 ; 23 ; 31 ; 35 ; 39 ; 40 ; 42 ; 46 ; 47 ; 48 ; 49 ;
50 ; 52 ; 53 ; 55 ; 57 ; 58 ; 62 ; 65 ; 68 ; 69 ; 71 ;
72 ; 74 ; 76 ; 78 ; 79 ; 82 ; 85 ; 86 ; 89 ; 91 ; 93 ;
95 ; 96 ; 99 ; 101 ; 102 ; 103 ; 105 ; 107 ; 117;
119 ; 122 ; 127 ; 133 ; 134 ; 139 ; 152 ; 153 ; 154 ;
162 ; 163 ; 165 ; 166 ; 167 ; 168 ; 172 ; 173 ; 174 ;
175 ; 180 ; 186.

Marie-Odile GOULET-CAZÉ	C. N. R. S. (Villejuif)

S 52 ; 103 ; 130 ; 131 ; 132 ; 133 ; 144 ; T 24 ; 61 ;
80 ; 81 ; 109 ; 112 ; 126 ; 138 ; 155 ; 158 ; 161.

Christian GUÉRARD †	C. N. R. S. (Paris)
	S 143.
Dimitri GUTAS	Department of Near Eastern Languages and Civilizations, Yale University
	T 97.
Matthias HAAKE	Seminar für Alte Geschichte – Institut für Epigraphik, Westfälische Wilhelms-Universität, Münster
	S 22 ; T 1.
Henri HUGONNARD-ROCHE	C.N.R.S. (Villejuif)
	S 57 ; 60.
Margherita ISNARDI PARENTE †	« Sapienza » Università di Roma
	S 142.
Maijastina KAHLOS	University of Helsinki
	S 177 ; 178 ; T 64.
François KIRBIHLER	EA 1132 HISCANT-MA – Université de Nancy 2
	T 182.

Marie-Luise LAKMANN	Westfälische Wilhelms-Universität, Münster
	T 7.
Jörn LANG	Universität Leipzig – Institut für Klassische Archäologie und Antikenmuseum
	S 43 ; 98 ; T 90 ; 97.
Danielle Alexandra LAYNE	Gonzaga University in Spokane, Washington
	S 98.
Alain LE BOULLUEC	École pratique des Hautes-Études – V^e section.
	S 155.
Concetta LUNA	Scuola Normale Superiore di Pisa
	S 181.
Constantinos MACRIS	C. N. R. S. (Villejuif)
	S 40 ; 83 ; 84 ; 86 ; 89 ; 90 ; 125 ; 127 ; 145 ; 159 ; 160 ; 165 ; 175 ; T 8 ; 9 ; 22 ; 27 ; 28 ; 29 ; 30 ; 34 ; 43 ; 56a ; 59 ; 70 ; 98 ; 104 ; 116 ; 120 ; 125 ; 130 ; 132 ; 136 ; 142 ; 143 ; 144 ; 145 ; 146 ; 148 ; 164 ; 169 ; 187 ; 188.
Pierre MARAVAL	Université de Paris IV (Sorbonne)
	S 3 ; 18 ; 33 ; 47 ; 64 ; 65 ; 81 ; 88 ; T 18 ; 56 ; 73 ; 100.
Matteo MARTELLI	Humboldt-Universität zu Berlin, Institut für Klassische Philologie
	S 150 ; 180.
Serge MOURAVIEV	Chercheur indépendant
	S 32.
Robert MULLER	Université de Nantes
	S 85 ; 163 ; T 15 ; 77 ; 129 ; 135.
Michel NARCY	C. N. R. S. (Villejuif)
	S 98 ; 99 ; T 32; 33 ; 75 ; 128.
Oliver OVERWIEN	Humboldt-Universität zu Berlin, Institut für Klassische Philologie
	S 36.

Dmitri PANCHENKO

St Petersburg State University – Higher School of Economics in St Petersburg

T 19.

Federico M. PETRUCCI

Universität Würzburg-Università di Pisa

T 90.

Bernard POUDERON

Université François-Rabelais de Tours – Institut Universitaire de France

T 4 ; 94.

Bernadette PUECH

Université de Nancy 2

S 2 ; 15 ; 24 ; 25 ; 34 ; 35 ; 44 ; 46 ; 54 ; 70 ; 71 ; 72 ; 106 ; 113 ; 115 ; 116 ; 126 ; 154 ; 174 ; 176 ; T 5 : 14 ; 41 ; 84 ; 108 ; 110 ; 121 ; 159 ; 177 ; 179 ; 183 ; 184.

Patrick ROBIANO

Chercheur indépendant. CRATA, Université Jean-Jaurès, Toulouse

S 21 ; 100 ; 105 ; 114 ; 128 ; 136 ; 167 ; T 37 ; 113 ; 124 ; 141 ; 149.

Henri Dominique SAFFREY

C. N. R. S. (Paris)

T 54.

Jacques SCHAMP

Université de Fribourg (Suisse)

T 38.

Jean-Pierre SCHNEIDER

Université de Neuchâtel (Suisse)

S 137 ; 138 ; 139 ; 169 ; 171 ; T 97 ; 185.

Stefan SCHORN

Katholieke Universiteit Leuven, Onderzoeksgroep Geschiedenis: Oudheid

S 23.

Denis SEARBY

Stockholms universitet

S 110 ; 152.

Emidio SPINELLI

Sapienza - Università di Roma – Dipartimento di Filosofia

S 75.

Robert B. TODD

University of British Columbia

T 38.

Stéphane TOULOUSE   École Normale Supérieure (Paris)
                                 S 62 ; 63 ; 179.

Francesco VERDE   « Sapienza » Università di Roma
                                 T 140.

Bernard VITRAC   AnHiMA – C. N. R. S. (Paris)
                                 T 58.

Elvira WAKELNIG   Institut für Orientalistik, Universität Wien
                                 S 98.

John WATT   Cardiff University
                                 T 38.

ABRÉVIATIONS[1]

I. Revues et périodiques

A&A	*Antike und Abendland.* Beiträge zum Verständnis der Griechen und Römer und ihres Nachlebens. Berlin.
A&R	*Atene e Roma.* Rassegna trimestrale dell'Associazione italiana di cultura classica. Firenze.
AA	*Archäologischer Anzeiger.* Berlin.
AAA	Ἀρχαιολογικὰ Ἀνάλεκτα ἐξ Ἀθηνῶν. Athènes.
AAAH	*Acta ad Archaeologiam et Artium Historiam pertinentia.* Institutum Romanum Norvegiae, Roma.
AAAS	*Annales Archéologiques Arabes Syriennes.* Direction Générale des Antiquités et des Musées de la République Arabe Syrienne. Damas.
AAEEG	*Annuaire de l'Association pour l'encouragement des études grecques en France.* Paris.
AAHG	*Anzeiger für die Altertumswissenschaft*, hrsg. von der Österreichischen Humanistischen Gesellschaft. Innsbruck.
AAntHung	*Acta Antiqua Academiae Scientiarum Hungaricae.* Budapest.
AAP	*Atti dell'Accademia Pontaniana.* Napoli.
AAPal	*Atti dell'Accademia di Scienze, Lettere e Arti di Palermo.* Palermo.
AAPat	*Atti e Memorie dell'Accademia Patavina di Scienze, Lettere ed Arti*, Classe di Scienze morali, Lettere ed Arti. Padova.

---

1. Ces listes ont pour but de faciliter l'identification des sigles et des abréviations utilisés dans l'ouvrage. Il ne s'agit donc pas d'une bibliographie générale sur la philosophie antique. On n'y cherchera pas non plus une description bibliographique complète des périodiques et des collections qui y sont recensés. Les sigles adoptés sont le plus souvent ceux de l'*Année philologique*. On a retenu dans d'autres cas les usages établis dans les publications spécialisées (orientalisme, archéologie). Nombre de revues ont connu des changements dans leur titre, leur sous-titre, leur système de tomaison et leur lieu de publication. Il nous était impossible de rendre compte de toutes ces variations. Certaines revues ont paru en plusieurs séries successives ayant chacune leur tomaison propre. Dans nos notices, nous n'avons pas précisé à quelle série correspondait la tomaison d'une référence lorsque la date de publication permettait facilement de la retrouver.

AARov	*Atti della Accademia Roveretana degli Agiati*, Classe di Scienze umane, di Lettere ed Arti. Rovereto.
AAT	*Atti della Accademia delle Scienze di Torino*, Classe di Scienze morali, storiche e filologiche. Torino.
AATC	*Atti e Memorie dell'Accademia Toscana "La Colombaria"*. Firenze.
AAWG	*Abhandlungen der Akademie der Wissenschaften in Göttingen*. Philologisch-historische Klasse. Göttingen. 3. Folge, 27, 1942 – . (Auparavant *AGWG*)
AAWM/GS	*Abhandlungen der Akademie der Wissenschaften (und der Literatur)*, Mainz, Geistes- und sozialwissenschaftliche Klasse. Wiesbaden.
AAWM/L	*Abhandlungen der Akademie der Wissenschaften (und der Literatur)*, Mainz, Klasse der Literatur. Wiesbaden.
AAWW	*Anzeiger der Österreichischen Akademie der Wissenschaften in Wien, Philosophisch-Historische Klasse*. Wien.
AB	*Analecta Bollandiana*. Société des Bollandistes, Bruxelles.
ABAW	*Abhandlungen der Bayerischen (-1920 : Königl. Bayer.) Akademie der Wissenschaften*, Philosophisch-historische Klasse. München.
ABG	*Archiv für Begriffsgeschichte*. Bausteine zu einem historischen Wörterbuch der Philosophie. Bonn.
ABR	*Australian Biblical Review*. [Melbourne], Australia.
ABSA	*Annual of the British School at Athens*. London.
AbstrIran	*Abstracta Iranica*. Revue bibliographique pour le domaine irano-aryen publiée en Supplément à la revue *Studia Iranica*. Institut français d'iranologie. Téhéran/Leiden.
ABull	*The Art Bulletin*. A quarterly published by the College Art Association. New York.
AC	*L'Antiquité Classique*. Louvain-la-Neuve.
Accademia	*Accademia*. Société Marsile Ficin, Paris.
ACD	*Acta Classica Universitatis Scientiarum Debreceniensis*. Univ. Kossuth, Debrecen.
ACF	*Annuaire du Collège de France*. Paris.
AClass	*Acta classica. Verhandelinge van die Klassieke Vereniging van Suid-Afrik. Proceedings of the Classical Association of South Africa*. Pretoria, South Africa.

Acme	*Acme*. Annali della Facoltà di Filosofia e Lettere dell'Università statale di Milano. Milano.
ACPhQ	*American Catholic Philosophical Quarterly*. Washington, D.C.
ActSemPhilolErl	*Acta Seminarii Philologici Erlangensis*. Erlangen, puis Leipzig.
Adamantius	*Adamantius*. Notizario del Gruppo Italiano di Ricerca su « Origene e la tradizione alessandrina ». Pisa.
ADFF	*Annali del Dipartimento di filosofia dell'Università di Firenze*. Firenze.
ADMG	*Abhandlungen der Deutschen Morgenländischen Gesellschaft*. Leipzig.
AE	voir *ArchEph*.
AEAtl	*Anuario de Estudios Atlánticos*. Madrid/Las Palmas.
AEFUE	*Anales de estudios filológicos de la Universidad de Extremadura*. Cáceres.
Aegyptus	*Aegyptus*. Rivista italiana di egittologia e di papirologia. Milano.
AEHE, IVe sect.	*Annuaire de l'École pratique des Hautes Études*, Sciences historiques et philologiques. Paris.
AEHE, V^e sect.	*Annuaire de l'École pratique des Hautes Études*, Sciences religieuses. Paris.
Aesculape	*Aesculape*. Revue mensuelle illustrée des lettres et des arts dans leurs rapports avec les sciences et la médecine. Société internationale d'histoire de la médecine. Paris.
Aevum	*Aevum*. Rassegna di scienze storiche, linguistiche e filologiche. Milano.
AFB	*Anuari di filologia, Secció D : Studia Graeca et Latina*. Barcelona.
AFLAix	*Annales de la faculté des lettres et sciences humaines d'Aix*. Gap.
AFLB	*Annali della Facoltà di Lettere e Filosofia di Bari*. Bari.
AFLBordeaux	*Annales de la faculté des lettres de Bordeaux*. Bordeaux.
AFLC	*Annali della Facoltà di Lettere e Filosofia della Università di Cagliari*. Cagliari.

AFLL	*Annali della Facoltà di Lettere di Lecce.* Lecce.
AFLM	*Annali della Facoltà di Lettere e Filosofia, Università di Macerata.* Padova.
AFLN	*Annali della Facoltà di Lettere e Filosofia della Università di Napoli.* Napoli.
AFLNice	*Annales de la Faculté des lettres et sciences humaines de Nice.* Paris.
AFLP	*Annali della Facoltà di Lettere e filosofia dell'Università degli studi di Padova.* Firenze.
AFLPer	*Annali de la Facoltà di Lettere e Filosofia,* 1. *Studi classici.* Università degli Studi di Perugia.
AFLS	*Annali della Facoltà di Lettere et filosofia, Università di Siena.* Fiesole.
AFMC	*Annali della Facoltà di Magistero dell'Università di Cagliari.* Cagliari.
AFP	*Archivum Fratrum Praedicatorum.* Paris.
AGM(N)	*Sudhoffs Archiv für Geschichte der Medizin und Naturwissenschaften.* Wiesbaden.
Agon	*Agon.* Journal of classical studies. Berkeley. (N'est paru que de 1967 à 1969.)
AGPh	*Archiv für Geschichte der Philosophie.* Berlin.
AGWG	*Abhandlungen der (- 1921 : Königl.) Gesellschaft der Wissenschaften zu Göttingen,* (à partir de 1893 :) Philologisch-historische Klasse. (Berlin, puis) Göttingen. 1, 1838/1842 – 40, 1894/1895 ; N.F. 1, 1896/1897 – 25, 1930/1931 ; 3. Folge 1, 1932 – 26, 1940. Pour la suite, voir *AAWG*.
AHAA	*Annales d'Histoire de l'Art et d'Archéologie.* Université Libre de Bruxelles – Section d'Histoire de l'Art et d'Archéologie. Bruxelles.
AHAW	*Abhandlungen der Heidelberger Akademie der Wissenschaften,* Philosophisch-historische Klasse. Heidelberg.
AHB	*The Ancient History Bulletin.* Alberta Department of Classics. Calgary.
AHES	*Archive for History of Exact Sciences.* Berlin.
AHMA	*Archives d'Histoire doctrinale et littéraire du Moyen Âge.* Paris.

AHR	*American Historical Review.* Washington, D.C.
Aigis	*Aigis.* Elektronisk tidsskrift for klassiske studier i Norden, Københavns Universitet. [København].
AIHS	*Archives Internationales d'Histoire des Sciences.* Roma.
AIIS	*Annali dell'Istituto Italiano per gli Studi Storici.* Bologna.
AION (filol)	*Annali dell'Istituto Universitario Orientale di Napoli.* Dipartimento di Studi del mondo classico e del Mediterraneo antico. Sezione filologico-letteraria. Napoli.
AIPhO	*Annuaire de l'Institut de Philologie et d'Histoire Orientales et Slaves de l'Université Libre de Bruxelles.* Bruxelles.
AIRCRU	*Annuario dell'Istituto Romeno di Cultura e Ricerca Umanistica.* Venezia.
AIV	*Atti dell'Istituto Veneto di Scienze, Lettere ed Arti,* Classe di Scienze morali e Lettere. Venezia.
AJA	*American Journal of Archaeology.* New York.
AJAH	*American Journal of Ancient History.* Cambridge, Mass.
AJP	*Australasian Journal of Philosophy.* Sidney, Australia.
AJPh	*American Journal of Philology.* Baltimore, Maryland.
AK	*Antike Kunst,* hrsg. von der Vereinigung der Freunde antiker Kunst in Basel. Olten.
AKG	*Archiv für Kulturgeschichte.* Berlin/Leipzig.
Akroterion	*Akroterion.* Quarterly for the Classics in South Africa. Dept. of Classics. Univ. of Stellenbosch.
al-Abḥāṯ	*al-Abḥāṯ.* Journal of the Faculty of Arts and Sciences, American University of Beirut. Beyrouth.
Al-Andalus	*Al-Andalus.* Revista de las Escuelas de Estudios Arabes de Madrid y Granada. Madrid/Granada.
ALKGM	*Archiv für Literatur- und Kirchengeschichte des Mittelalters* mit Unterstützung der Görres-Gesellschaft. Freiburg im Br.
ALMA	*Archivum Latinitatis Medii Aevi* [Bulletin Du Cange]. Paris, puis Bruxelles.
Al-Mašriq	*Al-Mašriq.* Revue catholique orientale bi-mensuelle. Sciences, lettres, arts. Beyrouth.
Al-Muktataf	*Al-Muktataf.* An Arabic scientific review. Le Caire.

Altertum	*Das Altertum*, hrsg. vom Zentralinstitut für Alte Geschichte und Archäologie der Deutschen Akademie der DDR. Berlin.
AltsprUnt	*Der Altsprachliche Unterricht*. Arbeitshefte zu seiner wissenschaftlichen Begründung und praktischen Gestalt. Stuttgart.
AMal	*Analecta Malacitana*. Revista de la Sección de Filología de la Facultad de Filosofía y Letras. Malaga.
Ambix	*Ambix*. The Journal of the Society for the study of alchemy and early chemistry. Cambridge.
AnnMedStudCEU	*Annual of Medieval Studies at Central European University*. Budapest.
AN	*Aquileia Nostra*. Bollettino dell'Associazione nazionale per Aquileia. Aquileia.
Anabases	*Anabases. Traditions et réception de l'Antiquité*. Toulouse.
Analysis	*Analysis*. London.
AnatAnt	*Anatolia Antiqua*. Recueil de travaux publiés par l'Institut français d'études anatoliennes Georges Dumézil, Istanbul. Istanbul/Paris.
AncPhil	*Ancient Philosophy*. Pittsburgh, Penn.
AncSoc	*Ancient Society*. Louvain.
AncW	*The Ancient World*. Chicago, Ill.
Angelicum	*Angelicum*. Universitas a Sancto Thoma Aquinate in Urbe. Roma.
Annales E.S.C.	*Annales (Économie, Sociétés, Civilisations)*. Paris.
Annali	*Annali dell'Istituto universitario orientale di Napoli*. Seminario di studi dell'Europa orientale. Pisa.
AnnEpigr	*L'Année Épigraphique*. Paris.
AnnIslam	*Annales Islamologiques*. Institut français d'archéologie orientale. Le Caire.
AnnMedHist	*Annals of Medical History*. New York.
AnnSE	*Annali di Storia dell'Esegesi*. Bologna.
ANR	*Antike Naturwissenschaft und ihre Rezeption*. Trier.
Anregung	*Anregung*. Zeitschrift für Gymnasialpädagogik. München.
AntAfr	*Antiquités africaines*. L'Afrique du Nord de la protohistoire à la conquête arabe. Paris.

Antaios *Antaios*. Stuttgart.

Antichthon *Antichthon*. Journal of the Australian society for classical studies. Sydney.

Antike *Die Antike*. Berlin (1925-1944).

AntikTanulm *Antik Tanulmányok. Studia antiqua*. Budapest.

Antiquitas *Antiquitas*. Rivista trimestrale di antichità classica. Salerno.

Antiquity *Antiquity*. A quarterly review of archaeology. Newbury, Berks.

AntPhilos *Antiquorum Philosophia*. An international journal. Pisa.

AntTard *Antiquité Tardive*. Paris.

AOMV *Annali dell'Ospedale Maria Vittoria di Torino*. Torino.

APSR *The American Political Science Review*. Washington, D.C.

APAW *Abhandlungen der (-1870 : Königl.; 1871-1917 : Königl. Preuß.; 1918-44 : Preuß.; puis :) Deutschen Akademie der Wissenschaften zu Berlin*, Philosophisch-historische Klasse. Berlin.

APB *Acta Patristica et Byzantina*. Pretoria.

Apeiron *Apeiron*. Department of philosophy, University of Alberta, Canada.

APf *Archiv für Papyrusforschung und verwandte Gebiete*. Leipzig.

AQ *Al-Qanṭara*. Revista de estudios árabes. Madrid.

Aquinas *Aquinas*. Pontificia Università lateranense. Roma.

ARAA *Atti della Reale Accademia di Archeologia, Lettere e Belle Arti di Napoli*. Napoli. Pour la suite, voir *RAAN*.

Arabica *Arabica*. Revue d'études arabes. Leiden.

ARAM Periodical *ARAM Periodical. ARAM* society for Syro-Mesopotamian studies. Oxford.

AramStud *Aramaic Studies*. Leiden.

Araştırma *Araştırma*. Istanbul.

Archaiognosia Ἀρχαιογνωσία. Athènes.

ArchClass *Archeologia Classica*. Rivista della Scuola nazionale di Archeologia, pubblicata a cura degli Istituti di Archeologia e

Storia dell'arte greca e romana e di Etruscologia e antichità italiche dell'Università di Roma. Roma.

ArchDelt — *Ἀρχαιολογικὸν Δελτίον*. Athènes.

Archeion — *Archeion*. Archivio di storia della scienza. Roma.

ArchEph — *Ἀρχαιολογικὴ Ἐφημερίς (-1909 : Ἐφ. Ἀρχ.). Ἀρχαιολογικὴ ἑταιρεῖα*. Athènes.

ArchGiurid — *Archivio Giuridico*. Pisa.

ArchGlottItal — *Archivio Glottologico Italiano*. Firenze.

ArchItalPsicol — *Archivio Italiano di Psicologia generale e del lavoro*. Torino.

ArchivFilos — *Archivio di Filosofia*. Pisa.

Archivum — *Archivum*. Revista de la Facultad de Filología. Oviedo.

ArchivPhilos — *Archiv für Philosophie*. Stuttgart.

ArchJuives — *Archives Juives*. Paris.

ArchOrient — *Archiv Orientální*. Praha.

ArchPhilos — *Archives de Philosophie*. Recherches et documentation. Paris.

ArchPhilosDroit — *Archives de philosophie du droit*. Paris.

Arctos — *Arctos*. *Acta philologica Fennica*, Helsinki.

Arethusa — *Arethusa*. Buffalo, N.Y.

ARF — *Appunti Romani di Filologia*. Studi e comunicazioni di filologia, linguistica e letteratura greca e latina. Pisa.

Argos — *Argos*. Revista de la Asociación Argentina de Estudios Clásicos. Buenos Aires.

Argumentation — *Argumentation*. An international journal on reasoning. Dordrecht.

ARID — *Analecta Romana Instituti Danici*. Odense.

Arion — *Arion*. A journal of humanities and the classics. Boston.

ArtsAsiatiques — *Arts Asiatiques*. Paris.

ARW — *Archiv für Religionswissenschaft*. Leipzig/Berlin.

AS — *Anatolian Studies*. Journal of the British Institute of Archaeology at Ankara. London.

ASAA — *Annuario della Scuola Archeologica di Atene e delle Missioni Italiane in Oriente*. Roma

ASAW	*Abhandlungen der Sächsischen Akademie der Wissenschaften zu Leipzig*, Philologisch-Historische Klasse. Berlin.
ASCL	*Archivio Storico per la Calabria e la Lucania*. Roma.
ASHF	*Anales del Seminario de Historia de la Filosofía*. Madrid.
ASJ	*Arab Studies Journal*. Arab Studies Institute, Center for Contemporary Arab Studies at Georgetown University.
AsiatStud	*Asiatische Studien. Études Asiatiques*. Berne.
ASMG	*Atti e Memorie della Società Magna Grecia*. Roma.
ASNP	*Annali della Scuola Normale Superiore di Pisa*, Classe di Lettere e Filosofia. Pisa.
ASPh	*Arabic Sciences and Philosophy*. Cambridge.
AsPhilos	*Asian philosophy*. An international journal of Indian, Chinese, Japanese, Buddhist, Persian and Islamic philosophical traditions. Abingdon.
ASR	*Annali di Scienze Religiose*. Milano.
Athena	Ἀθηνᾶ. Σύγγραμμα περιοδικὸν τῆς ἐν Ἀθήναις ἐπιστημονικῆς ἑταιρείας. Athènes.
Athenaeum	*Athenaeum*. Studi periodici di Letteratura e Storia dell'Antichità. Pavia.
Athenaion	Ἀθήναιον. Σύγγραμμα περιοδικόν. Athènes.
AU	*Der altsprachliche Unterricht*. Voir *AltsprUnt*.
AUBuc(Ist)	*Analele Universităţii Bucureşti. Istorie*. Bucarest.
AUC	*Acta Universitatis Carolinae, Philologica*. Univerzita Karlova v Praze, Nakladatelství Karolinum. Praha.
Auctores Nostri	*Auctores Nostri*. Studi e testi di letteratura cristiana antica, Bari. (Sous ce titre de collection paraissent soit des monographies, soit des ouvrages collectifs ne comportant pas d'autre titre que celui de cette collection numérotée et qui par conséquent peuvent être assimilés à des fascicules de périodique.)
AUG	*Annales de l'Université de Grenoble*. Paris/Grenoble.
AugStud	*Augustinian Studies*. Augustinian Institute, Villanova University. Villanova, Penn.
Augustiniana	*Augustiniana*. Tijdschrift voor de studie van sint Augustinus en de Augustijnenorde. Heverlee-Leuven.

Augustinianum	*Augustinianum*. Periodicum semestre Instituti Patristici Augustinianum. Roma.
Augustinus	*Augustinus*. Revista publicada por los Padres Agustinos recoletos. Madrid.
AUMur	*Anales de la Universidad de Murcia* (Letras). Murcia.
AVM	*Atti e memorie della (reale) Accademia Virgiliana di Mantova*. Mantova.
AW	*Antike Welt*. Zeitschrift für Archäologie und Kulturgeschichte. Mainz.
BA	*Bollettino d'Arte del Ministero della Pubblica Istruzione*. Roma.
BAB	*Bulletin de la Classe des Lettres de l'Académie Royale de Belgique*. Bruxelles.
BABesch	*Bulletin Antieke Beschaving*. Leiden.
BAClLg	*Bulletin semestriel de l'Association des Classiques de l'Université de Liège*. Stavelot.
BACTH	*Bulletin Archéologique du Comité des Travaux Historiques*. Ministère de l'Éducation nationale, Paris.
BAGB	*Bulletin de l'Association Guillaume Budé*. Paris.
BALAC	*Bulletin d'Ancienne Littérature et d'Archéologie Chrétienne*. Paris.
BAM	*Bulletin d'Archéologie Marocaine*. Casablanca.
BANL	*Boletín de la Academia Nacional de Letras*. Montevideo.
BAR	*Bulletin de l'Académie des sciences de l'U.R.S.S.* Leningrad, puis Moscou.
BASO	*Bulletin of the American Schools of Oriental Research*. Missoula, MT.
BASP	*Bulletin of the American Society of Papyrologists*. Oakville, Conn.
BAug	« Bulletin Augustinien » dans *REAug*.
BBG	*Blätter für das Bayerische Gymnasialschulwesen*. München.
BBGG	*Bollettino della Badia greca di Grottaferrata*. Congregazione d'Italia dei Monaci Basiliani. Grottaferrata.
BCAI	*Bulletin critique des Annales Islamologiques*. Supplément aux *Annales Islamologiques*. Institut français d'archéologie orientale. Le Caire.

BCH	*Bulletin de Correspondance Hellénique*. Paris.
BCO	*Bibliotheca Classica Orientalis*. Dokumentation der alter-tumswissenschaftlichen Literatur der Sowjetunion und der Länder der Volksdemokratien. Berlin.
BE	« Bulletin épigraphique » dans *REG*. Voir aussi *BullÉpigr*.
BEC	*Bibliothèque de l'École des Chartes*. Paris.
BEO	*Bulletin d'Études Orientales*, publié par l'Institut français de Damas. Beyrouth.
Berytus	*Berytus*. Archaeological Studies published by the Museum of Archaeology of the American University of Beirut. Beyrouth.
Bessarione	*Bessarione*. Pubblicazione periodica di studi orientali. Roma.
BFAUE	*Bulletin of the Faculty of Arts of University of Egypt*. Le Caire.
BFCl	*Bollettino di Filologia Classica*. Torino.
BHM	*Bulletin of the History of Medicine*. Baltimore, Md.
BHR	*Bibliothèque d'Humanisme et Renaissance : travaux et docu-ments*. Genève.
BIAO	*Bulletin de l'Institut français d'Archéologie Orientale*. Le Caire.
BiblH&R	Voir *BHR*.
BiblMath	*Bibliotheca Mathematica*. A series of monographs on pure and applied mathematics. Amsterdam. Voir *BM*.
BIBR	*Bulletin de l'Institut historique Belge de Rome*. Turnhout.
BICS	*Bulletin of the Institute of Classical Studies*. University of London.
BIDR	*Bullettino dell'Istituto di Diritto Romano*. Milano.
BIEH	*Boletín del Instituto de Estudios Helénicos*. Barcelona.
BIE	*Bulletin de l'Institut d'Égypte*. Le Caire.
Bilychnis	*Bilychnis*. Roma.
BISI	*Bullettino dell'Istituto Storico Italiano* (puis : *per il Medio evo*). Roma.
BJb	*Bonner Jahrbücher*. Bonn. Voir *BonnerJb*.
BJHPh	*British Journal for the History of Philosophy*. Department of Philosophy, University of York.

BJRL	*Bulletin of the John Rylands Library.* Manchester
BK	*Bedi Karthlisa.* Revue de kartvélologie (Études géorgiennes et caucasiennes). Destin de la Géorgie. Paris. Devenu, à partir de 1985, *Revue des études géorgiennes et caucasiennes.*
BLE	*Bulletin de Littérature Ecclésiastique.* Toulouse.
BLR	*The Bodleian Library Record.* Oxford.
BM	*Bibliotheca mathematica.* Zeitschrift für Geschichte der mathematischen Wissenschaften. Stockholm.
BMAH	*Bulletin des Musées royaux d'Art et d'Histoire.* Bruxelles.
BMCRev	*Bryn Mawr Classical Review.* Bryn Mawr College. Bryn Mawr, Penn.
BMGS	*Byzantine and Modern Greek Studies.* The Centre for Byzantine, Ottoman and Modern Greek Studies, University of Birmingham. Leeds.
BMQ	*British Museum Quarterly.* London.
BO	*Bibliotheca Orientalis,* uitg. van het Nederlandsch Instituut voor het Nabije Oosten. Leiden.
BollClass	*Bollettino dei classici,* a cura del Comitato per la preparazione dell'edizione nazionale dei classici greci e latini. Roma.
BollIstFilolGreca	*Bolletino dell' Istituto di Filologia Greca. Università di Padova.* Roma.
BollItStudOr	*Bollettino Italiano degli Studii Orientali.* Firenze.
BonnerJb	*Bonner Jahrbücher des Rheinischen Landesmuseums in Bonn und des Vereins von Altertumsfreunden im Rheinlande.* Köln.
Boreas	*Boreas.* Münstersche Beiträge zur Archäologie. Münster.
BPhW	*Berliner Philologische Wochenschrift.* Leipzig/Berlin. (Suite : *PhW*).
BPJAM	*Bochumer Philosophisches Jahrbuch für Antike und Mittelalter.* Amsterdam.
BQR	*British Quarterly Review.* London.
BRGK	*Bericht der Römisch-Germanischen Kommission des Deutschen Archäologischen Instituts.* Berlin.
BSAA	*Bulletin de la Société Archéologique d'Alexandrie.* Alexandrie.

BSAC	*Bulletin de la Société d'archéologie copte.* Le Caire.
BSAW	*Berichte über die Verhandlungen der Sächsischen Akademie der Wissenschaften, Philologisch-Historische Klasse.* Leipzig.
BSFI	*Bollettino della Società Filosofica Italiana.* Roma.
BSOAS	*Bulletin of the School of Oriental and African Studies.* London.
BStudLat	*Bollettino di Studi Latini.* Periodico quadrimestrale d'informazione bibliografica. Napoli.
BullÉpigr	« Bulletin épigraphique » dans *REG*.
BullGéod	*Bulletin Géodésique.* Official Journal of the International Association of Geodesy & International Union of Geodesy and Geophysics. Berlin.
BullHispan	*Bulletin Hispanique.* Faculté des Lettres et Sciences Humaines de l'Université de Bordeaux III.
BullPhilosMed	*Bulletin de Philosophie Médiévale.* Société internationale pour l'étude de la philosophie médiévale. Louvain.
BullScMath	*Bulletin des Sciences Mathématiques et astronomiques.* Paris, réimpr. Amsterdam.
BWPr	*Winckelmannsprogramm der Archäologischen Gesellschaft zu Berlin.* Berlin.
Byrsa	*Cahiers de Byrsa.* Musée Lavigerie (Carthage, Tunisie). Paris.
Byzantino-Bulgarica	*Byzantino-Bulgarica.* Sofia.
Byzantion	*Byzantion.* Revue internationale des études byzantines. Bruxelles.
ByzF	*Byzantinische Forschungen.* Internationale Zeitschrift für Byzantinistik. Amsterdam.
ByzJ	*Byzantinisch-neugriechische Jahrbücher.* Athènes.
ByzS	*Byzantinoslavica.* Revue internationale des études byzantines. Praha.
ByzZ	*Byzantinische Zeitschrift.* München.
C&M	*Classica et Mediaevalia.* Revue danoise d'histoire et de philologie publiée par la Société danoise pour les études anciennes et médiévales. København.

C&S	*Cultura e Scuola*. Roma.
Caesaraugusta	*Caesaraugusta*. Arqueología, prehistoria, historia antigua. CSIC, Inst. Fernandino el Católico. Zaragoza.
Caesarodunum	*Caesarodunum*. Institut d'études latines de l'Université de Tours.
CahSWeil	*Cahiers Simone Weil*. Revue trimestrielle publiée par l'Association pour l'étude de la pensée de Simone Weil. Paris.
CanJPhilos	*Canadian Journal of Philosophy*. Calgary, Alberta.
CArch	*Cahiers Archéologiques*. Paris.
Cathedra	*Cathedra for the History of Eretz-Israel and its Yishuv*. Jérusalem.
CB	*The Classical Bulletin*. Saint-Louis, Mo.
CCC	*Civiltà Classica e Cristiana*. Genova.
CCEC	*Cahiers du Centre d'Études Chypriotes*. Centre d'études chypriotes. Paris.
CCG	*Cahiers du Centre Gustave-Glotz*. Paris.
CCJ	*Cambrige Classical Journal*. Suite de *Proceedings of the Cambridge Philological Society*. Cambridge.
CCM	*Cahiers de Civilisation Médiévale*. Poitiers.
CCRH	*Cahiers du Centre de Recherches Historiques*. Paris.
CE	*Chronique d'Égypte*. Bruxelles.
CEA	*Cahiers des Études Anciennes*. Montréal.
Centaurus	*Centaurus*. International magazine of the history of mathematics, science and technology. København.
CentrblBiblwes	*Centralblatt für Bibliothekswesen* (devenu par la suite *Zentralblatt für Bibliothekswesen*). Leipzig.
CF	*Classical Folia*. Studies in the christian perpetuation of the Classics. New York.
CFC	*Cuadernos de Filología Clásica*. Madrid. Depuis 1991, la revue est divisée en :
CFC(G)	*Cuadernos de Filología Clásica*. Estudios Griegos e indoeuropeos. Madrid.
CFC(L)	*Cuadernos de Filología Clásica*. Estudios Latinos. Madrid.

CH	*Church History.* American Society of Church History, Chicago, Ill.
Chiron	*Chiron.* Mitteilungen der Kommission für alte Geschichte und Epigraphik des Deutschen Archäologischen Instituts. München.
CHM	*Cahiers d'Histoire Mondiale.* Paris/Neuchâtel.
Chôra	*Χώρα.* Revue d'études anciennes et médiévales. [s.l.]
CI	*Classics Ireland.* Dublin.
Ciceroniana	*Ciceroniana. Rivista del Centro di studi ciceroniani.* Firenze.
CIMA	*Cahiers de l'Institut du Moyen Age grec et latin.* København.
CISA	*Contributi dell'Istituto di Storia Antica dell'Università del Sacro Cuore.* Milano.
CiudDios	*La Ciudad de Dios.* Revista cuatrimestral publicada por los PP. Agustinos de el Escorial. El Escorial.
CJ	*The Classical Journal.* Athens, Georgia.
CJPS	*Canadian Journal of Political Science.* Toronto, Ontario.
CL	*Corolla Londiniensis.* Amsterdam.
ClAnt	*Classical Antiquity.* Berkeley.
Clio	*Clio. Histoire, Femmes et Sociétés.* Paris.
CO	*Correspondance d'Orient.* Centre pour l'étude des problèmes du monde musulman contemporain. Bruxelles.
CollectFrancisc	*Collectanea Franciscana.* Roma.
CollectTheol	*Collectanea Theologica Societatis theologorum Polonae cura edita.* Warszawa.
Configurations	*Configurations.* A Journal of Literature, Science, and Technology. Baltimore, Md.
Contributo	*Contributo.* Osservatorio astrofisico, Arcetri. Firenze.
CPE	*Connaissance des Pères de l'Église.* Montrouge.
CPh	*Classical Philology.* Chicago, Ill.
CPhS	*Les Cahiers Philosophiques de Strasbourg.* Strasbourg.
CPhilos	*Cahiers Philosophiques.* Paris, Ministère de l'éducation, Centre national de documentation pédagogique.
CQ	*Classical Quarterly.* Oxford.

CQR	*Church Quarterly Review*. London.
CR	*Classical Review*. Oxford.
CRAI	*Comptes Rendus de l'Académie des Inscriptions et Belles-Lettres*. Paris.
CRASR	*Comptes Rendus de l'Académie des Sciences de Russie*. Leningrad.
CronErc	*Cronache Ercolanesi*. Bollettino del Centro internazionale per lo studio dei Papiri Ercolanesi. Napoli.
CrSt	*Cristianesimo nella Storia*. Ricerche storiche esegetiche teologiche. Bologna.
CSCA	*California Studies in Classical Antiquity*. Berkeley (devenu à partir de 1982 *Classical Antiquity*).
CT	*Les Cahiers de Tunisie*. Tunis.
CuadFilos	*Cuadernos de Filosofía*. Buenos Aires.
CW	*Classical Weekly*. New York.
CWo	*The Classical World*. Pittsburgh, Penn.
DA	*Dissertation Abstracts*. International abstracts of dissertations available in microfilm or as xerographic reproductions. Ann Arbor, Mich.
Dacia	*Dacia*. Revue d'archéologie et d'histoire ancienne. Bucarest.
DArch	*Dialoghi di Archeologia*. Roma.
DAWW	*Denkschriften der Akademie der Wissenschaften in Wien*. Wien.
DCG	*Didactica Classica Gandensia*. Gand.
DeltChAE	Δελτίον τῆς Χριστιανικῆς Ἀρχαιολογικῆς Ἑταιρείας Athènes.
DeutscheRschau	*Deutsche Rundschau für Geographie und Statistik*. Wien/Leipzig.
DGT	*Drevnejsije Gosudarstva na territorii SSSR. Les États les plus importants sur le territoire de l'URSS*. Matériaux et Recherches. Moskva.
DHA	*Dialogues d'Histoire Ancienne*. Paris.
Diadoche	*Διαδοχή*. Revista des Estudios de Filosofia Platonica y Cristiana. Instituto de Filosofia de la Universidad Católica de

Chile in Santiago – Departamento de Filosofia de la Universidad Argentina John F. Kennedy.

Diálogos   *Diálogos*. Revista del Departamento de filosofía. Universidad de Puerto Rico.

Dialogue   *Dialogue*. Revue canadienne de philosophie. Canadian philosophical review. Kingston/Montréal.

Dianoia   *Dianoia*. Rivista di storia della filosofia / Dipartimento di filosofia, Università di Bologna. Bologna.

Didaskalia   *Didaskalia*. Revista da Faculdade de teologia de Lisboa. Lisboa.

Dioniso   *Dioniso*. Rivista trimestrale di studi sul teatro antico. Siracusa.

Dionysius   *Dionysius*. Dalhousie University, Halifax, Nova Scotia.

Diotima   *Diotima*. Revue de recherche philosophique. Athènes.

Δίπτυχα   Δίπτυχα. Εταιρεία Βυζαντινῶν καὶ Μεταβυζαντινῶν Μελετῶν. Athènes.

Discorsi   *Discorsi*. Ricerche di storia della filosofia. Napoli.

DivThomP   *Divus Thomas*. Piacenza.

DLZ   *Deutsche Literaturzeitung für Kritik der internationalen Wissenschaft*. Berlin.

Dodone   Δωδώνη. Ἐπιστημονικὴ ἐπετηρὶς τῆς Φιλοσοφικῆς Σχολῆς τοῦ Πανεπιστημίου Ἰωαννίνων. Ioannina.

DOP   *Dumbarton Oaks Papers*. New York.

Downside   *The Downside Review*. A quarterly of catholic thought and of monastic history. Bath.

DR   *Dublin Review*. Dublin

DSTFM   *Documenti e Studi sulla Tradizione Filosofica Medievale*. Rivista della Società internazionale per lo studio del medioevo latino. Spoleto.

Durius   *Durius*. Boletin castellano de estudios clasicos. Valladolid.

E&W   *East and West*. A quarterly published by the Istituto Italiano per l'Africa e l'Oriente. Roma.

EA   *Epigraphica Anatolica*. Zeitschrift für Epigraphik und historische Geographie Anatoliens. Bonn.

EClás	*Estudios Clásicos*. Madrid.
EEAth	Ἐπιστημονικὴ Ἐπετηρὶς τῆς φιλοσοφικῆς Σχολῆς τοῦ Πανεπιστημίου Ἀθηνῶν. Athènes.
EHBS	Ἐπετηρὶς Ἑταιρείας Βυζαντινῶν Σπουδῶν. Athènes.
EHR	*English Historical Review*. London.
Eidola	*Eidola*. International Journal of Classical Art History. Pisa.
Eikasmos	*Eikasmos*. Quaderni bolognesi di filologia classica. Bologna.
Eirene	*Eirene*. Studia Graeca et Latina. Praha.
EJPh	*European Journal of Philosophy*. Oxford.
EL	*Études de Lettres*. Revue de la Faculté des lettres de l'Université de Lausanne. Lausanne.
Elenchos	*Elenchos*. Rivista di studi sul pensiero antico. Roma/Napoli.
EMC	*Échos du Monde Classique. Classical News and Views*. Calgary, Alberta.
Emerita	*Emerita*. Revista de Lingüística y Filología clásica. Madrid.
Enchoria	*Enchoria*. Zeitschrift für Demotistik und Koptologie. Wiesbaden.
Enrahonar	*Enrahonar. Quaderns de filosofia*. Barcelona.
EO	*Échos d'Orient*. Paris.
Eos	*Eos*. Commentarii Societatis Philologae Polonorum. Wrocław.
EPh	*Études Philosophiques*. Paris.
EpigrStud	*Epigraphische Studien*. Köln.
EPlaton	*Études Platoniciennes*. Publication annuelle de la Société d'études platoniciennes. Paris.
Epochè	*A Journal for the History of Philosophy*. Charlottesville, Virginia
Epos	*Epos*. Revista de filología de la Universidad nacional de educación a distancia (Facultad de filología). Madrid.
Eranos	*Eranos*. Acta Philologica Suecana. Uppsala.
Eranos-Jb	*Eranos-Jahrbuch*. Zürich, puis Woodstock, Conn.
Erasmus	*Erasmus. Speculum Scientiarum*. Bulletin international de la science contemporaine. Wiesbaden.

Ergon	*Τὸ ἔργον τῆς ἐν Ἀθήναις ἀρχαιολογικῆς ἑταιρείας.* Archaeological Society at Athens. Athènes.
Erytheia	*Erytheia.* Revista de estudios bizantinos y neogriegos. Madrid.
EstAgustin	*Estudio agustiniano.* Valladolid.
EstudEccles	*Estudios ecclesiasticos. Revista teologica de investigacion.* Facultades de Teologia de la Compaña de Jésus en España, Madrid.
EstudFilos	*Estudios Filosóficos.* Instituto superior de filosofía. Valladolid.
EThL	*Ephemerides Theologicae Lovanienses.* Louvain-la-Neuve/ Leuwen.
Eunomia	*Eunomia.* Ephemeridis *Listy filologické* supplementum. Praha.
ExClass	*Exemplaria Classica.* Revista de filología clásica. Lisboa.
Expositor	*The Expositor.* London.
ExtOrExtOcc	*Extrême-Orient, Extrême-Occident.* Paris.
F&F	*Forschung und Fortschritte.* Korrespondenzblatt der deutschen Wissenschaft und Technik. Berlin.
Faventia	*Faventia.* Publicació del Departament de filologia clàssica de la Universitat autònoma de Barcelona. Barcelona.
FC	*Freies Christentum.* Stuttgart.
Filomata (Kraków)	*Filomata.* Uniwersytet Jagielloński. Katedra Filologii Klasycznej. Kraków.
Filosofia	*Filosofia.* Rivista quadrimestrale. Milano.
FlorIlib	*Florentia Iliberritana.* Revista de estudios de antigüedad clásica. Granada.
Fortunatae	*Fortunatae.* Revista Canaria de filología, cultura y humanidades clásicas. La Laguna (Canarias).
FranciscStud	*Franciscan Studies.* A quarterly review. New York.
FT	*Filosofia e Teologia.* Napoli.
FZPhTh	*Freiburger Zeitschrift für Philosophie und Theologie.* Freiburg in der Schweiz.
G&R	*Greece and Rome.* Oxford.

Galenos	*Galenos*. Rivista di filologia dei testi medici antichi. Pisa.
Gallaecia	*Gallaecia*. Publicación do Departamento de Historia, Facultade de Xeografía et Historia. Universidade de Santiago de Compostela. Sada (La Coruña).
GB	*Grazer Beiträge*. Zeitschrift für die klassische Altertumswissenschaft. Graz.
GCFI	*Giornale Critico della Filosofia Italiana*. Firenze.
GeogrAnt	*Geographia Antiqua*. Rivista di geografia storica del mondo antico e di storia della geografia. Firenze.
Gerion	*Gerión*. Revista de Historia Antigua. Madrid.
GFA	*Göttinger Forum für Altertumswissenschaft*. *http://gfa.gbv.de/*
GFF	*Giornale Filologico Ferrarese*. Ferrara.
GFPJ	*Graduate Faculty Philosophy Journal*. Charlottesville, Va.
GFRF	*Giornale Ferrarese di Retorica e Filologia*. Ferrara. (Suite de *GFF*.)
GGA	*Göttinger Gelehrte Anzeigen*. Göttingen. (Ce périodique interrompu en 1944 a paru de 1739 à 1752 sous le titre *Göttingische Zeitung von gelehrten Sachen*, de 1753 à 1801 sous le titre *Göttingische Anzeigen von gelehrten Sachen*.)
GIF	*Giornale Italiano di Filologia*. Rivista trimestrale di cultura. Roma.
Glotta	*Glotta*. Zeitschrift für griechische und lateinische Sprache. Göttingen.
GM	*Giornale di Metafisica*. Genova.
Gnomon	*Gnomon*. Kritische Zeitschrift für die gesamte klassische Altertumswissenschaft. München.
GOThR	*The Greek Orthodox Theological Review*. Brookline, Mass.
GRBS	*Greek, Roman and Byzantine Studies*. Durham, N. C.
Gregorianum	*Gregorianum*. Commentarii de re theologica et philosophica. Roma.
GSAI	*Giornale della Società Asiatica Italiana*. Roma.
GSLI	*Giornale Storico della Letteratura Italiana*. Torino.
Gymnasium	*Gymnasium*. Zeitschrift für Kultur der Antike und humanistische Bildung. Heidelberg.

H&T	*History and Theory.* Studies in the philosophy of history. Wesleyan University, Middletown, Conn.
Habis	*Habis.* Filología clásica, historia antigua, arqueología clásica. Sevilla.
HAnt	*Hispania Antiqua.* Colegio universitario de Alava.
HChrC	*Humanities. Christianity and Culture.* International Christian University. Tokyo.
Hebraica	*Hebraica.* A quarterly journal in the interest of Hebrew study. New Haven, Connecticut, puis Chicago, Ill.
HebrUCA	*Hebrew Union College Annual,* Cincinnati, Ohio.
Helikon	*Helikon.* Rivista di tradizione e cultura classica. Roma.
Helios	*Helios.* Journal of the Classical Association of the Southwest. Lubbock, Tex.
Hellenica	Έλληνικά. Φιλολογικόν, ἱστορικὸν καὶ λαογραφικὸν περιοδικὸν σύγγραμμα τῆς Ἑταιρείας Μακεδονικῶν Σπουδῶν. Thessalonique.
Henoch	*Henoch.* Studi storicofilologici sull'ebraismo. Biblioteca Paul Kahle, Università di Torino, Istituto di orientalistica. Torino.
Hephaistos	*Hephaistos.* Kritische Zeitschrift zur Theorie und Praxis der Archäologie, Kunstwissenschaft und angrenzender Gebiete. Bremen.
Hermathena	*Hermathena.* Trinity College, Dublin.
Hermeneus	*Hermeneus.* Tijdschrift voor de antieke Cultuur. Culemborg.
Hermes	*Hermes.* Zeitschrift für klassische Philologie. Wiesbaden.
Hesperia	*Hesperia.* Journal of the American school of classical studies at Athens. Athens.
Hespéris	*Hespéris.* Archives berbères et Bulletin de l'Institut des Hautes-Études Marocaines. Paris.
Hestia	Έστία. Athènes.
Hippokrates	*Hippokrates.* Annales Societatis Historiae Medicinae Fennicae. Helsinki.
Hispanic Review	*Hispanic Review.* Philadelphia, Penn.
HistMath	*Historia Mathematica.* International Journal of History of Mathematics. New York/London.

Historia	*Historia*. Zeitschrift für alte Geschichte. Wiesbaden.
HistSc	*Historia Scientiarum*. International Journal of the History of Science Society of Japan. Tokyo.
HJ	*Historisches Jahrbuch*. München.
HLB	*Harvard Literary Bulletin*. Cambridge, Mass.
Homine (De)	*De Homine*. Roma.
Horos	Ὅρος. Ἕνα ἀρχαιογνωστικὸ περιοδικό. Athènes.
HPBCD	*Historisch-politische Blätter für das Catholische Deutschland*. München.
HPQ	*History of Philosophy Quarterly*. Fox Chapel, Penn.
HPTh	*History of Political Thought*. Exeter.
HR	*History of Religions*. Chicago, Ill.
HSCP	voir *HSPh*.
HSF	*Historische Sprachforschung (Historical Linguistics)*. Göttingen.
HSPh	*Harvard Studies in Classical Philology*. Cambridge, Mass.
HThR	*Harvard Theological Review*. Cambridge, Mass.
Hugoye	*Hugoye : Journal of Syriac Studies*. An electronic journal dedicated to the study of the Syriac tradition. Beth Mardutho : The Syriac Computing Institute. [http://syrcom.cua.edu/Hugoye/].
Hyperboreus	*Hyperboreus*. *Studia classica*. St. Petersburg/München.
Hypnos	*Hypnos*. Centro de Estudos da Antigüidade Grega, Departamento de Filosofia, Pontifícia Universidade Católica de São Paulo.
HZ	*Historische Zeitschrift*. München.
ICS	*Illinois Classical Studies*. University of Illinois, Chicago, Ill.
IEJ	*Israel Exploration Journal*. Jerusalem.
IJCT	*International Journal of the Classical Tradition*. Boston.
IJMES	*International Journal of Middle East Studies*. Cambridge.
IJPlTr	*International Journal of the Platonic Tradition*. Leiden.
IL	*L'Information Littéraire*. Paris.
Ilu	*Ilu*. Revista de ciencias de las religiones. Madrid.

IMU	*Italia Medioevale e umanistica.* Roma/Padova.
Index	*Index.* Quaderni camerti di studi romanistici. International Survey of Roman Law. Napoli.
Ínsula	*Ínsula.* Revista de Letras y Ciencias Humanas. Madrid.
Interpretation	*Interpretation.* A Journal of political philosophy. Flushing, N.Y.
InvLuc	*Invigilata lucernis.* Rivista dell'Istituto di Latino, Università di Bari. Bari.
IOS	*Israel Oriental Studies.* Tel Aviv.
IPhQ	*International Philosophical Quarterly.* New York.
Iran-Šenâsı	*Iran-Šenâsı.* Téhéran.
Iraq	*Iraq,* published by the British school of archaeology in Iraq. London.
Irénikon	*Irénikon.* Bulletin mensuel des moines de l'union des Églises. Prieuré d'Amay sur Meuse.
Isis	*Isis.* An international review devoted to the history of science and its cultural influences. Washington, D.C.
Isl	*Der Islam.* Berlin.
IslCult	*Islamic Culture.* An English quarterly. Hyderabad.
ISPh	*International Studies in Philosophy.* Interdisciplinary Issues in Philosophy, Interpretation, and Culture. Binghampton, N.Y. (A remplacé à partir de 1974 les *Studi Internazionali di Filosofia.*)
IQ	*The Islamic Quarterly.* London.
Ítaca	*Ítaca.* Quaderns catalans de cultura classica. Barcelona.
Italianistica	*Italianistica.* Rivista di letteratura italiana. Milano.
Italica	*Italica.* Review of the American Association of teachers of Italian. Univ. of Michigan, Ann Arbor, Mich.
Iura	*Iura.* Rivista internazionale di diritto romano e antico. Napoli.
JA	*Journal Asiatique.* Paris.
JAAC	*Journal of Aesthetics and Art Criticism.* Malden, Mass.
JANER	*Journal of Ancient Near Eastern Religions.* Leiden.

Janus	*Janus*. Revue internationale de l'histoire des sciences, de la médecine, de la pharmacie et de la technique. Amsterdam.
JAOS	*Journal of the American Oriental Society*. Baltimore, Md.
JAPh	*Journal of Ancient Philosophy*. São Paulo.
JAW	*Jahresbericht über die Fortschritte der klassischen Altertumswissenschaft*. Leipzig et Göttingen.
JbAC	*Jahrbuch für Antike und Christentum*. Münster.
JBM	*Jahrbuch für das Bistum Mainz*. Mainz.
JbPTh	*Jahrbücher für Protestantische Theologie*. Leipzig.
JCS	*Journal of Classical Studies*. The Journal of the classical society of Japan, Kyôto.
JDAI	*Jahrbuch des Deutschen Archäologischen Instituts*. Berlin.
JDT	*Jahrbücher für Deutsche Theologie*. Stuttgart.
JEA	*Journal of Egyptian Archaeology*. London.
JECS	*Journal of Early Christian Studies*. Journal of the North American patristics society. Baltimore, Md.
JEH	*Journal of Ecclesiastical History*. Cambridge.
JewQRev	*Jewish Quarterly Review*. London/New York.
JFSR	*Journal of Feminist Studies in Religion*. Bloomington, Ind.
JHA	*Journal for the History of Astronomy*. Chalfont St. Giles, Bucks.
JHAS	*Journal for the History of Arabic Science*. Alep.
JHB	*Journal of the History of Biology*. Berlin.
JHI	*Journal of the History of Ideas*. Ephrata, Penna & Philadelphia.
JHPh	*Journal of the History of Philosophy*. Berkeley, Calif.
JHR	*Journal of the History of Religion*. [Sidney, Australia]
JHS	*The Journal of Hellenic Studies*. London.
JIAN	*Journal International d'Archéologie Numismatique*. Athènes.
JJP	*Journal of Juristic Papyrology*. Warszawa.
JJS	*Journal of Jewish Studies*. Oxford.
JKPh	*Jahrbücher für klassische Philologie*. Leipzig. (Le périodique s'est intitulé diversement à différentes périodes de son

histoire, de 1826 à 1943 : *Neue Jahrbücher für Philologie und Pädagogik, Neue Jahrbücher für das klassische Altertum, Geschichte und deutsche Literatur und für Pädagogik, Neue Jahrbücher für Wissenschaft und Jugendbildung, Neue Jahrbücher für deutsche Wissenschaft, Neue Jarhbücher für Antike und deutsche Bildung.*)

JLA	*Journal of Late Antiquity.* Johns Hopkins University. Baltimore, Md.
JLARC	*Journal for Late Antique Religion and Culture.* Cardiff
JMS	*Journal of Mithraic Studies.* London.
JMT	*Journal of Music Theory.* A publication of the Yale school of music. New Haven, Conn.
JNES	*Journal of Near Eastern Studies.* Chicago, Ill.
JNG	*Jahrbuch für Numismatik und Geldgeschichte.* Kallmünz.
JNStud	*Journal of Neoplatonic Studies.* Binghamton, N.Y.
JŒAI	*Jahreshefte des Österreichischen Archäologischen Instituts.* Wien.
JÖB	*Jahrbuch der Österreichischen Byzantinistik.* Wien. (Plus anciennement : *Jahrbuch der Österreichischen Byzantinischen Gesellschaft.*)
JŒBG	*Jahrbuch der Österreichischen Byzantinischen Gesellschaft.* Wien. (Devenu *Jahrbuch der Österreichischen Byzantinistik.*)
JP	*Journal of Philology.* London/Cambridge.
JPakHS	*Journal of the Pakistan Historical Society.* Karachi.
JPh	*Journal Philosophique.* Centre de recherche philosophique Saint Thomas d'Aquin. Paris.
JPhilos	*Journal of Philosophy.* New York.
JPsNP	*Journal de Psychologie Normale et Pathologique.* Paris.
JR	*Journal of Religion.* Chicago, Ill.
JRA	*Journal of Roman Archaeology.* Ann Arbor, Mich.
JRAS	*Journal of the Royal Asiatic Society.* London.
JRS	*Journal of Roman Studies.* London.
JS	*Journal des Savants.* Paris.
JSAI	*Jerusalem Studies in Arabic and Islam.* Jerusalem.

JSJ	*Journal for the Study of Judaism in the Persian, Hellenistic and Roman Period*. Leiden.
JSJT	*Jerusalem Studies in Jewish Thought*. Jérusalem.
JSQ	*Jewish Studies Quarterly*. Tübingen.
JSS	*Journal of Semitic Studies*. Manchester.
JThS	*Journal of Theological Studies*. Oxford.
JWCI	*Journal of the Warburg and Courtauld Institute*. London.
Kairos	*Kairos*. Zeitschrift für Religionswissenschaft und Theologie. Salzburg.
Karthago	*Karthago*. Revue d'archéologie africaine. Paris.
Kentron	*Kentron*. Revue du monde antique et de psychologie historique. Université de Caen.
KFLQ	*Kentucky Foreign Language Quarterly*. Lexington, Ky.
KJVF	*Kölner Jahrbuch für Vor- und Frühgeschichte*. Berlin.
KK	*Kagakusi Kenkyu*. Journal of History of Science. Tokyo.
Klearchos	*Klearchos*. Bollettino dell'Associazione Amici del Museo Nazionale di Reggio Calabria. Napoli.
Kleio	*Kleio*. Tijdschrift voor oude talen en antieke kultuur. Leuven.
Kleos	*Kleos. Estemporeano di studi e testi sulla fortuna dell'antico*. Bari.
Kléos	*Kléos*. Revista de filosofía antiga. Rio de Janeiro.
Kleronomia	*Κληρονομία*. Thessalonique.
Klio	*Klio*. Beiträge zur alten Geschichte. Berlin.
Koinonia	*Κοινωνία*. Organo dell'Associazione di Studi tardoantichi. Napoli.
Kokalos	*Κώκαλος*. Studi pubbl. dall'Istituto di Storia antica dell' Università di Palermo. Roma.
Kriterion	*Kriterion*. Journal of Philosophy. Salzburg.
Ktèma	*Ktèma*. Civilisations de l'Orient, de la Grèce et de Rome antiques. Strasbourg, Centre de recherche sur le Proche-Orient et la Grèce antique et Groupe de recherche d'histoire romaine.
Kyklos	*Kyklos*. Jahrbuch des Instituts für Geschichte der Medizin an der Universität Leipzig, puis : Jahrbuch für Geschichte und Philosophie der Medizin. Leipzig.

L&G	*Latina et Graeca.* Zagrev.
Lampas	*Lampas.* Tijdschrift voor Nederlandse classici. Muiderberg.
Langages	*Langages.* Paris.
Latomus	*Latomus.* Revue d'études latines. Bruxelles.
LCM	*Liverpool Classical Monthly.* University of Liverpool, Department of Greek.
LD	*Letras de Deusto.* Bilbao.
LEC	*Les Études Classiques.* Namur.
Leonardo	*Leonardo.* Rassegna bibliografica. Milano.
Lexis	*Lexis. Studien zur Sprachphilosophie. Sprachgeschichte und Begriffsforschung.* Lahr im Breisgau.
LF	*Listy Filologické.* Praha.
Libyca	*Libyca.* Bulletin du Service des Antiquités (Archéologie, Épigraphie). Alger.
LICS	*Leeds International Classical Studies.* University of Leeds, School of Classics. Leeds.
Litteris	*Litteris.* An international critical review of the humanities published by the New society of letters at Lund. Lund.
LNV	*Litterae Numismaticae Vindobonenses.* Wien.
Lustrum	*Lustrum.* Internationale Forschungsberichte aus dem Bereich des klassischen Altertums. Göttingen.
LS	*Leipziger Studien.* Leipzig.
LThPh	*Laval Théologique et Philosophique.* Québec.
Lychnos	*Lychnos.* Årsbok för idé- och lärdomshistoria. Annual of the Swedish History of Science Society. Uppsala.
LZB	*Literarisches Zentralblatt für Deutschland.* Leipzig.
M&H	*Medievalia et Humanistica.* An American journal for the Middle Ages and Renaissance. Boulder, Colo.
Maia	*Maia.* Rivista di letterature classiche. Bologna.
MAIB	*Memorie dell'Accademia (della Reale Accademia) delle Scienze dell'Istituto di Bologna.* Classe di Scienze morali. Bologna.
MaimonStud	*Maimonidean Studies.* New York.

MAL — Atti della (-1946 : Reale) Accademia (depuis 1921 :) nazionale dei Lincei. *Memorie della classe di scienze morali e storiche dell'Accademia dei Lincei*. Roma.

MALKAW — *Mededelingen der Koninklijke Nederlandse Akademie van Wetenschappen*. Afdeling Letterkunde. Amsterdam.

Manuscripta — *Manuscripta*. Saint-Louis, Mo.

MARS — *Mémoires de l'Académie Roumaine (Section scientifique)*. Bucarest.

MAT — *Memorie dell'Accademia delle Scienze di Torino*. Classe di Scienze morali, storiche e filologiche. Torino.

MAWBL — *Mededelingen van de Koninklijke (-1971 Vlaamse) Academie voor Wetenschappen, Letteren en Schone Kunsten van België, Klasse der Letteren*. Brussel.

MCr — *Museum Criticum*. Quaderni dell'Istituto di filologia classica dell'Università di Bologna. Roma.

MD — *Materiali e Discussioni per l'analisi dei testi classici*. Pisa.

MDAFA — *Mémoires de la Délégation Archéologique Française en Afghanistan*. Paris.

MDAI(A) — *Mitteilungen des Deutschen Archäologischen Instituts* (Athenische Abteilung). Berlin.

MDAI(I) — *Mitteilungen des Deutschen Archäologischen Instituts* (Abteilung Istanbul). Tübingen.

MDAI(K) — *Mitteilungen des Deutschen Instituts für ägyptische Altertumskunde in Kairo*. Augsburg, puis Berlin. (Devenu : *Mitteilungen des Deutschen Archäologischen Instituts (Abteilung Kairo)*. Berlin.]

MDAI(M) — *Mitteilungen des Deutschen Archäologischen Instituts* (Abteilung Madrid). Mainz.

MDAI(R) — *Mitteilungen des Deutschen Archäologischen Instituts* (Römische Abteilung). Mainz.

MEAH — *Miscelánea de estudios árabes y hebraicos*. Granada.

Meander — *Meander*. Revue de civilisation du monde antique. Warszawa.

MedHist — *Medical History*. Welcome Institute for the History of Medicine. London.

Mediaevalia — *Mediaevalia. Textos e estudos*. Fundação Eng. António de Almeida. Porto.

MediaevalStud	*Mediaeval Studies*. Institute of mediaeval studies. Toronto.
Medioevo	*Medioevo*. Rivista di storia della filosofia medievale. Padova.
MediterrAnt	*Mediterraneo Antico: economie, società, culture*. Pisa.
MedLife	*Medical Life*. New York.
MedPhilosPolon	*Mediaevalia Philosophica Polonorum*. Académie polonaise des sciences. Institut de philosophie et de sociologie. Département d'histoire de la philosophie médiévale en Pologne. Wroclaw.
MedSec	*Medicina nei Secoli*. *Arte et scienza*. Roma.
MedWelt	*Die Medizinische Welt*. Berlin.
MEFR	*Mélanges d'archéologie et d'histoire*. École Française de Rome. Rome/Paris. Voir pour la suite *MEFRA*, *MEFRIM* et *MEFRM*.
MEFRA	*Mélanges d'archéologie et d'histoire de l'École Française de Rome*. Rome/Paris.
MEFRIM	*Mélanges de l'École française de Rome. Italie et Méditerranée*. Rome/Paris.
MEFRM	*Mélanges de l'École Française de Rome. Moyen Âge et temps modernes*. Rome/Paris.
MEG	*Medioevo Greco*. Rivista di storia e filologia bizantina. Alessandria.
MemCentreJPal	*Mémoires du Centre Jean Palerne*. Saint-Étienne.
MemSocScBord	*Mémoires de la Société des Sciences physiques et naturelles de Bordeaux*. Bordeaux.
Mene	*Μήνη*. Revista internacional de investigación sobre magia y astrología antiguas. Málaga.
Messana	*Messana*. Rassegna di studi filologici linguistici e storici. Università degli studi di Messina, facoltà di lettere e filosofia.
Metaphilosophy	*Metaphilosophy*. Hoboken, N.J.
Méthexis	*Méthexis*. Rivista internazionale di filosofia antica. International Journal for Ancient Philosophy. Sankt Augustin.
Mètis	*Métis*. Revue d'anthropologie du monde grec ancien : philologie, histoire, archéologie. Paris/Athènes.
MH	*Museum Helveticum*. Revue suisse pour l'étude de l'Antiquité classique. Bâle.

MHA	*Memorias de Historia Antigua*. Oviedo.
MHJ	*Medizin-historisches Journal*. Stuttgart.
Micrologus	*Micrologus*. Natura, scienze e società medievali. Rivista della Società Internazionale per lo Studio del Medio Evo Latino. Turnhout.
MIDEO	*Mélanges de l'Institut Dominicain d'Études Orientales*. Le Caire.
Mihr	*Mihr*. Téhéran.
Mind	*Mind*. A quarterly review of psychology & philosophy. London.
Minerva	*Minerva*. Revista de filologia clásica. Valladolid.
MIŒG	*Mitteilungen des Instituts für Österreichische Geschichtsforschung*. Wien.
MiscAcadBerlin	*Miscellanea Berolinensia ad incrementum scientiarum ex scriptis Societatis Regiae Scientiarum exhibitis edita*. Berlin.
MMAI	*Monuments et Mémoires publiés par l'Académie des Inscriptions et Belles-Lettres*. Fondation Eugène Piot. Paris.
MME	*Manuscripts of the Middle East*. A Journal devoted to the study of handwritten materials of the Middle East. Leiden.
MNCG	*Meddelelser fra Ny Carlsberg Glyptotek*. København.
Mnemosyne	*Mnemosyne*. Bibliotheca Classica Batava. Leiden.
MNS	*Medicina nei secoli. Arte e scienza. Giornale di storia della medicina. Roma*.
ModPhil	*Modern Philology. Critical and Historical studies in Literature, Medieval through Contemporary*. Chicago, Ill.
ModSch	*Modern Schoolman*. A quarterly journal of philosophy. Saint-Louis, Mo.
ModTheol	*Modern Theology*. [Oxford.]
MonAL	*Monumenti antichi pubblicati dall'Accademia dei Lincei*. Roma.
Monist	*The Monist*. A quarterly magazine devoted to the philosophy of science. London/Chicago, Ill.
MRS	*Mediaeval and Renaissance Studies*. London.
MS	Voir *ModSch*.

MSB	*Marburger Sitzungsberichte = Sitzungsberichte der Wissen-schaftlichen Gesellschaft zu Marburg*. Marburg.
MSEJ	*Mémoires de la Société des études juives*. Paris.
MSLC	*Miscellanea di Studi di Letteratura Cristiana antica*. Catania.
MSMG	*Marburger Schriften zur Medizingeschichte*. Frankfurt am Main/Bern.
MSR	*Mélanges de Science Religieuse*. Lille.
MT	*Museum Tusculanum*. København.
Mundus	*Mundus*. Stuttgart.
MusB	*Musée Belge*. Revue de philologie classique. Louvain.
Muséon	*Le Muséon*. Revue d'études orientales. Louvain.
MUSJ	*Mélanges de l'Université Saint-Joseph*. Beyrouth.
MusPat	*Museum Patavinum*. Rivista semestrale della Facoltà di Lettere e Filosofia di Padova. Firenze.
Myrtia	*Myrtia*. Revista de filología clásica. Murcia.
Mythos	*Mythos*. Rivista di storia delle religioni. Università di Palermo, Istituto di Storia Antica. Palermo.
MW	*The Muslim world*. A quarterly review of history, culture, religions and the Christian mission in Islamdom. Hartford, Conn.
NAWG	*Nachrichten von der Akademie der Wissenschaften in Göttin-gen*, Philologisch-historische Klasse. Göttingen. (Avant 1941 : *NGG*)
ND	*Nuovo Didaskaleion*. Catania.
NDPhR	*Notre Dame Philosophical Review*. An Electronic Journal. Notre Dame, Ind.
Nea Rhome	*Νέα Ῥώμη*. Rivista di studi bizantinistici. Roma.
NGG	*Nachrichten von der Gesellschaft der Wissenschaften zu Göttingen*. Philologisch-historische Klasse. 1894-1940. Göttingen. (Pour la suite, voir *NAWG*.)
NJb	Voir *JKPh*.
Nova Tellus	*Nova Tellus*. Anuario del Centro de Estudios clásicos. Mexico.
NR	*Die Neue Rundschau*. Frankfurt am Main.

NRFH	*Nueva Revista de Filología Hispánica*. México.
NRL	*Nouvelles de la République des Lettres*. Napoli.
NRPs	*Nouvelle Revue de Psychanalyse*. Paris.
NRTh	*Nouvelle Revue Théologique*. Tournai.
NSchol	*The New Scholasticism*. Baltimore, Md.
NT	*Novum Testamentum*. An international quarterly for New Testament and related studies. Leiden.
NTS	*New Testament Studies*. An international journal published quarterly under the auspices of Studiorum Novi Testamenti Societas. Cambridge.
NumChron	*Numismatic Chronicle and journal of the Royal numismatic society*. London.
Numen	*Numen*. International review for the history of religions. Leiden.
Numisma	*Numisma*. Revista de la Sociedad ibero-americana de Estudios numismáticos. Madrid.
OA	*Oriens Antiquus*. Rivista del Centro per le Antichità e la Storia dell'Arte del Vicino Oriente. Roma.
OC	*Oriens Christianus*. Hefte für die Kunde des christlichen Orients. Wiesbaden.
OCP	*Orientalia Christiana Periodica*. Roma.
OLP	*Orientalia Lovaniensia Periodica*. Louvain.
OLZ	*Orientalistische Literaturzeitung*. Berlin.
OM	*Oriente Moderno*. Roma.
Opus	*Opus*. Rivista internazionale per la storia economica e sociale dell'antichità / International journal for social and economic history of antiquity. Firenze.
Oriens	*Oriens*. Journal de la Société internationale d'études orientales. Leiden.
Oriens-Occidens	*Oriens-Occidens*. Sciences, mathématiques et philosophie de l'antiquité à l'âge classique. Villejuif.
Orientalia	*Orientalia*. Commentarii periodici Pontificii Instituti Biblici. Roma.
ORom	*Opuscula Romana*. Annual of the Swedish Institute in Rome. Jonsered.

Orpheus	*Orpheus*. Rivista di umanità classica e cristiana. Catania.
OrSyr	*L'Orient syrien*. Revue trimestrielle d'études et de recherches sur les églises de langue syriaque. Paris.
OS	*Orientalia suecana*. Uppsala.
OSAPh	*Oxford Studies in Ancient Philosophy*. Oxford.
Osiris	*Osiris*. Studies on the history and philosophy of science and on the history of learning and culture (puis: Commentationes de scientiarum et eruditionis historia rationeque). Supplément de la revue *Isis*. Bruges.
OstkStud	*Ostkirchliche Studien*. Würzburg.
Ostraka	*Ostraka*. Rivista di antichità. Napoli.
OTerr	*Orbis Terrarum*. Internationale Zeitschrift für historische Geographie der Alten Welt. Stuttgart.
P&M	*Patristica et Mediaevalia*. Centro de estudios de filosofía medieval, Facultad de filosofía y letras, Universidad de Buenos Aires. Buenos Aires
P&P	*Past and Present*. Oxford.
PAA	Voir *PraktAkadAth*.
PAAAS	*Proceedings of the American Academy of Arts and Sciences*. Boston, Mass.
PAAJR	*Proceedings of the American Academy for Jewish Research*. Philadelphia, Penn.
PACPhA	*Proceedings of the American Catholic Philosophical Association*. Washington, D.C.
PagStorMed	*Pagine de Storia della Medizina*. Roma.
Paideia	*Paideia*. Rivista letteraria di informazione bibliografica. Brescia.
PalEQ	*Palestine Exploration Fund*. Quarterly statement. London.
Pallas	*Pallas*. Revue interuniversitaire d'études antiques. Toulouse.
PAPhS	*Proceedings of the American Philosophical Society*. Philadelphia, Penn.
PapLup	*Papyrologica Lupiensea*. Rivista annuale del Dipartimento di Filologia Classica e di Scienze Filosofiche e del Centro Interdipartimentale di Studi Papirologici / Università degli Studi di Lecce. Galatina.

Paradigmi	*Pardigmi*. Rivista di critica filosofica. Milano.
Parergon	*Parergon*. Journal of the Australian & New Zealand Association for Medieval and Early Modern Studies. University of Western Australia. Canberra.
Parnassos	*Παρνασσός. Φιλολογικό περιοδικό*. Athènes.
Parousia	*Παρουσία. Ἐπιστημονικό περιοδικό τοῦ Συλλόγου Διδακτικοῦ Προσωπικοῦ Φιλοσοφικῆς Σχολῆς Πανεπιστημίου Ἀθηνῶν*. Athènes.
PAS	*Proceedings of the Aristotelian Society*. London.
Patavium	*Patavium*. Rivista veneta di scienze dell'Antichità e dell'Alto Medioevo. Padova.
PBA	*Proceedings of the British Academy*. Oxford.
PBAC	*Proceedings of the Boston Area Colloquium in Ancient Philosophy*. Leiden. (Publication régulière d'un colloque annuel que l'on peut assimiler à un périodique.)
PBSA	*Papers of the British School at Athens*. London.
PBSR	*Papers of the British School at Rome*. London.
PCPhS	*Proceedings of the Cambridge Philological Society*. Cambridge. Devenu *Cambrige Classical Journal*.
Pensamiento	*Pensamiento*. Revista de investigación e información filosófica. Madrid.
PF	*The Philosophical Forum*. A philosophical quarterly. Oxford.
Ph&L	*Philosophy and Literature*. Baltimore, Md.
Ph&Rh	*Philosophy and Rhetoric*. University Park, Penn.
Ph&Th	*Philosophy and Theology*. London.
PhilComp	*Philosophy Compass*. Online journal. [s.l.]
PhilolClass	*Philologia Classica*. Saint-Pétersbourg.
Philologus	*Philologus*. Zeitschrift für klassische Philologie. Berlin.
PhilolRschau	*Philologische Rundschau*. Bremen.
PhilosAnt	*Philosophie Antique. Problèmes, renaissances, usages*. Villeneuve-d'Ascq.
PhilosForum	*The Philosophical Forum*. Hoboken, NJ.
PhilosJb	*Philosophisches Jahrbuch*. Auf Veranlassung und mit Unterstützung der Görres Gesellschaft herausgegeben... Fulda.

Philosophia	*Φιλοσοφία.* Ἐπετηρὶς τοῦ Κέντρου ἐρεύνης τῆς ἑλληνικῆς φιλοσοφίας. Athènes.
Philosophiques	*Philosophiques.* Revue de la Société de philosophie du Québec. Ville Saint-Laurent, Québec.
Philosophy	*Philosophy.* The journal of the Royal (puis : British) institute of philosophy. London.
PhilosQ	*Philosophical Quarterly.* Saint Andrews.
PhilosStud	*Philosophical Studies.* An international journal for philosophy in the analytic tradition. Dordrecht.
Philotheos	*Philotheos.* International Journal for Philosophy and Theology, Beograd/Nikšić/Trebinje.
PhInq	*Philosophical Inquiry.* Athènes.
PhM	*Philosophische Monatshefte.* Berlin/Leipzig/Heidelberg.
Phoenix	*The Phoenix.* The Journal of the Classical association of Canada. Toronto, Ontario.
PhR	*Philosophical Review.* New York.
Phrasis	*Phrasis.* Studies in Language and Literature. Gent.
Phronema	*Phronema.* St Andrew's Greek Orthodox Theological College. Sydney.
Phronesis	*Phronesis.* A Journal for ancient philosophy. Assen.
PhStud	*Philosophische Studien.* Leipzig.
PhW	*Philologische Wochenschrift.* Leipzig. (Suite de *BPhW*.)
Physis	*Physis.* Rivista di storia della scienza. Firenze.
PI	*Le Parole e le Idee.* Rivista internazionale di varia cultura. Napoli.
Platon	*Πλάτων.* Δελτίον τῆς Ἑταιρείας Ἑλλήνων Φιλολόγων. Athènes.
PLPLS	*Proceedings of the Leeds Philosophical and Literary Society. Literary and Historical Section.* Leeds.
POC	*Proche-Orient Chrétien.* Jérusalem.
Polemôn	*Πολέμων.* Ἀρχαιολογικὸν περιοδικόν. Athènes.
Polis	*Polis.* Revista de ideas y formas políticas de la Antigüedad clásica. Alcalá de Henares.

Polis (Leiden)	*Polis. The Journal for Ancient Greek Political Thought.* Leiden.
POr	*Parole de l'Orient.* Université Saint-Esprit. Kaslik.
PP	*La Parola del Passato.* Rivista di studi antichi. Napoli.
PPh	*Perspektiven der Philosophie.* Neues Jahrbuch. Amsterdam.
PPhQ	*Pacific Philosophical Quarterly.* The Faculty of the School of Philosophy, University of Southern California.
PPol	*Il Pensiero Politico.* Rivista di storia delle idee politiche e sociali. Firenze.
PPQ	*Pacific Philosophical Quarterly.* The Faculty of the School of Philosophy at the University of Southern California. [s.l.]
PraktAkadAth	Πρακτικὰ τῆς Ἀκαδημίας ἐν Ἀθήναις. Athènes.
PraktArchEt	Πρακτικὰ τῆς ἐν Ἀθήναις Ἀρχαιολογικῆς Ἑταιρείας. Athènes.
PRIA	*Proceedings of the Royal Irish Academy.* Dublin.
Primum Legere	*Primum Legere.* Annuario delle attività della Delegazione della Valle del Sarno dell'A.I.C.C. Salerno.
PrJ	*Preussische Jahrbücher.* Berlin.
Prometheus	*Prometheus.* Rivista quadrimestrale di studi classici. Firenze.
PrPh	*Prima Philosophia.* Cuxhaven.
Prudentia	*Prudentia.* A journal devoted to the intellectual history of the ancient world. Auckland, Nouvelle Zélande.
PSBA	*Proceedings of the Society of Biblical Archaeology.* London. (Pour la suite, voir *JRAS*.)
PT	*Political Theory.* An International Journal of Political Philosophy. Beverly Hills, California.
Puteoli	*Puteoli.* Studi di storia antica. Pozzuoli.
PVS	*Proceedings of the Virgil Society,* London.
Pyrenae	*Pyrenae.* Barcelona.
QFC	*Quaderni di Filologia Classica dell'Università di Trieste,* Istituto di Filol. class. Roma.
QFL	*Quaderni di Filologia Latina.* Firenze.

QGM	*Quellen und Studien zur Geschichte der Mathematik, Astronomy und Physic.* Abteilung A, Quellen – Abteilung B, Studien. Berlin.
QJRAS	*Quarterly Journal of the Royal Astronomical Society.* London.
QJS	*Quarterly Journal of Speech.* New York.
QS	*Quaderni di Storia.* Rassegna di antichità redatta nell'Istituto di storia greca e romana dell'Università di Bari. Bari.
QSGN	Voir *QGM.*
QStGM	Voir *QGM.*
QuadArcheolLib	*Quaderni di Archeologia della Libia.* Roma.
QuadAugRostagni	*Quaderni del Dipartimento di filologia, linguistica e tradizione classica Augusto Rostagni.* Bologna.
Quaestio	*Quaestio.* Annuaire d'histoire de la métaphysique. Turnhout.
QUCC	*Quaderni Urbinati di Cultura Classica.* Roma.
R&T	*Recherches et Travaux.* Angers.
RA	*Revue Archéologique.* Paris.
RAAN	*Rendiconti dell'Accademia di Archeologia, Lettere e Belle Arti di Napoli.* Napoli.
RABM	*Revista de Archivos, Bibliotecas y Museos.* Madrid.
RAf	*Revue Africaine.* Journal des travaux de la Société historique algérienne. Alger.
RAL	Atti della (-1946 : Reale) Accademia (depuis 1921 :) nazionale dei Lincei. *Rendiconti della classe di scienze morali, storiche e filologiche dell'Accademia dei Lincei.* Roma.
RAM	*Revue d'Ascétique et de Mystique* (devenue en 1972 *Revue d'Histoire de la Spiritualité*). Toulouse, puis Paris.
RAN	*Revue archéologique de Narbonnaise.* Paris.
Ramus	*Ramus.* Critical studies in Greek and Roman literature. Victoria, Australia.
RAN	*Revue Archéologique de Narbonnaise.* Paris.
RBen	*Revue Bénédictine.* Abbaye de Maredsous, Belgique.
RBi	*Revue Biblique.* Paris.

RBNum	*Revue Belge de Numismatique*. Bruxelles.
RBPH	*Revue Belge de Philologie et d'Histoire*. Mechelen.
RCCM	*Rivista Critica di Clinica Medica*. Firenze.
RCr	*Revue Critique*. Paris.
RCSF	*Rivista critica di storia della filosofia*. Firenze. (Sous ce titre est parue la *Rivista di Storia della Filosofia (RSF)* entre 1946 et 1983.)
RDAC	*Report of the Department of Antiquities, Cyprus*. Nicosia.
REA	*Revue des Études Anciennes*. Talence.
REArm	*Revue des Études Arméniennes*. Paris.
REAug	*Revue des Études Augustiniennes*. Paris.
REByz	*Revue des Études Byzantines*. Paris.
REC	*Revista de estudios clásicos*. Mendoza, Argentina.
RecAug	*Recherches Augustiniennes et Patristiques*. Paris. (Suite de *Recherches augustiniennes*.)
RecSR	*Recherches de Science Religieuse*. Paris.
REFM	*Revista española de filosofía medieval*. Sociedad de Filosofía Medieval (SOFIME). Zaragoza.
REG	*Revue des Études Grecques*. Paris.
REGC	*Revue des Études Géorgiennes et Caucasiennes*. Paris. (Suite de *Bedi Karthlisa*. Revue de kartvélologie – Études géorgiennes et caucasiennes. Destin de la Géorgie, paru de 1948 à 1984.)
REIsl	*Revue des Études Islamiques*. Paris.
REJ	*Revue des Études Juives*. Louvain.
REL	*Revue des Études Latines*. Paris.
RelStud	*Religious Studies*. Cambridge.
RenQ	*Renaissance Quarterly*. Renaissance Society of America. New York.
REPh	*Revue de l'Enseignement Philosophique*. Aurillac.
RESE	*Revue des Études Sud-est-Européennes*. Bucarest.
REspLing	*Revista Española de lingüística*. Madrid.

REspTeol	*Revista española de Teología*. Madrid.
RET	*Revue des Études Tardo-Antiques* publiée par l'Association « Textes pour l'Histoire de l'Antiquité Tardive » [s.l.].
RevAcadArDamas	*Revue de l'Académie Arabe de Damas*. Damas.
RevFilos(Madrid)	*Revista de Filosofía (Madrid)*. Instituto de Filosofía Luis Vives. Madrid.
RevHistPhilos	*Revue d'Histoire de la Philosophie*. Lille.
Revue	*Revue. Informatique et statistiques dans les sciences humaines*. Liège.
RevueMaritime	*Revue Maritime*. Informations, actualités, documentation maritime *(= Revue maritime et coloniale)*. Paris.
RevUnivComplut	*Revista de la Universidad Complutense*. Madrid.
RevHisp	*Revue Hispanique*. Paris, puis New York.
Rhetorica	*Rhetorica*. A Journal of the History of Rhetoric. Berkeley, Cal.
RF	*Rivista di Filosofia*. Torino.
RFA	*Revue de la Franco-ancienne*. Paris, Société des professeurs de français et de langues anciennes (1938-1976). (Devenu *Bulletin de la Société des professeurs de français et de langues anciennes*.)
RFHIP	*Revue française d'histoire des idées politiques*. Paris
RFIC	*Rivista di Filologia e di Istruzione Classica*. Torino/Firenze/ Roma. (De 1914 à 1949 a paru sous le titre de *Rivista di filologia classica*.)
RFN	*Rivista di Filosofia Neoscolastica*. Milano.
RFR	*Revista de Filología Románica*. Madrid.
RGI	*Rivista Geographica Italiana*. Firenze.
RH	*Revue Historique*. Paris.
RHE	*Revue d'Histoire Ecclésiastique*. Louvain.
RHEF	*Revue d'Histoire de l'Église de France*. Société d'histoire religieuse de la France. Paris.
Rhizai	*Rhizai*. A journal for ancient philosophy and science. Sofia.
RHLL	*Revista de Historia*. La Laguna.

RHLR	*Revue d'histoire et de littérature religieuses*. Paris.
RhM	*Rheinisches Museum für Philologie*. Frankfurt am Main.
RHPR	*Revue d'Histoire et de Philosophie Religieuses*. Paris.
RHR	*Revue de l'Histoire des Religions*. Paris.
RHS	*Revue d'histoire des sciences (et de leurs applications)*. Paris.
RHT	*Revue d'Histoire des Textes*. Paris.
RIASA	*Rivista dell'Istituto nazionale d'archeologia e storia dell'arte*. Roma.
RicRel	*Ricerche Religiose*. Rivista di studi storico-religiosi. Roma.
RIDA	*Revue Internationale des Droits de l'Antiquité*. Bruxelles.
RIFD	*Rivista Internazionale di Filosofia del Diritto*. Milano.
RIGI	*Rivista Indo-Greco-Italica di filologia, lingua, antichità*. Napoli.
RIL	*Rendiconti dell'Istituto Lombardo*. Classe di lettere, scienze morali e storiche. Milano.
RIMA	*Revue de l'Institut des Manuscrits Arabes*. Le Caire.
Rinascimento	*Rinascimento*. Rivista dell'Istituto nazionale di studi sul Rinascimento. Firenze.
RIO	*Revue Internationale d'Onomastique*. Paris.
RIPB	*Revue de l'instruction publique en Belgique*. Gand/Bruges/ Bruxelles.
RIPh	*Revue Internationale de Philosophie*. Paris.
RivAM	*Rivista di Ascetica e Mistica*. Firenze.
RivArcheol	*Rivista di Archeologia*. Roma.
RivArcheolCrist	*Rivista di Archeologia Cristiana*. Città del Vaticano.
RivBibl	*Rivista Biblica*. Organo dell'Associazione Biblica italiana. Roma/Firenze.
RivBol	*Rivista Bolognese di scienze e lettere*. Bologna.
RivCultClassMed	*Rivista di Cultura Classica e Medioevale*. Roma.
RivStorMed	*Rivista di Storia della Medicina*. Roma.
RLComp	*Revue de Littérature Comparée*. Paris.
RMAL	*Revue du Moyen Age Latin*. Strasbourg.

RMARC	*Royal Music Association Research Chronicle*. London.
RMetaph	*Review of Metaphysics*. A philosophical quarterly. New Haven, Conn.
RMM	*Revue de Métaphysique et de Morale*. Paris.
RNeosc	*Revue Néoscolastique de philosophie* publiée par la Société philosophique de Louvain. Louvain. (Devenu par la suite *RPhL*.)
RN	*Revue Numismatique*. Paris.
RO	*Rocznik Orientalistyczny*. Polska Akademia Nauk, Komitet Nauk Orientalistycznych. Warszawa.
ROC	*Revue de l'Orient Chrétien*. Paris.
Romanitas	*Romanitas*. Revista de Cultura Romana (Língua, Instituições e Direito). Rio de Janeiro.
ROr	*Res Orientales*. Bures-sur-Yvette.
RPAA	*Rendiconti della Pontificia Accademia di Archeologia*. Roma.
RPh	*Revue de Philologie, de littérature et d'histoire anciennes*. Paris.
RPhA	*Revue de Philosophie Ancienne*. Bruxelles.
RPhilos	*Revue Philosophique de la France et de l'étranger*. Paris.
RPhL	*Revue Philosophique de Louvain*. Louvain.
RechPhilosLang	*Recherches sur la philosophie et le langage*. Cahier du Groupe de recherches sur la philosophie et le langage – Université des sciences sociales de Grenoble. Grenoble/Paris.
RPL	*Res Publica Litterarum*. Studies in the classical tradition. Lawrence, Kansas.
RPol	*The Review of Politics*. Notre Dame, Ind.
RQA	*Römische Quartalschrift für christliche Altertumskunde und für Kirchengeschichte*. Freiburg im Breisgau.
RS	*Revue de Synthèse*. Paris.
RSA	*Rivista Storica dell'Antichità*. Bologna.
RSBN	*Rivista di Studi Bizantini e Neoellenici*. Roma. (Suite de *Studi bizantini e neoellenici*.)
RSC	*Rivista di Studi Classici*. Torino.

RSCr	*Rivista di Storia del Cristianesimo*. Brescia.
RScF	*Rassegna di Scienze Filosofiche*. Napoli.
RSCI	*Rivista di storia della Chiesa in Italia*. Roma.
RSEL	*Revista española de Lingüística*. Madrid.
RSF	*Rivista critica di Storia della Filosofia*. Firenze. (De 1946 à 1983, cette revue a paru sous le titre *Rivista critica di storia della filosofia*.)
RSI	*Rivista Storica Italiana*. Napoli.
RSLR	*Rivista di Storia e Letteratura Religiosa*. Firenze.
RSO	*Rivista degli Studi Orientali*. Roma.
RSPT	*Revue des Sciences Philosophiques et Théologiques*. Paris.
RSR	*Revue des Sciences Religieuses*. Strasbourg.
RStudLig	*Rivista di Studi Liguri*. Bordighera.
RT	*Revue Thomiste*. Toulouse.
RTAM	*Recherches de Théologie Ancienne et Médiévale*. Louvain. (Devenu *Recherches de Théologie et Philosophie Médiévales*.)
RThPh	*Revue de Théologie et de Philosophie*. Lausanne.
RTPhM	*Recherches de Théologie et Philosophie Médiévales*. Leuven. (Suite des *Recherches de Théologie Ancienne et Médiévale*.)
RTSFR	*Rivista Trimestrale di Studi Filosofici e Religiosi*. Perugia.
RUO	*Revue de l'Université d'Ottawa*. Ottawa, Ontario.
RVF	*Revista Venezolana di Filosofía*. Caracas.
S&C	*Scrittura e Civiltà*. Firenze.
S&T	*Segno e Testo*. International journal of manuscripts and text transmission. Cassino/Turnhout.
Saeculum	*Saeculum. Jahrbuch für Universalgeschichte*. Freiburg im Breisgau.
SAfrMedJ	*South African Medical Journal*. Le Cap.
Salesianum	*Salesianum*. Periodicum internationale trimestre editum a professoribus Pontificiae Studiorum Universitatis Salesianae. Roma.

SAWW	*Sitzungsberichte der Österreischischen Akademie der Wissenschaften in Wien*, Philosophisch-historische Klasse. Wien.
SBAW	*Sitzungsberichte der Bayerischen Akademie der Wissenschaften*, Philosophisch-historische Klasse. München.
SBN	*Studi bizantini e neoellenici*. Roma. (Devenu *Rivista di Studi bizantini e neoellenici*.)
ScCont	*Science in Context*. Cambridge.
ScCatt	*La Scuola Cattolica*. Rivista di scienze religiose. Milano.
Scholastik	*Scholastik*. Freiburg im Breisgau. (Devenu par la suite *Theologie und Philosophie*.)
SCI	*Scripta Classica Israelica*. Yearbook of the Israel Society for the promotion of classical studies. Jerusalem.
SCIAMUS	*SCIAMUS. Sources and Commentaries in Exact Sciences*. Tokyo.
SCO	*Studi Classici e Orientali*. Pisa.
Scrinium	*Scrinium*. Journal of Patrology, Critical Hagiography and Ecclesiastical History. Saint-Pétersbourg.
Scriptorium	*Scriptorium*. Revue internationale des études relatives aux manuscrits. Anvers/Amsterdam/Bruxelles.
ScrPhil	*Scripta Philologa*. Milano.
ScrTheol	*Scripta Theologica*, cura Ordinum Theologorum Scandinavicorum edita. Lund.
SDHI	*Studia et Documenta Historiae et Iuris*. Roma.
SEC	*Semitica et Classica*. Revue internationale d'études orientales et méditerranéennes. International Journal of Oriental and Mediterranean Studies. Turnhout.
Sefarad	*Sefarad*. Revista de la Escuela de estudios hebráicos (puis : Revista del Instituto Arias Montano de estudios hebráicos y Oriente próximo). Madrid/Barcelona.
Seia	*Seia*. Quaderni del Dipartimento di Scienze Archeologiche e Storiche dell'Antichità dell'Università di Macerata. Pisa/Roma.
SEJG	*Sacris Erudiri*. Jaarboek voor Godsdienstwetenschappen. Steenbrugge.
SemRom	*Seminari Romani di cultura greca*. Roma.

SEP	*Studi di Egittologia e di papirologia.* Rivista internazionale. Pisa.
SGA	*Studia Graeco-Arabica.* Pisa.
SGM	*Studien zur Geschichte der Medizin.* Leipzig.
SHHA	*Studia Historica - Historia antigua.* Salamanca.
SHAW	*Sitzungsberichte der Heidelberger Akademie der Wissenschaften,* Philosophisch-historische Klasse. Heidelberg.
SHAW(M)	*Sitzungsberichte der Heidelberger Akademie der Wissenschaften,* Math.-naturwiss. Klasse. Heidelberg.
SI	*Studia Islamica.* Paris.
SicGymn	*Siculorum Gymnasium.* Rassegna semestrale della Facoltà di lettere e filosofia dell'Università di Catania. Catania.
SIFC	*Studi Italiani di Filologia Classica.* Firenze.
Sileno	*Sileno.* Rivista di studi classici e cristiani. Roma.
Sképsis	*Sképsis.* São Paulo.
SMed	*Schede Medievali.* Rassegna dell'Officina di studi medievali. Palermo.
SMGB	*Studien und Mitteilungen zur Geschichte des Benediktiner-Ordens und seiner Zweige.* Sankt Ottilien.
SMSR	*Studi e Materiali di Storia delle religioni.* Roma, puis L'Aquila.
SMU	*Studi Medievali e Umanistici.* Messina/Roma.
SO	*Symbolae Osloenses,* auspiciis Societatis Graeco-Latinae. Oslo.
Sokrates	*Sokrates.* Zeitschrift für das Gymnasialwesen. Berlin.
Sophia	*Sophia.* Rivista internazionale di fonti e studi di storia della filosofia. Roma/Napoli/Padova.
SPAW	*Sitzungsberichte der (-1944 : Preußischen, puis :) Deutschen Akademie der Wissenschaften zu Berlin,* Philosophisch-historische Klasse. Berlin.
Speculum	*Speculum.* A journal of medieval studies. Medieval Academy of America. Cambridge, Mass.
SPh	*Studies in Philology,* Chapel Hill, N.C.
SPhG	*Studia Philosophica Gandansia.* Gand.

SPhP	*Symbolae Philologorum Posnanensium Graecae et Latinae*. Poznan.
SPhS	*Studia Philologica Salmanticensia*. Salamanca.
Stylos	*Stylos*. Instituto de Estudios Grecolatinos «Prof. F. Nóvoa». Buenos Aires.
SWNS	*Sprawozdania z Prac Naukowych Wydziału Nauk Społecznych*. Polska Akademia Nauk.
SR	*Studies in Religion – Sciences Religieuses*. Canadian Corporation for Studies in Religion/Corporation Canadienne des Sciences Religieuses. Waterloo, Ontario.
SRen	*Studies in the Renaissance*. New York. (Cette revue a cessé de paraître avec le tome 21 en 1974 ; pour la suite voir *RenQ*.)
StudClas	*Studii Clasice*. Soc. de Studii clasice din RSR. Bucureşti.
StudFilos	*Studi filosofici*. Annali dell'Istituto orientale di Napoli. Napoli.
StudHistPhilSc	*Studies in History and Philosophy of Science*. Oxford/New York.
StudIF	*Studi internazionali di filosofia*. Torino. (Est devenu en 1974 *International Studies in Philosophy*.)
StudIran	*Studia Iranica*. Institut français d'iranologie de Téhéran. Paris/Téhéran.
StudMed	*Studi Medievali*. Torino.
StudMedRenHist	*Studies in Medieval and Renaissance History*. New York.
StudMor	*Studia Moralia*. Rivista scientifica dell'Istituto Superiore di Teologia morale "Accademia Alfonsiana". Roma.
StudPat	*Studia Patavina*. Rivista di scienze religiose. Padova.
StudPhHPh	*Studies in Philosophy and the History of Philosophy*, Washington, D.C.
StudPhilon	*Studia Philonica*. The annual publication of the Philo Institute. Chicago, Ill.
StudPhilonAnn	*The Studia Philonica Annual*. Studies in Hellenistic Judaism. Atlanta, Ga.
StudRom	*Studi Romani*. Rivista trimestrale dell'Istituto Nazionale di Studi Romani. Roma.

StudUrb (Ser. B)	*Studi Urbinati di Storia, Filosofia e Letteratura.* Urbino.
Suhayl	*Suhayl.* International journal for the history of the exact and natural sciences in Islamic Civilisation. The Arabic department of the faculty of philology of the University of Barcelona.
SyllClass	*Syllecta Classica.* University of Iowa. Iowa City, Iowa.
Symposium	*Symposium.* Syracuse, N.Y.
Syria	*Syria.* Revue d'art oriental et d'archéologie. Paris.
TabulaRasa	*Tabula Rasa.* Jenenser Zeitschrift für kritisches Denken. Iena.
TAPhA	*Transactions and Proceedings of the American Philological Association.* Lancaster, Penn.
TAPhS	*Transactions of the American Philosophical Society.* Philadelphia, Penn.
Tarbiz	*Tarbiz.* A Quarterly for Jewish Studies. Jerusalem.
Taula	*Taula. Cuaders de pensament.* Universitat de les Illes Balears.
Temenos	*Temenos.* Studies in comparative religion presented by scholars in Denmark, Finland, Norway and Sweden. Helsinki.
TF	*Tijdschrift voor Filosofie.* Utrecht.
Th&G	*Theologie und Glaube.* Paderborn.
Th&Ph	*Theologie und Philosophie.* Freiburg im Breisgau.
ThB	*Theologische Blätter.* Leipzig.
TheolQ	*Theologische Quartalschrift.* München.
Théophilyon	*Théophilyon.* Revue des facultés de théologie et de philosophie de l'Université catholique de Lyon. Lyon.
Theoria	*Theoria.* A Swedish journal of philosophy. Stockholm.
Theta-Pi	*Theta-Pi.* A journal for Greek and early christian philosophy. Leiden.
Thetis	*Thetis.* Mannheimer Beiträge zur Klassischen Archäologie und Geschichte Griechenlands und Zyperns. Historisches Institut der Universität. Mannheim.
ThLZ	*Theologische Literaturzeitung.* Berlin.
Thomist	*The Thomist.* A speculative quarterly of theology and philosophy... Baltimore, Md.

ThQ	*Theologische Quartalschrift*. München.
ThR	*Theologische Rundschau*. Tübingen
ThS	*Theological Studies*. Baltimore, Md.
ThStKr	*Theologische Studien und Kritiken*, Gotha.
ThZ	*Theologische Zeitschrift*. Basel.
TM	*Travaux et mémoires*. Paris.
Topoi	*Τόποι. Orient-Occident*. Lyon/Paris.
Traditio	*Traditio*. Studies in ancient and medieval history, thought and religion. New York.
TSLA	*Texas Studies in Literature and Language*. Austin, Tex.
TT	*Theologisch Tijdschrift*. Amsterdam/Leiden.
TV	*Teologia y Vida*. Publicación de la Facultad de Sagrada teologia de la Universidad catolica de Chile. Santiago.
UCP	*University of California Publications in Classical Philology*. Berkeley, Calif.
Ur	*Ur*. Iraqi Cultural Center. London.
VChr	*Vigiliae Christianae*. A review of early christian life and language. Amsterdam.
VDI	*Вестник древней истории [Vestnik Drevnej Istorii]*. *Revue d'Histoire ancienne*. Moskva.
VerbDom	*Verbum Domini*. Commentarii de Re Biblica. Roma.
Verbum	*Verbum*. Revue de linguistique publiée par l'Université de Nancy II.
Verifiche	*Verifiche*. Rivista trimestrale di scienze umane. Trento.
VetChr	*Vetera Christianorum*. Istituto di Letteratura cristiana antica. Bari.
Viator	*Viator*. Medieval and Renaissance studies. Berkeley.
Vichiana	*Vichiana*. Rassegna di studi filologici e storici. Napoli.
Vivarium	*Vivarium*. A journal for mediaeval philosophy and the intellectual life of the Middle Ages. Leiden.
VKF	*Voprosy klassičeskij Filologii*. Moskva.
VL	*Vita Latina*. Avignon.

VLU	*Vestnik Leningradskogo Universiteta/Filosofija*. Leningrad.
VNGZ	*Vierteljahrsschrift der Naturforschenden Gesellschaft in Zürich*. Zürich.
W&I	*Word and Image*. London.
WaG	*Die Welt als Geschichte*. Eine Zeitschrift für Universalgeschichte. Stuttgart.
WE	*Wiener Eranos*. Wien.
WJA	*Würzburger Jahrbücher für die Altertumswissenschaft*. Würzburg.
WKPh	*Wochenschrift für Klassische Philologie*. Berlin.
WO	*Die Welt des Orients*. Wiesbaden.
WS	*Wiener Studien*. Zeitschrift für klassische Philologie und Patristik. Wien.
WZBerlin	*Wissenschaftliche Zeitschrift der Humboldt-Univ. zu Berlin, Gesellschafts- und sprachwissenschaftliche Reihe*. Berlin.
WZJena	*Wissenschaftliche Zeitschrift der Friedrich-Schiller-Universität Jena, Gesellschafts- und sprachwissenschaftliche Reihe*. Jena.
WZLeipzig	*Wissenschaftliche Zeitschrift der K.-Marx-Universität Leipzig*. Leipzig.
WZRostock	*Wissenschaftliche Zeitschrift der Universität Rostock*. Gesellschafts- und sprachwissenschaftliche Reihe. Rostock.
Xenia	*Xenia*. Rivista semestrale di antichità. Roma.
YClS	*Yale Classical Studies*. New Haven, Conn.
ZAeS	*Zeitschrift für Ägyptische Sprache und Altertumskunde*. Berlin.
Zalmoxis	*Zalmoxis*. Revue des études religieuses, Bucarest/Paris.
ZAnt	*Živa Antika*. Antiquité vivante. Skopje.
ZAss	*Zeitschrift für Assyriologie und verwandte Gebiete*. Leipzig/Weimar/Berlin.
ZATW	*Zeitschrift für die Alttestamentliche Wissenschaft*. Berlin.
ZBK	*Zeitschrift für Bildende Kunst*. Leipzig.
ZDA	*Zeitschrift für deutsches Alterthum* (puis: *und deutsche Literatur*). Leipzig, puis Berlin.

ZDMG	*Zeitschrift der Deutschen Morgenländischen Gesellschaft.* Wiesbaden.
ZfP	*Zeitschrift für Politik.* Organ d. Hochschule für politische Wissenschaften München. Berlin.
ZGAIW	*Zeitschrift für Geschichte der Arabisch-Islamischen Wissenschaften.* Institut für Geschichte der Arabisch-Islamischen Wissenschaften an der Johann Wolfgang Goethe-Universität. Frankfurt am Main.
ZKG	*Zeitschrift für Kirchengeschichte.* Stuttgart.
ZKTh	*Zeitschrift für Katholische Theologie.* Wien.
ZJKF	*Zprávy Jednoty klasických filologů* (Bulletin de l'Association des philologues classiques), publié de 1959-1992, devenu depuis 1992/1993 *Auriga: Zprávy Jednoty klasických filologů.* Praha.
ZN	*Zeitschrift für Numismatik.* Berlin.
ZNTW	*Zeitschrift für Neutestamentliche Wissenschaft und die Kunde des Urchristentums.* Berlin.
ZOeG	*Zeitschrift fur die österreichischen Gymnasien,* puis *Zeitschrift für die deutsch-österreichischen Gymnasien.* Wien. (Devenu ensuite *Wiener Studien.*)
ZPE	*Zeitschrift für Papyrologie und Epigraphik.* Bonn.
ZPhF	*Zeitschrift für Philosophische Forschung.* Meisenheim.
ZPhK	*Zeitschrift für Philosophie und philosophische Kritik.* Leipzig.
ZRG	*Zeitschrift der Savigny-Stiftung für Rechtsgeschichte. Romanistische Abteilung.* Wien.
ZRGG	*Zeitschrift für Religions- und Geistesgeschichte.* Leiden/Köln.
ZSVG	*Zeitschrift für Semitistik und verwandte Gebiete.* Deutsche Morgenländische Gesellschaft. Leipzig.
ZWTh	*Zeitschrift für die Wissenschaftliche Theologie.* Iena.

II. Collections, dictionnaires et ouvrages de référence

ACA	Coll. « The Ancient Commentators on Aristotle ». A series of english translations with introductions and indexes, ed. R. Sorabji, London/Ithaca (N. Y.).
ACO	*Acta Conciliorum Œcumenicorum*, ed. E. Schwartz, Berlin 1914 – .
ANF	*Ante-Nicene Fathers*, Buffalo, N.Y. 1867 – .
ANL	*Ante-Nicene Christian Library*, Edinburgh 1864 – .
ANRW	*Aufstieg und Niedergang der römischen Welt.* Geschichte und Kultur Roms im Spiegel der neueren Forschung, Berlin 1972 – .
AugLex	*Augustinus-Lexikon*, Basel 1986 – .
AvP	*Altertümer von Pergamon*, Berlin/Leipzig 1885 – .
BA	Coll. « Bibliothèque augustinienne », Paris.
BBK	Fr. W. Bautz et T. Bautz (édit.), *Biographisch-Biblio-graphisches Kirchenlexikon, Hamm, Westf., puis Herzberg 1970 – .*
BEA	*The Biographical Encyclopedia of Astronomers*, ed. Th. Hockey, Heidelberg 2007, 2 vol.
BEFAR	Coll. « Bibliothèque des Écoles françaises d'Athènes et de Rome », Paris.
BGU	*Aegyptische Urkunden aus den königlichen Museen zu Berlin*, Berlin 1896-1911.
BHG³	*Bibliotheca Hagiographica Graeca*, coll. «Subsidia Hagiographica» 8a, 3e éd. mise à jour et considérable-ment augmentée par Fr. Halkin, Bruxelles 1957, 3 vol.
BMC	*Catalogue of the Greek coins in the British museum*, London 1873-1927, réimpr. Bologna 1979 – .
BT	Coll. « Bibliotheca Scriptorum Graecorum et Romano-rum Teubneriana », Leipzig/Stuttgart.
BUL	*Biblioteca Universale Laterza*, Roma/Bari.
CAAG	M. Berthelot, C.-E. Ruelle, *Collection des anciens alchimistes grecs*, 3 vol., Paris 1888-1889.
CAG	*Commentaria in Aristotelem Graeca*, edita consilio et auctoritate Academiae Litterarum Regiae Borussicae, Berlin 1891-1909.

CAGL	*Commentaria in Aristotelem Graeca : versiones Latinae temporis resuscitatarum litterarum*, ed. Charles [H.] Lohr.
Catholicisme	*Catholicisme, hier, aujourd'hui, demain.* Encyclopédie publiée sous le patronage de l'Institut Catholique de Lille, Paris.
CCAG	Coll. «Catalogus Codicum Astrologorum Graecorum», t. I-XII, Bruxelles 1898-1953.
CCCM	Coll. «Corpus Christianorum», Series *Continuatio Mediaevalis*, Turnhout 1971 – .
CCG	Coll. «Corpus Christianorum», Series Graeca, Turnhout 1977 – .
CCL	Coll. «Corpus Christianorum», Series Latina, Turnhout 1953 – .
CFHB	*Corpus Fontium Historiae Byzantinae* consilio societatis internationalis studiis byzantinis provehendis destinatae editum.
CGFr	*Comicorum Graecorum Fragmenta*, ed. G. Kaibel, Berlin 1899.
CGL	*Corpus Glossariorum Latinorum*, a G. Loewe incohatum ed. G. Götz, Leipzig 1888-1923, 7 vol.; réimpr. Amsterdam 1964.
CHPLA	*The Cambridge History of Philosophy in Late Antiquity*, ed. L. P. Gerson, Cambridge University Press, 2010, 2 vol.
CIG	*Corpus Inscriptionum Graecarum*. 4 vol., Berlin 1828-1859.
CIL	*Corpus Inscriptionum Latinarum*, Berlin 1863 – .
CLCAG	Coll. «Corpus Latinum Commentariorum in Aristotelem Graecorum», Paris/Louvain. *Supplementa*, Paris/Louvain/Leiden.
CLE	[*Anthologia Latina sive poesis latinae supplementum*, coll. *BT*, Leipzig 1894-1930, t. II:] *Carmina Latina Epigraphica*, 1-2, ed. F. Bücheler. Leipzig 1895-1897. 3. *Supplementum*, ed. E. Lommatzsch. Leipzig 1926.
CMAG	Coll. «Catalogue des Manuscrits Alchimiques Grecs», 8 vol., Bruxelles 1924-1932.
CMG	Coll. «Corpus Medicorum Graecorum», Leipzig/Berlin 1908 – .

CML	Coll. «Corpus Medicorum Latinorum», Leipzig/ Berlin 1915-1928 ; 1963 –.
CPF	*Corpus dei papiri filosofici greci e latini. Testi e lessico nei papiri di cultura greca e latina*, Parte I : *Autori Noti*, vol. 1*, Firenze 1989 ; 1**, Firenze 1992 ; 1***, Firenze 1999 ; Parte III : *Commentari*, 1995 ; Parte IV, 1-2 : Indici. Tavole, Firenze 2002.
CPG	*Clavis Patrum Graecorum*, ed. M. Geerard, 5 vol., Turnhout 1974-1987.
CPGS	*Clavis Patrum Graecorum - Supplementum*, cura et studio M. Geerard et J. Noret, Turnhout 1998
CPJud	*Corpus papyrorum judaicarum*. Cambridge, Mass. 1957-1964.
CPL	*Clavis Patrum Latinorum*, ed. E. Dekkers (1961), 2ᵉ éd., Steenbrugge 1961.
CSCO	*Corpus Scriptorum Christianorum Orientalium*, ed. I.B. Chabot, I. Guidi *et alii*, Paris/Leipzig/Louvain, 1903 – .
CSEL	Coll. «Corpus Scriptorum Ecclesiasticorum Latinorum», Wien 1866 – .
CSHB	*Corpus Scriptorum Historiae Byzantinae*, Bonn 1828-1897.
CUF	«Collection des Universités de France», Paris.
DAGR	C. Daremberg et E. Saglio (édit.), *Dictionnaire des Antiquités Grecques et Romaines*, Paris 1877-1919.
DCB	*A Dictionary of Christian biography, literature, sects and doctrines*, ed. W. Smith et H. Wace, London 1877-1887, 4 vol. ; réimpr. New York 1984.
DDG	H. Diels (édit.), *Doxographi Graeci* collegit recensuit prolegomenis indicibusque instruxit H.D., Berlin 1879, réimpr. Berlin 1958.
DECA	*Dictionnaire encyclopédique du christianisme ancien*, adapt. française sous la dir. de François Vial, Paris 1990 – ; traduction française du *DPAC*.
Dessau	voir *ILS*.
DGRB	*Dictionary of Greek and Roman Biography and mythology*, ed. W. Smith, London 1853-1856, 3 vol.
DHGE	*Dictionnaire d'Histoire et de Géographie Ecclésiastiques*, éd. A. Baudrillart, Paris 1912 – .

DHI   *Dictionary of the history of ideas : studies of selected pivotal ideas*, ed. Philip P. Wiener, New York 1973-1974.

DK   *Die Fragmente der Vorsokratiker. Griechisch und Deutsch* von Hermann Diels (1903), 6. verbesserte Auflage, hrsg. von W. Kranz, t. I, Zürich 1951 ; t. II, Zürich 1952 ; t. III : *Wortindex, Namen- und Stellenregister*, Zürich 1952.

DPAC   *Dizionario patristico e di antichità cristiane*, ed. Angelo Di Berardino, Casale Monferrato 1983-1988, comprend : vol. 1 : A-F ; vol. 2 : G-Z ; vol. 3 : Atlante patristico, indici.

DPhA   *Dictionnaire des Philosophes Antiques*, publié sous la direction de R. Goulet, Paris 1989 – .

DSB   *Dictionary of Scientific Biography*, New York 1970-1980.

DSp   *Dictionnaire de Spiritualité*, ed. M. Viller, Paris 1932 – .

DTC   *Dictionnaire de Théologie Catholique*, ed. A. Vacant, E. Mangenot et E. Amann, Paris 1903-1950.

EAA   *Enciclopedia dell'Arte Antica classica e orientale*, Roma 1958-1984.

EI^2 *Encyclopédie de l'Islam*. Nouvelle édition, Leiden/New York/Köln/Paris 1960 – .

EncIran   *Encyclopaedia iranica*, London/Boston 1982- .

EncJud   *Encyclopaedia Judaica*, Jerusalem.

EOS   *Epigrafia e ordine senatorio : Atti del colloquio internazionale AIEGL, Roma 14-20 Maggio 1981*, 2 vol., Roma 1982.

EPRO   Coll. « Études préliminaires aux religions orientales dans l'Empire romain », Leiden 1961-1990.

ER   *The Encyclopedia of Religion*, ed. M. Eliade, New York 1987, 16 vol.

FAC   *The Fragments of Attic Comedy*, after Meineke, Bergk and Koch, augmented, newly edited with their contexts, annotated and completely translated into English verse by J. M. Edmonds, Leiden 1957-1961.

FD   *Fouilles de Delphes*, t. III : *Épigraphie*, Paris 1929 – .

FGrHist	F. Jacoby, *Die Fragmente der griechischen Historiker*, t. I-III C 2, Berlin/Leiden, 1923-1958 ; « vermehrte Neudrucke », Leiden 1954 – .
FGrHistContinued	*Die Fragmente der griechischen Historiker continued*. Leiden 1998-.
FHG	*Fragmenta Historicorum Graecorum*, ed. C. et Th. Müller, 5 vol., Paris 1841-1870.
FIRA	S. Riccobono, J. Baviera, V. Arangio-Ruiz *et alii* (édit.), *Fontes Iuris Romani Anteiustiniani (Leges, auctores, leges saeculares), in usum scholarum* [1908], 2e éd., Firenze 1940-1943, 3 vol.
FPhG	*Fragmenta Philosophorum Graecorum*, ed. F. W. A. Mullach, 3 vol., Paris 1860-1881.
GAL, S. I, II, III	C. Brockelmann, *Geschichte der Arabischen Litteratur*, t. I, Weimar 1898 ; t. II, Berlin 1902 ; *Suppl.* I, II, III. Leiden 1937-1942.
GAS	*Geschichte des arabischen Schrifttums*. Leiden, puis Frankfurt 1967 –. . Quinze tomes parus.
GCS	Coll. « Die griechischen christlichen Schriftsteller der ersten (drei) Jahrhunderte », Berlin 1897 – .
GGLA	F. Susemihl, *Geschichte der griechischen Litteratur in der Alexandrinerzeit*, t. I, Leipzig 1891 ; t. II, Leipzig 1892.
GGM	*Geographi Graeci Minores*, ed. C. Muller. 2 vol. et 1 atlas, Paris 1855-1861.
GGP, Antike 1	Fr. Überweg, *Grundriss der Geschichte der Philosophie*, Völlig neubearbeitete Ausgabe, *Die Philosophie der Antike*, Band 1 : *Frühgriechische Philosophie*, hrsg. von Hellmut Flashar, Dieter Bremer et Georg Rechenauer, Basel 2013, 2 vol.
GGP, Antike 2/1	Fr. Überweg, *Grundriss der Geschichte der Philosophie*, Völlig neubearbeitete Ausgabe, *Die Philosophie der Antike*, Band 2/1 : *Sophistik, Sokrates-Sokratik, Mathematik, Medizin*, von K. Döring, H. Flashar, G. B. Kerferd, C. Osing-Grote, H.-J. Washkies, hrsg. von H. Flashar, Basel/Stuttgart 1998.
GGP, Antike 2/2	Fr. Überweg, *Grundriss der Geschichte der Philosophie*, Völlig neubearbeitete Ausgabe, *Die Philosophie der Antike*, Band 2/2 : *Platon*, hrsg. von Michael Erler, Basel 2007.

GGP, Antike 3	Fr. Überweg, *Grundriss der Geschichte der Philosophie*, Völlig neubearbeitete Ausgabe, *Die Philosophie der Antike*, Band 3: *Ältere Akademie – Aristoteles – Peripatos*, hrsg. von Hellmut Flashar, Basel/Stuttgart 1983.
GGP, Antike 4	Fr. Überweg, *Grundriss der Geschichte der Philosophie*, Völlig neubearbeitete Ausgabe, *Die Philosophie der Antike*, Band 4: *Die hellenistische Philosophie*, von M. Erler, H. Flashar, G. Gawlick, W. Görler und P. Steinmetz, hrsg. von H. Flashar, Basel/Stuttgart 1994, en deux volumes
GRF	*Grammaticae Romanae Fragmenta*, ed. H. Funaioli, coll. *BT*, t. I (seul paru), Leipzig 1907, réimpr. Stuttgart 1969.
HLL	*Handbuch der lateinischen Literatur der Antike*, herausgegeben von R. Herzog (†) und P. L. Schmidt, coll. «Handbuch der Altertumswissenschaften», München 1989 – . Traduction française : *NHLL* = *Nouvelle histoire de la littérature latine*. Éd. française sous la dir. de G. Nauroy, Turnhout/Paris 1993 – .
HLLA	Voir *HLL*.
HWPh	J. Ritter et K. Gründer (édit.), *Historisches Wörterbuch der Philosophie*, völlig neubearb. Ausg. des *Wörterbuchs der philosophischen Begriffe* von R. Eisler, Basel/Stuttgart 1971 –.
IBM	*Ancient Greek Inscriptions in the British Museum*, Oxford 1874-1916, 4 vol., index.
ICUR	*Inscriptiones Christianae Urbis Romae septimo saeculo antiquiores colligere coepit Joannes Baptista De Rossi complevit et edidit Antonius Ferrua S.I. auctoritate Pont. Instituti Archaeologiae Christianae Societatis Romanae ab Historia Patria, Nova Series, vol. VII: Coemeteria Viae Tiburtinae*, Vatican 1980.
ID	*Inscriptions de Délos*, Paris 1926-1972, 7 vol.
I Eleusis	K. Clinton (édit.), *Eleusis. The Inscriptions on stone. Documents of the Sanctuary of the two Goddesses and Public Documents of the Deme*, coll. «The Archaeological Society at Athens Library» 236, Athènes 2005.

IG	*Inscriptiones Graecae, consilio et auctoritate Academiae Litterarum (Regiae) Borussicae. Ed. maior*, Berlin 1873 – .
IG²	*Inscriptiones Graecae, editio minor*, Berlin 1913 – .
IGR	*Inscriptiones Graecae ad res Romanas pertinentes*, ed. R. Cagnat, J. Toutain *et alii*, Paris 1906-1927.
IGUR	L. Moretti (édit.), *Inscriptiones Graecae Urbis Romae*, coll. « Studi pubblicati dall'Istituto Italiano per la storia antica » 17, 22 (1-2), 28, Roma 1968, 1973 et 1979.
IK	Coll. « Inschriften griechischen Städte Kleinasien », Bonn.
ILAfr	*Inscriptions latines d'Afrique (Tripolitaine, Tunisie et Maroc)*, ed. R. Cagnat, A. Merlin et L. Chatelain. Paris 1923.
ILJug	A. et J. Sasel (édit.), *Inscriptiones Latinae quae in Iugoslavia (...) repertae et editae sunt*, coll. « Situla. Dissertationes Musei nationalis Labacensis » 5, 19 et 25, Ljubljana 1963-1986, trois vol. parus.
ILS	H. Dessau (édit.), *Inscriptiones Latinae Selectae*, 3 tomes en 5 vol., Berlin 1892-1916, réimpr. Berlin 1954-1955.
KP	*Der Kleine Pauly*. Lexikon der Antike auf der Grundlage von Pauly's Realencyclopädie der classischen Altertumswissenschaft unter Mitwirkung zahlreicher Fachgelehrter bearbeitet und herausgegeben von K. Ziegler und W. Sontheimer, 5 vol., Stuttgart 1964-1975.
LAA	P. Kroh (édit.), *Lexikon der antiken Autoren*, coll. « Kröners Taschenausgabe » 366, Stuttgart 1972, XVI-675 p.
LAW	*Lexikon der alten Welt*, Zürich/Stuttgart 1965.
LCI	*Lexikon für Christliche Ikonographie*, Freiburg im Breisgau 1968-1976.
LCL	Coll. « The Loeb Classical Library », London/Cambridge (Mass.) 1912 – .
LGPN	*Lexicon of Greek Personal Names*, t. I : *The Aegean islands, Cyprus, Cyrenaica*, by P. M. Fraser et E.

Matthews, Oxford 1987; t. II: *Attica*, ed. by M. J. Osborne and S. G. Byrne, Oxford 1994; t. II A: nouvelle édition parue en 2007; t. III A: *The Peloponnese, Western Greece, Sicily and Magna Graecia*, ed. by P. M. Fraser and E. Matthews, Oxford 1997; t. III B: *Central Greece: From the Megarid to Thessaly*, ed. by P. M. Fraser and E. Matthews, Oxford 2000; t. IV: *Macedonia, Thrace, Northern Shores of the Black Sea*, ed. P. M. Fraser, E. Matthews, R. W. V. Catling, Oxford 2005; t. V A: *Coastal Asia Minor. Pontos to Ionia*, ed. by T. Corsten, Oxford 2010.

LIMC	*Lexicon Iconographicum Mythologiae Classicae*, Zürich/München 1981 – .
LSJ	*A Greek-English Lexicon*, compiled by H. G. Liddell and R. Scott, revised and augmented throughout by H. S. Jones with the assistance of R. McKenzie, with a Supplement 1968 (remplaçant les *Addenda et corrigenda* de la 9e éd. de 1940), Oxford 1968; nouvelle édition, « with a revised supplement 1996 », Oxford 1996.
LSO	J. Suolahti, M. Steinby *et alii*, *Lateres signati Ostienses*, coll. « Acta Instituti Romani Finlandiae », t. I, Roma 1978.
LTK	*Lexikon für Theologie und Kirche*, Freiburg im Breisgau 1930-1938, 2e éd., 1957-1968.
LTUR	E. M. Steinby (édit.), *Lexicon Topographicum Urbis Romae*, I-VI, Roma 1993-2000.
MAMA	*Monumenta Asiae Minoris Antiquae*, Manchester 1928-1956.
MGH	*Monumenta Germaniae historica inde ab anno Christi quingentesimo usque ad annum millesimum et quingentesimum*, ed. Societas aperiendis fontibus Germanicarum medii aevi, Hannover 1826 – .
MJBK	*Münchner Jahrbuch der Bildenden Kunst*. München.
MLAA	O. Schütze (édit.), *Metzler Lexikon Antiker Autoren*, Stuttgart/Weimar 1997.
MMR	T. Robert S. Broughton, *The magistrates of the Roman republic*, with the collab. of Marcia L. Patterson, coll. « Philological monographs / American philological association » 15, 3 volumes: Vol. I: 509 B.C.-100

	B.C.; Vol. II: 99 B.C.-31 B.C.; Vol. III: Supplement, Atlanta, Georgia 1968-1986.
MvP	H. von Fritze, *Die Münzen von Pergamon*, Berlin 1910, 108 p.
NHLL	Voir *HLL*.
NP	*Der Neue Pauly. Enzyklopädie der Antike*, hrsg. von H. Cancik und H. Schneider, Stuttgart/Weimar 1996-2003.
OCD	*The Oxford Classical Dictionary*, edited by N.G.L. Hammond and H.H. Scullard, 2ᵉ éd., Oxford 1970; 3ᵉ éd. by S. Hornblower and A. Spawforth, Oxford 1996.
OCT	Coll. « Oxford Classical Texts ». Oxford.
ODB	*The Oxford Dictionary of Byzantium*, ed. by Alexander P. Kazhdan, Alice-Mary Talbot, Anthony Cutler, Timothy E. Gregory [*et al.*], Oxford 1991, 3 vol.
OECS	Coll. « Oxford Early Christian Studies ». Oxford.
OGIS	*Orientis Graeci Inscriptiones Selectae*, ed. W. Dittenberger, 2 vol., Leipzig 1903-1905 ; réimpr. Hildesheim 1960.
OPA	Coll. « Les œuvres de Philon d'Alexandrie », Paris 1961 – .
PA	J. Kirchner, *Prosopographia Attica*, t. I : Berlin 1901 ; t. II : Berlin 1903.
PAA	J. Traill, *Persons of Ancient Athens*, 21 vol., Toronto 1994-2012.
Page *FGE*	*Further Greek epigrams. Epigrams before A.D. 50 from the Greek anthology and other sources, not included in "Hellenistic epigrams" or "The Garland of Philip"*, by D.L. Page, Cambridge 1981.
PCBE	*Prosopographie chrétienne du Bas-Empire*. Tome I : A. Mandouze (édit.), *Prosopographie de l'Afrique chrétienne (303-533)*, Paris 1982. Tome II : Ch. Pietri et Luce Pietri (édit.), *Prosopographie de l'Italie chrétienne (313-604)*, 2 vol., Rome 1999-2000.
PCG	R. Kassel et C. Austin (édit.), *Poetae Comici Graeci*, Berlin 1983-1995, huit tomes.

PG	*Patrologiae cursus completus…*, ed. J.-P. Migne, Series Graeca, 161 volumes, Paris 1857-1866.
PGM	*Papyri Graecae Magicae. Die griechischen Zauber-papyri*, ed. K. Preisendanz, 2 vol., Leipzig/Berlin 1928-1931.
PIR	H. Dessau, E. Klebs et P. von Rohden (édit.), *Proso-pographia Imperii Romani saeculorum I, II, III*, Berlin 1897-1898.
PIR²	E. Groag, A. Stein et L. Petersen (édit.), *Prosopo-graphia Imperii Romani saeculorum* I, II, III, *editio secunda*, Berlin 1933 – .
PL	*Patrologiae cursus completus…*, ed. J.-P. Migne, Series Latina, 217 volumes, Paris 1844-1855.
PLRE	*Prosopography of the Later Roman Empire*, t. I (260-395) ed. A. H. M. Jones, J. R. Martindale & J. Morris, Cambridge 1971 ; t. II (395-527), ed. J. R. Martindale (édit.), Cambridge 1980 ; t. III a et b (527-641), ed. J. R. Martindale (édit.), Cambridge 1992.
PmbZ	*Prosopographie der mittelbyzantinischen Zeit, hrsg. von der Berlin-Brandenburgischen Akademie der Wissenschaften. Erste Abteilung (641-867)*, nach Vorarbeiten F. Winkelmanns erstellt von Ralph-Johannes Lilie… [*et al.*], Berlin 1999-2002, 7 vol.
PO	*Patrologia Orientalis*, ed. R. Graffin et F. Nau, Paris 1903 – .
PP	*Prosopographia Ptolemaica*.
PTA	Coll. « Papyrologische Texte und Abhandlungen », Bonn 1968.
PTS	Coll. « Patristische Texte und Studien », Berlin 1963 –.
PVP I	L. Brisson, M.-O. Goulet-Cazé, R. Goulet et D. O'Brien (édit.), *Porphyre, La Vie de Plotin*, I. *Travaux préliminaires et index grec complet*. Avec une préface de Jean Pépin, coll. « Histoire des doctri-nes de l'antiquité classique » 6, Paris 1982.
PVP II	L. Brisson *et alii*, *Porphyre, La Vie de Plotin*, II. *Études et introduction, texte grec et traduction française, commentaire, notes complémentaires,*

	bibliographie. Préf. de Jean Pépin, coll. « Histoire des doctrines de l'antiquité classique » 16, Paris 1992.
QGFF	Coll. « Quaderni del Giornale Filologico Ferrarese ». Ferrara.
RAC	*Reallexikon für Antike und Christentum,* ed. T. Klauser, Leipzig 1941, puis Stuttgart 1950 – .
RE	*Paulys Realencyclopädie der classischen Altertums-wissenschaft.* Neue Bearbeitung begonnen von G. Wissowa, fortgeführt von W. Kroll und K. Mittelhaus unter Mitwirkung zahlreicher Fach-genossen, Stuttgart/München 1893-1972 ; Register der Nachträge und Supplement von H. Gärtner und A. Wünsch, München 1980. Voir aussi *RESuppl.*
RECAM	*Regional Epigraphic Catalogues of Asia Minor,* t. II : St. Mitchell. *The Ankara District, The Inscriptions of North Galatia.* With the assistance of David French and Jean Greenhalgh, coll. « British Archaeological Reports, International Series » 135, Oxford 1982.
R(E)PThK	*Real-Encyclopädie für Protestantische Theologie und Kirche,* 3e éd., Leipzig 1896-1913.
RESuppl.	*Paulys Realencyclopädie der classischen Altertums-wissenschaft,* Neue Bearbeitung unter Mitwirkung zahlreicher Fachgenossen, *Supplementbände* I-XV, 1903-1978.
RGA	*Reallexikon der Germanischen Altertumskunde.* Berlin/New York.
RGG	*Die Religion in Geschichte und Gegenwart,* 3e éd., Tübingen 1957-1965.
RIC	*The Roman Imperial Coinage.* London 1923 – .
RPC	A. Burnett, M. Amandry, P. P. Ripollès, *Roman Pro-vincial Coinage,* t. I, London/Paris, 1992.
RUSCH	Coll. « Rutgers University Studies in Classical Huma-nities », New Brunswick, N. J./Oxford.
SC	Coll. « Sources Chrétiennes », Paris 1941 – .
SEG	*Supplementum Epigraphicum Graecum,* Leiden, puis Amsterdam 1923 – .
SEGO	R. Merkelbach et J. Stauber, *Steineepigramme aus dem griechischen Osten,* Stuttgart/Leipzig 1998-2003.

SGDI	*Sammlung der griechischen Dialekt-Inschriften* von F. Bechtel, A. Bezzenberger [u. a.]. Herausgegeben von Dr. Hermann Collitz. Göttingen 1884-1915.
SGLG	*Sammlung Griechischer & Lateinischer Grammatiker*, hrsg. von K. Alpers, H. Erbse, A. Kleinlogel, Berlin/New York 1974 – .
SIG	W. Dittenberger (édit.), *Sylloge Inscriptionum Graecarum*, 4 vol., Leipzig 1883, 3ᵉ éd. Leipzig 1915-1924.
SPB	Coll. « Studia Patristica et Byzantina », Ettal 1953 –.
SR / SSR	Giannantoni G. (édit.), *Socraticorum Reliquiae* collegit, disposuit, apparatibus notisque instruxit G. G., [Roma/Napoli] 1983-1985, 4 vol. L'ensemble a été repris et élargi dans *Socratis et Socraticorum Reliquiae* collegit, disposuit, apparatibus notisque instruxit Gabriele Giannantoni, coll. « Elenchos » 18, Napoli 1990, 4 vol. Les tomes I et II (XII-521 p. et XII-652 p.) contiennent les textes, le tome III (301 p.) un *Conspectus librorum*, un *Index fontium* et un *Index nominum*, le tome IV (XII-609 p.) le commentaire (sous forme de 56 notes développées).
ST	Coll. « Studi e Testi », Cité du Vatican 1900 – .
STB	Coll. « Studien und Texte zur Byzantinistik », Frankfurt am Main/Berlin/Bern 1994 – .
Stud. Pal.	*Studien zur Palaeographie und Papyruskunde*, hrsg. von Dr. Carl Wessely. Leipzig 1904 – .
Suppl. Arist.	*Supplementum Aristotelicum*, editum consilio et auctoritate Academiae litterarum regiae Borussicae, 3 tomes en 2 vol. chacun, Berlin 1886-1893.
Suppl. Hell.	H. Lloyd-Jones et P. Parsons (édit.), *Supplementum Hellenisticum*. Indices in hoc Supplementum necnon in Powellii *Collectanea Alexandrina* confecit H.-G. Nesselrath, coll. « Texte und Kommentare » 11, Berlin 1983, XXXII-863 p.
SupplVChr	Coll. « Supplements to *Vigiliae Christianae* ». Leiden.
SVF	*Stoicorum Veterum Fragmenta* collegit Ioannes ab Arnim, t. I : *Zeno et Zenonis discipuli*, Leipzig 1905 ; t. II : *Chrysippi fragmenta logica et physica*, Leipzig 1903 ; t. III : *Chrysippi fragmenta moralia. Fragmenta successorum Chrysippi*, Leipzig 1903 ; t. IV : *Indices*, ed. M. Adler, Leipzig 1924.

TAM	*Tituli Asiae Minoris*, Wien 1901 – .
TGF	*Tragicorum Graecorum Fragmenta*, t. I, Editor Bruno Snell, editio correctior et addendis aucta curavit Richard Kannicht, Göttingen 1986.
TRE	*Theologische Realenzyklopädie*, Berlin 1976 – .
TU	Coll. « Texte und Untersuchungen zur Geschichte der altchristlichen Literatur », Leipzig/Berlin 1882 – .
WdF	Coll. « Wege der Forschung », Darmstadt.

III. Références complètes des études et éditions
citées de façon abrégée

ATHANASSIADI Polymnia, *Damascius. The Philosophical History*. Text with translation and notes, Apameia 1999, 403 p.

BAILLET J., *Inscriptions grecques et latines des tombeaux des rois ou Syringes*, coll. « Mémoires publiés par l'Institut français d'archéologie orientale du Caire » 42, 1-4, Le Caire 1920-1926, 4 vol., 625 p. (en pagination continue) et CXVI p.

BARIGAZZI A., *Favorino di Arelate, Opere*. Introduzione, testo critico e commento, coll. « Testi greci e latini con commento filologico » 4, Firenze 1966, XII-610 p.

BECHTEL Fr., *Die historischen Personennamen des Griechischen bis zur Kaiserzeit*, Halle 1917, réimpr. Hildesheim 1982, XVI-637 p.

DI BRANCO, Marco, *La città dei filosofi. Storia di Atene da Marco Aurelio a Giustiniano, con un'appendice su "Atene immaginaria" nella letteratura bizantino*, Prefazione di Giovanni Pugliese Carratelli, coll. « Civiltà veneziana - Studi » 51, Firenze 2006, XVI-299 p.

BRISSON L., « Notices sur les noms propres [mentionnés dans la *Vie de Plotin*] », dans l'ouvrage collectif *Porphyre. La Vie de Plotin*, t. I : *Travaux préliminaires et index grec complet* par L. Brisson, M.-O. Goulet-Cazé, R. Goulet et D. O'Brien. Préface de J. Pépin, coll. « Histoire des doctrines de l'Antiquité classique » 6, Paris 1982, p. 49-142.

BROWN Helen Ann, *Philosophorum Pythagoreorum collectionis specimen*, Diss. Chicago (Illinois) 1941.

BURKERT W., *Lore and Science in Ancient Pythagoreanism*, Cambridge (Mass.) 1972, 535 p. (trad. revue de *Weisheit und Wissenschaft : Studien zu Pythagoras, Philolaos und Platon*, Nürnberg 1962).

CASTNER C.J., *Prosopography of Roman Epicureans from the Second Century B.C. to the Second Century A.D.*, coll. « Studien zur klassischen Philologie » 34, Frankfurt am Main 1988 (2ᵉ éd. 1991), XIX-116 p.

COURCELLE P., *Les Lettres grecques en Occident de Macrobe à Cassiodore*, coll. *BEFAR* 159, Nouvelle édition revue et augmentée, Paris 1948, XVI-440 p.

CRÖNERT W., *Kolotes und Menedemos. Texte und Untersuchungen zur Philosophen- und Literaturgeschichte*. Mit einem Beitrag von P. Jouguet und P. Perdrizet und einer Lichtdrucktafel, coll. « Studien zur Palaeographie und Papyruskunde » 6, Leipzig 1906, réimpr. Amsterdam 1965, [II]-198 p.

DAVIES J.K., *Athenian Propertied Families 600-300 B.C.*, Oxford 1971, XXXII-653 p.

DEGRASSI A., *I fasti consulari dell'impero Romano dal 30 avanti Cristo al 613 dopo Cristo*, coll. « Sussidi eruditi » 3, Roma 1952, XVIII-289 p.

DEICHGRÄBER K., *Die griechische Empirikerschule. Sammlung der Fragmente und Darstellung der Lehre*, Berlin 1930, VIII-398 p.; réimpr. (augmentée de notes complémentaires sur les fragments déjà publiés, ainsi que de nouveaux fragments et des extraits de la traduction anglaise par R. Walzer de la version arabe du traité *Sur l'expérience médicale* de Galien, p. 399-425), Zürich 1965.

DELATTRE Daniel et Jackie PIGEAUD, *Les Épicuriens*, coll. « Bibliothèque de la Pléiade » 564, Paris 2010, LXIX-1481 p.

DIELS H. (édit.), *Doxographi Graeci* collegit recensuit prolegomenis indicibusque instruxit H.D., Berlin 1879, réimpr. Berlin 1958, X-854 p.

DILLON J.M., *The Middle Platonists. A study of Platonism 80 B.C. to 220 A.D.*, London 1977 (1996²), XVIII-429 p.

DILLON J. et J. HERSHBELL (édit.), *Iamblichus, On the Pythagorean Way of Life*. Text, translation, and notes, coll. « Texts and translations » 29, « Graeco-Roman Religion Series » 11, Atlanta (Georgia), Society of Biblical Literature, 1991, X-285 p.

DÖRING K., *Die Megariker. Kommentierte Sammlung der Testimonien*, coll. « Studien zur antiken Philosophie » 2, Amsterdam 1972, XII-185 p.

DORANDI T. (édit.), *Filodemo, Storia dei filosofi* [.]: *Platone e l'Academia*, coll. « La Scuola di Epicuro » 12, Napoli 1991, 293 p.

DORANDI T. (édit.), *Filodemo, Storia dei filosofi. La Stoà da Zenone a Panezio (PHerc. 1018)*. Edizione, traduzione e commento, coll. « Philosophia Antiqua » 60, Leiden 1993, XVI-189 p.

DORANDI T., *Ricerche sulla cronologia dei filosofi ellenistici*, coll. « Beiträge zur Altertumskunde » 19, Stuttgart 1991, XVI-92 p.

DUDLEY D.R., *A History of Cynicism from Diogenes to the 6th Century A.D.*, London 1937, XIV-224 p.

DUMONT J.-P. (édit.), *Les Présocratiques*. Édition établie par J.-P. Dumont avec la collaboration de D. Delattre et de J.-P. Poirier, coll. « Bibliothèque de la Pléiade » 345, Paris 1988, XXVIII-1625 p.

FERRARY J.-L., *Philhellénisme et impérialisme. Aspects idéologiques de la conquête romaine du monde hellénistique, de la seconde guerre de Macédoine à la guerre contre Mithridate*, coll. BEFAR 271, Rome/Paris, 1988, XVI-690 p.

FIDELER D.R. (édit.), *The Pythagorean Sourcebook and Library. An Anthology of ancient writings which relate to Pythagoras and Pythagorean Philosophy*.

Compiled and translated by K.S. Guthrie, with additional translations by
T. Taylor and A. Fairbanks Jr. Introduced and edited by D.R. Fideler, with a
foreword by Joscelyn Godwin, Grand Rapids 1987, 361 p.

FRASER P.M., *Ptolemaic Alexandria*, Oxford 1972, t. I: Text, XVI-812 p.; t. II:
Notes, XIV-1116 p.; t. III: Indexes, 157 p.

FREEMAN K., *The Pre-Socratic Philosophers*. A Companion to Diels, *Fragmente
der Vorsokratiker*, Oxford 1946, 2ᵉ éd., Oxford 1966, XVI-486 p.

FREEMAN K., *Ancilla to The Pre-Socratic Philosophers*. A complete translation of
the Fragments in Diels, *Fragmente der Vorsokratiker*, Oxford 1947, « Sixth
impression » 1971, XII-162 p.

GAISER K., *Philodems Academica. Die Berichte über Platon und die alte Akademie
in zwei herkulanensischen Papyri*, coll. « Supplementum Platonicum » 1,
Stuttgart/Bad Cannstatt 1988, 573 p.

GARBARINO G., *Roma e la filosofia greca dalle origini alla fine del II secolo A.C.*
Raccolta di testi con introduzione e commento, coll. « Historica Politica
Philosophica. Il Pensiero antico – Studi e testi » 6, Torino 1973, t. I: Intro-
duzione e testi, XXIII-217 p.; t. II: Commento e indice, p. 218-642.

GIOÈ A., *Filosofi medioplatonici del II secolo D.C. Testimonianze e frammenti.
Gaio, Albino, Lucio, Nicostrato, Tauro, Severo, Arpocrazione. Edizione,
traduzione e comment. a cura di A.G.*, coll « Elenchos » 36, [Napoli] 2002,
571 p.

GLUCKER J., *Antiochus and the Late Academy*, coll. « Hypomnemata » 56,
Göttingen 1978, 510 p.

GOULET R., *Études sur les Vies de philosophes de l'Antiquité tardive. Diogène
Laërce, Porphyre de Tyr, Eunape de Sardes*, coll. « Textes et traditions » 1,
Paris 2001, VI-425 p.

GOULET-CAZÉ M.-O. et R. GOULET (édit.), *Le Cynisme ancien et ses prolongements*. Actes du Colloque international du CNRS (Paris, 22-25 juillet 1991),
Paris 1993, XII-612 p.

GOULET-CAZÉ M.-O. (édit.), *Diogène Laërce. Vies et Doctrines des philosophes
illustres*. Traduction française sour la direction de Marie-Odile Goulet-Cazé.
Introductions, traductions et notes de J.-F. Balaudé, L. Brisson, J. Brunschwig,
T. Dorandi, M.-O. Goulet-Cazé, R. Goulet et M. Narcy, avec la collaboration
de M. Patillon, coll. « La Pochothèque », Paris, 2ᵉ éd. revue et corrigée 1999,
1398 p.

GRIFFIN M. et J. BARNES, *Philosophia Togata*, <t. I>: *Essays on Philosophy and
Roman Society*, Oxford 1989, 302 p.; t. II: *Plato and Aristotle at Rome*,
Oxford 1997, VIII-300 p.

GUTHRIE W. K. C., *A History of Greek Philosophy*, t. I : *The Earlier Presocratics and the Pythagoreans*, Cambridge 1962, XVI-539 p. ; t. II : *The Presocratic tradition from Parmenides to Democritus*, Cambridge 1965, XX-554 p. ; t. III : *The fifth-century enlightenment*, Cambridge 1969, XVI-544 p. ; t. IV : *Plato. The man and his dialogues : Earlier period*, Cambridge 1975, XVIII-603 p. ; t. V : *The later Plato and the Academy*, Cambridge 1978, XVI-539 p. ; t. VI : *Aristotle. An encounter*, Cambridge 1981, XVI-456 p.

HAAKE M., *Der Philosoph in der Stadt. Untersuchungen zur öffentlichen Rede über Philosophen und Philosophie in den hellenistischen Poleis*, coll. «Vestigia» 56, München 2007, X-386 p.

HERCHER R., *Epistolographi Graeci*, recensuit, recognovit, adnotatione critica et indicibus instruxit R. H., accedunt F. Boissonadii ad Synesium notae ineditae, Paris 1873, réimpr. Amsterdam 1965, LXXXVI-843 p.

HÜLSER K., *Die Fragmente zur Dialektik der Stoiker*. Neue Sammlung der Texte mit deutschen Übersetzung und Kommentar, Stuttgart 1987, 4 vol., CII-403 p. (en pagination continue).

JUNQUA F., *Lettres de Cyniques. Étude des correspondances apocryphes de Diogène de Sinope et Cratès de Thèbes*, Thèse de doctorat inédite, Université de Paris IV-Sorbonne, Paris 2000, 2 vol. (cette thèse offre le texte grec, une traduction française et un imporant commentaire d'ensemble des lettres de Diogène et Cratès avec une bibliographie substantielle).

KASTER R. A., *Guardians of Language. The Grammarian and Society in Late Antiquity*, coll. « The transformation of the classical heritage » 11, Berkeley 1988, XXI-524 p.

KRUMBACHER K., *Geschichte der byzantinischen Literatur von Justinian bis zum Ende des oströmischen Reiches (527-1453)*, coll. « Handbuch der klassischen Altertumswissenschaft » 9, 1, 2ᵉ éd., München 1897, XX-1193 p.

LASSERRE F., *De Léodamas de Thasos à Philippe d'Oponte. Témoignages et Fragments*. Édition, traduction et commentaire, coll. « La Scuola di Platone » 2, Napoli 1987, 696 p.

LONGO AURICCHIO F., *Ermarco, Frammenti*. Edizione, traduzione e commento, coll. « La Scuola di Epicuro » 6 – « Frammenti dei *Katheghemones* » 1, Napoli 1988, 196 p.

LYNCH J. P., *Aristotle's School. A study of a Greek educational institution*, Berkeley 1972, XIV-247 p.

MALHERBE A. J., *The Cynic Epistles. A Study Edition*, coll. « Society of Biblical Literature. Sources for Biblical Study » 12, Missoula, Mont. 1977 (réimpr. Atlanta 1986), 334 p.

MEJER J., *Diogenes Laertius and his Hellenistic background*, coll. « Hermes Einzelschriften » 40, Wiesbaden 1978, X-109 p.

MEKLER S. (édit.), *Academicorum Philosophorum Index Herculanensis*, Berlin 1902, réimpr. Berlin 1958, XXXVI-135 p.

MENSCHING E., *Favorin von Arelate. Der erste Teil der Fragmente. Memorabilien und Omnigena Historia* (ΑΠΟΜΝΗΜΟΝΕΥΜΑΤΑ und ΠΑΝΤΟΔΑΠΗ ΙΣΤΟΡΙΑ), coll. « Texte und Kommentare » 3, Berlin 1963, XII-167 p.

MORAUX P., *Der Aristotelismus bei den Griechen. Von Andronikos bis Alexander von Aphrodisias*, t. I : *Die Renaissance des Aristotelismus im I. Jh. v. Chr.*, coll. « Peripatoi » 5, Berlin 1973, XX-535 p.; t. II : *Der Aristotelismus im I. und II. Jh. n. Chr.*, coll. « Peripatoi » 6, Berlin 1984, XXX-825 p.; t. III : *Alexander von Aphrodisias*, hrsg. von Jürgen Wiesner, coll. « Peripatos » 7, Berlin 2001, XI-650 p.

MULLER R., *Les Mégariques*. Fragments et témoignages traduits et commentés par R. M., coll. « Histoire des doctrines de l'Antiquité classique » 9, Paris 1985, 258 p.

MÜSELER Eike, *Die Kynikerbriefe*, t. II : *Kritische Ausgabe mit deutscher Übersetzung*, coll. « Studien zur Geschichte und Kultur des Altertums », Neue Folge, 1. Reihe : Monographien, Paderborn 1994, 167 et 146 p.

NAILS Debra, *The People of Plato. A prosopography of Plato and other Socratics*, Indianapolis 2002, XLVIII-414 p.

NAVON R. (édit.), *The Pythagorean writings. Hellenistic texts from the 1st Cent. B. C. – 3a Cent. A. D. On life, morality, knowledge, and the world. Comprising a selection of Neo-Pythagorean fragments, texts and testimonia of the Hellenistic period*. Translated from the Greek and Latin by K. Guthrie and Th. Taylor. Edited, with an introduction to the Pythagorean writings by R. Navon. With a foreword by L. G. Westerink. Kew Gardens (N. Y.) 1986, V-171 p.

PAPE W. et BENSELER G. E., *Wörterbuch der griechischen Eigennamen*, 3e éd., Braunschweig 1863-1870, 2 vol., LII-1710([+2]) p. (en pagination continue).

PEEK W., *Griechische Vers-Inschriften*, t. I, Berlin 1955, XXX-695 p. (*GVI*); *Verzeichnis der Gedicht-Anfänge und vergleichende Übersicht zu den griechischen Vers-Inschriften I*, hrsg. von W. Peek. Berlin 1957, 43 p.

PERRIN-SAMINADAYAR, É., *Éducation, culture et société à Athènes: les acteurs de la vie culturelle athénienne (229-88): un tout petit monde*, coll. «De l'archéologie à l'histoire», Paris 2007. 699 p.

POHLENZ M., *Die Stoa. Geschichte einer geistigen Bewegung*, t. I (1943), « 3. unveränderte Auflage », Göttingen 1964, 490 p.; t. II : *Erläuterungen* (1949), « 4. Auflage. Zitatkorrekturen, bibliographische Nachträge und ein Stellenregister von H. T. Johann », Göttingen 1972, 336 p.

RICHTER G. M. A., *The Portraits of the Greeks*. 1965, 3 vol., XIV-337 p. (en pagination continue) et 2059 fig.; *Supplement*, London 1972, 24 p.

RIGINOS A. Swift, *Platonica. The anecdotes concerning the life and writings of Plato*, coll. « Columbia Studies in the Classical Tradition » 3, Leiden 1976, XII-248 p.

SAMAMA, É., *Les médecins dans le monde grec. Sources épigraphiques sur la naissance d'un corps médical*, coll. « École Pratique des Hautes Études, IVᵉ section. 3, Hautes études du monde gréco-romain » 31, Genève 2003, 612 p.

SCATOZZA HÖRICHT L. A., *Il volto dei filosofi antichi*, coll. « Archaia. Storia degli studi » 2, Napoli 1986, 273 p.

SCHEFOLD K., *Die Bildnisse der antiken Dichtern, Redner und Denker*, Basel 1943 (2ᵉ éd. Basel 1997), 228 p. avec planches photographiques.

SCHMID W., Wilhelm von Christ's *Geschichte der griechischen Literatur [GGL]*, Zweiter Teil: *Die nachklassische Periode der griechischen Literatur*, Erste Hälfte: *Von 320 vor Christus bis 100 nach Christus*, coll. « Handbuch der Altertumswissenschaft » VII 2, 1, Sechste Auflage unter Mitwirkung von O. Stählin, München 1920, réimpr. 1959.

SEECK O., *Die Briefe des Libanius zeitlich geordnet*, coll. « Texte und Untersuchungen zur Geschichte der altchristlichen Literatur » N.F. 15, Leipzig 1906, V-496 p.

SIRONEN E., *The Late Roman and Early Byzantine Inscriptions of Athens and Attica*, Helsinki 1997, 464 p.

SMITH M. F. (édit.), *Diogenes of Oinoanda. The Epicurean Inscription*. Edited with introduction, translation and notes, coll. « La Scuola di Epicuro » Suppl. 1, Napoli 1993, 660 p., 18 planches photographiques.

SUMNER G. V., *The Orators in Cicero's Brutus : Prosopography and Chronology*, coll. « *Phoenix*. Supplementary volume » 11, Toronto 1973, X-197 p.

TEPEDINO GUERRA A., *Polieno. Frammenti*. Edizione, traduzione e commento, coll. « La Scuola di Epicuro » 11 – « Frammenti dei *Katheghemones* » 2, Napoli 1991, 224 p.

THESLEFF H., *The Pythagorean texts of the Hellenistic period*, collected and edited by H. T., coll. « Acta Academiae Aboensis - Ser. A – Humaniora » 30, 1, Åbo 1965, VIII-266 p.

THESLEFF H., *An Introduction to the Pythagorean Writings of the Hellenistic Period*, coll. « Acta Academiae Aboensis. Humaniora » 24 3, Åbo 1961, 140 p.

TRAVERSA A. (édit.), *Index Stoicorum Herculanensis*, coll. « Università di Genova, Pubblicazioni dell'Istituto di Filologia Classica » 1, [Firenze] s.d. [1955 ?], XXIV-119 p.

VESPERINI, P., *La* philosophia *et ses pratiques d'Ennius à Cicéron,* coll. BEFAR 348, Rome 2012, 615 p.

VOGEL C. DE (édit.), *Greek Philosophy. A collection of texts selected and supplied with some notes and explanations*, t. I : *Thales to Plato*, 3ᵉ éd., Leiden 1963, XII-334 p. ; la réimpression de 1969 comporte un complément bibliographique, p. 335-337 ; t. II : *Aristotle, the Early Peripatetic School and the Early Academy*, 3ᵉ éd., Leiden 1967, VIII-340 p. ; t. III : *The Hellenistic-Roman period*, 2ᵉ éd., Leiden 1964, XVI-673 p.

ZELLER Ed., *Die Philosophie der Griechen in ihrer geschichtlichen Entwicklung dargestellt*, t. III 1 : *Die nacharistotelische Philosophie. Erste Hälfte.* Fünfte Auflage. Manualdruck der vierten Auflage, hrsg. v. E. Wellmann, Leipzig 1923, réimpr. Hildesheim 1963.

Avertissement

La transcription française des noms propres grecs et latins est toujours chose délicate. La tendance traditionnelle est de donner une forme française quand c'est possible et que le personnage est connu de cette façon, ce qui peut entraîner des problèmes d'ordre alphabétique. Fallait-il adopter Aischinès, Aeschines, Eschine ? Nous avons tenté de respecter dans pareil cas la forme la plus proche du grec, au moins dans l'intitulé de la notice, quitte à rappeler entre parenthèses la forme courante connue par le lecteur français et à utiliser cette dernière dans le corps de l'article. Nous avons également essayé de ne pas transcrire différemment les homonymes qui se succèdent directement, mais il a semblé impossible d'appliquer des règles immuables. On rencontrera donc des Denys et des Dionysios. Les noms latins sont classés au *cognomen*, mais des renvois sont prévus pour les autres composantes importantes du nom. La liste finale des notices du présent tome devrait faciliter le repérage des différents noms.

L'intitulé de chaque notice indique le numéro attribué par la *Realencyclopaedie* aux différents homonymes, accessoirement le numéro que le personnage concerné a reçu dans d'autres prosopographies (*PLRE, PIR*[2], *PA*). On ne s'étonnera pas de trouver des indications comme *RE :* ou *RESuppl.* IV : (sans chiffre arabe), lorsque les articles de cette encyclopédie ne comportent pas de numéro. Quand l'article de la *Realencyclopaedie* n'offrait aucune information supplémentaire par rapport à ce que l'on peut lire dans notre notice, nous n'avons pas fourni une référence bibliographique complète : le renvoi initial suffira à rappeler qu'il existe un article consacré à ce philosophe. Une lettre ou un nom n'est ajouté au numéro d'homonymie que si la forme retenue par cette encyclopédie allemande ne correspond par à la forme française du nom (*RE* K 2 pour "Callisthène").

L'intitulé de chaque notice comprend également une datation au moins approximative du personnage. Dans l'indication des siècles, un petit *a* en exposant signale une date antérieure à l'ère chrétienne (IV[a] signifie « IVe siècle avant Jésus-Christ»). La lettre *p* sert de même, mais seulement si nécessaire, à indiquer une date de notre ère. Dans ces indications chronologiques, les lettres D, M et F signifient "début", "milieu" et "fin".

Pour simplifier le système de référence bibliographique à l'intérieur des notices, nous avons choisi de numéroter en chiffres gras les références successives et d'y renvoyer dans la suite de la notice. Par exemple, on trouvera **3** V. Brochard, *Les sceptiques grecs*, 2e éd., Paris 1923, p. 303 n. 2, puis, plus loin dans la notice une simple référence à Brochard **3**, p. 300. Ce système n'a pas été employé pour les très courtes notices où il n'y avait pas de renvoi interne.

Les informations sont réparties sous un certain nombre de rubriques (mises en relief par l'emploi de caractères gras ou espacés) qui reviennent de notice en notice et facilitent la consultation de l'ouvrage. Par exemple : Chronologie, Bibliographies (où sont signalées les bibliographies consacrées à ce philosophe et non pas les ouvrages comme tels ; à ne pas confondre avec *Cf.*), Œuvres conservées, Datation, Éditions et traductions, etc. Certaines notices très développées peuvent comporter toute une hiérarchie de titres intermédiaires, ainsi qu'un sommaire initial.

De façon générale, nous avons résisté à la tentation courante d'identifier les personnages homonymes. Même là où l'identification nous semblait probable, nous avons regroupé les informations en blocs distincts à l'intérieur de la notice.

Le signe ➤ renvoie aux notices déjà parues dans les tomes antérieurs du *Dictionnaire*. Il signifie que le personnage a fait l'objet d'une notice, mais nous ne l'avons pas employé pour les noms les plus importants qui reviennent souvent. Il n'apparaît d'ailleurs en général qu'à la première occurrence d'un nom dans la notice. Une référence plus précise (avec indication du nom de l'auteur de l'article) est faite lorsque le contenu même de la notice est visé.

S

1 SABINILLUS *RE : PIR*² S 21 *PLRE* I : consul en 266

Tout comme Marcellus Orrontius (⮞M 30) et Rogatianus (⮞R 6), Sabinillus (Porphyre, *Vita Plotini* 7, 31), sénateur romain, est plus qu'un auditeur de Plotin, c'est un disciple fervent.

Sabinillus fut *consul ordinarius* pour l'année 266 comme collègue de l'empereur Gallien pour son septième consulat (*CIL* VI 2819). Voir Lukas de Blois, *The Policy of the Emperor Gallienus*, coll. « Studies of the Dutch archaeological and historical society » 7, Leiden 1976, p. 191 n. 69. C'est peut-être par son intermédiaire que l'empereur Gallien et sa femme Salonine connurent Plotin.

Cf. A. Nagl, art. « Sabinillus », *RE* I A 2, 1920, col. 1588 ; Brisson, *Prosopographie*, *PVP* I, *s.v.*

LUC BRISSON.

2 SABINUS (C. IULIUS –) *RE* 50 MF II

Iulius Sabinus eut droit, en tant que « philosophe platonicien », à son hermès sur l'Acropole, élevé par décision de la cité : *IG* II² 3803. Il est vraisemblablement identique à C. Iulius Sabinus de Péania, éphèbe en 142/3 (*IG* II² 3740), ce qui situe son activité dans la deuxième moitié du IIᵉ siècle de notre ère. Il peut donc parfaitement avoir connu Lucien lors des séjours de celui-ci à Athènes et être, comme l'a suggéré C.P. Jones, *Culture and Society in Lucian*, Cambridge 1986, p. 20, l'ami philosophe auquel l'écrivain adresse, dans les années 170, son *Apologie*, faisant de lui une sorte d'incarnation de la Philosophie demandant des comptes à l'auteur. Le témoignage de Lucien et l'hermès de l'Acropole laissent penser que le philosophe avait un prestige certain : on peut raisonnablement supposer qu'il était titulaire de la chaire officielle d'Athènes. Sa notoriété est en tout cas confirmée, peu avant le milieu du IIIᵉ siècle, par le fragment *IG* II² 3694, éclairé par J.H. Oliver, *Athenian Expounders of the Sacred and Ancestral Law*, Baltimore 1950, p. 160 : le personnage honoré se prévalait d'être son descendant (ἀπ[όγο-νον]) et lui-même était suffisamment célèbre pour être désigné, par une formule onomastique abrégée, comme « Caius Iulius le platonicien ».

BERNADETTE PUECH.

3 SALLUSTIUS *PLRE* II : 3 D V

Philosophe dont le comte Marcellinus (VIᵉ s.), *Chron.* a. 423, rapporte qu'il mourut de maladie, avec son confrère Philippe (⮞P 124) : *Philippus et Sallustius philosophi morbo perierunt* (Th. Mommsen [édit.], *Chronica Minora*, t. II = *MGH AA* XI, 1894, réimpr. 1981, II 76, p. 423, 4). La *Chronique de Ravenne*, à la même date, déclare qu'ils ont été tués « inter Claternis et Bononia » : *Marino et Asclepio-doto. His consulibus occisi sunt Philippus et Sallustius inter Claternis et Bononia.*

Cf. B. Croke (édit.), *The Chronicle of Marcellinus.* A translation and commentary (with a reproduction of Mommsen's edition of the text), coll. «Byzantina Australiensia» 7, Sydney, Australian Association for Byzantine Studies, 1995, p. 13 et p. 75 ; Brian Croke, *Count Marcellinus and his Chronicle*, Oxford 2001, XVI-300 p., notamment p. 190 ; B. Bischoff et W. Koehler, «Eine illustrierte Ausgabe der spätantiken Ravennater Annalen», dans W. R. W. Koehler (édit.), *Medieval Studies in memory of A. Kingsley Porter*, Cambridge (Mass.) 1939, t. I, p. 125-138, notamment p. 127.

PIERRE MARAVAL.

4 SALLUSTIUS *RE* 6   M I[a]

Dans une lettre à son frère Quintus (*Lettre* 131, 3 [Rome, début février 54[a]] = *Ad Quint. fr.* II 9), Cicéron mentionne les poèmes de Lucrèce (➡L 73) et les *Empedoclea* d'un certain Sallustius. Il s'agissait peut-être dans ce second cas d'une adaptation poétique en latin de l'ouvrage d'Empédocle (➡E 19). *Cf. DPhA* III, 2000, p. 86.

Cicéron assortit la mention de l'ouvrage d'une remarque obscure à l'intention de son frère : « Si tu lis les *Empedoclea* de Salluste, je te tiendrai pour un héros, mais pour un homme, non » *(virum te putabo … hominem non putabo)* [trad. Constans]. **1** J. Vahlen, *Opuscula Academica*, t. I, Leipzig 1907, p. 154-155, comprend : «wenn du es aushalten kannst, die Empedoclea durchzulesen, werde ich in dir wohl männliche Ausdauer, nicht aber Geschmack erkennen» («je reconnaîtrai en toi une endurance virile, mais non pas un bon goût [littéraire]»). Plus simplement, on pourrait comprendre : « si tu es capable de lire un tel ouvrage, je te considérerai non plus comme un homme, mais comme un sur-homme ». *Cf.* **2** P. Hamblenne, «Au Salluste inconnu», *RBPhH* 59, 1981, p. 60-70.

Deux identifications ont été envisagées pour ce Sallustius (voir **3** L.-A. Constans, éd. de la *Correspondance*, t. III, *CUF*, Paris 1936, p. 36) :

(a) l'historien C. Sallustius Crispus (*RE* 10), connu comme un adversaire de Cicéron. Ainsi **4** G. Della Valle, *Tito Lucrezio Caro e l'epicureismo campano*, coll. «Atti dell' Accad. Pontaniana», 62, t. I, seconda edizione, Napoli 1935, p. 56-61 : « Sallustio e gli "Empedoclea" ».

Les *Inuectiua in C. Sallustium Crispum*, faussement attribuées à Cicéron (5, 14, *cf.* l'édition de **5** A. Kurfess, *Appendix Sallustiana*, coll. BT, t. II, Leipzig 1962, p. 16, 17), un texte du début du IIe s., rattachent l'historien Salluste au cercle du néopythagoricien Nigidius Figulus (➡N 58), mais c'est dans la perspective d'une accusation de sacrilège et non celle d'études philosophiques *(abiit in sodalicium sacrilegi nigidiani).* Édition récente : **6** Anna A. Novokhatko (édit.), *The Invectives of Sallust and Cicero.* Critical edition with introduction, translation, and commentary, coll. «Sozomena» 6, Berlin 2009, XII-220 p. (pour notre passage, p. 180, 8-9). Voir **7** M. Ducos, notice «Nigidius Figulus», N 58, *DPhA* IV, 2005, p. 703-712, notamment p. 706 sur la nature du *sodalicium* de Nigidius (école ou groupe d'amis).

(b) un ami de Cicéron (Cn. Sallustius, *RE* 6) qui lui conseilla, en écoutant la lecture que Cicéron en avait fait donner dans la villa de Tusculum, de modifier le plan de son *De republica* (*Lettre* 153 [Tusculum, fin octobre ou début novembre 54[a]] = *Ad Quint. fr.* III 5, 1), en assumant lui-même, comme Aristote l'avait fait dans ses dialogues, les propos qu'il prêtait à certains de ses personnages (par opposition à la façon de faire d'Héraclide le Pontique [☛H 60]). Voir **8** E. Cocchia, « Un giudizio di Cicerone intorno a Lucrezio », dans *Miscellanea di archeologia, storia e filologia dedicata al Prof. A. Salinas,* Palermo 1907, p. 135-141, notamment p. 141. Ce Sallustius apparaît dans le *De divinatione* I 28, 59, comme un proche ami de Cicéron et de son frère *(noster Sallustius)*. Il pourrait s'agir d'un affranchi de Cicéron. Il avait suivi Cicéron dans son exil en 58 et rapportait un songe prémonitoire qu'avait fait Cicéron une nuit dans une maison de la plaine d'Atina en Lucanie. A différents moments de sa vie il conseille Cicéron auquel il est tout dévoué (*Lettre* 63 [Brindes, fin avril 58] = *Ad fam.* XIV 4, 6), il lui prête 30 000 sesterces (*Lettre* 442 [Brindes, mars 47] = *Ad Att.* XI 11, 2), il est prêt à aller plaider à Rome la cause de Cicéron, alors réfugié à Brindes (*Lettre* 449 [Brindes, 14 juin 47] = *Ad Att.* XI 17a, 1 ; *Lettre* 449 bis [Brindes, 14 juin 47] = *Ad fam.* XIV 11) et il reçoit le pardon de César avant Cicéron (*Lettre* 457 [Brindes, 15 août 47] = *Ad Att.* XI 20, 1-2).

Le ton fort dépréciatif du jugement exprimé sur Salluste serait en soi plus naturel s'il visait l'historien Salluste que l'ami homonyme de Cicéron, à moins que le bon mot ne vise que la difficulté ou la longueur de ces *Empedoclea*. La remarque pourrait alors se comprendre comme un trait d'humour.

RICHARD GOULET.

SALMOXIS → ZALMOXIS

5 SALOUSTIOS *RE* Sallustius 37 *PLRE* I Sal. 1 et Sat. Sec. Salutius   DM IV

Auteur présumé d'un ouvrage connu sous le titre Περὶ θεῶν καὶ κόσμου, *Des dieux et du monde*.

Fonctionnaire impérial sous Constance II, Julien, Jovien et Valens, il est connu sous des noms variables. La *PLRE* (p. 814-817) décrit sa carrière sous l'entrée Saturninius Secundus Salutius. D'origine gauloise ([1] Julien, *Consolation pour le départ de Saloustios* 8, 252 a), l'homme qu'Ammien Marcellin XXII 3 1 appelle *Secundus Salutius*, et dont il dit qu'il fut nommé préfet du prétoire d'Orient (en 361) par l'empereur Julien (☛I 46), est à coup sûr le même qui fut détaché par Constance auprès du César Julien en Gaule, puis rappelé. Julien noua avec lui des relations amicales, dont ses écrits, où il est nommé Σαλούστιος, se font l'écho à plusieurs reprises : [1], *passim*, *Lettre aux Athéniens* 9, 281 d ; 10, 282 c ; [2] *Hélios Roi* 44, 157 b-c. Il participa à la campagne contre la Perse (363), fut présent au chevet de l'empereur mourant, puis refusa l'empire que l'armée lui proposait, en alléguant son âge (Ammien XXV 5, 3). Il conserva sa fonction de Préfet du prétoire sous Jovien, la perdit, puis la retrouva sous Valentinien, et l'exerça encore sous Valens jusqu'en 367, après quoi l'on n'a plus d'information à son sujet.

Julien, dans l'écrit [1] qu'il lui adresse au moment où Constance met fin à son détachement auprès de lui, déclare qu'il brillait par son éloquence (8, 252 b) ;

l'allusion qu'il fait *(ibid.)* à l'excellence de Saloustios dans les disciplines où les Grecs sont les meilleurs ne permet pas de conclure à sa capacité d'écrire en grec. Julien ajoute *(ibid.)* qu'il avait des compétences philosophiques (φιλοσοφίας οὐκ ἄπειρον); c'est la seule et unique donnée qui établisse un lien entre Saloustios-Salutius et la philosophie, en dépit des références erronées de la *PLRE* à un discours de Thémistios. Saloustios-Salutius a laissé un souvenir très positif dès lors que les chrétiens en ont gardé l'image d'un païen soucieux d'humanité intervenant auprès de Julien pour faire cesser les sévices dont quelques-uns d'entre eux étaient victimes (Grégoire de Nazianze, *Discours* 4 *Contre Julien* 91; Socrate, *Hist. Eccl.* III 19, 4; [3] Sozomène, *Hist. Eccl.* V 10, 13 et 20, 1; Théodoret, *Hist. Eccl.* III 11, 1). Dans la *Consolation* [1] Julien évoque à maintes reprises les entretiens qu'il a eus en Gaule avec Saloustios; il en célèbre la haute qualité d'une manière parfois convenue, et sans jamais laisser supposer qu'il ait pu s'agir de discussions philosophiques.

Σαλούστιος est la forme que présente le nom du préfet ami de Julien dans l'immense majorité des témoignages grecs (exception faite pour les occurrences Σεκοῦνδος chez Libanios, *Lettre* 1235, ainsi que Sozomène [3] VI 3, 5. Chez [4] Eunape, *V. Soph.* VII 63-64 et 60 (p. 54, 25 et 55, 22 Goulet), le *Laurentianus* a Σαλούτιος dans les deux occurrences du nom. Les nombreuses occurrences de Σαλούτιος dans la correspondance de Libanios ne doivent pas faire illusion : elles sont dues aux corrections systématiquement effectuées par Foerster (*Libanii Opera*, vol. XI, Leipzig 1922) sur les leçons Σαλούστιος des manuscrits. *Salutius* se trouve pour sa part dans les neuf occurrences d'Ammien.

Or il existe un opuscule grec que la tradition manuscrite attribue «au philosophe Saloustios». Ce dernier est répertorié par la *PLRE* I sous l'entrée «Saloustios 1, philosopher»; voir aussi **1** [K. Praechter], art. «Sallustius» 37, *RE* I A 2, 1920, col. 1960-1967; **2** H. Dörrie, art. «Saloustios» 2, *KP* IV, 1972, col. 1523. Une hypothèse largement acceptée (mais écartée par la *PLRE* au profit de l'hypothèse Flavius Sallustius [➤S 6]) est que l'auteur en est Saloustios-Salutius. Le titre de l'opuscule n'est pas fourni par les manuscrits, qui signalent simplement l'ouvrage comme un «livre sur les dieux». Le titre sous lequel il s'est imposé, Περὶ θεῶν καὶ κόσμου, a été créé par Leo Allatius, auteur de l'édition *princeps* parue à Rome en 1638.

L'édition de référence est celle de **3** A. D. Nock, *Sallustius, Concerning the Gods and the Universe*, Cambridge 1926, qui comprend édition, traduction anglaise et riches «*Prolegomena*». L'édition de **4** G. Rochefort, *Saloustios, Des dieux et du monde*, CUF, Paris 1960, est moins fiable dans ses commentaires. A signaler également l'excellente édition de **5** R. Di Giuseppe, *Salustio, Sugli dei e il mondo*, Milano 2000 : le texte grec est celui de Rochefort **4**, plusieurs fois critiqué ; il est assorti d'une traduction italienne et d'un riche commentaire qui actualise l'état de la question, et qui apporte des données originales à l'histoire des éditions de l'opuscule. On trouve la traduction française seule chez **6** M. Meunier, *Salluste le philosophe, Des dieux et du monde*, Paris 1931 ; **7** A. J. Festugière, *Trois dévots* *païens*, Paris 1954 ; la traduction anglaise seule dans **8** G. Murray, *Five Stages of Greek religion*, Oxford 1925, p. 241-267, la traduction italienne seule dans plusieurs publications récentes dont le détail est donné par Di Giuseppe **5**, p. 66. Les quelques articles consacrés au contenu de l'opuscule sont **9** Fr. Cumont, « Salluste le philosophe », *RPh* 16, 1892, p. 49-56 ; **10** E. Passamonti, « La dottrina dei miti di Sallustio filosofo neoplatonico », *RAL* 1, 1892, p. 643-664 ; **11** *Id.*, « La dottrina morale e religiosa di Sallustio filosofo », *ibid.*, p. 712-727 ; **12** G. Muccio, « Studi per un' edizione critica di Salustio Filosofo », *SIFC* 3, 1895, p. 1-31 ; **13** *Id.*, « Osservazioni su Sallustio filosofo », *SIFC* 7, 1899, p. 47-73 ; Praechter **1** ; **14** G. Rochefort, « Le Περὶ θεῶν καὶ κόσμου de Saloustios et l'influence de l'empereur Julien », *REG* 69, 1956, p. 50-66 ; **15** *Id.*, « La démonologie de Saloustios et ses rapports avec celle de l'empereur Julien », *Lettres d'Humanité, Suppl.* 16, 1957, p. 53-61 ; **16** J. Puiggali, « La démonologie de l'Empereur Julien étudiée en elle-même et dans ses rapports avec celle de Saloustios », *LEC* 50, 1982, p. 293-314 ; **17** E. Clarke, « Communication, Humane and Divine : Saloustious (*sic*) reconsidered », *Phronesis* 43, 1998, p. 326-350.

L'ouvrage est bref (22 pages de l'édition de la *CUF*). Depuis l'article fondateur de Cumont **9** on le qualifie volontiers de « catéchisme païen ». A la manière d'un catéchisme en effet il expose, dans un langage simple et qui visiblement évite la terminologie technique, un certain nombre d'articles de foi sur la nature des dieux et des démons, la valeur des mythes, la cosmologie, la nature de l'âme et la transmigration, la divination et l'astrologie (cette dernière condamnée dans sa forme ordinaire), la pratique des sacrifices (justifiée), le lien entre le bonheur et la vertu. La composition n'est pas des plus strictes, et les mêmes thèmes généraux peuvent être traités de manière dispersée selon des questions particulières. En fait le projet de l'ouvrage est de fournir les bonnes réponses à des questions faisant l'objet de débats traditionnels et susceptibles de troubler les croyants. Les réponses sont données sur un ton assuré, appuyées sur un savoir scolastique qui a réponse à tout, et qui cherche à en imposer par des syllogismes contestables et par une pratique insistante de la *diairesis*. La doctrine qui nourrit ces affirmations est un néoplatonisme tantôt strict tantôt fondu dans une vulgate philosophico-morale. Les prolégomènes de Nock **1** montrent bien (p. XCVI-XCVIII) comment nombre de passages font écho à des conceptions de Jamblique (➙I 3). Par ailleurs il est clair que le développement concernant le mythe de la Mère des dieux et d'Attis est emprunté au discours sur la *Mère des dieux* (chap. 5-8) de Julien. On pourrait voir aussi une influence de Julien dans le tout début de l'œuvre, où Saloustios précise que son livre ne saurait être utile qu'à ceux qui, doués d'un bon naturel, ont reçu une bonne éducation et n'ont pas été gâtés par des idées absurdes, ce qui rappelle non seulement le souci qu'a eu Julien de réserver la fonction de professeur à des païens convaincus, mais aussi plus précisément *Contre les Galiléens*, fr. 55 Masaracchia, de même que l'allusion dans ce même début aux κοιναὶ ἔννοιαι sur la nature de Dieu rappelle le fr. 7 Masaracchia. Mais le reste de l'œuvre ne présente pas d'autre écho textuel des écrits de Julien. La matière idéologique est globalement la même que chez l'empereur, mais les formules sont souvent différentes et l'on trouve même quelques divergences de détail. Saloustios dépend d'un enseignement dont Julien ne peut répondre à lui seul. Ce qu'on peut se demander, c'est s'il a mis lui-même en forme cet enseignement dans son style extraordinairement scolaire, ou s'il reproduit des notes d'étudiant. De toute façon le qualifier de « penseur original » comme le fait Clarke **17**, p. 327, semble inapproprié.

Dès lors que même chez le proche ami qu'était Julien et chez le correspondant assidu qu'était Libanios on ne trouve aucune allusion à une œuvre écrite par le préfet d'Orient, un doute existe sur l'identité de l'auteur du Περὶ θεῶν καὶ κόσμου. Pour défendre l'identification avec Saloustios-Salutius on peut faire valoir que Julien a dédié à ce dernier l'œuvre théologique qu'est son « hymne » à Hélios Roi [2]: voir chap. 44, 157 b-c. Incontestablement Saloustios-Salutius fut un homme très cultivé. Sur ce point le témoignage de Julien dans la *Consolation* [1] a une moindre valeur probante que celui d'Eunape [4] VII 63-64 et 69 Goulet, qui rapporte que le préfet Saloutios fut démis de sa fonction par Valens en raison de son âge et parce qu'il passait trop de temps à nourrir son âme par la lecture et la pratique de l'histoire (ce dernier point n'est pas spécialement favorable à la thèse de l'identification). Julien ajoute, on l'a vu, que Saloustios avait des compétences philosophiques. Assurément cet homme, s'il avait la maîtrise de la langue grecque, avait la capacité d'écrire le Περὶ θεῶν καὶ κόσμου. L'a-t-il fait?

C'est le plus probable pour la grande majorité des commentateurs. Ainsi pour **19** E. Zeller, *Philosophie der Griechen* [5e éd.], III 2, p. 793 n. 1; Murray **8**, p. 217-223 (qui toutefois ont tous deux une représentation inexacte de la carrière de l'ami de Julien, dont ils croient qu'il a été consul, par confusion avec Flavius Sallustius (➟S 6); pour Nock **1** (qui décide d'appeler son auteur Sallustius); pour Rochefort **5** (qui donne à l'ami de Julien le nom aberrant de Satorninos Saloustios Secoundos); pour **19** R. Browning *The Emperor Julian*, London 1976; pour **20** G. W. Bowersock, *Julian the Apostate*, London 1978; pour **21** G. Rinaldi, « Sull'identificazione dell'autore del Περὶ θεῶν καὶ κόσμου », Κοινωνία 2, 1978, p. 117-152; pour **22** E. Pack, « Libanio, Temistio e la reazione giulianea », dans *Lo Spazio letterario della Grecia Antica*, I 3, Roma 1994, p. 651-697; pour Clarke **18**. Un argument supplémentaire, mais loin d'être décisif, est apporté par **23** J. L. Desnier, « Salutius - Salustius », *REA* 85, 1983, p. 53-65, à partir de l'existence de contorniates de la fin du IVe s. représentant, dans une série d'écrivains et de poètes anciens, un personnage barbu dont le nom est SALVSTIVS suivi de la mention AVTOR. L'interprétation usuelle qui consiste à y voir l'historien Salluste peut cependant encore être défendue.

La présence dans l'opuscule d'un passage indiscutablement inspiré de Julien implique une affinité avec l'empereur ou ses œuvres qui devient improbable au-delà du Ve siècle, ce qui rend peu vraisemblable l'hypothèse qui l'attribuerait au Saloustios (➟S 7) cynique puis néoplatonicien évoqué par la *Souda* (Σ 62), mais on ne saurait exclure qu'il soit dû à un homonyme inconnu par ailleurs ayant vécu au IVe ou au Ve siècle. Cette hypothèse n'a jamais été envisagée. L'hypothèse concurrente de celle qui attribue l'œuvre au préfet du prétoire d'Orient Saloustios-Salutius consiste à l'attribuer à un autre contemporain de Julien, Flavius Sallustius : voir la notice suivante.

JEAN BOUFFARTIGUE †.

6   SALOUSTIOS *PLRE* I Flavius Sallustius 5   DM IV – mort après 363

Auteur possible – mais moins probable que son homonyme (➤S 5) – d'un ouvrage connu sous le titre Περὶ θεῶν καὶ κόσμου, *Des dieux et du monde*.

Fonctionnaire impérial particulièrement honoré sous le règne de Julien (➤I 46). Sous ce règne en effet il exerça la fonction de préfet du prétoire des Gaules, de 361 à 363, avant d'accéder au consulat en tant que collègue de Julien en 363. On sait peu de choses sur sa carrière avant 361, et plus rien après 363. Des provinces espagnoles ayant demandé l'érection de sa statue à Rome en 364, il est possible qu'il ait été espagnol (mais il a également été vicaire des Espagnes à une date inconnue, ce qui a pu suffire à motiver la démarche). Le fait qu'il ait été promu par Julien de manière éclatante à la préfecture et surtout au consulat, malgré une condition inadéquate rappelée par Libanios, *Disc*. XII 96, et par Ammien Marcellin XXIII 1, 1, laisse entendre que le prince nourrissait envers lui une haute estime, et donc qu'il était païen, ce que pourraient confirmer les termes employés par Ammien XXIII 5, 4, lorsqu'il rapporte que le préfet des Gaules Sallustius a adressé à Julien une lettre pour le dissuader de poursuivre l'expédition perse avant de s'être assuré de la faveur des *numina*. Bien qu'il n'existe à son sujet aucun signe ou témoignage d'éventuelles compétences ou activités littéraires ou philosophiques, on a voulu voir en sa personne le Saloustios auteur du Περὶ θεῶν καὶ κόσμου (➤S 5).

En fait cette hypothèse est peu suivie. On la trouve avancée par **1** Fr. Cumont, « Salluste le philosophe », *RPh* 16, 1892, p. 49-56, qui propose une argumentation défectueuse, considérant d'une part que le dédicataire de la *Consolation pour le départ de Saloustios*, écrite par Julien, est Flavius Sallustius, ce qui est impossible, et arguant du fait que Libanios ne fait aucune allusion au talent littéraire de Saloustios-Salutius, qu'il évoque pourtant fréquemment, ce qui prouverait que ce dernier n'a rien écrit. Que le consul soit appelé philosophe par la tradition manuscrite s'expliquerait en outre par la mésinterprétation de l'abréviation φλ. pour *Flavius*. L'hypothèse a été reproposée par **2** R. Étienne, « Flavius Sallustius et Secundus Salutius », *REA* 65, 1963, p. 104-113, dont les arguments sont les suivants : (1) Saloustios-Salutius a pu poursuivre sa carrière sous les empereurs chrétiens successeurs de Julien (alors que celle de Saloustios-Sallustius paraît s'être interrompue), ce qui aurait été impossible s'il avait écrit le Περὶ θεῶν καὶ κόσμου ; (2) l'élévation exorbitante de Sallustius au consulat ne peut être qu'une récompense pour la rédaction du petit ouvrage, rédigé à la demande de Julien ; (3) le fait que selon le témoignage d'Ausone le professeur Alcimus Alethius ait écrit un éloge de Sallustius indiquerait à coup sûr que ce dernier avait le statut d'auteur (on a depuis fait remarquer que l'éloge en question célébrait de manière conjointe les deux consuls Julien et Sallustius).

Même si l'on doit admettre que l'identification de l'auteur du Περὶ θεῶν καὶ κόσμου à Saloustios-Salutius n'est nullement certaine, l'hypothèse selon laquelle Flavius Sallustius, occidental lui aussi mais dépourvu de toute réputation en matière de *paideia* hellénisante, a pu rédiger cet ouvrage est particulièrement fragile.

JEAN BOUFFARTIGUE †.

7 SALOUSTIOS (Σαλούστιος) *RE* 39 *PLRE* II:7 MF V

Philosophe de tendance cynique, originaire de Syrie. Il fut peut-être disciple de Proclus à Athènes.

Éditions des fragments. 1 R. Asmus, *Das Leben des Philosophen Isidoros wiederhergestellt, übersetzt und erklärt*, coll. «Philosophische Bibliothek» 125, Leipzig 1911, p. 51-52 et 56-60; **2** Cl. Zintzen, *Damascii Vitae Isidori reliquiae edidit adnotationibusque instruxit C. Z.*, coll. «Bibliotheca graeca et latina suppletoria» 1, Hildesheim 1967.

Traductions. Asmus **1**; **3** P. Athanassiadi, *Damascius, The Philosophical History*, Athènes 1999, p. 167 n. 141, et p. 181 *sq.*, n. 160.

Cf. **4** R. Asmus, «Zur Rekonstruktion von Damaskius' Leben des Isidorus», *ByzZ* 18, 1909, p. 424-480, et 19, 1910, p. 265-284; **5** *Id.*, «Der Kyniker Saloustios bei Damascius», *JKPh* 25, 1910, p. 504-522; **6** K. Praechter, art. «Salustios» 39, *RE* I A 2, 1920, col. 1967-1970; **7** M.-O. Goulet-Cazé, *L'ascèse cynique*, Paris 1986, 2ᵉ éd. 2001, p. 240; **8** M. Di Branco, *La città dei filosofi. Storia di Atene da Marco Aurelio a Giustiniano*, coll. «Civiltà Veneziana, Studi» 51, Firenze 2006, p. 159 et 162; **9** E. J. Watts, *City and Schools in Late Antique Athens and Alexandria*, coll. «The Transformation of the Classical Heritage» 41, Berkeley, University of California Pr., 2006, p. 105 (qui définit de façon erronée Saloustios comme «an Athenian philosopher/sophist»); **10** *Id., Riot in Alexandria*, coll. «The Transformation of the Classical Heritage» 48, Berkeley, University of California Pr., 2010, p. 77 et 82; **11** A. I. Szoka, «Salustios. Divine man of cynicism in Late Antiquity», dans M. Dzielska et K. Twardowska (édit.), *Divine Men and Women in the History and Society of Late Hellenism*, coll. «Byzantina et Slavica Cracoviensia» 7, Kraców 2013, p. 113-122 (*non vidi*).

Sources. Les principales informations concernant ce personnage se trouvent dans les fragments de la *Vie d'Isidore* de Damascius (➡D 3) conservés par la *Souda* et l'*Epitome Photiana* (*Bibl., cod.* 242). Il est utile de regrouper ces références pour simplifier les renvois qui y seront faits:

[1] fr. 138 = *Souda, s.v.* Σαλούστιος, Σ 62, t. IV, p. 315, 12 - 316, 3 Adler; p. 115, 10 -119, 9 Zintzen;

[2] fr. 138a = *Epit. Phot.* 250; p. 117, 6-18 Zintzen;

[3] fr. 147 = *Souda, s.v.* Σαλούστιος, Σ 63, t. IV, p. 316, 4-22 Adler; p. 127, 12 - 131, 3 Zintzen;

[4] fr. *143 = *Souda, s.v.* Ζήνων, Z 82, t. II, p. 507, 31 - 508, 4 Adler; p. 125, 7-12 Zintzen; Athanassiadi **3**, sect. 68, p. 179;

[5] fr. *144 = *Souda, s.v.* ἀπῆγεν, A 3142, t. I, p. 282, 9-13 Adler; p. 125, 13-17 Zintzen;

[6] fr. *145 = *Souda, s.v.* Ἀθηνόδωρος, A 735, t. I, p. 70, 26-31 Adler; p. 125, 18 - 126, 4 Zintzen;

[7] fr. 151 = *Souda, s.v.* ἰφικρατίδες, I 770, t. II, p. 678, 24-25 Adler; p. 131, 6-7 Zintzen;

[8] fr. 152 = *Souda, s.v.* εὐλόφως, E 3570, t. II, p. 456, 31 - 457, 2 Adler; p. 131, 8-10 Zintzen;

[9] fr. *153 = *Souda, s.v.* χυτρόπους, E 621, t. IV, p. 837, 1-4 Adler; p. 131, 11-14 Zintzen;

[10] fr. 154 = *Epit. Phot.* 89; p. 130, 1-8 Zintzen;

[11] fr. 159 = *Souda, s.v.* Μαρκελλῖνος, M 202, t. III, p. 325, 30 Adler; p. 133, 13-14 Zintzen;

[12] fr. 288 = *Souda, s.v.* Σαλούστιος, Σ 63, t. IV, p. 316, 19-22 Adler; p. 129, 11-13 et 233, 11-14 Zintzen;

[13] *Epit. Phot.* 89; p. 130, 1-8 Zintzen;

[14] *Epit. Phot.* 92; p. 132, 7 - 134, 3 Zintzen;

[15] *Epit. Phot.* 251; p. 131, 15-16 Zintzen.

Nous laissons de côté dans cette liste quelques fragments rapportés à la *Vie d'Isidore* par conjoncture, mais où le nom de Saloustios ne figure pas et qui n'ont pas de parallèle dans les fragments retenus. Voir les passages pris en compte par Asmus **4**, p. 272.

[16] Un témoignage supplémentaire est fourni par Simplicius, *Commentaire sur le Manuel d'Épictète*, chap. 14, li. 299-302 Hadot.

Damascius a globalement une attitude hostile à l'égard de Saloustios: « Et s'il y a une vie qu'il importe de critiquer, c'est assurément celle-ci » [1].

Selon Damascius [1], la famille de Saloustios était d'origine syrienne: sa mère, Théocléia venait d'Émèse; quant à son père Basilide une lacune dans le texte nous empêche de connaître le nom de la ville de Syrie dont il était originaire.

Saloustios sophiste. D'un caractère austère et ambitieux (αὐστηρὸς καὶ φιλότιμος), Saloustios étudia d'abord la rhétorique avec le sophiste Eunoios d'Émèse (*PLRE* II:), mais il se désintéressa de la très recherchée (πολυάρατος) carrière d'avocat (δικανικὸς βίος) pour se consacrer plutôt au σοφιστικὸς βίος [1 ; 2], prenant comme modèle littéraire les discours de Démosthène dont il avait appris par cœur les discours publics [1 ; 2], tout comme son condisciple Marcellus avait appris par cœur les huit livres de l'*Histoire* de Thucydide. Orateur de talent, il était capable de parler, non pas en imitant les rhéteurs contemporains, mais en rivalisant avec la patine antique de la production rhétorique (πρὸς τὸν ἀρχαῖον πίνον τῆς λογογραφίας ἁμιλλώμενος). Il composa des discours qui n'étaient guère inférieurs à ceux des anciens [1 ; 2]. Rapidement le jeune homme décida d'abandonner son premier maître, qu'il considérait indigne de ses propres qualités intellectuelles, et il fit voile vers Alexandrie dans le but de suivre les leçons des plus célèbres professeurs de rhétorique de la cité égyptienne [1].

Malgré un intérêt commun pour Démosthène, le sophiste Saloustios, auteur de *Commentaires sur Démosthène* et *sur Hérodote* et d'autres ouvrages, pourrait n'être qu'un homonyme (*Souda* Σ 60, *s.v.* Σαλούστιος, t. IV, p. 315, 8-9 Adler).

Saloustios philosophe. A Alexandrie, la carrière de Saloustios connut un tournant décisif : vers le milieu des années 470, nous le retrouvons à Athènes, ce qui constitue un indice important en faveur de sa conversion à la philosophie, d'autant plus que parmi les personnes qu'il fréquenta se trouvait le protagoniste de la *Vie d'Isidore*. Damascius [1] rapporte en effet comment Saloustios retourna d'Athènes à Alexandrie avec le philosophe Isidore (☛I 31), sans doute au terme du premier séjour de ce philosophe à Athènes. Sur la carrière et les voyages d'Isidore, voir **12** R. Goulet, notice « Isidore d'Alexandrie », I 31, *DPhA* III, 2000, p. 870-878. Il semble donc légitime d'identifier le Saloustios "sophiste" de ce fragment [1] avec le Saloustios philosophe, de tendance cynique, d'un certains nombres de fragments ultérieurs de la *Vie d'Isidore* [3] : nous serions alors en présence d'un cas typique de « conversion à la philosophie », ou plus exactement d'un passage conscient du monde de la sophistique forensique ou politique à celui de la philosophie. Un tel passage n'impliquait pas cependant un rejet des perspectives politiques de celui qui le choisissait, perspectives qui tendaient ainsi à se radicaliser : ce n'est pas un hasard, semble-t-il, si ce même Saloustios a en quelque manière collaboré avec l'usurpateur Marcellinus [11] (voir **13** S. Diebler, notice « Marcellinus », M 24, *DPhA* IV, 2005, p. 258-261).

Comme l'a bien vu Zintzen **2**, p. 127 n. 147, Damascius, qui pourtant critique sévèrement Saloustios pour avoir adopté une position « cynique » concernant la possibilité pour un homme de pratiquer la philosophie [3 ; 5], a soutenu par la suite une position similaire dans son *De princ.*, t. I, p. 84-85 Combès. En réalité, il est évident qu'au-delà des dissensions et des questions personnelles, l'auteur de la *Vie d'Isidore* voyait en Saloustios l'une des rares personnalités philosophiques – et politiques – en mesure de s'opposer, d'une certaine manière, à l'enseignement de Proclus : et de fait les rapports entre le scholarque et Saloustios n'étaient certainement pas idylliques. Saloustios aurait été entraîné dans un différend (διάστασις) avec Proclus sous l'influence d'un certain Zénon, disciple de Proclus, dont Damascius [4] se demande s'il s'agissait de Zénon d'Alexandrie (☛Z 18) ou de Zénon de Pergame (☛Z 22).

Par animosité à l'égard de ses maîtres ou parce qu'il tenait l'exercice de la philosophie comme une tâche impossible pour l'homme [3 ; 5], Saloustios, s'en prenant aux enseignements philosophiques, aurait détourné de la philosophie Athénodore (☛A 493), un jeune homme talentueux qui était élève de Proclus et qu'il admirait par ailleurs [6], ainsi que d'autres jeunes gens [5].

Le cynisme de Saloustios. A deux reprises Damascius [3 ; 13] le présente comme un cynique (κυνικώτερον δὲ ἐφιλοσόφει ; ὁ Σαλούστιος κυνίζων). C'est peut-être par fidélité aux enseignements de Diogène (☛D 147) qu'il pratiquait l'ascèse [8] et qu'«il faisait grand cas d'utiliser longtemps un régime (d'aliments) non préparés au feu» [9].

A vrai dire, Damascius ne dit pas que Saloustios est un philosophe cynique, mais plutôt qu'il pratique la philosophie dans un esprit cynique, qu'il «cynicise», ce qui ne nous renseigne pas vraiment sur les orientations doctrinales de ce philosophe. Ami d'Isidore, en conflit avec Proclus [4], il a pu fréquenter les néoplatoniciens d'Athènes. Saffrey et Westerink ne le mentionnent pas dans le répertoire des 27 élèves de Proclus qu'ils ont constitué (voir 14 l'Introduction à leur édition de la *Théologie platonicienne* de Proclus, t. I, p. XLXIX-LIV). Varron et Augustin expliquent qu'on peut adopter un mode de vie et une attitude cyniques tout en étant philosophe d'une autre école. Voir **15** M.-O. Goulet-Cazé, *Cynisme et christianisme dans l'Antiquité*, coll. «Textes et traditions» 25, Paris 2015, p. 20, 52 et 69.

Damascius insiste sur la propension de Saloustios à critiquer tous ses contemporains, notamment les philosophes:

«Saloustios en effet savait ce qu'il était possible de dire. Car il ne s'en prenait pas simplement aux philosophes, mais par nature il honnissait les médiocres et était, pour reprendre le mot d'Héraclite, contempteur de la foule (ὀχλολοίδορος, voir Timon, *Silles,* fr. 43 Diels), s'attaquait à tous ceux qui sont dans l'erreur et pour n'importe quel prétexte de n'importe quelle façon il critiquait et ridiculisait tout le monde (ἐλέγχων ἑκάστους καὶ διακωμῳδῶν), parfois de façon sérieuse, mais la plupart du temps en faisant montre d'un état d'esprit farceur et railleur. Saloustios était en effet fort spirituel et des plus doués et empressés pour la raillerie (σκώπτειν)» [3].

Damascius [1 ; 3] reproche à Saloustios non seulement de s'adonner à la raillerie et d'aimer plaisanter pour faire rire (παίζοντος ἐπὶ τὸ γελοιότερον), mais de pratiquer l'entraînement à l'endurance (φιλοσοφοῦντος ἐπὶ τὸ καρτερώτερον). Saloustios «cynicisait suivant la voie de la philosophie sans emprunter le chemin habituel, mais en suivant la voie taillée pour la critique, la raillerie et l'effort orienté principalement vers la vertu» [13]. Il voyagea par tout le monde habité [15], nu-pieds ou chaussé d'iphicratides attiques ou de simples sandales [7 ; 15]. «Il ne semblait jamais longtemps malade dans son corps ou accablé dans son âme» [13]. Simplicius [16] fait l'éloge de Saloustios «notre contemporain» «qui, après avoir placé sur sa cuisse nue un charbon ardent, se mettait lui-même à l'épreuve en soufflant sur ce charbon pour voir jusqu'à quel point il pourrait le supporter» (trad. I. Hadot, *CUF*, Paris 2001, p. 89).

Saloustios a dû assumer un enseignement d'une façon ou d'une autre, car un fragment fait mention de ses élèves (ἑταῖροι) [9].

Un passage de la *Vie d'Isidore* [3], où des 'étrangers' (ἀλλόφυλοι) qui par ailleurs «louaient ses autres qualités», reprochent à Saloustios seulement de ne pas avoir sur les dieux les idées de tout le monde, doit probablement être compris comme une attaque contre les croyances religieuses de Saloustios de la part d'un groupe de chrétiens qu'il n'est pas possible de caractériser de façon plus précise. Il ne semble pas en effet qu'il se soit agi de païens reprochant au philosophe une certaine indifférence religieuse, car Saloustios semble avoir été un païen convaincu qui appelait «l'opinion vraie concernant les dieux une cinquième vertu», rappelant qu'elle était «parfois présente chez les hommes les plus vils».

Engagement politique. Damascius rapporte comment le philosophe fit le choix de soutenir la tentative de restauration du paganisme entreprise par Marcellinus – qui fut très probablement *magister militum Dalmatiae* et dont Saloustios avait prédit la mort violente en regardant ses yeux [12]. Sur les rapports de Marcellinus avec l'empereur Anthémius (➠A 188) et sur sa participation à l'entreprise de restauration païenne de la fin des années 460, voir *PLRE*, II, *s.v.* «Marcellinus» 6, p. 708 ; **16** J. J. O'Donnell, «The Demise of Paganism», *Traditio* 35 1979, p. 45-88, et **17** P. Athanassiadi, «Persecution and Response in Late Paganism. The Evidence of Damascius», *JHS* 113, 1993, p. 1-29, p. 18, qui relève à juste titre comment la relation entre les philosophes athéniens et la figure de Marcellinus pourrait être la preuve du «political and social cosmopolitanism of the circle». Saloustios fut également en contact avec Pamprépius de Panopolis [12] (➠P 18) qui joua un rôle politique sous le règne de Zénon.

Selon Asmus **1**, p. 113, Saloustios devrait être identifié avec un personnage que Damascius appelle Émésiôn (*Epit. Phot.* 194 ; p. 270, 4-5 Zintzen) ou Némésiôn (fr. 341 = *Souda*, *s.v.* Νεμεσίων, N 161, t. III, p. 447, 23 Adler; p. 271, 4-7 Zintzen et parallèles), destinataire d'une «ambassade» (πρεσβεία) mal définie du même Damascius. Selon Asmus cette mission aurait eu pour but ultime de convaincre Isidore d'accepter la succession de Marinus (➠M 42). L'hypothèse d'Asmus – reprise sans modification substantielle par **18** L. G. Westerink, *Introduction*, dans L. G. Westerink et J. Combès (édit.), *Damascius, Traité des premiers principes*, p. XVI *sq.* – non seulement ne se fonde sur aucun détail concret, mais elle est tout à fait inconciliable avec la documentation conservée, qui permet clairement d'établir qu'après sa fuite d'Alexandrie, intervenue un peu avant la mort de Proclus, Isidore ne retourna plus dans sa ville natale. La πρεσβεία de Damascius avait donc un autre objectif qui était peut-être de rechercher un soutien politique pour l'école néoplatonicienne d'Athènes, qui faisait alors l'objet des attaques continuelles de ses détracteurs. De toutes manières, Saloustios n'avait aucun rapport avec ces événements et Némésion doit probablement être identifié avec un juriste mentionné dans la *Lettre* 20 d'Énée de Gaza (*cf. PLRE*, II, *s.v.* «Nemesion» 1, p. 775).

Datation. Les seuls éléments de datation dont nous disposions doivent être tirés des personnes avec lesquelles Saloustios a été en rapport: Marcellinus dont il a soutenu la cause est mort en 468 ; Proclus qu'il a fréquenté à Athènes en 485 ; Damascius, né vers 460, qui l'a connu. Simplicius, qui a étudié avec Ammonius avant 517, le présente comme ἐφ' ἡμῶν, ce qui ne veut pas nécessairement dire notre contemporain au sens strict, mais (comme chez Eusèbe, *Hist. Eccl.* VI 19, 1, quand il parle de Porphyre ὁ καθ' ἡμᾶς) qui a vécu de notre temps, fût-ce dans notre jeunesse. On peut donc situer Saloustios dans la seconde moitié du Ve siècle.

Traduit de l'italien par Richard Goulet.

MARCO DI BRANCO.

8 SANCHUNIATHON DE TYR *RESuppl.* XIV   *ca* 1000[a]?

Derrière le nom de ce savant légendaire qui aurait été l'auteur en langue phénicienne d'un ouvrage historico-philosophique sur les temps antiques, prétendument traduit en grec par Philon de Byblos (➠P 182) pour composer son *Histoire phénicienne* en neuf ou huit livres, se cache sans doute un document réel qui peut se placer vraisemblablement à la fin du deuxième millénaire ou au début du premier av. J.-C. Ce document a fait l'objet dans la tradition grecque d'adaptations à partir peut-être du IVe siècle av. J.-C. et au cours de l'époque hellénistique, en tant que témoin supplémentaire du transfert de la sagesse « barbare » vers le monde grec, rattaché sans doute aussi finalement à la tradition hermétique. Sanchuniathon serait la source la plus ancienne à l'origine de cette tradition dont témoigne l'*Histoire phénicienne* de Philon.

Cf. **1** F. C. Movers, « Die Unächtheit der im Eusebius erhaltenen Fragmente des Sanchuniathon bewiesen », *Jahrbücher für Theologie und christliche Philosophie* [Frankfurt a. M.] 6, 1836, p. 51-94 ; **2** H. Ewald, « Abhandlung über die Phönikischen Ansichten von der Weltschöpfung und den geschichtlichen Werth Sanchuniathon's », *AAWG* 5, 1851-1852 [1853], p. 3-68 ; **3** E. Renan, « Mémoire sur l'origine et le caractère véritable de l'*Histoire phénicienne* qui porte le nom de Sanchoniathon », *Mémoires de l'Académie des Inscriptions et Belles-Lettres* 23, 1858, p. 241-334 ; **4** H. Grimme, art. « Sanchuniathon », *RE* I A 2, 1920, col. 2232-2244 ; **5** O. Eissfeldt, « Zur Frage nach dem Alter der Phönizischen Geschichte des Sanchunjaton », *F&F* 14, 1938, p. 251-252, repris dans **5bis** O. Eissfeldt, *Kleine Schriften* hrsg. von Rudolf Sellheim und Fritz Maass, t. II, Tübingen 1963, p. 127-129 ; **6** *Id.*, « Religionsdokument und Religionspoesie, Religionstheorie und Religionshistorie : Ras Schamra und Sanchunjaton, Philo Byblius und Eusebius von Cäsarea », *ThB* 1938, p. 185-197, repris dans Eissfeldt **5bis**, p. 130-144 ; **7** *Id.*, *Beiträge zur Religionsgeschichte des Altertums*, Heft 4 : *Ras Shamra und Sanchuniathon*, Halle (Saale) 1939, X-157 p. ; **8** P. Nautin, « Sanchuniathon chez Philon de Byblos et chez Porphyre », *RBi* 56, 1949, p. 259-273 ; **9** *Id.*, « La valeur documentaire de l'*Histoire phénicienne* », *RBi* 56, 1949, p. 573-578 ; **10** Ch. Picard, « Sanchuniathon, d'après Philon de Byblos et Porphyre », *RA* 35, 1950, p. 122-123 ; **11** K. Mras, « Sanchuniathon », *AAWW* 89, 1952, n° 12, p. 175-186 ; **12** O. Eissfeldt, *Beiträge zur Religionsgeschichte des Altertums*, Heft 5 : *Sanchuniathon von Beirut und Ilimilku von Ugarit*, Halle (Saale) 1952, IX-74 p. ; **13** *Id.*, *Taautos und Sanchunjaton*, coll. « Sitzungsberichte der Deutschen Akademie der Wissenschaften zu Berlin », Klasse für Sprachen, Literatur und Kunst, Jahrg. 1952, 1, Berlin 1952, 70 p. ; **14** R. Follet, « Sanchuniaton, personnage mythique ou personne historique ? », *Biblica* 34, 1953, p. 81-90 ; **15** O. Eissfeldt, « Art und Aufbau der phönizischen Geschichte des Philo von Byblos », *Syria* 33, 1956, p. 88-98, repris dans Eissfeldt **5bis**, p. 398-406 ; **16** W. Röllig, art. « Sanchuniathon », *KP* IV, 1972, col. 1539 ; **17** S. E. Loewenstamm, art. « Sanchuniat(h)on », *RESuppl.* XIV, 1974, col. 593-598 ; **18** J. Barr, « Philo of Byblos and his *Phoenician history* », *BJRL* 57, 1974, p. 17-68 ; **19** R. A. Oden, Jr., « Philo of Byblos and Hellenistic historiography », *PalEQ* 110, 1978, p. 115-126 ; **20** E. Lipiński, « The Phoenician history of Philo of Byblos », *BO* 40, 1983, p. 305-310 ; **21** M.J. Edwards, « Philo or Sanchuniathon ? A Phoenician cosmogony », *CQ* 41, 1991, p. 213-220 ; **22** B. Hemmerdinger, « Littérature grecque et droit romain à Béryte (fragment) », *QS* 18, n° 35, 1992, p. 111-115 ; **23** F. Maldonado Villena, « La teogonía de Sanchuniathon : ¿ mito o realidad ? », dans J. L. Calvo Martínez (édit.), *Religión, magia y mitología en la Antigüedad clásica*, coll. « Biblioteca de

Estudios Clásicos» 8, Granada 1998, p. 125-135 (cf. **24** Id., «La tradición etno-gráfica relativa a los Fenicios conservada fragmentariamente», dans Actas del VIII congreso español de estudios clásicos [Madrid, 23-28 de septiembre de 1991], Madrid 1994, t. III, p. 235-241); **25** W. Röllig, art. «Sanchuniathon», NP XI, 2001, col. 30-31; **26** J. Dochhorn, «Porphyrius über Sanchuniathon: quellen-kritische Überlegungen zu Praep Ev 1, 9, 21», WO 32, 2002, p. 121-145; **27** J. F. Healey, art. «Sanchuniathon», OCD³, 2003, p. 1352.

Témoignages et fragments. 28 F. Jacoby, FGrHist 790, t. III C 2, Berlin/ Leiden 1958, réimpr. 1969, 1995, p. 802-824.

Cf. aussi l'édition et les commentaires les plus récents et fort précieux de l'Histoire phénicienne de Philon de Byblos: **29** P. R. Williams, A commentary to Philo Byblius' Phoenician history, Univ. of Southern California (Thèse inéd.), 1968, 219 p.; **30** L. Troiani, L'opera storiografica di Filone da Byblos, coll. «Biblioteca degli studi classici e orientali» 1, Pisa 1974, 198 p.; **31** H. W. Attridge et R. A. Oden, Jr. (édit.), Philo of Byblos: the Phoenician history. Introduction, critical text, translation, notes, coll. «The Catholic biblical quarterly. Monograph series» 9, Washington 1981, X-110 p.; **32** A. I. Baumgarten, The Phoenician history of Philo of Byblos: a commentary, coll. EPRO 89, Leiden 1981, XXIX-284 p. (le texte de Jacoby **28** est reproduit aux p. 8-30; cf. **33** Id., The Phoenician History of Philo of Byblos: a historical commentary, Columbia Univ. New York [Thèse], 1972, 335 p.).

Cf. aussi, avec une traduction en allemand, **34** C. Clemen, «Die phönikische Religion nach Philon von Byblos», coll. «Mitteilungen der vorderasiatischaegyptischen Gesellschaft» 42, 3, Leipzig 1939, 77 p.; **35** J. Sirinelli et É. des Places, Eusèbe de Césarée, La préparation évan-gélique, Introduction générale, Livre I, introd., texte grec, trad. et commentaire, coll. SC, 206, Paris 1974, p. 169-211 (texte et traduction), p. 288-323 (commentaire); **36** J. Cors i Meya, A concordance of «The Phoenician History» of Philo of Byblos, coll. «Aula Orientalis. Supple-menta» 10, Sabadell 1995, 119 p. (contient aussi le texte grec des «testimonia» relatifs à cette œuvre de Philon, ainsi que des fragments conservés).

Éditions, traductions et commentaires anciens. 37 H. Dodwell, A discourse concerning Sanchoniathon's Phœnician history, London 1691, 119 p.; **38** A. Van Dale, «Dissertatio super Sanchoniathone...», dans Dissertatio super Aristea de LXX interpretibus..., Amstelaedami 1705, p. 472-506 (gr. et lat.); **39** R. Cumberland, Sanchoniatho's Phoenician history, translated from the first book of Eusebius De praeparatione evangelica. With a continuation of Sanchoniatho's history by Eratosthenes Cyrenaeus's Canon, which Dicaearchus connects with the First Olym-piad. These authors are illustrated with many historical and chronological remarks, proving them to contain a series of Phœnician and Egyptian chronology, from the first man to the First Olympiad, agreeable to the scripture accounts by the Rt. Revd. R. Cumberland... With a preface giving a brief account of the life, character, and writings of the author, by S. Payne..., London 1720, XXXVIII-488 p.; **40** M. Court de Gebelin, Allégories orientales, ou le fragment de Sanchoniaton qui contient l'histoire de Saturne: suivie de celles de Mercure et d'Hercule, et de ses douze travaux, avec leur explication, pour servir à l'intelligence du génie symbolique de l'antiquité, Paris 1773, VIII-278 p.; **41** J. K. von Orelli, Sanchoniathonis Berytii quae feruntur fragmenta De cosmogonia et theologia Phoenicum, Graece versa a Philone Byblio, servata ab Eusebio Caesariensi Praeparationis evangelicae libro I cap. VI et VII, Graece et Latine, recognovit, emendavit, notis selectis Scaligeri, Bocharti, G. I. Vossii, Cumberlandi, aliorumque permultorum suisque animadversionibus illustravit Ioh. Conradus Orellius, Lipsiae 1826, XX-51

p. ; **42** I. P. Cory, *The ancient fragments, containing what remains of the writings of Sancho-niatho, Berossus, Abydenus, Megasthenes, and Manetho. Also the Hermetic creed, the Old chronicle, the Laterculus of Eratosthenes, the Tyrian annals, the Oracles of Zoroaster, and the Periplus of Hanno*, London 1828, XXVIII-129 p ; **43** C. et Th. Müller, *FHG* III, Parisiis 1849, p. 560-576 ; **44** C. K. J. Bunsen, « Philonis Byblii fragmenta quæ ad Phœnicum cosmogoniam et antiquissimam populi historiam spectant », recensuit et illustravit C. K. J. B., dans *Egypt's place in universal history : an historical investigation in five books*, translated from the German by Charles H. Cottrell, London 1867, t. V, p. 789-854.

Faux moderne. *L'Histoire phénicienne* de Philon, et par suite l'ouvrage de Sanchuniathon qui se trouverait à son origine, ne nous est connue que par des fragments. Le texte grec présenté en 1836-1837 par un certain F. Wagengeld comme celui de l'ouvrage complet de Philon n'est qu'un faux littéraire. Tout a commencé en octobre de 1835, quand ce jeune et talenteux faussaire, qui avait étudié à Göttingen entre 1829 et 1832, adressa une lettre au célèbre historien G. H. Pertz, lui communiquant la découverte dans un couvent portuguais d'un manuscrit excellement conservé de la traduction complète de Philon en neuf volumes. Un extrait en fut publié en 1836 avec une introduction du célèbre déchiffreur de l'écriture cunéiforme F. Grotefend, et plus tard le texte complet avec une traduction latine : *cf.* **45** F. Wagenfeld, *Sanchuniathon's Urgeschichte der Phönizier, in einem Auszuge aus der wieder aufgefundenen Handschrift von Philo's vollständiger Übersetzung nebst Bemerkungen*. Mit einem Vorworte von Dr. G. F. Grotefend..., Hannover 1836, XXXII-96 p. (*cf. Analyse des neuf livres de la chronique de Sanchuniathon*, avec des notes par M. Wagenfeld, et précédée d'un avant-propos, par M. G.-F. Grotefend, traduit de l'allemand par M. Ph. Lebas, Paris 1836, 248 p.) ; **46** K. L. Grotefend, *Die Sanchuniathonische Streitfrage, nach ungedrukten Briefen gewürdigt*, Hannover 1836, 28 p. ; **47** F. Wagenfeld, *Sanchuniathonis Historiarum Phoeniciae libros novem Graece versos a Philone Byblio*, edidit latinaque versione donavit F. Wagenfeld, Bremae 1837. Le texte édité par Wagenfeld fut même publié en traduction allemande : **48** E. Chr. W. Wattenbach, *Sanchuniathon's Phönizische Geschichte. Nach der griechischen Bearbeitung des Philo von Byblos ins Deutsche übersetzt. Mit einer Vorrede von J. Classen*, Lübeck 1837, XVI-98 p. ; **49** G. Ph. Schmidt von Lübeck (édit.), *Der neuentdeckte Sanchuniathon : ein Briefwechsel*, Altona 1838, 44 p. Malgré l'admirable qualité de l'ouvrage, la supercherie fut révélée en 1837 par **50** K. O. Müller dans son c. r. de l'édition, *GGA* 1837, repris dans E. Müller (édit.), *Karl Otfried Müller's kleine deutsche Schriften über Religion, Kunst, Sprache und Literatur, Leben und Geschichte des Alterthums*, Breslau 1847, t. I, p. 445-452. Pour tous les détails de l'histoire concernant ce faux nous renvoyons à **51** S. Faller, « Der *neue* Sanchuniathon oder Die Anatomie einer Fälschung », dans T. Baier et F. Schimann (édit.), *Fabrica : Studien zur antiken Literatur und ihrer Rezeption*, coll. « Beiträge zur Altertumskunde » 90, Stuttgart 1997, p. 165-178 (*cf.* aussi **52** J. A. Farrar, *Literary forgeries*, With an intoduction by A. Lang, London/New York/Bombay/Calcutta 1907, p. 181-201 ; **53** A. Gudemann, art. « Herennios » 2, *RE* VIII 1, 1912, col. 650-661, notamment col. 661).

Historicité. La question de l'historicité de Sanchuniathon en tant qu'auteur dépend du jugement que l'on porte sur l'authenticité et l'interprétation des témoignages de la tradition littéraire grecque rattachée, d'une façon ou d'une autre, à Philon de Byblos (☞+P 182), donc à un auteur qui aurait vécu à la fin du IIe siècle et au début du Ier ap. J.-C. et à son *Histoire phénicienne*. C'est une question qui a suscité de vives discussions parmi les spécialistes depuis l'époque de Scaliger et de Grotius (*cf.* Renan **3**, p. 6 ; Barr **18**).

Après Philon notre source la plus ancienne sur Sanchuniathon appartient à la fin du IIe siècle et au début du IIIe ap. J.-C. Il s'agit d'Athénée (☞+A 482), qui le mentionne (sans préciser le nom de Philon) tout simplement comme une autorité en histoire phénicienne, à côté de Mochus (*Deipnosophistes* III, 126 a). On le retrouve cité un siècle plus tard par le philosophe d'origine phénicienne Porphyre (☛P 263 ; *cf. infra*), mais l'intermédiaire principal dans cette tradition concernant Sanchuniathon (y compris pour le témoignage de Porphyre) est l'apologiste chrétien Eusèbe de Césarée (☛E 156). Celui-ci, un contemporain de Porphyre de la génération suivante et son adversaire, cite Sanchuniathon dans sa *Préparation évangélique* I 9-10 (fr. 1-4 Jacoby). D'un côté, il semble citer Philon directement ; de l'autre, il reproduit le témoignage sur l'*Histoire phénicienne* de Porphyre, dont il cite notamment un témoignage, inconnu par ailleurs, qu'il dit avoir tiré du livre IV du *Contre les chrétiens* (*cf. infra*). Il cite aussi un autre témoignage de Porphyre, *Sur l'abstinence* II 56 (fr. 3a Jacoby).

Eusèbe fait appel à Sanchuniathon dans le contexte de sa réfutation du paganisme et de « l'erreur polythéiste » qu'il dit avoir été introduite par les Phéniciens et les Égyptiens, et qui de là serait passée aux autres peuples, y compris chez les Grecs. Il le cite en tant que représentant de la plus antique tradition historique phénicienne, comme garant de l'idée que ce polythéisme n'aurait été introduit qu'après une longue période de croyances astrales.

Il met en relief tout d'abord (*P. E.* I 9, 20 = fr. 1, p. 803, 19-24 Jacoby) l'extrême antiquité de cet auteur (*cf. infra*), ainsi que l'exactitude et la vérité de son *Histoire phénicienne*, en précisant que Philon de Byblos n'aurait fait que « traduire » de la langue phénicienne en langue grecque cet ouvrage tout entier (πᾶσαν τὴν συγγραφήν ou γραφήν) de Sanchuniathon pour le publier (μεταβαλὼν ἀπὸ τῆς Φοινίκων γλώττης ἐπὶ τὴν Ἑλλάδα φωνὴν ἐξέδωκε ; *cf. P. E.* I 9 = fr. 2, p. 806, 12 *sq.* Jacoby, où on trouve le mot ἑρμηνεία).

Eusèbe présente tout de suite, comme garant de l'autorité de Sanchuniathon, le témoignage de son adversaire Porphyre, concrètement un fragment du *Contre les chrétiens* de celui-ci qu'il dit donner textuellement (πρὸς λέξιν). D'après ce témoignage (*P. E.* I 9, 21 = fr. 1, p. 803, 26-804, 12 Jacoby), l'auteur des récits les plus authentiques sur les juifs, dans la mesure où ils « concordent tout à fait avec les noms de lieu et de personne » (trad. Sirinelli-des Places), aurait été Sanchuniathon, à partir des rapports qu'il avait reçus du prêtre du dieu Ievô appelé Hiérombal (τὰ ὑπομνήματα παρὰ Ἱερομβάλου), lequel avait dédié son histoire à Abelbalos, roi de Béryte, ayant reçu l'approbation non seulement du roi mais aussi des savants et des autorités religieuses. Sanchuniathon, d'après le témoignage de Porphyre, aurait rassemblé et rédigé fidèlement en dialecte phénicien toute l'histoire ancienne d'après les livres publics locaux et les annales des temples (φιλαλήθως πᾶσαν τὴν παλαιὰν ἱστορίαν ἐκ τῶν κατὰ πόλιν ὑπομνημάτων καὶ τῶν ἐν τοῖς ἱεροῖς ἀναγραφῶν συναγαγὼν δὴ καὶ συγγράψας), et Philon aurait traduit cet ouvrage en langue grecque (εἰς Ἑλλάδα γλῶσσαν ἡρμήνευσεν ; *cf.* aussi test. 3 Jacoby).

Après avoir signalé qu'il cite Porphyre comme garant de la véracité et de l'antiquité du « théologien » Sanchuniathon, Eusèbe poursuit son témoignage concernant Sanchuniathon, maintenant sans doute à partir de sa propre lecture de Philon lui-même : il affirme que Sanchuniathon présentait comme dieux « non le dieu universel, ni même les dieux célestes, mais des mortels, hommes et femmes, et non pas policés et tels que l'on croie devoir les accueillir pour leur vertu morale ou les imiter pour leur philosophie, mais imprégnés du vice et de la méchanceté et d'une totale perversité » (trad. *Idd.*) ; et Eusèbe ajoute que Sanchuniathon attestait que ce sont ceux-là qui étaient généralement tenus pour dieux à son époque, comme c'était encore le cas à son époque à lui, Eusèbe (*P. E.* I 9, 22 = fr. 1, p. 804, 12-18 Jacoby).

Comme preuve, Eusèbe présente tout de suite une citation de Philon lui-même, qu'il déclare encore une fois donner littéralement (αὐτοῖς ῥήμασι), tirée concrètement de la préface du premier livre de son ouvrage (κατὰ τὸ προοίμιον τοῦ πρώτου συγγράμματος). Philon y affirme que Sanchuniathon, « homme très savant et très curieux » (ἀνὴρ πολυμαθὴς καὶ πολυπράγμων), désirant apprendre de tout le monde ce qui s'était passé depuis les origines du monde, mit tout son zèle à récupérer de l'oubli l'œuvre de Taautos, c'est-à-dire le Thot des Égyptiens et l'Hermès des Grecs, et qu'il aurait placé Taautos-Thot à la base (ὥσπερ κρηπῖδα) de son traité (λόγος), puisque c'est lui qui avait été « le premier à avoir inventé l'écriture et à avoir entrepris d'écrire des livres » (ὑπομνήματα ; *P. E.* I 9, 23-24 = fr. 1, p. 804, 19, 805, 1 Jacoby ; trad. *Idd.*).

D'après Eusèbe (*P. E.* I 9, 26-27 = fr. 1, p. 805, 3-16 Jacoby), Sanchuniathon-Philon s'en prenait ensuite aux hommes des générations postérieures à l'époque de Thot pour avoir interprété faussement ces récits concernant les dieux, en les ayant détournés « vers des allégories, des descriptions et des spéculations physiques » (trad. *Idd.*). À ce sujet, Eusèbe cite un nouveau fragment de la préface de Philon (*P. E.* I 9, 26-29 = fr. 1, p. 805, 4 – 806, 10 Jacoby), qui présente Sanchuniathon se rebellant contre les interprétations allégoriques et les mythes sur les origines qui étaient courants à son époque : ayant découvert dans les sanctuaires d'Ammon les Écritures secrètes qui y étaient conservées, il se serait employé « à apprendre tout ce qui n'était pas permis à tous de connaître ». Le témoignage conclut en précisant que le travail de Sanchuniathon aurait été aussi finalement dissimulé par les prêtres postérieurs, et que c'est alors que les mystères (τὸ μυστικόν) apparurent chez les Grecs. Enfin, il n'est pas difficile de comprendre que, dans l'esprit de Philon, ce serait sa « traduction » de l'ouvrage de Sanchuniathon qui l'aurait définitivement divulgué. Philon assure qu'il a découvert cet ouvrage après avoir entrepris de très courageuses recherches sur l'histoire de la Phénicie et après avoir dépouillé une importante documentation qu'il dit ne pas avoir empruntée aux Grecs, car la documentation grecque était à ses yeux pleine de contradictions et souvent animée par un esprit de polémique et non pas de recherche de la vérité.

Eusèbe complète son témoignage sur la préface de Philon par une autre citation, où celui-ci rapporte que les plus anciens des Barbares, c'est-à-dire les Phéniciens et les Égyptiens, « regardaient comme les plus grands dieux les hommes qui avaient fait quelque découverte utile à l'existence, ou avaient en quelque domaine rendu service aux peuples » (trad. *Idd.*) ; et il continue en rappelant, entre autres, que ces gens-là affectaient les noms qu'ils empruntaient à leurs propres rois soit à des éléments de l'univers, soit à certains de ceux qu'ils croyaient être des dieux ; et qu'ils ne reconnaissaient pour dieux que les dieux physiques : « le soleil, la lune, les autres planètes, les éléments et ce qui s'y rattache, si bien qu'ils avaient des dieux mortels et des dieux immortels » (trad. *Idd*.).

Eusèbe affirme que Philon, après tous ces éclaircissements, abordait la « traduction » de Sanchuniathon (ἐπάρχεται τῆς τοῦ Σαγχουνιάθωνος ἑρμηνείας) en exposant la théologie des Phéniciens. Il présente ensuite un long fragment sur ce sujet, tiré du premier livre de Philon (*P. E.* I 10, 1-42 = fr. 2, p. 806, 15 – 813, 22 Jacoby), dont voici la division d'après l'analyse de Baumgarten **32**, p. 38 : la cosmogonie-zoogonie (p. 806, 11 – 807, 7 Jacoby), les premiers hommes et leurs inventions dans les débuts de la civilisation jusqu'à l'arrivée d'Ouranos (p. 807, 10 – 809, 14 Jacoby) ; la vie et les guerres de Cronos (p. 809, 14 – 811, 24 Jacoby) ; la division du monde (p. 811, 24 – 813, 22 Jacoby).

Eusèbe conclut son témoignage en insistant sur le fait que le livre de Philon était le résultat d'un travail de « traduction » de celui de Sanchuniathon, et que son authenticité était garantie par Porphyre.

Il tire ensuite du « même auteur », en qui il faut sans doute reconnaître Sanchuniathon-Philon et non pas Porphyre *(cf. infra)*, un fragment de son ouvrage (le mot grec est σύγγραμμα) *Sur les juifs* (*P. E.* I 10, 42 *sq.* = fr. 10 [Philon, *Sur les juifs*], p. 818, 9-15 Jacoby) concernant la légende de Cronos.

Selon ce fragment, les dieux Sourmoubèlos et Thouro-Chousarthis auraient mis en lumière la théologie de Taautos-Thot concernant les règles de la piété religieuse, une doctrine qui aurait été « cachée et obscurcie par les allégories » (trad. *Idd*.).

Encore tiré de la même source, ce fragment est suivi (*P. E.* I 10, 44 = fr. 10 [Philon, *Sur les juifs*], p. 818, 16 Jacoby) par un autre sur les sacrifices humains (d'enfants), qu'Eusèbe reproduit aussi dans un autre livre de sa *Préparation évangélique* comme tiré de l'*Histoire phénicienne* (*P. E.* IV 16, 11 = fr. 3b Jacoby). C'est le même sujet qui est traité chez Porphyre, *Sur l'abstinence* II 56 (= fr. 3a Jacoby).

Comme le suggère Baumgarten **32**, p. 249 *sq.*, il est vraisemblable que Philon a écrit le passage concernant Cronos pour son *Histoire phénicienne* et qu'il l'a cité à nouveau par la suite dans son ouvrage *Sur les juifs*, et cela a pu être aussi le cas pour le passage concernant les sacrifices d'enfants.

Finalement on trouve un autre fragment (*P. E.* I 10, 45-53 = fr. 4 [Philon, *Histoire phénicienne*] Jacoby) sur les dieux-serpents, où le nom de Sanchuniathon est maintenant expressément repris, rattaché cette fois-ci à un σύγγραμμα *Sur les lettres des Phéniciens* (*cf. infra*, Œuvres). Ce fragment est fourni dans la même traduction de Philon.

Dans ce dernier fragment Philon évoque, entre autres, la doctrine de Phérécyde de Syros (➨P 109), qui serait d'origine phénicienne, relative au dieu Ophion et aux Ophionides, la doctrine égyptienne concernant le Bon démon, ou celles de la tradition iranienne du Mage Zoroastre et d'Ostanès.

Eusèbe (*P. E.* I 10, 54) porte pour finir un jugement sévère sur cette théologie phénicienne, que, d'après lui, il faudrait abominer comme un produit caracté-

ristique de la démence des « anciens ». Il insiste encore une fois sur le fait qu'il ne
s'agit pas de fictions de poètes mais de témoignages authentiques émanant de
sages et de théologiens, et dont l'origine serait des plus anciennes.

Jusqu'au XIXe siècle Sanchuniathon fut considéré comme une autorité capitale
concernant la religion phénicienne. On accordait ainsi tout son crédit aux mots
d'Eusèbe (*P.E.* I 9, 20 = fr. 1, p. 803, 19-22 Jacoby) rapportant une tradition
couramment admise (ὥς φασιν) selon laquelle Sanchuniathon était une autorité
rigoureuse et digne de foi pour l'histoire phénicienne (ὃν καὶ ἐπ' ἀκριβείᾳ καὶ
ἀληθείᾳ τῆς Φοινικικῆς ἱστορίας ἀποδεχθῆναι), ce qui rejoignait tout à fait la
description de l'auteur tracée par Philon dans son prologue (*cf. supra*).

C'est au XIXe siècle que les chercheurs portèrent un regard beaucoup plus
critique sur les fragments transmis, en mettant systématiquement en doute l'historicité de Sanchuniathon, même s'ils ne déniaient pas une certaine valeur aux
renseignements sur la religion phénicienne transmis sous son nom par Philon
(*cf.* Movers **1** ; Renan **3** ; **54** O. Gruppe, *Die griechischen Culte und Mythen in
ihren Beziehungen zu den orientalischen Religionen*, Leipzig 1887, p. 347-409 ;
55 M.-J. Lagrange, *Études sur les religions sémitiques*, 2e éd. revue et augmentée,
Paris 1905, p. 396-437). L'idée courante était en tout cas que Philon, loin de
transmettre une ancienne sagesse orientale authentique, n'était qu'un faussaire qui
avait plagié la *Théogonie* d'Hésiode. Il n'est donc pas étonnant qu'un auteur
comme **56** Chr. A. Lobeck, *Aglaophamus, sive De theologiae mysticae Graecorum
causis libri tres*, Regimontii Prussorum [Königsberg] 1829, t. II, p. 1275-1277, soit
même allé jusqu'à supposer que les fragments de Philon avaient été purement et
simplement inventés par Eusèbe.

La situation changea avec la découverte en 1929 à Ras-Shamra, ville identifiée
avec l'antique Ougarit, dans la Syrie septentrionale, de tablettes cunéiformes
contenant entre autres des renseignements sur la mythologie cananéenne. En effet,
même si ces textes de Ras Shamra-Ougarit de contenu cultuel et mythique ne
portaient pas en particulier sur la Phénicie, mais sur ce royaume syrien qui avait eu
son apogée à la fin de l'Âge du Bronze (XIIIe siècle av. J.-C.), ils se trouvaient
confirmer des détails du récit de Philon correspondant à la période de 1400-1200
dans laquelle Sanchuniathon aurait prétendument écrit. Ainsi, la figure de Philon et
ses fragments de l'*Histoire phénicienne* retrouvaient toute leur valeur comme
témoignages sur les mythes et les croyances du Proche-Orient antique.

En particulier, il ne faisait plus de doute qu'Hésiode, dans son récit théogonique sur Ouranos, Cronos et Zeus, suivait une tradition très ancienne, à laquelle
appartenaient aussi bien les textes des tablettes hourro-hittites de Boğazköy,
l'ancienne capitale hittite Hattouša en Cappadoce, découvertes à la fin du XIXe
siècle et déchiffrées au début du XXe, que ceux de Ras Shamra découverts plus
tard. Ce qui était commun dans tous les récits de cette tradition mythologique, dont
l'origine ne pouvait pas être déterminée, c'est l'union du mythe cosmogonique et
de celui de la succession des générations divines.

Le résultat principal de la période de recherche qui s'étendit depuis la découverte des textes ougaritiques jusqu'aux années 1970 (les travaux les plus représentatifs de ces recherches comparatives sont ceux d'Eissfeldt **7**, **12**, **13**) fut de mettre en évidence que Philon ou la source (ou les sources) dont il s'est servi a eu accès à des traditions locales authentiques et anciennes.

Tout le monde s'accorde désormais sur l'idée que l'ouvrage attribué à Sanchuniathon dans la tradition grecque était une source riche en renseignements authentiquement phéniciens, malgré les manipulations plus ou moins grandes dont elle pouvait avoir fait l'objet au cours de la tradition.

Certains, comme Nautin **8**, **9**, ont continué à douter de l'existence réelle de Sanchuniathon. En effet, Nautin considère le récit de Philon sur Sanchuniathon comme un *topos* littéraire tout à fait conforme aux conventions du genre et semblable à d'autres que l'on trouve dans des récits sur les temps antiques. Ce récit aurait présenté Sanchuniathon comme un hardi novateur qui ramenait au jour une doctrine oubliée et mettait cette doctrine dans un certain rapport avec l'Égypte, puisque ce serait la doctrine de Thot découverte dans les sanctuaires d'Ammon. Pour Nautin **8**, **9** les fragments de Philon, en tant que document du IIe siècle ap. J.-C., fourniraient non un état de fait, mais une reconstitution arbitraire (littéraire) des origines.

Cependant, le faussaire proprement dit, d'après Nautin, ne serait pas Philon mais Porphyre, dans la mesure où Sanchuniathon serait devenu chez lui le simple rédacteur de la doctrine la plus officielle de la Phénicie *(sic)*. C'est donc les informations de Porphyre qui seraient, selon Nautin, « inventées » par rapport au récit de Philon, et la raison de cette fraude, qui se laisserait deviner au début de la citation de Porphyre où on dit que l'auteur des récits les plus authentiques sur les juifs aurait été Sanchuniathon, serait d'établir un rapprochement entre les juifs et les anciens Phéniciens : « il était naturel qu'il cherchât quelqu'un pour lui servir de témoin ; il s'est donc rappelé le Sanchuniathon de Philon et l'a habillé en garant des traditions phéniciennes pour les besoins de la cause » (Nautin **8**, p. 272 n. 1). L'intérêt de Porphyre aurait donc été de dépouiller Sanchuniathon de tout son habillement de révolutionnaire (qui, d'après Nautin, serait celui qu'il revêtait originairement dans l'ouvrage de Philon), le transformant en un simple garant de la doctrine officielle sur les Phéniciens, qu'il souhaitait rapprocher de celle des juifs dans la critique qu'il dirigeait contre les chrétiens.

À ce sujet, il faut citer un autre article de **57** P. Nautin, « Trois autres fragments du livre de Porphyre contre les chrétiens », *RBi* 57, 1950, p. 409-416, selon lequel les mots qu'on trouve dans *P.E.* I 10, 42-43 (= fr. 2, p. 813, 23-24 Jacoby [Philon, *Histoire phénicienne*] et fr. 10 Jacoby [Philon, *Sur les juifs*]), ont été attribués par Eusèbe à Philon mais dérivent en fait de Porphyre cité en *P.E.* I 10, 42. La conclusion de Nautin est que l'ouvrage *Sur les juifs* ne serait qu'une partie (il interprète dans ce sens de « chapitre » le terme σύγγραμμα) de l'ouvrage de Porphyre *Contre les chrétiens*. Dans ce chapitre sur les juifs, Porphyre aurait été ainsi, d'après Nautin **57**, p. 415 *sq.*, une espèce de précurseur de l'histoire comparée des religions. Seulement il n'aurait pas eu le moindre scrupule à transformer le Sanchuniathon de Philon en un rédacteur docile des traditions phéniciennes, car ce ne serait pas lui qui aurait mis au jour la doctrine de Thot, mais Sourmoubèlos et Thouro-Chousarthis.

On peut lire les arguments contre cette reconstitution de nouveaux fragments de Porphyre chez Attridge et Oden **31**, p. 93 (n. 147). Comme le remarquent Attridge et Oden **31**, p. 94 (n. 151), les fragments en question appartiennent bien à l'ouvrage de Philon *Sur les juifs* (*cf.* Attridge et Oden **31**, p. 98-99, Appendix I). Contre l'hypothèse de Nautin, nous renvoyons aussi à Sirinelli et des Places **35**, p. 315-321 ; **58** E. A. Ramos Jurado *et al.*, *Porfirio de Tiro, Contra los cristianos*, recopilación de fragmentos, traducción, introducción y notas, Cádiz 2006, p. 99.

À l'appui de sa thèse selon laquelle le témoignage de Porphyre doit être considéré à part dans le compte rendu d'Eusèbe, Nautin **8**, p. 266, remarque le fait que si celui-ci avait trouvé chez Philon tous les renseignements qu'il allait tirer de Porphyre, il n'aurait pas eu besoin de citer un passage de ce dernier pour compléter la documentation. Et dans la même ligne que Nautin, Attridge et Oden **31**, p. 4 *sq.*, ont défendu aussi l'idée que le témoignage de Porphyre ne reproduit pas fidèlement le récit de Philon, même s'il a pu connaître cet ouvrage de première main dans sa patrie Tyr (*cf. ibid.*, p. 23 [n. 12]). Ils considèrent aussi (p. 9), par ailleurs, que Sanchuniathon n'est pour la plus grande part qu'une fiction de Philon.

Pour les détails de la discussion fort complexe concernant le témoignage de Porphyre, où l'on a voulu, entre autres, considérer la mention même des juifs comme une corruption textuelle, nous renvoyons à Troiani **30**, p. 69-77, et à Baumgarten **32**, p. 41-62. Celui-ci, à son tour, tient le récit de Porphyre comme le produit d'un mélange de traditions que Porphyre aurait confondues, ayant donné lieu finalement à une pure invention (p. 53, 55). D'après lui (p. 53 *sq.*), Eusèbe aurait eu recours au témoignage de Porphyre sur Sanchuniathon pour deux raisons : d'un côté, pour se mettre lui-même à l'abri de tout soupçon d'avoir inventé sa source, en montrant que le grand défenseur du paganisme, Porphyre, croyait aussi à sa fiabilité ; de l'autre, pour embarrasser Porphyre avec les opinions du même auteur que celui-ci croyait digne de foi. Eusèbe serait ainsi content de pouvoir montrer l'approbation de Porphyre à l'égard des ouvrages de Sanchuniathon, même si le passage qu'il citait devrait montrer à un lecteur attentif que Porphyre louait la véracité de Sanchuniathon concernant les juifs, non pas les Phéniciens.

Cela dit, nous partageons plutôt l'opinion d'Edwards **21**, p. 219, qui estime que l'on peut défendre la compatibilité du témoignage de Porphyre avec les autres conservés par Eusèbe, lesquels auraient tous comme source la même *Histoire phénicienne* de Philon. Seulement, les renseignements de Porphyre transmis par Eusèbe concernant Sanchuniathon, même s'ils sont toujours tirés de cette histoire, seraient rattachés à un autre ouvrage sur les juifs (*cf. infra*, Œuvres), qui aurait été « traduit » aussi par Philon, et que celui-ci aurait cité, selon sa propre traduction, dans le cadre de l'*Histoire phénicienne*. Quant à l'ouvrage *Sur les juifs*, Edwards **21**, p. 216, suppose que Philon aurait polémiqué contre ce peuple, en démontrant entre autres qu'il aurait déformé et dégradé l'ancienne sagesse des Phéniciens concernant les lettres de l'alphabet (*cf.* fr. 11 Jacoby).

En faveur de la cohérence des témoignages d'Eusèbe, y compris celui cité à travers Porphyre, nous pouvons ajouter ceci : si Eusèbe place le fondement du récit de Sanchuniathon chez Taautos-Thot-Hermès, tandis que lorsqu'il cite le témoi-

gnage de Porphyre la source des informations fournies par Sanchuniathon est
constituée par les rapports (ὑπομνήματα) du prêtre Hiérombal, ainsi qu'en général
par les annales des cités (κατὰ πόλιν ὑπομνήματα) et les registres publics des
sanctuaires (τὰ ἐν τοῖς ἱεροῖς ἀναγραφαί), cela doit s'expliquer sans doute par la
nature très différente des contenus envisagés dans l'un et l'autre passage, à savoir
les récits contenant la sagesse hermétique sur la divinité et les temps les plus
lointains dans le premier cas, et des récits d'un tout autre caractère, où il était
question de la véracité en fonction de l'accord avec les noms de lieu et de personne, dans le deuxième cas. Cela expliquerait aussi le fait que dans le premier cas
on insiste sur le caractère occulte de la sagesse transmise et sur la révélation hardie
faite par Sanchuniathon, tandis que dans le deuxième on insiste plutôt sur le
caractère officiel et tout à fait autorisé de l'histoire fournie. Porphyre insisterait sur
ce caractère officiel et digne de foi sans doute pour donner du crédit à ces récits sur
les juifs, des gens qu'il aurait à cœur de rapprocher non seulement des Phéniciens,
mais aussi des chrétiens dans l'écrit polémique qu'il dirigea contre ceux-ci.

En tout cas, le fait d'accepter, avec Nautin **8**, la fiction littéraire dans la configuration finale de l'ouvrage de Philon (une thèse qui semble s'imposer aujour-
d'hui) n'implique pas de refuser toute signification historique au personnage de
Sanchuniathon. La prétention de Philon d'avoir simplement « traduit » l'ouvrage de
celui-ci doit être interprétée dans la même perspective littéraire, mais cela ne doit
pas nous empêcher de considérer que Philon a voulu présenter d'une façon ou
d'une autre son travail par rapport à une tradition phénicienne préexistante qu'il ne
reçoit sûrement pas sans intermédiaires et à laquelle il a, bien sûr, imprimé aussi sa
propre marque. En fait, même un auteur tout à fait optimiste sur la valeur historique de Sanchuniathon comme l'était Eissfeldt avait déjà compris comment Philon
paraît avoir refondu et non traduit une œuvre phénicienne antérieure (*cf. Id.* **15**,
p. 98 ; **59** *Id.*, art. « Philo Byblius », *RGG*³ V, 1961, col. 346-347 ; **60** *Id.*, art.
« Sanchunjaton », *RGG*³ V, 1961, col. 1361, où il reconnaît par ailleurs que Philon
a connu l'ouvrage de Sanchuniathon dans une version déjà notablement transfor-
mée). Le mot grec ἑρμηνεία avait sans doute pour les Grecs anciens un sens
beaucoup plus actif et beaucoup plus riche et profond que ne l'a en tout cas notre
notion moderne de « traduction », en ce qui concerne notamment l'intervention
personnelle et l'expression de la propre pensée du « traducteur ».

De ce point de vue, il n'y a pas de raison déterminante de douter absolument de
l'historicité de Sanchuniathon. Le fait que Philon a pu avoir recours à un *topos*
littéraire et est intervenu activement dans la tradition de l'œuvre de Sanchuniathon
(comme l'avaient sans doute fait d'autres auparavant) n'empêche pas que derrière
le récit qu'il donne et le nom plus ou moins légendaire de Sanchuniathon se cache
une personnalité historique qui a pu jouer à une certaine époque, un peu moins
ancienne peut-être que celle affirmée par la tradition (*cf. infra*), un rôle important
dans le rassemblement de la sagesse phénicienne sur la théologie-cosmologie et
l'histoire-géographie.

C'est à partir des années 1970 que les recherches fondées sur la comparaison entre Philon et les textes mythologiques du deuxième millénaire, tout en étant considérées comme fécondes et valables (*cf.* **61** L.R. Clapham, *Sanchuniathon : the first two cycles*, Diss. Harvard University 1969), ouvrirent la voie à une considération beaucoup plus autonome des textes de Philon et de son contexte culturel précis aux Ier-IIe s. ap. J.-C. On insiste maintenant (*cf.* Williams **29** ; Barr **18** ; Troiani **30** ; Baumgarten **32**) sur l'idée que le bagage culturel propre du monde gréco-romain auquel Philon appartient a été très important au moment de la conformation finale de son histoire. En effet, certains aspects de cette histoire qui ne peuvent nullement être expliqués en référence aux mythes ougaritiques doivent être interprétés dans une perspective nettement grecque ou hellénistique.

À la fin de sa remarquable étude, Baumgarten **32**, p. 265 *sq.*, arrive à la conclusion que les fragments de Philon s'expliquent souvent mieux en des termes non-ougaritiques, même si les sources ougaritiques peuvent éclairer des aspects de l'ouvrage de Philon, en contribuant à suggérer de nouvelles explications pour certains passages difficiles. En effet, il estime que les découvertes du Proche-Orient ougaritique ne confirment pas pleinement les affirmations de Philon, mais mettent plutôt en évidence le hiatus entre la mythologie de l'Âge du Bronze et la religion phénicienne telle qu'elle a été interprétée par un homme cultivé du début de l'époque impériale (*cf.* Barr **18**). Selon Baumgarten **32**, p. 266, Philon présente des traditions tout à fait phéniciennes, mais il n'a pas découvert ou conservé de façon inaltérée des textes de grande antiquité. D'après lui, le matériel présenté par Philon ne provient pas de sources relativement inaltérées de l'Âge du Bronze, mais il appartient à une version beaucoup plus moderne qui serait un produit du monde hellénistique.

C'est peut-être là toutefois une conclusion beaucoup trop réductionniste sur l'antiquité (et l'authenticité) des sources de Philon, lesquelles seraient donc assez récentes. En effet, comme le remarque Lipinsky **20**, p. 307, il existe certains points qui pourraient suggérer l'emploi de sources du début de l'Âge du Fer, c'est-à-dire de la fin du deuxième millénaire ou du début du premier. Ainsi donc, laissant aussi bien de côté une position réductionniste du genre de celle de Baumgarten **32** que la position exagérément optimiste d'un savant comme Eissfeldt **15**, il faut arriver plutôt à une position un peu plus nuancée, comme celle de Lipinsky **20** ou celle d'Edwards **21**, p. 214. Ce dernier, par exemple, tout en considérant que la cosmogonie de l'*Histoire phénicienne* représente une imposture hellénistique, est prêt à reconnaître qu'un grand nombre des ingrédients employés était plus ancien. Il s'agirait en tout cas d'éléments dont la date, d'après Edwards, ne pouvait pas être antérieure à la période des Achéménides (*cf. infra*).

En tout cas, comme le remarque **62** J.C. Richard, « Phoenician religion », *BASO* 279, 1990, p. 55-64, les historiens de la religion doivent toujours employer la plus grande prudence dans la recherche d'éléments originairement phéniciens à travers des matériaux comme l'*Histoire phénicienne* pour compenser le manque de sources indigènes proprement dites.

Nom. Le nom de Sanchuniathon, en grec Σαγχουνιάθων (Σαγχωνιάθων chez Théodoret, *Curatio affectionum Graecarum* II 44 = Eusèbe, *P. E.* I 9, 20 *sq.* = fr. 3 Jacoby, et dans la *Souda, s. v.* Σαγχωνιάθων, Σ 25, t. IV, p. 312, 12 Adler; Σουνιάθων *sic* dans le texte d'Athénée III, 126 a) est attesté par des inscriptions phéniciennes; il est donc authentiquement phénicien *(sknytn)* et signifie «Sakun (nom d'une divinité) a donné» (*cf.* Nautin **8**, p. 272; Baumgarten **32**, p. 42 *sq.*). On a suggéré la possibilité que cette divinité soit l'équivalent du grec Hermès, mais les critiques ne s'accordent pas sur son identification (*cf.* Baumgarten **32**, p. 43-45). Les orientalistes affirment que le nom de Sanchuniathon ne pouvait pas être courant à une époque tellement ancienne (*cf. infra*), l'élément théophore *Skn* n'étant pas attesté avant le VIIᵉ siècle av. J.-C. (*cf.* Lagrange **55**, p. 356; Eissfeldt **7**, p. 9; Mras **11**, p. 176; Barr **18**, p. 36 n. 2; Troiani **30**, p. 9 n. 3; Attridge et Oden **31**, p. 5; Baumgarten **32**, p. 42-48; Lipinsky **20**, p. 306 *sq.*; Edwards **21**, p. 213). En tout cas, le fait qu'il ne soit pas attesté, n'empêche pas que ce nom ait pu être porté à une époque plus ancienne.

Patrie. Dans l'ensemble des textes transmis par Eusèbe, la patrie de Sanchuniathon n'est précisée que dans le témoignage tiré de Porphyre, où celui-ci le dit de Béryte (Βηρύτιος). En revanche, d'après Athénée III, 126 a, notre source la plus ancienne, il aurait été originaire de Tyr, car l'un des partenaires du banquet des sages, Théodore dit Cynulcus (➣T 60), évoque Sanchuniathon comme une autorité pour l'histoire de la Phénicie et il le présente à son interlocuteur Ulpien de Tyr comme un «concitoyen» (πολίτης). Il est donc probable que le Sanchuniathon de Philon était né plutôt à Tyr qu'à Béryte (auj. Beyrouth). On peut interpréter le témoignage d'Eusèbe-Porphyre dans le sens que Sanchuniathon a eu une certaine activité dans cette dernière ville, qui était à 70 km seulement au nord de Tyr. Par ailleurs, comme le remarque Edwards **21**, p. 219, puisque le passage d'Athénée concernant Sanchuniathon ne fournit pas d'autres renseignements, rien n'autorise à supposer qu'il est indépendant de Philon, qui serait donc la source la plus fiable. Enfin, la *Souda, s. v.* Σαγχωνιάθων, Σ 25, t. IV, p. 312, 12 Adler, le présente aussi comme un «philosophe» de Tyr.

Dans le but de résoudre les contradictions de nos témoignages (*cf.* aussi *infra*), **63** W. F. Albright, *Yahweh and the gods of Canaan : a historical analysis of two contrasting faiths*, coll. «Jordan lectures in comparative religion» 7, London 1968, p. 195, suggère que Sanchuniathon a vécu à Béryte comme un réfugié de Tyr. Puisque cette hypothèse n'a pas de fondement convaincant (*cf.* Baumgarten **32**, p. 49) et qu'on ne peut donc pas expliquer ces contradictions, nous devons considérer seulement comme probable que la patrie de Sanchuniathon était Tyr, ville qui est par ailleurs présente dans l'un des titres des ouvrages de Sanchuniathon rapportés dans la *Souda* (*cf. infra*, Œuvres).

Dans son édition de la *Souda*, **64** T. Gaisford (édit.), *Σουίδας, Suidae Lexicon*, post Ludolphum Kusterum ad codices manuscriptos recensuit T. Gaisford, Oxonii 1834, t. II: *K-Ψ*, col. 3241, rapportait le texte d'une notice marginale sous le nom de Σαγχουνιάθης qualifié comme Ἀϊδώνιος (Σιδώνιος ?). Même si le texte est corrompu, certains auteurs ont considéré à partir de ce témoignage la possibilité que la patrie de Sanchuniation ait été Sidon. D'autres, comme Mras **11**, p. 176 n. 3, ont même envisagé la possibilité de Béryte, mais les arguments en faveur de cette thèse ne sont pas convaincants (*cf.* Baumgarten **32**, p. 45 *sq.* n. 26).

Baumgarten **32**, p. 45, rappelle aussi un témoignage tiré d'un manuscrit de Madrid (**65** J. Iriarte, *Regiae Bibliothecae Matritensis Codices Graeci*, Madrid 1769, p. 346), où Sanchuniathon est dit de Béryte (= ms. Madrid, *BNE* 4616, fol. 180).

À son tour, **66** R. Du Mesnil du Buisson, *Nouvelles études sur les dieux et les mythes de Canaan*, coll. *EPRO* 33, Leiden 1973, p. 71, cherche à résoudre la contradiction en suggérant que Sanchuniathon serait né à Béryte, mais qu'il se serait beaucoup intéressé aux affaires de Tyr, comme en témoigne le titre évoqué plus bas. D'après Du Mesnil du Buisson, cet intérêt s'expliquerait par le fait que Tyr était un centre d'études hermétiques et que Sanchuniathon était très intéressé par les ouvrages de Taautos-Thot-Hermès.

Date. Les témoignages transmis par Eusèbe s'accordent à dater Sanchuniathon à la fin du deuxième milléraire av. J.-C., «à l'époque antérieure à la guerre de Troie» (*cf.* la *Souda*, qui le présente comme contemporain de cette guerre : ὃς γέγονε κατὰ τὰ Τρωϊκά). La vague référence *ante quem* d'Eusèbe est répétée dans le fragment du *Contre les chrétiens* de Porphyre, où l'on trouve aussi d'autres références légendaires qui rapprochent Sanchouniaton de l'époque de Moïse et placent sa vie sous le royaume de Sémiramis, dont on y affirme qu'elle vivait avant l'époque des événements de l'*Iliade* ou du moins à cette époque. Le même fragment mentionne un roi Abelbalos, roi dit de Béryte, auquel le prêtre Hiérombal aurait dédié l'histoire qu'il aurait confiée à Sanchuniathon pour la retravailler. Or, un roi Abi-Baal nous est connu non pour cette ville mais pour d'autres cités de la Phénicie, et l'un de ceux qui portèrent ce nom, de Byblos, appartenait à la fin du Xe siècle av. J.-C. (*cf.* Nautin **8**, p. 271 n. 1 ; Baumgarten **32**, p. 57 *sq.* ; Edwards **21**, p. 215 ; Hemmerdinger **22**, p. 113).

Attridge et Oden **31**, p. 4, 23 n. 17, mettent en doute que la chronologie haute qu'Eusèbe retient pour Sanchuniathon, en situant sa vie avant le temps de la guerre de Troie, dérive de l'*Histoire phénicienne* de Philon et ils envisagent la possibilité que cette datation dérive en fait directement du témoignage de Porphyre, qui serait d'après eux (comme le pensait Nautin **8**) indépendant de celui de Philon. Ils vont même jusqu'à suggérer (p. 4) que Porphyre a pu confondre dans son témoignage Sanchuniathon avec Thot, qui est à l'origine de la sagesse par lui révélée, et ils remarquent à ce sujet que Thot ne joue aucun rôle dans le témoignage de Porphyre, alors qu'il joue un rôle très important dans les fragments de Philon. Ils ajoutent, par ailleurs (*cf. supra*, Nautin **8**) que Porphyre prétend que Sanchuniathon n'a pas découvert l'ouvrage de Taautos-Thot-Hermès, mais qu'il a retravaillé les rapports du prêtre Hiérombal.

En réalité, comme nous l'avons déjà remarqué, l'insistance sur la présence de Thot en tant que source secrète garante de la vérité devait s'harmoniser notamment avec les passages de l'ouvrage concernant les aspects les plus directement philo-sophiques (théologiques et cosmologiques), tandis que les passages ayant un caractère plus «historique» ou «géographique» s'accorderaient plutôt avec l'évo-cation des sources publiques et officielles.

En tout cas, Attridge et Oden **31**, p. 23 n. 17, rappellent que la chute de Troie, traditionnellement datée en 1184/3 av. J.-C. (➹E 52, p. 223), apparaissait comme l'événement historique le plus ancien dans la chronographie grecque. Ils rappellent aussi le cas d'un autre historien phénicien, le Mochus cité par Athénée à côté de Sanchuniathon *(cf. supra)*, qui tout en étant probablement de l'époque hellénistique *(cf. FGrHist* 784), était présenté par Posidonius comme ayant vécu avant la guerre de Troie.

Dans le même sens, Edwards **21**, p. 215 *sq.*, qui, à la différence d'Attridge et Oden **31**, ne partage pas cependant l'avis de Nautin **8** selon lequel le témoignage de Porphyre serait indépendant de celui de Philon lui-même, interprète la mention de la guerre de Troie comme un point extrême d'antiquité et comme une réponse convenue à la vantardise traditionnelle des chronographes juifs et grecs *(cf.* aussi Baumgarten **32**, p. 267).

On peut, par ailleurs, signaler un *terminus ante quem* pour la chronologie de Sanchuniathon qui n'est pas soumis maintenant au doute sur sa provenance philonienne, puisqu'il apparaît clairement dans les fragments de Philon lui-même *(cf.* fr. 2, p. 813, 14 *sqq.* Jacoby) : il s'agit du renseignement selon lequel Sanchuniathon aurait été la source d'Hésiode, dont on sait que l'activité peut être placée dans la deuxième moitié du VIIIe siècle av. J.-C.

Il n'est pas étonnant par conséquent que Röllig **16**, col. 1539, date la personnalité historique de Sanchuniathon vers le IXe siècle av. J.-C. *(cf.* cependant *Id.* **25**, col. 30, où il signale directement comme date pour sa vie la référence « avant la guerre de Troie »). À son tour, Albright **63**, p. 195, imaginait Sanchuniathon comme un réfugié de Tyr à Béryte dans la première moitié du VIe siècle av. J.-C., où se serait produit une renaissance culturelle dans la région *(cf.* **67** *Id., Archaeology and the religion of Israel*, coll. « The Ayer lectures of the Colgate Rochester Divinity School » 1941, Baltimore 1942).

Déjà Grimme **4**, col. 2243 *sq.*, avant la découverte des textes ougaritiques, avait signalé la possibilité que l'ouvrage dont Philon se serait servi aurait été composé à une époque plus récente que la fin du deuxième millénaire av. J.-C., et non pas vraiment en ancien phénicien mais en dialecte araméen, lequel, pour les Grecs de l'époque de Philon, pouvait être appelé « phénicien ». D'après lui, Sanchuniathon pourrait vraisemblablement être placé dans la période phénicienne tardive de l'empire perse ou même plutôt hellénistique, bien que les mythes qu'il rapportait aient été beaucoup plus anciens *(cf.* aussi **68** M. L. West, *Hesiod, Theogony*, edited with prolegomena and commentary, Oxford 1966, p. 26).

Dans le même sens, d'après Edwards **21**, p. 214, l'analyse montre que la source la plus ancienne pour la cosmologie que l'on peut tirer des fragments philoniens ne peut pas être placée à une époque antérieure à celle des Achéménides, ce qui nous placerait au plus tôt au cours du VIIe siècle av. J.-C. D'après lui, tout aurait été en tout cas refaçonné personnellement par Philon, comme on peut le constater en raison notamment du caractère fort irréligieux de son récit cosmologique, ainsi qu'en raison de sa dette à l'égard des historiens juifs, tout cela s'harmonisant parfaitement avec les procédés et des desseins propres à Philon lui-même.

D'autres critiques proposent directement une chronologie beaucoup plus basse pour Sanchuniathon. Ainsi, Oden **19** (*cf.* aussi Attridge et Oden **31**, p. 9), considère qu'il faut remonter seulement au IVe siècle av. J.-C., étant donné la présence dans l'*Histoire phénicienne* d'un certain nombre de traits considérés comme typiques de historiographie hellénistique, notamment un évhémérisme très marqué (➪E 187), auquel s'ajoutent un universalisme chronologique et géographique, une attitude belliqueuse envers la civilisation et la mythographie grecque, et l'invocation de sources considérées comme beaucoup plus fiables et anciennes. Oden **19**, p. 125 *sq.*, estime que l'attribution par Philon de tous ces matériaux à Sanchuniathon est purement fictive (*cf.* Attridge et Oden **31**, p. 9) et que les sources qu'il utilise ne sont pas phéniciennes, que ce soit d'une date ancienne ou récente ; mais certaines sont clairement égyptiennes, comme c'est le cas par exemple pour la cosmologie, qui revient probablement, d'après lui, à la tradition d'Hermopolis.

En ce qui concerne l'évhémérisme présent dans l'ouvrage de Philon, certains, comme Baumgarten **32**, p. 263, considèrent que c'est l'œuvre de Philon lui-même, qui aurait représenté de la sorte un renouveau tardif de cette tradition historiographique du IVe siècle (*cf.* **69** J. Dochhorn, « Zur Entstehungsgeschichte der Religion bei Euhemeros : mit einem Ausblick auf Philo von Byblos », *ZRGG* 53, 2001, p. 289-301, qui met aussi en évidence l'influence d'Évhémère sur Philon). À son tour, Troiani **30**, p. 45 *sq.*, tout en mettant aussi en relief le caractère très personnel de l'évhémérisme de Philon, et considérant que l'ouvrage primitif de Sanchuniathon ne devait pas être autant marqué par l'évhémérisme, rappelle les renseignements qui rapprochent la tradition mésopotamienne antique ou la tradition égyptienne de la tendance propre à l'évhémérisme à qualifier les rois comme divinités, ainsi que les textes de Ras Shamra qui présentent les dieux avec des traits fortement anthropomorphiques. Il va même jusqu'à suggérer : « è quindi possibile che anche il presunto originale di Sanchunyaton abbia trattato degli dèi in modo analogo e li abbia descritti in particolare come signori e re dei loro luoghi di culto, perché sembra che nella concezione fenicia degli dèi e, in generale, semitica, la funzione sociale e politica delle divinità, in quanto venivano considerate protettrici delle stirpi, città e religioni, abbia sempre svolto un ruolo importante » (p. 46).

Quant à Baumgarten **32**, p. 266 *sq.*, il est prêt à accepter que la vie et l'activité de Sanchuniathon soient datées *ca* 1000 av. J.-C., bien que le matériel que Philon attribue à Sanchuniathon puisse appartenir à une date beaucoup plus récente.

D'après Baumgarten **32**, p. 264, l'analyse de la cosmogonie (poétique) montre qu'elle est fondée sur des traditions phéniciennes, mais que celles-ci ont été démythifiées et profondément retravaillées sous l'influence de la science naturelle grecque, ce qui fait penser à une date relativement récente pour sa source, même s'il s'agit d'une cosmogonie composée selon la même technique poétique que la Bible et la poésie d'Ougarit. Dans la section concernant les inventeurs (*cf. infra*), la mention de Chousor comme artisan du fer (= Héphaïstos) est une preuve claire du fait que le matériel qui est à l'origine de cette section est postérieur au premier millénaire av. J.-C. En ce qui concerne les guerres de Cronos, Philon raconte la version biblique du mythe commun dans toute la Méditerranée de la « Souveraineté céleste », mais non pas sous les formes de l'Âge du Bronze, mais dans les versions classiques ou hellénistiques.

En général, selon Baumgarten **32**, on trouve chez Philon beaucoup plus d'éléments hellénistiques, et notamment évhéméristes, qu'on ne l'avait reconnu généralement. Cela dit, en ce qui concerne Sanchuniathon, il est prêt à reconnaître chez lui une autorité religieuse de l'Antiquité phénicienne, mais tout en considérant comme impossible d'isoler chez Philon les « strates » de Sanchuniathon.

Nous accordons aussi du crédit à cette possibilité que la vie et l'activité de Sanchuniathon se placent à une date assez ancienne, vers le début du premier millénaire avant notre ère. Quant à la datation de Sanchuniathon dans les temps pré-troyens, ou bien elle n'était pas affirmée directement dans l'ouvrage de Philon, ou bien elle doit être interprétée comme un point de vue tout à fait littéraire-légendaire conforme au dessein de Philon (ou de celui qui aurait fixé cette datation pré-troyenne), lequel entendait donner à l'histoire le prestige de la plus grande antiquité dans le monde barbare par rapport à une date capitale dans l'histoire grecque comme l'était celle de la guerre de Troie.

Bien sûr, le Sanchuniathon de la tradition grecque a été refaçonné et manipulé, et cela sans doute bien avant le moment où Philon a composé son propre ouvrage sur l'*Histoire phénicienne*. L'évhémérisme ou l'hermétisme fort marqués de nos fragments font penser notamment aux IVe-IIIe siècles av. J.-C. et en général à l'époque hellénistique, où le thème du transfert de la sagesse barbare était très présent chez les Grecs. Dans ce transfert, les Grecs ont bien sûr beaucoup modifié ou enrichi l'ancienne tradition phénicienne remontant à Sanchuniathon. Cependant, il n'y a pas de raison déterminante pour nier la présence chez Philon de matériaux authentiquement phéniciens, et pour ne pas faire remonter ces matériaux à un Sanchuniathon dont l'activité a pu se placer déjà vers l'an 1000 de notre ère.

Œuvres. Selon le témoignage de Porphyre, *Sur l'abstinence* II 56, reproduit chez Eusèbe, *P.E.* IV 16, 6 = test. 3 Jacoby, fr. 3 Jacoby, l'histoire que Sanchuniathon aurait écrite en langue phénicienne et que Philon aurait «traduite» en grec avait pour titre Φοινικὴ ἱστορία. Dans les autres témoignages d'Eusèbe le titre n'est pas précisé. Par ailleurs, chez Étienne de Byzance, *s.v.* Νίσιβις, N 65, 2, t. III, p. 388 Billerbeck (= fr. 6 Jacoby), et Jean Lydus, *De mensibus* IV 53, p. 109, 13 Wünsch = fr. 7 Jacoby, l'ouvrage en question est désigné par l'expression τὰ Φοινικικά. La notice de la *Souda*, *s.v.* Σαγχωνιάθων, Σ 25, t. IV, p. 312, 13 *sq.* Adler, fournit trois titres, inconnus par ailleurs, de traités qui feraient partie, «parmi quelques autres», des œuvres de Sanchuniathon, à savoir : Περὶ τῆς Ἑρμοῦ φυσιολογίας, ouvrage dont le lexicographe précise qu'il avait été traduit (ὅτις μετεφράσθη) ; Πάτρια Τυρίων, dont il précise qu'il était en langue phénicienne (τῇ Φοινίκων διαλέκτῳ), et Αἰγυπτιακὴ θεολογία.

Il est à remarquer tout d'abord que la *Souda* ne mentionne pas l'autre titre, c'est-à-dire Φοινικὴ ἱστορία ou Φοινικικά. D'après Edwards **21**, p. 219 *sq.*, puisque les trois titres de la *Souda* pouvaient trouver une place dans l'*Histoire phénicienne* de Philon, il est peu probable que ces titres-là attestent l'existence d'ouvrages séparés, mais il s'agirait plutôt de sections de cet ouvrage que le lexicographe aurait consulté non pas sous sa forme originale mais sous la forme d'extraits.

Même si cette hypothèse n'est pas invraisemblable, il faut signaler que la notice consacrée dans la *Souda* à Philon de Byblos, *s.v.* Φ 447, t. IV, p. 737, 3-10 Adler (= test. 1 Jacoby) ne mentionne pas non plus l'*Histoire phénicienne*. Si on ajoute à cela le fait que la *Souda*, dans la notice sur Sanchuniathon, ne mentionne pas

Philon, on peut supposer que le témoignage du lexicographe reproduit une tradition sur Sanchuniathon plus ou moins indépendante de celle qui était rattachée à Philon, ce qui rendrait ce témoignage fort précieux. La *Souda* attesterait ainsi l'existence d'ouvrages de Sanchuniathon qui n'étaient pas traduits en grec, comme celui *Sur les traditions et les coutumes ancestrales des habitants de Tyr* (d'après la traduction de Baumgarten **32**, p. 46). En ce qui concerne l'ouvrage qui, selon le lexicographe, avait été traduit (en grec) sous le titre Περὶ τῆς Ἑρμοῦ φυσιολογίας, *Sur les doctrines physiques d'Hermès* (encore une fois d'après la traduction de Baumgarten **32**, p. 46), il peut correspondre au livre de Sanchuniathon qui est à l'origine de l'*Histoire phénicienne* de Philon (*cf.* Eissfeldt **15**, p. 97), tel qu'il est décrit dans les sections du livre I consacrées à la cosmologie-théologie phénicienne. Le titre s'expliquerait par le fait que Sanchuniathon y présentait le dieu Taautos-Thot-Hermès comme la source ultime de toutes ses connaissances sur les origines et les temps antiques. Rien n'empêche par ailleurs que Sanchuniathon ait écrit aussi un autre ouvrage plus précis sur la théologie ou les mystères de l'Égypte, pays où il aurait découvert la sagesse qu'il avait exposée dans son autre ouvrage philosophique. Enfin, selon la *Souda,* comme nous l'avons indiqué plus haut, Sanchuniation aurait écrit aussi quelques autres ouvrages (καὶ ἄλλα τινά).

Il est à remarquer que dans le manuscrit de Madrid cité plus haut Sanchuniathon (de Béryte) est dit avoir publié (ἐξέδωκεν) la *Théologie phénicienne,* qu'Orphée *(sic)* aurait traduite en grec *(cf. infra),* et qu'il aurait publié également un ouvrage sur les mystères des Égyptiens.

Par ailleurs, concernant l'*Histoire phénicienne* de Philon, on se heurte à un problème à propos du nombre des livres. En effet, selon le témoignage d'Eusèbe dans *P.E.* I 9, 23 (fr. 1, p. 804, 19 *sq.* Jacoby), Philon aurait divisé l'ensemble de l'ouvrage (τὴν πᾶσαν πραγματείαν) de Sanchuniathon en neuf livres. En revanche, selon le témoignage de Porphyre, *Sur l'abstinence* II 56 (test. 3 Jacoby), la traduction de Philon comportait huit livres. Puisque ce témoignage se trouve aussi reproduit dans le même ouvrage d'Eusèbe, *P.E.* IV 16, 6 (fr. 3, p. 813, 28 – 814, 3 Jacoby), il est étonnant que celui-ci n'ait pas relevé cette contradiction.

Afin de la résoudre, Edwards **21**, p. 219, suggère que l'expression τὴν πᾶσαν πραγματείαν fasse référence à autre chose en plus de l'*Histoire phénicienne*. Il prétend trouver ce qui serait le neuvième livre dans un passage d'Eusèbe, *P.E.* I 10, 45 = fr. 4 Jacoby, où on lit que Philon aurait traité des lettres phéniciennes (περὶ τῶν Φοινίκων στοιχείων) à partir de sa traduction des ouvrages de Sanchuniathon (ἐκ τῶν Σαγχουνιάθων μεταβάλλων). Or, rien ne confirme l'existence de ce livre proprement dit *Sur les lettres des Phéniciens* (Περὶ τῶν Φοινίκων στοιχείων), qui semble avoir été plutôt une partie de l'*Histoire phénicienne* (*cf.* Troiani **30**, p. 39 *sq.,* 41). Attridge et Oden **31**, p. 73 [n. 3], à la suite de Mras **11**, p. 176, expliquent la divergence entre Eusèbe et Porphyre sur le nombre des livres de l'*Histoire phénicienne* par le fait qu'Eusèbe a pu considérer, à la différence de Porphyre, la préface de Philon comme un livre à part. En réalité, cette contradiction pourrait s'expliquer comme une simple confusion de la source, ou même comme une erreur d'écriture dans la transmission du texte.

Il faut revenir maintenant aux renseignements tirés du témoignage de Porphyre, (*P. E.* I 9, 21 = fr. 1, p. 803, 26 - 804, 12 Jacoby), c'est-à-dire : (a) l'auteur des récits les plus authentiques sur les juifs aurait été Sanchuniathon, à partir des livres que le prêtre Hiérombal lui aurait confiés après avoir reçu l'approbation des autorités politiques et savantes (religieuses) ; (b) Sanchuniathon aurait rassemblé et rédigé fidèlement en dialecte phénicien toute l'histoire ancienne d'après les livres publics locaux et les annales des temples ; et (c) Philon aurait traduit cet ouvrage en langue grecque.

Les critiques ont interprété ce témoignage dans le sens que Sanchuniathon aurait écrit une histoire juive. Loin de penser, avec Baumgarten **32**, p. 59, que cela ne serait pas compatible avec l'affirmation selon laquelle il s'était occupé de l'histoire de toutes les nations, Edwards **21**, p. 216, considère que cette dernière affirmation implique aussi la première : les juifs pouvaient apparaître dans l'histoire de Philon comme un peuple faisant l'objet d'une particulière animosité, selon une attitude très courante dans l'Antiquité ; par ailleurs, il n'y a pas de doute, grâce au témoignage d'Origène, *Contra Celsum* I 15, p. 67, 21 Koetschau = fr. 9 Jacoby, que Philon avait écrit un ouvrage indépendant sur les juifs. Edwards **21**, p. 219, n. 43, s'accorde avec Baumgarten **32**, p. 59 *sq.*, pour supposer que Philon citait cet ouvrage de Sanchuniathon sur les juifs dans le cadre de l'*Histoire phénicienne*, et qu'il se servait de sa propre traduction. Philon aurait bien fait remonter les traditions judaïques à celles des Phéniciens (*cf.* Troiani **30**, p. 41).

Le témoignage de Porphyre ne serait donc pas forcément contradictoire avec le reste des témoignages concernant l'*Histoire phénicienne*, comme le voulait Nautin **8**, lorsqu'il imaginait que Porphyre avait redessiné pour ses propres desseins polémiques l'image de Sanchuniathon, en le faisant évoluer d'un novateur en un pur agent de transmission de la sagesse officielle sur les Phéniciens (*cf. supra*).

Contenu. Les fragments de l'*Histoire phénicienne* de Philon qui nous sont parvenus proviennent, à part la préface de l'ouvrage, de son livre I. Ils attestent que l'auteur traitait de sujets ayant un caractère philosophico-mythologique : cosmogonie, histoire de la culture, histoire de Cronos, récits sur des souverains postérieurs, le sacrifice humain et l'adoration des serpents. Pour l'examen de ces fragments et de leur contenu, passages qui ont suscité souvent des interprétations fort divergentes, nous renvoyons à Attridge et Oden **31**, p. 3, 36-69 ; Troiani **30**, p. 77-194 ; et Baumgarten **32**, p. 94-260.

Puisque l'ouvrage comportait en tout huit ou neuf livres, il est toujours risqué de prononcer un jugement sur l'ensemble à partir de ces maigres fragments de la préface et du livre I. Cependant, Baumgarten **32**, p. 263, considère que, malgré son titre, l'*Histoire phénicienne* ne paraît avoir traité que des questions mythologiques, et non purement historiques. En tout cas, une telle distinction est bien peu valable puisque l'ouvrage semble avoir été dominé par la pensée évhémériste.

Concernant la structure de l'ouvrage, Baumgarten **32**, p. 263 *sq.*, conclut qu'elle ne ressemblait pas, comme le voulait par exemple Eissfeldt **15**, à celle d'autres documents sémitiques anciens : d'après ce que l'on peut déduire des fragments conservés, où les différents sujets se suivent (cosmogonie, zoogonie, anthropogonie, récit sur les inventeurs-découvreurs, guerres de Cronos et division du monde entre les vainqueurs), Philon aurait organisé les différentes sections de son ouvrage de telle sorte que les unes commençaient là où les autres se terminaient, et que l'ensemble prenait ainsi la forme d'une narration suivie. Cependant, Baumgarten **32** souligne comment les sections conservées s'imbriquent les unes dans les autres : par exemple, les inventeurs se retrouvent dans plusieurs sections, et, qui plus est, chacune des sections majeures commence par une cosmogonie. Il constate par ailleurs que dans les différentes sections on trouve en prééminence des villes différentes de Phénicie, et qu'on trouve une section poétique (celle sur la cosmogonie), tandis que les autres sont en prose. Il conclut que chacune des sections majeures correspond à la mythologie de la ville prééminente dans cette section, et que Philon a combiné dans la préparation de son *Histoire phénicienne* la tradition d'au moins deux villes, Tyr et Byblos, à côté d'une cosmogonie en vers de provenance incertaine. Philon aurait donc utilisé plusieurs sources.

À l'encontre de la thèse de Clapham **61**, p. 78 *sq.,* reprise par Attridge et Oden **31**, p. 41, selon laquelle le passage *P.E.* I 10, 6-7 (= fr. 1, p. 807, 11-19 Jacoby) a été interpolé par Eusèbe et ne fait pas partie de la section sur l'histoire de la culture, mais de la préface (= fr. 1a Attridge et Oden ; *cf.* p. 35, 75 [n. 21]), *cf.* **70** J. Dochhorn, « Vegetationskult in der Urzeit : Euseb, *P.E.* 1, 10, 6-7 und die Anfänge der Kultur- und Religionsgeschichte bei Philo von Byblos », *RhM* 144, 2001, p. 397-429.

Hésiode et la philosophie grecque. Les critiques ont signalé que certains aspects de la pensée cosmologique grecque, ainsi que la poésie théogonique d'Hésiode, doivent être rangés dans la même tradition antique orientale attestée par l'*Histoire phénicienne*.

Cf. **71** F. Dornseiff, « Altorientalisches in Hesiods *Theogonie* », *AC* 6, 1937, p. 231-258 ; **72** R. Dussaud, « Les antécédents orientaux à la *Théogonie* d'Hésiode », *AIPhO* 9, 1949, p. 227-231 ; **73** U. Hölscher, « Anaximander und die Anfänge der Philosophie », *Hermes* 81, 1953, p. 257-277, 385-418, notamment p. 391 *sqq.* ; **74** Ch. H. Kahn, *Anaximander and the origin of Greek cosmology,* New York 1960, réimpr. 1971, XVII-250 p. ; **75** W. Sale, « Aphrodite in the Theogony », *TAPhA* 92, 1961, p. 508-521, notamment p. 514, 516, 520 ; **76** M. L. West, « Three presocratic cosmologies », *CQ* 13, 1963, p. 154-176, notamment p. 160 ; **77** P. Walcot, *Hesiod and the Near East,* Cardiff 1966, XIII-154 p. ; West **68**, p. 24-31 ; **78** W. Jaeger, *The Theology of the early Greek philosophers : The Gifford lectures 1936,* coll. « Oxford paperbacks » 132, transl. from the German manuscript by E. S. Robinson, London/New York 1967, p. 10-17, 19, 191-197 ; **79** U. Hölscher, *Anfängliches Fragen : Studien zur frühen griechischen Philosophie,* Göttingen 1968, p. 51-89 ; Troiani **30**, p. 91, 154 *sq.*, 171 ; **80** L. Andersen, « Nogle forudsætninger for Hesiods Theogoni » *MT* 27, 1976, p. 3-19 ; Attridge et Oden **31**, p. 75 *sq.*, 80, 86-93 ; **81** G. S. Kirk et J. E. Raven, *The Presocratic philosophers : a critical history with a selection of texts,* 2nd ed., Cambridge 1983, p. 41 n. 1 ; Baumgarten **32**, p. 122-139 ; **82** M. L. West, « *Ab ovo :* Orpheus, Sanchuniathon, and the origins of the Ionian world model », *CQ* 44, 1994, p. 289-307 ; **83** G. Boys-Stones, « Eros in government : Zeno and the virtuous city », *CQ* 48, 1998, p. 168-174, notamment p. 170 n. 8 ; **84** H.-P. Müller, « Der Welt- und Kulturentstehungsmythos des Philon Byblios und die biblische Urgeschichte », *ZATW* 112, 2000, p. 161-179.

Quant au renseignement du manuscrit de Madrid *(cf. supra)* selon lequel Sanchuniathon (de Béryte) aurait publié la *Théologie phénicienne* qu'Orphée aurait traduite en grec, Baumgarten **32**, p. 47 *sq.,* suggère que l'auteur de cette phrase aurait remarqué les parallèles entre les cosmogonies orphiques et la cosmogonie que Philon affirmait être en train de traduire de Sanchuniathon, et que, en se fondant sur la prétention de Philon selon laquelle les Grecs auraient puisé leurs notions théologiques et religieuses chez les Phéniciens, il aurait expliqué les ressemblances en supposant qu'Orphée aurait traduit Sanchuniathon. *Cf.* Dornseiff **71**, p. 238 *sq.*, qui est davantage disposé à accorder de la crédibilité à ce témoignage.

Tradition hermétique. Dans la construction, formée sans doute à partir d'éléments historiques mais aussi avec des éléments purement littéraires, du personnage de Sanchuniathon pour rendre compte d'une sagesse théologique et cosmologique d'origine divine, la tradition hermétique a joué sans doute un rôle très important, comme le montre l'importance dans nos fragments de la figure de Taautos-Thot-Hermès. Dans cette même tradition, on peut évoquer, par exemple, le cas de Néchepso-Pétosiris (➡+N 13).

Cf. **85** L. T. A. Bouché-Leclercq, *L'astrologie grecque*, Paris 1899, réimpr. Bruxelles 1963, p. 576-579 ; **86** R. Goossens, « L'énigme du signe *nun* dans le Manuel de Discipline », *NClio* 6, 1954, p. 5-39 ; Troiani **30**, p. 41, 162 *sq.* ; Baumgarten **32**, p. 115-117, 137 *sq.* ; Attridge et Oden **31**, p. 9, 74 n. 14, 77 n. 29 ; **87** A. M. V. Contini, « Hermes e la magia della scrittura in Filone di Biblo », dans U. Rapallo (édit.), *Linguistica, Pragmatica e testo letterario*, coll. « Università » 19, Genova 1986, p. 15-30 ; **88** S. Ribichini, « Taautos et l'invention de l'écriture chez Philon de Byblos », dans C. Baurain, C. Bonnet et V. Krings (édit.), *Phoinikeia grammata : lire et écrire en Méditerranée*. Actes du colloque de Liège, 15-18 novembre 1989, coll. « Études classiques » 6, Namur 1991, p. 201-213 ; **89** J. N. Carreira, « O fundo egípcio da cosmogonia de Fílon de Biblos », dans Z. de Almeida Cardoso (édit.), *Mito, religião e sociedade (atas do II congresso nacional de estudos clássicos)*, São Paulo 1991, p. 244-258 ; **90** A. M. V. Contini, *Hermes e la magia : viaggio nella Teogonia di Filone di Biblo*, Genova 1993, 160 p. ; **91** C. Bonnet, « *Errata, absurditates, deliria, hallucinationes* : le cheminement de la critique historique face à la mythologie phénicienne de Philon de Byblos : un cas problématique et exemplaire de *testis unus* », *Anabases* 11, 2010, p. 123-136.

PEDRO PABLO FUENTES GONZÁLEZ.

9 SANDÔN

Sandôn, fils d'Hellanicos, est un « philosophe » qui aurait écrit des *Hypotheseis sur Orphée* (ὑποθέσεις εἰς Ὀρφέα), selon la *Souda* Σ 90, t. IV 320, 20 Adler = **1** O. Kern, *Orphicorum fragmenta*, Berlin 1922, réimpr. Dublin/Zürich 1972, test. 241 = **2** A. Bernabé, *Poetae Epici Graeci. Testimonia et fragmenta*, Pars II : *Orphicorum et Orphicis similium testimonia et fragmenta*, München/Leipzig 2004-2007, II 1, 70 T, et II 2, 1137 T. **3** M. L. West, *The Orphic poems*, Oxford 1983, p. 176, suppose qu'on trouvait dans cet ouvrage des résumés des poèmes orphiques, et peut-être, puisque l'auteur est présenté comme philosophe, une interprétation allégorique d'une des versions de la théogonie orphique.

Pour la détermination du genre littéraire, on peut comparer avec les Ὑποθέσεις εἰς Δημοσθένην de Posidonius d'Olbia, ou les Ὑποθέσεις εἰς Σιμωνίδην de Palaiphatos (➡+P 7).

West **3**, p. 176-177, note que Damascius fait état d'une théogonie qu'il attribue, non sans quelque hésitation, à deux personnages énigmatiques : « La théologie rapportée d'après Hiéronymos (➡+H 128) et Hellanicos (➡+H 34a dans les compléments du tome VII), si toutefois il ne s'agit pas du même personnage, est la suivante » (Ἡ δὲ κατὰ τὸν Ἱερώνυμον φερομένη καὶ Ἑλλάνικον, εἴπερ μὴ καὶ ὁ αὐτός ἐστιν, οὕτως ἔχει, *De princ.*, t. III, p. 160, 17-18 Combès-Westerink). Diverses explications ont été proposées pour cette double attribution, mais West envisage la possibilité que cet Hellanicos soit le père de Sandôn – le nom de ce dernier ayant disparu dans le titre connu par Damascius – ou que Hiéronymos soit le nom grec adopté par Sandôn dont le nom théophore cilicien devait être hellénisé.

Le nom est porté par le père du stoïcien Athénodore de Tarse (➭A 497) et attesté par ailleurs dans les inscriptions.

Absent de la *RE*.

LUC BRISSON.

SANNIDÔROS → ANTIDÔROS

10 SANNIÔN

Épictète III 22, 83 : Ἄν σοι δόξῃ, πυθοῦ μου καὶ εἰ πολιτεύσεται. Σαννίων, μείζονα πολιτείαν ζητεῖς, ἧς πολιτεύ[σ]εται ; « Si cela te fait plaisir, demande-moi aussi si (le cynique) prendra part aux affaires publiques. Nigaud, peux-tu songer à une politique plus noble que celle dont il s'occupe ? » (trad. Souilhé et Jagu).

Sur cette diatribe d'Épictète, voir Margarethe Billerbeck, *Epiktet, Vom Kynismus, herausgegeben und übersetzt mit einem Kommentar*, coll. « Philosophia Antiqua » 34, Leiden 1978, notamment pour ce passage p. 145-146.

Le scholiaste sur Épictète III 22, 83 (à lire dans la note sur p. 310, 6 Schenkl) a noté : περὶ τοῦ Σαννίωνος λέγει· φιλόσοφος δὲ οὗτός ἐστιν (« Il parle de Sanniôn ; *c'était un philosophe* ». Sanniôn est un nom propre attesté, au moins dans un passage de Démosthène (*in Midiam* 58), souvent cité par Hermogène et ses commentateurs, et dans des inscriptions, mais il se pourrait que dans ce passage Épictète ait simplement traité de « nigaud » son interlocuteur anonyme fictif. Ce serait un *hapax* en ce sens (équivalent à σάννας employé par le poète comique Cratinos (fr. 337 Koch = 489 Kassel-Austin) et glosé ὁ μωρός par les lexicographes. Quelques lignes plus loin (§ 85) Épictète apostrophe à nouveau son interlocuteur en employant le terme « sot » : πάλιν ἐρῶ σοι· μωρέ, ποίαν ἀρχὴν μείζονα, ἧς ἄρχει ; (« A nouveau je te dirai : "Sot, quelle charge plus importante que celle qu'il détient pourrait-il assumer ?" »)

RICHARD GOULET.

SAPIENS → LAELIUS SAPIENS

11 SARAPION *PLRE* II :3   M V

Ami intime d'Isidore d'Alexandrie (➭I 31), il est mentionné dans plusieurs fragments de la *Vie d'Isidore* de Damascius (fr. 33-41). Damascius semble ne l'avoir connu qu'à travers le témoignage d'Isidore. Il vivait à Alexandrie en ermite dans une petite maison, méditant seul, priant ou récitant des hymnes religieux. C'était un homme pieux, fréquentant les sanctuaires lors des fêtes religieuses. Il gardait depuis sa jeunesse la virginité et imposait à son corps une ascèse sévère. Bien qu'il fût toujours à la recherche de la vérité (ζητητικὸς τῆς ἀληθείας) et naturellement un contemplatif (φύσει θεωρητικός), il évitait les aspects techniques de la philosophie (τὰ τεχνιχώτερα τῆς φιλοσοφίας) ; il se contentait de lire les textes orphiques et ne possédait que deux ou trois livres dont ces poèmes orphiques. Ce fut d'ailleurs le seul contenu de son héritage, qu'il laissa à Isidore, étant dépourvu de descendance. Voir la traduction de ces passages dans P. Athanassiadi, *Damascius, The philosophical history*, sect. 111, p. 265-269.

Sur l'intérêt de Sarapion pour les poèmes orphiques, voir I. Hadot, *Athenian and Alexandrian Neoplatonism and the Harmonization of Aristotle and Plato*, Translated by Michael Chase, coll. «Studies in Platonism, Neoplatonism, and the Platonic Tradition» 18, Leiden/Boston 2015, p. 12-13.

RICHARD GOULET.

12 SARAPION (OU SÉRAPION) D'ALEXANDRIE (AELIUS –)   DM II

L'orateur Aelius Sérapion (Αἰλίου Σεραπίωνος), issu d'une lignée d'hommes de culture, est nommé dans une dédicace de son fils Aelius Dèmètrios à Héraclès Callinicos, pouvant provenir de Ptolémaïs ou d'Alexandrie (**1** B. Puech, *Orateurs et sophistes grecs dans les inscriptions d'époque impériale*, Paris 2002, n° 87, p. 202-203), que l'on a rapprochée d'une notice de la *Souda* (Σ 115 Adler), issue d'Hésychios de Milet, consacrée à «Sarapion, nommé Aelius (Σαραπίων, ὁ Αἴλιος χρηματίσας), orateur, Alexandrin». Son gentilice indique qu'il devait à Hadrien sa citoyenneté romaine.

Œuvres. Les titres suivants, qui ne représentent qu'un choix dans une production abondante, sont prêtés à Aelius Sarapion par la *Souda* :

(1) Περὶ τῶν ἐν ταῖς μελέταις ἁμαρτανομένων, *Sur les erreurs commises dans les déclamations* ;

(2) Ἀκροάσεων βιβλία ζ', *Conférences*, sept livres ;

(3) Πανηγυρικὸν ἐπὶ Ἀδριανῷ τῷ βασιλεῖ, *Panégyrique de l'empereur Hadrien* ;

(4) Βουλευτικὸν Ἀλεξανδρεῦσιν, *Discours à la Boulè d'Alexandrie* (ou, si l'on corrige en <Συμ>βουλευτικὸν, *Conseils aux Alexandrins*) ;

(5) Εἰ δικαίως Πλάτων Ὅμηρον ἀπέπεμψε τῆς πολιτείας, *Si Platon a eu raison de chasser Homère de sa République*. Sur la place de cette œuvre dans une tradition de critique homérique, voir **2** S. Weinstock, «Die platonische Homer-kritik und ihre Nachwirkung», *Philologus* 36, 1927, p. 121-153, notamment p. 149 ; **3** H. Dörrie et M. Baltes, *Der Platonismus in der Antike*, t. II : *Der hellenistische Rahmen des kaiserzeitlichen Platonismus*, Stuttgart/Bad Cannstatt 1990, p. 58-71 et 303-315.

(6) Τέχνη ῥητορική, *Traité de rhétorique*.

Seul le titre n° 5 pourrait manifester un certain intérêt pour la philosophie, mais le thème avait été repris aussi par les rhéteurs.

Un «Sarapion, orateur», a aussi laissé sa signature dans les Syringes de Thèbes (Puech **1**, n° 237, p. 447-448 ; voir aussi p. 203 n. 5), mais la banalité du nom rend le rapprochement fragile.

Cf. **4** M. Fluss, art. «Aelius Sarapion» 9, *RESuppl.* VI, 1935, col. 1434 (le rhéteur de la *Souda*).

Un fils et un petit-fils d'Aelius Sarapion. Un Aelius Dèmètrios qui pourrait être le fils d'Aelius Sarapion dont le nom apparaît sur l'inscription, a été honoré à Alexandrie par les philosophes du Musée grâce à une statue élevée par son fils (biologique ou spirituel) et élève Flavius Hiérax [➤H 117] (*OGIS* 712; **5** F. Kayser, *Recueil des inscriptions grecques et latines (non funéraires) d'Alexandrie impériale (Ier s.-IIIe s. apr. J.-C.)*, coll. *BIFAO* 108, Le Caire 1994, n° 98, p. 285-289; Puech **1**, n° 86, p. 200-202).

Le Dèmètrios, père de Flavius Hiérax, a été identifié de son côté à Dèmètrios d'Alexandrie (*RE* 100) dont Galien, à Rome en 163 probablement, écouta les conférences publiques et qui fit partie lui-même de l'auditoire de Galien lors d'une leçon d'anatomie (voir **6** C. P. Jones, «A friend of Galen», *CQ* 17, 1967, p. 311-312; **7** S. Follet, notice «Alexandros de Damas», A 114, *DPhA* I, 1989, p. 140-142).

Dèmètrios que Galien présente comme disciple de Favorinus (➤F 10), pourrait être également le «sophiste» cité par Diogène Laërce V 84, dans une liste d'homonymes de Dèmètrios de Phalère, comme l'auteur d'un traité de rhétorique (*RE* 96) ayant tenu école à Alexandrie, bien que dans l'ensemble les homonymes répertoriés chez Diogène Laërce soient d'époque plus ancienne.

Si Aelius Dèmètrios, le fils d'Aelius Sarapion, est bien le père de Flavius Hiérax, il se peut que Sarapion, auteur lui aussi d'un traité de rhétorique, ait enseigné avant lui dans cette ville. Mais aucun des deux ne semble avoir fait partie du Musée (voir la juste mise au point de Puech **1**).

Inscription de Ptolémaïs ou d'Alexandrie	*Souda* Σ 115	**Syringes**	*OGIS* 712	Galien, t. XIV, p. 627 K	D. L. V 84
Aelius Sarapion orateur | Aelius Dèmètrios	= Aelius Sarapion, orateur?	= Sarapion orateur?	Aelius Dèmètrios | Flavius Hiérax du Musée d'Alexandrie	= Dèmètrios d'Alexandrie, orateur, disciple de Favorinus? [163]	= Dèmètrios, rhéteur à Alexandrie?

Quant à Aelius Dèmètrios, le fait qu'il ait été honoré par les philosophes du Musée d'Alexandrie ne prouve pas non plus qu'il fut lui-même philosophe, car c'est le seul qualificatif qui est donné aux nombreux membres du Musée qui nous sont connus, même lorsqu'il s'agit de personnes qui se sont illustrées dans d'autres domaines, y compris en tant que champion du pancrace comme M. Aurelius Asclépiadès d'Alexandrie (➤A 445), dit Hermodoros.

SIMONE FOLLET.

13 SARAPION DE HIÉRAPOLIS

Philosophe stoïcien d'époque inconnue, mentionné avec son compatriote Publius (Πόπλιος) [➤P 323], également stoïcien, par Stéphane de Byzance dans sa notice sur Hiérapolis (I 33). Voir M. Billerbeck et Chr. Zubler (édit.), *Stephani Byzantii Ethnica*, t. II : Δ-I, coll. « Corpus Fontium Historiae Byzantinae » 43, 2, Berlin 2011, p. 270, 4-5.

Stéphane ne précise pas de quelle Hiérapolis ils étaient originaires : il énumère la station thermale de Phrygie (« entre la Phrygie et la Lydie »), et trois autres cités homonymes en Crète, en Syrie et en Carie. Un autre hiéropolitain mentionné par Stéphane, Julius Nicanor, poète épique du début de l'époque impériale, célébré comme « nouvel Homère », est rattaché à Hiérapolis de Syrie. Voir C. Wendel, art. « Nikanor » 22, *RE* XVIII 1, 1936, col. 272.

On l'identifie maintenant à Sarapion des Cholléides (➤S 15), poète et philosophe stoïcien, ami de Plutarque. Voir C. P. Jones, « Three foreigners in Attica », *Phoenix* 32, 1978, p. 228-231, et *PIR²* S 185.

Cf. M. Pohlenz, *Die Stoa*, t. II, p. 144, qui rappelle que « le philosophe » *Sérapion* (➤S 48) est mentionné dans la *Lettre* 40, 2 de Sénèque : son correspondant Lucilius serait allé l'entendre « lorsqu'il faisait escale en Sicile ». Mais on peut penser surtout au philosophe Sarapion, ami de Plutarque.

RICHARD GOULET.

14 SARAPION DE NICOMÉDIE   M II^a

Académicien disciple de Carnéade [➤C 42] (Philod., *Acad. hist.*, col. XXIII 41 = XXXII 33).

TIZIANO DORANDI.

15 SARAPION DES CHOLLÈIDES *PIR²* S 185 *RE* Serapion 5   I-II

Poète et philosophe stoïcien, ami de Plutarque, qui lui dédie « quelques-uns de ses dialogues pythiques », c'est-à-dire le *De E delphico* (384 E) et probablement aussi le *De Pythiae oraculis*, dont Sarapion est l'un des interlocuteurs. Il est également mentionné dans les *Quaest. Conv.* I 10.

Cf. **1** J. H. Oliver, « Two Athenian Poets », *Hesp. Suppl.* 8, 1949, p. 243-246 ; **2** R. Flacelière, « Le poète stoïcien Sarapion d'Athènes, ami de Plutarque », *REG* 64, 1951, p. 325-327 ; **3** D. Babut, *Plutarque et le stoïcisme*, Paris 1969, p. 246-248 ; **4** C. P. Jones, « Three foreigners in Attica », *Phoenix* 32, 1978, p. 228-231 ; **5** B. Puech, *Orateurs et sophistes grecs dans les inscription d'époque impériale*, coll. « Textes et traditions » 4, Paris 2002, p. 270-272 et 516-526.

Fragments : deux trimètres iambiques sont cités par Stobée III 10, 2. Un fragment plus important et plus significatif est conservé par une inscription : sur un monument élevé en son honneur à l'Asclépieion d'Athènes, fut gravé un poème de Sarapion, en hexamètres dactyliques, traitant des devoirs du médecin, ainsi qu'un péan dont il ne subsiste que des traces infimes (voir le texte dans *SEG* XXIX n° 225).

Sarapion était vraisemblablement originaire d'Hiérapolis de Syrie : il est sans doute identique, en effet, au stoïcien Sarapion (➤S 13) que Stéphane de Byzance

(327-328 Meineke) mentionne parmi les citoyens illustres de cette ville (Jones **4**, p. 229). Il devint citoyen d'Athènes, où il fut inscrit dans le dème des Chollèides (*SEG* XXIX 225) et remporta une victoire aux Dionysies comme instructeur du chœur de sa tribu (*Quaest. Conv.* I 10). La nature du monument de l'Asclépieion (la base triangulaire supportait un trépied chorégique) laisse supposer qu'il avait également triomphé dans un autre concours avec l'un des poèmes gravés sur la base. Le monument fut élevé sous le règne d'Hadrien, peut-être sous l'archonte Μέμμιος [---]ρος (*cf. SEG* XXIX 225, p. 93). La famille avait alors reçu la citoyenneté romaine, avec les noms Q. Statius. On ne sait si le philosophe était encore en vie à cette époque : il vivait encore, en tout cas, au début du règne d'Hadrien, époque où Plutarque lui adressa les dialogues pythiques. Les descendants de Sarapion, parmi lesquels figure le philosophe T. Flavius Glaucos (⟶G 23), partagèrent manifestement son intérêt pour la médecine : ils apparaissent fréquemment dans les inscriptions en rapport avec le culte et le sanctuaire d'Asclèpios (*SEG* XXIX 225 ; *IG* II², 3704, 3804 et 4532).

BERNADETTE PUECH.

16 SARMATIO   IV

Sarmatio et Barbatianus sont deux anciens moines connus par une lettre d'Ambroise de Milan (⟶A 132), qui les accusa d'épicurisme (*cf.* **1** art. « Sarmatio », *PCBE* II 2, p. 1991). L'accusation fut élevée dans le contexte de la lutte en Italie contre l'hérésie jovinianiste, à laquelle les deux hommes ont été liés. Les indications dont nous disposons à leur sujet doivent donc être replacées dans le cadre de cet épisode houleux de l'histoire du monachisme latin (*cf.* **2** A. De Vogüé, *Histoire littéraire du mouvement monastique dans l'antiquité*, t. II, Paris 1993, p. 329-336 et 346-349 (« Le jovinianisme à Milan et à Verceil [395-396] »).

Sources. **3** Ambrosius, *Epistulae et acta*, éd. M. Zelzer, Wien 1968-1982, *CSEL* 82/1-3 ; **4** Id., *Explanatio psalmorum XII*, éd. M. Petschenig, Wien 1919, *CSEL* 64 ; **5** *Ambrose of Milan, Political Letters and Speeches*, transl. with an introd. and notes by J. H. W. G. Liebeschuetz, with the assistance of Carole Hill, Liverpool 2005, p. 292-345 (« Ascetism and dissention at Vercelli and the affair of Jovinianus ») (contient les traductions de l'*Ep. extra coll.* 14 [*Maur.* 63], de la *Lettre* de Sirice [*Maur.* 41a] et de l'*Ep. extra coll.* 15 [*Maur.* 42], précédées à chaque fois d'une introduction) ; **6** W. Haller, *Jovinianus*, coll. *TU* 17/2, Leipzig 1897 (contient des extraits annotés de l'*Ep. extra coll.* 14, des § 7 à 33).

Le jovinianisme

Cf. **7** J. N. D. Kelly, *Jerome*, London 1975, p. 179-194 (« Champion of Chastity ») ; **8** D. G. Hunter, « Resistance to the virginal ideal in late fourth century Rome », *ThS* 48, 1987, p. 45-64 ; **9** C. Pietri et L. Pietri, art. « Iovinianus 1 », *PCBE* II 1, p. 1148-1149 ; **10** Y.-M. Duval, *L'Affaire Jovinien. D'une crise de la société romaine à une crise de la pensée chrétienne à la fin du IVᵉ et au début du Vᵉ siècle*, Rome 2003 (p. 272-273).

Le jovinianisme constitue une forte réaction, comme on le sait, contre un mouvement ascétique d'un type nouveau à Rome, qui s'inspirait des pratiques des Pères du désert. Cet ascétisme « de style oriental » (Kelly **7**, p. 180) s'était répandu dans le milieu des familles sénatoriales. Il fut notamment adopté par des femmes qui devinrent les correspondantes et les compagnes de Jérôme après son arrivée à Rome en 382. Leur choix de vie impliquait le retrait de la société, la négligence de son apparence, des jeûnes prolongés, une étude intensive de la Bible et une importance prépondérante accordée à la chasteté. « Sur le fondement de leur extrême ascétisme, elles considéraient aussi qu'elles vivaient la plus authentique et la plus méritoire des formes de vie chrétienne » (Liebeschuetz **5**, p. 293 ; *cf.* **11** E. A. Clark, *Ascetic Piety and Women's Faith*, Lewiston, NY 1986).

Une telle attitude ne manqua pas de susciter des inquiétudes. Certains évêques s'alarmèrent, non sans raison, de l'autorité que pouvaient s'arroger les sectateurs d'une vie « plus parfaite ». L'opposition à l'ascétisme extrême trouva d'autre part en 383 un porte-parole dans la personne d'Helvidius. Sa position est connue par le *Contra Helvidium* de Jérôme : la Vierge Marie se serait mariée avec Joseph et aurait eu de lui plusieurs enfants. Helvidius prétendait ainsi louer Marie « en lui reconnaissant une double qualité, celle de Vierge admirable, et celle de mère de famille accomplie. Vierge, Marie l'aurait été jusqu'à l'enfantement de son premier-né, mère ensuite de toute une progéniture, ces frères et sœurs du Sauveur dont il est question dans l'Évangile » (**12** G. Jouassard, « Marie à travers la patristique : maternité divine, virginité, sainteté », dans H. du Manoir [édit.], *Maria. Études sur la sainte Vierge*, t. I, Paris 1949, p. 69-157, p. 106).

Après le départ de Rome de Jérôme, l'opposition à l'ascétisme fut reprise par Jovinianus, un moine romain qui, après avoir vécu une vie d'une grande austérité, « décida qu'une telle mortification n'avait rien à voir avec le véritable christianisme » (Kelly **7**, p. 180). Changeant ostentatoirement de style de vie, Jovinien entreprit une prédication qu'Augustin date de sa propre jeunesse (*De haeres.* 82, *CC* 46, p. 337). Avant 390, il la mit par écrit dans un ouvrage que le pape Sirice qualifia de « scriptura horrifica » (*Ep.* 7, 4 [Maur. 41a] *apud* Ambr. *Epistulae et acta, Epistulae extra collectionem*, éd. M. Zelzer, *CSEL* 82/3) et qui correspond certainement aux « commentarioli » combattus par Jérôme dans l'*Adversus Jovinianum* (393) (*Adv. Jov.* 1, 1, *PL* 23, col. 211A). Pour l'essentiel, il affirmait que le salut était procuré par la foi et le baptême et qu'il n'y avait pas de hiérarchie de valeur entre les baptisés.

Plus précisément, d'après Jérôme (dont les propos doivent être ici assez fidèles), il soutenait quatre thèses jugées pernicieuses : « (1) Il dit que les vierges, les veuves et les femmes mariées, une fois qu'elles sont lavées dans le Christ [*i.e.* baptisées], possèdent le même mérite si elles ne se distinguent pas par ailleurs par leurs œuvres. (2) Il tend à prouver que ceux qui sont renés dans le baptême avec une foi entière ne peuvent être renversés par le diable. (3) Il pose en troisième lieu qu'il n'y a aucune différence entre le fait de s'abstenir des aliments et celui d'en consommer avec action de grâces ; (4) et en quatrième et dernier lieu, qu'il n'y a qu'une seule et même récompense dans le Royaume des cieux pour tous ceux qui ont sauvegardé leur baptême» (*Adv. Jov.* I 3, col. 214 B-C) (sur ces thèses, *cf.* Duval **10**, p. 43-80 [«L'enseignement de Jovinien»]). À la différence du personnage voluptueux que fustige Jérôme, Jovinien «était de toute évidence un penseur sérieux, dont la critique du célibat et du jeûne – et en fait de toute la conception d'une vie plus parfaite atteignable par les pratiques ascétiques – découlait d'une haute estime pour la régénération baptismale» (Kelly **7**, p. 181).

Mettant en question la prééminence de la virginité et du célibat par rapport au mariage, contrairement à la position qui sera reconnue comme orthodoxe (*cf.* **13** H. Denzinger, *Enchiridion symbolorum*, n° 1810), ainsi que les fondements de l'ascèse, le jovinianisme fut une «secousse sérieuse pour le monachisme latin, qui l'a ressentie successivement à Rome, à Milan et à Verceil» (De Vogüé **2**, p. 273). Selon une rumeur rapportée par Augustin, «en égalisant le mérite des vierges consacrées et la chasteté conjugale», il engagea des religieuses à se marier (*Retract.* II 22, 1). Une violente opposition s'organisa. Jovinien fut d'abord dénoncé par Pammachius au pape Sirice, tandis que ses écrits furent envoyés à Jérôme pour qu'il les réfutât. Le pape notifia alors, en 392, l'excommunication de Jovinien et de huit de ses partisans dans une lettre qui fut portée à Ambroise (*Sirici epistula* [Maur. 41a], *apud* Ambr. *Ep.* 7).

La Lettre de condamnation du pape Sirice (*Ep. extra collectionem* [*Maur.* 41a])

«La lettre s'organise en décret qui publie la sentence romaine, avec un préambule (§ 1 et § 2), l'exposé de l'affaire (§ 3) et enfin la *pronuntiatio* (§ 4)» (**14** C. Pietri, *Roma christiana. Recherches sur l'Église de Rome, son organisation, sa politique, son idéologie de Miltiade à Sixte III*, Rome 1976, p. 902 n. 6). Sans entrer dans le détail de l'erreur condamnée, l'évêque de Rome exprime une vive indignation; il s'en prend à «l'antique ennemi», «adversaire de la chasteté et maître de luxure (*pudicitiae aduersarius, luxuriae magister*), qui souffle à ses ministres (*i.e.* Jovinien et ses disciples) en chaire «qu'il est superflu de jeûner». N'ayant aucune espérance des choses à venir, il redit: «Mangeons et buvons car demain nous mourrons» (*Ep.* 7, 1 d'après 1 Co 15, 32). Assimilés aux sectateurs de la «voie large» (*Ep.* 7, 2 citant Mt 7, 13-14), les coupables mettent sur le même plan le mariage et la virginité consacrée, alors que la hiérarchie ecclésiastique, sans mépriser le premier, honore davantage la seconde (*Ep.* 7, 5). D'autre part, la continence, alimentaire ou sexuelle, ne reçoit pas les encouragements qu'elle mérite; «ce point de morale paraît assez grave pour que l'évêque de Rome parle sans ambages d'"hérésie"» (De Vogüé **2**, p. 275).

La réponse à Sirice du synode de Milan (*Ep. extra coll.* 15 [*Maur.* 42])

Ambroise rassembla un concile d'évêques du nord de l'Italie. «Le concile, il va sans dire, abonda dans le sens de la condamnation romaine» (Jouassard **12**, p. 109). La réponse à la lettre du pape (*Ep. extra coll.* 15 [Maur. 42]) apporte une abondante matière doctrinale à l'appui de cette condamnation. Reprochant aux égarés de faire bonne chère pour se dédommager de leurs jeûnes antérieurs, Ambroise et ses collègues prennent la défense du jeûne et de la virginité et condamnent en outre une déviation connexe: la négation de l'enfantement virginal de la Vierge (*Ep. extra coll.* 15, 4; 6-7), une question délicate que Sirice n'abordait pas lui-même. Avec une péricope d'Isaïe, 7, 14, ils proclament la virginité de Marie *in partu*. Le rescrit reproche en outre aux fauteurs de troubles de partager l'impiété des Manichéens (15, 12) et précise enfin que ceux-ci sont venus de Rome à Milan, où ils ont été rapidement mis en quarantaine (*Ep. extra coll.* 15, 13).

Le Commentaire d'Ambroise sur le Psaume 36

Bien que le séjour de Jovinien et de ses disciples à Milan ait été de courte durée, «c'est sans doute à cette visite et à ses effets qu'Ambroise fait allusion, deux ans après, dans un sermon adressé aux catéchumènes qui vont recevoir le baptême» (De Voguë **2**, p. 330) (395/396). Il dresse en effet le portrait d'un homme qui, pendant plusieurs années, a montré du zèle pour les bonnes mœurs et a maintenu son observance assidûment; soudain le voilà changé, il quitte le monastère, envoie promener les jeûnes et s'abandonne aux plaisirs. Le texte se poursuit au pluriel: «Ils sont récemment sortis des monastères et ils sont maintenant des maîtres de luxure *(magistri luxuriae)*, des disséminateurs de l'incontinence, des incitateurs à l'inconduite, des détracteurs de la pudeur (...); ils ont fait une pénitence d'un genre nouveau pour leurs vertus, sans faire pénitence pour leurs délits. "Ceux-ci sont sortis des nôtres", dit Jean, "mais ils n'étaient pas des nôtres; car s'ils avaient été des nôtres, ils auraient persévéré avec nous" (1 Jn 2, 19)» (*In Ps.* 36, 49, *CSEL*, p. 108).

Les moines qui ont fait défection ne sont pas nommés. De l'avis des éditeurs, Ambroise vise, non pas les neuf moines conduits par Jovinien de Rome à Milan, mais deux anciens moines de Milan qui ont dû apostasier sous leur influence, et dont les noms apparaissent, quelques années plus tard, dans une lettre adressée au clergé de Verceil: Sarmatio et Barbatianus (l'identification est établie par les Mauristes [*PL* 16, 1191, n. *a*] puis reprise par M. Petschenig [*Explanatio psalmorum XII*, *CSEL* 64, p. 108] et par M. Zelzer [*Epistulae et acta*, *CSEL* 82/3, *Ep. extra coll.* 14, p. 238]).

La Lettre d'Ambroise à l'Église de Verceil (*Ep. extra coll.* 14 [*Maur.* 63])

La très longue lettre à l'Église de Verceil (*Ep. extra coll.* 14 [*Maur.* 63]) (396) est peut-être la dernière des lettres conservées d'Ambroise et «elle est en un sens son testament» (Liebeschuetz **5**, p. 295) (**15** B. Agosti, «L'Epistola *ad Vercellenses* di "Ambrosius Seruus Christi"», *Rivista Cistercense* 7, 1990, p. 215-217, a mis en cause son authenticité; voir en sens contraire **16** E. Dekkers, *Clavis Patrum Latinorum*, 3e éd., Turnhout 1995, 160, et **17** H. Savon, *Ambroise de Milan (340-397)*, Paris 1997, p. 326-330). Elle répond d'abord à un souci d'ordre politique. L'évêque Limenius de Verceil était mort et aucun successeur n'avait été élu en raison des dissensions de l'Église (sur cette élection, *cf.* **18** R. Lizzi, *Vescovi e strutture ecclesiastiche nella città tardoantica. L'Italia Annonaria nel IV-V secolo* *d.C.*, Como 1989, p. 46-50). L'enjeu de l'intervention d'Ambroise est de faire taire les désaccords et élire un évêque de valeur.

Le second thème, qui occupe une longue partie de la lettre (§ 7-43), est la réfutation du jovinianisme. L'enseignement de Jovinien avait dû se répandre dans la cité ligure avec un certain succès puisqu'il était devenu un enjeu pour l'élection épiscopale (Liebeschuetz **5**, p. 294). Nos deux moines, Sarmatio et Barbatianus, sont d'entrée de jeu visés (*cf.* Duval **10**, p. 272-273).

L'aperçu les concernant est introduit par une référence au Christ Bon Pasteur, qui défend ses brebis contre les loups : « J'apprends que Sarmatio et Barbatianus sont venus chez vous, ces hommes qui tiennent des propos creux et disent que l'abstinence est sans mérite, que la frugalité et la virginité sont sans profit, que tous se valent, que ceux qui punissent leur chair par des jeûnes pour la soumettre à l'âme sont fous » (d'après 1 Co 9, 27 : *castigo corpus meum et servituti redigo*) (§ 7). L'attaque est ensuite plus personnelle : « Quelle nouvelle école a dépêché ces épicuriens ? Non pas *une école de philosophes, comme eux-mêmes le disent*, mais d'ignares, qui prêchent le plaisir, qui poussent aux délices, tiennent la chasteté pour inutile (…). Mais quand ils étaient ici [*i.e.* dans le monastère milanais dont Ambroise avait la charge], ils jeûnaient et devaient rester à l'intérieur du monastère ; il n'y avait aucune place pour la luxure, aucune permission d'entrer dans leur insolente controverse. Ces douillets n'ont pu le supporter et ils sont partis. Ensuite, ils ont voulu revenir, mais ils ne furent pas réadmis. Car j'avais appris beaucoup de choses à leur sujet, qui m'obligeaient à me tenir sur mes gardes. Je les avais avertis, mais sans résultat » (§ 8-9). En fait, Sarmatio et Barbatianus ont préféré suivre Épicure plutôt que les Apôtres (§ 13).

« Ambroise ne dédaigne pas de fournir des précisions sur la doctrine épicurienne » (G. Madec **19**, *Saint Ambroise et la philosophie*, Paris 1974, p. 88). Il revient en effet à trois reprises sur la parenté qu'il perçoit entre le jovinianisme et l'épicurisme (et qui s'explique tout au plus par la troisième « thèse » de Jovinien, celle qui fait l'éloge de la création et dénonce l'abus du jeûne). Jérôme avait déjà copieusement exploité ce rapprochement, qualifiant Jovinien d'« Épicure des chrétiens » (*Adv. Jovin.* I 1, col. 211A (sur l'utilisation polémique de l'épicurisme, *cf.* **20** W. Schmid, art. « Epikur », *RAC* V col. 787-788). Au § 13, Épicure est présenté comme un « avocat du plaisir » (*adsertor uoluptatis*), qui soutenait qu'une vie de plaisirs n'était pas répréhensible si elle parvenait à pacifier la crainte de la douleur et de la mort (*cf. Sent.* 10) (§ 13). « Et combien il est éloigné du vrai sur ce point, on le mesure du fait qu'il affirme qu'au commencement le plaisir a été créé dans l'homme par Dieu, son créateur, comme le déclare dans ses livres son disciple Filominus, en prétendant que les stoïciens sont les auteurs de cette affirmation » (selon les Mauristes, il faut lire « Philodemus » [➛P 142] à la place de « Filominus »). Aux yeux d'Ambroise, le récit de la *Genèse* atteste plutôt que le plaisir fut infusé dans Adam et Ève par le serpent, que le Christ combattit précisément par le jeûne et les prières (§ 15).

Comme Sirice, Ambroise fustige ces « nouveaux maîtres » qui invitent à boire et manger et qui disent que « la mort n'est rien pour nous » (*cf. Sent.* 2 ; Lucrèce III 830) parce qu'ils n'ont aucune espérance des choses à venir (§ 17). Leur doctrine est pourtant plus pernicieuse encore que l'épicurisme (§ 19). Épicure (➨E 36) lui-même, que les philosophes anciens avaient exclu de leur communauté (en référence à *De Off.* III 116 [?]), disait en effet : « Ce ne sont pas les beuveries ni les banquets, ni les garçons ni les enlacements des femmes ni une abondance de poisson ni aucune chose de ce type que l'on prépare pour un banquet somptueux qui rendent la vie agréable, mais une sobre discussion » (*cf. Ep. ad Men.* 132) ; « Dimarque » le rapporte (les Mauristes identifient ce philosophe avec Hermarque de Mytilène [➨H 75], le premier scholarque du Jardin à la suite d'Épicure, mais il doit plutôt s'agir de Dinomaque (Deinomachos, ➨D 30), dont la doctrine morale est évoquée par Cicéron [*De fin.* V 21 ; *De off.* III 119 ; *Tusc.* V 84] et blâmée par Augustin [*Cont. Iul.* VI 16, 50]). Par conséquent, « si la philosophie a désavoué ces gens, l'Église ne les exclura-t-elle pas ? » (§ 20). À ceux d'entre eux qui se défendraient de pouvoir changer de vie (§ 20), Ambroise rappelle que la prédication de Paul sur l'Aréopage devant des épicuriens et des stoïciens (Ac 17, 18) ne fut pas sans profit puisque Denys et sa femme se convertirent.

À l'instar de Jérôme, qui alléguait la *Sentence* 231 de Sextus (➨S 69) « Μοιχὸς τῆς ἑαυτοῦ γυναικὸς ὁ ἀκόλαστος » (*Adv. Jov.* 1, 49 ; *cf.* **21** H. Chadwick, *The Sentences of Sextus*, Cambridge 1959, p. 38-39) et montrait à Jovinien que « sous Numa Pompilius (➨N 67), [ses] ancêtres ont accueilli beaucoup plus facilement l'austérité de la doctrine de Pythagore qu'ils n'ont, sous les consuls, accueilli la débauche de la doctrine d'Épicure » (*Adv. Jov.* 2, 38, col. 337-338), Ambroise déclare, en citant la même *Sentence*, que « Paul enseigne la tempérance même dans l'union conjugale (*cf.* 1 Co 7, 5). Car il est pour ainsi dire "adultère celui qui manque de continence dans le mariage" en transgressant la loi de l'Apôtre » (§ 32) (*cf.* aussi *De philosophia*, frag. 5, qui atteste qu'Ambroise est « le premier témoin latin connu de la survie littéraire de Sextus le Pythagoricien » [Madec **19**, p. 317]).

Sarmatio et Barbatianus durent toucher à la mariologie (*cf.* Haller **6**, p. 87 [3]) puisqu'Ambroise compose dans sa lettre un dossier d'arguments en faveur de la virginité. Le plus fort d'entre eux est tiré de l'Incarnation : la virginité a mérité d'être choisie par Dieu pour être son « temple » (§ 33). Et la présentation de l'Église comme une épouse vierge doit montrer la supériorité de la virginité sur le mariage (sur ce thème, *cf.* **22** D. G. Hunter, « The Virgin, the Bride, and the Church : Reading Psalm 45 in Ambrose, Jerome, and Augustine », *CH* 69, 2000, p. 281-303 ; sur la Vierge chez Ambroise, *cf.* **23** G. Madec, « Marie, Vierge et mère, selon saint Ambroise et saint Augustin », dans J. Longère (édit.), *La Virginité de Marie*, Paris 1998, p. 71-83).

« Dans son ensemble, cette réfutation des ex-moines de Milan constitue un second *Aduersus Iovinianum*, où Ambroise répète à sa manière, rapide et concise, bien des considérations du grand traité de Jérôme » (De Vogüé **2**, p. 334). La *Lettre* à l'Église de Verceil étant postérieure de trois années à l'*Adv. Jovinianum*, il n'est

« pas impossible qu'Ambroise ait eu connaissance de l'ouvrage de Jérôme. Toute-fois les points de comparaison semblent trop minces pour favoriser l'hypothèse de l'inspiration hiéronymienne » (Madec **19**, p. 317).

Durant cette longue réfutation du jovinianisme, Ambroise ne perd pas de vue le problème de l'élection du prochain évêque de Verceil. Lorsqu'il y revient, dans la seconde partie de sa lettre, il énumère les qualités d'un bon évêque et souligne qu'Eusèbe, ancien évêque du lieu, avait allié la charge d'évêque et l'observation des règles monastiques et avait incité son clergé à observer avec lui ces règles ascétiques. Aux yeux d'Ambroise, il s'agit d'une discipline qui vaut universelle-ment. Sa lettre est suivie d'un appel à toute la communauté chrétienne, bien que tous ne soient pas appelés à vivre comme des moines. Son intervention fut finale-ment couronnée de succès puisque son candidat, Honoratus, fut élu, qui sortait des rangs du clergé formé par Eusèbe.

En dépit de la victoire d'Ambroise, « la propagande effectuée à Verceil par les deux apostats milanais n'est pas la dernière trace du malaise. En mars 398, semble-t-il, une loi impériale se fait l'écho de plaintes portées à Rome contre Jovinien et ses adeptes (*Cod. Theod.* XVI 5, 53). Livrés au bras séculier, ces adversaires du monachisme disparaissent à nos yeux dans les îles, lieux d'un perpétuel exil » (de Vogüé **2**, p. 274). Les questions soulevées par l'« affaire Jovinien » restèrent débat-tues. En 401, Augustin composa ses deux traités *De bono coniugali* et *De sancta virginitate*, qui tempéraient les excès de la position de Jovinien (*cf. Retract.* II 22, 1), mais aussi ceux de ses adversaires (*cf.* **1** P. G. Walsh, *Augustine, De bono coniugali, and De sancta virginitate*, Latin text, English translation and notes, Oxford 2001).

                                                                    EMMANUEL BERMON.

17 SARPÉDON *RE* 3   I^a

Philosophe sceptique, disciple de Ptolémée de Cyrène (➤P 317), mentionné dans la *diadochè* sceptique conservée par Diogène Laërce IX 115-116 et emprun-tée à Hippobote (➤H 148) (fr. 22 Gigante) et Sotion (fr. 33 Wehrli). On s'est interrogé sur l'identité de son condisciple Héraclide (➤H 54), en qui on a cru reconnaître Héraclide de Tarente (➤H 58) qui fut le maître d'Énésidème (➤E 24). Voir à ce sujet les notices de J. Brunschwig, « Héraclide » H 54, *DPhA* III, 2000, p. 555-558, et de V. Boudon, « Héraclide de Tarente » H 58, *DPhA* III, p. 560-562. Pour un stemma de la *diadochè* empirique d'après D. L. IX 115-116, voir F. Caujolle-Zaslawsky, notice « Dioscouridès de Chypre », D 203, *DPhA* II, 1994, p. 882-883.

                                                                    RICHARD GOULET.

18 SARPÉDON *RE* 4 *PLRE* I: 4   M IV

Philosophe et enseignant, époux de Mariana ; reçut de Libanios les lettres 662 et 676 (en 361) ; son épouse reçut la lettre 677 (même date).

                                                                    PIERRE MARAVAL.

SATURNINUS → HERENNIUS SATURNINUS [voir Compléments du tome VII]

19 SATURNINUS ὁ Κυθηνάς *RE* 16 *PIR*² S 224   III ?

Médecin empirique, disciple de Sextus Empiricus, selon Diogène Laërce IX 116, qui en fait le dernier représentant de la tradition sceptique. Il serait à ce titre le plus récent philosophe mentionné dans cet ouvrage, ce qui fournit au moins une indication de chronologie relative pour la datation des *Vies*.

Les mss de D. L. donnent comme forme du nom Σατορνῖνος F et Σατουρνῖνος BP¹, voire Σατουρρῖνος Pˣ(Q).

Sur la datation de Sextus et de Diogène Laërce, voir J. Jouanna, « Médecine et philosophie. Sur la date de Sextus Empiricus et de Diogène Laërce à la lumière du Corpus galénique », *REG* 122, 2009, p. 359-390.

Cf. H. von Arnim, art. « Saturninus » 16, *RE* II A 1, 1921, col. 217 (qui estime le surnom ὁ Κυθηνάς [Κυθηνάς B, Κυθήνας P¹(Q)] incompréhensible). Reprenant une conjecture de Fr. Nietzsche (*Philologische Schriften* 1870 [1982], p. 207), J. Mansfeld, « Diogenes Laertius on Stoic Philosophy », dans *Elenchos* 7, 1986, p. 302, a proposé de corriger en ὁ καθ᾽ ἡμᾶς (« de notre secte »), ce qui entraînerait un rattachement de Diogène Laërce au courant sceptique. V. Brochard, *Les Sceptiques grecs*, Paris 1887, p. 327 n. 1 (voir la réédition de la 3ᵉ édition de 1959 par F. Balaudé, Paris 2002, p. 341 n. 1), trouve cette correction de Nietzsche évidente, mais envisage également ὁ ἐκ Κυθηρᾶς (« de Cythère »). Dans une note de sa traduction du livre IX de Diogène Laërce (p. 1145 n. 5), Jacques Brunschwig rappelait une autre correction (ὁ Κυ<δα>-θηνα<ιεύ>ς ou Κυδαθηναῖος) qui donnerait comme sens : « <du dème attique> Kydathenaion ». S. Mazzarino, « Diritto e fonti letterarie. Sulla datazione di alcuni testi fondamentali », *BIDR* 65, 1962, p. 65 n. 23, proposait ὁ Κυ<δα>θηνᾶς. Aucune de ces conjectures n'emporte la conviction.

RICHARD GOULET.

20 SATYR(I)ÔN *RE* *PIR*² S 226 (Satyro)   II

Marc-Aurèle X 31, 1 : Σατύρωνα (Σατυρίωνα Gataker, Farquharson, Theiler) ἰδὼν Σωκρατικὸν φαντάζου ἢ Εὐτύχην ἢ Ὑμένα, καὶ Εὐφράτην ἰδὼν Εὐτυ-χίωνα ἢ Σιλουανὸν φαντάζου. « En voyant Satyrôn, représente-toi (un) Socraticos ou bien Eutychès ou Hymen et en voyant Euphratès (→E 132) représente-toi Eutychiôn ou Silvanus ».

Associé aux deux autres noms, Socraticos (→S 103) pourrait également être un nom propre. « The first three names are those of contemporary members of the Academy, that Eutychion and Silvanus are Stoics whom M. compares with Euphrates » (A. S. L. Farquharson, *The Meditations of the Emperor Marcus Antoninus*, Oxford 1944, t. II, p. 847). Il n'est pas sûr toutefois que cette première série de noms se rattache à la philosophie. L'exercice semble consister à superposer à la vision de contemporains dans la force de l'âge ou au sommet de leur métier d'autres figures aujourd'hui disparues de façon à relativiser l'importance des choses humaines.

RICHARD GOULET.

21 SATYROS *RE* 14   IIIᵃ ?

D'après Élien, *V. H.* III 33, le joueur d'*aulos* Satyros fut persuadé de l'infé-riorité de son art par rapport à la philosophie en écoutant les leçons d'un philosophe du nom d'Ariston. Faute de précision, la datation est impossible, mais le passage figure dans *SVF* I 337 comme témoignage pour Ariston de Chios (☞A 397).

PATRICK ROBIANO.

22 SATYROS D'ATHÈNES   IIᵃ

L'Athénien Satyros, fils de Philinos, philosophe dont l'école d'appartenance est inconnue, fut honoré en Thessalie vers 170 av. J.-Chr. Il reçut le droit de cité et d'autres privilèges. Il fut ainsi honoré pour son comportement d'"homme de bien" pendant son séjour dans la capitale thessalienne, pour sa participation à la vie municipale et pour l'assistance qu'il apporta aux Larisséens au cours de la troisième guerre macédonienne (A. Tziafalias, J. L. García-Ramón et B. Helly, « Décrets inédits de Larissa [2] », *BCH* 130, 2006 [2008], p. 436-437, 439-456 = *SEG* LVI 636).

Cf. M. Haake, « Der Philosoph Satyros, Sohn des Philinos, aus Athen. Zu zwei neuen hellenistischen Ehrendekreten aus Larisa für einen bislang unbekannten Philosophen », *Tyche* 24, 2009 [2010], p. 49-57.

MATTHIAS HAAKE.

23 SATYROS DE CALLATIS (sur le Pont) *RE* 16, 17, 18 ?, 19 ?   MF III-D II

Péripatéticien, originaire de Callatis sur la mer Noire, connu comme auteur de nombreuses biographies.

Éditions. Les témoignages et les fragments ont été rassemblés par **1** K. Müller, *FHG*, t. III, p. 159-166 ; t. IV p. 666 (sans les papyri) ; **2** K. F. Kumaniecki, *De Satyro Peripatetico*, coll. « Archiwum Filologiczne » 8, Cracoviae 1929, 90 p. (sans *POxy.* 2465 ; avec un bref commentaire en latin) ; **3** St. Schorn, *Satyros aus Kallatis. Sammlung der Fragmente mit Kommentar*, Basel 2004, XIV-544 p. (édition complète des fragments et des témoignages, y compris des *dubia*, avec une traduction allemande et un commentaire détaillé ; c'est aux numéros de ce recueil que se rapportent les renvois aux fragments de la présente notice ; les informations qui suivent sont empruntées à cette étude et en résument les conclusions).

La *Vita Euripidis* a été publiée pour la première fois par **4** A. S. Hunt, *POxy.* IX 1176, London 1912 (édition contenant aussi de petits fragments ; planche V avec fr. 39, col. XVII-XXIII) ; on ne trouve de même que la *Vita* dans **5** H. von Arnim, *Supplementum Euripideum*, coll. « Kleine Texte für Vorlesungen und Übungen » 112, Bonn 1913, p. 3-9 ; **6** G. Arrighetti, *Satiro. Vita di Euripide*, coll. « Studi Classici e Orientali » 13, Pisa 1964, IX-168 p. (avec une traduction italienne, un commentaire détaillé et un *Index verborum*) ; **7** D. Kovacs, *Euripidea*, coll. « Mnemosyne Supplementum » 132, Leiden/New York/Köln 1994, p. 14-27 (uniquement les passages les plus importants, sans apparat critique, avec une traduction anglaise) ; on trouve également les fragments les plus importants dans **8** R. Kannicht, *TrGF* IV.1, T 5 ; quelques fragments ont été édités par **9** M. S. Funghi, *CPF* I 1*,

1989, p. 157-168 (fr. 37 I 16-30 ; III 5-29), et *CPF* I 1***, 1999, p. 753-758 (fr. 38 IV-39 II) (avec traduction italienne et commentaire).

Le fragment papyrologique tiré de l'ouvrage *Sur les dèmes d'Alexandrie* a été d'abord édité par **10** E. G. Turner, *POxy.* XXVII 2565, London 1962 ; on trouve également ce papyrus chez **11** H. J. Mette, « Die 'kleinen' griechischen Historiker heute », *Lustrum* 21, 1978 [paru en 1979], n° 631 : Satyros, p. 33-35.

Études générales. En plus des éditions commentées signalées plus haut, voir **12** F. Leo, *Die griechisch-römische Biographie nach ihrer litterarischen Form*, Leipzig 1901, p. 118-124 ; **13** *Id.*, « Satyros βίος Εὐριπίδου », *NGG* 1912, p. 273-290, repris dans *Ausgewählte kleine Schriften,* hrsg. und eingeleitet von Eduard Fraenkel, t. II, Roma 1960, p. 365-383 ; **14** H. Gerstinger, « Satyros' ΒΙΟΣ ΕΥΡΙ-ΠΙΔΟΥ », *WS* 38, 1916, p. 54-71 ; **15** H. Frey, *Der ΒΙΟΣ ΕΥΡΙΠΙΔΟΥ des Satyros und seine literaturgeschichtliche Bedeutung*, Diss. Zürich [1919 ?], 51 p. ; **16** A. Gudeman, art. « Satyros » 16, *RE* II A 1, 1921, col. 228-235 ; **17** D. R. Stuart, *Epochs of Greek and Roman Biography*, coll. « Sather Classical Lectures » 4, Berkeley 1928, réimpr. New York 1967, p. 178-188 ; **18** I. Gallo, « La *Vita di Euripide* di Satiro e gli studi sulla biografia antica », *PP* 22, 1967, p. 134-160, repris dans ses *Studi sulla biografia greca*, coll. « Storie e testi » 7, Napoli 1997, p. 7-39 ; **19** A. Dihle, *Studien zur griechischen Biographie*, coll. « *AAWG* » III 37, Göttingen ²1970, p. 104-107 ; **20** S. R. West, « Satyrus : Peripatetic or Alexandrian ? », *GRBS* 15, 1974, p. 279-286 ; **21** M. R. Lefkowitz, « Satyrus the Historian », dans *Atti del XVII congresso internazionale di papirologia* (Napoli 19-26 maggio 1983), t. II, Napoli 1984, p. 339-343 ; **22** G. Arrighetti, *Poeti, eruditi e biografi. Momenti della riflessione dei Greci sulla letteratura*, coll. « Biblioteca di Studi Antichi » 52, Pisa 1987, p. 164-167 ; **23** M. García Valdés, « La lengua griega en la *Vida de Eurípides* de Sátiro », *Emerita* 59, 1991, p. 359-369 ; **24** A. Momigliano, *The Development of Greek Biography*. Expanded Edition, Cambridge, Mass./London 1993, p. 80-82 ; **25** F. Wehrli et G. Wöhrle, « Satyros aus Kallatis », dans *GGP, Antike*, Basel 2004, p. 620-622 et 662 (bibliographie) ; **26** G. Arrighetti, *Poesia, poetiche e storia nella riflessione dei Greci. Studi*, coll. « Biblioteca di Studi Antichi » 89, Pisa 2006, p. 287-288 ; **27** L. Miletti, « Eurípides physiologos », dans F. J. Campos Daroca *et alii* (édit.), *Las personas de Eurípides*, coll. « Classical and Byzantine Monographs » 65, Amsterdam 2007, p. 191-218, résumé en anglais p. 347 ; **28** J. Hanink, « Literary Politics and the *Euripides Vita* », *PCPhS* 54, 2008, p. 115-135 ; **29** R. Knöbl, « Talking about Euripides. Para-mimesis and Satyrus' *Bios Euripidou* », *Phrasis* 51, 2010, p. 37-58 ; **30** T. Hägg, *The Art of Biography in Antiquity*, Cambridge 2012, p. 77-84.

Biographie. Satyros était originaire de Callatis sur la mer Noire (auj. *Mangalia*), indication fournie par PHerc. 558 (T 1). Qu'il ait vécu à Alexandrie et Oxyrhynchos (ainsi Gudeman **16**, p. 228 ; **31** O. Dreyer, art. « Satyros » 5, *KP* IV, 1979, p. 1572), est une pure supposition moderne sans fondement dans les sources. Elle s'appuie sur le fait que l'abréviateur de Satyros, Héraclide Lembos (➤H 61) a vécu là et sur la supposition que Satyros n'aurait pu trouver à Callatis les outils de travail nécessaires pour rédiger son œuvre (*cf.* Schorn **3**, p. 5).

La datation est incertaine (*cf.* Schorn **3**, p. 6-10). L'événement datable le plus tardif auquel fasse référence Satyros est la mort de Démosthène en 322[a] (F 22) ; un apophtegme de Stilpon (☞S 163) qui vécut de 360 à 280 environ (F 19) implique que ce dernier était mort avant qu'on ait entrepris d'écrire sa biographie (si le fragment provient d'une *Vie de Stilpon*) ; une citation de Philémon, mort vers 264/3, suggère peut-être une date encore plus récente. Un *terminus ante quem* est fourni par Héraclide Lembos qui abrégea certaines Vies, sinon toutes, de Satyros. Il exerçait une activité politique en 169[a] pour le compte de Ptolémée VI. Si la liste de biographes donnée par Jérôme, *De vir. ill.* praef. 2 (Hermippe, Antigone de Caryste et Satyros) suit à peu près un ordre chronologique, on devrait situer la composition des biographies de Sarytos à la fin du IIIe s. ou au début du IIe s. Si l'on rassemble tous ces indices, il est probable que ces biographies ont été produites dans les années 240-170. Rien ne permet d'identifier Satyros avec un collaborateur de Théophraste du même nom, mentionné par ce dernier dans l'*Hist. Plant.* III 12, 4 (T * 8).

Athénée (*Deipnosophistes* VI, 248 c ; XII, 541 c ; XIII, 556 a = T 2) désigne à trois reprises Satyros comme un péripatéticien. Depuis au moins Leo **12**, p. 118, on considère généralement que Satyros, tout comme Hermippe (☞H 86), Antisthène de Rhodes (☞A 214) et d'autres, a reçu à tort ce qualificatif chez des auteurs postérieurs, du fait qu'il s'était adonné comme eux au « genre péripatéticien » (ainsi par exemple **32** F. Susemihl, *GGLA*, t. I, p. 8 ; **33** R. Pfeiffer, *Geschichte der Klassischen Philologie. Von den Anfängen bis zum Ende des Hellenismus*, München ²1978, p. 188-189 ; **34** J. Bollansée, *Hermippos of Smyrna and his Biographical Writings. A Reappraisal*, coll. « Studia Hellenistica » 35, Leuven 1999, p. 9-14). Un examen des termes employés par ces sources diverses montre toutefois que cette désignation qui fait référence à une orientation philosophique particulière n'est utilisée que dans le cas de personnes qui appartenaient formellement à une école ou se réclamaient de la doctrine correspondante. On trouve par ailleurs chez Satyros et les autres auteurs quantité d'idées péripatéticiennes, de sorte qu'il faut partir du présupposé qu'il était un péripatéticien. Qu'il ait travaillé à Athènes ou ailleurs reste en revanche une question ouverte (voir **35** St. Schorn, « Wer wurde in der Antike als Peripatetiker bezeichnet ? », *WJA*, n. F. 27, 2003, p. 39-69 ; Schorn **3**, p. 56-63 ; Wehrli et Wöhrle **25**, p. 620 ; *cf.* déjà West **20**).

L'épitomé de toutes les biographies de Satyros, ou de certaines d'entre elles, par Héraclide Lembos a été manifestement réalisé dans les années ou les décennies qui ont suivi leur composition dans la première moitié du IIe siècle av. J.-C. Héraclide abrégea également les *Successions* de Sotion et des biographies d'Hermippe. Son épitomé des *Politeiai* d'Aristote (☞A 414) est en partie conservé. Diogène Laërce fait appel à deux ou trois reprises à l'*Épitomé de Satyros* d'Héraclide (VIII 40 ; VIII 53 (?) ; IX 26 = T 4). Cet épitomé n'était pas un résumé comme tel, mais un recueil de courts extraits, peu représentatifs (sur le caractère littéraire de ce document, voir **36** I. Gallo, *Frammenti biografici da papiri*, t. I, coll. « Testi e commenti » 1, Roma 1975, p. 25-33 ; de façon un peu différente Schorn **3**, p. 18-21). L'ouvrage n'avait aucune prétention stylistique et, dans ce processus, l'ouvrage originel avait largement perdu ses caractéristiques littéraires (notamment son caractère de dialogue, à moins que la *Vie d'Euripide* ait été la seule biographie à présenter ce caractère). L'épitomé joua un rôle important dans la tradition des œuvres de Satyros. Elle transmit les faits bruts, ce qui a dû conduire parfois à des falsifications (voir plus loin). Certains passages, pour lesquels Diogène Laërce ne renvoie qu'à l'épitomé d'Héraclide ou ne fournit pas de référence plus précise, se rapportent vraisemblablement à l'*Épitomé de Satyros* (VIII 44, VIII 53, VIII 58). Héraclide, dans son *Épitomé de Sotion*, semble avoir résumé en six livres les treize livres de cet auteur et, dans ses *Épitomai* des ouvrages d'Hermippe et de Satyros, avoir seulement recueilli des informations inhabituelles qui ne se trouvaient pas dans l'*Épitomé de Sotion*. Cette manière de travailler traitait les ouvrages des deux auteurs mentionnés comme des sources de curiosités et exerça une influence qu'on ne saurait minimiser sur la tradition de ces ouvrages (voir Schorn **3**, p. 18-21, et, avec des conclusions légèrement différentes, **37** G. Schepens et St. Schorn, « Verkürzungen in und von Historiographie in klassischer und hellenistischer Zeit », dans M. Horster et Ch. Reitz (édit.), *Condensing Texts – Condensed Texts*, coll. « Palingenesia » 98, Stuttgart 2010, p. 396-433, notamment 418-428).

Identifications proposées avec d'autres hommes de lettres homonymes. L'identification avec l'auteur de l'écrit *Des caractères* (F 27) est assurée notamment par un rapprochement pour la forme et le contenu avec un passage de la *Vie d'Euripide* (F 6 fr. 39 VI 15 *sqq*.). Voir Kumaniecki **2**, p. 3-4 ; Gerstinger **14**, p. 64 n. 2 ; Schorn **3**, p. 10-11.

Avant la publication de *POxy*. 2465 (et aussi par la suite) on a souvent identifié le biographe avec l'auteur de l'ouvrage intitulé *Sur les dèmes d'Alexandrie*, que l'on datait sous le règne de Ptolémée IV (221-204) sur la base du F *29 (ainsi Müller **1**, t. III, p. 159 ; **38** U. von Wilamowitz-Möllendorff, « Lesefrüchte 51 », *Hermes* 34, 1899, p. 633-636, repris dans ses *Kleine Schriften*, t. IV, Berlin 1962, p. 103-106 ; Pfeiffer **33**, p. 189-190 ; contre cette identification : Gudeman **16**, p. 229, et **39** *Id*., art. « Satyros » 18, *RE* II A 1, 1921, col. 235 ; **40** A. Momigliano, « Note su fonti ellenistiche. II. Satiro biografo e Satiro ἱστορῶν τοὺς δήμους Ἀλεξανδρέων », *BFCl* 35, 1929, p. 259-261, repris dans *Sesto contributo alla storia degli studi classici e del mondo antico*, t. II, Roma 1980, p. 789-791). Mais cet ouvrage a été composé au plus tôt au milieu du IIe s. De plus, l'auteur doit être vraisemblablement identifié avec un Satyros qui portait le surnom de Zéta (T *7), lequel était un disciple d'Aristarque (*ca* 216-144) et était vraisemblablement le Satyros qui écrivit sur les problèmes homériques (F *32). On pourrait justifier une telle identification grâce à un scénario qui ferait naître Satyros vers 200ª, daterait les biographies vers 170 et leur abrégé vers 150, et placerait la composition de l'ouvrage sur les dèmes d'Alexandrie dans sa vieillesse (Schorn **3**, p. 12-13 et 439-440). Mais il serait étonnant que l'épitomé ait été élaboré aussi tôt. On a également souvent fait valoir contre l'identification la différence de ton entre les biographies (jugées «peu sérieuses» et populaires) et l'ouvrage *Sur les dèmes d'Alexandrie* (considéré comme scientifique et historiquement précis) (West **20**; en sens contraire: Lefkowitz **21**; *cf.* Schorn **3**, p. 13). Un seul et même auteur peut cependant pratiquer des genres littéraires différents et respecter les règles correspondant à chacun des genres. Il n'en reste pas moins qu'un séjour à Alexandrie n'est pas attesté pour le biographe, ce qui est requis pour l'ouvrage sur les dèmes, de même que l'appartenance à l'école d'Aristarque. Dans la mesure où, à part l'homonymie et une éventuelle compatibilité chronologique, il n'existe aucun indice suggérant de façon positive une identification, la question doit rester ouverte dans l'état actuel de la recherche.

Rien, au-delà de la similitude du nom, ne recommande l'identification du biographe avec l'auteur d'un ouvrage *Sur les dieux* (F *30-31) (Schorn **3**, p. 12: lequel pourrait par ailleurs être identique à l'auteur de l'ouvrage sur les dèmes), ni avec d'autres homonymes.

Importance philosophique. Satyros lui-même a tenté manifestement dans ses biographies de présenter, grâce à des exemples, des concepts philosophiques abstraits ou bien des traits de caractère soumis à une analyse théorique. Euripide est caractérisé au moyen de traits du magnanime aristotélicien (μεγαλόψυχος); d'autres fragments encore (par exemple F 20-21, 23-26) présentent des signes caractéristiques de la description psychologique péripatéticienne (*cf.* Schorn **3**, p. 56-63). En tant que source pour la biographie des philosophes, Satyros apparaissait comme un auteur important, comme le montre son témoignage sur le cynique Diogène (➤D 147) et sur Empédocle (➤E 19). Ces vies, tout comme la *Vie d'Euripide* (➤E 139), offraient de nombreuses citations tirées des œuvres de ces personnages, grâce auxquelles des informations biographiques se trouvaient justifiées. En revanche, Satyros ne s'intéressait manifestement pas à la doxographie des philosophes.

Œuvres. On ne traitera ici brièvement que des biographies qui peuvent être attribuées de façon certaine à Satyros, ainsi que du traité *Des caractères* (*cf.* Schorn **3**, p. 15-63, 149-438).

I. Biographies

En ce qui concerne la structure de la collection, on sait seulement que Diogène le Cynique était traité au livre IV et que les Vies des trois poètes tragiques Eschyle, Sophocle et Euripide se trouvaient au sixième livre de l'ouvrage dans son ensemble. D'après le titre Βίων ἀναγραφή, *Exposé des vies*, qui est attesté par le colophon de *POxy.* 1176 pour l'ensemble de la collection, on peut déduire que chacune des vies en particulier portait un titre du type Τοῦ δεῖνα βίος. Un Φιλίππου βίος est attesté par Athénée (voir plus loin).

(1) *Biographie de Diogène le Cynique* [➤D 147] (?) au livre IV des *Vies* (F 1-2). Certes le titre n'est pas attesté, mais le long F 2 montre qu'une Vie en bonne et due forme a dû exister. Le fragment est transmis par Jérôme, *Adv. Iovin.* II 14, 3-7,

qui se rapporte sur ce point à une section perdue du *De abstinentia* de Porphyre (*cf.* **41** J. Bernays, *Theophastos' Schrift über Frömmigkeit. Ein Beitrag zur Religionsgeschichte*, Berlin 1866, réimpr. Hildesheim/New York 1979, p. 31-32 et 159-162) ; elle décrivait le mode de vie frugal du cynique au moyen d'anecdotes caractéristiques. Il faut prendre en compte des modifications possibles apportées par Porphyre et Jérôme. L'exposé que Diogène Laërce VI 21-23 emprunte à Satyros se présente sous un aspect différent. La comparaison des deux textes permet de reconstruire le récit originel de Satyros. D'après F 1 Satyros voyait dans toutes les œuvres transmises sous le nom de Diogène des faux qu'il faudrait attribuer au cynique Philiscos d'Égine (➽P 133). Mettre cette position en rapport avec les efforts déployés par les stoïciens pour établir l'inauthenticité des écrits des cyniques ou des premiers stoïciens, afin d'affranchir leur propre école de tout lien avec des œuvres embarrassantes (comme l'ont envisagé **42** K. von Fritz, *Quellenuntersuchungen zu Leben und Philosophie des Diogenes von Sinope*, coll. « Philologus Suppl.» XVIII 2, Leipzig 1926, p. 55-60, ou **43** R. Giannattasio Andria, *I frammenti delle 'Successioni dei filosofi'*, coll. «Università degli Studi di Salerno. Quaderni del Dipartimento di Scienze dell'Antichità 5», Napoli 1989, p. 100-102), n'est pas justifié, dans la mesure où Satyros n'avait aucune raison de défendre la Stoa. Manifestement la production d'œuvres littéraires ne correspondait pas au mode de vie de Diogène tel qu'il le décrivait (*cf.* Schorn **3**, p. 152-171).

(2) Βίων ἀναγ<ρ>αφῆς ϛ' Αἰσχύλου, Σοφοκλέους, Εὐριπίδου, *Exposé des vies, (livre) VI. (Vies) d'Eschyle, de Sophocle et d'Euripide* (colophon : F 6 fr. 39 XXXIII).

a) Αἰσχύλου (βίος). *Biographie d'Eschyle*. Aucun fragment de cette biographie n'est conservé.

b) Σοφοκλέους (βίος). *Biographie de Sophocle*. La *Vie* anonyme *de Sophocle* qui est transmise avec les tragédies par la tradition médiévale contient trois fragments de la *Vie de Sophocle* de Satyros (F 3-5) : ils portent sur une invention du poète tragique, sur le procès de Sophocle contre son fils Iophon et sur une version de la légende relative à sa mort.

c) Εὐριπίδου (βίος). *Biographie d'Euripide* [➽E 139]. Des vestiges importants de la *Vie d'Euripide* sont conservés par *POxy.* IX 1176 (= F 6). Ils constituent, à part un morceau de papyrus contenant des fragments de l'Épitomé de certains écrits d'Hermippe par Héraclide Lembos (*POxy.* 1367 = F 82 Wehrli = *FGrHist* 1026 F 3) et l'inscription de Mnésiépès de Paros sur la vie d'Archiloque (**44** M. Ornaghi, *La lira, la vacca e le donne insolenti. Contesti di ricezione e promozione della figura e della poesia di Archiloco dall'arcaismo all'ellenismo*, coll. «Minima Philologica. Serie greca» 5, Alessandria 2009, p. 38-49), les seuls textes transmis en tradition directe provenant de la biographie d'époque hellénistique avant la fin du Ier s. av. J.-C. (Philodème).

Il s'agit d'un dialogue de type aristotélicien entre un personnage principal dont le nom est perdu et au moins deux interlocuteurs, Eucléia et Diodoros ou Diodora (la syllabe finale n'est pas conservée) (*cf.* Schorn **3**, p. 34-35). D'autres éditeurs ne pensent qu'à une seule interlocutrice du nom de Diodora Eucléia (Gerstinger **14**, p. 61 n. 1 ; Arrighetti **6**, p. 133-134). La partie finale de la *Vie* est conservée, avec le colophon (F 6 fr. 39 col. XXIII ; voir plus haut) : il s'agit de trente colonnes à peu près continues, dont le texte de la moitié supérieure est partiellement conservé.

Les fragments de la première partie, pour l'essentiel perdue, de la biographie semblent avoir traité de l'art tragique d'Euripide (F 6 fr. 1-36) ; pour la reconstitution, voir Schorn **3**, p. 181-196, notamment p. 181-182. On y traitait entre autres points de la langue du poète (F 6 fr. 8 II) ; on y discutait longuement de l'inspiration poétique avec des citations d'Homère et de Platon (F 6 fr. 9 et 16 I). Il s'agissait donc de thèmes caractéristiques de l'interprétation péripatéticienne des poètes. Le morceau final du papyrus, directement lié au thème précédent, concernait l'influence de certains philosophes sur le poète. Il se serait réclamé de la philosophie d'Anaxagore (➳A 158) parfois ouvertement (F 6 fr. 37 II), parfois de façon moins explicite (fr. 37 III 9-14), et pourtant on relèverait chez lui également des doutes concernant l'explication du monde qui correspondrait à la vérité (fr. 37 III 27 *sqq.*), et aussi une stricte récusation de la philosophie de la nature (F 6 fr. 38 I) ; voir sur ce point Schorn **3**, p. 197-220. Les déclarations des personnages des tragédies, parfois citées textuellement, étaient interprétées, selon ce qu'on est convenu d'appeler « la méthode de Chamailéon » (➳C 93) comme des confessions autobiographiques du poète (sur cette méthode, voir Arrighetti **22**, notamment p. 141-190 ; **45** St. Schorn, « Chamaeleon : Biography and Literature *Peri tou deina* », dans A. Martano, E. Matelli et D. Mirhady (édit.), *Praxiphanes of Mytilene and Chamaeleon of Heraclea*. Text, Translation, and Discussion, coll. *RUSCH* 17, New Brunswick/London 2012, p. 73-105 sur Euripide et la philosophie, ainsi que sur le rôle de Satyros dans cette problématique, voir **46** M. R. Lefkowitz, « Was Euripides an Atheist ? », *SIFC* 5, 1987, p. 149-166 ; **47** J. Assael, *Euripide, philosophe et poète tragique*, coll. « Collection d'Études Classiques » 16, Leuven 2001 ; **48** F. Egli, *Euripides im Kontext zeitgenössischer intellektueller Strömungen. Analyse der Funktion philosophischer Themen in den Tragödien und Fragmenten*, coll. « Beiträge zur Altertumskunde » 189, München/Leipzig 2003 ; bibliographie dans Schorn **3**, p. 197 n. 212). Dans les colonnes qui suivent ne sont cités que des passages d'Euripide où la recherche immodérée des richesses est dénoncée (F 6 fr. 38 II et III). Ces passages se situent déjà dans le contexte de l'influence de Socrate (➳S 98) discutée par la suite (différemment Gerstinger **14**, p. 58-60, et Arrighetti **6**, p. 111 : influence de Prodicos [➳P 296] sur Euripide), Socrate qu'Euripide admirait beaucoup et auquel il aurait fait allusion dans la *Danaè* (F 6 fr. 38 IV/39 I). Ce comportement lui aurait attiré la critique de la foule. La théologie d'Euripide aurait été marquée par une influence socratique (F 6 fr. 39 II) tout comme ses positions politiques (F 6 fr. 39 III : critique des tyrans et des démagogues ; sur Euripide et Socrate chez Satyros, voir Arrighetti **6**, p. 113-115 ; **49** A. Patzer, « Sokrates in den Fragmenten der Attischen Komödie », dans *Orchestra. Drama, Mythos, Bühne. Festschrift für H. Flashar anläßlich seines 65. Geburtstages*, hrsg. von A. Bierl und P. von Möllendorff unter Mitwirkung von S. Vogt,

Stuttgart/Leipzig 1994, p. 50-81 ; **50 A**. Patzer, « Sokrates in der Tragödie », *WJA* n. F. 22, 1998, p. 33-45 ; Schorn **3**, p. 220-243).

L'interlocuteur principal cite ensuite des critiques formulées contre le *demos* dans la comédie, qu'il compare avec celles adressées par Euripide, puis, d'Euripide, une exhortation aux jeunes gens pour qu'ils se comportent en ayant conscience de leurs responsabilités (F 6 fr. 39 IV 21 *sqq.*). Suivent des développements sur l'influence d'Euripide sur la Comédie nouvelle (F 6 fr. 39 V-VI), l'admiration enthousiaste de Philémon pour Euripide (F 6 fr. 39 VII 28-36), l'influence sur Démosthène (F 6 fr. 39 VIII) et l'histoire de la caverne de Salamine où Euripide aurait écrit (F 6 fr. 39 IX) (*cf.* Schorn **3**, p. 243-278).

Après ces chapitres de caractère systématique vient une section manifestement chronologique, où l'on racontait dans le détail l'hostilité déployée contre Euripide à Athènes, laquelle aurait conduit à son émigration en Macédoine : le procès pour impiété intenté par Cléon (F 6 fr. 39 X 15-22), l'attaque des femmes contre le misogyne qui l'aurait contraint à désavouer ses prises de positions misogynes, y compris la justification de cette attitude par l'adultère de son épouse (F 6 fr. 39 X 23-XV 17) (sur cette question **51 D**. Kovacs, « De Cephisophonte verna, ut perhibent, Euripidis », *ZPE* 84, 1990, p. 15-18), et l'animosité de ses collègues tragédiens (F 6 fr. 39 XV 17-XVIII 23). La Vie s'achève sur un récit concernant l'estime que portait au poète la Sicile (F 6 fr. 39 XIX), de même qu'Archélaos (F 6 fr. 39 XX 1-25), sur la mort du poète (sur ce passage **52 B**. Tripodi, « Cacce fatali di Archelao di Macedonia », dans *Id.*, *Cacce reali macedoni. Tra Alessandro I e Filippo V*, coll. « Pelorias » 3, Messina 1998, p. 35-52) et sur l'épigramme funéraire composée pour lui par son ami le poète Timothéos (F 6 fr. 39 XX-XXII) (*cf.* Schorn **3**, p. 278-346).

Le dialogue qui était consacré à la vie du poète est caractérisé par le ton d'une causerie à bâtons rompus. Des marques d'ironie accompagnent les anecdotes trop incroyables, de sorte que le lecteur peut savoir quand ce qui est rapporté a une valeur historique (Schorn **3**, p. 46-49). Concernant la caractérisation du personnage d'Euripide, voir plus haut. De telles subtilités ont sans doute été perdues au cours du travail d'abréviation d'Héraclide Lembos. Il faut donc supposer que plusieurs données fantaisistes qui ont été rapportées par la littérature secondaire à Satyros étaient caractérisées dans le texte original comme fictives.

(3) Φιλίππου βίος. *Biographie de Philippe II de Macédoine*. N'est explicitement attestée que cette autre biographie, dont trois fragments sont transmis par Athénée (F 23-25). Ils ont souvent été allégués comme témoignages en faveur de l'existence d'un genre de la « biographie politique » à l'époque hellénistique (bibliographie sur la question dans **53 J**. Geiger, *Cornelius Nepos and Ancient Political Biography*, coll. « Historia Einzelschriften » 47, Stuttgart 1985, p. 40-44), mais ils semblent moins concernés par les événements politiques que par le caractère des protagonistes (*cf.* **54 G**. Schepens, « Zum Verhältnis von Biographie und Geschichtsschreibung in hellenistischer Zeit », dans M. Erler et St. Schorn (édit.), *Die griechische Biographie in hellenistischer Zeit*. Akten des internatio-

nalen Kongresses vom 26.-29. Juli 2006 in Würzburg, coll. « Beiträge zur Altertumskunde » 245, Berlin 2007, p. 335-361, notamment p. 354-355 ; *cf.* Schorn **3**, p. 417-430).

Diogène Laërce et Athénée font référence à plusieurs reprises à des biographies de Satyros (Σάτυρος ἐν τοῖς βίοις), sans préciser davantage la Vie particulière à laquelle ils se réfèrent. On ne sait donc pas toujours de façon certaine quel personnage faisait l'objet de la biographie, même s'il est possible de le deviner la plupart du temps.

(4) *Biographie de Bias* (?) (F 8). Satyros a rapporté une variante du roman du trépied, où Bias tient le rôle central, comme c'est le cas également chez Théophraste (F 583 Fortenbaugh *et alii*). Une version plus développée, sans indication de source, se lit également chez Diodore de Sicile IX 13, 1-2 (*cf.* Schorn **3**, p. 348-355).

(5) *Biographie de Chilon* ou de *Lycurgue* (?) (F 9). Seule donnée transmise : Lycurgue aurait institué l'éphorat à Sparte. Même si l'information se trouve chez Diogène Laërce dans le contexte de la vie de Chilon, elle appartient vraisemblablement à l'exposé de la vie de Lycurgue, à qui est traditionnellement attribuée la constitution de Sparte dans son ensemble (*cf.* Schorn **3**, p. 355-358).

(6) *Biographie de Pythagore* [☛P 333] (?) (F 10-11). F 10 contient une variante du récit concernant l'achat de livres pythagoriciens par Platon (☛P 195). Elle s'inscrit donc dans le contexte de l'accusation de plagiat contre Platon (*cf.* **55** L. Brisson, « Les accusations de plagiat lancées contre Platon », dans M. Dixsaut (édit.), *Contre Platon*. Tome I : *Le platonisme dévoilé*, Paris 1993, p. 339-356). Comme il est raconté que Platon aurait acheté trois livres pour 100 mines, on doit constater une surenchère par rapport au récit transmis par Hermippe [☛H 86] (F 40 Wehrli = *FGrHist* 1026 F 69), selon lequel Platon aurait acheté un livre pour quarante mines d'argent alexandrines afin de composer le *Timée*. F 11 raconte des pogroms antipythagoriciens dans le Sud de l'Italie et la mort de Pythagore. Satyros relie sur ce point l'histoire sentimentale des soins et de l'enterrement de Phérécyde (☛P 109) à Samos avec le soulèvement contre les pythagoriciens à Crotone et explique par là l'absence de Pythagore au moment de l'attaque. Le suicide de Pythagore dans cette histoire contredit la doctrine pythagoricienne (*cf.* Schorn **3**, p. 358-368).

(7) *Biographie d'Empédocle* [☛E 19] (?) (F 12-14). Dans le cas d'Empédocle l'hypothèse d'une biographie en bonne et due forme est vraisemblable. Face à la tradition unanime qui donne au père d'Empédocle le nom de Méton, Satyros (F 12) l'appelle Exainétos et mentionne également un fils du philosophe qui aurait porté ce nom. Aux mêmes Jeux Olympiques Empédocle aurait été vainqueur à la course de chevaux et son fils vainqueur à la lutte, ou bien à la course selon l'épitomé d'Héraclide. Le fragment montre que l'épitomé ne se bornait pas à fournir des extraits, mais corrigeait également des erreurs. Satyros confond sûrement ici le philosophe avec son grand-père homonyme (*cf.* Schorn **3**, p. 368-372). En plus, Empédocle aurait été selon Satyros (F 13) médecin et rhéteur, Gorgias aurait été

son disciple. Ce dernier aurait rapporté qu'il était présent lorsqu'Empédocle aurait exercé la magie (γοητεύοντι). Même Empédocle en aurait tiré gloire, ce qui amène Satyros à citer *DK* 31 B 111. Le rapport entre maître et disciple est également le thème d'un autre fragment (F 14) : le célèbre médecin Pausanias (➙P 67) aurait été son bien-aimé, information justifiée par la citation d'un vers du poème d'Empédocle *Sur la nature*, ainsi que d'une épigramme (inauthentique) attribuée au même philosophe. Dans la mesure où Diogène Laërce (VIII 60-61) se rapporte non seulement à Satyros, mais aussi à Aristippe (c'est-à-dire le Περὶ παλαιᾶς τρυφῆς d'un Aristippe d'époque impériale [➙A 356, p. 374]), on ne sait pas si Satyros citait tous ces vers ou bien aucun. Aristippe n'a certainement pas cité Satyros (*cf.* Schorn **3**, p. 378-383 ; **56** T. Dorandi, « Il Περὶ παλαιᾶς τρυφῆς attribuito a Aristippo nella storia della biografia antica », dans M. Erler et St. Schorn [édit.], *Die griechische Biographie in hellenistischer Zeit*. Akten des internationalen Kongresses vom 26.-29. Juli 2006 in Würzburg, coll. « Beiträge zur Altertumskunde » 245, Berlin 2007, p. 157-172, notamment p. 161 et 165).

(8) *Biographie de Zénon d'Élée* [➙Z 19] (?) (F 15). Récit de la mort du philosophe qui a été fortement condensé à travers l'abréviation d'Héraclide et est en partie obscur (*cf.* Schorn **3**, 383-387).

(9) *Biographie d'Anaxagore* [➙A 158] (?) (F 16). Une variante attestée uniquement par Satyros de la légende du procès contre Anaxagore : les chefs d'accusation ne seraient pas que l'impiété, mais aussi la collaboration avec les Mèdes *(médismos)*, l'accusateur serait Thucydide fils de Mélésias et le philosophe aurait été condamné à mort par contumace. A partir de ces données les historiens se sont adonnés à des reconstructions aventureuses de la politique intérieure athénienne (par exemple **57** H. Wade-Gery, *Essays in Greek History*, Oxford 1958, p. 258-260). Cette entreprise est fragile, car on se trouve en présence ici du développement d'un récit légendaire sans fondement historique (*cf.* Schorn **3**, p. 387-392).

(10) *Biographie de Socrate* [➙S 98] (?) (17-18). Dans deux ensembles de citations, Diogène Laërce II 26 et Athénée XIII, 555 d - 556 b (F 17a-b), Satyros apparaît avec d'autres auteurs comme témoin concernant la bigamie de Socrate. Dans la mesure où les textes sont contradictoires, la version de Satyros ne peut pas être reconstruite avec précision. Il citait, comme Hiéronymos de Rhodes (➙H 129), un (faux) psèphisma athénien qui obligeait les citoyens à engendrer des enfants légitimes non seulement avec leur épouse légale, mais aussi avec une autre femme (*cf.* **58** J. Labarbe, « Les compagnes de Socrate », *AC* 67, 1998, p. 5-43). Ce que Satyros dans le F 18 rapportait à propos du procès et de la mort de Socrate, ne peut plus être déduit du lacunaire *PHerc.* 558 pezzo 8 Crönert = fr. 1 Giuliano ; voir **59** F. M. Giuliano, « *PHerc.* 495 - *PHerc.* 558 (Filodemo, Storia di Socrate e della sua scuola ?). Edizione, commento, questioni compositive e attributive », *CErc* 31, 2001, notamment p. 65-66 ; *cf.* Schorn **3**, p. 392-399.

(11) *Biographie de Stilpon* [➚S 163] (?) (F 19). Une joute verbale entre Stilpon et Glycère, avec la victoire de l'hétaïre (*cf.* Schorn **3**, p. 399-401).

(12) *Biographie d'Alcibiade* [➚A 86] (?) (F 20). L'exacte délimitation de la citation chez Athénée est difficile. Provient certainement de Satyros XII, 534 b-c, mais la citation se prolonge vraisemblablement jusqu'en 534 *sq.* (ainsi également Müller **1**, p. 160 ; Kumaniecki **2**, p. 64-65 ; d'autres interprètes attribuent encore à Satyros une large partie du texte qui suit, *cf.* Schorn **3**, p. 402 et n. 1120). Si cela est vrai, Satyros se rapportait au témoignage oculaire d'Antisthène (➚A 211) concernant Alcibiade. Le thème du passage est la beauté d'Alcibiade et son désir de plaire aux autres hommes. Pour établir ce fait Satyros aligne des anecdotes caractéristiques ; la chronologie ne l'intéresse pas ; le point de vue est éthique et non politique. Voir **60** D. Gribble, *Alcibiades and Athens. A Study in Literary Presentation*, Oxford 1999, p. 38-43 ; *cf.* Schorn **3**, p. 402-412, notamment p. 412.

(13) *Biographie de Denys II* [➚D 84] (?) (F 21). Des informations sur la dimension des salles à dîner dans son palais. Le thème est donc le luxe (τρυφή) du tyran (*cf.* Schorn **3**, p. 412-414).

(14) *Biographie de Démosthène* (?) (F 22). Une variante concernant le récit de la mort de l'orateur (*cf.* Schorn **3**, p. 414-417).

(15) *Biographie d'Alexandre le Grand* (?) (F 26). Deux apophtegmes d'Anaxarque (➚A 160) concernant Alexandre. Elles peuvent provenir d'une biographie de l'un ou l'autre personnage. Les passages sont analysés par **61** P. Bernard, « Le philosophe Anaxarque et le roi Nicocréon de Salamine », *JS* 1984, 3-49, notamment p. 5-11 ; *cf.* Schorn **3**, p. 430-433.

II. Περὶ χαρακτήρων, *Des caractères* (F 27). Le fragment (transmis par Athénée IV, 168 b-d) décrit le comportement de jeunes prodigues, chez qui des attitudes caractéristiques sont énumérées comme dans un catalogue. L'ouvrage s'inscrit dans la tradition d'études caractériologiques du Péripatos et se laisse identifier comme une imitation des *Caractères* de Théophraste (➚T 97) (*cf.* Schorn **3**, p. 10-11, 433-438).

Traduit et adapté de l'allemand par Richard Goulet.

STEFAN SCHORN.

24 SAUFEIUS (APPIUS –) DE PRÉNESTE Iᵃ

Moins célèbre que son frère Lucius (➚S 25), Appius Saufeius fut honoré à Athènes en même temps que lui : un monument assez composite élevé sur l'Acropole, *IG* II² 3897, portait trois statues, celles de Lucius et d'Appius élevées par le peuple et celle que Lucius élevait à Phaidros, scholarque de l'école épicurienne d'Athènes (➚P 107). Que Lucius soit le seul dédicant de cette dernière pourrait conforter l'impression que donnent les mentions des deux frères dans les textes littéraires : Appius paraît avoir été moins lié aux milieux épicuriens que Lucius. C'est pourtant son prénom qu'a restitué A. E. Raubitschek, *Hesperia* 18, 1949, p. 101, n° 1 (*Agora* XXXI 20) dans le nom du dédicant d'un hermès de l'Éleusinion élévé à un *kathègètès* qui semble bien être encore Phaidros ; mais, même si ce texte est admis sans discussion par M. Haake, *Der Philosoph in der Stadt*, p. 164, on voit mal ce qui impose un prénom plutôt que l'autre. Les deux frères sont mentionnés ensemble dans une lettre de Cicéron à Atticus (VI 1 [245], 10) qui date de l'année 50ᵃ et suit de peu la mort d'Appius. Il en ressort que l'orateur, s'il était l'ami des deux frères, semble avoir été en contact plus étroit avec Appius :

> « [Lucius] a toujours eu de l'amitié pour moi ; aujourd'hui, je pense qu'il en a d'autant plus qu'en acceptant l'héritage de son frère Appius il a dû hériter, avec le reste, de l'affection que celui-ci me portait, affection qu'il a fait voir en mainte occasion et particulièrement dans l'affaire de Bursa. »

Cette allusion au procès de Bursa laisse entendre qu'Appius avait été impliqué d'une manière ou d'une autre dans le meurtre de Clodius : A. E. Raubitschek a proposé de corriger en Appius le prénom du complice de Milon que le commentaire d'Asconius (*In Milonianam*, 48-49) appelle M. Saufeius M. f.

BERNADETTE PUECH.

25 SAUFEIUS (LUCIUS –) DE PRÉNESTE *RE* 5   Iᵃ

Ami très proche de T. Pomponius Atticus (⟩⟨A 505), le chevalier Lucius Saufeius est à ce titre fréquemment mentionné dans la correspondance de Cicéron et souvent présenté comme un épicurien intraitable (*Ad Atticum* I 3 [8], 1 ; II 8 [35], 1 ; IV 6 [113], 1 ; XV 4 [750], 2-3 ; voir Y. Benferhat, *Cives Epicurei*, coll. « Latomus » 292, Bruxelles 2005, p. 169-170). Il avait été le disciple du scholarque Phaidros (⟩⟨P 107 ; voir la notice précédente), probablement à l'époque où celui-ci s'était réfugié à Rome pendant la tyrannie d'Aristion (⟩⟨A 355), comme le suppose J.-L. Ferrary, *Philhellénisme et impérialisme*, p. 609. Dans son commentaire à l'*Énéide* (I 6), Servius fait allusion à un traité rédigé par Lucius. Celui-ci passa une longue partie de sa vie à Athènes, où il éleva sur l'Acropole une statue de Phaidros et fut, en même temps que son frère Appius (⟩⟨S 24), honoré par la cité (*IG* II² 3897). On ne sait si c'est encore lui, ou plutôt son frère Appius, qui consacra aux déesses, à l'Éleusinion d'Athènes, un hermès du scholarque. L'activité philosophique de Lucius a sans doute été déterminante dans son installation à Athènes, mais une branche de la famille était installée à Délos depuis le siècle précédent (*ID* 1754 et 1755). Lucius était en Grèce depuis déjà de longues années lorsqu'Atticus, selon Cornelius Nepos (*Att.* 12), intercéda pour lui auprès d'Antoine et protégea ses intérêts lors des proscriptions des triumvirs. On ne sait à quelle occasion la statue de Lucius fut offerte par sa mère Caelia au municipe de Tusculum (*CIL* XIV 2624).

BERNADETTE PUECH.

26 SCAEVOLA (Q. MUCIUS –) Augur *RE* M 21   *ca* 177-87, consul en 117ᵃ

Petit-fils de Q. Mucius Scaevola [*RE* 19], fils de Q. Mucius Scaevola [*RE* 20], consul en 174ᵃ, lui-même consul en 117ᵃ, époux de la fille aînée de C. Laelius

Sapiens [⟶L 12] (Cic., *Brutus* 26, 101). En 155ᵃ, il put écouter les philosophes athéniens, dont Carnéade (⟶C 42), envoyés à Rome en ambassade (*Cic., De orat.* III 18, 68, alors qu'il était *adulescens* selon son gendre l'orateur L. Licinius Crassus [⟶C 198]).

Tandis qu'il était préteur (en 120ᵃ, voir **1** Broughton, *MMR*, t. I, p. 523-524), il se moqua en passant à Athènes de la gréco-manie de l'épicurien Titus Albucius (⟶A 82), qui intenta contre lui, à son retour d'Asie dont il avait gouverné la riche province, un procès *de repetundis* dont il sortit toutefois acquitté (Cic., *Brutus* 26, 102 ; *De orat.* II 70, 281). *Cf.* **2** J.-L. Ferrary, *Philhellénisme et impérialisme*, p. 603. Ce conflit fut le thème d'une satire du second livre du poète Lucilius (voir sept vers cités par Cic., *De fin.* I 3, 9 ; voir encore *De orat.* III 43, 171 ; *Orator* 44, 149). A cette époque il suivit à Rhodes les leçons d'Apollonios [d'Alabanda] ὁ μαλακός [*RE* 84] (*De orat.* I 17, 75). Scaevola fut disciple de Panétius, mort avant 109ᵃ [⟶P 26] (Cic., *Brutus* 26, 101 = test. 50 Alesse). Dans le *De orat.* I 10, 43, Scaevola parle de « nos stoïciens » *(Stoici nostri)* ; en *De orat.* I 17, 75 = test. 49 Alesse, il évoque les doctrines reçues de Panétius ; en I 11, 45 = test. 9, Crassus s'adresse à Scaevola en disant « ton cher Panétius » *(Panaetii tui)*.

Selon **3** P. Vesperini, *La philosophia et ses pratiques d'Ennius à Cicéron*, p. 238 n. 194, *Stoici nostri* n'impliquerait pas nécessairement dans la bouche de Scaevola une affiliation scolaire dans la Stoa, puisque Cicéron emploie lui-même une telle formule dans une lettre (de 43) à Brutus (*Lettre* 933, 5 = *Ad M. Iunium Brutum* I 15).

(Q.) Mucius Scaevola, (Q.) Aelius Tubero (⟶T 181) et Rutilius Rufus (⟶R 17) sont présentés dans Athénée, *Deipnosophistes* VI 108, 274 c-e (test. 156 Garbarino, passage peut-être tiré de Posidonius, *FGrHist* 87 F 59, mais qui n'est pas retenu dans l'édition Edelstein-Kidd) comme des partisans des doctrines stoïciennes (ἀντείχοντο τῶν ἐκ τῆς στοᾶς δογμάτων) qui étaient les seuls Romains à respecter les prescriptions de la Loi somptuaire Fannia (de 161ᵃ). Le rapprochement avec les deux autres stoïciens, disciples de Panétius, amène **4** G. Garbarino, *Roma e la filosofia greca*, t. II, p. 435 et p. 476, à croire qu'il s'agit plutôt de Scaevola le pontife que de Scaevola l'augure. Voir également Ferrary **2**, p. 494 n. 24 et p. 599 n. 44. Vesperini **3**, p. 236-238, laisse ouverte la question de l'identification du Scaevola de ce passage et considère que le texte n'implique pas une adhésion aux doctrines stoïciennes.

Si les témoignages rattachant l'augure à Panétius et au stoïcisme sont ténus, ils sont inexistants en ce qui concerne le pontife (*RE* M 22), pour peu que l'on ne présuppose pas qu'il est le Scaevola du passage d'Athénée. Fils du *Pontifex maximus* P. Scaevola (*RE* 17) auquel il succéda dans cette fonction, petit-cousin de son homonyme, largement contemporain et juris-consulte comme lui, Q. Mucius Scaevola l'augure dont il est parfois difficile de le distinguer dans les sources, le Pontife naquit en 140 (consulat de Q. Caepio et C. Laelius) comme L. Licinius Crassus (⟶C 198) dont il partagea les charges les plus importantes à toutes les étapes du *cursus honorum* (*cf.* Cic., *Brutus* 43, 161). Il fut tribun de la plèbe en 106, consul avec Crassus en 95. Leur consulat resta gravé dans les mémoires pour la sagesse de leurs actions (Cic., *De off.* III 11, 47 ; *Brutus* 64, 229). Scaevola le pontife fut par la suite proconsul de la province d'Asie en 94, charge qu'il exerça de façon exemplaire et à laquelle il renonça après neuf mois. Cette activité et la satisfaction des administrés sont attestées dans plusieurs inscriptions. *Cf.* **5** F. Münzer et B. Kübler, art. «Q. Mucius Scaevola» 22, *RE* XVI 1, 1933, col. 437-446 ; Garbarino **3**, t. II, p. 476-481.

En 89 (l'année précédant le consulat de Sylla et de Q. Pompeius Rufus), il enseigna le droit civil à Cicéron après que ce dernier, né en 106, eut revêtu la *toga civilis* à 16 ans (donc en 90ᵃ). Cic., *Laelius* 1, 1, rappelle : « je passais beaucoup de temps à étudier le droit civil auprès de Quintus Scaevola, fils de Quintus, qui, à vrai dire, ne faisait pas profession d'enseigner, mais qui, par les réponses qu'il donnait aux consultations, instruisait ceux qui le suivaient de près» (trad. J. Martha). Voir aussi *De leg.* I 4, 13. Il enseigna également le droit civil à son gendre Crassus (*De orat.* I 40 et 234). Après la mort de Scaevola l'augure à plus de 80 ans (en 87[a]), Cicéron se confia à Scaevola le Pontife (*Laelius* 1, 1). Scaevola ne semble pas avoir laissé d'œuvre écrite.

Messala dans le *Dialogue des orateurs* de Tacite (§ 30), résume la formation de Cicéron : «auprès de Q. Mucius, il apprit la droit civil ; auprès de l'académicien Philon (de Larissa, ➤P 155) et du stoïcien Diodote (➤D 134) il épuisa l'étude de toutes les parties de la philosophie. Non content de tous ces maîtres, qu'il avait eu l'avantage de trouver à Rome, il parcourut aussi la Grèce et l'Asie, pour faire le tour de toutes les connaissances dans toute leur variété. Aussi les discours de Cicéron le laissent voir : géométrie, musique, grammaire, bref aucun des arts libéraux ne lui était étranger. Il possédait la dialectique et sa subtilité, comme la morale et ses applications, comme la marche et les causes des phénomènes. Car la vérité, mes excellents amis, la vérité, la voici : c'est grâce à une érudition prodigieuse, à une foule de connaissances, à une science universelle que coule à flots pressés et déborde même cette éloquence digne d'admiration» (trad. Bornecque).

Cicéron présente Scaevola comme un juriste et non comme un orateur : « Quant à Mucius [Scaevola] l'augure, s'il avait à se défendre, il plaidait lui-même, comme il le fit contre [l'épicurien Titus] Albucius (➤A 82), qui l'accusait de concussion [pendant sa préfecture en Asie]. Il ne fut pas classé au nombre des orateurs, mais sa profonde connaissance du droit civil et sa haute sagesse en toutes choses le mirent hors de pair» (*Brutus* 26, 102, trad. J. Martha). Il évoque les consultations quotidiennes qu'assurait chez lui le vieux jurisconsulte malade (*De orat.* I 45, 200) et rappelle qu'il obtenait souvent le vote du Sénat «par son discours bref et sans art» (*De orat.* I 49, 214). «Durant la guerre marsique (91-88), malgré son extrême vieillesse et sa santé ruinée, il recevait chaque matin dès le lever du jour tous ceux qui désiraient lui parler ; personne, durant cette guerre, ne le vit dans son lit ; et ce vieillard débile arrivait le premier à la curie» (Cic., *Philippiques* VIII 31, trad. P. Wuilleumier).

Dans le premier livre du *De oratore* Scaevola est l'un des interlocuteurs du dialogue (situé en 91 sous le consulat de Philippe : I 7, 24 ; III 1, 2) et c'est lui qui suggère que l'on s'installe à l'ombre d'un platane qui lui rappelle celui du *Phèdre* de Platon (I 7, 28 - 8, 29). Comme Céphalos (➤C 79) dans la *République* de Platon, il ne restera que la première journée à cause de son âge (voir *Lettre* 140 = *Ad Att.* IV 16, 3 : voir *De orat.* I 62, 265 et II 3, 13-14). Scaevola exprime de fortes réserves contre la rhétorique (I 9, 35 - 10, 44 et 43, 193) et les subtilités empruntées aux Grecs (*ibid.* 17, 75 et 23, 105-106). En I 10, 39, il reconnaît que sa famille n'a jamais porté grand intérêt à l'éloquence et que les valeurs traditionnelles de Rome ne doivent rien à la rhétorique. Voir **6** R. Goulet, notice « Cicero (M. Tullius –) – Traités rhétoriques », *DPhA Suppl.* 2003, p. 720-731.

Scaevola est également l'un des participants du dialogue rapporté dans le *De republica*, tenu dans les jardins de Scipion l'Africain (➤S 27) en 129 peu avant sa mort (consulat de Tuditanus et Aquilius : *De rep.* I 9, 14 ; *Lettre* 153 = *Ad Quint. fr.*

III 5, 1). Il arrive chez Scipion avec Laelius (➳L 12) et Gaius Fannius [➳F 6] (I 12, 18). Il intervient très peu dans la discussion. Voir **7** J.-L. Ferrary, notice «Cicero (M. Tullius –) – *De republica, De legibus*», *DPhA Suppl.* 2003, p. 680-697.

Le *De amicitia (Laelius)* enfin relate un dialogue intervenu quelques jours après la mort de Scipion l'Africain en 129ᵃ entre Laelius et ses deux gendres Q. Mucius Scaevola l'augure et Gaius Fannius. Voir **8** Carl P. E. Springer, «Fannius and Scaevola in Cicero's "De amicitia"», dans C. Deroux (édit.), *Studies in Latin literature and Roman history*, t. VII, coll. «Latomus» 227, Bruxelles 1994, p. 267-278 ; **9** F. Guillaumont, notice «Cicero (M. Tullius –) – *Laelius de amicitia*», *DPhA Suppl.* 2003, p. 662-665.

Dans le *Laelius* 7, 25, Scaevola rappelle la discussion récente sur la république tenue dans la villa de Scipion avant sa mort comme si Fannius n'y avait pas été présent *(si nuper in hortis Scipionis, cum est de re publica disputatum, affuisses)*. En réalité, dans le *De republica*, les deux gendres de Laelius, *doctos adulescentes*, arrivent avec lui pour prendre part à la discussion (I 12, 18). Ils faisaient déjà partie du dispositif dès la première version du dialogue (*Lettre* 140 = *Ad Att.* IV 16, 3 ; *Lettre* 153 = *Ad Quint. fr.* III 5, 1).

Cf. **10** [F. Münzer], art. «Q. Mucius Scaevola» 21, *RE* XVI 1, 1933, col. 430-436 ; Garbarino, t. II, p. 434-435.

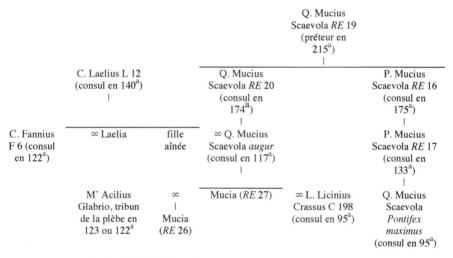

Arbre généalogique de la famille de Q. Mucius Scaevola *augur* (*cf.* F. Münzer, *Römische Adelsparteien und Adelsfamilien* [1920], 2. Auflage, Stuttgart 1963, p. 224, stemma II).

RICHARD GOULET.

27 SCIPIO AEMILIANUS AFRICANUS (P. CORNELIUS –) *RE* C 335185/4-129

Émilien, qui sera connu comme Scipion l'Africain le Jeune *(minor)*, était le fils cadet de L. Aemilius Paullus (Paul-Émile, ➳P 64) et de sa première épouse Papiria, mais il fut adopté par le fils de Scipion l'Africain l'Ancien, P. Cornelius Scipio (*RE* 331), dont il prit le nom, tout en conservant le *cognomen* Aemilianus de son père biologique. Son frère aîné était Q. Fabius Maximus Aemilianus (*RE* F 109). Il était l'oncle, par ses sœurs, filles de Paul-Émile, de Q. Aelius Tubero (⇒T 181). Il épousa Sempronia la sœur de Tiberius Sempronius Gracchus (⇒G 32).

Cf. **1** E. Lincke, *P. Cornelius Scipio Ämilianus*, Progr. Dresden 1898, 34 p.; **2** F. Münzer, art. «Cornelius (P. Cornelius Scipio Aemilianus Africanus)» 335, *RE* IV 1, 1900, col. 1439-1462; **3** A. E. Astin, *Scipio Aemilianus*, Oxford 1967, 374 p. (stemmas de la famille de Paul-Émile et de Scipion l'Africain, p. 357; bibliographie, p. 358-364); **3bis** F. W. Walbank, *A Historical commentary on Polybius*, Oxford 1957-1979, 3 vol., t. III: *Commentary on books XIX-XL*; **4** G. Garbarino, *Roma e la filosofia greca*, t. II, p. 380-412.

Sur les sources historiques (Polybe, Appien, Diodore de Sicile, Dion Cassius, Tite-Live, etc), leurs dépendances littéraires et leur valeur historique, voir Astin **3**, p. 1-11.

Biographies anciennes. Aulu-Gelle, *Nuits attiques* III 4, 1, a lu des livres *de vita P. Scipionis Africani* où était raconté son procès contre Claudius Asellus (*RE* C 63). Il est possible qu'il s'agisse de l'ouvrage de Julius Hyginus (*RE* I 278) *Sur la vie et les actes des hommes illustres* (*cf.* Aulu-Gelle I 14, 1), car cet auteur traitait de la vie de Scipion l'Africain l'Ancien (*cf.* VI 1). Les fragments de cet ouvrage sont rassemblés dans **5** *Historicorum Romanorum Fragmenta*, collegit disposuit recensuit H. Peter, coll. *BT*, Leipzig 1883, p. 279-283. D'après le Catalogue de Lamprias, sous le numéro 7, Plutarque mettait Scipion en parallèle avec Épaminondas [⇒E 26] (Ἐπαμεινώνδας καὶ Σκιπίων) dans deux de ses *Vies parallèles* perdues (*cf. Tib. Gracchus* 21, 9 et *C. Gracchus* 10, 5). Le même catalogue de Lamprias, sous le numéro 28, signale une *Vie de Scipion* (Σκιπίων Ἀφρικανός) qui devait se rapporter plutôt à Scipion l'Africain l'Ancien. Voir **6** K. Herbert, «The identity of Plutarch's lost *Scipio*», *AJPh* 78, 1957, p. 83-88. **7** K. Ziegler, art. «Plutarchos» 2, *RE* XXI 1, 1951, col. 895-896 (avec la bibliographie), avait pensé au contraire que le n° 7 concernait Scipion l'Ancien et le n° 28 Scipion Émilien. Une partie de l'information connue par Plutarque se trouve également dans la vie de *Paul-Émile (Aemilianus)*. Voir également ses *Apophthegmata Scipionis Minoris*, dans *Apophtegmes des rois et des généraux*, *Moralia*, 199 f-201 f, éd. F. Fuhrmann, *Plutarque, Œuvres morales*, t. III, *CUF*, Paris 2003, p. 105-110. Un recueil de tous les *Dicta Scipionis* a été constitué par Astin **3**, Appendix II, p. 248-269.

Biographie. On situe la naissance de Scipion en 185 ou 184. Pour la détermination de la date exacte, voir Münster **2**, col. 1440, et Astin **3**, Appendix 1, p. 245-247. Cicéron a situé son *De republica* quelques jours avant la mort de Scipion pendant les *Feriae Latinae* au printemps de l'année 129. Ces dates correspondent à peu près aux informations fournies par le songe (*De rep.* VI 12, 12) qui lui avait prédit une durée de vie de 56 années (8 x 7 révolutions solaires).

Faits	Dates	Âges	Remarques
Naissance			185-184 ?
Bataille de Pydna	4 septembre 168 (Tite-Live XLIV 37, 8)	Scipion était dans sa 17ᵉ année (Tite-Live XLIV 44, 3 : *septumum decumum annum agens*) ; autour de sa 17ᵉ année (Diodore XXX 22 : ὡς ἂν περὶ τὸ ἑπτακαιδέκατον γεγονὼς ἔτος). Source probable : Polybe.	La 17ᵉ année de la vie de Scipion a dû commencer en 169-168 (au moment d'atteindre ses 16 ans), donc il était dans sa 18ᵉ année et avait 17 ans au moment de cette bataille en 168. S'il était vraiment dans sa 17ᵉ année en 168, il a dû naître en 184.
Rencontre avec Polybe	Fin 167, début 166.	Scipion n'avait pas plus de 18 ans (Polybe XXXI 24, 1 : οὐ γὰρ εἶχε πλέον ἐτῶν ὀκτωκαίδεκα τότε) ; il avait 18 ans (Diodore XXXI 26 : γεγονὼς κατὰ τοῦτον τὸν ἐνιαυτὸν ὀκτωκαίδεκα ἐτῶν).	Il aurait eu 18 ans dans la première moitié de 167 et aurait donc eu 19 ans dans la première moitié de 166.
Mort	première moitié de 129 (Cic. *De rep.* : consulat de Tuditanus et Aquilius)	56 années de vie (Songe de Scipion, *De rep.* VI).	S'il a eu 56 ans révolus avant le milieu de l'année 129, Scipion a dû naître en 185-184.

La formation des fils de Paul-Émile est décrite par Plutarque (*Aem.* 6, 8-10). En plus de la «formation nationale et traditionnelle» (τὴν ἐπιχώριον παιδείαν καὶ πάτριον), il confia ses fils à différents maîtres, tous grecs : grammairiens, sophistes, rhéteurs, sculpteurs, peintres, dresseurs de chevaux et de chiens, maîtres de vénerie. «Et leur père, si quelque affaire publique ne l'en empêchait pas, assistait à leurs études et à leurs exercices ; c'était, de tous les Romains, celui qui aimait le mieux ses enfants» (trad. Flacelière et Chambry).

8 J.-L. Ferrary, *Philhellénisme et impérialisme*, p. 536, se demande toutefois si Plutarque ne décrit pas une situation postérieure à la victoire de Pydna. Pour la chasse (en Macédoine), voir Polybe XXXI 29, 3-6 ; pour le recrutement de Métrodore (➨+M 145), peintre et philosophe athénien, voir Pline, *H. N.* XXXV 135.

Scipion combattit aux côtés de son père Paul-Émile à la bataille de Pydna le 4 septembre 168 (22 juin dans le calendrier Julien), qui marqua la défaite du roi de Macédoine Persée. Il poursuivit si loin les fuyards qu'on le crut un moment disparu. Il s'adonna ensuite à la chasse en Macédoine, suivit son père au cours de son périple en Grèce et participa à son triomphe à son retour à Rome en novembre 167.

A la mort de Paul-Émile en 160, il donna sa part d'héritage à son frère de sang Q. Fabius Maximus Aemilianus et subventionna pour moitié les jeux funéraires somptueux organisés par ce dernier à cette occasion.

Polybe (➙P 236) qui avait alors été déporté à Rome comme beaucoup d'autres Achéens, mais avait été gardé dans la maison de Paul-Émile alors que d'autres étaient envoyés dans différents municipes d'Italie, raconte longuement les circonstances de sa rencontre avec Scipion (à l'occasion d'un emprunt de livres : Polybe, *Hist.* XXXI 23, 4) et les premières années de leur amitié (*Histoire* XXXI 23-29). Voir **9** J. Auberger, notice « Polybe de Mégalopolis », P 236, *DPhA* V b, 2012, p. 1224-1236. Polybe insiste sur l'extrême tempérance du jeune Romain, qui tranchait sur les comportements habituels de la jeunesse de son temps, et sur la générosité manifestée à l'égard de personnes de sa famille. Toutes ces marques de libéralité rapportées par Polybe sont interprétées par Astin **3**, p. 32-34, comme faisant partie d'une stratégie pour établir son image sociale. **10** P. Vesperini, *La philosophia et ses pratiques d'Ennius à Cicéron,* p. 182-184, y voit même une tentative pour humilier, par ses libéralités envers eux, Cornelia, la mère des Gracques, et les siens.

Paul-Émile avait autorisé ses fils, « amis des belles lettres » (φιλογραμμα-τοῦσι), à amener à Rome la bibliothèque de Persée (Plut., *Aem.* 28, 9).

Homme de culture, Scipion fut heureux d'entendre en 155 les représentants des grandes écoles philosophiques athéniennes, Carnéade (➙C 42), Critolaos (➙C 219) et Diogène de Babylonie (➙D 146), venus en ambassade à Rome (Cic., *De orat.* II 37, 154-155). Les témoignages sur cette ambassade sont rassemblés dans Garbarino **4**, t. I, p. 80-86 (nᵒˢ 77-91).

Polybe accompagna Scipion dans ses premières missions en Espagne et en Afrique. Il est probablement à la source de plusieurs comptes rendus historiques sur Scipion que l'on trouve chez les historiens plus récents.

Pour les détails de sa carrière militaire et politique, on se reportera à Münzer **2** et à la substantielle monographie de Astin **3** : premier consulat en 147 dans le contexte de la troisième guerre punique (élection sous la pression populaire, à cause de ses exploits militaires antérieurs en Espagne et devant Carthage, sans avoir l'âge légal requis et sans avoir auparavant exercé la préture) ; siège, prise et destruction de Carthage en 146 ; invitation faite ensuite aux cités siciliennes à venir à Carthage identifier les œuvres d'art qui leur avaient été dérobées et à les remporter chez eux (Appien, *Punica* 233 ; *cf.* Plut., *Apopht. reg., Scipio minor* § 7) ; censure en 142 ; second consulat en 134 ; siège et prise de Numance en 133 et auto-désignation comme « Numantinus » ; opposition à la réforme agraire de Tiberius Gracchus qui était son beau-frère et s'était illustré, sous ses ordres, lors du siège de Carthage, en escaladant le premier le rempart de la ville (Plut., *Tib. Gracch.* 4, 6 et *C. Gracchus* 22, 2). Sur le conflit avec les Gracques, voir **11** W. Schur, « Scipio Africanus und die gracchische Reformbewegung », *Verhandlungen der Versammlung Deutscher Philologen* 56, 1927, p. 51 *sqq.* Voir également **12** M. Ducos, notice « Gracchus (Tiberius Sempronius –), G 32, *DPhA* III, 2000, p. 492-493.

En 140-139, Scipion fut envoyé comme ambassadeur en Orient avec L. Caecilius Metellus Calvus (*RE* Caecilius 83) et Sp. Mummius (➙M 196). Il était accompagné dans ce voyage uniquement de Panétius (☛P 26) et de cinq serviteurs. Sur les objectifs de ce long périple (inspection et arbitrages), ses étapes (Alexandrie, où ils rencontrent Ptolémée VIII Évergète, remontée du Nil jusqu'à Memphis, puis Rhodes, Chypre, la Syrie, Ecbatane et Babylone, retour par Pergame, où ils rencontrent Attale II Philadelphe, enfin la Grèce) et la portée symbolique de la présence de Panétius, voir **13** D. Knibbe, « Die Gesandschaftsreise des jüngeren Scipio Africanus im Jahre 140 v. Chr.: ein Höhepunkt der Weltreichspolitik Roms im 2. Jahrhundert », *JŒAI* 45, 1960, p. 35-38 ; Ferrary **8**, p. 610-611. Voir Plut., *Apopht. reg., Scipio minor,* § 13 ; *Cum princ. philos.* 1 ; autres références dans Astin **3**, p. 127 n. 3. Sur la carrière de Panétius, voir **14** F. Alesse, notice « Panétius de Rhodes », P 26, *DPhA* V a, 2012, p. 130-138.

Pour une datation avant la censure de Scipion (142) en 144-143 (comme le soutient Cic., *Acad.* II 2, 5) et non après (comme le prédit le songe de Scipion en *De rep.* VI 11, 11), voir **15** H. B. Mattingly, « Scipio Aemilianus' Eastern Embassy », *CQ* 36, 1986, p. 491-495 ; **16** *Id.,* « Scipio Aemilianus' Eastern embassy: the Rhodian evidence », *AClass* 39, 1996, p. 67-76. Mais cette datation ne semble pas avoir été généralement retenue. Dans ce second article, Mattingly propose de reconnaître le stoïcien Sp. Mummius dans le Σπόριος Ῥωμαῖος *hiérope* aux Ptolémaia à Athènes (*IG* II², 1938, col. II, li. 40) avec Panétius et Mnésagoras d'Alexandrie <en Troade ?> [☛M 175] (en 149/8 : archontat de Lysiadès). Comme il avait été à Athènes avec son frère L. Mummius Achaïcus, c'est lui qui aurait pu introduire Panétius auprès de Scipion. Sur cette « Stoikerinschrift », voir **17** M. Haake, *Der Philosoph in der Stadt,* p. 141-146 et 288-294, qui conteste les nombreuses identifications proposées par **18** W. Croenert, « Eine attische Stoiker-inschrift », *SPAW* 30, 1904, p. 471-483, et **19** C. Cichorius, « Panaitios und die attische Stoiker-inschrift », *RhM* 63, 1908, p. 197-223 (lequel avait déjà reconnu Spurius Mummius sous le Σπόριος Ῥωμαῖος de l'inscription), avec des stoïciens (ou d'autres intellectuels) connus et qui considère que la présence de Panétius sur cette liste ne s'explique pas par une célébrité qu'aurait déjà détenue celui-ci comme philosophe à Athènes vers 150, mais plutôt par son prestige comme hôte de marque rhodien dans la cité. Haake ne prend pas en compte le nom de Spurius dans la liste. Un autre romain, [Λ]εύκιος, apparaît au bas de la première colonne (li. 37), mais son origine n'a pas été conservée. Il pourrait s'agir de Lucius Mummius, le frère de Spurius Mummius. Cichorius qui datait l'inscription de l'époque de l'ambassade pensait à Lucius Caecilius Metellus Calvus, le collègue de Scipion dans cette mission et envisageait que le nom de Scipion Émilien lui-même ait figuré dans la partie perdue de l'inscription. Pour la datation de l'archontat de Lysiadès, voir **20** B. D. Meritt, *Hesperia* 33, 1964, p. 207 ; **21** *Id.,* « Athenian Archons 347/6 – 48/7 B. C. », *Historia* 26, 1977, p. 161-191 ; **22** C. Habicht, « The Eponymous Archons of Athens from 159/8 to 141/0 B. C. », *Hesperia* 57, 1988, p. 237-247 ; **23** T. Dorandi, *Ricerche sulla cronologia dei filosofi ellenistici,* p. 35-38 ; Haake **17**, p. 143 n. 573.

Comme la présence dans cette inscription (*IG* II² 1938) de plusieurs stoïciens qui ont déjà fait l'objet de notices dans les tomes antérieurs a été remise en cause par Haake **17**, quelques précisions sont peut-être de mise.

Les *Ptolemaia* semblent avoir été célébrées avec beaucoup de faste cette année-là à Athènes, par comparaison en tout cas avec les *Rômaia*. On relève deux hiéropes seulement pour les *Rômaia* et au moins 60 pour les *Ptolemaia*. Mais les listes ne sont pas complètes. Si on classe ces noms par tribus et par dèmes on obtient le tableau suivant :

Tribus et dèmes	Nombre	Hiéropes
Erechtheïs (Ἐρεχθηΐς)	4	
Anagyrous		Smikuthiôn (Rômaia) I, 3
Themakos		Hestiaios II 61
Kephisia		Cratippos I 31
Lamptrai		Poseidônios II 59
Aegeïs (Αἰγηΐς)	6	
Araphen		Pythicos II 44
Gargettos		Agiadas II 52
Erchia		Timèsitheos I 20
Ikarion		Thrasippos I 27
Otryne		Alexandros II 49
Philaidai		Nicogenès I 6
Pandionis (Πανδιονίς)	3	
Angele		Callicratès I 36
Myrrhinous		Anthestèrios I 7
Oa		Chrysippe (Rômaia) I, 3
Leontis (Λεοντίς)	4	
Leukonion		Aristarchos I 34
Sounion		Apellès I 11 ; Ascèpiodôros I 16
Phrearrhioi		Hermodôros I 18
Akamantis (Ἀκαμαντίς)	3	
Eiresidai		Philèmôn II 45
Hermos		Hermônax II 41
Sphettos		Gorgos II 55
Oeneïs (Οἰνηΐς)	4	
Acharnae		Leontichos II 48
Lakiadai		Archiclès II 42
Oe		Lyciscos II 43
Perithoidai		Nicomachos I 15
Kekropis (Κεκροπίς)	6	
Athmonon		Bacchios II 50
Pithos		Thèrylos II 39
Sypalettos		Prôtolaos II 23 ; Archelaos I 32
Phlya		Philippidès I 17 ; Pheidippos I 19
Hippothontis (Ἱπποθοντίς)	17	
Azenia		Menôn (?) I 21 ; Biôn I 28
Dekeleia		Seleucos II 53
Peiraieus		**Asclepiodotos** I 5 ; Pausilupos I 9 ; Theophilos I 10 ; Aribazos I 12 ; Demophilos I 26 ; Antipatros II 38 ; Menelaos II 46 ; **Basileidès** II 51 ; Mètrodôros II 56 ; Mèdeios II 57 ; Menandros II 58 ; Poseidônios II 59 ; **Apollodôros** II 63 ; Asclèpiadès II 64
Aiantis (Αἰαντίς	5	
Marathon		Arestos I 14 ; Alexis I 29
Rhamnous		Theodôros I 33 ; Cratermos II 47 ; Aristarchos II 62
Antiochis (Ἀντιοχίς)	4	
Amphitrope		Iôn I 28
Anaphlystos		Dexandros II 54
Krioa		Dionysios I 24
Pallene		Andreas I 13

Chaque tribu est donc représentée par un groupe de trois à six hiéropes, sauf la tribu Hippothontis à cause d'un ensemble exceptionnel de 14 noms rattachés au dème du Pirée qui montre sans doute que la différence entre les tribus n'est pas due seulement au caractère lacunaire de la liste. On considère généralement que le dème du Pirée regroupait principalement des commerçants et des étrangers naturalisés. On enregistre d'autre part six noms d'étrangers, dont Panétius et deux romains (Sporios = Spurius et probablement Lucius).

> Glaucias de Thessalie I 22
> Lucius « Romain » I 37
> Memnôn de Sardes I 35
> **Mnasagoras** d'Alexandrie (de Troade) I 8
> **Panaitios** de Rhodes I 25
> Spurius « Romain » II 40

On peut classer cette liste de 62 noms dans l'ordre alphabétique et marquer les noms dont on sait par ailleurs qu'ils ont été portés par des philosophes à différentes époques.

	Agiadas II 52			Hestiaios II 61	x
	Alexandros II 49	x		Iôn I 28	x
	Alexis I 29	x		Leontichos II 48	x
	Andreas I 13		35	Lucius I 37	x
5	Anthestèrios I 7			Lyciscos II 43	x
	Antipatros II 38	x		Mèdeios II 57	x
	Apellès I 11	x		Memnôn I 35	x
	Apollodôros II 63	x		Menandros II 58	x
	Archelaos I 32	x	40	Menelaos II 46	x
10	Archiclès II 42			Menôn (?) I 21	x
	Arestos I 14			Mètrodôros II 56	x
	Aribazos I 12			**Mnasagoras** I 8	x
	Aristarchos I 34	x		Nicogenès I 6	
	Aristarchos II 62	x	45	Nicomachos I 15	x
15	Asclèpiadès II 64	x		**Panaitios** I 25	x
	Asclèpiodôros I 16	x		Pausilupos I 9	
	Asclepiodotos I 5	x		Pheidippos I 19	
	Bacchios II 50	x		Philèmôn II 45	
	Basileidès II 51	x	50	Philippidès I 17	
20	Biôn I 28	x		Poseidônios II 59	x
	Callicratès I 36	x		Poseidônios II 59	x
	Chrysippe (Rômaia) I, 3	x		Prôtolaos II 23	
	Cratermos II 47			Pythicos II 44	
	Cratippos I 31	x	55	Seleucos II 53	x
25	Demophilos I 26	x		Smikuthiôn (Rômaia) I, 3	
	Dexandros II 54			Spurius II 40	x
	Dionysios I 24	x		Theodôros I 33	x
	Glaucias I 22	x		Theophilos I 10	x
	Gorgos II 55	x	60	Thèrylos II 39	
30	Hermodôros I 18	x		Thrasippos I 27	
	Hermônax II 41			Timèsitheos I 20	

Plusieurs des noms de la liste (en gras) sont des noms portés par des stoïciens ayant vécu à cette époque (vers 150[a]). Sans parler de Chrysippe (trop ancien pour figurer sur une telle liste) et de Poseidonios (trop récent), on relève les noms suivants : Antipatros II 38, Apollodôros II 63, Asclepiodotos I 5, Basileidès II 51, Gorgos II 55, Mnasagoras I 8, Panaitios I 25. On pourrait y ajouter « Sporios », si l'on pouvait établir qu'il s'agissait de Spurius Mummius. Cette série de noms qui a impressionné Croenert et Cichorius peut toutefois être trompeuse. En vérité le nombre de hiéropes portant des noms connus comme ceux de philosophes (répertoriés du moins dans le *DPhA*) est très élevé (42 sur 62). Mais beaucoup de ces noms sont portés par des philosophes d'une époque plus ancienne ou plus récente et le recensement des dizaines de milliers d'Athéniens dont nous disposons maintenant enlève sans doute à de tels rapprochements tout poids statistique. Voir **24** J. S. Traill, *Persons of ancient Athens*, Toronto 1994-2012, 21 vol.; **25** P. M. Fraser et E. Matthews (édit.), *Lexicon of Greek Proper Names*, t. II : *Attica*, edited by M. J. Osborne and S. G. Byrne, Oxford 1994.

	Tomes parus du *LGPN*	Attica (IIa)
Antipatros	477	78
Apollodôros	1321	274
Asclepiodotos	125	22
Basileidès	136	27
Gorgos	115	10
Mnasagoras	31	6
Panaitios	30	11

Il reste toutefois un certain nombre de points mystérieux (sans parler de la datation de l'archontat de Lysiadès) qui laissent entr'ouverte la possibilité que certains de ces noms ne soient pas ceux de parfaits inconnus, mais peut-être bien ceux d'intellectuels naturalisés à Athènes ou suffisamment distingués pour être honorés de la fonction de hiéropes. Tout d'abord, le nombre exceptionnel de hiéropes inscrits dans le dème du Pirée. Ensuite la présence dans ce groupe d'au moins trois noms de stoïciens contemporains (Asclepiodotos, Basileidès, Apollodôros). Enfin, la présence d'au moins six étrangers, parmi lesquels on retrouve à nouveau des noms de stoïciens contemporains : Mnasagoras, Panatios et peut-être Spurius (Mummius), sinon Lucius. Concernant la naturalisation de philosophes stoïciens à Athènes, elle est attestée pour plusieurs d'entre eux, bien qu'elle ait été refusée par d'autres. Zénon et Cléanthe « n'ont pas voulu devenir Athéniens pour ne pas paraître faire du tort à leurs patries » (Plut., *De Stoic. repugn.* 4, 1034 A, trad. Babut). Chrysippe accepta de se faire inscrire comme citoyen athénien (*ibid.*). Panétius avait pour sa part refusé cet honneur, déclarant qu'une citoyenneté était suffisante (fr. 10 Alesse). Sur les philosophes étrangers ayant obtenu (ou refusé) la citoyenneté athénienne, voir **26** Chr. Habicht, *Hellenistic Athens and her philosophers*, coll. « David Magie Lecture », Princeton 1988, p. 14, repris dans **27** *Id.*, *Athens in hellenistischer Zeit. Gesammelte Aufsätze*, München 1994, p. 241. Sur le processus de naturalisation, voir **28** M. J. Osborne, *Naturalization in Athens*, coll. « Verh. Koninkl. Acad. Wet., Lett. & Schone Kunste van België Kl. der Lett. » XLIII, 98 ; XLIV 101 ; XLV, 109, Bruxelles 1981-1983, 4 vol.

La mort de Scipion survint dans le contexte d'un conflit ouvert avec les partisans de C. Gracchus, le frère de Tiberius. Sur le contexte historique voir **29** J. Lea Beness, « Scipio Aemilianus and the crisis of 129 B. C. », *Historia* 54, 2005, p. 37-48. Il fut retrouvé mort un matin. Des rumeurs d'assassinat mettant en cause Cornélia, la mère des Gracques, et d'autres suspects, dont C. Gracchus, allèrent bon train et, par la suite, L. Licinius Crassus (➤C 198) accusa C. Papirius Carbo d'avoir commis le meurtre (Cic., *De orat.* II 40, 170). On a également envisagé qu'il se soit donné la mort par désespoir (App., *B. C.* I 20 ; Plut., *Rom.* 27, 5). En tout cas, son ami intime C. Laelius Sapiens (➤L 12), qui prononça l'éloge funèbre, présenta la mort comme naturelle. Voir Astin **3**, p. 240-241.

Q. Aelius Tubero (➤T 181), disciple et dédicataire de Panétius, apprêta, par fidélité au stoïcisme, le banquet funèbre en l'honneur de Scipion avec une telle sobriété (peaux de boucs sur des lits à la carthaginoise et vaisselle de Samos) qu'on se serait cru à l'enterrement de Diogène le Cynique plutôt qu'à celui d'un grand Romain. Cela lui valut un échec lors de sa candidature à la préture. Voir Cic., *Pro Murena* 36, 75-76 ; Ferrary **8**, p. 599 ; Vesperini **10**, p. 245-246. Selon Cic., *De orat.* II 84, 341, Laelius écrivit l'éloge funèbre que prononça Tubero. A en croire le *Pro Murena* 36, 75, c'est plutôt Q. Fabius (Allobrogicus), un autre neveu de Scipion, qui prononça l'éloge funèbre. Pour Ferrary **8**, p. 594-595, Cicéron aurait voulu donner la préférence à un disciple de Panétius.

Le cercle des Scipions. Selon C. Laelius (Cic., *Laelius* 69), ce groupe *(in nostro, ut ita dicam, grege)* comprenait, outre Scipion et Laelius lui-même, L. Furius Philus (☞F 26), Sp. Mummius (☞M 196) et P. Rupilius (consul en 132). Les historiens récents ont montré que cette représentation d'un groupe d'intellectuels humanistes philhellènes était une construction du XIXe siècle largement inspirée par Cicéron dans son *De republica* et son *De amicitia*. Élargir le mythe à un cercle *des Scipions*, comme si Scipion l'Ancien avait partagé ces mêmes intérêts, est encore plus contestable. Voir **30** H. Strasburger, « Der "Scipionenkreis" », *Hermes* 94, 1966, p. 60-72, qui reconstitue, p. 64-65, une liste de tous les contemporains de Scipion que Cicéron rattache à ce milieu. Dans un autre article **31** « Poseidonios on Problems of the Roman Empire », *JRS* 55, 1965, p. 40-53, notamment p. 41-42 et 52-53, le même auteur propose de voir dans le cercle de Crassus le modèle qui amena Cicéron à supposer un cercle similaire autour de Scipion et de son ami Laelius. Voir également **32** R. M. Brown, *A study of the Scipionic Circle*, Scottdale 1934 ; Astin **3**, p. 294-306 ; **33** J. E. G. Zetzel, « Cicero and the Scipionic Circle », *HSPh* 76, 1972, p. 173-179 ; Ferrary **8**, p. 589-602.

Scipion fut le patron de Térence et de Lucilius. Son livre de prédilection était la *Cyropédie* de Xénophon « le socratique » (Cic., *Lettre* 30, 23 [datée de 59^a] = *Ad Quint. frat.* I 1, 23), qu'il se plaisait à citer (*Tusc.* II 26, 62).

Le *De republica* de Cicéron est censé rapporter une conversation tenue sur trois jours en hiver (I 12, 18) dans les jardins de Scipion en 129 (consulat de Tuditanus et Aquilius), peu avant sa mort, conversation à laquelle participèrent plusieurs de ses amis intimes : C. Laelius, L. Furius Philus, Manius Manilius, Q. Aelius Tubero, P. Rutilius Rufus, Spurius Mummius, C. Fannius et Q. Mucius Scaevola l'augure. C'est P. Rutilius Rufus qui, à Smyrne, en avait fait le récit à Cicéron et au dédicataire de l'ouvrage dont le nom n'est pas conservé (Quintus Cicero ?).

Le *Laelius* ou *De amicitia* se déroule pour sa part chez Laelius immédiatement après la mort de Scipion en 129. Il relate un entretien entre C. Laelius, ami intime de Scipion, et ses deux gendres Q. Mucius Scaevola l'augure et C. Fannius Strabo qui interviennent peu. Voir **34** C. P. E. Springer, « Fannius and Scaevola in Cicero's "De amicitia" », dans C. Deroux (édit.), *Studies in Latin literature and Roman history*, t. VII, coll. « Latomus » 227, Bruxelles 1994, p. 267-278. C'est Scaevola qui en avait transmis le contenu au jeune Cicéron alors qu'il étudiait auprès de lui le droit civil en 89.

Scipion et la philosophie. Astin 3, p. 298, fait remarquer qu'il n'existe aucun passage présentant Scipion comme un stoïcien, pas plus que Laelius d'ailleurs. Strasburger 30, p. 61, constate que Polybe à qui l'on doit une image idéalisée de Scipion ne parle nulle part d'un intérêt chez lui pour la philosophie. Voir également Garbarino 4, t. II, p. 398-400. C'est à Cicéron que l'on doit finalement l'image d'un Scipion marqué par l'enseignement philosophique de Panétius. Mais est-ce une pure invention?

Cicéron, *De fin.* II 8, 24 = test. 48 Alesse, dit que Laelius, alors *adulescens*, «fut l'auditeur» *(audierat)* du stoïcien Diogène (de Babylonie), puis de Panétius. Il fait également dire à Laelius que Scipion avait coutume de discuter avec Panétius, en présence de Polybe, de la meilleure forme de gouvernement et que ces experts de la politique reconnaissaient dans la constitution de Rome la meilleure qui soit *(De rep.* I 21, 34 = test. 23 Alesse). Selon Porphyrion, *ad Horat. carm.* I 29, 13 (p. 39, 27-28 Holder) = test. 114 Garbarino = test. 29 Alesse, *Pan<a>etius Stoicus philosophus fuit praeceptor Scipionis Africani et Laelii genere Rhodius.* Voir encore Symmaque, *Lettre* I 20, 2 = test. 116 Garbarino = test. 33 Alesse. La *Souda* présente Panétius comme ayant enseigné à Scipion «après Polybe» (Π 184, t. IV, p. 20, 3-5 Adler = test. 8 Alesse: ὃς καθηγήσατο καὶ Σκηπίωνος τοῦ ἐπικληθέντος Ἀφρικανοῦ μετὰ Πολύβιον Μεγαλοπολίτην), et présente ailleurs l'enseignement de ces deux maîtres comme contemporain (Π 1941, t. IV, p. 162, 17-19 Adler = test. 28 Alesse: καθηγησάμενος Σκηπίωνος τοῦ Ἀφρικανοῦ, ὅτε καὶ Παναίτιος ὁ φιλόσοφος). Cic., *De off.*, I 26, 90 = test. 124 Alesse, atteste que Panétius citait «son disciple et ami» *(auditorem et familiarem suum)* Scipion l'Africain dans son traité Περὶ τοῦ καθήκοντος, et faisait son éloge *(ibid.,* II 22, 76 = test. 26 Alesse). Dans le cas de Panétius, la chronologie aussi bien de ce philosophe que de Scipion rendent invraisemblable un réel tutorat à l'époque où Scipion était encore adolescent. Voir Garbarino 4, t. II, p. 401-402: «Scipione (...) più che discepolo di Panezio, ci appare come il potente ed illustre personaggio che, per l'amore che porta agli studi e per la stima che ha del filosofo greco, gli offre la propria amicizia e protezione e lo accoglie liberalmente nella sua casa, riservandogli il posto d'onore nella numerosa cerchia dei suoi amici». Cicéron, dans son *Pro Murena* 31, 66 = test. 101 Garbarino = test. 24 Alesse, oppose la douceur de Scipion, qu'il tenait de Panétius, à la sévérité de Caton d'Utique (➤C 59) héritée de son bisaïeul: «Telle fut l'attitude de l'illustre Scipion, qui se trouvait bien de faire comme toi et d'avoir chez lui un homme de grand savoir, Panétius. Mais ses leçons et ses maximes, quoique exactement conformes à ton idéal, n'eurent pas pour effet d'endurcir Scipion, qui, comme je l'ai ouï dire à des vieillards, était le plus doux des hommes *(tamen asperior non est factus sed [...] lenissimus)*. Qui en vérité eut jamais plus d'affabilité, plus de charme que Lélius? Il était pourtant de la même école. Qui eut plus de sérieux, plus de sagesse? J'en pourrais dire autant de Philus et de Gallus...» (trad. Boulanger).

Sur les liens entre Scipion et Panétius, voir le commentaire des fragments dans **35** F. Alesse (édit.), *Panezio di Rodi. Testimonianze. Edizione, traduzione et commento a cura di F. A.,* coll. «Elenchos» 27, [s.l.] 1997.

À propos de Laelius, de Furius et de Scipion, Cicéron écrit qu'ils furent toujours entourés par les hommes les plus érudits venus de Grèce *(De orat.* II 37, 154). Cicéron oppose l'attitude modérée de Scipion à l'égard des études («on ne remarquait même pas qu'il étudiait») à l'engagement obsessionnel dans de semblables recherches de Q. Aelius Tubero *(De orat.* III 23, 87). Selon Crassus *(ibid.* 86), «les arts ne sont pas cultivés de la même manière par ceux qui les font passer dans la pratique *(qui eas ad usum transferunt)* et par ceux qui se contentent de les apprendre et d'en faire l'unique occupation de la vie» (trad. Courbaud et Bornecque). Ce point de vue entraînait chez Scipion, à l'inspiration de Socrate, un désintérêt pour les sciences naturelles au profit des problèmes qui concernent le comportement humain (*De rep.* I 10, 15). Scipion, Laelius et Philus associaient, selon Cicéron (*De rep.* III 3, 5) à la morale romaine traditionnelle le savoir grec qui tirait son origine de Socrate. Laelius constate quelque part que Scipion préfère s'en prendre au système éducatif de Sparte plutôt qu'à celui de «son cher Platon» (*De rep.* IV 4, 4). Dans le *De rep.* I 10, 16, Scipion reconnaît chez Platon une synthèse de l'influence de Socrate et des enseignements de Pythagore, appris à travers Archytas de Tarente (➡A 322), Timée de Locres (➡T 143) et Philolaos (➡P 143). En I 43, 66 il paraphrase un passage de la *République* de Platon (VIII, 562 c - 563 e). Voir Vesperini **10**, p. 222-223. Pour relativiser l'*humanitas* de Scipion en laquelle certains historiens reconnaissent une influence de Panétius, Astin **3**, p. 17, rassemble toutes les manifestations de cruauté dont le général fit montre dans sa carrière. Voir également Garbarino **4**, t. II, p. 412, Strasburger **30**, p. 70, et Ferrari **8**, p. 596-598.

Cicéron rapporte dans le sixième livre du *De republica* (dont le texte est conservé par le commentaire qu'en a donné Macrobe), le songe que fit Scipion en 149, alors tribun militaire de la quatrième légion en Afrique, à la suite d'un long entretien avec le roi Massinissa. Voir **36** Macrobe, *Commentaire au songe de Scipion*. Texte établi, traduit et commenté par M. Armisen-Marchetti, *CUF*, Paris 2001-2003, 2 vol. Voir aussi **37** P. P. Fuentes González, notice «Macrobius (Ambrosius Theodosius –), M 9, *DPhA* IV, 2005, p. 227-242, notamment p. 238-239.

Scipion fut honoré d'une statue sur le forum d'Auguste commémorant sur son socle l'octroi d'une couronne obsidionale pour avoir sauvé en Afrique, sous le consulat de M' Manilius en 149, trois cohortes en situation désespérée (Pline, *H. N.* XXII 6, 13).

Fragments oratoires. 38 Meyer, *Orat. Rom. Fragm.* I⁴, 122-134 (dans l'édition de 1837, n° 14, p. 101-106/210-216). Pour une influence stoïcienne possible sur l'art oratoire de Scipion, voir **39** R. Reitzenstein, «Scipio Aemilianus und die stoische Rhetorik», dans *Strassburger Festschrift zur XLVI. Versammlung deutscher Philologen und Schulmänner*, Strasbourg 1901, p. 143-162. Voir toutefois les réserves de Garbarino **4**, t. II, p. 404-405.

RICHARD GOULET.

28 SCIPIO NASICA SERAPIO (P. CORNELIUS –) *RE* C 354   cons. en 111ᵃ

Petit-fils de P. Cornelius Scipio Nasica Corculum (*RE* 353), et fils de P. Cornelius Scipio Nasica Serapio (*RE* 354), le consul de 138ᵃ qui tua Tiberius Gracchus (➡G 32).

Un seul témoignage permet de lui prêter un intérêt pour la philosophie. Diodore de Sicile XXXV 26 (=XXXV 33 Walton), 8, trad. P. Goukowsky = *FGrHist* 87 F 112 = test. 195 Garbarino (t. I, p. 115), qui, parlant de son père, écrit : «Son fils, qui mourut durant la présente année, demeura incorruptible durant toute sa vie et, après avoir joué un rôle politique et *avoir été un authentique philosophe par son genre de vie et non par ses paroles,* il avait aussi hérité la vertu des générations successives de sa famille» (ἀλλὰ μὴν καὶ ὁ τούτου υἱός, κατὰ τὸν ὑποκείμενον ἐνιαυτὸν τελευτήσας, ἀδωροδόκητος μὲν ἅπαντα τὸν βίον διετέλεσεν, μετασχὼν δὲ τῆς πολιτείας, καὶ τῷ βίῳ πρὸς ἀλήθειαν ἀλλ᾽ οὐ τοῖς λόγοις μόνοις φιλοσοφήσας, ἀκόλουθον ἔσχε τῇ τοῦ γένους διαδοχῇ καὶ τὴν τῆς ἀρετῆς κληρονομίαν).

Voici les autres témoignages le concernant:

Cicéron, *De off.* I 30, 109: «on dit que dans les conversations tous les hommes habiles, si puissants qu'ils soient, font en sorte qu'ils paraissent appartenir à la foule, (...) J'ai entendu dire à mes aînés que ce même trait de caractère se retrouvait chez P. Scipion Nasica – mais qu'à l'opposé son père, celui qui punit les entreprises désastreuses de Ti. Gracchus, n'avait aucun agrément de conversation (...) et qu'à cause de cela justement il fut grand et illustre» (trad. M. Testard).

Cicéron, *Brutus* 34, 128: «Publius Scipion, qui mourut dans l'exercice du consulat (en 111ᵃ), était peu disert et ne parlait pas souvent, mais il ne le cédait à personne pour la pureté du langage, et il n'avait pas son égal pour l'esprit et la plaisanterie *(sale facetiisque)*» (trad. J. Martha).

Pline, *Hist. Nat.* XXI 3 (7), 10: «Le peuple romain n'honora de fleurs que le Scipion qui fut nommé Sérapion pour sa ressemblance avec un marchand de porcs. Il était mort pendant son *tribunat*, très estimé de la plèbe et digne de la famille des Africains, sans laisser de quoi payer ses funérailles. Le peuple se cotisa donc, chargea des funérailles un entrepreneur, et, sur tout le parcours, jeta des fleurs de toutes les ouvertures des maisons» (trad. J. André). André (p. 97) pense que Pline a confondu le père et le fils et rappelle que Detlefsen et Urlichs ont proposé de corriger *in tribunatu* en *in consulatu*. Sur l'origine du surnom, il renvoie à Pline, VII 54, Valère Maxime IX 14, 3 et Tite-Live, *Per.* 55.

On trouve encore des allusions à Scipion et à son père chez Cicéron, *Planc.* 33 (liberté de langage du crieur public Granius face à P. Nasica) et 51 (échec à l'édilité de P. Nasica père, «le plus énergique citoyen qui fut jamais dans notre république»).

Cf. **1** F. Münzer, art. «Cornelius» 355, *RE* IV 1, 1900, col. 1504-1505; **2** G. Garbarino, *Roma e la filosofia greca*, t. II, p. 471-473.

RICHARD GOULET.

29 SCOPÉLIANOS DE CLAZOMÈNES *RE PIR²*S 252   m. *ca* 113

Sophiste.

Sources. (1) Philostrate, *Vitae Sophistarum* I 21, 514-521; I 25, 536; II 1, 564; II 5, 573. (2) Philostrate, *Vita Apollonii* I 23 et 24. (3) Lettre d'Apollonios de Tyane, *Ep. Apoll.* 19, p. 44 Penella. (4) *Souda, s.v.* Σκοπελιανός, Σ 655, t. IV, p. 384, 19-21 Adler, et *s.v.* Πολέμων, Π 1889, t. IV, p. 158, 19-159, 1 Adler.

Cf. **1** F. Dornseiff, art. «Skopelianos», *RE* III A, 1, 1927, col. 580-581; **2** E. Bowie, art. «Skopelianos», *NP* XI, 2001, col. 637-638; **3** M.D. Campanile, *I Sacerdoti del koinòn d'Asia (I sec. a.C.- III sec. d.C.). Contributo allo studio della* *romanizzazione delle élites provinciali nell'Oriente greco*, coll. « Studi Ellenistici » 7, Pisa 1994, n° 27.

Biographie. La majorité de nos informations sur Scopélien provient de la biographie que lui a consacrée Philostrate, lequel pourrait avoir trouvé une bonne part de ses renseignements dans la correspondance d'Hérode Atticus. Philostrate place la vie de Scopélien sous le signe de la protection divine (*V. S.* 516) et de l'ἀγαθὴ τύχη (*V. S.* 520 et 521). Épargné miraculeusement par la foudre, qui tua son frère jumeau au berceau (*V. S.* 515), Scopélien aurait été plus tard victime des accusations calomnieuses de sa marâtre et de l'esclave paternel, si bien qu'il aurait été déshérité au profit de ce dernier (*V. S.* 516-517). Cependant, une fois affranchi et enrichi, l'esclave se serait repenti et aurait restitué à Scopélien sa fortune (*V. S.* 518). Si on laisse de côté les aspects quelque peu romanesques du récit, bien mis en évidence par **4** G. Anderson, *Philostratus. Biography and Belles Lettres in the Third Century A.D.*, London 1986, p. 58, et par **5** M. D. Campanile, « La costruzione del sofista. Note sul βίος di Polemone », *Studi ellenistici* 12, 1999, p. 271-273, il appert que Scopélien était issu d'une riche famille de notables de Clazomènes (*V. S.* 515), mais qu'il mena sa carrière de sophiste à Smyrne (*V. S.* 516 et 518 ; *Souda* Σ 655).

Il était grand-prêtre du culte impérial (*archiereus*), fonction, semble-t-il, héréditaire, dans sa famille (*V. S.* 515) ; sur cette fonction et sur la possible citoyenneté romaine de la famille, *cf.* Campanile **3**. À Smyrne, il prit une part active à la vie politique, sans que l'on sache s'il remplit une magistrature particulière (*V. S.* 518-519). Il mena plusieurs ambassades pour le compte de la cité, mais aussi pour celui de la province. C'est peut-être à sa fonction d'*archiereus* tout autant qu'à ses qualités oratoires de sophiste (*cf.* Campanile **3**, p. 50) que Scopélien dut son élection par l'assemblée provinciale du *Koinon* d'Asie, comme ambassadeur auprès de Domitien (*V. S.* 520). Scopélien fut mandaté pour défendre les intérêts économiques provinciaux, menacés par le décret de Domitien prescrivant l'arrachage des vignes et interdisant la culture viticole (Philostrate, *V. A.* VI 42 ; Suétone, *Dom.* 7, 2 et 14, 5 ; Stace, *Silv.* IV 3, 11-12 ; sur ce décret, *cf.* **5bis** B. Levick, « Domitian and the Provinces », *Latomus* 41, 1982, p. 50-73). Il remporta un succès complet et fut récompensé par la générosité impériale. À la fin de sa vie, Smyrne voulut lui confier une nouvelle ambassade (*V. S.* 521 et 536), mais se jugeant trop âgé pour un long voyage, il se désista en faveur de son jeune et brillant disciple, Polémon de Laodicée (➡P 218). Cette ambassade auprès de Trajan se déroula selon toute vraisemblance en 113. Philostrate ne précise pas l'âge auquel mourut Scopélien, mais indique qu'il vécut jusqu'à une vieillesse avancée (*V. S.* 515). S'il est mort peu après 113, il a pu naître entre 30 et 40 ap. J.-C. On ne peut tenir compte de l'indication erronée de la *Souda* (Σ 655) qui le fait naître sous Nerva.

Scopélien suivit l'enseignement du sophiste Nicétès de Smyrne (*V. S.* 516 et *Souda* Σ 655) et choisit de rester à Smyrne pour y enseigner, en dépit des offres qu'il reçut de sa cité natale pour y revenir ouvrir son école (*V. S.* 516). La renommée de Scopélien était si grande, aux dires de Philostrate (*V. S.* 518), qu'elle attirait à Smyrne des étudiants provenant de tout l'Orient méditerranéen. Au nombre de ses élèves, figurent deux sophistes réputés, Polémon de Laodicée (*V. S.* 536 et *Souda* Π 1889) et Hérode Atticus (*V. S.* 521 et 564), qui bénéficia de ses leçons à Athènes, dans la maison paternelle. Le style de Scopélien, comme celui de son maître Nicétès, le rattache au courant esthétique de l'asianisme bachique (sur l'asianisme, voir **6** L. Pernot, *La rhétorique de l'éloge dans le monde gréco-romain*, Paris 1993, p. 374-380). Scopélien admirait d'ailleurs par dessus tout Gorgias (➤G 28) et les Tragiques (*V. S.* 518). Ce style tragique et grandiloquent lui valut des critiques et ses détracteurs lui reprochèrent un style ampoulé et dithyrambique (*V. S.* 514-515 et *V. S.* 573), servi par une action oratoire trop exubérante (*V. S.* 520). La lettre d'Apollonios de Tyane à Scopélien (*Ep. Apoll.* 19) est un bref exposé de théorie stylistique : le philosophe y juge plus sûr d'adopter le style propre à sa nature et à ses compétences que de chercher à imiter le meilleur style.

La querelle entre Scopélien et le philosophe stoïcien Timocrate d'Héraclée (➤T 155) divisa la jeunesse de Smyrne (*V. S.*, 536 et **7** K. Eshleman, «Defining the Circle of Sophists: Philostratus and the Construction of the Second Sophistic», *CPh* 103. 4, 2008, p. 395-413). Cette rivalité entre le sophiste et le philosophe s'enracine dans l'antagonisme farouche qui avait opposé le maître de Timocrate, le philosophe stoïcien Euphratès (➤E 132), et le sage pythagoricien Apollonios de Tyane (➤A 284), qui appréciait Scopélien (*V. A.* I 23-24 ; *Ep. Ap.* 19 ; *V. S.* 521). Timocrate reprochait à Scopélien une apparence efféminée par la pratique de l'épilation, reproche qui va de pair à cette époque avec l'accusation de passivité homosexuelle, *cf.* Campanile **5**, p. 291-292. Démonax (➤D 74), qui fut le disciple de Timocrate, s'adonna à de semblables railleries contre un gouverneur romain (Lucien, *Dem.* 50 et Anderson **4**, p. 61). Au-delà d'un motif d'invective traditionnel, Scopélien et Timocrate représentaient, semble-t-il, deux modèles oratoires opposés. À l'inverse de Scopélien, Timocrate qui arborait un aspect farouche et léonin et qui pratiquait une éloquence énergique et fougueuse, incarnait l'idéal viril de l'orateur, *cf.* **8** M. W. Gleason, *Making Men. Sophists and Self-presentation in Ancient Rome*, Princeton 1995, p. 73-74.

Œuvre. Scopélien était un déclamateur réputé pour son talent d'improvisation (*V. S.* 515 et 521). Cependant, aucune déclamation du sophiste n'a été conservée et même aucun titre n'a été transmis par les sources. La biographie de Philostrate permet simplement de savoir que Scopélien était habile à traiter les déclamations à sujet figuré (ἐσχηματισμένα) et qu'il excellait dans les thèmes médiques : il était fameux notamment pour l'interprétation qu'il donnait des rôles des rois perses (*V. S* 519). L'information est corroborée et précisée par un passage de la *Vie d'Apollonios de Tyane* (*V. A.* I 23-24), où le sage, dans une lettre, exhorte Scopélien à déclamer sur le sort des Érétriens. Cette lettre, non conservée, n'est certainement pas authentique, mais fut sans doute inspirée par la renommée acquise par Scopélien dans une déclamation sur le sujet, *cf.* **9** R. J. Penella, « Scopelianus and the Eretrians in Cissia », *Athenaeum* 52, 1974, p. 295-300.

Outre son activité de déclamateur, Scopélien pratiqua l'éloquence judiciaire (*V. S.* 519) et politique : son discours d'ambassade devant Domitien, pour la défense de la culture de la vigne en Asie, était demeuré célèbre du temps de Philostrate, qui le lisait encore (*V. S.* 520). Scopélien est aussi l'auteur d'un poème épique sur les Géants (Γιγαντιάς, *V. S.* 518).

Le souvenir de Scopélien s'est perpétué à travers la biographie de Philostrate : le sophiste est cité aux côtés de son maître Nicétès par Michel Psellos, « Éloge d'Italos », *Oratoria Minora* 19, ligne 84 (p. 72, Littlewood Teubner 1985) et dans des scholies anonymes à Hermogène (*Prolegomena in artem rhetoricam, Prolegomenon Sylloge*, Rabe, XIV, p. 351), qui en font, de manière anachronique, un maître d'Hermogène.

ANNE-MARIE FAVREAU-LINDER.

30 SCRIBONIUS LARGUS *RE* 15 *PIR*² S 263   DM I

Médecin latin, peut-être d'origine sicilienne, vivant à Rome, auteur d'un recueil de recettes *(Compositiones)* composé vers 44/48 et adressé à son bienfaiteur, l'affranchi et secrétaire de Claude, C. Iulius Callistus.

Cf. **1** F. E. Kind, art. « Scribonius Largus » 15, *RE* II A, I, 1921, col. 876-880 ; **2** S. Sconocchia, *Le fonti e la fortuna di Scribonio Largo*, dans I. Mazzini et F. Fusco (édit.), *I testi di medicina latini antichi. Problemi storici e filologici*. Atti del I Convegno internazionale (Macerata-S. Severino Marche, 26-28 Aprile 1984), coll. « Annali della Facoltà di lettere e filosofia. Università di Macerata » 28, Roma 1985, p. 185-213 ; **3** *Id.*, « Le problème des sectes médicales à Rome au 1ᵉʳ s. ap. J.-C. d'après l'œuvre de Scribonius Largus », dans Ph. Mudry et J. Pigeaud (édit.), *Les écoles médicales à Rome*, Genève 1991, p. 137-147 ; **4** *Id.*, « L'opera di Scribonio Largo e la letteratura medica latina del I sec. d. C. », dans *ANRW* II 37, 1, Berlin 1993, p. 843-922 ; **5** Ph. Mudry, « Éthique et médecine à Rome : la préface de Scribonius Largus ou l'affirmation d'une singularité », dans H. Flashar et J. Jouanna (édit.), *Médecine et morale dans l'antiquité*, coll. « Entretiens sur l'antiquité classique » 43, Vandœuvres-Genève 1997, p. 297-336 ; **6** J. Hahn, « Scribonius Largus », dans K. H. Leven (édit.), *Antike Medizin, Ein Lexikon*, München 2005, col. 786 ; **7** *Scribonio Largo, Ricette mediche*. Traduzione e commento a cura di L. Mantovanelli, Padova 2102.

Éditions. G. Helmreich, Leipzig 1887 ; W. Schonack, Iena 1913 ; A. Marsili, Pisa 1956 ; S. Sconocchia, *Scribonius Largus, Compositiones*, coll. *BT*, Leipzig 1983 ; Joëlle Jouanna-Bouchet, *Scribonius Largus, Compositions médicales, CUF*, Paris (à paraître) ; S. Sconocchia, coll. *CML*, Berlin (à paraître).

Ces *Compositiones*, le premier traité de pharmacologie conservé en langue latine, sont précédées d'une importante *epistula dedicatoria* où, notamment, il est pour la première fois fait allusion au serment hippocratique. Les seuls faits connus de la vie de Scribonius sont ceux mentionnés dans les *Compositiones*. Scribonius nous apprend ainsi qu'il fut l'élève d'Apuleius Celse (chap. 94 et 171), originaire de Centuripes (Centorvi) en Sicile, médecin de quelques années plus jeune que son illustre contemporain Cornelius Celse (⇒C 73). Il eut alors comme condisciple Vettius Valens (chap. 94), un des amants de la célèbre Messaline, qui fut mis à mort en même temps qu'elle en 48. Scribonius ajoute encore qu'il suivit en 43 l'empereur Claude dans sa campagne contre la Bretagne (chap. 163), l'Angleterre actuelle. Son œuvre fut abondamment utilisée par ses successeurs : le médecin Marcellus Empiricus (IVe siècle), en particulier, lui fait de très nombreux emprunts littéraux (éd. M. Niedermann et E. Liechtenhan, trad. allemande de J. Kollesch et D. Nickel, *CML* V, 2 vol., Berlin 1968). En revanche, il est douteux que Galien ait eu une connaissance directe de l'œuvre de Scribonius qu'il cite surtout à travers Asclépiade et Andromaque le Jeune (voir **8** C. Fabricius, *Galens Exzerpte aus älteren Pharmakologen*, coll. « Ars medica » II 2, Berlin/New York 1972, p. 222 et *passim*).

Ses *Compositiones* sont précédées d'un index et d'une épître dédicatoire, qui constitue la première expression d'une éthique médicale dans la littérature latine et la première attestation de l'élévation du *Serment* hippocratique au rang de texte fondateur (selon Mudry **5**, p. 305). L'ouvrage rassemble un ensemble de prescriptions médicales divisées en 271 chapitres. Selon une partition traditionnelle, la première partie est consacrée aux médicaments « selon les lieux » (κατὰ τόπους), c'est-à-dire selon les parties du corps, présentés dans l'ordre *a capite ad calcem* (chap. 1 à 162). Une deuxième partie traite des médicaments « selon les genres » (κατὰ γένη), en traitant d'abord des antidotes et autres thériaques utiles contre les morsures d'animaux venimeux (chap. 163-177), mais aussi contre toute sorte de poisons (chap. 178-200) ; enfin une troisième partie traite des différentes formes d'emplâtres, de bandages et de frictions (chap. 201-271).

L'appartenance de Scribonius à une quelconque école médicale est discutée. Pour **9** K. Deichgräber, « *Professio medici*. Zum Vorwort des Scribonius Largus », *AAWM/GS* 9, Wiesbaden 1950, p. 855-879 (édition critique p. 875-879, précédée d'une étude), la position théorique et les connaissances techniques de Scribonius le rattachent à l'école empirique. De même, **10** Ph. Mudry, *La préface du De medicina de Celse*, Texte, traduction et commentaire, Institut Suisse de Rome, 1982, p. 56, en vertu de la première place accordée par Scribonius aux médicaments dans sa thérapeutique, juge que son « orientation empirique est manifeste ». Toutefois, Deichgräber n'est pas allé jusqu'à inclure Scribonius dans son ouvrage consacré à l'école empirique (**11** *Die griechische Empirikerschule*, Berlin 1930), en raison principalement de sa conception de la *philanthropia* hippocratique qu'il considère comme étrangère à la pensée romaine et sur laquelle il émet des doutes. Sconocchia **3**, quant à lui, p. 140, insiste à nouveau sur la véhémence de Scribonius, dans l'*epistula dedicatoria*, pour défendre l'usage des médicaments à l'intérieur d'une polémique visiblement dirigée contre les méthodiques. Il souligne également la fréquence du vocabulaire relatif à l'expérience (sur les emplois de *experientia, experior, experimentum, probare, usus...*, voir les **12** *Concordantiae Scribonianae* élaborées par S. Sconocchia à l'Institut de Linguistique Computationnelle du CNR de Pise, Hildesheim/Zürich/New York 1988), avant de conclure que le ton de l'ouvrage et les arguments développés par Scribonius sont en effet « indubitablement empiriques ». Cependant, toujours selon Sconocchia, le ton moralisant de l'*epistula* paraît révéler « une conception stoïcienne de la vie », influencée en particulier par la secte des Sextii (sur cette école philosophique, voir la notice « Sextius Niger », S 68). De son côté, **13** U. Capitani, « Celso, Scribonio Largo, Plino il Vecchio e il loro atteggiamento nei confronti delle medicina popolare », *Maia* 24, 1972, p. 120-140, a attiré l'attention sur la fin des *Compositiones* où Scribonius précise comment les traitements doivent être adaptés aux lieux et aux circonstances, passage susceptible d'illustrer une orientation empirico-sceptique de la pensée de Scribonius. Notons que la médecine de Scribonius recèle également quelques aspects magiques et populaires étudiés par **14** J. Scarborough, *Roman medicine*, London 1969 (voir en particulier p. 23, 84, 98 et 158).

Scribonius apparaît donc comme un médecin sans préjugés, ouvert aux influences des différentes écoles médicales de son temps, et qui ne se laisse pas facilement enfermer dans un courant philosophique donné.

VÉRONIQUE BOUDON-MILLOT.

31 SCYLAX D'HALICARNASSE *RE* 3   MF II^a

Astronome et homme politique mentionné par Cicéron, *De divin.* II 88 (Panétius, test. 140 Alesse), comme adversaire des « Chaldéens », c'est-à-dire des astrologues, et comme *familiaris* du philosophe stoïcien Panétius de Rhodes (➨P 26).

Cf. E. Zeller, *Die Philosophie der Griechen in ihrer geschichtlichen Entwicklung*, Leipzig 1923⁵, III 1, p. 589 n. 3 ; H. von Arnim, art. « Skylax von Halikarnassos » 3, *RE* III A 1, 1927, col. 646.

FRANCESCA ALESSE.

32 SCYTHINOS DE TÉOS *RE*   V^a-III^a ?

Iambographe, probable versificateur du traité d'Héraclite (➨H 64). *Cf.* Stephan. Byz., *s.v.* Τέως ; Hiéronymos de Rhodes (➨H 129), fr. 46 Wehrli, cité par Diogène Laërce (IX 16 = *Heraclitea* T 40 = T 705,152).

Éditions et critique du texte : 1 A. H. L. Heeren (édit.), *Stobaei Eclogarum Physicarum et Ethicarum libri duo*, Göttingen 1792-1801, I/1, p. 264-269 ; II, p. 216 ; 242 ; **2** Th. Bergk, *Poetae lyrici graeci*, Leipzig 1843 (Scythinos en était absent) ; 2e éd., Leipzig 1853, p. 620-621 ; 3e éd., Leipzig 1866, t. II, p. 792-793 ; 4e éd., Leipzig 1882, t. II, p. 507-508 ; **3** A. Meineke (édit.), *Stobaei Eclogae*, t. I, Leipzig 1860, p. XLIII et 67 ; **4** P. Schuster, « Heraklit von Ephesus », *Acta societatis philologae Lipsiensis* 3, 1873, p. 354-355 ; **5** I. Bywater, *Heracliti Ephesii reliquiae*, Oxford 1876, p. 68 ; **6** U. v. Wilamowitz, « Coniectanea », *Ind. aest. Gott.* 1884, p. 18 = *Kleine Schriften*, t. IV, Berlin 1962, p. 583 ; **7** H. Diels, *Poetarum philosophorum fragmenta*, chap. 6, Berlin 1901, p. 169-170 ; *Id.*,

Herakleitos von Ephesos, 2ᵉ éd., Berlin 1909 ; *Fragmente der Vorsokratiker*, Berlin 1903, p. 89 ; 2ᵉ éd., t. I, Berlin 1906, p. 86 ; 3ᵉ et 4ᵉ éd., t. I, Berlin 1912 et 1922, p. 112 ; 5ᵉ et 6ᵉ éd. = DK, t. I, Berlin 1934 = 1951 (et nombreuses réimpressions), p. 189-190 ; **8** F. Jacoby, *FGrHist.*, t. I, 1929, chap. 13 ; **9** E. Diehl, *Anthologia lyrica graeca*, t. III, Leipzig, 2ᵉ et 3ᵉ éd. 1952 et 1964, p. 65-66 ; **10** M. L. West, *Iambi et Elegi Graeci*, t. II, Oxford 1972, p. 95-96 ; 2ᵉ éd. 1992, p. 97-98 ; **11** R. Mondolfo *apud* R. Mondolfo et L. Tarán, *Eraclito. Testimoniaʐe ed imitaʐioni*, Firenze 1972, p. 55 n. 85 ; p. 273-275.

Œuvre. De toute son œuvre ne subsistent que trois fragments :

– un court extrait (en prose ou en trimètres iambiques comiques prosaïsés) à contenu mythico-historique (mentionnant Héraclès, les Κυλικράνοι et la cité d'Héraclée Trachinique) provenant d'une Ἱστορίη (Athénée XI, 461 = *FHG* III p. 491 = *FGrHist* 13 F 1) et ne présentant aucun intérêt philosophique ;

– trois tétramètres trochaïques catalectiques (incomplets), à contenu mythico-philosophique (concernent la lyre d'Apollon, « principe et fin de toutes les choses, ayant pour plectre la lumière du soleil ») provenant d'un ouvrage inconnu (Plut., *De Pyth. orac.* 17, 402 A = DK 22 C 3,1) ; et

– un fragment (en prose ou scazons prosaïsés ?) à contenu philosophique évident (le temps cyclique) provenant d'un traité Περὶ φύσεως (Stobée I 8, 43 = 22 C 3, 2 DK). [Le titre Ἴαμβοι περὶ φύσεως est une invention de Diels **6**.]

(De l'avis unanime de tous les critiques, l'auteur Scythi(n)os des épigrammes *Anth. Gr.* XII 22 et 232 n'a rien à voir avec le nôtre.)

Dates. Très imprécises : 426ᵃ (année de la fondation d'Héraclée Trachinique) *terminus post quem* de l'écriture du premier fragment ; milieu du IIIᵃ (époque d'activité de Hiéronymos) *terminus ante quem* de la versification du traité d'Héraclite. Donc, *grosso modo*, IVᵃ.

Problèmes. Que le Περὶ φύσεως soit identique à la transcription versifiée d'Héraclite que lui attribue Hiéronymos, personne n'en doute ; l'appartenance du second fragment à la même transcription est possible, mais moins certaine, vu son contenu (qui ne mène nulle part, malgré Diels **7** qui, après d'autres, le rapproche d'Héraclite F 51 et F 103, de Cléanthe *SVF* I, fr. 502, et de Philostrate, *Imag.* I 7 [Mondolfo **11** ajoute Democrite DK 68 B 158]) et vu son mètre (*cf. infra*).

L'importance du troisième fragment en tant que transcription d'Héraclite et donc en tant que texte philosophique grec le plus ancien consacré au temps, n'en est que plus grande. Mais la version transmise par Stobée (tout comme celle du fragment cité par Athénée) est en prose, et corrompue (leçon des mss. FP d'après **12** C. Wachsmuth [édit.], *Stobaei Anthologium*, t. I, Berlin 1884, p. 108 ; les éditions antérieures présentent quelques variantes signalées entre parenthèses) : χρόνος ἐστὶν ὕστατον καὶ πρῶτον πάντων καὶ ἔχει ἐν ἑαυτῶι πάντα καὶ ἔστιν εἷς ἀεί · καὶ οὐκ ἔστιν ὁ παροιχόμενος ἐκ τοῦ ἐόντος αὐτῶι ἐναντίην ὁδὸν παρεωνιατῶν (παρ' ἐνιαυτῶν, παρεωνὶ αὐτῶν). τὸ γὰρ αὔριον ἡ μὲν (ἡμῖν, ὁ μὲν) τῶι ἔργωι (τὸ ἔργον) χθὲς (ἐχθὲς) ἔστι(ν), τὸ δ' ἐχθὲς αὔριον. Parmi les nombreuses tentatives pour la remettre en vers signalons celles de Heeren **1** (scazons), Meineke **3** (scazons, deux premiers vers seulement), Schuster **4** (hexa-mètres), Bywater **5** (trimètres iambiques), Wilamowitz **6** (tétramètres trochaïques), reprise par Diels **7** (avec quelques ajustements et recopiée depuis par tous), et West **10** (tétramètres trochaïques). Le défaut commun de toutes ces remises en vers, malgré d'incontestables progrès, est qu'elles se permettent des libertés (permu-tations etc.) qu'aucune corruption ou prosaïsation involontaire d'un original en vers ne permet d'expliquer. En voici une nouvelle qui, sans prétendre lever toutes les difficultés, a l'ambition d'être exempte de ce défaut. Comme celles de Heeren et de Meineke, elle utilise le scazon ou trimètre choliambique :

> χρόνος ἐστὶν ὕστατόν <τε> καὶ πρῶτον πάντων·
> κἄχει 'ν ἑαυτῶι πάντα κἄστιν εἰς αἰεί.
> κοὐκ εἶσιν (Bywater) ὁ παροιχόμενος ἐκ τοῦ <νῦν> ἐόντος·
> αὐτῶι <δ'> ἐναντίην ὁδὸν πάρ' ὁ "ἐν αὐτῶι"·
> τὸ γὰρ αὔριον <τριτ>ἡμέρ<ηι> χθὲς ἦν [τῶι] ἔργωι
> τὸ δ'<ἤματι τρίτωι> χθὲς αὔριον <γ' ἔσται>.

La reconstruction des deux derniers vers a tiré profit d'une conjecture judi-cieuse de West **9**, p. 96 = 98. *Cf.* encore **13** S. Mouraviev, *Heraclitea*, Sankt Augustin, vol. III. 3. B/i-iii, 2006, ad F 105A (i, p. 265 ; ii, p. 142 ; iii, p. 126).

Si dans son *Sur la nature* Scythinos n'a utilisé que des scazons, alors le deuxième fragment n'en faisait pas partie.

Depuis Schuster **4**, de nombreux modernes ont voulu attribuer à la version versifiée de Scythinos quelques fragments d'Héraclite affichant une structure métrique. Mais, *primo,* de telles citations auraient dû figurer dans nos sources sous le nom de Scythinos ; et *secundo,* les fragments préservés d'Héraclite sont si riches en structures métriques occasionnelles (Mouraviev **13**, vol. III. 3. A, 2002, p. 253-264, répertorie près de 200 exemples de segments à « mouvement » dactylo-spondaïque ou iambo-trochaïque) qu'elles constituent, sinon la norme, du moins un trait normal du style du philosophe, et se passent donc de toute explication plus radicale.

SERGE MOURAVIEV.

33 SEBASMIUS (?) *PLRE* I :4　　　　　IV

Ce personnage est mentionné, avec un autre philosophe du nom d'Evagrius (☞E 183), dans un fragment de liste de sept prêtres et philosophes de l'aristocratie (*CIL* VI 2153, datant peut-être de 320).

PIERRE MARAVAL.

34 SECUNDINUS DE TRALLES　　　　　II

Secundinus de Tralles, dont le gentilice ne nous a pas été conservé, enseignait la philosophie à Éphèse, où son élève Coelius Marcellinus (☞M 25) lui éleva une statue, au cours du IIe siècle d'après l'écriture : *I. Ephesos* 4340.

BERNADETTE PUECH.

SECUNDUS → PLINIUS SECUNDUS

35 SECUNDUS (PUBLIUS OCTAVIUS –)   I ?

De ce «philosophe épicurien», mort à Rome, ne nous est parvenue que l'inscription en latin de son monument funéraire, réalisé par les soins de son neveu : *AE* 1910, 47.

BERNADETTE PUECH.

36 SECUNDUS LE TACITURNE (omis dans *RE*) *PIR*² S 299   D II

Secundus est connu seulement par une *Vie* romancée, suivie de vingt réponses aux questions de l'empereur Hadrien sur des sujets philosophiques.

Éditions, traductions, histoire du texte. L'édition de référence est celle de **1** B.E. Perry, *Secundus the silent philosopher*, coll. «Philological Monographs published by the American Philological Association» 22, Ithaca, N.Y. 1964, qui réunit pour la première fois la *Vie* et les questions, édite et traduit les principales versions du texte, avec une introduction développée sur la vie légendaire de Secundus, la tradition du texte grec, les adaptations latines de Guillaume le médecin et Vincent de Beauvais, les versions orientales (syriaque, arménienne, arabe et éthiopienne), et une bonne bibliographie. Un papyrus du IIe ou du IIIe siècle, *P. Ross-Georg.* I 17, conservé au Musée de l'Ermitage à Saint-Petersbourg, atteste l'ancienneté de la *Vie* grecque ; il a été publié par **2** Ae. Fr. C. Tischendorf, *Notitia editionis codicis bibliorum Sinaitici auspiciis imperatoris Alexandri II. susceptae. Accedit Catalogus codicum nuper ex Oriente Petropolin perlatorum*, Lipsiae 1860, p. 69-73 ; **3** G. Zereteli, *Papyri russischer und georgischer Sammlungen*, I. *Literarische Texte*, Tiflis 1925 (réimpr. Amsterdam 1966), p. 105-114 ; **4** I. Gallo, *Un papiro della Vita del filosofo Secundo e la tradizione medioevale del bios*, coll. «Quaderni dell' Istituto di Filologia classica» 1, Salerno 1979, 45 p., et **5** *Id.*, *Frammenti biografici da papiri*, t. II : *La biografia dei filosofi*, coll. «Testi e commenti» 6, Roma 1980, p. 393-429 et pl. 16 [IV. Frammento della «Vita del filosofo Secondo (PRoss. Georg. I 17)», introduction, texte, apparat critique, traduction et commentaire], p. 454-455. Le seul manuscrit grec complet, le *Vaticanus Reginensis gr.* 10, du XIe siècle, est intégralement reproduit par Perry **1**, pl. I-VII.

Le stemma de B.E. Perry a été contesté par M. Papathomopoulos, qui reprend deux articles antérieurs, **6** «Οἱ γνῶμες τοῦ Σεκούνδου», *Dodone* 5, 1976, p. 369-391 ; **7** «Γνῶμες γιὰ τὸν Σεκοῦνδο», *Dodone* 9, 1980, p. 311-321, dans ses **8** *Varia philologica et papyrologica*, t. I, Jannina 1990, p. 92-114 et 115-125. Il cite dix manuscrits de plus (p. 313 n. 3) et réédite le texte avec un apparat critique développé, répondant aussi aux critiques de son édition formulées par **9** J.-Th. A. Papademetriou, «Notes on the vocabulary of Secundus Taciturnus», *Glotta* 56, 1978, p. 73-87. Un fragment de manuscrit de la bibliothèque du Sérail à Constantinople contenant la question 10 (définition de la femme) et un apophtegme de Secundus ont été édités par **10** Th. Vlachodimitris, «Secundus Sententiae 10

(Perry) im Codex Constantinopolitanus 35 », *ZPE* 48, 1982, p. 95-96 et pl. II b, et étudiés par **11** F. De Nicola, « Secundi sententia "De muliere" : il Constantino-politanus Serraliensis Graecus 35 e altro », *SCO* 47, 2001, p. 445-501. Un témoi-gnage d'Isaac de Ninive (VIIᵉ siècle), prouvant que la version syriaque était connue à cettte époque, avec des précisions sur l'unique manuscrit de cette version (*British Museum, Add.* 14620) et une traduction anglaise rectifiée sont publiés par **12** S. P. Brock, « Secundus the silent philosopher : Some notes on the Syriac tradition », *RhM* 121, 1978, p. 94-100. Sur cette version, voir aussi **13** *Id.*, « Stomathalassa, Dandamis and Secundus in a Syriac Monastic Anthology », dans G. J. Reinink et A. C. Klugkist (édit.), *After Bardaisan. Studies on Continuity and Change in Syriac Christianity in Honour of Professor Han J. W. Drijvers*, coll. « Orientalia Lovanensia Analecta » 89, Leuven 1999, p. 49. La version arabe, selon **14** R. M. Franck, c.r. de l'ouvrage de Perry **1** dans *JAOS* 86, 1966, p. 347-350, demanderait une nouvelle publication. **15** M. Philonenko, « Les oxymores de Secundus », *CRAI* 1991, p. 373-386 (et discussion p. 386-389), a réédité, traduit et commenté les questions 8-20, où abondent les oxymores, expression des contradictions de la condition humaine. La sentence de Secundus sur la femme (n° 10 Perry) est à l'origine d'une tradition misogyne dans la littérature médiévale européenne, qui a été étudiée par **16** M. E. Lage Cotos, « Secundus y las *propietates mulierum* », *Euphrosyne* 22, 1994, p. 315-333 ; **17** *Ead.*, « La recepción de Secundus como "auctoritas" y "exemplum" », *Euphrosyne* 26, 1998, p. 191-202 ; **18** *Ead.*, « Una cadena de misoginia : Secundus Taciturnus », *Euphrosyne* 31, 2003, p. 357-368. Pour une vue d'ensemble sur la tradition du texte, voir aussi **19** J. Irigoin, leçon inaugurale au Collège de France, Paris 1986, p. 27-28, reprise dans **20** *Tradition et critique des textes grecs*, coll. « Histoire », Paris 1997, p. 24-25. Sur le lien de la *Vie de Secundus* avec la littérature gnomique populaire, voir **21bis** T. Morgan, *Popular Morality in the Early Roman Empire*, Cambridge 2007, p. 282-283.

Vie. Fils de bonne famille, Secundus étudie longuement la philosophie et, son père mort, rentre dans sa patrie. Voulant vérifier la maxime disant que toutes les femmes sont impudiques, il tente de séduire sa mère, la trouve prête à se donner à lui, mais elle se pend quand il lui révèle son identité ; il fait alors vœu de silence. L'empereur Hadrien, séjournant à Athènes, tente de lui faire rompre ce silence, d'abord en l'honorant et le flattant, puis en le faisant conduire au Pirée et menacer de mort ; le philosophe reste ferme. Ramené en présence d'Hadrien, il consent seulement à répondre par écrit à vingt questions. Le silence du philosophe et sa mise à l'épreuve par l'empereur Hadrien à Athènes sont les deux noyaux princi-paux de cette vie légendaire. **21** I. Hahn, *Der Philosoph und die Gesellschaft. Selbstverständnis, öffentliches Auftreten und populäre Erwartungen in der hohen Kaiserzeit*, coll. « Heidelberger althistorische Beiträge und epigraphische Studien » 7, Stuttgart 1989, p. 182-191, insiste sur l'affrontement entre le philosophe et l'empereur et souligne l'aspect pédagogique de cette vie. **22** I. Gallo, « Biografie di consumo in Grecia. Il romanzo di Alessandro e la Vita del filosofo Secondo », dans O. Pecere et A. Strameglia (édit.), *La Letteratura di consumo nel mondo greco-*

latino. Atti del convegno internazionale, Cassino, 14-17 settembre 1994, Cassino 1996, p. 235-249, rangerait l'œuvre, comme le *Roman d'Alexandre*, dans la littérature de consommation, et **23** O. Overwien, « Secundus der schweigende Philosoph. Ein Leben zwischen Mythos und Kosmos », *WJA* 28, 2004, p. 105-129, insiste sur son caractère d'œuvre populaire, adaptée au goût de son époque. **24** L. Herrmann, « Secundus philosophe du silence et saint Alexis », *AC* 38, 1969, p. 515-517, a dégagé quelques analogies entre cette vie et celle de saint Alexis.

Localisation. On tient souvent Secundus pour Athénien, à cause du lieu de sa rencontre avec Hadrien, mais la mention 'Αθηναίου ne suit son nom que dans deux manuscrits et pourrait être une inférence partant des données de la *Vie*. Le fait qu'Hadrien, séjournant à Athènes, l'envoie chercher ne prouve pas qu'il est Athénien, car la cité attirait des talents venus de toute la terre. Selon la version arabe, il va étudier à Athènes et à Beyrouth pendant de longues années avant de rentrer dans sa patrie (la mention de Beyrouth peut être une addition du IIIe ou IVe siècle). Hadrien fait déposer les écrits du philosophe Secundus ἐν τῇ ἱερατικῇ βιβλιοθήκῃ (« dans les archives des prêtres », « dans la bibliothèque sacrée » ?) ; aucune bibliothèque de ce nom ne semble connue à Athènes.

Identification. Vu la banalité du nom et l'incertitude quant à la patrie du philosophe, on doit renoncer, pour l'instant, à l'identifier à des contemporains connus, tels que le sophiste athénien dit « La Cheville » [*RE* 16], fils de charpentier, maître d'Hérode Atticus (Philostrate, *V. Soph.* I 26 ; *Souda*, Σ 189, t. IV, p. 336, 16-18 Adler ; cette identification avait été proposée par **25** G. W. Bowersock, *Greek sophists in the Roman Empire*, Oxford 1969, p. 21, 92, 118-119, mais contestée, notamment, par Perry **1**, p. 1-4, et **26** P. A. Brunt, « The Bubble of the Second Sophistic », *BICS* 39, 1994, p. 39 n. 57), l'archonte athénien Didius Secundus de Sphettos, attesté entre 112/3 et 114/5 (*IG* II^2 2023, 3008), destinataire d'un rescrit de Trajan (*PIR*^{2} D 76), le rhéteur qui veillait à la correction grammaticale des écrits du sophiste Polémon [➤P 218] (Phrynichos, *Eklogè, s.v.* κεφαλαιωδέστατον et παρρησία), le Julius Secundus nommé comme père de l'hiérophante Julius vers le milieu du règne de Commode (*SEG* 19, 172, li. 9 ; voir la mise au point de **27** B. Puech, *Orateurs et sophistes grecs dans les inscriptions d'époque impériale*, Paris 2002, p. 449-450) ou le philosophe - - Σεκ[ουνδ -], fils de Μελιτ - (ou Μελιτ[εύς]) dont on évoquait la παρρησία dans une inscription d'Hèphaistia de Lemnos, que l'éditeur semble avoir datée avec raison du IIIe s. apr. J.-C. d'après l'écriture (*IG* XII 8, 39).

École philosophique. A cause du silence qu'il s'est imposé, Secundus est présenté, dans la *Vie* grecque, comme « ayant vécu toute sa vie en pythagoricien ». Mais, quand il rentre dans sa patrie au terme de ses études, il présente les traits caractéristiques du cynique : cheveux longs, barbe, besace et bâton. Les éléments cyniques de la *Vie* sont soulignés par **28** F. Rodríguez Adrados, « Elementos cínicos en las Vidas de Esopo y Secundo y en el Diálogo de Alejandro y los Gimnosofistas, », dans P. Rocamora Valls (édit.), *Homenaje a Eleuterio Elorduy, con ocasión de su 80 aniversario*, Bilbao 1978, p. 309-328. Quant au contenu doctrinal des réponses faites à Hadrien, il est parfois en accord avec la doctrine néo-pythagoricienne (questions 1 et 3), mais la plupart des définitions cherchent surtout l'effet stylistique et ne caractérisent aucune école, comme l'a justement observé Perry **1**, p. 7-8.

Œuvre. Les définitions données en réponse aux vingt questions d'Hadrien portent sur l'univers, l'océan, la divinité, le jour, le soleil, la lune, la terre, l'homme, la beauté, la femme, l'ami, le paysan, le gladiateur, le navire, le marin, la richesse, la pauvreté, la vieillesse, le sommeil, la mort; on a pu les regrouper en questions sur le monde et questions sur l'homme. Comme souvent dans la tradition gnomologique, plusieurs de ces définitions sont attribuées à d'autres auteurs dans d'autres sources. De nombreuses questions et définitions supplémentaires ont été ajoutées dans la version arabe et la version éthiopienne qui en dérive.

SIMONE FOLLET.

TRADITION ORIENTALE

La *Vita Secundi* a connu une vaste diffusion non seulement dans la tradition gréco-romaine, mais aussi dans la littérature arménienne, syriaque, arabe, perse, éthiopienne et (latine) médiévale; voir à ce sujet **29** O. Overwien, « Secundus the Silent Philosopher », dans C. Cupane et B. Krönung (édit.), *A Companion to the Tradition of Romances in the Eastern Mediterranean and Beyond (8th-15th centuries)*, Leiden 2015 (sous presse).

La tradition syriaque. La *Vita Secundi* fut traduite en syriaque probablement au VIᵉ siècle. **30** S. Brock, « Secundus the Silent Philosopher: Some Notes on the Syriac Tradition », *RhM* 121, 1978, p. 94-100, a édité les quelques fragments de cette traduction conservés dans le ms BM Add. 14620 (IXᵉ s.) et en a donné une traduction anglaise. **31** *Id.*, « Stomathalassa, Dandamis and Secundus in a Syriac Monastic Anthology », dans G. J. Reinink et A. Klugkist (édit.), *After Bardaisan. Studies on Continuity and Change in Syriac Christianity in Honour of Professor H. J. W. Drijvers*, Leuven 1999, p. 46-47, a ensuite signalé qu'une homélie d'Isaac de Ninive (VIIᵉ s.) et une anthologie monastique conservée dans le ms Sinai Syr. 14 (probablement copié au Xᵉ s.), contenaient des extraits de cette vie syriaque sur le thème de la résistance de Secundus en face d'Hadrien. **32** J. Th. Walker, *The Legend of Mar Qardagh. Narrative and Christian Heroism in Late Antique Iraq*, coll. « The Transformation of the Classical Heritage » 40, Berkeley/ Los Angeles 2006, p. 1 et 27, a par ailleurs montré que la *Vita Secundi* en syriaque était le modèle du dialogue, rédigé au début du VIIᵉ siècle, du prince sassanide Mar Qardagh avec le martyr Abdišo. Tous ces textes montrent que, malgré son arrière-plan païen, Secundus servit, chez les chrétiens de langue syriaque, de modèle de fermeté à l'égard du pouvoir séculier ou tyrannique. Secundus a en outre tenu une place dans l'historiographie chrétienne de langue syriaque. Le patriarche de l'Église syriaque orthodoxe Michel le Syrien (mort en 1199), tout comme le maphrian de l'Église jacobite Barhebraeus (1225/26-1286) mentionnent dans leur chronique le sage Secundus comme une figure célèbre de l'époque de l'empereur

Hadrien. Voir **33** J.-B. Chabot (édit.), *Chronique de Michel le Syrien, Patriarche Jacobite d'Antioche* (1166-1199), t. IV, Paris 1910, p. 105 c 25-30 ; **34** P. Bedjan (édit.), *Gregorii Barhebraei Chronicum Syriacum*, Paris 1890, p. 52, 21-23.

   La tradition arabe. La réception de la *Vita Secundi* dans la tradition arabe a de même pour point de départ le plus important plusieurs traductions arabes ancien-nes. Perry **1**, Appendix, p. 3-54 et 119-156, a édité et traduit en anglais l'une de ces versions. Mais **35** R. M. Frank, *JAOS* 86, 1966, 348a-349b, fit déjà remarquer dans son compte rendu de l'édition de Perry que la *Vita* arabe reposait sur au moins deux versions différentes. Une troisième traduction nous a été conservée par le philosophe et médecin arabe Ibn Hindū (XIᵉ s.) dans son recueil de sentences *al-Kalim al-ruhāniyya fī l-ḥikam al-yūnāniyya* (Mots d'esprit, proverbes sapientiels grecs). Voir **36** S. Ḫalīfāt (édit.), *Ibn Hindū, sīratuhū, arā'uhū l-falsafiyyatu, mu'allafātuhū*, t. I, Amman 1996, p. 442, 7 - 446, 5 ; traduction anglaise dans Perry **1**, p. 157-160. Au même genre littéraire appartient le Compendium anonyme des XIIᵉ-XIIIᵉ s. *Muntaḥab Ṣiwān al-ḥikma* («Choix tiré du Coffre de la Sagesse»), où l'on trouve de brefs extraits de la *Vita Secundi*. Voir **37** D. M. Dunlop (édit.), *The Muntakhab Ṣiwān al-Ḥikmah of Abū Sulaimān as-Sijistānī*, coll. «Near and Middle East Monographs» 4, The Hague/Paris/New York 1979, p. 94, li. 1996-1997 ; p. 101, li. 2160-2165. L'historien al-Masʿūdī (mort en 956) semble connaî-tre Secundus, indépendamment de la *Vita*, comme une personnalité célèbre du temps d'Hadrien. Voir **38** M. J. de Goeje (édit.), *Kitāb at-tanbīh wa'l-ischrāf auctore al-Masūdī*, Leiden 1894, p. 128, 14-16. Sa source était probablement un historien d'époque tardive, comme c'est le cas pour les deux historiens syriaques mentionnés plus haut. Il faut rattacher à un contexte tout à fait différent le témoi-gnage d'ibn al-Nadīm (Xᵉ s.), qui présente, dans son *Fihrist*, Secundus comme auteur de traités d'alchimie. Voir **39** G. Flügel (édit.), *The Kitāb al-Fihrist*, t. I, Leipzig 1872, p. 353, 25 ; 354, 19-20 ; voir également M. Ullmann, *Die Natur- und Geheimwissenschaften im Islam = Handbuch der Orientalistik* I 6, 2, Leiden/Köln 1972, p. 164-165. Il est intéressant de signaler qu'un de ses traités est dédié au roi Hadrien. Évidemment seule la scène avec l'empereur romain est ici conservée, le contenu de l'ouvrage ne concernant que l'alchimie. Pour la survie de Secundus en arabe nous disposons, par rapport à la tradition syriaque, de beaucoup plus de sources et de nature beaucoup plus hétérogène. Il n'est possible de déceler un arrière-plan chrétien caractéristique pour ces textes que dans un petit nombre de cas. Par conséquent l'étude de **40** J. Dashian, «Das Leben und die Sentenzen des Philosophen Secundus des Schweigsamen in altarmenischer Übersetzung», *Denk-schriften der Kaiserlichen Akademie der Wissenschaften, Philos.-Histor. Classe* 44, 3, Wien 1896, p. 16, qui a retrouvé en arabe un certain nombre de sentences de Secundus d'origine inconnue faisant référence à un contenu théologique typique-ment chrétien, concerne une documentation qui fait figure d'exception à l'intérieur de la tradition arabe.

   Traduit de l'allemand par Richard Goulet.

                                                            OLIVER OVERWIEN.

37 SÉLEUCOS *RE* 37 *PLRE* I:4   MF IV

Disciple du « philosophe platonicien » Dexippe (☞P 88), et interlocuteur de son maître dans le Commentaire par questions et réponses de ce dernier sur les *Catégories* d'Aristote en trois livres, édité par A. Busse dans les *CAG* IV 2 (1888). Une note au début du commentaire précise : ἔστι δὲ διαλογικὸν τὸ σύγγραμμα καὶ τὰ τοῦ διαλόγου πρόσωπα αὐτὸς οὗτος Δέξιππος καὶ Σέλευκος (p. 4, 2-3 Busse). Voir la traduction anglaise, avec introduction et notes de J. Dillon, coll. *ACA*, London 1990. Puisque Simplicius présente Dexippe comme un disciple de Jamblique de Chalcis [☞I 3] (p. 2, 9 Kalbfleisch), on peut considérer que l'intérêt de Séleucos pour Aristote s'inscrivait dans un courant néoplatonicien. Dexippe s'adresse à lui à diverses reprises en employant des formules comme ὦ καλὲ κἀγαθὲ Σέλευκε (p. 4, 10 Busse), ὦ φιλομαθέστατε Σέλευκε (p. 5, 25 Busse), ὦ κάλλιστε τῶν ἐμῶν ἑταίρων Σέλευκε (p. 64, 1-2 Busse) ou ὦ προσεχέστατε Σέλευκε (p. 65, 8 Busse).

RICHARD GOULET.

38 SÉLEUCOS LE GRAMMAIRIEN *RE* 44 *PIR*² S 333   D I ?

Diogène Laërce III 109 (*FGrHist Cont.* 1056 F 2 = F 75 Müller) connaît par le premier livre du traité de ce « grammairien » *Sur la philosophie* (Περὶ φιλοσοφίας) l'un des trois homonymes de Platon qu'il signale : Platon de Rhodes (☞P 196), disciple de Panétius (☞P 26). Diogène cite à nouveau « Séleucos le grammairien », sans autre précision, dans un passage de sa vie d'Héraclite d'Éphèse [☞H 64] (IX 112 = *FGrHist Cont.* 1056 F 3 = F 74 Müller = T 14 Mouraviev), à propos de l'introduction par Euripide du livre du philosophe en Grèce et du commentaire que fit Socrate à son sujet : seul un plongeur de Délos ne se noierait pas dans un tel ouvrage. Selon Séleucos qui citait Croton, ἐν τῷ Κατακολυμβητῇ (« Le plongeur »), c'est un certain Cratès (☞C 199) qui fait cette déclaration. Voir *FHG* III, fr. 74-75, p. 500 Müller.

Cf. M. Müller, *De Seleuco Homerico*, Göttingen 1891, 53 p. ; J. Radicke, *FGrHist Cont.* 1056, t. IV A 7, Leiden 1999, n° 1056, p. 12-21 (bibliographie, p. 21).

J. Radicke, *FGrHist Cont.* 1056, t. IV A 7, Leiden 1999, n° 1056, p. 17, envisage la possibilité que l'ouvrage intitulé Περὶ βίων, attesté par un fragment qui en cite le deuxième livre chez Harpocration, et le Περὶ φιλοσοφίας connu par Diogène Laërce n'en fassent qu'un. Le passage critiquait l'explication que donnait Cratès, ἐν ταῖς Ἱεροποιίαις (cette fois Cratès d'Athènes, *RE* 12, *FGrHist* 362 F 5), du terme Ὁμηρίδαι (qui ne se rattacherait pas à Homère, mais au mot grec signifiant "otages"). L'hypothèse devient apparemment une certitude dans la table des matières où est signalé un ouvrage « On Lives of Philosophers » (p. V).

On a généralement identifié le grammairien cité par Diogène Laërce avec le grammairien Séleucos d'Alexandrie dit l'homérique, connu par la *Souda* Σ 200 (voir B. A. Müller, art. « Seleukos » 44, *RE* II A 1, 1921, col. 1251-1256), lui-même identifié avec un homonyme de la cour de l'empereur Tibère connu par Suétone, *Vie de Tibère* 56 (voir aussi « Seleukos » 28). Francesca Razetti dans une notice du *Lessico dei Grammatici Greci Antichi* de l'Université de Gênes qui inclut le texte de tous les fragments connus (http://www.aristarchus.unige.it/lgga/schedePDF/201103181059060.Seleucus_3_Homericus.pdf) signale que F. Jacoby (*FGrHist* 341, *Kommentar*, p. 93) considérait cette identification comme douteuse. Radicke accepte ces identifications.

RICHARD GOULET.

39 SÉLEUCOS D'ÉRYTHRÉE OU DE SÉLEUCIE (sur le Tigre) *RE* 38   M II[a] ?

« Mathématicien », dit, selon les sources, Babylonien, Chaldéen de Séleucie (sur le Tigre) ou encore originaire de la Mer Rouge. Il avait critiqué Cratès de Mallos dont on situe le *floruit* vers 160[a] (➡C 203) et était cité par l'astronome Hipparque de Nicée (IIe s. av. J.-Chr.), ainsi que par le stoïcien Posidonius d'Apamée (➡P 267) au Ier s. av. J.-Chr. Il devait donc être en activité au milieu du IIe s. av. J.-C.

Les témoignages sur Séleucos semblent n'avoir jamais été rassemblés. Voir toutefois **1** L. Russo, « L'astronomo Seleuco, Galileo e la teoria della gravitazione », *QUCC* N.S. 49, fasc. 1, 1995, p. 143-160, qui en regroupe les plus importants.

Selon les *Placita* d'Aétius, Séleucos l'Érythréen soutenait (comme Héraclide le Pontique [➡H 60]) que le monde est sans limite (ἄπειρον τὸν κόσμον). Voir Stobée, *Anthol.* I 21, 3a, t. I, p. 182, 20-21 Wachsmuth = Aétius, *Placita,* p. 328, 4 *DDG* ; Pseudo-Plutarque, *Placita philosophorum* II 1, 886 c (= test. 5 Russo) ; Cyrille d'Alexandrie *Contra Iulianum* II 14 (citation du Pseudo-Plutarque). L'information se trouve également dans l'Aétius arabe. Voir **2** H. Daiber, *Aetius Arabus. Die Vorsokratiker in arabischer Überlieferung*, Wiesbaden 1980, II 1, 5, p. 139.

3 S. Pines, « Un fragment de Séleucus de Séleucie conservé en version arabe », *RHS* 16, 1963, p. 193-209, repris dans *The Collected works of Shlomo Pines, Studies in Arabic Versions of Greek Texts and in Mediaeval Science*, t. II, Jérusalem/Leiden 1986, p. 201-217, traduit un passage chez Muḥammad Ibn Zakarīyāʾ al-Rāzī qui développe sous forme d'argument la thèse de Séleucos sur l'infinité du cosmos. Pour le texte original, voir **4** *Maqalā fī mā baʿd aṭ-ṭabīʿa = Opera philosophica fragmentaque quae supersunt collegit et edidit P. Kraus*, Le Caire 1939, p. 133, 13-18 Dans son commentaire, Daiber **2**, p. 377, donne également une traduction allemande de ce développement fort obscur.

Selon Plutarque, *Platonicae quaestiones* VIII 1, 1006 c (= test. 1 Russo), Séleucos, comme Aristarque, supposait que la terre « tournait et virevoltait », attribuant à la terre un mouvement : Aristarque ne l'aurait soutenu qu'« à titre d'hypothèse, mais Séleucos par des démonstrations ». Par rapprochement avec Aristarque on a rattaché Séleucos à l'héliocentrisme. Mais le passage de Plutarque ne précise pas de quel mouvement de rotation ou de circonvolution il s'agit et ne dit pas en tout cas qu'un tel mouvement s'effectue autour du soleil. Quant aux arguments avancés (comme preuves) par Séleucos, on ignore s'ils se confrontaient aux objections anciennes contre une telle représentation du cosmos.

Cf. **5** S. Ruge, *Der Chaldäer Seleukos. Eine kritische Untersuchung aus der Geschichte der Geographie*, Dresden 1865, 23 p. ; **6** [H. Gossen], art. « Seleukos aus Babylon » 38, *RE* II A 1,

1921, col. 1249-1250, avec les compléments de W. Kroll dans *RESuppl.* V, 1931, col. 962-963 ; **7** O. Neugebauer, *A History of Ancient mathematical Astronomy*, coll. « Studies in the history of mathematics and physical sciences » 1, Berlin 1975, t. II, p. 610-611 et 697-698 (qui doute que Séleucus ait pu avancer des démonstrations convaincantes de l'héliocentrisme) ; **8** P. T. Keyser, art. « Seleukus of Seleukeia », *BEA*, t. II, 2007, p. 1042.

L'idée d'un mouvement de rotation de la terre apparaissait aussi à propos du phénomène des marées, lié au mouvement contraire de rotation de la lune. Voir Stobée, *Anthol.* I 38, 9, t. I, p. 253, 16-21 Wachsmuth = Aétius, *Placita,* p. 383, 26, p. 383 *DDG* (= test. 6b Russo) ; Pseudo-Plutarque, *Placita philosophorum* III 17, 9, 897 c (= test. 6a Russo).

Ces deux témoignages sont traduits dans**9** L. Torraca, *I Dossografi Greci,* Padova 1961 (p. 153-154).

Sur les théories antiques concernant le phénomène des marées, voir **10** W. Capelle, art. « Gezeiten », *RESuppl.* VII, 1940, col. 208-220 (sur Séleucos, col. 213).

Cette théorie relative au flux et au reflux de la mer prenait en compte le cycle (mensuel) de la lune, mais aussi le mouvement de la terre. Selon Strabon, *Geographica* III 5, 9 (F 4) qui emprunte son information au Περὶ Ὠκεανοῦ de Posidonius [➹P 267] (fr. 218 Edelstein-Kidd), elle tenait également compte de l'irrégularité dans le rythme annuel des marées en l'expliquant par la position de la lune dans les différents signes du zodiaque.

Strabon, *Geographica* I 1, 9 (= test. 2 Russo), qui soutient que le monde habité forme une sorte d'île entourée par un seul et même Océan, rejette les objections avancées par Hipparque, lequel, pour affirmer que « le régime de l'océan n'est pas uniforme en tout lieu » (οὔθ' ὁμοιοπαθοῦντος τοῦ ὠκεανοῦ πανταχοῦ), apportait le témoignage de Séleucos de Babylonie (Σελεύκῳ τῷ Βαβυλωνίῳ) sur l'amplitude variable des marées selon les régions du monde. L'utilisation par Hipparque de cette observation de Séleucos n'implique pas nécessairement que ce dernier liait cette donnée empirique à la thèse d'une continuité de l'Océan extérieur.

Voir encore sur le problème des marées Strabon, *Geographica* III 5, 9, qui cite le Περὶ Ὠκεανοῦ de Posidonius, fr. 218 Edelstein-Kidd (= test. 3 Russo).

Sur le "Chaldéen" Séleucos de Séleucie, voir encore Strabon, *Geographica* XVI 1, 6 (= test. 4 Russo) et Théodore Méliténiote (XIVᵉ s.), *De astronomia libri III*, I 1, ed. **11** R. Leurquin, *Théodore Méliténiote, Tribiblos Astronomique,* Livre I, coll. « Corpus des Astronomes Byzantins » 4, Amsterdam 1990.

Selon Jamblique, *De mysteriis* VIII 1 (éd. et trad. Saffrey-Segonds, *CUF* 2013), Séleucos prêtait à Hermès 25 000 livres où étaient exposés «les principes des entités universelles», alors que Manéthon évoquait 36 525 livres. Il n'est pas sûr que cette source que Jamblique oppose à Manéthon soit Séleucos de Séleucie. H. D. Saffrey (note 1 *ad loc.*, p. 325) pense également à Séleucos le grammairien (➹S 38) et à Séleucos "le théologien", cité par Porphyre, *De abstin.* II 55, 1, en même temps que Manéthon.

Identité, datation et lieu d'origine.

Séleucos est dit ὁ Ἐρυθραῖος chez Stobée (*Anth.* I 21, 3). On pourrait penser à la cité d'Érythrée en Ionie ou à la cité homonyme de Boétie, mais Strabon (III 5, 9), qui le connaît grâce à Posidonius, dit explicitement qu'il était originaire de la Mer rouge (Σέλευκον τὸν ἀπὸ τῆς Ἐρυθρᾶς θαλάττης). Hipparque le désigne comme «babylonien» (Strabon I 1, 9) et, dans un autre passage de Strabon (XVI 1, 6), il est dit être un Chaldéen et originaire de Séleucie, c'est-à-dire Séleucie sur le Tigre. On en a déduit que c'est là qu'il avait pu faire des observations sur les marées qu'il n'est possible de faire sur les rives de la Méditerrannée, mais la Mer rouge (ou le Golfe Persique) ne se prête guère plus que la Méditerrannée à l'observation d'amplitudes de marées significatives. En réalité aucun témoignage ne mentionne explicitement des observations de Séleucos dans ces régions. Ryge 7, p. 8, cite un passage de Lactance (*Div. Inst.* I 6, 13) à propos de la Sibylle d'Érythrée qui montre que ce nom lui avait été donné parce qu'elle était originaire de Babylone. Strabon XVI 1, 16, explique que «Babylone était autrefois la métropole de l'Assyrie, mais maintenant c'est Séleucie dite "sur le Tigre" (...) Tout comme nous appelons la contrée Babylonie, de même nous appelons les hommes qui en sont originaires babyloniens (ou de Babylonie), non pas d'après la cité (ancienne) de Babylone, mais d'après la région ; on dit moins souvent "de Séleucie", bien que ces gens en soient originaires, comme c'est le cas pour le philosophe stoïcien Diogène (➣D 146)». Ceci explique donc qu'il ne faut pas dire Diogène de Babylone, comme on le lit souvent, puisqu'aussi bien cette cité n'existait plus depuis longtemps à l'époque, mais Diogène de Babylonie ou le Babylonien, ce qui revient à dire Diogène de Séleucie (sur le Tigre). De la même façon Séleucos le Babylonien ou Séleucos de Séleucie sont deux désignations équivalentes.

12 Fr. Cumont, «La patrie de Séleucus de Séleucie», *Syria* 8, 1927, p. 83-84, a signalé qu'une Séleucie sur la Mer rouge (Σελευκεία ἐπὶ τῇ Ἐρυθρᾷ θαλάσσῃ / Σελευκεῦσιν τοῖς πρὸς τῆι ἐρυθρᾷ θαλάσσηι), dont la localisation reste imprécise, est attestée dans une inscription de Magnésie du Méandre du IIe s. av. J.-C. Voir **13** O. Kern, *Inschriften von Magnesia*, Berlin 1900, n° 61 = 12 McCabe = Dittenberger, *OGIS* 233, 105. On trouve une Séleucie (avec un point d'interrogation) près du Golfe Persique dans l'*Atlas* de Barrington, carte 93 section F 3. Il pourrait s'agir de la ville mentionnée par Strabon (Séleucie sur le Tigre).

RICHARD GOULET.

40 SÉLINOUNTIOS DE RHÉGIUM IV[a]

Pythagoricien ancien dont le nom figure dans le catalogue de Jamblique (*V. pyth.* 36, 267, p. 145, 20 Deubner = **1** DK 58 A, t. I, p. 447, 12), qui semble remonter en grande partie à Aristoxène de Tarente (➣A 417). Son nom est répertorié dans le **2** *LGPN*, t. III A, p. 391 (où Fraser et Matthews proposent une datation au IVe siècle), mais il est absent aussi bien chez **3** W. Pape et G. Benseler, *Wörterbuch der griechischen Eigennamen* (où on l'aurait attendu au t. II, p. 1365) que chez **4** Fr. Bechtel, *Die historischen Personennamen* (p. 543 : noms de personnes dérivant d'un nom ethnique) et dans la *Realencyclopädie*.

L'éditeur précédent de Jamblique, A. Nauck, voyait dans les mots Κάλαις Σελινούντιος, qui viennent après une série de dix noms de pythagoriciens originaires de Rhégium et juste avant la liste de ceux de Syracuse, (a) soit une seule personne, un originaire de Sélinonte (Σελινούς) nommé Calaïs (de même Pape et Benseler **3**, t. I, p. 595), dont le nom et l'ethnonyme seraient inversés (en effet, dans cette hypothèse on attendrait plutôt, selon l'habitude du compilateur du catalogue, Σελινούντιος : Κάλαις) ; (b) soit deux personnes dont la première, Calaïs (**➤**C 11), serait le dernier nom de la liste des originaires de Rhégium et la seconde, un originaire de Sélinonte dont le nom aurait sauté au cours de la transmission du texte.

Mais **5** L. Deubner, *Bemerkungen zum Text der* Vita Pythagorae *des Iamblichos*, Berlin 1935 [= *SPAW* 1935 / 19], p. 612-690 + 824-827, aux p. 685-686 (p. 76-77 de la numérotation indépendante) [= *Id.*, *Kleine Schriften zur klassischen Altertumskunde* (édit. O. Deubner), coll. « Beiträge zur klassischen Philologie » 140, Königstein 1982, p. 471-555, aux p. 546-547], a prouvé par des arguments irréfutables : (a) qu'ici Σελινούντιος n'est pas un nom ethnique et (b) que dans la séquence Κάλαις, Σελινούντιος on ne peut reconnaître que les deux derniers noms de la liste des pythagoriciens originaires de Rhégium.

Un Sélinountios (écrit Σελινόντιος) attesté en Sicile, à Sélinonte même, sur une tablette de *defixio* datable *ca* 500-475 av. J.-Chr., où il est question de malédictions portées sur « Timaso [f.], Tyrrhana [f.], Sélinontios et les 'ξένοι σύνδιροι' » (**6** Lilian. H. Jeffery, *The local scripts of archaic Greece : a study of the origin of the Greek alphabet and its development from the eighth to the fifth centuries B.C.*, 2nd edn. with suppl. by A. W. Johnston, Oxford ²1990 [¹1961], p. 271 et 277, n° 38a ; **7** L. Dubois, *Inscriptions grecques dialectales de Sicile : contribution à l'étude du vocabulaire grec colonial*, Rome 1989, p. 47-49, n° 37 ; **7a** R. Arena, *Iscrizioni greche arcaiche di Sicilia e Magna Grecia – Iscrizioni di Sicilia*, t. I. *Iscrizioni di Megara Iblea e Selinunte*, Pisa 1996², n°s 61 [p. 60-62] et 58bis [p. 116]), semble renforcer la thèse de Deubner de manière décisive : dans son cas, tout comme dans celui de 'Tyrrhana' (= la Tyrrhénienne, l'Étrusque) qui le précède, il est tout à fait possible que nous ayons un ethnique employé en tant qu'anthroponyme (un phénomène plutôt banal en onomastique). La précieuse intervention de **8** J. Heurgon aux *Atti del III Congresso internazionale di studi sulla Sicilia antica = Kokalos* 18-19, 1972-1973, p. 70-74, va tout à fait dans le même sens : en faisant remarquer combien est étonnant l'emploi de ce nom à Sélinonte même, l'auteur y avance l'hypothèse selon laquelle « en affirmant hautement ce qui va sans dire, [ce nom] fait douter qu[e Sélinontios] tînt cette citoyenneté de sa naissance et penser qu'il l'a, sinon usurpée, en tout cas acquise » (p. 72).

Dans les *Fables* d'Hygin (CCLVII, 3-8), un certain Sélinountios et un Moérus inconnu par ailleurs prennent la place des pythagoriciens Damon (**➤**D 15) et Phintias (**➤**P 169) dans ce qui semble être un décalque de la fameuse anecdote illustrant l'amitié exemplaire pratiquée entre les membres de leur communauté. Étant donné la relative rareté de son nom et l'histoire d'amitié dont il est le protagoniste, ce Sélinountios devrait être identique à celui du catalogue des pythagoriciens de Jamblique. Et si le tyran Denys dont il est le contemporain dans l'histoire racontée par Hygin est, comme dans le cas parallèle de Damon et Phintias, Denys II de Syracuse dit le jeune [**➤**D 84] (397-344 av. J.-Chr.), on devrait situer Sélinountios dans la première moitié du IVe s. av. J.-Chr.

Il vaudrait peut-être la peine de reproduire ici *in extenso* l'anecdote peu connue et rarement citée tirée des *Fables* d'Hygin, où elle apparaît, seule à côté de celle, bien connue, des tyrannicides Harmodius et Aristogeiton, dans le cadre d'un catalogue de neuf couples d'hommes « qui furent particulièrement liés d'amitié » :

« Alors qu'il y avait en Sicile un tyran des plus cruels, Denys, et qu'il torturait et tuait ses concitoyens, Moérus décida de tuer le tyran : des serviteurs, l'ayant surpris en armes, le menèrent devant le roi. Interrogé, il répondit qu'il avait voulu tuer le roi, et le roi ordonna de le crucifier ;

Moérus lui demanda une permission de trois jours : il irait marier sa sœur et laisserait au tyran son ami et compagnon *(amicum suum et sodalem)* Sélinuntius comme garantie de son retour sous trois jours. Le roi lui accorda la permission d'aller marier sa sœur et dit à Sélinuntius que si Moérus n'était pas revenu à temps, il recevrait le même châtiment, et Moérus serait laissé en liberté. Alors que celui-ci revenait une fois sa sœur mariée, sous l'effet d'une tempête soudaine et d'averses de pluie, le fleuve grossit au point qu'il était impossible de le franchir ou de le traverser à la nage. Moérus s'assit sur sa rive et se mit à pleurer à la pensée que son ami périrait à sa place. <Ce> Phalaris [N. B. le nom de Phalaris, le plus cruel des tyrans, a sans doute ici valeur métonymique] ayant de son côté ordonné de crucifier Sélinuntius, pour la raison que s'étaient déjà écoulées six heures du troisième jour sans que Moérus fût revenu, Sélinuntius lui fit valoir que le jour ne s'était pas écoulé. Mais lorsque neuf heures furent passées, le roi ordonna que Sélinuntius fût mis en croix. Comme on l'y mettait, Moérus, à peine le fleuve enfin franchi, se lance à la poursuite du bourreau et crie, de loin : « arrête, bourreau, me voici, moi dont il était le garant ». On annonce cela au roi, qui ordonne qu'on lui amène les deux hommes, leur demande de l'accepter dans leur amitié et accorde la vie à Moérus » (trad. **9** J.-Y. Boriaud, *Hygin. Fables, CUF*, Paris 1997, p. 160).

Sur la question plus générale des rapports de Denys avec les pythagoriciens de son temps, voir **10** F. Muccioli, « Dionisio II, Taranto e i Pitagorici », dans *Id.*, *Dionisio II : storia e tradizione letteraria*, Bologna 1999, p. 211-228.

CONSTANTINOS MACRIS.

41 SELLIUS (C. –) *RE 3*   D Iᵃ

Les philosophes académiciens Caius et Publius Sellius ne sont connus que par un passage de Cicéron (*Acad.* II 4, 11-12 = Philon de Larissa, test. XXIX Brittain), dans lequel Lucullus (➭L 74) raconte l'effet qu'avait produit à Alexandrie en 87-86 auprès d'Antiochus d'Ascalon (➭A 200) et d'autres philosophes comme Héraclite de Tyr (➭H 66) la nouvelle de la mise en circulation de deux livres écrits par Philon de Larissa (➭P 155) à Rome où il s'était installé lors de la guerre contre Mithridate en 89-88. L'authenticité des théories exposées qui étaient contraires à l'enseignement qu'avait donné Philon comme scholarque de l'Académie à Athènes fut confirmée par Tetrilius Rogus (➭R 7) et par les deux Sellii, également présents, qui rapportèrent avoir déjà entendu à Rome Philon tenir de tels propos. C'est d'ailleurs eux-mêmes apparemment qui avaient recopié les deux livres à partir d'un autographe de Philon. Voir R. Goulet, notice « Philon de Larissa », P 155, *DPhA* V a, 2012, p. 414.

RICHARD GOULET.

42 SELLIUS (P. –) *RE 3*   Iᵃ

Frère de C. Sellius (➭S 41). Voir la notice précédente.

RICHARD GOULET.

SEMPRONIUS → GRACCHUS (TIBERIUS SEMPRONIUS –)

43 SENECA (LUCIUS ANNAEUS –) *RE* 17 *PIR*² A 617   I

Homme politique romain et philosophe stoïcien. Sénèque indique lui-même ses *tria nomina* dans le *De beneficiis* IV 8, 3.

PLAN DE LA NOTICE

Biographie
    1) Date de naissance
    2) Lieu de naissance et famille
    3) Jeunesse et maîtres
    4) Carrière politique et mort
Iconographie
Jugements antiques sur Sénèque
Bibliographies
Concordances et indices
Liste des œuvres
    1) Œuvres conservées
    2) Œuvres perdues et fragments
    3) Œuvre apocryphe : la correspondance entre Sénèque et l'apôtre Paul
Chronologie des œuvres philosophiques
Tradition manuscrite
    1) *Dialogi*
    2) *De clementia* et *De beneficiis*
    3) *Naturales Quaestiones*
    4) *Ad Lucilium epistulae morales*
Éditions et éditions commentées
    1) *Dialogi*
        a) Principales éditions complètes
        b) Principales éditions et éditions commentées de dialogues isolés
    2) *De clementia*
    3) *De beneficiis*
    4) *Naturales Quaestiones*
    5) *Ad Lucilium epistulae morales*
        a) Éditions
        b) Éditions commentées de lettres ou groupes de lettres
Description des œuvres
    1) *Dialogi.*
        a) Forme des *Dialogi*
        b) Contenu des *Dialogi*
            De prouidentia (*Dial.* I)
            De constantia sapientis (*Dial.* II)
            De ira (*Dial.* III-IV-V)
            Consolationes ad Marciam (*Dial. VI*), *ad Heluiam matrem* (*Dial. XII*), *ad Polybium* (*Dial. XI*)
            De uita beata (*Dial.* VII)
            De otio (*Dial.* VIII)
            De tranquillitate animi (*Dial.* IX)
            De breuitate uitae (*Dial.* X)
    2) *De clementia*
    3) *De beneficiis*

    4) *Naturales Quaestiones*
    5) *Ad Lucilium epistulae morales*
       Sénèque et le stoïcisme
       Direction de conscience et souci stylistique

Biographie. Il n'existe pas de biographie antique de Sénèque. Les principales sources sont les historiens Tacite (*Annales* XII-XV), Suétone (*Caligula* ; *Nero*), à un moindre degré Dion Cassius (*Histoire romaine* LIX-LXII), ainsi que Sénèque lui-même, qui livre de nombreuses indications, mais malheureusement peu de dates précises. Les biographies modernes les plus récentes et les plus documentées sont **1** M. Griffin, *Seneca. A Philosopher in Politics*, Oxford 2ᵉ éd. 1992 (1ʳᵉ éd. 1976) ; **2** M. Rozelaar, *Seneca. Eine Gesamtdarstellung*, Amsterdam 1976 ; **3** P. Grimal, *Sénèque ou la conscience de l'Empire*, Paris 1979 ; **4** G. Maurach, *Seneca. Leben und Werk*, Darmstadt 1991 ; **5** F. Fuhrmann, *Seneca und Kaiser Nero. Eine Biographie*, Berlin 1997.

    1) Date de naissance. Elle reste discutée, les hypothèses les plus argumentées allant de 5/4 av. J.-C. à 1 ap. J.-C. La date haute, avancée dès le XIXᵉ s. (*cf.* **6** A. Setaioli, *Facundus Seneca. Aspetti della lingua e dell'ideologia senecana*, Bologna 2000, p. 365 et 378-383), s'appuie sur le *Tranq.* 17, 7, où Sénèque dit « se souvenir » *(meminimus)* d'Asinius Pollion, mort en 5 ap. J.-C. ; sur *nat.* I 1, 3, où il affirme avoir observé un météore *circa diui Augusti excessum*, ce qui indiquerait qu'il était assez âgé en 14 ap. J.-C. pour s'intéresser à de tels phénomènes ; sur la lettre 108, 17 et 22, où il se définit comme *iuuenis* au début du principat de Tibère, au moment où *inter argumenta superstitionis ponebatur quorundam animalium abstinentia* (expression le plus souvent interprétée comme une allusion à la persécution de 19 contre les cultes isiaque et juif). En revanche **7** F. Préchac, « La date de naissance de Sénèque », *REL* 12, 1934, p. 360-375, tirant argument des lettres 12, 1 et 26, 1 où Sénèque parle de sa « vieillesse », fixée par les Anciens à 63 ans, propose la fin de l'an 1 av. J.-C. ; datations semblables ou voisines chez Rozelaar **2**, p. 25 ; Grimal **3**, p. 56-58 ; **8** K. Abel, « Zu Senecas Geburtsdatum », *Hermes* 109, 1981, p. 123-126 (avec une argumentation originale mais fragile) ; Fuhrmann **5**, p. 9-10. D'autres enfin préfèrent ne pas se prononcer : Griffin **1**, p. 35 ; Maurach **4**, p. 15-16.

    2) Lieu de naissance et famille. Sénèque est né à Cordoue (*cf.* Martial I 61, 7-8 ; **9** E. Lo Cascio, « La Spagna degli Annei », dans **10** I. Gualandri et G. Mazzoli [édit.], *Gli Annaei. Una famiglia nella storia e nella cultura di Roma imperiale*, Como 2003, p. 9-18). On ne saurait pour autant parler d'une quelconque 'hispanité' de Sénèque, d'autant que sa famille semble avoir été parfaitement romanisée. Son père, un chevalier fortuné nommé lui aussi L. Annaeus Seneca (*RE* 16), avait vécu surtout à Rome. C'était un lettré dont nous possédons des *Oratorum et rhetorum sententiae, diuisione,s colores*, mais il « détestait la philosophie », *philosophiam oderat* (*epist.* 108, 22). En revanche la mère de Sénèque, Helvia, fort cultivée, était curieuse de philosophie (*Helu.* 14, 3). Sénèque eut deux frères : un frère aîné, Novatus, adopté à l'âge adulte par le rhéteur Gallion dont il prit le nom

(☛G 4, *RE* 12) ; un frère cadet, Mela (*RE* 11), père du poète Lucain (☛L 64). *Cf.*
11 R. Degl'Innocenti Pierini, « "Rittratto di famiglia". Seneca e i suoi nella *Consolatio ad Helviam* », dans Gualandri et Mazzoli **10**, p. 339-356). Sénèque lui-même
eut d'une première épouse, dont l'identité nous est inconnue, au moins un fils mais
qui vécut peu de temps (*Helu.* 2, 5). De sa seconde épouse, Pompeia Paulina, il ne
semble pas qu'il ait eu d'enfant (existe néanmoins l'hypothèse selon laquelle ces
deux épouses ne feraient qu'une : *cf.* Griffin **1**, p. 57-58). Enfin, deux contemporains de Sénèque portent le même gentilice. Le grammairien, rhéteur et philosophe
stoïcien L. Annaeus Cornutus (☛C 190, *RE* 51, *PIR*² A 609) était probablement un
affranchi d'un membre de la *gens Annaea*, mais rien n'indique que ce fût de Sénèque lui-même. Sénèque eut aussi pour ami le préfet des vigiles Annaeus Serenus
[☛S 55] (*RE* 18, Griffin **1**, p. 447-448), dédicataire de trois des *Dialogues*, dont il
déplore la mort dans la lettre 63, 14-15 : Serenus était sans doute apparenté à
Sénèque, à moins, mais c'est moins probable, qu'il ne fût lui aussi un affranchi ou
descendant d'affranchi de la *gens Annaea*.

3) Jeunesse et maîtres. Sénèque est éduqué à Rome, où il arrive tout bébé
(*Helu.* 19, 2). Doté par ses maîtres de grammaire et de rhétorique (dont on ignore
le nom) d'une solide culture littéraire, il se passionna de bonne heure pour la philosophie. Alors qu'il était encore *puer* (*epist.* 49, 2), il suivit les leçons de Sotion
(☛S 138, *RE* 3), qui professait un pythagorisme mêlé, semble-t-il, de stoïcisme.
Sénèque adopta pendant toute une année le végétarisme prôné par le maître, jusqu'à ce que son père, craignant que cette abstinence ne fût confondue avec les
cultes isiaque et juif alors interdits, ne l'en détournât (*epist.* 108, 17-22). Sénèque
se tourne dès lors vers Attale (☛A 501, *RE* 21, *PIR*² A 1326 ; *cf.* Maurach **4**, p. 21-
22 ; Fuhrmann **5**, p. 48-52) : c'était un stoïcien plus enclin à la prédication morale
qu'à l'enseignement théorique de la doctrine, qui possédait une vigoureuse éloquence et qui aura sur Sénèque une forte influence, lui donnant un certain nombre
d'habitudes d'austérité, nourriture simple, lit dur, bains froids, que le philosophe
conservera sa vie durant. Le jeune homme est aussi l'élève de Papirius Fabianus
(☛F 1, *RE* 54), un autre stoïcien dont les écrits, assez ternes sur le plan rhétorique,
soulèvent cependant son enthousiasme pour la morale. C'est sans doute par son
intermédiaire d'une part, et par l'intermédiaire de Sotion de l'autre que Sénèque
prend connaissance de la pensée et des œuvres des Sextii : Q. Sextius (☛S 66, *RE*
10), de la génération postérieure à Cicéron, et son fils (☛S 67) avaient tenu à
Rome une école éphémère où le stoïcisme recevait une interprétation originale
mettant l'accent énergiquement sur la morale (Sén., *epist.* 59, 7 ; 64, 2 ; *nat.* VII 32,
2). Sénèque emprunta à Sextius la pratique quotidienne de l'examen de conscience
(Sén., *Ira* III 36, 1). Le choix doctrinal de Sénèque est donc acquis de bonne heure,
dès avant ses vingt ans. Mais tout au long de sa vie il restera à l'affût des leçons
des maîtres stoïciens, et dans sa vieillesse encore il fréquentera l'école d'un
stoïcien assez obscur, Metronax (☛M 158, *PIR*² M 561) : *cf. epist.* 76, 1. Un autre
élément important aussi pour la formation de Sénèque est le séjour de plusieurs
années qu'il fit pour raisons de santé à Alexandrie. L'*adulescens* était en effet de

santé fragile. Or sa tante maternelle était l'épouse du préfet d'Égypte, région dont le climat passait pour bienfaisant ; elle accueillit Sénèque, de 25 (?) à 31. On ignore tout des rencontres qu'il fit dans le pays : connut-il le savant prêtre égyptien, grammairien et philosophe stoïcien de surcroît, Chaeremon (➤C 91, *RE* 7), qui fut par la suite professeur de Néron ? Rencontra-t-il Philon (➤P 150) ? Nous n'en avons aucun indice. Mais quoi qu'il en soit, il est difficile de croire que la curiosité et l'enthousiasme intellectuels du jeune Sénèque n'aient pas mis à profit le séjour à Alexandrie, ville-creuset des cultures égyptienne, grecque et juive.

4) Carrière politique et mort. À son retour (30/31 ap. J.-C.) Sénèque devient questeur (34/35 ?) et entre dans la carrière sénatoriale, en même temps qu'il remporte des succès oratoires qui lui vaudront la célébrité et lui ouvrent la cour impériale, où il fait partie de l'entourage des sœurs de Caligula. Mais en 41, peu après l'avènement de Claude, il est accusé d'adultère avec l'une d'elles, Julia Livilla ; en fait, il est plus probablement victime d'une intrigue menée par l'épouse de Claude, Messaline, pour nuire à la famille de Germanicus. Condamné par Claude à la relégation en Corse, il y restera près de huit ans. Une fois Messaline abattue, Agrippine, sœur de Livilla et nouvelle épouse de Claude, fait rappeler Sénèque. Elle lui obtient la préture et fait de lui le professeur de rhétorique (et non de philosophie) de son jeune fils Néron. Le 13 octobre 54, Néron, qui n'a pas encore 17 ans, succède à Claude. Sénèque est désormais le proche conseiller du tout jeune empereur, dont il compose les discours et qu'il s'efforce de guider dans la voie de la justice et de la clémence, comme en témoignent le traité *De clementia* et le témoignage aigre-doux de Tacite, *Ann.* XIII 11, 2. Devenu puissant et honoré (il est consul, probablement en 56), richissime, le ministre philosophe s'attire de vives hostilités. Dans le conflit qui finit par opposer l'envahissante Agrippine à son fils, Sénèque, appuyé par Burrus, le préfet du prétoire, prend le parti de Néron. Et si, en dépit de ce que prétend Dion Cassius LXI 12, 1, il ne conseille pas le meurtre d'Agrippine, il l'accepte du moins a posteriori, sans doute par crainte de troubles civils (mars 59). Mais Burrus meurt en 62, et Sénèque, isolé, ayant perdu toute influence sur un prince dont lui-même ne peut plus accepter les dérives tyranniques, propose à Néron de lui rendre tous les biens qu'il tient de lui. Néron refuse, mais Sénèque, disgrâcié de fait, passe les dernières années de sa vie dans la retraite, alternant séjours discrets à Rome et brefs voyages (Tacite, *Ann.* XIV 56, 3). Impliqué, à tort ou à raison, dans la conjuration de C. Calpurnius Piso (*RE* C 65) contre Néron, il est contraint de s'ouvrir les veines (19 avril 65). Son suicide, imité de celui de Socrate (➤S 98), est décrit par Tacite (*Ann.* XV 60-64) dans des pages saisissantes.

Iconographie. *Cf.* **12** P. Zanker, « I ritratti di Seneca », dans **13** P. Parroni, (édit.), *Seneca e il suo tempo. Atti del Convegno internazionale di Roma-Cassino, 11-14 nov. 1998*, Roma 2000, p. 47-58. Le seul portrait de Sénèque qui puisse prétendre à l'authenticité est un herme double du IIIe s. ap. J.-C. (Berlin, Staatliches Museum, Inv. Sk. 391) ; il porte une inscription antique, indiquant que les personnages représentés sont Socrate et Sénèque. Ce buste, qui remonte à un original

d'époque néronienne, figure un personnage vigoureux, au visage plein et énergique. En revanche la statue de basalte conservée au musée du Louvre (Dpt des
Ant. grecques, étrusques et romaines, inv. MR 314, n° usuel Ma 1354), qui représente un vieillard émacié debout, genoux légèrement fléchis, et qui a longtemps été
considérée comme celle de « Sénèque mourant » (elle a inspiré, entre autres, le
tableau éponyme de Rubens), n'est qu'une copie d'un original hellénistique du IIIe
s. av. J.-C. et n'a rien à voir avec le philosophe. Quant au buste de bronze découvert à la Villa des Papyri, à Herculanum (Naples, Museo Nazionale, SANC, inv.
5616), copie d'un portrait hellénistique d'environ 200 av. J.-C., il représente non
pas Sénèque, mais un poète ou un philosophe non identifié. (Voir également la
contribution de J. Lang à la suite de la présente notice.)

Jugements antiques sur Sénèque. Ils sont nombreux : *cf.* **14** W. Trillitzsch,
*Seneca im literarischen Urteil der Antike ; Darstellung und Sammlung der
Zeugnisse*, Amsterdam 1971 ; **15** G. M. Ross, « Seneca's Philosophical Influence »,
dans **16** C. D. N. Costa (édit.), *Seneca*, London/Boston 1974, p. 116-165 ; **17** M.
Spanneut, « Permanence de Sénèque le Philosophe », *BAGB* 1980, p. 361-407.
Diverses notations brèves concernent, favorablement ou non, son caractère et son
comportement privé : *cf.* Spanneut **17**, p. 365. Les contemporains et les générations
proches critiquent le style d'une œuvre qui s'écarte de l'esthétique cicéronienne :
ainsi le fameux *arena sine calce*, le « sable sans chaux » de Caligula (Suétone, *Cal.*
53, 3), qui vise ses phrases brèves et juxtaposées. Columelle, contemporain du
philosophe, le dit pourtant « homme de talent et de savoir remarquables », *uir
excellentis ingenii atque doctrinae* (*De re rustica* III 3, 3). Une génération plus
tard, Quintilien (*Inst. Or.* X 125-131) déplore ses « défauts » stylistiques, mais il
accorde que Sénèque est un efficace « persécuteur des vices », *uitiorum insectator*,
même si dans le domaine philosophique il se révèle « peu exact », *parum diligens*
(*Inst. Or.* X 129). Au IIe s., Fronton (⇒F 19), le professeur de Marc-Aurèle (*Ad
Marcum Antoninum de Orationibus* 2-7), et Aulu-Gelle [⇒A 509] (*Noct. Att.* XII
2) sont eux aussi fort critiques sur le plan rhétorique, à une époque où l'esthétique
de Sénèque est passée de mode ; mais sur le fond Aulu-Gelle admet que Sénèque
possède « science et savoir », *scientiam doctrinamque*, ainsi que « dans la condamnation des vices une sévérité et une dignité non dépourvues de charme », *in uitiis
morum obiurgandis seueritatem grauitatemque non inuenustam* (*Noct. Att.* XII 2).
Au début du IIIe s., Dion Cassius considère que Sénèque, bien que « le plus sage de
tous les Romains » (LIX 19, 7), n'a pas mis en accord sa vie et sa doctrine (LXI 10,
2-4). En fait, ce sont les auteurs chrétiens qui expriment le plus de considération
pour Sénèque, tant par leurs jugements explicites que par l'utilisation avouée ou
tacite qu'ils en font (*cf.* Trillitzsch **14** ; Spanneut **17** ; **18** P. Mastandrea, *Lettori
cristiani di Seneca filosofo*, Brescia 1988 ; **19** J.-C. Fredouille, « *Seneca saepe
noster* », dans **20** R. Chevallier et R. Poignault (édit.), *Présence de Sénèque*, coll.
« Caesarodunum » 24bis, Paris 1991, p. 127-141) : ainsi, la fameuse formule de
Tertullien (*De Anima* 20, 1), *Seneca saepe noster*. Lactance est de tous les auteurs
chrétiens celui qui apprécie le plus vivement sa qualité philosophique ; il le

considère comme un stoïcien très fin (*Inst. Diu.* I 5, 26 et II 8, 23) et comme « le peintre le plus exact et le censeur le plus âpre des mœurs et des vices publics », *morum uitiorumque publicorum et descriptor uerissimus et insectator acerrimus* (*Inst. Diu.* III 12, 11). Jérôme manifeste d'autant plus de considération pour Sénéque qu'il croit, comme Augustin d'ailleurs, à l'authenticité de la correspondance entre Sénèque et Paul (*De uiris illustribus* XII). Augustin cite peu Sénèque, mais il semble le considérer comme indispensable culturellement (*Conf.* V 6, 11). Au VIᵉ s enfin, le traité de Martin de Braga, *Formula honestae uitae*, est presque entièrement repris d'œuvres perdues de Sénèque, et son *De ira* est inspiré de celui du philosophe : *cf.* **21** M. Lausberg, *Untersuchungen zu Senecas Fragmenten*, Berlin 1970 ; **22** D. Vottero, *Lucio Anneo Seneca. I frammenti*, Bologna 1998.

Bibliographies. Bibliographies générales (ne sont signalées ici que les plus importantes) : **23** A. L. Motto et J. R. Clark, *Seneca, a critical bibliography, 1900-1980 : scholarship on his life, thought, prose, and influence*, Amsterdam 1989 ; **24** F.-R. Chaumartin, « Quarante ans de recherche sur les œuvres philosophiques de Sénèque (bibliographie 1945-1985) », dans *ANRW* II 36, 3, Berlin 1989, p. 1545-1605 ; **25** E. Malaspina (édit.), *Bibliografia senecana del XX secolo*, Bologna 2005 (la plus complète, et mise à jour régulièrement sur Internet : http://www.senecana.it/). Bibliographies spécifiques : **26** C. Beyer, J. Erdmenger et A. Kleinert, « Die *Naturales Quaestiones* von Lucius Annaeus Seneca. Eine kommentierte Bibliographie », *NACG* 22, 1992, p. 22-35 ; **27** A. Pociña Perez, « Los estudios sobre Séneca en España durante el siglo XX », dans **28** M. Rodriguez Pantoja (édit.), *Seneca, dos mil años despues. Actas del Congreso Internacional Conmemorativo del Bimilenario de su Nacimento (Córdoba, 1996)*, Córdoba 1997, p. 739-774.

Concordances et *indices*. Le lexique de Sénèque a donné lieu à plusieurs recherches parallèles et à des controverses méthodologiques entre auteurs de concordances. L'équipe liégeoise de L. Delatte et E. Évrard a inauguré les dépouillements informatiques, parus sous forme d'ouvrages successifs à partir de 1966 et publiés ensuite de façon synthétique : **29** L. Delatte, E. Évrard, S. Govaerts et J. Denooz (édit.), *Lucius Annaeus Seneca, Opera philosophica. Index verborum, listes de fréquence, relevés grammaticaux*, 2 vol., Hildesheim/New York 1981. En parallèle paraissaient les relevés de **30** P. Grimal, *L. Annaei Senecae operum moralium concordantia. Ad Marciam de consolatione*, Paris 1967 ; **31** *Id., … De constantia sapientis, ibid.*, 1966 ; **32** *Id., … De brevitate vitae, ibid.*, 1967 ; **33** *Id., … De vita beata, ibid.*, 1969 ; **34** *Id., … De providentia, ibid.*, 1969 ; **35** *Id., … De clementia, ibid.*, 1970 ; **36** *Id., … De tranquillitate animi, ibid.*, 1970. Mais l'ouvrage fondamental est celui de **37** R. Busa et A. Zampoli, *Concordantiae senecanae. Accedunt Index inversus, Indices frequentiae*, 2 vol., Hildesheim/New York 1975. On dispose par ailleurs de deux *indices* des noms propres : **38** *Lucius Annaeus Seneca XVII, Index I, Operum philosophicorum nomina et res memorabiles, Scriptorum Romanorum quae exstant omnia*, CDXXVIII-CDXXXIII, Pisa 1984 ; **39** C. Castillo (dir.), *Onomasticon Senecanum*, Pamplona 1995. **40** A. Pittet,

Vocabulaire philosophique de Sénèque, Paris 1937 (de A jusqu'à *Computatio* seulement) reste utile pour la terminologie philosophique.

Liste des œuvres. Selon Quintilien, *Inst. Or.* X 1, 129, « (Sénèque) a pratiqué presque tous les genres ; car on possède, de lui, des discours *(orationes)*, des poèmes *(poemata)*, des lettres *(epistulae)* et des dialogues *(dialogi).* »

1) Œuvres conservées. En fait la liste de Quintilien est incomplète, et les œuvres conservées de Sénèque se divisent en : (1) Traités philosophiques : les *Dialogues* (sont regroupés sous ce nom dans les manuscrits douze brefs traités, le *De prouidentia (dial.* I), le *De constantia sapientis (dial.* II), les trois livres du *De Ira (dial.* III, IV, V), les trois consolations *Ad Marciam (dial.* VI), *Ad Polybium (dial.* XI), *Ad Heluiam matrem (dial.* XII), le *De uita beata (dial.* VII), le *De otio (dial.* VIII), le *De tranquillitate animi (dial.* IX), le *De breuitate uitae (dial.* X) ; le *De clementia* ; le *De beneficiis.* (2) Lettres de direction de conscience : les *Epistulae ad Lucilium.* (3) Un traité scientifique : les *Naturales Quaestiones.* (4) Un pamphlet politique en forme de satire ménippée : le *Ludus de morte Claudii* ou *Apocoloquintose.* (5) Huit tragédies : *Hercules Furens, Troades, Phoenissae* (incomplète), *Medea, Phaedra, Oedipus, Agamemnon, Thyestes*, transmises par les manuscrits sous le nom de Sénèque. De nos jours, la recherche à peu près unanime tient pour acquis que cet auteur est bien Sénèque le Philosophe. En revanche une neuvième pièce, *Hercules Oetaeus*, est d'attribution douteuse, et une dizième, la tragédie prétexte *Octauia*, est considérée généralement comme apocryphe. (6) Des épigrammes d'attribution plus ou moins discutée selon les cas, transmis sous le nom de Sénèque par l'*Anthologie Latine.*

Les *poemata* mentionnés par Quintilien peuvent être aussi bien les tragédies que les épigrammes. Étant donnée la visée de ce dictionnaire, il ne sera question ici ni d'eux, ni de l'*Apocoloquintose.* Certes, ces œuvres ne sont pas exemptes de coloration philosophique : la place et le rôle du stoïcisme dans les tragédies ont été et restent un objet de débat ; et les traits stoïciens de diverses épigrammes sont l'un des arguments avancés pour les attribuer à Sénèque. Mais ces problématiques restent plus littéraires que proprement philosophiques.

2) Œuvres perdues et fragments. Une partie importante de l'œuvre de Sénèque ne subsiste qu'à travers des titres ou de maigres fragments : les discours, qui lui valurent de son vivant une extrême notoriété, mais ne nous sont connus que par des témoignages indirects ; des traités philosophiques *(De matrimonio, De officiis, De amicitia, De immatura morte, De superstitione, Exhortationes, Libri moralis philosophiae)* ; des traités scientifiques *(De situ et sacris Aegyptiorum, De situ Indiae, De motu terrarum, De forma mundi)* ; une biographie *(De uita patris)* ; des lettres (deux livres au moins de la correspondance avec Lucilius, au témoignage d'Aulu-Gelle XII 2, 3 ; correspondance avec Caesonius Maximus, selon Martial VII 45). Éditions des fragments : **41** F. Haase, *L. Annaei Senecae philosophi Opera quae supersunt*, Lipsiae 1853, vol. III, p. 418-445, repris dans **42** *Id.*, *L. Annaei Senecae philosophi Opera quae supersunt*, vol. IV, *Supplementum*, Lipsiae 1902, p. 16-43 ; Vottero **22** (riche édition commentée ; contient une bibliographie des éditions et des études partielles). Études d'ensemble : Lausberg **21** ; **43** M. Lausberg, « *Senecae operum fragmenta* : Überblick und Forschungsbericht », dans *ANRW* II 36, 3, Berlin 1989, p. 1879-1961. Études partielles : **44** A. De Vivo, *Le parole della scienza. Sul trattato* De terrae motu *di Seneca*, Salerno 1992 ; **45** C. Torre, *Il matrimonio del sapiens. Ricerche sul De matrimonio di Seneca*, Genova 2000 ; **46** F. Delarue, « Le dossier du *De matrimonio* de Sénèque », *REL* 79, 2001, p. 163-187.

3) Œuvre apocryphe : la correspondance entre Sénèque et l'apôtre Paul. Plusieurs centaines de manuscrits médiévaux transmettent des *Epistolae Senecae, Neronis imperatoris magistri, ad Paulum apostolum et Pauli apostoli ad Senecam :* corpus de quatorze lettres, six attribuées à Paul et huit à Sénèque. Le philosophe y manifeste de la sympathie pour le christianisme, même s'il ne se dit pas chrétien. L'authenticité de cette correspondance est acceptée sans discussion par Jérôme (*De uiris illustribus* XII) et Augustin (*epist.* 153, 14, *PL* 33, 659). De nos jours en revanche on ne doute plus qu'il s'agisse d'un faux datant de la fin du IVᵉ s. : *cf.* **47** K. M. Abbott, « Seneca and St Paul », dans **48** D. C. Riechel (édit.), *Wege der Worte. Festschrift für Wolfgang Fleischhauer*, Köln 1978, p. 119-131. Éditions : Haase **41**, p. 476-481 ; **49** L. Bocciolini Palagi, *Il carteggio apocrifo di Seneca e San Paolo. Intr., testo e commento*, Firenze 1ʳᵉ éd. 1978, 2ᵉ éd. 1985 ; **50** M. Natali, *Anonimo, Epistolario tra Seneca e San Paolo, saggio introduttivo, trad., note e apparati di M. N.*, Milano 1995. Études : **51** J. Sevenster, *Paul und Seneca*, Leiden 1961 ; **52** A. Fürst, Th. Fuhrer, F. Siegert et P. Walter, *Der apokryphe Briefwechsel zwischen Seneca und Paulus, eingeleitet, übersetzt und mit interpretierenden Essays versehen*, Tübingen 2006.

Chronologie des œuvres philosophiques. Elle a fait l'objet de discussions multiples, et si certaines œuvres se laissent rapporter sans trop de difficultés à telle ou telle partie de la vie de Sénèque, voire à telle année, pour d'autres la datation reste une *quaestio uexata*. Les meilleures tentatives de datation sont celles qui ont su procéder avec la prudence requise : **53** F. Giancotti, *Cronologia dei « Dialoghi » di Seneca*, Torino 1957 (contient un bilan très complet des hypothèses antérieures) ; Grimal **3**, p. 262-323 ; **54** K. Abel, « Seneca. Leben und Leistung », dans *ANRW* II 32, 2, Berlin 1985, p. 653-775. Par ailleurs toute biographie de Sénèque se doit d'aborder le problème de la chronologie des œuvres : *cf.* Griffin **1** ; Maurach **4** ; Fuhrmann **5**. Voici les datations de Giancotti **53**, Griffin **1** et Grimal **3** : *Ad Marciam :* règne de Caligula (Griffin ; Giancotti), automne-hiver 39-40 (Grimal). *Ad Heluiam matrem :* pendant l'exil (Giancotti, Griffin), printemps 42 (Grimal). *Ad Polybium :* règne de Claude, avant le triomphe breton de 44 (Griffin ; Giancotti), hiver 43-44 (Grimal). *De ira* : 41 (Grimal), 52 (Griffin), entre 41 et 52 (Giancotti). *De breuitate uitae :* entre mi-48 et mi-55 (Griffin), printemps 49 (Grimal), après 61 (Giancotti). *De constantia sapientis :* avant 62 (Griffin), 55 ? (Grimal), entre 41 et 63 (Giancotti). *De tranquillitate animi :* sous Claude ou Néron (Griffin), 49-54 (Giancotti), 53 ou 54 (Grimal). *De otio :* indatable (Griffin, Giancotti), 62 (Grimal). *De clementia :* entre le 15 décembre 55 et le 15 décembre

56 (Griffin), discours prononcé le 1er janvier 56? (Grimal). *De uita beata* : sous Néron, avant 62 (Griffin), 58 (Grimal), entre 54 et 62 (Giancotti). *De beneficiis* : après 56 (Griffin), 59-60? (Grimal) (et 59-61 Chaumartin **59**). *Naturales quaestiones* : après 62 (Griffin, Grimal). *De prouidentia* : après la mort de Tibère en mars 37, pas pendant la dernière période de l'exil, et sinon indatable (Griffin), après la mort de Tibère, pendant l'exil en Corse ou pendant la retraite (Giancotti), printemps-été 63 (Grimal). *Epistulae ad Lucilium* : hiver 62-automne 64 (Griffin), à partir de 62 (Grimal). Des hypothèses partielles, relatives à telle ou telle œuvre, sont proposées dans des articles trop nombreux pour qu'on en rende compte ici : *cf.* Malaspina **25**.

Tradition manuscrite. Les différentes composantes de l'œuvre philosophique relèvent de traditions manuscrites différentes et n'ont été réunies en un corpus unique qu'au XIIe s., au moment où les écrits de Sénèque commençaient à faire l'objet d'une forte demande : *cf.* **55** L. D. Reynolds, chap. « The Younger Seneca », dans **56** L.D. Reynolds (édit.), *Texts and Transmission : a survey of the Latin Classics*, Oxford 1983, p. 357-381, que nous suivons ici, en le complétant éventuellement par les données des éditeurs plus récents.

1) *Dialogi.* La tradition manuscrite se rattache essentiellement au ms A (= Ambrosianus C 90 inf., copié à l'abbaye du Mont Cassin à la fin du XIe s. en écriture bénéventine). A présente des lacunes, et il a été corrigé par six mains successives, dont trois, du XIIe s. (a, A^2, A^3), avaient accès soit à l'archétype de A soit à un second apographe. Il existe par ailleurs plus d'une centaine de *recentiores*, tous postérieurs au XIIe s., qui se distribuent en deux groupes principaux, β et γ. Les mss β descendent de A, et ne sont utiles que pour combler les altérations de A postérieures à la constitution de β. Les principaux mss β sont C (Vaticanus Chigianus H. V. 153, début XIIIe s.), le plus ancien et le plus utile ; B (Berolensis Lat. fol. 47, 2e moitié du XIIIe s., Italie) ; P (Parisin. Lat. 15086, XIIIe s., France) ; Q (Parisin. Lat. 6379, fin XIIIe s., France). Parmi les mss γ en revanche aucun n'est antérieur au XIVe s. Bien que le texte de γ soit très corrigé et interpolé, certaines leçons donnent à penser que cette famille remonte à un ms indépendant de A, originaire lui aussi du Mont Cassin. Les meilleurs mss γ sont R (Vaticanus lat. 2215, début XIVe s.) et V (Vaticanus lat. 2214, XIVe s.).

2) *De clementia* et *De beneficiis*. Ces deux traités sont unis dans une même tradition issue d'un archétype qui a survécu, N (Vaticanus Palatinus Lat. 1547 = Codex Nazarianus, Italie du Nord, début du IXe s). De N descend, peut-être directement, R (Vaticanus Reginensis Lat. 1529, sans doute Italie du Nord, milieu du IXe s). La tradition postérieure (près de 300 *recentiores*) est issue de R. Elle se divise en deux groupes, le premier, plus proche de R, comportant 14 mss, le second, proche de R^2, altéré et très prolifique. Au XIIIe s., la contamination de ces deux traditions donne naissance à de nombreux *deteriores*. Outre Reynolds **55**, *cf.* **57** G. Mazzoli, « Ricerche sulla tradizione medioevale del *De beneficiis* e del *De clementia* di Seneca. 3. Storia della tradizione manoscritta », *BollClass* s. 3^a, 3, 1982, p. 165-223 ; **58** E. Malaspina, *L. Annaei Senecae De clementia libri duo, Prolego-*

meni, testo critico e comm., Alessandria 2001, p. 11-128 ; **59** F.-R. Chaumartin, *Sénèque. De la clémence*, *CUF*, Paris 2005, p. LII-LCVI.

3) *Naturales Quaestiones*. Aucun manuscrit n'est antérieur au XIIe s., et tous se rattachent à un archétype déjà amputé de la fin du livre IVa et du début du livre IVb. On distingue deux groupes en fonction de l'ordre dans lequel se succèdent les sept livres du traité. Le groupe *grandinem* (le nom étant celui du mot par lequel commence le ms) présente l'ordre IVb-VII, I-IVa et forme la famille Φ. Le groupe *quantum* présente l'ordre I-III 25, IVb-VII, et forme la famille Δ (Δ présente une lacune supplémentaire affectant la fin de III et IVa en entier). Le ms Z (Genève, lat. 77, milieu du XIIe s., France du nord) est un cas particulier : Vottero **22** a suggéré qu'il pouvait représenter une famille distincte ζ, tandis que Φ et Δ étaient regroupés en une famille commune, Ψ. Cette dernière, représentée par plus de 80 descendants, se divise à son tour en 3 branches : (1) la branche α, qui a pour représentants principaux d'une part le ms. R (Escorial, O. III 2, XIIIe s., France) et de l'autre une famille δ représentée par 3 ms, A (Leiden, Voss. Lat. O. 55, XIIe s^1.), B (Bamberg, Class. 1 (M. IV. 16), XIIe s.^{2}) et V (Vatican. Pal. Lat. 1579, XIIe-XIIIe s.) ; (2) la branche θ, représentée par F (Oxford, Merton College 250, XIIe s., France) et H (Parisin. Lat. 8624, XIIe s.^{2}, France) ; (3) la branche π, représentée par P (Parisin. Lat. 6628, XIIe s.^{2}, France).

4) *Ad Lucilium epistulae morales*. Dès l'Antiquité sans doute, les lettres furent réparties en deux volumes, contenant respectivement les lettres 1-88 et 89-124, qui firent l'objet de deux transmissions distinctes. En sus, on discerne des traces d'une subdivision interne supplémentaire entre les lettres 1-52 et 53-88. Un ms de la fin du IXe-début du Xe s., Q (Brixiensis Quirinianus B. II 6) réunit l'ensemble du corpus, quoique avec des lacunes, mais un tel regroupement reste isolé jusqu'au XIIe s. Pour les lettres 1-88, les principaux mss, descendants tous d'un archétype commun, sont p (Parisin. Lat. 8540, IXe s.), qui représente une tradition à part ; L (Laurentianus 76. 40, IXe s.) et Q (déjà cité), dérivant d'un modèle commun α ; P (Parisin. Lat. 8658 A, IXe s.) et b (Parisin. Lat. 8539, XIe s.), dérivant d'un modèle commun δ ; il faut aussi ajouter, pour les lettres 1-52, le ms M (Metensis 300, XIe s.), et pour les lettres 53-88, le ms V (Venetus Marcianus 270, IXe-Xe s.) ; M et V s'ajoutent à δ pour former une branche γ. Pour le second groupe, celui des lettres 89-124, les mss principaux sont B (Bamberg. Class. 46 (M. V, 14), milieu IXe s.) et Q (déjà cité), à compléter par p (déjà cité), fol. 31-32 : il s'agit de deux feuilles datant sans doute du début du Xe s., insérées dans p et qui contiennent les lettres 121, 12 à 122, fin. Étant donné le caractère lacunaire de ces divers mss, il est nécessaire de les compléter par des *recentiores* trop nombreux pour qu'on les cite ici : *cf.* Reynolds **55**, p. 369-375.

Éditions et éditions commentées

1) *Dialogi*

a) Principales éditions complètes : Haase **41** ; **60** M.C. Gertz, *L. Annaei Senecae Dialogorum libri XII*, Hauniae 1886 ; **61** E. Hermes, *L. Annaei Senecae* *dialogorum libros XII*, Lipsiae 1905 ; **62** A. Bourgery et R. Waltz, *Sénèque, Dialogues*, 4 vol., Paris 1922-1927 ; **63** J. W. Basore, *Seneca, Moral Essays*, 3 vol., Cambridge (Mass.)/London 1928-1932 ; **64** N. Sacerdoti, *Seneca. Dialoghi*, 2 vol., Milano 1971 ; **65** L. D. Reynolds, *L. Annaei Senecae Dialogorum libri duodecim*, Oxonii 1977 ; **66** G. Viansino, *L. Anneo Seneca. I dialoghi*, 2 vol., Milano 1988-1990 ; **67** P. Ramondetti, *Seneca. Dialoghi*, Torino 1999.

b) Principales éditions et éditions commentées de dialogues isolés (les commentaires seuls sont signalés *infra*, 'Description des œuvres', 1, b). *De prouidentia :* **68** G. Viansino, *L. Annaei Senecae, De providentia, De constantia sapientis (Dialogi I-II). Testo, comm., trad.*, Roma 1968 ; **69** A. Traina, *Lucio Anneo Seneca, La provvidenza. Intr., testo, trad. e note di A. T., con un saggio di I. Dionigi*, Milano 1997 ; **70** A. Niem, *Seneca, De Providentia. Ein Kommentar*, Osnabrück 2002 ; **70 bis** Nicola Lanzarone, *L. Annaei Senecae Dialogorum Liber I. De providentia*, Firenze 2008. *De constantia sapientis :* **71** G. Ammendola, *Della imperturbabilità del sapiente. Testo critico, introd. e comm.*, Napoli 1930 ; **72** W. Klei, *L. Annaeus Seneca, Dialogorum liber II. Ad Serenum nec iniuriam nec contumeliam accipere sapientem (de constantia sapientis). Inleiding, texts, kommentaar*, Zwolle 1950 ; Viansino **68** ; **73** F. Minissale, *L. Annaei Senecae De constantia sapientis. Intr., testo, comm.*, Messina 1977. *De ira :* **74** G. Viansino, *L. Annaei Senecae, Dialogorum libri III, IV, V De ira*, Torino 1963. *De uita beata :* **75** G. Ammendola, *Della imperturbabilità del sapiente. Testo critico, introd. e comm.*, Napoli 1930 ; **76** P. Grimal, *L. Annaei Senecae De Vita beata. Éd., introd. et comm.*, Paris 1969. *De otio :* **77** I. Dionigi, *Lucio Anneo Seneca, De otio (dial. VIII). Testo e apparato critico con introd., vers. e comm.*, Bologna 1983 ; **78** G. D. Williams, *Seneca De otio. De brevitate vitae*, Cambridge 2003. *De tranquillitate animi :* **79** G. Ammendola, *Della tranquillità dell'anima. Testo critico, introd. e comm.*, Napoli 1930 ; **80** C. Barini, *De tranquillitate animi. Introd. e comm.*, Milano 1re éd. 1953, 2e éd. 1964 ; **81** G. Barbero, *De tranquillitate animi. Introd. e comm.*, Torino 1960 ; **82** M. G. Cavalca Schiroli, *De tranquillitate animi*, Bologna 1981 (éd. commentée). *De breuitate uitae :* **83** G. Ammendola, *Della brevità della vita. Testo critico, introd. e comm.*, Napoli 1930 ; **84** P. Grimal, *L. Annaei Senecae De brevitate vitae. Éd., introd. et comm.*, Paris 1966 ; **85** A. Traina, *Seneca, La brevità della vit. Commento di A. T. con un'antologia di pagine senecane sul tempo*, Torino 1970 ; Williams **78**.

2) De clementia. Haase **41** ; **86** M. C. Gertz, *L. Annaei Senecae libri De beneficiis et De clementia*, Berolini 1876 ; **87** C. Hosius, *L. Annaei Senecae De beneficiis libri VII ; De clementia libri II*, Lipsiae 1900 ; **88** F. Préchac, *Sénèque, De la clémence, CUF*, Paris 1921 ; **89** G. Ammendola, *L. Anneo Seneca, Della clemenza. Intr. e comm.*, Torino 1928 ; **90** P. Faider, *Sénèque, De la clémence. 1re partie : Intr. et texte*, Gand/Paris 1928 ; **91** P. Faider, C. Favez et P. van De Woestijne, *Sénèque, De la clémence. 2e partie : comm. et index*, Brugge 1950 ; Basore **63**, t. I ; Malaspina **58** ; Chaumartin **59** ; **91 bis** Seneca, *De clementia. Ed. with transl. and comm.* by S. Braund, Oxford, 2009.

3) *De beneficiis.* Haase **41**; Gertz **86**; Hosius **87**; Basore **63**, t. III; **92** F. Préchac, *Sénèque. Des bienfaits*, 2 vol., *CUF*, Paris 1961; **92 bis** *Le regole del beneficio.* Commento tematico a Seneca, De beneficiis, *libro I*, a cura di G. Picone, Palermo 2013.

4) *Naturales Quaestiones.* Œuvre complète: **93** A. Gercke, *L. Annaei Senecae Naturalium quaestionum libri VII*, Lipsiae 1907; **94** P. Oltramare, *Sénèque, Questions Naturelles*, *CUF*, 2 vol., Paris 1re éd. 1929, 2e éd. 1961; **95** T. H. Corcoran, *Seneca. Naturales Quaestiones, with an English Translation*, 2 vol., London/Cambridge (Mass.) 1971-72; **96** C. Codoñer Merino, *L. Annaei Senecae Naturales Quaestiones.* Texto revisado y traducido, 2 vol., Madrid 1979; **97** D. Vottero, *Questioni naturali di Lucio Anneo Seneca*, Torino 1989; **98** H. M. Hine, *L. Annaei Senecae Naturalium quaestionum libros* recogn. H. M. H., Stutgardiae/ Lipsiae 1996; **99** P. Parroni, S*eneca, Ricerche sulla natura*, Fondazione Lorenzo Valla, [Milano] 2002 (édition, trad. italienne et comm.). **Livres isolés: 100** H. M. Hine, *An Edition with Commentary of Senecas Natural Questions, Book Two*, New York 1981; **101** R. Marino, *Seneca, Naturales Quaestiones II*, Pisa/Roma 1996.

5) *Ad Lucilium epistulae morales.*

a) Éditions. Haase **41**; **102** O. Hense, *L. Annaei Senecae Ad Lucilium Epistularum moralium quae supersunt*, Lipsiae 1898; **103** A. Beltrami, *L. Annaei Senecae ad Lucilium epistularum moralium libri*, t. I, Brescia 1916; t. II, Bologna 1927; **104** R. M. Gummere, *L. Annaeus Seneca, Ad Lucilium epistulae morales*, 3 vol., London/Cambridge (Mass.) 1917-1925; **105** U. Boella, *Lettere a Lucilio di L. Anneo Seneca*, Torino 1951; **106** F. Préchac et H. Noblot, *Sénèque. Lettres à Lucilius*, *CUF*, 5 vol., Paris 1957-1959; **107** L. D. Reynolds, *L. Annaei Senecae Ad Lucilium epistulae morales*, 2 vol., Oxonii 1965.

b) Éditions commentées de lettres ou groupes de lettres. 108 A. Stückelberger, *Senecas 88. Brief. Über Wert und Unwert der freien Künste*, Heidelberg 1965; **109** G. Scarpat, *La lettera 65 di Seneca*, Brescia 1re éd. 1965, 2e éd. 1970; **110** H. Zechel, *L. A. Seneca, Brief 89. Textkritische Ausgabe mit Sachkommentar und sprachlich-stilistischen Erläuterungen*, Bamberg 1966; **111** G. Scarpat, *Lucio Anneo Seneca, Lettere a Lucilio, Libro primo (epist. I-XII), testo, introd., vers. e comm.*, Brescia 1975; **112** M. Bellincioni, *Lucio Anneo Seneca. Lettere a Lucilio, libro XV, le lettere 94 e 95, testo, introd., vers. e comm.*, Brescia 1979; **113** C. D. N. Costa, *Seneca. 17 letters, with transl. and comm.*, Warminster (Wiltshire) 1988; **114** C. Op Het Veld, *Quem putas perisse praemissus est. Ein Kommentar zu Senecas 93. und 99. Brief*, Aachen 2000; **115** G. Laudizi, *Lucio Anneo Seneca. Lettere a Lucilio, libro terzo, epp. XXII-XXIX. Testo, introd., trad. e comm.*, Napoli 2003; **116** C. Hönscheid, *Fomenta Campaniae. Ein Kommentar zu Senecas 51., 55. und 56. Brief*, München/Leipzig 2004; **117** R. Marino, *Lucio Anneo Seneca. Ad Lucilium epistula 85*, Palermo 2005; **118** F. R. Berno, *L. Anneo Seneca, Lettere a Lucilio, libro VI, le lettere 53-57*, Bologna 2006; **119** U. G. Hamacher, *Senecas 82. Brief an Lucilius. Dialektikkritik illustriert am Beispiel der Bekämpfung des* metus mortis. *Ein Kommentar*, Leipzig 2006 ; **119bis** E. Hachmann, *L. Annaeus Seneca Epistulae morales. Brief 66*, Frankfurt/Berlin/etc. 2006 ; **120** B. Inwood, *Seneca : Selected philosophical letters, transl. with introd. and comm.*, Oxford/New York 2007 ; **120bis** G. Scarpat, *Anticipare la morte o attenderla. La lettera 70 a Lucilio*, Brescia 2007 ; **120ter** J. Schafer, *Ars didactica. Seneca's 94th and 95th Letters*, Göttingen 2009.

Description des œuvres

Outre les études signalées ci-dessous, une présentation synthétique de chacune des œuvres philosophiques, avec bibliographie afférente, figure dans **120quarto**, G. Damschen et A. Heil (édit.), *Brill's Companion to Seneca Philosopher and Dramatist*, Leiden 2014 (nous renonçons à nommer ici les auteurs des différents chapitres). Et sur les principales problématiques que pose l'œuvre de Sénèque en général, on pourra consulter **120quinto** S. Bartsch et A. Schiesaro (édit.), *The Cambridge Companion to Seneca*, Cambridge 2015.

1) *Dialogi*.

a) Forme des *Dialogi*. Les *Dialogues* sont au nombre de douze, chacun correspondant à un traité distinct, à l'exception des *Dialogues* III, IV et V qui forment les trois livres d'un unique traité, le *De ira*. Leur écriture, pour autant qu'on sache (*cf. supra* 'Chronologie'), s'est étalée tout au long de la vie de Sénèque. On ne sait si le corpus a été constitué par Sénèque lui-même, ni s'il est le responsable de l'appellation de *Dialogi* transmise par les manuscrits. Cependant ce titre est utilisé dès la génération suivante par Quintilien, *Inst. Or.* X 1, 129, ce qui plaide en faveur d'une origine sénéquienne. On ne trouve dans ces 'dialogues' ni personnages identifiés, ni successions de répliques, ni fiction scénique. Simplement l'exposé, auquel Sénèque procède à la première personne, est interrompu de façon ponctuelle par des questions ou objections, le plus souvent (mais pas toujours) brèves, émanant d'un interlocuteur anonyme, qui n'est pas un spécialiste des questions traitées mais seulement quelqu'un doté d'une bonne culture générale. Ses interventions tantôt relancent l'exposé dans une nouvelle direction, tantôt suggèrent seulement une résistance psychologique à des procédures déroutantes ou à des thèses difficiles à admettre (seule exception, le début du *De tranquillitate animi*, où le dédicataire, Sérénus (➨S 55), décrit longuement à Sénèque son instabilité intérieure et lui demande comment y remédier ; la réponse de Sénèque constitue le reste du traité). Qui est cet interlocuteur anonyme ? Ce peut être le dédicataire du traité, et on a tenté parfois de montrer que ses interventions étaient en rapport avec la personnalité supposée de ce dernier ; mais l'interlocuteur peut aussi perdre toute individualité et représenter le lecteur en général. Quoi qu'il en soit, la forme dialoguée facilite la progression de l'exposé, tout en conférant au discours la vivacité et la familiarité d'un *sermo* en acte. Par ailleurs interviennent ponctuellement d'autres personnages, comme le dieu, la nature, la fortune, le sage, etc., en des prosopopées qui peuvent être longues. Ainsi se crée une 'polyphonie' de 'voix' : *cf.* **121** G. Mazzoli, « *Dialogi* : la 'forma' della crisi », dans Rodriguez-Pantoja **28**, p. 342-353, et **122** *Id.*, « Le "voci" dei *Dialoghi* di Seneca », dans

Parroni **13**, p. 249-260. D'autres œuvres de Sénèque adoptent d'ailleurs cette même forme dialoguée, sans pour autant se présenter sous ce nom : c'est le cas du *De beneficiis* et des *Questions Naturelles*, et même dans une certaine mesure des *Lettres*. S'agissant maintenant de l'ordre des dialogues dans le corpus, la seule certitude, c'est qu'il n'est pas chronologique. Dissimule-t-il une architecture délibérée ? On a tenté de distinguer des groupes, soit en fonction du dédicataire (par exemple Sérénus, auquel sont dédiés trois traités, ou encore Novatus/Gallio, qui s'en voit adresser deux), soit en fonction des problématiques, soit plus largement en fonction de l'intention générale des divers traités, qui serait tantôt plutôt didactique, tantôt plutôt parénétique. Combinant divers paramètres, **123** E. G. Schmidt, « Die Anordnung der Dialoge Senecas », *Helikon* 1, 1961, p. 245-263, a proposé une architecture générale du corpus, mais cela reste du domaine de l'hypothèse. Quant à la structure même de chaque dialogue, elle est rarement évidente à première lecture, d'où l'hypothèse très réductrice qu'elle n'existerait pas et que Sénèque écrirait au fil de la plume : ainsi **124** E. Albertini, *La composition dans les ouvrages philosophiques de Sénèque*, Paris 1923. Depuis cette date cependant divers efforts pour déceler dans les dialogues un plan et des structures ont permis de comprendre que les principes de composition n'en étaient pas absents. Il semble que Sénèque tantôt organise son exposé autour de définitions logiques et/ou de procédures parénétiques, tantôt le structure à la façon des *controuersiae* rhétoriques : *cf.* **125** P. Grimal, « La composition dans les « Dialogues » de Sénèque. I : Le *De constantia sapientis* », et **126** *Id.* « La composition ... II : Le *De providentia* », *REA* respectivement 51, 1949, p. 246-261 et 52, 1950, p. 238-357 ; **127** K. Abel, *Bauformen in Senecas Dialogen. Fünf Strukturanalysen : dial. 6, 11, 12, 1 und 2*, Heidelberg 1967 ; **128** *Id.*, « Die « beweisende » Struktur des senecanischen Dialogs », dans **129** P. Grimal (édit.), *Sénèque et la prose latine*, coll. « Entretiens sur l'antiquité classique » 36, Vandoeuvres-Genève 1991, p. 49-81.

b) Contenu des *Dialogi*. Il s'agit d'œuvres morales : leur propos est d'indiquer la façon dont l'éthique stoïcienne pose un certain nombre de problèmes précis touchant à la vie et aux conduites humaines, et de montrer les remèdes qu'elle apporte aux souffrances intérieures. Sénèque s'efforce d'apprendre au lecteur à se situer dans le monde par des leçons sur la providence *(De prouidentia)* ou sur le temps *(De breuitate uitae, De otio)* ; il lui enseigne aussi à identifier l'origine de ses souffrances, qui est à chercher dans les maladies de l'âme ou passions, lesquelles constituent le seul mal véritable *(De ira, Consolationes, De constantia sapientis, De tranquillitate animi)*. Les passions reposent sur un jugement erroné, et elles peuvent être guéries par une thérapeutique menée par et pour la raison. Ainsi pourra être rétablie la sérénité intérieure, seule condition du bonheur. Ces mêmes principes gouvernent aussi les *Lettres à Lucilius*, mais avec cette différence que les *Dialogues* sont centrés chacun sur une question spécifique.

***De prouidentia (Dial.* I)** Étude : **130** I. Dionigi, « Il 'De providentia' di Seneca fra lingua e filosofia », dans *ANRW* II 36, 7, Berlin 1994, p. 5399-5414.

Le *De prouidentia* est une réponse à une question posée par le dédicataire, Lucilius (pour ce dernier, *cf.* ci-dessous *Lettres à Lucilius*) : pourquoi, si la providence gouverne le monde, les sages sont-ils en butte aux malheurs ? Le traité commence par une affirmation préalable : le spectacle même du monde indique que le cosmos est organisé par une providence. Le reste de la démonstration est annoncé dans la *diuisio* du chapitre 3, 1 : les maux qui touchent les hommes de bien ne sont pas de véritables maux ; ils sont utiles à l'homme de bien en lui permettant de s'éprouver, et aux hommes ordinaires par l'exemple que leur donne l'homme de bien aux prises avec ces épreuves ; ils sont conformes à la loi du destin qui fait aussi les hommes de bien. Ces divers points sont abordés ensuite de façon plus ou moins développée, certains étant à peine esquissés. Le traité s'achève par une prosopopée de Dieu à l'adresse des sages : les bonheurs ordinaires sont fragiles, seuls les biens de l'âme sont sûrs. Quant aux maux extérieurs, si l'homme s'avère incapable de les supporter, il a toujours la liberté de s'en affranchir par le suicide.

De constantia sapientis (*Dial.* II) Études : **131** P. Grimal, *De constantia sapientis. Commentaire,* Paris 1953 ; **132** J.-M. André, « Sénèque : 'De brevitate uitae', 'De constantia sapientis', 'De tranquillitate animi', 'De otio' », dans *ANRW* II 36, 3, Berlin 1989, p. 1724-1778.

Le traité a pour objet de démontrer au dédicataire, Sérénus, membre de la cour de Néron et haut fonctionnaire (*cf. supra*, 'Biographie', 2, 'Lieu de naissance et famille'), que le sage, pour qui les seules valeurs sont les valeurs morales, ne peut être atteint ni par l'*iniuria* (offense impliquant l'intention de faire du mal) ni par la *contumelia* (offense plus légère, n'entraînant qu'une blessure d'amour-propre). Les deux notions sont traitées dans deux parties successives, la première de façon plus technique et dialectique, la seconde plus librement, d'un point de vue pratique.

De ira (*Dial.* III-IV-V) Études : **133** G. Cupaiuolo, *Introduzione ad De ira di Seneca,* Napoli 1975 ; **134** J. Fillion-Lahille, *Le De ira de Sénèque et la philosophie stoïcienne des passions,* Paris 1984 ; **135** *Ead.,* « La production littéraire de Sénèque sous les règnes de Caligula et de Claude, sens philosophique et portée politique : les 'Consolationes' et le 'De ira' », dans *ANRW* II 36, 3, Berlin 1989, p. 1606-1638 ; **136** P. Ramondetti, *Struttura di Seneca,* De ira *II-III : una proposta d'interpretazione,* Bologna 1996 ; **137** W. E. Wycislo, *Seneca's Epistolary* responsum. *The* De ira *as Parody,* Frankfurt/Berlin 2004. Le *De ira,* écrit à la demande du dédicataire, Novatus, le frère aîné de Sénèque, a été mis en rapport avec un édit impérial de 41, où Claude promettait de réfréner ses colères (Suétone, *Claud.* 38, 1). Et en effet, par-delà Novatus, le traité s'adresse à un souverain disposant du droit de vie et de mort, et il s'inscrit ainsi dans une double tradition : celle du « Fürstenspiegel », du conseil au prince, à laquelle appartient aussi le *De clementia* ; et celle des nombreux traités philosophiques « Sur la colère ». Si la thèse directrice est claire – il ne faut pas se contenter de modérer sa colère, il faut la bannir entièrement –, la structure l'est moins.

Le livre I est une description de la laideur de la colère et une analyse de sa genèse, avec une polémique contre la thèse péripatéticienne qui légitime la passion modérée. Le livre II analyse le rôle de la volonté dans le surgissement de la passion, et propose une prophylaxie de la colère chez les enfants puis chez les adultes. Le livre III met l'accent sur la thérapeutique de la colère. Mais la division de la matière entre les trois livres n'est pas rigoureuse, et on constate un éparpillement des thèmes ainsi que d'apparentes redites.

Fillion-Lahille **135** explique ces apparents défauts par le recours à des sources différentes et complémentaires : pour le livre I, essentiellement Chrysippe

(➾C 121), mais aussi Bion de Borysthène (➾B 32) et Antipater (➾A 205) ; pour le livre II, surtout Posidonios (➾P 267), mais aussi Sotion (➾S 138), le maître de Sénèque ; pour le livre III, essentiellement Sotion.

Consolationes ad Marciam (Dial. VI), ad Heluiam matrem (Dial. XII), ad Polybium (Dial. XI). Études : Fillion-Lahille **135** ; **138** F. Ficca, *Remedia doloris. La parola come terapia nelle* Consolazioni *di Seneca*, Napoli 2001. *Ad Marciam* : Commentaire : **139** C. E. Manning, *On Seneca's Ad Marciam*, Leiden 1981. *Ad Heluiam matrem :* Commentaire : **140** P. Meinel, *Seneca über seine Verbannung*, Bonn 1972. *Ad Polybium :* Commentaire : **141** Th. Kurth, *Senecas Trostschrift an Polybius : Dialog 11. Ein Kommentar*, Stuttgart/Leipzig 1994. Étude : **142** J. E. Atkinson, « Seneca's 'Consolatio ad Polybium' », dans *ANRW* II 32, 2, Berlin 1985, p. 860-884. Ces trois œuvres sont avec le *De ira* les plus anciennes que nous ayons conservées. La consolation est un genre composite, à la fois rhétorique et philosophique, qui s'ancre d'une part dans les traités des rhéteurs, de l'autre dans les nombreux ouvrages des philosophes « Sur la douleur » et « Sur les passions ». Ces deux composantes apparaissent clairement dans les trois consolations de Sénèque, qui manipulent tout un matériau moral stoïcien à l'aide de procédés rhétoriques parfois saisissants, images, exemples, prosopopées, descriptions.

La *Consolation à Marcia* est adressée à une grande dame romaine qui avait perdu son fils Métilius et ne parvenait toujours pas au bout de trois ans à surmonter son chagrin. Pour encourager Marcia (➾M 31), Sénèque commence par lui rappeler l'héroïsme dont elle a fait preuve sous Tibère lors de la condamnation à mort et du suicide de son père, l'historien républicain Cremutius Cordus ; puis il parcourt les divers *loci communes* consolatoires, avant d'évoquer le destin de l'âme de Métilius dans l'au-delà, en des pages imitées du *Songe de Scipion* de Cicéron. La *Consolatio ad Heluiam matrem* est adressée par Sénèque à sa mère Helvia, pour la consoler de sa propre relégation en Corse. Sénèque s'efforce de lui démontrer que l'exil, simple *loci commutatio*, « changement de lieu », et les inconvénients qui l'accompagnent (pauvreté, déshonneur) ne sont pas des maux au regard des valeurs éthiques. L'œuvre est célèbre aussi par les renseignements biographiques qu'y livre Sénèque, peignant un tableau touchant de sa famille. La *Consolatio ad Polybium* est adressée à un affranchi de l'empereur Claude, Polybe, qui avait perdu un frère ; on y reconnaît un bon nombre des thèmes consolatoires déjà utilisés dans la *Consolatio ad Marciam*. Mais la véritable raison d'être de cette œuvre est la supplique que Sénèque adresse à Claude (chap. 13) pour lui demander son rappel. Il ne faut cependant pas sous-estimer ce texte : à côté des motifs courtisans obligés et dans le traitement desquels Sénèque ne manifeste pas plus de servilité qu'il n'est d'usage depuis le règne de Caligula, se trouve esquissée une conception du pouvoir impérial, influencée par les représentations gréco-hellénistiques du souverain, qui annonce le *De clementia*.

De uita beata (Dial. VII) Commentaire : **143** G. Kuen, *Die Philosophie als "dux vitae". Die Verknüpfung von Gehalt, Intention und Darstellungsweise im philosophischen Werk Senecas*, Heidelberg 1994. Étude : **144** F.-R. Chaumartin, « Les désillusions de Sénèque devant l'évolution de la politique néronienne et l'aspiration à la retraite : le 'De uita beata' et le 'De beneficiis' de Sénèque », dans *ANRW* II 36, 3, Berlin 1989, p. 1686-1723. Le *De uita beata* est dédié à Gallio/ Novatus, le frère aîné de Sénèque.

Le traité part d'une constatation : tous les hommes aspirent à vivre heureux. Sénèque définit le bonheur, puis il prescrit les moyens les plus propres à l'assurer. Le bonheur, conformément au dogme stoïcien, est analysé comme conformité à la nature. Contrairement à la thèse épicurienne selon laquelle le bonheur résulte du plaisir, ce que doit rechercher l'homme, c'est la vertu, qui ne reconnaît comme valeur que le bien spirituel et assure ainsi son autonomie et sa cohérence. La seconde partie du traité s'attache à la notion de préférables, mal comprise du vulgaire : il s'agit des biens matériels qui, parce qu'ils n'ont aucune valeur éthique, ni positive ni négative, n'ont pas à être recherchés ni non plus rejetés. Dans ces derniers développements les commentateurs voient une réponse de Sénèque aux attaques de Suillius, qui en 58 avait critiqué violemment les immenses richesses du philosophe. La fin du traité est perdue.

De otio (Dial. VIII) Étude : André **132**. Le traité est lourdement amputé de son début et de sa fin.

Sénèque démontre à Serenus, le probable dédicataire (*cf. supra* '*De constantia*'), que l'*otium*, le loisir, est conforme aux préceptes stoïciens. La thèse semble paradoxale puisque les stoïciens sont connus pour prôner la participation aux affaires publiques. Mais Sénèque montre que leur position de principe a dès l'origine admis des nuances en fonction des circonstances de la vie publique. Par ailleurs l'*otiosus*, l''homme de loisir' que décrit le traité n'est pas un oisif, mais un philosophe qui s'adonne à l'étude des divers domaines du savoir. En cela, loin de s'abstraire du bien commun, il travaille pour la communauté humaine tout entière et sert non pas un État particulier, mais la grande République, celle que forment conjointement les hommes et les dieux.

De tranquillitate animi (Dial. IX). Étude : André **132**. Comme le *De constantia sapientis* et le *De otio*, le *De tranquillitate animi* est dédié à Serenus, qui s'est plaint à Sénèque de son instabilité intérieure. Comment obtenir la *tranquillitas animi*, la « sérénité de l'âme » ?

S'inspirant d'Athénodore de Tarse, dit Calvus (➡A 497), Sénèque propose d'abord comme remèdes les tâches extérieures, c'est-à-dire la participation à la vie publique et la pratique des *officia*, des devoirs sociaux. Pour les cas où cela est impossible, divers conseils pratiques sont proposés à l'homme ordinaire : bien choisir ses amis, limiter ses richesses, restreindre ses ambitions, et de façon générale organiser son existence avec une juste conscience des réalités humaines. Le dernier chapitre est une exhortation à un mode de vie équilibré. Cette structure pointilliste du *De tranquillitate* a suscité bien des interrogations. Les tentatives pour la justifier d'un point de vue soit parénétique soit rhétorique n'ont guère fait avancer le débat.

De breuitate uitae (Dial. X). Étude : André **132**. Le traité, dédié au préfet de l'annone Paulinus (L. (?) Pompeius Paulinus [➡P 61a dans les compléments du tome VII], *RE* 99, *PIR*² P 634), appartient au genre du protreptique, de l'exhortation à la philosophie. Son thème général est le bon usage du temps.

La vie ne paraît brève aux hommes que parce qu'ils gaspillent leur temps en occupations inutiles. Savoir utiliser sa vie, c'est substituer à la conception quantitative du temps une conception qualitative proprement éthique. La seconde partie du traité est une exhortation à l'*otium* : Sénèque s'efforce de persuader Paulinus de renoncer à la préfecture de l'annone afin de s'adonner pleinement à la philosophie. Grimal **84** s'est efforcé de montrer que cette *argumentatio* se développe selon les deux aspects de l'utile (*utile*, chap. 10-17) et du bien moral (*honestum*, chap. 18-fin).

2) De clementia. Études : **145** T. Adam, *Clementia principis. Der Einfluß hellenistischer Fürstenspiegel auf den Versuch einer rechtlichen Fundierung des Principats durch Seneca*, Stuttgart 1970 ; Griffin **1**, p. 133-171 ; **146** M. Bellincioni, *Potere ed etica in Seneca. Clementia e voluntas amica*, Brescia 1984 ; **147** B. Mortureux, « Les idéaux stoïciens et les premières responsabilités politiques : le 'De clementia' », dans *ANRW* II 36, 3, Berlin 1989, p. 1639-1685 ; **148** R.

Rilinger, « Seneca und Nero. Konzepte zur Legitimation kaiserlicher Herrschaft »,
Klio 78, 1996, p. 130-157 ; **149** P. Soverini, « La clemenza dei potenti. Considera-
zioni sul primo libro del *De clementia* di Seneca », *BStudLat* 30, 2000, p. 48-61 ;
150 A. De Vivo et E. Lo Cascio (édit.), *Seneca uomo politico e l'età di Claudio e
di Nerone*, Bari 2003. Le *De clementia*, si l'on se fie au témoignage du texte
même, a été composé entre le 15 décembre 55 et le 15 décembre 56, alors que
Néron était un tout jeune empereur, susceptible encore d'être éduqué à sa fonction.
Le traité lui est dédié avec pour but explicite de lui enseigner la clémence, à
laquelle, dit Sénèque, le prince incline déjà spontanément du fait de sa nature
généreuse.

La *diuisio* donnée en I 3, 1 indique que Sénèque projetait trois livres dont il indique les
contenus : pour le livre I, la *diuisio* est malheureusement mutilée ; le livre II était consacré aux
définitions de la clémence et des vertus et vices contigus ; le livre III devait être de nature
parénétique et enseigner comment faire sienne la vertu de clémence. Mais le traité nous est
parvenu incomplet, réduit au livre I et au début du II, sans que l'on dispose d'arguments contrai-
gnants pour décider si le reste a été perdu ou si l'ouvrage est resté inachevé.

La structure de l'ouvrage et le rapport entre les deux livres conservés, problèmes liés à l'interprétation globale du *De clementia*, ont été fort discutés : *cf*. **151** K.
Büchner, « Aufbau und Sinn von Senecas Schrift über die Clementia », *Hermes* 98,
1970, p. 203-223 ; **152** B. Mortureux, *Recherches sur le « De clementia » de Sénèque. Vocabulaire et composition*, Bruxelles 1973 ; **153** J. Dingel, « *Misericordia
Neronis*. Zur Einheit von Senecas "De clementia" », *RhM* 132, 1989, p. 166-175.
La 'reconstruction' du texte à laquelle s'est livré Préchac **88** est parfaitement arbitraire. Intéressante en revanche l'hypothèse de Grimal **3**, p. 119-132, selon lequel
le livre I reflèterait, après remaniement, le discours solennel prononcé par Sénèque
lors de la *nuncupatio uotorum* du 1er janv. 56. Le *De clementia* s'inscrit dans la
tradition des « Fürstenspiegel », des traités destinés à éduquer ou à conseiller le
prince, qui ont fleuri en Grèce hellénistique dans les diverses écoles philosophiques : *cf*. Adam **145**. Sénèque, qui n'hésite pas à employer le terme de *rex* sans
connotation péjorative, s'inscrit dans une défense de la royauté absolue (Griffin **1**,
p. 141-148). La royauté est rendue nécessaire par l'incapacité du corps civique à se
gouverner lui-même et par sa tendance à l'anarchie (ainsi *Clem*. I 1, 1 ; I 3, 5).
S'ajoute aussi l'influence d'une conception hellénistique et plus particulièrement
égyptienne du pouvoir : le prince est l'élu des dieux dont il joue le rôle sur terre
(*deorum uice*, *Clem*. I 1, 2), et il n'a de compte à rendre qu'à eux (*Clem*. I 1, 4).
Mais ce pouvoir absolu est contrebalancé par l'exigence morale de la clémence,
qui apparaît ainsi comme la qualité despotique par excellence. Le prince est au-
dessus de la loi, et la *clementia* est le contrepoids nécessaire de cet autocratisme.
Mais Sénèque prend bien soin aussi d'insister sur l'utilité que présente pour le
prince l'exercice de la *clementia* : la clémence lui assure l'amour de ses concitoyens, et elle est le meilleur moyen pour garantir la sécurité du trône. Le traité est
solidement ancré dans le stoïcisme, même si dans le livre I apparaissent certains
flottements de terminologie dus sans doute au caractère protreptique de ce livre et à
son ancrage dans la réalité romaine du principat. Le livre II en revanche est d'une

grande technicité et d'une grande précision philosophiques, définissant *clementia*, *misericordia*, *crudelitas*, *saeuitia*, de façon rigoureusement conforme aux conceptions stoïciennes de la vertu et de la passion.

3) *De beneficiis*. Études : **154** F.-R. Chaumartin, *Le* De beneficiis *de Sénèque, sa signification philosophique, politique et sociale*, Paris 1985 ; *Id.* **144** ; **155** B. Inwood, « Politics and Paradox in Seneca's *De beneficiis* », dans **156** B. Inwood, *Reading Seneca. Stoic Philosophy at Rome*, Oxford 2005, p. 65-94 ; **157** M. Griffin, « Seneca as a sociologist : *De beneficiis* », dans De Vivo et Lo Cascio **150**, p. 89-122 ; **157bis** *Ead.*, *Seneca on Society. A guide to* De beneficiis, Oxford 2013. Le *De beneficiis* est un long dialogue (au sens défini *supra*) en sept livres, dédié à Aebutius Liberalis (☞L 54. Pour l'identification de ce dernier, *cf.* Griffin 1, p. 455 *sq.*). Il a été écrit probablement dans les années qui précédèrent immédiatement la retraite de Sénèque.

Sénèque indique avec la plus grande clarté le *propositum*, le but de son ouvrage : enseigner comment donner et recevoir les bienfaits (I 1, 1 ; V 1, 1), c'est-à-dire comment pratiquer la bienfaisance et la gratitude, qui sont le lien le plus puissant de la société humaine (I 4, 2). Le traité se divise en deux parties (V 1, 1) : les livres I-IV épuisent le *propositum* annoncé, tandis que V-VII sont consacrés à des questions *conexa, non cohaerentia*, « liées mais non inhérentes au sujet ». Les trois premiers livres examinent l'échange des bienfaits dans le cadre concret de la société néronienne. Les livres I et II étudient la pratique des bienfaits sur un plan général : comment convient-il de donner et de recevoir ? Le livre III pose l'échange des bienfaits au sein d'un certain nombre de relations hiérarchiques particulières : entre patrons et clients, entre anciens maîtres et affranchis, entre maîtres et esclaves, entre pères et fils. Le livre IV, en position centrale, apprécie la question du bienfait sur le plan éthique : contrairement à ce que prétendent les épicuriens, le bienfait n'obéit pas à des considérations utilitaires mais relève des *per se res expetendae*, des « choses à rechercher pour elles-mêmes » (IV 1, 1). Enfin les livres V à VII sont consacrés à des questions subsidiaires de casuistique.

Chaumartin **154** et **144** a étudié les sources philosophiques du traité. Elles sont hellénistiques : Hécaton (☞H 13) d'abord, et plutôt un Περὶ χαρίτων que le Περὶ καθήκοντος ; Chrysippe (☞C 121), auquel est emprunté le développement sur le mythe des Charites (I 3) ; Démétrius (☞D 43), pour les douze premiers chapitres du livre VII. Enfin les chapitres 6 à 8 du livre IV ont une couleur posidonienne. Mais le *De beneficiis* est aussi une œuvre fortement engagée dans son époque et qui reflète un certain nombre de débats concrets contemporains. On y perçoit l'écho d'une réflexion politique. Comme déjà dans le *De clementia*, Sénèque considère que le pouvoir absolu est le seul possible dans l'état présent du corps civique romain ; mais, à la différence cette fois du *De clementia*, le philosophe a pris acte de l'évolution tyrannique de la monarchie néronienne, à laquelle on ne peut parer que par un repliement sur les valeurs spirituelles. Sur le plan social, les hiérarchies (patron/clients, anciens maîtres/affranchis, maîtres/esclaves, parents/enfants) n'interdisent pas l'échange et la réciprocité des bienfaits définis comme libres dons : elles font donc place à la liberté intérieure et aux valeurs morales.

4) *Naturales Quaestiones*. Études : **158** W. Waiblinger, *Senecas* Naturales Quaestiones. *Griechische Wissenschaft und römische Form*, München 1977 ; **159** C. Codoñer, « La physique de Sénèque : ordonnance et structure des 'Naturales

Quaestiones' », dans *ANRW* II 36, 3, Berlin 1989, p. 1779-1822 ; **160** O. Gigon, « Senecas *Naturales Quaestiones* », dans Grimal **129**, p. 313-339 ; **161** N. Gross, *Senecas* Naturales Quaestiones. *Komposition, naturphilosophische Aussagen und ihre Quellen*, Stuttgart 1989 ; **162** F. R. Berno, *Lo specchio, il vizio e la virtù. Studio sulle* Naturales Quaestiones *di Seneca*, Bologna 2003 ; **163** B. M. Gauly, *Senecas* Naturales Quaestiones. *Naturphilosophie für römische Kaiserzeit*, München 2004 ; **163bis** G. D. Williams, *The Cosmic Viewpoint. A Study of Seneca's 'Natural Questions'*, Oxford 2012. Les *Questions Naturelles*, composées par Sénèque durant la retraite, sont un dialogue dont le dédicataire est Lucilius (➭L 68. *Cf. infra*, '*Lettres à Lucilius*'). Le traité, conformément à son titre, est une 'enquête' sur la nature (pour le sens de *quaestio, cf.* Codoñer **159**, p. 1779-1784). Ses sept livres sont en réalité huit : IVa et IVb sont deux livres indépendants amputés l'un de sa fin, l'autre de son début. L'ordre adopté traditionnellement par les éditeurs est l'ordre *quantum* des manuscrits (*cf. supra* 'Tradition manuscrite'), mais celui de Sénèque devait être III-IVa-IVb-V-VI-VII-I-II (*cf.* Codoñer **96**, Hine **98**, Parroni **99**).

Chaque livre correspond à un contenu précis. Livre I : phénomènes célestes lumineux (halos, arcs-en-ciels, étoiles filantes). Livre II : éclairs, tonnerre et foudres ; les chapitres 32-51 sont un développement sur la divination étrusque par les foudres, associé à une réflexion sur le destin. Livre III : les eaux terrestres, soit les eaux fluviales et leur origine, les eaux souterraines et les sources. Le livre s'achève par une description du déluge (chap. 27-30). Livre IVa : le Nil, son cours, sa faune ; hypothèses sur l'origine de ses crues. Livre IVb : la grêle. Livre V : les vents, leur origine, leurs subdivisions. Livre VI : les tremblements de terre : étiologies, phénomènes associés. Livre VII : les comètes. Sont-elles des astres ou des météores ignés ? Sénèque conclut qu'elles sont des astres au même titre que les planètes.

L'hypothèse simpliste d'une source unique, manuel doxographique ou autre, est obsolète, et l'on s'accorde aujourd'hui à reconnaître l'utilisation d'une ample documentation. Sénèque cite par leur nom un grand nombre d'auteurs, quasiment tous grecs et d'époque hellénistique ; mais il est fréquent aussi qu'il ne désigne sa source que d'un simple *quidam*. Et même lorsqu'il donne un nom, il est bien difficile de décider s'il connaît l'auteur directement ou de seconde main : *cf.* Gross **161** ainsi que **164** A. Setaioli, *Seneca e i Greci. Citazioni e traduzioni nelle opere filosofiche*, Bologna 1988, p. 375-452. Cependant les *Questions Naturelles* ne sont pas un simple reflet de la science grecque antérieure. Sénèque y fait preuve d'autonomie : il cite des observations personnelles (le halo qui se forme autour d'une lampe dans une atmosphère chargée d'humidité (I 2, 4), le système des eaux du lac Fucin (III 2), etc.), discute les thèses qu'il rapporte et ne craint pas de prendre position, à la différence d'un simple doxographe. Les *Questions Naturelles* sont un véritable ouvrage scientifique, mais elles sont aussi un ouvrage philosophique. Car d'abord la physique relève de la philosophie ; elle en est la partie la plus ambitieuse et la plus noble, celle qui « touche aux dieux », *ad deos pertinet*, dans la mesure où elle permet à l'intelligence humaine de percevoir le plan divin de la nature (I *praef.* 1). Mais fréquenter les grandes problématiques de la physique, c'est aussi, pour l'homme, apprendre à se situer dans le cosmos et par là même apprendre à agir : *sciam omnia angusta esse mensus deum*, « je saurai que tout est étroit, une fois que j'aurai pris la mesure de Dieu » (I *praef.* 17). Ainsi l'étude de la physique conduit à l'éthique. Et de fait chaque livre s'ouvre sur une préface morale et s'achève de la même façon. Des développements moraux figurent aussi au sein même des livres : par exemple dans le livre III, les chapitres 17-18, contre le luxe de la table. Ces parties morales sont traitées avec un soin rhétorique notable, confirmant le lien entre préoccupations stylistique et parénétique.

5) *Ad Lucilium epistulae morales.* Études : **165** H. Cancik, *Untersuchungen zu Senecas* Epistulae morales, Hildesheim 1964 ; **166** G. Maurach, *Das Bau von Senecas « Epistulae morales »*, Heidelberg 1970 ; **167** B. L. Hijmans, *"Inlaboratus et facilis". Aspects of structure in Some Letters of Seneca*, Leiden 1976 ; **168** G. Mazzoli, « Le 'Epistulae Morales ad Lucilium' di Seneca. Valore letterario e filosofico », dans *ANRW* II 36, 3, Berlin 1989, p. 1823-1877 ; **169** I. Lana, « Le *Lettere a Lucilio* nella letteratura epistolare », dans Grimal **129**, p. 253-289 ; **170** E. Hachmann, *Die Führung des Lesers in Senecas* Epistulae morales, Münster 1995 ; **171** M. Hengelbrock, *Das Problem des ethischen Fortschritts in Senecas Briefen*, Hildesheim 2000 ; **172** A. Setaioli, chap. 2. 4 « Epistulae morales », dans Damschen et Heil **120quarto**, p. 191-200. Le corpus des *Lettres à Lucilius*, l'œuvre la plus connue et sans doute la plus achevée de toutes celles de Sénèque, est constitué de vingt livres réunissant cent vingt-quatre lettres, toutes de Sénèque : les réponses de Lucilius n'y figurent pas ; corpus d'ailleurs incomplet, puisqu'Aulu-Gelle XII 2, 3 atteste qu'il connaissait au moins un XXIIe livre. Les *Lettres* ont été écrites durant la retraite, probablement à partir de juillet 62 (Mazzoli **168** ; Grimal **3**, p. 220-224). Lucilius Iunior (☛L 68, *RE* 26), ami de Sénèque plus jeune que lui de quelques années (*cf. epist.* 35, 2), est à ce moment procurateur impérial en poste en Sicile (*cf.* **173** L. Delatte, « Lucilius, l'ami de Sénèque », *LEC* 4, 1935, p. 367-385 et 546-590). La première question qui se pose est celle de l'authenticité ou non de cette correspondance (état de la question *ap.* Mazzoli **168**, Setaioli **172**). Déjà **174** A. Bourgery (« Les lettres à Lucilius sont-elles de vraies lettres ? », *RPh* 35, 1911, p. 40-55) l'avait mise en doute, sous l'argument que les délais d'acheminement seraient incompatibles avec le nombre de lettres échangées. D'autres auteurs fondent leur suspicion sur la mise en évidence de structures unissant des lettres ou groupes de lettres, qu'ils considèrent comme incompatibles avec la spontanéité du genre épistolaire (en particulier Cancik **165** ; Maurach **166**). Mais Grimal **3**, p. 441-456, a montré que la difficulté posée par les délais d'acheminement n'était pas décisive. Quant aux arguments organiques, ils ne réussissent pas à faire définitivement primer la logique structurelle sur l'évidence chronologique. La position la plus équilibrée consiste donc à admettre qu'il s'agit bien d'une correspondance authentique, rangée dans l'ordre chronologique, comme le montre le jeu d'échos entre lettres, mais retravaillée et probablement même composée dès l'origine avec un projet de publication. L'objet de cette correspondance est d'amener Lucilius, qui vient de se convertir au stoïcisme, à progresser sur la voie de la *uirtus*, sachant que l'acquisition de la sagesse exige un long cheminement et de grands efforts, tant matériels (ainsi Sénèque tente de persuader Lucilius de renoncer à la vie publique) que spirituels. Lucilius apparaît comme le *proficiens*, le « progressant » par excellence. Mais derrière lui se profilent tous ceux qui tentent ou tenteront la même aventure ; et Sénèque s'inscrit d'ailleurs parmi eux, car, comme il ne manque pas de le répéter, lui-même n'est pas un sage mais seulement un *proficiens* un peu plus avancé que son élève (*epist.* 27, 1 : *tamquam in eodem ualetudinario iaceam, de communi tecum malo conloquor et remedia communico*, « comme si j'étais couché dans la même infirmerie, je parle avec toi de notre mal commun et je te communique mes remèdes »). Qu'est-ce qui fait l'originalité et la force des *Lettres* ? Ce ne sont pas les principes éthiques sur lesquels elles reposent : ils ne sont pas différents de ceux que l'on trouve dans les *Dialogues* (*cf. supra* 'Contenu des *Dialogues*') ; mais, ici, ils sont en quelque sorte mis en situation concrète et inscrits dans le temps d'une existence individuelle. L'évolution de Lucilius est sensible à travers la pédagogie de Sénèque, qui augmente progressivement ses exigences vis-à-vis de son élève en même temps qu'il aborde des questions plus techniques, n'hésitant plus à recourir à des discussions d'ordre dialectique. Ainsi certaines lettres deviennent de véritables petits traités : par exemple la lettre 88 sur les arts libéraux ; les lettres 94 et 95, les deux plus longues, qui forment un diptyque sur les notions de *decreta* et de *praecepta*. Cette dernière distinction illustre d'ailleurs le double projet de Sénèque dans les *Lettres* : instruire son élève des *decreta*, des principes théoriques de l'éthique stoïcienne ; et en même temps délivrer des *praecepta*, des conseils concrets relatifs aux situations particulières de la vie individuelle. Les *Lettres* sont une illustration de la façon dont la parénèse combine cette double exigence.

Sénèque et le stoïcisme. La rigueur philosophique de Sénèque a été mise en doute dès l'Antiquité (*cf. supra* 'Jugements antiques'), et les critiques ont perduré jusqu'au XXe s. Elles s'ordonnent autour de trois griefs principaux : le désaccord entre la doctrine de Sénèque et sa vie (on lui reproche sa richesse et ses compromissions politiques) ; son 'éclectisme' ; son goût pour la rhétorique qui primerait sur la préoccupation philosophique (pour ce dernier point, *cf. infra*, 'Direction de conscience et rhétorique'). Les réponses au premier grief sont bien résumées par **175** J. M. Rist, « Seneca and Stoic Orthodoxy, dans *ANRW* II 36, 3, Berlin 1989, p. 1993-2012. La critique est née en fait d'une mauvaise compréhension soit de la conjoncture politique et sociale (l'attitude du philosophe à l'égard du pouvoir néronien s'explique si l'on tient compte des réalités de l'absolutisme impérial et des situations politiques concrètes), soit de la doctrine stoïcienne elle-même (ainsi, les richesses ne sont qu'un indifférent, et la morale du Portique n'interdit pas d'en posséder à condition qu'on ne les considère pas comme un bien en soi). Quant au grief d'éclectisme, il s'alimente surtout du fait que Sénèque cite avec sympathie des non-stoïciens, d'abord, mais non exclusivement, Épicure et Platon. Épicure (➟E 36) lui fournit la citation conclusive des vingt-neuf premières *Lettres à Lucilius*, ainsi que certaines techniques consolatoires (par exemple la remémoration des plaisirs passés pour atténuer la douleur présente, dans *Pol.* 10, 3 ou dans l'*epist.* 99, 5) : *cf.* Setaioli **164**, chap. IX et X ; **176** F. Casadesús Bordoy, « Citas epicúreas en las *Epistulae morales* de Séneca », dans Rodriguez Pantoja **28**, p. 541-549 ; **177** E. Hachmann, « Die Spruchepiloge in Senecas *Epistulae Morales* », *Gymnasium* 103, 1996, p. 385-410. Sénèque se fait aussi l'écho d'un certain nombre de thèses académiciennes, relatives en particulier à la destinée de l'âme et à des questions dialectiques techniques : *cf.* **178** P. Donini, « L'eclettismo impossibile. Seneca e il platonismo medio », dans **179** P. Donini et G.F. Gianotti (édit.), *Modelli filosofici e letterari. Lucrezio, Orazio, Seneca*, Bologna 1979, p. 149-300 ; **180** S. Gersh, *Middle Platonism and Neoplatonism. The Latin Tradition*, t. I, Notre Dame (Indiana) 1986, p. 159-195 ; Rist **176** ; Setaioli **164**, chap. VI. Sénèque connaît Platon à partir de doxographies et de lectures intermédiaires, mais il l'a lu aussi de première main, revenant ainsi, par-delà les innovations de la Nouvelle Académie, aux sources de la doctrine. Pourtant Sénèque lui-même ne se présente jamais que comme stoïcien, utilisant, pour désigner les membres de l'école, le terme de *nostri* (*epist.* 65, 2 : *stoici nostri ;* 83, 10 : *Zenonis nostri ;* etc.). Certes il revendique vis-à-vis de ses maîtres le droit à l'initiative personnelle (*epist.* 45, 4 : *non enim me cuiquam emancipaui, nullius nomen fero. Multum magnorum uirorum iudicio credo, aliquid et meo uindico*, « je ne me suis fait l'esclave de quiconque, je ne porte le nom de personne. Je fais grande confiance au jugement des grands hommes, mais je revendique aussi quelque chose pour le mien » ; *epist.* 113, 1 : *qui nostris uideatur exponam ; sed me in alia esse sententia profiteor*, « je vais exposer l'opinion des nôtres ; mais j'avoue que je suis d'un autre avis »). Mais c'est qu'il considère que le stoïcisme peut évoluer (*epist.* 45, 4 (suite) : *nam illi quoque non inuenta sed quaerenda nobis reliquerunt*, « car même eux ne nous ont pas laissé des idées toutes trouvées, mais des idées à chercher ») ; cela ne signifie pas pour autant qu'il se rallie à des doctrines concurrentes. Les recours au matériau moral épicurien, d'un abord plus facile pour des *proficientes* débutants, sont des commodités ponctuelles au service de la thérapeutique spirituelle, mais ils n'impliquent pas de confusion au niveau des principes. Sénèque emprunte certains remèdes du Jardin, mais en les intégrant à une démarche morale qui demeure, elle, d'orientation rigoureusement stoïcienne. Il en va de même pour le platonisme : les incursions ponctuelles dans les thèses de l'Académie, même si elles révèlent une curiosité, voire une sympathie certaines, n'entraînent pas de déviation dogmatique. Quant à la façon dont les écrits de Sénèque s'enracinent dans le système du Portique, la décrire reviendrait à rendre compte de l'ensemble de sa doctrine, ce qui n'est pas l'objet du présent dictionnaire ; d'autant que sa pensée a désormais été bien explorée par de nombreuses études qui en ont démontré la rigueur et la compétence. Nous n'en citons que quelques-unes choisies parmi les plus synthétiques : Grimal **3** ; **181** P. Grimal, « Sénèque et le Stoïcisme Romain », dans *ANRW* II 36, 3, Berlin 1989, p. 1962-1992 ; Rist **176** ; Inwood **156**. La plus récente, celle de **182** J. Wildberger, *Seneca und die Stoa : der Platz des Menschen in der Welt*, 2 vol., Berlin/New York 2006, démontre avec une grande érudition la fermeté et la technicité du stoïcisme de Sénèque dans les trois domaines de la physique, de la logique et de la morale : Sénèque est un philosophe compétent « der selbst da, wo

er scheinbar einfach, metaphorisch oder paränetisch spricht, aus einem großen
Fundus nicht immer explizit gemachten Expertenwissens schöpft» (t. I, p. XIII).

Direction de conscience et souci stylistique. Le troisième grief invoqué pour
mettre en doute la solidité des convictions philosophiques de Sénèque est le soin
extrême qu'il apporte à l'expression littéraire : le fond primerait sur la forme, et
Sénèque serait un rhéteur avant d'être un philosophe. Ainsi le célèbre jugement de
183 E. Norden, *Die antike Kunstprosa*, t. I, Leipzig 1898, p. 308 : « (Seneca) ist als
Philosoph und Dichter ein Deklamator geblieben». Pourtant ce souci stylistique se
comprend pleinement si l'on fait le détour par ce que les modernes ont appelé la
direction de conscience. Pour Sénèque la philosophie n'est pas une froide construction dogmatique qui n'intéresserait que l'intelligence, mais son rôle est de modeler
l'ensemble du psychisme dans le but de conduire l'individu à la vertu et d'assurer
ainsi son bonheur. Cette conviction, commune à l'ensemble des morales hellénistiques, est particulièrement profonde chez Sénèque, associée à une confiance très
grande dans le pouvoir de la volonté (*cf.* **184** A.-J. Voelke, *L'idée de volonté dans
le stoïcisme*, Paris 1975, chap. III ; **185** R. Zöller, *Die Vorstellung vom Willen in
der Morallehre Senecas*, München/Leipzig 2003). Mais l'acquisition de la vertu est
une œuvre de longue haleine. Elle exige la collaboration d'un maître, le 'directeur
de conscience' : et tel est le rôle endossé par Sénèque dans ses différents écrits, et
tout particulièrement dans les *Lettres*. Les techniques sénéquiennes de direction de
conscience ont été inscrites dans la tradition antique par **186** I. Hadot, *Seneca und
die griechisch-römische Tradition der Seelenleitung*, Berlin 1969 ; **187** *Ead.*,
Sénèque. Direction spirituelle et pratique de la philosophie, Paris 2014. Elles ont
été étudiées à l'intérieur d'œuvres particulières par Kuen **143** pour le *De vita
beata* ; Hengelbrock **171**, Hachmann **170, 188** A. Setaioli, « Ethics I : Philosophy
as Therapy, Self-Transformation, and Lebensform» dans Damschen et Heil
120quarto, p. 239-256, pour les *Lettres à Lucilius* ; Ficca **138** pour les *Consolations*. De son côté le disciple ne peut se contenter d'un apprentissage théorique
des dogmes ; il doit s'astreindre à une *cotidiana meditatio*, à un «entraînement
quotidien» (*epist.* 16, 1), qui vise, par un certain nombre de pratiques précises
(méditation de maximes, examen de conscience, *praemeditatio* des malheurs à
venir), à intérioriser et enraciner en soi les principes philosophiques déjà admis
intellectuellement (*cf.* **189** R.J. Newman, « *Cotidie meditare*. Theory and Practice
of the *meditatio* in Imperial Stoicism», dans *ANRW* II 36, 3, Berlin 1989, p. 1473-
1517). La direction de conscience passe bien évidemment par le discours tant
persuasif que didactique ; mais cela vaut aussi pour la *meditatio*, qui est une
persuasion adressée à soi-même et, comme le montrent les passages où nous
pouvons la saisir, use également des procédés de la rhétorique (*cf.* **190** M.
Armisen-Marchetti, « *Tota ante oculos sortis humanae condicio ponatur* : exercice
moral et maîtrise des représentations mentales chez Sénèque», dans **191** L.
Cristante (édit.), *Incontri Triestini di filologia classica (Atti del convegno internazionale Phantasia, Trieste, 28-30 apr. 2005)* 4, 2004-2005, p. 161-179). Dès lors
il n'y a rien de surprenant à ce que Sénèque mette à profit dans ses écrits philo-

sophiques les techniques qu'il a apprises à l'école du rhéteur et dont, en orateur brillant qu'il est par ailleurs, il possède la maîtrise parfaite. Les qualités stylistiques de Sénèque ont été étudiées par **192** A. Bourgery, *Sénèque prosateur*, Paris 1922 ; **193** A.-M. Guillemin, « Sénèque, second fondateur de la prose latine », *REL* 35, 1957, p. 265-284 ; et dans les articles réunis par Grimal **129**. Ses principes littéraires ont été dégagés et mis en relation avec son projet philosophique par **194** A. Setaioli, « Seneca e lo stile », dans *ANRW* II 32, 2, Berlin 1985, p. 776-858 ; **195** M. von Albrecht, « Seneca's Language and Style », dans Damschen et Heil **120quarto**, p. 699-744. La façon dont le style collabore avec le double mouvement philosophique vers l'intérieur, pour l'approfondissement du soi, et vers l'extérieur, pour la prédication, a été analysée par **196** A. Traina, *Lo stile "drammatico" del filosofo Seneca*, Bologna 1974. Enfin un certain nombre de procédés rhétorico-stylistiques ont été mis en relation avec la visée philosophique de Sénèque : les métaphores et les comparaisons (**197** M. Armisen-Marchetti, *"Sapientiae facies". Étude sur les images de Sénèque*, Paris 1989), les *exempla* (**198** R. Mayer, « Roman Historical Exempla in Seneca », dans Grimal **129**, p. 141-169), les digressions (**199** P. Grimal, « Nature et fonction de la digression dans les œuvres en prose de Sénèque », dans Grimal **129**, p. 219-245).

MIREILLE ARMISEN-MARCHETTI.

ICONOGRAPHIE

Le portrait de Sénèque n'est conservé que par un unique double-hermès de Rome portant en lettres latines le nom de SENECA, aujourd'hui conservé dans le fonds des antiquités de Berlin (Inv. Sk 391) : le philosophe romain y est associé à Socrate (**1** C. Blümel, *Staatliche Museen zu Berlin. Römische Bildnisse*, Berlin 1933, p. 44, n° R106, pl. 71 ; **2** Richter, *Portraits I*, p. 114, n° 20, fig. 528 et 531).

Cet hermès est certes du IIIe s. de notre ère, mais il dépend, de l'avis unanime des spécialistes, d'un modèle fait du vivant même du philosophe (voir sur ce point en dernier lieu **3** P. Cain, *Männerbildnisse neronisch-flavischer Zeit*, München 1993, p. 128-130, n° 9, où l'on trouvera la bibliographie antérieure ; en revanche **4** J.-Ch. Balty, « Portrait grec, portrait romain », *AHAA* 3, 1981, p. 53, s'est montré sceptique sur l'origine de ce portrait). L'image représente la tête, légèrement tournée vers la gauche, d'un homme portant des signes caractéristiques d'un âge avancé. Ainsi le visage charnu et rasé présente, notamment autour de la bouche, des plis marqués et les tempes creuses sont simplement bordées d'une couronne de cheveux clairsemés avec des boucles courtes. La peau sous le double menton replet et sur le cou est déjà relâchée et les gros yeux montrent des pattes d'oie marquées. L'activité intellectuelle est signalée uniquement par le manteau grec qui tombe sur l'épaule gauche et laisse découverte la partie droite du buste. Les sourcils très élevés peuvent certes suggérer la concentration de la pensée, mais il est plus probable que, dans le portrait d'un Romain, ils soient à interpréter comme des signes de tension et d'effort, qui traduisent en image l'intérêt porté à l'activité publique par le personnage représenté (**5** P. Zanker, *Die Maske des Sokrates*,

München 1995, p. 191-193, fig. 107). L'idée de rapprocher sur un même hermès les portraits de Sénèque et de Socrate vient probablement du fait que les deux philosophes ont été contraints de se donner la mort (c'était déjà l'avis de **6** Schefold, *Bildnisse*, p. 376 *sq.* et 538, fig. 244).

D'autres propositions suggérant de reconnaître Sénèque sur un fragment de bas-relief par **7** J. Sieveking, *AA* 1921, p. 352, ou sur un diptyque en ivoire par **8** A. Rumpf, *BJb* 155-156, 1955-1956, p. 134, ne sont pas convaincantes à cause des différences typologiques que l'on constate (c'est déjà l'avis de Cain **3**, p. 129, n. 12). La découverte du buste identifié mentionné plus haut a rendu obsolète la tentative de reconnaître Sénèque dans le type d'un poète hellénistique transmis par plus de trente répliques (type dit du Pseudo-Sénèque/Hésiode : Richter **2**, p. 56-66).

Cf. **9** J. J. Bernoulli, *Römische Ikonographie*, t. I, Stuttgart 1882, p. 276-280, pl. XXIV ; **10** P. Arndt et F. Bruckmann, *Griechische und Römische Porträts*, Berlin 1891-1942, n° 1200 ; **11** A. Conze, *Beschreibung der antiken Skulpturen mit Ausschluß der pergamenischen Fundstücke*, Berlin 1891, p. 158 *sq.*, n° 391 ; **12** C. Danguillier, *Typologische Untersuchungen zur Dichter- und Denkerikonographie in römischen Darstellungen von der mittleren Kaiserzeit bis in die Spätantike*, Oxford 2001, p. 257, n° 42 ; **13** F. Fless, K. Moede et K. Stemmer (édit), *Schau mir in die Augen... Das antike Porträt*. Ausstellungskatalog Berlin, Berlin 2006, p. 148, n° 390 ; **14** A. Scholl et G. Platz-Horster (édit), *Die Antikensammlung. Altes Museum. Pergamonmuseum*, Mainz 2007, p. 203 *sq.*, n° 122 ; **15** E. Berti, « La letteratura al tempo di Nerone », dans M. A. Tomei et R. Rea (édit.), *Nerone*. Catalogo della mostra Roma 2011, Milano 2011, p. 221-224, fig. 3.

Notice traduite de l'allemand par Richard Goulet avec la collaboration de l'auteur.

JÖRN LANG.

44 SENECA D'ALEXANDRIE DE TROADE   I/II

Cet « astre de la sagesse socratique » (Σωκρατικῆς σοφίης ἄστρον), « fleur de la Troade » (Τρῳάδος ἄνθος), avait acquis en son temps une notoriété suffisante pour se voir élever un hermès à l'Asclépieion d'Athènes : *IG* II² 3795 (*IK* 53 T 177).

BERNADETTE PUECH.

45 SENECIO (HERENNIUS –) *RE* H 44 *PIR*² H 128   F I

Auteur d'une *Vie d'Helvidius Priscus* (**➤**H 39), le stoïcien condamné par Vespasien. Originaire de Bétique dont il fut le questeur vers 56 (Pline, *Lettre* VII 33, 5), il n'avança pas plus loin dans le *cursus honorum* (*cf.* Dion Cassius LXVII 13). Pline et Herennius furent commis comme avocats par le Sénat pour défendre la province de Bétique contre Baebius Massa (*RE* B 38). Sous Domitien en 90 il fut l'avocat du sénateur Valerius Licinianus, orateur accusé d'avoir déshonoré la vestale Cornélia (Pline, *Lettres* IV 11).

Lors de la publication des livres sur la vie d'Helvidius Priscus (*de vita Helvidii libros*, τοῦ Πρίσκου τοῦ Ἑλουιδίου τὸν βίον συνέγραψεν, *Dion Cassius* LVII

13), Herennius fut mis en accusation par le délateur Mettius Carus (*RE* M 7) et condamné à mort par Domitien. Fannia (➳F 5), la veuve d'Helvidius et la fille de Thrasea Paetus (➳T 119), fut également bannie et ses biens confisqués parce qu'elle avait reconnu courageusement avoir encouragé la composition de cet écrit et avoir fourni des documents à l'auteur (Pline, *Lettres* VII 19, 5). Bien qu'un sénatus-consulte en eût ordonné la destruction, elle emporta l'ouvrage avec elle dans sa relégation en 93 (§ 6). Pline rappelle (*Lettres* III 11, 3) qu'à cette époque, sept de ses amis avaient été mis à mort ou bannis : « morts, Senecio, Rusticus (➳R 15), Helvidius (Priscus fils, ➳H 40) ; bannis, (Iunius) Mauricus, Gratilla, Arria (➳A 422), Fannia » (trad. A.-M. Guillemin). Voir Tac., *Agr.* 2 ; Dion Cassius LXVII 13.

    Cf. A. Gaheis, art. « Herennius Senecio » 44, *RE* VIII 1, 1912, col. 678.

                                     RICHARD GOULET.

46 SENECIO (QUINTUS SOSIUS –) *RE* S 11 *PIR*² S 777 (Sosius)   F I-D II

    Le sénateur Sosius Sénécion, dédicataire des *Vies Parallèles*, lia amitié avec Plutarque (➳P 210) à la fin des années 80 ou au début des années 90, peut-être à l'époque où Sosius était questeur d'Achaïe, entre 85 et 88, ou au plus tard lors du séjour de Plutarque à Rome en 92 : le banquet des *Propos de Table* II 3 doit se situer lors de ce séjour, comme l'a indiqué **1** C. P. Jones, *Plutarch and Rome*, Oxford 1971, p. 23. À cette époque, Sénécion possède déjà une solide culture philosophique, apparemment marquée par une influence stoïcienne dont Plutarque entreprend de le libérer dans le traité *Des progrès dans la vertu*. Peut-être le même souci sera-t-il encore présent dans la rédaction de certaines biographies des *Vies Parallèles*, comme le pense **2** S. Swain, *Hellenism and Empire*, Oxford 1996, p. 144-145. Il est sans doute déjà aussi le fin lettré avec lequel Pline (*Lettres* I 13) aimera s'entretenir de poésie. Sa carrière sénatoriale, retracée par **3** W. Eck, *Senatoren von Vespasian bis Hadrian*, coll. « Vestigia » 13, München 1970, p. 158-159, est caractérisée par un avancement régulier, avec deux consulats en 99 et 107, et des succès militaires dans les guerres daciques qui lui valurent une statue élevée aux frais de l'État. Elle ne l'empêchera pas de séjourner en Grèce et de rester en contact avec Plutarque, assistant au mariage de son fils Autoboulos [➳A 511] (*Propos de Table*, I 1 ; II 1 ; IV 3 ; V 1).

                                   BERNADETTE PUECH.

SEPTIMIUS → TRYPHON (A. SEPTIMIUS –)

47 SÉRAPAM(M)ON *RE* 2   F IV

    Philosophe que signale sa tenue et sa chevelure *(habitus et crinis)* ; Symmaque le recommande à son "frère" Flavien [➳N 49] (*Lettres* II 61).

                                   PIERRE MARAVAL.

SÉRAPION → SARAPION

SÉRAPION → MARA BAR SÉRAPION (dans les compléments du tome VII)

48 SÉRAPION *PIR*² S 511   **I**

Dans sa lettre 40, 2, Sénèque réagit à une lettre antérieure de son correspondant Lucilius qui était allé entendre « le philosophe Sérapion », quand ce dernier faisait escale en Sicile (en 63-64). Sénèque s'en prend à ces conférenciers diserts et superficiels qui ne respectent pas la sobriété du discours philosophique.

M. Pohlenz, *Die Stoa*, t. II, p. 144, établit un rapprochement avec le stoïcien Sarapion de Hiérapolis (➙S 13), mentionné par Stéphane de Byzance (p. 328, 2 Meineke), que l'on identifie maintenant avec Sarapion des Cholléides (➙S 15), poète et philosophe stoïcien, ami de Plutarque. Mais les noms sont différents et on ne connaît ni les origines du Sérapion de Sénèque ni son école d'appartenance.

RICHARD GOULET.

49 SÉRAPION D'ALEXANDRIE *RE* 9   **III**ᵃ

Sérapion d'Alexandrie (*fl.* 200ᵃ), médecin empirique. Bien que postérieur à Philinos de Cos (➙P 143), il est parfois considéré comme le fondateur de la secte empirique.

Orientations bibliographiques : Sources anciennes dans **1** K. Deichgräber, *Die griechische Empirikerschule*, Berlin 1930 ; réimpr. augmentée, Berlin/Zürich 1965 (voir en particulier p. 255 n. 1, le relevé des erreurs commises par Gossen dans son article de la *RE* II A 2, 1923, col. 1667-1668) ; **2** R. Walzer et M. Frede, *Galen. Three treatises on the Nature of Science*, Indianapolis 1985 ; **3** H. von Staden, *Herophilus. The art of medicine in early Alexandria*, Cambridge/New York 1989, p. 485 ; **4** P. Pellegrin *et alii*, *Galien. Traités philosophiques et logiques*, coll. *GF*, Paris, 1998 ; **5** L. Perilli, *Menodoto di Nicomedia. Contributo a una storia galeniana della medicina empirica*, München/Leipzig 2004.

Sources anciennes. Sérapion est mentionné dans plusieurs listes de médecins empiriques :

Cod. Hauniensis Lat. 1653 f. 73r [= fr. 7c Deichgräber **1**, p. 41, 2 ; T 25 Perilli **5**, p. 102] nous a conservé une liste de noms de médecins empiriques comprenant Sérapion, Héraclide (➙H 58 ou 54), Glaucias (➙G 18), Ménodote (➙M 133), Teudas (sic) et Théodose : *emperici autem Serapion, Heraclides, Glaucias, Menodotus, Teudas et Theodosius*.

(1) Celsus, *Prooemium* 10 : éd. G. Serbat, *CUF*, Paris 1995, p. 4 [= fr. 4, Deichgräber **1**, p. 40] : Celse affirme l'originalité de Sérapion en le présentant « comme le premier de tous à déclarer que cette science rationnelle (*i.e.* celle des dogmatiques) ne concernait en rien la médecine, qu'il fonda uniquement sur la pratique et les faits d'expérience ». Celse ajoute encore qu'« à sa suite Apollonios (➙A 270), Glaucias (➙G 18), assez longtemps plus tard Héraclide de Tarente (➙H 58) et quelques autres de valeur prirent le nom d'empiriques, conformément à la doctrine même qu'ils professaient ».

(2) Galien, *Méthode thérapeutique*, II, 7, t. X, p. 142, 16 Kühn [= fr. 32E Deichgräber **1**, p. 114, 28 ; T 26 Perilli **5**, p. 102-103] cite les noms des médecins

empiriques Ménodote (☞M 133), Sérapion, Théodas (☞T 52), Glaucias (☞G 18), Apollonios (☞A 270), Calliclès (☞C 17a, dans les compléments du tome VII), Diodore (☞D 123a, dans les compléments du tome VII), Héraclide (☞H 58 ou 54) et Lycos (☞L 88), à l'intérieur d'une liste d'exemples destinée à illustrer un problème logique relatif à la différence entre le genre et l'espèce.

(3) Galien, *Esquisse empirique*, chap. I [= Deichgräber **1** pour la traduction latine médiévale seule conservée avec rétroversion en grec, p. 43 ; traduction française dans Pellegrin **4**, p. 95] : où le nom de Sérapion est cité après celui de Philinos, parmi les premiers empiriques.

(4) Chap. XI [= fr. 10b, Deichgräber **1**, p. 82, 2 ; Pellegrin **4**, p. 120] : « Ce ne sont pas certains raisonnements que l'empirique demandera comme Sérapion ou Ménodote ».

(5) Chap. XI [= Deichgräber **1**, p. 83 ; Pellegrin **4**, p. 121-122] : « C'est en faisant tout cela qu'Hippocrate acquit parmi tous ses contemporains la réputation d'un Asclépios... et non pas, par Zeus, en élaborant le discours *Par trois <moyens>* [*per tria sermo*, ὁ Διὰ τριῶν λόγος], comme Sérapion, ni le *Trépied*, comme Glaucias ».

(6) Chap. XI [= Deichgräber **1**, p. 86 ; Pellegrin **4**, p. 123] : « Et pourtant c'est à Hippocrate qui a si fortement amélioré cet <art> que Sérapion, le nouvel Asclépios, a honteusement osé s'attaquer, produisant d'incroyables louanges adressées à lui-même comme au premier des médecins non dogmatiques, n'accordant pas la moindre mention aux anciens médecins qui ont jusqu'ici été les gloires de cet art ».

(7) Chap. XII [= Deichgräber **1**, p. 86 ; Pellegrin **4**, p. 123-124] : « Je dis d'autant moins que l'argument épilytique, c'est-à-dire qui résout <les problèmes>, et l'argument anticatégorique, c'est-à-dire qui critique (ainsi les nomment-ils), sont des parties de la médecine empirique, que je blâme ceux qui les ont écrits et principalement l'argument anticatégorique, qu'ils appellent "Contre les écoles" ».

(8) Caelius Aurelianus, *De acut. Morb.* II 6, 32 [= fr. 144, Deichgräber **1**, p. 165] : « En ce qui concerne le traitement des léthargiques <...>, Sérapion l'empirique, dans le premier livre qu'il a écrit contre les écoles, a exposé des choses trop obscures et trop peu nombreuses qu'il ne vaut pas la peine de mentionner » (*obscura nimium atque pauca ordinavit, quorum nihil est dignum enarrare*).

Œuvres. Sérapion (Σεραπίων) ou Sarapion (Σαραπίων) nous est surtout connu par le témoignage de Galien (les manuscrits galéniques de la *Méthode thérapeutique* donnent les deux formes). Deichgräber **1** (Anhang 2, p. 333), en se basant sur les témoignages qui le désignent comme immédiatement postérieur à Philinos de Cos (☞P 143), situe son *floruit* vers 200[a] (voir texte n° 3 : même si, comme le remarque J. Brunschwig (☞G 18), cette liste ne vise sans doute pas à l'exactitude chronologique, elle permet toutefois de fixer un certain ordre de succession entre les nommés ; voir aussi Ps.-Galien, *L'Introduction ou le Médecin* 4, t. XIV, p. 683, 11 Kühn = fr. 6 Deichgräber **1**, p. 40 ; voir maintenant l'édition de C. Petit, Paris, *CUF*, 2009, p. 9, 15-24). Après la rupture instaurée avec Hérophile par Philinos de

Cos, l'école empirique connaît son premier grand représentant en la personne de Sérapion d'Alexandrie qui formalise et précise la doctrine des empiriques. Dans le *Sur l'expérience médicale* 2 (éd. R. Walzer, Oxford 1944, p. 87), il est ironiquement surnommé « le nouvel Asclépios » par Galien qui le cite parmi les principaux représentants de l'empirisme sur le même plan que Ménodote et Théodose (voir Perilli **5**, p. 34-35 *et passim*). Sérapion est l'auteur d'au moins trois ouvrages dont malheureusement seuls les titres nous sont parvenus.

Dans le *Contre les écoles* (Πρὸς τὰς αἱρέσεις), auquel Galien avait consacré un commentaire (perdu) en deux livres (voir *Sur ses propres livres* chap. XII, t. XIX, p. 38 Kühn = éd. V. Boudon-Millot, *CUF*, Paris 2007, p. 163, 10), Sérapion devait formaliser la doctrine des empiriques en l'opposant et la distinguant des autres écoles. Sérapion y recourait à l'argument dit ἀντικατηγορητικός, « anti-catégorique », c'est-à-dire qui critique les thèses des opposants à la médecine empirique, à distinguer de l'argument ἐπιλυτικός « épilytique », c'est-à-dire qui tente de résoudre les problèmes qui se posent ou que posent ses opposants à la médecine empirique (texte n° 7). Sérapion semble en particulier s'être violemment opposé à l'enseignement des anciens médecins, notamment Hippocrate (texte n° 6), et avoir tout aussi vivement critiqué les différents courants philosophiques de son époque, à l'exception du scepticisme avec lequel l'empirisme entretient des rapports étroits. Caelius Aurelianus est sans indulgence aucune pour le développement consacré par Sérapion dans cet ouvrage aux malades souffrant de léthargie (texte n° 8).

Dans le traité intitulé *Par trois moyens* (Διὰ τριῶν), Sérapion devait vraisemblablement traiter des trois fondements de la doctrine empirique : observation par soi-même (αὐτοψία), histoire ou étude critique des témoignages (ἱστορία), passage du semblable au semblable (ἡ τοῦ ὁμοίου μετάβασις) qui autorise à inférer d'un cas semblable à un autre cas semblable. S'il revient à Ménodote de Nicomédie (☛M 133) d'avoir développé les principes fondateurs de la démarche empirique dans toute leur rigueur, Sérapion apparaît en effet comme le premier à en avoir exposé la méthode tripartite. Son ouvrage devait également aborder le débat doctrinal dont Galien s'est fait l'écho et qui concernait, au sein même de l'empirisme, la place du « passage au semblable », certains médecins empiriques se demandant s'il fallait le considérer comme une troisième partie de la médecine à part entière avec l'observation par soi-même (αὐτοψία), et l'histoire ou étude critique des témoignages (ἱστορία), ou bien s'il s'agissait d'un simple procédé heuristique de l'expérience. Dans l'*Esquisse empirique* chap. IV [= Deichgräber **1**, p. 49 ; Pellegrin **4**, p. 100], Galien pose ainsi la question de savoir si « Sérapion lui aussi pense que le passage au semblable est la troisième partie constitutive de l'art médical tout entier », à la différence de Ménodote qui pensait que non. Le titre même de l'ouvrage de Sérapion *Par trois moyens* s'explique vraisemblablement en référence aux premiers mots qui ouvraient son exposé. Il est moins sûr comme le suppose Deichgräber **1**, p. 258 n. 2, que Sérapion, par le choix de ce titre, ait voulu faire allusion aux *Epidémies* I 11 (Littré II, 636 ; Kühlewein I, 190, 3) d'Hippocrate : Ἡ τέχνη διὰ τριῶν· τὸ νόσημα καὶ ὁ νοσέων καὶ ὁ ἰητρός. Il est également permis de supposer, avec toutes les précautions qui s'imposent (voir la mise au point de J. Brunschwig dans la notice qu'il a consacrée à ce philosophe), que l'ouvrage de Sérapion ait à son tour influencé celui de Glaucias (➙G 18) intitulé *Trépied*.

Sérapion est également l'auteur d'un ouvrage sur les médicaments vraisemblablement intitulé *Therapeutica* (Θεραπευτικά) mais dont seul le titre latin (*Curationes*) est connu par Caelius Aurelianus (fr. 145-148 Deichgräber **1**, p. 165-166). Cet ouvrage comptait au moins trois livres et plusieurs fragments en sont conservés grâce à des citations de Caelius Aurelianus, mais aussi de Celse et Galien (fr. 149-152 Deichgräber **1**, p. 167-168).

Enfin, il n'est pas impossible, même si c'est peu probable, que le nom de Sérapion se cache derrière celui de Sarpédon (personnage totalement inconnu par ailleurs) dans le célèbre passage de Diogène Laërce (IX 116) consacré à la succession des représentants du scepticisme « pyrrhonien ». Voir la discussion de J. Brunschwig dans son article « Héraclide » (➙H 54).

VÉRONIQUE BOUDON-MILLOT.

50 SÉRAPION D'ALEXANDRIE *RE* 7 *PLRE* I:1   M III

Auditeur de Plotin, dont Porphyre cite le nom en dernier, et dont il fait une description peu flatteuse : « Fréquentait aussi son enseignement Sérapion d'Alexandrie, qui fut d'abord rhéteur et ensuite fréquenta également des cours de philosophie, mais sans avoir pu renoncer à ce que comportent de dégradant les affaires d'argent et d'usure » (*Vita Plotini* 7, 46-49). On ne sait rien d'autre sur ce personnage.

Cf. Brisson, *Prosopographie*, *PVP* I, *s.v.* Absent de *PIR*².

LUC BRISSON.

51 SÉRAS *RE* : *PIR*² S 514   MF I

Philosophe condamné à mort sous le règne de Nerva (96-98), connu grâce à Dion Cassius LXVIII 1, 2. On y reconnaît généralement M. Palfurius Sura (➙P 8).

RICHARD GOULET.

52 SERENIANUS *RE* 1 *PLRE* I:1   IV

Philosophe cynique. Dans son *Discours* VII 18, 224 A-D («Contre Héracleios le cynique»), rédigé la nuit qui précéda ou qui suivit la rédaction du texte *Sur la mère des dieux* (*cf.* Libanios, *Discours* XVIII 157) et daté avec vraisemblance de mars 362 (*cf.* G. Rochefort, Introduction aux *Discours de l'Empereur Julien*, t. II 1, *CUF*, Paris 1963, p. 42), l'Empereur Julien (➙I 46) mentionne le nom de ce personnage, aux côtés de ceux d'Asclépiadès (➙A 443), de Chytron (➙C 122), d'un jeune garçon blond de grande taille (Maxime Héron? ➙M 70), d'Héracleios (➙H 46) et d'autres cyniques, «deux fois autant, qui les accompagnaient». Julien les présente comme un groupe de cyniques qui viennent mettre le trouble dans le camp et il compare leur comportement à celui des Apotactites chrétiens (18, 224 A-C).

MARIE-ODILE GOULET-CAZÉ.

53 SERENUS *RE* 5   II ?

Auteur d'un recueil mémorial (Ἀπομνημονεύματα) dont Stobée conserve 20 extraits. Chez Photius, *Bibliothèque, cod.* 167, 114 b 18, p. 156, Henry, Serenus apparaît rangé dans la liste des philosophes.

Cette liste fait partie du registre, en cinq listes (philosophes, poètes, orateurs-historiens, rois-généraux, médecins et autres), des personnages dont Stobée tire des opinions, des citations ou des mots célèbres. L'auteur des listes n'est vraisemblablement pas Photius lui-même : «Ou bien il les a trouvées, comme la table des chapitres, cataloguées dans le manuscrit de Stobée qu'il lisait, ou bien il les a fait établir par un sous-ordre» (*2* R. Henry [édit.], *Photius, Bibliothèque*, t. II (*codices* 84-185), «Collection Byzantine», Paris 1960, p. 155-158 n. 2).

Cf. 1 H. von Arnim, art. « Serenus » 5, *RE* II A 2, 1923, col. 1674-1675.

La *Souda, s.v.* Σερῆνος, Σ 249, t. IV, p. 342, 22-24 Adler, atteste l'existence d'un Aelius Serenus grammairien, d'Athènes, qui aurait été l'auteur de deux épitomés : l'un, en trois livres, de l'ouvrage de Philon de Byblos (*ca* 70-*ca* 160 ? ; ➠P 153) *Sur les cités et les hommes illustres que chacune a produit* (Philon de Byblos, test. 4 Jacoby, *cf.* fr. 17 *sq.* Jacoby) ; l'autre, en un seul livre, du commentaire sur Homère du grammairien Philoxène d'Alexandrie, du Ier siècle av. J.-C. À partir de la chronologie de l'ouvrage original le plus récent, celui de Philon, l'activité de ce grammairien a été placée de façon vraisemblable au IIe s. ap. J.-C. Par ailleurs, 3 P. von Rohden, art. «Aelius Serenus» 137, *RE* I 1, 1893, col. 532, considère comme probable que ce Serenus soit à identifier avec le grammairien mentionné chez Photius, *Bibliothèque, cod.* 279, p. 187, 10 *sq.* Henry, comme l'auteur de diverses pièces de théâtre composées en mètres divers. Cependant, alors que 4 W. Ramsay, art. «Serenus, Aelius», *DGRB* III, 1856, p. 786, étend cette probabilité au Serenus auteur des *Mémorables* (*cf.* 5 G.I. Vossius, *De historicis Graecis libri tres*, auctiores et emendatiores ed. A. Westermann, Lipsiae 1838, p. 498), von Rohden 3 ne semble pas accréditer cette hypothèse, du fait que le Serenus en question est considéré chez Photius comme un philosophe.

En réalité, on pourrait à notre avis expliquer ce classement par le fait que le contenu du recueil dépouillé par Stobée paraît avoir eu un caractère philosophique marqué, dans la mesure notamment où il semble avoir mis en scène très souvent des philosophes. L'auteur de la liste que l'on trouve chez Photius (si elle n'est pas de Photius lui-même) a pu prendre cela comme un critère suffisant pour un tel classement. Rien n'empêcherait donc que l'auteur de ces *Mémorables* ait été un grammairien portant de l'intérêt, entre autres, à la philosophie. Le titre de « grammairien» (dans la mesure aussi où ce terme pourrait être rapproché de celui de «philologue») pourrait expliquer ses intérêts divers et les aspects différents de sa production, qui aurait été plus ou moins complexe : sa création théâtrale, dont la richesse métrique devait se rattacher sans doute à la sensibilité propre à un grammairien ; ses travaux (plus philologiques) comme épitomateur portant aussi bien sur un ouvrage de géographie-biographie comme celui de Philon de Byblos que sur un commentaire (littéraire) comme celui de Philoxène ; et finalement son travail aussi de compilation d'anecdotes mémorables, qui avait sans doute un certain dessein philosophique ou pédagogique.

À ce sujet, il faut rappeler qu'il arrive dans la tradition ancienne que les termes « philologue », « grammairien » et même « philosophe » soient utilisés pour décrire des modes différents d'approche de l'étude de textes. Un auteur comme Sénèque (➤S 43) s'efforce de bien distinguer ces approches dans un passage bien connu de ses *Lettres à Lucilius* : 108, 30-32. Or, il semble clair que ce même effort de distinction dénonce la proximité et souvent la coexistence des trois « professionnels » en question. Dans cette triade, le terme sans doute le plus universel était celui de « philologue », dans le sens que ce terme avait acquis depuis l'époque hellénistique, comme désignation de l'érudit en général et en particulier du spécialiste des textes littéraires (*cf.* sur toute cette question **5bis** P. Hummel, *Philologus auctor : le philologue et son œuvre*, coll. « Sapheneia : Beiträge zur Klassischen Philologie » 8, Bern 2003, p. 9-50).

Quant au nom de Serenus, il indique bien le rattachement du personnage à l'empire romain. Ou bien il était d'origine romaine, mais il était né, il s'était formé et il avait développé son activité principalement en Grèce, ou bien il était d'origine grecque, mais il avait pris son nom en dehors de la Grèce à travers un certain rapport établi dans le cadre de la société romaine (*cf.* l'expression de la *Souda* : ὁ καὶ Ἀθηναῖος, ὁ Αἴλιος χρηματίσας).

En tout cas, il faut sans doute placer son activité à l'époque impériale (IIᵉ siècle ap. J.-C.?), datation qui s'harmonise bien, par ailleurs, avec le genre des recueils mémoriaux et érudits qui s'était développé en Grèce, notamment à partir de l'époque hellénistique, et qui devint tellement important à l'époque romaine.

Quant à la forme, les extraits consistent en des bons mots (ἀποφθέγματα), placés pour la plupart dans un cadre narratif ou anecdotique plus ou moins développé et visant un certain enseignement ou une certaine utilité (χρεῖαι). Ils concernent normalement des philosophes, mais mettent aussi souvent en scène des littérateurs, des hommes politiques ou d'autres hommes illustres, voire des personnages anonymes, hommes et femmes *(cf. infra)*.

L'*apophtegme* (lat. *dictum*) consiste en un mot présenté, à la différence de la simple *sentence* (γνωμή ; lat. *sententia*), avec l'indication du personnage qui le prononce et du contexte d'énonciation. À son tour, la χρεία (bon mot, lat. *usus, chria*) est définie chez les rhéteurs anciens comme un *mémoire* (ἀπομνημόνευμα ; lat. *commemoratio*) ayant la particularité de la brièveté ; elle se distingue aussi formellement de la *sentence*, puisqu'à la différence de cette dernière qui est anonyme, la *chrie* se concrétise dans un personnage et dans une situation déterminés (cadre anecdotique) : il s'agit en effet d'une anecdote attribuée normalement à un personnage célèbre et rapportée sous la forme d'une réponse spirituelle à une demande captieuse, sans que la véracité historique importe beaucoup, mais où est mis plutôt en relief l'élément d'esprit (bon mot). De la sorte, la notion de *chrie* occupe une position assez singulière, dans la mesure où, tout en pouvant être caractérisée comme *sentence, apophtegme* ou *mémoire*, elle se distingue de ces genres, en raison, à ce qu'il semble, du fait qu'elle met spécialement l'accent sur l'utilité pratique.

À propos de ces notions et de la tradition littéraire et philosophique qui s'y rattache, *cf.* **6** W. Gemoll, *Das Apophthegma : literarhistorische Studien*, Wien/Leipzig 1924, VIII-177 p. ;

7 K. Bielohlawek, «*Hypotheke* und *Gnome*: Untersuchungen über die griechische Weisheits-dichtung der vorhellenistischen Zeit», coll. «Philologus Suppl.» XXXII 3, Leipzig 1940, 83 p.; **8** K. Horna, art. «Gnome, Gnomendichtung, Gnomologien», *RESuppl.* VI 1935, col. 74-97 [K. v. Fritz, «Zusätzen zu Χρεία: I zu S. 75», *ibid.* col. 87-89; «II zu S. 76», *ibid.* col. 89-90]; **9** H. R. Hollerbach, *Zur Bedeutung des Wortes χρεία,* Diss. Köln 1965; O. Gigon et K. Rupprecht, art. «Apophthegma», *LAW,* 1965, col. 222; **10** *Idd.,* art. «Gnome», *LAW,* 1965, col. 1099; **11** O. Gigon et H. Hommel, art. «Chrie», *LAW,* 1965, col. 586; **12** W. Spoerri, art. «Gnome» 2, *KP* II, 1967, col. 823-829; **13** H. Lausberg, *Handbuch der literarischen Rhetorik: eine Grundlegung der Literaturwissenschaft,* München 1973², §§ 872-979; **14** S. N. Mouraviev, «Gnome», *Glotta* 51, 1973, p. 69-78; **15** F. Hock et E. N. O'Neil, *The chreia in ancient rhetoric,* t. I : *The progymnasmata,* coll. «Society of Biblical Literatur, Texts and Translations» 27, Atlanta 1986, XV-358 p.; **16** J. F. Kindstrand, «Diogenes Laertius and the "chreia" tradition », *Elenchos* 7, 1986, p. 219-243; **17** G. Giannantoni, *SSR,* 1990, t. IV, p. 467-474; **18** M.-O. Goulet-Cazé, «Le livre VI de Diogène Laërce : analyse de sa structure et réflexions méthodo-logiques», dans *ANRW* II 36, 6, Berlin 1992, p. 2880-4048, notamment p. 3997-4039 ; et **19** R. B. Branham «Diogenes' rhetoric and the invention of cynicism», dans M.-O. Goulet-Cazé et R. Goulet (édit.), *Le cynisme ancien et ses prolongements.* Actes du Colloque international du *CNRS* (Paris, 22-25 juillet 1991), Paris 1993, p. 445-473 ; repris dans **19bis** R. B. Branham et M.-O. Goulet-Cazé (édit.), *The cynics : the cynic movement in Antiquity and its legacy,* Berkeley/ Los Angeles/London 1996, p. 81-104. Sur le rôle de Métroclès, ➤M 141, p. 501; **20** D. Searby, *Aristotle in the Greek gnomological tradition,* coll. «Acta Universitatis Upsaliensis. Studia Graeca Upsaliensia» 19, Uppsala 1998, notamment p. 13-17.

Contenu du recueil. Les extraits que Stobée a conservés des *Mémorables* de Serenus laissent entrevoir un recueil sans doute très riche et varié, caractérisé souvent par l'ironie et le comique, dans la tradition du style sério-comique (σπου-δογέλοιον), sans doute avec un certain dessein pédagogique (philosophique). Voici les références de l'*Anthologium,* selon l'édition de Wachsmuth-Hense, avec une indication succincte du contenu :

II 1, 22 : anecdote de la servante thrace de Thalès de Milet (➤T 19), laquelle, lorsque celui-ci tombe dans un trou en observant le ciel, fait remarquer que c'est bien là le juste sort de celui qui, ne connaissant pas ce qu'il a sous les pieds, fait ses recherches dans le ciel (*cf.* **21** H. Blumenberg, *Das Lachen der Thrakerin : eine Urgeschichte der Theorie,* Frankfurt 1987, trad. franç. de L. Cassagnau : *Le rire de la servante de Thrace,* Paris 2000) ; II 2, 17 : citation d'Arcésilas de Pitane (➤A 302), fr. 18b Mette (*cf.* Stobée II 2, 11 = fr. 18a Mette) ; II 31, 114 : anecdote d'Euclide (➤E 80) avec l'un de ses disciples qui, juste après avoir reçu la première leçon de géométrie, lui montre bêtement son insatisfaction pour son apprentissage du point de vue du profit matériel ; II 31, 116 : Héraclite d'Éphèse (➤H 64) et Anaxarque d'Abdère (➤A 160) à propos de la πολυμάθεια, un mot de chacun (*cf.* Héraclite, DK 22 B 40 ; Anaxarque, fr. 65a, 65b, 65c Dorandi) ; III 5, 36 : anecdote de Platon (➤P 195) et Euripide (➤E 139) à propos du caractère absolu (Platon) ou relatif (Euripide) de ce qui est honteux (*cf.* Euripide, fr. 19 Kannicht = Αἴολος, fr. 14 Jouan-Van Looy ; Aristophane, *Nuées* 1371 *sqq., Grenouilles* 1475 ; chez Plutar-que, *Comment lire les poètes* 12, 33c, et Apostolius, XVI 61a, Platon est remplacé, respecti-vement, par les cyniques Antisthène [= *SSR* IV A 195] et Diogène [= *SSR* IV B 295]) ; III 6, 17 : mot de Diogène de Sinope (= *SSR* IV B 317 ; ➤D 147) à propos de ceux qui protègent leurs richesses, mais se laissent eux-mêmes en danger ; III 6, 18 : mot de Sophocle sur la misogynie d'Euripide : celui-ci n'est pas un misogyne au lit (*cf.* Athénée XIII 5, 557 = Hiéronymos de Rhodes [➤A 129], fr. 36 Werhli) ; III 6, 19 : mot de Platon sur l'impossibilité du plaisir rattaché à l'intempérance et à la maladie (*cf.* Platon, *Philèbe* 45 c *sqq.*) ; III 7, 62 : mot d'un vieil homme de Phères corrigeant les porteurs d'un oracle d'Ammon arrivé après l'assassinat du tyran Alexandre, commis à l'instigation de son épouse Thébé (*cf.* Xénophon, *Helléniques* VI 4, 35-37, Diodore de Sicile XVI 14, Cicéron, *Les devoirs* II 7, 25, et Plutarque, *Vie de Pélopidas* 35, 8, où l'anecdote de l'oracle n'apparaît pas) ; III 11, 23 : Platon et Polémon d'Athènes (☛P 217), un mot de chacun à propos de la vérité (= Polémon, fr. 114 Gigante) ; III 13, 48 : anecdote d'un paysan et du roi Antipatros : celui-ci refuse un écrit de pétition sous le prétexte qu'il n'a pas de loisir ; il ne devrait pas non plus être roi s'il n'a pas le loisir (le temps pour y consacrer sa réflexion ; *cf.* une anecdote semblable sur Philippe et une vieille femme chez Plutarque, *Démétrios* 42, 8) ; III 13, 49 : anecdote d'une vieille femme jugée devant le roi Philippe alors que celui-ci est en train de s'endormir (*cf.* Plutarque, *Apophtegmes de rois et de généraux* 25, 179a, où on trouve un certain Makhætas au lieu de la vieille femme) ; III 13, 58 : mot d'une femme lacédémonienne : à celui qui, voulant l'acheter, lui demande ses capacités, elle lui répond qu'elle sait « être libre » (*cf.* Plutarque, *Apophtegmes des Lacédémoniens* 37, 234b, où il s'agit d'un homme ; *cf. ibid.* 53, 235b) ; III 29, 96 : anecdote d'un homme de Sybaris chez les Lacédémoniens, à propos de l'existence rigoureuse de ces gens-là qui expliquerait, ironiquement à son avis, qu'ils soient dans les guerres plus prêts à mourir qu'à vivre (*cf.* Plutarque, *Vie de Pélopidas* 1) ; III 39, 27 : anecdote des Lacédémoniens et du roi des Perses, mettant en relief l'importance de la patrie pour les premiers (*cf.* Plutarque, *Apophtegmes des Lacédémoniens* 63, 235 f - 236 b ; Dion Chrysostome LXXVI 5 ; l'anecdote remonte à l'épisode raconté par Hérodote VII 134) ; IV 2, 26 : brève évocation de quelques habitudes des Perses ; IV 6, 20 : anecdote d'un homme de Lydie et du roi Crésus à propos de la participation au pouvoir de son frère : un soleil est bon et nécessaire, alors que deux représentent un danger (*cf.* l'anecdote célèbre d'Alexandre le Grand et des ambassadeurs de Darius chez Diodore de Sicile XVII 54, et Quinte-Curce IV 11) ; IV 19, 48 : anecdote sur la générosité de Gellias d'Agrigente comparé à un homme tellement exigeant avec ses esclaves qu'il les fait travailler pendant la nuit : Gellias lui présente les très nombreux fils de ses esclaves pour lui montrer à quoi ceux-ci occupent leurs nuits (sur la générosité et l'hospitalité proverbiales de Gellias, *cf.* Timée de Tauroménion, *FGrHist* 566, fr. 26a [= Diodore de Sicile XIII 81-84] ; Athénée I 4 a ; Valère Maxime IV 8 ext. 2) ; IV 22ᶠ, 134 : anecdote d'un Lacédémonien riche qui donne sa fille comme épouse à un jeune homme pauvre mais bon, dans la certitude qu'il assure de la sorte la richesse de sa fille (*cf.* Euripide, *Andromaque* 639-641 = Stobée IV 22ᶠ, 133) ; IV 24 a, 11 : anecdote d'une femme lacédémonienne qui s'oppose à une autre, ionienne, qui lui a montré ses ornements : les ornements pour elle ce sont ses fils (= Apostolius VIII 49a ; *cf.* Val. Max. IV 4 init., qui suit les *Collectorum libri* de Pomponius Rufus, à propos de Cornelia, la mère des Gracques).

PEDRO PABLO FUENTES GONZÁLEZ.

54 SERENUS   ép. imp.

On ne connaît le péripatéticien Serenus que par l'inscription qu'il a laissée, à une date indéterminée, dans le tombeau de Ramsès IX : J. Baillet, *Inscriptions grecques et latines des Tombeaux des rois*, coll. « Mémoires de l'IFAO » 42, Le Caire 1923, p. 39, n° 154 : Σερηνὸς | περιπατητικὸς | ἰδὼν ἐθαύμασα.

BERNADETTE PUECH.

55 SERENUS (A. ANNAEUS –) *RE* 18 *PIR*² A 618   I

Homme politique romain, proche de Sénèque. Sa date de naissance est inconnue : la seule chose certaine est qu'il était nettement plus jeune que Sénèque (*Epist.* 63, 14) né au début du siècle. Son statut n'est pas non plus certain : était-il un parent de Sénèque ou l'un de ses affranchis ? Selon **1** M. Griffin, *Seneca. A Philosopher in Politics*, Oxford 1976, p. 253, c'était un Espagnol d'origine et un lointain parent du philosophe.

En 55 il apparaît dans l'entourage de Néron dont il protégea les amours en se faisant passer pour l'amant officiel de l'affranchie Acté (Tacite, *Ann.* XIII 13). Il devint peut-être à la même époque préfet des vigiles (Pline, *H. N.* XXII 96) : on a également pensé qu'il aurait pu succéder à Tigellin en 62 à ce poste pour un très court moment, mais d'une part c'est en 55 que Serenus joua un rôle important à la cour, d'autre part la position de Tigellin lui-même et l'influence déclinante de Sénèque au début des années soixante invitent à pencher pour la date de 55 (*cf.* Griffin **1**, p. 89-90 et 447-448). Il mourut empoisonné au cours d'un banquet (Pline, *H. N.* XXII 96) quelques années plus tard, au plus tard avant le printemps de l'année 63 ou 64 quand Sénèque le pleure (Sénèque, *Epist.* 63, 14).

Sénèque a dédié au moins deux traités à Serenus qu'il considérait comme un ami très proche (Sénèque, *Epist.* 63, 14, et Martial VII 45) : le *De tranquillitate animi* et le *De constantia sapientis.* En ce qui concerne le *De otio*, dont le début est perdu, la chose est discutée (*cf.* l'édition de **2** R. Waltz, *CUF*, t. IV, p. 109-110, et **3** I. Hadot, *Seneca und die griechisch-römische tradition der Seelenleitung*, Berlin 1969, p. 135-141 ; *contra* **4** P. Veyne, *Sénèque*, Paris 1993, p. 311-312, qui exclut que le traité ait été dédié à Serenus). Si, dans le De *tranquillitate animi*, Serenus apparaît comme converti au stoïcisme (*Tranq.* 10), en revanche dans le *De constantia sapientis*, qui lui est probablement antérieur, il est décrit comme très critique vis-à-vis de la Stoa (*Const.* 3, 1) et l'on a donc pensé qu'il avait été tout d'abord épicurien (*cf.* Waltz **2**, p. 32, et **5** M. Seita, « Anneo Sereno, un uomo in crisi nell'età di Nerone », *Paideia* 40, 1985, p. 7-23). Néanmoins, comme le souligne M. Griffin, Serenus réagit certes comme un épicurien dans le *De constantia sapientis* (*Const.* 15, 4), mais Sénèque a modifié sa présentation pour en faire « a literary persona » (*cf.* Griffin **1**, p. 354) : il convient donc de rester prudent quant à une éventuelle adhésion de Serenus à l'épicurisme.

YASMINA BENFERHAT.

56 SERENUS (Σέρηνος) *RE* 10 *PLRE* I:1   IV ?

Géomètre et philosophe platonicien. La forme corrompue de l'ethnique (ἀντισσέως ou ἀντινσέως) qui a été transmise invite à le rattacher à Antinoé (en restituant Ἀντιν<ο>έως) ou Antinooupolis en Moyenne-Égypte. On a également pensé à Antissa sur l'île de Lesbos, mais on aurait eu alors comme ethnique Ἀντισσαῖος.

Cf. **1** K. Orinsky, art. « Serenus » 10, *RE* II 1 2, 1923, col. 1677-1678 ; **2** I. Bulmer-Thomas, *DSB* XI, 1981, p. 313-315.

Deux de ses traités sont conservés : (1) *De sectione cylindri*, éd. avec trad. latine par **3** J. L. Heiberg, *Sereni Antinoensis opuscula*, coll. *BT*, Leipzig 1896, p. 2-116, et (2) *De sectione coni*, également édité par Heiberg **3** *ibid.*, p. 120-302 (avec une traduction latine). Les deux ouvrages sont dédiés à un certain Cyrus. Un mathématicien Peithon (Πείθων ὁ γεωμέτρης) est également mentionné dans le premier traité (p. 96, 14 Heiberg).

Sérénus fait référence (p. 52, 26) à un autre de ses écrits : (3) un Commentaire des *Coniques* d'Apollonius de Pergé qui n'a pas été conservé, mais dont est peut-être tiré un fragment édité par Heiberg (p. XVIII-XIX) à partir de manuscrits de Théon de Smyrne [➤T 90] (Σερήνου τοῦ φιλοσόφου ἐκ τῶν λημμάτων).

Selon **4** P. Tannery, « Serenus d'Antissa », *Bulletin des sciences mathématiques et astronomiques*, 2ᵉ sér., 7, 1883, p. 237-244 (p. 237), repris dans ses *Mémoires scientifiques*, t. I, p. 292, ce commentaire de Sérénus sur les *Coniques* d'Apollonius serait attesté par Marinus dans la préface de son commentaire sur les *Data* d'Euclide. Ce renseignement est encore repris dans des études récentes. Voir par exemple **5** I. Hadot, *Arts libéraux et philosophie dans la pensée antique* [1984], 2ᵉ éd., coll. « Textes et traditions » 11, Paris 2005, p. 259 : « Le néoplatonicien Marinus cite ce commentaire dans sa préface aux *Données* d'Euclide ». En réalité, on ne trouve aucune mention de Sérénus dans la préface du Commentaire de Marinus, dans l'édition de **6** H. Menge, *Euclidis Data cum Commentario Marini et scholiis antiquis*, coll. *BT*, Leipzig 1896, p. 234-257. Tannery, sur ce point, ne fait que reprendre les informations rassemblées par **7** Ed. Halley, *Apollonii Pergaei Conicorum Libri octo, et Sereni Antissensis de Sectione Cylindri et Coni libri duo*, Oxford 1710, *Praefatio* : « Quod vero ad Serenum attinet, de eo nihil comperimus, nisi quod Antissa Insulae Lesbi urbe ortus fuerit ; et, praeter Librum unum de Sectione Cylindri et alterum de Sectione Coni, Commentaria scripserit in Apollonium ; quodque ante Marinum (Procli discipulum) vixerit, uti constat ex Marini Praefatione in Euclidis Data. » Halley utilisait sans doute l'édition de **8** Claude Hardy, *Euclidis Data… adiectus est … Marini philosophi commentarius graece et latine*, Paris 1625, p. 10, 5-8, où on lit πολλὰ γὰρ τεταγμένα φύσει ὕστερον Ἀρχιμήδης *τοῦ Σερήνου* ἐθεώρει ὅτι τέτακται. C'est sans doute le passage que Tannery (p. 244) a traduit de la façon suivante : « Après Archimède, Serenus a considéré qu'il y a beaucoup d'objets déterminés naturellement ». Le texte critique établi par Menge (p. 248, 3-4) est assez différent : πολλὰ γοῦν τεταγμένα φύσει ὕστερον Ἀρχιμήδης ἔδειξε τοῖς πρὶν οὐ θεωρηθέντα, ὅτι τέτακται (« multa quidem quae natura ordinata sunt, neque ab iis, qui ante fuerunt perspecta, postea Archimedes ordinata essse demonstrauit »). Dans l'apparat, on précise qu'à la place de πρὶν οὐ le principal manuscrit a ὡρίνου et que le *Vat. gr.* 202 a σωρίνου. Il convient donc d'éliminer le témoignage de Marinus sur le Commentaire d'Apollonius, mais cet ouvrage reste attesté par Sérénus lui-même.

La datation de ce philosophe mathématicien a été diversement établie. On a pensé qu'il devait être antérieur à 167 av. J.-C., date à laquelle fut détruite Antissa pas les Romains. Mais le nom n'est concevable qu'à partir de l'époque impériale. Tannery (p. 238) a proposé de le situer entre Pappus [➙P 36] (fin du IIIᵉ siècle) et Théon d'Alexandrie [➙T 88] (seconde moitié du IVᵉ siècle).

Rappelons qu'un philosophe platonicien Flavius Maecius Se[...] Dionysodorus (➙D 190), en qui on a reconnu le platonicien Severus (➙S 61), a été honoré à Antinoé (ou Antinooupolis) au IIᵉ siècle. Sur les études scientifiques dans cette ville, voir **9** P. Cauderlier, « Sciences pures et sciences appliquées dans l'Égypte romaine. Essai d'inventaire antinoïte », dans *Recherches sur les Artes à Rome*, coll. « Publications de l'Université de Dijon » 58, Paris 1978, p. 47-76 (sur Serenus, voir p. 55-57). Pour une liste de citoyens de cette cité, voir **10** P. V. Pistorius, *Indices Antinoopolitani*, Diss. Leiden 1939, [XII-]133 p. (en néerlandais, avec un résumé en anglais, p. 110-127). Plusieurs papyri sont recensés pour divers personnages du nom de Σερῆνος sous le n° 627 (p. 33).

Dans les manuscrits, notamment le *Vaticanus graecus* 203 (XIIIᵉ siècle), Serenus est qualifié de philosophe. Dans le *Parisinus gracus* 2358 (XVIᵉ siècle) il est dit philosophe platonicien. Ces renseignements sont confirmés par une note contenue dans le *Parisinus graecus* 1918, fol. 145ᵛ, éditée et commentée par **11** J. Whittaker, « Harpocration and Serenus in a Paris Manuscript », *Scriptorium* 33, 1979, p. 59-62 : ὅτι Ἀρποκρατίων ὁ τοῦ Πλάτωνος ἐξηγητής, ᾧτινι καὶ τὰ πολλὰ εἴωθε πιστεύειν Σερῖνος ὁ γεωμέτρης περὶ τῆς Πλατωνικῆς ἐννοίας, ᾤετο τὸν Πλάτωνα λέγειν τὰς ψυχὰς τῶν [εἰς ψυχὰς] ἀνθρώπων εἰς ψυχὰς ἀλόγων μεταβάλ<λ>εσθαι τῷ ἕπεσθαι αὐτὰς τοῖς ἀλόγοις ζῴοις διὰ τὸ

τιμωρηθῆναι· ὁ δὲ Πρόκλος οὐχ οὕτως. « Harpocration (➣H 9), le commentateur
de Platon, auquel Serenus le géomètre avait coutume d'accorder crédit la plupart
du temps à propos de la pensée platonicienne, considérait que Platon a dit que les
âmes des hommes migraient dans les âmes des animaux, afin qu'elles suivent les
animaux dépourvus de raison pour subir leur punition. Mais pour Proclus il n'en
est pas ainsi ».

La notule a été éditée sous une forme très détériorée, empruntée au *Laurentianus* Plut. 71, 3,
par **12** C. J. Larrain, «Macarius Magnes, ΑΠΟΚΡΙΤΙΚΟΣ ΠΡΟΣ ΕΛΛΗΝΑΣ. Ein bislang unbeach-
tetes Exzerpt», *Traditio* 57, 2002, p. 85-127, notamment p. 114. Larrain a voulu corriger le
Σελῖνος qu'il a lu dans le manuscrit (à la place de Σέρηνος) en Σειληνός, et y a reconnu le
Silène de la mythologie... Quant au lien de cette doxographie philosophique avec Macarios de
Magnésie (➣M 2), il est parfaitement illusoire et anachronique. Voir **13** R. Goulet (édit.),
Macarios de Magnésie, Le Monogénès, Paris 2003, t. I, p. 250. C. J. Larrain a réédité le passage
en tenant compte du Parisinus dans **14** «Das Exzerpt aus Macarius Magnes' "Apocriticus"»,
Traditio 59, 2004, p. 383-396, à la p. 389.

RICHARD GOULET.

SERGIUS → ORATA (C. SERGIUS –)

SERGIUS → PLAUTUS (L. SERGIUS –)

57 SERGIUS DE REŠʿAINĀ   † 536

Le nom de Sergius est attaché notamment à des traductions en syriaque
d'œuvres de Galien, à la traduction syriaque des œuvres du Pseudo-Denys et à des
commentaires d'Aristote en syriaque. Le peu que l'on sache de la biographie de
Sergius provient d'un petit nombre de sources autrefois rassemblées par
1 A. Baumstark, «Lucubrationes Syro-Graecae», *JKPh*, Suppl. XXI, 5, 1894,
p. 353-524. L'essentiel de l'information vient de *l'Histoire ecclésiastique* du
Pseudo-Zacharie, dans laquelle Sergius est présenté comme versé dans la lecture
des livres grecs, notamment dans la doctrine d'Origène, et expert dans les règles de
la médecine ; cf. **2** E. W. Brooks (édit.), *Historia ecclesiastica Zachariae Rhetori
vulgo adscripta,* coll. *CSCO* 84, Louvain 1921, réimpr. 1953, t. II, p. 136 (trad.
latine, coll. *CSCO* 88, 1924, Louvain 1924, réimpr. 1965, t. II, p. 93).

On peut lire la traduction française du passage de l'*Histoire* consacré à Sergius
dans **3** H. Hugonnard-Roche, « Les *Catégories* d'Aristote comme introduction à la
philosophie, dans un commentaire syriaque de Sergius de Rešʿainā († 536)»,
DSTFM 8, 1997, p. 339-363, repris dans **4** H. Hugonnard-Roche, *La logique
d'Aristote du grec au syriaque. Études sur la transmission des textes de l'*Organon
et leur interprétation philosophique, coll. «Textes et Traditions» 9, Paris 2004,
p. 143-164 (p. 147). Nouvelle traduction dans **5** E. Fiori, «Un intellectuel
alexandrin en Mésopotamie. Essai d'une interprétation d'ensemble de l'œuvre de
Sergius de Rešʿaynā», dans **6** E. Coda et C. Martini Bonadeo (édit.), *De l'Antiquité tardive au Moyen Âge. Études de logique aristotélicienne et de philosophie
grecque, syriaque, arabe et latine offertes à Henri Hugonnard-Roche,* coll.
«Études musulmanes» 44, Paris 2014, p. 59-90, aux p. 61-62. Traduction anglaise
dans **7** G. Greatrex (édit.), *The Chronicle of Pseudo-Zachariah Rhetor. Church
and War in Late Antiquity,* transl. from Syriac and Arabic sources by R. R. Phenix

and C. B. Horn, with introductory material by S. Brock and W. Witakowski, coll. « Translated Texts for Historians » 55, Liverpool 2011, p. 368-371.

Un point, dans la notice du Pseudo-Zacharie, a tout spécialement retenu l'attention des érudits, celui qui se rapporte au fait que Sergius était « versé dans la doctrine d'Origène ». De cette brève indication a été tirée l'hypothèse que Sergius appartenait au mouvement origéniste : cf. **8** I. Perczel, « The Earliest Syriac Reception of Dionysius », *ModTheol* 24, 2008, 557-571, réimpr. dans **9** S. Coakley et C. M. Stang (édit.), *Re-thinking Dionysius the Areopagite*, coll. « Directions in modern theology », Oxford 2009, p. 27-41 ; la même thèse a été reprise par **10** D. King, « Origenism in Sixth Century. The Case of a Syriac Manuscript of Pagan Philosophy », dans **11** A. Fürst (édit.), *Origenes und sein Erbe in Orient und Oksident*, coll. « Adamantiana » 1, Münster 2011, p. 179-212, qui développe l'idée que le manuscrit *London B. L. Add.* 14658, qui contient des œuvres de Sergius, relève d'une tradition origéniste. Cette thèse est critiquée par Fiori **5**, p. 63-67 (avec bibliographie sur la question de l'origénisme dans les notes), qui distingue un origénisme que l'on pourrait appeler "hérésiologique", ou extrémiste, et un origénisme au sens plus vague d'un intérêt pour la vie intellectuelle et pour la spéculation théologique : Sergius partageait sans aucun doute cet intérêt, et fut de ceux qui lurent Origène et Évagre et s'en inspirèrent, mais il ne peut être qualifié d'origéniste au sens fort ou radical du terme.

Sergius a étudié à Alexandrie, non seulement la médecine, mais aussi certainement la philosophie, à l'école d'Ammonius selon toute vraisemblance, et il vécut à Rešʿainā (Raʾs al-ʿayn en arabe), ville située aux sources du Khabour, affluent de l'Euphrate, en Haute-Mésopotamie. Chargé de mission par le patriarche Éphrem d'Antioche, il se rendit à Constantinople auprès de l'empereur Justinien, puis à Rome auprès du pape Agapet Ier, et peu après son retour en compagnie de ce dernier à Constantinople, il mourut dans cette ville. Les éléments connus de la biographie de Sergius ont été réunis dans **12** H. Hugonnard-Roche, « Note sur Sergius de Rešʿainā , traducteur du grec en syriaque et commentateur d'Aristote », dans **13** G. Endress et R. Kruk (édit.), *The Ancient Tradition in Christian and Islamic Hellenism. Studies on the Transmission of Greek Philosophy and Sciences*, dedicated to H. J. Drossaart Lulofs on his ninetieth birthday, coll. « CNWS Publications » XIX 2, Leiden 1997, p. 121-143, repris avec quelques modifications sous le titre « Sergius de Rešʿainā , traducteur du grec en syriaque et commentateur d'Aristote », dans Hugonnard-Roche **4**, p. 123-142.

Une brève notice a été donnée par **14** S. P. Brock, « Sergios of Reshʿayna », dans S. P. Brock *et al.* (édit.), *The Gorgias Encyclopedic Dictionary of the Syriac Heritage*, Piscataway NJ, 2011, p. 366.

Œuvres médicales

On trouvera aussi dans Hugonnard-Roche **4**, p. 125-132, un survol des diverses œuvres composées par Sergius, dans les domaines de la médecine, de la philosophie et de la théologie, survol qui doit être mis à jour à l'aide des informations bibliographiques données ci-dessous. À propos de la médecine, on rappellera seulement ici que Sergius traduisit en syriaque un grand nombre d'œuvres de Galien, aujourd'hui entièrement perdues à l'exception de quelques fragments, sur lesquelles nous sommes renseignés par le témoignage du médecin Ḥunayn ibn Isḥāq († vers 873) qui mentionne ces traductions dans l'Épître où il fait la liste de ses propres traductions : cf. l'édition et la traduction de **15** G. Bergsträsser, *Ḥunain ibn Isḥāq über die syrischen und arabischen Galen-Übersetzungen*, coll. «Abhandlungen für die Kunde des Morgenlandes» XIX 2, Leipzig 1925 ; voir aussi l'analyse détaillée de l'épître de Ḥunayn par **16** R. Degen, «Galen im syrischen : Eine Übersicht über die syrische Überlieferung der Werke Galens», dans V. Nutton (édit.), *Galen : Problems and Prospects*, London 1981, p. 131-166. Les informations fournies par Ḥunayn sont reprises par **17** V. Boudon-Millot, «L'ecdotique des textes médicaux grecs et l'apport des traductions orientales», dans *Entre orient et occident : la philosophie et la science gréco-romaines dans le monde arabe*, coll. «Entretiens sur l'antiquité classique» 57, Vandœuvres/Genève 2010, p. 320-387 (voir, aux p. 370-387, l'Annexe A : «Le corpus galénique d'après Ḥunayn, *Risāla*»). Du témoignage de Ḥunayn, il ressort que Sergius avait traduit une trentaine d'œuvres de Galien, parmi lesquelles tous les ouvrages fondamentaux pour l'enseignement réunis dans le «canon alexandrin», à l'exception de deux seulement, le *De sectis* et le *De pulsibus ad tirones*. Aux informations de Ḥunayn, ajoutons que Sergius aurait écrit un traité sur l'hydroposie, dont la traduction arabe serait citée par al-Rāzī dans son ouvrage *al-Ḥāwī* : voir **18** M. Ullmann, *Die Medizin im Islam*, coll. «Handbuch der Orientalistik», Erste Abteilung, Ergänzungsband VI, 1, Leiden 1970, p. 100.

Signalons rapidement les éditions des fragments conservés. Des fragments de traductions (anonymes, dont l'attribution à Sergius n'est pas certaine) de la Τέχνη ἰατρική (*Ars medica*) et du Περὶ τροφῶν δυνάμεων (*De alimentorum facul-tatibus*), ont été édités par **19** E. Sachau, *Inedita Syriaca, Eine Sammlung syrischer Übersetzungen von Schriften griechischer Profanliteratur ; mit einem Anhang. Aus den Handschriften des brittischen Museums*, Wien/Halle 1870, réimpr. Hildesheim 1968, p. 88-94 et p. 94-97 respectivement. La partie botanique du Περὶ κράσεών τε καὶ δυνάμεων τῶν ἁπλῶν φαρμάκων (*De simplicium medicamentorum tempe-ramentis et facultatibus*), traduite en syriaque par Sergius, a été éditée et traduite partiellement en allemand sur la base du texte conservé dans le manuscrit *London BL Add.* 14661 (livres VI-VIII, incomplets), par **20** A. Merx, «Proben der syrischen Uebersetzung von Galenus' Schrift über die einfachen Heilmittel», *ZDMG* 39, 1885, p. 237-305. Voir également l'étude, faite d'après le même manuscrit, par **21** S. Bhayro, «Syriac Medical Terminology : Sergius and Galen's Pharmacopia», *AramStud* 3, 2005, 147-165. Une édition nouvelle est en prépa-ration par R. Hawley et S. Bhayro, sur la base du palimpseste (collection privée) qui, sous un texte liturgique du XIᵉ siècle, contient une version syriaque plus complète (livre IX, notamment) du texte de Sergius (identifié pour la première fois par S. Brock) : cf. les études de **22** S. Bhayro, R. Hawley, G. Kessel et P. E.

Pormann, « Collaborative Research on the Digital Syriac Galen Palimpsest », *SEC* 5, 2012, p. 261-264, et **23** S. Bhayro, R. Hawley, G. Kessel et P. E. Pormann, « The Syriac Galen Palimpsest : Progress, Prospects and Problems », *JSS* 58, 2013, p. 131-148. Voir aussi, à propos du même document, **24** S. Bhayro et S. P. Brock, « The Syriac Galen Palimpsest and the Role of Syriac in the Translation of Greek Medicine in the Orient », *BJRL* 89 (Supplement 2013), p. 25-43, qui éditent et traduisent l'introduction de Sergius au livre VI du traité galénique et soulignent l'importance pour lui des prémisses théoriques comme introduction à la science pratique (p. 37-40) ; **25** R. Hawley, « More identifications of the Syriac Galen Palimpsest », *SEC* 7, 2014, p. 237-272 ; **26** R. Hawley, « Transliteration versus Translation of Greek Plant Names in the Syriac Medical Writings of Sergius of Rešʿaynā », *Aramaic Studies* (à paraître).

Des fragments de traduction du Περὶ τῶν πεπονθόντων τόπων (*De locis affectis*), qui pourraient être l'œuvre de Sergius, se trouvent dans la compilation syriaque anonyme de textes médicaux galéniques connue sous le titre de *Book of Medicines*, éditée par **27** E. A. Wallis Budge, *Syrian Anatomy, Pathology and Therapeutics, or "The Book of Medicines"*. Syriac text with an English translation, London 1913, 2 vol. ; l'attribution à Sergius a été défendue par S. Bhayro, selon le rapport de **28** A. Muraviev, « La médecine thérapeutique en syriaque (IVᵉ-VIIᵉ siècle) », dans **29** E. Villey (édit.), *Les sciences en syriaque*, coll. « Études syriaques » 11, Paris 2014, p. 253-284 (p. 271). A cette publication ancienne, il faut ajouter celle, récente, d'une introduction de Sergius au commentaire de Galien sur le *De nutrimento* d'Hippocrate par **30** G. Bos et Y. Tzvi Langermann, « The Introduction of Sergius of Rēshʿainā to Galen's Commentary on Hippocrates' *On Nutriment* », *JSS* 54, 2009, p. 179-204 : le manuscrit *New York Jewish Theological Seminary of America* 2761 conserve une traduction arabe partielle (peut-être par Yūsuf al-ḫūrī, qui est mentionné dans l'Épître de Galien susdite) en caractères hébraïques du commentaire de Galien sur le *De nutrimento* d'Hippocrate, précédé d'une introduction de Sergius qui traduisit le traité du grec en syriaque. Bos et Langermann **30** donnent l'édition du texte en caractères hébraïques (malheureusement corrompu en plusieurs endroits), avec traduction anglaise, et ils analysent le texte de Sergius, soulignant en particulier que celui-ci présente les divers points (en arabe *ruʾūs*, traduction du syriaque *kephalaia*, lui-même translittéré du grec) à étudier avant de lire un ouvrage, en conformité avec la tradition grecque des *schemata isagogica* précédant les commentaires aux œuvres, non seulement philosophiques, mais aussi scientifiques. Ils discutent aussi les listes d'œuvres d'Hippocrate qui apparaissent dans l'introduction de Sergius.

Ajoutons encore que **31** G. Kessel, « The Syriac *Epidemics* and the Problem of its Identification », dans P. E. Pormann (édit.), *"Epidemics" in Context. Greek Commentaries on Hippocrates in the Arabic Tradition*, coll. « Scientia Graeco-Arabica » 8, Berlin/Boston 2012, p. 93-123, a montré que le manuscrit 12/25 conservé au Patriarcat syrien orthodoxe (Damas, Maʿarat Ṣīdnāyā) contient la traduction syriaque (dont le texte est incomplet) très probablement faite par Sergius

d'un commentaire lemmatique alexandrin tardif sur les *Épidémies* d'Hippocrate
(livre VI), dont l'auteur est selon toute vraisemblance le iatrosophiste Gesius
[➛G 16] (2ᵉ moitié du Vᵉ siècle).

A ces traductions d'œuvres médicales se rattache, en quelque manière, le petit
Traité sur l'action de la lune composé par Sergius afin d'expliquer « les aspects
que forme la lune en s'associant au soleil ou à l'une des cinq planètes », ainsi que
les lieux d'éclipses et les jours sombres – tous éléments utilisés par Galien dans le
troisième livre du Περὶ κρισίμων ἡμερῶν (*De diebus decretoriis*) : édition dans
Sachau **19**, p. 101-124 ; nouvelle édition, corrigeant la précédente, avec traduction
française annotée, dans **32** E. Villey, *Les textes astronomiques syriaques (VIᵉ et VIIᵉ*
siècle) : établissement d'un corpus et de critères de datation, édition, traduction et
lexique, thèse Caen 2012, p. 190-242 (à paraître aux éditions Peeters).

Œuvres philosophiques

Les œuvres philosophiques de Sergius comportent des traductions du grec ainsi
que des œuvres propres : brèves scholies et commentaires sur Aristote. Une brève
présentation de l'activité philosophique de Sergius a été donnée dans **33** H.
Hugonnard-Roche, « Aux origines de l'exégèse orientale de la logique d'Aristote :
Sergius de Rešʿainā († 536), médecin et philosophe », *JA* 277, 1989, p. 1-17, dont
les éléments ont été repris dans les autres études du même auteur mentionnées dans
la suite de cette notice.

Une première traduction exécutée par Sergius se présente, dans l'unique
manuscrit qui la conserve (*London BL Add.* 14658), sous le titre : « Traité sur les
causes de l'univers, selon la doctrine d'Aristote le Philosophe, [montrant] que c'est
un globe ». Traduction italienne par **34** G. Furlani, « Il trattato di Sergio di
Rêšʿaynâ sull'universo », *RTSFR* 4, 1923, p. 1-22. Édition et traduction française
par **35** E. Fiori, « L'épitomé syriaque du *Traité sur les causes du tout* d'Alexandre
d'Aphrodise attribué à Serge de Rešʿaynâ », *Muséon* 123, 2010 p. 127-158. Il
s'agit, en réalité, d'une traduction libre et remaniée du traité perdu en grec, mais
conservé en arabe, attribué à Alexandre d'Aphrodise (➛A 112), « Sur les principes
du tout » ou « Sur les principes de l'univers » : cf. la notice de **36** R. Goulet et
M. Aouad, notice « Alexandros d'Aphrodisias », A 112, *DPhA*, I, 1989, p. 125-139
(aux p. 135-136) et la notice de **37** S. Fazzo, notice « Alexandros d'Aphrodisias »,
DPhA, *Suppl.*, 2003, p. 61-70 (p. 67). Sur la version syriaque, voir aussi **38** D. R.
Miller, « Sargis of Rešʿaina : On What the Celestial Bodies Know », dans
R. Lavenant (édit.), *VI Symposium Syriacum*, coll. « Orientalia Christiana Analecta » 247, Roma 1994, p. 221-233, qui a comparé la version syriaque avec la
traduction arabe et conclu que la traduction de Sergius est dans l'ensemble une
version abrégée de l'original grec, mais qu'elle contient par ailleurs des additions
ou interpolations absentes du texte arabe, qui pourraient être d'une main postérieure. D'autre part, l'idée, présente dans une interpolation, que les corps célestes
agiraient consciemment et volontairement sur le monde inférieur serait à mettre en
relation, selon l'auteur, avec les traditions philosophiques et astrologiques cultivées

à Ḥarrān. Les vues de Miller sont corrigées dans l'analyse approfondie du texte faite par **39** D. King, « Alexander of Aphrodisias' *On the Principles of the Universe* in a Syriac Adaptation », *Muséon* 123, 2010, p. 159-191, avec en appendice une table de concordance entre les versions syriaque et arabe. L'auteur montre que le traité, dans son ensemble, est une version refaite du texte original, dans laquelle se mêlent abrégements, traductions littérales et interpolations. Il met en évidence, de plus, la christianisation opérée par Sergius, sur des points tels que la désignation des corps célestes, qui ne sont plus qualifiés de divins, ou la question de l'éternité du monde, « résolue » par l'assertion que l'acte de mouvoir du Premier Moteur et l'acte de créer sont une seule et même chose, et que Dieu a toujours été dans l'acte de créer. Il dénie, avec raison, que l'on puisse voir « an Harranian philosopher » (Miller, p. 232) en Sergius, qui accepte une forme limitée d'astrologie, comme c'était le cas dans la tradition alexandrine, d'où il était issu. La version arabe du traité d'Alexandre (connue sous le nom de *Mabādi' al-kull*), éditée d'abord par **40** A. Badawi, *Arisṭū 'inda al-'Arab*, Le Caire 1947, p. 253-277, a fait l'objet d'une nouvelle édition, avec traduction anglaise, par **41** Ch. Genequand, *Alexander of Aphrodisias, On the Cosmos*. Arabic text with English translation, introduction and commentary, coll. « Islamic Philosophy, Theology, and Science » 44, Leiden 2001 (lire p. 34 de brèves notes sur la version syriaque, qui ne peut être, selon l'auteur, un témoin utile pour la reconstruction du texte grec, *contra* Fazzo **37**, p. 67, et quelques remarques critiques sur Miller **38**). Voir aussi **42** G. Endress, « Alexander Arabus on the First Cause. Aristotle's First Mover in an Arabic Treatise attributed to Alexander of Aphrodisias », dans **43** C. D'Ancona et G. Serra (édit.), *Aristotele e Alessandro di Afrodisia nella tradizione araba*, coll. « Subsidia Mediaevalia Patavina » 3, Padova 2002, p. 19-74, où l'on peut lire des remarques sur le contenu du traité d'Alexandre avec quelques renvois à la version de Sergius (p. 37-55). Dans un nouvel article, **44** S. Fazzo et M. Zonta, « Towards a Textual History and Recontruction of Alexander of Aphrodisias's Treatise *On the Principles of the Universe* », *JSS* 59, 2014, p. 91-116, soutiennent que la version syriaque de Sergius a été connue de Ḥunayn ibn Isḥāq qui l'aurait utilisée dans la confection de sa propre version syriaque, qui elle-même a été la source des deux versions arabes ultérieures de Abū 'Uṯmān al-Dimašqī et Ibrāhīm b. 'Abdullāh al-Naṣrānī al-Kātib : la version syriaque serait donc à prendre en compte pour la reconstruction du texte original d'Alexandre ; les auteurs annoncent en outre (p. 92) la préparation d'une nouvelle édition, avec commentaire, du traité d'Alexandre. De son côté, Ch. Genequand prépare une traduction française, avec introduction et commentaire, du traité d'Alexandre (à partir du texte arabe), à paraître aux éditions Vrin, coll. « Sic et Non », Paris.

Une autre traduction effectuée par Sergius est celle du traité pseudo-aristotélicien Περὶ κόσμου. Édition d'après le manuscrit unique de cette traduction (*London BL Add.* 14658, fol. 107ᵛ-122ʳ) par **45** P. de Lagarde (édit.), *Analecta Syriaca*, Leipzig/London 1858, réimpr. Osnabrück 1967, p. 134-158. Étude philologique de la traduction, et traduction des chap. 1-4 du *De Mundo* dans

46 V. Ryssel, *Über den textkritischen Werth der syrischen Übersetzungen griechischer Klassiker*, I. Theil, Leipzig 1880, et II. Theil, Leipzig 1881, p. 10-29. Une traduction allemande (très fautive) des chap. 5-7 par E. König se trouve dans l'édition de l'original grec, **47** W. L. Lorimer (édit.), *Aristotelis qui fertur libellus De Mundo* edidit W. L. L. Sanctandreensis. *Accedit Capitum V, VI, VII interpretatio syriaca ab Eduardo König Bonensis Germanice versa*, Paris 1933. Étude de la traduction de Sergius par **48** Chr. Elsas, « Studien zu griechischen Wörtern im Syrischen. Eine philologisch-kulturhistorische Untersuchung im Anschluss an die Übersetzung der pseudo-aristotelischen Schrift Περὶ κόσμου durch Sergius von Rish'aina », dans H. Dörrie (édit.), *Paul de Lagarde und die syrische Kirchengeschichte*, Göttingen 1968, p. 58-89. Une étude plus récente est due à **49** A. McCollum, « Sergius of Reshaina as Translator : the Case of the *De Mundo* » dans **50** J. Lössl et J. W. Watt (édit.), *Interpreting the Bible and Aristotle in Late Antiquity. The Alexandrian Commentary Tradition between Rome and Baghdad*, Farnham 2011, p. 165-178 ; un instrument utile pour l'étude de cette traduction et plus largement du lexique de Sergius est fourni par l'index de la version syriaque du *De Mundo*, établi par **51** A. McCollum, *A Greek and Syriac Index to Sergius of Reshaina's Version of the De Mundo*, coll. « Gorgias Handbooks » 12, Piscataway NJ 2009. Sur la tradition orientale de ce traité pseudo-aristotélicien, voir aussi la notice de **52** W. Raven, « *De Mundo*. Tradition syriaque et arabe », *DPhA Suppl.*, Paris 2003, p. 481-483.

Trois opuscules sont attribués à Sergius dans les manuscrits où ils sont conservés. Tout d'abord, un « Traité sur le genre, les espèces et l'individualité » (*London BL Add.* 14658, fol. 124vb-129ra), inédit. Traduction italienne par **53** G. Furlani, « Un trattato di Sergio di Rêš'aynâ sopra il genere, le specie e la singolarità », dans P. Bonfante, E. Breccia et A. Calderini (édit.), *Raccolta di scritti in onore di Giacomo Lumbroso (1884-1925)*, (= *Aegyptus* 3, 1925), p. 36-44.

Autre opuscule, une scolie intitulée « Une démonstration naturelle de l'archiâtre Sergius » (*London BL Add.* 12155, fol. 178^{r-v}), inédite. Traduction italienne par **54** G. Furlani, « Due scolî filosofici attribuiti a Sergio di Teodosiopoli (Rêš'aynâ) », *Aegyptus* 7, 1926, p. 139-145 (p. 140-141). Comparant les définitions du genre et de l'accident données dans cette scolie avec les définitions correspondantes qui se trouvent dans le « Traité sur le genre, les espèces et l'individualité » (cité ci-dessus) et dans le Traité sur les *Catégories* adressé à Théodore (cité ci-dessous), Furlani conclut que la scolie ne peut pas être l'œuvre de Sergius. En l'état, cette conclusion s'appuie sur des bases qui semblent insuffisantes : cf. Hugonnard-Roche **4**, p. 129 (voir de même Aydin **61** [cité plus loin], p. 34).

Troisième opuscule, intitulé « Scolie faite par Sergius de Reš'ainā, qui montre ce qu'est une figure » (*London BL Add.* 14660, fol. 79v-81r), inédit. Traduction italienne par Furlani **54**, p. 143-145, qui conteste l'attribution à Sergius avec des arguments stylistiques assez vagues : cf. Hugonnard-Roche **4**, p. 130 (mais l'attribution à Sergius est rejetée par Aydin **61**, p. 35). Depuis **55** A. Baumstark, *Geschichte der syrischen Literatur mit Ausschluss der christlich-palästinensischen*

Texte, Bonn 1922, réimpr. Berlin 1968, p. 168, on a cru que cette scolie était identique à la troisième partie d'un traité (anonyme dans le manuscrit de Berlin *Petermann* 9), dont les deux premières parties concernaient respectivement le *De interpretatione* et la relation des *Analytiques premiers* aux autres écrits logiques d'Aristote. Or la comparaison de la scolie avec la troisième partie du traité anonyme montre que ces deux textes sont distincts; cf. Hugonnard-Roche **4**, p. 130. En outre, le traité anonyme dans le manuscrit de Berlin n'est autre qu'une copie d'un ouvrage du savant syriaque Sévère Sebokt († 666/7), et non pas un traité sur la rhétorique, comme on l'a longtemps cru, faute de le lire: sur cet ouvrage, voir **56** G. J. Reinink, « Severus Sebokts Brief an den Perieudeutes Jonan. Einige Fragen zur aristotelischen Logik », dans R. Lavenant (édit.), *III Symposium Syriacum 1980. Les contacts du monde syriaque avec les autres cultures*, coll. « Orientalia Christiana Analecta » 221, Roma 1983 p. 97-107; voir aussi la notice de **57** H. Hugonnard-Roche, notice « Sévère Sebokht », S 60, *DPhA* VI, Paris 2015, p. 233, et l'édition du texte syriaque, avec traduction et commentaire, par **58** H. Hugonnard-Roche, « Questions de logique au VIIe siècle: les épîtres syriaques de Sévère Sebokht et leurs sources grecques », *SGA* 5, 2015, p. 53-104.

Signalons encore un opuscule anonyme qui aurait eu pour source le commentaire de Porphyre [➡P 263] (κατὰ πεῦσιν καὶ ἀπόκρισιν) sur les *Catégories* et qui aurait été peut-être traduit par Sergius, selon une hypothèse, qui reste à vérifier, de **59** G. Furlani, « Contributi alla storia della filosofia greca in Oriente. Testi siriaci, I », *RAL*, ser. 5, vol. 23, Roma 1914, p. 154-175 (p. 160-175, avec édition du texte syriaque aux p. 167-175, d'après le ms de Berlin, *Petermann* 9, fol. 78^v-80^r).

La traduction syriaque du « Traité sur les causes de l'univers » mentionne un ouvrage, dans lequel il serait montré que le temps est la mesure du mouvement; cf. Furlani **34**, p. 15 « siccome il tempo è la misura del movimento, come è stato da noi dimostrato in un altro trattato »; cf. Fiori **35**, p. 155: « Mais puisque le temps est mesure du mouvement comme nous l'avons montré dans un autre traité ». Cet intitulé rappelle la célèbre définition aristotélicienne du temps comme « nombre du mouvement » (*Phys.* IV 11, 219 b 2). Il y a tout lieu de penser que l'allusion à cet autre ouvrage soit le fait d'Alexandre lui-même, qui renverrait ainsi à un autre de ses propres traités, et que la traduction de Sergius reprendrait tout simplement: il ne s'agirait donc nullement d'un opuscule de Sergius.

Les principaux ouvrages philosophiques connus de Sergius sont deux commentaires sur les *Catégories* d'Aristote. L'un d'entre eux, adressé à un certain Philothéos inconnu par ailleurs, est intitulé « Traité composé par Sargīs archiâtre de Reš'ainā sur les *Catégories* d'Aristote le Philosophe » dans le seul manuscrit qui le conserve, Berlin *Petermann* 9. Une première étude de ce traité est due à **60** H. Hugonnard-Roche, « Les *Catégories* d'Aristote comme introduction à la philosophie, dans un commentaire syriaque de Sergius de Reš'ainā », *DSTFM* 8, 1997, p. 339-363, repris dans Hugonnard-Roche **4**, p. 143-164, où l'on trouve un sommaire de l'ouvrage et une traduction partielle, commentée, du début de l'ouvrage.

Celui-ci est composé, en quelque sorte, d'une suite de scolies dans lesquelles sont abordés des sujets tels que la division de la philosophie, la division des entités simples en mots, notions et choses, la division des parties du discours, les dix catégories, l'«arbre de Porphyre», la division des homonymes, polyonymes, synonymes, hétéronymes, la définition de la substance et celle de l'accident, tous sujets qui font partie des introductions traditionnelles à la logique et à la philosophie. Ce traité, avec introduction, traduction anglaise et commentaire, a récemment fait l'objet d'une thèse soutenue à l'Université d'Uppsala, en avril 2015, par **61** S. Aydin (édit.), *Sergius of Reshaina, Introduction to Aristotle and his Categories, Addressed to Philotheos. Syriac Text, with Introduction, Translation, and Commentary,* Uppsala 2015, et l'ensemble devrait être publié dans un avenir proche.

L'autre commentaire de Sergius sur les *Catégories*, conservé dans trois manuscrits (*London BL Add.* 14658, *Paris BnF syr.* 354, *Mingana syr.* 606, la localisation de deux autres manuscrits *olim* Notre-Dame des Semences 51 et 53 = respectivement Monastère chaldéen de Bagdad 169 et 171, étant aujourd'hui inconnue), est adressé à un certain Théodore, qui collabora aux traductions des œuvres de Galien faites par Sergius, comme ce dernier l'indique dans sa préface. Inédit, ce traité en sept livres a fait l'objet d'une traduction italienne partielle (d'après le manuscrit de Londres), couvrant diverses parties de l'ensemble du texte, par **61bis** G. Furlani, «Sul trattato di Sergio di Rêshʿaynâ circa le categorie», *RTSFR* 3, 1922, p. 135-172. Une traduction française du prologue, accompagnée d'un commentaire, a été donnée par **62** H. Hugonnard-Roche «Comme la cigogne au désert: un prologue de Sergius de Rešʿainā à l'étude de la philosophie aristotélicienne en syriaque», dans A. de Libera, A. Elamrani-Jamal et A. Galonnier (édit.), *Langages et philosophie. Hommage à Jean Jolivet,* coll. «Études de philosophie médiévale» 74, Paris 1997, p. 79-97, repris dans Hugonnard-Roche **4**, p. 165-186. Une traduction française du premier livre du traité, qui traite des parties de la philosophie, de la division des écrits d'Aristote et de la logique considérée comme instrument de la philosophie, a été également procurée par Hugonnard-Roche **4**, chap. IX, p. 187-231, avec un commentaire détaillé, dans lequel le commentaire de Sergius est méthodiquement comparé avec les commentaires d'Ammonius (➨A 168) et de Jean Philopon (➨P 164) sur les *Catégories*: la comparaison atteste que Sergius, dont on sait qu'il a étudié à Alexandrie, a utilisé une source issue d'Ammonius, à moins qu'il n'ait lui-même assisté au cours du maître grec. Une traduction anglaise partielle du livre II (concernant les matières des *prolegomena* grecs), avec commentaire, a été donnée par **63** J. W. Watt, «Sergius of Reshaina on the Prolegomena to Aristotle's Logic: the Commentary on the *Categories*, Chapter Two», dans Coda et Martini Bonadeo **6**. Les livres suivants du traité adoptent le plan des *Catégories*, qu'ils commentent en suivant les mêmes sources alexandrines. Voir aussi sur un point particulier **64** H. Hugonnard-Roche, «Le vocabulaire philosophique de l'être en syriaque d'après des textes de Sergius de Rešʿaynā et Jacques d'Édesse», dans J. E.

Montgomery (édit.), *Arabic Theology, Arabic Philosophy. From the Many to the One. Essays in Celebration of Richard Frank*, coll. « Orientalia Lovaniensia Analecta » 152, Leuven 2006, p. 101-125. Une traduction du cinquième chapitre du traité de Sergius portant sur le relatif, faite par H. Hugonnard-Roche, est à paraître dans un recueil de traductions de commentaires anciens et médiévaux portant sur la catégorie du relatif dans les *Catégories* d'Aristote, publiées par les soins de **65** C. Erismann et J. Groisard (édit.), « Relatifs et relations. Lectures du chapitre 7 des *Catégories* d'Aristote » (titre provisoire).

D'autres œuvres philosophiques, anonymes dans la source qui les conserve, ont été attribuées à Sergius, depuis l'article de **66** E. Renan, « Lettre à M. Reinaud sur quelques manuscrits syriaques du Musée britannique », *JA* 19, 1852, p. 293-333, sur la seule base de leur proximité, dans le manuscrit *London BL Add.* 14658, avec le commentaire sur les *Catégories* (adressé à Théodore) et les traductions du Περὶ κόσμου et du traité d'Alexandre sur les principes de l'univers (voir ci-dessus). Certains de ces textes ont été identifiés depuis lors : le traité « sur les parties du discours » est en réalité une adaptation syriaque de la *Technè* de Denys le Thrace (➙D 86) par Joseph Hūzayā : édition par **67** A. Merx, *Historia artis grammaticae apud Syros*, coll. « Abhandlungen für die Kunde des Morgenlandes » IX 2, Leipzig 1889, p. 50*-72* (syriaque), p. 9-24 (traduction gréco-latine) ; quant à l'œuvre présentée comme la traduction par Sergius d'un traité pseudo-aristotélicien sur l'âme, c'est en réalité une adaptation syriaque remaniée du traité connu sous le nom de Λόγος κεφαλαιώδης περὶ ψυχῆς πρὸς Τατιανόν, que la tradition érudite a généralement attribué, à tort, à Grégoire le Thaumaturge. Cet ouvrage est proche du contenu des deuxième et troisième chapitres du *De natura hominis* de Némésius d'Émèse [➙N 17] (cf. **68** M. Zonta, « Nemesiana Syriaca : New Fragments from the Missing Syriac Version of the *De natura hominis* », *JSS* 36, 1991, p. 223-258, à la p. 227), et il pourrait avoir pour source éloignée les *Symmikta Zetemata* de Porphyre : voir **69** F. Celia, « Il Λόγος κεφαλαιώδης dello ps.-Gregorio il Taumaturgo. Uno *status quaestionis* e un primo approccio al problema delle fonti », *Adamantius* 17, 2011, p. 164-89. Sur la tradition syriaque de ce traité, voir **70** H. Hugonnard-Roche, « La question de l'âme dans la tradition philosophique syriaque (VIᵉ-IXᵉ siècle) », *SGA* 4, 2014, p. 17- 64 (aux p. 19-29).

L'attribution des autres textes à Sergius, à savoir une traduction de l'*Isagoge* de Porphyre, une traduction des *Catégories* d'Aristote, un traité sur l'affirmation et la négation (qui est en réalité un traité de syllogistique d'un auteur non identifié) et une scolie sur le concept d'*ousia*, a été rejetée par Hugonnard-Roche **33**, p. 1-5 ; voir aussi Hugonnard-Roche **4**, p. 131-132, et plus particulièrement *ibid.*, p. 25-33 pour la traduction des *Catégories*. Mais la scolie sur le concept d'*ousia* est probablement une œuvre authentique de Sergius, selon Aydin **61**, p. 34, qui est tenté d'attribuer aussi à Sergius (p. 39) la traduction de l'*Isagoge*, avec des arguments encore insuffisants, semble-t-il. D'autre part, est sans fondement l'attribution à Sergius d'une traduction du livre sur le secret de la création du pseudo-Apollonius de Tyane [➙A 284] (dont l'auteur est appelé Sāǧiyūs de Nābulus), comme celle de la rédaction d'un ouvrage d'alchimie, adressé à un évêque d'Édesse, nommé Quwayrī. Sur tout cela, voir Hugonnard-Roche **4**, p. 132.

Quant au bref fragment sur le mouvement du soleil, intitulé « Exemple au sujet du mouvement du soleil » (qui fait suite, dans le manuscrit de Londres (*Add.* 14658, fol. 149v), au *Traité sur l'action de la lune* de Sergius se rapportant au Περὶ κρισίμων ἡμερῶν de Galien), il s'agit d'une libre adaptation anonyme d'un passage (extrait du chapitre 28) des *Apotelesmatica* de Paul d'Alexandrie (➨P 65), comportant une méthode de calcul pour prévoir une position du soleil sur l'écliptique. Édition par Sachau **19**, p. 125-126 ; traduction anglaise par **71** G. Saliba, « Paulus Alexandrinus in Syriac and Arabic », *Byzantion* 65, 1995, p. 440-454, qui a identifié le texte. L'édition de Sachau a été reprise (et corrigée ponctuellement) et accompagnée d'une traduction française par Villey **32**, p. 243-247. En l'état de la recherche, rien n'assure que cette traduction soit l'œuvre de Sergius. Il faut noter, d'autre part, qu'une partie du texte syriaque ne se retrouve pas dans le texte grec édité par **72** Ae. Boer, *Pauli Alexandrini Elementa apotelesmatica*, coll. *BT*, Leipzig 1958 (le chapitre 28 se trouve aux p. 79-80).

Œuvres théologiques

Outre ses œuvres médicales et philosophiques, Sergius est aussi l'auteur de traités et de traductions dans le domaine théologique. Dans le « Traité sur les causes de l'univers », adaptation du traité d'Alexandre d'Aphrodise mentionnée plus haut, Sergius fait allusion à deux opuscules qu'il aurait composés et qui ne sont pas conservés par ailleurs. Le premier est intitulé « Traité contre ceux qui disent qu'il n'était pas possible que Dieu revête un corps humain » : cf. Fiori **35**, p. 151 ; cf. aussi Furlani **34**, p. 11, selon qui il s'agirait d'un traité christologique contre les Nestoriens (*ibid.*, p. 18). Cette métaphore du corps comme vêtement a été étudiée notamment par **73** S. P. Brock, « Clothing metaphors as a means of theological expression in the Syriac tradition », dans M. Schmidt et C. F. Geyer (édit.), *Typus, Symbol, Allegorie bei den östlichen Vätern und ihren Parallelen im Mittelalter*, coll. « Eichstätter Beiträge » 4, Regensburg 1982, p. 11-40, réimpr. dans **74** S. P. Brock, *Studies in Syriac Christianity : history, literature and theology*, coll. « Variorum Collected Studies series » 357, Aldershot 2001, XI. Reprenant l'étude du passage en question de Sergius, King **39**, p. 178-181, suggère, *contra* Furlani, que Sergius a pu écrire ce traité contre les partisans de la théologie miaphysite de Sévère d'Antioche.

L'autre traité est simplement présenté comme un traité sur la *theôria* : cf. Furlani **34**, p. 17, selon qui il pourrait s'agir d'un traité d'éthique, ou d'ascétique et de mystique (*ibid.*, p. 18) ; selon un sens possible de *theôria*, qui est présent dans le « Traité sur la vie spirituelle » mentionné ci-dessous et qui témoigne de l'influence du Pseudo-Denys, ce pourrait aussi être un traité sur la contemplation de Dieu, ou encore n'être rien d'autre que le « Traité sur la vie spirituelle », lui-même (cf. King **39**, p. 163, 182). L'*Histoire ecclésiastique* du pseudo-Zacharie mentionne, d'autre part, un traité sur la foi, non conservé : cf. Brooks **2**, p. 136 (trad. latine, p. 93).

Selon **75** A. Guillaumont, *Les Képhalaia gnostica d'Évagre le Pontique et l'histoire de l'origénisme chez les Grecs et chez les Syriens*, Paris 1962, p. 214-227, la seconde des deux versions syriaques (à savoir la version non adultérée) du traité d'Évagre (☞E 184) serait l'œuvre de Sergius, et cette même suggestion est reprise dans **76** A. Guillaumont, *Un philosophe au désert. Évagre le Pontique*, coll. « Textes et Traditions » 8, Paris 2004, p. 87 et 102. Mais les preuves manquent, et l'hypothèse a été réfutée par **77** P. Géhin, « D'Égypte en Mésopotamie : la réception d'Évagre le Pontique dans les communautés syriaques », dans F. Jullien et M.-J. Pierre (édit.), *Monachismes d'Orient : Images, échanges, influences. Hommage à Antoine Guillaumont*, coll. « Bibliothèque de l'École des Hautes Études. Sciences Religieuses » 148, Turnhout 2011, p. 29-49, aux p. 32-37.

Les travaux principaux de Sergius, dans le domaine théologique, sont la composition du « Traité sur la vie spirituelle » et la traduction des œuvres du Pseudo-Denys (☞D 85). Édition et traduction française (imparfaite) du Traité par **78** P. Sherwood, « Mimro de Serge de Rešayna sur la vie spirituelle », *OrSyr* 5, 1960, p. 433-457, et 6, 1961, p. 95-115, 121-156. Une nouvelle édition serait à faire sur la base de manuscrits ignorés de P. Sherwood, et en particulier des fragments retrouvés du manuscrit de Sainte-Catherine du Mont Sinaï, *syriaque 52*, comme le remarque Fiori **5**, p. 60 n. 4. La composition de ce traité, d'après Sergius lui-même, a précédé sa traduction syriaque des œuvres du Pseudo-Denys. Par la suite, le traité remanié a été placé par Sergius en tête de cette traduction à laquelle il a servi de prologue. Une traduction nouvelle de ce traité, en italien, a été donnée par **79** E. Fiori, Sergio di Resh'ayna, *Trattato sulla vita spirituale*. Introduzione, traduzione dal siriaco e note a cura di E. F., coll. « Testi dei padri della chiesa » 93, Magnano 2008. Une étude détaillée du même traité se trouve dans **80** E. Fiori, « "È lui che mi ha donato la conoscenza senza menzogna" (Sap 7, 17). Origene, Evagrio, Dionigi e la figura del maestro nel *Discorso sulla vita spirituale* di Sergio di Resh'ayna », *Adamantius* 15, 2009, p. 43-59, qui montre que l'on y retrouve tout à la fois la conception de la vie ascétique selon Évagre et le modèle exégétique d'Origène, sans toutefois qu'aucun des auteurs ne soit cité. Dans ce traité, Sergius esquisse un *curriculum* idéal d'études scientifiques et théologiques qui reprend le *cursus studiorum* alexandrin en le réorientant dans une direction qui conduit jusqu'à la contemplation de Dieu : cf. Fiori **80**, p. 51-54 ; voir aussi **81** J. Watt, « From Sergius to Mattā : Aristotle and Pseudo-Dionysius in the Syriac Tradition », dans Lössl et Watt **50**, p. 239-257, qui souligne la présence d'Aristote au début de ce cursus alexandrin christianisé qui introduirait, non plus à Platon, mais à Denys l'Aréopagite (p. 241-246). L'idée avait déjà été émise par **82** P. Bettiolo, « Scuole e ambienti intellettuali nelle chiese di Siria », dans C. D'Ancona (édit.), *Storia della filosofia nell'Islam medievale*, coll. « Piccola Biblioteca Einaudi » 285-286, Torino 2005, 2 vol., t. I, p. 48-100, aux p. 97-98, et reprise par **83** H. Hugonnard-Roche, « Platon syriaque », dans M. A. Amir Moezzi *et al.* (édit.), *Pensée grecque et sagesse d'Orient. Hommage à Michel Tardieu*, coll. « Bibliothèque de l'École des Hautes Études. Sciences Religieuses » 142, Turnhout 2009 p. 307-322, à la

p. 321. **84** F. Mali, « Hat es die Schrift *De symbolica theologia* von Dionysius Ps.-Areopagita gegeben ? Anmerkungen zu den Nachrichten des Sergius von Rešʿainā über Dionysius Ps.-Areopagita », dans M. Tamcke (édit.), *Syriaca. Zur Geschichte, Theologie, Liturgie und Gegenwartslage der syrischen Kirchen, 2. Deutsches Syrologen-Symposium (Juli 2000, Wittenberg)*, Münster/Hamburg/London 2002, p. 213-224, analyse des portions du traité *Sur la vie spirituelle*, et d'autre part il met en doute l'existence même d'un traité (perdu) du Pseudo-Denys sur la *Théologie symbolique*, ce que critique Fiori **80**, p. 54-56.

La traduction par Sergius du *Corpus Dionysiacum* est conservée anonymement dans le manuscrit *Sinaïticus syr.* 52 (incomplet au début et à la fin) du Monastère Sainte-Catherine du Mont Sinaï. Des fragments du texte existent aussi dans d'autres manuscrits, notamment *Paris BnF syr.* 378 : cf. **85** M. Quaschning-Kirsch, « Ein weiterer Textzeuge für die syrische Version des *Corpus Dionysiacum* Aeropagiticum : Paris BN Syr. 378 », *Muséon* 113, 2000, p. 115-124. Édition du titre et du premier chapitre de la *Théologie Mystique* dans cette traduction et dans la traduction de Phokas bar Sergius d'Édesse (première moitié du VIIIe siècle) par **86** J.-M. Hornus, « Le corpus dionysien en syriaque », *POr* 1, 1970, p. 69-93 (aux p. 86-93). Édition de la quatrième épître du Pseudo-Denys, dans la version de Sergius (d'après le ms *Sinaïticus syr.* 52, fol. 119^{ra-va}), et comparaison avec le texte grec, par **87** I. Perczel, « The Christology of Pseudo-Dionysius the Areopagite : The Fourth Letter in its Indirect and Direct Text Traditions ». *Muséon* 117, 2004 p. 409-446, aux p. 423-431. Sur la traduction de Sergius et son rapport à la révision de Phokas, voir **88** P. Sherwood, « Sergius of Reshaina and the Syriac versions of the Pseudo-Denys », *SEJG* 4, 1952, p. 171-184, et **89** G. Wiessner, « Zur Handschriftenüberlieferung der syrischen Fassung des *Corpus Dionysiacum* », *NAWG* 1972, Nr. 3, p. 165-216. On peut lire des remarques sur la traduction du traité des *Noms Divins* par Sergius dans **90** B. R. Suchla (édit.), *Corpus Dionysiacum I. Pseudo-Dionysius Aeropagita De divinis Nominibus*, coll. *PTS* 33, Berlin 1990, p. 57-64. Comparant un fragment du texte grec du traité des *Noms divins* (I 5, 593 A-C, p. 115.19-116.13 Suchla) avec la version de Sergius, **91** I. Perczel, « Sergius of Reshaina's Syriac Translation of the Dionysian Corpus. Some Preliminary Remarks », dans C. Baffioni (édit.), *La diffusione dell'eredità classica nell'età tardoantica e medievale. Filologia, storia, dottrina*, coll. « L'eredità classica nel mondo orientale » 3, Alessandria 2000, p. 79-94, parvient à la conclusion que le texte syriaque de Sergius est meilleur que le texte grec conservé et il propose l'hypothèse que ce dernier soit un texte remanié et que Sergius ait eu accès à une version non remaniée de l'original, qu'il aurait traduite de manière assez libre, comme il le faisait habituellement. Mais les études sur la traduction de Sergius devront désormais s'appuyer sur l'édition des *Noms divins*, de la *Théologie mystique* et des *Lettres* dionysiennes par **92** E. Fiori (édit.), *Dionigi Areopagita. Nomi divini, Teologia mistica, Epistole : la versione siriaca di Sergio di Rešʿaynā (VI secolo)*, éd. et trad. italienne par E. F., coll. *CSCO* 656-657 (Scriptores Syri 252-253), Louvain 2014.

Il ne peut être question de traiter ici de la littérature pseudo-dionysienne, et nous ne mentionnerons que quelques études qui se rapportent plus directement à Sergius : **93** E. Fiori, « Elementi evagriani nella traduzione siriaca di Dionigi l'Areopagita : la strategia di Sergio di Rešʿaynā », *AnnSE* 27, 2010, p. 325-334 ; **94** *Id.*, « Mélange eschatologique et "condition spirituelle" de l'intellect dans le *corpus Dionysiacum* syriaque. Un cas remarquable de divergence entre le *corpus* dionysien grec et sa traduction par Serge de Rešʿsaynā », *POr* 35, 2010, p. 261-276 ; **95** *Id.*, « Sergius of Reshaina and Pseudo-Dionysius : A Dialectical Fidelity », dans Lössl et Watt **50**, p. 179-194 ; **96** *Id.*, « The Topic of Mixture as a Philosophical Key to the Understanding of the *Divine Names* : Dionysius and the Origenist Monk Stephen bar Sudaili », dans **97** L. Karfíková et M. Havrda (édit.), *Nomina divina*. Colloquium Dionysiacum Pragense (Prag, den 30.-31 Oktober 2009), coll. « Paradosis » 52, Fribourg 2011, p. 71-88, en part. p. 73-76 à propos de la traduction par Sergius des termes ἀσύγχυτος et ἀσυγχύτως ; **98** *Id.*, « Mystique et liturgie entre Denys l'Aréopagyte et le *Livre de Hiérothée* : aux origines de la mystagogie syro-occidenrale », dans **99** A. Desreumaux (édit.), *Les mystiques syriaques*, coll. « Études syriaques » 8, Paris 2011, p. 27-44, qui touche ponctuellement à la traduction de Denys par Sergius ; **100** M. Quaschning-Kirsch, « Die Frage der Benennbarkeit Gottes in den syrischen Versionen des *Corpus Dionysiacum Areopagiticum* », dans R. Lavenant (édit.), *Symposium Syriacum VII*, coll. « Orientalia Christiana Analecta » 256, Roma 1998, p. 117-126 (p. 121-124 sur les termes employés par Sergius pour désigner Dieu, dans sa traduction du traité des *Noms divins*).

Sur la place de Sergius dans la tradition philosophique et théologique, ajoutons aux études déjà mentionnées dans la présente notice : **101** J. Watt, « Commentary and Translation in Syriac Aristotelian Scholarship : Sergius to Baghdad », *JLARC* 4, 2010, p. 28-42 ; **102** J. Watt, « Von Alexandrien nach Bagdad. Ein erneuter Besuch bei Max Meyerhof », dans Fürst **11**, p. 213-226.

HENRI HUGONNARD-ROCHE

58 SERGIUS PAUL(L)US (L. –) *RESuppl.* VI :35a *PIR*² S 530   II

L'attachement de L. Sergius Paulus à la philosophie est attesté par Galien (⟶G 3), dans le *Pronostic* (2, t. XIV, p. 612 Kühn = p. 80 Nutton [*CMG* V 8, 1]), où il est présenté comme un des membres les plus éminents de la haute société romaine aux côtés de l'ex-consul Flavius Boéthus (⟶B 49). C'est d'ailleurs ce dernier qui présenta Galien à Sergius Paulus dans la maison du philosophe péripatéticien Eudème (⟶E 92).

Le manuscrit le plus ancien (*Laurent. Plut.* 74, 3) donne Σέργιός τε καὶ ὁ Παῦλος comme s'il s'agissait de deux personnages distincts (voir la traduction latine de Nicolas de Reggio au XIVᵉ siècle : *Sergius et Paulus*). Le passage a toutefois été édité par Nutton, p. 80, 16 comme suit : Σέργιός τε [καὶ] ὁ Παῦλος et notre personnage sera ensuite désigné par Galien par son simple *cognomen* ὁ Παῦλος (voir commentaire de Nutton, p. 163). Par ailleurs, il semble que ce

Paulus doive être distingué de l'orateur homonyme (Παύλῳ μὲν γὰρ τῷ ῥήτορι) cité par Galien dans son commentaire au traité d'Hippocrate *Sur le régime des maladies aiguës* (II 29, t. XV, p. 565 et 567 Kühn = p. 187, 13 et 188, 13 Helmreich [*CMG* V 9, 1]) comme souffrant d'un excès de phlegme. Il est vrai, toutefois, que Galien, de façon troublante, mentionne à nouveau cet orateur aux côtés du philosophe Eudème.

La scène se situe au début du premier séjour romain de Galien, c'est-à-dire assez vraisemblablement au cours de l'hiver 162/163. Galien ajoute que, quelque temps après, Sergius Paulus devint préfet de la ville (*Pronostic* 2, t. XIV, p. 612 Kühn = p. 80, 16-17 Nutton). Dans le livre I de ses *Pratiques anatomiques* (I, 1, t. XIV, p. 218 Kühn = p. 5 Garofalo, Napoli 1986), composé entre 169 et 180 (selon J. Ilberg, « Über die Schrifstellerei des Klaudios Galenos », *RhM* 44, 1889, p. 229 ; mais entre 176 et 180, selon Garofalo, p. IX), Galien fait à nouveau allusion à cette période de son premier séjour romain où il multiplia les démonstrations d'anatomie et où figuraient dans son public des personnages de haut rang, tel que le consul Sergius Paulus, à propos duquel il ajoute qu'« il est maintenant préfet de la ville de Rome ». La date précise de cette préfecture (dont l'existence est confirmée par *CIL* VI 1803) reste cependant inconnue, vraisemblablement autour de 170, selon Nutton, p. 163. On sait également que Sergius Paulus avait exercé un premier consulat, sans doute sous Antonin le Pieux (*CIL* VI 253), puis un second en 168 (*CIL* VIII 6979 ; IX 3950 ; XIV 2793). Il a peut-être aussi été gouverneur de la province d'Asie, en tant que proconsul, dans les années 164/166.

La traduction latine de Rufin de l'*Histoire ecclésiastique* d'Eusèbe (IV 26) mentionne un Sergius Paulus gouverneur de l'Asie dans les années 164/167, mais dans la mesure où la tradition manuscrite grecque et la traduction arménienne d'Eusèbe mentionnent un Servilius (ou Servinius) Paullus, inconnu par ailleurs, certains historiens ont été amenés à douter de ce proconsulat (voir A. R. Birley, *Marcus Aurelius*, London 1966, p. 328 ; G. Bowersock, *Greek sophists in the Roman Empire*, Oxford 1969, p. 83).

Toutes ces charges n'empêchèrent pas Sergius Paulus de s'adonner à la philosophie, en particulier à celle d'Aristote, dont, toujours selon Galien, il était très féru, à l'égal de Flavius Boéthus lui-même (*Pronostic* 2, t. XIV, p. 613 Kühn = p. 82, 6 Nutton). Galien le définit également (*Pratiques anatomiques* I 1, t. XIV, p. 218 Kühn = p. 5 Garofalo) comme « un homme de tout premier plan dans la connaissance théorique et la pratique de la philosophie ». Il se montrait curieux d'anatomie, regrettant de n'avoir jamais assisté à une démonstration telle que celle projetée par Galien sur les organes de la voix et de la respiration, à l'invitation de Flavius Boéthus. Un peu plus tard, alors que cette démonstration n'avait pu aller à son terme, à cause des déclarations hostiles du philosophe Alexandre de Damas (➨A 114), qui avait mis en cause la fiabilité du témoignage des organes des sens, Sergius Paulus fit partie de ces érudits qui condamnèrent le scepticisme du philosophe, « lui adressèrent des reproches bien sentis et formèrent le vœu que la démonstration anatomique ait lieu en leur présence » (*Pronostic* 5, t. XIV, p. 629 Kühn = p. 98 Nutton). La nouvelle conférence de Galien rassembla « tous les hommes illustres dans le domaine de la médecine et dans celui de la philosophie », parmi lesquels Sergius Paulus. On lui connaît également deux disciples, l'un direct, un certain (Sergius) Chrysippus, l'autre indirecte, une certaine Sergia Syntychè, épouse de Sex. Aelius Tertius, et qui avait été l'élève du premier (*CIL* VI 1803). Voir maintenant *PIR*² VII 2, 2006.

CIL VI 1803 (p. 81) : cippe de marbre (sur le devant). *Hic consecrata est | Sex. Aeli. Terti. Coniunx | Sergia Syntyche Sergi | Pauli quondam praef. | Urb. Alumni Chrysippi | Alumna fecerunt Aelii | Tertius et Coma Incom|parabili Feminae.*

VÉRONIQUE BOUDON-MILLOT.

59 SEVERIANUS DE DAMAS *RE* 15 *PLRE* II :2   M V

Fils d'Auxentius (*PLRE* II :7) et petit-fils de Callinicus (*PLRE* II :2), issu d'une famille influente d'ascendance romaine, originellement implantée à Damas, mais par la suite établie à Alexandrie, Sévérien avait une grande culture en poésie, en rhétorique et aussi en droit romain (Damascius, *Vie d'Isidore*, fr. 278).

Les témoignages, empruntés à la *Souda* (principalement *s.v.* Σεβηριανός, Σ 180, t. IV, p. 332, 27-333, 4 Adler) ou à la *Bibliothèque* de Photius (§ 242) et tirés de la *Vie d'Isidore* de Damascius, ont été édités par R. Asmus, *Das Leben des Philosophen Isidoros von Damaskios aus Damaskos*, Leipzig 1911, puis par Cl. Zintzen, *Damascii Vitae Isidori reliquiae*, Hildesheim 1967 ; ils sont traduits en anglais dans P. Athanassiadi, *Damascius, The Philosophical History. Text with translation and notes*, Athens 1999, § 108, p. 258-263 § 115 A, p. 276-277. Voir également R. Asmus, «Zur Rekonstruktion von Damascius' Leben des Isidorus», *ByzZ* 18, 1909, p. 424-480, notamment p. 467, et 19, 1910, p. 265-284, notamment p. 276-277 ; P. Athanassiadi, «Persecution and Response in Late Paganism. The Evidence of Damascius», *JHS*, 113, 1993, p. 1-29, notamment p. 17-18.

Il fut quelque temps élève de Proclus (⇒P 292) à Athènes, contre le souhait de son père qui voulait lui voir adopter une profession plus lucrative du côté du droit. Ce n'est apparemment qu'après la mort de son père qu'il put se précipiter à Athènes (fr. 278). Il renonça cependant par la suite à la philosophie pour se lancer dans l'administration impériale (fr. 278 et *Epit. Phot.* 285). Païen convaincu, il refusa une proposition de l'empereur Zénon (474-491) qui, dans une lettre, se disait prêt à lui assurer le plus haut poste, peut-être la préfecture du prétoire, s'il se convertissait au christianisme. Il montra à Damascius cette lettre de l'empereur.

Sévérien était, avec Agapius (⇒A 31) et Nomus, l'un des trois critiques littéraires des écrits <en vers ou> en prose qu'appréciait Damascius, Nomus étant le meilleur des trois (*cf. Souda, s.v.* Ὑπατία, Y 166, t. IV, p. 645,33 - 646,5 Adler = fr. 276 ; voir aussi fr. 284).

Sévérien aurait expliqué à Damascius (⇒D 3) les discours politiques d'Isocrate (⇒I 38) dans une approche philosophique et non technique ou sophistique, et suscité chez Julien (*PLRE* II :18), le jeune frère de Damascius, un amour de la littérature (φιλολογία) qui l'amena à apprendre par cœur les poètes et les plus grands orateurs (fr. 282). Il détestait toutefois la poésie de Callimaque (⇒C 22), ridiculisant ce poète et allant jusqu'à cracher sur son livre (fr. 282). Damascius célèbre la qualité des lettres qu'il écrivait.

P. Athanassiadi, *Damascius*, p. 259 n. 279, présente ces deux témoignages dans la perspective d'un enseignement donné par Sévérien à Damascius et à son frère à Damas, avant qu'ils ne viennent étudier à Alexandrie. Mais selon Damascius la famille de Sévérien était déjà installée à Alexandrie.

Damascius, dans un passage où il dénombrait, selon Photius, « ceux qui se sont déchaînés contre notre sainte et indestructible foi » (*Epit. Phot.* 290), mentionnait la tentative de restauration du paganisme de l'empereur Julien, puis celle du général Lucius (*PLRE* II:2) sous Théodose II et d'un stratège d'Anatolie (Zénon l'Isaurien, consul en 448), et continuait de la sorte : « Ensuite, Sévérien, notre concitoyen, reprit de nos jours le projet avec plusieurs complices, mais peu s'en fallut qu'il ne subît la peine capitale à cause de la trahison des conjurés et notamment d'Herménérich (*PLRE* II : « Herminericus), fils d'Aspar (*PLRE* II : Flavius Ardabur Aspar), qui dénonça le complot à [l'empereur] Zénon » (trad. Henry). « Sévérien était d'un caractère énergique et, dans sa hâte à réaliser tout ce à quoi il pensait, l'action, chez lui, devançait la réflexion et, de ce fait, sa vie connut plus d'un échec » (*Epit. Phot.* 165 et fr. 278). Le parallèle de la *Souda* permet encore de rattacher à Sévérien l'extrait suivant : « Délaissant la philosophie et une vie bienheureuse étrangère aux affaires, il se tourna vers la politique et les charges publiques. D'un naturel combattif, incapable d'admettre un échec quel que fût le but à atteindre, fier plus que quiconque d'actions et de paroles qui honorent leur auteur et mettent en relief la vertu de l'âme, il fut toujours prêt à lutter et à rivaliser avec ceux qui étaient au-dessus de lui » (*Epit. Phot.* 285 [trad. Henry] et fr. 278). En tant que gouverneur il se montra extrêmement sévère dans ses jugements et fut responsable de condamnations à mort injustifiées auxquelles il attribua par la suite les difficultés qu'il rencontra (κακοπραγίας) [fr. 280].

RICHARD GOULET.

60 SÉVÈRE SEBOKHT † 666/7

Le nom de Sévère Sebokht est étroitement lié à la période de plein essor de l'activité scientifique et philosophique qui se déroula, au VIIe siècle, à l'école du monastère de Qenneshre (« nid d'aigle »), situé sur la rive est du haut Euphrate. Au moment où déclinait l'école fameuse de Nisibe, au début du VIe siècle, pour des raisons de dissensions internes d'ordre christologique, l'école du monastère syro-occidental de Qenneshre fut fondée dans les années 525-531 par Jean bar Aphtonia, originaire d'Édesse, qui avait reçu une formation dans les lettres grecques au monastère, fameux dans ce domaine, de Saint-Thomas à Séleucie, près d'Antioche, dont il était devenu par la suite abbé : **1** J. Watt, « A Portrait of John bar Aphtonia, Founder of the Monastery of Qenneshre », dans J. W. Drijvers et J. Watt (édit.), *Portraits of Spiritual Authority. Religious Power in Early Christianity, Byzantium and the Christian Orient*, coll. « Religions in the Graeco-Roman World » 137, Leiden 1999, p. 155-169. Sous l'impulsion de son fondateur, puis sous celle de Sévère Sebokht, au siècle suivant, l'école de Qenneshre devint à son tour un centre réputé d'étude des lettres grecques en même temps qu'un lieu de culture syriaque.

On sait peu de chose de la vie de Sévère (mort en 666/7). Peut-être originaire de Nisibe, il fut moine et étudiant au monastère de Qenneshre, dont il devint évêque en 638. Il prit part, avec le patriarche monophysite Théodore, à une controverse publique contre les Maronites en l'an 659. On peut consulter une notice très sommaire de **2** G. J. Reinink, « Severos Sebokht », dans S. P. Brock *et al.* (édit.), *The Gorgias Encyclopedic Dictionary of Syriac Heritage*, Piscataway NJ, 2011, p. 368, et une notice plus détaillée, avec une liste des œuvres, dans l'ouvrage (traduit du syriaque) de **3** Ignatius Aphram I Barsoum, *The Scattered Pearls : a history of Syriac literature and sciences*, translated and edited by M. Moosa, Piscataway NJ, 2003, p. 325-328 (cependant l'auteur, Mgr Ignace Ephrem II, patriarche de l'Église syrienne catholique, étant mort en 1929, la notice aurait besoin d'une mise à jour). Sévère Sebokht était célèbre, selon Barhebraeus (*Chron. Eccl.*, I, col. 275), au temps du patriarche Jean (631-649), pour ses études dans le domaine de la dialectique (c'est-à-dire de la logique) et des mathématiques (c'est-à-dire de l'astronomie). Sous sa direction, le monastère joua un rôle clé dans la transmission du savoir grec en syriaque, et l'on y lisait des textes grecs de philosophie, notamment l'œuvre logique d'Aristote, sans doute accompagnée de commentaires alexandrins. Deux de ses élèves, Athanase de Balad, le futur patriarche Athanase II d'Antioche (mort en 687) et Jacques, futur évêque d'Édesse (mort en 708), traduisirent notamment la quasi-totalité de l'*Organon* logique aristotélicien en syriaque : le premier traduisit les *Catégories* (traduction aujourd'hui conservée), le second traduisit les *Premiers* et les *Seconds Analytiques*, les *Topiques* et les *Réfutations sophistiques* (toutes traductions aujourd'hui perdues), ainsi que l'*Isagoge* de Porphyre (traduction aujourd'hui conservée). Jacques d'Édesse est aussi, signalons-le, l'auteur d'un manuel (*Encheiridion*) portant sur les expressions signifiant « nature » (*kyono*, φύσις), « substance » (*usiyo*, οὐσία), « hypostase » (*qnūmo*, ὑπόστασις), « étant » (*yoto*), « personne » (*parṣopo*, πρόσωπον), « espèce » (*adšo*, εἶδος), dans lequel sont manifestes des liens avec la *Métaphysique* (notamment le livre Δ) d'Aristote : voir **4** H. Hugonnard-Roche, « Le vocabulaire philosophique de l'Être en syriaque d'après des textes de Sergius de Rešʿainā et Jacques d'Édesse », dans J. E. Montgomery (édit.), *Arabic Theology, Arabic Philosophy. From the Many to the One : Essays in Celebration of Richard Frank*, coll. « Orientalia Lovaniensia Analecta » 152, Leuven 2006, p. 101-125. Aux noms de ces deux savants, il faut ajouter encore celui de Georges († 724), futur évêque des tribus arabes chrétiennes de Mésopotamie, qui traduisit et annota les *Catégories*, le *Peri Hermeneias* et les *Premiers Analytiques* d'Aristote. Sur toutes les traductions de l'*Organon* issues du milieu savant de Qenneshre, voir les parties consacrées aux versions syriaques dans la notice « Aristote. L'*Organon*. Tradition syriaque et arabe », A 414, *DPhA* I, 1989, p. 507-528.

À l'école de Qenneshre, les élèves suivaient vraisemblablement un cursus rhétorique et philosophique, au moins partiel, reçu de la tradition grecque alexandrine. Mais bien d'autres textes que ceux d'Aristote étaient certainement lus et étudiés, et cela tant en grec qu'en syriaque. Sévère lui-même est aujourd'hui connu surtout pour ses œuvres astronomiques ou cosmologiques, directement inspirées par la connaissance de Ptolémée (➤➔P 315) ou de Théon d'Alexandrie (➤➔T 88). Plusieurs de ces œuvres sont conservées, et elles ont été pour une part publiées. On trouvera une vue d'ensemble sur les œuvres astronomiques de Sévère (et les manuscrits qui les contiennent) dans **5** E. Villey, *Les textes astronomiques syriaques (VIe et VIIe siècle): établissement d'un corpus et de critères de datation, édition, traduction et lexique*, thèse Caen 2012, p. 107-142 (à paraître aux éditions Peeters). Mentionnons seulement ici le *Traité sur l'astrolabe*, édité (d'après le seul manuscrit de Berlin, Staatsbibliothek, Petermann 26, et non 37 comme indiqué par Nau) et traduit par **6** F. Nau, « Le traité sur l'astrolabe plan de Sévère Sebokht », *JA* 9e série, 13, 1899, p. 56-101, 238-303, republié à part dans **7** F. Nau, *Le Traité sur l'astrolabe plan de Sévère Sabokht écrit au 7e s. d'après des sources grecques et publié pour la première fois avec traduction française* (extrait du *JA*), Paris 1899 (une nouvelle édition critique, d'après les trois manuscrits aujourd'hui connus : Berlin, Pet. 26, Paris, BnF syr. 346, Mardin, église syriaque orthodoxe, 553/13, est en préparation par E. Villey). Le *Traité sur les constellations*, ouvrage de cosmographie générale, a été traduit par **8** F. Nau, « Le traité sur les constellations écrit, en 661, par Sévère Sebokht, évêque de Qennesrin », *ROC* 27, 1929, p. 327-410, et 28, 1932, p. 85-100, reproduit dans **9** [F. Nau], *Astronomie et cosmographie syriaques*. Recueil d'articles de François Nau, introduits et annotés par E. Villey et H. Hugonnard-Roche, coll. « L'œuvre des grands savants syriacisants / Scholars of Syriac : Collected Works », Piscataway NJ, 2014, p. 183-282. En outre, le ms Paris, BnF syr. 346, recueil de traités principalement astronomiques, contient pour l'essentiel des œuvres de Sévère Sebokht : voir la description faite par **10** F. Nau, « La cosmographie au VIIe siècle chez les Syriens », *ROC* 15, 1910, p. 225-254, reproduit dans [Nau] **9**, p. 115-144. Ce manuscrit contient en particulier (fol. 168^v-171^r) une lettre adressée par Sévère à un prêtre nommé Basile, périodeute à Chypre, dans laquelle il revendique pour les Syriens une tradition de savoir scientifique aussi haute et plus ancienne que celle des Grecs, et qui contient la première mention, dans l'Orient de langue sémitique, des chiffres dits « arabes » : édition et traduction partielle dans **11** F. Nau, « Notes d'astronomie syrienne », *JA*, 10e série, 16, 1910, p. 209-228 (aux p. 225-226), reproduit dans [Nau] **9**, p. 145-164 (aux p. 161-163) ; traduction un peu différente du même passage dans Nau **10**, p. 250, reproduit dans [Nau] **9**, p. 140. Édition complète de la lettre, avec traduction allemande, par **12** E. Reich, « Ein Brief des Severus Sēbōḵt », dans M. Folkerts et R. Lorch (édit.), *Sic itur ad astra. Studien zur Geschichte der Mathematik und Naturwissenschaften. Festschrift für den Arabisten Paul Kunitzsch zum 70. Geburtstag*, Wiesbaden 2000, p. 478-489. Sur la question des "méthodes indiennes" de calcul mentionnées dans la lettre, voir **13** H. Hugonnard-Roche, « Mathématiques en syriaque », dans E. Villey (édit.), *Les sciences en syriaque*, coll. « Études syriaques » 11, Paris 2014, p. 67-106. Sur l'œuvre astronomique de Sévère, on peut trouver une brève vue d'ensemble dans la notice de **14** J.

McMahon, art. «Severus Sebokht [Sebokt, Sebukht, Seboht]», *BEA*, t. II, 2007, p. 1044-1045.

S'agissant de l'activité de Sévère dans le champ philosophique, qui nous intéresse plus directement ici, trois œuvres nous sont connues, qui sont aujourd'hui conservées. L'une d'elles, encore inédite, est un traité «sur les syllogismes dans les *Premiers Analytiques* d'Aristote», rédigé en 638, conservé dans cinq manuscrits (voir la liste dans **15 A**. Baumstark, *Geschichte der syrischen Literatur mit Ausschluß der christlich-palästinensischen Texte*, Bonn 1922, p. 246 n. 11, à laquelle il faut retrancher le ms Mossoul 35 aujourd'hui disparu, et ajouter le ms Birmingham, Mingana syr. 44), dans lequel l'auteur décrit la formation des propositions composant les syllogismes catégoriques, les figures et les modes concluants de ces syllogismes, et les moyens de réduire (par conversion de prémisses, ou démonstration par l'impossible) les syllogismes des deuxième et troisième figures à ceux de la première figure. Sévère conclut son exposé en rappelant que le livre des *Analytiques* n'a pas en lui-même sa propre fin, mais qu'il est au service du «livre de l'*Apodictique*, qui est le but et l'accomplissement de toute la logique, laquelle est l'*organon* de toute la philosophie».

Les deux autres œuvres philosophiques de Sévère sont des épîtres adressées à des correspondants qui l'ont sollicité sur des points de logique. L'épître adressée à un périodeute nommé Yonan, qui fut évêque de Tella, a été analysée par **16** G. J. Reinink : «Severus Sebokts Brief an den Periodeutes Jonan. Einige Fragen zur aristotelischen Logik», dans R. Lavenant (édit.), *III Symposium Syriacum 1980. Les contacts du monde syriaque avec les autres cultures*, coll. «Orientalia Christiana Analecta» 221, Roma 1983, p. 97-101 (avec la liste des mss, à laquelle il faut ajouter les mss de Berlin, Staatsbibliothek, Petermann 9, et de Wadi al-Natrun [Égypte], Library of Deir al-Surian, DS 27, fol. 100^r-103^v). L'analyse du texte a montré qu'il ne s'agissait pas de rhétorique dans cette lettre, contrairement à ce que la tradition érudite a longtemps cru, à partir d'une interprétation erronée du terme syriaque *mlīlto*, qui signifie «logique», et non point «rhétorique», dans le contexte où il est employé. Dans la lettre, Sévère traite de quatre questions. La première se rapporte au problème de la consécution des propositions simples, métathétiques et privatives et à celui de la contradiction des propositions, qu'il résout en se référant à la matière, nécessaire, possible ou impossible, des propositions. Par matière, il faut entendre la relation interne à la proposition, entre le sujet et le prédicat : par exemple, en matière nécessaire, la proposition affirmative universelle est vraie («tout homme est un animal»), alors qu'elle est fausse dans les deux autres matières (en matière impossible, par exemple : «tout homme est pierre» ; en matière possible : «tout homme est juste»). S'agissant de la deuxième question qui touche la place des *Premiers Analytiques* dans la succession des livres d'Aristote, Sévère répond que deux ordres existent, l'un qui est : *De Int.*, *An. Pr.* I, *An. Pr.* II, *An. Post.* I, *An. Post.* II, *Top.* ; l'autre est : *De Int.*, *An. Pr.* I, *An. Post.* I, *An. Post.* II, *An. Pr.* II, *Top.* En réponse à la troisième question, qui concerne la signification du terme *eskīmē* (σχήματα), Sévère expose la composition des propositions qui forment un syllogisme, puis il décrit les trois figures et explique que celles-ci auraient été empruntées par Aristote à la géométrie. Enfin, il commente la formule de type : si A est égal à B, et B est égal à C, alors A est égal à C, à propos de l'utilisation des lettres dans les figures syllogistiques. Cette épître de Sévère montre une connaissance manifeste de la tradition du néoplatonisme alexandrin et notamment du commentaire d'Ammonius (➙A 141) au *Peri Herme-neias*, selon Reinink **16**, p. 105. Édition du texte syriaque, avec traduction française et commentaire, par **17** H. Hugonnard-Roche, « Questions de logique au VIIe siècle : les épîtres de Sévère Sebokht et leurs sources grecques », *SGA* 5, 2015, p. 53-104

La seconde épître (en réalité la première selon l'ordre chronologique de leur rédaction), adressée à Aitilaha, évêque de Ninive, est conservée dans quatre manuscrits (voir la liste dans Baumstark **15**, p. 246 n. 9, à laquelle il faut retrancher le ms Mossoul 35, aujourd'hui disparu comme on l'a dit, et ajouter le ms de Wadi al-Natrun [Égypte], Library of Deir al-Surian, DS 27, fol. 106r-107v). Cette épître, qui porte « sur certains mots qui se trouvent dans le livre du *Peri Hermeneias* », aborde, mais de manière superficielle, deux points qui ont fait débat chez les commentateurs. Le premier a pour origine la *crux* du chapitre 10, 19 b 23-24 (ὥστε διὰ τοῦτο τέτταρα ταῦτα ἔσται, ὧν τὰ μὲν δύο πρὸς τὴν κατάφασιν καὶ ἀπόφασιν ἕξει κατὰ τὸ στοιχοῦν ὡς αἱ στερήσεις, τὰ δὲ δύο οὔ), passage dans lequel Aristote traite des propositions à sujet et prédicat défini et indéfini et de leur comportement à l'égard de l'affirmation et de la négation, à propos de quoi il introduit les propositions privatives. L'épître de Sévère porte seulement sur l'expli-cation des expressions « affirmation simple », « affirmation métathétique » (le mot grec étant simplement translittéré), et « affirmation privative », ainsi que sur les négations correspondantes, et sur la description de ces différentes propositions. Le second point abordé par Sévère touche au problème des futurs contingents du chapitre 9 : la question précise posée à l'auteur était de savoir comment rejeter l'argument de ceux qui disaient que le possible n'existe pas. La réponse de Sévère fait appel à l'argument sans doute le plus généralement opposé alors au déter-minisme, celui de la libre délibération des êtres humains : si le possible n'existait pas, la délibération serait vaine, et Dieu et la nature auraient fait en vain que les êtres humains délibèrent, ce qui est absurde. Le traitement des deux points abordés par Sévère dans cette épître est, il est vrai, rudimentaire. Mais l'épître a du moins l'intérêt d'attirer l'attention sur des objets d'interrogation et de discussion dans le champ de la logique, au VIIe siècle, dans un milieu savant chrétien syriaque comme celui de Qenneshre : la lecture d'Aristote et de ses commentateurs, dans le texte grec, était certainement source de difficultés (premier point dans l'épître à Aitilaha ci-dessus), mais on en attendait aussi des solutions à des questions d'ordre plus général (second point dans la même épître).

Dans Barsoum **3**, p. 327, cette épître est décrite de la manière suivante : « a letter to the priest Ithalaha, who became a bishop of Niniveh on certain terms in the treatise, *De Interpretatione*, and on arithmetic, surveying, astronomy and music, making the remark that he had written to him a year ago, explaining some canons of the saintly fathers and also praising him because he had sent him copies of the letters of Gregory and Basilius ». Mais s'il s'agit bien dans la lettre à Aitilaha de l'explication de termes du *Peri Hermeneias*, on n'y trouve rien de ce que la description susdite prétend y ajouter, dans aucun des manuscrits, et non point en particulier dans le ms British Library Add. 14660 que l'auteur mentionne en note. Quelque chose de la sorte se trouvait-elle dans le ms disparu Mossoul 35 (également mentionné en note), c'est peu probable, et l'erreur vient sans doute de la confusion faite par l'auteur entre l'épître de Sévère à Aitilaha et l'épître à Yonan, signalée plus haut, dans laquelle ces lettres de Basile et de Grégoire de Nazianze sont mentionnées. Édition du texte syriaque, avec traduction française et commentaire, par **18** H. Hugonnard-Roche, « L'épître de Sévère Sebokht à Aitilaha sur le *Peri Hermeneias*. À propos des propositions métathétiques et privatives, et de l'existence du possible », à paraître dans un recueil d'articles publiés en l'honneur de Carmela Baffioni, dans *Studi Magrebini*.

Sont aussi attribués à Sévère dans Barsoum **3**, p. 326, des « extracts in three chapters from his treatise on *Hermeneutics* », et p. 327, « a treatise he wrote for some of those who love knowledge, explaining some logical points which had been mentioned in his former letter to Jonas [= Yonan ci-dessus] to whom he sent a copy of this treatise ». Mais ces mentions ne sont accompagnées d'aucune référence à des manuscrits, et ces textes ne sont pas signalés dans Baumstark **15**, d'où Barsoun tire généralement ses informations.

Ajoutons encore que le ms Paris syr. 346 contient (fol. 171^{r-v}) un bref lexique gréco-syriaque et une brève explication de termes logiques attribués à Sévère, sous le titre « Pieux Sévère Sebokht, explication du grand *Peri Hermeneias* » : cf. Nau, **10**, p. 252, reproduit dans [Nau] **9**, p. 142, qui signale seulement l'existence de cet opuscule. Enfin, le ms de Londres, British Library Add. 17156, contiendrait, aux fol. 1^{r}-2^{v} (endommagés), un fragment d'un commentaire sur le *Peri Hermeneias* qui pourrait être l'œuvre de Sévère, d'après **19** W. Wright, *Catalogue of the Syriac manuscripts in the British Museum*, part III, London 1872, p. 1162 : la raison de cette attribution, non fournie par Wright, serait probablement que le manuscrit ne contient par ailleurs que les trois œuvres logiques de Sévère signalées plus haut.

Les textes conservés en matière de philosophie, et plus particulièrement de logique en l'occurrence, ne sont sans doute qu'un reflet très partiel de l'activité de Sévère à Qenneshre, à titre personnel aussi bien qu'en tant que chef d'école. Nous avons signalé plus haut les traductions de l'*Organon* d'Aristote entreprises certainement sous son impulsion. Quant à son œuvre personnelle, ajoutons ici qu'il a traduit du persan (pahlavi) en syriaque un traité de Paul le Perse [⇒P 61] (VIe siècle) intitulé « Élucidation du *Peri Hermeneias* », et peut-être aussi le « Traité de logique » du même auteur : voir en dernier lieu **20** H. Hugonnard-Roche, « Sur la lecture tardo-antique du *Peri Hermeneias* d'Aristote : Paul le Perse et la tradition d'Ammonius. Édition du texte syriaque, traduction française et commentaire de l'*Élucidation du Peri Hermeneias* de Paul le Perse », *SGA* 3, 2013, p. 37-104 ; cf. aussi **21** H. Hugonnard-Roche, notice « Paul le Perse », P 61, *DPhA* Va, 2012, p. 183-187.

HENRI HUGONNARD-ROCHE.

SEVERINUS → **BOETHIUS (ANICIUS MANLIUS SEVERINUS –)**

SEVERUS → **DIONYSODOROS (FLAVIUS MAECIUS SEVEROS –)**

61 SEVERUS *RE* 47   II ?

Philosophe platonicien, commentateur de Platon. Nous ne possédons aucune information biographique à son sujet, sauf s'il faut l'identifier au philosophe platonicien Flavius Maecius Se[...] Dionysodorus connu par une inscription d'Antinooupolis.

A. Les témoignages sur Severus ont été rassemblés, traduits en italien et commentés par **1** A. Gioè, *Filosofi medioplatonici del II secolo D. C. Testimonianze e frammenti. Gaio, Albino, Lucio, Nicostrato, Tauro, Severo, Arpocrazione*, coll. «Elenchos» 36, Napoli 2002, p. 377-393 (texte et traduction italienne); p. 395-433 (commentaire). Voir aussi **2** *FPhG*, t. III, p. 175-178 et (pour le fragment unique conservé par Eusèbe) p. 204-205.

Cf. **3** Ed. Zeller, *Die Philosophie der Griechen*, t. III 1, p. 841-842; **4** K. Praechter, art. «Severus» 47, *RE* II A 2, 1934, col. 2007-2010 ; **5** G. Martano, *Due precursori del neoplatonismo*, Napoli 1955, p. 9-21 ; **6** Ph. Merlan, «The Later Academy and Platonism», dans A. H. Armstrong, *The Cambridge History of Later Greek and Early Medieval Philosophy*, Cambridge 1967, p. 78-79 ; **7** W. Deuse, *Untersuchungen zur mittelplatonischen und neuplatonischen Seelenlehre*, coll. «Akademie der Wissenschaften und der Literatur - Mainz. Abhandlungen der Geistes- und sozial- wissenschaftlichen Klasse. Einzelveröffentlichung» 3, Wiesbaden 1983, 218 p., notamment sur Sévère p. 102-108 ; **8** A. Gioè, «Il medioplatonico Severo: testimonianze e frammenti», *AIIS* 12, 1991-1994, p. 405-437 ; **9** H. Dörrie† et M. Baltes, *Der Platonismus im 2. und 3. Jahrhundert nach Christus*, Stuttgart/Bad Cannstatt, t. I, 1987, n° 9.2, p. 132-133, comm. p. 380-381 ; t. III, 1993, n° 76.3, p. 18-19, n° 81.15, p. 52-53, n° 91.1 c, p. 80-81, comm. p. 151, p. 217-218, 259, 299 ; t. IV, 1996, n° 104.2, p. 56-59, n° 104.8, p. 66-67, comm. p. 278-279, 288-289 ; t. V, 1998, n° 137.9, p. 118-119, comm. p. 419-421] ; **10** S. Lilla, *Introduzione al Medio platonismo*, coll. «Sussidi patristici» 6, Roma, Istituto Patristico Augustinianum 1992, chap. X, p. 68-71 ; **11** J. Dillon, *The Middle Platonists. 80 B.C. to A.D. 220. Revised edition with a new afterword*, Ithaca N.Y. 1996, p. 262-264 ; **12** A. Gioè, «Marginalia medioplatonica», *PP* 54, n° 306, 1999, p. 201-208.

Dans sa *Vie de Plotin* 14, 10-16 (**2** T), Porphyre rapporte que «dans ses cours (Plotin) se faisait lire les commentaires, par exemple (pami les platoniciens) ceux de Severus, de Cronius (➤⁺C 223), de Numénius (➤⁺N 66), de Gaius (➤⁺G 2) ou d'Atticus (➤⁺A 507), et parmi les péripatéticiens ceux d'Aspasius (➤⁺A 461) et d'Alexandre (d'Aphrodisias) (➤⁺A 112), d'Adraste (➤⁺A 24) et d'autres auteurs en fonction du sujet. Mais (il) n'empruntait absolument rien à ces commentaires, il était au contraire personnel et indépendant dans sa réflexion théorique, apportant dans ses investigations l'esprit d'Ammonius [➤⁺A 140] (τὸν Ἀμμωνίου φέρων νοῦν)» (trad. UPR 76). Ce témoignage ne fournit qu'une datation approximative de Severus. Ce dernier est regroupé ailleurs par Proclus (16 T) avec Adraste parmi les παλαιοί.

Sur trois attitudes des commentateurs « anciens » (antérieurs à Porphyre et Jamblique) face aux prologues des dialogues platoniciens, voir Proclus, *in Parm.*, I, 658,31 - 659,8, avec la note de **13** C. Luna et A.-Ph. Segonds, *Proclus, Commentaire sur le* Parménide *de Platon*, CUF, t. I 2, Paris 2007, p. 54 n. 1 (à lire comme note complémentaire, p. 237), qui rappellent que Calcidius (☞ C 12) ne commente pas non plus le prologue du *Timée*.

Plusieurs témoignages (3 T – 16 T) présentent Severus comme l'auteur d'un Commentaire sur le *Timée* de Platon, dont cependant il avait négligé, selon Proclus, de commenter le *prooimion*, ne le trouvant pas du tout digne d'explication (3 T). Pour une traduction française de tous ces fragments, voir **14** *Proclus, Commentaire sur le Timée.* Traduction et notes par A. J. Festugière, coll. «Bibliothèque des textes philosophiques», Paris 1966-1968, 5 vol. Sur les passages mentionnant Severus, voir t. I, p. 264 n. 2. Traduction anglaise : **15** H. Tarrant, D. T. Runia, M. Share et D. Baltzly (édit.), *Commentary on Plato's Timaeus. Translated with an introduction and notes*, Cambridge 2007-2013, 5 vol.

Eusèbe de Césarée, *Prép. évang.* XIII 17, 1-7 (17 F) a conservé plusieurs lignes d'un traité de Sévère le platonicien *Sur l'âme* (Περὶ ψυχῆς). Voir la traduction française de **16** Éd. des Places, *SC* 307, Paris 1983, p. 425-427, et le commentaire de Gioè **1**, p. 425-433. Severus considère que la définition de l'âme dans le *Timée* comme étant composée d'une essence impassible et d'une autre passible – terminologie qui n'est d'ailleurs pas présente dans le *Timée* – compromet la simplicité, l'impassibilité, l'incorporalité et l'immortalité de l'âme. Il semble que Severus ait maintenu le caractère unitaire de l'âme en faisant appel à la théorie des puissances de l'âme qu'il promet de traiter dans la suite du passage, non conservée.

Il est difficile de dire si c'est à un tel traité ou bien à son commentaire sur le *Timée* que l'on doit rapporter un développement sur l'âme conservé dans les fragments du *De anima* de Jamblique cités par Stobée, *Anthol.* I 49, 7, p. 363, 26-364, 5 Wachsmuth (9 T). Traduction française du passage dans **17** A. J. Festugière, *La Révélation d'Hermès Trismégiste*, t. III : *Les doctrines de l'âme*, Paris 1953, p. 180 n. 1 ; traduction anglaise et commentaire dans **18** J. F. Finamore et J. M. Dillon (édit.), *Iamblichus De Anima : Text, Translation, and Commentary*, coll. « Philosophia Antiqua » 92, Leiden 2002, p. 28-29 et p. 80-81 ; texte et traduction italienne dans **19** L. I. Martone, *Giamblico, De Anima. I frammenti, la dottrina*, Prefazione di H. D. Saffrey, coll. « Greco, Arabo, Latino. Le vie del sapere. Studi » 3, Pisa 2014, p. 102-103.

Proclus est la source de plusieurs témoignages sur l'interprétation que donnait Severus de différents passages du *Timée*. A partir de ces passages, souvent isolés de contexte original, on a proposé des reconstitutions assez divergentes. On a parfois présenté Severus comme un éclectique tentant d'associer platonisme, aristotélisme, stoïcisme et (néo)pythagorisme (ainsi Praechter **3**, col. 2007). Un des passages les plus discutés est le fr. 4 Gioè, cité par Proclus, *in Tim.*, t. I, p. 227, 13-18 Diehl, dans le cadre de son commentaire du *Timée* 27 d - 28 a. Sur ce fragment, voir **20** A. Gioè, « Severo, il medioplatonismo e le categorie », *Elenchos* 14, 1993, p. 33-53 ; Gioè **1**, p. 380-381 et son commentaire p. 402-406. Proclus écrit :

« Tout d'abord, le τί se veut un terme définitoire. Car nous avons coutume de mettre en tête dans nos définitions le "qu'est-ce que c'est ?". Et ce n'est pas un genre comme le pense Sévère le Platonicien, qui dit que le τί est le genre de l'être et de l'être devenu et que par ce terme est signifié le tout. De la sorte et l'être devenu serait tout et aussi l'être qui est toujours.» πρῶτον οὖν τὸ τί βούλεται μὲν ὁρικὸν εἶναι· τὸ γὰρ τί ἐστιν ἐν τοῖς ὁρισμοῖς προτάττειν εἰώθαμεν, καὶ οὐχὶ γένος ἐστίν, ὡς οἴεται Σευῆρος ὁ Πλατωνικός, λέγων τοῦ ὄντος καὶ γινομένου τοῦτο εἶναι γένος τὸ τί, σημαίνεσθαι δὲ ὑπ᾽ αὐτοῦ τὸ πᾶν· οὕτως γὰρ ἂν καὶ τὸ γιγνόμενον εἴη πᾶν καὶ τὸ ἀεὶ ὄν.

Proclus se contente de rejeter une telle interprétation sans expliquer comment Severus était amené à la soutenir pour commenter le texte du *Timée*. Timée commence son discours en disant :

« Il convient donc à mon avis de procéder tout d'abord à la **division** (διαιρετέον) suivante : Qu'est-ce qui est toujours, n'ayant pas de devenir, et qu'est-ce qui devient, mais n'est être jamais ? L'un est certes saisissable par une intellection accompagnée de raison, du fait qu'il est toujours identique, l'autre au contraire ne peut être représenté que par l'opinion accompagnée d'une sensation dépourvue de raison, du fait qu'il devient et se corrompt, mais n'est jamais vraiment». Ἔστιν οὖν δὴ κατά γε ἐμὴν δόξαν πρῶτον διαιρετέον τάδε. Τί τὸ ὂν ἀεί, γένεσιν δὲ οὐκ ἔχον, καὶ τί τὸ γενόμενον μέν, ὂν δὲ οὐδέποτε; τὸ μὲν δὴ νοήσει μετὰ λόγου περιληπτόν, ἀεὶ κατὰ ταὐτὰ ὄν, τὸ δ᾽ αὖ δόξῃ μετ᾽ αἰσθήσεως ἀλόγου δοξαστόν, γιγνόμενον καὶ ἀπολλύμενον, ὄντως δὲ οὐδέποτε ὄν.

Pour Proclus, Platon n'entend pas présenter une division, mais plutôt établir une distinction ou une opposition entre l'Être et le devenir (t. I, p. 225, 24-28 Diehl). Il montre qu'aucune des cinq espèces de division ne pourrait s'appliquer dans le présent contexte : ni la division du genre en espèces, ni la division du tout en ses parties, ni la distinction des sens multiples d'un même vocable ("homonymes"), ni d'autres espèces de division (t. I, p. 224, 17 - 225, 24 Diehl).

Pour une liste similaire de cinq espèces de divisions, voir Alcinoos, *Didaskalikos* 5.

Mais, selon Severus, Platon annonçait bien la division d'un genre qui était le τί. A nouveau, ce n'était pas là le point de vue de Proclus, pour qui ce τί était «définitoire» (ὁρικόν, *var.* ὁριστικόν) et correspondait à la question "Qu'est-ce que c'est ?" (t. I, p. 227, 13-14 Diehl). A la suite de son maître Syrianus (*cf.* t. I, p. 241, 4 Diehl), Proclus voyait dans la double question de Timée les deux *definienda* qui sont définis dans la suite immédiate du texte. Il n'explique pas comment Severus pouvait déduire de ce passage que l'Être et le devenir étaient les deux espèces du genre "quelque chose" (τί). Gioè **1**, p. 403, estime qu'il lisait la double question de Timée comme une affirmative et donnait au τί sa valeur indéfinie. Si vraiment τί est un genre commun, il faut comprendre la phrase de Timée comme signifiant : «Il existe quelque chose qui est toujours, n'ayant pas de devenir, et quelque chose qui devient, sans être jamais».

Qu'une telle lecture du passage ait pu être proposée par Severus, on peut l'établir par deux témoignages. Tout d'abord, Plotin, *Enn.* VI 2 [43] 1, 16-25 (test. 5 Gioè), critique des exégètes qui voyaient dans ce passage du *Timée*, en l'attribuant à Platon, une *division* du genre du τί entre l'espèce de l'Être et celle du devenir. Il est fort tentant d'y reconnaître la position de Severus, dont on a vu que les commentaires étaient lus dans les cours de Plotin. La référence à Severus a été reconnue par **21** R. Harder, *Plotins Schriften*, Hamburg 1956-1971, t. IV b (1967), p. 459. D'autre part, immédiatement après le passage sur Severus, Proclus fait référence à des commentateurs plus anciens qui estimaient qu'avant de poser la question du "ce qu'est" (πρὸ τοῦ τί ἐστιν), Platon aurait dû répondre à la question "existe-t-il ?" (τὸ εἰ ἔστι), conformément « aux règles des exposés scientifiques » (t. I, p. 227, 18-22 Diehl). La lecture assertorique que Severus faisait du passage commenté revenait à dire, avant de les définir dans la suite du texte, qu'il existait quelque chose (τί) qui était toujours sans connaître de devenir et quelque chose (τί) qui devient sans être jamais. Et comme cette assertion s'inscrivait dans le cadre d'une *division*, Severus pouvait estimer que c'étaient là les deux espèces du genre τί. On peut ajouter que Proclus connaissait des exégètes qui reprochaient à Platon de n'avoir pas fait appel à un genre pour définir les deux éléments introduits dans ce passage, comme le prescrivent les règles de la définition (t. I, p. 241, 32-33 Diehl). Alcinoos, *Didaskalikos* 5, explique que « la définition s'obtient pas division de la façon suivante : de la chose que l'on veut soumettre à la définition, il faut d'abord découvrir le genre, ainsi le genre "vivant" pour l'homme ; puis il faut diviser ce genre suivant les différences prochaines, en descendant jusqu'aux espè-ces, par exemple, diviser vivant en vivant rationnel et en vivant privé de raison, en vivant mortel et en vivant immortel, de sorte qu'en ajoutant les différences prochaines au genre, on obtienne la définition de l'homme » (trad. Louis et Whittaker, *CUF*, Paris 1990). La lecture proposée par Severus pouvait être conçue comme une solution à ce problème.

On a vu dans cette théorie du genre suprême une influence du stoïcisme. Mais il importe de préciser que le *quelque chose* stoïcien regroupe les êtres, c'est-à-dire les corps, et un ensemble d'incorporels, et non l'Être et le devenir. Proclus avait déjà critiqué cette théorie bien identifiée comme stoïcienne, mais en la rattachant non pas à la division d'un genre en ses espèces (comme ici), mais aux diverses significations d'un même vocable. Pour l'arrière-plan platonicien d'une distinction entre le ὄν et le τί et une influence possible d'un passage comme *Soph.* 246 a *sqq.* sur la réflexion stoïcienne, il faut lire l'étude de **22** P. Aubenque, « Une occasion manquée : La genèse avortée de la distinction entre l'"étant" et le "quelque chose" », dans P. Aubenque et M. Narcy (édit.), *Études sur le Sophiste de Platon*, coll. « Elenchos » 21, [Napoli] 1991, p. 367-385, notamment p. 376-385.

Cette lecture assertorique de la question du *Timée* n'est pas celle que retenait Festugière **14**, t. II, p. 49 n. 2, et elle est rejetée par **23** J. Brunschwig, « The Stoic theory of the supreme genus and Platonic ontology » [1988], repris dans une version plus développée dans *Id., Papers in Hellenistic philosophy*. Translated by Janet Lloyd, Cambridge 1994, p. 92-157, notamment p. 117-118, lesquels consi-dèrent que Severus conservait une valeur interrogative au τί. Pour Festugière, Severus se demanderait : « Qu'est la chose qui est à la fois "Être qui est toujours sans comporter de Devenir" *et* "être qui devient sans être jamais Être" ? ». Il faudrait donc supprimer dans la question le second τί : Τί τὸ ὄν ἀεί, γένεσιν δὲ οὐκ ἔχον, καὶ [τί] τὸ γενόμενον μέν, ὄν δὲ οὐδέποτε; La réponse serait :

l'Univers (τὸ πᾶν). Cette lecture qui nécessite donc une correction (et une addition si l'on comprend "à la fois") reste un peu forcée et, selon Proclus, Severus ne disait pas que le Tout était directement le genre commun recherché, mais bien que ce genre était le τί *entendu au sens du tout* (σημαίνεσθαι δὲ ὑπ' αὐτοῦ τὸ πᾶν). Quant à la signification de τὸ πᾶν dans ce fragment, il n'est pas sûr qu'il faille y voir l'Univers (ainsi Festugière **14**, t. II, p. 49 n. 2, et **24** L. Brisson, *Plotin, Traités 42-44. Sur les genres de l'être, I, II et III.* Présentés, traduits et annotés, coll. *GF*, Paris 2008, p. 283 n. 9, modifiant la traduction de Festugière, t. II, p. 53) qui pourrait difficilement être le genre de l'Être qui est toujours. C'est plutôt, « tout ce qui est être d'une manière ou d'une autre» (πάντα τὰ ὄντα ὁπωσοῦν), « soit comme modèle, soir comme image» (εἴτε παραδειγματικῶς εἴτε εἰκονικῶς), point de vue soutenu, selon Proclus, par certains exégètes qui considéraient, contre l'avis d'autres interprètes, que la division proposée par Timée embrassait toute la réalité (t. I, p. 227, 6-9 Diehl). Gioè **20**, p. 45, conclut pour sa part que «dalla replica di Proclo (...), ci sembra di capire che con l'espressione τὸ πᾶν Severo abbia voluto indicare nulla più che il referente e corrispettivo del τί, alludere alla sua estensività e universalità».

On a parlé de monisme catégoriel (Gioè **20**, p. 42 ; Gioè **1**, p. 403) à propos de cette position de Severus et on y vu une tentative pour atténuer le dualisme platonicien (Gioè **1**, p. 403). En réalité, cette division du τί, c'est-à-dire l'ensemble des êtres qui existent d'une façon ou d'une autre, ne sert qu'à accentuer l'opposition fondamentale entre le modèle intelligible et la copie sensible créée par le Démiurge.

Quant à la phrase finale («De la sorte et l'être devenu serait tout et aussi l'être qui est toujours»), on peut se demander si elle exprime toujours le point de vue de Severus ou si elle n'est que la conclusion absurde que Proclus pense pouvoir tirer de l'identification du genre suprême au Tout : chaque membre de la division serait alors tout.

Festugière **14**, t. II, p. 53 n. 2, commente : « En d'autres termes, le même mot τὸ πᾶν ou πᾶν serait pris en deux acceptions différentes, ce que Proclus a rejeté plus haut, 224, 28 s.» Mais apparemment, Severus ne pense pas à la distinction des sens d'un même vocable, mais à la division d'un genre. D'où la critique finale de Proclus qui serait sans portée s'il ne s'agissait que de significations du terme «tout».

B. 25 P. Cauderlier et K. A. Worp, « SB III 6012 = IBM IV 1076. Unrecognised evidence for a mysterious philosopher», *Aegyptus* 62, 1982, p. 72-79, ont restitué le nom de Severus comme premier *cognomen* de Flavius Maecius Se[...] Dionysodorus, philosophe platonicien, pensionnaire du Musée (d'Alexandrie), honoré par la *boulè* d'Antinoé (ou Antinooupolis, en Moyenne-Égypte, cité fondée par Hadrien en 130 en mémoire d'Antinoüs, auj. *Sheikh 'Ibāda)* dont il était membre. Voir **26** A. Bernand, *Les Portes du désert. Recueil des inscriptions grecques d'Antinooupolis, Tentyris, Koptos, Apollonopolis Parva et Apollonopolis Magna*, Paris 1984, n° 14, p. 96 ; **27** B. Puech, notice «Dionysodoros (Flavius Maecius Se[veros] –), D 190, *DPhA* II, 1994, p. 874. L'affiliation scolaire et la datation de l'un et l'autre personnage fournissent une certaine vraisemblance à cette identification, bien que les quelques lettres manquantes (au maximum six lettres) puissent être restituées autrement.

On aurait pu penser par exemple au platonicien Se*renus* d'Antinoé (☛ S 56), que l'on date cependant d'une époque postérieure.

Pour une liste de citoyens d'Antinooupolis, voir **28** P. V. Pistorius, *Indices Antinoopolitani*, Diss. Leiden 1939, [XII-]133 p. (en néerlandais, avec un résumé en anglais, p. 110-127), où l'on trouve un Σεῦῆρος sous le n° 629 (p. 33). Pour Flavius Maecius Dionysodorus, voir n° 444 (p. 24). Pour la formule honorifique Ἀντ[ινοέων Νέων] Ἑλλήνων ἡ [βουλή] restituée dans l'inscription, voir la lettre d'Hadrien (en 132-135) au sénat de cette cité, désigné comme ἡ βουλὴ Ἀντινοέων Νέων Ἑλλήνων (P. Wurz. 9). Voir Pistorius **28**, p. 110.

                                                              RICHARD GOULET.

62 SEVERUS ARABIANUS (CN. CLAUDIUS –) *RE* Cl. 350 *PIR*² C 1027 DM II

Cn. Claudius Severus est le nom porté par un père (surnommé Arabianus) et son fils, et cela a conduit à quelque flottement dans l'attribution de certains des textes littéraires qui évoquent un personnage de ce nom. Il est possible que le père et le fils aient été tous deux d'obédience péripatéticienne, mais la chose n'est attestée que pour le fils.

Les textes littéraires qui mentionnent l'un ou l'autre de ces deux personnages sont : la *Correspondance* de Fronton (*Ad amicos* I 1), les *Écrits pour lui-même* de Marc Aurèle (I 14), le traité *Sur le pronostic* de Galien (chap. 2, 5, 8 et 10), puis, au siècle suivant, les *Vies des sophistes* de Philostrate (II 10, 588 Ol.), et enfin, l'*Histoire Auguste (Vita Marci Antonini philosophi* III 3), composée vers 400. Un autre texte important est une inscription honorifique d'Éphèse, plusieurs fois publiée (voir la publication récente, avec les références aux précédentes éditions, dans **1** B. Puech, *Orateurs et sophistes grecs dans les inscriptions d'époque impériale*, Paris 2002, p. 284-285), qui accompagnait la dédicace d'une statue à un Severus identifié au fils de l'Arabianus, pour la première fois, par **2** E. Groag, « Cn. Claudius Severus und der Sophist Hadrian », *WS* 24, 1902, p. 261-264).

Severus, surnommé Arabianus, est né dans une période comprise entre 111 et 115, alors que son père (*RE* Cl. 347) était gouverneur de l'Arabie. On sait encore qu'il fut consul ordinaire en 146. La famille est d'origine orientale, de Paphlagonie (**3** E. Groag dans *PIR*², C 1027, p. 248-249 ; voir aussi **4** H. Halfmann, *Die Senatoren aus dem östlichen Teil des Imperium Romanum bis zum Ende des 2. Jh. n. Chr.*, Göttingen 1979, p. 161, n° 72).

L'opinion la plus commune est que le père, surnommé Arabianus, est l'ami du nom de Severus dont Marc Aurèle, au livre I de ses *Écrits pour lui-même* (voir l'édition de **5** P. Hadot, *CUF*, Paris 1998, p. 6-7), catalogue les bienfaits, qui sont de trois sortes : exemple par lui-même de vertus privées (franchise, libéralité, etc.), prescripteur aussi d'exemples de vertus politiques, à travers des figures de philosophes martyrs de la politique, qu'il fait connaître à l'empereur, et enfin enseignant d'une philosophie politique prônant un régime certes monarchique, mais dans lequel règnent l'égalité de droit et le respect des libertés des sujets. Le même Severus serait aussi le maître en aristotélisme évoqué par l'*Histoire Auguste* (voir l'édition de **6** A. Chastagnol, Paris 1994, p. 122-123), et peut-être encore le correspondant de Fronton (c'est l'avis de Groag **3**, p. 249, et de bien d'autres historiens après lui; nous indiquons dans la notice consacrée à son homonyme (➤S 63) que, en revanche, les spécialistes de Galien et de la seconde sophistique préféreraient y reconnaître le fils, figure plus intéressante pour leur sujet de prédilection).

Un doute sur l'identification du père avec le Severus de Marc Aurèle est cependant susceptible de s'instiller, dans la mesure où seul le fils est un aristotélicien avéré (et c'est aussi un ami avéré de l'empereur), ce dont témoigne Galien (voir l'édition de **7** V. Nutton, Galen, *On prognosis*, coll. *CMG* V 8, 1, Berlin 1979, p. 82, 6-7); de ce fait, on pourrait être tenté de rapporter le témoignage de l'*Histoire Auguste* sur un Claudius Severus, maître en aristotélisme de Marc Aurèle, au fils et non au père, dont on ne connaît pas par ailleurs l'allégeance philosophique, et dont on ne sait pas même par ailleurs s'il s'adonnait à la philosophie. En ce cas, l'ami philosophe auquel Marc Aurèle rend hommage serait le fils, que Galien et Philostrate nous montrent gravitant dans l'entourage immédiat de Marc Aurèle dans les années soixante et soixante-dix, c'est-à-dire tout au long de son règne (telle est l'opinion défendue par **8** O. Murray, dans son compte rendu de R. MacMullen, *Enemies of the Roman order*, dans *JRS* 59, 1969, p. 261-265, à la p. 265). P. Hadot (**5**, p. 30), qui fait droit à cette hypothèse, lui oppose tout de même deux difficultés, l'une mineure, ainsi qu'il le concède, qui est celle de la relative jeunesse du Severus de Galien et Philostrate, qui a au moins dix ans de moins que Marc Aurèle (voir **9** H. G. Pflaum, « Les gendres de Marc-Aurèle », *JS* 1961, p. 28-41, aux p. 29-30, et **10** G. Alföldy, *Konsulat und Senatorenstand unter den Antoninen: prosopographische Untersuchungen zur senatorischen Führungs-schicht*, Bonn 1977, p. 182); la difficulté qui paraît majeure à P. Hadot est que, selon lui, tous les personnages évoqués dans le livre I des *Écrits pour lui-même* seraient morts au moment où l'empereur leur rend hommage, et que ce Severus a survécu à Marc Aurèle (voir Groag **3**, p. 247-248). La supposition que tous les personnages étaient décédés au moment de la composition du livre me paraît toute-fois discutable: ce n'est pas parce que, sans doute au soir de sa propre vie, quand il rédige ce livre I, l'arrière-grand-père, le grand-père, le père, la mère et le précep-teur de Marc Aurèle sont morts, ainsi que, sûrement, deux professeurs et un ami (Hadot **5**, p. LII-LIII), que l'on est forcé d'en conclure que toutes les personnes à l'égard de qui il se sent redevable et à qui il rend hommage sont forcément décé-dées. Ne serait-il pas étrange qu'il se fût interdit de rendre hommage à un ami ou à un maître qui ne serait pas décédé au moment de la rédaction?

Revenons cependant à l'ami philosophe tel que le louange Marc Aurèle, qu'il s'agisse du père ou du fils. Outre ses nombreuses vertus particulières, il est loué pour avoir fait connaître à l'empereur cinq figures politiques: Thrasea (➤T 119), Helvidius (➤H 39), Caton (➤C 59), Dion, Brutus (➤B 63). Selon que l'on identifie Dion à Dion de Syracuse ou à Dion Chrysostome (voir Hadot **5**, p. CLXX-CLXXIII, et **11** R. B. Rutherford, *The Meditations of Marcus Aurelius : a study*, Oxford 1989, p. 58-65), on comptera trois stoïciens et deux platoniciens, ou bien quatre stoïciens et un platonicien. Si l'on retient qu'il s'agit de Dion de Syracuse (➭D 167), ce qui est également mon opinion, on dira que tous ces personnages historiques sont des victimes de la tyrannie, morts en s'opposant à elle. La prescription de ces exemples de rébellion politique, si l'on peut dire, s'accompagne, dans le même passage, de l'enseignement d'un modèle politique qu'on pourrait qualifier de monarchie tempérée, constitutionnelle : « un État dans lequel la loi est égale pour tous, administré selon le principe de l'égalité et du droit égal à la parole, et une monarchie qui respecte par-dessus tout la liberté des sujets » (trad. Hadot **5**, p. 6). Il ne faut pas se laisser tromper par le terme d'égalité : l'expression de *politeia isonomos* reprend une expression platonicienne de la *Lettre VII*, adressée aux partisans de Dion de Syracuse (326 d), et le modèle platonicien, dont Dion aurait pu être le champion, est celui d'une monarchie aristocratique qui évite les travers, vices et violences de la tyrannie. En termes de politique romaine contemporaine, la leçon de Severus doit concerner surtout le respect des prérogatives de la classe sénatoriale, garante des libertés politiques traditionnelles de Rome. Après deux siècles de pouvoir impérial non exempt d'excès tyranniques de toute sorte, consignés chez les historiens du Haut Empire, Tacite et Suétone, il est compréhensible que les exemples proposés par un membre éminent de la classe sénatoriale tel que Severus soient des figures d'opposition à la tyrannie, qui ont vécu soit sous l'Empire (Thrasea et Helvidius), soit sous la République finissante (Caton et Brutus), soit dans la Grèce classique (Dion de Syracuse). Ce n'est donc pas, on s'en doute, une opposition active à l'Empire, en tant que régime politique à combattre, que vise la connaissance de ces cinq héros et martyrs, mais l'idée positive qu'un empereur, guidé par la philosophie commune à ces figures, peut contribuer à réaliser une conception politique qui a prouvé sa force en traversant les époques et les écoles, et dont la valeur a pour emblème le courage sacrificiel de ceux qui l'ont illustrée, en particulier dans la vie politique romaine, qui est représentée ici par quatre figures sur les cinq. La leçon donnée à Marc Aurèle est d'autant plus forte qu'il existe une sorte de fil rouge partant de Caton (voir Rutherford **11**, p. 64-65), dont Thrasea (comme Brutus) fut le biographe, et passant par Iunius Rusticus (➭R 15) (non nommé), lui aussi biographe (de Thrasea et de Brutus) et martyr politique, et qui n'est autre que le grand-père du philosophe stoïcien Rusticus (➭R 16), si important pour la conversion de Marc Aurèle, et que celui-ci honore peu avant (chap. 7, **5**, p. 2-3) ; la force des exemples tient à cette constante stoïcienne, Brutus lui-même, quoique platonicien, étant fortement lié à son oncle et beau-père Caton. Un trait commun aux figures citées de martyrs de l'époque impériale est aussi que ces philosophes furent les victimes d'empereurs des dynasties qui ont précédé les Antonins : Thrasea, de Néron, de la dynastie julio-claudienne, et Helvidius Priscus de Vespasien (tandis que son fils fut lui-même victime de Domitien), de la dynastie flavienne. Enfin, le trait le plus remarquable de la "leçon" est que cette lutte exemplaire contre la tyrannie ne peut être prise à son compte par Marc Aurèle lui même, empereur, que sous la forme d'une vigilance à l'égard de soi-même. Mais à travers la leçon qu'il donne sur le modèle politique "mitigé" (une autocratie qui respectât les prérogatives de l'aristocratie et les libertés du citoyen), ce Severus, qui doit être un aristotélicien du nom de Claudius Severus (si c'est de lui qu'il est question dans l'*Histoire Auguste*), paraît proposer quelque chose qui, au IIe siècle, dans le milieu des classes dirigeantes et des intellectuels, n'est plus considéré comme l'apanage d'aucune école philosophique en particulier (voir Hadot **5**, p. CLXXIV-CLXXVII, qui montre ce que ces idées doivent à Platon et aux stoïciens, mais aussi comment on les retrouve, par exemple, chez Aelius Aristide ou Dion Cassius): il n'y a donc sans doute pas lieu de s'étonner qu'un aristotélicien recommande à son ami empereur de méditer sur des figures d'hommes politiques d'obédience stoïcienne ou platonicienne, en se fondant, qui plus est, sur un précepte épicurien prescrivant comme exercice spirituel de « se remémorer constamment quelqu'un de ceux qui ont pratiqué la vertu dans les temps passés » (fr. 210 Usener = Marc Aurèle, *Écrits pour lui-même* XI 26). Comment ne pas songer, à ce propos, que c'est le même empereur qui a établi des chaires à Athènes pour les quatre écoles de philosophie ?

                                                    STÉPHANE TOULOUSE.

63 SEVERUS (CN. CLAUDIUS –) *RE* Cl. 348 *PIR*² C 1024   **MF II**

   Comme nous l'avons dit à propos de son homonyme surnommé Arabianus (➡S 62), Cn. Claudius Severus est le nom porté par un père (dit Arabianus) et son fils, et cela a conduit à quelque flottement dans l'attribution de certains des textes littéraires qui évoquent un personnage de ce nom. Il est possible que le père et le fils aient été tous deux d'obédience péripatéticienne, mais la chose n'est attestée que pour le fils.

   Les textes littéraires qui mentionnent l'un ou l'autre de ces deux personnages sont: la *Correspondance* de Fronton (*Ad amicos* I 1), les *Écrits pour lui-même* de Marc Aurèle (I 14), le traité *Sur le pronostic* de Galien (chap. 2, 5, 8 et 10), puis, au siècle suivant, les *Vies des sophistes* de Philostrate (II 10, 588 Ol.), et enfin, l'*Histoire Auguste* (*Vita Marci Antonini philosophi* III 3), composée vers 400. Un autre texte important est une inscription honorifique d'Éphèse, plusieurs fois publiée (voir la publication récente, avec les références aux précédentes éditions, dans **1** B. Puech, *Orateurs et sophistes grecs dans les inscriptions d'époque impériale*, Paris 2002, p. 284-285), qui accompagnait la dédicace d'une statue à un Severus identifié au fils de l'Arabianus, pour la première fois, par **2** E. Groag, « Cn. Claudius Severus und der Sophist Hadrian », *WS* 24, 1902, p. 261-264.

   Notre Severus a été consul pour la seconde fois en 173 (**3** E. Groag, dans *PIR*² C 1024, p. 247; **4** H. Halfmann, *Die Senatoren aus dem östlichen Teil des Imperium Romanum bis zum Ende des 2. Jh. n. Chr.*, Göttingen 1979, n° 101, p. 180-181), et, précédemment, consul suffect, à une date incertaine dans les années soixante (Groag **3** situe ce consulat au plus tard en 163, en prenant appui sur le témoignage de Galien, et **5** R. Syme, « The Ummidii », *Historia* 17, 1968, p. 72-105, aux p. 102-103, précise que ce doit être alors en 161, mais, ne connaissant pas le témoignage de Galien, **6** H. G. Pflaum, « Les gendres de Marc Aurèle », *JS* 1961, p. 28-41, aux p. 29-30, tend à montrer qu'il ne peut avoir obtenu ce consulat suffect avant 166, et, sur cette base, **7** G. Alföldy, *Konsulat und Senatorenstand unter den Antoninen : prosopographische Untersuchungen zur senatorischen Führungsschicht*, Bonn 1977, p. 182-183, montre qu'il doit alors s'agir de l'année 167). Les témoignages épigraphiques montrent qu'il est originaire de Pompeio-polis, en Paphlagonie (Groag **3**, p. 247). Il appartient à une famille de haut lignage, puisque tant son père (Groag **3**, C 1027, p. 248) que son grand-père (Groag **3**, C 1023, p. 246) ont accédé au consulat. L'opinion commune veut qu'il ait épousé la fille aînée de Marc Aurèle, Annia Aurelia Galeria Faustina (Groag **3**, p. 247-248, n'est pas certain qu'il s'agisse de l'aînée, mais Pflaum **6**, p. 29-30 et **8** H. G. Pflaum, « La valeur de la source inspiratrice de la *vita Hadriani* et de la *vita Marci Antonini* à la lumière des personnalités contemporaines nommément citées », dans J. Straub (édit.), *Bonner Historia-Augusta-Colloquium 1968-1969*, Bonn 1970, p. 173-232, à la p. 211, ainsi que **9** A. Chastagnol, éditeur de *l'Histoire Auguste : les empereurs romains des IIe et IIIe siècles*, Paris 1994, p. 219, présentent la chose comme une évidence ; pour le recensement des données, voir **10** D. Kienast, *Römische Kaisertabelle : Grundzüge einer römischen Kaiserchronologie*, 2e éd., Darmstadt 1996, p. 139-146) ; ce mariage a eu lieu à une date inconnue, dans les années soixante (Pflaum **6**, p. 30, situe l'événement en 162/163, soit 3 à 5 ans avant le consulat suffect – qui daterait de 166 ou 167). Il est né au début des années trente (133 est la datation retenue par Pflaum **6**, p. 30, et Alföldy **7**, p. 182).

Cette chronologie de Severus comporte un certain nombre de problèmes. Tout d'abord, Alföldy, tout en s'appuyant sur Pflaum pour dater le consulat suffect (en fonction du critère de l'âge légal d'obtention du consulat : avoir 32 ans révolus), pense, raisonnablement, que le mariage "royal" de Severus a eu lieu après ce consulat suffect, donc après 167 dans sa chronologie (ou après 166, dans celle de Pflaum **6**), pour les raisons suivantes : d'une part, Severus n'aurait pas été seule-ment suffect, s'il avait déjà été le gendre de l'empereur (Alföldy **7**, p. 89 n. 61), et d'autre part, ce mariage explique le peu de temps qu'il aura attendu pour être promu de nouveau consul, ordinaire cette fois, en 173 – durée exceptionnellement courte (Alföldy **7**, p. 108-109). Cependant, Alföldy ne dit rien du fait que Pflaum lui-même a daté le mariage de Severus avec la fille de Marc Aurèle de 162-163 environ (avant 164 en tout cas, date du mariage de la fille puînée, Lucilla, d'après lui : Pflaum **6**, p. 30), ni du fait que Pflaum (*ibid.*) a indiqué, de manière bien plus assurée, que ce mariage avait nécessairement eu lieu avant 167 ! (parce que le fils de Severus et Faustina, Ti. Claudius Severus Proculus, a été consul ordinaire en 200, ce qui, toujours sur le critère de l'âge légal, fait supposer qu'il est né au plus tard en 167). Outre ce problème de chronologie relative non résolu, il faut noter que ni Pflaum, ni Alföldy (malgré l'information et le commentaire pertinent de Groag **3**, p. 247) ne prêtent la moindre attention au témoignage précis de Galien, dans le récit circonstancié de son premier séjour romain, qui qualifie Severus de consul, pour ce qui est très certainement l'année 163 (voir **11 V**. Nutton [édit.], Galen, *On prognosis*, coll. *CMG* V 8, 1, Berlin 1979, p. 82, 6 [texte], avec le commentaire p. 166-167, qui souligne le caractère précis et exact des autres informations chronologiques de Galien; ou encore **12 V**. Boudon-Millot, *Galien de Pergame : un médecin grec à Rome*, Paris 2012, p. 121-122, pour la datation générale du séjour, et p. 135-139, pour la datation particulière des événements qui mènent à la première démonstration anatomique et à l'intervention du consul Severus).

Il vaut donc la peine de reprendre la chronologie de Severus à nouveaux frais, et d'essayer de lever à la fois les contradictions de la chronologie relative du consulat et du mariage, et, en un autre sens, les barrières entre méthode prosopographique et analyse des sources littéraires. Tout d'abord, la prémisse de Pflaum **6**, sur quoi toute sa chronologie (comme celle d'Alföldy) repose, n'est pas nécessaire : Severus Arabianus serait né en 113, «à condition qu'[il] fût consul éponyme *suo anno* en 146» (c'est-à-dire dès l'âge légal atteint, à 32 ans révolus). Mais le seul élément à peu près sûr, c'est qu'il est né entre 111 et 115, pendant que son père était gouverneur de l'Arabie (Groag **3**, p. 249 et Pflaum **6** lui-même, p. 29), et l'on peut réduire l'intervalle aux années 111 à 113, s'il a obtenu le consulat à l'âge légal. Par conséquent, et pour reprendre le raisonnement suivant de Pflaum **6**, p. 30, «à supposer qu'Arabianus eût 20 ans à la naissance de son fils», Severus peut être né à une date allant de 131 à 133. De ce fait, le témoignage de Galien n'est pas nécessairement en contradiction avec la chronologie des deux Severi : Severus, le fils, s'il est né en 131, peut bien avoir atteint 32 ans au moment où il a assumé sa charge de consul suffect en 163 (car les deux consuls éponymes, qui prenaient leur charge au 1er janvier, étaient relayés quelques mois plus tard par des suffects). Dans l'autre sens, la formulation de Groag **3**, p. 247, à partir du témoignage de Galien («Consul suffectus non post a. 163»), a conduit des prosopographes à supposer un consulat antérieur à 163, à l'encontre de la règle de l'âge légal d'accès au consulat : ainsi, la datation de **13 A**. Degrassi, *I fasti consolari dell'impero romano*, Roma 1952, p. 132, en 160, ou celle proposée par Syme **5**, p. 102-103, en 161 ; ces propositions vont également à l'encontre de ce que dit Galien, et s'appuient sur une suggestion de Groag **3**, qui, citant Galien, qui a *hupatos* (= *consul*), commente : «fortasse minus accurate pro *hupatikos*» (= *consularis*). L'argument de Groag, tiré de l'ambiguïté possible d'*hupatos*, serait recevable, si, au cours de son ouvrage, et déjà 16 lignes avant de parler du consul Severus, Galien ne qualifiait pas un autre protecteur de Galien, Flavius Boethus (➤B 49), de *hupatikos*. La question du mariage de Severus doit également être revue, car si Alföldy, pour les raisons avancées plus haut, et Syme (qui toutefois ne se soucie pas du rapport entre consulat suffect et mariage) ont certainement raison de placer le mariage (peu) après le consulat suffect, et si ce consulat a tout à fait pu être assumé dans le cours de l'année 163, alors le mariage ne peut avoir eu lieu avant 163, ni même sans doute avant 164, et un *terminus ante quem*, bien relevé par Pflaum **6** (mais négligé par Alföldy), est 167, date la plus basse possible pour la naissance du fils de Severus et Annia Galeria Faustina, consul en 200. Il est donc permis de dater le mariage entre 164 et 166. Une autre question, qui touche d'ailleurs à celle du mariage et à la dignité relative de Severus dans la famille impériale, demande révision : c'est l'opinion commune selon laquelle Annia Galeria Faustina serait la fille aînée de Marc Aurèle, née en novembre 147. Deux études allemandes des années quatre-vingts (**14** K. Fittschen, *Die Bildnistypen der Faustina minor und die Fecunditas Augustae*, Göttingen 1982, p. 23 n. 8 et p. 26-27, et **15** R. Bol, *Das Statuenprogramm des Herodes-Atticus-Nymphäums*, Berlin 1984, p. 31-34) ont permis d'établir à nouveaux frais l'ordre de naissance des enfants de Faustina II, l'épouse de Marc Aurèle, mais **16** A. Birley, *Marcus Aurelius : a biography*, revised edition, London 1987, semble être l'un des rares chercheurs à en avoir pris connaissance (Chastagnol **9**, p. 219 reproduit le stemma classique, car il en est resté à la première édition du livre de Birley et il ne connaît pas les travaux allemands en question : voir p. 118-119) ou, du moins, l'un des rares à en avoir tiré les conséquences, pour corriger sa propre présentation de la famille de Marc Aurèle (voir le tableau des enfants de Faustina II, p. 239, et le commentaire, p. 247 pour ce qui nous concerne ; en revanche, **17** P. Hadot [édit.], Marc Aurèle, *Écrits pour lui-même*, *CUF*, Paris, 1998, p. CXXVIII-CXXIX, bien qu'il connaisse la nouvelle édition du livre de Birley et même l'une des deux études allemandes, n'a pas prêté attention aux éléments nouveaux qu'apportaient ces études sur ce sujet particulier, quand il parle de la famille de Marc Aurèle). Le point qui nous importe est que la fille aînée de Marc Aurèle (si l'on omet Domitia Faustina, morte en bas âge), n'est pas Annia Galeria Faustina, la femme de Severus, mais Lucilla, femme de Lucius Verus, puis, après la mort de ce dernier, de Claudius Pompeianus, autre gendre qui sera consul ordinaire en même temps que son beau-frère Severus, en 173. Ainsi Annia Galeria Faustina est la fille puînée de Marc Aurèle, née non pas en 147, mais sans doute en 151 (Fittschen **14**, p. 27 et n. 29 ; Bol **15**, p. 34, situe la naissance entre 151 et 153). Il paraît alors assez normal que son mariage n'ait pas eu lieu dès 162 ou 163 (comme le supposaient Pflaum et Syme, qui, tablant sur une naissance en novembre 147, lui donnaient de 14 à 16 ans au moment des noces), mais, comme nous l'avons indiqué, entre 164 et 166, soit entre les âges de 13 et 15 ans si elle est née en 151 (sa mère s'est mariée à 15 ans, sa sœur aînée, à 14 ans environ, et l'âge moyen des noces pour les filles de l'aristocratie était de 12 à 16 ans). Enfin, à la lumière de ces éléments nouveaux, il est permis de proposer une datation un peu différente de la dédicace et de l'épigramme d'Hadrien de Tyr, titulaire de la chaire de rhétorique d'Éphèse, en l'honneur de Severus : Puech **1** les date de 168 ou du début de 169 (date la plus basse, parce que Lucius Verus, mort au début de 169, est mentionné comme co-empereur dans l'inscription) ; elle ne remonte pas plus haut, parce qu'elle fait fond, mais avec prudence (p. 285 : « Si la date de 167, proposée, sous toutes réserves, … est exacte »), sur Halfmann **4**, p. 180-181, qui reprend l'hypothèse d'Alföldy sur le consulat suffect. Mais, si l'on concède que ce consulat est à placer en 163, deux indices plaident pour une date plus haute: tout d'abord, les vers qui célèbrent les noces de Severus (Puech **1**, p. 285: « [Severus] à qui Harmonie a installé, pour un heureux mariage, une chambre royale... ») paraissent devoir faire référence à un événement récent, et ce mariage se trouve d'ailleurs renforcé par l'adoption du fils d'un premier lit de Severus par un neveu de Marc Aurèle, qui donne ainsi son nom prestigieux à l'enfant de Severus (*ibid.*: « père [naturel] d'Ummidius Quadratus, parent par alliance des très divins empereurs... »); il s'agit de consolider l'appartenance du nouvel arrivant dans la famille impériale. Je propose donc de dater cette inscription dans la période où le mariage "royal" de Severus peut avoir eu lieu, entre 164 et 166, avant la naissance du fils de ce couple, Ti. Claudius Severus Proculus, né au plus tard en 167, on l'a vu. Le second indice qui plaide pour une date plus haute est donné par Puech elle-même (**1**, p. 286), qui fait la remarque que: « Damien [d'Éphèse, sophiste lui-même et élève d'Hadrien] exerçait une des principales magistratures de sa cité en 167... mais ses études doivent être antérieures à 167: Hadrien avait donc dû s'établir à Éphèse peu après l'épisode raconté par Galien [en 163, il assiste à la première leçon d'anatomie de Galien à Rome]. La consécration de la statue de Severus ne doit pas être bien éloignée dans le temps de l'installation d'Hadrien dans la cité » (en faveur de la présence d'Hadrien à Éphèse à partir de 164, voir Nutton **11**, p. 190 n. 2). Tous ces éléments corroborent l'hypothèse d'un mariage proche dans le temps des noces de la fille aînée, Lucilla, avec Lucius Verus, qui ont d'ailleurs eu lieu à Éphèse en 164 (ou aussi bien dans la première moitié de 165: voir Fittschen **14**, p. 26 n. 23).

Nous renvoyons à la notice sur Claudius Severus Arabianus (➸S 62), identifié communément au Severus du livre I des *Écrits pour lui-même* de Marc Aurèle, pour l'exposé de nos doutes sur cette identification, et des arguments qui ouvrent la possibilité qu'il s'agisse aussi bien de son fils, de même que dans le témoignage de l'*Histoire Auguste*. Si l'une et l'autre hypothèses sont tenables, il n'en demeure pas moins que seule l'identification au fils peut être étayée sur des témoignages attestant de rapports amicaux sur la longue durée avec l'empereur, et d'une adhésion à la philosophie d'Aristote (c'est l'opinion défendue par **18** O. Murray dans son compte rendu de R. MacMullen, *Enemies of the Roman order*, dans *JRS* 59, 1969, p. 261-265, à la p. 265). Nous ne ferons pas un sort particulier au témoignage de Fronton, qui n'apporte aucun élément spécifique sur la personnalité intellectuelle du Claudius Severus auquel le rhéteur s'adresse, et qui, en outre, a particulièrement divisé les savants, pour savoir s'il s'agit là du père ou du fils. Les éléments objectifs sont si ténus que l'on voit les érudits se partager sur le sujet plutôt en fonction de leur propre spécialité: les prosopographes (par exemple, Groag **3**, p. 249; Pflaum **8**, p. 227) considèrent que le consul de 146 est l'ami à qui s'adresse Fronton, tandis que les spécialistes de Galien et de la seconde sophistique, connaissant la personnalité de notre Severus et ses liens privilégiés avec le milieu intellectuel ainsi qu'avec Marc Aurèle, lui prêtent cette amitié avec Fronton (ainsi **19** G. W. Bowersock, *Greek sophists in the Roman Empire*, Oxford 1969,

p. 125-126 ; Nutton **11**, p. 166 ; ou encore Boudon-Millot **12**, p. 313 n. 54) ; en revanche, Alföldy **7**, p. 288, maintient le doute qui paraît s'imposer.

C'est Galien qui nous apprend que Severus « était un adepte de la philosophie d'Aristote » (*cf.* Nutton **11**, p. 82, 6), et son récit nous dévoile par la même occasion tout un petit réseau de péripatéticiens amateurs et professionnels, parmi lesquels Severus est l'un des principaux soutiens et fauteurs de la carrière du médecin à la cour impériale. Galien est arrivé à Rome en 162 et cherche à y faire carrière. Le premier contact déterminant est justement avec un philosophe aristotélicien, Eudème (☞E 92), qui a la bonne grâce de tomber malade, et qui est soigné et guéri par Galien (Nutton **11**, p. 74-90). Deux personnages de haut rang, Sergius Paulus (☞S 58) et Flavius Boethus (☞B 49), qui sont des adeptes de la philosophie aristotélicienne et des relations d'Eudème, visitent leur ami, entendent l'éloge de Galien et prennent le relais ; Boethus décide avec Galien d'organiser une démonstration publique du fonctionnement des organes de la voix et de la respiration, au moyen de la dissection (Nutton **11**, p. 80-82). La première séance tourne court à cause d'une remarque sceptique d'Alexandre de Damas (☞A 114), philosophe péripatéticien, ce qui conduit Galien à interrompre aussitôt sa démonstration anatomique, à laquelle assistaient aussi les orateurs Hadrien de Tyr et Démétrios d'Alexandrie (Nutton **11**, p. 96-98). Cet incident, en remontant jusqu'aux oreilles de Severus, Paulus et Barbarus (oncle de Lucius Verus), permet de donner de la publicité à la démonstration et c'est à leur initiative qu'une série de séances a lieu, en présence du gratin de la médecine et de la philosophie. Lors du second séjour romain de Galien, probablement en 169, Severus sera le principal protagoniste de l'introduction de Galien à la cour impériale, auprès de Marc Aurèle et du jeune Commode : l'occasion en sera donnée par la maladie d'un jeune noble du nom de Sextus Quintilius, qui permet à la fois à Galien de gagner la totale confiance de Severus (et celle du gouverneur de Commode, Peitholaos) et à Severus de monter un petit stratagème pour rendre le triomphe de son protégé plus éclatant (Nutton **11**, p. 120-126).

Les témoignages de Philostrate et de l'inscription d'Éphèse complètent la figure intellectuelle de Severus, du côté de l'art rhétorique. Dans les deux textes, on retrouve en effet l'orateur Hadrien de Tyr, qui assistait à la première démonstration avortée de Galien et qui avait rapporté le comportement inadéquat d'Alexandre de Damas à ses patrons et notamment à Severus. L'inscription d'Éphèse est la dédicace d'une statue de Claudius Severus, accompagnée d'une épigramme, faite par Hadrien, peut-être en 168 (voir Puech **1**, p. 285) ou, plutôt, comme on a tenté de le montrer plus haut, entre 164 et 166. Il est clair que Severus a dû suivre et appuyer la carrière de ce sophiste, ancien élève d'Hérode Atticus (Philostrate, *Vies des sophistes* II 10, 585-586 Ol.), qui a occupé la chaire de rhétorique d'Éphèse durant un temps impossible à préciser, mais dans une période comprise entre 164 et 176 (voir **20** C. P. Jones, « Two enemies of Lucian », *GRBS* 13, 1972, p. 475-487, à la p. 482, avec la correction chronologique proposée par Nutton **11**, p. 190 n. 2 ; voir aussi Puech **1**, p. 286). On retrouve Severus auprès de Marc Aurèle, quelques années plus tard, en 176, quand Hadrien de Tyr occupe la chaire athénienne de rhétorique, plus prestigieuse encore, et qu'il a obtenue de l'empereur sur sa seule réputation (*Vies des sophistes* II 10, 588-589 Ol.), mais sans doute avec l'appui de Severus, et également en vue de complaire au vieux maître Hérode Atticus, avec lequel l'empereur est en train de se réconcilier et à qui il va confier l'honneur de choisir les premiers titulaires des chaires athéniennes de philosophie (voir Puech **1**, p. 286, et **21** S. Toulouse, « Les chaires impériales à Athènes aux IIe et IIIe siècles », dans H. Hugonnard-Roche (édit.), *L'enseignement supérieur dans les mondes antiques et médiévaux : aspects institutionnels, juridiques et pédagogiques*, Paris 2008, p. 127-174, aux p. 143-145 ; un lien objectif entre Severus et Hérode Atticus est d'ailleurs établi par un fragment d'inscription athénienne sur une base de statue, par laquelle Hérode semble honorer le consulaire : **22** W. Ameling, *Herodes Atticus, II : Inschriftenkatalog*, Hildesheim 1983, n° 187, p. 179, suggère à juste titre, à mon sens, que l'occasion de cette dédicace a pu être le séjour athénien de Severus et de l'empereur en 176). Marc Aurèle, qui vient à Athènes, veut tester le talent d'Hadrien, et c'est alors que Severus intervient : « un ancien consul, Severus, critiquait Hadrien pour l'exaltation bacchique qu'il introduisait dans les thèmes sophistiques, car la vigueur de son talent convenait mieux à l'éloquence judiciaire » (trad. Puech **1**, p. 286 n. 6). Comme le remarque Jones **20**, p. 482, il s'agit plutôt de la critique mesurée d'un connaisseur à l'égard d'un maître reconnu, et même, Severus étant fort habile à monter de petits stratagèmes pour assurer le succès de ses protégés, comme on le voit en détail dans le récit de l'intervention de Galien auprès de Sextus Quintilius, je serais tenté de penser qu'il a pu chercher par là à infléchir le choix du type de sujet oratoire que l'empereur allait donner à traiter à Hadrien, dans l'intention que le talent de ce dernier ressorte plus vivement : d'ailleurs, l'empereur, finalement très admiratif, lui accorde à la fois des dons et des faveurs (sur ce que recouvrent ces deux termes, voir *Vies des sophistes* II 10, 589 Ol.). Ainsi, selon la formule de Puech **1**, p. 286, on peut considérer que cet aristotélicien amateur, gendre de Marc Aurèle, « était aussi l'un de ses conseillers culturels préférés ».

STÉPHANE TOULOUSE.

64 SEVERUS (MESSIUS PHOEBUS –) *RE* Phoibos 4 - S 43 *PLRE* II:19   F V

Né à Rome, patrice (Ῥωμαίων πατὴρ κατὰ τὴν τοῦ νόμου ἀξίωσιν, *Epit. Phot.* 9, p. 10, 6-7 Zintzen ; πατρίκιος, *ibid.* 233, p. 11, 3 Z.), préfet de la ville et consul en 470, païen qui soutint la tentative de restauration de l'hellénisme entreprise par l'empereur Anthémius (➤+A 188), empereur de 467 à 472 (*Epit. Phot.* 108, p. 148, 9-12 Z.). Il contribua à des travaux de rénovation de l'amphithéâtre Flavien (le Colisée) où l'on a retrouvé des fauteuils inscrits à son nom.

Epit. Phot. 108, p. 148, 9-12 Z. : « L'auteur dit qu'Anthémius, qui fut empereur des Romains, était un païen, qu'il partageait les idées de Sévère adonné au culte des idoles. Il le fit consul et tous deux auraient eu le dessein secret de restaurer l'odieuse idolâtrie » (trad. Henry). Ὅτι Ἀνθέμιον οὗτος τὸν Ῥώμης βασιλεύσαντα ἑλληνόφρονα καὶ ὁμόφρονα Σεβήρου τοῦ εἰδώλοις προσανακειμένου λέγει, ὃν αὐτὸς ὕπατον χειροτονεῖ, καὶ ἀμφοῖν εἶναι κρυφίαν βουλὴν τὸ τῶν εἰδώλων μύσος ἀνανεώσασθαι.

« Déçu dans ses ambitions politiques, il se tourna vers la vie calme et loin des affaires » (ἐπὶ τὸν ἡσύχιον καὶ ἀπράγμονα βίον ἐτράπετο, *Epit. Phot.* 66, p. 96, 5-6 Z.) et se rendit à Alexandrie *(Epit. Phot.* 233, p. 11, 2-3 ; *Souda, s.v.* Σεβῆρος, Σ 182, t. IV, p. 335,28 - 336,3 Adler = Dam., fr. 116 Z.) ; il y reçut chez lui des brahmanes *(Epit. Phot.* 67, p. 96,7 - 98,2 Z.). Il mena une vie philosophique (φιλοσοφῶν) et rassembla une riche bibliothèque (ἐν βιβλίοις ἀφθόνοις οὖσιν αὐτῷ καὶ παντοδαποῖς, *Souda, s.v.* Σεβῆρος, Σ 182, t. IV, p. 336, 1-2 Adler).

Comme Damascius parle d'un retour à Rome (ἐπὶ Ῥώμην, ταύτης προαναχωρήσας, ἐπανῆκε, *Epit. Phot.* 64, p. 94, 3 Z.), il est possible que ce séjour alexandrin soit intervenu avant le début de sa carrière politique vers 468. C'est ce que suppose la *PLRE*.

Il aurait parlé de pierres aux propriétés incroyables *(Epit. Phot.* 9, p. 10, 6-9 Z. ; *ibid* 233, p. 11, 1-13 Z.) et d'une plante de forme étonnante *(Epit. Phot.* 68, p. 98 ; 3-5 Z.). Il aurait monté un cheval dont le corps émettait de longues étincelles *(Epit. Phot.* 64, p. 94, 1-6 Z.). On sait que Damascius était très friand de tels phénomènes naturels paranormaux.

C'est peut-être de lui que parle la *Souda* à propos de Severus « sophiste romain » *(Souda, s.v.* Σεβῆρος, Σ 182, t. IV, p. 335, 11 Adler), bien que l'ensemble de la notice, sauf les dernières lignes, concerne un autre personnage (l'empereur Septime Sévère).

« He studied at the school of the platonic philosopher Proclus, in Alexandria ». Voilà ce qu'on peut apprendre sur ce personnage en consultant sur *Wikipedia* la version anglaise de la notice « Messius Phoebus Severus ». Que Proclus (➡P 292) ait tenu école à Alexandrie est évidemment une bourde qui sera peut-être un jour corrigée, mais qu'en est-il des études de Severus chez Proclus ? L'article renvoie à **1** D. O'Meara, *Platonopolis. Platonic Political Philosophy in Late Antiquity*, Oxford 2003, p. 21. On y apprend en effet qu'en plus des disciples proprement dits, on compte parmi les autres auditeurs de Proclus « Flavius Messius Phoebus Severus, consul in 470, prefect of Rome and patrician ». La source immédiate de cette affirmation est facile à retrouver : Severus porte le n° 26 dans la liste des élèves de Proclus établie par **2** H. D. Saffrey et L. G. Westerink, dans l'Introduction de Proclus, *Théologie platonicienne, CUF*, Paris 1968, t. I, p. LIII (« Les auditeurs libres »). En réalité, il apparaît dans une liste finale de fonctionnaires impériaux en relation avec le milieu néoplatonicien athénien. Saffrey et Westerink ne citent pas de source primaire, mais renvoient à **3** O. Seeck, art. « Messius Phoebius Severus » 43, *RE* II A 2, 1923, col. 2006-2007. Mais cette notice n'évoque nullement un séjour d'études de Severus chez Proclus, fût-ce comme auditeur libre.

Cf. **4** D. Henning, « Messius Phoebus Severus und die Chronologie der *praefecti Urbi* unter Kaiser Anthemius (467-472) », *ZPE* 108, 1995, p. 145-158 ; **5** *Id., Periclitans Res Publica. Kaisertum und Eliten in der Krise des Weströmischen Reiches 454/5-496 n. Chr.*, coll. « Historia Einzelschriften » 133, Stuttgart 1999, p. 88-90.

Depuis **6** I. A. Fabricius *(Bibliotheca Graeca, Editio nova curante G. C. Harles,* t. VI, Hamburgi 1798, p. 53), on a envisagé que ce sophiste soit Severus d'Alexandrie, l'auteur de *Progymnasmata* et d'*Éthopées*. Sur ce sophiste, parfois identifié à un élève de Libanios, voir **7** K. Gerth, art. « Severos von Alexandreia », *RESuppl.* VIII, 1956, col. 715-718.

Voir l'édition récente de **8** E. Amato (édit.), Severi sophistae Alexandrini Progymnasmata quae exstant omnia : accedunt Callinici Petraei et Adriani Tyrii sophistarum testimonia et fragmenta necnon incerti auctoris ethopoeia nondum vulgata, coll. BT, Berlin 2009, p. VII-VIII n.

1. Voir également la traduction publiée par **9** E. Amato et G. Ventrella (édit.), I Progimnasmi di Severo di Alessandria (Severo di Antiochia ?). Con in appendice traduzione e commento dei frammenti dei discorsi di Callinico di Petra ed Adriano di Tiro. Introduzione, traduzione e commento, coll. « Sammlung wissenschaftlicher Commentare », Berlin 2009. Selon Amato, le caractère tardif du style et de la langue de ces textes rend l'identification avec Messius Phoebus Severus envisageable.

PIERRE MARAVAL et RICHARD GOULET.

65 SEVERUS DE LYCIE *RE* 22 *PLRE* I : 9   M IV

Philosophe, ami de Libanius qui parle de lui à de nombreuses reprises dans sa correspondance.

Libanius fait mention de Sévère dans les *Lettres* 19 à Anatolios [*PLRE* I:3], 12 en 358/9 [Norman 40 ; Cabouret 24] ; 309 à Thémistius (en 361 ?), 635 à Thémistius en 361 ; 659 à Italicianus, *Vicarius Asiae*, en 361 ; 664 à Thémistius en 361 [Cabouret 46] ; 665 à Italicianus en 361, 1383 à Sozomène (de Sparte), gouverneur de Lycie, en 363 ; 1384 à Césarius, 1451 à Cléarque, *Vicarius Asiae*, en 363 ; 1478 à Aphobius, gouverneur de Palestine, en 365 ; 1479 à Acace (de Césarée, *PLRE* I:6) en 365. Il lui adressa deux des lettres conservées (*Lettres* 775 en 362 et 1191 en 364). Le Thémistius auquel écrit Libanius n'est pas le philosophe de Constantinople (*PLRE* I:1), mais un ancien élève du sophiste qui fut *praeses* de Lycie en 361 (=*PLRE* I:2). Sur Sozomène, voir P. Petit, *Les fonctionnaires dans l'œuvre de Libanius. Analyse prosopographique*, [Paris] 1994, n° 273, p. 233.

Originaire de Lycie, il étudia la philosophie à Athènes (*Lettres* 659, 4-5 et 1381, 1) auprès de son compatriote Maxime de Lycie (⟶M 66; *PLRE* I:10), auquel il était apparenté (*Lettres* 1383, 1 ; 1384, 1), à une époque où Libanius s'y trouvait également (en 336-339). Libanius se présente comme son condisciple à Athènes (συμφοιτηταί τε ὄντες, *Lettre* 659, 5 ; συνεφοιτήσαμεν Ἀθήνησι, *Lettre* 1381, 1 ; ἡ τῶν Ἀθηναίων πόλις, ἣ τοῦτον ἐξέθρεψεν, *Lettre* 659, 4), mais ne précise pas que c'était chez le même maître. Dans une lettre à Thémistius Libanius écrit : «A mon avis, nulle cité ne pourrait présenter un citoyen se rapprochant de Sévère de Lycie, qui avec nous chercha à attraper les avantages de la rhétorique, et avec Maxime [de Lycie] ceux de la philosophie» (*Lettre* 309, 3). Il aurait profité de ce séjour athénien beaucoup plus longtemps que Libanius (*Lettre* 1479, 1), qui y resta tout de même trois ans.

La suite de sa carrière est moins claire. En 358/359, il essaya en vain d'obtenir un poste officiel (*Lettre* 19, 12). Selon S. Bradbury, «A Sophistic Prefect: Anatolius of Berytus in the Letters of Libanius», *CPh* 95, 2000, p. 172-186, à la p. 179, Libanius reprocherait à Anatolius, préfet du prétoire d'Illyrie, d'avoir tenu des propos blessants à l'encontre du philosophe Sévère, qui tentait d'être exempté de ses liturgies municipales par l'obtention d'un poste dans l'administration impériale. Les lignes importantes sont les suivantes : «Il est également brutal et peu amène de ta part de malmener Sévéros, parce qu'il réclamait un ceinturon (ζώνης ἐδεήθη) alors qu'il aurait dû rester philosophe. Si, en effet, attaché à la culture (φιλοσοφίας ἁπτόμενος), il s'était démis de son état et se trouvait, sous le titre de philosophe, <simple> marchand, on lui en voudrait à juste titre. Mais s'il juge cet état trop ambitieux pour lui et qu'il cherche quelque échappatoire, où est la fausse note de n'être pas philosophe? Ou bien toi-même as-tu tort d'être fonctionnaire plutôt que philosophe?» (trad. Cabouret).

En 361 et 363, Sévère eut peine à se soustraire à ses obligations de décurion dans sa cité, peut-être en tant que philosophe. Libanius évoque un conflit violent, parle de confiscation de ses propriétés forestières (*Lettre* 1383, 3), de mauvais traitements imposés par des envieux (*Lettre* 659), de ses ennemis (*Lettre* 1383, 6), du salut de sa maison (*Lettre* 664, 2) et de sa sœur (*Lettre* 309, 6) et même d'un exil (ἐξελήλαται, *Lettre* 1383, 3) pendant lequel il serait venu se plaindre à Libanius à Antioche (*Lettre* 1383, 4). Il semble qu'il ait eu de la peine à revendiquer le statut de philosophe, parce qu'il n'en portait pas l'habit et les attributs conventionnels. Libanius écrit à Italicianus : «Que l'absence de chlamyde ou de barbe ne te plonge pas dans la défiance à propos des discours plus augustes qui sont en lui. Car préférant, comme le dit Eschyle (*Sept contre Thèbes*, v. 592), être plutôt que paraître, il fait appel à ceux-ci (les discours) plutôt qu'à ceux-là (les signes conventionnels du philosophe). Tout comme par conséquent la sagesse ne va pas nécessairement avec le *tribôn* et la chevelure, il doit être possible d'être un sage sans ces attributs». Libanius le présente comme l'héritier de l'enseignement de Maxime de Lycie qui le traitait comme son fils (*Lettre* 659, 4) et voyait en lui l'homme le plus loyal qu'il ait connu (*Lettre* 309, 3).

B. Cabouret, *Lettres*, p. 71 n. 107, présente Sévère comme un sophiste et interprète le terme de *philosophia* dans la lettre «au sens de culture littéraire». En réalité, Libanius précise bien que Sévère est un bon rhéteur (δύναται γάρ, εἴπερ τις Ἑλλήνων, λέγειν, *Lettre* 1478, 3), qu'il a étudié la rhétorique à Athènes, mais que son principal centre d'intérêt était la philosophie étudiée auprès de Maxime de Lycie. Comme Libanius adresse ses lettres de recommandation en faveur de Sévère à des vicaires d'Asie (Italicianus, Cléaque) ou des gouverneurs de Lycie (Thémistius 2 et Sozomène), c'est sans doute dans une cité de Lycie que Sévère assurait des fonctions d'enseignant, probablement dans une ville portuaire d'où partaient les cargaisons de bois (τὰ ξύλα) qu'il exportait à l'étranger (*Lettre* 1191, 1). C'est en pensant peut-être à cette activité que Libanius écrit à Sozomène que «notre compagnon n'a cessé de procurer les fruits de la formation qu'il a reçue» (καὶ διετέλεσεν ὁ ἑταῖρος τῆς παιδείας ἣν πεπαίδευται κομιζόμενος τοὺς καρπούς, *Lettre* 1381, 2).

Comme Libanius dit que Sévère et lui-même ont le même âge (ἡ γὰρ αὐτὴ ἡμῖν ... ἡλικία, *Lettre* 1451), il a dû naître vers 314. Il avait une sœur du nom de Stratonis (*Lettre* 309, 6) et était parent de Faustilianus (*Lettre* 635). Ses revenus lui étaient principalement procurés par les forêts de son patrimoine familial (*Lettre* 1191 et 1383). Libanius le qualifie de termes louangeurs : on rencontre les formules τῷ χρηστῷ Σευήρῳ (664, 1), ὁ γενναῖος Σευῆρος (1478, 1 ; 659, 2), τὸν πρᾳότατον Σευῆρον (1479, 1), χρηστὸν καὶ φιλόλογον (1381, 1), τὸν ἄριστον Λυκίων (1383, 7 et 9). Il prétend même qu'il appartenait à une famille (ou une nation: γένος) qui avait porté secours à Troie (*Lettre* 1451, 3). *Cf. Il.* β 876; ο 485.

Cf. O. Seeck, *Die Briefe des Libanius*, p. 275-276 (Severus V) ; [O. Seeck], art. «Severus» 22, *RE* II A 2, 1923, col. 2004.

PIERRE MARAVAL et RICHARD GOULET.

SEXTIUS → CORNELIANOS DE MALLOS (M. SEXTIUS –)

SEXTIUS → SYLLA DE CARTHAGE (SEXTIUS)

66 SEXTIUS (QUINTUS –) père *RE* 10 *PIR²* S 657   MF I[a]

Fondateur de l'école des Sextiens à Rome.

Cf. **1** J. von Arnim, art. «Q. Sextius» 10, *RE* II A 2, 1923, col. 2040-2041 (identifie à tort Sextius père à Sextius Niger [➠+S 68]) ; **2** I. Hadot, «Versuch einer doktrinalen Neueinordnung der Schule der Sextier», *RhM* 150, 2007, p. 179-210 (la plus grande partie des informations regroupées dans la présente notice sont tirées de cette importante étude).

Quelques années avant sa mort en 65, Sénèque, *Questions Naturelles* VII 32, 3, écrivait : *Sextiorum nova et Romani roboris secta inter initia sua, cum magno impetu coepisset, extincta est* – « La secte récente des Sextiens, dont l'énergie était bien romaine, après avoir commencé avec un magnifique élan, s'est éteinte à ses débuts mêmes » (trad. Oltramare). Les témoignages invitent à rattacher à cette secte deux Sextii, le père et le fils.

Selon Sénèque (*Ep.* 98, 13-14), *honores reppulit pater Sextius, qui ita natus, ut rem publicam deberet capessere, latum clavum divo iulio dante non recepit : intellegebat enim quod dari posset, et eripi posse* – « Sextius le père rejeta les honneurs. Sa naissance l'appelait aux fonctions publiques : il n'accepta pas le laticlave (*latum clavum* = signe distinctif de la classe sénatoriale) que lui offrait Jules César, sachant bien que ce qui peut être donné peut de même être retiré » (trad. Noblot). Plutarque, *Quomodo quis suos in virtute sentiat profectus* 5, 77 D-E, précise que le refus était motivé par le choix de pratiquer la philosophie et que la lenteur de ses progrès avait conduit dans un premier temps le philosophe au bord du suicide : καθάπερ φασὶ Σέξτιον τὸν Ῥωμαῖον ἀφεικότα τὰς ἐν τῇ πόλει τιμὰς καὶ ἀρχὰς διὰ φιλοσοφίαν, ἐν δὲ τῷ φιλοσοφεῖν αὖ πάλιν δυσπαθοῦντα καὶ χρώμενον τῷ λόγῳ χαλεπῷ τὸ πρῶτον, ὀλίγου δεῆσαι καταβαλεῖν ἑαυτὸν ἔκ τινος διήρους. – « Ainsi, dit-on, le Romain Sextius avait renoncé pour la philosophie aux honneurs et aux magistratures de sa cité ; mais, comme d'un autre côté, il trouvait pénible de philosopher et avait du mal, au début, à raisonner, il s'en fallut de peu qu'il ne se précipitât du premier étage d'une maison » (trad. Sirinelli).

Nous ne savons rien de sa formation. Pline l'Ancien mentionne un séjour de Sextius à Athènes (*Nat. Hist.* XVIII 273) : après avoir cité l'exemple de Démocrite prévoyant par l'observation du lever des Pléiades que l'huile d'olive allait devenir rare et achetant à bon marché toute l'huile disponible pour la revendre à fort prix au moment où elle serait recherchée, Pline rapporte que Sextius, un des adeptes romains de la sagesse, fit par la suite à Athènes la même chose au moyen du même calcul : *hoc postea Sextius e Romanis sapientiae adsectatoribus Athenis fecit eadem ratione.*

Puisque Sénèque (*Ep.* 98, 13) le désigne comme Quintus Sextius "père" *(pater Sextius)*, il devait avoir un fils qui portait les mêmes *praenomen* et *nomen* (➥S 67). Claudien Mamert, *De statu animae* II 8, attribue de fait une doctrine relative à l'âme conjointement à Sextius le père et Sextius le fils *(Sextius pater Sextiusque filius)*. Sénèque parle de même (*Ep.* 64, 2-3), sans en donner le titre, d'un livre de Quintus Sextius *père (Quinti Sextii patris)*, écrit en grec, qu'il avait lu avec des invités après le repas :

> *Lectus est deinde liber Quinti Sextii patris, graecus, magni, si quid mihi credis, viri et, licet neget, stoici. Quantus in illo, di boni, vigor est, quantum animi. Hoc non in omnibus philosophis invenies : quorundam scripta clarum habentium nomen exanguia sunt. Instituunt, disputant, cavillantur, non faciunt animum, quia non habent : cum legeris Sextium, dices : "vivit, viget, liber est, supra hominem est, dimittit me plenum ingentis".*

> « Ensuite on lut un livre, un livre *grec* de Quintus Sextius le père, un grand homme je te prie de le croire, et, quoi qu'il s'en défende, vrai stoïcien. Dieux bons ! quelle vigueur et que d'âme ! c'est ce que tu ne rencontreras pas chez tous les philosophes. Les écrits de tel et tel porteurs d'un nom illustre, sont sans vie. Ils dressent des arguments, disputent, chicanent, incapables de donner du cœur, n'en ayant pas. Tu diras au contraire, si tu lis Sextius : "Vivant, riche de sève, possédant la liberté, dépassant l'homme, il me laisse un sentiment d'ardente confiance qui m'emplit l'âme" ». (trad. Noblot).

Ces trois témoignages permettent donc de distinguer entre Quintus Sextius père et Quintus Sextius fils, l'un et l'autre défendant une même doctrine dans l'école romaine des « Sextiens », déjà disparue à la fin de la vie de Sénèque.

Disciples. Quatre philosophes sont connus comme des disciples de Quintus Sextius :

(a) Son fils homonyme (➥S 67) tout d'abord, que l'on pense pouvoir identifier à Sextius Niger (➥S 68).

(b) L. Crassicius Pasiclès de Tarente, lequel avait plus tard changé son *cognomen* "Pasiclès" en "Pansa" (➥C 197). Voir Suétone, *De Grammaticis* 18, 3 : *sed cum edoceret iam multos ac nobiles in his Iullum Antonium triumviri filium ut Verrio quoque Flacco conpararetur, dimissa repente schola, transiit ad Q. Sexti<i> philosophi sectam* – « Mais alors qu'il avait déjà formé de nombreux jeunes nobles, dont Iullus Antonius (*RE* Antonius 22), le fils du *triumvir* (M. Antonius, *RE* 30), au point qu'on le compara même à Verrius Flaccus (le grammairien, *RE* Verrius 2), ayant abandonné soudainement son école, il adhéra à la secte du philosophe Quintus Sextius ». *Cf.* **3** M. Ducos, notice « L. Crassicius Pasiclès », C 197, *DPhA* II, 1994, p. 484-485 ; Hadot **2**, p. 186-187.

(c) Papirius Fabianus (➥F 1). Papirius Fabianus renonça lui aussi à sa carrière, cette fois-ci de rhéteur, pour adhérer à l'école de Quintus Sextius père. Sénèque le Jeune, qui entendit encore lui-même ses cours de philosophie (*Ep.* 100, 12 : *cum audirem ... illum*), le tenait en très haute estime, car, à l'instar de Quintus Sextius père, sa vie était un témoignage exemplaire porté à sa philosophie (*De brev. vit.* 10,

1 ; *Ep.* 40, 12 ; *cf.* Sénèque l'Ancien, *Controv.* 2, praef. 1-2). *Cf.* **4** M. Ducos, notice « Fabianus (Papirius –) », F 1, *DPhA* III, 2000, p. 413 ; Hadot **2**, p. 187-188.

(d) Cornélius Celsus (➤C 73), l'auteur d'une œuvre encyclopédique en langue latine, appartenait selon Quintilien, *Instit. Orat.* X 1, 124, à l'école des Sextii. *Cf.* **5** B. Puech, notice « Celsus (Aulus Cornelius –) », C 73, *DPhA* II, 1994, p. 257-259 ; Hadot **2**, p. 188-190.

Datation. Sextius jouissait de l'estime de Jules César (assassiné en 44^a) et devait donc être d'âge mûr au milieu du Ier s. av. J.-C. Il dut vivre assez longtemps par la suite pour enseigner à des disciples comme Papirius Fabianus qui fut le maître de Sénèque au début du règne de Tibère (14-37).

Enseignements philosophiques. Sénèque connaissait donc au moins un ouvrage de Quintus Sextus père et cet ouvrage était écrit en grec. On en avait fait lecture lors d'un repas. Il reconnaît ailleurs (*Ep.* 59, 7, trad. Noblot) lire un ouvrage de ce Sextius (*Sextium ecce cum maxime lego*), « qui expose en langage grec une morale de Romain » *(graecis verbis, romanis moribus philosophantem).* Mais il connaissait également les justifications du végétarisme proposées par Sextius grâce à l'enseignement de Sotion (➤S 138) qu'il avait suivi dans sa jeunesse (*Ep.* 108, 17).

Sénèque considère que Sextius était stoïcien « quoi qu'il s'en défende ». Quelques passages où Sénèque rapporte des vues ou des propos de Sextius confirment la présence de thèmes caractéristiques du stoïcisme. Voir Sén., *Ep.* 59, 7-8 (comparaison du sage, prêt à toute agression, avec une armée avançant en formation carrée) ; *Ep.* 73, 12-15 (Jupiter n'est pas plus puissant que le sage) ; *De ira* II 36, 1-2 (le miroir révèle au colérique la difformité de son âme) ; *De ira* III 36, 1 (nécessité de l'examen de conscience au terme de chaque journée).

Sénèque (*Lettre* 108, 17-18) nous renseigne également sur le végétarisme pratiqué par Sextius et sa justification. Dans sa jeunesse, Sénèque avait suivi les enseignements du stoïcien Attale (§ 3 et 13) [➤A 501], puis un certain Sotion lui inspira une passion pour Pythagore. Selon Sotion, Sextius – dont Sénèque ne dit pas toutefois qu'il avait été l'élève – fondait son abstinence des chairs animales non pas sur la transmigration des âmes (comme le faisait Pythagore), mais sur l'inutilité d'une telle alimentation, sur la cruauté qu'elle suppose, sur la sensualité qu'elle encourage et sur la santé qu'un tel régime peut compromettre :

« Sotion expliquait pourquoi ce philosophe (Pythagore) s'était abstenu de la chair des animaux ; pourquoi Sextius le fit depuis. Leurs motifs étaient différents, mais de part et d'autre d'une rare élévation. Sextius croyait que l'homme possède une alimentation suffisante sans verser le sang, que la cruauté lui devient une habitude quand il s'est fait un plaisir du déchirement des chairs. Il ajoutait qu'il faut resserrer le champ de la sensualité et déclarait dans sa conclusion que notre variété de mets est contraire à la santé et peu faite pour le corps humain » (trad. Noblot).

Sur les justifications du végétarisme de Sextius, voir Hadot **2**, p. 205-208.

Claudien Mamert (➤C 132), *De statu animae* II 8 (p. 129, 9-15 Engelbrecht), attribue une doctrine relative à l'âme conjointement à Sextius le père et à Sextius le fils *(Sextius pater Sextiusque filius).*

… Romanos etiam eosdemque philosophos testes citemus, apud quos Sextius pater Sextiusque filius (…) : incorporalis, inquiunt, omnis est anima et inlocalis atque indeprehensa uis quaedam, quae sine spatio capax corpus haurit et continet…

« Citons encore en témoignage des Romains qui sont philosophes, parmi lesquels Sextius père et Sextius fils (…) : toute âme, disent-ils, est incorporelle et indépendante du lieu, elle est une puissance insaisissable qui, sans besoin d'espace, pénètre et contient le corps qui peut l'accueillir ».

Pour un commentaire de ce passage et une rétroversion grecque qui permet d'en saisir la perspective philosophique, voir Hadot **2** p. 190-201, laquelle, contrairement à Bömer, rattache *capax* à *corpus* et non à *uis*. Le latin traduirait : τὸ ἐπιτήδειον σῶμα (ou τὸ δυνάμενον αὐτὴν δέξασθαι σῶμα). Voir plus anciennement **6** F. Bömer, *Der lateinische Neuplatonismus und Neupythagoreismus und Claudianus Mamertus*, coll. « Klassisch-philologische Studien » 7, Leipzig 1936, p. 132-137. Il ne semble pas que ce passage important ait été commenté dans le livre consacré à Claudien Mamert par **7** E. L. Fortin, *Christianisme et culture philosophique au cinquième siècle. La querelle de l'âme humaine en Occident*, Paris 1959. Voir **8** S. Gersh, notice « Claudianus Mamertus », C 132, *DPhA* II, 1994, p. 401-402.

Tendances philosophiques. On a souvent présenté Sextius comme un éclectique incorporant dans ses doctrines des idées stoïciennes et pythagoriciennes (voir en ce sens **9** I. Lana, « La scuola dei Sestii », dans *La langue latine, langue de la philosophie*. Actes du Colloque organisé par l'École française de Rome [Rome, 17-19 mai 1990], Paris 1992, p. 109-124 ; **10** *Id.*, « Sextiorum nova et Romani roboris secta », *RFIC* n.s. 31 (= 58), 1953, p. 1-26 et 209-234). Sénèque y reconnaît un stoïcien qui refusait ce titre, sans préciser en quoi Sextius souhaitait se démarquer du stoïcisme (autrement que par la reconnaissance d'une incorporalité de l'âme). Selon Hadot **2**, p. 209-210, le passage doxographique de Claudien Mamert suggérerait plutôt un point de vue médio-platonicien : rien ne s'opposerait à ce que l'on attribue les brèves citations et paraphrases des textes de Sextius père, que Sénèque nous fournit, à un médio-platonicien suivant la tendance philosophique d'Antiochos d'Ascalon (➣A 200).

RICHARD GOULET.

67 SEXTIUS (QUINTUS –) fils *PIR²* S 655   Iᵃ-I

Fils de Quintus Sextius, fondateur de l'école des Sextiens. Son nom est tiré de deux passages de Sénèque (*Ep.* 64, 2 et 98, 13) mentionnant Quintus Sextius "père" (➣S 66), désignation qui présuppose l'existence d'un fils portant les mêmes *praenomen* et *nomen*. Claudien Mamert, *De statu animae* II 8, attribue de fait une doctrine relative à l'âme à Sextius le père et Sextius le fils.

Cf. **1** I. Hadot, « Versuch einer doktrinalen Neueinordnung der Schule der Sextier », *RhM* 150, 2007, p. 179-210.

On l'identifie généralement, depuis **2** M. Wellmann, « Sextius Niger. Eine Quellenuntersuchung zu Dioscorides », *Hermes* 24, 1889, p. 530-569, avec Sextius Niger (➣S 68). Cette identification peut s'appuyer sur les données suivantes : (1) le nom ; (2) le fait que Sextius Niger est la source *grecque* commune de plusieurs livres de l'*Histoire Naturelle* de Pline et du Περὶ ὕλης ἰατρικῆς de Dioscouridès, alors que Sextius père, sinon Sextius fils, écrivait en grec au témoignage de Sénèque ; (3) la datation (première moitié du premier siècle de notre ère) ; (4) un intérêt pour les sciences naturelles chez Sextius Niger partagé par des membres de l'école des Sextiens comme Papirius Fabianus (➤F 1) et Cornelius Celsus (➤C 73), bien que Pline ne fasse jamais la liaison entre Sextius Niger et l'école des Sextii et qu'un tel intérêt chez Sextius père ou fils ne soit pas directement attesté. Wellmann 2, p. 547, établit toutefois un rapport entre le végétarisme des Sextiens fondé sur le refus de la cruauté envers les animaux et le danger que la nourriture animale pouvait présenter pour la santé avec l'étude de la botanique et des remèdes à base de plantes pratiquée par Sextius Niger.

En ce qui concerne la datation de Sextius Niger, on sait qu'il citait Juba de Maurétanie [➤I 41] et le pythagoricien Anaxilaos de Larisse [➤A 164], expulsé d'Italie par Auguste en 28 av. J.-C.

RICHARD GOULET.

68 SEXTIUS NIGER *RESuppl.* V : S 33a *PIR*² S 674   Iᵃ-Iᵖ

Pline et Dioscoride citent parmi leurs sources un « Sextius Niger qui a écrit en grec sur la médecine » (*Hist. nat.* I 12 : *Sextio Nigro qui Graece de medicina scripsit*), auteur d'un traité Περὶ ὕλης, que 1 J. von Arnim, art. « Q. Sextius » 10, *RE* II A 2, 1923, col. 2040-2041, identifie encore avec Sextius (Quintus) père (➤S 66), avant que Deichgräber (5), à la suite de Wellmann (3), ne propose de l'identifier avec Sextius (Quintus) fils (➤S 67). Cette dernière hypothèse qui fait de Sextius Niger le fils du fondateur de la secte des Sextiens paraît aujourd'hui la plus vraisemblable.

Cf. **2** E. Zeller, *Die Philosophie der Griechen* III¹, 1856 (1880³), p. 675-682 ; **3** M. Wellmann, « Sextius Niger. Eine Quellenuntersuchung zu Dioscorides », *Hermes* 24, 1889, p. 530-569. Sources anciennes et *testimonia* dans **4** M. Wellmann (édit.), *Pedanii Dioscuridis Anazarbei, De materia medica, libri quinque*, t. III, Berlin 1958² (1914), p. 146-148 ; **5** K. Deichgräber, art. « Sextius Niger » 33a, *RESuppl.* V, 1931, col. 971-972. Sur l'éclectisme de Sextius, voir **6** M. Schanz et C. Hosius, *Geschichte der römischen Literatur* 2, München, 1935⁴ (*Handbuch der Altertumswissenschaft* VIII 2), p. 358-361 ; **7** I. Lana, « Sextiorum nova et Romani roboris secta », *RFIC* n.s. 31 (= 58), 1953, p. 1-26 et 209-234 ; **8** J. Scarborough, « Pharmacy in Pliny's Natural history : some observations on substances and sources », dans R. French et F. Greenaway (édit.), *Science in the Early Roman Empire : Pliny the Elder, his Sources and Influence*, London/Sidney, 1986, p. 59-85 ; **9** U. Capitani, « La scuola dei Sesti e il suo rapporto con la medicina latina del 1° secolo », dans Ph. Mudry et J. Pigeaud (édit.), *Les écoles médicales à Rome*, Genève 1991, p. 95-123.

Sénèque (*Lettres* 98, 13-14) mentionne en effet explicitement un *Sextius pater* qui laisse supposer l'existence d'un fils du même nom (voir également *Lettres* 64, 2) ; de même, au Vᵉ siècle de notre ère, l'écrivain latin Claudien Mamert (*De statu animae* II 8) fait encore allusion à l'activité philosophique des deux *Sextii*, le père et le fils. Le Sextius Niger qui nous intéresse ici et à qui est consacrée la présente notice serait donc en réalité le fils du philosophe vanté par Sénèque (voir sur ce point la discussion de Capitani **9**, p. 101-103, qui a rassemblé des arguments convaincants en faveur de l'existence des deux *Sextii*). Et si, chronologiquement, rien n'interdit de supposer que Sénèque ait pu fréquenter le fils, il semble bien cependant que son témoignage se rapporte exclusivement à l'activité du père qu'il ne connut pas directement, mais dont il lisait les ouvrages rédigés en grec et dont l'enseignement lui fut transmis par deux de ses propres maîtres, Sotion d'Alexandrie [➙S 138] (Sénèque, *Lettres* 108, 17) et Papirius Fabianus (➙F 1) qui avait lui-même été un disciple de Sextius. Certains, dont Lana **7**, se sont même appuyés sur le passage où Sénèque mentionne une école des *Sextii* (*Sextiorum nova et Romani roboris secta* dans *Questions naturelles* VII 32, 2) pour supposer que le fils aurait succédé à son père à la tête de l'école. En se fondant sur l'âge du père, déjà honoré par Jules César, mort en 44ᵃ, et qui devait être âgé d'environ soixante-dix ans quand il transmit la direction de l'école à son fils, c'est-à-dire dans les premières années du Iᵉʳ s. de notre ère, Lana **7**, p. 102, propose de situer la naissance de Niger autour de 35 av. J.-C.

Œuvres. Le témoignage de Claudien Mamert cité plus haut sur l'activité philosophique du père et du fils permet de supposer que Niger devait lui aussi être l'auteur d'ouvrages philosophiques. Il devait y défendre des idées assez proches de celles de son père qui, selon Sénèque, et bien qu'il s'en défendît, était un vrai stoïcien (*Lettres* 64, 2-4), mais qui pouvait passer pour un éclectique empruntant tantôt aux thèses du stoïcisme, tantôt au néo-pythagorisme (sur son interdiction de manger de la viande et les principes qui la fondaient, voir Sénèque, *Lettres* 108, 17). Voir cependant les critiques de **10** I. Hadot, «Versuch einer doktrinalen Neueinordnung der Schule der Sextier», *RhM* 150, 2007, p. 179-210, notamment p. 185, concernant cette qualification d'«éclectique», dans la mesure où, selon elle, les vues de l'école des Sextiens se rattacheraient plutôt à un médio-platonisme dans la ligne d'Antiochus d'Ascalon (➙A 200). On ne sait si le fils épousa les croyances du père en une âme incorporelle qui s'empare du corps et l'anime (Claudien Mamert, *De statu animae* II 8), croyance également étrangère au stoïcisme, mais plus proche de la pensée platonico-pythagoricienne. En fait, le fils, Sextius Niger, nous est surtout connu pour son ouvrage de médecine et botanique rédigé en grec, dont le titre Περὶ ὕλης (*Sur la matière médicale*) nous a été transmis par une glose d'Érotien (*s.v.* λείριον, éd. Nachmanson, p. 59, 1 = Wellmann **4**, p. 148, T. 17). Cet ouvrage fut abondamment utilisé par Pline l'Ancien (qui cite le nom de Niger parmi ses sources pour les livres XII-XVI, XX-XXX, XXXII et XXXIV de son *Histoire naturelle*), mais aussi par Dioscoride et Galien qui, dans le prologue du livre VI de son traité *Sur les médicaments simples*, recommande la lecture des livres de Niger au même titre que ceux de Dioscoride (voir t. XI, p. 794, 14 Kühn, où il faut corriger le texte fautif de Kühn πλὴν εἰ Τάνιτρόν τις ἐπαινοίη τοῦ Ἀσκληπιάδου et rétablir πλὴν εἰ τὰ Νίγρου τις ἐπαινοίη τοῦ Ἀσκληπιάδου comme l'a correctement lu **11** K. Deichgräber, *Die griechische Empirikerschule*, Berlin 1930 ; réimpr. augmentée, Berlin/Zürich 1965,

p. 147 ; voir aussi t. XI, p. 797, 6 Kühn, où cette fois on lit bien τὰ Διοσκουρίδου καὶ Νίγρου). La date de rédaction de cet ouvrage n'est pas connue avec certitude, mais on peut supposer que Niger l'a composé une fois dégagé de ses responsabilités à la tête de l'école, après son déclin et sa fermeture, dans la période 10/20-40 de notre ère. On notera toutefois que Galien, tout comme déjà Dioscoride dans le *De materia medica* praef. 2 (trad. anglaise et commentaire par **12** J. Scarborough et V. Nutton, « The *Preface* of Dioscorides' *Materia medica* : Introduction, Translation, and Commentary », *Transactions and Studies of the College of Physicians of Philadelphia*, Ser. 5, t. 4, 1982, p. 196 et 206-208), qualifie Sextius Niger d'« asclépiadéen », c'est-à-dire de disciple d'Asclépiade de Bithynie (➭A 450). Ce qualificatif est problématique. Il signifie peut-être que Niger aurait fait quelques emprunts à la théorie corpusculaire d'Asclépiade. Selon cette théorie, elle-même adoptée par le méthodisme à l'époque romaine, les médicaments tout comme le corps humain sont formés de corpuscules invisibles et éminemment fragiles. Ce matérialisme corpusculaire permettait ainsi d'expliquer les changements physiologiques par des échanges de particules. Toutefois, rien dans les fragments conservés de Niger ne permet d'illustrer cette orientation de sa pensée. D'après les fragments conservés du Περὶ ὕλης, Niger paraît s'être particulièrement intéressé aux questions de nomenclature botanique (Wellmann **2**, p. 146, T. 2) ; il combattait la superstition et la pensée magique (Pline, *Histoire naturelle* XXIX 16) ; il témoignait d'un intérêt marqué pour les remèdes aphrodisiaques et anti-aphrodisiaques (*ibid.* XXVIII 120 et XXIX 76) dans une perspective apparemment éthique. Hadot **10**, p. 185, fait remarquer que ni Pline ni aucune autre source ne présente Sextius Niger comme un médecin et que son intérêt pour la médecine, la botanique ou la pharmacologie peuvent s'expliquer, comme chez l'encyclopédiste Celse, d'un point de vue philosophique. Pline cependant le qualifie de « très exact en science médicale » (*Hist. nat.* XXXII 26 : *diligentissimus medicinae*). Il faut également, à ces centres d'intérêt, ajouter la zoologie. Pline cite en effet Sextius Niger parmi ses sources pour sa notice sur les castors (XXXII 26) et à propos de différents remèdes animaux (voir **14** E. Romano, « Verso l'enciclopedia di Plinio », dans G. Sabbah et Ph. Mudry [édit.], *La médecine de Celse. Aspects historiques, scientifiques et littéraires*, Publications de l'université de Saint-Étienne, 1994, p. 21).

VÉRONIQUE BOUDON-MILLOT.

SEXTUS → AURELIANUS DE SMYRNE (SEXTUS CLAUDIUS –)

SEXTUS → AUTOBOULOS DE CHÉRONÉE (SEXTUS CLAUDIUS –)

SEXTUS → CAPITO (SEXTUS IULIUS –)

SEXTUS → CLODIUS SEXTUS

SEXTUS → SOUAPIS (SEXTUS BONUS –)

SEXTUS → TURPILIUS (SEXTUS–)

SEXTUS CLAUDIUS AURELIANUS → AURELIANUS DE SMYRNE

69   SEXTUS *RE* 5 *PIR*² S 690   D I / D III

Auteur d'un recueil de sentences.

On rencontre également dans la tradition les formes du nom Sixtus, Xystus, Sextius.

Un manuscrit grec du Xe siècle, le Patmiensis 263, livre, sous l'intitulé Σέξτου γνῶμαι, plus de 560 sentences à caractère moral et religieux. Un autre manuscrit grec, le Vaticanus graecus 742 (XIVe siècle), fournit à peu de chose près les mêmes sentences, sans intitulé et dans un ordre par endroits différent. La tonalité chrétienne du recueil est patente, et il était connu des chrétiens de l'Antiquité. Origène (*Contre Celse* VIII 30 ; *Comm. Matthieu* 15, 3 ; *Homélie sur Ezéchiel* I 11) en cite quatre éléments, explicitement référés en deux occasions aux « *Sentences de Sextus* », que, dit-il dans le premier témoignage, tous les chrétiens connaissent. Rufin d'Aquilée en a réalisé une traduction latine qui fut largement diffusée, et qui resta le seul accès à l'œuvre dans son état le plus complet jusqu'à l'édition du texte grec sur la base des deux manuscrits précités (on n'en connaît pas d'autre) par **1** A. Elter (édit.), *Gnomica*, t. I : *Sexti Pythagorici, Clitarchi, Evagrii Pontici sententiae*, Leipzig 1892.

Le texte est aujourd'hui accessible dans l'édition qu'en a réalisée **2** H. Chadwick, *The Sentences of Sextus. A contribution to the history of early Christian ethics*, Cambridge 1959. On trouve également dans cette publication la traduction latine de Rufin sur la base de la seule édition critique de cette version, celle de **3** J. Gildemeister, *Sexti sententiarum recensiones latinam, graecam, syriacas coniunctim exhibuit I. G.*, Bonn 1873 [réimpr. Osnabrück 1967], aménagée par des leçons d'Elter et par les propres choix de Chadwick. Celui-ci y édite aussi d'autres recueils de sentences morales : celui de Clitarque (➻C 148) et un recueil alphabétique intitulé dans un de ses manuscrits Αἱ γνῶμαι τῶν Πυθαγορείων (**4** A. R. Sodano, *Le sentenze « pitagoriche » dello pseudo-Demofilo*, coll. « Bolletino dei classici » Suppl. 12, Roma 1991, reproche à Chadwick de n'avoir pas édité, comme lui-même se charge de le faire, le recueil pythagoricien contenu dans le Vaticanus gr. 743 et qui fut attribué par son premier éditeur à un Démophile [➻D 76]). L'ouvrage comporte également un travail de commentaire important. Cette publication est toujours essentielle et n'a pas été surclassée par l'édition avec traduction anglaise réalisée par **5** R. A. Edwards et R. S. Wild, *The Sentences of Sextus*, Chico (Calif.)1981, 71 p. Très commode et très sûre, en revanche, est l'introduction rédigée par **6** Paul-Hubert Poirier pour son édition de la version copte des *Sentences : Les Sentences de Sextus* (NH XII, 1), *Fragments* (NH XII, 3), coll. « Bibliothèque copte de Nag Hammadi – Section 'Textes' » 11, Québec 1983.

Le destin de ce type de recueil est d'être relativement instable dans la quantité de ses éléments, et le recueil diffusé sous le nom de Sextus a notamment subi des enrichissements qui apparaissent dans les témoins grecs. Le recueil traduit par Rufin ne comprenait que 451 sentences. On peut considérer que c'était là le format d'origine (il est confirmé par une version arménienne). Chadwick **2** a séparé la partie la plus ancienne (les 451 sentences traduites par Rufin) de ce qu'il appelle « *the Greek Appendices* » (Sentences 452 à 610). Le recueil, dans ses différents avatars, a été traduit, en plus du latin, en différentes langues antiques : syriaque, arménien, géorgien, et copte ; voir le détail dans Poirier **6**, p. 15-17 et 20-25.

Le *terminus ante quem* de la constitution de ce recueil est fourni par Origène, mais permet seulement de dire que la rédaction a eu lieu avant le milieu du IIIe siècle. La vraisemblance oblige à dire qu'elle n'est guère envisageable avant le deuxième tiers du IIe. Chadwick **2**, p. 159-160, suggère une période comprise entre 180 et 210. L'auteur, désigné par la tradition grecque sous le nom de Sextus, est jusqu'à ce jour non identifié. Une partie de la tradition a adopté l'hypothèse que l'auteur en serait le pape Sixte (ou Xyste [➭ S 96]) II, mort martyr en 258, attribution difficilement compatible chronologiquement avec le témoignage d'Origène (voir là-dessus Chadwick **2**, p. 130-134).

Les questions essentielles que pose cette œuvre tiennent à ses rapports avec les collections semblables affichées ou non comme pythagoriciennes mais étrangères au christianisme. Le nombre de sentences présentes et dans Sextus et dans tel ou tel des autres recueils est considérable. Par ailleurs, beaucoup sont citées dans un ouvrage de Porphyre (➭ P 263), adversaire déclaré du christianisme, la *Lettre à Marcella*. La qualification chrétienne du recueil a donc pu paraître douteuse, notamment à Jérôme qui a accusé Rufin d'avoir traduit l'œuvre d'un païen (voir Chadwick **2**, p. 117-137). Les données actuelles suggèrent la constitution, dans un milieu platonisant, d'un recueil, ou de deux recensions d'un même recueil, l'une alphabétique, l'autre non alphabétique. Le recueil de Sextus doit être une adaptation chrétienne de la recension non alphabétique, peut-être conçue à Alexandrie, dans un milieu représenté aussi par Clément et Origène, suggère Poirier **6**, p. 20, mais en tout cas non gnostique : voir **7** R. Van den Broek, « Niet-gnostisch Christendom in Alexandrië voor Clemens en Origenes », *Nederlands Theologisch Tijdschrift* 33, 1979, p. 287-299. On trouvera un stemma possible des différentes versions dans **8** A. R. Sodano, « Porfirio gnomologo : contributo alla tradizione e alla critica testuale delle sillogi gnomiche », *Sileno* 17, 1991, p. 5-41. La christianisation du recueil sous le nom de Sextus, pour être discrète, n'en est pas moins indéniable, rendue évidente par la présence de formules néotestamentaires et par certaines substitutions lexicales, comme celle de πιστός à la place de σοφός. L'article de **9** G. Delling, « Zur Hellenisierung des Christentums in den "Sprüchen des Sextus" », dans G. Delling (édit.), *Studien zum Neuen Testament und zur Patristik E. Klostermann zum 90. Geburtstag dargebracht. Eine Aufsatzsammlung*, coll. « Texte und Untersuchungen » 77, Berlin 1962, p. 208-241, ne suggère évidemment pas qu'un recueil d'abord chrétien a été hellénisé, mais que l'entreprise de Sextus a voulu coloniser en quelque sorte au profit du christianisme une tradition jouissant du prestige de la philosophie. Ce motif de l'adaptation sextienne est largement admis. Voir aussi, sur la question des rapports entre christianisme et philosophie dans les différentes versions des recueils de sentences, **10** G. Rocca-Serra, « La lettre à Marcella et les sentences des Pythagoriciens », dans P.-M. Schuhl et P. Hadot (édit.), *Le néoplatonisme*, Paris 1971, p. 193-202.

JEAN BOUFFARTIGUE †.

70 SEXTUS DE CHÉRONÉE *PIR*² S 693   II

Sources. (1) Marc Aurèle, *Pensées* I 9. (2) Apulée, *Metam.* I 2. (3) Philostrate, *Vit. soph.*, p. 557 Ol. (4) Dion Cassius LXXI 1. (5) Inscription de la statue du sophiste Nicagoras : B. Puech, *Orateurs et sophistes grecs dans les inscriptions d'époque impériale*, Paris 2002, p. 357-360, n° 180. (6) Thémistios, *Or.*, 11, 145 B. (7-8) *Histoire Auguste, Vita Marci* III 2 et *Vita Veri* II 5. (9) Jérôme, *Chron.*, ann. 119. La notice de la *Souda*, Σ 235, t. IV, p. 341, 18-28 Adler, confond deux ou trois personnages différents et ne peut pas être considérée comme une source biographique.

Il peut arriver que la connaissance d'un philosophe antique soit rendue difficile non par son obscurité, mais au contraire par une trop grande célébrité auprès de ses contemporains et des générations suivantes. C'est manifestement le cas de celui que les auteurs antiques avaient pris l'habitude d'évoquer allusivement, *intelligenti pauca*, comme « le philosophe Sextus ». Le recoupement des diverses sources aboutit à quelques certitudes et à beaucoup d'interrogations. Ce qui ne fait pas de doute est son lien de parenté avec Plutarque (⟶P 210). L'indication d'Apulée (2) qui donne à son héros une mère thessalienne descendant de Plutarque et du philosophe Sextus, son neveu, est confirmée par la revendication généalogique analogue, au IIIe siècle, du sophiste Nicagoras, « descendant de Plutarque et de Sextus » (5). Les découvertes archéologiques récentes ont d'ailleurs démontré qu'il fallait prendre très au sérieux les indications prosopographiques données par Apulée, qui se plaît, sous le couvert de la fiction, à se référer à des personnages réels : on se reportera, pour cette descendance de Sextus, à la discussion serrée et argumentée présentée par Chr. Settipani, *Continuité gentilice et continuité familiale dans les familles sénatoriales romaines à l'époque impériale*, Oxford 2000, p. 477-483. On peut en conclure que Sextus était né vers 85 et qu'il avait au moins une fille qu'il avait mariée à un aristocrate thessalien. Mais il eut certainement une famille assez nombreuse puisque ce sont ses qualités de *paterfamilias* qui viennent presque en tête dans le portrait que dresse de lui Marc Aurèle (1). Le prénom sous lequel il est connu était peut-être associé au gentilice Claudius ; c'est ce que pourrait faire supposer la présence, parmi les descendants de Plutarque, de Sexti Claudii (⟶A 512) : néanmoins, si la formule ἀπὸ Πλουτάρχου n'implique pas absolument une descendance directe, leur silence à propos du philosophe Sextus fait davantage difficulté. Si l'on en croit la chronologie de Jérôme (9), Sextus était déjà célèbre avant 120. On ne sait pas à quel stade de sa carrière il vint enseigner à Rome. On est en droit de supposer au moins un premier séjour sous le règne d'Antonin, car l'*Histoire Auguste* (8) le cite parmi les maîtres de Lucius Verus qui, à la différence de son frère adoptif, ne passe pas pour avoir été un auditeur trop assidu des philosophes une fois atteint l'âge adulte. En revanche, Sextus ne paraît pas avoir fait partie des maîtres qui furent donnés à Marc Aurèle pendant sa jeunesse. C'est en tout cas l'empereur régnant, et l'homme dans sa maturité, que Philostrate (3) et l'abréviateur de Dion Cassius (4) dépeignent en auditeur appliqué du philosophe béotien. Le choix de ce maître à une époque où l'orientation philosophique de

Marc Aurèle était déjà fixée peut sembler confirmer l'indication de l'*Histoire Auguste* (7), selon laquelle Sextus était stoïcien. Mais les autres sources ne donnent pas cette précision et l'association des noms de Plutarque et de Sextus chez le platonicien Apulée a pu être interprétée comme la revendication d'une filiation philosophique : voir J. Dillon, *The Middle Platonists*, London 1977, p. 309. Le portrait brossé par Marc Aurèle ne permet guère de trancher de façon catégorique, à moins que l'on ne se risque à voir une étiquette philosophique, plutôt qu'une appréciation personnelle de l'auteur, dans la remarque selon laquelle la façon de vivre de Sextus était tout à fait « selon la nature ». Pour le reste, ce sont des qualités pédagogiques (patience et érudition) et sociales (bon caractère, courtoisie, discrétion), voire familiales, qui ont surtout retenu l'attention de Marc. Mais l'impérial disciple valut au philosophe béotien la gloire de figurer, occasionnellement, dans la prestigieuse série des philosophes mentors des princes (6). Un peu plus tard dans les années 160, Sextus semble, sinon s'être retiré en Achaïe, du moins y avoir séjourné. C'est probablement en Grèce, en effet, que se place la mort d'Elpinice, fille d'Hérode Atticus, à l'occasion de laquelle Sextus invita le sophiste à la retenue dans l'expression de son deuil (3).

BERNADETTE PUECH.

71 SEXTUS DE LIBYE

On se gardera de croire à l'existence d'un philosophe sceptique Sextus de Libye, sur la seule foi de la notice de la *Souda* Σ 236, t. IV, p. 341, 29-30 Adler. La comparaison avec la notice Σ 235, t. IV, p. 341, 18-28 Adler montre que les lexicographes ont confondu plusieurs auteurs connus sous le nom de Sextus. La notice Σ 236 pourrait bien être le résultat d'une confusion entre Sextus Empiricus (➤S 75) et Sextus Iulius Africanus.

BERNADETTE PUECH.

72 SEXTUS DE SPARTE (Q. AUFIDENUS –)   F II - D III

Le « très philosophe » Q. Aufidenus Sextus a financé la statue que la cité de Sparte avait votée à son neveu, le philosophe Q. Aufidenus Quintus (➤Q 3) : *ABSA* 29, 1927/8, p. 33-34, n° 56. Le *cognomen* de ce dernier rend inutile l'hypothèse de P. Cartledge et A. Spawforth, *Hellenistic and Roman Sparta*, London 1989, p. 263, selon laquelle le nom de l'oncle, Sextus, serait un hommage au philosophe contemporain Sextus de Chéronée (➤S 70).

BERNADETTE PUECH.

73 SEXTUS LE PYTHAGORICIEN   D I

Eusèbe, *Chronique*, dans la version latine de Jérôme, signale, pour la 195ème Olympiade (1-4 apr. J.-Chr.), qu'un *Sextus Pythagoricus philosophus agnoscitur* (*Eusebius, Chronicon*, éd. Helm, Berlin 1956², p. 169). Pour le texte grec, voir Synkellos, *Ecloga Chronographica*, éd. Mosshammer, Leipzig 1984, p. 383 (a. 5501 : Σέξτος Πυθαγορικὸς φιλόσοφος ἤκμαζεν.

Cf. I. Hadot, « Versuch einer doktrinalen Neueinordnung der Schule der Sextier », *RhM* 150, 2007, p. 179-210, notamment p. 182.

C'est sans doute cette information qu'il avait rencontrée chez Eusèbe qui amena Jérôme à reconnaître un Sextus philosophe pythagoricien dans l'auteur des *Sentences* (➣S 69) que Rufin avait traduites en latin comme l'œuvre d'un auteur chrétien. Voir H. Chadwick, *The Sentences of Sextus*, Cambridge 1959, p. 128.

Une identification avec le pythagoricien de la notice qui suit (➣S 74) est possible, mais invérifiable.

RICHARD GOULET.

74 SEXTUS LE PYTHAGORICIEN

Pythagoricien de date inconnue cité à deux reprises par Simplicius, dans son commentaire sur les *Catégories (in Categ.*, p. 192, 18 Kalbfleisch) et dans son commentaire sur la *Physique* d'Aristote (*in Phys.*, p. 60, 6 Diels), les deux fois dans une citation textuelle du commentaire, aujourd'hui perdu, de Jamblique sur les *Catégories*.

Cf. **1** H. Chadwick, *The Sentences of Sextus*, Cambridge 1959, p. 128 ; **2** I. Hadot, « Versuch einer doktrinalen Neueinordnung der Schule der Sextier », *RhM* 150, 2007, p. 179-210, notamment p. 182-183.

Jamblique commente un passage des *Catégories* où Aristote apporte des exemple permettant de contester la nécessaire existence simultanée des relatifs : « Sans ce qui peut être su, il n'y a pas de science, puisqu'il n'y aurait plus science de quoi que ce soit, tandis que sans la science, rien n'empêche l'existence de ce qui peut être su. C'est précisément le cas de la quadrature du cercle, supposé, bien entendu, qu'elle soit connaissable scientifiquement : il n'en existe certes pas encore de science, mais l'objet de la science lui-même existe bel et bien » (*Categ.*, 7 b 29-33, trad. Bodéüs). Selon Jamblique [➣I 3], Aristote ne connaissait pas encore la solution de la quadrature du cercle, mais Sextus le pythagoricien en avait exposé la démonstration qu'il tenait par voie de succession (κατὰ διαδοχήν) des anciens pythagoriciens. D'autres solutions auraient "plus tard" – après Aristote ou plus probablement après Sextus – été proposées par Archimède, Nicomède, Apollonios (de Pergé ?), Carpos (➣C 47) et d'autres.

Une identification avec le pythagoricien de la notice précédente (➣S 73) est possible, mais invérifiable.

RICHARD GOULET.

75 SEXTUS EMPIRICUS *RE* 4 *PIR*² S 694   *floruit* 170/80-210/220 ?

Médecin et philosophe grec sceptico-pyrrhonien.

Édition complète des œuvres conservées.

Édition critique : 1 H. Mutschmann, J. Mau, *Sexti Empirici Opera* recensuit H. M., coll. *BT*, Leipzig 1912-1954, 4 vol.

a. Vol. I : Πυρρωνείων ὑποτυπώσεων *libros tres continens* [*HP* I-III]. Editionem stereotypam [H. M. 1912] emendatam curavit, addenda et corrigenda adjecit J. M. 1958, XXXII-221 p. ; **b.** vol. II ; *Adversus Dogmaticos libros quinque continens (Adv. Mathem.* VII-XI) [*PM* VII-XI] 1914, XIX-429 p. [H. M.] ; **c.** vol. III ; *Adversus Mathematicos* I-VI continens [*PM* I-VI] iterum edidit J. M. 1958, XIV-178 p. [première édition : 1954 ; réédition : 1961] ; **d.** vol. IV :

Indices, collegit K. Janáček, editio altera auctior 1962, VII-272 p. [mais pour la nouvelle édition des *Indices* voir plus bas Janáček **72**; pour d'autres informations voir également la rubrique consacrée aux « Œuvres de Sextus Empiricus »].

Traductions d'ensemble. Il faut mentionner tout d'abord les traductions latines qui, à partir du XVIᵉ siècle, favorisèrent la prise en compte des écrits de Sextus dans le cadre du vif débat qui anima la philosophie moderne: voir par exemple **2** H. Stephanus, *Sexti Empirici Pyrrhoniarum Hypotypωsων [sic] libri III. Quibus in tres philosophiae partes severissime inquiritur. Libri magno ingenii acumine scripti, variaque doctrina referti. Graece nunquam, Latine nunc primum editi*, Parisiis 1562, et **3** G. Hervetus, *Sexti Empirici viri longe doctissimi Adversus Mathematicos (hoc est, adversus eos qui profitentur disciplinas). Opus eruditissimum, completens universam Pyrrhoniorum acutissimorum Philosophorum disputandi de quibuslibet discipliniis et artibus rationem, Graece numquam, Latine nunc primum editum, Gentiano Herveto Aurelio interprete. Eiusdem Sexti Pyrrhoniarum Hypotypωsων libri tres [...] interprete Henrico Stephano. [...]* Parisiis 1569, ainsi que, plus tardivement, la traduction, accompagnée d'importantes notes de commentaire, de **4** Jo. A. Fabricius, *Sexti Empirici Opera Graece et Latine. Pyrrhoniarum Institutionum Libri III cum Henr. Stephani versione et notis. Contra Mathematicos, sive Disciplinarum Professores, Libri VI. Contra Philosophos, Libri V, cum versione Gentiani Herveti [...]*, Lipsiae 1718 [2ᵉ éd. revue et corrigée, Leipzig 1840-1841, 2 vol.] (concernant certains choix lexicaux de ces traductions, voir également **5** R. Ioli, « *Sextus Latinus*. Sesto Empirico nelle traduzioni latine moderne », *Dianoia* (Bologna) 4, 1999, p. 57-97). Il faut ensuite mentionner la première édition du texte grec, avec en vis-à-vis les traductions de Stephanus **2** et de Hervetus **3**, dans **6** *Sexti Empirici opera quae exstant. Magno ingenii acumine scripti, Pyrrhoniarum ὑποτυπόσεων libri III, quibus in tres philosophiae partes acerrime inquiritur, Henrico Stephano interprete. Adversus Mathematicos, hoc est, eos qui disciplinas profitentur, libri X, Gentiano Herveto interprete. Graece nunc primum editi, sumptibus Petri et Jacobi Chouet*, Genevae/Parisiis 1621, ainsi que la première traduction française intégrale de *HP*, due au mathématicien **7** C. Huart, *Sextus Empiricus, Les Hipotiposes ou Institutions pirroniennes*, [Amsterdam] 1725 [voir également plus bas « La tradition manuscrite »].

Parmi les traductions plus récentes en langues modernes, il faut mentionner: **8** R. G. Bury, *Sextus Empiricus*, coll. *LCL*, London/New York/Cambridge (Mass.), 1933-1949, texte grec et traduction anglaise en 4 vol.

Vol. I: *Outlines of Pyrrhonism* [*HP* I-III], XLV-513 p. (1933, 1955³ plusieurs fois réimprimé); vol. II: *Against the logicians* [*PM* VII-VIII], VII-489 p. (1935, 1961³ plusieurs fois réimprimé); vol. III: *Against the Physicists* [*PM* IX-X], et *Against the Ethicists* [*PM* XI], VII-556 p. (1936, 1953² plusieurs fois réimprimé); vol. IV; *Against the Professors* [*PM* I-VI], VII-409 p. (1949, 1961² plusieurs fois réimprimé).

Cette traduction de R. G. Bury suit le texte de l'édition **9** *Sexti Empirici Opera*, ed. I. Bekker, Berlin 1842.

10 Traduction italienne intégrale en plusieurs volumes (fondée sur le texte grec de Mutschmann/Mau 1] : **a.** *Schizzi pirroniani* [*HP* I-III], trad. di O. Tescari, a cura di A. Russo, Roma/Bari 1988 (Ire éd. : 1926, avec la traduction des passages parallèles chez Sextus, Diogène Laërce, Philon d'Alexandrie et d'autres auteurs) ; **b.** *Contro i matematici. Libri I-VI* [*PM* I-VI], intr., trad. e note di A. Russo, Roma/Bari 1972, LVI-230 p. ; **c.** *Contro i logici* [*PM* VII-VIII], a cura di A. Russo, Roma/Bari 1975, LXIV-283 p. ; **d.** *Contro i fisici. Contro i moralisti* [*PM* IX-XI], intr. di G. Indelli, trad. e note di A. Russo, riviste e integrate da G. Indelli, Roma/Bari 1990, IX-251 p.

Traductions partielles.

A. Passages choisis. 11 J. Grenier et G. Goron, *Œuvres choisies de Sextus Empiricus*, coll. «Bibliothèque philosophique», Paris 1948, 348 p. ; **12** J.-P. Dumont, *Les sceptiques grecs, textes choisis et traduits*, coll. «Les grands textes. Bibliothèque classique de philosophie», Paris 1966, 242 p. ; **13** P. P. Hallie (édit.) et S. G. Etheridge (trad.), *Sextus Empiricus. Selections from the Major Writings on Scepticism, Man, and God*. New Foreword and Bibliography [by] D. R. Morrison, Indianapolis 1985 (Ire éd. : 1964), XV-238 p. ; **14** A. F. Loseva (édit./trad.), *Sochineniiâ*, Moskva 1975-1976, 2 vol. (vol. 1 : *PM* VII-VIII ; vol. 2 : *HP* I-III) ; **15** *Scettici antichi*, a cura di A. Russo, Torino 1978 ; **16** M. Baldassarri, *Sesto Empirico. Dai 'Lineamenti pirroniani', I. Dal 'Contro i matematici' VIII*, Como 1986, 171 p. ; **17** *Hsuan i yu ning ching : pi lang chu i wen chi*, Shang-hai 1989 ; **18** *Skeptički priručnik 1 : Antički skepticizam* (A Handbook on Skepticism 1 : Ancient Skepticism), Beograd 2007 [trad. de *HP* I et Cicéron, *Academica*].

B. *Hypotyposes pyrrhoniennes.* **19** J. G. Buhle, *Sextus Empiricus, oder der Skeptizismus der Griechen*, Lemgo 1801, 400 p. ; **20** S. Bissolati, *Sesto Empirico, Delle Istituzioni Pirroniane. Libri tre di Sesto Empirico tradotti per la prima volta in italiano*, Imola 1870, seconda edizione con prefazione e appendice di L. Bissolati, Firenze 1917, 414 p. ; **21** E. Pappenheim, *Sexti Empirici Pyrrhoneische Grundzüge*, coll. «Philosophische Bibliothek» 74, Leipzig 1877 [pour le commentaire détaillé, voir **22** E. Pappenheim, *Erläuterungen zu des Sextus Empiricus pyrrhoneischen Grundzügen*, Leipzig 1881] ; **23** M. Mills Patrick, *Sextus Empiricus and Greek Scepticism*, Cambridge/London 1899, VIII-163 p. [thèse, suivie d'une traduction du livre I des *HP* : *Pyrrhonic Sketches*, réimpr. dans **24** *Marcus Aurelius. Meditations/Sextus Empiricus. Outlines of Pyrrhonism, Book I*, Chicago 1956, 1964²] ; **25** L. Gil Fagoaga (trad.), *Los tres libros de Hipotiposis Pirrónicas de Sexto Empírico*, Madrid 1926 ; **26** A. Krokiewicz (édit./trad.), *Sextusa Empirikusa Zarysow Pirronskich pierwsza, druga i trzecia*, Kraków 1931 ; **27** A. Ferro, *I Tropi di Enesidemo. Dalle Ipotiposi Pirroniane di Sesto Empirico*, Roma 1944, 102 p. ; **28** A. M. Frenkian, *Sextus Empiricus Opere Filozofice I*, Bucureşti 1965, 307 p. ; **29** M. Hossenfelder, *Sextus Empiricus. Grundriss der pyrrhonischen Skepsis*, coll. «Theorie» 1, Frankfurt-am-Main 1968 (2002⁴), 310 p. [fondé sur le texte grec édité dans la première édition de Mau en 1958 : **1a**] **30** J. Annas et J. Barnes, *The Modes of Scepticism. Ancient Texts and Modern*

Interpretations, Cambridge 1985; **31** A. Gallego Cao et T. Muñoz Diego (édit.), *Sexto Empírico. Esbozos pirrónicos*, Madrid 1993, 348 p.; **32** J. Annas et J. Barnes (trad.), *Sextus Empiricus: Outlines of Scepticism*, Cambridge 1994 (2000²), XVIII-249 p.; **33** B. Mates (édit./trad.), *The Skeptic Way: Sextus Empiricus's* Outlines of Pyrrhonism, Oxford 1996, XI-335 p.; **34** R. Ferwerda (édit./trad.), *Sextus Empiricus. Grondslagen van het scepticisme*, Baarn 1996; **35** R. Sartorio Maulini (édit.), *Sexto Empírico. Hipotiposis pirrónicas*, Madrid 1996; **36** P. Pellegrin (édit./trad.), *Sextus Empiricus. Esquisses pyrrhoniennes*, Paris 1997, 573 p.; **37** F. Grgić (trad.), *Sekst Empirik: Obrisi pironizma*, Hrvatski 2008, 478+XI p.

C. *Adversus mathematicos I-VI*. 38 C.-E. Ruelle, "Contre les musiciens" [*PM* VI], *REG* 11, 1898, p. 138-158; **39** V. de Marco, «L'introduzione al Πρὸς μαθηματικούς di Sesto Empirico», *RAAN* 31, 1956, p. 117-160, et 32, 1957, p. 129; **40** D. Davidson Greaves (édit./trad.), *Sextus Empiricus. Πρὸς μουσικούς /Against the Musicians (Adversus Musicos)*, Lincoln/London 1986, X-213 p. [*PM* VI]; **41** J. Bergua Cavero (édit.), *Sexto Empírico. Contra los profesores libros I-VI*, Madrid 1997; **42** D. L. Blank (édit./trad.), *Sextus Empiricus, Against the Grammarians (Adversus Mathematicos I)*, Oxford 1998, LVI-436 p.; **43** E. Spinelli (édit./trad.), *Sesto Empirico. Contro gli astrologi*, Napoli 2000, 230 p. [*PM* V]; **44** F. Jürss (édit.), *Sextus Empiricus. Gegen die Wissenschaftler, Buch 1-6*, Würzburg 2001, 164 p.; **45** P. Pellegrin (édit.), *Sextus Empiricus. Contre les professeurs*, Paris 2002, 486 p.

D. *Adversus mathematicos VII-XI*. 46 *Przeciw logikom (Adversus Logicos)*, Warszawa 1970; **47** E. Spinelli (édit./trad.), *Sesto Empirico. Contro gli etici*, Napoli 1995, 450 p. [*PM* XI]; **48** R. Bett (édit./trad.), *Sextus Empiricus. Against the Ethicists (Adversus Mathematicos XI)*, Oxford 1997, XXXIV-302 p.[*PM* XI]; **49** H. Flückiger (trad.), *Sextus Empiricus. Gegen die Dogmatiker (M VII-XI)*, St. Augustine 1998, XII-332 p.; **50** R. Bett (édit./trad.), *Sextus Empiricus. Against the Logicians*, Cambridge 2005, XLIII-207 p. [*PM* VII-VIII]; **51** R. Bett (édit./trad.), *Sextus Empiricus. Against the Physicists*, Cambridge 2012, XXXIII-178 p. [*PM* IX-X]; **52** J. F Martos Montiel (trad.), *Sexto Empírico. Contra los dogmáticos*, Madrid 2012.

Principales études d'orientation. 53 H. von Arnim, art. «Sextus Empiricus (ὁ ἐμπειρικός)», *RE* II A 2, 1923, col. 2057-2061; **54** A. Krokiewicz, «Sextus», *Bulletin de l'Académie Polonaise* 1930, p. 177-182; **55** G. Calogero, art. «Sesto Empirico"», *Enciclopedia Italiana* XXXI, 1936, p. 504; **56** P. P. Hallie, art. «Sextus Empiricus», dans P. Edwards (édit.), *The Encyclopedia of Philosophy*, London/New York 1967, t. VII, p. 427-428; **57** J. Allen, art. «Sextus Empiricus», dans D. J. Zeyl (édit.), *Encyclopedia of Classical Philosophy*, Westport/Connecticut 1997, p. 488-90; **58** M. Frede, art. «Sextos [2] Empeirikos», *NP* XII 2, 2002, col. 1104-1106; **59** G. Striker, art. «Sextus Empiricus», dans S. Hornblower et A. Spawforth (édit.), *The Oxford Classical Dictionary*, Oxford 2005³, p. 1398-9; **60** E. Spinelli, art. «Sesto Empirico», *Enciclopedia filosofica*, Milano 2006, t. XI, p. 10543-10545; **61** D. Machuca, «Sextus Empiricus: His Outlook, Works, and

Legacy», *FZPhTh* 55, 2008, p. 28-63 ; **62** R. Bett, art. «Sextus Empiricus», dans P. T. Keyser et G. L. Irby-Massie (édit.), The *Encyclopedia of Ancient Natural Scientists : The Greek Tradition and Its Many Heirs*, London/New York 2008, p. 739-740 ; **63** L. Castagnoli, art. «Sextus Empiricus», dans M. Gagarin (édit.), *The Oxford Encyclopedia of Ancient Greece and Rome*, New York 2009 ; **64** P. Pellegrin, «Sextus Empiricus», dans **65** R. Bett (édit.), *The Cambridge Companion to Ancient Pyrrhonism*, Cambridge 2010, p. 120-141 ; **66** D. Machuca, art. «Ancient Scepticism : Pyrrhonism», *Philosophy Compass* 6/4, 2011, p. 248-58 ; **67** R. Bett, art. «Ancient Scepticism», dans R. Crisp (édit.), *Oxford Handbook of the History of Ethics*, Oxford 2013, chap. III.

Bibliographie. Après **68** E. Richtsteig, «Bericht über die Literatur zu Sextos Empirikos aus den Jahren 1926-30», *JAW* 238, 1933, p. 54-64, on consultera principalement : **69** L. Ferraria et G. Santese, «Bibliografia sullo Scetticismo Antico (1880-1978)», dans **70** G. Giannantoni (édit.), *Lo Scetticismo Antico. Atti del Convegno organizzato dal Centro di Studio del Pensiero Antico del C.N.R. (Roma 5-8 Novembre 1980)*, coll. «Elenchos» 6, en 2 vol., Napoli 1981, vol. II, p. 753-850 ; **71** P. Misuri, «Bibliografia sullo scetticismo antico (1979-1988)», *Elenchos* 11, 1990, p. 257-334.

Index nominum et verborum. Janáček **1d** [vol. IV Mutschmann/Mau] ; mais surtout **72** K. Janáček, *Sexti Empirici Indices*, editio tertia completior, Firenze 2000 (peut-être le plus bel ouvrage en circulation sur Sextus Empiricus et sans doute l'un des instruments appartenant «zu den unentbehrlichen Hilfsmitteln in der Sextus-Forschung», comme l'a souligné **73** J. Janda, «Karel Janáček, Sextus Empiricus und der neupyrrhonische Skeptizismus», *AUC 1-Graecolatina Pragensia* 21, 2006, p. 29-49, à la p. 35).

Études et commentaires de caractère général ou portant sur des thèmes plus particuliers.

74 N. MacColl, *The Greek Sceptics from Pyrrho to Sextus*, London 1869 ; **75** V. Brochard, *Les sceptiques grecs*, Paris 1887, 1923², réimpr. 1969, réimpr. avec une présentation par J.-F. Balaudé, Paris 2002 ; **76** E. Zeller, *Die Philosophie der Griechen in ihrer geschichtlichen Entwicklung*, Leipzig 1922⁵, réimpr. Hildesheim 1990, t. III/2 ; **77** A. Goedeckemeyer, *Die Geschichte des griechischen Skeptizismus*, Leipzig 1905 ; **78** E. Bevan, *Stoics and Sceptics*, Oxford 1913 ; **79** M. Mills Patrick, *The Greek Sceptics*, New York 1929 ; **80** W. Heintz, *Studien zu Sextus Empiricus*, Halle 1932 (principalement pour des questions et des conjectures relatives à l'établissement du texte) ; **81** L. Robin, *Pyrrhon et le Scepticisme grec*, Paris 1944 ; **82** M. Dal Pra, *Lo scetticismo greco*, Roma/Bari 1950 (2ᵉ éd. : 1975) ; **83** J. Grenier, «L'exigence d'intelligibilité du Sceptique grec. Considérations à propos de Sextus Empiricus», *RPhilos* 147, 1957, p. 357-65 ; **84** C. L. Stough, *Greek Skepticism. A Study in Epistemology*, Berkeley/Los Angeles 1969 ; **85** E. Chatzilysandros, *Geschichte der skeptischen Tropen ausgehend von Diogenes Laertius und Sextus Empiricus*, München 1970 ; **86** J.-P. Dumont, *Le scepticisme et le phénomène*, Paris 1972 (2ᵉ éd. : 1985) ; **87** M. Conche, *Pyrrhon ou* *l'apparence*, Paris 1973 (2ᵉ éd.: 1994); **88** J. C. Berberelly, *The Greek Sceptics and Sextus Empiricus*, Diss. Columbia University, New York 1974; **89** J. Allen, « The Skepticism of Sextus Empiricus », dans *ANRW* II 36, 4, Berlin 1990, p. 2582-2607; **90** J. Barnes, *Pyrrhonism, Belief and Causation. Observations on the Scepticism of Sextus Empiricus*, dans *ANRW* II 36, 4, Berlin 1990, p. 2608-2695; **91** L. Groarke, *Greek Scepticism. Anti-Realist Trends in Ancient Thought*, Montreal/Kingston/London/Buffalo 1990; **92** H. Flückiger, *Sextus Empiricus. Grundriss der pyrrhonischen Skepsis, Buch I-Selektiver Kommentar*, Bern/Stuttgart 1990; **93** A. Bächli, *Untersuchungen zur pyrrhonischen Skepsis*, Bern/Stuttgart 1990; **94** J. Barnes, *The Toils of Scepticism*, Cambridge 1990; **95** F. Decleva Caizzi, *Sesto e gli scettici*, dans *Sesto Empirico* **120** [cité plus loin], p. 279-327; **96** J. C. Laursen, *The Politics of Scepticism in the Ancients, Montaigne, Hume, and Kant*, Leiden/New York/Köln 1992; **97** F. Ricken, *Antike Skeptiker*, München 1994; **98** F. Cossutta, *Le scepticisme*, Paris 1994; **99** R. J. Hankinson, *The Sceptics*, London/New York 1995; **100** W. Freytag, *Mathematische Grundbegriffe bei Sextus Empiricus*, Hildesheim 1995; **101** M. F. Burnyeat et M. Frede (édit.), *The Original Sceptics: A Controversy*, Indianapolis/Cambridge 1997; **102** K. M. Vogt, *Skepsis und Lebenspraxis. Das pyrrhonische Leben ohne Meinungen*, München 1998; **103** T. Brennan, *Ethics and Epistemology in Sextus Empiricus*, New York/London 1999; **104** M. A. Włodarczyk, *Pyrrhonian Inquiry*, Cambridge 2000; **105** L. Floridi, *Sextus Empiricus. The Transmission and Recovery of Pyrrhonism*, Oxford 2002; **106** A. Bailey, *Sextus Empiricus and Pyrrhonean Scepticism*, Oxford 2002; **107** M. L. Chiesara, *Storia dello scetticismo greco*, Torino 2003; **108** S. Magrin, *Scetticismo e fenomeno in Sesto Empirico. La critica ai grammatici e ai retori*, Napoli 2003; **109** E. Spinelli, *Questioni scettiche. Letture introduttive al pirronismo antico*, Roma 2005; **110** R. La Sala, *Die Züge des Skeptikers. Der dialektische Charakter von Sextus Empiricus' Werk*, Göttingen 2005; **111** J. Delattre (édit.), *Sur le Contre les professeurs de Sextus Empiricus*, Villeneuve d'Ascq 2006; **112** M. Gabriel, *Antike und moderne Skepsis zur Einführung*, Hamburg 2008; **113** C. Lévy, *Les scepticismes*, Paris 2008; **114** H. Thorsrud, *Ancient Scepticism*, Stocksfield 2009; **115** A. M. Ioppolo, *La testimonianza di Sesto Empirico sull'Accademia scettica*, Napoli 2009; **116** C. Perin, *The Demands of Reason. An Essay on Pyrrhonian Scepticism*, Oxford 2010.

Voir également les nombreuses contributions consacrées à Sextus Empiricus dans les ouvrages collectifs suivants: Giannantoni **70**; **117** M. Burnyeat (édit.) *The Skeptical Tradition*, Berkeley/Los Angeles/London 1983; **118** A. J. Voelke (édit.), *Le scepticisme antique. Perspectives historiques et systématiques*, Genève/Lausanne/Neuchâtel 1990; **119** *Scepticism: Inter-disciplinary Approaches*, Athens 1990; **120** *Sesto Empirico e il pensiero antico*, numéro thématique de la revue *Elenchos* 13, 1992; **121** J. Sihvola (édit.), *Ancient Scepticism and the Sceptical Tradition*, Helsinki 2000; **122** J. Greco (édit.), *Oxford Handbook of Skepticism*, Oxford 2008; Bett **65**; **123** D. Machuca (édit.), *New Essays on Ancient Pyrrhonism*, Leiden 2011; **124** D. Machuca (édit.), *Pyrrhonism in Ancient,*

Modern, and Contemporary Philosophy, New York 2011 ; **125** S. Marchand et F. Verde (édit.), *Épicurisme et Scepticisme*, Roma 2013.

Informations biographiques. Nous ne savons rien de certain concernant la vie de Sextus, le lieu de sa naissance, l'époque où il a vécu ou les lieux où il a séjourné. Bien qu'il évite systématiquement de fournir quelque détail autobiographique que ce soit, comme s'il souhaitait se dissimuler derrière ses écrits, il est toutefois possible de dégager certains indices utiles, soit de la lecture attentive de ses œuvres, soit des rares et parfois peu crédibles témoignages antiques le concernant. On peut se contenter de mentionner l'étude aujourd'hui dépassée de **126** W. Vollgraff, « La vie de Sextus Empiricus », *RPh* 26, 1902, p. 195-210, qui présentait Sextus comme le chef de l'école pyrrhonienne entre 115 et 135 apr. J.-C., datation que semble maintenant reprendre, pour des raisons différentes, Pellegrin **36**, p. 12-14. Voir sur la question le recueil de témoignages rassemblé par **127** D. K. House, « The Life of Sextus Empiricus », *CQ* 74, N. S. 30, 1980, p. 227-238, dont la conclusion (p. 238), face aux « conjectures sans fin » avancées par la critique est certainement fidèle à l'esprit sceptique, mais passablement défaitiste : « il convient de suspendre son jugement sur la vie de Sextus concernant presque tous les détails ». Le travail de House peut être complété utilement par Floridi **105**, p. 3-11, qui renvoie à des contributions plus anciennes, négligées par House, parmi lesquelles il vaut la peine de mentionner au moins **128** M. Cagnato, *Marsilii Cagnati Veronensis, doctoris medici, et philosophi, variarum observationum Libri Quattuor, Libri III, caput VI*: "De Sexto, quem Empiricum aliqui vocant", *Acta Eruditorum*, 3, 1604, p. 580-581, et surtout **129** J. A. Fabricius, *Bibliotheca graeca sive notitia scriptorum veterum graecorum [...] curante Gottlieb Christophoro Harles*, Hamburg 1790-1809 [réimpr. Hildesheim 1966], t. V, 1796, « De Sexto Empirico », p. 527-539 (voir également p. 647 et t. III, 1793, p. 623).

a. Datation/époque

Une importance décisive a été attribuée par certains savants (parmi lesquels il faut mentionner au moins **130** M. Haas, *Leben des Sextus Empiricus*, Burghausen 1883 ; **131** E. Pappenheim, *Die Lebensverhältnisse des Sextus Empiricus*, Berlin 1885 ; Mills Patrick **23**) à la polémique soulevée en *HP* I 65 contre les « dogmatiques », c'est-à-dire les stoïciens, qui *maintenant*, autrement dit au moment où Sextus écrit, « s'opposent avant tout à nous ». D'après cette affirmation, Sextus devrait avoir vécu et avoir écrit au plus tard vers la seconde moitié du IIe siècle de notre ère, soit à une époque où florissait pleinement la cible principale de sa polémique, le stoïcisme dont on commence à noter le déclin dès le début du IIIe siècle apr. J.-C. Pour une interprétation approfondie de *HP* I 62-78, voir maintenant **132** F. Decleva Caizzi, « L'elogio del cane. Sesto Empirico, *Schizzi pirroniani* I 62-78 », *Elenchos* 14, 1993, p. 305-330, qui propose de dater Sextus vers 150-170 apr. J.-C. : *ibid.*, p. 330 ; **133** S. Sepp, *Die philosophische Richtung des Cornelius Celsus. Ein Kapitel aus der Geschichte der pyrrhonischen Skepsis*, Programm des königlichen humanistischen Gymnasiums zu Freising, Freising 1893, p. 85-93, s'était auparavant prononcé pour une datation similaire, 160-170, mais sur la base d'une identification de notre Sextus avec le Sextus de Chéronée (➨S 70) de la *Souda*.

En plus de ce passage, toujours d'interprétation difficile (voir récemment **134** J. Jouanna, «Médicine et philosophie: sur la date de Sextus Empiricus et celle de Diogène Laërce à la lumière du Corpus galénique», *REG* 122, 2009, p. 359-390, notamment. p. 376-377 n. 33), il convient peut-être d'essayer de rassembler dans un premier temps quelques autres faits.

– Il faut tout d'abord tenir pour invraisemblables les informations fournies par la *Souda* qui tend à tort à confondre Sextus avec Sextus de Chéronée, petit-fils de Plutarque, ou avec Sextus de Libye [➨S 71] (*s.v.* Σέξτος 235 et 236; voir sur ce passage, outre Zeller **76**, p. 50-51 n. 1, déjà Fabricius **4** («De Sexto Empirico Testimonia», p. x), ainsi que Fabricius **129**, p. 528, *pace* **135** P. D. Huet, *Traité philosophique de la faiblesse de l'esprit humaine*, Amsterdam 1723, I, § 49; Haas **130**, p. 6, et Vollgraff **126**, p. 195 et 202 n. 2, Calogero **55**, p. 504); pour des informations complémentaires voir cependant Floridi **105**, p. 6-7.

– Avec toute la réserve qu'exige le recours à un *argumentum e silentio*, il faut noter que Galien dans ses ouvrages, qui pourtant abondent en références et renvois à des collègues médecins, rivaux ou non, ne cite jamais Sextus, mais uniquement son maître Hérodote de Tarse (➨H 105), qui était peut-être actif à Rome en 150-180 apr. J.-C. (contre cette datation et cette identification, voir les arguments subtils, mais qui ne sont pas totalement convaincants de **136** F. Kudlien, «Die Datierung des Sextus Empiricus und des Diogenes Laertius», *RhM* 106, 1963, p. 251-254, qui fait remonter le *floruit* de Sextus vers 100 apr. J.-C.; pour une interprétation différente du silence de Galien, voir également **137** E. Issel, *Quaestiones Sextinae et Galenianae*, Phil. Diss., Marburg 1917, p. 8, et Decleva Caizzi **132**, p. 329-330).

– En *PM* VII 258 est mentionné un stoïcien du nom de Basilide qu'il faut probablement identifier, fût-ce avec la plus grande prudence, avec l'un des maîtres de Marc-Aurèle (outre la notice B 14, voir toutefois principalement Brochard **75**, p. 315 n. 8, ainsi que certains doutes soulevés par Zeller **76**, p. 10-11 n. 4, et p. 49 n. 1): on aurait là un *terminus post quem* peut-être pas décisif, mais certainement plus pertinent que la mention de l'empereur Tibère (qui est donc postérieure à 37 apr. J.-C.) en *HP* I 84.

– En outre, en *PM* I 60-61 et 72, est cité un certain péripatéticien du nom de Ptolémée (➨P 318 B), mentionné parce que, comme le grammairien Asclépiadès et à la différence de Denys le Thrace, il considérait la grammaire comme une *techne* et non comme une *empeiria* (pour un témoignage parallèle, voir également *Schol. in Dion. Thrac.* p. 165, 16 Hilgard; sur la position adoptée par Sextus sur la question dans ses *Commentaires* ou *Observations empiriques*, voir plus loin la section d. Activités); bien qu'il s'agisse d'un auteur par ailleurs inconnu (voir en conséquence la prudence de **138** L. Repici Cambiano, «Sesto Empirico e i Peripatetici», dans Giannantoni **70**, p. 697-699, et celle de Blank **42**, p. 130-132 et 381), il s'est trouvé des savants pour l'identifier avec le personnage homonyme mentionné par Longin (➞L 63) et célébré par lui comme φιλολογώτατος (*ap.* Porph., *Vit. Plot.* 20), et donc le situer vers la fin du IIe siècle de notre ère (voir **139** A. Dihle, « Der Platoniker Ptolemaios », *Hermes* 85, 1957, p. 314-315, et maintenant **140** H. Gottschalk, art. « Ptolemaios der Peripatetiker », *NP* X, col. 571 ; *contra* voir **141** W. J. Slater, « Asklepiades and Historia », *GRBS* 13, 1972, notamment. p. 317 n. 2).

– Nous disposons d'une succession de philosophes et de médecins sceptiques attestée par Diogène Laërce (IX 116), qui, même si elle est problématique sur plusieurs points et si elle est peut-être lacunaire (voir par exemple les doutes soulevés par **142** J. Glucker, *Antiochus and the Late Academy*, Göttingen 1978, p. 351-354), cite Hérodote de Tarse (➞H 105) comme maître de Sextus Empiricus, mentionné pour sa part comme l'auteur de τὰ δέκα τῶν σκεπτικῶν et de certains autres beaux ouvrages (voir plus loin la section « Les œuvres »), et comme le maître de Saturninus (➞S 19) ; bien que l'on ne sache rien d'autre de ce Saturninus (ni de son surnom ὁ Κυθηνᾶς : terme qui a donné lieu, étant donné son caractère énigmatique, à des interprétations diverses, fondées sur l'hypothèse d'une erreur de transcription du nom de la part du copiste : voir aussi **143** T. Dorandi [édit.], *Diogenes Laertius. Lives of Eminent Philosophers*, Cambridge 2013, p. 732), plusieurs indices suggèrent de placer l'activité de Diogène Laërce (➞D 150) dans la première moitié du IIIe s. apr. J.-C., une datation importante par conséquent, bien qu'elle ne soit pas décisive, également pour Sextus lui-même.

– Toujours au IIIe siècle apr. J.-C. (peut-être dans la seconde moitié, si l'on accepte la datation proposée dans Robin **81**, p. 197, voir également Jouanna **134**, p. 384 ; *contra* voir toutefois déjà Issel **137**, p. 36 *sqq.*, dont les conclusions sont maintenant reprises par Decleva Caizzi **132** ; voir également Machuca **61**, p. 41 et surtout **144** C. Petit [édit.], *Galien. Le médecin*, Paris 2009, notamment p. XLII-LI) l'*Introduction sive Medicus* du pseudo-Galien (§ 14, p. 683, 11 K. ; p. 9, 23-24 C. Petit) mentionne les noms de Ménodote (➞M 133) et de Sextus (Σέκστος) en tant que représentants éminents de la secte médicale empirique, l'un et l'autre capables d'en consolider la position et de la gouverner « avec soin ».

– On peut ajouter à ces rapprochements un autre qui est peut-être d'un certain poids. Hippolyte (ou 'ps.-Hippolyte' ?), mort en 235 de notre ère, en plusieurs passages de sa *Refutatio omnium haeresium*, composée peut-être entre 220 et 230 apr. J.-C., semble dépendre *directement* de Sextus, notamment de certains extraits du *Contre les physiciens* (*PM* X 310-318) et, de façon plus systématique, du *Contre les astrologues* (*PM* V 50-105 : voir à ce sujet Spinelli **43**, p. 57 n. 1), plutôt que relever *indirectement* comme lui d'une même source, laquelle est en tout cas probablement sceptico-pyrrhonienne (pour une première orientation sur cette question, voir au moins **145** J. Mansfeld, *Heresiography in Context. Hippolitus' Elenchos as a Source for Greek Philosophy*, Leiden 1992, p. 317-325, ainsi que Floridi **105**, p. 5-6).

Des renseignements rassemblés jusqu'ici se dégage donc davantage d'ombre que de lumière. Rappelons tout d'abord, outre les problèmes liés au silence de Galien (lequel a pu du reste avoir inclus Sextus, sans le mentionner, dans le nombre global de ces «pyrrhoniens» qu'il attaque en plusieurs endroits de ses écrits), les incertitudes sur l'interprétation exacte des successions sceptiques rapportées par Diogène Laërce, qui ne permettent pas d'établir une date, même approximative, de Sextus. Il ne semble pas non plus très pertinent de partir du fait que Galien semble ignorer Sextus tandis que Diogène Laërce le mentionne pour placer l'existence de Sextus entre ces deux auteurs : la datation de Diogène Laërce est en réalité aussi incertaine que celle de Sextus et il est donc douteux sinon illusoire d'essayer, comme veulent le faire certains savants, de la déterminer à partir de Sextus (rappelons la rétrodatation d'au moins un siècle qui a été proposée à la fois pour Diogène et pour Sextus par Kudlien **136**).

Il paraît également douteux d'essayer de dater Sextus à partir du grec qu'il utilise : voir cependant **146** E. Egger, *Apollonius Dyscole. Essai sur l'histoire des théories grammaticales dans l'Antiquité*, Paris 1854, selon lequel certaines particularités linguistiques chez Sextus sembleraient le rapprocher du grammairien Apollonius, un auteur que l'on peut situer au IIe siècle de notre ère.

Pour terminer, nous avons déjà signalé les incertitudes liées non seulement à l'identité du stoïcien Basilide (➩⁺B 14), cité en *PM* VII 258, ou à celle du péripatéticien Ptolémée (➩⁺P 318 B), mentionné en *PM* I 60-61 et 72, mais également celle qui est liée à la datation exacte de l'*Introduction* du pseudo-Galien. Malgré cette absence totale d'éléments décisifs, plutôt que de renoncer à toute tentative de datation, il est peut-être légitime d'accepter une hypothèse largement partagée et de placer le *floruit* de Sextus dans la période 170/180-210/220 apr. J.-C. (voir par exemple, en plus de Fabricius **129**, p. 527-529, qui le plaçait «sub imperatore Commodo, ut videtur, vel paullo post», Dal Pra **82**, p. 463, qui propose comme datation 180-220 ; Floridi **105**, p. 5, pense à la période 180-190 pour son *acmè*, alors que **147** C. A. Brandis, *Geschichte der Entwicklung der griechischen Philosophie*, Berlin 1864, t. II, p. 209, penche plutôt pour une période légèrement plus récente, au début du IIIe s. de notre ère, comme l'a fait également récemment Jouanna **134**).

Signalons également que d'autres textes ont été mis à profit pour établir la datation de Sextus ou reconstituer sa biographie, notamment les suivants :

– **148** P. Lambeck, *Commentariorum de Augustissima Bibliotheca Caesarea Vindobonensi libri I-VIII*, t. VI, Wien 1674, p. 152 : dans ce texte Sextus est cité, après Acron d'Agrigente (➩⁺A 14), Philinos de Cos (➩⁺P 118) et Sérapion d'Alexandrie (➩⁺S 49), mais avant Apollonius d'Antioche (➩⁺A 270), comme membre de l'école de médecine empirique.

– **149** J. A. Cramer (édit.), *Anecdota Graeca e codd. Mss. Bibl. Reg. Parisiensis*, Oxford 1839, t. I, p. 395 : il s'agit d'une liste identique à la précédente, où toutefois, s'agissant de l'énumération des médecins empiriques introduite par la précision qu'elle est constituée de *quatre* noms, nous trouvons une sorte de crase entre le nom de Sextus et celui d'Apollonius (Sextos Apollonios) : il s'agit vraisemblablement d'une correction dont le but est de mettre la liste en accord avec l'indication sur le nombre de noms (pour une autre déformation du nom de Sextus dans le *Par. gr.* 2316 fol. 143^r, voir l'article récent de Jouanna **134**, p. 384 n. 51).

En ce qui concerne d'autres informations (sur lesquelles, voir Floridi **105**, p. 20-21), à la suite déjà de Fabricius **4** (« De Sexto Empirico Testimonia », p. IX-XII) et Fabricius **129**, p. 527-529, il convient de mentionner d'autres sources, dont la plus importante est Grégoire de Nazianze qui semble avoir utilisé de façon symbolique et paradigmatique le couple Pyrrhon (➤P 327)-Sextus comme image de la « terrible maladie (*nosema deinon/malignus morbus*) » qu'est l'esprit de contradiction qui selon lui faisait rage dans les églises de son temps (cette interprétation sera commentée par Nicétas Choniatès, puis reprise par Nicéphore Grégoras). Agathias également parle d'un certain Ouranios (➤O 48) qui prenait comme modèle Pyrrhon et Sextus, s'insérant pleinement dans le courant de l'empirisme sceptique. On rencontre enfin d'autres citations, en plus de celles que l'on trouve dans les scholies grecques sur Lucien (t. II, p. 24), chez des auteurs byzantins comme Nicolas de Métone, Georges Cedrenos, Georges Tornikès, Théodore Métochitès, Nicolas Cabasilas, à propos desquels on consultera également, en plus de Cagnato **128** (l. 3, cap. 6), **150** P. Porro, « Il Sextus Latinus e l'immagine dello scetticismo antico nel Medioevo », *Elenchos* 15, 1994, p. 229-253, notamment p. 235 n. 16. En plus de possibles traces pouvant être retrouvées non sans peine chez les commentateurs de la fin de l'Antiquité (voir à ce sujet **151** H. Flückiger, « The ΕΦΕΚΤΙΚΟΙ in the Commentators », dans A. Brancacci [édit.], *Philosophy and Doxography in the Imperial Age*, Firenze 2005, p. 113-129), on consultera en particulier sur la possible connaissance et utilisation de Sextus dans le monde arabe **152** C. Baffioni, « Per l'ipotesi di un influsso della scepsi sulla filosofia islamica », dans Giannantoni **70**, t. I, p. 415-434.

b. Un document iconographique suspect.

Non seulement nous ne disposons d'aucune information incontestable sur l'identité exacte de Sextus, sur l'époque où il a vécu, sur son pays d'origine, sur les lieux où il a séjourné, mais il semble par ailleurs difficile d'identifier des documents iconographiques le concernant. On doit toutefois mentionner l'existence d'une monnaie de bronze, qui devait provenir de Mitylène, sur le verso de laquelle apparaît le profil gauche d'une homme barbu accompagné de l'inscription HPΩA CEΞCTON. On a en conséquence avancé l'hypothèse qu'il s'agissait de l'effigie de Sextus Empiricus (*cf.* Vollgraff **126**, p. 209-210), et on a de plus supposé qu'il était né ou était connu à Mitylène, ce qui n'est toutefois appuyé par aucun autre témoignage. Le verso de cette monnaie est reproduit dans l'édition parue à Amsterdam de la traduction française attribuée à Claude Huart (voir **7**) ; voir également **153** W. Wroth, *Catalogue of the Greek Coins of Troas, Aeolis and Lesbos*, London 1894, p. 201, n° 173, planche XXXIX, 12 (au recto buste de Flavia Nichomachis de Mitylène). L'inscription gravée sur la page frontispice porte le sous-titre : SEXTUS EMPIRICUS, ex numismate aereo ; sur cette question voir au moins **154** R. H. Popkin, « A curious feature of the French edition of Sextus Empiricus », *PhilosQ* 35, 1956, p. 350-352, lequel considère toutefois que le Sextus qui y est nommé reste encore à identifier : Dumont **86**, p. 91 (notamment à la n. 28), est en revanche plus enclin à croire qu'il s'agit bien de Sextus.

c. Origines et lieux d'activité.

Nous ne savons rien concernant le lieu de naissance de Sextus Empiricus (et il faut tenir pour négligeables toutes les tentatives pour le rattacher à la Libye : voir principalement à ce sujet Mills Patrick **23**, p. 11) ; certains passages de ses œuvres qui présentent comme opposées ou différentes les us et coutumes de certaines races ou certains peuples, semblent cependant faire penser, malgré son *nomen* latin, qu'il était d'origine grecque, sans que l'on puisse lui attribuer avec précision une cité d'origine (pour les références, voir Janáček **72**, *s.v.* παρ' ἡμῖν ; voir également une importante indication linguistique en *PM* I 246, τὸ ὑφ' ἡμῶν καλούμενον ὑποπόδιον Ἀθηναῖοι καὶ Κῷοι χελωνίδα καλοῦσιν, qui semblerait exclure qu'il soit originaire de Cos aussi bien que d'Athènes ; sur ce point, voir encore *HP* III 211 ; concernant une probable exclusion de Sparte, voir par ailleurs *HP* III 208). Une incertitude similaire affecte la détermination des différents endroits où il a séjourné et travaillé. Bien qu'en de nombreux passages de ses écrits il mentionne des habitudes, des coutumes, des particularités et enfin des lois propres à telle ou telle cité ou zone géographique, il est finalement impossible d'établir si les informations qu'il fournit à ce sujet proviennnent d'une expérience directe et autobiographique ou si elles sont connues de seconde main (voir principalement House **127**, p. 232-233). Il faut de toute manière rejeter (*pace* à nouveau et surtout Mills Patrick **23**, p. 12-21) l'hypothèse qui ferait de Sextus le chef d'une véritable « école pyrrhonienne », hypothèse difficilement défendable à la lumière de ce que lui-même déclare concernant l'absence d'une organisation rigide (αἵρεσις) dans ce « mouvement » décrit comme une ἀγωγή (*cf. HP* I 16 et, à propos de l'utilisation du terme par Sextus, **155** R. Ioli, « ΑΓΩΓΗ and related concepts in Sextus Empiricus », *SicGymn* N. S. 56, 2003, p. 401-428 ; voir également Pellegrin **36**, p. 45, ainsi que **156** R. Polito, « Was Skepticism a Philosophy ? Reception, Self-Definition, Internal Conflicts », *CPh* 102, 2007, p. 333-362 ; **157** R. Román Alcalá, « La invención de una "escuela escéptica" pirrónica y radical », *RevFilos(Madrid)* 37, 2012, p. 111-30), aussi bien en conséquence, que toute tentative pour le rattacher à Alexandrie (à partir d'une prétendue continuité avec l'enseignement d'Énésidème), à Rome (où aurait en revanche enseigné Hérodote de Tarse (➤+H 105) qui fut probablement le maître de Sextus : en ce sens a été interprétée une indication donnée entre parenthèses dans *HP* III 120, passage sur lequel on consultera principalement Goedeckemeyer **77**, p. 266 ; d'autres considérations non probantes, par exemple la mention fréquente du médecin Asclépiade, sont encore avancées en faveur d'une activité de Sextus à Rome par Mills Patrick **23**, en particulier p. 20-21) ou dans n'importe quelle autre cité. Plutôt que de multiplier les suppositions et suggestions privées de solide fondement, il vaut mieux se contenter de signaler la connaissance, directe ou indirecte, de la part de Sextus, d'usages, coutumes, particularités ou lois propres à de nombreuses localités, parmi lesquelles Athènes (voir par exemple *HP* II 98 = *PM* VIII 145, *PM* I 87, 148, 228, 246, II 22, 35, 77, VI 14, IX 187), Alexandrie (*cf. HP* III 221, *PM* X 15 = 95, ainsi que *PM* I 213 pour un usage linguistique particulier), Rome (*cf. HP* I 149, 152 et 156, III 211-212, *PM* I 218 : en ce passage il est possible, comme le soulignait déjà Haas **130**, que les détails qu'il fournit sur des aspects particuliers du droit romain – le pouvoir du *pater familias* ou les droits de succession par exemple, sur certaines règles morales, sur des habitudes implicites, des interdictions particulières, des usages sportifs, aient été connus par expérience directe), et diverses régions ou peuples, notamment en Afrique : *cf. HP* I 82, 83, 84, 148, 152 ; III 18, 201, 202, 205, 213, 219, 220-221, 223, 224, 226, 227, 234 ; *PM* I 213, 276 ; II 105 ; V 31, 102 ; VIII 147 ; IX 18, 32, 247, 249 ; X 15, 95 ; XI 15, 17, 43 ; on peut en outre rappeler que c'est sur la base de ces passages, si nombreux et si riches dans la précision de leur contenu, qu'on a attribué à Sextus également des connaissances de type « ethnographique » : *cf.* **158** C. Préaux, *Le monde hellénistique. La Grèce et l'Orient de la mort d'Alexandre à la conquête romaine de la Grèce (323 à 146 av. J.-C.)*, Paris 1978, t. II, pp. 609-610.

d. Activités.

Tout en considérant comme incontestable son appartenance au mouvement sceptique (ou plutôt néo-pyrrhonien), revendiquée de façon marquée dans plusieurs passages de ses écrits et surtout justifiée, tant sur le plan théorique que sur le plan historique, en *HP* I (*cf.* plus loin la section « Orientation philosophique »), on dispose d'une série d'indices montrant de façon vraisemblable que Sextus était médecin.

– Il mentionne Asclépius comme « le fondateur de notre science » (τὸν ἀρχηγὸν ἡμῶν τῆς ἐπιστήμης), *PM* I 260.

– En plusieurs passages, il insère des remarques du type : « nous ne prendrons qu'un seul exemple, celui de la santé, parce que la réflexion sur ce sujet nous est assez familière... » (*PM* XI 47, par exemple, passage sur lequel on lira Spinelli **47**, p. 219-221).

– Plus d'une remarque révèle la connaissance de la littérature médicale, ainsi que de menues données biographiques ou historiques liées au domaine de la médecine (Asclépiade de Bithynie : *HP* III 32, 33 ; *PM* VII 91, 202, 323, 380 ; VIII 7, 188, 220 ; IX 363 ; X 318 ; Asclépius : *HP* III 220, 221 ; *PM* I 260-262 ; Érasistrate : *PM* I 258 ; VIII 188, 220 ; Hérophile : *HP* I 84 (Chryserme l'hérophiléen) ; II 245 ; *PM* VIII 188, 220 ; XI 50 ; Hippocrate : *HP* I 71 ; *PM* VII 50 ; Métrodore : *PM* I 258 ; Chrysippe de Cnide : *PM* I 258 ; etc.).

– De nombreux exemples sont tirés par Sextus du domaine de la médecine : ils sont en fait trop nombreux pour que l'on puisse en fournir toutes les références. On peut se limiter à signaler la célèbre image, si chère à Montaigne, des « voix » ou des arguments sceptiques comparés, pour leur caractère autodestructif, aux purgatifs (*HP* I 206, II 188 : sur cette question voir également **159** E. Spinelli, « Una vita disincantata: *bios* e *philosophia* nello scetticismo antico», dans F. De Luise [édit.], *Il* bios *dei filosofi: dialogo a più voci sul tipo di vita preferibile*, Trento 2009, p. 109-131: p. 123-124 et n. 29). Peut-être moins connu, mais également d'importance capitale, dans la mesure où il montre que dans le scepticisme néo-pyrrhonien philosophie et médecine étaient intimement liées et non simplement juxtaposées, le choix méthodologique, d'inspiration nettement médico-empirique, de recourir à une forme intellectuellement assez raffinée d'observation empirique contre les argumentations fallacieuses de la sophistique mérite d'être signalé: *cf.* par exemple *HP* II 236-258, avec maintenant les remarques de **160** E. Spinelli, «Dei sofismi: Sesto Empirico, gli eccessi della logica dogmatica e la vita comune», dans W. Lapini, L. Malusa et L. Mauro (édit.), *Gli antichi e noi. Scritti in onore di Antonio Maria Battegazzore*, Genova 2009, p. 239-253.

– Sextus mentionne ses *Commentaires* ou *Mémoire médicaux* (ἐν τοῖς ἰατρικοῖς ὑπομνήμασι), un ouvrage perdu, auquel il renvoie pour une analyse plus approfondie et plus technique d'une théorie du médecin Asclépiade: *PM* VII 202. Il s'agit presque certainement du même ouvrage cité ailleurs (*PM* I 61; des doutes ont été récemment soulevés à ce sujet par Jouanna **134**, p. 370) sous le titre *Commentaires* ou *Mémoires empiriques* (ἐν τοῖς ἐμπειρικοῖς ὑπομνήμασιν), où, contre le péripatétiticen Ptolémée (☛P 318 B; voir aussi plus haut la section «Informations biographiques») il avait démontré en détail que le terme ἐμπειρία s'appliquait également à τέχνη (voir à ce sujet Brochard **75**, p. 321 et n. 2, Robin **81**, p. 198 et maintenant Blank **42**, p. 130, ainsi que plus haut la section "a. Datation/époque", pour d'autres informations).

Il est donc presque certain que Sextus exerçait la médecine. Il est plus difficile de le situer de façon précise à l'intérieur d'une secte médicale ancienne (de façon plus générale, des doutes concernant une association trop étroite entre le pyrrhonisme et la secte médicale empirique ont été avancés par Hossenfelder **29**, p. 84-85; en faveur de la thèse d'une consonance réciproque, mais plutôt générique, déjà soutenue par exemple par Dal Pra **82**, p. 431-434, s'est récemment prononcé **161** L. Perilli, *Menodoto di Nicomedia. Contributo a una storia galeniana della medicina empirica*, con una raccolta commentata delle testimonianze, Leipzig 2004, p. 111-124 [avec une bibliographie], qui considère cependant qu'il est impossible de démontrer une influence directe). Malgré tout, plusieurs savants ont soutenu avec conviction son affiliation à l'empirisme médical (en ce sens, voir déjà Zeller, Natorp, Mills Patrick, Brochard, Dal Pra), ainsi que le suggèrent directement, non seulement le titre de ses *Commentaires* ou *Mémoires empiriques* qu'on vient de mentionner (*PM* I 61), mais surtout le *cognomen* Empiricus qui accompagne son nom dans certaines sources (voir principalement deux passages déjà mentionnés: Diogène Laërce IX 116 et Ps.-Gal., *Intr.* 14, p. 683, 11 K.; p. 9, 23-24 éd. C. Petit; voir également **162** K. Deichgräber, *Die griechische Empirikerschule. Sammlung der Fragmente und Darstellung der Lehre*, Berlin 1930, réimpr. Berlin/ Zürich 1965, p. 40-41), puis dans la tradition manuscrite. Mais en réalité, Sextus lui-même, dans l'un de ses écrits (*HP* I 236-241), semble déclarer que le courant médical le plus proche du scepticisme serait celui de l'école méthodique et non celui de l'empirique.

Il s'agit d'un passage qui a souvent été considéré et cela encore récemment comme étant d'interprétation difficile et même «puzzling» (*cf.* Hankinson **99**, p. 234, mais aussi **163** J. Giovacchini, «Le "dogmatisme négatif" des médecins empiriques: Sextus et Galien à la recherche d'une médecine sceptique», dans *La rationalité sceptique = CPhilos*, n° 15, 2008, p. 63-80; Jouanna **134**, p. 371-373; **164** J. Allen, «Pyrrhonism and medicine», dans Bett **65**, p. 232-248). Souhaitant en vérité combattre l'opinion de certains penseurs anonymes qui soutenaient l'identité du pyrrhonisme et de l'empirisme médical, Sextus commence par une affirmation qui peut paraître surprenante. Les sectateurs de *cette* forme d'empirisme médical (ἡ ἐμπειρία ἐκείνη) affirment l'incompréhensibilité absolue des choses obscures et tombent par conséquent dans un dogmatisme négatif. Si cependant l'on souhaite établir une parenté, Sextus invite à regarder du côté de la secte dite méthodique (sur ces précieuses indications, en plus du recueil de **165** M. Tecusan, *The Fragments of the Methodists, I: Methodism Outside Soranus*, Leiden/Boston 2004, on peut lire **166** L. Edelstein, «The Methodists», dans L. Edelstein, *Ancient Medicine*, Baltimore 1967, p. 173-191, notamment p. 185-187; **167** G. E. R. Lloyd, *Science, Folklore and Ideology*, Cambridge 1983, p. 182-200, notamment p. 198-199; **168** M. Frede, «The Method of the So-called Methodical School of Medicine», dans M. Frede, *Essays in Ancient Philosophy*, Oxford 1987, p. 261-278, notamment p. 276-278; voir également **169** J. Pigeaud, «Les Fondements du méthodisme», dans P. Mudry et J. Pigeaud (édit.), *Les Écoles médicale à Rome*, Genève 1991, p. 7-50; **170** D. Gourevitch, «La pratique méthodique: définition de la maladie, indication et traitement», dans le même recueil, p. 51-81; **171** P. Pellegrin dans son *Introduction* à *Galien. Traités philosophiques et logiques*, Paris 1998, notamment p. 47-53). Le méthodisme médical en réalité, en adoptant une attitude semblable à celle des vrais sceptiques, évite toute forme de jugement précipité sur les choses obscures, renonce à toute affirmation définitive sur la compréhensibilité ou l'incompréhensibilité des choses et se laisse guider dans ses propres choix thérapeutiques par la simple conformité aux phénomènes.

Sans vouloir commenter en détail les autres éléments offerts par Sextus en *HP* I 237-240 pour soutenir une telle parenté, fondée sur une correspondance entre pyrrhonisme et méthodisme qui semble valoir aussi bien sur le plan pratique que sur le plan linguistique, il convient d'examiner et si possible d'expliquer l'apparente étrangeté de ce jugement (Annas et Barnes **30**, p. 63 n. 261, se montrent inébranlablement sceptiques à ce propos).

Une première hypothèse, assez radicale, mais peu convaincante, pourrait être la suivante: Sextus n'aurait jamais été au fond un empirique. Le succès de la médecine empirique, dans les premiers siècles de notre ère, aurait été si grand que le terme empirique aurait fini par être perçu comme synonyme de médecin *tout court*; il faudrait en somme comprendre Sextus *Empiricus* comme signifiant «le *médecin* Sextus». Il aurait composé des ouvrages sur l'empirisme, sans toutefois appartenir à une telle secte médicale (comme c'est également le cas pour Galien dans ses *Rudiments empiriques* ou sa *Subfiguratio*) et c'est seulement par la suite qu'on aurait superposé le Sextus médecin et le Sextus auteur des *Commentaires* ou *Mémoires empiriques*, également à cause de son attitude favorable à l'égard de cette secte.

Une autre hypothèse, peut-être plus simple et sûrement davantage partagée par les interprètes, semble être celle d'une évolution interne dans la pensée de Sextus: en somme, plutôt que d'osciller entre empirisme et méthodisme, il serait passé d'une secte médicale à l'autre. S'il en est ainsi, cependant, il reste à déterminer le sens et la direction de cette évolution. Sans oublier qu'un problème similaire se pose pour la reconstitution de l'ordre de composition des écrits de Sextus (voir à ce sujet la section «Les Œuvres de Sextus Empiricus»), on a adopté sur cette question des positions opposées: ou bien il aurait opté pour l'empirisme avant la composition de ses écrits proprement philosophiques, en se convertissant seulement par la suite au méthodisme (voir déjà en ce sens Zeller **76**, p. 50 n. 1); ou bien, au contraire, dans les *Hypotyposes* – qui doit vraisemblablement être considéré comme son premier ouvrage –, il se serait tourné «davantage vers la secte méthodique que vers l'empirique, tandis que plus tardivement il se serait mis du côté de l'empirisme pur, dont les ouvrages *Contre les dogmatiques* reflèteraient les thèses essentielles». Ainsi s'exprime (peut-être sous l'inspiration de Robin **81**, p. 197, mais voir également Deichgräber **162**, p. 266-268) Dal Pra **82**, p. 465, lequel, à propos du revirement empiriste («svolta empirista») attire l'attention sur *PM* VIII 191, un passage où toutefois l'alliance entre sceptiques et médecins empiristes relativement au caractère insaisissable des signes indicatifs n'établit pas leur identité de fond, mais répond plutôt à la méthode argumentative typique de Sextus, qui s'efforce de construire des διαφωνίαι, dans lesquelles il place ses sceptiques, avec la plus grande liberté, tantôt d'un côté, tantôt de l'autre lorsqu'il doit les différencier explicitement des médecins empiriques (voir sur ce point *PM* VIII 327-328, concernant la discussion sur le caractère non évident de l'ἀπόδειξις). Sur la question, voir également House **127**, pp. 236-237, ainsi que l'analyse détaillée de Machuca **61**, p. 46-48).

Même si l'explication par une évolution est plausible et apparaît peut-être, en l'état actuel de nos connaissances, impossible à réfuter directement, je crois que l'on peut tenter d'explorer une autre voie. En vérité, un examen plus attentif des détails historiques relatifs à la secte empirique permet de la considérer, contrairement aux convictions de Deichgräber **162**, non pas comme un bloc monolithique, mais comme un tout articulé, sujet à une certaine forme d'évolution (voir, outre **172** L. Edelstein, «Empiricism and Scepticism in the Teaching of the Greek Empiricist School», dans L. Edelstein, *Ancient Medicine*, Baltimore 1967, p. 195-203, et les analyses détaillées fournies dans plusieurs articles rassemblés maintenant dans **173** Ph. Mudry, *Medicina, soror philosophiae*, Lausanne 2006, principalement les remarques de **174** M. Frede dans son *Introduction* à *Galen. Three*

Treatises on the Nature of Science, Indianapolis 1985, p. XXV-XXVI, et de façon plus générale **175** M. Frede, « The Ancient Empiricists », dans M. Frede, *Essays in Ancient Philosophy*, Oxford 1987, p. 234-260 ; **176** *Id.*, « The Empiricist Attitude towards Reason and Theory », dans R. J. Hankinson [édit.], *Method, Medicine and Metaphysics. Studies in the Philosophy of Ancient Science*, coll. « Apeiron » 21, Edmonton 1988, p. 79-97 ; **177** *Id.*, « An empiricist view of knowledge : memorism », dans S. Everson [édit.], *Epistemology*, Cambridge 1990, p. 225-250 ; voir également quelques suggestions dans **178** C. A. Viano, « Lo scetticismo antico e la medicina », dans Giannantoni **70**, t. II, p. 563-656 ; **179** C. Marelli, *La medicina empirica ed il suo sistema epistemologico*, dans Giannantoni **70**, t. II, p. 657-676 ; **180** M. Matthen, « Empiricism and Ontology in Ancient Medicine », dans R. J. Hankinson [édit.], *Method, Medicine and Metaphysics. Studies in the Philosophy of Ancient Science*, coll. « Apeiron » 21, Edmonton 1988, p. 99-121 ; Hankinson **99**, p. 226-236 ; **181** J. Allen, « Pyrrhonism and Medical Empiricism : Sextus Empiricus on Evidence and Inference », dans *ANRW* II 37, 1, Berlin 1993, p. 646-690 ; Pellegrin **171**, notamment p. 34-39, ainsi que le tableau offert par **182** F. Stok, « La scuola medica Empirica a Roma. Problemi storici e prospettive di ricerca », dans *ANRW* II 37, 1, Berlin 1993, p. 600-645, et **183** R. J. Hankinson, « The growth of medical empiricism », dans D. Bates [édit.], *Knowledge and the scholarly medical traditions*, Cambridge 1995, p. 60-83 ; voir aussi récemment Jouanna **134**, p. 373, et Román Alcalá **157**, p. 121-127). À l'intérieur de la secte, il y avait place pour des polémiques et des dissensions doctrinales, par exemple concernant le rôle de la μετάβασις à partir du semblable, comme l'atteste un passage de Galien (*Subf. emp.* 4 = fr. 10b 49-50 D.). Ce passage, en plus des informations doctrinales et des détails polémiques qu'il fournit, est particulièrement intéressant en ce qu'il énumère parmi les voix discordantes du chœur empirique aussi bien Ménodote (➛M 133) que Cassius « le pyrrhonien » (➛C 53). L'un et l'autre semblent s'efforcer, avec des nuances et une vigueur différentes, de combattre des versions de l'empirisme qui étaient plus ou moins explicitement inclinées vers le dogmatisme. A la lumière de ces considérations il ne paraît pas hasardeux de supposer que Sextus, à l'instar de ses prédécesseurs (pyrrhoniens ou non, comme par exemple Ménodote ou Cassius ?), tout en continuant à professer une fidélité fondamentale à l'empirisme médical, décida, de façon autonome et peut-être originale, comme le laisserait entendre l'expression ὡς ἐμοὶ δοκεῖ à la fin de *HP* I 236 (*cf.* également Machuca **61**, p. 40) –, de polémiquer contre ses compagnons dans la secte qui s'étaient laissés aller à des affirmations dogmatiques (on peut tenir comme significatif à ce propos le recours au verbe διαβεβαιοῦσθαι toujours en *HP* I 236) sur la nature (incompréhensible) des choses (voir au moins, outre les études de Frede **175**, p. 252, Frede **176**, p. 95-96, et Frede **177**, p. 250, celles de Allen **89**, p. 2587 ; Bett **48**, p. IX ; Bailey **106**, p. 93-94, ainsi que celle de Jürss **44**, p. 24 ; c'est là "una congettura possibile", mais indémontrable, également aux yeux de Viano **178**, p. 652). En somme, « on closer inspection, Sextus' remarks seem to be a strongly worded warning against a dogmatic tendency in

Empiricism rather than a complete renunciation of Empiricism» (Allen **181**, p. 647 ; voir aussi Bett **62**, p. 739, et Thorsrud **114**, p. 197 ; pour une position plus nuancée en même temps que critique sur toute cette question, voir en revanche Machuca **61**, p. 40-50). Son dissentiment ne semble pas en tout cas avoir été total, mais peut-être limité à souligner une différence philosophique ou plus exactement épistémologique (voir en ce sens déjà **184** P. Natorp, *Forschungen zur Geschichte des Erkenntnisproblems im Altertum. Protagoras, Demokrit, Epikur und die Skepsis*, Berlin 1884, p. 154-157). Cela se traduit finalement par un jugement historiographique qui entendait peut-être frapper également des représentants particuliers de la secte empirique (par exemple Héraclide de Tarente comme l'a supposé Marelli **179**, p. 662 et 675-676 ? *Cf*. aussi Perilli **161**, p. 119), ainsi que des attitudes philosophiques sur le fond analogue de l'Académie sceptique de Carnéade (➤C 42) et de Clitomaque [➤C 149] (voir en ce sens *HP* I 226). Du reste, ainsi qu'on le lit en *HP* I 241, on peut considérer comme légitime une conjecture (la présence d'une forme verbale de τεκμαίρομαι est significative) strictement qualifiée et étroitement circonscrite, selon laquelle la voie méthodique présente «une certaine parenté» (οἰκειότητά τινα) avec le scepticisme. Sextus prend toutefois la peine de préciser que cette conclusion ne vaut pas de façon absolue (οὐκ ἁπλῶς), mais seulement relative, dans le cadre d'une comparaison entre les différentes sectes médicales (voir à cet égard les appels à la prudence exprimés par **185** G. Cortassa, «Il programma dello scettico : strutture e forme di argomentazione del primo libro delle 'Ipotiposi pirroniche' di Sesto Empirico», dans *ANRW* II 36, 4, Berlin 1990, p. 2696-2718, notamment p. 2710, ainsi que récemment par Giovacchini **163**, p. 65-66).

Les œuvres de Sextus Empiricus.

Il faut signaler en premier lieu une difficulté objective. Sextus fait référence à ses propres ouvrages en utilisant souvent des désignations très similaires entre elles, ce qui ne permet pas toujours de savoir s'il s'agit de titres qui, malgré leur proximité, renvoient à des œuvres diverses ou au contraire si nous sommes en présence d'intitulés différents se rapportant au même ouvrage. Nous en verrons plus loin quelques exemples.

Avant d'aborder les œuvres conservées, il faut auparavant mentionner une série de titres présumés mentionnés comme se rapportant à des écrits de Sextus, par exemple : *Sur les éléments* (Περὶ στοιχείων), *PM* X 5 ; *Sur le critère* (ἐν τοῖς περὶ κριτηρίου), *PM* XI 232 ; *Commentaires* ou *Mémoires sceptiques* (τὰ σκεπτικὰ ὑπομνήματα), *PM* I 29, II 106, VI 52, *Écrits sceptiques* (ἐν τοῖς σκεπτικοῖς), *PM* I 26, et *Écrits pyrrhoniens* (ἐν τοῖς Πυρρωνείοις), *PM* I 282, VI 58 et 61 (sur ces trois titres qui constituent peut-être un cas à part, voir plus loin la section «L'ordre de composition des livres conservés de Sextus Empiricus» ; sur *PM* I 282, voir toutefois Bailey **106**, p. 100-101, Pellegrin **45**, p. 217 n. 2, et, surtout, récemment Machuca **61**, p. 33-35) ; *Sur l'école sceptique* (ἐν τοῖς περὶ τῆς σκεπτικῆς ἀγωγῆς), *PM* VII 29 (sur ce titre voir toutefois Bett **50**, p. 8 n. 16). Sur ces titres il semble légitime d'accepter les conclusions de Brochard **75**, p. 320 (et n. 1, pour les références): « Faut-il voir des ouvrages distincts des précédents et qui auraient été perdus, ou seulement des désignations différentes de ces mêmes ouvrages ? C'est pour ce dernier parti qu'on se prononce après un examen attentif des textes. On retrouve, en effet, soit dans les *Hypotyposes*, soit dans les deux autres ouvrages, tous les passages auxquels Sextus fait allusion quand il mentionne ces différents titres ».

Un avis différent doit peut-être être formulé dans le cas des deux autres titres, qui semblent en effet renvoyer à des œuvres indépendantes de Sextus, malheureusement perdues. Il s'agit d'une part de ses *Commentaires* ou *Mémoires médicaux* (τὰ ἰατρικὰ ὑπομνήματα : *PM* VII 202), qu'il faut presque certainement identifier (voir en ce sens déjà Brochard **75**, p. 334) avec les *Commentaires* ou *Mémoires empiriques* (τὰ ἐμπειρικὰ ὑπομνήματα : *PM* I 61), déjà cités antérieurement (voir plus haut la section « Informations biographiques ») et d'autre part de son traité *Sur l'âme* (τὰ περὶ ψυχῆς ὑπομνήματα : *PM* VI 55, ainsi que X 284 : *cf.* déjà Zeller **76**, p. 55 n. 1 ; des doutes à cet égard ont été exprimés par Robin **81**, p. 198, et récemment par Pellegrin **36**, p. 11).

Il est difficile, sinon impossible d'identifier (voir en ce sens Pellegrin **36**, p. 183 n. 1 ; pour une solution différente voir toutefois Machuca **61**, p. 35), la référence à des *Commentaires* ou à des *Mémoires* mal identifiés (ἐν τοῖς ὑπομνήμασι : *HP* I 222), répertoriés à juste titre comme un ouvrage indépendant dans l'*Index librorum* de Janáček **72**, p. 263.

Il faut noter pour terminer qu'en deux occasions Sextus semble promettre de traiter « ailleurs, en une autre occasion » (*cf. HP* II 219 et 259, avec un renvoi respectivement à la division genre-espèces et à l'identification des amphibolies), sans que l'on puisse retrouver dans ses œuvres conservées de passage correspondant au renvoi qui est fait ἐν ἄλλοις, εἰσαῦθις.

Une fois que l'on a clarifié les points précédents, la liste des œuvres de Sextus devrait par conséquent être la suivante : (a) œuvres perdues : *Sur l'âme*, *Commentaire* ou *Mémoires empiriques* (auxquels il serait peut-être trop hasardeux d'identifier également les *Commentaires* ou *Mémoires* de *HP* I 222, présentés en termes génériques non davantage définis ?) ; (b) œuvres conservées : *Hypotyposes pyrrhoniennes* (en trois livres, généralement cités sous forme abrégée comme *HP* ou *PH* ou simplement *P*, suivi du numéro du livre en chiffre romain et du paragraphe en chiffre arabe) ; *Contre les professeurs*, ou plutôt, en adaptant la formule *Disciplinarum Professores* de Fabricius **4**, *Contre les professionnels de la culture* = *PM* I-VI, ou plus précisément : *Contre les grammairiens*, *PM* I, *Contre les rhéteurs*, *PM* II (même si les mss donnent comme titre Περὶ ῥητορικῆς : *cf.* Bett **48**, p. 45), *Contre les géomètres*, *PM* III, *Contre les arithméticiens*, *PM* IV, *Contre les astrologues*, *PM* V, *Contre les musiciens*, *PM* VI ; *Contre les dogmatiques* (en cinq livres, comprenant *Contre les logiciens* = *PM* VII-VIII, *Contre les physiciens* = *PM* IX-X, *Contre les moralistes* = *PM* XI, d'après la dénomination proposée dans son édition par Bekker **9** et souvent adoptée, mais absente de la tradition manuscrite).

Dans les manuscrits qui ont conservé les œuvres de Sextus ces deux derniers titres sont réunis pour former un unique bloc de onze livres, intitulé dans leur ensemble Πρὸς μαθηματικούς/*Adversus mathematicos* I-XI (c'est pourquoi on adopte de préférence aujourd'hui le modèle de citation inauguré par Zeller **76**, p. 51 n. 2 : sans séparer les deux ensembles distincts qui constituent l'*Adversus mathematicos*, il cite seulement leur titre collectif, en le distinguant uniquement par le numéro du livre ; par exemple *PM* [l'abréviation *AM* est également fréquemment utilisée] ou simplement *M*, suivi du numéro du livre en chiffres romains, puis du numéro du paragraphe en chiffres arabes ; voir toutefois Machuca **61**, p. 31). En ce qui concerne la structure et les rapports entre *PM* VII-XI et *PM* I-VI d'autres problèmes semblent se présenter. Dans certaines sources antiques en effet on parle à propos des œuvres de Sextus de τὰ δέκα τῶν Σκεπτικῶν (voir à ce propos le passage déjà mentionné dans Diogène Laërce IX 116, qui se rapporte vraisemblablement à dix rouleaux de papyrus, contenant chacun un livre complet, ainsi que le suggère le témoignage de la *Souda*). Plutôt que de reprendre des hypothèses assez compliquées (voir Mutschmann **1**, p. XXIV-XXV, qui pensait à un *corpus* unique divisé en dix rouleaux, trois pour *HP* I-III, deux pour *PM* I-VI et cinq pour *PM* VII-XII, hypothèse reprise par **186** I. Hadot, *Arts libéraux et philosophie dans la pensée antique*, Paris 2005², p. 169-170) ou penser à une référence imprécise au traitement des *dix tropes* (comme l'a supposé **187** E. Pappenheim, *De Sexti Empirici librorum numero et ordine*, Berlin 1874, p. 14-15, et **188** *Id.*, *Die Tropen der griechischen Skeptiker*, Berlin 1885), le renvoi viserait dans le cas présent *un écrit en dix livres*.

189 L. Haas, *Ueber die Schriften des Sextus Empiricus*, Program Burghausen 1882-1883, Freising 1883, p. 8-9, Brochard **75**, p. 317-318 et **190** K. Janáček, « Τὰ δέκα τῶν Σκεπτικῶν », dans J. Irmscher, B. Doer, U. Peters et R. Müller (édit.), *Miscellanea critica*, Leipzig 1964, t. I, p. 119-121 (= repris dans **191** K. Janáček, *Studien zu Sextus Empiricus, Diogenes Laertius und zur pyrrhonischen Skepsis*, éd. J. Janda et F. Karfík, Berlin/New York 2008, p. 146-148) sont les principaux spécialistes à avoir avancé l'hypothèse, peu convaincante en vérité, que le titre ferait référence au bloc de traités de l'*Adversus mathematicos* dans son ensemble, dont cependant, pour citer Brochard, « les deux livres Πρὸς γεωμέτρας et Πρὸς ἀριθμητικούς, dont l'un est fort court, n'avaient pas encore été séparés » (*cf.* également Zeller **76**, p. 53 n. 2, et von Arnim **53**, col. 2058).

S'il faut rappeler par souci d'exhaustivité que Fabricius **4** déjà, tout en suivant la numérotation de I à XI acceptée à l'époque moderne, retient comme titre indicatif celui des manuscrits, de I à X, en comptant pour un seul volume, c'est-à-dire comme livre VII, les deux tomes du *Contre les logiciens* (*cf. ibid.*, p. 370 et 458), numérotant ensuite comme livres VIII et IX les deux livres du *Contre les physiciens* (*cf. ibid.*, respectivement p. 548 et 633) et comme livre X le traité *Contre les moralistes* (*cf.* encore *ibid.*, p. 691), il faut enfin considérer comme moins convaincante l'hypothèse selon laquelle Sextus aurait écrit, comme Favorinus d'Arles

(➡︎F 10), un ouvrage en dix livres sur les dix tropes d'Énésidème (➡︎E 24) : *cf.* Dumont **86**, p. 20 n. 26.

Dépassant toutes ces suppositions et voulant expliquer de façon plus adéquate la référence aux τὰ δέκα τῶν Σκεπτικῶν de Sextus, **192** J. Blomqvist, « Die *Skeptika* des Sextus Empiricus », *GB* 2, 1974, p. 12-24, a toutefois suivi une autre voie, peut-être plus facile à accepter. Il faudrait penser, à son avis, à un ouvrage en dix livres (« das philosophische Hauptwerk des Sextus » : *ibid.*, p. 14), probablement intitulé *Commentaires* ou *Mémoires sceptiques*, auquel il fait référence de façons diverses et diversement précises, comme nous l'avons déjà vu, en *PM* I 26, 29 et 282, II 106, VI 52, 58 et 61 (et peut-être avec un titre encore plus général par la formule ἐν τῷ σκεπτικῷ τόπῳ, en *PM* I 33 ? Pour une explication différente, voir cependant **193** K. Janáček, « Urkundliche Namen der erhaltenen Sextos-schriften », *AUC 2-Graecolatina Pragensia* 14, 1993, p. 65-67, notamment p. 67 (repris dans Janáček **191**, p. 345-348, à la p. 348). L'œuvre aurait été conservée seulement de façon tronquée (comme l'avait déjà envisagé **194** K. Janáček, « Die Hauptschrift des Sextus Empiricus als Torso erhalten ? », *Philologus* 107, 1963, p. 271-277, repris dans Janáček **191**, p. 124-131), ou bien seulement dans sa partie conclusive, correspondant à *PM* VII-XI, alors qu'était perdue la partie initiale, les cinq livres qui étaient peut-être consacrés à développer et réexposer des thèmes et des problèmes traités dans *HP* I.

L'ordre de composition des livres conservés de Sextus Empiricus.

Bien qu'il s'agisse d'une question destinée à rester ouverte et privée de solutions absolument décisives, on peut dire, si on laisse de côté quelques voix discordantes anciennes (on pense surtout à Pappenheim **187**, qui voit en *PM* le premier ouvrage de jeunesse de Sextus ; ou encore à **195** R. Philippson, *De Philodemi libro*, Berlin 1881, p. 61, qui, défendant l'hypothèse selon laquelle Sextus aurait été tout d'abord empirique puis serait devenu méthodique, considère que *PM* VII-XI est antérieur à *HP*) et en tout état de cause à partir des conclusions auxquelles est parvenu Brochard **75**, p. 318-319, on a pensé pouvoir établir l'ordre suivant de composition des traités conservés de Sextus : *HP* → *PM* VII-XI → *PM* I-VI. Pour appuyer une conclusion similaire, on a également adopté des motifs de systématicité théorique : l'exposé synthétique et introductif contre la logique, la physique et l'éthique dans *HP* II-III aurait été repris par Sextus dans sa critique plus développée et davantage documentée des mêmes thèmes, d'importance philosophique notoire, en *PM* VII-XI, pour s'achever ensuite, comme une sorte d'appendice, avec la polémique détaillée et moins conséquente contre les différents « arts libéraux » (*cf.* au moins Goedeckemeyer **77**, p. 268 n. 3 ; Robin **81**, p. 226 ; Dal Pra **82**, p. 467 ; Russo **10b**, p. VIII-IX, n. 2). Un poids encore plus important, cependant, a été conféré à certains renvois possibles à l'intérieur des blocs des œuvres de Sextus (voir à cet égard Brochard **75**, p. 319 n. 2, et Bailey **106**, p. 103 n. 71) ; à titre de simple exemple on peut à ce sujet mentionner : 1. *PM* VII 1 qui renvoie ou bien à *HP* I ou bien à la partie initiale (c'est-à-dire aux cinq premiers livres) de ces *discours sceptiques* que nous avons évoqués, nouvelle version plus élaborée, aujourd'hui perdue, de *HP* I («bien que chez les auteurs classiques des renvois de ce genre doivent toujours être reçus avec prudence»: Russo **10b**, p. VIII, n. 2); **2**. certains développements «contre les physiciens» visés en *PM* I 35 et III 116, et qui se rapportent probablement respectivement à *PM* IX 195/X 310 et IX 279.

Il faut faire abstraction de considérations qui, bien qu'elles puissent avoir un certain poids pour l'établissement de l'ordre de composition des ouvrages de Sextus, en rendent encore plus complexe le cadre de référence, comme par exemple les différentes sources utilisées par Sextus dans ses ouvrages ou encore le public différent auquel ils pouvaient être destinés (pour cette dernière constatation, voir Blank **42**, p. XVI, n. 14). Dans l'histoire des études la chronologie relative traditionnellement retenue (*HP* → *PM* VII-XI → *PM* I-VI) a été confirmée et renforcée grâce à l'identification, à partir des analyses stylistiques et philologiques minutieuses de Karel Janáček, de certains éléments suggérant une évolution littéraire dans l'*usus scribendi* de Sextus (disparition totale ou utilisation très rare de termes particuliers, apparition ou multiplication significative d'autres termes, présence d'expression alternatives, etc.). Ces remarques se trouvent dans plusieurs de ses articles, brefs mais importants, publiés sur une longue période (pour une liste des titres pertinents, voir **196** J. Barnes, «Diogenes Laertius IX 61-116: The Philosophy of Pyrrhonism», dans *ANRW* II 36, 6, Berlin 1992, p. 4298-4299, et surtout **197** «Bibliography of works by Karel Janáček», *Eirene* 32, 1996, p. 12-23); ils sont maintenant rassemblés dans Janáček **191**, et surtout dans deux monographies encore aujourd'hui indispensables: **198** K. Janáček, *Prolegomena to Sextus Empiricus*, Olomouc 1948, et **199** *Id.*, *Sextus Empiricus' Sceptical Methods*, coll. «Acta Universitatis Carolinae: Philologica» 38, Praha 1972; pour une utile présentation générale des positions de Janáček, voir principalement Janda **73**.

Si la postérité de *PM* I-VI par rapport à *PM* VII-XI semble établie (en plus des travaux déjà signalés de Janáček, voir par exemple **200** J. Blomqvist, «Text-kritisches zu Sextus Empiricus», *Eranos* 66, 1968, p. 77, ainsi que Blomqvist **192**, Pellegrin **45**, p. 10, et récemment Machuca **61**, p. 37; *contra* voir toutefois Bett **48**, p. XI, et récemment **201** R. Bett, «La double 'schizophrénie' de *M*. I-VI et ses origines historiques», dans Delattre **111**, p. 17-34, à la p. 34, qui semble suspendre son jugement sur ce point), on ne peut pas en dire autant pour la place occupée par *HP* dans cet ordre de composition. Au-delà de l'hypothèse (passablement spécu-lative et peu convaincante en vérité), selon laquelle «PH und M VII-XI nicht von demselben Verfasser stammen müßten und [...] die PH ein Werk eines unbekann-ten Skeptikers sein könnten, der mit seinen Ansichten der Ärzteschule der Metho-diker nahegestanden hat" (Janda **73**, p. 46), on a fait valoir en effet, contre la conviction qu'il s'agissait du tout premier écrit de Sextus, des considérations rela-tives principalement au contenu (de supériorité philosophique et théorique, pourrait-on dire). Ils ont été avancés occasionnellement par certains savants (*cf.* déjà Pappenheim **131** et Philippson **195**, ainsi **202** J. Janda, c.r. de Janáček **199**, *Eirene* 12, 1974, p. 167-168; **203** D. Glidden, «Skeptic Semiotics», *Phronesis* 28,

1983, p. 246 n. 24 ; **204** J. Brunschwig, « Sextus Empiricus on the kriterion : the Sceptic as Conceptual Legatee », dans J. M. Dillon et A. A. Long [édit.], *The Question of 'Eclecticism'. Studies in Later Greek Philosophy*, Berkeley 1988, p. 145-175, à la p. 152 n. 9 ; **205** G. Striker, « *Ataraxia :* Happiness as tranquillity », dans *Ead., Essays on Hellenistic Epistemology and Ethics*, Cambridge 1996, p. 183-195, à la p. 191 ; **206** F. Decleva Caizzi, « Sesto e gli scettici », dans *Sesto Empirico* **120**, p. 279-327, à la p. 284 n. 11 ; voir également Pellegrin **36**, p. 11-12, Chiesara **107**, p. 161, ainsi que récemment Machuca **61**, p. 38) et de façon plus systématique par Richard Bett, grâce à des arguments détaillés (mais qui ne sont pas absolument décisifs), destinés à réfuter en première instance les conclusions soutenues par Janáček (*cf.* surtout Janáček **198** et **199**), encore acceptées et défendues en revanche par d'autres savants : voir par exemple (outre Fabricius **129**, p. 529, Brochard **75**, p. 318 et 332, Zeller **76**, p. 51 n. 2, Dumont **86**, p. 164 n. 26, Spinelli **47**, Blank **42**, Vogt **102**, Jürss **44**, Bailey **106**) : *cf.* en ce sens **207** R. Bett, « Sextus' *Against the Ethicists :* Scepticism, Relativism or Both ? », *Apeiron* 27, 1994, p. 159-161, et surtout **48**, *passim* ; **50**, p. XXVII-XXX, **201**, p. 33-34 et maintenant **51**, p. XX-XXIV.

La tradition manuscrite.

De façon générale, sauf quelques exceptions plus anciennes représentées par des folios dispersés et relativement courts (remontant aux IXe-Xe siècles ; voir à ce sujet **208** P. Eleuteri, « Note su alcuni manoscritti di Sesto Empirico », *Orpheus* 6, 1985, p. 432-436 ; plus en général pour une 'histoire' du scepticisme médiéval voir du moins **209** D. Perler, *Zweifel und Gewissheit : Skeptische Debatten im Mittelalter*, Frankfurt 2006 ; **210** *Id.*, « Scepticism », dans R. Pasnau [édit.], *The Cambridge History of Medieval Philosophy*, Cambridge 2009, p. 384-96 ; **211** H. Lagerlund, *A History of Scepticism in the Middle Ages*, dans *Id.* [édit.], *Rethinking the History of Skepticism. The Missing Medieval Background*, Leiden 2010, p. 1-28), les manuscrits qui ont conservé les œuvres de Sextus remontent à une période qui s'étend de la fin du XIVe au XVIe siècle. On observe alors une circulation et une utilisation plus intenses de ses œuvres chez les humanistes de la Renaissance, surtout dans la seconde moitié du XVIe siècle, par suite d'un regain d'intérêt constant, non seulement philologique, mais aussi théorique, pour le scepticisme de Sextus. Pour une première orientation sur le tournant culturel entraîné par le retour de Sextus, voir les indications utiles fournies par **212** T. Bénatouïl, *Le scepticisme*, Paris 1997, **213** G. Paganini, *Skepsis. Le débat des modernes sur le scepticisme*, Paris 2008, ainsi que par Floridi **105**, notamment. p. 25-51, et maintenant **214** L. Floridi, « The Rediscovery and Posthumous Influence of Scepticism », dans Bett **65**, p. 267-287. Voir également **215** C. Schmitt, « The Rediscovery of Ancient Skepticism in Modern Times », dans Burnyeat **117**, p. 226-251, **216** M. Di Loreto, « La fortuna di Sesto Empirico tra Cinque e Seicento », *Elenchos* 16, 1995, p. 331-374, **217** J. R. Maia Neto et G. Paganini (édit.), *Renaissance Scepticisms*, Dordrecht 2009, mais surtout certains travaux de Popkin, c'est-à-dire : **218** R. Popkin, *The History of Scepticism from Erasmus to Descartes*, Assen 1960,

219 *Id., The History of Scepticism from Erasmus to Spinoza*, Berkeley 1979², **220** *Id., The History of Scepticism from Savonarola to Bayle*, Oxford 2003, de même que **221** R. Popkin (édit.), *Scepticism in the History of Philosophy: A Pan-American Dialogue*, Dordrecht/Boston/London 1996, et **222** R. Popkin, R. Watson et J. Force, *The High Road to Pyrrhonism*, Indianapolis 1993; voir aussi **223** J. R. Maia Neto, J. C. Laursen et G. Paganini (édit.), *Skepticism in the Modern Age: Building on the Work of Richard Popkin*, Leiden 2009. Les conclusions de Popkin ont cependant été critiquées: voir **224** M. Ayers, «Popkin's Revised Scepticism», *BJHPh* 12, 2004, p. 319-332; **225** D. Perler, «Was There a 'Pyrrhonian Crisis' in Early Modern Philosophy? A Critical Notice of Richard H. Popkin», *AGPh* 86, 2004, p. 209-220.

Il est presque certain que tous les manuscrits connus à ce jour (y compris le ms Leningrad, Biblioteka Akademij Nauk O 128, *pace* **226** M. Schangin, «Sextus Empiricus in einer Handschrift der Russischen Akademie der Wissenschaften», *PhW* 47, 1927, p. 217-220) dérivent d'un unique modèle, arrivé en Italie précisément à celle époque: voir en ce sens d'abord les études de **227** H. Mutschmann, «Die Überlieferung der Schriften des Sextus Empiricus», *RhM* 64, 1909, p. 244-283 et 478, et Mutschmann **1**, *Stemma codicum*, t. III, p. XIII; *cf.* aussi **228** A. Kochalsky, *De Sexti Empirici "Adversus logicos" libris quaestiones criticae*, Diss., Marburg 1911. Pour compléter la liste réduite de manuscrits signalés et utilisés par Mutschmann dans son édition critique, on trouvera une liste beaucoup plus importante de manuscrits contenant les textes complets ou des extraits de Sextus dans Floridi **105**, p. 28-29 et p. 89-96 (*Appendices* 1 et 2); pour une première description des manuscrits, on peut toutefois consulter Greaves **40**, p. 35-97.

En outre, dans le cas de *HP*, la tradition manuscrite s'enrichit de trois exemplaires d'une traduction latine anonyme (mais attribuée pour des raisons stylistiques à Nicolas de Reggio par **229** H. Mutschmann, «Zur Übersetzertätigkeit des Nicolaus von Rhegium. Zu Paris. Lat. 14700», *BPhW* 31, 1911, p. 691-693; des doutes sur cette attribution ont toutefois été avancés par Eleuteri **208**, p. 434, et récemment par **230** R. Wittwer, «Zur lateinischen Überlieferung von Sextus Empiricus' Πυρρώνειοι ὑποτυπώσεις», *RhM* 145, 2002, p. 366-373, notamment p. 366 n. 3 (qui prépare également une étude de plus grande envergure: **231** *Id., Sextus Latinus. Die erste lateinische Übersetzung von Sextus Empiricus'* Πυρρώνειοι ὑποτυπώσεις, sous presse). Concernant cette découverte et pour une première description de ces témoignages, *cf.* **232** C. Jourdain, «Sextus Empiricus et la philosophie scolastique», chapitre VIII de ses *Excursions historiques et philosophiques à travers le Moyen Age*, Paris 1888, p. 199-217, et **233** C. Baeumker, «Eine bisher unbekannte mittelalterliche lateinische Uebersetzung der Πυρρώνειοι ὑποτυπώσεις des Sextus Empiricus», *AGPh* 4, 1891, p. 574-577; *cf.* en outre **234** G. Lacombe, *Aristoteles Latinus: Codices*, pars prior, Roma 1939, p. 544-545; **235** P. O. Kristeller, *Iter Italicum*, London/Leiden 1967, II, p. 252.b, III, p. 235.a, IV, 567.b-568.a, VI, p. 259.a; Popkin **219**, p. 19 n. 5. Concernant un autre témoin (Marc. Lat. X 267) voir aussi **236** W. Cavini, «Appunti sulla prima diffusione in Occidente delle opere di Sesto Empirico», *Medioevo* 3, 1977, p. 1-20; *cf.* également Porro **150**; surtout Floridi **105**, p. 63-70 et 98, avec une bibliographie plus complète, et récemment Wittwer **230**. Ces manuscrits latins, dont les relations réciproques et le lien avec l'archétype ont donné lieu à des hypothèses diverses (voir au moins Floridi **105**, p. 64 et 67, ainsi que Wittwer **230**, p. 372-373), sont non seulement les témoins les plus anciens, puisqu'ils remontent au moins au milieu du XIVe siècle (et peut-être même au début du siècle : voir à ce sujet Cavini **236**, p. 9), mais ils offrent une version qui suit de façon littérale un original grec perdu, qui était cependant distinct de l'archétype de la tradition grecque ; elles présentent donc une importance capitale, et même décisive sur certains points, pour l'établissement du texte de Sextus (comme l'avait déjà rappelé avec force Mutschmann **1** et **227**; *cf.* également pour une évaluation différente de leur importance Wittwer **230**, p. 373).

Orientation philosophique. Malgré les nombreuses incertitudes qui entourent les détails biographiques et externes relatifs à la figure de Sextus Empiricus, c'est l'existence du riche corpus de ses écrits qui permet de se prononcer avec précision non seulement sur la physionomie du néo-pyrrhonisme en général, mais aussi et surtout sur la personnalité de Sextus comme auteur (*cf.* Decleva Caizzi **206**, p. 279-285). De ce dernier point de vue, il faut désormais rejeter de plus en plus l'image, négative, voir dépréciative, qu'on a donnée d'un Sextus simple copiste de la tradition antérieure, incapable de dépasser le rôle passif de simple doxographe, comme si l'on pouvait ou devait nier son autonomie dans la composition de ses ouvrages et même, en certains cas, son indépendance doctrinale (voir maintenant **237** R. Eichorn, «How (Not) To Read Sextus Empiricus», *AncPhil* 34, 2014, p. 121-49; pour une position beaucoup plus critique, voir **238** J. Barnes, «Sextan Pyrrhonism», dans D. Scott [édit.], *Maieusis : Essays on Ancient Philosophy in Honour of Myles Burnyeat*, Oxford 2007 p. 322-334).

D'une part, on a donc reconnu en Sextus le mérite, très précieux d'un point de vue historiographique, de conserver de riches informations concernant presque toutes les écoles philosophiques dogmatiques qu'il a analysées et combattues en détail, même s'il reste difficile, comme le faisait remarquer Gabriele Giannantoni, «d'expliquer de façon convaincante le fait [...] que pour Sextus Empiricus, comme du reste pour Diogène Laërce, l'histoire de la philosophie semble s'achever dans une période comprise entre le Ier siècle av. J.-C. et le Ier siècle apr. (ils ne citent pas d'auteurs plus récents [voir toutefois plus haut la section «Informations biographiques»], c'est-à-dire environ trois siècles avant la période où ils ont eux-mêmes vécu)» (Giannantoni **70**, p. 6).

D'un autre côté, et au-delà de toute difficulté herméneutique, une chose au moins est incontestable : Sextus semble, pour utiliser une image banale mais parlante en ce cas, être la pointe d'un immense *iceberg* constitué par la tradition sceptique antique. De l'ensemble de ses écrits en effet, émergent des thèmes, des questions, des arguments issus de tous les courants qui caractérisent le scepticisme antique. Nous trouvons ainsi évidemment des traces du courant pyrrhonien, dans lequel Sextus semble vouloir laisser percevoir aussi une sorte d'évolution doctrinale interne et qui est pour lui essentiellement liée aux noms de Pyrrhon (➾P 327), de Timon (➾T 160), mais aussi d'Énésidème [➾E 24] (avec lequel il entretient toutefois un rapport apparemment dialectique, qui se présente en plusieurs cas comme un dissentiment) et d'Agrippa (➾A 50). On rencontre également des éléments et des idées remontant à la tendance sceptico-académicienne, inaugurée par Arcésilas (➾A 302), poursuivie par Carnéade (➾C 42), Clitomaque (➾C 149) et, sous une forme mitigée, par Philon de Larissa (➾P 155), sans que l'on puisse exclure également une possible relation (polémique) avec des penseurs plus tardifs, toujours de tendance académicienne, comme par exemple Favorinus (➾F 10 ; de façon plus générale, concernant le témoignage de Sextus sur l'Académie sceptique, voir récemment l'étude de Ioppolo **115**) ; il faut mentionner également la dette contractée à l'égard de la tradition de certaines sectes médicales, aussi bien la méthodique que l'empirique, auxquelles il faut rattacher surtout, sinon exclusivement, le nom de Ménodote (➾M 133 ; voir également plus haut la section « Activités »). Mais nous sommes mal informés à ce sujet.

L'analyse détaillée des œuvres de Sextus qui nous sont conservées permet de clarifier les lignes principales de son orientation philosophique. En premier lieu, grâce à la structure de ce que lui-même appelle, de façon originale, *eidikos logos*, "exposé spécial" (*HP* I 5), il est en effet possible de reconstruire les nombreuses argumentations détaillées mises en œuvre – aussi bien de façon synthétique dans *HP* que de façon plus développée et historiographiquement plus riche, en *PM* VII-XI et I-VI – contre la philosophie dogmatique.

Celle-ci – dans ses diverses nuances adoptées successivement depuis les présocratiques, la pensée classique de l'époque de Platon et d'Aristote, jusqu'aux écoles hellénistiques – est examinée et combattue, en *HP* II-III et en *PM* VII-XI, dans ses divers aspects. Les objections anti-dogmatiques se succèdent selon la tripartition traditionnelle en logique, physique et éthique.

Après quelques paragraphes introductifs (*HP* II 1-12), indispensables pour comprendre et justifier, contre toute critique dogmatique, la légitimité d'un ζητεῖν sceptico-pyrrhonien (sur ce point, voir au moins Spinelli **109**, p. 114-117 ; **239** K. M. Vogt, « Skeptische Suche und das Verstehen von Begriffen », dans C. Rapp et T. Wagner [édit.], *Wissen und Bildung in der antiken Philosophie*, Stuttgart 2006, p. 325-339 ; **240** F. Grgić, « Sextus Empiricus on the Possibility of Inquiry », *PPhQ* 89, 2008, p. 436-459 ; **241** G. Fine, « Sceptical Inquiry », dans D. Charles [édit.], *Definition in Ancient Philosophy*, Oxford 2010, p. 493–525 ; **242** *Ead.*, « Concepts and Inquiry : Sextus and the Epicureans », dans B. Morison et K. Ierodiakonou [édit.], *Episteme, etc. Essays in Honour of Jonathan Barnes*, Oxford 2012, p. 90–114), dans le cas de la logique (*cf. HP* II 13 et *PM* VII 2-23) une attention particulière est accordée à certaines notions : le critère (*HP* II 14-79 et *PM* VII 25-37+46-445 : *cf.* au moins **243** A. A. Long, « Sextus Empiricus on the Criterion of Truth », *BICS* 25, 1978, p. 35-49 ; Brunschwig **204** ; **244** R. Barney,

«Appearances and Impressions», *Phronesis* 37, 1992, p. 283-313; **245** T. Brennan, «Criterion and Appearance in Sextus Empiricus», dans Sihvola **121**, p. 63-92; **246** R. La Sala, «Argumentative Strategien bei Sextus Empiricus. Das Beispiel des Kriteriums», *AUC 1-Graecolatina Pragensia*, 21, 2006, p. 63-75 = La Sala **110**, p. 96-107; voir aussi **247** M. Oberti, *Scepticism versus Dogmatism: an Internal Analysis of Sextus Empiricus' Against Mathematicians, Book VII*, A Thesis submitted in partial fulfillment of the requirements for the degree of Doctor of Philosophy, The University of British Columbia 1978; **248** K. Vogt, «Appearances and Assent: Sceptical Belief Reconsidered», *CQ* 62, 2012, p. 648-663; **249** E. Spinelli, «"L'âme aussi est insaisissable...". Sextus Empiricus et la question psychologique», dans P. Galand et E. Malaspina [édit.], *Vérité et apparence. Études réunies en l'honneur de Carlos Lévy*, Turnhout 2015, sous presse); le vrai et la vérité (*HP* II 80-96 et *PM* VII 38-45; VIII 1-140); le signe (*HP* II 97-133 et *PM* VIII 141-299: *cf.* au moins Glidden **203**; **250** C. Chiesa, «Sextus sémiologue: le problème des signes commémoratifs», dans Voelke **118**, p. 151–166; **251** J. Allen, *Inference from Signs. Ancient Debates about the Nature of Evidence*, Oxford 2001, p. 87-146; **252** T. Ebert, «La théorie du signe entre la médecine et la philosophie», dans J. Kany-Turpin [édit.], *Signe et prédiction dans l'antiquité*, Saint-Étienne 2005, p. 51-63; **253** R. Bett, «Le signe dans la tradition pyrrhonienne», *ibid.*, p. 29-48; **254** P. Pellegrin, «Scepticisme et sémiologie médicale», dans R. Morelon et A. Hasnawi [édit.], *De Zénon d'Élée à Poincaré. Recueil d'études en hommage à Roshdi Rashed*, Louvain/Paris 2004, p. 645-664; voir aussi **255** S. Tor, «Argument and Signification in Sextus Empiricus: Against the Mathematicians VIII.289-290», *Rhizai* 7, 2010, p. 63-90); la démonstration (*HP* II 134-192 et *PM* VIII 300-481); le syllogisme (*HP* II 193-203); l'induction et la définition (*HP* II 204 et *HP* II 205-212: *cf.* à ce sujet Spinelli **109**, chap. 3); la division, le tout et les parties, le genre et les espèces, les accidents (*HP* II 213-228); le sophisme (*HP* II 229-259: *cf.* Spinelli **160**).

En ce qui concerne la physique (qui a donné lieu récemment à plusieurs études fondamentales, portant sur *PM* IX-X, présentées dans la cadre du onzième *Symposium Hellenisticum* tenu à Delphes: voir **256** K. Algra et K. Ierodiakonou [édit.], *Sextus Empiricus and Ancient Physics*, Cambridge 2015, sous presse), la critique de Sextus porte sur des catégories fondamentales comme la cause (*HP* III 1 et 13-29; *PM* IX 3-12 et 195-330: en plus de **257** C. Hartenstein, *Über die Lehren der antiken Skepsis, besonders des Sextus Empiricus, in Betreff der Causalität*, Inaugural Dissertation zur Erlangung der Doctorwürde/Philosophische Fakultät der Königl. Vereinigten Friedrichs-Universität Halle-Wittenberg, Halle-Saale 1888, *cf.* au moins Barnes **90** et Spinelli **109**, chap. 4, ainsi que, avec beaucoup de prudence, **258** B. Z. Andriopoulos, «Greek sceptics on causality», *Discorsi* 9, 1989, p. 7-26) – et en particulier sur la cause par excellence qui est représentée pour plusieurs philosophes dogmatiques par la divinité (*cf. HP* III 2-12 et *PM* IX 13-194, passages sur lesquels on peut lire: **259** A. A. Long, «Scepticism about Gods», dans *Id., From Epicurus to Epictetus. Studies in Hellenistic and*

Roman Philosophy, Oxford 1990, p. 114-127 ; **260** S. Knuuttila et J. Sihvola, « Ancient Scepticism and Philosophy of Religion », dans Sihvola **121**, p. 125-144 ; **261** R. Bett, « Sextus Empiricus », dans N. Trakakis et G. Oppy [édit.], *History of Western Philosophy and Religion*, t. I : *Ancient Philosophy and Religion*, Stocksfield 2009, p. 173-185 ; **262** J. Warren, « What God Didn't Know (Sextus Empiricus *AM* IX 162–6) », dans Machuca **123**, p. 41-68 ; **263** H. Thorsrud, « Sextus Empiricus on Skeptical Piety », dans Machuca **123**, p. 91-111 ; **264** J. Annas, « Ancient Scepticism and Ancient Religion », dans B. Morison et K. Ierodiakonou [édit.], *Episteme, etc. Essays in Honour of Jonathan Barnes*, Oxford 2012, p. 74-89 ; **265** E. Spinelli, « "Le dieu est la cause la plus active" : Sextus Empiricus contre la théologie dogmatique », dans A.-I. Bouton-Touboulic [édit.], *Scepticisme et religion*, Turnhout 2015, sous presse) ; le corps (*HP* III 30-55 et *PM* IX 359-440), la mixtion (*HP* III 56-62) ; le mouvement, le changement, le repos et leurs articulations (*HP* III 63-97+102-108+115-118 et *PM* X 37-168) ; la totalité et les parties (*HP* III 98-101 et *PM* IX 331-358, avec les utiles réflexions offertes par **266** J. Barnes, « Bits and Pieces », dans J. Barnes et M. Mignucci [édit.], *Matter and Metaphysics. Fourth Symposium Hellenisticum*, Napoli 1988, p. 223-294) ; la génération et la corruption (*HP* III 109-114 et *PM* X 310-351) ; le lieu (*HP* III 119-135 et *PM* X 6-36 : **267** K. Algra, « Sextus Empiricus and Greek Theories of Place. On *M* X, 1-36 », dans Algra et Ierodiakonou **256** et **268** E. Spinelli, « Φαινόμενα contra Νοούμενα : Sextus Empiricus, the Notion of Place and the Pyrrhonian Strategy at Work », dans G. Ranocchia, Ch. Helmig et Ch. Horn [édit.], *Space in Hellenistic Philosophy. Critical Studies in Ancient Physics*, Berlin/Boston 2014, p. 159-179) ; le temps (*HP* III 136-150 et *PM* X 169-247 : *cf.* **269** J. Warren, « Sextus Empiricus on the Tripartition of Time », *Phronesis* 48, 2003, p. 313-343 ; **270** F. Verde, « La 'sostanza' del tempo : linee di una polemica scettica antica », *BSFI* 190, 2007, p. 21-34, et **271** *Id.*, « Sul 'concetto' di tempo nella critica scettica », *Paradigmi* 2, 2009, p. 169-179) ; le nombre (*HP* III 151-167 et *PM* X 248-309).

La critique dirigée contre la partie éthique de la philosophie dogmatique est tout aussi riche (sur ce sujet, voir en premier lieu Spinelli **47** et Bett **48**, mais aussi **272** D. Machuca, « Moderate Ethical Realism in Sextus' Against the Ethicists ? », dans Machuca **123**, p. 143-178 ; **273** R. Bett, « How Ethical Can an Ancient Sceptic Be ? », dans Machuca **124**, p. 3-17), avec la destruction du concept et de l'essence elle-même du bien et du mal absolus (*HP* III 168-187 et *PM* XI 1-167), l'élimination de ce qu'on appelle l'art de la vie (*HP* III 188-249 et *PM* XI 168-215) et la négation de son "enseignabilité", dans une sorte d'attaque exhaustive contre toute forme de pédagogie (*HP* III 250-279 ; *PM* XI 216-257 et *PM* I 8-40).

La polémique développée dans les six livres *Contre les professionnels de la culture* est également radicale dans le ton et l'approche (*PM* I-VI : pour une première orientation et la bibliographie détaillée, voir **274** E. Spinelli, « Pyrrhonism and the specialized sciences », dans Bett **65**, p. 249-264, ainsi que Blank **42**, Delattre **111** ; **275** A. G. Wersinger, « La philosophie entre Logique et Musique.

Sextus Empiricus et la diaphônia (Discussion de quelques arguments de Jonathan Barnes)», *RMM* 56, 2007, p. 499-519; **276** E. Spinelli, «Sesto Empirico contro i musici: contesto e senso di una polemica antica», dans C. Tatasciore [édit.], *Filosofia e musica*, Milano 2008, p. 41-56; **277** G. Dye et B. Vitrac, «Le *Contre les géomètres* de Sextus Empiricus: sources, cible, structure», *Phronesis* 54, 2009, notamment p. 157-167; **278** E. Spinelli, «Contre l'art de bien parler: pour une réflexion sur la rhétorique chez Sextus Empiricus», dans B. Cassin [édit.], *La Rhétorique au miroir de la philosophie. Définitions philosophiques et définitions rhétoriques de la rhétorique*, Paris 2014, p. 235-60; **279** *Id.*, «'Are flute-players better than philosophers'? Sextus Empiricus on music, against Pythagoras», dans A.-B. Renger et A. Stavru [édit.], *Transfers in Pythagorean Knowledge (Askêsis – Religion – Science)*, Berlin 2015, sous presse). Il faut distinguer entre une double modalité de l'attaque contre les différents arts libéraux (grammaire, rhétorique, géométrie, arithmétique, astrologie, musique). D'une part en effet Sextus enregistre (et ne se fait pas un scrupule d'utiliser) des objections d'origine dogmatique (plus exactement épicurienne), étant donné qu'Épicure (☞E 36) et ses disciples ont soutenu dans de nombreux cas et en des contextes divers l'inutilité de certains des *mathemata* ici discutés. D'autre part, il distingue ces objections de celles qui sont formulées d'un point de vue aporétique ou bien sceptique, grâce auxquelles sont mises en question non seulement l'utilité de tel ou tel art libéral, mais de façon générale l'existence de leurs principes théoriques ou de leurs objets propres.

Si l'on veut toutefois mettre en évidence les aspects philosophiquement les plus intéressants et les plus originaux de la position de Sextus, il convient peut-être de se concentrer, au moins pour les grandes lignes, sur ce qu'il présente comme un *katholou logos*, "exposé général" (*HP* I 5), auquel est consacré entièrement le premier livre des *Hypotyposes pyrrhoniennes*.

Dans le but de proposer une «autojustification philosophique» cohérente, Sextus s'efforce, dans ce qui est une sorte de manuel introductif au néo-pyrrhonisme, de défendre sa position philosophique contre les accusations et les incompréhensions plus ou moins malveillantes. Pour ce faire, il tente également de définir un véritable «manifeste programmatique» de ce «mouvement de pensée» (ou ἀγωγή). Son intention est double:

1. clarifier les points de référence théoriques et pratiques qui guident la réflexion et l'action, en mettant en valeur le "caractère" authentique de l'option sceptique;

2. délimiter son rôle unique par rapport au contexte conflictuel des écoles philosophiques, antérieures et contemporaines, en essayant tout particulièrement d'éviter toute confusion avec des figures et des courants (d'Héraclite à Démocrite, des cyrénaïques à Protagoras, de Platon et son Académie – qu'elle soit sceptique ou dogmatique – à la médecine empirique déjà mentionnée), qui avaient été improprement caractérisés comme «sceptiques» (voir principalement **280** K. Janáček, «Αἱ παρακείμεναι [sc. τῇ σκέψει] φιλοσοφίαι. Bemerkungen zu Sextus Empiricus, *PH* I 210-241», *Philologus* 121, 1977, p. 90-94 = Janáček **191**, p. 225-231;

cf. aussi **281** E. Spinelli, « Sextus Empiricus, The Neighbouring Philosophies and the Sceptical Tradition (again on *Pyr.* I 220-225) », dans Sihvola **121**, p. 35-61 ; **282** C. Lévy, « Pyrrhon, Énésidème et Sextus Empiricus : la question de la légitimation historique dans le scepticisme », dans A. Brancacci [édit.], *Antichi e moderni nella filosofia di età imperiale*, Napoli 2001, p. 299-326 et récemment **283** G. Striker, « Academics versus Pyrrhonists, reconsidered », dans Bett **65**, p. 195-207 ; **284** M. Bonazzi, « A Pyrrhonian Plato ? Again on Sextus on Aenesidemus on Plato », dans Machuca **123**, p. 11-26 ; **285** R. Bolzani Filho, « Acadêmicos versus pirrônicos », *Sképsis* 4, 2011, p. 5-55 ; d'un point de vue plus général voir aussi **286** G. Striker, « Historical Reflections on Classical Pyrrhonism and Neo-Pyrrhonism », dans W. Sinnott-Armstrong [édit.], *Pyrrhonian Skepticism*, New York 2004, p. 13-24).

La préoccupation initiale et la plus urgente de Sextus semble être de mettre en évidence les différences existant entre les diverses tendances de pensée par rapport à la recherche de la vérité (*cf. HP* I 1-3). C'est pourquoi il a recours, de façon fonctionnelle et nullement désintéressée, à une division du champ philosophique dans les catégories du dogmatisme positiviste comme tel (ainsi sont cités par exemple « Aristote, Épicure, les stoïciens et certains autres »), du dogmatisme négatif – position attribuée aux tenants de la soi-disant Académie sceptique, en particulier Carnéade et Clitomaque (avec l'omission significative du nom d'Arcésilas (⮞A 302), sur lequel voir également *HP* I 232-234) – et du scepticisme véritable ou, si l'on préfère, du néo-pyrrhonisme. Bien conscient de ses objectifs et des diverses étiquettes qui peuvent être attibuées à une telle forme authentique de scepticisme (*cf. HP* I 7 : sur les « noms portés par les sceptiques », voir au moins Decleva Caizzi **206**, p. 293-313 et Floridi **105,** p. 101-105), Sextus en dégage l'"essence" pour ainsi dire dans une sorte de *dynamis* ou capacité consistant « à opposer de toutes les façons les choses qui apparaissent et celles qui sont pensées », et à partir desquelles, « à cause de la force également présente dans les faits et les discours opposés, nous parvenons d'abord à la suspension du jugement, puis immédiatement à l'imperturbabilité » (*cf. HP* I 8 ; voir aussi **287** S. H. Svavarsson, « Sextus Empiricus on Persuasiveness and Equipollence », dans Mi-K. Lee [édit.], *Strategies of Argument. Essays in Ancient Ethics, Epistemology, and Logic*, Oxford 2014, p. 356-374). Cette attitude philosophique de recherche ininterrompue et jamais terminée concernant l'« anomalie » des choses et des pensées (*cf. HP* I 12 et 26), loin de se révéler paralysante ou d'enlever au pyrrhonien la possibilité d'exprimer sa condition intellectuelle et existentielle, peut être poursuivie sans nullement céder en aucune façon à des formes fortes de dogmatisme (*cf.* surtout *HP* I 13 ; sur ce thème s'est développé un débat ample et serré, pour lequel on peut renvoyer, outre les études rassemblées dans Burnyeat et Frede **101**, au moins à **288** S. Everson, « The objective appearance of Pyrrhonism », dans S. Everson [édit.], *Psychology*, Cambridge 1991, p. 121-147 ; **289** G. Fine, « Sceptical Dogmata : *Outlines of Pyrrhonism* I 13 », *Methexis* 13, 2000, p. 81-105 ; **290** B. C. Johnsen, « On the Coherence of Pyrrhonian Scepticism »,

PhR 110, 2011, p. 521-561 ; **291** D. Bruzina, *Sextus Empiricus and the Skeptic's Beliefs*, Master's Thesis submitted to the Faculty of the Virginia Polytechnic Institute and State University, Blacksburg/Virginia 2002 ; Thorsrud **114**, chap. 9, et récemment **292** C. Perin, « Scepticism and belief », dans Bett **65**, p. 145-164, notamment p. 150 *sqq.*, mais aussi **293** M. Williams, « Skepticism without Theory », *RMetaph* 41, 1988, p. 547-588 ; **294** T. Pentzopoulou-Valalas, « Le rationalisme des sceptiques grecs », dans J. Lagrée et D. Delattre [édit.], *Ainsi parlaient les anciens*, Villeneuve d'Ascq 1994, p. 239-251 ; **295** G. Striker, « Scepticism as a Kind of Philosophy », *AGPh* 83, 2001, p. 113-129 ; **296** J. Palmer, « Skeptical Investigation », *AncPhil* 20, 2000, p. 351-375 ; **297** D. Vázquez, « Reason in check : the skepticism of Sextus Empiricus », *Hermathena* 186, 2009, p. 43-57 ; **298** D. Machuca, « Argumentative Persuasiveness in Ancient Pyrrhonism », *Méthexis* 22, 2009, p. 101-126 ; **299** L. Corti, « Scepticisme sans doute », dans A. Longo et M. Bonelli [édit.], *'Quid est veritas?' Hommage à Jonathan Barnes*, Napoli 2010, p. 157-177 ; **300** S. Marchand, « Le sceptique cherche-t-il vraiment la vérité ? », *RMM* 65, 2010, p. 125-141 ; **301** D. Machuca, « Pyrrhonism and the Law of Non-Contradiction », dans Machuca **124**, p. 51-77 ; **302** K. Vogt, « The Aims of Skeptical Investigation », *ibid.*, p. 33-49 ; **303** F. Grgić, « Investigative and Suspensive Scepticism », *EJPh* 20, 2012, p. 1-21 (voir doi:10.1111/j.1468-0378.2012.00521.x, et aussi en ligne, voir http://onlinelibrary.wiley.com/doi/10.1111/j.1468-0378.2012.00521.x/abstract) ; **304** D. Machuca, « Pyrrhonism, Inquiry, and Rationality », *Elenchos* 34, 2013, p. 201-28).

Pour le sceptique, comme le pense et l'écrit Sextus, la possibilité reste toujours ouverte de faire référence, toujours dans un sens faible et non dogmatique, à un « critère », qui est l'adhésion au phénomène et à sa *phantasia* ou « représentation » (*cf. HP* I 19-22). L'ensemble de ces considérations permet en outre à Sextus d'introduire et de combattre une accusation récurrente et malveillante, voulant condamner le sceptique à l'inactivité ou *apraxia* (*cf. HP* I 23-24). Non seulement ce n'est pas vrai, mais le pyrrhonisme ne se soustrait ni au devoir de définir la fin de son comportement, ou plus exactement cette double fin qui consiste à la fois dans l'obtention de l'imperturbabilité (ou *ataraxia*) dans le domaine des opinions et dans la modération des affects (ou *metriopatheia*) face aux nécessités inéluctables de notre condition humaine (*cf. HP* I 25-30 ; là encore les discussions ont été vives et je me limiterai à signaler quelques contributions utiles : **305** B. Mates, « On Refuting the Skeptic », *Proceedings and Addresses of the American Philosophical Association* 58, 1984, p. 21-35 ; **306** D. Hiley, « The Deep Challenge of Pyrrhonian Scepticism », *JHPh* 24, 1987, p. 185-213 ; **307** M. L. McPherran, « *Ataraxia* and *eudaimonia* : is the sceptic really happy ? », dans J. J. Cleary et D. Shartin [édit.], *PBAC* 5 (Lanham), 1989, p. 135-171 ; Striker 205 ; **308** D. Morrison, « The Ancient Sceptic's Way of Life », *Metaphilosophy* 21, 1990, p. 204-222 ; **308bis** R. Bett, « Scepticism and Everyday Attitudes in Ancient and Modern Philosophy », *Metaphilosophy* 24, 1993, p. 363-338 ; **309** J. Hankinson,

« The End of Scepticism », *Kriterion* 38, 1997, p. 7-32 ; **310** B. Ribeiro, « Is Pyrrhonism Psychologically Possible ? », *AncPhil* 22, 2002, p. 319-331 ; **311** H. Thorsrud, « Is the Examined Life Worth Living ? A Pyrrhonian Alternative », *Apeiron* 36, 2003, p. 229-249 ; **312** D. Moller, « The Pyrrhonian Skeptic's *Telos* », *AncPhil* 24, 2004, p. 425-441 ; Spinelli **109**, chap. 6 ; **313** F. Grgić, « Sextus Empiricus on the Goal of Skepticism », *AncPhil* 26, 2006, p. 141-160 ; **314** D. Machuca, « The Pyrrhonist's *ataraxia* and *philanthropia* », *AncPhil* 26, 2006, p. 111-139 ; **315** E. Spinelli, « Sextus Empiricus, l'expérience sceptique et l'horizon de l'éthique », dans *La rationalité sceptique = CPhilos*, n° 15, 2008, p. 29-45 ; **316** *Id.*, « La distruzione dei valori. Il pirronismo antico e l'etica come problema », dans S. Bacin [édit.], *Etiche antiche, etiche moderne. Temi di discussione*, Bologna 2010, p. 21-45 ; **317** K. M. Vogt, « Scepticism and action », dans Bett **65**, p. 165-180 ; **318** R. Bett, « Scepticism and ethics », dans Bett **65**, p. 181-194 ; **319** F. Grgić, « Skepticism and Everyday Life », dans Machuca **123**, p. 69-90 ; **320** S. Svavarsson, « Two Kinds of Tranquility : Sextus Empiricus on *Ataraxia* », dans Machuca **124**, p. 19-31 ; **321** R. Bett, « Can an ancient Greek sceptic be *eudaimôn* (or happy) ? And what difference does the answer make to us ? », *JAPh* 6, 2012, online : http://www.journals.usp.br/filosofiaantiga/index ; **322** E. Spinelli, « Beyond the *Theoretikos Bios* : Philosophy and Praxis in Sextus Empiricus », dans Thomas Bénatouïl et Mauro Bonazzi [édit.], *Theoria, Praxis, and the Contemplative Life after Plato and Aristotle*, Leiden 2012, p. 101-117 ; **323** *Id.*, « Neither Philosophy nor Politics ? The Pyrrhonian Approach to Everyday Life », dans J. C. Laursen et G. Paganini [édit.], *Skepticism and Politics in the Seventeenth and Eighteenth Centuries*, Toronto 2015, p. 17-35) ; **323bis** S. Marchand, « Sextus Empiricus : les effets politiques de la suspension du jugement », *Elenchos* 35, 2014, p. 311-342 ; **323ter** S. H. Svavarsson, « The sceptic's luck : on fortuitous tranquillity », dans E. K. Emilsson, A. Maravela et M. Skoie (édit.), *Paradeigmata. Studies in Honour of Øivind Andersen*, Athens 2014, p. 177-184.

La voie royale pour atteindre ces objectifs, à part l'acceptation plus ou moins passive de l'état de fait de notre situation, passe évidemment par la pratique subtile et raffinée de la suspension du jugement. C'est là un objectif philosophique auquel on ne parvient pas par hasard et de façon désordonnée, dans la mesure où il est assuré par le patrimoine sceptique commun fondé sur des schèmes bien établis. Il s'agit de ce que l'on appelle les modes ou τρόποι, véritable cheval de bataille de la polémique néo-pyrrhonienne : ils sont centrés sur des argumentations spécifiques et des instruments techniques que la tradition à laquelle Sextus se rattache avait élaborés au cours des différentes phases de son histoire pour renforcer la conclusion selon laquelle « on est conduit à la suspension de l'assentiment : nous sommes sans doute capables de dire ce que paraît être chaque chose du point de vue de sa position, de sa distance et de son lieu, mais ce qu'elle est par sa nature, nous sommes incapables de le déclarer pour les raisons données » (*HP* I 123, trad. Pellegrin **36**, p. 123 ; voir aussi I 61, 78, 106, 117, 127, 128, 134, 140, 144, 163).

La position de Sextus est celle du réalisme philosophique, bien différent du doute sceptique cartésien et post-cartésien (voir surtout : Dal Pra **82** ; **324** *Id*., « Scetticismo e realismo », dans Giannantoni **70**, p. 737-751 ; **325** G. Preti, « Lo scetticismo e il problema della conoscenza », *RCSF* 91, 1982, p. pp. 3-31, 123-143, 243-263 ; **326** G. Striker, « The Ten Tropes of Aenesidemus », dans Burnyeat **117**, p. 95-115 ; **327** M. Burnyeat, « Idealism and Greek Philosophy : What Descartes Saw and Berkeley Missed ? », *PhR* 91, 1982, p. 3-40 ; Flückiger **92**, p. 14 ; Everson **288** ; Hankinson **99** ; **327bis M.** Williams, *Descartes' Transformation of the Sceptical Tradition*, dans Bett **65**, p. 288-313), bien que certains interprètes aient nié cette conclusion pour parler (à tort, je crois) d'une forme d'anti-réalisme (voir au moins : Groarke **91** ; Vogt **102**, chap. 2 ; **328** G. Fine, « Scepticism, Existence, and Belief », *OSAPh* 14, 1996, p. 276-283 ; **329** *Ead*., « Descartes and Ancient Skepticism : Reheated Cabbage ? », *PhR* 109, 2000, p. 195-234 ; **330** *Ead*., « Subjectivity, Ancient and Modern : The Cyrenaics, Sextus, and Descartes », dans J. Miller et B. Inwood [édit.], *Hellenistic and Early Modern Philosophy*, Cambridge 2003, p. 192-231 ; **331** *Ead*., « Sextus and External World Scepticism », *OSAPh* 24, 2003, p. 341-385 ; voir aussi maintenant **332** M. Gabriel, « Zum Aussenwelt in der Antike. Sextus' Destruktion des Repräsentationalismus und die skeptische Begründung des Idealismus bei Plotin », *BPJAM* 12, 2007, p. 15-43 ; **333** D. Machuca, « La critique du critère de vérité épicurien chez Sextus Empiricus : un scepticisme sur le monde extérieur ? », dans Marchand et Verde **125**, p. 105-127.

En tous cas, il faut rappeler tout d'abord le recueil systématique des dix tropes (pour une première orientation voir Annas et Barnes **30** ; Striker **326** ; Spinelli **109**, chap. 2 ; **334** P. Woodruff, « The Pyrrhonian Modes », dans Bett **65**, p. 214-223 ; voir également **335** S. Gaukroger, « The Ten Modes of Aenesidemus and the Myth of Ancient Scepticism », *BJHPh* 3, 1995, p. 371-387 ; **336** N. Powers, « The System of the Sceptical Modes in Sextus Empiricus », *Apeiron* 43, 2010, p. 157-171, et **337** B. Morison, « The Logical Structure of The Sceptic's Opposition », *OSAPh* 40, 2011, p. 265-295). Il fut mis au point par Énésidème (à qui Sextus emprunte également les huit modes contre ceux qui avaient recours à des explications causales : *HP* I 180-186 : *cf*. au moins Spinelli **109**, chap. 4, et récemment Woodruff **334**, p. 226-227) et repris, avec un luxe de détails et non sans points de vue originaux, dans *HP* I 31-163. Dans la présentation que Sextus en donne, les « modes » concernent dans l'ordre : (1) les différences de « représentation » qui se rencontrent entre les animaux ; (2) les différences entre les hommes ; (3) les conflits en apparence insurmontables liés à la multiplicité et la variété des sensations ; (4) les oppositions ou les discordances que l'on rencontre pour un même sens face aux « circonstances » ou aux « dispositions » ; (5) les variétés des représentations sous l'effet des distances, des lieux ou des positions ; (6) les mélanges internes ou externes qui empêchent une perception sensible pure et absolue des objets et qui obligent à limiter ses affirmations à la façon dont apparaissent les différentes combinaisons ; (7) les types de compositions diverses qui entrent en jeu dans la formation d'un objet et qui déterminent des représentations discordantes ; (8) la relation (à cause de la relativité omniprésente des choses, nous devons suspendre notre jugement sur leur nature réelle) ; (9) les représentations opposées produites à cause du nombre d'occurrences (fréquentes ou rares) d'un événement déterminé tout au long de notre expérience cumulative ; (10) les cinq facteurs (diversité des choix de vie, coutumes, lois, croyances mythiques et présuppositions dogmatiques) qui engendrent des conflits de représentation, reconstruits avec précision dans tous leurs embranchements possibles, et donc capables de conduire à l'ἐποχή sur la nature réelle des objets ou des comportements « éthiques » pris en considération.

À titre de contribution ultérieure à l'arsenal polémique pyrrhonien, Sextus fait place en outre au travail théorique de certains sceptiques plus récents, qui doivent être identifiés avec Agrippa (cf. sur ce point D. L. IX 88), à qui sont attribués les fameux cinq tropes (διαφωνία, régression, relativité, hypothèse, diallèle : cf. HP I 164-177), qui représentent une sorte de « filet sceptique » incontournable (cf. principalement Barnes **94**, ainsi que récemment Thorsrud **114**, chap. 8, et Woodruff **334**, p. 223-226 ; mais voir aussi **337** J. Barnes, « La diaphonia pyrrhonienne », dans Voelke **118**, p. 97-106 ; **338** M. Lammenranta, « Skepticism and Disagreement », dans Machuca **124**, p. 203-215 ; **339** D. Machuca, « The Pyrrhonian Argument from Possible Disagreement », AGPh 93, 2011, p. 148-161 ; **340** O. Bueno, « Disagreeing with the Pyrrhonist ? », dans D. Machuca [édit.], Disagreement and Skepticism, New York 2013, p. 24-45). Ceux-ci ont en fait été élaborés pour empêcher toute entreprise dogmatique, condamnée ainsi à l'aporia, et pour rendre nécessaire le recours à l'ἐποχή, selon une stratégie utilisée avec succès en plusieurs points des sections polémiques du corpus de Sextus dans son entier.

Il ne faut pas oublier pour terminer que, toujours selon Sextus (HP I 178-179), les cinq tropes que nous venons de mentionner semblent ultérieurement réductibles à deux tropes seulement, qui représenteraient « l'ultime distilat de la liqueur sceptique » (ainsi Hankinson **99**, p. 189 ; cf. également **341** J. Barnes, « Some Ways of scepticism », dans S. Everson [édit.], Epistemology, Cambridge 1990, p. 204-224 ; sur la valeur philosophique encore actuelle du « diallèle », voir **342** D. Jacquette, « Knowledge, Skepticism, and the Diallelus », IPhQ 34, 1994, p. 191-198, ainsi que les utiles remarques de **343** L. Floridi, Scepticism and the Foundation of Epistemology, Leiden 1995, notamment p. 73-80).

Pour atteindre ses objectifs polémiques toutefois, Sextus est bien conscient qu'il doit se servir d'un outil dangereux et tout à la fois puissant : le langage. C'est encore une fois surtout dans le premier livre des Hypotyposes pyrrhoniennes que se manifeste au premier plan sa « philosophie du langage » (outre les observations précises de **344** P. Aubenque, « Vérité et scepticisme. Sur les limites d'une réfutation philosophique du scepticisme », Diogène 132, 1985, p. 100-110, pour une première orientation sur ce sujet, avec une bibliographie détailllée, voir Spinelli **109**, chap. 5 ; voir également **345** D. Glidden, « Sextus and the Erotetic Fallacy », dans G. Manetti [édit.], Knowledge Through Signs : Ancient Semiotic Theories and

Practices, Turnhout 1996, p. 187-205 ; l'étude récente de **346** L. Corti, *Scepticisme et langage*, Paris 2009, et **347** J. Turri, « Pyrrhonian Skepticism Meets Speech-act Theory », *International Journal for the Study of Skepticism* 2, 2013, p. 83-98 ; sur l'écriture sceptique de Sextus voir **348** S. Marchand, « Sextus Empiricus' Style of Writing », dans Machuca **123**, p. 113-141, et **349** R. Bett, « The Pyrrhonist's Dilemma : What to Write if you Have Nothing to Say », dans M. Erler et J. E. Hessler [édit.], *Argument und Literarische Form in antiker Philosophie*, Berlin 2010, p. 389-410). Dans une section longue et très détaillée en effet, plus exacte-ment *HP* I 187-209, Sextus définit les limites du langage pyrrhonien, expliquant de façon précise « en quel sens nous comprenons les affirmations sceptiques » (*HP* I 5). Dans ces paragraphes son intention est de fournir une auto-analyse du champ d'action légitime que l'on peut reconnaître aux formules linguistiques pyrrho-niennes, plus d'une fois utilisées comme exemple dans le cours de l'examen des tropes. C'est ainsi qu'est définie la prudence à adopter pour construire un champ de moyens d'expression capables de rendre de façon appropriée nos affects ou πάθη (*cf.* à ce sujet également D. L. IX 77). Pour ce faire, Sextus d'une part cherche à ne pas tomber dans la précipitation orgueilleuse ou προπέτεια des dogmatiques et d'autre part à ne pas assumer une position de silence a-dialogique (sur cette forme spécifique d'ἀφασία, *cf. HP* I 192-193, ainsi que **350** J. Brunschwig, « L'aphasie pyrrhonienne », dans C. Lévy et L. Pernot [édit.], *Dire l'évidence (Philosophie et rhétorique antiques)*, Paris 1997, p. 297-320). Le point de départ de ses efforts n'est pas une conception « ontologisante » du langage, compris comme instrument capable de révéler l'essence de la réalité, mais plutôt une dimension linguistique pragmatique, adoptée pour enregistrer, ici et mainte-nant, comme un fidèle « chroniqueur » (*cf.* également *HP* I 4), nos affections ou réactions, dont il faut par conséquent toujours mettre en évidence l'aspect commu-nicatif, conventionnel et changeant (en ce sens, voir par exemple *PM* I 178-179). De plus, en ne faisant pas entrer les φωναί sceptiques dans le cadre d'une « séman-tique ontologique », c'est l'accusation d'auto-contradiction souvent adressée aux pyrrhoniens qui semble tomber. Pour cette raison Sextus se sent logiquement autorisé à utiliser dans ce but la métaphore, claire et efficace, des purgatifs (*cf. HP* I 206, ainsi que I 14-15 et II 187-188 : pour quelques observations pertinentes, voir à ce sujet les diverses positions présentées par **351** M. L. McPherran, « Skeptical Homeopathy and Self-refutation », *Phronesis* 32, 1987, p. 290-328 ; **352** A. Bailey, « Pyrrhonean Scepticism and the Self-Refutation Argument », *PhilosQ* 40, 1990, p. 27-44 ; **353** L. Castagnoli, « Self-bracketing Pyrrhonism », *OSAPh* 18, 2000, p. 263-328, et en plus aussi **354** *Id.*, *Ancient Self-refutation : The Logic and History of the Self-refutation Argument from Democritus to Augustine*, Cambridge 2010, chap. 6 et 14-15), métaphore tirée de la pratique médico-pharmaceutique. Il l'enrichit ultérieurement dans le paragraphe final du second livre du *Contre les logiciens* (*PM* VIII 481), grâce à l'image du feu qui se consume lui-même et surtout grâce à celle, qui a connu une grande fortune (*cf.* par exemple Wittgenstein qui la reprend dans son *Tractatus logico-philosophicus*, 6.54), de l'échelle qu'il faut jeter une fois qu'on l'a utilisée pour monter, qui *montre*, sans *démontrer*, la pratique argumentative et linguistique acceptée par Sextus mieux que n'importe quel argument ou théorie développés.

Sur le plan plus général de l'attitude philosophique fondamenale, pour terminer, bien que Sextus adopte une stratégie polémique complexe et souvent dure, son intention n'est pas vraiment aggressive, mais, d'après lui, « philanthropique » et thérapeutique (sur cet aspect, voir au moins, selon des points de vue différents, **355** A. Cohen, « Sextus Empiricus : Scepticism as a Therapy », *PhilosForum* 15, 1984, p. 405-424 ; **356** A.-J. Voelke, « Soigner par le logos : la thérapeutique de Sextus Empiricus », dans Voelke **118**, p. 181-194 ; et récemment Machuca **298**) : c'est en effet dans cet esprit qu'il conclut ses *Hypotyposes pyrrhoniennes* (*HP* III 280-281).

En bon médecin par conséquent Sextus espérait guérir par tous les moyens l'âme humaine, en la libérant de l'adhésion précipitée à des opinions non fondées et non justifiables, cherchant ainsi à rendre le plus possible acceptable l'inévitable poids lié à la fatigue de notre vie et promouvant une philosophie comprise comme un « art de la vie positif », mais non dogmatique.

Notice traduite de l'italien par Richard Goulet, qui remercie Brigitte Pérez pour sa relecture attentive.

EMIDIO SPINELLI.

SICAS → DICAS

76 SIDONIUS APOLLINARIS (G. SOLLIUS –) *RE* 1 *PLRE* II :   *ca* 431 - *ca* 486

Poète, homme politique, sénateur, préfet de Rome en 468-469, puis évêque de Clermont-Ferrand.

Édition. 1 A. Loyen (édit.), *Sidoine Apollinaire, <Œuvres>*, Texte établi et traduit par A. L., *CUF*, t. I : *Poèmes*, Paris 1960 ; t. II : *Lettres (Livres I-V)*, Paris 1970 ; t. III : *Lettres (Livres VI-IX)*, Paris 1970.

Concordances. 2 P. G. Christiansen et J. E. Holland, *Concordantia in Sidonii Apollinaris carmina*, coll. « Alpha-Omega, Reihe A : Lexika, Indizes, Konkordanzen zur klassischen Philologie » 112, Hildesheim 1993, 257 p. ; **3** P. G. Christiansen, J. E. Holland et W. J. Dominik, *Concordantia in Sidonii Apollinaris epistulas*, coll. « Alpha-Omega, Reihe A : Lexika, Indizes, Konkordanzen zur klassischen Philologie » 166, Hildesheim 1997, 800 p.

Études d'orientation. 4 G. E. Stevens, *Sidonius Apollinaris and his age*, Oxford 1933, 224 p. ; **5** H. Rutherford, *Sidonius Apollinaris, l'homme politique, l'écrivain, l'évêque, étude d'une figure gallo-romaine du V*ᵉ *siècle*, coll. « Mémoires de l'Académie des sciences, belles-lettres et arts de Clermont-Ferrand » 38, Clermont-Ferrand 1938, V-97 p. ; **6** A. Loyen, *Sidoine Apollinaire et l'esprit précieux en Gaule aux derniers jours de l'Empire*, coll. « Collection d'études latines. Série scientifique » 20, Paris 1943, XXVIII-191 p. ; **7** K. F. Stroheker, *Der senato-*

rische Adel im spätantiken Gallien, Tübingen [1948], 140 p. (Anhang : *Prosopographie zum senatorischen Adel im spätantiken Gallien* ; sur Sidoine, p. 217, n° 358) ; **8** J. D. Harries, *Sidonius Apollinaris and the fall of Rome : AD 407-485*, Oxford 1994, XII-292 p. ; **9** F.-M. Kaufmann, *Studien zu Sidonius Apollinaris*, coll. « Europäische Hochschulschriften. Reihe III, Geschichte und ihre Hilfswissenschaften » 681, Diss. Leipzig, Frankfurt am Main/Berlin [1995], 398 p. (« Prosopographie der Adressaten des Sidonius », p. 275-356) ; **10** R. W. Mathisen, *Roman Aristocrats in Barbarian Gaul*, Austin 1993 ; **11** O. Overwien, « Kampf um Gallien. Die Briefe des Sidonius Apollinaris zwischen Literatur und Politik », *Hermes* 137, 2009, p. 93-117 (interprétation politique des lettres du livre VIII de la correspondance lues dans le contexte de la résistance contre Euric et les Wisigoths) ; **11bis** J. A. Van Waarden, *Writing to survive. A commentary on Sidonius Apollinaris Letters Book 7. Volume 1: The Episcopal Letters 1-11*, coll. « Late Antique History and Religion » 2, Leuven/Paris/Walpole, MA 2010, XII-659 p. ; **11ter** J. A. Van Waarden et G. Kelly (édit.), *New approaches to Sidonius Apollinaris*, coll. « Late antique history and religion » 7, Leuven/Paris/Walpole, MA 2013, XI-397 p. (14 études ; bibliographie, p. 355-377).

Biographie. Pour une biographie détaillée de Sidoine voir Loyen **1**, t. I, p.VII-XXIX, dont on ne trouvera ici qu'un simple résumé. Voir également Loyen **1**, t. II, p. VII-XXIV (« L'intérêt historique des lettres »). Sidoine Apollinaire naquit à Lyon un 5 novembre vers 431. Son grand-père et son père avaient été préfets du prétoire des Gaules. Il fut l'élève, sans doute à Arles vers 450, du philosophe Eusèbe (➟E 152), en même temps que son ami Probus (➟P 285) qui servait peut-être d'assistant. Il étudia alors les *Catégories* d'Aristote (*Epist.* IV 1). Vers sa vingtième année il épousa la fille du sénateur Fl. Eparchius Avitus qui avait été préfet du prétoire des Gaules et qui fut empereur d'Occident en 455-456. Le panégyrique que Sidoine composa pour son beau-père à Rome est conservé (*Carmen* VII). Une statue de bronze lui fut élevée sur le forum de Trajan (*Carmen* VIII 8 ; IX 301).

Sur d'autres statues élevées en l'honneur de sophistes à Rome, voir **12** P. Hadot, *Marius Victorinus*, Paris 1971, p. 33, qui renvoie à **13** H.-I. Marrou, « La vie intellectuelle au Forum de Trajan et au Forum d'Auguste », *MAH* 49, 1932, p. 93-110, notamment p. 109.

Après la révolte de l'Auvergne et de la Narbonnaise, c'est Majorien qui en 457 reçut l'empire et Sidoine, bon gré mal gré, prononça à nouveau son panégyrique (*Carmen* IV-V), prenant à cœur « de convertir ses compatriotes hésitants ou aigris à l'autorité victorieuse » (Loyen **1**, t. I, p. XV). Après l'assassinat de Majorien en 461, Ricimer s'empare du pouvoir et Sidoine se retire en Auvergne dans ses domaines. Pendant sept ans (461-467) il se consacre « à la littérature, à la poésie et aux devoirs de l'amitié » (*ibid.*, p. XVII). En 467, le grec Anthémius (➟A 188) est nommé empereur d'Occident. C'est un philosophe « entouré d'une cour de néo-platoniciens » (*ibid.*, p. XVIII). Sidoine est appelé à Rome où il vient défendre la cause de ses compatriotes d'Auvergne et, bien sûr, il prononce à nouveau le panégyrique de l'empereur en 468 (*Carmen* I-II). Il est nommé préfet de Rome, « une des magistratures les plus enviées » (*ibid.*, p. XX). De retour en Gaule, il se rapproche des clercs et, après l'avènement du wisigoth Euric, il est élu évêque de la métropole d'Auvergne, aujourd'hui Clermont-Ferrand (471). Il organise la résistance de l'Auvergne contre Euric à partir de 472, qui finit par l'emporter en 475. Sidoine est exilé dans la forteresse de Livia, près de Carcassone. En captivité, il écrit pour son ami Léon de Narbonne (➡L 34), passé à la cour du roi wisigoth, une traduction ou une adaptation de la *Vie d'Apollonius de Tyane le Pythagoricien* (*Epist.* VIII 3, 1). Sur la nature exacte de ce travail, voir R. Goulet, notice «Léon de Narbonne», L 34, *DPhA* IV, 2005, p. 88-89, et *Id.*, notice «Nicomachus Flavianus», N 49, *DPhA* IV, 2005, p. 685-686. Voir plus récemment **13bis** I. Prchlík, «Sidonius or Flavianus: by whom was Philostratus' "Vita Apollonii" translated into Latin?», *AUC, Philologica 1 - Graecolatina Pragensia* 22, 2007, p. 199-210, qui, après une compilation de toutes les positions soutenues, considère que ce texte fut traduit par Virius Nicomachus Flavianus senior (➡N 49).

En 477, il fut autorisé à rentrer à Clermont. Il est mort vers 486. Des fragments de son épitaphe ont été retrouvés: **14** Françoise Prévot, «Deux fragments de l'épitaphe de Sidoine Apollinaire découverts à Clermont-Ferrand», *AntTard* 1, 1993, p. 223-229; **15** Patrice Montzamir, «Nouvel essai de reconstitution matérielle de l'épitaphe de Sidoine Apollinaire (RICG, VIII, 21)», *AntTard* 11, 2003, p. 321-327.

Sidoine et la philosophie. Loyen **6**, p. 16: «Sidoine ne s'intéresse ni à la méditation ni aux idées. Son œuvre peut s'orner de noms de philosophes, il n'a jamais réfléchi sur leurs doctrines». **16** P. Courcelle, *Les lettres grecques en Occident de Macrobe à Cassiodore*, Nouvelle édition revue et augmentée, coll. *BEFAR* 159, Paris, 1948, p. 241: «Sidoine n'a pas l'esprit d'un philosophe: il peut nous aider cependant à découvrir combien la philosophie de son temps était encore imprégnée d'hellénisme».

Dans la lettre dédicatoire de l'*Épithalame* philosophique composé pour les noces de Polémius (➡P 216) et d'Aranéola avant 460, Sidoine se réclame de Léon de Narbonne (➡L 34) et de ses amis platoniciens *(complatonici)* Magnus (➡M 13) et Domnulus (➡D 220), pour affirmer que «la musique et l'astronomie *(astrologie)* ne peuvent en aucune façon être rendues intelligibles» sans des termes grecs comme «centre, proportion, intervalles, inclinaisons et segments» (*Carm.* XIX, epist., § 2). L'une des originalités de ce poème est d'introduire une longue doxographie philosophique (*Carm.* XV 36-125) où figurent des termes techniques, et même *essentia* (*Carm.* XV 102), «néologisme» emprunté à Cicéron (*Carm.* XIV, § 4). Sidoine énumère et caractérise successivement les Sept Sages, Pythagore, auquel il prête quelques doctrines cosmologiques, Thalès, Anaximandre et Anaximène, Anaxagore, Arcésilas (promu atomiste présocratique, peut-être par confusion avec Archélaos [*cf.* Augustin, *C.D.* VIII 2] (les manuscrits ont *Archesilas* ou *Archesilaus*), puis Socrate, Platon, à qui l'on attribue une hiérarchie (néoplatonicienne) des êtres en six degrés, Chrysippe et Zénon, enfin les cyniques et les épicuriens. Sur cette doxographie et d'autres listes semblables dans l'œuvre de Sidoine, voir Courcelle **16**, p. 240-241, qui y voit un emprunt à une traduction

latine de la Συναγωγὴ δογμάτων πάσης αἰρεσέως φιλοσόφου (*Souda*) de
Celsinus [➤C 65] (voir aussi Courcelle **16**, p. 179-181). Sur ce poème, voir le
commentaire de **17** G. Ravenna (édit.), *Le Nozze di Polemio e Araneola (Sidonio
Apollinare, Carmina XIV-XV). Introd., testo, trad. & comm.*, coll. «Testi e manuali
per l'insegnamento univ. del latino», 33 Bologna 1990, 102 p.

Une liste hétéroclite de philosophes est également donnée dans le Panégyrique
d'Anthémius (*Carmen* II, 156-181): les Sept Sages, Anacharsis et Lycurgue, les
cyniques imitateurs d'Épicure (!), les deux Académies, Cléanthe, Pythagore,
Démocrite, Héraclite, Platon, Aristote, Anaximène, Euclide, Archytas, Zénon,
Arcésilas, Chrysippe, Anaxagore, Socrate. Dans sa lettre à Faustus de Riez [➤F 7a
dans les compléments du tome VII] (*Epist.* IX 9, 14), le "philosophe chrétien" (à
entendre principalement au sens d'ascète, selon Courcelle **19** [cité plus loin],
p. 58), c'est une galerie de portraits de philosophes, telles qu'on en trouvait «dans
les gymnases de l'Aréopage ou dans les prytanées» qui est évoquée. La pose
caractéristique de chaque personnage est rappelée: «Aratus la tête renversée,
Zénon les sourcils froncés, Épicure la peau tendue, Diogène avec une barbe
fournie, Socrate avec une chevelure tombante, Aristote avec un bras découvert,
Xénocrate avec une jambe ramenée en arrière, Héraclite les yeux clos par les
larmes, Démocrite les lèvres ouvertes par le rire, Chrysippe avec les doigts pliés
pour indiquer les nombres, Euclide avec les doigts écartés pour indiquer les
dimensions des mesures, Cléanthe avec les doigts rongés pour ces deux raisons»
(§ 14, trad. Loyen). Les spécialistes de l'iconographie des philosophes ont mis à
profit ces descriptions pour identifier certains portraits antiques retrouvés. Sur cette
liste, voir **18** Bernhard Hebert, «Philosophenbildnisse bei Sidonius Apollinaris.
Eine Ekphrasis zwischen Kunstbeschreibung und Philosophiekritik», *Klio* 70,
1988, p. 519-538, notamment p. 530-538.

Sidoine est le dédicataire (*Epist.* IV 2, 2; IV 3, 2) du *De statu animae* en trois
livres de Claudien Mamert (➤C 132), philosophe «platonicien», «en qui brillait
une triple culture (ou bibliothèque: *bybliotheca*), la romaine, la grecque, la chrétienne» (*Epist.* IV 11, 6, vers 4-5) et qui connaissait le grec. Dans sa lettre V 2, il
demande la restitution de l'ouvrage (sur parchemin: *membranas*) à son ami Nym-
phidius qui l'avait emprunté pour en faire une copie (*recensendam transferendam-
que*). Après la mort de Claudien, dans une lettre à Petreius (*Epist.* IV 11), Sidoine
rappelle les qualités de ce platonicien chrétien et il évoque les discussions savantes
auxquelles il conviait ses amis. L'éloge que fait Sidoine de l'ouvrage de son ami
(*Epist.* IV 3 et V 2) a souvent paru «enthousiaste, mais vide de sens» (Loyen **1**,
t. II, p. XXXIII). A nouveau Sidoine se complaît dans l'énumération des grands
noms, parmi lesquels apparaissent quelques philosophes: Orphée, Esculape,
Archimède, Perdix, Euphratès, Vitruve, puis Thalès, Atlas, Zétus, Chrysippe,
Euclide, et encore Pythagore, Socrate, Platon, Aristote, Eschine, Démosthène,
Hortensius, Céthégus, Curon, Fabius, Crassus, César, Caton, Appius, Cicéron, etc.
19 P. Courcelle, «Sidoine philosophe», dans W. Wimmel (édit.), *Forschungen zur
römischen Literatur. Festschrift zum 60. Geburtstag von Karl Büchner*, Wiesbaden

1970, p. 46-59, a pourtant estimé que dans sa lettre à Philagrius (*Epist.* VII 14), inspirée du *De statu animae*, Sidoine présentait des développements assez riches sur l'importance relative de l'âme et du corps pour déterminer la valeur d'un homme, faisant appel à l'*Histoire naturelle* de Pline, au *De natura deorum* de Cicéron, au *De opificio Dei* de Lactance, et à un protreptique qui pourrait être l'*Hortensius* de Cicéron. «A travers ses Poèmes ou ses Lettres Sidoine semble, à l'ordinaire, un pur littérateur soucieux de mythologie, de badinage ou de stylistique. Mais c'est peut-être parce qu'il veut respecter les lois de ces genres littéraires. A en juger par la Lettre à Philagrius, voici au contraire qu'il nous apparaît comme l'un des *Complatonici* de cette aristocratie gallo-romaine du Vᵉ siècle finissant.»

RICHARD GOULET.

77   SILANUS (L. IUNIUS –)   M I

Disciple du stoïcien Héliodore (➠H 27) qui l'aurait dénoncé auprès de Néron comme conjuré, d'après une scholie ancienne sur Juvénal, *Sat.* I 33, où le poète évoque l'iniquité des délations. Il faut sans doute y reconnaître l'opposant à Néron L. Iunius Silanus Torquatus (➠S 78).

Héliodore l'aurait dénoncé comme conjurateur auprès de Néron, d'après une scholie ancienne sur Juvénal, *Sat.* I 33, où le poète évoque l'iniquité des délations. *Cf.* **2** *Scholia in Iuvenalem vetustiora collegit recensuit illustravit P. Wessner*, coll. *BT*, Leipzig 1931, p. 5, 4-11 :

"*Magni delator amici". Heliodorum dicit Stoicum philosophum, qui L. Iunium* (correction de Lipsius pour le *Licinium* des mss.) *Silanum, discipulum suum, cum argueret<ur> coniurationis, infitiatum <praeter> domesticam delationem etiam <falso> testimonio oppressit. Alii philosophum Traiani dicunt, qui Baream senatorem detulit et damnavit. Nonnulli Demetrium causidicum dicunt, qui multos Neroni detulit.*

«(Juvénal) parle d'Héliodore le philosophe stoïcien qui accabla d'un faux-témoignage, complétant une accusation d'origine domestique, son disciple L. Iunius Silanus alors qu'il était accusé de conspiration et niait (toute responsabilité). D'autres évoquent un philosophe de (l'époque de) Trajan *(sic)* qui dénonça le sénateur Barea et le fit condamner. Certains parlent de l'avocat Démétrius qui dénonça plusieurs personnes à Néron».

Voir également **3** S. Grazzini, *Scholia in Iuuenalem recentiora secundum recensiones φ et χ.* Edizione critica a cura di S. G., t. I : Satt. 1-6, Pisa 2011, p. 12.

Pour une analyse approfondie de la genèse de cette scholie et ses liens avec d'autres scholies concernant la condamnation de Barea Soranus et de sa fille Servilia, voir **4** Ute Tischer, *Die zeitgeschichtliche Anspielung in der antiken Literaturerklärung*, coll. «Leipziger Studien zur klassischen Philologie» 3, Tübingen 2006, p. 180-184.

Juvénal évoquait une délation sans donner de noms dans des vers où il mentionnait d'autres délateurs encore florissants au début du IIᵉ s. :

> *Nam quis iniquae*
> *tam patiens urbis, tam ferreus, ut teneat se,*
> *causidici noua cum ueniat lectica Mathonis,*
> *plena ipso, post hunc magni delator amici*
> *et cito rapturus de nobilitate comesa*
> *quod superest, quem Massa timet, quem munere palpat*
> *Carus et a trepido Thymele summissa Latino ?*

«Qui est assez résigné aux iniquités de Rome, assez bronzé pour se contenir, quand apparaît la litière neuve de l'avocat Mathon (*RE* 2), qui la remplit toute ; et, après Mathon, *le délateur d'un illustre ami*, tout prêt à gruger les restes de notre noblesse déjà bien entamée, celui que (Baebius) Massa (*RE* B 38) redoute, que (Mettius) Carus (*RE* M 7) essaie d'amadouer avec des cadeaux, et auquel Latinus (*RE* 3) en panique dépêche subrepticement Thymélè ? » (trad. Labriolle et Villeneuve).

Le scholiaste évoque trois identifications précédemment envisagées pour le délateur anonyme de ce vers : (a) le stoïcien Héliodore, (b) l'accusateur de Barea Soranus [➤S 112] (c'est-à-dire le philosophe P. Egnatius Celer [➤C 64] dont le nom n'est pas mentionné par le scholiaste et qui avait d'ailleurs déjà été condamné et exécuté sous Vespasien et n'était donc plus en activité), enfin (c) un avocat par ailleurs inconnu du nom de Demetrius (*RE* 57), délateur sous Néron. 5 J. van Wageningen, «*Magni delator amici.* (Ad Iuv. I 34)», *Mnemosyne* 47, 1919, p. 122-123, optait pour Héliodore. Selon 6 J. Gérard, *Juvénal et la réalité contemporaine*, «Collection d'études anciennes», Paris 1976, p. 26-54, Juvénal aurait plutôt visé Publicius Certus (*RE* P 32), responsable de la condamnation d'Helvidius Priscus fils (➤H 40). Pline le Jeune (➤P 203) avait accusé au Sénat en 97 ce Publicius Certus (*Lettres* IX 13).

Une autre scholie sur I 35 (p. 5, 12-21 Wessner), ajoute qu'Héliodore fut également responsable de la condamnation à mort de Massa et de Carus : "quem Massa timet quem munere palpat Carus et a trepido Thymele summissa Latino" *Massa morio fuisse dicitur et Carus nanus, Latinus vero actor mimicus. Hi omnes Neronis fuerunt liberti et deliciae Augusti, sed et nequissimi delatores. Latinus autem mimus quasi conscius adulterii Messalinae, uxori Neronis, ab ipso occisus est, Massa autem et Carus Heliodoro deferente occisi sunt. cuius futuram delationem ita metuebant, ut ei munera darent : nam Latinus mimus Thymelen mimam summittebat et mitigandum.*

«On dit que Massa fut un idiot et Carus un nain. Quant à Latinus c'était un acteur de mimes. Tous furent des affranchis de Néron et des favoris de l'empereur, mais également des délateurs iniques. Mais le mime Latinus qui était au courant de l'adultère de Messaline, l'*épouse de Néron* [étant donné la confusion chronologique dont témoigne cette scholie, il s'agit sans doute d'une simple erreur, même si Claude porta effectivement le *cognomen* de Néron], fut tué par lui ; Massa et Carus sont tués sur dénonciation par Héliodore. Ils craignaient tellement une éventuelle délation de la part qu'ils lui firent des présents : le mime Latinus envoyait en secret la mime Thymélè pour l'amadouer».

On connaît plusieurs Héliodore philosophes et 7 H.-G. Pflaum, *Les carrières procuratoriennes équestres sous le Haut Empire romain*, Paris 1960, p. 241-253, a proposé d'identifier le stoïcien de la scholie (➤H 27) avec le philosophe ami d'Hadrien (➤H 28 A) tout en le distinguant du rhéteur C. Avidius Heliodorus (➤H 27 B). Gérard 6, p. 42-44, refuse de distinguer ces deux (ou trois) Héliodore et ne retient donc pas cette identification qui ferait du délateur Héliodore un préfet d'Égypte jusqu'en 141 ou 142. Si le délateur de l'époque de Néron dont parle la scholie pouvait être encore en activité au moment de la rédaction de la première Satire de Juvénal, il est moins probable qu'il soit l'ami de l'empereur Hadrien (117-138) et impossible qu'il soit le préfet d'Égypte de 141 ou 142.

Quoi qu'il en soit de la pertinence des identifications rapportées, le scholiaste présente comme un fait établi l'enseignement du stoïcien Héliodore inculqué à son élève Silanus. Même si cette délation d'un disciple par un maître stoïcien rappelle étrangement les attaques d'Egnatius Celer contre Barea Soranus, il n'est pas impossible que le scholiaste ait disposé d'une information originale sur Héliodore et Silanus.

                                                            RICHARD GOULET.

78   SILANUS TORQUATUS (L. IUNIUS–) *RE* I 183   *PIR*[2] I 838   ? /65

Homme politique romain victime de Néron. Il faut sans doute l'identifier avec le disciple du stoïcien Héliodore (☛H 27) que nous fait connaître une scholie sur Juvénal (☛ S 77).

Cf. **1** E. Hohl, art. «L. Iunius Silanus Torquatus» 183, *RE* X 1, 1918, col. 1105-1106.

La condamnation et la mort de L. Iunius Silanus Torquatus sont racontées par Tacite, qui ne fait cependant pas intervenir Héliodore. Silanus appartenait à l'une des grandes familles de Rome (Tacite, *Annales* XVI 7, 1 et 2): issu de la *gens* Junia Silana (**2** R. Syme, *Augustan Aristocracy*, Oxford 1986, p. 188-199, avec un arbre généalogique en appendice: cette gens était apparentée aux Aemilii Lepidi ainsi qu'aux Manlii Torquati). Il était le fils de M. Junius Torquatus Silanus, proconsul d'Asie, victime d'une machination d'Agrippine en 54 (*Annales* XIII 1, 1). Cette dernière craignait en effet une vengeance pour la mort en 48-49 de Lucius Silanus, son frère qui avait été fiancé à Octavia avant le mariage de celle-ci avec Néron (*Annales* XII 8, 1). L'oncle de Silanus, Decimus Silanus Torquatus, consul en 53, fut victime de Néron en 65 (Tacite, *Annales* XV 35, 1-2 et Dion Cassius LXII 27, 2: ce personnage s'était vanté d'avoir Auguste comme trisaïeul) après ses frères. Silanus avait également des liens avec les Cassii Longini, une grande famille de juristes (Syme **2**, p. 175 et 186). En effet une de ses tantes, Junia Lepida, fille du consul de 19 Junius Silanus et d'Aemilia, était mariée à C. Cassius Longinus (*RE* C 60), éminent juriste, consul en 30 (*Annales* XVI 8, 2). Et Silanus avait pris des leçons de droit auprès de lui (*Annales* XV 52, 2).

Or Cassius était mal vu de Néron (*Annales* XVI 7, 1): Silanus fut associé à son sort dans une machination qui visait à les éliminer tous les deux. Cassius se vit reprocher de garder chez lui le portrait de son ancêtre, Cassius Longinus (☛L 62), le meurtrier de César (Suétone, *Néron* 37, 2). Silanus fut accusé de se voir déjà *Princeps* (reproche fait précédemment à son oncle Decimus), mais selon Dion Cassius LXII 23 ce fut sa prodigalité qui fut à l'origine de tout. On trouva en outre des informateurs pour prétendre qu'il s'était adonné à des pratiques magiques et que Junia Lepida avait eu des relations incestueuses avec son neveu (*Annales* XVI 8, 2: l'accusation d'inceste avait auparavant servi pour attaquer M. Junius Silanus et sa sœur Junia Calvina). Les deux hommes furent condamnés à l'exil par un sénatus-consulte, tandis que le cas de Lepida était mis en attente. Mais alors que C. Cassius fut envoyé en Sardaigne (il en revint sous le règne de Vespasien, *cf.* Pomponius, *Dig.* I 2, 2, 52), une île connue pour être insalubre du fait de marais sur une bonne partie de son territoire Silanus fut envoyé à Ostie tout d'abord, sous prétexte d'un exil à Naxos : ensuite, on l'emmena à Bari où il fut enfermé. Finalement Néron envoya des soldats le tuer et Silanus supporta avec sagesse *(sapienter)* son sort : sommé par le centurion de s'ouvrir les veines, il refusa et les soldats eurent le plus grand mal à venir à bout de lui, même désarmé (*Annales* XVI 9, 2).

Par la suite on changea le nom du mois de juin (Iunium) en celui de Germanicus parce que L. Iunius Silanus et son oncle Decimus Iunius Torquatus Silanus, contraint de mourir «parce que à l'illustration de la famille Junia il joignait le tort d'avoir le divin Auguste pour trisaïeul» (*ibid.* XV 35, trad. Goelzeer), avaient rendu néfaste ce nom de Iunius (*ibid.* XVI 12).

Titinius Capito lui éleva plus tard, sous le règne de Nerva, une statue sur le Forum (Pline le Jeune, *Lettres* I 17, 1): **9** A. N. Sherwin-White, *The Letters of Pliny. A Historical and Social Commentary*, Oxford 1966, p. 124, considère que ce fut là l'œuvre d'un protégé des Junii Silani (*contra* **10** R. Syme, *Tacitus*, Oxford 1958, p. 92-93, qui y voit simplement un effet de reproduction servile des us et coutumes de l'aristocratie par un chevalier). Capito avait également chez lui les portraits de Caton, Brutus et Cassius.

Nous avons vu que selon un scholiaste (*ad* Juvénal I 33 : voir **3** L. Friedländer, *D. Junii Juvenalis saturarum libri V*, Leipzig, 1895, réimpr. Amsterdam 1962, p. 137-138), un certain Silanus (➠S 77) aurait été trahi par son maître de philosophie, le stoïcien Héliodore (➠H 27) : néanmoins la même source indique que le poète aurait pu faire allusion à un autre stoïcien, P. Egnatius Celer (➠C 64), qui dénonça Barea Soranus (*Annales* XVI 32, 3), ou encore à Demetrius (*RE* 57) qui joua le même rôle de délateur auprès de Néron. Ce rapprochement fait avec les stoïciens renforce la probabilité de l'appartenance de Silanus à l'opposition sénatoriale imprégnée de l'enseignement de la Stoa (d'ailleurs Dion Cassius LXII 23 suggère que le jeune homme n'a pas voulu garder ses richesses, ce qui pourrait faire penser à un choix philosophique d'inspiration stoïcienne) qui se devine déjà par les liens entre ce personnage et C. Cassius Longinus (sur le refus de voter des honneurs excessifs à Néron : *Annales* XIII 41, 4). Cela permet de mieux comprendre le choix de Titinius Capito d'honorer cet homme en particulier, puisque d'autres Silani furent victimes du pouvoir impérial, mais en ayant été beaucoup plus proches des Princes : L. Silanus était considéré comme brillant du fait de sa naissance et de son éducation soignée (d'où les craintes de Pison : *Annales* XV 52, 2), ce qui faisait de lui un jeune espoir du milieu sénatorial opposé à Néron. « (Pison) craignait secrètement que L. Silanus dont la haute noblesse et la culture due aux leçons de C. Cassius, son maître et son éducateur, avaient assuré l'élévation et l'illustration, ne s'emparât de l'empire... » (Tac., *Ann.* XV 52 ; trad. Goelzer). D'ailleurs, son élimination intervient dans le contexte général d'une purge opérée dans ce milieu : Thrasea (➠T 119), Cassius, Barea Soranus (➠S 112).

YASMINA BENFERHAT.

SILIOS → **SYLLOS**

SILIUS → **ITALICUS (SILIUS –)**

79 SILLIS (ou SYLLOS ?) *RE* (Syllos) 3   D Iᵃ

Cicéron rapporte dans son *De natura deorum* I 93, que Zénon de Sidon
(☛Z 24), scholarque épicurien à Athènes au début du Iᵉʳ s. av. J.-Chr., s'en prenait
« non seulement à ses contemporains, Apollodore, Sillis, et d'autres» *(non eos
solum qui tum erant, Apollodorum, Sillim, ceteros, figebat maledictis)*, mais
également à Socrate (☛S 98), le père de la philosophie, et Chrysippe (☛C 121).

Sillim est en effet le texte du ms A, mais d'autres manuscrits ont *silum, sillum, siilli* ou *sive.*

On a généralement pensé que l'Apollodore de ce passage était le stoïcien Apollodore de
Séleucie (☛A 250), bien que ce dernier ait été en activité au moins une génération avant Zénon
de Sidon. D'autres philosophes ont porté ce nom à l'époque. 1 P. von der Mühll, «Zwei alte
Stoiker. Zuname und Herkunft», *MH* 20, 1963, p. 1-9, notamment p. 2, a pensé entre autres à un
stoïcien athénien (☛A 245), disciple d'Antipatros de Tarse (☛A 205) qui se rapprocherait davantage de l'époque de Zénon. Mais il s'agissait d'un philosophe beaucoup moins célèbre dont aucun
écrit susceptible de soulever les foudres de Zénon n'est attesté. Cicéron pouvait en fait considérer
qu'Apollodore de Séleucie et Zénon de Sidon avaient vécu à peu près à la même époque.

Diogène Laërce VII 39 cite à propos de la division tripartite de la philosophie
enseignée par les stoïciens plusieurs sources autorisées : «Zénon de Citium dans
son traité *Sur la raison,* (puis) Chrysippe dans le premier livre de son traité *Sur la
raison* et dans le premier livre de ses *Physiques,* Apollodore *dit Éphillos* dans le
premier livre de ses *Introductions aux doctrines,* Eudrome (☛E 103) dans ses
Éléments d'éthique, Diogène de Babylonie (☛D 146) et Posidonius (☛P 267).»
Ici encore, d'après l'édition de T. Dorandi, le texte présente des variantes : ὁ
ἔφηλος B², ὁ ἔφιλος B¹PF ὁ ἔφιλλος Z (Frobeniana).

D'après P. von der Mühll 1, p. 3, ὁ ἔφηλος signifierait «celui qui a des taches blanches dans
la pupille».

L'état du texte dans les deux passages a amené les philologues à les corriger
l'un par l'autre. On a prêté à Aldobrandini (1594) une correction du texte de
Diogène Laërce à partir de celui de Cicéron : il faudrait restituer la forme
Ἀπολλόδωρος καὶ Σύλλος. C'est le texte retenu par H. S. Long (1964) et
M. Marcovich (1999), après bien d'autres. T. Dorandi a édité ὁ ἔφηλος. Comme
chacun des philosophes cités, sauf les deux derniers, est accompagné d'au moins
un traité, il est probable qu'Éphilos (ou ses variantes) est dans ce contexte un
surnom et que le philosophe visé est Apollodore de Séleucie. La correction proposée reviendrait à introduire un déséquilibre entre les stoïciens et les traités cités,
puisqu'un seul traité serait ainsi rattaché au couple Apollodore et Syllos.

2 M.-O. Goulet-Cazé, *Les* Kynica *du stoïcisme,* coll. «Hermes Einzelschriften» 89, Stuttgart
2003, dans un appendice consacré à Apollodore de Séleucie, p. 139, a montré que la correction
καὶ Σύλλος avait été prêtée à tort à Aldobrandini. Ce dernier gardait dans son édition ὁ Ἔφιλλος
et envisageait simplement de corriger ce mot en Σύλλος (en latin *Ephilus, sive Ephillus,* devenant
Syllus), ce qui donnait, comme l'a correctement rapporté Gilles Ménage (1692), Ἀπολλόδωρος ὁ
Σύλλος. Aldobrandini modifiait donc le surnom d'Apollodore et n'ajoutait pas un nouveau nom,
comme l'ont fait tous les éditeurs qui prétendent reprendre sa conjecture.

Syllos est, d'après Jamblique, *De vita pyth.* 35, 267, p. 143, 20 Deubner (où le Σίλιος du ms est d'ailleurs corrigé d'après 28, 150, p. 84, 24 Deubner), le nom d'un pythagoricien de Crotone (➡S 175), mais cette forme reste inattendue dans cette reconstitution du passage de Diogène Laërce et ne correspond pas au nom indiqué par Cicéron (Sillis).

Inversement, il s'est trouvé des philologues (Giambelli et Crönert) pour corriger Cicéron d'après Diogène Laërce et lire *Apollodorum Ephillum.* Là encore, on se retrouverait en présence d'un texte aberrant, dans la mesure où avant *ceteros* (sans *et* !) on attendrait au moins *deux* noms.

Voici quelques exemples d'emploi de *ceteri* ou *ceteros* chez Cicéron :

– *Pro L. Cornelio Balbo oratio* 30 : itaque in Graecis civitatibus videmus Athenis *Rhodios Lacedaemonios ceteros* undique adscribi multarum que esse eosdem homines civitatum.

– *Brutus* 292 : ut apud Platonem Socrates in caelum effert laudibus *Protagoram Hippiam Prodicum Gorgiam ceteros*, se autem omnium rerum inscium fingit et rudem.

– *De natura deorum* III 45 : Quid *Apollinem Volcanum Mercurium ceteros deos* esse dices, de Hercule Aesculapio Libero Castore Polluce dubitabis ?

– *Pro L. Ualerio Flacco oratio* 52 : ubi erant illi *Pythodori Archidemi Epigoni, ceteri homines* apud nos noti inter suos nobiles, ubi illa magnifica et gloriosa ostentatio civitatis ?

– *De finibus bonorum et malorum* V 3, 7 : non ii soli numerantur, qui Academici vocantur, *Speusippus, Xenocrates, Polemo, Crantor ceterique*, sed etiam Peripatetici veteres, quorum princeps Aristoteles, quem excepto Platone haud scio an recte dixerim principem philosophorum.

C'est pourquoi **3** Crönert, *Kolotes und Menedemos*, p. 80-81 n. 395, a supposé une lacune après *Ephillum.* Voir **4** A. S. Pease, dans son commentaire du *De natura deorum* de Cicéron, t. I, Darmstadt 1968, p. 455.

Sillis est un nom bien attesté dans les inscriptions (voir **5** O. Masson, « Recherches sur les Phéniciens dans le monde hellénistique », *BCH* 93, 1969, p. 679-700, sect. I : « Le nom de Sillis de Kition à Délos et à Démétrias de Thessalie », p. 679-687 ; voir également dans le *LGPN* (8 occurrences), mais, comme on ne connaît aucun philosophe contemporain de Zénon ayant porté ce nom ou un nom similaire, il est possible que Cicéron ait pris comme un nom distinct un surnom d'Apollodore et dans cette perspective ce pourrait effectivement être *Ephillus*, correspondant à ὁ ἔφηλος ou à l'une de ses variantes. Mais une telle confusion reste improbable et il est préférable de voir en *Sillis* la corruption d'un autre nom de philosophe, impossible à reconstituer.

En toute hypothèse l'existence d'un philosophe du nom de Sillis ou Syllos reste donc des plus douteuses.

Cf. **6** W. Capelle, art. « Syllos » 3, *RE* IV A 1, 1931, col. 1070-1071 ; **7** J.-L. Ferrary, *Philhellénisme et impérialisme*, Rome 1988, p. 449 et n. 47.

                                                            RICHARD GOULET.

SILUS → **ALBUCIUS SILUS**

80 SILVANUS *PLRE* II :6   F V ?

«Philosophe» mentionné dans un fragment de la *Vie d'Isidore* par Damascius
(fr. 359, p. 291, 15-17 Zintzen) conservé par la *Souda*, *s.vv.* Σιλβανός et
ἐπιπόλαιος, t. IV, p. 358, 20 et t. II, p. 375, 6 Adler : Σιλβανός, φιλόσοφος· ὃς
ἐπιεικὴς μὲν ἦν τὰ ἄλλα καὶ ἱερός, ἁπλούστερος δὲ τὰ ἤθη καὶ ἐπιπόλαιος. P.
Athanassiadi, *Damascius, The Philosophical History*, n° 147, p. 325, a traduit :
«Silvanus, a philosopher ; he was generally decent and pious, but too simple and
superficial in character».

                                                      RICHARD GOULET.

81 SILVANUS *PLRE* II :   V

Un des sept philosophes qui auraient accompagné, en 421, la future impératrice
Eudocie (Athénaïs) d'Athènes à Constantinople (*Patria Constant.* II, p. 192-193
Preger. *Cf.* aussi I, p. 61-64, qui rapporte les mêmes anecdotes). Les autres
philosophes étaient Apelles, Carus, Cranus, Curbus, Nervas et Pélops. Pour une
édition plus récente de ce texte des *Parastaseis*, voir Averil Cameron et Judith
Herrin (édit.), *Constantinople in the early eighth century. The Parastaseis
syntomoi chronikai. Introduction, translation and commentary*, coll. «Columbia
studies in the classical tradition» 10, Leiden 1984, p. 140-147, avec les notes
p. 253-259. Voir aussi H. Schlange-Schöningen, *Kaisertum und Bildungswesen im
spätantiken Konstantinopel*, coll. «Historia - Einzelschriften» 94, Stuttgart 1995,
p. 86. Sur la signification du terme "philosophe" dans cette littérature et les traits
qui le rapprochent de la figure chrétienne du "saint", voir G. Dagron, *Constantinople imaginaire. Études sur le recueil des "Patria"*, Paris 1984, p. 123 n. 100, et
aussi p. 103-115, 119 *sq.*, 124 *sq.*

                                                      PIERRE MARAVAL.

SILVANUS → HIÉRAX (SILVANUS DOROTHÉOS –)

82 SIMIAS   I-II

Philosophe stoïcien.

Il convient de distinguer le philosophe stoïcien Simias (avec un seul m) cité par
Galien dans son *Commentaire à l'officine du médecin* I 3 (t. XVIII B, p. 654 Kühn
= *SVF* II 75 ; M. Pohlenz, *Die Stoa*, Göttingen 1972[4], t. II, p. 148) d'un autre
Simmias (avec deux m) qui, seul, a eu les honneurs d'un article de Gossen dans la
RE 8. Ce Simmias, fils de Médios (Σιμμίας τοῦ Μηδίου), auquel Galien applique
le terme péjoratif de rassembleur de foule (ὀχλαγωγός), c'est-à-dire de charlatan,
était l'auteur d'un remède contre les morsures d'araignées venimeuses (t. XIV,
p. 180 Kühn) et d'un emplâtre (t. XIV, p. 182). Il n'a donc rien à voir avec le
stoïcien Simias qui, toujours selon Galien, aurait influencé Aiphicianos (**→**A 68),
un disciple de Quintus (**→**Q 3), dans l'interprétation que ce dernier avait donnée de
l'introduction du traité hippocratique *De l'officine du médecin* I 3. Il s'agit du

commentaire de la première phrase du traité hippocratique où il est dit qu'il convient de « rechercher ce qui peut se voir, se toucher, s'entendre (ἃ καὶ ἰδεῖν καὶ θιγεῖν καὶ ἀκοῦσαι ἔστιν) ; ce qu'on peut percevoir en regardant, en touchant, en écoutant, en flairant, en goûtant, et en appliquant l'intelligence (ἃ καὶ τῇ ὄψει καὶ τῇ καὶ τῇ ἁφῇ καὶ τῇ ἀκοῇ καὶ τῇ ῥινὶ καὶ τῇ γλώσσῃ καὶ τῇ γνώμῃ ἔστιν αἰσθάνεσθαι) ». Après avoir noté que ce passage a pu paraître redondant et à ce titre donner lieu à de nombreuses interprétations, Galien, dans son commentaire (t. XVIII B, p. 649 Kühn), choisit de ne rappeler que les seules explications dignes d'intérêt : selon les uns, le premier membre de phrase cite uniquement trois sens, la vue, le toucher et l'ouïe, pris à titre d'exemple, pour renvoyer de façon générale à l'interrogation du médecin sur les qualités pures et simples (chaud, froid, sec, humide, dur mou, grand, petit...), tandis que le second membre qui nomme tous les sens, ainsi que l'intelligence, renvoie à l'examen du corps pris dans sa totalité (t. XVIII B, p. 652 Kühn). D'autres, cependant, prétendent que le premier membre de phrase se rapporte à l'examen du médecin et le second à la perception du malade de son propre mal (t. XVIII B, p. 652-653 Kühn). D'autres encore modifient cette dernière interprétation en ce qui concerne l'intelligence : c'est le médecin, et non le malade, qui après avoir vu, touché et entendu, et après que le malade de son côté a vu, touché, entendu, flairé et goûté, qui use de l'intelligence pour aboutir à un diagnostic (t. XVIII B, p. 653 Kühn). Enfin une quatrième explication, nous dit Galien, avait été fournie par une analyse que Simias faisait de la sensation (t. XVIII B, p. 654, 12-13 Kühn : ἔστι δὲ ἡ τοιαύτη τῆς αἰσθήσεως ἐξήγησις τοῦ Σιμίου τοῦ Στωικοῦ). Ce passage a été repris en partie dans les *Vorsokratiker* pour la citation de l'interprétation de Critias [☞C 216] (Diels-Kranz, II 39) qui, chez Galien, suit immédiatement celle de Simias (t. XVIII B, p. 656, 5 Kühn), mais aussi, nous l'avons vu, par von Arnim (*SVF* II 75) et Pohlenz (*Die Stoa*, 1972[4], t. II, p. 148), et plus récemment par K. Hülser (*Die Fragmente zur Dialektik der Stoiker*, t. I, Stuttgart 1987, n° 291). Voir aussi D. Manetti et A. Roselli, « Galeno commentatore di Ippocrate », dans *ANRW* II 37, 2, Berlin 1994, p. 1590-1591. Selon Simias, cité par Galien, l'action de voir, toucher et sentir (ἰδεῖν καὶ θιγεῖν καὶ ἀκοῦσαι) s'exerce sans qu'il y ait compréhension de la part du sujet sentant (μὴ καταληπτικῶς), tandis que l'action de percevoir (αἰσθάνεσθαι) implique la compréhension. Littré (t. III, p. 274) dans son édition de l'*Officine du médecin*, après avoir rappelé en note le commentaire de Galien à ce passage, comprend que Simias devait avoir introduit une distinction analogue à celle que nous faisons entre voir et regarder, entendre et écouter, ou encore entre le tact et le toucher. Galien, quant à lui, ne donnera pas son opinion sur la question et laissera son lecteur libre de choisir entre ces différentes interprétations.

Il reste toutefois difficile d'être plus précis sur la pensée de ce philosophe qui, en dehors du témoignage de Galien, n'est pas autrement connu.

VÉRONIQUE BOUDON-MILLOT.

83 S(I)MICHIAS DE TARENTE *RE*   V-IVᵃ

Pythagoricien ancien dont le nom figure dans le catalogue de Jamblique
(*V. pyth*. 36, 267, p. 144, 17 Deubner = **1** DK 58 A, t. I, p. 446, 28), lequel semble
remonter en grande partie à Aristoxène de Tarente (➤A 417). Son nom est
répertorié dans le **2** *LGPN*, t. III A, p. 395 (où Fraser et Matthews proposent – sans
fondement – une datation au VIᵉ siècle) ; *cf.* aussi **3** Helen Ann Brown, *Philosophorum Pythagoreorum collectionis specimen*, p. VII.

En réalité le *Laurentianus* (F), principal ms ayant transmis la *V. pyth.*, porte Σμιχίας – un
hapax problématique (et inexistant dans les 5 vol. du *LGPN* **2**), mais répertorié dans **4** W. Pape et
G. Benseler, *Wörterbuch der griechischen Eigennamen*, t. II, p. 1420 (sous la forme Σμιχείας,
qui est celle de la vulgate dans la tradition manuscrite de la *V. pyth.*), et retenu aussi bien par
Diels (DK **1**, p. 446, 28) que par la *Realencyclopädie* (**5** H. Hobein, art. « Smichias », *RE* III A 1,
1927, col. 714). Mais le dernier éditeur du texte L. Deubner a adopté une correction proposée par
E. Schwyzer qui semblerait plausible, malgré le fait que le nom Σιμιχίας en tant que tel n'est pas
attesté non plus.

Sur les noms de la famille de Σιμιχ- (dérivant de σιμός, « au nez retroussé ou aplati, camus,
camard »), voir **6** E. Maass, « Stimichon », *RhM* 78, 1929, p. 218-219, et déjà **7** Fr. Bechtel, *Die
historischen Personennamen*, p. 490-491.

Auparavant, E. Rohde (dans **8** A. Nauck [édit.], *Iamblichi De vita pythagorica
liber ad fidem codicis Florentini*, Petropoli/Lipsiae 1884, p. LXXXIV des « *Addenda
et corrigenda*») avait conjecturé Σιμμιχίδας et **9** C. Keil, *Analecta epigraphica et
onomatologica*, Lipsiae 1842, p. 229, Σμιχρίας.

Cela dit, on doit souligner que le nom Σιμιχίδας n'est attesté que dans l'*Idylle* VII (v. 21) de
Théocrite et les sources postérieures qui la commentent (voir aussi Théophylacte de Simocatte,
Epist. 11, dans **10** Hercher, *Epistolographi Graeci*, p. 766), et que l'identité et l'origine de ce
personnage (de fiction ?) sont très controversées ; *cf. LGPN* **1**, t. III A, p. 395 (Syracuse ou Cos) et
t. III B, p. 378 (Orchomenos) ; **11** A. S. F. Gow, *Theocritus*, edited with an introduction and
commentary by A. S. F. G., Cambridge ²1952 [réimpr. 1973], t. II, p. 127-129 ; **12** K. Spanou-
dakis, « Ancient scholia and lost identities : the case of Simichidas », dans St. Matthaios,
Fr. Montanari et A. Rengakos (édit.), *Ancient scholarship and grammar : archetypes, concepts
and contexts*, Berlin/New York 2011, p. 225-237. Quant à Σμιχρίας, il s'agit d'un nom bien
attesté certes, mais particulièrement en Attique (*LGPN* **2**, t. II, p. 400 [16 occurrences] ; *cf.* **13** A.
Böckh, *Urkunden über das Seewesen des Attischen Staates*, Berlin 1840, p. 250), et pas du tout en
Italie du Sud.

Il ne faut pas confondre notre pythagoricien tarentin par ailleurs inconnu avec
Simichos (Σίμιχος), originaire de Centuripe (➤S 84).

CONSTANTINOS MACRIS.

SIMICHIDAS → **S(I)MICHIAS**

84 SIMICHOS DE CENTURIPE   VI-V

Tyran de Centuripe (Κεντόριπα) – ancienne ville de Sicile située sur les pentes
de l'Etna –, à propos de qui Porphyre nous apprend (*V. Pyth.* 21, p. 46, 6-8 Des
Places, tiré d'Aristoxène de Tarente [➾A 417], fr. 17 Wehrli) que « pour avoir
entendu Pythagore, [...] [il] déposa le pouvoir et donna ses biens (χρήματα) à sa
sœur et à ses concitoyens ». On aurait donc là un des premiers exemples de
véritable *conversion* au mode de vie pythagoricien, lequel, entre autres, impliquait
le partage et la communauté des biens. L'historiette sur Simichos illustre assez
bien plusieurs autres aspects de la légende de Pythagore et/ou de la réalité du
pythagorisme ancien, telles qu'elles se reflètent dans des sources du IVe s. av. J.-C.
(notamment chez Aristoxène et Dicéarque de Messine [➾D 98]), à savoir (a) l'efficacité de la parole du maître ; (b) son opposition à la tyrannie ; et (c) le fait qu'il
avait converti à sa philosophie plusieurs cités, peuples et souverains de l'Italie et
de la Sicile, grecs et barbares, y compris des tyrans et des δυνάσται (*V. Pyth.* 19) ;
sur tout cela, voir la notice « Pythagore de Samos », dans les compléments du tome
VII ; et pour un commentaire de l'épisode raconté par Porphyre, **1** C. Macris, dans
*Πορφυρίου Πυθαγόρου βίος. Εισαγωγή, μετάφραση, σχόλια Κωνσταντίνος
Μακρής*, Athènes 2001, n. 80, aux p. 245-246.

Cf. aussi **2** P. Scholz, *Der Philosoph und die Politik : die Ausbildung der philosophischen
Lebensform und die Entwicklung des Verhältnisses von Philosophie und Politik im 4. und 3. Jh.
v. Chr.*, coll. « Frankfurter althistorische Beiträge » 2, Stuttgart 1998, p. 209.

3 J. N. Bremmer, « The myth of the golden fleece », dans *Id.*, *Greek religion and culture, the
Bible and the ancient Near East*, Leiden 2008, p. 303-338, à la p. 326 [première publication :
JANER 6, 2006, p. 9-38], se réfère au cas de Simichos dans le cadre d'un dossier mettant en relief
l'importance toute particulière que le monde antique accordait à la *sœur*.

Absent de la *Realencyclopädie*, le nom de Simichos est répertorié dans **4** W.
Pape et G. Benseler, *Wörterbuch der griechischen Eigennamen*, t. II, p. 1392, ainsi
que dans le **5** *LGPN*, t. III A, p. 395 (où Fraser et Matthews le datent à juste titre au
VIe siècle).

Il s'agit d'un nom attesté par ailleurs épigraphiquement en Italie du Sud (Caulonie ?) à peu
près à la même date (*ca* 500-475 av. J.-Chr.), et plus tard aussi à Pella, en Macédoine (sous la
forme Simmichos : *cf.* **5** *LGPN*, t. IV, p. 311). Sur l'inscription italiote – un testament sur une
plaque de bronze concernant (belle coïncidence !) la donation des biens (ΤΑΥΤΟ ΠΑΝΤΑ...) d'un
certain Simichos, « de son vivant comme après sa mort » –, voir **6** Lilian H. Jeffery, *The local
scripts of archaic Greece : a study of the origin of the Greek alphabet and its development from
the eighth to the fifth centuries B.C.*, 2nd edn. with suppl. by A. W. Johnston, Oxford ²1990
[¹1961], p. 261 et 410, n° 29 et pl. 50 ; **7** R. Arena, *Iscrizioni greche arcaiche di Sicilia e Magna
Grecia*, t. IV. *Iscrizioni delle colonie achee*, Alessandria 1996, n° 52, p. 80 ; **8** L. Dubois,
Inscriptions grecques dialectales de Grande Grèce, t. II, *Colonies achéennes*, Genève 2002,
p. 174-176, n° 100.

Renoncer à ses biens matériels est une attitude pythagoricienne imitée aussi,
semble-t-il, plusieurs siècles plus tard par le sage et thaumaturge néopythagoricien
Apollonios de Tyane (➾A 284), qui, selon son biographe Philostrate (➾P 165),
peu après la mort de son père donna la majeure partie des biens qu'il hérita de lui à
son *frère* aîné et aux autres parents de la famille (*V. Apol.* I 13, 1-2).

Le cas de Simichos rappelle également à bien des égards celui, plus radical encore, de Rogatianus (➡R 6), sénateur romain et disciple fervent de Plotin, au sujet de qui le même Porphyre raconte (*V. Plot.* 7, 31-46 ; trad. et comm. dans **9** *PVP* II, p. 149 et 235) qu'il refusa la charge de préteur, renonça à tous ses biens, ainsi qu'à son rang, quitta sa maison, renvoya tous ses serviteurs et commença à vivre une vie de clochard, en montrant de l'indifférence à l'égard des nécessités de la vie, une attitude qui enthousiasma Plotin, au point de « louer [Rogatianus] à l'extrême, le proposant en exemple accompli à ceux qui s'adonnent à la philosophie » ; *cf.* Porphyre, *De l'abstinence* I 53, 3, qui loue aussi ceux qui se détachèrent des biens matériels (χρήματα) et se débarrassèrent des soucis (φροντίδες), afin de porter leur regard vers le divin. Sur cet épisode, *cf.* également **10** P. Kalligas (édit.), *Περὶ τοῦ Πλωτίνου βίου καὶ τῆς τάξεως τῶν βιβλίων αὐτοῦ*, Athènes 1991, p. 122. – L'équivalent en milieu chrétien est l'injonction bien connue de Jésus au jeune homme riche (Mt 19, 21) l'invitant à vendre ses biens et à donner aux pauvres l'argent ainsi obtenu, puis à le suivre, s'il veut vraiment « avoir un trésor dans les cieux » – ce que le jeune homme n'a pas su faire, « car il avait de grands biens » (trad. TOB).

CONSTANTINOS MACRIS.

85 SIMMIAS DE SYRACUSE *RE* 5   F IV- D III (?)

Philosophe mégarique (?). D'abord élève d'Aristote de Cyrène (➡A 412), il fut – avec beaucoup d'autres – attiré à Mégare par la réputation de Stilpon (➡S 163) ; il devint son disciple et épousa sa fille. D'après Diogène Laërce II 113-114, repris dans K. Döring, *Die Megariker*, fr. 153 et 164 A, avec un bref commentaire p. 142 et 144-145. Voir aussi H. Hobein, art. « Simmias » 5, *RE* III A 1, 1927, col. 155.

ROBERT MULLER.

86 SIMMIAS DE THÈBES

Voir dans les compléments du tome VII.

87 SIMON D'ATHÈNES LE CORDONNIER *RE* 6   F Vª

Cordonnier philosophe.

Cf. **1** H. Hobein, art. « Simon » 6, *RE* III A 1, 1927, col. 163-173 ; **2** Giannantoni, *SSR*, t. II, p. 640-641 [VI B 87-93] ; **3** R. F. Hock, « Simon the Shoemaker as an ideal Cynic », *GRBS* 17, 1976, p. 41-53, réimpr. dans **4** M. Billerbeck (édit.), *Die Kyniker in der modernen Forschung. Aufsätze mit Einführung und Bibliographie*, coll. « Bochumer Studien zur Philosophie » 15, Amsterdam 1991, p. 259-271 ; **5** M.-O. Goulet-Cazé, note sur D. L. II 105, dans la traduction collective de Diogène Laërce publiée sous sa direction, Paris 1999, n. 13 (p. 365) ; **6** R. Goulet, « Trois cordonniers philosophes » [1997], dans *Études sur les Vies de philosophes dans l'Antiqutié tardive. Diogène Laërce, Porphyre de Tyr, Eunape de Sardes*, coll. « Textes et traditions » 1, Paris 2001, p. 145-149 ; **7** D. Nails, *The people of Plato*, p. 261-262.

Diogène Laërce consacre un chapitre à Simon (II 122-124). Il aurait noté le contenu des discussions tenues par Socrate (➡S 98) avec ses interlocuteurs lorsqu'ils venaient dans sa boutique de cordonnier. Cette intimité avec Socrate est également rappelée par Plutarque, *Maxime cum princ. phil. diss.*, 776 b. Simon apparaît dans une liste d'élèves de Socrate conservée dans la *Souda*, *s.v.* Σωκράτης, Σ 829 : Ἀλκιβιάδην, Κριτόβουλον, Ξενομήδην, Ἀπολλόδωρον Ἀθηναίους · ἔτι δὲ Κρίτωνα καὶ Σίμωνα, Εὐμάρη Φιλιάσιον, Σιμμίαν Θηβαῖον, Τερψίωνα Μεγαρικόν, Χαιρεφῶντα.

Un a parfois douté de son existence historique, notamment parce que Platon et Xénophon ne le mentionnent jamais parmi les amis de Socrate. Wilamowitz **15** [cité plus loin], p. 187, écrit : « Daß der Schuster Simon keine historische Figur ist, sondern die ideale Verkörperung der Schuster, mit denen Sokrates zu exemplificieren liebte, weiß jeder Knabe zu sagen ». Xénophon présente toutefois Socrate rendant visite avec quelques compagnons au jeune Euthydème (➙E 169) dans la boutique d'un sellier sur l'agora (*Mémorables* IV 2, 1 ; voir aussi IV 2, 8 ; III 10, 1). Sur le paradoxe des cordonniers s'intéressant à des débats philosophiques (comme celui de la mobilité universelle), voir encore Platon, *Théétète* 180 d.

Un tel scepticisme est sans doute excessif et il est possible que l'archéologie lui ait apporté un démenti fracassant : on a dégagé à l'angle sud-ouest de l'agora à Athènes une boutique de cordonnier de la fin du Ve siècle avant J.-C. devant laquelle on a retrouvé un vase de la même époque portant le nom de « Simon » (ΣΙΜΟΝΟΣ). Voir **8** Dorothy Burr Thompson, « The House of Simon the Shoemaker », *Archaeology* 13, 1960, p. 234-240 ; **9** M. L. Lang, *The Athenian Agora*, t. XXI : *Graffiti and Dipinti*, Princeton 1976, 3, n° F 86, pl. 14 ; **10** *Id.*, *Socrates in the Agora*, coll. « Picture Book » 17, Princeton 1978, fig. 13. Voir aussi **11** *CPF* I***, n° 94, p. 713 : « la testimonianza è troppo aleatoria per essere ascritta al filosofo ». L'auteur (anonyme) renvoie également à **12** C. H. Kahn, *Plato and the Socratic Dialogue. The philosophical use of a literary form*, Cambridge 1996, p. 10.

« Quand Périclès offrit de pourvoir à son entretien et lui demanda de venir auprès de lui, il répondit qu'il ne vendrait pas sa franchise (παρρησία) » (D. L. II 123, trad. M.-O. Goulet-Cazé). Hock **3** voit dans cette anecdote le point de départ du problème développé dans les *Lettres des Socratiques* : le philosophe doit-il fréquenter la cour des grands ?

Œuvres. Il aurait été le premier à écrire des dialogues de cordonnier (D. L. II 122). Des « dialogues de cordonnerie » sont également prêtés à Phédon d'Élis (P 102), mais ils étaient attribués par d'autres à Eschine de Sphettos [➙A 70] (D. L. II 105). Voir **13** R. Muller, notice « Phédon d'Élis », P 102, *DPhA* V A, 2012, p. 279-285.

La *Souda*, *s.v.* Αἰσχίνης, Αι 346, t. II, p. 183, 27-31 Adler, signale des Σκυθικοί parmi les dialogues acéphales d'Eschine. On a proposé de corriger en σκυτικοί. Voir Goulet-Cazé **5**, p. 313 n. 3, et **14** M.-O. Goulet-Cazé, « Les titres des œuvres d'Eschine chez Diogène Laërce », dans J.-C. Fredouille *et alii* (édit.), *Titres et articulations du texte dans les œuvres antiques*, « Collection des Études Augustiniennes – Série Antiquité » 152, Paris 1997, p. 167-190, notamment p. 187-188.

Selon **14bis** G. Teichmüller, *Literarische Fedhen im vierten Jahrhundert vor Chr.*, Breslau 1884, t. II: *Zu Platon's Schriften, Leben und Lehren. Die Dialoge des Simon*, chap. III: «Die Schusterdialoge des Simon», p. 97-134, et chap. VII: «Übersetzung der Schusterdialoge», p. 203-224, les *logoi skutikoi* devraient être identifiés aux *Dissoi Logoi* (DK 90) transmis par les manuscrits de Sextus Empiricus (➡S 75). Cette identification ne semble pas avoir été par la suite retenue. Voir **14ter** M. Narcy, notice «Dissoi Logoi», D 214, *DPhA* II, 1994, p. 888-889.

Diogène annonce trente-trois dialogues réunis en un seul volume, mais n'en énumère que trente (II 122-123 = *SSR* VI B 87). De plus, certains titres apparaissent deux fois. En voici la liste, suivie de la traduction qu'en donne M.-O. Goulet-Cazé **5**:

(1) Περὶ θεῶν, *Sur les dieux*,

(2) Περὶ τοῦ ἀγαθοῦ, *Sur le bien*,

(3) Περὶ τοῦ καλοῦ, *Sur le beau*,

(4) Τί τὸ καλόν, *Qu'est-ce que le beau?*

(5) Περὶ δικαίου πρῶτον, δεύτερον, *Sur le juste, livres I et II*,

(6) Περὶ ἀρετῆς ὅτι οὐ διδακτόν, *Sur la vertu, qu'elle ne peut s'enseigner*,

(7) Περὶ ἀνδρείας πρῶτον, δεύτερον, τρίτον, *Sur le courage*, livres I, II et III,

(8) Περὶ νόμου, *Sur la loi*,

(9) Περὶ δημαγωγίας, *Sur la démagogie*,

(10) Περὶ τιμῆς, *Sur les marques d'honneur*,

(11) Περὶ ποιήσεως, *Sur la poésie*,

(12) Περὶ εὐπαθείας, *Sur le confort*,

(13) Περὶ ἔρωτος, *Sur l'amour*,

(14) Περὶ φιλοσοφίας, *Sur la philosophie*,

(15) Περὶ ἐπιστήμης, *Sur la science*,

(16) Περὶ μουσικῆς, *Sur la musique*,

[(17) (123.) Τί τὸ καλόν, *Qu'est-ce que le beau?*]

(18) Περὶ διδασκαλίας, *Sur l'enseignement*,

(19) Περὶ τοῦ διαλέγεσθαι, *Sur la pratique du dialogue*,

(20) Περὶ κρίσεως, *Sur le jugement*,

(21) Περὶ τοῦ ὄντος, *Sur l'être*,

(22) Περὶ ἀριθμοῦ, *Sur le nombre*,

(23) Περὶ ἐπιμελείας, *Sur la sollicitude*,

(24) Περὶ τοῦ ἐργάζεσθαι, *Sur le travail*,

(25) Περὶ φιλοκερδοῦς, *Sur l'amour du gain*,

(26) Περὶ ἀλαζονείας, *Sur la vantardise*,

[(27) Περὶ τοῦ καλοῦ, *Sur le beau*]

Certains ajoutent :

(28) Περὶ τοῦ βουλεύεσθαι, *Sur la délibération,*

(29) Περὶ λόγου ἢ Περὶ ἐπιτηδειότητος, *Sur la raison* ou *Sur la qualité de ce qui est approprié,*

(30) Περὶ κακουργίας, *Sur la malfaisance.*

Phédon d'Élis (☛P 102) avait écrit un dialogue intitulé *Simon*. Voir Diogène Laërce II 105, et *Souda, s.v.* Φαίδων Φ 154. **15** U. von Wilamowitz-Moellendorff, « Phaidon von Elis », *Hermes* 14, 1879, p. 187-193, et Nachtrag, p. 476-477, a cherché à en reconstituer le contenu à partir des *Lettres des Socratiques* 12 et 13, et d'un passage d'une lettre de l'Empereur Julien à Nilus (*Epist.* 82 [445 a] Bidez). Sur ce dialogue et les éléments de sa reconstruction, voir **16** L. Rossetti, « "Socratica" in Fedone di Elide », *StudUrb (Ser. B)* 47, 1973, p. 364-381 (sur le *Simon* de Phédon, p. 372-378) ; Muller **13**, p. 283.

La tradition littéraire. Simon est l'une des principales figures des *Lettres des Socratiques*. Elles mettent en jeu l'opposition typique entre l'hédonisme d'Aristippe de Cyrène (☛A 356) qui fréquente la cour de Denys, et l'austérité autarcique de Simon ou d'Antisthène (☛A 211).

Cf. **17** A. J. Malherbe (edit.), *The Cynic Epistles. A Study edition,* coll. « Society of Biblical Literature – Sources for Biblical Studies » 12, Missoula (Montana) 1977. Voir *Lettres* 9 (Aristippe à Antisthène), p. 246, 29-33 ; 11 (Aristippe à Eschine), p. 248, 18-19 ; 12 (Simon à Aristippe), p. 250, 1-12 ; 13 (Aristippe à Simon), p. 250, 13-252, 9) ; 18 (Xénophon aux amis de Socrate), p. 266, 21-26. Cet ensemble de lettres est traduit en anglais par Stanley Stowers. Voir également les traductions allemandes de **18** Liselotte Köhler, *Die Briefe des Sokrates und der Sokratiker, herausgegeben, übersetzt und kommentiert,* coll. « Philologus, Supplementband » XX 2, Leipzig 1928, 142 p., et de **19** J. Sykutris, *Die Briefe des Sokrates und der Sokratiker,* coll. « Studien zur Geschichte und Kultur des Altertums » XVIII 2, Paderborn 1933, 125 p.

20 John Sellars, « Simon the Shoemaker and the problem of Socrates », *CPh* 98, 2003, p. 207-216, voit en Simon une incarnation privilégiée de l'idéal socratique (αὐτάρκεια, παρρησία) et met en lumière l'influence exercée par ce cordonnier sur la tradition cynique postérieure dans sa volonté de se rattacher à l'enseignement de Socrate.

Il est possible que la figure de Simon ait été un peu plus riche que ne le suggèrent les rares témoignages conservés. Selon Synésius, *Dion* 14, « le corroyeur (σκυτεύς) Simon ne consentait pas à donner un assentiment inconditionnel à Socrate, mais il exigeait au contraire la justification de chacune de ses assertions » (καὶ οὐδὲ Σίμων ὁ σκυτεὺς πάνυ τι συγχωρεῖν ἠξίου Σωκράτει, ἀλλ' ἐπράττετο λόγον ἑκάστου λόγου, trad. Aujoulat, *CUF,* Paris 2004).

La figure de Simon a connu une résurgence inattendue chez les commentateurs d'Aristote, qui le présentent comme un homme bon, mais un mauvais cordonnier. A partir d'Ammonius d'Alexandrie (*in De interpr.,* p. 205, 6-7 Busse [*CAG* IV 5, 1897]), on fait appel à Simon pour illustrer par un exemple concret le cas envisagé par Aristote, *De interpretatione* 20 b 36 et 21 a 15, d'un homme qui est (morale-ment) bon, mais qui n'est pas bon cordonnier (ou qui est même mauvais cordon-nier, selon *Soph. Elench*. 177 b 14-15). Chez les commentateurs postérieurs, c'est sans réserve aucune que le *mauvais cordonnier* Simon devient le cordonnier que visait Aristote, comme si Aristote avait simplement omis de mentionner le nom du personnage qu'il avait à l'esprit.

> Voir *Anon. in Soph. Elench.*, Section 21, 15 Hayduck [*CAG* XXIII 4, 1884], David, *Proleg. Philos.*, p. 42, 27-32 Busse [*CAG* XVIII 2, 1904]; Philopon, *in Anal. Post.*, p. 350, 32 Wallies [*CAG* XIII 3, 1909]; Michel d'Éphèse, *in Soph. Elench.*, p. 40, 23-27 Wallies [*CAG* II 3, 1898]. Voir aussi p. 41, 16-18; 146, 8-19; Stephanus, *in de Interp.*, p. 52, 16 Hayduck [*CAG* XVIII 3, 1885]. Ces passages ne sont pas pris en compte par Hobein, Hock (qui cite seulement le texte d'Ammonius) ou Giannantoni.

Il est intéressant de remarquer que seuls les commentateurs d'Aristote semblent informés de l'incompétence de Simon comme cordonnier. Leur source d'informa-tion est facile à identifier. C'est évidemment Aristote! Ils ont prêté à Simon les traits du cordonnier anonyme d'Aristote avec lequel ils se croyaient autorisés à l'identifier. Aristote pensait-il de fait à Simon? Rien n'est moins sûr, car l'exemple du cordonnier est utilisé dans de nombreux contextes en plusieurs de ses œuvres, sans que jamais la figure de Simon ne soit évoquée.

> C'était déjà un exemple omniprésent dans la bouche de Socrate selon Alcibiade, dans Platon, *Banquet* 221 e: «il parle d'ânes bâtés, de forgerons, de cordonniers, de tanneurs...» (trad. Robin). Voir aussi *Protagoras* 324 c. On pourrait citer des dizaines de passages des dialogues pour illustrer cette affirmation. Pour Aristote, voir *Eth. Eud.* 1219 A 20-23, 1243 B 31-33; *Eth. Nic.* 1097 B 28-29, 1101 A 4-5, 1133 A 7-10 et 23, 1163 B 34-35; *Métaph.* 996 A 34, 1064 B 21, 1260 B 2; *Soph. Elench.* 184 A 5.

> Dans le *Théétète* 180 d Socrate reproche à ses contemporains de communiquer leur savoir ouvertement – à la différence des Anciens qui avaient recours à la poésie –, au point que même les cordonniers peuvent en prendre connaissance. Selon Teichmüller **14bis**, p. 105-106, Platon viserait en réalité Simon dans ce passage.

Sur cette tradition littéraire, voir Goulet **6**, p. 147-148.

Chez Aelius Théon, *Progymnasmata* 8, Simon le cordonnier est cité avec Léontion la courtisane (➤+L 43) comme exemples de personnes dont on peut faire l'éloge parce qu'elles ont réalisé quelque chose de bien et furent philosophes malgré leur métier manuel ou leur condition sociale inférieure. Le texte grec porte «Héron» et on a pensé au mécanicien Héron d'Alexandrie (➤+H 101a dans *DPhA* IV), mais la correction autrefois envisagée par **21** A. Meineke (édit.), *Menandri et Philemonis Reliquiae*, Berlin 1823, p. 113, est confirmée par la version arménienne utilisée pour son édition par **22** M. Patillon (édit.), *Aelius Théon, Progymnasmata*. Texte établi et traduit par M. P., avec l'assistance, pour l'arménien, de G. Bolognesi, *CUF*, Paris 1997. Voir Goulet **6**, p. 145-146 et 149.

> *P. Ross. Georg.* I 22, col. I, li. 19: [Σί]μων Σω[κ]ρα[τι]κός, dans une liste d'auteurs. Voir **23** A. Linguiti, dans *CPF* I*, Firenze 1989, n° 2 (Elenco di opere filosofiche e letterarie), p. 85-93. L'éditeur comprend: «*Simone* (dialogo) socratico». Voir aussi *CPF* I***, 1999, n° 94: Simon Socraticus (?).

RICHARD GOULET.

88 SIMONIDES *RE* 6 *PLRE* I :4   M IV

Un des philosophes impliqués dans le « complot » d'Antioche sous Valens
(371-372) ; « un jeune homme…, mais l'être le plus rigoureux *(seuerissimus)* de
notre temps » (Ammien, *Hist.* XXIX 1, 37 ; Zosime, *Hist. Nova* IV 15) ; sa fermeté
sous la torture lui valut d'être exécuté sur le bûcher (Ammien, *ibid.*, 39). La
formule d'Ammien, « fuyant la vie comme on fuit une maîtresse enragée, *vitam ut
dominam fugitans rabidam* » pourrait renvoyer à une déclaration du philosophe
avant sa mort, qui se serait lointainement inspiré de *Théétète* 176 a-b.

La *Souda* Σ 445, dans un extrait que l'on rapporte à l'*Histoire* d'Eunape de
Sardes (fr. 40 Müller, fr. 39, 6 Blockley), le présente comme un philosophe célèbre
sous le règne de Jovien.

Sur le procès d'Antioche, voir F. J. Wiebe, *Kaiser Valens und die heidnische
Opposition,* coll. « Antiquitas, Reihe 1 » 44, Bonn 1995, XII-407 p. ; voir aussi
N. Lenski, *Failure of Empire. Valens and the Roman State in the Fourth Century
A.D.*, Berkeley 2002, p. 218-234 (« The Magic Trials of Rome and Antioch »).

PIERRE MARAVAL.

89 SIMOS ὁ ἁρμονικός *RE* 5   V-IV

Personnage par ailleurs inconnu, désigné simplement comme « théoricien de la
musique » ou « spécialiste de la science harmonique » (ἁρμονικός). Plusieurs
savants modernes proposent, sans preuve déterminante, de l'identifier au Simos de
Poseidônia (☛ S 90) qui figure dans le catalogue des pythagoriciens de Jamblique (voir *infra*).

Le témoignage. À son propos l'historien Douris de Samos (☛ D 226) – la seule
source à le mentionner – racontait l'histoire suivante dans le livre II de ses *Annales
samiennes* (Σαμίων Ὧροι) :

« À son retour d'exil, Arimnestos (☛ A 333) consacra au sanctuaire d'Héra
[*scil.* au célèbre Héraion de Samos] une offrande votive (ἀνάθημα) en bronze de
près de deux coudées de diamètre, sur laquelle était gravée cette épigramme :

Le fils chéri de Pythagore, Arimnestos, m'a consacré,
pour avoir découvert bien des choses savantes (σοφίαι) dans les *logoi*.

L'inscription / l'offrande (τοῦτο) fut pourtant enlevée / détruite (ἀνελόντα) par
Simos le musicologue, qui s'appropria (σφετερισάμενον) le *canon* / la règle /
l'échelle [musicale] (κανών) [*scil.* qui y figurait] et le/la publia comme sien(ne) /
sous son nom (ἐξενεγκεῖν ὡς ἴδιον). Or il y avait là inscrites sept « sagesses »
(σοφίαι) ; mais il suffit que Simos en dérobe (ὑφείλετο) une, pour que toutes les
autres gravées sur l'offrande disparaissent avec elle (συναφανισθῆναι) ».

(Porphyre, *V. Pyth.* 3, p. 37,18 - 38,1 Des Places [*CUF*], traduction modifiée
sur plusieurs points ; *cf.* aussi les trad. de Okin **12** [*infra*], p. 203 et de Landucci
Gattinoni **17** [*infra*], p. 255).

Voir Douris, *FGrHist* 76 F 23 = **1** DK 14 A 6, t. I, p. 98, 6-17 (*cf.* aussi DK 56 A 2) ; **2** M. Timpanaro Cardini (édit.), *I Pitagorici : testimonianze e frammenti*, t. II : *Ippocrate di Chio, Filolao, Archita e Pitagorici minori*, Firenze 1962, p. 436-439 ; *cf.* aussi t. I : *Pitagora, Cercope, etc.*, Firenze 1958, p. 28-29 pour la première partie du passage, celle qui précède la mention de Simos (= réimpr. en un seul vol. : **2a** *Pitagorici antichi : testimonianze e frammenti. Testi greci a fronte*, presentazione di G. Reale ; realizzazione editoriale, aggiornamento bibliografico e indici di G. Girgenti, Milano 2010, p. 664-667 ; *cf.* p. 28-29) ; **3** H. Thesleff, *The Pythagorean texts*, p. 51, 11-21 (*sub* "Arimnestos") ; **4** D. L. Page (édit.), *Further Greek epigrams. Epigrams before A.D. 50 from the* Greek Anthology *and other sources, not included in* Hellenistic epigrams *or* The Garland of Philip, Cambridge 1981, anon. CI, p. 405-406.

Études. Ce mystérieux témoignage de Douris a attisé la curiosité de nombreux spécialistes de l'Antiquité. Les plus importantes discussions qui lui ont été consacrées sont dues à : Diels (dans une longue et précieuse note *ad loc.*, DK **1**, t. I, p. 445, 2) ; **5** U. von Wilamowitz-Moellendorff, *Platon*, t. II. *Beilagen und Textkritik*, Berlin 1963³ [1920¹], p. 93-94 ; **6** Th. L. Heath, *A History of Greek mathematics*, t. I, Oxford 1921, p. 86 ; **7** H. Hobein, art. « Simos [5] », *RE* III A 1, 1927, col. 201-202 (il reprend essentiellement Diels) ; **8** P.-H. Michel, *De Pythagore à Euclide : contribution à l'histoire des mathématiques préeuclidiennes*, Paris 1950, p. 268-269 et 378 (« Les sept 'sagesses' de Simos ») ; Timpanaro Cardini **2** ; **9** F. Jacoby, *FGrHist* II. C, p. 122 ; **10** H. Thesleff, *An introduction to the Pythagorean writings*, p. 21 et 112 (datation au milieu du IVᵉ s. av. J.-C.) ; **11** W. Burkert, *Lore and science*, p. 455 n. 40 (*cf.* aussi p. 442 n. 92 et p. 105 n. 39) ; **12** L. A. Okin, *Studies on Duris of Samos*, Ph. D., Los Angeles 1974 [Ann Arbor (Michigan) 1983], p. 203-206 + 359 (notes) ; **13** Br. Centrone, notice « Arimnestos », *DPhA* I, 1989, p. 351-352 ; **14** P. Pédech, *Trois historiens méconnus : Théopompe, Duris, Phylarque*, Paris 1989, p. 268-270 ; **15** M. L. West, *Ancient Greek music*, Oxford 1992, p. 78-79, 225 et 240 (datation au Vᵉ s. av. J.-C.) ; **16** W. Spoerri, notice « Douris de Samos », *DPhA* II, 1994, p. 899-913, à la p. 907 ; **17** Fr. Landucci Gattinoni, *Duride di Samo*, Roma 1997, p. 255-256 ; **18** L. Zhmud, *Wissenschaft, Philosophie und Religion im frühen Pythagoreismus*, Berlin 1997, p. 194 et n. 52 ; **19** *Id.*, *Pythagoras and the early Pythagoreans*, Oxford 2012, p. 118 et n. 60 ; 308-309 et n. 78 ; **20** A. Busine, *Les Sept Sages de la Grèce antique : transmission et utilisation d'un patrimoine légendaire d'Hérodote à Plutarque*, Paris 2002, p. 77 ; **21** C. Huffman, art. « Pythagoreanism », dans E. N. Zalta (édit.), *The Stanford Encyclopedia of Philosophy*, ²2010 [¹2006], <http://plato.stanford.edu/entries/pythagoreanism/> ; **22** A. Barker, *The science of harmonics in classical Greece*, Cambridge 2007, p. 81 + p. 26 n. 12 ; **23** G. L. Irby-Massie, « Simos of Poseidōnia », dans P. T. Keyser et G. L. Irby-Massie (édit.), *The Encyclopedia of ancient natural scientists : the Greek tradition and its many heirs*, London/New York 2008, p. 743 ; **24** D. Creese, *The monochord in ancient Greek harmonic science*, Cambridge 2010, p. 97-104.

Pour quelques hypothèses sur ce que pouvaient bien être (a) l'offrande votive d'Arimnestos et (b) les sept « εἰνὶ [= ἐν] λόγοις σοφίαι» dont il est question dans l'épigramme dédicatoire, voir la note additionnelle à la présente notice dans les compléments du présent tome.

L'identification du Simos mentionné par Douris à un pythagoricien du même nom que le catalogue de Jamblique (remontant en grande partie à Aristoxène de Tarente [➤A 417]) range parmi les originaires de Poseidônia-Paestum (*V. pyth.* 36, 267, p. 145, 9 Deubner), est considérée comme allant de soi par un grand nombre de savants modernes ; voir p. ex. Diels **1** ; Heath **6** ; Michel **8** ; Timpanaro Cardini **2** ; Thesleff **10**, p. 21 ; *Id.* **3**, p. 187, 1-3 ; Page **4**, p. 406 ; Creese **24**, p. 101 n. 67. Cependant, comme l'appartenance de Simos ὁ ἁρμονικός au pythagorisme n'est pas assurée (*cf.* Burkert **11**, p. 455 n. 40 *ad fin.*), son identification avec le pythagoricien homonyme de Poseidônia semblerait incertaine et même hasardeuse. – De même, on peut difficilement inférer, sur la base du seul témoignage de Douris, l'attribution à Simos d'un *ouvrage* sur la musique, comme le fait Thesleff **10**, p. 21 (« work ») et p. 112 (« writing on musical theory »).

Le nom de ce Simos est répertorié – séparément de celui de Simos de Poseidônia – dans **25** W. Pape et G. Benseler, *Wörterbuch der griechischen Eigennamen*, t. II, p. 1393 (n° 9).

Un Simos père d'Arimnastos (coïncidence curieuse !) est attesté sur une inscription plus tardive d'Entella ; voir **26** L. Dubois, *Inscriptions grecques dialectales de Sicile : contribution à l'étude du vocabulaire grec colonial*, Rome 1989, n° 208, li. 26.

CONSTANTINOS MACRIS.

90 SIMOS DE POSEIDÔNIA (PAESTUM) *RE* 5   V-IV[a]

Pythagoricien ancien dont le nom figure dans le catalogue de Jamblique (*V. pyth.* 36, 267, p. 145, 9 Deubner = **1** DK 58 A, t. I, p. 447, 6), lequel semble remonter en grande partie à Aristoxène de Tarente (➤A 417). Son nom est répertorié dans **2** W. Pape et G. Benseler, *Wörterbuch der griechischen Eigennamen*, t. II, p. 1393 (n° 7), ainsi que dans le **3** *LGPN*, t. III A, p. 396 (où Fraser et Matthews proposent une datation au VIe siècle). *Cf.* **4** H. Hobein, art. « Simos [5] », *RE* III A 1, 1927, col. 201-202.

On ne dispose d'aucun élément nous permettant d'étayer l'hypothèse de **5** J. A. Fabricius, *Bibliotheca Graeca sive notitia scriptorum veterum Graecorum*, Hamburgi ³1718 [¹1705], t. I, p. 874, suivie par de nombreux autres savants depuis, selon laquelle ce personnage par ailleurs inconnu serait identique à Simos ὁ ἁρμονικός (➤S 89).

CONSTANTINOS MACRIS.

91 SIMPLICIANUS DE MILAN   IV-V

PLAN DE LA NOTICE

Philosophe néoplatonicien au « centre » de ce qu'on a appelé le « cercle milanais » (**1** A. Solignac, *Les Confessions*, *BA* 14, Paris 1962, p. 530-536 [« Le cercle milanais »], p. 532) et homme d'Église devenu évêque de Milan en 397, saint Simplicianus eut le destin assez exceptionnel d'être un témoin privilégié de la conversion de trois des plus grandes figures intellectuelles de son temps : Marius Victorinus (➡︎V 14), Ambroise de Milan (➡︎A 132) et Augustin (➡︎A 508). Étant lui-même « peu porté à écrire » (Solignac **1**, p. 531), c'est surtout par leur inter-médiaire qu'il est connu et étudié. Les informations les plus intéressantes dont nous disposons à son sujet proviennent des *Confessions* (VIII 1, 1-5, 10), de la correspondance d'Ambroise et, dans une moindre mesure, de la *Vita Ambrosii* écrite par Paulin de Milan en 412-413 (*cf.* **2** *Vita*, 46, éd. M. Pellegrino, Roma 1961 ; tr. ital. dans **3** *Tutte le opere di sant'Ambrogio*, 24/2, Milano/Roma 1991, p. 76-77 ; tr. fr. dans **4** É. Lamirande, *Paulin de Milan et la "Vita ambrosii"*, Paris/ Tournai/Montréal 1983) et du *De viris inlustribus* de Gennade de Marseille, qui lui consacre un bref chapitre (**5** *De vir. inl.*, cap. 37, éd. C. E. Richardson, coll. *TU* 14/1, Leipzig 1896, p. 75).

« Simplicianus n'a pas écrit, ou très peu, mais il a fait écrire » (**6** A. Solignac, « Il circolo neoplatonico milanese al tempo della conversione di Agostino », dans *Agostino a Milano. Il Battesimo. Agostino nelle terre di Ambroggio (22-24 aprile*

1987), Palermo 1988, p. 43-56, notamment p. 47). Plusieurs œuvres témoignent indirectement de son activité intellectuelle. Simplicianus fut en effet le destinataire de quatre lettres d'Ambroise (*Ep*. 2, 3, 7, 10 [*Maur*. 65, 67, 37, 38], éd. Faller, *CSEL* 82/1 ; tr. ital. dans *Tutte le opere di sant'Ambrogio, Discorsi e Lettere*, II/1, Milano/Roma 1988), d'une lettre d'Augustin (*Ep*. 37) et surtout du célèbre *De diversis quaestionibus ad Simplicianum*. Ce traité lui fut peut-être envoyé en réponse à son *epistula propositionum*, seule œuvre de lui mentionnée par Gennade (*De vir. inl*. 37, p. 75, li. 6-7), qui semble l'avoir lue. Il ne nous reste malheureusement aucun écrit de Simplicianus, qui nous permettrait de nous faire une idée plus précise de sa connaissance du néoplatonisme.

Il faut enfin signaler une « hypothèse séduisante » récemment formée au sujet de notre auteur par M. Bielawski (**7** « Simpliciano e Ambrosiaster. Potrebbero essere la stessa persona ? », dans *Le Confessioni di Agostino (402-2002) : Bilancio e prospettive. XXXI Incontro di studiosi dell'antichità cristiana, Roma, 2-4 maggio 2002*, coll. « Studia Ephemeridis Augustinianum » 85, Roma 2003, p. 533-539, notamment p. 533) : identifier Simplicianus et l'Ambrosiaster, le « pseudo-Ambroise » auteur de l'important *Commentarius in epistulas paulinas*, premier commentaire complet en latin des treize Épîtres de Paul (attribué à Ambroise lui-même par la majeure partie de la tradition manuscrite), ainsi que des *Questions sur l'Ancien et le Nouveau Testament*, qui furent longtemps attribuées à Augustin (*cf*. **8** D. G. Hunter, « Ambrosiaster », dans A. D. Fitzgerald [édit.], *Augustine through the Ages. An encyclopedia*, Grand Rapids, Michigan/Cambridge, U.K. 1999, p. 19-20). Cette « pure hypothèse » (p. 539), dont la vérification nécessiterait un travail approfondi de l'aveu même de son auteur, a le mérite d'éclairer sous un jour nouveau ces deux personnages de la seconde moitié du IVe siècle.

Simplicianus et Marius Victorinus

Le témoignage le plus précieux sur Simplicianus provient du livre VIII des *Confessions*. Il dépend toutefois étroitement du dessein de l'ouvrage. Le livre VIII consiste presque entièrement dans le rappel d'épisodes qui ont joué un rôle clef dans la conversion de l'auteur. Les deux premiers rapportent les conversations d'Augustin avec Simplicianus puis avec Ponticianus, dans lesquelles sont respectivement enchâssés les récits des conversions de Marius Victorinus et des agents impériaux de Trèves ; le troisième épisode est l'histoire de la propre conversion d'Augustin dans le jardin de Milan (*cf*. **9** J. O'Donnell, *Augustine : Confessions*, 3 vol., Oxford 1992, vol. III, p. 3).

Augustin, qui résidait alors à Milan (été 386), écrit que, sur une inspiration de Dieu, il alla trouver Simplicianus. Celui-ci lui semblait être un « bon serviteur » du Seigneur, à qui « il avait entièrement dévoué sa vie depuis son jeune âge » (*Conf*. VIII 1, 1). Augustin voulait raconter à ce « saint vieillard » *(sanctus senex)*, comme il l'appelle dans la *Cité de Dieu* (X 29) « le dédale de ses erreurs » (*i.e*. son errance dans le manichéisme). Il lui apprit qu'il avait lu certains « livres des platoniciens », traduits en latin par Marius Victorinus, qu'il savait être mort chrétien. « Il dut reconnaître une coïncidence providentielle, lorsque Simplicien lui raconta qu'il avait été l'ami de Victorinus » (**10** P. Hadot, *Marius Victorinus, Recherches sur sa vie et ses œuvres*, Paris 1971, p. 14). Simplicianus félicita Augustin « de n'être pas tombé sur les écrits d'autres philosophes, qui sont pleins de faussetés et de pièges *selon les éléments de ce monde* (d'après Col. 2, 8), tandis que dans ceux-ci, <les livres des platoniciens>, Dieu et son Verbe sont insinués *(insinuari)* de toutes les façons » (*Conf*. VIII 2, 3).

Pour engager Augustin à l'humilité, Simplicianus évoqua son amitié avec Victorinus lui-même, qu'il avait connu très intimement *(familiarissime)* à Rome, quelques trente ans plus tôt. À cette époque, il avait vraisemblablement une trentaine d'années (ce qui situerait sa naissance vers 325) et Victorinus, déjà âgé *(senex)*, devait en avoir une soixantaine (selon les estimations d'A. Solignac dans **6**, p. 45). L'orateur était au faîte de sa gloire et une statue de lui avait été élevée sur le forum romain. Il lisait alors les Écritures, qu'il « scrutait avec le plus grand soin » (VIII 2, 4) ; et lui qui adorait des idoles et qui s'était fait initier aux mystères d'Osiris, dit un jour à son ami qu'il était devenu chrétien. Simplicianus lui objecta toutefois qu'il ne le tiendrait pas pour tel tant qu'il ne l'aurait pas vu à l'église (*Conf*. VIII 2, 4). À quoi Victorinus répondit, comme il devait le refaire plusieurs fois par la suite : « Ce sont donc les murs qui font les chrétiens ? » (sur ce mot fameux, *cf*. **11** P. Courcelle, *Recherches sur les Confessions de Saint Augustin*, Paris, 2ᵉ édition, 1968, p. 383-391 [« L'objection de Marius Victorinus au baptême »]).

D'après le récit d'Augustin, Victorinus « craignait de heurter ses amis ». Sans doute voulait-il éviter le courroux des sénateurs païens de Rome. Ou peut-être voulait-il rester fidèle au *mos maiorum*, avant de découvrir « que l'idée romaine n'était pas incompatible avec le christianisme » (Hadot **10**, p. 250) ? Il se peut enfin que Victorinus ait partagé l'attitude de certains païens qui, professant un relativisme un peu sceptique, se disaient sympathisants du christianisme, tout en ne voyant en lui qu'une voie de salut parmi d'autres : « Victorinus était probablement curieux de connaître les différentes voies qui menaient *ad tam grande secretum* [Symmaque, *Relatio*, 10. *Rel*. 3, 10] » (Hadot **10**, p. 236). En tout cas, « il se représentait le christianisme d'une manière purement spirituelle » (p. 250), et même trop spirituelle aux yeux du futur évêque Simplicianus.

On peut supposer que Simplicianus, en réponse à sa boutade, expliqua à Victorinus que « devenir chrétien, c'est entrer dans l'Église du Christ, autrement dit participer au mystère chrétien dans l'assemblée chrétienne, répondre à l'humilité du Verbe incarné par l'humilité de la foi » (**12** G. Madec, *La Patrie et la voie. Le Christ de saint Augustin*, Paris 2001, p. 71). Toujours est-il que, de façon inopinée *(inopinatus)*, Victorinus fit un jour part à son ami de sa décision d'aller à l'église pour se faire chrétien (VIII 2, 4). Plein de joie, Simplicianus l'accompagne pour qu'il soit inscrit au nombre des catéchumènes (VIII 2, 4) et le jour de son baptême (355 ? *cf*. **13** P. Courcelle, *Les Confessions de Saint Augustin dans la*

tradition littéraire, Paris 1963, Appendice II, p. 557-558 [« La date de la conversion de Marius Victorinus »]), il est témoin de sa profession de foi, publique, bien
que le clergé ait proposé une cérémonie dans l'intimité (VIII 2, 5).

Par la suite, il est probable que Simplicianus ait encouragé Victorinus à lire les
Écritures et qu'il ait eu une influence sur ses œuvres théologiques, au nombre
desquelles figuraient des commentaires de certaines *Épîtres* de Paul (ses commentaires sur *Eph.*, *Gal.*, *Phil.* ont été conservés). Victorinus fut le premier commentateur latin de saint Paul et il semble bien que les *Épîtres* de Paul aient été les
textes de prédilection de Simplicianus. Faut-il penser qu'en retour lui-même
« acquit son platonisme du meilleur platonicien latin de l'époque, Victorinus »
(O'Donnell **9**, p. 6) et qu'il fut « l'intermédiaire principal » entre ce dernier et « les
membres du "cercle milanais" » : Ambroise, Mallius Théodorus (☞T 64), Celsinus
(☞C 66), Hermogénianus (☞H 95a dans les compléments du tome VII), Zénobius
[☞Z 5] (Solignac **6**, p. 45) ?

Simplicianus et Ambroise

Augustin présente Simplicianus comme étant le « père, dans la naissance à la
grâce, de l'évêque d'alors, Ambroise, qui l'aimait vraiment comme on aime un
père » *(patrem in accipienda gratia tunc episcopi Ambrosii et quem vere ut patrem
diligebat) (Conf.* VIII 2, 3).

Simplicianus et Ambroise (qui devait être son cadet d'une quinzaine d'années)
se sont peut-être connus à Rome, au moment où le jeune Ambroise y résidait (353-
365) (*cf.* **14** C. Pasini, *Ambrogio di Milano, Azione e pensiero di un vescovo*,
Milano 1996, p. 27-38). Par la suite, comme le laissent entendre les paroles d'Augustin, Simplicianus prépara Ambroise au baptême, après que celui-ci eut été
désigné par le peuple de Milan pour succéder à l'évêque arien Auxence (374).
Ambroise reçut en fait « coup sur coup » (Solignac **1**, p. 529) le baptême, les ordres
ecclésiastiques et la consécration épiscopale. Le baptême ne lui fut pas administré
par Simplicianus, comme on le lit parfois, mais par un évêque catholique (*i.e.* non-
arien) (*cf.* Paulin de Milan, *Vita Ambrosii* 9). À cette occasion, Ambroise aurait
obtenu le rattachement de Simplicianus au clergé de Milan, s'il est vrai que celui-ci
était romain plutôt que milanais, comme l'estime A. Solignac (**1**, p. 530), contre
l'avis d'A. Paredi (**15** *Ambrogio e la sua età*, Milano 1960, p. 185), mais sans que
la question puisse être tranchée (**16** H. Savon, *Ambroise de Milan (340-397)*, Paris
1997, p. 53). Il faut cependant signaler à ce propos l'hypothèse très intéressante de
Neil B. McLynn selon laquelle Simplicianus aurait été un clerc milanais qui aurait
fui à Rome en même temps que Dionysius au moment de l'accession à l'épiscopat
d'Auxence (355) et qui serait revenu d'exil à Milan avec Ambroise (**17** *Ambrose of
Milan*, Berkeley 1994, p. 36 et 54).

La situation dans laquelle se trouvait Ambroise au moment de sa consécration
épiscopale incline à penser que Simplicianus joua un rôle important auprès de lui,
en devenant « son maître intellectuel en matière d'Écritures saintes et de théologie » (Solignac **6**, p. 45). Ambroise était en effet dépourvu de formation initiale

en cette matière ; or quatre ans plus tard, nous le voyons traiter avec compétence des questions dogmatiques soulevées par l'arianisme. « Il semble qu'aucun des membres du clergé de Milan n'ait été en mesure de le conseiller sur ces problèmes délicats. Simplicianus, en revanche, avait pu suivre de Rome les développements de la crise arienne, rencontrer Athanase durant son second exil (339-346), puis les évêques d'Occident au moment de leur retour d'Orient (360-361) et surtout, prendre connaissance des écrits de Marius Victorinus *Adversus Arianos* ; il était donc la personne la plus indiquée pour guider Ambroise dans ses recherches » (Solignac **6**, p. 46). Il aurait même rapporté de Rome les sources grecques et latines grâce auxquelles Ambroise pourrait imposer progressivement l'orthodoxie. Plus généralement, Simplicianus semble avoir aidé Ambroise à accomplir « l'immense labeur qui, non seulement lui a donné les connaissances nécessaires pour enseigner le peuple de Milan, mais encore l'a fait reconnaître comme l'une des principales autorités doctrinales de l'Église latine » (Savon **16**, p. 52), même si, en rigueur, « les sources ne permettent d'affirmer rien de tel » (*ibid.*, p. 53). Outre l'allusion des *Confessions*, celles-ci se trouvent dans la correspondance d'Ambroise.

Les Lettres d'Ambroise à Simplicianus

Ambroise a adressé à Simplicianus quatre lettres qui traitent d'exégèse biblique. Elles sont l'œuvre d'un interprète scrupuleux mais aussi talentueux (*pace* Bielawski **7**, p. 536, pour qui « on a l'impression d'avoir affaire aux copies qu'un étudiant écrit à son enseignant »). En raison de leur importance pour la connaissance de notre auteur, il importe de s'y arrêter.

Ep. 2 (Maur. 65)

Simplicianus avait réclamé à Ambroise l'interprétation d'un passage difficile de l'*Exode* (24, 5-6). Au début de sa réponse, Ambroise esquisse une sorte de « portrait intellectuel » de son correspondant : « En lisant, tu as été impressionné *(motum)*, comme tu me l'as signalé, par la question de savoir ce que signifiait le fait que Moïse, après avoir offert un sacrifice et immolé pour le Seigneur les victimes salutaires, mit "la moitié du sang dans des cratères" et répandit "l'autre moitié" sur l'autel. Mais comment se fait-il que tu doutes toi-même et que tu fasses appel à nous, alors que, pour acquérir la foi et la connaissance de Dieu, tu as voyagé à travers le monde entier, que tu as passé tout le temps de cette vie, jour et nuit, à des lectures quotidiennes, pénétrant même les intelligibles de ton esprit aigu, comme il est naturel de la part d'un homme qui a l'habitude comme toi de montrer combien les livres de philosophie s'écartent du vrai et combien ils sont vides, pour la plupart d'entre eux, si bien que le discours de ceux qui les ont écrits périt plus vite que leur vie » (*Ep.* 2, 1).

L'affirmation selon laquelle Simplicianus a parcouru tout l'univers a été diversement interprétée. Elle peut signifier littéralement qu'il a beaucoup voyagé (**18** C. et L. Pietri, art. « Simplicianus 1 », *PCBE* II 2, p. 2075-2079, notamment p. 2075 [notice légèrement revue par **19** E. Paoli dans « Les notices sur les évêques de

Milan (IVe-VIe siècles)», *MEFRM* 100, 1988, 1, p. 207-225 (notamment p. 222-225)] ; faire allusion « au thème des voyages des philosophes » (**20** G. Madec, *Saint Ambroise et la philosophie*, Paris 1974, p. 63) (voir l'exemple de Solon d'après Hérodote I 30) ou signifier simplement que Simplicianus «a étudié les ouvrages venus d'Orient et d'Occident» (Solignac **6**, p. 46).

Quoi qu'il en soit, l'allusion vise le savoir acquis par Simplicianus dans le domaine de la théologie ; la lecture des Écritures renverrait quant à elle à l'exégèse, tandis que les «intelligibles» délimiteraient enfin le champ de la philosophie. A. Solignac a vu (peut-être «en forçant le trait») dans une telle tripartition un indice en faveur de l'hypothèse suivant laquelle Ambroise devait sa formation intellectuelle à Simplicianus : «Ces trois points semblent correspondre à un *programme de formation* théologique, scripturaire et philosophique» (*ibid.*, p. 46), celui qu'Ambroise lui-même avait dû suivre (hypothèse reprise par **21** C. Pisani, « S. Simpliciano, vescovo », dans C. Pasini (édit.), *Dizionario dei Santi della Chiesa di Milano*, Milano 1995, p. 98-105, notamment p. 100).

Après cet éloge de son correspondant, Ambroise entreprend d'élaborer une explication allégorique du passage faisant difficulté, en se fondant sur une distinction d'allure philonienne : « Une partie du sang semble signifier la discipline morale de la sagesse *(moralem sapientiae disciplinam)* et l'autre partie, la discipline mystique » (*Ep.* 2, 2 ; *cf.* Philon, *Quis rerum divinarum heres sit* 38, 182). Il explique en un mot que le sang versé annonce la Rédemption, tandis que le sang conservé dans les cratères représente l'enseignement du Christ. En effet, écrit-il à Simplicianus, comme l'*Ancien Testament* n'annonce rien d'autre que la venue du Christ et sa passion, «vois si cette "victime salutaire" n'est pas le Christ : Lui qui, tout d'abord, a enseigné la discipline morale dans l'Évangile et aussi dans la Loi, et qui l'a montrée dans sa patience, dans ses actes et son œuvre mêmes, transvasant dans nos mœurs et dans nos sens, comme dans des cratères, la substance et le principe vital même de sa sagesse, par lesquels il vivifia les esprits des hommes pour qu'ils deviennent des semences de vertu et des principes de piété ; Lui qui, ensuite, s'est avancé jusqu'à l'autel et a répandu le sang de la victime qu'il était» (*Ep.* 2, 8).

Ep. 3 (Maur. 67)

S'étant interrogé sur le désaccord survenu entre Moïse et Aaron, tel que le rapporte le *Lévitique* (10, 16-20), Simplicianus dut à nouveau consulter Ambroise. Celui-ci lui répondit : «Quelle est l'importance de chacun dans la fonction qui est la sienne ? La question se pose à propos de ce passage *(locus)* qui t'a impressionné *(mouit)* à juste titre » et dans lequel Moïse, qui fut plus proche de Dieu que quiconque, fit toutefois plus cas du conseil de son frère Aaron que du sien (*Ep.* 3, 1). Ambroise attire d'emblée l'attention de Simplicianus sur le fait que «Moïse eut la prépondérance en matière de science et Aaron en matière de conseil *(consilium)*» en tant qu'ils étaient respectivement prophète et prêtre (*Ep.* 3, 2). La suite de la lettre entre dans le détail de l'«affaire» : l'irritation de Moïse contre Éléazar et

contre Ithamar parce qu'ils avaient mangé en dehors du sanctuaire un bouc offert
en sacrifice ; l'intervention d'Aaron en leur faveur et le contentement final de
Moïse (*Ep.* 3, 3-13).

Ep. 7 (Maur. 37)

Les deux dernières lettres sont « des dissertations sur l'idéal chrétien du sage,
fortement redevables à Philon et, par l'intermédiaire de celui-ci, au stoïcisme »
(Madec **20**, p. 63). Les propos introductifs de la *Lettre* 7 méritent d'être longuement cités : « Comme nous nous entretenions, il y a peu, dans l'intimité de notre
ancienne amitié, tu m'as fait comprendre que tu étais ravi lorsque je choisissais un
passage des écrits de l'Apôtre Paul pour en discuter *(disputare)* en présence du
peuple, parce que *(quod)* l'on comprend difficilement sa profondeur dans les avis
qu'il donne, que la hauteur de ses déclarations élève celui qui les entend et qu'elle
stimule celui qui les discute, enfin parce que dans la plupart de ses discours il
expose sa pensée de façon telle que celui qui en traite ne trouve rien à y ajouter et
que s'il veut dire quelque chose, il accomplit plus la tâche du grammairien que
celle de celui qui discute *(disputator)*. Sur ce point, pourtant, comme je reconnais
<dans ta demande> l'affection d'une ancienne amitié et, chose plus importante,
l'amour d'une grâce paternelle – en effet, une ancienne relation peut se partager
avec de nombreux autres, mais non pas un amour paternel –, enfin parce que tu as
pensé que j'avais déjà accompli de manière non négligeable ce que tu me demandes, je satisferai à ta volonté, encouragé et stimulé surtout par mon propre exemple, qu'il ne me sera pas difficile de suivre parce que ce n'est pas quelqu'un de
grand mais moi-même que j'imiterai, en reprenant, non pas de grands procédés,
mais les miens » (*Ep.* 7, 1-2).

La première phrase de la lettre est malheureusement ambiguë. On ne peut pas
savoir si la subordonnée introduite par « quod » exprime la pensée de Simplicianus
au sujet des *Épîtres* de Paul ou celle d'Ambroise lui-même. Sans signaler d'ambiguïté, U. Faust met ces précisions au compte d'Ambroise (**22** *Christo servire
libertas est*, Salzburg/München 1983, p. 82-97 [« Der 7. Brief – Eine Abhandlung
über die Freiheit 387 »], p. 82). Si toutefois la subordonnée explique les raisons
pour lesquelles Simplicianus se réjouissait du choix fait par Ambroise d'expliquer
du saint Paul dans ses sermons, comme il paraît plus naturel de le penser, la *Lettre*
7 présenterait l'intérêt remarquable de nous renseigner indirectement sur les
conceptions de Simplicianus lui-même en matière d'exégèse paulinienne ; le
passage témoignerait de l'attention que celui-ci accordait à la lettre même du texte,
qui devait être expliqué grammaticalement en raison de la difficulté d'en percer le
sens essentiel. Une telle approche s'accorde mieux avec l'habitude qu'il avait de
poser des questions sur le sens littéral des textes scripturaires (*cf. infra* sur l'*Ad
Simplicianum* d'Augustin) qu'avec la pratique exégétique d'Ambroise.

Ambroise présente ensuite Simplicianus comme un juge plus exigeant que les
autres, en dépit de sa bienveillance coutumière, et lui rappelle qu'il a déjà approuvé
l'un de ses discours dans lequel il a tracé l'image et l'effigie de la vie heureuse,

faisant ainsi allusion à son *De Iacob et uita beata*, rédigé en 386 (*Ep.* 7, 3) (depuis les Mauristes, l'indication sert à dater la lettre d'après 386).

Après cet exorde, Ambroise en vient au sujet de sa lettre : l'appel de Paul en faveur de la liberté, lorsque celui-ci écrit : « Vous avez été achetés à grand prix, ne soyez pas les esclaves des hommes » (1 Co 7, 23), « montrant par là que notre liberté est dans le Christ ; que notre liberté est dans la connaissance de la sagesse » (*Ep.* 7, 4). L'affirmation selon laquelle « Tout sage est libre » fut beaucoup débattue parmi les philosophes (de fait, l'idée que la véritable liberté est celle de l'homme qui n'est pas asservi à ses passions se trouve chez Platon [*cf.* E. Des Places, *Lexique de Platon* I, Paris 1964, p. 172-173], puis chez les stoïciens [*cf. SVF* I 208 ; 222]) ; pourtant, ajoute Ambroise, en reprenant l'un de ses leit-motive, ceux-ci ne faisaient que puiser dans la sagesse des Patriarches (§ 6). Il se livre ensuite à une longue apologie en faveur de la liberté chrétienne, sur fond d'une référence continue au traité *Quod omnis probus liber sit* de Philon (voir l'apparat critique de l'édition Faller).

« Qui est libre, à ton avis ? Seule la sagesse est libre, qui place les pauvres au-dessus des riches » (§ 14). « Celui qui n'a pas de maître qui l'achète ou qui le dirige du doigt n'est pas le seul homme libre ; il est plus libre, celui qui est libre en lui-même *(intra se)*, qui est libre en vertu de lois de la nature et qui sait que la loi de la nature a été prescrite moralement, non pas socialement *(moribus, non condicio-nibus)*, et que le critère de nos devoirs dépend, non pas de la décision d'un homme, mais de règles de la nature » (§ 17). Le juste « est pour lui-même une loi ». « Les choses indifférentes ne l'émeuvent pas » (§ 20). Son esprit n'incline pas vers le plaisir ni vers les choses qu'il faut éviter. « Il reste immobile dans ses affections » *(inmobilis maneat adfectu)* (§ 20). Le « fou » est quant à lui l'esclave de ses passions (§ 24). Un vers de Sophocle disait : « Jupiter est mon chef, aucun homme ne l'est » (Philon, *ibid.*, 3, 19 [Soph., frg. 688] ; Arist., *Eth. Eud.* VII 10, 1242 a 37). Mais combien plus anciens sont Job et David ! » (§ 28). Citant encore Philon (§ 45-46 (VI, p. 13, 15-18), Ambroise déclare : « Ceux-là sont libres, qui vivent selon des lois ; la vraie loi, c'est un discours droit *(sermo rectus)* ; la vraie loi n'est pas inscrite sur des tables ou gravée dans le fer mais imprimée dans les esprits et fixée dans les sens » (§ 32).

Au témoignage des philosophes en faveur du mépris du sage pour la mort, Ambroise ajoute celui des gymnosophistes Indiens et insère dans sa lettre la lettre de Calanus (➡C 14), dans laquelle celui-ci signifiait à Alexandre qu'il ne lui ferait pas faire ce qu'il ne voulait pas, quand même il serait brûlé vif. La lettre est traduite mot à mot de Philon, 14, 94-96 (*cf.* aussi Clément d'Alexandrie, *Strom.* IV 7, 50, 1). « Mais tandis que Philon admirait sans réserve la force d'âme du gymno-sophiste, Ambroise ne manque pas l'occasion de tirer de l'anecdote un *a fortiori* en faveur de l'héroïsme chrétien des vierges et de saint Laurent » (Madec **20**, p. 103).

Ep. 10 (Maur. 38)

Peu de temps après cet échange, Simplicianus est le destinataire d'une nouvelle lettre d'Ambroise, qui fait référence en ces termes à la précédente : « Nous sommes entrés il y a peu dans des débats philosophiques, semble-t-il, lorsque, prenant le début d'une Épître de l'Apôtre, nous avons traité du fait que tout sage est libre. Par la suite, pourtant, en lisant l'Épître de Pierre, j'ai remarqué que tout sage est également riche, et <cela> sans qu'il y ait de différence de sexe, puisque Pierre a écrit que tous les ornements que possèdent les femmes consistent, non pas dans des colliers de grand prix, mais dans leurs bonnes mœurs car, dit-il, "La parure n'est pas la coiffure extérieure des cheveux ou le port de bijoux en or ou la possession de vêtements ; elle est l'homme caché du cœur *(ille absconditus cordis homo)* (1 P 3, 3-4). Pierre établit donc deux choses : qu'il y a un homme dans l'homme et que celui qui est riche, c'est celui qui n'a nul besoin de faire usage de richesses » *(Ep.* 10, 1-2) (pour une brève comparaison entre l'intériorité ambrosienne et celle d'Augustin, *cf.* **23** R. L. Fox, « Movers and Shakers », dans A. Smith [édit.], *The Philosopher and Society in Late Antiquity. Essays in Honour of Peter Brown*, Swansea 2005, p. 30). La paix est la vraie richesse (§ 4), ainsi que la bonté (§ 5), comme le montrent les exemples d'Énoch, d'Élie (§ 7) ainsi que les histoires d'Achab et de Naboth (§ 8).

Simplicianus et le néoplatonisme

Les lettres d'Ambroise ne nous renseignent guère sur le néoplatonisme de Simplicianus, puisqu'on relève tout au plus l'allusion aux « intelligibles » *(Ep.* 2, 1), qui « tourne court » (Madec **20**, p. 170). Sur ce point, on est donc réduit aux conjectures. Selon P. Courcelle, ce fut Simplicianus qui initia Ambroise à la philosophie néoplatonicienne « entre l'élection épiscopale et le baptême » (**11**, p. 137) (la formation dut être intensive…). Une hypothèse d'A. Lenox-Conyngham lui dénie ce rôle prestigieux et coupe toute voie d'accès au néoplatonisme de Simplicianus par l'intermédiaire de celui d'Ambroise : si l'on accepte de dater la naissance d'Ambroise de 333/334 (Faller, Paredi), au lieu de la date communément admise de 339 ou 340, on peut penser que celui-ci a pris tout seul connaissance des doctrines néoplatoniciennes à Rome, au moment où Marius Victorinus était à son apogée, c'est-à-dire bien avant d'être instruit en théologie (**24** « Ambrose and philosophy », dans L. R. Wickham et C. P. Bammel [édit.], *Christian Faith and Greek Philosophy in Late Antiquity. Essays in tribute to George Christopher Stead*, Leiden/New York/Köln 1993, p. 112-128). L'hypothèse s'accorde avec le fait qu'Ambroise déclara, pour échapper à la charge d'évêque, son intention de « professer la philosophie » *(philosophiam profiteri uolui)* (Paulin, *Vita* 7, 3).

Pour d'autres raisons, G. Madec met lui aussi en doute l'idée d'une initiation d'Ambroise au néoplatonisme par Simplicianus au moment de son baptême. Il note en effet que l'utilisation massive des *Ennéades* par Ambroise est limitée aux « sermons plotiniens » *De Isaac, De bono mortis* et *De Iacob*, qui sont postérieurs à cette époque. Il ne paraît donc « pas démontré qu'Ambroise ait exploité directement des thèmes néoplatoniciens, au cours des premières années de son activité littéraire, dans l'intention de continuer une œuvre de synthèse entre le christianisme et le néoplatonisme, à laquelle il aurait été initié par son maître Simplicianus» (Madec **20**, p. 66). On peut tout au plus penser qu'«Ambroise devait être au courant du mouvement de renouveau du platonisme, de ce que nous appelons le néoplatonisme. On ne sait, à vrai dire, la manière dont il le concevait; mais il devait avoir quelque idée de la filière; il devait connaître l'œuvre entreprise par Marius Victorinus, ne serait-ce que par Simplicianus. Il était probablement au courant de l'actualité philosophique milanaise et connaissait, par exemple, Mallius Theodorus. Il est vraisemblable que c'est en fonction de cette actualité qu'Ambroise se fit un devoir de lire les *Ennéades*, à moins qu'il ne se contentât d'une connaissance indirecte» (Madec **20**, p. 345).

Ces propos invitent à une utilisation prudente de l'appellation de «cercle néoplatonicien» de Milan, qui a été galvaudée. Certains auteurs moins prudents qu'A. Solignac en sont venus à présenter ce cercle comme une école de philosophes qui avaient pour ainsi dire pignon sur rue (en réaction à cette tendance, voir **25** G. Madec, «Le milieu milanais. Philosophie et christianisme», *BLE* 88, 1987, p. 194-205). La tendance actuelle de la recherche est plutôt de minorer l'importance du «cercle néoplatonicien» (*cf.* **26** G. Visonà, «Lo 'status quaestionis' della ricerca Ambrosiana», dans L. F. Pizzolato et M. Rizzi [édit.], *Nec Timeo Mori. XVI centenario della morte di sant'Ambrogio (Milano 4-11 aprile 1997)*, coll. «Studia patristica mediolanensia» 21, Milano 1998, p. 31-71, notamment p. 41-50 [«Filosofia, cultura, letteratura»]). C. Markschies parle ainsi du «prétendu "néoplatonisme de Milan"» (**27** *Ambrosius von Mailand und die Trinitätstheologie. Kirchen- und theologiegeschichtliche Studien zu Antiarianismus und Neunizänismus bei Ambrosius und im lateinischen Westen (364-381 n. Chr.)*, Tübingen 1995, p. 83). Pour lui, Simplicianus en serait le seul représentant (*ibid.*, p. 79-83 [«Der "Mailänder Neuplatonismus" und der Presbyter Simplician»]), dans la mesure où le néoplatonisme et la doctrine de Marius Victorinus ne semblent pas avoir laissé des traces importantes dans la théologie d'Ambroise. Les indications les plus précises sur le néoplatonisme de Simplicianus nous viennent en fait d'Augustin.

Simplicianus et Augustin

Augustin à Milan

Nous avons rappelé comment Augustin vint trouver Simplicianus à Milan pour lui faire part de sa lecture des «livres des platoniciens» et comment celui-ci évoqua le souvenir de Marius Victorinus pour l'exhorter à suivre l'humilité du Christ (*Conf.* VIII 2, 3). Augustin avait trente-deux ans et Simplicianus sans doute plus de soixante. Un texte de la *Cité de Dieu* «montre que le récit des *Confessions* nous porte plutôt à sous-estimer l'influence exercée par Simplicien sur l'évolution d'Augustin. Ce n'est pas une visite, mais une série de visites, qu'Augustin lui a rendues *(solebamus)*» (Courcelle **11**, p. 170; *cf.* p. 168-174 [«Simplicien et la confrontation des *Ennéades* avec le prologue johannique »]). Augustin écrit en effet : « Du début du saint Évangile selon Jean, comme on l'appelle (Jn 1, 1-5), un platonicien disait, comme nous l'entendions habituellement dire par Simplicianus, ce saint vieillard qui dirigea plus tard l'église de Milan en tant qu'évêque, qu'il fallait l'écrire en lettres d'or et l'afficher en haut lieu sur toutes les églises » (*De civ. Dei* X 29, 2) (l'hypothèse est souvent faite que ce « platonicien » serait Victorinus lui-même [*cf. La Cité de Dieu*, BA 34, p. 633-634 ; Hadot **10**, p. 236]). On peut déduire de ce passage que « le sujet ordinaire de leurs entretiens fut le rapport entre le système néoplatonicien et le prologue johannique » (Courcelle **11**, p. 172). Cette confrontation n'était pas nouvelle : on connaît, du côté des philosophes païens, « l'attitude de Numénius (➮N 66), interprétant allégoriquement l'histoire de Jésus (Origène, *Contra Celsum* IV 51, p. 324, 18-25 Koetschau), celle d'Amélius (➮A 136) comparant le prologue de l'Évangile de Jean et le "prologue" d'Héraclite (Eusèbe, *Praep. ev.*, XI 19, 1, p. 45, 3-10, Mras) » (Hadot **10**, p. 237). La nouveauté vint sans doute en l'occurrence du fait que Simplicianus éclaira Augustin sur le fait que le Prologue johannique parle non seulement du Verbe auprès de Dieu, mais aussi du Verbe qui s'est fait chair et qui a habité parmi nous. Il lui permit ainsi de faire le « bilan des concordances et des discordances entre les textes néoplatoniciens et les textes chrétiens » (Courcelle **11**, p.172), de sorte qu'Augustin pourra dire, dans les *Confessions*, qu'il a lu chez les platoniciens, bien que ce ne soit pas de façon littérale : « Au commencement était le Verbe et le Verbe était auprès de Dieu... » (*Conf.* VII 9, 13) ; et ajouter : « Quant à ceci : "Il est venu dans son propre domaine, et les siens ne l'ont pas reçu, mais à tous ceux qui l'ont reçu, il a donné le pouvoir de devenir fils de Dieu en croyant en son nom" : dans ces livres, je ne l'ai pas lu » (*cf.* aussi *Conf.* VII 9, 14). Augustin était désormais en possession du « principe de cohérence » de sa doctrine : le Christ, en qui il unit la *Sapientia* de l'*Hortensius*, l'*Intellectus* des *Libri Platonicorum* et le *Verbum* du prologue johannique (*cf.* **28** G. Madec, « *Christus, scientia et sapientia nostra*. Le principe de cohérence de la doctrine augustinienne », *Recherches Augustiniennes* 10, 1975, p. 77-85).

Le témoignage de Gennade et l'Ep. 37 d'Augustin

Deux ans après les entretiens avec Simplicianus, Augustin revint à Thagaste. Tous deux restèrent en contact épistolaire. C'est ce qu'atteste Gennade dans la notice qu'il consacre à Simplicianus et qui mérite d'être entièrement citée : « Par de nombreuses lettres, Simplicianus a exhorté Augustin, alors que celui-ci était encore prêtre [c'est-à-dire entre 391 et 395/396], à appliquer son esprit (*agitare animum*) et à consacrer son temps à l'explication des Écritures, si bien qu'il fut un jour considéré comme un nouvel Ambroise, celui qui était l'ἐργοδιώκτης d'Origène [*i.e.* son contremaître]. De là vient qu'il a extrait de nombreuses questions scripturaires à son intention (*unde et multas ad eius personam Scripturarum quaestiones absolvit*). Il y a de lui une *Lettre de Propositions*, dans laquelle, tout en posant des questions comme s'il voulait s'instruire, il enseigne un savant » (*De vir. inl.* 37, p. 75 Richardson). Gennade ne dit pas qui parla ainsi d'*alter Ambrosius*. L'expression se comprend en référence à la lettre dans laquelle Origène écrit plaisamment : « Ambroise, qui croit que j'aime le travail et que j'ai une grande soif de la parole divine, m'a confondu par son propre amour du travail et par son amour pour les sciences sacrées. Il a une telle avance sur moi que je risque de décliner ses propositions. Il n'est permis de dîner qu'en collationnant les textes et après le dîner il ne m'est pas permis d'aller me promener ou de me détendre physiquement car même à ces moments-là nous sommes astreints au travail philologique et à la correction des transcriptions... » (Cedrenus, *Historiarum compendium*, éd. Bekker, I, p. 444, 14 *sq.* [*PG* 121, col. 485B-C] ; texte réédité dans **29** P. Nautin, *Lettres et écrivains chrétiens des IIe et IIIe siècles*, Paris 1961, p. 250).

Le témoignage de Gennade est confirmé par l'*Ep.* 37 d'Augustin à Simplicianus en réponse à une lettre qu'il avait reçue de lui. Dans un style travaillé, Augustin dit « à son père Simplicianus » quelle joie lui a procurée sa lettre, qui témoigne que celui-ci se souvient de lui, qu'il l'aime comme à son habitude (« meque ut soles diligas ») et qu'il lui témoigne une affection paternelle qui n'a rien de soudain ni de neuf car il la connaît bien pour l'avoir déjà expérimentée (§ 1). Il se réjouit surtout de ce que Simplicianus ait lu certains de ses livres (sans préciser lesquels), dont la rédaction a été laborieuse et ajoute que Dieu l'a ainsi consolé de sa peine et rassuré ; en effet, « lorsque ce que j'écris te plaît, je sais à qui cela plaît parce que je sais qui habite en toi » (§ 2). Il aborde enfin ce qui fait plus précisément l'objet de leur échange : « Assurément, les petites questions *(quaestiunculas)* que tu m'as ordonné de résoudre, même si je ne les avais pas comprises en étant empêché par ma lenteur d'esprit, je leur aurais apporté une solution avec l'aide de tes mérites. Je te demande une seule chose : prie Dieu pour ma faiblesse et, qu'il s'agisse des choses dans lesquelles tu as voulu m'exercer avec une bienveillance paternelle ou de tout ce qui pourrait tomber entre tes mains de moi, prends la peine de celui qui lit mais aussi joue le rôle du censeur qui corrige, parce que, si je reconnais ce qui est donné par Dieu, je reconnais aussi mes erreurs » (§ 3). On considère qu'à cette lettre étaient joints, en réponse aux « petites questions » évoquées, les deux livres du *De diversis quaestionibus ad Simplicianum* (**30** G. Bardy, *BA* 10, *Mélanges doctrinaux*, p. 389 ; Pietri **18**, p. 2076 ; **31** J. Divjak, art. « Epistulae », *AugLex* II, col. 893-1057, notamment col. 953).

L'*Ad Simplicianum* (395/396)

Les circonstances de l'œuvre

Comme l'indiquent les *Rétractations*, l'ouvrage fut la première œuvre qu'Augustin rédigea après être devenu évêque. Sa date est cependant incertaine. On lit en effet : « Librorum quos episcopus elaboravi, primi duo sunt ad Simplicianum, ecclesiae Mediolanensis antistitem, qui beatissimo successit Ambrosio... » (*Retract.* II 1, 1). « Si l'on s'arrête au titre d'évêque de Milan qui suit le nom de Simplicianus, on devra admettre avec les Mauristes que ces livres n'ont pas pu être écrits avant la mort de saint Ambroise (4 avril 397). La plupart des historiens se rangent à cette opinion. Cependant, elle n'est pas sans présenter de difficultés. Si

Augustin a été sacré évêque à la fin de 395, est-il resté pendant toute l'année 396 et les premiers mois de 397 sans rien écrire ? Comment par contre à partir de mai 397 a-t-il pu accumuler tous les ouvrages que mentionnent ensuite les *Révisions* ? Rien, en réalité, ne nous oblige à croire que Simplicianus ait été évêque lorsqu'il a adressé à Augustin ses questions, si bien qu'il est permis de placer les réponses de ce dernier en 396» (**32** G. Bardy, *Les Révisions*, BA 12, p. 575-576 ; *cf.* aussi sur cette question G. Bardy, « Introduction sur les *Deux livres à Simplicien* », dans **30**, p. 383-407 ; **33** A. Mutzenbecher, *De diversis quaestionibus ad Simplicianum*, coll. *CC* 44, Turnhout 1970, p. XXX-XXXIII [« Datierung »]).

En conclusion de l'*Ad Simplicianum*, Augustin rappelle explicitement que Simplicianus lui avait adressé un ensemble de questions auxquelles il devait répondre par un petit livre *(libellus)*. Il lui envoie en fait « deux livres très longs » et lui demande à leur sujet un jugement très bref mais très ferme (*Ad Simpl.* II 6). Chacun des deux livres comporte une très brève préface.

Dans la première préface, Augustin se félicite de l'honneur que lui fait son « père Simplicianus » en l'interrogeant. Il précise : « Les points concernant l'Apôtre Paul que tu nous as soumis pour que nous les résolvions, nous en avions déjà discuté d'une certaine façon et nous en avions traité par écrit ». (Certains manuscrits comportent l'ajout suivant : « ut quemadmodum exposita sint praeter libelli huius textum sicut iam parata erant misi consideranda prudentiae tuae » [« Je te les ai envoyés tels quels, en plus du texte de ce livre, dans la forme où ils avaient été mis, pour soumettre à ton jugement la manière dont ils ont été exposés »] [*cf. CC* 44, p. 7] ; l'ajout n'est cependant retenu par aucun éditeur).

Augustin fait certainement allusion à l'*Expositio quarundam propositionum ex epistola Apostoli ad Romanos* (l'*Expositio inchoata epistolae ad Romanos* ne commente quant à elle que la salutation de l'*Épître*). Il rappelle dans les *Rétractations* qu'alors qu'il était encore prêtre et qu'il séjournait à Carthage (pour le concile de juin 394), il lut avec ceux qui étaient avec lui l'*Épître aux Romains*. Certains frères lui posèrent des questions et voulurent que ses réponses fussent enregistrées (*cf. Retract.* I 23). L'œuvre consiste dans l'explication d'un ensemble de propositions introduites par l'invariable formule « Quod autem ait Apostolus... », suivie d'une brève citation. On peut se demander si cette œuvre ne faisait pas précisément partie des livres d'Augustin que Simplicianus a lus et auxquels l'*Ep.* 37 a fait allusion. Le cas échéant, la lettre de Simplicianus à laquelle répondaient l'*Ep.* 37 et l'*Ad Simplicianum* pourrait bien être l'*Epistula Propositionum* mentionnée par Gennade (*De vir. inl.* 37, p. 75, li. 6-7). On ne sait presque rien de cette lettre mais on remarque qu'elle rappelle par son titre l'*Expositio quarumdam propositionum ex epistola Apostoli ad Romanos* d'Augustin. Peut-être Simplicianus revenait-il, dans l'*Epistula Propositionum*, sur certaines propositions de Paul qui faisaient difficulté dans les péricopes de Rm 7, 7-25 et Rm 9, 10-29, dont traite le livre I de l'*Ad Simplicianum* ; et peut-être ajoutait-il à ces difficultés l'ensemble des six questions exégétiques sur les livres des *Rois* qui font l'objet du livre II. On note toutefois que rien dans l'*Ad Simplicianum* ne laisse soupçonner que la lettre de requête ait contenu un quelconque enseignement (selon l'indication de Gennade « docet doctorem »), pas plus que les lettres de demandes envoyées à Ambroise ne semblent en avoir contenu un.

Après avoir indiqué qu'il s'était déjà penché sur les points invoqués par Simplicianus, Augustin ajoute : « J'ai pourtant scruté avec plus de soin et d'attention les paroles mêmes de l'Apôtre et leur teneur de sens, étant insatisfait de mon enquête et de mon explication précédente, de peur d'avoir laissé passer quelque chose par négligence » (*Ad Simpl.* I, *praef.*). « Pour la deuxième fois l'intervention du prêtre milanais était décisive dans la réflexion doctrinale d'Augustin : après lui avoir présenté le *Prologue* johannique comme un condensé de la doctrine chrétienne, Simplicianus l'amenait à approfondir sa réflexion sur la doctrine paulinienne de la grâce » (**34** G. Madec, *Introduction aux « Révisions » et à la lecture des œuvres de saint Augustin*, Paris 1996, p. 68).

Le « tournant » de l'*Ad Simplicianum*

Le passage le plus important de l'œuvre est le commentaire de Rm 9, 10-29, sur l'élection de Jacob et la réprobation d'Ésaü, où Paul cite Ex 33, 19 (« Je fais miséricorde à qui je fais miséricorde ») et oppose les « vases de miséricorde » aux « vases de colère » (I 2). Augustin a lui-même dit de façon assez dramatique, dans les *Rétractations*, quel fut l'enjeu de sa recherche : « Pour répondre à cette question, j'ai peiné à vrai dire en faveur du libre arbitre de la volonté humaine ; mais c'est la grâce de Dieu qui a vaincu *(laboratum est quidem pro libero arbitrio voluntatis humanae, sed vicit gratia Dei)* ; et je n'ai pu parvenir qu'à ce résultat : comprendre dans leur lumineuse vérité ces paroles de l'Apôtre : "Qui en effet te distingue ? Qu'as-tu que tu n'aies reçu ? Et si tu l'as reçu, pourquoi te glorifier, comme si tu ne l'avais pas reçu" ? (1 Co 4, 7) » (*Retract.* II 1, 1, repris *in extenso* en *De praed. sanct.* 4, 8). Dans le *De dono perseverantiae*, Augustin résuma en une brève phrase l'acquis de ce combat à l'issue duquel il fut vaincu par la grâce : « J'ai compris et affirmé que le commencement de la foi est un don de Dieu » (*De dono pers.* 20, 52 ; redit en 21, 55). Sa pensée de la grâce prenait là un « tournant » (*cf.* **35** A. Pincherle, *La formazione teologica di s. Agostino*, Roma 1947 ; **36** D. Marafioti, « Il problema dell' "initium fidei" in sant'Agostino fino al 397 », *Augustinanum* 21, 1981, p. 541-565 ; **37** *Id.*, « Alle origini del teorema della predestinatione (*Ad Simpl.* I 2, 13-22), dans *Congresso internazionale su s. Agostino*, t. II, Roma 1987, p. 257-277 ; **38** T. Ring, *Sankt Augustinus, An Simplicianus zwei Bücher über verschiedene Fragen*, Würzburg 1991 ; **39** J. Wetzel, « Pelagius Anticipated : Grace and Election in Augustine's "Ad Simplicianum" », dans J. McWilliam (édit.), *Augustine. From Rhetor to Theologian*, Waterloo, Ont. 1992 ; **40** P.-M. Hombert, *Gloria gratiae*, Paris 1996, p. 91-112 [« La réponse à Simplicianus »]).

Dans l'*Expositio ad Romanos* Augustin avait en effet pensé l'action de la grâce en ces termes : « Dieu prédestine celui dont il sait par avance qu'il croira et qu'il suivra son appel » *(nec praedestinavit aliquem, nisi quem praescivit crediturum et secuturum vocationem suam) (Expos.* 47, 55). En se référant un peu plus loin à Rm 9, 15 sur l'élection de Jacob, il avait noté que « certains s'en émouvaient dans l'idée que l'Apôtre Paul a supprimé le libre arbitre de la volonté, qui nous fait mériter Dieu par le bien de la piété ou l'offenser par le mal de l'impiété » (*Expos.* 52, 60). Son explication consistait en substance à dire que Dieu avait élu Jacob parce qu'il savait que Jacob croirait et réprouvé Ésaü parce que celui-ci refuserait de croire. Il pouvait de la sorte penser maintenir sauve l'affirmation de Paul selon laquelle ce ne sont pas les œuvres mais la foi qui justifie. En effet, « Dieu ne choisit pas ceux qui font le bien mais plutôt ceux qui croient, afin que lui-même les fasse bien agir. Il nous revient en effet de croire et de vouloir tandis qu'il revient à Dieu de donner, à ceux qui croient et qui veulent, le pouvoir de faire le bien par l'Esprit Saint, par qui l'amour de Dieu est répandu dans nos cœurs pour que nous soyons rendus miséricordieux (*cf.* Rm 5, 5) » (*Expos.* 53, 61). Dans une telle explication, si l'homme ne pouvait pas s'attribuer d'avoir été appelé, il lui revenait de répondre à cet appel par sa libre volonté. « Or, c'est cela qui préoccupait Augustin et le laissait insatisfait, au moment même où Simplicien le forçait à reprendre l'examen du texte paulinien. La nouvelle réponse d'Augustin est connue : la foi par laquelle nous répondons à l'appel de Dieu est mise elle-même au compte de Dieu. Vouloir et répondre à l'appel de Dieu ne sont le fait de l'homme, que si Dieu lui-même agit pour que l'homme veuille et croie. En d'autres termes, l'homme ne croit que si Dieu lui-même lui donne la foi. S'il ne croit pas, c'est que Dieu ne la lui a pas donnée » (Hombert **39**, p. 93-94). Augustin perçoit désormais que « l'intention de l'Apôtre, qui anime toute l'*Épître* (...) est que personne ne doit se glorifier du mérite de ses œuvres » (I 2, 2). Plus précisément, « si quelqu'un se vante d'avoir mérité la miséricorde en croyant, qu'il sache que celui qui lui a donné de croire, c'est celui qui lui a fait miséricorde en lui inspirant la foi, et qu'il lui a fait miséricorde si bien qu'il lui a fait entendre son appel alors qu'il était encore infidèle. Car désormais le fidèle est discerné de l'impie. "En effet", dit l'Apôtre, "qu'as-tu que tu n'aies reçu ? Et si tu l'as reçu, pourquoi te glorifier comme si tu ne l'avais pas reçu ?" » (I 2, 9). Les conséquences de cette conception nouvelle de l'élection divine, qui fait de la foi un don de Dieu, sont développées par Augustin avec les excès que l'on sait : « L'essentiel de l'argumentation se ramène à ceci : en raison du péché d'Adam tous les hommes forment une "masse de péché" (*massa peccati* ; ou encore une *massa damnationis, massa damnata* : expressions qu'il faut traduire : "masse *condamnée*", et non *damnée*) ; tous méritent donc *en stricte justice* d'être condamnés ; ceux qui sont choisis par dessein divin (*secundum propositum*) pour échapper à cette condamnation le sont par *pure miséricorde* » (**41** A. Solignac, « Les excès de l'" intellectus fidei" dans la doctrine d'Augustin sur la grâce », *NRT* 110, 1988, p. 825-849, notamment p. 827).

Les six questions sur le livre des Rois

Le deuxième livre de l'*Ad Simplicianum* porte sur six questions exégétiques relatives aux livres des *Rois* ou des *Règnes*, comme dit souvent Augustin. Ces livres, « comme presque tous ceux de l'Ancien Testament, sont figuratifs », écrit-il dans la préface. Ce n'est pourtant pas sur leur sens prophétique que Simplicianus l'a interrogé (ce qui aurait dépassé ses propres compétences), mais sur « le sens propre des événements » *(ipsas rerum proprietates gestarum)* qu'il mentionne. Et il l'a fait, non pour apprendre d'Augustin ce qu'il connaît déjà, mais pour le mettre à l'épreuve dans le désir de contrôler ses progrès (II 1, 1) (*cf. Ep.* 37, 3).

Les six questions, très précises comme celles adressées à Ambroise, sont les suivantes : que signifie le passage : « Et l'esprit du Seigneur s'empara de Saül » (1 R 16, 14) alors qu'il est dit ailleurs « Le mauvais esprit du Seigneur fut sur Saül » (1 R 16, 14) ; « Comment a-t-il été dit : "Je me repens d'avoir établi roi Saül" » (1 R 15, 11) ; « L'esprit immonde qui était dans la pythonisse a-t-il pu agir de manière à faire voir Samuel à Saül et à lui permettre de s'entretenir avec lui » ? (alors que Samuel était déjà mort) (1 R 28, 7-20) ; la quatrième traite de l'assertion : « Le roi David entra et s'assit devant le Seigneur » (2 R 7, 18) ; la cinquième de la parole d'Élie : « Seigneur, je suis témoin de cette veuve chez qui j'habite ; vous avez mal fait de tuer son fils » (3 R 17, 20) ; la dernière de l'esprit de mensonge par lequel Achab a été trompé (3 R 20-23) (sur le traitement de ces questions, beaucoup moins étudiées que celles du livre I, *cf.* Ring **38**, p. 364-376).

La « réception » de l'œuvre

Nous ne savons pas comment l'ouvrage fut accueilli par son destinataire. De l'avis de P.-M. Hombert, « il semble bien que l'*Ad Simplicianum* ait jeté "un froid". Tout porte à croire que Simplicianus n'a jamais répondu à Augustin » (**39**, p. 112). L'auteur invoque à l'appui de sa thèse les conjectures de P. Courcelle qui, en étudiant la correspondance entre Augustin et Paulin de Nole, en était venu à penser que les relations entre les deux hommes s'étaient quelque peu distendues en raison de l'attitude d'Augustin vis-à-vis de Pélage (**13**, p. 590-595 [« Paulin entre Augustin et Pélage »]). La conviction qu'avait Augustin de ne s'être pas trompé, en dépit des réserves de Simplicianus, l'aurait incité à « offrir sa vie en témoignage », c'est-à-dire à rédiger les *Confessions* (Hombert **39**, p. 113). De l'avis de G. Bonner, au contraire, « bien que nous n'ayons pas d'informations, il est probable que l'ouvrage fut accueilli favorablement à Milan » (**42** *Augustine and Modern Research on Pelagianism*, coll. « The Saint Augustine Lecture » 1970, Villanova 1972, p. 18 ; *cf.* aussi sur ce point **43** G. Madec, *Lectures Augustiniennes*, Paris 2001, p. 94).

L'épiscopat (397-400/401)

La succession d'Ambroise

On sait qu'Ambroise pleurait amèrement chaque fois qu'on lui apprenait la mort d'un bon évêque (Paulin, *Vita Ambr.* 40) et qu'à ceux qui essayaient de le consoler, il répondait que ce n'était pas tant la disparition de cet évêque qui l'affligeait que la difficulté de lui trouver un successeur. La question de sa propre succession dut le préoccuper durant sa maladie. Il eut l'occasion d'indiquer quel était son souhait. En effet, tandis que les diacres Castus, Felix, Polemius et Venerius s'entretenaient près du lit où il se mourait des candidats possibles à sa succession, que le nom de Simplicianus fut avancé et que l'un des diacres déclara qu'il était trop vieux, Ambroise reprit: « senex sed bonus » (*Vita Ambr.* 46) (« bonus » signifie « en bonne santé » selon Solignac **6**, p. 45). Simplicianus était alors « d'un âge avancé (« aevi maturus ») (*Vita Ambr.* 40). Il devait avoir passé les soixante-dix ans. Cela ne l'empêcha pas d'être un évêque actif durant les trois ou quatre années où il exerça sa charge (sur l'épiscopat de Simplicianus, *cf.* **44** F. Savio, *Gli antichi vescovi d'Italia dalle origini al 1300 descritti per regioni. I. La Lombardia*, Milano/Firenze 1913, p. 145-150 [*non vidi*]).

Les martyrs d'Anaunie

La première affaire que Simplicianus eut à régler, durant les premiers mois de son épiscopat, fut celle des martyrs d'Anaunie (*cf.* Paulin, *Vita Ambr.* 52; Gennade, *Vir. ill.* 38 [qui mentionne l'épisode comme s'il concernait un autre Simplicianus]). Nous en sommes informés par une lettre qui lui fut adressée par Vigile, évêque de Trente (Vigilius Trid., *Ep.* 1, *PL* 13, col. 549 *sq.*; voir aussi *Id.*, *Ep.* 2, à Jean Chrysostome, *ibid.*, col. 552-558; sur ces lettres, *cf.* **45** E. Menestò, « Le lettere di S. Vigilio », *Atti della Academia Roveretana degli Agiati*, Classe di Scienze umane, Lettere ed Arti 25, 1985, p. 383-388): trois clercs qui avaient été envoyés par Ambroise en mission au nord de Trente, le diacre Sisinnius, le lecteur Martyrius et l'*ostiarius* Alexander, y furent assassinés par des rustres, le 29 mai 397. Simplicianus fut à l'origine du culte qui leur fut rendu, notamment en accueillant leurs reliques (*cf.* **46** S. Pricoco, « Ambrogio come prototipo di santità episcopale », dans L. F. Pizzolato et M. Rizzi [édit.], *Nec Timeo Mori. XVI centenario della morte di sant'Ambrogio*, Milano 1998, p. 473-499, notamment p. 489; **47** E. M. Sironi, *Dall'Oriente in Occidente: i santi Sisinio, Martirio e Alessandro martiri in Anaunia*, Sanzeno 1989 [p. 78-91]).

Comme évêque de Milan, Simplicianus fut appelé à prendre position sur certaines questions ecclésiastiques débattues dans des sièges qui pouvaient être très éloignés de Milan. « En fait, l'Église de Milan jouissait encore de l'autorité singulière qui lui avait été reconnue sous l'épiscopat d'Ambroise, soit en raison de l'intelligence de ce dernier, soit en raison de l'importance de Milan comme résidence impériale » (**48** C. Pasini, « S. Simpliciano, vescovo » dans C. Pasini [édit.], *Dizionario dei Santi della Chiesa di Milano*, Milano 1995, p. 98-105; p. 102). Trois conciles firent appel à Simplicianus.

Le concile de Carthage de 397

Les évêques africains, réunis à Carthage le 13 août 397, se proposèrent de consulter Simplicianus et Sirice de Rome au sujet de la possibilité d'ordonner des donatistes baptisés pendant leur enfance dans le schisme et réconciliés depuis lors (*cf. Conc. Africae, conc. Carth.*, chap. 47, coll. *CC* 149, p. 186). On peut supposer que la réponse fut négative puisqu'en 401 un nouveau concile à Carthage adressa une requête similaire au pape Anastase Ier et à Venerius, le successeur de Simplicianus (*Conc. Carthaginiense anni 401, Notitia*, coll. *CC* 149, p. 194-198).

Le concile de Turin (398/399)

Simplicianus fut sans doute présent au synode de Turin, en 398/399, réuni à la demande d'évêques Gaulois pour juger des modifications apportées à l'organisation civile de la Gaule et mettre fin aux désordres provoqués par le priscillanisme (*cf. Concilium Tauriniensis anni 398*, Canones, coll. *CC* 148, p. 52-58 ; sur ce concile, *cf.* **49** J. R. Palanque, « Les dissensions des églises des Gaules à la fin du IVe siècle et la date du concile de Turin », *RHEF* 21, 1935, p. 481-501 ; **50** C. Pietri, *Roma christiana. Recherches sur l'Église de Rome, son organisation, sa politique, son idéologie de Miltiade à Sixte III*, Rome 1976, p. 972-978). « On connaît malheureusement assez mal l'influence de l'évêque milanais, Simplicianus, sur les débats conciliaires » (Pietri, **50**, p. 976).

Le concile de Tolède (400)

Enfin, « Simplicianus est sollicité (à une époque où les Espagnols ignorent le nom du successeur du pape Sirice, mort le 26 novembre 399) par un concile réuni à Tolède le 17 septembre 400 de cautionner, en même temps que le pape, la réconciliation des évêques priscillianistes, Dictinus et Anterius » (C. et L. Pietri **18**, p. 2077 ; *cf. Concilium Toletanum anni 400*, dans J. Vivès, *Concilios visigóticos e hispano-romanos*, Barcelonna/Madrid 1963, p. 19-33, notamment p. 32).

La condamnation de l'« origénisme »

D'un point de vue doctrinal, Simplicianus fut pris à parti dans la controverse de l'« origénisme » (sur cette controverse, *cf.* **51** E. A. Clark, *The Origenist Controversy*, Princeton 1992). Le terme désigne, comme on le sait, un ensemble de thèses qui furent énoncées par Origène (➨O 42) ou qui lui furent attribuées (préexistence de l'âme, opposition entre le corps mortel et le corps ressuscité, doctrine trinitaire du *Traité des Principes*, interprétation exclusivement allégorique des Écritures...). À la fin du IVe siècle, se développa un mouvement dirigé contre la pensée d'Origène. Initié par Épiphane de Salamine, il fut propagé par Jérôme et atteignit son acmé suite à la publication à Rome, en 398, de la traduction par Rufin du *Peri archôn* (*De Principiis*), en vue de défendre l'orthodoxie d'Origène. Elle entraîna Rufin dans une amère controverse avec son ancien ami Jérôme. Les deux adversaires s'affrontèrent en Italie par l'intermédiaire de leurs partisans (sur cet affrontement, *cf.* Pietri **50**, p. 905-907). Comme Sirice, Simplicianus fut sollicité par Jérôme. On sait en effet qu'un émissaire de Jérôme (un autre Rufin) se rendit à Milan après être passé par Rome (*cf.* Jérôme, *Ep.* 81, 2). Simplicianus ne prit cependant pas parti, peut-être en raison d'une inimitié envers Jérôme, due aux jugements malveillants de ce dernier sur Ambroise.

Le successeur de Sirice, Anastase, s'engagea dans la controverse et convoqua en 400 un concile romain qui ratifia la position anti-origéniste. Il s'adressa à Simplicianus pour lui demander d'appuyer sa condamnation (Anastase, *Ep.* 1, *PL*

20, col. 73-76 = Jérôme, *Ep.* 95, *CSEL* 55/1, p. 157-158). Dans sa lettre, le pape communique à l'évêque de Milan les sentences prononcées afin «d'empêcher que le peuple de Dieu dans les diverses églises n'en vienne, en lisant Origène, à donner dans de grands blasphèmes» (§ 1). Il l'invite à ordonner que nul ne lise les textes condamnés (§ 2). Il précise enfin que la lettre lui est adressée par Eusèbe de Crémone, un disciple de Jérôme, qui lui a présenté des «textes blasphématoires» d'Origène (§ 3).

Nous savons par le principal intéressé qu'à Milan, sans doute devant Simplicianus, Eusèbe lut en présence de Rufin lui-même un passage du *Traité des Principes* sur la Trinité, dans une traduction qu'il tenait de Marcella. Rufin répliqua avec vigueur que la version qu'avait lue Eusèbe n'était pas celle qu'il avait produite et qui était quant à elle irréprochable (*cf.* Rufin, *Apol. contra Hieronymum*, I 19-20, coll. *CC* 20, p. 54-55; sur cet épisode, *cf.* Clark **51**, p.32; **52** P. Lardet, *Saint Jérôme, Apologie contre Rufin, SC* 303, p. 59*).

Simplicianus ne donna pas suite à la demande d'Anastase, puisque celui-ci dut écrire une nouvelle lettre au successeur de Simplicianus, Venerius, pour obtenir son appui (*PLS* 1, col. 791-792). L'évêque de Rome compare Origène à Arius, attaque avec virulence ses écrits et rappelle sa demande au défunt Simplicianus. L'appui du nouvel évêque de Milan lui valut d'être nommé avec éloge, aux côtés d'Anastase et de Théophile d'Alexandrie, dans l'*Apologie contre Rufin* (*Apol. contra Rufinum* II 22).

Simplicianus «meurt sans doute avant novembre 400, puisque Paulin de Nole, annonçant dans une lettre à Delphinus de Bordeaux qu'il a décliné l'invitation du pape Anastase de se rendre à son natalice épiscopal (27 novembre 400), qualifie Venerius, le successeur à Milan de Simplicianus, de *nouus episcopus* (*Ep.* 20, 3, *CSEL* 29, p. 145) (...). Il est célébré dans un *carmen* d'Ennodius de Pavie (avant 521) (*Carm.* 2, 78, *MGH* aa 7, p. 163)» (C. et L. Pietri **18**, p. 2077). De la vie et de l'œuvre de Simplicianus, le poète n'évoque cependant que son épiscopat: «Ambrosius linquens uiduatae munia plebis | Transtulit ad curam, Simpliciane, tuam ... » (v. 1-2).

EMMANUEL BERMON.

92 SIMPLICIUS DE CILICIE *RE* 10 *PLRE* III : 1   F V-M VI

Philosophe et commentateur néoplatonicien, disciple d'Ammonius à Alexandrie, puis de Damascius à Athènes.

La notice a été rédigée par Richard Goulet (informations biographiques et œuvres) et Elisa Coda (*in De caelo* et *in Physica* ; Simplicius dans la tradition arabe). Par souci de cohérence, la numérotation des références propre à chacune de ces deux parties a été conservée. Simplicius fait depuis quelques dizaines d'années l'objet de vifs débats. Des contributions importantes, faites notamment dans des colloques dont les actes n'ont pas encore été publiés, n'ont pu être prises en compte dans la présente notice.

Mme I. Hadot, en collaboration avec Ph. Vallat, a rédigé une longue mise en point (de plus de 160 pages) sur l'ensemble des problèmes soulevés par Simplicius : il est apparu que cette importante contribution ne pouvait pas être publiée sous la forme d'une notice de ce dictionnaire et qu'il était préférable de la faire paraître ailleurs, dans son intégralité et sous son format original. Son riche contenu ne sera donc malheureusement pas pris en compte dans la rédaction de la présente notice. L'ouvrage est maintenant paru : Ilsetraut Hadot, *Le néoplatonicien Simplicius à la lumière des recherches contemporaines. Un bilan critique. Avec deux contributions de Philippe Vallat*, coll. « Academia Philosophical Studies » 48, Sankt Augustin 2014, 309 p.

Des astérisques dans le texte annoncent des ajouts ponctuels dans les compléments du présent tome.   Richard Goulet.

PLAN DE LA NOTICE

Informations biographiques
Œuvres
    (1) *Commentaire sur le Manuel d'Épictète*
    (2) *Commentaire sur les Catégories d'Aristote*
    (3) *Commentaire sur le De anima d'Aristote*
    (4) *Commentaire sur la Physique d'Aristote*
    (5) *Commentaire sur le De caelo d'Aristote*
    (6) *Commentaire perdu sur la Métaphysique d'Aristote*
    (7) *Épitomé de la Physique de Théophraste*
    (8) *Commentaire sur le premier livre des Éléments d'Euclide*
    (9) *Scholies sur la Τέχνη ῥητορική d'Hermogène*
    (10) *Commentaire sur le traité en trois livres de Jamblique*
       Sur la secte des Pythagoriciens
    (11) *Traité sur les syllogismes (Commentariolus de syllogismis)*
    (12) *Commentaire sur le Phédon*
    (13) *Commentaire sur les Météorologiques d'Aristote*
    (14) *Commentaires médicaux*
Commentaires sur le *De Caelo* et sur la *Physique* d'Aristote
    Présentations générales, Actes de congrès et recueils d'études
    (1) *Commentaire sur le De Caelo*
      Éditions
      Tradition manuscrite
      Traductions
        Traductions latines
        Traduction de Robert Grosseteste
        Traduction de Guillaume de Moerbeke
      Traductions modernes

Cf. **1** K. Praechter, art. « Simplicius » dans *RE* III A 1, 1927, col. 204-213 ; **2** G. Verbeke, art. « Simplicius », *DSB* XII, 1975, p. 400-443 ; **3** H. Baltussen, « Simplicius of Cilicia », dans *CHPLA*, t. II, Cambridge 2010, t. II, chap. 39, p. 711-732, avec une bibliographie, p. 1137-1143 ; **4** I. Hadot, art. « Simplikios » *NP* XI, 2001, p. 578-580.

INFORMATIONS BIOGRAPHIQUES

Cf. **5** I. Hadot, *Le problème du néoplatonisme alexandrin. Hiéroclès et Simplicius*, Paris 1978, p. 20-32 ; **6** I. Hadot, « La vie et l'œuvre de Simplicius d'après les sources grecques et arabes », dans **7** I. Hadot (édit.), *Simplicius. Sa vie, son œuvre, sa survie*, Actes du Colloque International de Paris (28 sept.-1er oct. 1985), Berlin 1987, p. 3-39, repris en version anglaise sous le titre « The life and work of Simplicius in Greek and Arabic sources », dans **8** R. Sorabji (édit.), *Aristotle transformed. The ancient commentators and their influence*, Ithaca, N. Y. 1990, p. 275-303.

La province d'origine (Cilicie) est connue grâce à Agathias, *Histoires* II 30, 1.

Simplicius reconnaît comme maître (καθηγεμών) Ammonius d'Alexandrie [➙A 141] (*in De cael.*, p. 271, 19 ; 462, 20 Heiberg ; *in Phys.*, p. 59, 23 ; 183, 18 ; 192, 13 ; 1363, 8 Diels), lequel fut disciple de Proclus (➙P 292) à Athènes (mort en 485), puis le maître de Damascius [➙D 3] vers 485, et mourut après 517. Cet enseignement fut dispensé à Alexandrie (*in De cael.*, p. 462, 20 Heiberg), où Ammonius enseignait encore à Olympiodore (➙O 17) vers 515. Simplicius nomme également comme son καθηγεμών (*in Phys.*, p. 642, 17 ; 774, 28 Diels) Damascius lui-même, mort après 538, dont on fait commencer l'enseignement à Athènes après 515. Sur la carrière de Damascius, voir **9** Ph. Hoffmann, notice

«Damascius», D 3, *DPhA* II 1994, p. 541-593, notamment p. 541-564. Il faut tenir compte, pour dater les études de Simplicius à Alexandrie, du fait qu'il prétend n'avoir jamais rencontré personnellement Jean Philopon (☞P 164) auquel il s'en prend souvent dans ses ouvrages (*in De cael.*, p. 25, 23; 26, 17-24; 119, 7 Heiberg). Selon Hadot **5**, p. 25, «Simplicius a quitté cette ville plusieurs années avant 517, date à laquelle Philopon travaillait à la rédaction du commentaire sur la *Physique* d'Aristote de son maître Ammonius» (*cf.* Philopon, *in Phys.*, p. 703, 16 *sq.* Vitelli).

Un voyage à Assos est attesté par un passage du *Commentaire sur le Manuel d'Épictète* (§ 71, 9-10 Hadot **70**, cité plus loin = p. 137, 20-22 Dübner), puisque Simplicius rapporte y avoir vu une statue du stoïcien Cléanthe d'Assos élevée en l'honneur du philosophe en vertu d'un décret du Sénat romain.

Ce témoignage aurait dû figurer dans la section "Iconographie" de la notice consacrée à Cléanthe (☞C 138)

Le seul autre événement important de sa vie qui nous soit connu est un séjour en Perse avec d'autres philosophes à la cour de Chosroès (☞C 113) à Ctésiphon. Sur ce roi sassanide (531-578/9), voir **10** M. Tardieu, notice «Chosroès», C 113, *DPhA* II, 1994, p. 309-318. Sur la fermeture de l'«école» néoplatonicienne d'Athènes par Justinien en 529 et l'exil temporaire des philosophes en Perse, voir Hoffmann **9**, p. 556-563.

L'historien Agathias (*Histoires* II 28, 1 - 32, 5), dans un développement sur la haute culture philosophique prêtée, plutôt à tort qu'à raison selon lui, au souverain Chosroès et sur le rôle joué à sa cour par le médecin et philosophe Ouranios le Syrien (☞O 48), qu'il tient pour un charlatan, rappelle que «peu auparavant» (οὐ πολλῷ γὰρ ἔμπροσθεν) le roi avait pu rencontrer «la fine fleur» des philosophes de cette époque en la personne de Damascius le Syrien, Simplicius le Cilicien, Priscianus le Lydien (☞P 280), Eulamius le Phrygien (☞E 112), Hermeias (☞H 81) et Diogène (☞D 143) de Phénicie et Isidore de Gaza (☞I 31). En désaccord avec «la doctrine sur le Tout-Puissant qui dominait alors chez les Romains» (ἡ παρὰ Ῥωμαίοις κρατοῦσα ἐπὶ τῷ κρείττονι δόξα), ils crurent trouver chez les Perses l'État où «la philosophie et la royauté ne faisaient qu'un» (φιλοσοφίας τε καὶ βασιλείας ἐς ταὐτὸ ξυνελθούσης), tel que l'avait souhaité Platon. Hadot **6**, p. 8, considère comme probable que ces philosophes se trouvaient au point de départ à Athènes: «il s'agissait sans doute du dernier diadoque de l'école privée platonicienne d'Athènes: Damascius, accompagné de ses élèves». Déçus par les mœurs qu'ils trouvèrent en Perse et le piètre niveau des connaissances philosophiques de Chosroès, ces philosophes souhaitèrent, malgré l'excellent accueil qui leur fut réservé par le souverain, revenir au plus vite «chez eux» (οἴκαδε), c'est-à-dire «sur le territoire romain». Ils bénéficièrent toutefois d'une clause introduite dans le traité alors signé entre les Perses et les Romains (en 532), leur permettant de «vivre sans crainte le reste de leur vie selon leur propre choix» (ἐφ' ἑαυτοῖς, formule que Westerink et d'autres, comme **11** P. Foulkes, «Where was Simplicius?», *JHS* 102, 1992, p. 143, ont compris comme signifiant «entre eux», sous-entendu : sans assurer un enseignement), sans être forcés d'aucune manière de penser autrement que leurs convictions et d'abandonner la croyance de leurs ancêtres» (δεῖν ἐκείνους τοὺς ἄνδρας ἐς τὰ σφέτερα ἤθη κατιόντας βιοτεύειν ἀδεῶς τὸ λοιπὸν ἐφ' ἑαυτοῖς, οὐδὲν ὁτιοῦν πέρα τῶν δοκούντων φρονεῖν ἢ μεταβάλλειν τὴν πατρῴαν δόξαν ἀναγκαζομένους, II 31, 4). Pour le texte, voir **12** R. Keydell (édit.), *Agathiae Myrinaei Historiarum libri quinque,* coll. «Corpus Fontium Historiae Byzantinae» 2, Berlin 1967, p. 77-83 ; traduction anglaise par **13** J.D. Frendo, *Agathias. The Histories,* coll. «Corpus Fontium Historiae Byzantinae» II A, Berlin/New York 1975, p. 62-67 ; pour la traduction française que nous avons empruntée, voir **14** Agathias, *Histoires. Guerres et malheurs du temps sous Justinien.* Introduction, traduction et notes par P. Maraval, coll. «La roue à livres», Paris 2007. Sur le philosophe Ouranios, voir **15** S. Diebler, notice «Ouranios», O 48, *DPhA* IV, 2005, p. 858-862.

C'est dans le cadre de ce voyage en Perse que Simplicius a pu voir ou expérimenter (ἐπειράθην), sur le fleuve Aboras (Ḥābūr) qui séparait à l'époque l'Empire romain et la Perse, des outres gonflées permettant de tenir à flot des radeaux transportant de lourdes cargaisons (*in De caelo,* p. 525, 5-13 Heiberg).

On rattache généralement ce départ des philosophes aux mesures coercitives prises par Justinien en 529 (sous le consultat de Decius) qui entraînèrent la fermeture de l'école néoplatonicienne d'Athènes (Jean Malalas, *Chronique* XVIII 47, p. 379 Thurn). Dans un décret envoyé à Athènes, il était stipulé que personne – le décret ne dit pas : «que nul païen» – ne devait enseigner la philosophie (μηδένα διδάσκειν φιλοσοφίαν), ni interpréter les lois (μήτε νόμιμα ἐξηγεῖσθαι). Une chronique anonyme postérieure à 950 (conservée dans le Vaticanus gr. 163, f. 26ᵛ) – et non pas d'autres manuscrits de Malalas par la suite pris en compte comme l'écrit Watts **20**, p. 171 et n. 28 (cité plus loin) – évoque ces instructions de Justinien en parlant de science des astres (ἀστρονομίαν) et non de sciences juridiques (νόμιμα) et cette leçon a été acceptée par le dernier éditeur de Malalas (J. Thurn).

Sur le décret de Justinien et le témoignage de Malalas, voir **16** G. Femandez, «Justiniano y la clausura de la escuela de Atenas», *Erytheia* 2, 1983, p. 24-30 ; **17** *Id.,* «El rey persa Khusro I Anosharvan y la filosofía ateniense ante la crisis del ano 529 d.e. Un nuevo episodio de la penetración de la cultura griega en Iran», *Gerión* 5, 1987, p. 171-181.

18 G. af Hällström, «The Closing of the Neoplatonic School in A. D. 529 : an additional aspect», dans P. Castrén (édit.), *Post-Herulian Athens. Aspects of Life and Culture in Athens A.D. 267-529,* Helsinki 1994, p. 141-165, souligne les difficultés que présente une conciliation des témoignages de Malalas et d'Agathias : ce dernier ne parle pas d'Athènes, attribue le départ des philosophes à leur propre décision et non à un décret de l'empereur visant leur école, enfin ce voyage n'a pu être décidé à l'époque du décret, puisque Chosroès allait seulement monter sur le trône en 531 et sa réputation de philosophe ne devait pas être déjà établie, etc. Selon Hällström, l'interdiction d'enseigner la philosophie, mais aussi le droit, s'expliquerait par la volonté de l'empereur de contrôler et de centraliser l'enseignement supérieur. Les mesures anti-païennes relèveraient d'une autre perspective. Notons toutefois qu'un décret de Justinien exclut bien les païens de tout enseigne-

ment public (*Cod. Iust.* I 11, 10, § 2, *cf.* I 5, 18, § 4). Voir également
19 J. Beaucamp, « Le philosophe et le joueur. La date de la "fermeture de l'École
d'Athènes" », dans *Mélanges Gilbert Dagron,* coll. « Travaux et mémoires du
Centre de recherche d'histoire et civilisation de Byzance » 14, Paris 2002, p. 21-35
(la mesure prise par Justinien contre l'enseignement de la philosophie à Athènes
devrait être datée du 22 septembre 529) ; **20** E. Watts, « Justinian, Malalas, and the
End of Athenian Philosophical Teaching in A. D. 529 », *JRS* 94, 2004, p. 168-182,
largement repris dans **19bis** *Id., City and school in late antique Athens and
Alexandria,* coll. « The transformation of the classical heritage » 41, Berkeley,
University of California Press, 2006, p. 128-142 (c'est le danger des pratiques
divinatoires qui relierait les mesures contre les jeux de dés, l'astronomie et même
la philosophie dans le décret de Justinien) ; **21** J. Beaucamp, « L'enseignement à
Athènes au VIe siècle : droit ou science des astres ? », dans **22** H. Hugonnard-Roche
(édit.), *L'enseignement supérieur dans les mondes antiques et médiévaux. Aspects
institutionnels, juridiques et pédagogiques,* coll. « Textes et traditions » 16, Paris
2008, p. 201-217 (critique la thèse de Watts **20** et préfère maintenir une allusion à
l'enseignement du droit et non de l'astronomie dans le décret de Justinien).

Une hypothèse intéressante, avancée par M. Tardieu, serait que Simplicius ne
se serait installé, au retour de Perse, ni à Athènes (où l'enseignement de la
philosophie ne fut pas rétabli) ni à Alexandrie (où il n'aurait pas alors manqué de
rencontrer Jean Philopon qui y fit toute sa carrière), mais dans la ville de Ḥarrān
(Carrhae), près de la frontière Perse, où il aurait dispensé un enseignement – y
compris mathématique comme le rapportent des sources arabes – et écrit ses
commentaires. Ce n'est guère que là également, dans tout l'Empire romain chrétien, qu'il aurait pu rencontrer le "sage" manichéen qui le renseigna sur des doctrines (de coloration orientale) qu'il réfute dans son *Commentaire sur le Manuel
d'Épictète* (*in Ench.* § 35, 87-92 Hadot **70**). D'après des documents arabes exploités par Tardieu, à Ḥarrān auraient perduré, au moins jusqu'au Xe siècle, une
tradition religieuse populaire païenne, mais aussi une école néoplatonicienne (celle
des Ṣābiens grecs de Ḥarrān). Voir **23** M. Tardieu, « Ṣābiens coraniques et Ṣābiens
de Ḥarrān », *JA* 274, 1986, p. 1-44 ; **24** *Id.,* « Le calendrier en usage à Harrān
d'après les sources arabes et le commentaire de Simplicius à la *Physique*
d'Aristote », dans Hadot **7**, p. 40-57 [*in Phys.,* p. 874, 27 - 875, 30 Heiberg] ;
25 *Id., Les paysages reliques. Routes et haltes syriennes d'Isidore à Simplicius,*
coll. « Bibliothèque de l'École des hautes études. Section des sciences religieuses »
94, Louvain 1990, p. 74-135. Sur l'enseignement et les travaux mathématiques de
Simplicius, voir plus loin la section consacrée au Commentaire sur le premier livre
des *Éléments* d'Euclide, (p. 390-394).

Cette hypothèse, vivement débattue ces dernières années, a été défendue par
I. Hadot (dans Hadot **6**, puis dans plusieurs contributions) ; elle ne peut être examinée dans le cadre de la présente notice sur Simplicius (aucun des témoignages ne
rattache explicitement Simplicius à Ḥarrān) et concerne principalement la tradition
syriaque et arabe du néoplatonisme. On se bornera ici à citer les plus importantes

contributions: **26** A. Linguiti, « Studi recenti sulla vita e l'opera di Simplicio », *SCO* 38, 1988, p. 331-346 (à propos de l'ouvrage collectif Hadot **7**); Hoffmann **9**, p. 559-563; Hadot **70** (cité plus loin), p. 28-50; Hadot **71** (cité plus loin), p. XIII-XXXIII; **27** S. Van Riet, « À propos de la biographie de Simplicius », *RPhL* 89, 1991, p. 506-514; **28** P. Athanassiadi, « Persecution and response in late paganism. The evidence of Damascius », *JHS* 113, 1993, p. 1-29, notamment sur Ḥarrān p. 24-29; **29** J. Lameer, « From Alexandria to Baghdad. Reflections on the genesis of a problematic tradition », dans **30** G. Endress et R. Kruk (édit.), *The Ancient Tradition in Christian and Islamic Hellenism. Studies on the transmission of Greek philosophy and sciences*, coll. « CNWS Publications » 50, Leiden 1997, p. 181-191; **31** R. Thiel, *Simplikios und das Ende der neuplatonischen Schule in Athen*, coll. « Akademie der Wissenschaften und der Literatur Mainz, Abhandlungen der Geistes- und Sozialwissenschaftlichen Klasse » 1999, 8, Stuttgart 1999, 59 p.; **32** C. Luna, c.r. de Thiel **31**, *Mnemosyne* 54, 2001, p. 482-504 (qui analyse la portée des arguments de Tardieu repris par Thiel); **33** E. Watts, « Where to live the Philosophical Life in the Sixth Century? Damascius, Simplicius, and the Return from Persia », *GRBS* 45, 2005, p. 285-315. Les arguments et les objections avancés ont été repris et étudiés méthodiquement par **34** I. Hadot, « Dans quel lieu le néoplatonicien Simplicius a-t-il fondé son école de mathématiques, et où a pu avoir lieu son entretien avec un manichéen? », *IJPT* 1, 2007, p. 42-107, p. 72-74, et **35** *Ead.*, « Remarque complémentaire à mon article "Dans quel lieu le néoplatonicien Simplicius a-t-il fondé son école de mathématiques, et où a pu avoir lieu son entretien avec un manichéen?" », *IJPT* 1, 2007, p. 263-269. D'autres références dans les études orientalistes sont fournies plus loin par E. Coda dans la section consacrée au *Commentaire sur la Physique*.

Selon Hadot **5**, p. 32, Simplicius « a écrit son commentaire sur le *De caelo* après 529, (...) ses commentaires sur la *Physique* et sur les *Catégories* après 532, probablement même après 537 », dans la mesure où le *Commentaire sur la Physique* semble avoir été écrit après la mort de Damascius (*in Phys.* p. 795, 11-17 Diels), qui était encore vivant en 532 et probablement encore en 537, s'il est bien l'auteur d'une épigramme pour une esclave défunte présente dans l'*Anthologie Palatine* VII 553, et retrouvée sur une stèle en Syrie (conservée au musée d'Émèse [Ḥomṣ]: Hadot **6**, p. 22) portant la date de 537, ou plutôt de 538 (ainsi que M. Tardieu l'a indiqué: voir Hadot **5**, p. 23). Cette inscription a été éditée par **36** L. Jalabert et R. Mouterde, *Inscriptions grecques et latines de la Syrie*, t. V, Paris 1959, n° 2336, p. 155*. Voir Hadot **70**, p. 4 n. 10. Sur l'ordre de composition et la datation des commentaires voir la section suivante.

A propos de trois épigrammes sur Simplicius (évoqué comme rhéteur, philosophe, commentateur des *Catégories* et du *De caelo*) publiées dans **37** Ed. Cougny, *Epigrammatum Anthologia Palatina cum Planudeis et Appendice nova*, Paris 1890, t. III: *Anthologia Epigrammatum Graecorum. Appendix nova*, chap. III, p. 321 (n° 180, 181 et 182), voir Hadot **5**, p. 31; Hadot **6**, p. 35.

Cougny, qui reprenait le texte de **38** J. A. Cramer (*Anecdota graeca*, t. IV, Oxford 1841), ne donne aucun nom d'auteur. Deux de ces poèmes (181 et 182) sont empruntés aux *Poèmes en* *hexamètres et en distiques élégiaques* de Jean le Géomètre [Xᵉ s.] (éd. **39** E. M. van Opstall, dans la coll. « The Medieval Mediterranean » 75, Leiden 2008, avec une traduction et un commentaire), §§ 23 et 24 (p. 151-158).

Sur un distique, contenu dans l'*Ambrosianus* 306 (E 99 sup.), célébrant le *Commentaire* de Simplicius *sur les Catégories* en le comparant au travail de Jamblique dont il s'inspirait, voir Hadot **7**, p. 30-31.

Le poète épique Aithérios, d'après la *Souda, s.v.* Αἰθέριος, Αι 116 (t. II, p. 165, 3-4 Adler), écrivit un épithalame en vers pour le mariage de son frère Simplicius (Αἰθέριος : ἐπῶν ποιητής. ἔγραψε διάφορα, καὶ 'Επιθαλάμιον δι' ἐπῶν εἰς Σιμπλίκιον τὸν ἴδιον ἀδελφόν). On ne peut savoir s'il s'agit du philosophe ou d'un homonyme.

Simplicius commentateur. Simplicius est l'un des philosophes grecs dont l'œuvre est la mieux conservée. Même en laissant de côté son Commentaire au *De anima* d'authenticité discutée, on compte plus d'un million de mots, un chiffre qui le situe après Jean Philopon (1,4 million) dont le corpus contient des œuvres d'authenticité contestée, et au niveau de Proclus ou Alexandre d'Aphrodise. Un tableau statistique prenant également en compte la *Métaphrasis* de Priscianus dont il sera fréquemment question peut mettre en évidence l'ampleur de ce corpus.

	Metaphrasis de Priscianus	*in De anima* (attribution contestée)	*in Phys.*	*in De caelo*	*in Encheir.*	*in Categ.*
Lignes	1 184	12 691	46 406	23 735	7 415	14 736
Mots	13 609	135 989	526 024	262 274	58 933	168 834

Simplicius représente à lui seul – si on lui reconnaît la paternité de l'*in De anima* – 11% des textes philosophiques grecs conservés en tradition directe.

Pour une représentation graphique de ces données, voir **40** R. Goulet, « La conservation et la transmission des textes philosophiques grecs », dans C. D'Ancona (édit.), *The Libraries of the Neoplatonists,* coll. « Philosophia Antiqua » 107, Leiden 2007, p. 29-61, notamment p. 50, et, dans une version couleur légèrement corrigée, **41** *Id.*, « Ancient Philosophers. A First statistical survey », dans **42** M. Chase, S. R. L. Clark et M. McGhee (édit.), *Philosophy as a way of life. Ancients and Moderns. Essays in honor of Pierre Hadot,* Chichester, West Sussex 2013, p. 10-39.

Études récentes sur l'exégèse de Simplicius. 43 C. Wildberg, « Simplicius und das Zitat. Zur Überlieferung des Anführungszeichens », dans **44** F. Berger, Chr. Brockmann, G. De Gregorio *et alii* (édit.), *Symbolae Berolinenses für Dieter Harlfinger,* Amsterdam 1993, p. 187-199 (les signes diacritiques signalant des citations dans les manuscrits médiévaux peuvent conserver des indications fournies par le commentateur lui-même) ; **45** H. Baltussen, « Philology or philosophy ? Simplicius on the use of quotations », dans **46** I. Worthington et J. M. Foley (édit.), *Epea and Grammata. Oral and written communication in ancient Greece,* coll. « Mnemosyne – Supplementum » 230 – « Orality and literacy in ancient Greece » 4, Leiden 2002, chap. 9, p. 173-189 ; **47** *Id., Philosophy and Exegesis in Simplicius. The Methodology of a Commentator,* London 2008, XII-292 p. ; **48** *Id.,* « Simplicius and the subversion of authority», *AntPhilos* 3, 2009, p. 121-136; **49** R. Barney, «Simplicius: commentary, harmony, and authority», *AntPhilos* 3, 2009, p. 101-119; **50** M.-A. Gavray, *Simplicius lecteur du « Sophiste »*. *Contribution à l'étude de l'exégèse néoplatonicienne tardive*, coll. «Études et commentaires» 108, Paris 2007, 231 p.; **51** *Id.*, «Confronter les Idées. Un exemple de conciliation litigieuse chez Simplicius», *EPlaton* 8, 2011, p. 145-160; **52** *Id.*, «L'harmonie des doctrines dans le néoplatonisme tardif. Platon et Aristote chez Simplicius», *AEHE*, V^e sect. 120, 2013, p. 83-90.

Sur la structure et la topique des commentaires, voir Hadot **104** (cité plus loin), p. 21-182; **53** I. Hadot, «Le commentaire philosophique continu dans l'Antiquité», *AntTard* 5, 1997, p. 169-176; **54** Ph. Hoffmann, «La fonction des prologues exégétiques dans la pensée pédagogique néoplatonicienne», dans **55** J.-D. Dubois et B. Roussel (édit.), *Entrer en matière, les prologues*, Paris 1998, p. 209-246; **56** C. D'Ancona, «Syrianus dans la tradition exégétique de la *Métaphysique* d'Aristote. Antécédents et postérité», dans **57** M.-O. Goulet-Cazé *et alii* (édit.), *Le commentaire entre tradition et innovation*. Actes du colloque international de l'Institut des traditions textuelles (Paris et Villejuif, 22-25 septembre 1999), coll. «Bibliothèque d'histoire de la philosophie. Nouvelle série», Paris 2000, p. 311-327; **58** I. Hadot, «Der fortlaufende philosophische Kommentar», dans **59** W. Geerlings et C. Schulz (édit.), *Der Kommentar in Antike und Mittelalter. Beiträge zur seiner Erforschung*, Leiden 2002, p. 184-199; **60** C. D'Ancona, «Commenting on Aristotle. From Late Antiquity to the Arab Aristotelianism», dans Geerlings et Schulz **59**, p. 201-251; **61** I. Hadot, «Simplicius, *in Cat.*, p. 1, 3 - 3, 17 Kalbfleisch. An important contribution to the history of the ancient commentary», *RhM* 147, 2004, p. 408-420.

Contrairement à C. D'Ancona, I. Hadot considère que les commentaires continus par lemmes n'ont pas été introduits par Syrianus (➤S 181) dans l'histoire du néoplatonisme sur le modèle de ceux d'Alexandre d'Aphrodise (➤A 112). C'est à ce type de commentaires qu'il faudrait déjà rattacher le commentaire perdu sur les *Catégories* de Porphyre (➤P 263) *A Gédalius* et celui de Jamblique (➤I 3), également perdu, mais aussi celui de Hiéroclès (➤H 126), disciple de Plutarque d'Athènes (➤P 209), sur les *Vers d'or* pythagoriciens, texte d'ailleurs reconstitué (et copié avant le commentaire) à partir des lemmes de ce commentaire selon l'éditeur (**62** F. W. Köhler, *Hieroclis in* Aureum Pythagoreorum Carmen *commentarius*, coll. *BT*, Stuttgart 1974, p. V-VI).

Autres études portant sur l'ensemble des commentaires de Simplicius. **63** D. J. O'Meara, «Epikur bei Simplikios», dans **64** M. Erler et R. Bees (édit.), *Epikureismus in der späten Republik und der Kaiserzeit*. Akten der 2. Tagung der Karl-und-Gertrud-Abel-Stiftung vom 30. September-3. Oktober 1998 in Würzburg, coll. «Philosophie der Antike» 11, Stuttgart 2000, p. 243-251; **65** I. Hadot, «Die Stellung des Neuplatonikers Simplikios zum Verhältnis der Philosophie zu Religion und Theurgie», dans **66** Th. Kobusch et M. Erler (édit.) *Metaphysik und Religion. Zur Signatur des spätantiken Denkens*, Akten des internat. Kongresses vom 13. – 17. März 2001 in Würzburg, München/Leipzig 2001, p. 323-342.

ŒUVRES

(1) COMMENTAIRE SUR LE MANUEL D'ÉPICTÈTE

Éditions. *Editio princeps* parue en 1528 sans page de titre et sans nom d'éditeur (102 fol.) : **67** *Inc.* : Συμπλικίου ἐξήγησις εἰς τὸ τοῦ Ἐπικτήτου Ἐγχειρίδιον. Colophon : Venetiis per Ioan. Antonium & Fratres de Sabio. Anno Domini MDXXVIII. Mensis Iulii. Elle a été attribuée à Giovanni Antonio Nicolini da Sabio (1515-1550). Voir Hadot **70**, p. 174. Pour les autres éditions et traductions, voir Hadot **71**, p. 175-180.

68 J. Schweighäuser (édit.), *Epicteteae Philosophiae Monumenta*, t. IV : *Simplicii Commentarius in Epicteti Enchiridion. Accedit Enchiridii Paraphrasis Christiana et Nili Enchiridion. Omnia ad veterum Codicum fidem recensuit et Varietate Lectionis Notisque illustravit J. S.*, Tomus Prior : *Simplicii Commentarius in Enchiridion*, Leipzig 1800 [avec sous le texte grec la traduction latine de Hieronymus Wolff], t. V = tomus Posterior : *Enchiridii Paraphrasis, Nili Enchiridion et Notae ad Simplicii Comment(arium)*, Leipzig 1800. *Cf.* p. 173-496 (« Ad Simplicii Commentarium in Epicteti Enchiridion Variae Lectiones, Emendationes et Notae auctore Ioh. Schweighaeuser »). Le texte de cette édition est repris presque sans modification dans **69** F. Dübner (édit.), *Theophrasti Characteres, Marci Antonini Commentarii, Epicteti Dissertationes ab Arriano literis mandatae, Fragmenta et Enchiridion cum Commentario Simplicii, Cebetis Tabula, Maximi Tyrii Dissertationes. Graece et latine cum indicibus. Theophrasti Characteres XV et Maximum Tyrium ex antiquissimis codicibus accurate excussis emendavit F. D.*, Paris, Firmin-Didot, 1840 [texte et traduction latine sur deux colonnes, avec une pagination indépendante].

Édition critique. 70 Simplicius, *Commentaire sur le Manuel d'Épictète*. Introduction et édition critique du texte grec par I. Hadot, coll. « Philosophia Antiqua » 66, Leiden 1996, XIII-476 p.

Traduction française. Le texte de cette édition (Hadot **70**) a été repris, avec une traduction française et des notes, dans **71** Simplicius, *Commentaire sur le « Manuel » d'Épictète*, t. I : Chapitres I-XXIX. Texte établi et traduit par I. Hadot, *CUF*, Paris 2001, CLXXII-184 p. en partie doubles. La seconde partie du commentaire n'a pas encore été publiée. Quelques choix textuels différents dans la nouvelle édition sont signalés p. CXXVI n. 1.

L'existence de ces deux éditions (*major* et *minor*) dont la linéation des différents chapitres est légèrement différente et dont la seconde est pour l'instant inachevée contraint à adopter un double système de référence.

Traduction anglaise (complète) : **72** Simplicius, *On Epictetus, Handbook 1-26*. Transl. by Ch. Brittain and T. Brennan, coll. *ACA*, London 2002, VIII-184 p. ; **73** Simplicius, *On Epictetus, Handbook 27-53*. Transl. by Ch. Brittain et T. Brennan, coll *ACA*, London 2002, VIII-192 p.

Histoire du texte. 74 I. Hadot, « La tradition manuscrite du commentaire de Simplicius sur le *Manuel* d'Épictète », *RHT* 8, 1978, p. 1-108 ; **75** *Ead.*, « La tradition manuscrite du commentaire de Simplicius sur le *Manuel* d'Épictète. Addenda et corrigenda », *RHT* 11, 1981, p. 387-397 ; Hadot **70**, p. 162-181 ; Hadot **71**, p. CXXII-CXXVIII. Sur l'utilisation des lemmes du commentaire de Simplicius pour l'établissement du texte du *Manuel*, voir **76** G. Boter, *The* Encheiridion *of Epictetus and its three Christian adaptations. Transmission and critical editions*, coll. « Philosophia Antiqua » 82, Leiden 1999, p. 88-113. Pour un stemma final des témoins indépendants qui accorde une place capitale au *Vaticanus graecus* 2231 [et non 2331 comme il est écrit dans les « Sigles » de l'*editio major*, Hadot **70**, p. 190], copié entre 1317 et 1338, pris en compte pour la première fois, voir Hadot **70**, p. 170, et Hadot **71**, p. CXXII.

On remarque à la lecture du préambule du commentaire que Simplicius, au début du VIᵉ siècle, disposait d'une vie d'Épictète par Arrien (⟶A 425) et que le texte du *Manuel* était encore précédé à l'époque d'une lettre dédicatoire à Massalènos [Messalinus] (⟶M 47), analogue à la lettre à Lucius Gellius (⟶G 11) qui sert de préface aux *Entretiens*.

Réception. 77 M. Spanneut, « Un abrégé inconnu du *Commentaire* de Simplicius *sur Épictète* (Vatopédi 738, f. 268ʳ-286ᵛ) », dans **78** F. Paschke (édit.), *Überlieferungsgeschichtliche Untersuchungen*, coll. *TU* 125, Berlin 1981, p. 531-541 ; **79** P. Hadot, « La survie du commentaire de Simplicius sur le *Manuel* d'Épictète du XVᵉ au XVIIᵉ siècle : Perotti, Politien, Steuchus, John Smith, Cudworth », dans Hadot **7**, p. 326-367.

Date et lieu de composition. I. Hadot, **5**, p. 32-43 (chap. II), puis **70**, p. 8-50 (chap. II), a critiqué diverses tentatives pour dater et localiser la composition de ce commentaire. A cause de certaines allusions à une période de tyrannie et de persécution des philosophes, **80** Alan Cameron, « The Last Days of the Academy at Athens », dans *PCPhS* 195, 1969, p. 7-29, et **81** *Id.*, « La fin de l'Académie », dans *Le Néoplatonisme*, Paris 1971, p. 281-290, pensait à Athènes, dans une période comprise entre 529 (édit de Justinien) et 531 (départ pour la Perse). **82** Ph. Merlan (« Ammonius Hermiae, Zacharias Scholasticus and Boethius », *GRBS* 9, 1968, p. 193-203) opposait des vues cosmologiques exposées dans ce commentaire à des positions de Simplicius dans ses autres commentaires et en concluait à son antériorité. Praechter **1** rattachait pour sa part les vues doctrinales du commentaire à une période alexandrine de l'évolution intellectuelle de Simplicius, antérieure à ses études à Athènes chez Proclus et Damascius. Après avoir réfuté ces différentes hypothèses, I. Hadot expose longuement les arguments de M. Tardieu en faveur d'une activité exégétique de Simplicius à Harrān. La conclusion prudente et provisoire que l'on peut tirer de ces analyses est que la datation et la localisation du commentaire ne peuvent être établies à partir de données incontestables, position qu'I. Hadot avait adoptée dans un premier temps (**5**, p. 43) avant de souscrire aux hypothèses de M. Tardieu.*

La place accordée à l'exégèse du *Manuel* d'Épictète dans le cursus d'études néoplatonicien et la pratique du commentaire comme exercice spirituel ont été mis en lumière par I. Hadot dans plusieurs études importantes : Hadot **5**, p. 147-165 (« La place du Commentaire sur le "Manuel" d'Épictète dans l'enseignement néoplatonicien ») ; **83** *Ead.*, « Le *Commentaire* de Simplicius *sur le Manuel d'Épictète* comme exercice spirituel » dans **84** C. Moreschini (édit.), *Esegesi, parafrasi e compilazione in età tardoantica*. Atti del terzo convegno dell'Associazione di Studi Tardoantichi, coll. « Collectanea » 9, Napoli 1995, p. 175-185 ; Hadot, **70**, p. 51-60 ; Hadot **71**, p. LXXIII-C (chap. III : « La place du Commentaire sur le *Manuel* d'Épictète dans l'enseignement néoplatonicien »). Comme le commentaire de Hiéroclès (➡H 126) sur le *Carmen Aureum* pythagoricien, celui de Simplicius est dédié aux débutants dans le cursus (« une instruction éthique préparatoire », selon *in Categ.*, p. 6, 1 Kalbfleisch, antérieure même à la lecture d'Aristote, puis de Platon), ce qui explique que toutes les subtilités du système n'y soient pas exposées. En plus de cette fonction propédeutique, le commentaire pouvait servir, pour l'auteur et les lecteurs, d'exercice spirituel permettant l'approfondissement des doctrines du *Manuel* (Hadot **71**, p. XCIX).

Cette orientation propédeutique du commentaire peut expliquer que Simplicius ne fasse pas appel à des citations comme il le fait dans d'autres commentaires. Il est possible également qu'il n'ait pu compter sur un commentaire antérieur susceptible de l'approvisionner en textes philosophiques anciens, comme ce fut le cas pour les commentaires de Porphyre ou de Jamblique en ce qui concerne les *Catégories*. Comme on ne trouve pas d'index dans l'*editio maior* d'I. Hadot, ni pour l'instant dans celle de la *CUF*, il n'est pas inutile d'en dresser un répertoire sommaire. Mis à part les renvois à Homère, à Platon (fréquemment cité) et à Aristote, on rencontre ici ou là des citations des *Aphorismes* d'Hippocrate (*in Ench.* VII, 154-156 Hadot **71**) ou du *De officina medici* du même auteur (XIV, 273-274), de la *Médée* d'Euripide (XI, 36-37 et XII, 75-76), du *De corona* de Démosthène (IX, 36-39), des *Vers d'Or* pythagoriciens (VII, 142); on relève des chries d'Anaxagore (XXIV, 19-22), de Diogène (XXIII, 33-37), de Cratès de Thèbes (X, 85-87) ou de Caton l'Ancien (IX, 12), un proverbe (VIII, 49-50). Simplicius mentionne à deux reprises les concours de flagellation des jeunes Lacédémoniens (X, 74-77 et XIV, 297-299) et rapporte l'épreuve d'endurance du cynique « contemporain » Saloustios (➡S 7), qui se posait un charbon ardent sur sa cuisse nue et soufflait dessus pour l'attiser (XIV, 299-302). Dans la seconde partie du commentaire, relevons un emprunt aux *Grenouilles* d'Aristophane (XXX, 58 Hadot **70**), une allusion aux *Phéniciennes* d'Euripide (XXXVIII, 49-52 ; allusion à un fragment du même poète en LXXI 24), une allusion aux *Travaux* d'Hésiode (LXIX, 4-5), une citation de deux vers tragiques non identifiés (XXXVIII, 186-187), une nouvelle citation des *Vers d'Or* (XXXVII, 205-206), une citation du *De flatibus* d'Hippocrate (XXXVII, 356-357), de la deuxième *Olynthienne* de Démosthène (LXVII, 10-11), de deux oracles delphiques (XXXIX 93-94 et 106-107, non identifiés dans l'édition, enfin de trois proverbes (XXXV, 121 ; voir aussi XXXVII, 200 ; LXVI, 17 ; LXVIII, 3). C'est à peu près tout et c'est peu si l'on compare avec les autres commentaires de Simplicius. Ces citations illustrent la culture littéraire de Simplicius et ne remontent pas à une tradition exégétique propre au *Manuel*.

En ce qui concerne le dicton ἡ χωρὶς λόγων τράπεζα φάτνης οὐδὲν διαφέρει (XLIII, 11-12 Hadot **70**), « la table privée de discours ne diffère pas d'une mangeoire », il faut noter qu'on le trouve également dans l'*in Isag.* attribué, sans doute à tort, selon les manuscrits, à David ou à Élias. Voir **85** L. G. Westerink, *Pseudo-Elias (Pseudo-David). Lectures on Porphyry's isagoge*, Amsterdam 1967, § 16, p. 28, 3-4. Voir **86** R. Goulet, notice « Elias » E 15, *DPhA* 2, 2000, p. 60. On en trouve une version christianisée chez Jean Damascène, *Sacra parallela*, PG 95, col. 1413 : Τράπεζα μὴ ἔχουσα μνήμην Θεοῦ, φάτνης ἀλόγων οὐδὲν διενήνοχεν, « Une table où l'on ne fait pas mémoire de Dieu ne diffère pas d'une mangeoire de bêtes irrationnelles». Voir aussi Pseudo-Anastase le Sinaïte, *Quaestiones et Responsiones*, ed. J. A. Munitiz et M. Richard, coll. «Corpus Christianorum. Series Graeca» 59, Turnhout 2006, Appendix 26, 2: Τράπεζα γὰρ μὴ ἔχουσα λόγον Θεοῦ, ὁμοία ἐστὶ φάτνῃ ἀλόγων, «Une table où l'on ne parle pas de Dieu ressemble à une mangeoire de bêtes irrationnelles».

Pour les deux oracles delphiques, voir **87** H. W. Parke et D. E. W. Wormell, *The Delphic Oracle*, t. I: *The Oracular responses*, Oxford 1956, p. 224-225, n°s 575-576: ces deux oracles sont également cités par Olymp., *in Alc.* 115-116, dans l'*in Isag.* édité par **88** L. G. Westerink, *Pseudo-Elias (Pseudo-David). Lectures on Porphyry's isagoge*, Amsterdam 1967, Praxis 12, p. 18, 3-4 et 7-8, et dans les *Scholies anciennes sur les Lois de Platon* 865 b.

Simplicius ne semble pas non plus mettre à contribution une documentation stoïcienne indépendante, au risque de commettre parfois des contresens sur la doctrine. Voir Hadot **71**, chap. IV («La réception des doctrines stoïciennes par Simplicius»), p. CI-CXXII.

Sur le système philosophique et théologique de Simplicius et son inscription dans la tradition philosophique néoplatonicienne, voir Hadot **5**, p. 47-65; **89** I. Hadot, «Le système théologique de Simplicius dans son commentaire sur le *Manuel* d'Épictète», dans *Le néoplatonisme*, Paris 1971, p. 265-279; **90** *Ead.*, «La doctrine de Simplicius sur l'âme raisonnable humaine dans le Commentaire sur le *Manuel* d'Épictète» dans **91** H. J. Blumenthal et A. C. Lloyd (édit.), *Soul and the structure of being in late Neoplatonism. Syrianus, Proclus and Simplicius*. Papers and discussions of a colloquium held at Liverpool, 15-16 April 1982, Liverpool 1982, p. 46-71; Hadot **70**, p. 61-113; Hadot **71**, p. XLV-LXXII. Dans le sillage de **92** A. C. Lloyd, dans **93** A. H. Armstrong (édit.), *The Cambridge History of Later Greek and Early Medieval Philosophy*, Cambridge 1967, p. 316, I. Hadot a montré dans plusieurs publications, à partir de son *Hiéroclès et Simplicius* (**5**), que le système théologique du Commentaire sur le *Manuel*, ne se rattachait pas à un état préplotinien du néoplatonisme comme le pensait Praechter, mais au contraire comportait des traits et des formules qui ne s'expliquent que dans la lignée de Jamblique, Syrianus, Proclus et surtout dans celle de Damascius, maître direct de Simplicius, même si le caractère pédagogique de ce commentaire contraignait à fournir une description simplifiée du système.

Sur l'intégration des doctrines stoïciennes dans le système néoplatonicien: **94** R. Thiel, «Stoische Ethik und neuplatonische Tugendlehre. Zur Verortung der stoischen Ethik im neuplatonischen System in Simplikios' *Kommentar zu Epiktets Enchiridion*», dans **95** Th. Fuhrer et M. Erler (édit.), *Zur Rezeption der hellenistischen Philosophie in der Spätantike*. Akten der 1. Tagung der Karl-und-Gertrud-Abel-Stiftung vom 22.-25. September 1997 in Trier, coll. «Philosophie der Antike» 9, Stuttgart 1999, p. 93-103 [reprend tacitement selon Hadot **71**, p. LXXIII n. 2, les grandes lignes de l'interprétation des études antérieurement publiées par I. Hadot]; Hadot **71**, p. CI-CXXII; **96** P. Hadot et I. Hadot, «La parabole de l'escale dans le "Manuel" d'Épictète et son commentaire par Simplicius», dans **97** G. Romeyer Dherbey et J.-B. Gourinat (édit.), *Les stoïciens*, coll. «Bibliothèque d'histoire de la philosophie. Nouvelle série», Paris 2005, p. 427-449. Voir également **98** I. Hadot et P. Hadot, *Apprendre à philosopher dans l'Antiquité. L'enseignement du «Manuel d'Épictète» et son commentaire néoplatonicien*, coll. «Le livre de poche – Références» 603, Paris 2004, 219 p.

Sur la réfutation du manichéisme développée dans le commentaire du paragraphe 27 du *Manuel*, voir **99** I. Hadot, « Die Widerlegung des Manichäismus im Epiktetkommentar des Simplikios », *AGPh* 51, 1969, p. 31-57 ; **100** *Ead.*, « Einige Bemerkungen zur Darstellung des Manichäismus bei Simplikios », dans **101** F. L. Cross (édit.), *Studia patristica*, XI, Part II, coll. *TU* 108, Berlin 1972, p. 185-191 ; Hadot **70**, p. 114-144.

Sur les aspects politiques de la philosophie néoplatonicienne qui apparaissent dans le commentaire, voir **102** D. J. O'Meara, « Simplicius on the place of the philosopher in the city (« In Epictetum » chap. 32) », *MUSJ* 57, 2004, p. 89-98.

(2) COMMENTAIRE SUR LES CATÉGORIES D'ARISTOTE

Édition. 103 *Simplicii in Aristotelis Categorias Commentarium* edidit C. Kalbfleisch, coll. *CAG* 8, Berlin 1907, XXIV-575 p.

Traductions. *Française (en cours)*: **104** Simplicius, *Commentaire sur les Catégories*. Traduction commentée sous la direction de I. Hadot, t. I: *Introduction. Première partie, (p. 1-9, 3 Kalbfleisch)*. Trad. de Ph. Hoffmann, avec la collab. de I. Hadot, P. Hadot. Commentaire et notes à la traduction par I. Hadot, avec des appendices de P. Hadot et J.-P. Mahé, coll. « Philosophia Antiqua » 50, Leiden 1990, X-239 p.; **105** Simplicius, *Commentaire sur les Catégories*. Traduction commentée sous la direction de I. Hadot, t. III: *Préambule aux Catégories. Commentaire au premier chapitre des Catégories (p. 21-40, 13 Kalbfleisch)*. Trad. de Ph. Hoffmann, avec la collaboration d'I. Hadot, P. Hadot et C. Luna. Commentaires et notes à la traduction par C. Luna, coll. « Philosopha Antiqua » 51, Leiden 1990, IX-179 p.; **106** Simplicius, *Commentaire sur les Catégories d'Aristote, Chapitres 2 à 4* [p. 40,15-75,23 Kalbfleisch]. Trad. par Ph. Hoffmann, avec la collaboration de I. Hadot et P. Hadot. Commentaire par C. Luna, coll. « Anagôgè » 1, Paris 2001, XIX-917 p.

On notera que le t. II de cette entreprise [p. 9-20 de l'Introduction du Commentaire], préparé par Ph Hoffmann et inclus dans son dossier d'habilitation (**106bis** Ph. Hoffmann, *Recherches sur la tradition matérielle et doctrinale des textes philosophiques de l'Antiquité tardive*. Dossier en vue de l'Habilitation à diriger des recherches. Université de Paris IV - Sorbonne, 1998) reste pour l'instant inédit. C. Luna **106**, p. IX, annonce la publication de la suite du commentaire, mais le projet semble pour l'instant interrompu. Voir **106ter** I. Hadot, *Athenian and Alexandrian Neoplatonism and the Harmonization of Aristotle and Plato*, Translated by Michael Chase, coll. « Studies in Platonism, Neoplatonism, and the Platonic Tradition » 18, Leiden/Boston 2015, p. 156 n. 320: « Brill had lost interest in this kind of research, to which we therefore had to put an end ».

Anglaise (complète): **107** Simplicius, *On Aristotle, Categories 1-4*. Transl. by J. M. Chase, coll. *ACA*, London 2003, 192 p. [p. 1,1-75,22 Kalbfleisch]. **108** Simplicius, *On Aristotle, Categories 5-6*. Transl. by Fr. A. J. De Haas et B. Fleet, coll. *ACA*, London 2001, 170 p. [p. 75,23-155,29 Kalbfleisch]. **109** Simplicius, *On Aristotle, Categories 7-8*. Transl. by B. Fleet, coll. *ACA*, London 2002, XIV-226 p. [p. 155,30-294,15 Kalbfleisch]. **110** Simplicius, *On Aristotle, Categories 9-15*. Transl. by R. Gaskin, coll. *ACA*, London 2000, 280 p. [p. 295,1-438,10 Kalbfleisch].

Histoire du texte. 111 Le commentaire de Simplicius était copié, avec le commentaire d'Ammonius au *De interpretatione*, sur un des manuscrits que l'on peut rattacher à la «Collection philosophique» (IXe s.). Voir **112** A. Cataldi Palau, «Un nuovo codice della "Collezione filosofica": il palinsesto Parisinus graecus 2575», *Scriptorium* 55, 2001, p. 249-274, pl. 52-57.

Version latine médiévale. 113 Simplicius, *Commentaire sur les Catégories d'Aristote*. Traduction de Guillaume de Moerbeke. Éd. crit. par A. Pattin, en collab. avec W. Stuyven, coll. *CLCAG* V 1-2, Louvain 1971-1975, LIV-765 p. en 2 vol. Voir le compte rendu de **114** G. Verbeke, dans *RPhL* 70, 1972, p. 279-282.

Réception médiévale. Pattin **113**, t. I, p. XVIII-XXIII; **115** M. Chase, «The Medieval Posterity of Simplicius' Commentary on the *Categories*: *Thomas Aquinas and al-Fārābī*», dans **116** L. A. Newton (édit.), *Medieval Commentaries on Aristotle's "Categories"*, coll. «Brill's Companions to the Christian Tradition» 10, Leiden 2008, p. 9-29.

Quelques études récentes. 117 Ph. Hoffmann, «Les catégories *où* et *quand* chez Aristote et Simplicius», dans **118** P. Aubenque (édit.), *Concepts et catégories dans la pensée antique*, coll. «Bibliothèque d'histoire de la philosophie», Paris 1980, p. 217-245; **119** N. Vamvoukakis, «Les catégories aristotéliciennes d'action et passion vues par Simplicius», dans Aubenque **118**, p. 253-269; **120** Ph. Hoffmann, «Catégories et langage selon Simplicius. La question du *skopos* du traité aristotélicien des *Catégories*», dans Hadot **7**, p. 61-90; **121** C. Luna, «La relation chez Simplicius», dans Hadot **7**, p. 113-147; **122** R. Chiaradonna, «Porfirio e Giamblico critici di Plotino nei commenti alle *Categorie* di Dexippo e Simplicio», *FlorIlib* 7, 1996, p. 77-91; **123** R. Gaskin, «Simplicius on the meaning of sentences: a commentary on *In Cat.* 396, 30-397, 28», *Phronesis* 43, 1998, p. 42-62; **124** K. L. Flannery, «The synonymy of homonyms», *AGPh* 81, 1999, p. 268-289; **125** Ph. Hoffmann, «Les catégories aristotéliciennes ποτὲ et ποὺ d'après le commentaire de Simplicius. Méthodes d'exégèse et aspects doctrinaux» dans Goulet-Cazé **57**, p. 355-376; **126** B. Strobel, «Plotin und Simplikios über die Kategorie des *Wo*», *ABG* 51, 2009, p. 7-33; **127** O. Harari, «Simplicius on the reality of relations and relational change», *OSAPh* 37, 2009, p. 245-274.

Dans son Prologue, Simplicius donne une liste des commentateurs plus anciens des *Catégories* qui ont procédé selon des intentions diverses (paraphrase, commentaires, apories, études sur des points de détail): il mentionne Thémistius, Porphyre *(Commentaire par questions et réponses, conservé)*, Alexandre d'Aphrodise, Herminos, Maxime, «élève d'Aidésios le Jambliquéen», l'admirable Boéthos (de Sidon), Lucius, Nicostratos, Plotin *(Sur les genres de l'être)*, à nouveau Porphyre (Commentaire en sept livres dédié à Gédalios, perdu), le divin Jamblique (qui citait le traité *Sur le Tout* du [Pseudo-]Archytas le Pythagoricien, lequel était censé avoir inspiré Aristote), Dexippe, «le disciple de Jamblique», enfin Syrianus, dont le commentaire était concis et concentré. Simplicius évoque encore ailleurs les vues, bienveillantes ou hostiles à l'égard des *Catégories,* d'Achaïcus, Adraste, Alexandre d'Égée, son maître Ammonius, Andronicos, Apollonius d'Alexandrie, Ariston,

Athénodore, Atticus, Cornutus, son maître Damascius, Eudore, Sotion, Speusippe et Xénocrate. Sur chacun de ses auteurs, on se reportera à la notice correspondante dans le *DPhA*.

Simplicius cite également (*in Categ.*, p. 396, 20 ; 404, 5-6 Kalbfleisch) des fragments d'un Περὶ τῶν στερητικῶν de Chrysippe (➳C 121) qu'il faut peut-être rattacher au Περὶ τῶν κατὰ στέρησιν λεγομένων πρὸς Θέαρον α' connu par Diogène Laërce VII 92), ainsi qu'un Περὶ τῶν ἀντικειμένων d'Aristote qui serait « un pseudépigraphe vraisemblablement postérieur à l'élaboration de la logique stoïcienne » (voir **128** P. Moraux, *Les listes anciennes des ouvrages d'Aristote*, Paris/Louvain 1951, p. 53, et **129** R. Goulet, « La classification stoïcienne des propositions simples selon Diogène Laërce VII 69-70 » [1978], dans **130** J. Brunschwig [édit.], *Les Stoïciens et leur logique*, 2ᵉ éd., coll. « Bibliothèque d'histoire de la philosophie – Nouvelle série », Paris 2006, p. 215 et n. 94).

De nombreuses citations de ces commentaires plus anciens se rencontrent dans le texte de Simplicius, mais on pense qu'il ne connaissait la plupart des auteurs plus anciens qu'à travers les grands commentaires de Porphyre (*A Gédalios*, perdu) et de Jamblique, dont il reconnaît avoir suivi de près les explications. Voir les schémas établis par C. Luna **106**, p. 381, 564 et 867.

A part les traités VI 1-3 de Plotin, le petit commentaire par questions et réponses de Porphyre et la paraphrase de Dexippe, aucun de ces commentaires antérieurs à Simplicius n'a été conservé. Les fragments du pseudo-Archytas ont été édités dans **131** *Pseudo-Archytas : über die Kategorien. Texte zur griechischen Aristoteles-Exegese*. Herausgegeben, übersetzt und kommentiert von Th. A. Szlezák, coll. « Peripatoi » 4, Berlin 1972, x-224 p. Seul Thémistius, dans sa paraphrase perdue, semble avoir eu des doutes sur l'authenticité de ce traité qu'il aurait préféré attribuer à un homonyme péripatéticien plus récent. Voir Boèce, *in Cat*. I, col. 162 A: «Archites etiam duos composuit libros quos Καθόλου λόγους inscripsit, quorum in primo haec decem praedicamenta disposuit. Unde posteriores quidam non esse Aristotelem hujus divisionis inventorem suspicati sunt, quod Pythagoricus vir eadem conscripsisset, in qua sententia Jamblichus philosophus est non ignobilis, cui non consentit Themistius, neque concedit eum fuisse Architem, qui Pythagoricus Tarentinusque esset, quique cum Platone aliquantulum vixisset, sed Peripateticum aliquem Architem, qui novo operi auctoritatem vetustate nominis conderet, sed de his alias».

Voir Hadot **104**, p. 7 n. 18. Les fragments tirés de Boéthos de Sidon (➳B 48) sur les relatifs conservés dans le Commentaire de Simplicius ont été récemment rassemblés par **132** C. Luna, « Boéthos de Sidon sur les relatifs », *SGA* 3, 2013, p. 1-35. Voir également **133** P. M. Huby, « An Excerpt from Boethus of Sidon's Commentary on the *Categories* ? », *CQ* 31, 1981, p. 398-409, qui édite, à la suite de **134** Th. Waitz, *Aristotelis Organon Graece*, t. I, Leipzig 1844, p. 19-23, un développement, conservé dans le Laurentianus Plut. 71, 32, fol. 84-86, sur la catégorie du "quand" [Περὶ τῆς τοῦ ποτὲ κατηγορίας] ; il proviendrait du commentaire de Boéthos que citait Jamblique et ne dépendrait pas de Simplicius.

Pour les fragments de Lucius, voir **135** C. Luna, notice « Lucius », L 72, *DPhA* IV, 2005, p. 167-174 ; pour ceux de Nicostratos, voir **136** A. Gioè (édit.), *Filosofi medioplatonici del II secolo D. C.*, p. 155-219 (avec un commentaire) ; **137** D. P. Taormina, « Nicostrato contro Aristotele, "Aristotele contro Nicostrato" », dans **138** F. Dastur et C. Lévy (édit.), *Études de philosophie ancienne et de phénoménologie* [= *Cahiers de philosophie de Paris XII-Val de Marne*, 3, 1999], Paris 1999, p. 73-127 (en annexe, traduction de 30 fragments de Nicostrate, p. 105-127) ; **139** R. Goulet, notice « Nicostratos d'Athènes (Claudius –) », N 55, *DPhA* IV, 2005, p. 699-701. Pour les fragments du *Commentaire à Gédalios* de Porphyre, voir la thèse inédite de **140** M. Chase, *Études sur le Commentaire de Porphyre sur les « Catégories » d'Aristote adressé à Gédalios*, École pratique des Hautes Études, V^e section, Paris 2000. Il est possible que les folios d'un commentaire anonyme sur *Categ.* 2-3, 1 a 20 - b 24 retrouvés dans le palimpseste d'Archimède (Walters Art Museum, Baltimore), contiennent un extrait du *Commentaire à Gédalios* et non d'un commentaire d'Alexandre d'Aphrodise comme on l'a envisagé au départ. Voir **141** R. Chiaradonna, M. Rashed et D. Sedley, « A rediscovered *Categories* Commentary », *OSAPh* 44, 2013, p. 129-194 (with a paleographical appendix by N. Tchernetska). Boéthos est cité à trois reprises. Voir Luna **132**, p. 1 n. 2.

Pour la tradition arabe de ce commentaire, voir plus loin la section rédigée par E. Coda, p. 386-389.

(3) COMMENTAIRE SUR LE DE ANIMA *D'ARISTOTE*

Édition. 142 *Simplicii in libros De anima commentaria*, edidit M. Hayduck, coll. *CAG* 11, Berlin 1882, XIV-362 p.

Traduction anglaise. 143 Simplicius, *On Aristotle On the soul 1.1-2.4*. Transl. by J. O. Urmson, notes by P. Lautner, coll. *ACA*, London 1995, 248 p. ; **144** Simplicius, *On Aristotle, On the soul 3.1-5*. Transl. by H. J. Blumenthal, coll. *ACA*, London 2000, VIII-188 p. ; **145** Simplicius, *On Aristotle, On the soul 3.6-13*. Transl. by C. Steel, coll. *ACA*, London 2013, IX-230 p. ; voir également **146** *Priscian, On Theophrastus, On sense-perception*. Transl. by P. M. Huby, with *Simplicius, On Aristotle, On the soul 2.5-12*. Transl. by C. Steel, in collab. with J. O. Urmson. Notes by P. Lautner, coll. *ACA*, London 1997, 261 p.

Plusieurs passages du commentaire où il est fait référence à Jamblique sont cités, traduits et commentés, avec d'autres passages tirés de Priscien) dans **147** J. F. Finamore et J. M. Dillon (édit.), *Iamblichus De anima. Text, translation, and commentary*, coll. « Philosophia Antiqua » 92, Leiden 2002, p. 229-278 (p. 1, 1-20 ; 5, 38 - 6, 17 ; 89, 33 - 90, 25 ; 131, 16 - 132, 17 ; 213, 23 - 214, 26 ; 240, 33 - 241, 26). Quelques passages importants sont également traduits dans Festugière **163** (cité plus loin), p. 253-257 (p. 240, 33 - 241, 15 Hayduck ; 5, 38 - 6, 17 ; 89, 22 - 90, 26 ; 313, 1-30 ; 237, 37 - 238, 29).

Authenticité. 148 F. Bossier, *Filologisch-historische navorsingen over de middeleeuwse en humanistische Latijnse vertalingen van de Commentaren van Simplicius*. Thèse inédite de la Katholieke Universiteit te Leuwen [1975] ; **149** F. Bossier et C. Steel, « Priscianus Lydus en de "In de anima" van Pseudo (?)-Simplicius », *TF* 34, 1972, p. 761-822 ; **150** C. G. Steel, *The changing self. A study*

on the soul in later neoplatonism : Iamblichus, Damascius and Priscianus, coll.
« Verhandelingen van de Koninklijke Academie voor Wetenschappen, Letteren en
Schone Kunsten van België. Klassen der Letteren» 85, Brussel 1978, 186 p.,
notamment p. 149-154 (« Confrontation of the Metaphrasis with the Commentary ») ; **151** H. J. Blumenthal, « Neoplatonic elements in the de Anima commentaries», dans Sorabji **7**, p. 305-324 (avec un addendum de 1988) ; **152** H. J.
Blumenthal, «The writings of the De anima commentators», dans **153** H. J.
Blumenthal, Aristotle and Neoplatonism in Late Antiquity. Interpretations of the
"De anima", London 1996, p. 52-71 ; **154** C. Steel, «The author of the Commentary On the Soul», dans Huby et Steel **146**, p. 105-140 (reprise et mise à jour de
l'argumentation développée en néerlandais dans Bossier et Steel **149**) ; **155** I.
Hadot, « A propos de l'article de F. Bossier et C. Steel… », publié en Appendice de
Hadot **5**, p. 193-202 ; Hadot **6**, p. 23-27 ; **156** Ead., « Simplicius or Priscianus ? On
the author of the commentary on Aristotle's De anima (CAG XI). A methodological study», Mnemosyne 55, 2002, p. 159-199 ; Finamore et Dillon **147**, p. 18-
24 (se prononcent contre l'authenticité du traité, mais expliquent les similitudes
doctrinales et stylistiques avec Priscien par une commune dépendance de ces
commentateurs par rapport à Jamblique) ; **157** M. Perkams, « Priscian of Lydia,
commentator on the "de Anima" in the tradition of Iamblichus», Mnemosyne 58,
2005, p. 510-530 (l'in De anima ne prend pas position directement par rapport à
Jamblique, mais réagit au texte tel que formulé dans la Métaphrase) ; **158** C. Steel,
Il sé che cambia. L'anima nel tardo neoplatonismo : Giamblico, Damascio e
Prisciano. Edizione italiana a cura di Lucrezia Iris Martone, coll. «Biblioteca
filosofica di Questio», Bari 2007, XXV-340 p. [version italienne mise à jour de
150], notamment p. 271-285 (Appendice, III) ; **159** F. A. J. De Haas, « Priscian of
Lydia and Pseudo-Simplicius on the Soul», dans CHPLA, t. II, Cambridge 2010,
p. 756-763 ; **160** M. Perkams, notice « Priscien de Lydie», P 280, DPhA V B,
2012, p. 1514-1521 (où l'on trouvera d'autres références aux études antérieures).

Le traité transmis sous le nom de Simplicius a été attribué, depuis Francesco
Piccolomini au début du XVIIᵉ s., à Priscianus Lydus. Voir Francisci Piccolimini
Senensis, In tres libros Aristotelis De Anima lucidissima expositio. Multiplici
annotationum varietate amplificata. Nunc primum in lucem edita, Venetiis, apud
Io. Antonium, & Iacobum de Franciscis, 1602, p. 216 ; Francisci Piccolimini
Senensis, Commentarii duo : Prior, In libros Aristotelis De ortu et interitu, Alter,
in tres libros eiusdem De anima. Multiplici annotationum varietate amplificati.
Nunc primo in Germania excusi, Francofurti ad Moenum, ex officina typographica
Matthaei Beckeri, 1602, p. 1001 ; Francisci Piccolimini Senensis, Commentarii De
coelo, ortu et interitu, adiuncta lucidissima expositione in tres libros eiusdem de
anima, nunc recens in lucem prodeunt, Moguntiae [Mainz] 1608, p. 1001.

Un commentaire de Simplicius sur le De anima, dédié à un certain Aṭāwālīs
(☛ A 467), est attesté par la tradition arabe. Voir plus loin p. 389-390. La tradition
grecque ne porte pas la trace de semblables dédicaces pour aucun des commentaires de Simplicius, mais la pratique est attestée par l'exemple du grand commen-

taire de Porphyre sur les *Catégories* dédié à Gédalios. Voir Hadot **156**, p. 164. Il peut sembler étrange également qu'un commentaire grec ait été dédié à un oriental, mais les *Solutiones* de Priscianus répondaient, et certainement en grec à l'origine, à des questions du roi Chosroès. Simplicius est mentionné comme commentateur du *De anima* dans un document du XIIIᵉ s. (Jérusalem, Bibl. patr., 106, f. 7). Sophonias, dans son *in De anima* (p. 1, 8 Hayduck), connaît également Simplicius comme un commentateur de ce traité. Voir Steel **146**, p. 107. Reste à savoir s'il s'agit du commentaire transmis sous son nom.

Le débat entre C. Steel et I. Hadot porte sur les doctrines développées, l'identification des passages signalés dans six auto-citations, la conception du commentaire (expliquer Aristote ou évaluer la pertinence de ses doctrines du point de vue de la vérité ou de l'enseignement de Jamblique), la façon de citer les lemmes (pour autant que l'on puisse établir qu'elle reproduit, dans les manuscrits conservés, la pratique originale de l'auteur du commentaire) et leur autonomie syntaxique par rapport au commentaire, enfin le style et la terminologie. Le tout est compliqué par le fait que les ouvrages comparés (l'*in De anima*, la *Métaphrase* de Priscien, les autres traités de Simplicius) sont issus d'un même milieu scolaire (des disciples de Damascius d'orientation jambliquéenne ; Priscianus et Simplicius firent le voyage en Perse avec le scholarque athénien), dépendent d'une même tradition exégétique et sans doute puisent aux mêmes sources, mais peuvent relever de genres littéraires parfois différents, s'adressant à des lecteurs d'un niveau plus ou moins avancé et avoir été écrits par un même auteur à des périodes différentes de sa vie.

On serait, à priori, porté à respecter le témoignage de la tradition manuscrite, confirmé par la tradition indirecte (au moins Sophonias), si le corpus des commentateurs d'Aristote ne présentait pas un bon nombre de problèmes d'attribution, dont le plus sensible est celui du commentaire des livres E-N de la *Métaphysique* attribué à Alexandrie d'Aphrodise, mais qu'il faut sans doute restituer à Michel d'Éphèse. Voir **161** C. Luna, *Trois études sur la tradition des commentaires anciens à la* Métaphysique *d'Aristote*, coll. «Philosophia antiqua» 88, Leiden 2001, VIII-252 p. Mentionnons également le commentaire sur le livre III du *De anima* attribué à Jean Philopon, et, peut-être, l'*in Categ.* attribué à David, mais qui pourrait être d'Élias.

On a signalé des tournures et des termes communs à l'auteur de l'*in De anima* et à Priscianus [Steel a déjà pris en compte les termes γνωριστικός, ἐπεξειργάζεσθαι, προσπελάζειν, ἐρῶ]. Mais il serait également possible de trouver des dizaines de termes que l'on retrouve dans les autres commentaires de Simplicius, mais non pas chez Priscianus : ἀγαθύνειν, ἀκριβολογεῖσθαι, ἀναζωγραφεῖν, ἀναμάρτητος, ἀναντίθετος, ἀναρμοστία, ἀνέλιξις, ἀνεξάλλακτος, ἀνεπαίσθητος, ἀνεπαισθήτως, ἀνταποδιδόναι, ἀντεστραμμένως, ἀντιλύπησις, ἀντίφραξις, ἀορισταίνειν, ἀπανταχοῦ, ἀπάντησις, ἀπαράλειπτος, ἀποστενοῦσθαι, ἀπολιμπάνειν, ἀποπάλλεσθαι, ἀποτύπωμα, ἀπροσδιορίστως, ἀρτιάκις, ἀρχαιοπρεπῶς, ἀρχοειδής, ἀσπάλαξ, αὐτοπροαίρετος, αὐτοφυῶς, ἀφωρισμένως, ἄχυμος, διοργάνωσις, δυσδιάκριτος, δύσληπτος, δυσπαθέστερος, ἑδραστικός, ἐκτραγῳδεῖν, ἐμμεθόδως, ἐμπεριέχεσθαι, ἐναντιολογία, ἐναντιότης, ἐναπολαμβάνεσθαι, ἐξυδαροῦν, ἐπαμφοτερίζειν, ἐπεισοδιώδης, ἐπιπόλαιος, ἐπιπολαίως, ἑτερομήκης, ἑτέρωθεν, ἐτυμολογεῖν, εὐθύγραμμα, ἠχητικός, ἰδιοτρόπως, ἰσοδυναμεῖν, καταδράττεσθαι, καταθραύεσθαι, καταληπτός, μαχητικός, μεγεθικός, ὁποιοσοῦν, ὁποσονοῦν, ὁποστονοῦν, ὁποτερουοῦν, ὁσαχῶς, οὐδετέρως, παθαίνεσθαι, πανσπερμία, παραχμάζειν, παρακολούθημα, παραπέτασμα, παραποδίζειν, παρασυναπτικός, παρατροπή, παρεμποδίζειν, παρυφίστασθαι, παχυμερῶς, περιεκτικώτερος, περίττωμα, πήρωμα, πήρωσις, πλασματία, πλίνθος, πλωτήρ, πολιτεύεσθαι, πολλοστός, προσαρμόζεσθαι, προσδιορίζειν, προσεγγίζειν, προσεννοεῖν, προσηνής, προσκρούειν, προσυπακούειν, προσυφαίνεσθαι, προσφυῶς, πυγολαμπίδης, σιμότης, σκέπασμα, στενοχωρία, συγκεφαλαιοῦσθαι, συμμεταβάλλειν, συμπαραλαμβάνειν, συναθροίζεσθαι, ὑδατώδης, ὑπομνηματιστής, ὑστερίζειν, φυσιολογία, ψευδοδοξία, ψόφησις, ψοφητικός, ὡσπερανεί. En réalité, la probabilité de retrouver un mot (relativement) rare dans un corpus de plusieurs milliers de lignes (comme celui des quatre longs commentaires indiscutés de Simplicius) est beaucoup plus grande qu'elle ne l'est dans un texte d'un millier de lignes seulement (comme celui de la *Métaphrase,* d'ailleurs non entièrement conservée, de Priscianus). La comparaison peut d'autre part être faussée par le fait que les textes peuvent porter sur des sujets différents (où des mots trop techniques peuvent s'imposer ou être interdits), s'adresser à des publics différents et relever de genres littéraires différents. De ce point de vue, ce ne sont pas les termes les plus techniques – largement communs à tous les néoplatoniciens – qui sont les plus significatifs, mais des tournures qui viennent naturellement sous la plume d'un auteur indépendamment du contexte doctrinal.

Selon Hadot **156**, p. 170 et n. 41, l'auteur de l'*in De anima* – Simplicius selon elle – n'a peut-être pas cité autant de textes philosophiques anciens que dans d'autres commentaires tout simplement parce qu'il ne possédait pas pour le *De anima* d'Aristote d'équivalents aux riches commentaires de Porphyre ou de Jamblique qu'il a utilisés pour d'autres commentaires. Il regrette d'ailleurs à plusieurs reprises, pour Démocrite, Anaxagore, Héraclite et Thalès, de ne dépendre que des doxographies sommaires d'Aristote lui-même. Il reste significatif que même pour le *De anima* de Jamblique dont l'auteur adopte souvent les vues il ne cite pratiquement pas de passages comme Simplicius se complaît généralement à le faire. Quant à la déformation doctrinale du texte aristotélicien dont I. Hadot (**156**, p. 168) retrouve un parallèle dans la déformation des doctrines stoïciennes que l'on observe dans l'*in Encheir.,* elle s'explique, selon elle, de façon différente. Contrairement à ce que fait généralement Simplicius, l'*in De anima* impose une interprétation néoplatonicienne, alors que les doctrines stoïciennes du *Manuel* sont plutôt mal comprises, probablement à cause d'une information insuffisante. I. Hadot (**156**, p. 173-174), signale également que l'objectivité de Simplicius par rapport à celle de l'auteur du *in De anima* est très relative et que l'ensemble de ses commentaires, même l'*in Categ.* (un texte qui se prêtait moins aux distorsions doctrinales que le *De anima*), reste inscrit dans la perspective d'une interprétation néoplatonicienne d'Aristote (et d'Épictète), au prix de déformations doctrinales caractérisées.

Auto-références. L'auteur du commentaire sur le *De anima* renvoie à trois autres de ses ouvrages : (1) un commentaire sur la *Métaphysique* (p. 28, 20 *cf.* 217, 27 Hayduck), (2) un commentaire sur la *Physique* (p. 35, 10-15 ; 120, 22-26 ; 198, 2-7), (3) un *Epitomé de la Physique* de Théophraste (p. 136, 26-29). L'identification des passages correspondants dans les traités conservés (la *Métaphrase* de Priscianus et l'*in Phys.* de Simplicius) peut sembler évidente ou non significative selon les savants et leurs présupposés méthodologiques. Si l'*in De anima* est de Simplicius, ces renvois démontrent qu'il aurait écrit un Commentaire sur la *Métaphysique* et un *Epitomé de la Physique* de Théophraste, tous les deux perdus. Inversement, si le commentaire est de Priscianus, c'est à ce dernier qu'il faudrait attribuer un commentaire sur la *Physique* d'Aristote par ailleurs non attesté.

Selon Steel **146**, p. 127, le principal argument en faveur de l'attribution de l'*in De anima* à Priscianus est le renvoi qui est fait à l'*Epitomé de la Physique de Théophraste* dans le commentaire sur *De anima* II 7, 419 a 13-19 à propos du rôle du diaphane dans la perception sensible de la couleur (p. 136, 29). L'auteur du commentaire ferait référence à sa *Métaphrase,* p. 8, 1 - 15, 5.

Dans son préambule (p. 5, 38 - 6, 17) l'auteur s'engage à étudier la cohérence (συμφωνία) d'Aristote avec lui-même et avec la vérité en mettant à contribution d'autres passages moins obscurs du philosophe, sans entrer dans des polémiques avec d'autres exégètes, mais en suivant pour l'essentiel les écrits de Jamblique sur l'âme, c'est-à-dire non pas un commentaire qu'il aurait écrit sur ce traité, mais son *De anima* dont d'importants fragments ont été conservés par Stobée.

Voir en ce sens **162** H. Blumenthal, « Did Iamblichus write a Commentary on the *De Anima*? », *Hermes* 102, 1974, p. 540-556. Ces fragments, autrefois traduits par **163** A. J. Festugière, *La Révélation d'Hermès Trismégiste*, t. III: *Les doctrines de l'âme*, coll. « Études bibliques », Paris 1953, p. 177-248, ont été édités, traduits et commentés par Finamore et Dillon **147** et par **164** L. I. Martone, *Giamblico, De Anima. I frammenti, la dottrina*, coll. « Greco, arabo, latino. Le vie del sapere – Studi » 3, Pisa 2014, 352 p.

Le commentaire cite surtout Platon et Aristote. Il mentionne également des vues doctrinales d'Alexandre d'Aphrodise (peut-être dans un *in De anima* perdu : voir *DPhA* I, p. 131), Boèce de Sidon, Plotin, Plutarque d'Athènes (ὁ Νεστορίου, désignation que l'on retrouve dans la *Metaphrasis* de Priscien, p. 32, 35 Bywater), Proclus, Thémistius, Théophraste (ἐν τοῖς Φυσικοῖς) et Xénocrate, mais sans faire référence à des écrits précis. Chez les Présocratiques, on relève les noms d'Alcméon, Anaxagore, Critias, Démocrite, Diogène (d'Apollonie), Empédocle, Héraclite, Hippon, Homère, Orphée, Parménide, les Pythagoriciens et Thalès.

Réception. 165 B. Nardi, « Il Commento di Simplicio al *De anima* nelle controversie della fine del secolo XV e del secolo XVI », dans *Testi umanistici inediti sul "De anima"*, coll. « Archivio di filosofia » 1951, fasc. 1, Padova 1951, p. 139-206, repris dans **166** *Saggi sull'aristotelismo padovano dal secolo XIV al XVI*, Firenze 1958, p. 365-442.

Autres études. 167 H. J. Blumenthal, « The psychology of (?) Simplicius' Commentary on the *De anima* », dans Blumenthal et Lloyd **91**, p. 73-93. **168** *Id.*, « Simplicius (?) on the first book of Aristotle' *De Anima* », dans Hadot **7**, p. 91-112 ; **169** *Id.*, « Some notes on the text of Pseudo-Simplicius' commentary on Aristotle's "De anima", III.1-5 », dans **170** M. A. Joyal (édit.), *Studies in Plato and the Platonic tradition*. Essays presented to John Whittaker, Aldershot 1997, p. 213-228 ; **171** *Id.*, « Were Aristotle's intentions in writing the "De anima" forgotten in late antiquity ? », *DSTradF* 8, 1997, p. 143-157 ; **172** I. Hadot, « Aspects de la théorie de la perception chez les néoplatoniciens : sensation (αἴσθησις), sensation commune (κοινὴ αἴσθησις), sensibles communs (κοινὰ αἴσθητα) et conscience de soi (συναίσθησις) », *DSTradF* 8, 1997, p. 33-85 ; **173** M. Perkams, « Aristoteles in platonischer Perspektive. Der Kommentar des Pseudo-Simplikios zu Aristoteles' *De anima* », dans *TabulaRasa* 18, 2002, p. 34-55 ; **174** *Id.*, « Doppelte Entelecheia : das Menschenbild in "Simplikios"' Kommentar zu Aristoteles' "De anima" », *Elenchos* 24, 2003, p. 57-91 ; **175** P. Lautner, « The κοινὴ αἴσθησις in Proclus and Ps.-Simplicius », dans **176** P. Adamson, H. Baltussen et M. W. F. Stone (édit.), *Philosophy, science and exegesis in Greek, Arabic and Latin commentaries*, coll. « Bulletin of the Institute of Classical Studies. Supplement » 83, London 2004, t. I, p. 163-174 ; **177** M. Perkams, *Selbstbewusstsein in der Spätantike. Die neuplatonischen Kommentare zu Aristoteles' De anima*, coll. « Quellen und Studien zur Philosophie » 85, Berlin/New York 2008, p. 149-277 et p. 284-420 ; **178** P. Lautner, « Methods in examining sense-perception : John Philoponus and Ps.-Simplicius », *LThPh* 64, 2008, p. 651-661.

Pour la tradition arabe de ce commentaire, voir plus loin la section rédigée par E. Coda, p. 389-390.

(4) *COMMENTAIRE SUR LA* PHYSIQUE *D'ARISTOTE*

Voir plus loin la notice d'E. Coda.

(5) *COMMENTAIRE SUR LE* DE CAELO *D'ARISTOTE*

Voir plus loin la notice d'E. Coda.

(6) *COMMENTAIRE PERDU SUR LA* MÉTAPHYSIQUE *D'ARISTOTE*

Selon **179** I. Hadot, « Recherches sur les fragments du commentaire de Simplicius sur la *Métaphysique* d'Aristote », dans Hadot **7**, p. 225-245, ce commentaire serait attesté par deux auto-citations de Simplicius lui-même et par trois scholies dans le *Parisin. gr.* 1853, f. 227ᵛ [a] et dans le *Parisin. gr.* 1901, f. 342ʳ [b] et 374ᵛ [c]. Une troisième scholie dans ce manuscrit, au fol. 345ʳ [d], attribuée cette fois à Michel d'Éphèse (➤M 163 dans les compléments du tome VII), reprend la même accusation contre Asclépius (➤A 458), sans cette fois mentionner Simplicius. Voir aussi Hadot **71**, p. XXXVII.

La première scholie (datable de la première moitié du XIIIᵉ s.) ne se trouve que dans **180** C. A. Brandis, *Scholia in Aristotelem*, Berlin 1836, p. 532 b 18-23. Pour [b], voir Brandis **180**, p. 754 b 11-14 = p. 408 (app.) Hayduck.

La crédibilité ou la portée de ces témoignages a été contestée par **181** M. Rashed, « Traces d'un commentaire de Simplicius sur la "Métaphysique" à Byzance ? », *RSPT* 84, 2000, p. 275-284, repris dans **182** M. Rashed, *L'héritage aristotélicien. Textes inédits de l'Antiquité*, coll. « *Anagôgê* », Paris 2007, p. 382-390. Selon ce dernier, seule la scholie [b] évoque, par un rapprochement avec Alexandre, un commentaire de Simplicius à la *Métaphysique*, le scholiaste, sans doute Michel d'Éphèse (d'après la scholie semblable [d]), reprochant à Asclépius d'avoir omis de rapporter les interprétations de ces deux grands commentateurs et d'avoir proposé sa propre exégèse dénuée d'intérêt. Or Michel d'Éphèse pouvait trouver dans les renvois à un commentaire à la *Métaphysique* qu'il lisait dans l'*in De anima* (voir plus haut), une œuvre qu'il devait attribuer à Simplicius, la preuve de l'existence d'un tel commentaire du même auteur. On trouve en effet dans le *Commentaire sur le De Anima* (p. 28, 17-22 et 217, 23 Hayduck) deux auto-références à un commentaire de l'auteur sur la *Métaphysique*, mais on ne peut les mettre en rapport avec un commentaire de Simplicius que si l'on accepte l'attribution de l'*in De anima* au même auteur.

Sur ces deux auto-références, voir Hadot **156**, p. 171 n. 44, qui cite les passages en traduction anglaise. Dans le second passage, l'auteur reconnaît qu'il s'inscrit dans la ligne de Jamblique.

L'auteur de l'*in De anima* renvoie également à son commentaire sur la *Physique*. Voir p. 198, 5-6 Hayduck (ἐν τοῖς εἰς τὴν Φυσικὴν ἀκρόασιν), p. 35, 14 (καὶ σαφέστερον ταῦτα καὶ ἡμῖν ἐν τοῖς εἰς ἐκεῖνα γεγραμμένοις ὑπέμνησται), et p. 13, 24-25 (ὡς ἐν τοῖς εἰς τὸ τέταρτον τῆς Φυσικῆς ἀκροάσεως ἡμῖν εἴρηται). Si l'*in De anima* n'est pas de Simplicius, il faut donc attribuer à Priscianus Lydus non seulement l'*Epitomé* de la *Physique* de Théophraste auquel il renvoie

p. 136, 29 Hayduck (que l'on peut identifier à la *Métaphrase* conservée), mais aussi un Commentaire sur la *Physique* d'Aristote. Ces trois références sont signalées par Hadot **5**, p. 193.

Quant à l'exégèse qui est prêtée à Simplicius (les quatre causes ou principes, efficient, formel, final et matériel, comme espèces d'un genre qui serait la cause ou le principe), par opposition à celle d'Alexandre, dans la scholie [a], elle contredirait, selon M. Rashed, les vues exposées par Simplicius en d'autres passages (*in Phys.*, p. 316, 26-29 Diels) et pourrait s'expliquer comme une paraphrase d'un autre passage du même commentateur (*in Phys.*, p. 310, 8-10 Diels).

(7) ÉPITOMÉ DE LA PHYSIQUE DE THÉOPHRASTE

L'auteur du *Commentaire sur le De anima* renvoie également (p. 136, **29** Hayduck) à un *Épitomé de la* Physique *de Théophraste* qu'il aurait rédigé (ἐν τῇ ἐπιτομῇ τῶν Θεοφράστου Φυσικῶν). L'attribution de cet ouvrage à Simplicius dépend à nouveau de l'authenticité de l'*in De anima*. Une *Metaphrasis in Theophrastum* est conservée sous le nom de Priscianus Lydus (➭P 280). Les spécialistes qui attribuent à Priscianus la composition de l'*in De anima* reconnaissent évidemment dans cet ouvrage l'Épitomé signalé dans ce renvoi. Contre l'identification de la *Métaphrase* de Priscianus et de l'*Épitomé* auquel renvoie l'auteur de l'*in De Anima*, Hadot **156**, p. 179-180, objecte la différence des intitulés et interprète le parallèle comme une commune dépendance à l'égard de Théophraste lui-même. P. Huby dans la discussion de l'article de Blumenthal **167**, p. 95, considère que la *Métaphrase* ne peut être présentée comme un *Épitomé*. On peut également faire remarquer que la *Métaphrase* de Priscianus, si c'est bien son titre originel, ne ressemble pas non plus aux exemples de métaphrase que l'on rencontre dans la littérature ecclésiastique byzantine. Perkams **160**, p. 1520, montre cependant que dans le cercle de Priscianus *Épitomé* pouvait signifier autre chose qu'un résumé.

(8) COMMENTAIRE SUR LE PREMIER LIVRE DES ÉLÉMENTS D'EUCLIDE

Voir plus loin la notice d'E. Coda.

La plupart des informations qui suivent sur d'autres traités perdus attribués à Simplicius sont tirées des travaux publiés par I. Hadot.

(9) SCHOLIES SUR LA ΤΈΧΝΗ ῬΗΤΟΡΙΚΉ D'HERMOGÈNE

Elles sont mentionnées dans diverses compilations byzantines. Voir Hadot **6**, p. 31-36 ; Hadot **71**, p. XXXV-XXXVI.

(10) COMMENTAIRE SUR LE TRAITÉ EN TROIS LIVRES DE JAMBLIQUE SUR LA SECTE DES PYTHAGORICIENS

Des manuscrits de ce commentaire perdu sont encore attestés à la Vaticane et à la Marcienne au XVIe siècle. Voir Hadot **5**, p. 28-29 ; Hadot **71**, p. XXXIX.

(11) TRAITÉ SUR LES SYLLOGISMES (COMMENTARIOLUS DE SYLLOGISMIS)

Cet ouvrage est signalé dans la *Bibliotheca Universalis* de **183** C. Gesner, J. Simler et J. Frisius, *Bibliotheca instituta et collecta primum a Conrado Gesnero : Deinde in Epitomen redacta & novorum librorum accessione locuple-tata, tertiò recognita et in duplum post priores editiones aucta, per Josiam Simlerum : Iam verò postremò aliquot mille, cùm priorum tùm nouorum authorum opusculis, ex instructissima Viennensi Austriae Imperatoria Bibliotheca amplificata, per Johannem Jacobum Frisium Tigurinum*, Tiguri 1583, p. 759 a: «Audio etiam in Italia exstare Simplicij commentariolum de Syllogysmis». F. Bossier pense que l'information pourrait se rapporter à un petit traité anonyme sur les syllogismes contenu dans certains manuscrits du commentaire de Simplicius sur les *Catégories*. Voir Hadot **6**, p. 30 ; Hadot **71**, p. XXXIX-XL.

(12) COMMENTAIRE SUR LE PHÉDON

L'existence d'un tel commentaire a été envisagée par **184** L. G. Westerink, *The Greek Commentators on Plato's Phaedo*, t. I, Amsterdam 1976, p. 20, à partir d'un renvoi de Simplicius, *in De caelo*, p. 369, 4-6 Heiberg : «L'immortalité est dite telle par rapport au caractère incessant de la vie, la perpétuité par rapport au caractère incessant de l'essence, comme nous l'avons vu dans le *Phédon* de Platon» (trad. Hadot). Comme une telle argumentation ne se trouve pas dans le *Phédon*, c'est peut-être dans un commentaire sur ce texte que Simplicius avait pu la développer. I. Hadot a constaté de son côté que Simplicius renvoyait à un de ses ouvrages (ὅπερ ... ἀποδεγειγμένον ἐν ἄλλοις) où il avait démontré que l'âme est inengendrée et incorruptible (*in Ench.*, I 354 = I 446-448). Voir Hadot **70**, p. 6 n. 17 ; Hadot **71**, p. XXXVII-XXXVIII.

L'existence d'un tel traité montrerait que le commentaire des traités d'Aristote pouvait très bien être associé, chez Simplicius comme chez plusieurs autres commentateurs néoplatoniciens, au commentaire de dialogues platoniciens.

(13) COMMENTAIRE SUR LES MÉTÉOROLOGIQUES D'ARISTOTE

Un manuscrit de ce commentaire perdu, provenant de Sicile, se trouvait dans la bibliothèque pontificale à Rome au XIVe siècle. Il est signalé dans un inventaire de 1311 publié par **185** Fr. Ehrle, *Historia Bibliothecae Romanorum Pontificum tum Bonifatianae tum Avenionensis enarrata et antiquis earum indicibus aliisque documentis illustrata*, t. I, Roma 1890, n° 626 (p. 98): «Commentum Simplicii super Metheoris Aristotilis». Voir Hadot **70**, p. 7 n. 20 ; Hadot **71**, p. XXXVI-XXXVII.

En revanche, F. Bossier a montré que l'attribution à Simplicius d'un commentaire sur les *Réfutations sophistiques* reposait sur une erreur commise par A. Wartelle dans son *Inventaire des manuscrits grecs d'Aristote et de ses commentateurs*, Paris 1963, p. 97 et 196. Voir Hadot **6**, p. 31 ; Hadot **71**, p. XL.

(14) COMMENTAIRES MÉDICAUX

Concernant de possibles commentaires de Simplicius sur des textes médicaux attestés par la tradition arabe, voir **186** M. Ullmann, *Die Medizin im Islam*, coll. « Handbuch der Orientalistik », Erste Abteilung: *Der Nahe und der mittlere Osten*, Ergänzungsband VI, Erster Abschnit, Leiden 1970, p. 31 ; Baltussen **47**, p. 13-14.

Al-Nadīm, dans son *Fihrist*, mentionne Simplicius *(Sinbliqiyus)* dans une liste de commentateurs d'Hippocrate « jusqu'à l'époque de Galien ». Abū Bakr Muḥammad b. Zakariyyā' al-Rāzī, *Kitāb al-Ḥāwī fī al-ṭibb (Continens liber)*, lui attribue un commentaire sur le *Kitāb al-Kasr* d'Hippocrate (Περὶ ἀγμῶν, le traité sur les fractures ?). Voir Hadot **7**, p. 8-39.

Des textes médicaux sont également prêtés à Damascius, le maître de Simplicius, mais dans ce cas il s'agit de deux faux commis au XVIᵉ siècle par André Darmarios. Voir *DPhA* II, p. 591-593.

RICHARD GOULET.

COMMENTAIRES *SUR LE DE CAELO* ET *SUR LA PHYSIQUE* D'ARISTOTE

PRÉSENTATIONS GÉNÉRALES, ACTES DE CONGRÈS ET RECUEILS D'ÉTUDES

1 P. Duhem, *Le système du monde. Histoire des doctrines cosmologiques de Platon à Copernic*, t. II, Paris 1913, p. 59-69 et p. 108-116 ; **2** I. Hadot (édit.), *Simplicius. Sa vie, son œuvre, sa survie*, Actes du Colloque International de Paris (28 sept.-1ᵉʳ oct. 1985), Berlin 1987 ; **3** R. Sorabji (édit.), *Philoponus and the Rejection of Aristotelian Science*, London/New York 1987 ; **4** J. Evans, *The History and Practice of Ancient Astronomy*, New York/Oxford 1998, p. 306, 309-312.

(1) COMMENTAIRE SUR LE DE CAELO

On fera état ici de deux questions: (a) l'époque et le lieu de composition du commentaire ; (b) sa place dans le *cursus* néoplatonicien d'études philosophiques.

(a) La chronologie des commentaires sur Aristote, qui peut être reconstruite à partir des renvois de Simplicius à tel ou tel de ses ouvrages, a été étudiée par **5** K. Praechter, art. « Simplicius », *RE* III A 1, 1927, col. 204-213, en part. col. 204. Le commentaire sur la *Physique* renvoie à celui sur le *De caelo* (*in Phys.*, p. 1118, 3 ; p. 1146, 27 ; p. 1169, 7 ; p. 1175, 32 ; p. 1178, 36 ; p. 1330, 2 ; p. 1335, 1) ; le commentaire sur les *Catégories* renvoie à celui sur la *Physique* (*in Cat.*, p. 435, 21). Il est donc certain que le commentaire sur le *De caelo* a été rédigé avant ceux sur la *Physique* et sur les *Catégories*. Si la datation relative est connue, la datation absolue en revanche est controversée. Selon Praechter **5**, col. 204, 50, le commentaire sur le *De caelo* a été écrit en 533, ou bien en Perse, ou bien peu après le retour de Simplicius dans l'Empire Romain (col. 204, 50), opinion reprise dans **6** K. Praechter, « Richtungen und Schulen im Neuplatonismus », dans **7** *Genethliakon C. Robert*, Berlin 1910, p. 105-155 (repris dans **8** K. Praechter, *Kleine*

Schriften, Hildesheim/New York 1973, p. 165-216). Convaincu de l'existence d'une multiplicité de tendances et d'écoles au sein du néoplatonisme, Praechter (col. 206-207) soutient que le commentaire sur le *De caelo* est bien postérieur à celui sur le *Manuel* d'Épictète, qui aurait été écrit avant l'adhésion de Simplicius à l'école néoplatonicienne d'Athènes et son initiation aux doctrines de Proclus (➽P 292) et de Damascius (➽D 3). Les raisons doctrinales sur lesquelles se fonde cette thèse ont été reprises par **9** Ph. Merlan, «Ammonius Hermiae, Zacharias Scholasticus and Boethius», *GRBS* 9, 1968, p. 193-203, qui ajoute un argument supplémentaire : dans son commentaire sur le *Manuel* d'Épictète, Simplicius ne fait pas mention de l'existence de la neuvième sphère, dont il parle au contraire dans son commentaire sur le *De caelo* (p. 462, 20-23). Longtemps acceptée sans conteste, la vision historiographique de Praechter a été partiellement mise en doute par **10** A. C. Lloyd, dans *The Cambridge History of Later Greek and Early Medieval Philosophy*, Cambridge 1967, en part. p. 316. Lloyd se limite à remettre en cause l'interprétation du commentaire sur le *Manuel* d'Épictète fournie par Praechter, sans mentionner le commentaire sur le *De Caelo*. En revanche, une critique globale de la thèse de Praechter **6** et plus particulièrement des idées de Praechter **5** concernant les implications doctrinales de la date du commentaire sur le *Manuel* d'Épictète a été formulée par **11** I. Hadot, *Le problème du néoplatonisme alexandrin. Hiéroclès et Simplicius*, coll. «Études Augustiniennes», Paris 1978. Dans ce livre, ainsi que dans les études citées ci-dessous, I. Hadot a soutenu avec force l'unité doctrinale des écoles néoplatoniciennes d'Athènes et d'Alexandrie. Tous les commentaires de Simplicius auraient été écrits dans le cadre de cette perspective unitaire, et ils seraient tous postérieurs au séjour en Perse. En ce qui concerne plus particulièrement le commentaire sur le *De caelo*, selon Hadot **11**, p. 20-43, il a été rédigé après 529 ; ceux sur la *Physique* et les *Catégories*, après 532 et probablement après 538 ; tous ces commentaires n'auraient été écrits ni à Athènes, ni à Alexandrie, thèse soutenue surtout dans **12** I. Hadot, «La vie et l'œuvre de Simplicius d'après les sources grecques et arabes», dans Hadot **2**, p. 3-39 ; voir aussi **13** I. Hadot, «Les introductions aux commentaires exégétiques chez les auteurs néoplatoniciens et les auteurs chrétiens», dans **14** M. Tardieu (édit.), *Les règles de l'interprétation*, Paris 1987, p. 99-122 ; voir aussi **15** Ph. Hoffmann, «Catégories et langage selon Simplicius. La question du *skopos* du traité aristotélicien des *Catégories*», dans Hadot **2**, p. 61-90 ; **16** I. Hadot, *Simplicius, Commentaire sur les Catégories*, fasc. I, trad. de Ph. Hoffmann, comm. et notes de I. Hadot, coll. «Philosophia Antiqua» 50, Leiden 1990, en part. p. 21-47. Cette question se situe dans le contexte du débat sur le destin de l'école d'Athènes après 529 : voir **17** H. Blumenthal, «529 and its Sequel : what happened to the Academy ?», *Byzantion* 48, 1978 (paru en 1979), p. 369-385. La question de savoir où les commentaires de Simplicius ont été rédigés et s'ils sont issus de l'enseignement, a été longuement discutée. Si l'on accepte l'hypothèse selon laquelle tous les commentaires auraient été écrits après le séjour en Perse, la question du lieu de rédaction se pose dans les termes suivants : puisque seule l'école d'Alexandrie était restée en place après la fermeture de celle d'Athènes en 529, tout porterait à croire que c'est à Alexandrie que Simplicius a donné son enseignement sur Aristote. Certains savants ont cependant soutenu qu'il s'était installé ailleurs. La question du lieu de rédaction est particulièrement délicate dans le cas des commentaires sur le *De caelo*, la *Physique* et les *Catégories*, car le nombre très élevé de citations qu'ils contiennent présuppose l'utilisation d'une bibliothèque très riche que l'on ne pouvait trouver que dans un des grands centres d'enseignement de la philosophie. Certains savants considèrent que Simplicius et les autres philosophes qui s'étaient rendus en Perse seraient retournés ou bien à Alexandrie ou bien à Athènes. Selon **18** P. Tannery, «Sur la période finale de la philosophie grecque», *RPhilos* 42, 1896, p. 266-287, en part. p. 286 (repris dans **19** P. Tannery, *Mémoires scientifiques*, coll. «Les grands classiques Gauthier-Villars», Toulouse/Paris 1912-1950, t. VII, p. 211-241), il est impossible d'établir dans quelle ville les philosophes seraient retournés. Selon **20** Alan Cameron, «The Last Days of the Academy at Athens», *PCPhS* 15, 1969, p. 7-29 (repris dans **21** A. Cameron, *Literature and Society in the Early Byzantine World*, London 1985; une version française abrégée a été publiée dans **22** Alan Cameron, «La fin de l'Académie», dans **23** *Le Néoplatonisme*. Colloques Internationaux du CNRS, Paris 1971, p. 281-290), Simplicius serait retourné plus probablement à Athènes, où il aurait écrit ses commentaires sur la *Physique* et le *De caelo*. L'auteur fait valoir surtout le fait que, à Athènes, l'accès aux sources présocratiques dont ces commentaires sont riches était plus aisé (voir plus loin, «Sources»). D'autres encore estiment que Simplicius se serait installé dans une ville frontalière entre l'Empire Perse et l'Empire Romain, Ḥarrān (Carrhae). Là, il aurait ou bien fondé une école néoplatonicienne (seul ou avec quelques-uns des autres philosophes avec qui il avait effectué le séjour à la cour de Chosroès [⇒C 113]), ou bien il aurait été accueilli au sein d'une école néoplatonicienne préexistante. C'est là que Simplicius aurait écrit ses commentaires. Cette hypothèse a été soutenue dans les études suivantes: **24** M. Tardieu, «Ṣābiens coraniques et Ṣābiens de Ḥarrān», *JA* 274, 1986, p. 1-44, en part. p. 22-25; **25** *Id.*, «Les calendriers en usage à Ḥarrān d'après les sources arabes et le commentaire de Simplicius à la *Physique* d'Aristote», dans Hadot **2**, p. 40-57, à l'aide de quelques passages du commentaire de Simplicius sur la *Physique* (*in Phys.*, p. 874, 23 – 875, 30); Hadot **2**; **26** Th. Bauzou, «Sur les pas d'un pèlerin païen à travers la Syrie chrétienne. A propos du livre de Michel Tardieu, *Les paysages reliques. Routes et haltes syriennes d'Isidore à Simplicius*», *Syria* 71, 1994, p. 217-226; **27** I. Hadot, *Simplicius. Commentaire sur le Manuel d'Épictète*, coll. «Philosophia Antiqua» 66, Leiden 1996, en part. p. 28-50; **28** R. Thiels, *Simplikios und das Ende der neuplatonischen Schule in Athen*, coll. «Akademie der Wissenschaften und der Literatur Mainz. Abhandlungen der Geistes- und sozialwissenschaftlichen Klasse», Jahrgang 1999, Nr. 8, Stuttgart 1999, p. 41-55; **29** I. Hadot, *Simplicius. Commentaire sur le Manuel d'Épictète*, *CUF*, Paris 2001, en part. p. VII-XXXIII; **30** *Ead.*, «Dans quel lieu le néoplatonicien Simplicius a-t-il fondé son école de mathématiques, et où a pu avoir lieu son

entretien avec un manichéen? A Michel Tardieu pour son 70ème anniversaire»,
IJPT 1, 2007, p. 42-107; **31** *Ead.*, «Remarque complémentaire à mon article *Dans
quel lieu le néoplatonicien Simplicius a-t-il fondé son école de mathématiques, et
où a pu avoir lieu son entretien avec un manichéen?*», *ibid.*, p. 263-269.
31bis *Ead.* (avec la collaboration de Ph. Vallat), *Le néoplatonicien Simplicius à la
lumière des recherches contemporaines. Un bilan critique.* Avec deux contributions de Ph. Vallat, coll. «Academia Philosophical Studies» 48, Sankt Augustin
2014, p. 23-101, reprend à l'identique les thèses déjà soutenues dans Hadot **2, 27,
29, 30.** Cette hypothèse a été en revanche critiquée par **32** C. Luna, c.r. de Thiels
28, *Mnemosyne* 54, 2001, p. 482-504, où l'on trouvera une discussion détaillée de
toute la bibliographie antérieure; voir aussi **33** Ph. Hoffmann, notice
«Damascius», D 3, *DPhA* II, 1994, p. 541-593, en part. p. 578. Plusieurs arabisants ont émis des réserves sur cette hypothèse: voir **34** G. Endress, c.r. de Hadot
11, *Islam* 68, 1991, p. 134-137; **35** D. Gutas, «Pre-Plotinian Philosophy in Arabic
(other than Platonism and Aristotelianism): a Review of the Sources», dans *ANRW*
II 36, 7, Berlin 1994, p. 4939-4973, en part. p. 4943; **36** J. Lameer, «From Alexandria to Baghdad: Reflections on the Genesis of a Problematical Tradition», dans
37 G. Endress et R. Kruk (édit.), *The Ancient Tradition in Christian and Islamic
Hellenism. Studies on the Transmission of Greek Philosophy and Science
dedicated to H. J. Drossaart Lulofs on his Ninetieth Birthday*, Leiden 1997, p. 181-
191; **38** J. T. Walker, «The Limits of Late Antiquity: Philosophy between Rome
and Iran», *AncW* 33, 2002, p. 45-69, en part. p. 57-60; **39** R. Lane Fox, «Harran,
the Sabians and the Late Platonist 'Movers'», dans **40** A. Smith (édit.), *The
Philosopher and Society in Late Antiquity [Mélanges Peter Brown]*, Swansea
2005, p. 231-244; **41** J. T. Walker, *The Legend of Mar Qardagh: Narrative and
Christian Heroism in Late Antique Iraq*, Berkeley/Los Angeles/London 2006, en
part. chap. 3, «Refuting the Eternity of the Stars: Philosophy between Byzantium
and Late Antique Iraq». Voir en outre **42** P. Golitsis, *Les Commentaires de
Simplicius et de Jean Philopon à la Physique d'Aristote*, coll. «Commentaria in
Aristotelem Graeca et Byzantina. Quellen und Studien» 3, Berlin 2008, p. 20-21;
42bis *Id.*, «Nicéphore Blemmyde lecteur du commentaire de Simplicius à la
"Physique" d'Aristote», dans **42ter** C. D'Ancona (édit.), *The Libraries of the
Neoplatonists*, coll. «Philosophia Antiqua» 107, Leiden 2007, p. 243-256;
43 H. Baltussen, *Philosophy and Exegesis in Simplicius. The Methodology of a
Commentator*, London 2008, p. 13 et 49-51; **44** *Id.*, «Simplicius of Cilicia», dans
CHPLA, Cambridge 2010, p. 711-731, en part. p. 712. Un argument utilisé par
Tardieu **24** pour prouver le séjour à Ḥarrān est la mention, chez Simplicius, *in
Phys.*, p. 875, 19-22, d'un type de calendrier que des sources arabes tardives
attribuent aux "Ḥarrāniens". Déjà **45** W. H. Waddington, «Les ères employées en
Syrie», dans *CRAI* 9, 1865, p. 35-42, en part. p. 37, avait commenté la remarque
de Simplicius à propos du commencement de l'année chez les Arabes, en soulignant qu'elle est commune à plusieurs inscriptions retrouvées en Syrie; des critiques contre l'argument du calendrier ont été formulées aussi par **46** P. Foulkes,

«Where was Simplicius?», *JHS* 112, 1992, p. 143 ; voir, pour finir, **47** E. Watts, «Where to live the Philosophical Life in the Sixth Century? Damascius, Simplicius, and the Return from Persia», *GRBS* 45, 2005, p. 285-315.

(b) Les recherches sur le *cursus* néoplatonicien des études philosophiques ont suscité des développements aussi en ce qui concerne l'œuvre exégétique de Simplicius. A partir du milieu du XXe siècle des études ont expliqué le *cursus* néoplatonicien dans le cadre général de la spiritualité néoplatonicienne : dans ces écoles, un vaste programme de lecture était fondé sur l'idée de l'unité de la tradition philosophique grecque et s'accompagnait d'une conception systématique des parties de la philosophie, à partir des principes généraux de la connaissance humaine et ensuite de la nature, l'aboutissement du *cursus* étant l'étude du *Timée* et du *Parménide* de Platon. Ces recherches ont reconstruit l'ordre de lecture adopté dans le *cursus* néoplatonicien, en examinant son évolution à partir du moyen-platonisme (par ex. Albinus [➙A 78], *Prologue*), puis chez Porphyre (➙P 263), et enfin dans le "canon de Jamblique" [➙I 3] : voir surtout **48** A. J. Festugière, «L'ordre de lecture des dialogues de Platon aux Ve/VIe siècles», *MH* 26, 1969, p. 281-296 (repris dans **49** *Id.*, *Études de Philosophie Grecque*, Paris 1971, p. 535-550) ; **50** P. Hadot, «Les divisions des parties de la philosophie dans l'Antiquité», *MH* 36, 1979, p. 201-223 (repris dans **51** *Id.*, *Études de philosophie ancienne*, Paris 1998, p. 125-151) ; **52** H. D. Saffrey, «Quelques aspects de la spiritualité des philosophes néoplatoniciens de Jamblique à Proclus et Damascius», *RSPT* 68, 1984, p. 169-182 (repris dans **53** *Id.*, *Recherches sur le néoplatonisme après Plotin*, Paris 1990, p. 213-226). Dans un tel contexte systématique et orienté vers le perfectionnement spirituel de celui qui s'adonne à l'étude de la philosophie, l'exégèse des œuvres de Platon et d'Aristote a été interprétée comme un «exercice de méditation» : voir Hadot **11**, p. 47-66, 164-165 ; Hadot **50** ; **54** P. Hadot, *Exercices spirituels et philosophie antique*, Paris 1981. Dans ce cadre, les commentaires de Simplicius ont été lus comme l'expression d'une conception de la philosophie en tant qu'«art de vivre» orientée vers la vénération du Démiurge : voir **55** Ph. Hoffmann, «Sur quelques aspects de la polémique de Simplicius contre Jean Philopon : de l'invective à la réaffirmation de la transcendance du ciel», dans Hadot **2**, p. 183-221 (version française modifiée de **56** Ph. Hoffmann, «Some aspects of Simplicius' polemical writings against Philoponus : from invective to the reaffirmation of the transcendency of the Heaven», dans Sorabji **3**, p. 57-83. Ph. Hoffmann a interprété le commentaire de Simplicius sur le *De caelo* comme «un exercice qui relève de la *religio mentis*, c'est-à-dire de la célébration intellectuelle de la divinité» (p. 206). Les commentaires de Simplicius, en particulier les passages *in Ench. Epict.*, XXXVII, 140-154 (144-146), p. 351, et *in Cat.*, p. 12, 25-27, ont été interprétés à la lumière de l'importance croissante de l'exégèse dans la philosophie post-classique : voir à ce propos **57** P. Hadot, «Théologie, exégèse, révélation, écriture dans la philosophie grecque», dans Tardieu **14**, p. 13-34 (repris dans Hadot **2**, p. 27-58), et **58** P. L. Donini, «Testi e commenti, manuali e insegnamento : la forma sistematica e i metodi della filosofia in età post-ellenistica», dans

ANRW II 36, 7, Berlin 1994, p. 5027-5100. Hadot **54**, en part. p. 57-60, a mis en valeur la dimension pédagogique de la pensée néoplatonicienne ; **59** Ph. Hoffmann, « La fonction des prologues exégétiques dans la pensée pédagogique néoplatonicienne », dans **60** B. Roussel et J.-D. Dubois (édit.), *Entrer en matière. Les prologues*, Paris 1998, p. 209-245, en part. p. 231-236, a suggéré que pour Simplicius « l'enseignement est le prolongement naturel et la vérification de la *théôria* philosophique, et, selon l'*Éthique à Eudème* d'Aristote, l'enseignant et l'enseigné représentent, dans le cadre de la doctrine de l'homonymie du Bien, le Bien dans les deux catégories de l'agir et du pâtir, ou du mouvoir et de l'être mû » (p. 235). Cette « philosophie néoplatonicienne de la relation pédagogique » formerait l'arrière-plan de l'activité de Simplicius en tant qu'exégète. Les commentaires sur le *De caelo* et sur la *Physique* sont lus dans cette perspective : voir **61** Ph. Hoffmann, « La triade chaldaïque ἔρως, ἀλήθεια, πίστις de Proclus à Simplicius », dans **62** A.-Ph. Segonds et C. Steel (édit.), *Proclus et la Théologie Platonicienne*. Actes du Colloque International de Louvain (13-16 mai 1998) en l'honneur de H. D. Saffrey et L. G. Westerink, coll. « Ancient and Medieval Philosophy. De Wulf-Mansion Centre. Series I » 26, Leuven/Paris 2000, p. 459-489 ; **63** *Id.*, « *Erôs, Alètheia, Pistis... et Elpis*. Tétrade chaldaïque, triade néoplatonicienne (Fr. 46 des Places, p. 26 Kroll) », dans **64** H. Seng et M. Tardieu (édit.), *Die Chaldaeischen Orakel. Kontext, Interpretation, Rezeption*, coll. « Bibliotheca Chaldaica » 2, Heidelberg 2010, p. 255-324 ; **65** *Id.*, « La place du *Timée* dans l'enseignement philosophique néoplatonicien : ordre de lecture et harmonisation avec le *De caelo* d'Aristote. Étude de quelques problèmes exégétiques », dans **66** F. Celia et A. Ulacco (édit.), *Il Timeo. Esegesi greche, arabe, latine*, Pisa 2012, p. 133-172, en part. p. 164-166. Simplicius situe l'étude de la *Physique* et du *De caelo* dans une perspective anagogique structurée par la version philosophiquement enrichie par Proclus de la triade chaldaïque de la Foi, de la Vérité et de l'Amour, qui, selon Proclus, assure le salut de l'âme (*in Tim.* I, p. 212, 12-24 Diels). Il y a « continuité intentionnelle » (voir Hoffmann **61**, p. 489) entre les commentaires de Simplicius sur la *Physique* et sur le *De caelo* ; dans l'enseignement de la doctrine d'Aristote sur la divinité du Ciel s'exprime, selon l'auteur, la religion personnelle de Simplicius, religion philosophique qui se présente comme « adversaire radical de la Foi chrétienne » (*ibid.*). Dans le même sens, voir Golitsis **42** ; Baltussen **43** ; la note introductive de **67** R. Sorabji, dans **68** Ch. Wildberg, *Philoponus, Against Aristotle on the Eternity of the World*, trad. angl. par Ch. Wildberg, coll. *ACA*, London 1987, p. 18-24 ; **69** A. C. Bowen, *Simplicius on the Planets and their Motions. In Defence of a Heresy*, coll. « Philosophia Antiqua » 133, Leiden 2013, p. 10-11. **70** Ph. Hoffmann, « Science théologique et Foi selon le *Commentaire* de Simplicius au *De Caelo* d'Aristote », dans **71** E. Coda et C. Martini Bonadeo (édit.), *De l'Antiquité tardive au Moyen Âge. Études de logique aristotélicienne et de philosophie grecque, syriaque, arabe et latine offertes à Henri Hugonnard-Roche*, coll. « Études musulmanes » 44, Paris 2014, p. 277-365, et **71bis** *Id.*, « Le σκοπός du traité aristotélicien *Du ciel* selon Simplicius. Exégèse, dialectique, théologie »,

SGA 5, 2015, p. 27-52): une interprétation globale de l'œuvre de Simplicius est proposée à partir de la traduction et de l'analyse d'*in De cael.*, p. 1,2 - 6,27 et 92,2 - 97,17. Selon l'auteur, «l'élaboration d'une *pistis* philosophique doit se comprendre dans le contexte de la controverse païenne contre l''athéisme' chrétien». Des études ont été consacrées au mépris affecté de Simplicius pour la vénération chrétienne des reliques des martyrs et du culte du Crucifix (τὰ κοπρίων ἐκβλητότερα, «les rebuts pires que des immondices»): voir la note de **72** K. Praechter, «Simpl. in Aristot. *De Caelo* p. 370, 29 ff. H.», *Hermes* 59, 1924, p. 118-119. Praechter identifie dans le commentaire de Simplicius une citation du fr. 96 DK d'Héraclite [➤H 64] (*in De cael.* p. 371, 2) à partir de laquelle il propose de corriger le texte établi par Heiberg; cette conjecture est acceptée par **73** I. Mueller, *Simplicius, On Aristotle On the Heavens 2.10-14*, transl. by I. Mueller, coll. *ACA*, London 2005, p. 15 et notes 19-21. Hoffmann **55**, p. 200-203 et 208-209, étudie ce même passage par rapport au *De aeternitate mundi contra Aristotelem* de Philopon (perdu): pour Simplicius, l'erreur cosmologique de Philopon qui considérait le Ciel comme engendré et corruptible découle d'une erreur théologique, à savoir la représentation anthropomorphique du Dieu chrétien.

Éditions

Editio princeps: **74** *Simplicii Commentarii in quatuor Aristotelis libros De coelo, cum textu eisudem*, Venetiis in Aedibus Aldi Romani et Andreae Asulani Soceri 1526. L'étude de **75** A. Peyron, *Empedoclis et Parmenidis Fragmenta. Ex codice Taurinensis bibliothecae restituta et illustrata ab Amedeo Peyron, simul agitur de genuino graeco textu commentarii Simplicii in Aristotelem de coelo et mundo*, Torino 1810, en part. p. 8, a démontré que cette édition ne contient pas le texte original du commentaire, mais une rétroversion de la traduction latine de Guillaume de Moerbeke; Peyron a effectué la comparaison à l'aide de l'édition de 1563 de la traduction latine de Moerbeke. Cette conclusion est confirmée par J. L. Heiberg dans l'édition de référence: **76**, *Simplicii In Aristotelem quattuor libros de caelo commentaria* I-II edidit I. L. Heiberg, coll. *CAG* VII, Berlin 1894, p. XI-XII, qui examine la dépendance de l'édition aldine par rapport à la traduction de Moerbeke à l'aide de l'édition de 1540 de cette traduction, et finalement par **77** F. Bossier, *Simplicius. Commentaire sur le traité Du Ciel d'Aristote, traduction de Guillaume de Moerbeke*, t. I, avec la collaboration de Chr. Vande Veire et G. Guldentops, coll. *CLCAG* VIII, Leuven 2004, p. XCI-XCIX, en part. p. XCIII. Le jugement peu flatteur de Peyron **75**, p. 8, sur l'auteur de la rétroversion est contredit par Bossier **77**, p. XCVI-XCVIII, selon qui les bonnes leçons de l'édition aldine, c'est-à-dire celles qui s'écartent du texte de Moerbeke et sont proches du grec, doivent être considérées comme de bonnes conjectures de l'auteur de la rétroversion (voir plus loin "Traduction intégrale de Guillaume de Moerbeke (1271). Tradition manuscrite"). Bien que le nom de l'auteur de la rétroversion ne soit pas transmis, il doit selon toute probabilité être identifié avec Andronicus Callistus (voir Bossier **77**, p. XI-XVII).

Après l'*editio princeps* de 1526, le texte grec n'a été réédité qu'en 1865 par S. Karsten à l'aide des matériaux recueillis par C. G. Cobet dans une mission de recherche conduite en France et en Italie entre 1840 et 1845 ; la description officielle de la mission et le rapport final de Cobet ont été publiés dans **78** R. Fruin et H. W. Der Mey (édit.), *Brieven van Cobet aan Geel uit Parijs en Italië Nov. 1840-Juli 1845* (en néerlandais), Leiden 1891, p. 599-601 et p. 602-620 : voir **79** *Simplicii commentarius in IV libros Aristotelis De Caelo, ex recensione S. Karstenii*, Utrecht 1865. Cette édition a été critiquée par **80** Th. Bergk, « Aristarch von Samos », dans **81** G. Hinrichs (édit.), *Fünf Abhandlungen zur Geschichte der griechischen Philosophie und Astronomie*, Leipzig 1883, p. 139-172, en part. p. 142-148.

Excerpta : Ch. A. Brandis a publié quelques extraits des livres I-II : **82** *Scholia in Aristotelem*, éd. par Ch. A. Brandis, dans *Aristotelis Opera*, vol. IV, Berlin 1836, p. 468-518.

Tradition manuscrite

Le commentaire de Simplicius est conservé dans une vingtaine de manuscrits, dont les principaux sont au nombre de cinq : *Mut.* III E 8 (sigle : A), XIIIe-XIVe s. ; *Ottob.* gr. 83 (sigle : B), XVe s. ; *Coisl.* 169 (sigle : C), XIVe s. ; *Coisl.* 166 (sigle : D), XIVe s. ; *Marc. gr.* 491 (sigle : E), XIIIe s. Ces cinq témoins primaires se répartissent en deux familles, dont la première comprend AB, la seconde DE ; le ms. C, intermédiaire entre les deux, est toutefois plus proche de la famille AB ; le *Marc. gr.* 228 (sigle : F), descendant du même modèle que A, est utilisé d'une manière sporadique. Sur la tradition manuscrite, voir **83** J. L. Heiberg, « Handschriftliches zum Commentar des Simplicius zu Aristoteles *De Caelo* », *SPAW* 1892/1, p. 59-76 (critiqué superficiellement par Mueller **96** [cité plus loin], p. 2-4), et la *Praefatio* de Heiberg à son édition.*

D. J. Allan a comparé la tradition directe du *De caelo* d'Aristote et les leçons fournies par le commentaire de Simplicius : voir **84** *Aristotelis De Caelo*, éd. par D. J. Allan, coll. *OCT*, Oxford 1936, p. V-VI. On trouvera un résumé des conclusions d'Allan **84**, enrichi de remarques supplémentaires, dans **85** P. Moraux, « Notes sur la tradition indirecte du *De Caelo* d'Aristote », *Hermes* 82, 1954, p. 145-182, en part. p. 148 et 151-154, dont il nous semble utile de résumer ici les conclusions : (i) dans son commentaire Simplicius signale souvent deux variantes à propos d'un même passage (p. 151-152) ; (ii) la tradition manuscrite de l'*in De caelo* conserve parfois, dans les lemmes, des variantes que Simplicius ne mentionne pas dans son commentaire (p. 152-153) ; (iii) « dans plusieurs passages, le texte des lemmes de Simplicius différait de celui qui était cité dans le commentaire ou sur lequel reposait la paraphrase » (p. 153), d'où l'auteur tire la conclusion que « les lemmes n'ont pas été transcrits par Simplicius lui-même. C'est *après-coup* qu'on les a insérés dans le texte de son savant commentaire » (p. 153, voir aussi p. 154 note 1). Voir aussi **86** E. Lamberz, « Proklos und die Form des philosophischen Kommentars», dans **87** J. Pépin et H. D. Saffrey (édit.), *Proclus lecteur et interprète des anciens. Actes du colloque international du CNRS (Paris, 2-4 octobre 1985)*, Paris 1987, p. 1-20, en part. p. 9-11 et notes 28-36 ; Golistis **42ter**.

L'attribution à Damascius (➡D 3) du commentaire de Simplicius sur le premier livre du *De caelo* a fait l'objet d'une discussion philologique (voir la synthèse de Hoffmann **33**, en part. p. 577-579).

Traductions

Traductions latines

Traduction de Robert Grosseteste

La traduction partielle de Robert Grosseteste († 1253) était encore inconnue de Heiberg **83** au moment où il préparait son édition : *cf.* Heiberg **76**. Cette traduction a été identifiée par **88** D. J. Allan, « Mediaeval versions of Aristotle, *De Caelo*, and of the *Commentary* of Simplicius », *MRS* 2, 1950, p. 82-120 (en part. p. 85 et p. 87-92). Voir **89** A. Mansion, « Les progrès de l'*Aristoteles Latinus* », *RPhL* 54, 1956, p. 90-111, en part. p. 94. Cette traduction, conservée dans le ms. Oxford, Balliol 99 (= *A. L.* 342), comprend un petit extrait du livre I, la totalité du livre II et le premier chapitre du livre III. L'influence du commentaire de Simplicius dans l'œuvre de Grosseteste et dans les traités médiévaux a été étudiée par Allan **88**, p. 114 note 2 et p. 118-120. L'importance de la traduction de Grosseteste pour la recension du texte grec du commentaire a été étudiée par **90** F. Bossier, « Traductions latines et influence du commentaire *In De Caelo* en Occident », dans Hadot **2**, p. 289-325, en part. p. 293-298. Bossier a démontré que la traduction de Grosseteste peut contribuer à une nouvelle recension du texte grec du commentaire et qu'elle constitue un « 'novum subsidium' pour la recension du IIe livre ». On peut consulter la traduction du livre II éditée par F. Bossier dans **91** *Aristoteles Latinus Database VIII, 1* (ALD-1 *De Caelo. Translationes Roberti Grosseteste et Guillelmi de Morbeka*).

Traduction de Guillaume de Moerbeke

(i) *Fragmentum Toletanum*. Une traduction latine partielle de la digression de Simplicius concernant les hypothèses astronomiques (*in De cael.*, p. 492,25 - 510,35) a été découverte et étudiée par Bossier **90**, p. 298-304 ; l'auteur a donné à cette traduction le nom de *Fragmentum Toletanum* (le ms. principal provient de Tolède). Sur l'attribution de cette traduction à Guillaume de Moerbeke, voir surtout Bossier **90**, p. 300, et Bossier **77**, p. XXVII-XXVIII. Le *Fragmentum Toletanum* contient la traduction latine par Moerbeke de la première partie de la digression de Simplicius (*in De cael.*, p. 492, 25 - 504, 32) et un colophon dans lequel le traducteur en résume la partie restante (*in De cael.*, p. 504,32 - 510,35). Bossier **90**, p. 300-304, pense que le *Fragmentum* est « une communication personnelle » de Moerbeke à Thomas d'Aquin à propos de *Metaph.* XII 8 ; selon

Bossier, le *Fragmentum* est la source du commentaire de Thomas sur ce passage de la *Métaphysique* où il est question des hypothèses d'Eudoxe et de Callippe sur le nombre et le mouvement des sphères célestes.

(ii) Traduction intégrale de Guillaume de Moerbeke (1271). Voir Heiberg **76**, p. XII, et Bossier **77**, p. CXXIII-CXXXIII, dont on retiendra la synthèse : « comparée aux témoins grecs conservés, la traduction de Guillaume de Moerbeke est un témoin tout à fait unique, sans dire pour autant qu'elle fournit un reflet fidèle d'un seul manuscrit grec pareillement unique, dont Guillaume aurait disposé dans les années 1270-71 » (p. CXXIX-CXXX). Quoi qu'il en soit, la traduction de Moerbeke revêt une très grande importance dans l'établissement du texte grec car elle transmet la fin du commentaire du livre II, perdue en grec (*in De cael.*, p. 361-364). *Editio princeps* : **92** *Simplicii philosophi acutissimi commentaria in quatuor libros De Celo Aristotelis. Guillermo Morbeto interprete. Quae omnia cum fidissimis Codicibus Graecis collata fuere*, Venetjis apud Hieronymum Scotum 1540. Édition de référence (livre I) : Bossier **77**. Sur l'utilisation de la traduction de Moerbeke, voir **93** G. Federici Vescovini, « Pietro d'Abano e l'utilizzazione della traduzione di Guglielmo di Moerbeke del Commento di Simplicio al *De Caelo* di Aristotele », dans **94** J. Brams et W. Vanhamel (édit.), *Guillaume de Moerbeke. Recueil d'études à l'occasion du 700ᵉ anniversaire de sa mort (1286)*, Leuven 1989, p. 83-206 ; Bossier **90**, p. 305-320 ; Bossier **77**, p. LXXXIV-XCIXX.

Traductions modernes

Il n'existe aucune traduction française intégrale. Spécimens de traduction par Duhem **1** ; traduction française annotée dans Golitsis **42**, p. 207-280 (digressions « scientifiques ») ; traduction française annotée de deux passages (*in De cael.*, p. 1,2 - 6,27 et 92,2 - 97,17 Heiberg) dans Hoffmann **70** et **71bis**.

Il n'existe aucune traduction anglaise intégrale : (i) livre I : **95** Simplicius, *On Aristotle On the Heavens 1.1-4*, transl. by R. J. Hankinson, coll. *ACA*, London 2002 (les passages suivants sont omis : p. 25,23 - 38,5 ; 56,26 - 59,23 ; p. 66,4 - 91,20 ; 119,7 - 144,4 ; 156,25 - 201,10) ; ce volume, ainsi que les suivants dans la même collection, contiennent une liste des passages corrigés par rapport à l'édition Heiberg ; **96** Simplicius, *On Aristotle On the Heavens 1.2-3*, transl. by I. Mueller, *ibid.* 2011 ; **97** Simplicius, *On Aristotle On the Heavens 1.3-4*, transl. by I. Mueller, *ibid.* 2011 ; **98** Simplicius, *On Aristotle On the Heavens 1.5-9*, transl. by R. J. Hankinson, *ibid.* 2004 ; **99** Simplicius, *On Aristotle On the Heavens 1.10-12*, transl. by R. J. Hankinson, *ibid.* 2006 ; (ii) livre II : **100** Simplicius, *On Aristotle On the Heavens 2.1-9*, transl. by I. Mueller, *ibid.* 2004 ; Mueller **73** ; (iii) livre III : **101** Simplicius, *On Aristotle On the Heavens 3.1-7*, transl. by I. Mueller, *ibid.* 2009 ; **102** Simplicius, *On Aristotle On the Heavens 3.7-4.6*, transl. by I. Mueller, *ibid.* 2009. Voir aussi Wildberg **68** (traduction de plusieurs passages). Traduction anglaise annotée des chapitres 10-12 du Livre II (= p. 470,29 - 510,35 Heiberg) dans Bowen **69**.

Une traduction italienne annotée d'un extrait (*in De cael.*, p. 219-229 éd. Karsten **79**), corrigée sur Brandis **82** et sur un manuscrit de Turin dont l'auteur ne donne pas la cote, se trouve dans **103** G. V. Schiaparelli, *Le sfere omocentriche di Eudosso, di Callippo e di Aristotele*, coll. « Pubblicazioni del Reale Osservatorio di Brera in Milano » 9, Milano 1875, p. 53-63. Traduction italienne des citations nominales d'Alexandre d'Aphrodise (⇒A 112) conservées dans le commentaire de Simplicius et relevées dans l'index de l'éd. Heiberg **76**, ainsi que d'un certain nombre de citations indirectes dont l'attribution à Alexandre est douteuse, dans **104** A. Rescigno, *Alessandro di Afrodisia : commentario al De Caelo di Aristotele. Frammenti del primo libro*, coll. « Lexis. Suppl. » 26, Amsterdam 2004, et **105** *Id.*, *Alessandro di Afrodisia : commentario al De caelo di Aristotele. Frammenti del secondo, terzo e quarto libro*, coll. « Lexis. Suppl. » 47, Amsterdam 2008. La traduction de Rescigno a été critiquée par **105bis** P. Donini, « Senarco, Alessandro e Simplicio su movimenti e grandezze semplici nel *De Caelo* », dans *Memoria renovanda. Giornata di Studi in memoria di Carlo Corbato*, coll. « Fonti e studi per la storia della Venezia Giulia. Serie Seconda. Studi » 16, Trieste 2007, p. 85-90 [réimpr. in **105ter** *Id.*, *Commentary and Tradition: Aristotelianism, Platonism, and Post-Hellenistic Philosophy*, Berlin/New York 2011, 173-178].

(2) COMMENTAIRE SUR LA PHYSIQUE D'ARISTOTE

Le commentaire de Simplicius suit, comme il est naturel, l'ordre des arguments de la *Physique* à l'exception de deux longs passages qui ne sont pas fondés directement sur le texte aristotélicien : (1) *in Phys.*, p. 601, 1 - 645, 19 (*Corollarium de Loco*) ; (2) p. 733, 8 - 800, 25 (*Corollarium de Tempore*) ; les deux corollaires traitent respectivement des notions de lieu et de temps du point de vue de la doctrine néoplatonicienne. Simplicius consacre par ailleurs une partie de son commentaire à réfuter les arguments avancés par Philopon (⇒P 164) dans son ouvrage perdu *De aeternitate mundi contra Aristotelem* (argument VI) pour démontrer qu'un mouvement éternel est impossible : *in Phys.*, VIII 1, p. 1129, 29 - 1152, 19 ; 1156, 28 - 1169, 9 ; 1171, 30 - 1182, 39 ; VIII 10, p. 1326, 38 - 1336, 34. Nous ferons état ici de trois questions : (a) études sur le prologue et les *Corollaria* ; (b) la quadrature du cercle ; (c) études de détail.

(a) Le prologue du commentaire (*in Phys.*, p. 4, 17 - 5, 26) a fait l'objet d'un certain nombre de travaux. Voir Hoffmann **55**, Hoffmann **61**, en part. p. 477-484 : le but de la *Physique*, selon Simplicius, consisterait à « nous permettre d'effectuer une remontée spirituelle jusqu'à une 'union' avec le Démiurge » (p. 484) ; **106** R. Brague, *La sagesse du monde. Histoire de l'expérience humaine de l'Univers*, coll. « L'esprit de la cité », Paris 1999, en part. p. 138-142, dont les conclusions sont reprises dans **107** R. Brague, « Entrée en matière. La nature, demeure éthique ? », *Économie rurale* 271, 2002, p. 9-20 ; **108** M. Rashed, « Alexandre d'Aphrodise lecteur du *Protreptique* », dans **109** J. Hamesse (édit.), *Les prologues médiévaux*, coll. « Textes et études du Moyen Âge » 15, Turnhout 2000, p. 1-37 ; **110** *Id.*, *Alexandre d'Aphrodise, Commentaire perdu à la Physique d'Aristote*

(Livres IV-VIII). *Les scholies byzantines. Édition, traduction, commentaire*, coll. « Commentaria in Aristotelem Graeca et Byzantina » 1, Berlin/Boston 2011, en part. § 3 « Le projet de Simplicius », p. 23-29, bref examen de la question qui prétend pourtant fournir une interprétation globale de l'œuvre de Simplicius, et en particulier de son commentaire sur la *Physique*.

Études d'ensemble sur les *Corollaria de loco* et *de tempore* : **111** J. Zahlfleisch, « Einige Corollarien des Simplicius in seinem Commentar zu Aristoteles' *Physik* (ed. Diels) », *AGPh* 15, 1902, p. 186-213 ; **112** P. Duhem, « La théorie du temps selon Damascius et Simplicius », dans Duhem **1**, p. 263-271 ; *Id.*, « Le lieu selon Damascius et Simplicius », dans Duhem **1**, p. 342-350. Golitsis **42** étudie les corollaires et plusieurs digressions contenues dans les commentaires de Simplicius (p. 207-280) ; cette étude a été critiquée par **113** R. B. Todd, c.r. de Golitsis **42**, dans *BMCR* 2009.04 [c.r. n° 76 en ligne].

Études concernant le *Corollarium de Loco* : **114** J. Zahlfleisch, « Die Polemik des Simplikios (Corollarium p. 601-645 des Commentars ed. Diels) gegen Aristoteles' Physik Δ 1-5 über den Raum », *AGPh* 10, 1897, p. 85-109 ; **115** K. A. Algra, *Concepts of Space in Greek Thought*, coll. « Philosophia Antiqua » 65, Leiden 1994, en part. p. 231-248 ; **116** Ph. Hoffmann, « Simplicius : *Corollarium de loco* », dans **117** *L'astronomie dans l'antiquité classique. Actes du Colloque tenu à l'Université de Toulouse-Le Mirail (21-23 octobre 1977)*, Paris 1979, p. 143-163 ; **118** R. Sorabji, *Matter, Space, and Motion. Theories in Antiquity and their Sequel*, London 1988, p. 257-259 ; **119** P. Gregoric et Ch. Helmig, « ΟΜΟΣΕ ΧΩΡΕΙΝ : Simplicius, *Corollarium de loco* 601.26-8 (Diels) », *CQ* 61, 2011, p. 722-730.

Études concernant le *Corollarium de Tempore* : **120** W. O'Neill, « Time and Eternity in Proclus », *Phronesis* 7, 1962, p. 161-165 ; **121** H. Meyer, *Das Corollarium de Tempore des Simplikios und die Aporien des Aristoteles sur Zeit*, Meisenheim am Glan 1969 ; **122** S. Sambursky et S. Pines, *The Concepts of Time in Late Neoplatonism. Texts with Translations, Introduction and Notes*, Jerusalem 1971 ; **123** Ph. Hoffmann, « Jamblique exégète du pythagoricien Archytas : trois originalités d'une doctrine du temps », *EPh* 35, 1980, p. 307-323 ; Sonderegger **174**, p. 15-22 (sur le commentaire *in Phys.*), en part. p. 22-26 (*status quaestionis* des corollaires), p. 80-102 et p. 183-184 (définition de 'temps' chez le Ps.-Archytas, fr. 36 Hartenst = p. 29, 11 - 30, 16 Thesleff = *in Phys.* p. 785, 15 - 786, 12 Diels), p. 102-106 et p. 185-189 (Straton de Lampsaque = *in Phys.*, p. 788, 36 - 790, 26 Diels) ; **124** R. Sorabji, *Time, Creation and the Continuum. Theories in Antiquity and the Early Middle Ages*, London 1983, en part. p. 33-63 ; **124bis** C. De Stefani, « Per un'edizione critica del *Corollarium de tempore* di Simplicio », *Eikasmos* 10, 1999, p. 201-214.

(b) En *in Phys.*, p. 62, 16 - 69, 31, Simplicius transmet l'enseignement d'Hippocrate de Chios (☛H 151) et d'Eudème de Rhodes (☛E 96) sur la quadrature des lunules, c'est-à-dire la démonstration que deux cercles sont dans le même rapport que les carrés de leurs diamètres. Depuis **125** C. A. Bretschneider, *Die Geometrie und die Geometer vor Euklides*, Leipzig 1870, p. 111 n. 1, le jugement porté sur

Simplicius en tant que géomètre a été assez sévère à cause de ses imprécisions et du manque de rigueur du vocabulaire technique qu'il utilise dans son exposé de la quadrature: voir **126** P. Tannery, «Hippocrate de Chios et la quadrature des lunules», *MemSocScBord* 2, 1878, p. 179-184 (repris dans Tannery **19**, t. I, n° 4, p. 46-52); **127** G. J. Allman, «On Greek Geometry from Thales to Euclid», *Hermathena* 7, 1881, p. 160-206, en part. p. 198 n. 42; **128** P. Tannery, «Le fragment d'Eudème sur la quadrature des lunules», *MemSocScBord* 5, 1883, p. 211-236 (repris dans Tannery **19**, t. I, n° 15, p. 339-370); **129** J. L. Heiberg, «Jahresberichte. 52. Griechische und römische Mathematik», *Philologus* 43, 1884, p. 321-346, en part. p. 336-344. L'étude de **130** F. Rudio, «Der Bericht des Simplicius ueber die Quadraturen des Antiphon und des Hippokrates», *BM*, série 3, t. 3, 1902, p. 7-62, qui porte sur l'ensemble du commentaire de Simplicius concernant la quadrature du cercle et en donne une traduction annotée, a cherché à le réhabiliter. Les thèses de Rudio **130** ont été critiquées par **131** P. Tannery, «Simplicius et la quadrature du cercle», *BM*, série 3, t. 3, 1902, p. 342-349 (repris dans Tannery **19**, t. III, n° 75, p. 119-130), à propos de trois passages: *in Phys.*, p. 61, 11-18; 63, 7-23; 66,14-76,2). Le texte a été édité dans **132** F. Rudio, *Simplicius. Der Bericht über die Quadraturen des Antiphon und des Hippokrates*, Leipzig, Teubner, 1907 (réimpr. Wiesbaden 1968), dont l'introduction reprend les thèses énoncées dans Rudio **130**. Voir aussi **133** M. Steinschneider, «Miscellen zur Geschichte der Mathematik. 11. Simplicius, der Mathematiker», *BM*, série 2, t. 6, 1892, p. 7-8; **134** F. A. J. de Haas, «Mathematik und Phänomene. Eine Polemik über naturwissenschaftliche Methode in Simplikios», dans *ANR* 10, 2000, p. 107-129; **135** E. Sachs, *Die fünf platonischen Körper*, coll. «Philologische Unter-suchungen» 24, Berlin 1917 (réimpr. Hamburg 2010), en part. p. 58-59, sur la thèse de Simplicius selon laquelle le dodécaèdre serait la «forme atomique» de l'éther.

(c) Des études ponctuelles ont été consacrées à des sujets divers, toutes en relation avec la physique aristotélicienne au sens large: **136** A. D. Torstrik, «ΠΕΡΙ ΤΥΧΗΣ ΚΑΙ ΤΟΥ ΑΥΤΟΜΑΤΟΥ. Aristot. *Phys.* B 4-6», *Hermes* 9, 1875, p. 425-447, comparaison du commentaire de Simplicius avec la paraphrase de Thé-mistius; **137** P. Destrée, «'Physique' et 'métaphysique' chez Aristote. A propos de l'expression ὂν ᾗ ὄν», *RPhL* 90, 1992, p. 422-444: Simplicius aurait distingué deux types de sciences, auxquels correspondraient deux types de formes: séparées et sujettes au devenir (p. 437-438); voir aussi **138** Ch. Pietsch, *Spätantikes Denken im Spiegel der Kommentare zur aristotelischen Physik*, dans **139** A. Schürmann (édit.), *Physik / Mechanik*, Stuttgart 2005, p. 93-117, en part. p. 98-103 sur Sim-plicius; **140** O. Harari, «Simplicius on Tekmeriodic Proofs», *StudHistPhilSc* 43, 2012, p. 366-375 (analyse d'*in Phys.*, 14,30-16,7).*

Éditions

Editio princeps: **141** *ΣΙΜΠΛΙΚΙΟΥ ΥΠΟΜΝΗΜΑΤΑ ΕΙΣ ΤΑ ΟΚΤΩ ΑΡΙΣΤΟΤΕΛΟΥΣ ΦΥΣΙΚΗΣ ΑΚΡΟΑΣΕΩΣ ΒΙΒΛΙΑ ΜΕΤΑ ΤΟΥ ΥΠΟΚΕΙΜΕΝΟΥ ΤΟΥ ΑΡΙΣΤΟΤΕΛΟΥΣ.*

Simplicii commentarii in octo Aristotelis physicae auscultationis libros cum ipso Aristotelis textu, Venetiis in aedibus Aldi 1526. Sur la question des manuscrits grecs utilisés pour cette édition, voir **142** *Simplicii in Aristotelis Physicorum libros quattuor priores commentaria*, éd. H. Diels, coll. *CAG* IX, Berlin 1882 (*in Phys.* I-IV) ; *Simplicii in Aristotelis Physicorum libros quattuor posteriores commentaria*, éd. H. Diels, coll. *CAG* X, Berlin 1895 (*in Phys.* V-VIII), t. I, p. VII et XVIII ; **143** N.-L. Cordero, « Analyse de l'édition Aldine du commentaire de Simplicius à la *Physique* d'Aristote », *Hermes* 105, 1977, p. 43-54, dont les principaux résultats sont repris par **144** L. Tarán, « The Text of Simplicius' Commentary on Aristotle's *Physics* », dans Hadot **2**, p. 246-266 ; **145** N.-L. Cordero, « Les sources vénitiennes de l'édition Aldine du livre I du commentaire de Simplicius sur la *Physique* d'Aristote », *Scriptorium* 39, 1985, p. 70-88.

Excerpta : Brandis **82**, p. 321-454, a publié l'édition de quelques extraits du commentaire de Simplicius sur la *Physique* ; sur les manuscrits indiqués à la p. 321[(*)] par Brandis voir Diels **142**, p. VI n. 2.

Édition de référence : Diels **142**. Ph. Hoffmann nous a signalé qu'il prépare avec P. Golitsis une nouvelle édition critique et une traduction française des deux *corollaria*.*

Tradition manuscrite

La tradition manuscrite du commentaire de Simplicius sur la *Physique* a été étudiée par H. Diels dans les préfaces aux deux volumes de son édition (voir Diels **142**). Le texte est transmis par une soixantaine de manuscrits dont la plupart contiennent les livres I-IV, une vingtaine les livres V-VIII, et quelques-uns l'ensemble de l'ouvrage. La division du texte en deux parties est ancienne et s'explique par les dimensions de l'ouvrage. Les livres I-IV remontent à un archétype très ancien dont sont issus deux hyparchétypes dont l'un, de meilleure qualité et contenant seulement les livres I-IV, est l'ancêtre de deux manuscrits primaires : le *Laur.* LXXXV 2 (sigle : D), XIIe-XIIIe s., et le *Marc. gr.* 229 (sigle : E), XIIe-XIIIe s.), tandis que l'autre, de qualité inférieure et complété par l'addition des livres V-VIII, est représenté par le *Marc. gr.* 227 (sigle : F), XIIe-XIIIe s. Les livres V-VIII remontent eux aussi à un archétype très ancien dont les témoins primaires sont au nombre de quatre : le *Marc. gr.* 226 (sigle : A), troisième quart du IXe siècle, faisant partie de la Collection philosophique, qui est de loin le manuscrit le plus important ; le *Laur.* LXXXV 5 (sigle : C), XIe s. ; le *Monac. gr.* 428 (sigle : M), XIV[e]s. ; le *Marc. gr.* 227 (sigle : F), contenant les livres I-VIII. Après l'édition de Diels, deux études importantes ont été consacrées à la tradition manuscrite du commentaire de Simplicius : **146** L. Tarán, « The Text of Simplicius' Commentary on Aristotle's *Physics* », dans Hadot **2**, p. 246-266 ; **147** D. Harlfinger, « Einige Aspekte der handschriftlichen Überlieferung des Physikkommentars des Simplikios », *ibid.*, p. 267-286 et planches 1-8 ; voir aussi **148** L. Tarán, c.r. de P. Moraux, *Der Aristotelismus bei den Griechen, von Andronikos bis Alexander von Aphrodisias*, t. I, dans *Gnomon* 53, 1981, p. 721-750.

Études de détail sur la tradition manuscrite du commentaire de Simplicius. H. Diels a étudié le rapport entre la tradition directe du texte de la *Physique* aristotélicienne et les leçons fournies par les lemmes du commentaire de Simplicius: **149** H. Diels, «Zur Textgeschichte der aristotelischen Physik», *APAW* 1, 1882, p. 1-42 (repris dans **150** H. Diels, *Kleine Schriften zur Geschichte der antiken Philosophie*, Darmstadt 1969, p. 199-238); **151** A. H. Coxon, «The Manuscript Tradition of Simplicius' Commentary on Aristotle's *Physics* I-IV», *CQ* 18, 1968, p. 70-75: analyse de quelques citations de Parménide. Le manuscrit *Harleianus* 5691 (livre IV), XVe-XVIe s., a été étudié par **152** Ph. Hoffmann, «Un mystérieux collaborateur d'Alde Manuce: l'Anonymus Harvardianus», *MEFRM* 97, 1985, p. 45-143, en part. p. 70-75; voir aussi **153** *Id.*, «Autres données relatives à un mystérieux collaborateur d'Alde Manuce: l'Anonymus Harvardianus», *MEFRM* 98, 1986, p. 673-708, en part. p. 676-681 et p. 697.

Traductions

Traductions latines (XVIe siècle)

Traduction latine par Lucillo Filalteo (m. 1570 *ca*): **154** *Simplicii Peripatetici acutissimi Commentaria in octo libros Aristotelis de Physico auditu. Numquam antea excusa. Lucillo Philaltheo interprete*, Parisiis 1544; traduction latine par Gentian Hervet (1499-1584): **155** *Simplicii Commentarii in octo Aristotelis Physicae auscultationis libros. Cum ipso Aristotelis contextu a Gentiano Herveto Aurelio noua ac fideli interpretatione donati*, Venetiis 1551; **156** traduction latine par Giovanni Vincenzo Colle (m. 1554 *ca*): *Simplicii philosophi acutissimi In octo Aristotelis libros De physico auditu absolutissima commentaria. A Ioanne Vicentio a Collibus Sarnense logico ac philosopho maximo*, Venetiis 1587.

Traductions modernes

Traductions françaises: traduction de plusieurs passages dans Golitsis **42**, p. 207-280.

Traductions anglaises: traduction de plusieurs passages dans **157** Th. Taylor, *Aristotle, The Physics, or Physical auscultation of Aristotle translated from the Greek, with copious notes, in which the substance is given of the invaluable commentaries of Simplicius*, London 1806, réimpr. coll. «The Thomas Taylor Series» 19, Frome 2000.

(i) livre I: **158** Simplicius, *On Aristotle Physics 1.3-4*, transl. by P. Huby and C. C. W. Taylor, coll. *ACA*, London 2011; **159** Simplicius, *On Aristotle Physics 1.5-9*, transl. by H. Baltussen, M. Atkinson, M. Share and I. Mueller, *ibid.* 2012; (ii) livre II: **160** Simplicius, *On Aristotle Physics 2*, transl. by B. Fleet, *ibid.* 1997; (iii) livre III: **161** Simplicius, *On Aristotle Physics 3*, transl. by J. O. Urmson with P. Lautner, *ibid.* 2002; (iv) livre IV: **162** Simplicius, *On Aristole Physics 4.1-5 and 10-14*, transl. by J. O. Urmson, *ibid.* 1992; (v) livre V: **163** Simplicius, *On Aristotle Physics 5*, transl. by J. O. Urmson, *ibid.* 1997; (vi) livre VI: **164** Simplicius, *On Aristotle's Physics 6*, transl. by D. Konstan, *ibid.* 1989; (vii) livre VII: **165** Simplicius, *On Aristole Physics 7*, transl. by Ch. Hagen, *ibid.* 1994; (viii) livre VIII: **166** Simplicius, *On Aristotle's Physics 8.1-5*, transl. by I. Bodnar, M. Chase and M. Share, *ibid.* 2012; **167** Simplicius, *On Aristotle's Physics 8.6-10*, transl. by R. D. McKirahan, *ibid.* 2001.

Traductions partielles. **168** Simplicius, *Against Philoponus on the Eternity of the World*, transl. by Ch. Wildberg, dans Philoponus, *Corollaries on place and void*, transl. by D. Furley, coll. *ACA*, London 1991, p. 95-141; **169** Simplicius, *On Aristotle on the Void*, transl. by J. O. Urmson, dans Philoponus, *On Aristotle's Physics 5-8*, transl. by P. Lettinck, *ibid.* 1994; **170** Simplicius, *Corollaries on Place and Time*, transl. by J. O. Urmson, *ibid.* 1992; Wildberg **68**, p. 122-146.

Traduction des fragments d'Empédocle conservés dans les commentaires *in Phys.* et *in De cael.* par **171** B. M. Perry, *Simplicius as a source for and an interpreter of Parmenides*, Thèse doctorale inédite, Washington 1983 (University Microfilms International - Classical language and literature 36), p. 289-408.

Traduction allemande: **172** E. Sonderegger, *Simplikios, « Über die Zeit »*. *Ein Kommentar zum Corollarium de tempore*, coll. «Hypomnemata» 70, Göttingen 1982, p. 140-174; voir le c.r. de **173** H. J. Blumenthal, *CR* 33, 1983, p. 337-338.

(3) ÉTUDES SUR LA DOCTRINE

Les travaux récents concernant la *Physique* et le *De caelo* d'Aristote utilisent souvent les commentaires de Simplicius, mais les études consacrées spécifiquement à ces commentaires restent assez rares; font exception **174** I. M. Croese, *Simplicius on Continuous and Instantaneous Change. Neoplatonic Elements in Simplicius' Interpretation of Aristotelian Physics*, coll. «Quaestiones Infinitae. Publications of the Zeno Institute of Philosophy» 23, Utrecht 1998; **174bis** Chr. Tornau, «Die Prinzipienlehre des Moderatos von Gades: zu Simplikios in Ph. 230,34 - 231,24 Diels», *RhM* 143, 2000, p. 197-220; **175** I. Mueller, «Aristotelian objection and post-Aristotelian responses to Plato's elemental Theory», dans **176** J. Wilberding et Ch. Horn (édit.), *Neoplatonism and the Philosophy of Nature*, Oxford 2012, p. 129-146, qui analyse en détail les dix-huit réponses de Simplicius (*in De cael.* III 7-8) aux objections soulevées par Aristote contre la doctrine des éléments de Platon; Bowen **69**. Sont encore utiles Schiaparelli **103**, qui situe le témoignage de Simplicius concernant le système d'Eudoxe dans l'évolution des doctrines astronomiques, sur lesquelles on verra aussi les notes de **177** P. Tannery, «Note sur le système astronomique d'Eudoxe», *MemSocScBord* 1, 1876, p. 441-449 [repris dans Tannery **19**, t. I, n° 1, p. 1-11]; Duhem **1**. Voir aussi **178** P. Duhem, «Le poids d'un grave varie-t-il avec la distance au centre du monde? – Simplicius, Averroès, Albert le Grand, Saint Thomas d'Aquin», dans **179** P. Duhem, *Études sur Léonard de Vinci. Ceux qu'il a lus et ceux qui l'ont lu*, Paris 1906-1909, p. 64-72, sur l'exégèse par Simplicius des arguments aristotéliciens contre la pluralité des mondes. Deux récentes contributions n'ont malheureusement pu être prises en compte dans la présente notice: **179bis** Ph. Soulier, *Simplicius et* *l'infini*, coll. « Anagôgé » 7, Paris 2014, et **179ter** I. Hadot, *Athenian and Alexandrian Neoplatonism and the Harmonization of Aristotle and Plato*, coll. « Studies in Platonism, Neoplatonism, and the Platonic Tradition » 18, Leiden 2015.

Simplicius nous a transmis un nombre considérable de citations d'auteurs anciens. Nous allons présenter les études concernant trois questions : (a) les sources de Simplicius ou son interprétation des auteurs antérieurs ; (b) le rôle de ces citations par rapport à la structure des commentaires ; (c) le débat sur l'éternité du monde.

(a) Sur les fragments d'Empédocle (➣E 19) conservés par Simplicius dans son commentaire sur la *Physique*, voir **180** D. O'Brien, *Pour interpréter Empédocle*, coll. « Philosophia Antiqua » 38 – « Collection d'études anciennes », Leiden/Paris 1981, en part. p. 73-90, 101-107, suivi par **181** J. Mansfeld, *Heresiography in Context. Hippolytus' Elenchos as a source for Greek philosophy*, coll. « Philosophia Antiqua » 56, Leiden 1982, en part. p. 245-246 et 259-262 ; voir aussi **182** A. Stevens, « La physique d'Empédocle selon Simplicius », *RBPH* 67, 1989, p. 65-74, et **182bis** *Ead.*, *Postérité de l'être. Simplicius interprète de Parménide*, coll. « Cahiers de philosophie ancienne » 8, Bruxelles 1990. 149 p. (en appendice : traduction des passages des commentaires à la *Physique* et au *De caelo* relatifs à la pensée éléatique). Un résumé de l'exposé de Simplicius sur Xénophane (➣X 15), Parménide (➣P 40), Zénon d'Élée (➣Z 19) et Mélissos (➣M 97) se trouve dans **183** N. L. Cordero, « Simplicius et l'école éléate », dans Hadot **13**, p. 166-182 (en part. p. 169-172 sur Xénophane, p. 172-178 sur Parménide, p. 178-181 sur Zénon et Mélissos). Sur la connaissance que Simplicius avait du poème de Parménide et sur l'exemplaire du texte qu'il a utilisé l'étude fondamentale est **184** H. Diels, *Parmenides Lehrgedicht griechisch und deutsch*, Berlin 1897, p. 25-26, qui avance l'hypothèse que Simplicius pouvait encore lire l'œuvre de Parménide dans un exemplaire de la bibliothèque de l'école d'Athènes, différent par ailleurs de celui consulté par Proclus. Cette thèse a été reprise par **185** J. Burnet, *Early Greek Philosophy*, London 1908[2], p. 196 n. 1 ; **186** W. K. C. Guthrie, *A History of Greek Philosophy*, t. II : *The Presocratic Tradition from Parmenides to Democritus*, Cambridge 1996[6], p. 3 n. 1. En revanche, selon **187** J. Whittaker, *God, Time, Being. Two Studies in the Transcendental Tradition in Greek Philosophy*, coll. « Symbolae Osloenses », fasc. supplet. 23, Oslo 1971, p. 16-32, en part. p. 19-20, il est très improbable que Simplicius ait eu accès au texte de Parménide conservé dans la bibliothèque de l'école d'Athènes : en comparant les fragments conservés par Simplicius avec ceux conservés par Proclus, Whittaker avance l'hypothèse que Simplicius eut accès à un exemplaire du Poème de Parménide non athénien, qu'il aurait donc consulté soit à Alexandrie soit ailleurs. Cordero **185**, p. 173-174, à partir du texte du fr. 8.4 de Parménide (passage déjà signalé par Whittaker **187**), estime que « Simplicius semblerait connaître la version utilisée par Proclus, même s'il a préféré la sienne » (p. 174). Une étude sur l'interprétation générale de Parménide chez Simplicius est fournie par **188** K. Bormann, « The Interpretation of Parmenides by the Neoplatonist Simplicius », *Monist* 62, 1979, p. 30-42, selon qui

Simplicius s'efforcerait de faire de Parménide un précurseur des néoplatoniciens. Sur le fr. 8, 5 de Parménide, conservé dans *in Phys.* I 3, p. 145, 5, voir l'étude de Whittaker **187** consacrée à l'interprétation néoplatonicienne de la notion de 'présent éternel'; selon l'auteur, «Simplicius' version of this line (à savoir le fr. 8, 5 de Parménide) represents a Neoplatonic attempt at tendentious emendation, based on Plotinus, *Enn.* III, 7 and designed to illustrate the identity of the teaching of Parmenides with that of Plotinus» (p. 24). Les conclusions tirées par Whittaker de la comparaison du texte du fr. 8, 5 cité par Simplicius avec celui conservé par le commentaire de Proclus sur le *Parménide* de Platon ont été au moins en partie dépassées par l'édition Luna-Segonds de l'*in Parm.* (le nouveau texte critique est différent du texte de Cousin lu par Whittaker et il montre que le texte du fr. 8, 5 de Parménide lu par Proclus et par Simplicius était le même). Les citations du *Poème* de Parménide conservées en *in Phys.*, p. 29, 15-18 et p. 143, 8-10 sont analysées par **189** F. M. Cornford, «A New Fragment of Parmenides», *CR* 49, 1935, p. 122-123, repris par **190** F. M. Cornford, *Plato's Theory of Knowledge. The Theaetetus and the Sophist of Plato*, London 1957, p. 94. Un examen systématique des fragments de Parménide conservés par Simplicius dans ses commentaires a été conduit par Perry **171**, mais certains développements demanderaient à être vérifiés. Quant à la connaissance que Simplicius avait des doctrines d'Anaxagore (➥A 158), voir **191** W. Jaeger, *The Theology of the Early Greek Philosophers*, Oxford 1947, p. 239 n. 9, qui présente son interprétation de la philosophie d'Anaxagore comme un ensemble de doctrines concernant la biologie à l'aide d'un passage transmis par Simplicius *in Phys.*, p. 460, 6-22; la thèse de Jaeger est suivie par **192** G. Vlastos, «The Physical Theory of Anaxagoras», *PhR* 58, 1959, p. 32-41, et par Guthrie **186**, p. 272. Selon Guthrie **186**, p. 269 et p. 270 n. 1, Simplicius avait une connaissance directe de l'œuvre d'Anaxagore; au contraire **193** D. Lanza, *Anassagora: testimonianze e frammenti*, Firenze 1966, p. IX, soutient plutôt une connaissance indirecte par l'intermédiaire de Théophraste (➥T 97). Lanza est suivi par **194** M. Schofield, «Doxographia Anaxagoraea», *Hermes* 103, 1975, p. 1-24, en part. p. 8-13, selon qui Simplicius dépend non seulement de Théophraste (par le biais d'une doxographie proche de celle d'Aetius), mais aussi des cours d'Ammonius (➥A 141) sur la *Physique*; l'interprétation des doctrines d'Anaxagore transmise pas les citations de Simplicius serait donc une interprétation aristotélicienne. Selon **195** B. Wiśniewski, «Sur la signification de l'*apeiron* d'Anaximandre», *REG* 70, 1957, p. 47-55, en part. p. 53, Simplicius exprime des opinions différentes et contradictoires sur l'*apeiron*. Sur les fragments d'Anaximandre (➥A 165) transmis par Simplicius dans son commentaire sur la *Physique* (*in Phys.*, p. 24, 13 *sqq.* et 150, 24), voir **196** U. Hölscher, «Anaximander und die Anfänge der Philosophie», *Hermes* 81, 1953, p. 257-277, en part. p. 257-260, qui pense que Simplicius dépend de Théophraste, et **197** J. Mansfeld, «Anaximander's Fragment: Another Attempt», *Phronesis* 56, 2011, p. 1-32. Voir aussi **198** L. S. B. MacCoull, «The Anaximander Saying in its Sixth-century (C. E.) Context», *Ph&Th* 11, 1998, p. 85-96, sur le fr. B 1 DK d'Anaximandre;

199 M. V. Garcia Quintela, « Le livre d'Anaximandre et la société de Milet », *Mètis* 11, 1996, p. 37-68.

Sur Leucippe (➙L 51) et Démocrite (➙D 70) voir **200** Ch. Mugler, « L'invisibilité des atomes. A propos d'un passage d'Aristote », *REG* 76, 1963, p. 397-403. Sur le Ps.-Archytas (➙A 323) voir **201** S. Pines, « Un fragment de Séleucus de Séleucie (➙S 39) conservé en version arabe », *RHS* 16, 1963, p. 193-209 ; **202** M.-A. Gavray, « Archytas lu par Simplicius. Un art de la conciliation », *IJPT* 5, 2011, p. 85-158. En ce qui concerne Alexandre d'Aphrodise (➙A 112), **203** P. Wilpert, « Reste verlorener Aristotelesschriften bei Alexander von Aphrodisias », *Hermes* 75, 1940, p. 369-396, en part. p. 372-373 et 376 n. 1, analyse le témoignage d'Alexandre concernant les Πυθαγορικῶν δόξαι (= fr. 204 Rose) conservé dans le commentaire de Simplicius sur le *De caelo*. Le commentaire d'Alexandre sur le *De caelo* (perdu) est une source majeure de Simplicius dans son exégèse du *De caelo* : voir **204** P. Moraux, « Kommentar zu *De Caelo* », dans **205** P. Moraux, *Der Aristotelismus bei den Griechen, von Andronikos bis Alexander von Aphrodisias*, t. III, Berlin 2001, p. 181-241. Deux études ont récemment essayé de reconstruire les commentaires perdus d'Alexandre sur le *De caelo* et sur la *Physique* en utilisant abondamment Simplicius : pour le *De caelo*, Rescigno **104** et **105** a utilisé les citations nominales relevées dans l'index de Heiberg **76**, ainsi qu'un certain nombre de citations non nominales. Cependant, comme nous croyons l'avoir montré dans **206** E. Coda, « Alexander of Aphrodisias in Themistius' *Paraphrase* of the *De Caelo* », *SGA* 2, 2012, p. 355-371, en part. p. 358-366, dans sa reconstruction Rescigno s'est appuyé aussi sur des passages dont l'attribution à Alexandre est incertaine : nous avons essayé d'en donner un spécimen à propos de la tripartition des sens de "ciel" (Simpl., *in De cael*., p. 1, 2-8) dans **206bis** E. Coda, « Reconstructing the Text of Themistius' Paraphrase of the *De Caelo* », *SGA* 4, 2014, p. 1-15. Pour le commentaire d'Alexandre sur la *Physique*, Rashed **110** a essayé de reconstruire les livres IV-VIII à partir d'une comparaison entre le commentaire de Simplicius et les scholies byzantines conservées dans les manuscrits BnF *Suppl. grec* 643 et BnF *grec* 1859, tirées, selon l'auteur, du commentaire perdu d'Alexandre ; voir aussi **207** M. Rashed, « Alexandre d'Aphrodise et la *magna quaestio* », *LEC* 63, 1995, p. 295-351. L'analyse du commentaire de Simplicius *in Phys.* VIII dans Wildberg **68** et **208** Ch. Wildberg, *John Philoponus' Criticism of Aristotle's Theory of Aether*, Berlin 1988, vise à reconstruire l'écrit de Philopon contre Aristote à partir des citations de Simplicius (voir la notice ➙P 164, p. 485-487).

(b) Dans les dernières décennies, les citations conservées dans les commentaires de Simplicius ont aussi été analysées par rapport aux aspects rhétoriques et doctrinaux des commentaires eux-mêmes : on s'est demandé pourquoi les citations sont aussi nombreuses et si elles s'expliquent par la méthode d'enseignement ou par un intérêt que l'on pourrait qualifier d'antiquaire. **209** Ch. Wildberg, « Simplicius und das Zitat. Zur Überlieferung des Anführungszeichens », dans **210** F. Berger, Ch. Brockmann *et alii* (édit.), *Symbolae Berolinenses*. Für Dieter

Harlfinger, Amsterdam 1993, p. 187-199, observe que « Wenn Simplicius ganz genau zitiert, signalisiert er diese Tatsache mit den Verben παραγράφειν oder παρατίθεσθαι » (p. 194) ; une observation analogue avait déjà été faite par Wildberg **68**, p. 29-30. **211** H. Baltussen, « Wehrli's Edition of Eudemus of Rhodes : The Physical Fragments from Simplicius' *Commentary On Aristotle's Physics* », dans **212** I. Bodnár et W. Fortenbaugh (édit.), *Eudemus of Rhodes*, coll. *RUSCH* 11, New Brunswick/London 2002, p. 127-153, en part. p. 139 et n. 37, ajoute d'autres passages tirés des commentaires sur le *De caelo* et sur la *Physique*. Voir aussi **213** H. Baltussen, « Philology or Philosophy ? Simplicius on the Use of quotation », dans **214** I. Worthington et J. M. Foley (édit.), *Epea and Grammata. Oral and Written Communication in Ancient Greece*, coll. « Orality and Literacy in Ancient Greece » 4, Leiden 2002, p. 173-189, en part. p. 183-185 : « not only do we find Simplicius using different ways of introducing quotations, and possibly suggesting different levels of accuracy, but he also gives particular pride of place to direct quotation » (p. 185) ; en s'appuyant sur **215** M. Richard, « Ἀπὸ φωνῆς », *Byzantion* 20, 1950, p. 191-222, Baltussen **213** a cru repérer des traces d'oralité dans les commentaires de Simplicius. Le bien-fondé des thèses avancées dans ces trois études demanderait à être démontré avec plus de rigueur. **216** M. Rashed, « A 'new' text of Alexander on the soul's motion », dans **217** R. Sorabji (édit.), *Aristotle and after*, coll. « Bulletin of the Institute of Classical Studies » Supplement 68, London 1997, p. 181-195, en part. p. 182-186, parle d'un « art of misquotation » à propos de la citation par Simplicius d'un passage du commentaire d'Alexandre sur la *Physique*, passage qui, selon Rashed, ne peut être rétabli dans son sens originaire qu'à l'aide des scholies du ms Paris, BnF *suppl. gr.* 643 (voir ci-dessus, Rashed **110**). **218** G. E. R. Lloyd, « Quotation in Greco-Roman Contexts », *ExtOrExtOcc* 17, 1995, p. 141-153, étudie les citations dans l'Antiquité gréco-latine et analyse des citations conservées par Simplicius dans son commentaire sur la *Physique* en affirmant que « the so-called 'fragments' of the Presocratic philosophers purport to be direct quotations from them in later writers » (p. 143).

Sur l'authenticité de l'ouvrage commenté voir Hoffmann **55**. A la suite de Hoffmann **61** et **59**, Golitsis **42**, en part. p. 14-22, a parlé de Simplicius comme d'un « maître sans école » qui « s'adonnait à l'écriture d'un genre littéraire en principe scolaire sans avoir d'élèves » (p. 21).

(c) Sur le débat concernant l'éternité du monde, outre les études déjà mentionnées de Wildberg **68**, en part. p. 24-31, Rashed **207**, p. 343-348, Wildberg **208**, et Croese **174**, voir **219** J. Zahlfleisch, « Die Polemik des Simplicius gegen Alexander und Andere in dem Commentar des ersteren zu der aristotelischen Schrift *De Coelo* », *AGPh* 10, 1897, p. 191-227 ; **220** W. Wieland, « Die Ewigkeit der Welt. Der Streit zwischen Joannes Philoponus und Simplicius », dans **221** D. Henrich, W. Schulz et K. H. Volkmann-Schluck (édit.), *Die Gegenwart der Griechen im neueren Denken. Festschrift für Hans-Georg Gadamer zum 60. Geburtstag*, Tübingen 1960, p. 291-316 ; **222** G. Verbeke, « Some Later Neoplatonic Views on

Divine Creation and the Eternity of the World», dans **223** D. J. O'Meara (édit.), *Neoplatonism and Christian Thought*, Norfolk 1982, p. 45-53 et 241-243 ; **224** Ch. Wildberg, « Impetus Theory and the Hermeneutics of Science in Simplicius and Philoponus», *Hyperboreus* 5, 1999, p. 107-124 ; **225** M. Rashed, « The Problem of the Composition of the Heavens (529-1610) : A New Fragment of Philoponus and its Readers», dans **226** P. Adamson, H. Baltussen et M. W. Stone (édit.), *Philosophy, Science and Exegesis in Greek, Arabic and Latin Commentaries*, London 2004, p. 35-58.

On trouvera une étude préliminaire sur le vocabulaire et les aspects rhétoriques des attaques de Simplicius contre Jean Philopon dans ses commentaires sur le *De caelo* et sur la *Physique* d'Aristote chez Hoffmann **55**, p. 184-210. Dans le cadre de son interprétation du commentaire sur le *De caelo*, rappelée plus haut, Hoffmann définit la réfutation du *Contra Aristotelem* de Philopon à la fois comme « un exercice propédeutique ... et une purification préparatoire avant l'exégèse du texte d'Aristote » (p. 207), l'exégèse elle-même étant « l'accès à une contemplation mystérique dont Simplicius est le sujet privilégié». Tout en acceptant cette motivation religieuse, Baltussen **43**, p. 176-188, a cru reconnaître une motivation proprement rhétorique ; il pense en effet que la terminologie utilisée par Simplicius doit être interprétée dans le contexte politique de son époque, « in connection with the competitive nature of the religious debates in the Empire since Christianity began to gain ground » (p. 208) ; Baltussen **43** a été durement critiqué par **227** J. Sellar, c.r. de Baltussen **43**, *NDPhR* 2009 [mai 2009, en ligne] ; voir aussi le c.r. par **228** I. Mueller, *BCMR* 2009 [mai 2009, en ligne].

Je remercie tout spécialement Concetta Luna et Henri Hugonnard-Roche qui ont bien voulu lire et corriger cette notice, et Richard Goulet pour ses conseils précieux.

ELISA CODA.

SIMPLICIUS DANS LA TRADITION ARABE

Les ouvrages arabes sur les "sciences des Anciens" mentionnent Simplicius surtout en tant que commentateur d'Aristote. Les arabes n'ont connu que très peu de chose de son œuvre et presque rien concernant sa vie. Le bibliographe Ibn al-Nadīm (mort en 990) mentionne Simplicius dans un paragraphe qui est consacré aux philosophes naturalistes dont on ne connaît ni l'époque ni la place dans la succession *(marātib)* : dans ce groupe, Simplicius figure parmi les commentateurs des livres d'Aristote « sur la logique et autres parties de la philosophie» *(fī-l-manṭiq wa-ġayrihi min al-falsafa)* : **1** Ibn al-Nadīm, *Kitāb al-Fihrist*, éd. G. Flügel, Leipzig 1870-1871, p. 255, 16 = **2** Ibn al-Nadīm, *al-Fihrist*, éd. R. Taġaddud, Téhéran 1366/1988, p. 315, 20 ; trad. angl. par **3** B. Dodge, *The Fihrist of al-Nadīm*, New York 1990, p. 614. A la suite d'Ibn al-Nadīm, **4** Ibn al-Qifṭī (mort en 1248), *Tārīḫ al-ḥukamā'*, éd. A. Müller et J. Lippert, Leipzig 1903, p. 35, 5 et p. 41, 9-10, range Simplicius parmi les commentateurs d'Aristote.

Ibn al-Nadīm mentionne par ailleurs dans une notice séparée, parmi les mathématiciens et astronomes, un « Simplicius byzantin » (*Sinbilīqiyūs al-rūmī* : Ibn al-
Nadīm **1**, p. 268, 17-19 Flügel = Ibn al-Nadīm **2**, p. 328, 5-7 Taġaddud ; notons
cependant que le qualificatif *al-rūmī* est une conjecture, qui semble raisonnable, de
Flügel pour· *al-zafanī*, "le danseur" [?], leçon retenue par Taġaddud), auteur d'un
commentaire sur le début du livre d'Euclide, c'est-à-dire l'Introduction à la géométrie *(kitāb šarḥ ṣadr kitāb Uqlīdis wa-huwa al-madḫal ilā l-handasa)* et d'un
commentaire sur les *Catégories* d'Aristote, la mention de ce dernier commentaire
étant suivie des mots « quatrième traité » ou « quatrième section » *(kitāb šarḥ
Qāṭīġūriyās li-Arisṭālīs al-maqāla al-rābi'a)*. Cette dernière mention demeure très
obscure, qu'elle se réfère à l'ouvrage commenté ou au commentaire de Simplicius,
ni l'un ni l'autre ne comportant une quatrième section. Ibn al-Qifṭī **4**, p. 206, 6-11,
consacre une notice à un « Simplicius, géomètre *(muhandis)*, mathématicien
(riyāḍī), ayant vécu après Euclide », précisant à son propos qu'il était très connu à
son époque et qu'il excellait dans ces disciplines (mathématiques) : il était au
premier rang pour les répandre parmi les Grecs *(wa-'ilmuhu min hāḏā al-naw'i
mawfūran taṣaddara li-ifādati hāḏā al-ša'n bi-'arḍ yūnān)*, sa réputation l'avait
rendu fameux *(wa-štahara hunāka ḏikruhu)* et il avait des adeptes et des disciples
qui tiraient de lui leur nom *(wa kāna lahu aṣḥāb wa-atbā' yu'rafūna bihi)*. Selon
5 M. Steinschneider, *Die arabischen Übersetzungen aus dem Griechischen*, Graz
1960 (réimpr. d'une série d'études publiées entre 1889 et 1896 ; voir **6** G. Endress,
« Kulturtransfer und Lehrüberlieferung. Moritz Steinschneider [1816-1907] und
Die Juden als Dolmetscher», *Oriens* 39, 2011, p. 59-74), § 126, p. 339, dans ce
passage, Ibn al-Qifṭī parle d'un homonyme, qu'il n'identifie pas avec le philosophe
néoplatonicien. Le *qāḍī* Ṣāʿid ibn Aḥmad al-Qurṭubī *(alias* Ṣāʿid al-Andalusī, mort
en 1070), dans son ouvrage *Les catégories des nations*, mentionne Simplicius
parmi les mathématiciens grecs connus en al-Andalus à son époque (XIe siècle) :
cf. **7** L. Cheikho (édit.), *Ṣāʿid al-Andalusī, Kitāb Ṭabaqāt al-umam*, Beyrouth
1912, p. 29, 4 ; trad. angl. de ce passage dans **8** D. Gutas, *Avicenna and the Aristotelian Tradition. Introduction to reading Avicenna's Philosophical Works*, coll.
« Islamic Philosophy and Theology. Text and Studies » 4, Leiden 1988, p. 213 ;
selon Cheikho **7**, p. 29 n. 4, ce passage est tiré de la notice d'Ibn al-Qifṭī
susmentionnée.

Ibn al-Nadīm **1**, p. 288, 3 et 5 Flügel = Ibn al-Nadīm **2**, p. 347, 6 et 8 Taġaddud
mentionne encore un certain Simplicius parmi « les commentateurs des livres
d'Hippocrate, (ayant vécu) après lui jusqu'à l'époque de Galien (!) » *(al-
mufassirūn li-kutub Buqrāṭ ba'dahu ilā ayyām Ġālīnūs)* ; la même information est
reprise par Ibn al-Qifṭī **4**, p. 94, 6 Müller-Lippert. Il est difficile de savoir si Ibn al-
Nadīm identifie ce commentateur d'Hippocrate et le commentateur d'Aristote qu'il
a mentionné plus haut (voir ci-dessus). Le Simplicius médecin doit être distingué
du philosophe néoplatonicien, selon Steinschneider **5**, § 58 (82), p. 106-107, qui est
suivi par **9** H. Gätje, « Simplikios in der arabischen Überlieferung », *Islam* 59,
1982, p. 6-31, en part. p. 12-13. Pour ce qui concerne l'arrière-plan général de la

connaissance du corpus aristotélicien et de ses commentaires dans le monde arabe, voir **10** F. E. Peters, *Aristoteles Arabus. The Oriental Translations and Commentaries on the Aristotelian Corpus*, Leiden 1968 ; **11** *Id.*, *Aristotle and the Arabs. The Aristotelian Tradition in Islam*, New York/London 1968 ; **12** H. Gätje, *Studien zur Überlieferung der aristotelischen Psychologie im Islam*, coll. « Annales Universitatis Saraviensis, Reihe : Philosophische Fak. » 11, Heidelberg 1971 ; **13** C. D'Ancona, « Commenting on Aristotle. From Late Antiquity to the Arabic Aristotelianism », dans **14** W. Geerlings et Ch. Schulze (édit.), *Der Kommentar in Antike und Mittelalter*, Leiden 2002, p. 201-251.

Si les ouvrages bio-bibliographiques arabes, comme on vient de le voir, sont assez avares de renseignements sur Simplicius, certains savants modernes ont pensé que les sources arabes étaient en mesure de fournir des informations détaillées et fort importantes sur Simplicius : celui-ci se serait installé dans la première moitié du VIᵉ siècle dans la ville de Ḥarrān, où il aurait enseigné et écrit ses commentaires ; Ḥarrān étant devenue trois siècles plus tard un des foyers de la connaissance de la philosophie et de la science grecques parmi les arabes, cette hypothétique présence de Simplicius dans cette ville a été interprétée comme un des liens qui auraient assuré la transmission de la philosophie de l'Antiquité tardive au monde arabe : voir, par exemple, **15** I. Hadot (édit.), *Simplicius. Commentaire sur le Manuel d'Épictète*, t. I, chapitres I-XXIX, *CUF*, Paris 2011, p. XIX-XX, et dernièrement **16** Ph. Vallat, « Alexandrian tradition into Arabic : Philosophy », dans **17** H. Lagerlund (édit.), *Encyclopedia of Medieval Philosophy. Philosophy Between 500 and 1500*, Dordrecht/Heidelberg/London/New York 2011, p. 67-73, en part. p. 69-70. On a fait état de cette question et des critiques suscitées par cette thèse, plus haut, dans la section « Commentaires sur le *De Caelo* et sur la *Physique* d'Aristote », au paragraphe (1) « Commentaire sur le *De Caelo* », à propos de la chronologie des commentaires.

ŒUVRES TRANSMISES PAR LA TRADITION ARABE

A) Traductions arabes d'œuvres conservées ou attestées en grec

(1) Commentaire sur les Catégories d'Aristote

Mention du commentaire, dans le contexte de la notice sur Aristote, par Ibn al-Nadīm **1**, p. 248, 21 Flügel = Ibn al-Nadīm **2**, p. 309, 5 Taǧaddud, trad. anglaise Dodge **3**, p. 598, information reprise avec quelques différences mineures par Ibn al-Qifṭī **4**, p. 35, 5 Müller-Lippert. Le passage d'Ibn al-Nadīm pose problème et a été qualifié de « confused entry » par **18** F. W. Zimmermann, *Al-Farabi's Commentary and Short Treatise on Aristotle's De Interpretatione*, trans. with an Introduction and Notes, London 1981, p. CI. Ibn al-Nadīm commence par dire que les *Catégories* d'Aristote ont été commentées par plusieurs philosophes, parmi lesquels Porphyre (➾P 263), Stéphanos d'Alexandrie (➾S 152), un certain Allīnus (➾A 126), Jean Philopon (➾P 164), Ammonius (➾A 141), Thémistius (➾T 38) Théophraste (➾T 97), et enfin Simplicius. Puis, à la li. 248, 22 Flügel = li. 309, 6-

7 Taġaddud, il ajoute qu'« un homme connu sous le nom de Théon <a traduit> en syriaque et en arabe » *(wa-li-raġulin yu'rafu bi-ṭāwūn suryānī wa 'arabī)*, et il peut sembler naturel de penser que ces mots se réfèrent au dernier commentaire cité, à savoir celui de Simplicius. Vient ensuite une remarque concernant Simplicius *(wa-yuḍāfu min tafsīri sinbilīqūs ilā al-muḍāf)* que Dodge **3**, p. 598, qui s'appuie sur le texte de Flügel, rend de la manière suivante, dans sa traduction du passage entier d'Ibn al-Nadīm : « A man known as Theon has made both Syriac and Arabic [translations]. From the commentary of Simplicius there is an addition to the supplement », ce qui n'a guère de sens. Dans le texte édité par Taġaddud, la leçon *wa-yuḍāfu* est remplacée par la leçon *wa-yuṣābu*, mais cette substitution d'un verbe à l'autre ne rend pas le texte plus intelligible pour autant. En revanche, la correction suggérée par Zimmermann **18**, p. CII n.1, rend le texte plus compréhensible : « To a man by the name of Theo is attributed [om. *wa*, leg. *yuḍāf*?] a Syriac and Arabic version of Simplicius' commentary up to [*ilā*] the <chapter on> relation ». Si l'on accepte la correction de Zimmermann, Théon serait donc le traducteur du commentaire de Simplicius aussi bien en syriaque qu'en arabe, et cette traduction s'étendrait jusqu'au chapitre sur les relatifs (chap. 7), conclusion qui n'est toutefois pas soutenue par le témoignage indirect donné par les citations du commentaire dans la littérature arabe : Ibn al-Ṭayyib (voir ci-dessous) utilise le texte de Simplicius en son entier, du début jusqu'à la fin. Le texte d'Ibn al-Nadīm ici en question soulève plusieurs difficultés. Il est en effet composé, comme souvent chez le bibliographe, dans un style paratactique qui rend délicate son interprétation. Tout d'abord le passage concernant le personnage nommé Théon fait suite à l'énumération des commentateurs grecs et rien n'assure que ce Théon soit l'auteur d'une traduction, comme l'ont pensé Dodge et Zimmermann, plutôt que d'un commentaire (la mention de la traduction au début du paragraphe est séparée de la suite par les références à des commentateurs) ; d'autre part, l'œuvre qui est attribuée à Théon existait, semble-t-il, à s'en tenir au texte, en syriaque et en arabe (il est habituel chez Ibn al-Nadīm d'indiquer la langue à la fin d'une référence bibliographique, plutôt qu'au début). Vient ensuite l'unité sémantique se rapportant à Simplicius : il y est question d'un commentaire de ce dernier, dont la référence semble liée par addition *(wa-yuḍāfu)* à ce qui précède, mais sans qu'il paraisse possible de déterminer de quelle manière ; faut-il comprendre qu'un commentaire de Théon était annexé ou lié de quelque façon au commentaire de Simplicius ? Les questions suscitées par le texte obscur d'Ibn al-Nadīm restent ouvertes.

La version arabe du commentaire est perdue ; seuls des extraits et des mentions de son existence sont connus, que nous énumérons dans un ordre *grosso modo* chronologique. (i) Selon **19** R. Walzer, « New Light on the Arabic Translations of Aristotle », *Oriens* 6, 1953, p. 91-142 (repris dans **20** *Id., Greek into Arabic*, coll. « Oriental Studies » 1, Oxford 1962, p. 60-113, en part. p. 72-74), le commentaire de Simplicius était la source utilisée par le philosophe Yaḥyā ibn 'Adī, chrétien jacobite (mort en 974), et par son élève, le philosophe de Bagdad al-Ḥasan ibn Suwār (*alias* Ibn al-Ḥammār), dans les annotations qu'ils ont apportées respectivement à la version des *Catégories* d'Aristote du traducteur Isḥāq ibn Ḥunayn (mort en 910), et à l'autographe de la version de Yaḥyā ibn ʿAdī de la même œuvre, annotations conservées dans les marges du manuscrit dit de l'"Organon de Bagdad" (Paris, BnF, *ar.* 2346). Selon Walzer, Yaḥyā ibn ʿAdī et Ibn Suwār connaissaient probablement le commentaire de Simplicius par le biais d'un commentaire sur les *Catégories* d'un auteur alexandrin postérieur, difficile par ailleurs à identifier (p. 74-76), idée reprise par Gätje **9**, p. 10-11 et 22-26 ; mais voir plus loin, (iv).

(ii) Citations conservées par al-ʿĀmirī (mort en 992), dans son commentaire sur les *Catégories*. Le texte a été édité par **21** M. Türker, « El-ʿĀmirī ve Kategoriler'in şerhleriyle ilgili parçalar », *Araştırma* 3, 1965, p. 65-122, et par **22** S. Khalīfāt (édit.), *Rasāʾil Abī l-Ḥasan al-ʿĀmirī wa-šaḏaratuhu al-falsafiyya*, Amman 1988 : fragments du commentaire sur les *Catégories* édités aux p. 442-467.

(iii) Abū Sahl al-Masīḥī (mort en 1010), dans son traité *Les catégories des sciences philosophiques (Kitāb fī Aṣnāf al-ʿulūm al-ḥikmiyya)* mentionne le commentaire de Simplicius sur les *Catégories* d'Aristote parmi les textes de logique connus à son époque : voir Gutas **8**, p. 150 et n. 4 ; voir aussi **23** F. Rosenthal, « A Commentator on Aristotle », dans **24** S. M. Stern (édit.), *Islamic Philosophy and the Classical Tradition*, Oxford 1972, p. 337-349.

(iv) Le médecin et philosophe nestorien Ibn al-Ṭayyib (mort en 1043) utilise largement Simplicius dans son propre commentaire sur les *Catégories* : **25** C. Ferrari (édit.), *Der Kategorienkommentar von Abū l-Faraǧ ʿAbdallāh Ibn aṭ-Ṭayyib*, coll. « Aristoteles Semitico-Latinus » 19, Leiden 2006. Les emprunts d'Ibn al-Ṭayyib au commentaire de Simplicius sont nombreux (64 citations) et tirés de l'ensemble de l'ouvrage, de la p. 3 à la p. 437 Kalbfleisch (presque la fin du commentaire) : même si on lui a reconnu une certaine maîtrise du grec (*cf.* Ferrari **25**, p. 21-22), la présence de ces citations porte à croire qu'il a utilisé une traduction, qui alors aurait été intégrale, contre la suggestion tirée de la correction de Zimmermann du passage d'Ibn al-Nadīm discutée plus haut. Ces citations vont aussi à l'encontre de l'hypothèse de Walzer **19** : il est tout à fait impossible qu'un commentaire alexandrin sur les *Catégories* postérieur à celui de Simplicius, comme par exemple celui d'Olympiodore (➤O 17), permette de restituer un tel nombre de citations du commentaire de Simplicius. L'ouvrage d'Ibn al-Ṭayyib apporte donc des arguments assez forts qui permettent de conclure que la traduction en arabe était intégrale, et qu'elle était à la disposition d'un auteur travaillant sur ces textes à Bagdad dans la première moitié du XIᵉ siècle.

Signalons, pour finir, une étude sur l'influence exercée par ce commentaire. Avicenne s'en serait inspiré sur la question de l'objet, logique ou métaphysique, du traité d'Aristote : voir **26** A. D. Stone, « Simplicius and Avicenna on the Essential Corporeity of Material Substance », dans **27** R. Wisnowsky (édit.), *Aspects of Avicenna*, Princeton 2001, p. 73-130 (publié aussi séparément sous le titre « Simplicius and Avicenna on the Nature of Body », coll. « Princeton Papers : Interdisciplinary Journal of Middle Eastern Studies», t. 9, n° 2 , Princeton 2000), en part. p. 78, n. 24.

(2) Commentaire sur le De Anima d'Aristote

Une traduction syriaque et une traduction arabe du commentaire de Simplicius sur le *De Anima* sont mentionnées par les bibliographes arabes. Ibn al-Nadīm **1**, p. 251, 14-15 Flügel = Ibn al-Nadīm **2**, p. 311,27 - 312,1 Taǧaddud : « Et il existe (*scil*. le *De Anima*) avec un bon commentaire attribué à Simplicius en syriaque qu'il a fait pour Aṯāwālīs (☞A 467) et il existe en arabe. Et il existe un épitomé alexandrin de ce livre (*scil*. le *De Anima*) d'une centaine de pages *(wa-qad yūǧadu bi-tafsīrin ǧayyidin yunsabu ilā Sinbilīqiyūs suryānī wa-'amilahu ilā aṯāwālīs wa-qad yūǧadu 'arabī. wa-li-l-Iskandarāniyīn talḫīṣu hāḏā l-kitābi naḥwa mi'ati waraqatin)*», interprétation suggérée par Steinschneider **5**, § 32 (56), p. 61 [99], suivi par Dodge **3**, p. 605. En revanche Gätje **12**, p. 20-21 pense que le texte *wa-'amilahu ilā aṯāwālīs wa-qad yūǧadu 'arabī* est corrompu ; même opinion chez **28** F. Ǧabr, *Arisṭū wa-l-Arisṭūṭīyya 'inda l-'arab*, Beyrouth 1971, p. 433-492, et Gätje **9**, p. 11-12. Une position différente est soutenue par Peters **10**, p. 40-43 (reprise par **29** I. Hadot [édit.], *Simplicius, sa vie, son œuvre, sa survie*, Actes du Colloque International de Paris [28 sept.-1er oct. 1985], Berlin 1987, p. 25), selon qui la mention d'une version arabe *(wa-qad yūǧadu 'arabī)* ne concerne pas le commentaire de Simplicius, mais doit être plutôt rapportée à la proposition suivante dans le texte, concernant l'épitomé *(talḫīṣ)*. Cette remarque attire l'attention sur le fait qu'un *épitomé* de cent feuillets présuppose un ouvrage bien plus ample, qui ne peut donc pas être le *De Anima* d'Aristote. Des bibliographies postérieures, qui dépendent pour une part du *Fihrist*, donnent toutefois des textes un peu différents, qui méritent d'être pris en considération. Ibn al-Qifṭī **4**, p. 41, 9-10 Müller–Lippert écrit : « Et il existe un bon commentaire attribué à Simplicius en syriaque et Aṯāwālīs (☞A 467) l'a fait aussi et il existe en arabe» *(wa-yūǧadu tafsīrun ǧayyidun yunsabu ilā Sinbilīqiyūs suryānī wa-'amilahu ayḍan aṯāwālis wa-qad yūǧadu 'arabiyyan)*. L'historien et bibliographe turc Kātib Çelebi, mort en 1658 *(alias* Ḥaǧǧī Ḫalīfa) écrit : « Et ainsi Simplicius l'avait commenté en syriaque et Tralles (?) l'a fait lui aussi et il existe en arabe» *(wa-kaḏā Isinbiliqiyūs fassarahu bi-l-suryāniyyi wa-aṯārālīs 'amilahu ayḍan wa-qad yūǧadu bi-l-'arabī)* : voir **30** G. Flügel (édit.), *Lexicon bibliographicum et encyclopedicum a Mustafa ben Abdallah Katib Jelebi dicto nomine Haji Khalfa*, vol. I-VII (Leipzig/London 1835-1858), en part. t. VII, p. 857. Sur Aṯāwālīs (ou Aṯārālīs) voir Steinschneider **5**, § 32 (56), p. 61, n. 297, qui remarque que dans les manuscrits grecs du commentaire « Wir besitzen nicht den Anfang des Simplicius, wo vielleicht dieser Name sich fand» ; voir aussi Gätje **12**, p. 21 et 26 ; Gätje **9**, p. 11-12 et 26-27. L'information d'Ibn al-Nadīm a été considérée par **31** M. Tardieu, dans Hadot **29**, p. 26 n. 69, comme la preuve que Simplicius aurait rédigé ce commentaire dans un contexte syrien, pour un dédicataire, Aṯāwālīs, qui portait un « nom double latino-gréco-sémitique» et qui aurait été capable de lire un commentaire écrit en grec, puisque, de l'avis de Tardieu, *ibid.*, « le commentaire du *De anima*, attribué à Simplicius, dont parle Ibn al-Nadīm, n'a pas été composé en syriaque ». A l'encontre des interprétations qui s'appuient sur le texte d'Ibn al-Nadīm, toutefois, on doit faire oberver qu'on ne saurait exclure a priori que la leçon correcte du passage en question soit celle donnée par Ibn al-Qifṭī, qui distingue le commentaire de Simplicius d'un autre commentaire attribué à un personnage (Aṯāwālīs) dont le nom est incertain. Signalons, pour finir, deux contributions ponctuelles sur le commentaire sur le *De anima* : Gätje **12**, p. 20-26 ; **32** H. Gätje, « Bemerkungen zur arabischen Fassung der Paraphrase der aristotelischen Schrift über die Seele durch Themistios », *Islam* 54, 1977, p. 272-291.

B) Écrits non attestés dans la tradition grecque

(3) Commentaire sur le premier livre des Éléments *d'Euclide*

Les ouvrages grecs de Simplicius que nous connaissons en tradition directe ne contiennent aucune indication concernant un commentaire qu'il aurait écrit sur les *Éléments* d'Euclide (☞E 80). Simplicius renvoie plusieurs fois aux *Éléments* dans ses commentaires sur le *De caelo* et sur la *Physique* comme le montrent les index des éditions de Heiberg et Diels (voir plus haut, « *In De Caelo. In Phys.* »), mais un ouvrage consacré à Euclide n'est pas attesté. En revanche, les sources arabes mentionnent un tel ouvrage : voir Ibn al-Nadīm **1**, p. 268, 18 Flügel = Ibn al-Nadīm **2**, p. 328, 5 Taǧaddud, repris par Ibn al-Qifṭī **4**, p. 206, 10-11 Müller-Lippert. L'ouvrage est attesté : (a) par des *excerpta* conservés en arabe dans le commentaire sur les *Éléments* d'Euclide du mathématicien Abū l-ʿAbbās al-Faḍl ibn Ḥātim al-Nayrīzī (IXe siècle) ; (a.1) par la traduction latine de ces mêmes passages, présents dans la traduction du commentaire d'al-Nayrīzī par Gérard de Crémone (m. 1187) ; (b) par un fragment conservé dans une lettre du juriste hanafite ʿAlam al-Dīn Qayṣar ibn Abī l-Qāsim (né en 1178-79) ; (c) par des fragments conservés en citation.

(a) Le commentaire d'al-Nayrīzī

Deux manuscrits arabes contiennent le commentaire d'al-Nayrīzī sur Euclide : Leiden, Bibliotheek der Rijksuniversiteit, *or.* 399, 1 daté de 539/1144-45, et Qum, Kitābḫāna-iʿUmūmī 6526, daté du VIIe/XIIIe siècle ; voir **33** R. Arnzen (édit.), *Abū l-ʿAbbās an-Nayrīzīs Exzerpte aus (Ps.-?) Simplicius' Kommentar zu den Definitionen, Postulaten und Axiomen in Euclidis Elementa I*, eingeleitet, ediert und mit arabischen und lateinischen Glossaren versehen von R. A., coll. « Deutsche Bibliothek », Köln/Essen 2002, p. XII-XXV. Éditions : **34** *Codex Leidensis 399, 1. Euclidis Elementa ex interpretatione al-Hadschdschadschii cum commentariis al-Narizii*, en trois parties, éd. par R. O. Besthorn et J. L. Heiberg (partie I), G. Junge, J. Raeder et W. Thomson (parties II-III), Copenhagen 1893-1932, réimpr. dans **35** F. Sezgin (édit.), dans la série *Publications of the Institute for the History of Arabic-Islamic Science*, coll. « Islamic Mathematics and Astronomy » 14-15, Frankfurt a. M. 1997. Les *excerpta* du commentaire de Simplicius se trouvent dans

Partis I fasciculus I, éd. par R. O. Besthorn et J. L. Heiberg, Copenhagen 1893 ; Arnzen **33** ; traduction anglaise partielle (correspondant aux p. 12, 11 - 16, 19 de l'éd. Besthorn-Heiberg **34** et aux pages p. 40, 1 - 43, 2, de l'éd. Arnzen **33**) : **36** A. I. Sabra, « Simplicius' Proof of Euclid's Parallels Postulate », *JWCI* 32, 1969, p. 1-24, en part. p. 2-4 ; traduction anglaise intégrale de Arnzen **33** par **37** A. Lo Bello, *The Commentary of al-Nayrizi on Books II-IV of Euclid's Elements of Geometry, with a translation of that Portion of Book I missing form MS Leiden Or 399.1 but present in the newly discovered Qom manuscript edited by Rüdiger Arnzen*, Leiden 2009, p. 1-17 [Notes p. 18-19 ; fig. I p. 132]. L'attribution à Simplicius de ces parties du commentaire d'al-Nayrīzī est soutenue par Steinschneider **5**, § 126, p. 339 et § 87, p. 166 ; Besthorn-Heiberg **34** ; Sabra **36** ; en revanche, Arnzen **33** est plus prudent : ce « Kommentarwerk zu grossen Teilen auf einer arabischen Übersetzung eines umfangreichen griechischen Scholienkorpus oder Sammelkommentars basiert, die entweder von an-Nayrīzī überarbeitet und ergänzt wurde oder von einem späteren Kompilator (...) mit Exzerpten aus einem eigenständigen Euklidkommentar an-Nayrīzīs kontaminiert wurde » (p. XXXVI). Arnzen ne considère pas le commentaire de Simplicius comme la source de la traduction arabe ; il ne se prononce pas sur l'identification du Simplicius mathématicien avec le philosophe néoplatonicien, et souligne l'affinité entre les *excerpta* attribués à Simplicius et le commentaire de Proclus sur le premier livre des *Éléments* (p. XXVI-XXXVII). Voir en dernier lieu **38** I. Hadot, « Remarque complémentaire à mon article "Dans quel lieu le néoplatonicien Simplicius a-t-il fondé son école de mathématiques, et où a pu avoir lieu son entretien avec un manichéen ? », *IJPT* 1, 2007, p. 263-269, qui soutient l'attribution à Simplicius du commentaire repris par al-Nayrīzī. L'auteur et la date de la traduction arabe de ce commentaire sont inconnus. Voir **39** S. Brentjes, « Aḥmad al-Karābīsī's Commentary on Euclid's *Elements* », dans **40** M. Folkerts et R. Lorch (édit.), *Sic itur ad astra. Studien zur Geschichte der Mathematik und Naturwissenschaften. Festschrift für den Arabisten Paul Kunitzsch zum 70. Geburstag*, Wiesbaden 2000, p. 31-75, en part. p. 35-47, sur quelques fragments du commentaire d'al-Nayrīzī conservés dans le commentaire du mathématicien Aḥmad ibn ʿUmar al-Karābīsī aux *Éléments* (ms Patnā, Ḥudā Baḫš [Bankipore] 2034), utiles à l'établissement du texte d'al-Nayrīzī ; *cf.* Arnzen **33**, p. XVII-XVIII et n. 10.

La traduction arabe de l'ouvrage attribué à Simplicius dans le commentaire d'al-Nayrīzī contient un passage dans lequel Simplicius décrit le sens et la fonction des postulats en général (p. 40, 1 - 43, 2, Arnzen), et les cinq postulats (*cf. Euclidis Elementa*, p. 4, 13 - 5, 7 Heiberg-Stamatis), à commencer par les trois premiers postulats, dont Simplicius dit qu'ils sont « nécessaires pour l'enseignement » (*faminhā mā yuṭlabu an yuṣādara 'alayhi min qibali annahu lāzim faqaṭ li-t-ta'līmi*, p. 41, 8 Arnzen), suivis par le quatrième et le cinquième, lesquels, selon l'auteur, « demandent une preuve simple » (*mā yaḥtāǧu ilā bayān yasīr*, p. 41, 9 Arnzen). Par la suite, Simplicius fait mention aussi d'un "sixième postulat", dont il dit que « ce postulat ne se trouve pas dans les copies anciennes (*inna hāḏihi al-muṣādara laysat tūǧadu fī al-nusaḫ al-qadīma)*, peut-être parce qu'il est évident et manifeste *(wa-la'alla ḏālika li-annahā ẓāhira bayyina)*. C'est pourquoi les postulats ont été indiqués comme étant cinq *(wa-li ḏālika rusimat al-muṣādarāt bi-annahā ḫams)*» (p. 49, 13-14 Arnzen). Suit une démonstration d'un "sixième postulat" attribuée aux auteurs modernes *(al-ḥudṯān*, p. 50, 1 Arnzen). Sabra **36** pense, non sans vraisemblance, que dans le texte de Simplicius tel qu'il était accessible à al-Nayrīzī il manquait la partie concernant la démonstration du cinquième postulat (lignes parallèles), qui selon l'auteur faisait originairement partie du commentaire et existait en arabe ; Sabra démontre que cette partie était partiellement accessible, puisqu'elle est mentionnée dans une citation du commentaire de Simplicius sur les *Éléments* présente dans une lettre de ʿAlam al-Dīn Qayṣar ibn Abī l-Qāsim à Naṣīr al-Dīn al-Ṭūsī (mort en 1274) et aussi dans d'autres citations (voir plus bas [c] et [d]). Voir aussi : **41** A. I. Sabra, «Thābit ibn Qurra On Euclid's Parallels Postulate», *JWCI* 31, 1968, p. 12-32, en part. p. 13-17 ; **42** J. P. Hogendijk, «Al-Nayrīzī's Own Proof of Euclid's Parallel Postulate», dans Folkerts et Lorch **40**, p. 252-265.

A la fin de la dernière citation du commentaire de Simplicius par al-Nayrīzī, on lit la remarque suivante : «Ici se terminent les raisonnements *(ma ʿānī)* que Simplicius a avancés dans le commentaire à la *muṣādara* (= les αἰτήματα) d'Euclide sur la première partie du livre des *Éléments*». Il semblerait donc que Simplicius n'ait commenté que les postulats (αἰτήματα, *muṣādara*) ; cette remarque pose problème dans la mesure où le texte cité par al-Nayrīzī contient aussi l'exégèse de Simplicius sur les axiomes (κοιναὶ ἔννοιαι, *ʿulūm muta'ārafa*) et les définitions (ὅροι, *ḥudūd*). L'interprétation de cette remarque dépend de l'interprétation de *muṣādara* : Sabra **36**, p. 1-2 et n. 6, y voit une référence commune aux trois groupes des prémisses d'Euclide *(scil.* postulats, axiomes et définitions) en s'appuyant sur l'interprétation du terme *muṣādara* au singulier donnée par le mathématicien Abū ʿAbdallāh al-Ḫwārizmi (XIᵉ siècle). L'existence d'un commentaire de Simplicius sur la totalité des *Éléments* et/ou d'une version arabe de celui-ci n'a pas été confirmée jusqu'ici par les sources. Voir sur ce point Steinschneider **5**, § 126, p. 338 et n. 6.

(a.1) La traduction latine du commentaire d'al-Nayrīzī par Gérard de Crémone.

Éditions. **43** *Anaritii in decem libros priores Elementorum Euclidis commentarii, ex interpretatione Gherardi Cremonensis in codice cracoviensi 569 servata,* éd. par M. Curtze, coll. «Euclidis Opera Omnia. Supplementum», Leipzig 1899 ; **44** *The Latin Translation of the Arabic Version of Euclid's Elements commonly ascribed to Gerard of Cremona,* éd. par H. L. L. Busard, Leiden 1984 ; **45** *The Latin Translation of Anaritius' Commentary on Euclid's Elements of Geometry. Books I-IV,* éd. par P. M. J. E. Tummers, coll. «Artistarium Supplementa» 9, Nijmegen 1994. Études sur les rapports avec le texte arabe : **46** H. L. L. Busard, «Einiges über die Handschrift Leiden 399,1 und die arabisch-lateinische Übersetzung von Gerhard von Cremona», dans **47** J. W. Dauben, M. Flores, E. Knobloch et H. Wussing (édit.), *History of Mathematics : State of the Art, Flores quadrivii. Studies in Honor of Christoph J. Scriba*, San Diego/Boston/New York 1996, p. 173-205 ; **48** H. L. L. Busard, « Über den lateinischen Euklid im Mittelalter », *ASPh* 8, 1998, p. 97-129.

(b) Lettre du juriste hanafite ʿAlam al-Dīn Qayṣar ibn Abī l-Qāsim

ʿAlam al-Dīn Qayṣar ibn Abī l-Qāsim consacre, dans sa lettre à Naṣīr al-Dīn al-Ṭūsī, une partie de son discours à la discussion du cinquième postulat d'Euclide et il y résume la démonstration donnée par Simplicius d'une proposition *(qaḍiyya)* mentionnée parmi les lemmes *(muqaddimāt)* du cinquième postulat dans son commentaire sur les prémisses du livre des *Éléments (fī šarḥihi li-muṣādarāt Kitāb al-Uṣūl)*. Texte édité par Sabra **36**, p. 19-20, trad. angl. p. 8-9. Sur l'objection soulevée par Qayṣar à la démonstration de Simplicius, voir Sabra **41**, p. 14 n. 9, p. 15-16 et 18 n. 25 ; Sabra **36**, p. 12-15.

(c) Fragments conservés dans des citations

Deux citations du commentaire de Simplicius sur les *Éléments* d'Euclide ont été identifiées par Sabra **36**. La première est contenue dans le ms. Istanbul, Carullah 1502, daté 894/1488-9. Aux ff. 26^v-27^r, ce ms. contient un traité anonyme en arabe sur les lignes parallèles, dont l'*incipit* cite un passage de la démonstration de Simplicius sur le cinquième postulat (voir Sabra **36**, note 48, p. 7-8). Ce traité était déjà cité par **49** M. Krause, « Stambuler Handschriften islamischer Mathematiker », *Quellen und Studien zur Geschichte der Mathematik, Astronomie und Physik* (Abt. B : Studien, III) (1936), p. 522 ; voir aussi Sabra **41**, p. 13 n. 6. La seconde est contenue dans le ms. Bodleian Library, *Thuston* 3. Au f. 148^r, ce ms. contient la citation d'un passage de la démonstration du cinquième postulat d'Euclide attribuée à Simplicius par Qayṣar dans sa lettre à al-Ṭūsī (voir plus haut [c]). Cette citation est plus étendue que celle de Qayṣar. Le colophon qui clôt la démonstration est le suivant : « Copié d'après le livre d'Euclide *(manqūl min kitāb Uqlīdis)* de Muḥyi al-Dīn al-Maġribī. Il a mentionné *(awrada)* ces quatre propositions *(hāḏihi al-aškāl al-ʾarbaʿa)* après la proposition 24 *(baʿda al-šakl k̄ d)* ». Bien qu'on ne puisse pas retrouver ces propositions telles quelles dans le *Taḥrīr Uṣūl Uqlīdis* du mathématicien Muḥyi al-Dīn al-Maġribī (XIIIᵉ s.), on peut toutefois démontrer qu'al-Maġribī connaissait le commentaire de Simplicius, et ce à l'aide d'un passage du *Taḥrīr Uṣūl Uqlīdis* (voir Sabra **36**, p. 10-18 ; p. 21-23 pour le texte du *Taḥrīr Uṣūl Uqlīdis*).

Signalons, pour finir, des études concernant l'influence sur la philosophie arabe de telle ou telle doctrine de Simplicius ou transmise par lui. Après l'étude pionnière de **50** P. Duhem, « La théorie du lieu, au Moyen-Age, avant les condamnations de 1277. La théorie du lieu chez les Arabes », dans **51** P. Duhem, *Le système du monde. Histoire des doctrines cosmologiques de Platon à Copernic*, Paris 1913-

1959, t. VII, p. 158-163, voir **52** J. Jolivet, « Al-Kindī. Vues sur le temps », *ASPh* 3, 1993, p. 55-75 ; selon **53** Ph. Vallat, *Farabi et l'École d'Alexandrie. Des prémisses de la connaissance à la philosophie politique*, coll. « Études Musulmanes » 38, Paris 2004, p. 65 et 78, les allusions d'al-Fārābī au poème de Parménide pourraient venir du commentaire de Simplicius sur la *Physique*, qu'al-Fārābī aurait donc pu lire. Il faut toutefois rappeler qu'une traduction arabe de ce commentaire n'est pas connue ; le même problème se pose pour le commentaire sur le *Manuel* d'Épictète, que, selon Vallat **53**, p. 58 et 67-68, al-Fārābī connaissait. **54** J. P. Hogendijk, « The *Introduction to Geometry* by Qusṭā ibn Lūqā. Translation and commentary », *Suhayl* 8, 2008, p. 163-221, signale une influence du commentaire de Simplicius sur les *Éléments* d'Euclide dans l'ouvrage de Qusṭā ibn Lūqā (mort en 910) sur les *Éléments*.

Je remercie tout spécialement Concetta Luna et Henri Hugonnard-Roche qui ont bien voulu lire et corriger cette notice, et Richard Goulet pour ses conseils précieux.

                                                            ELISA CODA

93 SIRON *RE*   M Iᵃ

Épicurien, ami de Cicéron et maître de Virgile.

Cicéron, *De finibus* II 35, 119 [fr. 5], montre que Siron faisait partie, vers 50ᵃ (date dramatique du dialogue tenu dans la résidence de Cicéron à Cumes), comme Philodème (➭P 145), de ses amis épicuriens. L. Manlius Torquatus (➭M 21) qui défend les positions épicuriennes, feint de devoir recourir à l'avis d'hommes plus compétents *(paratiores)*. L'interlocuteur reconnaît sous ce terme « nos amis Siron et Philodème (...), les meilleurs et les plus savants des hommes » (*Familiares nostros, credo, Sironem dicis et Philodemum, cum optimos uiros, tum homines doctissimos*, trad. Martha). Dans une lettre à Trebianus (➭T 172) que l'on date du milieu de 45ᵃ (*Epist. ad fam.* VI 11, 2 [fr. 3] = lettre DCLXIV Beaujeu), Cicéron déclare tenir à son estime. Il demande à Trebianus de témoigner en sa faveur auprès de « notre ami Siron » *(apud Sironem, nostrum amicum)* : « Je tiens en effet à ce que mes actes soient approuvés avant tout par les gens les plus avisés » (trad. Beaujeu).

Siron était, comme Philodème, un philosophe épicurien et il est pris comme exemple par Cicéron dans un syllogisme dialectique : *Omnia meminit Siron (var. Seiron) Epicuri dogmata.* (*Acad. pr.* II = *Lucullus* 33, 106 [fr. 4])

Selon la tradition des commentateurs de Virgile, il aurait enseigné la philosophie à Virgile (➭V 10), né en 70ᵃ. Dans le *Catalepton* 5, Virgile évoque le rejet de la rhétorique qu'il dut opérer et sa conversion à la philosophie épicurienne de Siron : « Je déploie ma voile vers un port fortuné ; je vais entendre l'éloquente parole du grand Siron, et je vais affranchir ma vie de toute inquiétude » (*nos ad beatos vela mittimus portus | magni petentes docta dicta Sironis | vitamque ab omni vindicabimus cura*, trad. M. Nisard). Le philosophe aurait prêté ou légué après sa mort une petite maison à Virgile et à son père lorsqu'ils furent chassés de leur propriété par l'installation des vétérans consécutive à la bataille de Philippes en 42ᵃ (*Catalepton* 8).

On a retrouvé son nom dans quelques lignes fort abîmées de *P.Herc.* 312, col. 1, li. 5-13. On lit clairement Σίρωνα. Croenert a reconstitué dans le passage les mots [Νεά]πολιν et Ἡρκλ[ανέωι], qui rattachent le site d'Herculanum, d'où provient le papyrus, aux activités d'un cercle épicurien dans la baie de Naples. Voici la traduction qu'en donne Gigante (fr. 1, p. 178): «Si decideva di risalire con noi a Napoli presso il carissimo Sirone e al modo di vita che lì si praticava secondo il suo insegnamento e riprendere vivamente le conversazioni filosofiche e ricercare insieme con altri a Ercolano...» C'est donc peut-être à Naples plutôt qu'à Rome qu'il a pu enseigner à Virgile, et aussi, selon les scholiastes, à Varus (P. Alfenus Varus, ami d'Auguste, ➨V 7).

Sur la formation philosophique reçue par Virgile (➨V 10) auprès de Siron, voir Régine Chambert, notice «Vergilius Maro (P. –)», V 10, dans le tome VII.

Sur l'attribution du texte conservé dans ce papyrus à Philodème, voir **1** M. Gigante, *Atakta. Contributi alla papirologia ercolanese*, ‹t. I›, coll. «Biblioteca della *Parola del Passato*» 17, Napoli 1993, p. 162-164 (= *CErc* 22, 1992, p. 173-174, qui rappelle que le passage est cité par **2** A. Rostagni, *Virgilio minore. Saggio sullo svolgimento della poesia virgiliana*, coll. «Storia e letteratura» 88, Torino 1933, p. 175 n. 1 : 2ᵉ éd., Roma 1961, p. 175 n. 20 (voir déjà *RFIC* 1931, p. 321 n. 2), comme attestant le lien entre le cercle de Philodème à Herculanum et celui de l'épicurien Siron à Naples.

Servius, dans son commentaire sur les *Bucoliques*. VI 13 [fr. 9], invite à retrouver Siron sous les traits de Silène dans la sixième églogue des *Bucoliques* – où est exposée une cosmologie épicurienne –, tout comme Varus et Virgile lui-même se cacheraient sous Mnasyle et Chromis : «Nam vult exequi sectam Epicuream, quam didicerant tam Vergilius quam Varus docente Sirone. Et quasi sub persona Sileni Sironem inducit loquentem, Chromin autem et Mnasylon se et Varum vult accipi, quibus ideo coniungit puellam, ut obstendat plenam sectam Epcuream, quae nihil sine voluptate, vult esse perfectum» (p. 66, 23-27 Thilo).

Aucune activité littéraire n'est attestée pour Siron, mais elle est peut-être impliquée par les témoignages qui prétendent que Virgile avait exposé les vues de son maître (Serv., *ad Aen.* VI 264 [fr. 10]) : «ex maiore autem parte Sironem, id est magistrum suum Epicureum sequitur» (p. 46, 6-7 Thilo et Hagen).

Cf. **3** W. Croenert, *Kolotes und Menedemos*, p. 125-127 ; **4** H. von Arnim et W. Kroll, art. «Siron», *RE* III A 1, 1927, col. 353-354 ; **5** L. Holford-Strevens, art. «Siro», dans R.F. Thomas et J.M. Ziolkowski (édit.), *The Virgil Encyclopedia*, Chichester (West Sussex) 2014, t. III, p. 1181.

Témoignages. 6 M. Gigante, «I frammenti di Sirone», dans *Scritti in onore di A. Grilli* = *Paideia* 45, 1990, p. 175-198 (recueil commenté des 13 fragments conservés avec traduction italienne).

Le rôle de Siron dans la formation philosophique de Virgile et l'importance du cercle épicurien de Naples qui a laissé sa trace dans la villa des papyri à Herculanum ont été signalés dans plusieurs études récentes : **7** A. Michel, «A propos de la tradition doxographique. Épicurisme et platonisme chez Virgile», dans W. Wimmel (édit.), *Forschungen zur römischen Literatur, Festschrift zum 60.*

Geburtstag von Karl Büchner, 2 vol., Wiesbaden 1970, p. 197-205 ; **8** J. Sierón, « De Vergilii studiis philosophicis », *Meander* 41, 1986, p. 427-442 ; **9** H. Mac Leod Currie, « *Virgilius viator* : du Jardin au Portique », *BAGB* 1992, p. 262-272 ; **10** M. Gigante, « Virgilio e i suoi amici tra Napoli e Ercolano », *AVM* 59, 1991, p. 87-125.

RICHARD GOULET.

94 SISENNA (L. CORNELIUS –) *RE* 374   119 ?-67

Historien et homme politique romain. Il était issu d'une famille probablement patricienne, en tout cas de rang prétorien (*cf.* **1** E. Badian, « Waiting for Sulla », *JRS* 52, 1962, p. 206-234, en particulier p. 212-214, et **2** *Id.*, « The Early Historians », dans T. A. Dorey (édit.), *Latin Historians*, London 1966, p. 1-38). On le trouve dès 88ᵃ dans l'entourage de Lucullus (➤L 74) et d'Hortensius (Plutarque, *Luc.* 1). On ne sait avec certitude s'il fit partie de l'état-major de Sylla dans la guerre contre Mithridate ou s'il demeura à Rome (*cf.* **3** E. Badian, « Where was Sisenna ? », *Athenaeum* 42, 1964, p. 422-431). Il fut préteur en 78ᵃ (*MRR* II 86 et suppl. 73). Il gouverna ensuite la Sicile en 77ᵃ (*MRR* II 90), puis fut un des avocats de Verrès avec Hortensius (Cicéron, *De Signis* 43) en 70ᵃ. En 67ᵃ il était légat de Pompée (➤P 254) lors de la guerre contre les pirates (*MRR* II 148) : il était chargé de la côte de la Macédoine et de la Grèce (Appien, *Mithr.* 95) et mourut alors, avant d'avoir pu accomplir sa dernière mission qui était de réconcilier Pompée et Metellus Creticus (Dion Cassius 36, 18-19).

Sisenna fut un homme de lettres brillant (*cf.* **4** H. Bardon, *La littérature latine inconnue*, Paris 1952, t. I, p. 251-258), même s'il était jugé comme un orateur de second rang (Cicéron, *Brutus* 228). Il traduisit avec succès les fables milésiennes (Plutarque, *Crassus* 32, et Ovide, *Tristes* 2, 443-444, mais l'interprétation de ce passage est controversée, *cf.* **5** E. Rawson, « L. Cornelius Sisenna and the Early First Century B.C. », *CQ* 29, 1979, p. 327-346, en particulier p. 331-333). Il fut considéré comme le meilleur historien de son époque (Salluste, *Iug.* 95, 2, et Cicéron, *Brut.* 228) grâce à ses *Historiae*, dont il ne nous reste que des fragments, environ 140 (*HRR* 175-189, *cf.* **5** M. Chassignet, *L'annalistique romaine*, t. III, Paris 2004, p. 50-88). Si la date de composition de cet ouvrage n'est pas certaine, en revanche le sujet nous est connu par Velleius (Vell. II, 9, 5) : il traitait de la Guerre sociale et de la guerre civile sous Sylla et Marius. Sisenna allait probablement jusqu'à l'année 78ᵃ (*cf.* Chassignet **6**, p. XLV). Son modèle était l'historien grec Clitarque (Cicéron, *Leg.* I, 7, *cf.* Rawson **5**, p. 336-342).

On a parfois affirmé que Sisenna était un épicurien (*cf.* Badian **1**, p. 213, et Badian **2**, p. 26, ainsi que Bardon **4**, p. 254) en s'appuyant sur une allusion de Cicéron (*De diuinatione* I 99). Ce dernier reproche à l'historien de dénier toute valeur aux rêves (*cf.* **7** P. Kragelund, « Dreams, Religion and Politics in Republican Rome », *Historia* 50, 2001, p. 53-95), mais de rapporter des prodiges sans la moindre critique au début de son récit sur la Guerre Sociale. Il est vrai que la critique des rêves apparaît comme un thème privilégié de la propagande épicurienne

(Lucrèce, *De rerum natura* IV 732-738). Un fragment du livre IV des *Historiae* semble également faire allusion à la philosophie épicurienne (*HRR* 123) en évoquant la possible indifférence des dieux aux affaires humaines. On peut cependant considérer que ces deux passages prouvent surtout que Sisenna connaissait la doctrine épicurienne et que cette dernière était déjà bien diffusée à Rome à cette époque (*cf.* **8** Y. Benferhat, *Ciues Epicurei. Les épicuriens et l'idée de monarchie à Rome et en Italie de Sylla à Octave*, Bruxelles 2005, p. 70-72), mais ils ne prouvent pas forcément son adhésion.

YASMINA BENFERHAT.

95 SISINNIUS — mort en 412

Lecteur dans la communauté novatianiste de Constantiople qui « connaissait avec exactitude les interprétations des lettres sacrées et les doctrines philosophiques » (Socrate, *H. E.* V 10, 10, trad. Périchon-Maraval), il succéda à Marcianus à la tête de cette Église en 395. Il aurait reçu une formation philosophique en même temps que l'empereur Julien (☛I 46) à l'école de Maxime [d'Éphèse] le philosophe (☛M 63) et se serait montré un habile dialecticien, redouté par l'hérétique Eunome (☛E 122).

Il faut le distinguer d'un homonyme également connu grâce à l'historien Socrate : Sisinnius qui succéda à Atticus comme patriarche orthodoxe de Constantinople (en 426-427).

Socrate, *H.E.* V 21, 1-2 (trad. Périchon-Maraval) : « Agélios fut à la tête de l'Église des Novatiens de Constantinople pendant quarante ans, de l'époque de Constance à la sixième année du règne de Théodose (384), comme je l'ai mentionné précédemment. Près de mourir il ordonne évêque à sa place Sisinnios, un des prêtres qui dépendaient de lui, un homme cultivé, qui avait par ailleurs reçu l'enseignement de la philosophie du philosophe Maxime, en même temps que l'empereur Julien (ἐλλόγιμος δὲ ἄλλως, καὶ ὑπὸ Μαξίμου τοῦ φιλοσόφου ἅμα Ἰουλιανῷ τῷ βασιλεῖ τὰ φιλόσοφα παιδευθείς) » (trad. Périchon-Maraval). Consacré évêque par Agélius, qui avait également consacré Marcianus, il ne put monter sur le trône épiscopal qu'après la mort de ce dernier en 395. Voir Socrate, *H.E.* VI 1, 8. Socrate dresse de lui un portrait sympathique et rapporte plusieurs de ses bons mots, notamment à l'endroit de Jean Chrysostome : VI 22.

Ibid. VI 22, 1-2 (trad. Périchon-Maraval) : « Je pense qu'il n'est pas hors de propos de parler brièvement de Sisinnios. C'était un homme cultivé (ἐλλόγιμος), comme je l'ai dit plusieurs fois, et qui connaissait parfaitement les doctrines philosophiques (τὰ φιλόσοφα ἄκρως μαθών) : il s'exerçait beaucoup à la dialectique (διαλεκτικῆς δὲ σφόδρα ἐπεμελεῖτο) et savait interpréter avec exactitude les lettres sacrées, de sorte que l'hérétique Eunome, bien souvent, esquiva son habileté dialectique (τὴν ἐπὶ τῇ διαλέξει δεινότητα) ». Ce second témoignage est repris dans la *Souda* Σ 481-482, t. IV, p. 366, li. 1-3 Adler Voir aussi Socrate, *H.E.* VII 5 ; VII 6.

Sozomène, *H.E.* VIII 1, 9 (trad. Festugière) : « Après le gouvernement d'Agélius en effet, ils (les novatiens) avaient obtenu celui de Marcien, homme de mérite. Puis celui-ci, mort récemment sous le présent règne, eut pour successeur dans l'épiscopat Sisinnius, homme extrêmement cultivé, savant dans les doctrines des philosophes (ἀνὴρ ἐλλόγιμος ὅτι μάλιστα καὶ φιλοσόφων δογμάτων) et les saintes Écritures et si habile dans la dialectique (πρὸς διαλέξεις ἕτοιμος) qu'Eunome même, bien que renommé sur ce point et qui faisait de cela sa pratique, refusa souvent de discuter avec lui ». Sozomène avait déjà présenté ce personnage en VII 12, 4 (trad. Festugière) : « Agélius prouvait l'excellence de sa vie par ses actes mêmes, mais il était sans expérience des finesses et arguties dans les discussions (κομψότητος δὲ καὶ τερθρείας λόγων ἀτριβής) ; il proposa donc à sa place, pour voir ce qu'il fallait faire et au besoin discuter, l'un des lecteurs alors sous son autorité, nommé Sisinnius, qui, plus tard, reçut le même épiscopat, habile à concevoir et à s'exprimer (ἱκανὸν νοῆσαί τε καὶ φράσαι), fort instruit dans l'exégèse des Saints Livres, et très au courant des écrits produits par les philosophes chez les païens et dans l'Église (πολυμαθῆ τῶν ἱστορημένων ὑπὸ τῶν παρ᾽ Ἕλλησι καὶ τῇ ἐκκλησίᾳ φιλοσοφησάντων)».

RICHARD GOULET.

96 SIXTE (XUSTOS) II   III

Vingt-quatrième pape de l'Église romaine (257-258), originaire d'Athènes où il avait reçu une formation philosophique.

Liber pontificalis, 1, p. 34 Mommsen : XXV. XYSTUS (257-258) ; 1 *Xystus, natione Grecus, ex philosopho*.

Synaxaire de l'Église de Constantinople, 10 août (H. Delehaye, Bruxelles 1902, col. 881, 8-23) : «Épreuve des saints martyrs Laurent, Sixte, évêque de Rome, et Hippolyte. Ils ont vécu à l'époque de Dèce. Saint Sixte était originaire d'Athènes et il y avait exercé le discours de la philosophie (Καὶ ὁ μὲν ἅγιος Ξύστος ἐξ Ἀθηνῶν ὑπῆρχεν, ἐν αἷς καὶ τὸν τῆς φιλοσοφίας λόγον ἤσκήθη). Venu à Rome il est élu évêque de Rome après saint Étienne (Ier). Souffrant déjà de la persécution contre les chrétiens, saint Sixte ordonne à son archidiacre Laurent d'administrer les biens de l'Église (διοικῆσαι τὰ σκεύη τῆς ἐκκλησίας). Ce dernier les vendit et fit une distribution aux pauvres. Lors du retour de Perse de Dèce, le saint évêque Sixte lui fut amené, et comme il refusait de renier le Christ et qu'il confessait avec franchise que celui-ci était Dieu et Créateur de l'univers, il eut la tête tranchée par l'épée».

On a envisagé que son origine athénienne et sa formation philosophique soient le résultat d'une identification avec Sextus, auteur du recueil de sentences (➨S 69) intitulé ΣΕΞΤΟΥ ΓΝΩΜΑΙ. Dans la préface de sa traduction des *Sentences* Rufin présente de fait le pape Sixte comme l'auteur : *Sextum in Latinum verti, quem Sextum ipsum esse tradunt qui apud vos id est in urbe Roma Xystus vocatur, episcopi et martyris gloria decoratus* (li. 6-8 Chadwick). Cette tradition que Rufin ne confirme pas explicitement est également attestée dans les *Sacra Parallela* où certaines sentences sont citées sous le lemme Ζέξτου Ῥωμ et dans la tradition syriaque qui connaît des *Sentences* choisies de « Mar Xystus, évêque de Rome ». Cette attribution à Sixte était d'ailleurs rejetée par Jérôme qui, contre l'avis de Rufin, attribuait plutôt ces Sentences dépourvues de toute référence chrétienne à un Xyste philosophe païen pythagoricien (voir *in Ezech.* 6, t. V, p. 206-207 Vallarsi ; *Epist.* 133, 3, *CSEL* LVI, p. 246-247 ; *in Ierem.* IV 41, *CSEL* LIX, p. 267). Le problème de l'attribution des *Sentences* à l'évêque de Rome Sixte II est traité par H. Chadwick, *The Sentences of Sextus*, Cambridge 1959. p. 117-137 qui refuse de considérer la candidature de Sixte II comme totalement impossible et estime que le compilateur de la collection était vraisemblablement un chrétien. Mais plutôt que de supposer qu'on a prêté à l'évêque romain une formation philosophique à cause des *Sentences* qu'on lui attribuait, on peut estimer que c'est la réputation de philosophe de Sixte qui a entraîné son identification comme auteur des *Sentences* qu'atteste Rufin.

Cf. F. Halkin, *BHG*³ <t. II> Bruxelles 1957, p. 51-52, *s.v.* « Laurentius, Xystus, Hippolytus », nᵒˢ 976-978*b* ; Fr. Scorza Barcellona, art. « Sisto II », dans *Enciclopedia dei papi*, Istituto della Enciclopedia italiana, 2008, t. I, p. 286-292.

RICHARD GOULET.

SMICHIAS → **SIMICHIAS**

SMICRIAS → **SIMICHIAS**

97 SMINTHÈS *RE*

Auteur de *Phénomènes*. Voir *Isagoga bis excerpta in Aratum* 5, p. 324, 10-15 Maass : « De nombreux autres auteurs ont écrit des *Phénomènes* : Cléostrate [de Ténédos] (☞+C 172), Sminthès, Alexandre d'Étolie (☞+A 120), Alexandre d'Éphèse (☞+A 113), Alexandre de Lykaia (☞+A 117), Anacréon, Artémidore, Hipparque et beaucoup d'autres. Mais cependant Aratos écrivit plus brillamment que tous les autres » (Πολλοὶ γὰρ καὶ ἄλλοι Φαινόμενα ἔγραψαν καὶ Κλεόστρατος καὶ Σμίνθης καὶ Ἀλέξανδρος ὁ Αἰτωλὸς καὶ Ἀλέξανδρος ὁ Ἐφέσιος καὶ Ἀλέξανδρος ὁ Λυκαίτης καὶ Ἀναχρέων καὶ Ἀρτεμίδωρος καὶ Ἵππαρχος καὶ ἄλλοι πολλοί. Ἀλλ' ὅμως πάντων λαμπρότερον ὁ Ἄρατος ἔγραψεν).

Sminthès apparaît également dans deux listes d'« astronomes » ayant écrit sur Aratos (Οἱ περὶ τοῦ ποιητοῦ [*scil.* Ἀράτου] συνταξάμενοι) ou sur le ciel (Οἱ περὶ τοῦ πόλου συντάξαντες). Voir E. Maass, *Aratea*, coll. « Philologische Untersuchungen » 12, Berlin 1892, p. 121 et 123 (*cf.* E. Maass, « Das Vaticanische Verzeichniss der Aratcommentatoren », *Hermes* 16, 1881, p. 385-392, notamment p. 385 et 388) ; F. Wehrli, *Hermippos der Kallimacheer*, coll. « Die Schule des Aristoteles » Suppl. 1, Basel 1974, fr. 96 et 97.

RICHARD GOULET.

SOCHARÈS → **POSOCHARÈS**

98 SOCRATE D'ATHÈNES *RE* 5   469/468-399[a]

Philosophe, né et mort à Athènes, maître de Platon ; son influence sur ce dernier fut décisive pour toute l'histoire de la philosophie.

LA QUESTION SOCRATIQUE

Le contraste est frappant entre l'immense célébrité de Socrate et le peu de certitudes que nous avons à son sujet. Lui-même n'ayant rien écrit, nous ne connaissons de sa personnalité, de sa vie et de sa pensée que ce qu'en ont dit ses contemporains, puis des auteurs, parfois beaucoup plus tardifs, dont les renseignements proviennent soit desdits contemporains soit d'autres sources dont nous ne sommes pas toujours assurés. Autant ou plus que sur Socrate lui-même, c'est en réalité sur le souvenir qu'il a laissé et son évolution au fil du temps que cette documentation nous informe, et en particulier sur les divergences d'opinion qu'il a suscitées, déjà parmi ses contemporains puis tout au long de l'antiquité : rien ou presque de ce que nous pensons savoir sur Socrate n'est dissociable du point de vue propre à celui qui nous le fait savoir et, de toute information qui nous est donnée sur Socrate, on peut craindre qu'elle ne nous en apprenne plus sur l'informateur que sur Socrate lui-même.

Si l'on s'en tient là, on ne peut faire autrement que de parler, comme
1 L.-A. Dorion, *Socrate*, coll. « Que sais-je ? », Paris 2004, du « Socrate d'Aristophane », du « Socrate de Platon » et du « Socrate de Xénophon », les trois contemporains dont il nous reste autre chose que des fragments. S'y ajoute le Socrate
d'Aristote, ce dernier étant le premier à avoir contesté la fidélité du témoignage de
Platon en affirmant que Socrate, à la différence de Platon, « ne faisait ni des
universels ni des définitions des entités séparées » (*Métaph* M 4, 1078 b 30-31,
cf. 9, 1086 b 3-4). Aristote pourrait ainsi passer pour avoir ouvert la question socratique : si ce ne fut pas le cas, c'est peut-être parce que cette déclaration fut victime
de l'occultation des écrits métaphysiques du Stagirite pendant une bonne partie de
l'époque hellénistique. Toujours est-il que tout au long de cette période elle n'empêcha pas admirateurs et détracteurs de Socrate, quoique parfaitement avertis de
l'hétérogénéité des témoignages des socratiques sur leur éponyme, de puiser à part
égale chez Platon et chez Xénophon (qui semblent être devenus rapidement leurs
deux sources principales) les éléments de leurs représentations de Socrate. La
redécouverte de la *Métaphysique* au Ier siècle av. J.-C. ne semble pas avoir affecté
un éclectisme qui restera la règle jusqu'à notre XVIIIe siècle, et n'ébranla même pas
la foi de certains platoniciens dans l'authenticité du Socrate des dialogues de
Platon, tel Syrianus (➡S 181) voyant dans la différence introduite par Aristote
entre Socrate et Platon ce que le Stagirite avait écrit de pire (τὸ σχετλιώτατον, *in*
Metaph., p. 104, 37 Kroll).

Ce n'est qu'en notre XIXe siècle qu'a été soulevée la question socratique, dans
la conférence prononcée en 1815 par **2** F. Schleiermacher, « Ueber den Werth des
Sokrates als Philosophen », *Abhandlungen der königlichen Preussischen Akademie*
der Wissenschaften zu Berlin aus den Jahren 1814-1815, Philosophische Klasse,
Berlin 1818, p. 50-68 = **3** *Id.*, *Sämmtliche Werke*, III 2, Berlin 1838, p. 287-308,
repris dans **4** A. Patzer (édit.), *Der historische Sokrates*, coll. « Wege der
Forschung » 585, Darmstadt 1987, p. 41-58. Selon l'auteur, la question de « la
valeur de Socrate comme philosophe » se posait de la façon suivante : « Que peut
encore avoir été Socrate, en plus de ce que Xénophon rapporte à son sujet, sans
pourtant contredire les traits de caractère et les règles de vie que Xénophon
présente comme proprement socratiques, et que doit-il avoir été pour avoir donné à
Platon motif et droit de le représenter comme il le fait dans ses dialogues ? » (*ap.*
Patzer **4**, p. 49). Schleiermacher, on le notera, n'écarte le témoignage ni de
Xénophon ni de Platon : si Platon en dit « plus » que Xénophon sur Socrate, le
portrait qu'il trace de ce dernier n'en est pas moins autorisé, en ce que c'est en
Socrate qu'il a trouvé les raisons de le dépeindre comme il le fait ; mais
inversement, ce n'est pas parce que Xénophon se borne aux traits de caractère et
aux règles auxquelles Socrate conformait sa conduite que son témoignage doit être
invalidé. Le point est seulement que, si l'on trouve bien chez Xénophon une
représentation de « l'homme » ou, au mieux, du moraliste Socrate, c'est chez
Platon qu'il faut chercher le philosophe.

Ce qui peut paraître aujourd'hui paradoxal, c'est la confirmation que Schleiermacher trouve de cette analyse chez Aristote. Invoquant, en effet, le témoignage du Stagirite sur Platon (*Métaph.* A 6, 987 a 32 - b 6 ; M 4, *loc. cit.*), pourtant indiscutablement critique à l'égard de ce dernier, il y trouve la confirmation que « la valeur de Socrate comme philosophe », tel qu'il apparaît dans les dialogues de Platon, c'est d'avoir été « le vrai créateur de la dialectique » et le maître de « l'art de former et d'enchaîner les concepts » (*ap.* Patzer **4**, p. 54). Que Socrate, comme le rapporte aussi Aristote, ait exercé cet art exclusivement dans le domaine de l'éthique concorde avec le témoignage de Xénophon, presque tout entier centré sur l'enseignement moral et l'exemple donnés par Socrate – témoignage qui peut donc être retenu toutes les fois qu'il ne contredit pas celui de Platon.

La synthèse tentée par Schleiermacher ne suffit pas à clore la question socratique qu'il avait lui-même soulevée, et cela du fait de sa fragilité. Affirmer, en effet, qu'il y a philosophiquement plus dans le témoignage de Platon que dans celui de Xénophon, c'était ouvrir la porte à l'hypothèse que ce « plus » soit un apport personnel de Platon, ou puisé à d'autres sources que Socrate ; inversement, affirmer qu'à Xénophon a échappé en Socrate le philosophe et le dialecticien contenait en germe une dépréciation de sa capacité de discernement et par voie de conséquence une méfiance à l'égard de son témoignage. L'histoire de la question socratique, retracée de façon détaillée par Patzer **4**, « Einleitung », p. 1-40, est celle de l'ébranlement progressif de l'équilibre auquel pensait être parvenu Schleiermacher.

Cet équilibre, Patzer **4**, p. 13, l'a défini comme un « éclectisme critique » : éclectisme en ce que, selon une formule qui connaîtra des variations tout au long du XIXe siècle, il fait confiance à différents auteurs – le plus fréquemment, Platon, Xénophon et Aristote – pour accéder à la connaissance du Socrate historique ; critique en ce qu'il n'accorde cependant pas à chacun la même autorité. C'est cette dimension critique qui conduira, au XXe siècle, l'éclectisme hérité de Schleiermacher à se retourner en son contraire, à savoir un privilège exclusif accordé à Platon.

Lorsque Schleiermacher voyait en Socrate le créateur de la dialectique, il pensait à la méthode de division présentée dans le *Phèdre*, tenu traditionnellement, sur la foi de Diogène Laërce (III 38), pour le premier dialogue de Platon. Dans le dernier tiers du XIXe siècle, cependant, les recherches stylométriques de **5** L. Campbell, *The* Sophistes *and* Politicus *of Plato*, Oxford 1867, et de **6** W. Dittenberger, « Sprachliche Kriterien für die Chronologie der platonischen Dialoge », *Hermes* 16, 1881, p. 321-345, entraînèrent un bouleversement de la chronologie des dialogues de Platon. Le *Phèdre* ne fut plus tenu pour un dialogue de jeunesse, et ce sont au contraire, avec l'*Apologie de Socrate*, les dialogues ayant pour thème la recherche des définitions de notions morales mais n'aboutissant qu'à des apories qui furent considérés comme les premières productions de Platon. Socrate apparaissant sous un jour très différent dans les dialogues désormais tenus pour postérieurs, cette première phase fut également tenue pour la plus socratique dans l'évolution intellectuelle de Platon, de sorte que c'est le plus souvent à ces dialogues, appelés désormais socratiques, qu'on réduit le témoignage de Platon sur Socrate.

Plus que celle d'un dialecticien, l'image qui se dégage à la fois de ce groupe de dialogues et des *Mémorables* de Xénophon est dès lors celle d'un Socrate moraliste, attaché au perfectionnement de ceux qui le fréquentaient et plus généralement de ses concitoyens ; image qui n'est pas démentie par l'affirmation d'Aristote, que Socrate ne s'intéressait qu'aux questions morales et dans ce domaine s'attachait à définir.

En même temps qu'à l'idée d'une évolution de Platon, l'éclectisme qui caractérise cette période s'ouvrait à celle d'une évolution de Socrate lui-même, en admettant au nombre des témoins de Socrate Aristophane, qui, dans les *Nuées*, le caricature sous les traits d'un adepte de la philosophie naturelle des Ioniens, enseignant en outre à ses disciples les argumentations captieuses reprochées aux sophistes. La contradiction entre cette caricature et l'*Apologie de Socrate* de Platon ou les *Mémorables* de Xénophon trouverait son explication dans la date des *Nuées* (423ᵃ), à laquelle Platon et Xénophon n'étaient que de tout jeunes enfants. Sous la caricature, les *Nuées* porteraient donc témoignage d'une période de la vie de Socrate que ses deux apologètes n'ont pas connue, occupée par des recherches dont il reconnut ensuite l'inanité (cf. Plat., *Phédon*, 96 a - 99 d) pour devenir le moraliste qu'ont connu Platon et Xénophon.

Le Socrate des « dialogues socratiques » de Platon ne se caractérise pas seulement par son intérêt exclusif pour l'éthique, mais aussi par la profession de non-savoir explicitée dans l'*Apologie* et illustrée par le caractère aporétique de ses enquêtes sur les différentes vertus. Platon, apparemment confirmé par Aristote (*Réf. Soph*. 34, 183 b 7-8 : « Socrate interrogeait mais ne répondait pas, car il reconnaissait ne pas savoir »), entre sur ce point en contradiction avec Xénophon, qui ne prête jamais à Socrate une telle déclaration. Si donc on admet que Platon nous donne dans ses premiers dialogues une image fidèle de Socrate, on doit douter de la fiabilité du témoignage de Xénophon. Les critiques adressées à ce dernier par les historiens de la philosophie à partir de la fin du XIXᵉ siècle ne se sont pas bornées à celle-là. L.-A. Dorion, dans son « Introduction » à **7** M. Bandini et L.-A. Dorion, *Xénophon : Mémorables*, *CUF*, 3 vol., Paris 2000-2011, t. I, p. XIV-XCIX, en a dressé un inventaire détaillé. Ces critiques allaient mener, dans les premières décennies du XXᵉ siècle, à une quasi-occultation des écrits socratiques de Xénophon dans la littérature spécialisée.

Aux yeux de tous ceux pour qui la question socratique continuait de se poser dans les termes définis par Schleiermacher, la conclusion à tirer du discrédit dans lequel est tombé Xénophon était que l'on ne peut se fier qu'à Platon pour une connaissance du Socrate historique. Si l'on excepte la thèse soutenue simultanément par **8** A. E. Taylor, *Varia Socratica*, Oxford 1911, et **9** J. Burnet, *Plato's Phaedo*, Oxford 1911, p. IX-LVI (= Patzer **4**, p. 109-145), selon laquelle tout ce qui est mis par Platon dans la bouche de Socrate doit être attribué au Socrate historique, thèse restée sans postérité, l'opinion la plus partagée, illustrée notamment par **10** J. Stenzel, art. « Sokrates aus Athen », *RE* III A 1, 1927, col. 811-890, fut que le Socrate historique est à chercher dans ce qu'une chronologie désormais communément admise désigne comme les premiers dialogues ou dialogues de jeunesse de Platon, de l'*Apologie de Socrate* jusqu'au *Ménon* inclus ; dialogues d'où se dégage l'image du Socrate en quête de définitions de concepts éthiques qu'a retenue Aristote.

Dès la fin du XIXᵉ siècle, cependant, une approche radicalement différente avait été inaugurée par **11** K. Joël, *Der echte und der Xenophontische Sokrates*, 2 t. en 3 vol., Berlin 1893-1901. D'une critique détaillée des *Mémorables* de Xénophon, cet auteur concluait au caractère fictif des entretiens dont cet ouvrage est composé : écrivant en réponse à l'*Accusation de Socrate* où Polycrate (⮕P 239) mettait *a posteriori* dans la bouche d'Anytos les griefs que pouvaient avoir contre Socrate les tenants de la démocratie, Xénophon, de même, met dans la bouche de Socrate des propos plus fidèles, selon lui et selon le groupe de socratiques auquel il se rattache – il s'agit selon Joël de la filiation cynico-antisthénienne –, à la personnalité et à l'enseignement de Socrate. Dans un article publié deux ans après le premier volume de l'ouvrage précité, **12** « Der λόγος Σωκρατικός », *AGPh* 8, 1895, p. 466-483 ; 9, 1896, p. 50-66, Joël étendit cette conclusion à l'ensemble des ouvrages dans lesquels les socratiques, Platon compris, ont fait de Socrate l'un de leurs personnages. Il se fonde pour cela sur deux passages d'Aristote (*Poétique*, 1147 b 9-11 et Περὶ ποιητῶν, fr. 72 Rose³ = fr. 3 Ross = fr. 44e Janko) où, associés aux mimes de Sophron, les Σωκρατικοὶ λόγοι (*Poét.*) ou διάλογοι (Π. ποιητ.) illustrent, au même titre qu'épopée, tragédie et comédie, l'imitation par le langage dont traite la *Poétique*. Joël **12** en conclut qu'au temps d'Aristote les Σωκρατικοὶ λόγοι en étaient venus à constituer un genre littéraire particulier, où régnait la même liberté d'invention que dans les ouvrages dramatiques ou épiques. De même que les tragiques évoquent librement les événements historiques qu'ils portent à la scène, les auteurs de Σωκρατικοὶ λόγοι font preuve de la même liberté à l'égard de Socrate : même si le Socrate qu'ils représentent n'est pas un personnage de fiction, rien ne s'oppose à ce que les entretiens qu'ils composent autour de lui – ce pourquoi ils se définissent comme « socratiques – soient fictifs.

13 E. Dupréel, *La Légende socratique et les sources de Platon*, Bruxelles 1922, étendit à Platon la conception développée par Joël **12**, mais c'est **14** O. Gigon, *Sokrates. Sein Bild in Dichtung und Geschichte*, coll. « Sammlung Dalp » 41, Bern 1947, qui en tira les conséquences les plus radicales. Plus qu'une démarcation, ce titre posait une alternative entre légende et histoire, et le livre concluait en faveur de la légende. Non que le Socrate d'Aristophane ou des socratiques ne soit qu'une fiction : il existe bien un Socrate de l'Histoire, qui prit une certaine part à l'histoire d'Athènes à la fin du Vᵉ siècle av. J.-C., mais nous n'avons à son sujet que peu de certitudes ; le Socrate auquel nous donnons une place si considérable dans l'histoire de la philosophie n'est, lui, qu'une fiction, un mythe dont il existe autant de variantes que de narrateurs. S'inscrivant dans le droit fil de Joël **12**, Gigon concluait que, faute d'accéder à la connaissance du Socrate historique, seul le genre littéraire qui se réclame de lui, le λόγος σωχρατιχός, offre une base solide à la recherche sur le socratisme, à ne pas confondre évidemment avec la pensée de Socrate, à jamais inaccessible.

Presque simultanément, V. de Magalhães-Vilhena, avec ses deux thèses de doctorat soutenues en 1949, **15** *Le Problème de Socrate : le Socrate historique et le Socrate de Platon*, coll. «Bibliothèque de philosophie contemporaine», Paris 1952, et **16** *Socrate et la légende platonicienne*, coll. «Bibliothèque de philosophie contemporaine», Paris 1952, arrivait à une conclusion analogue : Socrate «tel qu'il fut» nous étant inaccessible, reste à appréhender Socrate «tel qu'il fut compris», tant par ses disciples que par ses adversaires. En appendice à ses deux thèses, Magalhães-Vilhena donnait des éléments pour une histoire du socratisme (**15**, p. 459-469 ; **16**, p. 225-230), mais il ne donna pas d'autre suite au programme ainsi esquissé. O. Gigon, pour sa part, n'apporta pas d'autre contribution à la recherche sur la littérature socratique qu'il avait appelée de ses vœux que **17** *Kommentar zum ersten Buch von Xenophons Memorabilien*, coll. «Schweizerische Beiträge zum Altertumswissenschaft» 5, Basel 1953, et **18** *Kommentar zur zweiten Buch von Xenophons Memorabilien*, coll. «Schweizerische Beiträge zur Altertumswissenschaft» 7, Basel 1956. Consacrés pour l'essentiel à montrer que les *Mémorables* sont une compilation d'emprunts à d'autres socratiques, ces commentaires relèvent de la *Quellenforschung* plus qu'ils n'apportent d'éclairage sur le point de vue propre de Xénophon. On peut dire en ce sens qu'aucun des deux promoteurs d'une histoire du socratisme libérée de la question socratique n'a cherché à réaliser ce programme. Ce qui n'a peut-être rien pour étonner : peut-on en effet continuer à parler de socratiques et de socratisme si l'on ne sait rien de Socrate ?

Aussi l'ensemble de la critique socratique, tout en concédant à Gigon **14** les limites auxquelles se heurte la connaissance du Socrate historique, a-t-elle continué de penser que la critique interne des témoignages des socratiques permettrait d'apercevoir les traits du modèle dont s'inspiraient tous ces portraits. Ainsi retrouve-t-on dans la seconde moitié du XXe siècle les deux options entre lesquelles se partagent les héritiers de Schleiermacher : l'éclectisme critique trouve un prestigieux représentant en **19** W. K. C. Guthrie, *Socrates*, Cambridge 1971 (= *A History of Greek Philosophy*, t. III : *The Fifth-Century Enlightenment*, Part 2, Cambridge 1969), mais le discrédit dans lequel est tombé Xénophon depuis le début du siècle est tel que la majorité des interprètes considèrent comme le principal, voire le seul, témoin de Socrate le Platon des premiers dialogues. L'ouvrage le plus représentatif à cet égard est **20** G. Vlastos, *Socrates, Ironist and moral philosopher*, Cambridge 1991 (trad. fr. par C. Dalimier, *Socrate. Ironie et philosophie morale*, Paris 1994). Comme le titre l'indique, la figure de Socrate est toujours dans ce livre celle d'un moraliste, mais plus celle du «philosophe du concept» qu'on voyait auparavant en lui sous l'influence d'Aristote : pour Vlastos **20** comme pour d'autres avant lui (**21** G. Calogero, art. «Socrate», *Nuova*

Antologia, 90, 1955 [= *Id.*, *Scritti minori di filosofia antica*, Napoli 1984, p. 106-126] ; **22** *Id.*, « La regola di Socrate », *La Cultura*, 1, 1963, p. 182-196 ; **23** G. Giannantoni, *Che cosa ha veramente detto Socrate*, Roma 1971 ; **24** G. Santas, *Socrates. Philosophy in Plato's Early Dialogues*, coll. « The Arguments of the Philosophers », London 1979), le souci éthique de Socrate se manifeste moins par la recherche de définitions que par la mise à l'épreuve de lui-même et d'autrui par une procédure interrogative génératrice d'aporie, et donc d'inquiétude morale. La scène anglo-saxonne a été largement occupée par la controverse sur le point de savoir quels dialogues de Platon doivent être considérés comme proprement socratiques (voir notamment **25** T. Irwin, *Plato's Moral Theory. The Early and Middle Dialogues*, Oxford 1977, et **26** *Id.*, *Plato's Ethics*, Oxford 1995, réfection de l'ouvrage précédent), de sorte que le débat sur l'historicité de la figure de Socrate en est venu à se confondre avec une discussion sur l'évolution philosophique de Platon.

Une exception doit être faite pour L. Strauss, probablement le seul auteur moderne à ne pas s'être laissé prendre à l'apparente banalité du Socrate de Xénophon, à l'origine de la question socratique telle que posée par Schleiermacher. Si, en effet, Socrate fut quelque chose de plus que ce qu'en dit Xénophon, il n'y a pas, selon Strauss, à le chercher ailleurs que dans Xénophon. Les deux ouvrages consacrés par Strauss aux écrits socratiques de Xénophon, **27** *Xenophon's Socratic Discourse. An Interpretation of the Oeconomicus*, Ithaca, NY 1970, et **28** *Xenophon's Socrates*, Ithaca, NY 1972, proposent une lecture, respectivement de *l'Économique* et des *Mémorables*, attentive aux indices présents dans le texte de Xénophon (contradictions, parataxes insolites, silences inopinés, absence de commentaire de la part de l'auteur, etc.), qui font voir en Socrate, derrière le conformisme auquel font croire certains de ses entretiens, un personnage aussi dérangeant que celui qui se déclare ἄτοπος dans Platon – avec lequel la lecture straussienne a pour effet de révéler son affinité. Fondée sur une détection d'indices en laquelle on peut facilement voir un recours à l'argument *e silentio*, cette lecture donne aisément prise à la caricature ; elle est d'autre part tributaire d'une conception exposée dès 1941 dans **29** L. Strauss, « Persecution and the Art of Writing », *Social Research*, 8, 1941, p. 488-504 (trad. fr. par E. Patard dans L. Jaffro *et alii*, *Leo Strauss : Art d'écrire, politique, philosophie*, coll. « Tradition de la pensée classique », Paris 2001, p. 21-38), selon laquelle la philosophie est par essence subversive et par conséquent l'écriture philosophique nécessairement cryptée. Pour cette double raison, la réhabilitation de Xénophon par Strauss n'a en général pas emporté l'adhésion.

Très critique à l'égard de Strauss (**30** « L'exégèse straussienne de Xénophon : le cas paradigmatique de *Mémorables* IV 4 », *PhilosAnt* 1, 2001, p. 87-118 = **31** *L'autre Socrate : études sur les écrits socratiques de Xénophon*, Paris 2013, p. 51-92), L.-A. Dorion a cependant en commun avec lui d'être convaincu de la valeur philosophique des écrits de Xénophon et d'en faire la démonstration en laissant de côté la *Quellenforschung*. Parmi les reproches au nom desquels a été invalidé le témoignage de Xénophon sur Socrate figure celui de n'être pas un historien objectif. C'est précisément en cessant de lui attribuer une telle prétention que l'on prendra, selon Dorion, la mesure de sa valeur en tant que philosophe, y compris dans ses écrits socratiques. La clé d'une juste appréciation de Xénophon est de le lire pour lui-même, et non comme une source d'informations dont, en l'absence de toute connaissance directe, l'exactitude peut toujours être mise en doute. Dorion souscrit donc pleinement aux conclusions de Gigon **14** sur l'impossibilité définitive d'une connaissance du Socrate historique et la nécessité de prendre acte de la « part irréductible de fiction et de création » (Dorion **1**, p. 25) inhérente à la littérature socratique. Aussi le programme défini par Gigon, à savoir cesser de voir dans la littérature socratique une source d'informations sur Socrate et l'étudier pour elle-même, est-il aux yeux de Dorion « un programme de recherche fécond qui n'a pas encore rempli toutes ses promesses » *(loc. cit.)*, d'autant plus, peut-on ajouter, qu'il était depuis Gigon, resté pratiquement lettre morte, comme on l'a vu plus haut.

Dorion, cependant, envisage la réalisation de ce programme dans une ligne tout autre que la *Quellenforschung* dont Gigon était resté prisonnier. Alors que la recherche des sources revient au fond à minimiser la part de création de l'œuvre étudiée, l'« exégèse comparative » prônée par Dorion (p. ex. **7**, p. CXIII-CXVIII) se propose au contraire d'aller à la recherche de ce qui fait l'originalité de chaque socratique, de manière à pouvoir interpréter à la lumière de la cohérence qui lui est propre les différences qu'il manifeste par rapport aux autres auteurs de λόγοι σωκρατικοί.

Il est incontestable que cette approche promet une meilleure connaissance de la littérature socratique. Les travaux de Dorion (Bandini et Dorion **7** ; Dorion **31**) ont ainsi donné un élan puissant à la redécouverte, voire à la découverte d'aspects de Xénophon méconnus jusque-là. Faut-il cependant conclure, de la fécondité de l'« exégèse comparative », que « la question socratique doit être reléguée aux oubliettes » (Dorion **1**, p. 26) ? Si, par « question socratique », on entend la question de savoir quel est parmi les socratiques le plus fidèle à la mémoire de Socrate, la réponse est oui. Mais cela ne veut pas dire pour autant qu'on puisse étudier la littérature socratique pour elle-même sans s'interroger sur son lien avec Socrate ; qu'on puisse, par conséquent cesser de s'interroger sur ce que, dans sa diversité, elle nous fait entrevoir de Socrate.

Il ne faut pas exagérer, en effet, le caractère fictionnel de la littérature socratique. Même si leur jugement diffère à ce propos (Dorion **7**, p. CLX-CLXIII), nous savons par Platon (*Ap.* 23 c) aussi bien que par Xénophon (*Mém.* I 2, 40-46) qu'imiter la façon d'interroger de Socrate était, du vivant même de ce dernier, une pratique établie parmi les jeunes gens qui l'entouraient. Du fait que Socrate en offrait quotidiennement le modèle aux yeux de tous, il ne leur était pas possible de faire preuve d'une totale liberté d'invention, l'objet de leur émulation étant de reproduire le plus fidèlement possible la façon d'interroger propre à leur maître. Objets d'admiration ou de scandale, il est naturel, par ailleurs, que les propos mêmes de Socrate aient été colportés de bouche en bouche, comme l'indique Platon au détour d'une réplique de Théétète (*Théét.* 148 e 1-3) ou d'Alcibiade (*Banq.* 215 d 3-6). C'est d'ailleurs un tour usuel de Platon que de présenter ses dialogues comme des entretiens de Socrate rapportés par des tiers, soit qu'ils en aient été les auditeurs ou qu'ils en tiennent eux-mêmes le récit d'un ou plusieurs intermédiaires. Tout comme l'annonce par Xénophon qu'il a assisté personnellement à tel entretien qu'il s'apprête à raconter, de même – le début du *Parménide* en est un bon exemple – l'affirmation du narrateur platonicien qu'il tient la lettre même de son récit d'un auditeur de Socrate – voire de Socrate lui-même, dans le *Théétète* ! – ou d'un tiers qui lui-même le tient d'un auditeur, etc. n'est autre qu'un procédé narratif visant à doter le récit d'un effet de réalité. Il n'en reste pas moins que ces chaînes d'intermédiaires confectionnées par Platon n'auraient guère de sens si elles n'étaient l'écho d'une publicité donnée du vivant même de Socrate à des entretiens dont la forme paradoxale alimentait la rumeur.

Dans cette émulation à imiter Socrate ou à répandre ses propos, **32** L. Rossetti, « Le dialogue socratique *in statu nascendi* », *PhilosAnt* 1, 2001, p. 11-35, notamment p. 24-29, a vu la proto-histoire du λόγος σωκρατικός. Les premiers λόγοι σωκρατικοί auraient donc été d'authentiques entretiens de Socrate avec ses contemporains, colportés avec les aléas du bouche à oreille mais *a priori* dans un souci d'exactitude, ou des imitations de ces entretiens par des disciples désireux de reproduire eux aussi le mieux possible ce qu'ils avaient vu faire au maître. Si tel était l'état d'esprit des socratiques du vivant de leur maître, on ne voit pas pourquoi il aurait changé après sa mort. Il est vrai que, écrivant en réaction aux accusations qui avaient entraîné la mort de Socrate et qui, comme le montre le pamphlet de Polycrate (➤P 239), lui avaient survécu, les socratiques auteurs de λόγοι σωκρατικοί étaient animés d'une intention apologétique clairement discernable. Mais défendre la mémoire de Socrate n'offrait guère plus de liberté d'invention que d'en offrir une imitation. Réfuter les accusations portées contre Socrate, c'était en récuser le bien-fondé ; montrer, donc, que ses accusateurs s'étaient mépris sur ce qu'était vraiment Socrate. C'est sur ce point qu'il y eut concurrence entre les socratiques, chacun prétendant, non pas présenter une image de Socrate plus apte que d'autres à lui concilier une opinion qui lui avait été ou lui restait hostile, mais donner l'idée de ce qu'avait été selon lui le vrai Socrate, idée qui allait à l'encontre, évidemment, de celle que s'en étaient faite les adversaires de ce dernier, mais qui ne coïncidait pas toujours non plus avec ce qu'en avaient compris les autres socratiques.

C'est en ce sens qu'il est exagéré d'écrire que le Socrate des λόγοι σωκρατικοί est un personnage littéraire que chaque auteur aurait façonné à sa guise. Il est excessif d'écrire, comme Dorion **31**, p. XIII, que le Socrate de Platon et celui de Xénophon sont de « faux jumeaux ». Tous les auteurs de λόγοι σωκρατικοί avaient connu Socrate et, quel que fût l'écart entre ce que les uns et les autres en avaient retenu, tous savaient qu'ils parlaient du même Socrate. C'est même précisément pour cela que l'on peut parler entre eux de concurrence : entre leurs différentes représentations de Socrate et leurs versions du socratisme, il ne pouvait y avoir concurrence que pour autant qu'elles prenaient toutes le même Socrate pour référence, celui que chacun avait connu et dont il savait que les autres aussi l'avaient connu. Tous les auteurs de λόγοι σωκρατικοί avaient connu Socrate : c'est pourquoi le λόγος σωκρατικός n'a pas survécu comme genre aux derniers membres du cercle socratique. Or, si entre-temps Socrate était devenu le personnage littéraire que l'on dit, pourquoi un genre littéraire aussi vivant aurait-il connu une disparition aussi brutale ? L'explication est évidemment que l'objectif des auteurs de λόγοι σωκρατικοί n'était pas de faire connaître leurs doctrines par la bouche d'un Socrate utilisable à toutes fins, mais de diffuser, sinon *verbatim* la parole de Socrate, du moins sa pensée, telle évidemment que l'avait entendue chacun. Une fois disparus tous ceux qui avaient entendu la parole de Socrate, un tel genre littéraire n'était plus praticable.

Voilà pourquoi l'exégèse comparative ne peut s'en tenir aux différences entre les socratiques. Le contenu même de la littérature socratique qui nous est parvenue montre qu'entre les différents auteurs de λόγοι σωκρατικοί la personnalité de Socrate était matière à débat ; il est même possible, voire probable, que cette question ait été à l'origine de tout ou partie de cette littérature, chacun ayant voulu donner sa version en réponse à d'autres déjà en circulation. Vue sous cet angle, la littérature socratique est habitée par la question socratique : exprimer son désaccord avec ce que d'autres ont dit de Socrate n'a de sens que parce que c'est sur ce même Socrate que l'on a quelque chose à dire. C'est occulter une dimension constitutive de la littérature socratique que de se désintéresser de cette référence commune au Socrate historique, sans lequel il n'y aurait pas de littérature socratique.

LES DONNÉES BIOGRAPHIQUES

Composer une biographie de Socrate revient à rassembler des données éparses chez Platon et Xénophon ou dans d'autres sources qui ne nous sont pas parvenues et que nous ne connaissons que par des témoins parfois très postérieurs. Rares sont les cas où ces sources se recoupent entre elles ou avec des sources extérieures, de sorte que la plupart des informations qu'elles fournissent sont incertaines.

L'événement le plus connu de la vie de Socrate est le procès qui lui fut intenté pour ne pas reconnaître les dieux de la cité et introduire de nouveaux *daimonia*, et pour corruption de la jeunesse. Les chefs d'accusation nous sont connus par Platon (*Ap.* 24b), Xénophon (*Mém.* I 1, 1) et par l'acte d'accusation qui, d'après Favorinus (➤F 10), pouvait encore à son époque (IIᵉ siècle apr. J.-C.) être consulté au Métrôon d'Athènes (Diogène Laërce II 40 = *SSR* I D 1, 226-229). À l'issue du procès, Socrate fut condamné à mort. S'appuyant sur Apollodore d'Athènes (➤A 244), Diogène Laërce (II 44 = *SSR* I D 1, 272-274) date sa mort de l'Olympiade 95, 1 (400-399), date confirmée par le Marbre de Paros qui place la mort de Socrate sous l'archontat de Lachès, qu'on date des années 400-399. Selon Xénophon (*Mém.* IV 8, 2), trente jours s'écoulèrent entre la condamnation de Socrate et son exécution, dans l'attente du retour de la députation athénienne à la célébration annuelle des Délies, qui avait quitté Athènes la veille du procès (Platon, *Phédon*, 58 c). Ces fêtes étant célébrées en février-mars, on peut dater la mort de Socrate du début du printemps 399[a]. D'après Platon (*Ap.* 17 d, *Criton*, 52 e), Socrate avait alors 70 ans. Apollodore (*up.* D. L. II 44 = *SSR* I D 1, 269-272) donnant pour date de sa naissance le 6 Thargélion Ol. 77, 4, soit en mai ou juin 468[a], on en conclut que Socrate était alors seulement dans sa soixante-dixième année (**33** R. Goulet, *DPhA* I, p. 418 ; **34** K. Döring, *GGP* 2/1, p. 146, « möglicherweise eine abgerundete Zahlenangabe »). Mais l'étonnante précision de la date fournie par Apollodore n'est peut-être qu'une extrapolation à partir du *Théétète* de Platon (149 a - 151 d), où Socrate déclare avoir hérité de sa mère les compétences d'une sage-femme, qu'il transpose à l'esprit des jeunes garçons. En effet, le 6 Thargélion était selon la tradition le jour de la naissance d'Artémis, dont l'une des nombreuses attributions était de présider aux accouchements et dont on célébrait la fête à Délos ce jour-là.

Mentionné par Platon (*Gorg.* 495 d), Alopékè, le dème de naissance de Socrate l'est également dans l'acte d'accusation cité par Diogène Laërce (II 40), ainsi que le nom de son père, Sophronisque (cf. Plat., *Lach.*, 180 d, *Euthyd.* 297 e ; Xénoph. *Hell.* I 7, 15). Selon une tradition dont le plus ancien témoin est Timon de Phlionte (D. L. II 19 = *SSR* I D 1, 18-23) et dont Porphyre se fait l'écho dans *l'Histoire philosophique* (fr. 212-213 Smith = *SSR* I B 41, 2-10), Socrate aurait exercé un temps le métier de son père, sculpteur. « Selon certains », écrit Diogène Laërce (II 19 = *SSR* I D 1, 19-20 ; cf. Pausanias, I 22, 8 ; IX 35, 7 ; *Schol. ad Aristoph. Nub.* 773 = *SSR* I C 9, 1-17 ; *Souda, s.v.* Σωκράτης, Σ 829 Adler), on lui devait un groupe des trois Grâces érigé à l'entrée de l'Acropole, mais, selon Pline l'ancien (*Hist. Nat.* XXXVI 32), c'est un autre Socrate, originaire de Thèbes, qui en était l'auteur.

La seule source qui nous soit connue des nombreuses mentions du nom de la mère de Socrate, Phénarète, et de son métier, sage-femme, est le *Théétète* de Platon (149 a) ; si le nom de Phénarète est attesté en Attique et ailleurs, il est possible que sa qualité de sage-femme soit imaginée par Platon pour servir d'amorce à la métaphore de l'accouchement des esprits qu'il prête à Socrate dans la suite du passage. Porphyre, cependant, rapporte un propos de Ménédème de Pyrrha (➳M 117), élève de Platon, selon qui « Socrate ne cessait de parler de son père comme d'un tailleur de pierre et de sa mère comme d'une sage-femme » (Porph., *Hist. phil.*, fr. 213 Smith = *SSR* I B 41, 10-11).

Sur l'apparence physique de Socrate, nos sources concordent : nez camus, yeux protubérants (cf. Plat., *Théét.*, 143 e), bouche lippue le font comparer à un Silène aussi bien par Platon que par Xénophon dans leurs *Banquets* respectifs (Plat., *Banq.*, 215 a-c, 216 c-d, 221 d-e ; Xénoph., *Banq.* 4, 19 et 5, 5-7). Aristophane ridiculise sa façon de déambuler dans les rues d'Athènes « hautain et roulant les yeux de côté » (*Nuées*, v. 362), et Platon n'hésitera pas à citer littéralement cette description, pour illustrer cette fois comment Socrate, lors de la retraite de Délion, tenait ses ennemis en respect par la seule fermeté de son allure (*Banquet*, 221 b 3).

Dans le *Phédon* de Platon (60 a), les compagnons de Socrate, venus l'entourer à son dernier jour, le trouvent en compagnie de Xanthippe tenant dans ses bras l'enfant du philosophe (τὸ παιδίον αὐτοῦ). À la fin du dialogue (116 b) comme dans l'*Apologie* platonicienne (*Apol.*, 34 d), Socrate déclare avoir trois fils, dont l'un est alors adolescent et les deux autres encore enfants. Le prénom de l'aîné, Lamproclès, nous est connu par Xénophon (*Mém.* II 2, 1) ; pour ceux des deux plus jeunes, en revanche, Sophronisque et Ménexène, notre plus ancien témoin est Diogène Laërce (II 26).

On peut s'étonner que Socrate n'ait pas donné le nom de son propre père à l'aîné de ses fils, comme c'était l'usage, mais au cadet. Que Socrate, comme l'indique Diogène *(loc. cit.)* en citant Aristote, ait épousé successivement deux femmes, d'abord Xanthippe qui lui aurait donné Lamproclès, puis une certaine Myrtô, fille d'Aristide le Juste, de qui seraient nés ses deux plus jeunes fils, ne résout pas cette énigme. L'explication s'en trouve peut-être dans un passage d'Aristoxène de Tarente rapporté *via* Porphyre par Théodoret de Cyr (*Thérapeutique des maladies helléniques* XII 64 = Porphyre, fr. 215 Smith = Aristoxène de Tarente, fr. 54b Wehrli = *SSR* I B 48, 13-16), où on lit que Socrate aurait vécu en concubinage avec Xanthippe, la mère de Lamproclès, et épousé Myrtô, petite-fille d'Aristide le Juste, qui lui aurait donné Sophronisque et Ménexène : on peut alors comprendre que c'est au premier fils né d'une union légitime que Socrate aurait donné le nom de son père. Cette version de la situation matrimoniale de Socrate peut s'accorder avec celle donnée par Plutarque (*Vie d'Aristide* 27, 3), selon qui Socrate, bien qu'ayant une autre femme, aurait accueilli sous son toit Myrtô parce que, veuve, elle manquait du nécessaire. Comme Diogène dans le passage précité et plus tard Athénée (XIII, 555 d - 556 a), Plutarque allègue l'autorité d'Aristote. Rien dans ce qui nous est parvenu des écrits d'Aristote ne confirme cette assertion. Plutarque et Athénée mentionnant le Περὶ εὐγενείας (dialogue perdu dont leurs témoignages constituent, avec D. L. II 26, le fr. 93 Rose³ = fr. 3 Ross = *SSR* I B 7), **35 R. D. Cromey**, « Socrates' Myrto », *GB* 9, 1980, p. 57-67, suivi par Döring **34**, p. 148, en a rapproché le bref développement consacré à la noblesse dans la *Rhétorique* d'Aristote (II 15, 1390 b 16-31 = *SSR* I B 14), où la descendance de Socrate, ainsi que de Cimon et de Périclès, est donnée pour exemple de dégénérescence en sottise et stupidité *(loc. cit.*, 9-31). Cromey **35** en infère que cet argument servait dans le Π. εὐγ. à démentir le propos prêté à Socrate, que « sont nobles ceux qui descendent de gens de bien : en effet, c'est de la vertu d'Aristide que sa fille tenait sa noblesse » (fr. 92 Rose³ = fr. 2 Ross = *SSR* I B 8). La chronologie, cependant, comme le notera plus tard Athénée *(loc. cit.)* et comme ne pouvait pas l'ignorer Aristote, empêche que la fille d'Aristide évoquée dans ce passage soit la Myrtô recueillie par Socrate, dont rien ne prouve par conséquent qu'elle ni son mariage avec Socrate aient été évoqués dans le dialogue aristotélicien. C'est probablement par suite de la confusion dont témoigne Diogène Laërce *(loc. cit.)* entre la fille et la petite-fille d'Aristide que l'anecdote du double mariage de Socrate a pu être attribuée à Aristote. Rien dans notre documentation ne remonte plus haut qu'Aristoxène.

On ne peut ici entreprendre l'examen détaillé de la tradition, assez confuse, relative à la situation matrimoniale de Socrate (voir à ce sujet **36** J. Pépin, « Περὶ εὐγενείας, Fragment 3 » dans *Aristote. De la richesse, De la prière, De la noblesse, Du plaisir, De l'éducation*. Fragments et témoignages traduits et commentés sous la direction et avec une préface de P.-M. Schuhl, coll. « Publications de la Faculté des lettres et sciences humaines de Paris. Série Textes et documents » 17, Paris 1968, p. 116-133 ; **37** L. Woodbury, « Socrates and the daughter of Aristides », *Phoenix* 27, 1973, p. 7-25 ; **38** R. Laurenti, *Aristotele. I Frammenti dei Dialoghi*, « Collana di Filosofi antichi », Napoli 1987, 2 vol., t. II, p. 781-804). L'indice le plus probant d'une forme de bigamie de Socrate reste celui mentionné ci-dessus, à savoir le prénom donné au deuxième des fils de Socrate, laissant penser que Socrate n'aurait d'abord vécu avec Xanthippe qu'en concubinage, avant d'épouser Myrtô, peut-être pour la raison indiquée par Plutarque. Le silence de Platon et de Xénophon sur Myrtô n'est pas incompatible avec cette version, susceptible d'ailleurs de jeter un jour nouveau sur le chapitre II 2 des *Mémorables* où Socrate exhorte Lamproclès à respecter sa mère. Leur silence peut en effet s'expliquer, non par une intention apologétique qui aurait dû les inciter au contraire à ignorer la concubine de Socrate au profit de son épouse légitime, mais par le fait que Myrtô, comme en témoigne l'âge de ses enfants au moment de la mort de Socrate, fut épousée tardivement et n'a sans doute jamais pris auprès de Socrate, ni donc aux yeux des socratiques, la place qui était celle de Xanthippe. Le silence des auteurs comiques, souvent invoqué pour nier la bigamie de Socrate qu'ils n'auraient pas manqué de railler s'ils en avaient eu connaissance, s'explique de la même façon : à l'époque où Socrate faisait l'objet de leurs caricatures, c'est-à-dire autour de 423[a], date de la représentation des *Nuées* d'Aristophane, Lamproclès, adolescent en 399[a], n'était pas encore né ; que Socrate vécût en concubinage n'avait, dans l'Athènes du Ve siècle, rien qui prêtât le flanc à la critique.

Reste que, dans cette perspective, le tableau de Xanthippe tenant dans ses bras le dernier né de Socrate au matin du dernier jour de celui-ci (Plat., *Phédon*, 60 a) constitue une énigme. En outre, la façon dont Aristoxène introduit sa description du ménage de Socrate donne de ce dernier une image à l'opposé des mœurs austères du Socrate des *Mémorables* comme de l'amoureux des beaux garçons évoqué par Platon : Socrate, écrit Aristoxène, « assez porté aux plaisirs de l'amour, n'y ajoutait cependant pas d'injustice, car il n'avait de relations qu'avec ses épouses ou les filles publiques » (Théod., *loc. cit.*)

Du premier rôle attribué par Aristophane à Socrate en 423[a] dans sa comédie des *Nuées*, on peut conclure que ce dernier, alors âgé de 45 ans et donc dans son ἀκμή, jouissait dans Athènes d'une notoriété certaine. Le portrait qu'en trace Aristophane est celui du chef d'une école sise dans un local qualifié de « pensoir » (φροντιστήριον, v. 94), qui initie des disciples choisis aux subtilités de la grammaire et aux procédés de l'éloquence, leur apprenant en particulier à faire triompher indiffé-

remment causes justes ou injustes (v. 99, 112-115), en même temps qu'à une étude
des phénomènes naturels où les éléments prennent la place des divinités traditionnelles. Sous la satire, ce portrait semble concentrer dans le personnage de Socrate
l'ensemble des innovations intellectuelles introduites à Athènes au cours du Ve
siècle par les sophistes et maîtres d'éloquence tels que Protagoras (➤P 302) ou
Gorgias (➤G 28), ou par les derniers représentants de la philosophie ionienne. Un
tel portrait sera récusé point par point par Platon, dans son *Apologie de Socrate*, et
par Xénophon dans les *Mémorables*. L'un comme l'autre attestent que Socrate se
tenait à l'écart des recherches sur la nature, considérant qu'elles dépassaient les
capacités humaines (Plat., *Apol.*, 19 c, 20 e; Xénoph., *Mém.* I 1, 13). Socrate, selon
Platon, bien loin de recevoir des jeunes gens pour élèves moyennant paiement
comme le laissaient entendre les *Nuées* (v. 98, 245, 660, 876, 1146), n'enseignait
pas plus qu'il ne gagnait d'argent (*Apol.*, 19 e, 31 b-c, 33 a). Xénophon insiste tout
autant que Platon sur le désintéressement de Socrate (*Mém.* I 2, 5-6, 60 ; I 5, 6 ; I 6,
5, 13 ; *Apol.*, 16) ; bien qu'il n'attribue jamais de disciples (μαθηταί) à Socrate, il
parle cependant de ses « compagnons » (συνόντες), mais souligne que, bien loin
de tenir école dans un lieu fermé comme le « pensoir » d'Aristophane, Socrate fréquentait continuellement les lieux publics, de préférence ceux où il rencontrerait le
plus de monde (*Mém.* I 1, 10 ; cf. Plat., *Ap.*, 30 a), rejoignant là encore l'affirmation
de Platon, que Socrate répondait ou s'adressait lui-même à quiconque le souhaitait,
dans des conditions telles que quiconque le voulait pouvait aussi entendre ce qu'il
disait (*Apol.*, 33 a-b).

Ce rejet des préoccupations et des pratiques prêtées à Socrate dans les *Nuées*
est évidemment lié au fait que l'*Apologie* platonicienne comme les premiers chapitres des *Mémorables* sont une défense de Socrate contre les accusations d'impiété
et de corruption de la jeunesse à l'origine du procès qui lui fut fatal. La crédibilité
de Platon et de Xénophon n'en est pas diminuée pour autant, car ils n'ont connu
Socrate qu'une vingtaine d'années au moins après les *Nuées*, et il est fort possible
que dans l'intervalle Socrate se soit détourné d'intérêts et d'un type d'activité qui,
dans le dernier quart du Ve siècle, étaient dans leur déclin : comme l'a observé
39 A. E. Taylor (*Socrates*, Boston 1951, p. 60 [1re éd. London 1932]), déjà vers le
milieu du siècle les penseurs les plus en vue se détournaient de l'étude de la nature,
et le tournant de la physique à l'éthique, dont Socrate est traditionnellement tenu
pour l'initiateur (cf. Cicéron, *Tusc.* V 10), avait déjà été pris par Protagoras. Une
telle vision n'était pas étrangère aux anciens : Diogène Laërce rapporte, certes, que
Socrate, d'abord auditeur d'Anaxagore (➤A 158) puis d'Archélaos (➤A 308)
(II 19), se rendit compte ensuite de l'inutilité des recherches sur la nature et se
tourna vers l'éthique (II 21). Mais auparavant, dans la brève notice consacrée à
Archélaos, il affirme que ce dernier aussi avait « touché à l'éthique » et que « c'est
de lui que Socrate la reçut, et comme il la porta à son sommet on pensa qu'il en
était l'inventeur » (II 16).

Sans mentionner Archélaos, Platon fait lui aussi de Socrate, sinon un auditeur,
en tout cas un lecteur d'Anaxagore ; mais un lecteur déçu : Socrate, dans l'auto-

biographie intellectuelle qu'il livre à ses compagnons (*Phédon*, 97 b - 100 a), ne dit
pas être passé des questions de physique à celles d'éthique, mais n'avoir pas trouvé
dans la physique d'Anaxagore en quoi il est meilleur pour l'univers et chaque être
en son sein d'être et d'agir comme ils le font plutôt qu'autrement, ce qui est une
façon de dire que son intérêt pour la physique trouvait sa source dans une interrogation déjà d'ordre éthique. Sans doute est-ce là une interprétation platonicienne
du chemin parcouru par son maître, mais elle n'en avalise pas moins la représentation par Aristophane d'un Socrate attaché à l'explication des phénomènes naturels.
En faisant dire à Socrate, dans le *Gorgias* (492 b-c), qu'il vient de lire le traité de
rhétorique de Pôlos (➜P 232), Platon donne une confirmation supplémentaire de la
véracité du personnage de Socrate dans les *Nuées*, intéressé à la rhétorique en
même temps qu'aux questions de physique. Il est donc bien probable que, sous la
satire, nous avons affaire dans la comédie d'Aristophane au Socrate historique,
dans une phase antérieure à celle qu'ont connue Platon, Xénophon et tous les
socratiques, à l'exception peut-être d'Antisthène (➜A 211).

Des poètes comiques à Platon et à Xénophon, les témoignages concordent sur
le mode de vie ascétique de Socrate. Chez tous se retrouve la description d'un
homme allant nu-pieds (Aristoph., *Nuées*, v. 363), vêtu même en hiver d'un simple
manteau usé (Amipsias, fr. 19 *PCG* = *SSR* I A 10 ; Xén., *Mém.* I 6, 2) connaissant
des périodes de jeûne et s'abstenant de vin (Aristoph., *Nuées*, v. 416-417). Xénophon insiste particulièrement sur la frugalité de Socrate, allant jusqu'à écrire qu'il
est difficile de travailler trop peu pour gagner ce qui lui suffisait (*Mém.* I 3, 5).
Bien qu'on ne trouve pas chez Platon de parallèle aux indications de Xénophon sur
le régime observé par Socrate, il est permis de mettre en parallèle les reproches
adressés par ce dernier à un convive qui, de ce qu'on lui servait, ne mangeait que la
viande en délaissant le pain (Xén., *Mém.* III 14, 2-4) et, chez Platon, la préférence
qu'il affiche pour la cité primitive par lui décrite (Plat., *Rép.* II, 372 e 6-7), dont les
habitants, ne se chaussant et couvrant qu'en hiver, ne s'alimentent que de galettes
d'orge ou de froment garnies de fromage et de légumes ou de fruits, à l'exclusion
de toute viande (*ibid.*, 372 a 7 - d 2).

L'indifférence de Socrate à ses conditions matérielles et à son apparence
(«socratiser» semble avoir été synonyme d'être «hirsute, famélique et sale»
[Aristoph., *Oiseaux*, v. 1282 = *SSR* I A 6]) lui valut d'être traité par les comiques
de «mendiant» (Eupolis, fr. 386 *PCG* = *SSR* I A 12) et par Antiphon le sophiste de
«maître de malheur» (Xén., *Mém.* I 6, 3). Platon, cependant, rapporte que Socrate
prit part comme hoplite à la bataille de Délion (*Banquet*, 221 a), ce qui implique de
sa part une aisance suffisante pour fournir, comme les hoplites en étaient requis, la
totalité de son équipement (casque, cuirasse, cnémides, bouclier, lance, épée). Si,
bien qu'on n'en trouve pas ailleurs de confirmation, l'on peut retenir ce témoignage de Platon, on doit en conclure que l'austérité observée par Socrate et qui
semble avoir frappé les contemporains ne résultait pas d'une situation matérielle
difficile mais d'un choix personnel. Selon Aristoxène (*ap.* D. L. II 20 = fr. 59
Wehrli = *SSR* I B 50) et Démétrius de Phalère (*ap.* Plut., *Vie d'Aristide* 2 = fr. 95

Wehrli = *SSR* I B 53, 18-22), Socrate, propriétaire de sa maison et à la tête d'un capital qu'il faisait fructifier, jouissait d'une certaine indépendance matérielle. Il est vrai que, dans l'*Apologie de Socrate* de Platon, il parle au contraire de son « extrême pauvreté » (Plat., *Apol.* 23 b 9 - c 1), laquelle résulte de ce que, se consacrant entièrement à la mission qu'il croit lui avoir été confiée par le dieu de Delphes, il néglige aussi bien les affaires publiques que les siennes propres. Mais il se peut que cette déclaration reflète une dégradation de la situation matérielle de Socrate, soit à la suite du changement opéré dans sa vie par l'oracle rendu à son sujet, comme il le raconte dans l'*Apologie* platonicienne, ou sous l'effet de la crise de l'économie athénienne entraînée par la guerre, se conjuguant pour Socrate avec la naissance de ses deux derniers enfants et, peut-être (voir ci-dessus) l'entretien d'une deuxième femme.

Reste que le contraste est total entre l'évocation par Platon de Socrate en citoyen-soldat recueillant dans l'accomplissement de son devoir militaire l'estime de ses concitoyens et de ses supérieurs, d'une part, et sa mise en scène par les poètes comiques sous les traits d'un chef d'école vivant lui-même et entraînant ses disciples à vivre misérablement, suspect de battre en brèche les mœurs et croyances traditionnelles, d'autre part. En effet, à l'époque des faits d'armes de Socrate, Platon, que la tradition fait naître en 428-427 (**40** D. Nails, *The People of Plato*, p. 246, propose la date de 424-423) n'était au plus qu'un tout jeune enfant : le siège de Potidée (*Apol.*, 28 e, *Charm.*, 153 a-d, *Banquet*, 219 e - 220 e) eut lieu en 432-429, la bataille de Délion (*Apol.*, 28 e, *Lach.*, 181 b, *Banquet*, 221 a-b) en 424ᵃ et celle d'Amphipolis (*Apol.*, 28 e) en 422ᵃ. Or c'est précisément dans cette période que sont jouées les comédies où Socrate est pris pour cible, sous une apparence famélique qui ne s'accorde guère avec la vigueur dont, selon le récit du *Banquet*, il fait preuve à Potidée ou encore à Délion – un an avant les *Nuées*. Étant donné le nombre de fois où Platon revient sur les brillants états de service militaire de Socrate, il est difficile de les mettre en doute. Il se peut par conséquent que les auteurs comiques aient délibérément fait silence sur le civisme et la vaillance de Socrate ; ce n'est cependant sans doute pas sans quelque provocation que Platon, pour évoquer Socrate faisant peur à tout le monde sur le champ de bataille, a choisi les mots mêmes par lesquels Aristophane faisait de lui la risée de ses concitoyens.

La biographie de Socrate la mieux composée que nous ait laissée l'Antiquité est à coup sûr la première, à savoir celle proposée par Platon dans son *Apologie de Socrate*, mais, du fait même de son contexte, son historicité est sujette à caution. Certes, le rappel du rôle joué par Socrate au procès des Arginuses (406ᵃ), mettant tout le poids de la charge d'épistate des prytanes qui lui incombait ce jour-là à interdire que, poursuivis quoique vainqueurs pour ne pas avoir recueilli les corps de leurs hommes morts au combat, les stratèges fussent, contrairement à la loi, jugés collectivement (*Apol.*, 32 b, 37 a-b ; cf. *Gorg.*, 473 e) – ce rappel est confirmé par Xénophon dans les *Mémorables* (I 1, 8 ; IV 4, 2) et dans les *Helléniques* (I 7, 15). Mais l'épisode qui constitue le véritable pivot du récit platonicien de la vie de Socrate, celui de la Pythie de Delphes déclarant que nul n'était plus sage que

Socrate (*Apol.*, 21 a) – cet épisode, lui, ne trouve écho dans aucune source externe. Xénophon, certes, dans sa propre *Apologie de Socrate*, fait état lui aussi d'un oracle analogue rendu au même Chéréphon (Xén., *Apol.* 14), quoique en des termes différents, mais il est permis précisément de se demander s'il ne cherche pas ici à renchérir sur l'*Apologie* platonicienne. Platon, de son côté, ne faisant allusion à cet oracle nulle part ailleurs que dans l'*Apologie*, on est amené à se demander s'il existe une autre explication à cette anecdote que son contexte apologétique.

Contrairement à ce que cherchent à faire entendre les défenses composées par Platon et Xénophon, ce n'est pas un athéisme, éventuellement lié à une approche rationaliste de la nature, que vise l'accusation portée contre Socrate d'introduire de nouveaux δαιμόνια. Bien plus probablement, c'est la revendication par Socrate d'un rapport direct à une divinité (δαιμόνιον), se manifestant à lui depuis l'enfance sous la forme d'une voix (Plat., *Apol.*, 31 d), d'un signal (σημεῖον, *Apol.*, 40 b-c, 41 d ; *Euthyd.*, 272 e) ou sans que le moyen en soit précisé (*Euthyphr.*, 3 b ; *Théét.*, 151 a). Chez Platon, cette manifestation divine est purement négative : elle retient Socrate d'accomplir certains actes (p. ex. de quitter le gymnase alors que vont y faire leur entrée les sophistes, dans l'*Euthydème* ; d'accepter certains jeunes gens pour élèves, dans le *Théétète*) ; de l'absence au contraire d'une telle manifestation, Socrate déduira, au soir de son procès, qu'il a eu raison de ne pas craindre une condamnation à mort (Plat., *Apol.* 41 d) ou, chez Xénophon, de ne pas préparer sa défense (Xén., *Apol.* 4). Chez Xénophon, en revanche, le δαιμόνιον permet en outre à Socrate de faire des prédictions, enjoignant à ses amis de faire ou de ne pas faire ceci ou cela (*Mém.* I 1), sans avoir recours aux procédés ordinaires de la divination. Si cette divergence nous laisse sur notre faim quant à la forme exacte de la manifestation en question, elle ne nous autorise pas à en nier l'historicité. Au contraire, elle montre que les compagnons de Socrate savaient, de source directe ou non, que ce dernier était le siège d'un phénomène si étrange que la nature en était pour eux incertaine, et dont les effets donnaient lieu à des rapports contra-dictoires. Mais de la contradiction ne résulte pas l'irréalité du phénomène, de sorte que l'un des aspects de la personnalité de Socrate les plus fermement attestés est aussi celui que nous sommes le moins en mesure d'expliquer.

Platon a retracé dans le *Phédon* les derniers moments de Socrate. Bien entendu, il s'agit d'une reconstitution inspirée de sa philosophie. Alors cependant que la discussion philosophique est éteinte, à Criton (➪C 220), son ami d'enfance, qui s'inquiète auprès de lui des dispositions à prendre pour ses obsèques, Socrate répond qu'il n'y faut donner aucune importance (*Phédon*, 115 c). Historique ou non, cette déclaration a fait autorité au point que, de ce qu'il est advenu de la dépouille mortelle de Socrate, nous ne savons absolument rien.

BIBLIOGRAPHIES

La bibliographie socratique est immense. On n'essayera pas ici d'en ajouter une à celles qui existent déjà et qu'on se contentera de rappeler ci-dessous, en y ajoutant les publications récentes les plus utiles.

Bibliographies générales

41 R. D. McKirahan, *Plato and Socrates : A Comprehensive bibliography 1958-1973*, New York/London 1978 ; **42** A. Patzer, *Bibliographia Socratica : die wissenschaftliche Literatur über Sokrates von des Anfängen bis auf die neueste Zeit in systematisch-chronologischer Anordnung*, Freiburg/München 1985 ; **43** L. E. Navia et E. L. Katz, *Socrates : An Annotated Bibliography*, New York/London 1988 ; Döring **34**, p. 324-341.

Companions

44 S. Ahbel-Rappe et Rachana Kamtekar (édit.), *A Companion to Socrates*, coll. « Blackwell Companions to Philosophy » 34, Oxford 2006, ; **45** D. Morrison, *The Cambridge Companion to Socrates*, Cambridge 2011 ; **46** J. Bussanich et N. D. Smith (édit.), *The Bloomsbury Companion to Socrates*, coll. « Bloomsbury Academic », London/New York 2013.

Actes de conférences

47 P. Destrée et N. D. Smith (édit.), *Socrates' Divine Sign : Religion, Practice, and Value in Socratic Philosophy* = *Apeiron* 38/2 (juin 2005) ; **48** L. Judson et V. Karasmanis (édit.), *Remembering Socrates. Philosophical Essays*, Oxford 2006 ; à ces extraits de la conférence tenue à Delphes du 13 au 21 juillet 2001, on peut préférer les actes complets : **49** V. Karasmanis (édit.), *Socrates 2400 Years since his Death*, Delphes 2004 ; **50** L. Rossetti et A. Stavru (édit.), *Socratica 2005 : Studi sulla letteratura socratica antica*, coll. « Le Rane », Bari 2007 ; **51** *Eid.* (édit.), *Socratica 2008 : Studies in Ancient Socratic Literature*, coll. « Le Rane », Bari 2010 ; **52** F. De Luise et A. Stavru (édit.), *Socratica III : Studies on Socrates, the Socratics and the Ancient Socratic Literature*, coll. « International Socrates Studies » 1, Sankt Augustin 2014.

Recueils d'articles

53 W. J. Prior (édit.), *Socrates : Critical Assessments*, coll. « The Routledge critical assessments of leading philosophers », 4 vol., London/New York 1996 ; **54** A. Nehamas, *Virtues of Authenticity : Essays on Plato and Socrates*, Princeton 1998 ; **55** N. D. Smith et P. B. Woodruff (édit.), *Reason and Religion in Socratic Philosophy*, Oxford 2000 ; **56** G. Romeyer Dherbey et J.-B. Gourinat (édit.), *Socrate et les socratiques*, coll. « Bibliothèque d'histoire de la philosophie », Paris 2001 ; **57** G. A. Scott (édit.), *Does Socrates Have a Method ?* University Park, PA 2002 ; **58** L. Rossetti, *Le Dialogue socratique*, coll. « Encres marines », Paris 2011.

RÉCEPTION À L'ÉPOQUE HELLÉNISTIQUE

La présente section n'a pas pour objet l'histoire de la réception de Socrate. Pour la période hellénistique, on se reportera naturellement aux notices consacrées dans ce dictionnaire aux auteurs concernés. Voici en complément quelques éléments bibliographiques. Outre Döring **34**, p. 337-339, on peut consulter :

59 A. A. Long, «The Socratic Tradition: Diogenes, Crates, and Hellenistic Ethics», dans R. B. Branham et M.-O. Goulet-Cazé (édit.), *The Cynics: The Cynic Movement in Antiquity and its Legacy*, coll. «Hellenistic Culture and Society» 23, Berkeley 1996, p. 28-46; **60** J. Glucker, «Socrates in the Academic Books and Other Ciceronian Works», dans B. Inwood et J. Mansfeld (édit.), *Assent and Argument: Studies in Cicero's Academic Books. Proceedings of the 7th Symposium Hellenisticum (Utrecht, August 21-25, 1995)*, Leiden 1997, p. 58-88; **61** F. Alesse, *La Stoa e la tradizione socratica*, coll. «Elenchos» 30, Napoli 2000; **62** J.-B. Gourinat, «Le Socrate d'Épictète», *PhilosAnt* 1, 2001, p. 137-165; **63** A. A. Long, *Epictetus: A Stoic and Socratic Guide to Life*, Oxford 2002; **64** M. Erler, «Stoic *oikeiosis* and Xenophon's Socrates», dans Th. Scaltsas et A. S. Mason, *The Philosophy of Zeno*, coll. «Zeno of Citium and his Legacy», Larnaca 2002, p. 239-257; **65** D. Clay, «The Trial of Socrates in Herculanum», *CronErc* 33, 2003, p. 89-100; **66** Chr. Pelling, «Plutarch's Socrates», *Hermathena* 179, 2005, p. 105-139; **67** C. Lévy, «Images de Socrate dans le scepticisme antique: essai de synthèse», dans S. Mayer (édit.), *Réceptions philosophiques de la figure de Socrate de l'Antiquité à la Renaissance* (= *Diagonale Phi* 2), 2006, p. 13-33; **68** M. Trapp (édit.), *Socrates from Antiquity to the Enlightenment*, coll. «Publications for the Centre for hellenic Studies, King's College London» 9, Aldershot/Burlington, VT 2007; **69** U. Zilioli (édt.), *From the Socratics to the Socratic Schools: Classical Ethics, Metaphysics, and Epistemology*, New York/London 2015.

MICHEL NARCY.

SOCRATE DANS LE NÉOPLATONISME (IIIe-VIe S. APR. J.-C.)

Bibliographies prenant en compte la réception de Socrate dans l'antiquité tardive. **1** A. Patzer, *Bibliographia Socratica. Die wissenschaftliche Literatur über Sokrates von den Anfängen bis auf die neuste Zeit in systematisch-chronologischer Anordnung*, Freiburg 1985; **2** L. Navia et E. Katz, *Socrates. An Annotated Bibliography*, New York 1988; **3** K. Döring, «Bibliographie zum zweiten Kapitel: A. Sokrates», *GGP*, Antike 2/1, Basel 1998, p. 323-364.

Recueils de témoignages sur Socrate prenant en compte ou traitant explicitement de la réception de Socrate dans l'antiquité tardive. **4** H. Spiegelberg et B. Morgan (édit.), *The Socratic Enigma. A Collection of Testimonies through twenty-four Centuries*, Indianapolis 1964; **5** J. Ferguson, *Socrates. A Sourcebook*, London 1970; **6** G. Giannantoni (édit.), *Socratis et Socraticorum Reliquiae*, 4 vol., Napoli 1990; **7** W. M. Calder III, B. Huss, M. Mastrangelo, R. Scott Smith et S. Trzaskoma (édit.), *The Unknown Socrates. Translations with Introductions and Notes of Four Important Documents in the Late Antique Reception of Socrates the Athenian*, Wauconda 2002 [Diog. Laert., *Vita Socratis*, Libanius, *Apologia Socratis*, Maxime de Tyr, *Or.* 3 et Apulée, *De Deo Socratis*].

I. Socrate dans la philosophie néoplatonicienne. On a souvent considéré le néoplatonisme comme une tradition qui rejetait entièrement le caractère socratique aussi bien de la philosophie en général que du platonisme en particulier. Pour ce point de vue caractéristique, voir **8** E. Zeller, *Die Philosophie der Griechen in ihrer geschichtlichen Entwicklung*, III 2 : *Die Nacharistotelische Philosophie*, zweite Hälfte, Leipzig 1903, p. 496 ; **9** W. Bröcker, *Platonismus ohne Sokrates. Ein Vortrag über Plotin*, coll. « Wissenschaft und Gegenwart » 33, Frankfurt 1966 [il faut noter que cette étude ne traite pas directement de Socrate et ne donne qu'une interprétation de Plotin. Le titre de cette conférence suggère cependant de façon erronée que le néoplatonisme est un platonisme sans Socrate et il a donc favorisé de diverses façons le développement de cette thèse] ; **10** R. F. Hathaway, « The Neoplatonist Interpretation of Plato. Remarks on Its Decisive Characteristics », *JHPh* 7, 1969, p. 19-26 ; *contra* voir **11** W. Beierwaltes, « Selbsterkenntnis als sokratischer Impuls im neuplatonischen Denken », dans **12** H. Kessler (édit.), *Sokrates-Studien II : Sokrates. Geschichte, Legende, Spiegelungen*, coll. « Die Graue Edition » 14, Zug 1995, p. 97-116 ; **13** A. Smith, « The Neoplatonic Socrates », dans **14** V. Karasmanis (édit) *Socrates : 2400 years since his death*. European Cultural Centre of Delphi. Hellenic Ministry of Culture. 2004, p. 455-460 ; **15** S. Rangos, « Images of Socrates in Neoplatonism », dans Karasmanis **15**, p. 464-480 ; **16** D. Layne et H. Tarrant (édit.), *The Neoplatonic Socrates*, Philadelphia 2014 ; **17** M. Griffin, « Hypostasizing Socrates », dans Layne et Tarrant **13**, p. 97-108. Voir également **18** G. C. Field, *Plato and His Contemporaries*, London 1930, réimpr 1967, p. 224-229.

1. Plotin

Textes. *Ennéades* : éd. P. Henry et H.-R. Schwyzer, *Plotini opera*, 3 vol., Paris/Leiden 1951-1973 *(editio maior)*.

Comme l'ont noté plusieurs savants, Plotin ne prend pas en compte le caractère socratique des dialogues de Platon et, pour cette raison, il ne mentionne le philosophe que dans peu de passages : *Enn.* III 2 [15] 59 ; VI 2 [1] 24 ; VI 3 [5] 13 ; VI 3 [5] 20-22 ; VI 3 [6] 18 ; VI 3 [9] 29. Toutefois, toutes ces occurrences font référence à Socrate comme exemple d'un individu particulier et n'éclairent donc pas l'image générale que l'on se faisait du philosophe à cette époque. Sur l'absence de Socrate chez Plotin voir Bröker **9, 19** W. Bröker, « Plotin, un platonisme sans Socrate », *AFLAix* 43, 1967, p. 107-126, et Hathaway **10** ; *contra* voir Smith **13**, Rangos **15** et Layne et Tarrant **16**, p. 4-9 et p. 169. Pour des études qui tentent de relever des thèmes socratiques dans l'œuvre de Plotin, voir **20** L. Gerson, « Plotinus on Akrasia : The Neoplatonic Synthesis », dans **21** C. Bobonich et P. Destrée (édit.), *Akrasia in Greek Philosophy, from Socrates to Plotinus*, coll. « Philosophia Antiqua » 106, Leiden 2007, p. 265-282 ; **22** R. M. Van den Berg, « Plotinus' Socratic Intellectualism », dans **23** G. Gurtler et W. Wians (édit.), *PBAC* dans *AncPhil* 28, 2013, p. 217-231 ; **24** J. M. Rist, « Plotinus and the Daimonion of Socrates », *Phoenix* 17, 1963, p. 14-24.

2. Porphyre

Textes. *Historia philosophiae (fragmenta)* et *De abstinentia* : éd. A. Nauck, *Porphyrii philosophi Platonici opuscula selecta*, coll. *BT*, Leipzig 1886², réimpr. Hildesheim 1963. **Textes et**

traductions. A.-Ph. Segonds en appendice à Ed. des Places (édit.), *Porphyre, Vie de Pythagore. Lettre à Marcella, CUF*, Paris 1982 ; J. Bouffartigue et M. Patillon (édit.), *Porphyre, De l'abstinence, CUF*, Paris 1977-1995, 3 vol.

On trouve des éléments d'information dispersés sur l'interprétation porphyrienne de Socrate. Dans les fragments de son *Histoire philosophique* perdue, Porphyre semble minorer l'importance de Socrate, proposant, ainsi que le rapporte l'historien ecclésiastique Socrate, un récit digne d'un critique hostile comme Mélétos ou Anytos, les adversaires de Socrate : « Porphyre a déchiré la vie du plus grand des philosophes, Socrate, dans son ouvrage intitulé "Histoire de la philosophie" et il a consigné par écrit des choses sur lui telles que ni Mélétos ni Anytos, les accusateurs de Socrate, n'eussent osé en dire » (*Hist. Eccl.* III 23, 13 = *SSR* I B 41 ; trad. Segonds). Grâce à des écrivains chrétiens postérieurs comme Théodoret et Cyrille d'Alexandrie, nous apprenons que Porphyre prenait plaisir à dénoncer les incohérences de la vie de Socrate, traitait avec dédain sur un ton trivial l'activité de Socrate comme tailleur de pierre et signalait peut-être l'infidélité conjugale de Socrate et son recours à des prostituées. Cette image n'est évidemment pas positive ni en accord avec les représentations ultérieures du philosophe dans le néoplatonisme, mais elle montre pour le moins que Porphyre distinguait entre le Socrate historique et le Socrate de Platon. Dans le *De Abstinentia*, Porphyre fait référence aux habitude alimentaires de Socrate, à son mépris pour le plaisir et à son respect envers les dieux de l'Olympe. Il cite également *Phédon* 85 b où Socrate se présente comme un « compagnon en esclavage des cygnes ». Voir *Hist. phil.*, fr. IX = Socr., *Hist. Eccl.* III 23, 13 ; fr. X = Cyrill., *C. Iulian.* VI 185 b = *SSR* I B 44 ; fr. 11 = Cyrill., *C. Iulian.* VI 208a = *SSR* I C 10 et I B 41 ; fr. 12 = Cyrill., *C. Iulian.* VI 186c = *SSR* I C 9, I C 13, I C 424, I B 45, 1 B 44 et I C 51 ; *De abst.* I 15, III 1, III 16 et III 26. Voir Smith **13**, Rangos **15** et Layne et Tarrant **16**, p. 6-9 and p.169-70.

Il n'est pas sûr toutefois que les auteurs chrétiens aient respecté le point de vue de Porphyre quand il rapportait ces témoignages sur Socrate. « Tous les fragments cités par Théodoret ont été prélevés dans le livre III avec le dessein explicite de rabaisser le plus haut représentant de la sagesse païenne, et ce de l'aveu même d'un auteur grec et païen. Théodoret n'a donc relevé dans ce livre que les passages dommageables à la réputation de Socrate, sans tenir compte des discussions ou des rectifications de Porphyre » (A.-Ph. Segonds, dans l'appendice qu'il a consacré aux fragments de l'*Histoire philosophique* dans Ed. des Places [édit.], *Porphyre, Vie de Pythagore. Lettre à Marcella, CUF*, Paris 1982, p. 167).

3. Jamblique

Texte et traduction. *De mysteriis* : éd. É. des Places, *Jamblique. Les mystères d'Égypte, CUF*, Paris 1966 ; nouvelle édition : *Jamblique, Réponse à Porphyre*. Texte établi, traduit et annoté par H.D. Saffrey et A.-Ph. Segonds†, *CUF*, Paris 2013 ; J. M. Dillon (édit.), *In Platonis Dialogos commentariorum fragmenta. The Platonic Commentaries*, Leiden 1973.

Comme Plotin, Jamblique ne prend pas la peine de discuter longuement du caractère de Socrate, ne le mentionnant qu'une seule fois et apparemment en dehors de tout contexte. Dans son *De myst.* I 8, 6 il rapporte : « En effet, cette assignation (κατάταξις) – par exemple celle de Socrate à sa tribu, quand celle-ci exerce la prytanie – est indigne des classes des dieux... » (trad. Saffrey et Segonds). Le passage fait référence au jugement exprimé par Socrate sur les

généraux qui commandaient les Athéniens lors de la bataille des Arginuses. Voir
25 E. Clark, J. Dillon et J. Hershbell (édit.), *Iamblichus : De Mysteriis*, coll.
« Society of Biblical Literature, Writings from the Greco-Roman World » 4,
Atlanta 2003, p. 31 n. 48. Ces commentateurs suggèrent que cette référence
historique est liée à l'interprétation du mot κατάταξις qui « implique un degré de
subordination à des forces extérieures qui ne convient pas à des êtres divins ». Voir
également les passages de Jamblique sur Socrate dans l'*in Soph.*, fr. 1 =, Plat.,
Dial. VI, p. 249-250 Hermann, *in Phaedr.*, fr. 1 = Hermias, *in Phaedr.* 9, 6 *sqq.*, *in
Alcib.*, fr. 4 = Proclus, *in Alc.* 84, et *in Alcib.*, fr. 5 = Proclus, *in Alc.* 88, 10. Voir
Layne et Tarrant **16**, p. 9-10 et p. 170-171.

4. Syrianus

Textes. *In Aristotelis Metaphysica* : éd. G. Kroll, *CAG* VI, Berlin 1902.

Bien que Syrianus ne mentionne le philosophe qu'une seule fois, ce passage
unique est lourd d'affirmations hautement discutables concernant Socrate et la
philosophie socratique. Dans l'*in Metaph.* 104, 15-105, 22 = *SSR* I B 25 (qui porte
sur *Métaph.* M 9, 1086 a 37), Syrianus attribue au Socrate historique la thèse qu'il
ne peut exister de savoir scientifique des réalités en devenir, mais que tout savoir
est fondé sur une preuve logique et sur la dialectique. De façon tout à fait étonnante, Syrianus rappelle le point de vue d'Aristote qui prête ensuite à Socrate une
théorie des universaux immanents et il rapporte que certains pensent que Platon,
par ignorance ou déformation délibérée de la pensée du philosophe, a séparé ces
universaux des réalités en elles-mêmes. Syrianus réfute cette thèse et soutient, en
faisant appel au *Phèdre* et au *Phédon*, que Socrate ne réduisait pas les universaux
aux définitions, mais, d'un point de vue plutôt néoplatonicien, considérait qu'il y a
dans l'âme des principes rationnels (λόγους) :

> « Je veux dire que prétendre que Socrate à travers les définitions atteignait les universels et
> qu'il les tenait comme non séparés, tandis que Platon, ignorant ou faussant (παραβαίνοντα) la
> conception socratique des universels, leur aurait conféré l'existence séparée me semble de toutes
> les déclarations la plus pernicieuse. Car il n'est pas vrai non plus que Socrate pensait que seuls les
> termes de la définition étaient des universels, mais avant eux il y avait encore les principes
> rationnels dans l'âme » (*in Metaph.*, 104, 33-38 ; trad. R.G.).

Il conclut finalement que Platon était l'auteur le plus sérieux et le plus fiable sur
Socrate et que par conséquent il n'aurait pas pu se tromper en décrivant son mode
de vie ou sa philosophie :

> « Il n'est pas concevable que celui qui avait appris la philosophie de (Socrate) ait faussé
> (παρέβη) quelque point des doctrines apprises de ce maître ou en négligeant son point de vue
> (παραβαίνων) ait établi des points de doctrines qui ne convenaient pas à ce maître ou même des
> points qui étaient en contradiction avec l'enseignement de ce maître » (*in Metaph.*, 105, 1-5 ; trad.
> R.G.).

5. Hermias

Textes. *In Platonis Phaedrum* : éd. P. Couvreur, *Hermiae Alexandrini in Platonis Phaedrum
Scholia*, coll. « Bibliothèque de l'École des hautes études, Sciences historiques et philologiques »
133, Paris 1901. Nouvelle édition : *Hermias Alexandrinus, In Platonis Phaedrum scholia*,
ediderunt C. M. Lucarini et C. Moreschini, coll. *BT*, Berlin 2012.

Dans son Commentaire sur le *Phèdre*, Hermias discute longuement du caractère de Socrate et de la nature de l'*eros* socratique. Son Socrate est exclusivement platonicien, mais dans son portrait du philosophe il réfute les accusations selon lesquelles Socrate était un corrupteur de la jeunesse et il soutient qu'il avait le souci sincère du soin de l'âme, invitant les individus à se détourner d'une vie tendant vers un amour vulgaire et extérieur plutôt que vers un amour divin. Pour une analyse détaillée du Socrate d'Hermias et de cette conception de l'amour, voir **26** G. Roskam, « The Erotic Element in Middle and Neoplatonism », dans Layne et Tarrant **16**, p. 21-35 ; **27** C. P. Manolea, « Socrates in the Neoplatonic Psychology of Hermias », dans Layne et Tarrant **16**, p. 73-79 ; **27bis** F. Renaud et H. Tarrant, *The Platonic Alcibiades*, t. I : *The Dialogue and its Ancient Reception*, Cambridge 2015 (à paraître).

Par souci de commodité, voici une liste des passages relatifs à Socrate dans le texte d'Hermias. Sur le caractère "purificateur" de l'enseignement socratique, voir 17, 26-29 ; 31, 22 ; 74, 25-33 ; 80, 20 ; *cf.* 10, 23-25. Sur la facilité qu'avait Socrate à corriger ou sauver les jeunes gens (σῴζει καὶ διορθοῦται τὸν νέον), voir 40, 10-14 ; 50, 3-15 ; 65, 18-25 et 25, 1-26, 20. Sur le souci sincère qu'avait Socrate de la jeunesse athénienne, voir 12, 25-32 ; 13, 16-20 ; 14, 17-18 ; 19, 5-6, et pour la diversité des méthodes socratiques utilisées pour parvenir à cette fin, voir 1, 2-6. Sur le rôle d'*eros* dans cette approche voir 11, 20 ; 22, 1-23, 15 ; 65, 20-25. Sur le démon de Socrate (Περὶ δὲ τοῦ δαιμονίου Σωκράτους), voir 65, 25 ; plus loin on traite de l'enseignement socratique comme d'une attention portée au δαίμων personnel d'une personne en 66, 16-17 ; *cf.* 29, 10-31, 1. Pour des références à Socrate en tant que professeur idéal chez Hermias, voir 163, 28-29 (Σωκράτει φέρε ἢ ἄλλῳ χρηστῷ διδασκάλῳ) ; *cf.* 47, 18-26 ; 48, 16-17 ; 64, 5-12 ; 147, 11-14. Sur le sérieux de Socrate (σπουδάζειν) voir 40, 6-14. Sur l'interprétation que donne Hermias de la connaissance de soi chez Socrate et de la maxime delphique γνῶθι σαυτόν, voir 26, 15-25 ; 31, 4-9 ; 33, 12-18. Sur la prétention de Socrate de ne rien savoir et sur son refus d'enseigner voir 147, 11-14 et 63, 15 (οὐδενός […] φησιν εἶναι διδάσκαλος). Enfin, en 264, 20-24, Hermias raconte la fameuse anecdote concernant l'envoi par Isocrate de ses disciples à Anytos et Mélétos après la mort de Socrate, avec une note écrite précisant παιδεύσατε τοὺς νέους. *Cf.* D. L. VI 9-10 et Olymp., *in Gorg.*, 41, 5, 1-5.

6. Proclus

Textes. *In Platonis Rem publicam commentarii* : éd. W. Kroll, *Procli Diadochi in Platonis rem publicam commentarii*, 2 vol., coll. *BT*, Leipzig 1899-1901 ; *Theologia Platonica* : éd. et trad. H. D. Saffrey et L. G. Westerink, *Proclus. Théologie platonicienne*, vol. 1-6, *CUF*, Paris 1968-1997 ; *in Platonis Alcibiadem I* : éd. L. G. Westerink, *Proclus Diadochus. Commentary on the first Alcibiades of Plato*, Amsterdam 1954 ; éd. et trad. de A.-Ph. Segonds, *Proclus : Sur le premier Alcibiade de Platon*, 2 vol., *CUF*, Paris 1985-1986 ; *in Platonis Parmenidem* : éd. C. Steel et L. Van Camp, *Procli in Platonis Parmenidem Commentaria*, 3 vol., Oxford 2007-2009 ; C. Luna et A.-Ph. Segonds, *Proclus. Commentaire sur le Parménide de Platon*, 5 vol. parus, *CUF*, Paris 2007-2014 ; trad. angl. G.R. Morow et J.M. Dillon, Princeton 1987 ; *in Platonis Cratylum commentaria* : éd. G. Pasquali, *Procli Diadochi in Platonis Cratylum commentaria*, coll. *BT*, Leipzig 1904 ; *in Platonis Timaeum commentaria* : éd. E. Diehl, *Procli*

Diadochi in Platonis Timaeum commentaria, 3 vol., coll. *BT*, Leipzig 1903-1906; trad. A.J. Festugière, *Proclus, Commentaire sur le Timée*, 5 vol., Paris 1966-1968; trad. angl. H. Tarrant, D.T. Runia, M. Share et D. Baltzly, 4 vol., Cambridge 2007-2009; *De providentia et fato et eo quod in nobis ad Theodorum mechanicum*: éd. et trad. de D. Isaac, *Proclus: Trois études sur la providence*, t. II. *Providence, fatalité, liberté*, *CUF*, Paris 1979; voir également H. Boese, *Procli Diadochi tria opuscula*, Berlin 1960.

Proclus traite longuement du caractère de Socrate, à la fois comme une figure historique et dans la représentation qu'en donne Platon. Bien qu'il s'intéresse principalement au Socrate de Platon, son analyse dépasse la simple interprétation du personnage décrit dans les textes et elle s'oriente vers une reconstruction plus élaborée de la personne du philosophe. Il aborde des thèmes classiques comme la prétention de Socrate de ne rien savoir et l'aveu de son ignorance, mais aussi des questions plus originales concernant le statut du philosophe dans le système néoplatonicien. Il est possible que l'intérêt pour ce problème soit né dans le néoplatonisme de façon générale, mais il prend une importance particulière chez Proclus, peut-être parce que Socrate était devenu un modèle de premier plan pour les philosophes païens dans leur polémique avec leurs adversaires chrétiens.

Pour les réflexions de Proclus sur l'exactitude historique de l'image que Platon donne de Socrate par rapport à celle rapportée dans d'autres *sokratikoi logoi*, voir *in Tim.*, 65, 22-28, où Proclus croit manifestement que le Socrate de Platon correspond à la véritable image du philosophe:

« Ainsi par exemple, hormis Platon, nous couvrons de ridicule la plupart de ceux qui ont écrit des apologies de Socrate, comme n'ayant pas conservé, dans les discours, le caractère de Socrate. Et cependant, quand ils se bornent à rapporter les faits mêmes, que Socrate a été accusé, qu'il a présenté sa défense, qu'il a obtenu le vote qu'on sait, ces historiens ne sauraient mériter le rire: c'est le manque de ressemblance de l'imitation qu'ils font dans les discours qui rend les imitateurs ridicules » (trad. Festugière).

Voir également *in Tim.*, 62, 8-20, où Proclus insiste à nouveau sur la description exacte que donne Platon du caractère de Socrate, tout en ajoutant des réflexions sur la participation du Socrate historique aux campagnes de Délion et Potidée. Voir également *in Parm.*, 1023, 20-23, où Proclus insiste à nouveau sur l'habileté de Platon capable d'imiter et de respecter les propriétés des caractères qu'il met en scène, justifiant par là le portrait qu'il donne de Socrate. Comp. *in Alc.*, 18, 13-19, 10 pour une idée différente, dans la mesure où Proclus soutient dans ce passage que Platon n'a pas adopté le style qu'il déploie pour assurer le charme de son récit, ni pour fournir un récit entièrement historique et exact, mais plutôt de façon à servir les objectifs ou le *skopos* de son ouvrage. Voir également *in Remp.* I 205, 4-13, où Proclus parle de la tragédie, de Socrate, et de l'influence qu'ils ont exercée sur la façon d'écrire de Platon. *Cf.* D.L. III 5-6, Olymp., *in Alc.*, 2, 76-82, et Anon., *Proleg.*, 3, 15-20. Voir aussi *in Parm.*, 669, 9 à propos de l'âge de Platon au moment de la mort de Socrate. Pour d'autres réflexions sur ces passages concernant le Socrate historique, voir **28** H. Tarrant (édit.), *Proclus' Commentary on Plato's Timaeus*, Book I: *Proclus on the Socratic State and Atlantis*, t. I, Cambridge 2007, p. 156 n. 259; **29** H. Tarrant, *Plato's First Interpreters*, Ithaca, N.Y. 2000, p. 56-57, ainsi que Layne et Tarrant **16**.

Pour la réfutation que propose Proclus de l'image sceptique de Socrate, voir *De prov.* 48, 1-50, 12, où Proclus défend Socrate contre les trois accusations suivantes: (1) Le désaveu explicite de tout savoir chez Socrate et les moqueries qu'il adresse à ceux qui prétendent savoir, (2) la possibilité que Socrate ait considéré que les êtres humains ne parviennent à la connaissance qu'après la mort et (3) la thèse selon laquelle Socrate pensait qu'il n'existe pas de science véritable ni de savoir véritable dans la mesure où il semble ne pas appeler les mathématiques une vraie science. En réponse au point (2) Proclus soutient que Socrate disposait de toutes les formes de savoir disponibles aux êtres humains dans cette vie et que Socrate espérait seulement atteindre les formes supérieures de connaissance réservées aux individus une fois séparés du corps. En réponse au point (3), il rappelle au lecteur que pour Socrate la seule vraie science ou la seule vraie forme de la connaissance est la dialectique. Enfin, pour sa réfutation du point (1), voir en particulier *De prov.* 51, 1-18 (d'après le texte établi par Boese [1960] à partir de la version latine de Guillaume de Moerbeke et du texte grec copié [ou plagié] par Isaac Sébastocrator; voir aussi **30** C. Steel, *Proclus, On Providence*, London 2007, p. 65-66), où il met en valeur la nature de l'ignorance socratique et la signification de l'oracle delphique qui déclarait que l'aveu par Socrate de son ignorance constituait sa sagesse, expliquant que cet aveu est une forme de connaissance:

« Remarque la profondeur du dieu et de Socrate, remarque comment ce n'est pas seulement le fait de ne rien savoir qu'il dit être un bien transcendant, mais encore le fait que celui qui ne sait pas sait aussi qu'il ne sait pas. Car cette conscience du non-savoir semble profitable à ceux qui vont acquérir la science et, en ce qui concerne la vérité, aboutit au même résultat que le savoir; et c'est un homme réellement savant que celui qui se connaît réellement comme ne sachant pas et qui n'ignore pas ce qu'il ne sait pas. Car qui d'autre est mieux placé pour reconnaître celui qui ne sait pas que celui qui reconnaît aussi celui qui sait? En vérité, il faut, en effet, qu'il sache parfaitement aussi cela même qu'il ne sait pas si vraiment il veut se connnaître lui-même comme ne le sachant pas; car s'il l'ignorait, il ne saurait même pas s'il sait. De sorte que personne ne pourra parfaitement se connaître comme ne sachant pas avant de se connaître comme sachant » (trad. D. Isaac [t. II, 1979]).

Voir Steel **30**, p. 64-66, dans la mesure où cette traduction du *De prov.* utilise non seulement l'édition de H. Boese des *Tria Opsucula,* mais également une rétroversion en grec de la traduction latine originale faite par Guillaume de Moerbeke, ce qui permet une meilleure compréhension de tels passages. Pour d'autres défenses par Proclus du savoir socratique, voir *in Alc.,* 23, 1-4 et 24, 5-10, où Proclus justifie l'utilisation par le philosophe d'affirmations conjecturales; voir aussi *in Crat.* 27, 1-5, *in Remp.* 54, 3-56, 19, *in Tim.,* I, 62, 21-25, *in Parm.,* 883, 10-20 et 1018, 1-1019, 21, pour d'autres exemples de l'effort de Proclus pour expliquer l'ignorance de Socrate, ainsi que son utilisation d'un langage sceptique ou hésitant. Voir *in Alc.,* 5, 16-6, 15, où il traite de façon spécifique de l'ignorance de soi reconnue par Socrate et de son rapport avec l'Oracle de Delphes:

« Socrate (…) a commencé, dit-on, par là son élan vers la philosophie, quand il est tombé par hasard sur le précepte delphique et s'est imaginé qu'il s'agissait là d'un ordre d'Apollon lui-même. (…) En quel autre (dialogue que l'*Alcibiade*) scrute-t-on aussi complètement ce que veut dire l'inscription de Delphes? D'ailleurs comment pourrions-nous préférer quelque autre sujet de recherche soit parmi les étants soit parmi les êtres soumis au devenir, quand nous entendons

Socrate en personne déclarer : "Il me paraît ridicule, quand je m'ignore moi-même, de scruter ce qui appartient aux autres choses" (*Phèdre* 229 e 6-7) ? » (trad. Segonds).

Voir Tarrant **29**, p. 25-26 et p. 108-111, **31** D. Layne, «Involuntary Evil and the Socratic Problem of Double Ignorance in Proclus», *IJPT* 9, 2015, p. 27-53, et Steel **30**, p. 20-22 et p. 32.

Pour des efforts explicites afin d'élucider la nature de l'ironie socratique, voir *in Tim.*, I, 62, 21-25, où Proclus soutient que l'ironie de Socrate ne vise que les sophistes par rapport à des hommes sages comme Timée :

> « D'autres disent que Socrate ironise, que, de même qu'en d'autres occasions il prétend ne pas savoir, de même il dit ici qu'il n'est pas capable de louer dignement cette cité. Mais quand Socrate ironisait, c'était devant des sophistes et des jeunes gens, non pas, comme ici, devant des gens prudents et au courant de la chose » (trad. Festugière).

D'autres passages sur l'ironie socratique se trouvent dans *in Crat.* 24, 1 et 27, 1, *in Remp.*, 60, 27, de même que dans *in Alc.*, 230, 15-231, 13, où Proclus soutient que les déclarations de Socrate, lorsqu'il dit avoir besoin d'un maître, ne doivent pas être considérées comme de la simple ironie, mais comme contenant de la vérité : « nous devons entendre cela non seulement comme une ironie, mais aussi comme la vérité » (trad. Segonds). Dans ce passage, Proclus explique ensuite comment Socrate s'exprime en toutes choses de façon bénéfique et véridique, c'est-à-dire d'une façon qui n'est pas ironique, mais qui est souvent mal comprise par Alcibiade à cause de la perplexité du jeune homme lui-même. Voir aussi *in Alc.*, 313, 2-8, où Proclus fait référence à *Symp.*, 216 e, passage célèbre où Alcibiade décrit l'ensemble du mode de vie de Socrate comme ironique. Proclus étudie ce passage pour expliquer pourquoi Alcibiade désigne le philosophe comme ὑβριστής et en profite pour montrer qu'Alcibiade reconnaissait la science de Socrate : « Et dans le *Banquet*, Alcibiade dit que Socrate porte, à l'extérieur, *la peau de quelque insolent satyre*, mais si l'on ouvre, à l'intérieur, il montre de merveilleuses *statues* (*Symp.* 221 e 3-4 ; 222 a 1-5). En effet, il avait déjà conscience de la science de Socrate » (trad. Segonds). Pour d'autres passages sur l'arrogance et la vantardise socratiques, voir *in Alc.*, 155, 16-156, 5. *Cf.* **32** G. Vlastos, *Socrates : Ironist and Moral Philosopher*, Ithaca, Cornell University Press, 1991, p. 32-42. Pour plus d'information sur Proclus et l'ironie socratique voir Tarrant **29**, p. 25-26 et p. 108-111, ainsi que **33** D. Layne, «Proclus on Socratic Ignorance, Knowledge and Irony», dans F. de Luise et A. Stavru (édit.), *Socrates and the Socratic Dialogue* (à paraître).

Sur la sagesse de Socrate, sa science et son statut dans le système néoplatonicien, voir *in Alc.*, 19, 18-20, 1 ; 21, 5-8 ; 22, 27-23, 10 ; 28, 13-18 ; 79, 10-14 ; 119, 16-120, 3 ; 123, 17-20 ; 126, 10-11 ; 130, 1-2 ; 132, 10 ; 145, 10 ; 159, 7-10 ; 161, 5-8 ; 168, 1 ; 231, 1-3 ; 237, 17-20 ; *in Tim.*, I, 9, 20-24 ; I, 29, 10 et I, 58, 1-5 ; I, 62, 10 ; *in Parm.*, 628, 20 ; 652, 1-14 ; 676, 24 ; 686, 15-687, 15 ; 690, 24. Dans tous les passages cités Socrate est décrit comme un personnage tout à fait savant et divin, analogue à l'intellect particulier et peut-être même prophétique ou providentiel. Voir *in Crat.*, 18, 4-5, pour une référence explicite à la capacité de Socrate d'offrir un salut : τὸ δὲ Σωκράτης παρὰ τὸ σωτῆρα εἶναι τοῦ κράτους τῆς ψυχῆς, ainsi que *in Crat.*, 67, 1, pour une autre identification de Socrate avec l'hypostase néoplatonicienne de l'intellect. En *in Alc.*, 27, 13-14, Proclus énumère et met en valeur les sciences ou les savoirs revendiqués par Socrate, lesquels incluent la dialectique, la maïeutique (ou science de l'accouchement) et l'*eros*: « Des trois sciences donc que l'on voit Socrate se reconnaître – dialectique, maïeutique et érotique (...)» (trad. Segonds). *Cf.* Hermias, *in Phaedr.* 21, 11-12 et Anon., *Proleg.*, 10,43-11,20. Voir encore *in Alc.*, 185, 8-14, sur la façon dont Proclus comprend l'unité des vertus chez Socrate et la priorité de la sagesse pratique. De façon frappante, Proclus nous offre également différentes justifications de l'adhésion de Socrate à la théorie des Idées dans *in Parm.*, 628, 25-28 et 711, 8-13, où, selon Proclus, la méthode de Socrate conduit aux Idées dans la mesure où il procède des caractéristiques communes dans le multiple vers les causes primaires antérieures au multiple. Proclus explique ensuite que la recherche par Socrate des définitions le conduit aux objets de définition et finalement à leurs causes idéales: « Celui qui a surtout soutenu cette théorie et a posé explicitement les formes, c'est Socrate, lequel, à partir de sa recherche au sujet des définitions a découvert ce que sont les objets à définir, et à partir de ces objets, comme à partir d'images, est passé à leurs causes formelles» (*in Parm.*, 730, 1-4; trad. Luna et Segonds). Voir également *in Parm.*, 654,15-655,1, de même que 714, 29 pour l'argument de Proclus selon lequel la recherche des définitions par Socrate et sa fameuse questions "Qu'est-ce que x?" sont orientées vers la découverte de la caractéristique commune des êtres particuliers aussi bien que de l'hénade néoplatonicienne dans laquelle participent les êtres particuliers:

« C'est donc pour cette raison que Socrate, comme nous l'avons dit un peu auparavant, avait accoutumé de s'occuper de la définition des réalités, cherchant ce que c'est que le Juste, le Beau ou le Pieux. Les définitions, en effet, portent sur les [caractères] communs qui se trouvent dans les choses particulières, [c'est-à-dire] sur les hénades participées » (*in Parm.*, 714, 29; trad. Luna et Segonds).

En plus, Proclus regarde la question "Qu'est-ce que x?" comme une recherche des principes rationnels dans l'âme et suggère que cette pratique caractéristique chez Socrate fut l'effet d'une inspiration et non d'un simple engagement pédagogique dans l'art de l'accouchement ou de la recherche par tentatives *(peirastique)*:

« c'est pour cette raison que Socrate ramène ses entretiens à la [question] qu'est-ce que chaque chose, parce qu'il désire contempler les raisons qui sont dans l'âme, lorsqu'il recherche le beau-en-soi, selon lequel toutes <les> choses qui paraissent belles sont belles, c'est-à-dire la raison des choses belles qui préexiste dans l'âme, et puis encore la science qui est présente essentiellement dans les âmes, non pas la [science] intellective, ni l'intelligible, car il n'est pas possible à ceux qui s'entretiennent avec lui de se rapporter à l'essence de là-haut; mais quand il recherche la beauté intelligible, il est plutôt disposé d'une manière inspirée, et non pas maïeutique ni peirastique » (*in Parm.*, 987, 10-27; trad. Luna et Segonds).

Cf. in Parm., 784, 3-13 (sur *Metaph.* A 6, 987 b 3-4 et M 4 1078 b 27-30) où Proclus rejette l'explication que donne Aristote de la recherche socratique des définitions. Pour des descriptions générales du caractère de Socrate, il peut être utile de prendre en compte *in Tim.*, 7, 23, *in Parm.*, 645, 27; 652, 1-14 et *in Alc.*, 24, 1-3 81, 2. Pour plus d'informations sur la façon dont Proclus aborde le savoir socratique et sa place dans le système socratique en général et chez Proclus en particulier, voir Tarrant **29**, p. 25-26 et p. 108-111, Layne **31** et **33**, Griffin **17**.

Sur la ou les méthodes socratiques, notamment sur la dialectique et sur l'*elenchos*, voir *in Parm.*, 649, 17-36 ; 652, 1-14 et 654, 15 - 655, 11, où le commentateur associe nettement Socrate à l'art de la réfutation et à la pratique de l'argumentation en faveur des deux côtés d'une même question. Proclus explique que la première technique se veut une catharsis pour ceux qui souffrent d'une prétention au savoir, par exemple les sophistes, alors que la seconde est destinée aux jeunes gens comme Théétète ou Lysis qui ont besoin d'examiner et de tester leurs convictions. *Cf. in Parm.*, 989, 15-18, où Proclus soutient que l'*elenchos* est dirigé contre des sophistes qui souffrent d'une double ignorance. Cela l'amène à prétendre que des dialogues comme le *Lysis* présentent la méthode qu'emploie Socrate à l'égard des jeunes gens, de sorte que sa méthode comprendra une part de réfutation tout en incitant à la découverte de la vérité. Voir également *in Alc.*, 100, 27 - 103, 21 ; 228, 20 - 229, 13 ; 241, 10-18 ; 254, 14 ; 289, 1 - 290, 12, pour une analyse détaillée de la façon dont Socrate réfute Alcibiade et de la finalité "purificatrice" de ce procédé. Pour des références concernant spécifiquement la finalité "purificatrice" de l'*elenchos*, voir *in Parm.*, 654, 1-14, ainsi que *in Alc.*, 8, 19 ; 276, 20 - 282, 8 et 302, 9-17. Voir *in Parm.*, 977, 20 pour l'éloge que fait Proclus de la disposition de Socrate à se faire réfuter, dans la mesure où la réfutation a pour but le bien. De plus, Proclus, comme Hermias, est conscient de la souplesse de la ou des méthodes socratiques, soutenant dans *in Alc.*, 27, 20-29, 15, que Socrate adapte sa technique aux besoins de son interlocuteur : « De même Socrate, qui embrasse en lui toutes les sciences, use tantôt de telle science, tantôt de telle autre, proportionnant son activité à la disposition des récepteurs ; ainsi il élève l'un par l'érotique, meut l'autre par la maïeutique au ressouvenir des raisons éternelles de son âme, en mène un autre, par la méthode dialectique, à la considération des êtres » (trad. Segonds). Voir également *in Alc.*, 28, 13-18 ; 152, 1 - 155, 13 ; 310, 4-14, de même que *in Parm.*, 654, 15 - 655, 11 et 1020, 1-4. En *in Parm.*, 987, 10-27, Proclus donne au lecteur un exemple concret de la différence existant entre les méthodes de Socrate dans un dialogue comme l'*Hippias Majeur* par rapport au *Phèdre*. Pour d'autres contributions sur Proclus et la méthode socratique, voir **34** J. C. Marler, « Proclus on Causal Reasoning : 'I Alcibiades' and the Doctrine of Anamnesis », *JNStud* 1, 1993, p. 3-35, **35** D. Layne, « Refutation and Double Ignorance in Proclus », *Epoché* 13, 2009, p. 347-362, **36** A. Taki, « Proclus' Reading of Plato's *sokratikoi logoi* : Proclus' observations on dialectic at *Alcibiades* 112 d-114 e and elsewhere », dans **37** H. Tarrant et M. Johnson (édit.), *Alcibiades and the Socratic Lover-Educator*, Bristol 2012, p. 180-189.

Sur l'analyse approfondie de la nature du *daimonion* de Socrate, voir *in Alc.*, 78, 10 - 83, 16. Proclus soutient que le *daimonion* de Socrate est d'un rang supérieur à celui de la plupart des esprits, insistant sur son association, voire son identification probable avec le divin. En prétendant, en *in Alc.*, 82, 15-18 et 82, 23 - 83, 6, que le *daimonion* est d'un type purificateur, Proclus suggère que le *daimo-*

nion ne poussait pas nécessairement Socrate à agir, mais le détournait seulement de l'action, du fait que Socrate avait déjà une propension vers le bien :

> « Voilà sans doute des explications vraies du fait que le démon de Socrate ne l'incitait jamais mais le détournait toujours. (…) Le démon de Socrate aussi, ce semble, parce qu'il lui avait échu une propriété de cette sorte (je veux dire une propriété purificatrice et pourvoyeuse de vie immaculée) et qu'il est rangé sous cette puissance d'Apollon (laquelle préside uniformément à toute la purification) détourne Socrate de sa relation avec la foule et de la vie qui vise le multiple, pour le conduire vers l'intérieur de son âme et l'activité immaculée sous l'effet des êtres intérieurs ; et c'est pour cela qu'*il ne l'incite jamais mais toujours le détourne* » (trad. Segonds).

En *in Alc.*, 80, 14-18 il explique en plus comment le *daimonion* se présentait comme une voix à l'esprit de Socrate, soutenant que le divin pénétrait Socrate en profondeur au point qu'il atteignait les sens et se manifestait soi-même comme quelque chose de perceptible à l'audition :

> « Par conséquent la voix n'atteignait pas Socrate de l'extérieur en provoquant un pâtir, mais l'inspiration, à l'intérieur, après avoir parcouru toute l'âme et atteint jusqu'aux organes des sens, s'achevait en voix discernée par la conscience plutôt que par la sensation ; telles sont, en effet, les illuminations qui nous viennent des dieux et des bons démons » (trad. Segonds).

Pour des passages portant explicitement sur les dons prophétiques de Socrate, voir *in Alc.*, 5, 16-17, où Proclus mentionne que Socrate avait le don de prophétie et qu'il était un « compagnon d'esclavage des cygnes ». Enfin, sur l'identification à laquelle procède Proclus de Socrate avec une certaine espèce de bon démon, voir *in Alc.*, 40, 17 - 42, 3 ; 45, 9-10 ; 50, 8-9 ; 61, 8-10 ; 95, 2 ; 198, 14 - 199, 23 ; 281, 17 - 282, 11. Voir **38** C. Addey, « Daimon of Socrates : Daimones and Divination in Neo-Platonism », dans Layne et Tarrant **16**, p. 51-72 ; **39** D. Layne, « A Fatal Affair ? Socrates and Alcibiades in Proclus' *Commentary on the Alcibiades* I », dans **40** Pieter d'Hoine et Gerd Van Riel (édit.), *Fate, Providence and Moral Responsibility in Ancient, Medieval and Early Modern Thought*, Leuven 2014, p. 268-290 ; **41** G. Roskam, « Socrates and Alcibiades : A Notorious σκάνδαλον in the Later Platonist Tradition », dans **42** F. L. Roig Lanzillotta et I. Muñoz Gallarte (édit.), *Plutarch in the Religious and Philosophical Discourse of Late Antiquity"*, coll. « Studies in Platonism, Neoplatonism, and the Platonic Tradition », Leiden 2012, p. 85-100.

Sur l'interprétation par Proclus de l'*eros* socratique il convient peut-être de se reporter à *in Alc.*, 34, 11-67, 17, où Proclus discute longuement de la nature de l'amant divin par opposition à l'amant vulgaire et, ce faisant, utilise souvent Socrate dans sa relation avec Alcibiade comme un modèle du comportement et des intentions de l'amant véritable. Déjà en *in Alc.*, 27, 3-6, Proclus voyait dans Socrate quelqu'un qui élève l'âme vers la beauté véritable (τοῦ ἀληθινοῦ κάλλους) et la réalisation de l'amour véritable (τῆς ἀληθοῦς ἐρωτικῆς). Pour de semblables références, voir *in Alc.*, 62, 10 ; 119, 7-18 ; 123, 27-30 ; 127, 3-15 ; 133, 1-19. Pour une défense élaborée de la relation de Socrate avec Alcibiade, voir *in Alc.*, 85, 16-92, 2. Pour d'autres études sur la question, on consultera **43** J. Ambury, « Socratic Character : Proclus on the Function of Erotic Intellect », dans Layne et Tarrant **16**, p.109-117, Roskam **26**, Roskam **41**, Layne **39**. Signalons également la thèse encore inédite de **43bis** Nicolas d'Andrès, *Socrate néoplato-nicien : une science de l'amour dans le commentaire de Proclus au prologue de l'« Alcibiade »*, Université de Genève 2010. 383 p.

7. Olympiodore

Textes. *In Platonis Alcibiadem commentarii* : éd. L. G. Westerink, *Olympiodorus. Commentary on the first Alcibiades of Plato*, Amsterdam 1956 (réimpr. 1982) ; *in Platonis Gorgiam commentaria* : éd. L. G. Westerink, *Olympiodori in Platonis Gorgiam commentaria*, coll. *BT*, Leizig 1970 ; *in Platonis Phaedonem commentaria* : éd. L. G. Westerink, *The Greek commentaries on Plato's Phaedo*, t. I, Amsterdam 1976.

De façon générale, Olympiodore se montre très sensible à la composante socratique chez Platon et, comme Proclus, il consacre donc beaucoup d'attention au caractère de Socrate dans ses commentaires, abordant différents thèmes comme sa sagesse, son ignorance, ses méthodes et son ironie, de même que l'exactitude historique du portrait que donne Platon du philosophe.

Sur les descriptions qu'il donne du Socrate historique, voir *in Gorg.*, prologue 9, 9-15, où il calcule que Socrate avait vingt-huit ans de plus que le sophiste Gorgias en prenant en compte la date de naissance du philosophe (la troisième année de la 77ᵉ Olympiade, contre la datation d'Apollodore qui donne la quatrième année de cette Olympiade) et la date de publication de l'ouvrage du sophiste *Sur la nature* (84ᵉ Olympiade). Olympiodore note en *in Gorg.*, § 1, 6, 11-20 les raisons avancées par Socrate pour aller sur l'agora afin de pratiquer la philosophie, c'est-à-dire rencontrer des jeunes gens comme Théétète, Charmide et Alcibiade, puis il rapporte une amusante anecdote pour expliquer que la décision de Socrate d'exercer sur la place du marché ne doit pas inciter à mal juger de son caractère :

« Par exemple un philosophe assoiffé est entré dans une taverne et a bu de l'eau, ensuite quelqu'un sortant d'un sanctuaire le rencontre au sortir (de la taverne) et lui dit : "'toi un philosophe, tu sors d'une taverne ?" Et l'autre de dire : "Moi je sors d'une taverne comme si je sortais d'un sanctuaire, tandis que toi tu sors d'un sanctuaire comme si tu sortais d'une taverne". C'est le comportement qui permet de juger et non l'occupation » (trad. R. G.).

Il suggère ensuite en *in Gorg.*, § 1, 6, 27-30, que Socrate avait l'habitude d'aller à la chasse aux jeunes athéniens par l'entremise de Chéréphon, dans la mesure où la jeunesse de ce dernier pouvait attirer d'autres jeunes vers le philosophe. En *in Gorg.*, § 41, 3, 1 - 4, 1, Olympiodore discute de différents aspects de la vie et des comportements de Socrate. Il commence en § 41, 3, 1 par soulever des questions concernant le succès rencontré par Socrate dans ses relations avec les jeunes gens, c'est-à-dire Alcibiade et Critias, et il en vient à soutenir que Socrate amena plusieurs jeunes gens à devenir beaux et bons, par exemple Cébès, Platon et même Aristote (*in Gorg.*, § 41, 3, 15). *Cf.* Proclus, *in Alc.*, 85, 16 - 92, 2. De plus, d'une façon qui rappelle *Théétète*. 150 d-e, il soutient, en *in Gorg.*, § 41, 3, 18-35, qu'Alcibiade ne resta pas suffisamment longtemps avec Socrate pour que celui-ci exerce une influence sur son âme et que lorsqu'il était en compagnie de Socrate le jeune homme n'avait pas un mauvais caractère. Il conclut qu'Alcibiade flancha uniquement lorsqu'il cessa d'être un disciple de Socrate : « Par tout cela est donc démontré que Socrate n'était pas responsable, s'il est vrai qu'Alcibiade lui-même parle bien de Socrate partout et fait son éloge» (*in Gorg.*, § 41, 3, 32-35; trad. R.G.). En *in Gorg.*, § 41, 4, 1, Olympiodore explique que les fréquentes désapprobations marquées par Socrate à l'endroit de Critias entraînèrent son procès et sa condamnation à mort: «Dire "Comment donc est-il mort?" est ridicule. C'est pour cette raison même qu'il est mort, puisqu'il réprimandait tout le monde et chérissait la vérité, de sorte que voulant les amender il trouva la mort» (*in Gorg.*, § 41, 4, 4-7; trad. R.G.). En s'appuyant sur Aelius Aristide (46, 324 d = III, 410 Behr) et Xénophon (*Mem.*, I 2, 33-38), Olympiodore mentionne la réponse de Socrate à l'avertissement des Trente qui l'incitaient à ne pas se laisser surprendre en compagnie des jeunes gens et il loue la riposte du philosophe et sa franchise (ἡ παρρησία). Ceci amène Olympiodore à traiter de l'engagement politique de Socrate et de l'exactitude historique de ce qui est rapporté à ce sujet (*in Gorg.*, § 41, 4, 13-14) et, comme beaucoup d'autres avant lui, il rapporte l'anecdote racontant qu'après la mort de Socrate Isocrate, dans sa tristesse, envoya les jeunes gens à Anytos et Mélétos avec le message «Accueillez-les et formez-les vous-mêmes, puisque Socrate n'est plus» (*in Gorg.*, § 41, 5, 1-5; trad. R.G.). *Cf.* D. L. VI 9-10 et Hermias, *in Phdr.*, 264, 21-24. En *in Gorg.*, § 42, 2, 20, lorsqu'il traite des dangers de la démocratie, Olympiodore soutient que malgré la persécution subie Socrate était protégé par un dieu et qu'il resta divin: Σωκράτης ὑπὸ θεοῦ ἐφυλάχθη καὶ ἔμεινεν θεῖος.

Sur l'interprétation donnée par Olympiodore des rapports entre Platon et Socrate, il faut prendre en compte ses remarques en *in Gorg.*, § 41, 6, 11-15, où il prétend que Platon n'a appris que les contenus éthiques de l'enseignement de Socrate parce qu'il était trop jeune pour comprendre la signification plus profonde des arguments de Socrate: «Auprès de Socrate en effet il ne bénéficia que de (l'enseignement de) l'éthique, qu'il assimila de fond en comble; il était encore un jeune homme en effet lorsque Socrate mourut et il n'avait pas encore touché aux discours plus profonds de Socrate» (trad. R.G.). Il suggère également, en accord avec D. L. II 41 et *Proleg.* 3, 21-25, que Platon essaya de prononcer un plaidoyer en faveur de Socrate lors de son procès, mais qu'on le fit descendre de la tribune à cause de son jeune âge (*in Gorg.*, § 41, 6, 15-18). Olympiodore note par ailleurs des différences fondamentales entre Platon et Socrate, notamment le penchant de ce dernier pour l'exercice de la philosophie sur l'agora et l'utilisation de l'ironie, traits de comportement que Platon ne partageait pas: «Il écartait en effet à la fois l'ironie socratique, la fréquentation de l'agora et des ateliers, de même que les entretiens obtenus grâce à la chasse aux jeunes gens» (*in Alc.*, 2, 150-152; trad. R.G.).

Concernant l'ironie socratique, Olympiodore n'hésite pas à associer Socrate à cette forme de dissimulation. Voir *in Alc.*, 52, 10-53, 1, où il traite de l'ironie socratique et de sa grandeur en même temps que de l'oracle de Delphes. En *in Alc.*, 88, 5-12, il se demande si Socrate exprime de l'ironie en confessant son besoin d'un maître. En *in Gorg.*, § 28, 5, 1-2, Olympiodore explique que Socrate peut s'exprimer avec ironie, mais que cela n'implique pas qu'il n'y avait aucune vérité dans ses affirmations: εἰ καὶ εἰρωνεύεται, ἀλλ' οὖν καὶ ἀληθεύει. En *in Gorg.*,

32, 12, Olympiodore insiste sur le sérieux de Socrate. En bref, Olympiodore croit qu'il y a une intention pédagogique ou morale valable derrière cette utilisation de l'ironie et il utilise son interprétation de l'ironie pour justifier l'aveu d'ignorance de Socrate en *in Alc.*, 88, 5-12 et *in Gorg.*, § 34, 3, 14-24, où il défend pleinement le savoir de Socrate à l'occasion d'une confession formelle d'ignorance de la part du philosophe. Comme Proclus, il fait appel à l'humilité de Socrate et à différentes formes de savoir où Socrate a un savoir humain, mais confesse seulement ne pas avoir la sagesse divine :

> « Et il convient de se demander pourquoi il dit "je ne dis pas que je sais" ? Pourquoi donc ? Socrate est-il ignorant ? Nous disons que pour commencer il enseigne un comportement mesuré et qu'il ne faut pas faire son propre éloge ; ensuite de même qu'il y a de nombreuses différences dans la connaissance, de même y en a-t-il dans la vérité. En quel sens y a-t-il des différences dans la connaissance ? Il faut dire qu'autre est la connaissance sensible et autre celle qui est conforme à l'opinion (car l'une porte sur les êtres particuliers, l'autre sur les universels) et autre à nouveau est la connaissance intellectuelle et divine. C'est cette (dernière) connaissance que Socrate dit ne pas avoir » (trad. R.G.).

Pour plus d'informations sur ces passages, voir Tarrant **29**, p. 25.

Pour des discussions générales sur la sagesse socratique et sur le statut du philosophe dans le système néoplatonicien, voir *in Gorg.*, prologue 8, 12-15 ; § 3, 4, 6 ; § 34, 3, 14-24 ; *cf. in Phd.* § 2, 8, 5-15 et *in Alc.*, 52, 10 - 53, 1 ; 55, 20-23. Voir également Griffin **17**. Prendre en compte également *in Alc.*, 8, 1-5, où Olympiodore rapporte l'invitation que Socrate adresse à Alcibiade à regarder vers la part divine qui est en lui-même, dans la mesure où le jeune homme verra non seulement un intellect mais aussi un dieu (καὶ ὄψει ἐν ἐμοὶ νοῦν καὶ θεόν). *Cf. in Alc.*, 217, 4-22, où Socrate formule une demande similaire en rattachant explicitement sa déclaration à la maxime de Delphes. En *in Gorg.*, § 1, 7, 14 Olympiodore soutient que seul Socrate pouvait guérir les passions de l'âme correctement et, en *in Alc.* 88, 5-6 et 215, 13-21, il décrit Socrate à la fois comme un ἐρωτικός et comme un modèle d'amant divinement inspiré qui aide ses bien-aimés en les dirigeant vers ce qui est beau dans leurs âmes. Enfin, il faut prendre en compte *in Alc.*, 21, 1 - 23, 17 pour l'interprétation qu'Olympiodore donne du *daimonion* de Socrate. Pour plus d'information sur l'*eros* socratique, le *daimonion* et la connaissance de soi, voir **44** F. Renaud, « Socrates' divine sign : From the Alcibiades to Olympiodorus », dans Tarrant et Johnson **37**, p. 190-199, ainsi que **45** H. Tarrant, « Improvement by Love : From Aeschines to the Old Academy », dans Tarrant et Johnson **37**, p. 147-163 ; Renaud et Tarrant **27bis**.

D'un bout à l'autre de ses commentaires sur les dialogues de Platon Olympiodore se montre extrêmement intéressé par l'analyse de la ou des méthodes socratiques de la dialectique et de la réfutation. En général, Olympiodore regarde la dialectique socratique, qu'elle soit réfutative ou non, comme extrêmement systématique dans la mesure où elle vise la purification et l'édification des jeunes gens plutôt qu'une victoire purement éristique. Voir *in Gorg.*, § 5, 12, 1-30, où Olympiodore distingue entre deux modes de question et réponse, l'un qui vise à gagner, l'autre qui vise à découvrir la vérité et à apprendre. Associant Socrate à cette seconde approche, Olympiodore soutient que Socrate se prête volontiers lui-même à l'*elenchos* parce qu'on tire profit de la réfutation que l'on subit : παρακαλεῖ οὖν ὁ Σωκράτης ἐλέγχεσθαι μᾶλλον ἢ ἐλέγχειν· ὁ γὰρ ἐλεγχόμενος ὠφελεῖται. L'explication d'Olympiodore rejoint assez bien celle de Proclus, lequel croyait lui aussi que la ou les méthodes socratiques d'investigation reposaient sur la découverte et l'articulation des principes rationnels dans l'âme humaine. Pour une vue d'ensemble rapide des vues d'Olympiodore sur les méthodes de Socrate dans les dialogues de Platon, voir *in Gorg.*, § 3, 1, 10 - 25, 3 ; 4, 16-25 ; § 4, 13, 1-2 ; *in Alc.*, 7, 4-8 ; 56, 9 - 57, 4 ; 62, 4-8 ; 80, 12 - 81, 10 ; 89, 13-17 ; 99, 13-15 ; 102, 27 - 103, 9 et 213, 5-7. Pour des informations plus détaillées sur la méthode socratique chez Olympiodore, voir **46** F. Renaud, « The Elenctic Strategies of Socrates. The *Alcibiades I* and the Commentary of Olympiodorus », dans Layne et Tarrant **12**, p. 118-126. Voir également **47** F. Renaud, « Interpréter Platon en platonicien aujourd'hui ? Le cas d'Olympiodore d'Alexandrie », dans Renaud et Tarrant **27bis**.

8. Simplicius

Textes. *Commentarius in Epicteti enchiridion* : éd. I. Hadot, *Simplicius Commentaire sur le Manuel d'Épictète. Introduction et édition critique du texte grec*, coll. « Philosophia Antiqua » 66, Leiden 1996 ; éd. et trad. d'I. Hadot, *Simplicius. Commentaire sur le Manuel d'Épictète*, CUF, t. I, Paris 2001 ; voir aussi l'édition "Didot" antérieure de F. Dübner, dans *Theophrasti Characteres*, Paris 1842.

Dans son Commentaire sur l'*Encheiridion* d'Épictète, Simplicius fait largement appel à Socrate, mais il semble ramener à une seule figure le Socrate de Platon et le Socrate historique. Voir *Prooem.*, li. 84, p. 196 Hadot [1996] = p. 3, 3 Dübner. Cependant, d'un bout à l'autre de cet ouvrage il fait souvent référence à Socrate comme à un modèle et il présente des développements sur ce qu'il considère comme des thèmes socratiques standard. Pour une référence à des événements historiques dans la vie de Socrate, voir XXXII, li. 177, p. 314 H. = p. 65, 19 D., où Simplicius discute de la présence d'esprit de Socrate (φρόνημα) durant la bataille de Délion et le prix d'excellence qui lui fut en conséquence décerné par les Athéniens. Pour une référence à la sagesse socratique, son humilité et l'oracle delphique voir LXIV, li. 34, p. 438 H. = p. 131, 7-20 D. Dans ce passage Simplicius traite également de la propension de Socrate à envoyer les jeunes gens auprès du sophiste approprié, par exemple Protagoras et Prodicus, pour recevoir une instruction. Voir également LXIX, li. 50-55, p. 449 H. = p. 136, 9-14 D. pour un autre passage sur la sagesse socratique et l'oracle de Delphes, avec une tentative explicite de faire de Socrate un paradigme (παράδειγμα) pour toute vie humaine. *Cf.* XXXIX, li. 75, p. 395 H. = p. 110, 48 D. et L, li. 18, p. 417 H. = p. 121, 50 D. Pour une référence explicite à l'*Apologie de Socrate* de Platon et à la conviction chez Socrate qu'Anytos et Mélétos ne peuvent lui causer du tort, voir LXXI, ll. 40-45, p. 453 H. = p. 138, 8-9 D. A un moment donné Simplicius compare Socrate à Heraclès, à Thésée et à Diogène, et il décrit leur capacité respective à surmonter les défis d'origine divine qu'ils doivent affronter dans la vie et à rester fermes à leur poste particulier. Il suggère que le divin chargea Socrate de vivre une vie simple et naturelle, une mission à laquelle ce dernier ne manqua jamais : « Ce dieu propose souvent aux âmes des combats, voulant ainsi donner de l'exercice à ces puissances, afin qu'elles ne deviennent pas trop relâchées et trop languissantes du fait de leur inaction et qu'elles ne fassent pas défaut, lorsque l'occasion appellera à les mettre en œuvre. Et ni des gens comme Héraclès, Thésée, Diogène, Socrate ne seraient devenus de si grands personnages, ni la grandeur de la vertu humaine n'aurait fait entrevoir avec éclat jusqu'où elle peut aller, si le dieu n'avait pas provoqué les uns à combattre contre les plus terrifiantes des bêtes féroces et contre les hommes méchants et n'avait pas poussé les autres à une frugalité extrême et à une vie conforme à la nature » (XIV, li. 243-251, p. 266 H. = p. 40, 39-49 D. ; trad. I. Hadot [2001]). Pour le développement le plus étendu sur la vertu socratique voir XLIX, li. 3-40, p. 415-416 H. = p. 120, 48-121 D. où Simplicius met en valeur sa grandeur d'âme et celle de Zénon, leur authenticité et leur humilité, tout en traitant ensuite de ce qu'il considère comme une maxime d'un authentique disciple de Socrate, c'est-à-dire que la seule justification de la politique est de faire le bien. Il décrit ensuite le caractère cohérent de Socrate et sa détermination à vivre sa propre existence authentique en XL, li. 10-15, p. 397 H. = p. 112, 5 D. Sur la capacité de Socrate de calmer sa colère par le silence, voir XXIX, li. 35, p. 300 H. = p. 58, 12 D. Pour confirmer l'identification du corps avec l'instrument de l'âme rationnelle, Simplicius en *Prooem.*, li. 101, p. 196 H. = p. 3, 26 D. renvoie à l'argument de Socrate dans l'*Alc. I*, 129 c7, où le philosophe conclut que tout comme un être humain utilise un scalpel pour travailler, de même l'être humain utilise la main ou n'importe quelle autre partie du corps comme un instrument. Sur l'attitude de Socrate à l'égard de la mort voir X, li. 21, p. 243 H. = p. 28, 14 D. et X, li. 38-40, p. 243 H. = p. 28, 34-37 D. Lorsqu'il parle de la douleur que Socrate éprouve à la jambe dans le *Phédon*, Simplicius le présente comme un être divin (XIV, li. 137, p. 262 H. = p. 38, 15 D.). Il traite de l'austérité de Socrate à l'égard des vêtements et du linge de maison en XLIV, li. 33-35, p. 405 H. = p. 115, 47-49 D. Sur la thèse socratique selon laquelle tous désirent le bien, voir VII, li. 27, p. 230 H. = p. 21, 24 D. Voir aussi **48** M. Lawrence, « *Akrasia* and *Enkrateia* in Simplicius's Commentary on Epictetus's Handbook », dans Layne et Tarrant **13**, p. 127-142.

9. Damascius

Textes. *In Philebum* : éd. L. G. Westerink, *Damascius. Lectures on the Philebus wrongly attributed to Olympiodorus*, Amsterdam 1959 (réimpr. 1982) ; éd. et trad. G. Van Riel *et alii*, *Damascius. Commentaire sur le Philèbe de Platon, CUF*, Paris 2008 ; *De principiis* : éd. C. É. Ruelle, *Damascii successoris dubitationes et solutiones*, 2 vol., Paris 1889-1899 (réimpr. 1964) ; éd. et trad. de L. G. Westerink et J. Combès, *Damascius. Traité des premiers principes, CUF*, 2 vol., Paris 1986-1991 ; *Damascius. Vitae Isidori reliquiae*, éd. C. Zintzen, Hildesheim 1967.

Contrairement à Proclus ou à Olympiodore, le Socrate de Damascius est exclusivement platonicien, dans la mesure où Damascius ne traite jamais de Socrate en tant que personne différente de celle qui apparaît dans les dialogues platoniciens et des arguments qu'on y trouve. Voir *De principiis* I 9, 22 ; 1, 64, 4 ; 1, 66, 11 ; 1, 136, 14. Sur la place de Socrate dans le système néoplatonicien, voir *in Philebum* 8, 1-5, où Socrate représente la méthode scientifique et la pensée discursive, ainsi

que quelqu'un qui atteint le bien au niveau appétitif tout autant qu'au niveau cognitif. Pour une référence à l'ironie socratique, voir *in Philebum* 23, 3. Sur le savoir et
le non-savoir de Socrate, en rapport avec l'ignorance et le *Théétète*, voir *De
principiis* I 9, 22. Voir aussi dans la *V. Isid.* F76, F106, F109, F175, F329 et F361,
plusieurs fragments concernant par exemple une possible défense de Socrate par
Isidore, l'étrange facilité de parole de Socrate, de même que son rejet de la politique, sa désobéissance face aux Trente tyrans, l'évocation par Xénophon des
avantages de la vertu et, enfin, la conviction chez Socrate que la philosophie ne
peut subir d'autre tort que ceux produits par un mal venant de l'intérieur.

10. *Prolegomena philosophiae Platonicae*

Texte. Éd. L. G. Westerink, *Anonymous prolegomena to Platonic philosophy*, Amsterdam
1962. Éd. et trad. de L. G. Westerink, J. Trouillard et A.-Ph. Segonds, *Prolégomènes à la philosophie de Platon, CUF*, Paris 1990.

En tant qu'introduction à la lecture de Platon, ce court texte offre beaucoup
d'informations anecdotiques concernant la représentation que le néoplatonisme se
faisait du Socrate historique par rapport au Socrate de Platon. En *Proleg.*, 1, 40-45
l'auteur traite de la date de naissance de Socrate (le 6 du mois de Thargélion) par
rapport à celle de Platon (le 7 du mois de Thargélion) et en déduit que cela montre
la priorité de Socrate à la fois dans le temps et du point de vue de la perspicacité
(λόγος) : « ce qui montre bien la primauté de Socrate dans l'ordre du temps comme
dans celui de la valeur » (trad. Trouillard). En se demandant pourquoi Platon
écrivit des dialogues l'auteur indique que Socrate et Pythagore ne laissèrent que
des disciples et non des écrits. Il explique ensuite en *Proleg.*, 3, 15-30 la nature de
la relation de maître à étudiant qui existait entre Platon et Socrate, et, dans le cours
de ce développement, il rappelle le récit de la première rencontre de Platon avec le
philosophe à l'âge de vingt ans, son étude de la morale pendant dix ans et la
conclusion qu'il tira que Socrate était supérieur à tous les autres, ce qui conduisit le
jeune Platon à brûler tous ses écrits antérieurs. *Cf.* D. L. III 5-6, Proclus, *in Remp.*
I, 205, 4-13, Olymp., *in Alc.*, 2, 76-82. En *Proleg.*, 1, 23-27, l'auteur rapporte que
le jour qui précéda sa rencontre avec Platon Socrate rêva qu'un cygne s'assoyait
sur ses genoux, déployait ses ailes et s'envolait avec un chant qui charma tous ceux
qui l'entendirent. L'auteur reconnaît Platon dans ce cygne. *Cf.* Olymp., *in Alc.*, 2,
83-86 et D. L. III 5. Il parle également du procès de Socrate et du soutien que lui
apporta Platon en *Proleg.*, 3, 20-22. *Cf.* D. L. II 41 et Olymp., *in Gorg.*, § 41, 6,
15-18. L'auteur s'appuie également sur des anecdotes qui attesteraient que Socrate
était encore vivant lorsque Platon commença à écrire des dialogues. L'auteur rapporte la fameuse réaction de Socrate devant le *Lysis* qu'avait écrit Platon. Il aurait
apparemment répondu par ces mots : « Ce jeune homme me mène où il veut, aussi
loin qu'il veut et vers qui il veut » (*Proleg.*, 3, 25-31 ; trad. Trouillard). *Cf.* D. L. III
3. L'auteur insiste également pour dire que les dialogues ne sont pas tout à fait
historiques et, en *Proleg.*, 16, 30, il mentionne les gestes *(stage directions)* de
Socrate dans les entretiens comme un exemple de détails inventés. Pour la confusion que fait l'auteur entre Platon et Socrate voir *Proleg.*, 10, 43 - 11, 20. Dans cette

section l'auteur présente l'aveu de Socrate de ne rien savoir et de ne rien enseigner comme étant celui de Platon et fait état de la prétention de ce dernier de ne connaître que la dialectique (τὴν διαλεκτικήν), l'amour (τὰ ἐρωτικά) et la science des accouchements (τὴν μαιείαν):

« Leur cinquième argument est celui-ci : "je ne sais rien ni n'enseigne rien, je ne fais que poser des questions". Voilà donc comment il avoue, de sa propre bouche, ne rien savoir de certain. Nous leur répondrons que lorsqu'il [Platon] dit : "je ne sais rien", il compare sa propre connaissance avec celle des êtres divins. Car elle est bien différente de la nôtre. La nôtre, en effet, n'est que connaissance, tandis que celle de dieu est efficace ; la connaissance divine connaît par une intuition simple, alors que nous devons passer par des causes et des prémisses. Ensuite il [Platon] dit : "je n'enseigne personne" au sens de : "je ne mets mes opinions en personne" » (trad. Trouillard).

Sur l'étrange association faite par l'auteur de l'ignorance socratique avec la double ignorance ou le manque de conscience de l'ignorance, aussi bien que sur le rattachement de ces vues au *Phèdre* 229 e, voir *Proleg.*, 16, 20-25 :

« (S'ils souffrent d'ignorance), ils souffrent <ou bien> de l'ignorance simple ou bien de l'ignorance double ou bien de l'ignorance suprême ou bien de l'ignorance sophistique. Il y a ignorance simple lorsque l'on ignore telle chose déterminée et que l'on sait qu'on l'ignore. Il y a ignorance double quand on ignore telle chose déterminée et que l'on ne sait pas qu'on l'ignore, comme le dit Socrate dans le *Phèdre* : "Je ne suis pas capable, suivant l'inscription delphique, de me connaître moi-même" » (trad. Trouillard).

Sur l'influence de Socrate sur Alcibiade, voir *Proleg.*, 15, 45-50.

II. Autres auteurs de la période néoplatonicienne

1. L'empereur Julien

Textes. éd. W. C. Wright, *The Works of the Emperor Julian*, 3 vol., coll. *LCL*, Cambridge, Mass. 1923 ; *Epistulae* : éd. F. C. Hertlein, Leipzig 1875 ; *Orationes* : éd. G. Rochefort et Ch. Lacombrade, *CUF*, Paris 1963-1965.

L'empereur présente un éloge général de l'héritage laissé par le philosophe et de ses réalisations dans sa *Lettre à Thémistius* 264 b-d = *SSR* I C 548 et I H 17, déclarant que Socrate est plus connu qu'Alexandre le Grand, tout en considérant que Socrate est la cause, entre autres choses, de la sagesse de Platon et du savoir militaire de Xénophon. Il conclut que tous ceux qui ont été sauvés grâce à la philosophie doivent ultimement leur salut à Socrate : Ὅσοι δὲ σῴζονται νῦν ἐκ φιλοσοφίας, διὰ τὸν Σωκράτη σῴζονται. Dans son *Discours* II, 78d-79b = *SSR* I C 546 A, il traite de l'oracle de Delphes, de la réputation de Socrate pour ce qui concerne la sagesse, du refus du philosophe de reconnaître le bonheur des tyrans et de sa réticence à louer quoi que ce soit d'autre que la vertu. Sur l'affirmation de Socrate prétendant ne rien connaître concernant la mort : *Disc.* VI, 181 a-b = *SSR* V B 94 et V A37. Sur le plus grand intérêt porté par Socrate à l'éthique par rapport à la physique, voir *Disc.* VI, 190 a-c = *SSR* I C 547. Sur l'ironie socratique (ὁ Σωκράτης εἴρων), voir *Disc.* VII, 237 b-c. Sur le *daimonion* de Socrate et son rôle (Σωκράτει δαιμονία φωνὴ κωλύουσα πράττειν ὅσα μὴ χρεὼν ἦν), voir *Disc.* VIII, 249 b = *SSR* I C 415. Dans sa *Lettre à Thémistius*, 255 c, il discute des efforts de Socrate pour écarter de la politique certains jeunes gens comme Alci-

biade. Voir également sa lettre 50 à Nilus, 444 c-d = 59 Hertlein pour la condamnation socratique chez Julien de la double ignorance. Sur l'affection manifestée par
Julien envers Socrate, voir **49** U. Criscuolo, « Sull' epistola di Giuliano imperatore
al filosofo Temistio », *Koinonia* 7, 1983, p. 89-11. Voir également **50** G. Scheda,
« Die Todesstunde Kaiser Julians », *Historia* 15, 1966, p. 380-383.

2. Libanius

Textes. *Declamationes* : éd. R. Foerster, *Libanii opera*, t. V, coll. *BT*, Leipzig 1909.

Dans *Declamationes I, Apologia Socratis*, Libanius offre une défense détaillée
de la vie de Socrate et des façons dont il pratiquait la philosophie et, dans *Declamationes II, de Socratis silentio* = *SSR* I E 1 et I H 1, il s'étend avec éloquence sur
le procédé odieux qui força Socrate à garder le silence après le prononcé de sa
sentence. Le *De Socratis silentio* trahit le sentiment de persécution éprouvé par les
païens du IVe siècle de notre ère qui, comme c'est le cas dans cette représentation
fictive de Socrate, sont contraints de rester silencieux en attendant leur propre mort
ou la disparition de leur culture. Le ton est inquiétant et traduit manifestement la
conviction de Libanius que la philosophie païenne n'a plus beaucoup de ressources
pour lutter contre l'expansion et la domination du christianisme. Dans l'*Apologia
Socratis*, Libanius consacre de longs développements à traiter de la vie et des
activités de Socrate, le louant d'avoir incité à la vie la meilleure et le disculpant
d'avoir corrompu la jeunesse grâce à la sophistique, encouragé les infractions
contre les lois de la cité, promu des enseignements anti-démocratiques et rejeté les
dieux de la cité. Il combat également l'idée que Socrate aurait préconisé la crimi-
nalité et l'oisiveté, tout comme l'idée polémique qu'il aurait mené hypocritement
une vie privée qui était le contraire de ses soi-disant enseignements publics. Voir
Calder *et alii* **7** pour l'édition du texte grec, une traduction anglaise et un
commentaire de ce texte précieux.

3. Stobée

Textes. éd. O. Hense et C. Wachsmuth, *Ioannis Stobaei Anthologium*, 5 vol., Berlin 1884-
1912 (réimpr. 1958).

Cette anthologie de lieux communs sapientiels fait référence à Socrate à plusieurs reprises. On trouvera ici une liste de références importantes. Pour l'identification faite par Socrate entre le divin et l'immortel et l'éternel, voir I 1, 29a =
SSR I C 181. Sur la priorité qu'il accordait à la recherche ou à la chasse de la vérité
par opposition au fait de l'atteindre, voir II 1, 18 = *SSR* V B 372. Sur l'harmonie
entre les paroles de Socrate et ses actes, de même que pour une analyse de la
question de Socrate "Qu'est-ce que x ?", voir II 1 23-29 = *SSR* V B 372. *Cf.* II 15,
37= *SSR* I C 186, II 31, 98 = *SSR* I C 194, III 1, 74 = *SSR* I C 203, III 4, 59 = *SSR* I
C 231. Sur l'importance du gouvernement de soi-même, voir II 8, 29 = *SSR* VI A
95. Sur des paroles prêtées à Socrate concernant le prix de la sagesse, voir II 31,
44-46 = *SSR* I C 188-190, et pour d'autres paroles de Socrate de portée plus
générale, voir III I, 84 = *SSR* I C 204, III I, 86 I C 205, III 1, 87 = *SSR* I C 207, III
88 = *SSR* I C 208, III 1, 89 = SSR I C 209, III 1, 90 = *SSR* 210, III 1, 104 = SSR I

C 211, III, 1 180-190 = *SSR* I C 212-220, III 4, 55-65 = *SSR* I C 227-237, III 5, 30-35 = *SSR* I C 244-249. Sur les idées de Socrate concernant l'éducation, voir II 31, 54 = *SSR* I 191, II 31, 79 = *SSR* V A 173, II 31, 99 = *SSR* I C 195, II 31, 102 = *SSR* I C 196, II 31, 103 = *SSR* I C 197. Sur la loi et la politique, voir IV 1, 82-85 = *SSR* I 287-290. Sur ses relations avec Xénophon, voir II 31, 101 = *SSR* I C 196. Pour une référence à Xanthippe, voir III 3, 50 = *SSR* I C 223. Sur le procès de Socrate et son impavidité en face de la mort, voir III 7, 56 = *SSR* I C 254.

III. La réception chrétienne de Socrate à l'époque néoplatonicienne

Textes. Tertullien, *Apologeticum*: éd. H. Hoppe, Wien 1939; *De Anima*: éd. J. H. Waszink, Amsterdam 1947; *Adversus nationes*: éd. G. Wissowa, Wien 1890. Origène, *Contra Celsum*: éd. M. Borret, *Origène. Contre Celse*, coll. *SC* 132, 136, 147, 150 et 227, Paris 1967-1976, 5 vol. Jean Chrysostome, *in Acta Apostolorum homilia*: éd. J.-P. Migne, *PG* LX 1862; *in Epistulam primam ad Corinthios*: éd. J.-P. Migne, *PG* LXI 1862. Lactance, *Divinae institutiones*: éd. S. Brandt, coll. *CSEL*, Wien 1890. Augustin, *Contra Academicos*: éd. W. M. Green, coll. *CC*, Turnhout 1970; *De civitate Dei*: éd. B. Dombart-A. Kalb, coll. *CC*, Turnhout 1955. Théodoret de Cyr, *Graecarum affectionum curatio*: éd. I. Raeder, coll. *BT*, Leipzig 1904. Cyrille d'Alexandrie, *Contra Iulianum*: éd. J.-P. Migne, *PG* LXXVI 1863.

Les interprétations de Socrate chez les commentateurs et les philosophes chrétiens de cette époque sont partagées: certains louent notamment le caractère résolu de Socrate, sa vigueur morale et son attitude au cours de son procès et face à sa condamnation, alors que d'autre tentent de calomnier ce païen modèle en le décrivant comme un pédéraste ou un individu peu courageux attaché à corrompre la jeunesse plutôt qu'à sauvegarder la cité. Très tôt dans cette période **Tertullien** évoque le manque de fidélité de Socrate envers son épouse et son incapacité à rester chaste en citant son activité de "corruption de la jeunesse", allusion à son amour pour les jeunes garçons (*Apologeticum* 39, 12 = *SSR* I G 67, et *Apologeticum* 46, 10 = *SSR* I G 69). Il critique également le *daimonion* de Socrate en l'opposant à l'Esprit-Saint et le présente comme ayant exercé une mauvaise influence qui détourna le philosophe du bien (*Apologeticum* 22, 1 = *SSR* I G 67, et *De Anima* 1, 2-6 = *SSR* I G 63). Il ridiculise l'oracle delphique en particulier et les païens de façon générale pour avoir appelé Socrate le plus sage des hommes (*De Anima* 1, 6 et *Adversus nationes* I 4, 6-7 = *SSR* I G 71) et enfin dans une critique indirecte contre les païens Tertullien insiste souvent sur le rejet des dieux traditionnels par Socrate (*Apologeticum* 14, 7 = *SSR* I G 66, et *Adversus nationes* I 4, 6 = *SSR* I G 71; I 10, 42 = *SSR* I G 72 et II 2, 12 = *SSR* I G 69). Voir également **50bis** L. Saudelli, «Le Socrate de Tertullien», *REAug* 59, 2013, p. 23-53.

Origène signale le rejet par Socrate des dieux traditionnels, sa détermination dans la prison, son indifférence au fait de devoir boire la ciguë et son assurance et sa tranquillité comme des signes de son bon caractère (*Contra Celsum* III 67 = *SSR* I G 28). Il loue sa décision de suivre la raison droite et de mourir dans un état d'esprit approprié à la philosophie: «Il décida, suivant ce qui lui semblait raisonnable, qu'il valait mieux pour lui mourir en philosophe que de mener une vie indigne de sa philosophie» (*Contra Celsum* II 17 = *SSR* I G 28; trad. Borret). Il rapproche la mort de Socrate de celle de Jésus (*Contra Celsum* VII 56 = I G 38) et rappelle que Socrate, comme Jésus, « a tendu l'autre joue » et a refusé de répondre à une injustice par une injustice (*Contra Celsum* VII 58 ; *cf.* VIII 8). Il relativise cependant de façon étonnante la portée de l'oracle de Delphes déclarant que Socrate est le plus sage des hommes en faisant remarquer que l'oracle a également appelé sages Euripide et Sophocle, montrant ainsi que ce n'est pas à cause de ses qualités philosophiques que Socrate avait été estimé sage. Il conclut que l'oracle l'a appelé sage à cause du grand nombre de victimes qu'il avait apportées devant l'autel d'Apollon (*Contra Celsum* VII 6 = *SSR* I G 37 ; *cf.* VII 12). Autres références à Socrate chez Origène : I 3 = *SSR* I G 27 ; I 64 III A 2 ; II 41 = *SSR* I G 28 ; III 13 = *SSR* V H 14 ; III 25 = *SSR* I G 31 ; III 66, IV 39, IV 59 = *SSR* I G 32 ; V 20, V 21, VI 8 = *SSR* I G 35.

Lactance dénigre Socrate, l'accusant d'avoir corrompu Alcibiade et Critias *(Div. Instit.* III 19), l'écarte comme un sceptique déclaré qui niait tout savoir (*Div. Instit.* III 3 et III 20) et le considère comme un bouffon stupide qui voulait se moquer de la religion (*Div. Instit.* III 20).

Jean Chrysostome parle de la fausse modestie ou de l'ironie (εἰρωνεία) de Socrate et de son arrogance (*in Acta apostolorum* 37, 2 = *SSR* I G 57), et soutient également qu'il n'y a rien d'admirable dans la mort de Socrate. Le philosophe en vérité n'avait pas le choix et devait mourir par nécessité. En tant que telle son acceptation de la mort n'était pas un acte de courage, car le courage implique le choix et Socrate n'avait pas à choisir. Il considère de plus que sa mort était rendue ridicule par le fait que Socrate était déjà un homme âgé lors de sa condamnation et qu'il a pu être condamné à cause de son *daimonion (in Epistulam primam ad Corinthios homilia* 4, 4 et 4, 5 = *SSR* I G 59).

Il arrive également fréquemment qu'**Augustin** mentionne Socrate, faisant référence à son scepticisme ou à l'absence d'engagement positif chez lui en faveur de certaines doctrines (*Contra Academicos* II 6, 14 = *SSR* I G 96 ; voir également III 8, 17 = *SSR* V B 525). Il s'étend longuement sur la philosophie socratique en général dans son *De Civitate Dei* VIII 3 = *SSR* I G 97, montrant dans ses explications qu'il distingue nettement entre le Socrate historique et le Socrate de Platon, rappelant, à la suite de Cicéron (*Tusc. disp.* V 4, 10), qu'il fut le premier à orienter la philosophie vers les questions de morale. Augustin suggère que cette réorientation vers l'éthique fut entraînée par l'ennui que Socrate éprouvait pour les recherches physiques ou par la conviction que de telles réalités n'étaient connues que par le Divin. Dans une perspective néoplatonicienne Augustin suppose que Socrate essayait de purifier son esprit de façon à pouvoir retourner vers le Divin. Il décrit la mission de Socrate comme une tentative pour attaquer ceux qui ne sont pas conscients de leur ignorance et il n'hésite pas à mettre en valeur l'aveu que fait Socrate lui-même de son ignorance, envisageant la possibilité qu'il ait dissimulé ses connaissances. Augustin conclut que les différents disciples de Socrate comprirent la nature du bien suprême *(summum bonum)* en fonction de leurs propres besoins ; par exemple Aristippe considéra que le bien était le plaisir, tandis qu'Antisthène pensa que c'était la vertu. Platon fut selon lui de loin le meilleur de ses élèves. Voir également *De Civitate Dei* VIII 4 pour d'autres réflexions sur l'influence exercée par Socrate sur Platon, ainsi que VIII 14 = *SSR* I G 98 sur sa relation avec Alcibiade. *Cf.* XIV 8 = *SSR* I G 99.

Les réflexions de l'apologiste **Théodoret de Cyr** sur Socrate dans sa *Thérapeutique des maladies helléniques* se fondent sur l'*Histoire philosophique* de Porphyre, aujourd'hui perdue. Il suggère que Socrate aurait dû avoir honte d'appeler Diotima, une femme, son maître. Il suggère également que Socrate était inculte et ignorant à cause de la façon dont il avait grandi, de sa vie et de son métier. Voir I 17 = *SSR* I C 118 ; I 26-31 = *SSR* I C 10 ; XII 61-5 = *SSR* I B 45.

Pour terminer **Cyrille d'Alexandrie**, qui tire ses informations lui aussi de l'*Histoire philosophique* de Porphyre, dénigre comme Théodoret la vie et les mœurs du philosophe, décrivant son infidélité conjugale, possiblement son travail comme maçon et sa sagesse terre à terre qui, selon Cyrille, ne le rendait pas maître de ses désirs (V 170 = *SSR* I G 51 ; VI 185-186 = *SSR* I B 44 ; VI 190 = *SSR* I G 54 ; VI 208 = *SSR* I B 41 ; VII 226 = *SSR* I G 56).

Autres études sur la réception de Socrate dans le christianisme ancien : **51** Ad. Harnack, *Sokrates und die alte Kirche*, Giessen 1901, 24 p. ; **52** E. Benz, « Christus und Sokrates in der alten Kirche », *ZNTW* 43, 1950-1951, p. 195-224 ; **53** R. E. Carter, « St. John Chrysostom's use of the Socratic distinction between kingship and tyranny », *Traditio* 14, 1958 p. 367-371 ; **54** G. Hennemann, « Sokrates im Lichte christlicher Philosophen », *Freies Christentum* 14, 1962, p. 99-102 ; **55** E. Amand de Mendieta, « L'amplification d'un thème socratique chez Jean Chrysostome », *Byzantion* 36, 1966, p. 353-381 ; **56** A.-M. Malingrey, « Le personnage de Socrate chez quelques auteurs chrétiens du IVe siècle », dans *Forma futuri, Studi in onore di M. Pellegrino*, Torino 1975, p. 159-178 ; **57** D. Jackson « Socrates and Christianity » *CF* 31, 1977, p. 189-206 ; **58** K. Döring, *Exemplum Socratis : Studien zur Sokratesnachwirkung in der kynisch-stoischen Popularphilosophie der frühen Kaiserzeit und im frühen Christentum*, coll. « Hermes Einzelschriften » 42, Wiesbaden 1979 ; **59** M. Frede « The Early Christian Reception of Socrates », dans **60** L. Judson et V. Karasmanis (édit.), *Remembering Socrates*, Oxford 2006, p. 188-202 ; **61** M. Edwards, « Socrates and the Early Church », dans **62** M. Trapp (édit.), *Socrates from Antiquity to the Enlightenment*, Aldershot 2007, p. 127-142.

Notice adaptée et traduite de l'américain par Richard Goulet.

DANIELLE ALEXANDRA LAYNE.

SOCRATE – TRADITION ARABE

Dès les premiers siècles de l'Islam, Socrate a été une figure bien connue non seulement dans la philosophie arabe, mais dans l'ensemble de la culture arabo-islamique. L'étude la plus complète sur le *Socrates Arabus* a été publiée par I. Alon dans deux volumes différents : **1** I. Alon, *Socrates in Mediaeval Arabic Literature*, Leiden/Jerusalem 1991, qui contient une analyse de la documentation sur Socrate en arabe, et **2** *Id., Socrates Arabus. Life and Teachings. Sources,*

Translations, Notes, Apparatus, and Indices, Jerusalem 1995, qui regroupe 130 passages relatifs à la vie de Socrate et 805 passages sur ses enseignements, dans le texte original arabe et une traduction anglaise, et signale en note les auteurs qui ont conservé chacun des passages. Alon a par la suite présenté un bilan de ses recherches dans **3** *Id.*, «Socrates in Arabic Philosophy», dans S. Ahbel-Rappe et R. Kamtekar (édit.), *A Companion to Socrates*, Malden, MA/Oxford 2006, p. 317-336. Un premier survol sommaire de Socrate dans la tradition arabe se trouve dans **4** F. Rosenthal, «On the Knowledge of Plato's Philosophy in the Islamic World», *IslCult* 14, 1940, p. 387-422, notamment p. 387-390; une présentation plus complète se trouve dans **5** A. S. Halkin, «Socrates in the Arab-Jewish Tradition», dans «Classical and Arabic Material in Ibn 'Aknīn's "Hygiene of the Soul"», *PAAJR* 14, 1944, p. 25-147, notamment p. 38-59; voir également **6** R. Arnaldez, art. «Suḳrāṭ», *EI²* IX, 1998, p. 840-841. D'autres présentations ont été proposées par **7** G. Strohmaier, «Die arabische Sokrateslegende und ihre Ursprünge», dans P. Nagel (édit.), *Studia Coptica*, coll. «Berliner byzantinistische Arbeiten» 45, Berlin 1974, p. 121-136, repris dans **7a** *Id., Von Demokrit bis Dante. Die Bewahrung antiken Erbes in der arabischen Kultur*, Hildesheim 1996, p. 297-312, et par **8** J. Jolivet, «Figures de Socrate dans la philosophie arabe», dans son ouvrage *Philosophie médiévale arabe et latine*, Paris 1995, p. 78-89.

Sources documentaires sur le Socrate arabe. Le matériel sur Socrate dans la tradition arabe provient soit de sources gnomologiques grecques soit des dialogues socratiques de Platon, principalement l'*Apologie*, le *Criton* et le *Phédon*. Sur cette question, voir **9** D. Gutas, notice «Platon – Tradition Arabe», *DPhA* Va, 2012, p. 845-863, notamment p. 851-855. Dans la documentation remontant à Socrate, le récit de la mort du sage athénien est proéminent, comme l'a montré Alon **1**, p. 67-82. La plupart des recueils de dits et des doxographies arabes contiennent des sections sur Socrate qui puisent à la fois dans la tradition gnomologique et dans la documentation empruntée à Platon.

Gnomologia. Un des recueils de dits les plus anciens en arabe est le *Ādāb al-falāsifa* attribué à Ḥunayn ibn Isḥāq (809-873), qui n'est conservé que dans une version plus récente compilée par al-Anṣārī (voir sur cet auteur **10** M. Zakeri, «*Ādāb al-falāsifa*: The Persian Content of an Arabic Collection of Aphorisms», *MUSJ* 57, 2004, p. 173-190). Le portrait de Socrate que l'on y trouve (**11** al-Anṣārī, *Ādāb al-falāsifa*, édité par 'A. Badawī, Kuwait 1985, p. 62-73), est étudié par Jolivet **8**, p. 78-81. Selon Alon **1**, p. 39, et **12** G. Atiyeh, *al-Kindī. The Philosopher of the Arabs*, New Delhi, 1994, p. 120, il est probable qu'un rôle encore plus important pour la transmission des dits de Socrate fut joué par plusieurs œuvres d'al-Kindī sur Socrate (voir plus loin), en particulier la compilation que nous possédons encore, intitulée *Alfāẓ Suqrāṭ* (*Sur les propos de Socrate*), éditée par **13** M. Fakhry, «al-Kindī wa-Suqrāṭ», *al-Abḥāṯ* 16, 1963, p. 23-34, notamment p. 28-31, et traduite en anglais par **14** P. Adamson et P. E. Pormann, *The Philosophical Works of al-Kindī*, Karachi 2012, p. 267-275. **15** D. Gutas, *Wisdom Literature in Arabic Translation. A Study of the Graeco-Arabic Gnomologia*, New

Haven, Connecticut 1975, p. 328-331, soutient que Ḥunayn et al-Kindī ont chacun puisé à un recueil grec de sentences différent, l'un et l'autre traduits en arabe avant 850, alors que le *Ṣiwān al-ḥikma*, une compilation plus récente de matériels biographiques et gnomologiques sur des sages grecs ou arabes, a utilisé ces deux traditions. Le *Ṣiwān al-ḥikma* (sur ce texte voir **16** D. Gutas, « The *Ṣiwān al-ḥikma* Cycle of Texts », *JAOS* 102, 1982, p. 645-650) est perdu, mais trois versions abrégées de ce texte sont conservées et contiennent chacune une section sur Socrate qui doit remonter à l'original. La notice la plus longue, contenant 81 items, se trouve dans **17** *The "Mukhtaṣar Ṣiwān al-ḥikma" of 'Umar b. Sahlān al-Sāwī*, éd. par R. M. Kartanegara, Diss. University of Chicago 1996, p. 75-92 ; viennent ensuite les notices que l'on trouve dans le *Muḫtār min kalām al-ḥukamā' al-arba'a al-akābir*, édité et traduit par Gutas **15**, p. 84-115, et dans le **18** *The Muntakhab Ṣiwān al-hikmah of* [Ps.-]*Abū Sulaimān as-Sijistānī*, édité par D. M. Dunlop, La Hague/New York 1979, p. 34-36, que l'on trouve également dans **19** *Ṣiwān al-ḥikmah wa-thalāth rasā'il, ta'līf Abū Sulaymān al-Manṭiqī al-Sijistānī*, édité par 'A. Badawī, Téhéran 1974, p. 124-128. Les recoupements dans le matériel fourni par ces trois ouvrages sont présentés sous forme de synopse par Gutas **15**, p. 483-485. C'est approximativement à la même époque et dans le même milieu, l'Iran des Xe et XIe siècles, et probablement au même cercle philosophique que le *Ṣiwān al-ḥikma*, qu'appartiennent deux autres compilations contenant du matériel gnomologique sur Socrate : **20** Miskawayh, *al-Ḥikma al-ḫālida*, édité par 'A. Badawī, Le Caire 1952, est une collection de paroles de sagesse d'Indiens, de Grecs, de Perses et d'Arabes rassemblée afin de montrer que la sagesse est une et éternelle parmi les nations. Chez les Grecs, Socrate tient un rôle proéminent et apparaît dans deux passages avec plusieurs dits et anecdotes (p. 211-213 et 265-266). Le *Kitāb al-Sa'āda wa-l-is'ād* est une compilation de matériaux principalement éthiques et politiques tirés de sources grecques, arabes et persanes, et disposés par sujet. Le compilateur se désigne lui-même sous le nom d'Abū l-Ḥasan ibn Abī Darr et il a été identifié de façon erronée avec le contemporain de Miskawayh, Abū l-Ḥasan al-'Āmirī. C'est pourquoi le *K. al-Sa'āda* a été publié sous le nom de ce dernier, par exemple dans **21** *As-Sa'ādah wa'l-is'ād (On Seeking and Causing Happiness) written by Abū'l-Ḥasan Muḥammad al-'Āmirī of Nēshābūr (992 A. D.)*, édité en facsimilé par M. Minovi, Wiesbaden 1957-1958, et dans **22** *al-Fikr al-siyāsī wa-l-aḫlāqī 'ind al-'Āmirī. Dirāsa wa-taḥqīq Kitāb al-Sa'āda wa-l-is'ād fī l-sīra al-insānīya*, édité par A. 'Aṭīya, Le Caire 1991. Des paroles sont citées sous le nom de Socrate une quinzaine de fois à l'intérieur de l'ouvrage. Un matériel beaucoup plus riche sur Socrate comprenant non seulement des dits, mais également des données biographiques, avec un récit circonstancié de sa mort, est conservé dans une longue notice sur le philosophe dans **23** Mubaššir ibn Fātik, *Muḫtār al-Ḥikam wa-maḥāsin al-kalim*, édité par 'A. Badawī, Beirut[2] 1980, p. 82-126. Mubaššir a lui aussi compilé son ouvrage au XIe siècle, mais dans une région plus occidentale du monde musulman, à savoir en Syrie et en Égypte. Plus à l'ouest encore, en Espagne, Ibn 'Aqnīn, qui vécut au tournant du XIIe au XIIIe siècle, a incorporé un grand nombre de paroles de Socrate – éditées, traduites et analysées par Halkin **5** – dans son ouvrage de morale *Ṭibb al-Nufūs*. Pour d'autres exemples de *gnomologia*, notamment *al-Kalim al-rūḥānīya* d'Ibn Hindū ou *Kitāb al-Muǧtanā* d'Ibn Durayd, voir Alon **1** et **2**.

Une particularité du matériel gnomologique arabe sur Socrate est qu'il est fortement influencé par la tradition cynique et que, pour le lecteur arabe, Socrate a remplacé Diogène (☛D 147) dans le tonneau, comme l'avait déjà noté **24** P. Kraus, « Raziana I. La Conduite du Philosophe. Traité d'éthique d'Abū Muḥammad b. Zakariyyā al-Rāzī », *Orientalia* N. S. 4, 1935, p. 300-334, notamment p. 304-306, puis Halkin **5**, p. 42-45 et 50-51, **25** B. Lewin, « L'idéal antique du philosophe dans la tradition arabe. Un traité d'éthique du philosophe bagdadien Ibn Suwār », *Lychnos* 1954-1955, p. 267-284, notamment p. 269-270, Strohmaier **7**, p. 300-305, et **26** O. Overwien, *Die Sprüche des Kynikers Diogenes in der griechischen und arabischen Überlieferung*, Stuttgart 2005, p. 407-408.

Doxographies. Une documentation socratique d'un genre différent se trouve dans des doxographies arabes où les doctrines attribuées à Socrate sont souvent présentées conjointement avec celles de Platon, ce qui est particulièrement le cas dans la version arabe des *Placita philosophorum*, en arabe : *al-Ārā' al-ṭabī'īya*, qui soutient que leurs opinions étaient identiques sur tous les points (voir l'édition, traduite et commentée de **27** H. Daiber, *Aetius Arabus. Die Vorsokratiker in arabischer Überlieferung*, Wiesbaden 1980, p. 106, et l'édition de **28** ʿA. Badawī, *Arisṭūṭālis fī l-nafs*, Kuwait, Beirut ²1980, p. 89-188, à la p. 104). La doctrine qui est citée explicitement sous leurs deux noms est la thèse de l'existence de trois principes : Dieu qui est intellect, la matière et la forme, toutes deux séparées l'une de l'autre. La totalité du passage se retrouve également dans le *Muntaḫab Ṣiwān al-ḥikma* (**18**, p. 5, et **19**, p. 81), non pas dans la notice sur le philosophe, mais dans la partie introductive de l'ouvrage. Dans le *Kitāb Amūniyūs fī Ārā' al-falāsifa*, ce qu'on appelle la *Doxographie* du Pseudo-Ammonius (☛A 142), que l'on peut également dater des premiers siècles de l'Islam, Socrate est cité à propos des rapports entre vérité (*ḥaqq*) et sagesse (*ḥikma*) et il est présenté comme défenseur de la doctrine selon laquelle la vérité dépend de la sagesse. Voir sur cette question l'édition, avec traduction et commentaire, de **29** U. Rudolph, *Die Doxographie des Pseudo-Ammonius*, Stuttgart 1989, section XII. Dans un traité sur l'unité de Dieu professée par les philosophes grecs, conservé dans le manuscrit de Téhéran, Dānešgāh 2103, le sage athénien prend quelques fois la parole pour défendre la transcendance et l'unicité divine ; voir l'édition arabe et la traduction anglaise du texte, **30** E. Wakelnig, « Greek Sages on the *Tawḥīd* Ancient Philosophy in Accord with the Islamic Doctrine of the Oneness of God », *SGA* 5, 2015, p. 205-245. Un exposé, sous le nom de Socrate, du premier existant et comment il est la cause de l'être de tous les autres existants se trouve dans **31** Masʿūdī, *Kitāb al-tanbīh wa-l-išrāf*, ed. M. J. de Goeje, Leiden 1894, p. 117-120. La ressemblance entre ce récit et la doctrine métaphysique d'al-Fārābī est notée par Alon **1**, p. 103, et **32** Ph. Vallat, *Abū Naṣr al-Fārābī. Épître sur l'intellect*, Paris 2012, p. XLII. Un compte rendu particulièrement long de la philosophie de Socrate se trouve dans **33** al-Šahrastānī, *Kitāb al-Milal wa-n-niḥal* II, édité par W. Cureton, London 1864, réimpr. Leipzig 1923, p. 278-283, et traduit en français dans **34** *Livre des religions et des sectes II*, traduction par J. Jolivet et G. Monnot, Paris 1993. Al-Šahrastānī, qui écrivait dans la première moitié du XIe siècle, rapporte presque mot à mot la doctrine socratico-platonicienne déjà citée des trois principes à partir de Plutarque (➮P 210), c'est-à-dire l'Aetius (➮A 27) Arabus, à ceci près que Dieu n'est pas présenté comme étant l'Intellect (*al-ʿaql*), mais l'Agent (*al-fāʿil*). De plus, à Socrate est attribuée l'idée de l'incommunicabilité divine ; il aurait soutenu que Dieu est principalement vivant et éternel et aurait cru dans la préexistence des âmes. Une autre notice doxographique sur Socrate, associée à des données biographiques, est fournie dans la seconde moitié du XIIIe siècle par **35** al-Šahrazūrī, *Nuzhat al-arwāḥ wa-rawḍat al-afrāḥ fī taʾrīḫ al-ḥukamāʾ wa-l-falāsifa* I, édité par A. Ḫūršīd Aḥmad, Hyderabad 1976, p. 119-124.

Bio-Bibliographies. En ce qui concerne les bio-bibliographies arabes standard, elles contiennent toutes des notices sur Socrate et certaines lui attribuent des œuvres qu'il aurait écrites. Par exemple **36** Ibn al-Nadīm, *Kitāb al-Fihrist* I, édité par G. Flügel, Leipzig 1870-1871, p. 245, dans sa notice relativement brève, rapporte que Socrate était originaire d'Athènes, la cité des savants et des sages, qu'il fut mis à mort parce qu'il s'opposa aux Athéniens et qu'il vécut presque aussi longtemps que son disciple Platon, lequel vécut 80 ans. On lui attribue comme ouvrages un *Traité sur la politique* (*Maqāla fī s-siyāsa*) et une *Lettre sur la bonne conduite* (*Risāla fī s-sīra al-ǧamīla*). **37** Ibn al-Qifṭī's *Taʾrīḫ al-ḥukamāʾ*, édité par J. Lippert, Leipzig 1903, p. 199-206, contient une notice particulièrement longue qui peut être sommairement divisée en quatre parties (Socrate dans le tonneau, Socrate qui n'écrivit aucun ouvrage, diverses anecdotes, la mort de Socrate), qui ont été déjà analysées par **38** A. Müller, *Die griechischen Philosophen in der arabischen Überlieferung*, Halle 1873, p. 36-38. Une traduction anglaise du récit de la mort de Socrate, avec les textes qui en sont les sources dans les dialogues de Platon est donnée par Alon **1**, p. 67-76. **39** Ibn Abī Uṣaybiʿa, *Kitāb ʿUyūn al-anbāʾ fī ṭabaqāt al-aṭibbāʾ* I, édité par A. Müller, Le Caire, Königsberg 1882, p. 42-49, dépend presqu'entièrement de Mubaššir pour sa notice sur Socrate : il le cite expressément, lui emprunte tout le matériel biographique (Mubaššir **23**, p. 82-91) et retient seulement un certain nombre de paroles et d'anecdotes (Mubaššir **23**, p. 93-124). Les traités qu'attribue à Socrate Ibn Abī Uṣaybiʿa ne proviennent qu'en partie d'Ibn al-Nadīm, car il ajoute deux autres titres, à savoir une *Lettre à ses frères sur la comparaison entre la loi et la philosophie* (*Risāla ilā iḫwānihī fī l-muqāyasa bayn al-sunna wa-l-falsafa*) et un *Livre sur la réprimande de l'âme* (*Kitāb Muʿātabat al-nafs*) (p. 49). Aucune œuvre n'est mentionnée dans **40** Ibn Ǧulǧul, *Ṭabaqāt al-aṭibbāʾ wa-l-ḥukamāʾ*, édité par F. Sayyid, Le Caire 1955, p. 30-32, où revient l'affirmation selon laquelle Socrate ne composa aucun ouvrage, suivie par une brève sélection de dits et d'anecdotes. Au XVIe siècle, **41** Ḥaǧǧī Ḫalīfa, *Kašf al-ẓunūn fī asāmī l-kutub wa-l-funūn*, éd. G. Flügel, London 1858 connaît un livre *al-Uṣūl wa-l-Ḍawābit* portant sur la science des lettres (*'ilm al-ḥurūf*) et attribué à Socrate, mais d'après Ḥaǧǧī Ḫalīfa il aurait été écrit par un certain *šayḫ* (I, p. 341) ; le bibliographe turc mentionne Socrate encore quelques fois quand il parle de la philosophie grecque (I, p. 72 et p. 425 ; III, p. 91 et p. 96).

Histoires de la philosophie et du monde. Socrate tient également une place importante dans les ouvrages arabes sur l'histoire de la philosophie. Un des plus connus de ces textes est celui des cinq sages Grecs, c'est-à-dire Empédocle (⇒E 19), Pythagore (⇒P 333), Socrate, Platon (⇒P 195) et Aristote (⇒A 414), qui apparaît tout d'abord dans l'ouvrage d'al-ʿĀmirī, *Kitāb al-Amad 'alā l-abad*, édité, traduit et commenté par **42** E. K. Rowson, *A Muslim Philosopher on the Soul and its Fate*, New Haven, Conn. 1988, p. 71-89, d'où il s'est retrouvé dans plusieurs autres ouvrages (*ibid.*, p. 203-204), dont le *Muntaḫab Ṣiwān al-ḥikma* (**18**, p. 5-6, et **19**, p. 83). Dans ce passage, il est dit que Socrate tenait sa sagesse de Pythagore, qu'il ne s'était intéressé qu'à la métaphysique et qu'il s'était ouvertement opposé aux polythéistes grecs qui le firent arrêter par leur roi et condamner à mort par empoisonnement (**42**, p. 70). Parmi les doctrines socratiques mentionnées (*ibid.*, p. 82-84 ; et depuis cette source dans **18**, p. 8-7, et **19**, p. 88-89), on retrouve les rapports entre vérité et sagesse, bien que selon al-ʿĀmirī Socrate ait soutenu que la vérité est antérieure à la sagesse et non le contraire comme on le lit dans la *Doxographie* du Pseudo-Ammonius. Il aurait dit également que lors de la Seconde Création (*al-naš'a al-ṯāniya*) le ciel deviendra dépourvu d'étoiles et il en aurait donné une explication (**42**, p. 82 ; **18**, p. 8 ; **19**, p. 88).

Les récits arabes de l'histoire universelle font aussi place à Socrate, par exemple dans le chapitre sur les Grecs de l'une des plus anciennes œuvres du genre, notamment **43** *Ta'rīḫ* d'al-Yaʿqūbī, ed. M. Th. Houtsma, 1883, repr. Leiden 1969, p. 134. Ici Socrate est chronologiquement classé avant Pythagore. Il est même mentionné dans l'histoire d'Égypte d'Ibn Zūlāq au Xe siècle, dans laquelle il devient un habitant de l'Égypte ancienne versé dans la sagesse, la théologie et la rhétorique : voir **44** H. Daiber, « Die Faḍā'il-Literatur als Quelle der Wissenschaftsgeschichte. Das Beispiel des ägyptischen Historikers Ibn Zūlāq (10. Jh.) », dans R. Arnzen et J. Thielmann (édit.), *Words, Texts and Concepts Cruising the Mediterranean Sea*, Leuven/Paris/Dudley, MA 2004, p. 355-385, notamment p. 364 et 371-372.

Socrate apparaît aussi dans des ouvrages de géographie mondiale comme un Grec célèbre. Une notice très élaborée qui contient même un récit de la mort de Socrate se trouve dans le chapitre sur la Grèce dans le **45** *Kitāb Āṯār al-bilād*, la partie géographique de la *Cosmographie* d'al-Qazwīnī, ed. F. Wüstenfeld, 1848/9, réimpr. Wiesbaden 1967, t. II, p. 382.

Socrate dans la philosophie arabe. Dans la mesure où Socrate fut ainsi omniprésent dans la littérature arabe, il ne faut pas s'étonner que de nombreux philosophes arabes aient abondamment parlé de lui. Celui que l'on présente comme le premier philosophe des Arabes, Abū Yūsuf Yaʿqūb ibn Isḥāq al-Kindī (*ca* 800-870) écrivit, selon Ibn al-Nadīm (**36**, p. 260), cinq ouvrages où le nom de Socrate apparaît dans le titre : *Sur ce qu'on rapporte de la vertu de Socrate* ; *Sur les propos de Socrate* ; *Sur une controverse qui opposa Socrate et Archigénès* ; *Sur ce qu'on rapporte de la mort de Socrate* ; *Sur ce qui se passa entre Socrate et les Ḥarraniens* (*ou Gorgias* ?). Seul le second titre correspond à un ouvrage conservé (voir plus haut **13** et **14**) et le texte du dernier titre est controversé (**46** D. Gutas, « Plato's *Symposion* in the Arabic Tradition », *Oriens* 31, 1988, p. 36-60, à la p. 43, lit Ḥarrāniens, là où Jolivet **8**, p. 87, lit Gorgias). D'après Atiyeh (**12**, p. 118-119), le Socrate d'al-Kindī est un grand moraliste, qu'al-Kindī a cherché à imiter ; et pour **47** C. E. Butterworth, « Socrates' Islamic Conversion », *ASJ* 4, 1996, p. 4-11, à la page p. 5-6, al-Kindī dépeint un Socrate désintéressé des choses de ce monde, ce qui finalement causa sa perte, comme quelqu'un peu concerné par la rhétorique et ne portant aucun intérêt à la politique ; il présente par ailleurs de nombreux traits caractéristiques de Diogène le Cynique (**»+**D 147). Le contemporain plus tardif d'al-Kindī, Abū Muḥammad ibn Zakarīya al-Rāzī (mort vers 920) connaît des récits plus exacts concernant le Socrate historique, tout comme il connaît les versions cyniques révisées postérieures, telles que les décrivent Lewin **25**, p. 270, Butterworth **47** p. 6-7, et **48** L. E. Goodman, « The Epicurean Ethic of Muḥammad Ibn Zakariyā' ar-Rāzī », *SI* 34, 1971, p. 5-26, aux p. 6-7 et 11-12 ; et il a trouvé une façon astucieuse de combiner ces deux représentations de Socrate comme l'ont remarqué Halkin **5**, p. 40, et Strohmaier **7**, p. 330. Al-Rāzī soutient que Socrate fut dans sa jeunesse l'ascète radical qui est décrit dans la tradition cynique, mais qu'il adopta ultérieurement une forme plus modérée d'ascèse, lorsqu'il en vint à avoir des enfants, à combattre contre l'ennemi lors des conflits, à participer à des banquets, à bien manger, sans consommer de viande cependant, et à prendre un peu de vin. C'est cet exemple plus tardif que al-Rāzī lui-même entend suivre comme il l'explique dans son ouvrage apologétique *Kitāb as-Sīra al-falsafīya*, édité et traduit par Kraus **24**, p. 303-304, 313-323, et dans le texte arabe repris dans **48a** *Rasā'il falsafīya li-Abī Bakr Muḥammad ibn Zakarīyā' al-Rāzī*, Le Caire 1939, p. 99-111. Abū Naṣr al-Fārābī (mort en 950) porte sur Socrate le regard de Platon lorsque sa méthode scientifique et son comportement en face de la mort sont concernés, comme l'ont montré Butterworth **47**, p. 8-10, Vallat **32**, p. XXIV-XXV et XL-XLII, et **49** D. Black, « Al-Fārābī on Meno's Paradox », dans P. Adamson (édit.), *In the Age of al-Fārābī*, London/Torino 2008, p. 15-34, notamment p. 16. Le comportement de Socrate au moment d'affronter la mort, tel que décrit par Platon, est également longuement discuté dans l'ouvrage de caractère encyclopédique *Rasā'il Iḫwān aṣ-Ṣafā'*, comme l'a montré **50** Y. Marquet, « Socrate et les Iḫwān aṣ-ṣafā' », *JA* 286, 1998, p. 409-449. Leur récit de la mort de Socrate est celui qu'al-Qazwīnī reprend (voir **45**). Il faut ajouter que Socrate apparaît comme un ermite et un ascète dans le traité mentionné plus haut d'Ibn Suwār **25**, p. 283-284.

Des doctrines psychologiques et éthiques attribuées à Socrate se trouvent dans l'ouvrage de Miskawayh *Tahḏib al-Aḫlāq*, comme l'ont montré Alon **3**, p. 330-331, et Gutas **15**, p. 321-322, qui retrouve la trace du *De cohibenda ira* de Plutarque, traduit en arabe à travers un intermédiaire en syriaque, dans un passage socratique chez Miskawayh et dans le parallèle offert par l'ouvrage d'al-Ġazālī *Iḥyā' al-'ulūm ad-dīn*. Al-Tawḥīdī, un contemporain de Miskawayh qui vécut dans le même milieu culturel et philosophique des Xe et XIe siècles en Iran cite souvent Socrate dans ses différentes œuvres appartenant au genre des belles lettres philosophiques (voir Alon **1** et **2**). Un passage lié au *Phédon* (à partir de 70 c 3) conservé dans le *Fī Taḥqīq mā li-l-Hind* d'al-Bīrūnī exprime la croyance de Socrate dans la transmigration des âmes et leur réminiscence selon Alon **1**, p. 164. Le grand savant Ibn Sīnā mentionne Socrate plusieurs fois dans son *opus magnum*, le *Kitāb al-Šifā'*, le *Livre de la guérison* et même après cette époque le nom du philosophe grec garde son importance dans la tradition orientale du monde arabo-musulman pendant des siècles. Mīr Dāmād (mort en 1631), par exemple, connaît Socrate comme un défenseur de la doctrine platonicienne des formes séparées, des archétypes et des archétypes descendants (voir **51** R. Arnzen, *Platonische Ideen in der arabischen Philosophie*, Berlin 2011, p. 195-198).

Mais le Socrate arabe ne s'intéresse pas qu'à la philosophie ; il s'occupe également d'alchimie comme le montre sa présence dans le corpus de Ǧābir ibn Ḥayyān ; sur cette question, voir **52** M. Ullmann, *Die Natur- und Geheimwissenschaften im Islam*, Leiden/Köln 1972, p. 153-154, et Alon **1**, p. 125-127.

Socrate dans la littérature et la culture arabo-islamiques. Le Socrate arabe est d'abord et avant tout un grand ascète, un adversaire de l'idolâtrie et un partisan du monothéisme. Cette image s'est développée déjà dans l'antiquité tardive et dans le christianisme primitif, lorsque les doctrines morales de Socrate et de Jésus, ainsi que les circonstances de leurs morts, furent comparées entre elles ; elles ont dû atteindre le monde arabo-musulman à travers la tradition syriaque, comme l'expliquent Halkin **5**, p. 45-48, Strohmaier **7**, p. 298, et Alon **1**, p. 87-88. Le Iḫwān as-Ṣafā', par exemple, rapproche la mort de Socrate non seulement de celle de Jésus, mais aussi de celle des martyrs de Kerbela, comme le font remarquer Kraus **24**, p. 304, et Atiyeh **12**, p. 118. **53** G. Strohmaier, « Ethical Sentences and Anecdotes of Greek Philosophers in Arabic Tradition », *CO* 11 (= *Actes du Ve Congrès International d'Arabisants et d'Islamisants*, Bruxelles), 1979, p. 463-471, à la page p. 467, repris dans Strohmaier **7a**, p. 44-52, à la p. 48, cite une parole de Socrate conservée dans un manuscrit inédit appartenant à la tradition du *Ṣiwān al-ḥikma*, qui est suivie d'une remarque selon laquelle les mots du sage grec évoquent ceux de mystiques musulmans comme al-Ḥasan al-Baṣrī et Manṣūr ibn 'Ammār (sur ces personnages, voir également Jolivet **8**, p. 84). Ce dernier (*ibid.*, p. 83-86) signale également que le Socrate arabe porte parfois les traits d'un *ḥanīf*, d'un *mutakallim*, ou d'un prophète et qu'il peut faire montre de traits surnaturels. Alon **1**, p. 11, distingue trois façons d'appréhender Socrate dans la littérature arabe médiévale : il est considéré soit comme un prophète, soit comme « une personnalité exemplaire montrant tacitement des qualités musulmanes », soit comme un non-croyant et donc comme la cible d'attaques éventuelles. Un bon exemple de la seconde approche distinguée par Alon peut être trouvé chez Usāma ibn Munqiḏ qui fait mention de Socrate comme exemple de courage, ainsi que le note Rosenthal **4**, p. 387.

Ouvrages pseudo-socratiques en syriaque et en arabe. La tradition arabe concernant Socrate adopte deux positions contradictoires à l'égard de la composition d'ouvrages par le sage athénien. D'un premier point de vue, on considère qu'il n'a rien écrit pour des raisons de caractère philosophique, d'un second point de vue on lui attribue différents titres d'ouvrages qui ont été mentionnés plus haut. Parmi ceux-ci un semble avoir été conservé : le *Traité de Socrate où sont comparées la loi et la philosophie* (*Maqālat Suqrāṭ fī l-muqāyasa bayn al-sunna wa-l-falsafa*), dont le titre ne diffère que légèrement de celui signalé par Ibn Abī Uṣaybiʿa. Il a fait l'objet de deux éditions, une première par **54** M. Türker, « Sokrates'e atfedilen küçük bir risâle. Petit traité en arabe attribué à Socrate », *Necati lugal armağanı* (= *Türk Tarih kurumu yayınlarından* VII. Seri – Sa. 50), Ankara 1968, p. 735-766, qui comprend une traduction en turc et en français, ainsi qu'un commentaire ; une seconde par **55** L. V. Berman et I. Alon, « Socrates on Law and Philosophy », *JSAI* 2, 1980, p. 263-279, avec une traduction anglaise, un commentaire et qui inclut aussi les notes marginales contenues dans le manuscrit. Sur ce traité, voir également les remarques de Jolivet **8**, p. 88-89. Il faut signaler également que **56** Pseudo-Maġrīṭī, *Ġāyat al-ḥakīm*, édité par H. Ritter et M. Plessner, Berlin 1933, p. 414-415, et Mubaššir **23**, p. 125-126, ont conservé un testament de Socrate. Les deux versions sont presque identiques, mais Mubaššir ne contient que sept exhortations, alors que le Pseudo-Maġrīṭī en a deux de plus. De plus, Ğābir ibn Ḥayyān attribue à Socrate différents traités alchimiques, comme le fait remarquer Kraus **24**, p. 304 n. 3, et Ullmann **51**, p. 154. Ce dernier signale aussi l'existence d'une *Risāla fī s-Ṣināʿa al-ilāhīya* attribuée à Socrate et conservée dans un manuscrit parisien (MS 2625, 5).

Un traité pseudo-socratique en syriaque a été édité par **57** P. De Lagarde, *Analecta Syriaca*, Leipzig 1858, p. 158-167 ; il a été traduit par **58** V. Ryssel, « Der pseudosokratische Dialog über die Seele. Aus dem Syrischen übersetzt », *RhM*, N. F. 48, 1893, p. 175-195 ; il est étudié par **59** W. M. R. Newbold. « The Syriac Dialogue „Socrates". A Study in Syrian Philosophy », *PAPhS* 57, 1918, p. 99-111 ; voir également Halkin **5**, p. 48.

Notice traduite de l'anglais par Richard Goulet.

ELVIRA WAKELNIG.

ICONOGRAPHIE

Les sources antiques suggèrent l'existence de deux statues de Socrate érigées à Athènes. La mention la plus ancienne – qui remonte à l'*Atthis* de Philochore – se trouve dans l'*Index Academicorum Herculanensis* de Philodème de Gadara (*PHerc* 1021). Dans ce passage est évoquée, dans le cadre d'un récit concernant la fondation de l'Académie d'Athènes, une statue de Socrate sculptée par un artiste du nom de Boutès, par ailleurs inconnu (col. II, li. 13-16 : étude détaillée dans **1** E. Voutiras, « Sokrates in der Akademie. Die früheste bezeugte Philosophenstatue », *MDAI(A)* 109, 1994, p. 146-156). On peut présumer que cette statue était érigée sur le site de l'Académie de Platon. Une deuxième statue s'élevait selon toute vraisemblance au Céramique, comme le montre le récit de Diogène Laërce II 43. Selon ce témoignage, les Athéniens qui ressentaient du remords pour avoir condamné le philosophe, firent élever dans le *Pompeion* un statue de bronze de Socrate, œuvre du sculpteur Lysippe (Ὁ μὲν οὖν ἐξ ἀνθρώπων ἦν· Ἀθηναῖοι δ᾽ εὐθὺς μετέγνω-σαν, ὥστε κλεῖσαι καὶ παλαίστρας καὶ γυμνάσια. καὶ τοὺς μὲν <ἄλλους> ἐφυγάδευσαν, Μελήτου δὲ θάνατον κατέγνωσαν· Σωκράτην δὲ χαλκῇ εἰκόνι ἐτίμησαν, ἣν ἔθεσαν ἐν τῷ πομπείῳ, Λυσίππου ταύτην ἐργασαμένου. En faveur de l'authenticité de ce témoignage voir **2** I. Scheibler, « Sokrates und sein Ende : Die Statuen », dans H. von Steuben [édit.], *Antike Porträts. Zum Gedächtnis von H. von Heintze*, Möhnesee 1999, p. 12 ; avis différent dans Voutiras **1**, p. 146, qui y voit le développement d'un *topos* rhétorique). Du récit de Tertullien, *Apologétique* 14, 8 (*Tamen cum paenitentia sententiae Athenienses et criminatores Socratis postea afflixerint et imaginem eius auream in templo collocarint*) on peut conclure à l'existence au moins d'une troisième statue, mais il est possible, étant donné l'évocation du remords des Athéniens comme motif de cette mesure, qu'il ne s'agisse que d'une variante par rapport à la tradition rapportée par Diogène Laërce II 43. On trouve également des allusions à des portraits peints de Socrate chez Lucien, *De morte Peregrini* 37, de même que chez l'auteur du VIe siècle Johannes Barboukallos (*Anth. Gr.* XVI 327).

En plus des informations concernant des portraits de Socrate, de nombreuses remarques ont été également transmises sur son apparence physique. A côté de la description, contemporaine mais difficilement exploitable d'un point de vue iconographique, fournie par Aristophane dans les *Nuées* (v. 362 *sq.*), il faut mentionner entre autres plusieurs indications chez Platon (par exemple dans le *Banquet* 215 a-c, le *Phédon* 117 b et le *Ménon* 80 a). La description la plus détaillée de Socrate se trouve chez Xénophon (*Symp.* V 1-10), où l'image du philosophe est comparée à celle de Silène (les témoignages ont été rassemblés dans **3** Richter, *Portraits* I, p. 109 ; **4** R. Kékulé von Stradonitz, *Die Bildnisse des Sokrates*, coll. *APAW*, Berlin 1908, p. 36-40).

A côté de portraits identifiés par des inscriptions, les informations transmises par la tradition littéraire sur la similitude de Socrate avec Silène ont conduit à reconnaître le philosophe dans trois types iconographiques attestés par des sculptures en ronde-bosse (conclusion établie de façon convaincante en dernier lieu par **5** I. Scheibler, « Rezeptionsphasen des jüngeren Sokratesporträts in der Kaiserzeit », *JDAI* 119, 2004, p. 179 ; **6** *Id.*, « Zum ältesten Bildnis des Sokrates », *MJBK*, Folge 3, 40, 1989, p. 9 *sq.* ; opinion différente dans **7** G. M. A. Richter, *The Portraits of the Greeks*, éd. abrégée par R. R. R. Smith, Oxford 1984, p. 199 ; Voutiras **1**, p. 136, qui soutient une répartition injustifiable en deux types de portraits seulement).

L'identification du type le plus ancien, conventionnellement appelé le type A (Richter **3**, p. 110-112), est uniquement fondée sur des similitudes avec le portrait de Socrate mentionné par les sources littéraires, ainsi que sur des correspondances formelles avec le second type, identifié par des inscriptions, le type désigné comme

B (voir plus bas). Il peut être daté des années 380-370 et il est de ce fait le plus ancien portrait de philosophe (voir en dernier lieu **8** C. Vorster, « Die Porträts des 4. Jhs. v. Chr. », dans P. C. Bol [édit.], *Die Geschichte der antiken Bildhauerkunst*, t. II : *Klassische Plastik*, Mainz 2004, p. 391 sq., fig. 360). Le type A est représenté par sept répliques (analyse détaillée des copies dans Scheibler **6**, p. 10-21 ; il faut ajouter une tête conservée au Musée royal de Leiden : **9** R. von den Hoff, *Philosophenporträts des Früh- und Hochhellenismus*, München 1994, p. 29 n. 69, et un buste conservé à Québec : **10** J. M. Fossey et J. E. Francis, *The Diniacopoulos collection in Québec. Greek and Roman Antiquities*, Montréal 2004, p. 124, n° 52).

Le portrait représente un homme barbu d'un âge avancé. Les cheveux clairsemés et déployés en longues mèches bordent la calotte du crâne et sont tellement tirés en arrière au niveau des tempes qu'ils laissent apparaître les oreilles. Une guiche de cheveux aplatis est dirigée vers le milieu du front et, derrière la tête, les cheveux longs descendent sur la nuque. La longue barbe, se terminant en pointe, est soignée et ne laisse pas place aux effets de clair-obscur. Autres particularités physionomiques : les sourcils très élevés, les pommettes saillantes, de même que le nez camus et large qui est fortement en retrait par rapport au front légèrement saillant. L'apparence du portrait est en conséquence marquée par une forte similitude avec l'iconographie de Silène (voir l'analyse détaillée de Scheibler **8**, p. 25-28 ; **11** L. Giuliani, « Das älteste Sokrates-Bildnis. Ein physiognomisches Portrait wider die Physiognomiker », dans C. Schmölders [édit.], *Der exzentrische Blick. Gespräch über Physiognomik*, Berlin 1996, p. 19-42 ; **12** P. Zanker, *Die Maske des Sokrates. Das Bild des Intellektuellen in der antiken Kunst*, München 1995, p. 38-45).

Une seconde représentation de Socrate, qu'on appelle le type B, remonte également à l'époque classique : elle peut être datée de la fin du IVe siècle, peut-être vers 330^a (sur cette question, voir en dernier lieu Vorster **8**, p. 418-421, fig. 393-395 ; Scheibler **5**, p. 180, a soutenu une datation vers la fin du IVe siècle). L'identification est assurée par deux répliques de Berlin et de Naples portant des inscriptions (Richter **3**, p. 113 n° 12, fig. 503 et p. 114 n° 20, fig. 528). Les répliques conservées ont atteint entre temps le nombre de 30. Au recensement établi par Richter **3**, p. 112-116, et Scheibler **5**, p. 189-247, il faut ajouter une tête conservée à Munich (**13** E. Weski et H. Frosien-Leinz, *Das Antiquarium der Münchner Residenz. Katalog der Skulpturen*, München 1987, p. 339-341, n° 208, ont soutenu, contre Kekulè von Stradonitz **4**, p. 57, qu'il s'agissait pour l'essentiel d'un portrait antique de Socrate). On ne peut en revanche considérer comme une réplique un fragment de tête conservé au Allard-Pierson-Museum d'Amsterdam (**14** E. M. Moorman, *Ancient sculpture in the Allard Pierson Museum Amsterdam*, Amsterdam 2000, p. 51 sqq., n° 55, pl. 25a-b) : il s'agit tout au plus d'un vague écho du portrait de Socrate selon le type A, si toutefois il s'agit bien de ce philosophe.

La forme arrondie du crâne avec le front dégarni, les pommettes saillantes et le nez camus et court sont des caractéristiques qui correspondent au type A. S'écartent cependant de ce modèle les cheveux qui, par-dessus les tempes enfoncées, recouvrent entièrement les oreilles en boucles épaisses et qui, sur les tempes, débordent sur la barbe, dont les boucles présentent davantage de volume et dont le contour est plus désordonné. De plus les traits du visage montrent davantage d'asymétrie dans la région de la bouche et des yeux, et les joues creuses laissent apparaître de façon plus marquée l'âge du personnage représenté.

Les répliques de ce type iconographique ne constituent pas un groupe unifié, mais laissent deviner plusieurs phases chronologiquement différentes, dont seule la première a une valeur particulière pour la reconstitution du modèle original (Scheibler **5**, p. 189-209). Dans les autres groupes de la période des Antonins et des Sévères (Scheibler **5**, p. 210-228) et de l'antiquité tardive (Scheibler **5**, p. 228-247) on constate de nombreuses variantes et des remaniements stylistiques correspondant à des réinterprétations diverses du modèle originel. Parmi ces différences, il faut mentionner une contraction plus marquée des sourcils, des coupes de cheveux différentes ou le modelé sur le front de trois rides parallèles qui peuvent suggérer une méditation sereine (Giuliani **11**, p. 134 *sqq.*). Grâce à de tels mélanges de formes, d'autres traits physionomiques peuvent parfois avoir été accentués, si bien que le portrait de Socrate est devenu un « pochoir pouvant être utilisé de multiples façons » (Scheibler **5**, p. 250).

Un autre type, jusqu'ici attesté par quatre répliques uniquement, est apparu à l'époque hellénistique (Scheibler **6**, p. 9 *sq.*, n. 9, fig. 3 et 4; **15** L. Giuliani, dans P.C. Bol [édit.], *Forschungen zur Villa Albani. Katalog der antiken Bildwerke*, t. I, coll. « Schriften des Liebieghauses », Berlin 1989, p. 466-469, n° 153, pl. 270 et 271). Bien qu'on ne puisse établir des correspondances significatives que pour des détails formels particuliers, on peut situer le modèle originel au plus tôt au cours du IIᵉ siècle av. J.-Chr. (Giuliani **15**, p. 468).

Le portrait se caractérise par un crâne sphérique imposant, bordé seulement par une couronne de boucles courtes sur les tempes et derrière la tête, lesquelles laissent les oreilles découvertes. La barbe est coupée relativement court et arrondie sous le menton, de sorte que le contour de la tête présente globalement une forme ovale. La petite bouche est bordée par une moustache peignée. Le visage est dominé par un nez en forme de bulbe puissant, placé entre les sourcils et par de petits yeux rapprochés. Le bas du visage, relativement détendu, s'oppose au front mouvementé avec des arcades sourcilières bombées vers l'avant, qui accentuent de façon expressive l'impression visuelle de l'activité intellectuelle (Zanker **12**, p. 168).

En résumé, on constate que le caractère silénique hideux est commun à tous les types de portraits en ronde-bosse, même si les types iconographiques diffèrent dans leur morphologie et si les répliques en particulier présentent de grandes différences dans leur physionomie. La morphologie des différents types est étroitement liée à l'iconographie de Silène aux différentes époques (Scheibler **5**, p. 184). Les caractéristiques communes sont la calotte la plupart du temps arrondie en forme de sphère, le front dégarni, le nez retroussé, la grande bouche et les yeux exorbités. Grâce à des caractéristiques formelles constantes, l'identification reste assurée

(Giuliani **11**, p. 29-32). On a utilisé les signes iconographiques du vieux sage Silène pour traduire en image les propriétés positives attribuées à Socrate (Scheibler **8**, p. 27 *sq.*; Zanker **12**, p. 38-45). Même si par là sont perceptibles dans tous les types des caractéristiques qui apparaissent également dans les sources littéraires plus haut mentionnées, elles ne doivent pas être perçues comme des caractéristiques individuelles assurant une ressemblance absolue, mais comme des formes iconographiques identifiables. Il est en effet frappant que les textes et les images conservées remontent à peu près à la même époque, ce qui exclut un rapport de dépendance clair entre les textes et les témoignages archéologiques. Il semble plutôt que les uns et les autres remontent à des représentations semblables de Socrate (Giuliani **11**, p. 25 et 32). C'est pourquoi la question de la ressemblance physionomique de l'image par rapport à Socrate – comme c'est aussi le cas pour tous les portraits antiques – échappe à une analyse méthodique sérieuse (Scheibler **5**, p. 184; Zanker **12**, p. 40-42; Giuliani **11**, p. 32).

Dans la mesure où la tradition littéraire atteste l'existence de deux statues de Socrate, on doit se demander quel rapport les types iconographiques entretiennent avec cette tradition littéraire. Même si Diogène Laërce II 43 mentionne l'érection d'une statue immédiatement après (εὐθύς) la mort de Socrate et si ce passage suggère au moins un lien avec le type A, un fait important s'oppose à cette idée. Car Diogène Laërce rapporte que la statue a été sculptée par Lysippe, lequel est né vers 390[a] à Sicyone et n'a pu que difficilement obtenir un contrat pour cette statue avant les années 360 (Voutiras **1**, p. 138; les propriétés stylistiques lysipéennes attribuées au type B de Socrate sont moins convaincantes pour dater l'ouvrage, car elles conduisent trop facilement à un cercle vicieux). On peut ajouter que d'une part le texte permet de rattacher εὐθύς au remords ressenti par les Athéniens et de le séparer de l'érection ultérieure d'une statue (Richter **3**, p. 109 *sq.*); d'autre part on pourrait considérer que la description du remords immédiatement ressenti n'est rien d'autre qu'un *topos* littéraire, dans la mesure où dans une série de discours du IVe siècle la condamnation de Socrate est présentée de façon nettement positive (Giuliani **11**, p. 23). Enfin, le fait que le type B soit attesté par de nombreuses répliques, alors que le type A ne l'est que par un nombre restreint, suggère d'identifier le second portrait avec l'œuvre créée par le sculpteur Lysippe. Le type A, plus rare, serait en conséquence à rattacher à l'œuvre de l'artiste inconnu Boutès (Scheibler **2**, p. 12; avis différent dans Voutiras **1**, p. 146-150), œuvre qui pourrait avoir été financée par des membres de l'Académie (Voutiras **1**, p. 150; Giuliani **11**, p. 23; de façon analogue Zanker **12**, p. 45).

En ce qui concerne l'apparence de la statue la plus ancienne, on ne dispose d'aucun témoignage, mais, d'après les coutumes en usage au IVe siècle av. J.-Chr., on peut supposer qu'il s'agissait d'une statue debout dans un simple *himation*, même si aucune trace n'en est plus accessible (le bas-relief en bronze signalé par Zanker **12**, p. 43 *sq.*, fig. 23, ne fournit aucune indication utile, dans la mesure où il a été démontré récemment de façon convaincante par **16** A. Schwarzmeier, «Wirklich Sokrates und Diotima? Eine neue Deutung zum Bildschmuck der

Truhe aus der Casa dei Capitelli figurati in Pompeji », *AA* 1997, p. 79-96, qu'il ne représentait pas Socrate, mais Silène en pédagogue). On ne peut pas utiliser, pour la reconstitution de la statue, un bas-relief représentant le Socrate du type A conservé à Toulouse (**17** A. Hermary, « Socrate à Toulouse », *RAN* 29, 1996, p. 26-30, fig. 10 et 11), dans la mesure où dans ce type d'œuvres des types différents de têtes et de corps sont combinés arbitrairement (Scheibler **2**, p. 9). Même si la localisation exacte dans le Pompeion reste imprécise (contrairement à l'opinion de **18** W. Hoepfner, *Kerameikos X. Das Pompeion*, Berlin/New York 1976, p. 124 *sq.*, les fragments conservés d'une base de statue du Pompeion ne peuvent pas être rattachés de façon certaine à la statue de Socrate), on dispose d'une tradition plus propice pour retrouver l'apparence de la statue du Socrate de type B. C'est ainsi qu'une statuette de Londres transmet une tête du Socrate de type B légèrement tournée vers la droite, montée sur un corps debout en manteau sans vêtement de dessous avec la main droite insérée dans le vêtement (Vorster **8**, p. 420, fig. 393, qui date l'ouvrage de l'époque hellénistique; Scheibler **5**, p. 221, de son côté, y voir une œuvre de l'époque des Antonins). Ce qui suggère que la statuette reproduit réellement l'aspect de la statue originelle est le fait que dans certaines répliques on remarque un port de la tête vers la droite, de même qu'un drappé similaire du vêtement sur quelques bustes (Scheibler **5**, p. 182). La statuette doit être considérée comme un témoignage valable, à côté d'une gravure en taille-douce souvent citée représentant une statue de Socrate assis, signalée par **19** J. J. Preisler, *Statuae Antiquae*, Roma 1732, pl. 31, ainsi qu'une représentation sur le côté d'un sarcophage de Paris (**20** B. C. Ewald, *Der Philosoph als Leitbild*, Mainz 1999, p. 135 *sq.*, n° A1, pl. 1-2). En conséquence la reconstitution de la statue proposée par **21** F. Poulsen, « The Reconstruction of the Lysippan Socrates », *From the Collections of the Ny Carlsberg Glyptothek* 2, 1938, p. 30-41, fig. 29, n'est pas convaincante. La reconstitution de la statue de type B est donc un projet qui reste encore à réaliser (Scheibler **2**, p. 1-4; Zanker **12**, 62-66; **22** R. Neudecker, *NP* VII, 1999, p. 610, *s.v.* Lysippos, s'est cependant prononcé pour une statue assise).

Une indication concernant l'apparence du type statuaire datable de l'époque hellénistique est fournie par une peinture murale portant le nom de Socrate retrouvée à Éphèse : il montre le philosophe assis, vêtu d'un manteau (**23** V. M. Strocka, *Die Wandmalerei der Hanghäuser in Ephesos*, coll. « Forschungen in Ephesos » 8, 1, Wien 1977; Voutiras **1**, p. 133 *sqq.*). Elle a été rattachée à juste titre, à cause de la typologie comparable, au type de tête de la version hellénistique du portrait (Scheibler **2**, p. 13; Scheibler **5**, p. 179; avis différent cependant chez Giuliani **16**, p. 469 n. 15) et offre peut-être le reflet d'une statue assise du philosophe provenant de l'époque hellénistique, par ailleurs non attestée par les témoignages littéraires. La considérer comme un témoignage sûr concernant l'apparence de la statue d'époque hellénistique semble toutefois problématique, à cause de la possibilité déjà évoquée que des types de têtes et de statues différents soient combinés (de façon analogue déjà **24** C. Vorster, *Römische Skulpturen des späten Hellenismus und der Kaiserzeit 2. Vatikanische Museen, Museo Gregoriano Profano ex Latera-*

nense. Katalog der Skulpturen, t. II, Wiesbaden 2004, p. 139 ; Zanker **12**, p. 168 n. 30).

A côté de la peinture murale déjà évoquée, on trouve dans l'art de surface trois autres œuvres représentant Socrate. Ainsi trois mosaïques d'Apamée, Baalbek et Cologne contiennent des représentations de Socrate accompagnées d'inscriptions (Richter **3**, fig. 569, 571 et 572). Alors que les représentations figurant sur les mosaïques d'Apamée et de Baalbek se laissent rattacher au type pictural de Socrate attesté par des œuvres en ronde-bosse, l'artiste de la mosaïque de Cologne a pourvu d'une inscription un portrait de philosophe qui est apparenté d'un point de vue iconographique aux images des philosophes épicuriens. A côté des nombreuses répliques de Socrate en ronde-bosse la mosaïque permet d'établir la grande popularité du philosophe aux IIIe et IVe siècles de notre ère (**25** C. Danguillier, *Typologische Untersuchungen zur Dichter- und Denkerikonographie in römischen Darstellungen von der mittleren Kaiserzeit bis in die Spätantike*, Oxford 2001, p. 179-181). Dans ce contexte, il faut également mentionner une contorniate frappée dans les années 370-375, qui fournit l'unique représentation de profil de Socrate (**26** P.-F. Mittag, *Alte Köpfe in neuen Händen*, Bonn 1999, p. 121 *sq.* et 124, pl. 4).

Enfin, un ensemble imposant d'ouvrages avec des représentations de Socrate est constitué, à l'intérieur des arts mineurs d'époque romaine, par les gemmes et les camées (par exemple **27** I. Scheibler, *Sokrates in der griechischen Bildniskunst*, München 1989, p. 55 ; étude détaillée dans **28** J. Lang, *Mit Wissen geschmückt ? Zur bildlichen Rezeption griechischer Dichter und Denker in der römischen Lebenswelt*, Wiesbaden 2012, p. 59-64 ; 154-161 n° G So1-130 ; 184 n° G So1-8 ; 190 n. V So1-2). Il faut toutefois retirer de ce groupe l'unique gemme comportant le nom de Socrate représenté sous forme de buste qui est conservé au musée numismatique d'Athènes (Richter **3**, fig. 570), car il s'agit d'une production d'époque moderne (Lang **28**, 199 n. d3*).

Une comparaison des gemmes et des camées avec les œuvres en ronde-bosse sûrement identifiées comme représentant Socrate permet d'illustrer de façon encore plus nette les nombreux remaniements de l'image du philosophe que l'on observe pour les répliques du type B. C'est ainsi que sur plus de 100 gemmes on ne constate que dans de très rares cas des emprunts typologiques étroits à l'un des types iconographiques de la ronde-bosse. Il s'agit plutôt de combinaisons arbitraires d'éléments iconographiques empruntés à différents portraits en ronde-bosse, de façon à constituer un « schème socratique » (Lang **28**, 64).

Cf. **29** W. Amelung, « Notes on representations of Socrates and of Diogenes and other Cynics », *AJA* 31, 1927, p. 281-286 ; **30** T. Lorenz, « Das Bildnis des Sokrates », *Perspektiven der Philosophie. Neues Jahrbuch* 1977, p. 255-276 ; **31** B. Frischer, « On Reconstructing the Portrait of Epicurus and Identifying the Socrates of Lysippus », *CSCA* 12, 1979, p. 121-154 ; **32** E. Voutiras, *Studien zur Interpretation und Stil griechischer Porträts des 5. und 4. Jhs. v. Chr.*, Bonn 1980, p. 172-193 (Type B ; la datation qu'il propose dans la première moitié du IVe s. av. J.-Chr.

a entre temps été presque unanimement rejetée) ; Richter et Smith **7**, p. 198-204 ; **33** H. J. Kruse, « Ein Sokratesporträt in Sfax », *AA* 1986, p. 435-446 (Type B) ; **34** L. A. Scatozza-Höricht, *Il volto dei filosofi antichi*, Napoli 1986, p. 87-94 ; **35** I. Scheibler, « Zu den antiken Bildnissen des Sokrates », dans H. Kessler (édit.), *Sokrates, Gestalt und Idee*, Heitersheim 1993, p. 167-200 ; **36** F. Johansen, « Sokrates i København », *MNCG* 50, 1994, p. 31-50 (la tête, décrite p. 47, fig. 17, du Musée national de Copenhague a cependant été identifiée, à la suite d'une autopsie, comme une œuvre d'époque moderne par Richter **3**, p. 115, n° 9) ; **37** P. Moreno, *Lisippo. L'arte e la fortuna*, Roma 1995, p. 256-265 et 326-330 ; **38** Schefold, *Bildnisse*, p. 126-129, fig. 52a-b (Type A), p.174-177, fig. 82 et 83 (Type B) ; **39** P. Blome, « Bildliche Darstellungen von Sokrates », dans K. Pestalozzi (édit.), *Der fragende Sokrates. Colloquia Raurica*, Stuttgart 1999, p. 98-111 ; **40** N. Cambi, « Glava Sokrata iz zbirke Brangwyn u Arheološkome muzeju u Splitu / The head of Socrates from the Brangwyn Collection in the Archaeological Museum in Split », *Vjesnik za arheologiju i historiju dalmatinsku* 104, 2011, p. 209-226 (avec de nouveaux exemples d'intailles en « schème socratique », mais une identification peu convaincante du portrait de marbre de Split).

Notice traduite de l'allemand par Richard Goulet avec la collaboration de l'auteur.

JÖRN LANG.

99 SOCRATE LE JEUNE *RE* 6   IV^a

Dans la *Métaphysique* (Z 11, 1036 b 24-30), Aristote critique une comparaison « qu'avait coutume de faire Socrate le jeune (ἣν εἰώθει λέγειν Σωκράτης ὁ νεώτερος) ». Cette comparaison consistait à dire que, de même que le cercle géométrique peut exister sans matière d'aucune sorte, de même l'homme peut exister sans ses membres ; à quoi Aristote objecte que l'homme, qui est un être vivant, n'est pas comme le cercle une entité intelligible, mais « quelque chose de sensible (αἰσθητόν τι) » qu'on ne peut définir sans le mouvement, et donc sans la disposition *ad hoc* de ses membres. L'argumentation rejetée par Aristote, d'inspiration manifestement platonicienne, semble attester la présence parmi les disciples de Platon d'un Socrate, appelé ὁ νεώτερος pour le distinguer de ce dernier.

1 A. E. Taylor, *Varia Socratica. First Series*, Oxford 1911, p. 43-44, a suggéré que le « Socrate » dont le nom est si souvent utilisé par Aristote dans ses exemples est peut-être, non pas le maître de Platon, mais ce même Socrate ὁ νεώτερος qui, comme Coriscus (**➤**C 187) ou Callias (identifiable selon Taylor à Callippe [**➤**C 31]), dont les noms sont utilisés de la même façon, aurait été un condisciple du Stagirite à l'Académie ; hypothèse accueillie avec faveur par **2** Th. Deman, *Le témoignage d'Aristote sur Socrate*, Paris 1942, p. 9.

Selon Alexandre d'Aphrodise (*in Metaph.*, p. 514, 5-6 Hayduck) et Asclépius (*in Metaph.*, p. 420, 20-21 H.), ce Socrate νεώτερος n'est autre que le jeune homonyme de Socrate en compagnie duquel Théétète (**➤**T 32) raconte avoir trouvé un procédé de division des racines carrées en deux classes (Plat., *Théét.* 147 c 8 - 48 b 3) ; auditeur silencieux dans le *Théétète* et dans le *Sophiste*, c'est lui qui remplit l'office de répondant dans le *Politique*. Tout comme le *Théétète* passe souvent pour un hommage rendu par Platon à son personnage éponyme, la mention de Socrate le Jeune dans le même dialogue puis dans les deux suivants est, aux yeux de **3** F. Lasserre, *De Léodamas de Thasos à Philippe d'Oponte. Témoignages et fragments*. Édition, traduction et commentaire, coll. «La Scuola di Platone» 2, Napoli 1987, p. 504, une marque de l'estime qu'avait pour lui Platon. Cette considération vient appuyer, chez Lasserre **3**, l'hypothèse due en premier lieu à **4** J. Jonsius, *De scriptoribus historiae philosophicae libri IV*, Francofurti 1659, p. 37, et reprise par **5** E. Kapp, «Sokrates der Jüngere», *Philologus* 79, 1924, p. 225-233 (= *Ausgewählte Schriften*, hrsg. von H. & I. Diller, Berlin 1968, p. 180-187), **6** *Id.*, art. «Sokrates» 6, *RE* III A, 1929, col. 890-891, selon laquelle le Socrate dont Aristote aurait suivi l'enseignement avant celui de Platon (*Vita Aristotelis Marciana*, 5 = Aristote, fr. 652 Rose[3]) serait ce même Socrate le Jeune, à qui Platon aurait confié la direction de l'Académie pendant son deuxième voyage en Sicile. Lasserre **3**, p. 505, va jusqu'à suggérer que certains des exemples dans lesquels, selon Taylor **1**, Aristote utilise le nom de Socrate le Jeune illustrent les règles logiques enseignées par ce dernier. Toute séduisante qu'elle est, l'hypothèse de Jonsius **4** est invérifiable. Les rapprochements suggérés par Kapp **5** et Lasserre **3** entre le Socrate le jeune dont parle Aristote et le Socrate «autrefois jeune et beau (καλοῦ καὶ νέου γεγονότος)» de la Lettre II (314 c) de Platon ou le Socrate de la Lettre XI (358 d), empêché par la maladie de se rendre auprès de Laodamas, sont tout aussi incertains. Outre que ces deux lettres sont apocryphes, les difficultés d'interprétation des mots καλοῦ καὶ νέου γεγονότος dans la Lettre II empêchent d'en inférer rien de solide, et l'identification du Socrate de la Lettre XI n'est qu'une réitération de l'hypothèse de Jonsius **4** sur la *Vita Marciana*.

L'ensemble de textes rassemblé par Lasserre **3** («témoignages» et «éléments de doctrine et d'idées»: p. 69-73; traduction française: p. 283-286; commentaire: p. 503-510) suppose, plus qu'il ne les fonde, les identifications suggérées par cet auteur entre les Socrate dont il y est fait mention, selon une évidente pétition de principe.

7 T. Jatakari, «Der jüngere Sokrates», *Arctos* 24, 1990, p. 29-45, offre une critique détaillée de l'ensemble des hypothèses rappelées ci-dessus. Sa propre hypothèse est qu'une plaisanterie avait cours au sein de l'Académie, qui était d'appeler Platon lui-même un Socrate jeune: d'où l'idée que Σωκράτης ὁ νεώτερος, sous la plume d'Aristote, ne serait autre que Platon. Il est vrai qu'Alexandre d'Aphrodise envisage cette possibilité (*in Metaph.*, p. 514, 4-5 Hayduck), mais il l'exclut, comme on l'a vu plus haut, au bénéfice de son identification avec le jeune homonyme de Socrate dans la trilogie *Théétète*, *Sophiste*, *Politique*. Optant au contraire pour l'hypothèse rejetée par Alexandre, Jatakari **3** n'en maintient pas moins l'identification au jeune Socrate de la trilogie précitée; il l'étend même à l'évocation, dans le *Parménide*, de la rencontre entre Socrate lui-même, alors jeune homme, et l'Éléate, ainsi évidemment qu'au Socrate jeune et beau de la Lettre II: toute évocation, dans le corpus platonicien ou, comme ce peut être le cas du passage de la *Métaphysique*, dans un débat entre académiciens, d'un jeune Socrate, d'un Socrate rajeuni, etc. viserait Platon. Malheureusement, l'argument dont se réclament de façon récurrente ces diverses identifications se réduit à la plaisanterie supposée avoir eu cours au sein de l'Académie : plaisanterie qui, faute de fondement textuel, n'est elle-même une fois de plus que pure supposition.

En définitive, la seule attestation qui nous soit parvenue de la réalité historique de Socrate le Jeune reste le passage de la *Métaphysique* mentionné au début de cette notice, dont rien ne prouve par ailleurs que le personnage qui s'y trouve évoqué se confonde avec le compagnon de Théétète.

MICHEL NARCY.

100 SOCRATE *RE* 2

« Auteur d'épigrammes » mentionné par Diogène Laërce II 47.

L'*Anthologie Palatine* XIV, 1 en a conservé une : un dialogue entre Pythagore (**➤**P 333) et le tyran Polycrate fait apparaître que le philosophe a vingt-huit disciples, parmi lesquels trois femmes – « la meilleure est Théano » – (**➤**T 28), quatorze mathématiciens, sept physiciens et quatre sages qui s'appliquent au silence total.

D'après F. Buffière (édit.), *Anthologie grecque*, Première partie *Anthologie palatine*, t. XII (livres XIII-XV), *CUF*, Paris 1970, p. 36, il est possible d'attribuer également à Socrate les épigrammes 1 ; 2 ; 3 ; 4 ; 6 ; 7 ; 11 ; 12 ; 13 ; 48 ; 49 ; 50 ; 51.

PATRICK ROBIANO.

101 SOCRATE D II[a]

Académicien (Philod., *Acad. hist.*, col. N 20, p. 158 Dorandi : [C]ωκράτ[η]ς) inconnu, disciple de Téléclès de Phocée (**➤**T 11).

TIZIANO DORANDI.

102 SOCRATE DE BITHYNIE *RE* 7

Péripatéticien d'époque inconnue, mentionné comme second homonyme de Socrate d'Athènes (**➤**S 98) par Diogène Laërce II 47.

RICHARD GOULET.

103 SOCRATICOS

Deux témoignages d'interprétation difficile, chez Stobée et Marc-Aurèle, évoquent des personnages du nom de Socraticos que rien n'invite à identifier l'un à l'autre.

A. Stobée, dans un chapitre intitulé Περὶ κακίας, *Anth.* III 2, 40, t. III, p. 188, 3-4 Hense, parle explicitement d'un Socraticos le cynique : Σωκρατικοῦ. Σωκρατικὸς ὁ κυνικὸς ἀκούσας ποτὲ πονηροῦ τὸν τρόπον κακῶς λέγοντος Πλάτωνα « παῦσαι » ἔφη « οὔτε γὰρ κακῶς λέγων ἐκεῖνον πιστευθήσῃ οὔτε ἐκεῖνος σὲ ἐπαινῶν », De Socraticos. « Socraticos le cynique ayant entendu un jour un homme de méchantes manières dire du mal de Platon (**➤**P 195), dit : "cesse, car si tu dis du mal de lui, on ne te croira pas, pas plus qu'on ne le croira, lui, s'il fait ton éloge"».

Pour que Socraticos puisse contester ces propos malveillants sur Platon en faisant appel à l'image positive que les gens se faisaient du philosophe, il fallait sans doute que lui-même et celui dont il entendit les médisances aient vécu du temps de Platon, soit au IVe s. av. J.-C. Mais on constate qu'aucun Socraticos n'apparaît dans la liste, conservée par Photius (*Bibliothèque*, *cod*. 167), des sources utilisées par Stobée et que ce nom est notamment absent de la liste complémentaire de dix "cyniques" fournie par Photius en appendice. Voir R. Goulet, notice «Jean Stobée», J 2, *DPhA* III, 2000, p. 1013. Comme on ne connaît pas de philosophe cynique de ce nom ni pour cette époque ni pour les époques ultérieures, on a préféré corriger le passage de diverses façons.

Hense, dans son apparat (t. III, p. 188, 3), précise que le dit apparaît avec le lemme Σωκρατικοῦ dans les manuscrits M (*Escurialensis Mendozae* LXXXX [II. Σ. 14]) de la fin du XIe / début du XIIe et A (*Parisinus gr.* 1984) du XIVe s., et sans lemme dans le *Rosetum* (*Marcianus* CCCCLII, du XIVe s.) de Macarius Chryso-cephalus. Il rappelle que Gaisford a suggéré d'écrire Κράτητος. Κράτης ὁ κυνικὸς κτλ., conjecture qui ne présente guère de vraisemblance paléographique. Lui-même ajoute, toujours dans son apparat: «sed nescio an fuerit olim <Ἀντι-σθένης> ὁ Σωκρατικὸς κτέ», avec κυνικὸς écrit au-dessus de Σωκρατικός. «Socratique» est un qualificatif que Stobée attribue ailleurs à Antisthène. Hense renvoie à l'expression Ἀντισθένης ὁ Σωκρατικὸς φιλόσοφος (➡A 211) chez Stobée, *Anth.* II 31, 33, t. II, p. 207, 19 Wachsmuth, et à Ἀντισθένης ὁ Σωκρα-τικός en IV 9, 10, t. IV, p. 323, 2 Hense. C'est un qualificatif fréquemment donné à Antisthène dans la tradition.

Cette solution implique toutefois qu'indépendamment du lemme, on aurait dans un premier temps glosé Σωκρατικὸς en κυνικὸς et qu'après la disparition du nom d'Antisthène au début du passage (et peut-être également dans le lemme), on aurait introduit la glose dans le texte pour rattacher ce Σωκρατικός au cynisme.

Dans la liste déjà mentionnée conservée par Photius, on rencontre le nom d'Antisthène (dans la liste des cyniques), mais aussi celui d'Eschine «le socratique».

Il faut encore noter qu'un dit similaire à celui rencontré chez Stobée est attribué à Diogène de Sinope (➡D 147) dans le *Gnomologium Vaticanum* 743, n° 186 Sternbach: Διογένης πρὸς τὸν λοιδορούμενον αὐτῷ «ἀλλ' οὔτε ἐμοί», ἔφη, «πιστεύσει τις εὐφημοῦντί σε οὔτε σοὶ ἐμὲ βλασφημοῦντι», «Diogène dit à qui l'injurie: "Mais personne ne me croira si je dis du bien de toi, pas plus qu'on ne te croira si tu me calomnies"».

L'éditeur, Leo Sternbach, *ad loc*, p. 76, signale encore deux autres parallèles, l'un attribué à Théano (➡T 28), *Pythagoreorum epistolae* 7, *ad Timonidam*, p. 606 Hercher, et l'autre à Libanios, *Epistula* 7 *ad Aristaenetum*, t. X, p. 3, 16-19 Förster.

Par conséquent tout invite à comprendre que derrière l'expression Σωκρατικὸς ὁ κυνικός se cache Antisthène, le seul philosophe, parmi tous ceux que Stobée désigne comme socratiques (Antisthène, Eschine, Xénophon, Euclide et Stilpon), auquel pourrait convenir la double appartenance. Telle est la solution choisie par

F. Decleva Caizzi qui fait du passage de Stobée le fragment 154 de son recueil, 1 *Antisthenis Fragmenta,* Varese/Milano 1966, p. 68, puis par 2 G. Giannantoni qui en fait le fragment V A 29 de ses *Socratis et Socraticorum reliquiae,* t. II, p. 147. En raison de l'ordre des mots, nous suivons l'hypothèse de Hense et supposons qu'il y avait au départ <Ἀντισθένης> ὁ Σωκρατικός, explicité par la glose : κυνικός. Plutôt qu'un nom propre, « Socraticos » pourrait donc désigner chez Stobée l'appartenance au cercle de Socrate.

B. Marc-Aurèle, *Pensées* X 31, 1 connaît lui aussi un Socraticos qui semble de toutes manières distinct de celui de Stobée. Il faut citer le texte en en dégageant la structure pour mettre en évidence les rapports que Marc-Aurèle entend établir :

Σατυρίωνα	ἰδὼν	Σωκρατικὸν	φαντάζου ἢ Εὐτύχην ἢ Ὑμένα,
καὶ Εὐφράτην	ἰδὼν	Εὐτυχίωνα ἢ Σιλουανὸν	φαντάζου,
καὶ Ἀλκίφρονα		Τροπαιοφόρον	φαντάζου,
καὶ Σευῆρον	ἰδὼν	Κρίτωνα ἢ Ξενοφῶντα	φαντάζου,
καὶ εἰς ἑαυτὸν	ἀπιδὼν	τῶν Καισάρων τινὰ	φαντάζου,
καὶ ἐφ' ἑκάστου τὸ ἀνάλογον.			

L'exercice semble consister à superposer à la vision de contemporains dans la force de l'âge ou au sommet de leur métier d'autres figures aujourd'hui disparues de façon à relativiser l'importance des choses humaines.

Dans son édition, *CUF,* Paris 1953, **3** A. I. Trannoy, constatant les similitudes entre Εὐτύχην et Εὐτυχίωνα ainsi qu'entre Σατυρίωνα (qu'il écrit Σατύρωνα) et Σευῆρον (similitude dans ce cas moins évidente), avait suggéré de contracter ainsi le texte : Σευῆρον ἰδὼν Σωκρατικὸν φαντάζου, Κρίτωνα ἢ Ξενοφῶντα [*ceteris rejectis*] καὶ εἰς ἑαυτὸν..., ce qui limite la comparaison uniquement à celle de Sévérus avec un Socratique, en l'occurrence Criton ou Xénophon.

4 A. S. L. Farquharson, *The Meditations of the Emperor Marcus Antoninus,* t. I, Oxford 1944, 2ᵉ éd. 1968, p. 206-207, a rejeté à juste titre cette solution trop simple. Il édite et traduit ce texte de la façon suivante : « When you see Satyrion, Eutyches, or Hymen, picture a follower of Socrates ; or an Euphrates, when you see Eutychion or Sylvanus ; an Alciphron, when you see Tropaeophorus ; and a Crito or Xenophon, when you see Severus. So when you look at yourself, picture one of the Caesars, and in every case picture a parallel ».

Il commente (t. II, 2ᵉ éd. 1968, p. 847) : « The tradition is corrupt, and M. Trannoy proposes to reduce the proper names to three. My paraphrase assumes some reordering which would imply that the first three names are those of contemporary members of the Academy, that Eutychion and Sylvanus are Stoics whom M. compares with Euphrates, the teacher and friend of the younger Pliny. Tropaeophorus was perhaps a writer of literary letters like Alciphron, and Severus M.'s friend, p. 10, 3 [*i.e.* livre I, chap. 14] whom he likens to Socrates' friend Crito and his pupil Xenophon ». Pour Tropaeophorus, voir *PIR*² T 352.

Cette solution ingénieuse présente quelques difficultés. La traduction implique que Marc-Aurèle a mis généralement en tête de proposition le nom des contemporains qu'il peut *voir* (compléments de ἰδών), sauf dans le cas d'Euphratès (➡️E 132) et Alciphron. Soit. Il est plus difficile de croire qu'Eutychès et Hymen ne sont pas sur le même plan que Socraticos (sur le même modèle que Criton et Xénophon), mais qu'ils sont plutôt des contemporains comme Satyrion (➡️S 20). Ce qui est sûr, c'est que toutes les personnes évoquées, contemporains ou figures du passé, sont des personnes réelles. Il est donc improbable que Socraticos fasse référence à un socratique quelconque. **5** W. Theiler, *Kaiser Marc Aurel Wege zu sich selbst*. Herausgegeben und übertragen von W. T. Zweite, verbesserte Auflage, coll. «Die Bibliothek der alten Welt», Zürich/München 1974, p. 245, voit dans Socraticos un nom propre.

Le nom de Socraticos n'est pas très fréquent. On ne le trouve pas dans le *LGPN* comme tel. On connaît toutefois une «Antonia également nommée Sokratikè» du IIᵉ s. apr. J.-C. : Ἀντωνία ἡ καὶ Σωκρατικὴ τῷ γλυκυτάτῳ μου ἀνδρὶ | Ἀντιόχῳ τῷ καὶ Συνεσίῳ ἐποίησα τὸ ἡρῷον τοῦτο | τέλος καμάτων (*IG* II² 13209), signalée dans le *LGPN* II (*Attica*, p. 413), qui renvoie à *Neos Hellenomnemon* 1, 1904, p. 189, et écrit Ἀντωνεῖνα plutôt qu' Ἀντωνία. Dans une inscription de Termessos en Pisidie est mentionnée une Aurélia Artémis dite également Sokratikè : Αὐρ(ηλία) Ῥοτειλία, Ἑρμαίου θυ(γάτηρ), τὴν σωματοθήκην τοῖς προενοῦσιν αὐτῆς γονεῦσιν | καὶ Αὐρ(ηλία) Αρτεμει *(sic)* τῇ καὶ Σωκρατικῇ, τῇ ἐξαδέλφῃ τῇ προενούσῃ, μόνοις (*TAM* III 1, n° 748). Au même endroit est signalé Μᾶρ(κος) Αὐρ(ήλιος) Σωκρατικὸς Μουσίωνος (*TAM* III 1, n° 771). Mais surtout est attesté en Égypte un Αἴλιος Σωκρατικὸς ἐπίτροπος (*procurator* ?) | Σεβαστοῦ (*PIR*² A 264 ; voir aussi *PIR*² VII 2, 2006, p. 289), que l'on a voulu dater, selon les éditions, sous Commode, le fils de Marc-Aurèle : (ἔτους) κϛ′ [Κομμόδου Καίσα]ρος τοῦ κυρίου (**6** J. G. Milne, *Greek Inscriptions*, coll. «Service des Antiquités de l'Égypte : Catalogue géneral des antiquités égyptiennes du Musée du Caire», Oxford 1905, p. 32, n° 9297), ou – ce qui conviendrait mieux au Socraticos disparu dans le passage de Marc-Aurèle – sous Antonin le Pieux, son père adoptif (*IGR* I 5, n° 1325 : (ἔτους) ιϛ′ [Ἀντωνίνου (?) Καίσα]ρος τοῦ κυρίου). Le nom d'un Aelius Eutychès figure également sur l'inscription. Theiler (**5**, p. 339) avait déjà signalé cette inscription et renvoyé à **7** Fr. Preisigke, *Sammelbuch Griechischer Urkunden aus Ägypten*, t. I, Straßburg 1915, p. 301, n° 4231.

Le thème général du passage est celui que Marc-Aurèle développe en d'autres termes et avec d'autres exemples en VI 47 : «Considère sans cesse les hommes de toutes sortes, de toutes professions et de toutes classes, qui sont morts. Descends jusqu'à Philistion, Phœbus, Origanion. Passe maintenant aux autres races. Il nous faut donc émigrer là où sont rendus tant de puissants orateurs, tant de graves philosophes : Héraclite, Pythagore, Socrate, et tant de héros avant eux, et après eux tant de généraux, de tyrans ! Ajoute encore Eudoxe, Hipparque, Archimède, d'autres génies pénétrants, de nobles esprits, ardents au travail, industrieux, acharnés railleurs de cette vie humaine, précisément, vouée à la mort et éphémère, tels Ménippe et tous leurs pareils. A propos d'eux tous, considère qu'ils sont morts depuis longtemps. Qu'y a-t-il là pour eux d'extraordinaire ? Et que dire de ceux qu'on ne nomme même pas ?» (trad. Trannoy).

Il est possible que certains des noms mentionnés en X 31 soient ceux de philosophes. Le rapprochement entre Sévère (➙S 63?) et des figures politiques comme Criton et Xénophon, par ailleurs amis de Socrate, le suggère fortement. Par rapport à Euphratès, on pourrait le conjecturer pour Eutychiôn et Silvanus. Aucun indice ne le suggère pour le rapprochement qui est fait entre Satyr(i)ôn et Socraticos, Eutychès et Hymen. Un sénateur Tropaiophoros (*RE* 2) est attesté au IIᵉ siècle. On ignore ce qui pouvait le rapprocher d'Alciphron (l'auteur des *Lettres* ?).

MARIE-ODILE GOULET-CAZÉ et RICHARD GOULET.

104 SOCRATIDÈS *RE* 2   III[a]

Académicien. Socratidès avait été choisi comme successeur de Cratès
(➭C 206), mais il renonça à diriger l'Académie, en faveur d'Arcésilas [➭A 302]
(Philod., *Acad. hist.* XVIII 1-7, p. 152-153 Dorandi ; D. L. IV 32 ; *Souda* Π 1707,
t. IV, p. 141, 18 Adler = Arces. Τ 4d Mette).

Cf. H. von Arnim, art. « Sokratides » 2, *RE* III A 1, 1927, col. 901.

                                TIZIANO DORANDI.

105 SONCHIS *RE* (Σῶγχις ou Σόγχις)   VII[?] VI[?]

Prêtre égyptien, originaire de Saïs, qui aurait eu des entretiens philosophiques
avec Solon ou Pythagore.

D'après Plutarque, *Solon* 26, 1, Solon, lors de son voyage en Égypte, « eut des
entretiens philosophiques (συνεφιλοσόφησε) avec les plus savants (λογιωτάτοις)
des prêtres, Psénopis d'Héliopolis et Sonchis de Saïs. C'est d'eux que, selon
Platon, il apprit le récit sur l'Atlantide qu'il entreprit de faire connaître aux Grecs
dans un poème » ; en 31, 6 Plutarque écrit encore que ce sont les « savants de Saïs »
qui transmettent à Solon le récit, ou le mythe, de l'Atlantide ; et dans le *Sur Isis et
Osiris* 10, il mentionne que Solon fut l'auditeur de Sonchis de Saïs. Il faut toutefois
noter que Platon n'évoque pas nommément Sonchis comme source de Solon, ni
dans le *Timée* ni dans le *Critias*, quand il évoque le mythe de l'Atlandide.

Selon Clément d'Alexandrie, *Strom.* I 15, 69, c'est Pythagore (➭P 333) qui
passe pour « avoir été le disciple » (μαθητεῦσαι) du « grand prophète » (ἀρχι-
προφήτῃ) égyptien Sonchis.

                                PATRICK ROBIANO.

106 SOPATROS (MARCUS PO---) D'APOLLONIA

Le pythagoricien Sopatros, d'Apollonia d'Illyrie, était un *makrobios* : son
épitaphe, *I. Apollonia* 260, précise qu'il a vécu 87 ans. C. Patsch, *Das Sandschak
Berat in Albanien*, Wien 1904, p. 180, suivi par P. Cabanes (*Inscriptions d'Apollonia d'Illyrie*, coll. « Études épigraphiques » 2, Athènes 1997), propose avec hésitation de restituer son gentilice, abrégé dans l'inscription, en Po[r(cius)]. On ne
peut pas exclure Po[p(illius)], attesté à Apollonia (*I. Apollonia* 248).

                                BERNADETTE PUECH.

107 SÔPATROS D'APAMÉE *RE* 11 *PLRE* I : 1   F III/D IV

Philosophe néoplatonicien, disciple de Jamblique de Chalcis (➭I 3), père de
Sôpatros le Jeune (➭S 108) et conseiller de l'empereur Constantin qui le fit mettre
à mort.

Né à Apamée de Syrie (*Souda*, *s.v.* Σώπατρος, Σ 845), Sopatros fut un des
principaux disciples de Jamblique de Chalcis (Eunape, *V. Soph.* V 5, p. 12, 14-15
Goulet). Sans qu'aucun nom ne soit fourni, le *Disc.* XVIII de Libanius évoque
(§ 187) la résolution par l'empereur Julien d'un conflit entre deux villes de Syrie
(de moindre importance qu'Antioche), dont l'une était près de la mer et l'autre à

l'intérieur des terres. Sans tenir compte de leurs constructions ou de leurs avantages géographiques, Julien aurait accordé la primauté à la seconde en prenant en compte la sagesse de leurs citoyens respectifs. Ces deux villes étaient vraisemblablement Laodicée et Apamée. Le champion de Laodicée était peut-être Apollinaire. Du côté d'Apamée, Libanios mentionne deux sages : un citoyen d'origine étrangère (ξένου τε καὶ πολίτου) qui aurait choisi de philosopher en cette cité (ἐμφιλοσοφεῖν), et un citoyen d'Apamée qui aurait accueilli le premier et tous ceux qui, de partout, se mirent à sa suite. On reconnaît dans ces deux philosophes Jamblique de Chalcis, philosophe que Julien mettait au pinacle (voir **1** J. Bouffartigue, *L'Empereur Julien et la culture de son temps* », coll. «Études Augustiniennes – Série Antiquité» 133, Paris 1992, p. 76-78), et Sôpatros d'Apamée qui aurait donc permis au premier de tenir école dans sa ville natale et qui lui succéda peut-être avant de rejoindre la cour impériale comme le raconte Eunape (VI 7, p. 19, 23-27 Goulet).

Dans la traduction du passage de Libanios donnée par **2** G. Fatouros, T. Krischer et W. Portmann, *Libanios, Kaiserreden*. Eingeleitet, übersetzt und kommentiert, coll. «Bibliothek der griechischen Literatur» 58, Stuttgart 2002, p. 222, on a apparemment confondu les deux identifications. On lit : «die anderen [Apamäer] (sprachen) von der Weisheit eines Ausländers [Sopatros] (...) sowie von der eines Mitbürgers [Iamblichos] (...)». Il faut sans doute intervertir les deux identifications suggérées entre crochets.

Dans sa *Lettre* 1389, Libanius désigne Apamée comme «la cité aimée de Jamblique et la mère de Sôpatros».

Après la mort de Jamblique, il lui succéda à la tête de l'école néoplatonicienne de la ville : Sozomène dit de lui qu'il présidait à l'école de Plotin (*Hist. Eccl.* I 5, 1) et la *Souda* (*Souda, s.v.* Πλωτῖνος, Π 1811, t. IV, p. 151, 23-25 Adler) le mentionne comme un des successeurs de la *diadochè* de Plotin (➤P 205) : « Plotin de Lycopolis, philosophe, disciple d'Ammonius (➤A 140) qui avait été auparavant *saccophore*, maître par ailleurs d'Amélius (➤A 136). Porphyre (➤P 263) fut son auditeur, puis de Porphyre Jamblique fut l'auditeur et de ce dernier Sôpatros» (Πλωτῖνος, Λυκοπολίτης, ἀπὸ φιλοσόφων, μαθητὴς μὲν Ἀμμωνίου τοῦ πρῴην γενομένου σακκοφόρου, διδάσκαλος δὲ Ἀμελίου · οὗ Πορφύριος διήκουσε, τοῦ δὲ Ἰάμβλιχος, τοῦ δὲ Σώπατρος).

Le rattachement d'Ammonius à l'hérésie encratite des saccophores (qui portaient en signe de pénitence des vêtements faits de sacs de toile) pourrait être une tentative d'explication du surnom «Saccas» qui n'est donné au philosophe qu'à partir d'Ammien Marcellin et de Théodoret, et qui est repris ailleurs par la *Souda* (A 1640 et Ω 182). Théodoret, *Thérapeutique* VI 60 (trad. Canivet) fournit d'ailleurs une explication différente : «C'est sous ce dernier (Commode !) qu'Ammonius – surnommé Saccas – ayant abandonné les sacs dans lesquels il portait le blé, embrassa la vie de philosophe» (ἐπὶ τούτου δὲ Ἀμμώνιος ὁ ἐπίκλην Σακκᾶς, τοὺς σάκκους καταλιπών, οἷς μετέφερε τοὺς πυρούς, τὸν φιλόσοφον ἠσπάσατο βίον). Pour une tentative d'explication du surnom et la possibilité d'une confusion avec Apollonios ὁ καὶ Σακκέας, voir *DPhA* I, 1989, notices A 140 et A 277.

Eunape, *V. Soph.* V 5, p. 12, 14-15 Goulet, le présente comme syrien, sans mentionner sa ville d'origine, et lui attribue des talents oratoires : «Sopatros de Syrie, un homme des plus capables pour parler et pour écrire».

Avant le règne de Constantin, une ambassade menée par Sôpatros depuis Apamée à la cour de Licinius à Nicomédie, peut-être en 319, est attestée par une lettre à Jamblique (*Epist.* 184 Bidez-Cumont = 78 Wright) attribuée à tort à l'Empereur Julien. Voir l'édition de **3** J. Bidez et F. Cumont, *Imp. Caesaris Flavii Claudii Iuliani Epistulae Leges Poematia Fragmenta varia*, coll. «Nouvelle collection de textes et documents», Paris/London 1922. Sur ce passage, voir **4** J. Vanderspoel, «Correspondence and correspondents of Julius Julianus (?)», *Byzantion* 69, 1999, p. 396-478, notamment p. 446, et **5** T. D. Barnes, «A Correspondent of Iamblichus», *GRBS* 19, 1978, p. 99-106, notamment p. 104-106.

Venu à la cour impériale, il jouit un temps de la faveur de Constantin (Eunape, *V. Soph.* VI 8; Zosime, *Hist. Nouv.* II 40, 3); aux côtés de Vettius Agorius Praetextatus (☞P 274), il dirigea, en tant que prêtre (τελεστής), certains rites de fondation de Constantinople en 324 (Jean Lydus, *De mens.* IV 2) (ce qui ne signifie pas que l'on ait voulu donner un caractère néoplatonicien à cette fondation : *cf.* **6** G. Dagron, *Naissance d'une capitale*, Paris 1972, p. 32 n. 2, contre l'opinion de Piganiol).

Sur le rôle, chronologiquement improbable, joué par Praetextatus lors de la fondation de Constantinople, voir **7** R.J. Penella, *Greek philosophers and sophists in the fourth century A.D. Studies in Eunapius of Sardis*, coll. ARCA 28, Leeds 1990, p. 49-53. notamment p. 34 n. 81, et 51 n. 28; **8** M. Kahlos, notice «Praetextatus (Vettius Agorius –)», P 274, *DPhA* V, 2011, p. 1506-1508. Sur le rôle de Sôpatros à la cour de Constantin, voir aussi**9** H. Schlange-Schöning, *Kaisertum und Bildungswesen im spätantiken Konstantinopel*, coll. «Historia-Einzelschriften» 94, Stuttgart 1995, p. 667-669.

Selon Sozomène, *Hist. eccl.* I 5, Constantin se serait adressé à lui, après les meurtres de son épouse Fausta et de son fils Crispus, pour lui demander un sacrifice expiatoire qui le purifierait de ces crimes.

Sozomène, *Hist. eccl.* I 5, 1: «Je n'ignore pas ce que racontent les païens. Après avoir tué certains de ses plus proches et contribué à la mort de son fils Crispus, Constantin se serait repenti et serait entré en communication, pour une purification, avec le philosophe Sôpatros qui présidait alors à l'école de Plotin. Celui-ci lui aurait dit qu'il n'y avait aucune purification pour de tels crimes. L'âme inquiète de ce refus, l'empereur aurait rencontré alors par hasard des évêques, qui lui auraient promis de le purifier de toute faute par le repentir et le baptême: l'empereur, enchanté de ce qu'ils eussent parlé conformément à son but, aurait admiré leur doctrine, serait devenu chrétien et aurait amené ses sujets à ce culte» (trad. Festugière, *SC* 306). Mais Sozomène réfute ces vues, rappelant que Constantin s'était converti avant d'avoir eu l'occasion de rencontrer Sôpatros et que les païens reconnaissaient qu'Héraclès avait été purifié à Athènes pour des crimes de sang. I 5, 5: «Donc, que les païens promettaient des purifications pour de telles fautes, ce que je viens de dire suffit à le prouver et convainc de mensonge ceux qui ont inventé que Sôpatros déclara le contraire. Car je me refuse à dire que l'homme le plus illustre alors chez les païens pour sa culture ait ignoré ces faits» (trad. Festugière).

Cette version païenne de la conversion de Constantin se retrouve chez Zosime, *Hist. Nouv.* II 29, sans doute en dépendance d'Eunape. Mais Zosime ne donne pas le nom de Sôpatros et parle seulement de prêtres (païens).

Après avoir évoqué le meurtre de Crispus et de Fausta (en 326) par Constantin, Zosime écrit (II 29, 3): «Comme il avait ces crimes sur la conscience, et qu'en outre il n'avait fait aucun cas de ses serments, il alla trouver les prêtres et leur demanda des sacrifices expiatoires pour ses méfaits; ceux-ci lui ayant répondu qu'il n'existait aucune sorte d'expiation assez efficace pour purifier de telles impiétés, un Égyptien, arrivé d'Espagne à Rome et devenu familier des femmes du palais, rencontra Constantin et affirma fortement que la croyance des chrétiens détruisait tout péché et comportait cette promesse que les infidèles qui s'y convertissaient étaient aussitôt lavés de tout crime. Ayant accueilli très favorablement cet exposé, s'étant détaché des rites ancestraux et ayant admis ce que l'Égyptien lui proposait, Constantin entra dans la voie de l'impiété... » (trad. Paschoud).

On reconnaît généralement dans cet Égyptien arrivé d'Espagne l'évêque Hosius de Cordoue (*cf.* **10** J. Dillon, notice « Hosius », H 170, *DPhA* III, 2000, p. 812-813).

La source de cette version païenne de la conversion de Constantin pourrait être l'*Histoire* d'Eunape de Sardes (➙E 121). Voir **11** A. Baldini, « Il filosofo Sopatro e la versione pagana della conversione di Costantino », *Simblos* 1, 1995, p. 265-286. Sur ces passages, voir également **12** F. Paschoud, « Zosime 2,29 et la version païenne de la conversion de Constantin », *Historia* 20, 1971, p. 334-353, repris dans *Cinq études sur Zosime*, Paris 1975, p. 24-62.

Eunape (*V. soph.* VI 9-18) et Zosime (*Hist. Nouv.* II 40, 3) attribuent la mort de Sôpatros aux intrigues d'Ablabius, préfet du prétoire d'Orient, qui aurait accusé le philosophe d'avoir provoqué une famine à Constantinople en enchaînant les vents pour retarder l'arrivée des chargements de blé.

Sôpatros d'Apamée est mentionné comme un disciple de Jamblique et comme le père d'un autre Sôpatros dans les lettres du Pseudo-Julien, dont l'auteur était apparemment un sophiste, disciple de Jamblique à Apamée. Voir en particulier la lettre 184 Bidez-Cumont = 78 Wright. Un arbre généalogique de la famille de Sôpatros a été proposé par **13** R. Goulet, « Mais qui était donc le gendre de la sœur de Priscus ? Enquête sur les philosophes d'Athènes au IVe siècle après J.-Chr. », *SGA* 2 (In Memoriam Alain Segonds), 2012, p. 33-77, notamment p. 67.

Sôpatros 1 d'Apamée
|

Sôpatros 2 d'Apamée (mort av. 365)	Himérios 3 (mort avant 357)
|	|
fille ∞ Achaeus 2	Jamblique 2 d'Apamée
|	
plusieurs fils	

Sur les six lettres adressées à Jamblique (et sur quelques autres : dans la numérotation de Cumont, les lettres 8, 15, 16, 19, 24, 28, 32, 34, 40, 41, 53, 54, 57, 60, 61, 67 et 73), voir **14** F. Cumont, *Sur l'authenticité de quelques lettres de Julien*, coll. « Recueil de travaux publiés par la Faculté de philosophie et lettres » 3, Gand 1889, 31 p., qui propose de les attribuer au sophiste Julien de Cappadoce, le maître de Prohérésius à Athènes ; **15** J. Bidez, « Le philosophe Jamblique et son école », *REG* 32, 1919, p. 29-40. Cette identification, également envisagée par la *PLRE* I : 5, est peu vraisemblable. **16** Voir J. Wintjes, *Das Leben des Libanius*, coll. « Historische Studien der Universität Würzburg » 2, Rahden 2005, p. 68 et n. 44 ; Goulet **13**, p. 65 n. 171.

Pour le contexte historique (le règne de Licinius et non celui de Constantin), voir Barnes **6**, p. 99-106. Dans une étude richement documentée, Vanderspoel **4**, p. 396-478, a cherché à identifier l'auteur de ces lettres à Julius Julianus, le grand-père de l'Empereur Julien.

Sôpatros l'Ancien et Sôpatros le Jeune étaient peut-être des descendants à Apamée de Ti. Flavius Appius Sôpatros qui contribua à l'érection, à l'entrée de l'agora d'Apamée, de trois statues de bronze en l'honneur des empereurs Antonin le Pieux, Marc-Aurèle et Lucius Verus en 166. On connaît également un autre Ti.

Flavius Appius Sôpatros, fils du précédent, honoré par une inscription en 230 près des bains de Julius Agrippa : Τίτον Φλά(ουιον) Ἄππιον [Σ]ώπατρον τὸν ἀξιο-λογώτατον υἱὸν Σωπάτρου κτλ.

Voir **17** J.-C. Balty, « Apamea in Syria in the Second and Third Centuries A.D. », *JRS* 78, 1988, p. 91-104, notamment p. 93 (et pl. XI, 2). Sur l'activité philosophique à Apamée, voir Balty **17**, p. 95, qui rappelle les noms de Numénius d'Apamée (➤N 66), celui d'Amélius (➤A 136), le disciple de Plotin, qui quitta Rome pour Apamée en 269 et légua à son fils adoptif Hésychius Hostilianus d'Apamée (➤H 173), les cent livres de ses notes de cours consignant l'enseignement de Plotin, et l'épicurien Aurelius Belius Philippus (➤P 129), chef de l'école épicurienne d'Apa-mée (διάδοχος ἐν Ἀπαμείᾳ τῶν Ἐπικουρείων). Apamée serait resté un centre néoplatonicien jusqu'à l'époque de Libanius. Voir **18** J. et J.-C. Balty, « Julien et Apamée. Aspects de la restau-ration de l'hellénisme et de la politique antichrétienne de l'empereur », *DHA* 1, 1974, p. 267-279, notamment p. 267-270. Libanius, *Disc.* LII fait référence au « chœur des philosophes d'Apamée, dont le coryphée ressemblait aux dieux » (τῶν φιλοσόφων ἐξ Ἀπαμείας χορός, ὧν ὁ κορυφαῖος θεοῖς ἐῴκει).

Œuvres. Sôpatros est l'auteur d'un traité philosophique perdu intitulé Περὶ προνοίας καὶ τῶν παρὰ τὴν ἀξίαν εὐπραγούντων ἢ δυσπραγούντων, *Sur la providence et sur ceux qui réussissent ou échouent contrairement à leur mérite* (*Souda, s.v.* Σώπατρος, Σ 845, t. IV, p. 407, 6-7 Adler).

Il est le dédicataire de plusieurs traités ou lettres de Jamblique dont d'impor-tants fragments sont conservés : Stobée, *Anth.* I 5, 18 (Ἐκ τῆς Ἰαμβλίχου πρὸς Σώπατρον ἐπιστολῆς) ; III 1, 17 et 49, III 31, 9, III 37, 32, IV 39, 23 (Ἐκ τῶν Ἰαμβλίχου πρὸς Σώπατρον περὶ ἀρετῆς) ; II 2, 6 (Ἐκ τῆς Ἰαμβλίχου ἐπιστολῆς πρὸς Σώπατρον περὶ διαλεκτικῆς) ; II 31, 122 (Ἐκ τῆς Ἰαμβλίχου ἐπιστολῆς Σωπάτρῳ Περὶ παίδων ἀγωγῆς) ; voir également II 46, 16 ; III 11, 35. Ces lettres sont citées et traduites dans **19** *Iamblichus of Chalcis : The Letters*. Edited with a translation and commentary by J. M. Dillon and W. Polleichtner, coll. « Society of Biblical Literature – Writings from the Greco-Roman World » 19, Atlanta 2009, n° 12 (p. 34-35) ; n° 13 (p. 36-39) ; n° 14 (p. 40-43) ; n° 15 (p. 44-45) ; n° 16 (p. 46-49) ; n° 17 (p. 50-51) ; n° 18 (p. 50-51). Nouvelle édition, avec une traduction italienne et un riche commentaire, par **20** D. P. Taormina et R. M. Piccione (édit.), Giamblico, *I Frammenti dalle Epistole. Index verborum* par P. Cipolla, coll. « Elenchos » 56, Napoli 2010 (pour le texte et la traduction des lettres à Sôpatros, voir p. 284-291, 300-309, 320-323, 330-331, avec les notes afférentes).

Sur le Περὶ παίδων ἀγωγῆς, voir **21** F. Wilhelm, « Zu Jamblichs Brief an Sopatros Περὶ παίδων ἀγωγῆς (Stob. II, 31, 122 p. 233, 17 ff. W.) », *PhW* 1930, p. 427-431.

Contrairement à ce qu'estimait **22** Fr. Wilhelm, « Der Regentenspiegel des Sopatros (Stob. p. 212, 13 ff. Hense) », *RhM* 72, 1917-1918, p. 374-402, c'est plutôt à Sôpatros le Jeune (➤S 108) qu'il faut attribuer la lettre de Sôpatros à son frère Himérius conservée par Stobée, *Anthol.* IV 5, 51-60. Voir la notice consacrée aux écrits d'un ou plusieurs Sôpatros (➤S 109).

Bien que la *Souda* (Σ 845) le présente comme « sophiste et philosophe », il faut sans doute distinguer ce philosophe de Sôpatros le sophiste, auteur de différents écrits rhétoriques conservés (➤S 109). *Cf.* **23** K. Gerth, art. « Zweite Sophistik », *RESuppl.* VIII, 1956, col. 768 (n° 252).

RICHARD GOULET.

108 SÔPATROS D'APAMÉE *RE* 12 *PLRE* I:2   M IV

Ce fils de Sôpatros l'Ancien (➡S 107), frère d'Himérius (*PLRE* I:3) et oncle de Jamblique d'Apamée (➡I 2), est né à Apamée de Syrie, dont il sera décurion. Il organisa les Jeux Olympiques à Apamée en 361 (Libanius, *Epist.* 663 et 1172). Libanius lui adressa plusieurs lettres entre 359 et 364. Les lettres du Pseudo-Julien permettent de penser que Sôpatros fut, comme son père, le disciple de Jamblique de Chalcis (➡I 3) à Apamée. Voir la lettre 184 à Jamblique = lettre 78 Wright), dans l'édition de **1** J. Bidez et F. Cumont, *Imp. Caesaris Flavii Claudii Iuliani Epistulae Leges Poematia Fragmenta varia*, coll. « Nouvelle collection de textes et documents », Paris/London 1922.

Cf. **2** O. Seeck, *Die Briefe des Libanius*, p. 279 (Sopater I); **3** K. Gerth, art. « Zweite Sophistik », *RESuppl.* VIII, 1956, col. 768 (n° 253); *PLRE* II:2 (Sopater 2, teacher at Athens).

En 363, l'empereur Julien de passage à Hiérapolis dans sa marche vers le front perse, fut accueilli par un hôte dont un certain Sôpatros, « le fils spirituel du divin Jamblique (➡I 3)» était le beau-père (κηδεστής). Julien dit se féliciter de ce que Constance II et Gallus n'aient pas réussi à le détourner de « la piété envers les dieux » (Julien, *Ep.* 98). S'agissait-il d'un gendre de Sôpatros père ou de Sôpatros fils ?

Julien fut reçu à Hiérapolis par quelqu'un qu'il appréciait depuis longtemps, mais qu'il n'avait encore jamais rencontré. Il le désigne par une formule d'interprétation difficile : Ἰαμβλίχου τοῦ θειοτάτου τὸ θρέμμα Σώπατρος ἐγένετο τούτου κηδεστής. Κηδεστής correspond à divers liens par mariage : gendre, beau-père, beau-frère. La suite du passage est sans doute corrompue dans la tradition manuscrite. **4** W. C. Wright, *The Works of the Emperor Julian*, t. III, coll. *LCL* 157, London/Cambridge, Mass 1923, *Lettre* 58, p. 207, qui ajoute un ὁ devant τούτου, rend explicite le nom de cet hôte : « Sopater, the pupil of the god-like Iamblichus, was a relative by mariage of *this Sopater*.» La lettre ne fournit pas en réalité le nom de l'hôte de Julien. Bidez comprend : « Le fils spirituel du très divin Jamblique, Sopatros, fut le beau-père de mon hôte». Voir **5** Matilde Caltabiano (édit.), *L'epistolario di Giuliano Imperatore. Saggio storico, trad., note e testo in appendice*, coll. « Koinônia » 14, Napoli 1991, qui, après avoir traduit (p. 202-204) : « L'allievo del divino Giamblico, Sopatro, era il suocero del mio ospite » (p. 204), écrit dans sa Note 17 (p. 270) : « Non se ne conosce il nome ; in *PLRE*, s.v. "Sopater 2" : I 846-847, erroneamente si accenna a lui come figlio di Sopatro invece che come genero.» L'erreur de la *PLRE* n'est sans doute pas d'avoir présenté « Sopater 2 » comme le fils de « Sopater 1 », ce qu'il était bien d'après la correspondance du Pseudo-Julien (*Lettre* 78 Wright = 184 Bidez-Cumont), mais plutôt de l'avoir identifié à l'hôte de Julien à Hiérapolis, sans doute à cause de la traduction de Wright. Dans cette phrase, l'hôte n'est évoqué que par le pronom τούτου. Rien n'indique qu'il portait le même nom que Sôpatros, comme le comprend Wright et le suppose la *PLRE*. Confusion également chez Gerth **3**, col. 755 (n° 136): « Himerios, Schwager des Sopatros von Apameia, Verwandter des Libanios (571 F.). Sein Vater hieß Iamblichos, ebenso sein Sohn».

Une précision géographique s'impose. D'après la lettre 98 à Libanius, Julien, au départ d'Antioche, semble faire étape d'abord à Litarba, puis à Bérée (Alep), à Batné et enfin à Hiérapolis-Bambykè *(Membidj)* d'où il écrit à son correspondant. Mais d'après Ammien Marcellin XXIII 2, 6-7, il se rend à Hiérapolis, puis il arrive à Batné en Osrhoène après avoir franchi l'Euphrate. Batné doit-elle être localisée avant Hiérapolis ou après cette étape dans le parcours de Julien? Sur l'itinéraire de Julien, voir **6** F. Cumont, *Études syriennes*, Paris 1917, p. 1-33 (« La marche de l'empereur Julien d'Antioche à l'Euphrate »). La solution est rappelée par **7** Wright,

The Works of the Emperor Julian, p. 202 n. 2 : Julien parle d'une autre Batné que celle dont parle Ammien, une ville qui se trouvait non pas en Osrhoène (Mésopotamie), mais sur la route entre Bérée et Hiérapolis en Syrie. D'après l'atlas de Barrington, Batné est à mi-chemin entre Bérée (Beroia) et Hiérapolis-Bambykè. Il faut donc la distinguer de Batné/Markopolis qui se trouve de l'autre côté de l'Euphrate. La *RE* ne retient que la cité de Mésopotamie. Ces diverses localités et les routes qui les relient sont également nettement définies sur les cartes fournies par **8** P. Petit, *Libanius et la vie municipale à Antioche*, p. 112 et 306. Quoi qu'il en soit, c'est à Hiérapolis que Julien est accueilli par le gendre de Sôpatros, qui avait déjà accueilli les chrétiens Constance et Gallus sans se laisser convaincre de renoncer à sa piété envers les dieux. Mais il ne faut pas conclure que l'hôte habitait régulièrement à Hiérapolis, ni qu'il avait auparavant reçu Constance et Gallus nécessairement dans cette cité. Ce pouvait être à Apamée.

On a généralement reconnu dans le Sôpatros mentionné par Julien (comme beau-père de son hôte) Sôpatros le père, disciple de Jamblique. **9** H. D. Saffrey et L. G. Westerink, dans l'Introduction de leur édition de la *Théologie Platonicienne* de Proclus, t. I, Paris 1968, p. XLIV, supposent en effet une fille de Sôpatros 1, sœur de Sôpatros 2 et d'Himérios : c'est chez le mari de cette femme que Julien se serait arrêté à Hiérapolis en 363. Il serait ainsi le gendre de Sôpatros 1, lui-même « fils spirituel » de Jamblique de Chalcis.

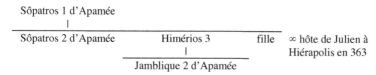

Schéma de Saffrey et Westerink (reconstitué) :

Une autre explication est toutefois envisageable. Le mot θρέμμα, qui peut vouloir dire « créature », « esclave », n'implique pas un rapport de descendance (familiale ou intellectuelle) immédiate.

Thémistius emploie la formule θρέμμα Ῥωμύλου à deux reprises à propos de l'empereur Gratien (*Disc.* XIII : Ἐρωτικὸς ἢ περὶ κάλλους βασιλικοῦ, p. 178 d 6 ; 79 c 1). A propos du martyr Porphyre, disciple, fils spirituel ou imitateur de Pamphile de Césarée, Eusèbe, *Mart. Palest.* 11, 15 (rec. brève), écrit : Πορφύριος ἦν ὁ μακάριος, θρέμμα γνήσιον Παμφίλου. (Bardy traduit : « fils spirituel de Pamphile », mais on sait par la version longue que Porphyre était par ailleurs un serviteur de la maison de Pamphile : μειράκιον τῆς οἰκετικῆς ὑπάρχον τοῦ Παμφί-λου, et dans la version brève : μειράκιόν τι τῆς οἰκετικῆς τοῦ Παμφίλου θεραπείας.) Chez les chrétiens, l'expression θρέμμα Χρίστου est souvent employée pour désigner un fervent disciple du Christ.

Dans une telle perspective, Julien pourrait viser ici aussi bien Sôpatros, le disciple direct de Jamblique, que Sôpatros le Jeune, fils du premier et sans doute philosophe néoplatonicien comme lui. Comme son père il avait connu personnellement Jamblique de Chalcis et pouvait se dire son disciple. Or, on connaît le nom d'un *gendre* de Sôpatros le Jeune, c'est Achaeus (*PLRE* I, *s.v.* Achaeus 2), qui épousa la fille de Sôpatros et dont les fils furent nommés au sénat de Constantinople.

Libanius, *Epist.* 1514 (n° 105, p. 145 Bradbury), écrivit à Acace (en 365) pour que ces enfants d'Achaeus ne soient pas contraints à siéger au sénat de la capitale : « Nous te prions maintenant de protéger les fils d'Achaeus, dont la mère était une fille de Sôpatros. Car ils sont traînés vers le grand Sénat [de Constantinople], bien qu'ils fussent les fils d'un père qui avait préféré les petites choses aux grandes et qui avait choisi de diriger sa propre (cité) plutôt que de "planer" dans la région du Bosphore» (νῦν δέ σε παρακαλοῦμεν ἀμῦναι τοῖς Ἀχαιοῦ παισίν, ὧν ἡ μήτηρ Σωπάτρου θυγάτηρ. Ἕλκονται μὲν γὰρ ἐπὶ τὴν μείζω βουλήν, πατρὸς δέ εἰσι τὰ μικρὰ πρὸ τῶν μεγάλων ἑλομένου καὶ τὴν αὐτοῦ μᾶλλον βουληθέντος ὀρθοῦν ἢ περὶ Βόσπορον ἀεροβατεῖν). Petit **8**, p. 403, à propos des petits-fils de Sopatros, tire de la lettre la conclusion erronée que "leur mère veut les faire échapper à la curie et les faire entrer au sénat de Constantinople". On sait que Libanius reprochait au Sénat de Constantinople de dépeupler les cités d'Orient de leurs meilleurs éléments. – **10** N. Lenski, *Failure of Empire. Valens and the Roman Senate in the Fourth Century A.D.*, coll. «The John Palevsky Imprint in Classical Literature/The transformation of the classical heritage», 34, Berkeley 2002, p. 227, pense sans doute aux fils d'Achaeus quand il écrit: "The sons of *PLRE* I's Sopater 2, Julian's pagan friend, actually made their way into the senate under Valens". Aucun fils de Sôpatros II n'est connu.

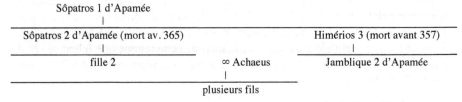

Arbre généalogique de la famille de Sôpatros.

Ce rapprochement avait été envisagé sans être retenu par **11** J. Bidez, «Le philosophe Jamblique et son école», *REG* 32, 1919, p. 29-40, notamment p. 30-31: «Il résulte de là tout simplement que, à Hiérapolis, Julien fut l'hôte d'un païen qu'il avait en estime, non seulement à cause de ses opinions, mais aussi parce qu'il était le parent de Sopatros. Le nom de ce personnage continue à demeurer introuvable. Je ne cite que pour mémoire un certain Achaeus, qui fut le *beau-frère* de Sopatros, et qui refusa de quitter sa ville natale pour aller briguer des honneurs dans la cité du Bosphore, | mais dont nous ne savons rien de plus.»

C'est peut-être à lui qu'on doit attribuer les mosaïques de l'école philosophique dont on a cru retrouver le siège sous une cathédrale d'Apamée (*cf. DPhA* III, p. 828-829). Il était mort en 365 (Libanius, *Ep.* 1396). Voir dans les Annexes du tome VII la notice de Marco Di Branco sur Apamée.

Œuvres. C'est probablement à Sôpatros le Jeune, plutôt qu'à son père qu'il faut attribuer les extraits d'une lettre d'un certain Sôpatros à son frère Himérius (Ἡμέριος) conservés par Stobée, *Anthol.* IV 5, 51-60 sous le titre: Ἐκ τῆς Σωπάτρου ἐπιστολῆς πρὸς Ἡμέριον τὸν ἀδελφὸν τὸ Πῶς δεῖ πράττειν τὴν ἐγκεχειρισμένην αὐτῷ ἡγεμονίαν, «Lettre de Sôpatros à son frère Himérius, sur la façon dont il lui faut exercer l'autorité qui lui a été confiée». Sur ces extraits, voir la notice suivante.

Sur la forme du nom Hèmérios, voir la notice suivante.

Concernant les traités rhétoriques attribués à un Sôpatros, sophiste athénien, voir la notice suivante.

RICHARD GOULET.

109 SÔPATROS

Sous le nom de Sôpatros sont transmis plusieurs textes philosophiques ou démontrant un intérêt particulier pour la philosophie. Il est difficile de les attribuer de façon incontestable à l'un ou l'autre des Sôpatros répertoriés ci-dessus, ou encore à un rhéteur homonyme.

A. C'est à Sôpatros l'ancien (⇒S 107) que la *Souda* attribue un traité philosophique perdu intitulé Περὶ προνοίας καὶ τῶν παρὰ τὴν ἀξίαν εὐπραγούντων ἢ δυσπραγούντων, *Sur la providence et sur ceux qui réussissent ou échouent contrairement à leur mérite* (*Souda*, *s.v.* Σώπατρος, Σ 845, t. IV, p. 407, 6-7 Adler)

B. Un long extrait d'une lettre d'un Sôpatros à son frère Himérius (peut-être le père de Jamblique d'Apamée) est conservé par Stobée, *Anthol.* IV 5, 51-60 sous le titre : Ἐκ τῆς Σωπάτρου ἐπιστολῆς πρὸς Ἡμέριον τὸν ἀδελφὸν τὸ Πῶς δεῖ πράττειν τὴν ἐγκεχειρισμένην αὐτῷ ἡγεμονίαν, « Lettre de Sôpatros à son frère Himérius, sur la façon dont il lui faut exercer l'autorité qui lui a été confiée ».

Hèmérios n'est pas attesté dans les tomes parus du *LGPN*, alors qu'Himérios l'est une quinzaine de fois. Un manuscrit contenant la lettre du Pseudo-Julien à Himérios (*Epist* 201 Bidez-Cumont = n° 69 Wright) a Ἡμερίῳ plutôt qu'Ἱμερίῳ. Voir **1** J. Vanderspoel, « Correspondence and correspondents of Julius Julianus (?) », *Byzantion* 69, 1999, p. 396-478, notamment p. 440. De même dans la lettre 571 de Libanius les manuscrits ont Ἡμερίου.

Sur la lettre à Himérius, voir **2** D.J. O'Meara, *Platonopolis. Platonic political philosophy in late antiquity*, Oxford 2003, p. 112-115, et **3** *Id.*, « A Neoplatonist ethics for high-level officials : Sopatros' Letter to Himerios », dans A. Smith (édit.), *The Philosopher and Society in Late Antiquity. Essays in honour of Peter Brown*, Swansea 2003, p. 91-100. La lettre a été traduite et commentée dans **4** D. J. O'Meara et J. Schamp, *Miroirs de prince de l'Empire romain au IVe siècle : anthologie*, Paris/Fribourg 2006, p. 51-69.

Sur l'arrière-plan littéraire du « miroir des princes », voir **5** P. Hadot, art. « Fürstenspiegel », *RAC* VIII, 1970, col. 555-632 (où Sôpatros n'est cependant pas pris en compte), et **6** J. Schulte, *Speculum regis. Studien zur Fürstenspiegel-Literatur in der griechisch-römischen Antike* coll. « Antike Kultur und Geschichte » 3, Münster 2001, 292 p. (qui ne parle pas non plus du texte de Sôpatros).

Attribution. 7 Fr. Wilhelm, « Der Regentenspiegel des Sopatros (Stob. p. 212, 13 ff. Hense) », *RhM* 72, 1917-1918, p. 374-402, attribue le traité à Sôpatros l'Ancien, le disciple de Jamblique. Mais Libanios présente Jamblique d'Apamée comme le fils d'un certain Himérius et le neveu de Sôpatros (l'Ancien) : Τὸν Ἱμερίου μὲν υἱόν, Σωπάτρου δὲ ἀδελφιδοῦν, Ἰαμβλίχῳ δὲ ὁμώνυμον. A moins de supposer que le disciple de Jamblique avait lui aussi un frère du nom d'Himérius, il faut donc conclure que l'auteur du traité est Sôpatros le Jeune (⇒S 108). D'après Eunape, *V. Soph.* VI 7, p. 19, 26-27 Goulet, Sôpatros s'était proposé d'exercer une influence sur Constantin, mais dans le présent texte c'est à son frère que l'auteur s'adresse. On sait par ailleurs, grâce à une lettre de Libanius (*Ep.* 573, datable de 357) qu'Himérius détint plusieurs postes d'autorité : Ἰαμβλίχου δὲ τὸν πατέρα μὲν ᾔδεις οὐκ ἀπὸ πλήθους μᾶλλον ἀρχῶν ἢ τῆς ἐν ἀρχαῖς ἀρετῆς. Il était mort en 357 (*Epist.* 571 et 575). Voir *PLRE* I : Himerius 3, peut-être identique à un ἔπαρχος Αἰγύπτου païen (= Himerius 4) qui reçut une lettre du Pseudo-Julien (*Ep.* 201) lors de la mort de son épouse. Voir **8** Alan Cameron, « Iamblichus at Athens », *Athenaeum* 45, 1967, p. 143-153, notamment p. 147 : « a pagan with philosophical leanings ». *Ibid.*, p. 14 : « It seems not unreasonable to conjecture that Himerius was a pupil of Iamblichus like his brother and father – and that he named one of his sons after his revered teacher». Cameron cite comme exemple Aidésius II, fils de Chrysanthe de Sardes, qui reçut le nom du maître de ce dernier à Pergame. «This would explain perfectly Libanius' reference to the φιλοσοφοῦσα οἰκία from which Iamblichus II came».

On doit toutefois considérer qu'il n'est pas impossible, les mêmes noms se retrouvant de génération en génération dans certaines familles, que Sôpatros l'Ancien ait déjà eu un frère portant le nom d'Himérius et qu'il ait été l'auteur de cette lettre. Wilhelm 7, p. 377 n. 1, considère d'ailleurs la correction de Ἡμέριον en Ἰμέριον comme dénuée de fondement. Il rejette explicite-ment l'attribution des extraits à Sôpatros le Jeune : «Daß der jüngere, 364-365 verstorbene Sopa-tros (...) schriftstellerisch tätig war, ist weder bezeugt noch mit Sicherheit zu erschließen» (p. 402 n. 3).

C. Plusieurs ouvrages de rhétorique sont attribués à un Sôpatros, sophiste actif à Athènes, peut-être à la fin du IVᵉ siècle. *Cf.* **9** K. Gerth, art. «Zweite Sophistik», *RESuppl.* VIII, 1956, col. 768 (n° 255).

Ce Sôpatros est l'auteur (a) d'une Διαίρεσις ζητημάτων (*Division des questions*) conservée (éd. **10** C. Walz, *Rhetores Graeci*, t. VIII, Stuttgart 1835 [réimpr. 1968], p. 2-385 ; *cf.* **11** Doreen Innes et Michael Winterbottom, *Sopatros the rhetor. Studies in the text of the Διαίρεσις ζητημάτων*, coll. *BICS-Suppl.* 48, London 1988, XII-330 p. (sur l'auteur, p. 1) ; **12** A. M. Milazzo, «Correzioni al testo del commentario di Sopatro alle "staseis" ermogeniane», *SicGymn* 49, 1996, p. 161-165), (b) de *Scholies sur Hermogène* (éd. **13** C. Walz, *Rhetores Graeci*, t. V, Stuttgart 1833 [réimpr. 1968], p. 1-211) et (c) de *Prolégomènes sur Aristide* (éd. **14** W. Dindorf, *Aristides*, t. III, Leipzig 1829 [réimpr. Hildesheim 1964], p. 737-757 ; **15** F. W. Lenz, *The Aristeides prolegomena*, coll. «Mnemosyne-Suppl.» 5, Leiden 1959). De nombreux autres fragments de cet auteur sont conservés dans la tradition rhétorique (pour des fragments de Προγυμνάσματα, voir **16** G. A. Kennedy, *Progymnasmata. Greek textbooks of prose composition and rhetoric*. Transl. with introd. and notes, coll. «Writings from the Greco-Roman world» 10, Leiden 2003, XVI-231 p., notamment p. 202 et 206). Voir également des *Paraphrases* étudiées par **17** S. Glöckner, «Aus Sopatros Μεταποιήσεις», *RhM* 65, 1910, p. 505-514. Sur ces écrits rhétoriques et leur auteur, voir la notice de **18** St. Glöckner, art. «Sopatros» 10, *RE* III A 1, 1927, col. 1002-1006. Selon **18bis** M. Heath, «Porphyry's rhetoric : text and translation», *LICS* 1, 5, 2002, p. 68-108, notamment p. 107, et **18ter** *Id.*, «Theon and the history of *Progymnasmata*», *GRBS* 43, 2002/2003, p. 129-160, notamment p. 137-138, il convient de distinguer, d'après des divergences doctrinales, deux auteurs homonymes pour cet ensemble de textes : l'auteur de la Διαίρεσις d'une part, le commentateur d'Hermogène et peut-être des *Prolégomènes sur Aristide* d'autre part. Il envisage également que l'auteur des *Progymnasmata* et des paraphrases soit un rhéteur alexandrin de la fin du Vᵉ s. (voir plus bas la section sur les autres Sôpatros connus). Une note additionnelle dans Heath **18bis**, p. 107, propose des éléments d'analyse supplémentaires concernant deux versions des scholies sur Hermogène contenues dans C. Walz, *Rhetores Graeci*, t. IV et V. Innes et Winterbottom **10**, p. 13 n. 3, ne reconnaissent pour leur part qu'un seul et même auteur.

Attribution. Rien ne permet d'attribuer ces ouvrages de rhétorique à Sôpatros le jeune, comme l'a envisagé **19** A. Mayer, «Psellos' Rede über den rhetorischen Charakter des Gregorios von Nazianz», *ByzZ* 20, 1911, p. 27-100, notamment p. 75 n. 1. Mais ce Sôpatros n'était pas étranger au cercle des philosophes néoplatoniciens. Selon **20** D. J. O'Meara, *Platonopolis. Platonic political philosophy in late antiquity*, Oxford 2003, Appendix II : «Notes on a Platonist rhetor : Sopatros 3 », p. 209-211, les commentaires de Sôpatros sur Hermogène témoigneraient d'une connaissance de textes platoniciens comme le *Politique* et le *Gorgias* et d'une sympathie envers le platonisme. «The work on Aristides is of particular interest in the context of the study of Platonic political thought in Late Antiquity since it deals with the relation between political science and rhetoric in connection with the interpretation of Plato's *Gorgias* and *Statesman*.»

« Sopatros proposes a description of the true "political [man]" (πολιτικός), a description taken in many of its details from Plato's *Statesman*. The true political man possesses political science [Sopatros, *Prol.*, p. 128, 5-6 ; Plato, *Statesman* 259 d], has knowledge of all that concerns ordering the city, ordering others but not acting himself, being a king in his royal providence (πρόνοια) [*Prol.*, p. 127, 9-11 ; *cf.* p. 130, 5-7 ; *Statesman* 258 e, 260 c]. His science is legislative and architectonic : to its finality are subordinated the goals of other arts and skills, including the judicial art [*Prol.*, p. 128, 1-2 ; *Statesman* 304 d-305 e]. As identified with his royal science, the true poliical man is the finality of the city and represents perfect virtue and happiness, the goal of all other arts and skills [*Prol.*, p. 128, 14-15 ; *cf.* p. 129, 13-14].» Sôpatros cite ensuite la description donnée dans le *Gorgias* de la rhétorique comme une forme de flatterie. *Cf.* **21** K. Gerth, art. «Zweite Sophistik», *RESuppl.* VIII, 1956, col. 768 (n° 255). O'Meara voit dans ce Sôpatros un rhéteur athénien du IVe siècle travaillant dans des cercles néoplatoniciens, peut-être un petit-fils de Sopatros l'Ancien (p. 209). Il renvoie à **22** G. A. Kennedy, *Greek rhetoric under Christian emperors = A History of rhetoric*, t. III, Princeton, N.J. 1983, p. 104-105. Selon ce dernier, le commentaire sur les *Staseis* serait le plus ancien commentaire conservé et daterait de la fin du IVe siècle. En réalité, Sôpatros eut au moins deux fils : Sôpatros le Jeune et Himérios ; ce dernier fut le père de Jamblique d'Apamée (➙I 2) qui s'illustra à Athènes dans la seconde moitié du IVe siècle. Un Sôpatros de la génération de Jamblique n'est pas attesté.

Ces textes témoignent donc d'une sympathie pour le platonisme, mais ne peuvent pas être attribués à Sôpatros d'Apamée père ou fils.

De fait, les néoplatoniciens s'intéressaient de près à la rhétorique. Dans sa notice sur Syrianus (➙S 181), Concetta Luna renvoie à ce propos à Kennedy **22**, p. 53, 77-79, en part. p. 109-112 (commentaires de Syrianus sur Hermogène). Le nom de Sôpatros est régulièrement associé dans la tradition rhétorique à celui du "sophiste" Syrianus, commentateur d'Hermogène, en qui l'on reconnaît généralement le scholarque néoplatonicien mort en 437 à Athènes.

On en sait en réalité un peu plus sur ce sophiste Sôpatros. D'après son propre témoignage, il aurait étudié et enseigné à Athènes (voir Glöckner **18**, col. 1005-1006, d'où sont tirées les références qui suivent). A la fin de ses *Prolégomènes à Aristide* (t. III, p. 357, 24-26 Walz), Sôpatros écrit : «Ce que moi, Sôpatros, je te transmets, c'est tout ce que j'ai appris auprès des maîtres *à Athènes*, ce que j'ai rassemblé dans le cadre de mes recherches avec d'autres (collègues) et à partir de lectures variées» (ταῦτ' ἐγώ σοι Σώπατρος ἐπιδίδωμι, ὅσα γε ἔμαθον παρὰ τῶν διδασκάλων Ἀθήνησι καὶ ὅσα μεθ' ἑτέρων ζητῶν καὶ ἐξ ἀναγνωσμάτων ποικίλων συνήγαγον). Dans sa Διαίρεσις ζητημάτων (t. III, p. 55, 6 Walz), il prend son propre exemple : «Moi, Sôpatros, *professeur à Athènes*» (Σώπατρος ἐγὼ, τῶν Ἀθηναίων διδάσκαλος). L'ouvrage est adressé à son fils Carponianus (υἱὲ, Καρπωνιανὲ τιμιώτατε, t. III, p. 78, 8, et ὦ υἱὲ Καρπωνιανέ, p. 129, 17), qui était apparemment dans l'administration impériale (καὶ γὰρ εἰ τύχη σέ τις εὐδαίμων ὑπηρετεῖν βασιλεῖ στρατευόμενον παρεσκεύασεν, ἀλλ' ἐν ῥητορικῇ σοφιστικὸν ἔργον ποιεῖς, παρακολουθῶν τοῖς θεωρήμασιν ἅπασιν, p. 78, 9-12 Walz). La forme Carponianus n'est pas par ailleurs attestée, mais, comme elle apparaît deux fois dans l'ouvrage, on n'a pas de raison de la contester (par exemple au profit de Calpurnianus). Les plus récents auteurs cités par Sôpatros semblent être Minucianus et Porphyre. Himérius qui enseigna à Athènes au milieu du IVe siècle est toutefois mentionné (*Prolégomènes sur Aristide*, t. III, p. 318, 29 Walz), peut-être même comme le propre maître de Sôpatros : « le sophiste Himérius disait », avec comme variante : « le sophiste Himérius *notre maître* disait… » (ὁ μέντοι σοφιστὴς Ἱμέριος ἔφη, avec comme variante ὁ μέντοι γε σοφιστὴς ὁ *ἡμέτερος* Ἱμέριος ἔφη). Les *Scholies sur Hermogène* renvoient une fois à Libanius (t. V, p. 46, 10 Walz). Ces indications suggéreraient de situer l'activité du rhéteur dans la seconde moitié du IVe siècle.

Or, un fils de Sôpatros est mentionné dans une liste de sophistes *patrodidactes* dans une *Scholie sur les Chiliades de Tzetzès* VII 155, v. 951 (p. 287 Leone) : «(On connaît) comme élèves formés par leur père : (le fils) d'Hippocrate et ses enfants, Nicomaque le fils d'Aristote, ce Tzetzès lui-même, le fils de Choirillos, le fils *de Sôpatros*, le fils de Syrianos et celui de

Plutarque, et avant eux les enfants de Pythagore et d'autres en nombre incalculable» (πατρο-διδάκτους· Ἱπποκράτους καὶ τούτου παῖδες, Νικόμαχος ὁ Ἀριστοτέλους, οὗτος ὁ Τζέτζης, ὁ Χοιρίλλου καὶ Σωπάτρου καὶ Συριανοῦ καὶ Πλουτάρχου υἱός, καὶ πρὸ τούτων οἱ Πυθαγόρου παῖδες καὶ ἕτεροι μυρίοι). Voir l'édition de **23** P. L. M. Leone, *Ioannis Tzetzae historiae*, Napoli 1968, réimpr. Lecce 2007. La scholie se trouve p. 558, 27-30. Sur la famille de Jean Tzetzès, notamment sur Michel, son père, qui avait veillé sur sa formation, voir **24** P. Gautier, «La curieuse ascendance de Jean Tzetzès», *REByz* 28, 1970, p. 207-220.

Comme il s'agit d'exemples, on peut penser que l'auteur renvoie à des personnages bien connus du lecteur. On peut hésiter pour des figures comme Syrianos et Plutarque.

On pense au néoplatonicien Syrianus (➡S 181), fils de Philoxène (*PLRE* II, *s.v.* Syrianus 3), le maître de Proclus à Athènes, que l'on identifie à l'auteur du *Commentaire* conservé *sur le Περὶ ἰδεῶν* d'Hermogène, plutôt qu'au philosophe homonyme (➡S 182) qui pouvait être le petit-fils du premier.

Pour Plutarque, il peut s'agir ou bien du néoplatonicien Plutarque d'Athènes ou bien de Plutarque de Chéronée, dont le fils Autoboulos (*DPhA* A 511) fut également un platonicien. Il n'est pas certain toutefois que Plutarque d'Athènes ait eu un fils, bien que l'on sache qu'il était le père d'une certaine Asclépigéneia (*DPhA* A 451). On a pensé que Hiérios (*DPhA* H 122) qui étudia avec Proclus ou enseigna sous sa direction (Ἱέριον τὸν Πλουτάρχου, ὑπὸ Πρόκλῳ φιλοσο-φοῦντα) était un fils de Plutarque, mais **25** B. Puech, «Transmission de pouvoir et transmission de valeurs», dans **26** C. Badel et C. Settipani (édit.), *Les stratégies familiales dans l'Antiquité tardive. Les dynasties d'intellectuels en Orient du IIIe au Ve siècle*, coll. «De l'archéologie à l'histoire», Paris 2012, p. 319-338, y reconnaît plutôt le fils d'un Plutarque sophiste différent du scholarque athénien. Voir le stemma qu'elle propose, p. 338.

Quant à Sôpatros, le scholiaste pouvait penser ici ou bien à Sôpatros II fils de Sôpatros I, ou bien au sophiste athénien Sôpatros III, auquel cas ce fils anonyme formé par Sôpatros pourrait être Carponianus, le dédicataire de la Διαίρεσις ζητημάτων.

Ce Sôpatros qui était donc un sophiste athénien néoplatonisant, disciple d'Himérius, actif dans la seconde moitié du IVe siècle, et était le père d'un certain Carponianus (absent de la *PLRE*), pourrait avoir été un fils de Jamblique d'Apamée. Il porterait alors le nom de son arrière-grand-père et de son grand-oncle. D'un point de vue chronologique, un fils de Jamblique d'Apamée, lequel s'est marié à Athènes vers 360, a fort bien pu étudier avec Himérius avant 384 et être associé à un néoplatonicien patenté, Syrianus, fils de Philoxène, disciple de Plutarque d'Athènes et maître de Proclus.

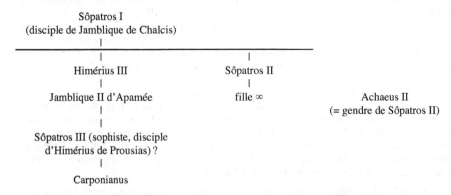

Un rapprochement différent a été envisagé par **27** J. Schamp, notice "Himérius de Prousias", H 136, *DPhA* III, 2000, p. 708-742, notamment p. 722, qui verrait bien dans ce "rhéteur de la fin du IVe s. travaillant en milieu néoplatonicien" "le petit-fils du philosophe Sopatros <I> [le conseiller de Constantin]." O'Meara **20**, p. 209, présente lui aussi Sôpatros le rhéteur comme le petit-fils de Sôpatros I. Mais dans ce cas, il resterait à déterminer qui était son père : était-il un fils de Sôpatros II le Jeune (alors troisième de la lignée) ou celui d'Himérius ? Était-il le cousin ou le frère de Jamblique d'Apamée ? *Cf.* Schamp **25**, p. 730. Si, comme le supposent Schamp et O'Meara, Sôpatros était plutôt de la génération de Jamblique, la chronologie ne présenterait guère plus de problème. Le fait que Jamblique d'Apamée enseigna à Athènes et que le sophiste Sôpatros y étudia avec Himérius nous incite à penser que c'est de ce Jamblique que Sôpatros III était le fils.

D. Photius, *Bibliothèque, cod.* 161 a résumé les Ἐκλογαὶ διάφοροι du *sophiste* Sôpatros en douze livres. L'ouvrage était une compilation d'ouvrages historiques et littéraires (ἐκ πολλῶν καὶ διαφόρων ἱστοριῶν καὶ γραμμάτων).

Les thèmes abordés étaient des plus divers : la mythologie grecque, l'étymologie, les *mira-bilia*, l'histoire du théâtre et de la musique, les fêtes athéniennes, les poètes et les philosophes, les rhéteurs et l'art oratoire, les inventions, les hommes et les femmes célèbres, l'histoire romaine, les femmes qui ont cultivé la philosophie, les peintres et les sculpteurs, le Musée d'Alexandrie, les constitutions politiques, etc.

D'après Photius, il empruntait ses informations, pour son premier livre, à Apollodore d'Athènes [➙A 244] (*Sur les dieux*, livre III, mais également [I], IV, V, IX, <XI>, XII, XV, XVI-XXIV»), Juba <de Maurétanie> [➙I 41] (*Sur la peinture*, livre II), Athénée de Naucratis [➙A 482] (*Deipnosophistes*) ; pour le deuxième livre, à Pamphilè <d'Épidaure> [➙P 12] (*Épito-mai*, livres I-X), Artémon de Magnésie [*RE* 19] (ἐκ τῶν κατ' ἀρετὴν γυναιξὶ πεπραγματευ-μένων διηγημάτων), Diogène le Cynique [➙D 147] (Apophtegmes), Sappho (livre VIII) ; pour le troisième livre, à Favorinus <d'Arles> [➙F 10] (ἐκ τῆς Παντοδαπῆς ὕλης, « du livre υ et des livres ξ à ω, dans l'ordre, le livre τ excepté) ; pour le livre IV, une θαυμάτων συναγωγή anony-me), Aristoxène <de Tarente> [➙A 417] (ἐκ τῶν συμμίκτων ὑπομνημάτων, livre XI), Rufus [*RE* 17] (*Histoire du théâtre*, livre VIII) ; pour le livre V, Rufus à nouveau (*Histoire de la musique*) ; pour le livre VI, à Rufus (à nouveau l'*Histoire de la musique*, livres V et VI), Damo-strate [*RE* 5] (*Halieutiques* livre II), Diogène Laërce [➙D 150] (*Vies de philosophes*, livres I, V, IX et X), Aelius Dios [*RE* Dios 12 ?] (*Sur Alexandrie*), Hellanicus <de Mytilène> [*RE* 7] (Αἰγυπ-τιακά) ; pour le livre VII, à Hérodote [*RE* 7] (*Histoire*) ; pour le livre VIII, à un recueil ancien et anonyme d'ἐκλογαί, à des extraits de Plutarque [➙P 210] (plusieurs traités sont mentionnés) ; pour le livre IX, à d'autres extraits des *Moralia* et des *Vies parallèles* de Plutarque (certaines vies perdues), à Rufus (*Histoire romaine*, livres I-IV) ; pour le livre X, à Céphalion [*RE* 4] (*Érato* [*cf. cod.* 68]), à Apollonius le Stoïcien [➙A 286 ?] («sur les femmes qui ont cultivé la philo-sophie ou accompli d'autres œuvres illustres et grâce auxquelles les familles ont été ramenées à la concorde» [trad. Henry]), Théagène [*RE* 10] (ἐκ τῶν Μακεδονικῶν πατρίων), à certaines *Vies parallèles* de Plutarque ; pour le livre XI, à nouveau à certaines *Vies parallèles* de Plutarque, à Aristophane <de Byzance> [➙A 405] (*Sur les animaux*, livres I-II), à Juba <de Maurétanie> (*Histoire du théâtre*, livre XVII) ; pour le livre XII, à Callixène <de Rhodes> [*RE s.v.*] (*Réper-toire des peintres et des sculpteurs*), Aristonicus <d'Alexandrie> [*RE* 17] (*Sur le Musée d'Alexandrie*), à Aristote [➙A 414] (plusieurs *Constitutions* et, apparemment sa *Politique*). Parmi ces sources, Diogène Laërce semble être l'auteur le plus récent.

Dans sa préface, Sôpatros offrait ces extraits à ses amis comme une aide pour la pratique et l'enseignement de l'éloquence. C'est dans doute cet auteur que la *Souda* (Σ 848) présente comme Sôpatros d'Apamée « ou plutôt » d'Alexandrie le sophiste : Σώπατρος, Ἀπαμεύς, σοφιστής, ἢ μᾶλλον Ἀλεξανδρεύς. ἐπιτομὰς πλείστων. τινὲς δὲ καὶ τὴν ἐκλογὴν τῶν ἱστοριῶν τούτου εἶναί φασι.

Attribution. 28 R. Henry (t. II de son édition, p. 123 n. 1) identifie l'auteur des Ἐκλογαὶ διάφοροι au philosophe Sôpatros d'Apamée, sans doute le père dans son esprit. Il renvoie à **29** Fr. Focke, *Quaestiones Plutarcheae. De Vitarum parallelarum textus historia*, Diss. Munster 1911,

72 p., appendice II, p. 57-69; Glöckner **18**, col. 1002 («ihm [*scil*. au philosophe Sôpatros] sind die Ἐκλογαί διάφοροι, die man früher dem Rhetor zuwies, zuzuschreiben».).

Sans proposer une identification avec l'un ou l'autre des Sôpatros connus, O'Meara **20**, p. 211, signale que l'utilisation des *Constitutions* d'Aristote et de la *Politique* d'Aristote laisse supposer chez Sôpatros des intérêts philosophiques. Il en va de même pour les citations d'Apollonius le Stoïcien, de Diogène Laërce et de Plutarque.

E. Une scholie sur Porphyre, *De abstinentia* II 17, 3, li. 4-10, pourrait faire référence à une autre compilation du même auteur: τοῦτο καὶ Σώπατρος προφέρει ἐν ταῖς ἐκλογαῖς τῶν ἱστοριῶν. Voir la note de J. Bouffartigue, dans l'édition de la *CUF*, t. II, p. 194 n. 1.

Le nom de Sôpatros était toutefois fort répandu. Voir *LGPN*, t. I: *The Aegean Islands, Cyprus, Cyrenaica*: 39 homonymes; t. II: *Attica*: 28; t. III A: *The Peloponnese, Western Greece, Sicily and Magna Graecia*: 36; t. III B: *Central Greece: from the Megarid to Thessaly*: 59; t. IV: *Macedonia, Thrace, Northern regions of the Black Sea*: 20; t. V A: *Coastal Asia minor: Pontos to Ionia*: 25.

Voici quelques autres homonymes peu connus:

(a) Libanius (*Epist.* 762) raconte que vers 339 (au début de l'hiver 340, au retour de son second voyage à Athènes, selon **30** G. R. Sievers, *Das Leben des Libanius. Aus dem Nachlasse des Vaters herausgegeben von Gottfried Sievers*, Berlin 1868, réimpr. Amsterdam 1969, p. 50 n. 3), il fit le voyage d'Athènes à Constantinople en compagnie d'un certain Sôpatros (voir **31** O. Seeck, *Die Briefe des Libanius*, *s.v.* Sopater II; *RE* 13; Gerth **9**, col. 768, n° 254) qui le recommanda auprès du gouverneur; Libanius voulut plus tard, vers 362, aider cet homme âgé qui était installé en Arabie, en écrivant à Bèlaios (*RE* 3), alors *Praeses Arabiae*.

(b) Un rhéteur Sôpatros (*PLRE* II:3), actif à Alexandrie au début du VIᵉ siècle, apparaît également dans la *Vie de Sévère* (patriarche d'Antioche de 512 à 518) écrite par Zacharie le Scholastique et conservée en version syriaque. Voir l'éd. de **32** M.-A. Kugener, *PO* II 1, Paris 1903, réimpr. Turnhout 1993, p. 12, 2-3, et la traduction anglaise récente avec intr. et notes de **33** S. Brock et B. Fitzgerald dans *Two early lives of Severos, patriach of Antioch*, coll. «Translated texts for Historians» 59, Liverpool 2013. Mais Glöckner **18**, col. 1006, le tient pour aussi fictif que le sophiste chrétien Aphtonius mentionné dans le même ouvrage (p. 25, 4-5), dont le nom reprend celui d'un célèbre sophiste du IVᵉ siècle.

(c) Un sophiste Sôpatros (*PLRE* II:4) est le destinataire de la *Lettre* 9 d'Énée de Gaza (➡A 64) à la fin du Vᵉ s.

(d) Le pythagoricien Marcus Po[---] Sôpatros d'Apollonia d'Illyrie (➡S 106), d'époque indéterminée, mourut à 87 ans. Voir **34** B. Puech, notice «Sôpatros (Marcus Po---) d'Apollonia», dans ce tome VI, p. 459.

RICHARD GOULET

110 SOPHONIAS *RE*   XIII-XIV

Auteur de paraphrases d'ouvrages d'Aristote, très probablement actif dans la seconde moitié du XIIIe siècle et à peu près contemporain de Manuel Holobolos. Il faut probablement l'identifier avec le moine Sophonias, connu par des sources historiques fiables, qui vécut à Constantinople à la même époque et séjourna quelque temps à Thessalonique.

Il faut partir des deux paraphrases suivantes, attribuées par les manuscrits au « très sage sieur Sophonios » (Σοφονίου τοῦ σοφωτάτου κυροῦ) qui fournissent des éléments solides pour établir la paternité des œuvres :

(1) *In libros Aristotelis De anima paraphrasis* (éd. M. Hayduck, *CAG* XXIII 1, Berlin 1883) ;

(2) *Themistii (Sophoniae) in Parva Naturalia commentarium* (éd. P. Wendland, *CAG* V 6, Berlin 1903). Il s'agit plus précisément d'un commentaire sur les traités *De memoria*, *De somno*, *De somniis* et *De divinatione*. Selon Wendland, les manuscrits se répartissent en deux classes, dont l'une attribue l'ouvrage à Sophonias, l'autre à Thémistius (➽T 38). Cette dernière attribution est manifestement erronée, dans la mesure où l'ouvrage se fonde sur le commentaire tardif de Michel d'Éphèse (➽M 163 dans les compléments du tome VII). L'auteur devait vivre suffisamment après Michel pour que la transmission du texte de ce dernier devienne corrompue, puisque Sophonias s'accorde avec les leçons du groupe inférieur de manuscrits de l'œuvre de Michel (Wendland, *CAG* V 6, p. VI, X-XI).

Sophonias a fait précéder l'*in De anima* d'un *prooemium* établissant une distinction entre les commentaires et les paraphrases. Cette préface de l'*in De anima* est importante d'abord en ce qu'elle décrit la méthode exégétique originale de Sophonias, ensuite parce qu'il y fait part de son intention d'appliquer sa méthode d'abord au *De anima*, ensuite à d'autres traités (*cf. in De anima*, p. 2, 38 - 3, 1). Ces indications rendent légitime l'attribution au même commentateur des paraphrases anonymes similaires suivantes :

(3) *In Aristotelis Categorias paraphrasis* (éd. M. Hayduck, *CAG* XXIII 2, Berlin 1884) ;

(4) *[Themistii] quae fertur in Aristotelis Analyticorum Priorum Librum I paraphrasis* (éd. M. Wallies, *CAG* XXIII 3, Berlin 1884). Cet ouvrage est attribué de façon erronée par certains manuscrits à Thémistius, mais il s'agit en réalité d'une compilation des commentaires d'Alexandre d'Aphrodise (➽A 112) et de Jean Philopon (➽P 164). Wallies ne s'est pas définitivement prononcé sur l'attribution de ces ouvrages à Sophonias.

(5) *In Aristotelis Sophisticos Elenchos paraphrasis* (éd. M. Hayduck, *CAG* XXIII 4, Berlin 1884).

Toutefois, à cause des similitudes qu'ils présentent, tous les traités édités dans le *CAG* XXIII peuvent raisonnablement être attribués au même auteur. Si c'est le cas, nous obtenons ainsi des arguments plus précis pour établir une datation. Étant donné que l'auteur fait usage de Blemmydès et de Léon Magentinus, **1** Sten Ebbesen, *Commentators and Commentaries on Aristotle's Sophistici Elenchi*, t. I : *The Greek Tradition*, Leiden 1981, p. 333-340, notamment p. 333, considère qu'une date postérieure à 1250 est très probable pour la paraphrase des *Sophistici elenchi* et il est enclin à proposer une date postérieure à 1275. Nous sommes donc en présence d'un auteur du nom de Sophonias travaillant sur le corpus aristotélicien dans la seconde moitié du XIIIe siècle. Cela s'accorde parfaitement avec la mention d'un Sophonias, associé à Manuel Holobolos (*ca* 1245-1310/14), en tant qu'intellectuels bien connus, dans une lettre adressée au métropolite de Philadelphie, Makarios Chrysokephalos.

Sur ce dernier point, voir **2** Rainer Walther, « Ein Brief an Makarios den Metropoliten von Philadelphia », *JÖB* 22, 1973, p. 219-232, notamment p. 229 (*cf.* p. 226 n. 58).

Il n'est pas anodin de constater qu'un certain nombre de sources indépendantes font référence à un moine portant le nom peu courant de Sophonias, manifestement une personne d'une certaine importance, qui vécut vers la fin du XIIIe siècle et au début du XIVe siècle. Georges Pachymère, *Relations historiques* IX 5, p. 227, 22-229, 7 (éd. A. Failler) nous apprend que le moine Sophonias fut envoyé en Italie par Andronicos II Paléologue pour négocier le mariage de son fils Michel IX avec Catherine de Courtenay. Cette ambassade, confirmée par des documents historiques, s'acheva sans succès en 1296. Parmi les textes attribués explicitement au moine Sophonias a été conservée une brève lettre à Joseph le Philosophe (éditée par **3** Silvio G. Mercati, « Lettera del monaco Sofonia al filosofo Giuseppe », *SBN* 1, 1925, p. 168-174, repris dans *Collectanea Byzantina*, t. I, Bari 1970, p. 343-347). On connaît également un Sermon sur « Paul discourant à Athènes » attribué au « très sage moine Sophonias » dans un manuscrit de Venise. Le texte a été édité et traduit par **3bis** D. M. Searby et A. Sjörs, « A Rhetorical Declamation of Sophonias the Monk and Paraphrast », *BZ* 104, 2001, p. 147-182. Une lettre conservée de Simon de Constantinople, un frère dominicain hellénophone, à Sophonias mentionne l'ambassade auprès de Charles d'Anjou comme ayant déjà eu lieu. Un manuscrit latin d'Uppsala contient un traité écrit par Guillaume Bernard de Gaillac, qui fut le fondateur en 1307 du couvent dominicain de Péra. Au fol. 5^r de ce traité, écrit après qu'il eut quitté Péra, Guillaume revèle qu'il avait fréquenté le moine Sophonias, car il nous apprend que Sophonias le « καλόγερος ou moine » connaissait le grec et le latin et qu'il « avait souffert la persécution pour avoir confessé la vraie foi, telle qu'enseignée par l'Église romaine ». Par conséquent, à la même époque où l'on suppose que travaillait le paraphraste d'Aristote Sophonias, nous connaissons également le moine Sophonias, un homme bien informé des débats intellectuels du temps, un grec possédant la connaissance de la langue latine qui entretenait des liens avec les Dominicains de Constantinople et de Péra.

La mission de Sophonias est attestée dans les actes de la chancellerie angevine (voir les actes n°s 130, 143, 153, 154, 158-159, 165, 170-173 dans **4** Charles Perrat et Jean Longnon [édit.], *Actes Relatifs à la Principauté de Morée 1289-1300*, Paris 1967). *Cf.* n° 2156 a p. 18 dans

5 Franz Dölger, *Regesten der Kaiserurkunden des oströmischen Reiches von 565-1453*, 4. Teil : *Regesten von 1282-1341*, München/Berlin 1960. Pour le sermon attribué au moine Sophonias, voir **6** E. Mioni, *Bibliothecae Divi Marci Venetiarum Codices Graeci Manuscripti*, t. I, Roma 1981, p. 385 : *Declamatio quam Paulus Athenis habuit ad populum*, inscr. Τοῦ σοφωτάτου μοναχοῦ κυρίου Σοφονίου μελέτη. Παῦλος ἐν Ἀθήναις δημηγορῶν, *Cod. gr. Bibl. Div. Marc.* 266, ff. 156-161. La lettre de Simon à Sophonias se trouve dans le *cod. Vat. gr.* 1104, ff. 23-46. Voir **7** Hugo Laemmer, dans *Scriptorum Graeciae orthodoxae bibliotheca selecta*, t. II, t. I, sectio I, Freiburg-im-Breisgau 1866, p. 121-125 ; sectio II, appendice, p. XXXII-XXXV ; sectio III, p. 312-314, où des extraits de cette lettre sont publiés. Pour le ms. d'Uppsala, voir **8** Friedrich Stegmüller, «Guilelmus Bernardi de Gaillac OP, Tractatus de obiectionibus Graecorum contra processionem Spiritus sancti a Filio (Uppsala C 55)», dans *Analecta Upsaliensia Theologiam Medii Aevi Illustrantia*, t. I : *Opera Systematica*, Uppsala 1953, p. 323-360.

Étant donné ce contexte, un certain nombre de savants ont prétendu que le moine Sophonias était identique au paraphraste. Déjà Fabricius suggérait que le paraphraste était le moine destinataire de la lettre de Simon de Constantinople. Rose s'efforça d'établir l'identification des deux personnages et il fut suivi sur ce point par d'autres savants. Une remarque pertinente a été avancée par **9** Marie-Hélène Congourdeau, «Note sur les Dominicains de Constantinople au début du 14ᵉ siècle», *REByz* 45, 1987, p. 175-181, notamment p. 180 n. 26, à savoir que la lettre de Simon à Sophonias, écrite comme à un bon ami, mais avant son adoption de la foi catholique romaine, contient de nombreuses références à Aristote, philosophe que Simon ne cite pas dans ses autres lettres conservées (*cf.* également **10** M.-H. Congourdeau, «Frère Simon le Constantinopolitain, O. P. (1235?-1325?)», *REByz* 45, 1987, p. 165-174, notamment p. 168 n. 19). Retracer l'histoire de Sophonias est compliqué par le fait qu'est conservée une lettre écrite par le moine *Sophronias* à Charles de Valois, présenté comme «empereur des Romains» et sollicitant son aide dans la guerre contre les Turcs (*cf.* Congourdeau **9**, p. 181 n. 28 ; **11** Stauros I. Kourousès, «Ὁ λόγιος οἰκουμενικὸς πατριάρχης Ἰωάννης ΙΙ Γλυκύς», *EHBS* 41, 1974 p. 297-405, notamment p. 312 n. 1 ; **12** Angeliki E. Laiou, *Constantinople and the Latins. The Foreign Policy of Andronicus II 1282-1328*, Cambridge, Mass. 1972, p. 212-216, notamment p. 216). Ce Sophronias était-il le moine Sophonias ? C'est possible, mais la question nécessiterait une étude plus approfondie. L'identification du paraphraste et du moine Sophronias fournit un contexte historique cohérent et doit être considérée comme fort probable. Hayduck (*CAG* XXIII 1, p. V n. 2) soulève une objection, constatant que l'identification des deux personnages ne concorde pas parfaitement avec la datation du ms A proposée par Bandini et par le collègue de Hayduck Vitelli. Mais ce point n'a pas été approfondi. Ce manuscrit doit être daté des XIIIᵉ et XIVᵉ siècles, la paraphrase sur le *De anima* appartenant à la première période. Mais ce fait ne présente aucune réelle difficulté, car le manuscrit, sans être considéré comme l'archétype, est tenu par Hayduck comme très proche de l'archétype (*pace* Ebbesen **1**, p. 333). Harlfinger décrit le ms A simplement comme datant du XIIIᵉ au XIVᵉ siècle.

Concernant la date du *Laur. gr.* 7, 35 (ms A de l'*in De anima*), voir **13** Angelo Maria Bandini, *Catalogus codicum manuscriptorum Bibliothecae Mediceae Laurentianae varia continens Opera Graecorum Patrum*, t. I, Firenze 1764, p. 297, et **14** Dieter Harlfinger, *Aristoteles*

Graecus : die griechischen Manuskripte des Aristoteles (éd. Moraux, Harlfinger *et alii*), t. I, Berlin 1976, p. 190-193.

Sophonias ne peut être considéré ni comme un simple paraphraste ni comme un commentateur d'Aristote. Il vise plutôt, comme il l'explique lui-même dans la préface au *in De anima*, une combinaison de la paraphrase et du commentaire. Selon Sophonias, la caractéristique qui permet de définir un commentaire est que le commentateur découpe l'œuvre philosophique en une suite de citations textuelles, puis ajoute son explication personnelle des termes employés par l'auteur, lesquels sont souvent, comme le dit Sophonias, d'une obscurité « digne des oracles ». La caractéristique de la paraphrase est de son côté que le paraphraste s'exprime à la place d'Aristote, réécrivant le texte à sa propre façon et clarifiant le sens des propos au moyen d'exemples et de comparaisons, et cela dans un développement continu par opposition à un commentaire morcelé sous des lemmes différents. Comme exemples de commentateurs, il mentionne explicitement Simplicius, Ammonius, Philopon et Alexandre d'Aphrodise ; comme exemples de paraphrastes, Thémistius et Psellos. Sophonias préfère pour sa part combiner les deux méthodes et produit un traité continu sous la plume d'Aristote, un texte plus concis qu'un commentaire, plus long qu'une paraphrase, qui à la fois réécrit et commente le traité originel en se fondant principalement sur Philopon, mais non sans avoir recours à d'autres commentaires sur le *De anima*.

Dans les commentaires qui lui sont traditionnellement attribués, Sophonias ne cite jamais ni Aristote ni ses autres sources par leur nom. Il reste cependant très près des textes originaux, abrégeant considérablement, remplaçant des mots difficiles ou obscurs ici et là, ajoutant certaines gloses ou des exemples. Des phrases entières sont tirées directement d'Aristote sans changement ou avec des modifications minimes. Les changements les plus importants proviennent d'un travail de résumé ou de suppression. La même approche est également appliquée à ses sources exégétiques, lesquelles en plus font l'objet d'un processus de fusion littéraire. Il semble que Sophonias n'apporte en ce travail aucune autre contribution personnelle que sa méthode particulière de paraphrase et de compilation. Sur l'originalité du travail de Sophonias, voir **15** Divna Manolova, « Innovation and Self-reflection in Sophonias' Paraphrasis of *De Anima* », dans Judith A. Rasson et Bela Zsolt Szakács (édit.), *AnnMedStudCEU* 15, 2009, p. 23-42. Elle avait précédemment rédigé en 2008 un mémoire de maîtrise intitulé **15bis** *Sophonias the Philosopher. A Preface of an Aristotelian Commentary : Structure, Intention and Audience*, accessible en ligne sur le site de la Central European University Library (Budapest). Dans son article, elle étudie la préface du commentaire sur le *De anima* et en fournit une traduction anglaise. Cependant, Sophonias affirme avec Aristote que l'âme est la forme substantielle du corps humain, et, vers la fin de la paraphrase du *De anima*, il tente une conciliation entre Aristote et la position de Platon (*cf.* **16** H. J. Blumenthal, « Sophonias' Commentary on Aristotle's *De anima* », dans L. Benakis [édit.], *Néoplatonisme et philosophie médiévale*, Turnhout 1997, p. 307-317). Mais l'apport essentiel de Sophonias réside dans le témoignage qu'il apporte à une tradition indirecte du texte d'Aristote et il est à ce titre souvent cité comme témoin du texte par les éditeurs d'Aristote. Il s'est également montré précieux pour la reconstitution des fragments du commentaire perdu de Philopon sur le livre III du *De anima* (voir **17** Simone Van Riet, « Fragments de l'original grec du *De Intellectu* de Philopon dans une compilation de Sophonias », *RPhL* 63, 1965, p. 5-40), et pourrait s'avérer utile dans d'autres entreprises similaires.

Cf. En plus des préfaces du *CAG*, voir **18** K. Praechter, art. « Sophonias », *RE* III A 1, 1927, col. 1099 ; **19** Erich Trapp (édit.), *Prosopographisches Lexikon der Palaiologenzeit*, Faszikel 11 Wien 1991 p. 49 n° 26424 ; **20** *DGRB*, t. III, p. 873. Des manuscrits des paraphrases de Sophonias sont répertoriés dans **21** J. A. Fabricius, *Bibliotheca Graeca*, (Hildesheim 1966-1970, fac-similé de l'édition de Hamburg 1790-1809, Leipzig 1827-1838), t. II, p. 110 ; Lib. III, c. V, *ibid.* p. 129 ; Lib. V, c. XXXVIII, t. X, p. 328-329 ; et Lib. V, c. XLI, t. X, p. 545. Pour des listes plus récentes de manuscrits, voir **22** Roxane Argyropoulos et Iannis Caras, *Inventaire des manuscrits d'Aristote, Supplément*, Paris 1980, p. 75 ; **23** André Wartelle, *Inventaire des manuscrits grecs d'Aristote et de ses commentateurs*, Paris 1963, p. 196. Sur le problème de l'attribution des paraphrases, voir **24** Valentin Rose, « Über eine angebliche Paraphrase des Themistius », *Hermes* 2, 1867, p. 191-213. Sur le paraphraste, voir encore **25** Karl Krumbacher, *Geschichte der byzantinischen Literatur*, t. II, p. 431 ; **26** Herbert Hunger, *Die hochsprachliche profane Literatur der Byzantiner = Handbuch der Altertumswissenshaft* XII 5, 1-2, München 1978, t. I, p. 25-26, 37 notes 139-140 ; t. II, 267-268. Une analyse du travail de commentateur de Sophonias se trouve dans Ebbesen **1**. Roland Wittwer remet dans son contexte la préface de la paraphrase sur le *De anima* dans la section I (« Aspasian Lemmatology », p. 54-58), dans **27** A. Alberti et R. Sharples (édit.), *Aspasius : The Earliest Extant Commentary on Aristotle's Ethics*, Berlin 1999, p. 51-84. Sur le moine Sophonias en particulier, voir Congourdeau **9** et **10** ; **28** Albert Failler, « La mission du moine Sophonias en Italie et le mariage de Michael IX Palaiologos », *REByz* 60, 2002, p. 151-166. Voir également : **29** Leo Allatius (Leone Allacci), *Ioannes Henricus Hottingerus fraudis et imposturae manifestae convictus*, Roma 1661, p. 343 (*cf.* Congourdeau **10**, p. 166 n. 4 ; Trapp, **19**) ; Kourousès **11** ; Laiou **12** ; **30** P. B. Paschos, Ὁ Ματθαῖος Βλάσταρης καὶ τὸ ὑμνογραφικὸν ἔργον του, Thessalonika 1978, p. 96 n. 2 ; **31** Börje Bydén, « Λογοτεχνικές καινοτομίες στα πρώιμα παλαιολόγεια υπομνήματα στο Περὶ ψυχῆς του Αριστοτέλη », Ὑπόμνημα στη φιλοσοφία 4, 2006, p. 221-251.

Notice traduite et adaptée de l'anglais par Richard Goulet.

DENIS SEARBY.

111 SORANOS D'ÉPHÈSE *RE PIR²* S 770   I-II

Médecin, auteur d'un traité d'obstétrique conservé.

Cf. **1** F. E. Kind, art. « Soranos », *RE* III A 1, 1927, col. 1113-1130 ; **2** J. Scarborough, « The Pharmacy of Methodist Medicine : The Evidence of Soranus' Gynecology », dans **2bis** Ph. Mudry et J. Pigeaud (édit.), *Les écoles médicales à Rome*, Genève 1991, p. 203-216 ; **3** Y. Malinas et D. Gourevitch, « Les vomissements gravidiques selon Soranus », dans Mudry et Pigeaud **2bis**, p. 217-229 ; **4** A. E. Hanson et M. H. Green, « Soranus of Ephesus. *Methodicorum princeps* », dans *ANRW* II 37, 2, Berlin 1994, p. 968-1075 ; **5** M. Michler, « Soranus of Ephesus », *DSB* XII, p. 538-542 ; **6** S. Ihm, art. « Soran », dans K. H. Leven (édit.), *Antike Medizin, Ein Lexikon*, München 2005, col. 822-823.

Vie. On sait très peu de choses sur la vie de Soranos en dehors des éléments rassemblés par la *Souda* qui, dans les deux notices qui lui sont consacrées (*Souda, s.v.* Σωρανός, Σ 851 et 852, t. IV, p. 407 Adler), semble distinguer un Soranos l'Ancien et un Soranos le Jeune (ἰατρὸς νεώτερος). Mais, selon les spécialistes, ces deux notices constituent en réalité les deux versions d'une même *Vie* (Hanson et Green **4**, p. 1007). On lit en effet dans la notice 851 que Soranos, fils de Ménandre et de Phoibè, était originaire d'Éphèse (où probablement il a commencé ses études), qu'il était médecin, qu'il a séjourné à Alexandrie (où il a vraisem-blablement étudié l'anatomie), puis exercé la médecine à Rome sous Trajan et Hadrien (ce qui permet de placer sa naissance dans la deuxième moitié du Ier siècle de notre ère et de situer son *floruit* entre 98 et 138), et enfin qu'il avait composé de très nombreux et très beaux livres. La seconde notice (852) attribue à Soranos la rédaction d'un traité gynécologique (en quatre livres), des *Vies de médecins*: *écoles et traités* (en dix livres), et autres différents ouvrages (καὶ ἄλλα διάφορα). Quant à l'affirmation de Marcellus Empiricus (*De medicamentis* 19, 1, éd. Niedermann, *CML* 1968, p. 310) selon laquelle Soranos aurait aussi exercé en Aquitaine, elle semble davantage tenir de la légende que de la réalité.

Œuvres. Soranos est considéré comme le plus célèbre représentant du métho-disme sous l'Empire (Galien, *Sur la méthode thérapeutique* I 7, t. X, p. 53 Kühn, et Ps.-Galien, *L'Introduction ou le médecin* 4, t. XIV, p. 684 Kühn; éd. C. Petit, p. 10, 7). Toutefois, à l'inverse des tenants les plus durs de la doctrine, il ne négli-gea pas l'anatomie. Ses nombreux écrits nous sont rarement parvenus intacts, mais ont au contraire largement été l'objet d'altérations, de remaniements et autres traductions ou épitomès. Outre des écrits proprement médicaux et chirurgicaux où il expose les principales thèses du méthodisme, Soranos a également composé un traité d'étymologie sur les noms des parties du corps humain (non conservé) et surtout un ouvrage philosophique sur l'âme (Περὶ ψυχῆς), dont Tertullien qui l'a utilisé dans son *De anima* nous précise qu'il se composait de quatre livres. Tou-jours selon Tertullien dont les emprunts directs au Περὶ ψυχῆς ne sont pas toujours aisés à distinguer d'autres influences (Hanson et Green **4**, p. 1006), Soranos aurait soutenu que l'âme se nourrissait des nourritures du corps (*De anima* 6, 6) et qu'elle se divisait en sept parties (14, 2).

Mais Soranos est surtout connu comme l'auteur des *Maladies des femmes* (Γυναικεῖα) dont les deux premiers livres sont intégralement conservés en grec et dont nous avons conservé d'importants fragments pour les livres III et IV (P. Burguière *et alii* [édit.], *Soranos, Maladies des femmes*, 4 vol., Paris 1988-2003; J. Ilberg [édit.], *Sorani Gynaeciorum libri 4, De signis fracturarum, De fasciis*, coll. *CMG* IV, Leipzig/Berlin 1927; O. Temkin *et alii* [édit.], *Soranus' Gynaecology*, transl. with an introduction, Baltimore 1956). Il s'agit du premier traité d'obstétrique grecque conservé. Il a inspiré Caelius Aurelianus et Théodore Priscien qui en sont très dépendants.

Soranos était également l'auteur d'un volumineux traité *Des maladies aiguës et des maladies chroniques* (Περὶ ὀξέων καὶ χρονίων παθῶν) aujourd'hui conservé seulement en latin dans l'adaptation latine de Caelius Aurelianus (éd. G. Bendz, coll. *CMG* VI 1, Teil I [livres 1-2], Berlin 1990 ; Teil II [livres 3-5], Berlin 1993 ; éd. et trad. anglaise de I. E. Drabkin, Cambridge University Press, 1950).

Le traité *Des communautés* (Περὶ κοινοτήτων) qui comptait au moins deux livres et abordait une des trois notions centrales du méthodisme avec celle de phénomène et d'indication est aujourd'hui perdu, mais il est en partie connu par des auto-citations dans *Maladies des femmes*. On sait en effet, notamment par Celse et Galien (ou le Ps.-Galien, *Définitions médicales* 17, t. XIX, p. 353 Kühn) que les médecins méthodiques avaient mis au centre de leur pratique médicale la notion de communauté, c'est-à-dire d'affection commune immédiate, nécessaire et effective, et qu'ils prétendaient expliquer toutes les maladies par l'effet d'un resserrement, d'un relâchement ou d'un état mixte. Les auto-citations dans *Maladies des femmes* ne nous permettent malheureusement pas de mesurer très précisément l'apport de Soranos au méthodisme, sinon qu'il y était question des notions de resserrement, de relâchement et d'état mixte en relation avec la nature individuelle de chacun (*Maladies des femmes* II b. I 29).

L'œuvre de Soranos eut une grande influence par le biais des traductions latines (Caelius Aurelianus, Mustion) pendant toute la fin de l'Antiquité et le Moyen âge. Il fut lu, utilisé et parfois cité par des auteurs grecs et latins aussi différents que Tertullien (➡+T 16), Oribase (➡+O 40) ou le moine Mélèce.

Outre les principaux traités mentionnés ci-dessus, on citera aussi pour mémoire :

– un petit traité *Sur les bandages* (Περὶ ἐπιδέσμων), conservé en grec ;

– un livre *Sur les fractures* (Περὶ σημείων καταγμάτων), conservé en grec, fragment probable d'un ensemble plus vaste (perdu) sur la chirurgie (Χειρουργούμενα) ;

– *Sur le sperme* et *Sur la génération* (Σπέρμα et Ζῳογονία), ce double titre désignait vraisemblablement le même traité (seuls des fragments sont conservés) ;

– *Les causes des maladies* (Αἰτιολογούμενα ou Αἱ παθῶν αἰτίαι) dont seuls des fragments sont conservés ;

– *Sur les fièvres* (Περὶ πυρετῶν) non conservé ;

– *De l'hygiène* (Ὑγιεινόν) non conservé ;

– *Des remèdes* (Περὶ βοηθημάτων) non conservé ; contenait un passage sur l'hystérie conservé dans une traduction latine de Mustion ;

– *Philiatros* (Φιλίατρος) ou *L'ami du médecin*, non conservé, peut-être un traité de médecine populaire ;

– Un traité ophtalmologique, *L'Œil* (Ὁ ὀφθαλμός ou Οἱ ὀφθαλμοί) non conservé ;

– Un traité sur la chirurgie (Χειρουργούμενα).

Ajoutons des commentaires à Hippocrate (Ḥunayn ibn Isḥāq attribue à Soranos un commentaire au traité hippocratique *Sur la Nature de l'enfant*), des *Problemata* et un traité *Sur les clystères* cité par Ibn al-Nadīm, mais qui pourrait bien n'être qu'un extrait du traité *Des remèdes*. Ajoutons enfin une *Vie d'Hippocrate* (conservée) traditionnellement attribuée à Soranos, mais sûrement apocryphe.

VÉRONIQUE BOUDON-MILLOT.

112 SORANUS (Q. MARCIUS BAREA –) *RE* B 2 *PIR*² B 55   cons. suff. 52

Élève du stoïcien P. Egnatius Celer de Béryte (➤C 64). C'est là la seule indication d'un intérêt personnel pour la philosophie chez ce sénateur que l'on présente souvent comme un martyr stoïcien. Selon Tacite, *Ann.* XVI 21, «après avoir massacré tant d'hommes distingués, Néron finit par souhaiter d'anéantir la vertu même en faisant périr Thrasea Paetus et Barea Soranus» (trad. H. Goelzer).

Cf. **1** W. Henze, art. «Barea» **2** Soranus, *RE* III 1, 1897, col. 12-13.

Tacite, *Ann.* XII 53, 2, fait état d'une motion qu'il aurait proposée comme *consul designatus* sous Claude en 52. Comme Thrasea Paetus (➤T 119), il était un ami de Vespasien sous Néron (Tac., *Hist.* IV 7). Il fut, après son consulat (avant 63), proconsul de la province d'Asie. Pendant ce proconsulat, il fut un proche de Rubellius Plautus (➤P 199) qui avait été éloigné en Asie avec sa femme Antistia par Néron qui voyait en lui un rival (Tac., *Ann.* XVI 23 et 30).

Barea Soranus fut attaqué à son retour d'Asie par Ostorius Sabinus, chevalier romain (Tac., *Ann.* XVI 23). «Dans l'exercice de ces fonctions (Barea Soranus) avait accru les préventions du prince par sa justice et par son activité, sans parler du soin qu'il avait pris à rendre praticable le port d'Éphèse, et de l'impunité qu'il avait assurée à la ville de Pergame coupable d'avoir empêché par la force Acratus, affranchi de César, de lui ravir ses statues et ses tableaux. Quoi qu'il en soit, l'accusation se fondait sur l'amitié de Plautus et sur les efforts ambitieux qu'il avait faits pour se concilier la province en vue d'une révolution» *(ibid.)*. Sabinus parla «de l'amitié de Barea pour Rubellius Plautus et de son proconsulat d'Asie, pendant lequel il a eu un plus grand souci de son illustration personnelle que de l'intérêt public, et où il a entretenu dans les cités l'esprit séditieux» (*Ann.* XVI 30; trad. Goelzer).

Sabinus «impliquait dans le procès fait au père la propre fille de celui-ci, en l'accusant d'avoir prodigué son argent à des magiciens. C'était vrai, et Servilia (tel était le nom de la jeune femme) avait péché par piété filiale: son amour pour son père, l'imprudence de son âge l'avaient poussée à consulter les devins, mais uniquement pour savoir si sa maison échapperait au péril, si Néron serait pitoyable, si l'instruction confiée au Sénat n'aurait pas d'affreuses conséquences. Servilia fut appelée à comparaître, et l'on vit debout devant le tribunal des consuls, d'un côté un père chargé d'ans, en face de lui sa fille, qui n'avait pas encore accompli sa vingtième année et que l'exil tout récent de son mari Annius Pollio (➤P 226) avait condamnée au veuvage et à la solitude, n'osant pas même regarder son père dont il semblait qu'elle eût aggravé les périls» (XVI 30).

Selon une scholie ancienne sur Juvénal, *Satire* VI 552 («il fera ce que, le cas échéant, il pourra lui-même dénoncer!» (trad. De Labriolle et Villeneuve), c'est Celer qui aurait poussé Servilia vers la magie. *Cf. Scholia in Iuvenalem vetustiora collegit recensuit illustravit P. Wessner*, coll. *BT*, Leipzig 1931, p. 109, 4-11: "(Faciet quod) deferat ipse": *Egnatium philosophum significat, qui filiam Bareae Sorani, quam cum ipse ad magicam discendam esset hortatus, detulit Neroni. ob quam rem mori cum patre iussa est a Nerone. Egnatium autem hic poeta ob delationem hanc ipsam saepe lacerat, ut superius* [III 116] *dixit "Stoicus occidit Baream, delator amicum discipulumque senex".* «(Juvénal) fait référence au philosophe Egnatius qui dénonça à Néron la fille de Barea Soranus, qu'il avait lui-même exhortée à l'apprentissage de la magie. Pour cette raison elle reçut de Néron l'ordre de se donner la mort avec son père. Mais le poète déchire à plusieurs reprises Egnatius à cause de cette délation, comme lorsqu'il a dit plus haut (III 116): "Un stoïcien met à mort Barea, un délateur (dénonçant) son ami et un vieillard son disciple"». En réalité, le texte de Juvénal ne suggère aucunement cet arrière-plan historique et on peut se demander si ce n'est pas l'association des idées de magie et de dénonciation qui a amené le scholiaste à établir un rapprochement avec la *Satire* III 116 où l'on interprétait la dénonciation de Barea par un ami et un maître à partir des informations fournies par les *Annales* de Tacite. C'est l'interprétation de la scholie que donne Ute Tischer, *Die zeitgeschichtliche Anspielung in der antiken Literaturerklärung*, coll. «Leipziger Studien zur klassischen Philologie» 3, Tübingen 2006, p. 180-181, qui fait remarquer que chez Tacite Egnatius Celer est un accusateur, mais non pas un délateur comme le supposent Juvénal et le scholiaste (sur III 115 et sur VI 552).

Tacite résume ensuite le plaidoyer de Servilia (XVI 31), puis l'intervention de Soranus pour la disculper. Puis viennent les témoignages. Le philosophe qui avait été son maître et son client Publius Egnatius Celer, «qui portait le masque imposant de la secte stoïcienne» *(auctoritatem Stoicae sectae praeferebat)*, déposa contre Soranus un faux témoignage et fut rétribué pour cela (XVI 32). Tacite, *Hist.* IV 10, précise encore: «Celer qui lui avait donné des leçons de philosophie *(professus sapientiam)* s'était fait témoin à charge contre Barea, trahissant et violant l'amitié qu'il prétendait enseigner» (trad. H. Goelzer). Voir également Juvénal III 116-118:

> Stoicus occidit Baream delator amicum
> discipulumque senex, ripa nutritus in illa
> ad quam Gorgonei delapsa est pinna caballi.

«C'est un stoïcien qui, par ses délations, tua Barea, son ami, et, vieillard, sacrifia son disciple: il avait été élevé sur ces rives où tomba une plume du cheval né de la Gorgone» (trad. F. Villeneuve).

Le scholiaste commente (p. 37, 6-9 Wessner): "Stoicus occidit (Baream delator amicum discipulumque senex)": *Detulit Stoicus imperatori discipulum suum Baream dicens, quasi in eius perniciem coniurasset. Hoc temporibus Neronis factum est.* «Un stoïcien dénonça à l'empereur son disciple Barea, disant qu'il avait comploté comme s'il voulait sa perte. Cela arriva du temps de Néron».

Barea apparaît encore dans une autre scholie ancienne sur Juvénal, *Sat.* I 33, comme l'une des identifications possibles de la délation d'un ami évoquée anonymement par le poète. *Cf.* p. 5, 4-11 Wessner: *Alii philosophum Traiani [sic] dicunt, qui Bareám senatorem detulit et damnavit.* Il est improbable toutefois que le délateur visé, qui apparemment sévissait encore à l'époque de la rédaction de la *Satire* I, soit P. Egnatius Celer, puisque ce dernier avait déjà été accusé et condamné à l'époque. Le scholiaste a sans doute rappelé à propos de ces vers l'information qu'il avait déjà utilisée pour III 116-118 (et VI 552) en ajoutant une erreur de datation du délateur (qu'il situe sous Trajan). Voir la notice sur L. Iunius Silanus (⟶S 77).

Une autre scholie sur I 33 (3), p. 6, 3-7 Wessner, emprunte son information à l'*Histoire* de Tacite (IV 10 et IV 40, 3): "Damnatus inani (Magni delator amici)". *Soranum Baream Celer philosophus, magister ipsius, apud Neronem scelere delationis occidit et ipse postea sub Vespasiano hoc ipsum Musonio Rufo accusante damnatus est.* «Le philosophe Celer fit mourir Barea Soranus dont il était le maître par un crime de délation auprès de Néron et lui-même par la suite, sous Vespasien, fut condamné à la même peine par suite de l'accusation de Musonius Rufus». Mais la pertinence du rapprochement est invalidée par le fait que les personnes qui sont dites craindre le délateur anonyme chez Juvénal (Massa et Carus) vivaient sous Domitien (81-96), alors qu'Egnatius Celer fut condamné à mort sous Vespasien (69-79).

En revanche, son ami Cassius Asclepiodotus de Nicée témoigna courageusement en faveur de Barea Soranus et fut exilé (*Ann.* XVI 33) avant d'être autorisé à revenir à Rome sous Galba.

Les trois condamnés, Thraséa, Soranus et Servilia purent choisir leur mort (*Ann.* XVI 33), mais la fin de la partie conservée des *Annales* n'en a pas gardé le récit. D'après Dion Cassius (LXII 26) Soranus serait mort en 65.

Par la suite, en 69, sous Vespasien, Celer fut attaqué par Musonius Rufus (⟶M 198) et, malgré la défense du philosophe cynique Démétrius (⟶D 43), il fut condamné à mort (Tac., *Histoires* IV 10 et 40). Voir M. Ducos, notice «Celer (P. Egnatius –)», C 64, *DPhA* II, 1994, p. 252.

Sur fille Servilia, la fille de Soranus, voir *Cf.* **2** A. Stein, art. «Servilia» 105, *RE* II A 2, 1923, col. 1822.

RICHARD GOULET.

113 SOSIADÈS   F IV^a?

C'est à un certain Sosiadès qu'est attribué le recueil des «Préceptes des Sept Sages» reproduit par Stobée III 1, 173. Les 147 maximes qu'il contient sont censées avoir été copiées au sanctuaire de Delphes. La constitution de recueils gnomologiques de ce genre s'inscrit dans un courant littéraire illustré aussi par Dèmètrios de Phalère (⟶D 54) et caractéristique de la fin du IVe siècle: voir A. Busine, *Les Sept Sages de la Grèce antique*, Paris 2002. Ce mouvement est clairement d'inspiration péripatéticienne (voir aussi la notice «Cléarque de Soles», C 141); c'est donc probablement parmi les membres du Lycée qu'il faut ranger Sosiadès. L'épigraphie montre que d'autres recueils, dès cette époque, étaient en circulation: à Miletoupolis, dans la région de Cyzique, une collection analogue était gravée, en deux colonnes, sur une haute stèle de marbre (*Syll.*³ 1268, avec un riche commentaire de Diels sur les autres sources qui transmettent ces maximes; *IK* 26, 2); parmi les 56 maximes conservées, on en trouve 27 identiques à des maximes du recueil de Sosiadès, 17 qui présentent quelques variantes formelles avec celles correspondantes chez Sosiadès et 12 maximes nouvelles.

BERNADETTE PUECH.

114 SOSIAS V-III ?

Personnage qui figure dans deux listes d'athées transmises par Élien, *V. H.* II 31 et Eustathe, *Comment. ad Hom. Odyss.* γ 381 (I 134 Stallbaum) (= Diagoras T 60-61 Winiarczyk). La présence dans ces listes de Diagoras (➣D 91), d'Évhémère (➣E 187), de Diogène (➣D 147), d'Hippon (➣H 157) et d'Épicure (➣E 36) incite à le placer dans la période qui va du Ve siècle au IIIe siècle.

PATRICK ROBIANO.

115 SOSIBIOS DE THESSALONIQUE (Père) II-III

Philosophe macédonien, père du philosophe homonyme (➣S 116).

BERNADETTE PUECH.

116 SOSIBIOS DE THESSALONIQUE (Fils) DM III

C'est un peu avant le milieu du IIIe siècle que le philosophe Sosibios, fils d'un philosophe homonyme (➣S 115), éleva à Thessalonique la statue du procurateur Septimius Aurelius Paulinus : *IG* X 2, 145.

BERNADETTE PUECH.

117 SOSICRATE

Dans une anecdote transmise par Proclus (*in Tim.*, t. II, p. 300, 24-32 et 301, 4-5 Diehl) et peut-être tirée du *Commentaire* de Porphyre *sur le Timée* (fr. 74 Sodano), Porphyre (➣P 263) résout une aporie apparemment insurmontable examinée par Amélius (➣A 136) dans son interprétation du *Timée* (37 a 6), en lisant λέγει (texte transmis par la tradition manuscrite du dialogue) et non λήγει. Porphyre expliquait ensuite qu'il avait découvert, après la mort d'Amélius, qu'un certain Sosicrate déjà connaissait la leçon fautive qui avait causé l'embarras d'Amélius. Voir la traduction de Festugière, t. III, p. 344-345. Sosicrate était apparemment un commentateur de Platon par ailleurs inconnu. Il est absent de la *RE*.

RICHARD GOULET.

118 SOSICRATE D'ALEXANDRIE *RE* 4 F II^a

Académicien, figurant dans une liste de disciples de Carnéade (➣C 42), dans l'*Academicorum historia* de Philodème, col. 24, 8, p. 161 Dorandi (= Carnéade T 3 b 10 Mette).

RICHARD GOULET.

119 SOSICRATE DE RHODES *RE* 3 DM II^a

Les dix-sept fragments de ses *Successions des philosophes* (Διαδοχαὶ τῶν φιλοσόφων), transmis par Diogène Laërce (➣D 150) et Athénée (➣A 482), ont été réunis, traduits et commentés par **1** Rosa Giannattasio Andria, *I frammenti delle "Successioni dei filosofi"*, coll. Università degli Studi di Salerno – Quaderni del Dipartimento di scienze dell'antichità» 5, Napoli 1989, p. 73-114. Le titre complet n'est donné qu'une fois par Athénée, *Deipnosophistes* IV, 163 f-164 a (fr. 16), Diogène Laërce ne citant que les *Successions*. L'ouvrage comprenait au moins trois livres (fr. 15-16). L'origine rhodienne n'est attestée que par Diogène Laërce II 84 (fr. 10). Sosicrate citait Hermippe (➡H 86), lequel mentionnait la mort de Chrysippe [➡C 121] (entre 208/7 et 205/4). Il avait les mêmes positions que Panétius [➡P 26] (180-110 environ) sur des problèmes d'attribution d'ouvrages philosophiques (fr. 12), ce qui n'implique pas qu'il ait été plus récent que le stoïcien. On l'identifie généralement à un historien auteur de *Cretica* qui aurait été apprécié, selon Strabon (X 4, 3), par Apollodore d'Athènes [➡A 244] (voir *FGrHist* 461). R. Giannattasio Andria situe en conséquence son activité dans la première moitié du IIe siècle av. J.-C. On a pensé que les informations chrono-graphiques transmises par plusieurs fragments de Sosicrate étaient empruntées à Apollodore. R. Giannattasio Andria croit pour sa part que Sosicrate était plus ancien qu'Apollodore (**1**, p. 76-78).

Cf. **2** R. Laqueur, art. « Sosikrates » 3, *RE* III A 1, 1927, col. 1160-1165.

Le nom apparaît dans une inscription de Rhodes datable de 99^a comme étant celui du père d'un prêtre nommé Teisylos. Voir **3** Chr. Blinkenberg, *Die Lindische Tempelchronik*, coll. « Kleine Texte für Vorlesungen und Übungen » 131, Bonn 1915, « Volksbeschluß über die Herstellung der Inschrift », A 1 (p. 4) = ILindos II 2 (voir aussi *SEG* 39, 727) : Ἐπ' ἱερέως Θεισύλ[ου τοῦ Σωσικράτευς]. La reconstitution est fondée sur une autre inscription : ILindos II 1, fr. H, col. II, 1, li. 2-3 : κ[αθ' ὑ]οθεσίαν δὲ Ἀγορακλεῦς | Τεισύλος Σωσικράτευς. Le père de Teisylos pourrait avoir vécu au milieu du IIe s. av. J.-C. Voir pour une époque un peu plus ancienne (*ca* 149^a) ILindos II 223, col. I, li. 5 : Τεισύλος Σωσικράτευς (voir *SEG* 46, 992). Les deux noms sont encore associés dans une inscription de 43^a : ILindos II 346, li. 26-27 : ἱερεὺς τῶν ἄλλων ἡρώων· | Σωσικράτης Τισύλου | ἀρχιεροθύτας. Mais le nom de Sosicratos est par ailleurs tellement bien attesté à Rhodes que l'identification proposée est tout à fait gratuite.

Chez Giannattasio Andria **1**, p. 74 n. 10, le renvoi à la « p. 317 ss. » ne concerne pas Blinken-berg **3** qu'elle cite, mais un article de cet épigraphiste paru dans *Oversigt over det kgl. Danske Videnkabernes Selskabs Forhandlingar* (Copenhague), 1912, signalé par Laqueur **2**, col. 1165.

RICHARD GOULET.

120 SOSIGÉNÈS F III^a

Dédicataire d'un traité de Chrysippe de Soles (➡C 121) signalé dans la liste des ouvrages du philosophe conservée par Diogène Laërce (VII 192) : Περὶ λέξεων πρὸς Σωσιγένην καὶ Ἀλέξανδρον ε', *Au sujet des mots à Sosigène et Alexandre* (➡A 106), *en cinq livres* (traduction empruntée à la liste des œuvres de Chrysippe commentée par P. Hadot, *DPhA* II, 1994, p. 354).

C'était probablement un disciple de Chrysippe ou bien son collègue dans l'école stoïcienne.

Absent de la *RE*.

RICHARD GOULET.

121 SOSIGÉNÈS *RE* 5   M II[a]

Stoïcien, disciple d'Antipatros de Tarse (➣A 205).

D'après Alexandre d'Aphrodise, *De mixtione* 216, 12 (= *SVF* III, p. 258), Σωσιγένης ἑταῖρος Ἀντιπάτρου, adopte sur la théorie du mélange des vues aristotéliciennes qui n'étaient pas en parfaite harmonie avec le point de vue stoïcien. Voir le commentaire de R. B. Todd, *Alexander of Aphrodisias on Stoic Physics. A Study of the* De mixtione *with preliminary essays, text, translation and commentary*, coll. «Philosophia antiqua» 28, Leiden 1976, p. 188, qui semble méconnaître deux autres témoignages sur ce philosophe.

Sosigénès apparaît en effet dans une section de l'*Ind. Stoic. Herc.*, col. 54, 1 (p. 104 Dorandi) consacrée aux disciples d'Antipatros de Tarse : –σιγένη[ς]. Il faisait également l'objet d'une section du livre VII (dont la fin est aujourd'hui perdue) de Diogène Laërce. Il est en effet cité après Antipatros et Héraclide (de Tarse) [➣H 59], avant Panétius (➣P 26), dans le *Pinax* qui est conservé dans le *Parisinus graecus* 1759 (*cf.* éd. Dorandi, *Index locupletior*, p. 66, li. 26).

Ces deux témoignages ont maintenant été repérés dans *Alexandre d'Aphrodise, Sur la mixtion et la croissance (De mixtione)*. Texte établi, traduit et commenté par Jocelyn Groissard, *CUF*, Paris 2013, commentaire sur chap. III, 6, 6-7, p. 58-60.

Ce Sosigénès est apparemment trop récent pour être le dédicataire de Chrysippe (➣S 120) et trop ancien pour avoir été l'astronome de César [➣S 122] (*RE* 6), maître d'œuvre de la réforme du calendrier (en 46[a]).

RICHARD GOULET.

122 SOSIGÉNÈS *RE* 6   M I[a]

Astronome, qui conseilla Jules César dans sa réforme du calendrier romain. Selon Plutarque, *César* 59, 3 : César aurait soumis le problème du décalage entre les mois du calendrier et le retour périodique des astres «aux plus savants des philosophes et des mathématiciens de l'époque» (trad. Flacelière-Chambry). Seul ce témoignage invite à le rattacher à la tradition philosophique.

Selon Pline l'Ancien, *N. H.* II 6, 39, Sosigénès avait constaté, comme Cidenas, qu'à la différence des autres planètes Mercure et Vénus ne s'éloignaient jamais du soleil de plus de 22 degrés.

Dans un autre passage (*N. H.* XVIII 57, 211-212) Pline rapporte que c'est «le dictateur César, qui ramena la durée de l'année à celle de la révolution solaire, avec l'aide de Sosigène, habile astronome; par la suite ce calcul lui-même, où l'on découvrit une erreur, fut corrigé en supprimant pendant douze ans de suite les jours intercalaires, parce que l'année s'était mise à retarder sur les constellations, alors qu'auparavant elle était en avance sur elles. Sosigène lui-même, dans ses trois traités, quoiqu'il fût plus exact que les autres auteurs, n'a pourtant pas cessé de témoigner de ses doutes en se corrigeant lui-même» (trad. Le Bonniec et Le Bœuffle).

Cf. [A. Rehm,] art. « Sosigenes » 6, *RE* III A 1, 1927, col. 1153-1157 ;
W. Hübner, art. « Sosigenes » 3, *NP* XI, 2001 ; D. Dialetis, art. « Sosigenes of
Alexandria », *BEA*, t. II, p. 1074, qui rapporte au conseiller de César des passages
qui concernent plutôt le maître d'Alexandre d'Aphrodise (☞S 123). Voir la
distinction établie par Th. H. Martin, « Questions connexes sur deux Sosigène, l'un
astronome et l'autre péripatéticien, et sur deux péripatéticiens Alexandre, l'un
d'Égée et l'autre d'Aphrodisias », *AFLBordeaux* I, 1879, p. 174-187.

RICHARD GOULET.

123 SOSIGÉNÈS *RE* 7   M II

Péripatéticien, commentateur d'Aristote, maître d'Alexandre d'Aphrodise. On
ignore si c'est à Athènes, où lui-même fut scholarque, qu'Alexandre suivit son
enseignement.

Il est désigné explicitement comme péripatéticien par Dexippe (*in Categ.*, p. 7, 4 Busse [*CAG*
IV 2] : Σωσιγένης ὁ Περιπατητικός) et Proclus (*Hypoth. astron.*, 4, 98 : Σωσιγένης ὁ Περιπατητικός). Alexandre le présente comme son maître (*in Meteor.* p. 143, 12-13 Hayduck [*CAG*
III 2] : ὁ διδάσκαλος ἡμῶν Σωσιγένης). Voir également Ps.-Ammonius, *in Anal. pr.*, p. 39, 24-
25 Wallies (*CAG* IV 6) : Σωσιγένης δὲ ὁ τοῦ Ἀλεξάνδρου διδάσκαλος ; Thémistius, *Paraphrase
du De anima*, p. 61, 23 Heinze [*CAG* V 3] : Σωσιγένης ὁ Ἀλεξάνδρου διδάσκαλος.

Michel d'Éphèse (☞M 163 dans les compléments du tome VII), à qui l'on attribue le
commentaire des livres E-N de la *Métaphysique* transmis sous le nom d'Alexandre d'Aphrodise,
rapproche les noms d'Alexandre et de Sosigénès pour illustrer un paralogisme décrit par Aristote
(en 1064 b 23). Voir Ps.-Alex. Aphrod., *in Metaph.*, p. 663, 1-4 Hayduck (*CAG* I). Pour illustrer
la nécessité de progresser du moins connaissable (en soi) au plus connaissable, le même commentateur reprend les mêmes noms : ὁ γὰρ Σωσιγένης ἐκ τῶν Ἀλεξάνδρῳ γνωρίμων ἐποίησεν
αὐτῷ γνώριμα τὰ τῇ φύσει γνώριμα (Ps.-Alex. Aphrod., *in Metaph.*, p. 446, 17-18 Hayduck
[*CAG* I]).

Œuvres attestées

Les fragments de Sosigénès, qui traitent de problèmes logiques, optiques et
astronomiques, n'ont jamais été rassemblés.

(1) Περὶ ὄψεως, *Sur la vision*, en au moins huit livres (Alex. Aphrod., *in
Meteor.* p. 143, 12-13 Hayduck [*CAG* III 2] : ἐν τῷ ὀγδόῳ Περὶ ὄψεως ; Thémistius, *Paraphrase du De anima*, livre II, p. 61, 23 Heinze [*CAG* V 3] : ἐν τῷ
τρίτῳ Περὶ ὄψεως). Le passage conservé par Alexandre concerne le halo et semble
illustrer la nécessité de tenir compte des enseignements de l'optique (*Meteor.*, III
2, 372 a 29). Le second passage concerne *De anima*, II 7, 419 a 6-7, à propos des
objets phosphorescents visibles dans l'obscurité. Selon Sosigénès ces objets parti-
ciperaient à la nature du cinquième élément et du feu qui peuvent illuminer le
diaphane sans pour autant avoir la capacité d'éclairer les autres corps voisins. Voir
P. Moraux, *Der Aristotelismus*, t. II, p. 355-360.

(2) Περὶ τῶν ἀνελιττουσῶν <σφαιρῶν>, *Sur les sphères immobiles*, en plusieurs livres (Proclus, *Hypot. astron.*, 4, 98 : Σωσιγένης ὁ Περιπατητικὸς ἐν τοῖς
περὶ τῶν ἀνελιττουσῶν <σφαιρῶν>). Un fragment concernant le nombre des
sphères (*cf. Métaph.* Λ 8) se trouve dans Ps.-Alex. Aphrod., *in Metaph.*, p. 706, 13-

15 Hayduck (*CAG* I): ἢ ὥς φησιν ὁ Σωσιγένης ἐπιστήσας, βέλτιον εἶναί φησι λέγειν τοῦ ἀριθμοῦ παρόραμα νομίζειν τοῖς γράφουσι γεγονέναι, ἢ τὰς αὐτὰς ἑβδόμας καὶ ὀγδόας σφαίρας ποιεῖν.

C'est peut-être dans cette étude qui étudiait les périodes de révolution des huit planètes que Sosigénès proposait ses calculs pour la durée de la Grande Année. Ils sont rapportés par Proclus, *in Remp.*, t. II, p. 23, 23 - 24, 5 Kroll.

Les auteurs tardifs connaissaient peut-être cet ouvrage à travers le commentaire perdu d'Alexandre sur le *De caelo*. Grâce à Simplicius, *in De caelo*, p. 488, 19-21 Heiberg (*CAG* VII), on sait que Sosigénès rapportait des informations sur Eudoxe de Cnide (⇒E 98) et Polémarque de Cyzique (⇒P 214) qu'il tirait du deuxième livre de l'*Histoire de l'astronomie* d'Eudème de Rhodes (⇒E 93). Voir R. Goulet, notice « Polémarque de Cyzique », P 214, *DPhA* Vb, 2012, p. 1188-1189.

Simplicius, dans son *Commentaire sur le De caelo*, cite Sosigénès à plusieurs reprises à propos du mouvement des planètes et de la théorie des sphères : 488, 20.22 ; 498, 3 : 499, 16 *sq. ;* 501, 20.22.26 ; 503, 29.35 ; 504, 4.17 ; 509 ; 26 : 510, 24. Voir A. C. Bowen, *Simplicius on the planets and their motions. In defense of a heresy*, coll. « Philosophia Antiqua » 133, Leiden 2013, principalement p. 81-83, 86-87, avec une traduction anglaise annotée de nombreux textes dont certains concernent Sosigénès. Voir également la traduction de Ian Müller, *Simplicius, On Aristotle's "On the Heavens 2.10-14*, coll. *ACA*, Ithaca, N. Y., p. 37-44.

A cause de diverses observations, notamment le fait de l'existence d'éclipses solaires totales ou annulaires et la différence dans la dimension apparente de certaines planètes, Sosigénès contestait la théorie aristotélicienne des sphères homocentriques.

(3) Un commentaire sur les *Catégories* d'Aristote. C'est dans un tel commentaire que Sosigénès se prononçait sur la signification des λεγόμενα dont parle Aristote dans ses *Catégories* (voir Dexippe, *in Categ.*, p. 7, 4-8 Busse [*CAG* IV 2]). Sosigénès envisageait, semble-t-il, toutes les interprétations possibles en laissant la question ouverte. Dans son commentaire perdu qui est la source de Dexippe, Jamblique devait citer ce commentaire en parallèle avec celui d'Alexandre, disciple de Sosigénès. Sur ce passage, voir les remarques de Concetta Luna dans *Simplicius, Commentaire sur les* Catégories *d'Aristote. Chapitres 2-4*. Traduction par Ph. Hoffmann avec la collaboration de I. Hadot et p. Hadot. Commentaire par C. Luna, coll. « Anagôgê », Paris 2001, p. 82-84. Pour une traduction anglaise du passage où Dexippe discute plusieurs affirmations de Sosigénès, voir J. Dillon (édit.), *Dexippus, On Aristotle's "Categories"*, coll. *ACA*, Ithaca, N. Y. 1990, p. 25-28. Le peu que nous savons de l'ouvrage de Sosigénès ne permet pas d'établir sous quelle forme se présentait ce commentaire. Au début de son propre commentaire Simplicius ne mentionne pas Sosigénès parmi les commentateurs plus anciens, mais il en cite plus loin d'autres qu'il n'a pas non plus répertoriés. Voir R. Goulet, notice « Simplicius », S 92, dans le présent tome, p. 354-355.

C'est à tort que Th. H. Martin, « Questions connexes sur deux Sosigène, l'un astronome et l'autre péripatéticien... », *AFLBordeaux* I, 1879, p. 177 et n. 8, prétend que Porphyre présentait

Sosigène comme un commentateur des *Catégories* dans son propre commentaire par questions et réponses. Voir la traduction commentée de ce texte par R. Bodéüs, *Porphyre, Commentaire aux Catégories d'Aristote*, coll. « Bibliothèque des textes philosophiques », Paris 2008.

(4) Un commentaire sur les *Premiers analytiques* d'Aristote (*cf.* Ps.-Ammonius, *in Anal. pr.* p. 39, 24-25 Wallies [*CAG* IV 6]; Jean Philopon, *in Anal pr.*, p. 126, 20-22 Wallies [*CAG* XIII 2)].

Cf. A. Rehm, art. « Sosigenes » 7, *RE* III A 1, 1927, col. 1157-1159.

RICHARD GOULET.

SOSIPATER → CHARISIUS (FLAVIUS SOSIPATER –)

124 SOSIPATRA D'ÉPHÈSE *RE* 2   **M IV**

Cette femme philosophe platonicienne n'est connue que par les *Vies de philosophes et de sophistes* d'Eunape de Sardes (➤E 121). Elle fut l'épouse du philosophe Eustathe de Cappadoce (➤E 161), disciple de Jamblique (➤I 3) et condisciple d'Aidésius de Cappadoce (➤A 56), auquel il était apparenté (Eunape VI 37 Goulet). Originaire de la région d'Éphèse sur le Kaystros (VI 54), elle enseigna à Pergame avec Aidésius (VI 80-81).

Le nom de Sosipatra est largement attesté, y compris à Éphèse et à Pergame.

Dans un long excursus à la fin de la *Vie d'Aidésius* (VI 53-75), Eunape raconte d'abord l'enfance de Sosipatra et sa formation, à partir de l'âge de cinq ans, par deux vieillards chaldéens qui la prirent en charge pendant cinq ans sur un vaste domaine appartenant au père de l'enfant, après avoir exigé que ce dernier ne mette pas le pied sur le domaine avant le terme de cette initiation, présentée aussi comme une « divinisation ». Au terme de cette période, les deux vieillards disparurent et par la suite la jeune Sosipatra n'eut pas d'autre maître, ce qui ne l'empêcha pas de connaître par cœur les livres des poètes, des philosophes et des sophistes. Ce récit imprégné de traits légendaires est ensuite suivi par le récit du mariage d'Eustathe et de Sosipatra qui apprit à son époux qu'ils auraient trois enfants et que lui-même allait mourir au bout de cinq ans pour se retrouver dans un lieu « sous la lune » (VI 76-79).

Après le « départ » d'Eustathe, Sosipatra s'installa à Pergame près de l'école d'Aidésius et dispensa un enseignement inspiré dans sa propre maison (V 80-81). Eunape raconte ensuite comment un certain Philométôr (➤P 148), cousin de Sosipatra, s'éprit de la philosophe et chercha à la conquérir par l'usage de philtres magiques qu'un disciple d'Aidésius, Maxime d'Éphèse (➤M 63), réussit à contrer (V 82-89). On retrouve ce Philométôr dans la section suivante où, pendant une leçon sur le problème de l'âme, alors qu'elle traite de la descente de l'âme, expliquant quelle partie est châtiée et quelle partie est immortelle, Sosipatra raconte les circonstances d'un accident de char en train de survenir à Philométôr alors à la campagne (V 90-93).

1 E. Watts, « Orality and communal identity in Eunapius' "Lives of the sophists and philosophers" », *Byzantion* 75, 2005, p. 339, inclut Chrysanthe parmi les disciples de Sosipatra. « Sosi-

patra is included [dans les *Vies*] then because she forms an integral part of Eunapius' own intellectual genealogy as a teacher of his teacher». Eunape ne dit rien de tel.

Sosipatra laissa à sa mort, comme elle l'avait prédit lors de son mariage, trois enfants, dont un seul semble avoir fait honneur à la réputation de philosophes de ses illustres parents, Antonin, qui se retira dans un temple à Canope sur le Nil. et prédit la destruction par les chrétiens du Sérapéion et des temples de Canope (V 94-118).

Sur les problèmes chronologiques que posent les informations d'Eunape concernant cette prophétie, voir **2** R. Goulet, notice «Eustathe de Cappadoce», E 161, *DPhA* III, 2000, p. 369-378, notamment p. 370-371, qu'il faut compléter par les remarques qui suivent.

Le témoignage d'Eunape soulève un problème chronologique peut-être insoluble. (1) Antonin, le fils d'Eustathe et de Sosipatra, aurait prédit à Canope la destruction du Sérapéion et il serait mort, *à un âge avancé*, avant la réalisation de cette prophétie en 391 (VI 96, 116 et 118). Il faut donc situer la naissance d'Antonin et le mariage de ses parents assez tôt dans la première moitié du IVe siècle. **3** Seeck, *Die Briefe des Libanius*, p. 78 (Antoninus IV) et 147, suppose qu'il est né au plus tard en 320, ce qui lui donnerait 70 ans en 390. (2) Après le «départ» d'Eustathe (μετὰ τὴν ἀποχώρησιν Εὐσταθίου), Sosipatra se retira à Pergame en Asie et elle enseigna près de chez Aidésius (VI 80-81), qui se chargea de la formation des trois enfants du couple (VI 76 et 94). (3) Comme, selon Eunape, Aidésius était déjà mort lorsque Constance fit proclamer Julien César en 355 (VII 33), c'est avant cette date qu'il a pu prendre en charge les enfants d'Eustathe et de Sosipatra, ce qui implique qu'Eustathe était «parti» plusieurs années auparavant. (4) Au moment de leur mariage, Sosipatra aurait prédit à Eustathe qu'ils auraient trois fils et que lui-même ne vivrait plus que *cinq ans* (VI 76-77). Le texte n'est cependant pas très sûr. Il faudrait en principe situer le mariage jusqu'à cinq ans avant la naissance d'Antonin. (5) Or, des témoignages d'Ammien, de Basile, de Libanius et de Julien attestent qu'Eustathe était encore en activité en 355 et 358, qu'il vivait encore lorsque Julien l'appela à la cour à Constantinople (sans doute en 362 : Julien, *Lettre* 34, *à Eustathe, philosophe*).

Le mariage de Sosipatra et d'Eustathe doit donc se situer cinq ans avant la mort d'Eustathe. Après le «départ» d'Eustathe, Sosipatra s'installe à Pergame près d'Aidésius. Celui-ci est mort avant 355. Eustathe serait donc mort au plus tard vers 350 et Antonin né au plus tôt en 345. Il avait donc au maximum 45 ans en 390. Plus grave : cette chronologie contredit les autres témoignages historiques qui évoquent des voyages d'Eustathe en 355 (Basile), une ambassade en 358 (Ammien), une visite à Julien en 362... Si, à l'inverse, on suppose qu'Eustathe est mort après 362 (Julien), il n'a pu épouser Sosipatra que cinq ans auparavant : en conséquence Sosipatra n'a pas pu enseigner en même temps qu'Aidésius à Pergame et Antonin n'a pu naître qu'après. Il n'avait donc qu'une trentaine d'années au maximum en 390 et n'avait pas atteint un âge avancé à sa mort. Si d'autre part Eustathe était un condisciple d'Aidésius chez Jamblique, il devait avoir une vingtaine d'années au moins à la mort de Jamblique, que l'on situe vers 320, et un mariage vers le milieu du siècle paraît alors peu vraisemblable.

Si l'on veut redonner une certaine cohérence à cette chronologie, le plus simple est de rejeter le témoignage d'Eunape sur la prédiction de Sosipatra et le lien qu'il établit entre l'installation de Sosipatra à Pergame auprès d'Aidésius et la mort (si tel est le sens d'ἀποχώρησις) d'Eustathe. Le mariage d'Eustathe et de Sosipatra, tout comme la naissance d'Antonin, pourraient être situés plus tôt dans la première moitié du IVe siècle, et la mort d'Eustathe quelque temps après la mort de Julien. L'épisode de la prophétie serait un apport romanesque tiré peut-être d'un tout autre contexte. Mais si la mort d'Eustathe n'est pas intervenue avant 362, on ne voit pas pourquoi Eunape dirait qu'Aidésius, mort avant 355, assura la formation des enfants de Sosipatra et d'Eustathe après la mort d'Eustathe.

Une autre solution serait d'isoler chez Eunape tout un ensemble narratif qui semble relever de la légende davantage que de l'histoire. Certes Eunape était informé par son maître Chrysanthe sur l'école d'Aidésius. Mais tout ce qui est dit de l'enfance de Sosipatra, de sa prédiction de la mort de son conjoint, de son enseignement dispensé à Pergame à Maxime et à Philométôr, des pratiques magiques de Philométôr pour l'amener à répondre à ses sentiments amoureux et des pratiques contraires de Maxime pour dénouer ces liens, des dons de clairvoyance attestés lors de l'accident de Philométôr, tout cela ne peut que difficilement avoir été transmis par des sources incontestables. Or, toute une série d'événements où intervient Eustathe sont intimement liés à cette trame légendaire. On peut y ajouter le choix d'Aidésius pour une vie solitaire à la suite d'un oracle obtenu durant son sommeil et sa décision finale de venir répondre à l'attente des étudiants à Pergame. Face aux nombreux éléments historiquement invraisemblables de tout ce récit, les témoignages de Libanius, Basile de Césarée, Ammien Marcellin et de la correspondance de Julien fournissent une base autrement plus solide pour établir la chronologie d'Eustathe dans les dernières années de sa vie.

On peut donc imaginer que le récit d'Eunape dans son ensemble fait l'amalgame entre deux traditions d'inégale valeur : un récit fortement marqué par la légende de la geste de Sosipatra et de son époux (qui pouvait ou non se nommer Eustathe) et une information transmise par Chrysanthe sur l'école d'Aidésius et le rôle qu'y joua le philosophe Eustathe.

Cf. **4** K. Latte, « Eine Doppelfassung in den Sophistenbiographien des Eunapius », *Hermes* 58, 1923, p. 441-447 ; **5** R. Pack, « A Romantic narrative in Eunapius », *TAPA* 83, 1952, p. 198-204 ; **6** R. J. Penella, *Greek philosophers and sophists in the Fourth Century A. D. Studies in Eunapius of Sardis*, coll. « ARCA. Classical and Medieval Texts, papers and monographs » 28, Leeds 1990, p. 19-21, 58-61 ; **7** P. Rousseau, « 'Learned women' and the development of a Christian culture in late antiquity », *SO* 70, 1995, p. 116-147 (sur Sosipatra, p. 118-120) ; **8** A. M. Milazzo, « Fra racconto erotico e fictio retorica : la storia di Sosipatra in Eunapio (VS 6, 9-17 Giangr.) », *Cassiodorus* 3, 1997, p. 215-226 ; **9** Silvia Lanzi, « Sosipatra, la teurga : una "holy woman" iniziata ai misteri caldaici », *SMSR* 28, 2004, p. 275-294 ; **10** H. Harich-Schwarzbauer, « Das Seelengefährt in der Lehre der Theurgin Sosipatra. Eunapius VPS 466, 5, 1-471, 9, 17 », dans *Religion : Lehre und Praxis*, Akten des Kolloquiums Basel, 22. Oktober 2004, coll. « Archaiognosia Suppl. » 8, Athènes 2009, p. 61-71 ; **11** U. Hartmann, « Spätantike Philosophinnen », dans C. Ulf et R. Rollinger (édit.), *Frauen und Geschlechter. Frauen in den Philosophenviten von Porphyrios bis Damaskios*, unter Mitarb. von Kordula Schnegg, Köln/Wien 2006, t. II, p. 43-79 ; **12** I. Tanaseanu-Döbler, « Sosipatra. Role models for "divine" women in Late Antiquity », dans M. Dzielska et K. Twardowska (édit.), *Divine Men and Women In the History and Society of Late Hellenism*, coll. « Byzantina et Slavica Cracoviensia » 7, Kraców, Jagiellonian University Press, 2013, p. 123-148 *(non uidi)*.

RICHARD GOULET.

125 SÔSISTRATOS DE LOCRES (ÉPIZÉPHYRIENS) *RE* 7   V-IV[a]

Pythagoricien ancien dont le nom figure dans le catalogue de Jamblique (*V. pyth.* 36, 267, p. 145, 8 Deubner = **1** DK 58 A, t. I, p. 447, 5), qui semble remonter en grande partie à Aristoxène de Tarente (➳A 417). Son nom est répertorié dans **2** W. Pape et G. Benseler, *Wörterbuch der griechischen Eigennamen,*

t. II, p. 1475 (n° 5), ainsi que dans le **3** *LGPN*, t. III A, p. 415, où Fraser et Matthews proposent une datation aux VIe-Ve siècle et signalent de très nombreuses autres attestations de ce nom pour l'Italie du Sud et la Sicile. *Cf.* aussi **4** Fr. Bechtel, *Die historischen Personennamen*, p. 410 et 416 ; **5** Helen Ann Brown, *Philosophorum Pythagoreorum collectionis specimen*, p. VII..

Ce personnage originaire de l'Italie du Sud n'est qu'un simple nom pour nous ; *cf.* **6** W. A. Oldfather, art. « Sosistratos [7] », *RE* III A 1, 1927, col. 1175.

CONSTANTINOS MACRIS.

SOSIUS SENECIO → **SENECIO (QUINTUS SOSIUS –)**

126 SOSPIS (CLAUDIUS –) *PIR*^{2} S 785   D III

Membre de l'illustre famille des Claudii de Mélité, qui conserva une position dominante dans le sanctuaire d'Éleusis pendant plusieurs générations, Claudius Sospis, fils de Lysiadès, fut prêtre de l'autel au début du IIIe siècle : voir K. Clinton, *The Sacred Officials of the Eleusinian Mysteries*, coll. *TAPhS*, 64, 3, 1974, p. 85, n° 13. Philostrate, *Vies des sophistes* II 11, 591 Ol., indique qu'il avait été l'élève du sophiste Chrestos de Byzance, avant de devenir un philosophe renommé. L'inscription *SEG* 21, 748, le confirme : de l'épigramme qu'elle contenait il ne subsiste que d'infimes fragments, mais la formule qui la précède précise que la cité honorait le prêtre « pour son mérite et sa philosophie ».

BERNADETTE PUECH.

SOSSIANUS → **HIÉROCLÈS (SOSSIANUS –)**

127 SÔSTHÉNÈS DE SICYONE *RE* 4   V-IV^a

Pythagoricien ancien dont le nom figure dans le catalogue de Jamblique (*V. pyth.* 36, 267, p. 146, 7 Deubner = **1** DK 58 A, t. I, p. 448, 2), qui semble remonter en grande partie à Aristoxène de Tarente (➡A 417). Son nom est répertorié dans **2** W. Pape et G. Benseler, *Wörterbuch der griechischen Eigennamen*, t. II, p. 1473 (n° 2), dans le **3** *LGPN*, t. III A, p. 412 (où Fraser et Matthews proposent une datation aux VIe-Ve siècle), ainsi que dans **4** Ch. H. Skalet, « Prosopographia Sicyonia », dans *Id.*, *Ancient Sicyon*, coll. « The Johns Hopkins University Studies in Archaeology » 3, Baltimore 1928, p. 181-214, à la p. 208 (n° 300). *Cf.* aussi **5** Helen Ann Brown, *Philosophorum Pythagoreorum collectionis specimen*, p. VIII. Sur la forme du nom, voir **6** Fr. Bechtel, *Die historischen Personennamen*, p. 400 et 414.

Ce personnage originaire de Corinthie n'est qu'un simple nom pour nous ; *cf.* **7** J. Stenzel, art. « Sosthenes [4] », *RE* III A 1, 1927, col. 1198.

CONSTANTINOS MACRIS.

128 SOSTRATOS   M II

Personnage fictif, disciple du philosophe péripatéticien Cléodème (☞+C 158), mentionné dans *Le banquet ou Les lapithes* 32 de Lucien.

Au cours d'un banquet chez Aristainétos (☞+A 339), le philosophe stoïcien Zénothémis (☞+Z 27) accuse Cléodème d'avoir été, pour son malheur, l'amant de la femme de son disciple Sostratos.

                                                    PATRICK ROBIANO.

SOSTRATOS DE BÉOTIE → AGATHION

129 SOSUS D'ASCALON *RE* 1   F II^a

Stoïcien, disciple de Panétius [☞+P 26] (Philod., *Stoic. hist.*, col. LXXV 1-4). Il est né à Ascalon, mais il vécut et mourut à Teano (Apulie). Il doit sa renommée au fait qu'Antiochus d'Ascalon (☞+A 200) avait intitulé de son nom *(Sosus)* le livre qu'il avait écrit contre Philon de Larisse (☞+P 155). Voir Cicéron, *Lucullus* 11-12.

Cf. T. Dorandi, *Gli Academica di Cicerone quale fonte per la storia dell' Academia*, dans B. Inwood et J. Mansfeld (édit.), *Assent and Argument. Studies in Cicero's Academic Books*, Leiden 1997, p. 89-106.

                                                    TIZIANO DORANDI.

130 SÔTADAS DE BYZANCE

La *Souda*, *s.v.* Σωτάδας, Σ 869, t. IV, p. 409, 20-21 Adler, a réservé une entrée à ce philosophe : Σωτάδας, Βυζάντιος, φιλόσοφος. Ὡς ἐν τῷ ϛ′ περὶ φιλοσοφίας Ἀριστοκλῆς, «Sotadas de Byzance, philosophe, selon Aristoclès, *De la philosophie*, livre VI». Aristoclès (☞+A 369) est un philosophe péripatéticien (F I^a- D I?), auteur d'un *De la philosophie* en 10 livres, où il passait en revue tous les philosophes et leurs opinions.

La *Souda*, *s.v.* Ἀριστοκλῆς, A 3916, t. I, p. 356, 8-12 Adler, caractérise Aristoclès comme Μεσσήνιος τῆς Ἰταλίας. Faut-il comprendre qu'il s'agit de Messène, ville du Péloponnèse, ou de Messine en Sicile? En faveur de la première interprétation, voir **1** Simone Follet, notice «Aristoclès de Messine», A 369, *DPhA* I, 1989, p. 382, qui signale que le nom d'Aristoclès est bien attesté dans cette ville du Péloponnèse, auquel cas la précision géographique serait une glose. En faveur de la seconde, voir **2** Maria Laurenza Chiesara (édit.), *Aristocles of Messene. Testimonia and Fragments*, coll. «Oxford Classical Monographs», Oxford 2001, p. 51: «T1 [= *Souda*] is the only piece of evidence which specifies that the Messene Aristocles came from was the Italian Messene. Despite Follet's doubts, there is no reason to doubt this, since the Peloponnesian Messene was more famous than the Italian and was usually simply referred to as Messene».

Par Clément d'Alexandrie, *Stromates* I 14, 61, 3, on sait que Sotadas de Byzance (οἱ περὶ Σωτάδαν τὸν Βυζάντιον) attribuait à Bias (de Priène), un des sept Sages, l'apophtegme: πάντες ἄνθρωποι κακοί «tous les hommes sont mauvais» ou, autre version, οἱ πλεῖστοι τῶν ἀνθρώπων κακοί «la plupart des hommes sont mauvais». Il voulait aussi que le dit μελέτη πάντα καθαιρεῖ, «l'exercice vient à bout de tout» soit attribué à un autre sage, Périandre, de même qu'il souhaitait établir comme étant de Pittacos, toujours un Sage, le conseil : γνῶθι καιρόν, « connais le bon moment ».

On trouve confirmation de ces dits chez Diogène Laërce, qui cite de Bias la seconde version de l'apophtegme : «La plupart des hommes sont mauvais», à la fin du chapitre consacré à Bias (I 88), où elle est introduite par le verbe ἀπεφθέγξατο, « il prononça cet apophtegme ». En I 99 Diogène Laërce attribue à Périandre un dit sur l'exercice : « L'exercice est tout », proche de celui que Sotadas attribuait à Périandre : « L'exercice vient à bout de tout ». Quant à Pittacos, il se voit attribuer par Diogène Laërce I 79 le même apophtegme qui lui est attribué chez Clément : « connais le bon moment », mais sous la forme Καιρὸν γνῶθι. Comme c'est l'école d'Aristote [⇒A 414] (Dicéarque de Messine [⇒D 98], Démétrios de Phalère [⇒ D 54], Hermippe de Smyrne [⇒H 86]) qui place Périandre parmi les sept Sages, Chiesara 2, p. 52, conclut que Sotadas avait une source péripatéticienne ou qu'il était lui-même péripatéticien.

Follet 1, p. 382, signale à propos d'Aristoclès que « son disciple Sotas est inconnu par ailleurs ». Si Sota(da)s était le disciple d'Aristoclès, il faudrait le dater comme celui-ci du Iᵉʳ siècle. Mais on manque d'arguments déterminants en ce sens.

Selon Chiesara 2, n. 2, p. 51, le fait qu'Athénée, *Deipn.* XIV, 620 D-F, évoque un Aristoclès, musicologue, auteur d'un Περὶ χορῶν, qui définit différents types d'artistes, entre autres le « Ionicologos » qui récite les poèmes, appelés Ἰωνικά, de Sotadès et de ses prédécesseurs, n'autorise pas à penser que la *Souda* a confondu Sotadas de Byzance avec Sotadès de Maronée, car il faudrait alors supposer une double confusion : entre le musicologue Aristoclès et le philosophe homonyme d'une part, entre Sotadas de Byzance et Sotadès de Maronée de l'autre.

Chiesara 2 fait remarquer également que la chronologie va contre cette identification. Tandis que Follet 1, p. 383, signale, à la suite du stemma des sources d'Athénée établi par C. A. Bapp, « De fontibus quibus Athenaeus in rebus musicis lyricisque enarrandis usus sit », *LS* 8, 1885, p. 86-160, notamment p. 155, que « l'Aristoclès auteur d'écrits sur la musique serait la source de Denys d'Halicarnasse et de Juba II, ce qui le rapprocherait chronologiquement du philosophe », Chiesara 2 soutient qu'il ne saurait s'agir d'Aristoclès de Messène, car selon Athénée XIV, 636 F, l'auteur du Περὶ χορῶν était connu d'Apollodore [d'Athènes] (fin du IIᵉ s. av. J.-C.), puisque celui-ci répond à une de ses lettres : Ἀπολλόδωρος δ᾽ ἐν τῇ πρὸς τὴν Ἀριστοκλέους Ἐπιστολὴν Ἀντιγραφῇ.

Il faudrait donc plutôt conclure que le philosophe Aristoclès de Messène (F Iᵃ - D I ?) qui mentionne le philosophe Sotadas de Byzance, ne doit pas être confondu avec l'Aristoclès, contemporain d'Apollodore d'Athènes à la fin du IIᵉ s. av. J.-C. et auteur d'un ouvrage Περὶ χορῶν qui évoque les poèmes de Sotadès de Maronée (IIIᵉ s.). Il reste que ces deux couples Aristoclès / Sotade qui ne se recouvriraient pas posent tout de même question.

MARIE-ODILE GOULET-CAZÉ.

131 SÔTADÈS (OU SOTATÈS ?) D'ALEXANDRIE　　　　　　　　IIIᵃ

Les *Scholia mythologica* IV 26, composées au début du VIᵉ s. par le Pseudo-Nonnos, un commentateur des sermons de Grégoire de Nazianze, en l'occurrence du *Discours* IV – qui constitue, avec le *Discours* V, une des deux *Invectivae Adversus Julianum* –, mettent en parallèle deux anecdotes. L'une, fameuse, évoque la rencontre de Diogène et d'Alexandre, à qui le philosophe reproche de lui faire de l'ombre et donc de l'empêcher de se chauffer au soleil; cette anecdote visait à illustrer la supériorité du philosophe sur le tyran (les témoignages réunis dans **1** G. Giannantoni, *SSR*, t. II, V B 32-33, p. 241-244, omettent ce passage; voir aussi t. IV, note 43: «Diogene e Alessandro Magno», p. 443-451). L'autre offre un reflet de la rencontre précédente, en mettant en scène la rencontre entre le philosophe Sotate/Sotade d'Alexandrie (Σωτάτης τις Ἀλεξανδρεὺς φιλόσοφος) et un des Ptolémées (p. 93, 9-19 dans **2** Jennifer Nimmo Smith, *Pseudo-Nonniani in iv orationes Gregorii Nazianzeni Commentarii,* coll. «Corpus Christianorum. Series Graeca», 27, Turnhout 1992): «Un certain Sotate/Sotade, philosophe d'Alexandrie, était debout dans un endroit ensoleillé où il s'épouillait. Ptolémée, qui le regardait d'en haut, d'un lieu où on ne pouvait le voir, descendit pour l'emmener dans son palais. Mais quand il le vit, Sotate/Sotade entra dans son tonneau brisé qui se trouvait là et se cacha de Ptolémée. Par la suite il y eut des gens pour l'accuser d'être infortuné; d'autres disent que Ptolémée lui-même prononça aussi cet iambe: "Je veux une goutte de bonne Fortune plutôt qu'un tonneau plein d'esprit" [l'interprétation de ἤ par «plutôt que» semble préférable à celle par «ou bien»], laissant entendre par là que le fameux tonneau était plein d'esprit à cause de Sotate/Sotade, mais qu'en raison de son infortune, l'abondance d'esprit ne fut à celui-ci d'aucune utilité».

Dans son apparat critique *ad loc.*, pour la ligne 9, J. Nimmo Smith écrit, p. 94: Σωτάτης] Σωτάδης (recte) *A*, Σωσάτης *G*. Si elle garde dans son texte Σωτάτης, c'est sans doute parce qu'à la seconde apparition du nom, à la ligne 18, la leçon Σωτάτης apparaît dans les manuscrits que privilégie J. Nimmo Smith. On lit en effet dans son apparat, p. 94: διὰ τὸν Σωτάτην] διὰ τὸ τὸν Σωτάτην ἔνδον αὐτοῦ εἶναι *Q²* (*mg.*) *F P L* , διὰ τὸ τὸν Σωτάτην ἔντος αὐτοῦ εἶναι *Q*.

Le *Gnomologium Vaticanum* 743, n° 97 (= *SSR*, t. II, V B 38, p. 245), présente un parallèle à l'iambe prononcé par Ptolémée, mais dans le contexte de la rencontre entre Diogène et Alexandre: «Le même (*i.e.* Alexandre), voyant Diogène couché dans son tonneau, dit: "tonneau plein d'esprit", à quoi le philosophe, qui s'était levé, dit: "Grand Roi, | je veux une goutte de bonne Fortune plutôt qu'un tonneau plein d'esprit, | car si la Fortune est absente, l'esprit est malheureux"». On ne peut garantir l'historicité de l'anecdote du *Gnomologium Vaticanum* et encore moins celle de l'anecdote qui fait intervenir Sotate/Sotade et Ptolémée.

La présence du roi Ptolémée dans les *Scholia Mythologica* invite à identifier Sotade d'Alexandrie avec Sotade de Maronée (⇒S 133), qui critiqua le mariage de Ptolémée II Philadelphe avec sa sœur Arsinoé. **3** E. Zeller, *Die Philosophie der Griechen,* t. II 1, Leipzig 1922⁵, p. 286 n. 1, mentionne parmi les cyniques ce

Sotade évoqué par Nonnos : « unter einem der Ptolemäer (s.e. lebte) Sotades, dessen cynische Abhärtungen Nonnus (...) erwähnt ». Susemihl **4**, t. I, Leipzig 1891, p. 43 n. 128, et t. II, Leipzig 1892, index, p. 765, le définit aussi comme « Kyniker », mais apparemment le distingue de Sotade de Maronée puisqu'il accorde à chacun une entrée. Cependant **5** G. A. Gerhard, *Phoinix von Kolophon*, Leipzig/Berlin 1909, p. 243-244, propose d'identifier les deux personnages, en rappelant les traits cyniques que l'on rencontre chez Sotade de Maronée (il pratique la même παρρησία contre les Princes ; sa *Descente dans l'Hadès* rappelle les *Nekyiai* de Cratès, Ménippe et Timon ; les *Carmina sotadea* offraient au moins sporadiquement des enseignements philosophiques »). Nimmo Smith **1** p. 94, dans l'apparat des sources pour les lignes 9 à 19 du passage, se prononce également en faveur de l'identification : « Philosophus hic Alexandrinus idem esse videtur ac Sotades ille Maroneius qui Ptolemaeum Philadelphum versibus insectabatur ».

MARIE-ODILE GOULET-CAZÉ.

132 SÔTADÈS D'ATHÈNES

La *Souda*, *s.v.* Σωτάδης, Σ 872, t. IV, p. 410, 1-2 Adler (*FGrHist* 358), mentionne un « Sotadès, Athénien, philosophe, qui écrivit un ouvrage *Sur les mystères* en un livre (Σωτάδης, Ἀθηναῖος, φιλόσοφος, ὁ γράψας Περὶ μυστηρίων βιβλίον α′).

Cf. N. F. Jones, art. « Sotades of Athens (358) », *Brill's New Jacoby (online)*, qui conclut de la précision Ἀθηναῖος que les mystères sont ceux d'Éleusis, dème de l'Attique, et de l'absence d'article devant μυστηρίων que ce *monobiblion* traitait du culte de Déméter et Coré.

MARIE-ODILE GOULET-CAZÉ.

133 SÔTADÈS DE MARONÉE *RE* 2   III[a]

Poète d'époque hellénistique que l'on rattache parfois au cynisme.

Les fragments ont été rassemblés par **1** L. Escher, *De Sotadis Maronitae Reliquiis*, Diss. Giessen 1913 ; **2** *Id.*, « Zu Sotades », *BPhW*, 27, 1914, col. 860-861, où Escher ajoute à son édition deux vers transmis par Stobée (*Anth.* I 1, 24, t. I, p. 31, 5-6 Wachsmuth). L'édition généralement utilisée aujourd'hui est celle de **3** J. U. Powell, *Collectanea Alexandrina, Reliquiae minores poetarum Graecorum aetatis Ptolemaicae 323-146 A. C.*, Oxford 1925, p. 238-245, qui regroupe 24 fragments. Seuls les fr. 1-4 semblent authentiques.

Cf. **4** W. Aly, art. « Sotades » 2, *RE* III A 1, 1927, col. 1207-1209 ; **5** W. D. Furley, art. « Sotades (2) von Maroneia », XI, 2001, col. 750-751 ; **6** M. Hose, art. « Sotades », dans H. H. Schmitt et E. Vogt (édit.), *Lexikon des Hellenismus*, Wiesbaden 2005, col. 996-997 ; **7** P. M. Fraser, *Ptolemaic Alexandria*, t. I : *Texts* (p. 117-118) ; t. II : *Notes*; t. III : *Indexes*, Oxford 1972.

Biographie. Sotade est un poète né dans la ville de Maronée. S'agit-il de Maronée en Thrace ou de Maronée en Crète comme le laisse entendre la présentation de la *Souda*, Σ 871, t. IV, p. 409, 23 Adler : Σωτάδης, Κρής, Μαρωνείτης, δαιμονισθείς, ἰαμβογράφος ? Se pourrait-il que, malgré le siècle qui les sépare, la

Souda ait fait une confusion avec Sotade de Crète (*RE* 3), coureur à la course longue (ἐπὶ δολίχου) aux jeux olympiques lors de la 99ᵉ olympiade [385-382] (Pausanias, *Description de la Grèce* VI 18, 6)? Ce Sotade de Crète est à identifier probablement avec le Sotade, bien connu pour sa vitesse à la course, que mentionne un passage de l'*Atalante* de Philétairos (fr. 3 Kassel-Austin) cité par Athénée, *Deipn.* X, 416 F.

On sait peu de choses sur la vie de Sotade de Maronée. Il vécut au IIIᵉ s. av. J.-C. Pour établir une datation plus précise, on s'appuie sur un événement qui eut pour Sotade des conséquences dramatiques, puisqu'il fut peut-être à l'origine de sa mort, à savoir le mariage incestueux de Ptolémée II Philadelphe avec sa sœur Arsinoé, qui avait été la première femme de Lysimaque. Mais la date de cet événement n'est pas établie avec certitude. Il peut avoir eu lieu (1) en 278 (hypothèse de **8** A. M. Honeyman, « Observations on a Phoenician inscription of Ptolemaic date », *JEA* 26, 1941, p. 57-67, notamment p. 65-66; toutefois la lecture de l'inscription par Honeyman a été remise en cause par **9** G. R. Driver, « Note on a Phoenician inscription of Ptolemaic date », *JEA* 36, 1950, p. 82), (2) en 277/276, ou au plus tard en 275 (hypothèse de **10** Gabriella Longega, *Arsinoe II,* coll. « Università degli studi di Padova, Pubblicazioni dell'Istituto di Storia antica » 6, Roma 1968, p. 76-79), (3) en 276/275 (hypothèse de **11** W. W. Tarn, « The first Syrian war », *JHS* 46, 1926, p. 155-162, notamment p. 161, qui n'exclut cependant pas la possibilité que le mariage ait eu lieu dès 277), ou enfin (4) en 273/272 (hypothèse de **12** R. A. Hazzard, *Imagination of a Monarchy. Studies in Ptolemaic Propaganda,* coll. « Phoenix, Suppl. » 37, Toronto 2000, p. 90). Selon ces hypothèses, le mariage se situerait donc entre 279/278 et 273/272.

Sotade écrivit un Εἰς Βελεστίχην mentionné par la *Souda*, Σ 871, t. IV, p. 409, 28 Adler. Bélestichè (ou Bilistichè) de Macédoine, qui fut l'amante de Ptolémée Philadelphe, remporta la victoire olympique à la course d'attelage à deux chevaux en 264 [Pausanias V 8, 11] (*cf.* ce que dit Ptolémée Évergète au troisième livre de ses Ὑπομνήματα, dans Athénée, *Deipn.* XIII, 576 E-F; Clément d'Alexandrie, *Protreptique* IV 48; Plutarque, *Amatorius* 9, 753 E). Sur Bélestichè, voir Fraser **7**, t. II a, p. 210 n. 206, qui situe le poème de Sotade contre Bélestichè au moment du mariage de Ptolémée avec Arsinoé ou un peu avant (« The line of Sotades which offended Philadelphus was presumably written very shortly after, if not before his marriage with Arsinoe, and therefore not later than 275, and the poem against Bilistichè must have been of that date, or earlier »).

A en croire Athénée, *Deipn.* XIV, 620 F – qui cite dans cette même page trois sources sur Sotade que lui-même semble avoir utilisées: Caryste de Pergame, grammairien et historien de la fin du IIᵉ s., lequel écrivit un ouvrage consacré à Sotade (ἐν τῷ περὶ αὐτοῦ συγγράμματι) [= *FHG* IV 415], Apollonios, le propre fils de Sotade, qui rédigea un ouvrage sur les poèmes de son père, et Hégésandre de Delphes, auteur de *Commentaires* –, Sotade a dit du mal de plusieurs souverains mais pas en leur présence: « Il calomnia à Alexandrie le roi Lysimaque [roi de Thrace et de Macédoine] et Ptolémée Philadelphe chez Lysimaque, mais également d'autres princes dans des cités autres que les leurs. Aussi reçut-il un châtiment bien mérité». De fait, à la suite du mariage incestueux de Ptolémée Philadelphe avec sa sœur Arsinoé, il écrivit ce vers à portée obscène : Εἰς οὐχ ὁσίην τρυμαλιὴν τὸ κέντρον ὠθεῖς (ou: ὤθει), «Dans une fente impie tu enfonces ton aiguillon (ou: il enfonce son aiguillon)» (= fr. 1 Powell) – un vers que transmettent à la fois Plutarque, *De liberis educandis* 4, 11 A, Athénée, *Deipn.* XIV, 621 A, et Eustathe, *in Iliadem*, Π 432, t. III, p. 878, 26 Van der Valk, qui le cite en le mettant en relation avec l'union incestueuse de Zeus et d'Héra. Sur le passage d'Eustathe, voir **13** Alberta Lorenzoni, «Eust. 1068, 60 - 1069, 23 (su un comico e qualche alessandrino)», *Eikasmos* 12, 2001, p. 205-227.

Eustathe de Thessalonique, *in Iliadem*, Π 432, t. III, p. 879, 3-6 Van der Valk, signale à propos de τρυμαλιήν (1 Powell) l'emploi par Sotade de mots rares, aux sonorités évocatrices:

Τρυμαλιὰ δὲ πάντως ἡ τρῦπα, ἐκ τοῦ τρύω. ἐξ οὗπερ οὐ μόνον τρυτάνη καὶ Ἀτρυτώνη, ἀλλὰ σὺν ἄλλοις καὶ ἡ τρυμαλιὰ καὶ τὸ τρυπᾶν καὶ τὰ ἐξ αὐτοῦ, ὧν καὶ ἡ τρῦπα. Σεμνῶς δὲ ἡ τῆς τρυμαλιᾶς τροπὴ καὶ τοῦ κέντρου τὴν ἀνόσιον τοῦ Πτολεμαίου μίξιν ἠνίξαντο.

On a voulu établir un lien entre la mort de Sotade et sa médisance à l'encontre de Ptolémée et Arsinoé.

Pour une comparaison entre les réactions que suscitèrent chez Ptolémée Philadelphe les poèmes de Sotade, de Théocrite et de Callimaque consacrés à son mariage avec Arsinoé, voir **14** U. Hamm, «Zum Phänomen der Ironie in höfischer Dichtung oder: Ironie ist, wenn der Herrscher trotzdem lacht», dans **15** R. F. Glei (édit.), *Ironie: griechische und lateinische Fallstudien*, coll. «Bochumer altertumswissenschaftliches Colloquium», 80, Trier 2009, p. 77-105.

Cependant, à la suite de **16** *OGIS* I, 1903 (n° 44), p. 68-69, qui renvoie à **17** J. G. Droysen, *Geschichte des Hellenismus*, Gotha 1877-1878, t. III 1, p. 272, on admet généralement que Sotade fut exécuté sur l'ordre de Ptolémée Philadelphe durant la guerre de Chrémonidès (268-261), soit plus de dix ans après le mariage de Ptolémée et Arsinoé, ce qui enlèverait tout lien immédiat de cause à effet entre les vers de Sotade et sa condamnation à mort. Ainsi **18** M. Launey, «Études d'histoire hellénistique, II: L'exécution de Sotadès et l'expédition de Patroklos dans la mer Égée (266 av. J.-C.)», *REAnc* 47, 1945, p. 33-45, notamment p. 43, situe l'exécution de Sotade en 266/265, et n'établit pas de lien direct entre cette exécution et l'«épithalame» de Sotade. **19** G. Weber, «The Hellenistic rulers and their poets. Silencing dangerous critics?», *AncSoc* 29, 1998-1999, p. 147-174, notamment p. 162-165, n'établit pas non plus de lien direct entre la mort de Sotade – qu'il situe après 268, date de la mort d'Arsinoé –, et le mariage de Prolémée. **20** A. Cameron, *Callimachus and his critics*, Princeton 1995, p. XIII, 19-22 et 257, considère aussi que cette exécution eut lieu plusieurs années après la cérémonie nuptiale. En revanche l'hypothèse formulée par **21** C. Miralles, dans son compte rendu de **22** R. Pretagostini, *Ricerche sulla poesia alessandrina*, Roma 1984, paru dans *Gnomon* 58, 1986, p. 684-687, où il suggère de ne pas prendre au sens littéral le récit de la mort de Sotade et le genre de mort qu'a connu le poète, au motif qu'on attribuerait aux poètes un certain type de mort en fonction de leur style de poésie et des thèmes dont ils traitent (il cite à titre d'exemples la mort d'Eschyle qui reçut sur la tête une tortue lancée par un aigle et celle d'Euripide tué par des chiens), est peu convaincante.

Sotade connut une fin tragique, du moins si l'on accorde du crédit au récit, rapporté par Athénée, *Deipn.* XIV, 621 A-B, que fait Hégésandre de Delphes (milieu du IIe s.) dans ses *Commentaires*, sorte de « réservoir der älteren Anekdotenliteratur » (selon la formule de **23** F. Jacoby, art. « Hegesandros » 4, *RE* VII 2, 1912, col. 2601): Sotade, alors qu'il voulait fuir Alexandrie par mer, fut fait prisonnier par Patrocle, le général de Ptolémée en charge des îles, qui l'arrêta sur l'île de Caunos, le jeta dans une jarre en plomb, le mena en mer et le jeta au fond de l'eau. Mais la version du même événement chez Plutarque, *De liberis educandis* 4, 11 A, est assez différente: « Sotadès pourrit bien longtemps en prison et paya son bavardage intempestif d'un châtiment qu'on ne peut désapprouver; pour faire rire les autres, il pleura lui-même longtemps » (trad. Sirinelli).

G. Kaibel, dans l'apparat de son édition du livre XIV d'Athénée (t. III [1890], p. 369, à propos de la ligne 13), écrit: « Caunus insula nulla; Patroclum στρατηγὸν ἐπὶ τῶν νήσων cum navibus Cauni constitisse not. Wilam; inde turbatum ab epitomatore ». Ainsi, comme il n'y a pas d'île portant le nom de Caunos, l'erreur viendrait de ce que, dans le texte origenel, Patrocle était défini comme στρατηγὸς ἐπὶ τῶν νήσων, auquel cas il faudrait attribuer l'erreur à l'*epitomator* d'Athénée; en conséquence, il conviendrait de supprimer τῇ νήσῳ. Dans cette hypothèse, on pourrait penser que Caunos n'est pas une île, mais la cité de Carie qui porte ce nom. Cependant Launey **18**, p. 35-42, suivi par Fraser **7**, t. I, p. 118 et t. IIa, n. 205, p. 210, propose de lire: ἐν Καύδῳ τῇ νήσῳ, là où les manuscrits ont la leçon ἐν Καύνῳ τῇ νήσῳ, auquel cas il s'agirait de Caudos, une île sur la côte sud de la Crète.

Déjà **24** F. Susemihl, *GGLA*, t. I, Leipzig 1891, chap. 7: « Die Kinaedendichtung », p. 245, Escher **1**, p. 11, et Launey **18**, p. 33-34, avaient essayé de concilier la version romanesque d'Hégésandre chez Athénée et la version raisonnable de Plutarque. Dans le même sens, **25** J. Mélèze-Modrzejewski, « "Paroles néfastes" et "vers obscènes". À propos de l'injure verbale en droit grec et hellénistique », dans *Anthropologies juridiques* = Mélanges Pierre Braun, Limoges 1998, p. 569-585, propose, afin de rendre compte de la divergence entre les deux versions de la mort de Sotade, la succession chronologique suivante: Sotade aurait été incarcéré à Alexandrie et, dans l'attente d'un jugement qui tardait, il se serait évadé et aurait été rattrapé par Patrocle qui, sur l'ordre du roi, l'aurait noyé en mer. Il y aurait donc eu détention préventive puis sanction: la noyade. La dureté de la sentence s'expliquerait par le culte dynastique des Lagides. En injuriant Arsinoé, Sotade injuriait une déesse, ce qui, pour parler en termes modernes, tenait à la fois, selon l'auteur, du crime de lèse-majesté et du blasphème.

26 R. Pretagostini, *Ricerche sulla poesia alessandrina: Teocrito, Callimaco, Sotade*, coll. « Filologia e critica » 48, Roma 1984, p. 142-145, souligne que ce type de mariage avait des motivations politiques et qu'il s'agissait de renforcer la nouvelle dynastie des Lagides. Mais si le mariage incestueux était une coutume dans le monde égyptien, il pouvait choquer un intellectuel comme Sotade, lié aux valeurs historico-culturelles du monde grec. Toutefois, ainsi que le rappelle Pretagostini, des poètes comme Callimaque, fr. 392 Pfeiffer (Ἀρσινόης ὦ ξεῖνε γάμον καταβάλλομ' ἀείδειν, « J'entreprends de chanter, ô mon hôte, le mariage d'Arsinoé »), et Théocrite, *Idylle* 17, vv. 128-134, prirent position, eux, ouvertement en faveur de ce mariage. L'idylle de Théocrite instaure un parallèle entre Ptolémée Philadelphe/Arsinoé et Zeus/Héra, sa sœur épouse (*cf. Iliade* XVI 432 et XVIII 356). Or le vers sotadéen (fr. 16 rangé par Powell parmi les *incerta*, mais à attribuer probablement à Sotade : Ἥρην ποτέ φασιν Δία τὸν τερπικέραυνον), pourrait aussi faire allusion au mariage de Zeus et d'Héra, comme le suggérait déjà Escher **1**, p. 23-24, et appartenir comme le fr. 1 Powell cité *supra* au poème où Sotade « célébrait » à sa manière le mariage de Ptolémée et de sa sœur. Le vers en question, avec sa formule ποτέ φασιν, pourrait même être, selon Pretagostini, le premier vers du poème.

Voir **27** А. П. Смотрич [A. P. Smotrič], « Сотад и его место в идеологии первой половины III в. до н. э. (Sotadès et sa place dans l'idéologie de la première moitié du IIIe siècle av. J. C.) », *LF* 86, 1963, p. 226-235 (en russe) ; **28** S. Koster, *Die Invektive in der griechischen und römischen Literatur*, coll. « Beiträge zur klassischen Philologie » 99, Meisenheim am Glan 1980, p. 91-93 ; **29** G. Weber, *Dichtung und höfische Gesellschaft. Die Rezeption von Zeitgeschichte am Hof der ersten drei Ptolemäer*, coll. « Hermes Einzelschriften » 62, Stuttgart 1993, notamment p. 273 et 425 ; Hazzard **12**, p. 82-100 ; **30** E. Lelli, « Arsinoe II in Callimaco e nelle testimonianze letterarie alessandrine (Teocrito, Posidippo, Sotade e altro) », *ARF* 4, 2002, p. 5-29 ; **31** É. Prioux, « Machon et Sotadès, figures de l'irrévérence alexandrine », dans B. Delignon et Y. Roman (édit.), avec la collaboration de S. Laborie, *Le Poète irrévérencieux. Modèles hellénistiques et réalités romaines*, Lyon 2009, p. 115-131.

Le lien avec le roi Ptolémée invite fortement à identifier à Sotadès de Maronée le philosophe Sotadès (ou Sotatès) d'Alexandrie (➤S 131) présent dans une anecdote que rapporte une scholie du Pseudo-Nonnos sur Grégoire de Nazianze.

Poésie et métrique : le vers sotadéen

Susemihl **24**, t. I, p. 243-247 ; **32** F. Podhorsky, *De versu sotadeo*, Diss. Wien, 1895, notamment p. 109-184 ; **33** F. Koch, *Ionicorum a majore historia*, Diss. inaug. Bonn 1926, p. 15-45 ; **34** W. J. W. Koster, *Traité de métrique grecque suivi d'un précis de métrique latine*, Leiden 1936, p. 158-160 ; **35** M. Bettini, « A proposito dei versi sotadei, greci e romani : con alcuni capitoli di 'analisi metrica lineare' », *MD* 9, 1982, p. 59-105 ; synthèse bibliographique dans **36** E. Magnelli, « Note a frammenti di Sotade », *SemRom* 11, 2008, p. 299-313, plus précisément p. 300 n. 8.

(a) Des prédécesseurs ?

Sotade eut des prédécesseurs, comme l'atteste Aristoclès dans son Περὶ χορῶν (➤A 369) chez Athénée, *Deipn.* XIV, 620 E, qui cite des poètes auteurs de Ἰωνικοί qu'il présente comme τῶν πρὸ τούτου : « Alexandre d'Étolie [*cf.* **37** G. Knaack, art. « Alexandros » 84, *RE* I 2, col. 1447-1448], Pyrès de Milet, Alexas et d'autres poètes ».

Le nom Ἀλέξας étant inconnu par ailleurs, **38** O. Crusius, «Die Anwendung von Vollnamen und Kurznamen bei derselben Person und Verwandtes», *JKPh* 143, 1891, p. 385-394, a suggéré (p. 387) d'écrire Ἄλεξος, «eine correct gebildete Koseform zu Ἀλέξανδρος», de considérer que les deux formes renvoient à Alexandre d'Étolie, mentionné juste avant, ce qui invite à enlever Ἀλέξας du texte. La *Souda*, *s.v.* Σωτάδης, Σ 871, t. IV, p. 409, 25-27 Adler, l'omet, mais elle ajoute après Pyrès les noms de Theodoros, Timocharidas et Xenarchos. Sur Pyrès et les autres noms signalés par Athénée et la *Souda*, voir **39** A. Meineke, *Analecta Alexandrina*, Berlin 1843, p. 245-248; Susemihl **24**, t. I, p. 244-246.

Cependant Susemihl **24**, p. 243-244, préfère au témoignage d'Athénée celui de Strabon XIV 41 (ἦρξε δὲ Σωτάδης μὲν πρῶτος τοῦ κιναιδολογεῖν, ἔπειτα Ἀλέξανδρος ὁ Αἰτωλός· ἀλλ' οὗτοι μὲν ἐν ψιλῷ λόγῳ, μετὰ μέλους δὲ Λῦσις, καὶ ἔτι πρότερος τούτου ὁ Σῖμος), qui accorde à Sotade la primeur du κιναιδολογεῖν, et voit dans Alexandre d'Étolie son successeur plutôt que son prédécesseur.

Meineke **39**, p. 244-245, pour expliquer l'opposition entre ἐν ψιλῷ λόγῳ et μετὰ μέλους, recourt à l'opposition entre réciter et chanter, en s'appuyant sur Aristide Quintilien : «Quo loco ne quis ita utatur ut poemata illa soluta oratione scripta fuisse putet, moneo ψιλὸν λόγον recte carmina vocari musicis modis destituta, quibus Iyrica opponantur utpote cantu instructa (...) Non canebantur igitur Sotadis Alexandrique cinaedica carmina sed recitabantur, id quod testatur etiam Aristides Quintil. p. 32 [= *De musica* I 13, p. 31-32 Winnington-Ingram] ῥυθμὸς δὲ καθ' αὑτὸν μὲν ἐπὶ ψιλῆς ὀρχήσεως, μετὰ δὲ μέλους ἐν κώλοις, μετὰ δὲ λέξεως μόνης ἐπὶ τῶν ποιημάτων μετὰ πεπλασμένης ὑποκρίσεως, οἷον τῶν Σωτάδου καί τινων τοιούτων. Ubi inter μέλος et λέξις μόνη eadem est oppositionis ratio quae in Strabonis verbis obtinet inter μέλος et ψιλὸν λόγον.» Traduction du *De musica* I 13, par F. Duysinx dans *Aristide Quintilien. La musique*, coll. «Bibliothèque de la Faculté de Philosophie et Lettres de l'Université de Liège» 276, Genève 1999, *ad loc.*: «Le rythme, lui, s'envisage en soi-même quand il s'agit de danse sans musique ni chant; il s'envisage avec la [seule] mélodie dans les phrases instrumentales; il s'envisage avec le seul texte dans les poèmes qui font intervenir une mimique d'acteur, comme le font ceux de Sotadès et quelques autres du même genre».

(b) Des Ionici a maiore

Qualifié par la *Souda* de iambographe, et qui plus est «inspiré» (δαιμο-νισθείς), Sotade écrivit des iambes en dialecte ionien – peut-être dans la tradition de l'ancien iambographe Hipponax –, que la *Souda*, *s.v.* Σωτάδης, Σ 871, t. IV, p. 409, 23-25 Adler, désigne de trois façons (ἔγραψε Φλύακας ἤτοι Κιναίδους διαλέκτῳ Ἰωνικῇ· καὶ γὰρ Ἰωνικοὶ λόγοι ἐκαλοῦντο οὗτοι): ce sont des Φλύακες, des «bouffonneries» (voir φλύακες, Φ 547, t. IV, p. 746, 11-12 Adler), des Κίναιδοι, des cinaèdes, et des Ἰωνικοί, des «vers ioniques» (le mot signifie «licentieux», les Ioniens ayant la réputation de s'adonner à la luxure et au vice; *cf.* Athénée, *Deipn.* XII, 524 F-526 D; voir aussi Longin, cité dans un Commentaire anonyme sur le Περὶ ἰδεῶν d'Hermogène, p. 984, 5-7 Walz (= fr. 46 Patillon-Brisson): «Les vers ioniques sont ainsi appelés, parce que le vers mou et efféminé, employé aussi par Sotade, comme le dit Longin, est une invention des Ioniens»). De son côté l'historien Socrate, *H. E.* I 9, évoque les Σωτάδια ᾄσματα, les chants sotadéens (de même Sozomène, *H. E.* I 21, 3: τὰ Σωτάδου ᾄσματα) et la *Souda*, *s.v.* Σωτάδεια, Σ 868, t. IV, p. 409, 19, définit les Σωτάδεια comme des Σωτάδου ποιήματα.

Quant au nom κίναιδος / *cinaedus*, il désigne un mignon (Platon, *Gorgias* 494 e ; Plutarque, *De tuenda sanitate praecepta* 7, 126 A ; Plaute, *Asinaria* III 3, 37 ; *Aulularia* III 2, 8 ; *Poenulus* V 5, 40 [où il est opposé à *vir*] ; Catulle 16, 2 ; 25, 2 ; Juvénal, *Satires* 2, 10 ; 14, 30). On trouve aussi un autre sens dérivé du premier : le danseur qui accomplit une danse licencieuse (Plaute, *Miles gloriosus* III 1, 73 ; *Stichus* V 5, 769 ; Pétrone, *Satiricon* 21, 2). Comme adjectif le mot signifie « efféminé », « débauché », « impudent », « vicieux » (Martial, *Épigrammes* VI 32, 9 : *cinaeda fronte*).

Celui qui récite des Ἰωνικοί est désigné comme ἰωνικολόγος mais aussi comme κιναιδολόγος (Athénée, *Deipn.* XIV, 620 E). Ces désignations peuvent sans doute s'appliquer aussi à Sotade, puisqu'Athénée enchaîne en disant que « Sotade de Maronée a excellé dans cette variété de poésie ».

Héphestion, dans son *Enchiridion cum commentariis veteribus*, édité par M. Consbruch, Leipzig 1906, p. 36, 6-12, souligne toutes les variantes que peut offrir le Σωτάδειον, qu'il considère comme le plus remarquable des tétramètres, et à cette occasion il cite un vers (Sotade, fr. 16 Powell) qui offre le schéma sans altération :

Τῶν δὲ τετραμέτρων ἐπισημότατόν ἐστι βραχυκατάληκτον τὸ καλούμενον Σωτάδειον·
τοῦτο δὲ κατὰ τὰς τρεῖς χώρας δέχεται ἰωνικὴν συζυγίαν, ἢ τροχαϊκήν, ἢ τὴν ἐξ ἀναπαίστου
καὶ πυρριχίου, ἢ τὴν ἐκ τριβράχεος καὶ τροχαίου, ἢ τὴν ἐκ μακρᾶς καὶ τεσσάρων βραχειῶν,
ἢ τὴν ἐξ ἓξ βραχειῶν, οἷον

Ἥρην ποτέ φασιν Δία τὸν τερπικέραυνον·

« Parmi les tétramètres, le plus remarquable, c'est le vers appelé sotadéen avec sa syllabe brève qui manque à la fin. Aux trois pieds il admet une dipodie ionique, trochaïque, anapestique ou pyrrhique ou le couple tribraque et trochée ou une longue et quatre brèves ou une série de six brèves. Voici un exemple :

Ἥρην ποτέ φασιν Δία τὸν τερπικέραυνον·
Héra, un jour, dit-on... Zeus qui se réjouit de son foudre ».

40 A. Dain, dans son *Traité de métrique grecque*, Paris 1965, p. 83, écrit : « Le *sotadéen*, du nom du poète Sotadès de l'époque alexandrine, (...) est en principe un *tétramètre ionique majeur* dicatalectique. On a le schéma suivant :
_ _ ∪∪ _ _ ∪∪ | _ _ ∪∪ _ _ ». A la suite d'Héphestion, Dain cite le fr. 16 Powell – un *incertum* de Sotade –, qui reproduit le schéma sans altération : Ἥρην ποτέ φασιν Δία τὸν τερπικέραυνον.

Le vers sotadéen fait partie des *ionici a majore*, c'est-à-dire des vers qui sont fondés sur le pied ionique majeur : _ _ ∪∪ (les syllabes brèves se trouvent à la fin du pied, par opposition aux *ionici a minore*, où ce sont les syllabes longues qui se trouvent à la fin du pied).

Dain évoque les différentes substitutions possibles signalées déjà par Héphestion, notamment celle d'un ionique mineur remplaçant l'ionique majeur au début du premier membre, ou celle d'un molosse (_ _ _) remplaçant l'ionique. Les longues peuvent également être résolues en deux brèves. Sur ce type de vers très mobile, voir aussi Bettini **35**, p. 92-105 ; **41** B. Snell, *Griechische Metrik*, Göttingen 1982, p. 48. **42** M. L. West, *Greek Metre*, Oxford 1982, p. 144-145, analyse dans le fr. 8 Powell les différents types de mètres avec les substitutions employées et il parle d'un « Protean metre ».

(c) Caractéristiques : mollesse, obscénité, « inversion », mauvais équilibre des pieds

Pour caractériser le vers sotadéen, le Ps.-Demetrius, *De elocutione* 189, fait appel à la mollesse :

« Du point de vue de l'agencement, est affecté le rythme anapestique, surtout quand il ressemble trop à ces mètres déhanchés et vulgaires (τοῖς κεκλασμένοις καὶ ἀσέμνοις μέτροις) comme le sont à l'extrême les sotadéens avec leur mollesse excessive (διὰ τὸ μαλακώτερον) » [trad. Chiron].

et il reproche à Sotade son affectation (κακοζηλία). De même Longin (cité dans un Commentaire anonyme sur le Περὶ ἰδεῶν d'Hermogène, p. 984, 5-6 Walz = fr. 46 Patillon-Brisson) qualifie de mou et d'efféminé le vers sotadéen. Sur ce type de vers, voir **43** P. Chiron, *Démétrios. Du style*, *CUF*, Paris, 1993, n. 253, p. 121.

Outre la mollesse, le trait le plus caractéristique de la poésie sotadéenne est son obscénité. En voici une illustration à propos du joueur de flûte Théodore : « Lui, après avoir dégagé l'ouverture de son étroite ruelle de derrière, poussa dehors un vain coup de tonnerre à travers son gouffre boisé, tel un vieux bœuf de labour qui se relâche » (Athénée, *Deipn.* XIV, 621 B = 2 Powell). Sur l'interprétation de ce fragment, voir **44** E. Magnelli, « Un'ipotesi su Sotade, fr. 2 Powell », *SemRom* 2, 1999, p. 99-105.

Autre caractéristique : « l'inversion ». Martial, *Épigrammes* II 86, établit une relation entre l'inversion sexuelle et la réversibilité des poèmes de Sotade qu'il traite de *carmen supinum* : « Quod nec carmine glorior supino / nec retro lego Sotaden cinaedum... », « Parce que je ne me fais pas gloire de poèmes réversibles, parce que je ne lis pas à l'envers Sotade l'inverti... » (trad. Richard)

Commentaire de **45** P. Richard dans son édition des Classiques Garnier, Paris 1931, p. 438, à propos de *supino* : « vers lisibles de gauche à droite et de droite à gauche » ; il donne un exemple cité par Sidoine Apollinaire (*Epist.* IX 14) : *Roma tibi subito motibus ibit amor* ; ainsi que des exemples en langue française : *L'âme des uns jamais n'use de mal* ; de même : *A révéler mon nom, mon nom relèvera*, ou encore : *N'a-t-elle pas ôté cet os à Pelletan ?*

Le vers sotadéen peut donc être un palindrome, dont il est possible de lire la succession des lettres aussi bien de gauche à droite que de droite à gauche selon une lecture rétrograde (*cf.* **46** E. Greber, art. « Palindrom », dans *Historisches Wörterbuch der Rhetorik* VI, 2003, col. 484-488, qui note, col. 484, que Sotade est le premier poète connu, auteur de palindromes). Il peut y avoir aussi des palindromes de mots. Quintilien, *Inst. or.* IX 4, 90 fait allusion à ce procédé qui transforme le mètre :

« La plupart des pieds résultent de la façon dont les mots sont accolés ou séparés. De là vient que des vers différents peuvent être constitués avec les mêmes mots, et je me souviens, par exemple, qu'un poète qui n'était pas sans distinction composa par plaisanterie le vers suivant : *Astra tenet caelum, mare classes, area messem*. En adoptant l'ordre inverse, on obtient un sotadéen *(hic retrorsum fit sotadeus)* ; de même le sotadéen suivant, retourné, donne un trimètre *(e sotadeo retro trimetros)* : *Caput exeruit mobile pinus repetita* » (trad. Cousin).

On peut lire en effet : *mess(em) area, classes mare, caelum tenet astra*. Quant au sotadéen, selon Jean Cousin, note IV 90, p. 331, « il est d'un sens bien incertain et semble évoquer un pin qui flotte en étant à demi-submergé ou, en donnant à *pinus* la valeur de *navis* par métonymie, un navire qui dresse sa proue au-dessus des flots ».

Les sotadéens, associés par Quintilien, dans le passage suivant, aux galliambes, c'est-à-dire aux vers que les Galles, prêtres de Cybèle, utilisaient dans leurs chants religieux et dont le rythme se caractérisait par la mollesse (*ibid.* IX 4, 6), étaient critiqués pour le manque d'équilibre de leurs pieds :

« Et comment ce qui est désordonné peut-il être plus solide que ce qui est lié et bien disposé ? Et si l'emploi de pieds mal équilibrés enlève de la force aux arguments (*si pravi pedes vim detrahunt rebus*), ce qui est le cas des sotadéens, des galliambes et d'autres rythmes qui font que la prose s'ébat semblablement presque sans mesure (*et quorundam in oratione simili paene licentia lascivientium*), il faut bien admettre que ce n'est pas la faute de l'ordre des mots » (trad. Cousin).

(d) Les successeurs de Sotade

Du côté latin, Sosie enivré dans l'*Amphytrion*, vv. 168 *sqq.* de Plaute (254-184), emploie le mètre de Sotade. Le *Sota* d'Ennius (239-169), écrit en vers sotadéens, était une version latine d'un poème obscène de Sotade, Sota correspondant à Σωτᾶς, abréviation de Σωταδής (fragments dans E. H. Harmington, *Remains of Old Latin*, coll. *LCL*, London, 3 vol., 1935, t. I, p. 402-405 ; voir Bettini **35**, p. 71-75). Accius (170-86) dans ses *Sotadicorum libri*, cités par Aulu-Gelle VI 9, 16 (voir aussi *Accius, CUF*, Paris 1995, p. 50, n. 103 et p. 262) et dans ses *Didascalica* I, fr. III [= Nonius 341, 23 Lindsay] et IV [= Nonius 514, 20 Lindsay] (*CUF*, Paris 1995, p. 252-253) a imité le vers de Sotade ; voir Bettini **35**, p. 75-82. L'influence de Sotade se fait sentir également dans les *Ménippées* de Varron, fr. 2. 3. 357, 2 Bücheler (où sont opposés dans ce dernier cas Ἀχιλλέως ἡρωικός, ἰωνικὸς κιναίδου, l'héroïque d'Achille et l'ionique du cinaède), ou encore chez Pétrone, *Satiricon*, 23, 3 (*cf.* Bettini **35**, p. 86-92) et 132, et Martial, *Épigrammes* III 29. Prioux **31**, p. 131, signale que « Martial reprend le nom de Sotadès pour le donner à l'un des personnages de ses épigrammes – un débauché impuissant qui s'adonne à l'*irrumatio* ». On sait aussi que Pline le Jeune interprétait, sans doute à cause de leur formulation métaphorique à décrypter, les vers sotadéens (*Lettres* V 3, 2 : *et comoedias audio et specto mimos et lyricos lego et sotadicos intelligo*) [*cf.* Bettini **35**, p. 66-67].

Du côté grec, on trouve dans un papyrus de Heidelberg des vers qui pourraient dater du IIIᵉ s. av. J.-C. et qui se présentent comme des vers sotadéens. S'ils ne sont pas de Sotade, ils sont d'un poète de la même tradition. *Cf.* **47** C. De Stefani, « P. Heid. Inv. G 310 A : frammenti di poesia ellenistica », *ZPE* 140, 2002, p. 17-29 : « Se non si trattasse di Sotade, potrebbe essere un carme *instar Sotadis*, scritto nel suo metro. In tal caso, si tratterebbe del primo esempio di *Sotadeum* » (p. 26).

Lucien dans *La Goutte* (Ποδάγρα) écrit ses vv. 113-124 en sotadéens. Un panégyrique d'Alexandrie (ou de l'Égypte ?) en grec, transmis par P. Gron.inv. 66, du second siècle de notre ère, est aussi en mètre sotadéen. Voir **48** I. H. M. Hendriks, P. J. Parsons et K. A. Worp, « Papyri from the Groningen Collection I : Encomium Alexandreae », *ZPE* 41, 1981, p. 71-83, notamment p. 76-78. Les auteurs formulent deux hypothèses, p. 77-78. Ils envisagent que le mètre a commencé avec Sotade, est devenu populaire et a étendu son empire de la satire et des clowneries jusqu'à la religion et la moralité, ou que le mètre a commencé beaucoup plus tôt, dans les cultes orientaux, comme d'autres formes de vers ioniques, qu'il a traversé la religion populaire, par exemple chez les Galles, et qu'il est passé de là dans la morale populaire et le divertissement populaire; ce serait à partir de ce mètre qui aurait existé avant lui que Sotade aurait lancé son courant littéraire. C'est en faveur de cette seconde hypothèse qu'ils penchent. Furley **5**, col. 751, ne tranche pas quand il s'agit de déterminer si Sotade a emprunté son vers à une tradition cultuelle antérieure ou s'il l'a créé : « Ob S. letzendlich ein bereits existierendes, urspr. vielleicht kultisches Versmaß *(ionia)* für seine der Trad. der ionischen Iambographen nahestehenden Spottgedichte zweckentfremdete oder ein alexandrinisches Novum schuf, das dann in der Folgezeit für andere Zwecke (moralisierende Verse) aufgegriffen wurde, bleibt fraglich ».

Sous sa rubrique 24, Powell **1**, p. 245, indique que des vers sotadéens remontant peut-être au Ier ou au IIe s. de notre ère ont été écrits en acrostiches par un centurion, Maxime, sur un temple dédié à Mandulis dans la ville de Kalabscheh en Éthiopie, et il ajoute qu'un certain Moschion fit de même sur un temple d'Osiris en Égypte. Ces sotadéens, en raison de la pureté de leur forme, pourraient remonter à l'époque de *La Goutte* de Lucien qui, comme nous l'avons dit, contient des sotadéens (*cf.* **49** O. Puchstein, *Epigrammata Graeca in Aegypto Reperta*, Diss., Straßburg 1880, p. 10-13). Pour d'autres références de vers grecs écrits en mètres sotadéens, voir Magnelli **36**, p. 300-301 n. 9.

Les chrétiens portaient un regard négatif sur Sotade et ses vers. Au IIe s., Justin, dans sa *Seconde Apologie* 15, 3, présente sa propre doctrine comme supérieure à ce qu'ont écrit les poètes et il nomme Sotade en même temps que d'autres écrivains disqualifiés d'un point de vue éthique : Philaenis (de Samos), une poétesse censée avoir écrit des vers licencieux, Archestratos (de Géla), auteur d'un poème gastronomique parodique (voir Athénée, *Deipn.* IV, 162 B et VIII, 335 D) ainsi qu'Épicure. Au IVe s. Athanase accusa Arius d'avoir écrit sa *Thalie* à la manière de l'Égyptien Sosate (*sic*) qu'il faut identifier sans doute avec Sotade de Maronée (*De sententia Dionysii* 6, 1 ; *PG* 25, 488 B : ὁ μὲν Ἄρειος τὴν ἰδίαν κακοδοξίαν ἐκτιθέμενος, ἔγραψε Θαλείαν ἐκτεθηλυμένοις καὶ γελοίοις ἤθεσι κατὰ τὸν Αἰγύπτιον Σωτάδην (corr. de Σωσάτην), « Arius, exposant ses opinions condamnables, écrivit une *Thalie* à la façon efféminée et ridicule de l'Égyptien Sotade/Sosate » ; voir aussi *Oratio contra Arianos* I 2 (*PG* 26, 16 A), I 4 (*PG* 26, 20 A-B), I 5 (*PG* 26, 20 C-21 A), où sont cités 7 vers du début de la *Thalie* (trad. A. Rousseau, *Les trois discours contre les Ariens*, Bruxelles 2004, p. 37 ; voir aussi p. 34), *De synodis Arimini in Italia et Seleuciae in Isauria celebratis* 15, 2 (*PG* 26, 705 C - 708 C), où en sont cités 43 vers. Socrate, *H. E.* I 9 (*PG* 67, 84 B), à son tour, emprunte l'information à Athanase : « Il faut savoir qu'Arius composa un livre sur sa propre doctrine, auquel il donna pour titre *Thalie*. Le style de ce livre est sans consistance et relâché, proche des chants ou des mètres sotadéens ». Sozomène, *H. E.* I 21 (*PG* 67, 921 B), exprime la même opinion que Socrate, tout en précisant qu'Arius et les Ariens furent excommuniés au synode de Nicée et que la *Thalie* y fut condamnée. Voir **50** W. J. W. Koster, «De Arii et Eunomii sotadeis», *Mnemosyne* 16, 1963, p. 135-141; **51** D. Wyss, «La *Thalia* di Ario», *Dioniso* 37, (Siracusa) 1963, p. 241-254; **52** M. L. West, «The metre of Arius' Thalia», *JThS* 33, 1982, p. 98-105. Quant à Grégoire de Nysse, *Contra Eunomium* I 1, 17, il voyait aussi chez Eunome (➠E 122) la trace de vers sotadéens: «Tels sont, à côté de beaucoup d'autres, les gazouillis qui figurent déjà dans la préface, ces phrases à la manière de Sotadès, amollies et énervées (τὰ βλακώδη ταῦτα καὶ παρατεθρυμμένα σωτάδεια), que cet homme, me semble-t-il, est peut être incapable de déclamer calmement, mais qu'il récite en claquant des doigts, en tapant des pieds pour les rythmer, tout en déclarant "qu'il n'est besoin ni d'autres mots, ni d'autres efforts"» (trad. Winling).

Le POxy. 3010 (vol. XLII édité par P. J. Parsons), contient un fragment d'un roman d'époque romaine. Les personnages sont initiés aux Mystères de Cybèle. Avec un certain Iolaos et un *cinaède*, ils se déguisent en Galles, espérant échapper ainsi à un danger. Le fragment a conservé un épisode d'un récit relatif à Iolaos, dont une partie est écrite en prose et une autre en vers sotadéens. Voir **53** P. J. Parsons, «A Greek Satyricon», *BICS* 18, 1971, p. 53-68; **54** S. A. Stephens et J. J. Winkler, *Ancient Greek Novels. The Fragments,* Princeton 1995, p. 358-374 (texte grec du fragment, traduction et notes).

Furley **5**, col. 750, signale les différences décisives qui séparent les vers originels de Sotade et les sotadéens tardifs: «Grundlegende Unterschiede zw. diesen späteren Sotadeen und den echten Versen des S.: Sprachliche und metrische Genauigkeit, Biß und Polemik charakterisieren die echten; lockere, bis in Unkenntlichkeit mündende Versform und seichtes Moralisieren erstere» (*cf.* Bettini **35**, p. 60-70).

Œuvres

Athénée, *Deipn.* VII, 293 A, prend soin de distinguer Sotade de Maronée et le poète homonyme d'Athènes, de la comédie moyenne, auteur des Ἐγκλειόμεναι, *Les enfermées*, dont il cite 35 vers dans lesquels un cuisinier énumère différents plats de poissons qu'il prépare [fr. 1 (1) Kassel-Austin]: Σωτάδης δ', οὐχ ὁ τῶν Ἰωνικῶν ᾀσμάτων ποιητὴς ὁ Μαρωνίτης, ἀλλ' ὁ τῆς μέσης κωμῳδίας, ποιεῖ καὶ αὐτὸς ἐν Ἐγκλειομέναις... En *Deipn.* IX, 368A, il cite aussi, de Sotade le comique, deux vers du Παραλυτρούμενος, *Le captif racheté,* où l'homme politique Hégésippe de Sounion apparaît sous le sobriquet Krobylos [fr. 3 (3) Kassel-Austin] (sur Sotade le comique, voir **55** A. Körte, art. «Sotades» 1, *RE* III A 1, 1927, col. 1206-1207). Or, si la *Souda* distingue bien un Sotade d'Athènes, poète comique de la comédie moyenne (*s.v.* Σωτάδης, Σ 870, t. IV, p. 409, 22 Adler), et un Sotade de Maronée iambographe (Σ 871, t. IV, p. 409, 23 Adler), elle attribue à tort à Sotade de Maronée, dans la liste qu'elle fournit de ses œuvres, les Ἐγκλειό-μεναι et le Παραλυτρούμενος de Sotade le comique, alors qu'il faudrait clore la liste après καὶ ἕτερα (*cf.* fr. 5 Powell): Εἰς ᾅδου κατάβασις· Πρίηπος· Εἰς

Βελεστίχην· Ἀμαζών· καὶ ἔτερα. [καὶ Ἐγκλειόμεναι, καὶ Παραλυτρούμενος· ὡς Ἀθήναιός φησιν ἐν Δειπνοσοφισταῖς.]

Dans son commentaire, chap. 126, sur Job 38, 7, édité par D. Hagedorn, *Der Hiobkommentar des Arianers Julian*, coll. «Patristische Texte und Studien» 14, Berlin/New York, 1973, p. 261, 16-20, Julien d'Halicarnasse a conservé aussi du comique Sotade un extrait d'un jeu dialectique sur παθεῖν / μαθεῖν (fr. 4 Kassel-Austin = fr. 23 Powell sous la rubrique *Aliena*) [*cf.* **56** H. Dörrie, «Leid und Erfahrung. Die Wort- und Sinn-Verbindung παθεῖν-μαθεῖν im griechischen Denken», *AAWM/GS* 5, 1956, p. 307-344].

Les fragments de Sotade de Maronée, réunis dans Powell **1**, p. 238-245, comprennent :

(1) Une attaque contre Ptolémée II Philadelphe (1 Powell cité *supra*).

Sur la forme ὠθεῖς adoptée par Plutarque ou ὠθει transmise par Athénée (impératif ou imparfait sans augment ὤθει A, *rec.* Kaibel, indicatif ὠθεῖ CE Eust., *rec.* Schweighäuser), voir Pretagostini **26**, p. 141 n. 9. Sur τὸ κέντρον, à la fois sexe masculin et aiguillon du pouvoir, emblème du tyran, voir **57** *Id.*, «La duplice valenza metaforica di κέντρον in Sotade fr. 1 Powell», *QUCC*, N. S. 39 (68), 1991, p. 111-114, repris avec quelques modifications sous le titre : «Intellettuali e potere politico nell' età ellenistica : la duplice valenza metaforica di κέντρον in Sotade fr. 1 Powell», dans **58** *Id.*, *Ricerca sulla poesia alessandrina*, t. II. *Forme allusive e contenuti nuovi*, coll. «Quaderni dei Seminari romani di cultura greca» 11, Roma 2007, p. 134-138. La critique de Sotade, à travers l'emploi métaphorique de τὸ κέντρον, viserait à la fois le comportement privé de Ptolémée et son pouvoir absolu de souverain autocrate. L'adjectif ὁσίην veut sans doute rappeler le ἱερὸς γάμος que mettait en avant Ptolémée pour justifier son mariage incestueux et que Sotade n'admettait pas comme une justification valable.

Le fr. 16 Powell (Ἥρην ποτέ φασιν Δία τὸν τερπικέραυνον), rapporté par Héphestion et faisant allusion à Zeus et Héra, pourrait appartenir non pas à l'*Iliade* de Sotade comme le voulait Escher, mais plutôt au pamphlet contre Ptolémée et son mariage. Selon Pretagostini, l'*incipit* de ce poème pourrait être précisément le vers anonyme cité par Héphestion, où cette fois c'est le foudre qui a la double valeur de sexe masculin et de pouvoir. *Cf.* Prioux **31**, p. 117.

Callimaque a parodié ces deux vers des fr. 1 et 16 Powell dans son élégie sur Acontios et Cydippé (*Aitia* III, fr. 75, v. 4-5 Pfeiffer), où Ἥρην γάρ κοτέ φασι reprend Ἥρην ποτέ φασιν et οὐ οὐχ ὁσίη reprend οὐχ ὁσίην :

> Ἥρην γάρ κοτέ φασι—κύον, κύον, ἴσχεο, λαιδρέ
> θυμέ, σύ γ' ἀείσῃ καὶ τά περ οὐχ ὁσίη.

«On dit qu'Héra, un jour – chien, ô chien, arrête-toi, mon cœur effronté, car tu voudrais chanter aussi ce qui est impie» (trad. Prioux).

On s'est demandé pourquoi Callimaque a fait allusion au poème de Sotade si celui-ci attaquait les noces de Ptolémée et d'Arsinoé. Pour certains (**59** H. White, «Further textual Problems in Greek Poetry», *Orpheus* 21, 2000, p. 175-188, notamment p. 187-188 ; **60** G. Giangrande, «Sótades, Fragmento 16 Powell, y Calímaco, Fragmento 75.4ss. Pfeiffer», *Habis* 35, 2004, p. 105-108), Sotade et Callimaque feraient allusion non point au ἱερὸς γάμος de Zeus et Héra mentionné pour la première fois en *Iliade* XIV 294 *sqq.*, comme le pense Powell, mais à une fellation pratiquée par Héra sur Zeus, κύον signifiant à la fois «chien» et «membre viril». Sotades, comme le remarque White, laisse entendre que, dans le fr. 16, Héra, partenaire active, fait quelque chose à Zeus, mais il laisse à l'imagination du lecteur le soin de trouver ce dont il s'agit. En faveur de l'interprétation par la fellation, on peut renvoyer à Diogène Laërce VII 187-188 [*SVF* II 1071] qui mentionne le tableau évoqué par Chrysippe dans son traité *Sur les anciens physiologues* ; voir aussi *SVF* II 1072-1074. Pour un commentaire du passage de Callimaque, voir aussi Prioux **31**, p. 119-125.

(2) Une attaque contre le joueur de flûte Théodore (2 Powell), qu'on peut dater grâce à une anecdote rapportée par Élien, *Histoire variée* XII 17, où Théodore apparaît comme un contemporain de Démétrios Poliorcète (*ca* 336-283).

Mais la phrase d'Athénée qui sert d'introduction aux vers du fr. 2 comporte une ambiguïté : Θεοδώρου τοῦ αὐλητοῦ Φιλῖνος ἦν πατήρ, εἰς ὃν ταῦτ᾽ ἔγραψεν (ὁ Σωτάδης). Les deux vers qui suivent sont-ils dirigés contre Théodore ou contre Philinos, le père de celui-ci. En faveur de Théodore, Susemihl **24**, t. I, p. 246, n. 19, suivi par Powell ; en faveur de Philinos, Magnelli **44**, p. 99 n. 1 ; **61** H. White, « Sotades and the flute-player », *Habis* 35, 2004, p. 101-103.

Sur ces fragments 1 et 2 de Powell, voir Koster **28**, p. 91-93.

(3) Une ἱστορία d'Adonis (3 Powell), qui commence comme un conte (Τίνα τῶν παλαιῶν ἱστοριῶν θέλετ᾽ ἐσακοῦσαι ;).

(4) Une mise en vers sotadéens de l'*Iliade* (4 a-c Powell). Selon Hendriks, Parsons et Worp **48**, p. 77, « this *Iliad* was a characteristically Alexandrian fusion of high metre and low form ».

Cf. Héphestion, *Enchiridion cum commentariis veteribus, Scholia A*, p. 108, 14 Consbruch : Ἰλιάδα ἔγραψε Σωτάδης μεταθεὶς τὰ τοῦ ποιητοῦ εἰς τὸ ἴδιον μέτρον. L'hexamètre *Iliade* X 133 (Σείων Πηλιάδα μελίην κατὰ δεξιὸν ὦμον) a été réécrit en vers sotadéen par Sotade exactement avec les mêmes mots mais placés différemment (Σείων μελίην Πηλιάδα δεξιὸν κατ᾽ ὦμον). La réécriture sotadéenne devait donner un rythme plus proche de la prose. Pour Bettini **35**, p. 68-69, qui s'appuie sur Démétrius, *De interpretatione* 189, où Démétrius ajoute après avoir cité le vers dans sa forme sotadéenne : « Le vers est comme métamorphosé, à la manière des hommes dont la fable raconte la métamorphose en femmes », la réécriture sotadéenne de l'*Iliade* serait un simple corollaire de la formule générale cinédique de l'inversion, qui caractérise l'*éthos* spécifique des vers sotadéens. Sotade se serait diverti à « invertir » métriquement des hexamètres dont il était possible de faire une lecture à double sens, selon une double inversion des contenus et de la forme. Pour Hose **6**, ce travail sur le texte canonique d'Homère prouve que Sotade était à la recherche de nouveaux chemins pour la poésie.

(5) 4 autres titres sont cités par la *Souda*, *s. v.* Σωτάδης, Σ 871, t. IV, p. 409, 27-28 Adler : Εἰς Ἅιδου κατάβασις ; Πρίηπος ; Εἰς Βελεστίχην (*cf. supra*) et Ἀμαζών (5 Powell).

(6) Stobée cite sous le lemme Σωτάδου une soixantaine de vers (fr. 6-15 Powell), dont Meineke **39**, p. 246-247, met en doute l'authenticité à cause de leur langue, de leur métrique, de leur mode d'expression et de leur contenu (p. 246 : « quos autem ex Stobaeo attulit [Hermann] Sotadis versus sexaginta, ii, sive dialectum sive dictionem sive sententiam spectas, ceteris quos Athenaeus servavit Sotadis versibus mihi quidem non similiores videntur quam insulsae istae quae Anacreontis nomen mentiuntur cantiunculae veris et genuinis Anacreonticorum carminum reliquiis »). Il faut donc les distinguer des vers attribués à Sotade. De même Bettini **35**, p. 69-70, distingue d'un côté les fragments attribués à Sotade avec certitude, qui, du point de vue du contenu, ont en commun obscénité, double sens, et sont associés à des usages linguistiques et stylistiques précis : ionisme, épicisme, inversion des hexamètres homériques etc., et de l'autre les sotadéens de Stobée à contenu philosophique ou didactique qui sont écrits dans une langue et un style complètement différents de ceux de Sotade.

Ils sont écrits en effet dans une *koinè* assez récente et non en dialecte ionien, et ils expriment une morale populaire (voir par ex. les fr. 6, 7 et 9). Powell les a rassemblés dans ses fr. 6-15, sous le titre « Sotadea, apud Stobaeum servata ». A propos du fr. 14 (deux vers transmis sans lemme par Stobée, *Anth.* I 1, 24, t. I, p. 31, 5-6 Wachsmuth, et attribués à Sotade d'abord par **62** U. von Wilamowitz, « Lesefrüchte », *Hermes* 33, 1898, p. 513-533, notamment p. 514, puis par Escher **2**, col. 860-861), Wilamowitz suggère que les sotadéens à portée morale, transmis par Stobée, ont été composés au IIᵉ ou au IIIᵉ s. de notre ère pour l'usage de la jeunesse d'Égypte. Cependant, même s'ils ne sont pas de Sotade, les vers transmis par Stobée peuvent contenir du Sotade mêlé à d'autres auteurs (*cf.* Susemihl **24**, t. I, p. 246, n. 19, qui pense que Stobée a pu utiliser une collection déjà fondée sur un tel mélange), si bien qu'ils sont importants aussi pour notre connaissance de Sotade.

Signalons le fr. 15, qui fait allusion à la mort de Socrate (v. 9), à celles de Diogène (v. 12), d'Eschyle (v. 13), de Sophocle (v. 14), d'Euripide (v. 15) et d'Homère (v. 16), et rappelons que le fr. 16, qui faisait sans doute suite au fr. 1, pourrait donc être authentique (*cf. supra*).

(7) *Incerta*

Powell range sous la rubrique *Incerta* les fragments numérotés de 16 à 22.

Une orientation philosophique chez Sotade de Maronée ?

L'Antiquité, au moins à l'époque impériale, avait déjà la vision d'un Sotade d'orientation cynique, puisqu'une petite statuette du Musée archéologique d'Eskişehir en Anatolie (inv. A-283-67), de la deuxième moitié du deuxième siècle ou de la première moitié du troisième, représentant un homme chauve et barbu, et portant sous le buste l'inscription ΣΩΤΑΔΗC, pourrait renvoyer au poète de Maronée à qui serait donnée une allure de philosophe cynique. Voir **63** Ch. Peege et P. Frei, « Eine Sotades-Büste aus Anatolien », dans S. Buzzi *et alii* (édit.), *Zona Archeologica. Festschrift für Hans Peter Isler zum 60. Geburtstag*, Bonn 2001, p. 331-337 et planche 50. Les auteurs relèvent dans ce portrait « l'apparence "sauvage" typique des cyniques, qui fait ressortir leur marginalisation sociale et qui pouvait être particulièrement bien représentée avec l'iconographie du Silène » (p. 335).

Plusieurs éléments font penser au cynisme dans les vers attribués de façon sûre à Sotade. Voir **64** G. A. Gerhard, *Phoinix von Kolophon*, Leipzig/Berlin 1909, p. 243-244.

(a) La franchise à l'égard des puissants

Grâce à Athénée, *Deipn.* XIV, 620 F, on sait que le fils de Sotade, Apollonios, écrivit un ouvrage sur les poèmes de son père, qui mettait en lumière « la franchise intempestive » (ἡ ἄκαιρος παρρησία) du personnage (*cf.* Eustathe, qui, dans son *Commentaire In Iliadem*, Π 432, t. III, p. 878, 22 Van der Valk, parle de son ἀκαιροπαρρησία, tandis que Plutarque, *De liberis educandis* 14, 11 a, évoque son ἄκαιρος λαλία, son « bavardage intempestif »). Sotade manifesta sa franchise notamment à l'égard de Lysimaque et de Ptolémée Philadelphe, ce qui rappelle les rapports de certains cyniques avec les puissants : Diogène de Sinope (☞D 147) / Alexandre ; Isidore (☞I 28) / Néron ; Diogène le sophiste (☞D 151) / Titus ; Héras (☞H 68) / Titus ; Pérégrinus (☞P 79) / Antonin le Pieux. *Cf.* **65** I. M. Nachov, « La poésie de la protestation et de la colère (Sotadès, Phénix, Kerkidas)», *Voprosy klassičeskoj Filologii (Moskau)* 5, 1973, p. 5-67.

(b) Le manque de pudeur délibéré, l'ἀναίδεια, voire l'obscénité

Choqué par les poèmes de Sotade, Quintilien, *Institution oratoire* I 8, 6 voulait bannir le poète de l'enseignement, du moins de celui dispensé aux élèves encore jeunes. Le parti-pris délibéré d'obscénité dans le vocabulaire, qui rappelle ce que disait Philodème à propos des *Républiques* de Diogène et de Zénon dans son *De Stoicis* 7, col. XVIII 8, p. 102 Dorandi («utiliser les mots dans leur nudité, sans les atténuer, et les utiliser tous»), peut évoquer la nouvelle frappe de la monnaie cynique en matière d'écriture. De même le parti-pris d'inversion dans la forme et le contenu avec les expressions à double sens que l'on trouve par exemple dans l'*Iliade* de Sotade peut rappeler la manière cynique de «falsifier» les genres traditionnels comme la lettre, la tragédie ou le genre poétique.

(c) Le titre Εἰς ᾅδου κατάβασις, Descente dans l'Hadès

Ce titre fait penser à la Νέκυια, *L'évocation des morts*, de Ménippe de Gadara (☛M 129), laquelle inspira le *Menippus sive necyomantia* de Lucien (☛L 66).

(d) Une apostrophe dans un poème de Callimaque

Dans le passage de Callimaque (*Aitia* III, fr. 75 Pfeiffer, vv. 4-9) parodiant Sotade (fr. 1 et 16 Powell) et cité *supra*, l'apostrophe sans doute obscène κύον, κύον qu'on lit aux vv. 1-2, pourrait bien être aussi un clin d'œil au cynisme.

Prioux **31**, p. 122: «L'apostrophe κύον, κύον rejette implicitement Sotadès parmi les Cyniques, ce qui permet d'expliquer son impiété. Cette exclamation prend un relief particulier si l'on considère une série de vers sotadéens cités par Stobée et parfois attribués à Sotadès (…) la plupart de ces fragments se présentent sous la forme de réflexions éthiques inspirées du cynisme»; p. 123: «le texte de Callimaque constitue le plus ancien témoignage sur les liens entre la poésie de Sotadès et le cynisme (...) et ce témoignage sera relayé dans des textes plus tardifs, d'abord chez Stobée, puis dans une anecdote isolée contée par un moine du VIᵉ siècle: Nonnos, qui, dans son *Commentaire au premier discours contre Julien* de Grégoire de Nazianze, indique qu'un certain Sotadès, philosophe alexandrin, aurait eu des démêlés avec un roi Ptolémée pour avoir dit, à l'instar de Diogène le Cynique parlant à Alexandre le Grand, "Ôte-toi de mon soleil"» (*cf.* la notice S 131).

(e) La morale populaire dans les sotadéens de Stobée

Les vers sotadéens transmis par Stobée, qui mêlent probablement Sotade et d'autres auteurs, énoncent des principes de morale populaire. En voici quelques échantillons, dont certains (notamment le fr. 9 Powell) peuvent faire penser au cynisme. Toutefois l'ensemble des vers transmis par Stobée nous paraît refléter davantage la morale populaire en général qu'une morale spécifiquement cynique.

Fr. 6, v. 3-9: nul n'est à l'abri du malheur, pas plus le riche que l'homme pieux, le grand artiste, le juge qui est juste ou l'homme qui est fort. Au dernier vers (v. 13) le poète exprime une sorte d'angoisse existentielle quand il invite son interlocuteur à se demander: «De qui viens-tu? Qui es-tu? qui redeviens-tu?» Cette conscience du tragique de l'existence humaine rappelle les vers attribués à Diogène le Cynique dans Maxime, *Loci communes, Sermo* 67, *PG* 91, c. 1008 D, ou ceux mis dans la bouche du même Diogène par Dion Chrysostome, *Discours* IV 82, ou encore la *Lettre pseudépigraphe* XXII de Diogène à Agésilas (p. 26 Müseler).

Fr. 8 : Ce fragment montre que l'homme est toujours insatisfait, car « le pauvre veut posséder et le riche veut posséder encore plus » (v. 6). Le poète relativise les dons que la Fortune fait ou ne fait pas à l'homme : « De la Fortune, il faut considérer le plus grand don comme tout petit et ne pas vouloir ce que tu n'as pas sous la main, car cela ne t'appartient même pas » (v. 1-2) et il considère que riches et pauvres ont autant de soucis les uns que les autres : « C'est à égalité que leurs âmes (*s.e.* celles des riches et celles des pauvres) connaissent le souci » (v. 7). Ces vers font penser à certains passages des diatribes de Télès (➡T 13), par exemple de la diatribe IVA : « Comparaison de la pauvreté et de la richesse ».

Fr. 9 : Ce fragment appelle l'homme à la modestie, à l'absence d'orgueil, et fait l'éloge de la maîtrise de soi. v. 1 : « Même si tu es né roi, prête l'oreille comme un mortel que tu es » ; v. 3 : « Si tu es bien vêtu, ces vêtements, avant toi c'est un petit mouton qui les avait ; v. 4 : « Si tu portes de l'or, c'est une vanité de la Fortune ; v. 7-8 : « Si tu es tempérant, c'est un cadeau des dieux. La tempérance est présente si tu te maîtrises toi-même ». (Télès, *Diatribes*, fr. II : « Sur l'autarcie », fait appel aux mêmes qualités : σωφροσύνη [p. 6, 7 ; p. 7, 3], ἀτυφία [p. 6, 8])

Fr. 10, v. 1-3 : Éloge de l'autarcie, vertu cynique par excellence (*cf.* Diogène Laërce VI 78 ; *Gnomologium Vaticanum* 180, p. 74 Sternbach). « Le pauvre suscite la pitié, le riche la jalousie ; le genre de vie qui est un mélange mesuré est juste, car l'autarcie appliquée à toutes choses est un plaisir juste ».

Fr. 15 : Parmi les sages qui ont connu une mort qu'ils ne méritaient pas, on note au v. 12 la présence de Diogène dont la tradition rapporte qu'il serait mort pour avoir mangé un poulpe cru.

En revanche le principe exprimé dans le fr. 7, v. 3 : « la loi est un dieu ; honore-la toujours et partout », ne s'harmonise pas avec l'opposition nature/loi formulée par les cyniques qui préconisent de suivre la nature et non la loi des cités.

Sur ces vers transmis par Stobée, voir **66** R. Pretagostini, « Sotade e i Sotadea tramandati da Stobeo », dans G. Cerri (édit.), *La letteratura pseudepigrafa nella cultura greca e romana*, Atti di un Incontro di studi, Napoli, 15-17 gennaio 1998, coll. « Annali dell'Istituto universitario orientale di Napoli, Sezione filologico-letteraria » 22, Napoli 2000, p. 275-289, réimpr. sous le titre « I carmi di Sotade e i Sotadea tramandati da Stobeo » dans Pretagostini **58**, p. 139-147. Selon Pretagostini, c'est davantage le mètre que le contenu des vers qui a abouti à la construction du *corpus* des *Sotadea*, car le sotadéen est avant tout un vers construit sur un rythme, le *ionicus a maiore*.

MARIE-ODILE GOULET-CAZÉ.

134 SÔTAS DE PAPHOS *RE* 1 F II^a-D I^a

Philosophe stoïcien ayant vécu probablement à la fin du IIe siècle et au début du Ier siècle avant J.-C. Il est mentionné dans la *Stoicorum historia* (*PHerc.* 1018), col. LXXV 1-2, p. 124 Dorandi, dans une liste de successeurs et de disciples du stoïcien Panétius de Rhodes (➡P 26), avec Sosus d'Ascalon (➡S 129), qui est mieux connu, ainsi que Démétrius (➡D 50) et Lycandre de Bithynie (➡L 79).

FRANCESCA ALESSE.

SOTATÈS D'ALEXANDRIE → SOTADÈS D'ALEXANDRIE

135 SÔTÉRICHOS   XI ?

Auteur d'un opuscule intitulé Τοῦ κυρίου Σωτηρίχου τοῦ φιλοσόφου σχόλια
εἰς τὸ ῥητὸν τοῦ δευτέρου βιβλίου τῆς ἀριθμητικῆς τό· χρησιμεύει δὲ εἴς τε
τὴν Πλάτωνος ψυχογονίαν καὶ εἰς τὰ ἁρμονικὰ διαστήματα πάντα, publié par
1 R. Hoche, *Soterichus, Ad Nicomachi Geraseni Introductionem Arithmeticam de
Platonis Psychogonia scholia*, Progr. Elberfeld 1871. L'édition de Hoche, ainsi
qu'il le dit lui-même dans sa *Praefatio*, est fondée sur le seul manuscrit *Hamburgensis Philol. gr.* 88-89 (p. 375-395), du XVIe s., qui contient aussi l'*Introduction
arithmétique* de Nicomaque de Gérase (➙N 50) et le *Commentaire à Nicomaque*
de Jean Philopon (➙P 164), *cf.* **2** H. Omont, « Notes sur les manuscrits grecs des
villes hanséatiques », *CentrblBibliwes* 7, 1890, p. 355-368. En réalité, l'opuscule
de Sôtérichos se trouve également, attribué au même auteur, mais dans une version
incomplète, au moins dans les manuscrits suivants : *Vaticanus gr.* 198, *Ambrosianus* G 62 sup., *Parisinus gr.* 2479, ainsi que dans une copie de ce dernier, le
Parisinus gr. 2484, comme l'atteste **3** P. Tannery, « Rapport sur une mission en
Italie », dans ses *Mémoires Scientifiques*, t. II, Paris 1883-1898 (réimpr. 1995),
p. 285, 306 et 329. Sur le *Parisinus gr.* 2479 voir également **4** M. L. D'Ooge, F. E.
Robbins et L. C. Karpinski, *Nicomachus of Gerasa, Introduction to Arithmetic*,
London 1926, p. 150. A propos d'un autre manuscrit, l'*Ambrosianus* Et 157 sup.,
Tannery **3**, p. 285, indique le début et la fin du texte (qui toutefois ne
correspondent pas aux indications fournies par le texte édité par Hoche), disant que
cet opuscule a été publié sous le nom de Michel Psellus (➙P 312) par **5** A. J.
Vincent, *Notices et Extraits de MSS.*, Paris 1847, t. XVI/2, p. 316-337, mais qu'il a
été publié par ailleurs par Hoche sous le nom de Sôtérichos. Hoche dans sa
Praefatio déclare avoir cherché dans les bibliothèques allemandes d'autres
manuscrits en dehors de l'*Hamburgensis*, mais il est évident que sa recherche a été
sans résultat puisque tous les autres manuscrits qui contiennent le texte de
Sôtérichos ne sont pas des manuscrits allemands !

Sur l'auteur, on ne peut rien affirmer de certain, car il ne peut pas être identifié
avec Sôtérichos d'Oasis (➙S 136), contemporain de Dioclétien et auteur d'une *Vie
d'Apollonius de Tyane* (*cf.* **6** W. Weinberger, art. « Soterichos » 1, *RE* III A 1,
1927, col. 1231), ni avec Sôtérichos d'Alexandrie, personnage du dialogue du
pseudo-Plutarque intitulé *De musica* 1131 c 8 Ziegler, ni avec le chirurgien mentionné par Sextus Empiricus, *Hypot. Pyrrh.* I 84 (*cf.* **7** H. Gossen, art. « Soterichos » 2, *RE* III A 1, 1927, col. 1231). Sôtérichos est d'ailleurs un nom fréquemment porté aussi bien par des païens que par des chrétiens. Dans sa *Praefatio*
Hoche considère comme vraisemblable qu'il faille l'identifier avec le diacre de
l'église de Constantinople Sôtérichos, auteur d'un traité *De generatione aeterna
filii Dei* qu'il envoya et peut-être dédia au patriarche Michel, *cf.* **8** G. Ch.
Harlesius, dans J. A. Fabricius, *Bibliotheca Graeca*, l. V, chap. XLI, t. XI, p. 715,
Hamburgi 1808. Ce Michel serait le patriarche de Constantinople Michel Cérulaire, s'il est vrai que, ainsi que le dit Hoche, Sôtérichos aurait été contemporain de
Constantin X (et non VIII comme l'affirme Hoche), empereur de la dynastie des

Ducas de 1059 à 1067 et époux d'Eudocia Macrembolitissa, nièce de Cérulaire, connue comme ayant été une personne instruite. A cette dernière pourrait avoir été dédié l'opuscule mathématique de Sôtérichos, dès lors qu'à la page 4, li. 6, l'auteur fait référence à une «très noble dame» (ὦ κρατίστη μοι δέσποινα), utilisant le terme δέσποινα, qui, ainsi que le dit encore Hoche (qui fait référence aux *Histoires byzantines* de Nicéphore Grégoras, où en effet j'ai trouvé plusieurs occurrences de ce terme attribué à des femmes de rang impérial), n'était ordinairement utilisé que pour la mère ou l'épouse d'un empereur byzantin, *cf.* **9** E. Bensammar, «La titulature de l'Impératrice et sa signification. Recherches sur les sources byzantines de la fin du VIIIᵉ siècle à la fin du XIIᵉ siècle», *Byzantion* 46, 1976, p. 243-291. La conjecture de Hoche, selon laquelle il fut un ecclésiastique du fait que le terme κύριος est appliqué à Sôtérichos dans l'*inscriptio* de l'opuscule, est moins vraisemblable.

Les scholies de Sôtérichos sont intéressantes pour différentes raisons : parce qu'elles constituent un témoignage intéressant sur l'attention que les savants Byzantins du XIᵉ siècle montraient envers la philosophie platonicienne : parce que le but qui les inspire est le même que celui qui a inspiré d'autres textes de philosophie des mathématiques des siècles précédents, c'est-à-dire celui d'expliquer au moyen des mathématiques quelques aspects de la philosophie de Platon, et surtout la psychogonie du *Timée*, et parce que Sôtérichos en grande partie transcrit des sections du livre III du commentaire de Proclus sur le *Timée* de Platon, mais de façon à construire un discours unitaire et cohérent. La transcription du texte de Proclus concerne des passages de l'*in Tim.*, t. II, p. 117, 122, 125-126, 163, 168, 203-205, 257, mais surtout p. 175-179. Hoche ne s'est pas aperçu que les scholies de Sôtérichos sont en grande partie une transcription de Proclus. D'autre part, l'éditeur du IIIᵉ livre de l'*in Tim.*, E. Diehl, montre qu'il ne sait rien de ces scholies, et on n'en trouve aucune trace dans l'*Introduction* de la traduction de Proclus de Festugière, quoique cette dernière prenne en considération des textes qui ne sont pas considérés dans l'édition Teubner, *cf.* la note de A. Segonds dans **10** *Proclus. Commentaire sur le Timée*, traduction et notes par A.J. Festugière, t. I, l. I, Paris 1966, p. 12.

On ne voit pas pourquoi Hoche dans sa *Praefatio* dit que l'opuscule commence au chapitre II 3 de l'*Introduction arithmétique* de Nicomaque, qui explique comment on peut trouver les épimores à partir des multiples, sujet dont Hoche dit à juste titre «loco quodam minus perspicuo». En réalité le point de départ de l'opuscule est un sujet d'importance capitale : c'est celui de l'égalité et de l'inégalité.

L'ouvrage de Sôtérichos n'est pas en effet un bref commentaire à Nicomaque, mais bien une explication de la psychogonie du *Timée* fondée sur la mathématique nicomaquéenne dans sa totalité : «il (*scil.* Nicomaque) dit ensuite, écrit Sôtérichos (p. 1, 11-12), pour quelles choses est utile la présente théorie, à savoir pour la psychogonie de Platon et pour les intervalles harmoniques». Pour commencer, Sôtérichos s'occupe donc des intervalles harmoniques ; des symphonies ou encore des accords simples, et du diapason qui est un accord composé (p. 1, 12 - 2, 11) ; il passe ensuite à ce que Platon dit à propos de l'âme dans le *Timée*, et, dans un premier temps, il présente quelques arguments de fond, comme celui de la génération de l'âme – qui se produit non pas selon le temps, mais selon l'essence : d'après ce qui est dit dans le *Phèdre*, l'âme est « indestructible et inengendrée (ἀνώλεθρον καὶ ἀγένητον) », tandis que dans le *Timée* Platon « dit que, selon son essence, la génération de l'âme dérive des causes intelligibles (ἀπὸ τῶν νοητῶν αἰτιῶν πάροδον γένεσιν λέγει ψυχῆς, p. 2, 14-15) », *cf.* Proclus, *in Tim.*, t. II, p. 117, 11-14 –, ou bien celui de son antériorité par rapport au corps et à son rapport avec le temps, *cf.* Proclus, *in Tim.*, t. II, p. 125, 23 *sqq.* Après avoir ensuite parlé de la structure de l'âme, il tourne son attention vers les deux mélanges du *Timée*, ceux grâce auxquels le démiurge crée pour commencer l'âme du monde, puis l'âme humaine « générée dans le second mélange des mêmes genres de l'être, qui sont cependant affaiblis » (p. 2, 43-44). Il décrit ensuite la création de l'âme du monde, qui en *Timée* 34 c *sqq.* part du mélange de l'identique et du divers, et procède selon des progressions géométriques dont Sôtérichos explique en détail les rapports (p. 2, 44 - 3, 22). A propos des sept parties de l'âme (1 2 3 4 9 8 27) il est intéressant de souligner ce que Sôtérichos dit des trois premières : « la première particule est celle de ce qui est le plus intellectif et le plus élevé (τὸ νοερώτερόν ἐστι καὶ ἀκρότατον) dans l'âme », car elle « est en contact avec l'Un super-essentiel lui-même et avec la réalité même de l'essence tout entière (αὐτῷ τῷ ὑπερουσίῳ ἑνὶ συνάπτουσα καὶ τῇ ὑπάρξει τῆς ὅλης οὐσίας), et pour cette raison elle est dite une en tant qu'uniforme, et son nombre, c'est-à-dire sa multiplicité, est retenue par l'unification (διὸ καὶ μία προσαγορεύεται, ὡς ἑνοειδής, καὶ ὁ ἀριθμὸς αὐτῆς καὶ τὸ πλῆθος ἑνώσει κατέχεται, p. 3, 24-27 [ce dernier passage est entièrement emprunté à Proclus, *in Tim.*, t. II, p. 203, 29 - 204, 5]) » ; la seconde particule, qui est « imitation de la dyade indéterminée et de l'infinité intelligible (μιμουμένη τὴν ἀόριστον δυάδα καὶ τὴν ἀπειρίαν τὴν νοητήν, p. 3, 30) », représente un redoublement et par conséquent une multiplication de la première ; la troisième, qui « convertit à nouveau l'âme tout entière vers le Principe (ἐπιστρέφει πάλιν εἰς τὴν ἀρχὴν, p. 3, 31) », est en contact avec la seconde (συνάπτεται πρὸς τὴν δευτέραν), dont elle est hémiole, et elle est le triple de la première. Et ainsi de suite pour les autres parties de l'âme, que traite Sôtérichos en transcrivant en réalité une large partie du texte de Proclus, en particulier t. II, p. 204, 21 - 205, 26. Dans le reste de l'opuscule Sôtérichos transcrit la section la plus longue du texte de Proclus, c'est-à-dire *in Tim.* t. II, p. 175-179, dans laquelle il construit des diagrammes complexes afin de démontrer tous les rapports et toutes les médiétés qui se réalisent lorsqu'on met en relation les deux progressions numériques dont parle Platon dans le *Timée* à propos de la génération de l'âme.

Ce qui est particulièrement intéressant est que la psychogonie platonicienne est interprétée par Sôtérichos sur la base de la mathématique de Nicomaque, mais avec d'évidentes contaminations néoplatoniciennes (par ailleurs attestées, comme on l'a dit plus haut, par des emprunts à Proclus), surtout de ce néoplatonisme qui, à divers titres, fait montre de fortes connotations religieuses. A la page 4, 5-8, Sôtérichos fait explicitement référence à ses modèles néoplatoniciens, déclarant à la destinataire de son opuscule qu'il voudrait faire de nombreuses considérations sur la psychogonie platonicienne « en suivant d'un côté la contemplation plus initiatique de ce qui est dit dans le secret des secrets, d'un autre côté Porphyre, Jamblique et les autres platoniciens qui célèbrent les incantations, et tout spécialement Proclus qui est <parmi tous> le plus révélateur (ἐκφαντορικωτάτῳ), c'est-à-dire inspiré par les Muses (μουσολήπτῳ) ». Mais en dehors de cette citation explicite, on trouve de nombreuses références à la dialectique néoplatonicienne, ainsi qu'à la théorie des hypostases : le mouvement de l'âme a tendance à descendre, mais elle est coordonnée à l'éternité en vertu de son essence (p. 2, 24-25) ; l'âme n'est pas une essence unique comme l'Intellect qui la précède, mais elle n'est pas divisée à l'infini comme le corps qui la suit (p. 2, 28-29) ; l'Intellect démiurgique est une monade, tandis que l'âme procède de l'Intellect (ἀπὸ νοῦ πρόεισι) avec lequel elle entretient un rapport de 7 (ἑβδομάδος ἔχει λόγον πρὸς αὐτόν, p. 3, 21-22) ; la première particule de l'âme, comme nous l'avons dit, est en contact avec l'Un super-essentiel, du fait qu'il se produit de fois en fois une conversion (ἐπιστροφή) de ce qui a un principe vers son principe et Sôtérichos parle de la sorte d'une faculté conversive de l'âme (τὸ τῆς ψυχῆς ἐπιστρεπτικόν), en l'expliquant par le fait que « toute connaissance convertit (ἐπιστρέφει) le connaissant vers le connu, et <que l'âme> comme toute nature a voulu engendrer et procéder vers le bas (εἰς τὸ κάτω ποιεῖσθαι τὴν πρόοδον, p. 3, 42-43)». Ces rappels qui se lisent chez Sôtérichos sont un indice clair de sa fidèle adhésion à la disposition hiérarchique des hypostases néoplatoniciennes, Un, Intellect et Âme, à la procession de chacune vers celle qui la suit et à sa conversion vers la précédente, à la tension dialectique entre la génération comme mouvement vers le bas et la dépendance du principe grâce à laquelle se maintient le lien avec le Premier Principe, comme dans le cas du contact de l'Âme avec l'Un. Du reste, Nicomaque lui-même avait été accueilli par les philosophes néoplatoniciens et presque intégré dans la philosophie néoplatonicienne, au moins à partir de Jamblique, dont dépendent plus ou moins, comme on le sait, tous les néoplatoniciens postérieurs. De plus, il ne faut pas oublier que la mathématique de Nicomaque, tout comme la philosophie néoplatonicienne, a connu des rejetons significatifs dans la majeure partie de l'époque byzantine et qu'elle est en conséquence directement ou indirectement à l'origine de certains textes du XIe siècle, précisément à l'époque de ce texte de Sôtérichos, par exemple – entre autres – les extraits de Michel Psellus (cf. **11** D. J. O'Meara, *Pythagoras Revived. Mathematics and Philosophy in Late Antiquity*, Oxford 1989, p. 53 *sqq.* et 217 *sqq.*), l'auteur anonyme de la **12** *Logica et quadrivium cum scholiis antiquis*, éditée par J. L. Heiberg, Berlin 1929, et le *Quadrivium* de Georges Pachymère [➤P 1a dans les compléments du tome VII] (**13** P. Tannery, *Quadrivium de Georges Pachymère ou* ΣΥΝΤΑΓΜΑ ΤΩΝ ΤΕΣΣΑΡΩΝ ΜΑΘΗΜΑΤΩΝ *ἀριθμητικῆς, μουσικῆς, γεωμετρίας καὶ ἀστρονομίας.* Texte revisé et établi par A. A. Stephanou, Città del Vaticano 1940), pour ne citer que ceux-là.

Le mélange que Sôtérichos fait de Nicomaque et de Proclus s'explique aisément si l'on pense que Proclus croyait non seulement appartenir à la chaîne de Hermès, c'est-à-dire à la ligne des philosophes platoniciens, mais aussi être la réincarnation de Nicomaque, comme en témoigne Marinus, *Vita Procli*, chap. 28. Donc, il est possible que, pour expliquer la psychogonie de Platon, Sôtérichos ait cru correct d'utiliser l'arithmétique de Nicomaque en transcrivant Proclus, parce que, ce faisant, il s'est simplement servi de ce que le philosophe néoplatonicien « le plus révélateur et le plus inspiré par les Muses », comme il désigne Proclus, a écrit en deux vies différentes !

Traduit et adapté de l'italien par Richard Goulet.

GIOVANNA R. GIARDINA.

136 SÔTÉRICHOS D'OASIS *RE* 1 *PLRE*   F III-D IV

Poète épique, originaire d'Oasis, en Égypte, et contemporain de Dioclétien, il écrivit, d'après la *Souda*, *s.v.* Σωτήριχος, S 877, t. IV, p. 410, 11-15 Adler, outre des ouvrages à caractère mythologique ou historique, un *Éloge de Dioclétien* et une *Vie d'Apollonios de Tyane* [➙A 284] (Βίον Ἀπολλωνίου τοῦ Τυανέως), ce qui suffirait à faire de lui un auteur païen engagé. Voir pour les témoignages J. Radicke, *FGrHist continued*, t. IV A: *Biography*, fasc. 7: *Imperial and undated authors*, Leiden 1999, n° 1080, p. 254-257.

Selon Radicke, p. 256 n. 7, un fragment de poème épique consacré à Dioclétien, Pap. Argent. 480 (XXII Heitsch), ne doit pas être attribué à Sôtérichos. La *PLRE*, quant à elle, le lui attribue.

PATRICK ROBIANO.

SOTIMOS → ZOSIMOS

137 SOTION *RE* 2

Plusieurs témoignages anciens se réfèrent à un ou des Sotion qualifié(s) de péripatéticien(s) ou mis en rapport plus ou moins direct avec le Péripatos ainsi qu'à un ou des Sotion auteur(s) de *mirabilia* ou d'anecdotes diverses, sans mention de l'appartenance à une école. Malgré les nombreuses tentatives d'identification, on ne peut déterminer avec quelque certitude combien d'auteurs se cachent derrière ces références, ni si l'un ou l'autre est identique à l'un des deux Sotion d'Alexandrie (➙S 138 et 139). On trouvera dans cette notice les divers témoignages réunis sous deux rubriques: A. les auteurs liés de près ou de loin au Péripatos; B. les auteurs d'anecdotes et de *mirabilia*.

Cf. **1** J. Stenzel, art. «Sotion» 2 *RE* III A, 1929, col. 1237-1238; **2** H. Dörrie, art. «Sotion» 2, *KP* V, 1979 (1975), col. 290-291; **3** P. Moraux, *Der Aristotelismus bei den Griechen*, t. II, 1984, p. 211-221; **4** H. B. Gottschalk, «Aristotelian philosophy in the Roman world from the time of Cicero to the end of the second century AD», dans *ANRW* II 36, 2, 1987, p. 1079-1174, en particulier p. 1154-1155; **5** R. Goulet, *Études sur les Vies de philosophes de l'Antiquité tardive. Diogène Laërce, Porphyre de Tyr, Eunape de Sardes*, coll. «Textes et traditions» 1, Paris 2001, p. 349-358 (*addenda et corrigenda*, p. 397-398); **6** R. Sharples, art. «Sotion» 1, *NP* XI, 2001, col. 754-755.

A. *Les Sotion dont un lien avec le Péripatos est attesté.*

1. Auteur de remarques – ou de commentaires – sur les *Topiques* et les *Catégories* d'Aristote.

(a) Alexandre d'Aphrodise (➙A 112) mentionne une opinion de Sotion dans son commentaire sur les *Topiques* (Alex., *in Top.*, p. 434, 1-6 Wallies, à propos de *Top.* VI 3, 141 a 11 sur la notion de "privation"); Sotion critiquait la définition aristotélicienne du sommeil comme privation de veille (*De somn. et vigil.* 1, 453 b 27). On a envisagé d'attribuer au même Sotion les quelques fragments anonymes d'un commentaire *paraphrastique* continu des *Topiques* conservés dans un papyrus du Fayoum daté de la fin du Ier siècle après J.-C. (*CPF* III, n° 2, p. 14-18). Moraux **3**, p. 215-216, n'est pas favorable à une attribution de ces fragments papyrologiques à Sotion, non pas pour des raisons chronologiques – les deux commentaires sont sans doute du Ier siècle après J.-C. –, mais en raison de la nature différente des deux commentaires (Moraux **3**, p. 216).

(b) Simplicius cite une fois Sotion, au côté d'Achaïcos (➳A 6 ; I-II^p), pour son interprétation d'un passage des *Catégories* (*in Cat.*, p. 159, 24 Kalbfleisch). Sotion et Achaïcos ont critiqué les anciens (παλαιοί) interprètes des *Catégories* : Boéthos (➳B 48), Ariston (➳A 393 B.), Andronicos (➳A 181), Eudore (➳E 97) et Athénodore (➳A 490), parce que ces derniers parlaient des relatifs (τὰ πρός τι) tantôt au singulier tantôt au pluriel, alors que les relatifs exigent au moins deux termes. Ce Sotion serait donc postérieur au Ier s. avant J.-C. (Ier ou IIe siècle ap. J.-C., mais plutôt le Ier selon Moraux **3**, p. 211 ; même datation chez Gottschalk **4**, p. 1154-1155). On ne peut d'ailleurs pas affirmer avec certitude que cet auteur soit péripatéticien. Rien ne dit non plus qu'il soit d'Alexandrie, à moins qu'il s'agisse du frère de l'Apollonios d'Alexandrie (Ἀπολλώνιος ὁ Ἀλεξανδρεύς, ➳A 268 ; *cf.* 269 ; ci-dessous A. 2) cité une fois par le même Simplicius pour une interprétation d'un passage des *Catégories* (*in Cat.*, p. 188, 16 Kalbfleisch ; *cf.* Moraux **3**, p. 216-217).

Ce Sotion a parfois été identifié à l'auteur d'un petit ouvrage (βιβλιδάριον) de *mirabilia* sur les rivières, les sources et les lacs (ci-dessous B. 1) et de la collection intitulée *Corne d'Amalthée* (ci-dessous A. 3). Mais il y a place au doute, selon Gottschalk **4**, p. 1154 ; si c'était le cas, on aurait affaire à la combinaison chez le même auteur d'une double activité, scolaire et exégétique d'une part, et paradoxographique et populaire de l'autre.

2. Un Sotion, d'Alexandrie, est mentionné par Plutarque dans son opuscule *Sur l'amour fraternel* (*De frat. am.* 16, 487d) comme le frère cadet d'un Apollonios (➳A 269 ; *cf.* 268 et peut-être 262) présenté comme un péripatéticien récent (τῶν νεωτέρων φιλοσόφων ; Ier siècle après J.-C. ?) ; l'aîné aurait travaillé à la célébrité de son cadet plus qu'à la sienne (on ne sait comment). *Cf.* Moraux **3**, p. 211 ; R. Goulet, notice « Apollonios d'Alexandrie », A 269, *DPhA* I, 1989, p. 282 : ce Sotion serait identique au commentateur des *Catégories* (ci-dessus A. 1).

3. Auteur d'un Κέρας Ἀμαλθείας (*Corne d'Amalthée*).

L'auteur de ce recueil d'histoires variées est présenté par Aulu-Gelle (*Noct. Att.* I 8, 1 ; ➳A 509, p. 681) comme « Sotion, péripatéticien, un homme qui n'est pas sans notoriété » (*Sotion ex peripatetica disciplina haud sane ignobilis vir*). Le titre de l'ouvrage équivaut, nous dit Aulu-Gelle, à *Corne d'abondance (cornu copiae)* et signalait un ouvrage embrassant des savoirs variés et mêlés (*cf. ibid., Praef.* 5-6 et aussi XVIII 6 *init.*) ; sur ce titre, voir ce que disait déjà, un siècle plus tôt, le naturaliste Pline (➳P 204) dans la préface de son *Histoire naturelle* (*N. H., Praef.* 24) : parmi les titres notables des auteurs grecs le naturaliste mentionnait celui de

Κέρας Ἀμαλθείας, c'est-à-dire *Corne d'abondance (copiae cornu)*, sans l'attribuer à aucun auteur déterminé (*cf.* A. Gell., *Noct. Att.* XVIII 6). Un ouvrage de même titre est attribué à Démocrite (➣D 70, p. 681 et 687 ; D. L. IX 46 : Ἀμαλθείης κέρας, classé parmi les traités éthiques). Sotion y rapportait une anecdote mettant en scène la courtisane Laïs et l'orateur Démosthène pour expliquer l'origine du célèbre proverbe (*adagium*) : « il n'est pas donné à n'importe qui d'aborder à Corinthe » (Οὐ παντὸς ἀνδρὸς ἐς Κόρινθον ἔσθ᾽ ὁ πλοῦς), par l'importance du salaire exigé par la courtisane. L'ouvrage est en tout cas antérieur au IIe siècle ap. J.-C. Il a été parfois attribué à Sotion d'Alexandrie, auteur des *Successions* (➣S 139).

B. *Écrits paradoxographiques et anecdotiques.*

1. Sotion est mentionné par Photius (sans résumé de l'œuvre) comme l'auteur d'un βιβλιδάριον de *mirabilia* sur les rivières, les sources et les lacs : τὰ σποράδην περὶ ποταμῶν καὶ κρηνῶν καὶ λιμνῶν παραδοξολογούμενα (Phot., *Bibl.*, cod. 189, 145 b 28-29). *Cf.* 7 A. Giannini (édit.), *Paradoxographorum Graecorum Reliquiae*, Milano 1966, n° 14 « Sotion », p. 167 ; 8 *Id.*, « Studi sulla paradossografia greca II. Da Callimaco all'età imperiale : la letteratura paradossografica », *Acme* 17, 1964, p. 99-138, en particulier p. 128. Selon Goulet 5, p. 358, il s'agirait d'un Sotion péripatéticien appartenant à la première moitié du Ier siècle après J.-C., qui serait l'auteur d'une part de deux recueils de *mirabilia* : la *Corne d'Amalthée* (τὸ κέρας τῆς Ἀμαλθείας, ci-dessus A. 2) et de cet ouvrage sur les fleuves, les sources et les lacs, et d'autre part des *Zetemata* sur les *Topiques* et les *Catégories* d'Aristote (ci-dessus A. 1 ; *cf.* aussi Dörrie 2 2b).

Que le *Paradoxographus Florentinus* (H. Oehler) traitant des eaux aux propriétés miraculeuses soit une partie de cet ouvrage est douteux (Sharples 6, col. 754) ; Giannini 8, p. 128 n. 177 (bibliographie sur la question) ; p. 135-136 (sur le *Paradoxographus Florentinus*) ; Giannini 7, n° 18 « Paradoxographus Florentinus », p. 315-329.

2. Deux anecdotes rapportées par Tzetzès (XIIe s.) dans ses scholies à l'*Alexandra* de Lycophron.

La première est rapportée à deux *philosophes* (φιλόσοφοι) Sotion et Agathosthénès (➣A 41a, dans les compléments du tome VII ; *cf.* Giannini 7, n° 31, p. 388) ; il s'agit d'une remarque, bien connue des *mirabilia*, sur une propriété des eaux de la rivière Crathis coulant dans le Bruttium, près de Thurii (*cf.* 9 M. C. Parra, art. « Crathis », *NP* III, 1997, col. 216) : celles-ci rendent blonds (ou roux) les cheveux des baigneurs (Tzetzes, *Schol. in Lycophr.* 1021 Scheer). *Cf.* Giannini 7, p. 167 F 2 (= Isigonus F 14, p. 147) ; Théophraste (➣T 97), fr. 218a-c Fortenbaugh *et alii* (*cf.* 10 R. W. Sharples, *Theophrastus of Eresus, Sources for his life, writings, thought and influence. Commentary volume 3.1 : Sources on physics (texts 137-223)*, with contributions on the arabic material by D. Gutas, coll. « Philosophia antiqua » 79, Leiden 1998, p. 213-216, avec la bibliographie, p. 213) ; voir aussi ps.-Arist., *De mir. ausc.* 169, 846 b 33-36. La seconde concerne l'Aornos (ou Aornis; litt. "Sans oiseaux") en Mésopotamie, qui serait plutôt un gouffre qu'un lac ou un rocher, et dont les émanations tueraient tous les animaux qui s'en approchent (*ibid.* 704 Scheer); Sotion y est encore associé étroitement à Agathosthénès (Giannini **7**, p. 168 F 3). *Cf.* Sharples **6**, n° 2 et 3, col. 754. On peut raisonnablement penser que ces anecdotes sont extraites de l'ouvrage précédent (B. 1); *cf.* Giannini **8**, p. 128 et n. 174. Tzetzès mentionne encore le nom de Sotion, toujours associé à celui d'Agathosthénès, dans ses *Chiliades* VII 642-649, dans une liste d'auteurs de *Mirabilia*.

3. Un Sotion est cité une trentaine de fois dans la compilation de textes relatifs à l'agriculture du byzantin Cassianus Bassus (Xe siècle) intitulée *Geoponica*; son nom figure dans la liste même des sources utilisées par le compilateur (I, *Praef.* p. 3, 14 Beckh). Le témoignage, attribué à Sotion chez Sharples **6**, n° 7, col. 754, renvoyant à Cramer, *Anecd. Paris.* I 391, 3, sur l'expression «jours sans lune» (ἀσέληνοι ἡμέραι) utilisée par Sotion pour désigner les jours où la lune n'est pas apparente (l'expression commune étant ἀσέληνος νύξ: «nuit sans lune»), appartient en réalité aux *Geoponica* (I 13, 2; *cf.* 5, 10, 3 et 4).

4. Sotion entendit de la bouche (ἀκοῦσαι) du rhéteur et historien Potamon de Lesbos (mort au début du règne de Tibère) qu'Alexandre le Grand avait donné le nom de son chien aimé Péritas à une ville en Inde (Plut., *Alex.* 61, 3; *FGrHist* 147 «Potamon von Mytilene» F 1; Stenzel **1**, col. 1238). On peut dater ce Sotion de la fin du Ier siècle avant J.-C. et du début du Ier après. Il aurait pu entendre Potamon à Rome où le rhéteur a vécu quelque temps.

JEAN-PIERRE SCHNEIDER.

138 SOTION D'ALEXANDRIE *RE* 3   F I^a - D I^p

Disciple du philosophe romain éclectique Quintus Sextius et l'un des maîtres de Sénèque le philosophe.

Cf. **1** J. Stenzel, art. «Sotion» 3, *RE* III A, 1929, col. 1238-1239; **2** P. Rabbow, *Antike Schriften über Seelenheilung und Seelenleitung, auf ihre Quellen unter-sucht*, t. I: «Die Therapie des Zorns», Leipzig/Berlin 1914; **3** F. Préchac, «La date de naissance de Sénèque», *REL* 12, 1934, p. 360-375, en particulier p. 369 et 372-373 (sur Sotion); **4** H. Dörrie, art. «Sotion» 1-3, *KP* V, 1979 (1975), col. 290-291; **5** J. Fillion-Lahille, *Le De ira de Sénèque et la philosophie stoïcienne des passions*, coll. «Études et commentaires» 94, Paris 1984; **6** *Ead.*, «La production littéraire de Sénèque sous les règnes de Caligula et de Claude, sens philosophique et portée politique: les *Consolations* et le *De ira*», dans *ANRW* II 36, 3, 1989, p. 1606-1638, en particulier p. 1632-1638 (chap. 3 intitulé: «Sotion d'Alexandrie, le *De ira* III et l'ordonnance du traité»); **7** R. Goulet, «Eunape et ses devanciers. A propos de *Vitae sophistarum* p. 5, 4-17 G.», *GRBS* 20, 1979, p. 161-172, repris dans R. Goulet, *Études sur les Vies de philosophes de l'Antiquité tardive. Diogène Laërce, Porphyre de Tyr, Eunape de Sardes*, coll. «Textes et traditions» 1, Paris 2001, p. 349-358 (*addenda et corrigenda*, p. 397-398); **8** R. Sharples, art.

« Sotion » 1, *NP* XI, 2001, col. 754-755 (notre Sotion est – en tout cas – le onzième de la liste) ; **9** J. Dingel, art. « Sextius » I 1, *NP* XI, 2001, col. 490-491.

Sotion (Σωτίων), un Grec dont l'origine alexandrine n'est attestée que par Eusèbe (Jérôme), fut le disciple de Q. Sextius (➤S 66), fondateur à Rome au Ier siècle avant J.-C. de la secte philosophique dite des "Sextiens", qualifié par Sénèque de stoïcien, bien que lui-même refusât cette étiquette (Sénèque, *ad Lucil.* 64, 2) ; notons toutefois que l'on a parfois mis en doute cette filiation (**10** P. Grimal, *Sénèque ou la conscience de l'Empire*, Paris 1978, p. 247 [sans arguments] ; *cf.* **11** M. T. Griffin, *Seneca, a philosopher in politics*, Oxford 1976, p. 39 n. 5). Q. Sextius défendait des positions proches du stoïcisme, mais marquées aussi par le pythagorisme et le platonisme (Dingel **9** ; Grimal **10**, p. 247-262). Sénèque (➤S 43) fréquentait l'école du philosophe Sotion dans sa prime jeunesse (vers l'âge de 14 ans ?) : *apud Sotionem philosophum puer sedi* (Sén., *ad Lucil.* 49, 2). Dans la *Chronique* d'Eusèbe, on lit sous l'année 13 (Eus., *Chron.*, p. 171, 9-10 Helm) : « Le philosophe alexandrin Sotion, le maître de Sénèque, jouit de la célébrité » (*Sotio philosophus Alexandrinus praeceptor Senecae clarus habetur*) ; comme il s'agit là de la seule mention de l'origine du philosophe, Grimal **10**, p. 59 n. 59, envisage comme possible une confusion avec « Sotion d'Alexandrie, le péripatéticien qui vivait au début du IIe s. av. J.-C. », sans doute l'auteur d'une *Succession des philosophes*, pourtant jamais mentionné comme péripatéticien (➤S 139). Il semble bien que Sotion ait été avant tout un maître de philosophie et un directeur de conscience. Nous ne connaissons de lui avec certitude aucun ouvrage (à moins d'admettre comme authentiques les titres mentionnés ci-dessous sous "dubia").

Sotion orienta Sénèque, son disciple né aux alentours du changement d'ère (à la fin du Ier siècle av. J.-C. selon Préchac **3**, p. 375), vers le végétarisme (*ibid.* 108, 17-21). Il avait déclenché chez son jeune disciple une véritable passion pour Pythagore (*amorem Pythagorae* 108, 17). Sur la question de l'abstinence de chairs animales, Sotion exposait les arguments de son propre maître, Sextius, fondés sur des considérations morales et diététiques, et ceux de Pythagore tirant les conséquences de sa doctrine de la parenté entre tous les êtres vivants et de la métensomatose ; il complétait ensuite son discours par des arguments de son propre cru. Sénèque s'en souvint dans sa vieillesse et en donna un exemple à Lucilius dans la lettre 108 (20-21) : l'exhortation au végétarisme de Sotion se fondait sur une sorte de pari : si la doctrine est vraie, on demeure innocent *(innocentia)*, si elle est fausse, l'abstention de viande a du moins pour effet la sobriété *(frugalitas)*. Le jeune Sénèque pratiqua un régime sans viande pendant une année, avant d'y renoncer sous la pression de son père au commencement du règne de Tibère (14-37 ap. J.-C.) ; Sénèque devait être âgé alors d'environ quatorze ans.

Dubia

1. Διόκλειοι ἔλεγχοι (*Réfutations diocléennes* ou *de Dioclès* en au moins douze livres [D. L. X 4]).

A la suite des travaux de F. Nietzsche sur les sources de Diogène Laërce, certains savants veulent attribuer au maître de Sénèque la paternité de ce texte polémique et calomnieux dirigé contre Épicure, mentionné par Diogène Laërce au livre X 4, dans un passage difficile (*cf.* **12** J.-F. Balaudé dans M.-O. Goulet-Cazé [édit.], *Diogène Laërce, Vies et doctrines des philosophes illustres*, Paris 1999, *Notes complémentaires* 1, p. 1325 ; voir aussi l'apparat critique de Marcovich *ad loc.*, p. 711) ; sur ce Dioclès, voir la remarque de R. Goulet dans ce dictionnaire (➳D 115 « Dioclès de Magnésie », p. 777) : « rien ne prouve que Dioclès de Magnésie soit le personnage visé par Sotion » ; mais rien ne prouve non plus que ce Sotion soit le maître de Sénèque. *Cf.* aussi les remarques de **13** F. Wehrli, *Sotion*, coll. « Die Schule des Aristoteles », Supplementband II, Basel/Stuttgart 1978, p. 8 ; **14** J. Stenzel, art. « Sotion » 2, *RE* III A, 1929, col. 1238 : l'auteur attribue l'ouvrage en question au Sotion péripatéticien (➳S 139, A. 3) dont Aulu-Gelle utilise un écrit d'histoires variées intitulé la *Corne d'Amalthée* (*Noct. Att.* I 8). *Cf.* un résumé des positions dans **15** F. Aronadio, « Due fonti laerziane : Sozione e Demetrio di Magnesia », *Elenchos* 11, 1990, p. 203-255, en particulier p. 203-206 et n. 8, p. 206.

2. Περὶ ὀργῆς (*Sur la colère* en au moins deux livres [Stob., *Anth.* III 20, 53-54a]).

Le Sotion auteur de cet ouvrage, dont six courts extraits ont été conservés par Stobée et répartis dans quatre sections thématiques différentes, a parfois été identifié au maître de Sénèque (Stob., *Anth.* III 14, 10 [*Sur la flatterie*] ; III 20, 53-54a [*Sur la colère*] ; IV 44, 59 [*Il faut supporter avec noblesse les coups du sort quand on est un homme et qu'on doit vivre selon la vertu*] et 48b, 30 [*Ceux qui sont dans le malheur ont besoin qu'on leur marque de la sympathie*]) ; *cf.* Stenzel **1**, col. 1238 ; **16** W. V. Harris, *Restraining rage. The ideology of anger control in classical antiquity*, Cambridge (Mass.) 2001, p. 112 et 128 ; Dörrie **4**, col. 291, envisage l'identité des deux auteurs comme possible, mais indémontrable. On notera que le fragment IV 44, 59 a conservé une *doxa* de Cléanthe (➳C 138) : « Cléanthe disait que le chagrin est une paralysie de l'âme ». Cet ouvrage aurait influencé le *De ira* de Sénèque et le *De cohibenda ira* (Περὶ ἀοργησίας) de Plutarque (**17** M. Pohlenz, *Die Stoa*, t. II, p. 154) et peut-être aussi le *De tranquillitate animi* (Περὶ εὐθυμίας) et d'autres traités (Rabbow **2**, p. 82-83 ; p. 95-100 ; Fillion-Lahille **5**, p. 264-268) – on pourrait ajouter par hypothèse le Περὶ ὀργῆς du même auteur, dont seuls quelques fragments ont survécu ; sur ces influences difficiles à démontrer, étant donné la maigreur des fragments conservés de l'ouvrage de Sotion, *cf.* Fillion-Lahille **5**, p. 24 ; 261-272 (l'ouvrage de Sotion est « l'une des sources les plus importantes du *De ira* », p. 272) et Fillion-Lahille **6**, p. 1617 et 1632-1638, qui défend la thèse que le livre III et certains chapitres du II, en particulier 6-17 et 31, du *De ira* trahissent l'influence du Περὶ ὀργῆς de Sotion (la référence, p. 1634, à D. L. X 26 pour un ouvrage polémique contre Épicure est erronée : il doit s'agir de X 4 ; par conséquent, l'auteur admet sans discussion que les Διόκλειοι ἔλεγχοι mentionnés ci-dessus sont du maître de Sénèque. De son côté, Goulet 7, p. 358, note qu'il faut distinguer ce Sotion du maître de Sénèque.

3. Περὶ φιλαδελφίας ? *(Sur l'amour fraternel).*

Dans une section de son *Anthologie*, intitulée Περὶ φιλαδελφίας, Stobée a encore conservé sous le nom de Sotion cinq courts fragments de nature anecdotique sur l'amitié entre frères, sans mention de titre (IV 27, 6-8 et 17-18) ; sur ce thème, *cf.* l'ouvrage homonyme – à moins qu'il s'agisse d'un chapitre d'une œuvre plus large – du stoïcien Hiéroclès (☛H 124, DM II ?). Dans un passage de son Περὶ φιλαδελφίας, Plutarque de Chéronée *(De frat. am.* 16, 487 d 9) donne comme exemple d'amour fraternel désintéressé la relation entre un certain Sotion (☛S 137, A 2) et son frère aîné, le péripatéticien Apollonios (☛A 269), présenté comme un philosophe récent (selon J. Dumortier, l'auteur de la notice préfaçant l'opuscule de Plutarque dans la *CUF*, l'ouvrage daterait d'environ 115 après J.-C. [**18** J. Dumortier et J. Defradas (édit.), *Plutarque, Œuvres morales*, t. VII 1 : *Traités de morale 27-36*, Paris 1975, p. 137 ; la n. 1, p. 315 *(ad p.* 163), est erronée : il ne peut s'agir de l'auteur des *Successions*]) ; la rencontre du nom de Sotion, comme auteur et comme *exemplum*, peut être fortuite, à moins d'admettre que Sotion ait donné en exemple sa relation avec son frère dans son propre ouvrage ; *cf.* Stenzel **1**, col. 1238-1239.

JEAN-PIERRE SCHNEIDER.

139 SOTION D'ALEXANDRIE *RE* 1   *fl.* D II^a

Biographe, auteur de *Succession(s) des Philosophes.*

Témoignages et fragments. 1 F. Wehrli (édit.), Sotion, coll. « Die Schule des Aristoteles », Supplementband II, Basel/Stuttgart 1978, p. 23-30 (fr. 1-36) ; p. 35-67 (commentaire).

Études d'orientation. 2 J. Stenzel, art. « Sotion » 1, *RE* III A, 1929, col. 1235-1237 ; **3** H. Diels (édit.), *Doxographi Graeci,* p. 147-148 (p. 147, tableau des 13 livres avec les sujets traités) ; **4** W. von Kienle, *Die Berichte über die Sukzessionen der Philosophen in der hellenistischen und spätantiken Literatur,* Diss., Berlin 1961, p. 79-91 : « Sotions Diadochien der Philosophen » ; **5** A. M. Frenkian, « Analecta Laertiana », *StudClas* 3, 1961, p. 395-403 (sur les sources de D. L.) ; **6** A. Momigliano, *The development of Greek biography,* Cambridge (Mass.) 1971, p. 81-82 (Sotion n'est pas péripatéticien ; comme Hermippe, il semble avoir exploité les *pinakes* de Callimaque, p. 81) ; **7** P. M. Fraser, *Ptolemaic Alexandria,* Oxford 1972, t. I, p. 453-454, et t. II, p. 656 n. 53 (bibliographie et biographie) ; **8** H. Dörrie, art. « Sotion » 1, *KP* V, 1979 (1975), col. 290 ; **9** J. Mejer, *Diogenes Laertius and his Hellenistic background,* coll. « Hermes – Einzelschriften » 40, Wiesbaden 1978 ; **10** M. Gigante (édit.), « Frammenti di Ippoboto. Contributo alla storia della storiografia filosofica », dans A. Mastrocinque (édit.), *Omaggio a Piero Treves,* Padova 1983, p. 151-193 (introduction, p. 151-178) ; **11** P. Moraux, *Der Aristotelismus bei den Griechen,* t. II, Berlin 1984, p. 211-221 ; **12** R. Giannattasio

Andria, *I frammenti delle « Successioni dei filosofi »*, Napoli 1989 (l'auteur n'a pas repris les fragments de Sotion); **13** F. Aronadio, « Due fonti laerziane: Sozione e Demetrio di Magnesia », *Elenchos* 11, 1990, p. 203-255 (sur Sotion, p. 203-235); **14** J. Mansfeld, *Heresiography in context. Hippolytus' Elenchos as a source for Greek philosophy*, coll. « Philosophia antiqua » 56, Leiden 1992 (p. 24 n. 17; p. 25); **15** J. Mansfeld, « The sources », dans K. Algra *et al.* (édit.), *The Cambridge History of Hellenistic Philosophy*, Cambridge 1999, p. 23-25 (section VIII: « Successions »); **16** D. T. Runia, art. « Sotion » 2, *NP* XI, 2001, col. 755; **17** R. Sharples, art. « Sotion » 1, *NP* XI, 2001, col. 754-755; **18** R. Goulet, « Eunape et ses devanciers. A propos de *Vitae sophistarum* p. 5, 4-17 G. », *GRBS* 20, 1979, p. 161-172, repris dans R. Goulet, *Études sur les Vies de philosophes de l'Antiquité tardive. Diogène Laërce, Porphyre de Tyr, Eunape de Sardes*, coll. « Textes et traditions » 1, Paris 2001, p. 349-358 (*addenda et corrigenda*, p. 397-398) (l'auteur distingue plusieurs Sotions, l'alexandrin du début du II[e] s. av. J.-C. et trois autres plus tardifs, écrivant dans la 1re moitié du Ier siècle ap. J.-C.: [a] un péripatéticien, [b] le maître de Sénèque et [c] l'auteur des fragments d'un *De ira*); **19** F. Wehrli † (revu par G. Wöhrle et L. Zhmud), « Der Peripatos bis zum Beginn der Römischen Kaiserzeit », dans *GGP, Antike 3*, 2[e] éd., 2004, p. 623 (« Sotion aus Alexandreia »); **20** S. Schorn, *Satyros aus Kallatis. Sammlung der Fragmente mit Kommentar*, Basel 2004, p. 22-26 (passages de D. L. rapportés explicitement à Héraclide, qui peuvent provenir d'Héraclide le Pontique ou d'Héraclide Lembos, ou, dans ce dernier cas, être tirés des *Epitomai* de Satyros ou de celles de Sotion); *cf.* aussi p. 54-55.

Biographie. Le lien de Sotion (Σωτίων) avec Alexandrie repose sur deux témoignages, le fr. 21 des *Successions des philosophes* et le fr. 1 du "commentaire" sur les *Silles* de Timon, si cet ouvrage est bien de notre Sotion (dans les deux passages, tirés d'Athénée, on lit Σωτίων ὁ Ἀλεξανδρεύς). L'auteur ne figure jamais comme péripatéticien. Le fait que Wehrli **1** ait publié les fragments de Sotion dans sa collection « Die Schule des Aristoteles », même comme supplément, renforce l'idée d'une appartenance au Péripatos (Stenzel **2**, col. 1235, et Dörrie **8** présentent pourtant d'emblée notre Sotion comme péripatéticien). Chez les historiens modernes, il est associé aux biographes antérieurs Hermippe (⮞H 86) et Satyros (⮞S 23) et qualifié de péripatéticien en tant qu'il illustre le genre littéraire de la biographie, et en particulier de la biographie philosophique (*cf.* Runia **16**, col. 755: « Er war wohl mit der peripatetischen Schule verbunden »). Quoi qu'il en soit, l'étiquette de péripatéticien n'indique ici aucun lien doctrinal réel avec l'aristotélisme. Comme le philosophe le plus récent traité dans les *Successions* est Chrysippe [⮞C 121] (fr. 22), on pense que Sotion a rédigé son ouvrage après la mort de ce dernier († 208/204); d'autre part, son ouvrage, qui sera abrégé par Héraclide Lembos (⮞H 61) vers le milieu du IIe s. av. J.-C., devait déjà être célèbre dans la première moitié du siècle.

Œuvre(s)

(1) Le titre de l'œuvre incontestée de Sotion est cité par Diogène Laërce – et une seule fois par Athénée – avec quelques variantes : ἡ Διαδοχὴ τῶν φιλοσόφων (fr. 3 : *Succession des philosophes*) ; mais il apparaît aussi sous une forme sans doute abrégée, au pluriel : (αἱ) Διαδοχαί, fr. 5 ; 16 ; 17 ; 18; 21 (Athénée), ou, une fois, au singulier : ἡ Διαδοχή, fr. 35. Notons aussi que souvent Diogène n'indique que le numéro du livre sans le titre (fr. 6 ; 15 ; 19 ; 22 ; 31 ; 32 ; 36). La date de rédaction de cet ouvrage doit se situer entre 200 et 170 av. J.-C. selon Stenzel **2**, col. 1235 (*idem* Runia **16**, col. 755 ; dans la première décennie du IIe siècle selon Wehrli† **19**, p. 623). Wehrli † **19**, p. 623, indique que l'ouvrage comprenait treize livres (*cf.* Stenzel **2**, col. 1236). Le dernier cité concerne la philosophie chez les barbares et on en a inféré qu'il s'agissait du dernier absolument parlant, correspondant au premier chez Diogène (fr. 35 [D. L. I 1] et 36 [D. L. I 7] ; sur la correspondance entre les sujets traités par Diogène et Sotion, *cf.* Frenkian **5**, p. 397). Mais, selon les apparats critiques, les manuscrits ont dans le premier passage κγ' (23), leçon souvent corrigée en ιγ' (13), à partir de la traduction latine d'Ambroise Traversari (Ambrosius Traversarius Camaldulensis) publiée pour la première fois aux alentours de 1472 (*cf.* Wehrli **1**, p. 30, dans l'apparat du fr. 35 et Diels **3**, p. 147 et n. 1) ; dans le fr. 36, la leçon des manuscrits semble être, selon Wehrli, ιγ' (13) ; mais dans leur apparat, Marcovich et Long semblent lire dans les deux passages – et adopter – le nombre vingt-trois (même chose chez Hicks, sans commentaire) ; dans une communication personnelle, T. Dorandi me signale que les manuscrits principaux ont 23 dans les deux passages, seuls certains *recentiores* ont 13 dans le premier passage (D. L. I 1). La correction de κγ' en ιγ' est vraisemblable, dans la mesure où les deux passages concernent une même matière et qu'aucun livre ne serait mentionné entre les livres treize et vingt-trois (sont mentionnés par ailleurs les livres 2, 4, 7, 8, 11), et on ne voit pas quelle matière y serait traitée ; on notera une inconséquence dans Runia **16**, col. 755 : après avoir parlé d'une œuvre en au moins 13 livres, l'auteur mentionne un livre 23.

Quoi qu'il en soit, de cet ouvrage en au moins treize livres (moins vraisemblablement vingt-trois) ne subsistent que 36 courts témoignages, presque tous conservés par Diogène Laërce (D. L. mentionne le nom de Sotion 21 fois, 18 fois directement, 3 fois dans la référence à l'abréviateur de l'ouvrage). Une partie non négligeable des témoignages est explicitement tirée de l'*épitomé* de l'ouvrage (en six livres, D. L. V 94) d'Héraclide Lembos (➳H 61) – édités par Wehrli **1** en retrait typographique –, avec ou sans mention du titre de l'ouvrage (avec mention, accompagnée ou non du nom de Sotion : 18 ἐν τῇ ἐπιτομῇ τῶν Σωτίωνος Διαδοχῶν ; 24 et 34 ἐν τῇ Σωτίωνος ἐπιτομῇ ; 25 ἐν τῇ ἐπιτομῇ).

Sur la liste des vingt "sectes" énumérées par Joseppus, *Hypomnesticon* chap. 143 (la liste originale est donnée par H. Diels, *Doxographi Graeci*, p. 149 ; Wehrli **1**, p. 17), attribuée à un Héraclide pythagoricien à identifier peut-être à Héraclide Lembos, *cf.* J.-P. Schneider, notice « Héraclide Lembos », H 61, *DPhA* III, 2000, p. 571 (ajouter Mejer **9**, p. 67-71 ; contre l'identification, *cf.* Mansfeld **14**). Si l'identification était correcte, l'ordre des chapitres du résumé différerait de l'ordre adopté par Sotion (voir le tableau comparatif dans Mejer **9**, p. 70 ; pour la date de Joseppus [Josippos], qu'on devrait fixer au IVe siècle plutôt qu'au Xe, *cf.* **21** J. Moreau, « Observations sur l'Ὑπομνηστικὸν βιβλίον », *Byzantion* 25-27, 1955-1957, p. 241-276). Sur les différents procédés mis en œuvre par les auteurs d'*épitomé, cf.* **22** I. Opelt, art. « Epitome », *RAC* V, 1962, col. 944-973 (avec un catalogue des *épitomés* d'ouvrages philosophiques, col. 950-952).

D'une façon générale, il faut faire preuve d'une grande prudence quand on veut attribuer à Sotion les témoignages rapportés par Diogène sous le nom d'Héraclide (Ἡρακλείδης), sans autre précision (fr. 8-13 ; 20 = 9 ; 23 et 26 [Ἡρακλείδης ὁ τοῦ Σαραπίωνος]) ; en effet, quand le nom de Sotion n'est pas mentionné, il peut aussi s'agir d'un autre ouvrage d'Héraclide Lembos, fils de Sarapion – l'*Épitomé de Satyros de Callatis* (➤S 23) ; mais il est notable que, dans la liste des homonymes d'Héraclide le Pontique, l'abréviateur soit caractérisé seulement comme auteur de la *Succession* (D. L. V 94 : γεγραφὼς τὴν Διαδοχήν) ; il peut aussi s'agir parfois d'Héraclide le Pontique (➤H 60 ; *cf.* Schorn **20**, p. 22-26 ; Wehrli **1**, p. 15).

Comme l'annonce le titre de l'ouvrage, Sotion groupait les philosophes à l'intérieur d'écoles (αἱρέσεις) sous forme de successions (διαδοχαί) de maître à disciple, selon des critères systématiques et chronologiques. Sur le terme et la notion de διαδοχή / διαδοχαί, *cf.* Wehrli **1**, p. 9-11 ; Giannattasio Andria **12**, p. 15-28 ; Mejer **9**, p. 62-74). Wehrli † **19**, p. 623, croit pouvoir reconstruire avec une certaine probabilité la structure suivante, en se fondant sur le prologue de Diogène (I 13-15) – j'ajoute quelques compléments :

(a) Les Sept sages, comme précurseurs des philosophes (Périandre, fr. 2).

(b) La philosophie ionienne : Anaxagore, fr. 3 ; Socrate et les socratiques (Aristippe, fr. 4-7 [livre II]) ; l'Académie (Platon, fr. 13-15 ; Eudoxe, fr. 16) ; le Péripatos (Héraclide du Pont, fr. 17 ; Démétrius de Phalère fr. 18) ; la philosophie cynico-stoïcienne (Diogène de Sinope, fr. 19 [livre VII : liste des œuvres de Diogène] ; Chrysippe, fr. 22 [livre VIII]).

(c) Les philosophes italiques : Pythagore (fr. 23-24) ; Empédocle (fr. 25-26) ; Parménide (fr. 27) ; Xénophane (fr. 28-29) ; Héraclite (fr. 30) ; Timon de Phlionte (fr. 31-33 [livre XI]) ; Épicure (fr. 34).

On peut ajouter :

(d) Les philosophes barbares (fr. 35-36 [livre XIII ?]).

On trouvera un essai de détermination du contenu spécifique de chacun des treize livres dans Mejer **9**, p. 70 (la liste correspond en gros à celle de Diels **3**, p. 147) ; *cf.* aussi von Kienle **4**, p. 83.

La division des écoles en deux successions sera remplacée par une tripartition – philosophes italiques, ioniens, éléates – dans la littérature tardive (à l'exception précisément de Diogène Laërce, puis d'Augustin [*De civ. Dei* VIII 2] ; *cf.* Mansfeld **14**, p. 30).

Il semble que Sotion soit le premier auteur à écrire des *Successions des philo-sophes* inaugurant par là un nouveau genre littéraire (*cf.* Wehrli **1**, p. 14 ; Mansfeld **15**, p. 23, n. 88 ; Giannattasio Andria **12**, p. 17 ; Aronadio **13**, p. 207, n. 12 ; sur les autres auteurs de *Successions*, *cf.* Aronadio **13**, p. 211-214 et le tableau à la p. 255). On a pensé que Sotion trouvait chez le péripatéticien Ariston de Céos (☛A 396) un modèle pour sa présentation des vies de philosophes et en quelque sorte un précur-seur (Wehrli † **19**, p. 618 et 623 ; *cf.* déjà **23** F. Jacoby, *Apollodors Chronik. Eine Sammlung der Fragmente*, Berlin 1902, p. 356 ; pour une approche très critique, tendant à revoir à la baisse l'activité biographique d'Ariston, *cf.* **24** D. Hahm, « In search of Aristo of Ceos », dans **25** W. W. Fortenbaugh et S. A. White (édit.), *Aristo of Ceos*. Text, translation, and discussion, coll. *RUSCH* 13, New Brunswick NJ/London, p. 179-215) ; sur le rapport de Sotion avec Hippobotos (☛H 148), *cf.* Wehrli **1**, p. 63 et Gigante **10**, p. 157 et 170 : Sotion a utilisé Hippobotos (cela ne s'accorderait pas avec la date basse [F Iᵃ] envisagée dans l'article mentionné du *DPhA*) ; *cf.* **26** J. Engels, « Philosophen in Reihen. Die Φιλοσόφων ἀναγραφή des Hippobotos », dans **27** M. Erler et S. Schorn (édit.), *Die griechische Biographie in hellenistischer Zeit. Akten des internationalen Kongresses vom 26.-29. Juli in Würzburg*, coll. « Beiträge zur Altertumskunde » 245, Berlin/New York 2007, p. 173-194, en particulier p. 181-190.

Diogène Laërce cite Sotion en se référant tantôt à l'édition elle-même des *Successions* tantôt à l'*épitomé* d'Héraclide (*cf.* D. L., *Prooim.* 13-15) ; cependant, l'utilisation directe de Sotion par Diogène est très discutée ; Runia **16**, col. 755, la qualifie de « sehr unwarscheinlich » ; Schorn **20**, p. 54, précise : « Diogenes kannte wohl nur die Epitome » (avec la n. 229) ; von Kienle **4**, p. 82, écarte toute utilisa-tion directe ; mais celle-ci est défendue par Mejer **9**, p. 40-42, et Frenkian **5**, p. 398 ; Aronadio **13**, p. 216-218, passe en revue les principales positions et adopte (p. 234) un point de vue proche de celui de Wehrli **1**, p. 16 (D. L. utilise indirecte-ment Sotion, par l'intermédiaire de ses sources et par l'épitomé d'Héraclide Lembos). D'une façon générale, les modernes ont apprécié différemment la dette de Diogène à l'égard de Sotion (*cf.* Wehrli **1**, p. 15-19).

(2) Athénée attribue à un Sotion d'Alexandrie une monographie, peut-être sous forme de commentaire, sur les *Silles* du philosophe-poète sceptique Timon de Phlionte (☛T 160 ; Athénée VIII, 336d : ἐν τοῖς Περὶ τῶν Τίμωνος Σίλλων ; Wehrli **1**, p. 31, fr. 1 du Περὶ τῶν Τίμωνος Σίλλων) ; l'attribution à Sotion est le plus souvent admise (Stenzel **2**, col. 1236 ; Wehrli **1**, p. 7-8) ; Wehrli † **19**, p. 623, admet encore comme vraisemblable que l'auteur en soit notre Sotion, arguant que ce dernier a aussi consacré une vie à Timon dans le onzième livre de ses *Succes-sions* (fr. 31-33). *Cf.* Aronadio **13**, p. 206 n. 9.

(3) Sur les *Réfutations diocléennes* (Διόκλειοι ἔλεγχοι) de Sotion mentionnées dans Diogène (X 4), *cf.* R. Goulet, notice « Dioclès de Magnésie », D 115, *DPhA*, t. II, 1994, p. 777 : « Rien ne prouve que Dioclès de Magnésie soit le personnage visé par Sotion, encore moins que le titre corresponde aux *Successions des philo-sophes* de Sotion, comme le suppose **28** W. Crönert, *Kolotes und Menedemos*,

p. 135 » (*cf.* Aronadio **13**, p. 203-206). *Cf.* Sharples **17**, col. 754, n° 8, qui admet sans discussion qu'il s'agit de Dioclès de Magnésie et en conclut que ce Sotion est plus jeune que l'auteur des *Successions* (même interprétation dans Moraux **11**, p. 212).

(4) Certains veulent attribuer à ce Sotion la collection intitulée Κέρας Ἀμαλ-θείας (*Corne d'Amalthée*; ⇒S 139 A. 3), d'où Aulu-Gelle a extrait une anecdote concernant la courtisane Laïs et l'orateur Démosthène (*Noct. Att.* I 8), en invoquant le fr. 5 (D. L. II 74) qui mentionne les relations entre Aristippe et la même Laïs (contre cette attribution : Wehrli **1**, p. 7 ; *cf.* Stenzel **2**, col. 1237).

JEAN-PIERRE SCHNEIDER.

140 SOUAPIS (SEXTUS BONUS -)

Le renvoi de « Bonus » à SOUAPIS (SEXTUS –) doit être supprimé. Il s'agissait d'une mauvaise lecture, dans le *CIG* III 4724, de l'inscription pour Servius Sulpicius Serenus, *IGR* I 1200.

141 *SOUDA RE*   X

Vaste "encyclopédie" byzantine classée par ordre alphabétique.

Édition 1 A. Adler, *Suidae Lexicon*, Lipsiae 1928-1938, en cinq volumes.

Études d'orientation 2 A. Adler, art. « Suidas », *RE* IV A 1, 1931, col. 675-717 ; **3** R. Tosi, art. « Suda », *NP* XI, 2001, col. 1075-1076 ; **4** B. Baldwin, « Aspects of the Suda », *Byzantion* 76, 2006, p. 11-31 ; **5** N. Wilson, *Scholars of Byzantium*, London 1983, p. 145-147 ; **6** G. Zecchini (édit.), *Il lessico Suda e la memoria del passato a Bisanzio*, Bari 1999 ; **7** G. Vanotti (édit.), *Il Lessico* Suda *e gli storici greci in frammenti*, Tivoli 2010. Le site web : *Suda On Line : Byzantine Lexicography* (http://www.stoa.org/sol/) peut aussi se révéler de quelque utilité.

La *Souda* ou *Suidas* est le titre qu'on donne à une vaste "encyclopédie" byzantine, classée par ordre alphabétique, dont la compilation (ou la rédaction) se situe quelque temps après la mort de l'empereur Constantin VII Porphyrogénète (⇒C 184).

On peut dater la *Souda* vers l'an 1000 (peut-être à l'époque de l'empereur Jean Tzimiskès : 969-976). On lit en effet dans une des notices le nom de l'empereur Basile II (976-1025 : K 2287, t. III, p. 177, 11 Adler) et, dans deux autres, des renseignements sur le patriarche Polyeucte (956-970) présenté comme contemporain de la rédaction de l'œuvre (H 392, t. II, p. 574, 7-9 et Π 1959, t. IV, 12-14 Adler).

Les manuscrits, ainsi que Stéphane (XIIe s. ⇒S 151), dans son commentaire à la *Rhétorique* d'Aristote (*ad* 1373 a 23 = *CAG* XXI 2, p. 285, 18 Rabe), donnent à l'"encyclopédie" le titre de *Souda* (ἡ Σοῦδα). D'autres auteurs byzantins, depuis Eusthate de Thessalonique (vers 1115-1195/99), la mentionnent sous la forme *Suidas* (Σουίδας), qu'on peut interpréter comme un titre ou comme le nom de l'auteur/compilateur. On a longuement débattu sur le choix entre les deux formes et sur la signification du titre *Souda* ou *Suidas* sans parvenir à des résultats définitifs et concluants (Tosi **3** et Baldwin **4**, p. 14-15). Je préfère m'en tenir à la tradition manuscrite et parler de *Souda*, forme que j'entends comme titre de l'œuvre et non en tant que nom de l'auteur/compilateur.

Dans l'édition d'Adler, la *Souda* occupe 2785 pages et contient 31 342 notices. Elles sont ordonnées selon le système phonique byzantin (α β γ δ αι ε ζ ει η ι θ κ λ μ ν ξ ο ω π ρ σ τ οι υ φ χ ψ).

L'auteur de la *Souda* travaille, dans une large mesure, de seconde main, à tel point qu'on décrit souvent l'œuvre comme une "compilation de compilations"; il organise cependant son travail selon un esprit honnêtement critique et soucieux de corriger si nécessaire ses sources (**8** C. Theodoridis, *Photii Patriarchae Lexicon*, t. II, Berlin 1998, p. XXVII-CI).

L'hypothèse traditionnelle (**9** G. Wentzel, «Beiträge zur Geschichte der griechischen Lexikographie» *SPAW* 1895, p. 477-487), selon laquelle à l'origine de la *Souda* il y avait essentiellement une rédaction élargie du lexique intitulé Συναγωγή et d'un autre ouvrage proche du *Lexicon Ambrosianum*, a été remise en discussion et on suppose plutôt le recours à plusieurs sources lexicographiques parmi lesquelles le *Lexique* de Photios (*cf.* Tosi **3**, col. 1076).

La *Souda* transmet une quantité imposante de données provenant de sources diverses; on y trouve, en particulier, plus de 5000 citations d'Aristophane et des scholies à ses comédies, ainsi que plusieurs vers d'Homère (et ses scholies) et de l'*Anthologie Grecque*. Elle conserve encore de nombreux fragments d'auteurs de l'Antiquité, perdus dans leur intégralité: les historiens, récupérés dans les *excerpta* de Constantin Porphyrogénète (**10** C. de Boor, «Suidas und die konstantinische Exzerptsammlung», *ByzZ* 21, 1912, p. 381-424, et 23, 1914/1919, p. 1-127), ou encore plusieurs vers de l'*Hécale* de Callimaque (☛C 22).

Si l'on considère l'ensemble des sources utilisées par le(s) rédacteur(s) de la *Souda*, on remarque qu'il(s) avai(en)t des intérêts assez étranges (au moins du point de vue des lecteurs modernes). *Cf.* **11** G. Schepens, «L'incontournable *Souda*», dans Vanotti **7**, p. 1-42.

La présence de nombreuses notices biographiques et philosophiques est aussi à souligner.

En ce qui concerne les entrées biographiques, elles dérivent d'un abrégé de l'Ὀνοματολόγος ἢ Πίναξ τῶν ἐν παιδείᾳ ὀνομαστῶν d'Hésychius de Milet [☛ H 113] (**12** T. Dorandi, *Laertiana. Capitoli sulla tradizione manoscritta e sulla storia del testo delle* Vite dei filosofi *di Diogene Laerzio*, Berlin/New York 2009, p. 141, et **13** K. Alpers, *Untersuchungen zu Johannes Sardianos und seinem Kommentar zu den* Progymnasmata *des Aphthonios*, coll. «Abhandlungen der Braunschweigischen Wissenschaftlichen Gesellschaft» 62, Braunschweig 2009, p. 151-158). Pour une position différente, qui ne me convainc pas, voir **14** V. Costa, «Esichio di Mileto, Johannes Flach e le fonti biografiche della *Suda*», dans Vanotti **7**, p. 43-55.

Les notices philosophiques proviennent d'une source unique aujourd'hui perdue qu'Adler (**2**, col. 709-711) définit en tant que "philosophische Hauptquelle". Cette source se composait d'extraits tirés des "doxographies" des *Vies des philosophes* de Diogène Laërce (☞ D 150), du commentaire aux *Topiques* d'Aristote d'Alexandre d'Aphrosise (☞ A 112) et du commentaire au *De anima* d'Aristote de Jean Philopon (☞ P 164). On y décèle aussi des passages de caractère chrétien qui montrent des points de contact avec la Πηγὴ γνώσεως de Jean Damascène (☞ J 1). On repère dans la marge de quelques notices philosophiques des diagrammes qui en résument le contenu sous forme de schémas ; ils complètent la notice et dérivent du même modèle. Les extraits étaient classés par ordre alphabétique. Certaines notices résultent de l'assemblage de diverses définitions du même concept philosophique, dérivées de sources différentes, qui s'emboîtent souvent les unes dans les autres : Alexandre et Diogène ; Alexandre et Philopon ; Alexandre, Diogène et Philopon. On peut supposer que cette source avait la forme d'un recueil de "définitions" des concepts philosophiques les plus importants ; elle aurait été organisée en rassemblant les données qu'on retrouvait dans les commentaires d'Alexandre et de Philopon, pour la tradition platonicienne et péripatéticienne, et dans les 'doxographies" de Diogène pour la tradition non seulement stoïcienne, mais aussi platonicienne, cyrénaïque et pyrrhonienne.

Quant à l'origine et à la formation de ce recueil, on peut supposer qu'elles ont eu lieu dans le milieu des écoles néoplatoniciennes d'Alexandrie vers les VIe et VIIe siècles ou, plus probablement, dans les cercles savants intéressés à la philosophie platonicienne actifs à Constantinople entre les IXe et Xe siècles (Dorandi **12**, p. 140-149).

TIZIANO DORANDI.

142 SPEUSIPPE DE MYRRHINONTE *RE* 2   410/08-339

Philosophe athénien, second scholarque de l'Académie après Platon.

Éditions modernes des fragments. Si on laisse de côté le recueil de **1** F. W. A. Mullach, *Fragmenta Philosophorum Graecorum*, Paris 1876-1878, t. III, p. 62-99, confus et décevant, on dispose de quatre recueils modernes des fragments. Le premier, celui de **2** P. Lang, *De Speusippi Academici scriptis. Accedunt fragmenta*, Diss. Bonn 1911 (réimpr. Hildesheim 1965, 89 p.), ne prend en compte que les écrits de l'auteur, en négligeant la biographie. Le recueil de **3** M. Isnardi Parente, *Speusippo. Frammenti*, coll. « La Scuola di Platone » 1, Napoli 1980, 420 p., contient également les témoignages biographiques, sans toutefois examiner le matériel biographique dans son ensemble. Le troisième recueil, celui de L. Tarán, paru immédiatement après le précédent (**4** *Speusippus of Athens. A critical study with a collection of related texts and commentary*, coll. « Philosophia Antiqua » 39, Leiden 1981, XXVII-521 p. ; voir le c.r. de **5** M. Isnardi Parente, *AGPh* 67, 1985, p. 102-108), constitue de fait la plus ample édition critique des textes, tandis que le quatrième recueil (**6** M. Isnardi Parente, *Speusippo. Testimonianze e Frammenti*, Roma 2004 = http://rmcisadu.let.uniroma1.it/isnardi/fronte.htm) est un commentaire (avec traduction italienne), revu et mis à jour par rapport à l'édition antérieure (**3**), commentaire conduit cependant selon un schéma différent.

Compléments à Isnardi Parente **3** dans **7** M. Isnardi Parente, «Addenda Speusippea», *Elenchos* 3, 1982, p. 355-359; **8** *Ead.*, «*Supplementum academicum*: per l'integrazione e la revisione di *Speusippo, Frammenti, e Senocrate-Ermodoro, Frammenti,* "La scuola di Platone" I e III (collezione diretta da M. Gigante), ed. trad. commento a cura di M. Isnardi Parente, Napoli 1980 e 1982», *MAL*, Serie IX, 6, 2, 1995, p. 249-309.

Biographie. La première biographie moderne de Speusippe est celle de **9** M. Fischer, *De Speusippi Atheniensis vita*, Rastadt 1845, 51 p.; on peut également citer pour le XIXe siècle **10** E. Zeller, *Die Philosophie der Griechen in ihrer geschichtlichen Entwicklung*, III 2, Leipzig 1889, 1925^5. Il faut ensuite mentionner **11** J. Stenzel, art. «Speusippos», *RE* III A 2, 1929, col. 1636-1669; **12** Ph. Merlan, «Zur Biographie des Speusippos», *Philologus* 103, 1959, p. 198-214; **13** H. Dörrie, art. «Speusippos», *KP* V, 1975, col. 304-306; Tarán **4** ne contient que certaines informations biographiques (*Life*, p. 3-11), alors que le recueil de Isnardi Parente **6** contient au début une véritable introduction biographique. Il faut également signaler **14** J. Dillon, *The heirs of Plato*, Oxford 2003 (chap. «Speusippus») et **15** E. Theys, *Speusippus of Athens*, dans *FGrHist continued, part Four (Biographian and Antiquarian Literature)*, IV A (*Biography*) fasc. 1, p. 218-237. Évidemment toutes ces biographies modernes se distinguent nettement des biographies antiques, toutes cherchant à rattacher le philosophe aux événements historiques de son époque. Voir également **16** D. Nails, *The people of Plato*, p. 271-272.

Speusippe naquit au cours de la 108e Olympiade (410-408 av. J.-C.). Athénien du dème de Myrrhinonte, il était le fils d'Eurymédon et de Pôtônè, la sœur de Platon (➤P 195), et donc le neveu de Platon. On ne lui connaît pas d'autre maître que Platon. Speusippe est mentionné, avec un Eurymédon (qui n'est pas nécessairement son père, mais pourrait être un parent), parmi les exécuteurs testamentaires du testament de Platon conservé par Diogène Laërce III 43. Pour un arbre généalogique de la famille de Platon, voir L. Brisson, notice «Adimante d'Athènes» A 23, *DPhA* I, 1989, p. 55.

Il fut scholarque de 347^a, année de la mort de Platon, à 339^a, année de sa propre mort. Philodème, qui est le plus ancien biographe de Speusippe que nous connaissions, tient de Philochore que Speusippe «reçut en héritage (διεδέξατο) l'école de Platon» (**17** T. Dorandi [édit.], *Storia dei filosofi. Platone l'Accademia*, ed. trad. comm. a cura di T. D., coll. «La scuola di Epicuro» 12, Napoli 1991; nous citerons cette édition sous le titre d'*Index Herculanensis*, que lui a donné **18** S. Mekler, *Academicorum philosophorum Index Herculanensis*, Berlin 1902, réimpr. Berlin 1958).

Le nom de Philochore est incertain; Dorandi cependant le conserve, faisant remarquer que le témoignage ne doit probablement pas dépasser VI 38 (Dorandi **17**, p. 39-40, 226; *cf.* aussi **19** K. Gaiser, *Philodems Academica. Die Berichte über Platon und die Alte Akademie in zwei herkulanensischen Papyri*, coll. «Supplementum Platonicum» 1, Stuttgart/Bad Cannstatt 1988, p. 368-369). Il s'agit d'un témoignage assez important, Philochore étant le principal atthidographe du IIIe siècle (*cf.* Jacoby, *FGrHist* 228 F 59).

Voir aussi **20** A. H. Chroust, « Speusippus succeeds Plato in the scholarchate of the Academy », *REG* 84, 1971, p. 338-341.

Parmi les sources relativement anciennes il faut mentionner Cicéron (*Acad.* I 4, 17-18), lequel rapporte que Platon aurait fait de Speusippe un *quasi heres* de sa philosophie et de son école. Mais Cicéron ne s'arrête que brièvement sur Speusippe : il aurait été mis par Platon à la tête de l'Académie presque uniquement parce qu'ils étaient parents. C'est là l'opinion que garderont le plus souvent sur ce sujet les historiens anciens de l'Académie (voir les différentes *Vies* d'Aristote d'époque néoplatonicienne, la *Marciana,* la *Vulgata,* la *Latina,* toutes éditées par **21** I. Düring, *Aristotle in ancient biographical tradition,* Göteborg 1957 ; pour la *Vita Marciana,* voir également l'édition procurée par **22** O. Gigon [édit.], *Vita Aristotelis Marciana,* herausgegeben und kommentiert von O. G., coll. « Kleine Texte für Vorlesungen und Übungen » 181, Berlin 1962, 79 p.). Speusippe n'a pas fait l'objet d'une tradition biographique indépendante, mais nous disposons, principalement grâce aux *Vies* mentionnées, d'un récit assez développé de l'histoire de l'Académie du scholarchat de Platon à celui de Speusippe, puis à celui de Xénocrate (➮X 10).

Les renseignements les plus riches sont fournis par Diogène Laërce IV 1-4. Diogène dit qu'il fut à la tête de l'école pendant huit ans et qu'il éleva dans le *Mouseion* les statues des Grâces, information également donnée par l'*Index.* Il était cependant « faible en face du plaisir », détail que l'*Index* mentionne uniquement en rapport avec l'élection de Xénocrate. Viennent ensuite des informations qui semblent provenir de sources hostiles, celle par exemple relative à sa correspondance avec Denys (confirmée par Athénée, *Deipnosophistes* VII, 279 e-f) ou de son amour de l'argent, ou de la divulgation de données qu'Isocrate souhaitait tenir absolument secrètes (ἀπόρρητα), détail qui laisse penser qu'il aurait appartenu pour un certain temps au cercle isocratique, ce que ne confirme aucun autre témoignage. Face à ces témoignages négatifs, on trouve une citation des Ἀπομνημονεύματα de Diodore (➮D 120), apparemment un de ses disciples, qui prétend que Speusippe fut le premier à avoir saisi le fond commun des sciences (D. L. IV 2) ; cette information semble mal accordée au reste du témoignage de Diogène Laërce et laisse supposer, comme c'est le cas ailleurs, que Diogène a utilisé une pluralité de sources biographiques.

Suit le récit de la fin de sa vie, tourmentée par une paralysie due aux nombreux plaisirs qu'il avait recherchés (point sur lequel nous avons de longs développements), et celui de sa rencontre avec Diogène le Cynique (➮D 147) qui lui recommande le suicide (parallèle chez Stobée IV 52a, 17, où cependant lui est prêtée une noble riposte qui n'apparaît pas dans la biographie de Diogène Laërce).

Speusippe est toujours considéré avec ses condisciples (tous les principaux élèves de l'école de Platon) et on ne parle jamais de ses propres disciples (sauf ses auditrices Lasthéneia de Mantinée [➮L 22] et Axiothéa de Phlionte [➮A 517] qui avaient déjà été élèves de Platon : D. L. III 2), signe que son activité philosophique était perçue comme intimement liée à celle de Platon, dont en vérité, comme nous le verrons, il se distinguait de façon significative (en sens contraire D. L. IV 1).

Vient ensuite la liste de ses œuvres (D. L. IV 4-5), qui sera présentée plus bas.

L'entrée de la *Souda* (Σ 928) suit Diogène Laërce, dont elle reprend certaines parties; mais la notice emprunte peut-être également à Hésychius de Milet (➣H 113); par rapport à Diogène, on ne trouve de neuf qu'un jugement sévère sur la dureté de caractère de Speusippe (αὐστηρὸς τὴν γνώμην καὶ εἰς ἄκρον ὀξύθυμος).

On trouve chez Plutarque de Chéronée un ensemble d'informations sur Speusippe : parmi les plus importantes sont celles relatives à son action au cours des expéditions de Sicile. Étroitement lié à Platon, il l'aurait suivi dans la seconde expédition ; il noua des liens d'amitié étroits avec Dion de Syracuse (➣D 167) et participa ensuite à son expédition, mais de loin, probablement pour des raisons de santé (Plutarque, *Dion* 1-4). En tout cas, son attitude face à Dion semble plus engagée que celle de Platon telle qu'elle apparaît dans la *Lettre* VII. Plutarque toujours (*De adul. et am.* 29, 70 a 1-5) parle d'une de ses lettres à Dion en des termes similaires à la *Lettre* IV de Platon, ce qui a donné lieu chez certains critiques à des contresens importants (*cf.* 23 M. Isnardi Parente, *Platone, Lettere*, Milano 2002, p. 205).

Œuvres. Une liste ancienne, mais incomplète, est conservée par D. L. IV 4-5. Elle est commentée par Lang 2, p. 7 *sqq.*, 44 *sqq.*, par Isnardi 3, p. 212-218, par Tarán 4, p. 188-200, et par Isnardi 6 *ad loc.* La traduction des titres d'ouvrages est celle procurée par T. Dorandi dans *Diogène Laërce, Vies et doctrines des philosophes illustres.* Traduction française sous la direction de M.-O. Goulet-Cazé, Paris 1999, p. 492-494.

Ce catalogue commence par une référence générale aux nombreux *hypomnèmata* et dialogues de Speusippe. Plusieurs des titres qui suivent devaient en effet être des dialogues.

(1) Ἀρίστιππος ὁ Κυρηναῖος, *Aristippe de Cyrène* (➣A 356). Voir aussi n° 15.

(2) Περὶ πλούτου α′, *Sur la richesse*, en un livre.

(3) Περὶ ἡδονῆς α′, *Sur le plaisir*, en un livre.

(4) Περὶ δικαιοσύνης α′, *Sur la justice*, en un livre.

(5) Περὶ φιλοσοφίας α′, *Sur la philosophie*, en un livre. Il pourrait s'agir du Περὶ φιλοσόφων mentionné par D. L. IX 23, à propos de l'activité législatrice de Parménide (➣P 40).

(6) Περὶ φιλίας α′, *Sur l'amitié*, en un livre.

(7) Περὶ θεῶν α′, *Sur les dieux*, en un livre.

(8) Φιλόσοφος α′, *Le Philosophe*, en un livre.

(9) Πρὸς Κέφαλον α′, *A Céphalos*, en un livre. On pense généralement à Céphalos de Syracuse (**⊛⁺**C 79), père de Lysias (**⊛⁺**L 94).

(10) Κέφαλος α′, *Céphalos*, en un livre. Confusion possible avec le titre précédent.

(11) Κλεινόμαχος ἢ Λυσίας α′, *Clinomaque* (**⊛⁺**C 146?) *ou Lysias*, en un livre. Voir aussi n° 28.

(12) Πολίτης α′, *Le Citoyen*, en un livre.

(13) Περὶ ψυχῆς α′, *Sur l'âme*, en un livre.

(14) Πρὸς Γρύλλον α′, *A Gryllos*, en un livre. Probablement un éloge du fils de Xénophon (**⊛⁺**X 19) mort à la bataille de Mantinée en 362[a].

(15) [Ἀρίστιππος α′, *Aristippe*, en un livre.] Voir aussi n° 1.

(16) Τεχνῶν ἔλεγχος α′, *Réfutation des manuels (de rhétorique)*, en un livre.

(17) Ὑπομνηματικοὶ διάλογοι, *Commentaires sous forme de dialogues*.

(18) Τεχνικὸν α′, *Sur l'art (rhétorique)*, en un livre.

(19) Διάλογοι τῶν περὶ τὴν πραγματείαν ὁμοίων α′ β′ γ′ δ′ ε′ ς′ ζ′ η′ θ′ ι′, *Dialogues (?) Sur la doctrine des similitudes*, I, II, III, IV, V, VI, VII, VIII, IX, X.

Dans son édition récente, T. Dorandi édite le texte suivant : †Διάλογοι† (titre qu'il considère comme corrompu), puis, en adoptant une conjecture de Brinkmann, Τῆς περὶ τὰ ὅμοια πραγματείας α′ β′ κτλ.

(20) Διαιρέσεις καὶ πρὸς τὰ ὅμοια ὑποθέσεις, *Divisions et suppositions concernant des choses similaires*.

L'un de ces deux derniers titres ou les deux peuvent correspondre aux Ὅμοια, dont sont conservés de nombreux fragments chez Athénée, *Deipnosophistes* (II, 61 c, 68 e, III, 86 c-d, 105 b, 133 b, VII, 300 e, 327 c, 301 c, 303 d, et de nombreux autres, IX, 369 b etc.). L'ouvrage semble avoir dressé une longue liste de réalités sensibles entre lesquelles il existe un rapport de ressemblance.

(21) Περὶ γενῶν καὶ εἰδῶν παραδειγμάτων, *Sur les exemples de genres et d'espèces*.

(22) Πρὸς τὸν Ἀμάρτυρον, *Contre le discours Sans témoin*. Il s'agit du discours d'Isocrate (*Disc.* 21).

(23) Πλάτωνος ἐγκώμιον, *Éloge de Platon*. Peut-être identique au *Banquet funèbre de Platon* (Πλάτωνος περίδειπνον), cité dans D. L. III 2, où était accréditée la légende de la filiation apollonienne de Platon.

Voir aussi **24** Anna Angeli, « Accessione speusippea », *PP* 41, 1986, p. 120-121 (Philodème, PHerc. 1005 fr. 111 Angeli).

(24) Ἐπιστολαὶ πρὸς Δίωνα, Διονύσιον, Φίλιππον, *Lettres à Dion, Denys, Philippe*.

Une lettre de Speusippe au roi Philippe II de Macédoine est conservée, mais son authenticité est hautement suspecte (sur cette question, voir plus bas). Si elle est authentique, une telle lettre (qui est d'abord et avant tout un *pamphlet* anti-isocratéen) contiendrait la recommandation à

Philippe d'un historien pour nous inconnu, Antipatros de Magnésie (accepté par **25** Jacoby, *FGrHist* II A 69 et II C p. 21), auteur d'une histoire de la Grèce archaïque inspirée de sentiments philomacédoniens, en opposition à l'historien Théopompe, attaqué par l'Académie (*cf. Epist. Socr.* XXVIII = XXX Orelli). En revanche, les autres lettres, attestant une demande de Speusippe mourant à Xénocrate afin qu'il dirige l'Académie, sont certainement pseudépigraphes (*Epist.* XXX-XXXI). La lettre XXXIII à Dion pourrait également être pseudépigraphe.

(25) Περὶ νομοθεσίας, *Sur la législation.*

(26) Μαθηματικός, *Le Savant.*

(27) Μανδρόβολος, *Mandrobolos.*

(28) Λυσίας, *Lysias.* Voir aussi n° 11.

(29) Ὅροι, *Définitions.*

Les mots qui suivent (τάξεις ὑπομνημάτων κβ′ ‚δοε′) ne concernent sans doute pas un nouveau titre (ainsi Isnardi *ad loc.*: *Commentarii distribuiti in ordine*), mais se rapportent à la stichométrie fournie pour l'ensemble des œuvres de Speusippe.

Diogène ajoute deux détails intéressants: l'ensemble des écrits (τάξεις ὑπομνημάτων) de Speusippe atteindrait 224 075 lignes et « Favorinus (fr. 9 Mensching = 39 Barigazzi = 47 Amato), dans le deuxième livre de ses *Mémorables*, rapporte qu'Aristote (Aristote, test. 42c Düring) acheta les livres de Speusippe pour la somme de trois talents ». L'information se retrouve chez Aulu-Gelle III 17, 3.

Il faut ajouter quelques titres attestés par ailleurs:

(30) Πρὸς Κλεοφῶντα, *Contre Cléophon* (le démagogue athénien, *RE* 1?), dont le premier livre est cité par Clément d'Alexandrie, *Strom.* II 4, 19, 3.

(31) Περὶ Πυθαγορικῶν ἀριθμῶν, *Sur les nombres pythagoriciens*, dont un long extrait a été conservé dans les *Theologoumena arithmeticae* du Pseudo-Jamblique, 61, 10 - 62, 23, p. 82-85 De Falco.

L'ouvrage comportait, avec une célébration de la décade, nombre parfait, une longue dissertation sur la pyramide, considérée comme le fondement du tout et sa perfection suprême. Cette œuvre a été longtemps imputée à Philolaos (➽P 143, dans les compléments du tome VII), étant donné que l'attribution qui semble en avoir été faite par Speusippe à ce philosophe, mais l'extrait est rempli de détails qui ne peuvent avoir été conçus indépendamment de Platon et l'attribution peut être considérée tout simplement comme une preuve de la tendance pythagorisante de l'Académie (*cf.* sur ce point **26** W. Burkert, *Weisheit und Wissenschaft. Studien zu Pythagoras, Philolaos, Platon*, Nürnberg 1962, trad. angl.: *Lore and Science in ancient Pythagoreanism*, Cambridge, Mass. 1972).

(32) Νόμοι βασιλικοί, corrigé par Isnardi, à la suite de Schweighäuser, en συμποτικοί, *Lois royales*, ou bien *Règlements pour les banquets*, attesté par Athénée, *Deipnosoph.* I, 3 f.

(33) On possède enfin deux épigrammes concernant, dans le premier cas, Platon (= *Anth. Palat.* VII 61 = Page, *FGE* 1046-1049, et cité également en D. L. III 44, mais sans indication d'auteur et avec des variantes textuelles), et dans le second la dédicace de l'autel des Grâces dans l'Académie, signalé également dans l'*Index* VI 34-38, p. 136 Dorandi.

Cette dernière épigramme est, entre tous, le texte le plus ancien qui ait été conservé, même si l'on peut douter de son authenticité.

Voir **27** L. Tarán, «Plato's alleged epitaph», *GRBS* 25, 1984, p. 63-82, repris dans ses *Collected Papers : 1962-1999*, Leiden 2001, p. 47-69.

Il faut ajouter certains passages qui ont été considérés comme des témoignages relatifs à Speusippe par des auteurs modernes.

(a) Jamblique, *De comm. math. scientia*, 4, p. 15, 6 - 16, 14 ; 18, 1-3 Festa, présente un extrait curieux qui semble comporter des éléments speusippéens, comme par exemple la théorie selon laquelle le beau se manifeste dans le développement général de l'être avant le bien et le mal. **28** Ph. Merlan, *From Platonism to Neoplatonism*, The Hague 1953, 1960, p. 96 *sqq.*, (à la suite d'une suggestion de **29** E. R. Dodds, «The *Parmenides* of Plato and the Neoplatonic One», *CQ* 22, 1928, p. 129-142, qui voulait interpréter Aristote, *Metaph.* 1091 b comme une incompréhension de la doctrine de l'Un métaphysiquement premier par rapport à l'être) interprétait le passage comme une référence de Jamblique à une théorie qui ne pourrait être que celle de Speusippe. Voir à sa suite Dillon **14**, p. 57.

(b) Aristote, *De motu animalium*, 699 a 12-24. **30** H. Cherniss, *Aristotle's Criticism of Plato and the Academy*, Baltimore 1944, t. I, p. 558, a déjà supposé qu'Aristote polémiquait ici contre quelqu'un qui prétendait que les points sont les véritables moteurs de la sphère terrestre ; il considérait comme probable que l'auteur en question était Speusippe, à cause de sa théorie de la substantialité du point. Voir à sa suite Tarán **4**, F 62, p. 386 *sqq.*

(c) Aristote, *De part. anim.* 642 b 12, 643 a 36 *sqq.* Cherniss **30**, t. I, p. 58, était porté à reconnaître la doctrine de Speusippe dans tout ce passage d'Aristote ; les γεγραμμέναι διαιρέσεις ne seraient rien d'autre que les *Similitudes* de Speusippe. Il a été suivi ici aussi par Tarán **4**, F 67, p. 396 *sqq.*

(d) Proclus, *in Parm.*, p. 38-40 Klibansky-Labowsky (*Plato latinus* III, London 1953). Le passage cite Speusippe au début ; Klibansky propose de considérer comme speusippéen tout le contenu, alors qu'en réalité Speusippe est mentionné uniquement comme le rapporteur. Ici encore il est suivi aujourd'hui par Dillon.

(e) Aristote, *De anima* I, 404 b 18-27, essaie de mettre en accord la théorie platonicienne de l'âme avec la théorie de Xénocrate (➽X 10) sur l'âme comme nombre se mouvant de soi-même, au moyen d'une théorie de l'âme comme tétrade (intellect, science, opinion, sensation). Comme c'est dans la tétrade que semble consister pour Speusippe le plein développement du réel, **31** M. Isnardi Parente (d'abord dans «Arist. *De anima* I 404.8 ss.», dans *Philomathes. Studies in memory of Philip Merlan*, The Hague 1971, p. 146-169, puis dans Isnardi **3**, p. 342 *sq.*, et Isnardi **6**, sect. b, p. 48 *sq.*) a pensé qu'il s'agissait d'une succession Platon-Speusippe-Xénocrate comme il est fréquent dans la *Métaphysique*. C'est à la même doctrine que ferait allusion le mystérieux passage d'Aristote, *De caelo* 303 a 29 - b 3, où est mentionné un auteur qui concevait la formation de tous les corps physiques sur une base pyramidale.

La seule «œuvre», pour ainsi dire, qui peut donner accès à une hypothèse d'authenticité plus ou moins fondée est la *Lettre* à Philippe. Considérée comme pseudépigraphe par le XIXᵉ siècle, elle a vu son authenticité revendiquée par **32** E. Bickermann et J. Sykutris, «Speusipps Brief an König Philipp», dans *BSAW* 1928, p. 1-86 : Sykutris pour des raisons linguistiques, Bickermann à cause des détails historiques précis qu'elle contient. Bickermann la date de l'hiver 343/2, avant que Philippe ne soit contraint, à cause de l'intervention athénienne, à s'abstenir de conquérir Ambracie. Ont accepté l'interprétation de Bickermann et Sykutris plusieurs auteurs importants, parmi lesquels **33** A. Momigliano, *Filippo il Macedone*, Firenze 1934 ; **34** Ph. Merlan, «Isocrates, Aristotle and Alexander the Great», *Historia* 3, 1954-1955, p. 60-81 ; **35** M. M. Markle III, «Support of Athenian intellectuals for Philip. A study of Isocrate's Philippus and Speusippus' Letter to Philip'», *JHS* 96, 1976, p. 80-99. Mais cette authenticité a été refusée par Tarán qui n'a pas inclus la lettre dans son recueil et elle a été soumise à une critique d'inauthenticité par

36 L. Bertelli, « La lettera di Speusippo a Filippo. Il problema dell' autenticità », *AAT* 111, 1977, p. 75-111. Voir aussi **37** *Id.*,, « L'epistola di Speusippo a Filippo, un problema di cronologia », *AAT* 110, 1976, p. 275-300 ; **38** A. Frolíková, « Speusippův list Filipovi II. (úvod, překlad, komentář) [La lettre de Speusippe à Philippe II] », *ZJKF* 21, 1979, p. 17-27. Elle a été considérée récemment comme d'une « authenticité probable » par **39** A. F. Natoli, *The Letter of Speusippus to Philip II. Introduction, text, translation and commentary, with an appendix on the thirty-first Socratic letter attributed to Plato*, coll. « Historia Einzelschriften » 176, Stuttgart 2004, 196 p. : Natoli démontre à juste titre que la lettre serait une réponse aux attaques d'Isocrate et de Théopompe davantage qu'une preuve de soutien inconditionnel à Philippe.

Aucune œuvre de Speusippe n'a été conservée. De plus, il est souvent difficile de préciser le contenu véritable d'une œuvre à travers l'interprétation de l'auteur qui la cite. Les modernes ont retenu, sans doute à juste titre, que cela est dû essentiellement au fait que le site de l'Académie a été l'objet de rapines et d'un incendie de la part des soldats romains durant le siège d'Athènes par Sylla (en 86 av. J.-C.) ; mais il faut reconnaître que les œuvres des élèves de Platon circulaient déjà assez peu dans le monde hellénistique. En ce qui concerne Speusippe, les témoignages ont donné lieu aux interprétations les plus divergentes de la part des auteurs modernes : il est donc nécessaire de présenter en détail les hypothèses. On possède des fragments, ainsi qu'un certain nombre de citations d'œuvres identifiées, notamment le *De numeris pythagoricis*, extrait des *Theologoumena arithmeticae* du pseudo-Jamblique, ou les *Similitudes* (Ὅμοια) attestées par Athénée.

Doctrines

Sur ce qu'on pourrait appeler la « métaphysique » de Speusippe, Aristote est notre principal témoin. Mais ce dernier non seulement ne cite jamais un ouvrage de Speusippe dans ce domaine (ce que d'ailleurs on s'abstenait de faire à l'époque), mais il se borne à ce sujet à faire de simples allusions à « certains » des disciples de Platon qui s'exprimaient de la sorte. Dans presque tous ces cas, ce sont les commentateurs (notamment le plus important d'entre eux, Alexandre d'Aphrodisias [➔A 112], ou, à une époque beaucoup plus tardive, Simplicius [➔S 92]), qui fournissent le nom du philosophe auquel il est ainsi fait allusion. Parfois certains ajoutent Xénocrate, mais en pareil cas il est facile de faire les distinctions nécessaires.

Dans la "métaphysique" de Platon qu'Aristote, en accord sur ce point avec l'ensemble de l'Académie, concevait comme l'opposition entre deux principes suprêmes, celui de l'ordre et des idées et celui du désordre ou de la matière, dont dérive ensuite le monde sensible, Speusippe aurait privilégié les principes de l'un et du multiple, ἕν et πλῆθος (XIII, 1080 b 11-18 et 23-29 ; 9 ; 1085 b 5-12 et 21-27 ; 1086 b 2-5 : XIV 1, 1087 b 6 et 27-35 ; 1091 b 30 *sqq.* et plusieurs autres passages). Mais ceux-ci sont également les principes du nombre, lequel est fait d'unité et de multiplicité, raison pour laquelle les idées sont des entités abstraites qui n'ont pas d'existence, les nombres suffisant à constituer la véritable réalité de l'être (XII, 1069 a 30-36 ; XIII 1, 1076 a 19-22, et ailleurs). Chaque réalité semble avoir pour Speusippe ses principes : l'un, les nombres, les grandeurs spatiales, puis ensuite l'âme (VII 2, 1028 b 18-25).

Le Bien qui semblait chez Platon entièrement réservé au monde des idées, s'éloigne de celui-ci et semble au contraire consister dans le sommet d'un processus et non dans un principe (XII 7 1072 b 30 - 1073 a ; XIV 4, 1091 a 29 - b 3). Mais en *Metaph.* XIV, 1092 a 11-15, Aristote en vient à définir l'Un ainsi conçu non pas comme un être véritable, mais comme une sorte de "non étant", en tant qu'il précède l'être véritable. Quant à la théorie de l'âme, Speusippe, ainsi que nous l'avons vu, y fait référence d'une façon qui n'est pas clairement définie (voir le passage déjà cité en 1028 b 23-25).

Théophraste, le disciple d'Aristote, fait référence à Speusippe à deux reprises dans sa *Métaphysique* (12, VI A 23 *sqq.* et 32, XI A 18-25 Usener). La seconde mention est la plus importante :

il rapporte que Speusippe considérait le bien et la valeur comme des choses rares, mais placées au centre, tandis que tout le reste se tient aux extrémités du tout. Il semble que cela se rapporte à l'éthique du philosophe, mais ce passage présente beaucoup d'incertitudes.

Pour l'éthique de Speusippe il faut à nouveau s'en rapporter au témoignage d'Aristote. Il aurait considéré la douleur comme un mal, sans pour autant tenir le plaisir comme un bien, dans la mesure où un mal peut être opposé à un autre mal, ainsi qu'à quelque chose qui n'est ni bien ni mal. Il aurait reconnu la nécessité de poser une triade dans laquelle serait compris le bien : mais une telle triade se distingue de celle d'Aristote en ce sens que pour Speusippe elle est composée de deux termes opposés et d'une forme centrale qui est en soi-même ni un bien ni un mal, étant supérieure à l'un et à l'autre, tandis que pour Aristote le bien est au centre (*Eth. Nic.* VII 13, 1153 b 1-7 ; X 2, 1173 a 5-9). Cette formule est elle aussi amplement commentée en des sens variés dans le monde tardo-antique.

Voir aussi **40** J. M. Dillon, « Speusippus on pleasure », dans K. A. Algra, P. W. Van der Horst et D. T. Runia (édit.), *Polyhistor. Studies in the history and historiography of ancient philosophy presented to Jaap Mansfeld on his sixtieth birthday*, coll. « Philosophia Antiqua » 72, Leiden 1996, p. 99-114.

Clément d'Alexandrie, *Strom.* II 22, 133, t. II, p. 186, 19-23 Stählin, rapporte que le bonheur est une disposition parfaite en ce qu'elle est selon la nature et que les hommes bons recherchent en particulier l'absence de soucis (ἀοχλησία). C'est une précision apportée à Aristote. Clément employait probablement le terme dont se servait Speusippe, terme également connu au début de la période hellénistique.

Stobée, *Ecl.* I, 49, p. 363,26-364,5 Wachsmuth a conservé un passage de Jamblique concernant l'âme chez Speusippe comme « forme de ce qui est généralement étendu » ; la même formule se retrouve chez Jamblique dans le *De communi mathematica scientia*, associée à celle de « nombre qui se meut par soi-même », propre à Xénocrate (*De comm. math. scientia*, p. 40, 15-16 Festa). Il s'agit probablement de l'âme du monde, interprétée à travers le *Timée*.

Speusippe a certainement offert une gnoséologie et une logique. Mais ici aussi se posent de graves problèmes : le premier témoin qui en fait état, Sextus Empiricus (➔S 75), philosophe du IIᵉ siècle de notre ère (*Adv. math.* VII = *Adv. logicos* I 145-146), est déjà très éloigné de Speusippe dans le temps et il traite de la connaissance telle qu'en parlait Speusippe en suivant les règles établies par les académiciens postérieurs. Pour cette raison nous avons beaucoup de difficulté à déterminer ce qu'il entendait par ἐπιστημονικὴ αἴσθησις (« sensation scientifique »), point sur lequel il semble s'être distingué de Platon. La situation est encore pire lorsqu'on arrive aux néoplatoniciens Eustrate, Philopon, Simplicius, lesquels – à la suite d'ailleurs d'une brève indication d'Aristote dans les *Analytiques Postérieurs* (II 13, 97 a 6-14) – semblent, non sans une certaine diversité de ton, accuser Speusippe de scepticisme pour avoir voulu accréditer la théorie selon laquelle celui qui connaît une chose en particulier ne peut pas ne pas connaître toutes les différences qui subsistent entre les choses, ce qui n'est pas possible. Quant à la connaissance mathématique, Proclus, dans son commentaire sur le premier livre des *Éléments* d'Euclide (p. 77,7-78, 9 Friedlein), soutient que Speusippe utilisait de préférence le terme θεωρήματα plutôt que προβλήματα comme étant plus approprié à la connaissance déductive. Simplicius enfin, auteur du VIᵉ siècle de notre ère et grand collectionneur d'informations, fait état d'une division des mots entre homonymes, synonymes et hétéronymes qu'il dit avoir trouvée chez Boéthos (➔B 48). L'expression, également de Simplicius, dont se servait Speusippe pour citer Aristote d'une façon simplifiée (λόγος ἕτερος plutôt que λόγος τῆς οὐσίας ἕτερος) pourrait trouver son explication dans les recherches philologiques récentes sur le début des *Catégories* (*in Cat.*, p. 29, 5, *CAG* VIII, ed. Kalbfleisch) ; mais des problèmes chronologiques non négligeables se posent.

Voir sur cette question **41** J. Barnes, « Homonymy in Aristotle and Speusippus », *CQ* 21, 1971, p. 65-80 ; **42** L. Tarán, « Speusippus and Aristotle on homonymy and synonymy », *Hermes* 106, 1978, p. 73-99 ; **43** Concetta Luna, « Les fragments de Speusippe, III », dans I. Hadot (édit.), *Simplicius, Commentaire sur les Catégories : traduction commentée*, t. III : *Préambule aux Caté-*

gories. Commentaire au premier chapitre des Catégories : (p. 21-40 Kalbfleisch), coll. «Philosophia antiqua» 51, Leiden 1990, p. 159-164 ; **44** Lauretta Seminara, « Omonimia e sinonimia in Platone e in Speusippo », *Elenchos* 25, 2004, p. 289-320.

Interprétations modernes.

Les interprétations modernes sont variées et assez différentes entre elles. La raison en est la diversité des témoignages antiques, du point de vue de la chronologie aussi bien que du contenu ; ce n'est pas par hasard qu'on parle ici de «témoignages», dans la mesure où même les passages qui sont appelés «fragments» dans les recueils modernes sont en réalité pour la plupart des témoignages sur la pensée ou les œuvres de Speusippe.

A partir de **45** F. Ravaisson, *Speusippi de primis rerum principiis placita qualia fuisse videantur ex Aristotele*, Paris 1838, Speusippe a été présenté comme un métaphysicien dont les principes dérivaient d'un «Un» supérieur à l'être, qui par lui-même ne serait pas être (Ravaisson s'exprime de façon marquée dans le langage de Schelling). Nous retrouvons de façon plus affirmée cette interprétation chez Merlan **28**, p. 96 *sq.* et 2ª éd., p. 133 *sq.* : interprétant dans un sens néoplatonicien le passage d'Aristote, *Metaph.* XIV, 1091 b - 1092 a, il considère que Speusippe plaçait l'un avant l'être ; il prend également en compte le terme ὑπεράνω (Jamblique, *De comm. math. scientia*, p. 16, 10-11 Festa) pour affirmer qu'il situait l'Un au-dessus du Beau et du Bien. L'interprétation de Merlan est reprise et renforcée par **46** H.J. Krämer, *Der Urprung der Geistmetaphysik*, Amsterdam 1964, 1968², p. 208 *sq.*, 214 *sq.*, 351 *sq.*, qui attribue à Speusippe un néoplatonisme avant la lettre. Il est vrai toutefois que chez Krämer l'interprétation de Speusippe change au fur et à mesure que l'Un speusippéen tend à acquérir à nouveau sa substantialité, comme on le voit principalement dans son chapitre sur «Speusippe», publié plus tard dans **47** *GGP, Antike 3*, p. 22-43.

48 E. Frank, *Plato und die sogenannten Pythagoreer*, Halle 1925, p. 131, 239 *sqq.*, 249-251, a donné du Speusippe métaphysicien la version opposée : sa théorie consisterait en une structuration graduée du réel, que l'on peut synthétiser en dix formes, étant donné sa proximité avec les pythagoriciens, depuis l'unité absolue jusqu'au Bien. L'interprétation pythagorisante de Frank se prolonge dans Burkert **26**, où plusieurs des positions attribuées par la majorité des critiques antérieurs au pythagorisme ancien sont rapportées à Speusippe lui-même.

En 1935 parut l'article de Stenzel **11**, orienté dans la même direction, mais libéré des abstractions pythagorisantes. De façon très mesurée, Stenzel ne rejette pas la théorie aristotélicienne visant à faire de Speusippe un auteur chez qui le Bien et la perfection de l'être ne sont pas premiers de façon absolue, mais représentent la fin d'un processus. Il rejette cependant l'accusation soulevée par Aristote à l'égard de Speusippe d'avoir introduit une «épisodicité» dans sa conception de la philosophie. Celle-ci est en réalité maintenue unifiée par le concept de proportion ou d'«analogie», repris de Platon, mais utilisé de façon originale : les principes sont l'un et le multiple, le nombre et l'espace pur, la figure et l'espace concret, et ainsi de suite ; entre l'un et l'autre principe se situe le critère de la ressemblance analogique fondamentale, qui garantit à l'être son unité. Celle-ci est l'ὁμοιότης, forme mathématique d'analogie ; ceci explique la grande importance accordée par Stenzel à l'ouvrage sur les *Similitudes*.

Cherniss **30** a proposé pour sa part d'attribuer à Speusippe différents passages, sur lesquels par la suite Tarán construira certaines de ses interprétations. Cherniss a donné une reconstruction d'ensemble de la pensée de Speusippe et de Xénocrate dans son ouvrage **49** *The Riddle of the Early Academy*, Berkeley 1945, 1962², p. 31-59 (Lecture II : «Speusippus, Xenocrates, Aristotle ») dans l'intention manifeste de fournir une reconstruction de la pensée authentique de Platon à travers les premiers témoignages : Speusippe y est représenté comme quelqu'un cherchant à saisir dans les entités mathématiques la raison ultime du tout, faisant du monde une relation qui trouve son achèvement dans la décade, comme base de toute relation et proportion. Dans son recueil des témoignages et des fragments de 1981, Tarán **4**, développera ces différents points et reprendra la lecture proposée par Cherniss de façon systématique. Selon Tarán, les principes speusippéens ne se différencieraient pas des nombres mathématiques : c'est-à-dire que un et multiple ne se différencieraient pas de l'un-nombre et de cette multiplicité définie qui constitue l'ensemble du nombre (p. 35, 39, 313, 331). La relation qui s'établit entre nombres-principes et le réel est de type purement conceptuel, excluant toute idée d'émanation (p. 52, 55, 317). L'âme du monde n'existe pas, dès lors qu'il n'y en a aucune trace raisonnable dans les témoignages, et encore plus du fait que, d'après les passages retenus par Cherniss (Arist., *De motu anim.*, 699 a 12 *sqq.*), le monde pour Speusippe se meut d'un mouvement mécanique (p. 51, 288, 386). Le bien ou le beau ne se trouve pas non plus dans les nombres, car il existe et se produit dans le cadre d'un développement naturel qui intéresse l'âme ("biological Analogy", p. 41, 119). Dans le domaine éthique plaisir et douleur peuvent être identifiés comme des maux en tant que réalités impliquant divisibilité et infinité (p. 82, 441).

Ce Speusippe est nettement détaché de Platon et de la tradition platonicienne. Les nombres ne se substituent pas aux idées dans l'horizon speusippéen, dans la mesure où ils sont des entités de type empirique, substantiellement différents de tout ce qui peut être dit idée. L'âme du monde pour Speusippe est une fantaisie de type platonisant, et Tarán ne peut que répéter pour la définition donnée par Jamblique (forme de tout ce qui est étendu) l'explication, déjà donnée par Cherniss contre Merlan, selon laquelle il s'agirait purement et simplement d'une exégèse du *Timée*. La tentative pour donner un sens purement mathématique au terme ἀρχαί l'amène à effectuer un curieux saut chronologique, dans la mesure où ce sens est obtenu à partir du fragment de Speusippe rapporté par le pseudo-Jamblique des *Theologoumena arithmeticae,* un auteur qui est loin d'être un témoin contemporain.

En 1980, puis plus récemment en 2004, ont paru les deux recueils de M. Isnardi Parente **3** et **6**. L'auteur croit au progrès du système de Speusippe face à la transcendance métaphysique de l'Un ; mais elle ne croit pas, et elle a tenté de le démontrer à plusieurs reprises depuis 1985 (année de publication de son compte rendu [**6**] du recueil de Tarán **4**, repris ensuite dans Isnardi Parente **8**), au Speusippe de Tarán, trop éloigné de Platon pour être acceptable en aucune façon : un Speusippe qui abolit totalement toute différence entre les nombres et les principes, qui considère comme purement conceptuel le rapport entre ces derniers et le réel, qui n'accepte pas l'âme du monde et considère que l'univers se meut lui-même d'un mouvement mécanique. Les deux principes, un-multiple, se concrétisent ensuite de façon géométrique en τόπος ou διάστημα, forme pure de l'extension (*cf.* Aristote, *Metaph.* XIV, 1092 a 17 *sqq.*) et successivement (sans pour cela éviter la réalisation dans des principes géométriques, comme pourrait l'être la pyramide) dans l'âme (ἔπειτα, chez Aristote, *Metaph.* VII, 1028 b 18 *sqq.* peut avoir le sens contraire à celui que Tarán entend lui donner et indiquer la suite de la réalisation géométrique du tout). De cette façon on préserverait également la proximité de Speusippe par rapport au pythagorisme.

Entre Isnardi Parente **3** et **6**, se situent deux interprétations différentes, celle de Krämer **46**, et celle de Dillon **14**. Krämer (qui avait déjà amorcé cette interprétation dans son article **50** « Aristoteles und akademische Eidoslehre. Zur Geschichte des Universalienproblems im Platonismus », *AGPh* 55, 1973, p. 119-190) abandonne pour sa part la conception purement métaphysique d'un Speusippe néoplatonicien avant la lettre, de façon à mettre en évidence chez Speusippe une forte substantialité de l'Un ; Speusippe, avec son sens marqué de l'unité, représenterait, par contraste avec Xénocrate, une sorte de gauche académicienne. De son côté Dillon reprend au contraire l'interprétation métaphysique de Merlan, attribuant aussi à Speusippe lui-même la conception de la δυὰς ἀόριστος et considérant donc le passage de Proclus (*in Parm.*, p. 38,32 - 40,5 Klibansky-Labowsky) comme un témoignage valable sur cette doctrine chez Speusippe. On se trouve, à l'évidence, face à de nouvelles divergences dans l'interprétation de cet auteur, dont le peu que l'on conserve donne lieu par ailleurs aux plus fondamentales incertitudes.

Il subsiste des différences dans l'interprétation de passages particuliers. Une des plus importantes est peut-être celle qui concerne le passage de Proclus que nous possédons seulement dans la traduction latine du commentaire du *Parménide* de Platon. Tarán **4**, p. 352-356, interprète le passage dans le sens que l'Un suprême, à qui il attribue le premier "ipsum" du texte (« et ab ea que secundum principium habitudine ipsum liberaverunt »), n'est pas principe, et que par conséquent l'unique principe devrait être la δυάς ; pour rendre la chose acceptable, vu qu'on ne saurait attribuer cette doctrine à aucun platonicien, il considère «interminabilem» comme une interpolation dans le texte et lit l'ensemble de la phrase comme une doctrine pythagoricienne postérieure, celle qui fait dériver l'univers de l'Un et d'une δυὰς ἀρχῶν. M. Isnardi considère au contraire que le premier «ipsum» du texte fait référence à l'«ens» et non à l'«unum», et qu'à l'«ens» est refusé le caractère de premier principe (**51** «Speusippo in Proclo», *Elenchos* 5, 1984, p. 293-310, repris dans Isnardi **8**, p. 282-294) de façon cohérente avec toute la tradition platonicienne.

Une autre différence assez importante concerne l'insertion du fragment *De numeris pythagoricis* dans le contexte cosmologique dans lequel il figure dans le passage qui nous l'a conservé. Tarán **4**, p. 257 *sqq.*, soutient qu'une telle attribution n'est pas possible. Elle est au contraire acceptée par Isnardi **6**, section II, p. 14 *sqq.*, qui considère qu'il est possible d'attribuer à Speusippe sur la base de ce témoignage une théorie de la tétrade comme harmonie générale de l'univers, coïncidant en définitive avec l'âme du monde. La présentation qui suit de la pyramide sous quatre formes différentes ne serait qu'une modification substantielle de la théorie platonicienne des éléments dans le *Timée,* théorie visant à mettre en évidence sa réalité physique en lui attribuant une figure solide.

Voir aussi **52** L. Tarán, «Proclus and the Old Academy», dans J. Pépin et H. D. Saffrey (édit.), *Proclus lecteur et interprète des anciens,* Paris 1986, p. 227-276.

Iconographie. Il n'existe pas de tradition iconographique relative à Speusippe, sinon à la Renaissance ; pour cette période, **53** G. P. Bellori, *Veterum illustrium Philosophorum, Poetarum, Rhetorum et Oratorum imagines*, Roma 1685, p. 36, ne peut signaler qu'un hermès acéphale ; l'image qui est donnée par **54** Th. Stanley, *History of Philosophy, containing the Lives, Opinions, Actions and Discourses of the Philosophers of every Sect*, London 1655, 1682[2], p. 289, doit être tenue comme purement imaginaire, à moins qu'il ne faille accepter la thèse soutenue par K. Gaiser, selon lequel la mosaïque de Torre Annunziata représentant un groupe de philosophes en discussion serait une représentation de l'Académie platonicienne. Je garde pour ma part des doutes à ce sujet. Voir sur cette question **55** K. Gaiser, «Das Philosophenmosaik in Neapel. Eine Darstellung der platonischen Akademie», *AHAW* 1980, 2). Dans ce cas on pourrait présumer que le personnage de Speusippe serait le plus proche de Platon, et donc le second personnage à partir de la gauche. Il faut noter toutefois que la mosaïque doit être datée du IIe siècle de notre ère et par conséquent dans ce cas également il s'agirait d'un portrait nullement contemporain et sans rapport avec la réalité.

Notice traduite et adaptée de l'italien par Richard Goulet avec la collaboration de Tiziano Dorandi.

MARGHERITA ISNARDI PARENTE.

143 SPHAÏROS LE BORYSTHÉNITE *RE* 3　　　　　　　　　M III[a]

Philosophe stoïcien, disciple de Zénon de Citium (➡Z 20), puis, après la mort de ce dernier, de Cléanthe d'Assos (➡C 138). Il n'est pas présenté comme scholarque de la Stoa.

Les **témoignages** sont rassemblés dans **1** *SVF* I, 5a Sphaerus, t. I, p. 139-142. Il faut ajouter *SVF* I 38 (= D. L. VII 37); I 410 (= *Ind. Stoic. Herc.*, col. 36), II 12 (= *Ind. Stoic. Herc.*, col. 47, 6); II 16, p. 8, 20 (= D. L. VII 198).

Études d'orientation. 1 E. Zeller, *Die Philosophie der Griechen*[5], Leipzig 1923, réimpr. Hildesheim 1990, p. 39; **2** F. Susemihl, *GGLA*, t. I, p. 73-74; **3** A. Dyroff, *Die Ethik der alten Stoa*, Berlin 1897, p. 345; **4** W. W. Tarn, *Antigonos Gonatas*, Oxford 1913, p. 331; **5** J. Beloch, *Griechische Geschichte*, t. IV[2], 1, Berlin 1925, p. 702-703, et 2, p. 116; **6** V. Brochard, *Études de philosophie grecque*, Paris 1926, p. 234-235; **7** W. Fellmann, *Antigonos Gonatas*, Würzburg 1930; **8** K. Hobein, art. « Sphairos » 3, *RE* III A 2, 1929, col. 1683-1693; **9** F. Ollier, « Le philosophe stoïcien Sphaïros et l'œuvre réformatrice des rois de Sparte Agis IV et Cléomène III », *REG* 49, 1936, p. 536-570; **10** A.-J. Festugière, *La Révélation d'Hermès Trismégiste*, t. II, Paris 1949, p. 296; **11** A. A. Buriks, « The source of Plutarch's Περὶ τύχης », *Phoenix* 4, 1950, p. 59-69; **12** T. C. Skeat, *The Reign of the Ptolemies*, München 1954; **13** A. E. Samuel, *Ptolemaic Chronology*, München 1962; **14** M. Pohlenz, *Die Stoa*[3], Göttingen 1964, t. II, p. 15; **15** É. Bréhier, *Chrysippe et l'Ancien Stoïcisme* [1951], Nouvelle éd. revue, Paris 1971, p. 13; **16** D. Babut, *Plutarque et le stoïcisme*, Paris 1969, p. 175 et 193-194; **17** A. L. Verlinskij, « Zur bosporanischen Prosopographie: der Stoiker Sphairos », dans A. K. Gavrilov *et alii* (édit.), *Studien zur Geschichte und Kultur des Nordpontos nach antiken Quellen*, St. Petersburg 1992, p. 146-177 [en russe, rés. en all. p. 266]; **18** A. Banfi, « La storia antica e i tentativi di riforma costituzionale a Sparta nel terzo secolo », dans D. Ambaglio (édit.), Συγγραφή. *Materiali e appunti per lo studio della storia e della letteratura antica*, t. II, Como, Università degli Studi di Pavia, Dipartimento di Studi Umanistici, 2000, p. 93-105; **19** R. Martínez Lacy, « Esfero en Esparta », *Nova Tellus* 21, 2003, p. 17-22.

Biographie. Sphaïros fait l'objet de quelques paragraphes au livre VII 177-178 de Diogène Laërce. Il ne s'agit pas d'une vie indépendante, mais d'une section de la vie de Cléanthe, comme le montre D. L. VII 37 qui promet de parler de Sphaïros « dans notre vie de Cléanthe ».

Plutarque, *Cléomène* 2, 2 le dit Borysthénite; Diogène Laërce le dit originaire de la région du Bosphore (ὁ Βοσποριανός). Voir **20** R. Flacelière et É. Chambry (édit.), *Plutarque, Vies*, t. XI: *Agis-Cléomène – Les Gracques*, *CUF*, Paris 1976, p. 42 n. 1, où l'on envisage qu'il soit né à Panticapée, sur le Bosphore cimmérien, ou bien à Olbia sur le Borysthène (aujourd'hui le Dniepr).

Sur la désignation Borysthénite appliquée aux gens originaires d'Olbia (dont Bion) sur la côte nord de la Mer Noire, voir **21** J. F. Kindstrand, *Bion of Borysthenes. A Collection of the Fragments with Introduction and Commentary*, coll. « Acta Universatis Upsaliensis – Studia Graeca Upsaliensia » 11, Uppsala 1976, p. 3-4. Sur Olbia, voir **22** E. Diehl, art. « Olbia » 4, *RE* XVII 2,

1937, col. 2405-2423. – D'après Strabon XI 2, 10, deux cités principales appartiennent à la région du Bosphore cimmérien (VII 4, 4, à l'entrée de la Mer d'Azov : ἐπὶ τῷ στόματι τῆς Μαιώτιδος) : καὶ ἔστι τῶν μὲν Εὐρωπαίων Βοσπορανῶν μητρόπολις τὸ Παντικάπαιον, τῶν δ' Ἀσιανῶν τὸ Φαναγόρειον (καλεῖται γὰρ καὶ οὕτως ἡ πόλις). Bosporos était le nom grec de Panticapée selon **23** C. G. Brandis, art. « Bosporos » 3, *RE* III 1, 1897, col. 757. Sur Panticapée, voir **24** E. Diehl, art. « Pantikapaion », *RE* XVIII 3, 1949, col. 780-825 (avec une liste des panticapéens célèbres, col. 821). Un autre philosophe, portant le nom de Diphilos (☞D 213), était originaire de cette région (D. L. II 113).

A Athènes, Sphaïros fut d'abord l'un des meilleurs élèves de Zénon, mort en 262/1 (Plut., *Cléomène* 2, 3 = *SVF* I 622 ; D. L. VII 37 dans la liste des disciples de Zénon), puis, après la mort de ce dernier, il poursuivit ses études sous la direction de Cléanthe, mort en 230/29 (D. L. VII 37 = *SVF* I 38). Il fut chez ce maître le condisciple (συσχολάσαντα) de Chrysippe [☞C 121] (Athénée, *Deipnosophistes* VIII 50, 354 E = *SVF* I 624) qui lui dédia un ouvrage (voir plus bas). On a également restitué le nom de Sphaïros (Σφαι[ρ) dans un passage de l'*Ind. Stoic. Herc.*, col. 37, 9 (p. 90 Dorandi) qui pourrait dresser une liste des disciples d'Ariston de Chios (☞A 397) [Traversa, p. 54, donne comme intitulé « Zenonis discipuli : Aristo Chius ; Chrysippus Soleus »]. Dans un autre passage, col. 46, 1-5 (p. 96 Dorandi), Sphaïros est présenté comme le maître d'Hyllos de Soles (☞H 174) avant que ce dernier n'étudie chez son compatriote Chrysippe, sur la foi du *Tombeau de Chrysippe* d'Aristocréon [de Soles] (☞A 374), neveu de Chrysippe : Ὕλλος Σολεὺς | ὃν καὶ Σφαίρωι προσεσχολακέναι φησὶν Ἀριστο|κρέων ἐν ταῖς Χρυσίπ|που] ταφαῖς.

Au sein de l'école stoïcienne, il avait la réputation d'être le plus habile dans l'art de définir (Cic., *Tusc.* IV 53 = *SVF* I 628) et avait probablement contribué à défendre la Stoa contre les attaques d'Arcésilas (☞A 302).

Le roi Ptolémée invita Cléanthe à venir à Alexandrie ou à lui envoyer un de ses disciples (D. L. VII 185 = *SVF* I 621), tout comme Antigone Gonatas (☞A 194) l'avait demandé à Zénon de Citium (D. L. VII 7-8). Cléanthe choisit Chrysippe qui refusa et ce fut Sphaïros qui partit, semble-t-il après une préparation intensive (D. L. VII 177 et 185 : *SVF* I 625 et 621). Athénée (*Deipnosophistes* VIII 50, 354 E = *SVF* I 624) évoque plutôt une invitation qui aurait été directement adressée à Sphaïros (μετάπεμπτον δὲ γενόμενον εἰς Ἀλεξάνδρειαν ὑπὸ τοῦ βασιλέως Πτολεμαίου). D'après Diogène Laërce VII 177 Sphaïros se rendit à Alexandrie auprès de Ptolémée Philopator.

Si les deux passages de Diogène Laërce concernent la même invitation royale, il est évident, comme déjà Zeller **1**, p. 39 n. 4 (p. 40), l'avait fait remarquer, qu'il ne peut s'agir de Ptolémée IV Philopator (*RE* 22 : 222-205 av. J.-Chr.), comme le rapporte D. L. (VII 775 = *SVF* I 625), car ce roi qui n'a régné qu'à partir de 222ᵃ n'aurait pas pu écrire à Cléanthe, mort en 230/29. On pense plutôt ou bien à Ptolémée II Philadelphe (*RE* 19 : mort en 246ᵃ) qui avait fréquenté l'école de Zénon (*Vie anonyme d'Aratus* = *SVF* I 424) et accueilli Chrémonidès (☞C 114), ou bien à Ptolémée III Évergète (*RE* 21 : mort en 222ᵃ). Ollier **10**, p. 544-545, envisage toutefois deux séjours de Sphaïros à Alexandrie : le second pourrait alors avoir eu lieu sous Ptolémée Philopator. Voir déjà Susemihl **2**, p. 73 n. 296.

L'historicité de ce ou ces séjours en Égypte n'est toutefois pas au-dessus de tout soupçon. On cite comme parallèle historique l'invitation adressée par Antigone Gonatas à Zénon de Citium et l'envoi par ce dernier de Persaios (⇒→P 83) et Philonidès (⇒→P 161) à la cour de Macédoine (D. L. VII 7-8), mais le témoignage de Diogène sur ce point semble tiré d'une correspondance entre Antigone et Zénon qui a des chances d'être apocryphe. Le stratagème employé par Ptolémée Philopator pour mettre en cause l'infaillibilité du sage (*SVF* I 624-625) n'implique aucun lien de l'anecdote avec la cour d'Égypte et il rappelle étroitement la mise à l'épreuve de Persaios par Antigone (D. L. VII 36 = *SVF* I 435) qui entendait démontrer que la richesse n'est pas un indifférent comme le prétendaient les stoïciens.

La ligue achéenne autour d'Aratos de Sicyone, en s'opposant à Sparte, favorisait les projets hégémoniques de la Macédoine et de son roi Antigone Doson. L'intention du roi d'Égypte était manifestement de les combattre en créant l'union des Grecs autour d'une monarchie puissante : celle de Sparte. Susemihl **2**, p. 73 n. 396, et d'autres, ont suggéré que Sphaïros avait été envoyé par Ptolémée sous le règne du roi Agis IV (*RE* 4 : 245-241 av. J.-Chr.) pour éduquer le futur Cléomène III (*RE* 6), fils de Léonidas, très jeune à cette époque (*cf.* Plut., *Cléom.*, 2, 5 = *SVF* I 623), manifestement en vue de restaurer la constitution de Lycurgue et de reprendre par la suite la domination du Péloponnèse. Plutarque (*ibid.* 2, 2) rapporte que Cléomène, encore adolescent, « avait étudié la philosophie, lorsque Sphaïros le Borysthénite était venu à Lacédémone et y avait donné des leçons suivies aux tout jeunes gens et aux éphèbes » (trad. *CUF*). Selon Plutarque, Sphaïros « aimait le caractère viril de Cléomène et enflamma son ambition » (*ibid.*, 2, 3). Sur les traits stoïciens du comportement de Cléomène (rappelés par Plutarque, *ibid.*, 2, 6 = *SVF* I 622), voir Flacelière et Chambry **20**, Notice, p. 13-14.

Ollier **9**, p. 546, suppose que Sphaïros fut tout d'abord envoyé auprès de Ptolémée Philadelphe avant 247[a]. Mais les sources ne disent pas que c'est Ptolémée qui envoya le philosophe à Sparte. Plutarque ne présente pas Sphaïros comme le précepteur personnel d'un futur souverain, mais comme le maître en philosophie des jeunes gens et des éphèbes de Sparte. C'est à ce titre qu'il a pu avoir comme élève Cléomène, et peut-être avant lui Agis, selon Ollier **9**, p. 546.

Dans son entreprise de restauration du régime de Lycurgue, Cléomène fut aidé par Sphaïros : « Il s'occupa ensuite de l'éducation des jeunes et de ce qu'on appelle la discipline spartiate. En cela il fut grandement aidé par Sphaïros, qui se trouvait là. Puis il rétablit promptement l'ordre convenable dans les gymnases et dans les repas en commun » (Plut., *ibid.*, 11, 3-4 = *SVF* I 623 ; trad. *CUF*).

Les historiens ont maintenant tendance à relativiser fortement la perspective stoïcienne de cette réforme. Voir **25** M. Daubies, « Les influences stoïciennes dans les réformes de Cléomène III, roi de Sparte », *RBPH* 48, 1970, p. 1354-1355 (courte intervention relativisant l'influence stoïcienne de Sphaïros sur Cléomène soutenue par **26** Fr. Ollier, *Le mirage spartiate. Étude sur l'idéalisation de Sparte dans l'antiquité grecque du début de l'école cynique jusqu'à la fin de la cité*, Paris 1943, p. 76-123 ; voir aussi Ollier **9**), **27** G. Marasco, « Cleomene III fra rivoluzione e reazione », dans Cinzia Bearzot et Franca Landucci Gattinoni (édit.), *Contro le "leggi immutabili". Gli Spartani fra tradizione e innovazione*, coll. « Contributi di storia antica » 2, Milano 2004, p. 191-207 (minimise lui aussi, p. 205, l'influence de Sphaïros sur Cléomène) ; **28** U. Bernini, « Studi su Sparta ellenistica. Euclida e Cleomene III », *AIV* 136, 1977-1978, p. 345-362. Banfi **18**, p. 95-98, rappelle toutefois les titres et le contenu de nombreux traités des premiers stoïciens, notamment de Sphaïros, attestant un intérêt pour les problèmes politiques et législatifs.

Les ambitions de Cléomène, devenu roi de Sparte en 235[a], étaient soutenues par Ptolémée Évergète (Plut., *Cléom.* 22), non sans que ce dernier eût exigé en garantie des otages choisis dans la famille de Cléomène. Mais, en 222[a], le roi de

Sparte fut battu par les Macédoniens à Sellasie (*ibid.*, 29) et s'enfuit pour se réfugier à Alexandrie ; Ptolémée Évergète mourut bientôt (en 221[a]) et Cléomène fut éliminé par son successeur sur le trône.

Que Sphaïros ait suivi Cléomène en Égypte n'est pas affirmé par nos sources. Ollier **9**, p. 544, le suppose : « Il est tout à fait naturel que le philosophe n'ait pas abandonné Cléomène vaincu à Sellasie (222[a]) et l'ait accompagné dans son exil en Égypte ». Voir également Buriks **11**, p. 67. C'est peut-être en confondant une première visite à Alexandrie et la fuite vers l'Égypte que Diogène Laërce VII 177 (= *SVF* I 625) et Athénée, *Deipnosophistes*, VIII 50, 354 E (= *SVF* I 624), font intervenir Ptolémée Philpator dans ces anecdotes.

Nous ne savons rien de la fin de la vie du philosophe.

Chronologie. Elle reste imprécise. Sphaïros est né assez tôt dans le IIIe siècle pour être l'auditeur de Zénon, mort en 262/1, et a vécu assez longtemps pour être en rapport avec Chrysippe, qui a dû succéder à Cléanthe en 230/29. C'est alors que Cléanthe était à la tête de l'école qu'il a pu répondre comme envoyé de l'école stoïcienne à une invitation adressée au scholarque par Ptolémée (Philadelphe ou Évergète, mais non pas Philopator). Il fut le maître de Cléomène avant son accession au trône en 235[a] et le seconda dans ses réformes avant la défaite de Sellasie en 222[a]. Le nombre, l'ordre de succession et la durée de ses séjours à Athènes, à Sparte et à Alexandrie ne peuvent pas être déterminés de façon précise.

Liste des œuvres de Sphaïros transmise par Diogène Laërce VII 178 (*SVF* I 620).

(1) Περὶ κόσμου δύο, *Sur le monde*, en deux livres.

(2) Περὶ στοιχείων, *Sur les éléments*.

(3) <Περὶ> σπέρματος, <*Sur*> *la semence*.

Les manuscrits ont *Sur la semence des éléments*, mais il faut sans doute distinguer deux titres. Mais voir VII 159 (= *SVF* I 626) : Sphaïros dit que « la semence vient des corps dans leur totalité ; de fait, elle est génératrice de toutes les parties du corps. Ils disent cependant que la semence de la femelle n'est pas féconde. Elle est en effet privée de tension, rare et pleine d'eau, comme le dit Sphaïros ».

(4) Περὶ τύχης, *Sur la fortune*.

Buriks **11** voit dans ce traité une source du traité de même titre de Plutarque.

(5) Περὶ ἐλαχίστων, *Sur les parties infimes*.

(6) Πρὸς τὰς ἀτόμους καὶ τὰ εἴδωλα, *Contre les atomes et les simulacres*.

Selon Buriks **11**, p. 67, un ouvrage dirigé contre Démocrite (➤D 70) et Épicure (➤E 36).

(7) Περὶ αἰσθητηρίων, *Sur les organes des sens*.

Voir Aétius IV 15, 2 = *SVF* I 627 (corriger Aétius VI en Aétius IV = Stobée I 52, 17).

(8) Περὶ Ἡρακλείτου πέντε, *Sur Héraclite* (➤H 64), en cinq livres.

Diogène Laërce IX 15. à propos d'Héraclite, rapporte qu'« il y a beaucoup de gens qui ont donné des explications de son livre : c'est le cas d'Antisthène, d'Héraclide du Pont, de Cléanthe, du stoïcien Sphaïros, et encore de Pausanias, surnommé l'Héraclitiste, de Nicodème et de Dionysios... » (trad. J. Brunschwig).

(8a) Διατριβῶν <...>, <... livres d'>*Entretiens*.

Contrairement à Hicks et Long, von Arnim (t. I, p. 139, 29), É. Bréhier, *Les Stoïciens*, Paris 1964, p. 74, et T. Dorandi dans sa récente édition font de διατριβῶν le titre d'un ouvrage indépendant dont le nombre de livres (justifiant le génitif) est disparu.

(9)   Περὶ τῆς ἠθικῆς διατάξεως, *Sur l'ordre (des parties) de l'éthique.*

(10)   Περὶ καθήκοντος, *Sur le devoir.*

(11)   Περὶ ὁρμῆς, *Sur l'impulsion.*

(12)   Περὶ παθῶν δύο, *Sur les passions*, en deux livres.

(13)   Περὶ βασιλείας, *Sur la royauté.*

(14)   Περὶ Λακωνικῆς πολιτείας, *Sur la constitution politique des Lacédémoniens.*

Un troisième livre de cet ouvrage est cité par Athénée, *Deipnosophistes* IV 19, 141 C (*SVF* I 630 = *FGH* III 20). Voir également Plut., *Lycurgue* 5 (= *SVF* I 629). C'est probablement dans cet ouvrage que Sphaïros louait l'institution par Lycurgue d'un sénat de 28 membres pour contrer le pouvoir des deux rois de Sparte (Plut., *Lycurgue* 5, 12).

(15)   Περὶ Λυκούργου καὶ Σωκράτους τρία, *Sur Lycurgue et Socrate*, en trois livres.

(16)   Περὶ νόμου, *Sur la loi.*

(17)   Περὶ μαντικῆς, *Sur la divination.*

(18)   Διαλόγους ἐρωτικούς, *Dialogues amoureux.*

(19)   Περὶ τῶν Ἐρετριακῶν φιλοσόφων, *Sur les philosophes érétriaques.*

(20)   Περὶ ὁμοίων, *Sur les semblables.*

(21)   Περὶ ὅρων, *Sur les définitions.*

Des définitions de la *fortitudo* empruntées à Sphaïros sont transmises par Cic., *Tusc.* IV 53 (*SVF* I 628).

(22)   Περὶ ἕξεως, *Sur l'habitude.*

(23)   Περὶ τῶν ἀντιλεγομένων τρία, *Sur les contradictions*, en trois livres.

(24)   Περὶ λόγου, *Sur la raison.*

(25)   Περὶ πλούτου, *Sur la richesse.*

(26)   Περὶ δόξης, *Sur la gloire.*

(27)   Περὶ θανάτου, *Sur la mort.*

(28)   Τέχνης διαλεκτικῆς δύο, *Manuel de dialectique*, en deux livres.

(29)   Περὶ κατηγορημάτων, *Sur les prédicats.*

(30)   Περὶ ἀμφιβολιῶν, *Sur les ambiguïtés.*

(31)   Ἐπιστολάς. *Lettres.*

Pour autant que ces titres permettent d'en juger, on relève dans cette liste des traités relevant de chacune des trois parties de la philosophie selon les stoïciens : la logique ou la dialectique (20, 21, 23, 24, 28, 29, 30), l'éthique (8a, 9, 10, 11, 12, 13, 16, 17, 18, 26, 27), enfin la physique (1, 2, 3, 4, 5, 6, 7). D'autres ouvrages relèvent de l'histoire politique (14, 15) ou de l'histoire de la philosophie (8, 19).

Peu de témoignages concernent la doctrine. Sphaïros soutenait que «l'obscurité est visible, car un rayon se déverse vers elle depuis la vision» (Aétius IV 15, 1 =

Stob., *Anthol*. I 52, 17 = *SVF* I 627). Deux passages rapportent un stratagème du roi Ptolémée à Alexandrie pour faire reconnaître à Sphaïros qu'il avait assenti au faux en considérant comme vraies des oiseaux ou des grenades de cire (Athénée, *Deipnososphistes* VIII 50, 354 E = *SVF* I 624; D. L. VII 177 = *SVF* I 625). Voir également, à propos de la semence, VII 159 = *SVF* I 626, cité plus haut. Cicéron, *Tusculanes* IV 53 (*SVF* I 628), a conservé des définitions du courage *(fortitudo)* qu'il attribue à Sphaïros.

Le nom de Sphaïros apparaît chez Photius, *Bibl. cod.* 167, 114b Bekker, dans la liste des philosophes cités par Stobée, y compris dans des parties perdues de l'*Anthologie*.

Sphaïros était le dédicataire du traité de Chrysippe *Contre l'artifice d'Arcésilas* (➳A 302), à Sphaïros, en un livre, signalé dans la liste des œuvres de Chrysippe transmise par Diogène Läerce VII 198 (Πρὸς τὸ Ἀρκεσιλάου μεθόδιον πρὸς Σφαῖρον αʹ).

Hobein **9**, col. 1683, tire de πρὸς Σφαῖρον l'idée que ce traité avait été écrit «contre Sphaïros». Mais partout dans la liste des ouvrages de Chrysippe la préposition semble viser des destinataires.

CHRISTIAN GUÉRARD † et RICHARD GOULET.

144 SPHODRIAS *RE* 2   IIIᵃ ?

Athénée, *Deipn*. IV, 162 B, signale une Τέχνη ἐρωτική écrite par le « cynique » Sphodrias (elle est mentionnée par P. Englisch, *Geschichte der erotischen Literatur*, Stuttgart 1927, p. 35). Le personnage est inconnu par ailleurs. Athénée le cite en même temps qu'Archestratos de Géla, auteur d'un poème épique intitulé Γαστρολογία (*Traité de gourmandise*), que Protagoridès à qui l'on attribue des Ἀκροάσεις ἐρωτικαί (*Leçons érotiques*), et que Persaios de Citium (➳P 83), auteur de Συμποτικοὶ διάλογοι (*Dialogues de table*). A en croire Athénée, *ibid.*, telles sont les œuvres qu'aiment les cyniques du banquet, ces cyniques qui, par ailleurs, de toutes les règles pythagoriciennes, observent la seule règle du silence, car ils sont incapables de faire des discours. Nous ne savons rien du contenu précis de l'œuvre de Sphodrias, mais nous pouvons penser que celui-ci s'y exprimait sur le thème de l'amour et de la sexualité avec la franchise propre aux cyniques, la fameuse παρρησία.

Sur le contexte de la mention de Sphodrias et sur les intentions d'Athénée, voir H. Hobein, art. « Sphodrias », *RE* III A 2, 1929, col. 1750-1757. Hobein explique notamment (col. 1754-1755), à propos de Sphodrias et Protagoridès, tous deux auteurs d'écrits érotiques dont la lecture, selon lui, provoquerait chez les cyniques lubriques un plaisir qui n'a rien de cynique, qu'ils tombent sous une critique d'origine stoïcienne selon laquelle l'ἀφροδισιάζειν et le γαστρὶ χαρίζεσθαι, dans la mesure où ils vont au-delà de ce qui est nécessaire, sont à rejeter, puisqu'ils relèvent de la τρυφή plutôt que de l'ἀρετή. Pour Hobein (col. 1756), la source de ce que dit Athénée sur Sphodrias, Protagoridès et Archestratos, est à chercher du côté de Chrysippe, et Sphodrias pourrait bien avoir vécu à l'époque de Chrysippe ou encore plus tôt.

MARIE-ODILE GOULET-CAZÉ.

SPINTHAROS → **DENYS D'HÉRACLÉE**

145 SPINTHAROS DE TARENTE   V-IV

Spécialiste de musique, père et maître d'Aristoxène de Tarente (☞→A 417). Son intérêt pour la morale appliquée et le mode de vie philosophique fait de lui une source précieuse d'anecdotes sur des philosophes qu'il avait connus personnellement, notamment les pythagoriciens, Archytas (☞→A 322) et Socrate (☞→S 98).

Études d'orientation. 1 A. Visconti, «Aristosseno di Taranto ed il nome del padre», *RAL* (9a ser.) 7.2, 1996, p. 425-444; article considérablement remanié et enrichi dans **2** *Id.*, *Aristosseno di Taranto : biografia e formazione spirituale*, coll. «Études» 4, Napoli 1999, p. 36-63 ("Tra Spintharos e Archita"). Les travaux de Visconti constituent à ce jour l'étude la plus complète et la plus détaillée que l'on possède sur Spintharos. Voir aussi **3** W. Burkert, *Lore and science*, p. 106-107, et 198; Huffman **38** (voir *infra*), p. 254.

Absent, de manière inattendue, de la *Realencyclopädie* (qui ne propose pas non plus une entrée «Mnesias» qui pourrait le concerner [voir *infra*]), son nom est répertorié dans **4** W. Pape et G. Benseler, *Wörterbuch der griechischen Eigennamen*, t. II, p. 1435 (n° 5), et dans le **5** *LGPN*, t. III A, p. 400 (où Fraser et Matthews proposent à juste titre une datation aux Ve-IVe siècles).

Sur la forme de son nom, voir **6** Fr. Bechtel, *Die historischen Personennamen*, p. 599, et **7** O. Masson, «Nouvelles notes d'anthroponymie grecque», *ZPE* 91, 1992, p. 107-120, aux p. 107-111 («I. Le nom Σπινθήρ "étincelle" et son groupe») et 114 [repris dans **7a** *Id.*, *Onomastica graeca selecta*, t. III, Genève/Paris 2000, p. 126-139, aux p. 126-130 et 133]. Apparemment le nom "Spintharos" faisait initialement allusion à la vivacité intellectuelle de la personne.

Spintharos avait comme surnom "Mnêsias" (*Souda*, *s.v.* Ἀριστόξενος, A 3927, t. I, p. 357, 6-10 Adler: υἱὸς Μνησίου τοῦ καὶ Σπινθάρου); voir Visconti **1** et **2**, qui donne des arguments convaincants permettant d'interpréter en ce sens, à première vue contre-intuitif, la formulation de la *Souda* qui dit en réalité l'inverse – même si on ne peut pas tout à fait exclure, comme lui, que "Spintharos" fut aussi au départ un sobriquet (comme il arrive si souvent en fait avec les noms antiques … et modernes !).

N.B. La traduction du bout de phrase cité ci-dessus par «[Aristoxène], fils de Mnésias, *fils lui-même de* Spintharos» (**8** J.-P. Schneider, notice «Lampros d'Érythrée», L 18, *DPhA* IV, 2005, p. 81) est fondée sur un texte grec différent, résultant d'une correction de L. Laloy qui ne s'impose pas.

Pour une vision inverse des choses, selon laquelle "Spintharos" serait le surnom de quelqu'un qui s'appelait en réalité Mnêsias, voir **9** P. Wuilleumier, *Tarente : des origines à la conquête romaine*, Paris 1939 [réimpr. 1968], p. 585, qui attire l'attention (p. 175) sur le fait que l'usage du sobriquet était particulièrement répandu à Tarente (trois attestations dès le IIIe s. av. J.-Chr.).

Le deuxième nom de Spintharos est répertorié dans le *LGPN* **5**, t. III A, p. 303 (n° 17), sous la forme dorienne Μνασίας, un nom bien attesté en Grande-Grèce: au-delà de la Calabre (Tarente), pour laquelle Spintharos serait le seul porteur, on le trouve aussi en Apulie et en Sicile (2 occurrences).

Que Spintharos fut le père du philosophe péripatéticien Aristoxène de Tarente (⇒A 417) est répété par plusieurs sources : Sextus Empiricus, *Contre les professeurs* (*Adversus mathematicos*) VI 1 = *Contre les musiciens* 1 ; Diogène Laërce II 20 ; *Souda* (A 3927). À partir de ce renseignement on peut déduire qu'il était lui aussi originaire de Tarente, même si c'est seulement Plutarque qui le dit explicitement (*Sur le démon de Socrate* 23, 592 f). L'hypothèse séduisante de **10** K. von Fritz (*Gnomon* 32, 1960, p. 489-498 [c.r. de Fr. Wehrli, *Die Schule des Aristoteles*, vol. 1-10], à la p. 495), selon laquelle Tarente serait juste la cité d'adoption de Spintharos (fondée sur une interprétation historique plausible du fr. 2 [Wehrli] d'Aristoxène), reste invérifiable.

La *Souda* ajoute que son fils fut aussi son ἀκουστής (élève direct), mais sans préciser en quelle matière. Le fait que dans cette même notice Spintharos est désigné comme μουσικός nous autorise toutefois à supposer que le contenu de son enseignement était de nature musicale (à la fois théorique et pratique ?), d'autant plus qu'Aristoxène est présenté aussi comme spécialiste de musique dans un contexte immédiat. C'est une information qui peut nous intriguer, dans la mesure où Spintharos avait fréquenté les pythagoriciens de son temps, en racontant à leur sujet des anecdotes plutôt positives et valorisantes qui nous sont connues justement grâce à Aristoxène qui les a reproduites abondamment (voir *infra*), alors que ce dernier fut finalement un renégat du pythagorisme en matière de théorie musicale (voir Ptolémée, *Harmonique* I 2). La question que l'on peut donc légitimement se poser est de savoir si l'opposition frontale d'Aristoxène à l'approche pythagoricienne de la musique et de l'harmonique – une approche qu'il critiquait en raison de son caractère non empirique, purement mathématique et théorique, abstrait – fut déjà l'attitude de son père, qui semble avoir été un musicien professionnel (*cf.* **11** A. Barker, *The science of harmonics in classical Greece*, Cambridge 2007, p. 113) plus qu'un théoricien. C'est une question condamnée à rester sans réponse dans l'état actuel de notre documentation.

Pour une première orientation sur l'"anti-pythagorisme" d'Aristoxène en matière de théorie musicale, voir **12** A. Bélis, *Aristoxène de Tarente et Aristote : le 'Traité d'harmonique'*, Paris 1986, *passim* ; Barker **11**, p. 113-259.

Quoi qu'il en soit, le renseignement de la *Souda* concernant les centres d'intérêt de Spintharos est corroboré par Élien (*La personnalité des animaux* II 11), qui le mentionne à côté de Damon (⇒D 13), d'Aristoxène et de Philoxénos comme ayant eu «une parfaite maîtrise de la musique» (ἐπαΐειν μουσικῆς κάλλιστα) et comptant parmi les meilleurs dans cette discipline.

Par ailleurs, Spintharos constitue un témoin de valeur inestimable pour notre connaissance du mode de vie pythagoricien tel qu'il était vécu et pratiqué pendant la 1re moitié du IVe s. av. J.-Chr. – certainement à Tarente, peut-être aussi à Thèbes (voir *infra*). Son relais fut capital notamment pour Aristoxène, qui se réfère souvent au témoignage de son père afin d'authentifier les renseignements biographiques qu'il fournit. Par conséquent, il y a des chances que les récits et le point de vue de Spintharos aient influencé fortement le portrait individuel et collectif des pythagoriciens dressé par Aristoxène dans nombre de ses écrits. C'est la raison pour laquelle il vaut la peine d'examiner une par une les trois anecdotes pythagoriciennes remontant à Spintharos.

(1) Spintharos est la source ultime – et directe – d'une fameuse anecdote, probablement authentique, qu'il racontait souvent (πολλάκις) afin d'illustrer la lutte contre la colère du célèbre pythagoricien, mathématicien et homme politique Archytas de Tarente (➳A 322), qu'il a sans doute connu personnellement, sinon comme maître en philosophie (comme l'implique la mention de Spintharos au tout début de la section « École d'Archytas » dans Wuilleumier 9, p. 584 sq.), du moins comme concitoyen distingué : lorsqu'Archytas, de retour d'une longue expédition militaire, s'aperçut de la négligence dont avaient fait preuve son intendant et ses esclaves pendant son absence, il se mit en colère et fut indigné. Mais se rendant compte de l'emprise qu'avait eue la passion sur lui, il s'abstint de les punir en leur disant « qu'ils avaient de la chance qu'il fût en colère contre eux, car autrement ils ne seraient jamais restés impunis, après avoir commis une faute si grave » (Jamblique, V. pyth. 31, 197, p. 108, 10-20 Deubner = **13** DK 47 A 7 ; trad. **14** L. Brisson et A. Ph. Segonds, *Jamblique. Vie de Pythagore*, Paris 2011² [1996¹], p. 107 ; éd., trad. et comm. **15** C. A. Huffman, *Archytas of Tarentum : Pythagorean, philosopher and mathematician king*, Cambridge 2005, p. 283-284 et 287-292 ; pour un bref comm., avec discussion d'un problème textuel, voir déjà **16** C. J. de Vogel, *Pythagoras and early Pythagoreanism. An interpretation of neglected evidence on the philosopher Pythagoras*, Assen 1966, p. 161-162). Vraisemblablement l'anecdote parvint à Jamblique *via* Nicomaque, qui citait souvent Aristoxène (fr. 30 [= fr. 49] Wehrli **18** [voir *infra*] = fr. IV 2, 35 dans **17** St. I. Kaiser [édit.], *Die Fragmente des Aristoxenos aus Tarent*, neu herausgegeben und ergänzt, erläutert und übersetzt von St. I. K., Hildesheim/Zürich/New York 2010, p. 122), même si le nom de ce dernier n'est pas mentionné. Le philosophe et biographe tarentin l'évoquait sans doute dans son traité *Sur le mode de vie pythagoricien* et/ou dans sa *Vie d'Archytas* ; voir **18** Fr. Wehrli, *Aristoxenos*, coll. « Die Schule des Aristoteles : Texte und Kommentar » 2, Basel 1967² [1945¹], p. 56 et 64 – à moins que la *Vie* ne soit simplement une partie ou un chapitre du traité sur les pythagoriciens, lui-même désigné dans les sources par deux expressions alternatives : *Sur le mode de vie pythagoricien* et *Sur Pythagore et ses disciples* ; voir **19** C. Macris, « Charismatic authority, spiritual guidance and way of life in the Pythagorean tradition », dans M. Chase, St. R. L. Clark et M. McGhee (édit.), *Philosophy as a way of life. Ancients and moderns. Essays in honor of Pierre Hadot*, Malden (MA)/Oxford/Chichester 2013, p. 57-83, à la p. 72, avec la n. 96 (p. 82). La mémorable anecdote à propos d'Archytas est rapportée, avec de petites variantes, par de nombreuses autres sources, jusqu'à la fin de l'Antiquité, mais sans référence à Spintharos (ce n'est que Jamblique qui a conservé ce détail significatif sur la source d'information originelle) ; voir les *testimonia* A-H dans Huffman **15**, p. 284-287 (= [dans l'ordre chronologique] Diod. Sic. X 7, 4 ; Cicéron, *Tusculanes* IV 36, 78 ; *République* I 38, 59 ; Valère Maxime IV 1, ext. 1 ;

Plutarque, *Sur l'éducation des enfants*, 14, 10 d ; *Sur les délais de la justice divine* 5, 551 b ; Lactance, *La colère de Dieu* 18, 4 ; Jérôme, *Lettre* 79, 9). *Cf.* déjà Wehrli **18**, p. 56-57. On doit y ajouter Proclus, *Dix problèmes concernant la providence* 54 (dans **20** *Proclus. Trois études sur la providence*, t. I, éd. – trad. D. Isaac, *CUF*, Paris 1977, p. 119), qui dépend en partie de Plutarque, *Sur les délais de la justice divine*.

L'anecdote illustrant le souci d'Archytas pour contrôler sa colère s'accorde bien avec une autre, qui montre les efforts qu'il faisait pour réprimer sa propension à prononcer des injures ou des gros mots chaque fois qu'il s'énervait (Élien, *Histoires variées* XIV 19 = **13** DK 47 A 11, avec Huffman **15**, p. 337-340). Sur l'importance qu'il accordait plus généralement à la maîtrise de soi *(temperantia)*, traduite aussi par une attaque contre le désir *(libido)* et les plaisirs corporels *(voluptas corporis)*, voir Cicéron, *Caton l'ancien Sur la vieillesse* 12, 39-41 = **13** DK 47 A 9, avec Huffman **15**, p. 323-337, et déjà **21** *Id.*, « Archytas and the sophists », dans V. Caston et D. W. Graham (édit.), *Presocratic philosophy. Essays in honour of Alexander Mourelatos*, Aldershot 2002, p. 251-270. Ces anecdotes brossent un portrait assez cohérent, qui peut certes avoir été un peu exagéré par la tradition orale, construit ou retouché par la tradition littéraire, mais qui a des chances de refléter, dans ses grands traits, le caractère – spontanément irascible, mais néanmoins soumis au contrôle de la raison – de l'Archytas historique. Et pour cela nous sommes redevables essentiellement (a) à la *Vie d'Archytas* d'Aristoxène de Tarente – à laquelle remontent probablement la plupart des renseignements biographiques concernant Archytas (voir Huffman **15**, p. 255-342), bien au-delà de ceux qui sont formellement transmis sous le nom d'Aristoxène et recueillis par Wehrli **18** (fr. 47-50) – et, derrière elle, (b) à Spintharos, qui doit avoir été la source principale d'Aristoxène sur Archytas et le pythagorisme tarentin.

(2) Et justement, dans le même contexte (Jamblique, *V. pyth.* 31, 198, p. 108, 20-22 Deubner), on apprend que Spintharos faisait aussi référence à des pratiques analogues d'un autre pythagoricien de Tarente, Cleinias (☛C 145), qui « différait toutes réprimandes et toutes punitions jusqu'à ce qu'il eût recouvré son bon sens » (trad. Brisson et Segonds **14**, p. 107). D'autres sources nous apprennent que pour calmer sa colère Cleinias pratiquait également la musicothérapie ; voir **22** Br. Centrone, notice « Cleinias de Tarente », *DPhA* II, 1994, p. 421-422 ; **23** A. Provenza, « Aristoxenus and music therapy : fr. 26 Wehrli within the tradition on music and *catharsis* », dans **24** C. A. Huffman (édit.), *Aristoxenus of Tarentum : discussion*, coll. *RUSCH*, 17, New Brunswick/London 2012, p. 91-128, aux p. 114-116.

Il est intéressant de noter que la même attitude est attribuée à Pythagore lui-même par Diogène Laërce VIII 20 (qui va plus loin qu'Archytas en affirmant que « lorsqu'il [*scil.* Pythagore] se mettait en colère, il ne châtiait *personne*, ni serviteur *ni homme libre* »), étendue à tous les pythagoriciens par Jamblique (*V. pyth.* 31, 197, p. 108, 4-10 : « *aucun* d'entre eux n'a jamais puni un esclave ni réprimandé un homme libre sous l'emprise de la colère, mais [...] ils attendaient d'avoir recouvré leur bon sens ... et ils parvenaient à se ressaisir dans le silence et la tranquillité » ; trad. Brisson et Segonds **14**, p. 107 [modifiée]), tandis qu'elle figure aussi parmi les conseils donnés par la femme de Pythagore, Théano (➤T 28), dans sa *Lettre* (apocryphe et tardive) *à Callistô* (voir **25** H. Thesleff, *Pythagorean texts*, p. 198, 15-23 = **26** A. Städele [édit.], *Die Briefe des Pythagoras und der Pythagoreer*, Meisenheim am Glan 1980, p. 176-179 ; *cf.* l'allusion à Théano dans Proclus, *Dix problèmes concernant la providence* 54). S'agirait-il donc d'un principe de conduite initié par le père fondateur et devenu typique pour les pythagoriciens postérieurs, avec des applications et des variations diverses selon les individus ? ou serait-il plus sage de reconnaître ici un cas d'extrapolation, de rétroprojection aux origines et de généralisation à partir d'une attitude réelle d'Archytas ? Il est difficile d'y répondre avec certitude. On peut toutefois remarquer que juste avant de dire que Pythagore n'appliquait jamais des punitions en état de colère, Diogène Laërce signale aussi qu'« il s'abstenait de se moquer (καταγέλωτος) et de toute espèce de complaisance servile (ἀρέσκεια), comme les railleries (σκώμματα) ou les histoires vulgaires (φορτικά) » (trad. J.-Fr. Balaudé [modifiée], dans **27** M.-O. Goulet-Cazé [édit.], *Diogène Laërce*, p. 958), ce qui n'est pas très loin de l'image d'Archytas essayant, dans une autre anecdote, d'éviter les ἄκοσμα et ἀπρεπῆ ὀνόματα (voir *supra*).

Des anecdotes similaires illustrant la maîtrise de la colère dans des cas de châtiments infligés à des esclaves circulaient aussi à propos de Platon ; voir p. ex. Diog. L. III 38-39, et pour un dossier complet, **28** A. S. Riginos, *Platonica*, p. 154-156 (anecdotes 113 A-C). Parfois même l'anecdote sur Platon est évoquée de pair avec celle sur Archytas : c'est notamment le cas chez Valère Maxime, Plutarque et Proclus (parmi les textes signalés plus haut à propos d'Archytas). On pourrait imaginer Platon (ré)agissant réellement ainsi par imitation de l'attitude de son ami Archytas qu'il admirait tant. Mais si on tient compte du fait que les anecdotes ayant Platon comme protagoniste n'apparaissent que très tardivement dans nos sources (pas avant le Ier siècle), il semble plus probable d'y voir un cas classique de *transfert* dans la tradition biographique, dont l'une des intentions possibles serait de "pythagoriser" Platon tout en le présentant en train de "corriger" tacitement l'attitude excessive, à la limite non raisonnable et en définitive injuste d'Archytas (*cf.* en ce sens les protestations de Lactance, *La colère de Dieu* 18). Le transfert de l'anecdote sur Socrate (Sénèque, *De la colère* I 15, 3) n'est peut-être qu'un *lapsus calami* de Sénèque, étant donné que plus loin (en III 12, 5-7) le même auteur expose longuement la version ayant comme protagoniste Platon. Notre anecdote n'a donc pas été trop "baladeuse" (*wandering anecdote*) – et elle ne relève pas non plus du *topos* universel –, puisqu'elle n'est pas racontée, comme bien d'autres, à propos de sages de tous bords : son usage est limité aux seuls pythagoriciens et à Platon (le second entrant par là-même en continuité, mais aussi en quelque sorte en compétition, avec les premiers ?).

Pour des développements philosophiques prenant comme point de départ une situation de punition d'esclaves similaire à celle des anecdotes relatives à Archytas et Platon, voir Sénèque, *De la colère* III 12 ; Plutarque, *Sur le contrôle de la colère* 11, 459 b-e (il voit les occasions de châtiments offertes par les esclaves à leurs maîtres comme des exercices d'accoutumance [ἐθισμός] et comme une excellente opportunité pour les derniers de tester leur capacité de maîtrise de soi ; il dit même avoir adopté cette attitude lui-même) ; *Sur les délais de la justice divine*, 550 e - 551 c ; Porphyre, *Lettre à Marcella* 35 (conseil donné à son épouse) ; Lactance, *La colère de Dieu* 18 ; Proclus, *Dix doutes sur la providence* 54, p. 119-120 Isaac **20** (avec évocation du triple exemple de Platon, d'Archytas et de Théano). *Cf.* Brisson et Segonds **14**, p. 206, § 197, n. 5. On aura remarqué que le thème appartient quasi exclusivement à la tradition platonicienne. Et est-il besoin de souligner ici ce qu'il nous apprend sur le traitement inhumain qui était habituellement réservé aux esclaves pendant l'Antiquité par leurs maîtres en colère ?

(3) Plutarque (*Comment écouter*, 3, 39 b et *Sur le démon de Socrate* 23, 592 f) nous renseigne (par la bouche de Polymnis, le père même d'Épaminondas [➤E 26]), que Spintharos, qui aurait séjourné assez longtemps à Thèbes et fréquenté Épaminondas (οὐκ ὀλίγον αὐτῷ συνδιατρίψας ἐνταῦθα χρόνον), faisait l'éloge du célèbre homme politique en disant qu'il n'était pas facile de rencontrer

un autre homme qui sût plus de choses et parlât moins. Effectivement, Épaminondas « semble avoir été un *exemplum* traditionnel d'auditeur attentif et silencieux » (selon l'heureuse expression employée dans la note complémentaire 3 de la
p. 40 de *Comment écouter*, reportée à la p. 260, dans **29** *Plutarque. Œuvres mora-*
les, t. I – 2ᵉ partie, éd. - trad. R. Klacrr, A. Philippon et J. Sirinelli, *CUF*, Paris
1989), une vertu dont fait aussi l'éloge Cornélius Nepos (*Vie d'Épaminondas* 2, 2).
Or le caractère taciturne du général thébain peut être interprété comme un trait
pythagoricien, surtout si l'on se rappelle l'ancienne tradition qui faisait de lui un
disciple de Lysis (➠L 104) – l'un des rares rescapés des révoltes anti-pythagoriciennes de l'Italie du Sud, qui se serait réfugié à Thèbes. On voit donc encore une
fois Spintharos fréquenter les milieux pythagoriciens dont il a suivi l'émigration et
l'implantation en Grèce continentale, et louer certains aspects de leur mode de vie
tel qu'il était pratiqué non seulement par les anciens "maîtres" italiotes mais aussi
par leurs nouveaux adeptes. Quant à la source à laquelle Plutarque aurait puisé
cette anecdote, on est réduit à des hypothèses. Une source livresque semblant
toutefois plus probable qu'une tradition orale qu'aurait recueillie sur place le
Béotien Plutarque (étant donné l'écart chronologique qui le sépare du IVᵉ s. av.
J.-Chr.), la mention du nom de Spintharos comme informateur nous orienterait de
nouveau vers Aristoxène (qui peut même avoir cité cela dans son traité sur les
pythagoriciens).

Sur les traits pythagoriciens d'Épaminondas, reconnaissables surtout dans le domaine du
mode de vie et de l'éthique, voir **30** P. Vidal-Naquet et P. Lévêque, « Épaminondas pythagoricien
ou le problème tactique de la droite et de la gauche », *Historia* 9, 1960, p. 294-308 [repris dans
31 P. Vidal-Naquet, *Le chasseur noir : formes de pensée et formes de société dans le monde grec*,
Paris ²1983 [¹1981] (réimpr. Paris 1991), p. 95-114, suivi d'un appendice, "Épaminondas pythagoricien. Compléments 1980", p. 115-121] ; **32** J. Buckler, « Epameinondas and Pythagoreanism », *Historia* 42, 1993, p. 104-108 ; **33** Br. Centrone, notice « Épaminondas de Thèbes »,
E 26, *DPhA* III, 2000, p. 101. – Sur la façon dont Plutarque réinterprète la figure du général et
homme politique thébain dans le *De genio* sans ignorer ou oblitérer les traits pythagoriciens de sa
personnalité, voir **34** P. L. Donini, « Tra Academia e pitagorismo. Il platonismo nel *De genio*
Socratis di Plutarco », dans M. Bonazzi, C. Lévy et C. Steel (édit.), *A Platonic Pythagoras :*
Platonism and Pythagoreanism in the Imperial Age, Turnhout 2007, p. 99-125, aux p. 104-121 ;
35 *Id.*, « Il silenzio di Epaminonda, i demoni e il mito : il platonismo di Plutarco nel *De genio*
Socratis », dans M. Bonazzi et J. Opsomer (édit.), *The origins of the Platonic system : Platonisms*
of the early Empire and their philosophical contexts, Namur/Leuven/Paris 2009, p. 187-214 ;
36 *Id.*, « Il *De genio Socratis* di Plutarco. I limiti del dogmatismo e quelli dello "scetticismo" »,
dans *Id.*, *Commentary and tradition : Aristotelianism, Platonism, and post-Hellenistic philosophy*,
édit. M. Bonazzi, Berlin/New York 2011, p. 403-422 ; **37** G. M. A. Margagliotta, *Il demone di*
Socrate nelle interpretazioni di Plutarco e Apuleio, coll. « Studia Classica et Mediaevalia » 6,
Nordhausen 2012, p. 38-41 (§ 9, « Epaminonda e il pitagorismo »).

Au terme de cet examen se pose la question du rapport de Spintharos avec les
milieux pythagoriciens : est-ce qu'il les aurait simplement fréquentés ? ou en
aurait-il même reçu une sorte d'"éducation" pythagoricienne pendant sa jeunesse,
en tant que membre du cercle d'Archytas par exemple ? Cela n'est pas du tout
clair. Dans tous les cas la proximité qu'il a entretenue avec les pythagoriciens de
son temps fait de lui un rare témoin direct de la manière dont ceux-ci vivaient les

principes moraux de leur philosophie, sans pour autant l'élever nécessairement au rang d'adepte de leur(s) école(s). À cet égard il est hautement significatif qu'il ne figure ni parmi les « derniers pythagoriciens » qu'aurait connus son fils Aristoxène ni dans le catalogue des pythagoriciens que le même Aristoxène aurait dressé, soigneusement conservé à la fin du traité de Jamblique *Sur le mode de vie pythagoricien* (§ 267). En sens inverse, selon Visconti **1** et **2** (en partic. p. 44-49), un indice positif en faveur du pythagorisme de Spintharos pourrait être fourni par le choix du nom "Mnêsias" comme sobriquet pour lui, avec l'intention de souligner ses capacités mnémoniques dans un contexte pythagoricien accordant une grande importance à la mémoire. Suggestion non probante, certes, mais qui gagne en force si l'on prend en considération que le même type de sobriquet jouant sur le thème de la mémoire était employé également à propos du père d'Archytas : Hestiaios (➤H 112) de son vrai nom, celui-ci – un personnage par ailleurs inconnu, mais dont le nom figure dans le catalogue des pythagoriciens de Jamblique – serait surnommé Mnêsarchos ou Mnasagétês ou Mnasagoras (selon le témoignage extrêmement intéressant mais un peu confus de la *Souda*, *s.v.* Ἀρχύτας, A 4121, t. I, p. 377, 26-27 Adler ; Diogène Laërce VIII 79 ne mentionne que Mnêsagoras).

Pour l'emploi de sobriquets par d'autres pythagoriciens (ou au moins par des personnages qui semblent être liés d'une certaine façon à cette mouvance philosophique), voir aussi la notice sur Xouthos (➤X 20).

Last but not least, Spintharos fit un séjour de durée indéterminée à Athènes, pendant lequel il eut la chance d'être parmi ceux qui rencontrèrent Socrate et s'entretinrent avec lui (ἦν εἷς τῶν τούτῳ ἐντυχόντων). Selon ce que rapporte Aristoxène, Spintharos fut impressionné par la force de persuasion de Socrate, à laquelle « contribuaient sa voix, son visage, le caractère qui s'y peignait – et par-dessus tout son aspect si particulier », mais il fut déçu par les excès auxquels il pouvait être poussé par la colère : « car lorsqu'il était enflammé par cette passion, sa laideur était terrible ; il n'y avait alors, en effet, ni parole ni acte dont il s'abstînt » (Aristoxène, fr. 54a Wehrli [= V 2, 50 Kaiser **17**, p. 143], cité par Porphyre, fr. 211 F Smith = *Histoire philosophique*, fr. 10 Segonds, *ap.* Cyrille, *Contre Julien* VI 185, 781 d 7 - 784 a 8 ; trad. annotée dans **38** A.-Ph. Segonds, « Les fragments de l'*Histoire de la philosophie* », dans É. Des Places [édit.], *Porphyre, Vie de Pythagore. Lettre à Marcella*, CUF, Paris 1982, p. 163-197, aux p. 183-184 ; *cf.* aussi fr. 54 b Wehrli [= V 2, 65 Kaiser **17**, p. 144], cité par Porphyre, *ap.* Théodoret, *Thérapeutique* XII 61-63, p. 314,20-315, 3 Raeder = p. 437, 11-19 Canivet [*cf.* l'app. crit. de Smith *ad* 211 F], où on a le même texte, écrit en un grec bien meilleur, mais où le nom de Spintharos a sauté). Le contraste avec les efforts d'Archytas pour contrôler à la fois sa colère et sa propension à lancer des injures vient spontanément à l'esprit : on peut imaginer que la comparaison entre les deux philosophes en matière de maîtrise de soi, tournant nettement au désavantage de Socrate, était déjà établie par Spintharos lui-même et qu'Aristoxène n'a fait que la reproduire en l'élaborant.

Un autre témoignage, où la mention du patronyme d'Aristoxène (source de Diogène Laërce) dans un contexte proche pourrait indiquer que la source ultime est une fois de plus son père Spintharos, nous apprend que Socrate « fit aussi des opérations financières ; par exemple, il faisait un placement, accumulait la petite somme qu'il en tirait, puis, quand il l'avait dépensée, faisait un nouveau placement » (Aristoxène, fr. 59 Wehrli [= III 2, 45 Kaiser **17**, p. 68] = Diogène Laërce II 20 ; trad. M. Narcy, dans Goulet-Cazé **27**, p. 230).

Ces anecdotes présentant un Socrate ... humain, trop humain sont certes bien loin de toute idéalisation hagiographique du philosophe, mais sans que l'on puisse dire qu'elles le malmènent, comme cela semble être le cas avec d'autres anecdotes transmises par la *Vie de Socrate* d'Aristoxène. Il est donc possible que le regard critique que portait ce dernier sur le philosophe athénien ne fut propre qu'à lui (et à d'autres sources qu'il a pu utiliser), et il n'est pas nécessaire de supposer que tous les renseignements négatifs ou les propos diffamatoires sur Socrate proviennent de Spintharos.

Ainsi par exemple le renseignement selon lequel pendant sa jeunesse Socrate fut non seulement le disciple, mais aussi le mignon (παιδικά) d'Archélaos (☛A 308), ne semble pas provenir de Spintharos, qui selon toute probabilité n'était pas présent à Athènes si tôt dans la vie de Socrate pour avoir une connaissance de première main sur sa vie personnelle à l'âge de l'adolescence et au début de l'âge adulte. *Cf.* R. Goulet, notice « Archélaos le Physicien », A 308, *DPhA* I, 1989, p. 333-334.

En dernière analyse, comme le remarque **39** C. A. Huffman, « Aristoxenus' *Life of Socrates* », dans Huffman **24**, p. 251-281, à la p. 254, « Spintharus' account of Socrates ... has the potential to provide some insight into Socrates that is independent of Plato and Xenophon ».

Sur le Socrate aristoxénien en général, qui eut une influence déterminante sur la réception de la figure du philosophe athénien par les néoplatoniciens (notamment Porphyre) et les Pères de l'Église (notamment Cyrille d'Alexandrie et Théodoret de Cyr), voir tout récemment Huffman **39** et **40** St. Schorn, « Aristoxenus' biographical method », dans Huffman **24**, p. 177-221, aux p. 199-217. – Sur le Socrate porphyrien, **41** Sp. Rangos, « Images of Socrates in Neoplatonism », dans V. Karasmanis (édit.), *Socrates : 2400 years since his death (399 B. C. – 2001 A. D.)*, International Symposium Proceedings, Athens – Delphi 13-21 July 2001, Delphi/Athènes 2004, p. 463-480, aux p. 470-472 ; **42** C. Macris, « Porphyry's *Life of Pythagoras* », dans C. Huffman (édit.), *A History of Pythagoreanism*, Cambridge 2014, p. 381-398, à la p. 392. Voir aussi la section « Socrate dans le néoplatonisme » de la notice sur Socrate (☛S 98), due à D. A. Layne. – Sur le Socrate de Théodoret, voir **43** G. C. Koumakis, « Das Sokratesbild in *Therapeutik* des Theodoretus und seine Quellen », *Platon* 23, 1971, p. 22-350.

Chronologie. Le rapport de Spintharos à Archytas et à Socrate donne des indications sûres concernant sa datation. Voir à ce sujet la discussion dans Huffman **39**, p. 254, qui, à titre d'hypothèse, propose une date de naissance *ca* 425[a].

N.B. Il faut veiller à ne pas confondre Spintharos de Tarente avec le poète homonyme d'Héraclée, un auteur de tragédies du IVe s. (Diog. L. V 92 ; *Souda*, Σ 945). L'erreur est commise p. ex. par Brisson et Segonds **14**, p. 206, § 197, n. 3.

CONSTANTINOS MACRIS.

146 SPOROS DE NICÉE *RE* F I-D II ?

A. Commentateur (ὁ ὑπομνηματιστής, Léonce le mécanicien, *De sphaerae Arateae constructione*, 3, li. 6 = p. 562, 6 Maass) des *Phénomènes* d'Aratus (☛+A 298), cité à plusieurs reprises dans les scholies (sur les vers 541, 881 et 1093 des *Phénomènes*). E. Maass en a réuni les fragments dans *Analecta Eratosthenica*, coll. «Philologische Untersuchungen» 6, Berlin 1883, p. 45-49. Voir aussi *Id.*, *Commentariorum in Aratum reliquiae. Collegit recensuit prolegomenis indicibus que instruxit* (1898), réimpr. Berlin 1958, p. LXXI *et passim*. Nouvelle édition des scholies dans *Scholia in Aratum vetera edidit Jean Martin*, coll. *BT*, Stuttgart 1974, p. 320, 6, 431, 5 et 511, 6.

D'après Léonce le mécanicien (VIIe s.), «il faut savoir qu'Aratus n'a pas parlé d'astronomie de façon très convenable, comme on peut le voir à partir des ouvrages composés à ce sujet par Hipparque et Ptolémée. La cause en est tout d'abord que ce qu'en a dit Eudoxe qu'a suivi principalement Aratos, n'était pas exposé très correctement, ensuite parce que cela a été écrit de la sorte en visant non pas l'exactitude, comme le dit le commentateur Sporos, mais plutôt l'utilité pour les navigateurs, et que vraisemblablement il traite de ces choses de façon générale» (ἰστέον δέ, ὅτι τὰ περὶ τῶν ἄστρων τῶι Ἀράτωι εἰρημένα οὐ πάνυ καλῶς εἴρηται, ὡς ἔστιν ἔκ τε τῶν Ἱππάρχωι καὶ Πτολεμαίωι συντεταγμένων περὶ τούτων μαθεῖν. αἴτια δὲ πρῶτον μὲν καὶ τὰ Εὐδόξου, οἷς μάλιστα ἠκολούθησεν ὁ Ἄρατος, οὐ λίαν ὀρθῶς εἰρημένα, ἔπειτα δέ, ὅτι καὶ οὐ πρὸς τὸ ἀκριβές, ὥς φησι Σπόρος ὁ ὑπομνηματιστής, ἀλλὰ πρὸς τὸ χρήσιμον τοῖς ναυτιλλομένοις ταῦτα οὕτω διαγέγραπται, εἰκότως τε ὁλοσχερέστερον περὶ τούτων διαλαμβάνει). Voir aussi E. Maass, *Aratea*, coll. «Philologische Untersuchungen» 12, Berlin 1892, p. 307-308.

Le reproche adressé à Aratos par Sporos d'avoir traité des questions astronomiques de façon superficielle et la double référence à Hipparque et à Ptolémée, invitent à identifier le commentateur d'Aratos à un mathématicien connu par Pappus et Eutocius :

B. On connaît en effet sous le nom de Poros un mathématicien, originaire de Nicée (Σπόρος ὁ Νικαεύς), disciple de Philon de Gadara (*RE* 50) et auteur de Κηρία <ἀριστοτελικά>, selon Eutocius (☛+E 175), *Commentarius in dimensionem circuli*, p. 258, 15-260, 9. Eutocius considère que Poros de Nicée a eu tort de reprocher, dans ses *Nids d'abeille* (ἐν τοῖς Κηρίοις), à Archimède l'imprécision de certains calculs (approximation de π) rectifiés par Philon de Gadara (*RE* 50), le maître de Poros, car c'était ne pas prendre en compte le but pratique que se fixait Archimède. *Cf.* J. L. Heiberg et E. Stamatis, *Archimedis opera omnia cum commentariis Eutocii*, coll. *BT*, t. III, Leipzig 1915.

Le titre complet, sans référence explicite à Sporos, est donné dans le même traité, p. 228, 19 Heiberg (τῶν Ἀριστοτελικῶν ... κηρίων). Pour des recueils portant le titre de Κηρία («Nids d'abeille»), voir les références données dans R. Goulet, notice «Aulu-Gelle» A 509, *DPhA* I, 1989, p. 681 (à propos des *Nuits attiques, Praef.* 6, où une liste d'ouvrages relevant d'un tel genre littéraire est fournie). Les témoignages conservés concernent la quadrature du cercle et la duplication du cube.

« Sporos (ou Poros) est au IIe siècle l'auteur d'une œuvre intitulée Κηρία ἀριστοτελικά qui renfermait des démonstrations astronomiques et mathématiques. Le titre montre le cadre philosophique de ces démonstrations ». I. Hadot, *Arts libéraux et philosophie dans la pensée antique* [1984], 2e éd., coll. « Textes et traditions » 11, Paris 2005, p. 256, qui renvoie à P. Tannery, « Sur Sporos de Nicée », *AFLBordeaux* 4, 1882, p. 257-261, repris dans ses *Mémoires scientifiques*, t. I, p. 178-184, qui prolonge son article « Sur les fragments d'Eudème de Rhodes relatifs à l'histoire des mathématiques », *ibid.*, p. 70-76, notamment p. 75-76.

Cf. A. Gudeman et F. Kliem, art. « Sporos », *RE* III A 2, 1929, col. 1879-1883.

RICHARD GOULET.

SPURIUS → MUMMIUS (SPURIUS –)

STALLIUS → HAURANUS (C. STALLIUS –)

147 STALLIUS (Στάλλιος) M I[a]

Épicurien (ὁ Ἐπικούρειος), ami de Brutus (→B 63). Plutarque, *Brutus* 12, 3, rapporte qu'en 44[a], sondé indirectement par Brutus sur l'opportunité de renverser la tyrannie de César, il aurait répondu qu'« il ne convient pas à un homme sage et sensé de s'exposer au danger et de troubler sa vie pour des gens médiocres et insensés » (trad. Flacelière et Chambry). Le point de vue rappelle moins celui d'Épicure (→E 36) que celui de Théodore l'Athée (→T 61) : « il est raisonnable que l'homme vertueux ne risque pas sa vie pour sa patrie, car il ne faut pas perdre sa sagesse pour être utile aux insensés » (Diogène Laërce II 98, trad. M.-O. Goulet-Cazé). Les mss ont bien dans ce passage Στάλλιον et c'est Ziegler qui a corrigé en Στατύλλιον, en l'identifiant ainsi avec l'ami de Caton dont parle Plutarque dans d'autres passages (→S 149). Sans avoir été associé au complot contre César comme d'autres amis de Brutus jugés trop peu fiables, dont Cicéron, il n'est pas impossible qu'il ait suivi par la suite Caton en Afrique et ait combattu à Philippes (*cf. Brutus* 51, 3). Mais ce rapprochement des deux ensembles de témoignages reste fragile. L'ami de Caton n'est pas décrit comme un épicurien. L'ami de Brutus ne s'appelle pas Statyllius, mais Stallius selon les manuscrits, nom par ailleurs bien attesté et qui est même porté par un épicurien, peut-être contemporain, connu par une inscription de Naples. Voir **1** B. Puech, notice « Hauranus (C. Stallius –) », H 10, *DPhA* III, 2000, p. 505. **2** Ed. Zeller, *Die Philosophie der Griechen*, III 1, 5e éd., Leipzig 1923 p. 388 (n. 2 de la p. 387), et **3** D. Babut, *Plutarque et le stoïcisme*, coll. « Publications de l'Université de Lyon », Paris 1969, p. 188-189, préfèrent distinguer deux personnages.

Cf. **4** F. Münzer, art. « Statilius » 2, *RE* III A 2, 1929, col. 2185.

RICHARD GOULET.

148 STASÉAS DE NAPLES *RE*   I[a]

Péripatéticien. Il avait été le maître et l'hôte de M. Pupius Piso (➚➚P 189) Calpurnianus (Cic., *De fin.* V 38 et 75 ; *De orat.* I 104) ; il était l'ami de L. Licinius Crassus [➚➚C 198] (Cic., *De orat.* I 104). On a supposé qu'à l'époque du cadre dramatique du *De oratore* de Cicéron, en 91[a], Staséas devait avoir au moins une trentaine d'années.

On n'est pas non plus très bien renseigné sur ses doctrines philosophiques. Si l'on croit ce qu'affirment Crassus et Mucius Scaevola (➚➚S 26) dans le *De oratore* (I 102-105), Staséas aurait pratiqué une rhétorique dans le style de Gorgias (➚➚G 28). On ne peut toutefois pas exclure que Staséas ait eu des intérêts pour la philosophie. Cicéron (*De fin.* V 8 et 75) affirme qu'il avait traité de la doctrine péripatéticienne des biens et de l'*eudaimonia*. Il faut exclure que Cicéron ait utilisé un traité de Staséas pour la composition du quatrième livre *De finibus*. Selon Censorinus (*De die natali* 14), Staséas avait fixé à douze hebdomades, c'est-à-dire à 84 ans, la durée d'une vie humaine complète.

Cf. H. Hobein, art. «Staseas», *RE* III A 2, 1929, col. 2153-2158 ; P. Moraux, *Der Aristotelismus bei den Griechen*, t. I, Berlin 1974, p. 218-221.

TIZIANO DORANDI.

149 STATILIUS *RE* 2   M I[a]

Jeune ami, et grand admirateur de Caton d'Utique (➚➚C 59) qu'il aurait voulu imiter en se donnant la mort à Utique en 46[a] (Plutarque, *Cat. min.* 65, 10-11) : « Il se piquait d'une grande force d'âme et voulait imiter l'impassibilité de Caton» (trad. Chambry et Flacelière). Il détestait César (*ibid.*, 65, 11). Il refusa de s'embarquer et fut empêché de se donner la mort « par les philosophes » (*ibid.*, 73, 7), sans doute le stoïcien Apollonidès (➚➚A 257) et le péripatéticien Démétrios (➚➚D 41) à qui Caton avait demandé de le faire embarquer (*ibid.*, 66, 6-8). Par la suite, il assista fidèlement Brutus et mourut à Philippes en octobre 42[a] (*ibid.*, 73, 7). Sa mort, survenue en traversant le camp ennemi, est racontée par Plutarque, *Brutus* 51, 5-6, où les manuscrits ont conservé la forme Statyllios (Στατύλλιος), utilisée pour l'ami de Caton. Une identification a été envisagée avec l'épicurien Stallius [➚➚S 147] (corrigé par Ziegler en Statyllius).

Cf. **1** F. Münzer, art. «Statilius» 2, *RE* III A 2, 1929, col. 2185 ; **2** D. Babut, *Plutarque et le stoïcisme*, coll. «Publications de l'Université de Lyon», Paris 1969, p. 188-189, voit dans ce Statilius un stoïcien et le distingue de l'épicurien ami de Brutus ; **3** Catherine J. Castner, *Prosopography of Roman Epicurean*, p. 68-69, rapporte tous les témoignages à un même Statilius ou Statyllius.

RICHARD GOULET.

STATIUS → CAECILIUS STATIUS

STATYLLIUS → STATILLIUS

150 STÉPHANOS

Alchimiste et astronome/astrologue.

Sous le nom de Stéphanos les manuscrits byzantins conservent plusieurs œuvres d'alchimie, d'astronomie et d'astrologie. Le nom de l'auteur est généralement suivi par le toponyme Ἀλεξανδρεύς, « d'Alexandrie », et est souvent accompagné de titres ou qualificatifs comme μέγας φιλόσοφος, « grand philosophe » et οἰκουμενικὸς φιλόσοφος, « philosophe œcuménique », μέγας διδάσκαλος, « grand maître », οἰκουμενικὸς διδάσκαλος, « maître œcuménique » et καθολικὸς διδάσκαλος, « maître universel ».

Œuvres alchimiques. Plusieurs manuscrits alchimiques byzantins (voir l'état de la question dressé par **1** R. Romano, « La tradizione manoscritta del *De magna et sacra arte* di Stefano Alessandrino », dans **2** G. Indelli, G. Leone et F. Longo Auricchio (édit.), *Mathesis e mneme. Studi in onore di Marcello Gigante*, Napoli 2004, t. II, p. 259-266) transmettent sous le nom de Stéphanos d'Alexandrie neuf leçons (Πράξεις) sur l'Art sacré de la fabrication de l'or, ainsi qu'une lettre adressée à Théodore. Ces œuvres sont énumérées dans le *pinax* du manuscrit le plus ancien (*Marcianus gr.* 299, X^e- XIe s., f. 2^r= **M^P**) et sont transmises par le même codex (ff. 10^r-39^v = **M**) sous les titres suivants (*CMAG*, t. II, p. 3-4 et 23-24) :

1. (**M^P**) Στεφάνου Ἀλεξανδρέως οἰκουμενικοῦ φιλοσόφου περὶ τῆς ἱερᾶς καὶ θείας τέχνης τῆς τοῦ χρυσοῦ ποιήσεως ≈ (**M**) Στεφάνου Ἀλεξανδρέως οἰκουμενικοῦ φιλοσόφου καὶ διδασκάλου τῆς μεγάλης καὶ ἱερᾶς ταύτης τέχνης περὶ χρυσοποιίας. πρᾶξις σὺν θεῷ πρώτη

2. (**M^P** ≈ **M**) Τοῦ αὐτοῦ (Στεφάνου σὺν θεῷ add. **M**) πρᾶξις δευτέρα

3. (**M^P** ≈ **M**) Τοῦ αὐτοῦ (Στεφάνου add. **M**) ἐπιστολὴ πρὸς Θεόδωρον

4. (**M^P** ≈ **M**) Τοῦ αὐτοῦ (Στεφάνου add. **M**) περὶ τοῦ ἐνύλου κόσμου πρᾶξις (σὺν θεῷ add. **M**) τρίτη

5. (**M^P** ≈ **M**) Τοῦ αὐτοῦ (Στεφάνου add. **M**) εἰς τὸ κατ' ἐνέργειαν πρᾶξις (σὺν θεῷ add. **M**) τετάρτη

6. (**M^P**) Τοῦ αὐτοῦ ὁμοίως πρᾶξις ε' ≈ (**M**) Τοῦ αὐτοῦ Στεφάνου φιλοσόφου εἰς τὸ κατ' ἐνέργειαν τῆς θείας τέχνης πρᾶξις σὺν θεῷ ε'

7. (**M^P** ≈ **M**) Τοῦ αὐτοῦ (Στεφάνου add. **M**) φιλοσόφου πρᾶξις (σὺν θεῷ add. **M**) ἕκτη

8. (**M^P** ≈ **M**) Τοῦ αὐτοῦ (Στεφάνου φιλοσόφου add. **M**) πρᾶξις (σὺν θεῷ add. **M**) ἑβδόμη

9. (**M^P**) Τοῦ αὐτοῦ περὶ τομῆς τῆς ἱερᾶς τέχνης πρᾶξις η' ≈ (**M**) Τοῦ αὐτοῦ Στεφάνου οἰκουμενικοῦ φιλοσόφου πρᾶξις η' περὶ τομῆς τῆς ἱερᾶς τέχνης

10. (**M^P** ≈ **M**) Τοῦ αὐτοῦ (Στεφάνου φιλοσόφου add. **M**) διδασκαλία πρὸς Ἡράκλειον τὸν βασιλέα. πρᾶξις (σὺν θεῷ add. **M**) ἐννάτη

La seule édition complète, publiée par **3** J. L. Ideler (*Physici et medici graeci minores*, 2 vol., Berolini 1842, t. II, p. 109-253) sur la base d'un *codex recentior* (une transcription du *Monac. Gr.* 112, copie de **M**), est insuffisante ; en particulier, la *Neuvième leçon* s'interrompt au niveau de la p. 247, li. 23 : après ce point, en effet, Ideler a édité un extrait diffèrent (mutilé du début), qui doit être identifié avec le *Dialogue des philosophes et de Cléopâtre* (**4** R. Reitzenstein, « Zur Geschichte der Alchemie und des Mystizismus », *NGG* 1919, p. 1-37). Seules les trois premières *Πράξεις* et la lettre ont été rééditées (avec traduction anglaise) sur la base du ms. *Marcianus gr.* 299 par **5** F. S. Taylor, « The Alchemical Works of Stephanos of Alexandria, Part I », *Ambix* 1, 1937, p. 116-139, et « Part II », *Ambix* 2, 1938, p. 39-49. De plus, d'après l'analyse de **6** Maria K. Papathanassiou, « Stephanus of Alexandria : On the Structure and Date of his Alchemical Work », *MNS* 8, 1996, p. 247-266, la division en 9 leçons ne serait pas originale : les leçons 1-2, en effet, auraient formé à l'origine une seule œuvre de même que la leçon 3 avec la lettre à Théodore.

L'œuvre semble dater du règne de l'empereur Héraclius (610-641), auquel Stéphanos aurait bien adressé la *Neuvième leçon* (voir aussi t. II, p. 243-244 Ideler) ; il faut noter que le même *pinax* de **M** mentionne sous le nom de l'empereur les titres de trois ouvrages alchimiques, qui n'ont été conservés par aucun manuscrit (**7** J. Letrouit, « Datation des alchimistes grecs », dans **8** D. Kahn et S. Matton [édit.], *Alchimie : art, histoire et mythes*, coll. « Textes et Travaux de Chrysopœia » 1, Paris 1995, p. 58). En plus, **9** H. D. Saffrey, « Historique et description du manuscrit alchimique de Venise *Marcianus Graecus* 299 », dans Kahn et Matton **8**, p. 1-10, notamment p. 8-9, a proposé d'identifier le Théodore mentionné par Stéphanos avec l'auteur d'une sorte de préface en vers dans le codex **M** (*CAAG* II 4 ; il aurait composé une collection d'écrits alchimiques qui serait à la base du contenu du même *Marcianus*) : puisqu'il s'appelle lui-même « fidèle compagnon des Empereurs », il pourrait correspondre à un des frères les plus jeunes d'Héraclius. Enfin, Papathanassiou **6**, p. 258-264, a reconnu derrière un passage de la *Sixième leçon* (t. II, p. 225, 25-32 Ideler) une référence à une disposition astronomique particulière des planètes (associées par l'alchimiste aux métaux) que Stéphanos aurait eu la chance de voir à Constantinople en 617 (cette hypothèse présuppose que Stéphanos composa ses *Leçons* dans cette ville).

Sur la base principalement du titre « philosophe œcuménique » – qui, à l'intérieur de la littérature alchimique, figure pour la première fois dans le texte d'un alchimiste anonyme (le Philosophe Anépigraphe, VIIIe-IXe siècles ; voir Letrouit **7**, p. 63) qui esquisse une petite histoire de l'alchimie où Olympiodore (➡O 16) et Stéphanos sont appelés οἰκουμενικοὶ πανεύφημοι φιλόσοφοι καὶ ἐξηγηταὶ τοῦ Πλάτωνος καὶ Ἀριστοτέλους (*CAAG* II, p. 424, 6 - 425, 9 ; voir aussi **10** M. Martelli, « Una storia dell'alchimia nei testi alchemici greci : il cosiddetto Filosofo Anonimo (*CAAG*, vol. II, pp. 424, l. 6 – 425, l. 9) », dans **11** C. Pogliano et M. Frank [édit.], *Scorci di Storia della Scienza*, Pisa 2010, p. 37-54) – on a supposé que Stéphanos donna ses *Leçons* à Constantinople, où il aurait été invité par l'empereur Héraclius (Letrouit **7**, p. 60). Cette hypothèse – déjà formulée par **12** H. Usener, *De Stephano Alexandrino*, Bonn 1880, p. 1-55 = *Kleine Schriften*, t. II, Leipzig/Berlin 1914, p. 247-321, même si elle ne concerne pas Stéphanos l'alchimiste (Usener regardait les *Leçons* comme l'œuvre d'un auteur postérieur) et développée par **13** W. Wolska-Conus, « Stéphanos d'Athènes et Stéphanos d'Alexandrie. Essai d'identification et de biographie », *REByz* 47, 1989, p. 5-89 – fut critiquée par **14** H.-G. Beck, « Bildung und Theologie im frühmittelalterlichen Byzanz », dans **15** *Polychronion. Festschrift Franz Dölger zum 75. Geburtstag*, Heidelberg 1966, p. 69-81), qui considérait ce titre comme anachronique lorsqu'il est employé pour des personnages antérieurs au IXe siècle ; il serait « essentiellement honorifique et n'impliquerait pas nécessairement une charge ou une fonction officielle » (Letrouit 7, p. 60 ; voir **16** P. Lemerle, *Le premier humanisme byzantin. Notes et remarques sur enseignement et culture à Byzance des origines au 10e siècle*, Paris 1971, p. 85-88 ; **17** A. Lumpe, art. « Stephanos von Alexandria », *BBK* X, 1995, p. 1406-1409). Malheureusement, les *Leçons* – qui attestent le christianisme de Stéphanos (Letrouit 7, p. 60-61) et quelques similitudes avec Damascius [➙D 3] (**18** Maria Papathanassiou, « L'œuvre alchimique de Stéphanos d'Alexandrie : structure et transformations de la matière, unité et pluralité, l'énigme des philosophes », dans **19** C. Viano [édit.], *L'alchimie et ses racines philosophiques*, p. 112-133 = *Chrysopoeia* 7, 2000-2003, p. 11-31) – ne donnent aucun renseignement biographique explicite. D'après la tradition arabo-latine, Stéphanos aurait été le maître de Maryānus/Morienus le moine qui, selon le texte arabe de l'*Épître de Maryānus, le sage moine, au prince Ḫālid b. Yazīd* (**20** A. Y. Al-Hassan, « The Arabic Original of the *Liber de compositione alchemiae*. The Epistle of Maryānus, the Hermit and Philosopher, to prince Khālid ibn Yazīd », *ASPh* 14, 2004, p. 213-231), aurait été invité de Jérusalem à Damas par le prince omayyade Ḫālid (668-704/709), qui voulait étudier l'alchimie. Les érudits ont souvent mis en question l'authenticité du traité (voir, en particulier, **21** M. Ullmann, « Ḫālid ibn Yazīd und die Alchemie : eine Legende », *Isl* 55, 1978, p. 181-218) ; en tous cas, dans la préface à la traduction latine de l'ouvrage (*Liber de compositione alchemiae* ; voir **22** J.-J. Manget, *Bibliotheca Chemica Curiosa, seu Rerum ad Alchemiam pertinentium Thesaurus instructissimus*, 2 vol., Genevae 1702, t. I, p. 509-510), on dit que Morienus dans sa jeunesse alla à Alexandrie pour devenir l'élève du fameux alchimiste Stéphanos, qui était à l'époque très âgé et qui mourut dans la ville égyptienne. A cette tradition il faut peut-être associer le « Stéphanos l'ancien (*al-qadīm*) » qui, d'après le *Kitāb al-Fihrist* (p. 244, li. 2 Flügel) aurait traduit des livres d'alchimie pour le prince Ḫālid. Toutefois, al-Nadīm (ou ses sources) semble avoir confondu Stéphanos l'ancien avec un alchimiste de Mossoul (IXe-Xe siècle), appelé dans le même *al-Fihrist* « Stéphanos le moine » (*al-rāhib* ; voir **23** W. Fück, « The Arabic Literature on Alchemy according to an-Nadīm », *Ambix* 4, 1951, p. 81-144, notamment p. 107).

Œuvres astronomiques et astrologiques. La tradition byzantine conserve un *Commentaire aux Tables faciles*, fondé sur le *Petit Commentaire* de Théon d'Alexandrie (➙T 88), qui est transmis par 15 manuscrits, soit sous forme anonyme soit attribué tantôt à Stéphanos d'Alexandrie tantôt à l'empereur Héraclius (voir **24** J. Lempire, « D'Alexandrie à Constantinople : le commentaire astronomique de Stéphanos », *Byzantion* 81, 2011, p. 241-266 ; **25** A. Tihon, « Le calcul de la date de Pâques de Stéphanos-Héraclius», dans **26** B. Janssens, B. Roosen et P. Van Deun, *Philomathestatos. Studies in Greek Patristic and Byzantine Texts Presented to Jacques Noret for his Sixty-Fifth Birthday*, Leuven/Paris/Dudley 2004, p. 625-646, notamment p. 628-632 ; sur la fausse attribution du traité à Tzetzès, voir **27** R. Browning, «Tzetzes' Commentary on Ptolemy : A Ghost Laid», *CR* 15, 1965 p. 262-263) ; l'empereur, toutefois, est généralement regardé comme l'auteur des seuls chap. 28-30 (Usener **12**, p. 292-293 [= 1880, p. 35-36] ; Lempire **24**, p. 244-248 ; Tihon **25**, p. 645-646). Le traité a été partiellement édité par Usener (**12**, p. 295-319 [= 1880, p. 38-54]) sous le titre transmis par le *Vat. Urbinas gr.* 80 (XVe s.), Στεφάνου μεγάλου φιλοσόφου καὶ Ἀλεξανδρέως διασάφησις ἐξ οἰκείων ὑποδειγμάτων τῆς τῶν προχείρων κανόνων ἐφόδου τοῦ Θέωνος, et il aurait été composé vers les années 617-619.

Il faut encore signaler que le *Vaticanus gr.* 1059 (début du XVe s.) transmet quelques calculs des syzigies fondés sur le traité ci-dessus mentionné. Au f. 524^r un calcul de la syzigie de pleine lune est donné sous le nom de Stéphanos le grand philosophe (μέγας φιλόσοφος) et professeur universel (καθολικὸς διδάσκαλος ; voir aussi f. 529^v) ; le titre inclut aussi une courte notice biographique : «Ce Stéphanos se situe à l'époque de l'empereur Héraclius. Il a expliqué les tables faciles grecques par ses propres exemples. [Il fut aussi l'inventeur et l'exégète de la fabrication extraordinaire de l'or (phrase rayée à l'encre rouge dans le codex)]» (Lempire **24**, p. 243 ; Tihon **25**, p. 630 ; texte grec dans Usener **12**, p. 328-329 [= 1880, p. 7] ; Letrouit **7**, p. 59). La notice continue en attribuant au même auteur l'horoscope de Mahomet (τὸ περὶ Μωάμεθ [...] θεμάτιον). Ce dernier renseignement semble se rattacher à une tradition plus tardive, qui attribue à Stéphanos plusieurs œuvres astrologiques.

Évidemment ce Stéphanos astrologue, postérieur à Mahomet, ne peut pas être identique à l'auteur du *Commentaire aux Tables faciles*, qui fut contemporain d'Héraclius. Toutefois une certaine confusion est reconnaissable chez les historiens byzantins, qui continuent dans certains cas à associer l'astrologue à l'empereur (voir Wolska-Conus **13**, p. 15) : d'un côté un Στέφανος ὁ μαθηματικός est cité par Constantin VII Porphyrogénète (*De administrando imperio*, chap. 16, p. 80 Moravcsik), qui lui attribue l'horoscope sur l'empire arabe ; d'un autre côté 'Théophanès Continuatus' (*Chronographia*, p. 338, li. 10 Bekker) mentionne Stéphanos le mathématicien comme l'auteur d'une prédiction sur la mort d'Héraclius. En plus, Georges Cedrenus (*Compendium historiarum*, t. I, p. 717, li. 9 Bekker) dit que l'horoscope des Sarrazins fut établi par Στέφανος Ἀλεξανδρεύς le 1er septembre 622 (corrigé en 621 par Usener **12**, p. 257 [= 1880, p. 10] ; voir aussi *infra*, le renseignement donné par le traité Ἀποτελεσματικὴ πραγματεία). En tous cas, Stéphanos l'astrologue, cité aussi par plusieurs auteurs arabes du IXe siècle (en particulier par Abū Ma'šar), d'après les recherches de **28** D. Pingree, «Classical and Byzantine Astrology in Sassanian Persia», *DOP* 43, 1989, p. 227-239, notamment p. 238-239, devra être identifié avec un savant de la fin du VIIIe siècle / début du IXe, vraisemblablement élève de Théophile d'Édesse, lequel «first introduced interrogational, military, and political astrology to Byzantium in about 775 AD, when Stephanus moved to Constantinople from Baghdād» (**29** D. Pingree, *From Astral Omens to Astrology from Babylon to Bīkāner*, Roma 1997, p. 64). On peut lui attribuer les ouvrages suivants (voir aussi **30** A. Tihon, «L'astronomie à Byzance à l'époque iconoclaste (VIIIe-IXe siècles)», dans P. L. Butzer et D. Lohrmann [édit.], *Science in Western and Eastern Civilization in Carolingian Times*, Basel/Boston/Berlin, 1993, p. 181-203, notamment p. 183-190):

(1) Ἀποτελεσματικὴ πραγματεῖα ou *Traité astrologique*, édité par Usener **12**, p. 266-289 [= 1880, p. 17-32] sur la base de 6 manuscrits byzantins, sous le titre de Στεφάνου φιλοσόφου Ἀλεξανδρέως ἀποτελεσματικὴ πραγματεία πρὸς Τιμό-θεον τὸν αὐτοῦ μαθητήν, πρόφασιν μὲν ἔχουσα τὴν νεοφανῆ καὶ ἄθεον νομο-θεσίαν τοῦ Μωάμεδ, πολλὰ δὲ καὶ ἄλλα τῶν μελλόντων προαγορεύουσα.

L'œuvre, qui présente un horoscope prédisant l'histoire du peuple arabe, peut être divisée en trois parties (**31** M. Papathanassiou, «Stephanos of Alexandria: A Famous Byzantine Scholar, Alchemist and Astrologer», dans **32** P. Magadalino et M. Mavroudi [édit.], *The Occult Sciences in Byzantium*, Genève 2006, p. 163-204, notamment p. 190 *sqq*.): (a) une introduction générale à l'astrologie; (b) l'ex-plication de la motivation qui a conduit l'auteur à calculer son horoscope et de la méthode qu'il a suivie; (c) l'horoscope (θεμάτιον), suivi par une série de 'prédic-tions' sur les califes arabes à partir de la venue de Mahomet (ces 'prédictions' sont correctes jusqu'à l'année 775). Dans la Ire partie l'auteur rappelle ses leçons dans lesquelles il avait déjà expliqué la méthode de Platon, la physiologie d'Aristote, plusieurs questions géométriques et mathématiques, de même que les allégories alchimiques et l'astrologie (τὰς χημευτικὰς ἀλληγορίας καὶ δυσευρέτους νοή-σεις, τοὺς ἀστρονομικοὺς κλιμακτῆρας καὶ πολυθρυλλήτους ἀστρομαντείας, texte imprimé entre crochets droits par Usener **12**, p. 267 [= 1880, p. 17]). Dans la IIe partie (Usener **12**, p. 271-272 [= 1880, p. 20-21]) Stéphanos explique qu'il avait été informé sur la récente apparition de Mahomet par le marchand arabe Épipha-nios, qui arriva à Constantinople le 1er septembre 621; pendant la narration du marchand, Stéphanos demande à son disciple Sophronios d'utiliser l'astrolabe pour établir l'horoscope: selon Papathanassiou **31**, p. 196-198, ce Sophronios doit être identifié avec le sophiste Sophronios, qui (d'après le *Pratrum spirituale* de Jean Moschos, *PG* 87, 2929 D et 2976 B) suivit les leçons de Stéphanos à Alexandrie entre 581 et 584 (Wolska-Conus **13**, p. 7-8 et 47-59). Sur la base de ces données, Papathanassiou **31** conclut que les deux premières sections remontent à Stéphanos auteur des traités alchimiques et du commentaire aux *Tables faciles* (textes qui doivent donc être attribués au même auteur); par contre, l'horoscope aurait été ajouté à ces parties plus anciennes seulement dans un deuxième temps. Au contraire, Pingree **28**, p. 238, suppose que le traité est l'œuvre d'un faussaire, qui aurait été bien informé sur la production de Stéphanos commentateur des *Tables faciles* (l'unicité du traité est soutenue aussi par **33** O. Neugebauer et H. B. Van Hoesen, *Greek Horoscopes*, Philadelphia 1987, p. 190).

(2) Περὶ τῆς μαθηματικῆς τέχνης, « Sur l'art mathématique », édité sur la base du *Marcianus gr.* 335 (XVe s.) par **34** F. Cumont, *CCAG*, t. II, *Codices Veneti*, Brussels 1900, p. 181-186. Il s'agit d'une défense de l'astrologie, où Stéphanos affirme avoir rapporté cette science de Perse – de Baghdād d'après l'interprétation de Pingree **28**, p. 238-239, qui date l'œuvre vers 790 – à Constantinople en renouvelant les tables astronomiques employées pour les calculs astrologiques. Plus prudemment Tihon **30**, p. 186-190, souligne que le texte, qui ne comporte pas de clairs éléments de datation, pourrait être daté aussi des XIe/XIIIe siècles (voir aussi Lempire **24**, p. 262).

(3) Περὶ τῆς δηλώσεως τῶν ἀστέρων ἐνώσεων τοῦ τε Κρόνου καὶ Διὸς ἐν τοῖς τριγώνοις, « Sur l'explication des conjonctions des astres, de Saturne et de la Lune, en configuration triangulaire », édité sur la base des manuscrits *Angelicus gr.* 29 (XIVe s.) et *Vaticanus Palatinus gr.* 312 (XVIe s.) par **35** D. Pingree, « Historical Horoscopes », *JAOS* 82, 1962, p. 487-502, notamment p. 501-502.

Il s'agit d'un petit extrait qui dans l'*Angelicus* est inclus dans une compilation astrologique inédite, dans une section attribuée à l'astrologue Aḥmad le Persan (voir Pingree **29**, p. 75-76).

(4) Un chapitre sur les éphémérides qui est transmis par le manuscrit *Parisinus gr.* 2425 (XIVe s.; ff. 220-222) après un long *compendium* de l'œuvre astrologique de Rhétorius; voir **36** D. Pingree, « From Alexandria to Baghdād to Byzantium. The Transmission of Astrology », *IJCT* 8, 2001-2002, p. 3-37, notamment p. 12, et **37** *Id.*, « A Greek Ephemeris for 796: the Work of Stephanus the Astrologer », *Centaurus* 45, 2003, p. 79-82).

Conclusions

Il faut tout de même reconnaître deux auteurs différents derrière les œuvres d'alchimie, d'astronomie et d'astrologie transmises sous le nom de Stéphanos. D'un côté les *Leçons* sur l'alchimie et le *Commentaire aux Tables faciles* datent vraisemblablement du règne d'Héraclius : la possibilité que ces écrits remontent au même auteur, Στέφανος Ἀλεξανδρεύς, qui aurait tout de même travaillé pendant une période de sa vie à Constantinople entre la fin du VIe et le début du VIIe siècle, est encore discutée (voir, par exemple, Letrouit **7**, p. 60, et Tihon **25**, p. 627) bien que les recherches les plus récentes aillent dans cette direction (voir déjà Papathanassiou **31**, p. 163-165 et 189-198; au contraire, selon Lempire **24**, p. 264, l'attribution des *Leçons* alchimiques à Stéphanos, auteur du *Commentaire au Tables Faciles*, est suspecte pour des raisons d'ordre stylistique). D'ailleurs, déjà Wolska-Conus **13**, p. 20-24, avait proposé cette identification, en analysant l'auto-biographie arménienne d'Anania de Shirak et en particulier la partie portant sur l'éducation de son maître Tychikos : en effet, il aurait suivi à Constantinople les cours d'un Stéphanos, dit d'Athènes, qui aurait enseigné aussi les arts secrets, c'est-à-dire l'alchimie et l'astrologie d'après l'interprétation de Wolska-Conus, qui propose d'identifier les deux Stéphanos également avec Stéphanos le commentateur d'Aristote (➡S 152) et Stéphanos le commentateur d'Hippocrate et de

Galien (➡S 153). D'un autre côté, plusieurs ouvrages astrologiques doivent être attribués à un deuxième Stéphanos, qui, d'après les recherches de Pingree, serait un astrologue de la fin du VIIIe / début du IXe siècle, élève de Théophile d'Édesse (astrologue du calife abbasside al-Mahdi), qui aurait joué un rôle important dans le renouvellement de cette science à Constantinople.

MATTEO MARTELLI.

151 STÉPHANOS   XII ?

Commentateur tardif de la *Rhétorique* d'Aristote.

Édition. H. Rabe, *CAG* XXI 2 : *Anonymi et Stephani in Artem Rhetoricam Commentaria* (1896). *Praefatio*, p. XII-XIII ; *Index verborum*, p. 337-428 ; *Index nominum*, p. 429-439, dans les deux cas sur deux colonnes et comprenant malheureusement le lexique des trois autres textes édités dans le même tome du *CAG*. Le commentaire en trois livres, correspondant au contenu des trois livres de la *Rhétorique*, est conservé dans le *Vaticanus gr.* 1340 et ses descendants. Le commentaire (p. 263-322) porte comme intitulé ΕΤΕΡΑ ΣΧΟΛΙΑ ΤΟΥ ΚΥΡΟΥ ΣΤΕΦΑΝΟΥ (p. 263, 1). Le livre I porte sur *Rhét.* 1357 a 22 - 1377 a 7, le livre II sur *Rhet.* 1377 b 16 - 1403 b 6, le livre III sur *Rhet.* 1403 b 9 - 1410 a 26. Le début du commentaire est perdu (I 1-2 jusqu'à 1357a22), de même que la fin (de III 9 à 19). Il s'agit plutôt de scholies sur des passages intéressants de la *Rhétorique* que d'un commentaire continu.

Le commentaire (p. 285, 18) cite la *Souda* (notices κοτταβίζει, Κοτταβίζειν et κότταβος [K 2153-2154]) et n'est donc pas antérieur au XIIe siècle. Stéphanos donne comme exemple d'étrangers à l'égard desquels il est facile de commettre l'injustice (1371 a 7) des Égyptiens ou des Corinthiens qui ne peuvent attendre deux ans à Constantinople (τῇ Κωνσταντίνου) qu'un procès leur rende justice (p. 285, 3-7). Pour illustrer le cas voisin où Aristote montre qu'il est facile de commettre l'injustice contre des gens qui vont de toute façon être bientôt lésés par d'autres, il cite l'exemple de Romains (les Byzantins ?) commettant l'injustice contre les Vénitiens qui allaient être vandalisés par le Sicilien (p. 285, 11-14).

RICHARD GOULET.

152 STÉPHANOS D'ALEXANDRIE   VI-VII

Philosophe chrétien, parfois identifié avec le commentateur d'Hippocrate Stéphanos d'Athènes (➡S 153), ainsi qu'avec l'alchimiste et astronome (➡S 150) qui aurait fréquenté la cour de l'empereur Héraclius à Constantinople au début du VIIe siècle. Il est l'un des derniers philosophes néoplatoniciens d'Alexandrie que nous connaissions. Cette personnalité pose des problèmes considérables, si bien que nous devrons tout d'abord présenter les données qui se dégagent des écrits qui sont attribués à Stéphanos, puis examiner les mentions dont il fait l'objet dans d'autres sources primaires et enfin dresser un bilan des principales études qui lui ont été consacrées. Dans la mesure où le Stéphanos de la présente notice est le commentateur d'Aristote, nous commencerons par le seul ouvrage qui lui est unanimement attribué avant de passer aux autres écrits. Les ouvrages médicaux qui sont traditionnellement attribués à Stéphanos d'Athènes sont traités dans une notice distincte, même s'il est nécessaire de les mentionner plus loin. Un autre Stéphanos, le commentateur de la *Rhétorique* d'Aristote au XIIe siècle s (⇒S 151), fait de même l'objet d'une notice distincte.

On ne trouve pas d'article consacré à Stéphanos le philosophe dans la *RE*, ni dans la *NP*, mais il y en a un sur l'auteur des commentaires médicaux et un autre sur le commentateur de la *Rhétorique*. Le principal article d'encyclopédie consacré à Stéphanos le philosophe est celui de **1** Adolf Lumpe, art. «Stephanos von Alexandria», *BBK* X, 1995, p. 1406-1409. **2** André Wartelle, *Inventaire des manuscrits grecs d'Aristote et de ses commentateurs*, Paris 1963, répertorie les manuscrits contenant des commentaires aristotéliciens de « Stephanus Philosophus, Alexandrinus vel Atheniensis», entrée sous laquelle il enregistre à tort le commentaire sur la *Rhétorique*.

I. OUVRAGES QU'IL EST POSSIBLE D'ATTRIBUER À STÉPHANOS D'ALEXANDRIE

A. COMMENTAIRE SUR LE DE INTERPRETATIONE

Le *Parisinus graecus* 2064 (XIe s.) contient des commentaires sur divers écrits logiques d'Aristote. C'est l'unique témoin d'un commentaire anonyme sur le *De interpretatione* (f.1^r-35^v) ainsi que du commentaire sur le même traité attribué à Stéphanos le philosophe (f. 88^r-112^r). Le premier a été édité par **3** Leonardo Tarán, *Anonymous Commentary on Aristotle's De Interpretatione (Codex Parisinus Graecus 2064)*, coll. «Beiträge zur klassischen Philologie» 95, Meisenheim am Glan 1978, où l'on trouve une description très complète du manuscrit et de son contenu (p. XLIII-XLVI); *cf.* aussi la description par M. Wallies, *CAG* IV 6, p. XII. Le second commentaire a été édité par **4** Michael Hayduck, *Stephanus de interpretatione*, coll. *CAG* XVIII 3, Berlin 1885. Il a été traduit en anglais par Charlton **16** (cité plus loin avec sa traduction du commentaire sur le livre III 9-13 du *De anima*).

Sur ces commentaires et de façon générale sur l'ensemble de la tradition exégétique sur le *De interpretatione*, voir **5** Chantal Hasnaoui, notice «La tradition des commentaires grecs sur le *De interpretatione (PH)* d'Aristote jusqu'au VIIe s.», *DPhA Suppl.* 2003, p. 122-173.

Le titre prêté à l'ouvrage de Stéphanos dans le manuscrit, tel que rapporté par Hayduck, mérite d'être signalé: Σχόλια σὺν θεῷ ἀπὸ φωνῆς Στεφάνου φιλοσόφου εἰς τὸ Περὶ ἑρμηνείας Ἀριστοτέλους. La formule σὺν θεῷ (avec l'aide de Dieu) non seulement est un fragile indice de l'appartenance de l'auteur à la foi chrétienne, mais elle réapparaît souvent dans plusieurs œuvres associées au nom de Stéphanos, ainsi que nous le verrons. Les mots ἀπὸ φωνῆς (de la bouche de, ou d'après l'enseignement oral de) nous apprennent que l'ouvrage consiste en notes prises par un élève de Stéphanos dans le cadre de leçons prononcées oralement (*cf.* **6** Marcel Richard, «Ἀπὸ φωνῆς», *Byzantion* 20, 1950, réimpr. dans *Opera Minora*, t. III, Turnhout/Leuven 1977, n° 60, p. 191-222, notamment p. 194-196). On constate enfin que Stéphanos est ici désigné simplement comme philosophe, sans toponyme ni autre qualificatif, tout comme dans la collection *Doctrina*

Patrum (VIIe ou VIIIe siècle) citée plus bas, ainsi que dans tous les textes médicaux.

L'ouvrage est divisé en cinq sections (τμήματα) comprenant respectivement 6, 5, 3, 4 et 2 leçons (πράξεις). La formule « avec l'aide de Dieu » apparaît fréquemment dans les intitulés des diverses leçons de Stéphanos (par exemple πράξις σὺν θεῷ γ′) et aussi, de façon plus remarquable, à la fin de certaines sections ou leçons (par exemple τὸ πρῶτον τμῆμα σὺν θεῷ πληροῦται). Stéphanos suit manifestement les pratiques scolaires qui s'étaient développées à Alexandrie à partir d'Olympiodore (➛O 17) : la leçon quotidienne (πρᾶξις) commençait par des considérations générales (θεωρία) concernant le texte examiné et continuait par la lecture approfondie (λέξις) de certains passages choisis de ce texte (*cf.* **7** Herbert Hunger, *Die hochsprachliche profane Literatur der Byzantiner = Handbuch der Altertumswissenschaft* XII 5, 1-2, München 1978, t. I, p. 26-27 ; Richard **6**, p. 199-200 ; **8** A. J. Festugière, « Modes de composition des Commentaires de Proclus » [1963], dans *Études de philosophie grecque,* coll. « Bibliothèque d'histoire de la philosophie », Paris 1971, p. 551-574). Stéphanos dépend étroitement du commentaire d'Ammonius (➛A 141) sur le *De interpretatione* (édité par A. Busse, *CAG* IV 5), qu'il nomme explicitement p. 5, 13 ; 21, 38 ; 66, 1 et 67, 17. Il mentionne un certain nombre d'autres auteurs ou commentateurs par leur nom (Alexandre, Porphyre, Jamblique, Proclus), mais aucun postérieur à Ammonius. Dans un passage, Ammonius est distingué de « notre maître » (ἡμέτερος διδάσκαλος, p. 5, 13). Il cite également un matériel exégétique qui ne se trouve pas chez Ammonius, notamment, de façon intéressante, une référence à un commentaire perdu de Galien (➛G 3) sur le *De interpretatione* à propos de la définition du nom (p. 12, 1-6) ; sur cette citation, *cf.* **9** Raymond Vancourt, *Les derniers commentateurs alexandrins d'Aristote. L'école d'Olympiodore. Étienne d'Alexandrie*, Diss. Lille 1941, p. 38, Tarán **3**, p. IX n. 12, Charlton **16**, p. 13.

Le *Fihrist* d'al-Nadīm mentionne un tel commentaire par Galien comme étant « rare et introuvable » (*cf.* **10** Bayard Dodge [édit.], *The Fihrist of al-Nadīm. A Tenth-Century Survey of Muslim Culture*, 2 vol., New York/London 1970, t. II, p. 599), mais cette information pourrait dépendre directement du passage de Stéphanos lui-même, dont le commentaire est cité dans le même passage. Vancourt **9** voit dans ce Galien ou bien une erreur ou bien un auteur inconnu qui ne serait pas le célèbre médecin ; mais le petit traité de Galien intitulé *Institutio Logica* est conservé (*cf. DPhA* III, 2000, p. 456, titre 10) et il n'est pas improbable que cet auteur ait également commenté le *De interpretatione*. Le fait que Stéphanos cite Galien peut avoir une certaine importance pour établir son identification avec Stéphanos d'Athènes (*cf.* **11** Wanda Wolska-Conus, « Stéphanos d'Athènes et Stéphanos d'Alexandrie. Essai d'identification et de biographie », *REByz* 47, 1989, p. 5-89, notamment, p. 71). Au contraire, Roueché **58** (cité plus loin) soutient que les références à des textes médicaux chez un commentateur philosophique ne fournissent aucune garantie qu'il avait lui-même enseigné la médecine.

Hayduck considère que le principal intérêt de l'*in De interpretatione* est le témoignage qu'il porte sur des leçons du texte d'Aristote qui figuraient dans des sources manuscrites aujourd'hui perdues, bien qu'il reconnaisse que Stéphanos ne s'éloigne pas tellement ni souvent du texte de la vulgate. Il soutient que Stéphanos n'apporte pratiquement rien à l'explication du texte d'Aristote qui ne soit exposé de façon plus soignée et plus développée par Ammonius (Hayduck **4**, p. VI). Charlton **16**, p. 13 *sqq*., avec plus de générosité, souligne que l'on pourrait également dire qu'il n'y a rien de remarquable dans le commentaire d'Ammonius que l'on ne retrouve de façon plus claire et plus concise dans celui de Stéphanos. Il énumère un certain nombre de points d'interprétation où Stéphanos diffère par rapport à Ammonius. Un de ces passages concerne la prescience divine et le problème du mal (p. 35, 34 - 36, 8) : Charlton y reconnaît l'expression des convictions chrétiennes de Stéphanos. A part ce passage, on ne trouve aucune preuve du christianisme de l'auteur (*cf*. Charlton **16**, p. 14 ; Vancourt **9**, p. 29). **12** Sten Ebbesen, *Commentators and Commentaries on Aristotle's Sophistici Elenchi*, t. I : *The Greek Tradition*, Leiden 1981, p. 197, fait remarquer que l'interprétation que donne Stéphanos de l'exemple « quelqu'un marche/quelqu'un ne marche pas », qui implique qu'il n'y a pas de contradiction entre les deux propositions du fait qu'elles sont indéfinies (*cf. in De interpretatione,* p. 23, 29-29), est devenue l'interprétation standard jusqu'à la fin du Moyen Âge byzantin. Il faut signaler qu'un appendice illustrant différentes espèces de propositions est ajouté au commentaire sur le *De interpretatione*. Hayduck a rejeté l'authenticité de cet appendice, alors que Charlton est prêt à l'accepter avec certaines réserves (*cf.* Charlton **16**, p. 15, 213-214 nn. 288-289). Pour quelques innovations dans le commentaire de Stéphanos, voir aussi **13** F. Zimmerman, *Al Farabi's Commentary and Short Treatise on Aristotle's De interpretatione,* London 1981, p. XCI-XCII.

B. COMMENTAIRE SUR LE DE ANIMA III

Il y a de bonnes raisons pour attribuer à Stéphanos le commentaire sur le livre III du *De anima* d'Aristote qui a été transmis sous le nom de Philopon (➡P 164). Il a été édité par **14** Michael Hayduck (édit.), *Ioannes Philoponus de anima*, coll. *CAG* XV, Berlin 1897, et traduit en partie par **15** William Charlton, *"Philoponus" on Aristotle On the Soul 3.1-8,* coll. *ACA*, London 2000 ; **16** *Id.*, *"Philoponus" on Aristotle's On the Soul 3.9-13 with Stephanus On Aristotle's On Interpretation*, coll. *ACA*, London 2000. Premièrement, dans deux manuscrits contenant le commentaire de Philopon sur le *De anima* (dans le manuscrit D, le *Parisinus graecus* 1914 du XIIe s., un des trois manuscrits utilisés par Hayduck pour son édition, et dans l'*Estensis* III F 8 de Modène), on trouve l'ajout suivant : βιβλίον τρίτον ἀπὸ φωνῆς στεφάνου, « Livre III d'après l'enseignement de Stéphanos » (*cf. CAG* XV, p. V). Bien que cette indication ait été ajoutée par une main relativement tardive dans le manuscrit D, et bien que l'autre manuscrit date du XVe siècle, le copiste avait une raison pour procéder à cet ajout, de sorte qu'on ne peut pas exclure *a priori* que cette remarque provienne d'une tradition manuscrite d'une plus grande valeur. (La présence de la formule ἀπὸ φωνῆς est surprenante dans ce passage, mais elle peut s'interpréter de différentes façons.) Deuxièmement, Stéphanos est dit avoir commenté le *De anima* dans la liste des commentateurs d'Aristote conservée à la fois dans le *Vat. gr.* 241, f. 6 (*cf.* Hayduck **4**, p. V) et dans le *Marc. gr.* 203, f. 230^r (*cf.* **17** Hermann Usener, « Interpreten des Aristoteles »,

RhM 20, 1865, p. 133-136, notamment p. 135). Troisièmement la traduction latine par Guillaume de Moerbeke d'un commentaire sur le *De anima* III 4-8 (*De intellectu*) généralement attribué à Jean Philopon (☛P 164), ne correspond pas au texte grec édité dans le *CAG* XVIII 3 (*cf.* **18** Marcel de Corte, *Le commentaire de Jean Philopon sur le troisième livre du "Traité de l'âme" d'Aristote*, Liège 1934, p. IX-XVI; **19** Gérard Verbeke, *Jean Philopon. Commentaire sur le De anima d'Aristote. Traduction de Guillaume de Moerbeke, édition critique avec une introduction sur la psychologie de Philopon*, Louvain 1966, p. XCIX-C). Quatrièmement, le commentaire sur le livre III édité dans le *CAG* XVIII 3 diffère de celui des livres I et II en ce qu'il suit la même division en πράξεις que l'on trouve dans l'*in De interpretatione* de Stéphanos. Cinquièmement, l'auteur de l'*in De anima* III fait référence à son propre commentaire sur le *De interpretatione* (*cf. CAG* XV, p. 543, 9); Philopon lui-même aurait cependant commenté le *De interpretatione* (*cf. in Anal. Prior. CAG* XIII 2, p. 33, 9), si bien que ce détail n'est pas concluant. Sixièmement, de façon fort significative, la formule σὺν θεῷ πληροῦται, qui est fréquente dans l'*in De interpretatione*, apparaît 28 fois dans l'*in De anima* III. Elle n'apparaît nulle part dans le commentaire des deux livres précédents, lequel évidemment n'est pas distribué en πράξεις; mais même la formule plus simple σὺν θεῷ n'y figure pas; en réalité, «avec l'aide de Dieu» n'apparaît qu'à trois reprises dans les ouvrages édités de Philopon, dans les trois cas dans le cadre du *De aeternitate mundi*. Nous avons donc des indices externes en faveur de l'attribution à Stéphanos, confirmés par des critères internes. La majorité des savants sont également favorables à l'attribution de ce commentaire à Stéphanos, par exemple Blumenthal, Hunger, Westerink, Wolska-Conus et d'autres. Il est significatif que les spécialistes qui ont travaillé de la façon la plus approfondie sur les textes de l'*in De anima* et de l'*in De interpretatione* en tant qu'éditeur ou traducteur, c'est-à-dire Hayduck et Charlton, revendiquent pour Stéphanos l'attribution de ce commentaire à cause du style, de la disposition du commentaire et pour d'autres raisons.

20 Wolfgang Bernard, «Philoponus on Self-Awareness», dans Richard Sorabji (édit.), *Philoponus and the Rejection of Aristotelian Science*, London 1987, p. 154-163), refuse d'attribuer l'ouvrage à Stéphanos plutôt qu'à Philopon (p. 154-155 n. 3). Il révoque en doute l'information tirée de l'attribution additionnelle dans les manuscrits et, bien qu'il reconnaisse des divergences de style, il tente de les expliquer par les contextes différents dans lesquels Philopon eut à préparer son enseignement. Il réclame des preuves plus solides pour contester la paternité «bien attestée» de Philopon sur ce commentaire. Il néglige tous les arguments qui militent pour une attribution du commentaire à Stéphanos et semble oublier que l'attribution à Philopon n'est pas beaucoup mieux établie que l'attribution à Stéphanos. **21** Étienne Évrard, dans sa thèse *L'école d'Olympiodore et la composition du "Commentaire à la Physique" de Jean Philopon*, Liège 1957, soutient que l'absence de divergences doctrinales entre les commentaires sur les trois livres du *De anima* est un argument en faveur de l'attribution à Philopon du commentaire sur le livre III (*cf.* Charlton **15**, p. 6-12, et Charlton **16**, p. 1-10). Si cependant, ainsi que le suggère Wolska-Conus, Stéphanos s'inscrivait dans le sillage de Philopon, alors il n'est pas étonnant qu'on ne trouve pas de divergences doctrinales importantes entre les deux commentateurs. Voir cependant pour les contradictions doctrinales entre la traduction latine du commentaire à *De anima* III 4-8 et le commentaire grec, Charlton **15**, p. 9-11. En tout état de cause, Évrard soutient seulement qu'il n'est pas possible d'établir de façon certaine qui est l'auteur du commentaire sur le livre III. **22** Peter Lautner, « Philoponus, *in de Anima III* : Quest for an Author », *CQ* 42, 1992, p. 510-522, est celui qui a contesté le plus fermement l'attribution à Stéphanos de ce commentaire. Son argument principal est toutefois fondé sur une remarque dans l'*in De anima*, p. 541,20-542,5 qui semble impliquer une croyance en la préexistence de l'âme humaine, conception qui aurait été inacceptable pour un chrétien à l'époque de Stéphanos, mais qui aurait été acceptable, selon Lautner, aux yeux de Philopon. Là encore, si Stéphanos était un disciple de Philopon, ce genre d'objection perd de sa pertinence. De plus, il n'est pas nécessaire de voir dans le passage cité l'écho des opinions personnelles de Stéphanos. Voir Charlton **16**, p. 5 *sq.*, où l'on trouvera à la fois une brève discussion des positions de Lautner et certaines remarques sur les similitudes stylistiques entre l'*in De anima* III et l'*in De interpretatione*.

Puisque la principale raison pour attribuer le commentaire sur le *De anima* à Philopon est la tradition manuscrite et étant donné que cette tradition en elle-même n'est pas unanime en ce qui concerne l'attribution du commentaire sur le livre III et que des indications externes et internes suggèrent le nom de Stéphanos, il faut considérer l'attribution à Stéphanos comme hautement vraisemblable. Les spécialistes n'ont toutefois pas été capables d'expliquer de façon satisfaisante pourquoi, si cette attribution est juste, les commentaires de ces deux auteurs ont été transmis de cette façon. **23** H. J. Blumenthal, « John Philoponus and Stephanus of Alexandria : Two Neoplatonic Christian Commentators on Aristotle ? », dans Dominic J. O'Meara (édit.), *Neoplatonism and Christian Thought*, Albany (NY) 1982, p. 54-63, suggère que le paganisme apparent de Philopon ou son monophysisme célèbre ont pu favoriser la substitution du commentaire de Stéphanos au sien pour le livre III qui présentait des enjeux théologiques délicats. Wolska-Conus **11**, p. 33, suppose pour sa part qu'une perte ou une détérioration dans les sources manuscrites a pu être la cause de cette substitution.

Le commentaire sur le livre III du *De anima* présente davantage d'intérêt philosophique intrinsèque que l'*in De interpretatione*. **24** Hans Kurfeß, *Zur Geschichte der Erklärung der aristotelischen Lehre vom sog. ΝΟΥΣ ΠΟΙΗΤΙΚΟΣ und ΠΑΘΗΤΙΚΟΣ*, Diss. Tübingen 1911, p. 31 *sqq.*, a noté la perspicacité du commentateur sur certains passages, notamment dans l'exposition de III 5 (sur l'intellect actif et passif), tout en considérant que l'auteur commettait certaines erreurs d'interprétation fondamentales du texte d'Aristote. **25** H. J. Blumenthal, « Neoplatonic Interpretations of Aristotle on Phantasia », *RMetaph* 1977, p. 242-257, notamment p. 254 *sqq.*, dans le cadre d'une discussion de différentes interprétations néoplatoniciennes du concept de *phantasia*, étudie les vues de Stéphanos, qui considère que la *phantasia* est double, une première qui reçoit les formes sensibles, une seconde qui se représente ce qu'elle veut. Il souligne que Stéphanos, comme Simplicius, sous l'influence du néoplatonisme, voit l'âme comme un ensemble de couches supérieures ou inférieures et qu'il manifeste dans ses commentaires un vif souci de séparer ces différentes couches. Blumenthal **24** envisage Stéphanos comme un commentateur chrétien d'Aristote qui propose toutefois une interprétation essentiellement néoplatonicienne. **26** L. G. Westerink, « The Alexandrian commentators and the introductions to their commentaries », dans R. Sorabji,

Aristotle transformed. The Ancient Commentators and their influence, coll. *ACA,* Ithaca/New York 1990, p. 325-348, notamment p. 340-341, soutient que Stéphanos accepte inconditionnellement ("unquestioningly") l'autorité du dogme chrétien en commentant le *De anima,* mais qu'il n'essaie pas de réviser les vues traditionnelles dans un sens chrétien, acceptant toutes les thèses anciennes, par exemple la pré-existence de l'âme humaine, la rationalité des corps célestes, etc. Charlton **16,** p. 11 *sqq.,* critique Westerink sur certains points, mais reste en accord avec lui, ajoutant que les passages où Stéphanos manifeste ses convictions chrétiennes (par exemple *CAG* XV, 528, 13 ; 536, 11-13 ; 537, 26-27 ; 564, 1 ; 586, 5 ; 587, 11) servent à enrichir notre connaissance de la philosophie aux VIe et VIIe siècles.

C. AUTRES OUVRAGES PHILOSOPHIQUES

Dans son *in De interpretatione,* Stéphanos rapporte qu'il avait commenté les *Catégories* (p. 21, 5 *sqq.*) et promet des leçons "σὺν θεῷ" sur les *(Premiers) Analytiques* (p. 30, 17 et 54, 2). Des commentaires de Stéphanos aussi bien sur le *De interpretatione* que sur les *Catégories* sont cependant mentionnés dans le *Fihrist* d'al-Nadīm (Dodge **10,** t. II, p. 598-599). De plus une aporie de Stéphanos impliquant l'existence d'un commentaire sur le *De caelo* est citée dans les *Scholia in Aristotelem* (ed. Brandis, Berlin 1836, t. IV, p. 467, 36-43) : ὁ δὲ Ἀλεξανδρεὺς Στέφανος ἐξηγούμενος τὴν περὶ οὐρανοῦ πραγματείαν. La même scholie est reprise dans le *Conspectus rerum naturalium* de Syméon Seth (*Anecdota Athe-niensia et alia,* t. II : *Textes relatifs à l'histoire des sciences,* édités par A. Delatte, Liège/Paris 1939, p. 65, 9-11) ; *cf.* **27** Hermann Usener, «*De Stephano Alexan-drino*», Bonn 1880, p. 1-55, notamment p. 7 = *Kleine Schriften,* t. II, Leipzig/Berlin 1914, p. 247-321, notamment p. 253, Wolska-Conus **11,** p. 10 n. 22. On mentionne également un manuscrit contenant un commentaire de Stéphanos sur les *Réfutations sophistiques* qui appartenait à Diego Hurtado de Mendoza et qui est disparu dans l'incendie de l'Escorial en 1671. On a supposé que ce Stéphanos était ou bien le nôtre, ou bien le commentateur du XIIe siècle de la *Rhétorique.* Toutefois, Ebbesen **12,** t. I, p. 255-256, a examiné de près la question et il conclut que la référence à Stéphanos est de toute façon erronée et que le commentaire sur les *Réfutations sophistiques* a été écrit par Domninus (ou Dominicus) de Larissa (»⁺D 219). Sur de possibles commentaires de Platon par Stéphanos, voir plus bas.

Ce témoignage sur le commentaire de Domninus n'est pas signalé dans la notice de **28** Alain Segonds sur «Domninus de Larissa», D 219, *DPhA* II, 1994, p. 892-896, ni dans l'ouvrage de **29** Francesco Romano, *Domnino di Larissa. La svolta impossibile della filosofia matematica neoplatonica. Manuale di introduzione all'aritmetica.* Introd., testo e trad., coll. «Symbolon» 21, Catania 2000, 138 p.

Le florilège dogmatique *Doctrina Patrum de incarnatione verbi* (ed. F. Diekamp), compilé à la fin du VIIe siècle ou au début du VIIIe, contient un certain nombre d'extraits attribués à Stéphanos le philosophe (voir p. 202, 6 *sqq.* ; 251, 16-22 ; 259, 7-58 ; 264, 22-23). Bien que la teneur soit principalement aristo-télicienne, des éléments chrétiens sont également présents dans ces extraits (*cf.* p. 203, 10 *sq.*). On trouve des définitions de la puissance, de l'acte, de l'habitus, de la privation, de l'école de pensée (αἵρεσις), du concept, de la thèse, de l'épithète, de l'accident essentiel et de la qualité ; la plupart de ces définitions se trouvent dans la *Collection de définitions* du florilège (chap. 33). Cette collection a été rééditée par **30** Christiane Furrer-Pilliod, *OPOI KAI YΠOΓPAΦOI, Collections alphabétiques de définitions profanes et sacrées,* coll. « Studi e Testi » 395, Città del Vaticano 2000. Pour les définitions qui sont explicitement attribuées à Stéphanos dans cette collection, voir p. 99 (A δ 28), 114 (A ε 76), 138 (A χ 40), 245 (C α 28), 256 (C π 24).

Ce matériel est en général semblable à ce que l'on trouve dans les manuels de logique étudiés par **31** Mossman Roueché, « A Middle Byzantine Handbook of Logic Terminology », *JÖB* 29, 1980, p. 71-98, et **32** *Id.,* « Byzantine Philosophical Texts of the Seventh Century », *JÖB* 22, 1974, p. 61-76). Sur l'hypothèse que certaines de ces définitions soient tirées du commentaire de Stéphanos sur les *Catégories,* voir Vancourt **9**, p. 39 *sq.,* lequel signale également un texte attribué à Stéphanos dans le *Vat. Ottob. gr.* 43, f. 9ᵛ, qui correspond à un extrait anonyme dans la *Doctrina Patrum.* Furrer-Pilliod **31**, p. 42-43, écrit : « A côté d'un fragment sur la puissance cité sous son nom on trouve d'Étienne d'Alexandrie une série de définitions de notions philosophiques que l'auteur inconnu du florilège [sc. *Doctrina Patrum*] a transcrites dans le *liber definitionum* sans son nom. Ainsi les définitions sur l'αἵρεσις (le choix), l'ἕξις (la possession), la ποιότης (la qualité), etc. Toutes ces définitions seraient des fragments de Stéphanos d'Alexandrie sur les *Catégories* d'Aristote. »

Roueché a étudié le manuscrit *Athos Vatopedi gr.* 57, lequel, outre des définitions semblables à celles de la *Doctrina Patrum,* contient également « une collection fragmentaire de définitions traditionnelles de la philosophie, ouvertement attribuées à Maxime le Confesseur (➠M 70a, dans les compléments du tome VII) et indiscutablement tirées de la tradition des Prolégomènes à la philosophie » (**33** Mossman Roueché, « The definitions of philosophy and a new fragment of Stephanus the Philosopher », *JÖB* 40, 1990, p. 107-128, notamment p. 110). Au f. 267ʳ, il est rapporté qu'à la définition traditionnelle de la philosophie comme entraînement à la mort Stéphanos ajoutait les mots « tandis que l'être vivant est encore à l'état de composé » (ἔτι τοῦ ζῴου συνισταμένου). Roueché met à contribution ce « fragment » pour rattacher Stéphanos au Pseudo-Élias, l'auteur des *Prolégomènes à l'Isagogè de Porphyre* (édité par **34** L. G. Westerink 1967, *Lectures on Porphyry's Isagoge by Pseudo-Elias (Pseudo-David). Introduction, text and indices,* Amsterdam 1967). On peut y voir une confirmation indépendante de la thèse de Wolska-Conus selon laquelle le Pseudo-Élias serait en réalité Stéphanos (voir Roueché **34**, p. 124-126 ; Wolska-Conus **11**, p. 69-82). Des données importantes à cet égard se trouvent dans le *Livre de dialogues* composé en syriaque par Sévère bar Šakkū (†1241), dans lequel Baumstark a reconnu les vestiges d'un commentaire sur l'*Isagogè* de Porphyre probablement écrit par Stéphanos (voir **35** Anton Baumstark, *Syrisch-arabische Biographieen des Aristoteles. Syrische Commentare zur EIΣAΓΩΓH des Porphyrios,* Leipzig 1900, p. 181-192). Sévère semble avoir puisé ici directement dans des sources grecques lues en traduction syriaque. Les conclusions de Baumstark ne concordent cependant pas entièrement avec la thèse de Wolska-Conus, si bien qu'elle suggère l'existence de deux versions différentes des cours de Stéphanos (Wolska-Conus **11**, p. 80). Néanmoins, malgré les divergences, il reste de bonnes présomptions en faveur d'un commentaire de Stéphanos sur l'*Isagogè* de Porphyre, qu'il faille ou non l'identifier avec le texte conservé du Pseudo-Élias tel qu'édité par Westerink en 1967.

36 R. Goulet, notice « Élias », E 15, *DPhA* III, 2000, p. 57-66, notamment p. 63, a signalé que le commentaire sur l'*Isagogè* du Pseudo-Élias contenait des formules absentes des commentaires de David et d'Élias, mais qui se retrouvent chez Stéphanos. Il y voit une confirmation de l'attribution du commentaire à Stéphanos qu'a proposée Wolska-Conus.

D. ÉCRITS SCIENTIFIQUES

L'auteur du commentaire sur le livre III du *De anima* semble faire référence (p. 457, 24-25) à un cours sur l'arithmétique (*cf.* **37** L. G. Westerink, *Anonymous Prolegomena to Platonic Philosophy. Introduction, Text, Translation and Indices*, Amsterdam 1962, p. XXV, Wolska-Conus **11**, p. 11 et 31). Lautner **23**, p. 518, y voit un argument contre l'attribution à Stéphanos du commentaire, du fait que, selon lui, il n'existe pas de trace d'une quelconque étude de Stéphanos dans ce domaine de l'arithmétique. Selon Charlton **16**, p. 5, le passage en question dans l'*in De anima* pourrait se rapporter simplement au livre XIV de la *Métaphysique*. Mossman Roueché a récemment longuement exploré la question dans l'étude **38** « Why the Monad is not a Number », *JÖB* 52, 2002, p. 95-133. Il conclut que le commentateur se réfère généralement ici aux démonstrations arithmologiques qui étaient régulièrement employées par la plupart des commentateurs tout au long du VIe siècle. En tout état de cause, si notre Stéphanos est le Stéphanos qui a écrit des ouvrages d'astronomie, alors il faut lui prêter un certain intérêt pour l'arithmétique et les mathématiques.

Deux traités d'astronomie sont rattachés à Stéphanos, l'un et l'autre édités par Usener **28**. Le premier, considéré par Usener comme un ouvrage authentique de Stéphanos le philosophe, est intitulé διασάφησις ἐξ οἰκείων ὑποδειγμάτων τῆς τῶν προχείρων κανόνων ἐφόδου τοῦ Θέωνος, « Explication avec des exemples originaux du Commentaire de Théon sur les *Tables faciles* (de Ptolémée) ». Il est expressément attribué à « Stéphanos le grand philosophe qui était alexandrin » (Στεφάνου μεγάλου φιλοσόφου καὶ Ἀλεξανδρέως) dans le manuscrit *Urbinas gr.* 80, le seul des quatre manuscrits utilisés par Usener à fournir un titre et à indiquer un auteur. **39** Robert Browning, « Tzetzes' Commentary on Ptolemy: A Ghost Laid », *CR* 15, 1965 p. 262-263, qui discute l'attribution erronée du même commentaire à Tzetzès, mentionne d'autres manuscrits contenant des versions du même ouvrage. Dans certains manuscrits (par exemple les *Par. gr.* 2162 et 2492), le traité est présenté comme l'œuvre de l'empereur Héraclius en personne, et Usener **28**, p. 290-292 [=1880, p. 34-36], considère comme probable qu'Héraclius a effectivement fait des additions au texte de Stéphanos (chap. 28-30, p. 311, 5-31, 32) ; *cf.* **40** Anne Tihon, « Le calcul de la date de Pâques de Stéphanos-Héracles », dans B. Janssens, B. Roosen et P. van Deun (édit.), *Philomathestatos. Studies in Greek and Byzantine Texts Presented to Jacques Noret for his Sixty-Fifth Birthday*, Leuven/Paris/Dudley (MA) 2004, p. 625-646, notamment p. 626-632. Le second traité édité par Usener qui le considérait cependant comme pseudépigraphe est l'Ἀποτελεσματικὴ πραγματεία (*Apotelesmatikè pragmateia* ou *Traité astrologique*), qui contient des prédictions concernant l'avenir de la dynastie de Mahomet. L'*Apotelesmatikè pragmateia* est divisée en deux parties : la première est une introduction à l'astronomie adressée à un certain Timothée, présenté comme un élève de Stéphanos, et mentionnant deux autres disciples, Sophronios et Épiphanios ; la seconde partie contient l'horoscope proprement dit. Puisque l'horoscope inclut des événements jusqu'en l'année 775, l'ouvrage dans son ensemble a dû être composé à une date ultérieure. Il est cependant possible que la première partie du traité remonte à un ouvrage d'astrologie qui serait l'œuvre authentique de Stéphanos, ainsi que le suggère **41** Maria Papathanassiou, « Stephanos of Alexandria : A Famous Byzantine Scholar, Alchemist and Astrologer », dans Paul Magdalino et Maria Mavroudi (édit.), *The Occult Sciences in Byzantium*, Genève 2006, p. 163-204, notamment p. 193 *sq.* Au contraire, **42** Otto Neugebauer, *Greek Horoscopes*, Philadelphia 1959, p. 190, qui suit Cumont, note que le traité entier forme une unité dont l'horoscope ne peut pas être détaché.

Deux autres écrits astrologiques pseudépigraphes attribués à Stéphanos sont connus : le Περὶ τῆς μαθηματικῆς τέχνης (*Sur l'art mathématique*) conservé dans le *Marcianus gr.* 335, et le Περὶ τῆς δηλώσεως τῶν ἀστέρων ἑνώσεων τοῦ τε Κρόνου καὶ Διὸς ἐν τοῖς τριγώνοις (*Explication des conjonctions d'astres, de Saturne et de Jupiter en configuration triangulaire*) dans l'*Angelicus gr.* 29 et le *Vat. Pal. gr.* 312, ainsi que dans d'autres manuscrits. Le premier est édité par **43** F. Cumont dans *Catalogus Codicum Astrologorum Graecorum*, t. II : *Codices Veneti*, Bruxelles 1900, p. 181-186. Voir Wolska-Conus **11**, p. 14-15, **44** David Pingree, « Historical Horoscopes », *JAOS* 82, 1962, p. 487-502, notamment p. 501-502 (une édition du deuxième texte signalé plus haut). *Cf.* également **45** David Pingree, « A Greek Ephemeris for 796 : the Work of Stephanus the Philosopher ? », *Centaurus* 45, 2003 p. 79-82.

Le principal traité d'alchimie attribué à Stéphanos est le Περὶ χρυσοποιίας (*Sur la fabrication de l'or*), un ensemble de neuf leçons (πράξεις). Les intitulés des différentes lectures contiennent habituellement la phrase « avec l'aide de Dieu ». Il importe de signaler que l'intitulé de la neuvième leçon associe explicitement Stéphanos avec l'empereur Héraclius : τοῦ αὐτοῦ Στεφάνου διδασκαλία πρὸς Ἡράκλειον τὸν βασιλέα πρᾶξις σὺν θεῷ ἐννάτη (*cf.* Lumpe **1**, p. 157-158). Entre la deuxième et la troisième leçon est interpolée une lettre de Stéphanos à Théodore qui concerne également l'alchimie. Le texte grec dans son ensemble a été édité par **46** J. L. Ideler, *Physici et Medici Graeci Minores*, Berlin 1841, t. II, p. 199-253) ; les trois premières leçons, ainsi que la lettre à Théodore, ont été éditées et traduites en anglais par **47** F. Sherwood Taylor, « The Alchemical Works of Stephanos of Alexandria », *Ambix* 1, 1937, p. 116-139, et 2, 1938, p. 38-49, à partir du texte d'Ideler, avec des variantes empruntées au *Marcianus gr.* 299.

Usener et d'autres ont mis en question l'authenticité de l'attribution à Stéphanos, en avançant des arguments stylistiques et historiques, mais la majorité des spécialistes ont par la suite accepté l'attribution ou ont au moins accompagné leur acceptation ou leur refus de prudentes réserves. Pour une vue d'ensemble, voir Sherwood Taylor **48**, p. 116-117 ; Papathanassiou **42**, p. 170-172.

Dans une certaine mesure, il n'est pas tellement important que les traités astrologiques et alchimiques soient authentiques ou non. Ils gardent leur importance dans le présent contexte en ce qu'ils confirment la tradition d'un philosophe nommé Stéphanos, venu d'Alexandrie, qui fut nommé philosophe impérial par l'empereur Héraclius. Pour commencer, outre le nom de l'auteur et son toponyme (Στέφανος Ἀλεξανδρεύς), les manuscrits donnent des titres particuliers: grand philosophe ou maître (μέγας φιλόσοφος or διδάσκαλος), maître universel (καθολικὸς διδάσκαλος), philosophe œcuménique (οἰκουμενικὸς φιλόσοφος καὶ διδάσκαλος).

Sur les manuscrits en cause, voir en particulier Usener **28**, p. 248-253 [= 1880, p. 3-7], Wolska-Conus **11**, p. 11-15, Papathanassiou **42**, p. 164 n. 3.

Bien que sa signification exacte ne soit pas entièrement claire, le qualificatif d'«œcuménique» devant le titre de philosophe ou de maître indique au minimum une charge impériale honorifique, bien qu'il n'implique pas nécessairement un séjour dans une quelconque université impériale de Constantinople (*cf.* **48** H.-G. Beck, «Bildung und Theologie im frühmittelalterlichen Byzanz», dans *Poly-chronion. Festschrift Franz Dölger zum 75. Geburtstag*, Heidelberg 1966, p. 69-81, notamment p. 72-74; **49** Paul Lemerle, *Le premier humanisme byzantin. Notes et remarques sur enseignement et culture à Byzance des origines au 10ᵉ siècle*, Paris 1971, p. 85-88; Lumpe **1**, p. 153-156; Wolska-Conus **11**, p. 15-17). En second lieu, l'auteur de l'*Apotelesmatikè pragmateia* prétend avoir déjà enseigné les disciplines platoniciennes, la science aristotélicienne, et avoir donné un enseigne-ment en géométrie, arithmétique, musique, et en alchimie et astrologie: voir Usener **28**, p. 267, 6-10 [=1880, p. 17, 6-10]. Une confirmation partielle de ce fait peut être trouvée dans une liste d'alchimistes qui se trouve dans le *Vindob. medicus* 14, f. 53ʳ, où on lit: οὗτοι οἰκουμενικοὶ πανεύφημοι φιλόσοφοι καὶ ἐξηγηταὶ τοῦ Πλάτωνος καὶ Ἀριστοτέλους διαλεκτικῶν τε θεωρημάτων· Ὀλυμπιόδωρος καὶ Στέφανος (*cf.* Beck **49**, p. 73-74; Usener **28**, p. 248 [1880, p. 3], Wolska-Conus **11**, p. 16. Enfin, des recherches récentes semblent confirmer la thèse de Beck selon laquelle le titre de maître œcuménique n'est apparu qu'au IXᵉ siècle et qu'il est anachronique lorsqu'il est appliqué à une personne du VIᵉ ou du VIIᵉ siècle. Le terme n'est ailleurs employé qu'à propos du grammairien Georges Choiroboscos qui a maintenant été daté de façon définitive du IXᵉ siècle. Voir **50** R. A. Kaster, *Guardians of Language. The grammarian and society in late antiquity*, Berkeley 1988, p. 394-396.

Sur Olympiodore l'alchimiste, qui est probablement distinct du philosophe homonyme alexandrin, voir les notices d'H. D. Saffrey «Olympiodoros d'Alexandrie l'alchimiste» (O 16) et «Olympiodoros d'Alexandrie» (O 17) dans *DPhA* IV. Sur l'intérêt porté à l'astrologie par les philosophes alexandrins, voir **51** L. G. Westerink, «Ein astrologisches Kolleg aus dem Jahre 564», *ByzZ* 64, 1971, p. 7-21.

Les ouvrages médicaux attribués à Stéphanos sont traités dans la notice sui-vante; nous ne mentionnerons ici qu'un certain nombre de points qui concernent l'histoire de notre auteur. Si on laisse de côté certaines additions marginales, il n'y a que trois manuscrits, un pour chacun des principaux commentaires médicaux, qui contiennent une attribution explicite à Stéphanos, et un seul de ceux-ci l'associe avec Athènes. Les titres sont Σχόλια σὺν θεῷ εἰς τὸ προγνωστικὸν Ἱπποκράτους ἀπὸ φωνῆς Στεφάνου φιλοσόφου (*Laurentianus Plut.* 59, 14); Σχόλια σὺν θεῷ τῶν ἀφορισμῶν Ἱπποκράτους· ἐξήγησις Στεφάνου Ἀθηναίου τοῦ φιλοσόφου (*Ambrosianus* S 19); Στεφάνου τοῦ φιλοσόφου καὶ ἰατροῦ ἐξήγησις εἰς τὴν τοῦ πρὸς Γλαύκωνα Γαλήνου θεραπείαν (*Ambrosianus* L 110 sup.). Il convient de remarquer que tous ces témoins ne donnent à l'auteur que le simple titre de « philosophe », alors que le troisième ajoute le titre de « médecin ». On trouve également deux formules que nous avons déjà rencontrées plus haut à plusieurs reprises : ἀπὸ φωνῆς et σὺν θεῷ. En particulier, la phrase « avec l'aide de Dieu » apparaît fréquemment dans les *Scholia in Hippocratis prognosticon*, par exemple : ἐν οἷς σὺν θεῷ καὶ τὸ πρῶτον τμῆμα πληροῦται (1, 14, li. 109). Pour terminer, en ce qui concerne le toponyme « d'Athènes », la forme et le contenu de ces ouvrages de médecine suggèrent un auteur vivant et enseignant à Alexandrie au VIᵉ ou au VIIᵉ siècle, qu'il ait été originaire d'Athènes ou non.

Sur ces manuscrits, voir Wolska-Conus **11**, p. 17-19. Sur l'arrière-plan alexandrin de ces ouvrages, voir Wolska-Conus, *ibidem. Cf.* **52** K. Dickson, *Stephanus the philosopher and physician. Commentary on Galen's Therapeutics to Glaucon*, Leiden 1998, p. 1.

II. RÉFÉRENCES À STÉPHANOS DANS D'AUTRES SOURCES ANCIENNES

Outre les traités attribués à Stéphanos, on trouve des passages dans d'autres sources anciennes qui semblent faire référence à notre auteur. Tout d'abord, au chapitre 77 de son *Pratum Spirituale* (*PG* 87, 2929 D), Jean Moschos rapporte que son ami Sophronios et lui-même allèrent chez Stéphanos « le sophiste » pour écouter ses leçons (ἀπήλθομεν ἐν μιᾷ εἰς τὸν οἶκον Στεφάνου τοῦ σοφιστοῦ, ἐγὼ καὶ ὁ κύριος Σωφρόνιος ἵνα πράξωμεν). Au chapitre 112 (*PG* 87, 2976 B), Moschos déclare que Sophronios et lui-même étaient en Égypte au commencement du règne de l'empereur Tiberius (578-582). Non seulement le nom, mais la date et les circonstances semblent concorder avec notre auteur. L'historien de langue syriaque Denys de Tell-Mahré (Dionysius Telmahrensis, † 845) qui exprimait des vues monophysites, fait un compte rendu de problèmes entraînés par les arguments logiques concernant les natures divine et humaine du Christ avancés par un certain Stéphanos le Sophiste à Alexandrie à la fin du VIᵉ et au début du VIIᵉ siècle. Wolska-Conus **11**, p. 60-68, propose avec conviction d'identifier ce sophiste avec Stéphanos le philosophe, rejetant une autre identification précédemment envisagée par d'autres savants avec un personnage encore plus obscur : Stéphanos Niobès. Au Xᵉ siècle l'empereur Constantin VII Porphyrogénète mentionne l'horoscope établi par Stéphanos le « mathématicien » (c'est-à-dire l'astrologue) concernant l'ascension de l'empire arabe (*De administrando imperio*, chap. 16, 2). De façon similaire, "Théophanès Continuatus" parle de Stéphanos le « mathématicien » qui fit une prédiction à propos de la mort « par l'eau » de l'empereur Héraclius (*Vita Basilii* = *Chronographia*, p. 338, 10-12 Bekker). L'historien du XIIᵉ siècle Georges Cedrenus affirme que l'horoscope des Sarrazins fut établi par Stéphanos d'Alexandrie le 3 septembre 622 (corrigé en 621 par Usener) en la douzième année du règne d'Héraclius (*Compendium historicum* I 717 Bekker); une information semblable se trouve chez Syméon Logothétès (Léon le Grammairien) dans sa *Chronique*, p. 152, 20-23 Bekker (*cf. Chron.* ed. Wahlgren 2006, p. 161, 94, app. crit.).

III. RÉSUMÉ DE L'HISTOIRE DE LA RECHERCHE

Bien que des historiens, dès Vossius et Fabricius, aient discuté du problème de l'identité des différents Stéphanos (*cf.* Wolska-Conus **11**, p. 7), on peut considérer que la recherche moderne sur Stéphanos a réellement commencé avec les premières éditions modernes, la plus ancienne étant celle procurée par J. L. Ideler du traité alchimique *Sur la fabrication de l'or* en 1841. Les éditions d'Usener en 1880 seront évoquées plus loin. Suivirent en 1885 et 1897 les éditions publiées par Hayduck à la fois de l'*in De interpretatione* et de l'*in De anima* de Philopon. Dans la préface de l'édition de ce second texte, Hayduck argumenta succinctement en faveur de l'attribution à Stéphanos du commentaire sur le livre III du *De anima*. Cette attribution fut fortement renforcée par la publication du *De intellectu* par Marcel de Corte **19** en 1934 et une nouvelle édition par Verbeke **20** en 1966. H. D. Saffrey a travaillé à une édition critique des traités alchimiques de Stéphanos (*cf.* Wolska-Conus **11**, p. 15), mais ce travail est encore inédit, bien que de nouvelles études sur les manuscrits aient été publiées (**53** Maria Papathanassiou, « Stephanus of Alexandria : On the structure and date of his alchemical work », *MedSec* 8, 1996, p. 247-266 ; **54** Roberto Romano, « Contributo al testo del *De magna et sacra arte* di Stephano Alessandrino », dans P. L. Leone [édit.], *Studi bizantini e neogreci, Atti del IV Congresso nazionale di studi bizantini*, Galatina 1983, p. 87-95), et que Mme Papathanassiou ait annoncé une nouvelle édition.

La première étude approfondie de Stéphanos d'Alexandrie est due à Usener **28**, reprise avec de légères modifications en 1914. Usener y a édité un long extrait du commentaire sur les Πρόχειροι κανόνες ("Tables faciles") ainsi que l'*Apotelesmatikè Pragmateia* ; ainsi que nous l'avons dit plus haut, il considérait le premier écrit comme authentique et le second comme pseudépigraphe. Usener n'a pas examiné les ouvrages médicaux de Stéphanos. Il rassembla la plupart des références importantes à Stéphanos le commentateur philosophe aussi bien qu'à l'alchimiste et à l'astrologue afin d'appuyer sa thèse selon laquelle Stéphanos fut d'abord actif comme professeur de philosophie à Alexandrie, commentant les œuvres d'Aristote et probablement aussi celles de Platon, et enseignant le *Quadrivium,* avant d'être invité par l'empereur Héraclius vers l'année 612 comme οἰκουμενικὸς φιλόσοφος et de continuer ses activités à l'université impériale de Constantinople. La reconstruction proposée par Usener de la carrière de Stéphanos devint la base de toutes les études ultérieures et ses conclusions ont généralement été acceptées. Beck **49**, p. 72-74, cependant a considéré l'activité de Stéphanos à Constantinople comme le résultat d'une pure spéculation et, selon lui, comme une *petitio principii* fondée sur l'interprétation que donnait Usener du titre d'οἰκουμενικὸς φιλόσοφος comme impliquant une charge officielle dans la cité impériale. Lemerle **50**, p. 77-88, apporte de la lumière sur plusieurs de ces problèmes, y compris sur le titre de « philosophe œcuménique », qu'il considère pour l'époque de Stéphanos et d'Héraclius, comme un titre honorifique décerné aux « maîtres de l'enseignement supérieur dans la seule Université alors en exercice, l'Université impériale de Constantinople » (p. 87). Lumpe **1** a réexaminé la thèse d'Usener à la lumière des critiques de Beck et l'a appuyée sur de nouveaux arguments. Il faut toutefois reconnaître que le principal argument en faveur d'un déplacement de Stéphanos à Constantinople est le fait qu'il est probablement l'auteur des *Tables faciles*. Comme un seul manuscrit sur une douzaine de témoins le mentionne comme étant l'auteur, il n'est pas sûr que cette donnée reflète une authentique tradition.

La principale étude qui fut ensuite publiée sur Stéphanos fut la thèse de doctorat de Raymond Vancourt en 1941. Contre l'avis d'Usener, Vancourt **9**, p. 29-30, soutint que le traité alchimique *Sur la fabrication de l'or* devait être considéré comme authentique. Il avança également des arguments en faveur d'une identification de Stéphanos d'Athènes, l'auteur du commentaire sur le *Prognosticon* d'Hippocrate, avec Stéphanos d'Alexandrie, tout en reconnaissant que cette question ne pouvait être résolue qu'au terme d'une étude approfondie de tous les manuscrits contenant les œuvres attribuées à Stéphanos d'Athènes (Vancourt **9**, p. 30-33). Sur la base des arguments mentionnés plus haut, Vancourt **9**, p. 43 *sqq.*, propose ensuite d'attribuer à Stéphanos le commentaire sur le livre III du *De anima*, mais la comparaison détaillée à laquelle il procède entre le commentaire sur l'intellect agent dans les versions latine et grecque du commentaire attribué à Philopon (p. 48-59) l'amène à soutenir que la doctrine exposée dans ces deux documents est identique en tous ses aspects essentiels. Vancourt conclut que la doctrine a été tirée de la même source originale qu'il identifie à Ammonius, bien qu'il considère que Stéphanos fut un disciple direct d'Olympiodore. Des spécialistes plus récents, comme Blumenthal, Charlton et Lautner, ont prolongé la discussion des problèmes liés à l'attribution de l'*in De anima* III à Stéphanos. **55** H. J. Blumenthal, « Neoplatonic Elements in the "de Anima" Commentaries », *Phronesis* 21, 1976, 64-87, notamment p. 72-77, accepte l'attribution comme pratiquement certaine et examine en conséquence les vues philosophiques développées dans le commentaire comme étant celles de Stéphanos lui-même. Le même auteur revient sur cette question dans son ouvrage *Aristotle and Neoplatonism in Late Antiquity. Interpretations of the De Anima*, London 1996, p. 61-65.

Wolska-Conus **11** est la plus importante étude consacrée à Stéphanos depuis Usener. Sur la base d'une riche documentation Wolska-Conus soutient de la façon la plus convaincante l'identité de Stéphanos d'Athènes et de Stéphanos d'Alexandrie. Elle expose tout d'abord l'état de la question, développant avec plus de détails plusieurs des problèmes mentionnés plus haut, ajoutant des informations concernant le renouveau des études philosophiques à Constantinople sous Héraclius que l'on peut dégager du prologue de l'*Histoire* de Théophylacte Simocatta. Aux pages 20-23, elle discute de l'autobiographie du savant arménien Anania de Shirak, soutenant que le maître du maître d'Anania, Tychicos, fut Stéphanos à Constantinople et rattachant l'œuvre d'Anania à celle de « Cosmas Indicopleustès »

(➭C 191) et par ce biais à l'univers de pensée de l'adversaire de Cosmas, Jean Philopon. Sur la base de similitudes doctrinales concernant le *sensus communis*, la théorie de la locomotion et la théorie de la φαντασία (imagination), Wolska-Conus s'efforce de montrer que le Stéphanos qui commenta le *Prognosticon* d'Hippocrate et celui qui commenta le livre III du *De anima* sont identiques. Elle aborde ensuite le problème du témoignage de Jean Moschos, explorant, en particulier, la collection de miracles médicaux attribués à l'ami de Moschos, Sophronios, où elle retrouve un lien avec Stéphanos dans une anecdote à propos du médecin Gesios (➭G 16). Elle examine ensuite le témoignage de Denys de Tell-Mahré, rattachant Stéphanos aux controverses monophysites à Alexandrie à cette époque. Elle suggère d'ailleurs que le commentaire conservé sur l'*Isagogè* de Porphyre et attribué à un Pseudo-Élias appartient en réalité à Stéphanos, une thèse qu'elle essaie d'établir sur la base d'une comparaison minutieuse du texte avec celui de l'*in De interpretatione*. La partie finale de son étude est consacrée à une biographie concordiste du Stéphanos dont elle reconstitue la personnalité : il serait né à Athènes vers 550-555, puis aurait vécu quelques années à Alexandrie où il aurait été impliqué dans les controverses monophysites vers 581. A Alexandrie il reçut sa formation scientifique et philosophique dans des cercles proches de Philopon et commença à enseigner la médecine et la philosophie. (Sur la conjonction des études philosophiques et médicales à cette époque, voir les témoignages rassemblés par **56** L. G. Westerink, « Philosophy and medicine in late antiquity », *Janus* 51, 1964, p. 169-177, et **57** Mossman Roueché, « Did medical students study philosophy in Alexandria ? », *BICS* 43, 1998-1999, p. 153-169). A l'invitation d'Héraclius il déménage à Constantinople, à un certain moment postérieur à 610, et il enseigne aux philosophes de cette cité. Wolska-Conus l'associe étroitement au patriarche Sergios et situe sa mort à une date inconnue antérieure à la mort de Sergios en 638. Après sa mort surgit la légende du célèbre savant Stéphanos sous le nom duquel circulèrent des traités d'astrologie et d'alchimie.

58 Wanda Wolska-Conus, « Stéphanos d'Athènes (d'Alexandrie) et Théophile le Prôtospathaire, commentateurs des *Aphorismes* d'Hippocrate, sont-ils indépendants l'un de l'autre ? », *REByz* 52, 1994, p. 5-68, est un complément important à son étude de 1989, mais cette étude est moins utile pour la présente notice, du fait qu'elle concerne principalement les écrits médicaux.

59 Marwan Rashed, « Nicolas d'Otrante, Guillaume de Moerbeke et la *Collection philosophique* », *StudMed* 43, 2002, p. 693-717, notamment p. 716-717, a récemment suggéré que Stéphanos a pu jouer à titre personnel un rôle capital dans la transmission de textes philosophiques anciens au monde byzantin et peut-être oriental. Il faut ajouter que cette hypothèse avait déjà été envisagée par **60** L. G. Westerink, dans *Damascius. Traité des premiers principes*, *CUF*, t. I, Paris 1986, p. LXXVII. (Westerink, p. LXXVI-LXXVII, écrit, à propos de la Collection philosophique : « On peut donc se demander s'il ne s'agirait pas d'un restant de la bibliothèque de l'école philosophique d'Alexandrie. Il est impossible de dire à quel moment cette bibliothèque aurait été transférée à Constantinople : au plus tôt, avec Stephanus d'Alexandrie, au début du VIIe siècle ; au plus tard, après le milieu du IXe, à la suite de recherches entreprises à l'intention des savants byzantins »).

Rashed estime que Stéphanos a pu emporter avec lui un ensemble de traités philosophiques lors de son passage d'Alexandrie à Constantinople et que cette collection d'ouvrages a peut-être constitué à son tour la source documentaire de ce qu'on a appelé la «Collection philosophique», rassemblée à Constantinople au milieu du IXe siècle. Pour soutenir sa thèse Rashed met en avant deux indices. Le premier est que le *Par. gr.* 1914, l'un des deux manuscrits qui attribuent l'*in De anima* III à Stéphanos, semble appartenir aux «manuscrits de format intermédiaire» de la «Collection philosophique». Le second est l'*explicit* du commentaire de Simplicius sur la *Physique* qui contient la formule familière: πεπλήρωται σὺν θεῷ τὰ πάντα σχόλια Σιμπλικίου φιλοσόφου εἰς πᾶσαν τὴν Ἀριστοτέλους φυσικὴν πραγματείαν. Cette formule de conclusion, comme le note Rashed, ne se retrouve pas dans le *CAG*, sauf chez Élias et principalement Stéphanos.

L'hypothèse de Rashed a reçu l'approbation d'autres historiens. *Cf.* **61** R. Goulet, «La conservation et la transmission des textes philosophiques grecs», dans C. D'Ancona (édit.), *The Libraries of the Neoplatonists*, Leiden 2007, p. 29-61 (notamment p. 57), et **62** Ph. Hoffmann, «Les bibliothèques philosophiques d'après le témoignage de la littérature néoplatonicienne des Ve et VIe siècles», *ibid.*, p. 135-153 (notamment p. 152-153). Sur la «Collection philosophique», *cf.* Goulet **61**, p. 54.

63 Mossman Roueché, «Stephanus the Philosopher and Ps. Elias: A Case of Mistaken Identity», *BMGS* 36, 2012, p. 120-138, a montré récemment que l'hypothèse d'Usener concernant l'existence d'une université impériale sous le règne de l'empereur Héraclius était fondée sur une interprétation anachronique des titres *oikoumenikos didaskalos* et *katholikos didaskalos* qui ont été employés pour désigner Stéphanos dans certains manuscrits astrologiques ou alchimiques. De plus, remettant en question l'identification proposée par Wolska-Conus entre Stéphanos et le pseudo-Élias, il a démontré que la discussion du terme *diairesis* par Stéphanos (telle qu'on peut la lire dans son commentaire sur le *De interpretatione* et dans les *Dialogues* de Sévère bar Shakko) diffère tellement de celle que propose le pseudo-Élias qu'elle rend très difficile l'identification de ces deux auteurs. **64** M. Roueché, «Stephanus the Alexandrian Philosopher, the *Kanon* and a Seventh Century Millennium», *JWCI* 74, 2011, p. 1-30, a également suggéré qu'il fallait réexaminer la thèse d'Usener selon laquelle Stéphanos aurait d'abord enseigné à Alexandrie, puis aurait déménagé à Constantinople sous le règne d'Héraclius. En guise de première étape pour un tel réexamen critique, Roueché a étudié plus en détail le témoignage du *Chronologium Suntomon* et a montré que le passage concernant Stéphanos n'a aucune incidence concernant l'identification de l'auteur du manuel sur les *Tables faciles* et qu'il n'a rien à voir avec l'auteur du commentaire sur le *De interpretatione*.

Pour conclure: la thèse d'Usener selon laquelle Stéphanos déménagea d'Alexandrie à Constantinople à la demande d'Héraclius doit être réexaminée. Jusqu'à plus ample informé le commentaire sur le livre III du *De anima* doit être attribué à Stéphanos, l'auteur de l'*in De interpretatione*. Le fardeau de la preuve incombe à ceux qui refusent d'attribuer le commentaire à Stéphanos ou désirent l'attribuer à Philopon. Les opposants n'ont pas encore proposé d'explication valable pour l'attribution à Stéphanos qui est fournie par deux manuscrits ou pour les similitudes dans le style ou la composition entre l'*in De anima* III et l'*in De interpretatione*. D'un autre côté, il est difficile et peut-être impossible de dégager une différence doctrinale entre le commentaire sur les livres I et II et celui sur le livre III, étant donné que Philopon et Stéphanos travaillaient dans le même milieu intellectuel et étaient issus du même environnement néoplatonicien. L'identification défendue par Wolska-Conus entre Stéphanos d'Athènes et Stéphanos d'Alexandrie explique la majorité des données et mérite d'être provisoirement acceptée comme hypothèse de travail, bien que des études plus poussées et de nouveaux travaux d'édition soient nécessaires pour l'établir de façon sûre. Certaines autres hypothèses avancées par Wolska-Conus sont cependant plus fragiles. Ainsi, par exemple, ses efforts pour situer Stéphanos dans le sillage de Philopon dépendent dans une certaine mesure de sa propre conviction (p. 31) que Stéphanos aurait écrit un commentaire sur l'*Arithmétique* de Nicomaque de Gérasa (☞N 50), thèse qui contredit ses doutes antérieurs (p. 11) à cet égard. Sa suggestion d'attribuer le commentaire conservé du «Pseudo-Élias» sur l'*Isagogè* de Porphyre à Stéphanos doit être rejetée. La suggestion de Rashed selon laquelle le déménagement de Stéphanos avec sa bibliothèque d'Alexandrie à Constantinople aurait été décisif pour la transmission d'importants textes philosophiques anciens est envisageable, mais les preuves avancées restent minces.

Notice traduite et adaptée de l'anglais par Richard Goulet.

DENIS SEARBY.

153 STÉPHANOS D'ATHÈNES *RE* 20   VI-VII

Médecin et philosophe grec commentateur d'Hippocrate (☞H 152) et de Galien (☞G 3).

Cf. **1** F. E. Kind, art. «Stephanos von Athen» 20, *RE* III A 2, 1929, col. 2404-2405 ; **2** G. Baffioni, *Il trattato «De febrium differentia» nei codici Greci Vindobonensi*, s.d. (*c.* 1960) ; **3** L. G. Westerink, «Philosophy and Medicine in Late Antiquity», *Janus* 51, 1964, p. 169-175 ; **4** D. Irmer, «Bearbeitungen von Schriften des Iatrosophisten Palladius unter dem Namen des Johannes, Stephanus und Theophilus», *MHJ* 8, 1973, p. 179-181 ; **5** F. Kudlien, art. «Stephanos» 9, *KP* 24, 1974, col. 360 ; **6** D. Irmer, «Palladius' Kommentarfragment zur hippokratischen Schrift "De Fracturis" und seine Parallelversion», *QS* 2, 1975, p. 171-176 ; **7** W. Wolska-Conus, «Stéphanos d'Athènes et Stéphanos d'Alexandrie. Essai d'identification et de biographie», *REByz* 47, 1989, p. 5-89 ; **8** *Ead.*, «Les commentaires de Stéphanos d'Athènes au *Prognosticon* et aux *Aphorismes* d'Hippocrate. De Galien à la pratique scolaire alexandrine», *REByz* 50, 1992, p. 5-86 ; **9** J. Jouanna, «Un nouveau témoignage sur la tradition du traité hippocratique des *Vents*: l'*Anonyme* sur les fièvres du *Scor.* Φ III 12, fol. 420r (+ fol. 129r) et la double version du traité *Sur les fièvres* attribué à Palladios ou à Stéphane (et Théophile)», dans A. Garzya (édit.), *Storia e ecdotica dei testi medici greci*, Napoli 1992, p. 171-196 ; **10** W. Wolska-Conus, «Stéphanos d'Athènes (d'Alexandrie) et

Théophile le Prôtospathaire commentateurs des *Aphorismes* d'Hippocrate, sont-ils indépendants l'un de l'autre ?», *REByz* 52, 1994, p. 5-68 ; **11** *Ead.*, « Sources des commentaires de Stéphanos d'Athènes et de Théophile le Prôtospathaire aux *Aphorismes* d'Hippocrate», *REByz* 54, 1996, p. 5-66 ; **12** L. Angeletti et B. Cavarra, «The *Peri ouron* Treatise of Stephanus of Athens: Byzantine Uroscopy of the 6th-7th Centuries AD», *American Journal of Nephrology* 17, 1997, p. 228-232 ; **13** W. Wolska-Conus, « Un "pseudo-Galien" dans le commentaire de Stéphanos d'Athènes aux *Aphorismes* d'Hippocrate: Ὁ Νεώτερος Ἐξηγητής», *REByz* 56, 1998, p. 5-78 ; **14** *Ead.*, « Palladios – le "Pseudo-Galien" (Ὁ Νεώτερος Ἐξηγητής) – dans le commentaire de Stéphanos d'Athènes aux *Aphorismes* d'Hippocrate», *REByz* 58, 2000, p. 5-68 ; **15** S. Ihm, *Clavis Commentariorum der antiken medizinischen Texte*, Leiden 2002, p. 200-212 ; **16** M. Lamagna, « Il trattato "De urinis" di Stefano d'Atene e l'uroscopia alessandrina », dans I. Garofalo et A. Roselli (édit.), *Galenismo e medicina tardoantica. Fonti greche, latine e arabe*, Atti del Seminario Internazionale di Siena, Certosa di Pontignano - 9 e 10 settembre 2002, Napoli, Istituto Universitario Orientale, 2003, p. 53-73 ; **17** K. H. Leven, « Stephanos v. Athen», dans K. H. Leven (édit.), *Antike Medizin, Ein Lexikon*, München 2005, col. 828-829 ; **18** K. Dickson, « Stephanos of Athens (*ca* 540 ?-680 CE ?)», *The Encyclopedia of Ancient Natural Scientists*, London/New York 2008, p. 761 ; **19** M. Lamagna, « Gli *Scoli a Magno* di Stefano d'Atene», dans **20** V. Boudon-Millot, A. Garzya, J. Jouanna et A. Roselli (édit.), *Storia della tradizione e edizione dei medici greci*, Napoli 2010, p. 241-257 ; **21** B. Mondrain, «Démétrios Angelos et la médecine: contribution nouvelle au dossier», dans Boudon-Millot *et alii* **20**, p. 293-322 ; **22** A. Anastassiou, «Unbekannte hippokratische Aphorismen bei Theophilos Protospatharios' *De urinis* ?», *RhM* 153, 2010, p. 92-107.

Éditions et traductions. 23 F. R. Dietz, *Scholia in Hippocratem et Galenum*, 2 vol., Königsberg 1834 ; **24** J. L. Ideler, *Physici et Medici Graeci Minores*, 2 vol., Berlin 1841 et 1842 ; **25** U. C. Bussemaker, «ΣΤΕΦΑΝΟΥ ΠΕΡΙ ΟΥΡΩΝ. Traité d'Étienne sur les urines publié pour la première fois d'après un manuscrit de la bibliothèque royale», *RPh* 1, 1845, p. 415-438 et 543-560 ; **26** D. Sicurus, *Theophili et Stephani Atheniensis de febrium differentia ex Hippocrate et Galeno*, Firenze 1862 (texte grec) ; **27** D. Irmer, *Palladius : Kommentar zu Hippokrates Schrift 'De fracturis' und seine Parallelversion unter dem Namen des* Stephanos von Alexandria, coll. «Hamburger philologische Studien» 45, Hamburg 1977 (texte grec et traduction allemande) ; **28** J. M. Duffy, *Stephanus the Philosopher. A Commentary on the Prognosticon of Hippocrates*, CMG XI 1, 2, Berlin 1983 (texte grec et traduction anglaise) ; **29** C. Magdelaine, *Histoire du texte, édition critique, traduite et commentée des* Aphorismes *d'Hippocrate*, Thèse de doctorat, Université Paris IV, 1994 (dactyl.) ; **30** L. G. Westerink, *Stephanus of Athens. Commentary on Hippocrates' Aphorisms*, 3 vol., CMG XI, 1, 3, 1-3, Berlin 1985-1995 (texte grec et traduction anglaise) ; **31** K. Dickson, *Stephanus the Philosopher and*

Physician. Commentary on Galen's Therapeutics to Glaucon, Leiden 1998 (texte grec et traduction anglaise).

Biographie. On sait peu de chose de la vie de ce personnage décrit dans les manuscrits comme à la fois médecin et philosophe. La datation basse (XIe siècle) d'abord proposée par Dietz **23**, I, p. XIX), en se fondant sur certaines particularités lexicales du commentaire de Stéphane au *Pronostic* d'Hippocrate, et sur l'emploi de quelques mots « barbares » impossibles selon lui avant cette époque, n'est plus acceptée. Aussi après l'avoir daté du Ve siècle (*cf.* Bussemaker **25**, p. 422), on le date aujourd'hui ordinairement (*cf.* Kind **1**) du début du VIIe siècle, sous le règne d'Héraclius. Mais Wolska-Conus **7** qui a tenté d'identifier notre Stéphane avec deux autres commentateurs homonymes originaires d'Alexandrie a proposé une datation entre 550 et 638.

Les seuls éléments avérés dont nous disposons sont les suivants : Stéphane est semble-t-il né à Athènes, comme l'attestent plusieurs manuscrits où il est qualifié d'athénien (voir l'*Ambrosianus* S 19 Sup, où il est désigné sous le nom de Στεφά-νου Ἀθηναίου τοῦ φιλοσόφου) ; il étudia à Alexandrie où il enseigna plus tard (voir mss *Scorialensis* Σ II 10, fol. 28^r *apud* Westerink **30** et Dickson **31**, p. 165, 14-22 et p. 252, 6) ; son nom semble indiquer qu'il était chrétien.

Ses relations avec d'autres personnages cités dans ses commentaires, notamment Gésios (➽G 16) et Asclépios (➽A 457), sont entourées de mystère et dépendent à leur tour des hypothèses émises sur l'identité de Stéphane médecin avec deux autres homonymes originaires d'Alexandrie.

Stéphane d'Athènes ou d'Alexandrie ?

La confusion entre deux, voire trois Stéphane, dits d'Athènes et d'Alexandrie, est alimentée par les indications fluctuantes de nos manuscrits.

Dans ces manuscrits, souvent tardifs, Stéphane est toujours décrit comme philosophe, et dans un cas il est même décrit comme à la fois médecin et philosophe. Ces mentions restent cependant marginales. Ainsi sur les huit manuscrits complets ou fragmentaires du commentaire au *Pronostic* d'Hippocrate, seul le *Laurentianus Plut.* 59, 14 (XVe s.) l'attribue à un Στεφάνου φιλοσόφου. Quant à la qualité de médecin de Stéphane, elle n'est mentionnée que dans l'*Ambrosianus* L 110 Sup (XVe-XVIe s.), l'un des deux manuscrits les plus anciens à nous avoir transmis le commentaire à l'*Ad Glauconem*, où le traité est précédé du titre : Στεφάνου τοῦ φιλοσόφου καὶ ἰατροῦ ἐξήγησις εἰς τὴν τοῦ πρὸς Γλαύκωνα Γαληνοῦ θεραπευτικήν.

L'ethnique d'Alexandrie ou d'Athènes est également indifféremment employé. Ainsi, le *Mosqu.* 466 du XVIe siècle mentionne un Στεφάνου ἰατροῦ Ἀλεξαν-δρείου τοῦ φιλοσόφου (*cf.* Irmer **27**, p. 17). Mais l'*Ambrosianus* S 19 (de l'an 1348) met le commentaire aux *Aphorismes* sous le nom d'un Στεφάνου Ἀθηναίου τοῦ φιλοσόφου. Un traité *Sur les urines*, dans l'unique manuscrit de Paris (*Paris. gr.* 2260) utilisé par son éditeur, U. C. Bussemaker **25**, est quant à lui mis sous le nom d'un Stéphane d'Alexandrie (παρὰ τοῦ φιλοσοφωτάτου Στεφάνου τοῦ Ἀλεξανδρέως).

Aussi l'identification de Stéphane d'Athènes avec deux autres Stéphane a-t-elle été proposée (cf. Wolska-Conus 7): l'un philosophe et sophiste, dit d'Alexandrie dans une source syriaque, est connu pour ses commentaires à Aristote; l'autre, dit Stéphane d'Alexandrie ou Stéphane le philosophe, s'occupe d'astronomie à Constantinople sous le règne d'Héraclius (610-641) où il semble avoir joué un rôle fondamental dans la transmission des textes astronomiques d'Alexandrie à Byzance. Soulignant en particulier « les correspondances entre le discours médical et le discours philosophique dans les commentaires respectifs de Stéphane, philosophe d'Alexandrie, et Stéphane médecin d'Athènes, Wolska-Conus 7, p. 45, en arrive à la conclusion que ces rencontres « sont trop significatives pour qu'on n'y voie que des passages parallèles ». Combinant des données biographiques dispersées dans des source grecques, syriaques et arméniennes, Wolska-Conus reconstitue l'itinéraire d'un Stéphane qui, entre 551 et 638, se serait déplacé d'Athènes à Alexandrie où il serait entré en contact avec Jean Philopon (➡P 164) et aurait suivi un cursus alexandrin où la philosophie était associée aux disciplines scientifiques (médecine, astronomie, mathématiques, géographie), avant d'enseigner lui-même la médecine entre 581 et 584, et de rejoindre finalement Constantinople auprès de l'empereur Héraclius où il s'occupa d'astrologie et d'alchimie.

Cette reconstitution pose cependant le problème des relations de Stéphane avec Gésios (➡G 16, ca 530-540), voir **32** F. Sezgin, *Geschichte des arabischen Schrifttums* III, Leiden 1970, p. 142-144 et 160-161, où Gésios est cité parmi les sept médecins mentionnés dans les sources arabes comme ayant enseigné à Alexandrie vers le VIe siècle et établi le canon des œuvres d'Hippocrate et de Galien devant être étudiées dans les écoles de médecine. En effet, une allusion de Stéphane, dans son commentaire aux *Aphorismes*, à l'enseignement du iatrosophiste qui, dans sa jeunesse, était grand et de belle prestance, mais qui dans sa vieillesse était devenu bossu (Westerink **30**, I, p. 256, 3-8), pose la question de savoir si Stéphane a pu lui-même être son élève. Mais si tel est le cas, cela rend impossible son identification avec le Stéphane alchimiste et astronome qui serait venu à Constantinople sous Héraclius au début du VIIe siècle. Aussi, et bien que Wolska-Conus 7, p. 18, argumente que la mémoire de Gésios « bien enraciné dans le folklore scientifique » a pu se maintenir bien au-delà de sa mort, les arguments de Dietz **23** (p. XIX) et de Bussemaker **25** (p. 419) pour distinguer le Stéphane d'Athènes médecin et philosophe du Stéphane d'Alexandrie philosophe et astronome, actif sous le règne d'Héraclius, gardent leur autorité.

Stéphane cite également plusieurs fois dans ses commentaires un certain Asclépios qu'il qualifie de « nouvel exégète » et dont il fut peut-être l'élève. Westerink **3**, p. 172 et **30**, I, p. 22 a, entre autres, proposé de l'identifier avec Asclépios de Tralles [➡A 458] (mort en 560/70), un des élèves d'Ammonios [➡A 141] (*CAG* VI 2, p. 143, 31-32 Hayduck), tandis que Wolska-Conus 7, p. 82-89, pense pouvoir l'identifier avec Anquilaus, un des sept médecins alexandrins connus par les sources arabes. Le manuscrit de l'*Escurial* Φ II 10 met également sous le nom d'un Asclépios la version des sections V-VI des *Aphorismes*.

Bien que séduisantes, toutes ces hypothèses n'ont cependant jusqu'à présent pu être démontrées et doivent attendre que soit examiné de façon exhaustive l'ensemble de la tradition manuscrite de Stéphane philosophe, Stéphane astrologue et Stéphane médecin.

Œuvres

Sont attribués à Stéphane, dans les manuscrits, les commentaires suivants à des écrits des anciens médecins grecs :

– Commentaire au *Pronostic* d'Hippocrate (éd. Duffy **28**).

– Commentaire au livre I de la *Thérapeutique à Glaucon* de Galien (éd. Dickson **31**).

– Commentaire aux *Aphorismes* d'Hippocrate (éd. Westerink **30**).

– Commentaire au *Sur les urines* de Magnus [➠M 13a, dans les compléments du tome VII] (*cf.* Bussemaker **25**, p. 421 et étude de Lamagna **19**)

– *Sur les urines* (éd. Bussemaker **25**), mais en réalité très certainement apocryphe (*cf.* Anastassiou **22**).

– *Sur le pouls* (perdu, *cf.* Dietz **23**, I, p. 272, 11 ; Dickson **31**, p. 104, 33).

Sont parfois indûment attribués à Stéphane :

– Un commentaire aux *Fractures* d'Hippocrate (éd. Irmer **25**)

– Un traité *Sur la différence des fièvres* (éd. Ideler **24**, I, p. 107-120, pour la version courte ; éd. Sicurus **26** pour la version longue).

Une référence interne permet de préciser que le commentaire à la *Thérapeutique à Glaucon* est antérieur à celui aux *Aphorismes* (*cf.* Westerink **30**, II, p. 342, 15-16). Quant au traité *Sur les urines*, il s'agirait en réalité, selon Anastassiou **22** (p. 101-102), d'une compilation tardive attribuée à un Pseudo-Stéphane qui ne correspond pas à ce que nous savons par ailleurs de ce traité et en particulier à la citation qu'en fait Rhazès dans le *Continens*.

D'autres commentaires, très proches les uns des autres et parfois même identiques, sont transmis dans les manuscrits grecs sous différents noms, tantôt sous le nom de Stéphane, tantôt sous celui de Palladios, ou encore celui de Théophile le Prôtospathaire dont l'époque et l'identité posent également problème, puisqu'il est considéré tantôt comme le contemporain de Stéphane, tantôt comme son prédécesseur. Ainsi, le *Vindobonensis med. gr.* 44 met le commentaire de Théophile aux *Aphorismes* sous le nom de Stéphane ; même chose dans le manuscrit d'Erlangen *ms. A* 3 où le début du texte avec le titre est mutilé et où Démétrios Angelos a noté le nom de Stéphanos alors qu'il s'agit du commentaire de Théophile (*cf.* Mondrain **21**, p. 304-305). Et le *Commentaire au Pronostic* a été attribué à Damascius (➠D 3) par André Darmarios dans trois manuscrits qu'il a copiés au XVIe siècle (*cf.* Duffy **28**, p. 16-20).

De même, bien que nos manuscrits n'observent pas toujours une répartition aussi nette, le traité *Sur la différence des fièvres* dans sa version courte a été attribué par Ideler **24**, I, p. 107, à Palladios, mais dans sa version longue éditée par Sicurus **26**, il est mis sous les noms de Théophile et de Stéphane (voir aussi Baffioni **2** qui a comparé les deux versions données par les manuscrits de Vienne). L'étude de Jouanna **9**, p. 196, confirme que « la version longue est une réécriture de la version courte avec adjonction d'un matériel issu d'autres sources diverses », notamment les *Problemata* d'Alexandre d'Aphrodise (☛A 112), le commentaire au *Pronostic* de Stéphane et en premier lieu le traité hippocratique des *Vents*. Il n'existe en revanche aucun élément sûr en faveur de l'attribution à Stéphane de ce qui semble plutôt être une réécriture d'un commentaire de Palladios (voir Irmer **4**).

De même encore, on dispose d'un commentaire alexandrin bref et fragmentaire au traité hippocratique des *Fractures* dont la rédaction est attribuée à Palladios dans trois manuscrits, mais dont une version remaniée est mise sous le nom de Stéphane d'Alexandrie (Προλεγόμενα Στεφάνου ἰατροῦ Ἀλεξανδρείου τοῦ φιλοσόφου) dans un manuscrit récent du XVIe siècle (*Mosquensis Hist. Mus.* 466, f. 89-95), *cf.* Irmer **6** et **27**.

Forme des commentaires de Stéphane

Stéphane qui se définit lui-même comme ἰατρὸς ἰπποκράτειος poursuit dans ses commentaires un but avant tout pédagogique. Il s'agit de préparer les jeunes gens à la profession médicale en les initiant aux doctrines particulières concernant les différentes maladies et en leur proposant toutes sortes d'exemples dont certains puisés dans la vie courante. C'est ainsi que Stéphane s'exprime à la première personne dans plusieurs récits assez pittoresques de visites à des malades. Les commentaires de Stéphane obéissent en grande partie à un modèle déjà esquissé dans l'école philosophique d'Ammonios d'Alexandrie [☛A 141] (*ca* 500) et développé dans l'école d'Olympiodore [☛O 17] (né avant 505 et mort après 565). Ils reflètent, même si c'est de façon imparfaite, la distinction traditionnelle entre différentes *praxeis* (cours ou leçons), elles-mêmes réparties en *theoriai* (introductions d'ordre général) et *lexeis* (explications détaillées). La structure même de la *praxis* peut cependant varier au point de contenir plusieurs *theoriai* et plusieurs *lexeis*. Mais surtout, les commentaires de Stéphane s'ouvrent par un exposé reproduisant un schéma d'exposition traditionnel en huit (voire neuf) points adopté par les commentateurs néoplatoniciens tardifs d'Aristote et qui, dans sa forme systématique, dérive en réalité de Proclus [☛P 292] (voir **33** J. Mansfeld, *Prolegomena*, Leiden 1994, p. 10 *sqq.*, et Wolska-Conus **8**). Parmi les huit points principaux (κεφάλαια) examinés à l'intérieur de ce *schema isagogicum*, on distingue le but poursuivi (πρόθεσις ou σκοπός), l'ordre de lecture dans le corpus (τάξις), l'utilité (χρήσιμον), l'explication du titre (αἴτιον τῆς ἐπιγραφῆς), l'authenticité (γνήσιον), la division en sections (διαίρεσις εἰς τμήματα), l'appartenance à une partie de la philosophie (ὑπὸ ποῖον μέρος) et le genre d'enseignement (τρόπος διδασκαλικός).

Stéphane, dans son commentaire au *Pronostic*, se propose pour sa part d'examiner huit points principaux, dont le but, l'utilité et le reste à la suite (Duffy **28**, p. 26, 3-4 : Τὰ εἰωθότα ἐπὶ ἑκάστου συγγράμματος προλέγεσθαι η΄ κεφάλαια καὶ νῦν προλάβωμεν, τὸν σκοπόν, τὸ χρήσιμον καὶ τὰ ἑξῆς). Mansfeld (**33**, p. 53) remarque que pratiquement la même proposition se lit en tête du commentaire de Palladius/Stéphane aux *Fractures* (p. 16, 2-17, 3) où chacun de ces points est ensuite discuté en détail. Dans le commentaire au *Pronostic*, Stéphane traite ainsi successivement du but et de l'utilité du traité, de son authenticité (γνήσιον, Duffy **28**, p. 30, 12), de son titre (p. 30, 21), de l'ordre de lecture (p. 30, 32), de la division en trois parties selon Galien (p. 32, 28), de son appartenance au genre thérapeutique (p. 32, 32) et des différents modes d'enseignement mis en œuvre dans les différents types de traités hippocratiques (un thème également présent dans les commentaires aristotéliciens), auxquels il ajoute un neuvième point, le style (χαρακτήρ, p. 34, 6-11). Mais dans le commentaire au *Pronostic*, les *theoriai* prennent de plus en plus la forme de développements indépendants du texte commenté au point d'acquérir le statut de véritables petits exposés thématiques (Wolska-Conus **8**, p. 13, s'est d'ailleurs essayée à leur donner des titres). Le plus souvent la *theoria* l'emporte en extension sur la *lexis* au point parfois d'entraîner sa disparition pure et simple.

Le commentaire de Stéphane aux *Aphorismes* n'est que partiellement conservé. Il nous est parvenu : (1) dans une version abrégée et révisée des sections I 1-III 25 ; (2) dans une version complète des sections III-IV (et les premières lignes de la section V) ; (3) dans la version dite d'Asclépios des sections V 1-VI 55 (qu'il s'agisse de l'œuvre d'Asclépios lui-même ou des notes prises par Stéphane aux cours d'Asclépios). Le commentaire aux *Aphorismes* (du moins dans sa version complète des sections III-IV conservée dans le *Scorialensis* Σ II 10 du Xe siècle) use encore de formules traditionnelles comme ταῦτα ἔχει ἡ θεωρία et ἐν οἷς σὺν θεῷ ἡ πρᾶξις pour marquer la fin de chaque leçon et discussion. On y trouve également une réflexion comparable à celle rencontrée dans le *Commentaire au Pronostic* sur l'ordre de lecture des traités hippocratiques. En effet, Stéphane distingue (*cf.* Westerink **30**, I, p. 30, 19-26, et l'analyse de Mansfeld **33**, p. 54) un ordre « logique » où ils occupent la première place devant *Serment* et *Loi*, et un ordre « naturel » commençant avec les traités qui expliquent la formation et la nature du corps où les *Aphorismes* occupent la troisième place après *Nature de l'homme* et *Nature de l'enfant*. Wolska-Conus **8** décèle même dans le commentaire aux *Aphorismes* une double méthode exégétique, recourant l'une à l'alternance entre *theoria* et *lexis*, et l'autre à la distinction entre le sens général *(ennoia)* et l'explication des mots et des phrases *(saphêneia)* déjà présente dans les commentaires de Galien.

Mais si les commentaires aux *Aphorismes* et au *Pronostic* gardent encore de modestes traces de la répartition en *praxeis* (bien mises en évidence dans l'édition de Duffy **28** où elles coïncident *grosso modo* avec les divisions internes du texte), le commentaire à l'*Ad Glauconem* en revanche ignore complètement ces distinctions (voir les exemples donnés par Wolska-Conus **8**). La présence de ces phrases formulaires, quand elles existent, permet en tout cas de dater de tels commentaires comme postérieurs à 550.

Stéphane est enfin l'auteur de scholies, c'est-à-dire d'un commentaire au *Sur les urines* de Magnus (⸱M 13a, dans les compléments du tome VII) rédigé sous forme de questions-réponses *(erotapocrisis)* et conservé dans les *Parisini gr.* 2229 et 2220 sous le titre : Στεφάνου σχόλια Μάγνου εἰς τὸ περὶ οὔρων. Ces scholies qui se rapprochent des notes de cours (ἀπὸ φωνῆς) gardent les traces d'un enseignement oral. Quant au traité *(pragmateia) Sur les urines* qui, comme son nom l'indique n'appartient pas au genre des commentaires, et qui avait semble-t-il pour but de fournir aux étudiants un enseignement particulier sur un sujet sur lequel Stéphane s'était déjà beaucoup exprimé dans son commentaire aux *Aphorismes*, il serait apocryphe (*cf.* Anastassiou **22**).

Sources et doctrine

Les commentaires de Stéphane, en accord avec la forme exégétique adoptée dans l'enseignement médical (mais aussi philosophique) alexandrin, font une large part aux opinions des commentateurs précédents en confrontant leurs interprétations lorsqu'elles sont discordantes. Des formules telles que ἐν ἑτέροις, ἐν ἑτέρῳ et plus souvent encore ἐν ἄλλοις sont fréquentes dans les commentaires (surtout le commentaire aux *Aphorismes*), sans qu'il soit facile de toujours pouvoir décider si elles renvoient à un cours réellement prononcé, au traité d'un auteur antérieur, à un traité de Stéphane lui-même ou encore s'il s'agit d'une allusion à tel ou tel ouvrage d'Hippocrate ou Galien.

Stéphane établit des oppositions assez systématiques entre médecins et philosophes, prenant résolument le parti des médecins (voir *Commentaire aux Aphorismes* III 1, 1, éd. Westerink II, p. 16, 14 *sqq.* ; III 2, éd. Westerink II, p. 24, 19 *sqq.*), même si, comme le remarque Wolska-Conus **8**, p. 50, il ne renonce pas à introduire « dans son développement une série de problèmes philosophiques traditionnellement discutés dans les écoles philosophiques d'Alexandrie » et à qualifier la philosophie d'« art suprême » (*Commentaire aux Aphorismes* I 8, 3, éd. Westerink I, p. 68, 21-23 : τὴν ὑπερτέραν τέχνην μιμούμενον, λέγω δὴ τὴν φιλοσοφίαν).

Stéphane apparaît très influencé par le galénisme et ses propres commentaires à Hippocrate s'inspirent indiscutablement de ceux du médecin de Pergame, la question restant posée s'il en avait une connaissance directe ou limitée à « un condensé courant dans la pratique scolaire », selon la formule de Wolska-Conus **8**, p. 66. De fait, Stéphane et Galien s'accordent pour l'essentiel sur la doctrine. Wolska-Conus **12**, p. 9, a compté que Stéphane dans son commentaire aux *Aphorismes* cite quarante-trois fois le nom de Galien et mentionne dix-sept de ses œuvres. Et de son côté, Magdelaine **29**, p. 268, note que « Stéphane connaît précisément le commentaire de Galien et s'y réfère constamment ». Cependant, Wolska-Conus **13** et **14** estime que les quarante-trois passages attribués par Stéphane à

Galien dans les *Aphorismes* reposent en réalité sur de fausses attributions et que se dissimulerait sous ce (pseudo?)-Galien, une source intermédiaire entre Galien et Stéphane, qu'elle propose d'identifier avec un commentaire perdu de Palladios (?) aux *Aphorismes*. Toutefois, les plus ou moins légères divergences relevées par Wolska-Conus entre les citations de Stéphane et le commentaire de Galien aux *Aphorismes* peuvent peut-être aussi s'expliquer plus simplement par le galénisme ambiant qui tend à s'imposer à cette date dans le milieu scolaire alexandrin, aux dépens d'un recours direct aux textes.

Mais surtout le commentaire de Stéphane aux *Aphorismes* entretient des liens très étroits avec celui de Théophile. Ces rencontres déjà relevées par Dietz **23**, II, p. 236-244 (qui a choisi d'insérer des fragments des scholies de Stéphane à l'intérieur du commentaire de Théophile au lieu de les reproduire séparément *in extenso*), ont été analysées par Westerink **30** qui a conclu que le commentaire de Théophile résultait d'une compilation d'extraits tirés de Galien et de Stéphane, ainsi que d'une troisième source. Wolska-Conus **10** soutient au contraire que Stéphane et Théophile ont tous deux utilisé une même source mais de façon indépendante.

Outre le fameux Asclépios que Stéphane mentionne plusieurs fois dans son commentaire aux *Aphorismes* le plus souvent pour l'opposer à Galien, Stéphane cite nommément Aristote qu'il semble connaître aussi bien que Galien. Wolska-Conus **10**, p. 51-68, a tenté un premier relevé de ces incursions de Stéphane dans le domaine de la logique et a cherché à mettre en évidence des rencontres doctrinales entre le commentaire au *De anima* d'Aristote et celui au *Pronostic* d'Hippocrate, notamment à propos du discours sur le sommeil (Wolska-Conus **7**, p. 36-38 et 40-44) où l'argumentation qui consiste « à éliminer les unes après les autres les différentes âmes en tant que causes efficientes du sommeil » dans le commentaire au *Pronostic*, lui paraît « étrangement semblable à celle de Stéphanos d'Alexandrie » dans le commentaire au *De anima*, ce qui, on l'a vu, lui permet de conclure en faveur de l'identité des deux auteurs.

Le commentaire (ou scholies) de Stéphane au traité de Magnus sur les urines (étudié par Lamagna **19**) mentionne, à côté de sources proprement médicales, les dix catégories aristotéliciennes et recourt à des images d'origine stoïcienne. Quant au traité *Sur les urines* (édité par Bussemaker **25** sur la base du *Parisinus gr.* 2260) et qui s'inspire de celui de Magnus, il se révèle surtout très proche du commentaire de Théophile édité par Ideler **24**, I, p. 261-283, et qui, selon M. Lamagna **16**, aurait précédé celui de Stéphane qui s'en serait largement inspiré. Cette hypothèse se heurte cependant à une difficulté chronologique, dans la mesure où Théophile est aujourd'hui le plus souvent daté du IXe-Xe siècle. Pour la résoudre, Lamagna **19**, p. 256, propose donc soit de remonter le *De urinis* de Théophile au VIIe siècle, soit de supposer que le matériel qui nous a été transmis sous le nom de Théophile existait déjà sous une forme exégétique assez semblable du temps de Stéphane. Mais il est peut-être plus simple (comme le propose Anastassiou **22**) de supposer que le traité *Sur les urines* attribué à Stéphane ne serait qu'une compilation pseudépigraphe postérieure mise sous son nom.

VÉRONIQUE BOUDON-MILLOT.

154 STÉPHANOS (AURELIUS –) DE DORYLAION   DM III

Le philosophe Aurelius Stéphanos, fils de Stéphanos, citoyen de Dorylaion, s'occupa au nom de sa tribu, celle d'Apollon, de faire ériger, comme le firent aussi les autres tribus de la ville (six bases sont conservées), une statue de l'évergète Q. Voconius Aelius Stratonikos : *IGR* IV 527 ; *SEGO* III 16/34/06. C'est dans la première moitié du IIIe siècle que ce personnage fut honoré comme nouveau fondateur de la cité phrygienne.

BERNADETTE PUECH.

155 STÉPHANOS DE LAODICÉE   F III D IV

De Stéphanos, successeur du savant Anatolios (➤A 156 et 157) sur le siège épiscopal de Laodicée (auj. *Lattaquié*), on ne sait que ce qu'en dit Eusèbe de Césarée, *Histoire ecclésiastique* VII 32, 22 : « Et lorsqu'Anatolius eut quitté la vie, Stéphanos est établi à la tête du diocèse de cette région-là, le dernier avant la persécution ; il était généralement admiré pour ses doctrines philosophiques et l'ensemble de sa culture hellénique, mais il n'avait pas les mêmes dispositions en ce qui regarde la foi divine, comme le révéla, avec le temps, le moment de la persécution, qui montra en lui un homme dissimulé, lâche, sans courage, plutôt qu'un vrai philosophe » (traduction de G. Bardy, SC 41, modifiée). Eusèbe crée un contraste entre les années pendant lesquelles Stéphanos jouit de l'estime due au « philosophe » qui manifestait ainsi, après l'Alexandrin Anatolios et à son exemple, le progrès du christianisme à Laodicée dans les élites cultivées et sa conduite lors de la persécution de Dioclétien (303-305), censée dénoncer sa personnalité véritable, dénuée du courage exigé du « philosophe » depuis Socrate. La faiblesse de l'évêque, dont Eusèbe n'indique ni les modalités ni les conséquences, mit sans doute l'Église en fâcheuse posture à Laodicée, car son successeur Théodote eut à la « redresser » (Eusèbe, *H. E.* VII 32, 23).

ALAIN LE BOULLUEC.

156 STERTINIUS *PIR*[2] S 900   M I[a]

Stoïcien, maître de Damasippus (➤D 4) qu'il détourna du suicide sur le pont Fabricius (qui permettait d'atteindre l'île Tibérine sur le Tibre) et à qui il recommanda de « nourrir une barbe philosophique » (Horace, *Sat.* II 3, 31). Voir 1 M. Ducos, notice « Damasippus », D 4, *DPhA* II, 1994, p. 593. Damasippus, qui avait mis par écrit ses préceptes (*ibid.*, vv. 34-35), le présente comme *sapientum octauos*, « le huitième des sages » (*ibid.*, v. 296). Damasippus rapporte une longue diatribe stoïcienne de Stertinius où ce dernier dénonçait les quatre passions qui rendent les hommes insensés et dont seul le sage est indemne : l'avarice, l'ambition, la recherche du plaisir et la superstition (*cf. ibid.*, vv. 77-81).

Dans sa lettre à Iccius (➛I 10), en 20 av. J.-Chr., Horace (➛H 167) mentionne Stertinius à côté d'Empédocle (➛E 19), comme un auteur ayant traité des questions philosophiques dont se préoccupe son correspondant (*Lettres* I 12, v. 20). Voir **2** M. Ducos, notice « Iccius », I 10, *DPhA* III, 2000, p. 857-858. Selon le pseudo-Acron, dans une scholie sur ce passage, le philosophe Stertinius avait exposé la philosophie stoïcienne en 220 livres écrits en latin (*cf.* **3** *Pseudoacronis Scholia in Horatium vetustiora recensuit O. Keller*, coll. *BT*, Leipzig 1904, t. II, p. 249, 12-14 Keller).

Absent de la *RE*.

RICHARD GOULET.

157 STÉSAGORAS
F III^a

Dédicataire de plusieurs ouvrages de Chrysippe de Soles (➛C 121) signalés dans la liste des ouvrages du philosophe conservée par Diogène Laërce (VII 189-202) : Περὶ παρεμφάσεως πρὸς Στησαγόραν β', *Sur la connotation, à Stésagoras, en deux livres* (VII 192) ; Περὶ τρόπων συστάσεως πρὸς Στησαγόραν β', *Sur la constitution des modes des arguments, à Stésagoras, en deux livres* (VII 194) ; Περὶ τοῦ παρὰ μικρὸν λόγου πρὸς Στησαγόραν α' β', *Sur l'argument du Peu à peu, à Stésagoras, livres I, II*. La traduction des titres est empruntée à la liste des œuvres de Chrysippe commentée par P. Hadot, *DPhA* II, 1994, p. 336-356).

C'était probablement un disciple de Chrysippe ou bien son collègue dans l'école stoïcienne.

Absent de la *RE*.

RICHARD GOULET.

158 STÉSIMBROTE DE THASOS *RE*
fl. MF V^a

Historien grec dont seulement des fragments nous sont parvenus : outre son ouvrage historique, il est connu par un ouvrage sur Homère, où, d'après les témoignages, il semble avoir appliqué l'interprétation allégorique, ainsi que par un autre sur les mystères, dont on a conservé des fragments.

Témoignages et fragments. 1 F. Jacoby, *FGrHist* 107, t. II D, Berlin 1929-1930, réimpr. Leiden 1962, p. 515-522 (texte) ; p. 107-349 (commentaire).

Éditions anciennes. **2** E. Heuer, *De Stesimbroto Thasio eiusque reliquiis*, Diss. Münster, 1863 ; **3** C. et Th. Müller, *FHG* II, Parisiis 1848, p. 52-58.

Cf. **4** A. Tresp, *Die Fragmente der griechischen Kultschriftsteller*, coll. « Religionsgeschichtliche Versuche und Vorarbeiten » 15, 1, Gießen 1914, p. 162-167 ; **5** G. Lanata, *Poetica pre-platonica : testimonianze e frammenti*, testo, traduzione e commento, Firenze 1963, p. 240-243 ; **5bis** J. Engels, *Die Fragmente der griechischen Historiker continued*, t. IV A : *Biography*, fasc. 1 : *The Pre-Hellenistic period*, Leiden 1998, n° 1002, p. 40-77 (texte, traduction anglaise et commentaire, avec une bibliographie, p. 75-77).

Études d'ensemble. 6 R. Laqueur, art. « Stesimbrotos von Thasos », *RE* III A 2, 1929, col. 2463-2467 ; **7** M. Baumbach, art. « Stesimbrotos (Στησίμβροτος) aus

Thasos», *NP* XI, 2001, col. 975-976 ; **8** F. W. Walbank, art. «Stesimbrotus», *OCD*³, 2003, p. 1443.

Chronologie, patrie et lieu d'activité. D'après le témoignage de Plutarque, *Vie de Cimon* 4, 5 (= test. 1 Jacoby), Stésimbrote de Thasos avait eu son *floruit* plus ou moins dans le même temps que Cimon (510-449), le célèbre général et homme politique athénien sympathisant des Lacédémoniens (Στησίμβροτος ὁ Θάσιος περὶ τὸν αὐτὸν ὁμοῦ τι χρόνον τῷ Κίμωνι γεγονώς). Athénée, *Deipnosophistes* XIII 56, 589 d (= test. 2 Jacoby) le présente aussi comme un contemporain de Périclès et un témoin direct de la vie de celui-ci (κατὰ τοὺς αὐτοὺς αὐτῷ [*scil.* Περικλεῖ] χρόνους γενόμενος καὶ ἑωρακὼς αὐτόν). L'ensemble de nos témoignages s'accordent par ailleurs sur sa patrie, l'île de Thasos au large de la Thrace au nord de la mer Égée, cité qui avait été fondée par des colons de Paros. Quant à son activité, elle a donc dû avoir lieu, au moins en partie, à Athènes, où il a pu habiter comme un métèque, peut-être à la suite de la prise de sa ville par Cimon (*cf.* Plutarque, *Vie de Cimon* 14, 3 = fr. 5 Jacoby).

Cf. **9** U. von Wilamowitz-Möllendorff, «Die Thukydideslegende», *Hermes* 12, 1877, p. 326-367, notamment p. 362, repris dans ses *Kleine Schriften*, t. III : *Griechische Prosa*, hrsg. v. F. Zucker, Berlin 1969, p. 1-40 ; Jacoby **1**, p. 343, qui le compare à Hégémon de Thasos, le créateur de la parodie (*cf.* Athénée, *Deipnosophistes* XV, 698 d).

Interprétation allégorique d'Homère. Rhapsode ?

Cf. **10** F. Wehrli, *Zur Geschichte der allegorischen Deutung Homers im Altertum*, Borna/Leipzig 1928 (Inaug.-Diss. Basel), 98 p., notamment p. 91-92 ; **11** F. Buffière, *Les mythes d'Homère et la pensée grecque*, coll. «Études anciennes», Paris 1956, p. 132-136 ; **12** N. J. Richardson, «Homeric professors in the age of the sophists», *PCPhS* 21, 1975, p. 65-81, notamment p. 71-74 ; **13** G. M. Rispoli, «Teagene o dell'allegoria», *Vichiana* 9, 1980, p. 243-257, notamment p. 250.

Nos témoignages s'accordent pour rattacher une partie de l'activité de Stésimbrote à Homère. Tatien, *Discours aux Hellènes* 31, 2 (= fr. 21 Jacoby), le présente en deuxième position dans sa liste de ceux qui ont été «les plus anciens à faire des recherches (προηρεύνησαν πρεσβύτατοι) sur la poésie d'Homère, sa famille et le temps où il a fleuri» : Théagène de Rhégium (➤T 25), Stésimbrotos de Thasos, Antimaque de Colophon (*cf. infra*), Hérodote d'Halicarnasse (derrière cette mention se trouve sans doute notamment l'écrit apocryphe de la *Vita Homeri Herodotea*, ed. **14** T. W. Allen, *Homeri opera*, Oxford 1912, réimpr. 1969, t. V, p. 192-218), Denys d'Olynthe ; et plus tard Éphore de Cyme, Philochore d'Athènes, les péripatéticiens Mégaclide (➤M 75a, dans les compléments du tome VII) et Chamailéon <d'Héraclée> (➤C 93) ; ainsi que les grammairiens Zénodote, Aristophane <de Byzance> (➤A 405), Callistrate, Cratès <de Mallos> (➤C 203), Ératosthène (➤E 52), Aristarque et Apollodore <d'Athènes> (➤A 244). Cette liste mélange de toute évidence des auteurs ayant mis en œuvre des approches très différentes de l'œuvre d'Homère.

Chez certains d'entre eux l'aspect biographique a pu jouer un rôle plus ou moins important, et en ce qui concerne Stésimbrote on possède un témoignage tiré de l'une des *Vies d'Homère* éditées par Wilamowitz (*cf.* **15** U. von Wilamowitz-Möllendorff, *Vitae Homeri et Hesiodi in usum scholarum*, coll. « Kleine Texte für Vorlesungen und Übungen » 137, Bonn 1916, p. 30) qui le cite comme une autorité pour l'identification de Smyrne comme étant la patrie du Poète (= test. 22 Jacoby). Mais dans le cas de Stésimbrote, comme dans celui de Théagène, l'aspect le plus important de ses recherches homériques semble avoir été celui de l'interprétation (allégorique ?) des poèmes (*cf. infra*).

Par ailleurs, les critiques modernes ont voulu rattacher aussi Stésimbrote (ainsi que Théagène) à l'activité proprement dite de rhapsode, à partir de deux témoignages : Platon, *Ion* 530 c (= test. 3 Jacoby), et Xénophon, *Banquet* III 6 (= test. 4 Jacoby). Même si c'est une présomption très souvent répétée (*cf.* Laqueur **6**, col. 2463 *sq.* ; Jacoby **1**, p. 343 ; Baumbach **7**, col. 975), Rispoli **13**, p. 250, a démontré qu'elle n'est pas bien fondée. En effet, ni le témoignage de Platon ni celui de Xénophon n'autorisent à supposer que Stésimbrote a exercé ce métier (pas plus que Théagène) : en ce qui concerne le passage de Platon, Socrate, dans son entretien avec le rhapsode Ion d'Éphèse, insiste sur le fait qu'un rapsode doit être en mesure d'interpréter la pensée (διάνοια) du poète, ce à quoi Ion répond que c'est lui qui a exprimé les plus belles idées sur Homère, en l'emportant à ce sujet sur Métrodore de Lampsaque (➤M 151), ainsi que sur Stésimbrote ou Glaucon (Glaucon de Rhégium, de la fin du Ve siècle, auteur d'un traité *Sur les poètes et les musiciens anciens* mentionné par Aristote, *Poétique* 1461 b ? ou bien plutôt celui de Téos, mentionné aussi par Aristote, *Rhétorique* 1403 b 26 ?). Comme le remarque Rispoli **13**, p. 250, il est évident que Ion, par ces mots, est en train de comparer son activité à celle de Métrodore et de Glaucon non pas en tant que rhapsodes (ils ne sont jamais considérés comme tels ailleurs), mais seulement en tant qu'interprètes du texte homérique, une activité que notre tradition atteste clairement dans leur cas. Par ailleurs, Socrate parle ici de διάνοια, non pas de ὑπόνοια qui est le terme technique par lequel on désigne ce que l'on appellera plus tard l'exégèse allégorique. Mais Rispoli **13**, trouve la confirmation de cette interprétation dans le passage cité de Xénophon, où Socrate demande a Nicératos (*cf. infra*) s'il connaît une race plus stupide que celle des rhapsodes, et, après avoir reçu l'accord à ce sujet de son interlocuteur, il commente : « Il est clair, en effet, qu'ils ne connaissent pas le sens caché (ὑπόνοια) des vers. Mais toi tu as donné force argent à Stésimbrote, à Anaximandre et à quantité d'autres, si bien que rien ne t'échappe de ce qu'ils contiennent de précieux » (trad. F. Ollier). Ce commentaire souligne, d'après Rispoli **13**, *ibid.*, que Stésimbrote serait étranger à l'activité rhapsodique : « qui Socrate afferma chiaramente che per comprendere l'ὑπόνοια di Omero non bisogna ricorrere ai "rapsodi, che non la conoscono", ma ad uomini che è molto costoso consultare, tra i quali cita appunto Stesimbroto. Questo insieme di elementi mette adeguatamente in evidenza come, nella coscienza greca, l'attività di interprete omerico, svolta, come fece Teagene, attraverso la chiave dell'allegoria (ὑπόνοια), no è compatibile con la posizione di rapsodo».

Nous nous rangeons donc à cet avis que Stésimbrote n'était pas un rhapsode (et Théagène non plus), mais un exégète allégorique des poèmes homériques. Malheureusement, nous ne pouvons pas préciser le titre de l'ouvrage de Stésimbrote sur ce sujet et, qui plus est, nos témoignages concernant cette activité sont très pauvres (*cf.* fr. 21-25 Jacoby).

Il faut avouer que les témoignages conservés sont très décevants du point de vue de l'interprétation allégorique, et se rapportent plutôt à ce qui serait une analyse purement philologique, comme le remarque Jacoby **1**, p. 349. En effet, dans une scholie à Homère, attribuée à Porphyre, sur *Iliade* XI 636, p. 168 Schrader (= fr. 22 Jacoby), Stésimbrote est cité à propos de l'interprétation du vers selon lequel Nestor était le seul à pouvoir lever sa coupe : d'après Stésimbrote, les mots du poète s'expliqueraient comme une manière de rendre vraisemblable que le héros ait vécu tellement d'années, car si sa force s'est gardée immuable et ne s'est pas éteinte à cause de la vieillesse, il est aussi raisonnable de penser la même chose pour sa vie. Dans la scholie à *Iliade* XXI 76, p. 248 Schrader (= fr. 25 Jacoby), le scholiaste rejette un commentaire de Stésimbrote concernant la supplique de Lycaon aux genoux d'Achille, où le Priamide rappelle à celui-ci qu'il a été le premier chez qui il a mangé la mouture de Déméter : d'après le scholiaste, Stésimbrote avait tort de dire que les barbares ne mangeaient pas du pain de farine de blé, mais seulement de farine d'orge. Une autre scholie, à *Iliade* XV 193 (= fr. 24 Jacoby) a recours aussi à Stésimbrote à propos de la partie du monde correspondant à Zeus : le ciel au milieu de l'éther et les nuages, mais non pas la terre ni l'Olympe, qui appartiennent autant à tous les dieux. Malheureusement, le passage est corrompu et ne permet pas de préciser l'interprétation fournie par Stésimbrote. On a songé à la division de l'univers en ses éléments (*cf.* **16** C. Wachsmuth, *De Cratete Mallota, disputavit adiectis eius reliquiis C. W.*, Lipsiae 1860, p. 44).

17 G. Rocca-Serra, « Naissance de l'exégèse allégorique et naissance de la raison », dans J.-F. Mattéi (édit.), *La Naissance de la raison en Grèce*. Actes du Congrès de Nice, mai 1987, Paris 1990, p. 77-82, notamment p. 81, va même jusqu'à refuser à Stésimbrote la catégorie d'allégoriste d'Homère, et il le considère comme un simple grammairien, et qui plus est un sophiste, puisque le témoignage de Xénophon cité plus haut laisse supposer qu'il se faisait payer ses leçons. Même si on ne semble pas avoir conservé de véritables interprétations allégoriques de Stésimbrote, nous ne nous rangeons pas à cet avis, car la tradition ancienne (à commencer par Xénophon) semble bien attester que notre auteur s'est occupé de l'interprétation du sens caché des poèmes homériques.

Disciples. Il est bien possible que Stésimbrote ait été dans sa pratique pédagogique en quelque sorte un précurseur des sophistes. Dans le cas de Théagène de Rhégium, **18** F. Mosino, « Theagenes di Regio », *Klearchos* 3, 1961, p. 75-80, insiste aussi sur cet aspect d'anticipation de la sophistique, concrètement dans le cas présent par sa tendance rationaliste et matérialiste (➤+T 30).

En tout cas, on peut mentionner au moins deux disciples de Stésimbrote : Nicératos d'Héraclée, qui aurait bénéficié, selon le passage cité de Xénophon, des leçons de Stésimbrotos, et Antimaque de Colophon, qui, d'après la *Souda, s.v.* Ἀντίμαχος Κολοφώνιος, A 2681, t. I, p. 238, 1 Adler (= test. 5 Jacoby), aurait été aussi son auditeur (ἀκουστής). Il est intéressant de remarquer que cet Antimaque de Colophon est mentionné dans la liste où Tatien rassemble les plus anciens chercheurs homériques (*cf. supra*). Par ailleurs, le séjour athénien d'Antimaque est attesté par Plutarque, *Vie de Lysandre* 18, et par Cicéron, *Brutus* 191. Enfin, selon Plutarque, *ibid.*, Nicératos et Antimaque auraient entamé à propos du **général** spartiate Lysandre un concours poétique à la suite duquel Nicératos aurait remporté la victoire.

Ouvrage historico-biographique

Cf. **19** I. Bruns, *Das literarische Porträt der Griechen im fünften und vierten Jahrhundert vor Christi Geburt,* Berlin 1896, réimpr. Hildesheim 1961, 1985, p. 48-50 ; **20** R. Flacelière, « Sur quelques points obscurs de la vie de Thémistocle », *REA* 55, 1953, p. 5-28 ; **21** F. Schachermeyr, *Stesimbrotos und seine Schrift über die Staatsmänner,* coll. « SAWW » 247, 5, Wien 1965, 23 p. (repris dans *Id., Forschungen und Betrachtungen zur griechischen und römischen Geschichte,* hrsg. aus Anlass seines 80. Geburtstages, Wien 1974, p. 151-171) ; **22** A. Dihle, *Studien zur griechischen Biographie,* coll. « Abhandl. der Akad. der Wiss. in Göttingen, Philol.-hist. Klasse » 3. Folge, 37, 2., durchgesehene Auf., Göttingen 1970, p. 49 *sq.* ; **23** E. S. Gruen, « Stesimbrotus on Miltiades and Themistocles », *CSCA* 3, 1970, p. 91-98 ; **24** D. Coletti, « Il valore storico dei frammenti di Stesimbroto », *AFLPer* 12, 1974-1975, p. 63-125 ; **25** C. Corbetta, « La fallita spedizione di Pericle a Cipro del 440-439 », *RIL* 111, 1977, p. 156-166 ; **26** K. Meister, « Stesimbrotos' Schrift über die athenischen Staatsmänner und ihre historische Bedeutung (*FGrHist* 107 F 1-11) », *Historia* 27, 1978, p. 274-294 ; **27** F. W. J. Frost, *Plutarch's Themistocles : a historical commentary,* Princeton, NJ 1980 ; **28** S. Accame, « Stesimbroto di Taso e la pace di Callia », *MGR* 8, 1982, p. 125-152 ; **29** H. Strasburger, « Aus den Anfängen der griechischen Memoirenkunst : Ion von Chios und Stesimbrotos von Thasos », dans W. Schlink et M. Sperlich (édit.), *Forma et Subtilitas, Festschrift für Wolfgang Schöne zum 75. Geburtstag,* Berlin/New York 1986, p. 1-11 ; **30** G. E. Culasso, « Temistocle e la via dell'esilio », dans L. Braccesi (édit.), *Tre studi su Temistocle,* coll. « Saggi e materiali universitari » 6, Padova 1987, p. 133-163 ; **31** E. M. Carawan, « Thucydides and Stesimbrotus on the exile of Themistocles », *Historia* 38, 1989, p. 144-161 ; **32** H. Strasburger, *Studien zur Alten Geschichte,* t. III, hrsg. von W. Schmitthenner et R. Zoepffel, coll. « Collectanea » 42, Hildesheim 1990, p. 341-351 ; **33** Ph. A. Stadter, *A commentary on Plutarch's Pericles,* Chapel Hill 1989 ; **34** S. Cagnazzi, *Tendenze politiche ad Atene : l'espansione in Sicilia dal 458 al 415 a. C.,* coll. « Dip. di scienze dell'Antichità dell'Univ. di Bari, Sez. storica, Documenti e studi » 6, Bari 1990, 137 p. (comporte un appendice sur Stésimbrote comme source de Plutarque pour les vies de Nicias, d'Alcibiade, de Cimon et de Périclès : p. 109 *sqq.*) ; **35** K. Meister, *Die griechische Geschichtsschreibung : von den Anfängen bis zum Ende des Hellenismus,* Stuttgart 1990, p. 43 (trad. ital. par M. Tosti Croce : *La storiografia greca : dalle origini alla fine dell'Ellenismo,* coll. « Manuali Laterza » 32, Roma/Bari 1992, réimpr. 2006, p. 45) ; **36** R. D. Cromey, « The mysterious woman of Kleitor : some corrections to a manuscript once in Plutarch's possession », *AJPh* 112, 1991, p. 87-101 ; **37** A. Tsakmakis, « Das historische Werk des Stesimbrotos von Thasos », *Historia* 44, 1995, p. 129-152 ; **38** L. Piccirilli, « I testi biografici come testimonianza della storia della mentalità », dans W.-W. Ehlers (édit.), *La biographie antique,* Vandœuvres-Genève, 25-29 août 1997 : huit exposés suivis de discussions, coll. « Entretiens sur l'Antiquité classique » 44, Vandœuvres-Genève 1998, p. 147-188.

L'ouvrage historique de Stésimbrote avait pour titre *Sur Thémistocle, Périclès et Thucydide,* et il mettait donc en scène les principaux représentants de la politique contemporaine, laquelle était marquée par l'impérialisme athénien (*cf.* fr. 1-11 Jacoby).

D'après Jacoby **1**, p. 343 *sq.,* il ne s'agissait pas d'un ouvrage de souvenirs, comme les récits de voyages *(Séjours)* d'Ion de Chios, ni d'un ouvrage historique et biographique proprement dit, mais plutôt d'un ouvrage de tendance politique, dirigé contre l'impérialisme athénien. Il ne s'agissait pas en tout cas d'un simple pamphlet, comme Dihle **21**, p. 50, semble l'envisager (*cf.* Wilamowitz-Möllendorff **9**, p. 362 *sq.,* qui le considère comme un sophiste et un « journaliste » tendancieux).

À son tour, Schachermeyr **21** estime que l'ouvrage n'avait pas un caractère politique et qu'il consistait principalement en de simples cancans. Quant à nous, nous nous rangeons plutôt à l'avis de Meister **26**, *Id*. **35**, p. 43 (= p. 45), fondé sur l'hypothèse que la composante biographique semble avoir été remarquable dans l'ouvrage de Stésimbrote. Meister défend en effet une position à mi-chemin entre ces deux positions extrêmes, celle du pamphlet politique et celle du simple recueil de cancans, en tentant de démontrer qu'il s'agissait en fait d'un ouvrage biographique, qui plus est de la première biographie grecque : il faudrait considérer Stésimbrote comme l'un des initiateurs du genre biographique, dans la mesure où son ouvrage présenterait déjà les traits essentiels qui devaient définir par la suite ce genre littéraire. D'après Meister, Stésimbrote offrait un cadre relativement détaillé des faits, et il pousuivait des fins politiques et éthiques, en donnant beaucoup d'importance à la formation et au caractère des hommes d'État athéniens. Par ailleurs, il laissait aussi beaucoup de place aux anecdotes, aux cancans et aux faits du domaine privé.

En ce qui concerne la composition, on a suggéré comme date vraisemblable les premières décennies de la guerre du Péloponnèse, en tout cas après l'an 429, année de la mort du fils de Périclès (*cf*. Carawan **31**, p. 146-149 ; Meister **35**, p. 43 (= p. 45).

Les fragments conservés contiennent des témoignages sur la formation de Thémistocle (*cf*. Plutarque, *Vie de Thémistocle* 2, 3 = fr. 1 Jacoby), des allusions critiques à la politique maritime du général athénien (*ibid*. 4, 3 = fr. 2 Jacoby), l'évocation de sa chute et la persécution de Cimon (*ibid*. 24, 5 = fr. 3 Jacoby) ; des cancans malicieux sur Périclès et sa famille, comme l'histoire selon laquelle il aurait eu des rapports sexuels avec la femme de son fils (*cf*. Plutarque, *Vie de Périclès* 13, 16 = fr. 10 b Jacoby ; *ibid*. 36, 6 = fr. 11 Jacoby). En ce qui concerne le fils de Miltiadès, Cimon, un antidémocrate dont la position politique était plus proche de Sparte, il semble avoir été une figure secondaire dans l'ouvrage, comme l'indique le fait que son nom ne se trouve pas dans le titre (*cf*. Jacoby **1**, p. 346 *sq*.). Même si Cimon avait été le conquérant de Thasos, dont les habitants s'étaient révoltés contre les Athéniens (*cf*. Plutarque, *Vie de Cimon* 14, 3 = fr. 5 Jacoby), Stésimbrote paraît avoir été plutôt élogieux à son égard : Cimon n'aimait pas trop la formation athénienne traditionnelle, mais son esprit était façonné plutôt à la manière des Lacédémoniens, à en juger par la noblesse et par l'authenticité de son caractère (*cf*. Plutarque, *Vie de Cimon* 4, 5 = fr. 4 Jacoby ; *cf*. aussi *ibid*. 14, 4 = fr. 5 Jacoby, où on évoque sa frugalité et sa modération, ainsi que son mépris des richesses ; sur sa sympathie pour les Lacédémoniens, pour laquelle il encourut le mépris et l'hostilité de ses concitoyens, *cf*. aussi *ibid*. 16, 1 = fr. 6 Jacoby ; *ibid*. 16, 3 = fr. 7 Jacoby).

Dihle **21**, p. 49 *sq*., considère que les mots élogieux que l'on trouve chez Plutarque, *Vie de Cimon* 4, 5, sont très loin de configurer un portrait admirable, comme l'estimait Bruns **19**, p. 48 *sq*., du caractère de Cimon tracé par Stésimbrote. Pour Dihle **22**, Stésimbrote ne fait que reproduire dans ce portrait l'image typique du Spartiate sérieux, grave et frugal face à l'Athénien frivole, loquace et informel. À ce sujet, il faut signaler que Dihle **22** considère Stésimbrote comme un pamphlétaire politique, pour qui, si Cimon était politiquement proche de Sparte, comme l'était une partie de l'aristocratie athénienne, il devait être aussi un Spartiate par sa maniè-re d'être. Dihle **21** considère, en effet, le portrait dépeint par Stésimbrote comme fort invrai-semblable, dans la mesure notamment où on y affirme (fr. 4 Jacoby) que Cimon (un membre de l'une des familles les plus importantes d'Athènes) n'a appris ni la musique ni aucun des autres arts libéraux communs chez les Grecs. Cimon représenterait pour Stésimbrote simplement le type du Spartiate (*ibid.*, n. 1).

Cependant, nous estimons que l'état de notre connaissance de l'ouvrage de Stésimbrote n'autorise pas à se forger cette image purement pamphlétaire de son écrit politique. Par ailleurs, concernant la formation de Cimon, le passage de Stésimbrote peut être interprété facilement dans le sens que Cimon n'est pas allé très loin dans l'apprentissage de la musique et des autres disciplines caractéristiques de l'éducation athénienne. En effet, le verbe employé dans le fragment en question est ἐκδιδαχθῆναι. Ce n'est pas que Cimon n'a pas appris ces disciplines, mais il ne les a pas apprises à fond ou il n'a pas terminé ces études, sans doute parce que son caractère penchait davantage vers d'autres occupations, plus caractéristiques de la formation spartiate.

On ne conserve pas de fragments concernant Thucydide, le fils de Mélésias (à ne pas confondre avec l'historien homonyme célèbre), qui était l'aristocrate athé-nien opposé à la politique impérialiste athénienne dont Plutarque parle dans sa *Vie de Périclès*.

Comme on a pu le voir, Plutarque se sert de cet ouvrage de Stésimbrote dans ses vies de Thémistocle et de Périclès, mais son attitude lorsqu'il cite ou qu'il évoque ses opinions est plutôt négative et critique (*cf.* Stadter **33** ; Frost **26**). Par ailleurs, il l'a utilisé aussi comme source pour d'autres vies (*cf.* Cagnazzi **34**).

Ouvrage sur les mystères (cérémonies religieuses). Selon nos témoignages, Stésimbrote a été l'auteur d'un autre ouvrage, dont le titre ne nous est connu que par l'*Etymologicum Magnum*, p. 465, 27 (= fr. 12 a Jacoby) : Περὶ τελετῶν (*cf.* le titre parallèle de Néanthe de Cyzique, ➙N 10, p. 589). Les critiques ont rattaché à cet ouvrage un certain nombre de fragments (*cf.* fr. 12-20 Jacoby ; douteux fr. 26 *sq.* Jacoby ; *cf.* Tresp **4**, p. 162-167).

Les fragments conservés présentent un contenu orphique et concernent des légendes et des étiologies sur les cultes que l'on a voulu rattacher aux mystères des Cabires à Samothrace (*cf.* **39** W. Christ, W. Schmid et O. Stählin, *GGL*, t. I 2 : *Die klassische Periode der griechischen Literatur. Die griechische Literatur in der Zeit der attischen Hegemonie vor dem Eingreifen der Sophistik*, coll. « Handbuch der Altertumswissenschaft » VII 1, 2, München 1934⁷, réimpr. 1974, p. 678).

Pour le fragment 17 Jacoby, *cf.* **40** W. Luppe, « Artemis und Athene bei Stesimbrotos (*FGrHist* 107 F 17) », *ZPE* 71, 1985, p. 22.

Auteur du Papyrus de Derveni ?

Parmi les auteurs rattachés à la tradition allégorique des VIᵉ et Vᵉ siècles, c'est notamment le nom de Métrodore de Lampsaque qui a été proposé comme l'auteur du commentaire allégorique du poème théogonique attribué à Orphée dont des fragments nous sont parvenus dans le papyrus orphique de Derveni (➙M 151, p. 514). Cependant, on a voulu aussi l'identifier avec Stésim-brote. C'est l'hypothèse de **41** W. Burkert, « Der Autor von Derveni : Stesimbrotos Περὶ τελετῶν ? », *ZPE* 62, 1986, p. 1-5, pour qui l'ouvrage qui pourrait se trouver derrière ces frag-ments serait le Περὶ τελετῶν de Stésimbrote ; le papyrus serait donc une partie de cet écrit (*cf.* **42** M. S. Funghi, « The Derveni papyrus », dans **43** A. Laks et G. W. Most [édit.], *Studies on* the Derveni papyrus, New York 1996, p. 25-37, notamment p. 27 sq., 34 ; **44** C. Calame, « Figures of sexuality and initiatory transition in the Derveni theogony and its commentary », dans Laks et Most **43**, p. 65-80, notamment p. 75 ; Baumbach **7**, col. 975 ; contre cette hypothèse, cf. Rocca-Serra **17**, p. 81 ; **45** A. Henrichs, « "Hieroi Logoi" and "Hierai Bibloi" : The (un)written Margins of the Sacred in Ancient Greece », HSPh 101, 2003, p. 207-266, notamment p. 232 sq. n. 84).

Personnage-narrateur de la lettre X du Pseudo-Eschine ?

Dans le corpus des lettres apocryphes attribuées à l'orateur Eschine et rédigées sans doute par un rhéteur au début de l'époque impériale, la lettre X met en scène le narrateur accompagné d'un turbulent Cimon. Le cadre géographique de la lettre est Ilion, où ils sont venus pour faire du tourisme. Pendant le séjour se déroule une fête, inventée par l'auteur, au cours de laquelle on vérifie la virginité des jeunes filles à marier. Cimon en profite pour prendre l'apparence du dieu Scamandre et pouvoir ainsi abuser de la naïve Callirhoé, ce qui oblige les voyageurs à quitter la Troade de manière précipitée. Cette lettre a l'apparence d'une courte nouvelle érotique (cf. **46** J. Puiggali, « La lettre X du Pseudo-Eschine », RPh 3e sér., 77, 2003, p. 97-109).

47 C. Stoecker, « Der 10. Aischines-Brief : eine Kimon-Novelle », Mnemosyne 33, 1980, p. 307-312, a émis l'hypothèse selon laquelle il faudrait identifier l'auteur fictif ou le narrateur de ce récit avec notre Stésimbrote de Thasos : l'auteur de la lettre aurait choisi Stésimbrote comme narrateur en raison de la réputation dont il jouissait dans l'Antiquité en tant qu'interprète d'Homère, ce qui s'accorderait avec l'enthousiasme pour Troie qu'il montre dans la lettre. D'après Stoecker, Eschine ne serait ici que le récipiendaire de la lettre, et Cimon serait l'homme politique d'Athènes qui joua un certain rôle dans l'ouvrage historique de Stésimbrote (cf. supra). Celui-ci serait devenu ici un pédagogue moraliste sans succès à l'égard d'un jeune coquin Cimon, dont Plutarque, Comp. Cim. et Luc. 1, rapporte que sa jeunesse semble avoir été dissipée et répréhensible. À son tour, Eschine, en tant que récipiendaire de la lettre, y jouerait le rôle d'un socratique indulgent (p. 312).

Cette hypothèse est très séduissante. Si elle est juste, il serait à remarquer que l'auteur de la lettre n'aurait donc pas suivi le portrait de Cimon qui semble se dégager des fragments de son ouvrage historique, où on entrevoit plutôt un sobre et honnête esprit formé dans les habitudes des Lacédémoniens. Cela serait sans doute un signe de plus du caractère tout à fait artificiel du récit.

PEDRO PABLO FUENTES GONZÁLEZ.

159 STHÉNIDAS DE LOCRES

Voir dans les compléments du tome VII.

160 STHÉNONIDAS DE LOCRES RE   V-IV

Pythagoricien ancien dont le nom figure parmi les Locriens de l'Italie du Sud dans le catalogue de Jamblique (V. pyth. 36, 267, p. 145, 8 Deubner = **1** DK 58 A, t. I, p. 447, 5), qui semble remonter en grande partie à Aristoxène de Tarente (☛+A 417). Son nom est répertorié dans **2** W. Pape et G. Benseler, Wörterbuch der griechischen Eigennamen, t. II, p. 1379, ainsi que dans le **3** LGPN, t. III A, p. 393 (où Fraser et Matthews proposent – sans justification particulière – une datation assez haute, aux VIe-Ve siècles). Voir **4** K. Praechter, art. « Sthenonidas », RE III A 2, 1929, col. 2481. Et sur la forme du nom, **5** Fr. Bechtel, Die historischen Personennamen, p. 401.

Il semble certain que l'auteur tardif qui a fait circuler un traité Sur la royauté sous le nom de "Sthénidas de Locres" (voir la notice précédente) s'est inspiré du nom de ce pythagoricien ancien, "Sthénonidas", qui était également originaire de Locres (Épizéphyriens).

Quant à savoir laquelle des deux formes du nom est la bonne, Praechter **4** optait pour celle donnée par Jamblique, même s'il s'agit d'un hapax : elle fournit en effet une *lectio difficilior* transmise de façon unanime par la tradition manuscrite, là où "Sthénidas" est au contraire un nom beaucoup plus répandu dans le monde grec. *Cf.* la brève discussion dans **6** L. Delatte, *Les traités de la royauté d'Ecphante, Diotogène et Sthénidas*, coll. « Bibliothèque de la Faculté de Philosophie et Lettres de l'Université de Liège » 97, Liège/Paris 1942, p. 283, qui semble préférer la graphie "Sthénidas" sans toutefois tirer au clair sa position en la matière.

Dans une communication privée, Laurent Dubois (Directeur d'études en Philologie et dialectologie grecques à l'École Pratique des Hautes Études – Section des Sciences historiques et philologiques, à Paris) nous assure que, même si le nom Σθενωνίδας n'est effectivement attesté nulle part ailleurs, du point de vue formel il ne présente aucune difficulté et il est donc tout à fait possible.

CONSTANTINOS MACRIS.

161 STILIO(N) *PIR*² S 916   D II

Philosophe, maître de Sévère Alexandre, empereur de 222 à 235 (*Scriptores Historiae Augustae, Severus Alexander* 3, 3). Il lui aurait dispensé son enseignement dans la ville natale de l'empereur, Arca ou Césarée du Liban, au nord de Tripoli, avec le grammairien grec Ného et le rhéteur Sérapion. Ces informations, comme beaucoup d'autres dans cette biographie, ne sont pas au-dessus de tout soupçon. Le nom ne semble pas par ailleurs attesté. La *PIR*² y voit un personnage fictif.

Absent de la *RE*.

RICHARD GOULET.

162 STILO PRAECONINUS (L. AELIUS –) *RE* A 144   F II-D I

Grammairien et logographe romain originaire de Lanuvium, maître de Varron et de Cicéron, qui se voulut également stoïcien, selon le témoignage de Cicéron, *Brutus* 56, 206 : *Sed idem Aelius Stoicus studuit* (*esse voluit* Mentz **3** [cité plus loin], p. 36), *orator autem nec studuit umquam nec fuit.*

Témoignages et fragments : **1** H. Funaioli, *GRF*, p. 51-76.

Œuvres. (1) *Interpretatio carminum Saliarium, Commentaire sur les Chants des Saliens* (*cf.* Varron, *De lingua latina* VII 2) ; (2) *Indices Plauti*, une liste des comédies de Plaute, dont 25 lui paraissaient authentiques (*cf.* Aulu-Gelle, *N. A.* III 3) ; (3) *Commentarius de proloquiis* (Περὶ ἀξιωμάτων, *cf.* Aulu-Gelle, *N. A.* XVI 8) ; (4) Discours ; (5) *Liber etymologicus* (titre exact inconnu) ; (6) Éditions *(recensiones)* de livres de Q. Caecilius Metellus Numidicus (☛C 2), des *Satires* de Lucilius, peut-être de discours de Scipion Émilien (☛S 27).

Cf. **2** Jan Adolf Karel van Heusde, *Dissertatio de Aelio Stilone, Ciceronis in Rhetoricis magistro, Rhetoricorum ad Herennium, ut videtur auctore. Inserta sunt Aelii Stilonis et Servii Claudii fragmenta*, Utrecht 1839, X-109 p.; **3** Ferdinand Mentz, *De Lucio Aelio Stilone*, Diss. Iena, Leipzig 1888, 37 p. (fragments et témoignages, p. 27-37) [version plus complète dans *Comment. phil. Jen.* IV, 1890, p. 1-60]; **4** G. Goetz, art. «L. Aelius Stilo Praeconinus» 144, *RE* I 1, 1893, col. 532-533; **5** A. Traglia, «Elio Stilone e le origini della filologia latina», *C&S* 23, n° 91, 1984, p. 25-31; **6** Y. Lehmann, «La dette de Varron à l'égard de son maître Lucius Aelius Stilo», *MEFR* 97, 1985, p. 515-525; **7** Aude Lehmann, «Aélius Stilon logographe», dans G. Abbamonte *et alii* (édit.), *Discorsi alla prova*. Atti del quinto colloquio italo-francese «Discorsi pronunciati, discorsi ascoltati: contesti di eloquenza tra Grecia, Roma ed Europa»: Napoli - S. Maria di Castellabate (Sa) 21-23 settembre 2006, coll. «Pubblicazioni del Dipartimento di Filologia Classica F. Arnaldi dell'Università degli Studi di Napoli Federico II, N. S.» 1, Napoli 2009, p. 299-318.

Cet intérêt philosophique se manifeste principalement dans de nombreux fragments envisageant des explications étymologiques (voir Mentz **3**, p. 13-15) et peut-être dans son *Commentarius de proloquiis*. Il avait une connaissance approfondie des littératures grecque et latine. Cic., *Brutus* 56, 205: «Aelius fut un homme d'un rare mérite, un chevalier romain des plus distingués, également très versé dans les lettres grecques et latines, connaissant en érudit le passé de Rome, tant au point de vue des institutions que des faits, connaissant aussi très bien nos vieux auteurs. C'est de lui que notre ami Varron a reçu la tradition de cette science, qu'il a poussée plus loin et qu'avec son très grand talent et son savoir universel il a présentée dans des ouvrages plus étendus et plus brillants» (trad. J. Martha). Sans être orateur, il écrivit des discours qui furent prononcés par d'autres, par exemple pour Quintus Metellus (⮞C 2), fils de Lucius, pour Quintus Caepio, pour Q. Pompeius Rufus (*ibid.*, 56, 206) et pour C. Aurelius Cotta (sur les liens rapprochant ces divers personnages, voir A. Lehmann **7**, p. 303-314). Cicéron précise qu'il eut lui-même ces écrits sous les yeux alors que jeune homme il suivait assidûment les leçons d'Aelius (*ibid.*, 56, 207). Stilo est également le dédicataire du *Bellum Punicum* de Coelius Antipater (A. Lehmann **7**, p. 302).

Suétone, *De gramm.* 2, 3, 1-3, trad. Vacher, p. 4-5, lui consacre une notice: «L'organisation et le développement de la grammaire sous tous ses aspects furent l'œuvre de L. Aelius de Lanuvium et de son gendre Servius Clodius, qui étaient l'un et l'autre chevaliers romains et possédaient, tant dans le domaine de la science que dans celui de la politique, des compétences étendues et variées. Aelius avait deux surnoms: on l'appelait en effet Praeconinus, parce que son père avait exercé le métier de crieur public, et Stilon, parce qu'il avait coutume d'écrire des discours pour tous les nobles, partisan si fidèle de l'aristocratie qu'il accompagna Metellus Numidicus en exil [en 100ª]. Servius, qui s'était par supercherie attribué un livre inédit de son beau-père, et, répudié à la suite de cela, avait de honte et découragement quitté Rome, fut atteint de la goutte, et, ne pouvant plus supporter la douleur, s'enduisit les pieds d'un poison qui les insensibilisa si bien, qu'il vécut désormais avec cette partie de son corps pour ainsi dire déjà morte.»

RICHARD GOULET.

163　STILPON DE MÉGARE *RE*　　　　　　　　　　　　M IV-D III

Philosophe mégarique, particulièrement célèbre en son temps, et un des plus influents.

Témoignages et fragments. 1 K. Döring, *Die Megariker*, p. 46-61 : fr. 147-186 (données biographiques), 187-201 (écrits et doctrine) ; ainsi que fr. 27, 32 A, 33, 69, 75, 76, 83, 99, 100, 106. On devrait ajouter : l'ensemble de la *Lettre* 9 de Sénèque d'où sont extraits les fr. 151 H et 195 (pour l'intelligence du contexte, et parce que certains éléments doctrinaux de la lettre appartiennnent manifestement aussi à Stilpon, p. ex. 9, 3) ; Plutarque, *De Stoic. rep.* 10, 1036 C-F (contexte immédiat du fr. 186). Traduction française dans **2** R. Muller, *Les Mégariques*. **3** G. Giannantoni, *SSR*, fr. II O 1-38. Traduction italienne des fragments par **4** L. Montoneri, *I Megarici*, Catania 1984, p. 301-318.

Sources biographiques anciennes. Concernant les mégariques les renseignements biographiques sont rares, mais Stilpon constitue une exception remarquable (11 pages de « données biographiques » dans l'édition de Döring, contre trois pour Diodore, p. ex., et moins de cinq pour Euclide). Bien qu'il ne s'agisse le plus souvent que d'anecdotes, il semble que nos principaux informateurs (avant tout Diogène Laërce, mais aussi Sénèque, Plutarque, Athénée et la *Souda*) aient puisé dans des « vies » ou des recueils de « souvenirs » dont certains au moins pourraient avoir eu directement Stilpon pour objet. Diogène Laërce cite Héraclide (fr. 147 et 167), Hermippe (fr. 152) (utilisé aussi par la *Souda*, fr. 175), un certain Onétor (fr. 155), Philippe de Mégare (fr. 164 A), Timocrate (fr. 168), Apollonius de Tyr (fr. 169), et le Commentaire des *Silles* de Timon dû à Apollonidès de Nicée (fr. 174) ; Athénée se réfère aux *Vies* de Satyros (fr. 157), ainsi qu'à des « Souvenirs » de ou sur Stilpon (fr. 191) ; Cicéron évoque des écrits dus à des familiers du mégarique et portant sur ses mœurs (fr. 158) ; mœurs qu'on retrouve, mais raillées, dans un papyrus d'origine épicurienne (fr. 75), et sans doute aussi dans une pièce du comique Sophilos (fr. 185).

Datation. Les nombreuses « données biographiques » dont il vient d'être question fournissent cependant peu de repères chronologiques précis en dehors des contacts que Stilpon a eus avec Ptolémée Sôter et Démétrius Poliorcète (fr. 150-151), et qui ont dû avoir lieu à l'occasion des occupations successives de Mégare par les deux souverains dans les années 308-306 ; le fait que les deux rois rivaux aient souhaité s'entretenir avec le philosophe implique que ce dernier était déjà célèbre et donc qu'il n'était plus un débutant à cette date (Döring **1**, p. 140, estime qu'il devait avoir dépassé la cinquantaine). Ce qui exclut qu'il soit né sous Ptolémée Ier comme l'affirme le fr. 148 A, celui-ci n'ayant régné qu'à partir de 323[a]. Les études que fit auprès de Stilpon l'érétrien Ménédème (☞M 116), venu à Mégare vers 317[a] (*cf.* fr. 170-173), confirment cette conjecture ; et l'on peut raisonnablement situer la naissance du mégarique autour de 350ᵃ. En ce qui concerne sa mort, une seule indication : le témoignage d'Hermippe rapporté par Diogène Laërce (fr. 152), selon lequel Stilpon serait mort assez âgé ; on peut donc supposer qu'il vécut jusque vers 270ᵃ.

Œuvres. Diogène Laërce fait état de deux traditions différentes. Selon la première (fr. 187), Stilpon aurait écrit neuf dialogues : *Moschos, Aristippe* ou *Callias, Ptolémée, Chérécrate, Métroclès, Anaximène, Épigène, A sa fille, Aristote ;* la deuxième voudrait au contraire qu'il n'eût rien écrit (fr. 189). La médiocre qualité (ψυχροί dit le fr. 187) de ces dialogues explique peut-être cette divergence, les écrits du mégarique n'ayant en rien contribué à sa gloire. En faveur de la première tradition, on fera valoir en outre : le texte de la *Souda* (fr. 188) qui, sans donner aucun titre, attribue à Stilpon au moins vingt dialogues ; peut-être le témoignage d'Athénée (fr. 191), si l'on admet que les « souvenirs » dont s'inspire le stoïcien Persée (➤P 83) sont des écrits de Stilpon ; et surtout le fr. 190, qui se présente comme une citation textuelle tirée du *Métroclès*, l'un des titres de la liste de Diogène Laërce (on peut noter aussi que, d'après cette citation, l'auteur intervenait lui-même comme interlocuteur dans le dialogue ; d'où l'hypothèse que les « souvenirs » utilisés par Persée seraient en fait l'un ou l'autre des dialogues, et que quelques-unes au moins des nombreuses anecdotes du corpus proviennent des propres œuvres de Stilpon ; *cf.* en particulier le fr. 154 qui met en scène le même Métroclès). Ajoutons enfin que deux passages de Télès [➤T 13] (fr. 192-193) contiennent des développements qui sont présentés comme des citations de Stilpon, sans autre précision quant à leur origine.

École d'appartenance disciples, influence. A la différence de plusieurs mégariques importants, Stilpon était originaire de Mégare, où il eut l'occasion d'entendre plusieurs philosophes de l'école issue d'Euclide [➤E 82] (fr. 147). Sur ce point, les indications de Diogène Laërce et de la *Souda* (fr. 147-148) ne sont peut-être pas très sûres, mais on remarquera que les deux s'emploient à mettre en évidence la filiation mégarique de notre philosophe : qu'il ait été l'auditeur d'Euclide est exclu pour des raisons chronologiques, si ce qui précède est exact, et Diogène Laërce n'en parle que comme d'une tradition parmi d'autres ; Stilpon se rattacherait néanmoins clairement au fondateur par l'intermédiaire de ses deux maîtres, Thrasymaque de Corinthe (➤T 129) et Pasiclès de Thèbes (➤P 48), élèves respectivement d'Ichthyas (➤I 12) et de Diocléidès (➤D 109), eux-mêmes disciples d'Euclide. Malgré ses incertitudes (Thrasymaque et Pasiclès sont inconnus par ailleurs, et le deuxième est dit aussi élève de son frère Cratès (➤C 205), présenté à son tour comme disciple de Stilpon...), cette généalogie vise peut-être à contrebalancer dans l'esprit du lecteur le nom d'un autre maître du mégarique, autrement célèbre, Diogène de Sinope [➤D 147] (fr. 149), dont l'influence a paru prépondérante à plus d'un : le style de diverses anecdotes mettant en scène Stilpon, certains traits de sa morale, son refus du jugement attributif (fr. 197) autorisent en effet le rapprochement, au point que plusieurs interprètes ne croient pouvoir les expliquer que par des emprunts à la doctrine cynique (*cf.* **5** E. Zeller, *Die*

Philosophie der Griechen, II 1, Leipzig 5e éd. 1922, p. 249 et 272-275 ; **6** K. Praechter, art. « Stilpon », *RE* III A 2, 1927, col. 2530-2531 ; **7** K. von Fritz, art. « Megariker », *RESuppl.* V, 1931, col. 721). Cependant, sans vouloir nier la réalité de la fréquentation de Diogène et de ses effets sur la pensée de Stilpon, on doit attirer l'attention sur les différences importantes qui séparent les positions du mégarique de celles des cyniques, aussi bien en morale que sur la question de l'attribution (*cf.* von Fritz **7**, col. 723, et Muller **2**, p. 170-173). Stilpon est bien mégarique, et son importance vient justement de ce qu'il a apporté à ce courant de pensée une sorte d'accomplissement, en réalisant une synthèse des diverses tendances de ce courant, et en rendant manifestes certaines implications latentes de la doctrine. Ses qualités personnelles (on pense d'abord aux qualités morales, illustrées par de nombreux témoignages ; mais il ne faut pas oublier ses talents de dialecticien, *cf.* fr. 99 et 163) lui ont d'ailleurs valu une notoriété exceptionnelle dont l'éclat a temporairement rejailli sur l'école de Mégare (*cf.* fr. 163 et 197, li. 2-3), et ont attiré auprès de lui un très grand nombre d'auditeurs (fr. 164-175), parmi lesquels Zénon de Citium (➠Z 20), Ménédème, Timon le Sceptique (➠T 160), Cratès, peut-être Pyrrhon [➠P 327] (si la correction du fr. 203 A est acceptée), et beaucoup de noms moins connus. Cette liste est, en l'occurrence, significative : au-delà des effets de séduction passagère, l'influence de Stilpon (sur la tradition sceptique et surtout sur la pensée stoïcienne) a sans doute été plus forte qu'on ne l'a dit.

Études d'orientation, bibliographie. Des études citées ci-dessus, c'est le commentaire et la bibliographie de Döring **1**, p. 140-156, qu'il faut avant tout retenir. Le travail de Praechter **6**, col. 2525-2533, souffre de quelques inexactitudes mais reste intéressant. On peut signaler aussi : **8** J. Brun, « Les Mégariques », dans *Histoire de la philosophie*, coll. « Encycl. de la Pléiade », Paris, t. I, 1969, p. 698-699. Étude d'ensemble et commentaire des fr. dans Muller **2**. Voir également **9** N. Denyer, *Language, thought and falsehood in Ancient Greek philosophy*, London/ New York 1991, notamment p. 33-37.

ROBERT MULLER.

Iconographie. On a cru reconnaître Stilpon dans le portrait en bronze d'un philosophe retrouvé au large d'Anticythère (Musée national d'Athènes, n° 13400). En plus de la tête, on a retrouvé le bras droit, les pieds chaussés de sandales et la main gauche tenant un bâton. Voir L. A. Scatozza Höricht, *Il volto dei filosofi antichi*, coll. « Archaia » 2, Napoli 1986, p. 113-114 (fig. 41), avec bibliographie p. 270. Mais on a également pensé à Bion de Borysthène (➠B 32). Voir surtout R. von den Hoff, *Philosophenporträts des Früh- und Hochhellenismus*, München 1994, p. 151-154 (« XI. Der Bronzekopf von Antikythera »), qui ne retient aucune identification comme probable.

RICHARD GOULET.

STOBÉE (STOBAEUS) → JOANNES STOBAEUS

164 STRABON D'AMASÉE *RE* 3 *PIR*² S 922   *ca* 64ª - *ca* 25ᵖ

Géographe et historien, proche du stoïcisme.

***Cf.* 1** W. Aly et E. Honigman, art. « Strabon von Amascia » 3, *RE* IV A 1, 1931, col. 76-155.

Pourquoi Strabon ? Introduire Strabon dans un *Dictionnaire de philosophes* peut paraître surprenant. Strabon le géographe, auteur d'une œuvre immense, une *Géographie* en 17 livres, n'a *a priori* pas sa place dans un ouvrage comme celui-ci. Mais il suffit de lire la toute première phrase de sa *Géographie* (I 1, 1) pour changer d'avis : « Oui, c'est affaire de philosophe, si jamais science le fut, que la science géographique, objet de notre présente étude » (trad. **2** G. Aujac, dans l'édition de la *CUF* publiée par G. Aujac, F. Lasserre et R. Baladié). Et en effet, dès le début de son ouvrage, dans ses « Prolégomènes » où il souligne l'importance de tous ceux qui ont jeté les bases de sa discipline, Strabon rend lui-même hommage à tous les auteurs qui l'ont inspiré et dont il se sent redevable. Et selon lui, ce sont tous des philosophes, des auteurs qui « ont pour souci l'art de vivre et le bonheur » (I 1, 1 C 2), définition même de la mission des *philosophoi*. Ce sont eux qui ont ces larges connaissances sur de nombreux sujets (*polymatheia*), indispensables à celui qui veut percer les mystères de la Nature, qui « a l'habitude de considérer à la fois le divin et l'humain, dont la connaissance constitue, par définition, la philosophie ». D'autre part, Plutarque (*Luc.* 28, 7 ; *Cés.* 63, 3) et la *Souda* (*s.v.* Straton *(sic)* Σ 1155) le considèrent lui-même comme un philosophe. Étienne de Byzance (*s.v.* Amaseia) voit même en lui un philosophe stoïcien. Les disciplines sont certes, dans l'Antiquité, beaucoup plus poreuses qu'à notre époque, les contours n'en sont pas aussi radicalement marqués et on pourrait souligner aussi ce que la géographie de Strabon doit à l'histoire (voir **3** Johannes Engels, « Universal history and cultural geography of the οἰκουμένη in Herodotus *Historiai* and Strabo's *Geographika* », dans J. Pigon [édit.], *The Children of Herodotus, Greek and Roman Historiography and Related Genres*, Cambridge 2008, p. 144-161), et aux sciences dites naturelles. Mais par-delà cette considération générale, cette brève introduction prouve que Strabon considère la géographie comme une science « pleine de substance et digne d'un philosophe » (I 1, 23), ce qui fait de la philosophie un champ privilégié et justifie la place de cet auteur dans ce *Dictionnaire*.

Éléments biographiques. Strabon était originaire du Pont, natif d'Amasée, alors province romaine (XII 3, 39). Pour un arbre généalogique de sa famille, voir Aly **1**, col. 77-78. Même si on ignore la date exacte de sa naissance et celle de sa mort (quelques détails dont il saupoudre son œuvre permettent néanmoins de donner quelques repères, d'où les dates suggérées *supra*), il connut à la fois les guerres civiles de la fin de la République romaine puisqu'il était à Rome lors de l'assassinat de Jules César, et l'ordre nouveau que fut cette *pax romana* inaugurée par Auguste dont il chante les louanges : « jamais il n'a été donné aux Romains et à leurs alliés de jouir d'une paix et d'une prospérité comparables à celles que leur a procurées César-Auguste du jour où il a reçu le pouvoir souverain, et que continue à leur procurer Tibère son fils et successeur...» (VI 4, 2) Il fut donc le contemporain d'Auguste et de Tibère. Il a sans doute rédigé sa *Géographie* à Rome sous Tibère. On ne peut être plus précis. On ne sait pas non plus s'il est mort dans sa ville natale, Amasée, ou ailleurs, comme l'indique **4** Gosciwit Malinowski, « In vino veritas: Uzupełnienia do biografii Strabona [In vino veritas: compléments à la biographie de Strabon]», *Eos* 86, 1999, p. 199-215. L'auteur le voit finir sa vie en Italie, après ses voyages dans la province d'Asie et en Égypte. Il a en tout cas assisté à la grande expansion de l'Empire romain, avec une péninsule ibérique conquise et pacifiée, les Alpes et les Balkans soumis et un empire immense qui s'étendait jusqu'au Danube. On devine à travers son œuvre ces événements lorsque Strabon évoque, par exemple, le retour triomphal à Rome de Germanicus. Sur Strabon et Rome, voir **5** F. Lasserre, « Strabon devant l'empire romain», dans *ANRW* II 30, 1, Berlin 1982, p. 867-896.

On sait qu'il avait rédigé aussi auparavant une *Histoire* en 43 livres, pensée comme la suite de l'*Histoire* de Polybe (➨P 236): τὰ μετὰ Πολύβιον. Malheureusement, rien ne nous en est resté. Sa *Géographie* en revanche, hormis quelques passages du livre VII, est intacte. Pour le reste, sa vie nous est à peu près inconnue. Sa famille était illustre et plusieurs de ses ancêtres ont joué un rôle politique important au temps de la splendeur du royaume du Pont, qu'ils fussent fidèles serviteurs du roi en place (le tacticien Dorylaos, intime de Mithridate V *Évergète*) ou qu'ils aient choisi un camp plus favorable à leurs intérêts (le grand-père de Strabon qui traita avec Lucullus (➨L 74) contre le roi Mithridate VI *Eupator*). La génération de Strabon, vivant dans un pays désormais dominé par Rome, se mit tout naturellement au service de l'Empire, seule façon d'acquérir un renom et de rester digne d'une ancienne famille de notables. Entre sa naissance à Amasée et sa mort, il dut voyager çà et là, à Rome où il suivit l'enseignement de Tyrannion (➨T 185), en Égypte où il accompagna, en 25 ou 24 av. J.-C., le préfet romain Aelius Gallus, mais il ne dit rien de très précis. Il faut lui imaginer la vie des intellectuels de son temps, ayant accès aux meilleures bibliothèques et aux cercles importants, tout en participant aux deux mondes culturels en vigueur, le monde grec et ses connaissances accumulées depuis des centaines d'années, et le monde romain pour lequel la *Géographie* est rédigée. Il suivit vraisemblablement «le cycle des études et reçut la formation en usage chez les hommes libres et les adeptes de la philosophie» (I 1, 22). Sans doute connut-il Aristodème de Nysa, historien, grammairien et rhéteur, professeur à Rhodes avant de devenir, à Rome, le précepteur des deux fils de Pompée (➨P 254) et d'ouvrir, plus tard, une école à Nysa sur le Méandre (XIV 1, 48; XIV 5, 4; XVI 2, 24). Tyrannion d'Amisos (du royaume du Pont) est un philosophe qu'il a personnellement connu, prisonnier de guerre lors de la guerre de Lucullus contre Mithridate et amené comme esclave à Rome; Strabon a suivi son enseignement (XII 3, 16; XIII 1, 54). Tyrannion gérait également les bibliothèques d'Apellicon (➨A 235) et de Cicéron (➨C 123) qui l'avait en haute estime (*Ad Att.* II 6, 1). Il possédait lui-même une magnifique bibliothèque et il a dû parler à Strabon de la perte et de la redécouverte des textes de l'école d'Aristote d'abord possédés par Théophraste [➹+T 97] (XIII 1, 54), comme le suggère **6** P. Schubert, « Strabon et le sort de la bibliothèque d'Aristote », *LEC* 70, 2002, p. 225-237 ; voir aussi **7** H. Lindsay, « Strabo on Appellicon's Library », *RhM* 140, 1997, p. 290-298. Tyrannion a aidé le péripatéticien Andronicos de Rhodes (➹+A 181) à préparer l'édition des œuvres d'Aristote (XII 3, 16). Strabon suivit aussi, de son propre aveu, l'enseignement de Xénarque (➹+X 2), péripatéticien originaire de Séleucie (XIV 5, 4), et de Boéthos de Sidon (➹+B 48) qui l'initia à Aristote (XVI 2, 24). Il a donc côtoyé des philosophes, a suivi leur enseignement et son œuvre ne peut qu'en être colorée.

Sur la biographie de Strabon, voir **8** B. Niese, « Beiträge zur Biographie Strabos », *Hermes* 13, 1878, p. 33-45 ; **9** L. Waddy, « Did Strabo visit Athens ? », *AJA* 67, 1963, p. 296-300.

Quelle philosophie ? Revenons sur ces philosophes que nomme Strabon au début de son œuvre. Sa définition de la philosophie est large : Homère est évidemment le premier de tous ; il lui consacre son premier développement et salue sa « connaissance de la vie politique », son souci historique et ses connaissances géographiques sur le monde « dont il fait le tour dans sa description » (I 1, 2, C 2). Il est à la fois une source privilégiée et une figure d'autorité. Après lui, ses successeurs « furent des hommes éminents, familiers de philosophie » ; il cite « Anaximandre de Milet et Hécatée son concitoyen, comme le reconnaît aussi Ératosthène ; puis Démocrite, Eudoxe, Dicéarque, Éphore et bien d'autres ; ou encore, après eux, Ératosthène, Polybe et Poseidonios, tous des philosophes ». Dans cette liste, le chercheur contemporain qui dispose de tout le prisme des disciplines dûment institutionnalisées au XIXe siècle distingue certes des philosophes, mais aussi des poètes, des historiens et des scientifiques.

Si l'on survole son œuvre, force est de constater que Strabon connaît néanmoins de nombreux philosophes au sens contemporain du terme, d'écoles variées. Il connaît Athénée de Séleucie [➹+A 483] (XIV 5, 4, C 670) et le complot contre Auguste dont il fut accusé, ainsi qu'Ariston d'Alexandrie [➹+A 393] (XVII 1, 5, C 790), géographe également puisqu'auteur d'un traité sur le Nil, tous deux péripatéticiens. Il mentionne Nestor de Tarse (➹+N 26) de l'Académie, qui fut précepteur de Tibère (XIV 5, 15, C 675) et Antipater de Tyr (➹+A 206), stoïcien, qui fut celui de Caton d'Utique [➹+C 59] (XVI 2, 24, C 757). Il nomme aussi Eudore d'Alexandrie [➹+E 97] (XVII 1, 5, C 790), philosophe aux multiples influences et fondateur de l'école néopythagoricienne d'Alexandrie. Strabon avait pour grand ami Athénodore de Tarse [➹+A 497], dit le « Cananite », car originaire de Cana près de Tarse, philosophe stoïcien disciple de Poseidonios d'Apamée à Rhodes (➹+P 267) et maître du jeune Octave (➹+O 7a, dans les compléments du tome VII), le futur Auguste (XIV 5, 14 ; XVI 4, 21, C 757). Strabon affirme lui-même avoir étudié la philosophie d'Aristote auprès de Boéthos de Sidon [➹+B 48] (XVI 2, 24, C 757), péripatéticien disciple d'Andronicos de Rhodes (➹+A 181) et chef après lui de l'école d'Athènes. Son frère Diodote de Sidon (➹+D 136) était aussi philosophe et il semble que Strabon l'ait également rencontré (XVI 2, 24, C 757). C'est peut-être aussi chez lui que Strabon aurait appris les aventures de la bibliothèque d'Aristote, disparue et retrouvée. Athénodore et Boéthos ont écrit des commentaires sur l'œuvre d'Aristote, en particulier sur les *Catégories*.

En outre, Strabon connaît plusieurs écoles en activité dans le monde romain : celle de Massilia, rivale d'Athènes (IV 1, 5, C 181), celles de Mégare, d'Élée, d'Érétrie (IX 1, 8, C 393). Il connaît les deux écoles de Cyrène, l'école spécifiquement cyrénéenne, un temps dirigée par une femme, Arétè (➤A 328), fille du fondateur Aristippe (➤A 356), et l'école annicérienne (XVII 3, 22, C 837-838). Il fait allusion aux idées philosophiques des prêtres égyptiens (XVII 1, 3, C 787), mentionne les écoles d'Héliopolis (XVII 1, 29, C 806) et de Thèbes (XVII 1, 46, C 816). Les allusions à des philosophes de toutes les écoles de pensée sont donc nombreuses, il en tire certainement profit et sa conception de la géographie en est sans aucun doute influencée.

Dans la liste qu'il propose en début d'ouvrage, en plus du présocratique Anaximandre (➤A 165), il nomme Démocrite (➤D 70) et Poseidonios (➤P 267), deux savants dûment qualifiés de philosophes encore aujourd'hui. Strabon salue en Démocrite celui qui conseille de se méfier de l'étonnement, de bannir le trouble et la terreur devant des phénomènes qui sont peut-être étranges mais qui ne sont que naturels, propres à la *Physis* et à ses lois, même si l'homme en ignore encore l'explication rationnelle (I 3, 21, C 61). Poseidonios venait d'Apamée en Syrie, mais après ses voyages à Rome et à Gadès, c'est surtout à Rhodes qu'il vécut et exerça, tout en étant prytane (XIV 2, 13, C 655). Cicéron assistait à ses cours, il comptait Pompée (➤P 254) parmi ses amis, il était donc un grand intellectuel de son temps. Cicéron le qualifie de *familiaris omnium nostrum Posidonius* (*De natura deorum* I 44). Intéressé aussi bien par la science très concrète de la culture de la vigne (VII 5, 8, C 316) que par la philosophie, il est « l'un des philosophes les plus instruits de nos jours » *(polymathestatos)*, de l'avis même de Strabon (XVI 2, 10, C 753). Après son maître Panétius (➤P 26), il devint chef de l'école stoïcienne, tout en étant influencé par Platon et Aristote. On ne peut qu'admettre que les mystères de la Nature étaient pour lui motif d'inlassable curiosité, d'autant plus qu'il se voulait aussi historien et géographe. Il est l'une des sources d'inspiration de Strabon.

Mais dans cette liste, ceux que nous mettons dans la catégorie des philosophes sont finalement minoritaires. Rappelons les savants de sa liste, après Homère : « Anaximandre de Milet et Hécatée son concitoyen, comme le reconnaît aussi Ératosthène (➤E 52) ; puis Démocrite, Eudoxe (➤E 98), Dicéarque (➤D 98), Éphore et bien d'autres ; ou encore, après eux, Ératosthène, Polybe et Poseidonios, tous des philosophes ». Il y a parmi eux des savants que nous définissons actuellement comme historiens (Éphore, Polybe), ou comme mathématiciens. Mais il est vrai que la frontière est ténue entre toutes ces disciplines et que toutes ces disciplines, centrées sur l'étude de la *Physis*, englobent à ses yeux une approche philosophique du monde.

Strabon stoïcien ? En outre Strabon est qualifié lui-même de philosophe par Plutarque, qui plus est de stoïcien par Étienne de Byzance. Peut-on l'affirmer avec certitude ? Il se réclame certes du stoïcisme à plusieurs reprises. Il renvoie plusieurs fois à «notre» Zénon ou «mon» Zénon (Ζήνων ὁ ἡμέτερος), à propos en particulier d'un commentaire d'Homère et de l'identification du peuple des Érembes (I 2, 34, C 41 ; XVI 4, 27, C 784). Il évoque aussi l'école stoïcienne en utilisant le même possessif qui semble l'impliquer totalement: «les nôtres», «nos stoïciens (?)», (οἱ ἡμέτεροι), pour défendre, encore une fois, Homère («Nos philosophes <stoïciens> vont même jusqu'à dire que seul le sage est poète», I 2, 3, C 15); il apprécie particulièrement que «les nôtres» ne tombent pas dans les excès de l'aristotélisme et de la recherche des causes (II 3, 8, C 104). Quatre renvois directs sur 17 livres, c'est peu, mais l'expression trahit néanmoins l'admiration.

Par ailleurs l'objectif clairement affirmé de Strabon rejoignait un bon nombre de concepts stoïciens. **10** Daniela Dueck, *Strabo of Amasia. A Greek Man of Letters in Augustan Rome*, London/New York 2000, IX-227 p., a souligné tout ce que Strabon doit au stoïcisme. Par-delà les allusions directes, nous nous contentons ici d'en retracer les grandes lignes.

Cette volonté d'en appeler à la philosophie stoïcienne peut s'expliquer en partie parce que le Nouveau Portique, le stoïcisme nouveau (d'époque impériale) à Rome, privilégiait les discussions philosophiques à implications pratiques. Or c'est bien l'objectif déclaré de Strabon: une géographie au service des dirigeants, une science utile, mieux à même que les autres d'assurer cette union des peuples réunis dans la *pax romana*. La géographie, au temps de Strabon et de son propre aveu, doit être au service des peuples et des gouvernants, elle doit favoriser «l'art de vivre et le bonheur», contribuer à une vie meilleure. S'il met ostensiblement la géographie au service des gouvernants, des hommes politiques, c'est pour les rendre capables de faire le bonheur des individus et des hommes, par une organisation plus rationnelle de l'espace et une amélioration de la vie sociale au quotidien. Cet objectif est précisément celui de la philosophie. Cela dit, il accorde plus d'importance à l'application pratique de la connaissance qu'à la spéculation, à la gratuité du savoir et à la recherche désintéressée. En cela, il est vraiment un homme de son temps, un monde romain où les problèmes de gouvernement, d'administration passent au premier plan, délaissant peu à peu les joies de l'esprit peu à même de se traduire par un résultat concret. C'est une sagesse active qu'il s'agit de développer. Est-ce pour cette raison qu'il égratigne, malgré sa formation en philosophie aristotélicienne, cette obsession de la «recherche des causes» ? Il se permet en cela de critiquer Poseidonios, pourtant si souvent utilisé et source d'inspiration notable. Mais si «la recherche des causes concerne le seul philosophe, l'homme qui participe à la vie politique n'a pas suffisamment de loisir pour s'y livrer, du moins pas toujours» (I 1, 21, C 12).

En tout cas les indices sont nombreux de son attrait pour le stoïcisme: il considère la physique comme une *arétè* (II 5, 2, C 110), suivant en cela les stoïciens qui distinguaient trois *aretai* philosophiques, la physique, l'éthique et la logique, comme le rappelle **11** G. Aujac, « Sur une définition d'ἀρετή », *REG* 82, 1969, p. 390-403. Son respect à l'égard d'Homère (I 2, 3, C 15) rejoint également la manière dont les stoïciens considéraient la poésie en général et Homère en particulier. Dans le domaine des sciences, sa vision de trois autres mondes au-delà de l'*oikoumène* sonne comme une idée stoïcienne (I 4, 6, C 65). On peut faire la même remarque à propos du concept de providence (*pronoia*) qui, par-delà la Nature, a créé les êtres vivants (les plus nobles étant les dieux et les hommes), puis tout ce qui est utile à l'homme (la terre, l'eau, l'air, la lumière…), d'où le monde tel que nous le connaissons (XVII 1, 36, C 809-810). Il y a un ordre (*taxis*) dans le monde (I 3, 17, C 58 ; XVI 2, 26, C 758) et certains lieux sont particulièrement bien lotis par la Nature et la providence, comme Sinope (XII 3, 11, C 545) et bien évidemment Amasée (XII 3, 39, C 561). On y perçoit cette harmonie (*homologia*) qui trahit un plan (*logismos*) sous-jacent (IV 1, 14, C 189). Cela dit, il lui arrive de souligner que certains éléments de la Nature sont accidentels, comme l'existence des races et des différentes langues parlées dans l'*oikoumène,* ou bien le caractère des êtres humains, dépendant non de la Nature mais des us et coutumes (II 3, 7, C102), réduisant ainsi le rôle de la providence. Mais cette idée générale d'ordre du monde est typiquement stoïcienne. Sur le plan politique, toute son étude sur l'Empire romain et cette idée d'un Empire qui apporte au monde la paix et le progrès, grâce à un chef exceptionnel, font penser aux idées politiques stoïciennes ; lorsqu'il donne la définition des meilleurs chefs comme étant ceux qui savent unir nations et cités sous un seul gouvernement et une même administration (I 1, 16, C 9), louant au passage Auguste, on devine l'idée de « citoyen du monde » chère au stoïcisme, où l'humanité donne à chacun sa place dans l'ordre universel, les peuples étant solidaires sous la gouvernance d'un pouvoir suprême. Sa critique du luxe et de l'extravagance romaine rejoint aussi l'idée que l'homme sage sait fuir les désirs et les plaisirs (VII 3, 8, C 302). Daniela Dueck **10** retrouve même chez Strabon cette nécessité de ne devoir s'étonner de rien (I 3, 16, C 57), même si ce dernier souligne que cette idée se retrouve aussi chez Démocrite et les épicuriens avec l'*ataraxia*. Il mentionne aussi l'idée d'un esprit ἀθαμβής (intrépide), ἀτάραχος (serein), ἀνέκπληκτος (de sang-froid) (I 3, 21, C 61). C'est d'ailleurs pour assurer cette paix de l'âme qu'il aime à énumérer les phénomènes bizarres (animaux, plantes, éruptions volcaniques, inondations…), censés supprimer l'ἔκπληξις (I 3, 16, C 57), l'étonnement… Il rejoint aussi le stoïcisme dans sa conception des sensations, utiles pour appréhender le monde, plus utiles que le raisonnement pur. Daniela Dueck **10** trouve donc chez Strabon suffisamment de traits stoïciens pour pouvoir affirmer que, malgré sa formation aristotélicienne, Strabon choisit, à l'âge mûr, cette école de pensée, aidé en cela par les amitiés nouées au fil de la vie. Elle souligne néanmoins l'éclectisme de Strabon, qui sait prendre ailleurs, au besoin, de quoi nourrir sa pensée. Il parle de Pythagore (⟴P 333), donne des éléments de sa vie (XIV 1, 16, C 638), souligne l'influence de la musique sur le caractère (I 2, 3, C 16), fait allusion aux quatre éléments sphériques (I 3, 12, C 55), au végétarisme (VII 3, 5, C 298) ; il décrit l'univers en termes d'harmonie, comme Platon assimile la philosophie à la musique (X 3, 10, C 468). Ses réflexions politiques font appel parfois à la *République* de Platon (VI 1, 8, C 260) ou à Aristote, quand il s'agit de comparer différents systèmes (VII 7, 2, C 321-322). La constitution mixte était une idée de philosophie politique déjà répandue au Ve siècle, le Portique puis Polybe l'ont reprise. Strabon qui, rappelons-le, avait rédigé une suite à l'*Histoire* de Polybe, développe aussi l'idée de constitution mixte (VI 4, 2, C 286), mais, vu l'air du temps et le contexte impérial, le concept de démocratie est laissé de côté. La forme elle-même, parfois, s'inspire de Platon, avec ces questions rhétoriques et ces essais de dialogue platonicien, surtout dans les deux premiers livres (I 2, 3, C 16 ; I 2, 6, C 18 ; I 2, 32, C 39).

12 Ch. Horst Roseman, « Reflections of Philosophy : Strabo and Geographical Sources », dans **13** D. Dueck, H. Lindsay, S. Pothecary (édit.), *Strabo's Cultural Geography. The Making of Kolossourgia*, Cambridge Univ. Press 2005, chap. 2, p. 27, est aussi de cet avis et souligne que l'intérêt des stoïciens pour la physique et les sciences naturelles ne pouvait que l'attirer. Mais elle insiste aussi sur le fait que Strabon disposait, par son éducation soignée, de tout un matériel où il puise selon ses besoins, tout en sachant corriger quand il le croit nécessaire (ἐπανόρθωσις) certains de ses prédécesseurs : « La dépendance à l'égard des observations empiriques, qu'il [Strabon] affirme à plusieurs endroits, rappelle les références stoïciennes à la "représentation compréhensive" (*phantasmata kataleptika*), mais peut aussi bien être rapprochée de textes médicaux ou astronomiques » (Horst Roseman **12**, p. 39). Respectant les principes de la recherche empirique, complétant ses observations directes par l'étude d'observations antérieures, progressant par développements inductifs du pareil au même quand l'observation directe est impossible, il retient du stoïcisme cette idée pragmatique qu'il faut privilégier ce qui est utile et ne pas s'acharner sur cette funeste recherche des causes aristotélicienne. Un peu comme Cicéron, il puise dans les diverses philosophies les éléments les mieux adaptés, sachant que de ces diverses sources grecques, il doit construire un manuel pour les Romains.

De nombreux chercheurs insistent donc sur cette tendance stoïcienne, dont G. Aujac qui souligne dans son introduction à l'édition de la *CUF* (27) que « Strabon, en toute occasion, se réclame en effet de son appartenance au stoïcisme » (II 3, 8), plus particulièrement du premier stoïcisme, celui de Zénon de Citium (➡Z 20). Elle n'en souligne pas moins que le stoïcisme était certes fort répandu à Rome dans les cercles cultivés, mais que Strabon lui demande « plus une morale qu'une explication cohérente du monde ». Néanmoins G. Aujac voit en cette œuvre « un moyen pour lui (Strabon) de s'insérer dans l'ordre du monde, de servir le genre humain, et de remplir ainsi sa mission de philosophe stoïcien ». **14** P. Veyne, *Les Grecs ont-ils cru à leurs mythes ?*, coll. « Points », Paris [1983], 1992, p. 119, voit aussi dans son respect à l'égard d'Homère la preuve de son stoïcisme :

« Quant à l'attitude inverse [inverse de celle qui cherche à savoir "ce qui s'est vraiment passé"], elle est plus rare, mais elle existe également : elle consiste à se servir d'un texte pour illustrer la réalité à laquelle il se réfère et qui demeure, pour le philologue historien, l'objectif principal. C'est l'attitude d'un Strabon ; on sait l'amour aveugle qu'avait Strabon pour Homère, à l'exemple de son maître Chrysippe (➙C 121) ; tant et si bien que le livre VIII de sa *Géographie*, qui contient la description de la Grèce, s'occupe avant tout d'identifier les noms de lieux qu'on lit chez Homère. Strabon visait-il à mieux comprendre le texte d'Homère ou, au contraire, à rehausser l'éclat des différentes cités en les dotant d'une référence homérique ? La seconde interprétation est la seule bonne. »

Tous les chercheurs ne sont cependant pas convaincus de ce rattachement au stoïcisme. **15** Jérôme Laurent, « Strabon et la philosophie stoïcienne », *ArchPhilo* 71, 2008, p. 111-127, a tendance à minimiser les traits stoïciens de son œuvre et à voir en lui un penseur éclectique qui prend dans le stoïcisme ce qui lui convient mais se sert également ailleurs. Cette opinion était déjà celle de **16** Marcel Dubois, *Examen de la géographie de Strabon. Étude critique de la méthode et des sources*, Paris 1891, p. 67, 69 et 121.

L'auteur suit pour cela les trois parties de la philosophie importantes pour le Portique, la théorie de la connaissance, la physique et la morale. Pour Laurent **15**, « l'essentiel de la Géographie est composé de patientes descriptions ou de récits sans qu'apparaisse une épistémologie originale. Nulle trace de la *phantasia kataléptikè*, nul syllogisme ». Impossible de faire de Strabon un stoïcien « pur et dur » :

> « On ne trouve pas chez lui les fameux paradoxes qu'a critiqués Plutarque et qui font la richesse du Portique. On ne trouve aucune des thèses proprement stoïciennes, par exemple la conflagration et l'éternel retour, la matérialité de l'âme et la liberté de l'assentiment, le mélange total ou les quatre incorporels. Il y a, en quelque sorte, une "ambiance" stoïcienne chez Strabon... ».

Le fait est que sa vision des Grecs et des Barbares n'a rien de stoïcien, sa vision d'Alexandre le Grand non plus, si l'on songe que le Macédonien était pour les stoïciens un tyran corrompu et que Strabon, même s'il regrette les flatteries éhontées qui l'entouraient, semble l'admirer beaucoup. Sa représentation du monde connaît des fluctuations : tantôt une terre de forme sphérique, « ne faisant qu'une seule et même surface avec les océans » (II 5, 5), tantôt une vision de deux sphères superposées, « une sphère solide pour la terre, une sphère creuse pour l'eau » (XVII 1, 36), plus conforme à la vision stoïcienne si l'on en croit Diogène Laërce, VII 155 : « Les stoïciens conçoivent ainsi l'arrangement du monde : au milieu est la terre qui en forme le centre ; vient ensuite l'eau, disposée en forme de sphère, de sorte que la terre est dans l'eau ; après l'eau vient l'air qui forme autour de l'eau une nouvelle enveloppe sphérique ».

Il ne précise pas vraiment non plus ses conceptions sur l'évolution de la civilisation, comme Diodore de Sicile (➙D 131) a pu le faire dans sa *Bibliothèque historique* (I 8), livrant un tableau coloré d'épicurisme sur les hommes, d'abord sauvages et solitaires, se nourrissant d'herbes et de fruits sauvages, amenés par la nécessité à se regrouper pour mieux se défendre de l'attaque des fauves et des intempéries, se civilisant petit à petit (découverte du feu, fabrication de vêtements, agriculture...) par instinct de survie. Rien de cela chez Strabon si ce n'est, dans son livre XIII (1), une allusion aux idées de Platon sur la libération progressive des hommes par rapport à leur antique peur de l'eau et du déluge. La civilisation leur aurait fait quitter les hauteurs pour s'installer au pied des montagnes, dans les plaines. Mais pour le reste, Strabon ne trahit guère ses conceptions. Alors quand il exprime son adhésion aux idées stoïciennes, affirme-t-il son adhésion à cette école philosophique ou ne fait-il là qu'admettre tout ce qu'il doit à Poseidonios, source privilégiée, quitte à le critiquer parfois ?

Le fait est que ses développements ethnographiques, les descriptions qu'il fait des différents peuples et de leur identité, de leur organisation politique, sont des éléments qui, depuis Platon, touchent à la philosophie, mais ils ne sont pas proprement stoïciens. Le matériel cosmologique qu'il manie est aussi commun à l'Académie, aux péripatéticiens et aux stoïciens. **17** Robert Muller, dans son ouvrage *Les Stoïciens*, Paris 2006, le souligne également :

« Des auteurs comme Varron, Diodore de Sicile ou Strabon, ne sont pas des philosophes à proprement parler, mais leurs écrits contiennent des "traits stoïciens" qui divisent les spécialistes : faut-il les regarder comme des signes d'allégeance, ou comme les traces d'une influence diffuse de la pensée stoïcienne sur la culture du temps ? » (p. 34).

Sur le stoïcisme de Strabon voir également **18** G. Fritz, *De Strabone Stoicorum disciplinae addicto*, Diss. Münster 1906 ; **19** G. Aujac, « Strabon et le stoïcisme », *Diotima* 11, 1983, p. 17-29 (« Strabon veut s'en tenir au stoïcisme orthodoxe », p. 19). Pour les perspectives philosophiques à l'œuvre derrière l'entreprise scientifique de Strabon voir **20** W. Aly, « Der Geograph Strabon als Philosoph », dans J. Irmscher *et alii* (édit.), *Miscellanea critica. Aus Anlass des 150 jährigen Bestehens der Verlagsgesellschaft und des graphischen Betriebes B. G. Teubner*, Leipzig, t. I, Leipzig 1964, p. 9-19.

Qu'il nous suffise donc de voir en Strabon un homme cultivé de son temps, un peu comme le fut Cicéron à l'époque de la République. Il place clairement la géographie dans les sciences et, s'intéressant à toutes les formes de la vie, il ne peut que rejoindre la philosophie, une philosophie qui, quel que soit son nom, cherche le bonheur du genre humain, par l'intermédiaire d'une vie en société dont la gestion repose sur un socle de très solides connaissances multidisciplinaires. Toute obéissance aveugle à une école de pensée nuirait à son entreprise, d'où la richesse de sa pensée. Constamment influencé par une seule et même intention, être utile aux gouvernants, aux administrateurs chargés de conquérir les territoires et de rendre heureux les peuples qu'ils dominent, Strabon rejoint la philosophie et son objectif, mais il ne la considère pas comme un but en soi, un aliment pour les réflexions du savant.

Résumé de l'œuvre. Strabon a entrepris, en 17 livres, une chorographie, une description du monde connu, en partant de l'Ibérie et en faisant un circuit autour de la Méditerranée. Il livre ses descriptions géographiques, mais ajoute également des indications sur le climat, sur les populations, sur leur économie… Les deux premiers livres (Prolégomènes, livres I et II) forment une introduction sur la science géographique, ses méthodes et les limites qu'ont rencontrées ses prédécesseurs qu'il égratigne au passage. Puis, du livre III au livre XVII, en partant du détroit de

Gibraltar (Colonnes d'Hercule), il décrit les différentes régions rencontrées d'ouest en est, en allant systématiquement de la côte vers l'intérieur, pour revenir ensuite au point de départ par la côte sud de la Méditerranée, d'est en ouest. C'est ainsi que sont décrites l'Espagne (III), la Gaule et la Bretagne (IV), l'Italie et la Sicile (V-VI), l'Europe du nord (Germanie, région du Danube, Scythie, Épire, Macédoine, Thrace, VII), la Grèce (VIII-X), le Caucase, l'Asie intérieure, les pays des Mèdes et des Arméniens (XI), l'Asie mineure (XII, XIII, XIV), l'Inde et la Perse (XV), la Mésopotamie, la Syrie, la Phénicie, la Palestine, le golfe Persique, l'Arabie et la mer Rouge (XVI). Revenant à son point de départ par le sud, il consacre le livre XVII à l'Égypte, l'Éthiopie et la Libye. On comprend que les développements consacrés à chacune des régions sont proportionnels à l'utilité qu'elles présentent pour l'Empire, l'Europe se taillant évidemment la meilleure part.

Éditions et traductions. 21 G. Kramer (édit.), *Strabonis Geographica*, Berlin 1844-1852, 3 vol.; **22** A. Meineke (édit.), *Strabonis Geographica*, coll. *BT*, Leipzig 1852-1853, 3 vol.; **23** H. L. Jones (édit.), *The Geography of Strabo*, coll. *LCL*, Cambridge (Mass.)/London 1917-1932, réimpr. 1997-2001, 8 vol.; **24** W. Aly (édit.), *Strabonis Geographica*, Bonn 1968-1972, 2 vol. (I-VI); **25** F. Sbordone (édit.), *Strabone, Geographica*, coll. «Scriptores Graeci et Latini / Consilio Academiae Lynceorum», Roma 1963-2002, 3 vol. (livres I-IX, texte grec seulement) [voir le compte rendu par **26** K. Brodersen, *CR* 2003, p. 316-318]; **27** G. Aujac, F. Lasserre, R. Baladié (édit.), *Strabon, Géographie*, CUF, Paris 1969-1996, 10 vol. parus ne couvrant que les douze premiers livres, prochaines publications en cours; **28** J. L. García Ramón, J. García Blanco, J. Vela Tejada, J. Gracia Artal, J. J. Torres Esbarranch, María Paz de Hoz García-Bellido (édit.), *Estrabón, Geografía. Introd., trad. y notas*, coll. «Biblioteca clásica Gredos» 159, 288, 289, 306, Madrid 1991-2003, 666 p. cartes index; **29** S. L. Radt (édit.), *Strabons Geographika, mit Übersetzung und Kommentar*, Göttingen 2002-2011, 10 vol. parus (vol. 10 en 2011, 17 livres édités et traduits en 4 vol. + 4 vol. de commentaire et 2 vol. divers (Épitomé, Index...) [voir c. r. par **30** T. Dorandi, *Mnemosyne* 58, p. 138-141].

Quelques études d'orientation. 31 P. Meyer, «Quaestiones Strabonianae», *LS* 2, 1879, p. 49-72; **32** Ettore Pais, «Straboniana», *RFIC* 15, 1886-1887, p. 97-246; **33** *Id.*, «Intorno al tempo ed al luogo in cui Strabone compose la geografia storica», *MAT*, série 2, 40, 1890, p. 327-360; **34** B. Niese, «Straboniana», *RhM* 38, 1883, p. 567-602; **35** Robert Munz, *Quellenkritische Untersuchungen zu Strabo's Geographie, mit besonderer Rücksicht auf die posidonianische Sprachtheorie*, Inaugural-Dissertation, Basel 1918, 63 p.; **36** *Id., Poseidonios und Strabon*, Göttingen 1929, p. 301-315; **37** P. Wimmer, *Das persönliche Element in Strabons Schriftstellerei*, München 1947; **38** G. Aujac, *Strabon et la science de son temps*, Paris 1966; **39** Daniela Dueck, «The Date and Method of Composition of Strabo's *Geography*» *Hermes* 127, 1999, p. 467-478; **40** *Ead.* «The Geographical Narrative of Strabo of Amasia», *Geography and Ethnography*, 2010, p. 236-251; **41** Johannes Engels, art. «Strabon», dans O. Schütze (édit.), *Metzler*

Lexikon Antiker Autoren, Stuttgart 1997, p. 670-671 ; **42** *Id.*, « Die strabonische Kulturgeographie in der Tradition der antiken geographischen Schriften und ihre Bedeutung für die antike Kartographie », *OTerr* 4, 1998, p. 63-114 ; **43** *Id.*, *Augusteische Oikumenegeographie und Universalhistorie im Werk Strabons von Amaseia*, coll. « Geographica Historica » 12, Stuttgart 1999 ; **44** S. L. Radt, art. « Strabon », *NP* XI, 2001 ; **45** S. Pothecary, « Strabo, the Tiberian Author: Past, Present and Silence in Strabo's *Geography* », *Mnemosyne* 55, 2002, p. 387-438 ; Horst Roseman **12**, p. 27-41 ; **46** R. Syme, *Anatolica. Studies in Strabo* (édit. A. R. Birley), Oxford University Press, 1995 (compte rendu par R. Van Dam, *BMCRev* 1995.11.17) ; **47** Franco Ferrari, « Geografia e filosofia: alcune riflessioni sul "proemio di Artemidoro" », *AARov* 259, 2009, p. 150-165. On consultera avec profit les fragments de Poseidonios, auteur qui a beaucoup influencé Strabon : **48** *Posidonius. I. The Fragments*, éd. L. Edelstein et I. G. Kidd, Cambridge, University Press, 1972.

Bibliographie. 49 A. M. Biraschi, P. Maribelli, G. D. Massaro et M. A. Pagnotta, *Saggio di bibliographia 1469-1978*, coll. « Pubbl. degli Ist. di storia ant. & di storia medioev. & moderna », Perugia, Univ. degli Studi, 1981, 137 p.

JANICK AUBERGER.

165 STRATIOS DE SICYONE V-IV^a

Pythagoricien ancien dont le nom figure dans le catalogue de Jamblique (*V. pyth.* 36, 267, p. 146, 7 Deubner = **1** DK 58 A, t. I, p. 448, 2), qui semble remonter en grande partie à Aristoxène de Tarente (➤+A 417). Absent de la *Realencyclopädie*, de **2** W. Pape et G. Benseler, *Wörterbuch der griechischen Eigennamen*, et de **3** Ch. H. Skalet, « Prosopographia Sicyonia », dans *Id.*, *Ancient Sicyon*, coll. « The Johns Hopkins University Studies in Archaeology » 3, Baltimore 1928, p. 181-214, son nom est dûment répertorié dans le **4** *LGPN*, t. III A, p. 403 (où Fraser et Matthews proposent une datation aux VIe-Ve siècles). *Cf.* aussi **5** Helen Ann Brown, *Philosophorum Pythagoreorum collectionis specimen*, p. VIII, qui signale la correction du nom proposée par Kiessling en Σωστράτιος.

Sur la forme du nom, voir **6** Fr. Bechtel, *Die historischen Personennamen*, p. 408 ; *cf.* aussi p. 410.

Ce personnage originaire de Corinthie n'est qu'un simple nom pour nous.

CONSTANTINOS MACRIS.

166 STRATIPPE DE NICOMÉDIE M II^a

Académicien (Philod., *Acad. hist.*, col. XXIII 42 = XXXII 35), disciple de Carnéade (➤+C 42).

TIZIANO DORANDI.

167 STRATOCLÈS DE PHAROS   I

D'après Philostrate, *V. Apoll*. VI 10, Stratoclès de Pharos, inconnu par ailleurs, avait rapporté aux gymnosophistes d'Égypte qu'il avait rencontré Apollonius de Tyane (➤A 284) aux concours pythiques et olympiques. Rien n'indique qu'il fût philosophe.

PATRICK ROBIANO.

168 STRATOCLÈS DE RHODES *RE* 8   F II[a]

Disciple de Panétius (➤P 26), lequel mourut vers 110[a]. Il avait écrit un livre sur la Stoa utilisé par Philodème pour la rédaction de son *Histoire de la Stoa* (*PHerc*. 1018): « et il convient surtout de parcourir les ouvrages écrits par Stratoclès de Rhodes, l'auditeur de Panétius », καὶ μάλισιτ[α] δ᾽ [ἔοικε]ν ἐπιδραμεῖν Ι τ[οὺ]ς α[.....] ὑπὸ Στραιτοκλέους τοῦ Ῥοδίου Ι διακη[κοό]τος δὲ Παιναιτίο[υ γ]εγραμμένους (Philod., *Hist. Stoic.*, col. XVII 6-11, p. 70 Dorandi).

A la toute fin de l'*Ind.*, col. 89, 1-4 (p. 128 Dorandi) on trouve une référence imprécise à un fils de Stratoclès (υἱὸς Cτρατοκ[λέους]), et la mention de deux philosophes qui pourraient avoir été disciples de Stratoclès: [–]on d'Alexandrie et Antipatros de Tyr (➤A 206), qui avait été antérieurement celui d'Antidotos (➤A 192).

Strabon (XIV 2, 13) cite Stratoclès dans une liste de personnages de Rhodes qui s'étaient distingués dans la littérature en prose et dans la philosophie. Ce nom est fortement attesté à Rhodes.

Cf. W. Capelle, art. « Stratokles » 8, *RE* IV A, 1932, col. 271-272 ; T. Dorandi (édit.), *Filodemo : La Stoa da Zenone a Panezio*, p. 33.

TIZIANO DORANDI.

169 STRATON D'ALEXANDRIE *RE* 14

Péripatéticien d'époque inconnue.

Cf. 1 W. Capelle, art. « Straton » 14 *RE* IV A, 1932, col. 315.

Dans son chapitre sur Straton de Lampsaque, Diogène Laërce mentionne parmi huit homonymes (dont Straton de Lampsaque [➤S 171] lui-même) – le cinquième manque – un certain Straton, figurant au dernier rang, « péripatéticien ayant vécu à Alexandrie » (Γεγόνασι δὲ Στράτωνες ὀκτώ· [...] ὄγδοος περιπατητικός, βεβιωκὼς ἐν Ἀλεξανδρείᾳ [D. L. V 61]). Comme la liste n'est pas exactement chronologique, on n'a aucun indice sûr de l'époque où a vécu ce philosophe. Pour une position raisonnablement sceptique sur l'existence même de ce philosophe, inconnu par ailleurs, *cf*. Capelle 1 qui fait l'hypothèse que Diogène Laërce, ou sa source, a fait une confusion avec Straton de Lampsaque qui a vécu un certain temps à Alexandrie comme tuteur du futur Ptolémée II Philadelphe. Sur les listes d'homonymes dans le livre V de Diogène Laërce, *cf*. 2 M. G. Sollenberger, « The lives of the Peripatetics: An analysis of the contents and structure of Diogenes

Laertius' *Vitae philosophorum* book 5», dans *ANRW* II 36, 6, Berlin 1992, p. 3793-3879 (p. 3877).

JEAN-PIERRE SCHNEIDER.

170 STRATON D'AMASÉE   I

« Philosophe. Il vécut sous Tibère César. Il écrivit une *Géographie* en 7 [ou 17, selon Kuster] livres », *Souda* (Hésychius), *s.v.* Στράτων, Ἀμασεύς, Σ 1155, t. IV, p. 439, 7-8 Adler; repris plus loin avec le même lemme au n° 1187, t. IV, p. 442, 15-16 Adler. Il s'agit manifestement d'une erreur pour Strabon d'Amasée (☞S 164).

RICHARD GOULET.

171 STRATON DE LAMPSAQUE *RE* 13   *ca* 335/325 - *ca* 270

Philosophe péripatéticien, deuxième successeur d'Aristote à la tête du Lycée.

Témoignages et fragments. Les fragments au sens propre sont peu nombreux et de longueur modeste. On dispose principalement de deux collections "complètes": **1** F. Wehrli, *Straton von Lampsakos*, coll. « Die Schule des Aristoteles » fasc. 5, 2ᵉ éd., Basel/Stuttgart 1969, p. 9-42 (fr. 1-150); p. 47-85 (commentaire); sauf indication contraire, je renvoie aux fragments de cette édition; **2** R. W. Sharples (édit.), « Strato of Lampsacus. The sources, texts and translations », dans **3** M.-L. Desclos et W. W. Fortenbaugh (édit.), *Strato of Lampsacus*. Text, translation and discussion, coll. *RUSCH* 16, New Brunswick NJ/London 2010, p. 5-229 (pour passer des fragments de Wehrli **1** aux fragments de Sharples, on utilisera la table de concordance, p. 211-212; on trouvera une table des textes omis par Sharples, p. 214; notons que souvent Sharples donne un texte plus long). *Cf.* aussi: **4** H. B. Gottschalk, « Strato of Lampsacus: Some texts », ed. with a commentary, *PLPLS* 11, 1965, p. 95-182 (l'auteur juge avec une sévérité excessive l'édition de Wehrli [la critique porte sur la première éd. de 1950], p. 97; *cf.* le c. r. de F. Wehrli, *AAHG* 21, 1968, p. 34-35); **5** H. B. Gottschalk, « Addenda Peripatetica », *Phronesis* 18, 1973, p. 91-100 (p. 93-94 sur Straton). Il existe encore une édition et une traduction en anglais des "fragments" où le nom de Straton est explicitement mentionné dans **6** S. A. Berryman, *Rethinking Aristotelian teleology. The natural philosophy of Strato of Lampsacus*, 1996, (thèse de l'Université du Texas à Austin [non publiée; *non vidi*]).

Études d'orientation. 7 W. Capelle, art. « Straton » 13 (*cf.* aussi 14), *RE* IV A, 1931, col. 278-315; **8** G. Rodier, *La physique de Straton de Lampsaque*, Paris 1890 (Thèse de l'Université de Paris); bien que vieillie sous certains aspects et marquée par son époque, cette monographie reste utile (*cf.*, plus bas, Pellegrin **30**); **9** H. Diels, « Über das physikalische System des Straton », dans *SPAW* 1893, p. 101-127 (= *Kleine Schriften zur Geschichte der antiken Philosophie*, hrsg. von W. Burkert, Darmstadt 1969, p. 239-265 [avec l'édition d'un long extrait du prologue des *Pneumatica* de Héron [☞H 101a dans *DPhA Suppl.*], p. 258-265]; les références *infra* sont à cette édition); **10** M. Clagett, *Greek Science in Antiquity*,

New York 1963 (réimpr. Princeton Junction, NJ 1988); **11** M. Gatzemeier, *Die Naturphilosophie des Straton von Lampsakos. Zur Geschichte des Problems der Bewegung im Bereich des frühen Peripatos*, coll. «Monographien zur Naturphilosophie» 10, Meisenheim am Glan 1970 (Diss. Münster 1967) avec une bibliographie raisonnée, p. 8-25; **12** P. E. Ariotti, «The concept of time in later antiquity», *IPQ* 12, 1972, p. 526-552; **13** H. B. Gottschalk, art. «Strato of Lampsacus», *DSB* XIII, 1976, p. 91-95; **14** M. Isnardi Parente, «Le obiezioni di Stratone al *Fedone* e l'epistemologia peripatetica nel primo ellenismo», *RFIC* 105, 1977, p. 285-306; **15** *Ead.*, «La valutazione dell'epistemologia dei peripatetici e in particolare di Stratone di Lampsaco nell'ambito della valutazione complessiva della filosofia ellenistica», dans G. Giannantoni (édit.), *Scuole socratiche minori e filosofia ellenistica*, Bologna 1977, p. 195-213; **16** L. Repici, *La natura e l'anima. Saggi su Stratone di Lampsaco*, Torino 1988 (*cf.* le c. r. de R. Sharples, *CR* 39, 1989, p. 261-262); **17** D. J. Furley, «Strato's theory of the void», dans J. Wiesner (édit.), *Aristoteles, Werk und Wirkung*, t. I, Berlin 1985, p. 594-609 (repris dans **18** D. Furley, *Cosmic Problems. Essays on Greek and Roman philosophy of nature*, Cambridge 1989, p. 149-160; je cite cette édition); **19** M. Isnardi Parente «La gnoseologia di Stratone di Lampsaco e l'epistemologia del primo ellenismo», dans *Ead.*, *Filosofia e scienza nel pensiero ellenistico*, Napoli 1991, p. 123-148; **20** J. Mansfeld, «A Theophrastean excursus on God and nature and its aftermath in Hellenistic thought», *Phronesis* 37, 1992, p. 314-335, en particulier p. 331-333 («Strato and Theophrastus»); **21** K. Algra, *Concepts of space in Greek thought*, coll. «Philosophia antiqua» 65, Leiden 1995; **22** R. W. Sharples, art. «Strato», dans E. Craig (édit.), *Routledge encyclopedia of philosophy*, t. IX, 1998, p. 161-164; **23** R. Sharples, «The Peripatetic school», dans D. J. Furley (édit.), *From Aristotle to Augustine = Routledge history of philosophy*, t. II, 1999, p. 147-187; **24** D. Lehoux, «All voids large and small, being a discussion of place and void in Strato of Lampsacus's matter theory», *Apeiron* 32, 1999, p. 1-36; **25** J. Althoff, «Biologie im Zeitalter des Hellenismus (*ca* 322-31 v. Chr.)», dans G. Wöhrle (édit.), *Geschichte der Mathematik und der Naturwissenschaften in der Antike*, t. I: *Biologie*, Stuttgart 1999, p. 155-180; **26** A. Drozdek, «Strato's irreligion», *Maia* 56, 2004, p. 285-292; **27** F. Wehrli † (revu par G. Wöhrle et L. Zhmud), «Straton aus Lampsakos», dans **28** *GGP, Antike 3* (2ᵉ éd., 2004), p. 604-611. On trouvera dans l'ouvrage récent sur Straton de Lampsaque édité par M.-L. Desclos et W. W. Fortenbaugh (**3**), les douze études suivantes (on y déplore un grand nombre de coquilles, en particulier dans certaines bibliographies): **29** T. Dorandi, «Sur deux passages difficiles de la *Vie de Straton*», p. 231-237; **30** P. Pellegrin, «La physique de Straton de Lampsaque: Dans la lignée de Georges Rodier», p. 239-261; **31** K. R. Sanders, «Strato on "microvoid"», p. 263-276; **32** S. Berryman, «The evidence for Strato in Hero of Alexandria's *Pneumatics*», p. 277-291; **33** P. T. Keyser, «Elemental qualities in flux: A reconstruction of Strato's theory of elements», p. 293-312; **34** D. Lefebvre, «Straton sur le poids. Fragments 49 et 50a, b, c, d Sharples», p. 313-352; **35** A. Jaulin, «Straton et la question du temps comme nombre du mouvement», p. 353-366; **36** P.-M. Morel, «Sensation et transport: Straton, fragments 64-65 Sharples», p. 367-381; **37** D. K. W. Modrak, «Physicalism in Strato's psychology», p. 383-397; **38** W. W. Fortenbaugh, «Theophrastus and Strato on animal intelligence», p. 399-412; **39** L. Repici, «Strato's *Aporiai* on Plato's *Phaedo*», p. 413-442; **40** I. Bodnár, «The pseudo-aristotelian *Mechanics*: The attribution to Strato», p. 443-455.

Biographie. On trouvera une courte biographie de Straton dans Diogène Laërce (V 58-64); le texte grec de cette *Vie* figure comme fr. 1 Sharples, dans l'édition de T. Dorandi, parue en 2013 aux Presses de l'Université de Cambridge (coll. «Cambridge classical texts and commentaries» 50); on peut consulter la traduction française annotée de ce texte par **41** M. Narcy dans M.-O. Goulet-Cazé (édit.), *Diogène Laërce, Vies et doctrines des philosophes illustres*, Paris 1999, p. 618-625. On dispose aussi d'une brève notice de la *Souda* (Σ 1186): Στράτων, Λαμψακηνός, φιλόσοφος, Θεοφράστου γνώριμος καὶ διάδοχος, υἱὸς δὲ Ἀρκεσιλάου ἢ Ἀρκεσίου· ὃς ἐπεκλήθη Φυσικὸς διὰ τὸ παρ' ὁντιναοῦν ἐπιμεληθῆναι τῆς φυσικῆς θεωρίας. Καθηγήσατο δὲ καὶ Πτολεμαίου τοῦ ἐπικληθέντος Φιλαδέλφου. Καὶ ἔγραψε βιβλία πολλά, «Straton, de Lampsaque, philosophe, élève de Théophraste [☛T 97] et son successeur; fils d'Arcésilaos ou Arcésios. Il fut surnommé le Physicien parce qu'il s'est occupé plus que quiconque de recherches physiques. Il fut aussi le précepteur de Ptolémée surnommé Philadelphe. Il écrivit un grand nombre d'ouvrages». Il est par ailleurs vraisemblable, même si nous n'avons aucun témoignage, que Hermippe (☛H 86) ait parlé de Straton dans son Βίος de Théophraste.

Straton est donc fils d'Arcésilaos ou Arcésios (fr. 2, *Souda*; la seconde forme est un hypocoristique de la première), originaire de Lampsaque, sur la côte est de l'Hellespont, en Troade. Pour fixer les dates de sa vie, on s'appuie sur les informations suivantes (fr. 1, D. L. V 58): après la mort de Théophraste (288/7 ou 287/6), il est devenu scholarque du Péripatos «dans la 123e olympiade» (288/7-285/4) et a occupé cette fonction pendant dix-huit ans, sans doute jusqu'à sa mort (271/0-270/69 [en calcul inclusif], s'il a succédé immédiatement à Théophraste); on sait par ailleurs que Lycon (☛L 83) lui a succédé dans la 127e olympiade (272/1-269/8 [les dates données par Sharples **2**, p. 15 n. 29 sont erronées]; fr. 9). On placera donc sa mort entre 271/0 et 270/69. On peut estimer qu'il avait entre 35 et 45 ans au moment où il a pris la tête du Lycée: il a donc pu naître entre 335 et 325 av. J.-C. (328, peut-être avant, Capelle **7**, col. 279; 340-330 Wehrli † **27**, p. 604 et Rodier **8**, p. 41 n. 2); la date de naissance donnée par **42** T. Dorandi, *Ricerche sulla cronologia dei filosofi ellenistici*, p. 67, est impossible (299/8 ou 298/7). Qu'il ait connu Épicure (☛E 36) à Lampsaque où ce dernier a enseigné quelques années avant de fonder le Jardin à Athènes (307/6) est une simple hypothèse, fondée sur le rôle qu'a paru jouer une certaine forme d'atomisme dans la physique de Straton (*cf.* Wehrli **1**, p. 47 et 57-58; en général, les travaux récents, qui n'admettent plus la thèse selon laquelle l'introduction aux *Pneumatica* de Héron d'Alexandrie [☛H 101a *DPhASuppl*: MF Ier s. ap. J.-C.] exprime dans son

ensemble la position de Straton, refusent de voir dans le "physicien" un atomiste ;
cf. e. g. Sanders **31**, p. 270 ; Algra **21**, p. 67 ; voir en particulier le fr. 32 [Cic.,
Acad. II 121] où l'atomisme de Démocrite est clairement disqualifié par Straton
lui-même ; cette critique peut porter indirectement contre Épicure ; *cf.* Mansfeld **20**,
p. 333). Il a dû venir encore jeune à Athènes où il a été l'élève de Théophraste
(*cf.* **43** W. W. Fortenbaugh *et alii*, *Theophrastus of Eresus, Sources for his life,
writings thought and influence*, coll. « Philosophia Antiqua » 54, Part one, Leiden
1992, fr. 18 n° 19, avec les références). Il devait avoir déjà acquis une certaine
réputation dans l'école pour avoir été envoyé par le Lycée ou appelé par Ptolémée
I Sôter comme précepteur (χαθηγητής) de son fils, le futur Ptolémée II Philadelphe (308-246), que son père associe au pouvoir en 285 (il règnera seul de 282 à
246). Il a pu se rendre à Alexandrie vers 293 (Ptolémée avait quinze ans) et y
demeurer jusqu'à la mort de Théophraste.

Parmi ses élèves, en plus de Lycon, son successeur, et sans doute des exécuteurs testamentaires figurant dans le testament (D. L. V 62 ; *cf. infra* sous "Testament"), on mentionne Aristarque de Samos (☞A 345 ; fr. 17 [ἀκουστὴς Στράτω-
νος] : il s'agit d'un témoignage isolé de Stobée associant les deux noms à propos
d'une thèse sur la nature de la lumière [*cf.* fr. 113] ; *cf.* Diels **9**, p. 256-257 ; Rodier
8, p. 51 n. 3 ; **44** Th. Heath, *Aristarchus of Samos, The ancient Copernicus*, Oxford
1913, p. 299 ; Wehrli † **27**, p. 612 [la relation est mise en doute] ; **45** Th. Bénatouïl,
« Cléanthe contre Aristarque. Stoïcisme et astronomie à l'époque hellénistique »,
ArchPhilos 68, 2005, p. 207-222, en particulier p. 209-211 [la relation est
admise]) ; si on accepte ce témoignage, on se demandera si Aristarque (*ca* 310-230
selon Heath **44**, p. 299) a fréquenté Straton à Athènes au sein du Lycée (après 287)
ou à Alexandrie (avant 287, dans le cadre du Mouséion ? ; *cf.* **46** P. M. Fraser,
Ptolemaic Alexandria, Oxford 1972, t. I, p. 427). W. Jaeger a voulu voir dans le
Dioclès mentionné dans la liste des exécuteurs testamentaires le médecin Dioclès
de Carystos (☞D 113), proposant en conséquence une datation basse († vers 260),
alors qu'on admet généralement que le médecin de Carystos appartient encore au
IVe siècle ; *cf.* les références dans **47** R. Goulet, notice « Dioclès de Carystos »,
D 113, *DPhA* II, 1994, p. 772-774. Sur la "décadence" du Péripatos, qui aurait déjà
commencé sous Straton, et les raisons qui sont censées en rendre compte, on
consultera **48** K. O. Brink, art. « Peripatos », *RESuppl.* VII, 1940, col. 931-932 ;
49 J. P. Lynch, *Aristotle School*, Berkeley 1972, p. 135-154, insiste sur certaines
raisons institutionnelles du déclin, qui précéderaient le scholarcat de Straton.

La question de l'identité entre le philosophe de la nature et le médecin homonyme « disciple d'Érasistrate ou, selon certains, son fils adoptif », distingués par
Diogène Laërce (V 61 : μαθητὴς Ἐρασιστράτου, ὡς δέ τινες, τρόφιμος), est
discutée par Sharples **2**, p. 14-17 (l'identification des deux auteurs est problématique sur le plan chronologique, mais pas absolument exclue ; on trouvera les fragments attribués au disciple d'Érasistrate ainsi que d'autres fragments médicaux
dans un *Appendix* [*App.* 2 à 13c]) ; *cf.* **50** E. Kind, art. « Straton » 19 ὁ Ἐρα-
σιστράτειος, *RE* IV A, col. 315-317. Lehoux **24**, p. 28 et n. 79, suggère l'existence

d'un lien entre Straton et Érasistrate au sein du Péripatos, ce qui pourrait peut-être expliquer le nom de Straton donné par le médecin à son fils adoptif.

Indépendamment de la question de l'identité du physicien et du médecin, on a soulevé la question des rapports de Straton avec le médecin alexandrin Érasistrate de Ioulis, sur l'île de Céos (DM IIIe s. av. J.-C., mentionné par certains parmi les auditeurs de Théophraste selon D. L. V 57 (ἀκοῦσαι αὐτοῦ) ; *cf.* Fortenbaugh *et alii* **43**, fr. 18 n° 8), qui promeut la causalité mécanique et reflète, semble-t-il, l'influence de Démocrite ; *cf.* Diels **9**, qui admet une certaine filiation, par ailleurs très discutée, entre Straton, Érasistrate, Philon de Byzance (**➛**P 154) et Héron sur la question du vide (Berryman **32**, *passim*, écarte l'hypothèse d'une filiation avec Straton), au contraire de Lehoux **24**, p. 3 ; 24 ; 28, qui défend une telle filiation en développant les arguments de Diels **9** ; voir aussi **51** H. von Staden, « Teleology and mechanism : Aristotelian biology and early Hellenistic medicine », dans W. Kullmann et S. Föllinger (édit.), *Aristotelische Biologie : Intentionen, Metho-den, Ergebnisse*, Stuttgart 1997, p. 183-208. *Cf.* **52** M. Vegetti, « Entre le savoir et la pratique : la médecine hellénistique », dans M. D. Grmek (édit.), *Histoire de la pensée médicale en Occident*, t. I : *Antiquité et Moyen Âge*, Paris 1995, p. 67-94, en particulier p. 74 : « nous savons que [Érasistrate] fréquenta en disciple l'école péri-patéticienne, où il aurait écouté Théophraste et peut-être Straton » (*cf.* aussi Lehoux **24**, p. 28).

Jugements sur Straton. *Cf.* **53** D. Sedley, « Philosophical allegiance in the Greco-Roman world », dans M. Griffin et J. Barnes (édit.), *Philosophia togata*, t. I : *Essays on philosophy and Roman society*, Oxford 1989, p. 97-119, particulière-ment, p. 100. Cicéron (*Acad. post.* I 9, 33) juge Straton doué d'une vive intelli-gence, mais lui reproche d'avoir abandonné la partie indispensable de la philo-sophie, la morale, pour se consacrer aux recherches sur la nature, où il se révèle d'ailleurs novateur (fr. 13 [il s'agit en fait du discours de Varron parlant au nom d'Antiochus d'Ascalon qui défendait la primauté de l'éthique sur les autres parties de la philosophie] ; *cf.* fr. 12 où Cicéron nuance le propos, disant que Straton a traité *perpauca de moribus* [*De finibus* V 5, 13]). Le jugement de Polybe est très sévère, selon lequel Straton « était admirable quand il s'attachait à critiquer et réfuter les opinions des autres, mais quand il avance quelque chose de lui-même et développe ses propres conceptions, il apparaît le plus souvent aux savants comme plus naïf et lourdaud qu'il n'est » (Pol., *Hist.* XII 25c, 3 = fr. 16).

Testament (D. L. V 61-64 = fr. 10).

Cf. **54** U. von Wilamowitz, *Antigonos von Karystos*, Berlin 1881, p. 264-269 ; **55** C. G. Bruns, « Die Testamente der griechischen Philosophen » (1880), dans ses *Kleinere Schriften*, Weimar 1882, t. II, p. 192-237 (en particulier p. 223-227 ; **56** H. B. Gottschalk, « Notes on the wills of the Peripatetic scholarchs », *Hermes* 100, 1972, p. 314-342, en particulier, p. 320-321 ; **57** M. G. Sollenberger, « The lives of the Peripatetics : An analysis of the contents and structure of Diogenes Laertius' *Vitae philosophorum* book 5 », dans *ANRW* II 36, 6, Berlin 1992,

p. 3793-3879 (en particulier, p. 3860 [et n. 343 pour la bibliographie sur les testaments des philosophes]; p. 3869-3870).

Diogène Laërce affirme que le testament qu'il copie figurait aussi dans un recueil d'Ariston de Céos (☞A 396), un disciple de Lycon (☞L 83): αἵδε μέν εἰσιν αἱ φερόμεναι αὐτοῦ διαθῆκαι, καθά που συνήγαγε καὶ Ἀρίστων ὁ Κεῖος, « telles sont les dispositions testamentaires de [Straton] que l'on rapporte, comme Ariston de Céos aussi les a consignées quelque part » (D. L. V. 64); *cf.* Sollenberger **57**, p. 3860-3861; **58** W. W. Fortenbaugh et S. A. White (édit.), *Aristo of Ceos*, Text, translation and discussion, coll. *RUSCH* 13, New Brunswick NJ/London 2006, p. 53-55 (fr. 16); **59** D. Hahm, « In search of Aristo of Ceos », dans Fortenbaugh et White **58**, p. 179-215, en particulier p. 186-187; **60** M. Gigante, « Aristone di Ceo biografo dei filosofi », *SCO* 46, 1996 (1998), p. 17-23. Straton lègue l'école (ἡ διατριβή, *cf.* **61** J. Glucker, *Antiochus and the late Academy*, Göttingen 1978, p. 191) avec la bibliothèque (τὰ βιβλία πάντα) – à l'exception de ses propres ouvrages (πλὴν ὧν αὐτοὶ γεγράφαμεν) – à Lycon qu'il choisit comme successeur « parce que les autres sont ou trop âgés ou occupés (ἄσχολοι) ». Les neuf exécuteurs testamentaires (ἐπιμεληταί), qui devaient être membres de l'école et pour certains en tout cas disciples de Straton, sont les suivants: Olympichos (☞O 12), Aristide (☞A 348), Mnésigénès (☞M 183), Hippocrate (☞H 150), Épicratès (☞E 30), Gorgylos (☞G 31), Dioclès (☞D 110), Lycon (☞L 83), Athanis ou Athanès (☞A 472). Les deux héritiers de la propriété de Straton à Lampsaque (οἶκοι), Lampyrion (Λαμπυρίων) et Arcésilas (sans doute un parent de Straton, portant le même nom que le père de ce dernier), ont peut-être aussi été les disciples du "physicien".

Œuvres. Une liste des ouvrages de Straton, comprenant 47 (ou 48 titres), figure dans Diogène Laërce (V 59-60). Pour sa composition assez désordonnée, on se référera à **62** P. Moraux, *Les listes anciennes des ouvrages d'Aristote*, Louvain 1951, p. 246 n. 147, et Sollenberger **57**, p. 3850; Capelle **7**, col. 282, recompose la liste sous cinq rubriques: logique, éthique, physique, historique et personnelle (les *lettres*); notons que Capelle a profité d'une collation des manuscrits faite par P. von der Mühll. Pour cette liste, à laquelle j'ajoute quelques remarques, je me fonde sur l'édition Dorandi, dans Sharples **2**, p. 29-31. Plusieurs titres, identiques ou similaires, figurent aussi dans les listes des ouvrages d'Aristote et de Théophraste. J'ajoute la référence aux titres identiques ou semblables mentionnés dans la liste des ouvrages du maître de Straton, Théophraste, abrégée "Thphr." (et "*cf.* Thphr." pour les titres similaires), avec le renvoi au paragraphe du livre V de D. L. suivi de l'indication de la ligne du fr. 1 de l'édition Fortenbaugh *et alii* **43** (§ 42, ligne 68 - § 50, ligne 291); le numéro entre parenthèses est celui de la liste des œuvres de Théophraste dans la notice « Théophraste d'Érèse » du *DPhA*.

(1) Περὶ βασιλείας τρία (*Sur la royauté*, 3 livres). Thphr. § 42, 85, 1 livre (n° 18) et 49, 249, 2 livres (n° 182); *cf.* aussi n° 140.

(2) Περὶ δικαιοσύνης τρία (*Sur la justice*, 3 livres). Un titre identique, en 4 livres, figure en première place dans la liste des œuvres d'Aristote donnée par D. L. (*cf. DPhA* t. I, p. 424, n° 1 et *DPhA Suppl.*, p. 383-389).

(3) Περὶ τἀγαθοῦ τρία (*Sur le bien*, 3 livres); fr. 134, sans mention du titre.

(4) Περὶ θεῶν τρία (*Sur les dieux*, 3 livres); fr. 32-39, sans mention du titre. Sur le fr. 39 (Tertullien) affirmant que selon Straton le ciel et la terre sont des dieux, *cf.* **63** R. M. Grant, « Two notes on Tertullian », *VChr* 5, 1951, p. 113-115 : « Tertullian's description of Strato's view is erroneous » (p. 115). Thphr. § 48, 244, 3 livres (n° 177).

(5) Περὶ ἀρχῶν τρία ἢ δύο (*Sur les principes*, 3 ou 2 livres).

(6) Περὶ βίων (*Sur les genres de vies*). Thphr. § 42, 87, 3 livres (n° 20).

(7) Περὶ εὐδαιμονίας (*Sur le bonheur*). Thphr. § 43, 99, 1 livre (n° 32).

(8) Περὶ βασιλείας φιλοσοφίας (*Sur la royauté de la philosophie?*); *Del regno della filosofia* (Gigante); *On the royal philosophy* (Sharples). Capelle **7**, col. 280, admet cette forme du titre selon la résolution des terminaisons abrégées communiquée par von der Mühll et traduit « Von der Königsherrschaft der Philosophie » ; mais le caractère singulier de ce titre lui fait supposer que βασιλείας a pu s'introduire par l'inadvertance d'un scribe à partir du premier titre de la liste. Pour cette entrée, les corrections sont nombreuses : H. S. Long, s'appuyant sur une lecture de Cobet, édite : Περὶ βασιλέως φιλοσόφου (*Sur le roi philosophe*; *Du philosophe roi* Narcy **41**, p. 619; selon von der Mühll, il s'agit là d'une mauvaise interprétation des abréviations); Wehrli (fr. 18) compte deux titres : Περὶ βασιλείας (*Sur la royauté*; mais ce titre figure déjà au début de la liste et constitue donc un doublet) et <Περὶ> φιλοσοφίας (*Sur la philosophie*; *cf.* Wehrli **1**, p. 79); même chose dans Wehrli † **27**, p. 605.

(9) Περὶ ἀνδρείας (*Sur le courage*).

(10) Περὶ τοῦ κενοῦ (*Sur le vide*); fr. 54-67, sans indication du titre. A la suite de Diels **9**, Gottschalk **4**, p. 141, admet que l'introduction des *Pneumatica* de Héron d'Alexandrie est, dans son ensemble, un résumé de la doctrine de Straton (le nom de Straton n'y apparaît pas, mais un passage parallèle de Simplicius garantit que Héron a utilisé [aussi] Straton : fr. 65a et b Wehrli ; 30a et b Sharples); le texte de cette introduction figure comme fr. 1 de son choix de textes destiné à corriger et à compléter Wehrli **1** (dans sa première édition); cette thèse ne fait pas l'unanimité; *cf.* Furley **17**, p. 158 ; Algra **21**, p. 58-60; **64** S. Berryman, « *Horror vacui* in the third century BC. When is a theory not a theory? », dans R. Sorabji (édit.), « Aristotle and after », coll. *BICSSuppl* 68, London 1997, p. 146-157; la même auteure précise encore sa position critique dans Berryman **32**. Dans la partie "Doctrine" de la présente notice, plus bas, on trouvera quelques remarques sur la théorie du vide chez Straton.

(11) Περὶ τοῦ οὐρανοῦ (*Sur le ciel*) : fr. 84-91 (sans mention du titre); Περὶ οὐρανοῦ (Capelle – von der Mühll, avec certains mss.; le traité homonyme d'Aristote ne comporte pas l'article). C'est à ce traité que Wehrli **1** attribue le

passage de Strabon (fr. 91) où est rapportée, par l'intermédiaire d'Ératosthène, la théorie géophysique de Straton sur la formation du bassin méditerranéen ; *cf.* **65** G. Aujac, *Ératosthène de Cyrène, le pionnier de la géographie. Sa mesure de la circonférence terrestre*, Paris 2001, p. 73-79. Thphr. § 50, 287 : Περὶ οὐρανοῦ α' (n° 220).

(12) Περὶ τοῦ πνεύματος *(Sur le souffle ou le pneuma)* ; peut-être *Sur le vent* ; *On the wind* (Hicks) ; *On breath* (Sharples) ; *cf.* Narcy **41**, p. 620 et n. 3 : «l'ouvrage pouvait traiter aussi bien de physique que de physiologie». *Cf.* Thphr. § 45, 151 Περὶ πνευμάτων α' (n° 84) : *Sur les souffles* (ou *Sur les vents*).

(13) Περὶ φύσεως ἀνθρωπίνης *(Sur la nature de l'homme)*.

(14) Περὶ ζῳογονίας *(Sur la génération des animaux)* ; fr. 90-99 ? *Cf.* **66** G. Rudberg, «Stratonica», *Eranos* 49, 1951, p. 31-34 (sur les fr. 94 et 95 Wehrli et Arist., *Hist. an.* VI 2, 559 a 28).

(15) Περὶ μίξεως *(Sur le mélange)* ; *De la promiscuité* Narcy **41**, p. 620 et n. 5 : par sa place dans la liste, il s'agit plutôt d'un «traité sur la reproduction sexuée».

(16) Περὶ ὕπνου *(Sur le sommeil)* : fr. 128-131, sans mention du titre. Certains fragments peuvent aussi provenir de l'ouvrage suivant. *Cf.* Thphr. § 45, 164 : Περὶ ὕπνου καὶ ἐνυπνίων α' (n° 97).

(17) Περὶ ἐνυπνίων *(Sur les songes)* ; *cf.* 131 I (Tertullien), dans une liste d'auteurs qui ont traité des songes. Thphr., *cf.* le titre précédent.

(18) Περὶ ὄψεως *(Sur la vision)* ; *Über den Gesichtssinn* (Capelle **7**, col. 280) ; *cf.* le titre suivant. Thphr. § 49, 256. 4 livres (n° 189).

(19) Περὶ αἰσθήσεως *(Sur la perception sensible)* : *cf.* fr. 107-116, sans mention du titre. Certains fragments pourraient se rapporter au titre précédent. Thphr. § 42, 74 (pl.), 1 livre (n° 7).

(20) Περὶ ἡδονῆς *(Sur le plaisir)*. Thphr. § 44, 116, 1 livre et 117, 1 livre (n° 49 et 50).

(21) Περὶ χρωμάτων *(Sur les couleurs)* ; *cf.* fr. 113. *Cf.* plus bas la rubrique *Dubia vel spuria*.

(22) Περὶ νόσων *(Sur les maladies)*.

(23) Περὶ κρίσεων *(Sur les crises ?)* ; *Des moments décisifs* (Narcy **41**, p. 620 et n. 6) ; *Delle crisi nelle malattie* (Gigante) ; *On Crises* (Sharples). Par sa place dans la liste, Wehrli **1**, p. 72, pense lui aussi que l'ouvrage traite de questions relatives à la physiologie ou la médecine (Wehrli † **27**, p. 605 : *Über Krisen*).

(24) Περὶ δυνάμεων *(Sur les puissances)* ; *Des capacités* Narcy **41**, p. 620 et n. 7 ; *Delle facoltà fisiologiche* (Gigante). Il s'agirait des qualités (physiques) fondamentales selon Wehrli, p. 55 (*Über die Grundqualitäten* dans Wehrli † **27**, p. 605).

(25) Περὶ τῶν μεταλλικῶν *(Sur les métaux* ou *les mines ?)* ; *Des corps métalliques* (Narcy) ; *On things mined* (Sharples). Capelle **7**, col. 280, se demande

s'il ne faudrait pas lire Περὶ μετάλλων *(Sur les métaux* ou *Sur les mines),* comme chez Théophraste (Thphr. § 44, 131, en 2 livres; ⁕T 97 [œuvre n° 64]); *cf.* **67** R. Halleux, *Le problème des métaux dans la science antique,* coll. «Bibliothèque de la Faculté de philosophie et lettres de l'Université de Liège» 209, Paris 1974, p. 122-126, avec les remarques sur le sens des mots de la famille de μέταλλον, p. 19-51. Wehrli **1**, p. 72, pense à un ouvrage de pharmacologie – μεταλλικὰ φάρμακα (les médicaments tirés des mines, métaux ou non, sont associés à ceux tirés des plantes et des animaux dans Plut., *Quaest. conv.* IV 1, 663 c). Les mss. font de ce titre et du suivant un seul; Stephanus suivi par Cobet, Diels, Hicks et Gigante proposent: Περὶ τῶν μεταλλικῶν μηχανημάτων *(Sur les machines d'extraction minière).*

(26) Μηχανικόν *(Mécanique);* le ms. P a μηχανικῶν. On a parfois pensé que les *Mechanica* (Μηχανικά) qui nous sont parvenus sous le nom d'Aristote pouvaient être de Straton; *cf.* **68** M. E. Bottecchia Dehò, *Problemi meccanici. Introduzione, testo greco, traduzione italiana, note,* Soveria Mannelli (Catanzaro) 2000, p. 27-51 (l'ouvrage est authentique, dans le sens où il a été élaboré dans l'école d'Aristote); **69** M. F. Ferrini (édit.), *[Aristotele], Meccanica.* Testi greco a fronte, Milano 2010, p. 12-14; **70** S. Berryman, *The Mechanical Hypothesis in Ancient Greek Natural Philosophy,* Cambridge 2009, p. 107 et n. 14 pour la bibliographie; voir aussi Bodnár **40**, qui écarte l'attribution de l'ouvrage pseudo-aristotélicien à Straton.

(27) Περὶ ἰλίγγου καὶ σκοτώσεων *(Sur le vertige et les étourdissements).* Hicks, H. S. Long, Gigante et Narcy conservent la leçon des mss.: Περὶ λιμοῦ καὶ σκοτώσεων *(Sur la faim et les étourdissements).* Capelle, Wehrli (fr. 18) et Sharples (fr. 1 = Dorandi) adoptent, comme Marcovich, une correction ancienne (conjecture de Reiske qui s'appuie sur un titre analogue parmi les ouvrages de Théophraste [D. L. V 44: Περὶ ἰλίγγων (pl.) καὶ σκοτώσεων α']). Thphr. § 44, 120, 1 livre (n° 53).

(28) Περὶ κούφου καὶ βαρέος *(Sur le léger et le lourd):* fr. 50-53, sans indication du titre.

(29) Περὶ ἐνθουσιασμοῦ *(Sur l'enthousiasme* ou *l'inspiration).* Thphr. § 43, 102, 1 livre (n° 35).

(30) Περὶ χρόνου *(Sur le temps);* fr. 75-83 Wehrli; 31-37 Sharples (sans mention du titre). Sur le fr. 82 I, *cf.* **71** E. G. Schmidt, «Straton-Zitate bei Damaskios», *MH* 19, 1962, p. 218-222 (en particulier p. 219-222: Straton admettrait des *minima* de temps); on trouvera plus bas, sous "doctrine", quelques remarques complémentaires sur le temps.

(31) Περὶ τροφῆς καὶ αὐξήσεως *(Sur la nutrition et la croissance).*

(32) Περὶ τῶν ἀπορουμένων ζώων *(Des animaux problématiques).* Cf. **72** A. Giannini, «Studi sulla paradossografia greca II. Da Callimaco all'età imperiale: la letteratura paradossografica», *Acme* 17, 1964, p. 99-138, particulièrement p. 104-105.

(33) Περὶ τῶν μυθολογουμένων ζῴων *(Sur les animaux mythiques)*. Le même titre figure dans certaines listes des ouvrages d'Aristote chez Diogène Laërce (D. L. V 25; *V. Hesych.* n° 95 Düring; *cf. DPhA* t. I, p. 428, n° 106).

(34) Περὶ αἰτιῶν *(Sur les causes)*. Thphr. § 49, 250, 1 livre (n° 183).

(35) Λύσεις ἀπορουμένων *(Solutions de problèmes)*; Capelle **7**, col. 281, 11 et 283, 35 a le singulier Λύσις, mais Λύσεις ἀποριῶν col. 282, 31. *Cf.* Thphr. § 47, 212: Λύσεις α′ (n° 145).

(36) Τόπων προοίμια *(Préliminaires aux lieux)*; *Proemî ai Topici* (Gigante); *Prologues to Topics* (Sharples). *Cf.* Thphr. § 50, 269: Τὰ πρὸ τῶν τόπων α′ (n° 202).

(37) Περὶ τοῦ συμβεβηκότος *(Sur l'accident)*.

(38) Περὶ τοῦ ὅρου *(Sur la définition)*. *Cf.* Thphr. § 45, 138: Πρὸς τοὺς ὁρισμούς, 1 livre (n° 71) et 49, 257: Πρὸς ὅρους, 2 livres (n° 71).

(39) Περὶ τοῦ μᾶλλον καὶ ἧττον *(Sur le plus et le moins)*. Aristote discute de la question des degrés principalement dans les *Catégories* (la substance n'est pas susceptible de degré, la quantité non plus, les relatifs peuvent parfois l'admettre, etc.) et dans les *Topiques* (par ex. II 10, 114 b 36 *sqq.*).

(40) Περὶ ἀδίκου *(Sur l'injuste)*; *Dell'ingiustizia* (Gigante); *On the unjust man* (Sharples). Le mot est neutre (l'injustice) ou masculin (l'homme injuste). *Cf.* Thphr. § 46, 188: Περὶ τῶν ἀδικημάτων, 1 livre (n° 121).

(41) Περὶ τοῦ προτέρου καὶ ὑστέρου *(Sur l'antérieur et le postérieur)*: fr. 27-30. L'ouvrage ne comportait qu'un seul livre (μονοβιβλίον) selon le témoignage de Simplicius, *in Cat.*, p. 418, 26 Kalbfleisch = fr. 29 et 423, 1 = fr. 27; le même ouvrage (une μονόβιβλος) est aussi mentionné dans une scholie aux *Catégories* (fr. 28) très proche du fr. 29; la matière de cet ouvrage est empruntée à Arist., *Cat.* 12.

(42) Περὶ τοῦ προτέρου γένους *(Sur le genre antérieur)*.

(43) Περὶ τοῦ ἰδίου *(Sur le propre)*; *Degli attributi propri* (Gigante); *On propert[ies]* Sharples.

(44) Περὶ τοῦ μέλλοντος *(Sur le futur)*.

(45) Εὑρημάτων ἔλεγχοι δύο *(Catalogues* ou *Réfutations d'inventions*, 2 livres); *Examens de découvertes*, deux livres (Narcy); *Due confutazioni delle invenzioni* (Gigante); *Two refutations on Discoveries* (Sharples): fr. 144-147. Wehrli **1**, p. 83, défend le sens de liste, mais traduit dans **27**, p. 605: *Untersuchungen über Erfindungen*. Pline l'Ancien mentionne comme source de son livre VII, parmi les auteurs étrangers, c'est-à-dire grecs, Straton «qui a écrit contre les Εὑρήματα d'Éphore» (fr. 144 et pour l'ouvrage d'Éphore, *FGrHist* 70 F 2-5). Le titre Περὶ εὑρημάτων est mentionné à deux reprises par Clément d'Alexandrie, dans une liste d'auteurs ayant écrit sur les mêmes questions, parmi lesquels figurent aussi Aristote et Théophraste; il s'agit ici de découvertes faites par les peuples

barbares ou de la paternité de la maxime Μηδὲν ἄγαν (*Stromates* I 16, 77 = fr. 145 et I 14, 61 = fr. 147). *Cf.* Thphr. § 47, 199 : Περὶ εὑρημάτων, 2 livres (n° 132).

(46) Ὑπομνήματα, ἃ διστάζεται (*Notes [ou Mémoires]*, d'attribution controversée). *Cf.* Thphr. n° 170 : Ὑπομνήματα Ἀριστοτελικὰ ἢ Θεοφράστια ς΄, *Mémoires aristotéliciens ou théophrastiens*, 6 livres.

(47) Ἐπιστολαὶ ὧν ἡ ἀρχή· "Στράτων Ἀρσινόῃ εὖ πράττειν." (*Lettres dont le début est* « Straton à Arsinoé, salut ! »). On pense que l'Arsinoé dont il s'agit est plutôt la seconde épouse – et sœur – de Ptolémée Philadelphe ; mais il n'est pas exclu que la destinataire de la lettre (des lettres) soit sa première femme, la fille du roi Lysimaque, épousée en 285 et bannie pour conjuration en 279. Ce témoignage est à verser au dossier des liens entretenus par le Lycée avec la cour alexandrine.

La liste des écrits de Straton se termine sur une considération stichométrique soumise à diverses corrections : <Στίχοι> μ(υριάδες) λγ΄ βυκ΄ (332 420 lignes) ; Capelle **7**, col. 281-282 (d'après von der Mühll) considère ce chiffre comme presque certainement corrompu (*cf.* Sharples **2**, p. 31, n. 6). Sur les notes stichométriques du livre V de D. L., *cf.* Sollenberger **57**, p. 3852-3853.

En dehors de cette liste, deux autres titres sont attestés tardivement, chez les néoplatoniciens.

(48) Περὶ τοῦ ὄντος *(Sur l'être)* ; il s'agit d'un βιβλίον ; Procl., *in Tim.* III, p. 16, 3 Diehl = fr. 41 ; *cf.* III, p. 15, 8-9 : Στράτων ὁ φυσικός ; fr. 40-41 (*cf.* Gottschalk **4**, p. 168 « Appendix I »). Dans un excursus sur l'éternité, Proclus cite une thèse de Straton (τὸ ὄν comme cause de la permanence des ὄντα dans le temps), manifestement de seconde main, empruntant peut-être cette information au commentaire de Porphyre sur le *Timée* ; *cf.* Schmidt **71**, p. 218-219 (les fr. 41 I et II appartiennent au Περὶ τοῦ ὄντος plutôt qu'au Περὶ χρόνου).

(49) Περὶ κινήσεως *(Sur le mouvement* ; Simpl., *in Phys.*, p. 916, 13 Diels = fr. 73 ; *in Phys.*, p. 965, 10 = fr. 74) ; fr. 70-74. Dans le second fragment (74), Simplicius cite par deux fois le texte de Straton ; il s'agit des mouvements de l'âme, mouvement par soi de l'âme quand elle pense et mouvement par les sensations de l'âme quand elle perçoit. Dans le premier, les citations de Straton concernent le mouvement physique d'un corps qui tombe. Thphr. § 44, 125, 3 livres (n° 58) et 49, 255, 2 livres (n° 188).

Par ailleurs, grâce à Damascius (*olim* Olympiodore), on a conservé une série d'apories soulevées par Straton sur les arguments développés par Socrate dans le *Phédon* de Platon sur l'immortalité de l'âme (fr. 122-127 ; Gottschalk **4**, fr. 13-16b, commentaire p. 164-167). On a peut-être un témoignage ancien sur cet ouvrage de Straton – dont le titre est inconnu – dans deux fragments de papyrus datant du IIIe s. av. J.-C. édités dans *CPF* III n° 7 ; *cf.* *CPF* 1*** n° 101 qui renvoie à **73** D. Sedley, « Plato's *Phaedo* in the third century b. C. », dans M. Serena Funghi (édit.), *ΟΔΟΙ ΔΙΖΗΣΙΟΣ : Le vie della ricerca. Studi in onore di Francesco Adorno*, Firenze 1996, p. 447-455 : l'auteur propose une lecture légèrement différente des deux fragments ; il s'agirait là non d'un commentaire du *Phédon*, mais plutôt d'un ouvrage de Straton soumettant à la critique les arguments de Socrate (Platon) en faveur de l'immortalité et en particulier ceux qu'il dirige contre la théorie de l'âme-harmonie ; cet ouvrage de Straton pourrait bien être le même que celui d'où proviennent les arguments mentionnés par Damascius. On ne voit pas à quel ouvrage de la liste de Diogène rapporter ces témoignages (Gottschalk **4**, p. 165, propose le Περὶ φύσεως ἀνθρωπίνης), si l'auteur en est bien notre Straton – mais on ne peut raisonnablement proposer d'autre candidat. Sur les apories de Straton sur le *Phédon*, *cf.* Repici **16** et plus particulièrement **39** ; la thèse de l'auteure est que les apories de Straton sont des arguments dialectiques relevant d'un travail de "logical-argumentative demolition" (p. 414) et ne permettent pas de tirer des conclusions positives sur la doctrine défendue par le philosophe (p. 424-426 et n. 17) ; pourtant, cette "démolition" me semble au moins aller dans le sens de l'orientation indéniablement physicaliste de la psychologie de Straton (*cf.* Modrak **37**, en particulier p. 393-394 et 396).

Dubia vel spuria. Plusieurs ouvrages attribués par la tradition à Aristote ont été placés sous l'autorité de Straton.

1. A la suite de Diels **9**, p. 252, n. 5, et de Capelle **7**, col. 283-284 et 312-314, on a souvent voulu attribuer le texte pseudo-aristotélicien *De audibilibus* (Περὶ ἀκουστῶν ; *Sur les sons*) à Straton, en tout ou en partie, ou du moins à son école (le texte conservé est en fait un long extrait traitant de la nature physique du son). *Cf.* **74** H. Flashar, « Aristoteles », dans *GGP*, *Antike 3* (**28**), p. 272 ; Rodier **8**, p. 48-49 ; **75** H. B. Gottschalk, « The *De Audibilibus* and Peripatetic acoustics », *Hermes* 96, 1968, p. 435-460 (l'œuvre ne peut être de Théophraste [p. 447-450] ; elle est à attribuer à Straton [p. 453-454]). *Cf.* **76** U. Klein, *De audibilibus*, coll. « Aristoteles Werke in Deutscher Übersetzung » 18, 3, Berlin 1972 (1990³), p. 200-207 (bibliographie sur la question, p. 200 n. 3).

2. Depuis Patrizzi (*cf.* Sharples **2**, p. 13 n. 24), certains ont voulu attribuer à Straton le *De coloribus* (Περὶ χρωμάτων), appartenant au corpus aristotélicien (*cf.* ci-dessus le titre n° 21) ; *cf.* **77** H. B. Gottschalk, « The *De Coloribus* and its author », *Hermes* 92, 1964, p. 59-85 (l'opuscule, antérieur à Straton, reflète l'enseignement de Théophraste et a pu être écrit par Théophraste lui-même) ; **78** G. Wöhrle (édit.), *Aristoteles, De coloribus*, coll. « Aristoteles Werke in deutscher Übersetzung » 18, 5, Berlin 1999, p. 45-51.

3. Il en va de même du Περὶ πνεύματος (*De spiritu*) ; *cf.* **79** W. W. Jaeger, « Das Pneuma im Lykeion », *Hermes* 48, 1913, p. 29-74, repris dans *Scripta minora*, t. I, Roma 1960, p. 57-102 ; voir Flashar **74**, p. 272. *Cf.* ci-dessus le titre n° 12.

4. Le Περὶ Μελίσσου, περὶ Ξενοφάνους, περὶ Γοργίου (*Sur Mélissos, sur Xénophane et sur Gorgias*) ; *cf.* Rodier **8**, p. 46-49 ; on trouvera le texte grec et une traduction de ce dernier opuscule dans l'ouvrage foisonnant de **80** B. Cassin, *Si Parménide. Le traité anonyme* De Melisso Xenophane Gorgia. *Édition critique et commentaire*, Villeneuve d'Asq 1980 ; *cf.* aussi **81** *DPhA* t. I, p. 534-537 (B. Cassin).

5. L'hypothèse selon laquelle le livre IV des *Météorologiques* d'Aristote serait une œuvre de jeunesse de Straton a été défendue par **82** I. Hammer-Jensen, « Das sogennante IV. Buch der *Meteorologie* des Aristoteles », *Hermes* 50, 1915, p. 113-136, mais n'a généralement pas été retenue ; *cf.* **83** H. B. Gottschalk, « The authorship of *Meteorologica* Book IV », *CQ* 11, 1961, p. 67-79 : « It is probably a thorough revision of an Aristotelian work by a pupil of Theophrastus » (p. 78), mais cet élève n'est pas Straton ; **84** D. J. Furley, « The mechanics of *Meteorologica* IV. A prolegomenon to Biology », dans P. Moraux et J. Wiesner (édit.), *Zweifelhaftes im Corpus Aristotelicum. Studien zu einigen Dubia*, Akten des 9. Symposium Aristotelicum (Berlin, 7.-16. September 1981), coll. « Peripatoi » 14, Berlin 1983, p. 72-93, en particulier p. 73 et n. 1 (avec bibliographie), repris dans Furley **18**, p. 132-148 ; l'auteur argumente en faveur de l'authenticité aristotélicienne de *Meteor.* IV ; même position chez **85** E. Lewis, *Alexander of Aphrodisias, On Aristotle Meteorology 4*, translated by E. L., coll. *ACA*, London 1996, p. 3-9. *Cf.* encore **86** P. Thillet (édit.), *Aristote, Météorologiques*, Édition établie, présentée et annotée par P. T., Paris 2008, p. 25-32.

6. Pour les Μηχανικά pseudo-aristotéliciens, *cf. supra* les remarques sur le titre n° 26 et Flashar **74**, p. 273 (*Problemata mechanica*).

Doctrine. Si on se réfère aux titres qui nous sont parvenus, on constate que Straton s'est occupé de questions relatives à la logique, à l'éthique et à la philosophie de la nature (théologie, psychologie, biologie, médecine, géographie). Pourtant, dès l'Antiquité, Straton se voit qualifier de φυσικός (le témoignage le plus ancien, environ cent trente ans après la mort de Straton, est celui de Polybe XII 25c, 3 = fr. 16) – s'agissait-il de distinguer le philosophe du médecin Straton, disciple d'Érasistrate (D. L. V 61 ; *cf.* Sharples **2**, p. 14-17), dont Galien mentionne plusieurs traités (*cf.* fr. 120), ou de caractériser notre philosophe par l'activité où il s'est révélé le plus original ? Plusieurs témoignages anciens soulignent en effet son intérêt particulier pour les sciences de la nature (fr. 1 ; 2 ; 12 ; 13 ; 15 ; 89). Il serait pourtant exagéré d'affirmer qu'il avait purement abandonné la recherche encyclopédique inaugurée par Aristote et continuée par Théophraste. Il faut en tout cas nuancer ce propos, comme on le voit à la lecture de la liste de ses écrits conservée par Diogène (*cf.* aussi fr. 15). Mais c'est bien dans le domaine de la philosophie de la nature – au sens large, comprenant la psychologie et la théologie – qu'il semble avoir montré le plus d'originalité par rapport à la tradition péripatéticienne antérieure, représentée principalement par Aristote et Théophraste. Il n'est d'ailleurs pas toujours facile d'évaluer précisément cette originalité, en raison de l'état très fragmentaire de nos sources. Certains travaux récents insistent plus sur la continuité de pensée avec le péripatétisme antérieur que sur la rupture, sans nier pour autant l'originalité de Straton (un bon exemple se trouve dans Fortenbaugh **38**, sur la question de l'intellect des animaux ; *cf.* Sharples **22**, p. 161-162). En tout cas, dans la littérature ancienne, on rencontre de nombreuses affirmations du caractère novateur de sa doctrine : *cf. e. g.* fr. 75 (Simplicius) : bien qu'élève de Théophraste, « il a suivi une voie plutôt révolutionnaire » (καινοτέραν ἐβάδιζεν ὁδόν) ; fr. 35

(Plutarque): « sur plusieurs points il n'est pas d'accord avec Aristote ». On retiendra ici quelques thèses qui paraissent ou ont paru innovantes par rapport à la tradition aristotélicienne antérieure.

Straton donne du lieu (τόπος) une définition explicitement rejetée par Aristote ; pour lui, le lieu est un intervalle (διάστημα) tridimensionnel, alors que le Stagirite le définissait comme la surface à deux dimensions entourant le corps (Arist., *Phys.* V 4, 212 a 21-22 ; *cf.* Simpl., *in Phys.*, p. 601, 24 et 618, 24 Diels) ; *cf.* Gottschalk **4**, p. 169 « Appendix II » sur le fr. 55 ; Furley **17**, p. 149-150 ; **87** D. Furley, « Cosmology », dans **88** K. Algra, J. Barnes, J. Mansfeld et M. Schofield (édit.), *The Cambridge History of Hellenistic Philosophy*, Cambridge 1999, p. 415-416 ; **89** R. Sorabji, *Matter, space and motion. Theories in Antiquity and their sequel*, London 1988, p. 199-200.

Dans le domaine de la formation du monde, Straton écartait toute intervention divine ; l'explication des phénomènes fait appel à des causes naturelles, des poids et des mouvements (fr. 32 Cicéron ; Mansfeld **20**, p. 231-333, présente la doctrine de Straton sur la négation de la causalité divine sur le monde comme une radicalisation de la position de Théophraste) ; la nature cependant est dynamique, habitée, selon le témoignage de Cicéron (fr. 39), d'une force divine (*vis divina*), mais n'a ni sensation (*sensus*) ni figure. Le monde n'est pas un vivant et le hasard, ou le spontané (τὸ αὐτόματον), est le principe du mouvement naturel (fr. 35 Plutarque). Straton renonce ainsi complètement à la notion aristotélicienne de téléologie – et de premier moteur agissant comme cause finale –, et défend une position mécaniste.

Straton n'admet pas l'existence d'un cinquième élément – l'éther d'Aristote (fr. 84), constitutif du monde supralunaire où il devait rendre compte du mouvement circulaire éternel (la position de Théophraste sur cette question n'est pas absolument claire, *cf.* **90** R. W. Sharples, *Theophrastus of Eresus, Sources for his life, writings, thought and influence. Commentary volume 3.1 : Sources on physics (texts 137-223)*, with contributions on the arabic material by D. Gutas, coll. « Philosophia antiqua » 79, Leiden 1998, p. 88-93 ; Furley **87**, p. 412-451, en particulier p. 416-417). Straton revient à la thèse pré-aristotélicienne d'un ciel de nature ignée, abandonnant par là le dualisme radical entre monde supralunaire et sublunaire (sur le rapport avec Théophraste, *cf.* Furley **87**, p. 416-417). Les quatre éléments ne sont d'ailleurs pas doués d'un mouvement propre vers le bas ou vers le haut (ou circulaire), mais possèdent tous intrinsèquement un poids, plus ou moins grand, qui les fait tendre vers le centre, les plus légers étant contraints par la pression des plus lourds à occuper les lieux supérieurs (fr. 50-53 ; *cf.* Clagett **10**, p. 90 ; Lefebvre **34**). Straton renonce ainsi à la théorie des lieux naturels (fr. 53 ; 88).

Sur la question du vide (τὸ κενόν), liée à celle de l'existence de pores (πόροι) dans la matière, la position de Straton est d'interprétation délicate et a donné lieu à des évaluations diverses. On a souvent compris qu'en défendant l'existence de vides à l'intérieur des corps, il s'écartait de la position d'Aristote qui en refuse l'existence en acte (*Phys.* IV 6-9) en affirmant le caractère continu de la matière physique; on met souvent en relation les "fragments" de Straton sur cette question avec la doctrine des pores de *Meteor*. IV 8-9, qu'elle soit d'Aristote ou d'un péripatéticien postérieur comme Théophraste, dont l'interprétation elle-même est discutée (*cf.* **91** C. Viano, « Le commentaire d'Olympiodore au livre IV des *Météorologiques* d'Aristote », dans C. Viano [édit.], *Aristoteles chemicus. Il IV libro dei "Meteorologica" nella tradizione antica e medievale*, Sankt Augustin 2002, p. 59-79, en particulier p. 71-72; Sanders **31**, p. 273; 275; Lewis **85**, p. 3-9). De fait, c'est principalement à partir d'un passage du commentaire de Simplicius sur *Physique* IV 9 (fr. 65a Wehrli; 30a Sharples), qu'on a pu retenir que Straton défendait l'existence de vides minuscules – théorie dite des micro-vides (« microvoid theory », Furley **87**, p. 416; Furley **17**, p. 150) – à l'intérieur des corps, pour rendre compte de certains phénomènes comme la diffusion de la chaleur ou de la lumière, conçue comme corporelle (Sanders **31**, p. 274-275; Sharples **22**, p. 162), dans les corps solides, liquides ou gazeux (*cf.* fr. 54-67; Gottschalk **4**, fr. 1 Héron d'Alexandrie, avec le commentaire, p. 143-156; on trouvera les éléments principaux de la discussion dans Sanders **31** et Lehoux **24**, qui admettent la théorie des micro-vides; *cf.* Algra **21**, p. 66, qui parle à ce propos de « strong empiricist tendencies », et qui admet que, pour Straton, les phénomènes de compression sont une preuve de l'existence de micro-vides [p. 66-67]; notons pourtant que, selon Aristote, la compressibilité n'exige pas l'existence de vides, *Phys.* IV 7, 214 a 33 – 214 b 1). On a supposé aussi qu'il s'appuyait sur la doctrine des pores de Théophraste (*cf.* Gottschalk **83**, p. 73 n. 1). Mais on a aussi contesté qu'il s'agisse de vide au sens propre, plutôt que d'espaces (les pores) toujours occupés par un corps (air, eau etc.); en effet, le vide semble conçu par Straton comme une vue de l'esprit (μόνη τῇ ἐπινοίᾳ, fr. 60 Simplicius) ou comme pure potentialité (δυνατόν, fr. 54-55); mais cette conception ne s'appliquerait qu'au vide entre les corps et s'appuierait sur une théorie de l'*horror vacui*, mais ne vaudrait pas pour les micro-vides internes aux corps (Lehoux **24**, p. 14-15; 34); *cf.* Gatzemeier **11**, p. 93-97; Rodier **8**, p. 57-61; 79; l'existence de micro-vides est défendue, entre autres, par Furley **17**, p. 151-153; Algra **21**, p. 68; Sanders **31**, p. 268-269. Ce qui est sûr, c'est qu'il n'admet pas de vide continu (naturel) entre les corps ni à l'extérieur de l'univers comme Épicure. Sur la méthode « délibérément expérimentale » de Straton à propos du vide, *cf.* Clagett **10**, p. 43-45 et 90.

A propos du mouvement, il semble que Straton ait envisagé le mouvement accéléré d'un point de vue cinématique en s'appuyant sur l'observation de l'eau coulant d'un toit, dont le flux est continu dans la partie supérieure et discontinu vers le bas (fr. 73 Simplicius; « a notable combination of reasoning and empirical observation » selon Sharples **22**, p. 162); *cf.* Clagett **10**, p. 90-93. *Cf.* Gatzemeier **11**, p. 122-124.

On a parfois interprété certains témoignages comme signifiant que Straton avait une conception atomique du temps. Les commentateurs récents écartent en général cette interprétation, en faveur d'une conception continuiste (*cf.* **92** R. Sorabji, *Time, Creation and the Continuum. Theories in Antiquity and the Early Middle*

Ages, London 1983, p. 377-379 et p. 53-54). Les critiques apportées par Straton à la définition aristotélicienne du temps comme "nombre du mouvement" nous ont été transmises pour une large part par Simplicius dans une digression, de nature doxographique, de son *Commentaire sur la* Physique désignée communément comme « Corollaire sur le temps » ; malheureusement, Wehrli **1**, fr. 75-77 ; 80-81 ; 83, a fractionné le passage en petites unités (= fr. 31 Sharples) ; on trouvera une traduction de l'ensemble du passage (*in Phys.*, p. 788,33 - 790,29 Diels) dans **93** J. O. Urmson (édit.), *Simplicius, Corollaries on Place and Time*, coll. *ACA*, London 1992, p. 108-110. La définition à laquelle Straton aboutit – le temps est « quantité dans les actions » (τὸ ἐν ταῖς πράξεσι ποσόν, fr. 31, 50-51 Sharples) –, est loin d'être claire et appelle des interprétations (Sorabji **92**, p. 82 : « This seems quite inconclusive » ; *cf.* Jaulin **35**, p. 359-365, dont la conclusion est peu enthousiasmante : « La définition du temps comme 'quantité [ou combien] dans les actions' soit est réductible à la définition aristotélicienne, soit demeure indéterminée », p. 365).

Dans le domaine de la psychologie, on a déjà signalé la critique serrée des arguments socratiques en faveur de l'immortalité de l'âme (fr. 118 ; 122-127). Il n'est pourtant pas sûr qu'il faille lire ces critiques sur fond de négation de l'immortalité. Toutefois, la conception stratonienne de l'âme comme unité pneumatique présente dans tout le corps (fr. 108-111) ne semble plus laisser de place à la distinction aristotélicienne entre une partie mortelle et un intellect destiné à une existence séparée du corps et immortelle (mais il n'est pas absolument clair si Straton identifie le pneuma avec l'âme ou s'il le considère seulement comme son véhicule, à la manière du σύμφυτον πνεῦμα [« souffle congénital »] animal chez Aristote ; *cf.* **94** R. W. Sharples, *Peripatetic Philosophy 200 BC to AD 200. An introduction and collection of sources in translation*, Cambridge 2010, p. 245). Cette doctrine de l'unité psychique implique une certaine continuité entre la perception sensible et la pensée ; *cf.* **95** J. E. Annas, *Hellenistic philosophy of mind*, Berkeley/Los Angeles/London 1992, p. 28-30 ; Modrak **37**. Ainsi, l'intellect peut, dans une certaine mesure, être attribué aussi aux animaux (*cf.* Fortenbaugh **38**, avec une discussion précise des témoignages, ainsi que des antécédents aristotéliciens et théophrastéens). Par ailleurs, la "partie" principale du psychisme (τὸ ἡγεμονικόν ; le mot est peut-être une "traduction" stoïcisante ; mais, *cf.* la remarque de Modrak **37**, p. 391) a son siège dans la tête, et non plus dans le cœur, précisément entre les sourcils (τὸ μεσόφρυον, *superciliorum meditullium* ; *cf.* fr. 119-121 ; pour des hypothèses sur les raisons de cet emplacement, *cf.* Modrak **37**, p. 391-392). Sur la psychologie de Straton, on peut lire encore **96** G. Movia, *Anima e intelletto. Ricerche sulla psicologia peripatetica da Teofrasto a Cratippo*, Padova 1968, p. 111-150, en particulier p. 124-150.

Dans le domaine de l'histoire des idées, on notera l'apparition dès la fin du XVIIe siècle d'une notion fondée sur une interprétation radicale de la pensée de Straton : le stratonisme. Le "platonicien de Cambridge" R. Cudworth (1617-1688), distingue l'athéisme stratonicien *(stratonical atheism)* ou hylozoïsme de celui des atomistes, Démocrite et Épicure ; *cf.* **97** R. Cudworth, *The true intellectual system of the universe* (fac-similé de l'éd. de 1678 [*The true intellectual system of the universe : The first part, wherein all the reason and philosophy of atheism is confuted and its impossibility demonstrated*, London 1678]), Stuttgart/Bad Cannstatt 1964, p. 62 ; 107-109. Chez P. Bayle (1647-1706), Straton est la figure de l'athée spéculatif dont le dogme général est que « la nature est la cause de toutes choses, qu'elle existe éternellement et d'elle-même, et qu'elle agit selon toute l'étendue de ses forces et selon des lois immuables qu'elle ne connaît point» (**98** P. Bayle, *Continuation des "Pensées diverses sur la comète"* [1704], § 149). *Cf.* **99** G. Mori, *Bayle philosophe*, Paris 1999, en particulier p. 217-235 (« Le stratonisme, philosophie de la raison», et p. 133-154 (« De Malebranche à Straton») ; voir aussi **100** G. W. Leibniz, *Essais de Théodicée, sur la bonté de Dieu, la liberté de l'homme et l'origine du mal* [1710], chronologie et introduction par J. Brunschwig, Paris 1969, préface, p. 44 (Straton est associé à Spinoza pour la thèse selon laquelle tout dépend d'une "nécessité aveugle et toute géométrique") ; §187 (le monde est formé "par une cause nécessaire destituée de connaissance") ; 188 (les spinozistes sont les "stratoniciens modernes") ; 345 (Spinoza et Straton défendent "le système de la nécessité absolue et brute"), etc.

JEAN-PIERRE SCHNEIDER.

SUETORIUS DE PÉTRA → CALLINICUS SUETORIUS

SULPICIUS → FLAVIANUS SULPICIUS (G. AELIUS –)

SULPICIUS RUFUS → RUFUS (SERVIUS SULPICIUS –)

172 SULPICIUS GAL(L)US (C. –) *RE* S 66   consul en 166[a], mort av. 149[a]

Cet homme politique et général romain jouissait d'une réputation de savant (*doctissimus homo*, Cic., *De rep.* I 14, 22), mais aucun témoignage ne le présente comme un philosophe. Il fut « le plus versé de tous les nobles dans les lettres grecques » (*qui maxime omnium nobilium Graecis litteris studuit*, Cic., *Brutus* 20, 78 = test. 141 Garbarino). C'est sous la préture de ce philhellène en 169[a] qu'Ennius (➤E 25) fit jouer sa tragédie *Thyeste* dans le cadre des jeux organisés en l'honneur d'Apollon (*ibid.*), de même que sous son consulat fut jouée la première comédie de Térence (*Vie de Térence* de Suétone, p. 31, 12-14 Reiffersheid). La veille de la bataille de Pydna, qui marqua la victoire de Paul-Émile (➤P 64) sur Persée, il aurait, dans la nuit du 21 au 22 juin 168[a] (calendrier julien), alors qu'il était tribun militaire, libéré les soldats de leur terreur au spectacle d'une éclipse de lune totale en leur expliquant les causes naturelles des éclipses. Voir Cic., *De rep.*, I 15, 23. Selon Tite-Live XLIV 37, 5 = test. 144 Garbarino, Sulpicius aurait même prédit cette éclipse un jour avant. En revanche, Polybe XXIX 16 et Plutarque, *Paul-Émile* 17, 7-12, ne mentionnent pas le rôle de Sulpicius dans cet épisode, Plutarque évoquant plutôt les sacrifices offerts par le général pour rassurer la troupe. **1** G. Garbarino, *Roma e la filosofia greca*, t. II, p. 419, signale que Polybe XXXI 6, 1-6 critique le comportement exagérément suspicieux de Sulpicius à l'égard du roi Eumène II de Pergame en Asie (en 163[a]).

Sulpicius fut l'auteur d'un livre d'astronomie où il traitait des éclipses. Voir Pline l'Ancien, *H. N.* II 9, 53 = test. 146 Garbarino. C'est sans doute dans cet ouvrage que Sulpicius reprenait des chiffres de Pythagore concernant la distance de la terre à la lune (126 000 stades), de la lune au soleil (le double de cette première distance) et du soleil aux étoiles du zodiaque. Voir *ibid.*, II 19, 83 = test. 147 Garbarino. Cette référence à Pythagore n'invite pas à prêter au savant romain une information très *up to date*.

Dans son *De senectute* 49 = test. 142 Garbarino (dont la date dramatique se situe en 150[a]), Cicéron fait raconter par M. Porcius Cato (⇒C 58) à P. Scipion l'Africain le jeune (⇒S 27) les calculs et les observations astronomiques que faisait, des nuits entières, Caius Gallus, l'ami de L. Aemilius Paulus (⇒P 64). Prédire des éclipses aurait été chez ce savant un plaisir renouvelé. Sulpicius Gallus est encore mentionné par Cicéron dans le *Pro Murena* 31, 66 = test. 138 Garbarino.

Dans le *De republica* I 14, 21-22 = test. 129 Garbarino, dans le cadre d'une discussion à propos de l'apparition de deux soleils (parhélie), Cicéron fait raconter par L. Furius Philus (⇒F 26) que « le très savant » *(doctissimum)* C. Sulpicius Gallus, alors qu'on parlait chez M. Claudius Marcellus (*RE* C 225), consul avec lui en 166[a], d'un phénomène semblable, fit apporter la sphère armillaire, construite par Archimède, que le grand-père de Marcellus, Marcus Claudius Marcellus (*RE* C 220), avait rapportée de Syracuse lors de la prise de la ville en 212[a], avec une autre sphère du même Archimède, plus jolie *(venustior)* et plus célèbre, que Marcellus avait installée dans le Temple de la Vertu. Gallus montrait la supériorité de ce modèle par rapport aux sphères solides représentant les constellations et les étoiles qu'on avait fabriquées depuis Thalès (⇒T 19) et qu'avait perfectionnées Eudoxe de Cnide (⇒E 98), type de sphères célestes qu'avait décrit le poète Aratus (⇒A 298) sans grande connaissance de l'astronomie. La sphère d'Archimède permettait de représenter les mouvements différents et les vitesses différentes du soleil, de la lune et des cinq planètes. On pouvait ainsi reproduire la configuration astrale qui donnait lieu à une éclipse du soleil ou de la lune. Le long développement qui suivait est aujourd'hui perdu. Le texte reprend au milieu d'une intervention de Scipion (*De rep.* I 15, 23 = test. 140 Garbarino) qui rappelle que son père Paul-Émile avait une grande estime pour Gallus et qui relate l'épisode de l'éclipse de Pydna. Sur cet épisode de la sphère armillaire, voir **2** P. Vesperini, *La philosophia et ses pratiques d'Ennius à Cicéron*, p. 214-216 et 218-220.

Selon Cic., *De rep.* I 18, 30, le jurisconsulte Sextus Aelius Paetus, grand-père de Q. Aelius Tubero (⇒T 181), critiquait ces études astronomiques de Sulpicius (Vesperini **2**, p. 223-224). Pour des réflexions sur les tensions entre la recherche de la vérité scientifique et les exigences de l'action, où sont mentionnés les travaux de Sulpicius en « astrologie », voir Cicéron, *De off.* I 6, 18-19 = test. 143 Garbarino.

Pour les étapes de sa carrière politique et militaire, on se reportera à **3** F. Münzer, art. «Sulpicius Galus» 66, *RE* IV A 1, 1931, col. 808-811. Voir aussi Garbarino **1**, t. II, p. 417-423 ; témoignages 138-140, t. I, p. 98-101. Les manuscrits ont en général la forme Gallus, mais les *Fasti Capitolini* le connaissent plutôt sous le nom de Galus.

Cic., *Laelius* 2, 9 rapporte que Sulpicius supporta courageusement le décès de son fils. Voir aussi *Ad fam.* IV 6, 1. Dans le *De amicitia* 6, 21, Gallus est cité comme exemple d'homme bon *(viri boni)* à côté de Paulus, Caton, Scipion et Philus. Son rigorisme l'aurait amené à divorcer de sa première épouse parce qu'elle avait enfreint une coutume romaine. Voir Val. Max. VI 3, 10 ; Plut., *Quaest. Rom.* 14, 267 c.

Vesperini **2**, p. 138, envisage, à la suite de **3** T. R. S. Broughton, *MMR*, t. 1, p. 439, d'identifier Sulpicius Galus avec le «Gallus» envoyé en Grèce en 164[a] qui avait confié, sans beaucoup d'égards pour la renommée de ces cités, à Callicratès, «un homme exécrable pour tous les Grecs», le règlement d'un conflit frontalier entre Sparte et Argos (cf Pausanias VII 11, 1-2 ; sur Callicratès Vesperini renvoie à Polybe XXX 29).

RICHARD GOULET.

SURA → PALFURIUS SURA (M. –)

173 SURA (L. LICINIUS –) *RE* 167　*PIR*^{2} L 253　　　　　　　　mort vers 108

Érudit et savant d'origine espagnole, ami de Trajan, qui fut trois fois consul. Aucun témoignage n'invite à le présenter comme philosophe. Mais dans une lettre, où il est consulté sur une histoire de fantômes (*Lettres* VII 27), Pline loue ses connaissances (voir aussi IV 30) et espère que tout en examinant le pour et le contre il pourra tout de même donner une réponse plus affirmative pour surmonter ses doutes. Selon Jean-Marie André, «Tacite et la philosophie», dans *ANRW* II 33, 4, Berlin 1991, p. 3115, cette position serait caractéristique d'un académicien.

Pour sa carrière politique, voir **1** E. Groag, art. «L. Licinius Sura» 167, *RE* XIII 1, 1926, col. 471-485 ; **2** *PIR*^{2} L 253 (t. V 1, Berlin 1970, p. 60-61).

Cf. **3** A. N. Sherwin-White, *The Letters of Pliny. A Historical and Social Commentary*, Oxford 1966, p. 309-310 ; **4** A. R. Birley, *Onomasticon to the Younger Pliny. Letters and Panegyrics*, München/Leipzig 2000, p. 69.

RICHARD GOULET.

174 SYLLA DE CARTHAGE (SEXTIUS –) *RE* 37　*PIR*^{2} S 677 (Sextius)　　　　I-II

Il est l'un des interlocuteurs du *De cohibenda ira* de Plutarque, où il dit être arrivé à Rome l'année précédente, donc en 91 au plus tôt (sur la date dramatique du traité, voir C. P. Jones, *JRS* 56, 1966, p. 61). L'écrivain exprime dans la *Vie de Romulus* (15, 3) l'estime qu'il lui porte et le met en scène à plusieurs reprises dans les *Moralia*, à Rome (*Quaest. Conv.* VIII 7 ; *De facie*), mais aussi en Grèce, où Sylla avait donc séjourné (*Quaest. Conv.* II 3 et 111, 3). Ses interventions révèlent une culture scientifique et philosophique étendue et une familiarité évidente avec les milieux néopythagoriciens : c'est du reste dans son entourage que l'on trouve le philosophe Lucius, élève de Modératus de Gadès (*Quaest. conv.* VIII 7).

Cf. K. Ziegler, art. « Plutarchos », *RE* XXI 1, 1951, col. 689-691 ; A. Stein, art. « Sextius » 37, *RE* II 1, 1923, col. 2051-2052.

BERNADETTE PUECH.

SYLLOS → **SILLIS**

175 SYLLOS DE CROTONE *RE* 2   V-IV

Pythagoricien ancien dont le nom figure dans le catalogue de Jamblique (*V. pyth.* 36, 267, p. 143, 20 Deubner = **1** DK 58 A, t. I, p. 446, 10), qui semble remonter en grande partie à Aristoxène de Tarente (➲A 417). Son nom est répertorié dans **2** W. Pape et G. Benseler, *Wörterbuch der griechischen Eigennamen*, t. II, p. 1456 (n° 1), ainsi que dans le **3** *LGPN*, t. III A, p. 405, où Fraser et Matthews proposent – sans fondement – une datation au VIe siècle. *Cf.* aussi **4** W. Capelle, « Syllos » 2, *RE* IV A 1, 1931, col. 1070.

Les mss portent en réalité Σίλιος (conservé par le précédent éditeur de la *V. pyth.*, A. Nauck), mais depuis Holstenius et Kiessling (1815) on corrige en Σύλλος, sur la base de *V. pyth.* 150, p. 84, 23-25 Deubner.

Selon **5** O. Masson, « Les noms grecs en Συλο- et -συλος », dans ses « Notes d'anthroponymie grecque et asianique », *BN* 16, 1965, p. 158-176, aux p. 166-170, notamment p. 169 [= *Id.*, *Onomastica graeca selecta*, Paris 1990, t. I, p. 69-73, notamment p. 72], « il ne [serait] pas expédient de corriger » la forme, rare mais légitime, du nom « en Σῦλος », puisqu'elle « s'explique bien comme un hypocoristique de Σῦλος, obtenu par le redoublement de la consonne finale du radical selon un procédé connu ». Sur ce type de nom, *cf.* aussi **6** Fr. Bechtel, *Die historischen Personennamen*, p. 412.

En *V. pyth.* 150, p. 84, 23-25 Deubner, Jamblique nous apprend (vraisemblablement d'après Aristoxène) que Syllos de Crotone « paya une amende pour n'avoir pas voulu prononcer un serment, bien qu'il s'apprêtât à tenir son serment en toute bonne conscience (εὐορκήσειν) » (trad. **7** L. Brisson et A. Ph. Segonds, *Jamblique. Vie de Pythagore*, coll. « La roue à livres », 29, Paris ²2011 [¹1996], p. 84). Dans le passage parallèle de *V. pyth.* 144, p. 81, 5-8 Deubner il est précisé que « étant contraint par la loi de prêter serment », le pythagoricien en question (cité ici de façon anonyme) préféra ne pas le faire et payer l'énorme amende de trois talents prévue pour celui qui, amené au tribunal, refusait de prêter serment, et ce afin de pouvoir « respecter la doctrine [de Pythagore] (διαφυλάξαι τὸ δόγμα) » (**7** *ibid.*, p. 80-81).

Dans leur note *ad loc.* (**7**, p. 194, n. 4 du § 144), Brisson et Segonds rappellent que, dans l'Antiquité, la somme de trois talents était considérable : « 3 talents valent 18 000 drachmes ; or le salaire moyen d'un ouvrier est d'une drachme par jour ».

L'attitude de Syllos est à bien des égards révélatrice : du conflit latent entre loi de la cité et enseignement de Pythagore (non seulement au sujet de la prestation de serment au tribunal, mais aussi, on le sait par ailleurs, à propos de l'accomplissement des sacrifices sanglants publics) ; de l'importance accordée à l'intégrité

morale de la personne, à l'intériorisation de la norme et à la conscience individuelle plutôt qu'aux vertus civiles et au droit public; du respect éprouvé pour la
parole du Maître, de la fidélité à ce maître et du souci pour la préservation sans
compromis des doctrines par lui professées; du statut socio-économique des
adeptes du pythagorisme, enfin, qui leur permettait de dépenser des sommes aussi
élevées. Mais son cas illustre avant tout un trait bien attesté du pythagorisme
ancien, à savoir le grand respect des pythagoriciens pour les serments engagés et
leur refus de prononcer le nom des dieux (et même de leur maître, lorsqu'ils
juraient par « celui qui a inventé la *tétractys* »), deux attitudes qui, en se combinant
et se radicalisant, pourraient, comme ici, aller jusqu'au refus pur et simple de
prononcer un serment.

Excursus sur le serment pythagoricien. Les *Vers d'or* pythagoriciens (v. 2) incitent à
respecter religieusement le serment (σέβου ὅρκον); *cf.* Jamblique, *V. pyth.* 144, p. 81, 1-4
Deubner: tous les pythagoriciens étaient scrupuleux (εὐλαβῶς διέκειντο) en matière de serments. – Diodore de Sicile X 9, 1-2 présente une casuistique pythagoricienne selon laquelle (a) il
ne faut jurer que rarement, mais, (b) à partir du moment où l'on prête serment, il faut y persister
et rester fidèle quoi qu'il arrive (πάντως ἐμμένειν) en travaillant pour la réalisation de ce qu'on a
promis. – Dans le discours prononcé devant le conseil des Mille, à Crotone (Jamblique, *V. pyth.*
47, p. 26, 10-12 Deubner), Pythagore aurait souligné que les discours des conseillers ne doivent
pas avoir besoin de serments pour être persuasifs (πιστοί); même idée chez Diogène Laërce VIII
22, p. 122, 11-12 Delatte: en évitant de jurer par les dieux on s'entraîne (ἀσκεῖν αὐτόν) à se
montrer soi-même digne de foi (ἀξιόπιστος) – un souci analogue pour tenir sa parole et se
montrer fidèle animait également les histoires d'amitié racontées au sujet de Damon et Phintias,
Sélinountios et Moérus, etc. –; *cf.* Diodore de Sicile X 9, 2 (= fr. 16-16bis dans **8** *Diodore de
Sicile. Bibliothèque historique. Fragments. Livres VI – X*, texte établi, traduit et commenté par
A. Cohen-Skalli, *CUF*, Paris 2012, p. 194) : le serment est une garantie assurée de fidélité
(πίστεως ἐνέχυρον βέβαιον). – Si on n'a pas besoin de serment, c'est, selon une maxime
pythagoricienne rapportée par Diog. L. VIII 33, p. 130, 7 Delatte, parce que « ce qui est juste a
[lui-même] valeur de serment (ὅρκιον) » ; *cf.* Porphyre, *V. pyth.* 41 : « Avant toute chose, il faut
dire la vérité ; car elle seule est capable de rendre les hommes semblables à Dieu ». – Suivant
l'injonction de Pythagore invitant à n'(ab)user du nom d'aucun dieu en serment (μηδενὶ κατα-
χρήσασθαι τῶν θεῶν εἰς ὅρκον : discours de Pythagore au conseil des Mille à Crotone,
Jamblique, *V. pyth.* 47, p. 26, 10-12 Deubner), les pythagoriciens se gardaient bien (πολλὴν
φειδὼ ἐποιοῦντο) d'employer les noms des dieux, en témoignage de respect pour eux (τιμῆς ...
τεκμήριον) et par scrupule (αἰδώ), comme ils faisaient aussi pour le nom de Pythagore
(*cf.* Jamblique, *V. pyth.* 150, p. 84, 21-23 et p. 84, 27 - 85, 2 Deubner) ; *cf.* encore Julien, *Discours
VII, Contre Héracleios le cynique*, ch. 24, 236 d 2-7, édit. G. Rochefort, *CUF* (dans le cadre d'un
développement sur ἡ τῶν Πυθαγορικῶν εὐλάβεια περὶ τὰ τῶν θεῶν ὀνόματα) : οὐδὲ τῷ ὅρκῳ
χρῆσθαι προπετῶς τοῖς τῶν θεῶν ὀνόμασι [ἐπέτρεπεν ὁ Σάμιος, *scil.* Πυθαγόρας]. Le
parallèle biblique des dix commandements vient immédiatement à l'esprit; *cf.* Philon, *Sur le
décalogue*, 84. Jésus ne disait pas autre chose: Mt 5, 33-37; *cf.* **9** M. Vahrenhorst, *'Ihr sollt
überhaupt nicht schwören': Matthäus im halachischen Diskurs*, Neukirchen-Vluyn 2002. – Les
pythagoriciens avaient leur propre serment, « par Pythagore », que, pour éviter qu'il soit nommé,
ils désignaient par la périphrase « celui qui nous a enseigné la *tétractys* » : voir *Vers d'or* (v. 47-
48), avec Jamblique, *V. pyth.* 150, p. 84, 26-85, 5 ; 162, p. 91, 20-92, 2 Deubner. – Bibliographie : **10** L. Schmidt, *Die Ethik der alten Griechen*, Berlin 1882 [réimpr. Stuttgart 1964], t. II,
p. 3-10 ; **11** R. Hirzel, *Der Eid : ein Beitrag zu seiner Geschichte*, Leipzig 1902 [réimpr. Aalen
1966], p. 99-102 ; **12** J. Plescia, *The oath and perjury in ancient Greece*, Tallahassee (Florida)
1970, p. 87-88 ; **13** J. C. Thom, *The Pythagorean Golden verses*, coll. « Religions in the Graeco-

Roman World» 123, Leiden 1995, p. 109-110; **14** J. Taylor, *Pythagoreans and Essenes: structural parallels*, Paris/Louvain 2004, p. 23-25.

De cet examen rapide du dossier du serment pythagoricien il devient clair que Syllos constitue le seul exemple connu (et vraisemblablement ancien, si l'anecdote le concernant a été transmise effectivement par Aristoxène) de *refus total* du serment.

CONSTANTINOS MACRIS.

176 SYMMACHOS DE PHLYA   M II

Disciple du diadoque stoïcien Aurélius Héraclidès (**⇒⁺H** 56a dans les compléments du tome VII; *PA* 6462) du dème attique des Eupyrides de la tribu Léontis, connu par l'inscription *IG* II² 3801 (M II): «En vertu des décisions du clarissime Conseil des 500, Symmachos, fils de Symmachos, de Phlya, a consacré la statue de son maître, Aurelius Héracleidès des Eupyrides, diadoque de la doctrine reçue de Zénon» (κατὰ τὰ δόξαντα τῇ Ι κρατίστῃ βουλῇ τῶν Ι Φ Αὐρ Ἡρακλείδην ΕὐΙπυρίδην, τὸν διάδοχο[ν] Ι τῶν ἀπὸ Ζήνωνο[ς] Ι λόγων, Σύμμαχος Ɔ Ι Φλυεὺς τὸν διδάσκαΙλον ἀρετῆς ἕνεκεν).

Le Φ majuscule vaut pour 500 et le signe sigma inversé après le nom de Symmachos indique l'homonymie: Symmachos étant le fils d'un autre Symmachos.

Selon J. Kirchner, dans les notes sur *IG* II² 3801, Symmachos de Phlya serait le père de deux éphèbes (Πτολεμαίδος Ι Διόδωρος Συμμάχου Ι Δημήτριος Συμμάχου) répertoriés dans une liste d'éphèbe (*IG* II² 2111-2112, col. III 45-47) que l'on date maintenant de 185/6, ce qui fournit un élément de datation approximative.

Voir B. Puech, notice «Héraclide d'Athènes (Aurélius –), H 56, *DPhA* III, 2000, p. 559, et, dans les compléments du tome VII, la notice H 56a.

BERNADETTE PUECH et RICHARD GOULET.

177 SYMMACHUS (Q. AURELIUS) *RE* 18 *PLRE* I:4   *ca* 340 – *ca* 402

Sénateur romain, *praefectus urbi* en 384-385, consul en 391. Sa carrière sénatoriale est décrite dans *CIL* VI 1699. Pour les détails de sa carrière politique et de sa vie, voir **1** O. Seeck (édit.), *Q. Aurelii Symmachi quae supersunt*, coll. *MGH, Auctores antiquissimi*, VI 1, Berlin 1883, p. III-LXXIII; **2** J. A. McGeachy, *Q. Aurelius Symmachus and the Senatorial Aristocracy of the West*, diss. Chicago 1942, 203 p.; **3** R. Klein, *Symmachus, Eine tragische Gestalt des ausgehenden Heidentums*, Darmstadt 1971, p. 57-76; **4** D. Matacotta, *Simmaco. L'antagonista di Sant' Ambrogio*, Firenze 1992, 338 p.; **5** C. Sogno, *Q. Aurelius Symmachus: a political biography*, Ann Arbor 2006, 140 p.

Il fut impliqué dans la politique contemporaine: il prononça notamment un panégyrique en faveur de l'usurpateur Magnus Maximus en 388 et, après la chute de Maximus, il présenta une apologie à l'empereur Théodose Ier qui lui accorda son pardon. A propos de son engagement dans la politique, voir **6** S. Roda, «Simmaco nel gioco politico del suo tempo», *SDHI* 29, 1973, p. 53-114; **7** J.

Matthews, «Symmachus and the *magister militum* Theodosius», *Historia* 20, 1971, p. 122-128.

Son père fut Lucius Aurelius Avianius Symmachus (*PLRE* I:3). Il fut l'ami et le correspondant de Vettius Agorius Praetextatus (➠P 274) et de Virius Nicomachus Flavianus (➠N 49). Les familles de Symmachus et de Nicomachus Flavianus étaient probablement liées par des mariages.

C'était un orateur distingué et son éloquence est célébrée par des auteurs de l'antiquité tardive : Prudence (*Contra Symmachum* I 632-634, II praef. 56) l'admire et s'exclame *o linguam miro verborum fonte fluentem* et *quo nunc nemo disertior* ; Macrobe (*Saturnalia* V 1, 7) décrit son style comme *pingue et floridum*.

L'édition de ses discours et de ses lettres (dix livres de lettres, en incluant les *Relationes*) a été publiée par Seeck **1**, p. 1-340. Éditions, traductions et commentaires de ses discours : **8** F. Del Chicca (édit.), *Q. Aurelii Symmachi v.c. Laudatio in Valentianum Seniorem Augustum prior*. Introd., comm. e trad., Roma 1984 ; **9** A. Pabst (édit.), *Quintus Aurelius Symmachus, Reden, herausgegeben, übersetzt und erläutert*, coll. «Texte und Forsch.» 53, Darmstadt 1989. Éditions, traductions et commentaires de ses *Relationes* : **10** W. Meyer (édit.), *Q. Aurelii Symmachi Relationes*, Leipzig 1872 ; **11** R. H. Barrow, *Prefect and Emperor. The Relationes of Symmachus*. Transl. intr. & notes, Oxford 1973 ; **12** D. Vera, *Commento storico alle "Relationes" di Quinto Aurelio Simmaco*, Pisa 1981. Éditions, traductions et commentaires de ses lettres : **13** J.-P. Callu (édit.), *Symmaque. Lettres* t. I-IV. Texte, trad. et comm., *CUF*, Paris 1972-2002 ; **14** S. Roda, *Commento storico al libro IX dell'Epistolario di Q. Aurelio Simmaco*, Pisa 1981 ; **15** A. Marcone, *Commento storico al libro VI dell'Epistolario di Q. Aurelio Simmaco*, Pisa 1983 ; **16** A. Marcone, *Commento storico al libro IV dell'Epistolario di Q. Aurelio Simmaco*, Pisa 1987 ; **17** P. Rivolta Tiberga, *Commento storico al libro V dell'Epistolario di Q. Aurelio Simmaco*, Pisa 1992 ; **18** A. Pellizzari, *Commento storico al libro III dell'Epistolario di Q. Aurelio Simmaco*, Pisa 1998 ; **19** G. A. Cecconi, *Commento storico al libro II dell'Epistolario di Q. Aurelio Simmaco*, Pisa 2002. Pour des études générales sur les lettres de Symmaque, voir **20** J. F. Matthews, «The Letters of Symmachus», dans J. W. Binns (édit.), *Latin Literature of the Fourth Century*, London 1974, p. 58-99, et **21** Ph. Bruggisser, *Symmaque ou le rituel épistolaire de l'amitié littéraire, Recherches sur le premier livre de la correspondance*, Fribourg 1993. Une concordance complète a été publiée par **22** V. Lomanto, *Concordantiae in Q. Aurelii Symmachi opera*, coll. «Alpha-Omega. Reihe A, Lexika, Indizes, Konkordanzen zur klassischen Philologie» 54, Hildesheim 1983. Pour une étude générale sur la langue de Symmaque, voir **23** G. Haverling, *Studies on Symmachus' language and style*, coll. «Studia Graeca et Latina Gothoburgensia» 49, Göteborg 1988.

Symmaque est le défenseur célèbre de la religion romaine traditionnelle, principalement dans le cadre de la controverse sur l'autel de la Victoire : il adressa la *Relatio* 3 à l'empereur Valentinien II en guise de pétition en faveur de la réinstallation de l'autel de la Victoire dans la curie du Sénat et de la restauration des privilèges des prêtres de la religion romaine traditionnelle. L'évêque de Milan Ambroise écrivit deux lettres à l'empereur (*Epist.* 17-18 = *Epist.* 72-73, ed. M. Zelzer, *CSEL* 82, 3, Wien 1982) pour réfuter la requête de Symmaque. Prudence s'opposa à sa demande dans le poème *Contra Symmachum* composé en 402-403. Sur cette controverse voir **24** J. Wytzes, *Der letzte Kampf des Heidentums in Rom*, Leiden 1977, p. 4-97 ; **25** R. Klein, *Der Streit um den Victoria-Altar. Die dritte Relatio des Symmachus und die Briefe 17, 18 und 57 des Mailänder Bischofs Ambrosius*. Einführung, Text, Übers. und Erl., coll. « Texte & Forsch. », Darmstadt 1972, p. 11-16 ; **26** F. Canfora, *Simmaco – Ambrogio, L'altare della Vittoria*, Palermo 1991, 243 p.

Il se montre concerné par la continuation de la religion romaine traditionnelle également dans ses lettres (*Epist.* I 49 ; II 53 ; II 59). Il était *pontifex maior* (*CIL* VI 1699). Son orientation culturelle a été étudiée par **27** D. N. Robinson, « An Analysis of the Pagan revival of the Late Fourth Century, with especial reference to Symmachus », *TAPhA* 46, 1915, p. 87-101, **28** H. Bloch, « The Pagan Revival in the West at the End of the Fourth Century », dans A. Momigliano (édit.), *The Conflict between Paganism and Christianity in the Fourth Century*, Oxford 1963, p. 194-215, et **29** J. F. Matthews, « Symmachus and the Oriental Cults », *JRS* 63, 1973, p. 175-195, lequel a montré que la division proposée par Robinson et Bloch des sénateurs romains polythéistes en deux factions, l'une traditionnaliste et l'autre orientaliste, ne correspondait pas à la réalité. Sur les idées et les idéaux de Symmaque en général, voir **30** F. Paschoud, « Réflexions sur l'idéal religieux de Symmaque », *Historia* 14, 1965, p. 215-235 ; **31** M. R. Salzman, « Reflections on Symmachus' idea of tradition », *Historia* 38, 1989, p. 348-364 ; **32** A. Cameron, *The Last Pagans of Rome*, Oxford 2011, p. 366-383.

Symmaque est l'un des invités du banquet relaté par Macrobe dans ses *Saturnalia* (œuvre datée des années 430 par **35** A. Cameron, « The Date and Identity of Macrobius », *JRS* 56, 1966, p. 25-38) et il prononce au livre IV un discours sur les procédés rhétoriques de Virgile.

Iconographie. 33 A. Cameron, « Pagan Ivories », dans F. Paschoud (édit.), *Colloque genevois sur Symmaque à l'occasion du mille six centième anniversaire du conflit de l'autel de la Victoire*, Paris 1986, p. 52, a cru reconnaître Symmaque dans le personnage qui monte au ciel dans ce qu'on appelle le diptyque de l'apothéose des Symmachi (conservé au British Museum à Londres). Pour la bibliographie sur cette question et d'autres propositions d'identification, voir **34** M. Kahlos, *Vettius Agorius Praetextatus. Senatorial Life in Between*, coll. « Acta Instituti Romani Finlandiae » 26, Roma 2002, p. 206-208.

Notice traduite de l'anglais par Richard Goulet.

MAIJASTINA KAHLOS.

178 SYMMACHUS (Q. AURELIUS MEMMIUS) *RE* 30 *PLRE* II :9   mort en 525

Connu également sous le nom de Symmachus iunior. Sénateur romain, *patricius, praefectus urbi* à une date comprise entre 476 et 491 et consul en 485. Il était le principal représentant du Sénat et fut impliqué dans les enjeux politiques contemporains. Après la mort de son fils adoptif et gendre Anicius Manlius Severinus Boethius (☛B 41), il fut accusé de trahison en 524 parce qu'il avait défendu Boèce ; il fut exécuté par le roi Théodoric en 525 (Procopius, *Bellum Gothicum* V 1, 32-39 ; *Excerpta Valesiana* [ou *Anonymus Valesianus*] 15, 92, *MGH AA* IX, p. 328 ; Cassiodorus, *Variae* I 23). Sur l'arrière-plan historique de cette condamnation à mort, voir **1** C. Morton, « Marius of Avenches, the "Excerpta Valesiana", and the death of Boethius », *Traditio* 38 1982, p. 107-136 ; **2** J. Moorhead, « The Last Years of Theoderic », *Historia* 32, 1983, p. 106-120 ; **3** *Id.*, *Theoderic in Italy*, Oxford 1992, p. 219-235.

Il était l'arrière-petit-fils de l'orateur Q. Aurelius Symmachus (☛S 177). Il éleva Boèce et lui donna en mariage sa fille Rusticiana en 495. Voir **4** J. R. C. Martyn, « A New Family Tree for Boethius », *Parergon* 2, 2006, p. 1-9.

Il écrivit une histoire romaine perdue en sept livres (mentionnée dans *Ordo generis Cassiodororum*, également appelé *Anecdoton Holderi* ou *Libellus*, *MGH AA* XII, p. V-VI, et par Jordan, *Getica* 83 et 88). Selon **5** W. Ensslin, « Des Symmachus *Historia Romana* als Quelle des Iordanes », *SBAW* 3, 1948, p. 5-106, son *Histoire* fut la source principale des *Getica* et des *Romana* de Jordan. Contre cette hypothèse, voir **6** B. Croke, « Cassiodorus and the *Getica* of Jordanes », *CPh* 82, 1987, p. 117-134 ; en sa faveur voir **7** M. Festy, « De l'*Epitome de Caesaribus* à la *Chronique* de Marcellin : L'*Historia Romana* de Symmaque le Jeune », *Traditio* 52, 2003, p. 251-255. Concernant les spéculations sur le contenu et l'organisation de l'ouvrage de Symmaque, voir **8** M. Schanz, C. Hosius et G. Krüger, *Geschichte der römischen Litteratur bis zum Gesetzgebung des Kaisers Justinian*, t. IV 2, p. 83-84 ; **9** R. Browning, « The End of the Western Empire », *CR* 18, 1968, p. 336-338.

Dans la *subscriptio* d'une édition du *Commentaire* de Macrobe *sur le Songe de Scipion*, il est mentionné comme le correcteur du texte de cette version en compagnie de Macrobius Plotinus Eudoxius (☛E 102), qui était probablement un descendant de Macrobe (☛M 9). **10** O. Jahn, « Über die Subscriptionen in den Handschriften römischer Classiker », *BSAW* 3, 1851, p. 347 ; **11** A. Cameron, « The Date and Identity of Macrobius », *JRS* 56, 1966, p. 25 et 37 ; **12** A. Petrucci, « Scrittura e libro nell'Italia altomedievale », *StudMed* 10, 1969, p. 174-178, et **13** G. Cavallo, « Libro e pubblico alla fine del mondo antico », dans G. Cavallo (édit.), *Libri, editori e pubblico nel mondo antico. Guida storica e critica*, Bari 1977, p. 93-96.

Il est mentionné comme philosophe dans son *Ordo generis Cassiodororum* (*MGH AA* XII, p. V-VI) et par Procope, *Bellum Gothicum* I 1, 32. Plusieurs auteurs témoignent d'une haute estime pour son érudition, ses vertus, sa justice et sa générosité. Par exemple, Boèce fait l'éloge de son beau-père dans son *De consolatione philosophiae* (I 4 ; II 4). L'*Ordo generis Cassiodororum* (*MGH AA* XII, p. V-VI) voit en lui un émule de Caton l'Ancien (☛C 58). Symmaque est le destinataire d'une lettre d'Ennodius (*Epist.* VII 25, *MGH AA* VII, p. 258). Boèce lui dédia ses traités *De arithmetica* et *De Trinitate* et le grammairien Priscianus lui dédia trois petits traités (H. Keil, *Grammatici Latini*, t. III, Leipzig 1859, p. 405).

Notice traduite de l'anglais par Richard Goulet.

MAIJASTINA KAHLOS.

179 SYNÉSIOS DE CYRÈNE *RE* 1 *PLRE* 1 *ca* 370-413

PLAN DE LA NOTICE

Synésios de Cyrène n'est pas un philosophe au sens étroit ou ordinaire du terme, si on le compare aux philosophes grecs patentés de son époque, qui sont des professeurs, des commentateurs de textes philosophiques, ou des sortes de mystagogues : ce n'est pas un philosophe de métier, mais de vocation (voir l'*Ép.* 41, écrite sans doute en 412, à la fin de sa vie, alors qu'il ploie sous le fardeau épiscopal et qu'il est en conflit avec le gouverneur de la province : « je ne suis pas devenu un philosophe public, je n'ai pas recherché les appplaudissements des auditoriums et je n'ai pas ouvert une école – je n'en étais pas moins philosophe et puissé-je l'être encore », ma trad.). Il faut ajouter que celles de ses œuvres qui pourraient sembler ressortir au genre du traité de philosophie politique, *Le discours sur la royauté* et les *Récits égyptiens ou de la providence*, relèvent de ce que nos contemporains appelleraient la philosophie d'actualité et d'intervention, comme on le comprend à la lecture du magistral décryptage historique et littéraire de **1 A.** Cameron et J. Long, *Barbarians and politics at the court of Arcadius*, Berkeley 1993. Le texte qui ressemble le plus à un exposé philosophique à peu près suivi, même si son caractère particulier est loin d'être épuisé dans cette qualification, est le *Traité des songes*, dont le titre, trompeur, ne permet pas de savoir d'emblée qu'il s'agit, pour une bonne part, d'un exposé néoplatonicien de la notion d'imagination.

Toutefois, il n'est pas une de ses œuvres, y compris le jeu littéraire de *l'Éloge de la calvitie* ou même sa correspondance, qui ne soit incrustée de tesselles doctrinales empruntées le plus souvent à une forme particulière du néoplatonisme. Synésios est avant tout un très grand styliste, et, pour que le lecteur philosophe puisse se saisir de ce Protée, il doit savoir qu'il peut prendre la forme d'un rhéteur philosophant (le plus souvent), d'un poète métaphysique (en ses *Hymnes*), d'un sophiste humoriste (l'*Éloge de la calvitie*), ou d'un épistolier accompli.

I. BIBLIOGRAPHIE

1. Éditions des œuvres

A. Œuvres complètes

L'édition complète la plus récemment achevée est celle qui est publiée dans la *Collection des Universités de France* aux Belles Lettres (Paris) ; elle comprend six tomes : **2** les *Hymnes* (édition et traduction de C. Lacombrade, 1978), **3** la *Correspondance* (en deux volumes, éditée par A. Garzya et traduite par D. Roques, 2000), les *Opuscules*, constitués de trois tomes (édition de J. Lamoureux et traduction de N. Aujoulat) : **4** le tome 1 comprend *l'Éloge de la calvitie*, le *Dion ou du genre de vie conforme à son modèle*, et le *Traité des songes* (2004) ; **5** le tome 2 comprend le traité *Sur la royauté* (2008) ; **6** le tome 3 comprend les *Récits égyptiens ou de la providence*, le *Discours à Paionios sur le don*, les *Homélies* et les *Catastases* (2008). L'autre édition importante des œuvres complètes est celle procurée par A. Garzya en 1989 (**7** *Opere di Sinesio di Cirene*, Torino), même si, pour le texte, elle reprend en substance des éditions antérieures, à savoir celle de Garzya lui-même pour la correspondance (**8** *Synesii Cyrenensis epistolae*, A. Garzya rec., Roma 1979), celle de Lacombrade mentionnée plus haut pour les hymnes, et celle de N. Terzaghi pour les opuscules (**9** *Synesii Cyrenensis opuscula*, N. Terzaghi rec., Roma 1944). Il existe deux autres traductions des œuvres complètes, l'une en anglais, par A. Fitzgerald, en deux volumes (**10** *The letters of Synesius of Cyrene*, Oxford 1926, et **11** *The essays and hymns of Synesius of Cyrene*, Oxford 1930), et l'autre, plus récente, en espagnol, par F. A. Garcia Romero, en deux volumes également (**12** *Himnos, Tratados*, Madrid 1993, et *Cartas*, Madrid 1995, avec le texte grec).

B. Œuvres séparées

Parmi les éditions de textes séparés, il faut signaler les deux éditions italiennes des hymnes, celle de Terzaghi (**13** *Synesii Cyrenensis hymni*, Roma 1939) et celle d'A. Dell'Era (**14** Sinesio di Cirene, *Inni*, Roma 1968), accompagnée d'une traduction. Parmi les traductions, signalons, pour les hymnes, celle de M. Meunier (**15** *Hymnes de Synésius de Cyrène*, Paris 1947), et celle de J. Gruber et H. Strohm (**16** Synesios von Kyrene, *Hymnen*, Heidelberg 1991) ; pour la correspondance, il existe des traductions de lettres particulières, comme la longue lettre 5 à son frère Euoptios, racontant un voyage maritime mouvementé (**17** *La mia fortunosa* *navigazione da Alesssandria a Cirene*, a cura di P. Janni, Firenze 2003), les lettres adressées à un personnage nommé Jean ou le concernant (**18** *Polis - Freundschaft - Jenseitsstrafen : Briefe an und über Johannes*, eingel., übers. und mit interpretierenden essays vers. von K. Luchner *et alii*, Tübingen 2010), ou encore des lettres diverses traduites et commentées par J. Vogt (**19** *Begegnung mit Synesios, dem Philosophen, Priester und Feldherrn. Gesammelte Beiträge*, Darmstadt 1985) ; tout récemment est aussi paru un recueil de textes traduits et commentés concernant le maître de Synésios, la philosophe Hypatie (**20** H. Harich-Schwarzbauer, *Hypatia : die spätantiken Quellen*, eingeleitet, kommentiert und interpretiert, Bern 2011), dans lequel on trouve le texte grec, un très précieux commentaire suivi, et des conclusions détaillées pour toutes les sources antiques, parmi lesquelles figure Synésios, ce qui veut dire qu'on y trouvera traduites et commentées les sept lettres adressées à Hypatie, ainsi que la lettre 136 et des extraits des lettres 5, 133 et 137 et du *Discours à Paionios sur le don*, du fait que la philosophe s'y trouve mentionnée. Pour les opuscules, il existe des traductions particulières de *l'Éloge de la calvitie* (**21** *Éloge de la calvitie*, traduit et présenté par C. Terreaux, Paris 2000, et **22** *Lob der Kahlheit* : zweisprachig griechisch-deutsch, übers., komm. und mit einem Anh. vers. von W. Golder, Würzburg 2007), une traduction du *Dion* (**23** Synesios von Kyrene, *Dion Chrysostomos oder vom Leben nach seinem Vorbild*. Griechisch und deutsch von K. Treu, Berlin 1959 – livre qui comporte aussi la traduction de la lettre 154 envoyée à son maître, la philosophe Hypatie, en accompagnement de cet ouvrage – et du *Traité des songes* –, et dans laquelle Synésios rappelle le contexte polémique dans lequel il a composé le *Dion* ; il faut adjoindre à cette traduction le commentaire du même Treu, paru séparément un an auparavant : **24** *Synesios von Kyrene. Ein Kommentar zu seinem Dion*, Berlin 1958), des traductions du *Traité des songes* (**25** W. Lang, *Das Traumbuch des Synesius von Kyrene. Übersetzung und Analyse der philosophischen Grundlagen*, Tübingen 1926 ; **26** Sinesio di Cirene, *I sogni*. Introd., trad. e commento di D. Susanetti, Bari 1992 ; **26bis** D.A. Russell et H.-G. Nesselrath [édit.], *On prophecy, dreams and human imagination : Synesius, De insomniis*. Introd., text, transl. and interpretative essays by D. A. Russell *et al.*, Tübingen 2014, et **27** S. Toulouse, *Les théories du véhicule de l'âme : genèse et évolution d'une doctrine de la médiation entre l'âme et le corps dans le néoplatonisme*. Thèse de doctorat de l'E.P.H.E., Paris, t. II, p. 353-403), deux traductions du *Discours sur la royauté* (**28** C. Lacombrade, *Le discours sur la royauté de Synésios de Cyrène à l'empereur Arcadios*, Paris 1951, et **29** Sinesio di Cirene, *Sulla regalità*, a cura di C. Amande et P. Graffigna, Palermo 1999), trois traductions des *Récits égyptiens ou de la providence* (**30** S. Nicolosi, *Il De providentia di Sinesio di Cirene*, Padova 1959 ; **31** J. Long, avec A. Cameron et L. Sherry, dans Cameron et Long **1**, p. 337-398 ; et **32** Synesios von Kyrene. *Ägyptische Erzählungen oder über die Vorsehung*, hrsg. von M. Hose, Tübingen 2012 – avec une introduction et une traduction par Hose, et trois essais, de M. Schuol sur le contexte historique, de W. Bernard sur la méthode allégorique, et de F. Feder sur les rapports avec la mythologie égyptienne), deux traductions du *Discours à Paionios sur le don* (**33** Sinesio, *A Peonio sul dono*. Introd., versione e note di G. Stramondo, Catania 1964, et **34** J. Vogt, dans le recueil mentionné plus haut [**19**]), enfin, une traduction des *Catastases*, toujours dans le recueil de Vogt.

2. Livres consacrés à Synésios de Cyrène

Nous limitant volontairement aux études modernes, et mentionnant en passant l'étude de **35** J. C. Pando, *The life and times of Synesius of Cyrene as revealed in his works*, Washington 1940, qui a sensiblement perdu de son intérêt avec le temps, nous attirerons d'abord l'attention sur une mince plaquette de 41 pages, qui est cependant un travail séminal et non dépassé sur le rapport de l'auteur avec les *Oracles chaldaïques* (**36** W. Theiler, *Die chaldäischen Orakel und die Hymnen des Synesios*, Halle 1942, repris dans *idem*, *Forschungen zum Neuplatonismus*, Berlin 1966, p. 252-301); l'ouvrage suivant qui a fait date est la thèse de **37** C. Lacombrade, *Synésios de Cyrène, hellène et chrétien*, Paris 1951; il faut ensuite attendre trente ans pour voir paraître une nouvelle monographie de grande qualité, qui tend vers la biographie intellectuelle, du fait de la qualification de l'auteur, et où la documentation historique paraît rétrospectivement un peu déficiente, non tant de la faute de l'auteur, que sans doute parce que, à partir de la moitié des années quatre-vingts en particulier, l'intérêt des historiens de l'antiquité tardive a considérablement enrichi notre connaissance de Synésios (**38** J. Bregman, *Synesius of Cyrene : philosopher-bishop*, Berkeley 1982); puis vient l'étude plus spéciale et excellente de **39** S. Vollenweider, *Neuplatonische und christliche Theologie bei Synesios von Kyrene*, Göttingen 1985, qui montre particulièrement l'influence néoplatonicienne, surtout porphyrienne, qui est à l'œuvre dans les *Hymnes*, mais aussi la difficulté à faire coïncider, par exemple, la triade néoplatonicienne tirée de l'interprétation des *Oracles chaldaïques* avec la conception trinitaire chrétienne, en raison de la centralité du Christ. Après ces deux études où la philosophie et l'étude de la pensée dominent, vint le temps de la mise en place des éléments historiques de la biographie et de l'environnement historique, avec les deux travaux complémentaires de **40** D. Roques : *Synésios de Cyrène et la Cyrénaïque du Bas-Empire*, Paris 1987, et ses **41** *Études sur la correspondance de Synésios de Cyrène*, Bruxelles 1989, élaborées en fait en 1982, comme une base pour sa thèse sur la Cyrénaïque : ces *Études* ont pu susciter quelque perplexité, car elles ont les qualités propres à un château de cartes : elles comportent à la fois une extrême précision et une fragilité de fondement. Peu après parut une étude de **42** B.-A. Roos, *Synesius of Cyrene : a study in his personality*, Lund 1991, un peu oubliée ou négligée, mais qui présente l'intérêt de voir son auteur, avec la double compétence du philologue et du psychiatre, tenter une analyse limitée et originale de la personnalité psychique de Synésios, et apporter des vues argumentées de manière intéressante sur la question d'une prétendue conversion. Mais un nouvel *impetus* fut donné, je crois, aux études synésiennes, du côté de l'histoire, par le livre remarquable de Cameron et Long **1**, mentionné au début de cette notice, et qui apporte du nouveau sur bien des sujets, parmi lesquels l'analyse des sources littéraires et même la figure et les travaux d'Hypatie (même si l'on peut être en désaccord sur certaines hypothèses avancées : mais elles le sont avec tant de soin et de vigueur, que le contradicteur ne peut qu'en tirer profit). Un an après, une solide monographie de M. Di Pasquale Barbanti met l'accent sur le programme intellectuel de Synésios, et donc sur la forme de son néoplatonisme, ainsi que sur les rapports entre philosophie, rhétorique et *paideia* en général, dans le contexte des débats culturels de son époque (**43** *Filosofia e cultura in Sinesio di Cirene*, Firenze 1994). Une étude plus formelle, mais d'où l'on peut tirer de riches enseignements à propos des inspirations philosophiques et chaldaïques de Synésios, est l'analyse de H. Seng dans ses **44** *Untersuchungen zum Vokabular und zur Metrik in den Hymnen des Synesios*, Frankfurt am Main 1996, qui passe au crible le lexique synésien en fonction des types de sources. L'année suivante, c'est W. Hagl qui exerce sa sagacité dans le décryptage historique du conte politique des *Récits égyptiens*, renversant les hypothèses sur l'identité de Typhon et surtout du bon frère, Osiris, assimilé jusque là au préfet du prétoire Aurélien, mais qu'il identifie à l'empereur Arcadius lui-même (**45** *Arcadius Apis imperator : Synesios von Kyrene und sein Beitrag zum Herrscherideal der Spätantike*, Stuttgart 1997). En 2001, T. Schmitt donne une étude historique globale de Synésios, ce qui, en fait, n'avait jamais été tenté dans ces proportions (**46** *Die Bekehrung des Synesios von Kyrene : Politik und Philosophie, Hof und Provinz als Handlungsraüme eines Aristokraten bis zu seiner Wahl zum Metropoliten von Ptolemaïs*, München 2001). Le Synésios écrivain est à l'honneur dans la monographie suivante, celle que, dans une série d'analyses subtiles et éclairantes, **47** A. M. V. Pizzone, *Sinesio e la 'sacra ancora' di Omero : intertestualità e modelli tra retorica e filosofia*, Milano 2006, consacre aux modes de reprise de la littérature homérique dont le Cyrénéen joue diversement, et aux significations induites par ce travail de tissage. Deux ans après, I. Tanaseanu-Döbler fait paraître une excellente monographie qui prend pour thème la conversion à la philosophie dans l'antiquité tardive et qui étudie les figures de Julien et de Synésios dans cette perspective (**48** *Konversion zur Philosophie in der Spätantike : Kaiser Julian und Synesios von Kyrene*, Stuttgart 2008) : la double étude est bien charpentée, du fait d'une introduction méthodologique portant sur la question de la conversion religieuse et d'un premier chapitre qui présente avec netteté les options possibles quant aux rapports qui se sont établis entre philosophie proprement dite et rituel, chez Plotin, dans les *Oracles chaldaïques*, puis chez Porphyre et chez Jamblique ; la partie du livre qui porte sur Synésios tient bien l'équilibre entre discussion historique (avec Schmitt notamment) et explicitation doctrinale ; on pourra certes regretter que le livre de Roos **42** ne soit pas cité dans la bibliographie, et donc absent de la discussion, alors qu'il porte sur le même sujet, se pose quelques questions de méthode similaires, et présente des vues intéressantes et (en partie) divergentes, certes argumentées de manière peu conventionnelle au regard de la pure philologie, sur les motivations de Synésios ; Tanaseanu-Döbler de son côté, suivant les analyses de Bregman (**38** ; p. 19 et 36-40 ; *contra*, Vollenweider **39**, p. 14 n. 2, qui ne constate aucune rupture perceptible des valeurs chez Synésios), considère qu'il y a eu une conversion pérenne à la philosophie dans la jeunesse, au contact d'Hypatie, et elle repousse en revanche l'idée de Schmitt, d'une conversion au mode de vie philosophique qui serait effective en 405 : pour elle, dans le cours de l'action politique dans laquelle le philosophe a été engagé durant ses années de maturité, il y a plutôt un recentrage de l'activité de Synésios sur les questions provinciales ; d'un point de vue théorique, son attitude correspondrait à l'idée d'une vie philosophique qui n'exclut pas l'action politique, le modèle de Synésios pouvant être en cela le philosophe et homme politique Thémistios. Enfin, 2012 fut une année faste, puisqu'elle a vu paraître d'une part l'étude novatrice d'I. Baldi, qui renouvelle la lecture des Hymnes à partir d'un travail sur les manuscrits, mais en mobilisant aussi la métrique et la théorie musicale antiques (**49** *Gli Inni di Sinesio di Cirene : vicende testuali di un corpus tardoantico*, Berlin 2012), et d'autre part un grand colloque synésien qui parcourt le contexte historique, les diverses œuvres, les sujets littéraires, philosophiques et théologiques, ainsi que la postérité de l'auteur (**50** H. Seng et L. Hoffmann (édit.), *Synesios von Kyrene : Politik - Literatur – Philosophie*, Turnhout 2012).

3. Articles et chapitres de livres notables consacrés aux aspects philosophiques, voire théologiques, de l'œuvre de Synésios

A. Préliminaires

Avant de recenser les études portant sur (ou touchant à) la philosophie de Synésios, il faut citer les deux textes de H. I. Marrou qui ont été fondamentaux pour reconsidérer et refonder l'étude de la personnalité intellectuelle de Synésios sur une base solide et prudente : tout d'abord, **51** « La "conversion" de Synésios », *REG* 65, 1952, p. 474-484, et **52** « Synesius of Cyrene and Alexandrian Neoplatonism », dans A. Momigliano (édit.), *Paganism and Christianity in the fourth century*, Oxford 1963, p. 126-150 (repris dans H. I. Marrou, *Patristique et humanisme*, Paris 1976, p. 295-319). En plus des études ici présentées, on devra prêter attention aux introductions des éditions et traductions que nous avons mentionnées plus haut, car, pour ne prendre que le cas des œuvres complètes, celles d'Aujoulat **4**, **5** et **6** et de Garzya **7** par exemple comportent des présentations de valeur des aspects philosophiques d'œuvres particulières. Une courte synthèse sur Synésios, qui fait la part belle aux aspects philosophiques et métaphysiques, est due à **53** J. Bregman : c'est le chapitre 29, « Synesius of Cyrene », dans L. P. Gerson, *The CHPLA*, t. I, p. 520-537.

B. Les hymnes

Sur les hymnes, et au risque de sortir quelquefois des aspects strictement métaphysiques, on retiendra en particulier l'article de **54** C. Bizzochi, « Gl'inni di Sinesio interpretati come mistiche celebrazioni », *Gregorianum* 32, 1951, p. 347-387 ; les pages magnifiques dans lesquelles P. Hadot compare la métaphysique des *Hymnes* et celle de Marius Victorinus, pour remonter à l'interprétation porphyrienne des *Oracles chaldaïques* (**55** *Porphyre et Victorinus*, Paris 1968, t. I, p. 461-

478) ; le commentaire détaillé de **56** K. Smolak, «Zur Himmelfahrt Christi bei Synesios von Kyrene (Hy. 8, 31-54 Terz.)», *JÖByz* 20, 1971, p. 7-30 ; et la question posée par **57** E. Cavalcanti, «Y a-t-il des problèmes eunomiens dans la pensée trinitaire de Synésius ?», *StudPatr* 13, 1975, p. 138-144 ; S. Lilla consacre à Synésios (p. 168-180) une section de son étude sur **58** «The Neoplatonic hypostases and the Christian Trinity», dans **58bis** M. Joyal (édit.), *Studies in Plato and the Platonic tradition : essays presented to John Whittaker*, Aldershot 1997, p. 127-189 – étude éclairante, car elle permet de percevoir les inflexions ou différences par comparaison avec, entres autres, Clément et Origène, les Cappadociens et l'école alexandrine des IVe-Ve siècles ; on signalera aussi la lecture de l'*Hymne* 5 par **59** G. Lozza, «L'inno V di Sinesio : un esempio tardoantico di poesia filosofica», dans A. Costazza (édit.), *La poesia filosofica : Milano, 7-9 marzo 2007*, Milano 2007, p. 63-73, qui montre de manière détaillée la fusion poétique d'énoncés néoplatoniciens et chrétiens ; et l'étude de la reprise d'hymnes du poète lyrique Mésomédès par Synésios dans **60** S. Lanna, «Sinesio e Mesomede : continuità di ritmi, significanti e significati tra religiosità orfico-pagana e neoplatonico-cristiana», *SemRom* 12, 2009, p. 95-113 ; **61** D. Gigli Piccardi «*Phanes archegonos phrên* (Nonno, D. 12.68 e orac., ap. Didym., De trin. II 27)», *ZPE* 169, 2009, p. 71-78, montre comment s'opère la reprise d'un énoncé emprunté à un oracle théologique des païens, et rapproche ainsi le travail poétique de Synésios, comme celui de Nonnos, de ce mouvement de reprise qui a d'abord touché l'apologétique ; deux articles de **62** U. Criscuolo, «Marginalia Synesiana : i "Hymni" e i "Carmina Arcana" di Gregorio di Nazianzo», *Paideia* 65, 2010, p. 381-392, et **63** «Sinesio di Cirene fra neoplatonismo e teologia patristica», dans Seng et Hoffmann **50**, p. 164-182, montrent l'influence du Père cappadocien ; enfin, **64** S. Vollenweider, «"ein Mittleres zwischen Vater und Sohn : zur Bedeutung des Neuplatonikers Porphyrios für die Hymnen des Synesios», dans Seng et Hoffmann **50**, p. 183-200, revient sur la portée exacte de l'influence porphyrienne.

C. Le Dion

Pour les aspects surtout philosophiques présents dans le *Dion*, qui sont certes inséparables des débats sur la culture littéraire et la rhétorique, voire la sophistique, le premier article moderne de grande importance est certainement celui de **65** A. Garzya, «Il *Dione* di Sinesio nel quadro del dibattito culturale del IV secolo d. C.», *RFIC* 100, 1972, p. 32-45, qui met en perspective le propos de Synésios et en dégage ainsi l'originalité humaniste ; l'année suivante, P. Desideri traite de **66** «Il *Dione* e la politica di Sinesio», *AAT* 107, 1973, p. 551-593, et confronte la conception philosophique de la politique et sa mise en pratique problématique dans la fonction épiscopale ; **67** A. Pinero Saenz, «La imagen del filosofo y sus relaciones con la literatura : un estudio sobre el *Dión* de Sinesio de Cirene y de sus fuentes», *CFC* 9, 1975, p. 133-200, examine le rapport entre philosophie et littérature chez Synésios, en le confrontant aux conceptions des quelques philosophes qui importent le plus pour lui, de Platon à Thémistios ; deux études majeures de

A. Brancacci sont à signaler : le chapitre « Sinesio di Cirene » dans son **68** *Rheto-rike philosophousa : Dione Crisostomo nella cultura antica e bizantina*, Napoli 1985, p. 137-197, et **69** « Seconde sophistique, historiographie et philosophie (Philostrate, Eunape, Synésios) », dans B. Cassin (édit.), *Le plaisir de parler : études de sophisitique comparée*, Paris 1986, p. 87-110, qui montrent comment les arguments de Synésios en faveur d'une progression rationnelle des études, ainsi que ses implications morales, reposent sur une théorie générale du savoir ; N. Aujoulat s'attarde **70** « Sur le début du *Dion* de Synésios de Cyrène », *Byzantion* 62, 1992, p. 63-108, pour montrer en particulier le rôle médiateur de la rhétorique politique dans l'itinéraire philosophique conçu par Synésios ; pour ne pas disperser l'information, on peut placer ici l'article que A. Garzya consacre aux traits plato-niciens qui émaillent la lettre 140 et qui sont à mettre en parallèle avec des passages du *Dion* (**71** « Osservazioni sull'Epistola 140 di Sinesio », dans S. Gersh et C. Kannengiesser [édit.], *Platonism in late antiquity*, Notre Dame 1992, p. 231-238) ; une étude comparative de deux lectures du même passage du *Phèdre*, chez Synésios et chez Hermias d'Alexandrie, amène **72** M. W. Dickie, « Hermeias on Plato *Phaedrus* 238D and Synesius *Dion* 14.2 », *AJPh* 114, 1993, p. 421-440, à en déduire une source commune, jambliquéenne, pour les deux auteurs (pour ce qui regarde Synésios, sur les trois arguments qu'il présente, seul le premier est recevable – la définition du sujet du *Phèdre* –, car les deux autres – l'unité de *skopos* et la distinction entre *noeros* et *noêtos* – n'ont pas pour source unique ou ultime Jamblique, contrairement à sa présentation des choses, p. 431-432) ; bien qu'il semble s'agir, dans le *Dion*, d'un simple détail allégorique, l'allusion au mythe d'Icare a une signification gnoséologique et éthique importante, et on saura donc gré à U. Criscuolo de s'être arrêté **73** « Su alcune tarde interpretazioni del mito di Icaro », *RAAN* n.s. 70, 2001, p. 307-318 ; c'est sur la part du plaisir et du divertissement dans l'aspect socratique de la philosophie, et sur la figure d'Aspasie réinterprétée par Synésios, que se penche **74** M. Azevedo, « Harmonia entre saber e prazer ou a conciliação entre Aspásia e Sócrates (comentário em torno do *Dion* 58d-59a de Sinésio de Cirene) », *Euphrosyne* n.s. 31, 2003, p. 253-270 ; **75** H. Seng, « Die Kontroverse um Dion von Prusa und Synesios von Kyrene », *Hermes* 134, 2006, p. 102-116, donne une analyse aussi précise qu'éclairante de la signification des œuvres de Dion pour Synésios, et montre notamment que le jeu sophistique ne se trouve pas disqualifié par le philosophe ; on signalera enfin l'article de **76** M. Op de Coul, « Aspects of paideia in Synesius' *Dion* », dans Seng et Hoffmann **50**, p. 110-124.

D. *Le Traité des songes*

Le premier article de grande valeur à signaler est certainement celui qui a mis en perspective pour la première fois la notion néoplatonicienne originale de véhicule de l'âme, **77** R. C. Kissling, « The ochêma-pneuma of the Neo-Platonists and the *De insomniis* of Synesius of Cyrene », *AJPh* 43, 1922, p. 318-330 ; il n'est pas question de citer ici tous les travaux qui, étudiant la doctrine de l'âme de

Porphyre, utilisent Synésios comme un témoin de celle-ci, en particulier depuis que Lang **25** a rattaché nombre d'énoncés synésiens à une source porphyrienne. Je signalerai seulement le travail qui, à mon sens, relève de l'utilisation la plus riche et la plus profonde des textes synésiens, et surtout du *Traité des songes*, comme témoins pour les doctrines porphyriennes (même si des synésiens pourraient soulever des objections ici ou là à certaines lectures de "leur" auteur), Hadot **55**, *passim*; **78** G. Pfligersdorffer, «Der Schicksalsweg der Menschenseele nach Synesios und nach dem jungen Augustinus», *GB* 5, 1976, p. 147-179, établit une comparaison éclairante entre les déclarations programmatiques des dialogues de Cassiciacum d'Augustin et le *Traité des songes*, conduisant à postuler dans les deux cas une dépendance à l'égard de Porphyre; W. Deuse ne consacre que quelques pages à Synésios, dans la section dévolue au *pneuma* de l'âme selon Porphyre (**79** *Untersuchungen zur mittelplatonischen und neuplatonischen Seelenlehre*, Mainz/Wiesbaden 1983, p. 222-230), mais elles semblent avoir eu un puissant effet libérateur par rapport à la "dictature" porphyrienne qui, pour certains, pèse sur Synésios: il tire argument de la confusion des notions employées par Synésios dans l'exposé sur le *pneuma* imaginatif pour marquer la différence avec la véritable doctrine porphyrienne, et, de là, supposer une source jambliquéenne ou plutarquéenne (Plutarque l'Athénien) aux énoncés synésiens: s'il a raison de distinguer les énoncés synésiens (et augustiniens) d'énoncés porphyriens qui nous sont connus par ailleurs (et de fait, P. Hadot allait très loin, présentant le *Traité des songes* comme source de fragments porphyriens avec le même statut que, par exemple, Eusèbe ou Proclus), la double conséquence qu'il en tire d'une source différente, et possiblement jambliquéenne, reste assez évanescente, en comparaison même des indices précis et vérifiables d'une influence porphyrienne, et aussi parce que Deuse semble bien supposer que des personnalités comme Augustin et Synésios devraient reproduire et non adapter les doctrines qu'elles empruntent (en tout cas si elles les empruntent à Porphyre...); N. Aujoulat a longuement étudié **80** «Les avatars de la *phantasia* dans le traité des songes de Synésios de Cyrène», *Koinonia* 7, 1983, p. 157-177 et 8, 1984, p. 33-55, où il passe au crible les qualifications et les fonctions diverses prêtées aux notions principales du traité, imagination, *pneuma* et reflet; le même chercheur utilise par la suite les enseignements de Synésios sur le corps immatériel de l'âme pour les confronter, avec d'autres, à la doctrine d'un philosophe alexandrin de peu postérieur, dans son article sur **81** «Le corps lumineux chez Hermias et ses rapports avec ceux de Synésios, d'Hiéroclès et de Proclos», *EPh* 1991, 289-311; la triade Synésios, Hermias et Jamblique, évoquée plus haut à propos du *Dion* et de la lettre 154 (Dickie **72**), se retrouve peu après dans l'étude de **82** A. Sheppard, «*Phantasia* and inspiration in Neoplatonism», dans Joyal **58bis**, p. 201-210: proposant une analyse de sources et de traditions de pensée plus fine et mieux différenciée que celles de Dickie **72** et Deuse **79**, Sheppard analyse bien les ressemblances et les différences entre Synésios et Jamblique à propos des visions divines, elle n'élude pas non plus les antécédents dans la littérature philosophique sur le sujet de la communication à l'imagination d'une inspiration divine (le *Timée*, Plutarque et Philostrate), ni les antécédents porphyriens de la doctrine du véhicule qui servent de base aussi bien aux élaborations de Synésios qu'à celles de Jamblique ; M. Di Pasquale Barbanti traite spécifiquement des notions synésiennes de *pneuma* et de *phantasia* et du rapport à la théurgie dans son excellente monographie **83** *Ochema-pneuma e phantasia nel neoplatonismo : aspetti psicologici e prospettive religiose*, Catania 1998, p. 157-186 ; **84** M. A. Holowchak, « Synesius' *mantikê tekhnê* : a neoplatonic paean to prophecy through dreams », *JNStud* 8, 1999-2001, p. 1-22, est un curieux exemple de simplisme positiviste, dont il est difficile de tirer profit pour la compréhension du propos de Synésios ; le même auteur réitère ses étranges réflexions dans les pages consacrées à Synésios dans son livre **85** *Ancient science and dreams : oneirology in Greco-Roman antiquity*, Lanham 2001 ; dans sa thèse de doctorat consacrée aux théories du véhicule de l'âme, mentionnée plus haut pour la traduction du *Traité des songes*, S. Toulouse **27** analyse des passages synésiens quand il traite de Porphyre (I, p. 216-243), de Synésios lui-même (I, p. 270-272) et du parallèle entre Synésios et Hermias (I, p. 283-285) ; **86** M. Chase, « Porphyre et Augustin : des trois sortes de "visions" au corps de résurrection », *REAug* 51, 2005, p. 233-256, se plaçant dans la ligne d'enquête de la thèse précédente, étudie les développements du livre XII du *De Genesi ad litteram* (sur la *visio imaginativa* et la *spiritalis pars animae*) dans la perspective de la doctrine porphyrienne du *pneuma*, en y adjoignant le témoignage synésien, et il rapporte ainsi à juste titre la doctrine des punitions infernales d'Augustin au châtiment imaginal conçu par Porphyre dans le traité *Du Styx* ; un autre point important de cet article est qu'il présente une série d'objections à l'hypothèse de Deuse **79** qui voulait défaire l'idée de la source porphyrienne de l'exposé de Synésios (p. 243-247) ; **87** H. Seng utilise et commente avec grand soin le difficile chapitre 9 du traité dans son article « Der Körper des Theurgen », dans *Pagani e cristiani alla ricerca della salvezza (secoli I-III) : XXXIV incontro di studiosi dell'antichità cristiana*, Roma 2006, p. 849-860 ; en complément à Sheppard **82**, on lira avec profit son étude **88** « Porphyry's views on phantasia », dans G. E. Karamanolis et A. Sheppard (édit.), *Studies on Porphyry*, London 2007, p. 71-76, qui analyse ce qui, d'après elle, peut être tenu pour plus ou moins sûrement porphyrien dans le *Traité des songes* ; on signalera que les actes du grand colloque de Constance, Seng et Hoffmann **50**, contiennent trois articles qui intéressent la philosophie du *Traité des songes* et qui apportent chacun un éclairage nouveau sur cette œuvre : **89** I. Tanaseanu-Döbler, « Synesios und die Theurgie », p. 201-230, **90** L. Saudelli, « Un dit d'Héraclite dans le traité *Sur les songes* de Synésios de Cyrène », p. 231-246, et **91** A. Pizzone, « Christliche und heidnische Träume : versteckte Polemik in Synesios, *De insomniis* », p. 247-275. Une dernière étude, qui était encore à paraître au moment où nous écrivions, devrait venir compléter, affiner ou corriger les analyses qui l'ont précédée sur le sujet de la remontée cosmique de l'âme : elle est due à **92** A. Mihai, « The ascension of the soul through the planetary spheres in Synesius of Cyrene ».

E. Autres articles

Nous rassemblons ici pour finir des études portant sur la philosophie politique de Synésios, sur le *Traité de la royauté*, ou sur *les Récits égyptiens ou de la providence* : **93** W. Cramer, « Zur Entwicklung der Zweigewaltenlehre : ein unbeachteter Beitrag des Synesios von Kyrene », *RQA* 72, 1977, p. 43-56, à propos des rapports entre État et Église, sur une base platonicienne ; **94** F. Sillitti, « Prospettive culturali nel *De regno* di Sinesio di Cirene », *VetChr* 16, 1979, p. 259-271, sur les rapports de la philosophie et de la rhétorique ; **95** R. Lizzi, « Significato filosofico e politico dell'antibarbarismo sinesiano : il *De regno* e il *De providentia* », *RAAN* 56, 1981, p. 49-62, qui détecte une évolution sensible de la position politique de Synésios entre les deux œuvres ; sur les *Récits égyptiens*, deux belles études novatrices d'A. Pizzone, la première, **96** « Simboli di regalità nel "De providentia" di Sinesio di Cirene : "taxis" e "eucosmia" », *Prometheus* 27, 2001, p. 73-92 et p. 175-186, qui accorde une attention subtile au symbolisme du dispositif littéraire et aux significations philosophiques, et la seconde, **97** « Elementi magico-rituali nel "De providentia" di Sinesio di Cirene : dalla liturgia di *PGM* IV 475-824 all'immagine di Helioros », dans B. Palme (édit.), *Akten des 23. internationalen Papyrologenkongresses*, Wien 2007, p. 541-548, qui explique de manière précise et convaincante des passages du texte, par la référence aux scénographies magico-mystériques ou par les figures de divinités égyptiennes.

Nous terminons cette revue par quatre titres qui ne rentrent dans aucune des rubriques précédentes, mais qui apportent un autre éclairage sur la personnalité philosophique de Synésios : **98** F. Tinnefeld « Synesios von Kyrene : Philosophie der Freude und Leidensbewältigung », dans C. Gnilka et W. Schetter (édit.), *Studien zur Literatur der Spätantike*, Bonn 1975, p. 139-179 ; **99** A. Garzya, « Ai margini del neoplatonismo : Sinesio di Cirene », *AAP* 30, 1981, p. 153-165 (repris dans *id.*, *Il mandarino e il quotidiano : saggi sulla letteratura tardoantica e bizantina*, Napoli 1983, p. 221-241) a recensé les passages où Synésios énonce des doctrines, ou use de notions, néoplatoniciennes, à propos de la triade primordiale et de l'ontologie, de la cosmologie et de la démonologie ensuite, puis de la psychologie, enfin du rapport entre philosophie et disciplines : dans la ligne de Marrou **52**, il reconnaît en Synésios, sous l'influence d'Hypatie, un des premiers représentants de ce néoplatonisme alexandrin caractérisé par une neutralité confessionnelle et un esprit conciliant à l'égard du christianisme, qui en vient même à une tentative de fusion philosophique, inaboutie, de contenus doctrinaux majeurs ; **100** J. Bregman, « Synesius, the Hermetica and gnosis », dans R. T. Wallis et J. Bregman (édit.), *Neoplatonism and gnosticism*, Albany 1992, p. 85-93, relève les reprises de notions et idées hermétistes et gnostiques, l'hermétisme fournissant des notions communes en quelque sorte qui font lien entre platonisme et christianisme ; **101** S. Toulouse, « Synésios de Cyrène et le discours intime », *Chôra* 9-10, 2011-2012, p. 283-293, s'attache aux conséquences, en termes d'écriture philosophique, du double souci de conversion intérieure manifesté dans le diptyque du *Dion* et du *Traité des songes* : ce souci de soi d'un nouveau genre (comment purifier et sauver son âme pneumatique ou sa vie imaginative ?) conduit l'écrivain à concevoir une forme de littérature personnelle qui passerait par une écriture philosophiquement adéquate au mode de vie auquel, idéalement, il envisage alors de se consacrer ; mais dans la réalité de son existence comme dans la pratique de son écriture, cette conversion à l'intime ne correspondra qu'à un bref moment d'anachorèse studieuse, et restera, en tant que *bios theôrêtikos*, un idéal plus verbalisé que réalisé.

II. BIOGRAPHIE

Outre les introductions des éditions et traductions mentionnées plus haut, on se reportera constamment, en particulier, à Roques **40**, Cameron et Long **1**, Schmitt **46** et Tanaseanu-Döbler **48**, avec les bibliographies afférentes.

1. Le cadre initial

Synésios serait né vers 370 à Cyrène dans une famille de l'aristocratie locale qui s'enorgueillissait de remonter aux premiers colons grecs (*Ép.* 41, dans Garzya et Roques **3**, t. I, p. 49). Fils d'un Hésychios, il avait un frère, Euoptios (à qui sont adressées 41 lettres de sa correspondance conservée, sur un total de 156) et (au moins) deux sœurs, dont l'une, Stratonice, était sa préférée (*Ép.* 75, **3**, t. II, p. 197). Comme Synésios lui-même, Euoptios connaît à la fois le patriarche d'Alexandrie, Théophile, et la philosophe d'Alexandrie, Hypatie (➤H 175). Il sera lui-même, comme son frère avant lui, archevêque de Ptolémaïs, et, au concile d'Éphèse, en 431, il soutiendra Cyrille d'Alexandrie, neveu et successeur de Théophile et probable instigateur du meurtre d'Hypatie. Synésios a eu trois fils, qui sont morts avant lui, lui-même décédant sans doute en 413 (assez tôt cette année-là, ou même à la fin de 412 : voir Tanaseanu-Döbler **48**, p. 159 n. 34, et **102** H. Seng, « Die Söhne des Synesios », dans M. F. Wiles et E. J. Yarnold (édit.), *Studia Patristica* 34, 2001, p. 227-234, à la p. 233 n. 44). Son milieu social est celui des curiales, c'est-à-dire des notables qui ont accès à la curie, et donc à l'administration de la cité (Roques **40**, p. 126-138, et Schmitt **46**, p. 144-242 ; voir aussi **103** J. H. W. G. Liebeschuetz, « Synesius and municipal politics of Cyrenaica in the 5th century A. D. », *Byzantion* 55, 1985, p. 146-164). Le choix de l'assemblée provinciale de l'envoyer défendre les intérêts de la Pentapole auprès de l'empereur Arcadius (en 399 ou 397, selon qu'on adopte la chronologie traditionnelle, reprise et confirmée par Roques, en dernier lieu dans **3**, t. I, p. XXI-XXIV, ou celle établie par **104** T. D. Barnes, « Synesius in Constantinople », *GRBS* 27, 1986, p. 93-112, et confirmée par Cameron et Long **1**, p. 91-102) indique qu'il devait faire partie de la fine fleur des notables, les *principales* ou *prôteuontes*, les plus fortunés des curiales. Sa famille et lui-même possédant des propriétés campagnardes dans le voisinage de Cyrène (Roques **40**, p. 135-138), il épousa dès sa jeunesse les habitudes d'un gentilhomme campagnard et y prit un goût que, plus tard, il juge lui-même immodéré pour les chevaux et les armes (*Ép.* 105, **3**, t. II, p. 240). La chasse et les livres furent ses deux grandes amours (*Ép.* 41, **3**, t. I, p. 44, où il parle aussi de son habitude de prier, et *Ép.* 91, **3**, t. II, p. 212 : « je vivais dans les livres » ; et *Traité* *des songes* 14, 2-4, **4**, p. 297-298, où il nous apprend, en l'illlustrant d'exemples, que : « ma vie, ce sont assurément les livres et la chasse, excepté à l'époque de mon ambassade », un des exemples montrant que ce qu'il appelle les livres recouvre non seulement la lecture, mais le travail littéraire du style). Un de ses premiers ouvrages, perdu, s'intitulait les *Cynégétiques*. Il s'est d'ailleurs représenté avec humour, en deux de ses œuvres (*Récits égyptiens* I 18, 1, **6**, p. 135, et *Éloge de la calvitie* 4, 5-6, **4**, p. 54-55), sous les traits d'un philosophe campagnard ignorant des affèteries de style et qui s'est usé les mains à manier la houe et l'épieu plus que le calame, et aussi, avec plus de gravité, en deux autres textes (l'*Hymne* I 51-59, **2**, p. 47, et le *Dion* 12, 9, **4**, p. 174), il a évoqué le paysage campagnard comme le lieu par excellence de la méditation philosophique et métaphysique. Plutôt appelé par son statut et les obligations sociales y afférentes à mener une carrière politique, il est clair que la retraite aux champs, par contraste, s'est avérée être pour lui une tentation et, brièvement, une tentative de réaliser l'idéal d'un mode de vie théorétique, par distinction avec le mode de vie pratique ou politique.

2. Indices de culture philosophique

Sur son éducation, au gré d'allusions autobiographiques glanées dans ses ouvrages, on peut apprendre qu'elle l'a conduit à se procurer un très grand nombre de livres (*Dion* 15, 6, **4**, p. 180), mais un passage remarquable du *Dion* (à propos d'éditions non corrigées dans sa bibliothèque) montre comment, concrètement, la lecture littéraire a constamment été pour Synésios un tremplin vers l'écriture (*Dion* 17-18, avec cette formule, en 17, 2, **4**, p. 182 : « et toute notre étude (*pragmateia*) des livres tend vers un seul but : le passage de nos potentialités à l'acte »), et l'a conduit à pratiquer à haute dose des exercices d'imitation littéraire non servile, où la pratique littéraire s'éprouve moins dans la critique du texte copié, dit-il, que dans des essais créatifs inspirés par un esprit d'émulation, ou des essais de pastiches (*Dion* 18, **4**, p. 183-184 : « dans chacune de mes imitations, il faut que résonne aussi ma note personnelle »). Cette conception et cette pratique littéraires ne doivent pas être méconnues quand on aborde des écrits au contenu philosophique ou théologique aussi déconcertants que les *Hymnes*, chaldaïsants et chrétiens à la fois, ou *les Récits égyptiens ou de la providence*, racontés à la manière d'une vieille légende égyptienne ou d'un discours sacré, mais incrustés de doctrines philosophiques, et contenant un message politique crypté. Pour ce qui est des auteurs philosophiques qu'il connaît, si l'on met de côté ce qui relève de l'allusion ou de la citation passe-partout, on doit dire qu'il connaît, lit et, en composant, a souvent à l'esprit des dialogues de Platon, avec une prédilection pour la *République* (le *Phèdre*, le *Phédon* et les *Lois* paraissent aussi très présents), mais il nous livre aussi un fragment du *De philosophia* d'Aristote (*Dion* 8, 6, **4**, p. 161), cite Empédocle ou Héraclite (*Ép.* 147, **3**, t. II, p. 291, et *Traité des songes* 7, 3, **4**, p. 280), et livre surtout un grand nombre de citations ou d'allusions lexicales aux *Oracles chaldaïques* (*Traité des songes* et *Hymnes*, *passim*). De nombreux parallèles montrent clairement qu'il connaît et adopte des doctrines et des énoncés plotiniens et porphyriens, ce qui n'est pas assuré avec la même solidité ou la même fréquence pour Jamblique. On peut ajouter qu'il se trouve encore chez lui de fréquentes allusions à la littérature pythagoricienne, et la trace d'un fonds de doctrine hermétiste à l'horizon des *Récits égyptiens* (sur ce dernier point, voir notamment Cameron et Long **1**, p. 290-300) ; l'hermétisme se retrouve aussi, quoique à un moindre degré que les *Oracles chaldaïques*, appliqué comme une sorte de filtre herméneutique aux mystères chrétiens dans les *Hymnes* ou dans la seconde *Homélie* (voir les traces relevées par Bregman **100**) ; on notera aussi que Hermès est l'un des quatre *virtuoses de la religion* cités dans le *Dion* (10, 5, **4**, p. 166), avec Amous, Zoroastre et Antoine (le Père du désert) : ces quatre person-nages ont une telle supériorité d'âme, selon Synésios, qu'ils sont naturellement dispensés de suivre les degrés du long chemin des disciplines helléniques, que pourtant Synésios défend et illustre si vigoureusement dans les mêmes pages ; il semble donc que ce sont des homme divins, ayant un contact direct et constant, noétique, avec la divinité, qui se traduit dans un enseignement qui est une révé-lation ; ce sont par conséquent des maîtres de sagesse (je ne souscris pas à l'opinion de **105** C. Lacombrade, « Le *Dion* de Synésios de Cyrène et ses quatre "sages barbares" », *Koinonia* 12, 1988, p. 17-26, selon lequel cet Hermès, et le Zoroastre nommé, seraient des gnostiques chrétiens ; Hermès Trismégiste, le pro-phète, est lui-même considéré comme un être humain que les auteurs, chrétiens ou non, de l'antiquité tardive apparient à Orphée et à des sages et philosophes plus ou moins antiques, même à Apollonios de Tyane : voir **106** G. Fowden, *Hermès l'Égyptien*, trad. fr. J.-M. Mandosio, Paris 2000, p. 53-54). Pour ce qui est des livres mêmes qu'il a eus en sa possession ou entre les mains, on peut seulement relever, concernant la philosophie, un renseignement précieux fourni au détour d'une lettre à un ami juriste à Constantinople, qui doit demander au sophiste Troïlos (➨T 175) de faire parvenir à Synésios un livre de Nicostrate et un autre d'Alexandre d'Aphrodise (*Ép.* 129, **3**, t. II, p. 263) : la proximité du nom d'Alexan-dre fait pencher en faveur de l'identification de ce Nicostrate avec Claudius Nico-stratos d'Athènes (➨N 55), philosophe platonicien du IIe siècle qui a critiqué la doctrine des *Catégories* d'Aristote, et qui est connu par Simplicius, *via* les com-mentaires de Porphyre et de Jamblique. Comme Synésios accorde grande impor-tance à la science astronomique au sein même des disciplines philosophiques, on signalera que Hipparque et Ptolémée sont nommés dans le *Discours à Paionios sur le don* (5, 1, **6**, p. 181, à propos de ce don d'une sphère céleste, conçue avec l'aide de son professeur Hypatie), que Ptolémée (➨P 315) est cité (5, 7, **6**, p. 183 : une épigramme sur le sentiment cosmique et religieux auquel fait accéder la science astronomique), et que les deux auteurs sont de nouveau présents à l'arrière-plan du magnifique exorde cosmique de l'*Hymne* V, qui traite du déploiement de l'ordre divin dans le monde, à partir de la Trinité (V, v. 9-24, **2**, p. 80-81). Au confluent de l'astronomie et de la divination, il faut signaler la connaissance d'Aratos (➨A 298), auteur du poème théologico-didactique des *Phénomènes*, que cite Synésios dans le *Traité des songes* (16, 3, **4**, p. 302) : c'est un signe parmi d'autres de cette piété cosmique de Synésios, qui considère le monde comme l'œuvre providentielle de Dieu, à la fois objet d'un culte philosophique et grand livre de sagesse pratique, plein de signes cryptés mais utiles que l'homme se doit de déchiffrer (voir l'introduction du *Traité des songes*, chap. 2 et 3, **4**, p. 270-273). Enfin, parmi ses auteurs de prédilection, qui touchent quelquefois à la philosophie religieuse ou politique, on retiendra particulièrement Plutarque de Chéronée et Dion Chrysostome (tous deux sources des *Récits égyptiens ou de la providence*: Cameron et Long **1**, p. 256-262 et 265-271 ; et le second, en outre, inspirateur de *l'Éloge de la calvitie* – réponse à son *Éloge de la chevelure* –, et du *Dion ou du genre de vie conforme à son modèle*). Signalons aussi, à propos de ces deux auteurs de prédilection, qu'ils sont également des témoins privilégiés du sentiment de piété cosmique qui est un soubassement de la pensée de Synésios et un leitmotiv dans son œuvre – sentiment qu'ils expriment dans l'image du monde comme un temple où le dieu est mystagogue et où le philosophe gravit les stades de l'initiation mystérique par les sciences et la philosophie (voir *De la tranquillité de l'âme* 20 et le *Discours olympique* 33-34). Dans cette culture, la partie scientifique et philosophique a dû être d'abord acquise pendant ses études à Alexandrie, à l'école d'Hypatie, qu'il a fréquentée quelques années, dans les années quatre-vingt-dix (entre 393 et 395, selon Garzya **7**, p. 9, ou Bregman **38**, p. 20 ; Lacombrade **2** pense à trois ou quatre années, p. XV). Cette femme, savante et philosophe, tiendra tout au long de la vie de Synésios une place éminente, comme un phare lointain et puissant éclairant constamment son choix, ou son désir, de vie philosophique : le témoignage le plus significatif est l'envoi des deux ouvrages inédits que sont le *Dion* et le *Traité des songes*, accompagnés de la lettre 154 (**3**, t. II, p. 301-305, datée de fin 404 par Roques **3**, p. 423, mais que Bregman **38**, p. 127 et 145, placerait sans doute en 406, car il considère que les deux traités ont été écrits en 405-406 ; Seng **102**, par un autre raisonnement que celui de Roques, placerait lui aussi la composition du *Dion* en 404) – lettre dans laquelle il présente à Hypatie ces deux ouvrages qui forment diptyque : dans le premier, partant de la conviction que Dion s'est converti de la sophistique à la philosophie politique, il défend une rhétorique philosophante qui doit être comprise comme faisant partie des arts libéraux, eux-mêmes subsumés sous la philosophie, et, contre les extases désordonnées et la bassesse de vues et de vie des moines du désert, il prône une progression ordonnée, éthique et intellectuelle, *via* les *logoi* ; dans le second, qui porte non tant sur les songes que sur la faculté imaginative et son corps pneumatique, il cherche à montrer comment cette puissance, qui est aussi une forme de vie, et son corps immatériel avec elle, sont essentiels pour établir une communication intime avec le divin, et même pour concevoir la possibilité d'un salut personnel, sous la forme d'une survie impliquant une corporéité subtile. L'école d'Hypatie accueillait indifféremment élèves chrétiens et païens (**107** Marie Dzielska, *Hypatia of Alexandria*, Cambridge, Mass. 1995, p. 27-46), parmi lesquels Synésios, longtemps considéré comme étant païen à cette époque, faisait peut-être, en fait, partie des premiers (Roques **40**, p. 301-316, et Cameron et Long **1**, p. 19-39 ; ainsi que

Schmitt **46**, Tanaseanu-Döbler **48** et les arguments donnés par J. H. W. G.
Liebeschuetz dès son compte rendu de Bregman **38**, dans **108** *JHS* 104, 1984,
p. 222-223), comme son frère Euoptios et, de manière sûre, quelques autres élèves.

3. Le philosophe rattrapé par les obligations du curiale

Il retourne ensuite à Cyrène et y tient son rang de curiale, tout en gardant les
liens d'amitié intellectuelle profonde qui l'associent désormais au cercle des
philosophes élèves d'Hypatie, si l'on accepte la datation de la quasi intégralité des
lettres adressées à Herculien dans cette période intermédiaire entre son séjour
d'études à Alexandrie et son ambassade à Constantinople (*Ép*. 137-139 et 141-146,
3, t. II, p. 275-280 et 282-291 ; voir Roques **41**, p. 87-103, et Bregman **38**, p 25 ;
mais Schmitt distingue le premier groupe de lettres du second, qu'il juge plus tardif
et qu'il étale jusqu'à ce qu'il considère comme la conversion de Synésios à la
philosophie, en 405), C'est aussi dans cette période qu'on plaçait communément le
voyage à Athènes (*Ép*. 56, **3**, t. I, p. 73-74, avec la n. 3 de Roques, p. 162, répondant à l'hypothèse de Liebeschuetz **103**, reprise par Cameron et Long **1**, p. 409-
411, qui conduirait à dater le voyage de 410 – voyage que Synésios entreprendrait
pour fuir la pression publique qui l'appelle à l'épiscopat) : quoique allusives, les
deux lettres portant sur ce voyage permettent de percevoir une condescendance
inspirée par un esprit de rivalité, comme si Synésios épousait le parti d'Alexandrie
(et d'Hypatie) contre Athènes (*Ép*. 56 : « ce voyage à Athènes me procurera non
seulement l'avantage… mais encore celui de ne plus devoir me prosterner devant
ceux qui nous viennent de cette ville pour donner des conférences, car ils ne sont
absolument pas supérieurs aux simples mortels que nous sommes (en tout cas pas
pour l'intelligence des écrits d'Aristote et de Platon !) » ; et *Ép*. 136, **3**, t. II, p. 274-
275 : « … l'Athènes de notre époque n'a plus rien de vénérable… la philosophie en
est bannie… Voilà pourquoi maintenant, à l'époque qui est la nôtre, c'est l'Égypte
qui a reçu les semences d'Hypatie et qui les fait lever ») ; dans la lettre 136, il fait
aussi une allusion méprisante à une « paire de savants plutarquiens » qui ont chance
d'être Plutarque d'Athènes (☛P 209), le philosophe, et son disciple et successeur
Syrianos (voir **108bis** C. Luna et A.-Ph. Segonds, *DPhA*, t. Vb, p. 1087-1088).
Dans une chronologie difficile à préciser et fort discutée, l'épisode important qui
suivrait dans la vie de Synésios est son ambassade à Constantinople, datée, nous
l'avons dit plus haut, soit de 399 à 402, soit de 397 à 400. Il y fut le représentant de
la Pentapole libyenne pour demander à l'Empereur un allègement d'impôts, mais
l'occasion officielle de cette démarche était la présentation de l'or coronaire, impôt
versé par les curiales, au nom de la province ; il y passa trois années, pendant
lesquelles il composa le *Traité de la royauté*, sur les vertus et les devoirs du Prince,
dans lequel il instille un message politique d'actualité et des critiques dans la
tradition de la *parrhêsia* philosophique, et aussi les *Récits égyptiens ou de la
providence*, qui, sous le masque d'une histoire de rivalité pour le pouvoir entre le
bon frère Osiris et le mauvais frère Typhon, forment une œuvre complexe, ubi-
quiste, à la fois d'intervention politique immédiate et de réflexion philosophique

sur les modes d'action de la providence : les dieux supérieurs demeurent dans la contemplation, tandis que les dieux inférieurs se mêlent seuls des affaires sublunaires, soumises à l'action constante des démons, et, étant donné que l'action positive des dieux est très ponctuelle, procédant par grands cycles, l'homme doit surtout compter sur son intelligence mais aussi sa fermeté, et, se considérant au milieu des démons comme un soldat dans un fortin au milieu d'un territoire ennemi, faire preuve d'une constante vigilance (voir la grande tirade, sorte de révélation ou de discours sacré, que le père d'Osiris débite à son fils, *Récits égyptiens* 9 à 11, **6**, p. 108-117) ; c'est encore à Constantinople qu'il compose pour un haut fonctionnaire son *Discours à Paionios sur le don*, témoignage de sa collaboration suivie avec Hypatie que nous avons mentionné plus haut, à propos de son apprentissage de l'astronomie. Il profite de ce séjour dans la capitale pour lier connaissance avec des gens de qualité ou de pouvoir, dont certains sont devenus ses correspondants, comme le lettré Nicandre, le juriste Pylémène (➙P 325) ou le philosophe Troïlos (➙T 175). Sur le plan individuel et politique, Synésios a obtenu d'Aurélien (l'Osiris des *Récits égyptiens*, jusqu'à Hagl **45**, qui considère qu'il s'agit de l'empereur Arcadius ; voir en dernier lieu Monika Schuol, **31**, p. 136-143), devenu préfet du prétoire, l'exemption de charges pour lui-même et un dégrèvement d'impôt pour sa province (*Récits égyptiens* 18, 1, **6**, p. 135), mais après sa chute, Caesarius ou Eutychianus (lequel est le Typhon de Synésios ? Cameron et Long **1** s'acharnent à prouver que c'est le premier, p. 149-197, mais Schmitt **46** revient à l'hypothèse classique qu'il s'agit du second, p. 315-341) a sans doute révoqué ces faveurs (*Récits égyptiens* 17, 1, **6**, p. 133, selon l'interprétation de Cameron et Long **1**, p. 126 et 373 n. 197). Quand il évoque par la suite ces trois années dans la capitale, on remarque qu'il les appelle « maudites » (*Traité des songes* 14, 4, **4**, p. 298), et qu'il s'appesantit sur ses fatigues et ses chagrins (*Hymne* I, 428-495, **2**, p. 54-56), mais il semble aussi que, en fin de compte, il ait obtenu pour les cités de la Pentapole le bien qu'il recherchait (à en juger par des allusions dans l'*Hymne* I, 478-480, **2**, p. 55, et le *Traité des songes* 14, 4, **4**, p. 298). De retour dans sa patrie, Synésios s'est impliqué dans les affaires politiques et militaires également, car la région fut soumise à des incursions de nomades : à propos de l'activité militaire de Synésios, des lettres qu'on datait de la période antérieure à l'ambassade (Lacombrade **2**, p. XXI-XXII, ou encore Garzya **7**, p. 10) sont maintenant datées d'une période postérieure à celle-ci, Roques pour sa part faisant commencer cette période d'incursions en 405 (en dernier lieu, **3**, t. I, p. XXIII et p. XLIV-XLV ; et, abondant dans ce sens, à propos du moins du contexte militaire, les nouveautés apportées par Schmitt **46**, p. 590-641, notamment, à propos d'un changement crucial dans l'organisation militaire en 405). Pour Schmitt, qui, contre Roques, date des séries de lettres à nouveaux frais, Synésios aurait d'abord eu des velléités de participer à la grande politique impériale, puis aurait restreint son activité à la politique locale, la date-pivot étant justement 405 (Schmitt **46**, p. 388-496, qui date et étudie la correspondance avec Pylémène). C'est de cette période, peu après son retour de Constantinople, et peut-être de 403, qu'on date son mariage, célébré à Alexandrie par le patriarche Théophile. Analysant la fameuse lettre 105, lettre ouverte que Synésios adresse, par-delà son frère, à Théophile pour argumenter contre son élection à l'épiscopat, Marrou (**51**, p. 477) le premier a montré qu'il était vraisemblable que Synésios n'était pas païen au moment de son élection, mais au moins catéchumène, et que même, si toutefois il était païen au moment des noces, il a dû promettre de se faire baptiser à ce moment-là. Trente à quarante ans après Marrou, l'idée s'étant imposée chez certains chercheurs (Roques **40** et Cameron et Long **1** en particulier), du fait même des remarques perçantes de Marrou, que Synésios était chrétien depuis bon nombre d'années avant qu'on ne lui propose l'épiscopat, la date du baptême a été avancée progressivement, d'abord par Roques (**40**, p. 306-307), qui la fait coïncider avec celle du mariage, en 404 selon lui, puis jusqu'à 401, et donc antérieurement au mariage, selon Cameron et Long (**1**, p. 28-34, en tenant compte que, dans leur chronologie, le séjour à Constantinople s'est terminé en 400, non en 402 comme le pense Roques). Synésios a eu trois fils, dont deux jumeaux, peut-être en 404 et 405 (voir en dernier lieu le traitement rigoureux de Seng **102**). C'est à son fils Hésychios qu'il dédie la partie exhortative (écrite dans cette période) qui est au cœur du *Dion*, et qui, étant donné la mort prochaine de Synésios, peut être considérée comme son testament intellectuel et un beau plaidoyer humaniste (voir sur ce dernier point, Garzya **65**, p. 44-45).

4. La tentation de l'anachorèse et la dernière vocation politique

En 410 ou 411 (en 407 selon **109** T. D. Barnes, « When did Synesius become bishop of Ptolemais ? », *GRBS* 27, 1986, p. 325-329), Synésios est appelé à l'épiscopat par la voix populaire et la voix de Dieu (en ce sens social et politique, on peut bien parler de *vocatio*, comme l'a bien marqué Marrou **52**, p. 142), autrement dit par les gens de Ptolémaïs et par le patriarche d'Alexandrie Théophile. Malgré les réticences fortes qu'il énonce avec franchise dans la lettre ouverte dont nous avons parlé (*Ép.* 105), réticences tenant au mode de vie (loisirs, famille, philosophie et études) et aux convictions philosophiques touchant des points de doctrine et de foi (préexistence des âmes, pas de destruction totale du monde, difficulté de la résurrection), Synésios a finalement accepté la charge, mais des lettres à des proches laissent voir clairement que, s'il a assumé la fonction avec grand sérieux, il se considère comme particulièrement malheureux d'avoir quitté le loisir nécessaire au *bios theôrêtikos*, pour lequel, sous la forme d'une défense et illustration des disciplines encycliques, le *Dion* fournissait un programme d'études bien chargé, dont l'essai philosophique sur les songes et le discours technique sur le don (c'est-à-dire sur la construction d'une sphère céleste) étaient les premiers fruits, soumis au jugement critique de son professeur Hypatie, comme l'explique la lettre 154. On place la mort de Synésios généralement en 413 : il aura vu mourir tous ses fils, mais n'aura pas connu la terrible fin de son professeur bien aimé, deux années plus tard. Si Synésios a accepté la charge épiscopale malgré tous les arguments qu'il avance, c'est que la pression sociale et ecclésiale qu'il subissait (la *vocatio* dont parle Marrou) trouvait tout de même un écho en lui, dans les convictions philosophiques, pour partie, et aussi dans les valeurs héritées relevant du statut social (sur ce motif, voir Roos **42**, p. 133-139, qui le considère comme essentiel). Du point de vue philosophique, même s'il oppose à plusieurs reprises le loisir nécessaire au mode de vie philosophique et le lourd service épiscopal (assimilé à une *liturgie*, c'est-à-dire à une charge civique à l'ancienne), et s'il énonce claire-ment la contradiction (associer la vertu politique au ministère sacré, c'est concilier l'inconciliable, *Ép.* 41, **3**, t. I, p. 50), la philosophie platonicienne à laquelle il était si attaché lui fournissait le modèle d'une philosophie orientée vers l'action politi-que, car le philosophe qui maîtrise la dialectique, dans la *République* (VII, 519 c - 520 e, où le philosophe sera forcé de mettre ses compétences au service de la cité), est l'agent idéal d'une théodicée et par conséquent du salut pour la collectivité ; sur cette représentation des hommes d'élite de la cité appelés à quitter la vie contem-plative pour redescendre administrer la caverne, Synésios pouvait calquer ses propres obligations sociales de curiale de haute lignée, et son goût comme sa pratique de l'influence politique, même si l'évêque cumule alors les fonctions d'un patron politique avec quelque chose de particulier, l'administration des affaires ecclésiales (voir **110** P. Brown, *Pouvoir et persuasion dans l'Antiquité tardive : vers un Empire chrétien*, trad. fr. par P. Chuvin, Paris 1998, p. 189-192, et la n. 86 pour des références à des travaux historiques qui incluent la figure de l'évêque Synésios) ; précisément, ce sont ces dernières fonctions pour lesquelles Synésios ne se sent pas prêt, et qu'il redoute d'assumer : il traduit cette perplexité, dans la lettre 105, en termes de mélange des genres – vie théorétique, vie pratique, la fonction épiscopale lui paraissant ressortir, impossiblement, aux deux. D'ailleurs, même quand il envisage de décliner l'offre de cette charge (*Ép.* 96, **3**, t. II, p. 220), il ne conçoit d'autre solution que l'exil, et considère par avance le déshonneur et la haine que son comportement inspirerait ; par là, on peut voir qu'il calque des valeurs sociales classiques sur la charge ou *liturgie* qui lui est proposée, car on sait que l'exil des curiales était un exil pour des motifs fiscaux, correspondant aussi à une forme d'irresponsabilité politique, dans l'esprit de la cité. Et on constate que, dans sa correspondance, il présente l'office épiscopal comme une *liturgie*, un service public (*Ép.* 41, **3**, t. I, p. 43, et 105, **3**, t. II, p. 240 : « cette sorte de service public, si pesante qu'elle soit », employant donc pour la fonction épiscopale le même terme qu'il applique au service public de type classique dans l'*Ép.* 100, **3**, t. II, p. 223). En tant qu'évêque, sa correspondance témoigne qu'il a dû gérer non seulement des affaires et des conflits ecclésiaux (voir *Ép.* 66 et 67, envoyées à Théophile, **3**, t. II, p. 173-189, et l'appel aux prêtres à lutter contre les partisans d'Eunome (☛E 122), *Ép.* 4, **3**, t. I, p. 4-6), mais aussi des conflits politiques avec le gouverneur de la province, Andronicos (voir les *Ép.* 41, 42 et 72, **3**, t. I, p. 40-57, et t. II, p. 191-193), mais il continue à participer, en rhéteur politique et non plus sans doute en chef de milice (quoiqu'on le voie disposer des sentinelles sur les murailles pendant la nuit : *Catastase II* 5, **3**, **6**, p. 211), aux vicissitudes militaires qui reprennent, vers 411, après le bref passage d'un chef militaire compétent,

Anysios (Roques **40**, p. 139-143, et voir aussi Schmitt **46**, appendice XI, p. 766-767), comme le montre la description dramatique de la situation dans la *Catastase II* (**6**, p. 204-212), qui est peut-être une lettre ouverte alertant sur la gravité de la situation militaire autour de Ptolémaïs. Il s'y dépeint tué à l'intérieur de son église ! Si l'on joint à ce tableau prédictif d'une ville soumise au massacre les dernières lettres pathétiques qu'il envoie à Hypatie en 412 ou 413 (*Ép.* 10 et 16, **3**, t. I, p. 22 et 26-27), qui montrent qu'il ne se remet pas de la mort de ses fils, l'impression qui demeure est celle d'une fin lugubre dans un paysage de ruines, ce qui contraste singulièrement avec l'*êthos* platonicien, la sociabilité socratique et même la tournure humoristique ou enthousiaste qui ressortent de manière si éclatante à la lecture de ses œuvres.

III. RELIGION ET PHILOSOPHIE

Les questions biographiques qui importent pour déterminer la figure philosophique de Synésios sont au nombre de deux, et ces deux questions ont donné lieu à des débats complexes et à des conclusions divergentes. La première question est celle de sa religion, qui se dédouble en une question concernant sa religion de naissance, et, si cette question est tranchée en faveur du paganisme, en une seconde question qui est celle de sa conversion religieuse au christianisme, puisque Synésios fut à la fin de sa vie évêque de Ptolémaïs (en Cyrénaïque). La seconde question est celle de sa formation intellectuelle et philosophique à Alexandrie, où il suivit l'enseignement d'Hypatie, fille du mathématicien Théon (➭T 88), et professeur de mathématiques et de philosophie.

1. La religion de Synésios

Concernant sa religion de naissance, sans qu'on puisse aboutir à une certitude, il paraît maintenant assez plausible qu'il ait été chrétien de naissance, ou en tout cas, qu'il soit devenu chrétien plusieurs années avant de devenir évêque, alors que, avant Marrou, dominait l'opinion qu'il avait été baptisé au moment où on lui avait proposé l'épiscopat (sur la foi d'une assertion d'Évagre le scholastique, *Histoire ecclésiastisque* I 15). L'opinion non discutée qui s'ensuivait, selon laquelle il fut païen au long de sa vie, longtemps dominante, se trouve encore dans la monographie de Bregman **38**. Ce sont surtout Denis Roques et, plus tard, avec des arguments souvent similaires, Alan Cameron, qui, prolongeant les réflexions fondamentales de Marrou, ont donné une interprétation solide, à mon sens, des textes pertinents, au terme de laquelle il est permis de penser que Synésios a sans doute été élevé dans le christianisme et a accepté, ou plutôt adopté positivement, cette religion avant l'épiscopat et même avant le baptême (qu'il appelle de ses vœux dans l'*Hymne* I, selon l'interprétation de Cameron et Long **1**, p. 28-34, qui oublient toutefois de payer leur dette, sur ce point, à Marrou **51**, p. 479, ou **52**, p. 141-142), même si le mouvement de confirmation dans cette foi caractérise seulement un moment de son âge adulte : mais désormais le baptême se trouve avancé de près de dix ans, à l'année 401 (lors de son retour de l'ambassade à Constantinople), selon Cameron et Long **1**, ou 404 (au moment de la bénédiction de son union par le patriarche d'Alexandrie) selon Roques **40**. Ceci conduit à rejeter l'idée générale de Bregman, reprise par Tanaseanu-Döbler (ce qui n'invalide pas nombre de leurs analyses particulières, dans leurs ouvrages respectifs), selon laquelle Synésios serait l'adepte d'une religion philosophique néoplatonicienne au regard de laquelle le christianisme serait sans importance et ne jouerait aucun rôle pour déterminer sa propre identité religieuse (Tanaseanu-Döbler **48**, p. 286), ou encore, que le syncrétisme de Synésios serait celui d'un païen, une concession pragmatique au triomphe du christianisme (Bregman **100**, p. 93), dont il ne ferait que s'accommoder de manière tout extérieure. L'existence et la lecture des Hymnes montrent le contraire, sans compter bien d'autres traits de la vie et des œuvres de Synésios, dont quelques-uns seulement on pu être évoqués ici : par conséquent, je pense qu'il est raisonnable de se placer, sur un plan d'interprétation générale, dans la lignée de Marrou **51** et **52**, Hadot **55**, Vollenweider **39**, Liebeschuetz **108**, Cameron et Long **1**, Brown **110** et d'autres savants encore, et de ne pas craindre de parler de néoplatonisme chrétien, sans édulcorer absolument le second terme au prétexte que Synésios a écrit ses œuvres nettement avant l'épiscopat, encore jeune, s'essayant avec passion à divers genres littéraires, et dans une profonde adhésion à la *religio mentis* prônée par Porphyre, qui a également impressionné Marius Victorinus (➤+V 14) et Augustin (➤+A 508).

2. Le problème de la conversion

Faut-il parler de conversion ? Pour la conversion religieuse *stricto sensu*, on ne peut le dire, puisqu'on ne sait s'il était chrétien ou païen de naissance. Mais il est certain que, à tout le moins, on ne peut mettre en doute son christianisme pour la période qui correspond à la fin de l'ambassade (400 ou 402) et pour celle qui la suit : l'initiation religieuse que constitue le baptême, choisi ici à l'âge adulte, est un acte et un moment forts qui sont censés s'accorder à une inclination profonde de la personnalité ; soit donc il y a conversion religieuse, soit il y a plutôt engagement dans la foi chrétienne, car même des personnes issues de familles chrétiennes ne précipitaient pas leur baptême avant l'âge adulte. Pour Synésios, dans l'*Hymne* I (voir les vers 428-495, **2**, p. 54-56), le baptême est la dette qu'il entend payer en reconnaissance de la protection et du soutien de Dieu dans les épreuves qu'il a subies, en particulier durant son séjour de trois années à Constantinople, où il est allé, dit-il, prier dans les sanctuaires du Créateur et Souverain de l'univers (v. 44-47 et 449-473, **2**, p. 47 et 55). L'*Hymne* I énonce aussi, comme il est normal dans le contexte du baptême, la repentance (v. 646 et suiv., **2**, p. 59-60) ; la *metameleia* ou *metanoia* est une forme de la conversion, et elle indique un changement fondamental pour l'âme. On lit dans cet hymne une déclaration de repentir (v. 646, **2**, p. 59), qui accompagne l'invocation de la miséricorde du Père (v. 113-114, v. 570 et 586, **2**, p. 48 et 57), afin d'obtenir le sceau du Père (v. 538-539, v. 620 et 628, **2**, p. 57-58), qui expulsera les démons matériels inspirant les mauvaises pensées

(v. 540-543 et 622-627, **2**, p. 57-58), et c'est Dieu qui est l'agent de la délivrance et de la purification (v. 554-555, **2**, p. 57 : « c'est toi le libérateur, toi, le purificateur » ; et v. 506-508, ainsi que v. 556-558, **2**, p. 56 et 57). De plus, quand on lit l'*Hymne* I, qui accompagne cet engagement chrétien par le baptême, on peut remarquer, si l'on a en tête le *Traité des songes* (aux chapitres 6, 8 et 9, 10 en particulier), que des thèmes tout à fait similaires s'y trouvent présents (notamment celui de la purification), et qu'ils sont traités dans les mêmes termes (le signe de reconnaissance ou *synthêma*, l'âme soit servante soit esclave, l'œil chassieux, les démons bondissants, les démons qui s'infiltrent sous forme de souffles, l'importance primordiale du repentir, les démons expulsés lors de la cérémonie sacrée de purification, les deux lots symbolisés par les deux jarres de Zeus, l'adjectif *akêratos* lié à ce qui est appelé, ici et là, "divin ou proche du divin", etc.). Le baptême est en effet une purification rituelle, c'est-à-dire un rite de dépossession démoniaque ou pneumatique, et il est par là-même le correspondant rituel et la marque visible et symbolique de la *metanoia*, c'est-à-dire du premier moment de l'*epistrophê* conçue comme un mouvement d'élévation de l'âme. Qu'est-ce à dire, sinon que la liturgie du baptême est traitée par Synésios comme une cérémonie sacrée de purification (une *teletê*), autrement dit comme une forme de théurgie préalable à une entreprise plus haute, l'*epistrophê* proprement philosophique. Par conséquent, comme le dit Bregman (**53**, p. 522 n. 6 : « an inclusive religious attitude » ; voir aussi les remarques de **111** A. H. Armstrong, « The way and the ways : religious tolerance and intolerance in the fourth century A. D. », *VChr* 38, 1984, p. 1-17 : la conception porphyrienne peut conduire à un pluralisme tolérant, voire à une attitude bien plus positive à l'égard du christianisme), Synésios adopte la démarche intégrative de Porphyre, ce qui veut dire qu'il admet lui aussi l'efficace rituelle de *teletai* pour la purification du *pneuma* psychique (voir déjà les citations du *De regressu animae* chez Augustin relevées par Lang **25**, p. 76-78). Or, comme l'*Hymne* I est daté du retour de Constantinople (en 401 ou 402/403), et que le *Traité des songes* est certainement postérieur (mais assez proche dans le temps : 405 au plus tard), il est certain que les expressions similaires de cette dernière œuvre reprennent les expressions employées dans l'hymne chrétien consacré à glorifier la puissance de Dieu dans le rite baptismal ; on est alors en droit de se demander si les *teletai* des chapitres 6, 7 ou 8 ne recouvriraient pas des cérémonies sacrées autres que les cérémonies théurgiques païennes, auxquelles on les réfère communément (Tanaseanu-Döbler **48**, p. 256 et 259, y voit, ce qui est compréhensible, des allusions à la théurgie chaldaïque ; elle avait pourtant relevé que le vocabulaire des *teletai* est employé par Synésios, dans sa correspondance, exclusivement en rapport avec le culte chrétien, *ibid.*, p. 255 n. 641). Pour les *teletai* du chapitre 6, qui doivent agir sur la capacité mantique du *pneuma*, la cause est entendue : il ne peut s'agir de *teletai* chrétiennes, d'autant plus que la purification rituelle dépend de l'enseignement de la "philosophie secrète" (*Traité des songes* 6, **2**, **4**, p. 278), qui a toute chance d'être une philosophie tirée des Oracles, voire spécialement des *Oracles chaldaïques* ; cependant, au chapitre 8, la proposition comportant le terme *metanoia* (§ 1, **4**, p. 282 : « ... le repentir est élévateur »), par laquelle débute le passage sur l'efficace de la purification rituelle, n'a pas retenu l'attention d'Aujoulat **4** ou de Tanaseanu-Döbler **48**, qui reformulent l'opinion commune sur les *teletai* de la théurgie et de la religion païenne, alors que le terme *metanoia* devrait empêcher, à mon sens, qu'on réfère le passage simplement aux mystères d'Éleusis ou aux *Oracles chaldaïques*. Susanetti en revanche (**26**, p. 137 n. 80) a remarqué le terme, et il cite un passage parallèle de Hiéroclès (*in Carmen aureum*, p. 66, 6-8 Köhler) qui est proche par l'expression et par l'idée, puisque la *metanoia* y est le commencement de la philosophie et la fuite (même terme que chez Synésios) loin des actes et paroles insensés. Cependant, ce qui est présent chez Synésios et absent chez Hiéroclès, c'est justement la liaison entre la *metanoia* et les *teletai*. Plus haut (chap. 6, 2, **4**, p. 278), Synésios nous disait que les *teletai* purificatrices amenaient l'expulsion des esprits mauvais, préalable à l'entrée d'un être divin (doctrine commune aux prophètes chaldéens, cités par exemple par Jamblique, *De mysteriis* III 31, mais aussi aux prophètes égyptiens de Sérapis, décrits par Porphyre, *De philosophia ex oraculis haurienda*, fr. 326, éd. Smith, p. 375-377 [= Eusèbe de Césarée, *Préparation évangélique* IV 23] et aux théologiens chrétiens du baptême). Ici, la *metanoia* est présentée comme le premier agent de l'élévation, qui induit la volonté de fuir les maux et rend par là efficace le rite de purification. Il paraît probable que Synésios a en tête le rite baptismal, qui comporte d'ailleurs une forme d'exorcisme à l'égard des insufflations démoniaques, comme l'évoque aussi l'*Hymne* I, et qui est, de ce fait, une condition expresse pour qu'entre en nous l'Esprit saint ou la divinité (voir le parallèle, "chaldaïque" ou "égyptien", au chap. 6, 2, **4**, p. 278). Mais deux particularités sont à noter dans ce qui est peut-être une lecture "porphyrienne" du baptême : ce rite est interprété dans une perspective d'élévation intellectuelle (la *metanoia*, même dans sa fonction de premier moteur de la purification rituelle chrétienne, est manifestement conçue comme la première étape d'une conversion noétique) et le vocabulaire est aussi réminiscent de Plotin et des *Oracles chaldaïques* (*embaptizesthai* - mais qui, associé à la *metanoia*, peut faire allusion au sens symbolique de la plongée baptismale – et *anagôgos* – employé aussi trois fois dans l'Hymne I ; voir Seng **44**, p. 163-164). Je crois donc, comme Vollenweider **39**, que parler d'une conversion à la philosophie en substituant purement et simplement cette notion à la conversion chrétienne, et en balayant la conversion ou l'adhésion chrétienne (voir, par exemple, les explications embarrassées de Bregman **38**, p. 91-92, sur *sphragis* dans l'*Hymne* I) est inadéquat ; qui plus est, cela risque d'induire en erreur : ce que l'on constate, c'est le choix du baptême et l'appel à Dieu en vue d'une délivrance de l'âme, chantés dans un hymne fervent ; il est donc raisonnable de penser qu'il s'agit d'une conversion ou d'une adhésion effective au christianisme, conçue de manière philosophique, parce que, pour Synésios, c'est la philosophie même qui est le processus de conversion (voir **112** P. Hadot, *Exercices spirituels et philosophie antique*, Paris 1987, p. 181 : « la philosophie était essentiellement conversion... la philosophie est toujours restée elle-même essentiellement un acte de conversion»): la *metanoia* ou *metameleia* qui accompagne son baptême, rite de purification premier, est donc pour lui un moment fort qui marque un détournement ou une fuite loin de la matière, et le commencement possible d'une *epistrophê* proprement noétique ; l'adhésion chrétienne, pour l'esprit philosophique de Synésios, implique à la fois la décision du baptême et, dans le même mouvement si l'on peut dire, une pratique philosophique de contemplation (comme pour Augustin, quand il décide de se faire baptiser : voir **113** G. Madec, *Saint Augustin et la philosophie*, Paris 1996, p. 45 et p. 26 : «la conversion... s'est... comme coulée dans le moule de l'idéal philosophique antique» ; Schmitt **46**, p. 67-130 [et aussi 475-496] a donc détecté à juste titre un mouvement profond qui relierait entre elles, entre 401 et 405, ce que j'appellerais la "conversion" baptismale et l'aspiration à la vie contemplative). Mais dans une perspective porphyrienne, qui est celle de Synésios, et que la part de l'exorcisme dans le baptême chrétien ne contredisait pas, il est bien connu que le processus rituel des *teletai*, pour efficace qu'il soit, agit sur le *pneuma*, et non directement sur l'âme (voir chap. 6, 2, **4**, p. 278).

3. L'acceptation de l'épiscopat

Dans cette nouvelle lumière, la question de ce qu'on appelait jadis sa conversion, lors de la nomination à l'épiscopat (en 410), doit être posée bien différemment : le trait principal d'adhésion (sinon de conversion) au christianisme est le baptême, qui a pu avoir lieu dès 401. De ce fait, comme l'avait déjà bien expliqué Marrou **51** et **52**, il faut concevoir autrement le débat intérieur et social de Synésios, exprimé dans la lettre 105 (en 410), où, dans ce qui est une lettre ouverte, il dit ses réticences personnelles à devenir évêque de Ptolémaïs : c'est un chrétien, non un païen, qui énonce ses réticences. Certes, le néoplatonisme de Synésios entre en jeu, mais on aura compris que l'adoption profonde, à vie, d'une philosophie néoplatonicienne, à dominante porphyrienne, loin de s'opposer à son cheminement vers un christianisme assumé, a plutôt accompagné cette évolution à travers les travaux et les jours ; dans l'œuvre, cette conversion l'a essentiellement conduit à mettre sa culture philosophique, y compris chaldaïque, au service de l'expression poétique de sa foi, dans les *Hymnes* (et la christianisation des oracles des païens, à partir du IVe siècle, est un phénomène majeur, qui affecte même les *Oracles chaldaïques*, contrairement à ce que dit Tanaseanu-Döbler **48**, p. 260, qui oublie, pour ces derniers, le cas de Marius Victorinus). Mais une tension constante et irrésolue est à l'œuvre chez Synésios, due à la liaison intrinsèque entre conversion philosophique et *otium philosophandi* (qualifié aussi de *christianae vitae otium* par Augustin), et c'est pourquoi la même conviction philosophique, néoplatonicienne, dans un moment dramatique de sa vie, lui a inspiré des réticences majeures, quand on lui a proposé d'assumer la lourde charge d'évêque métropolitain de Ptolémaïs : sans parler de trois points de théologie sur lesquels il avoue avoir des conceptions qui risquent d'être hétérodoxes, du fait de ses convictions philosophiques, c'est aussi parce qu'il considère le mode de vie théorétique comme hautement philosophique qu'il exprime avec netteté sa crainte de déroger à cette forme supérieure de vie, s'il adopte le mode de vie pratique, politique, propre à l'activité multiforme des évêques. Par conséquent, comme l'avait bien vu Marrou, il s'agit là non de conversion religieuse, mais de vocation, ou plutôt d'absence de vocation intime, la vocation sociale et politique l'emportant tout de même en fin de compte, car les vertus politiques sont aussi très en honneur chez Synésios, même après la période de l'ambassade, comme on le voit dans le *Dion* et bien sûr au long de la correspondance. C'est pourquoi, s'il n'est pas moyen de dire quoi que ce soit de sûr à propos d'une conversion religieuse qui, à supposer même qu'elle ait eu lieu, nous échappe, il faut considérer la notion dans les termes qui sont congruents avec la mentalité de Synésios : ces termes sont la question du mode de vie philosophique et la notion néoplatonicienne de conversion (*epistrophê*), qui est conçue comme un mouvement d'élévation, mais aussi d'intériorisation : d'où la crainte de Synésios, souvent palpable dans sa correspondance, d'une "redescente" dans la pratique politique, qui interromprait ce mouvement si intime que favorise le *bios theôrêtikos* (voir en particulier les lettres 41, 100, 101 et 103, et, sur cette dernière, Schmitt **46**, p. 475-496 ; Synésios considère par ailleurs que les temps actuels ne sont plus propices à l'exercice philosophique de la politique, à la coexistence même de la *theôria* et de la *praxis* : voir *Ép.* 41, **3**, t. I, p. 50-51, *Ép.* 101, **3**, t. II, p. 226, et *Ép.* 103, **3**, t. II, p. 228-231, qui orchestre le thème ; voir aussi le *Discours à Paionios* 2, 5, **6**, p. 177, sur le divorce historique entre philosophie et politique). La conversion philosophique est une conversion intime vers Dieu, qui suppose conjointement un mode de vie théorétique (loisir, études livresques) et une écriture philosophique, fondée sur la connaissance et la maîtrise technique des arts libéraux, mais dont le mouvement est d'approfondir cette intimité. On comprend dès lors que la fameuse lettre de Synésios énonçant ses réticences à accepter l'épiscopat ne porte pas sur les difficultés d'un païen ou d'un indifférent en matière de religion à prendre une charge ecclésiastique, mais qu'elle porte sur une question tout aussi fondamentale, dans l'itinéraire existentiel et spirituel de Synésios, qui est celle du genre de vie (il faut penser ici au sous-titre de son manifeste sur la conversion de Dion), et même celle du choix de vie correspondant le mieux à l'idéal théorétique que privilégie Synésios : « dans l'étude je vis seul avec moi-même, et surtout en matière de science divine » (*Ép.* 105, **3**, t. II, p. 236). C'est par le mode de vie théorétique, qui ménage des moments solitaires et studieux, et par la réflexion philosophique, que doit se faire, selon lui, l'accès au divin – et non dans l'activité socio-politique débordante du ministre sacré, ni – ce qu'il n'évoque même pas – dans l'exégèse biblique. Le modèle des pasteurs théologiens, si prestigieux et si fréquent chez ses contemporains et dans les générations de peu antérieures (les Pères cappadociens), lui paraît contradictoire, le ministère sacré et la philosophie théorétique étant inconciliables à ses yeux, à tout le moins dans son propre cas (*Ép.* 41, **3**, t. I, p. 50-51) : il voudrait être manifestement, non certes une sorte de Père du désert ou de philosophe reclus, mais un homme des Muses, un *mousikos anêr*, s'adonnant à la littérature et à la philosophie, alors que « le ministre sacré doit être un homme divin » (*Ép.* 105, **3,** t. II, p. 236-237). Il conçoit ce mode de vie sur le modèle socratique, comme on le voit par l'importance de la figure de Socrate dans son manifeste philosophique, le *Dion* : mais ce n'est pas le Socrate politique, immergé dans la cité ou discutant de la meilleure organisation politique, qu'il a alors en vue, mais plutôt celui qui converse librement dans le paysage idyllique du *Phèdre* (chap. 14, 4-7, **4**, p. 177-178), et sans doute aussi celui qui, dans le *Phédon* (60 e-61 a : voir l'allusion dans *Dion*, chap. 15, 3, **4**, p. 179), conçoit "l'art des Muses", la composition poétique en particulier, comme "la plus haute philosophie", et, ce faisant, obéit à l'injonction de songes divins : la *poiêsis* littéraire y est présentée comme la *praxis* même de Socrate, loin des exigences de la vie politique en tant que vie pratique.

4. Synésios et Hypatie

C'est à ce point qu'intervient la seconde question biographique intéressante, celle de la formation intellectuelle et philosophique de Synésios auprès d'Hypatie, professeur de philosophie et sans doute aussi de sciences mathématiques à Alexandrie. Le but est de déterminer le type de néoplatonisme auquel Synésios a eu accès et auquel il aurait adhéré. Mais le problème suscite nombre de cercles vicieux chez les interprètes, car, comme l'on ne connaît rien du contenu de l'enseignement d'Hypatie, on émet des suppositions à son sujet, qui prennent vite la forme d'extrapolations, à partir des indices doctrinaux ou des éloges allusifs de son professeur que l'on trouve chez Synésios, ou même de manière plus purement spéculative (voir Dzielska **107**, p. 63-64 en particulier, qui reconstitue, sans témoignage ou indice textuel, ce qui se passait dans la classe d'Hypatie, sous une forme qui n'est pas éloignée d'une fiction : «... they recited prayers and sang sacred hymns... they may also have read and recited texts with a Christian orientation », etc. ; sur Hypatie, on peut lui préférer la grande richesse d'infomation et la subtilité d'analyse de **114** G. Beretta, *Ipazia d'Alessandria*, Roma 1993, ou les pages plus resserrées mais excellentes de Cameron et Long **1**, p. 39-62, ou encore celles de **115** A. Bernard, dans *CHPLA*, t. I, p. 418-424 – à l'intérieur d'un chapitre qu'il faut lire intégralement, «The Alexandrian school. Theon of Alexandria and Hypatia» ; voir aussi le riche commentaire des témoignages dans Harich-Schwarzbauer **20**). Comme les doctrines de Synésios, depuis longtemps jugées porphyriennes, avec des arguments d'ailleurs très bien étayés, sont depuis quelque temps rapportées aussi à la tendance jambliquéenne du néoplatonisme, par contre-coup, on cherche à raccorder Hypatie à cette tendance, mais on le fait non à partir de liens objectifs, si minces soient-ils, mais à partir de pures spéculations (ainsi Cameron et Long **1**, p. 50-52, faisant de l'Antoninus (➤+A 221) connu par Eunape son maître, dans l'une des rares hypothèses mal étayées de leur excellente étude, et H.-D. Saffrey lui-même, y ajoutant une inférence sur la connaissance synésienne des *Oracles chaldaïques via* le commentaire de Jamblique, transmis par Sosipatra (➤+S 124) à Antoninus, et d'Antoninus à Hypatie, dans la notice H 175, *DPhA*, t. III, p. 816 ; voir les réserves de Tanaseanu-Döbler **48**, p. 184). Il vaut mieux, en bonne méthode, avouer son ignorance quant au contenu doctrinal de l'enseignement philosophique d'Hypatie, et ne pas chercher à y injecter de force des doctrines que l'on voudrait ensuite introduire chez Synésios, faute de les y trouver bien établies. Ce que l'on apprend en lisant les passages de la correspondance de Synésios à propos d'Hypatie, et par ricochet à propos de lui-même, c'est presque exclusivement la valeur éminente que l'un et l'autre accordent aux arts libéraux et à la philosophie considérée comme une initiation mystérique et une illumination intellective (sur ce dernier point, voir la lettre 154, **3**, t. II, p. 304, à Hypatie); ce qui marque profondément Synésios au long de sa vie, c'est, par-delà les vicis-situdes de son existence ou son éloignement d'Alexandrie, le sentiment d'être toujours rattaché au groupe des compagnons d'études, par le partage de ce souci philosophique commun qu'est la recherche de la vérité. Par conséquent, il est vraisemblable que la conversion philosophique pérenne, de type néoplatonicien, mentionnée plus haut, et exprimée à travers le *Dion* dans ses aspects épistémo-logiques et à travers le *Traité des songes* pour la doctrine de l'âme, soit la manifestation d'une adhésion profonde au programme de sagesse appris à l'école d'Hypatie (voir Lacombrade **2**, p. 13, et Bregman **38**, p. 19, qui parlent d'une conversion à la philosophie; on peut penser là encore au jeune Augustin, étudiant à Carthage, qui, à la lecture de l'*Hortensius*, se convertit à l'idéal philosophique et ne cesse plus ensuite de s'adonner à *l'inquisitio veri*). Il est significatif que cette idée et ce souci de conversion intime se traduisent essentiellement dans ce diptyque littéraire constitué par le *Dion* et le *Traité des songes*, tous deux envoyés à Hypatie en 405: on voit qu'il y articule des doctrines néoplatoniciennes (tou-chant l'*enkuklios paideia* et le *pneuma* en tant qu'organe et corps de l'imagination) en fonction d'une double préoccupation: celle d'un progrès intérieur de l'âme qui soit une progression ordonnée *via* les *logoi* (dans le *Dion*), et celle d'une commu-nication intime avec la divinité, voire de salut personnel, *via* une *phantasia* purifiée (dans le *Traité des songes*). On est donc en droit de penser que les doctrines auxquelles il fait allusion agréeront à son maître: or, dans le *Traité des songes*, elles sont très majoritairement plotiniennes et porphyriennes (y compris dans l'utilisation des *Oracles chaldaïques*), avec, peut-être, un soupçon de Jamblique concernant la communication avec le divin (Sheppard **82**, p. 205-208). Quant au *Dion*, la théorie générale du savoir qu'il défend, ainsi que le programme d'études, sont aussi très vraisemblablement d'origine porphyrienne, comme tendent à le montrer les brèves mais denses analyses de passages du *Dion*, concernant la ronde des Muses et les degrés de l'éducation, qui se trouvent dans **116** I. Hadot, *Arts libéraux et philosophie dans la pensée antique*, Paris 1984, p. 276-281 et p. 118 et n. 76 (les parallèles avec le *De ordine* d'Augustin paraissent probants). Ces éléments doctrinaux pourraient concorder avec ce que dit d'Hypatie l'historien Socrate (*Histoire ecclésiastique* VII 15, p. 360-361 Hansen), qui affirme «qu'elle avait reçu la succession de l'école platonicienne qui remontait à Plotin et qu'elle exposait les disciplines philosophiques à qui voulait l'entendre»; mais Bernard **115**, p. 420-421, doute qu'elle ait été d'allégeance platonicienne, et la situe dans une tendance ptoléméenne de la science, par distinction avec une tendance pythagoricienne : ceci concorderait avec les propos de Synésios dans *le Discours à Paionios sur le don*, où il indique avoir reçu l'aide d'Hypatie pour la conception ou la réalisation d'une sphère céleste, et où il souligne la portée philosophique, "théorétique", de l'astronomie de Ptolémée. Comme l'on sait par Damascius qu'elle avait été éduquée par son père dans les sciences mathématiques, ce qui est confirmé par les témoignages sur ses commentaires et éditions de textes scientifiques (Cameron et Long **1**, p. 44-49), et qu'«elle s'adonnait aussi non sans distinction aux autres domaines de la philosophie» (*The philosophical history*, fr. 43A Athanassiadi), on est tout de même en droit de penser qu'elle avait des compétences scientifiques et philosophiques assez larges pour susciter l'admiration de Synésios et de tout un cercle assez vaste de gens cultivés à Alexandrie et au-delà, et que les trois écrits qu'il lui adresse doivent tous, et non pas seulement un, avoir un rapport assez étroit avec ses propres intérêts et compétences.

IV. LINÉAMENTS DE PHILOSOPHIE SYNÉSIENNE

Pour une compréhension affinée de la philosophie qui imprègne les divers ouvrages de Synésios, nous invitons le lecteur à se reporter aux références bibliographiques que nous avons classées et présentées plus haut. Il est désormais assez clair que l'inspiration principale, à tout le moins dans les œuvres les plus nettement philosophiques, à savoir le *Traité des songes* et les *Hymnes*, est un néoplatonisme d'orientation porphyrienne, y compris dans le rapport avec la théologie chaldaïque.

1. Les *Hymnes*

Si l'on s'arrête sur les *Hymnes* (les analyses les plus développées et les plus fouillées se trouvent chez Theiler **36**, Hadot **55**, Vollenweider **39**, Seng **44** et Lilla **58**), on constate qu'ils offrent une théologie trinitaire particulière, selon laquelle la triade divine est le déploiement de la Monade paternelle, qui engendre le Fils par sa Volonté – celle-ci n'étant autre chose que l'acte d'engendrer le Fils. Ce dernier est lui-même assimilé à l'Intellect démiurgique et à la Sagesse (*Sophia*). Le vocabulaire qui exprime le processus de déploiement est celui de l'épanchement (*chuein*), et on peut remarquer que Synésios insiste sur l'indivision des instances de la triade divine (*Hymne* I 208 et 214-216, **2**, p. 50, et *Hymne* II 120-122, **2**, p. 63), sur le fait qu'on ne peut les dénombrer comme trois, et que la Volonté, tout en étant limite et milieu de la triade, n'est pas séparée de ce dont elle est limite et milieu : il s'agit d'une manifestation du Fils avec le Père par la Volonté du Père, et l'éternité elle-même est apparue avec le Père. La coloration et la conception chaldaïque n'empêchent pas que les termes de cette triade soient aussi nommés selon la terminologie chrétienne : Esprit (saint) (II 98 ; III 53 et 64 ; V 32 = **2**, p. 63, 72 et 81), et Sagesse comme nom du Fils (I 204-206 ; IV, 11 ; V 30 = **2**, p. 50, 74 et 81). Toutefois, la position assignée à l'Esprit saint, ou Volonté du Père, ne coïncide pas avec les énoncés théologiques chrétiens du IVe siècle, et c'est en cela que l'interprétation porphyrienne de la théologie des *Oracles chaldaïques* se révèle la principale clef herméneutique des *Hymnes*. Dans le Père, co-existent, et pré-existent, identiques, la Volonté et le Fils, et le déploiement dont il est question est la manifestation de la nature triadique de la monade paternelle. Si l'on met ce choix interprétatif en perspective dans le débat trinitaire de l'époque, on serait amené à dire que Synésios, en rejetant un dénombrement des hypostases, rejetterait peut-être, de ce fait, une forme de subordinationisme (ainsi, par exemple, Lacombrade **2**, p. 63 n. 2): une seule nature, celle du Père, se manifeste dans l'Esprit saint et dans le Fils, en vertu de leur relation avec le Père, qui est présenté comme la source, ou la racine, de cette nature unique. Les propriétés qui distinguent la monade en une triade "différenciée" sont les relations unissant Père, Esprit saint et Fils. Malgré – ou à cause – du chaldaïsme de Synésios, peut-être n'est-on pas si éloigné de la compréhension de la Trinité que Grégoire de Nazianze avait proposée une vingtaine d'années auparavant (voir *Or.* XXIX 2, sur le mouvement de la monade à la triade). Les termes de la triade se déploient donc, et cependant ils restent à l'intérieur (IV 10, **2**, p. 74): en termes d'allégorie religieuse, l'analogue est dans le mythe orphique où Protogonos (*cf.* II 88, **2**, p. 63, pour cette épithète, appliquée au Fils) est avalé par Zeus. Quant au Père, chez Synésios, il est qualifié d'intellect *proanousios* (I 152, **2**, p. 49: «intelligence originelle indépendante des essences»), ou encore de «Un antérieur à l'Un» (I 149, *ibid.*), mais aussi (I 176-179, *ibid.*) d'«intellect et intellectuel, et intelligible et antérieur à l'intelligible». Le troisième terme est appelé Sagesse démiurgique, ou Sagesse de l'intellect du Père (IV 11, **2**, p. 74), tandis que le deuxième terme est appelé Volonté ou intellect médian (IV 9, *ibid.*): c'est un milieu et c'est aussi un enfantement qui constitue une limite (I 226-229, **2**, p. 50), et il y a coïncidence entre l'effusion de la Volonté et l'engendrement du Fils (II 106-109, **2**, p. 63). On retrouve chez Augustin (*De civitate Dei* X, XXIII = *De regressu animae*, fr. 284 éd. Smith, p. 320-321), qui l'attribue à Porphyre, l'idée d'une instance de la Trinité, appelée médiane, entre le Père et le Fils, qui est qualifiée, par Porphyre, de principe, et qui, dit Augustin, doit désigner l'Esprit saint: or, c'est ce que l'on rencontre chez Synésios (pour le terme de *principe*, voir II 97, **2**, p. 63). Une qualification sur laquelle il faut attirer l'attention est l'épithète *autopatôr* (I 144-148, **2**, p. 49: «... ô Roi, Toi qui de tous les pères es le père, auteur de ta paternité, père originel qui n'as pas eu de père, étant fils de toi-même...»), qui, par-delà l'exégèse orphique, a un emploi spécifiquement néoplatonicien dans un contexte très spécial, chez Porphyre (Cyrille d'Alexandrie, *Contre Julien* I 45, 552 B 1-C 8 = *Histoire philosophique*, fr. 223 éd. Smith, p. 245-247) et chez Jamblique (*De mysteriis* VIII 2): un point commun avec Synésios est que l'emploi du terme a à voir avec l'exégèse de la *Lettre II* attribuée à Platon, où se trouve l'expression «le Roi de toutes choses» (312 e). Ce premier des trois Rois de la *Lettre II* est assimilé par Plotin (*Ennéades* VI 8 [traité 39], chap. 9, 18-22) et par Porphyre (Cyrille d'Alexandrie, *Contre Julien* VIII, 916 B 3-15 = *Histoire philosophique*, fr. 221 éd. Smith, p. 242-244: Bien, Démiurge, Âme du monde) à l'Un-Bien, mais le problème de sa position a fait débat chez les néoplatoniciens (Lilla **58**, p. 156-157): l'impossibilité que relève

Augustin de rapporter la triade porphyrienne du *De regressu animae* à la triade principielle de Plotin (cette triade plus classique est aussi connue de Synésios, comme on le voit dans *l'Éloge de la calvitie* 8, 2, **4**, p. 63) pourrait pointer vers une lecture chaldaïsante des énigmatiques trois Rois de la *Lettre II*, dans laquelle le premier principe serait sur-principiel et inséparé des deux autres, à la fois : Synésios fait sans doute écho à cette position du premier Roi, réellement premier terme d'une triade réellement principielle dont il est la source. Le deuxième moment du déploiement est une parturition ou une effusion, dont la manifestation coïncide avec celle du troisième moment. Une expression remarquable appliquée au moment médian de la Volonté indique sous forme de paradoxe à la fois l'unité profonde des trois moments et la triplicité interne, si l'on peut dire, du moment médian : la Volonté est « mère, sœur et fille » (de l'intelligence : II 101-103, **2**, p. 63 ; voir Theiler **36**, p. 12-14, à propos des parentés de vocabulaire avec l'exégèse néoplatonicienne des *Oracles chaldaïques*). Le premier terme est donc présenté comme coordonné aux deux autres et transcendant : il les précontient. Cette conception triadique paraît se distinguer par là de la présentation des principes chez Plotin et chez Jamblique. La purification de l'âme est le fait des principes, et donc de la Trinité ou Triade : le lien est étroit, dans les *Hymnes*, entre le retour de l'âme, son élévation, et l'arétalogie de la Trinité, l'éloge de ses puissances. C'est aussi ce qu'Augustin lisait dans le *De regressu animae*, où Porphyre disait que les principes peuvent purifier (*De civitate Dei* X, XXIII = fr. 284 Smith, p. 320, et, à propos du seul intellect paternel, XXVIII = fr. 291 Smith, p. 331) ; mais l'adoption d'une conception porphyrienne conduit à minorer la nature médiatrice et purificatrice du Christ, sans compter que le schéma de l'effusion trinitaire ou triadique est abandonné ou rejeté, tant par les Cappadociens (Lilla **58**, p. 175 n. 215), que par Augustin, au profit du schéma de la relation entre les personnes de la Trinité (Hadot **55**, p. 477). On notera pour finir que, comme Seng l'a montré (**44**, p. 169, 273-274 et 322-323), Synésios s'avère souvent – non toujours – plus proche de la théologie chaldaïque elle-même (pour ce qui est de l'âme et du cosmos notamment), ou de ses premiers interprètes, que de l'exégèse néoplatonicienne plus tardive, et que l'influence de Porphyre demeure majeure chez lui, tout particulièrement dans la doctrine des principes.

2. Le *Traité des songes*

La théorie philosophique la plus originale que nous expose Synésios se trouve dans le *Traité des songes*, et elle concerne la doctrine de l'imagination et de son corps pneumatique (sur le sujet du véhicule pneumatique de l'âme et Synésios, on consultera notamment Kissling **77**, Lang **25**, Aujoulat **81**, Di Pasquale Barbanti **83** et Toulouse **27**).

A. Pneuma et phantasia

La notion d'*ochêma* s'étant d'abord trouvée subordonnée à celle de *pneuma*, il est plus adéquat de parler d'une théorie de l'*ochêma/pneuma*, comme l'ont fait

Kissling **77** ou Di Pasquale Barbanti **83**. Elle s'est développée au plus tard au IIe siècle de notre ère, comme une alternative à la doctrine stoïcienne de l'âme *pneuma*. Dans ses premières manifestations, la théorie prend la forme suivante : « le *pneuma* est le (premier) véhicule de l'âme humaine ». Après Plotin, la notion de véhicule est progressivement développée pour elle-même, le *pneuma*, de sujet qu'il était, devenant un simple terme de substitution (comme c'est le cas dans le *De mysteriis* de Jamblique), puis finalement (chez Proclus et sans doute déjà chez son maître Syrianus) l'attribut (pneumatique) d'un véhicule de second rang. Dans le *Traité des songes*, on relève la très large prédominance du terme *pneuma* par rapport au terme *ochêma*, qui n'apparaît que deux fois (**4**, p. 279), ainsi qu'un va-et-vient constant entre les analyses relatives au *pneuma* et celles qui concernent l'imagination (*phantasia*) ; enfin, Synésios use de manière synonymique des expressions *pneuma psychikon* (de l'âme) et *pneuma phantastikon* (imaginatif). *Pneuma* imaginatif et *phantasia* ne sont pas des notions tout à fait interchangeables, bien que Synésios parle semblablement de miroir à leur propos : quand l'imagination est comparée à un miroir, c'est à propos des « formes qui résident là-bas » (**4**, 1, **4**, p. 274, trad. modifiée), donc de réalités supérieures ; quand il s'agit du *pneuma* imaginatif (15, 2, **4**, p. 299-300), c'est à propos des reflets qui s'écoulent hors des objets matériels, des *eidôla* matériels qui s'arrêtent quand ils rencontrent leur semblable, le *pneuma* de l'âme étant lui-même un *eidôlon* qui a son siège dans la nature. La distinction apparaît au début du traité, quand l'imagination est définie comme le sens des sens (5, 2, **4**, p. 277), tandis que le *pneuma* imaginatif est « l'organe sensoriel le plus commun » (et non « le sens le plus compréhensif », selon la traduction d'Aujoulat **4**) et le premier corps de l'âme ; plus loin, le *pneuma* est appelé « premier véhicule particulier de l'âme » (6, 3, **4**, p. 279). La *phantasia* désigne une faculté cognitive de rang médian, mais elle n'est pas elle-même qualifiée de véhicule ou d'organe : il est à remarquer que Synésios prend soin de modifier le sujet auquel il attribue l'un ou l'autre de ces deux prédicats : au chapitre 7, 1 (**4**, p. 279), où il est question de l'imagination dans les animaux et dans les démons, au lieu d'employer le terme *phantasia*, il préfère parler d'une substance imaginative qui n'est plus « le véhicule d'une âme plus divine » ; cependant, cette substance est elle-même véhiculée par les facultés inférieures – et non par un corps. Il y a donc chez Synésios un flottement : s'il ne dissocie pas la faculté imaginative de son agent corporel, il hésite entre deux formules. La première est plotinienne, et s'exprime par le fait qu'une âme est véhiculée par une âme inférieure (*Ennéades* IV 3 [traité 27], chap. 31, 9-16, à propos de deux facultés imaginatives, celle de l'âme plus divine étant véhiculée par l'autre, qui appartient à l'âme irrationnelle). La seconde formule est privilégiée par Porphyre, bien qu'on la trouve de manière marginale chez Plotin (*Enn*. III 6 [traité 26], chap. 5) : le *pneuma* est la substance dont sont faites les réalités imaginales suscitées par l'activité de la *phantasia*. C'est cette dernière formule qui va l'emporter dans les exposés synésiens relatifs à l'eschatologie et à la purification, même si le fondement plotinien reste détectable sur ce dernier sujet. C'est au chapitre 7, 1 et 2, que Synésios prend vraiment pour sujet la *phantasia* et fait son éloge par la reprise de la formule aristotélicienne selon laquelle «il n'est pas de pensée sans représentation». Il se place ici dans la lignée de Plotin et de Porphyre, sur le dépassement possible en droit, mais rare en fait, de l'imagination (*Enn.* I 4 [traité 46], chap. 10, 17-19, et *Sent.* 16). Mais aussitôt après, avec le second sujet de l'exposé, le *pneuma* de l'âme, il est clair que nous quittons Plotin ou la part plotinienne de Porphyre, pour nous retrouver dans l'interprétation chaldaïque de Porphyre, comme l'indique le reste du chapitre 7: on y rencontre en effet deux citations des *Oracles chaldaïques* et deux allusions à l'efficacité de rites mystériques pour séparer l'âme du *pneuma* récalcitrant. Synésios emprunte aux *Oracles* une nouvelle qualification, synonyme de *pneuma* de l'âme, celle d'"âme pneumatique", dont c'est la seule occurrence dans le traité. Il faut noter que, quand Augustin nous rapporte l'interprétation que Porphyre donnait de la purification et de l'élévation proposées par la théurgie chaldaïque (*De civitate Dei* X, XXVII-XXVIII = fr. 287 à 293a Smith, p. 324-334), il attribue à Porphyre, dans son *De regressu animae*, l'expression *anima spiritalis*, à plusieurs reprises, et cette âme a pour fonction, selon Porphyre, de «saisir les images des choses corporelles»: ainsi, la liaison entre le *pneuma* et l'activité imaginative sur laquelle Synésios fait fond semble bien avoir été développée par Porphyre dans un même contexte chaldaïsant. Un dernier point important est que ce chapitre 7 dessine deux modèles de l'élévation, assez distincts, l'un assez nette-ment intellectuel, et sous influence plotinienne: la *phantasia* n'y est qu'une faculté médiane, mais en réalité de grande importance dans la mesure où transcender l'imagination, comme l'expliquaient déjà Plotin et Porphyre à sa suite, est chose extrêmement rare. Or on n'oubliera pas que Synésios s'intéresse toujours aux moyens philosophiques de progresser qui sont à la portée du plus grand nombre d'hommes, considérés en tant qu'individus autonomes, et que, ce faisant, il cherche constamment une voie moyenne entre hyper-technicité ritualiste et emportement mystique d'une science divine infuse. Le second modèle est appuyé sur les *Oracles chaldaïques* et peut dépendre d'une lecture porphyrienne de la purification théurgi-que; il revêt un aspect cosmologique absent du premier modèle de l'élévation aux intelligibles. Dans l'exposé du second modèle, Synésios abandonne le terme *phantasia* et il traite de l'âme pneumatique des *Oracles*, qu'il évoque la purifica-tion, l'acquisition d'un corps à travers les sphères, ou bien encore une possible remontée avec la «première âme» (en 7, 3 et 4, **4**, p. 281, où le terme féminin trois fois sous-entendu n'est pas l'imagination, selon la traduction d'Aujoulat, mais l'âme pneumatique). Dans ce modèle, la purification passe par un rite de type mystérique, et ce rite a pour objet le *pneuma*, conformément, sans doute, à l'ensei-gnement chaldaïque qui dit: «ne souille pas le *pneuma*» (*Or. chald.* 102 Des Places, auquel il est fait sans doute allusion en 10, 5 et, plus nettement, en 17, 2). La prédominance d'un terme ou de l'autre semble donc correspondre à des varia-tions doctrinales dans l'exposé, mais on doit reconnaître que Synésios est sensible à l'union de la *phantasia* et du *pneuma*, son corps ou sa substance propre, comme le montre une expression particulière qui qualifie l'activité imaginative ou la substance imaginative de "vie", certes inférieure, de l'âme (5, 1 et 7, 1, **4**, p. 276 et 279). Cette formulation repose sur l'idée plotiniennne selon laquelle l'âme ne descend pas, mais que ce que l'on appelle descendre est pour l'âme la production de médiétés nécessaires pour assumer ses fonctions d'animation et de soin des vivants particuliers : cela passe par l'autoconstitution de ses vies inférieures. Dans cette perspective, le couple *phantasia* / *pneuma* constitue une vie inférieure par rapport à la vie intellective de l'âme, mais, pour Synésios, c'est une vie médiane digne d'intérêt pour le philosophe, et une vie autonome, dans une certaine mesure, à l'égard du corps de chair et de la nature : c'est ce que montrent les songes, qui sont l'indice expérimental de cette autonomie, et aussi l'instrument d'un progrès intérieur, si l'on régule par la philosophie cette vie imaginative.

B. *Le voyage de l'âme et le salut du corps subtil*

L'exposé eschatologique de Synésios prend un tour cosmologique, car l'âme pneumatique est capable d'occuper des espaces très variés, du monde souterrain à l'éther. Dans la discussion, Synésios emploie un terme nouveau, *eidôlon*, à côté du terme *pneuma*. L'emploi du terme est appuyé par l'autorité des *Oracles chaldaïques* (fr. 158 Des Places, cité en 9, 1, **4**, p. 285 : « ... l'image aussi a sa part dans la région baignée de lumière », mais aussi fr. 163 Des Places, cité en 7, 5 ; **4**, p. 282 : *eidôlocharês*, adjectif appliqué à l'abîme en tant que monde matériel). Le texte du fragment 158 présente pour Synésios une grave difficulté d'interprétation : comment concevoir que l'*eidôlon*, le fantôme qui erre près de la terre, appelé dans le vers précédent de l'oracle *skubalon* (le résidu), puisse accéder à cette région lumineuse ? Avant de voir comment Synésios traite la question, revenons sur la première apparition de l'*eidôlon* dans le traité : au chap. 7, 2 (**4**, p. 280), l'*eidôlon* est présenté comme l'un des avatars possibles du *pneuma* de l'âme ou de l'âme pneumatique (avec la nature divine et la nature démonique), et donc un avatar inférieur, de nature fantomatique. À propos du fantôme, Synésios livre deux indications : 1. l'âme subit son châtiment dans cette forme ; 2. Le mode d'existence de l'âme dans cet au-delà est comparable aux imaginations vues en songe. Le second énoncé, dit Synésios, repose sur une comparaison que font les *Oracles*. Mais on doit noter que les deux pris ensemble sont conformes à une doctrine très originale de Porphyre, relative à la nature imaginale des peines de l'Enfer : c'est dans le traité *Du Styx* que la doctrine est clairement énoncée (voir la traduction du traité dans Toulouse **27**, t. II, p. 333-335, avec la n. 34, et **117** Porfirio, *Sulle Stige*, éd. C. Castelletti, Milano 2006, p. 99 et le commentaire, p. 160-168), selon laquelle les âmes après la mort reçoivent leur châtiment sous forme d'images pénibles ou horribles, et ce sont ces images qui constituent la peine. Cette doctrine est complétée dans la *Sent.* 29 de Porphyre, qui montre que le châtiment de l'âme dans l'Hadès concerne la substance pneumatique de l'âme, qui est en effet la forme de vie de celle-ci dans les intervalles de sa vie cosmique, entre deux incarnations. Si l'on revient au fragment 158, il est clair qu'il est difficile de concevoir, en termes néoplatoniciens, le sauvetage de l'*eidôlon* infernal, qui est le porteur d'un type de vie plutôt inférieur. Le mode d'explication adopté par Synésios semble être le suivant : le terme *eidôlon* doit être la dénomination, communément péjorative, de la part du corps premier de l'âme (ou *pneuma*) constituée d'éléments matériels inférieurs (voir 10, 1, **4**, p. 286) ou la dénomination par extension du *pneuma* lui-même, en tant qu'il est dominé par les éléments inférieurs, humides et terreux. C'est pourquoi Synésios peut parler de l'agrégation de particules élémentaires supérieures (feu et air) sur la nature fantomale de l'âme (9, 2, **4**, p. 285), l'*eidôlon* étant pour ainsi dire considéré comme le *pneuma* dans un état dégradé (voir 6, 3, **4**, p. 279, qui confirme l'idée que le véhicule de l'âme peut ou bien s'affiner et devenir éthéré, ou bien s'épaissir et devenir terreux). Quand Synésios évoque les sommets (*akrotêtes*) des éléments et la possible transmutation des éléments infé-rieurs en substance éthérée (chap. 9, 2-3, **4**, p. 285-286), ainsi que leur séjour aux limites du ciel, il use d'un terme chaldaïque et fait une hypothèse proche de celle qu'Augustin reproche à Porphyre de faire sous l'influence des théurges (*De civitate Dei* X, XXVII, où se retrouvent non seulement l'idée du séjour supra-aérien, éthéré, promis par l'élévation chaldaïque, mais aussi l'idée des limites supérieures des éléments, les *sublimitates*, là où Marius Victorinus, dans l'*Adversus Arium* I 61, sous la même influence, parle de *summitates*). Ainsi, l'âme pneumatique, chez les deux auteurs, pourrait remonter aux confins extrêmes de la matérialité, aux limites du ciel (9, 3, **4**, p. 286). Cette explication est donc fondée sur les *Oracles chaldaï-ques*, mais le schéma explicatif de la transmutation élémentaire du *pneuma* provient de Porphyre, comme le montre la *Sentence* 29, où le Tyrien emprunte la théorie à Aristote (*De gen. et corr.* II 3 et 4 : voir Toulouse **27**, t. I, p. 235-241) et l'applique à la remontée du *pneuma* à travers les sphères, en usant du schème de la prédominance (tel élément naturel, en tant qu'il prédomine dans le mélange, détermine la nature du corps) ; c'est à ce schéma que Synésios fait allusion dans un passage ultérieur, non remarqué des commentateurs, où il signale que le *pneuma* de l'imagination ne relève pas des lois qui s'appliquent au corps de chair (chap. 17, 1, **4**, p. 302-303 : « un *pneuma* (imaginatif) diffère d'un autre par sa nature première ; car un *pneuma* est apparenté en propre à une sphère, un autre à une autre, selon l'élément qui domine dans le mélange », ma trad.).

C. La purification, le pneuma et les vertus

La purification dont Synésios a commencé à parler (chap. 7, 3, **4**, p. 281) concerne cette âme pneumatique, caractérisée par la puissance imaginative et dont le substrat est le *pneuma*. La purification est comprise comme un facteur qui favorise la remontée de l'âme, appelée aussi, d'un terme chaldaïque, élévation (chap. 11, 1, **4**, p. 288) ; cependant, cette remontée a lieu par le moyen de la philo-sophie (chap. 10, 4 et 16, 1, **4**, p. 287 et 300 ; sur *anagôgê* compris comme un processus intellectuel plutôt que rituel, voir *De l'abstinence* II 34, 3, et *anagôgos* dans la *Lettre à Marcella* 26). Le *pneuma* imaginatif, ou *pneuma* de l'âme, doit faire l'objet d'un diagnostic qui détermine sa disposition : pour ce faire, il faut examiner nos visions intérieures *en l'absence de perceptions sensibles* (chap. 10, 4,

4, p. 287). Ceci montre que l'activité de ce *pneuma* se caractérise par la représentation imagée indépendante que l'on appelle imagination ou souvenir, distinguée
de la représentation perceptive directe. C'est ce qu'Augustin, sous l'influence des
analyses de Porphyre, appelle la *visio spiritalis* (*De Genesi ad litteram* XII ; voir
Chase **86** et **118** S. Toulouse, « Influences néoplatoniciennes sur l'analyse
augustinienne des *visiones* », *ArchPhilos* 72, 2009, p. 225-247). Quant à l'entretien
du *pneuma* imaginatif en de bonnes dispositions, c'est le fait de la philosophie : le
vocabulaire est celui du jugement de vérité et du critère, et il s'agit de faire en sorte
que le *pneuma* soit soumis à l'activité judicatrice de l'intellect, qui seul assure
l'âme de la vérité des représentations. L'âme doit vivre d'une vie intellective
(*noera* : voir aussi Ép. 137, **3**, t. II, p. 276-277 : c'est la doctrine de Porphyre en *De*
l'abstinence I 30, 1 et 6, également à propos de la purification). L'objet premier de
cet exercice philosophique, ce sont les *phantasmata*, c'est-à-dire les représentations imagées projetées sur le miroir de l'imagination : il faut que la raison
domine les représentations, afin que des accrétions matérielles n'envahissent pas le
pneuma, ne l'épaississent pas : la visée est de rendre le *pneuma* subtil (chap. 10, 4,
4, p. 288). La philosophie contribue aussi à maintenir la tranquillité du *pneuma*, qui
risque d'être envahi par les passions (chap. 16, 1, **4**, p. 300). Il s'agit des deux
phases d'un même processus de purification, qui concerne dans le premier cas les
représentations (logique), et dans le second les passions (éthique). La purification
doit concerner aussi le corps de chair (par la vertu de tempérance), par une sorte de
soin préventif à l'égard du premier corps de l'âme, car le *pneuma* subit par conta-
gion les troubles qui atteignent le corps de chair (*cf. De l'abstinence* II 45, 4, sur le
risque de contamination venant de l'extérieur et l'importance de la pureté physique : le corps doit être tenu dans un état de pureté favorable à l'impassibilité de
l'âme), et l'impureté corporelle favorise l'intrusion de démons, quand le *pneuma* se
rétrécit dans le cerveau et laisse place à des êtres pneumatiques (*Des songes*,
chap. 10, 5, **4**, p. 288). Cet énoncé montre que le *pneuma* est sensible aux atteintes
corporelles et aux excès matériels des passions : il court le risque de s'épaissir.
Cette idée se trouve déjà dans un traité de Plotin qui fait allusion aux passions
telles que la gloutonnerie (*Enn.* III 6 [traité 26], chap. 5, à propos de la partie passible de l'âme, attachée à un *pneuma* sali par l'abondance des viandes impures, au
lieu d'être véhiculée tranquillement par un *pneuma* sec), et elle est développée par
Porphyre dans le traité *De l'abstinence*. Ce double apanage de la philosophie, et
non de la théurgie, dans la thérapie du *pneuma*, compris comme le corps imaginal
de l'âme, modifie une conception de Plotin, reprise et développée par Porphyre,
qui veut que la montée de l'âme se fasse par l'exercice des vertus, ce dernier terme
désignant en fait à la fois les vertus éthiques et l'exercice mental de la compréhension, qui consiste à articuler les notions qui sont en nous (voir *De abstinentia* I 29,
5, à propos du rôle purificateur des raisonnements et des connaissances). Même la
mention de la tempérance (chap. 16, 1, **4**, p. 300) nous ramène à une particularité
de la doctrine de Porphyre dans le *De regressu animae* : la théurgie n'est même pas
nécessaire à la purification de l'âme pneumatique, car il suffit de pratiquer la

tempérance (*De civitate Dei* X, XXVIII = fr. 291 Smith, p. 331 : «... continentiae virtute purgari»). Synésios paraît présenter, par conséquent, un parcours d'ascèse philosophique, partant de la tempérance et passant par les vertus purificatrices logiques et éthiques, en vue d'atteindre, comme chez Porphyre, une vie intellective conforme à l'essence originelle de notre âme (on notera qu'une lettre de Synésios fait allusion au système porphyrien des vertus : voir *Ép.* 140, **3**, t. II, p. 281-282).

D. *Porphyre, Jamblique et les rites*

Malgré ce primat de la voie philosophique, il est nécessaire de dire quelques mots des allusions que Synésios fait à la purification rituelle : s'agit-il de théurgie chaldaïque, et si oui, s'agit-il d'une conception de la théurgie porphyrienne ou jambliquéenne (ainsi Tanaseanu-Döbler **48**, p. 255-258, qui croit reconnaître une influence de Jamblique dans certains passages) ? Au chapitre 7 (§ 4, **4**, p. 281), il est question d'une opération exceptionnelle accordée à des *happy few* dans des initiations de type mystérique et par une divinité : l'opération est une ablation du *pneuma*, qui est présentée comme étant presque contre-nature, rarissime, et le résultat d'une grâce divine, semble-t-il. Le mouvement le plus naturel et commun, celui auquel s'intéresse Synésios, est le mouvement par lequel le *pneuma* et l'âme montent ou descendent ensemble, comme dans la *Sentence* 29 de Porphyre (le parallèle avec les doctrines de Porphyre attestées chez Macrobe et Proclus a été étudié par Toulouse **27**, t. I, p. 218-241, et signalé par **118** H. Seng, «Seele und Kosmos bei Macrobius», dans B. Feichtinger, S. Lake et H. Seng (édit.), *Körper und Seele : Aspekte spätantiker Anthropologie*, München/Leipzig 2006, p. 115-141, aux p. 126-127, qui donne aussi, à propos du chap. 7, 4, des indications en faveur d'une exégèse porphyrienne des *Oracles chaldaïques* chez Synésios). Au chapitre 6 (§ 2, **4**, p. 278), des *teletai* (sur lesquelles voir plus haut III.2) sont appliquées à la purification du *pneuma*, dans une visée mantique, afin que les "entrées" pneumatiques soient expulsées et que le *pneuma* imaginatif accueille un dieu : Tanaseanu-Döbler (**48**, p. 256) déduit d'un rapprochement avec *Les mystères d'Égypte* III 31, que Synésios suit la doctrine jambliquéenne de la théurgie chaldaïque et de la purification du *pneuma* ; mais, comme nous l'avons dit (voir III.2), le principe général est commun à toute la démonologie antique (l'expulsion des esprits mauvais, qui ne peuvent cohabiter avec un être vraiment divin), et ce qui doit faire préférer la théurgie chaldaïque, c'est le caractère non public de ces cérémonies, puisqu'elles sont référées à une philosophie secrète ; mais il reste que le passage de Jamblique n'a aucun autre point de rencontre, avec celui de Synésios, que cette doctrine démonologique commune. Qui plus est, le texte de Jamblique ne parle nullement d'une purification du *pneuma* imaginatif ou de l'imagination, parce que ce passage n'a pas pour sujet la mantique par les songes (traitée en III 2-3, où l'on constate que les songes véridiques, dont il n'est pas question en III 31, relèvent de la *noêsis* et de la *theôria*, non d'un *pneuma* imaginatif). Le passage le plus pertinent à citer serait plutôt III 13, où il est question, dans les rites privés justement, de la présence d'un dieu remplaçant les insufflations démoniaques ; ici,

un lien lexical fort existe entre le passage cité de la *Lettre à Anébon* (fr. 40, dans
H. D. Saffrey et A.-Ph. Segonds (édit.), *Porphyre, Lettre à Anébon l'Égyptien*,
CUF, Paris 2012, p. 24) et Synésios : le terme *eiskriseis* (pluriel) a dans les deux
cas le sens particulier, non d'entrées, mais, par un glissement de sens, d'"entités
qui s'introduisent". La source porphyrienne de cette allusion au rite chaldaïque est
encore assurée par le passage parallèle d'Augustin (*De civitate Dei* X, IX, 2 =
fr. 290, éd. Smith, p. 328 : « au moyen de certains rites théurgiques appelés télètes,
cette partie de l'âme [*spiritalis* = pneumatique] est disposée et préparée à accueillir
les esprits et les anges et à voir les dieux »). Pour ce qui est du chapitre 8 (§ 1, **4**,
p. 282), le passage est anti-jambliquéen au possible, puisque la volonté (humaine,
semble-t-il) est le moteur de la *metanoia* et la condition d'efficacité du rite puri-
ficatoire (dont elle est le *synthêma* essentiel). Si l'on a à l'esprit *Les mystères
d'Égypte* III 11 (« c'est l'accomplissement religieux des actions ineffables, dont les
effets dépassent toute intellection, ainsi que le pouvoir des symboles muets ... qui
opèrent l'union théurgique. C'est pourquoi ce n'est pas notre pensée qui opère ces
actes, car alors leur efficacité serait intellectuelle et dépendrait de nous ... ; sans
que nous y pensions en effet, les signes eux-mêmes par eux-mêmes opèrent leur
œuvre propre (etc.) », trad. Des Places, p. 96), on constate que Synésios s'oppose
frontalement à l'analyse de l'efficace théurgique selon Jamblique, qui affirme
vigoureusement la primauté de la causalité divine à travers l'efficace proprement
divine des *synthêmata*, qui éveillent d'abord le vouloir divin ; mais surtout, le
terme *metanoia*, négligé des commentateurs (voir plus haut en III.2), conduit à
interpréter le passage autrement qu'en termes d'exégèse porphyrienne ou jambliquéenne de la théurgie. Enfin, les termes employés par Synésios au chapitre 4 (§ 4-
5, **4**, p. 275-276 : *anodos*, *anagôgê*, *sunaphê*) ne peuvent pas suffire à établir un
parallèle entre Synésios et la conception théurgique de Jamblique (comme le fait
Tanaseanu-Döbler **48**, p. 258, qui s'appuie sur **119** P. Athanassiadi « Dreams,
theurgy and freelance divination : the testimony of Iamblichus », *JRS* 83, 1993,
p. 115-130, à la p. 130, pour établir un second parallèle : Jamblique dirait, comme
Synésios, que la pureté du *pneuma* est une condition nécessaire pour obtenir des
rêves prophétiques véridiques ; cependant, Athanassiadi ne parle pas de la pureté
du *pneuma*, elle n'énonce aucun parallèle de ce genre, à la page citée, où il n'y a
d'ailleurs aucune référence à un texte spécifique de Jamblique, et si l'on regarde
Les mystères d'Égypte III 2-3, consacrés à la divination dans le sommeil, on ne
trouve pas d'énoncé similaire non plus, le *pneuma* imaginatif et sa purification
n'intervenant pas dans la description des songes véridiques que donne là Jamblique). À propos des songes divins, dans le même passage, Jamblique indique de
manière paradoxale qu'en réalité la conscience est éveillée, et qu'il s'agit d'une
contemplation et d'une intellection ; en outre, il est loin de privilégier l'oniro-
mancie personnelle, à laquelle s'attache Synésios, mais, comme le dit Athanassiadi
(**119**, p. 125, renvoyant à III 3), « he encourages incubation » ; la position de
Synésios, dans son individualisme comme dans ses modalités, paraît plus proche
de celle qui est évoquée par Porphyre vers la fin du livre II de *De l'abstinence*

(chap. 53), qui rejette d'abord la forme technique de la mantique par l'examen des viscères (en 52, 2 et 3, qui présente la même idée que celle que Synésios appuie sur le témoignage de l'oracle chaldaïque 107, au chap. 5, 1, **4**, p. 276), et qui dit ensuite : « ... il existe de bons démons qui, par des songes, par des signes, ou par la voix, préviennent l'homme qui vit ainsi en serviteur de Dieu... » (trad. J. Bouffartigue et M. Patillon, *CUF,* Paris 1979, p. 116). Cette conception pourrait expliquer pourquoi Synésios qualifie curieusement du terme de "bon démon" la divination par les songes (chap. 14, 5, **4**, p. 298). Dans les deux cas, le modèle se trouve dans la fonction démonique de communication entre hommes et dieux, y compris à travers les rêves, qui est exposée dans le *Banquet* (202 e - 203 a : voir *De l'abstinence* II 38, 2-3, où Porphyre inclut expressément les démons transmetteurs du *Banquet* dans sa catégorie des bons démons).

Pour conclure, et en omettant volontairement de décrire les éléments doctrinaux relatifs aux démons, à la providence et à l'ordre cosmique, la forte influence de Porphyre, sur laquelle nous avons insisté, ne doit pas occulter l'originalité de Synésios, qui se manifeste dans ses tentatives, pas toujours couronnées de succès sur le plan conceptuel, de faire tenir ensemble les doctrines néoplatoniciennes (mâtinées de chaldaïsme) sur la survie corporelle et celles du christianisme sur le corps glorieux, ou encore les doctrines trinitaires du christianisme et celles du chaldaïsme vues à travers le prisme porphyrien – originalité perceptible aussi dans les jeux littéraires mêlant ici doctrine de la providence et actualité politique, et là, humour sophistique et cosmologie. Dans tous les cas, sa figure est celle d'un intellectuel qui s'implique et se détache à la fois, entre politique et philosophie, entre sérieux et plaisant ; qui révèle un esprit de conciliation et de dialogue, n'aimant pas la radicalité, profondément convaincu de l'unité des savoirs subsumés sous la philosophie, curieux et humaniste, et qui, poursuivant au long de sa vie la montée intérieure vers le divin, voudrait tout de même, se retournant vers les affaires humaines pour y participer activement, pouvoir utopiquement, telle une âme plotinienne, "descendre sans descendre" (*Traité des songes* 11, 2, **4**, p. 289, et *Ép.* 41, **3**, t. I, p. 52).

STÉPHANE TOULOUSE.

180 SYNÉSIUS L'ALCHIMISTE   IV ?

Parmi les écrits alchimiques grecs transmis par plusieurs manuscrits byzantins (*CAAG* II 56-69) on trouve un commentaire à l'œuvre alchimique du ps.- Démocrite, qui porte le titre de Συνεσίου φιλοσόφου πρὸς Διόσκορον εἰς τὴν βίβλον Δημοκρίτου ὡς ἐν σχολίοις, « De Synésius le philosophe à Dioscore, notes sur le livre de Démocrite » (**1** A. Garzya, *Opere di Sinesio di Cirene*, Torino 1989, p. 801-821 ; **2** M. Martelli, *Pseudo-Democrito, Scritti alchemici con il commentario di Sinesio*, coll. « Textes et Travaux de Chrysopœia » 12, Paris 2011, p. 224-255) : il s'agit d'un dialogue entre Synésius et Dioscore, prêtre du Sérapéum d'Alexandrie (*CAAG* II 57, 1-2 : Διοσκόρῳ ἱερεῖ τοῦ μεγάλου Σαράπιδος τοῦ ἐν Ἀλεξανδρείᾳ), dans lequel le philosophe explique les mécanismes de la teinture alchimique en recourant à une interprétation allégorique (souvent fondée sur une étymologie populaire) des noms des ingrédients classés par le ps.-Démocrite l'alchimiste en quatre catalogues (catalogues partiellement transmis à l'intérieur du livre de recettes alchimiques *Chimie de Moïse* : *CAAG* II 306, 15-307, 14 ; **3** P. Tannery, « Études sur les alchimistes grecs. Synésius à Dioscore », *REG* 3, 1890, p. 282-288 ; Martelli **2**, p. 218-223). D'après **4** I. Hammer Jensen (*Die älteste Alchymie*, Københaun 1921, p. 88 ; voir aussi **5** I. Vereno, *Studien zum ältesten alchemistischen Schrifttum. Auf der Grundlage zweier erstmals edierter arabischer Hermetica*, Berlin 1992, p. 58 et 95) Synésius aurait joué un rôle important dans la constitution de la légende de Démocrite alchimiste, élevé par Ostanès (*CAAG* II 57, 3-15). Le dialogue est incomplet et seulement la première partie semble avoir été transmise par les manuscrits. Un deuxième fragment doit être reconnu dans l'extrait anonyme *Sur le blanchiment* publié dans *CAAG* II 211, 3-11 (Martelli **2**, p. 254).

La datation du dialogue n'est pas sûre : il est probablement antérieur à la destruction du Sérapéum (en 390/1 ; voir **6** J. Letrouit, « Datation des alchimistes grecs » dans D. Kahn et S. Matton [édit.], *Alchimie : art, histoire et mythes*, coll. « Textes et Travaux de Chrysopœia » 1, Paris 1995, p. 47), et il pourrait dater à peu près de la même époque que Zosime l'alchimiste (☛Z 42), avec les écrits duquel il présente quelques analogies, même si les deux auteurs ne se citent jamais l'un l'autre (toutefois, **7** E. Riess, art. « Alchemie », *RE* I 2, 1894, col. 1345, en considérant la similarité entre Syn., *CAAG* II 63, 5-7, et un passage de Zosime cité par Olymp., *CAAG* II 96, 6-14, a supposé que Synésius connaissait l'œuvre de Zosime). Synésius et Zosime sont en revanche mentionnés l'un à la suite de l'autre par le commentateur alchimique Olympiodore (☛O 16) dans *CAAG* II 90-91.

Malgré les efforts de Berthelot pour identifier l'auteur de l'œuvre alchimique avec le philosophe néoplatonicien (☛S 179) homonyme (**8** M. Berthelot, *Les origines de l'alchimie*, Paris 1884, p. 188-191), aucun élément ne confirme cette hypothèse (**9** C. Lacombrade, *Synésios de Cyrène, hellène et chrétien*, Paris 1951, p. 64-71 ; Letrouit **6**, p. 47). L'éducation scientifique que le néoplatonicien reçut à l'école d'Hypatie (☛H 175) à Alexandrie est probablement postérieure à la rédaction du commentaire alchimique, s'il est vrai qu'Hypatie commença son enseignement seulement après la destruction du Sérapéum (**10** G. Beretta, *Ipazia di Alessandria*, Roma 1993, p. 20-25). En outre, aucun alchimiste byzantin présente Synésius comme l'évêque de Cyrène (Martelli **2**, p. 117-118 ; *contra* **11** G. Fowden, *The Egyptian Hermes, an Historical Approach to the Late Pagan Mind*, Princeton 1993, p. 178 n. 108) : il est toujours appelé simplement Συνέσιος (*CAAG* II 90, 20 ; 102, 10), même par les commentateurs chrétiens (*CAAG* II 416, 15 ; 432, 12 et 440, 9) qui auraient dû être particulièrement disposés à signaler une éventuelle identification de l'alchimiste avec un important personnage de l'Église. Enfin, l'hypothèse de Lacombrade (**9**, p. 71), qui proposait de voir une référence à l'alchimiste dans le Synésius mentionné par *Souda*, *s.v.* Ἀνδροκλείδης, A 481 Adler, (= Porph. Fr. 423T Smith), manque de fondement : le contexte n'a rien à voir avec l'alchimie, étant donné le sens technique de τεχνόλογος comme 'expert en rhétorique' (**12** F. Romano, « Porfirio technologos ? », *SicGymm* 31, 1978, p. 517-520 ; Martelli **2**, p. 123-124).

MATTEO MARTELLI.

181 SYRIANUS D'ALEXANDRIE *RE* 1 *PLRE* II :3   F IV-D V (mort en 437)

   Philosophe et commentateur néoplatonicien.

PLAN DE LA NOTICE

Biographie. Les témoignages dont on dispose pour reconstruire la biographie de Syrianus sont l'éloge funèbre de Proclus écrit par son élève Marinus et prononcé très vraisemblablement le 17 avril 486, à l'occasion du premier anniversaire de la mort de Proclus (**1** Marinus, *Proclus ou sur le bonheur*, par H. D. Saffrey et A.-Ph. Segonds, *CUF*, Paris 2001), et la *Vie d'Isidore* par Damascius (*Damascii Vitae Isidori reliquiae*, ed. C. Zintzen, Hildesheim 1967 ; Damascius, *The Philosophical History*, by P. Athanassiadi, Athènes 1999). A ces deux sources il faut ajouter l'article Συριανός dans la *Souda*, Σ 1662, t. IV, p. 478,21 - 479,8 Adler. Une première reconstruction de la vie de Syrianus a été offerte par **2** K. Praechter, art. « Syrianos », *RE* IV A 2, 1932, col. 1728-1775, en part. col. 1728-1729.

   Syrianus, originaire d'Alexandrie (*cf.* Damascius, *V. Isid.*, fr. 77, p. 61, 16 Zintzen = fr. 34D, p. 112, 8 Athanassiadi [= *Souda*, Σ 1662, t. IV, p. 479, 6 Adler], où Syrianus est défini πολίτης, "concitoyen", d'Isidore, qui était originaire d'Alexandrie ; voir aussi *Souda*, Σ 1662, t. IV, p. 478, 21 : Συριανός, Ἀλεξανδρεύς), était le fils d'un certain Philoxène (le patronymique Φιλοξένου est transmis par Marinus, *Proclus*, § 11, 4, et se lit aussi dans le titre du commentaire sur la *Métaphysique*), sur lequel on ne dispose d'aucun renseignement (*cf. PLRE* II, *s.v.* Philoxenus [1]). Il fit ses études à Athènes avec Plutarque d'Athènes (➟P 209), comme en témoigne Proclus, *in Remp.* II, p. 64, 5-9 Kroll : Τὸν περὶ τοῦ ὀρθογωνίου τριγώνου λόγον ἀπόρρητον, ὃν Νεστόριος ὁ θεῖος ὄντως, πάππος ὢν Πλουτάρχου τοῦ καθηγεμόνος ἡμῶν τε καὶ τῶν ἡμετέρων διδασκάλων, εἰς φῶς ἐξήγαγεν παρ' αὐτῶν διδαχθεὶς τῶν κρειττόνων, ἐκθήσομαι (« Je vais exposer la doctrine secrète sur le triangle rectangle que le vraiment divin Nestorius, aïeul de Plutarque qui fut mon maître et celui de mon professeur [Syrianus], instruit par les dieux eux-mêmes, a produite au jour », trad. Festugière, t. II, p. 174-175) ; parmi ses condisciples, on compte Hiéroclès d'Alexandrie

(☞H 126). Syrianus habitait une maison qu'il avait héritée de Plutarque et qui se trouvait au sud de l'Acropole, près de l'Asclépiéion et du temple de Dionysos d'Éleuthères (cf. Marinus, *Proclus*, § 29, 32-39). Damascius trace un beau portrait de Syrianus et du grammairien Ammonianus, parent de Syrianus (qui n'est connu que par ce témoignage de Damascius):

Damascius, *V. Isid.*, fr. 111 Zintzen (= fr. 47 Athanassiadi): Ἀμμωνιανός, γραμματικός, κοσμούμενος τῇ συγγενείᾳ Συριανοῦ καὶ ἅμα τῇ συμφύτῳ ὁμοιότητι τῶν τε ἠθῶν καὶ τοῦ σώματος κατὰ τὸν Ὅμηρον "εἶδός τε μέγεθός τε φυήν τ᾽ ἄγχιστα ἐῴκει" [B 58]. Τό τε γὰρ σῶμα καλός τε καὶ μέγας ἦν ἑκάτερος. Καὶ ἔτι προσῆν ὑγεία καὶ ἰσχὺς οὐδὲν ἀποδέουσα τῆς ἄλλης εὐφυΐας τοῦ τε ὅλου καὶ τῶν μερῶν· ἥ τε ψυχὴ ἔρρωτο πρὸς τὸ βέλτιστον, αὐτοῖς τὸ ὁμοιότροπον. Ἀλλ᾽ ὁ μὲν θεοφιλέστερος ἦν ὁ Συριανὸς καὶ τῷ ὄντι φιλόσοφος· ὁ δὲ ἠγάπα τὴν ἐπὶ ποιητῶν ἐξηγήσει καὶ διορθώσει τῆς Ἑλληνικῆς λέξεως καθημένην τέχνην.

« Ammonianus, grammairien, orné par sa parenté avec Syrianus et, en même temps, par une ressemblance innée du caractère et du corps, comme le dit Homère [*Il.* II 58]: "il lui ressemblait de façon extraordinaire dans l'aspect, la stature et le caractère". Ils étaient en effet tous les deux beaux et grands. A ces qualités s'ajoutaient bonne santé et force qui n'étaient en rien inférieures à l'excellente complexion de tout le corps aussi bien que de chaque membre. Pareillement, leur âme était tournée avec force vers le meilleur. Mais Syrianus était plus cher aux dieux et vraiment philosophe, alors que l'autre aimait l'art qui consiste à interpréter les poètes et à corriger la langue grecque. »

Comme dans ce fragment de Damascius, le nom de Syrianus est souvent accompagné de l'épithète φιλόσοφος "professeur de philosophie" (φιλοσοφώτατος): *cf.* Marinus, *Proclus*, § 26, 2; Damascius, *in Parm.* II, p. 75, 22; III, p. 11, 6; 41, 6; IV, p. 23, 18 Westerink-Combès; Simplicius, *in De caelo*, p. 711, 26 Heiberg; *Id., in Cat.*, p. 3, 9; 23, 13; 72, 6; 164, 4; 203, 9 Kalbfleisch; *Id., in Phys.*, p. 193, 16; 628, 25-26; 635, 12 Diels; Asclépius, *in Met.*, p. 433, 9 Hayduck; Élias, *in Cat.*, p. 133, 18 Busse. On trouve aussi ὁ μέγας Συριανός: *cf.* Marinus, *Proclus*, § 26, 14; Ammonius, *in De int.*, p. 137, 15-16; 253, 12 Busse; Damascius, *V. Isid.*, fr. 120, p. 101, 7; fr. 124, p. 105, 14-15 Zintzen; *Id., De princ.* I, p. 44, 15-16 Westerink-Combès; Simplicius, *in De caelo*, p. 2, 5-6; 397, 29; *Id., in Phys.*, p. 192, 29; 213, 24; 241, 22; 269, 10; 618, 26-27. Proclus ne cite jamais Syrianus par son nom, mais il l'appelle toujours ou bien καθηγεμών, ou bien διδάσκαλος, ou bien (plus rarement) πατήρ (*cf.* 3 Proclus, *Commentaire sur le Parménide de Platon*, par C. Luna et A.-Ph. Segonds, CUF, Paris 2007, t. I/1, p. LXVI-LXVIII).

Plutarque, déjà très âgé, confia une partie de ses tâches d'enseignement à Syrianus, comme le montre le fait que Proclus fut à la fois élève de Plutarque et de Syrianus (*cf.* Marinus, *Proclus*, § 11-12). L'activité d'enseignement de Syrianus au sein de l'école est bien décrite par Marinus: en moins de deux ans, Syrianus lut avec Proclus « tous les traités d'Aristote, ceux de logique, de morale, de politique, de physique, et celui qui les dépasse tous, sur la science théologique [= la *Métaphysique*] » (*cf. ibid.*, § 13, 1-4). Il passa ensuite à la lecture de Platon (*ibid.*, § 13, 4-10). Après Platon, Syrianus aurait dû aborder l'étude des théologiens, à savoir les *Poèmes Orphiques* et les *Oracles Chaldaïques*, mais la mort subite et le fait que Domninus (☞D 219) et Proclus n'étaient pas d'accord sur le texte à commenter

(Domninus aurait voulu les *Poèmes Orphiques*, Proclus, les *Oracles Chaldaïques*) empêchèrent Syrianus d'expliquer ces textes à ses élèves. Proclus fut sans aucun doute l'élève le plus important de Syrianus, celui qui recueillit et développa son héritage, et son successeur à la tête de l'école d'Athènes (*ibid.*, § 12, 28-36). En dehors de Proclus, parmi les élèves de Syrianus on compte aussi Hermias (➡H 78) qui rédigea les notes du cours de Syrianus sur le *Phèdre* et enseigna à Alexandrie, et Domninus. Syrianus succéda à Plutarque à la tête de l'école d'Athènes en 432 (*ibid.*, § 12, 29-30). A sa mort, Syrianus fut enterré dans le faubourg oriental d'Athènes, près du Lycabette, dans un caveau à deux places où il avait disposé que fût aussi enterré le corps de Proclus (*ibid.*, § 36, 24-34). Sur la localisation de la tombe de Syrianus et de Proclus, *cf.* 4 D. Marchiandi, « Tombe di filosofi e sacrari della filosofia nell'Atene tardo-antica : Proclo e Socrate nella testimonianza di Marino di Neapolis », *ASAA*, Serie III, 84, 2006, p. 101-130, en part. p. 101-113. La date de la mort de Syrianus est fixée en 437 (*cf.* 5 Proclus, *Théologie platonicienne*, par H. D. Saffrey et L. G. Westerink, *CUF*, 6 vol., Paris 1968-1997, en part. t. I, Introduction, p. XVI). Une épigramme en l'honneur de Syrianus (peut-être son épitaphe), formée de deux distiques (*IG* II², 13451), a été publiée et analysée par 6 G. N. Kalliontzes, « Ἀττικὲς ἐπιγραφὲς ἀπὸ τοὺς Ἀμπελοκήτους », Ὅρος 14-16, 2000-2003, p. 157-166, en part. p. 157-163 ; de nouvelles conjectures ont été proposées par 7 D. Fessel, *BullÉpigr*, n° 533, *REG* 119, 2006, p. 751-753, et par 8 G. Agosti, « Dal cielo alla terra : un epigramma epigrafico su Siriano », dans L. Cristante et I. Filip (édit.), *Incontri triestini di filologia classica*, VII - 2007-2008. Atti del III convegno : *Il calamo della memoria. Riuso di testi e mestiere letterario nella tarda antichità. Trieste, 17-18 aprile 2008*, coll. « Polymnia » 10, Trieste 2008, p. 103-115.

[**Un témoignage méconnu sur la descendance de Syrianus.** Un fils de Syrianus est mentionné dans une liste de fils *patrodidactes* dans une *Scholie sur les Chiliades de Tzetzès* VII 951 : « (On connaît) comme élèves formés par leur père : (le fils) d'Hippocrate et ses enfants, Nicomaque le fils d'Aristote, ce Tzetzès lui-même, le fils de Choirillos, le fils de Sôpatros, le fils de *Syrianos* et celui de Plutarque, et avant eux les enfants de Pythagore et d'autres en nombre incalculable » (πατροδιδάκτους· Ἱπποκράτους καὶ τούτου παῖδες, Νικόμαχος ὁ Ἀριστοτέλους, οὗτος ὁ Τζέτζης, ὁ Χοιρίλλου καὶ Σωπάτρου καὶ Συριανοῦ καὶ Πλουτάρχου υἱός, καὶ πρὸ τούτων οἱ Πυθαγόρου παῖδες καὶ ἕτεροι μυρίοι). Voir P. L. M. Leone, *Ioannis Tzetzae historiae*, Napoli 1968, réimpr. Lecce 2007, p. 558, 27-30. Puisque ces noms sont donnés comme exemples, on peut penser qu'il s'agit de personnages bien connus du lecteur, au moins en ce qui concerne les pères.

Sur la famille de Jean Tzetzès, notamment sur Michel, son père, qui avait veillé sur sa formation, voir P. Gautier, « La curieuse ascendance de Jean Tzetzès », *REByz* 28, 1970, p. 207-220. Dans le cas de Plutarque, il peut s'agir ou bien du néoplatonicien Plutarque d'Athènes, dont le fils Hiérios (➡H 122) étudia avec Proclus ou enseigna sous sa direction (Ἱέριον τὸν Πλουτάρχου, ὑπὸ Πρόκλῳ φιλοσοφοῦντα), ou bien de Plutarque de Chéronée (➡P 210), dont le fils Autoboulos (➭A 511) fut également un platonicien. Pour Sôpatros, il faut envisager trois possibilités : Sôpatros I d'Apamée (➭S 107), père de Sôpatros II (➭S 108) et d'un certain Himérios, Sôpatros II, père du philosophe Jamblique d'Apamée (➭I 2), ou Sôpatros III, un sophiste d'Athènes de la fin du IVᵉ siècle qui se présente comme disciple d'Himérios de Prousias (➭H 136). Dans sa Διαίρεσις ζητημάτων (t. III, p. 55, 6 Walz), Sôpatros interpelle son fils Carponianus (t. III, p. 78, 8-9, et p. 129, 17) qui était donc le dédicataire de l'ouvrage.

En ce qui concerne Syrianus, on ne peut être sûr qu'il s'agisse du scholarque néoplatonicien, car aucune autre information n'est donnée sur ce personnage et on ignore si le maître de Proclus eut des enfants. Mais on constate que « Syrianus le sophiste », auteur du Commentaire sur le Περὶ ἰδεῶν d'Hermogène, s'adresse à un certain Alexandre (absent de la *RE* et de la *PLRE*), dédicataire de l'ouvrage, en employant la formule : ὦ φίλτατέ μοι τῶν ἐκγόνων Ἀλέξανδρε, « Alexandre, le plus cher de mes rejetons » (t. I, p. 2, 3-4 et p. 96, 16-17 Rabe). Le terme ἔκγονος peut signifier aussi bien *fils* que *descendant*, mais, s'il s'agit du même Syrianus que dans la scholie sur Tzetzès, Alexandre serait le fils *patrodidacte*.

« Syrianus le sophiste » (Συριανοῦ σοφιστοῦ) est-il le scholarque néoplatonicien ? Le terme utilisé entend-t-il le distinguer d'un homonyme philosophe ? La formule qu'il emploie lui-même dans son introduction au *De ideis* d'Hermogène (éd. H. Rabe, *Syriani in Hermogenem commentaria*, t. I, Leipzig 1892, p. 1, 7-9) pourrait suggérer une telle distinction : « son ouvrage *Sur les états de cause*, que plusieurs autres sophistes et philosophes platoniciens n'ont pas jugé indigne de commenter » (τὸ περὶ τῶν στάσεων αὐτοῦ σύγγραμμα, ὃ δὴ πολλοί γε καὶ ἄλλοι σοφιστῶν τε καὶ τῶν Πλατωνικῶν φιλοσόφων ὑπομνηματίζειν οὐκ ἀπηξίωσαν). Formule semblable au début du *Commentaire sur les états de cause* d'Hermogène (éd. H. Rabe, *Syriani in Hermogenem commentaria*, t. II, Leipzig 1893, p. 1, 6-8) : « Puisque de nombreux philosophes et sophistes ont déjà composé des ouvrages considérables pour commenter la *technè* d'Hermogène... » (Πολλῶν ἤδη φιλοσόφων τε καὶ σοφιστῶν πραγματείας οὐ σμικρὰς εἰς ἐξήγησιν τῆς Ἑρμογένους καταβαλομένων τέχνης...). Rabe, t. II, p. VI n. **, signale plusieurs autres passages dans ces deux commentaires où philosophes et sophistes sont à la fois rapprochés et distingués. Il considère toutefois que le caractère philosophique de l'exégèse de Syrianus est partout manifeste. L'auteur de ces commentaires se situe indiscutablement dans la perspective philosophique des théoriciens de la rhétorique et non dans celle des technographes. Sa documentation, particulièrement riche, met à profit Platon et Aristote, Corax et Pôlos, mais aussi de nombreux théoriciens d'époque impériale : Cornutus, Cécilius, Basilicos, Apsinès de Gadara, Maior, Métrophane, Harpocration, Minucianus, Évagoras, Aquilas, Porphyre et Jamblique (il est l'unique témoin de deux écrits rhétoriques de ces deux auteurs), et d'autres encore. Concernant la possibilité qu'un philosophe néoplatonicien comme Syrianus ou son maître Plutarque d'Athènes ait été désigné comme sophiste, voir C. Luna et A.-Ph. Segonds †, notice « Plutarque d'Athènes », P 209, *DPhA* Vb, 2012, p. 1084-1086. Des doutes sur l'identification du scholarque néoplatonicien et du "sophiste" commentateur d'Hermogène ont été récemment soulevés par D. Caluori, « Rhetoric and Platonism in Fifth-Century Athens », dans R. C. Fowler (édit.), *Plato in the third sophistic*, coll. « Milennium-Studien zu Kultur und Geschichte des ersten Jahrtausends n. Chr. » 50, Berlin 2014, p. 57-71, notamment p. 60-61

Si l'identification de Syrianus le sophiste avec Syrianus le fils de Philoxène est admise, il faut donc en conclure que ce dernier eut au moins un fils du nom d'Alexandre. Ce dernier pourrait alors être le père ou l'oncle du philosophe Syrianus (➭S 182) qu'Isidore d'Alexandrie (➭I 31) aurait incité, avec Hégias (➭H 22), arrière-arrière-petit-fils de Plutarque d'Athènes (➭P 209), à sauver la philosophie à Athènes. Voir la notice suivante.

Une réserve supplémentaire s'impose. Il est possible que la scholie ne connaisse les fils patrodidactes de Sôpatros et de Syrianus que par les deux mentions signalées que l'on rencontre dans leurs ouvrages, lesquels nous font connaître un Alexandre, fils de Syrianus le sophiste, et un Carponianus, fils de Sôpatros. Les noms de Syrianus et de Sôpatros sont d'ailleurs régulièrement associés dans les scholies sur Hermogène et c'est peut-être à cette tradition rhétorique que la scholie sur Tzetzès emprunte ces deux exemples. Or, si le scholiaste tire son information sur le «fils» de Syrianus du passage où est évoqué un ἔκγονος du commentateur, il a pu se méprendre sur le sens de ce terme et faire de cet Alexandre un fils plutôt qu'un petit-fils de Syrianus. Mais l'écart chronologique qu'il faut supposer entre Syrianus et son homonyme, contemporain d'Hégias, correspondrait bien à un rapport de grand-père à petit-fils. Alexandre serait alors le père du second Syrianus et le fils du néoplatonicien comme le prétend Tzetzès.

Syrianus I a fils de Philoxène, disciple de Plutarque d'Athènes et maître de Proclus, mort en 437	**Syrianus I b** le sophiste, Commentateur d'Hermogène	Syrianus (chez Tzetzès)
	Alexandre, ἔκγονος de prédilection de Syrianus [père ou oncle de Syrianus II ?]	fils (connu mais non nommé) "patrodidacte" de Syrianus

Syrianus II
philosophe associé à Hégias (arrière-arrière-petit-fils de Plutarque d'Athènes)

Sur ces problèmes prosopographiques, voir R. Goulet, « Mais qui était donc le gendre de la sœur de Priscus ? Enquête sur les philosophes d'Athènes au IVᵉ siècle après J.-Chr.», dans *In memoriam Alain-Philippe Segonds = SGA* 2, 2012, p. 33-77, notamment p. 72-73.

RICHARD GOULET.]

Œuvres. La production de Syrianus est naturellement liée à son enseignement au sein de l'école d'Athènes. Comme on vient de le voir, cet enseignement portait sur Aristote, Platon et les Théologiens (*Poèmes Orphiques* et *Oracles Chaldaïques*). Malheureusement, seul le commentaire sur la *Métaphysique* nous est parvenu, alors que pour les autres ouvrages philosophiques nous ne disposons que d'un certain nombre de fragments ou témoignages transmis par les commentateurs postérieurs, principalement Proclus. L'importance de la dette de Proclus à l'égard de Syrianus est soulignée par **9** E. R. Dodds, *Proclus, Elements of Theology*, Oxford 1963², p. XXIII-XXV ; **10** A. D. R. Sheppard, *Studies on the 5ᵗʰ and 6ᵗʰ Essays of Proclus' Commentary on the Republic*, coll. « Hypomnemata » 61, Göttingen 1980, p. 39-42.

A côté de Proclus, qui constitue la source majeure, il faut aussi mentionner un document assez controversé, c'est-à-dire la liste des ouvrages de Syrianus transmise par la *Souda*, Σ 1662, t. IV, p. 478, 23-479, 2 Adler :

ἔγραψεν <1> εἰς "Ομηρον ὅλον ὑπόμνημα ἐν βιβλίοις ἑπτά, <2> εἰς τὴν πολιτείαν Πλάτωνος βιβλία τέσσαρα, <3> εἰς τὴν Ὀρφέως Θεολογίαν βιβλία δύο, [εἰς τὰ Πρόκλου] <4> Περὶ τῶν παρ' Ὁμήρῳ θεῶν, <5> Συμφωνίαν Ὀρφέως, Πυθαγόρου, Πλάτωνος πρὸς [πρὸς W. Kroll, *De oraculis Chaldaicis*, Breslau 1894, p. 7 n. 1 : περὶ codd.] τὰ λόγια βιβλία δέκα· <6> καὶ ἄλλα τινὰ ἐξηγητικά.

Le problème que pose cette liste naît du fait que cinq titres (dans l'ordre 1, 2, 3, 5, 4) se trouvent aussi dans la liste des ouvrages de Proclus dans la *Souda*, Π 2473, t. IV, p. 210, 8-13 Adler : ἔγραψε πάνυ πολλά, φιλόσοφά τε καὶ γραμματικά. <1> Ὑπόμνημα εἰς ὅλον τὸν "Ομηρον [...] <2> Εἰς τὴν πολιτείαν Πλάτωνος βιβλία δ', <3> Εἰς τὴν Ὀρφέως Θεολογίαν, <5> Συμφωνίαν Ὀρφέως, Πυθαγόρου, Πλάτωνος πρὸς [πρὸς Kroll : περὶ codd.] τὰ Λόγια βιβλία ι', <4> Περὶ τῶν παρ' Ὁμήρῳ θεῶν. La question de la présence de titres identiques dans les deux listes a été discutée par **11** K. Praechter, « Das Schriftenverzeichnis des Neuplatonikers Syrianos bei Suidas », *ByzZ* 26, 1926, p. 253-264 (repris dans *Kleine Schriften*, hrsg. von H. Dörrie, Hildesheim/New York 1973, p. 222-233). Selon Praechter, ces cinq titres appartenaient originairement à la liste de Syrianus et ont été déplacés dans la liste de Proclus. Le caractère très sélectif de la liste de Syrianus, dans laquelle ont été omis tous les commentaires aristotéliciens et platoniciens (sauf celui sur la *République*, très probablement à cause de sa partie d'exégèse homérique) pour ne mentionner que les écrits concernant l'accord des traditions théologiques, serait l'indice d'une origine très ancienne de la liste qui remonterait à l'école d'Athènes elle-même. L'idée de Praechter **11** selon laquelle il n'est pas vraisemblable que Syrianus et Proclus aient écrit des ouvrages ayant le même titre, a été critiquée par Sheppard **10**, p. 46. La thèse de Praechter **11**, qui explique la présence des mêmes titres dans les deux articles de la *Souda* par une transposition de l'article « Syrianus » à l'article « Proclus », est aussi mise en doute par l'hypothèse de H. D. Saffrey à propos du commentaire sur les *Poèmes Orphiques* et de la Συμφωνία dont la présence simultanée dans les deux listes s'expliquerait par le fait que Proclus aurait repris et réélaboré un ouvrage de Syrianus, *cf.* **12** H. D. Saffrey, « Accorder entre elles les traditions théologiques : une caractéristique du néoplatonisme athénien », dans E. P. Bos et P. A. Meijer (édit.), *Proclus and his Influence in Medieval Philosophy*, coll. « Philosophia Antiqua » 53, Leiden 1992, p. 35-50 (repris dans *Le néoplatonisme après Plotin*, Paris 2000, p. 143-158), p. 36-37 [145-146].

(I) COMMENTAIRES SUR ARISTOTE

In Metaphysica (livres B, Γ, M, N). Pour une présentation générale de ce commentaire, *cf.* **13** C. Luna, « Les commentaires grecs à la *Métaphysique* », *DPhA Suppl.*, Paris 2003, p. 252-253, 256-257. Nous ajoutons ici quelques compléments en attendant de publier notre édition dans la *CUF* en collaboration avec C. D'Ancona et J.-P. Schneider.

Histoire du texte. Le texte du commentaire de Syrianus sur la *Métaphysique* (livres B, Γ, M, N) est transmis par 35 manuscrits, dont un, Hamburg, Staats-und Universitätsbibliothek, *Phil. gr.* 2, est actuellement perdu, et un autre, Leiden, Bibliotheek der Rijksuniversiteit, *Ruhnkenianus* 24, ne contient que de courts extraits. La source de toute la tradition manuscrite est le *Paris. Coislinianus* 161 (sigle : C), copié à Constantinople vers le milieu du XIVᵉ siècle. Au XVᵉ siècle, C a été le modèle direct de deux mss. : Istanbul, Topkapı Sarayı, G. I. 20, et Moscou, Bibliothèque Synodale, 6 (450). Alors que le ms. d'Istanbul est resté sans descendance, le ms. de Moscou est à l'origine de toute la tradition manuscrite par l'intermédiaire du ms. *Vat. Pal. gr.* 63, lui aussi du XVᵉ siècle, qui est sa copie directe. Ce ms. a servi de modèle pour un sous-archétype perdu à partir duquel la tradition manuscrite ultérieure s'est divisée en deux branches. Le livre Γ n'est conservé que dans trois mss. (C et ses deux copies directes), tous les autres mss. ne contiennent que les livres B, M-N (le responsable de la disparition du livre Γ dans tout le reste de la tradition manuscrite est le *Pal. gr.* 63).

L'*editio princeps* du texte grec par H. Usener parut à Berlin en 1870, dans le volume V de l'édition Bekker d'Aristote, avec le recueil des fragments aristotéliciens par V. Rose et l'*Index Aristotelicus* par H. Bonitz : **14** *Aristotelis qui ferebantur librorum fragmenta*, collegit V. Rose. *Scholiorum in Aristotelem supplementum : Syriani in Metaphysica commentaria*, edidit H. Usener. *Index Aristotelicus*, edidit H. Bonitz (1870). Dans la réédition des *Aristotelis Opera* par O. Gigon, 5 vol., Berlin 1960-1987, l'édition de Syrianus (avec pagination inchangée) est contenue dans le vol. IV (1961), avec les *Scholia* et l'*Index Aristotelicus* : *Scholia in Aristotelem*, collegit Chr. A. Brandis. *Supplementum scholiorum : Syriani in Metaphysica commentaria*, edidit H. Usener [p. 837-944]. Accedit *Vita marciana*. L'édition de Usener a été suivie par celle de **15** W. Kroll, *CAG* VI 1, 1902 (voir le c.r. de **16** K. Praechter dans *GGA* 165, 1903, p. 513-530 [repris dans *Kleine Schriften*, hrsg. von H. Dörrie, Hildesheim/New York 1973, p. 246-263]). Dans les éditions Usener et Kroll, les lemmes aristotéliciens, que Syrianus transcrivait intégralement, ont été abrégés en citant seulement le début et la fin (avec des points de suspension). En outre, tous les lemmes ne sont pas imprimés sous forme de lemmes, à savoir séparés et accompagnés de la référence à Bekker, mais un grand nombre sont imprimés en caractères espacés au sein même du commentaire, comme s'il s'agissait de citations. Le texte des lemmes aristotéliciens transmis par le commentaire de Syrianus est donc encore inconnu. Sur la tradition manuscrite, *cf.* **17** C. Luna, « Mise en page et transmission textuelle du commentaire de Syrianus sur la *Métaphysique* », dans C. D'Ancona (édit.), *The Libraries of the Neoplatonists*, coll. « Philosophia Antiqua » 107, Leiden/Boston 2007, p. 121-133. Sur la structure du commentaire, *cf.* **18** C. Luna, « Alessandro di Afrodisia e Siriano sul libro B della *Metafisica* : tecnica e struttura del commento », *DSTFM* 15, 2004, p. 39-79.

Traductions. La traduction latine par Gerolamo Bagolino (†1552) est parue posthume à Venise en 1558 par les soins de l'Accademia della Fama : **19** *Syriani* *antiquissimi interpretis in II. XII. et XIII. Aristotelis libros Metaphysices Commentarius, a Hieronymo Bagolino praestantissimo philosopho latinitate donatus,* In Academia Veneta, M.D.LVIII, avec lettre de dédicace à Johann Jakob Fugger (1516-1575). Le ms. utilisé par Bagolino, actuellement perdu, appartenait à la famille issue du *Laur. Plut.* 85, 25, et contenait seulement les livres B, M et N. — Selon Ibn al-Nadīm (Xe s.), *Kitāb al-Fihrist*, p. 251,30-252,1 Flügel [= p. 312,17 Tajaddud], il aurait existé une traduction arabe du livre B. — Traduction anglaise : **20** *Syrianus, On Aristotle Metaphysics 3-4.* Translated by D. O'Meara and J. Dillon, coll. *ACA*, London 2008 ; **20bis** *Syrianus, On Aristotle Metaphysics 13-14.* Translated by J. Dillon and D. O'Meara, coll. *ACA*, London 2006 ; traduction française à paraître dans l'édition en préparation pour la *CUF*.

Rapports Syrianus-Ps.-Alexandre. Le problème des passages communs au commentaire de Syrianus (livres M-N) et à celui du Ps.-Alexandre (*Met.* E-N, éd. M. Hayduck, *CAG* I, p. 440-837, à la suite du commentaire authentique d'Alexandre d'Aphrodise, p. 1-439) est traité par **21** L. Tarán, « Syrianus and Pseudo-Alexander's commentary on *Metaph.* E-N », dans J. Wiesner (édit.), *Aristoteles Werk und Wirkung, Paul Moraux gewidmet*, t. II, Berlin/New York 1987, p. 215-232, où l'auteur soutient que le Ps.-Alexandre est la source de Syrianus. La totale invraisemblance de cette hypothèse, qui fait du Ps.-Alexandre un aristotélicien de parfaite observance, mais postérieur à Jamblique et influencé par le néoplatonisme au point d'avoir été utilisé par Syrianus sur des doctrines tout à fait caractéristiques de l'école d'Athènes, et qui aurait inventé nombre de termes propres au vocabulaire néoplatonicien tardif, ainsi que toute une série d'expressions et formules qui se retrouvent dans tous les commentaires de Michel d'Éphèse, a été démontrée par **22** C. Luna, *Trois études sur la tradition des commentaires anciens à la Métaphysique d'Aristote*, coll. « Philosophia Antiqua » 88, Leiden 2001, p. 1-71, 191-212, dont les résultats sont résumés par Luna **13**, p. 256-257 : le Ps.-Alexandre est Michel d'Éphèse et tous les passages parallèles entre le commentaire de Syrianus et celui du Ps.-Alexandre s'expliquent comme des emprunts du Ps.-Alexandre à Syrianus. La question a fait ensuite l'objet de deux nouvelles études. La première, **23** L. Tarán, c.r. de Luna **22**, dans *Gnomon* 77, 2005, p. 196-209, est une simple réitération des arguments formulés dans Tarán **21**. La seconde, Dillon **20**, Introduction, p. 8-11, formule l'hypothèse selon laquelle les passages communs à Syrianus et au Ps.-Alexandre, que J. Dillon identifie avec Michel d'Éphèse, seraient tirés du commentaire (aujourd'hui perdu) d'Alexandre d'Aphrodise sur les livres E-N. Une telle hypothèse est hautement improbable pour les raisons suivantes : (a) il est impossible d'expliquer pourquoi ces emprunts littéraux et anonymes à Alexandre d'Aphrodise ne se trouveraient que dans les livres M-N et non pas dans les livres B-Γ (où l'on peut comparer le commentaire de Syrianus avec celui d'Alexandre) ; (b) si les passages parallèles Syrianus-Ps.-Alexandre restituent des fragments du commentaire perdu d'Alexandre d'Aphrodise sur les livres M-N, il s'ensuit que les livres E-Λ du Ps.-Alexandre devraient, eux aussi, contenir des fragments du commentaire d'Alexandre ; or, comme l'a montré **24** J. Freudenthal,

Die durch Averroes erhaltenen Fragmente Alexanders zur Metaphysik des Aristoteles, Berlin 1885, p. 3-8, les citations du commentaire d'Alexandre conservées par Averroès ne trouvent aucun parallèle dans le commentaire du Ps.-Alexandre ; (c) il est paradoxal que Syrianus ait eu recours à Alexandre d'Aphrodise pour des doctrines chères aux néoplatoniciens de l'école d'Athènes telles que l'exégèse des *Poèmes Orphiques* (*cf.* Luna **22**, p. 7-12 ; Dillon **20**, p. 9) ; (d) il est bien difficile, voire impossible, que des passages parallèles identiques si étendus puissent s'expliquer par l'utilisation d'une source commune (Alexandre d'Aphrodise) ; (e) si le commentaire d'Alexandre d'Aphrodise aux livres E-N avait été encore disponible à l'époque de Michel d'Éphèse et que ce dernier avait voulu non pas compléter le commentaire aux livres A-Δ, mais écrire un nouveau commentaire, on ne comprend pas pourquoi il se serait borné à commenter les livres E-N ; autrement dit, si Michel d'Éphèse a commenté seulement les livres E-N, c'est parce que le commentaire d'Alexandre sur ces livres avait déjà disparu et qu'il fallait reconstituer un commentaire intégral de la *Métaphysique*. Nous ne pouvons donc que réaffirmer les conclusions de Luna **22**.

En dehors du commentaire sur la *Métaphysique*, on ne dispose, pour les autres commentaires aristotéliciens, que de fragments ou de témoignages. Ils ont été rassemblés par **25** R. L. Cardullo, *Siriano esegeta di Aristotele*. t. I : *Frammenti e testimonianze dei Commentari all'Organon*, coll. « Symbolon » 14, Firenze 1995 ; t. II : *Frammenti e testimonianze del Commentario alla Fisica*, coll. « Symbolon » 15, Catania 2000.

In Categorias. Seize fragments tirés des commentaires sur les *Catégories* de Simplicius (neuf) et d'Élias (sept) (Cardullo **25**, t. I, p. 112-126 ; comm. p. 147-328).

In De interpretatione. Cardullo **25**, t. I, p. 127-141 (comm. p. 328-383) énumère neuf fragments, mais il est évident que le témoignage de Thomas d'Aquin (F 18 et F 20) n'a aucune importance, puisqu'il dépend de Boèce (F 17 et F 19). Dans le passage F 20, le nom de Syrianus se lit sous une forme estropiée qui amène saint Thomas à identifier Syrianus avec Philopon : « Philosonus autem, qui dicitur Iohannes Gramaticus... » (``Philosonus'' est une fausse lecture de ``Philoxenus'' que saint Thomas lisait chez Boèce, *in De interpr., secunda editio*, éd. C. Meiser, Lipsiae 1880, II 4, p. 87, 30-31 : « Syrianus vero, qui Philoxenus cognominatur »). Il est donc évident que le commentaire de saint Thomas ne peut aucunement être considéré comme un témoin indépendant utilisable pour la reconstitution du commentaire perdu de Syrianus. Il reste donc Ammonius (F 22, F 24), le commentateur anonyme du *Paris. gr.* 2064 (F 25) (éd. L. Tarán, *Anonymous commentary on Aristotle's De Interpretatione [Codex Parisinus Graecus 2064]*, coll. « Beiträge zur klassischen Philologie » 95, Meisenheim am Glan 1978 : l'auteur de ce commentaire est probablement un philosophe néoplatonicien appartenant à l'école d'Alexandrie, vers la fin du VIe ou au VIIe siècle, *cf. ibid.*, p. XXV) et Boèce (F 17, F 19, F 21, F 23). Sur le commentaire de Syrianus sur le *De interpretatione, cf.* aussi **26** S. Diebler, « Les canons de Proclus : Problèmes et

conséquences de l'interprétation syriano-proclienne du *De interpretatione*»,
Dionysius 20, 2002, p. 71-94; **27** Ch. Hasnaoui, «La tradition des commentaires
grecs sur le *De interpretatione* (*PH*) d'Aristote jusqu'au VIIe s.», *DPhA Suppl.*,
Paris 2003, p. 122-173, en part. p. 154-155.

In Analytica priora. Au témoignage (F 26) tiré du Ps.-Ammonius (Cardullo **25**,
t. I, p. 142-143; comm. p. 383-389), il faut ajouter Ammonius, *in Anal. priorum
librum I*, p. 31, 11-25 Wallies (en part. p. 31, 23-25), où l'on apprend que Syrianus
avait suivi, contre Aristote, l'opinion de Boéthos de Sidon (☞B 48, *cf.* en part.
p. 129), déjà accueillie par Porphyre et Jamblique (☞I 3, *cf.* en part. p. 833), selon
laquelle tous les syllogismes de la deuxième et de la troisième figure sont parfaits
(analyse de ce témoignage dans **28** C. Luna et A.-Ph. Segonds, notice «Proclus de
Lycie», P 292, *DPhA* Vb, Paris 2012, p. 1557-1558).

In Physica. Huit fragments tirés du commentaire de Simplicius sur la *Physique*
(Cardullo **25**, t. II, p. 103-118; comm. p. 129-218).

In De caelo. Trois fragments tirés du commentaire de Simplicius sur le *De
caelo* (Cardullo **25**, t. II, p. 118-124; comm. p. 218-233).

In De anima. Un fragment tiré du commentaire du Ps.-Philopon sur le livre III
(= Étienne d'Alexandrie) (Cardullo **25**, t. II, p. 124; comm. p. 233-236).

(II) COMMENTAIRES SUR PLATON

Puisqu'on ne dispose pas encore d'un recueil complet des fragments des
commentaires platoniciens de Syrianus, car seuls les fragments des commentaires
sur le *Timée* et sur le *Parménide* ont été rassemblés (*cf.* **29** S. Klitenic Wear, *The
Teaching of Syrianus on Plato's Timaeus and Parmenides*, coll. «Studies in Platonism, Neoplatonism, and the Platonic Tradition» 10, Leiden/Boston 2011), nous
avons réuni les témoignages essentiels pour chaque dialogue, en suivant l'ordre du
cursus néoplatonicien, fondé sur un choix de douze dialogues fixé par Jamblique
(*cf.* **30** A. J. Festugière, «L'ordre de lecture des dialogues de Platon aux Ve/VIe
siècles», *MH* 26, 1969, p. 281-296 [repris dans *Études de philosophie grecque*,
Paris 1971, p. 535-550]): *Premier Alcibiade*, *Gorgias*, *Phédon*, *Cratyle*, *Théétète*,
Sophiste, *Politique*, *Phèdre*, *Banquet*, *Philèbe*, *Timée*, *Parménide*; la *République* et
les *Lois* ne faisaient pas partie du "canon" de Jamblique. Les dialogues pour lesquels on dispose de témoignages concernant l'exégèse de Syrianus (orale ou écrite)
sont les suivants:

In Alcibiadem priorem. Proclus, *in Alc.* 88, 12-19 Segonds (*Alc.* 103 A 6-B 2):
réponse à la question "pourquoi le démon permet-il à Socrate de rencontrer Alcibiade, alors que celui-ci ne devait en tirer nul profit?". En 268, 1-6, Proclus parle
simplement de ses «prédécesseurs» (τοῖς πρὸ ἡμῶν) dont l'identification avec
Syrianus est invérifiable (voir la note de A.-Ph. Segonds dans **31** Proclus, *Sur le
premier Alcibiade de Platon*, par A.-Ph. S., *CUF*, 2 vol., Paris 1985-1986, t. II,
p. 310 n. 2 [p. 431]). Le passage 19, 2-9, sur le principe selon lequel les prologues
des dialogues de Platon sont cohérents avec le dessein général du dialogue, n'est

pas nécessairement tiré d'un commentaire de Syrianus sur l'*Alcibiade*. Il n'est pas certain, en effet, que Syrianus ait composé un commentaire sur ce dialogue, même si son exégèse constitue sans aucun doute la source la plus importante du commentaire de Proclus (*cf*. Segonds **31**, t. I, p. VIII et n. 2 ; p. XXXV-XXXIX).

In Phaedonem. On sait par Olympiodore, *in Phaed*. 9, § 2, 8-10 Westerink, que Syrianus avait commenté l'argument des contraires (69 E 6-72 E 2) et que Proclus avait repris l'exégèse de Syrianus sans rédiger son propre commentaire sur cette section du *Phédon*, puisqu'existait déjà celui de son maître : καὶ τοῦτο δείκνυσιν ὁ Πρόκλος ἤτοι ὁ Συριανός· συντάττει γὰρ αὐτὰ τοῖς οἰκείοις ὑπομνήμασιν, λέγω δὴ τὰ Συριανοῦ, μὴ γράφων εἰς αὐτὰ ὡς τοῦ διδασκάλου γράψαντος. Ce passage d'Olympiodore a été lu comme une accusation à l'endroit de Proclus qui serait coupable de s'approprier les idées de Syrianus sans reconnaître sa dette (*cf*. Dodds **9**, p. XXIV ; Sheppard **10**, p. 41). En réalité, Olympiodore affirme que Proclus n'a pas commenté l'argument des contraires parce qu'existait déjà le commentaire de son maître, qu'il a inséré dans son propre commentaire ; or, puisqu'Olympiodore peut reconnaître cette partie du commentaire de Proclus comme étant due à Syrianus, il est évident que Proclus citait explicitement son maître. Cette monographie de Syrianus sur l'argument des contraires est résumée par Damascius, *in Phaed*. I, § 183-206 Westerink (voir la note de L. G. Westerink à Damascius, *in Phaed*. I, § 183-206, p. 112-113) ; elle est critiquée et corrigée *ibid*. § 207-252. — Les trois autres citations de Syrianus dans l'*in Phaed*. d'Olympiodore (9, § 5, 1-23 ; 10, § 3, 19-22 ; 10, § 5, 7-13) se rapportent elles aussi à la monographie sur l'argument des contraires et trouvent leur parallèle chez Damascius : Olymp. 9, § 5, 1-7 (φησιν ὁ Πρόκλος ἤτοι ὁ Συριανὸς κτλ.) = Dam. I § 195 ; Olymp. 9, § 5, 7-23 = Dam. I § 196 ; Olymp. 10, § 3, 19-22 (ὁ δέ γε Πρόκλος ἤτοι ὁ Συριανὸς κατασκευάζει κτλ.) = Dam. I § 185 ; Olymp. 10, § 5, 7-13 (li. 12 : ἐπικαίρως δὲ ὁ Συριανὸς ἐνταῦθα αὐτῇ [*scil*. τῇ λύσει] χρῆται) = Dam. I § 196.

Un témoignage supplémentaire concernant Syrianus se lit chez Damascius, *in Phaed*. II, § 147, 1-4 (à propos de *Phaed*. 113 E 6 οὐδέποτε ἐκβαίνουσιν : les âmes qui ont été jetées dans le Tartare à cause de leurs fautes irréparables, n'en sortent jamais), mais cette citation pourrait ne pas être tirée d'un commentaire de Syrianus sur le *Phédon* ou d'une monographie sur ce passage (voir la note de L. G. Westerink *ad loc.*, p. 365).

Élias, *in Cat.*, p. 133, 18-23 Busse [= Panétius, fr. 129 Van Straaten = fr. 148 Alesse], cite l'épigramme que Syrianus aurait écrite au début du *Phédon* pour en défendre l'authenticité contre le philosophe stoïcien Panétius de Rhodes (☛P 26) [= *Anth. Pal.* IX 358, où l'épigramme est anonyme = Panétius, fr. 128 Van Straaten = fr. 147 Alesse = *Scholia Platonica, in Phaed.*, Titulus, p. 8 Greene = sch. 2, p. 24 Cufalo] :

Συριανὸς μὲν γὰρ ὁ φιλόσοφος ἐπέγραψε τῷ Φαίδωνι νοθευομένῳ ὑπό τινος Παναιτίου· εἴ με Πλάτων οὐ γράφε, δύω ἐγένοντο Πλάτωνες· Ι Σωκρατικῶν ὀάρων ἄνθεα πάντα φέρω. Ι ἀλλὰ νόθον μ' ἐτέλεσσε [με τέλεσσε *Anth. Pal.*] Παναίτιος, ὅς ῥ' ἐτάλασσε [ἐτέλεσσε *Anth. Pal.*] | καὶ ψυχὴν θνητὴν καί με νόθον τελέσαι.

« Syrianus en effet a préfixé [cette épigramme] au *Phédon* dont l'authenticité est refusée par un certain Panétius : " Si Platon ne m'a pas écrit, c'est qu'il y eut deux Platons : je porte toutes les fleurs des entretiens socratiques. Panétius, il est vrai, a fait de moi un bâtard. Bon pour qui a fait l'âme mortelle de me faire moi aussi bâtard ! " » (*Anthologie Grecque. Première partie : Anthologie Palatine*, texte établi par P. Waltz, traduit par G. Soury, CUF, t. VII, Paris 1957, p. 143).

La même information concernant Panétius, mais sans aucune référence à Syrianus, est transmise par Asclépius, *in Met.*, p. 90, 20-26 Hayduck (= fr. 127 Van Straaten = fr. 146 Alesse) (*ad Met.* A 9, 991 b 3 : ἐν δὲ τῷ Φαίδωνι οὕτως λέγωμεν) :

῞Οτι τοῦ Πλάτωνός ἐστιν ὁ Φαίδων σαφῶς ὁ ᾿Αριστοτέλης δηλοῖ· ἀντιλέγων γὰρ πρὸς τὸν Πλάτωνα παράγει μαρτυρίαν ἐκ τῶν παρ᾿ αὐτοῦ εἰρημένων ἐν τῷ Φαίδωνι. [...] Παναίτιος γάρ τις ἐτόλμησε νοθεῦσαι τὸν διάλογον. ᾿Επειδὴ γὰρ ἔλεγεν εἶναι θνητὴν τὴν ψυχήν, ἐβούλετο συγκατασπάσαι καὶ τὸν Πλάτωνα· ἐπεὶ οὖν ἐν τῷ Φαίδωνι σαφῶς ἀπαθανατίζει τὴν λογικὴν ψυχήν, τούτου χάριν ἐνόθευσε τὸν διάλογον.

« Aristote montre clairement que le *Phédon* est de Platon, car, dans sa polémique contre Platon, il cite en témoignage ce que [Platon] a écrit dans le *Phédon*. [...] En effet, un certain Panétius a osé considérer le dialogue comme inauthentique. En effet, puisque [Panétius] disait que l'âme est mortelle, il voulait tirer Platon aussi de son côté ; puis donc que [Platon], dans le *Phédon*, fait l'âme rationnelle clairement immortelle, [Panétius] a considéré ce dialogue comme inauthentique. »

In Sophisten. Proclus, *in Parm.* VII 1174, 21-31 Cousin. Ce témoignage sur l'exégèse du *Sophiste* par Syrianus et Proclus a échappé à Praechter 2, col. 1731, 18-44, qui ne mentionne aucun commentaire de Syrianus sur le *Sophiste* ; Klitenic Wear 29, p. 280-285, le considère comme un fragment (fr. 7) du commentaire sur le *Parménide*. Il est analysé par Luna-Segonds 3, t. I/1, p. XXVI-XXX.

In Politicum. Proclus, *in Tim.* II, p. 95, 25 - 96, 7 Diehl (*Pol.* 269 A 1 *sqq.* : mythe de l'inversion du levant et du couchant). Ce passage a été reconnu comme un témoignage sur le commentaire de Syrianus sur le *Politique* par le Père Festugière (Proclus, *Commentaire sur le Timée*. Traduction et notes par A. J. Festugière, t. III, Paris 1967, p. 131-132 n. 1), contre Diehl, t. III, Index, p. 379, *s.v.* Syrianus, qui le rattache au commentaire sur le *Timée* (suivi par Praechter 2, col. 1731, 18-44, qui ne mentionne aucun commentaire de Syrianus sur le *Politique*, et par Klitenic Wear 29, p. 118-122 [fr. 12 du commentaire sur le *Timée*]). La formule de Proclus : ἐν τοῖς εἰς ἐκεῖνον ἀναγεγραμμένοις τὸν διάλογον (p. 96, 6-7) atteste qu'il s'agissait d'un commentaire rédigé par Syrianus lui-même, et non pas simplement d'un cours oral dont Proclus aurait gardé le souvenir.

In Phaedrum. Le cours de Syrianus sur le *Phèdre* a été mis par écrit par son élève Hermias (➨H 78) (éd. : **32** *Hermiae Alexandrini in Platonis Phaedrum Scholia*, ed. P. Couvreur, coll. « Bibliothèque de l'ÉPHÉ », fasc. 133, Paris 1901, réimpr. Hildesheim 1971, avec un *index uerborum* et un *Nachwort* par C. Zintzen ; **33** *Hermias Alexandrinus, In Platonis Phaedrum Scholia*, ed. C. M. Lucarini et C. Moreschini, coll. *BT*, Berlin/Boston 2012). Selon **34** K. Praechter, art. « Hermeias » 13, *RE* VIII 1, 1912, col. 732-735, ce commentaire représente un témoignage fidèle sur l'enseignement de Syrianus et peut donc être utilisé pour reconstituer la pensée et l'exégèse de ce dernier. Le jugement de K. Praechter se fonde non seulement sur le témoignage de Damascius, *V. Isid.*, fr. 120 Zintzen (= fr. 54, 5-10 Athanassiadi), selon lequel Hermias était un élève diligent et travailleur, mais dépourvu d'originalité et d'acuité d'esprit, mais surtout sur des affinités terminologiques et philosophiques entre l'*in Phaedr.* d'Hermias et l'*in Met.* de Syrianus. La conclusion de Praechter est confirmée par Saffrey-Westerink qui soulignent les nombreux éléments communs à la *Theol. plat.* (livres IV et VI) et à l'*in Phaedr.* d'Hermias, en particulier dans l'exégèse de *Phaedr.* 246 E 4-248 C 2, éléments qui ne s'expliquent que par le cours de Syrianus auquel ont assisté Hermias et Proclus (*cf.* Saffrey-Westerink 5, t. IV, Introduction, p. XXIX-XXXVII; t. VI, Introduction, p. XX-XXVIII). Le commentaire de Syrianus-Hermias sur le *Phèdre* est aussi analysé par **35** P. A. Bielmeier, *Die neuplatonische Phaidros-interpretation. Ihr Werdegang und ihre Eigenart*, coll. «Rhetorische Studien» 16, Paderborn 1930, p. 29-39, qui conclut à la fidélité de la *reportatio* du cours de Syrianus par Hermias, fidélité prouvée par la présence de traces d'enseignement oral (p. 31-33), mais croit reconnaître, sans véritable preuve, la contribution personnelle d'Hermias dans l'addition d'éléments tirés du commentaire de Jamblique (p. 33-35). Le bien-fondé du témoignage de Damascius a été mis en doute par **36** H. Bernard, *Hermeias von Alexandrien, Kommentar zu Platons 'Phaidros'*, coll. «Philosophische Untersuchungen» 1, Tübingen 1997, p. 10-23, pour défendre, sans beaucoup d'arguments, l'originalité d'Hermias. Une autre tentative en ce sens, elle aussi peu convaincante, a été faite par **37** C. Moreschini, «Alcuni aspetti degli *Scholia in Phaedrum* di Ermia Alessandrino», dans M.-O. Goulet-Cazé, G. Madec et D. O'Brien (édit.), *ΣΟΦΙΗΣ ΜΑΙΗΤΟΡΕΣ, "Chercheurs de sagesse". Hommage à Jean Pépin*, «Collection des Études Augustiniennes. Série Antiquité» 131, Paris 1992, p. 451-460. La question de l'attribution du commentaire est laissée ouverte par **38** M. W. Dickie, «Hermeias on Plato *Phaedrus* 238D and Synesius *Dion* 14.2», *AJPh* 114, 1993, p. 421-440, en part. p. 436-438. On trouvera un résumé critique des discussions concernant l'attribution du commentaire sur le *Phèdre* dans **39** Chr.-P. Manolea, *The Homeric tradition in Syrianus*, Thessalonique 2004, p. 47-58, qui se prononce résolument pour l'attribution à Syrianus (p. 57-58). Au commentaire d'Hermias il faut ajouter deux passages de Proclus: (1) *in Parm.* IV 944, 16-18 Luna-Segonds, où Proclus renvoie à l'exégèse du *Phèdre* développée par lui et par son maître (*cf.* Saffrey-Westerink 5, t. IV, Introduction, p. XXXIX-XL; Luna-Segonds 3, t. I/1, p. XXIV). (2) *Theol. plat.* IV 16, p. 48, 19-22: le lieu supracéleste (*Phaedr.* 247 C 3), première triade des dieux intelligibles-intellectifs, a une structure triadique puisqu'il est défini par trois attributs (sans couleur, sans figure, sans contact) et que trois divinités sont installées en lui (Science, Sagesse et Justice): «Et notre Maître lui aussi est d'avis de diviser cette triade en trois monades, et il montre ce résultat en suivant les Théologies Orphiques» (καὶ τοῦτο ταῖς Ὀρφικαῖς θεολογίαις ἑπομένως) (*cf.* Saffrey-Westerink 5, t. IV, p. 48 n. 3 [p. 152-153] et *ibid.*, Introduction,

p. XXXII-XXXV, où les éditeurs font remarquer que ce témoignage de Proclus concernant l'exégèse du *Phèdre* par Syrianus à la lumière de la théologie orphique, est confirmé par le commentaire d'Hermias, preuve supplémentaire que ce dernier reflète fidèlement l'enseignement de Syrianus).

In Philebum. La source unique est constituée par le commentaire de Damascius sur le *Philèbe*, en particulier trois passages : § 5, 1-3 Westerink (le *skopos* du dialogue est le Bien) ; § 244, 1-6 (à propos de la triade Vérité, Beauté et Proportion) ; § 253-254 (66 A 4 - C 10). Dans le passage § 33, 1-5, qui discute l'aporie « en quel sens disons-nous que tout ce qui procède aboutit à une contrariété ? », le terme "les philosophes" (οὕτω μὲν οἱ φιλόσοφοι λέγουσιν, li. 5) peut désigner soit Syrianus et Proclus soit Proclus seul (voir la note de J. Combès à Damascius, *in Parm.* II, p. 7 n. 2 [p. 107]).

In Timaeum. Le commentaire de Proclus sur le *Timée* contient de très nombreuses références à Syrianus. Puisque la plupart des citations de Syrianus dans l'*in Tim.* de Proclus présentent le verbe à l'imparfait, il s'ensuit que lorsque Proclus écrivait ce commentaire, Syrianus venait de mourir (*cf.* Saffrey-Westerink **5**, t. I, Introduction, p. XVI n. 1 [à la ligne 3, au lieu de : 50.14, lire : 51.14]). Syrianus avait sans aucun doute mis par écrit son commentaire sur ce dialogue, comme en témoigne Proclus, *in Tim.* II, p. 273, 23-26 Diehl, où il mentionne les συγγράμματα de son maître : ταῦτα μὲν οὖν διὰ βραχέων εἰρημένα τοὺς παρηκολουθηκότας ὑπομνήσει τοῖς τοῦ καθηγεμόνος ἡμῶν συγγράμμασιν, ἐν οἷς περὶ τούτων ἐκφαίνει τὰ ἀπόρρητα τοῦ Πλάτωνος ὄντως νοήματα (« Ces brèves indications réveilleront la mémoire de ceux qui ont suivi avec attention les écrits de Notre Maître, où il révèle à ce sujet les conceptions vraiment ineffables de Platon », trad. Festugière, t. III, p. 317).

Les passages de l'*in Tim.* de Proclus attribués explicitement à Syrianus sont au nombre de vingt-huit : *in Tim.* I, p. 20, 27 - 23, 16 (*Tim.* 17 A 4-5) = fr. 1 Klitenic Wear ; p. 51, 13-24 (18 D 7-8) = fr. 2 K. W. ; p. 77, 24 - 80, 8 (20 D 7-8) : fragment non répertorié dans Klitenic Wear **29** ; p. 153, 28 - 155, 2 (24 A 4-5) = fr. 3 K. W. ; p. 218, 13-28 (27 C 4-5) = fr. 4 K. W. ; p. 241, 3-31 (28 A 1-4) = fr. 5 K. W. ; p. 310, 3 - 317, 20 (le démiurge) = fr. 6 et 7 K. W. ; p. 322, 18 - 325, 11 (nature et classe d'être du modèle du démiurge) = fr. 8 K. W. ; p. 358, 13 - 359, 2 (29 D 7 - E 1) : fragment non répertorié dans Klitenic Wear **29** ; p. 374, 2 - 375, 5 (30 A 1-2) = fr. 9 K. W. ; p. 441, 15 - 447, 32 (31 A 3-4) = fr. 10 K. W. ; *in Tim.* II, p. 35, 15-28 (32 A 7 - B 3) = fr. 11 K. W. ; p. 105, 28 - 108, 32 (34 B 3-4) = fr. 13 K. W. ; p. 163, 10 - 164, 3 (35 B 1-2) : fragment non répertorié dans Klitenic Wear **29** ; p. 218, 20 - 221, 28 (35 B 4-7) = fr. 14 K. W. ; p. 253, 31 - 255, 8 (36 C 4-6) = fr. 15 K. W. ; p. 272, 3 - 273, 26 (37 D 2-7) = fr. 16 K. W. ; *in Tim.* III, p. 15, 11-21 (37 D 6) = fr. 17 K. W. ; p. 35, 25 - 36, 9 (37 E 1-4) = fr. 18 K. W. ; p. 38, 12-27 (37 E 4) : fragment non répertorié dans Klitenic Wear **29** ; p. 108, 5 - 110, 12 (39 E 10 - 40 A 2) = fr. 19 K. W. ; p. 154, 24 - 156, 2 (40 D 6-7) = fr. 20 K. W. ; p. 174, 13 - 177, 23 (40 E 5-6) = fr. 21 K. W. ; p. 203, 32 - 204, 32 (41 A 7) = fr. 22

K. W.; p. 233, 13-22 (41 C 8): fragment non répertorié dans Klitenic Wear **29**; p. 236,31 - 238,26 (41 D 1-2) = fr. 23 K. W.; p. 247,26 - 249,26 (41 D 4-6) = fr. 24 K. W.; p. 278,9 - 279,2 (41 E 3) = fr. 25 K. W.

Un autre témoignage concernant l'exégèse du *Timée* par Syrianus est fourni par *Theol. plat.* III 15, p. 52, 18-21, où Proclus affirme que, pour traiter de la troisième triade des intelligibles d'après le *Timée*, il va suivre «le Maître qui nous révèle l'ineffable initiation au mystère qui concerne ces triades», *cf.* Saffrey-Westerink **5**, t. III, p. 52 n. 4 [p. 131], avec renvoi à *in Tim.* I, p. 322,18 - 325,11 et p. 441,15 - 447,32, où Proclus expose nommément la doctrine de Syrianus sur la nature du modèle du monde.

In Parmenidem. Les sources les plus importantes pour reconstruire le commentaire de Syrianus sur le *Parménide* sont l'*in Parm.* et la *Theol. plat.* de Proclus, ainsi que l'*in Parm.* et le *De princ.* de Damascius. Proclus a reconnu à plusieurs reprises et de façon tout à fait claire sa dette à l'égard de Syrianus pour ce qui concerne l'exégèse du *Parménide*, comme le montrent les deux magnifiques éloges de Syrianus qui ouvrent l'*in Parm.* (I 618, 1-13 Luna-Segonds) et la *Theol. plat.* (I 1, p. 7, 1-8) et qui témoignent de l'importance immense que Proclus attachait à l'interprétation de ce dialogue par son maître. Alors que le témoignage de Proclus est direct, en ce sens qu'il a assisté au cours de Syrianus et qu'il peut lire son commentaire (les deux sources, c'est-à-dire le cours oral et le commentaire rédigé, sont clairement mentionnées en *Theol. plat.* I 10, p. 42, 13-14: ἐν ταῖς ἀγράφοις συνουσίαις κἀν ταῖς περὶ τούτων πραγματείαις; une autre référence au commentaire écrit par Syrianus se lit *ibid.*, V 37, p. 135, 26: καὶ τοῦτο δαιμονίως τῷ ἡμετέρῳ καθηγεμόνι γέγραπται), il est très probable que Damascius n'a connu le commentaire de Syrianus que par l'intermédiaire de celui de Proclus (voir les notes de J. Combès à Damascius, *De princ.* II, p. 17 n. 3 [p. 225-226]; *in Parm.* II, p. 75 n. 4 [p. 142]; III, p. 11 n. 4 [p. 214]; p. 34 n. 2 [p. 229]; IV, p. 23 n. 7 [p. 158]). Or, puisque l'*in Parm.* de Proclus, mutilé de la fin, concerne seulement les apories sur les idées et la première hypothèse, et celui de Damascius, mutilé du début, seulement les hypothèses 2 à 9, les deux témoignages ne se recouvrent pas. Il est par conséquent difficile, voire impossible, de distinguer, chez Damascius, ce qui revient à Proclus de ce qui revient à son maître, d'autant plus qu'ils sont désignés le plus souvent ensemble par l'expression οἱ φιλόσοφοι (*cf. supra*, commentaire sur le *Philèbe*). Si Damascius n'a connu le commentaire de Syrianus que par l'intermédiaire de celui de Proclus, l'information recueillie par Praechter **2**, col. 1733 (note), selon laquelle le commentaire de Syrianus sur le *Parménide* aurait encore existé au XIIIᵉ siècle, semble dépourvue de tout fondement. Praechter s'appuie sur une lettre de Grégoire de Chypre, patriarche de Constantinople (*ca* 1240-1289), qui demande à Théodore Skutariotès, métropolite de Cyzique (1277-1283) et collectionneur de manuscrits, de lui procurer τὰ εἰς τὸν Πλάτωνος Παρμενίδην εἰσπονηθέντα τῷ Συριανῷ (*cf.* S. Eustratiades, «Τοῦ Σοφωτάτου καὶ Λογιωτάτου καὶ Οἰκουμενικοῦ Πατριάρχου Γρηγορίου τοῦ Κυπρίου ἐπιστολαί», Ἐκκλησιαστικὸς Φάρος 2, 1908, p. 195-211, lettre 58, p. 203).

Selon Praechter, la confusion entre le commentaire de Syrianus et celui de Proclus doit être exclue parce que le commentaire de Proclus était bien plus connu que celui de Syrianus. En réalité, la demande de Grégoire de Chypre n'implique pas que le commentaire de Syrianus était encore en circulation, mais seulement que Grégoire avait lu le commentaire de Proclus où il avait appris l'existence d'un commentaire de Syrianus, et sa lettre n'exprime qu'un simple *desideratum*. Sur la lettre de Grégoire de Chypre à Skutariotès, *cf.* **40** C. N. Constantinides, *Higher Education in Byzantium in the thirteenth and early fourteenth centuries (1204-ca 1310)*, coll. « Texts and studies of the history of Cyprus », Nicosia 1982, p. 138 ; **41** S. Kotzabassi, *Die handschriftliche Überlieferung der rhetorischen und hagiographischen Werke des Gregor von Zypern*, coll. « Serta Graeca » 6, Wiesbaden 1998, p. 8 ; **42** M. Menchelli, « Un nuovo codice di Gregorio di Cipro. Il codice di Venezia, BNM, Gr. 194 con il *Commento al Timeo* e le letture platoniche del Patriarca tra Sinesio e Proclo », *Scriptorium* 64, 2010, p. 227-250, pl. 37-41.

Voici donc les passages qui, dans ces quatre ouvrages, se rattachent explicitement au commentaire de Syrianus sur le *Parménide* :

— Proclus, *in Parm.* I 640, 17-641, 5 Luna-Segonds (prologue) = fr. 1 K. W. : le *Parm.* traite de tous les êtres dans la mesure où ils sont produits par l'Un. I 643, 6 - 644, 3 (prol.) [fragment non répertorié dans Klitenic Wear **29**] : les circonstances de temps du *Parm.* sont analogues à celles du *Timée*. I 644, 4 - 645, 8 (prol.) [fragment non répertorié dans Klitenic Wear **29**] : les quatre entretiens du *Parm.* reflètent la procession de tous les êtres à partir de l'Un. I 645, 9 - 646, 1 (prol.) : le style du *Parm.*, simple et rigoureux, est bien adapté à l'argument et à la méthode du dialogue. V 1033, 19 - 1034, 35 (*Parm.* 137 B 1-5) = fr. 2 K. W. : en quel sens l'hypothèse "si l'Un est" est propre à Parménide. VI 1061, 20 -1064, 12 Cousin = fr. 3 K. W. : division du *Parm.* en neuf hypothèses (sur l'histoire des divisions en hypothèses du *Parm.*, *cf.* Saffrey-Westerink **5**, t. I, Introduction, p. LXXX-LXXXIX, en part. p. LXXXVI-LXXXVII [Syrianus] ; le passage de Proclus, *in Parm.* VI 1061, 31 - 1063, 5, est traduit et commenté par Saffrey-Westerink **5**, t. III, Introduction, p. XLV-XLVII). VI 1085, 12 - 1086, 12 [fragment non répertorié dans Klitenic Wear **29**] (7ᵉ des huit questions préliminaires à l'exégèse de la première hypothèse, c'est-à-dire "pourquoi les négations de la première hypothèse sont celles qu'a énumérées Parménide, et non pas d'autres ?") : Syrianus a été le seul commentateur à avoir vu que tous les attributs niés de l'Un dans la première hypothèse sont affirmés dans la deuxième. VI 1114, 35 - 1116, 20 (137 D 4-5) = fr. 4 K. W. : Syrianus résout la contradiction entre ce passage du *Parm.*, où principe, milieu et fin sont niés de l'Un, et *Leg.* IV 715 E 7 - 716 A 1, où l'Étranger d'Athènes dit que le dieu a en lui-même le principe, la fin et le milieu de tous les êtres. VI 1118, 35 - 1123, 21 (137 D 6-8) = fr. 5 K. W. : la procession du limitant et de l'illimité dans les différentes classes de la réalité selon Syrianus. VII 1142, 10 - 1144, 37 (138 A 3-7) = fr. 6 K. W. : en quel sens l'Un n'est pas en un autre. VII 1217, 13 - 1219, 9 (140 E 1-2) = fr. 8 K. W. : le temps que Parménide nie de l'Un dans la première hypothèse, est le temps tout premier et absolu qui mesure les périodes des âmes universelles et leurs évolutions autour de l'intelligible. VII 1226,26 - 1227,31 (141 A 7 - B 3) = fr. 9 K. W.: l'affirmation de Platon selon laquelle ce qui devient plus vieux que soi-même, devient en même temps plus jeune que soi-même, ne peut se référer qu'aux réalités qui se meuvent d'un mouvement circulaire. VII, traduction latine de Guillaume de Moerbeke, éd. C. Steel, t. II, Leuven 1985, p. 517,49 - 518,85 (142 A 6-8) = fr. 10 K. W.: les négations prédiquées de l'Un ne sont pas "autour de l'Un" [περὶ τὸ ἕν] parce que l'Un transcende toute affirmation et toute négation, mais elles sont "à propos de l'Un" [περὶ τοῦ ἑνός] en ce sens qu'elles ne concernent que le concept que nous avons de l'Un (sur l'histoire de l'exégèse de ce passage du *Parm.*, *cf.* Saffrey-Westerink **5**, t. II, Introduction, p. XVIII-XX).

— Proclus, *Theol. plat.* I 8, p. 33, 21-25 : les hypothèses du *Parm.* seront expliquées (chap. 9 à 12) en suivant l'enseignement de Syrianus. I 10, p. 42, 9-20 : dans l'exégèse du *Parm.*, Syrianus a « déterminé ce qui restait indéterminé dans la théorie des Anciens et fait passer la confusion des divers degrés de l'être à un état de distinction pour l'intellect, dans ses leçons orales aussi bien que dans ses traités sur ce sujet » (li. 11-14) (*cf.* Saffrey-Westerink **5**, t. III, Introduction, p. XLIII-XLIV). I 11, p. 49, 17-21 : Syrianus a montré que les âmes universelles sont déjà traitées dans la 2e hypothèse (*cf.* Saffrey-Westerink **5**, t. I, p. 49 n. 2, où les éditeurs notent que cette innovation de Syrianus est signalée par Proclus dans *in Parm.* VII 1217, 13-15 ; sur l'exégèse de la 2e hypothèse par Syrianus selon Proclus et en particulier sur la théorie des hénades élaborée par Syrianus et reprise par Proclus, *cf.* Saffrey-Westerink **5**, t. III, Introduction, p. XL-LXXVII). III 23, p. 83, 11-18 : pour traiter de la première triade des intelligibles d'après le *Parm.*, Proclus va suivre l'enseignement de Syrianus (les chap. 24, 25 et 26, consacrés aux trois triades d'après le *Parm.*, reflètent donc l'exégèse de la 2e hypothèse par Syrianus). IV 23, p. 70, 5-11 : Syrianus a examiné toute la classe intelligible-intellective (comme le remarquent Saffrey-Westerink **5**, t. IV, p. 70 n. 2 [p. 168], Proclus semble faire ici allusion à l'exégèse de la 2e hypothèse du *Parm.*). V 37, p. 135,24 - 136,7 : dans l'exégèse de *Parm.* 146 B 6 - E 6 (2e hypothèse, dieux intellectifs, attributs : *en lui-même* et *en un autre*), Syrianus a expliqué que cet "autre" est la première triade des intelligibles et la première triade des intelligibles-intellectifs. Aucun des fragments conservés dans la *Theol. plat.* de Proclus n'est répertorié dans Klitenic Wear **29**.

— Damascius, *in Parm.* II, p. 75, 20-22 (*Parm.* 144 C 5, 2e hypothèse, 1er ordre intelligible-intellectif) = fr. 12 K. W.: exégèse de ἕν γέ τι. III, p. 11, 5-13 (145 B 6-7, 2e hypothèse, 1er ordre intellectif) = fr. 13 K. W.: exégèse de ἐν ἑαυτῷ / ἐν ἄλλῳ (*en lui-même / en un autre*). III, p. 34, 12-16 (145 E 7 - 146 A 8, 2e hypothèse, 2e ordre des intellectifs, attributs : repos et mouvement) = fr. 14 A K. W.: selon Syrianus, qui suit ici l'opinion de Jamblique, les genres de l'être sont établis dans le démiurge. III, p. 41, 5-9 (*ibid.*) = fr. 14 K. W.: le repos et le mouvement appartiennent tous deux au 2e ordre intellectif. III, p. 42, 5-9 (*ibid.*) [fragment non répertorié dans Klitenic Wear **29**] : le mouvement en un autre est analogue à la conversion vers un supérieur, le repos en soi-même est analogue à la conversion vers soi-même. IV, p. 23, 17-21 (155 E 4 - 157 B 5, 3ᵉ hypothèse) = fr. 15 K. W. (la référence de Klitenic Wear **29**, p. 330, à « *Dub. et Sol.* section 402, III p. 259.1-4 [*lege*: II, p. 259, 8-11]» se rapporte à l'édition Ruelle) : division de la 3ᵉ hypothèse, c'est-à-dire articulation du diacosme des âmes particulières. — Voir aussi Damascius, *in Parm.* II, p. 7, 9 10 (143 A 4 - B 8, 2ᵉ hypothèse, 1ᵉʳ ordre intelligible-intellectif) : opinion des philosophes [οἱ φιλόσοφοι = Syrianus et Proclus] à propos de la nature de l'altérité. III, p. 123, 14-20 (147 C 1 - 148 D 4, 2ᵉ hypothèse, diacosme hypercosmique) : les philosophes plus récents [οἱ νεώτεροι = Syrianus et Proclus] appellent ce diacosme "assimilateur". Ces deux derniers témoignages ne sont pas répertoriés dans Klitenic Wear **29**.

— Damascius, *De princ.* II, p. 17, 14-17 (*Parm.* 142 B 3, début de la 2ᵉ hypothèse) = fr. 11 K. W. : selon Syrianus et Proclus, l'expression ἕν ἐστιν signifie la triade "Un, puissance, intellect".

Il faut encore citer sept passages du *De princ.* de Damascius, qui, à cause de leur sujet, peuvent être rattachés à l'exégèse du *Parménide* par Syrianus-Proclus, désignés par le terme οἱ φιλόσοφοι :

De princ. I, p. 123, 1-3 : selon les philosophes, l'éclat qui vient de l'Un imparticipable est la procession des hénades divines (*cf.* Damascius, *De princ.* I, p. 123 n. 1 [p. 172]). II, p. 16, 20-23 : selon les autres philosophes (τοὺς ἄλλους φιλοσόφους), il y a un seul et unique principe antérieur à tout, et, après ce principe unique, il y a le limitant et l'illimité (l'identification de τοὺς ἄλλους φιλοσόφους avec Syrianus-Proclus, *in Parm.*, est assurée par le passage qui vient aussitôt après, p. 17, 14-17). II, p. 43, 14-19 : les philosophes n'admettent pas que le mixte soit un principe antérieur au limitant et à l'illimité. II, p. 44, 10-12 : les philosophes considèrent l'un et les plusieurs comme des éléments, ce que Damascius n'admet pas. II, p. 56, 1-5 : selon les philosophes, le troisième principe est l'être pur et la première substance. II, p. 71, 25-26 : subsister (ὑπάρχειν) est autre chose qu'être (εἶναι). II, p. 83, 11-15 : selon les philosophes, la puissance commence à partir de la première puissance, la subsistence à partir de la première subsistence, et l'acte à partir du mixte (*cf.* Damascius, *De princ.* II, p. 83 n. 3 [p. 251], avec renvoi à Proclus, *in Parm.* VII 1151, 29-32 Cousin). III, p. 6, 11-14 : les philosophes distinguent deux sortes de processions, l'une de forme semblable, l'autre de forme dissemblable (*cf.* Damascius, *De princ.* III, p. 6 n. 2 [p. 176], avec renvoi à Proclus, *in Parm.* II, 745,40 - 746,19 Luna-Segonds). Aucun de ces témoignages n'est répertorié dans Klitenic Wear **29**.

In Rempublicam. Ce commentaire est mentionné dans la liste de la *Souda*, Σ 1662, t. IV, p. 478, 24-25 : Εἰς τὴν πολιτείαν Πλάτωνος βιβλία τέσσαρα. C'est probablement à ce commentaire que se réfère Proclus, *in Remp.* II, p. 317,24 - 318,4 Kroll, à propos du mythe d'Er, *Resp.* X, 620 B 1, où Er affirme que l'âme d'Ajax a été la vingtième à choisir sa vie (εἰκοστὴν δὲ λαχοῦσαν ψυχὴν [*scil.* d'Ajax] ἑλέσθαι λέοντος βίον). Proclus rapporte que selon l'exégèse de Syrianus (τοιαῦτα γὰρ ὁ ἡμέτερος φιλοσοφεῖ περὶ τούτων πατήρ, p. 318, 3-4), le chiffre 20 désigne la vie conforme à l'irascible. Selon Sheppard **10**, p. 46, ce passage ne suffit pas pour prouver l'existence d'un commentaire de Syrianus sur la *République* ; et puisque le témoignage de la *Souda* est problématique, l'existence d'un tel commentaire demeure très incertaine (voir aussi *ibid.*, p. 39). Quant au passage de Proclus, *in Remp.* II, p. 64, 6 *sqq.*, que Sheppard **10**, p. 46, cite à côté de II, p. 317,24-318,4, comme un témoignage possible concernant le commentaire de Syrianus sur la *République*, il n'entre pas, à notre avis, en ligne de compte, car il concerne Nestorius (➤N 27), et non pas Syrianus, qui n'est cité qu'en tant qu'élève de Plutarque qui était, à son tour, petit-fils de Nestorius : Νεστόριος ὁ θεῖος ὄντως, πάππος ὢν Πλουτάρχου τοῦ καθηγεμόνος ἡμῶν τε καὶ τῶν ἡμετέρων διδασκάλων (p. 64, 6-8), « le vraiment divin Nestorius, aïeul de Plutarque qui fut mon maître et celui de mon professeur (Syrianus) » (trad. Festugière, t. II, p. 174). Les sept autres renvois à Syrianus contenus dans l'*in Remp.* de Proclus sont tirés de la 6ᵉ dissertation et se réfèrent à des questions d'exégèse homérique (*cf. infra*). On ne saurait toutefois exclure que Syrianus ait traité ces questions aussi dans son commentaire sur la *République*.

In Legum librum X. L'existence d'un commentaire de Syrianus sur le livre X des *Lois* est attestée par Simplicius, *in Phys.* (*Cor. de loco*), p. 618, 25-28 Diels : τῶν μέντοι καὶ εἶδος ἔχειν αὐτὸ τιθεμένων καὶ δύναμιν τῶν σωμάτων ὑπερτέραν ἔχειν λεγόντων Συριανὸν ἔγωγε θείην ἂν τὸν μέγαν, τὸν τοῦ Λυκίου Πρόκλου καθηγεμόνα· ὃς ἐν τοῖς εἰς τὸ δέκατον τῶν Πλάτωνος Νόμων ὑπομνήμασι τοιαῦτα περὶ τοῦ τόπου γέγραφε (« Parmi ceux qui posent qu'il [*scil.* le vide] a une forme et une puissance supérieure à celle des corps, je placerais volontiers le grand Syrianus, le maître de Proclus de Lycie, qui dans son commentaire sur le dixième livre des *Lois* de Platon a écrit ceci à propos du lieu », suit la citation, p. 618,28-619,2). Le même commentaire de Syrianus est cité par Simplicius un peu plus bas, dans deux autres passages : p. 635, 11-14 : ὁ γοῦν φιλόσοφος Συριανός· τὸν ταῦτα, φησί, διαποροῦντα παρακαλέσομεν πρὸς τὴν διάνοιαν τῶν πρεσβυτέρων ὁρᾶν καὶ μήτε κινήσεως κίνησιν ζητεῖν μήτε στάσεως στάσιν μήτε τόπου τόπον ἢ ἀτοπίαν (« En tout cas, le philosophe Syrianus dit ceci : nous inviterons celui qui est dans l'incertitude à avoir regard à la pensée des Anciens et à ne rechercher ni mouvement de mouvement, ni repos de repos, ni lieu ou non-lieu de lieu »), et p. 637, 23-30, où il est question de la distinction entre le lieu propre à chaque être, inséparable et mobile, et le lieu au sens commun et général (πλατικός ou ἐν πλάτει ὡς καὶ Συριανὸς ἔλεγε, li. 27), séparable et immobile. On peut penser que le passage du livre X des *Lois* qui avait suscité les réflexions de Syrianus sur le lieu était 896 D 10-899 C 1, où l'Étranger d'Athènes démontre que l'âme préside aux mouvements célestes, en particulier le passage 897 E 8-898 A 1, où il distingue deux sortes de mouvements : celui qui se déroule toujours dans le même lieu, et celui qui se déroule en de multiples lieux (Μεμνήμεθα τοίνυν τῶν τότε ἔτι τοῦτό γε, ὅτι τῶν πάντων τὰ μὲν κινεῖσθαι, τὰ δὲ μένειν ἔθεμεν ; — Ναί. — Τῶν δ' αὖ κινουμένων τὰ μὲν ἐν ἑνὶ τόπῳ κινεῖσθαι, τὰ δ' ἐν πλείοσιν φερόμενα « De ce que nous disions alors, rappelons-nous encore ceci : dans l'ensemble des choses, affirmions-nous, les unes se meuvent et les autres demeurent immobiles. — Oui. — Et qu'aussi, parmi celles qui se meu-vent, les unes se meuvent sur place et les autres changent de place», trad. **43** A. Diès, dans Platon, *Œuvres complètes*, *CUF*, t. XII, 1re partie, Paris 1956, p. 161-162); le premier est le mouvement circulaire et il est propre à l'intellect, alors que le second, étant complètement dépourvu de régularité et d'ordre, est congénère à la folie (898 A 3 - B 9). A ce commentaire sur le livre X des *Lois* il faut probablement rattacher aussi Damascius, *De princ.* I, p. 43, 9-11, où l'on rapporte l'opinion selon laquelle l'âme irrationnelle est mue par l'âme rationnelle. Cette opinion est anonyme, mais le sujet de ὥς φασι (p. 43, 10) peut être identifié avec Syrianus et ses disciples sur la base du passage p. 44, 15-17 (exégèse de Syrianus concernant l'automoteur dans les *Lois* et le *Timée*) (voir les notes de J. Combès, p. 43 n. 1, et p. 44 n. 2 [p. 147]).

Testimonia incertae sedis. En plus des sept passages que l'on peut rattacher, bien qu'indirectement, au commentaire sur le *Parménide*, le *De principiis* de Damascius contient quinze autres passages dans lesquels les éditeurs Westerink-Combès reconnaissent des témoignages sur la doctrine de Syrianus-Proclus (dési-gnés le plus souvent par οἱ φιλόσοφοι), sans que l'on puisse toutefois identifier l'ouvrage dont Damascius s'inspire.

Damascius, *De princ.* I, p. 58, 5-12 (li. 6 ὥς φασι = Syrianus et Proclus): ce monde a non seulement l'âme sensitive, mais aussi l'âme irrationnelle, l'imagina-tion et l'âme appétitive (*cf. ibid.*, p. 58 n. 2 [p. 153-154]). I, p. 67, 4-6: il faut que le connaissable commence à partir de l'Un, ὡς λέγεται ὑπὸ τῶν φιλοσόφων (πάντα γὰρ ἀπὸ τῶν θεῶν ἄρχεται, φασίν) (*cf. ibid.*, p. 67 n. 2 [p. 158]). I, p. 107, 6: καὶ γὰρ ἡ δύναμις ἐκτένειά ἐστιν, ὥς φασι [= Syrianus et ses disciples], τῆς οὐσίας (*cf. ibid.*, p. 107 n. 1 [p. 169]). II, p. 82, 13-15: les philoso-phes ont coutume de dire que le mouvement et l'acte sont la même chose (*cf. ibid.*, p. 82 n. 2 [p. 251]: il peut s'agir du commentaire de Proclus sur le *Sophiste*, sur le *Philèbe* ou sur le *Parménide*). II, p. 190, 11-13: selon les philosophes (οἱ φιλό-σοφοι), seuls le limitant et l'illimité se trouvent dans l'unifié, et non pas toutes les autres formes. III, p. 13, 21-14, 2: selon les philosophes, le procédant est inférieur au producteur. III, p. 76, 3-5: selon les philosophes, la substance de l'âme est éternelle (*cf. ibid.*, p. 76 n. 3 [p. 200], avec renvoi à Proclus, *El. theol.* § 191). III, p. 80, 7-9: les philosophes reconnaissent des âmes hypercosmiques antérieures aux âmes encosmiques, et des intellects intellectifs et imparticipables antérieurs aux intellects hypercosmiques et participables (*cf. ibid.*, p. 80 n. 2 [p. 202], avec renvoi à Proclus, *El. theol.* § 166). III, p. 81, 2-5: les philosophes parlent de dieux encos-miques, dieux sensibles et dieux matériels à partir des tout derniers véhicules, c'est-à-dire des participants (*cf. ibid.*, p. 81 n. 1 [p. 202], avec renvoi à Proclus, *El. theol.* § 162-165). III, p. 105, 10-11: selon les philosophes, l'intelligible est la substance pure (*cf. ibid.*, p. 105 n. 2 [p. 209], avec renvoi à Proclus, *Theol. plat.* III 9, p. 35, 25-36, 7). III, p. 109, 16-110, 1: les philosophes plus récents (οἱ νεώτεροι φιλόσοφοι) affirment que le sommet de chaque triade intelligible est le limitant, l'intermédiaire est l'illimité, le tout dernier est la substance ou la vie ou l'intellect (*cf. ibid.*, p. 109 n. 8 [p. 210]). III, p. 117, 18-22 : selon l'hypothèse habituelle chez les philosophes, le continu manifeste le plus haut degré de la vie (*cf. ibid.*, p. 117 n. 4 [p. 212], avec renvoi à Proclus, *Theol. plat.* IV 19-22). III, p. 118, 5-8 : selon les philosophes, l'intellectif se trouve dans la triade constituée par l'intellect pur, l'intellect générateur de vie et l'intellect démiurgique. III, p. 122, 1-4 : selon les philosophes, la substance qui est n'est pas l'intelligible pur, mais l'intelligible relatif (*cf. ibid.*, p. 122 n. 1). III, p. 149, 10-13 : les philosophes [= Jamblique, Syrianus et Proclus] ont coutume de distinguer la substance (οὐσία) de la subsistence (ὕπαρξις) par le fait que la subsistence se dit à propos des dieux, et la substance à propos des réalités qui leur sont suspendues (*cf. ibid.*, p. 149 n. 3-4 [p. 222]).

(III) COMMENTAIRES DE TEXTES THÉOLOGIQUES

'Ορφικαὶ συνουσίαι (*Entretiens Orphiques*). L'existence de ce commentaire sur les *Poèmes Orphiques* est attestée par Proclus, *in Tim.* I, p. 314,28-315,2 Diehl : ὡς καὶ τοῦτο ἀποδέδεικται τῷ ἡμετέρῳ καθηγεμόνι δαιμονίως ἐν ταῖς 'Ορφικαῖς συνουσίαις (« comme il a été d'ailleurs merveilleusement démontré par notre maître dans ses *Entretiens Orphiques* », trad. Festugière, t. II, p. 172). Elle est confirmée par Marinus (*Proclus*, § 26, 1-17) qui rapporte que puisque la mort avait empêché Syrianus de lire les Théologiens (= *Poèmes Orphiques* et *Oracles Chaldaïques*) avec Proclus et Domninus, ce ne fut qu'après la mort de son maître que Proclus lut son commentaire sur les *Poèmes Orphiques* et l'utilisa pour ses propres leçons sur ce texte (*ibid.*, § 27, 1-4). Marinus rapporte aussi que n'ayant pas pu persuader Proclus de rédiger son commentaire sur les *Poèmes Orphiques*, car Syrianus, paru en rêve à Proclus, le lui avait interdit, il l'avait prié d'ajouter ses remarques dans les marges du commentaire de Syrianus. De cette manière, le commentaire de Syrianus avait été annoté par Proclus, et Marinus avait pu disposer, dans le même livre, d'une collection de toutes leurs opinions (*ibid.*, § 27, 5-15). Un témoignage supplémentaire sur l'existence de ce commentaire de Syrianus-Proclus est fourni par Damascius, *De princ.* III, p. 159, 17-19, où il est question de l'interprétation de la théologie orphique concernant l'intelligible selon les philosophes (οἱ φιλόσοφοι = Syrianus et Proclus, *cf.* p. 159 n. 8 [p. 229]). Cela explique que le même ouvrage figure dans la liste des ouvrages aussi bien de Syrianus que de Proclus : c'est en effet le même ouvrage, écrit par Syrianus, revu, corrigé et augmenté par Proclus (*cf.* Saffrey-Segonds **1**, p. 32 n. 7 [p. 151-152]). Ce commentaire doit donc être identifié avec le titre Εἰς τὴν 'Ορφέως Θεολογίαν βιϐλία δύο qui figure dans la liste des ouvrages de Syrianus transmise par la *Souda* (citée *supra*, p. 683).

Συμφωνία 'Ορφέως, Πυθαγόρου, Πλάτωνος πρὸς τὰ Λόγια βιϐλία δέκα (*Accord d'Orphée, Pythagore, Platon avec les Oracles Chaldaïques, en dix livres*). Ce titre se lit dans la liste des ouvrages aussi bien de Syrianus que de Proclus (*cf. Souda*, Σ 1662, t. IV, p. 479, 1-2 : Συμφωνίαν 'Ορφέως, Πυθαγόρου, Πλάτωνος πρὸς τὰ λόγια βιϐλία δέκα [Syrianus] ; Π 2473, t. IV, p. 210, 12-13 : Συμφωνίαν Ὀρφέως, Πυθαγόρου, Πλάτωνος πρὸς τὰ Λόγια βιϐλία ι′ [Proclus]), mais il doit sans aucun doute être attribué à Syrianus sur la base du témoignage de Proclus lui-même, *Theol. plat.* IV 23, p. 69, 8-15 : « Car, pourquoi parler de notre Maître, ce véritable Bacchant (τὸν ἡμέτερον καθηγεμόνα τὸν ὡς ἀληθῶς Βάκχον) qui, étant souverainement inspiré par les dieux au sujet de Platon, a fait briller jusqu'à nous l'admiration et la stupeur pour la doctrine platonicienne ? Lui aussi, donc, dans ses livres de l'*Accord* (ἐν τοῖς τῆς Συμφωνίας γράμμασιν, li. 12) et, avec lui, les deux savants dont on vient de parler [*scil.* Jamblique et Théodore d'Asiné], distinguent sans doute *la voûte subcéleste* [τὴν ὑπουράνιον ἀψῖδα, *Phaedr.* 247 B 1] de la classe céleste, mais ils diffèrent grandement entre eux dans leur façon de voir ». Selon Saffrey **12**, p. 37 [145], on peut penser que dans ce cas aussi, comme dans celui du commentaire sur les *Poèmes Orphiques*, Proclus a repris, revu et augmenté l'ouvrage de son maître ; il reste qu'il ne s'agit là que d'une simple hypothèse (*cf.* Luna-Segonds **28**, p. 1553, qui ne considèrent donc pas les titres communs aux deux listes de la *Souda* comme des ouvrages de Proclus). Un fragment de l'*Accord*, notamment la citation de onze vers orphiques [= *Orph.* fr. 169 Kern = fr. 245 V Bernabé], a été, selon toute vraisemblance, conservé dans la *Théosophie de Tübingen*, § 50, li. 411-424 (p. 32-33) Erbse[2] [= *Anonymi Monophysitae Theosophia*, ed. P. F. Beatrice, coll. « Supplements to *Vigiliae Christianae* » 56, Leiden/Boston/Köln 2001, I 51, li. 389-401 (p. 24-25)] : Ὅτι ὁ Συριανὸς ἐν τοῖς ἑαυτοῦ πονήμασιν ἀναφέρει χρησμὸν τοιοῦτον [suit la citation, li. 413-424 Erbse[2] = li. 390-401 Beatrice]. *Cf.* **44** H. D. Saffrey, « Connaissance et inconnaissance de Dieu : Porphyre et la *Théosophie de Tübingen* », dans J. Duffy et J. Peradotto (édit.), *Gonimos. Neoplatonic and Byzantine Studies presented to Leendert G. Westerink at 75*, Buffalo, N. Y. 1988, p. 1-20 (repris dans *Recherches sur le néoplatonisme après Plotin*, Paris 1990, p. 11-30), en part. p. 15 et n. 27 [p. 25 et n. 27]. Dans son édition de la *Théosophie de Tübingen*, p. 24, note *ad* § 51, Beatrice envisage aussi la possibilité que ce fragment provienne du commentaire de Syrianus sur les *Poèmes Orphiques*. — Sur ces deux ouvrages de Syrianus (les *Entretiens Orphiques* et l'*Accord*), *cf.* Saffrey **12** ; voir aussi Saffrey-Westerink **5**, t. IV, p. 69 n. 4 et 6 [p. 166-167].

(IV) COMMENTAIRES SUR HOMÈRE

L'enseignement de Syrianus sur Homère est transmis par Proclus dans la 6ᵉ dissertation de l'*in Remp.* (I, p. 69, 20 - 205, 23 Kroll), qui est consacrée à la réfutation des objections de Platon contre Homère. On y compte sept renvois à Syrianus : deux, dont l'un se trouve au début, l'autre à la fin de cette dissertation, témoignent en général de la dépendance de Proclus à l'égard de l'exégèse homérique de son maître dans toute cette partie de l'*in Remp.* (nᵒˢ 1-2) ; un se réfère à un cours oral de Syrianus sur l'accord entre Homère et Platon (nᵒ 3) ; deux renvoient à deux ouvrages de Syrianus, les *Solutions des Problèmes Homériques* et une monographie sur l'union de Zeus et d'Héra (nᵒˢ 4-5), et deux, enfin, concernent deux passages homériques sans toutefois aucune indication de la source utilisée (n°s 6-7), bien que le dernier (n° 7) mentionne explicitement un ouvrage écrit.

(1) *In Remp.* I, p. 71, 21-27 (début de la 6ᵉ dissertation) : Τὰ μὲν δὴ προκεί-μενα τοιαῦτα ἄττα ἐστίν, περὶ ὧν ποιήσομαι τοὺς λόγους. δεῖ δὲ ὅπερ ἔφην ὑμᾶς μὲν καὶ τούτων αἰτιᾶσθαι τόν τε Πλάτωνα αὐτὸν καὶ τὸν ἐκείνου ζηλω-τὴν καί, ὡς ἂν ἐγὼ φαίην, ἱεροφάντην· ἐμὲ δὲ τὸν λέγοντα πειρᾶσθαι πάντα ἀκριβῶς ὑμῖν εἰς δύναμιν τὰ τότε ῥηθέντα διαμνημονεῦσαι καὶ ὅσα καὶ ὕστε-ρον ἡμᾶς περὶ τῶν αὐτῶν διασκοπουμένους ἐπεκδιδάσκειν ἐκεῖνος ἠξίωσεν (« Tels sont donc les sujets sur lesquels je vais présenter mes arguments. De ceux-ci, comme j'ai dit, il convient que vous fassiez remonter la source et à Platon lui-même et à son dévot, et, comme je pourrais bien dire, son hiérophante : quant à moi, qui prends la parole, il me faut essayer de rappeler exactement devant vous, selon mes forces, tout ce que Mon Maître a dit en cette occurrence et tout ce que, plus tard aussi, il a daigné m'enseigner quand je faisais un examen approfondi des mêmes problèmes », trad. Festugière, t. I, p. 89). Sheppard **10**, p. 43, souligne le caractère d'exagération rhétorique de cette affirmation de Proclus. Sur le problème de la dette de Proclus à l'égard de Syrianus dans la 6ᵉ dissertation de l'*in Remp.*, *cf.* Sheppard **10**, p. 42-103 ; sur l'exégèse homérique de Syrianus en général, *cf.* Manolea **39**, *per totum*.

(2) *In Remp.* I, p. 205, 21-23 (fin de la 6ᵉ dissertation) : ταῦτα, ὦ φίλοι ἑταῖροι, μνήμῃ κεχαρίσθω τῆς τοῦ καθηγεμόνος ἡμῶν συνουσίας, ἐμοὶ μὲν ὄντα ῥητὰ πρὸς ὑμᾶς, ὑμῖν δὲ ἄρρητα πρὸς τοὺς πολλούς (« Que tout ceci, chers disciples, soit payé en tribut d'hommage au souvenir de Notre Maître : ce sont choses que, moi, je pouvais vous dire, mais que vous ne devez pas révéler à la foule », trad. cit., t. I, p. 221). Sur cette "dédicace" de la 6ᵉ dissertation à Syrianus, *cf.* Sheppard **10**, p. 45.

(3) *In Remp.* I, p. 71, 2-7 (renvoi à un cours oral sur l'accord entre Homère et Platon) : Φέρ' οὖν ὅσα κἀνταῦθα τοῦ καθηγεμόνος ἡμῶν ἠκούσαμεν περὶ τού-των διαταττομένου καὶ τῆς κοινωνίας τῶν δογμάτων, ἣν ἔχει τὰ Ὁμήρου ποιήματα πρὸς τὴν ὑπὸ τοῦ Πλάτωνος ἐν ὑστέροις χρόνοις καθεωραμένην ἀλήθειαν, συλλαβόντες ἐν τάξει διέλθωμεν κτλ. (« Eh bien donc, après avoir rassemblé tous les enseignements que nous avons appris, ici aussi, de Notre Maître quand il traitait de ces problèmes et de l'accord doctrinal entre les poèmes d'Homère et la vérité contemplée, dans les temps postérieurs, par Platon, dispo-sons-les en ordre... », trad. cit., t. I, p. 87). Sur ce cours de Syrianus sur la κοινω-νία τῶν δογμάτων entre Homère et Platon, *cf.* Sheppard **10**, p. 43, 86, 88, 89, 90.

(4) *In Remp.* I, p. 95, 26-31 [*Resp.* II, 378 B 8 - D 7] (renvoi aux Λύσεις τῶν Ὁμηρικῶν προβλημάτων) : Περὶ μὲν οὖν τῆς παρ' Ὁμήρῳ θεομαχίας τοσαῦτα εἰρήσθω. Καὶ γὰρ ἔξεστιν τοῖς περὶ αὐτῆς ἀκριβέστερόν τι πιέσαι βουλομένοις καὶ ταῖς τοῦ καθηγεμόνος ἡμῶν θεωρίαις συγγενέσθαι πολλὰ καὶ θαυμαστὰ δόγματα ἐκκαλυπτούσαις, ἃς ἐν ταῖς λύσεσιν ἐκεῖνος τῶν Ὁμηρικῶν προ-βλημάτων ἐπραγματεύσατο (« Que ceci suffise sur la théomachie chez Homère. Car il est possible, si l'on veut presser le sujet d'une manière plus minutieuse, de se

familiariser aussi avec les doctrines de notre Maître qui révèlent maints dogmes admirables, doctrines qu'il a mises en traité dans ses *Solutions des Problèmes Homériques*», trad. cit., t. I, p. 113). Sur l'exégèse proclienne de la théomachie (*in Remp.* I, p. 87,1 - 95,31) et sur sa dette à l'égard de Syrianus, *cf.* Sheppard **10**, p. 49-58.

(5) *In Remp.* I, p. 133, 5-7 [*Resp.* III, 390 B 6 - C 6] (renvoi à une monographie sur l'union de Zeus et d'Héra, *Il.* XIV 292-351) : ὁ μὲν οὖν ἡμέτερος καθηγεμὼν προηγουμένην καταβαλλόμενος πραγματείαν εἰς τοῦτον ἅπαντα τὸν μῦθον ἐνθεαστικώτατα τὴν ἀπόρρητον αὐτοῦ θεωρίαν ἐξέφηνεν («Eh bien donc, Mon Maître, qui a été l'auteur d'une étude spéciale sur tout ce mythe, en a révélé de manière très inspirée le sens caché», trad. cit., t. I, p. 153). Sur cette monographie de Syrianus, *cf.* Sheppard **10**, p. 44 ; sur l'exégèse proclienne de ce passage d'Homère (*in Remp.* I, p. 132,8 - 140,24) et sur sa dette à l'égard de Syrianus, *cf.* Sheppard **10**, p. 62-74.

(6) *In Remp.* I, p. 115, 26-29 [*Resp.* II, 383 A 7-8], à propos du rêve envoyé par Zeus à Agamemnon (*Il.* II 1 *sqq.*): λεγέσθω μὲν ὅπερ ἔφην καὶ ταῦτα· προσκείσθω δὲ καὶ ἡ τοῦ καθηγεμόνος ἡμῶν ἐπιβολή, τῆς τε Ὁμηρικῆς διανοίας στοχαζομένη καὶ τῆς τῶν πραγμάτων ἀληθείας («Disons donc cela [*scil.* l'interprétation traditionnelle], comme je l'ai marqué. Mais ajoutons-y aussi la conception de Mon Maître, laquelle vise à atteindre et la pensée d'Homère et la réalité des choses», trad. cit., t. I, p. 134). Selon Sheppard **10**, p. 44, il est impossible de savoir si Proclus se réfère ici à un ouvrage écrit ou à un cours oral de Syrianus, en l'occurrence celui sur la κοινωνία τῶν δογμάτων mentionné au n° 3. Sur l'exégèse du rêve d'Agamemnon par Proclus et sa dette à l'égard de Syrianus, *cf.* Sheppard **10**, p. 58-62.

(7) *In Remp.* I, p. 152, 7-12 et p. 153, 2-3 [*Resp.* III, 391 B 5-7], à propos des captifs égorgés par Achille près du bûcher de Patrocle (*Il.* XXIII 22-23 et 175-176) : εἰ δὲ δεῖ καὶ τῶν ἀπορρητότερον ὑπὸ τοῦ καθηγεμόνος ἡμῶν τεθεωρημένων κἂν τούτοις ποιήσασθαι μνήμην, ῥητέον ὅτι πᾶσα ἡ περὶ τὴν πυρὰν ἐκείνην τοῦ Ἀχιλλέως πραγματεία μιμεῖται τὸν παρὰ τοῖς θεουργοῖς τῆς ψυχῆς ἀπαθανατισμὸν εἰς τὴν χωριστὴν ζωὴν ἀνάγουσα τὴν τοῦ Πατρόκλου ψυχήν [...] καὶ ὅλως πολλὰ τῆς ὑπονοίας ταύτης λάβοι τις ἂν τεκμήρια τοῖς τοῦ καθηγεμόνος ἡμῶν ἐντυχών («Mais s'il convient, en ce point encore, de mentionner aussi les considérations plus secrètes de Notre Maître, il faut dire que tous les agissements d'Achille, touchant ce bûcher, dès là qu'ils élèvent l'âme de Patrocle à la vie séparée, imitent les procédés dont usent les théurges pour donner immortalité à l'âme. [...] D'une façon générale, on trouverait bien des preuves de cette façon de voir en lisant l'œuvre de Notre Maître», trad. cit., t. I, p. 172). Selon Sheppard **10**, p. 44-45, il pourrait s'agir d'un renvoi aux Λύσεις τῶν Ὁμηρικῶν προβλημάτων (voir passage n° 4). Puisque l'exégèse de Syrianus rapportée par Proclus concerne non seulement l'égorgement des captifs troyens, qui est l'épisode critiqué par Platon, mais tout le rite funéraire de Patrocle (interprété comme un rite théurgique), il faut en déduire que les Λύσεις τῶν Ὁμηρικῶν προβλημάτων de

Syrianus ne se bornaient pas aux passages homériques critiqués par Platon. Sur l'exégèse proclienne de ce passage homérique (*in Remp.* I, p. 150,1 - 154,10) et sa dette à l'égard de Syrianus, *cf.* **45** H. Lewy, *Chaldaean Oracles and Theurgy. Mysticism, Magic and Platonism in the Later Roman Empire*, Troisième édition par M. Tardieu avec un supplément « Les Oracles chaldaïques 1891-2011 », Paris 2011, p. 184-185 ; Sheppard **10**, p. 74-78.

Il est possible que Proclus ait utilisé, de Syrianus, deux ouvrages d'exégèse homérique dont les titres sont transmis par la liste de la *Souda* : (a) Εἰς Ὅμηρον ὅλον ὑπόμνημα ἐν βιϐλίοις ἑπτά (*Souda*, Σ 1662, t. IV, p. 478, 23-24) ; le même titre figure aussi dans la liste des ouvrages de Proclus : ὑπόμνημα εἰς ὅλον τὸν Ὅμηρον (*Souda*, Π 2473, t. IV, p. 210, 9). (b) [εἰς τὰ Πρόκλου] Περὶ τῶν παρ' Ὁμήρῳ θεῶν (*Souda*, Σ 1662, t. IV, p. 478, 25-479, 1) ; le même titre figure aussi dans la liste des ouvrages de Proclus : Περὶ τῶν παρ' Ὁμήρῳ θεῶν (*Souda*, Π 2473, t. IV, p. 210, 13). Selon Sheppard **10**, p. 46, le premier titre pourrait être identifié avec les Λύσεις τῶν Ὁμηρικῶν προϐλημάτων. Quant au second titre, comme l'explique Praechter **11**, p. 254 [223], les mots εἰς τὰ Πρόκλου équivalent, en grec byzantin, à ἐν τοῖς Πρόκλου = "[ces titres se trouvent aussi] parmi les écrits de Proclus", et peuvent donc s'interpréter comme la note marginale d'un lecteur ayant déjà remarqué la présence des mêmes titres dans l'article « Proclus » de la *Souda*. Ces mots sont donc supprimés par A. Adler (*cf.* app. crit. *ad loc.* : « [εἰς τὰ Πρόκλου] ut notam marginalem damnat Fabric. cet., Praechter »). Selon Sheppard **10**, p. 46, le Περὶ τῶν παρ' Ὁμήρῳ θεῶν de Syrianus était sûrement plus vaste que la monographie sur l'union de Zeus et d'Héra, avec laquelle il ne peut donc pas être identifié. On ne saurait toutefois exclure que le commentaire de Syrianus sur la *République* ait analysé justement la section homérique du dialogue.

(V) COMMENTAIRES SUR HERMOGÈNE

Deux commentaires à deux traités du rhéteur Hermogène de Tarse (IIe-IIIe siècles ap. J.-C.), Περὶ ἰδεῶν (*Les catégories stylistiques du discours*) et Περὶ στάσεων (*Les états de cause*), ont été transmis sous le nom de Syrianus : **46** *Syriani in Hermogenem commentaria*, ed. H. Rabe, t. I : *Commentarium in libros Περὶ ἰδεῶν*. Accedit quae fertur in Hermogenis libros Περὶ ἰδεῶν praefatio, coll. *BT*, Lipsiae 1892 ; t. II : *Commentarium in librum Περὶ στάσεων*. Accedunt indices, coll. *BT*, Lipsiae 1893. Des *excerpta* du commentaire sur le Περὶ στάσεων se trouvent dans **47** *Syriani, Sopatri et Marcellini Scholia ad Hermogenis librum Περὶ στάσεων*, éd. C. Walz, dans *Rhetores Graeci*, t. IV, Stuttgart 1833, réimpr. Osnabrück 1968, p. 39-846. Des *excerpta* du commentaire sur le Περὶ ἰδεῶν se trouvent chez **48** Jean le Rhéteur (XIe siècle), *Commentarium in Hermogenis librum Περὶ ἰδεῶν*, éd. ibid., t. VI, Stuttgart 1834, réimpr. ibid., p. 56-504. Les deux commentaires sur Hermogène sont transmis par deux mss. du XIIIe siècle : *Marc. gr.* 433 (V), ayant appartenu à Bessarion, et Messina, Biblioteca Regionale Universitaria, *S. Salv.* 118 (S). Ils sont attribués dans les mss. à Συριανὸς σοφιστής : Συριανοῦ Σοφιστοῦ εἰς τὸ Περὶ ἰδεῶν Ἑρμογένους α' ὑπόμνημα (*cf.* t. I, p. 1, 1-3, titre transmis par le ms. V) ; Σχόλια εἰς τὰ μέχρι στοχασμοῦ τῆς Ἑρμογένους Τέχνης καὶ εἰς τὰς ιδ΄ στάσεις Συριανοῦ Σοφιστοῦ (t. II, p. 1, 1-5, titre transmis par les mss. VS). L'authenticité de ces commentaires a été discutée par Rabe **46**, t. II, *Praefatio*, p. IV-VII. Selon Rabe, la langue et le style de l'*in Met.* diffèrent de ceux des commentaires sur Hermogène, mais une telle différence peut s'expliquer non seulement par la différence de sujet, mais aussi par la distance temporelle qui sépare les deux ouvrages, l'*in Met.* étant postérieur aux commentaires sur Hermogène (en réalité, il n'y a aucune preuve chronologique). Quant au titre σοφιστής (= "rhéteur") qui accompagne le nom de Syrianus dans l'intitulé des deux commentaires et qui pourrait amener à distinguer Syrianus le Sophiste de Syrianus le Philosophe (comme on l'a vu, la tradition philosophique a toujours désigné Syrianus comme "philosophe", φιλόσοφος), Rabe **46**, t. II, *Praefatio*, p. V-VI, rappelle que le terme σοφιστής n'a aucune connotation négative dans les deux commentaires sur Hermogène, où, au contraire, la rhétorique est étroitement liée à la philosophie (il suffit de citer le début du prologue du commentaire sur le Περὶ ἰδεῶν, t. I, p. 1, 7-9, où sophistes et philosophes platoniciens sont mentionnés ensemble : πολλοί γε καὶ ἄλλοι σοφιστῶν τε καὶ τῶν Πλατωνικῶν φιλοσόφων). La conclusion de Rabe en faveur de l'authenticité de ces commentaires est partagée par Praechter **2**, col. 1732, 59-1733, 2 ; voir aussi **49** H. Hunger, *Die hochsprachliche profane Literatur der Byzantiner*, 2 vol., München 1978, t. I, p. 77, 81-82 ; **50** Hermogène, *Les états de cause* (*Corpus Rhetoricum*, t. II), par M. Patillon, *CUF*, Paris 2009, p. LX-LXII. Que le titre de "sophiste" soit parfaitement compatible avec celui de "philosophe", a été démontré par **51** M. Di Branco, *La città dei filosofi. Storia di Atene da Marco Aurelio a Giustiniano*, coll. «Civiltà Veneziana. Studi» 51, Firenze 2006, p. 124-129, à propos de l'identification de Plutarque d'Athènes et de Plutarque "sophiste" (autrement, il faudrait admettre, dans le petit milieu de l'Athènes du Vᵉ siècle, deux Plutarque, l'un philosophe, l'autre "sophiste", et deux Syrianus, l'un philosophe et l'autre "sophiste", hypothèse tout à fait invraisemblable : *cf.* **52** C. Luna et A.-Ph. Segonds, notice «Plutarque d'Athènes», P 209, *DPhA* V b, Paris 2012, p. 1081-1088). C'est pourquoi l'attribution des deux commentaires sur Hermogène à Syrianus le Sophiste ne peut être regardée comme un argument contre l'authenticité de ces deux commentaires. Le rôle joué par les philosophes néoplatoniciens dans la réorganisation de la rhétorique sur une base philosophique en tant qu'introduction à la dialectique, est étudié par **53** G. A. Kennedy, *Greek Rhetoric under Christian Emperors*, Princeton 1983, p. 53, 77-79, en part. p. 109-112 (commentaires de Syrianus sur Hermogène). On rappellera aussi que le style constitue un sujet traditionnel des préfaces exégétiques dans les commentaires néoplatoniciens, en particulier ceux de Proclus (*cf.* Luna-Segonds **3**, t. I/1, p. XLIII-XLIV) : dans le prologue de son commentaire sur le *Parménide*, la section consacrée au style (I 645, 9 - 647, 24 Luna-Segonds) s'ouvre justement par le jugement de Syrianus (645, 9 - 646, 1). L'intérêt de Syrianus pour les questions littéraires et rhétoriques est aussi confirmé par les analyses stylistiques que l'on trouve dans l'*in Phaedr.* d'Hermias (*cf.* Manolea **39**, p. 47).

(VI) AUTRES OUVRAGES

Hymne à Achille. L'existence de cet hymne est attestée par Zosime, un historien contemporain de Syrianus, *Hist. nouv.* IV 18, 1-4. Zosime affirme avoir lu dans cet hymne l'épisode du tremblement de terre qui frappa la Grèce à la mort de Valentinien Ier (17 nov. 375) et épargna Athènes et l'Attique grâce à l'intervention d'Athéna et d'Achille, que le hiérophante Nestorius, le grand-père de Plutarque d'Athènes, avait honorés par des rites conformément à un ordre reçu en rêve. Le récit de Zosime se clôt sur l'affirmation suivante : ὅτι δὲ τοῦτο ἀληθές ἐστι, μαθεῖν ἔξεστι δι' ὧν ὁ φιλόσοφος Συριανὸς διεξῆλθεν, ὕμνον εἰς τοῦτον τὸν ἥρωα γράφων (IV 18, 4, éd. F. Paschoud, *CUF*, t. II, 2e partie, Paris 1979, p. 279, 15-18) « Que telle soit la vérité, on peut l'apprendre de ce que le professeur de philosophie Syrianus a rapporté dans l'hymne qu'il a écrit à la gloire de ce héros » (trad. Saffrey-Westerink **5**, t. I, Introduction, p. XXVII-XXVIII). Alors que selon **54** É. Évrard, « Le maître de Plutarque d'Athènes », *AC* 29, 1960, p. 108-133, 391-406, en part. p. 127 n. 124, l'hymne de Syrianus est la source directe de Zosime, selon F. Paschoud, éd. cit., n. 138 [p. 368-369], Zosime n'aurait connu l'hymne de Syrianus que par l'intermédiaire d'Eunape. Voir aussi Saffrey-Segonds **1**, p. 14 n. 9 [p. 104]; Di Branco **51**, p. 88, 90-91, 94-95. Selon **55** G. Fowden, « Late Roman Achaea : identity and defence », *JRA* 8, 1995, p. 549-567, en part. p. 557, l'hymne à Achille de Syrianus serait la source de Zosime, *Hist. nouv.* V 6, 1-3, aussi pour le "miracle" de 396, lorsque l'invasion d'Alaric fut arrêtée par l'apparition d'Achille et d'Athéna sur les murs d'Athènes (*cf.* Di Branco **51**, p. 82-88, 94).

Signalons, pour finir, que Théodore Méliténiote (†1393), directeur de l'école patriarcale de Constantinople, dans sa *Tribiblos astronomique* ('Αστρονομικὴ τρί-6ιβλος), témoigne de l'existence d'un ouvrage de Syrianus concernant la théorie des calculs astronomiques, cité à côté des commentaires de Pappus (➠P 36) et de Théon d'Alexandrie [➠T 88] (IVe siècle) sur l'*Almageste*, ainsi que du traité *De usu astrolabii* de Philopon :

ἔδοξα [...] ἐν μὲν τῇ πρώτῃ βίβλῳ τοῦ παρόντος συντάγματος ὡς ἐν κεφαλαίοις ψηφο-φοριῶν εἰσαγωγὴν προεκθέσθαι τε καὶ ὑποτυπώσασθαι [...]· ἧς πέρι πλεῖστα συγγράμματα διεξοδικώτερον εἴργασται τῷ δὲ φιλοσόφῳ Συριανῷ, Θέωνί τε καὶ Πάππῳ τοῖς μαθηματικοῖς καὶ Ἰωάννῃ Γραμματικῷ, τῷ τῆς Ἀλεξάνδρου πολίτῃ (Théodore Méliténiote, *Tribiblos astronomique*, Livre I, par R. Leurquin, coll. « Corpus des Astronomes Byzantins » IV, Amsterdam 1990, prologue, li. 156-165 (p. 90) [= *PG* 149, col. 993 D, 996 A]).

« J'ai décidé [...] d'exposer sous forme de chapitres, dans le premier livre du présent ouvrage, une esquisse d'introduction aux calculs [...] ; sur cette introduction, de très nombreux traités ont été composés, de façon plus étendue, par le philosophe Syrianus, les mathématiciens Théon et Pappus et Jean le Grammairien d'Alexandrie » (trad. Leurquin, *ibid.*, p. 91).

56 R. Leurquin, « La *Tribiblos astronomique* de Théodore Méliténiote (*Vat. gr.* 792) », *Janus* 72, 1985, p. 257-282, en part. p. 261 et n. 22 [p. 281], p. 276, remarque que ce passage de Théodore Méliténiote concernant les sources du premier livre de sa *Tribiblos astronomique* trouve un parallèle exact dans l'*Introduction à* *l'astronomie* de Théodore Métochite (1270-1332, *cf.* Hunger **49**, t. II, p. 248 ; *ODB*, t. II, 1991, p. 1357-1358 ; l'*Introduction à l'astronomie* est encore inédite sauf le proème, *cf.* Hunger **49**, t. II, p. 248 n. 20), ce qui implique que le renvoi de Théodore Méliténiote à ses trois sources est de deuxième main. Une telle conclusion est, semble-t-il, confirmée par la syntaxe du passage où la position de δὲ, manifestement fausse, pourrait s'expliquer par une faute de copie de Méliténiote qui aurait écrit δὲ au lieu du τε de sa source :

Théodore Méliténiote, *Tribiblos astr.*, prol., li. 162-164 (p. 90) Leurquin.	Théodore Métochite, *Introduction à l'astronomie*, *ap.* Leurquin **56**, p. 281.
πλεῖστα συγγράμματα διεξοδικώτερον εἴργασται τῷ δὲ φιλοσόφῳ Συριανῷ, Θέωνί τε καὶ Πάππῳ τοῖς μαθηματικοῖς	πεπόνηνταί γε μὴν συγγράμματα πλεῖστα καὶ διεξοδικώτερον περὶ τούτων εἴργασται Συριανῷ τε τῷ φιλοσόφῳ καὶ Θέωνι καὶ Πάππῳ τοῖς μαθηματικοῖς.

Il nous est donc impossible, dans l'état actuel de nos connaissances, de vérifier le bien-fondé d'un tel témoignage.

***Cf.* 57** R. Cadiou, «Syrianos et la science des phénomènes», *RPhilos* 143, 1953, p. 425-426 ; **58** M.-A. Vincent, «Syrianus et le *Politique* d'Aristote cité *in Metaph.*, p. 168, 33-35 Kroll. Ou un trait d'humour aurait-il été pris au sérieux ?», dans *Le néoplatonisme*. Colloques internationaux du CNRS, Royaumont 9-13 juin 1969, Paris 1971, p. 215-227 ; **59** A. Sheppard, «Monad and Dyad as Cosmic Principles in Syrianus», dans H. J. Blumenthal et A. C. Lloyd (édit.), *Soul and the Structure of Being in Late Neoplatonism. Syrianus, Proclus and Simplicius.* Papers and Discussions of a Colloquium held at Liverpool, 15-16 April 1982, Liverpool 1982, p. 1-17 ; **60** R. L. Cardullo, «Syrianus' lost commentaries on Aristotle», *BICS* 33, 1986, p. 112-124 ; **61** A. Madigan, «Syrianus and Asclepius on Forms and Intermediates in Plato and Aristotle», *JHPh* 24, 1986, p. 149-171 ; **62** R. L. Cardullo, «Siriano nella storiografia filosofica moderna e contemporanea», *SicGymn* 40, 1987, p. 71-182 ; **63** H. D. Saffrey, «Comment Syrianus, le maître de l'école néoplatonicienne d'Athènes, considérait-il Aristote ?», dans J. Wiesner (édit.), *Aristoteles Werk und Wirkung, Paul Moraux gewidmet*, t. II, Berlin/New York 1987, p. 205-214 (repris dans *Recherches sur le néoplatonisme après Plotin*, Paris 1990, p. 131-140) ; **64** O. Ballériaux, «Syrianus et la télestique», *Kernos* 2, 1989, p. 13-25 (analyse de la notion de télestique dans le commentaire d'Hermias sur le *Phèdre*, considéré comme un ἀπὸ φωνῆς Συριανοῦ) ; **65** D. J. O'Meara, *Pythagoras Revived. Mathematics and Philosophy in Late Antiquity*, Oxford 1989, p. 119-141 ; **66** R. L. Cardullo, «Syrianus défenseur de Platon contre Aristote selon le témoignage d'Asclépius (*Métaphysique* 433,9-436,6)», dans M. Dixsaut (édit.), *Contre Platon*, t. I, *Le platonisme dévoilé*, Paris 1993, p. 197-214 ; **67** *Ead.*, «Giamblico nel '*Commentario alla Metafisica*' di Siriano», dans H. J. Blumenthal et E. G. Clark (édit.), *The Divine Iamblichus, Philosopher and Man of Gods*,

Bristol 1993, p. 173-200 ; **68** C. D'Ancona et C. Luna, « La doctrine des principes : Syrianus comme source textuelle et doctrinale de Proclus », dans A.-Ph. Segonds et C. Steel (édit.), *Proclus et la Théologie Platonicienne*, Actes du Colloque international de Louvain (13-16 mai 1998), en l'honneur de H. D. Saffrey et L. G. Westerink†, coll. « Ancient and medieval philosophy. De Wulf-Mansion Centre, Series I » 26, Louvain/Paris 2000, p. 189-278 ; **69** C. D'Ancona et C. Luna, « Syrianus dans la tradition exégétique de la *Métaphysique* d'Aristote », dans M.-O. Goulet-Cazé *et alii* (édit.), *Le commentaire entre tradition et innovation*. Actes du Colloque international de l'Institut des traditions textuelles (Paris et Villejuif, 22-25 septembre 1999), Paris 2000, p. 301-327 ; **70** I. Müller, « Syrianus and the Concept of Mathematical Number », dans G. Bechtle et D. J. O'Meara (édit.), *La philosophie des mathématiques de l'Antiquité tardive*. Actes du colloque international, Fribourg, Suisse, 24-26 septembre 1998, Fribourg 2000, p. 71-83 ; **71** A. Longo, « Le sostanze intermedie e le dimostrazioni astronomiche nel prologo del commento di Siriano sui libri M e N della *Metafisica* di Aristotele », *DSTFM* 12, 2001, p. 85-124 ; **72** R. L. Cardullo, « "Come le frecce dei Traci...". Siriano contro Aristotele a proposito di due aporie di *Metafisica* B sul soprasensibile », dans V. Celluprica (édit.), *Il libro B della* Metafisica *di Aristotele*. Atti del colloquio Roma, 30 novembre-1 dicembre 2000, coll. « Elenchos » 39, Napoli 2003, p. 159-225 ; **73** A. Longo, « Siriano e i precedenti pre-aristotelici del principio della contraddizione », *DSTFM* 15, 2004, p. 81-97 ; **74** J. Opsomer, « Syrianus on Homonymy and Forms », dans G. Van Riel et C. Macé (édit.), *Platonic Ideas and Concept Formation in Ancient and Medieval Thought*, coll. « Ancient and medieval philosophy. De Wulf-Mansion Centre, Series I » 32, Leuven 2004, p. 31-50 (à propos de la réfutation de l'argument du troisième homme dans *Met.* M 4) ; **75** A. Longo, *Siriano e i principi della scienza*, coll. « Elenchos » 41, Napoli 2005 ; **76** P. d'Hoine, « Proclus and Syrianus on Ideas of Artefacts. A Test Case for Neoplatonic Hermeneutics », dans M. Perkams et R. M. Piccione (édit.), *Proklos. Methode, Seelenlehre, Metaphysik*. Akten der Konferenz in Jena am 18.-20. September 2003, coll. « Philosophia Antiqua » 98, Leiden/Boston 2006, p. 279-302 ; **77** G. Bechtle, « Die pythagoreisicrcnde Konzeption der Mathematik bei Iamblichos, Syrianos und Proklos. Im Spannungsfeld zwischen pythagoreischer Transposition und platonischer Mittelstellung », *ibid.*, p. 323-339 ; **78** S. Klitenic Wear, « Syrianus the Platonist on Eternity and Time », *CQ* 58, 2008, p. 648-660 ; **79** A. Longo (édit.), *Syrianus et la métaphysique de l'Antiquité tardive*. Actes du colloque international, Université de Genève, 29 septembre-1ᵉʳ octobre 2006, coll. « Elenchos » 51, Napoli 2009 ; **80** *Ead.*, « Syrianus », dans *CHPLA*, t. II, p. 616-629, 1122-1124 ; **81** *Ead.*, « Les 'Seconds Analytiques' dans le commentaire de Syrianus sur la 'Métaphysique' d'Aristote », dans F. A. J. de Haas, M. Leunissen et M. Martijn (édit.), *Interpreting Aristotle's Posterior Analytics in Late Antiquity and Beyond*, coll. « Philosophia Antiqua » 124, Leiden/Boston 2010, p. 123-133 ; **82** J. Dillon, « Syrianus's Exegesis of the Second Hypothesis of the *Parmenides* : the Architecture of the Intelligible Universe Revealed », dans J. D. Turner et

K. Corrigan (édit.), *Plato's* Parmenides *and its Heritage*, t. II : *Its Reception in Neoplatonic, Jewish, and Christian Texts*, coll. « Writings from the Greco-Roman World Supplement Series » 3, Leiden/Boston 2011, p. 135-141.

CONCETTA LUNA.

182 SYRIANUS *PLRE* II :4   M V

Dans les fragments de la *Vie d'Isidore* de Damascius est mentionné, pour une époque postérieure à la mort de Marinus [➤M 42] (qui succéda à Proclus [➤P 292] en 485), un Syrianus, qui ne peut pas être le scholarque athénien (➤S 181), maître de Proclus, mort en 437. Le philosophe Isidore d'Alexandrie (➤I 31) aurait incité Hégias (➤H 22) et ce Syrianus à sauver la philosophie à Athènes, alors dans une situation de déliquescence (παρῄνει δὲ Συριανὸν καὶ Ἡγίαν ὁ Ἰσίδωρος ὡς χρεὼν εἴη φιλοσοφίαν ὑπορρέουσαν ἀνασώσασθαι, *Epit. Phot.* 230, p. 296, 5-6 Zintzen = fr. 151, 3 Athanassiadi). Syrianus est donc présenté comme un philosophe sur le même plan qu'Hégias, arrière-arrière-petit-fils de Plutarque d'Athènes (➤P 209), qui enseigna à Athènes, mais pas nécessairement dans l'école fondée par Plutarque. Il s'agit sans doute d'un fils ou plus probablement d'un petit-fils du scholarque néoplatonicien, à moins qu'il ne s'agisse d'un neveu ou d'un petit-neveu... Car, on ne sait pas si Syrianus fut marié comme son maître Plutarque ou s'il resta célibataire comme son disciple Proclus.

C'est peut-être à ce second Syrianus qu'il faut rapporter un autre extrait concernant le mathématicien Ulpianus (*PLRE* II :4) qu'il aurait beaucoup admiré (*V. Isid.*, fr. 324 : *Souda* O 914).

Sur l'arrière-plan du témoignage de la *Vie d'Isidore*, voir M. Di Branco, *La Città dei filosofi. Storia di Atene da Marco Aurelio a Giustiniano*, con un'appendice su "Atene immaginaria" nella letteratura bizantina, Prefazione di G. Pugliese Carratelli, coll. « Civiltà veneziana - Studi » 51, Firenze 2006, p. 174-175. Selon Di Branco, Syrianus aurait été l'assistant d'Hégias (« titolare della "second chair" »).

Ce second Syrianus était peut-être un petit-fils ou un petit-neveu du scholarque néoplatonicien. On connaît en effet un fils *patrodidacte* de Syrianus et Syrianus le sophiste, commentateur d'Hermogène, s'adresse à un ἔκγονος du nom d'Alexandre, qui pourrait être son fils, et donc le fils du néoplatonicien, si on lui attribue les commentaires d'Hermogène comme on le fait généralement. Sur ces témoignages, voir la notice précédente.

RICHARD GOULET.

T

1 - - -]TEIS DE MACÉDOINE   II^a

Selon un décret honorifique très fragmentaire d'Haliarte en Béotie, ---]teis, fils
de Xénocratès, originaire d'une cité de Macédoine inconnue et philosophe d'une
école philosophique inconnue, fut honoré au cours des premières décennies du
deuxième siècle av. J.-Chr. (*IG* VII 2849 ; voir *SEG* XLIV 409b) parce qu'il avait
donné plusieurs conférences dans cette cité et parce qu'il enseignait aux éphèbes
dans le gymnase.

Cf. M. Haake, *Der Philosoph in der Stadt*, München 2007, p. 171-174.

                                                                MATTHIAS HAAKE.

2 TANDASIS *RE PIR²* T 12   M II

Ce nom, au génitif (Τανδάσιδος), est la forme donnée par les manuscrits pour
le nom de l'un des maîtres de Marc-Aurèle [➟M 39] (I 6, 6), associé à Bacchius
(➟B 2) et à Marcianus (➟M 34). Gataker a proposé de corriger en Βασιλείδου,
afin de retrouver le nom d'un autre maître de Marc-Aurèle, connu par la *Chronique*
de Jérôme (p. 203 Helm [*GCS* 24, 1956]) : « Apollonius Stoicus (➟A 274) natione
Chalcidicus et Basileides Scythopolitanus (➟B 14) philosophi inlustres habentur,
qui Verissimi quoque Caesaris praeceptores fuerunt ».

« Le Τα- initial de Τανδάσιδος est peut-être une dittographie de la fin du mot εἶτα. -
ΑΣΙΔΟΣ pourrait avoir un rapport avec -ΛΕΙΔΟΥ » (P. Hadot, *CUF*, note 16 *ad loc.*).

                                                                RICHARD GOULET.

3 TA(R)RU(N)TIUS (L. –) *RE* 1   I^a

Plutarque, dans sa vie de *Romulus* 12, 3-6, rapporte que Varron demanda à son
ami Tarutius, « philosophe et mathématicien » qui s'occupait également d'astrologie (ἡ περὶ τὸν πίνακα μέθοδος) d'un point de vue théorique (θεωρίας ἕνεκα),
de calculer le jour et l'heure de la naissance de Romulus « d'après ce qu'on appelle
les déterminations des astres, suivant la manière dont on résout les problèmes de
géométrie » (trad. *CUF*). Il prétendait qu'il appartient à la même science de prédire
la vie d'un homme quand on connaît le moment de sa naissance, et, sa vie étant
donnée, de rechercher le temps où il est né ». Ce qu'il fit avec une assurance
imperturbable. Plutarque ne peut s'empêcher de conclure : « Peut-être de tels
propos séduiront-ils les lecteurs par leur étrangeté et leur singularité plus qu'ils ne
les rebuteront par leur caractère fabuleux ».

Sur ce savant, connu par d'autres sources qui ne le présentent pas comme
philosophe et rapportent diverses formes de son nom, et pour les détails astro-

logiques de ces calculs, voir F. Münzer et W. Kroll, art. « Tarrutius » 1, *RE* IV A 2, 1932, col. 2407-2409.

                                                        RICHARD GOULET.

TASCIUS → **VICTORIANUS (TASCIUS –)**

4   TATIEN *RE* 9   MF II

Tatien est né en Syrie, peut-être plus précisément en Haute Mésopotamie, d'une famille païenne, entre 120 et 130. Il reçut une solide formation littéraire et se destinait au métier de rhéteur ; sans doute était-il bilingue (grec, syriaque). Il séjourna dans plusieurs pays pour y parachever sa formation, avant de s'installer à Rome, où il devint l'auditeur de Justin (➤I 51). Il tint à son tour école à Rome, puisque nous savons par Eusèbe que l'Asiate Rhodon figura au nombre de ses disciples romains. Après la mort de Justin (*ca* 165), Tatien repartit pour l'Orient : peut-être Athènes, où il aurait rédigé son *Discours aux Grecs* ; puis l'Asie (Cilicie, Pisidie) et la Syrie, où il a très vraisemblablement composé sa version concordante des quatre évangiles, le *Diatessaron*. Tatien s'éloigna progressivement de la grande Église, allant – selon la tradition hérésiologique – jusqu'à prendre la tête de sa propre secte, apparentée aux Encratites, que leur condamnation absolue de la chair, proche de celle de certains gnostiques, et leurs spéculations éontiques firent exclure de la grande Église. Mais la diffusion de son *Diatessaron* et le prestige dont il jouissait dans toute la Syrie montrent suffisamment qu'il fut longtemps sans être considéré comme hérétique, du moins en Orient. On ne connaît pas la date de sa mort – survenue très vraisemblablement entre l'année 172, date à laquelle, selon la chronologie eusébienne, Tatien fut exclu de l'Église (de Rome ?), et les dernières années du pontificat d'Éleuthère (174-189), durant lequel Irénée rédigea son traité *Contre les hérésies* où il parle de lui au passé ; Petersen, pour sa part, la situe entre 180 et 190.

Le Discours aux Grecs

Le *Discours aux Grecs*, composé vers la fin du principat de Marc-Aurèle, est une violente diatribe contre la culture grecque, à l'ironie mordante, rédigée dans la tradition ampoulée de l'éloquence dite « asianiste », avec d'évidentes ambitions littéraires. Se proclamant fièrement un adepte de la « philosophie barbare », c'est-à-dire le christianisme, Tatien y dénonce le « babil » des rhéteurs, l'absurdité des mythes, l'immoralité des spectacles, les incohérences des doctrines philosophiques – dans lesquelles, contrairement à son maître Justin, il ne voit nulle part l'inspiration du Logos. Tatien ne fait pas d'exception pour la doctrine platonicienne, pourtant admirée de Justin, et dont il dénonce, entre autres, les croyances en la métensomatose ou en l'éternité de la matière. De tous les penseurs grecs, seul Socrate (➤S 98) trouve grâce à ses yeux – peut-être sous l'influence de Justin ou celle d'un cynisme modéré. Même la thèse de l'emprunt, qu'il développe abondamment, ne lui fait pas reconnaître quelque vérité dans les doctrines païennes : ce qu'ils ont lu chez Moïse et les prophètes, les philosophes ne l'ont absolument pas compris, et ils n'ont fait qu'en dénaturer le sens.

Le Diatessaron (la [Concordance] des Quatre)

De Tatien, nous a aussi été conservé un évangile concordant communément appelé *Diatessaron*, sans doute composé entre 172 et 175, peu après le départ du Syrien de Rome. Si l'original – rédigé en syriaque, plutôt qu'en grec – est perdu, à l'exclusion de quelques fragments, nous en connaissons le texte par diverses traductions et par le commentaire qu'en fit Éphrem de Nisibe. Il fut longtemps seul en usage dans la liturgie de l'Église de Syrie, ce qui témoigne de sa popularité et de son influence. Ce serait l'évêque d'Édesse Rabboula († 435) qui en aurait interdit l'usage, au profit de la *Peshitta* (version syriaque de la Bible). Mais il conserva son autorité au sein de l'Église nestorienne jusqu'en plein Moyen-Âge.

La théologie de Tatien

Le Dieu de Tatien (identifié au Père) se caractérise par une transcendance absolue, traduite par une série d'épithètes négatives communes à la tradition philosophique : invisible, inconcevable, sans commencement, sans besoin, sans principe, impalpable, et surtout totalement absent de la matière, qu'il ne pénètre pas. Il est encore qualifié de simple, et seul sans principe. Comme il est lui-même le principe de tout, sa connaissance et sa proclamation s'identifient avec celles de la vérité, et sont porteuses de régénération et de salut.

Défini comme un « esprit né de l'esprit », comme une « distribution » de Dieu après son engendrement, comme la Raison de Dieu et du monde dans une perspective stoïcisante, comme une Parole émise par le Père ; présenté comme immanent au Père avant son engendrement ; affirmé à la fois comme Dieu et comme œuvre de Dieu, puisqu'il est engendré par lui, le Verbe n'est jamais désigné chez Tatien comme Fils. C'est lui qui façonne et organise le monde, mais il n'est en cela que l'agent du Père, qui est le véritable Créateur, le principe de tout. Tatien ne fait que deux allusions à l'incarnation, renvoyant implicitement à la personne de Jésus sans le nommer. Mais il n'établit pas de lien entre ce Dieu fait homme et le Logos divin. L'Esprit « prophétique », quant à lui, jouit d'un statut très inférieur, seul étant mentionné son rôle dans l'inspiration des prophètes ou la sanctification des élus.

Les tendances gnosticisantes de Tatien et l'encratisme

Après la mort de Justin, nous dit Eusèbe, Tatien se détourna de la grande Église pour fonder sa propre secte, apparentée aux encratites, et qu'Épiphane appelle celle des « tatianistes ». En fait, si pratiquement rien, dans l'*Ad Graecos*, ne dénonce les tendances encratites de son auteur (tout au plus peut-on évoquer une relative dévaluation de la sexualité, même au sein du mariage), au contraire du *Diatessaron*, dont quelques péricopes, habilement remaniées, dénoncent un parti pris encratite, l'ouvrage recèle déjà des traits gnosticisants dont l'œuvre de son maître Justin était totalement dénuée. Parmi ceux-là, il faut citer en premier lieu le lien qu'établit Tatien entre le salut (ou même, avant la chute, l'incorruptibilité originelle) et la possession de la « gnose », au détriment de la révélation, de la passion rédemptrice du Sauveur, de la grâce divine et des œuvres individuelles. Puis l'attribution au Logos de la création des anges et des hommes au détriment du Père, que les autres Apologistes proclament unanimement comme le Créateur. Enfin, la doctrine de la chute et du péché ; pour Tatien, en effet, la déchéance de l'homme est une conséquence directe de la révolte des anges et de leur Prince contre Dieu, et non celle de la faute d'Adam : les hommes, en suivant ce Prince et en le divinisant, ont perdu le *pneuma* divin qui faisait d'eux des images de Dieu, et ont été voués à la mort ou soumis à la fatalité, plus ou moins identifiée aux démons mauvais. La désignation des démons comme les « ravisseurs de la divinité » (λησταὶ θεότητος) n'est pas non plus sans rappeler le mythe simonien d'Ennoia, retenue prisonnière par les anges et les puissances qu'elle avait enfantées. Ailleurs, Tatien identifie les démons à la fatalité, une thèse qui se trouve exprimée tout à fait explicitement chez le valentinien Théodote. Enfin, la lecture du *Discours* révèle une terminologie gnostique (par ex. αἰών, πνευματικός et ψυχικός), tandis que R. Grant décèle dans l'exégèse que Tatien fait de Mt 13, 44 (le trésor caché dans un champ, qui symbolise le Royaume) en *Orat.* 30, 2 une interprétation ésotérique. En revanche, on ne trouve dans l'*Oratio ad Graecos* aucune trace de docétisme, ni du refus de la résurrection charnelle, ni de « l'autre Dieu » cher à Marcion, non plus que du pessimisme ontologique et des spéculations débridées à la manière d'un Valentin ou d'un Ptolémée – autant de maîtres auxquels les hérésiologues se sont pourtant plu à rattacher Tatien. C'est dire si le témoignage des hérésiologues semble contestable, comme s'ils avaient confondu le maître avec certains de ses disciples beaucoup plus audacieux que lui.

Éditions et traductions. **1** M. Marcovich, *Tatiani Oratio ad Graecos ; Theophili Antiocheni Ad Autolycum*, coll. « Patristische Texte und Studien » 43-44, Berlin/New York 1995, 2 vol., XII-117 et X-192 p. [texte grec] ; **2** A. Puech, *Recherches sur le* Discours aux Grecs *de Tatien, suivies d'une traduction française*, Paris 1903 ; traduction reprise avec quelques corrections et une annotation nouvelle dans **3** *Foi chrétienne et culture classique. Des Oracles Sibyllins à Charlemagne* (dir. B. Pouderon), Paris 1998, p. 59-102.

Cf. **4** T. Baarda, *Essays on the Diatessaron*, coll. « Contributions to Biblical exegesis and theology », Kampen 1994, 320 p. ; **5** M. Elze, *Tatian und seine Theologie*, coll. « Forschungen zur Kirchen- und Dogmengeschichte » 9, Göttingen 1960, 137 p. ; **6** R. M. Grant, *Greek Apologists of the Second Century*, Philadelphia 1988, 256 p., notamment p. 112-132 ; **7** Emily J. Hunt, *Christianity in the Second century. The Case of Tatian*, coll. « Routledge Early Church Monographs », London 2003, XII-240 p. ; **8** A. E. Osborne, *Tatian's Discourse to the Greek. A Literary analysis and essay in Interpretation*, Ph. D., Cincinnati 1969, 234 p. ; **9** W. L. Petersen, *Tatian's Diatessaron. Its creation, dissemination, significance and history in scholarship*, coll. « Supplements to Vigiliae Christianae » 25, Leiden 1994, XIX-555 p. ; **10** B. Pouderon, *Les Apologistes grecs du second siècle*, Paris 2005, 355 p., notamment p. 175-201 [avec bibliographie p. 343-354] ; **11** R. F. Shedinger, *Tatian and the Jewish Scriptures*. A textual and philological analysis of the Old Testament citations *in Tatian's Diatessaron*, coll. «Corpus Scriptorum Christianorum Orientalium» 591 – «Subsidia» 109, Louvain 2001, VIII-190 p.

BERNARD POUDERON.

5   TAURINUS (MARCUS VALERIUS –)   MF II

Des fragments trouvés sur l'Agora de Corinthe permettent de reconstituer le début d'une inscription honorifique en l'honneur du philosophe M. Valerius Taurinus: *Corinth* VIII 3, 268, où J. H. Kent prête tout à fait arbitrairement au même personnage la qualité de rhéteur (voir B. Puech, *Orateurs et sophistes grecs dans les inscriptions d'époque impériale*, Paris 2002, p. 504). À moins qu'un ethnique ait suivi le titre de philosophe, ce qui peut arriver, Taurinus était Corinthien. L'écriture situe son activité vers le dernier quart du IIe siècle.

BERNADETTE PUECH.

6   TAURISCUS   ?

Vestiges probables d'un nom propre conservé dans un contexte incertain et lacunaire en *PHerc.* 1780, VII m. 9 (p. 82 Crönert). *Cf.* W. Crönert, *Kolotes und Menedemos*, p. 84 n. 411.

TIZIANO DORANDI.

7   TAURUS (L. CALVENUS –) *RE* 11 *PIR*^{2} C 339   *fl.* 145

Philosophe médio-platonicien, commentateur de Platon et professeur de philosophie à Athènes.

Études d'orientation. 1 K. Praechter, art. «Tauros» 11, *RE* V A 1, 1934, col. 58-68; **2** H. Dörrie, «L. Kalbenos Tauros. Das Persönlichkeitsbild eines platonischen Philosophen um die Mitte des 2. Jahrh. n. Chr.», dans H. Dörrie, *Platonica minora*, coll. «Studia et Testimonia Antiqua» 8, München 1976, p. 310-323; **3** J. Dillon, *The Middle Platonists. A Study of Platonism 80 B. C. to A. D. 220*, London 1977, «Revised edition with a new afterword», London 1996, p. 237-247; **4** L. Holford-Strevens, *Aulus Gellius. An Antonine Scholar and his Achievement*, London 1988, «Revised edition», Oxford 2003, p. 90-97; **5** *Id.*, «Aulus Gellius: The Non-Visual Portraitist», dans M. J. Edwards et S. Swain, *Portraits. Biographical Representation in the Greek and Latin Literature of the Roman Empire*, Oxford 1997, p. 103-106; **6** H. Tarrant, «Platonist Educators in a Growing Market: Gaius; Albinus; Taurus; Alcinous», dans R. W. Sharples et R. Sorabji, *Greek and Roman Philosophy 100 BC – 200 AD*, t. II, London 2007, p. 456-460.

Témoignages et fragments. 7 M.-L. Lakmann, *Der Platoniker Tauros in der Darstellung des Aulus Gellius*, coll. «Philosophia antiqua» 63, Leiden 1995 (commentaire détaillé des témoignages d'Aulu-Gelle et, en Annexe, recueil de tous les témoignages et des fragments, p. 229-258). **8** A. Gioè, *Filosofi medioplatonici del II secolo d. C. Testimonianze e frammenti. Gaio, Albino, Lucio, Nicostrato,*

Tauro, Severo, Arpocrazione. Edizione, traduzione e commento, coll. « Elenchos » 36, Napoli 2002, p. 221-376. On trouve également une partie des témoignages et des fragments avec une traduction allemande et un commentaire dans **9** H. Dörrie et M. Baltes, *Der Platonismus in der Antike*, t. II-VI, Stuttgart/Bad Cannstatt 1990-2002 (II, n° 50, 3 ; III, n°s 75a ; 76, 1 ; 76, 5 ; 79, 2 ; 80, 7 ; 81, 10 ; 84, 3 ; 88, 6a ; V, n°s 138, 2 ; 140, 1 ; VI 2, n° 172, 1, li. 7-15). Les témoignages qui concernent les doctrines philosophiques les plus importantes sont rassemblés et accompagnés d'une traduction italienne et de brèves explications dans **10** S. Lilla, *Introduzione al Medio platonismo*, coll. « Sussidi Patristici » 6, Roma 1992, p. 55-58 et 151-152.

Sources anciennes. Nous devons l'essentiel de ce que nous savons sur Taurus à deux auteurs : son disciple Aulu-Gelle (⇒A 509) et le philosophe chrétien Jean Philopon (⇒P 164). Les informations qu'ils transmettent se concentrent sur des points d'intérêt différents, mais elles contribuent à dresser un portrait riche et complexe du philosophe. Aulu-Gelle esquisse dans ses *Nuits attiques (Noctes Atticae)* une image vivante et personnelle de son maître et fournit des aperçus détaillés sur la vie quotidienne dans son école. Il mentionne son nom dans quinze chapitres de son ouvrage ; d'autres chapitres touchant à des thèmes platoniciens pourraient également avoir été inspirés par Taurus (*cf.* **11** H. A. S. Tarrant, « Platonic Interpretation in Aulus Gellius », *GRBS* 37, 1996, p. 173-193). Dans la mesure où Aulu-Gelle fait montre d'un vif intérêt pour des thèmes philosophiques, mais n'était pas réellement lui-même un philosophe, ce qu'il rapporte du philosophe platonicien Taurus ne rend que partiellement justice à ce dernier. Son statut de commentateur de Platon est en revanche bien assuré par les fragments parfois fort étendus tirés de son commentaire sur le *Timée* de Platon : ils ont été conservés, grâce à un heureux hasard de la tradition, par le *De aeternitate mundi* de Jean Philopon, un ouvrage transmis par un unique manuscrit. Ces deux sources principales sont complétées par des témoignages de moindre importance, comme le texte d'une inscription en son honneur à Delphes (*FD* III 4, 91), des entrées de la *Souda* (*s.v.* Ταῦρος, t. IV, p. 509, 12-15 Adler) et dans la *Chronique* d'Eusèbe/Jérôme (p. 202 Helm), de même que par des indications chez Philostrate (*V. Soph.* II 1), dans les *Definitiones* attribuées à Héron d'Alexandrie (137, 4 p. 156, 21 - 158, 1 Heiberg), chez Stobée (t. I, p. 378, 25 - 379, 6 Wachsmuth-Hense) et Porphyre (*test.* 28, 5-13 Smith).

Nom. Le nom de ce philosophe est unanimement donné dans les sources comme étant *Tauros/Taurus*. Deux témoignages cependant ont transmis un *nomen gentilicium* : l'inscription honorifique de Delphes est dédiée à Λ. Καλβήνῳ Ταύρῳ ; dans un passage, Aulu-Gelle ajoute le gentilice *Calvisius* (XVIII 10, 3). Cette différence dans la forme du nom a suscité une controverse chez les spécialistes (*cf.* Lakmann **7**, p. 182-184, et Gioè **8**, p. 286-288). Rien cependant n'invite à rapporter ces témoignages à deux personnes différentes. Il faut plutôt rechercher dans l'histoire du texte d'Aulu-Gelle la raison de cette différence d'appellation. *Calvisius* est certes la leçon de tous les manuscrits (à l'exception du *Vat. Reg. Lat.* 1646, où on lit *Calvius*, ce qui est manifestement une simple faute), mais il est difficile de tenir l'auteur lui-même pour responsable de cette forme divergente du nom. Le fait qu'Aulu-Gelle connaissait personnellement Taurus, tout comme la grande vénération qu'il lui portait rendraient peu vraisemblable une explication fondée sur une imprécision ou une négligence de la part d'Aulu-Gelle. Sa prédilection pour la langue grecque ne l'aurait pas non plus amené à choisir consciemment le nom latin *Calvisius* fort répandu à son époque. Si l'on voulait expliquer la forme latine du nom par l'attribution à Taurus du droit de citoyenneté romaine (Dörrie **2**, p. 311), il faudrait alors expliquer pourquoi le décret honorifique, en tant que document juridique, n'a pas employé ce nom officiellement défini par le droit de citoyenneté (*Kalvisios*, Καλβίσιος). Dans la mesure où Aulu-Gelle, contrairement à son habitude, ne mentionne son maître avec son gentilice que dans cet unique passage, il est facile d'imaginer que l'erreur a pu se produire au cours de la transmission du texte. Une forme abrégée *Calv.* écrite dans le texte ou dans la marge a pu être copiée de façon erronée sous la forme plus connue et plus courante de *Calvisius*. La forme CALVENUS/CALVINUS en onciales a pu tout aussi facilement être transcrite CALVISIUS.

Datation. On ne peut déterminer de façon précise les dates extrêmes de la vie de Taurus. La seule indication concrète est fournie par Eusèbe/Jérôme dans la *Chronique* (p. 202 Helm), où l'*acmè* du philosophe est situé en l'an 145. Si l'on suppose que cette date correspond à la quarantième année de la vie d'un homme, il faudrait situer la naissance de Taurus en 105. Cette datation correspond à une affirmation de la *Souda* (*s.v.* Ταῦρος, t. IV, p. 509, 12-13 Adler), selon laquelle il aurait vécu sous Antonin le Pieux (138-161). Aulu-Gelle pour sa part ne fournit qu'une unique et vague précision chronologique : un voyage de Taurus aux Jeux pythiques à Delphes, voyage auquel il aurait lui-même participé au cours de son séjour d'étude à Athènes (XII 5). Cette indication n'est cependant pas de nature à préciser davantage les dates de la vie de Taurus. En effet les dates de la vie d'Aulu-Gelle sont elles-mêmes tout aussi imprécises (on date sa naissance entre 107/8 et 134), tout comme la date de son séjour d'étude chez Taurus (les dates proposées vont de 147 à 167). Mettre en rapport ce voyage à Delphes avec l'inscription honorifique pour Taurus est peu justifié et cela ne contribuerait en rien à préciser la chronologie de Taurus (*cf.* Lakmann **7**, p. 1, 121-122, 207-208 ; Gioè **8**, p. 285-286, 288-289). La date de la mort de Taurus est totalement inconnue.

Origines. Taurus vivait et enseignait à Athènes, où Aulu-Gelle l'eut comme maître. Il n'était cependant pas d'origine athénienne, mais venait du Proche Orient. Les sources fournissent diverses indications concernant son lieu d'origine : l'inscription honorifique de Delphes, Eusèbe/Jérôme et la *Souda* mentionnent Béryte/Beyrouth, alors que Philostrate parle d'un Taurus de Tyr, et dans les *Definitiones* du Pseudo-Héron d'Alexandrie (137, 4, p. 156, 21 Heiberg) on trouve un Taurus de Sidon. Comme il n'est pas exceptionnel dans l'Antiquité qu'on donne à une personne plusieurs lieux d'origine, il n'y a aucune raison décisive d'imaginer que ces témoignages se rapportent à des personnes différentes ; les trois informations – dans les trois cas il s'agit de villes portuaires de Phénicie – doivent plutôt être rapportées à Taurus, le maître d'Aulu-Gelle (*cf.* Lakmann **7**, p. 208 ; Gioè **8**, p. 288 ; **12** J. Mansfeld, « Intuitionism and Formalism : Zeno's Definition of Geometry in a Fragment of L. Calvenus Taurus », *Phronesis* 28, 1983, p. 60).

Personnalité. Taurus possédait une culture philosophique étendue et détenait les connaissances fondamentales dans les domaines du savoir les plus variés. Il n'était pas seulement familier des œuvres et de la philosophie de Platon, mais disposait aussi d'informations de et sur Pythagore, Socrate, Aristote, Théophraste, Panétius et les stoïciens en général, Épicure, Euclide de Mégare, Hiéroclès et Plutarque. A côté des questions philosophiques, il était ouvert à tous les thèmes d'intérêt général, par exemple dans le domaine de la médecine, des sciences de la nature, du droit, mais aussi de la rhétorique.

A partir des récits, en partie personnels, de son disciple Aulu-Gelle, il est possible de brosser une image vivante du caractère de Taurus. Il apparaît comme un homme extrêmement aimable, qui entretenait des rapports d'amitié et de serviabilité avec ses semblables, dont il prenait à cœur la prospérité, comme le montrent les visites qu'il faisait auprès de ses amis ou élèves malades (XII 5 ; XVIII 10). Taurus voyait principalement dans les hommes leurs traits de caractères, indépendamment de leur situation sociale (II 2) ou de leurs prises de position intellectuelles. Il entretenait ainsi, malgré ses critiques à l'égard des doctrines stoïciennes, une étroite amitié avec un philosophe stoïcien (XII 5). Il formulait habituellement ses critiques avec gentillesse ; il adressait ses réprimandes avec détermination, mais sans rudesse ; parfois il atténuait ses reproches par un peu d'humour. En même temps, c'était un homme qui tenait fortement à certains principes, qui désapprouvait clairement la mauvaise conduite de ses élèves (X 19). Lui-même vivait de façon très modeste (XVII 8, 2) et polémiquait avec véhémence contre d'autres philosophes qui quémandaient à la porte des riches et se retrouvaient à leur merci (VII 10, 5).

Par sa conduite, Taurus mit en œuvre l'une des exigences les plus importantes de l'éthique philosophique, l'accord entre la doctrine et la vie, entre la théorie et la pratique.

École philosophique. Taurus est unanimement désigné par toutes les sources antiques comme « platonicien » (*Platonicus*, Πλατωνικός) : voir Eusèbe/Jérôme, *Chronicon*, p. 202 Helm ; Jean Philopon, *De aet. mundi* VI 8, p. 145, 2 ; VI 27, p. 223, 4 ; XIII 15, p. 481, 13 ; 520, 4 Rabe ; *Souda*, s.v. Ταῦρος, t. IV, p. 509, 12 Adler ; *FD* III 4, 91). D'après Philostrate (*V. Soph.* II 1), le rhéteur Hérode Atticus étudia auprès de lui la philosophie platonicienne. Stobée (t. I, p. 378, 25-26 Wachsmuth-Hense) mentionne οἱ περὶ Ταῦρον Πλατωνικοί. Aulu-Gelle le présente en général dans la plupart de ses témoignages simplement comme *philosophus* (II 2, 1 ; VII 13, 1 ; X 19, 1 ; XII 5, 1 ; XVII 8, 1 ; 20, 1 ; XVIII 10, 3 ; XX 4, 1), mais il ajoute de façon explicite dans un passage une appréciation et précise que Taurus était déjà de son vivant un représentant célèbre et reconnu de la philosophie platonicienne (VII 10, 1). Cette renommée qui est confirmée également par l'inscription honorifique de Delphes et par la notice d'Eusèbe/Jérôme (*Platonicae* *sectae philosophus clarus habetur)*, fut acquise par Taurus de deux façons : il était d'une part un professeur de philosophie prestigieux qui attirait à Athènes de nombreux élèves et qui recevait également la visite de hautes personnalités du monde politique comme le gouverneur de la province de Crète (Aulu-Gelle II 2) ; il était d'autre part l'un des plus importants commentateurs des écrits de Platon. Une liste conservée dans le *Parisinus Coislianus* 387, fol. 534^V (éditée par O. Kroehnert, *Canonesne poetarum scriptorum artificum per antiquitatem fuerunt ?* Diss. Königsberg 1897, p. 8) le range, avec Gaius, Albinus, Proclus, Damascius et Jean Philopon, parmi « les plus utiles commentateurs de Platon ». Cette appréciation est confirmée par l'influence exercée par ses ouvrages, notamment le commentaire sur le *Timée* de Platon, sur des philosophes postérieurs comme Jean Philopon.

Taurus n'est jamais présenté comme le chef d'une école platonicienne. L'idée parfois défendue qu'il aurait été à la tête de l'Académie fondée par Platon ne repose sur aucun fondement ; cette institution avait déjà cessé d'exister en 88 av. J.-C. avec la fuite de Philon de Larisse (➙P 155). De plus, le fait qu'il donnait ses cours dans sa propre maison (II 2, 2) suggère que Taurus, en tant qu'adepte de la philosophie platonicienne, dirigeait une école privée relevant de sa propre responsabilité. Il était incontestablement à son époque le professeur le plus important de philosophie platonicienne à Athènes, car ni Eusèbe/Jérôme, ni Aulu-Gelle ne mentionnent d'autre platonicien.

Disciples et maîtres. Le disciple le plus important de Taurus fut Aulu-Gelle qui lui a élevé dans ses *Nuits attiques* un monument impressionnant. Selon Philostrate (*V. Soph.* II 1), il compta également le rhéteur Hérode Atticus (101-177) parmi ses élèves. Lorsque Stobée parle des « platoniciens du cercle de Taurus » (t. I, p. 378, 25-26 Wachsmuth-Hense), il isole de la sorte les positions de Taurus comme celles d'un important professeur de philosophie. D'autres camarades anonymes sont mentionnés par Aulu-Gelle, par exemple en II 2, 2 ; XVIII 10, 3 : *sectatores* ; VII 13, 1 : *iunctiores* ; XII 5, 1 : *comites* ; XX 4, 1 : *discipulus*.

On a discuté des rapports qu'entretenait Taurus avec le platonicien Plutarque de Chéronée (➙P 210). L'unique indice suggérant un rapport entre les deux philosophes réside dans un discours rapporté par Aulu-Gelle, dans lequel Taurus raconte un épisode survenu dans la maison de Plutarque et dans le contexte duquel il emploie la formule *Plutarchus noster* (I 26, 4). Sur la base de cette désignation, on a souvent supposé que les deux philosophes se connaissaient personnellement, voire même qu'il y aurait eu entre l'un et l'autre une relation de maître à élève. Le principal obstacle à cette interprétation est la chronologie. Certes la datation de ces deux philosophes ne peut pas être déterminée de façon certaine. On estime toutefois que Taurus est né en 105 et que Plutarque est mort vers 120. Même si ces dates peuvent sans doute être déplacées, il est invraisemblable que Taurus ait pu être un élève de Plutarque. Contre cette hypothèse, on peut également faire valoir que Plutarque ne prend en considération Taurus en aucun endroit de son œuvre, bien qu'il mentionne par leur nom un très grand nombre de ses disciples. Le rapport entre les deux philosophes doit plutôt être expliqué par une interprétation

correcte du mot *noster*. Ce pronom signifie certes souvent chez Aulu-Gelle « mon »
ou « notre maître » ou fait référence au partage de la citoyenneté romaine ; mais
lorsque Taurus emploie le terme *noster* à propos de Plutarque, il le fait dans le
même sens qu'il dit également *Plato noster* (VII 13, 10), c'est-à-dire en tant que
maître au sens de fondateur ou de membre de la tendance philosophique à laquelle
lui-même appartient. De la même façon il distingue les philosophes des rhéteurs,
qu'il désigne par la formule *vestri* (X 19, 2 ; XVII 20, 5). Il ne fait pas de doute que
Taurus connaissait la philosophie de Plutarque, ou bien à travers ses écrits ou par
des comptes rendus oraux. De plus, il y a entre les deux philosophes des points
d'accord considérables : dans leurs prises de position à l'égard des questions de
morale et par rapport aux autres courants philosophiques, principalement contre la
Stoa et les épicuriens ; dans la grande diversité des thèmes qu'ils ont traités et dans
l'exercice de leur activité professorale. Il convient de remarquer également les
rapports étroits que l'un et l'autre ont entretenus avec Delphes, où Plutarque a
exercé un sacerdoce et où des inscriptions honorifiques ont été consacrées à l'un et
l'autre philosophe. Par conséquent même sans supposer des rapports personnels,
les deux philosophes étaient intellectuellement apparentés de plusieurs points de
vue.

Activité professorale. La classe des élèves de Taurus était constituée, comme
dans d'autres écoles, d'un cercle extérieur d'étudiants qui suivaient les cours
donnés chaque jour, et d'un cercle intérieur qui jouissait en plus d'une étroite
familiarité avec le maître, par exemple dans le cadre de voyages ou de repas pris en
commun (Aulu-Gelle VII 13 ; XII 5 ; XVII 8 ; XVIII 10). A partir des récits relatifs
à son séjour d'étude chez Taurus à Athènes pour ainsi dire dispersés dans ses *Nuits
attiques,* il est possible, en les lisant dans un certain ordre, de reconstruire plus ou
moins le programme d'une journée de cours : dans les cours qui étaient donnés
quotidiennement, on traitait principalement des dialogues de Platon, par exemple le
Banquet (XVII 20), qui étaient lus section par section, puis commentés par le
maître. On rejetait du cours en tant que tel toutes les questions qui ne concernaient
pas le thème examiné. Mais pour transmettre à ses élèves un savoir étendu et les
amener à développer une pensée autonome et leur esprit de recherche, Taurus les
invitait, en complément aux conférences qu'il donnait, à formuler des questions en
tout genre. Pour le cercle interne de disciples choisis, il était également permis de
passer, en plus du cours, davantage de temps avec le maître dans une atmosphère
détendue (II 2). Dans le cadre de repas pris en commun et de voyages effectués
avec le maître on discutait de sujets relevant des domaines du savoir les plus
variés. Taurus considérait que son devoir n'était pas seulement de transmettre la
philosophie platonicienne, mais aussi de conduire ses disciples à adopter un style
de vie moralement irréprochable ; à la suite de Platon, il concevait sa tâche comme
étant de « prendre soin des âmes » (ἐπιμέλεια ψυχῆς). Il résistait farouchement
contre la décadence de l'éducation à son époque et principalement contre l'affai-
blissement des disciplines mathématiques au profit d'une formation littéraire. Il
jugeait de même avec sévérité le manque de discipline des élèves. Il prenait

comme modèle l'idéal éducatif sévère et ordonné des pythagoriciens, qui impliquait une formation préliminaire fondamentale et l'acceptation du programme d'enseignement défini par le maître (I 9). Taurus semble cependant n'avoir exclu aucun élève de son cours, comme le montre la présence dans son école du *rhetoriscus* Aulu-Gelle lui-même (XVII 20, 4).

Sur l'enseignement et l'activité éducatrice de Taurus, voir Dillon **3**, p. 238-239 ; Lakmann **7**, p. 213-220 ; **13** U. Neymeyr, *Die christlichen Lehrer im zweiten Jahrhundert. Ihre Lehrtätigkeit, ihr Selbstverständnis und ihre Geschichte*, coll. « Vigiliae Christianae », Suppl. 4, Leiden 1989, p. 224-226 ; **14** C. Heusch, *Die Macht der* memoria. *Die 'Noctes Atticae' des Aulus Gellius im Licht der Erinnerungskultur des 2. Jahrhunderts n. Chr.*, coll. « Untersuchungen zur antiken Literatur und Geschichte » 104, Leiden/New York 2011, p. 257-261.

Œuvres. D'après la *Souda* (*s.v.* Ταῦρος, t. IV, p. 509, 15 Adler) Tauros aurait composé de « très nombreux » ouvrages, mais aucun n'a été conservé. On possède uniquement des fragments de son *Commentaire sur le Timée*, transmis par Jean Philopon. On connaît par ailleurs le titre de quelques autres ouvrages.

(1) « Sur la différence entre les doctrines de Platon et d'Aristote » (Περὶ τῆς τῶν δογμάτων διαφορᾶς Πλάτωνος καὶ Ἀριστοτέλους). Taurus s'efforçait dans cet ouvrage d'exposer les divergences doctrinales entre les deux philosophes, manifestement pour contrecarrer la tendance, qui s'était largement répandue depuis Antiochus d'Ascalon (☛A 200), à expliquer les doctrines platoniciennes à partir de celles d'Aristote. Si l'on en juge d'après les fragments de son *Commentaire sur le Timée*, les principales divergences doctrinales qu'il mettait en évidence concernaient la question de l'origine du monde et le nombre des éléments.

(2) « Sur le corporel et l'incorporel » (Περὶ σωμάτων καὶ ἀσωμάτων). On ne sait rien du contenu de l'ouvrage. Aulu-Gelle traite dans ses *Nuits attiques* (V 15) de la corporalité ou de l'incorporalité de la voix sans faire référence à Taurus. Il a pu cependant s'inspirer dans le traitement de ce thème de l'enseignement oral qu'il avait reçu de Taurus.

(3) Un écrit polémique contre les doctrines de la Stoa, dont on ne sait rien d'autre, est mentionné par Taurus lui-même (Aulu-Gelle XII 5, 5). A partir des affirmations qu'Aulu-Gelle prête à son maître concernant la philosophie stoïcienne se laissent toutefois reconnaître certaines prises de position méthodologiques adoptées par le platonicien dans sa controverse avec la philosophie stoïcienne : il démontrait tout d'abord que plusieurs doctrines stoïciennes se contredisaient entre elles, il montrait ensuite les oppositions entre les doctrines de la Stoa et ses propres doctrines platoniciennes et s'opposait ainsi à la position adverse au moyen de ses propres doctrines.

(4) Taurus a également écrit de nombreux commentaires sur Platon. Une importance particulière doit être attribuée au *Commentaire sur le Timée de Platon*. Les longs fragments en partie conservés dans le *De aeternitate mundi* de Jean Philopon (☛P 164) témoignent de l'intensité avec laquelle Taurus s'attaquait au

problème de la constitution du monde. Philopon n'a sans doute pas lu directement ce commentaire de Taurus. Il a sans doute mis à contribution le commentaire de Porphyre (➤P 263) sur le même dialogue, commentaire qu'il a manifestement utilisé et qui devait citer largement celui de Taurus. Le *Commentaire sur le Timée* devait comprendre au moins deux livres.

(5) Aulu-Gelle mentionne un *Commentaire sur le Gorgias de Platon* (VII 14, 5). Cet ouvrage comprenait lui aussi au moins deux livres. C'est de cet ouvrage que proviennent vraisemblablement les explications communiquées par Aulu-Gelle sur les justifications du châtiment.

(6) Un unique fragment d'un *Commentaire sur la République de Platon* est conservé par le Pseudo-Héron d'Alexandrie (*Definitiones*, 137, 4 p. 156,21 - 158,1 Heiberg). Taurus y fait référence aux définitions du concept de géométrie données par Platon, Aristote et Zénon de Citium (Mansfeld **12**). Il est difficile de déterminer les rapports de dépendance entre Taurus et l'auteur anonyme du *Commentaire sur le Théétète*, où se retrouve presque mot à mot le texte de ce fragment (XV 16-30). Il est difficile de supposer que Taurus ait suivi cet auteur anonyme peu important ; il faut plutôt supposer une même source commune (**15** H. Tarrant, « Zeno on Knowledge or on Geometry ? The Evidence of anon. *In Theaetetum* », *Phronesis* 29, 1984, p. 96-99 ; Dörrie-Baltes **9**, t. III, p. 205).

(7) Aulu-Gelle mentionne en plus des *commentarii* de Taurus sur la maladie et sur la passion de la colère (I 26, 1). On ne peut pas savoir si derrière ce témoignage se cache un ouvrage, éventuellement en plusieurs livres, particulièrement consacré à ce thème.

Activité exégétique. Dans son interprétation de Platon Taurus suit un schéma d'interprétation à deux niveaux qui fut très répandu par la suite dans le néoplatonisme : l'analyse philologique du texte (ἡ λέξις) était suivie par l'examen philosophique du contenu (ἡ θεωρία). Il suivait également cette pratique dans son enseignement oral : il jetait tout d'abord un bref coup d'œil sur les finesses stylistiques du texte, afin d'arriver, au-delà du sens du texte proprement dit, au sens caché sous ce dernier et de conduire ses disciples en suivant une méthode appropriée jusqu'à la compréhension de la philosophie platonicienne (Aulu-Gelle XVII 20). Les rares extraits et les interprétations transmis de ses commentaires écrits témoignent d'un traitement approfondi et substantiel du sujet – plusieurs de ses commentaires comprenaient plusieurs livres. Il consacrait manifestement beaucoup d'importance à une analyse philologique précise du texte commenté. Dans le passage de son *Commentaire sur le Gorgias* que rapporte Aulu-Gelle (VII 14), Taurus examinait les différents aspects du concept de « châtiment » (τιμωρία), dans son *Commentaire sur le Timée* les différents sens de l'adjectif verbal γενητός, et il signalait la signification particulière de ἀρχή (Jean Philopon, *De aet. mundi* VI 8, p. 146,8 - 147,25 Rabe). Au moment de passer à l'interprétation proprement dite, c'est-à-dire l'explication du contenu philosophique, il utilisait une méthode déjà en place chez Aristote et qui sera ensuite fermement établie chez les commentateurs : il commençait par donner un aperçu des opinions des prédécesseurs et un résumé des différents points de vue et arguments (erronés) défendus par le passé sur le thème en question. Il se rapportait aux points de vue d'«autres philosophes» (Aulu-Gelle VII 14, 5) ou exposait ce qui avait été écrit «dans les livres des anciens» (I 26, 3), par exemple chez Aristote et Théophraste. Il appuyait sa propre argumentation principalement sur des références tirées de Platon.

Philosophie. D'après la présentation qu'en donne Aulu-Gelle la préoccupation philosophique essentielle de Taurus concernait la morale pratique et visait à conduire les élèves à un meilleur comportement moral. Au premier plan étaient examinés des problèmes relevant de la morale spéciale, par exemple la question des bons rapports avec les parents ou les serviteurs (II 2), ou bien la question de savoir si un sage peut se mettre en colère (I 26). Taurus soutenait fermement l'idéal de la métriopathie et rejetait vigoureusement la doctrine stoïcienne de l'apathie. Il partageait cette position avec de nombreux philosophes médio-platoniciens, de même que la doctrine des trois principes : Dieu, le Modèle, la Matière (Jean Philopon, *De aet. mundi* VI 8, p. 147, 19-21 Rabe). Quant à savoir si Platon avait enseigné une réelle genèse du monde, les fragments du *Commentaire sur le Timée* conservés par Jean Philopon montrent que Taurus se rangeait du côté des platoniciens qui tenaient le monde comme inengendré et incorruptible. Par opposition à Atticus (➩A 507) et Plutarque (➩P 210), il ne prenait pas au pied de la lettre les déclarations de Platon dans le *Timée* (28 b 7) comme signifiant une fabrication du monde à un moment déterminé du temps, mais s'efforçait de montrer avec acribie philologique qu'on ne pouvait comprendre correctement Platon qu'en dépassant le niveau superficiel de la lettre et en ne comprenant pas les termes «venir à l'existence» (γενητός) et «commencement» (ἀρχή) dans leur sens temporel habituel. Selon Taurus deux raisons avaient amené Platon à présenter dans le *Timée* le monde dans un processus de constitution : d'une part la piété – car le commun des mortels conservera plus facilement sa foi dans la providence divine à l'égard du monde si c'est Dieu qui a produit le monde, et ils imaginent naïvement qu'une cause doit être antérieure dans le temps à son effet –, d'autre part la précision de l'exposé – car pour comprendre réellement la structure interne du cosmos, il est utile de se représenter celui-ci dans un processus de construction.

Sur l'interprétation du *Timée* et la doctrine de l'origine du monde, voir Dillon **3**, p. 242-244 ; **16** M. Baltes, *Die Weltentstehung des Platonischen Timaios nach den antiken Interpreten* I, coll. «Philosophia antiqua» 30, Leiden 1976, p. 105-121 ; **17** K. Verrycken, «Philoponus' Interpretation of Plato's Cosmogony», *DSTFM* 8, 1997, p. 283-317 ; **18** G. E. Karamanolis, *Plato and Aristotle in Agreement? Platonists on Aristotle from Antiochus to Porphyry*, Oxford 2006 (réimpr. 2012), p. 179-184.

Taurus défendait avec fermeté les honneurs de la philosophie contre la mauvaise utilisation qu'en faisaient les rhéteurs, lesquels voyaient dans les œuvres de Platon une mine de phrases modèles d'un point de vue stylistique et n'utilisaient les dialogues de Platon qu'en guise de matériel pédagogique pour leur formation rhétorique (Aulu-Gelle I 9, 10 ; XVII 20, 4-5). Taurus entretenait des rapports plus différenciés avec les autres philosophes ou avec les autres écoles philosophiques, comme Aristote, la Stoa ou Épicure. Les témoignages anciens montrent qu'il possédait une connaissance approfondie de ces différentes tendances philosophiques et qu'il s'était largement engagé dans la controverse avec elles dans ses propres écrits. L'ouvrage dont le titre est transmis par la *Souda* sur la différence doctrinale entre Platon et Aristote confirme qu'il s'est occupé de façon intense et critique des doctrines d'Aristote. En particulier dans la question du nombre des éléments il s'opposait au Péripatos, lequel ajoutait aux quatre éléments platoniciens l'éther comme cinquième élément (Jean Philopon, *De aet. mundi* XIII 15, p. 520, 4 - 521, 24 Rabe). Taurus adoptait de même une attitude critique envers les doctrines de la Stoa. Il avoue lui-même expressément qu'il n'était pas d'accord avec ce courant philosophique, dans la mesure où un grand nombre de ses doctrines se trouvaient en contradition avec elles-mêmes, ainsi qu'avec les doctrines platoniciennes (Aulu-Gelle XII 5, 5). Malgré cependant ces nombreux points de controverse, il n'était pas un adversaire absolu de ces deux conceptions philosophiques. Il voyait les points de rencontre, fussent-ils peu nombreux, avec sa propre philosophie et les acceptait. Il ne craignait pas de faire sien un bon mot d'un stoïcien (IX 5, 8) ou de citer un passage tiré des *Problèmes* d'Aristote pour confirmer son propre point de vue (XX 4). Son attitude à l'égard d'Épicure (➤E 36) était en revanche inexorable, position qu'il partageait avec des représentants des autres écoles philosophiques. Il reprenait un bon mot sévère du stoïcien Hiéroclès (➤H 124) pour souligner le caractère inacceptable de la philosophie épicurienne (Aulu-Gelle IX 5, 8).

Les observations philologiques et l'interprétation philosophique de Taurus ont exercé une grande influence sur les commentateurs postérieurs. Alexandre d'Aphrodise (➤A 112) polémique contre lui, Porphyre, Proclus, Jean Philopon et Stobée (voir aussi Photius, *Bibl. cod*. 167, p. 114 b 20) font référence à lui. Le fait qu'aucun de ses écrits n'ait été entièrement conservé est dû au hasard de la transmission, dont ont souffert également d'autres écrits médio-platoniciens : ils se sont dissous dans les discussions des néoplatoniciens postérieurs (Dörrie-Baltes **9**, t. III, p. 170-171).

Bibliographie. Lilla **10**, p. 184-185 ; **19** L. Deitz, « Bibliographie du platonisme impérial antérieur à Plotin : 1926-1986 », dans *ANRW* II 36, 1, Berlin 1987, p. 161.

Traduit et adapté de l'allemand par Richard Goulet.

MARIE-LUISE LAKMANN.

TEISIAS → TISIAS

8 TÉLAUGÈS [DE SAMOS] *RE* VI-V

Fils putatif de Pythagore apparaissant dans la légende biographique de son père, ainsi que dans celle d'Empédocle. Les historiens hellénistiques de *Successions* et les auteurs de pseudépigraphes pythagoriciens et empédocléens ont souvent mobilisé ce personnage-fantôme comme relais dans leur effort pour : (a) établir une chaîne de succession pour l'école supposément fondée par Pythagore ; (b) rattacher Empédocle au pythagorisme ; et (c) expliquer comment on a pu avoir accès à des écrits de Pythagore, alors que ce dernier n'avait pas publié de son vivant, rendant ainsi les ouvrages apocryphes qui circulaient sous son nom crédibles et "authentiques".

Le nom de Télaugès a été répertorié dans **1** W. Pape et G. Benseler, *Wörterbuch der griechischen Eigennamen*, t. II, p. 1515, ainsi que dans le **2** *LGPN*, t. I, p. 434 : Fraser et Matthews l'y ont enregistré à Samos, et non pas en Italie du Sud (terre d'adoption de Pythagore), suivant en cela la *Souda* (voir *infra*) ; ils en ont proposé logiquement une datation aux VIᵉ-Vᵉ siècles, tout en exprimant leurs doutes légitimes quant à l'existence réelle du personnage. *Cf.* aussi **2a** Helen Ann Brown, *Philosophorum Pythagoreorum collectionis specimen*, p. XVIII, et **3** E. Zeller, *Die Philosophie der Griechen*, t. III 2, 1923⁵ [réimpr. 1963 ; 1990], p. 117, n° 35 = **3a** E. Zeller et R. Mondolfo, *La filosofia dei Greci nel suo sviluppo storico*, Parte terza : *La filosofia post-aristotelica*, t. IV : *I precursori del neoplatonismo*, éd. R. del Re, Firenze 1979, p. 49, n° 35.

En revanche, Télaugès est absent du *Catalogue* des pythagoriciens de Jamblique (*V. pyth.* 267), qui semble remonter en grande partie à Aristoxène de Tarente (➾A 417).

Ce nom rare – signifiant « celui qui brille de loin » – est attesté par ailleurs épigraphiquement en Asie Mineure, notamment en Lydie (*LGPN* **2**, t. V A, p. 428). Sur sa forme, voir **4** Fr. Bechtel, *Die historischen Personennamen*, p. 88 (mais le nom manque aux p. 424-425, où on l'aurait attendu également).

Témoignages. 5 H. Thesleff, *The Pythagorean texts*, p. 188, 14 - 189, 23.

Études d'orientation. 6 H. Dittmar, *Aischines von Sphettos : Studien zur Literaturgeschichte der Sokratiker. Untersuchungen und Fragmente*, coll. « Philosophische Untersuchungen » 21, Berlin 1912 [réimpr. New York 1976], p. 214-216 ; **7** A. Delatte (édit. et comm.), *La Vie de Pythagore de Diogène Laërce*, coll. « Mémoires de l'Académie royale de Belgique. Classe des lettres et des sciences morales et politiques » 2/17/2, Bruxelles 1922 [réimpr. New York 1979 ; Hildesheim 1988], notes *ad* p. 139, 3-6 + comm., p. 247-248 ; **8** K. von Fritz, art. « Telauges », *RE* V A 1, 1934, col. 194-196 ; **9** H. Thesleff, *An introduction to the Pythagorean writings*, p. 21-22, 28, 76 n. 6, 100 n. 1, 106, 108 et 113-114.

Les traditions sur Télaugès fils, élève et successeur de Pythagore ne sont pas aussi tardives qu'on le dit d'habitude.

(a) Une *Lettre* apocryphe attribuée à Télaugès et adressée *à Philolaos* circulait déjà avant Néanthe (➾N 10) – la plus ancienne source à la discuter –, donc avant la deuxième moitié du IVᵉ siècle.

Grâce au témoignage des papyri d'Herculanum, Néanthe est daté maintenant *ca* 360/350 – *post* 274 av. J.-C. ; voir **10** W. Burkert, « Neanthes von Kyzikos über Platon : ein Hinweis aus Herculaneum », *MH* 57, 2000, p. 76-80 ; **11** P. P. Fuentes González, notice « Néanthe de Cyzique », N 10, *DPhA* IV, 2005, p. 587-594, aux p. 587-588 ; **12** St. Schorn, « "Periegetische Biographie", "Historische Biographie" : Neanthes von Kyzikos (*FGrHist* 84) als Biograph », dans **12bis** M. Erler et St. Schorn (édit.), *Die griechische Biographie in hellenistischer Zeit. Akten des internationalen Kongresses vom 26.-29. Juli 2006 in Würzburg*, Berlin 2007, p. 115-156, aux p. 115-116 ; **13** *Id.*, « Pythagoras in the historical tradition : Herodotus to Diodorus Siculus », dans

C. A. Huffman (édit.), *A History of Pythagoreanism*, Cambridge 2014, p. 296-314, aux p. 307-310. – Par conséquent, la datation de la *Lettre* aux IVe-IIIe siècles av. J.-C., pleinement justifiée à l'époque (*cf.* Thesleff **9**, p. 113 ; **14** W. Burkert, *Lore and science*, p. 206 n. 75 : « the letter ... was in existence by about 200 B. C. »), devrait maintenant être révisée, et reculer de cent ans environ.

N.B. Le témoignage de Néanthe, extrêmement intéressant pour la mobilisation de la figure de Philolaos (☛P 143, dans les compléments du tome VII) dans la littérature, notamment pseudépigraphe ou légendaire, relative au pythagorisme, n'a pas été recueilli ni mentionné ou commenté par **14bis** C. A. Huffman, *Philolaus of Croton, Pythagorean and Presocratic : a commentary on the fragments and testimonia with interpretative essays*, Cambridge 1993.

Dans cette lettre, "Télaugès" montrait qu'il était bien informé sur la biographie d'Empédocle (☛E 19), puisqu'il donnait le nom du père de ce dernier (Archinomos : Diog. L. VIII 53) et décrivait les circonstances de sa mort : en raison de son âge avancé, Empédocle serait tombé en glissant dans la mer et s'y serait noyé (VIII 74).

Cette présentation banalisante de la mort d'Empédocle ne constitue qu'une version (et qui plus est, l'une des moins intéressantes du point de vue littéraire *et* philosophique) sur un total d'une demi-douzaine qui étaient en circulation dans l'Antiquité, dont la plupart sont conservées chez Diogène Laërce (VIII 67-74) ; voir en dernier lieu l'étude complète et approfondie du dossier par **15** Sp. Rangos, « Κύκλου δ' ἐξέπταν βαθυπενθέος ἀργαλέοιο : περί τῆς Εμπεδοκλέους τελευτής », Υπόμνημα στη Φιλοσοφία 9, 2010, p. 53-84, qui cite et discute les études antérieures.

"Télaugès" y affirmait surtout (Diog. L. VIII 55 = Néanthe, *FGrHist* 84 F 26) qu'Empédocle avait étudié avec Hippasos (☛H 144) et Bro(n)tinos (☛B 61), deux pythagoriciens bien connus. Son témoignage garantissait ainsi, grâce à la proximité de "Télaugès" par rapport à Pythagore et au statut d'autorité de premier rang dont l'investissait sa relation de parenté avec lui, l'appartenance d'Empédocle au milieu pythagoricien ; voir **16** J.-Fr. Balaudé, *Le démon et la communauté des vivants : étude de la tradition d'interprétation antique des* Catharmes *d'Empédocle, de Platon à Porphyre*, Thèse de doctorat, Univ. Lille III (dir. J. Bollack), 1992, t. I, p. 54-66 ("Les biographèmes pythagoriciens d'Empédocle"), aux p. 58-59 ; *Id.*, dans **17** M.-O. Goulet-Cazé (édit.), *Diogène Laërce*, p. 983 n. 3 + 984 n. 5 ; **18** R. Goulet, notice « Empédocle d'Agrigente », E 19, *DPhA* III, 2000, p. 66-88, aux p. 79-80. *Cf.* aussi Dittmar **6**, p. 214 *sq.*

Comme l'a bien fait remarquer **19** L. Zhmud, *Pythagoras and the early Pythagoreans*, Oxford 2012, p. 68, il s'agit là de la plus ancienne attestation d'un texte pseudo-pythagoricien dans nos sources. Néanthe déjà refusait de reconnaître la crédibilité (ἀξιοπιστία) de cette lettre que l'on faisait circuler (περιφερομένη) sous le nom de Télaugès, et par conséquent il ne doit pas avoir accepté non plus la véracité des renseignements qu'elle prétendait fournir sur la vie d'Empédocle et ses maîtres pythagoriciens ; voir Burkert **14**, p. 206 n. 75 + 229 n. 51 + 289 n. 59 ; Balaudé dans Goulet-Cazé **17**, p. 984 n. 5 ; Schorn **12**, p. 128-132 + 138 ; Zhmud **19**, p. 120, 125 et 160 ; **20** Ph. S. Horky, *Plato and Pythagoreanism*, Oxford 2013, p. 117-119 (+ *index*, *s.v.* "Telauges") ; et déjà Thesleff **9**, p. 106 et 113 ; *Id.* **5**, p. 189. Il ne semble pas toutefois, *pace* Balaudé, que ce qui posait problème à Néanthe était l'écart d'âge séparant Empédocle d'Hippase et de Brotinos, qui avaient « une bonne quarantaine de plus » que lui : même si l'on accepte, avec Balaudé, que le verbe μετέχειν employé par Diogène Laërce n'est pas suffisamment technique et « n'implique pas une relation de maître à disciple », rien n'empêche qu'Empédocle ait été « associé, attaché » à deux pythagoriciens bien plus âgés que lui, qu'il ait « appartenu à leur cercle » (selon le sens littéral de μετέσχεν) pendant sa jeunesse. Bien au contraire, le fait que les diadochographes antiques travaillaient justement avec cette différence de quarante ans entre maître et disciple oriente vers l'hypothèse que l'auteur de la lettre avait ce calcul en tête lorsqu'il choisissait de mettre Empédocle en rapport avec Hippase et Brotinos. Quant à l'emploi d'un verbe suggérant des συζητήσεις d'un cercle informel plutôt qu'une succession d'école, il s'accorderait assez bien avec la datation haute de la lettre, à une époque où la "scolarisation" rétrospective de la philosophie présocratique n'était pas encore devenue le modèle standard de référence.

Sur ce phénomène, voir **21** A. Laks, « Die Entstehung einer (Fach)disziplin : der Fall der vorsokratischen Philosophie », dans G. Rechenauer (édit.), *Frühgriechisches Denken*, Göttingen 2005, p. 19-39 [version abrégée = **21a** *Id.*, « L'émergence d'une discipline : le cas de la philosophie présocratique », dans J. Boutier, J.-C. Passeron et J. Revel (édit.), *Qu'est-ce qu'une discipline ?*, Paris 2006, p. 7-25, repris dans **21b** *Id.*, *Histoire, doxographie, vérité. Études sur Aristote, Théophraste et la philosophie présocratique*, Louvain-la-Neuve 2007, p. 219-235].

Concernant l'identité de ce Télaugès, on est en droit de se demander, avec Dittmar **6**, p. 215-216, si, en dépit de l'assertion explicite de Diog. L. en VIII 53, il peut effectivement s'agir du fils de Pythagore. Car si l'on essaie de combiner tous les éléments à notre disposition au sujet de cette figure – qui aurait appartenu, naturellement, à la génération immédiatement postérieure au sage samien, et dont le *floruit* hypothétique se situerait donc aux alentours de 500 av. J.-C. (celui de Pythagore étant fixé *ca* 532) –, on obtient un vieux contemporain d'Empédocle (*ca* 494 - *ca* 434) qui non seulement aurait survécu à l'Agrigentin – en sorte qu'il puisse en raconter la mort ! –, ce qui semble impossible (*cf.* Balaudé dans Goulet-Cazé **17**, p. 974 n. 3 : « la chronologie exclut ... qu'ils aient pu se connaître »), ou à tout le moins à la limite du chronologiquement possible, mais en plus aurait entretenu un échange épistolaire avec Philolaos (*ca* 470 - *ca* 385), de quelque soixante ans son cadet et contemporain de Socrate... D'où la suggestion raisonnable de Dittmar que le Télaugès de la lettre ne serait *pas* le fils de Pythagore, mais un autre personnage : un pythagoricien dont se serait inspiré plus tard Eschine de Sphettos (➡A 71) pour créer le protagoniste de son dialogue éponyme (voir la discussion dans la notice suivante [➡T 9]). Ces impossibilités chronologiques seraient par ailleurs la raison principale ayant éveillé les soupçons de Néanthe sur sa fiabilité – que ce soit (1) parce qu'il ignorait l'existence d'un deuxième Télaugès (fictif ou réel), (2) parce que l'auteur de la lettre suivait une autre chronologie que Néanthe relativement aux personnes impliquées ou, plus probablement peut-être, (3) parce que le faussaire s'était avéré trop maladroit et ignorant en matière de chronologie ; *cf.* Schorn **12**, p. 129-130. Qui plus est, Néanthe connaissait une version de la mort d'Empédocle très différente de celle de la *Lettre* de Télaugès (*ibid.*, p. 131).

(b) Quoi qu'il en soit, la méfiance et l'incrédulité de Néanthe n'a pas empêché des historiens *hellénistiques* dont se font l'écho Diogène Laërce (VIII 43 : καθηγή-σατο), Eusèbe de Césarée (*Praep. Evang.* X 14, 15 : ἀκουστής ; *cf.* aussi Arsénius, *Violetum* [Ἰωνιά], p. 310 éd. Chr. Walz, citant Flavius Josèphe, « sur les anciens philosophes » [?] ; Jean Tzetzès, *Chiliades*, II, v. 902, éd. Th. Kiessling), Théodoret de Cyr (*Thérapeutique* II 23, p. 144 Canivet [*SC* 57.1] : φοιτητής) et Hésychius (source de la *Souda*, *s.v.* Τηλαύγης, T 481, t. IV, p. 538, 23-25 Adler : διδάσκα-

λος, et *s.v.* Ἐμπεδοκλῆς, E 1002, t. II, p. 258, 9-10 Adler: μαθητής), d'avancer
d'un pas, en présentant Télaugès *lui-même* comme le maître d'Empédocle, et en
datant leur rencontre (grâce aux tableaux synchroniques des chronographes) à
l'époque du *floruit* d'Héraclite (Eusèbe). *Cf.* Dittmar **6**, p. 214 *sq.*, avec la n. 10 ;
Delatte **7**, note *ad* Diog. L. VIII 43, p. 139, 4 + p. 248 ; Burkert **14**, p. 289, n. 59.

(c) Un vers attribué à Empédocle (DK 31 B 155, transmis par Diog. L.
VIII 43), dont personne n'a jamais défendu ni ne défendrait l'authenticité (Diels
l'avait rangé avec raison sous la rubrique « Unechtes »), vient confirmer que cette
filiation était établie dès l'époque hellénistique, encore une fois par le recours à la
fraude littéraire : le poète agrigentin y est dit s'adresser directement à Télaugès,
« illustre fils de Théano et de Pythagore », ce qui suggère implicitement qu'il avait
connu *en personne* le fils du sage samien – ou au moins qu'il nourrissait une
certaine admiration pour lui (dans l'hypothèse où l'adresse serait simplement
fictive et poétique). Mais il y a plus : le fait que la source d'où Diogène a tiré ce
renseignement est l'historien Hippobotos (**➤**H 148 ; fr. 14 dans **22** M. Gigante,
« Frammenti di Ippoboto : contributo alla storia della storiografia filosofica », dans
A. Mastrocinque [édit.], *Omaggio a Piero Treves*, Padova 1983, p. 151-193, à la
p. 186, avec le comm., p. 167-168 ; *cf.* déjà **23** W. von Kienle, *Die Berichte über
die Sukzessionen der philosophen in der hellenistischen und spätantiken Literatur*,
Diss. Berlin 1961, p. 77-78) nous invite à penser que le vers "empédocléen" était
mobilisé par ce diadochographe en tant que *preuve* de la succession de maître à
disciple menant de Pythagore à Empédocle en passant par le chaînon nécessaire de
Télaugès, qui permettait de sauver les apparences chronologiques (*pace* Delatte **7**,
p. 248, qui pense qu'« Hippobotos est cité par Diogène, non pour confirmer cette
tradition [*scil.* de la διαδοχή], mais parce qu'il établit *au moins* (γέ τοι) certains
rapports entre Télaugès et Empédocle ») ; *cf.* Dittmar **6**, p. 215 + n. 12 ; Zhmud **19**,
p. 71 n. 45. **23bis** J. Engels, « Philosophen in Reihen : die Φιλοσόφων ἀναγραφή
des Hippobotos », dans Erler et Schorn **12bis**, p. 173-194, à la p. 187, suggère
même que c'est Hippobotos qui aurait inventé la filiation Pythagore → Télaugès →
Empédocle, inconnue à Timée de Tauroménium et à Néanthe). Ce faisant l'historien des IIe-Ier siècles av. J.-C. se mettait en rapport agonistique avec Néanthe : non
pas pour nier l'ascendance pythagoricienne d'Empédocle, ni non plus sa datation,
mais simplement pour rectifier le renseignement consistant à préciser lesquels,
parmi les pythagoriciens, auraient été ses maîtres. *Cf.* Burkert **14**, p. 289 n. 59.

Globalement, dans la littérature hellénistique et tardive Télaugès était très
présent dans trois types de traditions : (1) celles qui concernaient la famille de
Pythagore ; et (2) celles qui tentaient de reconstruire [a] la succession de l'"école"
fondée par lui et de tracer [b] la transmission confidentielle, sinon secrète, de ses
écrits au sein de sa famille – les trois traditions étant par ailleurs intimement liées
et souvent interdépendantes.

(1) Sur les traditions relativement récentes (très certainement fictives) concernant la famille de Pythagore, voir Diog. L. VIII 43 ; Porphyre, *Vie de Pythagore*,
4 ; Eusèbe, *Praep. Evang.* X 14, 14 ; Hésychius *ap. Souda*, *s.v.* Πυθαγόρας, Π

3120, t. IV, p. 262, 25-27 Adler + *s.v.* Θεανώ, Θ 84, t. II, p. 688, 18-20 Adler ; scholie sur la *République* de Platon, 600 b (dans **24** W. C. Greene [édit.], *Scholia Platonica*, Haverford 1938 [réimpr. 1988], p. 273) ; *Vie* anonyme *de Pythagore ap.* Photius, *Bibliothèque*, *codex* 249, 438 b 28-32 Bekker, avec les comm. de Delatte **7**, p. 246-249 ; Burkert **14**, p. 114 (avec la n. 32 spécifiquement sur Télaugès ; Zhmud **19**, p. 103. Télaugès y est présent systématiquement comme fils de Pythagore et de Théano (☛T 28), parfois aussi comme frère de Myia (☛M 202) et d'Arignôtè (☛A 331) [Porphyre], de Damô (☛D 10) [Jamblique (*infra*, *sub* 2b) ; *Souda* (où il faudrait sans doute corriger le Δάμων des mss)], de Mnésarque (☛M 180) [Eusèbe ; *Souda*] ou encore (dans une version clairement plus syncrétique) d'Aisara (☛A 69) et de … Théano [*Anonymus Photii*].

Apparemment Aisara serait nommée d'après le fleuve Aisaros, qui coulait près de Crotone (*cf.* **24bis** [Chr.] Hülsen, *RE* I 1, 1894, col. 1047).

(**2a**) Télaugès figure dans la plupart des traditions relatives à la διαδοχή de l'"école" supposément fondée par Pythagore(*cf.* déjà *supra*, *sub* [**a**] et [**b**], et pour une plus large contextualisation von Kienle **23** et Engels **23bis** *passim*). Il s'agit toujours d'une succession familiale, et Télaugès y est associé le plus souvent à sa mère Théano et/ou à son frère Mnésarque (☛M 180) ; voir p. ex. Diog. L. VIII 43 (Télaugès διεδέξατο τὸν πατέρα) ; Eusèbe, *Praep. Evang.* X 14, 14 ; Théodoret, *Thérapeutique* II 23 (p. 144 Canivet, *SC* 57.1). De telles traditions sont relativement tardives (pas avant l'époque hellénistique ; *cf.* **25** Br. Centrone, notice « Mnésarque », M 180, *DPhA* IV, 2005, p. 538 : « en toute hypothèse, la succession des scholarques pythagoriciens est une construction tardive ») et doivent provenir en dernière analyse des ouvrages sur les *Diadochai* des écoles philosophiques (*haireseis*). Diogène Laërce (I 15) établit même une succession de l'école "italique" sur une plus grande échelle, qui comporte les maillons suivants : Phérécyde → Pythagore → Télaugès → Xénophane → Parménide… (*cf.* aussi VIII 50 : vague rappel de la succession de Pythagore par Théano et Télaugès dans un paragraphe de transition). Néanmoins, ce qui suit à partir du § 51 du livre VIII des *Vies* n'est pas la biographie de Xénophane, comme on s'y attendrait à la lecture du livre I, mais la "galerie de portraits" des pythagoriciens illustres, qui s'ouvre avec … Empédocle. Cela s'explique sans doute par le manque de renseignements sur le fantomatique Télaugès, qui contraste avec l'œuvre philosophique majeure d'Empédocle, et avec le foisonnement de traditions inventées destinées à rendre palpable le rapport de ce dernier au pythagorisme, en faisant de lui un auditeur soit de Télaugès (§ 43 ; source : Hippobotos, se fondant sur l'interprétation d'un vers pseudo-empédocléen), soit d'Hippasos et Brotinos (§ 55 : *Lettre* apocryphe de Télaugès à Philolaos), soit d'un autre pythagoricien non précisé (*ibid.* : Néanthe), soit des pythagoriciens en général (§ 56 : Hermippe), soit, enfin, de Pythagore lui-même (§ 50 ; 56 : Alcidamas ; 54 : Timée de Tauroménium, s'appuyant sur des vers d'Empédocle [fr. 129 DK] ; *cf.* **26** C. Macris et P. Skarsouli, « La sagesse et les pouvoirs du mystérieux τις du fragment 129 d'Empédocle », dans A. G. Wersinger (édit.), *Empédocle : les dieux, le sacrifice et la grâce* = *RMM* 74, 2012, p. 357-377, aux p. 359-362) ; voir sur ce point Dittmar **6**, p. 214 + n. 10 ; Balaudé **16**, *passim*. Mais cette modification radicale de la chaîne diadochique semble surtout indiquer le recours de Diogène à une source différente.

Sur les changements de plan de Diogène Laërce intervenus apparemment au cours de la rédaction de son ouvrage, voir **27** R. Goulet, « Des sages parmi les philosophes : le Premier livre des *Vies des philosophes* de Diogène Laërce », dans M.-O. Goulet-Cazé, G. Madec et D. O'Brien (édit.), *ΣΟΦΙΗΣ ΜΑΙΗΤΟΡΕΣ, Chercheurs de sagesse. Mélanges Jean Pépin*, Paris 1992, p. 167-178 [repris dans **27a** *Id.*, *Études sur les Vies de philosophes*, p. 67-77] ; *Id.*, dans Goulet-Cazé **17**, p. 45-52. Ces changements seraient dus à son recours à des sources différentes et expliqueraient entre autres les divergences observées dans certains chaînons importants de la succession de l'école "italique".

Pour une succession différente de Pythagore, impliquant un autre de ses fils, Mnémarque, voir Jamblique, *V. pyth.* 36, 265, p. 142,10 - 143,15 Deubner, avec **28** C. Macris, *Le Pythagore des néoplatoniciens : recherches et commentaires sur "Le mode de vie pythagoricien" de Jamblique*, Thèse de Doctorat, École Pratique des Hautes Études - Section des Sciences religieuses, Paris 2004 (dir. Ph. Hoffmann), t. III, p. 118-129 ; et pour une mise en perspective de ce passage, insistant sur l'importance qu'accordait Jamblique à la présentation du pythagorisme comme une école philosophique comparable à celles de l'époque hellénistique, comportant notamment une *succession*, **29** *Id.*, « Le pythagorisme érigé en *hairesis*, ou comment (re)construire une identité philosophique : remarques sur un aspect méconnu du projet pythagoricien de Jamblique », dans N. Belayche et S. C. Mimouni (édit.), *Entre lignes de partage et territoires de passage. Les identités religieuses dans les mondes grec et romain : "paganismes", "judaïsmes", "christianismes"*, « Collection de la *Revue des Études Juives* » 47, Louvain 2009, p. 139-168, aux p. 160-163.

(2b) Enfin, au moins selon une variante de la tradition, Télaugès serait impliqué dans la transmission confidentielle des *hypomnêmata* de Pythagore au sein de sa famille. D'après Jamblique, le *Discours sacré* – un apocryphe qui circulait sous le nom de Pythagore ou de Télaugès (voir *infra*), et que Jamblique croyait authentique – serait composé « à partir des mémoires (ὑπομνήματα) laissés par Pythagore lui-même à Damô, sa fille, la sœur de Télaugès ; ces mémoires ont été transmis à Bi(s)tala/è [➙B 34], fille de Damô, et à Télaugès, une fois l'âge venu (Télaugès était le fils de Pythagore et l'époux de Bi[s]tala), car il avait été laissé très jeune à la garde de sa mère, Théano, après la mort de Pythagore » (*V. pyth.* 28, 146, p. 82, 3-12 Deubner ; trad. **30** L. Brisson et A.-Ph. Segonds [introd., trad. & notes], *Jamblique. Vie de Pythagore*, coll. « La Roue à livres », 29, Paris 2011² [1996¹], p. 81-82 [modifiée]). Il serait raisonnable de supposer que ce renseignement provient du prologue de ce *Discours sacré* lui-même, dont une citation suit immédiatement après. Or, de la comparaison avec la *Lettre* pseudépigraphe du pythagoricien Lysis (➙L 104) *à Hipparque* il ressort que Jamblique résume ici une partie de cette lettre, dont il cite par ailleurs un long extrait aux §§ 75-78 de la *V. pyth.* ; voir **31** C. Macris, « Jamblique et la littérature pseudo-pythagoricienne », dans S. C. Mimouni (édit.), *Apocryphité : histoire d'un concept transversal aux religions du Livre. En hommage à Pierre Geoltrain*, coll. « Bibliothèque de l'École des Hautes Études. Section des Sciences religieuses » 113, Turnhout 2002, p. 77-129, aux p. 105 et 122. Néanmoins, Télaugès n'apparaît pas dans la version conservée de la lettre, qui a une tradition manuscrite indépendante ; on serait donc ici en présence soit d'une autre variante de la tradition, soit d'une combinaison d'éléments due à Jamblique lui-même ou à sa source.

Sur les ὑπομνήματα pythagoriciens, voir Macris **31**, p. 102-103. – Sur la *Lettre* de Lysis *à Hipparque*, **32** A. Delatte, « La lettre de Lysis à Hipparque », *RPh* 35, 1911, p. 255-275 [repris dans **32a** *Id.*, *Études sur la littérature pythagoricienne*, coll. « Bibliothèque de l'École des Hautes Études. Sciences historiques et philologiques » 217, Paris 1915 (réimpr. Genève 1974), p. 83-106] ; **33** W. Burkert, « Hellenistische *Pseudopythagorica* », *Philologus* 105, 1961, p. 16-43 + 226-246, aux p. 17-28 [repris dans **33a** *Id.*, *Kleine Schriften*, t. III : *Mystica, Orphica, Pythagorica*, édit. Fr. Graf, Göttingen 2006, p. 236-277, aux p. 237-246, avec un *addendum* de 2003 à la p. 277] ; **34** M. Tardieu, « La *lettre à Hipparque* et les réminiscences pythagoriciennes de Clément d'Alexandrie », *VChr* 28, 1974, p. 241-247 ; **35** A. Städele, *Die Briefe des Pythagoras und der Pythagoreer*, Meisenheim am Glan 1980, p. 154-159 (éd. + trad.) + 203-251 (comm.) ; Macris **31**, p. 94, avec la n. 68 ; **36** D. Hernández de la Fuente, « Pitágoras en el espejo falsario : cuestiones de falsificación literaria en torno a la carta de Lisis (Jámblico, *Vit. pyth.* 17.75 y Diógenes Laercio, *Vit. phil.* 8.42) », dans J. Martínez (édit.), *Fakes and forgers of classical literature / Falsificaciones y falsarios de la literatura clásica*, Madrid 2011, p. 121-136. *Cf.* aussi **37** Chr. Riedweg, « "Pythagoras hinterliess keine einzige Schrift" – ein Irrtum ? Anmerkungen zu einer alten Streitfrage », *MH* 54, 1997, p. 65-92, aux p. 79-80 ; Balaudé dans Goulet-Cazé **17**, p. 973 n. 5 (*cf.* encore p. 945 n. 3 et 4 [reportée aux p. 1021-1022]).

Œuvres. L'assertion de Diogène Laërce (VIII 43, probablement d'après Hippobote : *cf.* Gigante **22**, p. 167-168) selon laquelle « il ne circule aucun écrit de Télaugès, alors que de sa mère, Théano, il en reste quelques-uns » n'était pas partagée par toutes les sources antiques. Ainsi, à part (**I**) la *Lettre* apocryphe *à Philolaos* examinée plus haut, on trouve attribués à Télaugès les deux ouvrages suivants, probablement à contenu arithmologique (du moins en partie, et même si cela n'est pas directement perceptible à la lecture du titre du premier d'entre eux) :

(**II**) Un Ἱερὸς λόγος (*Discours sacré*) ou Περὶ θεῶν (*Sur les dieux*) en prose dorienne, cité par Jamblique (*V. pyth.* 28, 146, p. 81, 24 - 83, 3 Deubner) comme étant un ouvrage soit de Pythagore lui-même, « comme le disent la plupart », soit de Télaugès, « comme l'affirment certains [représentants] savants/estimés (ἐλλόγιμοι) et dignes de foi (ἀξιόπιστοι) de l'école » [pythagoricienne].

Pour le contenu du traité, qui plus tard sera cité par d'autres auteurs néoplatoniciens, et qui semble avoir comporté un éloge du nombre en tant que « principe éternel et provident du ciel entier, de la terre et de la nature intermédiaire » (trad. Brisson et Segonds **30**, p. 82), ainsi que des spéculations théologisantes sur les nombres de la décade (lesdits « théologoumènes arithmétiques »), voir Thesleff **9**, p. 19 et 104-105 ; *Id.* **5**, p. 164, 1 - 166, 5 et 189, 1-8 ; Macris **31**, p. 95 et n. 70, et pour sa transmission au sein de la famille de Pythagore, *supra*, *sub* (2b).

(**III**) Un traité Περὶ τετρακτύος (*Sur la tétrade / le quaternaire*), en quatre livres : on n'en connaît que le titre, mentionné dans la *Souda* (*s.v.* Τηλαύγης, T 481, t. IV, p. 538, 23-25 Adler = Thesleff **5**, p. 189, 10-11) comme étant le seul et unique ouvrage attribuable à Télaugès.

Thesleff **9**, p. 114 classe cet écrit parmi les « wholly indeterminable or later », à côté de ceux de Théano et d'Arignôtè (entre autres). On peut imaginer que, s'il a jamais existé, ce traité serait comparable à des traités arithmologiques plus tardifs comme les *Théologoumènes de l'arithmétique* de Nicomaque de Gérase (☞N 50), l'ouvrage du même titre issu de l'école de Jamblique (☞I 3), le traité d'Anatolios (☞A 156-157) *Sur la décade*, ou encore à la section sur la *tétractys* de l'*Exposition des connaissances mathématiques utiles pour la lecture de Platon* de Théon de Smyrne (➤T 90).

38 O. Primavesi («Pythagoreanism in Empedocles' *Physics*», communication présentée à la *Fourth Biennial Conference of the International Association for Presocratic Studies* [IAPS], à Thessalonique, le 30 juin 2014 [à paraître]) a utilisé récemment les témoignages relatifs à l'apprentissage pythagoricien d'Empédocle et à son rapport (fictif) à ce Télaugès que la tradition finira par ériger en auteur d'un ouvrage sur la τετρακτύς, dans un effort pour y reconnaître des échos indirects (et donc des éléments de confirmation) de la présence de la *tétractys* pythagoricienne dans la construction de la chronographie du cycle cosmique empédocléen (présence sur laquelle voir déjà **39** M. Rashed, «La chronographie du système d'Empédocle : *addenda* et *corrigenda*», *EPh* 2014, n° 110, p. 315-342, aux p. 332-336). Mais l'ancienneté de la *tétractys*, et surtout la date pré-empédocléenne de sa version décadique (1 + 2 + 3 + 4 = 10), reste très débattue ; voir en dernier lieu les mises en garde de Zhmud **19**, p. 300-303 ; **40** *Id.*, «Greek arithmology : Pythagoras or Plato ?», dans A.-B. Renger et A. Stavru (édit.), *Transfers in Pythagorean knowledge : askêsis – religion – science*, Wiesbaden 2015 (à paraître), pour qui la *tétractys* dériverait plutôt des spéculations arithmologiques de l'ancienne Académie. **41** J. Kalvesmaki, *The theology of arithmetic : number symbolism in Platonism and early Christianity*, Washington 2013, p. 183-186 («Excursus B. The Pythagorean symbol of the τετρακτύς») insiste également sur le caractère tardif des témoignages antiques relatifs à la tétractys. En sens inverse, voir les arguments de **42** Ei. F. Viltanioti, *L'harmonie des Sirènes, du pythagorisme ancien à Platon*, coll. «Traditio Praesocratica», Berlin/Boston 2015, ch. II 4 (à paraître).

Enfin, Télaugès est, dans de très nombreux manuscrits à contenu astrologique, le destinataire d'une lettre apocryphe tardive de Pythagore exposant une méthode permettant de prédire lequel triomphera entre deux adversaires, basée sur l'onomatomancie arithmétique, c'est-à-dire sur l'évaluation des noms des adversaires en nombres, en additionnant les valeurs numériques des lettres qui les composent.

Voir **43** P. Tannery, «Notice sur les fragments d'onomatomancie arithmétique», dans **44** *Id.*, *Mémoires scientifiques*, édit. J.-L. Heiberg et H.-G. Zeuthen, t. IX : *Philologie, 1880-1928*, Toulouse/Paris 1929, p. 17-50 [1ʳᵉ publ. dans *Notices et extraits des manuscrits de la Bibliothèque Nationale* XXXI 2, 1886, p. 231-260], spéc. p. 35-39 (texte grec et trad. fr.) [*cf.* déjà **45** *Id.*, «Sur l'invention de la preuve par neuf», dans *Id.* **44bis**, t. I : *Sciences exactes dans l'Antiquité, 1876-1883*, 1912 (réimpr. 1995), p. 185-188 ; 1ʳᵉ publ. dans le *Bulletin des sciences mathématiques*, 2ᵉ série, VI, 1882, p. 142-144] ; **46** A. J. Festugière, *La Révélation d'Hermès Trismégiste*, t. I : *L'astrologie et les sciences occultes*, Paris 1944, p. 336-339 [= **46bis** nouvelle éd. revue et augmentée, avec la collab. de C. Luna, H. D. Saffrey et N. Roudet (en un seul vol., comprenant les corrections manuscrites du Père Festugière + de nombreux index), Paris 2014, p. 352-355] ; Thesleff **5**, p. 244, 3-27 ; Städele **35**, p. 355-358 (qui imprime le texte grec d'une version de la lettre). Sur le procédé suivi, voir aussi **47** A. Bouché-Leclercq, «Divination mathématique», dans *Id.*, *Histoire de la divination dans l'Antiquité : divination hellénique et divination italique*, t. I, Paris 1879, p. 258-264, spéc. p. 261 *sq.* [= p. 201-203 de la réimpr. en un seul volume chez Jérôme Millon, Grenoble 2003 (avec préface de Stella Géorgoudi)]. Festugière **46** rapprocherait les règles arithmétiques de ce petit jeu prognostique des traités d'arithmologie pythagoriciens de l'époque gréco-romaine (p. 338) et supposerait que la *Lettre de Pythagore à Télaugès* serait bien « issue de la secte pythagoricienne » (p. 339). C'est vers cette hypothèse que nous oriente également le contenu arithmologique des deux ouvrages attribués à Télaugès (n°s II et III, *supra*), renforçant une autre suggestion du Père Festugière (p. 337), à savoir que dans la lettre attribuée à Pythagore on retrouverait le schéma de la « *traditio* de père à fils », familière dans les textes magiques, les sciences occultes ou les *Hermetica* (entre autres). Ainsi les noms de Laïs, Augia, Hélias, etc. qu'on trouve dans beaucoup d'autres mss à la place du destinataire ne seraient rien de plus que des corruptions du nom du destinataire originel, Télaugès (voir Tannery **44**, p. 24 ; Festugière **46**, p. 337 ; approuvé par Städele **35**, p. 355 n. 1).

CONSTANTINOS MACRIS.

9   TÉLAUGÈS

Voir dans les compléments du tome VII.

10 TÉLÉCLÈS DE MÉTAPONTE   D III^a

Académicien disciple de Polémon [☛P 217] (F 92 Gigante) et d'Arcésilas [☛A 302] (Philod., *Acad. hist.*, col. XX 11).

TIZIANO DORANDI.

11 TÉLÉCLÈS DE PHOCÉE *RE* 2/4   II^a

Académicien, disciple et successeur, avec Évandros de Phocée (☛E 65), de Lacydès (☛L 11) comme scholarque de l'Académie (D. L. IV 60 = T 1a Mette). Téléclès naquit à Phocée. Apollodore (*FGrHist* 244 F 47 *ap.* Philod., *Acad. hist.* 28, 9 *sq.* = Lacydès T 2a 25 Mette) rapporte qu'Évandros survécut à Téléclès, mort sous l'archontat de Nicosthénès (167/6), et nomme, après lui, comme dernier dans une liste d'académiciens, Apollonios (☛A 278 ?) qui mourut sous l'archontat d'Épainétos (166/5). On conserve une épigramme funéraire composée pour Téléclès (*IG* II² 12764 = T 4 Mette). On ne connaît rien de ses écrits ni de sa pensée. Philodème (*Acad. hist.*, col. N) cite plusieurs de ses disciples : Apollonios de Cyrène (☛A 278), Cléocritos (☛C 156), Ariston (☛A 388), Aristagoras de Salamine (☛A 337), Théris d'Alexandrie (☛T 111), Léontichus de Cyrène (☛L 42), Socrate (☛S 101).

Cf. H.J. Mette, *Lustrum* 27, 1985, p. 52 ; W. Görler, « Euandros, Hegesinos », *GGP, Antike* 4, 2, 1994, p. 834-836 ; M. Haake, *Der Philosoph in der Stadt*, München 2007, p. 104-106.

TIZIANO DORANDI.

12 TÉLÈPHE DE PERGAME *RE* 2 *PIR*² T 55   II

Grammairien, auteur de nombreux ouvrages recensés par la *Souda* (T 495, t. IV, p. 539, 20 - 540, 3 Adler), dont un seul peut concerner la philosophie : un traité *Sur l'accord entre Homère et Platon* (Περὶ τῆς Ὁμήρου καὶ Πλάτωνος συμφωνίας), qui devait tenter de défendre Homère contre les accusations de Platon, peut-être, selon J. Radicke (*FGrHist Cont.* 1071, t. IV A 7, p. 203), en recourant à l'allégorie. Il aurait été à Rome un des maîtres de Lucius Verus selon l'*Histoire Auguste, Ver* 2, 5, une source qui n'est toutefois pas au-dessus de tout soupçon. Il fut presque centenaire selon son compatriote Galien qui commente son régime de vie (t. VI, p. 333-334 et p. 379-380 Kühn).

Cf. C. Wendel, art. «Telephos» 2, *RE* V A 1, 1934, col. 369-371. Voir aussi *FGrHist* 505 et *FGrHist Cont.* 1071. Les fragments connus ont été récemment regroupés par Lara Pagani dans la notice Telephus du *Lessico dei Grammatici Greci Antichi* de l'Université de Gênes (http://www.lgga.unige.it/schedePDF/Telephus.pdf).

RICHARD GOULET.

13 TÉLÈS (DE MÉGARE ?) *RE* 2 *fl.* M III[a]

Pédagogue-moraliste grec d'inspiration cynique, auteur de «diatribes» dont Stobée nous a conservé des extraits à partir d'une version abrégée. Il est le représentant le plus ancien et le mieux conservé de ce qu'on peut appeler la «philosophie populaire» et la «diatribe» hellénistique.

Fragments. 1 O. Hense, *Teletis reliquiae*, edidit, Prolegomena scripsit O. H., Friburgi in Brisgavia 1889; **2** *Id.*, *Teletis reliquiae*, recognovit, Prolegomena scripsit O. H., editio secunda, Tubingae 1909, réimpr. Hildesheim/New York 1969; **3** E. N. O'Neil, *Teles (the cynic teacher)*, edited and translated by E. N. O., coll. «Society of Biblical Literature, Texts and Translations» 11, «Graeco-Roman Religion» 3, Missoula, Mont. 1977; **4** P. P. Fuentes González, *Les diatribes de Télès : introduction, texte revu, traduction et commentaire des fragments (avec en appendice une traduction espagnole)*, coll. «Histoire des doctrines de l'Antiquité classique» 23, Paris 1998. *Cf.* aussi **5** J. F. Kindstrand, *Bion of Borysthenes : a collection of the fragments with introduction and commentary*, coll. «Acta Universitatis Upsaliensis. Studia Graeca Upsaliensia» 11, Uppsala 1976 (F 16A, 17, 21, 34, 41, 68, 70).

Cf. **6** A. Barigazzi, «Note al "De exilio" di Telete e di Musonio», *SIFC* 34, 1962, p. 70-82; **7** P. P. Fuentes González, «Algunas notas críticas a las *Teletis reliquiae*», *Emerita* 60, 1992, p. 115-127.

En-tête des extraits chez Stobée
(d'après l'édition de Hense[2])

Outre les accidents caractéristiques de la tradition manuscrite, les textes que nous conservons de Télès ont souffert manifestement de deux interventions: l'une, celle de l'abréviateur Théodore (➤T 51), qui doit être placée probablement à une époque peu éloignée de l'activité de Télès; l'autre, celle de l'anthologiste Jean Stobée (➤J 2), dans l'Antiquité tardive. Malgré tout, ces textes permettent de se faire une idée de ce que pouvait être l'activité d'un moraliste ou d'un « philosophe populaire » sur les sujets de la morale et de la vie pratique les plus divers.

Fr. I, p. 3-4 : Ἐκ τῆς Θεοδώρου τῶν Τέλητος ἐπιτομῆς Περὶ τοῦ δοκεῖν καὶ τοῦ εἶναι *(Extrait d'un épitomé fait par Théodore des propos de Télès, Sur le paraître et l'être)* = *Anthologium* II 15, 47, t. II, p. 194, 27 - 196, 4 Wachsmuth.

Fr. II, p. 5-20 : Ἐκ τοῦ Τέλητος Περὶ αὐταρκείας *(Extrait du propos de Télès, Sur l'autarcie)* = *Anthologium* III 1, 98, t. III (I), p. 37, 8 - 49, 14 Hense.

Fr. III, p. 2132 : Τέλητος Περὶ φυγῆς *(Sur l'exil, de Télès)* = *Anthologium* III 40, 8, t. III (I), p. 738, 7 - 748, 4 Hense.

Fr. IVA, p. 33-44 : Ἐκ τῶν Τέλητος ἐπιτομή *(Épitomé à partir des propos de Télès)* = *Anthologium* IV 33, 31, t. V [III], p. 808, 12 - 817, 13 Hense. Titre du chapitre de Stobée : Σύγκρισις πενίας καὶ πλούτου (Comparaison de la pauvreté et de la richesse).

Fr. IVB, p. 45-48 : Ἐκ τῶν Τέλητος ἐπιτομή *(Épitomé à partir des propos de Télès)* = *Anthologium* IV 32 *a*, 21, t. V [III], p. 785, 1 - 788, 6 Hense. Titre du chapitre de Stobée : Πενίας ἔπαινος (Éloge de la pauvreté).

Fr. V, p. 49-51 : Ἐκ τῶν Τέλητος Περὶ τοῦ μὴ εἶναι τέλος ἡδονήν *(Extrait des ouvrages de Télès : Que le plaisir n'est pas la fin ultime)* = *Anthologium* IV 34, 72, t. V (III), p. 848, 7 - 849, 16 Hense.

Fr. VI, p. 52-54 : Ἐκ τῶν Τέλητος Περὶ περιστάσεων *(Extrait des propos de Télès, Sur les circonstances)* = *Anthologium* IV 44, 82, t. V (III), p. 984, 10 - 986, 4 Hense.

Fr. VII, p. 55-62 : Ἐκ τῶν Τέλητος Περὶ ἀπαθείας *(Extrait des propos de Télès, Sur l'impassibilité)* = *Anthologium* IV 44, 83, t. V [III], p. 986, 5 - 991, 18 Hense.

Comme on peut le constater, Hense, manquant à son principe prescrivant de suivre dans son édition l'ordre des fragments dans l'*Anthologie* de Stobée, a interverti l'ordre des fragments IVA et IVB par rapport à celui que l'on trouve chez Stobée où le fr. IVB précède le fr. IVA. L'explication en est que l'éditeur (*cf.* Hense **2**, p. XVI *sq.*) épouse pleinement le raisonnement de **8** U. von Wilamowitz-Möllendorff, *Antigonos von Karystos,* coll. « Philologische Untersuchungen » 4, Berlin 1881, réimpr. Berlin/Zürich 1965, p. 298, selon lequel, dans la « prédication » de Télès, l'extrait le plus long (IVA), où l'on fait « l'éloge de la vie cynique » libre de tout besoin, précéderait le plus bref (IVB), qui ne serait qu'un simple « corollaire » de l'autre à propos des avantages et des bénéfices de la pauvreté dans l'exercice de la philosophie (*cf.* aussi **9** A. Modrze, art. « Teles » 2, *RE* V A 1, 1934, col. 375-382, notamment col. 380). Mais cette reconstitution est tout à fait arbitraire, entre autres parce qu'il est évident que Télès ne suivait pas la « logique » pour mettre en ordre son discours (*cf. infra*, Diatribe). Par ailleurs, rien ne nous assure non plus que ces deux extraits appartenaient au sens strict à une seule *diatribe* (comme unité d'action pédagogique), si l'on pense que le couple pauvreté-richesse, capital sans doute dans l'enseignement moral, pouvait facilement être traité sous ses aspects les plus divers, dont quelques-uns ont pu donner lieu à des diatribes séparées. L'imprécision de Stobée peut s'expliquer parce qu'il lui importait peu de savoir si Télès avait traité le sujet dans une leçon ou dans plusieurs. Donc, dans une nouvelle édition des fragments de Télès il n'y aurait aucune raison d'inverser l'ordre des fragments sur la pauvreté : cette édition devrait présenter ainsi le texte du fragment IVB Hense avant celui du fragment IVA Hense.

Pour d'autes extraits attribués à tort à Télès par les critiques modernes, *cf. infra*, Filiation philosophique.

Traductions sans texte grec. *En allemand :* **10** W. Nestle, *Die Sokratiker*. In Auswahl übersetzt und hrsg. von W.N., Jena 1922, p. 119-146 (notes : p. 285-287) ; **11** W. Capelle, *Epiktet, Teles und Musonius : Wege zu glückseligem Leben*, übertragen und eingeleitet von W.C., coll. « Die Bibliothek der alten Welt. Griechische Reihe. Stoa und Stoiker » 3, Zürich 1948, p. 219-232 (notes : p. 319-323) ; **12** (W. Capelle et) R. Nickel, *Epiktet, Teles und Musonius : Wege zum Glück*, auf der Grundlage der Übertragung von W.C. neu übersetz, mit Anmerkungen versehen und eingeleitet von R.N., coll. « Die Bibliothek der alten Welt. Griechische Reihe », Zürich/München 1987 ; 2ᵉ édit. : *Wege zum Glück : Epiktet, Teles, Musonius*, auf der Grundlage der Übertr. von W. C. neu übersetz, & mit Einf. & Erl. vers. von R. N., coll. « dtv » 2269, München 1991, p. 199-216 (notes : p. 310-311). *En français :* **13** A.J. Festugière, *Deux prédicateurs de l'Antiquité : Télès et Musonius*. Introd. et trad., coll. « Bibliothèque des textes philosophiques », Paris 1978, p. 17-47 ; **14** L. Paquet, *Les cyniques grecs : fragments et témoignages*, coll. « Philosophica » 4, Ottawa 1975, p. 139-164 ; nouv. édit. rev., corr. et. augm., coll. « Philosophica » 35, Ottawa 1988, p. 139-165 (version allégée, présentée par M.-O. Goulet-Cazé, dans la coll. « Le livre de poche » 4614, « Classiques de la philosophie » 12, Paris 1992). *En danois :* **15** M.L. Lech, « Teles : Om uafhængighed », *Aigis* 4, 1 april 2004, p. 1-8, trad. : p. 4-8.

Cf. **16** B.G. Niebuhr, « Über den Chremonideischen Krieg » [1826], dans *Kleine historische und philologische Schriften*, Bonn 1828, réimpr. Osnabrück 1969, p. 451-463 ; Wilamowitz-Möllendorff **8**, p. 292-319 (Excurs 3 : « Der Kynische Prediger Teles ») ; **17** H. de Mueller, *De Teletis elocutione*, Diss. Friburgi Brisigaviae 1891 ; **18** G. Süpfle, « Zur Geschichte der cynischen Secte. Erste Teil, II : Ist der Cyniker Teles mit Recht als der älteste Vorfahr des geistlichen Redners bezeichnet worden ? », *AGPh* 4, 1891, p. 418-422 ; **19** W. Crönert, « Eine Telesstelle und Anderes », *RhM* 62, 1907, p. 620-625 (= « Un luogo di Telete ed altri passi », dans *Id., Studi Ercolanesi*. Introduzione e traduzione a cura di E. Livrea, Napoli 1975, p. 217-222) ; Modrze **9**, col. 375-382 ; **20** A. Fuks, « Non-Phylarchean tradition of the program of Agis IV », *QC* 12, 1962, p. 118-121 (= *Social conflict in ancient Greece*, Leiden 1984, p. 256-259) ; **21** O. Musso, « Telete e la battaglia di Efeso », *PP* 17, 1962, p. 129-131 ; **22** O. Gigon, art. « Teles », *LAW*, Tübingen/Zürich 1965, col. 2992 ; **23** R. Nickel, « Die ἀρχαῖοι des Teles », *RhM* 116, 1973, p. 215-221 ; **24** D. Mendels, « Sparta in Teles' Περὶ φυγῆς », *Eranos* 77, 1979, p. 111-115 ; **25** M.-O. Goulet-Cazé, « Télès le Cynique », *REG* 94, 1981, p. 166-172 ; **26** P.P. Fuentes González, « Magisterio y literatura en el estudio de la diatriba del cínico Teles », dans *Actas del VII congreso español de estudios clásicos* (Madrid, 20-24 de Abril de 1987), Madrid 1989, t. II, p. 183-188 ; **27** *Id.*, « Teles y la *biomania* », *Florllib* 2, 1991, p. 171-187 ; **28** *Id.*, « La diatriba de Teles sobre la impasibilidad : cuestiones generales », dans *In memoriam J. Cabrera Moreno*, Granada 1992, p. 135-144 ; **29** M.-O. Goulet-Cazé, art. « Télès », dans F. Mattéi (édit.), *L'encyclopédie philosophique universelle : les* *œuvres*, t. III 1, Paris 1992, p. 329 ; **30** Ch. Habicht, « Der Kyniker Teles und die Reform der athenischen Ephebie », *ZPE* 93, 1992, p. 47-49 ; **31** P. P. Fuentes González, « Teles y la *interpretatio ethica* del personaje mitológico », *Florllib* 3, 1993, p. 161-181 ; **32** *Id.*, « El lugar de Teles en la filología », *EClás* 36, n° 106, 1994, p. 89-102 ; **33** *Id.*, « Teles reconsidered », *Mnemosyne* 51, 1998, p. 1-19 ; **34** M.-O. Goulet-Cazé, art. « Teles (Τέλης) », *NP* XII 1, 2002, col. 96 ; **34bis** P. Scholz, « Popularisierung philosophischen Wissens im Hellenismus – Das Beispiel der "Diatriben" des Kynikers Teles », dans C. Kretschmann (édit.), *Wissenspopularisierung. Konzepte der Wissensverbreitung im Wandel*, coll. « Wissenskultur und gesellschaftlicher Wandel » 4, Berlin 2003, p. 23-45 ; **35** M. L. Lech, « Kynikeren Teles », *Aigis* 4, 2 oktober 2004, p. 1-43 ; **35bis** H.-G. Nesselrath, « Later Greek voices on the predicament of exile : from Teles to Plutarch and Favorinus », dans J. F. Gaertner (édit.), *Writing exile : the discourse of displacement in Greco-Roman antiquity and beyond*, Leiden/Boston (Mass.) 2007, p. 87-108.

Patrie. Télès n'est pas connu en dehors des fragments conservés par Stobée. C'est donc seulement à travers l'analyse de ses propres textes tels qu'ils nous sont parvenus que l'on peut tenter d'obtenir des renseignements concernant sa biographie et son activité.

Les chercheurs ont tenté d'identifier la patrie de Télès à partir de certains passages de la diatribe sur l'exil (fr. III), notamment à partir d'un passage (23, 7) où le moraliste mentionne comme le nouveau commandant d'une garnison « parmi nous » (παρ' ἡμῖν) un italiote du nom de Lycinos. On a donc voulu identifier la ville où Lycinos avait offert ses services, dans la pensée que l'on trouverait en même temps la patrie de Télès.

Ainsi, Niebuhr **16**, p. 453, 461, pour qui Lycinos a pu être l'un de ceux qui s'enfuirent de Tarente lors de la prise de cette ville par les Romains (en 272/1 av. J.-C.), suggère que celui-ci, une fois exilé, a été le commandant de la garnison macédonienne placée sur le Musée, colline d'Athènes face à l'Acropole (et Niebuhr parle en effet de Télès comme s'il avait été un Athénien). Dans ce cas, le service de Lycinos aurait été postérieur à la guerre dite de Chrémonidès [➜C 114] (*ca* de 268/267 jusqu'à 263/2 av. J.-C.), puisque, à ce que l'on sait (Pausanias III 6, 6), c'est seulement après cette guerre que les Macédoniens eurent une garnison à cet endroit (*cf.* **36** F. W. Walbank, « Macedonia and Greece », dans *Id. et alii* [édit.], *The Cambridge Ancient History*, t. VII 1 : *The Hellenistic world*, Cambridge 1984², p. 221-256, notamment p. 239), garnison que, semble-t-il, ils retirèrent en 256/5 comme une concession à la liberté d'Athènes (*cf.* Walbank **36**, p. 241).

En revanche, d'après Wilamowitz-Möllendorff **8**, p. 303, c'est dans la ville de Mégare que Lycinos aurait exercé son commandement, donc c'est là que Télès aurait prononcé sa « prédication » et qu'il serait né. Le fait que cette hypothèse ait été ensuite reprise par **37** Th. Bergk, *Griechische Literaturgeschichte. Aus dem Nachlass hrsg. von R. Pepmüller*, t. IV, Berlin 1887, p. 530 n. 61, et par Hense **1**, p. XXVIII *sq.* = Hense **2**, p. XXXVII *sq.*, l'a sans doute fait adopter par la plupart des critiques, bien qu'elle ne soit pas non plus concluante. En effet, la seule chose dont on soit sûr concerne non pas le lieu mais le temps, et encore d'une façon seulement relative : on constate seulement que Télès présente les services de l'exilé italiote comme appartenant déjà au passé (ἐφρούρει, ἐποιοῦμεν).

L'autre hypothèse selon laquelle la garnison de Lycinos était placée sur le Musée fut reprise par **38** Th. Sokolow, « Zur Geschichte des dritten vorchristlichen Jahrhunderts », *Klio* 3, 1903, p. 119-130, notamment p. 120 *sq.*, mais contestée par **39** P. Schoch, art. « Lykinos » 6, *RE* XIII 2,

1927, col. 2292, en faveur de Mégare, dans le même sens que Modrze **9**, col. 380, et le reste des critiques. D'après Schoch **39**, Lycinos avait occupé ses fonctions pendant la guerre dite Chrémonidéenne (*cf.* Festugière **13**, p. 14, 27 n. 5).

O'Neil **3**, p. 79 n. 12, considère également que « Télès fait référence, en tout cas, à un événement qui a eu lieu entre 271 et 263 av. J.-C.», bien qu'on ne puisse pas déterminer avec certitude si cet événement a eu lieu avant ou après le soulèvement des Mégariens au cours de la guerre Chrémonidéenne. En réalité, le roi de Macédoine avait à ce moment-là des garnisons non seulement à Mégare, mais aussi à Athènes ou à Corinthe (*cf.* **40** F. W. Walbank, «Antigonos Gonatas : The early years [276-261 B. C.] », dans N. G. L. Hammond et F. W. Walbank, *A History of Macedonia*, t. III [336-167 B. C.], Oxford 1988, p. 296-316, notamment p. 270 n. 4). En dépit de ce fait, O'Neil **3**, p. XII *sq.*, pense qu'il s'agit de Mégare (*cf.* aussi Walbank **40**, p. 270 n. 4), en alléguant que Télès semble se référer à une simple garnison, appropriée à une petite ville comme l'était Mégare, tandis que c'est plusieurs garnisons, chacune avec son commandement, qui furent établies à Athènes ; quant à Corinthe – continue-t-il – rien ne laisse supposer un rapport de Télès avec cette ville. O'Neil ajoute des indices qui avaient déjà été mis en relief par Wilamowitz-Möllendorff **8**, p. 301 *sq.*, mais qui en réalité ne sont pas concluants : la mention des temples de Déméter Thesmophore et d'Enyalios (*cf.* Fuentes González **4**, p. 316, comment. de fr. III 24, 11 *sq.*), ainsi que le mot d'un exilé athénien résidant à Mégare rappelé par Télès (*cf.* fr. III 29, 9, comment. de Fuentes González **4**, p. 349 *sq.* ; en ce qui concerne les autres arguments peu convaincants de Wilamowitz pour identifier le cadre des diverses diatribes entre Athènes et Mégare, voir Fuentes González **4**, p. 512 *sq.*, comment. de fr. VII 58, 12). Cependant O'Neil **3**, p. XIV *sq.*, ne partage pas l'hypothèse courante d'un Télès mégarien ; il considère (comme auparavant Niebuhr **16**) qu'Athènes est sa patrie, du fait qu'il accorde à un autre passage du même fragment (fr. III 25, 5) où le moraliste se présente comme un exilé (d'après O'Neil à Mégare) une signification historique et non le caractère de simple *topos* (*cf.* Fuentes González **4**, p. 318-320).

Cette hypothèse d'un Télès exilé avait été déjà défendue par **41** E. Weber, « De Dione Chrysostomo cynicorum sectatore », *LS* 10, 1887, p. 77-268, notamment p. 168, mais elle fut plus tard contestée par Hense **2**, p. XXXVIII *sq.* Cependant, d'après Weber **41**, p. 213 n. 1, on ne sait pas où Télès est né ni en quel lieu il est parti en exil. La seule chose sûre selon lui c'est que Télès, lorsqu'il parla sur l'exil, était un exilé.

En réalité, toute discussion autour du commandement de Lycinos se révèle inutile pour identifier la patrie de Télès. Même si on pouvait déterminer de façon sûre la ville où le moraliste prononce la diatribe sur l'exil (en élucidant la signification de la formule « parmi nous »), cela ne signifierait pas nécessairement qu'on aurait découvert quelle était sa patrie, car il arrive fréquemment que Télès, en bon moraliste, utilise la première personne du pluriel non pas d'un point de vue autobiographique mais tout simplement pour se rapprocher de ses auditeurs, dans une stratégie rhétorique, même lorsqu'il parle de comportements négatifs. De même, lorsqu'il se présente plus loin comme un exilé, on peut se demander s'il ne le fait pas d'une façon purement fictive, sans faire référence à son véritable statut personnel.

Un autre argument qui a été employé en faveur d'un Télès mégarien est son propre **nom**. En effet, Hense **2**, p. XXXVII *sq.*, souligne que le nom Τέλης ne semble se lire que dans les inscriptions de Mégare, un argument qui a été repris plus récemment par Habicht **30**, p. 48 n. 10, et qui semble plus convaincant, même si on ne peut pas le considérer comme probant.

Cf. aussi le comique athénien Hermippe, fr. 46* Kock, *CAF*, t. I, p. 237 = 46* Edmonds, *FAC*, t. I, p. 298 = 47 Kassel/Austin, *PCG*, t. V, p. 582, v. 4, où le nom est appliqué à un lâche inconnu : ψυχὴ δὲ Τέλητος ὕπεστιν. D'après **42** T. Zielinski, *Iresione*, t. I : *Dissertationes ad comoediam et tragoediam spectantes*, Leopoli [Lviv] 1931, p. 93, le Télès en question serait à identifier avec le personnage nommé Téléas chez Aristophane, *Paix*, v. 1008, et *Oiseaux*, v. 167 *sq.*, où il apparaît caractérisé comme un glouton fameux. Le nom de Télès apparaît également chez le Pseudo-Apollodore, *Bibliotheca* II 162, comme le nom du fils d'Héraclès et de Lysidique, ainsi que chez la Pseudo-Eudocie, *Violarium* 85, p. 144, 23 Flach. *Cf.* aussi *LGPN*, t. II, p. 426, t. III A, p. 424, t. III B, p. 403.

En tout cas, l'avis le plus répandu chez les critiques est que la patrie de Télès était Mégare.

Ainsi, il n'est pas étonnant que Paquet **14**, 1975, p. 162 = 1978², p. 163, présuppose le caractère dorien de Télès dans sa traduction d'un passage (fr. VII 57, 10 *sq.*) où celui-ci fait l'éloge (à travers trois anecdotes ou *chries*) de la magnanimité proverbiale des Lacédémoniennes : «Et pourtant, tout le monde célèbre la grandeur d'âme de *nos* femmes de Laconie [...]». Certains (*cf.* **43** D. R. Dudley, *A History of Cynicism : from Diogenes to the 6*[th] *century* A. D., London 1937, réimpr. Hildesheim 1967, p. 85 ; **44** H. D. Rankin, *Sophists, Socratics and Cynics*, London/ Camberra 1983, p. 242) ont même voulu ajouter à titre de preuve l'existence de dorismes dans les textes qui nous sont parvenus de Télès, mais il faut dire que les traits dialectaux en question raissent uniquement comme un élément de caractérisation dans les mots rapportés des femmes Lacédémoniennes et donc qu'ils ne sont pas déterminants pour identifier la patrie de Télès.

Enfin, il faut ajouter que, depuis son origine déjà, cette hypothèse qui fait de Mégare la patrie de Télès est liée à l'hypothèse qu'il a suivi d'une façon ou d'une autre les leçons de Stilpon de Mégare (➡S 163 ; *cf. infra*, Filiation philosophique).

Cf. Wilamowitz-Möllendorff **8**, p. 302 : «Télès était un Mégarien ; le fait qu'il cite plusieurs fois Stilpon, lequel était aussi assez proche de son cynisme, s'accorde très bien avec cette localisation géographique». Bergk **37**, t. IV, p. 259 *sq.*, va plus loin, lorsqu'il évoque «Télès, peut-être un disciple de Stilpon, et qui, comme celui-ci, était établi à Mégare [...]».

On peut citer un exemple spécialement curieux du rôle que l'idée d'un rapport (hypothétique) entre maître et disciple a joué dans la détermination de la patrie de Télès : **45** K. Vorländer, *Geschichte der Philosophie*, t. I : *Altertum und Mittelalter*, 9. Auflage, neu bearbeitete und Literaturübersicht versehen von E. Metzke mit einem Schlußkapitel von E. Hoffmann, Hamburg 1949, p. 106 *sq.*, qui affirme que Télès provenait, comme son maître (*scil.* cette fois-ci Bion de Borysthène, ➡B 32 ; *cf. infra, ibid.*), de la Mer Noire.

Même si l'hypothèse d'un rattachement de Télès à Mégare se présente comme très séduisante, il semble donc plus honnête de confesser qu'on ne sait pas quelle fut la patrie de notre moraliste. Celui-ci subit-il éventuellement un exil, déduction que nous devons à Weber **41** ? O'Neil **3** prétendait que Télès dans cette hypothèse était athénien (*cf. supra*). Mais en tout cas, comme nous l'avons déjà dit, il est toujours possible que Télès se soit présenté devant son public comme un exilé seulement d'une façon fictive.

Chronologie. On a pu établir avec d'assez bons arguments la date relative de la diatribe sur l'exil autour de 240/239.

Cette date a fait l'unanimité, à une exception près, **46** V. Rose, *Aristoteles pseudepigraphus*, Lipsiae 1863, réimpr. Hildesheim/New York 1971, p. 70, qui estime à tort qu'on ne peut rien dire sur l'époque de Télès. L'expédient de Rose est de considérer que les indications de temps et de lieu chez Télès ne concernent pas cet auteur mais ses sources. Dans une lettre à H. Usener datée du 31 décembre 1889 (*cf.* **47** D. Ehlers, *Hermann Diels, Hermann Usener, Eduard Zeller Briefwechsel*, Berlin 1992, t. I, p. 395), Diels semble parler dans le même sens, position qui a soulevé l'étonnement du destinataire dans sa réponse de 3 janvier 1890.

L'établissement de la chronologie de cette diatribe se fonde sur ce qui est dit dans le fr. III 23, 9 *sq.* du lacédémonien Hippomédon : alors même s'il était exilé, il détenait le gouvernement de Thrace sous les ordres de Ptolémée (vraisemblablement Ptolémée III Évergète) au moment où Télès parle (νῦν). Les résultats sont sur ce point beaucoup plus rigoureux et convaincants que dans le cas de la mention de Lycinos (*cf. supra*).

Wilamowitz-Möllendorff **8**, p. 303 *sq.*, prend comme *terminus post quem* la date de l'exil d'Hippomédon, qu'il situe en 241 (*cf.* aussi **48** K. J. Beloch, *Griechische Geschichte*, t. IV 2 : *Die griechische Weltherrschaft*, 2ᵉ éd., Leipzig/Berlin 1927 ; réimpr. 1967, p. 346), en considérant qu'il faut, selon toute vraisemblance, ajouter quelques années pour la nomination du Spartiate comme gouverneur de Thrace. Il ne fait en ceci que suivre Droysen (*cf.* **49** J. G. Droysen, *Geschichte des Hellenismus*, t. III : *Geschichte der Epigonen*, I. Halbband, Zweite Auf., Gotha 1877, p. 407 n. 2 ; trad. franç. sous la dir. d'A. Bouché-Leclercq : *Histoire de l'Hellénisme*, t. III : *Histoire des successeurs d'Alexandre [Épigones]*, Paris 1885, p. 221 n. 1, p. 392 *sq.* n. 2, p. 418 n. 1 ; nouvelle édit. franç.: trad. sous la dir. d'A. Bouché-Leclercq ; préf., note sur la traduction, bibliographie par P. Payen, « Collection Horos », t. II : *Les successeurs d'Alexandre, Diadoques* ; *Les successeurs d'Alexandre le Grand, Épigones*, Grenoble 2005, p. 1333 *sq.* n. 100, p. 1445 n. 61, p. 1461 n. 89), mais il fixe pour sa part le *terminus ante quem* en 229, année de la mort du roi Démétrios II, en alléguant que c'est à partir de ce moment seulement que la situation politique commença à se relâcher. Wilamowitz opte pour la limite plus haute, en estimant possible qu'au moment où Télès prononça sa « prédication », Antigone Gonatas de Macédoine se trouvait encore en vie († 239). Les chercheurs ont accepté unanimement cette analyse, en datant donc la diatribe sur l'exil de Télès autour de 240/239 av. J.-C.

Cf. **50** P. Hartlich « De exhortationum a Graecis Romanisque scriptarum historia et indole », *LS* 11, 1888 (1889), p. 207-336 = *Exhortationum (προτρεπτικῶν) a Graecis Romanisque scriptarum historia et indoles*, Diss. inaug., Lipsiae 1889, p. 209-300, notamment p. 237 *sq.* ; **51** P. Wendland, c.r. de Hense **1**, dans *BPhW* 11, 1891, col. 456-459, notamment col. 457 ; **52** F. Susemihl, *GGLA*, 1891, t. I, p. 43 n. 126 ; Hense **2**, p. XXIX ; **53** W. Otto, art. « Hippomedon » 14, *RE* VIII 2, 1913, col. 1884-1887, notamment col. 1884 ; Nestle **10**, p. 26, 287 n. 76 ; Modrze **9**, col. 381 ; Fuks **20**, p. 119 ; Musso **21**, p. 131 ; **54** M. Kokolakis, *The dramatic simile of life*, Athens 1960, p. 23 n. 5 ; O'Neil **3**, p. XI, 79 n. 14 ; Festugière **13**, p. 14 ; Habicht **30**, p. 48 n. 12, etc.

Un peu plus loin dans la même diatribe (*cf.* fr. III 23, 11), Télès mentionne Chrémonidès et Glaucon comme étant en ce moment, même en exil, des assistants et des conseillers du même Ptolémée. L'exil de ces deux frères athéniens fut sans doute la conséquence de l'échec de la guerre dite de Chrémonidès qui est survenu vraisemblablement en 263 av. J.-C. Par ailleurs, puisque Télès dit de Chrémonidès qu'il a été mis à la tête d'une très grande armée, on a songé à la bataille d'Éphèse pendant laquelle il fut amiral de la flotte. Cependant, la date de cette bataille n'est pas sûre : certains la placent *ca* 242 av. J.-C., mais d'autres *ca* 258 av. J.-C. (*cf.* Fuentes González **4**, p. 306 *sq.*). À son tour, Musso **21**, p. 131, considère qu'on ne peut pas aujourd'hui établir la chronologie de cette bataille indépendamment de celle qui correspond à la diatribe de Télès, et *vice versa* ; et qu'on ne peut pas séparer non plus le renseignement sur Chrémonidès de l'information sur le gouvernement d'Hippomédon en Thrace, puisque les deux événements sont présentés par Télès comme l'un et l'autre actuels : « Si l'exil d'Hippomédon peut être vraiment daté de 241, l'écrit de Télès n'a pas été compilé avant 241 ; mais cela entraîne que la bataille d'Éphèse n'est pas antérieure à cette date. Si donc la date relative à Hippomédon oscille, la datation du περὶ φυγῆς subit aussi le même sort. » La seule chose sûre, d'après Musso, est, d'une part, que l'écrit a été composé dans l'intervalle de temps entre la nomination de Chrémonidès comme navarque et sa défaite près d'Éphèse, et, de l'autre, que « cela coïncide avec la période pendant laquelle Hippomédon exerça le gouvernement en Thrace (καθεσταμένος), ou bien avec le moment où il fut nommé gouverneur (s'il faut lire καθιστάμενος) » (*ibid.*).

D'autres diatribes ont fait aussi l'objet d'analyses et d'élucubrations sur la chronologie de Télès. Ainsi, Wilamowitz-Möllendorff **8**, p. 300, déduisait de son analyse des fragments de la diatribe sur la pauvreté (fr. IVA et IVB) que Télès était en activité déjà vers 260 av. J.-C.

Voici les passages utilisés pour cette datation. Dans le fr. IVA 39, 8, Télès recommande à qui veut détourner son fils de l'indigence et du besoin de ne pas l'envoyer chercher fortune à la cour de Ptolémée, puisque cela ne fera qu'empirer son caractère. Wilamowitz n'hésite pas à considérer qu'il s'agissait de Ptolémée II Philadelphe (285-246 av. J.-C.) et il allègue ce passage, ainsi que sa conviction que la guerre contemporaine mentionnée par Télès en fr. IVB 47, 3 *sq.* était la guerre de Chrémonidès, comme des indices suggérant de dater la diatribe *Sur la pauvreté* « à la fin des années soixante du troisième siècle ». Wilamowitz considérait que cette chronologie haute s'accordait aussi avec ce qu'il croyait être une mention de Cléanthe d'Assos (➙C 138) dans nos fragments (fr. IVB 47, 2 *sq.*), mais cet indice est tout à fait erroné, notamment parce qu'il se fonde sur la conjecture ὁ Ἄσσιος (*mss.* ὁ ἄσιος) de **55** A. Meineke, *Ioannis Stobaei Florilegium*, recognovit A. M., Lipsiae 1856, t. III, p. XXXIV (n. *ad* p. 201, 25 ; *cf.* Crönert **19**, p. 621), alors qu'il fallait lire ὁ ἄβιος (*cf.* Fuentes González **4**, p. 440).

Il va sans dire que Hense **2**, p. XXIX *sqq.*, qui considérait que Télès n'avait fait que transmettre purement et simplement les développements de Bion, et ce de façon maladroite *(cf. infra, Quellenforschung),* ne se montra nullement disposé à suivre cette hypothèse. Étant donné que la mort de Bion a été fixée aux environs de l'an 245 av. J.-C. (*cf.* Kindstrand **5**, p. 5-6), la seconde moitié du siècle était pour Hense **2** l'époque où il fallait situer l'activité de Télès, si bien qu'il en venait à faire cette déclaration surprenante à propos de la chronologie de son œuvre :

« Et, puisqu'il est peu vraisemblable que dans la composition ou pour mieux dire dans la compilation de ces entretiens *[sermones]* on ait mis plusieurs lustres, j'ai pensé que Télès a écrit dans la deuxième moitié du IIIe siècle, vers 240, non seulement le περὶ φυγῆς mais aussi les autres opuscules *[libelli]* » (p. XXXVI).

À nos yeux, c'est cette datation de l'œuvre de Télès qui est peu vraisemblable. La déclaration de Hense ne peut se comprendre que si on considère Télès comme un simple compilateur de l'œuvre de Bion, dans la pensée que pour compiler cette œuvre peu d'années sont nécessaires et qu'il suffit d'éprouver un sentiment d'admiration à son égard ainsi qu'un désir de la préserver à la suite de la mort de son auteur. Cette idée est sans rapport réel avec ce que devait être la profession d'un moraliste. L'œuvre de Télès a été composée sans doute tout au long d'un parcours existentiel plus ou moins prolongé et complexe. Les traces de cette œuvre qui nous sont parvenues peuvent appartenir à des moments différents de la vie de son auteur. En tout cas, à travers une lecture dénuée de préjugés exégétiques, nous ne trouvons aucun élément qui conduise à la sévère restriction temporelle postulée par Hense. Les arguments de Wilamowitz en faveur d'une chronologie plus haute peuvent se discuter et plus d'un s'est révélé erroné, mais sa vision générale de la production morale de Télès semble de toute évidence plus proche de la vérité. En fait, l'idée que Télès était actif déjà vers 260 av. J.-C. n'a pas manqué de partisans, même si elle n'a pas été convenablement utilisée contre l'analyse réductionniste de Hense selon lequel Télès = Bion *(cf. infra).*

Cf. Hartlicht **50**, p. 238 ; **56** M. Edmonds, *Lyra Graeca*, being the remains of all the Greek lyric poets from Eumelus to Timotheus excepting Pindar, newly edited and translated, t. III, coll. *LCL* 144, London 1927, p. 700 *b*, index des auteurs, *s.v.* « Télès » (*flor.* 270 av. J.-C.) ; Modrze **9**, col. 380 *sq.* ; **57** F. Schweingruber, « Sokrates und Epiktet », *Hermes* 78, 1943, p. 52-

79, notamment p. 77 ; et plus récemment Habicht **30**, p. 49, qui étend cette chronologie haute à la diatribe sur le plaisir (fr. V).

Nous nous rangeons aussi à cet avis qui permet de placer le *floruit* de Télès vers le milieu du IIIe siècle av. J.-C. ou même un peu avant.

Pédagogue-moraliste. En ce qui concerne l'activité développée par Télès, il s'appelle lui-même παιδαγωγός, mais il nous semble évident qu'il faut interpréter ce terme en son sens le plus large. En effet, nous ne croyons pas, comme on l'a prétendu, qu'il était un simple maître d'école qui aurait donné ses cours uniquement à un public d'adolescents ; il devait être un vrai moraliste s'adressant aux hommes de son temps en général.

On voit Télès se qualifier lui-même de παιδαγωγός dans deux passages de nos fragments, l'un dans sa diatribe sur l'autarcie (fr. II 6, 2) : «Toi, tu commandes à beaucoup de gens ; moi, devenu pédagogue, c'est à un seul ici présent que je commande [...]» ; l'autre dans la diatribe sur l'exil (fr. III 24, 3-6) : «D'ailleurs, quelle différence y a-t-il entre commander et vivre en simple particulier, quelle différence si toi tu dois régner sur beaucoup d'hommes ou sur peu dans la fleur de l'âge, et si moi, qui suis devenu pédagogue, je vais le faire sur un petit nombre, pas encore dans la fleur de l'âge et, en fin de compte, sur moi seul ? »

Quel sens doit-on accorder au mot παιδαγωγός choisi par Télès pour se définir lui-même dans ces deux passages ? Tout d'abord, nous précisons «dans ces deux passages», car nous ne nous rangeons pas à l'avis commun selon lequel Télès ne parle de lui-même que dans le fr. III 24, 4, en imitant de façon maladroite l'autre passage où le sujet serait Bion (prétendument confronté au roi Antigone).

Wilamowitz-Möllendorff **8**, p. 307, a vu en Télès un maître dans une école secondaire («Lehrer im Gymnasion von Megara») qu'il imaginait organisée comme un établissement d'enseignement («Erziehungsinstitut»), bien qu'il n'ait pas dit jusqu'à quel point Télès pouvait assurer une formation intellectuelle («geistige Bildung»). L'hypothèse a été reprise par Susemihl **52**, t. I, p. 43 n. 125, et nous pouvons rappeler à ce sujet que Süpfle **18**, p. 419 *sqq.*, refusait à notre homme toute capacité d'exercer de l'influence sur d'autres esprits que ceux de quelques adolescents immatures et faciles à convaincre.

Plus récemment Kindstrand **5**, p. 209, en revanche, a remis en cause cette interprétation du terme, du moins en ce qui concerne le passage 6, 2 (où il considère que le mot s'applique à Bion, selon la lecture commune que nous révoquons en doute). Il suggère, en s'inspirant de l'image du sage comme παιδαγωγός-ἄρχων, que dans ce passage le terme n'est pas employé au sens littéral mais plutôt au sens figuré. Nous partageons ce point de vue, à l'exception du «bionisme», car, pour nous, c'est toujours Télès qui se traite lui-même de *pédagogue* dans les deux passages (*cf.* en revanche **58** A. M. Ioppolo, *Aristone di Chio e lo stoicismo antico*, coll. «Elenchos» 1, Napoli 1980, p. 129 ; ou **59** S. K. Stowers, *The diatribe and Paul's Letter to the Romans*, coll. «SBL, Diss. Series» 57, Chico 1981, p. 52).

De fait, il ne faut pas oublier que l'on doit aussi à Wilamowitz l'image d'un Télès «prédica-teur» (*cf. infra*, Importance de Télès), beaucoup plus riche que celle d'un maître d'enseignement secondaire. Bref, que notre moraliste se traite lui-même de παιδαγωγός n'implique pas qu'il ait dû nécessairement réaliser son activité dans une école plus ou institutionnalisée : le terme qu'il a choisi pour décrire cette activité semble devoir être pris au sens large comme une métaphore.

Comme on le sait, le *pédagogue* est l'esclave «accompagnateur» de l'enfant (ou de l'ado-lescent), chargé de sa formation morale (*cf.* **60** H.-I. Marrou, *Histoire de l'éducation dans l'Anti-quité*, coll. «L'Univers historique» 4, 6e édit. revue et augmentée, Paris 1965, p. 220 *sq.*, 225 ; réimpr. : t. I : *Le monde grec*, coll. «Points Histoire» 56, Paris 1981, p. 217 *sq.*, 222). En tant que maître spirituel son rôle est donc plus décisif que celui d'un autre maître. Mais Télès parle le grec de l'époque hellénistique. Or, à cette époque, comme le remarque Marrou **60**, p. 221 = t. I, p. 218, le terme παιδαγωγός perdait très souvent son sens étymologique « pour prendre l'acception moderne de pédagogue, d'éducateur au sens plein », même s'il restait distinct du terme utilisé pour le maître dispensateur d'une science ou d'une technique particulière. Le sens étymologique du mot est évident dans le fragment V (50, 4), mais dans les passages qui nous intéressent ici (fr. II 6, 2, et fr. III 24, 5), rien n'empêche de penser que Télès, tout en se présentant comme un pédagogue, reprend en réalité la dimension profonde du concept qui s'accordait le mieux à son activité de moraliste. On peut imaginer qu'il s'est adressé à un groupe, peu nombreux, d'adolescents (μειράκια), comme le laisse supposer le passage cité du fragment III (24, 1 sqq.), mais le même passage laisse entendre par ailleurs que ce groupe n'était pas son seul public.

En effet, s'il est vrai que Télès, avec l'expression τὰ μειράκια ταυτί (« les jeunes gens que voici ») de 24, 1 sq. montre du doigt (comme l'indique le -ι déictique) la partie la plus jeune de son auditoire, formée d'adolescents entre 14 et 21 ans (dans la troisième période de sept ans, selon la vieille division hippocratique des âges de l'homme devenue populaire), il n'en est pas moins vrai que ce geste même qui vise à faire une distinction parmi les auditeurs signifie que tous ceux qui l'entouraient n'étaient pas des adolescents.

Ce n'est pas l'avis de Hense 2, p. XXXIX, quand il affirme que Télès désigne par ces mots la présence du cercle de ses disciples (cf. 61 H. Weber, De Senecae philosophi dicendi genere Bioneo, Diss. Marpurgi Cattorum [Marburg] 1895, p. 14). Dans ce même sens Hense 2 prétend (p. XXXIV sq.) qu'il est absurde que Télès dise ailleurs (fr. IVA 39, 7 sq.) devant des « adulescentuli » : « C'est pourquoi de même, si tu veux détourner ton fils de l'indigence et du besoin, ne l'envoie pas chez Ptolémée pour acquérir des biens matériels [...] ». Hense n'hésite pas à expliquer le cas en disant que ces mots n'appartiennent pas à Télès, mais à sa source prétendue (Bion). Selon nous, en revanche, c'est la preuve la plus concluante du fait que le moraliste adresse ses enseignements à l'homme en général.

Télès est « pédagogue » par excellence, c'est-à-dire formateur et réformateur du caractère humain (τρόπος, le terme apparaît souvent dans nos fragments). Lorsqu'il se décrit lui-même comme un pédagogue, nous estimons en effet qu'il se considère comme un précepteur de l'homme en général (un « prédicateur » pour ainsi dire). Qui plus est, lorsqu'il parle à travers les fragments qui nous sont parvenus, c'est bien cette image d'un véritable moraliste qu'il projette : à analyser rigoureusement sa diatribe, elle ne peut nullement se réduire au cadre d'une instruction infantile.

L'idée de Süpfle 18 (reprise d'une façon ou d'une autre par la critique postérieure), selon laquelle Télès n'avait ni le talent ni la vocation nécessaires pour influencer des hommes adultes, ne trouve pas d'appui objectif dans les fragments conservés : notre pédagogue (« prédicateur ») manifeste non seulement la capacité mais l'intention claire de faire la morale aux hommes de son temps en général (cf. par ex. fr. VII 59, 8 : « Il faudrait, afin, en quelque sorte, de paraître plus philosophe auprès des gens paralysés par les malheurs [...] », ainsi que l'ensemble du fr. IVB, où le moraliste présente la pauvreté comme un avantage pour l'exercice de la philosophie). S'il s'appelle lui-même pédagogue « d'un petit nombre de gens, pas encore dans la fleur de l'âge » (ὀλίγων καὶ ἀνήβων : 24, 5), cela ne doit pas plus nous étonner que le fait qu'il s'appelle, immédiatement après, pégadogue en fin de compte de lui-même (τὸ τελευταῖον ἐμαυτοῦ : 24, 6). En réalité, ce que Télès démontre avec cette auto-définition c'est son réalisme comme pédagogue, conscient du fait que, lorsqu'il s'agit de morale, le succès de la transmission de la sagesse, c'est-à-dire la transformation du caractère, n'est pas une tâche facile : un esprit jeune est plus facile à « convertir » qu'un autre déjà consolidé ou vicié (cf. Platon, République II, 377 b) et par ailleurs il est plus facile à chacun de convertir son propre esprit (la transformation morale de soi-même représente l'acte suprême de la philosophie) que l'esprit d'autrui. Autrement dit : Télès se dit pédagogue de quelques adolescents dans le même sens qu'il s'appelle pédagogue de lui-même, parce c'est dans ces deux cas par excellence qu'il se réalise comme pédagogue.

Télès a pu trouver chez les jeunes gens la base d'un groupe d'auditeurs plus ou moins stable, grâce auxquels peut-être il avait de quoi vivre, mais pour nous il ne fait point de doute qu'il a présenté ses diatribes devant un public plus composite et complexe.

Stowers **59**, p. 52 *sq.*, continue à limiter la portée de l'enseignement de Télès à des jeunes gens. Ceci dit, il est conscient (*cf.* **62** *Id.*, c.r. de **63** Th. Schmeller, *Paulus und die « Diatribe »* : *eine vergleichende Stilinterpretation,* coll. « Neutestamentliche Abhandlungen », N.F. 19, München 1987, dans *JBL* 108, 1989, p. 538-542, notamment p. 539) du caractère ouvert et informel des écoles dans l'Antiquité, une idée qu'il oppose à la vision commune de la diatribe comme *propaganda pour les masses* (*cf. infra, Diatribe*).

Sans avoir à invoquer l'idée d'une « propagande pour les masses » si chère à la philologie du XIXe siècle, il ne faut pas négliger le rôle joué par les « prédicateurs » populaires en tant qu'enseignants de la philosophie (morale), en marge de l'enseignement traditionnel des écoles proprement dites organisées sous un chef : leur enseignement était exotérique, c'est-à-dire qu'ils s'adressaient à un public ouvert (c'est en ce sens qu'on peut les appeler « populaires »).

De ce fait, même si, comme le remarque Marrou **61**, p. 310 = t. I, p. 309, ils n'ont jamais assuré un enseignement régulier et complet de la philosophie, ils ont du moins joué un rôle important lorsque les conditions culturelles et politiques demandaient une éthique à la portée d'un plus grand nombre d'esprits, une éthique qui ne fût pas soumise à la discipline de telle ou telle école, mais aux besoins, aux urgences même de la vie pratique des individus. En qualité d'agents de cette vulgarisation, c'est à une époque comme l'époque hellénistique que ces personnages furent sans doute importants, à une époque où les croyances et les appuis traditionnels de l'esprit devaient être promptement remplacés par d'autres appuis et d'autres horizons, ainsi que Wilamowitz l'avait déjà observé (*cf. infra* ; aussi **64** P. Wendland, *Die hellenistisch-römische Kultur in ihren Beziehungen zum Judentum und Christentum,* coll. « Handbuch zum Neuen Testament » I 2, 4. Auflage erweitert um eine Bibliographie von H. Dörrie, Tübingen 1972 [1907[1], 1912[2,3]], p. 75 *sq.*). Sur la notion de « philosophie populaire », *cf.* Fuentes González **4**, p. 71 *sq.*; **64bis** *Id.*, « Cyniques et autres "philosophes populaires" chez Stobée », dans G. Reydams-Schils (édit.), *Thinking through excerpts : studies on Stobaeus,* coll. « Monothéismes et philosophie », Turnhout 2011, p. 387-440, notamment p. 397-400 (avec une bibliographie plus développée).

Importance de Télès. Bien que Télès soit un personnage modeste dans l'histoire de la pensée et de la littérature grecques, il faut lui accorder l'importance qu'il mérite et essayer d'interpréter et valoriser les fragments qui nous sont parvenus de ses ouvrages de la façon la plus autonome possible. Ce ne fut en aucun cas le point de vue de la plupart des chercheurs qui se sont intéressés à ces fragments depuis le XIXe siècle. Or, au début de ces recherches se trouve la contribution du jeune Wilamowitz-Möllendorff **8** qui était loin de tous les excès et déformations de la critique postérieure.

L'importance que Wilamowitz accorde à Télès tient notamment au fait qu'il découvre chez lui les particularités du genre philosophique qu'il considère comme le plus caractéristique de l'époque hellénistique, époque marquée de son point de vue par la décadence et le manque d'originalité, ainsi que par la nécessité d'une universalisation de l'enseignement éthique. Il s'agit du genre de la *prédication* (« Predigt ») ou *conférence* (« Vortrag ») du *maître itinérant* (« Wanderlehrer » ; p. 306-308).

Il constate (p. 312) à travers Télès que ce genre d'enseignement, dont le contenu est restreint à la morale pratique, s'oppose au dialogue philosophique traditionnel qui avait lieu dans un cercle plus ou moins fermé d'élèves qui participaient en quelque sorte activement à la discussion : en effet, le public de la « prédication », qui est déjà moins déterminé et plus vaste, n'intervient maintenant que d'une façon très schématique, dans la mesure où le maître (« prédicateur ») lui-même prend en compte le point de vue (faux) qu'il imagine chez ceux qui l'écoutent, pour le réfuter immédiatement après (« dialogue fictif »). Wilamowitz observe qu'à travers ce mode d'exposition « mi-dialogique » le philosophe veut rendre ses enseignements plus efficaces, en s'abstenant de prononcer une leçon dogmatique (qui aurait été en partie incomprise, en partie reçue avec méfiance), et en satisfaisant la tendance dialectique si puissante chez les Grecs, même si ce n'est que d'une façon tout à fait schématique (*cf.* p. 307), puisqu'il n'y a plus d'essai d'une caractérisation (ἠθοποιία) de l'« adversaire » (fictif). D'ailleurs, le recours régulier de Télès aux lieux communs, aux citations et aux anecdotes suggère à Wilamowitz (p. 312) que le but du philosophe n'était plus de produire lui-même des idées originales, mais de servir d'intermédiaire entre la sagesse des grands maîtres et la communauté. De la sorte, la *prédication* traduirait la « méthode d'enseignement » qui s'accordait le plus aux circonstances nouvelles de l'époque hellénistique, après le bouleversement de la société et des valeurs traditionnelles, lorsque la philosophie (morale) se présentait comme le seul appui solide pour la vie et répondait à une demande de l'homme en général et pas seulement d'une élite cultivée.

Il importe de rappeler ici que Wilamowitz (p. 313 *sq.*) établit un lien entre le genre littéraire de la « prédication » morale païenne et le sermon chrétien, de sorte qu'il considère Télès comme « le plus ancien précédent connu » du second. Il lui accorde ainsi une signification qui fut vite contestée, exagérément, par ceux qui avaient introduit l'idée, rabâchée à satiété, d'un Télès absolument négligeable en lui-même (*cf.* Fuentes González **4**, p. 12, 20 *sq.*). En réalité, Wilamowitz ne parle de Télès que dans des termes parfaitement accordés à la vision du genre littéraire qu'il reconstitue : Télès est pour lui certes un personnage sans originalité, « tout à fait insignifiant » (p. 313), seulement l'un des nombreux auteurs à avoir pratiqué ce genre de « prédication », et seul le hasard expliquerait que ce soient ses fragments qui nous sont parvenus (*cf.* p. 291). Mais, lorsque Wilamowitz présente cette image de Télès, il ne lui fait pas des reproches ; bien au contraire, il le juge en tout cela conforme à ce « type » de littérature (p. 313). Il affirme aussi plus loin (p. 306) qu'on juge avec plus d'indulgence ce genre de *conférences* (avec leurs répétitions ennuyeuses d'idées et même de phrases entières et avec leur style décousu) si on ne perd pas de vue la « trivialité » de leur but (*cf.* dans ce même sens Nestle **10**, p. 2).

Pour la notion de maître itinérant, *cf.* **65** C. Martha, *Les moralistes sous l'Empire romain (philosophes et poètes)*, Paris 1865 (1907[8]), notamment p. 289-314 (chap. III : « Les sophistes philosophes ») ; **66** H. von Arnim, *Leben und Werke des Dio von Prusa. Mit einer Einleitung : Sophistik, Rhetorik, Philosophie in ihrem Kampf um die Jugendbildung*, Berlin 1898, p. 30 ; **67** W. L. Liefeld, *The Wandering preacher as a social figure in the Roman Empire*, Diss. Columbia 1967, Ann Arbor 1968 (microfilm-xérographie 1969), *passim*.

Le terme « Prediger » choisi par Wilamowitz n'est pas sans poser problème, compte tenu des connotations religieuses que ce mot possède dans les langues modernes. Il peut décrire assez bien, faute de mieux, les conditions de base de l'activité moralisante de Télès, mais nous ne cachons pas notre scrupule à l'employer. Quant à la notion de « professeur itinérant », il faut sans doute la prendre en un sens relatif, par opposition au philosophe qui enseigne dans une chaire institutionnalisée.

***Quellenforschung* et *biomanie*.** Après le travail de Wilamowitz, la philologie avait donc un bon motif pour s'occuper des fragments de Télès : ces textes représentaient le témoignage le plus ancien et le plus authentique du genre qu'on allait très vite appeler « diatribe », et auquel on devait accorder de plus en plus d'influence (*cf.* Fuentes González **4**, p. 73 *sq.* ; et *infra*). Rappelons seulement ici qu'étant donné la perte des diatribes de Bion de Borysthène (➤B 32), qu'on tenait comme le créateur de la forme « diatribique » et à qui Diogène Laërce consacre une biographie (IV 46-58), notre modeste Télès, sous prétexte qu'à sept reprises il cite Bion, allait devenir l'objet, non pas d'une étude autonome qui eût été tout à fait légitime et nécessaire, mais d'une spoliation continue de la part des philologues attachés à reconstituer les diatribes plus ou moins hypothétiques de son important devancier. Autrement dit, Télès allait devenir la victime principale de ce qu'on a appelé la *Biomania* (*cf.* Fuentes González **4**, p. 22-32).

Et c'est cette tendance critique qui caractérise le moment capital dans les études sur Télès, représenté par Hense **1** et **2**, dont les points de vue et les analyses devaient influencer énormément l'exégèse de Télès. Tout d'abord, un mépris tout à fait injustifié à l'égard de celui-ci et de sa valeur en tant qu'auteur et philosophe allait produire une image complètement négative qui n'a servi qu'à introduire de la confusion au moment de décrire l'activité de Télès en tant que moraliste. En effet, cette attitude n'a fait que perturber la compréhension des textes conservés.

Ce mépris n'avait rien à voir avec l'idée de Niebuhr **16** ou de Wilamowitz-Möllendorff **8** selon laquelle Télès était une figure secondaire. Hense suivait plutôt d'autres approches moins positives et moins accordées à la vraie nature de l'activité de Télès : *cf.* **68** F. Dümmler, *Antisthenica*, Diss. Bonnae, Halis 1882 (= *Kleine Schriften*, t. I, Leipzig 1901, p. 10-78), p. 70 ; ou **69** C. Wachsmuth, *Corpusculum poesis epicae Graecae ludibundae*, t. II : *Sillographorum Graecorum reliquiae*, recognovit et enarravit C. W., praecedit commentatio « De Timone Phliasio ceterisque Sillographis Graecis », Lipsiae 1885², p. 75 (*cf.* Fuentes González **4**, p. 21, pour davantage de références).

Nous refusons cette attitude critique qui accable Télès de censures *a priori* au lieu d'essayer de le comprendre tel qu'il était : un moraliste qui ne doit pas être comparé par exemple à un Platon ou à un Aristote. Ses aspirations n'étaient pas les mêmes, ses ressources non plus ni le cadre de son activité, pas plus enfin que son public. Quant à son talent, il ne doit être apprécié qu'en rapport avec sa mission et son activité propres. Pour cette raison, s'il est vrai qu'il appartient au philologue d'étudier en elles-mêmes toutes les modalités littéraires, celles d'un *genus sublime* et celles d'un *genus humile*, Hense **1**, p. XXXIII = **2**, p. XLII, a tort lorsqu'il déclare : « Certes, Télès serait à peine digne d'être lu, si le temps n'avait effacé les traces de la plupart des écrivains du troisième siècle » (*cf.* aussi Bergk **38**, t. IV, p. 530).

Hense formule ensuite un postulat avec lequel nous pouvons encore moins être d'accord, à savoir que tout ce que l'on peut trouver de méritoire et d'admirable chez Télès revient aux sources qu'il aurait copiées, en particulier à Bion. Il est en effet de mauvaise méthode, nous semble-t-il, de vouloir établir dans nos textes une distinction entre des parties excellentes qui seraient dues au talent de Bion et d'autres médiocres qui seraient du propre cru de Télès et où se manifesterait à découvert « le jugement médiocre et étroit de cet homme » *(ibid.)*.

Hense **1**, p. XCI = **2**, p. CVII, est même prêt à une espèce de condescendance lorsqu'il dit : « Et Télès avait pu aussi, même si son esprit était très obtus, parvenir à force d'une lecture fréquente à imiter non sans quelque bonheur l'art et les finesses de l'auteur qui, plus que tout autre, faisait ses délices (c'est-à-dire Bion). »

Avant que les schèmes simplistes de la *Quellenforschung* ne fussent en vogue dans la critique de nos fragments, rien n'empêchait un Cobet de lancer des éloges à la grâce et à l'efficacité de Télès lui-même (*cf.* **70** C. G. Cobet, « Miscellanea philologica et critica », *Mnemosyne* 9, 1860, p. 68-170, notamment p. 101 *sq.* et 121 ; **71** *Id.*, « Variae lectiones », *Mnemosyne* 6, 1857, p. 315, repris dans *Novae lectiones, quibus continentur observationes criticae in scriptores Graecos, editio secunda auctior,* Lugduni Batavorum [Leiden] 1858, p. 409). Et un autre philologue, Wyttenbach, avait même qualifié notre auteur de « philosophe d'une doctrine remarquable » (*cf.* **72** D. A. Wyttenbach, *Animadversiones in Plutarchi opera moralia,* ad editionem Oxoniensem emendatius expressae, t. I, Lipsiae 1820, p. 10).

En revanche, une fois que les philologues eurent entrepris de reconstruire à partir de Télès l'œuvre d'auteurs tels que Bion (⇒B 32) et Stilpon (⇒S 163), il était inévitable que notre personnage fût perçu comme un auteur de peu de génie et de peu de culture, ne méritant d'être lu qu'en raison de la disparition de la prose philosophique de son époque.

Naturellement, si on le lit sans préjugés, Télès se révèle comme un esprit plus indépendant qu'on ne l'a cru en se fiant à la philologie du XIXe siècle. Si nous essayons d'imaginer le portrait du moraliste tel qu'a voulu le brosser cette philologie, nous avons du mal à croire qu'un tel plagiaire de Bion et, à titre secondaire, de Stilpon ait pu exercer de vive voix une activité pédagogique efficace. Le Télès des philologues, de Hense et de ses partisans, aurait pu difficilement être un vrai « directeur spirituel », même à l'égard de simples enfants. Il est plutôt un produit forgé par des critiques enthousiastes à la recherche de l'œuvre perdue des auteurs (plus importants) qu'il cite, en particulier de Bion.

C'est ainsi que la plus grande partie des longs *Prolégomènes* de Hense (*cf.* Hense **1**, p. VII-CIX ; **2**, p. IX-CXXIV), et de ses abondantes notes aux textes, sont davantage une étude de Bion que de Télès : c'est toujours le premier et non le second qui suscite l'intérêt. On est pour cela d'autant plus surpris d'entendre **73** A. Körte, c.r. de Hense **1**, dans *WKPh* 8, 1891, col. 347-350, notamment col. 348, déplorer que Hense ne se soit pas consacré entièrement à l'étude de Bion, bien que **74** H. von Arnim, c.r. de Hense **1**, dans *GGA* 152, 1890, n° 2, p. 124-128, notamment p. 128, se soit montré déjà critique envers les spéculations de Hense, pas toujours claires ni justifiées.

Nous avons essayé de développer l'étude autonome qui manquait sur Télès dans notre commentaire sur cet auteur (Fuentes González **4**). Le précédent le plus remarquable se trouvait notamment dans le commentaire de Bion fait par Kindstrand **5**.

En fait, paradoxalement, c'est dans la tradition des éditeurs de Bion que nous avons trouvé la vision la plus objective et la plus prudente du rapport entre Télès et Bion : *cf.* **75** J. M Hoogvliet, *Specimen philosopho-criticum continens diatriben de Bione Borysthenita,* Diss. Leiden 1821 ; **76** J. P. Rossignol, *Fragmenta Bionis Borysthenitae philosophi e variis scriptoribus collecta, emendavit, illustravit, et ad publicam disceptationem proponit ad doctoris gradum promovendus J. P. R.,* Lutetiae 1830, 41 p. ; et **77** F. W. A. Mullach, « De Bione Borystenita », dans *FPhG,* t. II, p. 419-429. Il n'est pas fortuit, à notre avis, que ce soit le dernier éditeur de Bion, Kindstrand **5**, p. 82-86, qui ait remis en cause avec le plus d'énergie les convictions que la *Quellenforschung* avait inculquées sur Télès.

Nous reconnaissons donc volontiers notre dette à l'égard de ce précurseur, Kindstrand **5**, lorsqu'il déclare, à propos des opinions de Hense, qu'il faut se garder de mépriser les capacités de Télès :

« Le fait qu'il a produit ces traités philosophiques montre qu'il devait avoir un certain intérêt à l'égard de la littérature et de la philosophie, qu'il devait en avoir une certaine connaissance, et qu'il devait, par conséquent, posséder au moins une formation plus qu'ordinaire. Ainsi, on peut accepter comme plausible qu'il a plus lu qu'on ne le pense couramment. Il a tout à fait pu tenter de compenser son manque d'originalité par la richesse du matériel rassemblé à partir de différentes sources. Cependant, rien n'est sûr à ce sujet et toute réponse reste une supposition incertaine » (p. 83).

Le progrès dans la valorisation de Télès est ici remarquable, bien que Kindstrand **5** nous semble encore manifester trop de réserves. La notion de « traité » qu'il utilise ne paraît pas très adéquate pour décrire l'activité « littéraire » de Télès. D'ailleurs, on devine encore chez lui l'image artificielle d'un Télès compilateur de l'œuvre d'autres auteurs, ce qui est peut-être compréhensible si on pense qu'il envisage Télès du point de vue de l'éditeur des « fragments de Bion », c'est-à-dire du point de vue de Bion, et non pas, comme nous, du point de vue de Télès lui-même. Ceci dit, à ce sujet, Kindstrand **5** fait montre de prudence en ce qu'il n'édite dans son recueil que les textes où on lit de façon manifeste le nom de Bion. Certes il ne fait ainsi que suivre une pratique commune chez les éditeurs modernes de textes fragmentaires.

Le fait que cela lui ait valu le reproche d'« abionisme » excessif de la part de **78** M. Gigante et G. Indelli, « Bione e l'epicureismo », *CronErc* 8, 1978, p. 124-131, notamment p. 126 n. 31, n'a rien de surprenant si nous tenons compte de la tradition dominante de la *Biomania*.

D'ailleurs, Kindstrand **5** se demande si Télès a beaucoup emprunté à Bion en dehors des passages où le nom de cette source est explicitement évoqué. À ce sujet, il n'hésite pas à affirmer :

« Il faut reconnaître qu'il est impossible de parvenir à aucune forme de certitude ici. Tout effort visant à trouver plus de matériel procédant de Bion que celui qui est attesté ne peut rester qu'une conjecture, fondée sur l'hypothèse que chaque fois que le style de Télès devient plus vif, chaque fois que ce dernier fait référence à un philosophe antérieur ou bien qu'il fait une citation tirée de la poésie ou de la mythologie, il ne fait que copier Bion. Je considère cette méthode comme inadmissible, dans la mesure où l'on n'a que très peu de matériel pour se guider, qu'il provienne de Bion, ou bien d'autres philosophes populaires. Ceux-ci ont dû être nombreux et leur production littéraire a dû être abondante, mais rien d'autre ne nous est parvenu que les discours de Télès, lesquels en reçoivent par conséquent une grande valeur et ont été de ce fait fort exploités » (p. 84).

Kindstrand préfère pour cette raison laisser en suspens la question des emprunts de Télès à Bion en dehors des passages où Bion est explicitement cité.

L'attitude de **79** K. Döring, *Die Megariker : Kommentierte Sammlung der Testimonien*, coll. « Studien zur antiken Philosophie » 2, Amsterdam 1972, p. 152, est différente, quand, plus optimiste, il se pose la même question en ce qui concerne Stilpon : « On ne peut plus préciser aujourd'hui combien Télès doit à Stilpon ; cependant, on peut tenir pour sûr que cette dépendance était plus importante que ne le laissent aujourd'hui supposer les deux seules mentions de Stilpon. »

Cependant, Kindstrand **5**, p. 82, 85, présuppose facilement que les « citations » de Bion faites par Télès sont littérales et il les prolonge trop, comme le font pour Stilpon ses éditeurs, Döring **78**, p. 57-59, ou **80** G. Giannantoni, *SSR*, 1990, t. I, p. 465-467. De leur point de vue cela est compréhensible, car il n'est pas facile de renoncer à la conviction que Télès nous permet de récupérer les fragments les plus longs de l'un et l'autre auteur. Mais du point de vue de celui qui étudie Télès en lui-même, il est plus raisonnable de penser que la mention qu'il fait de Bion et de Stilpon (comme de toute autre « autorité ») à propos d'un sujet quelconque n'implique pas qu'il reproduise forcement le texte de ces philosophes de manière servile ni d'ailleurs que le développement subséquent leur appartienne : en effet, s'agissant d'un moraliste qui s'adresse de façon directe à son public, il est beaucoup plus plausible de supposer qu'il prend ses « autorités » tout simplement comme un appui, comme un point de départ, en tirant à son profit et même en amplifiant leurs idées, expressions ou comparaisons (*cf.* Fuentes González **4**, p. 148-157, 166-168, 224-226, 521 *sq.*).

Schmeller **64**, p. 103 *sqq.*, mettant à contribution dans son ouvrage sur le style de Paul plusieurs fragments de Bion tirés de Télès, réduit un peu plus les limites que Kindstrand **5** leur avait données, mais tout en nous paraissant encore arbitrairement généreux. En tout cas, il nous semble significatif qu'il présente ces textes (à côté d'autres passages de Musonius [➤M 198] et d'Épictète [➤E 33]) pour illustrer les caractéristiques de la « diatribe » païenne, au lieu de profiter directement des textes de Télès, plus consistants, qu'il n'analyse que de façon subsidiaire, à côté d'autres textes de Dion Chrysostome (➤D 166) et de Plutarque (➤P 210 ; *cf.* Schmeller **64**, p. 203 *sqq.*, p. 99). En effet, ce ne peut être que la fascination pour la figure célèbre de Bion qui amène Schmeller à s'efforcer d'abord de reconstituer la logique et la fonctionnalité de ces fragments en eux-mêmes, quand il est évident qu'ils ne prennent tout leur sens que dans le contexte du discours de Télès.

On s'aperçoit donc que Télès a continué à occuper une place secondaire, même quand on est parvenu à décrire les rapports entre Télès et Bion de façon plus objective, et même quand il s'agit d'étudier un genre par rapport auquel les textes conservés lui accordent de toute évidence une importance exceptionnelle. Schmeller ne se prive pas non plus de revenir sur la prétendue maladresse de Télès, tout en soulignant, inversement, à travers un matériel toujours limité, l'efficacité mémorable du génie de Bion.

D'après Schmeller **64**, p. 223, le signe le plus distinctif du « mode d'action » de Télès, par rapport à celui de Bion, est « le fait, d'un côté, qu'il s'efforce sans cesse d'introduire des autorités […], de sorte qu'il se limite lui-même pour ainsi dire à une fonction d'intermédiaire ; et de l'autre, le fait qu'il ne réduit la distance à l'égard de ses auditeurs que lorsqu'il se compte parmi eux comme étant lui aussi en proie à certains comportements erronés » (par l'emploi de la première personne du pluriel : *cf.* fr. II 8, 6-8). Autrement dit, d'après Schmeller, Télès ne s'adresse pas directement comme Bion à la personne de l'auditeur, et c'est seulement lorsqu'il s'associe à celui-ci qu'il donne à son texte une empreinte personnelle. Il est évident que Schmeller reprend ainsi la vision traditionnelle de Télès comme personnage médiocre, exempt de toute originalité, de toute initiative personnelle intelligente, de toute autonomie en tant qu'auteur de son œuvre. Une lecture ouverte de ses fragments montre cependant une image plus personnelle du moraliste. Par ailleurs, il semble gratuit de le comparer avec Bion, étant donné la pauvreté de notre connaissance de la « diatribe » de celui-ci (*cf. infra*, Stowers **59**).

Quant au fait que Télès s'appuie sur une sagesse déjà consacrée, Wilamowitz-Möllendorff **8** avait remarqué à juste titre que cela était inhérent à sa profession (*cf. supra*). Cela dit, Nickel **23**, p. 215, 220, exagère, lorsqu'il parle d'une véritable passion de Télès pour la citation (« Zitierwut »). Pour sa part, **81** O. Halbauer, *De diatribis Epicteti*, Diss. Lipsiae 1911, p. 35, prétendait lui aussi que la diatribe de Télès se caractérisait par le goût de la citation, tandis que celle de Bion se caractérisait par le goût des comparaisons et des métaphores. Mais cette distinction se révèle tout à fait hypothétique.

Stowers **60**, p. 50-53, un autre spécialiste de Paul, se montre plus réaliste, lorsqu'il insiste sur le fait que les fragments conservés de Bion ne peuvent nous donner qu'une image très appauvrie de ce que furent les discours de ce philosophe. Il conclut donc que l'importance de celui-ci comme source pour la diatribe est très limitée ou même nulle, tandis que Télès nous fournit les exemplaires les plus anciens du genre. Il affirme aussi dans son compte rendu du livre de Schmeller **64** que «déterminer ce qui appartient à Télès et ce qui appartient à Bion relève de la haute spéculation » (*cf.* Stowers **62**, p. 539). Mais, à ce sujet, il ne s'agit pas pour nous seulement de déterminer la paternité de tel ou tel passage, mais souvent de parvenir ou non à la véritable compréhension de nos textes.

En tout cas, si on laisse de côté les passages où l'on trouve le nom de Bion, il est évident que ce qui a le plus conditionné et perturbé la lecture de Télès c'est la méthode de recherche subjective des vestiges de Bion («Bionem redolet») en laquelle Hense avait placé toute sa confiance. Cette méthode consistait à invoquer la paternité de Bion chaque fois que le critique trouvait un trait de perspicacité ou d'humour. Mais la réalité est que dans nos fragments on ne trouve que sept mentions de Bion. Il n'y a aucun moyen objectif pour démontrer que, par exemple, les cinq mentions de Socrate (➤S 198), les huit de Diogène (➤D 147), les dix de Cratès (➤C 205) ou la mention de Xénophon (➤X 19) et de Zénon (➤Z 20), ceci sans parler des citations d'Homère, Théognis, Euripide (➤E 139), Sophocle, Philémon, etc., proviennent forcément de Bion. À nos yeux, ce philosophe, comme Stilpon (mentionné deux fois), n'est qu'une «autorité» de plus : en réalité, on ne peut même pas affirmer qu'il fut l'auteur favori de Télès. L'équation Télès=Bion a beau tenter ceux qui regrettent (à juste titre sans doute) la perte de l'œuvre de Bion, il nous semble hors de question d'essayer de la «récupérer» sur des fondements aussi faibles, non seulement parce que cela se fait aux dépens de Télès, qui devient ainsi un auteur plus insipide qu'il ne l'était sans doute, mais surtout parce que le résultat herméneutique d'une telle équation est trop souvent artificiel, forcé et invraisemblable.

Nous avons montré les insuffisances et les gauchissements de l'interprétation traditionnelle, qui a voulu faire de Télès un plagiaire servile de Bion de Borysthène et de Stilpon, et nous nous sommes approché des textes de Télès qui nous sont parvenus de lui dans le seul souci de découvrir leur propre sens, libre des gauchissements auxquels la *Quellenforschung* les a souvent soumis. Pour cela, nous nous sommes efforcé de replacer autant que possible Télès face à ce que fut son auditoire. On peut constater alors que, même s'il reste une figure modeste dans l'histoire de la pensée hellénistique, cet auteur fut un véritable moraliste, porteur de ses convictions propres, animé par un grand zèle pédagogique et pleinement capable de convaincre.

L'humble Télès apparaît souvent dans de nombreuses discussions au sujet des sources de tel ou tel auteur : Plutarque (➤P 210), Épictète (➤E 33), Lucien (➤L 66), Horace (➤H 167), Sénèque (➤S 43), Lucrèce (➤L 73)..., mais pratiquement toujours comme un pur écho de Bion, comme s'il s'était borné à répéter, à spolier son œuvre. Peut-être ne serait-il pas exagéré de dire que c'est plutôt «Bion», le Bion des philologues, qui a enlevé à Télès presque tout ce que le hasard des temps nous a transmis de lui-même. Mais si quelqu'un a pris la peine de réaliser un *épitomé* de l'œuvre de Télès, il est légitime de penser que celle-ci présentait un certain intérêt et même qu'elle avait une certaine extension. Si plus tard un anthologiste trouvait encore utile de tirer des extraits de ces textes, pourquoi s'obstiner à garder l'image d'un Télès méprisable et peu intelligent («parum ingeniosus»)? Celui-ci fut sans doute un penseur et un orateur modeste, mais aucun fondement rigoureux ne peut lui refuser la culture et le talent rhétorique suffisants pour avoir été un moraliste d'un bon niveau (*cf.* **82** P. Lejay, *Œuvres d'Horace*, texte latin avec un commentaire critique et explicatif, des introductions et des tables, t. II : *Satires*, Paris 1911, réimpr. Hildesheim 1966, p. XVII). Sa connaissance des philosophes, de leurs anecdotes et de leurs sentences, sa connaissance de la poésie épique, lyrique et dramatique nous semblent plus faciles à expliquer comme le résultat de sa formation personnelle que par la prétendue lecture d'un livre canonique de diatribes de Bion. Qui saurait d'ailleurs à juste titre reprocher à un moraliste son manque d'originalité ou sa superficialité ?

Si l'on s'intéresse aux fragments de Télès pour essayer de reconstituer purement et simplement leur sens originaire, sans préjugé, sans trop de prénotions arbitraires, on reconnaît facilement l'image d'un moraliste qui cherche à instruire ses auditeurs (à façonner leur caractère ou τρόπος) d'une manière tout à fait élémentaire, mais non sans intelligence : on devine un orateur qui, devant un public plus ou moins familier, traite un sujet de la manière certes la plus simple, mais en cherchant toujours à produire un discours efficace, dont il a la pleine responsabilité comme auteur. Car il faut bien lui accorder le minimum de moyens nécessaires pour construire son modeste discours pédagogique : la capacité d'exprimer ses propres convictions morales, même si ce n'est qu'en procédant par simple association d'idées ; la capacité de tirer profit aussi bien de sa propre expérience personnelle que de la sagesse qu'il a trouvée chez les autres philosophes (ses « autorités », pour ainsi dire) ; enfin, la capacité de se servir en général de la tradition, en mettant à contribution une mémoire bien fournie en lieux communs et en citations toujours susceptibles d'êtres refaçonnés. Outre la lecture directe de certains auteurs, il a sans doute profité notamment des instruments de type hypomnématique et gnomologique à sa portée (*cf.* **83** F. Rodríguez Adrados, « Los cínicos, un mundo no tan lejano », c.r. de Fuentes González **4**, dans *Saber Leer : Revista Crítica de Libros* [Madrid] 141, 2001, p. 12, qui insiste sur l'importance de ce genre de sources).

Tout cela n'a rien à voir avec l'image d'un Télès qui reproduit *in extenso* et servilement les propos d'autrui, en l'occurrence de Bion (ou de Stilpon). Même le moins habile des orateurs, le plus superficiel des moralistes ne serait pas parvenu à un degré d'aliénation tel qu'il aurait énoncé ses enseignements comme s'il était lui-même Bion, ainsi qu'il en résulte de certaines interprétations de Hense, formulées en dépit de toute vraisemblance et de l'efficacité du discours de Télès (*cf.* Fuentes González **4**, p. 166-168). Si Télès cite parfois d'autres philosophes, cela ne veut aucunement dire qu'il ne parle pas directement à son public. C'est tout simplement qu'il recourt à des autorités pour appuyer ses enseignements.

Diatribe et diatribomanie. Les propos de Télès ne sont pas appelés « diatribes » dans la tradition ancienne, mais les philologues modernes lui ont appliqué ce nom à juste titre à partir de la comparaison avec les propos d'Épictète, que Photius, *Bibl. cod.* 58, 17 b, p. 52, 17-20, avait désignés comme Διατριβαί (➤E 33, p. 120). Cependant, ce terme a donné lieu dans la critique moderne à une notion fort artificielle, confuse et inutile, celle de la « diatribomanie ». Pour l'analyse de ce concept, sa possible correction et son usage cohérent, nous renvoyons à Fuentes González **4**, p. 44-78 (aussi ➤E 33, p. 123-125).

C'est **84** Th. Sinko, « O. t. zw. diatrybie cyniczno-stoickiej » (« Sur la diatribe dite cynico-stoïcienne », en polonais), *Eos* 21, 1916, p. 21-64 (*cf.* c.r. de **85** J. Sajdak, dans *WKPh* 34, 1917, col. 791-793 ; et **86** Anonyme, dans *BPhW* 37, 1917, col. 630-631), notamment p. 21, qui a créé le mot « diatribomania » pour désigner tout ce phénomène, qui s'est maintenu jusqu'à nos jours.

La question de l'utilité aujourd'hui de la diatribe comme un instrument herméneutique utile a été traitée par **86bis** P. P. Fuentes González, « La " diatribe " est-elle une notion utile pour l'histoire de la philosophie et de la littérature antiques? », dans B. Cassin (édit.), *La rhétorique au miroir de la philosophie : définitions philosophiques et définitions rhétoriques de la rhétorique, Séminaire Léon Robin 2008-2009*, Paris (sous presse).

Rappelons ici seulement la nécessité de s'en tenir à l'idée d'enseignement qui se trouve toujours contenue dans le mot grec διατριβή, même si ce mot n'a jamais eu dans l'Antiquité la valeur d'un genre littéraire proprement dit.

De ce point de vue, on peut appeler « diatribes » les ouvrages qui ont en commun le fait de décrire une situation d'enseignement, réelle ou fictive. Bien sûr, la manière dont la stratégie rhétorique se manifeste, dont le « dialogue » pédagogique se réalise, sera différente d'une époque à une autre, d'un auteur à un autre, et même d'un ouvrage à un autre. Dans chaque cas il faudra analyser les éléments de cette situation d'une façon autonome, car, par exemple, la diatribe d'Épictète n'est pas tout à fait identique à celle de Télès, dans la mesure où elle est issue d'une réalité scolaire différente, beaucoup plus complexe et systématisée, installée dans un lieu fixe. Une partie des diatribes d'Épictète peut se rapprocher de celles de Télès, mais d'autres sont plus proches de la dialectique du dialogue philosophique sur le modèle de Platon.

Comme Lejay **82**, p. XXVII n. 2, l'avait déjà déclaré à l'encontre de l'attitude caractéristique de la *diatribomania* (concrètement à l'encontre de **87** G. A Gerhard, *Phoinix von Kolophon : Texte und Untersuchungen*, Leipzig/Berlin 1909, p. 79, 103, 197, 201, 216, 221 *sq.*, 264) : « L'œuvre propre de la critique est de distinguer » (*cf.* Fuentes González **4**, p. 55 *sqq.*, 74 *sq.*).

Cf. maintenant **87bis** C. Vassallo, « Diatriba e dialogo socratico dal punto di vista della classificazione dei generi letterari », *MH* 69, 2012, p. 45-61, pour qui il faudrait envisager les origines du dialogue socratique et de la diatribe hellénistique déjà dans le drame (tragédie et comédie) du Vᵉ siècle av. J.-C., avec qui ils auraient toujours maintenu une interaction.

Bien sûr, il faut tenir compte aussi du fait que les enseignements de Télès nous sont parvenus sous la forme d'extraits anthologiques tirés de l'épitomé d'un certain Théodore (➠T 51), tandis que ceux d'Épictète ont été rapportés par son disciple Arrien (➠A 425), qui a sans doute créé des compositions originales à partir des souvenirs admiratifs qu'il avait des enseignements de son maître.

Dans le cas de Télès, les particularités de la transmission ont sans doute plus ou moins affecté l'image que nous pouvons reconstituer aujourd'hui de sa diatribe, mais celle-ci reste pour l'essentiel palpable. Par ailleurs, il faut être prêt à rencontrer un discours associatif plutôt que logique, un langage familier, un style insistant et répétitif. C'est pourquoi une bonne partie des interventions critiques des philologues sur le texte de nos fragments ne nous semble pas toujours nécessaire ni justifiée.

Il faut louer la savante édition des fragments de Télès par Hense **1, 2**, qui comblait admirablement le manque déploré par Wilamowitz-Möllendorff **8**, p. 292 *sq.* Cela dit, Hense, tout en suivant ses devanciers, procède à des corrections, établit des symétries et identifie des incohérences qui ne respectent pas certaines particularités du discours diatribique du moraliste tel que nous le concevons. Nous faisons référence, d'une part, à son caractère de discours oral et familier (qui se manifeste notamment dans le relâchement de l'expression ou dans l'ellipse, ainsi que dans le recours fréquent au procédé de l'association d'idées) et, d'autre part, à son caractère de discours redondant. Pour cette raison, le texte de Hense est susceptible d'une révision et en ce sens les « notes » publiées par Barigazzi 6, p. 70-80, à propos du fragment III (sur l'exil) nous paraissent indiquer le bon chemin : « Étant donné la rapidité des transitions et la vivacité du discours quotidien, il semble clair ici que les règles mécaniques inspirées par la méthode dite de Lachmann n'ont qu'une valeur relative : il faut recourir à la *ratio* de Bentley. Lorsque l'esprit du critique est parvenu à pénétrer dans l'ordre des idées de l'écrivain, naît alors de façon spontanée l'intuition, qui saisit facilement les rapports entre les concepts, surmonte les obstacles ou les vides que le grammairien pur aurait tendance à y voir, et s'avance comme transportée sans effort [...] » (p. 71). Nous avons essayé de le suivre dans notre commentaire (Fuentes González 4, *passim*).

Filiation philosophique, pensée éthique de Télès. De quel signe était marquée la morale de Télès ? C'est un fait étrange et peu connu que dans les manuels du XVIIIᵉ siècle et même au XIXᵉ siècle Télès était rangé maladroitement parmi les philosophes pythagoriciens.

On peut faire remonter cette affiliation de Télès à la secte de Pythagore au moins jusqu'à **88** J. A. Fabricius, *Bibliotheca Graeca sive Notitia scriptorum veterum Graecorum, quorumcumque monumenta integra aut fragmenta edita extant*, editio quarta variorum curis emendatior atque auctior curante G. Chr. Harles, accedunt I. A. Fabricii et Chr. A. Heumanni supplementa inedita, Volumen primum, Hamburgi 1790, p. 376 (réimpr. : Hildesheim 1966 ; première édition : 1705).

Il faut dire tout d'abord qu'on attribuait ici faussement à Télès deux extraits anonymes contenus chez Stobée (IV 31 *a*, 34, t. V [III], p. 744-746 Hense ; et 31 *c*, 84, t. V [III], p. 761-765 Hense), qui avaient déjà été tacitement attribués à Télès par **89** C. Gesner, *Ioannis Stobaei Sententiae ex thesauris Graecorum delectae quarum auctores circitur ducentos et quinquaginta utat, et in sermones sive locos communes digestae, nunc primum in latinum sermonem traductae*, Basileae 1549², p. 504 mrg. Qui plus est, Harles, le responsable de la quatrième édition de la *Bibliotheca* de Fabricius, identifiait dans un supplément Télès avec le personnage homonyme qui raconte chez la Pseudo-Eudocie, *Violarium* 85, p. 144 *sq.* Flach, une version singulière de la mort d'Achille (qui aurait été mis à mort par Penthésilée), en suggérant la possibilité que Télès ait traité de cet épisode dans l'un de ses entretiens (« sermones »).

Au XIXᵉ siècle Télès continue à faire l'objet de ces fausses attributions et à être présenté comme pythagoricien : *cf.* **90** F. G. Welcker, « Prodikos von Keos, Vorgänger des Sokrates », dans *Kleine Schriften*, t. II : *Zur griechischen Litteraturgeschichte*, Bonn 1845, p. 393-541, notamment p. 495 n. 248 ; **91** C. F. Bähr, art. « Τέλης » 2, dans A. Pauly, C. Walz et W. S. Teuffel (édit.) *Real-Encyclopädie der classischen Altertumswissenschaft*, VI 2, Stuttgart 1852, p. 1655 ; **92** W. Pape, art. « Τέλης » 2, dans *Wörterbuch der griechischen Eigennamen*, dritte Auflage, neu bearbeitet von G. E. Benseler, zweite Hälfte K-Ω, Braunschweig 1863-1870, p. 1504. On trouve aussi Télès caractérisé comme pythagoricien dans le répertoire bibliographique de l'époque édité par **93** W. Engelmann, *Bibliotheca scriptorum classicorum*, t. I : *Scriptores Graeci* (umfassend die Literatur von 1700 bis 1878), huitième édition remaniée par E. Preuss, Leipzig 1880 ; réimpr. Hildesheim 1959, p. 72. Cependant, Wyttenbach **72**, p. 9, remarqua déjà que Fabricius **88** avait à tort fait de Télès un pythagoricien.

De toute évidence, le supplément de Harles ne peut bénéficier du moindre crédit. En revanche, il est intéressant de reproduire une partie des déclarations qu'il fait au sujet du répertoire des pythagoriciens établi par Fabricius **88**. Elles donnent une idée de l'imprécision avec laquelle ce répertoire a été constitué (les italiques sont de nous) : « Il faut remarquer tout d'abord qu'il semble en partie peu probable, en partie faux, que tous ceux qui sont nommés dans ce catalogue comme pythagoriciens aient été en vérité des sectateurs de l'enseignement de Pythagore lui-même ou des pythagoriciens les plus anciens. En effet, ils ne sont pas peu nombreux ceux qui y ont été rangés (soit par les continuateurs de cette école même, soit par des auteurs tardifs) du fait qu'ils ont adopté telle ou telle opinion ou doctrine de Pythagore, soit particulière à ce philosophe, soit commune avec d'autres, mais en ayant suivi pour le reste les idées d'une autre secte : *des personnages qui étaient des éclectiques ou qui ne sont que des noms obscurs*, ou encore qui avaient plutôt exposé l'histoire de l'école pythagoricienne, tantôt en détail, tantôt de façon résumée » (*ibid.*, p. 826 n. *a*).

Quant aux extraits anonymes de Stobée, transmis tous deux sous le lemme ἐκ τοῦ περὶ συγκρίσεως πλούτου καὶ ἀρετῆς, dans IV 31 *a*, 34 on a le discours de la *Richesse*, qui fait sa propre apologie, tandis qu'en IV 31 *c*, 84, la *Vertu* répond à la *Richesse* par une apologie de la *Pauvreté*. Wilamowitz-Möllendorff **8**, p. 293-295, nie à juste titre leur appartenance à une œuvre de Télès (*cf.* aussi **94** P. Wendland, «Philo und die kynisch-stoische Diatribe», dans *Id.* et O. Kern, *Beiträge zur Geschichte der griechischen Philosophie und Religion*, Berlin 1895, p. 1-75, notamment p. 29 n. 1). Il souligne que ces deux textes ont été tirés d'une composition allégorique à la manière de Lucien (➔L 66), genre littéraire tout autre que celui cultivé par Télès, et il suggère que leur auteur pourrait être postérieur à celui-ci de quatre à cinq siècles, car les figures allégoriques qui apparaissent dans ces textes demeurent étrangères non seulement à Télès mais aussi à son époque. Enfin Wilamowitz oppose le style de Télès, les moyens rhétoriques agiles et efficaces qu'il met en œuvre, aux procédés «scolaires» de l'anonyme (*cf.* Weber **42**, p. 166 *sqq.*, qui met en relief, en revanche, les ressemblances entre Télès et l'anonyme, tout en observant dans les deux cas une même intention moralisante ; et dans le même sens **95** R. Heinze, *De Horatio Bionis imitatore*, Diss. Bonnae 1889, p. 18, qui va jusqu'à prétendre que le second fut un cynique imitateur du premier ; enfin, **96** R. Vischer, *Das einfache Leben. Wort- und motivgeschichtliche Untersuchungen zu einem Wertbegriff der antiken Literatur*, coll. «Studienhefte zur Altertumswissenschaft» 11, Göttingen 1965, p. 64, qui affirme que les textes en question ont été tirés «de la diatribe d'un professeur itinérant inconnu»).

Hense **2**, p. XVII, non seulement considérera comme irréfutables les arguments de Wilamowitz, mais il expliquera l'erreur d'attribution par le fait que J. Froben, qui édita un volume (aujourd'hui perdu) contenant à la suite de Callimaque une gnomologie avec entre autres des extraits de Stobée (**97** J. Frobenius, Γνῶμαι ἐκ διαφόρων ποιητῶν φιλοσόφων τε καὶ ῥητόρων συλλεγεῖσαι (*Frob.*), Basileae 1532, p. 197), donna pour en-tête au fr. IVA de Télès : Τέλητος ἐκ τοῦ Περὶ συγκρίσεως πλούτου καὶ πενίας ; en effet, cette similitude de titre pourrait être à l'origine de l'équivoque qui amena Gesner à attribuer à Télès ces extraits anonymes.

La fausse attribution perdure non seulement chez Welcker **90**, p. 495 n. 248 ; **98** C. P. Mason, art. «Teles», *DGRB* III, 1869, p. 990 ; ou **99** E. Zeller, *The Stoics, Epicureans and Sceptics*, translated from the German by O. J. Reichel, A new and revised edition, New York 1879, réimpr. 1962, p. 48 n. 4 ; mais encore chez **100** A. Packmohr, *De Diogenis Sinopensis apophthegmatis quaestiones selectae*, Diss. Monasterii Guestfalorum 1913, p. 56. Plus tard **101** E. Zeller, *Die Philosophie der Griechen in ihrer geschichtlichen Entwicklung dargestellt*, t. III 1 : *Die nacharistotelische Philosophie*. Fünfte Auflage. Manualdruck der vierten Auflage, hrsg. v. E. Wellmann, Leipzig 1923 (= 1909⁴), réimpr. Hildesheim 1963, p. 44 n. 3, devait rectifier.

Bien sûr, il n'y a rien dans les fragments de Télès qui puisse justifier que l'on considère l'auteur comme pythagoricien. L'image, déjà présente dans l'esprit des Anciens, du philosophe pythagoricien comme mendiant et itinérant, a-t-elle joué un rôle dans cette vision pythagoricienne de Télès, dans la mesure où on a pu la lui prêter également ? Quoi qu'il en soit, la vie mendiante et itinérante rapprochait les pythagoriciens des cyniques, parmi lesquels Télès devait être rangé plus tard. Mais au XIXᵉ siècle on a proposé d'abord pour lui une autre étiquette, à savoir celle de philosophe stoïcien. En effet, Zeller **99**, p. 48, compte Télès parmi les stoïciens contemporains de Chrysippe (➔C 121), tout en précisant que sa morale était orientée dans un sens cynico-stoïcien.

Cf. Id. **101**, t. III 1, p. 44 *sq.* Dans le chapitre consacré aux cyniques, **102** E. Zeller, *Die Philosophie der Griechen in ihrer geschichtlichen Entwicklung dargestellt*, t. I 1 : *Sokrates und die Sokratiker. Plato und die alte Akademie.* Fünfte Auflage (Obraldruck) mit einem Anhang von E. Hoffmann, «Der gegenwärtige Stand der Platonforschung», Leipzig 1922 (= 1888[4]), réimpr. Hildesheim 1963, p. 327 n. 1, mentionne Télès aux côtés d'Ariston de Chios (☛A 397), en qualité de «stoïcien presque cynique», reprenant ainsi l'expression de Cicéron, *De Officiis* I 35, 128 *(Stoici paene Cynici)*.

D'autre part, Bergk **38**, t. IV, p. 529 *sq.*, suppose Télès disciple de Stilpon et, en conséquence, ressortissant de l'école mégarique fondée par Euclide (☛E 82), mais il ajoute que Télès était en même temps sympathisant de Zénon (☛Z 20) et de Cléanthe (☛C 138 ; sur la prétendue mention de Cléanthe dans nos textes, *cf. supra*).

En revanche, Wilamowitz-Möllendorff **8**, p. 298, s'oppose à juste titre à l'interprétation de Zeller, en affirmant, à son tour, le caractère purement cynique de ce que l'on trouve chez Télès :

«Rien n'y est spécifiquement stoïcien, tout y est cynique : les héros sont non seulement Cratès [☛C 205] et Diogène [☛D 147] mais aussi Métroclès [☛M 142] ; la recommandation directe de la vie mendiante, le fait de considérer sans réserves toutes les choses du monde comme un hasard, sans πεπρωμένη, sans Ζεύς, sans λόγος, le mépris de la vie tout entière comme insensée, l'arrachement de l'individu à la société, autrement dit la pure négation, le manque total, pour conclure, d'une théorie de la connaissance ou de propositions logiques, nous éloignent de Zénon [☛Z 20] autant que de Stilpon [☛S 163], même si celui-ci est souvent cité et sans doute était plus proche de cette orientation que ne l'était l'ami de Gonatas.»

Hense **1**, p. XXXIV *sq.* = **2**, p. XLIII *sq.*, n'hésite pas à se ranger à l'avis de Wilamowitz (*cf.* Zeller **102**, t. III 1, p. 45 n. 1, où on envisage la possibilité que Wilamowitz ait raison), tout en qualifiant, conformément aux principes de sa *Quellenforschung*, le cynisme de Télès comme «bionéen», c'est-à-dire comme modéré, car il considère que Bion, qui a été le disciple de Théodore de Cyrène (☛T 61) après avoir adopté l'ἀγωγή cynique, selon D.L. IV 51 *sq.* (= test. 19 Kindstrand), inaugure dans la secte une orientation hédoniste.

Quant au prétendu stoïcisme (cynicisant) de Télès, il n'est certainement pas confirmé par une lecture rigoureuse de nos textes, et c'est à travers une analyse plutôt superficielle que certains philologues ont continué à insister sur la présence d'éléments de caractère stoïcien.

Cf. Arnim **74**, p. 124 *sq.*, et **103** W. Crönert, *Kolotes und Menedemos : Texte und Untersuchungen zur Philosophen- und Literaturgeschichte*, coll. «Studien zur Palaeographie und Papyruskunde» 6, Leipzig 1906, réimpr. Amsterdam 1965, p. 49 n. 227 a (*cf.* Fuentes González **4**, p. 204 *sq.*, à propos du fr. II 10, 1) ; **104** A. Pennacini, «Cercida e il secondo cinismo», *AAT* 90, 1955-56, p. 257-283, notamment p. 279 sq. (*cf.* Fuentes González **4**, p. 239-242, à propos du fr. II 15, 10 *sq.*) ; **105** M. Pohlenz, *La Stoa : storia di un movimento spirituale* (trad. de la 2e édit. allemande, Göttingen 1959), t. II, Firenze 1967, réimpr. 1978, t. I, p. 340 n. 8 ; et Festugière **13**, p. 9-12 (*cf.* Fuentes González **4**, p. 494-499, à propos du fr. VII). *Cf.* aussi **106** J. Moles, «"Honestius quam ambitiosius"? An exploration of the Cynics's attitude to moral corruption in his fellow men», *JHS* 103, 1983, p. 103-123, notamment p. 104 n. 7, qui, tout en considérant les fragments de Bion et de Télès comme un témoignage solide sur la pensée cynique, note à leur égard : «Il faut manifester des réserves du fait que, quoique l'un et l'autre écrivains soient en général cyniques, leur œuvre représente de toute évidence un délayage de la doctrine de Diogène et de Cratès, et montre (à mon avis) une certaine influence stoïcienne.»

On peut estimer que le stoïcisme a pu être pour Télès une référence plus ou moins autorisée en ce qui concerne l'éthique mais nullement une source d'inspiration doctrinale. Quant à Télès philosophe cynique, nous signalons un fait d'intérêt relatif : dans le registre alphabétique des personnages cités par Stobée, qui a été conservé chez Photius (*Bibliothèque, cod.* 167, 114 *a* 18 - 115 *b* 17, p. 155-159 Henry), la liste des philosophes présente une section curieusement réservée aux cyniques (*cf. Bibliothèque, ibid.,* 114 *b* 23-25, p. 156 Henry) où ne figure pas Télès qui est enregistré seulement dans l'inventaire général. On peut donc penser que Télès n'était pas un cynique reconnu pour l'auteur des listes, dont on ne saurait écarter la possibilité qu'il fût antérieur au IXe siècle, puisque Photius a pu trouver ces listes dans les manuscrits de Stobée qu'il a utilisés.

À la suite de **107** A. Elter, *De Ioannis Stobaei codice Photiano*, Diss. Bonn 1880, les savants ne pensent pas que ces listes aient Photius pour auteur. Si Photius ne les a pas trouvées, comme la table de chapitres, dans le manuscrit de Stobée qu'il lisait, ces listes, comme le suggère **108** O. Hense, art. «Ioannes Stobaios» 18, *RE* IX 2, 1916, col. 2549-2586, notamment col. 2563, n'auraient pas été rédigées par lui-même, mais plutôt par l'un de ses assistants.

Quoi qu'il en soit, Télès semble exercer son activité de directeur spirituel (παιδαγωγός) qui cherche à former convenablement le caractère (τρόπος) de ses autiteurs sans être soumis à une discipline scolaire déterminée : c'est plutôt un esprit syncrétiste. Il ne manifeste aucun souci de méthodologie ou de système théorique proprement dits ; il cherche tout simplement à transmettre des principes plutôt généraux destinés à être utiles dans la vie pratique. Il appuie certes son enseignement sur des idées-forces de la morale pratique, comme l'autarcie (αὐτάρκεια) ou l'impassibilité (ἀπάθεια), qui ne sont en réalité la propriété exclusive d'aucune école philosophique, et il organise principalement son discours à l'aide des lieux communs de la philosophie dite « populaire ».

Dans le fr. IVA 35, 9 et 37, 6, Télès fait référence à l'autorité de οἱ ἀρχαῖοι. Depuis Wilamowitz-Möllendorff **8**, p. 307 n. 19, les critiques ont discuté sur l'identification de l'auteur ou du groupe d'auteurs qui se cache derrière cette référence : les uns, comme Wilamowitz-Möllendorff **8**, *ibid.,* ont songé aux anciens cyniques (*cf.* Modrze **9**, col. 377, qui était de cette opinion, mais attribuait l'expression à l'abréviateur Théodore, dans la pensée que Télès ne se serait pas référé ainsi aux premiers cyniques) ; d'autres ont songé à Platon ; d'autres, à Aristote, etc. Puisque la question a fait l'objet d'une étude détaillée de Nickel **23**, nous renvoyons à celui-ci pour les détails, en nous bornant à rapporter ses résultats, qui nous semblent très convaincants. En effet, Nickel arrive à la conclusion que Télès ne se réfère pas par cette expression à un auteur concret, car il l'aurait fait sinon de façon nominale, selon son habitude. D'après Nickel **23**, p. 220 *sq.*, les «anciens» dont parle le moraliste représentent plutôt le patrimoine de sagesse qui est devenu commun, quelle que ce soit son origine : «Les ἀρχαῖοι ne sont pas autre chose que des représentants fictifs et anonymes de l'éthique " universelle " (" Allerweltsethik ") défendue par Télès et son public. ». Nickel emprunte ce terme d'éthique " universelle " à Gigon **22**, col. 2992.

Ce n'est pas la doctrine que Télès invoque pour démontrer la vérité de ce qu'il dit mais l'expérience visible et la sagesse consacrée par le temps. Il recourt souvent, dans ce but, au témoignage d'hommes d'une qualité indiscutable : Socrate (➠S 98), le modèle par excellence, mais aussi les philosophes cyniques Diogène (➠D 147), son disciple Cratès (➠C 205), et le disciple de celui-ci, Métroclès (➠M 142). Il propose que l'on imite le comportement de ces cyniques face aux circonstances de la vie quotidienne, si bien que l'empreinte qu'il donne à sa diatribe peut être qualifiée à juste titre de cynique. En fait, puisque les cyniques n'ont jamais représenté une école au sens strict et que le caractère de leur enseignement était tout à fait exotérique, l'étiquette « cynique » semble la plus adéquate pour un moraliste comme Télès qui a exercé son magistère selon une orientation « populaire » très nette.

Cependant, le caractère « modéré » et « hédoniste » que Hense **1**, p. XXXIV *sq.* = **2**, p. XLIII *sq.*, applique à ce cynisme de Télès (*cf.* aussi Susemihl **52**, t. I, p. 42) ne nous semble pas très convaincant. La figure des « cyniques presque cyrénaïques » (« Cynici paene Cyrenaici ») paraît plus théorique que réelle. La distinction même entre un cynisme primitif rigoureux et un cynisme mitigé qui serait né à la génération suivante se révèle problématique : des attitudes « eudémonistes » ou, plus encore, « hédonistes » sont souvent attribuées à Diogène ou à Cratès, car la notion de « plaisir » elle aussi acquiert dans le cynisme une signification nouvelle et paradoxale, comme on pouvait s'y attendre selon le slogan propre au cynisme du renversement des valeurs traditionnelles. Il nous semble trop artificiel et en même temps par trop simpliste d'expliquer ces attitudes, ainsi qu'on le fait habituellement, comme le produit d'un remodelage bionéen.

Pour cette nouvelle vision, plus nuancée, du rigorisme-eudémonisme chez les cyniques, *cf.* Giannantoni **80**, t. IV, p. 532-535, 567 ; **109** M.-O. Goulet-Cazé, *L'ascèse cynique : un commentaire de Diogène Laërce VI 70-71*, coll. « Histoire des doctrines de l'Antiquité Classique » 10, Paris 1986, 2e édit. rev. et aug. 2001, p. 77-84.

Enfin, considérés sous l'angle du cynisme, nos textes constituent indiscutablement un document exceptionnel par leur ancienneté, comme le remarqua **110** R. Höistad, *Cynic hero and cynic king : studies in the cynic conception of man*, Diss. Lund, Uppsala 1948, p. 16 :

« Pour les ouvrages cyniques plus anciens en prose, exception faite des déclamations " Ajax " et " Ulysse " d'Antisthène, on doit se contenter de paraphrases ou de courtes citations. Il n'y a qu'une seule exception à l'exiguïté de ces citations : l'*épitomé* des ouvrages de Télès conservé par Stobée […] ». *Cf.* aussi les déclarations d'autres critiques sur l'importance de Télès comme document exceptionnel du cynisme chez Fuentes González **4**, p. 42 *sq.*

Influence. La possibilité que Télès ait servi de source à des écrivains postérieurs est une idée qui répugne à Hense **2**, p. LI, ou à **111** A. Giesecke, *De philosophorum veterum quae ad exilium spectant sententiis*, Diss. Lipsiae 1891, p. 25 n. 1, ainsi qu'en général à tous les tenants de la *Quellenforschung* traditionnelle. Toutefois, paradoxalement, il se trouve des savants pour lui accorder ce privilège.

C'est ainsi que Niebuhr **16**, p. 451, le tient pour un modèle de Plutarque (⟶P 210), que **112** P. Wendland, *Quaestiones Musonianae : de Musonio Stoico Clementis Alexandrini aliorumque auctore*, Berolini 1886, p. 26 n. 2, le place parmi les sources possibles de Musonius (⟶M 198), que **113** M. Haupt, « Index lectionun aestivarum 1866 », dans *Opuscula*, t. II, Lipsiae 1876, p. 313-337, notamment p. 320, le défend comme source de Sénèque (⟶S 43), et que même à une époque plus récente, **114** B. P. Wallach, *Lucretius and the diatribe against the fear of death, De rerum natura III 830-1094*, coll. « Mnemosyne Suppl. » 40, Leiden 1976, p. 17, 70 n. 88, n'écarte pas la possibilité que Lucrèce (⟶L 73) ait pu le lire.

Cependant, nous révoquons en doute aussi ces spéculations fortuites de la *Quellenforschung*, toujours gratuites dans le domaine de ce qu'on peut appeler la «philosophie populaire», où les auteurs ne déclarent pas suffisamment leurs sources et où en tout cas le recours aux lieux communs et aux répertoires thématiques est constant.

PEDRO PABLO FUENTES GONZÁLEZ.

14 TELESINUS (C. LUCCIUS –) *RESuppl.* V *PIR*² L 366   I

Le consulat de Caius Luccius Telesinus, en 66, est attesté par Tacite, Frontin et plusieurs inscriptions : voir *PIR*² L 366. Mais la seule place que lui réservent ces documents est la mention de son nom comme repère chronologique. Deux épigrammes de Martial apportent peut-être un maigre complément, si c'est bien le même personnage qu'il faut reconnaître sous les traits du nouveau riche brocardé par le poète (III 41 ; VI 50 ; XII 25). On hésite bien davantage, malgré la rareté du *cognomen*, à l'identifier au Telesinus apostrophé par Juvénal dans la *Satire* VII, ce qui impliquerait qu'il se soit adonné avec ardeur à la poésie dans ses vieux jours. C'est Philostrate qui a sauvé Telesinus de l'oubli, mais, sur ce point comme sur bien d'autres, le témoignage de la *Vie d'Apollonios* est aussi difficile à exploiter qu'il est intéressant : voir J.-M. André, «Apollonios et la Rome de Néron», dans M.-F. Baslez, P. Hoffmann et M. Trédé (édit.), *Le monde du roman grec*, Paris 1992, p. 113-121. Le pieux personnage féru de dialectique qui, immédiatement ébloui par Apollonios de Tyane (➤A 284), lui offre sa protection dès leur première rencontre (IV 40) et se fait son disciple (IV 43) est-il une fiction littéraire ou reflète-t-il la personnalité du consul ? On apprend, en VII 11, qu'il était l'élève de Dèmètrios le cynique (➤D 56), avec lequel il resta en contact même lorsqu'il se fut discrètement éloigné de Rome, devançant l'édit d'expulsion de Domitien ; c'est d'ailleurs Dèmètrios, en VIII 12, qui raconte le songe avertissant Telesinus qu'Apollonios n'avait rien à craindre du procès devant Domitien. Le rapprochement de ces indications invite à retenir au moins que le consul de 66 fréquentait assidûment les écoles philosophiques : on voit mal, en effet, quel aurait été l'intérêt, pour Philostrate ou sa source, de le mentionner dans un épisode secondaire comme la mort de Philiscos de Mélos (➤P 134) s'il n'avait pas réellement fréquenté l'entourage d'Apollonios. Il n'en demeure pas moins fort possible qu'à partir de données biographiques authentiques Philostrate ait choisi ce personnage, réel mais inconsistant dans le reste de la documentation, pour faire de lui l'incarnation de l'ami romain tel que le rêvent les intellectuels grecs : une relation influente capable de les protéger sans se laisser impressionner par le pouvoir et de servir de lien entre les grands esprits sans leur faire de l'ombre, conscient qu'en ce domaine Rome ne peut que se mettre à l'école de la Grèce.

BERNADETTE PUECH.

TERENTIUS ➤ **VARRO (TERENTIUS –)**

15 TERPSION *RE* 1   F V - D IV (?)

Personnage mentionné dans deux dialogues de Platon. Dans le *Phédon* (59 c), il figure parmi ceux qui étaient présents aux côtés de Socrate (➙S 98) « le jour où il but le poison dans sa prison » ; son nom est cité après celui d'Euclide (➙E 82), et Platon précise qu'ils sont tous deux venus de Mégare. Dans le *Théétète*, il a un rôle plus important puisque c'est un échange entre lui et le même Euclide qui ouvre le dialogue : à sa demande, Euclide fait lire par son esclave l'entretien qui a eu lieu peu avant la mort de Socrate entre ce dernier, Théodore (➙T 56a) et Théétète (➙T 32), et qui forme la substance de ce dialogue ; Terpsion sait qu'Euclide a soigneusement retranscrit cet entretien après l'avoir entendu à plusieurs reprises de la bouche même de Socrate, et il se proposait depuis longtemps d'en prendre connaissance. De ce double témoignage platonicien, il ressort que Terpsion appartenait au cercle des familiers d'Euclide (et sans doute de Socrate), et qu'il s'intéressait aux débats philosophiques ; en faire un philosophe de l'École de Mégare paraît toutefois abusif, d'autant plus qu'aucune doctrine ou « pensée » ne lui sont attribuées.

Les textes dans lesquels il est mentionné figurent dans **1** K. Döring, *Die Megariker*, fr. 3 A et B, 4 C et E, 5, 34, 44 C (commentaire, *ibid.*, p. 98 ; trad. franç. **2** R. Muller, *Les Mégariques*), ainsi que dans **3** G. Giannantoni, *SSR*, fr. I C 411 ; I H 1, 7, 9 ; II A 6, 8, 9 ; VI A 102 ; textes repris dans VI B 94-98.

Les autres occurrences du nom de Terpsion paraissent toutes dérivées des textes de Platon, et ne contiennent aucune donnée supplémentaire fiable. Olympiodore (➙O 17) l'associe à Euclide dans la fondation de l'École de Mégare (fr. 44 C Döring). Son nom figure aussi, toujours en compagnie de celui d'Euclide, dans trois *Lettres socratiques* : en XIV 9 (= 3 B Döring), XV 2 (= 4 E Döring) et XXI 1 (= 4 C Döring) ; mais en XV 2, « Terpsion » comme destinataire de la lettre n'est qu'une conjecture, et l'on sait que ces *Lettres* sont des faux tardifs, probablement composées entre le IIe et le IVe s. ap. J.-C. La *Souda*, dans la liste des disciples de Socrate (fr. 34 Döring), désigne Terpsion comme *megarikon*, ce qui laisserait entendre qu'il est considéré comme un philosophe, membre de l'École de Mégare ; il n'est cependant pas mentionné en même temps qu'Euclide et son école, mais plus loin après Criton (➙C 220), Simon (➙S 87, Eumarès (➙E 114), Simmias (➙S 86 ?), et avant Chéréphon (➙C 109) et Théodore l'Athée (➙T 61), ce qui conduit à considérer que *megarikon* figure ici par erreur. Le nom de Terpsion apparaît encore dans un passage de Plutarque (*Le démon de Socrate* 11, 581 a : on y rapporte un témoignage sur Socrate dû à un philosophe mégarique, lequel le tenait de Terpsion), passage qui confirme tout au plus, s'il s'agit bien de notre homme, qu'il avait fréquenté Socrate.

Cf. **4** K. von Fritz, art. « Terpsion » 1, *RE* V A 1, 1934, col. 791 ; D. Nails, *The people of Plato*, p. 274.

ROBERT MULLER.

16 TERTULLIEN *RE* 1 *PIR*² S 452 (Septimius) *ca* 160-*ca* 225

Le nom complet donné par des manuscrits récents de ses œuvres est Quintus Septimius Florens Tertullianus.

Données biographiques et chronologiques. Les données sûres sont très peu nombreuses. Deux œuvres seulement sont datables avec précision : *Apologeticum* (197) et *Ad Scapulam* (212). Les 29 autres traités conservés, a fortiori les 14 traités perdus, ne le sont que de façon relative ou approximative, essentiellement en fonction du rigorisme disciplinaire croissant de Tertullien sous l'influence du montanisme (que les références soient implicites ou explicites) et de ses propres allusions à d'autres de ses traités (renvois ou annonces). La chronologie la plus fiable est celle de **1** R. Braun, *Deus Christianorum. Recherches sur le vocabulaire doctrinal de Tertullien*, Paris 1977², p. 563-585 et 720-721 ; la prise en considération de la chronologie, en dépit de quelques incertitudes, permet d'éviter d'interpréter comme des « contradictions » certaines déclarations divergentes qui s'expliquent, en réalité, par l'évolution de la réflexion de Tertullien.

Discrète sur sa vie, l'œuvre nous apprend seulement qu'il était né païen, vécut à Carthage, connaissait le grec, épousa une chrétienne et adhéra au montanisme. Les autres témoignages émanent essentiellement de Jérôme, selon lequel il était fils d'un « centurion proconsulaire » (un gradé ayant exercé un commandement dans la garnison attachée au proconsul de la province d'Afrique), vécut jusqu'à un âge avancé et exerça la prêtrise (*De uiris illustribus* 53, 1 et 4). Si cette dernière précision est aujourd'hui accueillie avec circonspection, voire scepticisme, l'identification de Tertullien avec le juriste du même nom, déduite d'un passage d'Eusèbe de Césarée (*Histoire ecclésiastique* II 2, 4), est, le plus souvent, exclue aujourd'hui (**2** R. Martini, « Tertulliano giurista e Tertulliano padre della Chiesa », *SDHI* 41, 1975, p. 79-124 ; **3** *Id.*, « Ancora a proposito di Tertulliano », *BIDR*, 3ᵉ s., 39, 1997, p. 117-126 ; **4** F. Chapot, « Langue du droit et littérature latine. A propos de quelques mots du vocabulaire de la propriété chez Tertullien », dans *Hommages à F. Heim*, Turnhout 2005, p. 3-24). De son côté, Augustin nous dit qu'il rompit également avec les montanistes et fonda la secte des « tertullianistes » (*De haeresibus*, 86). Selon **5** G. Schöllgen, *Ecclesia sordida? Zur Frage der sozialen Schichtung frühchristlicher Gemeinden am Beispiel Karthagos zur Zeit Tertullians*, Münster West. 1984, p. 176 *sq.*, Tertullien appartenait vraisemblablement à l'*ordo equester*.

Éditions, traductions, commentaires. Œuvre complète (texte seul) : *PL* 1-2 ; *CSEL* 20, 47, 69, 70, 76 ; *CCL* 1-2.

Dans plusieurs collections en cours, édition des traités avec introduction, texte, traduction et commentaire ou notes.

En français, « Sources chrétiennes », Paris : *Ad uxorem* (273), *Aduersus Hermogenem* (439), *Adu. Marcionem* (365, 368, 399, 456, 483), *Adu. Valentinianos* (280-281), *De baptismo* (35), *De carne Christi* (216-217), *De cultu feminarum* (173), *De exhortatione castitatis* (319), *De monogamia* (343), *De paenitentia* (316), *De pallio* (513), *De patientia* (310), *De praescriptione* (46), *De pudicitia* (394-395), *De spectaculis* (332), *De uirginibus uelandis* (424).

En allemand : « Fontes Christiani », Turnhout : *Adu. Iudaeos* (75), *Adu. Praxean* (34), *De baptismo – De oratione* (76), *De praescriptione* (42).

En espagnol : « Biblioteca de Patrística », Madrid : *Ad martyras – Scorpiace – De fuga* (61), *Ad nationes – De testimonio* (63) ; *Apologeticum* (38).

« Fuentes patrísticas », Madrid : *De praescriptionibus* (14), *De baptismo – De oratione* (18).

En italien : « Biblioteca patristica », Bologna : *De cultu* (6), *De testimonio animae* (1), *Scorpiace* (14) ;

« Scrittori cristiani dell'Africa romana », Roma : *Ad nationes – Ad martyras – Ad Scapulam – Adu. Iudaeos – Apologeticum – De testimonio* (1, avec une importante introduction de **6** C. Moreschini et P. Podolak, p. 7-125) ; *De spectaculis, De oratione, De baptismo, De patientia, De paenitentia, Ad uxorem, De cultu feminarum* (2) ; *De praescriptionibus, Adu. Hermogenem, Adu. Valentinianos, De carne Christi* (3/2a) ; *De anima, De resurrectione carnis, Adu. Praxean* (3/2b) ; *De exhortatione castitatis, De corona, Scorpiace, De fuga in persecutione, De idololatria* (4/1) ; *De uirginibus uelandis, De monogamia, De ieiunio, De pudicitia, De pallio* (4/2).

« Collana di testi patristici » (trad. seul.), Roma : *Ad uxorem – De monogamia* (128), *Adu. Hermogenem* (167), *Adu. Iudaeos* (140), *De resurrectione* (87).

Éditions importantes d'ouvrages séparés (avec commentaire) : **7** A. Quacquarelli (édit.), *Q. S. F. Tertulliani, Ad Martyras. Prolegomeni, testo critico, traduzione e commento*, coll. « Opuscula patrum » 2, Roma 1963, 181 p. ; **8** A. Schneider (édit.), *Le premier livre "Ad nationes" de Tertullien. Introd., texte, trad. et commentaire*, coll. « Bibliotheca helvetica romana » 9, Roma 1968, 332 p. ; **9** A. Quacquarelli (édit.), *Q. S. F. Tertulliani, Ad Scapulam. Prolegomeni, testo critico e commento*, coll. « Opuscula patrum » 1, Roma 1957, 131 p. ; **10** H. Tränkle (édit.), *Q. S. F. Tertulliani, Adversus Iudaeos, mit Einleitung und kritischem Kommentar*, Wiesbaden 1964, CXXVIII-121 p. ; **11** G. Scarpat (édit.), *Q. S. F. Tertulliano, Contro Prassea = Adversus Praxean. Ed. critica con introd., trad. italiana, note e indici*, coll. « Corona Patrum » 12, Torino 1985, 384 p. ; **12** J.-P. Waltzing (édit.), *Apologétique*. Texte établi et traduit par J.-P. W., avec la collaboration de A. Severyns, *CUF*, Paris 1929, 2ᵉ éd. 1961, LXX-115 p. en partie doubles ; **13** *Id., Tertullien, Apologétique. Commentaire analytique, grammatical et historique*, Paris 1931, réimpr. « Collection de commentaires d'auteurs anciens », 1984, VIII-357 p. ; **14** C. Becker (édit.), *Tertullian, Apologeticum. Verteidigung des Christentums*, 2ᵉ éd., München 1961, 318 p. (et voir parallèlement son étude importante **15**, *Tertullians Apologeticum. Werden und Leistung*, München 1954, 383 p.) ; **16** J. H. Waszink (édit.) *Quinti Septimi Florentis Tertulliani De Anima, edited with introduction and commentary*, Amsterdam 1947, XII-52-651 p. (réimpr.

coll. *SupplVChr* 100, Leiden 2010), et voir sa trad. commentée: **17** *Tertullian, Über die Seele, Das Zeugnis der Seele, Vom Ursprung der Seele. Eingeleitet, übersetzt und erläutert*, Zürich/München 1980; **18** J. H. Waszink et J. C. M. Van Winden (édit.), *Tertullianus, De Idololatria. Critical text, translation and commentary*, coll. *SupplVChr* 1, Leiden 1987, XII-317 p.; **19** E. Castorina, *Quinti Septimi Florentis Tertulliani De Spectaculis*. Introd., testo critico, commento e trad., coll. «Biblioteca di studi superiori. Scrittori cristiani greci et latini» 47, Firenze 1961, 484 p.; **20** C. Tibiletti (édit.), *Q. S. F. Tertulliani De testimonio animae*. Introduzione, testo e commento, coll. «Pubblicazioni della Facoltà di lettere e filosofia / Università di Torino» 11, 2, Torino 1959, 198 p.

Bibliographie: **21** *Chronica Tertullianea et Cyprianea* (*CTC*): bibliographie critique exhaustive depuis 1975 dans le second fascicule annuel de la *REAug*; les vingt premières années sont réunies en un volume: **22** *Chronica Tertullianea et Cyprianea 1975-1994*, Paris 1999.

Les présentations les plus complètes de Tertullien sont, chacune selon sa perspective propre, celles de **23** P. Monceaux, *Histoire littéraire de l'Afrique chrétienne*, t. I: *Tertullien et les origines*, Paris 1901, réimpr. Bruxelles 1966, **24** A. d'Alès, *La théologie de Tertullien*, Paris 1905, et **25** J. Quasten, *Initiation aux Pères de l'Église* (tr. fr.), t. I, Paris 1958, p. 293-403. Quelques approches ou synthèses récentes: **26** J. Daniélou, *Les origines du christianisme latin*, Paris 1978, p. 123-159; 175-191; 279-322; **27** G. L. Bray, *Holiness and the Will of God*, London 1979; **28** T. D. Barnes, *Tertullian, A Historical and Literary Study*, Oxford 1985[2]; **29** R. Braun, *Approches de Tertullien*, Paris 1992; **30** E. Osborn, *Tertullian, First Theologian of the West*, Cambridge 1997; **31** H. M. Zilling, *Tertullian. Untertan Gottes und des Kaisers*, Paderborn 2004; **32** C. Moreschini, *Storia del pensiero cristiano tardo-antico*, Milano 2013, p. 483-540. – Il n'y a pas de vue d'ensemble dans le chapitre consacré à Tertullien par **33** H. Tränkle, *Handbuch der lateinischen Literatur der Antike*, 4, p. 438-511, München 1997 (tr. fr. Turnhout 2000, p. 494-571): l'analyse des traités, suivie d'indications bibliographiques, parfois critiques, est loin de tenir toujours compte des études mentionnées.

Sur la théologie de Tertullien, outre d'Alès **24** et l'ouvrage fondamental de Braun **1**, plusieurs de ses aspects ont fait l'objet d'études récentes ou relativement récentes: **34** H. Finé, *Die Terminologie der Jenseitsvorstellungen bei Tertullian*, Bonn 1958; **35** St. Otto, *«Natura» und «dispositio». Untersuchung zum Naturbegriff und zur Denkform Tertullians*, München 1960; **36** K. Wölfl, *Das Heilswirken Gottes durch den Sohn nach Tertullian*, Roma 1960; **37** W. Bender, *Die Lehre über den heiligen Geist bei Tertullian*, München 1961; **38** R. Cantalamessa, *La Cristologia di Tertulliano*, coll. «Paradosis» 18, Fribourg-en-Suisse 1962; **39** P. Siniscalco, *Ricerche sul «De resurrectione» di Tertulliano*, Roma 1966; **40** J. Moingt, *Théologie trinitaire de Tertullien*, 4 vol., Paris 1966-1969; **41** P. Puente Santidrian, *La terminologia de la Resurrección en Tertuliano*, Burgos 1987; **42** J. Alexandre, *Une chair pour la gloire. L'anthropologie réaliste et mysti-*

que de Tertullien, Paris 2001 ; **43** *Id.*, *Le Christ de Tertullien*, Paris 2004 ; **44** K. De Brabander, *Le retour au paradis : la relation entre la sanctification de l'homme et l'ascèse sexuelle chez Tertullien*, Turnhout 2007 ; **45** S. Vicastillo, *Un cuerpo destinado a la muerte. Su significado en la antropología de Tertuliano*, Madrid 2006.

Index. 46 G. Claesson, *Index Tertullianeus*, 3 vol., Paris 1974-1975 ; Moingt **37**, t. IV (Répertoire lexicographique).

Survie et influence. En l'absence d'une synthèse récente, on complétera le chapitre de Tränkle **33**, p. 507-509 (tr. fr. p. 567-569), rapide et lacunaire, en consultant la *CTC* **21** (rubrique « Survie ») ; pour l'influence sur Cyprien et Novatien, synthèse de Moreschini **32**, p. 529-540.

L'attitude de Tertullien à l'égard de la philosophie (hostilité foncière, voire anti-rationalisme, ou bien acceptation raisonnée ?) a longtemps retenu l'attention des spécialistes. On trouvera mise au point et *status quaestionis* dans Braun **29**, p. 21-41, et **47** J.-C. Fredouillle, *Tertullien et la conversion de la culture antique*, Paris 1972 (réimpr. 2012), p. 301-357 : ses rapports avec la philosophie sont certainement plus positifs, en tout cas plus constructifs, que ne le laissent penser des formules d'exclusion ou à l'emporte-pièce, prises à la lettre, sans discernement (*Quid Athenis et Hierosolymis ?* [*De praescriptionibus* 7, 9] – *Credibile est, quia ineptum est* [*De carne Christi* 5, 4], formule caricaturée en *Credo quia absurdum*) ; le rejet de certaines doctrines philosophiques n'implique pas celui de la philosophie, qui trouve en réalité son couronnement dans le christianisme, qualifié de *plena atque perfecta sapientia, sapientia de schola caeli, sapientia quae uanissimis superstitionibus renuit, melior philosophia* (*cf.* Aug., *C. Iulianum*, IV 14, 72 : *philosophia ... nostra Christiana quae una est uera philosophia*). Hormis quelques critiques toujours partisans d'un Tertullien foncièrement anti-philosophe (par ex. **48** F.-P. Hager, « Zur Bedeutung der griechischen Philosophie für die christliche Wahrheit und Bildung bei Tertullian und bei Augustin », *A&A*, 24, 1978, p. 78-84 ; **49** L. F. Pizzolato, « Tertulliano e la dialettica », dans *Paradoxos politeia*, Milano 1979, p. 145-177), ces vues plus nuancées ont été généralement acceptées (entre autres études, Daniélou **26**, p. 175-191 ; **50** R. H. Ayers, *Language, Logic, and Reason in the Church Fathers. A Study of Tertullian, Augustine, and Aquinas*, Hildesheim/New York 1979 ; **51** H. Steiner, *Das Verhältnis Tertullians zur antiken Paideia*, St. Ottilien 1989 ; **52** E. Osborn, « Tertullian as a Philosopher and a Roman », dans *Festschrift U. Wickert*, Berlin 1997, p. 231-248 ; **53** W. Turek, « "Fides" et "ratio" : esemplificazioni patristiche del dialogo (Tertulliano e Origene) », dans A. Mantovani, S. Thuruthiyil et M. Toso (édit.), *Fede e ragione. Opposizione, composizione ?*, coll. « Biblioteca di scienze religiose » 148, Roma 1999, p. 45-57 (*cf. CTC* **19**, 1999, n° 56) ; **54** J. Leal, « Tertulliano y la filosofia », dans *Miscell. ... in onore del card. G. Caprio*, Città del Vaticano 2003, p. 103-118 ; **55** R. Doumas, « L'évolution de Tertullien dans son attitude vis-à-vis de la philosophie », *Théophilyon* 2, 1997, p. 121-147 et 497-521 ; Moreschini **6**, p. 91-94). On se fera une idée plus exacte de l'attention que Tertullien portait à la

philosophie et aux grands thèmes auxquels ses contemporains s'intéressaient plus
particulièrement, en prenant en considération ses œuvres disparues, même si son
intérêt pour ces questions n'était pas purement spéculatif (*cf.* **56** J.-C. Fredouille,
« L'activité littéraire de Tertullien : les traités perdus », *REAug* 54, 2008, p. 1-29).

La philosophie dans l'œuvre de Tertullien. Il va sans dire que la distinction
médiévale entre philosophie et théologie est anachronique et inopérante. Tertullien,
qualifié parfois de « demi-philosophe » (*cf. CTC* **21**, 1999, n° 34), met ses connaissances philosophiques au service de la *regula fidei*, pour l'expliquer et l'approfondir, comme il met sa culture et son talent littéraires au service de son exposition, pour l'enseigner ou la défendre. S'il n'est, à proprement dit, l'adepte
d'aucune école en particulier, c'est envers le stoïcisme que sa dette est la plus
marquée (*cf.* **57** M. Spanneut, *Le stoïcisme des Pères de l'Église, de Clément de
Rome à Clément d'Alexandrie*, Paris 1969² ; **58** M. L. Colish, *The Stoic Tradition
from Antiquity to the Early Middle Ages*, Leiden 1985, p. 9-29), ce qui n'exclut pas
qu'il s'en écarte parfois et le combatte, pour recourir à d'autres doctrines philosophiques (platonisme, aristotélisme, voire épicurisme), connues directement ou
indirectement, par les doxographies (cf. **59** F. Chapot, « Le *De anima* de Tertullien
et la tradition aristotélicienne », dans Y. Lehmann [édit.], *Aristoteles Romanus. La
réception de la science aristotélicienne dans l'Empire gréco-romain*, Turnhout
2013, p. 283-298 ; à propos de sa connaissance indirecte d'Héraclite, **60** R. López
Montero, « La recepción de Heráclito en Tertuliano de Cartago », *REspTeol* 71,
2011, p. 147-165. Tertullien peut légitimement faire siennes des analyses qu'il juge
dissociables du système dans lequel elles se situent ; il est également tributaire de
doctrines médicales (Soranus, ➠S 111) ; mais il est plus difficile d'identifier précisément ce qu'il doit aux médio-platoniciens (*cf.* **61** G. Hallonsten, « Tertullian and
Platonism », dans *Studies in Honour of J. Blomqvist*, Lund 2003, p. 113-127 ;
61bis L. Saudelli, « Le Socrate de Tertullien », *REAug* 59, 2013, p. 23-53), à
Apulée (➠A 294) en particulier (*cf.* **62** C. Moreschini, « Reminiscenze apuleiane
nel *De anima* di Tertulliano ? », *Maia* 20, 1968, p. 19-20 ; **63** *Id.*, « Tertulliano tra
Stoicismo e Platonismo », dans *Kerygma und Logos, Festschrift C. Andresen*,
Göttingen 1979, p. 367-379) ; ou à Albinus (Waszink **7**, p. 43*-44*). Ces inter-
férences réfléchies d'emprunts, d'adaptations et de rejets sont souvent mal interprétées, qualifiées de « widerspruchsvolle Stellung zur Philosophie » par **64** H.
Koch, art. « Tertullianus », *RE* V A 1, 1934, col. 836, et d'autres, alors qu'elles
s'imposaient à lui comme d'ailleurs à la plupart des Pères de l'Église. Sans culture
profane (*saecularia studia*) écrit-il, de surcroît dans le *De idolatria* 10, 4, la
théologie (*studia diuina*) est impossible, et dans le *De resurrectione* 5, 1 : *nos ...
prouocant ... philosophari philosophi*. Au demeurant, il professait, avec ses
prédécesseurs grecs, la doctrine des vérités partielles accessibles à tout homme dès
le commencement et l'idée, d'origine judéo-hellénistique, que les philosophies
étaient redevables à la Bible de ce qu'elles enseignaient de meilleur (une idée
partagée, selon la tradition, par certains païens comme Numénius d'Apamée
[➠N 66], fr. 10 Leemans = fr. 8 des Places). Mais aucun système philosophique

antique n'était susceptible, à lui seul, de fournir les cadres de pensée propres à rendre raison du message évangélique dans toute sa nouveauté et son intégralité, et certaines doctrines ou spéculations étaient proprement incompatibles avec la *regula fidei* (inventaire dans d'Alès **24**, p. 137-139, et Daniélou **26**, p. 179-191), sauf à dénaturer et travestir le contenu de celle-ci, comme Tertullien reproche aux gnostiques de le faire ; aussi est-il conduit, dans ses polémiques, à remonter des conséquences aux causes et à condamner, en même temps que certaines doctrines philosophiques, leurs auteurs, considérés comme les « patriarches » des hérétiques, les « pourvoyeurs » de leurs erreurs (Fredouille **47**, p. 340-341). « Éclectisme » sans doute, caractéristique d'ailleurs de l'époque hellénistique, mais éclectisme critique, conscient des compatibilités et des différences (*cf.* par ex. les déclarations de Cicéron, *Tusc.* V 83 ; *Off.* II 2, 8, ou, sous la plume des écrivains chrétiens, de Justin, *I Apol.* 20, 3-5, et Clément d'Alexandrie, *Strom.* I 7, 37, 6), ordonné à un projet bien précis, et dont Tertullien trouvait déjà un précédent illustre chez Aristote (*cf. De l'âme* I 2, 403 b 20 = *De anima* 2, 1-5 ; *cf.* **65** J.-Cl. Fredouille, « Notes sur Tertullien, *An.*, 53, 4 et *Res.*, 8, 2 », *REAug*, 51, 2005, p. 9-19, notamment p. 18). Si Tertullien peut donner parfois l'impression de se servir de la philosophie comme d'un « coffret à idées » nécessaire et indispensable, la diversité originelle des arguments mis en œuvre et, parfois, leur interférence se fondent en une unité supérieure, dans l'exposé de la doctrine chrétienne (Daniélou **26**, p. 291 : l'œuvre achevée « constitue un système théologique d'une remarquable cohérence »). Aussi bien le recours de Tertullien à la philosophie est-il le plus souvent analysé dans des études consacrées à sa théologie ou à tel ou tel de ses aspects. En plus des ouvrages signalés plus haut : **66** H. A. Wolfson, *The Philosophy of the Church Fathers*, t. I : *Faith, Trinity, Incarnation*, Cambridge (Mass.) 1956, *passim* ; **67** I. Vecchiotti, *La filosofia di Tertulliano. Un colpo di sonda nella storia del cristianesimo primitivo*, Urbino 1970. Synthèse récente de Moreschini **6**, p. 90-115 (= **68** *Id., Storia della filosofia patristica*, Brescia 2004, p. 181-216). Sur l'influence du médecin Soranus, *cf.* Waszink **7**, p. 22*-38* ; **69** R. Polito, « I quattrolibri sull'anima di Sorano e lo scritto *De anima* di Tertuliano », *RSF* 49, 1994, p. 423-468 ; **70** P. Podolak, *Soranos von Ephesos, Περὶ ψυχῆς: Sammlung der Testimonien, Kommentar und Einleitung*. Berlin/New York 2010.

Dans cette notice destinée non à exposer la théologie de Tertullien, mais à cerner la place qu'occupent les arguments philosophiques les plus significatifs qu'il emprunte, adapte ou, à l'occasion, « contamine », dans la construction de son discours doctrinal, il paraît opportun de suivre, en la transposant à la visée et l'œuvre de notre auteur, la structure trinitaire de la philosophie remontant à Platon [➨P 195] ou Xénocrate [➨X 10] (physique, éthique, logique), ces trois parties étant, pour les Anciens, étroitement solidaires et interdépendantes, comme interfère chez Tertullien sa réflexion sur la règle de foi, la discipline, le langage. (*cf.* Clément d'Alexandrie, *Stromates* IV 25, 162, 5, qui voit en Dieu l'ἀρχή de cette tripartition ou, surtout, Augustin, *De uera religione* III 3, qui la reprend, dans l'ordre le plus répandu, logique, physique, éthique, pour souligner les convergences entre platonisme et christianisme).

a) La «règle de foi». *Dieu.* Sa définition du *Deus Christianorum* est inséparable de sa polémique contre les païens et contre les hérésies. Pour montrer l'inexistence des *dei nationum,* Tertullien recourt naturellement aux arguments anti-polythéistiques (anthropomorphisme, immoralité, ridicules, etc.) qui avaient été déjà formulés dans la Bible, la philosophie, la satire (*cf.* **71** J.-C. Fredouille, art. «Götzendienst», *RAC* XI, 1981, col. 828 *sq.*), et pour structurer et étayer cette polémique, il s'est volontiers appuyé sur la théologie tripartite de Varron (➡+V 5), qui lui fournissait un cadre d'autant plus assuré qu'il était emprunté à un érudit païen (*cf.* **72** J.-C. Fredouille, «La théologie tripartite, modèle apologétique (Athénagore, Théophile, Tertullien)», dans *Hommages à H. Le Bonniec,* Bruxelles 1988, p. 220-235). Sous leurs noms, ce sont en réalité les démons qui agissent et se manifestent.– Contre les hérétiques (Marcion et les gnostiques), il affirme la rationalité et la *ratio bonitatis* de Dieu (*Adu. Marcionem* I 23, 1 ; *De fuga* 4, 1 ; *cf.* Sénèque, *Epistulae* 60, 12), unique, éternel, créateur. Sa définition de Dieu conjoint attributs positifs et négatifs (ceux-ci avec les réserves que lui imposait leur multiplication dans le gnosticisme), empruntés ou nouveaux, grecs ou latins (Braun **1**, p. 39 *sq.* ; **73** *Id. SC* 365, p. 287-289 : définition philosophique de Dieu comme grandeur suprême). Un des attributs divins, l'*apatheia,* posait le problème, que Tertullien rencontra dans sa controverse avec Marcion, de l'incompatibilité entre le «Dieu de colère» de la Bible et le dieu impassible de la philosophie ; Tertullien finit par concéder l'impassibilité du Père, en rejetant cette «passion» sur le Fils (*Adu. Marcionem* II 27, 6 ; *cf.* Cantalamessa **38**, p. 41 ; Fredouille **47**, p. 160-162). Il a également évolué sur le concept d'«immutabilité» divine (*Adu. Praxean* 27, 6 : *Deum immutabilem et informabilem credi necesse est ut aeternum*) après avoir admis la *conuersio in carne* (mise au point de R. Braun, *CTC* **21**, 1975, n° 12, à propos de **74** R. Cantalamessa, «Incarnazione e immutabilità di Dio. Una soluzione moderna nella patristica?», *RFN* 67, 1975, p. 631-647).

La preuve de l'existence du *Deus Christianorum* et sa connaissance (*cf.* Spanneut **57**, p. 276 *sq.*) sont fournies par deux types de démarches. Dieu est connu «naturellement» par ses œuvres, cet argument cosmologique étant professé par saint Paul, *Rom.* 1, 20 et par la plupart des philosophies, mais Tertullien se sépare de ces derniers en affirmant la création *ex nihilo,* solidaire de l'Incarnation et de la Résurrection (*cf.* **75** F. Chapot, introduction à son édition du *Contre Hermogène,* coll. *SC* 439, Paris 1999, p. 21 *sq.*), ainsi que par une expérience métaphysique commune, spontanée, que Tertullien appelle le «témoignage de l'âme naturellement chrétienne» (*cf. infra*), formule nullement contradictoire à cette autre : «On ne naît pas chrétien, on le devient» (*cf.* **76** J.-Cl. Fredouille, «Tertullien et la culture antique», dans *Mélanges E. Gareau,* Ottawa 1982, p. 200-201). Mais on peut connaître (*cognoscere*) Dieu, ou plus justement le «reconnaître» (*recognoscere*), «surnaturellement» par la révélation contenue dans les Écritures (*cf.* Otto **35**, p. 119 *sq.* ; Fredouille **47**, p. 187 *sq.* ; 344 *sq.* ; **77** C.

Rambaux, *L'accès à la vérité chez Tertullien*, Bruxelles 2005). – Dieu est corps, plus exactement *corpus sui generis, inuisibile*. Par ce terme, Tertullien entend en effet non seulement la « matière », mais également le substrat constitutif de tout existant : Dieu, l'Esprit, l'âme (cf. **78** F. Urfels, « Le corps de Dieu. Une lecture de l'*Adversus Praxean* VII, 6-9 », *NRTh* 131, 2009, p. 600-613 ; contre une interprétation trop littérale de la conception stoïcienne du corps, **79** E. Weil, « Remarques sur le 'matérialisme' des Stoïciens », dans *L'aventure de l'esprit. Mélanges A. Koyré*, Paris 1964, t. II, p. 567).

Christologie et Trinité. Parmi les différentes désignations du Christ (*Dei uirtus et Dei spiritus et sermo et sapientia et ratio et Dei filius* [*Apologeticum* 23, 12], *unigenitus, primogenitus, primordialis*, etc. *cf.* Braun **1**, p. 243 *sq.*), Tertullien devait aborder le problème posé par la traduction du prologue johannique : ἐν ἀρχῇ ἦν ὁ Λόγος. Il a finalement écarté l'hendiadyn *sermo atque ratio*, mais aussi *ratio*, trop distinguée dans la langue courante de *uerbum*, et préféré *sermo* pour rendre le grec *logos*, la parole créatrice et révélatrice incarnée dans le Christ. Pour concilier divinité et humanité dans la personne du Christ, Tertullien, s'inspirant des types de « mélange » définis par les stoïciens, rejetait le « mélange » par σύγχυσις qui supposerait la « confusion » des deux natures, et se référait au mélange par *mixis* ou *krasis* qui ne supprime pas la nature propre à chaque composant, et préservait l'unité de la personne du Christ, chaque substance conservant sa spécificité : *Videmus duplicem statum, non confusum sed coniunctum in una persona, Deum et hominem Iesum* (*Adu. Praxean* 27, 11). Procédant de la « substance » de Dieu (*ex ipsius Dei*), le Verbe est une *Persona* divine. Dans le vocabulaire trinitaire de Tertullien, *substantia* (l'ὑποκείμενον du stoïcisme) rapproche et unit les Trois divins, *persona*, qu'il imposa à la théologie trinitaire, les caractérise et les distingue. Calque morphologique de l'ἑνότης stoïcienne, *unitas* (ou *unitas substantiae*) souligne l'unité de l'Être divin dont *trinitas* exprime la présentation en trois individualités distinctes (*cf.* Braun **1**, p. 142 *sq.; p.* 701). – Si le Père est « impassible », le Fils est capable de colère et d'indignation. Tertullien en trouve la justification dans la tripartition platonicienne de l'âme présente dans le Seigneur : le raisonnable, par lequel il enseigne et fraye les voies du salut, l'irascible, par lequel il s'emporte contre les scribes et les pharisiens, le concupiscible, par lequel il désire manger la pâque avec ses disciples (*De anima* 16, 4-5), étant entendu qu'il s'agit moins de « parties » de l'âme que de « propriétés », car l'âme est substantiellement « une » (*ibid.* 14, 3) et que l'irascible et le concupiscible sont, dans le Christ, « raisonnables ».

Anthropologie. Tertullien adopte la définition philosophique de l'homme, *animal rationale intellegentiae et scientiae capax* (*cf.* Waszink **16**, p. 251), créé « à l'image et à la ressemblance de Dieu » (*Genèse* 1, 26, souvent cité). Son anthropologie est fermement unitaire, même si, en fonction du contexte, Tertullien donne l'impression d'accorder plus d'importance à l'âme ou au corps (*cf.* **80** F. Chapot, « Qu'est-ce que l'homme ? Variations sur un thème anthropologique chez Tertullien », *CPE* 87, 2002, p. 39-48). Entre *caro* et *corpus* (sur la formule de couleur aristotélicienne *Caro salutis est cardo*, *cf.* Fredouille **65**, p. 12-18), la distinction que fait Tertullien est généralement conforme à l'usage courant, l'extension sémantique de *corpus* (apparence d'un être animé ou inanimé) étant plus large que celle de *caro* (constitution physiologique et anatomique d'un être animé). Créée au moment de la conception et transmise d'une génération à l'autre (traducianisme), libre, corporelle, autonome, rationnelle, immortelle, l'âme est *substantia uniformis et simplex*, c'est-à-dire ne comportant pas de parties (sur sa corporéité **81** P. Kitzler, «*Nihil enim anima si non corpus*. Tertullian und die Körperlichkeit der Seele», *WS* 122, 2009, p. 145-169); elle possède l'ἡγεμονικόν, des facultés, des énergies, des fonctions (*De anima* 22, 2; Waszink **16**, p. 297; **82** J.-Cl. Fredouille, «Langue philosophique et théologie d'expression latine (IIe-IIIe siècles)», dans *La langue latine, langue de la philosophie*. Actes du colloque organisé par l'École française de Rome avec le concours de l'Université de Rome «La Sapienza» (Rome, 17-19 mai 1990), «Collection de l'École française de Rome» 161, Paris/Rome 1992, p. 191-195); c'est en ce sens que Tertullien entend la différence entre *anima* et *animus* (ou *mens*): au sein de cette substance unique, *animus* a une fonction psychique, active, qui fait que l'*anima* agit et pense. L'*anima* n'est pas *spiritus*, mais *(ad)flatus factus ex spiritu Dei*, transmis dans la génération en même temps que le corps. (*Cf.* **83** A.-G. Hamman, *L'homme image de Dieu*, Paris 1987, p. 77-102; **84** J.-C. Fredouille, «Observations sur la terminologie anthropologique de Tertullien: constantes et variations», dans V. Boudon-Millot et B. Pouderon [édit.], *Les Pères de l'Église face à la science médicale de leur temps*, Paris 2005, p. 322-329); **85** J. Leal, *La antropología de Tertuliano. Estudios de los tradados polémicos de los años 207-212 d. C.*, Roma 2001).

b) La «discipline». Le christianisme est, comme la philosophie, un mode de vie. Commandée par la *regula fidei*, mais contrairement à celle-ci, évolutive, la *disciplina* embrasse la vie sacramentelle (pénitence, baptême) et le genre de vie que le chrétien doit mener. Sous l'influence du montanisme, il prit des positions de plus en plus intransigeantes (place du chrétien dans la cité, mariage, pénitence, martyre, jeûne) qui le conduisirent à rompre avec la grande Église (selon **86** C. Rambaux, *Tertullien face aux morales des trois premiers siècles*, Paris 1979, le rigorisme et l'ascétisme de sa morale défigurent l'idéal évangélique; *cf.* R. Braun, *CTC* **21**, 1979, n° 29). Vue d'ensemble de **87** M. Spanneut, *Tertullien et les premiers moralistes africains*, Gembloux/Paris 1969, p. 3-55; **88** *Id.*, «Les normes morales du stoïcisme chez les Pères de l'Église», *StudMor* 19, 1981, p. 153-175 (les concepts de conformité à la nature ou à la raison, de loi naturelle, de notions communes, révèlent l'influence du stoïcisme)

La dette de Tertullien à l'égard des idées stoïciennes, ou stoïcisantes, est souvent sensible, particulièrement dans des traités comme l'*Ad martyras* (**89** C. Tibiletti, «Stoicismo nell'*Ad martyras* di Tertulliano», *Augustinianum* 15, 1975, p. 309-323), dont la composition repose sur la distinction stoïcienne entre deux *affectus animi*, le chagrin – *aegritudo* – et la peur – *metus* – (Braun **27**, p. 169), ou le *De patientia* (*cf.* **90** J.-Cl. Fredouille, introduction à l'édition du *De patientia*, coll. *SC* 310, Paris 1984, p. 30-33). L'éthique stoïcienne, celle de Sénèque, *saepe noster*, plus précisément, proposait, en effet, à celui qui aspirait à la sagesse un certain nombre d'attitudes existentielles, pleinement transposables en christianisme. On peut suivre à cet égard une évolution du *De patientia* au *Scorpiace* et au *De fuga in persecutione*, sur lesquels l'empreinte stoïcienne est plus discrète. Si cette évolution montaniste lui dicta des positions de plus en plus intransigeantes, il ne varia pas sur le loyalisme des chrétiens envers l'Empire (*cf.* **91** A. R. Birley, « Attitudes to the State in the Latin Apologists », dans *L'apologétique chrétienne gréco-latine à l'époque prénicénienne*, coll. « Entretiens sur l'antiquité classique » 51, Vandoeuvres/Genève 2005, p. 251-261). Contre la Bible et contre l'orthodoxie stoïcienne, et en cela proche de la morale aristotélicienne, Tertullien, dans le prolongement de ses réflexions sur les emportements du Christ, justifia une colère légitime de l'homme, qu'il qualifia, sans renoncer au vocabulaire stoïcien, de *rationalis indignatio* (*De anima* 16, 6*)*. A la division platonicienne qui opposait la partie rationnelle de l'âme à sa partie irrationnelle, dont dépendent l'irascible et le concupiscible, Tertullien substituait une double distinction : concupiscible et irascible existent à l'intérieur des deux parties, la rationnelle et l'irrationnelle (*ibid.* 16, 1-4).

Sensible à la beauté du monde, « œuvre rationnelle de Dieu » (*ibid.* 43, 7), Tertullien expose, souvent à partir de l'opposition *uetera–noua*, sa croyance au progrès, progrès personnel (*De pudicitia* 1, 10-13), progrès de la *disciplina* (dans le respect de la *regula)*, des lois humaines, de la civilisation, et souligne volontiers, comme les philosophes, surtout les stoïciens, la « sympathie » qui unit l'homme à l'univers et à sa perpétuelle transformation, (*cf.* Fredouille **47**, p. 462 *sq.* ; **92** *Id.*, art. « Lebensform », *RAC* XXII, 2008, col. 993-1025, notamment col. 995 et 1019). Convaincu, comme d'autres Pères de l'Église, de vivre les derniers temps dans l'attente d'un règne millénariste de caractère spirituel (*Adu. Marcionem* III 24, 3-6), il conçoit l'histoire et la condition chrétienne tendues vers l'achèvement.

c) Langage et rhétorique. Parce que, par son caractère formel, la dialectique permet son application au vrai comme au faux, Tertullien dénonce ses méfaits sous la plume des hérétiques qui multiplient arguties et « syllogismes » (*De praescriptionibus* 7, 6 : *Miserum Aristotelen qui illis dialecticam instituit, artificem struendi et destruendi !* ; *De carne* 17, 1 : *Sed remisso Alexandro cum suis Syllogismis, quos in argumentationibus torquet…* ; *cf.* **93** J.-P. Mahé, introduction de l'édition du *De carne*, coll. *SC* 216, t. I, Paris 1975, p. 58 *sq.*) ; mais il est lui-même un subtil dialecticien, mettant, de fait, comme les autres écrivains chrétiens, cette discipline, science pratique et non plus théorique, au service de la *regula* et de la *disciplina*, pour les justifier et les exposer, usant abondamment des différents types de raisonnements, « classiques » (induction, déduction) et autres, communs (analogie, *in utramque partem*, topique de l'*inuentio*) ou plus personnels (« prescription », schéma selon l'antérieur et le postérieur) et des modes de syllogismes, complets, incomplets ou implicites (*cf.* Waszink **16**, p. 637 ; Fredouille **47**, p. 221 ; Ayers **50**, p. 17-20). Cette *sollertia disputandi* ne saurait signifier qu'il ait lu les ouvrages techniques d'Aristote (➮A 414), personnification, pour les Pères de l'Église, de tous les excès de la dialectique (cf. **94** J. de Ghellinck, *Patristique et Moyen Âge*, t. III, Bruxelles/Paris 1961, p. 245-310), ou ceux de Chrysippe (➮C 121), la connaissance des manuels de rhétorique suffisant à expliquer l'utilisation qu'il en fait (sur cette pratique commune, cf. Aulu Gelle, *Nuits Attiques* II 8). Le recours aux syllogismes n'est, au reste, qu'un aspect, sans doute le plus apparent, d'une réflexion approfondie sur la fonction du langage, médiateur et révélateur de la vérité : Dieu s'adresse aux hommes dans les Écritures, mais aussi par l'intermédiaire de la langue familière (cf. les pages neuves et éclairantes de **95** F. Chapot, *Virtus Veritatis. Langage et vérité dans l'œuvre de Tertullien*, chap. III-IV, Paris 2009, p. 155 *sq.* et 233 *sq.*). Entre les deux théories de l'origine des noms, aristotélicienne (conventionnelle, *thesei*) ou stoïcienne (naturelle, *phusei*), entre lesquelles le mauvais usage que font les hérétiques du langage le conduit parfois à des hésitations, Tertullien adopte la position conciliatrice du moyen-platonisme (Alcinoos [➮A 92], *Didaskalikos* 6, 160 *CUF*, p. 14) : les noms sont donnés par *thesis*, mais sans arbitraire, car ils répondent à la nature des choses ; le terme *proprietas*, sous la plume de Tertullien, exprime cette solidarité du nom et de la chose. Dans ces conditions, l'étymologie *(ueriloquium)* est une auxiliaire précieuse de la connaissance. Ses réflexions sur l'allégorie sont tributaires de l'analyse stoïcienne du signe linguistique (*Ad nationes* I 5, 6-7 ; **96** J.-Cl. Fredouille, « Réflexions de Tertullien sur l'allégorie », dans G. Dahan et R. Goulet [édit.], *Allégorie des poètes, Allégorie des philosophes*, Paris 2005, p. 146) Des expressions du langage courant (*Deus magnus, Deus bonus*, etc.), formulées par une âme « simple, sans culture, ignorante *(idiotica)* » sont des intuitions authentiques sur l'existence de Dieu (cf. *Apologeticum* 17, 4-6 ; *De testimonio* 1, 6-7 ; *De anima* 41, 1-3 [sur leur fondement anthropologique] ; etc.) : adaptation, en termes assez proches, de la théorie des « notions communes » (κοιναὶ ἔννοιαι), plus exactement, des « prénotions » ou « préconceptions » (προλήψεις), selon la distinction précise rapportée par Aétius (*SVF* II 83) : celles-ci, en effet, ne sont pas acquises, ne résultent pas de la διδασκαλία et de l'ἐπιμέλεια, mais naissent « naturellement, sans aucune élaboration » (φυσικῶς καὶ ἀνεπιτεχνήτως) ; toutefois, comme souvent les sources stoïciennes, Tertullien ne distingue pas les unes des autres et recourt aux expressions *communes sensus, publicus sensus*, etc., dont, à la différence des stoïciens, il ne limite pas le contenu à l'existence de Dieu, de la providence, des idées de juste et de bien, mais l'étend à d'autres domaines (existence des démons, immortalité de l'âme, divination, résurrection). L'idée de ce *testimonium animae* aurait pu être suggérée à Tertullien par la lecture du *De natura deorum* (II 13-14) selon **97** C. Tibiletti, « Un motivo del primo Aristotele in Tertulliano », *VChr* 23, 1969, p. 21-29, par une forme de la théologie tripartite de Varron, selon **98** J. H. Waszink, « Osservazioni sul 'De testimonio animae' di Tertulliano », dans R. Cantalamessa et L. F. Pizolato [édit.], *Paradoxos politeia. Studi patristici in onore di G. Lazzati*, Milano 1979, p. 178-184).

Sa mise en œuvre de la rhétorique, « main ouverte de la logique « selon la formule de Zénon (*SVF* I 75), a fait, depuis **99** R. D. Sider, *Ancient Rhetoric and the Art of Tertullian*, Oxford 1971, et Fredouille **47**, mais déjà Braun **29**, p. 127-134, l'objet de nombreuses études, mais qui, parfois, se contentent ou s'efforcent de plaquer sur ses traités les divisions traditionnelles de la *dispositio*. Théoriquement, à la *simplicitas ueritatis* (*Ad nationes* II 2, 5 ; *Apologeticum* 23, 7 ; *De baptismo* 2, 1 ; *Adu. Marcionem* II 21, 2 ; V 19, 8 ; *Adu. Valentinianos* 1, 164 ; etc.) devrait répondre une *oratio simplex* (*cf.* Sénèque, *Epistulae* 40, 4). Comme les stoïciens (*cf.* Cicéron, *Fin.* IV 3, 7 ; Aulu-Gelle, *Nuits attiques* VI 14, 10), Tertullien définit cette rhétorique positivement, par la brièveté, la concision, négativement par son refus des afféteries du langage, des subtilités et de la prolixité. « La vérité persuade en enseignant, elle n'enseigne pas en persuadant » (*Adu. Valentinianos* 1, 4), souvenir sans doute, par l'intermédiaire de la traduction d'Apulée (*De Platone* II 8, 231), de la dénonciation d'une rhétorique prétendant persuader ce qu'elle ne peut enseigner (Platon, *Gorgias*, 454 e). Mais comme d'autres écrivains, païens et chrétiens, Tertullien a été sensibilisé aux problèmes d'efficacité, ou plutôt d'inefficacité, inhérents à l'éloquence fondée sur la vérité qu'elle a pour mission de transmettre (*cf.* l'enseignement du *Phèdre*) et conduit, de ce fait, à recourir à toutes les armes que lui fournissait la rhétorique pour la servir : ... *natura sic est ut qui melius dixerit, hic uerius dixisse uideatur* (*Ad nationes* II 6, 5) ... *Ita nos rhetoricari quoque prouocant haeretici...* (*De resurrectione* 5, 1) ; d'où l'écart entre ses réflexions sur une écriture idéale dont les arguments reposent sur la vérité (*cf. Apologeticum* 46, 1) et, du moins en certains de ses traités, une pratique stylistique jugée parfois, déjà par les Anciens, difficile ou obscure (*cf.* Braun **27**, p. 301-319).

Cette notice a été révisée et mise à jour après le décès de son auteur par Pierre Petitmengin et Frédéric Chapot.

JEAN-CLAUDE FREDOUILLE †.

TETRILIUS → ROGUS (TETRILIUS –)

17 TREBATIUS TESTA (C. –) *RE* Tr. 7 *PIR*² T 306 (Trebatius)   M Iᵃ

Jurisconsulte romain, ami et correspondant de Cicéron qui lui a dédié ses *Topiques* (en 44ᵃ). Il est également le dédicataire d'une satire d'Horace (*Satires* II 1). Il était originaire de Vélia en Lucanie. Il fut le maître du juriste Antistius Labeo (⧁▸L 1).

Cf. **1** P. Sonnet, *Gaius Trebatius Testa*, Diss. Giessen, Jena 1932, 76 p. ; **2** *Id.*, art. « C. Trebatius Testa » 7, *RE* VI A 2, 1937, col. 2251-2261 ; **3** Y. Benferhat, *Ciues Epicurei. Les épicuriens et l'idée de monarchie à Rome et en Italie de Sylla à Octave*, coll. « Latomus » 292, Bruxelles 2005, p. 274-281.

La seule raison pour réserver une notice à Trebatius est une lettre de Cicéron (*Lettre* 162 = *Ad fam.* VII 12) de février 53, dans laquelle est évoqué un passage à l'épicurisme de Trebatius, alors avec César (▸C 8) en Gaule : « Je me demandais pourquoi tu avais cessé de m'écrire, quand mon ami Pansa (➤+P 28) m'a signalé que tu étais devenu épicurien» (trad. Constans). Mais Sonnet **1**, p. 60 *sqq.*, et **2**, col. 2261, que suit Constans dans son édition (*Correspondance*, t. III, p. 147-148), voit dans cette phrase une simple plaisanterie visant à expliquer le peu d'empressement de Trebatius à écrire à son correspondant par le plaisir qu'il peut prendre en une région aussi peu accueillante que la Gaule. «O les merveilleux cantonnements! Qu'aurais-tu fait, si je t'avais envoyé à Tarente [lieu de séjour autrement agréable] et non à Samarobriva [près d'Amiens]?»

Mais dans les lignes qui suivent, Cicéron se plaît à montrer que l'adoption des thèses épicuriennes pourrait compromettre chez Trebatius l'exercice de sa profession de juriste. Cicéron imagine que Trebatius a pu faire ce choix, qui est une défection (*si plane a nobis deficis*, par rapport à des positions académiciennes communes?) pour complaire à Pansa, qui, lui, était certainement épicurien. Il rappelle qu'il avait déjà déçu Cicéron antérieurement en partageant les vues d'un ami dont le nom est mal rapporté : Zeius : Préchac a pensé à l'épicurien Velleius (➤+V 9), Constans à L. Aelius Tubero (➤+T 180) qui était passé de l'éclectisme de la Nouvelle Académie au scepticisme d'Énésidème (➤+E 24) qui lui dédia ses *Discours pyrrhonniens*. Voir **3** L.-A. Constans, éd. de la *Correspondance*, CUF, Paris 1936, t. III, p. 148 n. 1.

Catherine J. Castner, *Prosopography of Roman Epicurean*, p. 70-72, estime que le ton amusé de Cicéron ne doit pas nous faire douter des sympathies épicuriennes de Trebatius : «Such philosophical allegiance might inspire them to competitive debate on the relative merits of the schools (...); but philosophical adherence does not appear to have radically altered the traditional Roman attitudes to public life». Y. Benferhat, «What if? La possibilité d'un anneau», dans *Libellus ad Thomasium : Essays in Roman Law, Roman-Dutch Law and Legal History in Honour of Philip J. Thomas*, Pretoria 2010, p. 23-28, défend également la thèse d'une réelle adhésion de Trebatius à l'épicurisme et interprète la lettre de Cicéron dans ce sens.

RICHARD GOULET.

18 THALASSIUS *RE* 6 *PLRE* I :4   IV

Antiochien, assistant et ami de Libanius, qui le présente comme un philosophe (*Discours* XL 22 ; XLII 9 ; LIV 47). Il se trouvait à Constantinople en 390 (Libanius, *Lettre* 951), à Antioche en 392 (*Lettre* 1031). Le *Discours* XLII de Libanios (pour Thalassios) est adressé à Théodose pour reprocher à trois personnages d'avoir agi pour que son ami ne soit pas admis dans le Sénat de Constantinople et demande une compensation pour ce refus.

La lettre est présentée et traduite par A. F. Norman, *Antioch as a Centre of Hellenic Culture as observed by Libanius*, translated with an introduction, coll. «Translated texts for historians» 34, Liverpool, Liverpool University Press, 2000, p. 145-167.

Après la mort de son secrétaire Maxime en 380, Libanius fut assisté dans son enseignement par Thalassius dont les ressources financières (il possédait un atelier de fabrication d'épées, *Discours* XLII 21) lui permettaient d'aider son ami de façon bénévole (§ 3-4). Il était païen (§ 7).

PIERRE MARAVAL.

19 THALÈS DE MILET *RESuppl.* X *DK* 11 DM VI^a

Thalès de Milet, fils d'Examias et de Cléoboulinè, est le fondateur, dans la première moitié du VIe siècle av. J.-C., de la philosophie, de l'astronomie et de la géométrie grecques. Il figure généralement dans les listes des Sept Sages, ce qui indique qu'il fut célèbre à son époque et dans les générations qui ont suivi.

Édition et traductions. 1 DK 11, t. I, p. 67-81, et *Nachtrag*, p. 485-487 ; **2** *Die Milesier : Thales*, herausgegeben von G. Wöhrle, mit einem Beitrag von G. Strohmaier, coll. « Traditio Praesocratica » 1, Berlin 2009, VIII-582 p. (un recueil exhaustif des témoignages sur Thalès, cité dans cette notice comme Th suivi du numéro du témoignage) ; **3** *The Texts of Early Greek Philosophy*, ed. and transl. by D. W. Graham, Cambridge 2000, t. I, p. 17-44.

Bibliographies. 4 L. Paquet, M. Roussel et Y. Lafrance, *Les Présocratiques. Bibliographie analytique (1879-1980)*, Montréal/Paris 1989, t. I, p. 332-341 (n°s 1165-1220) ; **5** B. Šijaković, *Bibliographia Praesocratica*, Paris 2001, p. 400-405 (n° 9846-9993).

Études d'orientation. La philosophie de Thalès. 6 J. Barnes, *The Presocratic Philosophers*, London/Boston 1982, p. 5-13 ; **7** J. Burnet, *Early Greek Philosophy*, 3rd ed., London 1920 ; **8** C. J. Classen, « Bemerkungen zu zwei griechischen "Philosophiehistorikern" », *Philologus* 109, 1965, p.175-181, notamment p.175-178 ; **9** C. J. Classen, art. « Thales », *RESuppl.* X, 1965, col. 930-947 ; **10** D. R. Dicks, « Thales », *CQ* 9, 1959, p. 294-309 ; **11** W. Detel, « Das Prinzip des Wassers bei Thales », dans H. Boekme (édit.), *Kulturgeschichte des Wassers*, Frankfurt am Main 1988, p. 43-64 ; **12** D. Gallop, « Ex Nihilo Nihil, in Nihilum Nil : A Reply to Mourelatos », *JPhilos* 78, 1981, p. 666-667 ; **13** T. Gomperz, *Griechische Denker*, Bd. 1, Berlin/Leipzig 1922, p. 37-41 ; **14** R. Goulet, « Des sages parmi les philosophes. Le Premier livre des *Vies des philosophes* de Diogène Laërce » », dans M.-O. Goulet-Cazé, G. Madec et D. O'Brien (édit.), ΣΟΦΙΗΣ ΜΑΙΗΤΟΡΕΣ, *Chercheurs de Sagesse, Mélanges Jean Pépin*, Paris, Études Augustiniennes, 1992, p. 167-178, repris dans **15** R. Goulet, *Études sur les Vies de philosophes de l'Antiquité tardive. Diogène Laërce, Porphyre de Tyr, Eunape de Sardes*, coll. « Textes et traditions » 1, Paris 2001, p. 67-77 ; **16** W. K. C. Guthrie, *A History of Greek Philosophy*, Cambridge 1962, t. I, p. 45-72 ; **17** Ch. Kahn, « The Achievement of Early Greek Philosophy : A Drama in Five Acts : From Thales to *Timaeus* », dans J. McCoy (édit.), *Early Greek Philosophy. The Presocratics and the Emergence of Reason*, Washington, D. C. 2013, p. 1-17 ; **18** G. S. Kirk, J. E. Raven et M. Schofield, *The Presocratic Philosophers*, 2nd ed., Cambridge 1983, p.76-99 ; **19** A. V. Lebedev, « Об изначальной формулировке традиционного тезиса Фалеса ΤΗΝ ΑΡΧΗΝ ΥΔΩΡ ΕΙΝΑΙ » (« An Original Formulation of Thales' Thesis

THN APXHN YΔΩP EINAI»), *Balcanica. Лингвистические исследования* (Moscow) 1979, p. 167-175 (en russe); **20** *Id.*, «Фалес и Ксенофан» («Thales and Xenophanes»), dans *Древнейшая фиксация космологии Фалеса*, Moscow 1981, p. 1-16 (en russe). **21** J. Mansfeld, «Aristotle and Others on Thales, or The Beginnings of Natural Philosophy», dans **22** J. Mansfeld, *Studies in the Historiography of Greek Philosophy*, Assen/Maastricht 1990, p. 126-146; **23** *Id.*, «Myth, Science, Philosophy: A Question of Origins», dans Mansfeld **22**, p. 1-21; **24** R. D. McKirahan, *Philosophy before Socrates*, 2nd ed., Indianapolis/Cambridge 2010, p. 21-31; **25** F. Marcacci, «Una caduta di ventisei secoli: l'immagine di Talete, un problema di storiografia filosofica», *Aquinas* 2, 2009, p. 333-365; **26** A. P. D. Mourelatos, «Pre-Socratic Origins of the Principle That There Are No Origins from Nothing», *JPhilos* 78, 1981, p. 649-665; **27** P. O'Grady, *Thales of Miletus. The Beginnings of Western Science and Philosophy*, Aldershot 2002; **28** D. Panchenko, «Thales and the Origin of Theoretical Reasoning», *Configurations* 1, 1993, p. 387-414; **29** *Id.*, «Γένεσις πάντεσσι: The *Iliad* 14. 201 and 14. 246 Reconsidered», *Hyperboreus* 1, 1994, p. 183-186; **30** *Id.*, Θαλής, *Οι απαρχές της θεωρητικής συλλογιστικής και η γένεση της επιστήμης*, Αθήνα 2005; **31** S. H. Rosen, «Thales: The Beginning of Philosophy», *Arion* 1, 1962, p. 42-64; **32** L. Rossetti, «Gli onori rese a Talete dalla città di Atene», *Hypnos* 27, 2011, p. 205-221; **33** M. Schofield, The Ionians, dans C. C. W. Taylor (édit.), *Routledge History of Philosophy*, t. I, London/New York 1997, p. 47-87; **34** M. Schofield, «APXH», *Hyperboreus* 3, 1997, p. 218-236; **35** A. Schwab, *Thales von Milet in der frühen christlichen Literatur. Darstellungen seiner Figur und seiner Ideen in den griechischen und lateinischen Textzeugnissen christlicher Autoren der Kaiserzeit und Spätantike*, Berlin/Boston 2011; **36** B. Snell, «Die Nachrichten über die Lehren des Thales und die Anfänge der griechischen Philosophie- und Literaturgeschichte», *Philologus* 96, 1944, p. 170-182; **37** M. C. Stokes, *One and Many in Presocratic Philosophy*, Washington, D. C. 1971; **38** X. A. Τέζας, «Η αρχή ουδέν εκ ουδενός στην προσωκρατική σκέψη ως τον Παρμενίδη», *Dodone* 16, 1987, p. 139-167; **39** M. L. West, «Ab ovo», *CQ* 44, 1994, p. 289-307; **40** E. Zeller, *Die Philosophie der Griechen in ihrer geschichtlichen Entwicklung*. 6. Aufl., Bd. I, Leipzig 1919, réimpr. Hildesheim 1990, p. 253-270.

Origines, biographies et études relatives à la chronologie. 41 K. J. Beloch, *Griechische Geschichte*, 2. Aufl., Bd. I, Abt. 2, Strassburg 1913, p. 352-356; **42** J. Cargill, «The *Nabonidus Chronicle* and the Fall of Lydia», *AJAH* 2, 1977, p. 97-116; **43** H. Diels, «Chronologische Untersuchungen über Apollodors *Chronika*», *RhM* 31, 1876, p. 1-54, notamment p. 15-19; **44** H. Diels, «Thales ein Semite?», *AGPh* 2, 1889, p. 165-170; **45** D. Fehling, *Die sieben Weisen und die frühgriechische Chronologie*, Bern 1985; **46** G. Huxley, «A War Between Astyages and Alyattes», *GRBS* 6, 1965, p. 201-206; **47** H. Kaletsch, «Zur lydischen Chronologie», *Historia* 7, 1958, p. 1-47; **48** O. Immisch, «Zu Thales' Abkunft», *AGPh* 2, 1889, p. 515-516; **49** F. Jacoby, *Apollodors Chronik*, Berlin 1902, p. 175-183; **50** O. Margalith, *The Sea Peoples in the Bible*, Wiesbaden 1994,

p. 52-55 ; **51** A. A. Mosshammer, *The* Chronicle *of Eusebius and Greek Chrono-graphic Tradition*, Lewisburg/London 1979, p. 255-273 ; **52** D. Panchenko, « Democritus' Trojan Era and the Foundations of Early Greek Chronology », *Hyperboreus* 6, 2000, p. 31-78, notamment p. 67 ; **53** V. Parker, « Zur griechischen und vorderasiatischen Chronologie des sechsten Jahrhunderts v. Chr. », *Historia* 42, 1993, p. 385-417, notamment p. 390 *sqq*.

Thalès et l'astronomie. 54 A. Aaboe, « Remarks on the Theoretical Treatment of Eclipses in Antiquity », *JHA* 3, 1972, p. 105-118 ; **55** L. Blanche, « L'éclipse de Thalès et ses problèmes », *RPhilos* 158, 1968, p. 153-199 ; **56** F. Boll, art. « Finsternisse », *RE* VI 2, 1909, col. 2329-2364 ; **57** W. Burkert, « Heraclitus and the Moon : The New Fragments in *P. Oxy* 3710 », *ICS* 18, 1993, p. 49-55 ; **58** D. L. Couprie, *Heaven and Earth in Ancient Greek Cosmology*, New York 2011, p. 51-67 ; **59**. R. Dicks, « Solstices, Equinoxes, and the Presocratics », *JHS* 86, 1966, p. 26-40 ; **60** W. Hartner, « Eclipse Periods and Thales' Prediction of a Solar Eclipse », *Centaurus* 14, 1969, p. 60-71 ; **61** T. Heath, *Aristarchus of Samos, the Ancient Copernicus : A History of Greek Astronomy to Aristarchus*, Oxford 1913, p. 12-23 ; **62** A. V. Lebedev, « Aristarchus of Samos on Thales' Theory of Eclipses », *Apeiron* 23, 1990, p. 77-85 ; **63** W. Lapini, « Talete e l'eclissi del 585 (11A5 DK) », *ZPE* 126, 1999, p. 115-116 ; **64** T.-H. Martin, « Sur quelques prédic-tions d'éclipses mentionnées par des auteurs anciens », *RA*, nouvelle serie, 9, 1864, p. 170-199 ; **65** A. A. Mosshammer, « Thales' Eclipse », *TAPhA* 111, 1981, p. 145-155 ; **66** O. Neugebauer, *A History of Ancient Mathematical Astronomy*, Berlin/New York 1975, t. II, p. 604 ; **67** *Id.,,*, *The Exact Sciences in Antiquity*, New York 1962, p. 141-143 ; **68** D. Panchenko, « Thales's Prediction of a Solar Eclipse », *JHA* 25, 1994, p. 275-288 ; **69** *Id.*, « Eudemus Fr. 145 Wehrli and the Ancient Theories of Lunar Light », dans I. Bodnár et W. W. Fortenbaugh (édit.), *Eudemus of Rhodes*, coll. *RUSCH* 11, New Brunswick 2002, p. 323-336 ; **70** L. Schlachter, *Altes und Neues über Sonnenfinsternis des Thales und die Schlacht am Halys*, Bern 1898 (Separatdruck aus dem 28. Programm des Freien Gymnasiums in Bern), notamment p. 15-18 ; **71** J. M. Steele, « Solar Eclipse Times Predicted by the Babylonians », *JHA* 28, 1997, p. 133-139 ; **72** F. R. Stephenson et L. J. Fatoohi, « Thales's Prediction of a Solar Eclipse », *JHA* 28, 1997, p. 279-282 ; **73** P. Tannery, *Pour l'histoire de la science hellène*, Paris 1887, p. 56 ; **74** R. Walzer, « Galens Schrift *Ueber die Siebenmonatskinder* », *RSO* 15, 1935, p. 346-347 ; **75** B. L. Van der Waerden, *Die Astronomie der Griechen*, Darmstadt 1988, p. 11 ; **76** *Id.*, *Science Awakening*, t. II : *The Birth of Astronomy*, Leiden 1974, p. 120-122 ; **77** A. Wasserstein, « Thales' Determination of the Diameters of the Sun and Moon », *JHS* 75, 1955, p. 114-116 ; **78** *Id.*, « Thales and the Diameter of the Sun and Moon », *JHS* 76, 1956, p. 105 ; **79** S. White, « Thales and the Stars », dans V. Caston et D. W. Graham (édit.), *Presocratic Philosophy. Essays in Honour of Alexander Mourelatos*, Aldershot 2002, p. 3-18.

Thalès et la géométrie. 80 O. Becker, *Das mathematische Denken der Antike*, 2nd ed., Göttingen 1966, p. 37-39 ; **81** N. Ch. Dührsten, « Zur Entstehung der Überlieferung über die Geometrie des Thales », dans G. Rechenauer (édit.), *Frühgriechisches Denken*, Göttingen 2005, p. 81-101 ; **82** K. von Fritz, « Die *Archai* in der griechischen Mathematik », dans ses *Grundprobleme der Geschichte der antiken Wissenschaft*, Berlin 1971, p. 335-429, notamment p. 402 ; **83** B. Gladigow, « Thales und der διαβήτης », *Hermes* 96, 1968, p. 264-275 ; **84** R. Goulet, « Thalès et l'ombre des pyramides », dans M. Alganza Roldán, J. M. Camacho Rojo, P. P. Fuentes González et M. Villena Ponsoda (édit.), *EPIEIKEIA. Studia Graeca in memoriam Jesús Lens Tuero = Homenaje al Profesor Jesús Lens Tuero*, Granada 2000, p. 199-212, repris dans Goulet **15**, p. 123-136 ; **85** T. Heath, *A History of Greek Mathematics*, Oxford 1921, réimpr. New York 1981, t. I, p.118-140 ; **86** F. Marcacci, « La piramide di Talete », *Periodico di matematiche* [Organo della *Mathesis*, Società Italiana di Scienze Matematiche e Fisiche], 3, 2009, p. 37-48 ; **87** J. Mittelstraß, *Die Möglichkeit von Wissenschaft*, Frankfurt am Main 1974, p. 29-55 ; **88** *Id.*, *Neuzeit und Aufklärung. Studien zur Entstehung der neuzeitlichen Wissenschaft und Philosophie*, Berlin 1970, p. 18-32 ; **89** D. Panchenko, Ὅμοιος and ὁμοιότης in Anaximander and Thales », *Hyperboreus* 1, 1994, p. 28-55 ; **90** H. D. Rankin, « Ὅμοιος in a fragment of Thales », *Glotta* 39, 1961, p.73-76.

Influences proche-orientales sur Thalès. 91 U. Hölscher, « Anaximander und die Anfänge der Philosophie », *Hermes* 81, 1953, p. 257-277, et 385-418 ; **92** A. V. Lebedev, « Демиург у Фалеса? (К реконструкции космогонии Фалеса Милетского) » (« Demiurg in Thales ? »), dans *Текст : семантика и структура*, Moscow 1983, p. 51-66 (en russe) ; **93** T. McEvilley, *The Shape of Ancient Thought. Comparative Studies in Greek and Indian Philosophies*, New York 2002, p. 23-66 ; **94** H. Schwabl, art. « Weltschöpfung », *RESuppl.* IX, 1962, col. 1514 ; **95** P. Tannery, « Thales et ses emprunts à l'Égypte », *RPhilos.* 5e année, mars 1880, p. 299-318 ; **96** M. L. West, *Early Greek Philosophy and the Orient*, Oxford 1971, p. 208-213.

Biographie. Les informations biographiques concernant Thalès sont rares (comme il est fréquent pour les Grecs qui ont vécu avant le Ve siècle av. J.-C.). D'après la tradition chronographique grecque, il serait né en Ol. 35, 1 (640/639 av. J.-C.), il aida Crésus à faire passer son armée de l'autre côté de l'Halys (au printemps 547a) et mourut avant la prise de Sardes par l'armée de Cyrus (à la fin de 547a). Ces informations sont toutefois incompatibles avec l'affirmation d'Apollodore d'Athènes (➤+A 244) selon laquelle Thalès mourut âgé de 78 ans (Diogène Laërce I 38). Diels **43** explique cette divergence par une erreur survenue très tôt dans la tradition chronographique et il suggère comme date de naissance pour Thalès Ol. 39, 1 (624/3 av. J.-C.), datation qui serait à ses yeux une construction savante puisqu'elle amène Thalès à prédire l'éclipse solaire de 585a (voir plus loin) exactement dans sa 40e année. Il reste toutefois la possibilité que l'information concernant l'âge de Thalès à sa mort soit traditionnelle et qu'elle ne résulte pas d'une telle construction.

Thalès est souvent présenté comme l'un des Sept Sages (Th 20). Ce groupe des Sages est habituellement associé à la figure de Crésus (561/560 – 547 av. J.-C.). Une tradition ancienne représente Thalès répondant à une question de Crésus concernant les dieux (Tertul., *Ad nation.* II 2, 10-11 ; Th 216). Hérodote (I 75 ; Th 11) rapporte comment Thalès s'y prit pour faire traverser le fleuve Halys sans construire un pont. Mais l'historien oppose à cette thèse la sienne propre selon laquelle l'armée traversa le fleuve sur des ponts. Comme il ne donne aucune raison, on peut penser que dans la source qu'il utilisait il était dit que Thalès ne vivait plus à l'époque des faits. Éphore parlait de la rencontre des Sept Sages à la cour de Crésus sans mentionner Thalès (D. L. I 40 ; *FGrHist* 70 F 181). Quand nous apprenons que Thalès contrecarra la tentative de Crésus d'adresser à Milet une offre d'alliance, assurant ainsi le salut de sa cité lorsque Cyrus obtint la victoire sur Crésus (D. L. I 25), nous constatons que l'information s'accorde difficilement avec la tradition selon laquelle Thalès aida Crésus dans son expédition. De plus, Hérodote (I 22) soutient explicitement que Milet et le royaume de Lydie conclurent une alliance militaire sous le règne d'Alyattès, le prédécesseur de Crésus, et rien dans ce récit ne suggère que par la suite cette alliance fut dénoncée. Il semble vrai que Milet fut épargnée lors de l'attaque des Perses (Hérodote I 143 et 169), mais il est manifeste que Cyrus ne fit qu'appliquer le principe du *Divide et impera* en séparant la cité la plus puissante d'Ionie du reste de la région. Par conséquent aussi bien les rapports positifs que négatifs de Thalès avec les entreprises politiques de Crésus à la fin de son règne (561-547) sont suspects, alors qu'une solide tradition ancienne associe l'éclipse prédite par Thalès à une bataille qui opposa Alyattès, le précédent roi de Lydie, à un roi mède. Pour cette raison Thalès est présenté comme « le plus âgé » des Sages (Th 130, 176, 205). On apprend encore que Thalès fut le premier à recevoir le nom de Sage sous l'archontat de Damasias (D. L. I 22, qui cite Démétrius de Phalère [⇒D 54]). On a daté traditionnellement l'événement de 582/1, mais une telle datation en réalité pose problème (Panchenko **52**).

Des renseignements plus valables concernant la chronologie de Thalès peuvent être tirés de la chronologie de son disciple Anaximandre (⇒A 165), qui est plus précise et plus fiable. Selon Apollodore, Anaximandre avait 64 ans en Ol. 58, 2 (547/6), c'est-à-dire lors de la prise de Sardes. La *Tabula Iliaca* ("The Vasek Polak Chronicle") II B 13-18 confirme ce synchronisme en affirmant (de façon moins précise) qu'Anaximandre avait 60 ans lorsque Crésus perdit son royaume. Il semble que l'information transmise par Apollodore concernant l'âge d'Anaximandre remontait au livre d'Anaximandre lui-même et qu'Anaximandre mettait son âge de 64 ans avec un événement historique mémorable – probablement l'invasion de l'Asie mineure par les Perses (voir la question formulée par Xénophane [⇒X 15] en B 22 DK : "Quel âge aviez-vous lors de l'arrivée des Mèdes ?", Burnet **7**, p. 51). Il est probable qu'en réalité Anaximandre ne faisait pas référence à la défaite de Crésus, mais à l'attaque ultérieure des Perses, même si Milet fut épargnée. Si l'attaque perse fut lancée au printemps de 546[a], elle a pu se produire dans la même année du calendrier milésien qui correspondait à la prise de Sardes. Il en résulte qu'Anaximandre avait 64 ans ou bien en 547/6 ou bien quelques années plus tard. En conséquence, il naquit en 611/10 ou quelques années plus tard. Si la tradition antique a raison (comme c'est le cas) de présenter Thalès comme le fondateur de l'astronomie, de la géométrie et de la philosophie grecques, il est manifeste qu'un tel rôle social en tant que professeur de science ou de philosophie n'existait pas encore à son époque. Les premiers disciples de Thalès furent recrutés parmi des amis sans doute plus jeunes que lui qui partageaient ses intérêts intellectuels et peut-être parmi des parents plus jeunes que lui. Anaximandre figure dans la tradition antique à la fois comme ami et comme parent de Thalès, alors que l'intervalle conventionnel de 40 ans n'est jamais supposé dans les sources entre Thalès et Anaximandre. Nous sommes donc en présence d'une donnée traditionnelle fiable et nous pouvons supposer que Thalès naquit peu avant 611[a], sans que l'on puisse établir une date précise.

Thalès était apparemment issu d'une famille de rang élevé (D. L. I 22), et il était suffisamment fortuné pour louer à l'avance tous les pressoirs à huile d'olive à Milet et à Chios. Il put le faire, d'après l'anecdote, à un tarif modeste au début de l'année, de sorte qu'à la belle saison, lorsqu'une demande pressante exigeait un grand nombre de pressoirs, il céda au prix qu'il fixait lui-même tous les pressoirs qu'il avait réservés et amassa de la sorte une grande fortune (Arist., *Polit.* II 4 ; 1259 a 3). L'histoire est substantiellement authentique. Une fable entièrement construite n'aurait pas précisé l'emplacement des pressoirs à huile d'olive loués par Thalès ou elle aurait situé l'événement dans la cité de Thalès. La mention de Chios montre que le noyau central de l'histoire n'est pas une invention (voir également Hérodote I 18 sur les liens étroits qui unissaient Milet et Chios au VIe siècle av. J.-C.).

Une forte tradition ancienne suggère que les ancêtres de Thalès étaient Phéniciens (D. L. I 22), mais le nom de son père semble avoir été carien (Diels **44**). Or, des poètes comme Corinne et Bacchylide appellent la Carie "Phénicie" (Athénée, *Deipn.* IV, 174 f), alors que les habitants de Tyr et de Sidon ne se disent jamais "Phéniciens". On peut envisager que le nom fut donné à l'origine aux porteurs de plumes pourpres (les Cariens étaient réputés pour leurs plumes et leur activité commerciale s'étendait jusqu'aux rives orientales de la Méditerranée), ce qui entraîna un certain nombre de confusions. De toute manière le tradition en cause ne concerne que de lointains ancêtres de Thalès.

Hérodote présente Thalès comme un homme engagé dans les affaires politiques. Thalès se serait adressé aux Ioniens à un moment indéterminé antérieur à leur conquête par les Perses : « Il aurait demandé aux Ioniens d'installer un seul *bouleutèrion* commun, qui serait situé à Téos, parce que c'était le centre de l'Ionie ; et le statut des autres cités n'aurait été rien d'autre que celui de dèmes *(dèmoi)* » (Hérodote I 170 ; 11 A 4 DK). Si l'histoire est authentique, il est improbable que la proposition fut avancée dans la perspective d'une menace perse. Une telle situation aurait été l'occasion d'organiser une défense commune, mais non pas d'instaurer un changement radical de constitution.

Selon une tradition ancienne influente dont la valeur ne peut être établie de façon sûre, Thalès se serait tourné vers la recherche à la fin de sa vie (D. L. I 23 ; Ps.-Plut., *Plac.* I 3, 1 ; Apul., *Flor.* 18). Comme Thalès vécut à une époque où les contacts entre les Grecs (notamment les Milésiens) et l'Égypte étaient étroits, et comme il est dit avoir calculé la hauteur d'une pyramide (11 A 21 DK) et avoir proposé une explication de la crue du Nil (Diod., I 38, 2 = *DDG* 384 et 634), il est vraisemblable qu'il visita l'Égypte. C'est la conclusion que l'on tira déjà dans l'antiquité (Th 92). On rapporte que Thalès mourut à Ténédos (11 A 8 DK). Wilamowitz et Diels (sur 11 A 8 DK) soupçonnent que Ténédos fut choisie à cause de Cléostrate de Ténédos (➪C 172), considéré comme le disciple de Thalès en astronomie. Mais si Ténédos eut un astronome actif dans le troisième quart du VIᵉ siècle, c'est probablement précisément parce que Cléostrate rencontra Thalès. On rapporte que Thalès mourut alors qu'il assistait à un concours sportif (D. L. I 39).

Ses œuvres. Fiabilité de la documentation. Thalès ne laissa aucun ouvrage, à tout le moins aucun ouvrage exposant ses idées générales. Certaines sources anciennes lui attribuent sans raison apparente une *Astronomie maritime,* un ouvrage *Sur le solstice* et un autre *Sur l'équinoxe* (D. L. I 23 ; voir aussi *Souda, s.v.* Thalès ; Th 88). Lobon d'Argos (➪L 60) prétend que les ouvrages de Thalès comprenaient quelque 200 vers (fr. 8 Croenert ; D. L. I 34). L'attribution d'ouvrages obscurs à des personnalités célèbres d'une époque ancienne relève généralement de la fiction. Il faut donc se méfier des informations relatives à Thalès, mais un scepticisme de principe n'est pas justifié. Au cours du premier siècle de son développement l'astronomie grecque, de même que la géométrie et la philosophie, ne disposaient pas de manuels pour la formation des nouvelles générations. La connaissance scientifique en particulier ne se transmettait que par des contacts personnels. Comme l'astronomie et la géométrie grecques se développèrent dès le début dans des conditions très particulières, elles ont dû naître dans un cercle très étroit, parmi les gens qui entouraient Thalès. Il ne faut pas négliger l'efficacité de la transmission orale. Thalès fit une grande impression sur les gens de son époque, comme le montre non seulement son inclusion dans le groupe des Sages et les anecdotes rapportées par Hérodote, mais aussi le fait qu'Alcée fait l'éloge de Thalès dans un de ses poèmes (Himérius, *Orat.* 28, 2 ; 111 A 11a DK). Dans ces conditions il n'est pas invraisemblable que ses idées et ses positions aient été transmises oralement jusqu'aux auteurs compétents qui les ont rapportées par écrit. On constate d'ailleurs que Diogène Laërce (I 22-24) cite Xénophane (➪X 15), Héraclite (➪H 64), Démocrite [➪D 70] (par deux fois) et Hippias (➪H 145) parmi les auteurs qui avaient fait mention de Thalès. Il rapporte également que Phérécyde (➪P 109) avait critiqué Thalès (II 46). Les savants modernes ont proposé d'ajouter à cette liste les noms d'Anaximène (➪A 168) et d'Anaximandre (➪A 165). Si les détails parfaitement légendaires et les fausses attributions manifestes sont rares dans les témoignages anciens concernant Thalès, la tradition lui attribue non seulement des résultats incontestables, mais également des vues et des déclarations qui furent rejetées par les savants grecs plus récents. Thalès est dit avoir tenté d'expliquer les crues du Nil par les soi-disant vents étésiens qui empêchaient le fleuve de se déverser dans la mer (Diod. I 38, 2 ; *DDG* 384 ; 634 ; Th 13). Cette théorie fut régulièrement critiquée dans l'antiquité et elle date manifestement d'une époque où les Grecs ne connaissaient pas grand chose de l'Égypte au-delà du Delta : elle ne prend pas en compte le fait que la crue survient en Haute-Égypte plus tôt que dans le Delta. De même Pline (*H. N.* XVIII 213) rapporte plusieurs opinions concernant l'intervalle de temps séparant l'équinoxe d'automne et le lever des Pléiades, et les vues de Thalès et d'Anaximandre diffèrent de façon significative de celles des spécialistes plus récents. Des savants comme Neugebauer **67** et Dicks **10** ne tiennent pas compte de ces faits et de ces constatations. Il ne convient pas non plus (bien qu'on le fasse assez souvent) de traiter les informations disponibles concernant Thalès et concernant Pythagore selon la même approche. Il y avait des pythagoriciens et des néopythagoriciens qui avaient intérêt à exagérer l'importance de Pythagore, mais il n'y avait pas de « thalésiens ». Thalès ne prétendit jamais posséder un savoir ou des dons surhumains, pas plus qu'il ne fit l'objet d'histoires incroyables du type de celles qui circulèrent à propos de Pythagore.

L'eau comme principe d'où émergent toutes choses et dans lequel toutes retournent. La tradition ancienne présente Thalès comme le fondateur de la philosophie naturelle (Hippol., *Ref.* I 1 ; *DDG* I 3, 1). On constate un point de vue légèrement différent chez D. L. I 13, où il est dit que « la philosophie a eu deux origines : elle commença d'une part avec Anaximandre, d'autre part avec Pythagore ». Le détail est important pour l'historiographie ancienne de la philosophie, mais a peu d'intérêt pour l'histoire de la philosophie grecque comme telle ; dans le même passage Diogène explique le terme de « philosophie ionienne » par le fait que « Thalès, un Milésien et donc un ionien, enseigna à Anaximandre » ; il présente Thalès comme un philosophe (I 21) et parle même de lui comme du fondateur de l'école ionienne (I 122 ; VIII 1 ; voir également Goulet **14**, p. 70). Thalès apparaît comme le fondateur de la tradition philosophique grecque déjà chez Aristot., *Metaph.* A 3 ; 983 b 6 - 984 a 7. Les choses ne sont pas aussi claires chez Platon : Thalès est un des Sept Sages dans le *Prot.* 343 a, mais il apparaît comme un philosophe dans *Theaet.* 172 a-b, et des disciples lui sont prêtés dans *Hip. Mai.* 287 c. Aristote dit en particulier que les premiers philosophes, lorsqu'ils abordaient le problème du principe (ἀρχή), pensaient à quelque chose « dont toutes les choses existantes étaient constituées, d'où elles venaient à l'origine et dans laquelle finalement elles étaient détruites ». Thalès qui avait inauguré ce type de philosophie, prétendait que c'était l'eau. Bien que la définition d'Aristote comporte trois parties, une comparaison avec des fragments authentiques de philosophes qui étaient des contemporains plus jeunes de Thalès montre que la position de ce dernier concernant l'eau ne comportait pas trois parties, mais seulement deux. L'association de la venue à l'existence et de la destruction apparaît chez Anaximandre B 1 DK : « les choses dont procède la genèse pour les êtres existants sont celles en quoi se produit à l'inverse leur destruction » (ἐξ ὧν δὲ ἡ γένεσις ἐστι τοῖς οὖσι, καὶ τὴν φθορὰν εἰς ταῦτα γίνεσθαι). La même association se rencontre chez Xénophane B 27 DK : « Toute chose vient de la terre et toute chose meurt dans la terre » (ἐκ γαίης γὰρ πάντα καὶ εἰς γῆν πάντα τελευτᾶι). Que la thèse de Thalès ait compris deux aspects – en des versions différentes : que tout est issu de l'eau et se résout dans l'eau – est constamment confirmé par la tradition doxographique (*DDG* 276 ; 579 ; 589, etc.). Or, il est étrange de dire que les choses se dissolvent dans l'eau si elles *sont* de l'eau. Il faut en conclure que Thalès a dit que toutes les choses tiennent leur origine de ou sont nées de l'eau. Dans ces conditions la première partie de la définition tripartite du principe chez Aristote (« ce dont toutes les choses sont constituées ») doit être considérée comme une vue rétrospective et généralisante. Aristote ne parle pas du problème abordé à l'origine par les Milésiens, mais de ce qui devint une pratique habituelle de la recherche philosophique telle que les Milésiens l'avaient instituée. Il avait en tête d'abord et avant tout le contexte de réflexion post-parménidéen ; c'est pour Anaxagore (➤A 158), Empédocle (➤E 19) et les atomistes, plutôt que pour les Milésiens, que les choses étaient constituées par les mêmes éléments indestructibles « dont elles étaient issues à l'origine et dans lesquelles elles se détruisent finalement ». En ce sens les savants qui ont soutenu que Thalès parlait de l'origine des choses existantes avaient raison. Mais Thalès parlait également de l'eau comme ce en quoi toutes les choses finalement se dissolvent. Ce point de vue permet de distinguer les vues de Thalès des cosmogonies, aussi bien au Moyen-Orient qu'en Grèce, où l'on ne trouve rien de semblable. Thalès recherche un point de départ où tout retourne parce que ce qui est capable de réabsorber toutes choses est apparemment indestructible et donc toujours présent, éternel. Un tel principe n'aurait besoin d'aucun autre principe ; ce serait le seul véritable principe. Par comparaison avec les cosmogonies traditionnelles, la conception de Thalès présente des avantages substantiels du point de vue de la logique. Les cosmogonies traditionnelles exposaient une chaîne de naissances de créatures particulières (en général il s'agissait de dieux), les uns donnant naissance à ou créant d'autres choses dans le monde. Il faut alors toujours se demander : quelle est l'origine de celui qui est au commencement de ces enchaînements généalogiques ? Thalès pouvait donc constater que toute série généalogique remontait à l'infini – à condition bien sûr que rien ne provienne du néant. Dans ces conditions l'unique façon d'éviter un *regressus ad infinitum* était de postuler l'existence de quelque chose d'éternel. Cette réalité éternelle doit cependant avoir un lien avec le monde réel qui est plein de réalités diverses ; elle doit être capable d'assurer la génération des choses. Dans les cosmogonies traditionnelles la question de l'origine de la matière première restait obscure et rien dans l'expérience humaine ne permettait facilement de comprendre comment, à partir d'un nombre donné de réalités, le monde plein de réalités matérielles pouvait émerger. Il en résulte que l'origine véritable doit être matérielle, ce doit être un matériau. Ce matériau doit de plus donner lieu à des transformations, car un même matériau ne peut produire des choses diverses qu'au moyen de transformations. La formule bi-partite de Thalès (tout vient de l'eau et tout retourne à l'eau) implique à la fois l'idée de transformations et le principe selon lequel « rien ne vient du néant » (ce principe apparaît explicitement non seulement chez des présocratiques plus récents, mais aussi chez Alcée, fr. 320 Campbell). Elle implique également l'idée moins évidente que rien n'aboutit au néant. De plus, si on suppose que toutes choses procèdent directement ou indirectement d'un matériau originel quelconque, il faut se rendre compte que cette source est susceptible de se vider. Comme cette source des réalités ne naquit jamais, mais exista toujours, elle avait assez de temps pour se vider. Or, la neige qui fond ne se détruit pas dans le néant, mais devient de l'eau. Le bois est détruit par le feu, mais on trouve toujours des cendres à la place. Un contre-exemple évident pourrait être le dessèchement de l'eau : là où se trouvait une flaque d'eau le matin il n'y a plus rien dans l'après-midi ; là où il y avait une rivière au printemps, il n'y a plus qu'un lit desséché au plus fort de l'été. Et pourtant tout le monde savait que ce processus était relié d'une certaine façon à un réchauffement. Tout le monde connaissait ce qui arrive pour l'eau lorsqu'elle est soumise à un réchauffement intense : l'eau qui bout donne lieu à une vapeur visi-ble. Dans certaines conditions, on pouvait également observer que des vapeurs montaient de la terre. Il était facile d'en conclure que l'eau exposée à la chaleur n'était pas détruite, mais devenait invariablement de la vapeur. On pouvait donc parvenir à la conclusion que les choses sont soumises à des transformations plutôt qu'elle ne sont détruites dans le néant. Et pour faire face au danger d'un épuise-ment de la source génératrice des choses, il fallait supposer des transformations en sens inverse ou bien, pour ainsi dire, une transformation cyclique. Et comme aucune partie du monde ne peut venir du néant ou être détruite dans le néant, le principe de transformation doit être appliqué à l'organisation totale des choses. En d'autres mots, il faut supposer une origine commune pour toutes les choses. On voit par là que l'unité matérielle de toutes choses – une importante découverte intellectuelle de Thalès – n'était pas chez lui une prémisse (comme beaucoup de spécialistes l'ont supposé), mais plutôt une conséquence, une conclusion à laquelle il devait arriver. C'était la façon d'éviter une régression à l'infini par l'introduction d'un cycle de transformations de la matière, de sorte que rien ne vienne du néant ni ne soit détruit dans le néant.

L'eau (entendue au sens large) remplissait bien cette fonction. Tout le monde pouvait observer les transformations de l'eau – comment elle change en vapeur ou en glace, se condense à partir du brouillard sur les vêtements, apparaît comme de la rosée et peut même se présenter comme un métal fondu. C'est une donnée consti-tutive de la tradition ancienne que le choix de l'eau était lié à de telles propriétés (Hippol., *Ref.* I 1). Il est vrai qu'Aristote, dans le passage cité, ne fait pas référence à de telles considérations et qu'il en propose quelques autres à titre de suggestions. Mais Aristote ne cherchait pas à comprendre pourquoi Thalès avait fait de l'eau un principe, mais plutôt pour quelles raisons il avait choisi l'eau plutôt que l'air ou quelque autre élément. De façon générale, Aristote ne porte jamais beaucoup d'intérêt à la philosophie des Milésiens. Elle ne jouait plus un rôle important à son époque. Le principe de transformations universelles est bien attesté en ce qui concerne l'air d'Anaximène. Dans le compte rendu de Simplicius, «en devenant rare il se transforme en feu ; une fois condensé il devient d'abord du vent, puis un nuage et lorsqu'il est encore davantage condensé de l'eau, puis de la terre et de la roche» (13 A 5 ; voir Hippol., A 7). Or, les transformations subies par l'eau se laissent observer. Nous pouvons voir l'eau s'évaporer ou la neige fondre. Mais nous ne voyons pas comment l'air se condense en eau ou se raréfie en feu – et cela d'autant moins que l'air d'Anaximandre est présenté comme invisible (A 7). On peut en conclure que l'idée de transformations universelles fut tout d'abord formulée en rapport avec l'eau plutôt qu'en rapport avec l'air et, en conséquence, qu'elle le fut par Thalès plutôt que par Anaximène. En même temps, l'air d'Anaximène était un progrès par comparaison avec l'eau de Thalès sous plusieurs rapports. Si toutes les choses existantes se trouvaient provenir de l'eau, cela signifiait apparemment qu'il fut un temps où il n'y avait rien d'autre que de l'eau. Mais comment cela serait-il possible si l'eau a besoin d'un réservoir ou d'un contenant ? De même on dit que la terre pour Thalès repose sur l'eau (voir plus bas). Mais sur quoi alors l'eau repose-t-elle ? Que Thalès n'ait pas été conscient du problème est une pure hypothèse d'Aristote et elle est fort peu plausible (*De Caelo* II 13 ; 294 a 28 ; 11 A 14 DK). En tout cas Thalès et ses admirateurs ne devaient pas être portés à accepter ou bien un contenant mystérieux ou bien une expansion sans limite de l'eau. Anaximène substitua l'air à l'eau, et c'était là une solution astucieuse. Invisible, mais existant réellement et résistant à la pression dans une outre gonflée, comme il était facile de le prouver, l'air d'Anaximène n'avait besoin ni d'un contenant ni d'un support.

Thalès devint le fondateur de la tradition philosophique non pas parce qu'il était le premier à avoir parlé du fonctionnement du monde sans faire référence aux dieux, mais parce qu'il introduisit, à propos du monde, un raisonnement qui prend en compte ce principe, généralisé à partir de l'expérience humaine, qui fonde le sens commun et l'explication causale, c'est-à-dire : une chose ne peut pas apparaître à partir de rien. Thalès découvrit une façon intéressante d'aborder aussi bien l'origine des choses que la nature dans son ensemble. Le principe particulier, comme l'est l'eau, peut certainement être remplacé par quelque chose de différent. Mais si l'on refuse d'accepter l'homogénéité et l'unité du monde matériel issu d'un même principe par le biais de transformations, nous devons postuler l'existence d'une partie du monde qui serait apparue à partir de rien. D'un autre côté, sans transformation (au sens large du mot qui peut comprendre les compositions et les décompositions d'atomes), nous ne pourrons pas réconcilier l'unité et la diversité des choses, l'éternité et l'indestructibilité de la nature comme tout avec le fait évident de la destruction et de la disparition des choses. Thalès, de plus, a découvert une conception des choses qui pouvait évoluer et s'améliorer. Sa thèse de l'eau non seulement introduit un schéma logique qui surmonte le problème d'une régression à l'infini, mais elle prend en compte des processus observables. Or le nombre d'observations peut être accru et certaines peuvent recevoir des interprétations différentes.

Hylozoïsme. L'eau de Thalès était probablement animée. Pour lui, la capacité de l'aimant ou de l'ambre à attirer des corps indique que des choses qui sont apparemment inanimées peuvent en réalité avoir une âme (« Aristote et Hippias soutiennent que Thalès, en réfléchissant à partir de l'aimant et de l'ambre, accorda une part d'âme même à des objets sans âme » – D. L. I 24). On peut en déduire que l'eau elle aussi n'est pas privée d'une âme. La chose est d'autant plus naturelle que Thalès devait voir dans l'eau la source de la vie – car quoi d'autre pourrait l'être ? De façon significative, aussi bien Aristote que Théophraste considèrent l'idée selon laquelle l'eau est la source de la vie comme allant de soi ; ils font état d'observations allant en ce sens et supposent en conséquence que c'était pour cette raison que Thalès avait choisi l'eau comme *archè* plutôt que quoi que ce soit d'autre (11 A 12 ; 13 DK). Puisque l'eau a toujours existé il en résulte qu'elle est immortelle. Tout ce qui est immortel, pour un Grec, est divin. Or tout est une modification de l'eau. Dès lors, « tout est plein de dieux » (11 A 22 DK) ; c'est Aristote qui tente un rapprochement entre cet apophtegme et l'idée selon laquelle l'âme « est emmêlée dans le tout » (Aristot., *De an.* 411 a 7 = 11 A 22 DK). Tout cela rend vraisemblable que « Thalès fut le premier à soutenir que les âmes sont immortelles » (D. L. I 24 ; la *Souda, s.v.* "Thalès" rapporte la formule au singulier : « l'âme est immortelle »). Si Ion de Chios (➤I 20) rattache à la sagesse de Pythagore et non à celle de Thalès l'espoir que l'âme de quelqu'un vivra de façon bienheureuse même après sa mort (36 B 4 DK), c'est parce que Pythagore franchit une étape supplémentaire. La formule de Thalès relative à l'émergence et au retour implique le principe de conservation : aucune chose ne périt dans le néant, rien n'est complètement réduit au néant. Comme l'eau ne peut pas être réduite à néant, l'âme qui est inhérente à l'eau ne peut pas l'être non plus. Pythagore appliqua le raisonnement de Thalès à nos âmes personnelles. Aucune âme n'est venue de rien et aucune âme ne retournera au néant. Il y aura un cycle éternel de migrations, qui n'est pas différent de la circulation éternelle de l'eau et de ses dérivatifs.

On peut penser que l'hylozoïsme de Thalès était également motivé par la recherche d'un principe « vrai » qui n'en réclamerait pas un autre. Faire dériver toutes les réalités matérielles d'un constituant de base grâce au processus de transformations ne rend pas encore compte du monde des êtres vivants. Il faut alors supposer un ou plusieurs principes supplémentaires. Une autre solution était de faire coexister la source de toutes les formes de vie avec le constituant de base, « entremêlé dans le tout ». Mais comme l'origine matérielle est éternelle et donc immortelle, de même également la source entremêlée de toute vie. Cela conduit à une certaine relativité de la vie et de la mort, qui rend crédible une déclaration frappante rapportée par nos sources : « Thalès soutenait qu'il n'y a pas de différence entre la vie et la mort » (D. L. I 35). Mais Thalès ne dit pas que la source universelle de la vie est présente dans toutes les espèces et dans toutes les parties de la matière. Il reste forcément vague sur ce point. Pour cette raison ou pour une autre, Anaximandre suivit une approche différente. Il réserve la qualité de l'immortalité et de l'indestructibilité uniquement à l'*Apeiron*, alors que les choses dérivées, selon lui, peuvent à la fois venir à l'être et périr. Pourtant la thèse de Thalès relative à l'eau et sa «doctrine des âmes» sont non seulement compatibles, mais également complémentaires.

Dans une approche plus prudente de ce que pourrait signifier la mention de l'aimant et de l'ambre – ainsi son apophtegme selon lequel «tout est plein de dieux» –, il faut encore faire remarquer qu'«il attribue des âmes à des choses que l'on ne pense pas généralement vivantes» (McKirahan **24**) et que le monde plein de dieux n'est pas une idée que l'on considère appropriée au monde ni aux dieux. Ses vues sont de toutes manières nouvelles.

La terre reposant sur l'eau. Aristote mentionne à deux reprises l'idée de Thalès selon laquelle la terre repose sur l'eau. Dans *Metaph.* A 3 ; 983 b 20-22, il établit un rapprochement avec une autre idée : Thalès «dit que l'eau est le premier principe (voilà pourquoi il a également déclaré que la terre repose sur l'eau)».

En *De Caelo* II 13 ; 294 a 28 - b 6, il est expliqué que la terre, selon cette théorie, reste en place, flottant comme un tronc d'arbre ou quelque chose de ce genre. Dans le compte rendu de Sénèque, la terre de Thalès flotte «comme un grand et lourd navire» (*N. Q.* III 14 ; VI 6). Il est caractéristique de la pensée de Thalès que ces idées apparaissent en rapport avec d'autres idées. Le fait que la terre flotte sur l'eau est allégué comme une explication des tremblements de terre : ils se produisent à cause du mouvement de l'eau (Ps.-Plut., *Plac.* III 15, 1 ; Sén., *N. Q.* VI 6). Mais nous ne savons presque rien concernant la forme de la terre selon Thalès. Un des comptes rendus doxographiques rapporte qu'elle est sphérique (*DDG* 376 ; Th 161). Mais la formulation est étrange («Thalès, les Stoïciens et leurs disciples : la terre est sphérique»), et il est notable qu'il existe d'autres candidats dans la doxographie qui pourraient avoir en premier avancé cette théorie (Anaximandre, Parménide [⮊P 40], Pythagore [⮊P 333]). L'information est probablement erronée (O'Grady **27**, p. 87-107, tente de la justifier, mais voir Couprie **58**, p. 62-67, bien que l'on trouve chez Héron d'Alexandrie (⮊H 101a) une terre sphérique reposant sur l'eau (*Pneum.* II 7) ; l'hémisphère inférieur de la terre serait immergé. En ce qui concerne l'apparence d'un navire que présenterait la terre de Thalès, il faudrait en déduire que ses bords seraient assez élevés et monteraient depuis la base de sorte que le soleil puisse se cacher derrière eux et ainsi produire le phénomène de la nuit, mais tout cela reste incertain. Nous ne sommes pas informés non plus concernant la course des corps célestes selon Thalès. Il semble que la construction d'un édifice cosmique fut l'apport de son ami et disciple Anaximandre.

La prédiction de l'éclipse du soleil. La tradition ancienne soutient que Thalès fut «le premier à étudier l'astronomie» (D. L. I 23) et lui attribue un certain nombre de découvertes. La prédiction d'une éclipse du soleil est la plus célèbre. Selon Hérodote, l'éclipse prédite par Thalès «aux Ioniens» (on ignore les circonstances de la prédiction) interrompit la bataille qui opposait les Mèdes et les Lydiens. Dès l'Antiquité on discuta de la prédiction de Thalès. On peut déduire d'un passage chez D. L. (I 23) que dans son *Histoire de l'astronomie* Eudème de Rhodes (⇒+E 93) la considérait comme authentique, notamment parce qu'elle avait été acceptée par Xénophane, Héraclite, Hérodote et Démocrite. De façon générale, les preuves de la prédiction de Thalès sont trop solides pour être rejetées. Cela pose un problème, car pour prédire qu'une éclipse du soleil sera visible dans un endroit donné, il faut prendre en compte différentes données, dont un grand nombre n'étaient pas accessibles à l'époque de Thalès. « Les solutions avancées pour ce problème ont souvent fait appel à des cycles d'éclipses, notamment le « Saros » de 18 ans ou, en termes plus précis de 223 lunaisons (soit environ 6585 jours et 1/3) » (Aaboo **54**). Mais expliquer la prédiction de l'éclipse par Thalès en la mettant en rapport avec le Saros s'est avéré peu adéquat. Les sceptiques ont tiré des conclusions radicales du principe qu'« il n'existe aucun cycle utilisable d'éclipses du soleil visibles pour un endroit donné » (Neugebauer **66**). Cette remarque est fondamentalement correcte. Mais il existe des cycles qui fournissent des chances d'une prédiction valable. De plus, Thalès destinait sa prédiction aux Ioniens dont les points d'installation ou les comptoirs commerciaux s'étendaient du Delta du Nil jusqu'aux rives septentrionales de la Mer Noire. Prédire qu'une éclipse de soleil pourrait être visible quelque part à l'intérieur d'une vaste région s'étendant entre les 31° et 48° de latitude nord n'est pas la même chose que d'en prédire la visibilité pour « un lieu donné ». Puisque l'exploit de Thalès resta unique pendant des siècles, l'explication d'un exploit aussi particulier doit être recherchée dans des circonstances toutes particulières. On peut penser à une méthode (théoriquement sensée) qui parfois marche et parfois ne marche pas. Deux méthodes de ce genre ont été exposées par l'auteur de la présente notice (Panchenko **68**). Toutefois, une erreur technique m'a fait identifier l'éclipse de Thalès avec celle du 21 septembre 582[a], laquelle fut plus ou moins visible selon les régions de l'Asie mineure. D. Couprie a corrigé mes calculs et a démontré que la méthode proposée pouvait permettre à Thalès de prédire l'éclipse du 28 mai 585[a], laquelle fut visible depuis une grande partie de l'Asie mineure. Dans un ouvrage ultérieur j'ai suggéré encore une autre méthode de prédiction qui correspond bien aux témoignages concernant les vues de Thalès sur la course du soleil, les solstices et la longueur de l'année, point qui ne relève sans doute pas de la légende (voir plus bas). On a supposé que Thalès aurait pu concevoir l'idée qu'une éclipse du soleil allait se répéter au terme de 76 années. Le 14 décembre 587[a] les Ioniens purent voir un soleil en forme de croissant (avec un coefficient d'occultation de 0.84 pour Milet). Cette éclipse avait eu un antécédent remarquable selon un cycle de 76 années – l'éclipse annulaire du 12 janvier 662[a] (0.85 pour Milet; 0.97 pour Ninive; 0.94 pour Memphis), et il est possible que l'événement ait été à l'époque consigné dans des documents écrits ou par la tradition orale. Si Thalès était informé de l'éclipse du 12 janvier 662[a], il a pu également être informé de l'éclipse du 27 juin 661[a] (0.96 à Milet, 0.93 à Ninive). Il pouvait s'attendre à ce qu'une nouvelle éclipse se produise en 586/5. S'il a prédit sa venue pour cette année, l'éclipse de soleil qui survint le 28 mai 585 fut totale pour la plus grande partie de l'Ionie. Il faut préciser que le cycle réel est de 76

années moins un mois, mais cela a peu d'importance dans la mesure où la prédiction de Thalès prenait en compte des années (et non des mois ou des jours). En
résumé, quelle que soit la méthode utilisée, la prédiction de Thalès n'était pas une
légende.

L'explication des éclipses du soleil. Dans la mesure où Thalès ne fut pas
considéré par les Grecs comme un thaumaturge ou un prophète, sa prédiction d'une
éclipse du soleil a dû être accompagnée d'explications susceptibles de justifier
l'attention qui fut portée à ses ambitions extraordinaires. De fait, il est dit que
Thalès expliqua les éclipses de soleil par l'interposition de la lune entre l'observateur et le soleil. C'est ce qu'affirment plusieurs auteurs anciens et aucune autorité ancienne ne le contredit. On peut expliquer une vague déclaration chez le
témoin le plus autorisé, Eudème de Rhodes : « Thalès fut le premier à découvrir
l'éclipse du soleil », par un passage dans les Scholies sur la *République* de Platon,
600 a (11 A 3 DK) : « Car il découvrit que le soleil subit une éclipse à cause du
passage de la lune sous lui ». *P Oxy* 3710 col. II 36-43 ; vol. 53, 1986, p. 97
Haslam (Th 91) cite un grand astronome, Aristarque de Samos : « Thalès a dit que
le soleil subit une éclipse lorsque la lune passe devant lui, moment précis où le
soleil subit des éclipses. Certains nomment ce jour *le trentième*, d'autres
l'appellent *la nouvelle lune* » (D. L. I 24). Cicéron, *De rep.*, I 16, 25, sait lui aussi
que Thalès de Milet était considéré comme le premier à avoir observé que le soleil
s'éclipse à cause de l'interposition de la lune. Des déclarations similaires se trouvent dans des branches diverses de la tradition doxographique (Ps.-Plut., *Plac.* II 2,
avec pratiquement le même texte chez Stobée, Eusèbe et le Ps.-Galien (*DDG* 353,
627 ; 11 A 17 a DK ; Eus., *Praep. Ev.* XV 50). Il est également significatif qu'il n'y
a pas d'autre candidat dans nos sources au titre de premier savant à avoir expliqué
les éclipses solaires par l'interposition de la lune. L'idée souvent soutenue que
c'est Anaxagore qui aurait le premier fourni la bonne explication des éclipses du
soleil est tout simplement erronée. L'autre argument avancé contre l'attribution à
Thalès de cette découverte est le contraste qu'on peut observer entre la théorie déjà
mûre de Thalès et les théories naïves des autres penseurs d'Ionie. Cet argument
n'est pas probant pour plusieurs raisons. Tout d'abord, il est fondé sur le
présupposé que nous savons comment les Ioniens expliquaient les éclipses solaires.
Mais « éclipses » dans les comptes rendus doxographiques concernant Xénophane
désigne la plupart du temps des couchers de soleil. Les témoignages sur les idées
d'Héraclite sont contradictoires et d'interprétation difficile. L'explication fournie
par Anaximène pour les éclipses solaires n'est pas connue. De plus, si certains
Ioniens ne partageaient pas les vues de Thalès concernant l'explication des éclipses
du soleil, ils pouvaient avoir de bonnes raisons (ou apparemment bonnes) de le
faire (voir Panchenko **67**).

La preuve décisive en faveur de l'explication des éclipses solaires par l'interposition de la lune était le fait qu'elles ne se produisent qu'à l'époque de la nouvelle lune. On n'observe généralement pas de nombreuses éclipses solaires au
cours de sa vie, surtout si on ne sait pas encore qu'elles se produisent seulement à

des jours particuliers dans le mois. Mais les observations relatives à des éclipses datables furent poursuivies par des générations de spécialistes en Mésopotamie au moins depuis 747 av. J.-C., et les tablettes cunéiformes permettent de conclure qu'au cours du VIIe s. av. J.-C. la régularité du processus en question fut reconnue à un moment donné. Thalès vivait à une époque qui permit la diffusion des connaissances astronomiques depuis la Mésopotamie jusqu'à l'Ionie. Le royaume assyrien fut pratiquement détruit (612-609 av. J.-C.). Beaucoup de personnes travaillant pour les rois d'Assyrie choisirent certainement d'émigrer – par exemple à la cour du pharaon Nécho (610-595 av. J.-C.), qui avait soutenu le dernier roi d'Assyrie. Des interprètes habiles des signes célestes envoyés par les dieux se retrouvèrent dans toutes les régions. C'était par ailleurs une époque de contacts étroits entre les Grecs (les Ioniens en particulier) et l'Égypte. Or Thalès visita probablement l'Égypte.

Une éclipse solaire est un événement extraordinaire et spectaculaire. On y voyait généralement dans les cultures pré-scientifiques l'effet d'une volonté divine. Mais Thalès ne se demande plus qui a voulu le phénomène ; il s'intéresse plutôt à la question de la cause de l'événement. Cela implique une nouvelle *Weltanschauung*. Le document le plus important de cette révolution intellectuelle, le livre d'Anaximandre, est perdu. Nous savons cependant que le vent et la pluie, l'éclair et le tonnerre, les tremblements de terre et les éclipses – tous ces phénomènes, recevaient de la part d'Anaximandre des explications naturelles. Il abordait selon la même approche l'explication des origines de la vie animale et humaine, aussi bien que la formation des corps célestes, de la terre et de la mer. Anaximandre semble avoir considéré la nouvelle *Weltanschauung* comme normale. Or nos sources rapportent les plus anciennes manifestations de cette *Weltanschauung* à son maître, Thalès. La chose est logique dès lors qu'une explication rationnelle des éclipses soulève une série de questions à propos de la constitution du soleil et de la lune, leur lumière, leur mouvement et leurs dimensions et distances relatives ; c'était là le pas décisif dans l'élaboration d'une conception systématique de l'univers. En réalité, la théorie de Thalès sur les éclipses solaires est la première théorie scientifique élaborée dans l'histoire.

On rapporte également que « Thalès fut le premier à soutenir que la lune tient sa lumière du soleil » (Stob., *Anth.* I 26, 2 ; *cf.* Ps.-Plut., *Plac.* II 28 ; 11 A 17 b DK) et que « Thalès fut le premier à dire que le soleil subit une éclipse lorsque la lune, qui est d'une nature terreuse, se trouve perpendiculairement sous lui » (Ps.-Plut., *Plac.* II 24, avec pratiquement le même texte chez Stobée, Eusèbe et le Ps.-Galien). Il n'y a rien d'invraisemblable dans ces informations. Pourtant, ni Aristarque ni Eudème (dans les fragments conservés), ni Cicéron, ne font dire à Thalès que la lune est un corps terreux et qu'elle emprunte sa lumière au soleil. Il est très facile d'imaginer qu'une affirmation correcte du type « l'interposition de la lune produit une éclipse du soleil » ait pu être développée en une affirmation correcte et plus précise expliquant comment la lune, qui est apparemment un corps lumineux, peut produire l'obscurité qui accompagne une éclipse solaire et quelle est la nature de la lumière de la lune s'il est vrai qu'elle n'en a aucune qui lui soit propre.

La mesure du soleil et de la lune. Thalès détermina les rapports entre les dimensions apparentes du soleil et de la lune avec la durée quotidienne de leurs orbites. Il trouva une rapport de 720 pour 1, valeur qui est proche de la réalité (Apul., *Flor.* 18 ; D. L. I 24, corrigé par Diels). On a constamment refusé d'attribuer à Thalès la découverte d'une aussi bonne évaluation de 720 pour 1. Selon Heath, « à partir de l'affirmation d'Archimède selon laquelle Aristarque *découvrit* (εὑρηκότος) le valeur de 1/720ᵉ on peut sans risque conclure qu'Aristarque fut à tout le moins le premier des Grecs à l'avoir fournie » (Heath **61**, p. 312). Mais Archimède ne parle pas d'une « découverte », puisque dans la même phrase il se met à décrire sa propre méthode pour déterminer la dimension apparente du soleil (Ἀριστάρχου μὲν εὑρηκότος ... αὐτὸς δὲ ...). La formule employée signifie seulement qu'Aristarque donnait ce rapport de sa propre autorité. Mais Aristarque a pu reprendre une tradition bien établie. Quelle que soit cette valeur, l'affirmation essentielle est juste, car quelqu'un ayant étudié les éclipses du soleil et ayant développé une théorie comme celle qui est attribuée à Thalès se devait de s'intéresser au problème de la taille de l'un et l'autre luminaires. Thalès était un citoyen d'une Cité-État qui avait fondé plusieurs dizaines d'établissements depuis la côte de la Mer Noire jusqu'au Delta du Nil et qui maintenait des liens réguliers avec la plupart. On savait donc à Milet que la même éclipse de soleil pouvait être totale à un endroit et être observée comme partielle dans des régions voisines, et qu'elle pouvait ne pas être du tout observée ailleurs. Dans la théorie de Thalès, cela signifiait que la lune était plus petite que le soleil. Mais l'éclipse solaire que Thalès prédisit, l'éclipse du 28 mai 585ᵃ fut visible comme totale à l'intérieur d'une région de plus de 250 kilomètres de large. On pouvait en conclure que la lune avait au moins un tel diamètre et que celui du soleil devait être encore plus large. Bien que tous aient su que les objets semblent plus petits lorsqu'ils sont davantage distants, les conséquences qu'en tira Thalès étaient étonnantes. Pour se convaincre lui-même et convaincre les autres, Thalès devait prouver que le soleil et la lune sont immensément plus grands qu'ils n'apparaissent. Une preuve simple se trouve chez Cléomède (II 1) : aussitôt que nous avons découvert un rapport entre la dimension apparente du soleil (ou de la lune) et son orbite, nous réalisons que nos yeux nous trompent ; car si le soleil et la lune ont à peu près un pied de largeur, nous devons en conclure que la course de l'astre en une journée ne devrait pas dépasser quelques centaines de pieds, ce qui est manifestement absurde. Il est intéressant de remarquer que cette méthode fait appel à une preuve indirecte et qu'elle démontre le pouvoir de la raison par opposition à la perception naïve que nous avons des choses. On voit également que non seulement Thalès remplaça les décrets divins par des processus naturels, mais qu'il offrit également une image du ciel dans lequel des corps célestes incroyablement grands tournaient à une vitesse étonnante.

Les solstices et la course du soleil. L'étude des solstices par Thalès fait partie de ses découvertes astronomiques d'après la tradition : « il fut le premier à prédire les éclipses du soleil et les solstices (littéralement : les changements de direction du soleil), ainsi que le dit Eudème dans son *Histoire de l'astronomie* (D. L. I 23 ; Eudème, fr. 144 Wehrli ; 11 A 1 DK) ; « il fut le premier parmi les Grecs à découvrir ... les solstices » (Scholies sur la *République* de Platon 600 a ; 11 A 3 DK) ; « il fut le premier à déterminer la course du soleil d'un solstice à l'autre » (D. L. I 24 ; 11 A 1 DK) ; « Thalès fut le premier à découvrir l'éclipse du soleil et le fait que la course du soleil par rapport aux solstices n'est pas toujours la même » (Eudème, fr. 145 Wehrli ; 11 A 17 DK). Deux témoignages concernant la durée de l'année et du mois peuvent être ajoutés aux précédents : « On dit qu'il a découvert les saisons de l'année et qu'il fut le premier à l'avoir divisée en 365 jours » (D. L. I 27 ; 11 A 1 DK) ; « Il fut le premier à avoir donné au dernier jour du mois le nom de *trentième* » (D. L. I 24).

Dans la mesure où pendant plusieurs jours avant et après l'un et l'autre solstice, un observateur sans instrumentation ne peut que difficilement percevoir un changement dans les points de l'horizon où le soleil se lève et se couche, il est difficile de déterminer le jour exact du changement de direction du soleil vers le sud ou vers le nord. Thalès, dont on a rappelé les découvertes dans ce domaine, détermina selon toutes probabilités les points solsticiels sur l'horizon en ayant recours à des alignements. « Saisons » en D. L. I 27 ne fait pas nécessairement référence aux quatre saisons. Le reste des témoignages montre que le propos concerne la division de l'année en deux parties, de solstice à solstice. On peut concevoir que parfois les mesures obtenues par Thalès indiquaient 182 et parfois 183 jours pour chacune des deux parties de l'année. Il est également concevable que Thalès ait été capable d'établir que la durée d'une année était de 365 jours et ¼ plutôt que 365 jours. Le contexte d'un passage chez Galien implique qu'Hipparque attribua à Thalès une telle connaissance et de plus la mit en rapport d'une certaine façon avec sa capacité à prédire une éclipse solaire (Walzer **74**, p. 346 *sqq* ; DK I 486, Nachtrag). Si l'on s'en tient à des nombres entiers, cela signifierait qu'une année en principe comprend 365 jours, mais que parfois elle dure 366 jours. Une étude de la course du soleil et de la lune est utile pour l'établissement de calendriers ; « Puisque ni le mois lunaire ni l'année solaire ne sont composés d'un nombre entier de jours, on a cherché, chez les astronomes, une durée qui contiendrait un nombre entier de jours, de mois lunaires et d'années solaires » (Géminus, *Elem. astron.* 8 ; trad. Aujac). Toutefois, la tradition ne rapporte nulle part que Thalès aurait fait un calendrier. Il y a une solide tradition selon laquelle Thalès aurait prédit et expliqué une éclipse solaire. L'intérêt qu'il portait au dernier jour du mois, le *trentième*, va dans le même sens. Pour Thalès, une éclipse du soleil est produite par l'interposition de la lune. Il savait que le soleil se lève et se couche chaque jour à un point différent de l'horizon, mais qu'en fonction d'un cycle régulier il reprend le même cours journalier. La lune également revenait vers les mêmes étoiles. Puisque les deux luminaires se déplacent à des vitesses différentes et selon des voies différentes, ils entrent en conjonction à des endroits différents chaque fois. Et pourtant il doit y avoir un jour où leur conjonction se produit en un point où auparavant ils se sont déjà rencontrés. Prédire une éclipse du soleil dans la théorie de Thalès impliquait que l'on établisse le moment où le soleil et la lune reviendraient simultanément aux points où ils s'étaient retrouvés lors d'une éclipse antérieure du soleil. Il est dit dans une tablette cunéiforme que l'on peut dater d'environ 500 av. J.-C.: «en 19 ans la lune s'approchera de l'emplacement des étoiles normales dont elle s'est approchée auparavant». Il existe de bons indices montrant que cette connaissance presque scientifiquement valable était connue déjà au VIIe siècle av. J.-C. Si Thalès a accepté comme valable le cycle lunaire de 19 ans et s'il a cru que la durée de l'année était de 365 jours et ¼, tout ce qu'il avait à faire pour déterminer la date du retour du soleil et de la lune au même endroit était de multiplier 19 ans par quatre. Il obtenait ainsi une répétition d'une conjonction survenant le même jour et dans les mêmes circonstances que celles de 76 ans plus tôt – ce qui était la base vraisemblable de sa prédiction de l'éclipse solaire du 28 mai 585 (voir plus haut).

L'observateur des étoiles. L'étude des éclipses par Thalès devait l'amener à dresser une carte des étoiles. Car il était facile de constater que la lune change de position non seulement en longitude, mais également en latitude. Mais celui qui souhaitait prédire une éclipse et qui croyait qu'elle se produisait à cause de l'interposition de la lune devait souhaiter savoir si le soleil se déplaçait de la même façon ou s'il changeait de position seulement en longitude. Le parcours de la lune à travers les étoiles pouvait être directement observé, mais non pas celui du soleil. Pour se faire une idée de la façon dont le parcours du soleil et celui de la lune sont en rapport l'un avec l'autre, il fallait mettre en rapport le parcours du soleil avec la position des étoiles. La principale technique pour procéder à de telles observations était connue en Mésopotamie avant la chute de l'empire assyrien en 609[a], car il est dit explicitement dans le *Mul. Apin*: «Le soleil suit la (même) voie que suit la lune». Platon rapporte une anecdote selon laquelle Thalès, alors qu'il regardait les étoiles, tomba dans un puits (*Théétète* 174 a). Plusieurs auteurs disent que Thalès découvrit la Petite Ourse (D. L. I 23; Hygin, *Astron*. II 2; *Schol. in Arat*. 27 et 39; *Schol. in Il*. XVIII 487). Dans un poème de Callimaque (☛C 22), il était dit qu'«il avait mesuré les petites étoiles du Chariot, par rapport auxquelles naviguent les Phéniciens» (11 A 3a DK). Selon l'interprétation habituelle, «la signification probable est que Thalès identifia la Petite Ourse et attira l'attention des navigateurs milésiens sur son utilité» (Kirk *et alii* **18**, p. 84). Il est plus sûr de dire que le témoignage suggère un intérêt pour la localisation du Pôle Nord. Il faut se souvenir qu'aucune étoile brillante n'était visible près du Pôle Nord au milieu du premier millénaire avant J.-C.; c'était l'étoile β UMi, une étoile brillante située à environ 7° du Pôle qui était réputée utile pour s'orienter. Or, déterminer l'emplacement exact du Pôle et la direction vers le Pôle relevait de l'astronomie non moins que de la navigation et le vers de Callimaque implique quelque chose de plus spécifique (et de plus scientifique) que les problèmes pratiques de navigation.

Une scholie sur Aratus présente Thalès comme soutenant qu'«il y a deux Hyades, une au nord et une au sud» (11 B 2 DK). Diels rattache ce témoignage à ceux qui se rapportent à l'*Astronomie maritime* – un poème ancien faussement attribué à Thalès. Les Hyades semblent de fait avoir été utilisées dans l'Antiquité pour indiquer les saisons propices ou défavorables à la navigation. Diels n'explique pas toutefois pourquoi la distinction entre les deux Hyades est utile pour la navigation, et il ne dit pas non plus avec quelles étoiles ces deux Hyades doivent être identifiées. Ptolémée parle d'une «étoile brillante dans les Hyades sur l'œil austral [du Taureau], de couleur rougeâtre» et de «la dernière étoile des Hyades sur l'œil septentrional [du Taureau]» (*Synt.* 7, 5). La première étoile est α *Tauri* (Aldébaran), la seconde est ε *Tauri*, mais une constellation n'est pas constituée en général par deux étoiles. Que voulait donc dire Thalès? «Une possibilité est que Thalès ait appliqué le même nom à deux configurations, ainsi qu'il l'a fait pour les Chariots ou les Ourses» (White **79**). La Grande Ourse et la Petite Ourse, ou les Chariots, sont cependant remarquablement similaires dans leur dessin, alors que «les Hyades constituent une configuration qui ne représente rien et elles ne sont donc pas nommées d'après leur figure» (*ibid.*). Pourtant un rôle particulier est assigné aux Hyades – plus exactement à Aldébaran – en astronomie ancienne. Comme l'explique Cléomède (I 11), il existe deux étoiles similaires en couleur et en magnitude qui sont diamétralement opposées l'une à l'autre. L'une appartient au Scorpion, l'autre aux Hyades. Elles ressemblent à Mars par la couleur, et lorsque l'une se lève l'autre se couche. Les étoiles dont parle Cléomède sont Aldébaran (α *Tauri*) et Antarès (α *Scorpionis*), l'une et l'autre très visibles. Cléomède cite les propriétés de ces deux étoiles à titre de preuve pour la thèse que la terre ne représente qu'un point par rapport à la sphère céleste. On apprend ensuite par al-Bīrūnī que les deux étoiles diamétralement opposées servaient également traditionnellement à établir la position centrale de la terre, une information qui peut être rapprochée d'un passage doxographique: «Les successeurs de Thalès supposent que la terre occupe une position centale» (*DDG* 377; 11 A 15 DK). On peut supposer que Thalès a choisi deux étoiles diamétralement opposées; lorsqu'on voyait l'une se lever, on voyait l'autre se coucher; l'une était au nord, c'est-à-dire qu'elle apparaissait au nord du cercle équatorial (α *Tauri*), l'autre au sud, c'est-à-dire qu'elle apparaissait au sud du cercle équatorial (α *Scorpionis*); elles étaient semblables à la fois par leur couleur et leur magnitude; l'une avait reçu un nom traditionnel; l'autre ne portait pas de nom, de sorte que Thalès appliqua le même nom familier à l'une et à l'autre.

Géométrie. D'après la conception grecque traditionnelle, la géométrie commença en Égypte, mais c'est Thalès qui «le premier se rendit en Égypte et introduisit son étude en Grèce», comme le dit Proclus dans son *Commentaire au premier livre des Éléments d'Euclide*. Proclus poursuit en disant: «Thalès découvrit lui-même de nombreuses propositions et apprit à ses successeurs les principes qui en soutenaient beaucoup d'autres, sa méthode d'approche était parfois plus générale, parfois plus empirique» (p. 65, 7 Friedlein). Proclus a conservé également des informations plus spécifiques : « On dit que Thalès est le premier à avoir démontré qu'un cercle est coupé en deux par son diamètre » (p. 157, 10 Friedlein ; 11 A 20 DK). « Nous devons au vieux Thalès la découverte de ce théorème et de plusieurs autres. Car, dit-on, il fut le premier à remarquer et affirmer que dans tous les [triangles] isocèles les angles à la base sont égaux, bien que d'une façon un peu archaïque il ait dit que les angles égaux étaient identiques » (p. 250, 20 Friedlein ; 11 A 20 DK). « De la sorte ce théorème montre que si deux lignes droites se coupent l'une l'autre, les angles verticalement opposés sont égaux ; Eudème dit que Thalès fut le premier à découvrir cela » (p. 299, 1 Friedlein ; Eudème, fr. 135 Wehrli ; 11 A 20 DK). « Eudème dans son *Histoire de la géométrie* attribue à Thalès le théorème en lui-même, disant que la méthode qu'il est dit avoir utilisée pour déterminer la distance de navires sur la mer montre qu'il a dû l'utiliser » (p. 352, 14 Friedlein ; Eudème, fr. 134 Wehrli ; 11 A 20 DK).

Certaines informations sur les découvertes de Thalès sont naturellement absentes du *Commentaire* de Proclus *sur le premier livre d'Euclide*. Ainsi Diogène Laërce (I 24) cite Pamphilè d'Épidaure (⟫→P 12) qui déclare qu'« ayant étudié la géométrie chez les Égyptiens Thalès fut le premier à inscrire un triangle rectangle dans un cercle, à l'occasion de quoi il sacrifia un bœuf ». Les autres témoignages concernent la mesure de la hauteur d'une pyramide. Selon une version, le résultat était obtenu en mesurant l'ombre projetée par un objet au moment où un corps et son ombre sont d'égale longueur (Pline, *H. N.* XXXVI 82 ; Hiéronymos de Rhodes *apud* D. L. I 27 ; 11 A 21 DK). D'après un autre témoignage, Thalès fixa un bâton à l'extrémité de l'ombre projetée par une pyramide et, ayant ainsi créé deux triangles à partir de l'impact des rayons du soleil, il montra que la pyramide avait par rapport au bâton la même proportion qu'avait son ombre par rapport à l'autre triangle (Plut., *Conv. sept. sap.* 147 A ; 11 A 21 DK).

Le rôle joué par Thalès dans la formation de la géométrie grecque a été mis en évidence par de nombreux savants. J. Mittelstraß soutient un lien essentiel de la géométrie de Thalès avec ce qu'il appelle « la découverte de la possibilité de la science (Mittelstraß **87**). Avec Thalès c'est la démonstration qui s'introduisit dans la géométrie. Les premières preuves qui ont pu être données peuvent être mises en rapport avec le besoin de déterminer la distance de navires voguant sur la mer et aussi la hauteur d'une pyramide. Dans les deux cas, il était impossible d'effectuer directement des mesures, et si Thalès a pourtant donné des réponses il se devait de prouver leur exactitude. De plus, un intérêt pour les propriétés des figures apparaissant dans différentes corrélations vient au premier plan dans les études géométriques de Thalès. Thalès est intéressé à connaître la fonction du diamètre par rapport au cercle, quels triangles sont égaux, ce qui se produit pour les angles lorsque des droites se croisent. C'est cette façon de penser qui conduisit à la formation de la géométrie comme un système d'interdépendances et finalement comme un système déductif. Un ensemble particulier de corrélations présentait de l'intérêt pour Thalès. On peut le voir à partir de ce qu'on a appelé « la figure de base de Thalès » (Becker **80**) – un cercle coupé par deux diamètres qui s'entrecroisent et qui sont en même temps les diagonales d'un rectangle inscrit dans le cercle. En d'autres termes, il s'agit de l'étude de certaines corrélations géométriques à l'intérieur d'un cercle. Mais, dans la mesure où il avait étudié la course annuelle du soleil entre les solstices et fixé le moment du lever et du coucher d'étoiles particulières, Thalès s'intéressait au cercle de l'horizon. Et si les caractéristiques essentielles de la géométrie grecque se dessinèrent dans le contexte de la recherche astronomique, il n'y a nul besoin d'expliquer cet autre quasi-miracle – qu'une même personne ait été le fondateur à la fois de la géométrie et de l'astronomie grecques. De plus, cela explique bien pourquoi l'astronomie se présente dans nos sources comme l'activité la plus caractéristique des *mathématikoi ;* pourquoi l'étude des angles, par opposition aux géométries proche-orientales, prit une telle importance dans la géométrie grecque ; pourquoi on assiste à une expansion remarquable du terme *gnomon* (la tige d'un cadran solaire) dans les mathématiques grecques, même en arithmétique. Grâce à cette hypothèse on est également plus facilement à même de voir comment la géométrie grecque se développa comme un système de corrélations ou d'interdépendances dans lequel des propositions et des preuves jouaient un rôle essentiel. Elle commença avec l'étude d'un système naturel de corrélations, encloses dans le cercle de l'horizon, avec les cercles et les arcs décrits par des corps célestes en révolution. Dès lors toute affirmation dans ce domaine qui allait au-delà de ce qui était immédiatement observable se devait d'être démontré. Le système des corps en révolution ne pouvait pas être formulé en termes de simples recettes ; il ne s'agissait pas simplement de mesurer et de remesurer des terrains. Il n'y avait rien à ajouter, soustraire ou transformer dans cet arrangement. Des vérités particulières à propos d'aspects particuliers de cet arrangement ne pouvaient être établies que sur la base de principes généraux, établis et formulés comme des propositions générales.

Thalès et l'Orient. L'influence égyptienne sur la thèse de l'eau chez Thalès a souvent été soutenue. Il est vrai que certains textes égyptiens impliquent une époque dans un passé lointain où l'eau était déjà présente, alors que la terre n'était pas encore venue à l'existence. De telles traditions ont pu, en principe, stimuler l'imagination de Thalès, mais sa thèse est logiquement tellement différente qu'il est oiseux de parler de sa dépendance dans le présent cas. Le cas est différent pour l'astronomie et la géométrie de Thalès. Sa théorie des éclipses solaires repose sur la constatation du fait que les éclipses du soleil se produisent uniquement à l'époque de la nouvelle lune. Ce fait avait été fermement établi par les observateurs du ciel chez les Assyriens au VIIe siècle. Plusieurs décennies avant la naissance de Thalès, des tours étaient utilisées comme instruments de siège à la fois en Mésopotamie et en Égypte. Leur construction impliquait que l'on puisse déterminer la hauteur du mur de la place assiégée sans approcher et mesurer directement le mur. Le problème est analogue à la mesure de la hauteur d'une pyramide. De nombreux détails restent hors de notre portée. C'est Thalès néanmoins qui mit à contribution la connaissance et les capacités des spécialistes du Proche-Orient pour inaugurer la tradition de la recherche théorique, de la connaissance démonstrative.

Le rôle de Thalès. Thalès a souvent été présenté comme un personnage de transition ; on l'a placé quelque part entre le domaine du mythe et celui du *logos*. Mais si l'on tient compte de la logique impliquée dans la thèse de l'eau chez Thalès, si l'on réalise que même la sentence qui fait appel aux dieux, « tout est plein de dieux », est incompatible avec la religion anthropomorphique traditionnelle et si on ne rejette pas, pour des raisons douteuses, les témoignages explicites relatifs à l'explication des éclipses solaires et à l'étude voisine de la taille du soleil et de la lune, on verra en Thalès l'un des plus grands réformateurs de la pensée dans toute l'histoire de l'humanité. Lui-même et son disciple immédiat Anaximandre sont les fondateurs de toute la pensée théorique et de l'ensemble de la tradition philosophique occidentale. Il est naturel de découvrir un tel géant au tout début de la tradition d'enquête théorique. Seul un personnage exceptionnel capable de découvertes extraordinaires était en mesure d'assurer la base d'une nouvelle forme d'activité humaine et sociale.

> Notice traduite de l'anglais par Richard Goulet.

DMITRI PANCHENKO.

20 THARGÉLIA DE MILET *RE* 2   F VI^a-D V^a

Dans le dialogue de Lucien, *Eunuque* 7, Bagoas (➤B 4), candidat à une chaire de philosophie péripatéticienne, la mentionne avec Aspasie (➤A 460) et Diotima (➤D 204) comme exemples de femmes ayant eu part à la philosophie et pouvant justifier qu'un eunuque comme lui puisse revendiquer un tel poste, contrairement à ce que prétendait (§ 6) son adversaire Dioclès (➤D 118). La sagesse que lui attribuent les témoignages relève d'avantage de l'habileté politique que de la philosophie.

> *Cf.* K. Fiehn, art. « Thargelia » 2, *RE* V A 2, 1934, col. 1304.

> D'après la *Souda* (Θ 51, t. II, p. 684, 17-18 Adler), « Thargélia, fille d'Agésagoras, régna trente ans sur la Thessalie ; elle était d'origine Milésienne, mais fut enlevée par un certain Argeios (ou : par un argien) qui avait été épris d'elle » (Θαργηλία, Ἀγησαγόρου θυγάτηρ, βασιλεύσασα Θεσσαλῶν λ' ἔτη, Μιλησία τὸ γένος, ἀναιρεθεῖσα δὲ ὑπό τινος Ἀργείου, δεθέντος ὑπ' αὐτῆς). On peut aussi comprendre, comme Fiehn : « Sie fand ein gewaltsames Ende durch einen Argeier, den sie einst ins Gefängnis gebracht hatte ». En arrivant en Thessalie, Thargélia de Milet « épousa Antiochus le roi de Thessalie [mort vers 510^a, d'après K. J. Beloch, *Griechische Geschichte*^{2}, Strassburg 1913, t. I, 2 p. 203-204] et, après la mort de ce dernier, elle régna sur la Thessalie pendant trente ans » (Paradoxographe anonyme, *Tractatus de mulieribus*, 11, p. 217, 3-7 Westermann : Θαργηλία Μιλησία. Ταύτην φασὶν Ἀντιόχου βασιλεύοντος τῶν Θετταλῶν ἀφικομένην εἰς Θετταλίαν γήμασθαι Ἀντιόχῳ καὶ ἀποθανόντος ἐκείνου βασιλεῦσαι Θετταλίας ἔτη λ'). Eschine de Sphettos [➤A 71] (fr. 22 Dittmar = Philostrate, *Epist.* 73, t. II, p. 257, 12-18 Kayser), « le disciple de Socrate, n'hésite pas à gorgianiser dans son discours sur Thargélia. Il dit en effet quelque part ceci : "Thargélia de Milet en venant en Thessalie s'unit à Antiochus de Thessalie qui régnait sur tous les Thessaliens" » (καὶ Αἰσχίνης δὲ ὁ ἀπὸ τοῦ Σωκράτους—οὐκ ὤκνει γοργιάζειν ἐν τῷ περὶ τῆς Θαργηλίας λόγῳ· φησὶ γάρ που ὧδε. Θαργηλία Μιλησία ἐλθοῦσα εἰς Θετταλίαν ξυνῆν Ἀντιόχῳ Θετταλῷ βασιλεύοντι πάντων Θετταλῶν'). Hésychius Θ 105, généralise cette influence politique de Thargélia : « Thargélia était milésienne d'origine ; elle était d'une belle apparence et par ailleurs sage, au point de gouverner des villes et des dynasties. C'est pourquoi elle fut mariée à un grand nombre d'hommmes remar-

quables» (Θαργηλία· 'ἔστιν ἡ Θαργηλία Μιλησία μὲν τὸ γένος, εὐπρεπὴς δὲ τὴν ὄψιν καὶ τᾶλλα σοφή, ὥστε στρατηγεῖν πόλεις καὶ δυνάστας. διὸ καὶ πλείστοις ἐγήματο τῶν διασημοτάτων'). Selon Athénée, *Deipnosophistes* XIII 89, 608 f – 609 a, «parmi les femmes célébrées pour leur beauté il y eut Thargélia de Milet, qui fut mariée à quatorze époux ; elle était d'une fort belle apparence, ainsi que sage, comme le dit le sophiste Hippias (➡+H 145) dans son ouvrage intitulé *La Collection* (*FGrHist* 6 F 3 = DK 86 B 4)» (ἐπὶ κάλλει δὲ (...) διαβόητοι γεγόνασι γυναῖκες Θαργηλία ἡ Μιλησία, ἥτις καὶ τεσσαρεσκαίδεκα ἀνδράσιν ἐγαμήθη, οὖσα καὶ τὸ εἶδος πάνυ καλὴ καὶ σοφή, ὥς φησιν Ἱππίας ὁ σοφιστὴς ἐν τῷ ἐπιγραφομένῳ Συναγωγή). Thargélia aurait soutenu en Grèce la cause du Roi des Perses et son influence politique aurait été un modèle pour Aspasie auprès de Périclès. Voir Plut., *Périclès* 24, 3-4 (trad. Flacelière et Chambry) : «On dit que, voulant rivaliser avec Thargélia, une ancienne courtisane d'Ionie, elle (*i.e.* Aspasie de Milet) s'attaqua aux hommes les plus puissants. (4) En effet, Thargélia, qui était d'une éclatante beauté et joignait l'habileté à la grâce, fut la maîtresse d'un grand nombre de Grecs ; elle gagna au roi [de Perse] tous ceux qui l'approchèrent et, par le moyen de ces hommes, qui étaient les plus puissants et les plus influents, elle sema dans les villes des germes de "médisme"» (φασὶ δ' αὐτὴν Θαργηλίαν τινὰ τῶν παλαιῶν Ἰάδων ζηλώσασαν ἐπιθέσθαι τοῖς δυνατωτάτοις ἀνδράσι. καὶ γὰρ ἡ Θαργηλία, τό τ' εἶδος εὐπρεπὴς γενομένη καὶ χάριν ἔχουσα μετὰ δεινότητος, πλείστοις μὲν Ἑλλήνων συνῴκησεν ἀνδράσι, πάντας δὲ προσεποίησε βασιλεῖ τοὺς πλησιάσαντας αὐτῇ, καὶ ταῖς πόλεσι μηδισμοῦ δι' ἐκείνων ὑπέσπειρεν ἀρχάς, δυνατωτάτων ὄντων καὶ μεγίστων). Sur ce passage de Plutarque, voir P. A. Stadter, *A Commentary on Plutarch's "Pericles"*, Chapel Hill 1989, p. 235, qui reconnaît comme source de Plutarque l'*Aspasie* d'Eschine de Sphettos (F 10, p. 44 Krauss). Selon le Paradoxographe anonyme, *Tractatus de mulieribus,* 11, p. 217, 6-7 Westermann, elle aurait été reçue et renvoyée par le Roi des Perses qui faisait campagne contre la Grèce (καὶ τὸν Περσῶν βασιλέα, ὅτε ἐπὶ τὴν Ἑλλάδα ἐστρατεύετο, δέξασθαι καὶ ἀποπέμψαι μηδὲν ἐλαττωθεῖσαν). Fiehn comprend : «Dareios konnte sie auf seinem Zuge gegen Griechenland nicht besiegen». Mais c'est plutôt en faveur de la Perse qu'elle influença le roi de Thessalie qui se soumit aux Perses lors des Guerres médiques.

A une époque plus tardive, Thargélia finit par devenir un modèle de vertu : l'hagiographe Euthymius Protasecretis, *Encomium in Mariam Aegyptiacam* [= F. Halkin, «Panégyrique de Marie l'Égyptienne», *Analecta Bollandiana* 99, 1981, p. 19-44], 7 : (Par rapport à Marie l'Égyptienne, faut-il parler des esséniens ou des gymnosophistes, des Brahmanes, d'Antisthène, de Diogène ou de Cratès) «ou encore, parmi les femmes, de toutes celles qui furent signalées comme célèbres à cause de leur vertu, je veux parler d'Antigone, de Phérétima, de Phémonoé, de Panthéia, de Thargélia, d'Aspasie et de la pythagoricienne Théanô [➡+T 28]?» (Ἡ γυναικῶν ὅσαι περίδοξοι δι' ἀρετὴν ἀνεγράφησαν, Ἀντιγόνη φημὶ καὶ Φερετίμα καὶ Φημονόη καὶ Πάνθεια, Θαργηλία τε καὶ Ἀσπασία καὶ ἡ πυθαγορικὴ Θεανώ ;)

On trouve la forme Θαργήλεια dans l'*Etymologicum Magnum*, p. 443, 35 Gaisford.

RICHARD GOULET.

21 THAUMASIUS *RESuppl.* XV : *PIR*² T 151 *PLRE* I : M III
Auditeur de Plotin à Rome.

Dans sa *Vie de Plotin*, Porphyre nous raconte une anecdote mettant en cause Thaumasius :

«En tout cas, trois jours de suite, alors que moi, Porphyre, je l'interrogeais (*i.e.* Plotin) sur la façon dont l'âme est unie au corps, Plotin poursuivit sa démonstration, si bien qu'à un dénommé Thaumasius, procurateur des revenus de l'Empire, qui, arrivé sur ces entrefaites, disait vouloir entendre Plotin commenter les textes, et ne pas supporter que Porphyre répondît et interrogeât, Plotin déclara : "Mais si nous ne résolvons pas les problèmes suscités par les questions de Porphyre, nous ne pourrons absolument rien dire sur le texte"» (*Vita Plotini* 13, 10-17).

Cette traduction considère que l'expression τοὺς καθόλου λόγους πράττοντος signifie *procurator summarum rationum*, si on prend οἱ καθόλου λόγοι dans son sens technique de *summae rationes*. Sur cette expression, voir Hugh J. Mason, *Greek terms for Roman institution : a lexicon and analysis*, Toronto 1974, p. 58 *s.v.* Si cette hypothèse est la bonne, Thaumasius serait non point un sénateur, mais un chevalier. Pour d'autres interprétations du passage, voir M.-O. Goulet-Cazé, « L'arrière-plan scolaire de la *Vie de Plotin* », dans *PVP* I, p. 268 n. 1. Dans *PVP* II, p. 155, la traduction retenue est différente. Thaumasius « disait vouloir entendre Plotin traiter les questions générales et parler sur des textes... »

Une interprétation différente du passage a été proposée par Richard Lim, « The auditor Thaumasius in the *Vita Plotini* », *JHS* 113, 1993, p. 157-160. Il considère la référence à une fonction impériale de Thaumasius comme peu adaptée au contexte et revient à l'interprétation traditionnelle, traduisant le passage de la façon suivante : « so that after a certain person named Thaumasius (who was studying universal propositions) had come into the lecture-room and said that he wished to hear Plotinus lecture with reference to written [philosophical] texts, but that he could not stand Porphyry's answers and questions, Plotinus said... ».

Cf. Brisson, *Prosopographie, PVP* I, s.v. Selon la *PIR*² le nom de Thaumasius serait un *signum*.

LUC BRISSON.

22 THÉADOUSA (?) DE LACONIE (DE SPARTE)

Dans un passage assez corrompu de la *V. pyth.* de Jamblique (§ 267, p. 147, 4-5 Deubner), la liste des « plus illustres (ἐπιφανέστατα) parmi les femmes pythagoriciennes » avec laquelle se termine l'ouvrage, comporte, d'après les mss, la série suivante de noms accompagnés d'ethniques : Πισιρρόνδη Ταραντίς, Νισθεάδουσα Λάκαινα. L'impossible leçon Νισθεάδουσα du *Laurentianus* (principal ms de la *V. pyth.*) a été retenue telle quelle (quoique suivie d'un point d'interrogation) par Diels (**1** DK 58 A, t. I, p. 448, 13), ainsi que, légèrement retouchée, et en tant que forme alternative, par **2** W. Pape et G. Benseler, *Wörterbuch der griechischen Eigennamen*, t. II, p. 991 (Νεσθεάδουσα). Dans les éditions anciennes on avait déjà corrigé en Νεστεάδουσα, forme répertoriée aussi bien par Pape et Benseler **2** (*ibid.*, en tant que forme principale) que par **3** P. Poralla, *Prosopographie der Lakedaimonier bis auf die Zeit Alexanders des Großen*, Diss. Breslau, 1913, p. 96 (n° 552) (cité d'après sa « second edition, with an inroduction, *addenda & corrigenda* by A. S. Bradford », *A prosopography of Lacedemonians from the earliest times to the death of Alexander the Great [X - 323 B.C.]*, Chicago 1985), forme retenue aussi finalement, faute de mieux, par **4** O. Masson, « Prosopographie onomastique et dialecte des Lacédémoniens », *REG* 99, 1986, p. 134-141, à la p. 138 [repris dans *Id.*, *Onomastica graeca selecta*, t. II, Paris 1990, p. 509-516, à la p. 513]), avec ce commentaire : « hapax bizarre, certainement corrompu ».

Il revient au dernier éditeur de la *V. pyth.*, L. Deubner, d'avoir corrigé le passage ci-dessus en Πεισιρρόδη Ταραντινίς, Θεάδουσα Λάκαινα, de façon à

obtenir un nom à peu près acceptable – Théadousa – pour la femme lac(édém)o-
nienne. Ce faisant il suivait une suggestion d'E. Schwyzer, qui rattachait ce nom
non attesté par ailleurs à la famille de la racine Φαδι-, qui a donné Ἀδούσιος ou
Φαδώσιος (*cf.* **5** Fr. Bechtel, *Die historischen Personennamen*, p. 21 *sq.* et 510).
Cette forme du nom a pu être répertoriée dans le **6** *LGPN*, t. III A, p. 199 (où
Fraser et Matthews proposent une datation – plausible – aux Vᵉ-IVᵉ siècles;
cf. Poralla **3** : « unbekannter Zeit »). *Cf.* aussi **6a** H. A. Brown, *Philosophorum
Pythagoreorum collectionis specimen*, p. IX).

La conjecture de Schwyzer et Deubner serait, selon **7** O. Masson, « Sur quelques noms de
philosophes grecs : à propos du *Dictionnaire des philosophes antiques*, vol. II », *RPh* 68, 1994,
p. 231-237, à la p. 232 n. 4 [repris dans *Id.*, *Onomastica graeca selecta*, t. III, Genève 2000,
p. 218-224, à la p. 219 n. 4], une fausse solution, puisque le composé proposé (Θεάδουσα) ne
convient pas plus que le nom ethnique supposé (Ταραντινίς) – en effet, la forme correcte de
l'adjectif désignant l'originaire de Tarente est bien Ταραντῖνος, fém. Ταραντίνη (*cf. LSJ, s.v.*
Τάρας), et non pas Ταραντινίς. Mais l'on remarquera que pour parler des femmes « pythagoriciennes » l'auteur de la liste reproduite par Jamblique a employé également, et de manière
analogue peut-être, la forme adjectivale rare Πυθαγορίδες. Quant au nom Θεάδουσα, il semblerait tout à fait possible en tant que version féminine de l'anthroponyme masculin Θεάδων –
attesté, il est vrai, tardivement (au IIᵉ siècle ap. J.-Chr.) et bien loin du Péloponnèse, en Scythie (à
Istros et à Tomis) ; voir *LGPN* **6**, t. IV, p. 161-162.

CONSTANTINOS MACRIS.

23 THÉAGÉNÈS D'ATHÈNES *RE* 7 *PLRE* I : M V

Riche citoyen athénien, il joua, sans être philosophe, un rôle important dans
l'école néoplatonicienne d'Athènes. Il est connu par la *Vie de Proclus* 29 de
Marinus, où il est désigné comme « notre bienfaiteur », par les fragments de la *Vie
d'Isidore* de Damascius transmis dans plusieurs notices de la *Souda* (fr. 257-264)
et dans l'*Epitome Photiana* (§§ 155-157), mais aussi par un « Panégyrique du
patrice Théagénès » que l'on a voulu attribuer à Pamprépius de Panopolis (➙P 18)
qui vécut à Athènes de 473 à 476.

Cf. **1** W. Enßlin, art. « Theagenes » 7, *RE* V A 2, 1934, col. 1346-1347;
2 Proclus, *Théologie Platonicienne*, éd. par H. D. Saffrey et L. G. Westerink, *CUF,*
Paris 1968, t. I, Introduction, p. XXXI-XXXIII. Les passages importants sont traduits dans **3** Marinus, *Proclus ou Sur le bonheur*, texte établi, traduit et annoté par
H. D. Saffrey, A.-Ph. Segonds et C. Luna, *CUF*, Paris 2001, p. XXIV-XXVIII.

Édition du *Panégyrique* : **4** E. Heitsch (édit.), *Die griechischen Dichterfragmente der
römischen Kaiserzeit*, coll. *AAWS* 3, 49, t. I, 2ᵉ éd., Göttingen 1963, p. 109-120. Nouvelle édition
par **5** E. Livrea (édit.), *Carmina (P. Gr. Vindob. 29788 A-C)*, coll. *BT*, Leipzig 1979, XI-82 p.

Théagène, qui faisait remonter ses origines à des figures aussi illustres que
Miltiade et Platon (*Panégyrique*, vv. 40-41), fut l'époux d'Asclépigéneia (*PLRE*
I :2), fille d'Archiadas I (➙A 314) et de Ploutarchè (Marinus, *Proclus* 29), et
arrière-petite-fille de Plutarque d'Athènes (➙P 209), dont Proclus obtint d'Asclé-
pius la guérison miraculeuse alors qu'elle était encore une petite fille (*Proclus* 29).
Il fut le père d'Hégias (➙H 22). Comme ce dernier était encore un jeune homme
prometteur dans les dernières années de la vie de Proclus, mort en 485, son père
Théagène a dû naître avant les années 445.

Pour un arbre généalogique, voir Saffrey-Westerink **2**, p. XXXV, et *DPhA* III, 2000, p. 685.

Théagène était déjà durant son enfance (ἔτι παιδίον ὄντα) proche de la famille d'Archiadas I qui allait devenir son beau-père. A l'occasion de la perte d'une grande partie de ses richesses, par suite de pillages et de dévastations (πλείστων γὰρ αὐτῷ χρημάτων διηρπασμένων... ἐπὶ τοῖς ἀπολωλόσι καὶ πεπορθημένοις), Archiadas consola l'enfant par ces mots : «Il faut que tu aies confiance, Théagénès, et que tu reconnaisses que ce sont les dieux qui sauvent notre vie et qu'il ne faut pas se décourager pour de l'argent. Car, si Athéna Poliade nous avait demandé de dépenser cet argent pour les Panathénées, à quel prix nous serait revenue cette dépense ! Eh bien tu dois tenir l'épreuve que voilà pour plus éclatante et plus agréable aux dieux que les Panathénées ou toute autre célébration religieuse» (*V. Isid.*, fr. *273, p. 217, 3-9 Zintzen, trad. Saffrey et Westerink **1**, p. XXXII). **6** E. J. Watts, *City and school in late antique Athens and Alexandria*, coll. «The transformation of the classical heritage» 41, Berkeley 2006, p. 119 n. 38, comprend que c'est le jeune Théagénès qui aurait réconforté Archiades (nom qu'il donne systématiquement à Archiadas). Voir également **7** L. Brisson, «Famille, pouvoir politique et argent dans l'école néoplatonicienne d'Athènes», dans H. Hugonnard-Roche (édit.), *L'enseignement supérieur dans les mondes antiques et médiévaux*, coll. «Textes et Traditions» 16, Paris 2008, p. 29-41, qui met la ruine évoquée en rapport avec le pillage d'Athènes par Attila en 447 (p. 31). Selon lui, Archiadas aurait adopté Théagène dans le but d'en faire son gendre (p. 34).

Archonte d'Athènes (Θεαγένης Ἀθηναῖος, ἄρχων, *Souda* Θ 78) à une date qu'il est difficile de préciser et peut-être membre du Sénat de Rome (ἦν τῶν Ῥωμαϊκῶν πατέρων εἷς καὶ πρῶτος τῆς περὶ τὰ βασίλεια συγκλήτου βουλῆς, *V. Isid.*, fr. 261, p. 211, 14-15 Zintzen), il put par sa richesse considérable aider les professeurs et les médecins (ἀναλοῦτο δὲ αὐτῷ πολλὰ τῶν χρημάτων εἴς τε διδασκάλους καὶ ἰατροὺς, fr. 264, p. 213, 5 Zintzen) et de façon plus générale ses concitoyens dans le besoin tout aussi bien que ceux d'autres cités (*V. Isid.* 156, p. 213, 3-6 Zintzen), tout comme son beau-père Archiadas, à l'incitation de Proclus, l'avait fait avant lui (*Proclus* 14) et comme le fera, avec moins d'empressement, son fils Hégias (*V. Isid.*, fr. 351, p. 287, 14-15 Zintzen). Il recherchait la considération des intellectuels et se montrait hautain, voire méprisant, à l'égard des hommes politiques (θεραπεύεσθαι σπουδάζων ὑπὸ πάντων, καὶ οὐχ ἥκιστα τῶν φιλοσοφούντων, ὑπερορῶν δὲ καὶ διαπτύων τοὺς ἄλλους καὶ μάλιστα τοὺς ἐν δυνάμει δοκοῦντας εἶναι). Damascius laisse entendre qu'il aurait été infidèle à l'hellénisme de ses ancêtres pour suivre les nouvelles valeurs (τὰ νέα ἀξιώματα : le christianisme).

«Il était irascible et ne supportait pas d'être méprisé, au contraire il tenait à être honoré de tout le monde et par-dessus tout des philosophes, il regardait les autres de haut et leur crachait dessus, surtout s'ils prétendaient être dans l'exercice de leur fonction et s'ils faisaient du zèle pour briller dans le service impérial, et en donnant la préférence aux nouveaux principes sur les mœurs de la piété ancestrale et sans s'en rendre compte, il tombait dans la manière de vivre du vulgaire et abandonnait celle des Hellènes et de ses ancêtres les plus lointains» (trad. Saffrey-Westerink). Alors qu'Enßlin **1**, col. 1346, voyait dans ce passage l'indication d'un passage de Théagène au christianisme, Saffrey et Westerink **2**, p. XXXIII, considèrent que Damascius l'accuse plutôt d'opportunisme et de flatterie à l'égard du pouvoir chrétien. Watts **5**, p. 120 n. 42, ne croit pas non plus à une conversion de Théagène, ce qu'il serait difficile de faire «sans s'en rendre compte» comme le dit Damascius : «In choosing to assume some of the highest honors in the Roman state, Theagenes dit not realize that he had moved away from the philosophical ideal».

Le titre de sénateur romain semble confirmé par un passage de l'*Epit. Phot.* § 157 (p. 210, 5-7 Zintzen) : « Vis-à-vis des autres appelés au grand conseil (εἰς βουλὴν τὴν μεγάλην), Théagène n'était pas seulement supérieur mais aussi, dans un certain sens, un philosophe » (trad Henry). Voir également *V. Isid.*, fr. 261, p. 211, 14-15 Zintzen : « il était l'un des patriciens (litt. "pères") de Rome et le premier de l'assemblée sénatoriale à la Cour » (ἦν τῶν Ῥωμαϊκῶν πατέρων εἷς καὶ πρῶτος τῆς περὶ τὰ βασίλεια συγκλήτου βουλῆς). Brisson **7**, p. 34-35, comprend qu'il faisait partie du sénat de Rome et de celui de Constantinople. Voir déjà la traduction fournie dans Marinus **3**, p. xxv : « le premier du sénat de Constantinople ».

C'est à la suite d'un différend avec Théagène que Pamprépius, qui enseignait alors à Athènes, partit pour Constantinople (*Souda* Π 137). La sensibilité de Théagène aux honneurs attira autour de lui beaucoup de flatteurs. « Il ne préserva pas l'ancienne déférence envers la philosophie, mais, alors qu'il disait multiplier les philosophes autour de lui, en réalité c'étaient des gens qui lui faisaient la cour » (οὔκουν ἔτι διέσῳζε τὴν πάλαι αἰδῶ πρὸς φιλοσοφίαν, ἀλλὰ τῷ μὲν λόγῳ τοὺς φιλοσόφους ἐπεποίητο περὶ ἑαυτόν, τῷ δὲ ἔργῳ τοὺς θεραπεύοντας, *V. Isid.*, fr. 258, p. 209, 12-16 Zintzen). Ce travers l'amena à soupçonner Marinus qui, par respect du sérieux philosophique traditionnel (τῇ παραδοθείσῃ σεμνότητι τῶν φιλοσόφων, fr. 261, p. 211, 3-4 Zintzen), refusait de se prêter à ce jeu.

En traitant sans flatterie Théagène comme un homme politique important, Marinus aurait, selon Watts **5**, p. 119, manifesté son refus de le reconnaître comme philosophe (« he consciously withheld any recognition of his philosophical pretensions »). C'est une interprétation astucieuse, mais que ne justifie pas le texte du fragment. Brisson **7**, p. 37, considère qu'Archiadas, puis Théagène auraient hérité de la maison de Plutarque d'Athènes. C'est possible, mais Marinus (*Proclus* 29) dit seulement que Proclus habita la maison qu'avait habitée son père Syrianus (➤S 181) et son grand-père Plutarque (➤P 209). Nulle part il n'est dit que c'est dans la maison d'Archiadas, de Théagène ou d'Hégias qu'était dispensé l'enseignement de l'école.

RICHARD GOULET.

24 THÉAGÉNÈS DE PATRAS *RE* 11 *PIR*² 153   II

Galien et Lucien parlent l'un et l'autre d'un philosophe cynique du nom de Théagène. On est tenté de rapporter ces témoignages à un même personnage, même si l'un fut actif et mourut à Rome à l'époque du (second ?) séjour de Galien dans cette cité, alors que l'autre, originaire de Patras, fut un disciple de Pérégrinus, mort à Olympie en 165.

Cf. **1** Anneliese Modrze, art. « Theagenes » 11, *RE* V A 2, 1934, col. 1348-1349 ; **2** J. Bernays, *Lucian und die Kyniker*, Berlin 1879 ; **3** A.D. Rizakis, *Achaïe I. Sources textuelles et histoire régionale*, coll. « Mélétèmata » 20, Athènes 1995, p. 132-133, n° 178-179.

A. Galien, dans son *De methodo medendi* XIII 15 ; t. X, p. 909-915 Kühn (traduction anglaise du passage dans **4** I. Johnston et G. H. R. Horsley, *Galen, Method of Medicine*, coll. *LCL*, London/Cambridge, Mass. 2011, t. III, p. 370-381), rappelle, dans le but de discréditer ses adversaires les médecins méthodiques, les circonstances de la mort du cynique Théagène, un philosophe bien connu (à Rome), car il dispensait chaque jour un enseignement public au gymnase (des Thermes) de Trajan (δημοσίᾳ διαλεγομένου κατὰ τὸ τοῦ Τραϊανοῦ γυμνάσιον ἑκάστης ἡμέρας) – construits sur la colline de l'Oppius par l'architecte Apollodore de Damas.

5 H. Halfmann, *Éphèse et Pergame. Urbanisme et commanditaires en Asie mineure romaine*, coll. « Ausonius, Scripta antiqua » 11, Bordeaux/Paris 2004, p. 73-75, affirme, sans toutefois apporter aucune preuve, que le gymnase en question, serait le septième gymnase de Trajan à Pergame : « il doit sans l'ombre d'un doute être identifié avec le gymnase de Trajan, où le philosophe Théogénès (*sic*) [corriger en Théagénès] menait ses controverses, même s'il ne peut être avec certitude relié à une ruine particulière de la ville basse » (p. 75). La mort de Théagène semble plutôt avoir eu lieu à Rome après 165, sans doute alors que Galien faisait son second séjour dans cette ville (➽G 3).

Galien explique qu'il mourut par suite d'un traitement inapproprié, fait d'un emplâtre de pain au miel appliqué sur le foie, de compresses d'huile d'olive chauffée et d'un régime à base de bouillie d'avoine, que lui prodigua pour une inflammation du foie le médecin Attale, disciple de Soranus (➽S 111). Théagène, en bon cynique, n'avait ni serviteur ni enfant ni femme, et ce sont ses amis, des philosophes – les uns étaient des cyniques, les autres appartenaient à d'autres écoles (κυνικοί τέ τινες ὄντες καὶ ἄλλως φιλόσοφοι) –, qui lui prodiguèrent les derniers soins et l'enterrèrent, mais sans les lamentations qui s'expriment habituellement lors des funérailles (p. 915 Kühn).

Sur cet épisode de la mort de Théagène, voir **6** V. Nutton, « Style and context in the *Method of Healing* », dans F. Kudlien et R. J. Durling (édit.), *Galen's Method of Healing*. Proceedings of the 1982 Galen Symposium, coll. « Studies in ancient medicine » 1, Leiden 1991, p. 1-25, notamment p. 14, qui souligne le ton cinglant et sarcastique de Galien, soucieux de bien mettre en évidence la stupidité du médecin Attale ainsi que la folie et l'ignorance des médecins méthodiques.

Sur le médecin de l'école méthodique Attale, disciple de Soranus, voir **7** M. Wellmann, art. « Attalos » 25, *RE* II 2, 1896, col. 2179 ; **8** P. T. Keyser et G. L. Irby-Massie (édit.), *The Encyclopedia of Ancient Natural Scientists*, London 2008, p. 179, notice « Attalos (Med) [130-170 CE] ». Il pourrait s'agir de Statilius Attale d'Héraclée en Carie, médecin de Lucius Verus et de Marc-Aurèle. Voir **9** Cécile Nissen, *Prosopographie des médecins de l'Asie mineure pendant l'Antiquité classique*, I. *Catalogue des médecins*, Thèse inédite de l'EPHE, 2006, n° 203, p. 324-325.

SIMONE FOLLET et MARIE-ODILE GOULET-CAZÉ.

B. C'est également un cynique, mais apparemment moins apprécié, que nous fait connaître le *De morte Peregrini* de Lucien. Une identification du cynique Théagène de Galien avec ce Théagène cynique de Lucien a toutefois été proposée par Bernays **2**, p. 14-15, ce qui est légitime si l'on tient compte du parti pris de dénigrement adopté par Lucien.

Originaire de Patras (Lucien le désigne comme ὁ γεννάδας ὁ ἐκ Πατρῶν, « le noble de Patras » [§ 36]), Théagène pourrait être encore vivant au moment où Lucien écrit son traité sur Pérégrinus, c'est-à-dire après 165, date de la mort de Pérégrinus (c'est ce que pense Bernays **2**, p. 13, tandis que pour **10** J. Schwartz, *Lucien de Samosate, "Philopseudès" et De "morte Peregrini"*, coll. « Publications de la Faculté des Lettres de l'Université de Strasbourg. Textes d'étude » 12, Paris 1951, réimpr. 1963, p. 91, il est possible qu'il ait été alors déjà mort).

Ce disciple de Pérégrinus (➠P 79) fait de son maître, qu'il compare aux brahmanes de l'Inde (*ibid.* § 39), un vibrant éloge, notamment à propos de sa mort par le feu à Olympie en 165. Lucien, qui a entendu Théagène à Élis «crier avec sa voix forte et rude les habituelles injonctions à la vertu qu'on lance au carrefour et injurier tous les passants sans exception», avant de finir en annonçant la mort de Pérégrinus par le feu à Olympie et en le défendant de l'accusation de vaine gloire (§ 3), le critique vivement, et à travers lui le cynisme. Les termes qui évoquent la harangue de Théagène traduisent l'agacement de Lucien (ἐπιβοωμένου, ἡ βοή [§ 3], ὁ κεκραγὼς ἐκεῖνος, ἐβόα [§ 5]), qui est choqué de constater que Théagène, au lieu de comparer Pérégrinus à Diogène de Sinope, Antisthène ou Socrate, le prétend «capable de rivaliser avec Zeus olympien lui-même» (§ 5). Caustique, Lucien souligne que l'orateur à la fin de son discours transpire abondamment, qu'il pleure de façon ridicule et qu'«il s'arrache les cheveux, en prenant soin de ne pas tirer trop fort» (§ 6). Jouant malicieusement sur la comparaison entre Héraclès et Philoctète, Lucien fait de Théagène le «Philoctète» de Pérégrinus (§ 21), «celui qui joue le second rôle» (δευτεραγωνιστής, § 36). Quant au narrateur anonyme, porte-parole de Lucien dans son *De morte Peregrini,* il reproche à Théagène de copier le cynisme de Pérégrinus pour tout ce qui est accoutrement extérieur mais de ne pas le suivre dans la mort pour rejoindre Héraclès et atteindre le bonheur (§ 24).

Si l'on en croit ce qu'un de ses amis a raconté au narrateur anonyme, Théagène aurait entendu la Sybille faire une prophétie à propos de la mort de Pérégrinus – dont le narrateur anonyme rapporte quelques vers cités de mémoire par son ami (§ 29). A la lumière de ces vers, qui ont dû jouer un rôle décisif dans l'instauration ultérieure d'un culte de Pérégrinus, il apparaît que la Sybille interprète le suicide par le feu de Pérégrinus comme une montée sur l'Olympe où Pérégrinus siège à côté d'Héraclès et d'Héphaistos. A cet oracle le narrateur anonyme oppose un oracle de Bacis sur le même thème, mais cette fois défavorable à Pérégrinus, où l'on apprend que Théagène aurait disposé à Patras (de la coquette somme) de 15 talents (§ 30). Enfin, au moment où la lune se lève et où Pérégrinus arrive pour se jeter dans les flammes, Théagène fait partie des sommités du mouvement cynique (τὰ τέλη τῶν κυνῶν) qui entourent le philosophe (§ 36).

Théagène écrivit-il un éloge de Pérégrinus ? Le témoignage du rhéteur Ménandre (IIIe s.), *Peri epideiktikôn,* I 2, dans L. Spengel, *Rhetores Graeci,* t. III, Lipsiae 1856, p. 346, 17-19, sur les éloges paradoxaux, pourrait laisser place à cette possibilité : παράδοξα δὲ οἷον Ἀλκιδάμαντος τὸ τοῦ θανάτου ἐγκώμιον ἢ τὸ τῆς Πενίας ἢ τοῦ Πρωτέως τοῦ κυνός, «des éloges paradoxaux comme *L'éloge de la mort* d'Alcidamas ou celui de *la pauvreté* ou celui de *Protée le chien*». S'il existe un éloge de Protée le Chien, dont Protée est l'objet – Protée étant, à côté de «Phénix», un des deux surnoms de Pérégrinus le Cynique (*De morte Peregrini* 1 et 27) –, on voit mal en effet qui d'autre que Théagène pourrait l'avoir écrit. *Cf.* **11** R. Pack, «The "Volatization" of Peregrinus Proteus», *AJPh* 67, 1946, p. 334-345, notamment p. 341 n. 20. Mais l'hypothèse que Protée puisse être lui-même l'auteur de l'éloge de la pauvreté ne saurait être exclue. Voir **12** R. Volkmann, *Die Rhetorik der Griechen und der Römer*, Leipzig 1885², p. 313 n. 3, lequel, constatant que le meilleur manuscrit du *Peri epideiktikôn*, celui de Paris, ne comporte pas ἢ τοῦ devant Πρωτέως, propose d'enlever ces mots et de lire : « ou celui de la pauvreté de Protée le chien ». Volkmann est suivi par **13** S. Pease, « Things without Honour », *CPh* 21, 1926, p. 27-42, notamment p. 39 n. 7. **14** R. Kassel, *Untersuchungen zur griechischen und römischen Konsolations-literatur*, coll. « Zetemata. Monographien zur klassischen Altertumswissenschaft » 18, München 1958, p. 15 n. 3, qui note à juste titre qu'un *Éloge de la pauvreté* pourrait difficilement se passer d'un nom d'auteur, fait la même proposition et c'est également cette solution qu'adoptent les derniers éditeurs de Ménandre, D. A. Russell et N. G. Wilson (édit.), *Menander Rhetor*. Edited with translation and commentary, Oxford 1981, p. 33. Dans ce cas il n'y aurait point de raison d'attribuer à Théagène un éloge de Proteus.

C. Faut-il identifier au cynique Théagène de Patras le philosophe homonyme dont Lucien dit dans le *Cataplus* 6 qu'il s'est suicidé pour la « courtisane de Mégare », διὰ τὴν ἑταίραν τὴν Μεγαρόθεν ? Bernays **2**, p. 90 n. 7, est réservé sur cette identification : le Théagène admirateur de Pérégrinus craignait la mort ; il est par conséquent difficile qu'il se soit suicidé ; en outre Lucien dans le *Cataplus* le qualifie de « philosophe » sans plus de précision, alors que dans son *De Peregrini morte* il le présente de façon très claire comme « cynique ». Mais J. Bompaire, l'éditeur du traité dans la *CUF* (Paris 1998 ; 2003²), p. 274 n. 21, ne voit guère d'autre identification possible à condition d'admettre que Lucien prête une mort imaginaire au philosophe ; il ajoute qu'« une main récente du codex Ω [*Marc. gr.* 434 (coll. 840), du Xᵉ-XIᵉ s.] a corrigé en Διογένης : *lectio facilior*, Lucien affirmant que Diogène épousa une courtisane… au séjour des Bienheureux (*V. hist. B*, 18), et d'autre part une tradition rapportant qu'il s'est suicidé ».

MARIE-ODILE GOULET-CAZÉ.

25 THÉAGÉNÈS DE RHÉGIUM *RE* 9   *fl.* 525-522

Présocratique, auteur d'un commentaire sur Homère. Il semble avoir été le fondateur de l'exégèse allégorique des poèmes homériques (peut-être aussi le premier biographe du Poète, ainsi que le premier philologue, en tant qu'initiateur des études méthodiques de grammaire et d'exégèse littéraire). Par sa tendance rationaliste et matérialiste il peut être également considéré comme un précurseur des sophistes.

Témoignages et fragments. 1 DK 8, t. I, p. 51-52 ; **2** F. Mosino, « Theagenes di Regio », *Klearchos* 3, 1961, p. 75-80 ; **3** G. Lanata, *Poetica pre-platonica : testimonianze e frammenti*. Testo, traduzione e commento, Firenze 1963, p. 104-111 ; **4** G. Giannantoni, *I presocratici : testimonianze e frammenti*, coll. « Filosofi antichi e medievali », Bari 1969, réimpr. coll. « Biblioteca universale Laterza » 22, Roma 1981, p. 60-61.

Cf. **5** A. Delatte, «L'exégèse pythagoricienne des poèmes homériques», dans *Études sur la littérature pythagoricienne*, Paris 1915, p. 108-136 ; **6** F. Wehrli, *Zur Geschichte der allegorischen Deutung Homers im Altertum*, Borna/Leipzig 1928 (Inaug.-Diss. Basel), 98 p., notamment p. 89-91 ; **7** R. Laqueur, art. «Theagenes» 9, *RE* V A 2, 1934, col. 1347-1348 ; **8** F. Buffière, *Les mythes d'Homère et la pensée grecque*, coll. «Études anciennes», Paris 1956, p. 101-105 ; **9** A. Presta, «Teagene Reggino», *Almanacco Calabrese : rassegna annuale di vita e problemi regionali* [Roma, Ist. graf. Tiberino] 19, 1969, p. 79-92 ; **10** H. Gärtner, art. «Theagenes» 6, *KP* V, 1975, col. 656 ; **11** G. M. Rispoli, «Teagene o dell'allegoria», *Vichiana* 9, 1980, p. 243-257 ; **12** A. Capizzi, «Quattro ipotesi eleatiche», *PP* 43, 1988, p. 42-60, notamment p. 52-56 ; **13** G. Rocca-Serra, «Naissance de l'exégèse allégorique et naissance de la raison», dans J.-F. Mattéi (édit.), *La Naissance de la raison en Grèce*. Actes du Congrès de Nice, mai 1987, Paris 1990, p. 77-82 ; **14** W. Bernard, *Spätantike Dichtungstheorien : Untersuchungen zu Proklos, Herakleitos und Plutarch*, coll. «Beitr. zur Altertumskunde» 3, Stuttgart 1990, p. 76-98 ; **15** N. Richardson, «La lecture d'Homère par les Anciens», dans *LALIES*. Actes des sessions de linguistique et de littérature, X (Aussois, 29 août-3 septembre 1988 ; 28 août-2 septembre 1989), Paris 1992, p. 293-327, notamment p. 316 *sq.* ; **16** E. Á. Ramos Jurado, «Homero pitagórico», *Fortunatae* 5, 1993, p. 157-167, notamment p. 160-162 ; **17** L. M. Pino Campos, «*Graecorum philosophorum aurea dicta* : selección de apotegmas (2ª parte)», *Fortunatae* 6, 1994, p. 167-184, notamment p. 170 ; **18** A. Bernabé, «Lingüística antes de la lingüística : la génesis de la indagación sobre el lenguaje en la Grecia antigua», *REspLing* 28, 1998, p. 307-331, notamment p. 309-312 ; **19** E. Á. Ramos Jurado, «Un ejemplo de exégesis alegórica, la *Teomaquia* homérica de Teágenes de Regio», dans J. A. López Férez (édit.), *Desde los poemas homéricos hasta la prosa griega del siglo IV d. C. : veintiséis estudios filológicos*, coll. «Estudios de Filología Griega» 4, Madrid 1999, p. 45-59 ; **20** A. Ford, «Performing interpretation : early allegorical exegesis of Homer», dans M. Beissinger, J. Tylus et S. Wofford (édit.), *Epic traditions in the contemporary world : the poetics of community*, Berkeley (Calif.) 1999, p. 33-53, notamment p. 35-38 («Theagenes and his times : sources of allegoresis») ; **21** S. Matthaios, art. «Theagenes» 2, *NP* XII 1, 2002, col. 248 ; **22** A. Zumbo, «Teagene di Reggio interprete di Omero», dans B. Gentili et A. Pinzone (édit.), *Messina e Reggio nell'Antichità, storia, società, cultura*. Atti del Convegno della S. I. S. A. C. (Messina-Reggio Calabria 24-26 maggio 1999), Messina 2002, p. 321-327 ; **23** F. Mosino, «L'*Odissea Calcidese*, lo Pseudo-Omero e la geografia dello Stretto di Scilla», *RAL* Ser. 9a 13, 2002, p. 139-149, notamment p. 144-147 ; **24** M. B. Trapp, art. «Theagenes» 2, *OCD*[3], 2003, p. 1493 ; **25** I. Ramelli, «Teagene di Reggio : gli albori dell'esegesi allegorica del mito religioso», dans I. Ramelli et G. Lucchetta, *Allegoria*, t. I : *L'età classica*. Introd. e cura di R. Radice, coll. «Pubblicazioni del Centro di Ricerche di Metafisica. Temi metafisici e problemi del pensiero antico : studi e testi» 98, Milano 2004, p. 53-55 ; **26** O. Primavesi, «Theologische Allegorie : zur philosophischen

Funktion einer poetischen Form bei Parmenides und Empedokles», dans
M. Horster et C. Reitz (édit.), *Wissensvermittlung in dichterischer Gestalt*, coll.
«Palingenesia» 85, Stuttgart 2005, p. 69-93 ; **27** P. Sailer-Wlasits, *Hermeneutik
des Mythos : Philosophie der Mythologie zwischen Lógos und Léxis : eine Analyse*,
Wien 2007, 213 p. ; **27bis** M. Martinho dos Santos, «Théagène de Rhégium et
Métrodore de Lampsaque : à propos de la paternité de l'exégèse allégorique des
mythes homériques», dans J. Fabre-Serris (édit.), *Des dieux et du monde :
fonctions et usages de la mythographie*, Villeneuve-d'Asq 2007, p. 11-23 ; **28** M.
Domaradzki, «Theagenes of Rhegium and the rise of allegorical interpretation»,
Elenchos 32, 2011, p. 205-228.

Origine, datation, activité. D'après le témoignage de Tatien, *Discours aux
Hellènes* 31 (= DK 1), Théagène était originaire de Rhégium, ville de la Grande
Grèce qui avait été fondée par des colons de la Chalcidie (Théagène est appelé
aussi Ῥηγῖνος dans les scholies à Homère, *Iliade* XX 67 = DK 2 = Porphyre,
Questions homériques I, p. 240, 14 Schrader). Tatien précise aussi la chronologie
de Théagène, lorsqu'il affirme : κατὰ Καμβύσην γεγονώς, ce qui doit être interprété plutôt dans le sens qu'il a eu son *floruit* (et non qu'il est né) du temps de
Cambyse, c'est-à-dire entre 529 et 522. Par ailleurs, ce mode de datation en
fonction du grand roi de Perse est considéré par les critiques comme un indice du
fait que la source de Tatien était un historien de la plus ancienne tradition logo-
graphique ionienne (*cf.* **29** H. Diels, «Die Anfänge der Philologie bei den
Griechen», *JKPh* 25, 1910, p. 1-21 [repris dans *Id.*, *Kleine Schriften zur
Geschichte der antiken Philosophie*, Hildesheim 1969, p. 68-92], notamment
p. 13 ; Laqueur **7**, col. 1347 ; Mosino **2**, p. 77 ; Presta **9**, p. 80). Comme le remarque
Buffière **8**, p. 104, Théagène aurait donc été un contemporain de Xénophane de
Colophon (⇒X 15) et il aurait précédé Empédocle d'Agrigente (⇒E 19) de trois
quarts de siècle.

Concernant l'activité de Théagène, le même passage de Tatien fournit le renseignement principal, selon lequel Théagène et Stésimbrote de Thasos (⇒S 158)
furent entre autres (Antimaque de Colophon, Hérodote d'Halicarnasse, Denys
d'Olynthe etc.) «les plus anciens à faire des recherches (προηρεύνησαν πρεσβύτατοι) sur la poésie d'Homère, sa famille et le temps où il a fleuri». Les scholies
à Homère, *loc. cit.*, vont jusqu'à affirmer que Théagène fut le premier à écrire sur
Homère (ὃς πρῶτος ἔγραψε περὶ Ὁμήρου). Puisque dans la *Souda*, *s.v.* Θεαγένους χρήματα, Θ 81, t. II, p. 688, 6 *sq.* Adler (= DK 4), on trouve la même
expression περὶ Ὁμήρου, on a considéré que c'était le titre du commentaire de
Théagène (*cf.* Laqueur **7**, col. 1347 ; Mosino **2**, p. 77).

Aspect biographique. Quel genre de commentaire était celui de Théagène ?
Nos témoignages permettent d'imaginer que son contenu était assez complexe, et
qu'il comportait déjà entre autres une composante biographique. En effet, comme
le remarque **30** R. Pfeiffer, *History of classical scholarship : from the beginnings to
the end of the Hellenistic Age*, Oxford 1968, réimpr. 1998, p. 10, à partir du passage de Tatien on peut reconnaître chez Théagène la première tentative pour fournir

une esquisse de la vie d'Homère, en recueillant des traditions sur sa descendance, son lieu de naissance, sa famille et sa vie. Il faut avouer toutefois que le seul témoignage sur lequel se fonde cette hypothèse ne concerne pas concrètement Théagène, mais un ensemble d'auteurs, et que par conséquent les aspects les plus strictement et amplement biographiques des recherches évoquées dans le témoignage peuvent correspondre à un auteur autre que Théagène.

Par ailleurs, l'hypothèse de Pfeiffer, selon laquelle Théagène serait un membre éminent de la corporation ancienne des rhapsodes, et donc un rhapsode (*cf.* déjà **31** U. von Wilamowitz-Möllendorff, *Der Glaube der Hellenen*, 2. Aufl., Darmstadt 1955, réimpr. 1984, t. II, p. 213 n. 1 ; Wehrli **6**, p. 91), concrètement du groupe des homérides, et que ses recherches n'auraient que la forme archétypique des βίοι ὁμηρικοί rattachés à l'activité des rhapsodes homériques, n'est pas bien fondée (*cf.* Rispoli **11**, p. 249 *sq.* ; Zumbo **22**, p. 322 *sq.* ; malgré ce fait, la thèse d'un Théagène rhapsode a été reprise par Detienne **44**, p. 65-67 ; **32** J. Svenbro, *La parole et le marbre : aux origines de la poétique grecque*, Lund 1976, p. 111 ; *cf.* aussi Ford **20**, p. 36 *sq.*). Pour la même question concernant Stésimbrotos de Thasos, *cf.* la notice consacrée à cet auteur (➠S 158).

En ce qui concerne l'importance de Théagène dans l'histoire du genre biographique, **33** I. Gallo, « Nascita e sviluppo della biografia greca : aspetti e problemi », dans I. Gallo et L. Nicastri (édit.), *Biografia e autobiografia degli antichi e dei moderni,* coll. « Pubblicazioni dell'Università degli Studi di Salerno. Sezione Atti, Convegni, Miscellanee » 45, Napoli 1995, p. 7-22, notamment p. 14 *sq.*, va même jusqu'à voir en lui le premier auteur d'une biographie grecque, en ajoutant : « nell'opera biographica di Teagene possiamo vedere una lontana prefigurazione di quel tipo di biografia alessandrina che noi conosciamo attraverso i così detti γένη tardoantichi e bizantini » (p. 15).

Aspect grammatical et philologique. On peut se faire une idée plus précise du commentaire de Théagène à partir du témoignage fourni par les scholies à Denys de Thrace (*Ars grammatica, GG* I 3, p. 164, 23-29 Hilgard = DK 1a), qui remontent au plus tôt au VIIe siècle : Théagène y est présenté comme celui qui a inauguré (ἀρξαμένη ἀπὸ Θεαγένους) le type de grammaire dont l'objet était l'« hellénisme » (ἡ περὶ τὸν ἑλληνισμόν), une grammaire qui allait aboutir à sa perfection (τελεσθεῖσα) au sein de l'école péripatéticienne avec Aristote (➠A 414) et Praxiphane (➠P 277), et qui serait tout à fait *nouvelle* (νεωτέρα) par rapport à l'*ancienne* (παλαιά) grammaire qui s'occupait des formes et de la prononciation des lettres (ἡ περὶ τοὺς χαρακτῆρας καὶ τὰς τῶν στοιχείων ἐκφωνήσεις καταγίνεται).

Mosino **2**, p. 78, considère que la grammaire *ancienne* doit être identifiée ici avec la phonétique (*cf.* de façon plus précise Bernabé **18**, p. 310 : la graphématique et la phonétique), tandis que la *nouvelle* serait à identifier avec la morphologie et la syntaxe : Théagène se serait occupé de la langue grecque dans toute sa complexe articulation d'usages et de règles. Cependant, l'interprétation de cette notion d'« hellénisme » n'est pas tout à fait claire, comme l'a souligné Presta **9**, p. 82 : *cf.* **34** C. Cessi, *Storia della letteratura greca degli origini all'età di Giustiniano*, t. I, Torino 1933, p. 574 n. 55, qui définit cette grammaire *nouvelle* de l'« hellénisme » comme celle qui s'occupe non seulement de la simple lecture et des éléments grammaticaux, mais aussi du contexte ; Buffière **8**, p. 103, lequel y voit plus concrètement « cette partie de la grammaire qui fut l'embryon de notre syntaxe ou de notre stylistique » ; Laqueur **7**, col. 1347, qui, rattachant ce témoignage aux autres concernant l'activité de Théagène en tant qu'exégète d'Homère (*cf. infra*), soutient que l'« hellénisme » doit être identifié avec l'usage homérique (*cf.* **35** *Id.*, *Hellenismus : akademische Rede zur Jahresfeier der Hessischen Ludwigs-Universität am 1. Juli 1924*, Gießen 1925, p. 25 ; Rocca-Serra **13**, p. 79). Presta **9**, *ibid.*, conclut qu'il est difficile d'éclairer le sens précis du terme et, qui plus est, le rôle que Théagène a pu jouer dans l'établissement de ce genre de grammaire. Une seule chose lui semble certaine : que Théagène a été son initiateur et qu'on peut faire commencer avec lui, dans l'histoire des études grammaticales, la période pré-alexandrine, pendant laquelle les poèmes homériques sont devenus le champ principal des études de grammaire, d'interprétation et de critique littéraire, une période qui se terminerait avec les derniers disciples d'Aristote. À son tour, Capizzi **12**, p. 53, définit la grammaire nouvelle que Théagène aurait inaugurée comme la grammaire analytique, « "quella che prende in esame la linga greca" [...] e che culminerà in Aristotele e nella sua scuola ». Et **36** W. Van Bekkum, *The emergence of semantics in four linguistic traditions*, Philadelphia, PA 1997, p. 167 *sq.*, met l'accent sur l'aspect sémantique, en accord avec l'interprétation allégorique (*cf. infra*). Citons dans ce même sens, Bernabé **18**, p. 312 : « lo que había iniciado Teágenes era una línea de interpretación del significado que operaba sobre la base de la interpretación alegórica, esto es, que tenía como punto de partida la convicción de que las palabras del poeta Homero no significaban lo que parecían significar. Lo que diferencia a Teágenes de sus predecesores, analistas del lenguaje en su aspecto formal, investigadores del sonido y de la letra, es que este gramático de nuevo cuño se preocupa del significado, concretamente de un significado oculto, diferente del significado superficial, aparente. Con todo, se trata de un significado del texto, lo que para nosotros tiene que ver más con la hermenéutica que con la lingüística. La novedad es, pues, que se trata de una indagación sobre el significado y no ya sobre las formas, como la que sirvió de base a la creación de los alfabetos, pero no es tampoco aún propiamente lingüística ».

En effet, cet aspect d'interprétation appartiendrait à une activité qu'on qualifierait aujourd'hui plutôt philologique que linguistique (*cf.* Bernabé **18**, *ibid.*). Qui plus est, d'après Mosino **2**, p. 77 *sq.*, le travail de Théagène aurait comporté aussi un autre aspect plus strictement philologique et préalable à celui de l'interprétation : celui de la critique et de l'édition du texte homérique. En effet, à partir d'une scholie à l'*Iliade* I 381 (= DK 3) où le scholiaste rapporte une variante des éditions cypriote et crétoise du poème (qui feraient partie des éditions κατὰ πόλεις), immédiatement suivie de la remarque : « Théagenes édite aussi de la même façon » (καὶ Θεαγένης οὕτως προφέρεται), Mosino conclut que Théagène aurait été l'auteur d'une édition « personnelle » (κατ' ἄνδρα) d'Homère. Donc, si cette interprétation est correcte : « Theagenes conduceva la ricerca sistematica di norme grammaticali nei poemi omerici, dei quali aveva curato l'edizione per avere un testo sicuro a cui attingere citazioni ed ezempi » (*ibid.*, p. 78 ; *cf.* **37** R. Cantarella, « Omero in Occidente e le origini dell'omerologia », *PP* 32, 1967, p. 19-26, repris dans *Letteratura e arte figurata nella Magna Grecia*, Atti del VI° Convegno di studi sulla Magna Grecia, Taranto, 9-13 ottobre 1966, Napoli 1967, p. 37-65 ; Zumbo **22**, p. 323 *sq.* ; Ramos Jurado **16**, p. 160). Plus récemment, Mosino **23**, p. 144-147, insiste sur cet aspect de l'activité de Théagène comme éditeur du texte homérique. Il place cette activité dans le cadre de son hypothèse selon laquelle l'*Odyssée* aurait été composée dans le milieu de la colonie chalcidéenne de Régium à la fin du VIIIᵉ siècle av. J.-C. D'après Mosino **23**, p. 146, cette activité de Théagène deux siècles plus tard s'explique parfaitement si l'on songe à Rhégium comme siège de l'élaboration et de l'écriture de l'*Odyssée*.

Nous acceptons l'idée que le témoignage cité permet d'affirmer que Théagène s'est occupé des problèmes soulevés par le texte d'Homère. Cependant, l'affirmation qu'il a entrepris une édition proprement dite ou une révision de l'ensemble du texte semble aventureuse.

Interprétation allégorique. Théagène ne s'est pas borné à l'interprétation purement grammaticale et linguistique des poèmes homériques. En effet, l'aspect le plus important de son commentaire du point de vue philosophique est celui que l'on peut appeler l'« interprétation allégorique », un aspect qui malheureusement n'est attesté que dans la scholie à *Iliade* XX 67 (= DK 2 ; *cf.* la traduction et le commentaire de Presta **9**, p. 82 *sqq.*; et ceux de Rocca-Serra **13**, p. 78-80; et Ford **20**, p. 35-38; le texte grec se trouve aussi dans Richardson **15**, p. 325 *sq.*; une traduction et un commentaire détaillé dans Ramos Jurado **19**).

Rappelons tout d'abord que dans ce livre de l'*Iliade* Homère décrit le combat qui se produit entre les dieux par suite du conseil au cours duquel Zeus les autorise à lutter les uns contre les autres. C'est sur ce combat que porte le commentaire du scholiaste. Il s'agit d'un texte qui a été inséré dans le manuscrit *Venetus* 453 (B) aux XIIe/XIIIe siècle, mais qui fut attribué par **38** H. Schrader, *Porphyrii quaestionum Homericarum ad Iliadem pertinentium reliquiae*, Leipzig, Teubner, 1880, t. I, p. 240, 14, aux *Questions homériques* de Porphyre (➽P 263), lequel, à son tour, aurait eu comme source Apollodore d'Athènes (➽A 244; *cf.* **39** E. Schwartz, art. « Apollodoros » 61, *RE* I 2, 1894, col. 2855-2886, notamment col. 2872 *sq.*). L'attribution de Schrader **38** se fondait seulement sur la ressemblance que le texte en question présentait avec les textes, très postérieurs, des allégoristes influencés par le stoïcisme, étant donné que Porphyre est considéré comme le grand collectionneur des exégèses stoïciennes. Malgré la faiblesse de cet argument, l'attribution a bénéficié de l'accord des critiques (*cf.* Wehrli **6**, p. 88-90; ou plus récemment Richardson **15**, p. 316; Rispoli **11**, p. 250-252; Ford **20**, p. 35 *sq.*; Ramos Jurado **19**, p. 46 *sq.*). Seul Rocca-Serra **13**, p. 78, s'est opposé à cette attribution, considérant comme fort douteuse l'origine de cette notice sur l'exégèse de Théagène.

Sans donner trop de crédit à l'hypothèse d'une origine porphyrienne, nous n'irons pas jusqu'à nier toute valeur à ce témoignage, même s'il ne peut pas être soumis à l'autorité de Porphyre, et même si le texte présente des résonances stoïciennes (*cf.* dans ce même sens Ramos Jurado **19**, p. 57).

Sur l'allégorie stoïcienne, *cf.* **40** R. Goulet, « La méthode allégorique chez les stoïciens », dans G. Romeyer Dherbey et J.-B. Gourinat (édit.), *Les stoïciens*, coll. « Bibliothèque d'Histoire de la philosophie », Paris 2005, p. 93-119.

Le scholiaste fait référence tout d'abord à la doctrine générale concernant les dieux selon laquelle les luttes qui les opposent, ainsi qu'en général les mythes les concernant, sont nuisibles et inconvenants. Il ajoute ensuite que certains (à commencer par Théagène, comme il sera précisé à la fin du passage) ont défendu Homère de cette accusation (καθηγορία) à partir de son texte (ἀπὸ τῆς λέξεως), dans l'idée que tout y est dit « en allégorie » *(différemment)* en rapport avec la nature des éléments (ἀλληγορίᾳ πάντα εἰρῆσθαι νομίζοντες ὑπὲρ τῆς τῶν στοιχείων φύσεως), comme c'est le cas par exemple dans la bataille des dieux: ils disent que le sec lutte contre l'humide, le chaud contre le froid, le léger contre le lourd; que l'eau est capable d'éteindre le feu, et le feu de dessécher l'eau; et que, de la même façon, il y a une lutte entre tous les éléments qui constituent l'univers, tous individuellement étant une fois soumis à la destruction, alors que le tout demeure pour l'éternité. Le scholiaste explique finalement la façon dont Homère (il faut sans doute sous-entendre ceci : « selon l'interprétation des allégoristes, à commencer par Théagène »; le texte présente seulement αὐτόν, qui fait référence au Poète) décrit la lutte entre les dieux: il appelle le feu Apollon, Hélios et

Héphaïstos ; l'eau, Poséidon et Scamandre ; la lune, Artémis ; l'air, Héra, etc. ; il donne aussi souvent le nom des dieux aux dispositions de l'âme (διαθέσεις) : il appelle la prudence (φρόνησις) Athéna ; l'imprudence (ἀφροσύνη), Arès ; le désir (ἐπιθυμία), Aphrodite ; le discours (λόγος), Hermès ; et d'autres de façon analogue. Finalement, le scholiaste insiste sur l'idée que ce genre de défense (ἀπολογία), qui est très ancien et provient de Théagène de Rhégium (ἀρχαῖος ὢν πάνυ καὶ ἀπὸ Θεαγένους τοῦ Ῥηγίνου), qui a été le premier à écrire sur Homère, s'en tient au texte (ἀπὸ τῆς λέξεως ; la scholie se poursuit avec l'exposé de deux autres modalités de défense : l'une invoque la tradition des croyances grecques en général qui autoriserait de tels conflits entre les dieux ; l'autre, le contexte historique du temps d'Homère, quand les poètes, dans le but d'exalter les rois en les rapprochant des dieux, prêtaient à ceux-ci les mêmes passions guerrières).

Certes, il ne faut pas oublier le caractère très tardif de ce témoignage, ainsi qu'en général des autres dont nous disposons sur Théagène, au moment d'examiner la possibilité que celui-ci ait été vraiment le fondateur de l'interprétation allégorique d'Homère. En tout cas, notre tradition, même si elle est très maigre et peu précise, semble bien lui accorder le caractère d'«inventeur» (πρῶτος εὑρετής), et cela non seulement en ce qui concerne l'interprétation allégorique d'Homère, mais aussi la naissance d'une nouvelle approche grammaticale des textes poétiques (cf. Zumbo 22, p. 327 ; Mosino 2, p. 79). À la limite, on peut douter que l'exégèse telle qu'elle est décrite dans la scholie traduise fidèlement la conception allégorique de Théagène (des influences, sans doute stoïciennes, y sont probables), mais il semble tout à fait gratuit de douter que Théagène doive être placé à l'origine de ce genre d'interprétation (cf. Ramos Jurado 19, p. 47). Cela sans oublier que les Grecs étaient passionnés par l'heurématologie, si bien qu'on peut considérer l'affirmation concernant Théagène comme une simple manifestation de plus de cette pratique d'indiquer un point de départ, plutôt que comme l'affirmation d'une vérité historique, du fait entre autres que l'allégorie était bien présente dans les poèmes eux-mêmes d'Homère et d'Hésiode (cf. infra ; Ford 20, p. 36).

Le fait que le scholiaste d'*Iliade* XX 67 place Théagène en tête de ceux qui ont eu recours à l'interprétation allégorique dans la défense d'Homère a amené certains critiques à supposer qu'il n'a pas été vraiment l'inventeur de l'interprétation allégorique d'Homère, mais seulement de son emploi apologétique. Ces critiques considèrent que le véritable inventeur de cette interprétation aurait été Phérécyde de Syros (➡P 109), qu'Origène, *Contre Celse* VI 42 (= 7 B 4 DK) cite comme autorité pour l'idée selon laquelle les mots de Zeus à Héra dans *Iliade* XV 18 sont les mots de dieu à la matière. Théagène n'aurait donc fait que suivre Phérécyde dans l'interprétation allégorique, dans le but de réhabiliter Homère : cf. **41** J. Tate, «The beginnings of Greek allegory», *CR* 41, 1927, p. 214-215 ; Lanata **3**, p. 109 *sqq.* n. 3. Mais cette hypothèse semble trop risquée, principalement en raison de la difficulté d'établir la chronologie de Phérécyde (cf. Rispoli **11**, p, 251), tandis qu'en revanche celle de Théagène est bien établie au VIᵉ av. J.-C. Malgré cela, le point de vue de Tate **41** concernant l'importance secondaire de Théagène a été repris par Rocca-Serra **13**, p. 79-82, qui préférerait accorder le titre de premier inventeur de l'exégèse allégorique d'Homère au philosophe (disciple d'Anaxagore) Métrodore de Lampsaque qui aurait été le véritable rationaliste, tandis que Théagène aurait été plutôt un grammairien (➡M 151, p. 508 *sq.* ; *cf.* aussi plus récemment Santos **27bis**). En revanche, plus récemment encore,

Domaradzki **28** insiste sur l'idée que l'interprétation allégorique de l'épopée a été fondée par Théagène et qu'elle doit être interprétée comme un moyen de promouvoir la pensée rationnelle ionienne issue du monde archaïque.

À l'époque de Théagène les philosophes, en particulier Xénophane (➨+X 15), avaient déjà lancé leurs premières attaques contre Homère. Par ailleurs, comme le remarque Buffière **8**, p. 104, il faut placer à la même époque l'essor de la science grecque qui propose d'expliquer le monde à l'aide d'hypothèses où les combinaisons, les transpositions et les luttes entre les éléments jouent un rôle très important : « Théagène, esprit curieux et hardi, ancêtre de cette lignée ininterrompue de grammairiens qui donnera ses plus beaux rejetons à l'époque alexandrine, esprit ouvert, sans doute, et en éveil sur tous ces problèmes des origines et de la constitution du monde qui préoccupaient son époque, a imaginé ce rapprochement de la philosophie et de l'épopée, qui était en même temps une apologie des poèmes homériques ».

Cf. aussi Laqueur **7**, col. 1347 ; Richardson **15**, p. 316 *sq.* : « Il (*scil.* Théagène) vivait avant Empédocle, qui a élaboré la théorie de la lutte des quatre éléments, auxquels Empédocle lui-même donnait des noms mythologiques, Zeus, Héra, Aidoneus et Nestis. Mais au VIᵉ siècle, le philosophe Héraclite [➨+H 64] avait déjà proposé de telles oppositions (22 B 126 D-K), et Alcméon de Crotone [➨+A 98] à la même époque, ou un peu plus tard, avait fait de même (24 B 126 D-K). Il n'est donc pas impossible que Théagène ait suivi ce genre d'interprétation. Ce n'est pas surprenant, car les dieux doivent de toute façon représenter quelques aspects du monde, et quelques-unes des identifications sautent aux yeux. Mais c'est surtout la pratique systématique de cette sorte d'interprétation qui est, semble-t-il, nouvelle à cette époque. C'est cela également qui distingue les allégoristes les plus radicaux des périodes suivantes, comme, par exemple, Métrodore de Lampsaque, au Vᵉ siècle » ; Rispoli **11**, p. 252 *sq.* : « Il maglio della critica senofanea... influenzò Teagene di Reggio nel presentare sotto forma di interpretazione allegorica di Omero quella che di fatto era traslitterazione cosmologica già effettuata di una piú antica visione teogonica, la cui estrapolazione era giustificata dalla ormai radicata consapevolezza di un vero, celato sotto il manto delle parole e delle immagini, inattingibile nella sua essenza, ma pur sempre avvicinabile per via di successive approssimazioni. La lettura in termini continuistici dell'universo, tipica del pensiero ionico, fondata sull'analogia tra gli esseri viventi e le cose inanimate, legati dal rapporto speculare microcosmo/macrocosmo, [...] aveva consentito un'analoga decodificazione di realtà sentite come coestensive. Ma nella misura in cui l'una si presenta non piú coestensiva, bensí sostitutiva dell'altra, come avviene attraverso lo strumento dell'allegoresi, gli uomini si trovano isolati, separati dagli dèi, differenziati dagli animali e dalle cose, sicché l'astrazione allegorica si configura come una scure che scava tra mondi [...] oscuri abissi su cui essa stessa provvede a gettare rassicuranti legami. | In questo senso si definisce il valore di rottura dell'allegoria attribuita a Teagene di Reggio, il cui uso consapevole era possibile in un ambiente in cui il continuismo ionico si stesse sgretolando, il divino fosse già altro dall'umano, ed altro ancora dall'ormai non piú trasparente mondo dei fenomeni naturali, in un universo nel quale la distinzione senofanea tra livello dell'essere divino e livello dell'apparire e del divenire, proprio degli effimeri umani, da principio di dissolvimento, di opacizzazione, di non intelligibilità, si facesse concretamente principio di congettura e di interpretazione ».

Buffière **8**, *ibid.*, remarque aussi que Théagène avait déjà dans les poèmes homériques eux-mêmes une solide base de départ pour attribuer un sens cosmique à certains des dieux combattants dans la Théomachie homérique : « Héphaïstos, chez Homère lui-même, est souvent employé (par métonymie, comme disent les grammairiens) pour désigner le feu ; le Scamandre n'est pas le moins du monde déguisé : c'est "le fleuve aux tourbillons profonds" ; Poséidon s'identifie sans peine à la mer ». L'originalité de Théagène serait d'avoir systématisé tout cela.

On peut penser que le système de Théagène comportait une distinction principale entre les dieux qui représentent les éléments et ceux qui incarnent des notions morales (*cf.* Buffière **8**, p. 104 *sq.* ; **42** W. Nestle, *Von Mythos zum Logos : die Selbstentfaltung des griechischen Denkens von Homer bis auf die Sophistik und Sokrates*, Neudruck der 2. Auflage Stuttgart 1942, Aalen 1966, p. 128 *sqq.* ; Capizzi **12**, p. 55 ; Ramos Jurado **16**, p. 161 ; *Id.* **19**, p. 57 ; Pino Campos **17**, p. 170). Cependant, tous les critiques ne se sont pas mis d'accord sur l'idée que le commentaire de Théagène comportait ces deux genres d'allégorie, physique et éthique, à laquelle fait référence notre scholie. Certains, en effet, ne lui attribuent que l'interprétation physique, en expliquant le passage sur les dispositions de l'âme par l'influence stoïcienne présente dans notre source (*cf.* Wehrli **6**, p. 88 *sq.* ; **43** J. Pépin, *Mythe et allégorie : les origines grecques et les contestations judéo-chrétiennes*, nouvelle éd., rev. et augm., Paris 1976, réimpr. 1981, p. 98 *sq.* n. 16). À son tour, Rispoli **11**, p. 252, estime que la façon dont l'allégorie psychologique est introduite dans le texte (ὁμοίως ἔσθ' ὅτε ... καὶ ...), suggère non seulement le caractère secondaire de cette allégorie chez Homère mais aussi chez les commentateurs de ses poèmes, de sorte que c'est l'allégorie physique qui serait la forme primaire d'apologie ἀπὸ τῆς λέξεως.

Quoi qu'il en soit, le système de Théagène fut sans doute bientôt complété et enrichi par d'autres allégoristes, comme Métrodore de Lampsaque, chez qui les héros avaient aussi une grande importance (➮M 151, p. 511 *sq.*). Mais c'est le système « classique » de Théagène, où ce sont les dieux et non pas les héros qui sont transformés en des forces cosmiques, qui devait avoir le plus grand retentissement chez les commentateurs postérieurs, jusqu'à la fin de l'hellénisme.

En ce qui concerne le caractère apologétique qu'aurait comporté l'interprétation allégorique de Théagène, la défense d'Homère qu'elle entreprenait pourrait bien avoir été motivée moins par les critiques de ses contemporains (en particulier Xénophane) que par le fait que le public contemporain faisait partie d'une société nouvelle, plus soigneuse de l'éthique, qui n'était plus prête à accepter purement et simplement Homère comme un modèle pédagogique et culturel, mais exigeait un travail préalable d'interprétation (*cf.* Rispoli **11**, p. 251-255 ; Zumbo **22**, p. 326).

Influence du pythagorisme ? Certains critiques, qui considèrent Théagène comme un rhapsode (*cf. supra*, Aspect biographique), ont voulu rattacher son interprétation allégorique plus ou moins directement à l'école pythagoricienne. Cette hypothèse remonte à Delatte **5**, p. 115, et elle a été souvent reprise : *cf.* Laqueur **7**, col. 1347 ; Mosino **2**, p. 79 ; **44** M. Detienne, *Homère, Hésiode et Pythagore : poésie et philosophie dans le pythagorisme ancien*, coll. « Latomus » 57, Bruxelles/Berchem 1962, p. 67 n. 3 ; Svenbro **32**, p. 119 ; avec prudence : **45** R. Lamberton, *Homer the theologian : neoplatonist allegorical reading and the growth of the epic tradition*, Berkeley 1986, p. 31-40 ; et Ford **20**, p. 37. Cependant, cette hypothèse n'est pas bien fondée, comme l'a démontré en particulier Rispoli **11**, p. 253-257 (*cf.* aussi Rocca-Serra **13**, p. 79 ; Ramos Jurado **16**, p. 160 ; *Id.* **19**, p. 59 ; et déjà Buffière **8**, p. 105, et **46** W. Burkert, *Lore and science*, p. 291 n. 67).

Deux arguments sont allégués en faveur de cette hypothèse : le catalogue de Jamblique, *V. pyth.* 36, 267, p. 146, 8 Deubner (= 58 A DK, t. I, p. 447, 10-12), qui laisse supposer qu'il existait à Rhégium une communauté pythagoricienne florissante ; et la présomption que l'« intention moralisatrice » qui semble avoir présidé à l'exégèse de Théagène et les essais d'étymologie qu'elle suppose doivent s'expliquer comme une influence des pythagoriciens, qui auraient même employé l'allégorie à travers un système d'oppositions. Or, le texte de Jamblique ne mentionne pas Théagène parmi les pythagoriciens de Rhégium. Quant à l'emploi de l'allégorie par les pythagoriciens, comme le remarque Rispoli **11**, p. 253 *sq.*, on ne peut pas affirmer que les pythagoriciens ont employé l'allégorie, si ce n'est dans le cadre de leur enseignement et dans le dessein de proposer des modèles de vie ou des règles à suivre : « l'intervento simbolico o allegorico avviene sul testo poetico in seconda istanza, allo scopo di costruire un supporto che risulti persuasivo per dei soggetti già comunque strutturali dalla *paideia* omerica » (p. 254). Rien à voir donc avec l'exégèse de Théagène fondée sur une conception générale comportant deux niveaux, mythique et rationnel, laquelle « ulilizza l'uno per rendere accettabili quanto dell'altro è avvertito come non piú confacente all'attuale livello di sentire religioso » (*ibid.*). Seulement cette dernière conception envisage le poème en lui-même et se rapporte en elle-même à un cadre philosophique général. En ce qui concerne le système d'opposition pythagoricien, Rispoli le considère comme tout à fait étranger au schéma interprétatif de Théagène, qui resterait toujours dans le cadre du monisme d'Anaximandre : « la costruzione della tavola pitagorica degli opposti non può essere considerata la messa a punto di una concezione cosmologica, in cui l'universo in tutti i suoi livelli sia strutturato dal continuo contendere delle potenze, ma soltanto un sistema classificatorio onnicomprensivo ed eterogeneo, in cui le opposizioni sono riassunte nella fondamentale opposizione filosofica esclusiva limitato/illimitato il cui risvolto matematico è dato dalla opposizione pari/dispari » (*ibid.*). En revanche, Théagène aurait développé un système permettant une lecture du mythe à la lumière du *logos* qui le vivifie à travers la métamorphose des catégories interprétatives : « caduto il "principio di equivalenza" tra collocazione genealogica e statuti di superiorità nel combattimento, cade anche il sistema oppositivo-gerarchico sui cui Omero aveva edificato la teomachia, e subentra lo schema *fisico* del perpetuo scontro degli elementi » (p. 254 *sq.*).

Après avoir démontré que l'allégorèse pratiquée par Théagène est irréductible au pythagorisme, Rispoli **11**, p. 255-257, s'oppose aussi à l'idée que l'on puisse établir une analogie entre cette allégorèse et le gouvernement de Rhégium, à la manière de ce qui était la norme chez les pythagoriciens, dont la doctrine présidait au gouvernement de la communauté ; autrement dit, Rispoli conteste que cette allégorèse soit à interpréter comme le produit de l'idéologie de la cité de son auteur, comme le voulait Svenbro **32**, p. 108 *sqq.*, pour qui un Théagène-rhapsode (*cf. supra*) aurait accommodé son panthéon aux exigences d'un public, celui des citoyens de Rhégium, jouissant du statut isonomique. En effet, comme le remarque Rispoli, l'isonomie de la constitution de cette ville n'était pas tout à fait démocratique, mais limitée à un groupe oligarchique restreint. Devant cette situation, Rispoli considère qu'il est très difficile de placer Théagène dans le cadre de la cité du point de vue socio-culturel, ainsi que de fixer ses références politiques et idéologiques ; et par conséquent elle considère comme très difficile aussi de définir de ce point de vue les destinataires de son interprétation allégorique.

Influence de l'orphisme ? À son tour, Nestle **42**, p. 129 *sq.*, situe l'origine de l'interprétation allégorique de Théagène dans l'orphisme répandu dans le sud de l'Italie. Il rappelle en particulier le passage orphique selon lequel la chaîne d'or que Zeus veut faire passer par le sommet de l'Olympe pour y pendre la terre et l'univers entier (*Iliade* VIII 18 *sqq.*) représente le lien ferme qui maintient le monde uni, ou bien la force unitaire du monde (Orph., fr. 166 Kern). Or, ce genre de rapprochements et d'autres fondés sur des étymologies magiques ne semblent pas autoriser l'établissement d'une dépendance au sens strict. Comme il a été déjà remarqué, Homère lui-même joue quelquefois sur le sens des noms des dieux et des héros, comme c'est le cas d'*Héra-air* dans l'*Iliade* XXI 6 *sq.* (*cf.* Ford **20**, p. 39).

Sur l'étymologie orphique nous renvoyons à **1** A. Bernabé, «Una forma embrionaria de reflexión sobre el lenguaje : la etimología de nombres divinos en los órficos», *RSEL* 22, 1992, p. 25-54.

Influence sur Parménide ? Capizzi **12**, p. 52-56, a présenté quelques indices suggérant que Parménide (☞P 40) a pu avoir un rapport avec Théagène au moment où celui-ci aurait soutenu sa polémique contre Xénophane (☞X 15), probablement dans les dernières années de la vie de celui-ci et lorsque Parménide, qui était d'une quinzaine d'années plus jeune que Théagène, et Xénophane lui-même séjournèrent à Syracuse. Capizzi suppose que le débat a eu lieu à la cour du tyran Hiéron, qui attirait vers lui des sages de toute la Grèce, comme les poètes lyriques Sémonide, Bacchylide et Pindare, le comique Épicharme ou le tragédien Eschyle. D'après Capizzi, les indices qui rendraient possible que Parménide ait fréquenté Théagène à Syracuse se fondent sur deux genres d'affinités entre les deux sages : d'un côté, le fait que Théagène aurait été le précurseur de la grammaire analytique propre à l'école péripatéticienne (*cf. supra*) : «La cosiddetta "logica arcaica" di Parmenide è una grammatica del pensare modellata rigidamente sulla grammatica del dire ; ed è difficile scartare l'ipotesi che la grammatica del dire usata da Parmenide come modello delle proprie asserzioni ontologiche, basata tutta in modo evidente sull'uso greco del verbo essere, fosse "quella che prende in esame la lingua greca" insegnata in quegli anni da Teagene ai Greci occidentali d'Italia e di Sicilia» ; de l'autre côté, le fait qu'aussi bien Théagène que Parménide ont employé la métaphore mythique : «Teagene evitava l'antropomorfizzazione degli dèi, tanto criticata da Senofane [...] e analogo era il suo dare nomi di dèi, certe volte, anche alle disposizioni (*dell'animo umano*) [...] Premesso che [...] anche di Empedocle è ipotizzabile un soggiorno a Siracusa, sepure in età adolescentiale, va chiaro che almeno una delle metafore mitiche di Teagene, quella che chiama "Afrodite" l'impulso sessuale, è esplicita in Empedocle e ricostruibile con certezza in Parmenide».

Cette hypothèse est séduisante, même si elle n'est appuyée sur aucun argument probant. Sur la réflexion linguistique de Parménide, nous renvoyons à Bernabé **18**, p. 320 *sq.*

Précurseur des sophistes. À son tour, Mosino **2**, p. 79 *sq.*, a insisté sur la valeur de Théagène en tant que précurseur des sophistes par sa tendance rationaliste et matérialiste : «Lo spunto nuovo e importante svolto da Theagenes è la indagine razionalistica intorno agli dei omerici, che giunge alla negazione del divino riducendolo a travestimento della materia eterna. Questa tendenza illuministica e materialistica si accrescerà di nuove argomentazione con i Sofisti. Il grammatico regino avverte l'esigenza di razionalizzare il mito non tanto in funzione di una polemica religiosa quale è quella del contemporaneo Senofane, ma in quanto egli vuole intendere la poesia di Omero con lo stesso rigore logico con cui ne ha ricostruito e interpretato il testo. Quindi ἑλληνισμός non solo grammaticale, ma anche filosofico : "uso greco" di chiarire e di rendere conto di ciò che si legge sciogliendosi dalla parola per penetrare il senso nascosto del discorso».

PEDRO PABLO FUENTES GONZÁLEZ.

26 THÉAGÈS D'ANAGYRUNTE *RE* 2   F IV^a

Théagès du dème d'Anagyrous, est le fils de Démodocos (☞D 72), et le frère de Paralios (☞P 38), lequel est présent lors du procès de Socrate (*Apologie* 33 e). On apprend dans la *République* (VI, 496 b-c) que c'est son état de santé qui, le retenant de faire de la politique, ne l'a pas détourné de la philosophie. Ce passage est probablement à la source des réflexions développées dans le dialogue pseudépigraphe *Théagès* (Θεάγης ἢ περὶ φιλοσοφίας), où Socrate discute avec Théagès et son père Démodocos.

Cf. K. von Fritz, art. «Theages» 2, *RE* V A 2, 1934, col. 1350 ; *PA* 6615 ; *LGPN* II 1 ; *PAA* 501640 ; D. Nails, *The people of Plato*, p. 278.

LUC BRISSON.

27 THÉAGÈS DE CROTONE *RE* 1 VI-V

Chef démocratique à Crotone, impliqué dans les révoltes anti-pythagoriciennes. Plus tard il apparaît comme auteur d'un apocryphe pythagoricien à contenu éthique.

Voir **1** K. von Fritz, art. «Theages [1]», *RE* V A 2, 1934, col. 1349-1350; **2** M. Frede, art. «Theages», *NP* XII 1, 2002, col. 249 = *Brill's New Pauly* XIV, 2009, col. 376.

Son nom a été répertorié dans le **3** *LGPN*, t. III A, p. 199, où Fraser et Matthews proposent une datation raisonnable aux VIᵉ-Vᵉ siècles (voir *infra*), ainsi que dans **4** W. Pape et G. Benseler, *Wörterbuch der griechischen Eigennamen*, t. I, p. 483. *Cf.* aussi **4a** H. A. Brown, *Philosophorum Pythagoreorum collectionis specimen*, p. XVIII.

Il s'agit d'un nom attesté par ailleurs en Italie du Sud, p. ex. à Métaponte : voir **5** S. Ferri, «L'ex-voto metapontino di Theages», *RAL* 17, 1962, p. 3-10 ; **6** R. Arena, *Iscrizioni greche arcaiche di Sicilia e Magna Grecia*, t. IV : *Iscrizioni delle colonie achee*, Alessandria 1996, p. 89, n° 56 ; **7** L. Dubois, *Inscriptions grecques dialectales de Grande Grèce*, t. II : *Colonies achéennes*, Genève 2002, p. 91-93, n° 39. – Sur la forme du nom, voir **8** Fr. Bechtel, *Die historischen Personennamen*, p. 12 et 202.

a. *Le témoignage d'Apollonios.* Théagès est l'un des trois chefs principaux du parti démocratique de Crotone, qui prit part à la révolution contre l'«ancien régime» tenu par des oligarques pythagoriciens. Selon le témoignage d'Apollonios (*FGrHist [contin.]* 1064 F 2, *ap.* Jamblique, *V. pyth.* 35, 257, p. 138,22-139,6 Deubner), peu de temps après la victoire de Crotone sur Sybaris vers 510 av. J.-C. (mentionnée au § 255), trois pythagoriciens "réactionnaires" dont les noms sont identiques à ceux de trois des Pariens du *Catalogue* final de Jamblique (*V. pyth.* 267), à savoir Alcimaque (⟹A 89), Deinarchos (⟹D 26) et Métôn (⟹M 140a, dans les compléments du tome VII), se joignirent au Crotoniate Démocédès (⟹D 64) pour défendre la constitution ancestrale (oligarchique) de Crotone (la πάτριος πολιτεία) face aux propositions de modification qui menaçaient de l'abolir (καταλύειν). Les propositions de réformes furent avancées devant le Conseil des Mille par Hippasos (⟹H 144), Diodôros et Théagès, trois membres des Mille (ἐξ αὐτῶν τῶν χιλίων) qui «soutenaient la cause du peuple» (τῷ πλήθει συνηγοροῦντες).

Dans le *Laurentianus* (= F, le manuscrit principal de la *V. pyth.*) on lit en réalité καὶ λεγόντων ἐξ αὐτῶν τῶν χρόνων Ἱππάσου etc., «which does not make sense» (von Fritz **29** [*infra*], p. 58), mais les deux derniers éditeurs du texte, A. Nauck et L. Deubner, tout comme Delatte, ont suivi la conjecture χιλίων proposée par **9** C. G. Cobet, «Observationes criticae et palaeographicae ad Iamblichi *Vitam Pythagorae*», dans *Id.*, *Collectanea critica quibus continentur observationes criticae in scriptores graecos*, Lugduni Batavorum 1878, p. 305-449, aux p. 406 *sq.* [1ʳᵉ publ. dans *Mnemosyne* 5, 1877, p. 338-384], qui, derrière la leçon erronée χρόνων avait reconnu les χίλιοι, la principale institution politique de Crotone ; voir plus en détail l'édition de **10** A. Nauck, *Iamblichi De vita pythagorica liber ad fidem codicis Florentini*, Petropoli/ Lipsiae 1884 [réimpr. Amsterdam 1965], p. 181, *app. crit. ad* li. 7. Dans le même sens, **11** E. Rohde suggéra ἀρχόντων (voir l'*app. crit.* de l'éd. Deubner) – qui d'un point de vue paléographique s'expliquerait peut-être mieux que χιλίων (c'est cette correction qui fut adoptée par Rostagni **28** [*infra*]). Mais dans les deux cas, l'essentiel est que «the opponents of the Pythagoreans belong to the governing body of the city» (von Fritz **29** [*infra*], p. 58-59).

Delatte **12**, von Fritz **29** et Minar **30** (voir *infra*) continuaient – malgré les éditions fiables de la *V. pyth.* dues à Nauck et à Deubner, et en dépit du parallèle décisif fourni par le *Catalogue* final de Jamblique – à lire ici "Deimachos" au lieu de "Deinarchos", en suivant à tort la vulgate. Cela a donné lieu à des arguments qui ne tiennent pas (ou plus), fondés par exemple sur la non-identité du "Deimachos" du § 257 avec le "Deinarchos" des §§ 263 (voir *infra*) et 267.

L'organisation politique et constitutionnelle de Crotone au temps de Pythagore et des pythagoriciens est décrite dans le détail par Giangiulio **38** (voir *infra*), p. 3-50. – Sur l'attitude conservatrice de ces derniers et leur attachement aux lois traditionnelles, voir Aristoxène, fr. 33 *sq.* Wehrli, et l'étude de **11a** G. Camassa, « Il mutamento delle leggi nella prospettiva pitagorica : a proposito di Giamblico, *Vita Pythagorica* 176 », *AFLPer* 14, 1976-77, p. 457-471.

Les trois innovateurs-trublions du Conseil relayaient des revendications typiquement démocratiques : accession de tous les citoyens aux charges et aux magistratures, participation universelle à l'Assemblée, reddition de comptes des magistrats (ἄρχοντες) à des représentants du peuple tirés au sort (*cf.* **12** A. Delatte, *Essai sur la politique pythagoricienne*, coll. « Bibliothèque de la Faculté de philosophie et lettres de l'Université de Liège » 29, Paris 1922 [réimpr. Genève 1979 ; 1999], p. 214 et 255). Et c'est le courant qu'ils représentaient qui finit par l'emporter dans la cité, en grande partie grâce à la contribution de Théagès lui-même. Cela ressort clairement d'un autre passage de la *V. pyth.* (35, 261, p. 140,23 - 141,2 Deubner), qui vient dans la suite du même récit tiré d'Apollonios : lors des attaques lancées contre eux, certains pythagoriciens « se réfugièrent dans une hôtellerie, tandis que Démocédès avec les éphèbes s'en allait à Platées »…

On ne saurait situer cette localité avec certitude. Delatte **12**, p. 215 et 256, s'est abstenu de toute tentative d'identification en parlant vaguement d'« un endroit appelé Platées » ; même attitude chez Minar **30** (*infra*), p. 57. **13** K. Scherling, art. « Plateai », *RE* XX 2, 1950, col. 2339, y verrait, raisonnablement, un lieu près de Crotone, voire peut-être un dème de cette cité (suggestion faite déjà par Diels dans **14** DK, t. I, p. 111, 28). – Brisson et Segonds **18** (*infra*), p. 217 n. 1 du § 261, se sont hâtés d'y reconnaître Platées en Béotie, en Grèce continentale, en pensant à un retour des colons crotoniates « dans leur métropole » (*ibid.*). Mais cette identification pose plusieurs problèmes : (1) Platées est située trop loin par rapport à Crotone, et on n'a aucune indication que Théagès est allé chercher Démocédès en dehors de l'Italie du Sud ; (2) la métropole de Crotone n'est pas située en Béotie, mais en Achaïe, dans le Péloponnèse : Crotone est une colonie achéenne dont l'οἰκιστής, Myscellus, était originaire de Rhypae ; (3) l'orthographe des deux localités est différente : on a Πλατέαι dans le texte de Jamblique, alors que la cité béotienne s'écrit Πλαταιαί. – Cela dit, certaines colonies grecques de l'Italie du Sud avaient apparemment des liens forts avec la Béotie. Ainsi Philolaos de Crotone (☞P 143, dans les compléments du tome VII) et Lysis de Tarente (☞L 104) trouvèrent refuge à Thèbes (toujours en Béotie) au moment des révoltes anti-pythagoriciennes ; *cf.* **15** Nancy Demand, « Philosophy in Thebes », dans *Ead., Thebes in the fifth century : Heracles resurgent*, London 1982, p. 70-84. – Si l'on accepte que la cité où Démocédès trouva refuge puisse se situer en Grèce continentale, une autre possibilité se dessine : Platées en Sicyone, une localité très peu connue dans le Péloponnèse (*cf.* **16** E. Meyer, art. « Plataiai [2] », *RE* XX 2, 1950, col. 2332), située non loin de Phlionte – cité qui fut à son tour un centre important du pythagorisme au temps de Socrate (voir l'excursus qui lui est consacré dans **17** C. Macris, notice « Phantôn de Phlionte », *DPhA* Va, 2012, p. 277-278).

… Et le récit continue : « Le peuple renversa les lois [*scil.* oligarchiques en vigueur, d'inspiration pythagoricienne] et vota des décrets, dans lesquels Démocédès était accusé d'avoir incité les jeunes à établir une tyrannie, et où l'on annonçait une récompense de trois talents à quiconque le tuerait. Il y eut un combat, et

Théagès [du parti démocratique donc] ayant triomphé du danger [que représentait Démocédès?] (κρατήσαντος αὐτοῦ τὸν κίνδυνον), c'est à lui qu'ils assignèrent les trois talents au nom de la cité (παρὰ τῆς πόλεως)» (trad. **18** L. Brisson et A.-Ph. Segonds [introd., trad. & notes], *Jamblique. Vie de Pythagore*, coll. «La Roue à livres» 29, Paris 2011² [1996¹], p. 139-140, considérablement modifiée).

Au moins depuis E. Rohde, la *communis opinio* sur l'identité de la source dont proviennent les §§ 254-264 de la *V. pyth.* de Jamblique est qu'il s'agirait du μάγος néopythagoricien Apollonios de Tyane (➡A 284) – ce qui disqualifiait d'emblée le sérieux et la fiabilité historique de ce récit par ailleurs dramatique et romancé. Mais **19** Gr. Staab a remis en doute cette certitude partagée en plaidant récemment, avec de bons arguments, en faveur du caractère proprement historiographique et de la provenance hellénistique de ce passage (*Pythagoras in der Spätantike. Studien zu ,De vita pythagorica' des Iamblichos von Chalkis*, coll. «Beiträge zur Altertumskunde» 165, München/Leipzig 2002, p. 228-237; **20** *Id.*, «Der Gewährsmann 'Apollonios' in den neuplatonischen Pythagorasviten. Wundermann oder hellenistischer Literat?», dans M. Erler et St. Schorn [édit.], *Die griechische Biographie in hellenistischer Zeit*. Akten des internationalen Kongresses vom 26.-29. Juli 2006 in Würzburg, Berlin/New York 2007, p. 195-217; approuvé par **21** J.-J. Flinterman, «Pythagoras in Rome and Asia Minor around the turn of the common era», dans **22** C. A. Huffman, *A history of Pythagoreanism*, Cambridge 2014, p. 341-359, à la p. 357, avec la n. 83, ainsi que par **23** D. J. O'Meara, «Iamblichus' *On the Pythagorean Life* in context», dans Huffman **22**, p. 399-415, aux p. 413 *sq.*), même si la vraie identité de cet Apollonios reste finalement obscure et insaisissable: l'alternative d'Apollonius Molon (➡A 267), promue par Staab après examen de quatre autres Apollonii possibles, ne semble en effet pas très convaincante (voir **24** C. Macris, «Jamblique et la littérature pseudo-pythagoricienne», dans S. C. Mimouni [édit.], *Apocryphité: histoire d'un concept transversal aux religions du Livre. En hommage à Pierre Geoltrain*, coll. «Bibliothèque de l'École des Hautes Études. Section des Sciences religieuses» 113, Turnhout 2002, p. 77-129, aux p. 90-91, avec la n. 59; **25** L. Zhmud, *Pythagoras and the early Pythagoreans*, Oxford 2012, p. 74 et n. 56), et cela risquerait de nous obliger à nous rabattre sur la candidature traditionnelle du Tyanéen – débarrassée toutefois du discrédit qui l'accompagnait.

Cela dit, on pense depuis Delatte que le récit détaillé de cet Apollonios (quel qu'il soit) remonterait en dernière analyse à l'historien Timée de Tauroménium; voir **26** A. Delatte, «Un nouveau fragment de Timée», *RIPB* 52, 1909, p. 90-97; *Id.* **12**, p. 213-218 + 255-257; **27** G. Bertermann, *De Iamblichi 'Vitae Pythagoricae' fontibus*, Diss. Königsberg 1913, p. 37-38; **28** A. Rostagni, «Pitagora e i Pitagorici in Timeo. I: La vita e l'opera di Pitagora secondo Timeo. II: Le vicende della scuola pitagorica secondo Timeo", dans *Id.*, *Scritti minori*, t. II 1: *Hellenica-Hellenistica*, Torino 1956, p. 3-50, aux p. 28 *sq.* [1ʳᵉ publ. dans *AAT* 49, 1913-14, p. 373-395 + 554-574, aux p. 554 *sq.*]; **29** K. von Fritz, *Pythagorean politics in Southern Italy: an analysis of the sources*, New York 1940 [réimpr. 1977], p. 33-67 (le chap. III, "Reconstruction of Timaios' version and the reliability of his accounts"), spéc. p. 56-65; **30** E. L. Minar Jr., *Early Pythagorean politics in practice and theory*, coll. «Connecticut College Monographs» 2, Baltimore 1942 [réimpr. New York 1979], p. 54-65, 70-71 et 81-83; **31** *Id.*, c.r. de von Fritz **29**, *CPh* 38, 1943, p. 62-64, aux p. 63 *sq.*; **32** F. Jacoby (1955), dans *FGrHist*, t. IIIb: *Kommentar* [Text], p. 550-552 + [Noten], p. 325 n. 191c; **33** J. S. Morrison, «Pythagoras of Samos», *CQ* 50, 1956, p. 135-156, aux p. 147-149; **34** Fr. W. Walbank, *A Historical commentary on Polybius*, t. I, Oxford 1957, p. 222-226; **35** W. Burkert, *Lore and science*, p. 104-105, avec la n. 37 (où est discutée la bibliographie antérieure à 1972); **36** A. Mele, «I pitagorici e Archita», dans *Storia della società italiana*, t. I 1: *Dalla preistoria all'espansione di Roma*, Milano 1981, p. 269-298 + 445-446, à la p. 284 [repris dans **36a** *Id.*, *Magna Grecia: colonie achee e pitagorismo*, coll. «Itala Tellus: Studi di storia dell'Italia preromana e romana» 2, Napoli 2007, p. 231-258]; **37** Fr. L. Vatai, *Intellectuals in politics in the Greek world*, London 1984, p. 53-55; **38** M. Giangiulio, *Ricerche su Crotone arcaica*, Pisa 1989, p. 26-29; **39** D. Musti, «Le rivolte antipitagoriche e la concezione pitagorica del tempo», *QUCC* 65 (n.s. 36), 1990, p. 35-65, aux p. 56 *sq.*; **40** M. Bugno, *Da Sibari a Thurii : la fine di un impero*, coll. «Études» 3, Napoli 1999, p. 97-98 + 104 *sq.* Pour un plaidoyer récent en faveur de cette hypothèse, voir **41** Ph. S. Horky, *Plato and Pythagoreanism*, Oxford 2013, p. 102-114 et *passim* (consulter son index, *s.v.* "Timaeus of Tauromenium"; à la n. 52 de la p. 102 l'auteur passe en revue les avis de ses prédécesseurs en la matière). *Cf.* encore **42** Br. Centrone, *Introduzione a i Pitagorici*, Bari 1999² [1996¹], p. 34-43 ; **42a** G. Cornelli, «Una città dentro le città : la politica pitagorica tra i *logoi* di Pitagora e le rivolte antipitagoriche», dans G. Cornelli et G. Casertano (édit.), *Pensare la città antica : categorie e rappresentazioni*, Napoli 2010, p. 21-38. – Notons toutefois que, selon von Fritz **29**, Apollonios avait apporté au récit de Timée plusieurs «fanciful additions» (p. 65), en mélangeant au moins trois versions des événements (p. 59) dans le but d'arriver à un «large-scale historical fresco painting» (p. 61), ce qui explique la «discrepancy» que l'on observe en matière de chronologie (p. 62). Zhmud **25**, p. 99-102 (*cf.* aussi p. 68-70, avec la n. 35), reste encore plus réservé, en déclarant que «[Apollonius'] narrative as a whole cannot be derived from [Timaeus]» – sa deuxième source pouvant être l'historien Théopompe – et en signalant «some further discrepancies» dans l'extrait cité par Jamblique (n. 164). – Curieusement, et de manière décevante pour notre propos, la dernière monographie en date sur Timée (**43** Chr. A. Baron, *Timaeus of Tauromenium and Hellenistic historiography*, Cambridge 2013 ; voir notamment le chapitre «The missing link ? Pythagoras and Pythagoreans in Timaeus», aux p. 138-169) ne s'attarde guère sur les paragraphes de la *V. pyth.* qui nous intéressent ici (*cf.* toutefois son index, *s.v.* «Iamblichus – and Timaeus» pour la discussion d'autres passages de la *V. pyth.* susceptibles de remonter à Timée) ; de même avant lui **44** Tr. S. Brown, *Timaeus of Tauromenium*, Berkeley/Los Angeles 1958, p. 50-51 (qui s'abstient de commenter ou exploiter davantage [p. 127 n. 30] la reconstruction, «necessarily speculative», de von Fritz **29**) ; **45** L. Pearson, *The Greek historians of the West : Timaeus and his predecessors*, Atlanta, Georgia 1987, p. 108 *sq.* + 113-118 (qui se limite à supposer que les événements liés aux révoltes anti-pythagoriciennes «were described in a later book of Timaeus» [p. 115]) ; **46** R. Vattuone, *Sapienza d'Occidente : il pensiero storico di Timeo di Tauromenio*, Bologna 1991, p. 210-236, spéc. p. 212 *sq.*, avec la n. 23, et encore récemment **47** St. Schorn, «Pythagoras in the historical tradition : Herodotus to Diodorus Siculus», dans Huffman **22**, p. 296-314, aux p. 303-307, qui se limite à donner la liste de «some passages in the preserved texts where it is reasonable to assume the use of Timaeus», dont le nôtre (p. 306-307 ; *cf.* aussi p. 305), sans discuter aucunement les résultats obtenus grâce aux recherches pionnières de Delatte, et affinés depuis. Quant à **48** Catherine Rowett («The Pythagorean society and politics», dans Huffman **22**, p. 112-130), elle n'utilise pas du tout le récit d'Apollonios dérivé de Timée pour sa reconstruction des événements liés à la «Political opposition to the Pythagoreans» (section 7 de sa contribution, aux p. 127-130).

Plus loin encore (en *V. pyth.* 35, 263, p. 141, 12-17 Deubner), Apollonios fait un saut dans le temps pour nous informer qu'«[u]n bon nombre d'années plus tard» (ἐπιγενομένων δὲ πολλῶν ἐτῶν) – *scil.* une fois que le nouveau régime démocratique en place avait exilé tous ceux qui n'étaient pas d'accord (ainsi que leurs familles), annulé les dettes et redistribué les terres –, «lorsque les hommes de Deinarchos [du parti oligarchique] eurent trouvé la mort dans une autre rencontre dangereuse (ἐν ἑτέρῳ κινδύνῳ) [*scil.* analogue à celle qui fit périr leur autre chef, Démocédès, de la main de leur ennemi Théagès], et que, en plus, *Litatês*, le principal chef des insurgés (ἡγεμονικώτατος τῶν στασιασάντων), fut mort, un sentiment de pitié et de pardon se fit jour, et ils voulaient faire revenir ceux qui parmi les exilés avaient survécu...» (trad. Brisson et Segonds **18**, p. 140). Ici von Fritz **29**, p. 57, qui suivait encore (comme Delatte **26**, p. 93 n. 1, avant lui) le texte de la vulgate et non pas les éditions plus récentes de la *V. pyth.* dues à A. Nauck et L. Deubner, lisait Λιτάγους (génitif de Λιτάγης), avec le ms. *v*, au lieu de Λιτάτους du ms F (le ms. principal de la *V. pyth.*) – en onciale la confusion entre les lettres Γ et Τ est en effet trop facile – et était persuadé (comme Kuster et Kiessling avant lui ; voir Nauck **10**, p. 185, *app. crit. ad* li. 4) qu'il fallait y reconnaître le démocrate Θεάγης. Ce dernier ferait ainsi pendant à Deinarchos, tous les deux étant «the leaders of the same conflicting parties that are mentioned in

[§] 257 » ; et cela expliquerait aussi pourquoi Litagès = Théagès est mentionné au § 263 « as if [he] were known to the reader, though no mention of [him] has been made before ». Quant au passage – paléographiquement injustifiable – de Θεάγης à Λιτάγης/Λιτάτης, « [it] is due to a mistake of the copyists, possibly of Iamblichus himself, since errors of this kind are very frequent in his work » (et von Fritz rappelle en note, à l'appui de son assertion, la confusion que l'on rencontre en effet dans la *V. pyth.* entre Théoclès [➤*T 43], Théétète [➤*T 34] et Euthyclès [➤*E 168] de Rhégium, « all the same person » ; il n'offre *pas*, toutefois, d'autres exemples qui permettraient de se rendre compte combien ces erreurs sont fréquentes chez Jamblique). Ces considérations sensées et savantes, critiquées déjà par Minar **30**, p. 61 n. 35 (qui opérait aussi, toutefois, avec la leçon obsolète Δείμαχος [voir *supra*]), sont maintenant encore moins facilement soutenables face à la leçon Λιτάτης retenue par les derniers éditeurs (ainsi que par tous les traducteurs récents de la *V. pyth.*) – même si ce nom (absent de la *RE*) constitue toujours (comme Λιτάγης d'ailleurs) un *hapax* onomastique de plus parmi les noms transmis par Jamblique (*cf.* le *LGPN* 3, qui dans l'espace de sept volumes n'enregistre qu'un seul Litatès : celui de la *V. pyth.* [t. III A, p. 275], en signalant sa possible correction en Θεάγης...).

– *Un pythagoricien ?* Théagès est absent du *Catalogue* des pythagoriciens de Jamblique (assez complet et généralement fiable, même si non exhaustif), qui remonte en grande partie à Aristoxène de Tarente (➤*A 417). Et il est vrai qu'*a priori* rien dans le récit d'Apollonios exposé plus haut ne signale explicitement l'appartenance de Théagès à la secte de Crotone. Or, le fait que (1) dans le Conseil des Mille ce dernier intervenait aux côtés d'un pythagoricien bien connu, Hippasos, et que (2) plus tard on a fait circuler sous le nom de Théagès un apocryphe pythagoricien produit à l'époque hellénistique ou impériale (voir *infra*, *sub* [b]), nous oriente fermement vers la possibilité de voir en lui (avec au moins une partie de la tradition) un pythagoricien ; c'est ainsi qu'ont pensé p. ex. **49** P. Tannery, « Sur le secret dans l'école de Pythagore », *AGPh* 1, 1888, p. 28-36, à la p. 35 [repris dans **49a** *Id.*, *Mémoires scientifiques*, t. VII : *Philosophie ancienne, 1880-1904*, Paris 1925, p. 109-119, à la p. 117] ; **50** H. Thesleff, *The Pythagorean texts*, p. 189, 25-26 (où Théagès est rangé « among the Pythagorean revolutionaries ») ; Brisson et Segonds **18**, p. 216 n. 5 du § 257 (Théagès parmi les pythagoriciens « démocrates ») ; Zhmud **25**, p. 98 n. 160.

– *Scission interne*. Le cas de Théagès, ainsi que ceux de son camarade Hippasos, ou encore de Cylôn (➤*C 229) et Onatas (➤*O 22) – les « rivaux » de Pythagore –, qui s'avèrent tous avoir été des pythagoriciens « déviants » et par la suite exclus de la secte, permettent de mettre le doigt sur un point capital de l'histoire du pythagorisme ancien, à savoir la *scission* qui se serait produite en son sein ; voir notamment Tannery **49** ; Zhmud **25**, p. 97-102, spéc. p. 99 *sq.*, avec la n. 161 ; Horky **41**, p. 85-124 ("Exoterism and the history of Pythagorean politics"), spéc. p. 101 *sq.* et 113 *sq.*

Multiples et diverses, mais pas forcément incompatibles entre elles, sont les interprétations modernes concernant les motifs de ce schisme (que Delatte **12**, p. 244-245, n'accepte pas comme tel, en affirmant que « c'est bien contre un ennemi *extérieur* que les pythagoriciens ont eu à lutter » ; *cf.* aussi von Fritz **29**, p. 59 *sq.*, qui maintient que le schisme ne doit pas avoir constitué la raison *principale* de la révolte de Cylôn), qui semble avoir été avant tout d'ordre *politique* : soit « entre les membres de l'École, dont les uns favorisent la démocratie, [...] les autres [...] maintiennent les principes conservateurs » (Tannery **49**, p. 118), soit plus platement « between one part of the oligarchic aristocracy and another » (Zhmud **25**, p. 101-102). Une fracture d'ordre *idéolo-*

gique s'y serait ajoutée, selon Tannery (*ibid.*), causée par « les haines [...] attirées par les exclusions que les pythagoriciens ont prononcées et par des publications qu'ils désavouent », une fois que la règle du secret fut enfreinte. Le rapport qu'ont pu avoir les luttes politiques internes avec une autre division fameuse au sein du pythagorisme ancien, celle entre acousmatiques et mathématiciens, reste à définir. Horky **41** a proposé dernièrement une fascinante reconstitution de ce moment de crise identitaire qu'a traversé le mouvement pythagoricien vers le milieu du Ve siècle av. J.-C., en mettant en parallèle les nouvelles revendications démocratiques apparaissant sur le plan politique avec la démocratisation du savoir au niveau scientifique, qui se traduisit par la publication et la diffusion d'écrits (c'est une des thèses majeures de son ouvrage), mais il n'est pas toujours facile d'articuler ces évolutions avec toutes les autres distinctions ou divisions dont parlent nos sources, et qui semblent parfois irréductibles les unes par rapport aux autres : ἀκουσματικοί *versus* μαθηματικοί (d'après Aristote [?]) ; ésotériques *versus* exotériques (selon Timée de Tauroménium) ; pythagoriciens "authentiques" *versus* Πυθαγορισταί faux et imitateurs des précédents (dont on trouve un reflet dans la comédie moyenne).

Dans un contexte idéologique tellement tendu, il ne serait pas du tout surprenant de découvrir que l'absence de Théagès du *Catalogue* des pythagoriciens de Jamblique-Aristoxène a été intentionnelle et hautement significative : qu'elle a constitué en réalité une sorte de *damnatio memoriae* pour lui. Car au moins deux autres chefs démocratiques sont aussi absents de cette liste par ailleurs exhaustive : (1) Diodôros et (2) Cylôn, qu'Aristoxène et ses sources présentaient de toute façon, il est vrai – injustement semble-t-il (*cf.* Zhmud **25**, p. 98) –, non pas comme un pythagoricien, mais comme un candidat rejeté ou exclu. Peut-être faudrait-il ajouter aussi aux absents le troisième chef démocratique, (3) Hippasos de Crotone (ou de Métaponte), étant donné que le Sybarite du *Catalogue* (*V. pyth.* 267, p. 144, 20 Deubner) pourrait n'être qu'un homonyme. Seul donc le deuxième rival de Pythagore, Onatas, figure dans le *Catalogue* – et plus tard il se trouvera même promu en auteur de *Pseudopythagorica*. (L'autre protagoniste des révoltes anti-pythagoriciennes, Ninôn [➙N 63], présenté par Apollonios-Jamblique comme un chef populaire, voire populiste [ἐκ τῶν δημοτικῶν], ne semble pas avoir été un pythagoricien – *pace* Horky **41**, p. 123 –, donc dans son cas la question de son absence du *Catalogue* et de son éventuelle *damnatio memoriae* ne se pose pas.)

– *Date*. La datation de Théagès dépend de la datation des événements politiques dans lesquels il fut impliqué, mais celle-ci ne s'avère pas être une tâche facile, étant donné que les sources antiques ont apparemment amalgamé et téléscopé deux insurrections anti-pythagoriciennes, survenues à quelque 50 ans de distance : la première du vivant de Pythagore, *ca* 500, et la seconde bien après sa mort, *ca* 450 av. J.-C. A laquelle des deux aurait pris part Théagès ? La mention (1) de la victoire encore fraîche contre Sybaris au début du récit d'Apollonios, et de ses implications sociales et politiques, puis l'inclusion, parmi les protagonistes, (2) de Cylôn, un jeune contemporain de Pythagore, et (3) de Démocédès, qui serait encore plus âgé que le sage émigré de Samos, semblent nous orienter vers la première ; voir Minar **30**, p. 57-58, qui situe les faits décrits aux §§ 254-261 immédiatement après la victoire contre Sybaris (il est critiqué par Giangiulio **38**, p. 27 n. 73). Mais les revendications démocratiques de Théagès, qui sont placées au cœur du débat (et du récit), correspondent mieux au contexte politique du milieu du Ve siècle et nous inviteraient donc à choisir plutôt la seconde date, plus récente ; voir en général Giangiulio **38**, *ibid.* ; Zhmud **25**, p. 101, et pour des propositions de datation plus précises, von Fritz **29**, p. 78-79 + 97-98 (*ca* 450-440) ; Minar **30**, p. 77-78 (*ante* 453 [avec d'excellents arguments, mais pour les faits racontés à partir du § 262 uniquement]; Walbank **34**, p. 224; *cf.* aussi Horky **41**, p. 103); Musti **39**, p. 62-65 (qui est seul à vouloir descendre aussi bas que *ca* 440-415).

(En dépit de ces efforts considérables de mise au clair des faits, on doit rester vigilant face au récit trop lisse d'Apollonios, caractérisé par le *synchronisme artificiel* de toutes les figures importantes de l'histoire du pythagorisme, comme l'a bien souligné von Fritz **29**, p. 61-62.)

Par conséquent (et en tenant compte de sa contemporanéité avec Hippasos, qui appartient à la génération antérieure au mathématicien Théodore de Cyrène [➞T 56a], né pour sa part entre 470 et 460), Théagès aurait connu son *floruit* à partir du 2e quart du Ve siècle selon **51** K. von Fritz, «The discovery of incommensurability by Hippasus of Metapontum», *Annals of Mathematics* 46, 1945, p. 242-264, à la p. 245 [= trad. allem. **51a** «Die Entdeckung der Inkommensurabilität durch Hippasos von Metapont», dans O. Becker (édit.), *Zur Geschichte der griechischen Mathematik*, Darmstadt 1965, p. 271-307, à la p. 276; reprise dans **51b** K. von Fritz, *Grundprobleme der Geschichte der antiken Wissenschaft*, Berlin/ New York 1971, p. 545-575, à la p. 549].

b. *Théagès auteur prétendu d'un traité pseudo-pythagoricien.* On ne voit pas très bien pourquoi c'est le nom de (ce?) Théagès – désigné explicitement comme Πυθαγόρειος par Stobée – qui a été choisi comme pseudonyme par l'auteur d'un apocryphe en dorien *Sur la vertu* (*Περὶ ἀρετῆς*) dont le compilateur byzantin a conservé deux extraits d'une longueur assez considérable (*Anthol.* III 1, 117-118, t. III, p. 76,9 - 84, 14 Hense).

Son nom figure aussi dans la liste des auteurs cités par Stobée, fournie par Photius, *Bibliothèque*, cod. 167, 114 b, t. II, p. 156, 1 éd. P. Henry (*CUF*); Théagès y est mentionné parmi les *philosophes*. Cf. **52** E. Zeller, *Die Philosophie der Griechen*, t. III 2, 1923^5 [réimpr. 1963; 1990], p. 117, n° 36 = **52a** E. Zeller et R. Mondolfo, *La filosofia dei Greci nel suo sviluppo storico*, Parte III: *La filosofia post-aristotelica*, t. IV: *I precursori del neoplatonismo*, édit. R. del Re, Firenze 1979, p. 49, n° 36.

N.B. Le Théagès pythagoricien (et pseudo-pythagoricien) n'a rien à voir avec le Théagès socratique (➞T 26), qui a donné son nom au dialogue éponyme attribué à Platon. La vague évocation de cet autre Théagès par Thesleff **50**, p. 189, 26-27, devrait être comprise comme un simple rappel de son célèbre homonyme destiné à lever l'ambiguïté, et rien de plus.

Éditions. 53 Br. Centrone, *Pseudopythagorica ethica: i trattati morali di Archita, Metopo, Teage, Eurifamo*, coll. «Elenchos» 17, Napoli 1990, p. 95-101 (éd.), 127-130 (trad. ital.), 217-230 (comm.), 45-58, spéc. 46-47 (analyse linguistique). Pour une première édition, qui reste encore usuelle, voir déjà Thesleff **50**, p. 190,1 - 193,16.

Traductions. Latines: **54** I. C. Orelli, *Opuscula Graecorum veterum sententiosa et moralia, graece et latine*, t. II, Leipzig 1821, p. 308-321 (avec le texte grec) + 696-701 (*annotationes*); **55** Fr. Mullach, *FPhG* II, p. 18-23. – Anglaise: **56** K. S. Guthrie, dans D. R. Fideler, *The Pythagorean sourcebook*, p. 225-228. – Italienne: dans Centrone **53**, p. 127-130.

Études. 57 K. Praechter, «Metopos, Theages und Archytas bei Stobaeus *Flor.* I 64, 67 ff.», *Philologus* 50, 1891, p. 49-57 (souligne l'éclectisme de ces auteurs, qui à son avis refléterait les méthodes introduites dans les écoles par Antiochus et Arius Didyme) ; **58** H. Thesleff, *An introduction to the Pythagorean writings*, p. 22 (contenu), 110 (parentés thématiques et terminologiques avec d'autres textes pseudo-pythagoriciens), 115 (datation) et *passim* (voir son index) ; **59** P. Moraux, «Die pythagoreischen *Pseudepigrapha*», dans *Id., Der Aristotelismus bei den Griechen*, t. II, p. 605-683, aux p. 651-660 (*Tugendlehre*) + 661-666 (*Affektlehre*) [= trad. ital. par V. Cicero, **59a** *L'aristotelismo presso i Greci*, t. II 2 : *L'aristotelismo dei non-aristotelici nei secoli I e II d.C.*, Milano 2000, p. 173-250, notamment p. 219-228 et 228-233].

Contenu: Exposé sur les vertus et leurs contraires, dans leur rapport avec les différentes parties de l'âme humaine. La vertu y est présentée comme une harmonisation (συναρμογά) de toutes les parties psychiques entre elles. Centrone **53**, *passim*, et plus brièvement Frede **2**, soulignent la prédominance de l'éthique aristotélicienne et stoïcienne dans les doctrines exposées et remarquent que «the Pythagorean element consists merely in superficially emphasizing the pursuit of harmony for the soul» (Frede).

Datation. Sur la base de considérations principalement linguistiques et historiques, Thesleff **58**, p. 115, a proposé une date sans doute trop haute pour ce traité (comme pour d'autres *pseudopythagorica ethica*, tels Ps.-Euryphamos [☛E 146], Ps.-Métopos [☛M 141], etc.), au IIIᵉ siècle av. J.-C. (*cf.* aussi *ibid.*, p. 57 pour des considérations d'ordre philosophique applicables sur le cas du Ps.-Théagès), mais la datation proposée par Centrone **53**, p. 41-44, au cours du Iᵉʳ siècle av. J.-C., semble s'imposer pour des raisons à la fois historiques et doctrinales. En effet, d'une part, la grande dépendance du Ps.-Théagès à l'égard de la philosophie aristotélicienne en matière de doctrines et de terminologie indiquerait une rédaction postérieure à la «redécouverte» des écrits dits ésotériques d'Aristote (dont les traités d'éthique), qui jusqu'alors n'auraient circulé qu'à l'intérieur du Lycée ; d'autre part, de très fortes ressemblances sont observables entre les *ethica* attribués à des pythagoriciens (dont celui du Ps.-Théagès) et certains points de doctrine de Philon d'Alexandrie (☛P 150) ; *cf.* Centrone **53**, p. 33-34, avec la longue n. 73. Ces deux constatations (d'ordre tout à fait différent) concordent à situer le traité apocryphe *Sur la vertu* aux alentours du Iᵉʳ siècle av. J.-C.

Un point doctrinal qui mérite d'être relevé ici est que le texte du Ps.-Théagès prône la *modération des passions* (μετριοπάθεια), de matrice aristotélicienne, comme le font aussi certains autres apocryphes pythagoriciens (tels le traité *Sur l'éducation éthique* du Ps.-Archytas ; *cf.* aussi Pythagore lui-même qui, selon Jamblique [*V. pyth.* 27, 131, p. 74, 21 *sq.* Deubner], aurait pratiqué μετριοπαθείας et μεσότητας [au pluriel]), mais il est intéressant de noter que cela n'était pas le cas de la littérature pseudo-pythagoricienne dans son ensemble : ainsi le traité du Ps.-Archytas *Sur la loi*, par exemple (p. 33, 17-18 Thesleff), présente comme statut optimal de l'âme la quiétude et l'impassibilité (ἀρεμία καὶ ἀπάθεια), obtenues grâce à l'éradication totale des passions – une idée d'origine stoïcienne, et applicable uniquement au sage idéal dans le cadre de cette tradition. Sur cette διαφωνία intra-pythagoricienne, qui reflète un débat philosophique antérieur entre péripatéticiens et stoïciens dont les auteurs des *pseudopythagorica ethica* doivent avoir subi l'influence, voir Centrone **53**, p. 177-180; **60** Fr. Becchi, «L'ideale della *metriopatheia* nei testi pseudopythagorici: a proposito di una contradizzione nello Ps.-Archita», *Prometheus* 18, 1992, p. 102-120, aux p. 107-116, spéc. p. 111-112; **61** J. C. Thom, «The passions in Neopythagorean writings», dans J. T. Fitzgerald (édit.), *Passions and moral progress in Greco-Roman thought*, London/New York 2008, p. 67-78, aux p. 68-70, avec les notes 10-27, reportées aux p. 75-76; **62** Sharon Weisser, *Éradication ou modération des passions? Le débat entre Péripatéticiens et Stoïciens à l'époque hellénistique et romaine*, Thèse de Doctorat en co-tutelle, École Pratique des Hautes Études - Section des Sciences religieuses et Université Hébraïque de Jérusalem, Paris 2012 (dir. Ph. Hoffmann – G. Stroumsa), p. 363-368, spéc. p. 366 *sq*.

CONSTANTINOS MACRIS.

28 THÉANO (DE CROTONE OU DE MÉTAPONTE ?) *RE* 5   VI-V

Épouse ou élève de Pythagore. Sous son nom circulaient dans l'Antiquité des apophtegmes moraux, des lettres et même des traités à contenu philosophique, ce qui faisait d'elle la première femme philosophe.

Voir **1** K. von Fritz, art. «Theano [5]», *RE* V A 2, 1934, col. 1379-1381; **2** M. Frede, art. «Theano [3]», *NP* XII 1, 2002, col. 253-254 = *Brill's New Pauly* XIV, 2009, col. 377-378.

Comme le remarque Bourland Huizenga **5** (*infra*), p. 96: «The woman Theano was much revered in antiquity: more texts, maxims and anecdotes are ascribed to her than to any other Pythagorean woman (or any other female philosopher)».

Témoignages antiques. On dispose de très peu de renseignements biographiques sur ce personnage probablement légendaire, qui avait déjà attiré l'attention de **3** G. Ménage, *Historia mulierum philosophorum*, Lyon 1690, chap. 11 [= trad. **3a** M. Vaney, *Histoire des femmes philosophes*, Paris 2003]. Ils sont maintenant soigneusement rassemblés et annotés ou commentés par **4** Claudia Montepaone (édit.) et Ida Brancaccio (trad. ital. et notes), *Pitagoriche: scritti femminili di età ellenistica*, Bari 2011, p. 23-31, et **5** Annette Bourland Huizenga, *Moral education for women in the pastoral and Pythagorean letters: philosophers of the household*, coll. «Supplements to Novum Testamentum» 147, Leiden/Boston 2013, p. 96-117 («The pseudonym 'Theano'»). *Cf.*, avant elles, **6** H. Thesleff, *The Pythagorean texts*, p. 193,17 - 194,23, et déjà **7** J. Chr. Wolf, *Mulierum graecarum, quae oratione prosa usae sunt, fragmenta et elogia …* [ou *Mulierum graecarum fragmenta prosaica*], Hamburg 1735 [réimpr. Göttingen/London 1739], p. 224-248, spéc. p. 238 *sq*. (avec plusieurs notes utiles); **8** Fr. Mullach, *FPhG*, t. II, p. 115-116, ainsi que les dossiers de références constitués par **9** A. Delatte (édit. et comm.), *La Vie de Pythagore de Diogène Laërce*, coll. «Mémoires de l'Académie royale de

Belgique. Classe des lettres et des sciences morales et politiques» 2/17/2, Bruxelles 1922 [réimpr. New York 1979; Hildesheim 1988], p. 138, n. *ad* li. 8; 139, n. *ad* li. 8 et 8-10; 140, n. *ad* li. 1 + p. 246-249, et par **10** Helen A. Brown, *Philosophorum Pythagoreorum collectionis specimen*, p. XIV-XV. *Cf.* aussi la vue d'ensemble dans Possekel **79** (cité *infra*), p. 7-13.

Étant donné l'incertitude sur le lieu d'origine de Théano (voir *infra*), son nom a été répertorié deux fois dans le **11** *LGPN* : dans le t. I, p. 211 (Crète) et dans le t. III A, p. 200 (Italie du Sud), où Fraser et Matthews proposent à juste titre une datation aux VIe-Ve siècles; voir aussi **12** W. Pape et G. Benseler, *Wörterbuch der griechischen Eigennamen*, t. I, p. 484 (n°s 4, 5 et 6). *Cf.* encore **13** E. Zeller, *Die Philosophie der Griechen*, t. III 2, 1923[5] [réimpr. 1963; 1990], p. 117, n° 37 = **13a** E. Zeller et R. Mondolfo, *La filosofia dei Greci nel suo sviluppo storico*, Parte III : *La filosofia post-aristotelica*, t. IV : *I precursori del neoplatonismo*, édit. R. del Re, Firenze 1979, p. 49, n° 37 + la fin de la n. 71, aux p. 50-51 (avec les compléments de R. del Re).

Sur la forme de son nom, voir **14** Fr. Bechtel, *Die historischen Personennamen*, p. 579. – Cet anthroponyme serait d'origine illyrienne selon **15** A. von Blumenthal, «Messapisches [2]», *Glotta* 17, 1928, p. 132-158, aux p. 156-158 (n° 5). – **16** Blaise Nagy, «The naming of Athenian girls : a case in point», *CJ* 74, 1979, p. 360-364, focalise son attention sur la Théano - prêtresse d'Athéna qui apparaît dans l'*Iliade* en supposant que la grande popularité de ce nom à Athènes s'expliquerait par le fait que «Athenian parents considered Theano as a suitable name for girls who at least had the potential of assuming a religious position [*scil.* as priestesses of Athena Parthenos]» (p. 263-264). Mais le rapport privilégié liant Athènes à sa divinité poliade n'exclut pas que d'autres familles grecques vivant bien loin de l'Attique aient pu choisir le nom de Théano pour leurs filles, attirées par l'aura de piété qui entourait ce nom grâce à la prêtresse homérique.

Cependant, il semble plus assuré de privilégier une autre piste pour notre Théano italiote. Car ce même nom était surtout porté par l'épouse mythique du roi *Métapontos* (Hygin, *Fables*, 186), le fondateur de la cité de Μεταπόντιον en Italie du Sud (plus connu sous le nom de Μέταβος ; *cf.* **17** W. Kroll, art. «Metabos», *RE* XV 2, 1932, col. 1316-1317); voir von Blumenthal **15**, p. 157 ; **18** W. Kroll, art. «Metapontos», *RE* XV 2, 1932, col. 1326 ; von Fritz **1**, col. 1379 ; Thesleff **6**, p. 193, n. *ad* li. 17; **19** W. Burkert, *Lore and science*, p. 114. (N.B. Le texte d'Hygin [186, 4] parle en réalité de *Metapontus rex Icariae* [= roi de l'île d'Icarie, dans la Mer Égée], mais cela semble absurde dans le contexte : en 186, 6 p. ex., le roi accomplira un sacrifice à l'Artémis locale, *ad Dianam Metapontinam*. Depuis Cuper on a donc conjecturé *rex Italiae* [suggestion dont, bizarrement, on ne trouve nulle trace dans l'édition de la *CUF* due à J.-Y. Boriaud (1997)], ce qui pourrait sembler une solution acceptable. Or, **20** M. Mayer, art. «Metapontum», *RE* XV 2, 1932, col. 1326-1367, a objecté à juste titre [col. 1356] que cela serait un «rein aprioristischer Änderungsversuch» et que «*Italiae*, das paläographisch minder einfach, wenn so dastand, den Schreibern keine Schwierigkeit bereitet hätte». Mais il a surtout donné une solution géniale au problème [col. 1355-1356], en supposant que la source grecque d'Hygin aurait présenté quelque chose comme βασιλεὺσ<σ>ικανίας [= roi de Sicile], qui, par méconnaissance ou ignorance de cette autre, ancienne version du nom de l'île, Σικανία, serait transcrit en latin comme *rex Icaniae*, puis "corrigé" en *rex Icariae* soit par un copiste soit déjà par Hygin lui-même. Mayer ajoute, pour achever sa démonstration, que les rapports étroits entre Σικανία/Σικελία et Métaponte sont bien attestés dans les sources).

Théano est sans doute la plus célèbre parmi les femmes pythagoriciennes; voir Porphyre, *Vie de Pythagore*, 19, p. 44, 14-16 Des Places (Θεανοῦς ... διεβοήθη τοὔνομα). Mais elle fut surtout, pour les Anciens, *la première femme philosophe* (voir [Arius] Didyme *ap.* Clément, *Strom.* I 16, 80, 4 : πρώτη γυναικῶν φιλοσο-φῆσαι ; *cf.* Bourland Huizenga **5**, p. 100-101) : cela semblait évidemment naturel pour l'épouse de celui qui aurait introduit la philosophie – le mot et la chose – chez les Grecs : Pythagore.

21 Chr. Riedweg s'est évertué récemment à dégager un noyau dur fondamentalement authentique des traditions antiques qui voyaient en Pythagore l'inventeur (πρῶτος εὑρετής) de la φιλοσοφία – en arrivant à des résultats convaincants ; voir « Zum Ursprung des Wortes 'Philosophie', oder Pythagoras von Samos als Wortschöpfer », dans A. Bierl, A. Schmitt et A. Willi (édit.), *Antike Literatur in neuer Deutung. Festschrift für J. Latacz*, München/Leipzig 2004, p. 147-181 ; **22** *Id.*, *Pythagoras : his life, teaching, and influence*, Ithaca/London 2008[2] [2005[1]], p. 90-97. – Sur l'identité de cet [Arius] Didyme, voir *infra, sub* "Œuvres", I. B. (7).

La plus ancienne référence à Théano remonte au IIIe siècle av. J.-C. Elle vient d'une élégie du poète Hermésianax (fr. 7, v. 85-88 = Athénée XIII, 599 a), où il est question de l'amour fou (μανίη) pour Théano qui aurait envoûté (κατέδησε : *litt.* lié, enchaîné, captivé) Pythagore (comme par sortilège). Voir **23** P. Kobiliri, *A stylistic commentary on Hermesianax*, Amsterdam 1998, p. 15 (texte grec), 19 (trad.) et 216-221 (analyse), spéc. 216-217 ; Bourland Huizenga **5**, p. 97-98.

Les sources plus tardives donnent des renseignements contradictoires sur son lieu d'origine et le type de rapport qu'elle a pu entretenir avec Pythagore (épouse, disciple ou fille), ce qui a abouti à une duplication de la figure de Théano dans la *Souda* – une solution de désespoir plutôt qu'une vraie mise au clair de la situation. Pour une classification systématique de toutes les variantes de la tradition, voir Delatte **9**, p. 246-249, repris en résumé par L. Brisson, dans **24** M.-O. Goulet-Cazé (édit.), *Diogène Laërce*, p. 973 n. 2.

Il serait peut-être superflu, après le travail attentif et sensible de Delatte **9**, de reprendre ici la totalité d'un dossier biographique bien fourni et compliqué, et par ailleurs fort légendaire. On se limitera donc à en présenter les traits les plus saillants tout en essayant de tester *l'hypothèse d'une version originelle commune* dont pourrait dériver le plus grand nombre de variantes :

(1) Certaines sources présentent Théano comme l'une des disciples de Pythagore, mais la plupart comme sa femme et la mère de ses enfants : le témoignage (certes libre et poétique) d'Hermésianax nous permettrait d'envisager sans difficulté le passage de Théano du premier statut au second. Ce point de départ aura suffi à la tradition pour ériger Théano *en une figure idéalisée de l'épouse et de la mère*. Quant à la version isolée de l'anonyme de Photius qui range Théano parmi les enfants de Pythagore, elle doit être née probablement suite à une erreur.

(2) Les variantes relatives aux *origines* de Théano pointent quasiment toutes vers l'Italie du Sud : on doit simplement choisir entre Métaponte, Crotone et Thourioi. À la lumière de la tradition selon laquelle Théano serait aussi le nom de l'épouse du fondateur de Métaponte, il semblerait logique et cohérent de donner la priorité à cette dernière cité en reconnaissant en elle la vraie patrie de la pythagoricienne. Les autres versions pourraient alors s'expliquer soit par une migration de Métaponte à Crotone soit par des revendications locales (notamment pour

Thourioi) ; *cf.* aussi Mayer **20**, col. 1341, qui souligne que de toute façon la « Schwankung zwischen Kroton und Metapont ist [...] nicht so ganz selten » dans les sources. Quant à la tradition qui fait d'elle une fille de Pythônax (inconnu par ailleurs), *crétoise* de naissance (source : Porphyre), elle serait elle aussi explicable et intégrable dans le schéma général déjà tracé : car selon Mayer **20**, col. 1349, « in Tarent heißen die Messapier Kreter, und kretisch klingt auch der Name » du fleuve Lato ; *cf.* aussi **24a** *Id.*, art. « Messapioi », *RE* XV 1, 1931, col. 1168-1207, aux col. 1173-1174 : « Daß die apulischen M[essapioi] zur See gekommen seien, war nie ein Geheimnis » ; et du fait que ces derniers « von Kreta hergeleitet werden », il existe au moins une vingtaine d'indices (ou plutôt « Zeugnisse »). Par conséquent il serait tout à fait possible d'envisager une origine crétoise = messapienne pour Théano, ce qui ne serait pas dissonant avec la possible origine illyrienne de son nom (selon von Blumenthal **15**).

(3) Théano fut mobilisée – à côté de ses fils (et notamment de Télaugès) – dans les histoires anciennes de la philosophie comme garante de la *succession* de l'école supposément fondée par Pythagore ; voir plus en détail la notice « Télaugès (de Samos) » (T 8).

(4) On ne saurait dire si une certaine Deinô (⟫⁺D 28) [Δεινωνώ mss], épouse de Brontinos (⟫⁺B 61), fut confondue avec Théano, de telle sorte que cette dernière se soit retrouvée être, alternativement, l'épouse du pythagoricien de Crotone dans certaines traditions, ou si, au contraire, c'est Deinô qui fut inventée en vue de démêler les traditions contradictoires qui circulaient au sujet de Théano.

(5) La grande popularité de Théano à partir du IIe siècle de notre ère et dans l'Antiquité tardive explique sans doute le fait qu'au moins deux anecdotes racontées à l'origine à propos d'autres figures du pythagorisme furent plus tard *transférées* sur elle. Ainsi Théano prendra la place (a) de Timycha (⟫⁺T 169), dans l'anecdote où cette dernière se coupe la langue et la crache à la figure du tyran (voir Possekel **79** [*infra*], p. 15-17, et la notice « Timycha » [⟫⁺T 169]), et (b) d'Archytas de Tarente (⟫⁺A 322), lorsqu'il refuse de punir ses esclaves tant qu'il est en colère (voir la notice « Spintharos » [⟫⁺S 145]).

(6) Les traditions foisonnantes, parfois contradictoires, sur Théano, tout comme les textes divers et variés qui circulaient sous son nom ont pu donner naissance à l'hypothèse selon laquelle il aurait existé *plusieurs* pythagoriciennes de ce nom. Pour les anciens, c'est surtout la *Souda* qui a servi de relais pour une telle hypothèse. Pour les modernes – qui partent de présupposés et de motivations tout à fait différents –, voir notamment **25** Mary Ellen Waithe (édit.), *A history of women philosophers*, t. I, *Ancient women philosophers, 600 B. C.–500 A. D.*, Dordrecht/ Boston/Lancaster 1987 [réimpr. 1992], p. 3-4, 11, 12-15, 41 *sq.* et 60-61 : s'inspirant peut-être, tout comme sa collaboratrice Vicky L. Harper, du fait que **26** H. Thesleff, *An introduction to the Pythagorean writings*, p. 113-114, avait situé « some writings and apophthegms by Theano » aux IVe-IIIe siècles av. J.-C., mais « most writings » d'elle parmi les « wholly indeterminable or later [*scil.* than III/II cent. B.C.] », Waithe a voulu distinguer au moins deux Théano : l'une, contem-

poraine de Pythagore, aurait prononcé des apophtegmes et composé le traité *Sur la piété* et le fragment sur l'immortalité de l'âme (*cf. infra, sub* "Œuvres", n°s II. 8 et III. 9), l'autre, datée aux IVe-IIIe siècles av. J.-C., serait seulement l'auteur de trois lettres (*infra*, n°s IV. A. 10-12) – les autres (n°s IV. B. 13-16 + IV. C. 17) étant considérées par elle comme « spurious » ; voir p. 41 : « It is certain that there were at least two, and possibly more ancient women philosophers of that name [*scil.* Theano] who left written records of their views ». Cette distinction non fondée et artificielle – ainsi que les datations trop hautes qui vont avec – a été reprise comme un fait établi dans plusieurs autres études depuis, notamment celles qui s'inscrivent dans la perspective des *gender studies* et qui dépendent du travail de Waithe ; voir p. ex. tout récemment **27** Sarah B. Pomeroy, *Pythagorean women : their history and writings*, Baltimore 2013, p. XIII-XIV + 66-67 et *passim* (voir son index, *s.v.* "Theano I" et "Theano II"). Pour des doutes et des critiques de cette théorie, voir Lambropoulou **103** (*infra*), p. 133 ; Plant **33** (*infra*), p. 68-69.

Pace Bourland Huizenga **5**, p. 112 n. 141, ce sont les considérations de Thesleff **26** rappelées plus haut et non pas la Théano dédoublée de la *Souda* qui sont à l'origine de la « two-author theory » de Waithe et Harper, Pomeroy, etc.

Au-delà des renseignements de type purement biographique, les références à Théano dans la littérature antique sont abondantes. Pour une première moisson – en réalité plutôt maigre –, voir Thesleff **6**, p. 195, 1-3. Les textes repérés par lui (Lucien, *Amor.* 30 ; *Imag.* 18-19 ; *Schol. in Lucian.*, p. 124 Rabe) sont cités *in extenso* et traduits en italien par Montepaone **4**, p. 28-30. On trouvera des références supplémentaires (mélangées avec celles concernant les apophtegmes de Théano [voir *infra*]) dans la précieuse et copieuse liste dressée par Brown **10**, p. XIV-XV.

Traductions. *Latines* (avec le texte grec en regard) : Wolf **7** ; **28** I. C. Orelli, *Collectio epistularum Graecarum*, t. I : *Socratis et Socraticorum, Pythagorae et Pythagoreorum quae feruntur epistolae*, Lipsiae 1815, p. 55-62 (texte grec), 119-126 (trad. latine) et 507-514 (*annotationes*) ; Mullach **8** (apophtegmes et témoignages) ; **29** R. Hercher (édit.), *Epistolographi graeci*, p. 603-607 (lettres). – *Allemande* : Chr. M. Wieland (1789), dans **30** K. Brodersen (édit.), *Theano. Briefe einer antiken Philosophin. Griechisch/Deutsch*, coll. « Reclams Universalbibliothek » 18787, Stuttgart 2010, 134 p. (*non uidi*). – *Françaises* : **31** Clarisse Bader, *La femme grecque : étude de la vie antique*, Paris ²1873, p. 407-415 (lettres *À Euboulê, À Nicostratê* et *À Callistô* uniquement) + 416 (fr. *Sur la piété*) ; **32** M. Meunier, *Femmes pythagoriciennes. Fragments et lettres de Théanô, Périctioné, Phintys, Melissa et Myia*, Paris 1932 [réimpr. 1980], p. 39-44 + 79-108 (richement annotée). – *Anglaises* : Vicky L. Harper, dans Waithe **25**, p. 12-14 (Théano I : *Sur la piété* + apophtegmes ; *cf.* aussi p. 11-15 [étude], 41, 59-62 et 64) + p. 41-55 et 57 (Théano II : *Lettres* + étude), et dans Pomeroy **27**, p. 66-69 (Theano I) + 77-95 (Theano II) ; **33** I. M. Plant (édit.), *Women writers of ancient Greece and Rome : an anthology*, Norman (Oklahoma) 2004, p. 68-75 (avec introd.) + 227-228 (liste des éditions modernes et des sources antiques) ; Boulard Huizenga **5**, p. 64-75, comportant une annotation détaillée. (Théano comme auteur est absente de **34** D. Fideler [édit.], *The Pythagorean sourcebook*, et de **35** R. Navon [édit.], *The Pythagorean writings*, qui pour d'autres textes reprennent les traductions de K. S. Guthrie). – *Espagnole* : dans **36** Mercedes Gutiérrez, Montserrat Jufresa, Cristina Mier et Félix Pardo, « Teano de Crotona », *Enrahonar. Cuadernos de filosofia* **26**, 1996, p. 95-108. – *Italienne* : Ida Brancaccio, dans Montepaone **5**, p. 23-57.

Apophtegmes (*chries*). Théano était célèbre pour la finesse de son esprit et la vigueur de ses reparties. Plusieurs apophtegmes circulaient sous son nom de manière indépendante (Thesleff **6**, p. 194, 24 - 195, 1 [références "sèches"] ; Montepaone **4**, p. 32-36 [texte grec + trad. ital.] ; *cf.* aussi Waithe **25**, p. 14-15 ; Pomeroy **27**, p. 68-69 [dossier partiel]), peut-être déjà avant *ca* 300 av. J.-C. (von Fritz **1**, col. 1380 ; Thesleff **26**, p. 106). À époque tardive ils ont trouvé leur place dans des collections : thématiques (préceptes conjugaux), pythagoriciennes ou spécifique-ment "théaniennes" (voir *infra*, *sub* "Gnomologies syriaques" et *sub* "Œuvres", n^os I. A. 4 et I. B. 6). Il ne semble pas que ces apophtegmes aient été extraits de tel ou tel traité attribué à Théano (Thesleff **6**, p. 194, n. *ad* li. 25). Quatre d'entre eux – les mêmes que chez Stobée, qui les avait recueillis de façon éparse dans la section Γαμικὰ παραγγέλματα de son *Anthologie* (voir *infra*) – seront réunis en bouquet plus tard par Arsénius, *Violetum* [Ἰωνιά], p. 292-293 éd. Chr. Walz. Les apophteg-mes attribués à Théano seront présentés par la suite selon *l'ordre chronologique des sources* qui les citent (en suivant en cela Bourland Huizenga **5**, p. 96-117), par-mi lesquelles on relève plusieurs auteurs chrétiens aux yeux de qui, apparemment, la païenne Théano incarnait un bel exemple de pudeur à proposer à leurs ouailles.

Peut-être d'ailleurs vaudrait-il mieux désigner ces apophtegmes qui, la plupart du temps, sont "mis en scène", ou "mis en situation", grâce à un échange sous forme de question et réponse, comme des *chries* (χρεῖαι), si l'on tient compte des définitions qu'en donnent les anciens théoriciens de la rhétorique et, d'après eux, les spécialistes modernes de la rhétorique antique, et plus précisément des *Pro-gymnasmata* – même si dans deux des titres attestés d'œuvres attribuées à Théano (les n^os I. A. 4 et I. B. 6 *infra*, *sub* "Œuvres") c'est bien le terme ἀποφθέγματα qui est employé.

Voir p. ex. Aelius Théon, *Progymnasmata*, dans **37** L. Spengel (édit.), *Rhetores Graeci*, Leipzig 1856, t. II, p. 96, 18 *sq.* = p. 18 *sq.* de l'éd. **38** M. Patillon (*CUF* 1997), à qui on emprunte la traduction : « La *chrie* est une assertion (ἀπόφασις) ou une action brève et avisée (μετ᾽ εὐστοχίας), rapportée à un personnage défini ou à l'équivalent d'un personnage » ; elle s'appa-rente à la maxime (γνώμη) et au mémorable (ἀπομνημόνευμα), mais en diffère sur plusieurs points, comme l'explique clairement Théon dans la suite de son ouvrage. Voir l'ensemble des développements théoriques que consacre à la χρεία Théon (surtout aux p. 18-24 de l'éd. Patillon **38**, avec son introduction, p. LV-LX), puis ses collègues plus tardifs (ils sont rassemblés commo-dément dans **39** R. F. Hock et E. N. O'Neil, *The chreia in ancient rhetoric*, t. I : *The Progym-nasmata*, Atlanta 1986, et dans **40** G. A. Kennedy, *Progymnasmata : Greek textbooks of prose composition and rhetoric*, Atlanta 2003, p. 15-23, 76-77, 97-99, 139-142, 193-196). *Cf.* la défini-tion moderne de la *chreia* par Hock et O'Neil **39**, p. 26 : « a saying or action that is expressed concisely, attributed to a character, and regarded as useful for living », avec leur « General introduction », *ibid.*, p. 1-60, ainsi que les études de **41** F. Trouillet, « Le sens du mot χρεία, des origines à son emploi rhétorique », *La Licorne* (Publication de la Faculté des Lettres et des langues de l'Université de Poitiers) 3, 1979, p. 41-64 ; **42** J. F. Kindstrand, « Diogenes Laertius and the *chreia* tradition », *Elenchos* 7, 1986, p. 219-243 ; **43** M. A. Júnior, « Importância da cria na cultura helenistica », *Euphrosyne* 17, 1989, p. 31-62. – À comparer avec les définitions de la *gnômè* dans Kennedy **40**, p. 77-78, 99-101, 142-144 et 196-199 ; *cf.* **44** K. Horna, art. « Gnome, Gnomendichtung, Gnomologie », *RESuppl.* VI, 1935, col. 74-87 (avec des *addenda* de K. von Fritz, aux col. 87-90) ; **45** J. P. Levet, « Ῥήτωρ et γνώμη : présentation sémantique et recherches isocratiques », *La Licorne* (Publication de la Faculté des Lettres et des langues de l'Université de Poitiers) 3, 1979, p. 9-40. – Sur ἀπόφθεγμα, voir **46** T. Kluser, art. « Apophthegma », *RAC* I, 1950, col. 545-550. – Et sur l'ensemble de cette terminologie, **47** K.-H. Stanzel, *Dicta Platonica : die unter Platons Namen überlieferten Aussprüche*, Darmstadt 1987, p. 2 *sq.* ; Possekel **79** (cité *infra*), p. 25-26 ; **48** Fr. R. Adrados, *Greek wisdom literature and the Middle Ages : the lost Greek models and their Arabic and Castilian translations*, coll. « Sapheneia. Contributions to Classical philology » 14, Bern 2009, p. 62-63.

Voici un premier inventaire des apophtegmes – ou *chries* – attribué(e)s à Théano :

• « À la femme qui allait avoir des relations avec son mari, [Théano] conseillait de se dépouiller de sa pudeur (αἰσχύνη) en même temps que de ses vêtements et, lorsqu'elle se relèverait, de se revêtir de nouveau de pudeur en même temps que de ses vêtements. Et comme on lui demandait : "– Quels vêtements ?", elle répondit : "– Ceux qui font que je suis appelée une femme" » (Diogène Laërce VIII 43, p. 139,10 - 140,3 Delatte ; trad. L. Brisson, dans Goulet-Cazé **24**, p. 974) ; *cf.* Hérodote I 8, 3, avec **49** R. Harder, « Herodot I, 8, 3 », dans G. E. Mylonas et D. Raymond (édit.), *Studies presented to David Moore Robinson on his seventieth birthday*, t. II, St. Louis (Missouri) 1953, p. 446-449 [repris dans **49bis** *Id.*, *Kleine Schriften*, München 1960, p. 208-211, et dans **49ter** W. Marg (édit.), *Herodot*, München 1962, p. 370-374], et **50** D. Konstan, « The stories in Herodotus' *Histories* : Book 1 », *Helios* 10, 1983, p. 1-22, à la p. 12. Sur la base de ce parallèle, **51** A. E. Raubitschek, « Die schamlose Ehefrau (Herodot, I, 8, 3) », *RhM* 100, 1957, p. 139-141 (et avant lui **52** W. Aly, *Volksmärchen, Sage und Novelle bei Herodot und seinen Zeitgenossen*, Göttingen 1921, p. 34) assumait que l'apophtegme de Théano était déjà connu d'Hérodote, mais il se peut tout aussi bien qu'on ait ici un élément d'apophtegmatique populaire qui fut attribué plus tard à la fameuse pythagoricienne – par attraction, en quelque sorte ; *cf.* Cairns **57** (*infra*), p. 81 n. 22 : « Diogenes' paraphrase of Theano points to an original *gnome* similar in form to that attributed to Gyges, but which need not have originated with [Herodotus] ». On trouve une trace de cette « conventional wisdom » chez Platon (*Rép.*, 457 a), où il est dit que les femmes des gardiens devront « se dépouille[r] de leurs vêtements » lorsqu'elles font de l'athlétisme, « puisqu'elles se couvriront d'excellence (ἀρετή) au lieu de manteaux » (trad. G. Leroux, *GF*, Paris 2002). Le thème est repris aussi plus tard par Ovide, *Amores*, III 14, 21 et 27 – qui ne dépend pas d'Hérodote (comme l'avait soutenu **53** O. Seel, « Von Herodot zu Ovid : Ovid *Am.* 3, 14 und Herodot 1, 8, 3 », dans N. I. Herescu (édit.), *Ovidiana : Recherches sur Ovide*, Paris 1958, p. 139-183), mais de "Théano", comme l'a bien montré **54** Hannelore Barth, « Nochmals Herodot I 8, 3 », *Philologus* 112, 1968, p. 288-291 (qui cite et discute la bibliographie antérieure). *Cf.* encore (sans référence à

Théano) Clément, *Pédagogue* II 100, 2, p. 129, 15 *sq.* Marcovich (Leiden/Boston 2002) : « Il ne faut donc jamais que, en dépouillant notre vêtement, nous nous dépouillions aussi de la pudeur » (trad. Cl. Mondésert, *SC* 108), et III 33, 1, p. 167, 25 *sq.* Marcovich (*cf. SC* 158) et, en réaction explicite à Hérodote, Plutarque, *Préceptes de mariage*, 10, 139 C (avec la n. 2 de Klaerr **59** [*infra*] *ad loc.*, reportée aux p. 314-315) ; *De audiendo*, 37 D. – Sur le thème de la pudeur et de la chasteté de la mariée, voir **55** C. E. von Erffa, *Aἰδώς und verwandte Begriffe in ihrer Entwicklung von Homer bis Demokrit*, coll. « *Philologus* Suppl. », 30.2, Leipzig 1937, *passim* (p. 180-181 sur Hérodote), et maintenant l'ample contextualisation (avec mise à jour bibliographique) offerte par **56** D. L. Cairns, *Aidôs*, Oxford 1993, *passim* (spéc. p. 120-125, 185-188, 205 et 305-340) ; **57** *Id.*, « Off with her αἰδώς : Herodotus 1.8.3-4 », *CQ* 46, 1996, p. 78-83 (p. 81 et n. 22-23 sur Théano). – L'idée selon laquelle « a frankly acknowledged, active female sexuality should be unleashed in the proper context of the marital relationship » se retrouve aussi en islam ; voir **58** F. Mernissi, *Beyond the veil*, New York 1975, p. 6-14 (réf. dans Cairns **57**, p. 81 n. 23).

• « Théano [...] fit de tels progrès dans la sagesse (εἰς τοσοῦτον ἧκεν φιλοσοφίας) que, à quelqu'un qui la regardait avec une curiosité indiscrète et lui disait "– Quel beau bras !" (καλὸς ὁ πῆχυς), elle répliqua : "– [Oui], mais il n'est pas un bien public" (ἀλλ᾽ οὐ δημόσιος) » (Clément, *Strom.* IV 19, 121, 2, p. 301, 22-24 Stählin [trad. Cl. Mondésert modifiée, *SC* 463, 2001], repris par Théodoret, *Thérapeutique* XII 73, p. 440, 4-5 Canivet [*SC* 57, 2] ; voir aussi Plutarque, *Préceptes de mariage* 31, 142 C [avec bref rappel des κόσμια de Théano – jeu de mots sur sa κοσμιότης – en 145 E, où elle figure à côté de cinq autres femmes « admirables et célèbres »], repris par Stobée, *Anthol.* IV 23, 49a, p. 585, 1-8 Hense ; Anna Comnène, *Alexias* XII 3, 3, 87-89 éd. Reinsch-Kambylis). *Cf.* Meunier **32**, p. 41 et n. 2 ; Bourland Huizenga **5**, p. 98-100 + 101-103.

Cf. **59** R. Klaerr, dans *Plutarque. Œuvres morales*, t. II, *CUF*, Paris 1985, p. 317 : « On pourrait se demander s'il n'y a pas là un jeu de mots sur les deux espèces de coudées (πῆχυς = coude ou coudée) en usage à Samos ».

Clément reprend de façon anonyme et développe librement la fameuse réplique dans le *Pédagogue* (II 114, 2, p. 137, 8 *sq.* Marcovich) : « En vérité, on peut répondre de manière courtoise (πάνυ κοσμίως) à celui qui dit : "– Quel beau bras !", par cette phrase polie (τὴν ἀστείαν ἐκείνην φωνήν) : "– Mais ce n'est pas un bien public !" ; et à celui qui dit : "– Quelles belles jambes !", par ces mots : "– Mais elles n'appartiennent qu'à mon époux !" ; et à celui qui dit : "– Quel gracieux visage !", "– Mais il est à celui qui m'a épousée !" » (trad. Cl. Mondésert modifiée, *SC* 108).

H.-I. Marrou remarque en note (*SC* 108 [1965], p. 215 n. 6) que « Clément est le seul à nous donner les trois phrases », comme si l'on avait ici la forme complète d'un morceau authentique de l'apophtegmatique attribuée à Théano, mais la deuxième et la troisième réplique semblent être plutôt des développements propres à Clément, qui glisse subtilement de la notion du non public (= du privé) à l'appartenance à l'époux – répétée deux fois –, ce qui ne semble pas avoir été exactement l'intention de la réplique originale de Théano. Le commentaire qu'y ajoute le Père alexandrin (II 114, 3) est révélateur : « Quant à moi, je voudrais que les femmes chastes (σώφρονες) ne donnent même pas l'occasion de faire ces compliments à ceux qui, par des paroles élogieuses, poursuivent des fins blâmables ; car, loin qu'il soit seulement défendu de dénuder sa cheville, il est prescrit (προστέτακται) [aux femmes] de se couvrir la tête et de se voiler le visage. C'est qu'il n'est pas conforme à la volonté divine que la beauté du corps soit un piège à capturer des hommes » (trad. Mondésert).

L'exégèse qu'en fait Plutarque va dans une direction quelque peu différente : « Il faut que non seulement le bras, mais que les propos non plus, chez la femme sage (σώφρονος), ne soient pas à tout le monde ; elle doit avoir honte (αἰδεῖσθαι) et se garder de parler devant les étrangers comme si elle se dénudait elle-même, car dans la voix on peut voir les sentiments, le caractère et la manière d'être (πάθος - ἦθος - διάθεσις) de celle qui parle » (trad. Klaerr **59**).

Pour un commentaire, *cf.* **60** Ann Chapman, *The female principle in Plutarch's 'Moralia'*, Dublin 2011, p. 17-19 ("Pythagoreans"), 32-33 et 40-41.

Cet apophtegme de Théano est attribué par erreur à Sappho par Eustathe de Thessalonique ; voir **61** D. R. Reinsch, « Ein angebliches Sappho-Fragment (frg. 209 Lobel-Page) im Briefcorpus des Eustathios von Thessalonike », *Philologus* 150, 2006, p. 175-176.

• « On demandait à Théano combien de jours après avoir eu des relations sexuelles avec un homme, une femme peut aller au temple de Déméter (εἰς τὸ Θεσμοφόριον *κάτεισιν*) [*scil.* pour participer aux Thesmophories en accomplissant des rites et sacrifices *souterrains*]. "– Si c'est son mari, dit-elle, tout de suite, mais si c'est un étranger (ou : le mari de quelqu'un d'autre), jamais !" (ἀπὸ μὲν ἰδίου καὶ παραχρῆμα, ἀπὸ δὲ τοῦ ἀλλοτρίου οὐδεπώποτε)» (Clément, *Strom.* IV 18, 121, 3, p. 301,24 - 302,3 Stählin) ; repris par Théodoret, *Thérapeutique* XII 73, p. 440, 6-8 Canivet ; voir aussi le quasi contemporain de Clément (2ᵉ moitié du Iᵉʳ siècle) Aelius Théon, *Progymn.* (θεσμοφορεῖον), dans Spengel **37** t. II, p. 98, 2-7 = p. 20 éd. Patillon (*CUF*), avec Hock et O'Neil **39**, p. 340-341. Le temple de Déméter Thesmophoros devient la fête des Thesmophories (τὰ Θεσμοφόρια) chez d'autres rhétoriciens byzantins ; voir ledit « fragment de Darmstadt », ainsi que Ps.-Nicolaos, Maxime Planude et Doxopatrès, dans **62** Chr. Waltz (édit.), *Rhetores Graeci*, London etc. 1832 [réimpr. Osnabrück 1968], t. I, p. 141, 18-22 et 274, 8-11 ; t. II, p. 17, 4-8 et 256,28 - 257,1.

Formulation quasi identique chez Diogène Laërce VIII 43, p. 139, 8-10 Delatte (repris par Stobée, *Anthol.* IV 23, 53, p. 586,20 - 587,2 Hense), où toutefois la question est de savoir combien de temps après le rapport sexuel une femme « redevient pure » (καθαρεύει). Voir aussi Jamblique (*V. pyth.* 27, 132, p. 75, 1-5 Deubner), qui présente cela comme un mot de Deinô, l'épouse de Brontinos (*cf. supra*), en ajoutant que certains l'attribuaient à Théano : « La femme doit sacrifier (θύειν) le jour même (αὐθημερόν) où elle sort du lit qu'elle partage avec son mari (ἀπὸ τοῦ ἑαυτῆς ἀνδρός)» (trad. **63** L. Brisson et A.-Ph. Segonds [introd., trad. & notes], *Jamblique. Vie de Pythagore*, coll. « La Roue à livres » 29, Paris 2011² [1996¹], p. 74). Dans un autre passage (*V. pyth.* 11, 55, p. 30, 5-8 Deubner) une variante de ce précepte est mise dans la bouche de Pythagore lui-même : s'adressant directement aux femmes de Crotone, celui-ci aurait dit que « pour une femme qui vient d'avoir des relations avec son mari [avec qui elle habite sous le même toit] (ἀπὸ τοῦ συνοικοῦντος ἀνδρός), il est conforme à la piété (ὅσιον) d'aller dans les temples (προσιέναι τοῖς ἱεροῖς) le jour même, mais si c'est avec n'importe qui (ἀπὸ τοῦ μὴ προσήκοντος), jamais » (trad. Brisson et Segonds **63**, p. 31 [modifiée]). *Cf.* Meunier **32**, p. 42-43 (la longue n. 2) ; Bourland Huizenga **5**, p. 98 + 101-103. – Cet apophtegme fut très célèbre dans l'Antiquité : il est désigné comme περιβόητον ou περίβλεπτον par Jamblique. On ne s'étonnera donc pas de le retrouver, élaboré selon les règles scolaires de l'ἐξεργασία, dans une section fascinante des *Progymnasmata* du Ps.-Nicolaos (➡N 47 ; datation difficile à déterminer, entre le Vᵉ et le VIIᵉ s., voire après) ; voir **64** R. F. Hock et E. N. O'Neil, *The chreia and ancient rhetoric : classroom exercises*, Leiden/Boston/ Köln 2002, p. 205-207 + 218-223 (texte n° 25 = Waltz **62**, t. I, p. 274,7 - 275,15), qui en proposent un excellent commentaire. Théano constitue ainsi « the only woman who is the πρόσωπον of an elaborated chreia » (p. 205). *Cf.* aussi Bourland Huizenga **5**, p. 111-112. – Pour un écho de l'apophtegme originel à la Renaissance française, voir Montaigne, *Essais* I 20.

Avec cet apophtegme Théano va à contre-courant de la religiosité traditionnelle, qui postulait que *toute* relation sexuelle (ἀφροδίσια), indifféremment, cause une impureté passagère qui doit être « effacée » d'abord, si le fidèle veut prendre part aux activités cultuelles ; voir **65** E. Fehrle, *Die kultische Keuschheit im Altertum*, coll. RGVV, 6, Giessen 1910, p. 25-42 ("Befleckung durch geschlechtichen Verkehr", où sont évoqués aussi des parallèles dans d'autres cultures) ; **66** R. Parker, *Miasma : pollution and purification in early Greek religion*, Oxford 1983, p. 74-75, et *sq.* L'épigraphie (lesdites « lois sacrées ») montre que les temples stipulaient une abstinence sexuelle qui pouvait aller jusqu'à trois jours ; voir Fehrle **65**, p. 155 *sq.* ; **67** H. von Staden, « Women and dirt », *Helios* 19, 1992, p. 7-30, spéc. p. 14 + p. 25 n. 58.

Comme le remarque **68** W. Burkert, « Craft versus sect : the problem of Orphics and Pytha-goreans », dans B. F. Meyer et E. P. Sanders (édit.), *Jewish and Christian self-definition*, t. III. *Self-definition in the Greco-Roman world*, Philadelphia 1982, p. 1-22 + 183-189, aux p. 17-18 (section « Sex and women ») [repris dans **69** *Id.*, *Kleine Schriften*, t. III : *Mystica, Orphica, Pythagorica*, édit. Fr. Graf, Göttingen 2006, p. 191-216, aux p. 210-211], dans le pythagorisme ancien, « [s]ex and procreation within marriage is encouraged beyond the average Greek standard » ; le renvoi des concubines par les Crotoniates (Jambl., *V. pyth.* 48 et 50) vise le même but : « [t]he 'new' sexual morality [...] meant abolishing those liberties which function as contra-ceptives, and thus enhancing the chance of the group for physical survival ». L'attitude adoptée ne fait pas de distinction entre hommes et femmes : « the same code of sexual morality is applied [...] : extramarital intercourse is forbidden to either sex ». – Sur les considérations morales intro-duites par Pythagore en matière de rapports sexuels et conjugaux, et son plaidoyer en faveur de la monogamie stricte, voir déjà **70** Cornelia J. De Vogel, *Pythagoras and early Pythagoreanism : an interpretation of neglected evidence on the philosopher Pythagoras*, coll. « Philosophical texts and studies » 12, Assen 1966, p. 111, avec la longue n. 3 ; Burkert **19**, p. 178 n. 94. Le travail récent de **71** Kathy L. Gaca, « The reproductive technology of the Pythagoreans », dans *Ead.*, *The making of fornication : eros, ethics, and political reform in Greek philosophy and early Christia-nity*, Berkeley 2003, p. 94-116 [version remaniée et enrichie d'un article paru dans *CPh* 95, 2000, p. 113-132] permet de mieux comprendre ces considérations et ces pratiques en tenant compte de la visée « procréationniste » du mode de vie pythagoricien.

Le seul parallèle que l'on connaisse au mot célèbre de Théano est une inscription du temple d'Athéna Niképhoros à Pergame (Iᵉʳ siècle av. J.-C.), où l'on peut lire une loi cultuelle prescrivant une durée différente d'abstinence, selon que le ou la fidèle a eu un rapport sexuel avec son époux/-se (accès au temple αὐθημερόν) ou avec un(e) étranger/-ère (dans deux jours : δευτεραῖοι, et après s'être lavés [λουσάμενοι]) ; voir Dittenberger, *Syll.*[2], n° 566 = **71bis** Fr. Sokolowski, *Lois sacrées de l'Asie Mineure*, Paris 1955, n° 12 (li. 3-6), avec Fehrle **65**, p. 155 *sq.* + 233 ; Sokolowski **71bis**, p. 36-39, spéc. p. 38 (avec bibliographie antérieure, p. 36 *sq.*). La formulation et le langage employé y sont tellement proches de ceux de "Théano", qu'une influence de son apophtegme ne serait pas du tout à exclure. (On connaît d'autres cas où des conceptions ou prescriptions orphiques ou pythagoriciennes semblent avoir eu un écho concret dans des « lois sacrées » ; voir p. ex. **72** M. Detienne, « Dionysos orphique et le bouilli rôti », dans *Id., Dionysos mis à mort*, Paris 1977, p. 161-217, aux p. 193-194 [1ʳᵉ publ. dans *ASNP* (Ser. 3) 4, 1974, p. 1193-1234] : règlement cultuel provenant de Smyrne et daté du IIᵉ siècle).

Pour une contextualisation de la réplique de Théano dans le cadre des Thesmophories, voir Fehrle **65**, p. 138-141 ; **73** Barbara Goff, *Citizen Bacchae : women's ritual practice in ancient Greece*, Berkeley/Los Angeles/London 2004, p. 127-128, et n. 145 (section "The Thesmophoria", p. 125-138, du chap. « Ritual management of desire : the reproduction of sexuality »).

• Théano aurait affirmé (comme Aristote, Dioclès, Evénor, Straton, Empédocle et Épigène après elle) que la femme peut accoucher déjà au bout de *sept mois* selon Censorinus, *De die natali* VII 5 (probablement d'après Varron, *Tubéron* ou *De l'origine de l'homme*, cité plus loin dans le texte [chap. IX]). Cela ressemble à première vue à une *doxa* tirée d'une doxographie physique ou médicale, mais il est plus probable qu'à l'origine elle ait fait partie d'un *vade-mecum* de connaissances de base destinées aux jeunes femmes (mariées), que "Théano" aurait transmises à côté d'autres préceptes moraux.

Pour une vision quelque peu différente des choses, voir les *Hypomnêmata* pythagoriciens cités par Diog. L. (VIII 29, p. 127, 15 - 128, 5 Delatte = Thesleff **6**, p. 235, 21-22) d'après Alexandre Polyhistor : « le bébé pleinement constitué est mis au monde au bout de *sept, neuf ou dix mois* au plus, suivant les rapports prescrits par l'harmonie (κατὰ τοὺς τῆς ἁρμονίας λόγους) » (trad. L. Brisson, dans Goulet-Cazé **24**, p. 964). *Cf.* Delatte **9**, p. 127, n. *ad* li. 15 *sq.* + p. 216-219 ; **74** *Id.*, « Les harmonies dans l'embryologie hippocratique », dans *Mélanges Paul Thomas. Recueil de mémoires concernant la philologie classique dédiés à P. Th.*, Bruges 1930, p. 160-171, aux p. 166 *sq.* (sans référence à "Théano").

Stobée a transmis deux *chries* inédites, non attestées auparavant (*cf.* Bourland Huizenga **5**, p. 110-111) :

• Lorsqu'on demanda à Théano comment elle s'était rendue célèbre (ἔνδοξος), elle répondit : « En tissant la toile et partageant mon lit » (Stobée, *Anthol.* IV 23, 32, p. 580, 15-18 Hense). *Cf.* Meunier **32**, p. 42, n. 1. – La réplique est en fait la citation quasi *verbatim* d'un vers d'Homère (*Iliade* I 31).

• Le devoir (πρέπον) qui incombe à une femme mariée est de plaire à son propre mari (Stobée, *Anthol.* IV 23, 55, p. 587, 8-10 Hense). *Cf.* Meunier **32**, p. 43, n. 1.

Trois autres maximes (non prises en compte par Thesleff **6**) ont été transmises par le *Florilegium Monacense*, édité par **75** Aug. Meineke à la fin du t. IV de son édition de Stobée (*Ioannis Stobaei Florilegium*, Leipzig 1855-1856, p. 267-290, à la p. 289 [nᵒˢ 268-270]) ; voir Montepaone **4**, p. 36 (les traductions ci-dessous tiennent compte de celles de Meunier **32**, p. 41-44, tout en s'en écartant là où cela a semblé nécessaire) :

• « Mieux vaut s'en remettre à un cheval sans frein qu'à une femme sans discernement » (κρεῖττόν ἐστιν ἵππῳ ἀχαλίνῳ ἑαυτὸν πιστεύειν ἢ γυναικὶ ἀλογίστῳ).

• « Ce qu'il est bien de dire, il est honteux de le taire, et ce qu'il est honteux de dire, mieux vaut le taire » (περὶ ὧν λέγειν καλόν, περὶ τούτων σιωπᾶν αἰσχρόν, καὶ περὶ ὧν αἰσχρὸν λέγειν, περὶ τούτων σιωπᾶν ἄμεινον). *Cf.*, avec une formulation légèrement différente, **76** L. Sternbach (édit.), *Gnomologium Vaticanum e Codice Vaticano Graeco 743*, Berlin 1963 [1re publ. dans *WS* 1887-1889], n° 574, p. 204. – Meunier **32** (N.B. dont la traduction de cette maxime est complètement fausse !) signale pertinemment comme parallèle ici (p. 41 n. 1) le dicton de Pythagore (selon Stobée, *Anth.* III 34, 7, p. 683, 12-14 Hense) : « Il faut se taire, ou alors dire des choses qui valent mieux que le silence » (χρὴ σιγᾶν ἢ κρείσσονα σιγῆς λέγειν). On pourrait y ajouter le dicton suivant du florilège (III 34, 8, p. 683, 15-16 Hense) : ἢ σιγὴν καίριον ἢ λόγον ὠφέλιμον ἔχε.

• « Qu'est-ce que l'amour ? – La passion d'une âme en loisir (πάθος ψυχῆς σχολαζούσης) ». – La même idée, avec une formulation légèrement différente, qui décèle un jeu de mots entre σχολή et ἀσχολία, se retrouve parmi les *chries* de Diogène le cynique selon Diog. L. VI 51 : « L'amour est l'occupation des oisifs (τὸν ἔρωτα [εἶναι] σχολαζόντων ἀσχολίαν) » (trad. M.-O. Goulet-Cazé dans *Ead.* **24**, p. 725). Mais chez Ibn Durayd la réplique de Diogène devient : « [Love] is the senseless movement of an uneducated soul », ce qui est plus proche de la version attribuée à Théano ; voir Adrados **48**, p. 261, qui rappelle qu'il y a d'autres attributions du même apophtegme, à Platon, Aristote, Théophraste et Plutarque.

Sur la présence de Théano dans les gnomologies, voir encore le tableau récapitulatif de **77** O. Overwien, « Das Gnomologium, das *Gnomologium Vaticanum* und die Tradition », *GFA* 4, 2001, p. 99-131 (*cf.* http://www.gfa.d-r.de/4-01/overwien.pdf), à la p. 115.

Gnomologies syriaques. (**1**) « *Les conseils de Théano, une philosophe de la maison de Pythagore* ». Une collection de 64 maximes de Théano a été conservée uniquement en syriaque sous le titre *Les conseils de Théano...*, à la fin d'un manuscrit du VIe siècle (ou du début du VIIe) écrit en estrangélo, provenant du monastère de Deir al-Suriani et actuellement conservé au British Museum (*B.M. Or. Add.* 14658) : voir l'édition de **78** Ed. Sachau, *Inedita Syriaca : eine Sammlung syrischer Übersetzungen von Schriften griechischer Profanliteratur, mit einem Anhang ; aus den Handschriften des Brittischen Museums*, Wien/Halle 1870 [réimpr. Hildesheim 1968], p. 70-75, et la première traduction du texte en une langue européenne dans **79** Ute Possekel, « Der "Rat der Theano" : eine pythagoreische Spruchsammlung in syrischer Übersetzung », *Muséon* 111, 1998, p. 7-36, aux p. 18-22. Partant de la certitude unanime des savants, qu'il s'agit là d'une traduction plus ou moins fidèle d'un original grec perdu (*ibid.*, p. 22 n. 82), composé sans doute au IIe siècle de notre ère, durant lequel la popularité de Théano atteint son apogée (p. 32), Possekel **79** (i) s'engage dans une étude comparative minutieuse et très complète du rapport qu'entretient cette collection avec la tradition grecque : les apophtegmes ou chries isolées et les lettres attribuées à Théano d'une part (p. 22-27), les gnomologies pythagoriciennes tardives d'autre part (p. 27-32) – collections d'ὁμοιώματα ou de *Sentences* mises sous le nom des pythagoriciens en général, ou alors de Clitarque (☛C 148), Démophile (☛D 76), Sextus (☛S 69) et Pythagore (☛P 333, dans les compléments du tome VII) –, pour arriver à la conclusion que la *family resemblance* est plutôt avec ce dernier type de paroles de sagesse, et que donc la thématique abordée n'est pas du tout « fémini-ne » comme dans le cas du premier ensemble ; (ii) elle envisage le lieu (Édesse) et la date possibles de production et/ou de traduction de cette gnomologie *non christianisée* (p. 32-36), en suggérant, à partir d'un faisceau d'arguments, une data-tion haute, au IIIe siècle (« eine Entstehungszeit der syrischen Übersetzung – oder der vom Verfasser benutzten Vorlage – im dritten Jahrhundert », p. 35). Tout récemment Bourland Huizenga **5**, p. 113, avec la n. 142, signale que **80** David Monaco (auteur de *The Sentences of the Syriac Menander : introduction, text and translation, and commentary*, Piscataway 2013) a pu lire à la fin du ms. du British Museum « seven additional sayings », dont les trois cités par Bourland Huizenga (« [from] an unpublished document » de D. Monaco) « refer to "feminine" topics ».

(**2**) Dans un autre manuscrit syriaque, conservé à la Bibliothèque de New College, à Oxford (*Liber Syriacus* 331), on trouve deux paragraphes où "Théano" *développe* des paroles de sagesse qui ne recoupent ni les apophtegmes de la tradition grecque ni les maximes de la gnomologie syriaque (éd. Sachau **78**, p. V-VII ; trad. **81** V. Ryssel, « Neu aufgefundene graeco-syrische Philosophensprüche über die Seele », *RhM* 51, 1896, p. 529-543, aux p. 542 *sq.* ["Weitere auserlesene Philosophensprüche, die Weisheit lehren"] ; trad et comm. Possekel **79**, p. 15, 22 et 24-25). « Möglicherweise handelt es sich bei ihnen um eine spätere Zusammen-fassung ursprünglich einzeln überlieferter Sprüche Theanos » (Possekel **79**, p. 25).

Sur les gnomologies syriaques, voir également les compléments du présent tome.

Pour une mise en contexte de ces traductions syriaques de gnomologies grecques, *cf.* **82** H. Takahashi, « Syriac as a vehicle for transmission of knowledge across borders of empires », *Horizons* 5, 2014, p. 29-52, spéc. p. 31 et n. 3 sur les textes de « popular philosophy » dont font partie les gnomologies et Théano. – Sur la longue tradition pythagoricienne de « direction spiri-tuelle » dont font partie les différents types de collections tardives de sagesse, voir **83** C. Macris, « Charismatic authority, spiritual guidance and way of life in the Pythagorean tradition », dans M. Chase, St. R. L. Clark et M. McGhee (édit.), *Philosophy as a way of life : ancients and moderns. Essays in honor of Pierre Hadot*, Malden (MA)/Oxford/Chichester 2013, p. 57-83 (ver-sion mise à jour, traduite en anglais par M. Chase, de **84** *Id.*, « Autorità carismatica, direzione spirituale e genere di vita nella tradizione pitagorica », dans G. Filoramo [édit.], *Storia della direzione spirituale*, t. I : *L'età antica*, Brescia 2006, p. 75-102).

Œuvres. Pour un premier survol de l'œuvre attribuée à Théano dans l'Anti-quité, voir Thesleff **26**, p. 22-23 (liste) ; *Id.* **6**, p. 195,4-201,9 (textes) ; Monte-paone **4**, p. 30-31 (liste non exhaustive), 31-32 (fragm.) et 37-57 (lettres). Et pour une première tentative afin de constituer un dossier complet de l'œuvre en prose de Théano, voir Wolf **7**, p. 224-248. Plus en détail :

I. Selon les listes de la *Souda*, qui distingue deux Théano différentes, ces femmes auraient rédigé les ouvrages suivants :

A. Θεανώ [1], Θ 83, t. II, p. 688, 16-17 Adler :

(1) *Περὶ Πυθαγόρου, Sur Pythagore.*

Si cet ouvrage a effectivement existé, on peut imaginer qu'il a dû être présenté comme *le* témoignage par excellence sur les dits et faits remarquables du grand homme. Sa valeur ajoutée, comparativement à d'autres biographies de Pythagore, résidait sans doute dans son caractère direct et personnel : dans le fait qu'il prétendait être une sorte d'ἀπομνημόνευμα provenant de la main de l'épouse même de Pythagore.

(2) *Περὶ ἀρετῆς Ἱπποδάμῳ Θουρίῳ, Sur la vertu*, [adressé ou dédié] *à Hippodamos de Thourioi* (☛ᐩH 153).

Cf. Thesleff **26**, p. 101 n. 3. – Sur le dédicataire du traité, voir **85** Br. Centrone, notice « Pseudo-Hippodamos de Milet », *DPhA* III, 2000, p. 790-791. Un lien d'intertextualité semble exister entre cet ouvrage perdu attribué à Théano et (1) les *traditions* tardives qui voyaient un pythagoricien en la personne du célèbre architecte et urbaniste de Milet, qui aurait dessiné pour Périclès les plans de Θούριοι, la colonie panhellénique nouvellement fondée par lui en Grande-Grèce, et par la suite serait devenu un Thourien d'adoption ou aurait reçu la citoyenneté de Thourioi à titre honorifique ; ou, plus probablement, (2) les *textes pseudépigraphes* qui circulaient sous le nom de ce pythagoricien thourien (*Sur le bonheur* ; *Sur la constitution de l'État* [*Περὶ πολιτείας*]). Des renvois explicites d'un pseudo-auteur à un autre peuvent être l'indice que certains de ces textes apocryphes furent produits par le même milieu, peut-être même en étant conçus comme un échange épistolaire d'opinions sur des thématiques voisines. – Notons que selon certaines sources (dont la notice Θ 83 de la *Souda*) Théano était elle-même originaire de Thourioi.

(3) *Παραινέσεις γυναικεῖαι, Exhortations aux femmes.*

La thématique de cet ouvrage le lie, d'une part, à la plupart des apophtegmes ou *chries* de Théano, qui étaient peut-être rassemblés ici, en constituant une collection thématique, d'autre part, aux lettres que Théano aurait adressées à des femmes (voir *infra*, IV. A. 10-12, IV. B. 14-15 et IV. C. 17).

(4) *Ἀποφθέγματα Πυθαγορείων, Apophtegmes des pythagoriciens.*

Il est intéressant de remarquer qu'il n'est pas question ici d'apophtegmes *de* Théano elle-même, mais d'une collection d'apophtegmes pythagoriciens (prétendument) constituée par elle. On imagine sans difficulté que sur le « marché » antique des gnomologies le nom de l'épouse de Pythagore a pu servir de garantie d'authenticité et d'ancienneté.

B. Θεανώ [2], Θ 84, t. II, p. 688, 21-22 Adler :

(5) *Ὑπομνήματα φιλόσοφα, Notes/Mémoires/Commentaires philosophiques.*

Ce titre est à mettre en rapport avec les légendes sur l'existence d'*hypomnêmata* pythagoriciens de la plus haute antiquité et sur leur transmission *au sein de la famille* de Pythagore ; *cf.* **86** C. Macris, « Jamblique et la littérature pseudo-pythagoricienne », dans S. C. Mimouni (édit.), *Apocryphité : histoire d'un concept transversal aux religions du Livre. En hommage à Pierre Geoltrain*, coll. « Bibliothèque de l'École des Hautes Études. Section des Sciences religieuses » 113, Turnhout 2002, p. 77-129, aux p. 105 (2) et 122 [b] (*cf.* aussi p. 94, avec la n. 68 et p. 102-103), ainsi que la notice « Telaugès (de Samos) », T 8, *supra*.

(6) *Ἀποφθέγματα, Apophtegmes.*

On est évidemment tenté d'imaginer que cet ouvrage, ainsi que le n° I. A. 4, *supra*, qui porte un titre quasiment identique (et même le n° I. A. 3), étaient des collections, constituées tardivement, et éventuellement enrichies au cours du temps, contenant des apophtegmes qui avaient commencé à circuler beaucoup plus tôt sous le nom de Théano, mais de façon non systématique et dispersée. *Cf.* aussi *supra*, *sub* "Gnomologies syriaques".

(7) *Un* poème en vers (ποίημά τι δι' ἐπῶν). – Dans son *Περὶ πυθαγορικῆς φιλοσοφίας* (probablement une section de son *Épitomè*?), le doxographe [Arius] Didyme (☞⁺A 324) faisait déjà état de *plusieurs* poèmes de Théano: il est cité par Clément, *Strom*. I 16, 80, 4, p. 52, 12-14 Stählin (où il faut lire ποιήματα γράψαι, et non pas ποιήσαντα, comme le fait par erreur Thesleff **6**, p. 201, 1-4).

Sur ce Didyme, sa possible (mais non certaine) identification avec le doxographe Arius Didyme, dont la datation pourrait descendre aussi bas que le IIᵉ siècle de notre ère, et la nécessité de distinguer ce dernier du philosophe stoïcien du Iᵉʳ siècle av. J.-Chr., le confident d'Auguste, voir en dernier lieu **87** D. T. Runia, art. «Arius [1] Didymus», *Brill's New Pauly* I, 2002, col. 1156-1157, qui suit les conclusions de **88** Tr. Göransson, *Albinus, Alcinous, Arius Didymus*, Göteborg 1995, p. 203-218.

Malgré l'autorité apparente de cet ouvrage de Didyme spécialement consacré à la philosophie pythagoricienne, et la remarquable érudition de Clément, on peut se demander s'il n'y a pas eu confusion ici avec une troisième Théano mentionnée par la *Souda* (*s.v.* Θεανώ [3], Θ 85, t. II, p. 688, 23 Adler), une poétesse lyrique originaire de Locres, auteur d'ᾄσματα λυρικὰ καὶ μέλη (N.B. et non pas de ἔπη) – à moins que la démultiplication des homonymes ne soit, inversement, le signe d'un effort tardif de mise en ordre rationnelle d'une tradition touffue ayant attribué des écrits de toutes sortes à la légendaire intellectuelle de la Grande Grèce.

II. (8) *Περὶ εὐσεβείας, Sur la piété.* Bref fragment cité par Stobée, I 10, 13, p. 125, 17 - 126, 5 Wachsmuth = Thesleff **6**, p. 195, 10-17; Montepaone **4**, p. 31-32; trad. fr. Meunier **32**, p. 39; angl. Burkert **19**, p. 61; Harper, dans Waithe **25**, p. 12-13; Pomeroy **27**, p. 66-68 (avec comm.). Contenu: contrairement à ce que pense un grand nombre de Grecs, Pythagore n'aurait pas dit que tout naissait (litt. "poussait") *du* nombre (ἐξ ἀριθμοῦ πάντα φύεσθαι) – comment imaginer en effet que des choses qui ne sont pas (ἃ μηδὲ ἔστιν) puissent engendrer (γεννᾶν)? –, mais que tout advenait *selon* le nombre (κατὰ δὲ ἀριθμὸν ... πάντα γίγνεσθαι), puisque dans le nombre réside l'ordre primordial (τάξις πρώτη), et que ce n'est qu'en participant à cet ordre que les choses susceptibles d'être nombrées (ἀριθμητά) sont rangées (τέτακται) premières, secondes etc.

La pointe anti-aristotélicienne dans le refus de la production des choses ἐξ ἀριθμοῦ est ici bien reconnaissable. Voir Meunier **32**, p. 39-40 (la longue n. 1) et Burkert **19**, p. 61 («unmistakable polemic against Aristotle»), qui précise (n. 54) que la cible devait être «probably [...] the lost writings [of Aristotle] on the Pythagoreans rather than the didactic works, which can scarcely have had much influence outside the school». – Quant à l'idée que le nombre n'existe même pas, fondée sur «[t]he unhesitating equation of being and corporeal being», elle est un indice fort que le passage date de l'époque hellénistique (n. 52), puisqu'elle est en «blatant contradiction» avec tout ce qu'on peut lire plus tard chez des auteurs néopythagoriciens et néoplatoniciens.

Grâce à ce fragment, mais aussi aux quatre apophtegmes d'elle cités par Stobée (voir *supra*), le nom de Théano est dûment répertorié dans la liste des auteurs cités dans l'*Anthologion*, fournie par Photius, *Bibliothèque*, cod. 167, 114 b, t. II, p. 156, 1 éd. P. Henry (*CUF*). Elle y apparaît parmi les *philosophes*.

III. (9) Fragment d'origine indéterminée cité par Clément, *Stromates* IV 7, 44, 2, p. 268, 10-12 Stählin = Thesleff **6**, p. 201, 5-9; Montepaone **4**, p. 32: «La vie serait véritablement un festin (εὐωχία) pour les méchants qui meurent après avoir vécu une vie de canaille (πονηρευσαμένοις), [et la mort une aubaine (ἕρμαιον)], si l'âme n'était pas immortelle» (le texte des mss présente plusieurs difficultés : voir l'*app. crit.* de Thesleff *ad loc.*). Ce fragment, qui lie la croyance à l'immortalité de l'âme à un système (sous-entendu) de justice rétributive *post-mortem*, voire à une attente d'ordre eschatologique, pourrait provenir du traité *Sur la piété* (von Fritz **1**, col. 1381 ; *cf.* aussi Thesleff **6**, p. 201, n. *ad* li. 5), sans que l'on puisse exclure non plus qu'il ait fait partie de celui *Sur la vertu* (= n° I. A. 2, *supra*). (Malgré les apparences – et *pace* Waithe **25**, p. 13-14 –, il ne doit pas s'agir ici d'un apophtegme, puisque Clément dit explicitement que Théano avait écrit [γράφει] la sentence citée.) *Cf.* aussi Bourland Huizenga **5**, p. 101.

L'écho du *Phédon* (107 c) est ici immanquable : « Car si la mort nous séparait de tout, quelle bonne affaire (ἕρμαιον) ce serait pour les méchants ! Une fois morts, ils seraient à la fois séparés de leur corps et, avec leur âme, de la méchanceté qui est la leur » (trad. M. Dixsaut, *GF,* Paris 1991). Clément a senti cela et a ajouté le parallèle immédiatement après le fragment cité de Théano (en *Strom.* IV 7, 44, 3).

IV. *Lettres*. On possède sept (7) lettres de Théano écrites en *koinè* attique, toutes conservées grâce à une tradition manuscrite indépendante. L'édition de référence est celle de **89** A. Städele, *Die Briefe des Pythagoras und der Pythagoreer*, Meisenheim am Glan 1980, p. 166-185 (texte grec et traduction en allemand), 288-335 (comm.), 29-64, 65, 103, 134 et 136 (tradition manuscrite), 137-145 (liste des éditions antérieures), 145-147 (traductions). Voir aussi Thesleff **6**, p. 195, 21 - 200, 35, et maintenant Montepaone **4**, p. 37-57 (avec trad. italienne et notes de I. Brancaccio). Le texte édité par Städele est repris en appendice, sans apparat critique, dans Boulard Huizenga **5**, p. 379-383 (pour les *Lettres* IV. A. 10-12 [*infra*] uniquement). Parmi les éd. antérieures, voir Hercher **28**, p. 603-607. – Des traductions dans diverses langues sont à chercher dans les ouvrages signalés plus haut, *sub* "Traductions", ainsi que dans certaines des études figurant plus bas, *sub* "Bibliographie". Par la suite on se contentera de donner des références précises aux ouvrages qui nous semblent les plus importants, les plus usuels ou les plus récents.

Des remarques du Dr. Ole L. Smith recueillies par Bülow-Jacobsen **92** (*infra*), p. 8, relativement à la datation des mss *Maz. Gr.* 4454 et *Parisinus gr.* 3050 au XVIᵉ siècle (après donc l'édition Aldine de 1499) rendent nécessaire une petite révision du *stemma codicum* de Städele **89**, p. 136.

On y distingue aisément deux groupes (N.B. les éditions de Thesleff **6** et de Montepaone **4** oblitèrent cette distinction en reproduisant les textes selon l'ordre alphabétique absolu des noms des destinataires) :

A. Trois lettres transmises par un nombre considérable de mss épistolographiques et datant probablement du IIᵉ s. apr. J.-C. (Städele **89**, p. 288-289 + 352) :

(10) *À Callistô* : Städele **89**, p. 174-179 (éd. + trad. all.) et 320-333 (comm.) ; Thesleff **6**, p. 197, 25 - 198, 28 ; Montepaone **4**, p. 45-49 ; Bourland Huizenga **5**, p. 382-383 ; trad. fr. Meunier **32**, p. 95-99 ; angl. Harper, dans Waithe **25**, p. 47-52 et dans Pomeroy **27**, p. 83-88 (avec comm. dans tous les cas) ; *cf.* la « rhetorical

analysis» et l'interprétation de Bourland Huizenga **5**, p. 164-168 + 194-200. – Sujet: exhortation sur la bonne direction des servantes de la maison.

Pour un commentaire détaillé, voir **90** Claudia Montepaone, «Le donne serve nella precettistica pitagorica: la lettera di Teano a Callisto, giovane sposa», dans Fr. Reduzzi Merola et A. Storchi Marino (édit.), *Femmes-esclaves: modèles d'interprétation anthropologique, économique, juridique*. Atti del XXI colloquio internazionale Girea, Lacco Ameno-Ischia, 27-29 ottobre 1994, coll. «Diáphora» 9, Napoli 1999, p. 237-249 (*cf.* **91** *Ead.*, «Le donne nella "città del buon governo": brevi cenni a proposito di ideologie, utopie e pratiche del femminile nella Grecia antica», dans M. Pelizzari [édit.], *Le donne e la storia: proposti di metodo e confronti storiografichi*, Napoli 1995, p. 63-85, pour une comparaison avec des principes analogues présents dans la lettre d'une autre pythagoricienne, Phintys [➤P 170]).

(11) *À Euboulê*: Städele **89**, p. 166-169 (éd. + trad. all.) et 290-301 (comm.); Thesleff **6**, p. 195,22 - 196,34; Montepaone **4**, p. 37-41; Bourland Huizenga **5**, p. 379-380; trad. fr. Meunier **32**, p. 79-85; angl. Harper, dans Waithe **25**, p. 41-43 et dans Pomeroy **27**, p. 77-80 (avec comm. dans tous les cas); *cf.* la «rhetorical analysis» et l'interprétation de Bourland Huizenga **5**, p. 138-153 + 186-190. – Sujet: l'éducation des enfants et le refus du luxe.

Un nouveau témoin pour les premières lignes de cette lettre est venu s'ajouter en 1981. Il s'agit d'un papyrus de Copenhague (*P. Haun.* II 13), sur le verso duquel on peut lire en entier, en *koinè*, la *Lettre* de Mélissa (➤M 95) *à Cléarétê* (transmise en dorien par la tradition manuscrite épistolographique), suivie par le tout début de la *Lettre* de Théano *à Euboulê* (aux li. 43-48 du papyrus; le fragment qui en a été conservé ne comporte pas davantage de texte, malheureusement, et il est dans un état lamentable vers son extrémité basse, où commence la lettre de Théano); voir **92** A. Bülow-Jacobsen (édit., trad. & comm.), *Papyri Grecae Haunienses, fasciculus secundus (P. Haun. II, 13-44): letters and mummy labels from Roman Egypt*, coll. «Papyrologische Texte und Abhandlungen» 29, Bonn 1981, p. 1-10. Ce papyrus a été pris en compte dans la traduction annotée de Boulard Huizenga **5**, p. 64-67.

(12) *À Nikostratè*: Städele **89**, p. 170-175 (éd. + trad. all.) et 302-320 (comm.); Thesleff **6**, p. 198,29 - 200,15; Montepaone **4**, p. 49-55; Bourland Huizenga **5**, p. 380-381; trad. fr. Meunier **32**, p. 87-93; angl. Harper, dans Waithe **25**, p. 43-47 et dans Pomeroy **27**, p. 88-93 (avec comm. dans tous les cas); *cf.* la «rhetorical analysis» et l'interprétation de Bourland Huizenga **5**, p. 153-164 + 190-193. – Sujet: le comportement approprié de la femme lorsque son mari est infidèle; exhortation destinée à calmer sa jalousie.

B. Quatre lettres transmises par un seul ms., le *Vaticanus Graecus* 578 (XVIe siècle; *cf.* Städele **89**, p. 333-334), et étant probablement beaucoup plus récentes: «Sie sind wahrscheinlich in der Zeit zwischen Synesios und Theophylaktos Simokattes entstanden, vermutlich im 5. Jh.n.Chr.» (Städele **89**, p. 352-353; *cf.* déjà p. 351):

(13) *À Eukleidès* : Städele **89**, p. 182-183 (éd. + trad. all.) et 343-345 (comm.) ; Thesleff **6**, p. 196,35 - 197,11 ; Montepaone **4**, p. 41-43 ; trad. fr. Meunier **32**, p. 105-106 ; angl. Harper, dans Waithe **25**, p. 53-54, et dans Pomeroy **27**, p. 81-82 (avec comm. dans tous les cas). – Sujet : lettre ironique adressée à un médecin qui est lui-même malade.

(14) *À Eurydikê* : Städele **89**, p. 178-181 (éd. + trad. all.) et 335-341 (comm.) ; Thesleff **6**, p. 197, 12-24 ; Montepaone **4**, p. 43-45 ; trad. fr. Meunier **32**, p. 101-102 ; angl. Harper, dans Waithe **25**, p. 54-55 ; Pomeroy **27**, p. 82-83 (avec comm. dans tous les cas). – Sujet : le comportement approprié de la femme lorsque son mari est infidèle.

(15) *À Rhodopè* : Städele **89**, p. 182-185 (éd. + trad. all.) et 346-349 (comm.) ; Thesleff **6**, p. 200, 16-25 ; Montepaone **4**, p. 55-56 ; trad. fr. Meunier **32**, p. 107-108 ; angl. Harper, dans Waithe **25**, p. 53 et dans Pomeroy **27**, p. 93-94 (avec comm.). – Sujet : sur un philosophe nommé Cléon (☛C 167) ; référence au *Parménide* de Platon.

(16) *À Tim(ai)ônidès* : Städele **89**, p. 180-181 (éd. + trad. all.) et 341-343 (comm.) ; Thesleff **6**, p. 200, 30-35 ; Montepaone **4**, p. 56-57 ; trad. fr. Meunier **32**, p. 103 ; angl. Harper, dans Waithe **25**, p. 55 et dans Pomeroy **27**, p. 94-95. – Lettre adressée à un amant infidèle.

C. (17). À ce corpus il faudrait ajouter une *Lettre à Timaréta* non conservée, au sujet de laquelle une source du IIe siècle, Julius Pollux (*Onomasticon* X 21 ; *cf.* Thesleff **6**, p. 200, 26-29 ; Montepaone **4**, p. 56), nous apprend que les termes οἰκοδεσπότης et οἰκοδέσποινα y étaient employés, ce qui nous indique – sans surprise – que cette lettre perdue concernait, comme la plupart des autres, l'administration de la maison. *Cf.* Bourland Huizenga **5**, p. 100.

Concernant les liens étroits et les thématiques communes entre la littérature pseudo- ou néo-pythagoricienne sur la gestion de la maison (οἰκονομικά) d'une part, et celle qui circulait sous des noms de femmes pythagoriciennes d'autre part (notamment les lettres et les *chries*), voir l'étude approfondie de **93** S. Swain, *Economy, family, and society from Rome to Islam : a critical edition, English translation, and study of Bryson's 'Management of the Estate'*, Cambridge/New York 2013, p. 283-363 ("The wife").

Bibliographie. – *Notices* de dictionnaires et d'encyclopédies : von Fritz **1** ; Frede **2** ; **94** Br. Centrone, art. « Theano, pseudo », dans P. T. Keyser et G. L. Irby-Massie (édit.), *The Encyclopedia of ancient natural scientists : the Greek tradition and its many heirs*, London/New York 2008, p. 781-782 (date proposée pour les pseudépigraphes qui circulaient sous son nom : 200 av.-100 apr. J.-C.) ; **95** Gabriela Cursaru, art. « Pythagoriciennes », dans B. Didier, A. Fouque et M. Calle-Gruber (édit.), *Le dictionnaire universel des créatrices*, Paris 2013, t. III, p. 3564-3566.

– *Articles* et chapitres d'ouvrages : **96** Sister Prudence Allen R.S.N., *The concept of woman*, t. I. *The Aristotelian revolution, 750 B.C. - A.D. 1250*, Grand Rapids (Michigan)/Cambridge 1997^2 [1985^1], p. 153-159 ; **97** Claudia Montepaone, « Teano, la pitagorica », dans N. Loraux (édit.), *Grecia al femminile*, Roma/

Bari 1993, p. 73-105 [= **97a** trad. fr. « Théanô la Pythagoricienne », dans N. Loraux (édit.), *La Grèce au féminin*, Paris 2003, p. 77-111] ; Gutiérrez *et alii* **36** ; **98** Jesús María García González, « Teano », dans A. Pociña Pérez et J. M. García González (édit.), *En Grecia y Roma*, t. III : *Mujeres reales y ficticias*, Granada 2009, p. 115-134 ; **99** M. A. B. Deakin, « Theano : the world's first female mathematician ? », *International Journal of Mathematical Education in Science and Technology* 44, 2013, p. 350-364 (N.B. l'auteur répond à la question posée dans son titre par la négative).

– *Monographie* : **100** Daniela Nisticò, *Thèano : una pitagorica attuale*, Soveria Mannelli (Catanzaro) 2003, 67 p.

– *Sur les femmes pythagoriciennes* en général (où la référence à Théano est évidemment obligée), la bibliographie a crû de façon exponentielle ces dernières décennies, avec le *boom* qu'ont connu les *gender studies* depuis les années '80 du XXᵉ siècle, en donnant des résultats de qualité très inégale. Mais le sujet avait fasciné aussi les hommes, et ce dès Ménage **3**, Wolf **7** et **101** Ch. M. Wieland, « Die Pythagorischen Frauen », *Historischer Calender für Damen für das Jahr 1790*, Leipzig 1789 [réimpr. dans *Id.*, *Sämmtliche Werke*, t. 24, Leipzig 1796, p. 245-300 = *Id.*, *Sämmtliche Werke*, t. 32, Leipzig 1857, p. 277-310 et 430-433 = *Id.*, *Gesammelte Schriften*, Abt. I, t. 15, Berlin 1930, p. 230-253 = repris dans Brodersen **34**] ; voir aussi Meunier **32**, et plus récemment **102** Stavroula I. (= Voula) Lambropoulou, Αἱ γυναῖκες εἰς τὰς Πυθαγορείους κοινωνίας, Diss. Athènes 1976, *passim* (*cf.* son index ; sur Théano, voir notamment p. 132-142, 201-203, 211-214, 218-221, 225-228, 262) ; **103** *Ead.*, « Some Pythagorean female virtues », dans R. Hawley et B. M. Levick (édit.), *Women in Antiquity : new assessments*, London/New York 1995, p. 122-134 ; **104** Nancy Demand, « The position of women in Pythagoreanism », en appendice dans *Ead.*, *Thebes in the fifth century : Heracles resurgent*, London etc. 1982, p. 132-135 + 167-168 (notes) ; **105** Sarah B. Pomeroy, *Women in Hellenistic Egypt*, New York 1984, p. 61-71 ; *Ead.* **27**, *passim* (l'étude la plus complète à ce jour, et la seule [avec la dissertation de Lambropoulou **102**] à avoir réservé au sujet un traitement monographique, mais qui n'est pas dénuée de problèmes d'ordre philologique, historique et interprétatif ; voir les c.r. critiques de **106** Br. Centrone, *AHB Online Reviews* 4, 2014, p. 45-47 [*cf.* http://ancienthistorybulletin.org/wp-content/uploads/2014/08/Bruno-Centrone-reviewing-Sarah-B.-Pomeroy-Pythagorean-Women.-Their-History-and-Writings1. pdf] ; **107** T. Dorandi, *Sehepunkte* 14, 2014, Nr. 7/8 [http://www. sehepunkte.de /2014/07/24197.html] ; **108** K. Brodersen, *BMCR* 2014.08.58 [http://bmcr. brynmawr.edu/2014/2014-08-58.html] ; plus positif **109** Chr. Riedweg, « Pythagoras's women », *CR* 65, 2015, p. 96-97) ; **110** Kathleen Wider, « Women philosophers in the ancient Greek world : donning the mantle », *Hypatia* 1, 1986, p. 21-62, aux p. 26-40 ; Waithe **25**, p. 11-58, notamment *Ead.* ("with additional commentary by Vicky L. Harper"), « Authenticating the fragments and letters », dans Waithe **25**, p. 59-74 (avec les c.r. critiques – assez sévères – de l'ouvrage dans son ensemble par **111** Gillian Clark, *CR* 38, 1988, p. 429-430, et **112** R. M. Dancy,

Hypatia 4, 1989, p. 160-171; *cf.* aussi Hawley **117** [*infra*]); **113** Debra Nails, «The Pythagorean women philosophers: ethics of the household», dans K. I. Boudouris (édit.), *Ionian philosophy*, Athens 1989, p. 291-297; **114** D. L. Balch, «Neopythagorean moralists and the New Testament household codes» ["study completed in 1975" (p. 408)], dans *ANRW* II 26, 1, Berlin 1992, p. 380-411, *passim*; **115** *Id.*, *Let wives be submissive: the domestic code in I Peter*, Atlanta 1981 *(non uidi)*; **116** Julie K. Ward, «*Harmonia* and *koinonia*: moral values for Pythagorean women», dans E. Browning Cole et S. Coultrap-McQuin (édit.), *Explorations in feminist ethics: theory and practice*, Bloomington 1992, p. 57-68; **117** R. Hawley, «The problem of women philosophers in ancient Greece», dans L. Archer, S. Fischler et M. Wyke (édit.), *Women in ancient societies: 'an illusion of the night'*, Basingstoke 1994, p. 70-87 (77-79 sur Théano); **118** Montserrat Jufresa, «Savoir féminin et sectes pythagoriciennes», *Clio. Histoire, femmes, sociétés* 2, 1995, p. 17-40; **119** Régine Pietra, *Les femmes philosophes de l'Antiquité gréco-romaine*, Paris 1997, p. 15-23 ("Une affaire de famille"), spéc. p. 17 *sq.* (sur Théano); **120** Henriette Harich-Schwarzbauer, «Philosophinnen», dans Th. Spät et B. Wagner-Hasel (édit.), *Frauenwelten in der Antike: Geschlechterordnung und weibliche Lebenspraxis*, Stuttgart/Weimar 2000, p. 162-174, aux p. 162-166; **121** Joan E. Taylor, *Jewish women philosophers of the first-century Alexandria: Philo's 'Therapeutae' reconsidered*, Oxford 2003, p. 178-182 ("The Pythagoreans"); **122** Ekaterina Haskins, «Pythagorean women (late sixth century BCE – third century CE)», dans M. Ballif et M. G. Moran (édit.), *Classical rhetorics and rhetoricians: critical studies and sources*, Westport (Connecticut) 2005, p. 315-319; **123** Bella Vivante, *Daughters of Gaia: women in the ancient Mediterranean world*, Westport (Connecticut)/London 2007, p. 158-168; **124** Francesca Izzi, «Le donne nel mondo pitagorico», dans *Ead.*, *Viaggio nell'universo femminile della Magna Grecia*, Padova 2009, p. 159-203; **125** Rosa Reuthner, «*Philosophia* und *Oikonomia* als weibliche Disziplinen in Traktaten und Lehrbriefen neupythagoreischer Philosophinnen», *Historia* 58, 2009, p. 416-437; **126** Clara Acker, «Pythagorean women philosophers», dans G. Cornelli et J. R. Alvares (édit.), *Pythagorean hypomnemata. Notes for the VIII International Archai Seminar "On Pythagoreanism", Universidade de Brasília, August 22nd - 26th, 2011*, Brasília 2011, p. 7-16; **127** Marguerite Deslauriers, «Women, education, and philosophy», dans Sh. L. James et Sh. Dillon (édit.), *A companion to women in the ancient world*, Chichester 2012, p. 343-353, aux p. 346-349; **128** Vicky L. Harper, «The Neopythagorean women as philosophers», dans Pomeroy **27**, p. 117-138 (p. 125-135 sur Théano); **129** N. J. Barnes, *Reading I Corinthians with philosophically educated women*, Eugene, Oregon 2014, p. 78-91; **130** J. S. Dueso, *Las filósofas pitagóricas. Escritos filosóficos. Cartas*, Amazone 2014 (p. 59-79 sur Théano).

Cf. aussi la présentation romancée de la légende de Pythagore et de sa femme Théano dans **131** Henriette Edwige Chardak, *L'énigme Pythagore: la vie et l'œuvre de Pythagore et de sa femme Théano*, Paris 2007.

CONSTANTINOS MACRIS.

29 THÉANOR DE CROTONE

Voir dans les compléments du tome VII.

30 THÉARIDAS

Philosophe dont Clément (*Stromates*, V 14, 133, 1) cite un très court fragment en dorien tiré d'un traité *Sur la nature* (Περὶ φύσεως): « Le principe (ἀρχά) des êtres, du moins leur principe réel et véritable (ὄντως ἀληθινά), est unique (μία); car c'est lui qui est au commencement, unique et seul (ἓν καὶ μόνον) » (trad. P. Voulet, *SC* 278 [légèrement retouchée]); le passage est repris par Eusèbe dans les *excerpta* qu'il a tirés des *Stromates* (*Praep. Evang.* XIII 13, 62, 1-3). Le dialecte employé et la forte affirmation moniste du fragment orientent vers un apocryphe (néo)pythagoricien, *sans* que l'auteur soit désigné comme Πυθαγόρειος – ce qui ne manque pas d'étonner de la part d'un admirateur du pythagorisme et fin érudit comme Clément. 1 H. Thesleff, *An Introduction to the Pythagorean writings*, p. 121-122, pense que « Clement (or his secretary) rather carelessly consulted » « an anthology of brief extracts with the name of the author and the title of the work attached », ce qui expliquerait certaines erreurs d'attribution de sa part (pour d'autres exemples, voir Thesleff **1**, p. 11, 65 *sq.* et 69, avec la n. 4) et rendrait les citations d'auteurs (pseudo)pythagoriciens qu'on trouve chez lui – dont celle de Théaridas – « somewhat suspicious » (*ibid.*, p. 122 n. 1). Selon **2** A. Le Boulluec (*Clément d'Alexandrie. Stromate V*, t. II: *Commentaire, bibliographie et index*, *SC* 279, Paris 2009[2] [1981[1]], p. 358-359), ces lignes (ainsi qu'un fragment de contenu analogue cité un peu plus haut [*Strom.* V 14, 115, 4], attribué à un autre pythagoricien, Timée de Locres [☞+T 144+ T 145]) proviendraient vraisemblablement, dans la source de Clément, « de la même anthologie de fragments néopythagoriciens, constituée sans doute en milieu juif ».

Sur l'accès qu'a pu avoir Clément à des sources pythagoriciennes, y compris à des apocryphes, voir Le Boulluec **2**, *passim*; *cf.* **3** C. Macris, « Jamblique et la littérature pseudo-pythagoricienne », dans S.C. Mimouni (édit.), *Apocryphité: histoire d'un concept transversal aux religions du Livre. En hommage à Pierre Geoltrain*, coll. « Bibliothèque de l'École des Hautes Études. Section des Sciences religieuses » 113, Turnhout 2002, p. 77-129, à la p. 98, avec la n. 84bis. – Sur sa bonne connaissance du pythagorisme, voir **4** E. Afonasin, « The Pythagorean way of life in Clement of Alexandria and Iamblichus », dans E. Afonasin, J. Dillon et J. F. Finamore (édit.), *Iamblichus and the foundations of late Platonism*, Leiden/Boston 2012, p. 13-35.

Mais en même temps il ne faut pas oublier que dans le chapitre XIV du *Stromate V* (consacré aux emprunts faits par les Grecs aux Écritures saintes) Clément mobilise de nombreuses citations helléniques proclamant le monisme et le monothéisme – et avec eux la toute-puissance et l'omniscience du divin, le caractère invisible/non-représentable, incorporel et inengendré de Dieu, etc. – tirées des pythagoriciens (parmi lesquels Clément [ou sa source] range aussi Épicharme et Pindare) ou d'autres philosophes (Thalès, Héraclite, Xénophane, Parménide, Démocrite, Antisthène, Cléanthe), mais aussi des poètes (Homère, Hésiode, les tragiques, Orphée), ainsi que de la Sibylle. Par conséquent, il se peut tout aussi bien que le florilège dont il a tiré le fragment de Théaridas ait été une anthologie d'auteurs "monothéistes" païens de tous bords, sans être spécifiquement néopythagoricienne.

Les hypothèses relatives aux sources utilisées par Clément dans le chap. XIV du *Stromate V* sont exposées et discutées par **5** J. Gabrielsson, *Über die Quellen des Clemens Alexandrinus, Erster Teil*, Diss. Upsala 1906, p. 192-196. À côté des sources judéo-chrétiennes (éventuellement gnostiques) et des produits de la pseudépigraphie juive (p. ex. le pseudo-Hécatée ou Aristobule, notamment dans les cas des vers attribués à "Orphée" et à la "Sibylle"), l'auteur identifie également un florilège d'origine païenne (comportant éventuellement des interpolations juives et/ou chrétiennes), qui serait notamment la source de la dernière partie du chapitre (§§ 127 *sq.*), à laquelle appartient la référence à Théaridas.

Il faudrait aussi rappeler que le texte de Théaridas n'était pas le seul texte pseudo- ou néo-pythagoricien à proclamer le monisme et même le monothéisme : des textes attribués à Archytas (⮕A 322) et à Onatas/Onêtor (⮕O 22), un poème monothéiste attribué à Pythagore, etc. baignent tous dans cette même atmosphère. Ce basculement par rapport au dualisme traditionnel du pythagorisme ancien est par ailleurs palpable non seulement au niveau métaphysique/ontologique et théologique, mais aussi anthropologique, et même politique, avec le développement de la littérature *Sur la royauté* – royauté dont le fondement est justement la monarchie divine (voir **6** C. Macris, notice « Sthénidas » S 159). Sur cette évolution du pythagorisme, voir à titre indicatif **7** J. Whittaker, « Neopythagoreanism and negative theology », *SO* 44, 1969, p. 109-125 ; **8** *Id.*, « Neopythagoreanism and the transcendent absolute », *SO* 48, 1973, p. 77-86 ; **9** *Id.*, « Numenius and Alcinous on the first principle », *Phoenix* 32, 1978, p. 144-154 [études reprises dans **10** *Id.*, *Studies in Platonism and Patristic thought*, coll. « Variorum collected studies series » 201, London 1984, respectivement sous les nᵒˢ IX, XI et VIII] ; **11** G. Reale, *Storia della filosofia antica*, t. IV : *Le scuole dell'età imperiale*, Milano 1989⁶ [1978¹], p. 389-390 + 400-404 [trad. angl. J. R. Catan, **11a** *A History of ancient philosophy*, t. IV : *The schools of the Imperial Age*, [Albany (N. Y.)] 1990, p. 249 + 256-259] ; **12** J. P. Kenney, *Mystical monotheism : a study in ancient Platonic theology*, Eugene (Oregon) 1991, p. 32-43 ("The emergence of Hellenic monotheism"). *Cf.* aussi **13** Gr. Staab, « Das Kennzeichen des neuen Pythagoreismus innerhalb der kaiserzeitlichen Platon-interpretation : 'Pythagoreischer' Dualismus und Einprinzipienlehre im Einklang », dans M. Bonazzi et J. Opsomer (édit.), *The origins of the Platonic system*, Louvain 2009, p. 55-88 ; **13a** J. Kalvesmaki, *The theology of arithmetic : number symbolism in Platonism and early Christianity*, Washington, D.C. 2013, p. 175-182 (« Excursus A. One versus one: the differentiation between *hen* and monad in Hellenistic and late antique philosophy »).

Sur un tout autre registre, éthique, voir aussi l'apophtegme attribué à un certain Théaridas de Laconie par Plutarque, *Apophtegmes laconiens*, 221 C : « On demanda à Théaridas, qui était en train d'aiguiser son glaive, si celui-ci était aigu ; il répondit : – "Plus aigu que la calomnie (διαβολή) !" » (l'apophtegme est repris dans le *Gnomologium Vaticanum* : voir **14** L. Sternbach [édit.], *Gnomologium Vaticanum e Codice Vaticano Graeco 743*, Berlin 1963 [1ʳᵉ publ. dans *WS* 1887-1889], n° 337, p. 132, avec les notes *ad loc.*). Comme l'a bien vu Le Boulluec **2**, «ce mot est l'inverse d'une parole attribuée à un pythagoricien» anonyme dans une anecdote rapportée par Jamblique. La voici : «Deux [...] hommes qui semblaient avoir une solide amitié l'un pour l'autre étaient tombés dans une suspicion silencieuse, parce qu'un flatteur avait dit à l'un que sa femme avait été séduite par l'autre. Par hasard, le Pythagoricien entra dans une forge où celui qui se croyait victime d'un tort, montrait au forgeron une épée aiguisée, lui reprochant de ne l'avoir pas suffisamment affilée. Soupçonnant que l'homme se préparait à tuer celui qui avait été calomnié, le Pythagoricien déclara : – "Cette épée est plus affilée que tout, sauf la calomnie (διαβολή) !". Par ces mots, il amena l'homme à réfléchir et à ne pas tuer inconsidérément son ami, qu'il avait fait venir chez lui» (*V. pyth.* 27, 125, p. 71, 15-26 Deubner ; trad. **15** L. Brisson et A.-Ph. Segonds [introd., trad. & notes], *Jamblique. Vie de Pythagore*, coll. «La Roue à livres» 29, Paris 2011[2] [1996[1]], p. 71). Ce parallèle ne devrait pas nous décourager d'envisager la possibilité que le Théaridas laconien soit en réalité le pythagoricien ancien dont s'est inspiré l'auteur tardif cité par Clément : dans la littérature apophtegmatique et gnomique, le jeu de reprises avec variation, et même le retournement, de certaines sentences est assez fréquent, y compris par des sages appartenant à la même tradition.

Pour un cas similaire de «compétition» entre sages (dont un pythagoricien anonyme), dans un effort pour donner une définition adéquate du temps, voir **16** C. Macris, notice «[Parôn]», P 44, *DPhA* Va, 2012, p. 165-170. – De manière analogue on retrouve chez Hérodote un apophtegme qui plus tard figure parmi ceux attribués à Théano ; voir **17** C. Macris, notice «Théano», T 28.

Dans ce cas on devrait peut-être ajouter Théaridas aux autres pythagoriciens laconiens figurant dans le *Catalogue* de Jamblique (*V. pyth.* 36, 267, p. 145, 16 Deubner ; *cf.* aussi les femmes pythagoriciennes d'origine lac[édém]onienne, *ibid.*, p. 146, 16 - 147, 6 Deubner).

Pour une brève vue d'ensemble des références antiques concernant Théaridas, *cf.* **18** H. Thesleff, *The Pythagorean texts*, p. 201, 10-18, avec les remarques de Thesleff **1**, p. 23, 29, 74-75 et 115, qui propose une datation au IIIe s. av. J.-C.

Son nom a échappé à la vigilance de la *RE* et de **19** W. Pape et G. Benseler, *Wörterbuch der griechischen Eigennamen* (où on l'aurait attendu au t. I, p. 484), mais il a été dûment répertorié dans le **20** *LGPN*, t. III A, p. 200 (où Fraser et Matthews proposent sans justification particulière une datation au IVe siècle) ; voir aussi **20a** H. A. Brown, *Philosophorum Pythagoreorum collectionis specimen*, p. XVIII, ainsi que **21** E. Zeller, *Die Philosophie der Griechen*, t. III 2, 1923[5] [réimpr. 1963 ; 1990], p. 117, n° 38 = **21a** E. Zeller et R. Mondolfo, *La filosofia dei Greci nel suo sviluppo storico*, Parte III : *La filosofia post-aristotelica*, t. IV : *I precursori del neoplatonismo*, édit. R. del Re, Firenze 1979, p. 49, n° 38.

Sur la forme du nom, voir **22** Fr. Bechtel, *Die historischen Personennamen*, p. 202.

On a été tenté d'identifier ce Θεαρίδας par ailleurs inconnu, et dont l'ethnique n'a *pas* été conservé, à un Θεωρίδης de Métaponte (➡T 104) figurant dans le *Catalogue* des pythagoriciens de Jamblique (un document qui semble remonter en grande partie à Aristoxène de Tarente [➡A 417]). Une telle identification serait en effet envisageable, explicable par une erreur de copiste – paléographiquement possible – dans la tradition manuscrite. Néanmoins, d'une part, elle est loin d'être certaine, et d'autre part, une fois qu'on l'accepte il est difficile de décider laquelle des deux formes du nom on devrait retenir comme authentique. Car si Théaridas est un nom bien attesté en Italie du Sud et en Sicile (il est mentionné p. ex. sur une plaquette de plomb datable *ca* 460-450 av. J.-C.; voir **23** Federica Cordano, *Le tessere pubbliche dal tempio di Atena a Camarina*, Roma 1992, n°s 24 et 61, aux p. 41 et 51 [*cf. SEG* 42, 846; *Bull. Épigr.* 1992, 592]; **24** R. Arena, *Iscrizioni greche arcaiche di Sicilia e Magna Grecia – Iscrizioni di Sicilia*, t. II: *Iscrizioni di Gela e Agrigento*, Milano 1992, p. 57, n° 132; **25** L. Dubois, *Inscriptions grecques dialectales de Sicile*, t. II, Genève 2008, p. 103-114, doc. n° 46, plaquette n° 24, à la p. 105) et assez répandu par ailleurs (notamment dans des cités doriennes du Péloponnèse, y compris en Messénie: voir *LGPN* **20**, t. III A, p. 200; *cf.* aussi t. III B, p. 187 [Béotie]; t. IV, p. 162 [Callatis en Scythie]; t. V A, p. 210 [Smyrne]), Théôridès représente au contraire un *hapax* onomastique, et donc constituerait une *lectio difficilior* qu'on n'est pas en droit de corriger. C'est pourquoi le dernier éditeur de la *Vie pythagoricienne* de Jamblique, L. Deubner, a conservé à juste titre la leçon des mss.

Sur le principe de variation (par rapport à de vrais noms d'auteurs ou de personnages historiques) qui semble régir parfois le choix de pseudonymes inventés par les auteurs de textes apocryphes (ici le Théaridas cité par Clément), on pourrait utilement comparer – même si elles ont été formulées à propos d'un tout autre dossier – les considérations de **26** R. Syme, « The bogus names », dans *Id., Emperors and biography: studies in the 'Historia Augusta'*, Oxford 1971, p. 1-16; *cf.* **27** *Id.*, « Bogus authors », dans *Id.*, *'Historia Augusta' papers*, Oxford 1983, p. 98-108 (1re publ. dans *Bonner HAC* 1972/74 [1976], p. 311 *sq.*).

Toujours est-il qu'on ne peut s'empêcher d'imaginer Jamblique lui-même corrigeant la forme transmise du nom (Θεαρίδας), afin d'en rétablir une autre, plus appropriée en quelque sorte pour un philosophe contemplatif consacré à la θεωρία, tel qu'il se représentait le vrai pythagoricien (*cf. V. pyth.* 24, 107, p. 62, 5 *sq.* + 28, 150, p. 84, 18 *sq.* Deubner; *Protreptique* et *De communi mathematica scientia*, *passim*)...

CONSTANTINOS MACRIS.

31 THÉAROS

F III[a]

Dédicataire d'un ouvrage de Chrysippe de Soles (➤C 121) signalé dans la liste des ouvrages du philosophe conservée par Diogène Laërce (VII 190): Περὶ τῶν κατὰ στέρησιν λεγομένων πρὸς Θέαρον α', *Sur ce qui est dit de manière privative, à Théaros, en un livre* (traduction empruntée à la liste des œuvres de Chrysippe commentée par P. Hadot, *DPhA* II, 1994, p. 339). Ce traité est cité par Simplicius, *in Categ.*, p. 396, 20 et 404, 5-6 Kalbfleisch.

Voir R. Goulet, « La classification stoïcienne des propositions simples selon Diogène Laërce VII 69-70 » (1978), dans J. Brunschwig (édit.), *Les Stoïciens et leur logique*, 2e éd., coll. « Bibliothèque d'histoire de la philosophie – Nouvelle série », Paris 2006, p. 215 et n. 94.

C'était probablement un disciple de Chrysippe ou bien son collègue dans l'école stoïcienne.

Absent de la *RE*.

RICHARD GOULET.

32 THÉÉTÈTE D'ATHÈNES *RE* 2 Vᵃ

Interlocuteur de Socrate dans le dialogue homonyme de Platon, puis de l'Étranger d'Élée dans le *Sophiste*. Fils, selon le *Théétète* (144 c 5), d'un certain Euphronios de Sounion, sur lequel on n'a pas de renseignements par ailleurs, il figure parfois sous l'appellation de Théétète de Sounion. Il est introduit dans le dialogue comme un brillant élève du mathématicien Théodore de Cyrène (➡T 56a). Voir **1** M. Narcy, notice « Platon – *Théétète* », P 195, *DPhA* Va, 2012, p. 686-700 ; **2** *Id.*, notice « Platon – *Sophiste* », P 195, *DPhA* Va, 2012, p. 700-706.

Le *Théétète* est présenté comme la transcription, par les soins d'Euclide de Mégare (➡E 82), d'un entretien qu'eut Théétète, alors très jeune, avec Socrate (➡S 98) quelques semaines avant la mort de ce dernier ; de cette transcription, le même Euclide se fait donner lecture par l'un de ses esclaves alors qu'il vient de rencontrer Théétète à l'article de la mort. Ce sont là les seules indications dont nous disposions pour la datation de la naissance et de la mort de Théétète. Qualifié avec insistance dans le dialogue de μειράκιον (142 c 6, 143 e 5, 144 c 8), encore imberbe (168 e 4) et n'ayant pas encore achevé sa croissance (155 c 1), Théétète, au moment de sa rencontre avec Socrate en 399ᵃ, ne pouvait avoir plus de 16 ans : il est donc né au plus tôt en 415ᵃ.

La date de sa mort est plus difficile à fixer. Quand Euclide a rencontré Théétète, on ramenait ce dernier, mourant, d'une bataille livrée devant Corinthe : la date de cette bataille nous donne donc celle de la mort de Théétète. Seules deux dates sont possibles : celle de la bataille de Némée (394ᵃ), où, au début de la guerre de Corinthe, les hoplites athéniens furent engagés au sein de la coalition anti-spartiate, et celle de la bataille que livrèrent les Athéniens, alliés aux Lacédémoniens, pour défendre Corinthe contre une attaque des Thébains (369ᵃ). La plupart des historiens du XIXᵉ siècle ont opté pour la première date, qui fait mourir Théétète seulement cinq ans après Socrate, donc au plus tard à 21 ans. Depuis **3** Eva Sachs, *De Theaeteto Atheniensi Mathematico*, Berlin 1914, l'opinion dominante tient au contraire pour plus vraisemblable la date de 369ᵃ : même prématurée, une mort à 46 ans paraît plus compatible avec l'œuvre mathématique dont est crédité Théétète par la tradition.

4 D. Nails, *The People of Plato*, Indianapolis 2002, *s.v.* « Theaetetus », p. 277, rejette ce dernier argument au motif que la période la plus créative d'un mathématicien est en règle générale sa jeunesse et revient donc à la datation haute de la mort de Théétète : non pas, cependant, 394ᵃ, mais 391ᵃ, où les Athéniens, venus renforcer les défenses de Corinthe, affrontèrent les Lacédémoniens.

Dans le *Théétète*, le talent mathématique du jeune homme ne va pas au-delà de l'exposé d'une méthode de division des racines carrées en deux classes et de l'innovation terminologique consistant à réserver le terme de « puissance » aux racines irrationnelles (et de l'évocation d'une distinction analogue pour les racines cubiques). Des sources plus tardives lui attribuent cependant une contribution importante au développement des mathématiques. Citant à l'appui Eudème de Rhodes (➡E 93), Pappus (➡P 36), dont le commentaire du livre X des *Éléments* d'Euclide (☛ E 80) est conservé dans une version arabe, indique que Théétète aurait non seulement distingué puissances rationnelles et irrationnelles (ce à quoi se borne le jeune garçon du *Théétète*), mais établi entre ces dernières des rapports de proportionnalité géométrique, arithmétique et harmonique, définissant ainsi respectivement la médiale, la binomiale et l'apotomé (**5** *The Commentary of Pappus on book X of Euclid's Elements*, Arabic text and transl. by W. Thomson, Cambridge, Mass., 1930, I 1 [p. 63], II 17 [p. 138]). Proclus (☛ P 292), dans l'Introduction de son commentaire du livre I des *Éléments* d'Euclide, est plus avare de détails et surtout plus réservé, indiquant que les résultats atteints par Théétète (dont il ne précise pas la nature) furent par la suite complétés par Hermotime de Colophon (☛ H 99a) puis par Euclide (*Procli Diadochi in Primum Euclidis Elementorum Librum Commentarii*, p. 67, 20-22 et p. 68, 6-9 Friedlein). Attribuée par un scholiaste postérieur à Proclus (*cf.* **6** J. L. Heiberg, «Paralipomena zu Euklid», *Hermes* 38, 1903, p. 321-356, notamment p. 341 et 346), une scholie à la prop. 9 du Livre X des *Éléments* d'Euclide en attribue cependant la paternité à Théétète (*Euclidis Elementa* post I. L. Heiberg ed. E. S. Stamatis, V 2, *Scholia in libr. VI-XIII*, coll. *BT*, Leipzig 1977, schol. 62 *in librum* X, p. 113), ce qui a conduit de nombreux historiens à conjecturer que la totalité du livre X remontait à Théétète, dans son contenu sinon dans sa forme.

La *Souda* (Θ 93) attribue à Théétète la construction des volumes couramment désignés comme les cinq corps platoniciens. Cette attribution est en partie confirmée par la scholie 1 au livre XIII des *Éléments* d'Euclide, qui explique que des cinq corps en question, trois (le cube, la pyramide et le dodécaèdre) remontent en réalité aux pythagoriciens, deux (l'octaèdre et l'icosaèdre) appartiennent à Théétète, leur désignation comme platoniciens provenant de l'exposé donné par Platon de leur construction dans le *Timée* (55 a-c). **7** P. Tannery, *La Géométrie grecque*, Paris 1887 (réimpr. Paris 1988), p. 99-102, suivi par **8** E. Sachs, *Die fünf platonischen Körper. Zur Geschichte der Mathematik und der Elementenlehre Platons und der Pythagoreer*, coll. «Philologische Untersuchungen» 24, Berlin 1917, a montré que, comme le livre X, l'ensemble du livre XIII d'Euclide peut être attribué à Théétète. Sachs **8**, puis **9** F. Lasserre, *De Léodamas de Thasos à Philippe d'Oponte. Témoignages et fragments*, édition, traduction et commentaire, coll. «La Scuola di Platone», 2, Napoli 1987, en se fondant sur les propositions d'Euclide qui peuvent être attribuées à Théétète, ont tenté des «reconstitutions», évidemment conjecturales, d'un éventuel traité de ce dernier.

L'absence de toute trace d'œuvre écrite de Théétète a cependant incité **10** K. Reidemeister, *Das exakte Denken der Griechen. Beiträge zur Deutung von Euklid, Plato, Aristoteles*, Hamburg 1949 (réimpr. coll. «Libelli» 333, Darmstadt 1972), p. 24, à se demander si l'ensemble de ces attributions à Théétète ne devrait pas être considéré comme une légende construite à partir du dialogue de Platon. Pour Lasserre **9**, p. 464, la formulation rigoureuse des thèses attribuées à Théétète aussi bien par Platon que par Pappus, et le fait que, selon Proclus, Hermotime et Euclide lui-même ont complété les théorèmes dus à Théétète impliquent une transmission écrite, et donc l'existence d'un recueil des résultats atteints par Théétète en matière d'irrationnelles et de stéréométrie.

Mis à part l'importance des mathématiques dans l'école de Platon, il est difficile de rendre compte de l'appellation de « philosophe » décernée à Théétète par la *Souda*. Voir cependant **11** M. S. Brown, « *Theaetetus* : Knowledge as Continued Learning », *JHPh* 7, 1969, p. 359-379 ; **12** M. F. Burnyeat, « The Philosophical Sense of Theaetetus' Mathematics », *Isis* 69, 1978, p. 489-513 (repris dans *Explorations in Ancient and Modern Philosophy*, Cambridge 2012, t. II, p. 36-69).

Édition et traduction. Lasserre **9** (témoignages et « résumés de doctrine et d'idées » : p. 49-66 ; traduction : p. 245-279 ; commentaire : p. 461-502).

Études d'orientation. Sachs **3** ; **13** Th. Heath, *A History of Greek Mathematics*, Oxford 1921 ; **14** K. von Fritz, art. « Theaitetos » 2, *RE* V A 2, 1934, col. 1351-1372 ; **15** J. Itard, *Les Livres arithmétiques d'Euclide*, Paris 1961 ; **16** K. von Fritz, *Platon, Theaetet und die antike Mathematik*, 2. ergänzte Auflage mit einem Nachtrag zum Neudruck, coll. « Libelli » 257, Darmstadt 1969 (1re éd. : *Philologus* 87, N. F. 41, 1932, p. 40-62, 136-178) ; **17** W. B. Knorr, *The Evolution of the Euclidean Elements. A Study of the Theory of the Incommensurable Magnitudes and its Significance for Early Greek Geometry*, Dordrecht/Boston 1975 ; **18** I. Bulmer-Thomas, art. « Theaetetus », *DSB* XIII, 1981 ; **19** M. Narcy (édit.), *Platon : Théétète*. Trad. inédite, introduction et notes, coll. *GF*, Paris 1994, p. 30-69 ; **20** J.-L. Gardies, *L'Organisation des mathématiques grecques jusqu'à Euclide*, Paris 1997 ; **21** M. Caveing, *La Constitution du type mathématique de l'idéalité dans la pensée grecque*, t. III : *L'Irrationalité dans les mathématiques grecques jusqu'à Euclide*, Villeneuve d'Ascq 1997 ; **22** D. Fowler, *The Mathematics of Plato's Academy. A New Reconstruction*, 2nd ed. Oxford 1999 ; **23** M[enso] F[olkerts], art. « Theaitetos » [1], *NP* XII 1, 2002.

Bibliographie. 24 F. Minonzio, « Per una bibliografia del matematico Teeteto di Atene », *Bollettino del Centro internazionale di storia dello spazio e del tempo* 5, 1986, p. 77-80.

MICHEL NARCY.

33 THÉÉTÈTE D'HÉRACLÉE IV^a ?

La *Souda* comporte deux entrées au nom de Théétète (Θ 93-94 Adler). La première (Θ 93), qui rapporte qu'il fut « le premier à construire ce qu'on appelle les cinq solides », se réfère sans équivoque au Théétète connu des historiens des mathématiques (➤T 32), personnage éponyme du *Théétète* de Platon.

La seconde (Θ 94) parle d'un Théétète qui, lui aussi « philosophe », n'est pourtant pas comme le précédent « élève (μαθητής) de Socrate », mais « auditeur (ἀκροατής) de Platon » ; en outre, au lieu d'être athénien, il est « d'Héraclée du Pont ». Or, selon Θ 93 (notre unique source sur ce point), l'Athénien « enseigna à Héraclée » : on peut se demander si la création d'une entrée « Théétète d'Héraclée » ne résulte pas d'un flottement provoqué par cette indication dans l'esprit du compilateur, de sorte qu'il s'agirait en réalité d'un seul et même personnage. Selon **1** G. J. Allman, « Greek Geometry from Thales to Euclid. VII », *Hermathena*, t. 6, n° 13, 1887, p. 269-278, cit. p. 274 n. 11 (= *Greek Geometry from Thales to Euclid*, Dublin/London 1889, chap. VII, p. 211 n. 11), il s'agirait plus probablement d'un fils ou d'un parent de Théétète d'Athènes, que ce dernier aurait envoyé étudier à l'Académie auprès de Platon.

Dans la mesure où ces deux hypothèses impliquent un établissement de Théétète d'Athènes à Héraclée, où même il aurait fait souche si l'on en croit Allman **1**, elles sont l'une et l'autre difficilement compatibles avec le récit platonicien de sa mort : une datation haute étant exclue dans les deux cas, on peine à comprendre comment, à l'âge probable de son *floruit* (46 ans), il aurait fait partie du détachement athénien envoyé défendre Corinthe.

Compte tenu de cette difficulté, il est tentant de penser, à l'inverse de l'opinion combattue par Allman **1**, que ce n'est pas l'existence d'un Théétète d'Héraclée qui est légendaire, mais au contraire la présence à l'Académie d'un Théétète originaire d'Héraclée qui a entraîné une confusion avec Théétète d'Athènes, d'où est née la légende d'un enseignement dispensé à Héraclée par ce dernier.

MICHEL NARCY.

34 THÉÉTÈTE DE RHÉGIUM *RE* 3

La présence de ce nom dans le *DPhA* semble être due à une erreur de Jamblique qui une fois (en *V. pyth.* 30, 172, p. 96, 24 Deubner), en évoquant les quatre législateurs archaïques de Rhégium, en Italie du Sud, a dû se tromper et a écrit apparemment Θεαίτητος – à côté d'Aristocratès (⟶A 373), Phytios (⟶P 185) et Hélicaon (⟶H 24) – au lieu d'écrire Θεοκλῆς (⟶T 43).

Qu'il ne s'agit pas d'une simple variante de la tradition (comme le pense un peu hâtivement **1** A. Delatte, *Essai sur la politique pythagoricienne*, Paris 1922 [réimpr. Genève 1979 ; 1999], p. 28) et que le vrai nom de ce nomothète est bien Θεοκλῆς et non pas Θεαίτητος peut être déduit des considérations suivantes : (a) en *V. pyth.* 27, 130, p. 73, 26 - 74, 1 Deubner il est question de la constitution de Rhégium (Ῥηγινικὴ πολιτεία) dite ἡ ἐπὶ Θεοκλέους, « qui remonte au temps de Théoclès » – phrase citée comme s'il s'agissait d'une expression consacrée ; (b) ce Théétète ne figure pas dans la liste des originaires de Rhégium qui fait partie du *Catalogue* des pythagoriciens de Jamblique, ni nulle part ailleurs ; (c) en revanche, il est possible, au moyen d'une correction, de reconnaître Θεοκλῆς derrière un Εὔθυκλῆς de cette même liste (voir Delatte **1**, p. 28, n. 1, et la notice sur Théoclès de Rhégium, *infra*).

Pour plus de détails sur cette erreur, due sans doute à Jamblique lui-même, et sur la confusion qui en résulte, *cf.* aussi **2** C. Macris, notice « Phytios de Rhégion », P 185, *DPhA* Va, 2012, p. 615-617.

Par conséquent, il n'y a aucune raison de répertorier ce Théétète, vraisemblablement inexistant, dans la *RE* (**3** K. von Fritz, art. « Theaitetos [3] », *RE* V A 2,

1934, col. 1372), le **4** *LGPN* (t. III A, p. 199) ou **5** W. Pape et G. Benseler, *Wörterbuch der griechischen Eigennamen* (t. I, p. 484 [n° 3]).

Sur la forme du nom, voir **6** Fr. Bechtel, *Die historischen Personennamen*, p. 202.

CONSTANTINOS MACRIS.

THÉIODAS DE LAODICÉE → THÉODAS

35 THÉMISON *RE* 2 IV[a]

Roi de Chypre (on ne sait en quelle cité), dédicataire du *Protreptique* perdu d'Aristote (fr. 1 Ross). Dans cet extrait de Télès [➤T 13] (fr. IV b Hense), conservé par Stobée (IV 32, 21 Hense), qui rapporte des propos de Zénon de Citium [➤Z 20] (*SVF* I 273), Cratès de Thèbes (➤C 205) lisant (à voix haute) dans la boutique d'un cordonnier Philiscos (➤P 132) le *Protreptique* d'Aristote, dans lequel le philosophe incitait Thémison, roi de Chypre, à pratiquer la philosophie, lui qui avait toutes les richesses nécessaires à satisfaire ce besoin, s'adresse au cordonnier qui écoutait attentivement : « J'ai le sentiment, Philiscos, que je vais écrire pour toi un protreptique, car je vois que tu as plus d'atouts pour philosopher <que> n'en avait celui pour qui écrivit Aristote ». Voir **1** P. P. Fuentes González, *Les Diatribes de Télès. Introduction, texte revu, traduction et commentaire des fragments*, coll. « Histoire des doctrines de l'antiquité classique » 23, Paris 1998, p. 427-428 (texte et traduction) et p. 437-439 (commentaire) ; **2** *Id.*, notice « Philiscos », P 132, *DPhA* V A, 2012, p. 320-323.

3 F. Schachermeyer, art. « Themison » 1, *RE* V A 2, 1934, col. 1631, signale que **4** W. H. Engel, *Kypros. Eine Monographie*, Berlin 1841, 2 vol., t. I, p. 364-365 et n. 39, a supposé que Thémison était le roi de Keryn(e)ia, sur la côte nord.

Cf. **5** A. H. Chroust, « What prompted Aristotle to address the *Protrepticus* to Themison of Cyprus ? » (1966), dans **6** *Id., New light on his life and on some of his lost works*, t. II : *Observations on some of Aristotle's lost works*, London 1973, p. 119-125.

RICHARD GOULET.

36 THÉMISTA DE LAMPSAQUE *RE* 5 IV/III

Épicurienne, originaire de Lampsaque, fille de Zoïlus (voir **1** K. Ziegler, art. « Zoilos », *RE* X A, 1972, col. 711). Selon Clément d'Alexandrie (Clem. Alex., *Strom.* IV 19, 4 ; t. I, p. 302, 3-4 Stählin-Früchtel), elle s'appellait Θεμιστώ. Disciple d'Épicure (D. L. X 25), Thémista avait épousé Léonteus (➤L 40), et de leur union naquit un fils qui fut appelé Épicure (➤E 34. *Cf.* D. L. X 26). Thémista et Léonteus avaient connu Épicure (➤E 36) lors de son séjour à Lampsaque. En s'installant à Athènes, en 307/6, Épicure avait laissé à Lampsaque une communauté philosophique dont faisaient partie entre autres Léonteus et Thémista. *Cf.* **2** A. Angeli, « I frammenti di Idomeneo di Lampsaco », *CronErc* 11, 1981, p. 94, et **3** *Ead.*, « La scuola epicurea di Lampsaco nel PHerc. 176 (fr. 5 coll. I, IV, VIII-XXIII) », *CronErc* 18, 1988, p. 34 n. 54.

Cf. **4** W. Schwahn, art. «Themista» 5, *RE* V A 2, 1934, col. 1641 ; **5** M. Erler, «Epikur», *GGP, Antike* 4, 1, 1994, p. 115 ; **6** C. Militello (édit.), *Filodemo, Memorie epicuree (PHerc. 1418 e 310)*, Napoli 1997, p. 210-211.

On conserve peu de fragments de lettres adressées par Épicure à Thémista : une sous l'archontat de Philippe, 292/1 (Philod., *Pragmateiai*, *PHerc.* 1418, col. X 8-10 Militello = fr. 50 Arrighetti), et deux autres, non datées, dont une adressée à elle et à Léonteus (D. L. X 5 = fr. 51 Arrighetti). *Cf.* **7** D. Sedley, «Epicurus and the Mathematicians of Cyzicus», *CronErc* 6, 1976, p. 45, et **8** A. Laks, «Édition critique et commentée de la Vie d'Épicure dans Diogène Laërce», dans J. Bollack et A. Laks, *Études sur l'Épicurisme antique*, Lille 1976, p. 44-45.

Le même Épicure avait écrit une œuvre, aujourd'hui perdue, intitulée Νεοκλῆς πρὸς Θεμίσταν, *Néoclès* (**➤**N 18)*, à Thémista* (D. L. X 28).

On ne connaît rien sur la pensée de Thémista. Lactance (*Inst.* III 25, 15) la présente comme la seule femme digne du nom de philosophe : «nullas umquam mulieres philosophari docuerunt praeter unam ex omni memoria Themisten», tandis que Cicéron (*Pis.* 63 = Epic. fr. 28* Us.) vante sa *sapientia*, et affirme avec mépris (*De fin.* II 68) que Thémista avait écrit plusieurs livres *(tanta uolumina)*, qu'il ne vaut pas la peine de lire.

TIZIANO DORANDI.

37 THÉMISTAGORAS   II

Péripatéticien fictif, apparaissant dans la lettre III 19 Schepers d'Alciphron, dont le thème est celui du *Banquet* de Lucien. Il est raillé pour trouver son bonheur dans la gourmandise. Sur l'onomastique du personnage, voir J. Schwartz, «Onomastique des philosophes chez Lucien de Samosate et Alciphron», *AC* 51, 1982, p. 259-264, notamment p. 263 : son nom serait formé sur celui de Praxagoras, fils de Thémistoclès, archonte en 154-155.

Sont également présents au banquet offert à Athènes par un certain Scamônidès le stoïcien Étéoclès (**➤**E 60α, dans les compléments du tome VII ; le nom est écrit Euthyclès dans l'édition de Hercher, **➤**E 167), l'épicurien Zénocrate (**➤**Z 6), le pythagoricien Archibios (**➤**A 317) et le cynique Pancratès (**➤**P 22).

PATRICK ROBIANO.

38 THÉMISTIOS *RE* 2 *PLRE* I : IV

Philosophe et orateur, auteur de trente-quatre pièces à caractère oratoire et de paraphrases (παραφράσεις) à Aristote.

L'œuvre de Thémistios et l'histoire de sa transmission étant fort complexes, cette notice a été confiée à trois spécialistes : Jacques Schamp pour la partie prosopographique, les discours et la tradition grecque, Robert B. Todd pour les paraphrases philosophiques, John Watt pour la tradition syriaque, arabe, hébraïque et latine médiévale. Jacques Schamp s'est chargé d'intégrer l'information ainsi obtenue dans un plan d'ensemble. Des initiales entre crochets droits permettront au lecteur d'identifier les sections rédigées par les trois auteurs. R.G.

PLAN DE LA NOTICE

Études d'orientation. 1 G. Dagron, « L'Empire romain d'Orient au IVe siècle et les traditions politiques de l'hellénisme. Le témoignage de Thémistios », *TM* 3, 1968, p. 1-242 ; **2** B. Colpi, *Die παιδεία des Themistios. Ein Beitrag zur Geschichte der Bildung im vierten Jahrhundert nach Christus*, Bern 1987 ; **3** J. Vanderspoel, *Themistius and the Imperial Court. Oratory, Civic Duty, and Padeia from Constantius to Theodosius*, Ann Arbor 1995. Voir également **4** R. B. Todd, « Themistius », dans V. Brown (édit.), *Catalogus Translationum et Commentariorum*, t. VIII, Washington, D.C. 2003, p. 57-102, où sont décrites les éditions et les traductions des œuvres de Thémistios publiées au XVe et au XVIe siècle, notamment les traductions de toutes les paraphrases conservées d'Ermolao Barbaro, parues pour la première fois en 1481 et souvent réimprimées.

L'ŒUVRE

A. L'ŒUVRE ORATOIRE

I. Éditions intégrales

5 W. Dindorf, *Themistii orationes*, Leipzig 1832 (Hildesheim 1961) ; **6** H. Schenkl† et G. Downey, *Themistii orationes quae supersunt*, t. I, Leipzig 1965 (n° 1-19 ; 12 est un faux, voir *infra*) ; **7** H. Schenkl†, G. Downey et A. F. Norman, *Themistii orationes quae supersunt*, t. II, Leipzig 1971 (n° 20-34) ; **8** H. Schenkl†, G. Downey et A. F. Norman, *Themistii orationes quae supersunt*, t. III, Leipzig 1974 (*fragmenta, dubia, testimonia*, œuvres connues seulement dans une traduction syriaque et arabe, « Démégorie ») ; **9** R. Maisano, *Discorsi di Temistio*, Torino 1995. O. Ballériaux† et J. Schamp préparent une édition critique, une traduction et un commentaire pour la Collection des Universités de France (voir Maisano **9**, p. 78). Schenkl et Downey **6** a fait l'objet de sévères critiques de la part de **10** G. C. Hansen, *Gnomon* 38, 1966, p. 662-666, et **11** *Id.*, « Nachlese zu Themistios », *Philologus* 111, 1967, p. 110-118. Dans Schenkl, Downey et Norman **8**, p. 1, est présentée comme fragment d'un discours appelé Φιλόπολις la Θεωρία du discours 4, qui manque naturellement dans Schenkl et Downey **6**, p. 70. Pour une histoire des éditions, notamment à date ancienne, on se reportera en dernier lieu à **12** O. Ballériaux†, « Prolégomènes à une nouvelle édition critique des *Discours* de Thémistios », *RHT* 31, 2001, p. 49-55. Dans la suite du présent article sera cité faute de mieux, Schenkl et Downey **6**, Schenkl, Downey et Norman **7** et Schenkl, Downey et Norman **8**, non sans marquer les nuances quand ce sera nécessaire.

II. Éditions partielles

13 H. Kesters, *Plaidoyer d'un socratique contre le* Phèdre *de Platon. XXVIᵉ* discours de Thémistius. Introduction, texte et traduction, Louvain/Paris 1959 ; **14** S. Oppermann, Εἰς τὸν ἑαυτοῦ πατέρα. Βασανιστὴς ἢ φιλόσοφος (20. und 21. Rede), Diss. Göttingen 1962, p. 2-52 ; **15** H. Schneider, *Themistius Die 34. Rede des Themistios. Einleitung, Übersetzung und Kommentar*, Winterthur 1966, p. 56-88 (mais n'a pas été en mesure d'utiliser Dindorf **5**) ; **16** Alessia Gallinari, *La libertà religiosa, fondamento della politica (la quinta orazione di Temistio)*, Roma 1993, p. 26-40 ; pour le discours n° 6, voir J. Schamp dans **17** D.J. O'Meara et J. Schamp (édit.), *Miroirs de prince de l'empire romain au IVᵉ siècle*, Paris 2006, p. 186-251 (traduction française *princeps*, introduction et annotation sommaires).

III. Traductions intégrales

Maisano **9**, en italien.

IV. Traductions partielles

En allemand : Oppermann **14**, p. 54-94 ; Schneider **15**, p. 57-89 ; **18** H. Leppin et W. Portmann, *Themistios Staatsreden*, Stuttgart 1998 (respectivement nᵒˢ 2, 4, 5, 7, 9, 11, 14, 16-19 et nᵒˢ 1, 3, 6, 8, 10, 13, 15). En anglais : **19** G. Downey, « Themistius' First Oration », *GRBS* 1, 1958, p. 49-69 ; **20** J.M. Sugars, *Themistius' Seventh Oration : Text, Translation and Commentary*, thèse Irvine (Californie) 1997 (malgré le titre, n'offre pas le texte grec) ; **21** P. Heather et D. Moncur, *Politics, Philosophy, and Empire in the Fourth Century. Select Orations of Themistius*, Liverpool 2001 (nᵒˢ 1, « Démégorie », 3, 5-6, 14-17, 34 ; D. Moncur, dans **22** P. Heather et J. Matthews, *The Goths in the Fourth Century*, Liverpool 1991 (nᵒˢ 8 et 10, respectivement p. 26-36, et 36-50 ; des extraits choisis) ; **23** R.J. Penella, *The Private Orations of Themistius*, Berkeley/Los Angeles 2000 (nᵒˢ 20-34 et 17 en appendice) ; **24** J.G. Smeal, *Themistios. The Twenty-Third Oration*, (Diss. Vanderbilt Univ., Nashville, Tennessee), Ann Arbor 1989, p. 99-119. En espagnol **25** J. Ritoré Ponce, *Discursos políticos*, Madrid 2000 (nᵒˢ 1-19 ; la *Démégoria* vient en appendice). En français : *Disc.* 26 dans Kesters **13** ; *Disc.* 6 par J. Schamp, dans O'Meara et Schamp **17**, p. 186-251. En italien : Galinari **16**, p. 27-41 ; *Disc.* 22 dans Conterno **46** (cité plus loin), p. 121-136 (la version syriaque du discours est traduite p. 51-67).

V. Un texte inédit

On a pourtant signalé depuis 1985 un manuscrit de Venise, le *Marc. gr.* 412 qui contient un texte attribué à Thémistios : **26** E. Mioni, *Bibliothecae Divi Marci Venetiarum codices graeci manuscripti*, t. II. *Thesaurus antiquus. Codices* 300-625, Roma 1985, p. 168-169 ; voir **27** F. Conca, *Nicetas Eugenianus De Drosillae et Chariclis amoribus*, Amsterdam 1990, p. 7-8 (description du manuscrit), Maisano **9**, p. 48, et Penella **23**, p. 6 n. 24. Depuis, le texte a été publié par **28** E. Amato et Ilaria Ramelli, « L'inedito ΠΡΟΣ ΒΑΣΙΛΕΑ di Temistio con duo Postille e duo Tavole », *ByzZ* 99, 2006, p. 1-67. On trouvera dans cette étude l'édition critique *princeps*, une traduction italienne et un riche commentaire ; voir déjà **29** Ilaria Ramelli, *Il* Basileus *come* nomos empsychos *tra diritto naturale e diritto divino. Spunti platonici del concetto e sviluppi di età imperiale e tardo-antica*, Napoli 2006, p. 116-117.

Si, comme le supposent aujourd'hui E. Amato et Ilaria Ramelli **28**, le Πρὸς βασιλέα est bien un produit de la plume de Thémistios, nous ne posséderions au mieux que 34 discours. Ballériaux **12**, p. 1-29, a étudié de près la tradition manuscrite, qu'il a rapprochée de la notice de Photios [*Bibl., Cod.* 74, 52 a 2-21 ; le livre (52 a 22-23, qui est lacunaire ou interrompu) dont disposait Photios devait comporter seize *Discours politiques* de Lesbonax ; nous n'en possédons plus que trois aujourd'hui]. Or, cette dernière signale 36 discours politiques de Thémistios, et encore Photios ne prétend-il pas avoir eu en mains l'intégralité des discours de cette veine. En fait, on a eu tort de considérer que les 33 discours transmis par les manuscrits habituels coïncidaient à peu près avec la collection de Photios qui probablement n'eut jamais connaissance de ce que l'on appelle depuis Schenkl les ἰδιωτικοί ou *Discours privés* (n⁰ˢ 20-34). Nous n'avons pas de discours adressé à Julien, mais Photios, qui ne mentionne que les empereurs Constance, Valens et Théodose, peut fort bien ne s'être pas senti obligé à l'exhaustivité. On comprendrait bien qu'il n'ait pas tenu à rappeler le souvenir de Julien l'Apostat, mais ce n'est peut-être pas la raison. Jovien, à qui Thémistios a adressé le célèbre n° 5, n'est pas non plus mentionné. D'autre part, on sait par ailleurs que l'orateur avait prononcé un panégyrique en l'honneur de Julien. L'hypothèse de Ballériaux **12** laisserait ainsi de la place pour un discours étranger au mode de transmission habituel, celui dont le Περὶ βασιλείας nous aurait rendu au moins une partie. Il va de soi que ce dernier a sa place réservée dans l'édition que préparent O. Ballériaux† et J. Schamp. Toutefois, **30** Lieve Van Hoof et P. Van Nuffelen, *Pseudo-Themistius, pros Basilea : A False Attribution*, dans *Byzantion* 81, 2011, p. 412-423, critiquent, avec de bons arguments, l'identification proposée par E. Amato et Ilaria Ramelli **29**. Ils y voient un texte de l'époque de Justinien et fournissent la première version anglaise du texte. Resterait à se demander d'où vient le nom de Thémistios ? Cité dans la *Bibliothèque* (cod. 108, 88 b 17 ; 25 ; 33-89 a 2) de Photios (➭P 175), le moine monophysite homonyme d'Alexandrie de la fin du VIᵉ s. n'a sûrement rien écrit de semblable. Ajoutons que dans une lettre datée de 358 (*Ép.* 376, 4), Libanios intercède en faveur d'un certain Dianios, qui était un fervent des discours de Thémistios, non qu'il les eût dans sa bibliothèque, mais parce qu'il en connaissait beaucoup par cœur. Le personnage connaissait sûrement les discours 3 ou 4 (οὐκ ἐν πήρᾳ γε τούτους οὐδὲ ἐν βιβλίοις, ἀλλ' ἐν μνήμῃ καὶ τῇ ψυχῇ κειμένους, τούς τε ἄλλους καὶ δι' ὧν ἔδειξας ὅτι σὺ ἐγένου πρεσβευτής). Or, à la date considérée, on ne peut faire état que de quatre discours « politiques ».

VI. Index

31 A. Garzya (édit.), *In Themistii orationes index auctus*, Napoli 1989.

VII. Les discours conservés

1. En grec

Toute sujette à caution qu'elle est, la division des discours de Thémistios en πολιτικοί et ἰδιωτικοί remonte à H. Schenkl qui fut le premier à entreprendre l'immense tâche de recenser tous les manuscrits de l'œuvre oratoire ; voir **32** H. Schenkl, « Beiträge zur Textgeschichte der Reden des Themistios », *SAWW* 192, 1, 1919, p. 81-89, et la note de J. Schamp dans Ballériaux **12**, p. 57. La datation précise des discours est souvent difficile. On ne l'abordera ici que dans la mesure où elle détermine les étapes marquantes de la carrière du philosophe-orateur.

a. Discours politiques, λόγοι πολιτικοί

(1) Περὶ φιλανθρωπίας ἢ Κωνστάντιος, *De la philanthropie ou Constance*.

Le discours est très difficile à dater.

Dans l'unique manuscrit, il est précédé d'une note d'après laquelle il fut composé à Ancyre, lors de la première rencontre avec Constance II. On doit y voir sans doute les restes d'une θεωρία ou προθεωρία du genre de celles que l'on possède pour les discours 2, 4 et 20. Le *Codex Théodosien* (XI 36, 8) attestant la présence de l'empereur le 8 mars 347, on a proposé une rédaction en 347 jusqu'à la fin du XIXe s. dans la majorité de la critique, voir **33** O. Ballériaux, « La date du ΠΕΡΙ ΦΙΛΑΝΘΡΩΠΙΑΣ Η ΚΩΝΣΤΑΝΤΙΟΣ (discours I) de Thémistios », *Byzantion* 66, 1996, p. 319-334, plus spécialement p. 320. Il souligne (p. 326-327) la récurrence (5 fois) du mot τύραννος « usurpateur », donné comme Περσικός (p. 16, 7). On ne doit pas le chercher du côté de Magnence, mais en Orient, où Constance avait séjourné à Édesse en 346 (Athanase, *Apologie contre les Ariens* 51, 6 Opitz), quand Sapor assiégeait Nisibe pour la seconde fois : la proximité de Constance réussit à elle seule à débloquer la ville.

Par conséquent, le discours fut prononcé à la fin de 346 ou au début de 347. C'est alors que l'on peut situer les débuts véritables de la carrière de Thémistios sur le terrain politique.

Vanderspoel **3**, p. 48 et 72-77, propose lui aussi le début de 347 comme date. Heather et Moncur **21**, p. 69-70, reprennent tous les arguments (sans citer Ballériaux **33**) et essaient, mais sans rien apporter de nouveau, de sauver 350 comme date possible.

Rien, en effet, n'oblige à suivre l'opinion de **34** H. Scholze, *De temporibus librorum Themistii*, Göttingen 1911, p. 10, d'après qui le discours serait une œuvre présentée à Constantinople. Les lignes « au marché, au théâtre, chez vous, aux bains publics » (1, p. 6, 2-3) n'indiquent rien de semblable. Depuis longtemps, Ancyre était une cité importante, et aucune des commodités de la vie urbaine n'y manquait. Le plus simple est de supposer que Thémistios y résidait en mars 347 parce qu'il y enseignait, même si la nouvelle affectation n'est pas indiquée ailleurs, Vanderspoel **3**, p. 48. [Thémistios (*cf. Orat.* 23, p. 94, 15-19 et 95, 1-3) se vante d'avoir refusé des invitations à enseigner la philosophie dans des conditions avantageuses à Rome, à Antioche et en Galatie (Ancyre ?). RG]

(2) Εἰς Κωνστάντιον τὸν αὐτοκράτορα, ὅτι μάλιστα φιλόσοφος ὁ βασιλεὺς ἢ χαριστήριος, *À l'empereur Constance, que le souverain est surtout un philosophe ou (discours) de remerciement* (peu après le 6 novembre 355).

(2a) Δημηγορία Κωνσταντίου αὐτοκράτορος πρὸς τὴν σύγκλητον ὑπὲρ Θεμιστίου, *Allocution officielle de l'empereur Constance adressée au Sénat pour Thémistios* (la pièce vient logiquement avant le n° 2). Il s'agit d'une lettre datée du 1er septembre, dont est connu le lecteur officiel, le proconsul Iustinus, inconnu par ailleurs.

(3) Πρεσβευτικὸς ὑπὲρ Κωνσταντινουπόλεως ῥηθεὶς ἐν Ῥώμῃ, *Discours d'ambassade en faveur de Constantinople, prononcé à Rome*.

Prononcé au cours d'une ambassade à Rome, probablement pour la célébration des *Vicennalia* de Constance II, en mai 357.

(4) Εἰς τὸν αὐτοκράτορα Κωνστάντιον ἢ Φιλόπολις, *À l'empereur Constance ou l'Amant de la Ville.*

Antérieur au précédent, le n° 4 a pour motif des fêtes organisées en l'honneur de Constance, sans doute à Milan. Probablement s'agissait-il de l'ouverture, le 1ᵉʳ janvier 357, du neuvième consulat de Constance II, Dagron **1**, p. 21 et 207-208.

(5) Ὑπατικὸς εἰς τὸν αὐτοκράτορα Ἰοβιανόν, *(Discours) consulaire pour l'empereur Jovien.*

Le discours fut prononcé à Ancyre, le 1ᵉʳ janvier 364 pour les fêtes du consulat de l'empereur Jovien et de son fils Varronianus, Dagron **1**, p. 21 et 165-168, d'après Ammien Marcellin (XXV 10, 11), dont le texte n'autorise pas cette induction. Socrate (III 26, 3) signale une rencontre des sénateurs, y compris Thémistios, avec l'empereur à Dadastana, puis un discours de l'orateur, repris plus tard à Constantinople. Les p. 168-172 de Dagron **1** contiennent une traduction d'une bonne partie du texte, avec un riche commentaire. Le début et la fin du discours paraissent bien montrer que le n° 5 parvenu jusqu'à nous est le discours de Constantinople.

(6) Φιλάδελφοι ἢ περὶ φιλανθρωπίας, *Des frères amis ou de la philanthropie.*

Discours prononcé au Sénat de Constantinople en présence de l'empereur Valens (voir le singulier de p. 109, 23-110, 1), après sa nomination comme co-empereur pour l'Orient, mais en l'absence de Valentinien Iᵉʳ, empereur pour l'Occident. Le discours se distingue par la richesse des données historiques de l'époque hellénistique empruntées principalement à Plutarque, notamment pour les Attalides, voir **35** J. Schamp, « Les aléas de la fraternité » dans P.-L. Malosse (†), Marie-Pierre Noël et B. Schouler (édit.), *Clio sous le regard d'Hermès. L'utilisation de l'histoire dans la rhétorique ancienne de l'époque hellénistique à l'Antiquité tardive*, coll. « Cardo » 8, Alessandria 2010, p. 175-191.

(7) Περὶ τῶν ἠτυχηκότων ἐπὶ Οὐάλεντος, *De ceux qui ont connu l'infortune sous Valens.*

Thémistios félicite Valens de sa victoire sur l'usurpateur Procope et recommande de se montrer plus modéré dans la répression. L'échec de Procope fut définitif le 27 mai 366 ; pour Dagron **1**, p. 21, le discours fut prononcé durant l'hiver 366-367.

(8) Πενταετηρικός, *(Discours) pour les Quinquennalia.*

Le titre indique que le discours fut prononcé à l'occasion des *quinquennalia* de Valens. Le 9 mars 368, Valens se trouve à Marcianopolis, **36** G. Dagron, *Naissance d'une capitale. Constantinople et ses institutions de 330 à 451*, Paris 1981, p. 83. La fête dut avoir lieu le 28 mars, Dagron **1**, p. 21.

(9) Προτρεπτικὸς Οὐαλεντινιανῷ νέῳ, *Protreptique pour Valentinien le Jeune.*

Le discours marque l'accès au premier consulat du jeune Valentinien dit le « Galate », le fils de Valens, né le 19 janvier 366, et de son associé, Victor (*PLRE* I, *s.v.* « Victor » 4, p. 957-959). Suivant Maisano **9**, p. 407, et H. Leppin, dans Leppin et Portmann **18**, p. 173, il aurait été prononcé à Marcianopolis où se trouvait l'empereur.

(10) Ἐπὶ τῆς εἰρήνης Οὐάλεντι, *Sur la paix pour Valens.*

L'œuvre est liée de près aux circonstances politiques. Durant la belle saison de 369, Thémistios avait été envoyé par le Sénat de Constantinople à Noviodunum, en Mésie inférieure, afin de convaincre l'empereur de conclure la paix. Un traité fut en effet signé au plus fort de l'été (p. 203, 14-18) avec le roi goth Athanaric (*PLRE* I, *s.v.* « Athanaricus », p. 138-139), qui souhaitait une pause dans les hostilités (p. 202, 16-21, *cf.* Ammien, XXVII 5, 7-9). Thémistios prononça son discours dès le retour de l'empereur à Constantinople (p. 196, 1-10), c'est-à-dire en février 370 au plus tôt.

(11) Δεκετηρικὸς ἢ περὶ τῶν πρεπόντων τῷ βασιλεῖ, *(Discours) pour les Decennalia ou sur les devoirs du souverain.*

Comme l'indique le titre, le discours eut pour occasion la célébration des *Decennalia* de Valens à Antioche, le 28 mars 373.

(12) *Ad Valentem de religionibus* [Πρὸς Οὐάλεντα περὶ τῶν θρησκειῶν].

Thémistios avait prononcé à Antioche en 375-376 devant Valens un discours pour le dissuader de persécuter les chrétiens « nicéens ». On ne le connaît que par les historiens de l'Église, Socrate IV 32, 1-5 ; Sozomène VI 36, 6-7 ; 37, 1, *cf.* Nicéphore Calliste, *H. E.* XI 45 et Dagron **1**, p. 22 et 187-189.

Dans son édition de 1605 (contenant les n°s 2, 4, 5, 7, 9, 10 et [12]), G. Rem avait cru appor-ter du nouveau par rapport à celle d'H. Estienne, de 1562 : « adjecimus et septem orationem ad Valentem imperatorem pro libertate religionis, latine » et il donnait en effet (p. 225-230) notre discours [12] précédé de l'indication : « ad Valentem imperatorem Augustum, Andrea Dudito, olim Episcop. Pannon., interprete » (*non vidi*, voir Dagron **1**, p. 22, n. 108).

Dans son édition de 1613, D. Petau en offrait une rétroversion grecque, que l'on peut lire, avec le latin, dans Dindorf **5**, p. 184-197, et dans Schenkl, Downey et Norman **8**, p. 137-144 (sans le grec de D. Petau).

37 R. Förster, « Andreas Dudith und die zwölfte Rede des Themistius », *JKPh* 3, 1900, p. 74-93, a fort bien montré que [12] ne contient rien qui ne figure déjà dans le n° 5 et dans Socrate. En même temps, il a expliqué pourquoi, ecclésiastique devenu luthérien, A. Dudith a composé une œuvre de ce genre. [Voir aussi **38** R. Goulding, « Who wrote the Twelfth Oration of The-mistius ? », *JWCI* 63, 2000, p. 1-23, qui fait état de la thèse de Förster et examine un plus grand nombre de motivations pour la production de ce faux, sans exclure entièrement la possibilité qu'il s'agisse d'une œuvre authentique. Voir également Todd **4**, p. 100-102, pour d'autres références.
R. B. T.]

(13) Ἐρωτικός, ἢ περὶ κάλλους βασιλικοῦ, *(Discours) amoureux ou de la beauté du souverain.*

Le discours lui-même donne à entendre que l'empereur Gratien, né en 366, à qui il était adressé, était absent de Rome (p. 237, 22-24 ; 257, 12-15), occupé sur le Rhin, c'est-à-dire à Trèves avec son entourage (p. 257, 15), alors que Valens est en Orient, Dagron **36**, p. 83. Quittant la cour, Thémistios répondait à une invitation du

Sénat romain (p. 255, 11-12), peut-être pour une occasion solennelle comme la célébration des *Decennalia*, le 24 août 376, Dagron **1**, p. 22 ; Maisano **9**, p. 489.

(14) Πρεσβευτικὸς εἰς Θεοδόσιον, *(Discours) d'ambassade à Théodose.*

Après la disparition de Valens lors du désastre d'Andrinople (9 août 378), Gratien a choisi à Sirmium Théodose comme co-empereur pour l'Orient, le 19 janvier 379. Une ambassade de Constantinople va accueillir le nouveau souverain, rejointe à Thessalonique par Thémistios qui a pris du retard pour des raisons de santé (p. 260, 1-3). Par conséquent, le discours doit être situé vers le printemps 379, Dagron **1**, p. 22 ; Maisano **9**, p. 533.

(15) Εἰς Θεοδόσιον, τίς ἡ βασιλικωτάτη τῶν ἀρετῶν ; *À Théodose, quelle est la plus souveraine des vertus ?*

Thémistios parle devant le Sénat où siège Théodose (p. 269, 15-17), pendant la troisième année de son règne (p. 275, 14). Il le félicite des succès remportés contre les Goths en 379-380. L'occasion est fort probablement le début de la troisième année de règne, le 19 janvier 381, Dagron **1**, p. 23 ; Maisano **9**, p. 545.

(16) Χαριστήριος τῷ αὐτοκράτορι, ὑπὲρ τῆς εἰρήνης καὶ τῆς ὑπατείας τοῦ στρατηγοῦ Σατορνίνου, *(Discours) de remerciement, pour la paix et le consulat du magister Saturninus.*

Le titre indique la date, le début, le 1ᵉʳ janvier 383, du consulat de Saturninus (*PLRE* I, *s.v.* « Flavius Saturninus » 10, p. 807-808), associé à Flavius Merobaudes 2 (*PLRE* I, p. 598-599) ; le 3 octobre 382, Saturninus venait de conclure un traité de paix avec les Goths, qui recevaient la permission de s'établir sur les terres d'Empire, entre le Danube et les Balkans, voir Dagron **1**, p. 23.

(17) Ἐπὶ τῇ χειροτονίᾳ τῆς πολιαρχίας, *Sur la nomination à la préfecture de la Ville.*

Allocution prononcée au Sénat devant l'empereur par Thémistios nommé préfet de la ville. Longtemps, on a éprouvé des difficultés à dater cette magistrature. Elle n'a duré que quelques mois (34, 11, p. 220, 15-17), en 384, mais à une période difficile à fixer.

(18) Περὶ τῆς τοῦ βασιλέως φιληκοΐας, *Sur l'art d'écouter propre au souverain.*

Le discours a été prononcé pendant la sixième année du règne de Théodose, devant l'empereur et le sénat (p. 303, 19). Thémistios est toujours en fonction (p. 323, 14-15 ; 17-19).

(19) Ἐπὶ τῇ φιλανθρωπίᾳ τοῦ Θεοδοσίου, *Sur la philanthropie de Théodose.*

Le discours fut prononcé devant le Sénat de Constantinople (p. 331, 17-332, 3 ; p. 336, 8-11), à une date difficile à préciser.

b. *Discours privés,* λόγοι ἰδιωτικοί

(20) Εἰς τὸν αὑτοῦ πατέρα, *Pour son propre père.*

Éloge par Thémistios de son père Eugénios (➳ E 110 Eugénios) que la « Démé-gorie » (2 a) du 1ᵉʳ septembre 355 cite comme s'il avait cessé de vivre (p. 127, 26 -

128, 3, *cf.* 2, p. 35, 8). On peut donc supposer qu'il fut prononcé à la fin de septembre ou au début d'octobre 355.

(21) Βασανιστὴς ἢ φιλόσοφος, *Expert ou philosophe.*

Le discours traite des rapports entre la philosophie et l'art des sophistes, Dagron **1**, p. 24. Comme l'écrivait **39** L. Méridier, *Le philosophe Thémistios devant l'opinion de ses contemporains*, Rennes 1906, p. 8, « successivement défilent devant l'auditoire toutes les contrefaçons du philosophe : le parvenu, le charlatan, l'envieux. Ce sont évidemment là des figures contemporaines, des portraits à clef sous lesquels il ne devait pas être très difficile de mettre des noms ».

(22) Περὶ φιλίας, *De l'amitié.*

Discours entièrement rhétorique. Maisano **9**, p. 735, y voit la trace d'une œuvre perdue du stoïcien Chrysippe. [J. S.]

40 E. Sachau, *Inedita Syriaca. Eine Sammlung syrischer Übersetzungen von Schriften griechischer Profanliteratur*, Wien 1870 (repr. Hildesheim 1968), p. 48-65, a édité une version syriaque du discours, qui est relativement libre et omet la dernière partie. On trouve une série de notes critiques sur le texte de la traduction syriaque dans **41** A. Baumstark, « Lucubrationes Syro-graecae », *JKPh Suppl.* 21, Leipzig 1894, p. 464-468, et des leçons tirées de cette version sont notées dans Schenkl, Downey et Norman **7**, p. 51-73. Le discours n'est pas conservé en arabe, mais une paraphrase arabe d'un passage de la version syriaque se trouve dans le chapitre sur l'amitié dans le traité de Miskawayh sur l'éthique, *Tahdhīb al-akhlāq*, où il est attribué à Socrate ; *cf.* **42** F. Rosenthal, « On the Knowledge of Plato's Philosophy in the Islamic World », *IslCult* 14, 1940, p. 402-405.

Baumstark **41**, p. 405-437 (*cf.* aussi **43** *Id.*, *Geschichte der syrischen Literatur*, Bonn 1922, p. 167-169) a suggéré que la traduction du discours et celle du traité *De virtute*, présenté *infra*, A VII 2 (et d'autres de Plutarque et de Lucien, dont les traducteurs ne sont pas non plus identifiés) pourraient être l'œuvre de Sergius de Rešʿaina [➙S 57] (mort en 536), du fait que les techniques de traduction de ces versions sont proches de celles qui sont employées dans les traductions incontestablement attribuées à Sergius. La suggestion reste spéculative et les versions doivent être considérées comme anonymes. (De nombreuses traductions ont été attribuées à Sergius de façon erronée ou sans preuve suffisante ; *cf.* **44** H. Hugonnard-Roche, « Sergius de Rešʿainā, traducteur du grec en syriaque et commentateur d'Aristote », dans G. Endress et R. Kruk [édit.], *The Ancient Tradition in Christian and Islamic Hellenism*, Leiden 1997, p. 121-143, repris dans **45** H. Hugonnard-Roche, *La logique d'Aristote du grec au syriaque*, Paris 2004, p. 123-142, qui n'inclut pas ces textes de Thémistios parmi les traductions susceptibles d'être attribuées à Sergius). Le caractère libre de la traduction du Discours 22 suggère toutefois une date plus proche du VIᵉ s. (correspondant au *floruit* de Sergius) que du IXᵉ (la date probable du manuscrit de la British Library) dans la mesure où les traductions du grec au syriaque ont évolué au cours de cette période de la paraphrase vers un style plus littéral. Il existe une traduction italienne annotée du texte syriaque avec une introduction dans **46** M. Conterno, *Temistio orientale. Orazioni temistiane nella tradizione siriaca e araba*, Brescia 2014, p. 47-67, et des études sur la version syriaque dans **47** *Id.*, « Retorica pagana e cristianesimo orientale : la traduzione siriaca dell' orazione *Peri philias* di Temistio », *ASR* 3, 2010, p. 161-188, et **48** A. Rigolio, « From 'Sacrifice to the Gods' to the 'Fear of God' : Omissions, Additions and Changes to the Syriac Translations of Plutarch, Lucian and Themistius », dans M. Vinzent (édit.), *Studia Patristica*, t. LXIV, Leuven 2013, p. 133-143. [J. W.]

(23) Σοφιστής, *Sophiste.*

Thémistios y poursuit sa polémique sur le rôle de la philosophie, Dagron **1**, p. 24. L'orateur fait allusion à un voyage à Rome (p. 94, 1-2) qui ne peut être que celui de 357. Il a déjà publié des *Paraphrases* d'Aristote qui lui ont assuré une réelle notoriété (p. 89, 21-92, 18).

(24) Προτρεπτικὸς Νικομηδεῦσιν εἰς φιλοσοφίαν, *Protreptique aux gens de Nicomédie pour (la pratique de) la philosophie.*

L'œuvre est sans doute une conférence inaugurale pour une série de cours que Thémistios a faits à Nicomédie, Dagron **1**, p. 25 ; Vanderspoel **3**, p. 43 ; Penella **23**, p. 24 (avant l'arrivée de Libanios, sans doute entre 344 et 350) ou plutôt un programme de cours à faire.

(25) Πρὸς τοὺς ἀξιώσαντας λέγειν ἐκ τοῦ παραχρῆμα, *Réplique à ceux qui prônent l'improvisation.*

Improvisation qui ne peut se dater, Dagron **1**, p. 25.

(26) Ὑπὲρ τοῦ λέγειν, ἢ πῶς τῷ φιλοσόφῳ λεκτέον, *De l'éloquence ou comment doit parler le philosophe.*

Le discours a fait l'objet de maintes études d'H. Kesters, plus spécialement **13**.

La thèse est prestement, mais justement exécutée par Dagron **1**, p. 44 n. 54 (continuée p. 55) : l'auteur a voulu démontrer « que le *Disc.* XXVI était une œuvre d'Antisthène [➤A 211], "attaque contre Platon à la suite de la publication de son *Phèdre*", à peine remaniée par Thémistios. Cette thèse (…) n'est pas convaincante, s'appuyant sur une connaissance approfondie des débats de l'école platonicienne, mais très insuffisante de l'œuvre et de la pensée de Thémistios. Le *Disc.* XXVI est traité *a priori* comme un texte anonyme auquel il faudrait trouver une date, un auteur, un contexte ».

Thémistios est déjà sénateur (p. 143, 15). Il fait allusion à un autre discours roulant sur le même sujet (p. 121, 15 - 122, 3), sans doute le **23**.

On trouve une analyse assez serrée de l'argumentation du discours 26 dans Dagron **1**, p. 45-48, qui le situe aux environs de 359 (déjà p. 25), *cf.* Maisano **9**, p. 845 ; Penella **23**, p. 30, qui toutefois refuse de conclure (p. 31). Pour une étude de la structure du discours, **49** J. Schamp, « Le jeu de rôles dans le discours 26 de Thémistios», dans Danielle Van Mal-Maeder, Alexandre Burnier et L. Núñez (édit.), *Jeux de voix. Énonciation, intertextualité et intentionnalité dans la littérature antique*, Bern 2009, p. 317-329.

(27) Περὶ τοῦ μηδὲν τοῖς τόποις, ἀλλὰ καὶ τοῖς ἀνδράσι προσέχειν, *Qu'il ne faut pas avoir cure des lieux mais des hommes.*

Pur exercice de rhétorique, que rien ne permet de dater.

(28) Ἡ ἐπὶ τῷ λόγῳ διάλεξις, *Dissertation sur l'éloquence.*

Conférence très rhétorique qui n'autorise aucune datation, Dagron **1**, p. 25.

(29) Πρὸς τοὺς οὐκ ὀρθῶς ἐξηγουμένους τὸν σοφιστήν, *Réplique à ceux qui interprètent mal le Sophiste.*

Le discours prétend apporter des compléments d'information sur l'interprétation qu'il convient de donner au discours 23 ; il a donc été prononcé quelques jours après lui, en 359, Méridier **39**, p. 25 ; Dagron **1**, p. 25 ; Maisano **9**, p. 923 ; Penella **23**, p. 21, *cf.* Vanderspoel **3**, p. 239-240.

(30) Θέσις, εἰ γεωργητέον, *Thèse : faut-il pratiquer l'agriculture ?*

Malgré le titre, qui suggère un λόγος συμβουλευτικός, il s'agit d'un éloge de l'agriculture, à la manière des sophistes et des rhéteurs. Le sujet interdit tout essai de datation, Dagron **1**, p. 25-26.

(31) Περὶ προεδρίας εἰς τὴν σύγκλητον, *Sur une présidence au Sénat.*

Au moment où Thémistios prononce son discours devant les sénateurs, à propos de la présidence du Sénat et de la légitimité de sa préfecture, il est probablement toujours préfet de la ville (p. 189, 22-26). Il met à profit une fête et la trêve judiciaire légale pour s'adresser à eux (p. 188, 4-5).

(32) Μετριοπαθὴς ἢ φιλότεκνος, *La modération dans les sentiments ou l'amour pour son enfant.*

Pour Dagron **1**, p. 26, on a affaire à un exercice rhétorique qui ne peut être daté ; selon Maisano **9**, p. 957, l'œuvre appartient à la première période de l'activité professionnelle de Thémistios. **50** O. Ballériaux, « Le Μετριοπαθὴς ἢ φιλότεκνος (Discours XXXII) de Thémistius », *Byzantion* 58, 1988, p. 22-35, surtout p. 31-32, montre que loin d'être de pure fiction, l'œuvre a au contraire pour origine un fait hélas ! naturel et par conséquent qu'elle peut être datée de 357 ou peu après.

Vanderspoel **3**, p. 41, et Penella **23**, p. 42-43, n'ont pas accueilli favorablement les conclusions de Ballériaux **50**. Les arguments qu'ils avancent sont faibles : « Themistius does not seem to refer to his own grief » (Vanderspoel **3**, p. 41 n. 47, *cf.* Penella **23**, p. 42-43 : « Themistius nowhere clearly refers to it »). Dans le récit de la bataille de Mantinée, alors que son fils venait de périr dans un engagement antérieur, Xénophon (*Helléniques* VII 5, 16) parvient dans un passage à l'allure de panégyrique à ne même pas citer le nom de Gryllos, qui fera l'objet de nombreux éloges sous la plume d'autres, **51** É. Delebecque, *Essai sur la vie de Xénophon*, Paris 1957, p. 361-362. Xénophon μετριοπαθής ?

(33) <Περὶ τῶν ὀνομάτων τοῦ βασιλέως καὶ τοῦ ὑπάτου>, *Sur les noms du souverain et du consul.*

Le titre fait défaut dans l'unique manuscrit et a été créé par Hardouin dans son édition de 1684. De surcroît, le discours est évidemment incomplet ; Dagron **1**, p. 26, et Vanderspoel **3**, p. 49, y voient le début d'une conférence inaugurant sans doute un enseignement de Thémistios à Constantinople (p. 207, 7), qui toutefois ne fut pas le premier (p. 206, 16-18), voir Maisano **9**, p. 977.

Penella **23**, p. 44, se fonde sur des recherches numismatiques de J.-P. Callu pour proposer la date de 354.

(34) Πρὸς τοὺς αἰτιασαμένους ἐπὶ τῷ δέξασθαι τὴν ἀρχήν, *Réplique à ceux qui l'ont accusé d'avoir accepté la préfecture.*

Les copistes qui avaient fourni à D. Petau la copie des discours inconnus jusqu'ici figurant dans l'*Ambrosianus* I 22 sup. (A) n'avaient pas remarqué le n° 34 ; Hardouin n'en sut pas davantage, en sorte que l'édition *princeps* remonte à 1815 et fut l'œuvre de **52** A. Mai (*Themistii Philosophi Oratio in eos ab quibus ob praefecturam susceptam fuerat vituperatus*, Milano 1815, repris dans les *Classicorum auctorum e Vaticanis codicibus editorum*, t. IV, Roma 1833), voir Ballériaux **12**, p. 50-52. C'est à A. Mai que l'on doit la division en paragraphes qui s'est imposée.

Le plaidoyer a été prononcé après le renoncement à la préfecture de la ville, mais durant la polémique qui le suivit immédiatement (**11**, p. 220, 15-17). Autant que l'on puisse voir, c'est la dernière œuvre oratoire conservée : Dagron **1**, p. 26 ; Maisano **9**, p. 989. On peut, comme on l'a fait souvent, la mettre en rapport avec une épigramme de Palladas (*Anth.* XI 292) : Ἄντυγος οὐρανίης ὑπερήμενος ἐς πόθον ἦλθες | ἄντυγος ἀργυρέης · αἶσχος ἀπειρέσιον · | ἦσθά ποτε κρείσσων, αὖθις δ' ἐγένου πολὺ χείρων. | Δεῦρ' ἀνάβηθι κάτω, νῦν γὰρ ἄνω κατέβης. Thémistios semble y répondre (34, p. 226, 4-6 : ὅτι τοιούτῳ βασιλεῖ κοινωνῶν τοιαύτης ἀρχῆς οὐ κατήγαγον φιλοσοφίαν, ἀλλ' ἐπῆρα), Dagron **1**, p. 49-51. Toutefois, on a étudié de près la structure du poème, qui se divise en distiques, dont le second paraît avoir circulé séparément dès avant 400 apr. J.-Chr. et n'a sans doute aucun rapport avec Thémistios. Le premier pourrait avoir été composé à l'époque même de Thémistios. L'auteur est inconnu. Le poète égyptien Andronicos, qui avait suivi son enseignement à Constantinople, ne serait pas un trop mauvais candidat. Voir **53** J. Schamp, « Thémistios, l'étrange préfet de Julien », dans E. Amato, Valérie Fauvinet-Ranson et B. Pouderon (édit.), *EN KAΛOIΣ KOINOΠPAΓIA. Hommages à la mémoire de Pierre-Louis Malosse et Jean Bouffartigue = Revue des études tardo-antiques. Supplément* 3, 2014-2015, p. 412-474, particulièrement p. 471-473. Il se pourrait bien que, non formé dans les bureaux impériaux, Thémistios ait assez mal joué son rôle. En définitive, ses ennemis n'ont-ils pas triomphé de lui, mettant un terme à sa carrière politique ? Voir Dagron **36**, p. 253 et 277. [J. S.]

2. Dans les langues orientales

Deux *mēmrē* de Thémistios sont conservés en syriaque dans le ms. *British Library Add.* 17209, probablement du IXe siècle ; *cf.* **54** W. Wright, *Catalogue of Syriac Manuscripts in the British Museum acquired since the Year 1838*, London 1870-1872, p. 1185 [J. W.], soit le discours 22 (voir *supra* A VII 1, b n° 22) et l'*oratio de virtute*, voir *infra*, A VII 2, 1.

1. [*Themistii philosophi oratio de virtute, quae est praestantia animi*].

Le texte ne nous a été transmis qu'en syriaque, voir Baumstark **41**, p. 405-438 (« De versionibus philosophici argumenti sine nomine interpretis servatis, quae Sergio videntur tribuendae esse »). Le texte fut édité pour la première fois par Sachau **40**, p. 17-47. On en lit une traduction latine de R. Mach jointe au texte original, dans Schenkl, Downey et Norman **8**, p. 10-71. Il en existe une traduction allemande annotée par **55** J. Gildemeister et F. Bücheler, « Themistios περὶ ἀρετῆς », *RhM* 27, 1872, p. 438-462, et une traduction italienne annotée avec une introduction dans Conterno **46**, p. 71-94. Des extraits de ce discours sont également conservés dans le ms. *Sinaï Syriac* 14, probablement du Xe s., *cf.* **56** S. P. Brock, « Stomathalassa, Dandamis and Secundus in a Syriac Monastic Anthology », dans G. J. Reinink et A. C. Klugkist (édit.), *After Bardaisan. Studies on Continuity and Change in Syriac Christianity in Honour of Professor Han J. W. Drijvers*, coll. « Orientalia Lovaniensia Analecta » 89, Leuven 1999, p. 49. Une nouvelle traduction italienne figure dans Conterno **46**, p. 51-67 [J. S. - J. W.]

2. [*Epistula Themistii de re publica gerenda*] ou *Risāla de Thémistios sur le gouvernement.*

Non conservée en grec ou en syriaque, cette lettre – ou ce traité, ou peut-être encore ce discours (dans le corps de l'ouvrage il est désigné comme un *qaul,* λόγος) –, est conservée dans deux manuscrits arabes. Le texte avait été édité d'après un manuscrit appartenant à Aḥmad Pasha Taymūr (T) par **57** L. Cheikho, « Risālat Dāmisṭiyūs fī al-siyāsa », *al-Mashriq* 18, 1920, p. 881-889. L'ouvrage fut repéré dans un second manuscrit, Istanbul, *Köprülü Library* 1068 (K) et son contenu décrit par **58** M. Bouyges, « Notes sur des traductions arabes III. Épître de Thémistius à Julien sur la politique », *ArchPhilos* 2, 1924, p. 15-23 [363-371]. Le texte est édité sur la base de ces deux manuscrits par I. Shahid, avec une traduction latine, dans Schenkl, Downey et Norman **8**, p. 73-119, et par **59** M. S. Salim, *Risālat Thāmistiyūs ilā Yūliyān al-mālik fī al-siyāsa wa-tadbīr al-mamlaka,* Le Caire 1970 (texte seulement). [Vient de paraître une nouvelle édition du texte arabe, rapproché du Némésios (➽N 17) arabe, et une traduction anglaise par **60** S. Swain, *Themistius, Julian, and Greek Political Theory under Rome. Texts, Translations, and Studies of Four Key Works,* Cambridge 2013, p. 132-159. Bien que Swain admette que la *Risāla* soit en effet une lettre de Thémistios, son commentaire n'offre pratiquement aucun rapprochement avec ce que l'on connaît des discours. Voir Schamp **53**, p. 449-452. Une nouvelle traduction italienne figure dans Conterno **46**, p. 107-118. J. S.] Les deux manuscrits offrent un texte très similaire, mais il y a des différences significatives dans le titre et les souscriptions. Dans T le titre complet est *Risāla de Thémistios, ministre de l'empereur Julien, Sur le gouvernement (fī al-siyāsa), traduit du syriaque par Ibn Zur'a* ; dans K on trouve plus simplement *Risāla de Thémistios le philosophe à l'empereur Julien. Sur le gouvernement (fī al-siyāsa) et l'administration (tadbīr) de l'Empire.* Dans la souscription toutefois T ne fait aucune mention du traducteur, mais K rapporte qu'il fut traduit (sans indication de la langue d'origine) par Abū 'Uthmān Sa'īd Ibn Ya'qūb al-Dimašqī, que l'on retrouvera comme le traducteur de la paraphrase (du livre II des) *Analytica priora* et de la *Réponse à Maxime.*

Les deux traducteurs mentionnés appartiennent respectivement à la fin et au début du Xᵉ s., Dimašqī, familier du grec et du syriaque, au cercle de Ḥunayn, Ibn Zur'a qui traduisait uniquement depuis le syriaque, au cercle des aristotéliciens de Bagdad. La similarité dans le texte des deux manuscrits rend fort improbable qu'il s'agisse de traductions complètement indépendantes. Bouyges **58**, p. 16 [364], a suggéré qu'ils pourraient provenir d'un même original, tandis que Shahid, dans Schenkl, Downey et Norman **8**, p. 76, a envisagé la possibilité que l'une des attributions soit erronée. Le plus simple est de supposer que Ibn Zur'a utilisa le syriaque pour réviser la traduction faite par al-Dimašqī, et, compte tenu que les révisions étaient relativement mineures, que la version d'al-Dimašqī avait été faite à partir du syriaque ou bien, si elle fut faite à partir du grec, avec l'aide du syriaque ; *cf.* **61** J. W. Watt, « Syriac and Syrians as Mediators of Greek Political Thought to

Islam», *MUSJ* 57, 2004, p. 128. La date de la version syriaque perdue et l'identité de son traducteur restent inconnues.

Dans la section du *Fihrist* consacrée aux ouvrages personnels de Thémistios (**62** G. Flügel, *Kitāb al-Fihrist*, Leipzig 1871-1872, p. 253, li. 25-27 ; **63** A. Müller, *Die griechischen Philosophen in der arabischen Überlieferung*, Halle 1873, p. 25 ; **64** B. Dodge, *The Fihrist of al-Nadīm*, New York 1970, p. 610-611), après l'indication qu'il avait été un secrétaire *(kātib)* de Julien et une allusion à ses paraphrases, dont on parlera plus loin, lui sont attribués les ouvrages suivants : un livre *(kitāb)* à Julien *Sur l'administration (fī al-tadbīr)*, un livre *L'âme (al-nafs)* en deux sections, et une lettre *(risāla)* à l'Empereur Julien. Deux ouvrages liés à Julien (du moins d'après leur titre) semblent par conséquent avoir été connus en arabe, dont l'un est probablement le traité conservé. La notice de Barhebraeus est un peu plus longue : Thémistios «écrivit un livre *(kitāb)* pour Julien *Sur l'administration et le gouvernement des empires (fī al-tadbīr wa-siyāsat al-mamālik)* et une lettre à celui-ci qui inclut en plus l'arrêt de la persécution des chrétiens (*Ta'rikh mukhtaṣar al-duwal*, éd. par **65** A. Ṣāliḥānī, Beyrouth 1890, p. 139, li. 13-15 ; éd. **66** K. Mansur, Beyrouth 1997, p. 74, li. 17-19). Le traité conservé ne contient aucune allusion à cette argumentation contre la persécution des chrétiens et pourrait donc correspondre au premier des deux ouvrages liés à Julien que mentionnent les bibliographes (c'est ce que conclut Bouyges **58**, p. 304-305). Pour Vanderspoel **3**, p. 241-243, celui-ci serait le *protreptique* envoyé à Julien en Gaule. On ne peut être certain que l'autre ouvrage perdu contenait réellement une supplique (adressée à Julien) pour faire cesser la persécution des chrétiens, et il est possible que Barhebraeus ait par erreur introduit ici une information dont il disposait concernant l'attitude favorable de Thémistios à l'égard de la tolérance religieuse ou encore, de façon plus spécifique, concernant sa défense de chrétiens non ariens devant l'empereur arien Valens, ainsi que le rapporte l'historien ecclésiastique Socrate (*cf.* Dagron **1**, p. 221-222, et plus bas). La *risāla* semble avoir été connue de Qudāma, mentionné dans le *Fihrist* comme un commentateur aristotélicien de la *Physique* (*cf.* Flügel **62**, p. 250, li. 26-27 ; Dodge **64**, p. 603), car la discussion que l'on trouve dans son livre sur la taxe financière en faveur de l'urbanisation, des lois divines et d'un gardien des lois, est proche de celle qu'on lit dans la *Risala* (*cf.* Watt **61**, p. 147 n. 4). Qudāma, qui mourut en 948/9, aura utilisé la version d'al-Dimašqī et non celle d'Ibn Zurʿa (943-1008).

Les nombreux points de contact entre la *risāla* et les *Discours*, mais aussi l'absence de certains concepts des *Discours* ont été mis en évidence par **67** Jeanne Croissant, «Un nouveau Discours de Thémistius», *Serta Leodiensia. Mélanges de philologie classique publiés à l'occasion du centenaire de l'indépendance de la Belgique*, Liège/Paris 1930, p. 7-30, qui expliqua ces absences dans la *Risāla* par la volonté de Thémistios d'éviter toute mention d'idées politiques théocratiques rejetées par Julien, et conçut l'ouvrage comme la réponse du philosophe à la *Lettre à Thémistios* de Julien. L'œuvre fut interprétée de la même manière par **68** F. Dvornik, «The Emperor Julian's "Reactionary" Ideas on Kingship», dans

L. Weitzmann (édit.), *Late Classical and Mediaeval Studies in Honor of Albert Mathias Friend, Jr.*, Princeton 1955, p. 71-81, et **69** *Id.*, *Early Christian and Byzantine Political Philosophy : Origins and Background*, t. II, Washington D. C., 1966, p. 666-669. Des doutes sérieux concernant son attribution à Thémistios ou sa fidélité par rapport à un original grec furent soulevés par Dagron **1**, p. 221-224, qui supposa que le lien avec Julien (et peut-être avec Thémistios) avait été établi au cours de la transmission du texte par les Syriens ou les Arabes, qui savaient que l'auteur était à peu près contemporain de Julien, mais ne pouvaient que difficilement connaître d'autres empereurs à cette époque. Contre l'attribution à Thémistius, *cf.* aussi **70** S. Stertz, « Themistius: a Hellenic Philosopher-Statesman in the Christian Roman Empire », *CJ* 71, 1975/6, p. 349-358. Le lien avec Julien fut également remis en cause par Shahid dans Schenkl, Downey et Norman **8**, p. 76-81, qui avança des arguments [non sans avouer leur faiblesse, J. S.] permettant de le mettre en rapport avec Théodose. Contre cette interprétation **71** Th. Brauch, « Themistius and the Emperor Julian », *Byzantion* 63, 1993, p. 79-115, fit valoir que l'ouvrage était réellement adressé à Julien et qu'il montre la volonté de Thémistios de trouver un arrangement avec l'empereur en matière de philosophie politique, en se fondant sur des conceptions grecques classiques de la royauté. Vanderspoel **3**, p. 115, 127-134, 244-249, a également soutenu que l'empereur visé dans la *risāla* était Julien et que son original grec était le panégyrique composé par Thémistios en l'honneur de Julien qu'admirait Libanius (*Ep.* 818 et 1430), ou bien un abrégé de ce panégyrique. Il y a des études récentes, avec une discussion de toutes ces questions, par **72** J. W. Watt, « Julian's *Letter to Themistius* – and Themistius' Response ? », dans N. Baker-Brian et S. Tougher (édit.), *Emperor and Author : the Writings of Julian the Apostate*, Swansea 2012, p. 91-103, **73** S. Swain, *Themistius, Julian and Greek Political Theory under Rome*, Cambridge 2013, avec texte et traduction anglaise, p. 22-91, 132-159, et Conterno **46**, avec traduction italienne, p. 97-118. [J. W.]

3. *Fragments*

(1) Περὶ ψυχῆς

Thémistios est l'auteur le plus récent dont Stobée (☛J 2) ait conservé des extraits, en III 13, 68 ; IV 22, 89 ; 50, 29 ; 52, 45. On les trouvera dans Schenkl, Downey et Norman **8**, p. 2-4. Un autre (IV 52, 48), attribué au même traité sur l'âme, est donné comme un extrait de Plutarque (fr. 177 Sandbach). On ne peut évidemment rien dire sur la datation de l'ouvrage, **74** W. Stegemann, art. « Themistius » 2, *RE* V A 2, 1934, col. 1642-1680, spécialement col. 1669, qui aborde tous les problèmes de critique textuelle. [J. S.]

Le traité *al-nafs* mentionné par le Fihrist, (mais non par al-Qifṭī, **75** J. Lippert, *Ibn al-Qifṭī's Ta'rīkh al-ḥukamā'*, Leipzig 1903, p. 107, li. 19-20) pourrait en être une version arabe. Il n'en reste aucune trace chez les auteurs musulmans, à moins qu'il ne soit mentionné par Ibn Rušd (Crawford **101** [cité plus loin], p. 480). *Cf.* **76** H. Gätje, *Studien zur Überlieferung der aristotelischen Psychologie im Islam*, Heidelberg 1971, p. 18 et 64-65. [J. W.]

(2) Περὶ γήρως

Un passage des *Mantissa proverbiorum* (II, 85) attribue un vers de Sophocle (Σμιχρὰ παλαιὰ σώματ᾿ εὐνάζει ῥοπή) à un περὶ γήρως de Thémistios. En fait, c'est le fr. 3 du περὶ ψυχῆς, Stegemann **74**, col. 1669.

(3) [Περὶ φρονήσεως]

Déjà D. Petau (Dindorf **5**, p. 684, qui reproduit cependant le texte p. 361) avait fait remarquer que le manuscrit unique, le *Venetus gr.* 513 du XVe s., avait joint au discours 23, qui paraît mutilé de sa fin, un extrait assez long. Maisano **9**, p. 815, ne le reproduit pas. Il figure dans Schenkl, Downey et Norman **8**, p. 4-5, voir aussi Stegemann **74**, col. 1663. Penella **23**, p. 45, n'exclut pas qu'il ait appartenu au discours complet. Il a raison de souligner que l'idée de φρόνησις apparaît à plusieurs reprises dans le discours, φρονεῖν (p. 77, 22 ; 82, 29), ἐφρόνουν (p. 87, 25), et que le premier mot du fragment est φρονοῦσα. Il n'est pas sûr pourtant que le titre, forgé par Scholze **34**, p. 79-80, ait quelque justification.

4. Œuvres perdues

(1) Un discours prononcé devant le Sénat de Constantinople à la suite de l'ambassade effectuée à Rome en 357 (voir le n° 3). Libanios lui a écrit pour le féliciter l'*Ép.* 368 (voir *supra*, n° 3), Dagron **1**, p. 18.

(2) Un panégyrique adressé à Julien, Dagron **1**, p. 224. Il est évoqué dans l'*Ép.* 1430 de Libanios. Libanios l'avait lu en compagnie de Celsus (⟶C 72) avant la mort de Julien.

Il avait beaucoup admiré la technique oratoire (τέχνη), l'originalité de l'εὕρεσις notamment (*Ép.* 1430, 2). Il cite ainsi une expression τρίπωλον ἄρμα δαιμόνων τὸ καλλιζυγές, tirée d'Euripide (*Andromaque*, 277-278), où il s'agit d'Hermès conduisant devant Pâris les trois déesses Héra, Athéna et Aphrodite. Elle lui sert à amener la critique de ce qui fait à ses yeux le succès d'une œuvre, la rigueur dans l'argumentation (τὰς ἀνάγκας αἷς ἐδέθησαν), la qualité de l'exorde (τὰς τῶν ἐγκωμίων εἰσόδους) et la grâce du vocabulaire (τῆς λέξεως τὴν χάριν).

La lettre bénéficie d'une traduction de **77** A. F. Norman, *Libanius. Autobiography and Selected Letters*, coll. *LCL*, Cambridge (Mass.)/London 1992, t. II (n° 116), p. 218-213 ; pour un commentaire approfondi, **78** H. Bouchery, « Contribution à l'étude de la chronologie des discours de Themistius », *AC* 5, 1936, p. 191-208, spécialement p. 224-229.

(3) C'est l'*oratio istriensis* de Stegemann **74**, col. 1668, encore qu'il ne soit pas absurde d'envisager plusieurs prises de parole. Thémistios évoque lui-même son ou ses interventions aux discours 10 (p. 201, 21 - 202, 8 ; p. 203, 12-13) et 11 (p. 218, 29-30). Il agissait en qualité de représentant du Sénat de Constantinople, sur les rives même du Danube, en 369 (voir *supra*, discours 10), Dagron **1**, p. 18.

(4) Un discours prononcé devant Valens pour le dissuader de persécuter les chrétiens « nicéens », voir *supra*, n° [12].

Naturellement, Thémistios fut sûrement contraint à prendre la parole en maintes autres circonstances. L'obligation de prononcer un discours est présentée fréquemment comme un dû dans les exordes des discours conservés. Valait-elle par année ? Stegemann **74**, col. 1668, prête à

Thémistios (p. 193, 20) un discours pour l'accession de Valens au consulat. Valens exerça en effet la magistrature six fois, quatre avec Valentinien Ier et deux avec Valentinien II. Dans ce cas, le discours ne pourrait dater que du 1er janvier 365 et devrait se placer entre 6 et 7.

B. L'ŒUVRE PHILOSOPHIQUE

On a longtemps considéré Thémistios comme le dernier des péripatéticiens. En effet, dans le discours 2 (p. 32, 4-5), il proclame Aristote le « maître de (s)a vie et de (s)a sagesse ». Mais il faudra se demander quelle est exactement la portée du propos. [J. S.]

I. Les Paraphrases

Les œuvres philosophiques les plus importantes de Thémistios sont des paraphrases d'importants traités d'Aristote. Le philosophe adopta ce mode d'exégèse de façon consciente et par modestie (*An. Post.* Proem, 1,2 - 2,4 Wallies, *CAG* V 1, 1900 ; *Disc.* 23, 294-295, p. 89, 19-90, 9 Downey-Norman) afin de pouvoir fournir une explication plus concise de ces ouvrages que celle qu'en offraient les commentaires plus développés des exégètes antérieurs, notamment Alexandre d'Aphrodise (⇒A 112), qu'il cite fréquemment et à qui il emprunte beaucoup. Trois paraphrases ont été conservées en grec : sur les *Seconds Analytiques* (Wallies, *CAG* V 1, 1900), sur la *Physique* (Schenkl, *CAG* V 2, 1900) et sur le *De anima* (Heinze, *CAG* V 3, 1899) ; une autre en hébreu sur le *De caelo* (Landauer, *CAG* V 4, 1902), et une dernière en hébreu avec quelques passages en arabe sur le livre XII (Lambda) de la *Métaphysique* (Landauer, *CAG* V 5, 1903). Sauf pour la paraphrase sur *Métaphysique* XII, l'authenticité de ces paraphrases est assurée, à l'intérieur de la tradition grecque, par des références de Thémistios à ses propres ouvrages et par le témoignage de commentateurs ultérieurs, notamment Simplicius (⇒S 92) et Jean Philopon (⇒P 164). De semblables références dans les sources grecques montrent que Thémistios écrivit également des paraphrases des *Catégories*, des *Premiers Analytiques* et des *Topiques,* cette dernière ayant été également connue et utilisée par Boèce (voir plus bas). Les références les plus importantes ont été rassemblées par Scholze **34**, p. 81-85, et par Stegemann **74**, col. 1653-1655. Le choix des œuvres paraphrasées reflète le statut propédeutique des traités de l'*Organon,* alors que le traitement du moteur immobile en *Physique* VIII est manifestement lié à la théologie de *Métaphysique* XII, qui de son côté complète l'analyse de l'intellection dans le *De anima* (voir **79** R. B. Todd, *Themistius on Aristotle « On the Soul »*, London/Ithaca 1996, p. 187 n. 20), et, en particulier, le refus de Thémistios (*in De an.* 102, 30 - 103, 19) de considérer que l'intellect agent est, comme le prétendait Alexandre, identique avec le Dieu d'Aristote. Les paraphrases servirent de modèles d'exégèse aristotélicienne pour Michel Psellus (⇒P 312), Eustrate (⇒E 163), Michel d'Éphèse (⇒M 163, dans les compléments du tome VII) et Sophonias (⇒S 110), et influencèrent également les paraphrases aristotéliciennes de Georges Pachymère (⇒P 1a) et de Théodore Métochitès. Pour les éditions, voir Todd **4**, p. 69. La bibliographie sur les paraphrases de Thémistios reste limitée.

Voir pour une liste de références **80** F. M. Schroeder et R. B. Todd, *Two Greek Aristotelian Commentators on the Intellect*, Toronto 1990. [R. B. T.]

Les informations dont nous disposons sur les paraphrases d'Aristote par Thémistios connues en versions syriaque ou arabe au Xe siècle à Bagdad sont dues au *Fihrist* d'al-Nadīm (éd. Flügel **62** ; *cf.* la traduction et les notes dans Müller **63** ; **81** F. E. Peters, *Aristoteles Arabus. The Oriental Translations and Commentaries on the Aristotelian Corpus*, Leiden 1968, et Dodge **64**). *Cf.* maintenant aussi **82** E. Coda, « Themistius, Arabic », dans H. Lagerlund (édit.), *Encyclopedia of Medieval Philosophy: Philosophy between 500 and 1500*, Dordrecht 2011, p. 1260-1267. Ces informations sont reprises avec quelques compléments par Ibn al-Qifṭī dans son *Ta'rīkh al-ḥukamā'*, (éd. Lippert **75**). Il faut supposer que les bibliographes arabes font références à des versions arabes lorsqu'ils ne font pas explicitement référence au syriaque. Aucune de ces paraphrases n'est aujourd'hui conservée en syriaque, mais certaines ont survécu totalement ou en partie en arabe, en hébreu ou dans des versions latines faites sur l'arabe. Dans plusieurs cas le traducteur arabe n'est pas identifié, mais il est très probable que les premières traductions, toutes ou la plupart, faites du grec au syriaque ou à l'arabe, provenaient de l'école de Ḥunayn. Certaines traductions sont attribuées par le *Fihrist* à Abū Bišr Mattā ou Yaḥyā ibn ʿAdī. Ces deux membres de l'école des aristotéliciens de Bagdad n'étaient pas familiers du grec et traduisaient uniquement depuis le syriaque. [J. W.]

Les paraphrases de Thémistios conservées par la tradition orientale ont été signalées aux endroits appropriés dans les notices sur Aristote (*DPhA* I, p. 437-441, mise à jour dans *DPhA Suppl.*, p. 112-121) ; on fera référence à ces articles antérieurs ici et là dans la présente notice. [J. W.]

Il n'est pas douteux que la conservation de certaines de ses *Paraphrases* a largement contribué à valoir à Thémistios sa réputation de péripatéticien attardé. L'orateur les évoque lui-même dans ses discours. Toutefois, Stegemann **74**, col. 1651, voit dans le discours 20 (p. 4, 12-13) une allusion de Thémistios à ses propres paraphrases, alors qu'il s'agit simplement des goûts de son père en matière de philosophie (τὰ παιδικὰ τὸν θεῖον Ἀριστοτέλην) ; plus loin, en revanche, Thémistios avoue s'être lancé lui-même sur les brisées de son père, entendons, sur le même chemin spirituel, mais il n'est pas question des fameuses *Paraphrases*, voir **83** O. Balériaux, « Eugénios, père de Thémistios et philosophe néoplatonicien », *AC* 65, 1996, p. 135-160, surtout p. 158. Nous ne sommes d'ailleurs pas en 377, comme le dit Stegemann **74**, col. 1651, mais au lendemain de la mort d'Eugénios (voir *supra*, VII, 1, b n° 20). Au même endroit, W. Stegemann fait état d'un autre passage (*Disc.* 21, p. 19, 5-7), où il est question à la fois du père et du beau-père de Thémistios, mais point des paraphrases. Tout au plus pourrait-on en déduire que le beau-père pratiquait aussi la philosophie.

En revanche, l'orateur évoque longuement les paraphrases dans un passage important du discours 23. Elles constituent en quelque sorte un héritage paternel conservé avec soin (p. 89, 21-23). Elles ne renferment rien qui soit de son cru ou emprunté à un autre qu'à son père (p. 89, 23-24). Elles s'efforcent d'éclairer l'esprit d'Aristote en dissipant toutes les ténèbres dont il s'est entouré pour échapper aux gens mal préparés (p. 89, 24-27). C'est là une conception de la formation que l'on retrouve dans les écoles de type néoplatonicien, comme l'a rappelé vigoureusement Ballériaux **83**, p. 156. Stegemann **74**, col. 1651-1652, insiste sur les modalités de publication du livre qu'il décrit de façon fort naïve. Des étudiants auraient publié les textes sans l'accord de l'auteur. Dans la *Paraphrase aux Seconds analytiques* (*CAG* V 1 a Wallies, p. 1, 1-12), Thémistios expose son projet pédagogique : permettre aux étudiants de prendre rapidement connaissance de la pensée d'Aristote, dont il souligne à nouveau l'aspect abscons (p. 1, 16-17 πολλὰ μὲν οὖν ἔοικε τῶν Ἀριστοτέλους βιβλίων εἰς ἐπίκρυψιν μεμηχανῆσθαι). D'ailleurs, il reconnaît que des livres considérables ont déjà été publiés précédemment ; sans doute faut-il voir ici une allusion à un traité perdu d'Alexandre d'Aphrodise (➤A 112), qui n'est cité qu'une seule fois *expressis verbis* (p. 20, 15), pour s'opposer à une interprétation contestable, **84** P. Moraux, *Le commentaire d'Alexandre d'Aphrodise aux « Seconds analytiques » d'Aristote*, Berlin 1979, p. 3 ; 4 ; 28 (= 19, 6-7, avec un long commentaire sur le problème de la quadrature). Outre Alexandre d'Aphrodise, Thémistios avait utilisé aussi Andronicos de Rhodes (➤A 181), Porphyre (➤P 263) et Xénocrate [➤X 10] (*in De an.*, p. 31, 1-5 ; 32, 19-37). Semblablement, la paraphrase du *De anima* est précédée d'une introduction à valeur publicitaire (*CAG* V 3 Heinze, p. 1, 5-15). On croira donc difficilement qu'une œuvre présentée avec de telles préfaces ait pu être dérobée et clandestinement livrée à un public avide.

Le procédé correspond à ce que l'on entrevoit par ailleurs du mode de diffusion des livres dans l'Antiquité, **85** T. Dorandi, *Le stylet et la tablette. Dans le secret des auteurs antiques*, Paris 2000, p. 77-87 (les p. 83-85 roulent sur la diffusion des écrits « hypomnématiques » dans l'école néoplatonicienne). Ce que Thémistios nous dit, au fond, c'est que de tels textes sont à la fois ἐκδεδομένα καὶ μὴ ἐκδεδομένα. Il est difficile de ne pas penser à un message qu'aurait envoyé Alexandre à Aristote, après la publication des livres dits acroamatiques, et à la réponse du maître, qui se lit chez Plutarque (*Alexandre* 7, 8), mais pas textuellement. Cette dernière deviendra une lettre du maître à l'élève chez les néoplatoniciens, Simplicius (*in Phys.* I, 1, *CAG* IX, p. 8, 26-28 Diels = *Ép.* 6 Hercher et fr. 662 Rose) Ἀριστοτέλης βασιλεῖ Ἀλεξάνδρῳ εὖ πράττειν. ἔγραψάς μοι περὶ τῶν ἀκροαματικῶν λόγων, οἰόμενος δεῖν αὐτοὺς φυλάττειν ἐν ἀπορρήτοις. Ἴσθι οὖν αὐτοὺς καὶ ἐκδεδομένους καὶ μὴ ἐκδεδομένους, dans le même sens, Élias (*in Cat.*, XVIII 1, p. 125, 11 Busse). En tout cas, les livres atteignirent au moins l'Argolide, Sicyone, peut-on supposer (*Disc.* 23, p. 90, 10), ou plutôt un philosophe disciple du vieillard de Chalcis, c'est-à-dire de Jamblique (➤I 3), enseignant à Sicyone. On peut aujourd'hui déceler quelques traits de la physionomie de cette école locale.

Sicyone fut détruite par des secousses telluriques à l'époque des Antonins (**86** A. Bon, *Le Péloponnèse byzantin jusqu'en 1204,* Paris 1951, p. 13). Constantin Porphyrogénète (*Th.*, p. 52, 8-9 B.) signalait dans le Péloponnèse 40 villes importantes, parmi lesquelles Sicyone, immédiatement après Corinthe, mais, pour l'époque précédant immédiatement la quatrième croisade, la cité n'a laissé aucun souvenir. Toutefois, A. Bon ne mentionne pas le passage de Thémistios qu'il ne paraît pas avoir connu. Julien (*Éloge d'Eusébie = Disc.* II [III], 12, 44-54 Bidez) signale que la fameuse source corinthienne Pirène se trouve désormais à Sicyone. Voir **87** J. Schamp, « Thémistios et l'oracle des philosophes », dans F. Karfík et Euree Song (édit.), *Plato Revived. Essays on Ancient Platonism in Honour of Dominic J. O'Meara*, Berlin/Boston 2013, p. 358-375, plus spécialement p. 363-365; **88** R. Goulet, « Mais qui était donc le gendre de la sœur de Priscus ? Enquête sur les philosophes d'Athènes au IVᵉ siècle après J.-Chr. » dans *SGA* 2, 2012, p. 33-77, plus spécialement p. 35-37.

Plus loin encore, Thémistios évoque les voyages qu'il fit dans diverses cités, Rome, Antioche, la Galatie. Les marchandises (p. 94, 5) qu'il apportait dans ses bagages n'étaient sans doute pas purement diplomatiques, car il s'y trouvait du Pythagore, du Platon et de l'Aristote (p. 94, 16-18). On croira difficilement que n'aient pas figuré dans le lot des productions philosophiques, par exemple certaines des *Paraphrases* (voir *supra*, *Disc.* 23). Boèce (⮞B 41) mentionne le passage des *Premiers* et des *Seconds analytiques* d'Aristote en latin [*In De interpr.* (2ᵉ éd.), I, p. 3, 5-8]: *Vetius Praetextatus priores postremosque analyticos non vertendo Aristotelem Latino sermoni tradidit, sed transferendo Themistium.* Prétextat (⮞P 274) a eu une longue carrière dont toutes les étapes ne peuvent être datées avec certitude; pourtant, le premier poste vraiment important qu'il occupa fut le proconsulat d'Achaïe (362-364, voir *PLRE* I, *s.v.* « Vettius Agorius Praetextatus », p. 722-724). Rien donc n'interdit de croire que Prétextat figurait parmi les sénateurs qui étaient venus écouter Thémistios à Rome lors de l'ambassade de 357 et qu'à l'occasion ils aient échangé des cadeaux, y compris des livres. [J. S.]

Sur la méthode de la paraphrase (le mot *paraphrasis* n'apparaissant que dans les titres des ouvrages de Thémistios), voir Todd **79**, p. 2-7. [Sur le genre littéraire de la paraphrase, **89** A. Zucker, « Qu'est-ce qu'une *paraphrasis* ? L'enfance grecque de la paraphrase », dans *Rursus* 2, 2011, p. 39-41 ; 54-55 ; 62-63 (consulté le 26 février 2015). J. S.]. Cette méthode est constante dans la pratique de l'exégèse textuelle, mais Thémistios est probablement le premier à l'avoir employée de façon systématique et étendue dans l'exégèse de textes philosophiques. Il est plus facile de la définir de façon négative. Par opposition à l'exégèse développée dont Simplicius est le principal représentant antique connu, Thémistios évite les longues reformulations ou les digressions, sauf pour la grande digression sur l'intellect à l'intérieur de la paraphrase de *De Anima* III 5 (*in De an.*, p. 102,30 - 109,3 ; voir plus bas p. 874) et peut-être une plus courte mais importante sur le concept de matière dans l'*in Phys.*, p. 25,25 - 27,13. Il n'introduit que rarement un matériel historique ; les informations concernant l'histoire de l'exégèse, notamment sa discussion avec Galien (⮞G 3) dans la paraphrase de la *Physique*, et les références qu'il fait au stoïcisme, à l'épicurisme ou à d'autres doctrines (voir plus bas p. 891-892) sont probablement empruntées à Alexandre. Il s'abstient de polémiquer avec des interprétations rivales et manifeste généralement peu d'esprit critique à l'égard d'Aristote dans son souci d'atteindre un auditoire cultivé mais sans formation spécialisée. Ainsi, par exemple, il remplace les démonstrations formelles de thèses (comme celles qui utilisent des variables dans la *Physique*) par des exposés développés et des exemples plus simples. Les aspects positifs de la paraphrase sont une concentration sur l'essentiel dans les argumentations et les thèmes majeurs, par exemple la démonstration dans la paraphrase des *Seconds Analytiques*, le syllogisme dans celle des *Premiers Analytiques* ; ce qu'écrit Thémistios sur le moteur immobile est une version considérablement modifiée de *Physique* VIII. [R. B. T.]

Dans la postérité byzantine, les paraphrases sont bien attestées, chez Photios (*Bibl., cod.* 74, 52 a 16-19) dans une liste qui ne se donne pas comme exhaustive, et dans la *Souda* (Θ 122, *s.v.* Θεμίστιος) ; l'un énumère des paraphrases aux *Analytiques premiers* et *seconds*, au traité *Sur l'âme* et sur la *Physique* ; l'autre signale en plus une *Paraphrase aux Catégories*. Toutefois, alors que les titres des ouvrages conservés et la *Souda* appellent les *paraphrases* des παραφράσεις, Photios leur donne le nom de μεταφράσεις. Παράφρασις ne figure qu'une seule fois dans la *Bibliothèque* (*Cod.* 209, 167 b 18), où il est question du *Philoctète* de Dion de Pruse (➙D 166 ; c'est le discours 59). En revanche, μετάφρασις est plus fréquent, *Cod.* 160, 103 a 9 (les paraphrases d'Homère de Procope de Gaza) ; 177, 121 b 41 (traductions de l'Ancien et du Nouveau Testament) ; 183, 128 a 4 (Paraphrase de l'*Octateuque* d'Eudocie) ; 184, 128 a 29 (Paraphrase des livres prophétiques d'Eudocie). Les mots n'avaient pas un sens différent, et rien ne prouve que Photios lut jamais les *Paraphrases* de Thémistios, qu'il ne connaissait probablement que par un intermédiaire, **90** J. Schamp, *Photios historien des lettres. La "Bibliothèque" et ses notices biographiques*, Paris 1987, p. 438. [J. S.]

Les paraphrases de Thémistios, tout comme les commentaires d'Alexandre d'Aphrodise, furent bien connus par les aristotéliciens de l'école d'Abū Bišr Mattā à Bagdad et ces deux auteurs font partie du groupe des principaux commentateurs cités dans les ouvrages d'al-Fārābī et dans les notes marginales ou interlinéaires du *Parisinus ar.* 2346 de l'*Organon*, copié dans l'école de Bagdad ; *cf.* **91** R. Walzer, *Greek into Arabic. Essays on Islamic Philosophy*, Oxford 1962, p. 78, 89 n. 1, 90 n. 4, et **92** F. W. Zimmermann, *Al-Farabi's Commentary and Short Treatise on Aristotle's De Interpretatione*, London 1981, p. C-CV. Certaines des paraphrases ont pu avoir été traduites du syriaque par Abū Bišr Mattā lui-même ; *cf. infra* B I a et b sur *Anal. post., Physica, De caelo*, et *Metaph. Lambda*. Les paraphrases sur *Cat., An. post., Poet., De anima*, et *Metaph. Lambda* furent toutes probablement connues par l'élève le plus illustre de l'école, al-Fārābī : *cf.* Zimmermann **92**, p. XXXIV n. 3-4, LXXIX, CI-CII ; **93** R. Walzer, *Al-Farabi On the Perfect State*, Oxford 1985, p. 434-435 ; et **94** A. J. Arberry, « Fārābī's Canons of Poetry », *RSO* 17, 1938 (voir *infra* B I c 5 sur la *Poétique*). L'intérêt porté par Yaḥyā ibn 'Adī à ces paraphrases est manifeste dans le cas de la *Physique* (*cf. infra* B I a 2 sur la *Physique*), *De caelo* (*cf. infra* B I b 1 sur le *De caelo*) et l'*Éthique* (voir *infra* B I c 7 sur l'*Éthique*), et son correspondant hébreu Ibn Abī Sa'īd al-Mawṣilī était familier de la paraphrase sur la *Physique ; cf.* **95** S. Pines, « A Tenth Century Philosophical Correspondence », *PAAJR* 24, 1955, p. 134 n. 107. Miskawayh fit référence à la paraphrase du *De anima* dans son traité *Sur l'Âme et l'Intellect* (éd.

96 M. Arkoun, « Deux épîtres de Miskawayh », *BEO* 17, 1961-1962, p. 63, li. 19-20), bien que l'appel à Aristote et à ses commentateurs masque son adhésion à une position différente (*cf.* **97** P. Adamson, « The Kindian Tradition. The Structure of Philosophy in Arabic Neoplatonism », dans C. D'Ancona [édit.], *The Libraries of the Neoplatonists*, Leiden 2007, p. 361-364).

Certaines au moins des paraphrases de Thémistios furent connues d'Ibn Sīnā, bien que sa façon de travailler ne rende pas manifeste son utilisation de commentateurs antérieurs, alors que celle d'Ibn Rušd permet de le voir de façon évidente. Une mention explicite de Thémistios par Ibn Sīnā est attestée toutefois, dans le cas de la paraphrase sur le *De anima*, dans les *Notes sur le De anima* de ce philosophe ; *cf.* **98** ʿA. Badawī (édit.), *Arisṭū ʿinda al-ʿArab*, Le Caire 1947 (2ᵉ éd., Kuwait 1978), p. 98, li. 17-19 (= *CAG* V 3, p. 93,32-94,3 ; le passage se trouve dans la section où le grec et l'arabe divergent, voir **99** M.C. Lyons, (édit.), *An Arabic Translation of Themistius Commentary on Aristoteles De Anima*, Oxford 1973, p. XIV n. 17, et **100** H. Gätje, « Bemerkungen zur arabischen Fassung der Paraphrase der aristotelischen Schrift über die Seele durch Themistios », *Isl* 54, 1977, p. 272-291, surtout p. 290-291) et p. 116, li. 9-11 (= *CAG* V 3, p. 125, 25-27 ; *cf.* Lyons **99**, p. 231 n. *) ; *cf.* également Lyons **99**, p. 169, note. Il semble également avoir connu la paraphrase sur le *De caelo* (*cf.* **101** R. Brague, *Thémistios. Paraphrase de la "Métaphysique" d'Aristote (livre lambda) traduit de l'hébreu et de l'arabe*, Paris 1999, p. 13), cette paraphrase étant également connue par Ibn al-Ṣalāḥ (voir *infra* B I b 1 sur le *De caelo*). La paraphrase sur *Metaph. Lambda* fut connue de plusieurs auteurs arabes et juifs ; *cf.* Brague **101**, p. 24-33, qui rassemble les témoignages de Gābir ibn Ḥayyān, al-Fārābī, al-Masʿūdī, al-ʿĀmirī, Ibn Sīnā, al-Šahrastānī, Ibn Rušd, al-Baghdādī, Ibn Sabʿīn, et du côté juif Maïmonide, Ibn Falaquera, Joseph ibn Caspi et Gersonide. Les paraphrases de Thémistios sont citées fréquemment dans les œuvres d'Ibn Rušd, qui en plus de la paraphrase sur *Metaph. Lambda* fit référence à celles sur *An. pr.* (**102** M. Qasim et C.E. Butterworth [édit.], *Ibn Rušd, Talkhīṣ kitāb al-qiyās. Averroes Cordubensis in Aristotelis Priorum analiticorum [sic] libros*, Le Caire 1983, index *s.v.* « Themistius » [p. 382] ; *cf.* **103** V. Rose, « Über eine angebliche Paraphrase des Themistius », *Hermes* 2, 1867, p. 191-213, surtout p. 206-208, et **104** Sh. Rosenberg et C. Manekin, « Themistius on Modal Logic. Excerpts from a Commentary on the *Prior Analytics* attributed to Themistius », *JSAI* 11, 1988, p. 85-87), *An. post.* (**105** ʿA. Badawī [édit.], *Ibn Rušd, Šarḥ al-burhān li-Arisṭū wa-talkhīṣ al-burhān. Grand commentaire et paraphrase des* Seconds Analytiques *d'Aristote*, Kuwait 1984, index *s.v.* « Themistius » [p. 496] ; *cf. DPhA* I, p. 523), *Topica* (**106** C.E. Butterworth et A.A. Haridi [édit.], *Averroes, Talkhīs kitāb al-jadal. Commentarium medium in Aristotelis Topica*, Le Caire 1979, index *s.v.* "Themistius" [p. 252] ; *cf. DPhA* I, p. 526), *Physica* (**107** J. Puig [édit.], *Averroes, Epitome in Physicorum libros*, Madrid 1983, index *s.v.* "Themistius" [p. 281]), *De caelo* (**108** R. Arnzen [édit.], *Averrois Cordubensis commentum magnum super libro De celo et mundo Aristotelis*, Leuven 2003, index *s.v.* "Themistius" [p. 763 et

765] ; *cf. DPhA Suppl.*, p. 293), et *De anima* (**109** F. S. Crawford [édit.], *Averrois Cordubensis, Commentarium magnum in Aristotelis De anima libros*, Cambridge, Mass. 1953, index *s.v.* "Themistius" [p. 591] ; *cf. DPhA Suppl.*, p. 352). Comme en grec et en latin, la plus grande influence des paraphrases de Thémistios sur la tradition philosophique postérieure dans le monde arabe a concerné la question de l'intellect. Les références que l'on trouve dans un large éventail d'œuvres d'Ibn Rušd aux vues de Thémistios sur cette question sont rassemblées dans Lyons **99**, p. 169-178 ; pour une analyse générale, voir, en plus de Lyons **99**, p. XIV-XVI, Gätje **76**, p. 63-68, **110** A. Hyman, « Aristotle's Theory of the Intellect and its Interpretation by Averroes », dans D. J. O'Meara (édit.), *Studies in Aristotle*, Washington, D. C. 1981, p. 161-191, notamment 173-180, et **111** A. Ivry, *Averroes, Middle Commentary on Aristotle's* De anima, Provo, Utah 2002, p. XV-XXVI and *passim*. Les traductions de l'arabe à l'hébreu *(An. pr., De caelo,* et *Metaph. Lambda)*, de l'arabe en latin *(An. post.)* et de l'hébreu en latin *(De caelo* et *Metaph. Lambda*, ces deux dernières datées du XVIe siècle) attestent l'intérêt porté à l'œuvre de Thémistios comme commentateur d'Aristote chez les Juifs et les chrétiens en Occident. [J. W.]

a. Conservées en grec

1. Paraphrase aux Seconds Analytiques

À en juger par l'exposé méthodologique de la préface, elle fut la première à avoir été écrite, Stegemann **74**, col. 1653 ; édition critique dans **112** M. Wallies, *Themistii Analyticorum posteriorum Paraphrasis*, Berlin 1900 (*CAG* V 1). C'est elle sans doute que cite le discours 21, p. 37, 6. Trois études de Martin Achard ont examiné en détail la paraphrase de Thémistius sur *An. Post.* I 1 : **113** M. Achard, « La paraphrase de Thémistius sur les lignes 71 a 1-11 des *Seconds Analytiques* », *Dionysius* 23, 2005, p. 105-116 ; **114** *Id.*, « Thémistius, Paraphrase des *Seconds Analytiques* 2.5-5.4 », *CEA* 43, 2006, p. 6-11 ; **115** *Id.*, « Themistius' Paraphrase of *Posterior Analytics* 71 a 17 - b 8 : an example of rearrangement of an Aristotelian text », *LThPh* 64, 2008, p. 19-34.

Au XIIe s., Eustrate de Constantinople (➡E 163) l'a utilisée dans son propre commentaire aux *Seconds analytiques* (*CAG* XXI 1, p. 11, 5-6 Hayduck). Au XIIe s., Gérard de Crémone la traduit en latin, à partir de la version arabe tirée du grec par Abū Bišr Mattā, citée par Averroès, **116** A. De Libera, *La philosophie médiévale*, Paris 1993, p. 347. À la fin du XIIIe s., le texte grec figurait toujours au catalogue aristotélicien de la bibliothèque de Jérusalem, Stegemann **74**, col. 1654. [J. S.]

F. De Haas *et al.* préparent de leur côté une traduction de la paraphrase sur les *Seconds Analytiques*. [R. B. T.]. On en possédait une version arabe. Le *Fihrist* signale qu'il s'agissait d'une paraphrase complète, mais n'indique pas qui en était le traducteur. La version latine conservée, traduite depuis l'arabe par Gérard de Crémone, a été éditée par **117** J. R. O'Donnell, « Themistius' Paraphrasis of the *Posterior Analytics* in Gerard of Cremona's translation », *MedievalStud* 20, 1958, p. 239-315. Dans sa notice sur Mattā ibn Yūnus, le *Fihrist* affirme qu'il traduisit « les trois dernières sections de la paraphrase de Thémistios » (Flügel **62**, p. 263, li. 25-26 ; Dodge **64**, p. 630). Il pourrait s'agir de la paraphrase sur les *An. post.*, car la traduction faite par Mattā de ce traité d'Aristote est mentionnée tout de suite après. Abū Bišr Mattā en est considéré comme le traducteur par Peters **81**, p. 18 n. 8 ; voir aussi *DPhA* I, p. 523. Toutes ses traductions devaient être faites sur le syriaque, car il ignorait le grec. Voir Flügel **62**, p. 249, li. 12-13 ; Müller **63**, p. 15 ; Peters **81**, p. 17-18 ; Dodge **64**, p. 600. [J. W.]

2. *Paraphrase à la Physique*

Édition critique par **118** H. Schenkl, *Themistii in Aristotelis Physica Paraphrasis*, Berlin 1900 (*CAG* V 2). On ne voit pas ce qui autorise Stegemann **74**, col. 1654, à déduire sur la base du *Disc.* 4 (p. 71, 9-17) qu'à l'époque où Thémistios rédigeait son discours il avait déjà femme et enfants, pouvait utiliser pour se déplacer en famille le service postal et avait déjà écrit la *Paraphrase à la Physique*. En revanche, elle est citée dans le *Disc.* 21, p. 37, 6 [J. S.]. On relève des indices d'un enseignement oral dans les passages qui impliquent un dialogue avec un auditoire, par exemple *in Phys.*, p. 168, 24-35 Schenkl. On dispose aujourd'hui d'une version anglaise partielle des livres IV-VIII : **119** R. B. Todd, *Themistius on Aristotle Physics 4*, coll. *ACA*, London/Ithaca 2003 ; **120** *Id.*, *Themistius on Aristotle Physics 5-8*, coll. *ACA*, London/Ithaca 2008 ; **121** *Id.*, *Themistius on Aristotle Physics 1-3*, coll. *ACA*, London/Ithaca 2010. [R. B. T.]

Pour la tradition arabe, voir Flügel **62**, p. 250, li. 22-23 ; Müller **63**, p. 18 ; Peters **81**, p. 30-31, 34 ; Dodge **64**, p. 603. La notice dans le *Fihrist* n'est pas claire. Elle pourrait signifier : « Il existe de Abū Bišr Mattā un commentaire (*tafsīr*, traduction ?) du commentaire *(tafsīr)* de Thémistios sur ce traité (*i.e.* la *Physique*) en syriaque, qui est conservée en syriaque pour une partie du premier livre » (c'est à peu près ainsi que traduisent Müller et Dodge). Une autre traduction est possible : « Il existe de Abū Bišr Mattā un commentaire (sur la *Physique*). Il y a (aussi) le commentaire de Thémistios sur ce traité en syriaque, qui est conservé en syriaque pour une partie du premier livre » (ainsi Peters). Le manuscrit arabe *Leiden, Or.* 583 de la *Physique* d'Aristote, dans la traduction de Isḥāq ibn Ḥunayn, contient des citations du commentaire de Thémistios à l'intérieur d'une collection d'extraits due à Ibn al-Samḥ qui inclut également des citations d'Alexandre d'Aphrodise et des aristotéliciens chrétiens de Bagdad Abū Bišr Mattā, Yaḥyā ibn ʿAdī, Ibn al-Samḥ lui-même et Ibn al-Ṭayyib. *Cf.* Badawī **98**, p. 176, 190, 315, 321, 335, 391. Al-Qifṭī (Lippert **75**, p. 39, li. 13-21 ; *cf.* aussi p. 245, li. 8-9) ajoute à ce qu'il a trouvé dans le *Fihrist* que Thémistios a commenté ce traité dans sa propre langue sous la forme d'un *compendium*, que le texte d'Aristote avec ses commentaires était lu dans l'école de Yaḥyā ibn ʿAdī, et que les marges de la paraphrase de Thémistios contenaient des notes de Ǧurǧis al-Yabrūdī. *Cf. DPhA Suppl.*, p. 269-270. [J. W.]

3. *Paraphrase au De anima*

Édition critique par **122** R. Heinze, *Themistii in libros De anima Aristotelis*, Berlin 1899 (*CAG* V 3). Ammonius, Simplicius et Sophonias l'ont utilisée, et elle figurait aussi dans le catalogue aristotélicien de Jérusalem, Stegemann **74**,

col. 1654. Aux chapitres Γ 4 et 5, Thémistios consacre de longues pages de son cru
à des remarques sur la noétique, Schamp **87**, p. 438, n. (suite de la n. 25 à la
p. 437). **123** O. Ballériaux, *D'Aristote à Thémistius. Contribution à une histoire de
la noétique après Aristote* (dissertation inédite), Liège 1943 *(non vidi)* les avait
étudiées attentivement; il y est revenu beaucoup plus tard (voir **124** J. Schamp,
Byzantion 69, 1999, p. 253-261), **125** O. Ballériaux, « Thémistius et l'exégèse de la
noétique aristotélicienne », *RPhA* 7, 1989, p. 199-233, et **126** *Id.*, « Thémistius et le
néoplatonisme. Le ΝΟΥΣ ΠΑΘΗΤΙΚΟΣ et l'immortalité de l'âme », *RPhA* 12, 1994,
p. 171-200. Toutefois, on possède une version anglaise utile de V 4-8 (p. 93, 32-
116, 23) produit de la plume de R. B. Todd, dans Schroeder et Todd **80**, p. 77-133 ;
Todd **79** a procuré une traduction de l'ensemble, dans laquelle il a retouché en
certains points la version précédente de Schroeder et Todd **70**. Pour une version
italienne, voir de **127** V. de Falco, *Parafrasi dei libri di Aristotele sull'anima*,
Padova 1965. Voir également **128** S. M. Bay, « Toward a New Edition of Themistius' Paraphrase of Aristotle's *De Anima* », Diss. University of Illinois at
Urbana-Champaign 2004. Guillaume de Moerbeke en avait procuré une traduction
latine, achevée le 22 novembre 1267, **129** G. Verbeke, *Thémistius. Commentaire
sur le traité de l'âme d'Aristote. Traduction de Guillaume de Moerbeke. Édition
critique et étude sur l'utilisation du commentaire dans l'œuvre de Saint Thomas*,
Leiden 1973. Voir également **130** G. Guldentops, « Some critical Observations on
Moerbeke's Translation of Themistius' Paraphrase of *De Anima* », dans R. Beyers
et al. (édit.), *Tradition et Traduction : les textes philosophiques et scientifiques
grecs au moyen age latin*, Louvain 1999, p. 239-264. Toutefois, Le projet pédagogique de Thémistios a changé nettement depuis la paraphrase des *Seconds analytiques* ; il s'agira cette fois, non plus seulement de suivre l'exposé dans tous ses
détails, mais aussi de dévoiler ce qui y est obscur, de synthétiser des données, de
les examiner avec attention, voire de travailler d'autres jusqu'au bout [p. 1, 3-5 τὰ
μὲν ἐκκαλύψαι, τοῖς δὲ συστῆναι, τοῖς δὲ ἐπιστῆσαι, τὰ δὲ (...) καὶ ἐξερ-
γάσασθαι), Ballériaux **125**, p. 200-201. [J. S.]

Pour la tradition orientale, voir Flügel **62**, p. 251, li. 12-13 ; 16-18 ; Müller **63**,
p. 19-20 ; Peters **81**, p. 40-42 ; Dodge **64**, p. 605.

D'après le *Fihrist*, la paraphrase était complète et comprenait en tout sept
sections. Elle est conservée en arabe dans un manuscrit de Fez, qui a été édité, avec
une introduction, des notes et des glossaires arabo-grec et gréco-arabe, par Lyons
99 ; *cf.* aussi **131** *Id.*, « An Arabic Translation of the Commentary of Themistius »,
BSOAS 17, 1955, p. 426-435, et l'examen de cette édition par Gätje **100**, p. 272-
291. La première section de la paraphrase est perdue dans sa plus grande partie, et
le manuscrit s'interrompt un peu avant la fin de la septième section, ce qui implique selon Lyons **99**, p. VII, la perte d'au moins huit folios au début, mais seulement
un à la fin. Le manuscrit décrit la traduction comme la seconde traduction faite par
Isḥāq ibn Ḥunayn (Lyons **99**, p. 42, li. 2 et p. 88, li. 3) et les compléments apportés
par al-Qifṭī à la notice du *Fihrist* suggèrent également que Isḥāq donna deux
traductions de la paraphrase (al-Qifṭī, Lippert **75**, p. 41, li. 8-13). La notice du

Fihrist (traduite dans Lyons **99**, p. VIII, et dans Gätje **100**, p. 274) concernant la traduction d'Aristote et de Thémistios est toutefois ambiguë ; *cf. DPhA Suppl.*, p. 347-349, et la bibliographie citée à cet endroit. **132** R. M. Frank, « Some Fragments of Isḥāq's Translation of the *De Anima* », *Byrsa* 8, 1958-1959, p. 231-251, a soutenu que Isḥāq a fait seulement une traduction de chacun des deux auteurs, une traduction incomplète d'Aristote et une traduction complète de Thémistios, une conclusion également adoptée par Lyons **99**, p. VIII-XI. Gätje **76**, p. 63-64, a considéré l'hypothèse d'une seconde traduction de Thémistios comme problématique, et dans **100**, p. 291, il a suggéré que le copiste a pu avoir été influencé par al-Qifṭī et par Ḥaǧǧī Ḫalīfa. Il a également rappelé (**100**, p. 278) l'opinion de **133** F. Ǧabr, « Aristotle and Aristotelianism among the Arabs », *Dā'irat al-Maʿārif* 9, 1971, p. 462a - 466b (en arabe) selon laquelle la notice d'Ibn al-Nadīm (Flügel **62**, p. 251, li. 13-15) impliquait l'existence d'une version syriaque de la paraphrase de Thémistios aussi bien que des versions syriaques des commentaires d'Olympiodore et de Simplicius. Sur les rapports existant entre le texte arabe conservé et le grec, *cf.* **134** G. W. Browne, « *Ad Themistium arabum* », *ICS* 11, 1986, p. 223-245 ; les rétroversions en grec qu'il propose des passages en arabe ont été prises en compte dans la traduction de Todd **79**. Des exemples de leçons où l'arabe offre un meilleur texte sont également signalés dans *DPhA Suppl.*, p. 353. Une divergence frappante entre l'arabe et le grec se rencontre dans la paraphrase d'Aristote 428 b 2 -429 b 31, où l'arabe s'éloigne radicalement du grec. La version arabe du passage (Lyons **99**, p. 160,5 - 166,16) est traduite, avec une introduction et des observations finales par Gätje **100**, p. 280-291. [J. W.]

b. Conservées en traductions

1. Paraphrase au De caelo

Le naufrage a été double. Le texte s'est perdu successivement en grec et en arabe. Les bibliographes arabes attribuent la traduction à Yaḥyā ibn ʿAdī, puis elle passa en hébreu par le fait de Zeraḥyah ben Yiṯḥāq Ḥen (*alias* Zeraḥyah Gracian), de Barcelone, qui acheva son travail à Rome en 1284. Édition critique de la version hébraïque et de la version latine faite à partir de l'hébreu par Moshe Alatino (*ed. princeps* Venise 1573) par **135** S. Landauer (édit.), *Themistii in libros Aristotelis De caelo paraphrasis Hebraice et Latine, CAG* V 4, 1902). Landauer a adapté cependant la version latine pour la rendre plus fidèle au texte hébraïque. Ces versions sont conservées. Pour tout ceci, voir Todd **4**, p. 86-89, et Brague **101**, p. 13 et n. 2, d'après qui le travail de Landauer serait sans doute à refaire. Jean Philopon et Simplicius avaient utilisé la *Paraphrase*, Brague **101**, p. 15, avec la n. 2, où on trouvera les références utiles. [J. S.]

Pour la tradition orientale, voir Flügel **62**, p. 250, li. 29-30 ; Müller **63**, p. 18 ; Peters **81**, p. 35-36 ; Dodge **64**, p. 603. Après avoir signalé un commentaire d'Alexandre d'Aphrodise sur une partie du premier livre, le *Fihrist* ajoute que le commentaire de Thémistios couvre la totalité de l'ouvrage et qu'il fut traduit et *corrigé* par Yaḥyā ibn ʿAdī. D'après Ibn al-Sarī (également connu sous le nom de

Ibn al-Ṣalāḥ, mort en 1153), la correction de Yaḥyā portait sur une version arabe faite par Abū Bišr Mattā sur la version syriaque de Ḥunayn ; *cf.* **136** M. Türker, « Les critiques d'Ibn aṣ-Ṣalaḥ sur le "De caelo" d'Aristote et sur ses commentaires », dans *La filosofia della natura nel medioevo*, Milano 1966, p. 242-252, notamment p. 244-245, et *DPhA Suppl.*, p. 287. Sur l'édition de Landauer **135** de la version hébraïque de la paraphrase, fondée sur deux manuscrits hébreux (de Londres et Rome), mais ne tient pas compte de deux manuscrits additionnels (de Cambridge et Florence), *cf.* **137** M. Zonta, « *Hebraica veritas* : Temistio, *Parafrasi del De coelo*. Tradizione e critica del testo », *Athenaeum* 82, 1994, p. 403-428.

[Comme l'a montré Zonta **137**, la version latine d'Alatino a été faite à partir d'un manuscrit de la paraphrase différent de ceux de Landauer, peut-être celui de Florence, et dans son édition du texte latin de la paraphrase, Landauer a modifié dans un bon nombre de passages le texte d'Alatino pour le rendre fidèle à l'hébreu de ses mss, mais certains passages que Landauer n'a pas pris dans le texte font pourtant bien partie du texte de la paraphrase.					E. Coda]

Une édition critique de la version hébraïque accompagnée d'une traduction anglaise, d'une introduction et de notes sera publiée par Elisa Coda. Voir sur cette paraphrase **137bis** E. Coda, « Alexander of Aphrodisias in Themistius' Paraphrase of the *De Caelo* », *SGA* 2, 2012 [in memoriam A.-Ph. Segonds], p. 355-371, et **137ter** *Ead.*, « Reconstructing the Text of Themistius' Paraphrase of the *De Caelo* », *SGA* 4, 2014, p. 1-15 ; **137quarto** *Ead.*, « Un fragment du commentaire perdu au *De Caelo* d'Alexandre d'Aphrodise sur les différents sens des termes "engendré" et "inengendré" (Thémistius, *in De Caelo*, p. 43.3-44.17 Landauer) », *SGA* 5, 2015, p. 13-26.

D'après **138** M. Alonso, « Ḥunain traducido al Latin por Ibn Dāwūd y Dominigo Gundisalvo », *Al-Andalus* 16, 1951, p. 37-47, notamment. p. 43-44, le traité (en latin, mais traduit d'un original arabe perdu) connu comme le *Liber celi et mundi* du pseudo-Avicenne (éd. **139** O. Gutman, *Pseudo-Avicenna, Liber celi et mundi*, coll. « Aristoteles Semitico-Latinus » 14, Leiden 2003) ne doit pas seulement être identifié avec l'ouvrage de Ḥunayn sur le *De caelo* mentionné par le *Fihrist* immédiatement après la référence à Thémistios (Flügel **62**, p. 250-251), mais doit également être considéré comme une compilation d'extraits de la paraphrase de Thémistios. Gutman **139**, p. XIII-XVII, considère que l'auteur du traité connaissait la paraphrase de Thémistios, mais que les passages parallèles ne prouvent pas que l'ouvrage dans sa totalité se réduisait à des extraits de Thémistios. **140** R. Glasner, « The Hebrew Version of *De celo et mundo* attributed to Ibn Sīnā », *ASPh* 6, 1996, p. 89-112, notamment p. 92-93, considère également que l'ouvrage ne consiste pas en des extraits de Thémistios et estime douteux qu'il ait été écrit par Ḥunayn. *Cf. DPhA Suppl.*, p. 289. [J. W.]

2. *Paraphrase à la Métaphysique*

Le travail n'a jamais porté que sur le livre Λ de la *Métaphysique*, théologique par excellence, comme celui d'Alexandre d'Aphrodise (☞A 112, p. 129). Stegemann **74**, col. 1654, signale des extraits conservés dans les scholies à Aristote, mais Brague **101**, p. 15 n'indique rien de tel.

D'après le Fihrist, le grec fut traduit par Abū Bišr Mattā, à moins que ce ne fut par Isḥāq ibn Ḥunayn, puis l'arabe en hébreu par Moïse b. Samuel Ibn Tibbon qui acheva son travail le 21 mars 1255, avant de passer en latin, sous la plume de Moïse Finzi, à Modène, le 15 mars 1558. Voir Todd **4**, p. 90-91, et Brague **101**, p. 16-19. L'ouvrage a connu une riche diffusion dans les mondes arabe et juif, qu'a analysée en détail Brague **101**, p. 24-34 : chez l'alchimiste Ǧābir b. Hayyān, le Géber des Latins (sur ce personnage, **141** R. Halleux, *Les textes alchimiques*, Turnhout 1979, p. 66-68), Al-Masʿūdī, au Xᵉ s., Al-ʿĀmirī au XIᵉ s., Avicenne

(980-1037), Al-Šahrastānī (1085-1153), Averroès (1126-1198), dans son *Grand Commentaire à la Métaphysique*, 'Abd-al-Laṭīf al-Baġdādī (m. 1231) et Ibn Sab'īn de Murcie (1217-1270). Pour le *Grand Commentaire* d'Averroès, on recourra à **142 A**. Martin, *Averroès. Grand Commentaire de la "Métaphysique" d'Aristote (Tafsir ma Ba'd at-Tabi'at). Livre Mam-Lambda traduit et annoté*, Paris 1984, p. 26 (avec la n. 3) et 128-130. Du côté juif, Maïmonide (1138-1204), Shem Tob b. Yosef b. Falaquera (*ca* 1223-après 1290) et Gersonide (1288-1344) sont aussi des témoins utiles ; ce dernier avait encore la *Paraphrase* dans sa bibliothèque. Brague **101**, p. 47-152, offre la traduction du texte, munie d'un important commentaire. Le contenu ou les fragments du texte ont pu être reconstitués sur la base d'un manuscrit de la bibliothèque Zahiriyya de Damas (premier chapitre et début du second) et d'un autre du Caire (Dar al-kutub al-misriyya, 6 mim Hikma wa-falsafa), publiés par Badawi **98** (*non vidi*), Brague **101**, p. 14. [J. S.]

Pour la tradition orientale, Flügel **62**, p. 251, li. 29-30 ; Müller **63**, p. 21 ; Peters **81**, p. 49, 52 ; Dodge **64**, p. 606. Le *Fihrist* rapporte que Thémistios commenta le livre *Lambda* et que « Abū Bišr Mattā le traduisit (*i.e.* le livre *Lambda*) avec le commentaire de Thémistios, et Šamlī également le traduisit ». L'attribution de la traduction reste incertaine (voir plus bas). Des sections de la version arabe (chap. 1 et une partie du chap. 2 ; version abrégée des chapitres 6 à 9) sont conservées : *cf.* Badawī **98**, p. 329-333 ; p. 12-21. Certains passages ont également survécu en arabe dans des citations faites par Ibn Rušd et d'autres. Les passages arabes conservés ont été comparés avec le texte hébreu par **143** R. M. Frank, « Some Textual Notes on the Oriental Versions of Themistius' Paraphrase of Book I [*lege* Λ] of the *Metaphysics* », *Byrsa* 8, 1958-1959, p. 215-230. Si la version arabe a été faite par Abū Bišr Mattā comme le prétend le *Fihrist*, elle devait dépendre d'une version syriaque antérieure. Mais un manuscrit arabe (*cf.* Badawī **98**, p. 329, li. 2) et un manuscrit hébreu (*cf.* Landauer **135**, p. V-VI) l'attribuent à Isḥāq ibn Ḥunayn, qui a pu la faire à partir du grec ou du syriaque. Selon Badawī **98**, introduction, p. 16-17 (*cf.* également **144** *Id.*, *La Transmission de la philosophie grecque au monde arabe*, 2ᵉ éd., Paris 1987, p. 115-116), des considérations linguistiques plaident en faveur de l'attribution à Isḥāq. Le manuscrit hébreu ajoute que la traduction fut revue par Ṭābit ibn Qurra. L'attribution de la paraphrase à Thémistios dépend entièrement du témoignage de la tradition orientale, dans la mesure où on ne trouve chez les auteurs grecs aucune référence à cet ouvrage. Sur l'authenticité et les traductions du texte, voir en particulier Brague **101**, p. 15-19. *Cf. DPhA Suppl.*, p. 252 et la bibliographie, p. 263-264. [J. W.]

c. Perdues

1. Paraphrase aux Premiers analytiques

Elle est explicitement mentionnée dans le discours 21 (p. 37, 6). Ammonios (*in Anal. Pr., CAG* IV 6, p. 31, 17-21 Wallies), Jean Philopon (*in Anal. Pr., CAG* XIII 2, p. 6, 14-18 Wallies), Boèce (voir *supra*, *Paraphrase aux Analytiques seconds*), Photios (*Bibl., cod.* 74, 52 a 17-18) et la *Souda*, qui en connaît les deux livres (Θ 122, *s.v.* Θεμίστιος), la citent, voir Stegemann **74**, col. 1654. [J. S.]

Sur la tradition orientale, voir Flügel **62**, p. 249, li. 8-9 ; Müller **63**, p. 15 ; Peters **81**, p. 14-16 ; Dodge **64**, p. 600. D'après le *Fihrist*, cette paraphase couvrait les deux livres des *An. pr.* en trois sections. La version arabe était connue de Ibn Rušd ; *cf.* Rose **103**, p. 191-213. Des extraits du livre II ont été conservés en hébreu grâce à une anthologie d'extraits tirés d'auteurs grecs et arabes rassemblée et traduite de l'arabe en hébreu par Todros Todrosi au XIVe siècle. *Cf.* Rosenberg et Manekin **104**, p. 83-103 (introduction et traduction anglaise) ; **145** *Id.*, «Japheth in the Tents of Shem : Themistius' commentary on the *Analytica Priora*», *JSJT* 9, 1990, p. 267-274 (texte hébreu). L'anthologie hébraïque attribue la traduction arabe de la paraphrase de Thémistios à al-Dimašqī, qui traduisit également la *Réponse à Maxime* de Thémistios (voir plus bas, B II 1), ainsi que sa *Risāla* sur le gouvernement (voir *supra*, A VII 2). *Cf. DPhA* I, p. 518. [J. W.]

2. *Paraphrase aux Catégories*

Elle est explicitement mentionnée dans le discours 21 (p. 37, 4-5) et dans la *Paraphrase à la Physique* (p. 4, 25-27). Elle a été utilisée par Simplicius (*in Cat.*, *CAG* VIII, p. 1, 8-10 Kalbfleisch) et Boèce (*In Cat.*, dans *PL* 64, col. 162, 6). La *Souda* la connaissait encore (Θ 122, *s.v.* Θεμίστιος). Elle comportait un livre. Stegemann **74**, col. 1655, rappelle que le Ps.-Augustin du traité *De decem categoriis* avait compilé l'œuvre. [J. S.] Voir également **146** M. Share (édit.), *Arethas of Caesarea's Scholia on Porphyry's Isagôgê and Aristotle's Categories*, coll. «Commentaria in Aristotelem Byzantina» 1, Athens 1994, p. 152,34-153,4, qui fait référence à la paraphrase de Thémistios sur *Cat.* 1 a 24-25. [R. B. T.]

Sur la tradition orientale, voir Flügel **62**, p. 248, li. 20-21 ; Müller **63**, p. 13 ; Peters **81**, p. 7 ; Dodge **64**, p. 598. La paraphrase est simplement mentionnée dans une liste des commentateurs des *Catégories*, sans indication concernant son extension ou son traducteur. Sous l'entrée consacrée à Ḥunayn ibn Isḥāq dans la section médicale du *Fihrist*, Ibn al-Nadīm mentionne parmi ses œuvres un livre intitulé *Les Catégories selon l'opinion de Thémistios*, une section (Flügel **62**, p. 295, li. 1 ; Müller **63**, p. 49-50 ; Dodge **64**, p. 694). Ḥunayn pourrait donc avoir utilisé la paraphrase de Thémistios dans un traité consacré aux *Catégories*, texte dont il était, selon le *Fihrist*, le traducteur. Ḥunayn avait dû traduire les *Catégories* d'Aristote en syriaque (bien qu'on ne fasse pas référence au syriaque dans le passage du *Fihrist* et qu'al-Qiftī [Lippert **75**, p. 35, li. 3], mentionne explicitement l'arabe), et c'est Isḥāq ibn Ḥunayn (*cf.* Peters **81**, p. 8 ; *DPhA* I, p. 508, 510-511) qui par la suite assura la traduction en arabe. Le même processus a pu avoir lieu pour la paraphrase de Thémistios, mais on ne possède aucune preuve pour affirmer ou nier une telle hypothèse. [J. W.]

3. *Paraphrase aux Topiques*

Thémistios la cite lui-même dans sa *Paraphrase aux Analytiques seconds* (p. 42, 15-16), que suit Eustrate (*in Anal. Post.*, *CAG* XXI, p. 11, 5-7 Hayduck). Boèce (*De Top. Diff.* II 10, 1 ; 12, 4 ; III, 2, 1 ; 6, 1-19 ; 7, 1 ; 3 ; 6-22 ; 8 ; IV 10, 24 ; 11, 2) ; pour Boèce, on se reportera aujourd'hui à l'édition critique de

147 D. Z. Nikitas, *Boethius' De topicis differentiis und die byzantinische Rezeption dieses Werks*, Paris/Bruxelles 1990.

Le traité de Boèce fut traduit deux fois en grec, la première par Manuel Holobolos, sans doute peu avant 1267, puis, un siècle plus tard, par un moine de Thessalonique, Prochore Cydonès.

D'après Stegemann **74**, col. 1655, Michel Psellos aurait encore connu l'œuvre de Thémistios. Je n'ai pas réussi à mettre la main sur le passage qui le prouve. [J. S.]

Pour la tradition orientale, voir Flügel **62**, p. 249, li. 23 ; Müller **63**, p. 16 ; Peters **81**, p. 20 ; Dodge **64**, p. 601. Le *Fihrist* connaît un commentaire d'Alexandre (d'Aphrodise) qui s'achevait au douzième *topos* du libre VIII et il ajoute que « Thémistios expliqua les *topoi* qui restaient ». On peut présumer qu'il veut dire que la paraphrase de Thémistios couvrait la totalité du traité et non pas seulement les *topoi* de la fin qui manquaient dans le commentaire d'Alexandre. *Cf. DPhA* I, p. 526. [J. W.]

4. *Paraphrase au De sensu*

Thémistios lui-même cite l'œuvre comme à l'état de projet dans sa *Paraphrase au De anima* (p. 70, 8-11 ; 77, 26-27). On peut supposer que Michel Psellos avait lui-même utilisé l'œuvre. En effet, il offre un passage sur la sensibilité et le fait précéder du lemme Θεμίστιος (*Philos. Min.*, 13, p. 59, 27-31 O'Meara) : οὐκ ἔστιν αἰσθητήριον ἡ σάρξ, ἐπεὶ τὰ μὲν αἰσθητήρια τἄλλα αἰσθάνονται τῶν ἐναντίων, ἡ δὲ ἀφὴ βαρέος μέν, κούφου δ᾽ οὔ, ὅτι οὐ πάσχει ὑπ᾽ αὐτοῦ. ὡς ἡ ἀκοὴ ἀντιλαμβάνεται τοῦ ψόφου κατὰ κατάφασιν καὶ τῆς σιγῆς, ἤγουν τοῦ μὴ ψόφου, κατὰ ἀπόφασιν, καὶ ἡ ὄψις τοῦ σκότους, οὕτω καὶ ἡ ἀφὴ τῆς κουφότητος κατὰ ἀπόφασιν. Toutefois, le passage a dû subir l'influence de Jean Philopon au passage, à moins que le lemme ne dissimule la vraie source (*in De an.*, *CAG* XV, p. 418, 25-36 Hayduck), comme l'indique à juste titre **148** D. J. O'Meara, dans J. M. Duffy et D. J. O'Meara (édit.), *Michaelis Pselli philosophica minora*, t. II : *Opuscula psychologica, theologica, daemonologica*, Leipzig 1989, p. 59. [J. S.]

On peut toutefois entretenir des doutes concernant l'existence d'une *Paraphrase* perdue *au De sensu*. Les deux références invoquées (*De anima*, p. 70, 8-11 et 77, 26-27) pourraient ne pas être des renvois à un autre ouvrage de Thémistios lui-même. La première semble faire explicitement référence au *De sensu* d'Aristote, et la seconde semble renvoyer à un passage ultérieur du même traité. Thémistios comme à l'accoutumée parle au nom d'Aristote et, dans le second passage, il complète *de An.* 424 a 15-16 en renvoyant au développement sur les sens dans l'autre ouvrage d'Aristote. Voir **149** H. J. Blumenthal, « Photius on Themistius (cod. 74) : Did Themistius Write Commentaries on Aristotle ? », *Hermes* 107, 1979, p. 174 n. 27. Psellos est peut-être sur cette question d'une paraphrase perdue sur le *De sensu* un *testimonium eliminandum*, car il ne fournit qu'un bref résumé d'un passage de Philopon qui porte sur le *De anima* II 11, et il ne concerne aucunement le *De sensu*. On a pensé que ce passage de Philopon suggérait l'existence d'un commentaire de Thémistios sur le *De anima* qui serait distinct de la paraphrase conservée (voir **150** C. Steel, « Des commentaires d'Aristote par Thémistius ? », *RPhL* 71, 1973, p. 669-672), mais c'est une toute autre question.

Par conséquent, étant donné le caractère contestable des passages de Thémistios qui ont été allégués (*Paraphrase au De anima*, p. 70, 8-11 ; 77, 26-27), on peut se demander s'il faut maintenir la paraphrase du *De sensu* parmi les écrits perdus. Il serait étonnant que Thémistios ait consacré un ouvrage à un ouvrage aussi secondaire. [R. B. T]

5. *Paraphrase à la Poétique*

Flügel **62**, p. 250, li. 4-5 ; Müller **63**, p. 17 ; Peters **81**, p. 28-29 ; Dodge **64**, p. 602. Le *Fihrist* rapporte que «le discours sur ce traité par Thémistios», dont certains disent qu'il existe, est considéré par d'autres comme faussement attribué à ce commentateur. Un tel ouvrage de Thémistios est mentionné par al-Fārābī ; *cf.* Arberry **94**, p. 270, li. 20-21 (texte) et p. 276 (traduction). Il est toutefois possible que les sources dont dépendait al-Fārābī aient été apocryphes, ou bien que le prétendu «discours» ait été tiré d'une remarque faite par Thémistios dans un de ses discours ; *cf. DPhA Suppl.*, p. 212. [J. W.]

6. *Paraphrase au De generatione et corruptione*

Flügel **62**, p. 251, li. 6-7 ; Müller **63**, p. 19 ; Peters **81**, p. 37-38 ; Dodge **64**, p. 604. Le *Fihrist* signale la découverte récente d'un commentaire de Thémistios sur ce traité ; il le décrit comme constitué en fait de deux commentaires, un grand et un petit. Al-Qifṭī (Lippert **75**, p. 40, li. 21) n'a pas conservé cette information. *Cf. DPhA Suppl.*, p. 312. [J. W.]

7. *Paraphrase aux Ethica (Nicomachea ?)*

Flügel **62**, p. 252, li. 2-4 ; Müller **63**, p. 21 ; Peters **81**, p. 52 ; Dodge **64**, p. 606. D'après le *Fihrist*, Yaḥyā ibn ʿAdī possédait de la main d'Isḥāq ibn Ḥunayn plusieurs sections (de cette *Éthique*) avec le commentaire de Thémistios, et elles étaient en syriaque. La paraphrase est inconnue par ailleurs, à l'exception d'un passage chez al-ʿĀmirī qui cite ou paraphrase des affirmations d'Aristote (dans l'*Éthique à Nicomaque*) suivies par d'autres passages de Thémistios. *Cf.* **151** A. A. Ghorab, «The Greek Commentators on Aristotle quoted in al-ʿĀmirī's "as-Saʿāda wal'-Isʿad"», dans S. M. Stern, A. Hourani et V. Brown (édit.), *Islamic Philosophy and the Classical Tradition*, Oxford 1972, p. 83-88. *Cf. DPhA Suppl.*, p. 191. [J. W.]

II. Autres œuvres philosophiques

1. *Traité en réponse à Maxime au sujet de la réduction de la deuxième et troisième figures à la première*

D'après Ammonios (*in Anal. Pr.*, p. 31, 11-22) Maxime polémiquait avec Thémistios à propos des syllogismes de la deuxième et de la troisième figure. Aristote lui-même les jugeait imparfaits (*Anal. Pr.*, I, 22, 40 a 17-20) et devant se compléter par des syllogismes de la première figure. Le jugement du maître fut contredit par une série de philosophes, Boéthos de Sidon (☛B 48), Porphyre (☛P 263), Jamblique (☛I 3) et "Maxime". Ce dernier avait exprimé cette doctrine probablement dans son commentaire perdu aux *Premiers Analytiques*. Thémistios, pour sa part, s'était rangé au point de vue d'Aristote, comme d'ailleurs Alexandre d'Aphrodise, non cité ici. Appelé à arbitrer le différend entre les deux philosophes, l'empereur Julien (➭I 46) trancha en faveur de Maxime. Thémistios répliqua par un *Traité en réponse à Maxime au sujet de la réduction de la deuxième et troisième figures à la première*. Nous l'avons conservé en traduction arabe. On en peut lire le texte arabe dans Badawi **98**, et la traduction dans Badawi **144**, p. 166-180. La souscription donne comme traducteur al-Dimašqī (*cf.* supra B I c 1 et A VII 2, 2 *Risāla*).

Pour un commentaire, voir **152** P. Moraux, *Der Aristotelismus bei den Griechen*, t. I, Berlin 1973, p. 164-170. Le Maxime en question pourrait être Maxime d'Éphèse [➭M 63] (c'est l'avis de Dagron **1**, p. 235) ou Maxime de Byzance [➭M 64] (comme le suppose **153** J. Vanderspoel, «The Fourth Century Philosopher Maximus of Byzantium», *AHB* 1, 1987, p. 71-74). *Cf. DPhA* I, p. 518. [J. S. - J. W.]

2. *Un abrégé par Thémistios du livre d'Aristote sur la connaissance de la nature des animaux*, traduit par Isḥāq ibn Ḥunayn

Cf. **154** ʿA. Badawī (édit.), *Commentaires sur Aristote perdus en grec et autres épîtres*, Beyrouth 1972, p. 193-270. Ce soi-disant abrégé de Thémistios a été fait directement à partir d'un texte d'Aristote; *cf.* **155** J. N. Mattock, «The supposed Epitome by Themistius of Aristotle's Zoological Works», *AAWG* III 98, 1976, p. 260-267. *Cf.* également **156** F. W. Zimmermann et H. V. B. Brown, «Neue arabische Übersetzungstexte aus dem Bereich der spätantiken griechischen Philosophie», *Isl* 50, 1973, p. 323-324; **157** R. Kruk, *Aristotle. The Arabic Version of Aristotle's Parts of Animals*, Amsterdam/Oxford 1979, p. 40-43, et *DPhA Suppl.*, p. 332. [J. W.]

III. Œuvres philosophiques attribuées à tort

1. Il existe une *Paraphrase aux Premiers analytiques* (*CAG* XXIII 3 Wallies) que l'on attribue au moine byzantin Sophonias (➭S 110), Stegemann **74**, col. 1654.

2. *Paraphrase aux Parva naturalia*

Édition critique par **158** P. Wendland, *Themistii (Sophoniae) in parva naturalia commentarium*, *CAG* V 6, Berlin 1903. Le titre grec de Wendland est παράφρασις εἰς τὸ περὶ μνήμης καὶ ἀναμνήσεως καὶ εἰς τὰ τούτοις ἑπόμενα βιβλία Ἀριστοτέλους, τοῦ σοφωτάτου κυρίου Σοφονίου. Cette paraphrase est fort probablement l'œuvre d'un moine du XIIIᵉ ou du XIVᵉ s., auteur lui-même de *Paraphrases*, Stegemann **69**, col. 1654; Dagron **1**, p. 16.

3. Commentaires à Aristote

Le seul à les mentionner est Photios (*Bibl., cod.* 74, 52 a 15-16). Stegemann **74**, col. 1655, ne semble pas avoir remarqué que Photios établit une distinction entre les *Commentaires* et les *Paraphrases* (Τούτου τοῦ Θεμιστίου εἰς πάντα τὰ Ἀριστοτελικὰ φέρονται ὑπομνήματα· οὐ μόνον δὲ ἀλλὰ καὶ μεταφράσεις αὐτοῦ εἴδομεν). On doit d'abord se demander comment travaillait Photios, voir sur ce point, Schamp **87**, p. 435-440. Les premiers mots de Photios (« Sous le nom de Thémistios circulent des commentaires à toutes les œuvres d'Aristote ») indiquent une généralisation hâtive ou mieux, publicitaire. Rien ne prouve que le futur patriarche ait jamais rien eu de tel entre les mains. En revanche, il affirme avoir vu (εἴδομεν) les paraphrases dont il donne les titres. Les « commentaires » ne pourraient avoir pour eux qu'un article du *Fihrist* sur le *De anima* : « Thémistios l'a commenté en entier : il a commenté le premier livre en deux *maqalahs*, le deuxième en deux *maqalahs*, et le troisième en trois *maqalahs* ». La traduction est celle de Badawi **144**, p. 102. Steel **150**, p. 669-680, particulièrement p. 672-674, a essayé en vain d'en exhumer des fragments grecs. Blumenthal **149**, p. 168-182, spécialement p. 168-178, rappelle que la tradition orientale n'offre rien qui puisse confirmer l'existence d'œuvres de ce genre. Le nombre des *maqalahs* cités par le *Fihrist* répond exactement au nombre des livres de la *Paraphrase* de Thémistios. Photios disposait d'une source jointe au manuscrit, laquelle faisait état d'ὑπομνή-ματα, terme assez général pour autoriser n'importe quelle interprétation. Toutefois, il a pris la précaution de vérifier l'information. De passage dans une bibliothèque ou dans un cabinet de lecture, il a eu entre les mains ou feuilleté les paraphrases des traités aristotéliciens, ceux dont il offre la liste. [J. S.]

4. Travaux d'exégèse sur Platon

Photios est seul à les indiquer (*Bibl.*, *cod.* 74, 52 a 19-20) sous la forme vague : εἰσὶ δὲ καὶ εἰς τὰ Πλατωνικὰ αὐτοῦ ἐξηγητικοὶ πόνοι. En fait, aucune trace n'en subsiste. Toutefois, dans une lettre de 362/363, Libanios évoque les heures passées avec Thémistios à Constantinople ; en particulier, il a le souvenir des nombreux élèves qui fréquentaient son ami de l'époque (*Ép.* 793, 4 μαθητὰς δὲ πολλοὺς ἀριθμῶν πολλοὺς εὐδαίμονας λέγεις, οἷς ἔστι μὲν τὴν ἀλήθειαν λαβεῖν, ἔστι δὲ μετ' ἐκείνης εἰς εὐγλωττίαν ἐπιδοῦναι. Ἄμφω γὰρ δὴ παρὰ σοὶ τὰ Πλάτωνος, γενναῖά τε διδάξαι καὶ γλώττῃ καλῇ). Tout admirateur qu'il était de la pensée aristotélicienne, Eugénios n'avait pas négligé les productions de Platon, et Thémistios s'était efforcé de suivre le modèle de son père. L'œuvre oratoire trahit une connaissance extrêmement précise de l'œuvre platonicienne, Stegemann **74**, col. 1655 ; Dagron **1**, p. 16 ; **159** R. J. Penella, *Plato (and Others) in the Orations of Themistius*, dans R. Fowler (édit.), *Plato in the Third Sophistic*, Berlin/New York 2014, p. 145-167.

Thémistios avait-il consacré ses loisirs à travailler à l'élucidation de Platon ? On en peut douter. En effet, en mettant hors jeu la parenthèse dans laquelle Thémistios offre la liste des *Paraphrases* qu'il connaissait, on voit bien que la phrase introduisant la mention des soi-disant travaux platoniciens contribue à point nommé à rehausser la stature de l'écrivain (52 a 20-21) : « et, en un mot, (Thémistios) est un amoureux et un fervent de la philosophie ». L'auteur de la notice publicitaire qu'avait utilisée Photios entend-il suggérer que l'œuvre oratoire prolonge par son orientation néoplatonicienne l'initiation donnée par les travaux sur Aristote ? [J. S.]

La référence pourrait se rapporter aux nombreuses discussions de thèmes platoniciens figurant dans les paraphrases d'Aristote, bien que l'une et l'autre références aient été interprétées comme un contresens sur un témoignage de Thémistios concernant les fonds de la bibliothèque de

Constantinople, voir **160** J. Vanderspoel, « The 'Themistius Collection' of Commentaries on Plato and Aristotle », *Phoenix* 43, 1989, p. 162-164. [R. B. T.]

C. LA CORRESPONDANCE

La disparition totale est déplorable. La seule pièce que l'on puisse mentionner est reproduite par **161** H. Bouchery, *Themistius in Libanius' brieven*, Antwerpen 1936, p. 125 n. 2, d'après **162** R. Förster, *Libanii opera*, t. X *Epistulae* 1-839, Leipzig 1921 (réimpr. Hildesheim 1985), p. 226. Elle figure à l'*Ep.* 244 de Libanios datée de 360 (?) dans une note marginale du *Berolensis gr. qu.* 3 (302), du XVe s. Tout au plus peut-on retrouver les mots : οὐκ ἔστι νῦν ἐμοὶ καιρὸς τοῦ τίκτειν λόγους, ἀλλὰ παῖδας ἐκ γυναικός, ἣν ἀρτίως γήμας ἐλπίζω καὶ πατὴρ ἔσεσθαι παίδων· ταῦτα γὰρ ἐπαγγέλλεταί μοι τῆς γυναικὸς γαστὴρ ἐπειγομένη τεκεῖν, πρὸς ὃ καὶ συνεύχου ἡμῖν.

Pour le reste, on ne peut faire état que des lettres qu'il avait reçues de Grégoire de Nazianze (*Ep.* 24 et 38 Gallay) : autant de demandes d'intervention. La première (24, 4) contient une citation explicite de Platon (*Ép.* 7, 326 a 7-b 4), que Grégoire appelle ὁ σὸς Πλάτων, la seconde, destinée à favoriser un rhéteur, une expression qu'aimait utiliser Thémistios lui-même : γνωρίζει ὧμος τοὺς Πελοπίδας, *cf.* 6, p. 114, 11-13 ; 21, p. 28, 9.

Il fut en correspondance avec Julien lui-même. On peut négliger des lettres écrites par Julien au moment où il se trouvait à la cour de Milan, en 354-355 (Julien, *À Thémistios* 6, p. 20, 259 d - 260 a Rochefort). Voir Schamp **53**, p. 424-427. Dans une lettre, dont on ne connaît pas le destinataire, Julien appelait Thémistios « un ambassadeur digne de l'univers », et pas seulement de Constantinople (*Disc.* 31, p. 191, 8-9), mais on ne peut en tirer le moindre argument, **163** J. Bouffartigue, « La lettre de Julien à Thémistios : histoire d'une fausse manœuvre », *Topoi* 31 suppl. 7 (*Mélanges A. F. Norman*), Paris 2006, p. 113-137, particulièrement, p. 115 ; toutefois, Bouffartigue, p. 115-116, serait tenté de la situer vers 357. Le seul témoignage dont on dispose est la longue lettre conservée de Julien qui a fait couler pas mal d'encre, voir, par exemple, **164** J. Bidez, *La tradition manuscrite et les éditions des discours de l'empereur Julien*, Gand/Paris 1929, p. 133-141, car elle marque l'opposition de deux modes de vie. On peut essayer de reconstituer le contenu de la lettre perdue, où le rappel de thèmes abordés dans les discours ne manque pas, mais n'y figure pas encore celui du νόμος ἔμψυχος qui n'est formulé qu'à partir de Jovien. On comprendrait mal qu'en 360 un philosophe prudent comme Thémistios, qui n'ignorait sûrement rien de la cautèle de Constance II, eût pris le risque de braver la police en brossant à Julien la figure du souverain idéal – celle même qu'il peignait à l'empereur en place. Crime de haute trahison qui n'eût manqué de rapporter un billet pour l'échafaud, malgré Bidez **164**, p. 138. Sur la date de la lettre, Bouffartigue **163**, p. 127; Schamp **53**, p. 427-447 (Thémistios en tant que porte-parole de Constance II).

L'importance de la correspondance échangée entre Libanios et Thémistios a été soulignée vigoureusement par Dagron **1**, p. 36-42. Si ce dernier eût dû lui-même désigner son ami le plus proche, il eût certes désigné ce Cléarque, mort avant 388, dont les sources contemporaines évoquent la belle carrière, **165** O. Seeck, *Die Briefe des Libanios zeitlich geordnet*, p. 108-109 ; *PLRE* I, *s.v.* « Clearchus » 1, p. 211-212. Les relations entre Libanios et Thémistios n'épousèrent pas le cours d'un long fleuve tranquille. Elles permettent d'entrevoir la genèse d'un profond différend, qui a des racines politiques. Né en 314, Libanios avait à trois ans près le même âge que Thémistios. Logiquement, leur carrière à tous deux commença à peu près au même moment, rhétorique pour l'un, philosophie pour l'autre. Thémistios était probablement en 344 à Nicomédie, alors que Libanios y résida pendant cinq ans, de 344 à 349, sans le rencontrer, P. Petit dans **166** P. Petit et J. Martin (édit.), *Libanios. Discours*, t. I : *Autobiographie (Discours 1)*, CUF, Paris 1979, p. 219 (n. complémentaire au § 51). En 362/363, Libanios rappelle une amitié vieille de quelque douze ans (*Ép.* 793, 1). De 349 à 353, il séjourna à Constantinople, ce qui ne lui laissa pas que de bons souvenirs, P. Petit dans Petit et Martin **166**, p. 9. Néanmoins, il rappelle les entretiens qu'ils avaient tous deux aux thermes (*Ép.* 793, 2). En 357, quand il apprend la mort de Thémistios, fils du philosophe-orateur dont il porte le nom, il envoie une lettre exprimant ses condoléances (*Ép.* 575, 1, voir *supra, Disc.* 32). Les leçons sur Isocrate qu'il avait données au jeune homme datent-elles encore du séjour à Constantinople, Dagron **1**, p. 37 ? À l'été 354, Libanios prit définitivement ses quartiers à Antioche, P. Petit dans Petit et Martin **166**, p. 9. Thémistios fit une visite à Antioche durant quelques mois en 356/357 (voir *supra, Disc.* 3-4). Le divorce s'accuse à partir du moment où Thémistios devient l'agent-recruteur du Sénat de Constantinople qui dépeuple du même coup les curies provinciales, y compris celle d'Antioche. Aussi voit-on Libanios pousser à résister aux sollicitations de son ancien ami, par exemple Harpocration, un orateur et poète égyptien, en 358 (*Ép.* 368, 1, voir *PLRE* I, *s.v.* « Harpocration », p. 408), Julianus, en 358/359 (*Ép.* 40, 3, voir *PLRE* I, *s.v.* « Julianus » 14, p. 471), Olympius, en 359 (*Ép.* 70, 1, voir *PLRE* I, *s.v.* « Olympius » 3, p. 643-644), Aétios, en 359 (*Ép.* 76, voir *PLRE* I, *s.v.* « Aetius » 1, p. 25-26), Jamblique (➙I 2), philosophe et rhéteur en 359 (*Ép.* 34, 4, voir *PLRE* I, *s.v.* « Iamblichus » 2, p. 451-452) et Priscianus I, un orateur (*Ép.* 62, 4-5, voir *PLRE* I, *s.v.* « Priscianus » 1, p. 727), Dagron **1**, p. 40 n. 29. Plus tard, Libanios insistera encore avec ironie sur le regain d'influence dont bénéficia Thémistios après 363. Une phrase de *l'Autobiographie* (*Disc.* 1, 175) de Libanios suggère que des soupçons eussent pu porter sur sa personne sous Valens. Les lettres contemporaines de l'usurpation de Procope ont disparu ; la police impériale était si active que des intellectuels persécutés se sont livrés à de véritables autodafés de leurs livres, P. Petit dans Petit et Martin **166**, p. 258 (n. au § 175). Malgré une dernière visite de Thémistios à Antioche en 375/376, on n'est pas sûr que les deux hommes se soient jamais revus. Un différend sur la conception même de l'Empire a dû creuser entre eux un gouffre abyssal.

VIE DE THÉMISTIOS

On doit sans doute tenir Thémistios pour un cas tout particulier d'intellectuel païen : de Constance II (337-361) jusqu'à Théodose Ier (379-395), ses convictions religieuses ne l'empêchèrent pas de servir les intérêts d'un empire qui, malgré le bref intervalle de Julien dit l'Apostat (361-363), avait définitivement opté pour le christianisme. On ne connaît pas les dates précises où il est né et où il est mort. Les notices sur le personnage sont rares et peu satisfaisantes. On ne peut guère compter que sur celles de Photios, *Bibl.*, *cod.* 74, 52 a 2-21, et de la *Souda*, Θ 122, *s.v.* Θεμίστιος. Elles n'ont aucun rapport entre elles. Pour une analyse détaillée, voir Schamp **87**, p. 432-440. Le paradoxe est que dans la source dont on eût attendu de précieux renseignements, les *Vies de philosophes et de sophistes* d'Eunape de Sardes, on ne trouve pas un mot sur notre écrivain. Le fait a été souvent noté, voir **167** R. J. Penella, *Greek Philosophers and Sophists in the Fourth Century A. D. Studies in Eunapius of Sardis*, Leeds, 1990, p. 134 ; **168** M. Becker, *Eunapios aus Sardes Biographie über Philosophen und Sophisten. Einleitung, Übersetzung, Kommentar*, Stuttgart 2013, p. 37-38 ; comme le fait remarquer **169** R. Goulet, *Eunape de Sardes. Vies de philosophes et de sophistes. Introduction, CUF*, Paris 2014, p. 130, tous les intellectuels évoqués ont été formés dans de grands centres, Athènes, Béryte, Pergame, Alexandrie. Visiblement, Constantinople n'a pas droit à ce titre.

On peut considérer que plus d'un motif justifiait cette exclusion. Le choix de Constantinople n'était sûrement pas une recommandation : la future capitale, ville « parvenue », vampirisait les autres. Parmi les orateurs sont essentiellement retenus par Eunape ceux qui ont des liens de parenté intellectuelle, même lointains, avec Prohaerésios. Surtout, Thémistios avait opté pour une variété de platonisme qui n'était pas dans la ligne de Jamblique de Chalcis, Penella **167**, p. 134-141. Reste qu'aucune de ces constatations n'est de nature à justifier parfaitement un silence aussi tonitruant. Peut-on suggérer que si Eunape ne l'a pas évoqué, ce serait parce que Thémistios n'avait pas encore disparu à la date où il rédigeait les *Vies*, soit après 396 au moins ? Sans doute pas, car Eunape (par exemple 7, 35 ; 21, 1 Goulet) évoque le médecin Oribase, qui est toujours vivant.

À la fin du *Discours* 1 qu'il dédie à l'empereur Constance II, Thémistios évoque une offrande faite par *une philosophie qui a votre âge* (ἡλικιῶτις). Or, Constance II est né le 7 août 317 ou 318. Toutefois, si le prince était né en 317, il aurait dû être conçu en octobre-novembre 316, à un moment où Constantin était en pleine campagne contre Licinius et où l'impératrice n'aurait pu que difficilement l'accompagner. 318 est donc préférable, **170** F. Paschoud, *Zosime. Histoire nouvelle* I, 2e édition, *CUF*, Paris 2000, p. 225-226. La coïncidence ne peut, naturellement, qu'être approximative. Le nom du père de l'orateur-philosophe, Eugénios (➽E 110), n'est donné que par une seule source, voir Schamp **87**, p. 434 et *supra*, A VII 1 b n° 20. Professeur lui-même, Eugénios avait déjà peut-être enseigné à Constantinople, d'après Stegemann **74**, col. 1643. Toutefois, aucun texte ne le prouve. Au contraire, on sait qu'Eugénios possédait un domaine assez vaste en Paphlagonie (*in Phys.*, p. 185, 14-16 avec 2, p. 35, 7-9 ; 27, p. 156, 18-20 ; p. 157, 3-4). Certes, il y trouvait le moyen de se délasser l'esprit des tâches qui lui incombaient. On l'y voyait souvent, un arrosoir ou un sarcloir à la main (20, p. 8, 17-20). Il n'y a donc pas lieu de se le représenter comme une sorte de « gentleman-farmer », Ballériaux **83**, p. 142, d'autant moins que Thémistios y reçut les éléments de sa formation (27, p. 156, 6-8). Ailleurs, l'orateur fait allusion à un culte d'Apollon bien implanté autrefois dans la région proche (27, p. 156, 16-18) : le seul qui s'impose à l'esprit est celui d'Asclépios qu'avait organisé le faux prophète Alexandre raillé par Lucien (Ballériaux **83**, p. 144-145).

Vanderspoel **3**, p. 32, a essayé d'être plus précis. Il propose des localités moins fréquentées encore. Si l'école dirigée par Eugénios était sise dans la propriété elle-même, elle ne devait pas être trop inaccessible par route ou par bateau. Le succès réel du « faux prophète » avait dû provoquer l'aménagement d'installations portuaires point trop frustes.

Rien n'interdit d'identifier avec Eugénios le destinataire de la lettre 193 de **171** J. Bidez et F. Cumont, *Imp. Caesaris Flauii Claudii Iuliani Epistulae Leges Poematia Fragmenta uaria*, Paris 1922, p. 262-263. L'auteur dont on n'a pas réussi à percer l'anonymat s'était couvert du nom de Julien. Il était un disciple de Jamblique, à qui il avait envoyé six lettres. En outre, une lettre est adressée à Sôpatros d'Apamée (➡S 107), le successeur de Jamblique. Le Ps.-Julien déplore de ne pouvoir rendre visite à Eugénios qui habite des « piémonts (p. 263, 4 πρό-ποδες) » qu'il ne situe pas. En outre, il lui enjoint de continuer à écrire à ses ἑταῖροι (p. 263, 14), terme bien attesté, particulièrement dans le milieu de Jamblique, pour désigner ceux qui appartiennent à une même école, voire qui appartiennent à ce que l'on appellerait, dans certain jargon universitaire, « le personnel scientifique », Ballériaux **83**, p. 137-138 ; pour le sens précis du mot ἑταῖρος, voir **172** J. Glucker, *Antiochus and the Late Academy*, Göttingen 1978, p. 265-266, et surtout **173** E.J. Watts, *City and School in Late Antiquity and Alexandria*, Berkeley/Los Angeles 2006, p. 50-53.

Eugénios était lui-même l'héritier d'une tradition familiale. Dans une de ces séries d'*exempla* qu'il affectionne, Thémistios fait état des relations privilégiées unissant Arius Didyme à Auguste, Thrasylle à Tibère, Dion de Pruse à Trajan, Épictète à Antonin le Pieux et à Marc Aurèle et joint à la liste celles qui s'instaurèrent entre « celui qui naguère prit son nom du même dieu que vous » (*scil.* Jovien) et « le fondateur de (s)a maison ». L'allusion porte sur un empereur qui porta le surnom de Jovius, en d'autres termes, Dioclétien (284-305). Les dates montrent que cet anonyme ne peut être que le grand-père de Thémistios. Le domaine d'Eugénios et par conséquent la situation confortable de son fils sont-ils peu ou prou redevables de la faveur qu'eut cet anonyme sous Dioclétien ?

L'hypothèse a été formulée voici longtemps par **174** F. Schemmel, « Die Hochschule von Konstantinopel im IV. Jahrhundert p. Ch. n », *JKPh* 22, 1908, p. 148 et 153. Stegemann **74**, col. 1643, la juge plutôt favorablement ; Dagron **1**, p. 6 n. 8, ajoute qu'elle est bien incertaine.

À l'époque de Valens, on évoquait encore le souvenir des faveurs qu'avait accordées Dioclétien à un philosophe enseignant à Byzance (11, p. 220, 9-10). Au préalable, Thémistios évoque encore en série l'association Philippe de Macédoine/Aristote, Alexandre/Xénocrate, Auguste/Arius Didyme, Trajan/Dion de Pruse, Tibère/Thrasylle et Marc Aurèle/Sextus. La similitude du procédé suggère que le chaînon anonyme est le même que dans la liste précédente. Est-ce le philosophe dont Lactance (*Inst. Div.* V 2, 3) brosse un bref portrait sommaire sans le nommer ?

175 P. de Labriolle, *La réaction païenne. Étude sur la polémique antichrétienne du Ier au VIe siècle* Paris 2005 [1934], p. 304-306, l'avait épinglé en le désignant comme « l'anonyme de Lactance », dont il traduit les textes, au moins pour les *Institutions chrétiennes.* Toujours disposé à louer la continence, la pauvreté et la vertu dans ses classes, l'anonyme n'en préférait pas moins dîner chez lui qu'au palais, où la chère était moins riche. En outre, il avait composé trois livres *contra religionem nomenque Christianum* (V 2, 4). Il s'efforçait d'y faire appel à la raison, d'ouvrir les yeux des chrétiens, de les détourner de leur superstition et de les ramener au culte des vrais dieux, non sans célébrer, comme dans un panégyrique, la piété et la providence des princes. Auteur d'un traité d'apologétique païenne, il avait été, après Sossianus Hiéroclès (➤H 125), le principal meneur de la réaction païenne qui avait entraîné la dernière persécution. On conçoit qu'invité par Dioclétien à venir donner des leçons de latin à Nicomédie, où il n'eut sans doute jamais beaucoup d'élèves (**176** B. Rochette, *Le latin dans le monde grec. Recherches sur la diffusion de la langue et de lettres latines dans les provinces hellénophones de l'Empire romain,* Bruxelles 1997, p. 117), Lactance ait vu d'un œil torve le succès de l'Anonyme dans ses classes, surtout quand lui-même perdit le droit de dispenser un enseignement. Ainsi s'explique le ton violent dont il use, voir Ballériaux **83**, p. 140-142. L'Anonyme reçut-il un poste à Byzance en récompense de son appui, non sans réussir à accroître son patrimoine ?

Les leçons d'Eugénios n'étaient pas intéressantes pour les adeptes seulement de la philosophie, mais aussi pour les étudiants qui s'adonnaient à la rhétorique et à la grammaire. Il avait eu au moins trois fils, mais apparemment aucun des autres membres de la famille n'entendait se charger de la part intellectuelle de l'héritage, hormis Thémistios. En tout cas, c'est ce fils lui-même qui souligne les aptitudes du père à dispenser un enseignement capable de toucher plus qu'un petit cénacle étroitement fermé sur lui-même. Sur le plan philosophique, les leçons s'inscrivaient dans la ligne d'une forme de néoplatonisme, cherchant à harmoniser Platon et Aristote, Ballériaux **83**, p. 146-152, sans exclure Pythagore (c'est-à-dire l'explication des *Vers d'or*, 20, p. 6, 7-9) ni le stoïcisme de Zénon (20, p. 6, 9-10). Homère était donné comme un prédécesseur de Platon et d'Aristote (20, p. 7, 16-20). En outre, les cours faisaient appel aux poètes du théâtre, Ménandre, Sophocle et Euripide, et de la grande lyrique, Sappho et Pindare (20, p. 8, 1-7), et aux prosateurs, notamment les orateurs et les grammairiens, Ballériaux **83**, p. 153-154. On l'a vu à propos d'Aristote, Thémistios lui-même ne sépare pas souvent les deux maîtres de la philosophie antique. Bref, il a repris l'héritage paternel.

Ce fut au foyer paternel que Thémistios reçut les cours élémentaires (27, p. 156, 7-8).

On a cherché à briser l'anonymat du premier *grammaticus* de Thémistios. En se basant sur une lettre de Libanios datée de 356/357 (517, 3), on a proposé la candidature de Hiéroclès (*RE* 14), mort âgé après le 24 août 358, Schemmel **174**, p. 154 ; Seeck **165**, p. 176 ; Stegemann **74**, col. 1643. Comme le signale Vanderspoel **3**, p. 34 n. 16, le texte indique simplement un échange de nouvelles ; **177** R. A. Kaster, *Guardians of Language. The Grammarian and Society in Late Antiquity*, Berkely/Los Angeles/London 1998 (1987) ne lui accorde aucune place dans sa prosopographie.

Par la suite, Thémistios poursuivit sa formation, à un endroit qu'il décrit comme particulièrement reculé (27, p. 153,13 - 154,5).

On a essayé de l'identifier. Maisano **9**, p. 894 n. 4, propose Claudiopolis ou Bithynion, qui devint la métropole de la province nouvelle d'Honorias créée par Théodose II. Vanderspoel **3**, p. 34 n. 16, en se fondant sur un passage d'Ammien Marcellin (XXVII 12, 9), suggère plutôt Néocésarée, qui fut la métropole du Pont polémoniaque, l'actuelle Niksar, dans le vilayet actuel de Tokat ; il propose le nom de Basile de Néocésarée, dit « Basile l'Ancien » (Vanderspoel **3**, p. 35). Grégoire de Nazianze [*Disc.* 43 (*Oraison funèbre de Basile*), 12] offre une description de l'enseignement qu'il dispensait à ses élèves, notamment au futur saint Basile. La formation ne négligeait certes pas l'éducation païenne (ἡ ἔξωθεν, 43, 11, p. 138, 5-6 Bernardi) ; bref, il s'agissait de l'ἐγκύκλιος παιδεία traditionnelle (43, 12, p. 140, 14 Bernardi). Un rapprochement ne paraît pas avoir jamais été suggéré jusqu'ici. Thémistios et Grégoire, décrivent tous deux ce que l'enseignement reçu ou dispensé ne contenait pas :

Thémistios, *Disc.* 27, p. 155, 21-156, 1

Grégoire, *Disc.* 43, 12, p. 140, 10-12

car cet homme, établi au milieu des Colches et des Arméniens, n'apprenait ni à tirer à l'arc ni à lancer le javelot, ni à monter à cheval selon le mode d'éducation de ses voisins barbares (...)

(Basile de Césarée) n'a pas appris de lui à tirer le lièvre, à forcer le faon ou à chasser le cerf, non plus qu'à exceller dans les arts guerriers ou à se distinguer dans le dressage des coursiers en prenant le même être à la fois comme monture et comme professeur (...)

Dans le *Discours* 23, dont on croit pouvoir fixer la rédaction à 359 environ, Thémistios fait allusion aux recherches philosophiques personnelles qu'il a commencées à Constantinople vingt ans auparavant (23, p. 94, 5-6), soit vers 339.

Évidemment, nul ne peut dire si ces vingt années furent continues ou interrompues par des séjours ailleurs plus ou moins longs (Vanderspoel **3**, p. 36-37). Toutefois, un calcul de l'espèce paraît peu plausible. En outre, on ne voit pas ce qui permet à Vanderspoel d'attribuer à Eugénios une résidence à Constantinople.

Une fois sa formation achevée, Thémistios convola en justes noces. Son beau-père était philosophe lui aussi (21, p. 19, 5-7, *cf.* 13-14), mais tout moyen de l'identifier fait défaut.

Vanderspoel **3**, p. 41, avance le nom de Maxime de Byzance (➙M 94).

Le mariage se déroula probablement à Constantinople où il eut au moins un enfant (2 a *Dém.*, p. 126, 21-22 ἐφρόντισε δὲ παρ᾽ ἡμῖν καὶ γάμου καὶ παιδοποιΐας) ; on connaît au moins un Thémistios, mort à l'adolescence, voir *supra*, A VII 1 b, n° 32. Si le discours 32 n'est pas seulement rhétorique, on ne peut tirer de la *Démégoria* 2 a la conclusion que Constance connaissait les sentiments sur la paternité, au demeurant parfaitement banals, de Thémistios, comme le propose Vanderspoel **3**, p. 42.

On peut croire qu'au milieu des années 340, il en était encore à chercher un poste de professeur, quand il vint prononcer le n° 24 à Nicomédie. En fait, il s'y présente comme une sorte de Socrate (24, p. 98, 5-10), qui a pour objectif de se constituer un chœur dans la cité, c'est-à-dire un public d'étudiants (24, p. 101, 14-15). N'y manque même pas un premier bref crayon de l'apologue d'Héraclès à la croisée des chemins (24, p. 102, 5-16 et 103, 4-7), sauf que les protagonistes sont

Philosophie et Rhétorique et que le candidat n'entend point choisir entre elles, mais les conjuguer. C'est aussi le *credo* qui ne cessera de retentir dans l'œuvre.

Faut-il chercher ici l'indice d'une polémique ? Par exemple, on a supposé que les mots « une mélodie locale, (…) un air venu d'Assyrie ou du Liban » (24, p. 98, 15-17) renvoyaient respectivement à la rhétorique, le chant des chrétiens dans leur église et la théurgie de Jamblique. C'est ce que fait Vanderspoel **3**, p. 44, et déjà **178** J. Vanderspoel, « Themistios and the Origin of Iamblichos », *Hermes* 116, 1988, p. 125-128, surtout p. 128. Plus prudemment, Penella **23**, p. 129 (suite de la n. 1 à la p. 128) refuse de trancher. Le mot « Assyrien » signifie ici, non pas « Juif », mais simplement « Syrien ». Les autres adjectifs rappellent la provenance des rivaux dont il avait à triompher. À propos des Assyriens, on verra **179** J. Schamp, « Les Assyriens de Thémistios », dans *In memoriam J. Mossay* (Bibliothèque de *Byzantion* dans Orientalia Lovaniensia Analecta, sous presse).

Le *Disc.* 1 a probablement eu pour suite l'octroi d'un poste de professeur de Constantinople, Vanderspoel **3**, p. 49 ; 83. Désormais, l'existence de Thémistios, nommé sénateur en 355, serait liée à la promotion de la ville, la future capitale de l'Empire romain d'Orient. Pratiquement, à de menues variations près, sa philosophie politique est arrêtée. Il multiplierait aussi les missions diplomatiques en faveur de l'Empire. Il fut préfet de la Ville en 384 (voir *Œuvre oratoire*, n° 17). La compromission de la philosophie dans les missions politiques vaudra à Thémistios les critiques de ses adversaires, principalement des néoplatoniciens du groupe de Maxime d'Éphèse (➨M 63) et de Priscus (➨P 282). La seule question qui se pose est de savoir s'il exerça une première fois des fonctions analogues beaucoup plus tôt, celles de proconsul. Elle émerge d'une des rares notices que l'on possède (*Souda*, Θ 122, *s.v.* Θεμίστιος : « Thémistios, philosophe, contemporain de Julien l'Apostat, par qui il fut aussi, comme gouverneur, placé à la tête de Constantinople », Schamp **87**, p. 432) et d'un passage difficile du discours 34 (p. 222, 3 et 8-9) : « et d'un homme peu commode, qui, dans sa lettre au Sénat (…) pourquoi alors j'ai hésité et pourquoi je ne l'ai plus fait aujourd'hui ». Longtemps, on a considéré que l'empereur ainsi visé était Julien l'Apostat, voir, pour les références, Dagron **1**, p. 58, qui suggère en outre une autre allusion aux mêmes événements (23, p. 86, 26-27 : ὁπόσα ταῖς δέλτοις ἀκολουθεῖ ταῖς σφυρηλάτοις, et p. 87, 3-4 : οὐχ ὑπεῖξα οὐδ' ὑπήκουσα). Rapprochement paresseux, car la lettre au Sénat ne peut être que celle de 355 (voir *Œuvre oratoire*, n° 2 a) et le souverain en cause, Constance II.

Toutefois, **180** L. J. Daly, « Themistius Refusal of a Magistracy (*Or.,* 34, cc. XIII-XV) », *Byzantion* 53, 1983, p. 164-212, particulièrement p. 174-176, critique sévèrement l'utilisation que fait Dagron **1** du *Discours* 23. Dagron **1**, p. 216, s'appuie sur un décret de Constance du 3 mai 361 (*CTh* VI 4, 12) fixant la composition du collège chargé d'élire les préteurs pour nier que Thémistios exerça la charge de proconsul de Constantinople. À ses yeux, l'organisme créé comptait dix dignitaires du *cursus honorum* jusqu'au rang proconsulaire inclus ; Thémistios n'y avait été admis qu'en raison de ses connaissances et donc à titre exceptionnel. La conclusion se fonde sur le mot latin *quoque*. Une lettre de Libanios datée de 358/359 (*Ép.* 40, 1 : « Ce n'est point tant vous que je félicite de conduire la ville qu'elle vous avoir confié ses rênes », voir Bouchery **161**, p. 119).

Thémistios lui-même énumère les réalisations qu'à ce titre il mena à terme : ambassade à Rome en 357, rétablissement de l'annone au niveau de celle du 18 mai 332, augmentation du nombre des sénateurs, de 300 à 2000 (34, p. 221, 15-21). Daly **180**, p. 189, en conclut que Thémistios fut le successeur immédiat d'Araxios, depuis le milieu de 357 jusqu'à la fin du règne de Constance II, et même (p. 194-204) qu'il avait refusé la préfecture de la Ville sous Julien. On ne comprendrait pas la vigoureuse défense du discours 34 si Thémistios avait en effet exercé une magistrature.

Plus tard, Thémistios disparaît pour nous de l'histoire, sauf que Libanios fait allusion à lui dans une lettre datée de 388 (*Ep.,* 18, 3), où il est donné comme en mesure d'aider à obtenir l'objet d'une requête, Seeck **165**, p. 306 et 442.

LE PROFESSEUR DE PHILOSOPHIE

D'après les discours conservés, on peut être sûr que Thémistios avait beaucoup lu et qu'il avait hérité de la bibliothèque paternelle. En tout cas, il évoque le programme d'enseignement qu'avait dispensé Eugénios en bon néoplatonicien : Pythagore (20, p. 6, 7-9), les stoïciens, Zénon en particulier (p. 6, 9-10), Aristote et Platon, le premier venant comme une introduction à l'autre (p. 6, 10 - 7, 6), mais aussi, dans les études générales, Homère (p. 7, 16-20), Ménandre (p. 8, 3), Euripide (p. 8, 3), Sophocle (p. 8, 4), Sappho (p. 8, 4) et Pindare (p. 8, 4-5). Ainsi s'explique aussi un événement auquel on a attaché une grande importance, la création d'une bibliothèque à Constantinople (4, p. 85, 1 - 86, 6), voir **181** P. Lemerle, *Le premier humanisme byzantin. Notes et remarques sur enseignement et culture à Byzance des origines au Xe siècle*, Paris 1971, p. 55-57 ; Dagron **36**, p. 89. Pour lors, on vit revenir à la vie Platon, Aristote, Démosthène, Isocrate, Thucydide, les commentateurs d'Homère et d'Hésiode, Chrysippe, Zénon, Cléanthe, sans compter maints philosophes issus de l'Académie ou du Lycée. On peut supposer que certains des volumes qui servirent de modèles provenaient de la bibliothèque personnelle de Thémistios. Très peu de temps après, on retrouvera le même homme exerçant de hautes fonctions à la tête de la ville de Constantinople. La charge impliquait-elle une sorte de Ministère de la culture ou de l'éducation avant la lettre ?

On ne peut donc être surpris que les citations ou allusions foisonnent sous la plume de Thémistios dans les *Discours,* les Présocratiques, Orphée (2, p. 51, 19 - 52, 2, *cf.* 16, p. 299, 27 - 300, 1 ; 13, p. 255, 23-25 ; 16, p. 299, 27 - 300, 6 ; 30, p. 183, 7-20), Thalès, parmi les Sept Sages (26, p. 127, 15 - 128, 3), Anaximandre (26, p. 128, 10-14 = 12 A 7 DK^6), Héraclite (5, p. 101, 13 = 22 B 123 DK^6), Phérécyde de Syros [2, p. 53, 4-9, voir **182** J. Schamp, « La mort en fleurs. Considérations sur la maladie 'pédiculaire' de Sylla », *AC* 60, 1991, p. 139-170, surtout p. 151-154], Pythagore (2, p. 53, 6 ; 15, p. 277, 24-25 ; 19, p. 329, 21 ; 23, p. 78, 25 - 79, 4 ; cité pour qualifier l'enseignement de Thémistios lui-même, 23, p. 94, 15-19, en même temps que Platon et Aristote ; 17, p. 37, 8-10), Parménide, le législateur (34, p. 220, 3-4), Empédocle (5, p. 103, 6-8 *cf.* 13, p. 255, 10 ; 20, p. 14, 16-17), Anaxagore (2, p. 38, 14 - 39, 1 ; 26, p. 128, 16 - 129, 2 ; p. 148, 2-5), Archélaos (13, p. 232, 20-21 ; p. 233, 1-5), Protagoras (13, p. 232, 18 ; 23, p. 80, 16 ; p. 83, 27-28 ; p. 89, 1-3 ; 29, p. 178, 22-23), Gorgias (23, p. 88, 14-15 ; p. 90, 25-

27 ; 24, p. 98, 1-4 ; 34, p. 215, 21, Prodicos (22, p. 70, 24 – version profondément remaniée de l'Apologue d'Héraclès à la croisée des chemins ; 23, p. 83, 27 ; 30, p. 183, 3, voir 84 B 5 DK⁶), Hippias (29, p. 176, 6-16 ; p. 177, 25-29), Thrasymaque (21, p. 31, 4 ; 26, p. 146, 5), Calliclès (22, p. 53, 1-7 ; 26, p. 146, 6), Archytas (17, p. 308, 15-16) et Polycrate (23, p. 91, 22-25). Socrate occupe évidemment une place centrale, au même titre que Platon (voir **183** W. Pohlschmidt, *Quaestiones Themistianae*, Diss. Munster, Paderborn 1908) et Aristote, mais aussi les mégariques, Diodore Cronos, avec Philon de Mégare (2, p. 37,16 - 38,3), Eubulide de Milet (23, p. 79, 8-12) et Stilpon (περὶ ἀρετῆς, p. 37 = II O 15 Giannantoni) ; les cyrénaïques, Aristippe de Cyrène (23, p. 88, 12-15 = IV A 8 Giannantoni ; 34, p. 214, 26-215, 9) et son petit-fils le « Métrodidacte » (21, p. 19, 5-13 = IV B 3 Giannantoni) ; les cyniques, Antisthène (περὶ ἀρετῆς, p. 41 = V H 63 Giannantoni), Cratès de Thèbes (περὶ ἀρετῆς, p. 43 = V A 96 Giannantoni ; p. 45 = V H 18 Giannantoni ; p. 59 = V H 63 Giannantoni ; p. 69 = V H 36 Giannantoni) et Diogène de Sinope (περὶ ἀρετῆς, p. 19 = V B 519-520 Giannantoni ; p. 61 = V B 478 Giannantoni ; p. 65 = V B 149 Giannantoni ; fr. 1 περὶ ψυχῆς, Stob., III 13, 68 = V B 61 Giannantoni). À Socrate, Thémistios (7, p. 143, 8-12 ; 34, p. 230, 12-18, voir I A 489 et C 490 Giannantoni) prête notamment un mot qui se retrouve ailleurs (ps.-Plutarque, *Apopht. Lac.* 218 A Ariston). Sont convoqués également les représentants de l'Ancienne Académie, comme Speusippe [21, p. 35, 23-36, 1 ; 34, p. 217, 3-5 ; *in Anal. Post.*, p. 58, 4-8), Xénocrate (2, p. 30, 12-17, *cf.* 11, p. 220, 5-6 ; 21, p. 30,23 - 31,2 ; 21, p. 35,23 - 36,1 ; 24, p. 102,18 - 103,3 ; 31, p. 190, 1-3 ; 34, p. 217, 3-5 ; l'âme serait un nombre se mouvant lui-même (*in Anal. Post.*, p. 43, 2-3 = fr. 60 Heinze ; *in De anim.*, p. 32, 19-22 = Xénocrate, fr. 61 Heinze) ; l'âme serait un nombre monadique (*in De anim.*, p. 31, 1-5 = Xénocrate, fr. 61 Heinze) ; sa doctrine de l'âme fut expliquée par Andronicos, qui admettait les thèses de Xénocrate en la matière (*in De anim.*, p. 32, 19-24, voir Moraux **152**, p. 132-133) ; à propos des difficultés logiques rencontrées en essayant de répondre aux apories de Zénon d'Élée (*in Phys.*, p. 12, 6-9 = fr. 44 Heinze), voir **184** M. Caveing, *Zénon d'Élée. Prolégomènes aux doctrines du continu. Étude historique et critique des Fragments et Témoignages*, Paris 1982, p. 39-40. Ces données émanent toutes du livre V du περὶ φύσεως de Xénocrate (*in De anim.*, p. 32, 21-22 = fr. 61 Heinze] et Polémon (24, p. 102, 18-103, 3) et de la Moyenne Académie, comme Carnéade de Cyrène [34, p. 231, 17-18 ; chrie non relevée par **185** B. Wiśniewski, *Karneades. Fragmente, Text und Kommentar*, dans *Archiwum Filologiczne*, 24 (Wroclaw 1970), Varsovie 1970 ; voir surtout **186** H. J. Mette, « Weitere Akademiker heute. Von Lakydes bis zu Kleitomachos », *Lustrum* 27, 1985, p. 53-141, T 8, p. 70], sans compter les stoïciens, comme Zénon de Citium (2, p. 31,18 - 32,3 ; 3, p. 65, 1-2 ; 4, p. 85, 25-26 ; 8, p. 164, 4-6 ; 20, p. 6, 9-10 ; 21, p. 31, 2-3 ; 23, p. 80,31 - 81,1, *cf.* 3-5 ; 90, 19-20 ; p. 91, 2-5 ; 27, p. 161, 22-23 ; 32, p. 197, 1, *cf.* 20-21), Chrysippe (2, p. 33, 9-13 ; p. 40, 14-18 ; 4, p. 85, 25 ; 8, p. 154,19 - 155,1), Cléanthe (2, p. 33, 9-13 ; 4, p. 85, 26 ; 21, p. 35, 22-23), Persée (32, p. 196,29 - 197,22) et Marc Aurèle (6, p. 121, 3-4 ; 7, p. 144,22 - 145,4 ; 8, p. 173,

16-18 ; 10, p. 197,20-198,3, *cf.* 13, p. 238, 11-17 ; 17, p. 307, 26-308, 1 ; 34, p. 217, 14-20 ; 11, p. 220, 5-8 ; 15, p. 276, 16-25 ; 18, p. 324, 21-25 ; 34, p. 219, 5-7 ; p. 226, 20-22). Aucun néoplatonicien n'est cité nommément. Toutefois, on entrevoit les physionomies de Maxime d'Éphèse, voir **187** J. Bidez, *La vie de l'empereur Julien*, Paris 1965 (1930), p. 79-81 et 261-263, frappé dans ses biens sous Valens (p. 149, 22-150, 1), et de Priscus (7, p. 150, 7-10). Pour souligner le succès de ses paraphrases, Thémistios fait état d'un disciple de Jamblique qu'elles arrachèrent à son école de Sicyone (23, p. 90, 10-14).

Le fait que la même personne ait excellé tant en philosophie que dans l'art oratoire n'est pas si rare. Évagoras et Aquila (☞A 295) sont à la fois des maîtres de rhétorique et des philosophes, **188** Raffaella Cribiore, *The School of Libanius in Late Antique Antioch*, Princeton/Oxford 2007, p. 62 n. 109, voir aussi p. 61-66. Libanios évoque Jamblique d'Apamée (*PLRE* I, *s.v.* « Iamblichus » 2, p. 451-452, et ☞I 2) comme rhéteur (*Ép.* 573, 2 en 357) et comme philosophe (*Ép.* 1466, 1 et 3 en 365 ; il cite dans l'ordre Pythagore, Platon, Aristote et τὸν ὁμώνυμον τὸν θεῖον, c'est-à-dire Jamblique de Chalcis) ; il avait lui-même comme assistant un philosophe, Thalassios [☞T 18] (*PLRE* I, *s.v.* « Thalassius » 4, p. 888-889), voir *Disc.* 42 (*Pour Thalassios*), 9. Quand il décrit l'enchantement que fut en 350 son séjour à Constantinople, c'est tout un milieu qu'il fait revivre en quelques traits de plume (*Ép.* 406, de 355) : Thémistoclès [☞T 40] (*PLRE* I, *s.v.* « Themistocles », p. 894) et Thémistios, deux philosophes, et Olympios (☞O 19), un médecin formé à l'éloquence (*PLRE* I, *s.v.* « Olympius » 4, p. 644-645) qui séduisait, tant le flux de sa diction était abondant et pur, tant son vocabulaire était beau. Au passage, Libanios est bien obligé de reconnaître la richesse et la diversité de l'enseignement de son rival Thémistios. Dans une lettre de 361 à ce dernier (*Ép.* 667 ; traduction anglaise Cribiore **179**, n° 117, p. 285) à propos de Julianus [☞I 43a, dans les compléments du tome VII], un des brillants étudiants qu'il voit partir pour Constantinople (*PLRE* I, *s.v.* « Iulianus » 15, p. 472-473), il constate : « Vous êtes de ceux qui savent tout, lui de ceux sur lesquels il n'est point forme de leçons qui ne le captive ». Il décrit alors les réactions prévisibles de Julianus : s'il s'agit de rhétorique, il criera d'enthousiame ; si Platon et la philosophie entrent en scène, il se laissera émouvoir ; si la discussion porte sur les astres, on ne le verra pas inactif ; si la recherche vise les poètes, il en fera son sujet de prédilection. On a reconnu au passage la matière que brassent les discours, mais aussi les paraphrases (voir le *De caelo*). Menant en somme une double carrière, Thémistios ne pouvait que mettre à profit pour un des versants de son activité les fruits qu'il récoltait dans l'autre. Autant dire que paraphrases et discours vont de pair et doivent s'étudier en même temps, comme l'a souligné **189** G. Guldentops, « La science suprême selon Thémistius », *RPhA* 19, 2001, p. 99-120, particulièrement p. 115, *cf.* **190** *Id.*, « Themistius on Evil », *Phronesis* 46, 2001, p. 189-208, spécialement p. 197. Sur le développement de la réflexion politique de Thémistios, **191** J. Schamp, « Thémistios ou les enjeux d'une philosophie du progrès », dans *MEG* 10, 2010, p. 205-226. [J. S.]

Le point le plus controversé des écrits exégétiques de Thémistios est de savoir dans quelle mesure ils présentent des traits provenant de sa propre pensée philosophique. Le problème a pris une importance particulière lorsque **192** H.J. Blumenthal, « Themistius : The Last Peripatetic Commentator on Aristotle ? », dans G.W. Bowersock *et al.* (édit.), *Arktouros : Hellenic Studies Presented to Bernard M. Knox*, Berlin/New York 1979, p. 391-400, repris avec quelques modifications dans **193** R. Sorabji (édit.), *Aristotle Transformed. The Ancient Commentators and their Influence*, London 1990, p. 113-123, donna une réponse positive à la question posée dans le titre et prétendit que la philosophie de Thémistios ne constituait pas une forme représentative du néoplatonisme. Ce qui est principalement en cause dans cette question est la façon dont on conçoit et définit une affiliation philosophique dans le contexte historique particulier de la carrière de Thémistios. Il n'était manifestement membre d'aucune école philosophique depuis longtemps établie, et son propre enseignement semble avoir visé à fournir à ses étudiants un exposé direct de divers traités d'Aristote. Dans cette mesure il serait trompeur de le rattacher à une école philosophique traditionnelle quelle qu'elle soit. De plus, s'il avait vraiment été platonicien ou bien il aurait composé des ouvrages de caractère ouvertement platonicien ou bien il aurait introduit de façon systématique et marquée des éléments néoplatoniciens dans ses paraphrases d'Aristote. Il n'a fait ni l'un ni l'autre et en réalité il mentionne de nombreux philosophes péripatéticiens antérieurs, comme Eudème (➤E 93), Théophraste (➤T 97), Straton de Lampsaque (➤S 171), Andronicus de Rhodes (➤A 181), Boèce de Sidon (➤B 48) et Sosigène (➤S 123), alors que les seuls platoniciens antérieurs qu'il mentionne sont Speusippe (➤S 142), Xénocrate (➤X 10), Porphyre (➤P 263) et Maxime (➤M 63). La portée de ces faits ne peut être relativisée par la constatation qu'on trouve d'indéniables traits plotiniens dans le langage et la noétique de Thémistios (voir Todd **79**, p. 124-126, avec les notes, et Ballériaux **125** et **126**), bien qu'il ne cite nulle part Plotin nommément et qu'il ne soit pas sûr qu'il ait même eu accès aux *Ennéades*. Il y a également des traces d'éléments platoniciens dans certains aspects de sa métaphysique (voir **194** D. Henry, « Themistius and Spontaneous Generation in Aristotle's *Metaphysics* », *OSAPh* 24, 2003, p. 183-207) et dans son exposé sur la formation des concepts (*in De an.*, p. 3, 31-4, 11 ; voir R. Sorabji dans Todd **119**, p. VIII). Mais aucun de ces éléments n'a suffi à attirer l'attention d'un commentateur postérieur comme Simplicius, qui aurait probablement été heureux de compter Thémistios comme un collègue néoplatonicien, au lieu de le présenter comme un partisan des doctrines d'Aristote « dans la plupart des sujets » (voir *in De caelo* [270 a 3], p. 69, 9 Heiberg [*CAG* VII, 1894]), une réflexion qu'il fait au moment de noter l'adoption par Thémistios d'un point secondaire de la cosmologie du *Timée*. En réalité, les données dont nous disposons suggèrent plutôt qu'il était un savant héritier de la tradition philosophique et littéraire grecque. Ainsi, il ne marquait pas un intérêt approfondi pour les idées scientifiques ; on ne trouve dans les paraphrases du *De caelo* et de *Métaphysique* XII que des références superficielles à Eudoxe (➤E 98) et Ptolémée (➤P 315), et on ne constate aucun recours à des idées médicales pour expliquer la psychologie aristotélicienne. Ce qu'il a réalisé en paraphrasant certains textes d'Aristote était une forme efficace d'enseignement supérieur, activité qu'il a poursuivie sans entretenir des tendances philosophiques marquées. Son identité comme exégète peut donc au mieux être définie en termes fonctionnels comme celle d'un enseignant, sans qu'il faille pour autant minimiser l'ampleur de sa culture philosophique. [R. B. T.]

Quand, le 27 février 425, Théodose (*CTh* XIV, 9, 3) réorganisa les chaires de ce que l'on a appelé l'Université de Constantinople, la constitution ne prévoyait qu'un seul philosophe rémunéré par l'État (Lemerle **181**, p. 63). Bien oubliée la fondation vers 176 par Marc Aurèle de deux fois quatre chaires de philosophie pour la seule Athènes, une par école (αἵρεσις), platonisme, aristotélisme, épicurisme et stoïcisme, **195** Ilsetraut Hadot, *Arts libéraux et philosophie dans la pensée antique*, Paris 1984, p. 247 ! Le cas de Thémistios demeurant réservé, la même érudite ne trouve à citer (p. 252-260) le nom d'aucun philosophe péripatéticien avéré après Alexandre d'Aphrodise. Pour Grégoire de Nazianze, comme pour Libanios, on l'a vu, Thémistios est un platonisant. Guldentops **189**, p. 120, concluait une de ses études en disant que Thémistios, en philosophie, avait été un « éclectique ». Le savant belge refusait de conférer à l'épithète un sens péjoratif. Les conditions de l'enseignement de la philosophie qu'il avait trouvées à Constantinople, mais aussi la trajectoire politique qu'il avait adoptée interdisaient de toute façon à Thémistios tout autre choix. Il ne pouvait certes dans ses paraphrases négliger la part d'Aristote. Depuis longtemps, à l'époque, le problème était de placer l'apport du Stagirite en conjonction avec celui de Platon, quitte à rogner les aspérités trop visibles de part et d'autre. On retiendra l'heureuse formulation de

196 H. B. Gottschalk, « Aristotelian Philosophy in the Roman World », *ANRW* II 36, 2, Berlin 1987, p. 1174 : « There is a Protean quality about Platonism which has allowed it at various times to absorb alien ideas without losing its essential character, perhaps precisely its fundamental insights were not tied to a fixed system ». Bien entendu, on ne peut souligner ici que certains aspects de la pensée philosophique de Thémistios. Elle mériterait sans doute à elle seule des études appropriées.

On sait depuis longtemps que Thémistios définissait la philosophie comme ὁμοίωσις τῷ θεῷ (2, p. 43, 4-7 ; 34, p. 232, 17-18), voir **197** F. Überweg et K. Prächter, *Grundriss der Geschichte der Philosophie des Altertums*, Berlin 1920, p. 683 ; **198** H. J. Blumenthal, « Neoplatonic Elements in the *De Anima* Commentaries », *Phronesis* 21, 1976, p. 64-87, spécialement, p. 82 n. 73. Il vaut la peine de lire le discours jusqu'au bout. Les derniers mots, où il s'oppose modestement à Platon qui occupe toujours une position supérieure, sont d'autant plus frappants que pour nous, ce sont les derniers que nous ayons de sa plume : « Quant à nous, nous sommes à un niveau intermédiaire, contents s'il nous arrivait d'être tantôt en haut, tantôt en bas. Mais notre en-bas n'est pas tout à fait le bas, il se rattache en haut et c'est d'en haut qu'il se gouverne ». Thémistios renvoie implicitement à l'expression homérique de Θ 19 χρυσῆ σειρά. L'image est courante dans le néoplatonisme, pour désigner l'émanation, voir Schneider **15**, p. 146, où l'on trouve une riche bibliographie ; Glucker **172**, p. 306-315 (le paragraphe est intitulé « the Golden Chain », mais Thémistios n'est pas mentionné dans le livre). On retrouve l'image de la chaîne d'or chez Thémistios, 2, p. 43, 2-3 (τῆς χρυσῆς καὶ ἀρρήκτου σειρᾶς) ; 32, p. 203, 26 - 204, 1.

Comme Aristote, Thémistios admet l'existence d'une science suprême, dont il se borne à définir les principes. Elle est rendue possible par la κοινωνία entre son propre objet et les objets des autres sciences. Cette κοινωνία porte sur les « notions communes », κοιναὶ ἔννοιαι (*in Anal. Post.*, p. 7, 2-3), et elle est assurée par des axiomes comme les principes de non-contradiction ou du tiers exclu dont use toute science. D'autre part, la dialectique et la sagesse communiquent avec les sciences par le même recours à ces axiomes, mais de manières différentes. Inférieure aux sciences, la dialectique part des opinions probables, tandis que la sagesse leur est supérieure : « Telle est cette sagesse tant célébrée ; c'est elle qu'il faut appeler science au sens absolu et au plus haut degré, parce que c'est elle qui étudie les causes premières de toutes choses, les causes au plus haut degré, car les causes qui n'ont aucune cause sont des causes au sens le plus fort » (*in Anal. Post.*, p. 122, 24-26). Par conséquent, les causes aristotéliciennes classiques, matérielles, efficientes, finales et formelles sont dépassées au bénéfice d'une étiologie qui a tout d'une théologie. Sur ce point, Thémistios s'inscrit dans un courant de pensée relevant du néoplatonisme, voir, pour tout ceci, Guldentops **189**, p. 99-104. Toutefois, il s'agit d'un néoplatonisme excluant tout recours à la théurgie.

Peut-on esquisser la figure du fondement de cette théologie, ou plutôt, comment peut-on avoir accès à elle ? Loin d'admettre la réminiscence platonicienne, Thémistios soutient que ce que Dieu a implanté dans l'âme humaine, c'est la piété (5, p. 99, 16-18). On ne peut prouver l'existence de Dieu : toute démonstration reposant sur la cause de ce qu'elle prouve, l'existence de Dieu n'a pour fondement aucune cause antérieure (*in Anal. Post.*, p. 50, 25-32, *cf. in Métaph.*, p. 13, 17-20). Reste à procéder par induction. On peut s'appuyer sur un indice accidentel : la présence d'autels prouverait, selon Chrysippe, l'existence des dieux. En outre, il existe des données réelles : Asclépios soigne les hommes, Apollon prédit l'avenir, les astres, comme des dieux, accomplissent dans le ciel infini des mouvements variés (*in Anal. Post.*, p. 49, 23-26 = *SVF* II 1019). Ces données permettent de définir la divinité comme un être vivant, éternel et bienfaisant pour les hommes (*in Anal. Post.*, p. 50, 32 - 51, 1). La preuve cosmologique est traitée à nouveau ailleurs (*in Phys.*, p. 209, 22 - 210, 2). La conclusion est aristotélicienne : le mouvement est finalement causé par un premier moteur qui est éternel et immatériel (*in Phys.*, p. 223, 13-14 ; p. 233, 14-15). Toutefois, ce premier moteur, à la différence d'Aristote, a une figure qu'il est aisé de reconnaître : c'est celle du démiurge platonicien (*in Anal. Post.*, p. 52, 11-15). On la retrouve dans les *Discours* (2, p. 43, 13 - 44, 3, qui cite pratiquement à la lettre Platon, *Timée*, 30 a ; 5, p. 101, 13-17) ; il y a donc eu une platonisation de la théologie aristotélicienne, voir Guldentops **189**, p. 104-106. À la fin du premier livre de la *Physique* (A 9, 192 a 16-25), Aristote oppose la forme et la matière, comme le sont le terme divin du changement et sa privation, qui en est le contraire ; la matière est femelle, et elle désire le mâle et le beau, c'est-à-dire sa forme, son εἶδος. L'interprétation de Thémistios n'est pas dans la ligne d'Aristote : « La matière est réceptive, et elle est trop faible pour avoir en puissance ou pour conserver les formes dont elle participe. D'où vient-il donc qu'elle participe ? Parce qu'elle désire le divin et tend vers le bien – ce que j'appelle « bien » et « divin », c'est la première forme, la première cause, ce vers quoi inclinent toutes les choses, ce à quoi toutes choses s'efforcent de s'assimiler, dans la mesure où chacune le peut. Chacune le peut, comme l'a voulu son naturel. Mais cette tension, comment se trouve-t-elle dans la matière ? Ou est-ce la providence qui fait qu'existe un désir du beau dans ce qui est laid et manquant de ce qui se suffit à lui-même » (*in Phys.*, p. 33, 6-13). « Participer », « se rendre semblable », « providence » appartiennent à un vocabulaire qu'Aristote n'aurait sûrement pas utilisé dans le même contexte, Guldentops **189**, p. 106-107. [Guldentops **190**, p. 190, écrit cependant que les formules platoniciennes sont utilisées comme un « vernis » sur « une conception de la nature… foncièrement aristotélicienne ». R. B. T.]

Qu'en est-il de la noétique ? Aux yeux de Thémistios, l'intellect, contenant les formes immatérielles de toutes les substances, est identique à ces formes. S'il pense tous les êtres, ce n'est pas de façon discursive, mais dans le même instant éternel, c'est-à-dire simultanément : en les pensant, il les fait exister (*in Metaph.*, p. 22, 36 - 23, 22). Malgré son immanence, Dieu reste transcendant. Il est l'objet de sa propre pensée, car en tant que principe premier, il pense tous les êtres dont il est la cause : ce qu'il pense n'est rien d'autre en somme que l'univers intelligible (*in Metaph.*, p. 32, 5-16 ; 33, 5-26). Bref, il est le « chorège » produisant la réalité (*in De anim.*, p. 99, 24-25). Le rapprochement avec Plotin s'impose [V 1 (10), 4, 21-26 ; 4 (7), 2, 45-48 ; 5 (32), 4, 4-5 ; 9 (5), 3, 30-31]. Thémistios n'hésite pas d'ailleurs à critiquer le panpsychisme qui avait marqué la pensée de maints prédécesseurs, comme Thalès, Aratos de Soles (2-3), Zénon de Citium et les stoïciens (*SVF* I, 158), voire Platon, dont il cite le *Timée*, 34 b (*in De anim.*, p. 35, 28-36). À ce compte, toutes les substances seraient aussi des êtres vivants, comme l'indique Guldentops **189**, p. 109-110, voir déjà **199** S. Pines, « Some distinctive metaphysical Conceptions in Themistius' Commentary on Book Lambda and their Place in the History of Philosophy », dans J. Wiesner (édit.), *Aristoteles Werk und Wirkung Paul Moraux gewidmet*, t. II : *Kommentierung, Überlieferung, Nachleben*, Berlin/ New York, 1987, p. 177-204, spécialement p. 188-191. Pour expliquer la transcendance du divin, Thémistios recourt à plusieurs représentations, l'une est un avatar de celle du démiurge platonicien, l'autre est celle de la loi vivante (*in Metaph.*, p. 24, 1-3), Guldentops **189**, p. 111-112. C'est là un des leit-motive de la pensée politique de Thémistios, 5, p. 93, 19-20 ; 8, p. 178, 12-13 ; 16, p. 304, 2-4 ; 19, p. 331, 10-11 ; 34, p. 220, 11-13. Si mérite crédit la traduction hébraïque d'après laquelle nous est connue l'œuvre, on disposerait ainsi d'un tenon solide pour arrimer la pensée politique de Thémistios à sa théologie.

Balllériaux **126**, p. 216-221, a étudié le problème, qui devait exercer aussi, beaucoup plus tard, la sagacité de Thomas d'Aquin, de l'intellect agent, dont il souligne l'unicité chez Thémistios (*in De anim.*, p. 103, 32-36) : « Ou bien faut-il supposer qu'il y a, d'une part, un (intellect) unique qui illumine primordialement, et que d'autre part sont multiples ceux qui, à la fois, sont illuminés et illuminent, comme il en va pour la lumière ? Car si le soleil est unique, on pourrait dire en quelque sorte que la lumière se répartit en une multiplicité de vues individuelles ». Or, le développement (*in De anim.*, p. 103, 36-38) vise à montrer que « si nous sommes ramenés à un seul intellect agent, nous qui sommes un composé de puissance et d'acte, et que l'être pour chacun d'entre nous provient de cet unique un, il n'y a pas de quoi s'en étonner. D'où viendraient autrement les communes conceptions ? ». Cette fois encore, le vocabulaire, avec les notions d'ἀναγωγή et d'ἔλλαμψις, sent son Plotin [IV 9 (8), 4, 1-2]. C'est aussi chez Thémistios que l'on rencontre pour la première fois l'identification de la φαντασία à l'intellect passif (νοῦς παθητικός) que reprendront à l'envi les représentants du néoplatonisme tardif. Ainsi est respecté un principe platonicien (p. 107, 22-23 = Platon, *Phédon*, 67 b 1-2). Il y a bien, selon Balllériaux **126**, p. 227, citant une excellente expression de J. Trouillard, une « transcendance intérieure » dans le moi tel que Thémistios se le représente, nonobstant l'étude de Blumenthal dans Sorabji **193**, p. 113-123.

De surcroît, Thémistios donne les traits marquants de la divinité selon son cœur : « éternité de la vie, excédent de la puissance (περιουσία δυνάμεως) et sollicitude incessante à l'égard des hommes » (6, p. 116, 20-21). On pense évidemment à Jamblique (*De myst.* V 23, p. 232, 11-12): πέφυκεν ἀεὶ τῶν ἀκροτάτων ἡ περιουσία τῆς δυνάμεως, mais on pourrait trouver des traces de la même idée chez Plotin. Le thème a été traité jusqu'à saint Thomas d'Aquin par **200** K. Kremer, «*Bonum est diffusum sui.* Ein Beitrag zum Verhältnis von Neuplatonismus und Christentum», dans *ANRW* II 36, 2, Berlin 1987, p. 994-1032, mais sans que Jamblique ni Thémistios ne soient mentionnés.

On ne reprochera pas à Thémistios de n'avoir pas suivi les traces des néoplatoniciens en matière de philosophie politique, en raison des différends qu'il avait avec ceux de son temps, notamment Julien et Maxime d'Éphèse. Toutefois, la notion de Dieu comme «loi vivante» constitue un trait d'union à peu près sûr entre sa théologie et sa pensée politique, dont **201** D. J. O'Meara, *Platonopolis. Platonic Political Philosophy in Late Antiquity*, Oxford 2003, p. 206-207, offre un excellent résumé. L'empereur est une émanation de Dieu et son délégué sur terre, une loi vivante qu'il a donnée. Il est donc sommé de s'assimiler à lui grâce à ses vertus, la première étant la philanthropie. Il a pour tâche de faire de l'Empire une image de l'ordre cosmique divin; Constantinople, qu'il appelle καλλίπολις, «la Cité de Beauté», est le centre de toutes ses préoccupations. Hormis pour Constantinople, l'idéologie proposée ici reflète celle qui fut en vogue à l'époque hellénistique et au début de l'Empire, celle que l'on trouve par exemple dans les traités περὶ βασιλείας pseudo-pythagoriciens, particulièrement celui d'Ecphante (➤E 9), voir déjà **202** L. Delatte, *Les traités de la royauté d'Ecphante, Diotogène et Sthénidas*, Liège/Paris 1942, p. 156-158. En particulier, l'expression νόμος ἔμψυχος est employée par Diotogène [➤D 209] (p. 37; 19; 39, 11 Delatte), mais on la trouve déjà chez Philon [➤P 150] (*Vie de Moïse* I 162; II 4; Clément d'Alexandrie, *Strom.* I 26, 168; II 4, 19 la lui reprend) et Musonius Rufus [➤M 198] (8, p. 37, 2 Hense). Quant à la future capitale, elle reçoit le nom d'une cité de philosophes, Καλλίπολις, qui est déjà chez Platon (*Rép.* VII, 527 c 2), où il s'agit de celle qu'il dépeint, dans un passage à tonalité passablement ironique, mais elle ne se confond pas avec elle. On ne la cherchera donc ni chez les Atlantes, ni en Crète ni en Campanie, du côté de Platonopolis, voir **203** G. Guldentops, «Themistius' καλλίπολις between myth and reality», dans K. Demoen (édit.), *The Greek City from Antiquity to the Present. Historical Reality, Ideological Construction, Literary Representation*, Louvain/Paris/Sterling (Virginia) 2001, p. 127-140, plus spécialement p. 132-133. Celle que Thémistios nous présente est bien réelle: la future capitale est en voie de floraison sur les bords du Bosphore. Mais en lui donnant le nom d'une utopie, il invite les souverains à rendre la ville conforme à l'idéal qu'il entend promouvoir. [J. S.]

En dehors de l'aire hellénophone principale de l'Empire l'œuvre de Thémistios était sans doute estimée tout d'abord par des chrétiens syriaques bilingues qui avaient de la sympathie pour la philosophie et la rhétorique grecques, tout comme pour la théologie patristique grecque illustrée par Grégoire de Nazianze et Jean Chrysostome. La haute estime que manifestent à son endroit les lettres de Grégoire (*Epist.* 24 et 38) a pu contribuer de façon significative à gagner des lecteurs chrétiens à la lecture des œuvres de ce philosophe païen, qui fut bien considéré dans les écrits des écrivains ecclésiastiques, mais ne fut pas mentionné dans les œuvres d'auteurs païens comme Eunape (☞E 121) et Zosime (*cf.* Leppin et Portmann **18**, p. 26). La défense qu'il assura de chrétiens non ariens devant l'empereur Valens telle qu'elle est rapportée par Socrate, *Hist. Eccl.* IV 32 (cité dans Schenkl, Downey et Norman **8**, p. 134) était connue en grec et en syriaque (sur la version syriaque de Socrate, *cf.* **204** G. C. Hansen, *Sokrates, Kirchengeschichte*, coll. *GCS* Neue Folge 1, Berlin 1995, p. XXXI-XXXIII) et, que le récit de Barhebraeus qui rapporte que Thémistios avait déconseillé à Julien de persécuter les chrétiens (*cf.* plus haut, p. 863) soit fondé sur un ouvrage aujourd'hui perdu ou qu'il soit seulement un enjolivement de la défense des non ariens qu'il avait assurée (action rapportée par Barhebraeus lui-même dans son histoire ecclésiastique, *cf.* **205** J. B. Abbeloos et T. J. Lamy [édit.], *Gregorii Barhebraei Chronicon ecclesiasticum*, t. I, Paris/Louvain 1872, col. 107, 13 - 109, 2), dans les communautés syriaques chrétiennes, dont la plupart étaient opposées à l'orthodoxie byzantine, son plaidoyer à l'empereur en faveur de la tolérance religieuse a pu recommander ses œuvres à ces lecteurs bilingues chrétiens syriacophones ouverts à l'héritage de la philosophie grecque païenne. Sous le califat abbasside, les philosophes tant chrétiens que musulmans ont pu se reconnaître dans ses vues politiques et philosophico-religieuses, notamment dans son engagement en faveur d'un philosophe-roi philanthrope et sa tolérance à l'égard de religions diverses à l'intérieur d'un cadre monothéiste (*cf. Disc.* 5, 67 b - 70 b ; *Disc.* 6, 77 a-c). Les discours conservés en syriaque attestent le respect que lui marquèrent les chrétiens syriaques en tant que philosophe dans le domaine de l'éthique, et Conterno **46**, p. 7-43, offre au contraire l'interprétation que Thémistius a été considéré initialement dans le domaine syriaque seulement comme un professeur d'éthique personnelle, tandis que l'appréciation de son rôle en tant que philosophe politique en syriaque et arabe n'est apparue que durant l'ère abbasside. Bien qu'aucun des discours politiques ne soit conservé en syriaque ou en arabe (à l'exception de la *risāla*), Richard Walzer, dans ses études sur la philosophie politique d'al-Fārābī, a souvent fait référence à l'engagement de Thémistios dans ses discours pour la doctrine du philosophe-roi (*cf.* **206** R. Walzer, « Aspects of Islamic Political Thought : al-Fārābī and Ibn Xaldūn », *Oriens* 16, 1963, p. 41, 55 ; Walzer **93**, p. 426), supposant ainsi, faut-il croire, que cette doctrine (partagée également par les orateurs-théologiens éminents du IVe siècle ; *cf.* Dvornik **65**, p. 683-705) pouvait avoir été transmise à al-Fārābī – même si ce n'est pas nécessairement la seule voie concevable – par les discours de Thémistios, que ce soit en grec ou bien dans des versions syriaques ou arabes aujourd'hui disparues. La traduction de la *risāla* par al-Dimašqī témoigne de l'intérêt que l'on portait à sa philosophie politique dans l'école de Ḥunayn, et celle procurée par Ibn Zur'a atteste un pareil intérêt dans l'école des aristotéliciens de Bagdad ; *cf.* Watt **61**, p. 127-129, 133-138, 142-147.

Si Thémistios ne détint aucune charge sous Julien (une position contestée par Brauch **71**, ainsi que dans son étude **207** « The Prefect of Constantinople for 362

AD : Themistius », *Byzantion* 63, 1993, p. 37-78, en partie sur la base de textes arabes), la conviction qu'il se comporta de la sorte, telle qu'elle est exprimée dans ces textes arabes, tant musulmans que chrétiens, pourrait remonter à des cercles byzantins où cette représentation était courante (*cf.* Vanderspoel **3**, p. 242). Dans un récit de la transmission de la pensée grecque aux arabes, récit appartenant au groupe d'histoires musulmanes prétendant que les chrétiens de Byzance avaient supprimé la philosophie (sur ces textes voir **208** D. Gutas, *Greek Thought, Arabic Culture*, London 1998, p. 83-95, et **209** *Id.*, « The 'Alexandria to Baghdad' Complex of Narratives. A Contribution to the Study of Philosophical and Medical Historiography among the Arabs », *DSTFM* 10, 1999, p. 155-193, qui situe cette polémique sous le règne de al-Ma'mūn), sa « restauration » temporaire, antérieure à sa pleine « restauration » sous l'Islam, est attribuée à Julien « dont le ministre était Thémistios, le commentateur des livres d'Aristote » (*Fihrist*, éd. Flügel **62**, p. 241, li. 22-23 ; Dodge **64**, p. 579 ; voir **210** J. W. Watt, « Themistius and Julian : their Association in Syriac and Arabic Tradition », dans A. J Quiroga Puertas (édit.), *The Purpose of Rhetoric in Late Antiquity*, Tübingen 2013, p. 161-176). Le respect dont il bénéficia parmi les intellectuels de Bagdad au Xᵉ siècle fit qu'on lui attribua un certain nombre d'apophtegmes dans le *Ṣiwān al-ḥikma* d'al-Siǧistānī : *cf.* **211** D. M. Dunlop (édit.), *The Muntakhab Ṣiwān al-ḥikma of Abū Sulaimān as-Sijistānī*, The Hague 1979, p. 101, section 217 (également p. 26, li. 2) ; *cf.* également al-Qifṭī, éd. Lippert **75**, p. 300, li. 6-7 et p. 356, li. 15-16 [J. W.]

En évoquant l'éducation reçue sous la férule de son père Eugénios, Thémistios souligne combien de fois il avait été forcé, comme un aiglon, à ouvrir les yeux afin de s'entraîner à supporter l'éclat de la vérité sans ciller face au soleil (*Disc.* 21, p. 15, 1-6). L'allusion au mythe de la caverne est patente (Plat., *Rép.*, VII, 515e-516b). En mai 357 (voir *Disc.* 3), l'orateur s'était rendu à Rome où il avait ouvert les enclos sacrés de Pythagore, depuis longtemps fermés, et les temples de Platon et d'Aristote, et il en avait montré les statues (*Disc.* 23, p. 94, 16-19). Ce sont les mêmes images et symboles dont il usait pour décrire l'action de son père, le néoplatonicien Eugénios (*Disc.* 20, p. 5, 7-16). Tout récemment, **212** Ilsetraut Hadot, *Athenian and Alexandrian Neoplatonism and the Harmonization of Aristotle and Plato*, Leiden 2015, est revenue vigoureusement sur la philosophie de Thémistios qu'elle interprète dans la ligne de Ballériaux **83**, **125** et **126**, non sans ajouter quelques arguments probants. Elle fait de lui (p. 146, mais voir aussi p. 75-88) un représentant zélé de la tendance à harmoniser les philosophies de Platon et d'Aristote ; l'étude du cycle aristotélicien est une préparation à la lecture du cycle platonicien, qui se trouve donc à un niveau plus élevé. Ce type d'harmonisation, que soulignent les différences de vocabulaire, mais qui maintient la concordance dans la signification profonde, se retrouve chez Ammonios-Philopon et chez Simplicius (p. 59 n. 17). La préférence marquée de Thémistios pour Aristote, qui était aussi celle d'Eugénios, tient au choix d'une vie active, c'est-à-dire au service du public, par opposition à une vie « plus divine » (Thém., *Disc.* 31, p. 188, 11-14). Ce qu'il aime chez le Stagirite, c'est que ses ouvrages ne décollent pas de la nature ou plutôt de la part de terrestre qu'il y a en l'homme (*Disc.* 32, p. 197, 25-198, 3). Autant de références à un système de classification des vertus esquissé déjà dans un traité de Plotin (I 2 [19]) et systématisé par Porphyre (*Sent.*, 32, voir déjà **213** Ilsetraut Hadot, *Simplicius Commentaire sur le* Manuel *d'Épictète, CUF*, Paris 2001, p. LXXXII), surtout celle qui est propre au πολιτικός, la μετριοπάθεια (le titre du *Disc.* 32 est précisément μετριοπαθής). Le ch. 30 du *Disc.* 34 situe l'action de Thémistios en qualité d'homme politique, entre Platon, tout en haut, et Épicure, tout en bas. Les réalités l'obligent parfois à descendre vers le bas, sans toucher le fond pour autant, car toujours son action garde le contact avec l'idéal platonicien. De surcroît, Thémistios tenait pour un faux (Boèce, *in Cat.*, 162 a) le traité sur les catégories prêté à Archytas de Tarente, auquel Jamblique donnait tant d'importance (Simpl., *in Cat.*, 2, 15-25), **214** R. Chiaradonna, «Tolleranza religiosa e neoplatonismo politico tra III e IV secolo», dans A. Marcone, U. Roberto et I. Tantillo (édit.), *Tolleranza religiosa in età tardoantica: IV-V secolo*, Cassino, 2015, p. 37-79, surtout p. 57-58; sur les relations politiques de Julien avec Thémistios en général, voir **215** *Id.*, «Filosofie e teologie politiche. Neoplatonismo e politica da Plotino a Proclo», dans *Costantino I. Enciclopedia sulla figura e l'immagine dell'imperatore del cosiddetto editto di Milano 313-2013*, Roma 2013, t. I, p. 743-755, surtout p. 749-750; sur les conceptions philosophiques sous-jacentes au débat entourant la fameuse Lettre de Julien à Thémistios, **216** *Id.*, «La *Lettera a Temistio* di Giuliano Imperatore e il debattito filosofico nel IV secolo», dans A. Marcone (édit.), *L'imperatore Giuliano. Realtà storica e rappresentazione*, coll. «Studi sul Mondo Antico» 3, Firenze 2015, p. 149-171, spécialement p. 149-163 [J. S.].

JACQUES SCHAMP, ROBERT B. TODD et JOHN WATT.

39 THÉMISTOCLE *RESuppl.* XV : 9a   DM III

A. Philosophe qui fit l'objet d'un oracle de la Pythie garantissant sa béatitude. Le vers, conservé par Georges Syncelle, *Chronographia*, p. 680 Dindorf (= p. 442, 12-14 Mosshammer), qui situe son *acmè* en 228 A. D., est le suivant : «Homme excellent honoré par les bienheureux comme un démon fortuné» (ἐσθλὸς ἀνὴρ μακάρεσσι τετιμένος ὀλβιοδαίμων). L'oracle porte le n° 469 dans le recueil de **1** H. W. Parke et D. E. W. Wormell, *The Delphic Oracle*, t. II : *The oracular response*, Oxford 1956, p. 190. Voir maintenant l'édition **2** W. Adler et P. Tuffin (édit.), *The Chronography of George Synkellos. A Byzantine Chronicle of Universal History from the Creation, translated with Introduction and notes*, Oxford 2002, p. 521. La notice qui suit concerne Plotin.

B. Philosophie stoïcien, du milieu du IIIe siècle que, dans la Préface de son livre *Sur la fin* citée par Porphyre (*Vita Plotini* 20, 34), Longin (➭+L 63) classe parmi ceux qui ont mis leurs opinions par écrit.

3 Eitel Fischer, art. «Themistokles» 9a, *RESuppl.* XV 1978, col. 644, **4** L. Brisson, *Prosopographie, PVP* I, *s.v.*, et **5** R. Goulet, «L'Oracle d'Apollon dans la *Vie de Plotin*», dans *Porphyre, Vie de Plotin*, t. I, Paris 1982, p. 388

(= *Études sur les Vies de philosophes*, p. 207), proposent d'identifier ces deux Thémistocle contemporains.

C. Une identification est également possible avec Statius Thémistoclès dont une statue avait été élevée à l'Asclépiéion d'Athènes par le philosophe T. Flavius Glaucos de Marathon (➙G 23) auprès de celle de son ancêtre le philosophe stoïcien Sarapion (➙S 15). Voir **6** B. Puech, *Orateurs et sophises grecs dans les inscriptions d'époque impériale*, coll. « Textes et traditions » 4, Paris 2002, p. 516-526 : « Les Flavii de Marathon et les Statii des Chollèides », notamment p. 526.

LUC BRISSON et RICHARD GOULET.

40 THÉMISTOCLÈS *RE* 10 *PLRE* I :   M IV

Philosophe à Constantinople, destinataire d'une lettre de Libanius (*Epist*. 406) datable de 355 et mentionné dans deux autres lettres (436 en 355, et 1198 en 364). Il était ami de Thémistios (➙T 38), de Barbation *(RE)* et du sage Olympios (➙O 19). Dans une lettre de 355, sans doute apportée par le médecin Olympios en route pour Milan, Libanios rappelle à Thémistoclès les colloques, les dialogues et les banquets dignes d'être consignés par écrit (σύλλογοι καὶ διάλογοι καὶ συμπόσια συγγραφῆς ἄξια) qui les avaient tous regroupés dans la capitale (Libanius, *Lettre* 406, 1). A côté des interventions d'un sophiste sur la rhétorique et d'un grammairien sur les poètes sont mentionnées celles des participants « venant de la philosophie », c'est-à-dire Thémistios et Thémistoclès (σὺ καὶ Θεμίστιος ἐκ φιλοσοφίας). Dans une lettre à Barbation (*Epist*. 436), Libanios rappelle à ce dernier qu'avant même de le rencontrer il le tenait pour quelqu'un de bien, à cause de l'amitié qu'il entretenait avec Thémistoclès, « un homme qui n'aurait pas pris comme ami quelqu'un qui ne fût tout à fait bon ».

Le nom de Thémistoclès étant très répandu (déjà 112 occurrences dans les tomes parus du *LGPN*), surtout en Attique (54 occurrences), l'identification envisagée par **1** W. Enßlin, art. « Themistokles » 10, *RE* V A 2, 1934, col. 1699, par la *PLRE* et par **2** G. Fatouros (*Libanios, Briefe. Griechisch-deutsch*. In Auswahl herausgegeben, übersetzt und erläutert von G. Fatouros und T. Krischer, coll. « Tusculum-Bücherei », München 1980, p. 68-69, n° 28), avec Thémistoclès d'Athènes, élève du sophiste Apsinès de Sparte à Athènes est fort improbable. Ce Thémistoclès, connu par les *Vies de philosophes et de sophistes* d'Eunape de Sardes (IX 1-26 Goulet), était le cacique de l'école de rhétorique d'Apsinès, école rivale de celle du sophiste Julien de Cappadoce. Lors d'un procès où les élèves de Julien étaient accusés par Thémistocle d'avoir frappé des élèves d'Apsinès, le proconsul ne laissa pas les maîtres parler pour leurs élèves et c'est Thémistoclès et Prohérésius qui durent plaider. Dans ce procès, « Thémistoclès fit outrage au nom qu'il portait » (IX 18). Comme Prohérésius est mort à près de 90 ans vers 369, cet événement n'a pu se produire qu'au tout début du IVᵉ siècle, au plus tard vers 330, mais Prohérésius aurait déjà été alors dans la cinquantaine. R. Goulet (édit.), *Eunape de Sardes, Vies de philosophes et de sophistes*. Texte établi, traduit et annoté par R.G., *CUF*, Paris 2014, t. I, p. 183-184, propose de dater le procès des élèves de Julien de Cappadoce plutôt vers 310. De plus, ce Thémistoclès étudiait la rhétorique et non la philosophie. **3** R. J. Penella, *Greek philosophers and sophists in the Fourth century A. D. Studies in Eunapius of Sardis*, coll. «ARCA» 28, Leeds, 1990, p. 81 n. 9, s'était déjà prononcé contre l'identification.

Seule l'homonymie justifierait d'identifier le philosophe ami de Libanius et de Thémistius à Constantinople au dédicant à Athènes d'une statue en l'honneur du gouverneur d'Achaïe Théodôros (*IG* III 1, 636 = *IG* II^2 4223) à l'époque de Théodose Ier (379-395), ainsi que l'ont envisagé **4** O. Seeck, *Die Briefe des Libanius zeitlich geordnet,,* p. 307, et Enßlin **1**, col. 1699. Contre cette identification, voir **5** B. Puech, *Orateurs et sophistes grecs dans les inscriptions d'époque impériale*, coll. «Textes et traditions» 4, Paris 2002, p. 505, et déjà Penella **3**, p. 81 n. 9.

Pour le texte, voir **6** E. Sironen, *The Late Roman and Early Byzantine Inscriptions of Athens and Attica*. An edition with appendices on scripts, sepulchral formulae and occupations, Helsinki 1997, n° 14 ; **7** *Id.*, *Inscriptiones Atticae aetatis quae est inter Herulorum incursionem et imp. Mauricii tempora*, coll. «Inscriptiones Graecae / consilio et auctoritate Academiae Scientiarum Berolinensis et Brandenburgensis editae. 2-3, Inscriptiones Atticae Euclidis anno anteriores» 5, Berlin 2008, n° 15, p. 31-32. Voir également **8** M. Di Branco, *La Città dei filosofi. Storia di Atene da Marco Aurelio a Giustiniano, con un'appendice su "Atene immaginaria" nella letteratura bizantina*, Prefazione di Giovanni Pugliese Carratelli, coll. «Civiltà veneziana – Studi» 51, Firenze 2006, p. 37 n 272.

RICHARD GOULET.

41 THÉMISTOCLE D'ATHÈNES *PIR*^{2} T 156   I-II

Philosophe stoïcien, descendant de son illustre homonyme. Contemporain et ami de Plutarque (➞P 210), il avait fréquenté en même temps que lui l'école d'Ammonios (➞A 138) : *cf. Thémistocle* 32, 6 et *Quaest. Conv.* I 9.

Cf. K. Ziegler, art. «Plutarchos», *RE* XXI 1, 1951, col. 686.

BERNADETTE PUECH.

42 THÉOBOULOS

Ce philosophe fait partie de ceux qui étaient cités dans l'*Anthologie* de Stobée, d'après une liste établie ou conservée par Photius, *Bibliothèque, cod.* 167, p. 114 b 1 Bekker. Quatre sentences sont effectivement conservées dans l'*Anthologie* (III 1, 22; III 1, 92; IV 7, 23; IV 44, 75), mais on pense, depuis A. Elter, *De Ioannis Stobaei codice Photiano*, Bonn 1880, p. 44, que ce nom résulte d'une corruption ancienne du nom du sage Cléoboulos (*cf.* Diogène Laërce I 89-93). Voir Maria Tziatzi-Papagianni, *Die Sprüche der sieben Weisen. Zwei byzantinische Sammlungen. Einleitung, Text, Testimonien und Kommentar*, coll. «Beiträge zur Altertumskunde» 51, Stuttgart 1994, notamment p. 148.

RICHARD GOULET.

43 THÉOCLÈS DE RHÉGIUM

Voir dans les compléments du tome VII.

44 THÉODAS DE LAODICÉE *RE*   II

Théodas (*fl*. 125 de notre ère), originaire de Laodicée sur le Lykos, médecin empirique et philosophe sceptique, fut l'élève du philosophe sceptique Antiochos de Laodicée (➽A 202). Il était alors le compagnon d'étude de Ménodote de Nicomédie (➽M 133). Comme ce dernier, il est tantôt qualifié de médecin, tantôt de philosophe.

Cf. **1** V. Brochard, *Les sceptiques grecs*, Paris 1887 (1923²), p. 311-312 et 364-365 ; **2** K. Deichgräber, *Die griechische Empirikerschule*, Berlin 1930 ; réimpr. augmentée, Berlin/Zürich 1965, p. 41, fr. 9 ; **3** W. Capelle, art. « Theodas », *RE* V A 2, 1934, col. 1713-1714 ; **4** R. Walzer et M. Frede, *Galen. Three treatises on the Nature of Science*, Indianapolis 1985 ; **5** H. von Staden, *Herophilus. The art of medicine in early Alexandria*, Cambridge/New York, 1989, p. 485 ; **6** P. Pellegrin *et alii* (édit.), *Galien. Traités philosophiques et logiques*, coll. *GF*, Paris 1998 ; **7** L. Perilli, *Menodoto di Nicomedia. Contributo a una storia galeniana della medicina empirica*, München/Leipzig 2004.

La forme de ce nom propre varie dans nos textes : Θεοδᾶς chez Galien dans le *Sur ses propres livres* chap. XII 1 et 2 (t. XIX, p. 38 Kühn = V. Boudon-Millot, *CUF*, Paris 2007, p. 163, 9 et 14) et dans la *Méthode thérapeutique* (*De methodo medendi* II 7 = t. X, p. 142, 16 Kühn) ; et aussi *Theodas* ou *Theudas* dans les manuscrits latins de l'*Esquisse empirique* (traité de Galien perdu en grec et conservé seulement en latin) ; mais Θειωδᾶς chez Diogène Laërce IX 116 qui cependant est une correction de Hübner (les trois manuscrits anciens à nous avoir transmis un texte complet ont en réalité Θειοδᾶς *vel* Θειόδας) ; Θευδᾶς dans le *Souda* Θ 142, t. II, p. 693 Adler [= fr. 307 Deichgräber **1**, p. 219, 3], *s.v.* Θεοδό-σιος ; enfin, Θειοδᾶς selon la *Kleine Pauly* (mais ce semble être une erreur).

Sources anciennes. Théodas est mentionné dans plusieurs listes de médecins empiriques :

(1) *Cod. Hauniensis Lat.* 1653 f. 73r [= fr. 7c Deichgräber **2**, p. 41, 2 ; T 25 Perilli **7**, p. 102] nous a conservé une liste de noms de médecins empiriques comprenant Sérapion (➽S 49), Héraclide (➽H 58 ou 54), Glaucias (➽G 18), Ménodote (➽M 133), Teudas (sic) et Théodose : *emperici autem Serapion, Heraclides, Glaucias, Menodotus, Teudas et Theodosius*.

(2) Galien, *Méthode thérapeutique* II 7 [t. X, p. 142, 16 Kühn = fr. 32 E Deich-gräber **2**, p. 114, 28 ; T 26 Perilli **5**, p. 102-103] cite les noms des médecins empiri-ques Ménodote (➽M 133), Sérapion (➽S 49), Théodas, Glaucias (➽G 18), Apol-lonios (➽A 270), Calliclès (➽C 17a, dans les compléments du tome VII), Diodore (➽D 123a, dans les compléments du tome VII), Héraclide (➽H 58 ou 54) et Lycos (➽L 88), à l'intérieur d'une liste d'exemples destinée à illustrer un problème logique relatif à la différence entre le genre et l'espèce.

(3) Galien, *Sur ses propres livres* chap. XII [= fr. 1 Deichgräber **2**, p. 37, 11 ; éd. Boudon-Millot, *CUF*, Paris 2007, p. 163, 9 et 14) : « *Sur l'Introduction de Théodas* cinq livres de commentaire (Τῆς Θεοδᾶ εἰσαγωγῆς ὑπομνήματα

πέντε)... et *Sur les Kephalaia de Théodas* trois livres de commentaire (τοῦ τε Θεοδᾶ κεφαλαίων ὑπομνήματα τρία).

(4) Galien, *Esquisse empirique* chap. V [= fr. 10 b Deichgräber **2**, p. 51, 17 ; Pellegrin **6**, p. 101] : « Théodas posait que les parties de toute la médecine étaient la partie sémiotique, la thérapeutique et celle qu'on appelle l'hygiénique. Il dit que ce par quoi nous les acquérons c'est l'observation par soi-même, l'histoire et le passage au semblable et pour cela, ceux qui les appellent les parties de l'expérimentation tout entière, ne les appellent pas ainsi sans addition en disant qu'elles sont simplement des parties, mais <en disant> qu'elles sont des parties constitutives, c'est-à-dire constituant l'art médical tout entier, dont, par ailleurs, les parties finales sont, disent-ils la sémiotique, la thérapeutique et l'hygiène, opposant <ainsi les parties> finales aux <parties> constituantes »

(5) *Esquisse empirique* chap. V [= fr. 10 b Deichgräber **2**, p. 53, 12 ; Pellegrin **6**, p. 102] : « C'est pourquoi Théodas lui aussi au début de son <exposition> des parties de la doctrine dit ceci : "Il faut dire que ses parties – sémiotique, thérapeutique et ce qu'on appelle hygiène – permettent aussi une division en d'autres" ».

(6) Diogène Laërce IX 116 [= fr. 9 Deichgräber **2**, p. 41, 22 ; trad. française, sous la direction de M.-O. Goulet-Cazé, Paris 1999, p. 1144] : « Ce dernier (*i.e.* Antiochus de Laodicée, ➠A 202) eut pour auditeurs Ménodote de Nicomédie (➠M 133), médecin empirique, et Theiôdas de Laodicée (καὶ Θειωδᾶς Λαοδικεύς) ».

Les deux principales œuvres de Théodas sont une *Introduction* à la médecine à laquelle Galien avait consacré un commentaire en cinq livres (texte n° 3) et d'où il a vraisemblablement tiré la citation qu'il fait dans son *Esquisse empirique* (texte n° 5) et les *Kephalaia* qui ont donné lieu à au moins deux commentaires connus, celui de Galien en trois livres (texte n° 3) et celui du médecin empirique Théodose [= fr. 307 Deichgräber **2**, p. 219].

En ce qui concerne la doctrine de Théodas, Galien dans l'*Esquisse empirique* chap. IV et V, nous a conservé les échos d'un débat sur la place et le statut de la démarche intellectuelle qualifiée par les empiriques de « passage au semblable ». Théodas semble avoir apporté une contribution originale à ce débat central de la doctrine empirique portant sur les trois parties traditionnelles de l'observation par soi-même (αὐτοψία), de l'histoire ou étude critique des témoignages (ἱστορία), et du passage du semblable au semblable (ἡ τοῦ ὁμοίου μετάβασις). Selon Galien (*Esquisse empirique* chap. IV ; Deichgräber **2**, p. 50, 3 ; Pellegrin **6**, p. 100), Théodas accordait en effet à « la progression par la similitude » le statut d'«expérience rationnelle », décrivant le passage du même au même comme une ἐπιλογιστικὴ πεῖρα. De ce point de vue, le passage du même au même était à ses yeux une partie constitutive de l'art médical tout entier (comme peut-être le pensait déjà un autre médecin empirique Sérapion. Amené à définir « les parties de toute la médecine », Théodas (texte n° 4) distinguait en effet les parties finales que sont la sémiotique, la thérapeutique et l'hygiène, des parties constitutives que sont le passage au semblable, l'observation et l'histoire, dont le rôle est précisément d'acquérir les trois parties finales, dont Théodas admet d'ailleurs lui-même qu'elles peuvent à leur tour être divisées en autre chose (texte n° 5). Galien, dans sa conclusion de l'*Esquisse empirique* chap. XII [Deichgräber **2**, p. 88 ; Pellegrin **6**, p. 125], reconnaît également à Théodas le mérite d'avoir suffisamment ajouté l'expérimentation à la raison dans son *Introduction*, même s'il le blâme de l'avoir fait avec excès dans d'autres ouvrages.

VÉRONIQUE BOUDON-MILLOT.

45 THÉODECTE DE PHASÉLIS *RE* 1+2 IV[a]

Orateur et rhéteur, d'une part, poète tragique de l'autre, d'où la notice à deux voix de la *RE*, Théodecte est originaire de Phasélis (*cf. Souda*, Θ 138 Adler ; Étienne de Byzance, *Ethnika*, *s.v.* Φάσηλις, p. 659-660 Meineke), ville de Pamphylie, près d'Antalya dans l'actuelle Turquie. Il était très célèbre : il fut comparé, tour à tour, à Simonide et à Hippias (*RE*, col. 1723). Après sa mort, Alexandre lui rendit un curieux hommage, dans sa ville, en dansant ivre autour de sa statue, en souvenir de la relation qu'il avait eue avec lui, « grâce à Aristote et à la philosophie » (δι' Ἀριστοτέλην καὶ φιλοσοφίαν, Plut., *Alex*. 17). Il fut élève, selon la *Souda (loc. cit.)*, de Platon, d'Isocrate et d'Aristote, ce qui soulève des difficultés chronologiques (voir ci-dessous), mais reflète pour le moins une personnalité de consensus, peut-être un rôle de *go-between* entre rhétorique, philosophie et théâtre. Ses œuvres sont perdues à l'exception de quelques fragments. On présentera ci-dessous les rares données biographiques disponibles (I.), puis les trois domaines de son activité dont on a conservé quelques traces : II.a) l'œuvre théâtrale, II.b) l'œuvre oratoire, II.c) l'œuvre rhétorique, en faisant un sort particulier à l'énigme des *Theodekteia*, ouvrage attribué tantôt à Théodecte s'inspirant Aristote, tantôt à Aristote rendant compte des recherches de Théodecte.

I. Vie

Selon la *Souda (loc. cit.)*, Théodecte était le fils d'Aristandre de Phasélis et, venu à Athènes, fut élève d'Isocrate, de Platon et d'Aristote. Sa date de naissance est difficile à déterminer, car lesdits maîtres sont nés eux-mêmes sur une période qui couvre plus de cinquante ans : Isocrate en 436[a], Platon en 427[a] et Aristote en 384[a]. Une autre difficulté est créée par l'existence d'un fils homonyme et lui aussi rhéteur (et historien, *cf. Souda*, Θ 139 Adler), ce qui a très tôt occasionné des confusions. L'essentiel du dossier se trouve dans la *RE*, col. 1722-1723, mais on doit une synthèse novatrice à **1** E. Matelli, « Teodette di Faselide, retore », dans **2** D. C. Mirhady (édit.), *Influences on Peripatetic Rhetoric. Essays in Honor of William W. Fortenbaugh*, coll. « Philosophia Antiqua » 105, Leiden 2007, p. 169-185. Théodecte a pu naître entre 405 et 380/375. Traditionnellement, la plupart des spécialistes optaient pour la date « basse », parce que – toujours selon la *Souda* (τελευτᾷ δὲ ἐν Ἀθήναις ἐτῶν αʹ καὶ μʹ, ἔτι τοῦ πατρὸς περιόντος) –, il mourut jeune, « à quarante et un an, alors que son père était toujours vivant », et que l'épisode de la danse d'Alexandre (*cf.* ci-dessus) date de 333[a]. La difficulté vient d'une inscription datée de 278[a] (*IG* II^2 2325) qui contient la liste des poètes tragiques ayant remporté une ou plusieurs victoires aux Grandes Dionysies, depuis Thespis. L'ordre des poètes est celui de leur première victoire. Or Théodecte est cité – pour sept victoires – entre Astydamas le Jeune et Apharée, le fils adoptif d'Isocrate. Astydamas a remporté sa première victoire en 372[a], Apharée, selon toute vraisemblance (*cf.* Matelli **1**, p. 177 n. 24), en 364[a]. On situe donc la première victoire de Théodecte entre 368 et 365, ce qui, compte tenu du fait qu'il n'a pas commencé sa carrière comme poète tragique mais plutôt comme orateur et rhéteur (*Souda* : τραπεὶς δὲ ἐπὶ τραγῳδίας ; Ps.-Plutarque, *Vie des dix orateurs*, 873 c : ὁ τὰς τραγῳδίας ὕστερον γράψας), doit faire remonter sa date de naissance *ca* 401/400 ou même plus tôt. On sait par ailleurs (*Souda*, Θ 138 Adler, Étienne de Byzance, *loc. cit.*) que Théodecte composa en tout cinquante tragédies et prit part a treize concours. Par conséquent, c'est plutôt à la notice biographique de son fils que le décès prématuré doit être rattaché, suggestion déjà faite jadis par **3** L. Radermacher, *Artium scriptores (Reste der voraristotelischen Rhetorik)*, Wien 1951, B XXXVII, 1-2, p. 203. D'ailleurs, la remarque sur le fait que le père du jeune mort était encore en vie est plus compréhensible si ce père était célèbre. Ajoutons que si Théodecte était plus âgé qu'Aristote d'une dizaine, voire d'une quinzaine d'années, la meilleure hypothèse concernant les *Theodekteia* en serait confortée (voir ci-dessous). On a pu spéculer également sur la collaboration de Théodecte et d'Aristote à l'Académie autour de Platon dans les années 368/365 et sur le rôle qu'ont pu jouer les succès de Théodecte dans les débats autour de la notion de poésie qui ont donné le jour au *Phèdre* (*cf.* Matelli **1** p. 180).

De la carrière de Théodecte le Père, nous ne connaissons précisément que des bribes d'épisodes ou des anecdotes. Étienne de Byzance mentionne sa beauté physique. Selon Pollux (VI 108) et Quintilien (XI 2, 51), il était doué d'une mémoire étonnante, qui lui permettait de restituer par cœur une longue série de vers après une unique audition, d'où le rapprochement qu'on établit entre lui et Simonide (voir aussi **4** S. Monda, « Gli indovinelli di Teodette », *SemRom* 3, 2000, p. 29-47 [p. 33-34]). Selon l'*hypothesis* anonyme au *Contre les Sophistes* d'Isocrate (p. 143 Mathieu-Brémond), il aurait provoqué l'ire de son premier maître en quittant son école pour rejoindre celle d'Aristote... et c'est pour cela qu'Isocrate aurait composé son pamphlet. Sur ce deuxième point au moins, l'anecdote est invraisemblable : le *Contre les Sophistes* date sans doute de 390[a] et à ce moment Aristote avait... six ans.

Sa renommée fut suffisante pour que la reine Artémise le convoque au concours d'éloges qu'elle organisa en l'honneur de son époux Mausole (voir ci-dessous). La *Souda* (Σ 364 Adler) mentionne également un certain Syburtios, à la fois secrétaire et serviteur de Théodecte de Phasélis, le premier esclave à avoir été rhéteur, mais on ne sait si ce maître était le père – décidément compréhensif – ou le fils. Un peu plus consistantes sont les données concernant l'œuvre.

II. Œuvre

a) Théodecte dramaturge. On a conservé vingt fragments des tragédies de
Théodecte (*cf.* **5** B. Snell, *Tragicorum Graecorum fragmenta*, t. I, Göttingen 1971,
p. 227-237), soit un total d'environ soixante-dix vers. Comme le remarque
6 A. Martano, «Teodette di Faselide poeta tragico : riflessioni attorno al fr. 6
Snell», dans Mirhady **2**, p. 187-199 (p. 194), par une sorte d'ironie, les fragments
les plus longs proviennent de pièces dont on ignore le titre, tandis que, pour les
autres, nous n'avons guère que le titre, une brève citation et/ou un commentaire
généralement assez flou. Nous connaissons huit de ces titres : *Ajax* (fr. 1 Snell =
Aristote, *Rhét.* II 23, 1399 b 28-29 ; 1400 a 27-29) ; *Alcméon* (fr. 1b Snell = Eusèbe
[d'après Porphyre], *Préparation évangélique* X 3, 19 ; fr. 2 Snell = Aristote, *Rhét.*
II 23, 1397 b 3) ; *Hélène* (fr. 3 Snell = Aristote, *Polit.* I 6, 1255 a 37) ; *Lyncée*
(fr. 3a Snell = Aristote, *Poét.* 11, 1452 a 27 ; 18, 1455 b 29 ; sur l'intrigue de cette
pièce, voir en dernier **7** I. Karamanou, «The "lysis" in Theodectes' "Lynceus" :
remarks on Arist. *Poet.* 11, 1452A 27-29 and 18, 1455B 29-32», *QUCC* 87, 2007,
p. 119-125) ; *Œdipe* (fr. 4 Snell = Athénée [d'après Hermippe], X, 451 f) ; *Tydée*
(fr. 5a Snell = Aristote, *Poét.* 16, 1455 a 8) ; *Philoctète* (fr. 5b Snell = Aristote, *Eth.
Nic.*, VII 8, 1150 b 8-9). Il faut ajouter à cette liste un *Mausole*, tragédie à sujet
historique, peut-être visée dans la *Poétique* 9, 1451 b 29-34, et dont la composition
est liée à des circonstances particulières : en 353-352, Artémise, épouse du roi
d'Halicarnasse récemment décédé, organisa un concours d'éloges funèbres auquel
elle invita tous les meilleurs orateurs grecs (*cf.* test. 1, 5, 6 Snell). Théodecte ne
remporta pas le prix sur le terrain oratoire, mais sa tragédie – représentée dans des
conditions qui restent incertaines – remporta un grand succès (test. 6 Snell =
Hygin, fr. 12 Funaioli ; *cf.* **8** G. Xanthakis-Karamanos, «Το Αἰγαῖο στο ἔργο τοῦ
ρήτορα καὶ τραγικοῦ Θεοδέκτη : ὁ Μαύσωλος», *Parnassos* 32, 1990, p. 12-23).

D'autres allusions (notamment à un *Oreste*, à un *Télèphe*) peuvent être suspec-
tées grâce à la comparaison entre des passages d'Aristote qui ne mentionnent pas
Théodecte et des fragments attribués à ce dernier par d'autres sources,
cf. **9** F. Solmsen, «Drei Rekonstruktionen zur Antiken Rhetorik und Poetik»,
Hermes 67, p. 133-154 ; **10** T. B. L. Webster, «Fourth Century Tragic and the Poetics», *Hermes* 82, 1954, p. 294-308 ; **11** *Id.*, *Art and Literature in Fourth Century
Athens*, London 1956, p. 51-78, et Matelli **1**, p. 174-176.

Si brefs et vagues soient-ils, ces fragments et témoignages viennent enrichir
notre maigre connaissance de la tragédie du IVe siècle av. J.-C. La recherche
actuelle s'attache à montrer la part considérable de la rhétorique dans ce corpus
ainsi que l'importance croissante de ce que l'on appelle aujourd'hui «intertextualité».

Le premier aspect a pour témoin Aristote lui-même (οἱ μὲν γὰρ ἀρχαῖοι πολι-
τικῶς ἐποίουν λέγοντας, οἱ δὲ νῦν ῥητορικῶς, «car les poètes anciens faisaient
parler les personnages en citoyens, ceux d'aujourd'hui en orateurs», *Poét.* 6, 1450
b 7-8), mais, dans le cas de Théodecte, il est peut-être surévalué en raison de la
place occupée par la *Rhétorique* comme source de renseignements : on a noté ci-

dessus le nombre de pièces de Théodecte citées par le Stagirite parce qu'elles illustrent tel ou tel des lieux étudiés dans le chap. 23 du Livre II. Le fr. 1 Snell, par exemple, illustre deux *topoi*. L'un consiste à présenter un motif possible comme réel : dans l'*Ajax* de Théodecte, Diomède disait ne pas avoir voulu honorer Ulysse en le choisissant comme comparse lors de la Dolonie, mais avoir plutôt choisi un compagnon qui lui fût inférieur ; l'autre à donner le vrai motif d'une opinion fausse : Ulysse expliquait à Ajax pourquoi, quoique son égal en courage, il n'avait pas cette réputation. Et ainsi de suite. On lira, sur cette question, les contributions de **12** A. C. Del Grande, « Teodette di Faselide e la tarda tragedia posteuripidea », *Dionisio* 4, 1934, p. 191-210 ; **13** G. Xanthakis-Karamanos, « The Influence of Rhetoric on Fourth Century Tragedy », *CQ* 29, 1979, p. 66-76 ; **14** *Ead.*, « Deviations from Classical Treatments in Fourth Century Tragedy », *BICS* 26, 1979, p. 99-103 ; **15** *Ead.*, *Studies in Fourth-Century Tragedy*, Athens 1980 ; **16** C. Rambourg, *Topos. Les premières méthodes d'argumentation dans la rhétorique grecque des Ve-IVe siècles*, Paris 2015, p. 238 ; 272-273.

Le rapport aux œuvres du passé et les prémices chez Théodecte d'une littérature allusive et « livresque » apparaissent d'une façon particulièrement nette quand on compare trois fragments conservés dans la section des *Deipnosophistes* d'Athénée consacrée aux énigmes (X, 454 b-d). Ces fragments, l'un d'Euripide (n° 382 Kannicht), l'autre d'Agathon (n° 4 Snell) et le troisième de Théodecte (n° 6 Snell), contiennent la description naïve faite par un analphabète des lettres qui forment en grec le nom de Thésée. L'analyse (*cf.* Martano **6**, p. 188-192) montre que Théodecte (effet de sa prodigieuse mémoire ?) compose en se démarquant subtilement de ses deux modèles, auxquels il fait allusion en même temps, tandis que ses deux prédécesseurs, quant à eux, présentent une relative indépendance mutuelle. En établissant avec son public ce type de connivence, Théodecte représente un maillon dans la chaîne qui unit la tragédie classique à l'esthétique hellénistique. Un aspect connexe est le rôle qu'a pu jouer dans cette évolution Aristote et la *Poétique*, *cf.* Webster **10**.

b) Théodecte orateur. Aristote nous a conservé deux titres de discours de Théodecte avec quelques minces indications de contenu : Théodecte avait composé un discours délibératif intitulé *La loi*, qu'Aristote cite deux fois (*Rhét.* II 23, 1398 b 5-9 = fr. 1, p. 247 Sauppe ; 1399 b 1-4 = fr. 2, p. 247 S.). Dans le premier passage, procédant par induction, en l'occurrence une série d'exemples, Théodecte dénonce le recrutement comme mercenaires de soldats qui ont mal assuré la protection d'autrui. Dans le second, argumentant par analogie, à savoir les récompenses accordées aux mercenaires utiles à la cité, tels Strabax et Charidème, il réclame l'exil pour ceux qui lui ont nui. Aristote évoque aussi un *Socrate* (*Rhét.* II 23, 1399 a 7-9 = fr. 3, p. 247 Sauppe), une *Apologie de Socrate*, sans doute, dont il cite une phrase illustrant le *topos* tiré des parties : ce que l'on ne peut prédiquer des parties (espèces), on ne peut le prédiquer du genre, or « Quelle sorte de sanctuaire a-t-il (*sc.* Socrate) souillé ? À quels dieux a-t-il manqué de respect, parmi ceux qu'honore la cité ? ». On a connaissance aussi d'un *Discours amphictyonique* encore conservé dans une bibliothèque de Rhodes au IIe siècle av. J.-C. et de sa participation au concours organisé par la reine Artémise, voir ci-dessous et **17** F. Blass, *Die attische Beredsamkeit*, t. II, Leipzig 1892² [1979], p. 441-447.

c) Théodecte rhéteur. Sur l'aspect proprement technique (métadiscursif) de l'activité de Théodecte, *cf.* Radermacher **3**, p. 202-203 ; et surtout Matelli **1**, p. 169-185. La *Souda* (Θ 138) lui impute un traité de rhétorique : ἔγραψε δὲ καὶ τέχνην ῥητορικὴν ἐν μέτρῳ. Cette mention ἐν μέτρῳ pose un problème d'interprétation : on l'a rapprochée d'une indication – elle aussi problématique – d'Étienne de Byzance (*s.v.* Φάσηλις) : ἐποίησε (*sc.* Θεοδέκτης) τραγῳδίας ν´ καὶ ῥητορικὰς τέχνας καὶ λόγους ῥητορικοὺς ἐπῶν †και†. Si l'on admet que le passage corrompu contenait seulement le nombre de vers totalisé par ces « discours oratoires » (ou « rhétoriques » : rappelons qu'une distinction tranchée entre les deux n'apparaît qu'à la période hellénistique), Théodecte aurait composé – peut-être à la manière d'Isocrate – des discours-modèles ou des « catéchismes » destinés à renfermer un enseignement de nature technique et mis en vers à des fins mnémotechniques (pour un précédent, on lira ce que Platon dit d'Événos de Paros [➡105a, dans les compléments du tome VII] dans le *Phèdre*, 267 a, *cf. RE*, col. 1733). D'autres ont considéré que le ἐν μέτρῳ de la *Souda* est incompréhensible tel quel. D'après **18** C. F. T. Maerker, *De Theodectis Phaselitae Vita et Scriptis*, Vratislava 1835, p. 55, il faudrait corriger ἐν μέτρῳ en περὶ μέτρων. Il s'agirait alors d'un ouvrage sur le nombre de la prose oratoire, domaine où Théodecte a suivi et prolongé l'enseignement d'Aristote (*cf.* Cicéron, *Or.* 172, 194).

Une inscription de Rhodes du IIe siècle av. J.-C. (éditée par **19** M. Segre, « Epigraphica I. Catalogo di libri da Rodi », *RFIC* N. S. 14, 1935, p. 215) renfermant un catalogue de bibliothèque fait état d'un traité en quatre livres de Théodecte (Θεοδέκτου τέχνης τέσσαρα) et d'un discours amphictyonique ('Αμφικτυονικὸς ἕν). Les rapports entre ces quatre livres et les discours oratoires en vers épiques *et/ou* un traité en vers *ou* sur le nombre ont donné lieu à maintes spéculations (*cf.* Matelli **1**, p. 172-173, n. 12). Ce qui est sûr en revanche est que ces œuvres ont vite été réputées rares. Athénée (IV, 134 b) cite un vers d'Antiphane (poète de la Comédie moyenne) dans lequel un personnage est présenté plaisamment comme « le seul à avoir trouvé le *Traité* de Théodecte » (ὁ τὴν Θεοδέκτου μόνος ἀνευρηκὼς τέχνην).

Un ouvrage qui a dû survivre plus longtemps, mais qui ne laisse pas lui non plus d'être mystérieux, est celui auquel Aristote se réfère sous le nom de *Theodekteia* : sur cette énigme, on se reportera aux contributions de **20** P. Wendland, *Anaximenes von Lampsakos. Studien zur ältesten Geschichte der Rhetorik*, Berlin 1905, p. 35 *sq.* ; **21** P. Moraux, *Les listes anciennes des ouvrages d'Aristote*, Louvain 1951, p. 98-101 ; **22** S. Arcoleo, « Nota alla "Rhetorica" di Aristotele », *Paideia* 19, 1964, p. 173-177 ; **23** K. Barwick, « Die *Rhetorik ad Alexandrum* und Anaximenes, Alkidamas, Isokrates, Aristoteles und die *Theodecteia* », *Philologus* 110, 1966, p. 212-247 ; 111, 1967, p. 47-55 ; **24** A. H. Chroust, *Aristotle*, London 1973, p. 109 *sq.* Plus récemment, les neuf sources anciennes sur la question ont été réunies et commentées par **25** D. Vottero, «Teodette e la "Teodettea" di Aristotele», dans G. Barberi Squarotti (édit.), *Voce di molte aque : miscellanea di studi offerti a Eugenio Corsini*, Torino 1994, p. 105-118. Voir aussi et surtout Matelli **1**, p. 170-176.

Selon Valère Maxime (*Facta et dicta memorabilia* VIII 4, 3), Aristote – peut-être à l'occasion de son départ de l'Académie pour la Macédoine – aurait autorisé son élève Théodecte à s'approprier ses cours de rhétorique et à les publier, puis, repris par le sens de la propriété et/ou l'amour-propre, y aurait fait référence ensuite comme à l'un de ses ouvrages. Cette anecdote, très probablement controuvée (*cf.* **26** G. Kennedy, *The Art of Persuasion in Greece*, Princeton 1963, p. 80) tâche sans doute de répondre à la difficulté créée par des témoignages confus. Le premier est celui d'Aristote lui-même, dans un passage de la *Rhétorique* d'interprétation délicate : αἱ δ' ἀρχαὶ (ἀρχαὶ ω anon.: ἀρεταὶ Rose) τῶν περιόδων σχεδὸν ἐν τοῖς Θεοδεκτείοις ἐξηρίθμηνται («les débuts [ou *les principes*, ou, si l'on admet la correction de V. Rose, les *qualités*, ou *espèces*] des périodes ont été énuméré(e)s pour l'essentiel dans les *Theodekteia*» III 9, 1410 b 2-3). Outre les incertitudes sur le contenu exact de l'ouvrage (y a-t-il assez de matière pour un ouvrage dans la question du début des périodes ? que peut recouvrir la notion de *principe*, appliquée à la période ?), le titre *Theodekteia* laisse dans l'ombre le rôle exact de Théodecte : auteur ? auteur présumé ? dédicataire ? Quintilien (II 15, 10) se fait l'écho d'une hésitation analogue à propos d'un traité de rhétorique diffusé sous son nom : *a quo* (*sc.* Gorgias) *non dissentit Theodectes, siue ipsius id opus est, quod de rhetorice nomine eius inscribitur, siue, ut creditum est, Aristotelis ; in quo est finem esse rhetorices : «ducere homines dicendo in id quod actor uelit»* (Théodecte n'est pas en désaccord avec lui, d'après l'ouvrage intitulé *Rhétorique*, venu jusqu'à nous sous son nom et qui est, soit de lui, soit, comme l'on croit, d'Aristote. On y voit que la fin de la rhétorique est de «conduire les hommes par la parole là où le veut celui qui parle» – trad. Cousin).

En revanche, le compilateur anonyme connu sous le nom d'Anonyme de Séguier ne fait état d'aucun doute : c'est sous le nom d'Aristote qu'il place une théorie de l'épilogue extraite des *Traités théodectéens* ('Αριστοτέλης δὲ ἐν ταῖς Θεοδεκτικαῖς τέχναις φησὶν ὅτι κτλ. *Art du discours politique*, § 208, p. 39 Patillon).

Les mentions de l'ouvrage sont un peu plus explicites dans les listes anciennes des œuvres d'Aristote. Dans la liste fournie par Diogène Laërce (V 24, ↠*DPhA* I, p. 427), on lit : Τέχνης τῆς (var. τῶν) Θεοδέκτου συναγωγὴ (var. -γῆς) α'. Chez Hésychius : Τέχνης τῆς Θεοδέκτου συναγωγὴν ἐν γ'.

Hormis la divergence sur le nombre de livres et une erreur, dans certains manuscrits, liée à l'homéotéleute, et si l'on prend en compte l'analogie avec la Συναγωγὴ τεχνῶν, ces indications tendent à discriminer clairement deux rôles : celui de l'auteur du traité, et celui du compilateur, extrayant le meilleur de ce traité. On sait que cette méthode, appliquée par Aristote, a eu pour effet de rendre l'original obsolète (*cf.* Cicéron, *De inu.* II 6).

En revanche, on accordera peu de poids à la mention de Théodecte mise sous le calame d'Aristote par le rédacteur de la fausse lettre dédicatoire qui précède la *Rhétorique à Alexandre* (sur ce dernier texte ➻*DPhA Suppl.* 2003 p. 566-568 ; sur la lettre *cf.* **27** P. Chiron, « La lettre dédicatoire apocryphe mise en tête de la *Rhétorique à Alexandre* : un faux si impudent ? », dans S. C. Mimouni (édit.), *Apocryphité : histoire d'un concept transversal aux Religions du Livre*, en hommage à Pierre Geoltrain, coll. « Biblioth. de l'École des Hautes Études » 113, Turnhout 2002, p. 51-76). On lit à la fin de cette lettre que le contenu de l'envoi qu'accompagne la lettre (à savoir la *Rhétorique à Alexandre* elle-même) est constitué de deux livres, le premier est formé de ταῖς ὑφ' ἐμοῦ τέχναις Θεοδέκτῃ γραφείσαις (les traités que j'ai écrits pour Théodecte), tandis que le second ne serait autre que... le traité de Corax. Le sens du passage (Théodecte comme destinataire, le fait que la *Rhétorique à Alexandre* serait le fruit de ces traités et du traité de Corax, déjà légendaire à l'époque classique), la date probable de cette lettre (selon nous le IIᵉ siècle ap. J.-C.), les intentions frauduleuses qui ont présidé à sa composition, tout cela fait hésiter à accorder à ce texte la moindre valeur documentaire.

La solution de l'énigme d'un traité à la fois d'Aristote et de Théodecte réside probablement dans la prise en compte des modalités particulières de diffusion des textes dans l'Antiquité. Entre usage privé et publication *stricto sensu* prenait place une semi-publication à l'intérieur d'un cercle plus ou moins étroit de collègues, d'élèves et d'amis (*cf.* **28** T. Dorandi, *Le Stylet et la tablette. Dans le secret des auteurs antiques*, Paris 2000, chap. 4, p. 77-101) : ainsi, le traité de Théodecte, objet d'un « retraitement » personnel, sous forme « hypomnèmatique » de la part de son ami un peu plus jeune Aristote, à des fins de documentation, selon un processus proche de celui qui a présidé à la fameuse συναγωγὴ τεχνῶν, est devenu un autre texte, à la fois de Théodecte et d'Aristote, qui a disparu mais a laissé des traces – explicites ou non – dans la *Rhétorique*, dont il constituait l'un des « dossiers » préparatoires. Si le traité-source, celui de Théodecte, a disparu assez tôt, la doctrine que s'était appropriée Aristote a dû survivre plus longtemps, puisque Cicéron, Quintilien, en savaient encore, manifestement, plus que nous sur elle.

Quel fut l'apport de Théodecte en rhétorique ? Son nom, avec celui d'Aristote ou non, est associé aux thèmes suivants : comme on l'a vu, aux schèmes argumentatifs dits « lieux communs », dont il usait tant dans ses discours que dans ses tragédies, on ne sait à quel niveau de conscience et de théorisation ; au nombre de la prose ; aux parties du discours (voir également, sur ce dernier point, **29** H. Rabe [édit.], *Prolegomenon sylloge*, Leipzig 1931, p. 32, 216, et la notice du *DPhA* sur Tisias [➻T 171]). Mais il s'était intéressé aussi aux qualités de la narration (Quintilien IX 2, 63), aux qualités de l'expression (*cf. Poétique* 22, 1458 a 18), jouant peut-être, avant Théophraste, un rôle dans l'élaboration de la théorie des catégories stylistiques (*cf.* **30** L. Calboli Montefusco, *Exordium, narratio, epilogus. Studi sulla teoria retorica greca e latina delle parti del discorso*, Bologna 1988, p. 67, 71) ; aux questions d'ambiguïté, aux énigmes (*cf.* Athénée, *loc. cit.*, et

Aristote, *Poét.* 22) ; aux catégories grammaticales (*cf.* Denys d'Halicarnasse, *De compositione verborum* 2, 1)...

Au total, une meilleure connaissance de Théodecte et de son œuvre dont on pressent la richesse et l'éclectisme éclairerait sans doute l'énigme des rapports entre Isocrate et Aristote et de la « conversion » de ce dernier à la rhétorique et, en particulier, aux aspects formels de celle-ci. Théodecte joua sans doute, personnelle-ment et intellectuellement, un rôle de « passeur » que la postérité, coupable d'« aristotélocentrisme » (*cf.* Denys d'Halicarnasse, *Première Lettre à Ammée* 2, 3, p. 51 Aujac ; Matelli **1**, p. 172), minimisa jusqu'à faire de lui l'élève de son cadet. D'autre part, son rôle dans l'évolution de la tragédie depuis le classicisme jus-qu'aux formes hellénistiques du genre, marquées par la philosophie, la rhétorique et l'« intertextualité », s'inscrit sans doute dans le même processus, mais cette fois en aval d'Aristote : en tant que poète, Théodecte a transmis à ses successeurs ce qu'il avait reçu de lui. L'hypothèse chronologique qui le fait naître quelques années avant le Stagirite et le fait avéré que sa carrière de dramaturge fut posté-rieure à sa carrière de rhéteur convergent pour accréditer cette double et réciproque relation. Théodecte fut donc sans doute, comme l'écho de sa réputation l'indique, un personnage considérable, mais les lacunes de la documentation et le favoritisme de la postérité ne nous permettent plus guère d'en prendre la mesure.

Cf. **31** E. Diehl, art. « Theodektes » 1, *RE* V A 2, 1934, col. 1722-1729 ; **32** Fr. Solmsen, art. « Theodektes » 2, *Ibid.*, col. 1729-1734.

PIERRE CHIRON.

46 THÉODORA *PLRE* II : 6   V-VI

Dédicataire de la *Vie d'Isidore* de Damascius (⮕D 3). « Elle n'était pas dépourvue de connaissances en matière de philosophie et dans tout ce qui touche aux poètes et à la grammaire ; elle s'adonnait aussi aux spéculations de géométrie et d'arithmétique ; c'était Damascius lui-même et Isidore (⮕I 31) qui l'avaient instruite, ainsi que ses jeunes sœurs à des époques différentes » (*Epit. Phot.* 181, 125 b 35-41 Bekker, trad. Henry). Elle aurait demandé à Damascius d'écrire cette biographie (βιογραφία) d'Isidore (*ibid.*, 126 a 4-6 Bekker). Photius, qui précise qu'elle appartenait à une famille d'hellènes convaincus, donne quelques éléments de son arbre généalogique :

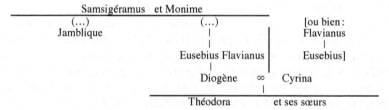

Absente de la *RE*.

RICHARD GOULET.

47 THÉODORE

Dans un ouvrage intitulé *Sur les écoles philosophiques* (Περὶ αἱρέσεων), cet auteur, par ailleurs inconnu, s'en prenait à Aristippe de Cyrène (➤⁺A 356), selon Diogène Laërce II 65.

Il semble s'agir d'une note complémentaire dans un contexte où Diogène rappelle l'hostilité de Socrate, Xénophon et Platon à l'endroit d'Aristippe. Si c'est, comme chez Xénophon dans ce passage, l'attachement d'Aristippe au plaisir qui était visé, on pourrait imaginer que ce Théodore était l'auteur de l'ouvrage *Contre Épicure*, en au moins quatre livres, cité par Diogène en X 5 (➤⁺T 48). Selon L. A. Bredlow, « Some notes on Diogenes Laertius », *Hermes* 135, 2007, p. 370-372, notamment p. 370, le rapprochement avec ce Théodore qui écrivit contre Épicure suggère de traduire le titre (Περὶ αἱρέσεων) non pas dans un sens doxographique *(Sur les écoles philosophiques)*, mais dans une perspective de polémique (peut-être stoïcienne) antihédoniste : *Sur le choix (moral)*.

Marie-Odile Goulet-Cazé dans sa note sur ce passage (*Diogène Laërce, Vies et doctrines des philosophes illustres*, Paris 1999, p. 274) souligne que cet auteur n'est pas signalé parmi les vingt homonymes de Théodore l'Athée (➤⁺T 61) en II 103-104. Selon Bredlow, il pourrait s'agir d'un des trois stoïciens mentionnés par Diogène en II 104 (➤⁺T 49, 55, 57).

Absent de la *RE*.

RICHARD GOULET.

48 THÉODORE *RE* 33

Auteur d'un *Contre Épicure* (Πρὸς Ἐπίκουρον) en au moins quatre livres, mentionné par Diogène Laërce X 5. Dans le quatrième livre, il rapportait qu'Épicure (➤⁺E 36) avait écrit à Thémista (➤⁺T 36) la femme de Léonteus de Lampsaque (➤⁺L 39). Le contenu exact de cette lettre ou de cet ouvrage reste mystérieux et le passage a donné lieu à diverses corrections aboutissant à des sens plus ou moins scabreux.

Le texte conservé est Καὶ πάλιν πρὸς Θεμίσταν γράφων νομίζει αὐτῇ παραινεῖν (« écrivant à Thémista, il pense lui donner un conseil ou l'encourager » ?). Dorandi, dans son édition récente, p. 736, considère le passage comme corrompu et édite νομίζει †αὐτῇ παραινεῖν†. Frobenius avait conjecturé : γράφων νομίζειν αὐτὴν περαινεῖν [περαίνειν Rossi] (« giacersi con lei » selon Bignone ; *cf.* Luc., *Démonax* 15). Usener (fr. 124) : ὀνομάζει αὐτὴν ἑταίραν (p. 140 n.) et ὀνομάζει αὐτὴν Ἀριάγνην (p. 361 n.). Hübner : γράφων νομίζει αὐτῇ περαίνειν. Apelt : νομίζει αὐτὴν περαίνειν (« …glaubt er mit ihr in vollstem Liebesgenuß vereinigt zu sein »). Hicks (en note) : νομίζει αὐτὴν παρακινεῖν (« he deems her mad »). E. Bignone, « Studi critici sulle Κύριαι Δόξαι et sopra la *Vita* di Epicuro » (*Aegyptus* 13, 1933, p. 436-437) : γράφων νομίζει αὐτὴν παροινεῖν. A la page 437 n. 2, Bignone envisage également νομίζει αὐτῇ <παροί-νια> παραινεῖν (comprenant παροινεῖν = ὑβρίζειν). Marcovich : γράφειν νομίζει<ν> <σὺν> αὐτῇ παροινεῖν. D'autres corrections ont encore été envisagées.

Rappelons qu'Épicure avait intitulé un de ses ouvrages *Thémista*. Voir Cicéron, *De finibus* II 21, 68. Elle était par ailleurs la dédicataire du *Néoclès* d'Épicure (Diogène Laërce X 28).

Diogène connaît de nombreux Théodore, dont au moins trois stoïciens (➤⁺T 49, 55, 57) et un adversaire des cyrénaïques (➤⁺T 47) ayant critiqué Aristippe de Cyrène (➤⁺A 356). L. A. Bredlow, « Some notes on Diogenes Laertius », *Hermes* 135, 2007, p. 370, envisage une identification entre le traité antiépicurien et le Περὶ αἱρέσεων anti-cyrénaïque. Il est toutefois impossible d'établir une identification plus précise. H. Steckel, art. « Epikuros », *RESuppl.* XI, 1968, col. 591, semble reconnaître dans cet adversaire d'Épicure Théodore l'Athée (➤+T 61).

RICHARD GOULET.

49 THÉODORE *RE* 33 (c)

Philosophe stoïcien, connu comme sixième homonyme de Théodore l'Athée (➤+T 61) dans la liste conservée par Diogène Laërce II 104. L'ethnique n'est pas fourni. Il y a deux autres Théodore stoïciens dans la liste (Théodore de Chios [➤+T 55] et Théodore de Milet [➤+T 57]). Voir W. Capelle, art. « Theodoros » 33, *RE* V A 2, 1934, col. 1831.

RICHARD GOULET.

50 THÉODORE

Deux extraits d'un ouvrage intitulé Ὑπὲρ Ἐλπιδηφοριανῆς de cet auteur sont conservés dans l'*Anthologie* de Stobée :

(a) Stobée III 14, 13 (ΠΕΡΙ ΚΟΛΑΚΕΙΑΣ), t. III, p. 473, 5-12 Hense. « Sur la flatterie ».

Θεοδώρου ὑπὲρ Ἐλπιδηφοριανῆς. Εἴσοδος δὲ ἦν παρ' αὐτὴν οὐκ ὀλίγη τῶν μὲν τοῦ ἤθους τὴν ἀφέλειαν ἀποδεχομένων, τῶν δέ τι καὶ δεομένων ἴσως, τῶν δὲ πολλῶν συνήθη νοσούντων καὶ οἰκείᾳ φύσει χρωμένων, οἳ τοὺς πλουτοῦντας ὥσπερ τι κρεῖττον θαυμά- ζοντες, φθείρεσθαι πρὸς τὰς τούτων θύρας εἰώθασιν, κἂν μηδ' ὁτιοῦν τῆς εὐπορίας μεθέξειν μέλλωσιν. Trad. de Gesner : « Ingressus ad ipsam frequens erat, aliis morum simplicitatem probantibus, aliis aliqua re indigentibus : plurimis uero pro more et ingenio uulgo hominum peculiari affectis, qui homines diuites ceu spectaculum quoddam eximium mirari, ad ipsorum ianuas tempus terunt, etsi nihil inde laturi sint commodi. »

(b) IV 22, *Pars quinta*, 117 (ΟΤΙ ΕΝ ΤΟΙΣ ΓΑΜΟΙΣ ΤΑΣ ΤΩΝ ΣΥΝΑΠΤΟΜΕΝΩΝ ΗΛΙΚΙΑΣ ΧΡΗ ΣΚΟΠΕΙΝ), t. IV, p. 544, 6-9. « Que dans les mariages il faut veiller à la compatibilité des âges ».

Θεοδώρου ὑπὲρ Ἐλπιδηφοριανῆς. Ἴσμεν δὲ ἅπαντας ἀνθρώπους, ἐπειδὰν ἐξ ἡλικίας ἄνισαι πρὸς γάμους ὑπενεχθῶσι, πέρα τοῦ μετρίου νεότητος εἰωθότας ἡττᾶσθαι. Trad. de Gesner : « Scimus autem omnes homines, cum inaequales aetate nuptiis coniunguntur, immoderate indulgere iuuentuti. »

Hense envisage une identification avec le Théodore dont parle Eunape dans ses *Vies de philosophes et de sophistes* V 5 Goulet, en qui l'on reconnaît généralement Théodore d'Asiné (➤+T 54). Les deux fragments constituent à ce titre les test. *45 et *46 de l'édition Deuse. La fréquence de ce nom ne permet aucune identification sûre.

RICHARD GOULET.

51 THÉODORE *RE* 34   III-II ?

Abréviateur du moraliste d'inspiration cynique Télès.

Cf. **1** A. Modrze, « Teles » 2, *RE* V A 1, 1934, col. 375-382 ; **2** *Ead.*, « Theo- doros » 34, *RE* V A 2, 1934, col. 1831-1833.

Lorsque l'anthologiste Stobée cite les extraits qui nous sont parvenus des propos (« diatribes ») du moraliste Télès il le fait à travers l'intermédiaire de l'épi- tomé de ce Théodore, inconnu par ailleurs.

Pour l'édition, la traduction et le commentaire du texte nous renvoyons à la notice sur Télès (➨T 13). Citons ici seulement l'édition de **3** O. Hense (édit.), *Teletis reliquiae*, edidit, prolegomena scripsit O. H., Friburgi in Brisgavia 1889 ; **4** *Id.*, *Teletis reliquiae*, recognovit, prolegomena scripsit O. H., editio secunda, Tubingae 1909, réimpr. Hildesheim/New York 1969, p. 1-62 (« Epitoma Theodori »).

Le nom de l'abréviateur n'apparaît que dans l'en-tête du premier extrait : fr. I, p. 3, 1 *sq*. Hense : Ἐκ τῆς Θεοδώρου τῶν Τέλητος ἐπιτομῆς Περὶ τοῦ δοκεῖν καὶ τοῦ εἶναι (Extrait d'un épitomé fait par Théodore des propos de Télès, *Sur le paraître et l'être*) = Stobée, *Anthologium* II 15, 47, t. II, p. 194, 27 Wachsmuth. La mention de l'épitomé revient, sans le nom de son auteur, dans deux autres extraits, tous deux portant sur le sujet de la pauvreté : fr. IVA, p. 33, 1 : Ἐκ τῶν Τέλητος ἐπιτομή (Épitomé à partir des propos de Télès) = Stobée, *Anthologium* IV 33, 31, t. V [III], p. 808, 12 Hense ; et fr. IVB, p. 45, 1 : Ἐκ τῶν Τέλητος ἐπιτομή (Épitomé à partir des propos de Télès) = Stobée, *Anthologium* IV 32 *a*, 21, t. V [III], p. 785, 1 Hense.

Toutefois, depuis **5** V. Rose, *Aristoteles pseudepigraphus*, Lipsiae 1863 ; réimpr. Hildesheim/New York 1971, p. 69 *sq.*, et **6** U. von Wilamowitz-Möllendorff, *Antigonos von Karystos,* coll. « Philologische Untersuchungen » 4, Berlin 1881, réimpr. Berlin/Zürich 1965, p. 292, on considère comme certain que tous les extraits proviennent d'un même épitomé.

En revanche, **7** Th. Bergk, *Griechische Literaturgeschichte*. Aus dem Nachslass hrsg. von R. Pepmüller, t. IV, Berlin 1887, p. 530 n. 62, semble supposer que c'est seulement une partie de ce qui nous est parvenu qui est abrégée.

Il est donc possible qu'à l'époque de Stobée Télès n'ait déjà plus été connu que par tradition indirecte. Hense **4**, p. XV, va jusqu'à suggérer que Stobée a utilisé l'épitomé seulement à travers une gnomologie antérieure. Cependant, l'hypothèse d'une abréviation intermédiaire entre celle de Théodore et celle de Stobée reste indémontrée, bien qu'on ne puisse pas la rejeter *a priori*.

Cf. **8** Th. Schmeller, *Paulus und die « Diatribe » : eine vergleichende Stilinterpretation*, coll. « Neutestamentliche Abhandlungen », N. F. 19, München 1987, p. 203 *sq.* ; **9** P. P. Fuentes González, *Les diatribes de Télès : introduction, texte revu, traduction et commentaire des fragments (avec en appendice une traduction espagnole)*, coll. « Histoire des doctrines de l'Antiquité classique » 23, Paris 1998, p. 4, et **10** R. M. Piccione, « Caratterizzazione dei lemmi nell'*Anthologion* di Giovanni Stobeo : questioni di metodo », *RFIC* 127, 1999 127, p. 139-175, notamment p. 115.

En tout cas, la seule chose certaine est le double processus de sélection, par Théodore et par Stobée.

Quant au fait que Stobée ne signale pas l'épitomé de Théodore au début de chaque extrait, Hense **4**, *ibid.*, l'explique en disant que Stobée se serait contenté de le signaler dans l'en-tête du premier extrait, sans se donner la peine d'y revenir, si ce n'est deux fois en ne précisant plus l'auteur (fr. IVA et IVB). Cette explication est plausible. Mais l'argument principal en faveur de l'hypothèse selon laquelle Stobée a toujours fait ses extraits à partir de l'abrégé de Théodore est fourni par un examen attentif des textes, qui révèle la trace d'un intermédiaire autre que Stobée même dans la diatribe sur l'exil (fr. III), dont l'en-tête ne mentionne ni Théodore ni l'épitomé (*cf. infra*, Les traces dans le texte). La difficulté apparaît, bien sûr, quand on veut déterminer et mesurer la nature et l'importance de ces interventions.

Identité et chronologie. Hense **3**, p. XIII n., a conjecturé, timidement, à propos de Théodore qu'il pourrait s'agir d'un cynique du Ier s. av. J.-C., une époque marquée par une renaissance de la secte illustrée par la production des épîtres apocryphes de Diogène de Sinope (➭D 147) et de Cratès (➭C 205), mais plus tard (Hense **4**, p. XV n. 1), il se montre moins affirmatif, doutant qu'il y ait eu une solution de continuité dans l'histoire du cynisme. En réalité, qu'on puisse ou qu'on ne puisse pas parler à cette époque d'une renaissance du cynisme n'a pas de conséquences apparentes sur la datation de Théodore.

11 R. Hirzel, *Der Dialog : ein literarhistorischer Versuch*, Leipzig 1895, réimpr. Hildesheim 1963, t. I, p. 367 n. 3, a défendu l'hypothèse tout à fait invraisemblable qui nie l'existence d'un Théodore abréviateur et veut reconnaître sous le nom mentionné dans l'en-tête de l'extrait *Sur l'être et le paraître* (fr. I Hense) le philosophe cyrénaïque homonyme connu comme l'Athée (➭T 61). D'après lui, Télès aurait été l'auteur de dialogues philosophiques proprement dits, c'est-à-dire avec des personnages bien caractérisés : les interlocuteurs auraient été ici, d'un côté, Théodore de Cyrène, dont Hirzel retrouve une manifestation de son intérêt pour le rapport entre l'*être* et le *paraître* chez D. L. II 99 (*cf.* le mot de Théodore = IV H 13, 17-19 Giannantoni : « Il faut voler, commettre adultère ou sacrilège au moment opportun, car aucun de ces actes n'est honteux par nature, si l'on élimine l'opinion qui a cours sur eux et qui s'est formée dans le but de retenir les insensés »), et, de l'autre son « adversaire » Stilpon de Mégare (➭S 163, partisan de la vision que ferait triompher Télès), qui, selon Hirzel, discuterait à ce sujet avec le cyrénaïque chez D. L. II 100 (fr. 182 Döring = II O 13 = IV H 13, 31 *sqq.* Giannantoni ; sur l'opposition *dire être* / *être*), et qui se trouve cité chez Télès (*cf.* fr. III 21, 6, et fr. VII 59, 11). Hirzel argumente en disant que les noms des interlocuteurs ont disparu dans notre texte conformément à l'habitude systématique suivie par Stobée lorsqu'il choisit des dialogues, par exemple, ceux de Platon. Enfin, d'après Hirzel, le dialogue aurait eu pour titre Θεόδορος, ce qui l'amène à considérer que l'on doit maintenir le τοῦ Θεοδώρου du manuscrit corrigé par les éditeurs en τῆς Θεοδώρου. Il allègue en outre qu'aucune information ne nous est parvenue à propos d'un hypothétique abréviateur appelé Théodore.

Cependant, la mention de Théodore s'interprète facilement comme celle de l'auteur de l'épitomé même sans altération de l'article. La conception de Hirzel, qui en tout cas n'a pas été reprise par d'autres critiques, semble trop artificielle et invraisemblable. Elle cache sans doute, comme l'a indiqué **12** D. Tsekourakis, « Τὸ στοιχεῖο τοῦ διαλόγου στὴν κυνικοστωικὴ διατριβή », *Hellenica* 32, 1980, p. 61-78, notamment p. 77, une incompréhension du procédé « dialogique » propre à la diatribe « populaire », qui ne dépend pas directement du genre du dialogue socratique.

Il est vrai qu'un texte, par exemple, de Platon tel que le présente Stobée, ne manque pas de ressembler par moments à une diatribe avec un « adversaire » fictif ; mais cette ressemblance n'est que purement apparente. Il est vrai aussi que l'intervention de l'« adversaire » fictif au fragment I corrobore quelquefois des mots de l'interlocuteur principal, ce qui est sans équivalent dans le reste des extraits et peut rappeler, cette fois, la manière du dialogue socratique. Cependant, le procédé dramatique fictif qui caractérise la diatribe de Télès est susceptible d'expliquer facilement ces cas : l'interlocuteur fictif joue bien dans ce genre littéraire le rôle de l'« adversaire », mais l'orateur peut trouver aussi utile, à un moment donné, de lui faire adopter, du moins en apparence, la position qu'il défend. Par conséquent, il n'est pas nécessaire de voir ici avec **13** O. Halbauer, *De diatribis Epicteti*, Diss. Lipsiae 1911, p. 26, les « lumières » du *sermo* socratique comme « ornement adventice ». Enfin, Tsekourakis **12**, p. 65 *sq.*, classe ce genre de dialogue ou d'«élément dialogique» sous la rubrique de «réponse affirmative» et en compte quatre cas chez Télès (3, 4 ; 3, 6 ; 3, 8 ; 3, 9), que nous suggérerons de réduire à trois, étant donné que l'un d'eux (3, 6) est un simple ajout de la part des critiques, ajout dont on peut à notre avis se passer (*cf*. Fuentes González **9**, p. 91 *sq*.).

De même nous trouvons peu fondée l'idée de Hense **4**, p. XXVI, selon laquelle l'abréviateur aurait conservé ici (ainsi qu'au fragment III) la forme dialogique avec une attention particulière, contrairement à sa soi-disant tendance au résumé hâtif peu respectueux envers cette forme. À quelques exceptions près, ce procédé de «dramatisation» du discours demeure constant tout au long de nos textes. Là où il apparaît le moins nous n'écartons pas qu'il faille en rendre responsable la main de Théodore, bien que nous ayons tendance à penser plus facilement à l'anthologiste qui a pu vouloir se borner à une section où l'argument moral se présentait développé sans ambages.

Pour en revenir à notre sujet, nous pouvons imaginer que l'ouvrage de Télès avait une extension considérable et que quelqu'un, au vu de son intérêt pour la formation morale et la vie pratique, a estimé opportun d'en présenter une version abrégée. Pouvait-il s'agir d'un disciple ou d'un admirateur de Télès lui-même ? Nous ne pouvons pas écarter cette possibilité, qui a été envisagée par Piccione **10**, p. 174 *sq*., pour qui l'épitomé de Théodore pourrait être interprété «non come riduzione da un testo, dunque una versione abbreviata degli appunti lasciati dallo stesso Telete, quanto piuttosto nel senso di *résumé*, di riassunto, forse anche di raccolta diretta ma sunteggiata delle lezioni».

Piccione **10**, *ibid.* n. 1, propose d'interpréter l'en-tête du fragment I «come *Dal riassunto di Teodoro degli insegnamenti di Telete* e non *Dall'epitome di Teodoro degli scritti di Telete*». Or, nous tenons ici à notre traduction : «Extrait d'un épitomé fait par Théodore des propos de Télès». En effet, d'un côté, nous considérons comme le plus probable que le moraliste lui-même ait laissé des textes écrits, et de l'autre, en ce qui concerne le mot ἐπιτομή, nous préférons la simple translitération, qui nous permet d'interpréter l'épitomé en question notamment comme un abrégé, tout en n'excluant pas la possibilité qu'il pouvait aussi à l'occasion devenir un résumé proprement dit impliquant un minimum de réécriture. En réalité, on ne connaît pas très bien les procédés utilisés par les épitomateurs dans l'Antiquité, en dehors du fait évident qu'il s'agissait essentiellement de «couper» (ἐπιτέμνειν) : *cf.* **13bis** I. Opelt, «Epitome», *RAC* V, 1962, col. 944-973.

Quant à Piccione, elle considère que le rôle de Théodore serait ainsi comparable à celui qu'aurait joué Lucius (➭L 69) dans le cas de Musonius (➭M 198) ou Arrien (➭A 425) dans celui d'Épictète (➭E 33). Puisque cette idée avait été déjà formulée au XIXᵉ siècle et que Piccione la présente comme tout à fait vraisemblable, elle aurait dû peut-être citer dans sa note ses devanciers. En effet, l'assimilation Théodore-Arrien, Télès-Épictète avait été déjà tracée par Rose **5**, p. 70, lorsqu'il parlait de Télès «dont l'épitomé semble avoir été un livre de διατριβαί, du même type que les quatre livres des Ἐπικτήτου διατριβαί d'Arrien qui nous sont parvenus d'une époque plus tardive [...]» ; l'assimilation Théodore-Lucius, Télès-Musonius avait été proposée par **14** P. Wendland, «Philo und die kynisch-stoische Diatribe», dans P. Wendland et O. Kern, *Beiträge zur Geschichte der griechischen Philosophie und Religion*, Berlin 1895, p. 1-75, notamment p. 68 n. 2 (voir aussi **15** O. Hense, *C. Musonii Rufi reliquiae*, edidit O. H., Lipsiae 1905, réimpr. 1990, p. XI ; **16** *Id.*, «Ioannes Stobaios» 18, *RE* IX 2, 1916, col. 2549-2586, notamment col. 2570).

Dans Fuentes González **9**, p. 17 n. 3, nous reconnaissons aussi les coïncidences formelles que présentent les textes de Télès, Musonius et Épictète (notamment le φησί rappelant le philosophe dont on rapporte les enseignements) mais nous préférions ne pas confondre purement et simplement les rôles de ceux qui ont transmis leurs enseignements respectifs. En effet, dans le cas au moins d'Arrien (➭A 425, p. 602) on est autorisé à imaginer un intérêt spécifiquement littéraire qu'en principe on est en droit d'exclure de l'esprit de Théodore comme abréviateur, même si les interventions de celui-ci dans le texte de Télès ont pu être importantes (*cf. infra*).

Si Théodore a été un disciple ou un admirateur de Télès, on pourrait placer son activité peu après celle de Télès lui-même, et on pourrait donc tenter une datation vers la fin du IIIe siècle ou au début du IIe av. J.-C. Il va sans dire qu'une datation plus tardive n'est pas impossible, même si le fait que l'enseignement de Télès ne semble pas pouvoir se rattacher à un cadre stable de transmission du savoir (propre à une école philosophique du genre de celles qui fonctionnaient à l'époque) fait penser plutôt à une intervention plus ou moins immédiate sur les enseignements de Télès, probablement à travers les écrits laissés par celui-ci. À la limite, on ne peut pas écarter la possibilité, envisagée par Piccione **10**, p. 175, d'une «raccolta diretta ma sunteggiata delle lezioni», mais il faut avouer qu'on n'en a aucune preuve.

Les traces de Théodore dans le texte. Même si on ne peut pas écarter la possibilité d'autres intermédiaires, la seule chose sûre pour celui qui lit les textes de Télès, c'est le double processus de sélection, par Théodore et par Stobée. Il va sans dire qu'il est difficile de déterminer et de mesurer l'importance de ces interventions, à commencer par celle de Théodore.

À ce sujet, les opinions se sont partagées entre ceux qui ont attribué un rôle décisif à Théodore et ceux qui ont cherché à réduire son importance au minimum. La seconde position est défendue par Wilamowitz-Möllendorff **6**, p. 293, lorsqu'il affirme que les activités de Théodore et de Stobée n'ont en tout cas rien ajouté d'étranger au texte de Télès: «[...] le double processus d'abréviation en a soustrait la plus grande partie des traits individuels, mais par bonheur n'y a mélangé rien d'étranger.» Selon lui les copistes seraient responsables des quelques interpolations qu'il reconnaît (p. 396 *sq.* n 8).

Hense **3**, p. XX, fait sien l'avis de Wilamowitz, tout en ajoutant une précision concernant la façon concrète de travailler de l'abréviateur, auquel il attribue l'interpolation de quelques phrases courtes:

«L'on peut dire – j'en suis persuadé – que le discours de Télès ne fut pas tant altéré que mutilé par Théodore. En tout cas, je n'ai pas trouvé un seul passage dépassant quelques mots dont on puisse démontrer que Théodore l'a inséré de son propre cru».

Cf. **17** H. de Mueller, *De Teletis elocutione*, Diss. Friburgi Brisigaviae 1891, p. 1, qui déclare avec plus de précision encore: «En ce qui concerne Théodore [...] je partage l'avis de Wilamowitz et de Hense, tout en considérant qu'il a certes beaucoup coupé, déplacé et mutilé [*resecuisse... traiecisse mutilasse*], mais qu'il a remplacé ou modifié librement très peu de son propre cru.»

Il faut rappeler aussi que Hense **4**, p. XXVIII, met à juste titre entre parenthèses un point d'interrogation après l'expression «la plus grande partie» de Wilamowitz.

Ainsi, selon Hense, Théodore aurait essentiellement coupé et abrégé. En conséquence, l'éditeur se refuse en principe à corriger ce qui lui semble relever de l'empressement (*«festinantia»*) de Théodore et il se borne à supprimer les ajouts dont il lui attribue la responsabilité et à signaler dans son apparat les inconséquences des enchaînements du discours. Ce n'est pas sans raison que Hense présente son édition sous le titre «Epitoma Theodori».

Cf. Hense **4**, p. XXVI : « Voici la loi que je me suis imposée : ne pas supprimer ce qu'apparemment l'abréviateur, la plume sans doute plus rapide que l'esprit, avait laissé passer, si ce n'est que j'ai signalé parfois les hiatus dans le contexte pour faciliter la lecture. »

On a donc vu en Théodore un abréviateur au sens strict, bien que parfois on lui ait accordé de courtes interpolations.

On rencontre souvent cette vision : *cf.* **18** A. Giesecke, *De philosophorum veterum quae ad exilium spectant sententiis*, Diss. Lipsiae 1891, p. 4 n. 1, 7 n. 1, 17, etc. ; **19** G. A Gerhard, *Phoinix von Kolophon : Texte und Untersuchungen*, Leipzig/Berlin 1909, p. 66 n. 5 ; **20** K. Wilke, c.r. de Hense **4**, dans *BPhW* 30, 1910, col. 451-456, notamment col. 452 *sq.* ; **21** R. Bultmann, *Der Stil der paulinischen Predigt und die kynisch-stoische Diatribe*, coll. « Forschungen zur Religion und Literatur des Alten und Neuen Testaments » 13, Göttingen 1910, réimpr. [Mit einem Geleitwort von H. Hübner] 1984, p. 6 ; **22** A. Oltramare, *Les origines de la diatribe romaine*, Thèse Lausanne, Genève 1926, p. 19 ; **23** A. Barigazzi, « Note al " De exilio " di Telete e di Musonio », *SIFC* 34, 1962, p. 70-82, notamment p. 70 ; et Tsekourakis **12**, p. 66 ; **24** *Id.*, Οἱ λαϊκοφιλοσοφικὲς πραγματεῖες τοῦ Πλουτάρχου : ἡ σχέση τοὺς μὲ τὴ διατριβὴ καὶ μὲ ἄλλα παραπλήσια γραμματειακὰ εἴδη, coll. «Ἐπιστημονικὴ ἐπετηρίδα Φιλοσοφικῆς Σχολῆς, Ἀριστοτέλειο Πανεπιστήμιο Θεσσαλονίκης Σχολῆς » 34, Θεσσαλονίκη 1983, p. 23 *sq.*

Mais certains critiques ont attribué à Théodore un rôle beaucoup plus décisif dans la transmission de Télès. C'est **25** H. Diels, c.r. de Hense **3**, dans *DLZ* 1, 1890, col. 1159 *sq.*, qui le premier a soutenu que Théodore a laissé son empreinte personnelle en agissant avec une grande liberté et beaucoup d'indépendance, si bien qu'il serait à ses yeux le vrai responsable de la qualité des textes que nous lisons aujourd'hui.

Cf. ibid., col. 1160 : « ce n'est pas Télès mais l'abréviateur que nous devons tenir pour responsable en premier lieu de l'état lamentable de dislocation de ces extraits. »

Selon Diels **25**, en effet, le discours de Télès, tout en étant sans originalité et ennuyeux, aurait présenté la cohérence et le souci de précision caractéristiques d'un auteur alexandrin (« digne contemporain d'Ératosthène »), de sorte qu'il aurait permis de discerner clairement les sources utilisées, ce qui serait devenu impossible après l'intervention de Théodore : « Dans l'épitomé tout est mélangé » *(ibid.)*.

Par ailleurs, Diels voulait attribuer à Théodore des interpolations et des confusions, ainsi que certaines formules syntaxiques et certains mots. Pour un avis contraire, *cf.* Fuentes González **9**, p. 196 n. 1, comment. de Télès, fr. II 9, 1 *sq.*

Il tentait de justifier cette conception du travail de l'abréviateur en alléguant que celui-ci n'aurait pas ajouté son nom au titre de l'épitomé s'il n'avait pas véritablement remanié le texte. Mais une telle mention aurait pu être portée même si l'abréviateur s'était contenté de « couper » le texte et de l'abréger.

Cf. Modrze **1**, col. 377 (*Ead.* **2**, col. 1832 *sq.*), qui a voulu harmoniser l'idée que le texte actuel aurait perdu la précision du texte primitif (= Diels), avec l'idée de Wilamowitz (et de Hense à un moindre degré) selon laquelle l'abréviateur n'aurait rien rajouté de son cru.

Par ailleurs, nos textes n'autorisent nullement à considérer l'œuvre originale de Télès comme un recueil de matériaux divers soigneusement introduits et répertoriés. Le panorama catastrophique décrit par Diels **25** relève d'une conception erronée. Si on comprend la vraie nature des propos de Télès (c'est-à-dire si on les envisage comme de simples leçons morales adressées à un public présent), on commence à voir de l'ordre et du sens dans ce qui nous en est parvenu. En revanche, la recherche d'un texte primitif dans lequel on pourrait discerner parfaitement les mots de Télès et ceux que celui-ci aurait empruntés à ses sources nous semble une vaine entreprise. D'après notre analyse, le texte conservé est suffisamment précis, lorsque Télès a emprunté à des autorités certaines pensées ou certaines comparaisons.

En même temps que Diels, **26** P. Wendland, c.r. de Hense **3**, dans *BPhW* 11, 1891, col. 456-459, notamment col. 459, se montre lui aussi partisan d'un Théodore manipulateur du texte qu'il abrégeait. Mais le philologue qui a mis en pratique de manière systématique une analyse prétendant déterminer avec précision les limites et les modalités du travail de Théodore est **27** W. Crönert, *Kolotes und Menedemos*, p. 37-45.

Cette « archéologie » tout à fait invraisemblable amène Crönert **27** à distinguer trois niveaux principaux (« Hauptstufen ») dans le processus de formation de nos textes. En effet, en s'appuyant sur des critères, fort douteux, de logique et de symétrie dans l'expression, ainsi que sur l'hypothèse arbitraire selon laquelle certaines tournures seraient propres à l'abréviateur Théodore, notamment l'usage de la première personne du pluriel ou les phrases avec ὅρα, Crönert distingue :

(a) le niveau qu'il appelle celui du « texte originaire », qui n'est que celui des prétendues sources ;

(b) le niveau qu'il considère comme celui des ajouts (« Zusätze ») de Télès, « ingrédients » (« Zutaten ») de son propre cru ;

(c) enfin celui qui correspondrait à l'intervention de l'abréviateur.

Dans ce dernier niveau, Crönert distingue encore plusieurs modalités : la double abréviation (« doppelte Rezension ») *ex interpretandi studio,* le « résumé », les « ajouts » et les « changements d'ordre ». Dans le second niveau, il n'attribue à Télès que l'introduction d'anecdotes et de citations, en s'appuyant sur ce qu'avait dit Wilamowitz-Möllendorff **6**, p. 296, des « prédicateurs » comme Télès, à savoir qu'ils eurent recours à une sagesse déjà établie, tout en apportant de leur côté la force parénétique des exemples, des citations, etc. Le reste serait, selon Crönert, le texte « primitif et original », qui risque, à nos yeux, de n'être qu'une chimère.

Cette analyse artificieuse fut déjà combattue à juste titre par Hense **4**, p. XXIV, qui reprochait notamment à Crönert **27** d'avoir transformé l'abréviateur Théodore en interpolateur.

En vérité, Hense lui-même lui attribue des interpolations, comme continue à le faire **28** D. R. Dudley, *A History of Cynicism : from Diogenes to the* 6th century A. D., London 1937, réimpr. Hildesheim 1967, p. 86 : « Théodore – on peut le présumer – maintient un commentaire cursif ennuyeux pour être sûr que rien n'échappe à son lecteur. » D'après notre analyse, ce genre de remarques appartient bien au discours même de Télès comme moraliste (*cf.* Fuentes González **9**, p. 257 *sq.,* 262 *sq.,* à propos de Télès fr. II 18, 1 ; et 18, 3 *sq.*).

D'un autre côté, nous considérons que le caractère plutôt analogique que logique du discours de Télès et le fait qu'il procède par association d'idées ne permettent pas d'établir des critères suffisamment fiables pour décider si (et à quel moment) l'abréviateur, en plus de couper, a résumé tout en reformulant (*cf.* Fuentes González **9**, p. 6).

C'est pour cela que, comme hypothèse de travail, nous avons adopté dans notre commentaire la conception suivante des interventions respectives et successives de Théodore et de Stobée (*ibid.*, p. 6 *sq.*) :

(a) En ce qui concerne le premier, nous imaginons qu'il a réalisé des versions abrégées des diatribes, tant de celles que nous connaissons aujourd'hui que de beaucoup d'autres sans doute (à partir d'ὑπομνήματα laissés par Télès au cours de sa carrière de moraliste ?). Ces textes devaient respecter le développement complet de chaque diatribe, au moyen d'une succession plus ou moins cohérente de coupures. En principe, nous laissons de côté, au moins pour des raisons de méthode, la possibilité que Théodore ait fait un résumé proprement dit (c'est-à-dire en condensant), puisque là où on a voulu le détecter, rien n'empêche de déceler le discours propre de la diatribe, très peu structuré.

(b) Quant à Stobée, nous tenons pour vraisemblable qu'il a emprunté à l'épitomé « une section, ou plusieurs sections consécutives, des diatribes qu'il a choisies, sans se soucier de rendre compte de l'ensemble de chaque discours, mais en recherchant seulement des développements clairs qui répondaient à ses intérêts thématiques ».

C'était là pour nous une hypothèse de travail plutôt qu'un préjugé méthodologique, tel que nous l'a reproché Piccione **10**, p. 140. Celle-ci évoque à juste titre (p. 141) les nombreux extraits de Stobée qui présentent des interventions, même radicales, sur le texte, sans qu'on puisse déterminer si la manipulation doit être attribuée à l'anthologiste ou à ses sources. Dans notre commentaire, nous avons eu tendance à suivre le point de vue de Wilamowitz, mais nous sommes tout à fait prêt à laisser ouverte la possibilité d'interventions de Stobée plus importantes que celle de la simple coupure. En fait, nous avions même considéré comme inexact ou équivoque le fait que Hense ait édité Télès sous l'intitulé *Epitoma Theodori* (*cf.* Fuentes González **9**, p. 5). C'est bien les textes de Stobée que nous lisons.

Par ailleurs, notre précision dans le point (b) concernant les « sections consécutives » n'a pas été bien comprise par Piccione, peut-être parce que notre explication n'était pas suffisamment claire. En tout cas, il était tout à fait clair que notre but n'était nullement d'établir des principes de valeur universelle pour Stobée, comme les interprète Piccione par l'importance capitale qu'elle accorde à nos déclarations, mal comprises et sorties de leur contexte précis, dans son article consacré aux lemmes en général de l'anthologiste. Le but de notre remarque concernant les « sections consécutives » n'était que de rendre compte d'un cas singulier dans les fragments de Télès, celui des fragments IVA et IVB (en fait l'ordre chez Stobée est IVB et IVA), tous deux portant sur le sujet de la pauvreté et appartenant vraisemblablement à une même diatribe. C'est bien au cas de ces deux fragments-là que nous voulions faire référence par l'expression « ou plusieurs sections consécutives ».

Cela était précisé dans une note (*cf.* Fuentes González **9**, p. 7 n. 1), où par l'expression « passages discontinus d'un même ouvrage » nous faisions référence à ces extraits (en fin de note nous renvoyions bien aux pages introductives aux extraits en question), en ajoutant que lorsque l'anthologiste extrait des passages de ce genre « *il a l'habitude* de les séparer au moyen de l'en-tête ἐν ταὐτῷ », et que cette pratique n'était pas appliquée dans le cas des extraits de Télès, à en juger justement par les fragments IVA et IVB. L'expression « passages discontinus » y était peut-être maladroite, puisqu'elle pouvait laisser entendre que nous étions en train d'opposer la notion de « consécutif » à celle de « discontinu ». Bien au contraire, pour nous ces passages-là étaient des passages consécutifs-discontinus, dans la mesure où on pouvait imaginer l'existence d'un saut plus ou moins considérable entre l'un et l'autre. Il aurait été peut-être plus clair d'écrire : « des sections discontinues de la même diatribe ». C'est en tout cas cette idée que nous voulions suggérer par le mot consécutif, c'est-à-dire « consécutif » en tant qu'appartenant à une même « unité d'action pédagogique » ou « diatribe ». En effet, nous y suivions l'interprétation habituelle selon laquelle les extraits en question appartiendraient à une même diatribe de Télès. Plus loin et à plusieurs reprises, sans doute par absence de dogmatisme, nous laissions ouverte aussi la possibilité que Stobée ait tiré ces deux extraits de deux diatribes différentes sur le même sujet (*cf.* Fuentes González **9**, p. 360, 430, 473).

En tout cas, il n'était nullement dans notre intention ni dans notre propos de présumer « un rapporto di consequenzialità fra lemma e citazione, attribuendo al primo un valore connotativo », comme nous l'attribue Piccione **10**, p. 140. En ce qui concerne l'emploi de l'en-tête ἐν ταὐτῷ, nous n'avions nullement la prétention d'établir sur ce sujet, qui n'était pas le nôtre, la doctrine absolue ni le résultat définitif, comme Piccione **10**, p. 143, nous l'attribue lorsqu'elle fait ce reproche : « Il lemma ἐν ταὐτῷ non viene quindi utilizzato con la specifica ed inequivocabile funzione di caratterizzare un passo "non-consecutivo", quando più semplicemente per indicare una sezione di testo dello stesso autore e della stessa opera ». Notre déclaration ne portait que sur les extraits IVA et IVB de Télès, justement pour signaler que dans ces cas on ne trouvait pas l'emploi de l'en-tête ἐν ταὐτῷ, dont Stobée avait *l'habitude* de se servir, comme par exemple dans le cas du *De exilio* de Plutarque dont il tire plusieurs extraits (*Anthologium* III 40, 3-5).

Piccione **10**, p. 140 n. 2, rappelle un autre passage où nous revenions sur l'idée que « lorsque l'anthologiste sélectionne une séquence de fragments discontinus d'un même ouvrage, il a l'habitude de les séparer par exemple en utilisant l'en-tête ἐν ταὐτῷ » (*cf.* Fuentes González **9**, p. 430). Elle souligne dans cette citation l'expression « par exemple », comme si elle nous faisait le reproche de l'incohérence, alors qu'il était évident que notre recours à l'argument de l'en-tête n'avait pas ici non plus la valeur de principes catégoriques, comme le démontre l'expression « il a l'habitude ». Dans le cas de cette déclaration, notre but n'était que de rejeter l'hypothèse de **29** E. N. O'Neil, *Teles (the cynic teacher),* edited and translated by E. N. O., coll. « Society of Biblical Literature, Texts and Translations » 11, « Graeco-Roman Religion » 3, Missoula (Mont.) 1977, p. 88 n. 1, selon laquelle il faudrait diviser le fragment IVB en deux extraits différents, dont la coupure se trouverait à la page 47, li. 10 Hense (il faut corriger l'erratum « p. 48, 13 » dans notre texte), de sorte que le fr. IV comporterait en fait non pas deux mais trois extraits. Notre argument était justement que, si cela avait été le cas, Stobée aurait utilisé un troisième en-tête.

Il va sans dire que seule une recherche portant sur l'ensemble de Stobée en général peut apporter de la lumière sur les problèmes de la caractérisation des en-têtes etc. Puisque la philologie, comme tout savoir, progresse grâce aux contributions successives, complémentaires ou critiques, des différents philologues, nous sommes heureux de pouvoir compter maintenant avec cette contribution fort utile de Piccione **10**. Mais cette recherche n'était pas notre affaire lorsque nous avons rédigé le commentaire sur les fragments de Télès transmis par Stobée, et nous n'y avons jamais eu l'intention d'établir des principes servant pour la caractérisation générale des lemmes de cet anthologiste.

Piccione **10** semble donc avoir créé à partir de nos déclarations concernant en principe strictement Télès une polémique gratuite à l'égard des lemmes de Stobée en général, en tirant hors contexte et en gauchissant ces déclarations qui n'ont jamais eu la vocation d'être prises comme des catégories absolues et universelles qu'on aurait pu éprouver la nécessité de réfuter, et dont la formulation propre n'était en tout cas nullement catégorique. Nous regrettons par ailleurs que Piccione, en lisant notre commentaire sur Télès et en particulier notre chapitre sur la transmission de ses fragments, semble avoir vu l'arbre, mais ne semble pas avoir saisi pleinement la forêt. Quoi qu'il en soit, elle nous a fait un grand honneur, bien que non mérité, de construire autour de nos modestes déclarations l'ensemble de son article au sujet de la caractérisation générale des lemmes de Stobée.

Pour en revenir à notre sujet, ce qui nous est parvenu de Télès, ce sont, à proprement parler, des extraits de Stobée, même si c'est dans une version abrégée, comme celui-ci l'avoue à trois reprises. C'est à tort que Hense **3**, **4** a souvent supposé (et d'autres philologues avec lui) que les extraits de Stobée traduisent, dans le cas de Télès, une image de chaque diatribe du début à la conclusion (*cf.* Fuentes González **9**, p. 146 n. 1, 475, 530 *sq.*). En réalité, on ne saurait justifier cette idée par le fait que la source de Stobée était un épitomé (peut-être avec d'autres intermédiaires?). L'état abrégé du texte de départ faciliterait le travail de sélection de l'anthologiste, mais ne l'obligerait pas à reprendre l'ensemble de chaque abrégé. Stobée ne reprend sans doute qu'une partie plus ou moins développée du discours, comme il fait quand il cite un ouvrage non abrégé, ainsi qu'on peut le constater lorsque cet ouvrage a été par ailleurs conservé dans sa version intégrale.

D'ailleurs, comme le prouvent les extraits des ouvrages dont l'original est conservé, l'anthologiste ne modifie pratiquement rien dans le texte qu'il a sous les yeux, même si on ne peut pas généraliser à ce sujet, comme l'a remarqué Piccione **10**, p. 141. C'est pourquoi en tout cas on peut constater l'empreinte de l'abréviateur dans les fragments de Télès. Où? À notre avis, la trace la plus sûre et la plus objective du travail de l'abréviateur est le φησί typique avec lequel celui-ci rappelle l'auteur qu'il abrège, c'est-à-dire un φησί dont le sujet sous-entendu est Τέλης.

Chez Épictète on trouve aussi ce type de φησί (*cf.* par exemple *Entretiens* I 5, 1), bien que dans le cas de cet auteur ce ne soit pas un abréviateur qui l'introduise mais Arrien (➾A 425), en tant que rapporteur des enseignements du philosophe. Arrien, à notre avis, n'a pas fait une pure transcription de ces enseignements, mais en a fait plutôt un récit littéraire, à la manière des *Mémorables* de Xénophon (➾E 33, p. 121-123).

Le cas le plus sûr dans nos fragments de ce φησί ajouté par l'abréviateur pour rappeler l'auteur qu'il abrège, c'est-à-dire Télès lui-même, se trouve dans le fragment III 25, 14. Il n'est pas étonnant que les tenants de la *Quellenforschung* éprouvent quelque difficulté à reconnaître ce φησί de l'épitomateur, étant donné qu'ils préfèrent utiliser le verbe en question pour les intérêts de leurs recherches respectives sur les sources hypothétiques, affirmant, même si aucune autorité n'est mentionnée dans le contexte voisin, que ce verbe avait comme sujet à l'origine le nom de la source, soit Bion de Borysthène (➾B 32) ou Stilpon de Mégare [➾S 163] (*cf.* Fuentes González **9**, p. 329 *sq.*; pour la possibilité d'un autre cas de ce même type de φησί dans fr. II 6, 2, *cf. ibid.*, p. 166-168).

De son côté, Modrze **1**, col. 377, et *Ead.* **2**, col. 1832, veut aussi rendre l'abréviateur responsable de ce «φησί détaché», mais elle l'explique différemment: d'après elle, ce φησί met en évidence que Théodore a estompé le vrai caractère dialogique du discours de Télès. Nous avons du mal à comprendre cette conclusion si ce n'est en partageant l'hypothèse invraisemblable de Hirzel **11** (*cf. supra*) selon laquelle Télès était l'auteur de dialogues philosophiques proprement dits (à la manière de Platon), où il faisait intervenir des personnages concrets dont le nom était toujours précisé. Mais cette hypothèse a été rejetée par Modrze elle-même. Hense **4**, p. XXVI, avait déjà attribué à Théodore une prétendue détérioration de la «forme dialogique», mais il ne parlait pas à cet égard du φησί qui nous occupe; il faisait référence à l'omission de certaines objections de l'«adversaire fictif». Diels **25**, col. 1160, avait lui aussi attribué à l'abréviateur ce φησί problématique; seulement, il ne parlait pas à ce sujet d'une perte du caractère dialogique du discours, mais d'une perte de précision dans l'indication des sources de Télès.

En somme, les textes des diatribes de Télès qui nous sont parvenus présentent bien les traces d'un double processus d'abréviation, qui a été l'œuvre d'abord de Théodore, plus tard de Stobée. Quand bien même les détails des interventions de l'un et de l'autre nous échappent, l'état de nos textes n'empêche pas de se faire une idée, même si elle n'est que très nébuleuse et limitée, du discours originaire que Télès prononçait devant son public. Théodore a sans doute allégé le texte qu'il avait sous les yeux en coupant ce qui pouvait être moins intéressant. Bien sûr, on ne peut pas exclure qu'il l'ait parfois condensé d'une façon plus personnelle, une possibilité que nous avons toujours envisagée (*cf.* Fuentes González **9**, p. 9), mais sans jamais aller jusqu'aux excès par exemple d'un Crönert (*cf. supra*). En tout cas, le signe de son intervention que l'on peut aujourd'hui reconnaître de façon objective est l'introduction d'un φησί rappelant l'auteur abrégé (Télès). Ce signe a été gardé par Stobée, qui nous a conservé des extraits de l'épitomé de Théodore sans tenir compte de l'ensemble de chaque diatribe mais en cherchant seulement des développements thématiques cohérents pour son anthologie.

PEDRO PABLO FUENTES GONZÁLEZ.

52 THÉODORE *PLRE* I:8 M IV

Destinataire d'une longue lettre de l'empereur Julien (*Epist.* 89 a-b Bidez [dont est reprise ici la traduction]), que l'on date de 362 à Antioche, dans laquelle lui est confiée la charge de Grand-Prêtre d'Asie, c'est-à-dire « l'autorité sur tous les cultes en Asie, avec la surveillance des prêtres de chaque cité et le soin d'assigner à chacun ce qui lui convient» (452 d; p. 153, 5-8 Bidez). A la même époque, le philosophe Chrysanthe de Sardes (➽C 116) fut nommé, avec son épouse Mélitè, Grand-Prêtre de Lydie (voir Eunape de Sardes, *Vies de philosophes et de sophistes* VII 52 et XXIII 17 Goulet). La lettre est datée de janvier 363 par Bidez qui soutient, à la suite de R. Asmus, l'appartenance des deux morceaux à une même lettre. Il était, comme Julien lui-même (qui ne l'avait pas encore rencontré), le disciple d'un κατηγεμών (452 a; p. 152, 3 Bidez, et 298 b; p. 166, 7 Bidez) en qui l'on reconnaît le philosophe Maxime d'Éphèse (➽M 63). Le guide avait recommandé Théodore à Julien alors que ce dernier était encore en Gaule. Dans cette lettre où Julien expose sa conception du sacerdoce du culte hellénique, les références philosophiques sont nombreuses. Interdisant la lecture des poètes comme Archiloque ou Hipponax, et celle de la comédie ancienne, il recommande aux prêtres parmi les philosophes «ceux qui, dans leur éducation, ont choisi les dieux pour guides, comme Pythagore, Platon, Aristote, et l'école de Chrysippe et de Zénon» (300 d; p. 168, 13-21 Bidez). Il faut retenir chez eux les enseignements qui peuvent « nous inspirer de la piété et nous enseigner, au sujet des dieux, tout d'abord qu'ils existent, ensuite que leur providence s'occupe des choses d'ici-bas, et qu'ils ne font aucun mal aux hommes, pas plus que les uns aux autres, par jalousie, envie ou inimitié» (301 a; p. 168,22 - 169,1 Bidez). « Fermons tout accès aux traités d'Épicure et à ceux de Pyrrhon. Déjà, il est vrai, un bienfait des dieux a détruit leurs ouvrages au point que la plupart ont disparu» (301 c; p. 169, 15-18).

Sur les lectures déconseillés ou recommandées par Julien dans sa lettre, voir J. Bouffartigue, *L'Empereur Julien et la culture de son temps*, «Collection des Études Augustiniennes – Série Antiquité» 133, Paris 1993, p. 130-136. Voir la présentation de la lettre dans J. Bidez, *L'Empereur Julien, Œuvres complètes*, t. I 2: *Lettres et fragments*, CUF, Paris, 2ᵉ éd., 1960, p. 102-105.

Une lettre plus ancienne (fin 361 ?) est adressée au «grand-prêtre» Théodore (*Epist.* 30 Bidez), un homme qui «aime la philosophie autant que personne l'aima jamais» (p. 57, 9 Bidez), auquel Julien reconnaît une âme philosophique (φιλοσόφου γνώμης, p. 56, 18 Bidez) et à qui il cite les exemples de Platon et de Musonius Rufus, exilé par Néron à Gyares (p. 56, 19-57, 1 Bidez). Ce qualificatif de «grand-prêtre» n'a pu être donné au destinataire qu'en référence à la lettre 89 où ce titre lui est conféré. On a douté par ailleurs de son authenticité, qui est cependant acceptée par Bidez (*Introd.*, p. 35-36). La *PLRE* I envisage également que Théodore soit le destinataire de la lettre 79 de Julien dont l'en-tête n'est pas conservé.

RICHARD GOULET.

53 THÉODORE *PLRE* II:15   D V

«Gouverneur (ἄρχων) d'Alexandrie, homme courtois (ἀστεῖος) et magnifique (μεγαλοπρεπής), et qui chérissait la philosophie (φιλοσοφίας ἐραστῇ)», il demanda au sophiste Léônas d'Isaurie d'aller plaider une cause à Byzance. Le sophiste accepta et fit le voyage en compagnie de Proclus de Lycie (⮕P 292), qui étudiait alors avec lui la rhétorique et ne voulait pas être privé de son enseignement. Voir Marinus, *Proclus* 9 et les notes de l'édition, traduite et commentée, de H. D. Saffrey, A.-Ph. Segonds et C. Luna, *CUF*, Paris 2001, p. 88-89. Selon ces éditeurs, Proclus, né en 412, n'a pas dû étudier avec Léonas avant 427-428. Le titre donné à Théodore (ἄρχων) serait inexact et ce dernier aurait en réalité été Préfet d'Égypte. C'est ainsi qu'il est désigné par la *PLRE* II (*praefectus augustalis*).

Les listes disponibles des préfets d'Égypte ne connaissent pas de Théodore pour l'époque concernée, mais elles présentent des lacunes. Elles donnent un Théodore pour 451 (*PLRE* II:27) et 487 (*PLRE* II:32), mais ces dates ne correspondent pas à l'événement raconté par Marinus qui se situe à une date plus ancienne. Voir H. Hübner, *Der Praefectus Aegypti von Diokletian bis zum Ende der römischen Herrschaft*, München-Pasing 1952, VIII-124 p., notamment p. 53 (n° 63) et p. 114 (n° 72).

Dans son chapitre sur l'administration de l'Égypte au Bas-Empire, Christopher Haas, *Alexandria in Late Antiquity. Topography and Social Conflict*, Baltimore 1997, p. 69-76, ne fait aucune mention d'un gouverneur d'Alexandrie (ou d'Égypte) à côté du *Dux Aegypti* ou du *Praefectus Augustalis* d'Égypte. On rencontre en réalité des emplois d'ἄρχων comme désignation moins officielle du préfet. Tatianus (*PLRE* I: 5), *praefectus Augustalis* sous Valens en 367-370, est ainsi désigné dans certaines sources comme ἄρχων d'Alexandrie (Τατιανοῦ τότε ἄρχοντος τῆς Ἀλεξανδρείας). L'article employé par Marinus (Θεοδώρῳ τῷ τῆς Ἀλεξανδρείας τότε ἄρχοντι) suggère que ce n'était pas une autorité quelconque dans la cité, mais *le* gouverneur d'Alexandrie de l'époque et donc, peut-être, le préfet d'Égypte.

RICHARD GOULET.

54 THÉODORE D'ASINÉ *RE* 35 *PLRE* I:4					*ca* 275 - *ca* 350

Philosophe néoplatonicien d'origine grecque (Asiné en Messénie: ethnique Ἀσιναῖος, inscriptions et monnaies à l'époque impériale). Il fut d'abord disciple de Porphyre (➡P 263) dans les toutes dernières années de sa vie, à Rome (?), puis élève de Jamblique (➡I 3), à Apamée de Syrie, pendant environ vingt ans. Il semble que Théodore ait été au moins d'une génération plus jeune que Jamblique, et donc les dates approximatives de sa vie devraient se placer vers 275-350. Vers 357-358, l'empereur Julien (*Epist.* 12, p. 19, 7-9 Bidez) connaît à Athènes une rivalité entre des partisans de Théodore et des partisans de Jamblique. Il est probable que, à ce moment-là, Jamblique et Théodore sont morts tous les deux, mais peut-être Théodore était-il rentré en Grèce après la mort de Jamblique, vers 330, et c'est peut-être aussi ce qui explique son influence à Athènes.

Sources biographiques anciennes. Eunape, *V. Soph.* V 5 Goulet, compte un certain Théodore au nombre des élèves de Jamblique originaires de la Grèce. On pense généralement qu'il s'agit de Théodore d'Asiné. Tout le reste de la documentation vient de Proclus et de Damascius. Proclus le nomme en général: ὁ μέγας Θ. ou ὁ φιλόσοφος Θ (lorsque Théodore s'accorde à Jamblique), ὁ θαυμαστὸς Θ. ou ὁ γενναῖος Θ. (d'une manière ironique). Deux fois (*Theol. plat.* I 1, p. 6, 21-23, et V 30, p. 109, 19-22 Saffrey-Westerink), Proclus range Théodore dans une série chronologique à partir de Plotin, marquant que Théodore appartient, avec Jamblique, à la troisième generation.

Écrits. Aucun écrit de Théodore ne nous est parvenu. Nous ne connaissons que deux titres: Περὶ ὀνομάτων (*cf.* Proclus, *Theol. plat.* IV 23, p. 68, 17-18 Saffrey-Westerink) et Ὅτι ἡ ψυχὴ πάντα τὰ εἴδη ἐστίν (*cf.* Némésius d'Émèse, *De natura hominis*, p. 35, 5-6 Morani). Dans le premier de ces écrits, Théodore traitait des noms des dieux et présentait une exégèse du mythe du *Phèdre* (*cf.* Saffrey-Westerink, «Exégèse du *Phèdre* après Plotin», dans Proclus, *Théol. plat.*, t. IV, p. XXV-XXVII); le second était peut-être un écrit de polémique avec Jamblique sur la question de la transmigration des âmes. Les nombreuses citations que Proclus fait de Théodore dans son *Commentaire sur le Timée*, invitent à penser que Théodore, lui aussi, avait composé un commentaire sur ce dialogue. En particulier, une longue citation de Proclus (*In Tim.* II, p. 274,10 - 277,26 = test. 6 Deuse) explique comment «Théodore, le philosophe d'Asiné, pleinement rempli des doctrines de Numénius», a traité la Psychogonie (et aussi l'Ontologie), «en fondant ses conceptions sur les lettres, les caractères et les nombres». C'est ce que Proclus a trouvé dans le traité de Jamblique intitulé *Écrits de controverse contre Amélius et Numénius* (ἐν ταῖς πρὸς τοὺς ἀμφὶ Ἀμέλιον … καὶ δὴ καὶ Νουμήνιον ἀντιρρήσεσιν) où Jamblique «a flagellé toutes les spéculations de cette sorte». Trois citations dans le commentaire de Proclus sur la *République* (I, p. 253,1 -

255,9 ; II, p. 110, 17-18 ; II, p. 255, 9 Kroll) amènent à attribuer à Théodore un commentaire sur ce dialogue ; en particulier, la IXe dissertation du commentaire de Proclus, I, p. 251,1 - 257,6 Kroll, est tout entière consacrée à la discussion de quatre arguments de Théodore et est intitulée : « Sur les démonstrations de Théodore d'Asiné tendant à établir que la vertu est identique chez l'homme et la femme, et examen de ce qu'a dit Socrate ».

Si l'on accorde que le personnage désigné par les manuscrits du *Commentaire* de Proclus *sur le Parménide* sous le nom de « Philosophe de Rhodes » (*in Parm.* VI 1057, 6 Cousin), est en réalité Théodore d'Asiné (*cf.* **1** H. D. Saffrey, « Le "Philosophe de Rhodes" est-il Théodore d'Asiné ? Sur un point obscur de l'histoire de l'exégèse néoplatonicienne du *Parménide* », dans E. Lucchesi et H. D. Saffrey [édit.], *Mémorial A. J. Festugière. Antiquité païenne et chrétienne*, coll. « Cahiers d'Orientalisme » 10, Genève 1984, p. 65-76, repris dans H. D. Saffrey, *Le néoplatonisme après Plotin*, coll. « Histoire des doctrines de l'antiquité classique » 24, Paris 2000, p. 101-117 ; **2** *Id.*, « Encore Théodore d'Asiné sur le *Parménide* », dans L. Jerphagnon, J. Lagrée et D. Delattre [édit.], *Ainsi parlaient les Anciens. In honorem Jean-Paul Dumont*, Villeneuve d'Ascq 1994, p. 283-289, repris *ibid.*, p. 119-124), il faut alors lui attribuer une interprétation des hypothèses du *Parménide*, et Théodore devient un maillon important de l'exégèse des hypothèses, puisque c'est lui, le premier, qui a découvert qu'il faut faire correspondre deux à deux les hypothèses, celles qui posent l'existence de l'un et celles qui posent sa non-existence. D'après Proclus, c'est une étape capitale dans l'histoire des exégèses (*cf.* **3** Proclus, *Théologie platonicienne*, par H. D. Saffrey et L. G. Westerink, *CUF*, t. I, Paris 1968, Introduction, p. LXXV-LXXXIX).

[Contre l'identification du philosophe de Rhodes avec Théodore et en faveur d'un rapprochement avec Thrasylle (➤T 127), voir H. Tarrant, *Thrasyllan Platonism*, Ithaca/London 1993, p. 152 n. 10. R.G.]

[Comme Théodore se prononçait sur le *skopos* des *Catégories* d'Aristote (καὶ καλῶς Θεόδωρος λέγει δύνασθαι διττὸν εἶναι τὸν σκοπὸν τῶν Κατηγοριῶν, καὶ περὶ φωνῶν καὶ περὶ πραγμάτων), il est possible qu'il ait également commenté ce traité. Voir Ammonius, *in Anal pr. I*, p. 9-11 Busse (*CAG* IV 6) = fr. *44 Deuse. R.G.]

Fragments et témoignages. A proprement parler, nous n'avons qu'un seul fragment de Théodore, cité par Proclus, *in Tim.* I, p. 213, 2-3 : πάντα γὰρ εὔχεται πλὴν τοῦ πρώτου, φησὶν ὁ μέγας Θεόδωρος (« Tous les êtres prient sauf le Premier »). Tout le reste ne peut être considéré que comme des témoignages. Ils sont au nombre de 46 et ont été rassemblés et commentés par **4** W. Deuse, *Theodoros von Asine. Sammlung der Testimonien und Kommentar*, coll. « Palingenesia » 6, Wiesbaden 1973. Si l'on admet que le « Philosophe de Rhodes » est bien Théodore d'Asiné, il faut encore y ajouter les deux témoignages suivants : *in Parm.* VI 1055, 25 - 1058,21 Cousin = 1055,21 - 1058,16 Steel, et Damascius, *De princ.* II, p. 1, 4-13 Westerink-Combès.

Cf. **5** K. Praechter, art. « Theodoros von Asine » 35, *RE* V A 2, 1934, col. 1833-1838 ; **6** S. Gersh, *From Iamblichus to Eriugena*, coll. « Studien zur Problemgeschichte der Antiken und Mittelalterlichen Philosophie » 8, Leiden 1978,

Excursus: *The Linguistic Doctrine of Theodorus of Asine and its Background in Philosophy and Magic*, p. 289-304.

HENRI DOMINIQUE SAFFREY.

55 THÉODORE DE CHIOS *RE* 33 (a)

Philosophe stoïcien, connu comme dix-huitième homonyme de Théodore l'Athée dans la liste conservée par Diogène Laërce II 104. Il y a deux autres Théodore stoïciens dans la liste (➻T 49 et 57). Voir W. Capelle, art. «Theodoros» 33, *RE* V A 2, 1934, col. 1831.

RICHARD GOULET.

56 THÉODORE DE CONSTANTINOPLE *PLRE* III :58   MF VI

Philosophe, maître de Stéphanus d'Alexandrie [➻S 152]. Il n'est connu que par Agapius de Menbidj, *Kitab al-'Unwan (Histoire universelle)*, *PO* VIII 3, 1912 [1971], p. 465 Vasiliev: «En ce temps-là (sous Héraclius [610-641]), s'illustra parmi les philosophes Stéphanus (Étienne), un sage d'Égypte et d'Alexandrie, qui fut disciple du philosophe Olympiodore (➻O 17) et de Théodore, philosophe de Constantinople.»

PIERRE MARAVAL.

56a THÉODORE DE CYRÈNE

Voir dans les compléments du tome VII.

57 THÉODORE DE MILET *RE* 33 (b)

Philosophe stoïcien, connu comme dix-neuvième homonyme de Théodore l'Athée dans la liste conservée par Diogène Laërce II 104. Il y a deux autres Théodore stoïciens dans la liste (➻T 49 et 55). Voir W. Capelle, art. «Theodoros» 33, *RE* V A 2, 1934, col. 1831.

RICHARD GOULET.

58 THÉODORE DE SOLES *RE* 30

Platonicien d'époque inconnue dont les commentaires mathématiques sur les corps premiers du *Timée* 53 c - 56 c sont rapportés par Plutarque, *De defectu oraculorum* 32, 427 a-e. La formule employée (ἐξηγούμενος τὰ μαθηματικὰ τοῦ Πλάτωνος) invite à lui prêter un commentaire du *Timée*, ou, plus généralement, des *loci mathematici*, de Platon.

Dans ce passage, Platon expliquait comment deux espèces (isocèle et scalène) de triangles rectangles pouvaient former quatre des cinq polyèdres réguliers : la pyramide (ultérieurement appelée tétraèdre), l'octaèdre, l'icosaèdre et le cube (ultérieurement appelé hexaèdre) correspondant (dans l'ordre) aux quatre éléments : feu, air, eau et terre. La cinquième figure, le dodécaèdre — qu'on ne peut pas obtenir à partir des deux triangles élémentaires — est simplement évoquée, mais non nommée en 55 c et elle est associée au Tout.

Théodore semble vouloir commenter l'hypothèse soulevée par Platon qu'une telle structure mathématique ait pu produire non pas un seul monde, mais peut-être cinq (*Timée* 55 d). Comme, selon Théodore, les corps premiers ne peuvent pas être directement engendrés à partir d'une matière unique, il en vient à supposer cinq mondes, engendrés successivement, dont chacun aurait comme principe l'un des cinq polyèdres.

Il convient de remarquer que Théodore n'énumère d'abord (427 b) que quatre polyèdres : pyramide, octaèdre, icosaèdre et dodécaèdre. On pourrait imaginer que le cube ait accidentellement disparu de la liste, si, plus loin, après avoir mentionné la pyramide et le dodécaèdre, Théodore ne présentait « les deux qui restent », c'est-à-dire l'octaèdre et l'icosaèdre qu'il mentionne explicitement, comme des intermédiaires entre le plus simple et celui qui a le plus de parties (πολυμερέστατον). La correspondance ainsi produite entre quatre éléments et quatre des polyèdres est donc problématique. Il ne faut toutefois pas oublier que le cube traditionnellement associé à la terre est, selon Platon, constitué à partir du triangle rectangle isocèle (56 d), si bien qu'il ne se prête pas au processus de transformations mutuelles des autres éléments qui fait l'objet de l'exposé.

En 427 c, après avoir cité à nouveau la pyramide, l'octaèdre et l'icosaèdre, il évoque la genèse des autres corps (τὰ λοιπά). Ni le cube, ni la terre n'ont donc été définitivement éliminés, ce qui serait d'ailleurs incompatible avec l'objectif proclamé de rendre compte de l'existence de *cinq* mondes. Mais Théodore a mis en rapport les quatre polyèdres construits à partir de triangles scalènes avec quatre éléments, dont le quatrième ne peut alors être que l'éther (*Cf. Épinomis,* 981 b-c). Il va même jusqu'à évoquer les transformations mutuelles des corps premiers sans restriction, ce qui est en désaccord avec l'enseignement du *Timée* et incompatible avec les exigences les plus élémentaires de la géométrie.

Plutarque le sait d'ailleurs parfaitement et confie au personnage d'Ammonius (➡A 138) le soin de rectifier ces errements (427 e - 428 a). Il rappelle notamment que la pyramide, l'octaèdre et l'icosaèdre sont engendrés à partir d'un triangle rectangle scalène qui n'est autre que le demi triangle équilatéral, et le cube est construit à partir du triangle rectangle isocèle, tandis que les faces pentagonales du dodécaèdre ne sauraient être produites à partir de l'un ou l'autre des deux triangles élémentaires distingués par Platon.

Certes, on peut diviser chaque face pentagonale du dodécaèdre en triangles, précisément en 30 triangles rectangles scalènes, de deux types différents : 20 ont comme angles : 90°, 54°, 36° (pour utiliser des mesures modernes) et 10 ont comme angles : 90°, 72°, 18° (voir schéma ci-dessous). Ils sont donc différents du demi triangle équilatéral (90°, 60°, 30°), élément de la pyramide, de l'octaèdre et de l'icosaèdre. La surface totale du dodécaèdre se laisse donc diviser en 360 triangles rectangles scalènes (30 x 12), 240 de la première sorte, 120 de la seconde. Cette profusion justifie sans doute que le dodécaèdre, selon Théodore, soit le polyèdre πολυμερέστατον puisque l'icosaèdre, pour sa part, n'est constitué que de 120 triangles élémentaires. Dans sa *Question platonicienne* V, 1003 d, Plutarque évoque cette constitution du dodécaèdre par 360 triangles — qu'il qualifie à tort d'"élémentaires" — et fait le lien avec l'année et le Zodiaque. La thèse est rapportée (ὡς ὑπονοοῦσιν ἔνιοι), mais Théodore n'est pas explicitement cité à cet endroit.

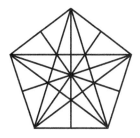

En revanche il l'est, à la suite de ses compatriotes Cléarque (➤C 141) et Crantor de Soles (➤C 195), dans le *De procreatione animae in Timaeo*, 20, 1022 c-d, et en opposition au seul Crantor en 29, 1027 d. Le différend portait sur la façon d'exhiber les nombres constitutifs de la structure harmonique de l'Âme du monde (*Timée*, 35 b-c) : Crantor utilisait un schéma lambdoïde (d'un côté les puissances successives de la dyade : 2, 4, 8, de l'autre, celles de la triade : 3, 9, 27 conjointes au sommet du schéma par l'unité), tandis que Théodore plaçait ces mêmes nombres sur une seule ligne.

Cf. K. von Fritz, art. « Theodoros aus Soloi » 30, *RE* V A 2, 1934, col. 1811, qui n'a pas noté les passages tirés du *De procreatione*.

Voir F. M. Cornford, *Plato's cosmology. The* Timaeus *of Plato translated with a running commentary*, London 1937, p. 221. Sur le dodécaèdre, voir p. 218-219.

B. Vitrac, « Les mathématiques dans le *Timée* de Platon : le point de vue d'un historien des sciences », dans *Études platoniciennes*, t. II (coordonné par Jean-François Pradeau), Paris 2006, p. 11-78. Sur la constitution platonicienne des polyèdres, voir p. 34-39.

A. Gioè, *Filosofi medioplatonici del II secolo D. C. Testimonianze e frammenti. Gaio, Albino, Lucio, Nicostrato, Tauro, Severo, Arpocrazione*, coll. « Elenchos » 36, [Roma] 2002, p. 423 (sur Plut., *De procreatione animae* 1027 d et 1022 c-d).

H. Dörrie† et M. Baltes, *Der Platonismus im 2. und 3. Jahrhudert nach Christus. Band 3 : Bausteine 73-100 : Übersetzung, Kommentar*, Stuttgart/Bad Cannstatt 1993, n° 81.3 (témoignages sur les commentateurs du *Timée*), p. 48, commentaire p. 210-211. Voir aussi Band 6, 4 (non publié).

RICHARD GOULET et BERNARD VITRAC.

59 THÉODORE DE TARENTE *RE* V-IV[a]

Pythagoricien ancien dont le nom figure dans le *Catalogue* de Jamblique (*V. pyth.* 36, 267, p. 144, 11 Deubner = **1** DK 58 A, t. I, p. 446, 23), qui remonte en grande partie à Aristoxène de Tarente (➤A 417). Voir **2** K. Praechter, art. « Theodoros [29] », *RE* V A 2, 1934, col. 1811.

Son nom a été répertorié dans le **3** *LGPN*, t. III A, p. 203 (n° 90), où Fraser et Matthews proposent – sans fondement particulier – une datation peut-être un peu trop haute, aux VIᵉ-Vᵉ siècles, ainsi que dans **4** W. Pape et G. Benseler, *Wörter-buch der griechischen Eigennamen*, t. I, p. 491 (n° 10 b).

Il s'agit d'un simple homonyme de Théodore de Cyrène (➤T 56), lequel figure également dans le *Catalogue* (*V. pyth.* 267, p. 146, 8-9 Deubner) : il n'y a donc pas lieu d'envisager un rapprochement ou une identification de ce Théodore de Tarente par ailleurs inconnu avec le géomètre de Cyrène, comme le suggérait peut-être Diels (dans **1** DK, t. 1, p. 446, 23) en établissant un renvoi interne entre ces deux personnages ; cela a déjà été souligné à juste titre par Praechter **2**.

N.B. Les identifications des personnes (pré)nommées "Theodoros" sont toujours périlleuses : à titre d'exemple, la *RE* en compte 203 déjà…

CONSTANTINOS MACRIS.

60 THÉODORE dit CYNULCUS *RE* 2   F II - D III ?

Un des interlocuteurs (fictif ?) du banquet décrit dans les *Deipnosophistes* d'Athénée (☛A 482), lequel est censé avoir eu lieu à Rome dans la maison d'un riche et illustre Romain, Larensius, que l'on a voulu identifier avec le partisan de Perninax mentionné dans l'*Histoire Auguste* (*Commode* XX 1) comme Livius Laurentius, et avec le *pontifex minor* mentionné dans *CIL* VI 2126 comme P. Livius Larensis. Athénée lui-même (☛A 482, F II-D III) y avait participé. Théodore apparaît comme le chef des cyniques présents dans le banquet, désigné par le surnom de Cynulcus (Κύνουλκος), «conducteur de chiens» (I, 1 d). Un autre assistant, Démocrite de Nicomédie (☛D 70a) l'appelle Théodore et précise que c'est là son vrai nom (XV, 669 e). Il est appelé Théodore-Cynulcus en XV, 692 b. En IV, 160 d, Larensius lui reproche de préférer le nom de Cynulcus à celui qu'il a reçu à sa naissance.

Ce philosophe cynique est le deuxième interlocuteur par ordre d'importance dans le banquet et le principal opposant d'Ulpien de Tyr, dont il critique souvent la pédanterie, en gardant toujours par ailleurs la plus grande hostilité à son égard (*cf.* XV, 669 b : ὁ Κύνουλκος ἀεὶ τῷ Σύρῳ ἀντικορυσσόμενος καὶ οὐδέποτε τῆς φιλονεικίας παυόμενος ἧς εἶχε πρὸς αὐτόν ; *ibid.* 701 b). Comme le remarque **1** C.B. Gulick (édit), *Athenaeus, The Deipnosophists*, with an English translation, *LCL*, t. I, London/Cambridge (Mass.) 1927, p. XIII, il incarne la réaction contre les extravagances de la renaissance atticiste, et, en bon cynique, il fait preuve souvent d'ironie et, qui plus est, de sarcasme ; même s'il critique souvent la sagesse encyclopédique des sophistes-grammairiens, ses interventions ne manquent nullement d'érudition, et il est capable d'un grand nombre de citations savantes, comme c'est le cas en général pour l'ensemble des convives.

D'après Gulick **1**, *ibid.*, le grammairien Myrtilus (☛M 209), un autre convive, ne serait qu'un pendant érudit de Cynulcus, qui ne se distinguerait de celui-ci que par la virulence de ses attaques contre tous les philosophes, en particulier contre les stoïciens. Mais nous estimons que la personnalité des deux convives est tout à fait différente, justement du fait que Myrtilus s'en prend de façon virulente non seulement aux stoïciens, et en général à tous les socratiques, y compris les cyniques (dont Athénée présente par ailleurs un portrait négatif, à travers d'autres convives, comme Ulpien), mais aussi à tous les philosophes, qui sont pour lui tous suspects en principe d'hypocrisie.

Dans III, 97 c - 99 f, après avoir insulté Ulpien pour sa gloutonnerie, Théodore-Cynulcus met en lumière les incohérences et les bêtises que comportent ses discours. Il s'attaque en général aux érudits «ulpiniens» pour leur emploi pédant et extravagant du langage. Ulpien, à son tour, se défend, en prenant ces critiques-là comme de simples aboiements et des expressions de rage, et il lui dit qu'il mérite seulement d'être frappé comme un chien (99 f-100 b). *Cf.* aussi 106 e ; 113 d-e ; 121 e-123 e ; 126 a.

Dans le livre IV, 156c-158a, Cynulcus décrit une partie du *Banquet des cyniques* de Parméniscus (➤P 43), où les lentilles sont la nourriture par excellence, et il continue immédiatement après à faire preuve de la plus grande érudition concernant les lentilles (158 a-d). Il fait en général l'éloge de la vie simple (158 e-159 a) et il critique les excès commis par amour de l'argent (159 a-e). Devant l'indifférence des autres convives pour son discours, il poursuit son plaidoyer en faveur des plats simples des cyniques (159e-160b). Un autre convive, un certain Magnus, le critique, ainsi que les autres cyniques et les philosophes en général, du fait qu'ils ne pratiquent pas l'autosuffisance de façon conséquente, mais agissent en réalité sous l'impulsion de la gloutonnerie (160d-164d ; *cf.* aussi VI, 270 c-d, VII, 275 c, XV, 678 f, 685 f, où la critique provient d'Ulpien). À son tour, Cynulcus, en prenant la parole au nom des philosophes présents, réplique en disant que ce sont leurs adversaires qui parlent en vain et qui agissent en fonction de la gloutonnerie et de la recherche des plaisirs raffinés (164d-165b ; *cf.* aussi VIII, 347 d, IX, 385 b-c, XV, 697 b, à propos d'Ulpien).

Dans VIII, 348d-352d, il fait l'éloge de l'ingéniosité du citharède Stratonicos (*cf.* d'autres preuves d'érudition dans VII, 275c-276a, XV, 669 b-c). Il s'attaque ensuite (352d-354c) à la zoologie d'Aristote (➤A 414, p. 472-481), en ridiculisant de nombreuses affirmations de celui-ci (= fr. 253 Gigon).

Il s'attaque aussi au grammairien Myrtilus (➤M 209), lui reprochant, notamment en raison de son amour des courtisanes, la mollesse de sa vie (XIII, 566 f *sqq.*). Comme porte-parole des cyniques présents au banquet, il répond aux attaques de Myrtilus contre les philosophes (*cf.* 566 e -571 a) : il accuse celui-ci de ne pas accepter les rapports pédérastiques parce qu'il fréquente les courtisanes ; et immédiatement après il adresse sa réprobation aux courtisanes et à tout ce qui a à voir avec elles. Il intervient aussi pour critiquer l'excès d'érudition exhibé par Myrtilus : il le méprise comme grammairien, et il prétend montrer que par un tel excès d'érudition Myrtilus ne fait que cacher son ignorance (610 b-e). Enfin, celui-ci attaque les cyniques représentés par Cynulcus : il leur reproche de mépriser les qualités positives et admirables du chien, c'est-à-dire son flair qui lui permet de distinguer ce qui lui est propre de ce qui lui est étranger, et la fidélité de sa protection pour tous ceux qui le traitent correctement. Bien au contraire, ces cyniques-là ne s'associent à personne et ne connaissent personne ; ils ne s'attachent à imiter que les côtés négatifs du chien (611 c) : « Le chien est par nature injurieux et vorace ; pire, il mène une vie misérable [...] et dépouillée ; or ces deux aspects, vous vous appliquez à les imiter : vous dites des méchancetés, vous êtes gloutons et qui plus est, vous vivez sans toit et sans foyer » (trad. **2** M.-O. Goulet-Cazé, « Les premiers Cyniques et la religion », dans M.-O. Goulet-Cazé et R. Goulet [édit.], *Le cynisme ancien et ses prolongements,* Actes du colloque international du C. N. R. S. [22-25 juillet 1991], Paris 1993, p. 117-158, notamment p. 137 n. 92). Bref, ils se révèlent pour Myrtilus étrangers à la vertu et inutiles dans la vie. Myrtilus va même jusqu'à déclarer que « rien n'est moins philosophe que ceux qui s'appellent philosophes » (611 c).

Cf. **3** M.-O. Goulet-Cazé, *L'ascèse cynique : un commentaire de Diogène Laërce VI 70-71,* coll. « Histoire des doctrines de l'Antiquité Classique » 10, Paris 1986, 2e édit. rev. et aug. 2001, p. 248 ; **4** R. F. Hock, « A Dog in the manger : the Cynic Cynulcus among Athenaeus's Deipnosophists », dans D. Balch, E. Ferguson et W. Meeks (édit.), *Greeks, Romans and Christians : essays in honour of A. J. Malherbe,* Minneapolis 1990, p. 20-37.

Comme nous l'avons montré dans la notice sur Myrtillus (➤M 209), il faut interpréter cette figure de Théodore-Cynulcus dans le contexte de la polémique « littérature » *versus* « philosophie », qui était très active à l'époque d'Athénée, comme elle l'était avant à l'époque de Lucien (➤L 66). Comme celui-ci, Athénée ne manque pas de démasquer aussi bien l'hypocrisie des philosophes (à travers une figure comme Théodore-Cynulcus vu par Myrtillus) que l'excès d'érudition vaine (à travers dans ce cas la figure de Myrtillus vu par Théodore-Cynulcus).

PEDRO PABLO FUENTES GONZÁLEZ.

61 THÉODORE L'ATHÉE *RE* 32   IV-III

Philosophe de l'école cyrénaïque, surnommé "l'Athée" ou encore "le Dieu", à
ne pas confondre avec Théodore de Cyrène (➡T 56a), le mathématicien du siècle
précédent (né *ca* 470), dont Platon et Théétète furent les disciples.

Éditions des fragments et des témoignages

1 G. Giannantoni, *I Cirenaici. Raccolta delle fonti antiche, traduzione e studio
introduttivo*, coll. «Pubblicazioni dell'Istituto di Filosofia dell'Università di
Roma» 5, Firenze 1958 (VIII A 1-48 Testimonianze [avec apparat critique et
traduction italienne], p. 454-483 ; B 1 Imitazioni, p. 483 : Anonyme Syriaque, ed.
A. S. Lewis, «Studia Sinaitica», I, 1894, p. 37). **2** E. Mannebach, *Aristippi et
Cyrenaicorum fragmenta*, Leiden/Köln 1961 (le nom de Théodore intervient
ponctuellement dans plusieurs passages consacrés à la «Cyrenaicorum secta» et
aux «Cyrenaicorum placita», mais 22 témoignages lui sont spécifiquement

consacrés [n°s 250-272, p. 58-63 dans le *Supplementum* II : « De Theodoro Atheo »], accompagnés de notes critiques, p. 100) ; **3** M. Wyniarczyk, *Diagorae Melii, et Theodori Cyrenaei Reliquiae*, coll. *BT*, Leipzig 1981, p. 31-47 (67 *testimonia* rangés selon six thèmes : *de vita, de magistris, de placitis, de scriptis et discipulis, varia, dubia*, suivis d'une rubrique *Imitationes* et d'un *Appendix*) ; on y trouve trois fragments absents de Giannantoni **1** : D. L. IV 54, Sextus Empiricus, *A. M.* IX 50, Jean Chrysostome, *in Epist. I ad Rom. hom.* IV 5 ; Wyniarczyk, p. VI n. 2, explique en outre qu'il n'a pas gardé un fragment conservé dans un florilège syriaque et présent dans Giannantoni **1** (VIII B 1) ni une épigramme de Callimaque (*Anth. Pal.* VII 524) attribuée à Théodore par **4** F. Chamoux, « Le roi Magas », *RH* 216, 1956, p. 18-34, notamment p. 33 ; **5** M. Winiarczyk, « Ergänzungen zu Diagoras und Theodoros », *Philologus* 133, 1989, p. 151-152 (l'auteur fait pour Théodore trois ajouts à son édition de 1981) ; **6** G. Giannantoni, *Socratis et Socraticorum Reliquiae*, coll. « Elenchos » XVIII **, Roma 1990, fragments au t. II, section IV H : « Theodorus Atheus », p. 119-133 (table de concordance avec l'édition Wyniarczyk, p. 192-193) [les 3 fragments manquants, ont été rajoutés, mais les *imitationes* insérées par Winiarczyk : Polybe XXXVIII 10, 9, et Jérôme, *Adv. Ruf.* III 42, volontairement ne l'ont pas été] ; commentaire t. IV, Nota 20 : « Egesia e Teodoro l'Ateo », p. 190-193 ; voir aussi Nota 52 : « Diogene. Le idee sulla politica e sulla religione », p. 538-550.

Les deux éditions à utiliser sont Winiarczyk **3** et Giannantoni **6**. Les témoignages sont cités dans la présente notice selon l'édition Winiarczyk **3** sous la forme T**. Si une autre collection de fragments est citée, par exemple Kindstrand, nous indiquons : T** = T** Kindstrand.

Traductions

Traduction italienne des *testimonia* dans Giannantoni **1**. La partie du chapitre de Diogène Laërce consacrée à Théodore (D. L. II 85-104) est traduite par M.-O. Goulet-Cazé, dans **7** Diogène Laërce, *Vies et doctrines des philosophes illustres*, trad. franç. sous la direction de M.-O. Goulet-Cazé, deuxième édition, revue et corrigée, Paris 1999, p. 291-310. Une traduction française des textes est donnée dans **8** M. Onfray, *L'invention du plaisir. Fragments cyrénaïques*, coll. « Le livre de poche », Paris 2002, p. 221-244.

Bibliographie

9 M. Winiarczyk, « Bibliographie zum antiken Atheismus », *Elenchos* 10, 1989, p. 103-192, notamment p. 156-157.

Études d'orientation

10 F. Susemihl, *Geschichte der griechischen Literatur in der Alexandriner Zeit*, t. I, Leipzig 1891, p. 12-13 ; **11** E. Antoniadis, *Aristipp und die Kyrenaiker*, Göttingen 1916 ; **12** K. Joël, *Geschichte der antiken Philosophie*, t. I, Tübingen 1921, p. 948-951 ; **13** E. Zeller, *Die Philosophie der Griechen*, t. II 1 : « Sokrates

und die Sokratiker ; Platon und die alte Akademie », Leipzig 1922⁵, p. 340-341 et
p. 375-378 ; **14** L. Robin, *La pensée grecque et les origines de l'esprit scientifique*,
coll. «*L'évolution de l'humanité*, Paris 1923, p. 199-203 ; **15** Th. Gomperz,
Griechische Denker. Eine Geschichte der antiken Philosophie, 4. Auflage,
Ausgabe letzter Hand besorgt von H. Gomperz, t. II, Berlin/Leipzig 1925, p. 190-
192 et 547-548 (trad. franç.: *Les penseurs de la Grèce. Histoire de la philosophie
antique*, Paris/Lausanne, 1908², t. II, p. 249-253) ; **16** K. Praechter, *Die Philosophie des Altertums*, Berlin 1926¹² = F. Überwegs *Grundriß der Geschichte der
Philosophie*, 1. Teil, p. 171. 176. 64* ; **17** H. Gomperz, *Die Lebensauffassung der
griechischen Philosophen und das Ideal der inneren Freiheit*, Jena 1927³, p. 162-
165 ; **18** A. Levi, «Le idee di Teodoro l'Ateo», *RIL* 64, fascicules 16-18, 1931,
p. 1189-1196 ; **19** K. von Fritz, art. «Theodoros» 32, *RE* V A 2, 1934, col. 1825-
1831 ; **20** D. R. Dudley, *A History of Cynicism*, London 1937, p. 104-106 ;
21 M. Pohlenz, *Griechische Freiheit, Wesen und Werden eines Lebensideals*,
Heidelberg 1955, p. 77-81 ; **22** C. J. Classen, «Aristippos», *Hermes* 86, 1958,
p. 182-192 ; **23** G. Lieberg, «Aristippo e la scuola cirenaica», *RCSF* 13, 1958,
p. 3-11 ; **24** A. Krokiewicz, «Etyka Demokryta i hedonizm Arystypa» (en
polonais), Warszawa 1960, p. 195-206 ; **25** O. Gigon, art. «Theodoros Atheos»,
LAW, 1965, col. 3046 ; **26** H. Steckel, art. «Epikuros», *RESuppl.* XI, 1968, col.
591 ; **27** H. Dörrie, art. «Theodoros», *KP* V, 1975, p. 691 ; **28** J. F. Kindstrand,
*Bion of Borysthenes. A Collection of the Fragments with Introduction and
Commentary*, coll. «Studia Graeca Upsalensia» 11, Uppsala 1976, p. 67-70 ;
29 M. Winiarczyk, «Der erste Atheistenkatalog des Kleitomachos», *Philologus*
120, 1976, p. 32-46 ; **30** *Id.*, «Theodoros ὁ Ἄθεος», *Philologus* 125, 1981, p. 64-
94 ; **31** *Id.*, «Theodoros ὁ Ἄθεος und Diogenes von Sinope», *Eos* 69, 1981, p. 37-
42 ; **32** A. Brancacci, «Teodoro l'Ateo e Bione di Boristene fra Pirrone e Arcesilao», *Elenchos* 3, 1982, p. 55-85 ; **33** H. D. Rankin, *Sophists, Socratics and
Cynics*, London 1983, p. 204-206 ; **34** G. Giannantoni, «Il piacere cinetico
nell'etica epicurea», *Elenchos* 5, 1984, p. 25-44, repris sous le titre «Le plaisir
cinétique dans l'éthique d'Épicure», dans J. Brunschwig, C. Imbert et A. Roger
(édit.), *Histoire et structure. A la mémoire de Victor Goldschmidt*, Paris 1985,
p. 213-227 ; **35** K. Döring, *Der Sokratesschüler Aristipp und die Kyrenaïker*, coll.
AAWM/GS, Jahrgang 1988, Wiesbaden/Stuttgart 1988 ; **36** M. Winiarczyk,
«Antike Bezeichnungen der Gottlosigkeit und des Atheismus», *RhM* 135, 1992,
p. 216-225, qui offre «eine Sammlung der verschiedenen Bezeichnungen der Gottlosigkeit und des Atheismus» (p. 216) ; **37** J. Annas, *The Morality of happiness*,
Oxford 1993, p. 227-236 ; **38** A. Laks, «Annicéris et les plaisirs psychiques.
Quelques préalables doxographiques», dans **39** J. Brunschwig et Martha C.
Nussbaum (édit.), *Passions and Perceptions. Studies in Hellenistic Philosophy of
Mind. Proceedings of the Fifth Symposium Hellenisticum*, Cambridge 1993, p. 18-
49 ; **40** V. Tsouna, «The Socratic Origins of the Cynics and Cyrenaics», dans
41 P. A. Vander Waerdt, *The Socratic Movement*, Ithaca, N.Y., 1994, p. 367-391 ;
42 H. Sonnabend, *Die Freundschaften der Gelehrten und die zwischenstaatliche*

Politik im klassischen und hellenistischen Griechenland, coll. «Altertums-wissenschaftliche Texte und Studien» 30, Hildesheim/Zürich/New York 1996, p. 230-237 et p. 322-324 ; **43** K. Döring, «Sokrates, die Sokratiker und die von ihnen begründeten Traditionen», dans *GGP, Antike* 2/1, Basel 1998, p. 139-364, notamment p. 261-264 ; **44** S. Guillo, *Théodore de Cyrène, dit l'Athée, puis le Divin*, coll. «Ouverture philosophique», Paris 2006 (ouvrage peu fiable) ; **45** J. N. Bremmer, «Atheism in Antiquity», dans **46** M. Martin, *The Cambridge Companion to Atheism*, coll. «The Cambridge Companions», New York 2007, p. 11-26 ; **47** A. Laks, «Plaisirs cyrénaïques. Pour une logique de l'évolution interne à l'école», dans L. Boulègue et C. Lévy (édit.), *Hédonismes. Penser et dire le plaisir dans l'Antiquité et la Renaissance*, coll. «Cahiers de philologie. Série Apparat critique» 23, Villeneuve d'Ascq 2007, p. 17-46.

Surnoms

Le plus fréquemment employé est ὁ ἄθεος, mais un second surnom : θεός, apparemment postérieur au premier, lui est parfois associé (Θεόδωρος ὁ ἄθεος, εἶθα θεός (*cf.* Diogène Laërce II 86 = T 17 A ; *Souda, s.v.* Ἀρίστιππος, A 3905, t. I, p. 354, 30 Adler = T 17B ; Ps.-Hésychius de Milet, p. 28, 9 Flach, qui s'appuie sans doute sur D. L. II 86 = T 26B ; *cf.* D. L. II 116 : Θεόδωρον τὸν ἐπικλὴν Θεόν). Zeller **13**, p. 376 n. 3, dit que c'est peut-être κατ' ἀντίφρασιν qu'on l'aurait appelé θεός, au lieu d'ἄθεος. L'explication la plus courante toutefois est fournie en D. L. II 100 = T 61 : Stilpon, qui lui demande s'il est ce qu'il affirme être, énonce sans doute par plaisanterie un sophisme qu'il conclut ainsi : «donc tu es dieu», conclusion accueillie avec satisfaction par Théodore et qui explique peut-être ce second surnom. Le sophisme repose sur une ambiguïté syntaxique, où εἶναι peut être compris soit comme un *verbum copulativum* : «tu dis être dieu», soit comme un *verbum substantivum* : «tu dis que Dieu existe» (*cf.* Aristote, *Réfutations sophistiques* 4, 166 a 7-12, cité par **48** K. Döring, *Die Megariker. Kommentierte Sammlung der Testimonien*, coll. «Studien zur antiken Philosophie» 2, Amsterdam 1972, p. 148 ; voir aussi **49** L.-A. Dorion, dans son édition des *Réfutations sophistiques*, coll. «Histoire des doctrines de l'Antiquité classique» 18, Paris 1995, p. 99 et 223 n. 38).

Sources

Plutarque a composé un ouvrage, aujourd'hui perdu, intitulé Περὶ Κυρηναίων, qui porte le n° 188 dans le catalogue de Lamprias et que Bernadakis a voulu corriger en Περὶ Κυρηναϊκῶν. Cependant, comme aucun fragment n'en est conservé et comme le titre transmis a un sens : «Sur les habitants de Cyrène», il est difficile d'adopter cette correction. Dans six passages d'autres ouvrages, Plutarque mentionne le nom de Théodore. Le chapitre que Diogène Laërce consacre à Aristippe et à ses successeurs avec ses quatre doxographies (cyrénaïque, hégé-siaque, annicérienne et théodoréenne) est le principal document que nous possé-dions sur la philosophie cyrénaïque. Théodore est présent aussi dans les catalogues des athées — de même que chez les auteurs chrétiens –, ainsi que dans la tradition anecdotique où ses dits sont souvent cités. Cette tradition pose un problème particulier, celui des anecdotes à double paternité, ce qui est le cas notamment de trois anecdotes bien connues, rapportées aussi à Diogène de Sinope :

(1) Théodore, à la cour de Lysimaque, répond avec orgueil à la menace de mort que lui lance le souverain (Cicéron, *Tusc.* V 117 = T 12 ; Valère Maxime VI 2, 3 = T 10 ; Stobée, *Anth.* III 2, 32 ; t. III, p. 185, 15-18 Hense = T 13 ; *Gnom. Vat.* 743, n° 352 = T 14). (2) A qui lui reproche de ne pas croire aux dieux, Théodore répond par une échappatoire (D. L. II 102 = T 15 et D. L. VI 42 = T 16). (3) Théodore oppose aux menaces de mort de Lysimaque une totale indifférence envers ce que deviendra son corps après la mort (T 8-11). Les deux premières anecdotes selon Winiarczyk **30**, p. 91 ; *id.* **31**, p. 38-39 et p. 42, auraient concerné au départ Théodore et auraient été ensuite transférées à Diogène, tandis que la troisième relèverait de deux traditions indépendantes qui auraient transmis les vues similaires de Théodore et de Diogène sur l'inhumation.

Datation

Les dates de naissance et de décès de Théodore sont inconnues. Seule date certaine : il est connu *(agnoscitur)* lors de la quatrième année de la 117e olympiade, c'est-à-dire en 309 av. J.-C (Eusèbe, *Chronique de Jérôme*, p. 127, 1 Helm = T 1 A), renseignement repris dans la *Chronographia* de Georges le Syncelle [ἐγνωρί-ζετο] (I 522, 10 Dindorf = T 1 C). L'hypothèse a été émise qu'il appartenait au parti aristocratique pro-égyptien et qu'il aurait pu quitter Cyrène en 313, au moment où la cité se révolta contre Ptolémée et où les aristocrates furent chassés, mais ce n'est qu'une hypothèse (Winiarczyk **30**, p. 66). Voici les données chronologiques dont on dispose : il était à Athènes au moment où gouvernait Démétrius de Phalère (316-306), puis il alla en Égypte chez Ptolémée Sôter qui l'envoya chez Lysimaque, probablement entre 305, date où Lysimaque est devenu roi, et 283, date de la mort de Ptolémée. Il revint ensuite à Cyrène vivre auprès de Magas qui y régna de 300 à 250. Von Fritz **19**, col. 1825, suggère que Théodore est né vers 340, pas plus tard, et qu'il a dû vivre jusqu'à une date assez avancée dans la première moitié du IIIe siècle. Gigon **25** indique *ca* 330-270 et Döring **43**, p. 262, s'exprime ainsi sur les dates de Théodore : «Da er schwerlich später als 335 geboren sein kann, ist zu vermuten, dass er mindestens bis in die 260er Jahre gelebt hat».

Biographie

Les renseignements fournis par la tradition suggèrent de distinguer quatre phases dans la vie de Théodore.

(1) Naissance et formation à Cyrène, colonie grecque de Libye.

Il est dit Κυρηναῖος en *Gnom. Vat.* 743, n° 28 = T 4 B ; *Gnom. Vat.* 743, n° 352 = T 14 ; Stobée, *Anth.* IV 52 A 16, t. V, p. 1077, 4 Hense (qui précise dans son apparat que Wyttenbach a écrit Κυρηναῖος là où S a la leçon κυθηραῖος et A la leçon κυθηναῖος) = T 25 A ; Philodème, *De rhetorica*, fr. IX, t. II, p. 116, 6 Sudhaus (où l'on a la reconstitution Κυρην]αίου) = T 63, et *Cyrenaeus* en Cicéron, *Tusc.* I 102 = T 8, et Valère Maxime VI 2, 3 = T 10. L'adjectif Κυρηναῖος est sans doute à distinguer de Κυρηναϊκός en T 13, qui désigne plutôt son appartenance à la philosophie cyrénaïque. Un apophtegme rapporté par D. L. II 103 = T 4 A : «Quand au début il fut chassé de là (ἔνθεν τὸ πρῶτον ἐκβαλλόμενος), il eut, dit-on, un mot plaisant. Il dit en effet: "Vous agissez comme il convient, gens de Cyrène, en m'exilant de la Libye vers la Grèce"», laisse entendre qu'il fut banni de Cyrène. Döring 43, p. 261, a émis un doute sur ce bannissement, dans la mesure où une anecdote analogue est rapportée à Aristippe (*Gnom. Vat.* 743, n° 28 = T4 B). Si on accepte cette donnée, on peut se demander pourquoi et quand eut lieu ce bannissement. L'hypothèse généralement admise est que Théodore, qui plus tard ira à Alexandrie à la cour de Ptolémée Sôter puis à Cyrène chez Magas, le beau-fils de Ptolémée, appartenait au parti aristocratique pro-égyptien de Cyrène – la ville était sous domination égyptienne depuis 322 – et qu'à un moment où la cité retrouva pour quelque temps son indépendance (en 313, peut-être au moment où eut lieu la révolte contre Ptolémée, selon Winiarczyk 30, p. 66, lequel reconnaît cependant qu'aucune source antique ne vient étayer cette hypothèse), ces aristo-crates, dont Théodore, auraient pris la route de l'exil.

C'est selon toute vraisemblance à Cyrène qu'il bénéficia de l'enseignement d'Aristippe dit le Métrodidacte (➤A 360), petit-fils d'Aristippe le Socratique [➤A 356] (D. L. II 86 = T 17 A).

Dudley 20, p. 104 (à cause du τὸ πρῶτον de D. L. II 103 ?), considère qu'il a été exilé à deux reprises de Cyrène: en 322 et en 313, c'est-à-dire au moment des soulèvements anti-égyptiens de Cyrène, et que les deux fois il aurait trouvé refuge en Grèce.

(2) Séjour à Athènes et voyages dans d'autres cités

Théodore séjourna quelques années à Athènes. C'était l'époque où la cité était gouvernée par l'épimélète Démétrius de Phalère (➤D 54) pour le compte du Macédonien Cassandre (c'est-à-dire entre 317 et 307). Théodore faillit être traîné devant l'Aréopage pour impiété (παρ' ὀλίγον ἐκινδύνευσεν εἰς Ἄρειον ἀχθῆναι πάγον), car il avait accusé le hiérophante Euryclidès d'être un impie du fait qu'il dévoilait les mystères aux non-initiés, mais Théodore fut sauvé grâce à l'inter-vention de Démétrius (D. L. II 101 = T 3 A = fr. 43 Wehrli = F 48 Fortenbaugh-Schütrumpf). Compte tenu de tout ce que l'on sait de la vie ultérieure du philo-sophe, le rhéteur athénien du Ier s. de notre ère, Amphicratès, auteur d'un ouvrage *Sur les hommes illustres*, fait manifestement erreur, lorsqu'il prétend que Théodore fut condamné à boire la ciguë (D. L. II 101 = T 3 A = *FHG* IV 300, fr. 2). A en croire Philon, *Quod omnis probus* 127 (T 5), il aurait été banni d'Athènes «pour athéisme et corruption de la jeunesse» (T 5). Mais cet exil pose question («frag-lich» selon von Fritz 19, col. 1826, et «unsicher» selon Döring 43, p. 261). En effet, en D. L. II 101, Démétrius évite à Théodore de passer en jugement devant l'Aréopage, mais en D. L. II 102 Théodore, répondant à Lysimaque, reconnaît avoir été expulsé d'Athènes. Diverses interprétations ont été données de ce qui est apparu comme une contradiction. 50 E. Derenne, *Les procès d'impiété intentés aux philosophes à Athènes au Ve et au IVe siècles avant J.-C.*, coll. «Bibliothèque de la Faculté de Philosophie et Lettres de l'Université de Liège» 45, Liège/Paris 1930, p. 212, pense que son procès a bien eu lieu, que certes Démétrius a sauvé Théodore de la mort, mais qu'il n'a pu lui éviter le bannissement (sur Théodore, voir les p. 206-214). De son côté, Kindstrand **27**, p. 5 n. 18, suggère que Démétrius, tant qu'il a régné, a sans doute pu protéger Théodore d'une condamnation devant l'Aréopage, mais que Théodore, une fois Démétrius exilé, donc après 307, fut contraint lui aussi de partir. Cette interprétation est rejetée par Winiarczyk **30**, p. 68. Celui-ci voit mal comment Théodore, s'il était resté jusqu'en 307 à Athènes, aurait pu échapper aux anti-macédoniens. On sait en effet qu'en 307, Athènes, libérée de la domination macédonienne par Démétrius Poliorcète, laissa éclater sa haine contre l'occupant macédonien, au point qu'on détruisit même les statues de Démétrius de Phalère. Théodore dut par conséquent quitter Athènes avant 307. Winiarczyk **30**, p. 68-69, propose la date de 309 pour l'accusation d'impiété. Lorsque Démétrius de Phalère réussit à éviter que Théodore passât en jugement, il lui aurait conseillé de quitter quelque temps Athènes pour ne pas fâcher inutilement les cercles religieux orthodoxes, ce que Théodore aurait fait mais sans avoir été au préalable puni d'exil. Cependant on se souvenait que son départ était lié d'une façon ou d'une autre à une accusation d'impiété. La tradition anecdotique se serait mise à parler de bannissement à son propos. Théodore, philosophe cosmopolite pour qui l'exil est indifférent, n'aurait pas contredit la nouvelle de son bannissement, qui lui aurait en outre permis de faire ce bon mot sophistique, selon lequel Athènes ne l'aurait pas supporté et l'aurait expulsé, tout comme Sémélé n'avait pas supporté Dionysos et l'avait expulsé (D. L. II 102). L'interprétation de **51** F. Wehrli, *Demetrios von Phaleron*, coll. «Die Schule des Aristoteles» 4, Basel/ Stuttgart 1968[2], p. 53, est suffisamment différente pour être mentionnée: l'Aréopage chassa Stilpon (⟶S 163) d'Athènes pour ses idées religieuses, mais comme les deux hommes étaient très liés, l'événement aurait été reporté sur Théodore (D. L. II 100 et 116).

C'est à Athènes, au témoignage d'Antisthène de Rhodes (⟶A 214) dans ses *Successions de philosophes* (fr. 5 Giannatasio Andria), que Théodore écouta les leçons de Denys le dialecticien [⟶D 83] (D. L. II 98 = T 18 = T 46 Döring). Durant son séjour à Athènes il y donna des leçons que suivit pendant quelque temps Bion de Borysthène [⟶B 32] (D. L. IV 52 = T 52 = T 19 Kindstrand). Bion est en effet arrivé à Athènes avant 314, date de la mort de Xénocrate [⟶X 10] dont il fut le disciple (*cf.* Kindstrand **28**, p. 5) et il écouta Théodore avant que celui-ci ne quitte la cité, en tout état de cause avant 307.

Durant son séjour à Athènes Théodore dut faire des voyages dans d'autres villes grecques. Alors qu'il passait à Corinthe, entraînant avec lui de nombreux disciples, il rencontra Métroclès le Cynique [⟶M 142] (D. L. II 102 = T 2). Stilpon s'adresse à lui en D. L. II 100 (= T 61 = T 182 Döring), mais le lieu de la rencontre n'est pas précisé. Peut-être était-ce à Mégare. En D. L. II 116 (= T 62 = T 183 Döring), il le rencontra à Athènes, au moment où Stilpon, convoqué devant l'Aréopage, fut contraint de quitter la cité.

(3) Séjour en Égypte chez Ptolémée Sôter

Théodore séjourna ensuite chez Polémée Ier Sôter, fils de Lagos, à Alexandrie, mais on ignore combien de temps dura son séjour. Le souverain lagide l'envoya en ambassade auprès de Lysimaque, à qui avait échu la Thrace après la mort d'Alexandre (D. L. II 102 ; voir T 5-16). Voir **52** E. Olshausen, *Prosopographie der hellenistischen Königsgesandten*, t. I, coll. «Studia hellenistica» 19, Louvain 1974, p. 28, n° 15. Sur Lysimaque, voir **53** H. S. Lund, *Lysimachus. A Study in Early Hellenistic Kingship*, London/New York 1992. Quand eut lieu cette ambassade ? Lysimaque ayant pris le titre de roi en 305 et Ptolémée étant mort en 283, on peut supposer que Théodore vint en Thrace entre ces deux dates. Quel objectif poursuivait Ptolémée à travers cette ambassade ? On l'ignore. Lysimaque n'apprécia pas du tout la grande franchise de Théodore (D. L. II 102 = T 6) et Mithrès (➥M 173), le trésorier de Lysimaque, pas davantage (D. L. II 102 = T 15). L'impertinence manifestée à dessein par Théodore invite à douter du succès de son ambassade. C'est à la cour de Lysimaque que Théodore se heurta à la philosophe cynique Hipparchia (➥H 138), sœur du cynique Métroclès de Maronée et femme du cynique Cratès de Thèbes (D. L. VI 97-98 = T 60 A).

Si les explications rapportées par Philon d'Alexandrie, à propos de son départ d'Athènes et de son séjour chez Lysimaque, sont fiables (*Quod omnis probus* 127-130 = T 5), elles révèlent chez Théodore une grande suffisance. N'hésitant pas, en réponse à un haut dignitaire qui lui reproche sa fuite, à se comparer à Héraclès jeté par-dessus bord par les Argonautes à cause de son poids, il prétend que les gouvernants d'Athènes étaient incapables de soutenir l'allure de son esprit puissant et élevé. De même à Lysimaque qui lui demande si c'est à cause de la jalousie qu'il a été chassé de sa patrie (*s.e.* Cyrène), il répond tout simplement que, tout comme Sémélé, enceinte, ne pouvait plus porter Dionysos, sa patrie était trop petite pour contenir l'immense volume de son génie philosophique ! Cette réponse est sans doute à mettre en relation avec sa doctrine selon laquelle le sage ne doit pas risquer sa vie pour sa patrie, au motif qu'il ne faut pas perdre sa sagesse pour être utile aux insensés (D. L. II 98 = T 23). A cette suffisance vient s'ajouter une grande franchise (παρρησία) qui rappelle celle des cyniques. Quand Lysimaque lui dit : «Tâche de ne plus te retrouver chez nous», il répond : «Pas de risque, sauf si Ptolémée m'y envoie» (D. L. II 102 = T 6) et, quand il le menace implicitement en lui montrant Télesphoros (*RE* 2) «enfermé dans une cage, les yeux crevés, le nez et les oreilles coupés, la langue arrachée», afin qu'il comprenne comment il traite ceux qui ont mal agi envers lui, Théodore lui rétorque que peu lui importait de pourrir sur la terre ou dessous (Plutarque, *De exilio* 16, 606 B = T 7 ; voir aussi *id.*, *An vitiositas ad infelicitatem sufficiat* 3, 499 D = T 11). Théodore n'hésite pas à comparer le pouvoir de Lysimaque à celui d'un escarbot (Cicéron, *Tusculanes* V 117 ; *Gnom. Vatic.* 743, n° 352) et, même menacé de crucifixion par le roi, il sait préserver sa liberté de parole (Cicéron, *Tusculanes* I 102 = T 8 ; Valère Maxime, *Facta et dicta memorabilia* VI 2, 3 = T 9). Sur la rencontre de Lysimaque et de Théodore comme paradigme de la rencontre du tyran et du philosophe, voir

Sonnabend **42**, p. 235, qui renvoie en note à **54** H. Berve, *Die Tyrannis bei den Griechen*, 2 vol., München 1967, t. I, p. 496). Pour une distinction entre deux groupes de sources sur cet épisode, l'un, ancien, présentant négativement Théodore, l'autre, plus tardif et critique à l'égard de Lysimaque, voir Sonnabend **42**, p. 232-233.

(4) Le retour à Cyrène

A une date inconnue Théodore finit (τελευταῖον en D. L. II 103) par revenir à Cyrène où régnait depuis 300 l'Égyptien Magas, beau-fils de Ptolémée Sôter. Revint-il pour être le conseiller de Magas ? Peut-être [*cf.* Μάγᾳ συμβίους en D. L. II 103 = T 4 A. Selon l'apparat de l'édition de Diogène Laërce par T. Dorandi (2013), Μάγᾳ est une correction de J. Palmerius, *Exercitationes in optimos fere auctores Graecos*, Leiden 1668, p. 453, tandis que les manuscrits BPFΦ ont la leçon μαρίω(ι).]. Magas fut gouverneur puis roi de Cyrène de 300 à 250 (sur Magas, voir Chamoux **4** ; **55** F. Geyer, art. « Magas » 2, *RE* XIV 1, 1974, col. 293-297 ; **56** J. Seibert, *Das Zeitalter der Diadochen*, coll. « Erträge der Forschung » 185, Darmstadt 1983, p. 215 ; sur Magas et Théodore, voir **57** D.L. Clayman, *Berenice II and the golden Age of Ptolemaic Egypt*, Oxford 2013, p. 32-33). A Cyrène auprès de Magas, Théodore continua à recevoir de grandes marques d'honneur (D. L. II 103 = T 4 A).

Rien dans nos sources n'indique où Théodore fonda sa propre école philosophique : les Théodoréens (D. L. I 19 = T 49 ; II 85 = T 50 ; II 97 = T 48 ; IV 23 = T 54). Voir *infra* (« Son école et ses disciples »).

(5) La mort

On ne sait rien sur la mort de Théodore, le renseignement fourni par Amphicratès prétendant qu'il avait bu la ciguë à Athènes étant manifestement faux (D. L. II 101 = T 3 A).

Sa formation

Selon D. L II 86, repris par la *Souda, s.v.* Ἀρίστιππος, A 3905 (= T 17 A-B), Théodore fut le disciple d'Aristippe surnommé le Métrodidacte (➾A 360), lui-même disciple de sa mère Arétè (➾ 328), qui était la fille d'Aristippe (➾A 356), le disciple de Socrate. Mais selon D. L. II 98 (= T 18 = T 46 Döring), qui cite sa source : Antisthène dans ses *Successions de philosophes* (fr. 5 Giannatasio Andria), Théodore écouta les leçons d'Annicéris et celles de Denys le dialecticien. Théodore serait donc le seul philosophe cyrénaïque qui montra de l'intérêt pour la dialectique. Pour von Fritz **19**, col. 1829, les deux notices de Diogène Laërce sont conciliables, si on les rapporte à deux périodes de la vie de Théodore, l'une – où il fut le disciple d'Aristippe le Métrodidacte – à la période de formation à Cyrène, l'autre – où il fut le disciple d'Annicéris et de Denys le dialecticien –, à la période du retour à Cyrène après les séjours athénien puis égyptien (voir aussi **58** R. Giannatasio Andria, *I frammenti delle « Successioni dei filosofi »*, Napoli 1989, p. 42-44).

Par ailleurs, selon la *Souda, s.v.* Θεόδωρος, Θ 150, t. II, p. 695, 25-26 Adler (= T 19 = 204 Döring), un passage absent de *SVF* I, Théodore écouta Zénon de Kition [➤Z 20] (*ca* 336-*ca* 262), mais aussi Bryson [➤B 68] (le mégarique d'Héraclée du Pont) et Pyrrhon le sceptique (ἐφεκτικός) [➤P 327] (*ca* 360-270). La *Souda, s.v.* Σωκράτης, Σ 829, t. IV, p. 404, 19-24 Adler (T 20 = 34 Döring), rappelle également que Théodore et Pyrrhon écoutèrent Bryson d'Héraclée. Dans ce témoignage, il faut comprendre que αὐτοῦ, à la ligne 24, renvoie à Bryson, comme l'a montré **59** E. Schwartz, art. «Diogenes (Laertios)» 40, *RE* V, 1903, col. 738-763, notamment 759, et non à Socrate, comme l'avait cru Zeller **13**, n. 1, p. 341, qui en avait conclu à une confusion avec Théodore le mathématicien de Cyrène (➤T 56a).

La tradition fait état par conséquent de six maîtres dont Théodore aurait écouté les leçons. Faut-il accepter telles quelles ces données de la tradition ou remettre en cause leur fiabilité? Alors que les données laërtiennes peuvent s'admettre, il n'en est pas de même pour celles fournies par la *Souda*. Sur le plan de la chronologie, Döring **43**, p. 157-163, suivi par **60** R. Muller, *Les Mégariques. Fragments et témoignages*, Paris 1985, p. 175, pense que le Bryson mentionné à cinq reprises par Aristote, connu dans les années 60 et 50 du IVe s., donc né au plus tard au début du siècle, n'a pas pu être le maître de Théodore né vers 340 (von Fritz) ou 330 (Gigon), alors qu'il a très bien pu être le maître de Pyrrhon (fr. 34 Döring). **61** F. Declava Caizzi, *Pirrone. Testimonianze*, Napoli 1981, p. 190, estime, elle aussi, invraisemblable que Pyrrhon et Théodore aient pu être condisciples chez Bryson. Il faudrait donc éliminer Bryson de la liste des maîtres de Théodore.

Von Fritz **19**, col. 1829, suppose que si l'on a fait de Théodore l'élève de Zénon, Pyrrhon et Bryson, c'est parce que l'idée d'ἀδιαφορία joue chez lui (T 19 et 20) comme chez eux un grand rôle. Aux études signalées par Winiarczyk **30**, p. 71 n. 36, qui ont relevé une influence de Pyrrhon sur la philosophie de Théodore, il faut ajouter Brancacci **32**, qui établit une succession Pyrrhon > Théodore > Bion, assignant une origine pyrrhonienne commune à l'hédonisme sceptique de l'école cyrénaïque tardive et de la doctrine bionéenne, puis qui étudie (p. 61-72) les liens entre la doctrine de Pyrrhon et la doctrine de Théodore.

Son école et ses disciples

Une école cyrénaïque et/ou théodoréenne?

L'existence d'une école fondée par Théodore, appelée «théodoréenne» (Θεοδώρειος), et dont les membres sont désignés comme «les Théodoréens» (οἱ Θεοδώρειοι), est bien attestée (D. L. I 19 = T 49; II 85 = T 50; II 97 = T 48; Numénius *ap.* Eusèbe, *P. E.* XIV 6, 6 = T 51; *Souda, s.v.* Θεόδωρος, Θ 150, t. II, p. 695, 27-28 Adler = T 19). Les Théodoréens sont présentés par D. L. II 85 (= T 50) comme une des trois branches formées par les cyrénaïques héritiers d'Aristippe, à côté des Hégésiaques et des Annicériens: «Nous, puisque nous avons écrit sa vie (celle d'Aristippe), eh bien parcourons désormais ceux de sa lignée, les cyrénaïques qui se donnèrent les uns le nom d'Hégésiaques, d'autres celui d'Annicériens, d'autres encore celui de Théodoréens (οἵτινες ἑαυτοὺς οἱ μέν... οἱ δέ... οἱ δέ προσωνόμαζον)». Si l'on suit ce passage, on est amené à conclure que les gens qui se réclamèrent d'Aristippe de Cyrène après la mort de celui-ci répondaient à l'appellation globale de cyrénaïques mais que des spécificités doctrinales amenèrent ces cyrénaïques à constituer trois groupes se réclamant d'Hégésias, Annicéris et Théodore.

Toutefois cette interprétation se heurte à deux autres passages de Diogène Laërce. En II 86, on lit : « Ceux qui restèrent fidèles au mode de vie (ou : à l'école ?) d'Aristippe et furent appelés cyrénaïques (οἱ μὲν οὖν ἐπὶ τῆς ἀγωγῆς τῆς Ἀριστίππου μείναντες καὶ Κυρηναϊκοὶ προσαγορευθέντες) professaient les doctrines suivantes », ce qui semble impliquer qu'après la mort d'Aristippe il y eut un groupe de disciples qui, ayant pris le nom de cyrénaïques, professèrent un ensemble de doctrines que Diogène Laërce énonce de II 86 à II 93 et qui diffèrent sur des points importants des doctrines présentées dans les doxographies hégésiaque, annicérienne et théodoréenne, lesquelles sont traitées à la suite (II 93-100). Un autre passage transmettant la classification d'Hippobote (➡H 148), auteur d'un traité Sur les écoles de pensée (D. L. I 19 = T 49), va apparemment dans le même sens. Hippobote distingue en effet : 1. l'école mégarique, 2. l'érétri(a)que, 3. la cyrénaïque, 4. l'épicurienne ; 5. l'annicérienne ; 6. la théodoréenne ; 7. la zénonienne également appelée stoïcienne ; 8. l'académicienne antique ; 9. la péripatéticienne. Ces témoignages invitent à se demander s'il y eut trois ou quatre écoles issues d'Aristippe, autrement dit si les cyrénaïques englobent les hégésiaques (omis par Hippobote), les annicériens et les théodoréens, ou s'ils constituent un groupe distinct, fondé par Aristippe lui-même ou par ses successeurs directs (voir infra).

Aristippe, originaire de Cyrène (Κυρηναῖος), est présenté dans plusieurs témoignages comme (philosophe) cyrénaïque ou à la tête de l'école cyrénaïque. Ainsi D. L. I 19 : Κυρηναϊκῆς [s.e. προέστη] Ἀρίστιππος ὁ Κυρηναῖος ; D.L. II 83 : τοῦ δὴ Κυρηναϊκοῦ φιλοσόφου ; Théodoret, Thérapeutique XII 50 : Ἀρίστιππος δὲ ὁ Κυρηναϊκός ; Olympiodore, Prolégomènes 3, p. 3, 15 Busse, qui explique d'où vient le nom des écoles : ἀπὸ δὲ τῆς πατρίδος τῶν προκαταρξαμένων, ὡς ἡ Κυρηναϊκὴ λέγεται φιλοσοφία ἀπὸ Ἀριστίππου τοῦ Κυρηναϊκοῦ, et Pseudo-Acron, in Hor. epist. I 1, 18 : Aristippus Cyrenaicus fuit.

Plusieurs solutions ont été envisagées pour résoudre la question du rapport entre les quatre écoles mentionnées en D.L. II 85 : Schwartz 59, col. 758, suivi par Mannebach 2, fr. 133 et p. 89, a proposé de supprimer en D. L. II 85 les mots qui vont de Κυρηναϊκούς à προσωνόμαζον, qu'il considère comme une glose marginale. Döring 35, p. 34 et n. 56, suggère de changer, dans l'expression τοὺς ἀπ' αὐτοῦ Κυρηναϊκούς, οἵτινες…, le relatif οἵτινες en οἵ suivi de la particule de liaison élidée τ', qui serait un relatif sans antécédent coordonné à τοὺς ἀπ' αὐτοῦ Κυρηναϊκούς (« et ceux qui »), ce qui permettrait d'obtenir quatre branches. Mais pour obtenir ce sens, n'attendrait-on pas plutôt un accusatif οὕς τε : « les cyrénaïques et ceux qui se donnèrent les uns le nom de etc. » Dans ce cas il y aurait quatre écoles et il faudrait identifier les cyrénaïques à ceux qui, en D. L. II 86, restèrent fidèles au mode de vie d'Aristippe, c'est-à-dire probablement la succession directe d'Aristippe, d'ailleurs évoquée dans ce même passage de II 86, à savoir sa fille Arété, Aithiops de Ptolemaïs (➡A 77), Antipatros de Cyrène

(☞A 204), le fils d'Arétè: Aristippe le Métrodidacte, ainsi que le disciple d'Anti-patros: Épitimidès de Cyrène (☞E 48) et le disciple d'Épitimidès: Paraibatès (☞P 37).

De notre côté nous avions, en fait avec beaucoup d'hésitation, suggéré dans **62** Diogène Laërce. Vies et doctrines des philosophes illustres, traduction française sous la direction de M.-O. Goulet-Cazé, Paris, 1999², p. 184, de comprendre οἵτινες littéralement, comme la juxtaposition de οἵ et de τινες, mot à mot : « les cyrénaïques qui, pour certains d'entre eux, se donnèrent les uns le nom d'Hégésiaques, les autres... ». Cette interprétation avait l'avantage de résoudre la contradiction relevée plus haut, car si, dans le groupe des cyrénaïques il y en avait certains qui constituèrent trois groupes, cela supposait qu'il y avait d'autres τινές qui n'appartenaient pas à ces trois groupes, à savoir ceux qui restèrent fidèles au mode de vie (ou : à l'école) d'Aristippe. Mais nous reconnaissons que la distinction des deux mots qui composent οἵτινες et le sens donné à ὅς relatif, suivi de l'indéfini τις, n'est pas habituel, ὅστις ayant la plupart du temps le sens d'un banal relatif.

En conséquence, si on ne veut pas corriger le texte, deux possibilités se dessi-nent: ou Diogène Laërce se contredit et il y avait d'un côté une école cyrénaïque distincte, bien identifiée par ses doctrines, et trois écoles dissidentes par rapport à l'école cyrénaïque initiale ; ou Diogène Laëce ne se contredit pas et veut dire, de façon un peu trop concise peut-être, qu'au départ Aristippe avait fondé une école appelée cyrénaïque dotée d'un corpus doctrinal spécifique mais que peu à peu trois sous-groupes se constituèrent à l'intérieur de cette école toujours appelée cyrénaï-que mais qui n'était plus unifiée et dont les doctrines avaient évolué de trois façons différentes par rapport au contenu original.

Une école à Athènes ou une école à Cyrène?

Théodore se situe dans une double lignée, celle d'Aristippe de Cyrène par l'intermédiaire du petit-fils de celui-ci : Aristippe le Métrodidacte, puis celle d'Annicéris. Mais nous ne savons pas à quel moment il fonda son école : à Athènes avant 307 ou après son retour à Cyrène, à une date que nous ne pouvons pas déterminer avec précision ? Von Fritz **19**, col. 1828, pense que Théodore, quand il était à Athènes et que Bion le sophiste écoutait ses leçons, se comportait comme un sophiste et que c'est plus tard seulement, après son retour à Cyrène, sous l'influence d'Annicéris – qui refonda la philosophie cyrénaïque en réagissant aux positions d'Épicure (cf. Strabon XVII 22 : ὁ δοκῶν ἐπανορθῶσαι τὴν Κυρη-ναϊκὴν αἵρεσιν καὶ παραγαγεῖν ἀντ' αὐτῆς τὴν Ἀννικέρειαν) –, qu'il aurait systématisé sa philosophie et fondé sa propre école. Winiarczyk **30**, p. 70, et 79, adopte une position similaire, mais il considère qu'à Athènes Théodore déjà philo-sophait en donnant ses exposés en public à la façon des anciens sophistes (« Diese Form des Philosophierens ist ziemlich gut bezeugt », p. 79). Von Fritz **19**, col. 1828, et Winiarczyk **30**, p. 79, s'appuient sur le passage suivant pour défendre l'idée que Théodore, quand il était à Athènes, donnait ses exposés à la manière des sophistes et n'avait pas encore fondé son école de philosophie : « Bion passa ensuite aux théories de Théodore, après avoir écouté Théodore l'Athée qui était habile dans tous les types de discours (κατὰ πᾶν εἶδος λόγου σοφιστεύοντος) » (cf. D. L. IV 52 = T 52 = T 19 Kindstrand).

A l'opposé Kindstrand **28**, p. 68, estime que Théodore avait déjà fondé son école de philosophie à Athènes. Son interprétation (p. 165-166) de D.L. IV 52 est différente de celle de von Fritz : « The term σοφιστεύω cannot be used here mainly to stress the professional side, as is shown by the addition κατὰ πᾶν εἶδος λόγου ». Le verbe pourrait avoir ici une valeur péjorative pour qualifier le style et la méthode de Théodore argumentant comme un sophiste ; mais Kindstrand reconnaît que ce verbe peut signifier également : « give lectures, make rhetorical speeches », comme l'attestent de nombreux témoignages. Il rappelle en outre l'anecdote (D. L. II 102 = T2) où Métroclès le cynique (⟶M 142), à Corinthe, interpelle Théodore de la sorte : σὺ ὁ σοφιστής, « Hé toi, le sophiste ».

Pour défendre l'idée d'une école de Théodore à Athènes, on peut faire appel aussi à D. L. IV 23 (T 54 = T 20 Kindstrand), où il est dit que Bion de Borysthène, après avoir fréquenté Cratès l'Académicien, fut surnommé ensuite le Théodoréen à cause de l'école [ἀπὸ τῆς αἱρέσεως] (à laquelle il appartenait). Il est possible qu'au moment où Bion étudiait près de lui, Théodore ait déjà eu, suite à sa fréquentation d'Aristippe le Métrodidacte, une école philosophique à Athènes, dans la mouvance cyrénaïque, ce qui ne l'aurait pas empêché de reprendre les pratiques des anciens sophistes, notamment au niveau de sa méthode argumentative. Ensuite, lorsque l'école stoïcienne et l'école épicurienne apparurent, il a très bien pu, sous l'influence d'Annicéris effectivement, développer un système philosophique plus spécifique qui, sur certains points, prenait ses distances par rapport aux doctrines cyrénaïques originelles. Cette interprétation pourrait s'harmoniser avec un passage de Dioclès de Cnide (⟶D 114) *ap.* Numénius, *ap.* Eusèbe, *P. E.* XIV 6, 10 (T 51 = T 23 Kindstrand), où Arcésilas (⟶A 302) est présenté comme ayant peur des Théodoréens et de Bion le sophiste (φόβῳ τῶν Θεοδωρείων τε καὶ Βίωνος τοῦ σοφιστοῦ) qui attaquent ceux qui philosophent (τοῖς φιλοσοφοῦσι), en pratiquant par tous les moyens, sans aucune hésitation, la réfutation. L'originalité de l'école théodoréenne à Athènes aurait été au départ de mettre les ressources de la sophistique au service de la philosophie cyrénaïque, ce qui effrayait les autres philosophes, puis après le retour à Cyrène, sous l'influence d'Annicéris, de repenser, face aux théories épicuriennes, les doctrines cyrénaïques.

De nombreux disciples

On sait que Théodore avait de nombreux disciples (συχνοὺς μαθητάς) au moment où il était en Grèce, comme l'atteste une anecdote qui le met en scène rencontrant Métroclès à Corinthe (D. L. II 102 = T 2). Théodore se plaignait de ce que ses disciples le comprenaient mal, recevant de la main gauche ce qu'il leur dispensait de la main droite (Plutarque, *De tranquillitate animi* 5, 467 B = T 56 A, et *De Iside et Osiride* 68, 378 A = T 56 B).

Nous avons déjà signalé le nom de son disciple Bion de Borysthène. Ce dernier, arrivé à Athènes avant 314, date de la mort de Xénocrate (D. L. IV 10 = T 22 K), fut d'abord l'auditeur de Cratès l'Académicien (⟶C 206), puis il choisit le mode de vie cynique, ensuite écouta les leçons de Théodore avant d'écouter finalement le péripatéticien Théophraste [➣T 97] (D. L. IV 52 = T 52 = T 19 Kindstrand). La tradition désigne Bion à la fois comme σοφιστής et comme φιλόσοφος (cf. Kindstrand **28**, p. 13 n. 51), ce que semble avoir été également Théodore (pour la pratique des raisonnements sophistiques chez ce dernier, voir Plutarque, *Phocion* 38, 759 B-C = T 57; D. L. II 99-100 = T 58, où on le voit pratiquer le raisonnement par interrogation [διερωτᾶν]; D. L. II 101 = T 59). L'un comme l'autre eurent plusieurs maîtres et semblent avoir pratiqué un certain éclectisme (pour Bion, voir D. L. IV 51-52 = T 19 Kindstrand, et D. L. IV 23 = T 20 Kindstrand). Bion par ailleurs suivit l'exemple de Théodore en tenant des propos assez irrespectueux envers les dieux (D. L. IV 54 = T 53 = T 3 Kindstrand).

Selon Callimaque [de Cyrène] (➣C 22), *ap.* Athénée, *Deipn.* VI 60, 252 C (= T 55 = Callimaque, fr. 438 Pfeiffer = Hermippe, fr. 56 Wehrli), il y aurait eu aussi un Lysimaque (➣L 97), flatteur et maître du roi Attale de Pergame, qui aurait été un disciple de Théodore; ce Lysimaque, auteur de livres *Sur l'éducation d'Attale* où apparaissaient toutes sortes de flatterie, est compté par Hermippe (➣H 86) – qui est un disciple de Callimaque –, parmi les disciples de Théophraste. Sur ce passage, voir le commentaire de **63** F. Wehrli, *Hermippos der Kallima-cheer,* coll. «Die Schule des Aristoteles», Supplementband I, Basel/Stuttgart 1974, p. 79. Athénée ne précise pas où Callimaque donne cette information, mais sans doute est-ce dans ses Πίνακες (fr. 438 Pfeiffer); on ne sait pas non plus qui est ce Lysimaque ni s'il a pu être le disciple à la fois de Théodore et de Théophraste ou s'il fut le disciple d'un seul des deux. **64** J.-P. Schneider, notice «Lysimaque», L 97, *DPhA* t. IV, 2005, p. 214-215, pense que la double fréquentation de Théodore (né selon lui avant 335 et mort après 260) et de Théophraste (né selon Fortenbaugh en 372/1 ou 371/0 et mort en 288/7 ou 287/6) n'est pas exclue. Mais le panégyrique d'Attale n'a pu être composé qu'après l'accession au trône d'Attale Ier (qui régna de 241 à 197). Or cette donnée, remarque J.-P. Schneider, est difficilement compatible avec les renseignements dont on dispose sur les maîtres de Lysimaque. Aussi envisage-t-il une confusion avec le roi Lysimaque, dont la relation avec Théodore est bien attestée.

Par erreur la tradition a fait également d'Évhémère (➣E 187) un disciple de Théodore. Winiarczyk **30**, p. 84 et p. 92 et n. 121, rappelle qu'aucun témoignage ancien ne va en ce sens, même si plusieurs chercheurs depuis le XIXe s. ont soutenu cette position. Au point de départ de cette hypothèse, on trouve une conjecture de **65** F. Nietzsche, «Analecta Laertiana», *RhM* 25, 1870, p. 231, qui, dans le passage suivant de D. L. II 97, a voulu remplacer Ἐπίκουρον par Εὐήμερον: «Nous sommes tombé sur un ouvrage de lui [= Théodore] intitulé *Sur les dieux*, qui ne prête pas au mépris. C'est à ce livre, dit-on, qu'Épicure emprunta la plupart des choses qu'il a dites» (T 45 = fr. 391 Usener). Or cette conjecture, qualifiée par Usener, dans ses *Epicurea*, p. 259, de «turpi errore», n'est pas suffisamment fondée. La présence d'Évhémère à côté de Théodore dans les catalogues d'athées (voir **66** R. Goulet, notice «Évhémère de Messine», E 187, *DPhA*, t. III, 2000, p. 407), et le fait qu'Évhémère, à l'instar de Théodore, critiquait les croyances populaires, ne sauraient constituer des arguments déterminants en faveur de cette conjecture de Nietzsche qui a fini par être abandonnée.

67 R. von Scala, «Theodoros ἄθεος bei Polybius», *RhM* 45, 1890, p. 474-476, entend montrer que les idées de Théodore ont pu influencer Polybe par l'intermédiaire de Bion de Borysthène.

Ses écrits

Le Περὶ θεῶν

Aucun écrit de Théodore n'a survécu. Curieusement, Diogène Laërce en I 16 (= T 64, inséré par Winiarczyk parmi les *dubia*) range le philosophe parmi ceux qui, « selon certains », n'ont rien écrit, alors qu'en II 97 (T 45) cité plus haut, il dit que lui-même est tombé par hasard sur un ouvrage de Théodore intitulé *Sur les dieux*, (Περὶ θεῶν). Apparemment ce livre a plu à Diogène Laërce, puisqu'il affirme à son propos qu'il « ne prête pas au mépris » (οὐκ εὐκαταφρονήτῳ). La précision ajoutée : « C'est à ce livre, dit-on, qu'Épicure emprunta la plupart des choses qu'il a dites » (fr. 391 Usener), a suscité la correction de Nietzsche signalée plus haut, mais aussi bien des commentaires, car cette phrase implique que Théodore, avec sa critique de la religion populaire, aurait largement influencé la pensée d'Épicure, ce qui chronologiquement n'est pas impossible. Si Théodore a écrit son livre à Athènes, Épicure – né en 342/341 et décédé en 270 –, a pu le lire lorsqu'il arriva à Athènes où il fonda son école en 306, alors que Théodore avait quitté la cité et était déjà chez Ptolémée Sôter. Dans la ligne de Dudley **20**, p. 105, qui ne prend pas le renseignement au sens littéral, Winiarczyk **30**, p. 84, considère que cette dépendance d'Épicure par rapport à Théodore n'est pas un fait objectif, mais selon toute vraisemblance une construction des doxographes hellénistiques postérieurs, lesquels, remarquant chez Épicure et Théodore une même critique des croyances populaires, auraient établi une dépendance de l'un envers l'autre.

Au second siècle de notre ère, l'ouvrage de Théodore continuait à être lu puisque Sextus Empiricus y renvoie : ὁ μὲν διὰ τοῦ περὶ θεῶν συντάγματος τὰ παρὰ τοῖς Ἕλλησι θεολογούμενα ποικίλως ἀνασκευάσας «Théodore qui, au moyen de son traité sur les dieux, a détruit par des arguments variés les croyances théologiques qui s'expriment chez les Grecs » (*A. M.* IX 55 = T 46). Voir aussi *H. P.* III 218 ; *A. M.* IX 51.

Un Περὶ αἱρέσεων ?

On lit en D. L. II 65 (= T 47) : « Aristippe a été maltraité aussi par Théodore dans son ouvrage *Sur les écoles philosophiques* (Περὶ αἱρέσεων) et par Platon dans son ouvrage *Sur l'âme* comme nous l'avons dit ailleurs ». On peut se demander de quel Théodore il s'agit ici. Giannantoni **6**, t. IV, p. 190, qui choisit de traduire ce titre par *Sur les écoles*, et Döring **43**, p. 263, estiment que ce n'est pas Théodore l'Athée, tandis que Winiarczyk **30**, p. 85-86 et note 94, qui traduit par *Sur les choix*, pense le contraire, Théodore, dont on sait par la *Souda* qu'il a beaucoup écrit sur sa propre école (cf. T 19), ayant pu dans cet ouvrage s'exprimer sur les enseignements différents dispensés dans l'école cyrénaïque. Winiarczyck suggère qu'en D.L. II 65 l'ensemble de la citation qui nomme l'écrit de Théodore entre une allusion à Xénophon et la mention d'un ouvrage de Platon pourrait provenir de l'écrit de l'épicurien Idoménée Περὶ τῶν Σωκρατικῶν qui traitait des polémiques entre les socratiques.

Mais la question a été reprise par **68** L. A. Bredlow, « Some notes on Diogenes Laertius », *Hermes* 135, 2007, p. 370, qui propose d'identifier le Théodore de II 65 (➳T 47) et celui de X 5 (➳T 48), auteur d'un Πρὸς Ἐπίκουρον (cf. *infra*), en qui il voit, à la suite de W. Capelle, art. « Theodoros » 38, *RE* V A 2, 1934, col. 1831, un des trois philosophes stoïciens (➳T 49, 55, 57) inconnus portant ce nom et cités par D. L. II 104. Bredlow suggère donc de traduire, comme l'avait déjà fait Winiarczyk Περὶ αἱρέσεων par « "On (moral) choice", perhaps as an abbreviated form for Περὶ αἱρέσεων καὶ φυγῶν (cf. the reference to Epicurus' homonymous work at 10, 136), if not as an error for Περὶ αἱρετῶν : the question of τὸ αἱρετόν was indeed crucial for Cyrenaic (see 2, 88.90-92) as well as for Stoic ethics (7, 92.99.101) ». Une polémique contre l'hédonisme d'Aristippe aurait selon lui davantage sa place dans un traité de morale stoïcienne que dans un ouvrage doxographique. Le but hautement spécifique du traité de Théodore expliquerait pourquoi l'ouvrage n'est mentionné nulle part ailleurs, ce qui serait assez surprenant dans le cas d'un ouvrage de synthèse sur les écoles philosophiques.

Un Πρὸς Ἐπίκουρον ?

On lit en D. L. X 5 (= T 65 = SSR, t. IV, p. 190) : « Une autre fois, écrivant à Thémista, il (Épicure) juge bon de lui adresser une exhortation, comme le rapporte Théodore dans le quatrième livre de son *Contre Épicure* ». **69** O. Steckel, art. « Epikouros », *RESuppl.* XI, 1968, col. 590-591, et **70** M. Isnardi Parente, *Epicuro. Opere*, Torino 1983², p. 103 n. 3, ont jugé qu'il s'agissait de Théodore l'Athée (➳T 61), contrairement à Giannantoni **6**, t. IV, p. 190, à Winiarczyk **30**, p. 86-87, et à Bredlow **68**. Voir plus haut la notice T 48.

D'autres écrits ?

On lit dans la *Souda*, *s.v.* Θεόδωρος, Θ 150, t. II, p. 695, 28-29 (T 19 = SSR IV H 2, 4-5) : « Celui-ci (*s.e.* Théodore) écrivit beaucoup de choses se rapportant à sa propre école (πολλὰ συντείνοτα εἰς τὴν οἰκείαν αἵρεσιν), et encore bien d'autres choses ». Selon Döring **43**, p. 263, ce qui est dit des écrits de Théodore dans la *Souda* mérite aussi peu de crédit que ce qui est dit de sa personne dans le même ouvrage.

Enfin, comme la *Souda*, *s.v.* Ἱππαρχία, I 517, t. II, p. 657, 15-17 Adler (T 60) affirme qu'Hipparchia (➳H 138) a écrit des *Hypothèses philosophiques*, des *Épichérèmes* et des *Problèmes* (Προτάσεις) proposés à Théodore l'Athée, on peut supposer que Théodore lui répondit dans des écrits.

Son athéisme

Théodore figure, aux côtés de Protagoras (☛P 302), Critias (☛C 216), Diagoras de Mélos (☛D 91) et d'autres, dans les catalogues des athées dont la liste est indiquée par Winiarczyk **30**, p. 87 n. 103. Il apparaît notamment dans le premier de ces catalogues dont Winiarczyk **29**, p. 36 et n. 25, et **71** D. Obbink, « The Atheism of Epicurus », *GRBS* 30, 1989, p. 187-223 – à la suite de **72** W. Nestle, art. « Atheismus », *RAC* I, 1950, col. 866-870, notamment col. 869, qui renvoie à Théophile, *Ad Autolycum* III 7 –, envisagent qu'il puisse être l'œuvre, à la fin du IIe s. avant notre ère, de l'académicien Clitomaque de Carthage (☛C 149). C'est pourquoi il est question de Théodore dans les ouvrages classiques sur l'athéisme : **73** P. Decharme, *La critique des traditions religieuses chez les Grecs des origines au temps de Plutarque*, Paris 1904, p. 173-175 ; **74** A. B. Drachman, *Atheism in Pagan Antiquity*, London/Copenhagen 1922, p. 13 et 75-76 ; Derenne **50**, p. 206, qui fait de lui « le type de l'athée par excellence » ; Nestle **72**, col. 866-870 ; **75** W. Fahr, *ΘΕΟΥΣ ΝΟΜΙΖΕΙΝ : Zum Problem der Anfänge des Atheismus bei den Griechen*, coll. « Spudasmata » 26, Hildesheim/New York 1969 (sur les débuts de l'athéisme jusqu'au Platon des premiers dialogues : *Protagoras, Ménéxène, Apologie*) ; **76** W. K. C. Guthrie, *A History of Greek Philosophy*, t. III : *The Fifth-Century Enlightenment*, Cambridge 1969, p. 226-249, notamment p. 236. Mais les témoignages sur l'athéisme de Théodore sont assez tardifs, le plus ancien remontant à Cicéron, et plusieurs d'entre eux étant le fait d'auteurs chrétiens qui désignent comme athées aussi bien les païens que les hérétiques. Voir Zeller **13**, p. 377 ; Levi **18**, p. 1190-1191.

Comme la notion d'athéisme peut signifier aussi bien la négation de l'existence du divin qu'une attitude critique à l'égard de l'existence des dieux de la religion populaire, on peut se demander quel type d'athéisme sous-tendait le Περὶ θεῶν. Dans le cas de Théodore l'athéisme s'exprime selon ces deux optiques, la première par exemple dans Cicéron, *De natura deorum* I 63 (= T 30 = Diagoras T 41) : *Diagoras, Atheos qui dictus est, posteaque Theodorus nonne aperte deorum naturam sustulerunt ?* ou encore I 117 (= T 31 = Diagoras T 42) : *nisi forte Diagoram aut Theodorum, qui omnino deos esse negabant* ; la seconde, formulée d'un point de vue chrétien, chez Clément d'Alexandrie (*Protreptique* II 24, 2 = T 42 = Diagoras T 63) qui défend Théodore contre l'accusation d'athéisme, au motif que pour lui les athées sont ceux qui croient aux dieux païens et que ce n'est pas le cas de Théodore, tandis que Diogène Laërce II 97 (T 26 = Diagoras T 30) conserve l'ambiguïté dans la mesure où il dit seulement que Théodore rejette complètement les opinions sur les dieux : ἦν δ' ὁ Θεόδωρος παντάπασιν ἀναιρῶν τὰς περὶ θεῶν δόξας). Les avis des Modernes sont tout aussi partagés sur la question, ceux qui veulent prouver son athéisme extrême s'appuyant sur la tradition doxographique, les autres sur le passage de Clément (cf. Winiarczyk **30**, p. 88 et n. 106 et 107). Winiarczyk **30**, p. 89-90, considère que pour Théodore la religion joue un rôle utile dans la vie des hommes, car elle tient les insensés dans l'obéissance, mais que la conception théodoréenne d'un sage autarcique aspirant à la liberté intérieure exclut l'existence d'un dieu ou des dieux (renvoi à Dudley **20**, p. 106). Voir aussi Döring **43**, p. 264, pour qui il est possible que Théodore ait repris l'idée exprimée dans un fragment du drame satyrique *Sisyphe* attribué tantôt à Critias, tantôt à Euripide (DK 88 B 25 = *TrGF* I 43 F 19), selon laquelle les dieux auraient été inventés autrefois par un homme astucieux pour jouer le rôle de policiers du monde omniscients, afin que les hommes se sentent constamment observés et de ce fait n'osent pas violer en cachette les normes en cours, destinées en réalité à discipliner la foule des insensés.

Les fragments qui nous sont parvenus permettent de saisir quelques aspects de l'« athéisme » de Théodore, du moins de l'athéisme tel qu'on le reprochait à Théodore. Cicéron, *De natura deorum* I 117 (T 32 = Diagoras T 43) a compris que l'athéisme de Théodore, comme celui de Protagoras (➠P 302) ou de Diagoras, abolit non seulement la superstition, qui suppose une vaine crainte des dieux, mais aussi la religion avec sa piété envers les dieux. De son côté, Plutarque, *Des notions communes* 31, 1075 A (T 39 = Diagoras T 53), atténue cet athéisme : les athées comme Théodore, Diagoras ou Hippon (➠H 157) n'ont pas osé dire que la Divinité est un être périssable mais ils ne croyaient pas qu'il pouvait exister un être impérissable. Cependant, même s'ils n'ont pas admis l'existence de l'impérissable, ils ont préservé la prénotion de Dieu (τοῦ θεοῦ τὴν πρόληψιν). Du côté des chrétiens, un auteur comme Clément d'Alexandrie, *Protreptique* II 24, 2 (T 42 = Diagoras T 63), déjà évoqué, s'étonne qu'on ait traité d'athées des gens tels qu'Évhémère d'Agrigente (➠E 187), Nicanor de Chypre, Diagoras, Hippon et avec eux Théodore, alors qu'en fait ceux-ci ont compris mieux que d'autres les erreurs des hommes concernant les dieux : « S'ils n'ont pas conçu la vérité elle-même, du moins ont-ils soupçonné l'erreur ». En revanche Lactance, *De ira Dei* 9, 7 (T 33 = Diagoras T 45) reprochera à Diagoras et Théodore de porter des accusations fausses contre la Providence, tandis qu'Épiphane, *De fide* 9, 28 (T 27 ; t. III, p. 507 Holl), prétendra que Théodore traitait de radotage (λῆρος) les discussions sur Dieu. Engagé dans une polémique chrétienne débridée, Épiphane établit dans le cas de Théodore un lien entre son athéisme et son immoralisme, affirmant que Théodore, parce qu'il était athée, aurait invité tout le monde à voler, à se parjurer, à piller et à refuser de mourir pour sa patrie (voir Levi **18**, p. 1193 et n. 4). De façon générale d'ailleurs, Épiphane n'hésite pas à dénaturer le message des philosophes et procède exactement de la même façon dans le cas des stoïciens (*De fide* 9, 43 ; t. III, p. 508, 16-19 Holl [= *SVF* I 253] et p. 509, 2-5 Holl [= *SVF* III 746]).

Ses relations avec les autres écoles

Théodore et le cynisme

Diogène incarnait l'ascétisme et Aristippe l'hédonisme, mais progressivement les doctrines d'Aristippe subirent des modifications par l'intermédiaire des hédonistes tardifs comme Annicéris, Hégésias et Théodore, dont les théories rejoignaient le cynisme à propos notamment du rejet des valeurs établies (cf. Dudley **20**, p. 103-104). Théodore incarnerait donc un point de contact entre cynisme et hédonisme. Le fait qu'il devint le maître de Bion de Borysthène, après que celui-ci eut adopté le mode de vie cynique, va en ce sens (D. L. IV 52 = T 52). La παρρησία manifestée par Théodore chez Lysimaque (D. L. II 102 = T 6 ; Plutarque, *De exilio* 16, 606 B = T 7 ; *Gnom. Vat.* 743, n° 352 = T 14), de même que le cosmopolitisme sont des traits qui rapprochent également Théodore des cyniques (*cf.* Gomperz **17**, p. 162, qui y voit l'expression d'une influence cynique sur Théodore et qui, plus généralement, insiste sur l'influence exercée par le cynisme sur le philosophe, tandis que Levi **18**, p. 1196, perçoit ces traits comme un approfondissement par Théodore des intuitions fondamentales d'Aristippe et de ses disciples orthodoxes, les cyrénaïques comme les cyniques voulant rendre leur sage complètement indépendant). Comme les cyniques encore, Théodore insiste sur l'abîme qui sépare les sages des insensés. Mais en plus, il en tire la conséquence que les insensés ont besoin de la morale pour les retenir, tandis que le sage, lui, est capable de savoir en quelle circonstance il peut poser tel acte apparemment contraire à la morale (D. L. II 99 = T 22). Théodore en effet conçoit que le sage pourrait poser certains actes répréhensibles selon la morale traditionnelle, comme voler, commettre l'adultère ou piller des temples « si l'occasion l'exigeait, car aucun de ces actes n'est *honteux par nature*, une fois enlevée l'opinion qui s'y rattache, et qui n'est là que pour retenir les insensés » (D. L. II 99 = T 22). L'idée que ces actes ne sont pas honteux par nature et que le sage par conséquent peut les poser si la circonstance l'exige est exactement celle de Diogène le cynique dans sa *Politeia*, qui pousse dans ses conséquences les plus ultimes le mode de vie selon la nature et considère que rien n'est impie ni déplacé dès lors que c'est naturel (*cf.* D. L. VI 73 ; voir **77** M.-O. Goulet-Cazé, *Les Kynika du stoïcisme,* coll. « Hermes Einzelschriften » 89, Stuttgart 2005, notamment p. 73-82). C'est ainsi que le sage selon Théodore peut avoir des relations sexuelles en public, pratique qui fait écho à l'union en public de Cratès et d'Hipparchia et plus généralement à l'ἀναίδεια cynique (D. L. II 99 = T 58). Notre interprétation de la prise en compte des circonstances par Théodore diverge de celle de Döring **43**, p. 263, qui, en précisant ainsi le sens de ἐν καιρῷ : « wenn er sicher sein kann, nicht dabei ertappt zu werden und deshalb mit Beeinträchtigungen seines Wohlbefindens rechnen zu müssen », rend sur ce point la morale théodoréenne amorale, ou du moins peu morale. Nous pensons au contraire que pour le sage théodoréen, comme pour le sage cynique, la nature est une norme qu'il convient de suivre jusque dans ses conséquences les plus ultimes, voire les plus scandaleuses, même si les insensés pensent que ce n'est pas moral, mais que l'intérêt bassement opportuniste en est exclu. C'est ainsi par exemple que Diogène le cynique justifie l'anthropophagie dans sa tragédie le *Thyeste* (D. L. VI 73), ou encore l'inceste dans l'*Oedipe* (Dion Chrysostome, *Disc*. 10, 29-30). Dans la même ligne que le cosmopolitisme diogénien, Théodore affirme que l'univers est sa patrie (D. L. II 98 = T 23). Il recommande au sage de ne pas donner sa vie pour elle au motif qu'« il ne faut pas perdre sa sagesse pour être utile aux insensés». On peut penser en outre que la patrie, au sens traditionnel du terme, est pour lui une invention humaine relevant de la convention et non de la nature. On relève toutefois une différence par rapport au cynisme et au stoïcisme : Théodore n'est pas favorable au suicide (Favorinus, *Sur la vieillesse*, dans Stobée, *Anth.* IV 52 A 16, t. V, p. 1077, 3-10 Hense = T 25A), dont on peut penser qu'il le considérait comme non conforme à la nature.

De ces rapprochements avec le cynisme faut-il conclure qu'il y eut un hédonisme cynique ? ou simplement des points de contact entre deux écoles socratiques ? La tradition fait état de rencontres entre Théodore et le cynique Métroclès de Maronée, disciple de Cratès de Thèbes, ainsi qu'entre Théodore et Hipparchia de Maronée, sœur de Métroclès et épouse de Cratès. Mais ces anecdotes traduisent plutôt une opposition entre le cyrénaïque et les cyniques. C'est pourquoi l'hypothèse de points de contact entre les deux écoles, déjà sans doute avec Antisthène et Diogène d'un côté et Aristippe de l'autre, nous paraît plus plausible.

L'anecdote, qui fait intervenir Théodore et Métroclès à Corinthe, où Métroclès, en train de laver des brins de cerfeuil, se moque de Théodore le sophiste qui entraîne avec lui de nombreux disciples, est rapportée par D. L. II 102 (= T 2), lequel précise en II 103 que l'anecdote est rapportée plus haut dans l'ouvrage (en II 68), mais à propos de Diogène et d'Aristippe. Il s'agit donc d'une de ces multiples anecdotes qui circulaient dans les recueils de chries avec des protagonistes différents. Il convient par conséquent de la manier avec prudence. Métroclès se moque du sophiste (σὺ ὁ σοφιστής) qui a besoin de disciples et Théodore se moque du cynique contraint à laver des légumes à cause de son manque de sociabilité.

Celle concernant Hipparchia est en revanche plus intéressante. Hipparchia, une des rares femmes philosophes de l'antiquité, et fière de l'être, confond Théodore par un sophisme dans une anecdote qui n'est pas à l'honneur du philosophe. Ce dernier en effet, ne trouvant rien à répondre à l'argument d'Hipparchia, lui enlève son manteau. « Hipparchia n'en fut ni frappée ni troublée, comme eût dû l'être une femme. Bien plus, quand Théodore lui dit : "Est-ce bien celle qui sur le métier a laissé sa navette ? (Euripide, *Bacchantes*, v. 1236), elle répondit : "C'est bien moi, Théodore. Mais ai-je pris une mauvaise décision, si le temps que j'aurais dû perdre sur le métier, je l'ai consacré à mon éducation ? » (D. L. VI 97-98 = T 60 A). Revendiquant le statut de femme philosophe, qui plus est cynique, Hipparchia illustre toute la distance qui, malgré les rapprochements évoqués plus haut, pouvait séparer Théodore du cynisme, féministe avant l'heure : misogynie et mépris à l'endroit de celle qui, tout en étant une femme, prétendait à la philosophie, et n'hésitait pas, d'ailleurs, à écrire contre lui des *Hypothèses philosophiques*, des *Épichérèmes* et des *Protases* [φιλοσόφους ὑποθέσεις καί τινα ἐπιχειρήματα καὶ προτάσεις] (*Souda, s.v.* Ἱππαρχία, t. II, p. 657 Adler = T 60 C).

Trois anecdotes qui se rapportent tantôt à Théodore tantôt à Diogène le Cynique sont étudiées par Winiarczyk **31**, p. 37-42 (voir *supra* dans «Sources»).

Théodore et Épicure

Une des raisons pour lesquelles Hégésias, Annicéris et Théodore auraient, chacun à sa façon, modifié l'enseignement cyrénaïque initial sur le plaisir, serait la concurrence qu'aurait représentée l'enseignement épicurien du plaisir (*cf.* Winiarczyk **30**, p. 79 et n. 69, et p. 80). Après son retour à Cyrène, Théodore aurait pris conscience de la menace que constituait l'hédonisme épicurien et, parce qu'il n'était pas convaincu par la position qu'adoptait son maître Annicéris sur cette question, il aurait décidé d'intervenir lui-même dans la discussion et de remplacer la jouissance ponctuelle émanant du plaisir corporel par la χαρά dépendant de la φρόνησις.

Pour Épicure en effet les sensations de plaisir qu'éprouve l'âme sont plus fortes que celles éprouvées par les sens, mais elles reviennent toujours à des impressions sensorielles. Voir par ex. les réactions critiques de Cicéron à cette position, *De finibus* II 30, 98 ; II 32, 106 ; II 33, 107 (= fr. 430 Us.) ; *Tusculanes* V 95-96, et celle de Plutarque, *Non posse suaviter vivi secundum Epicurum* 4, 1088 E - 1089A (= fr. 429 Us.), qui trouve préférable la position plus modérée des cyrénaïques ; voir aussi 5, 1089 D (= fr. 431 Us.) ; *ibid.* 14, 1096 E. Cf. Épictète, dans Stobée, *Anth.* III 6, 57 ; t. III, p. 300, 9-13 Hense (= fr. 425 Us.) et dans Arrien, *Entretiens* III 7, 9.

Théodore, pris à partie par Philodème dans deux de ses ouvrages ?

a. La Rhétorique

Un fragment du livre II de la *Rhétorique* de Philodème, *VH²* X, fol. 149, fr. 9, t. II, p. 116-117 Sudhaus (= T 63), a retenu l'attention de ceux qui s'intéressent à Théodore. Dans la préface du volume I de son édition de la *Rhétorique,* p. XXVII, Sudhaus s'appuie sur ce passage pour voir en Théodore un des adversaires que prend à partie Philodème.

Par ailleurs Giannantoni **6**, t. IV p. 191-192, même s'il ne partage pas les conclusions de son argumentaire, rapporte l'hypothèse formulée par **78** A. Mayer, *Aristonstudien,* coll. « Philologus, Supplementband. » XI, 1907-1910, p. 485-610, notamment p. 547-562 – qui n'est pas signalée par Winiarczyk **3** dans son édition mais qui l'est dans la bibliographie sur l'athéisme de Winiarczyk **9**, p. 87 –, selon laquelle le personnage anonyme qui fait l'éloge de la rhétorique face à l'inutilité de la philosophie et contre qui polémique Philodème au livre V de son Περὶ ῥητορι-κῆς (*P. Herc* 1669, fr. 1 Sudhaus, t. I, p 225-226 ; fr. 1 Ferrario), pourrait être Théodore l'Athée. Dans son édition des fragments de ce livre V, **79** M. Ferrario, « Frammenti del V libro della *Retorica* di Filodemo (*PHerc* 1669) », *CronErc* 10, 1980, p. 55-124, notamment p. 58-64, ne semble pas reprendre cette hypothèse.

79bis F. Longo Auricchio, « Nuovi elementi per la ricostruzione della *Retorica* di Filodemo », *CronErc* 26, 1996, p. 169-171, notamment p. 170-171, croit lire dans la *subscriptio* après le titre du PHerc. 1669 une référence non au livre V, mais au livre X (*iota*). **79ter** G. Del Mastro, *Titoli e annotazioni bibliologiche nei papiri greci di Ercolano,* coll. « Cronache Ercolanesi. Supplementi » 5, Napoli 2014, p. 353, sans prendre position à propos du *iota* (il signale une lacune), pense lui aussi que ce papyrus transmet un livre postérieur au livre VIII de la *Rhétorique*.

b. Des choix et des aversions

Winiarczyk **3**, p. 79 n. 69, signale qu'il y a dans le PHerc 1251, qui contient le traité *Des choix et des aversions* (Περὶ αἱρέσεων καὶ φυγῶν = l'Éthique Comparetti), une polémique dirigée contre les cyrénaïques (col. II-III, p. 85-87 Indelli et Tsouna-McKirahan = T 66). Cette polémique est de paternité philodéméenne selon **80** M. Gigante, « Filodemo è l'autore dell'etica Comparetti », dans *Epicurea in memoriam H. Bignone*, Genova 1959, p. 101-128, notamment p. 113-128, repris sous le titre « Filodemo quale autore dell'etica Comparetti », dans **81** *Id.*, *Ricerche filodemee*, coll. « Biblioteca della *Parola del passato* » 6, Napoli 1983², p. 245-276, notamment p. 259-276. **82**, G. Indelli et V. Tsouna-McKirahan (édit.), *[On Choices and Avoidances]*, edited with translation and commentary, coll. « La scuola di Epicuro » 15, Napoli 1995, p. 66, arrivent à la même conclusion : « The most likely candidate for the authorship of *PHerc* 1251 is, we believe, Philodemus ». Quant aux adversaires visés dans ce traité, **83** R. Philippson, « Der Papyrus Herculanensis 1251 », *Mnemosyne* 9, 1941, p. 284-292 – qui par ailleurs identifiait l'auteur du traité à Hermarque (☛H 75), le disciple d'Épicure –, a voulu démontrer que la polémique était dirigée aux col. I 16-III 20 contre des cyrénaïques récents : Théodore et l'école d'Hégésias, et Giannantoni **6**, t. II, p. 132-133, a rangé les colonnes II et III parmi les témoignages sur Théodore (commentaire, t. IV, p. 190-191), contrairement à Mannebach **2** qui ne les inclut pas dans les fragments des cyrénaïques. De leur côté Indelli et Tsouna-McKirahan **82**, p. 21, arrivent à la conclusion suivante : « The author probably refers to various sceptical sects [cols. II and III] and in particular the Cyrenaics [possibly col. II 5-11, probably col. II 11-15, and certainly col. III 6-14], Hegesias [col. III 14-18] and perhaps the Pyrrhonians [cols. II 5-11, III 2-6] »). Ils renvoient, p. 119 n. 30 et p. 122 n. 36, à Giannantoni **1**, p. 105, et **6**, p. 132 *sqq.*, concernant l'hypothèse selon laquelle les cyrénaïques et plus particulièrement Théodore seraient visés aux colonnes II et III dans le cadre d'une polémique entre les disciples d'Épicure et Théodore, mais ils ne se prononcent pas sur l'hypothèse comme telle. Les colonnes II et III du papyrus sont commentées aux p. 118-126.

Ses doctrines

Théodore remarquait que ses doctrines pouvaient être mal comprises (Plutarque, *De tranquillitate animi* 5, 467 B = T 56 A : « Théodore surnommé l'Athée disait que ses auditeurs recevaient de la main gauche les discours qu'il leur tendait de la main droite »). L'état de nos sources rend cette question des doctrines de Théodore particulièrement complexe, car elle est liée à la réponse que l'on donne à plusieurs problèmes d'interprétation délicate que nous nous contentons de signaler.

(1) Qui est à l'origine de l'école cyrénaïque et de sa philosophie : Aristippe, selon l'interprétation traditionnelle (voir par exemple Zeller **1**, p. 344 et n. 1, Mannebach **2**, p. 120 ; Winiarczyck **30**, p. 72 et 82, pour qui Aristippe l'Ancien avait une théorie de la connaissance bien identifiable), ou bien son petit-fils, Aristippe le Métrodidacte, interprétation suggérée pour la première fois par

Antoniadis **11** ? Faut-il penser qu'Aristippe n'a pas élaboré de doctrine (voir par exemple Classen **20**, p. 192 : « Alle Anzeichen lassen es also als höchst unwahrscheinlich erscheinen, daß Aristipp einen organisierten Lehrbetrieb entwickelte, in dem philosophische Dogmen diskutiert, formuliert und tradiert wurden oder daß er ein philosophisches Lehrgebaüde ausarbeitete »)? Pour un exposé de synthèse sur les différentes interprétations, voir Giannantoni **6**, Nota 18 : « Aristippo e la filosofia dei Cirenaici », p. 173-184).

(2) Quels philosophes correspondent à la dénomination de « cyrénaïques » ? Aristippe doit-il être inclus parmi eux ou Aristippe de Cyrène n'est-il pas encore un cyrénaïque ?

(3) Dans quelle mesure les doxographies laërtiennes se rapportant à l'école cyrénaïque traduisent-elles une influence épicurienne (sur ces doxographies, voir Goulet-Cazé **7**, p. 178-198) ? Döring **43**, p. 250-251, distingue dans la doxographie laërtienne de II 86-91 d'un côté un noyau ancien, qui serait la doctrine cyrénaïque originelle due à Aristippe l'Ancien, de l'autre une seconde couche de polémique anti-épicurienne, apparue avec Annicéris. Mais Laks **38** voit dans la doctrine d'Annicéris non point une réaction à la distinction d'Épicure entre plaisirs cinétiques et plaisirs catastématiques, mais une excroissance de la doctrine de « ceux qui restèrent fidèles au mode de vie d'Aristippe et furent appelés cyrénaïques » (II 86) : « Il (= Annicéris) a tout au plus réorganisé le fonds doctrinal ancien en fonction de la position épicurienne qui s'était construite contre lui » (p. 46) ? Dans l'hypothèse de Laks, les références à Épicure dans la doxographie laërtienne seraient l'effet d'une construction doxographique beaucoup plus que le reflet d'un réel débat. « En tous cas, il est vain de vouloir à toute force repérer dans la doxographie, et en particulier dans le résumé 'générique' de Diogène Laërce, les strates d'une discussion opposant d'abord Épicure aux cyrénaïques, puis des cyrénaïques à Épicure, comme Döring a tenté de le faire » (p. 46). Selon lui, ce ne serait pas Épicure mais Hégésias – qui niait la réalité de la reconnaissance, de l'amitié et de la bienfaisance, ainsi que la réalité du bonheur –, qui aurait contraint Annicéris à reformuler l'hédonisme cyrénaïque, ce qui expliquerait que la position d'Annicéris dans le livre II de Diogène Laërce soit post-épicurienne, anti-hégésiaque et orthodoxe, Annicéris revenant à une certaine orthodoxie en s'opposant à la déviation hégésiaque (p. 49).

(4) Y eut-il deux phases dans l'enseignement de Théodore ? Telle est la position de von Fritz **19** et de Winiarczyk **30**, p. 70.79.92. La première correspondrait à l'époque Théodore vint à Athènes après avoir suivi les enseignements d'Aristippe le jeune et où il eut pour auditeur Bion. Théodore se serait comporté alors en sophiste qui donnait des conférences et il n'aurait pas encore infléchi à sa façon l'enseignement d'Aristippe l'Ancien. Dans son enseignement, il serait resté fidèle à l'idéal hédoniste d'Aristippe l'Ancien et il aurait affirmé la nécessité de l'autarcie, de la liberté et le caractère relatif de toutes les normes morales. Le sage rejette l'amitié, la patrie, la religion. Il est capable à lui seul d'assurer son propre bonheur. Comme l'avait déjà dit Aristippe (T 84-86 et 231 Mannebach), l'univers entier est

sa patrie. On peut citer aussi la façon dont Aristippe concevait la loi : « Comme on l'avait un jour interrogé sur ce que les philosophes ont en plus, il dit : "Si toutes les lois étaient supprimées, nous continuerions à vivre de la même façon" (D. L. II 68 = T 27 Mannebach ; cf. Antisthène en D. L. VI 11) ». Sur ces points Théodore reste en accord avec la tradition socratique incarnée par Aristippe.

Ce serait donc seulement dans un second temps, après qu'il eut rejoint Magas, que Théodore aurait élaboré son système de pensée. Chez Aristippe l'ἡδονή jouait un rôle important, mais ce qui prédominait, c'était l'idée d'ἐλευθερία. En revanche dans l'école cyrénaïque tardive telle que nous la fait connaître la tradition doxographique, l'ἡδονή constitue le fondement du système philosophique. C'est pourquoi on en est venu à penser que ce serait sous l'influence du système d'Épicure (l'école épicurienne fut fondée en 306) et de la Stoa que l'école cyrénaïque aurait connu une refondation et aurait été dotée d'un corpus doctrinal. Aristippe le Métrodidacte dut jouer un rôle dans cette refondation puisqu'Aristoclès lui attribue une définition du τέλος, à savoir τὸ ἡδέως ζῆν, et qu'Annicéris est considéré par Strabon XVII 22 comme le nouveau fondateur de l'école. D'où cette idée que les opinions attribuées par Diogène Laërce (II 86-93) à « ceux qui restèrent fidèles au mode de vie d'Aristippe » viseraient à répondre aux thèses épicuriennes sur le plaisir. Nous savons par Antisthène de Rhodes, dans ses *Successions de philosophes* (D. L. II 98 = T 18), que Théodore suivit l'enseignement d'Annicéris – qui était plus jeune que lui. Les cyrénaïques avec Annicéris opposaient au plaisir en repos (καταστηματικὴ ἡδονή) d'Épicure le plaisir en mouvement (κατὰ κίνησιν ἡδονή) comme principe fondamental, comme seul plaisir particulier (κατὰ μέρος ἡδονή). En revanche la simple ἀπονία (absence de souffrance), à laquelle ils comparaient la γαλήνη (le calme tranquille de la mer) d'Épicure, ils la considéraient comme un μέσον, un intermédiaire que l'on ne doit considérer ni comme un bien ni comme un mal. Théodore dut participer à cette reconstruction mais après qu'Annicéris eut fait de la philosophie cyrénaïque un système et que Théodore eut suivi son enseignement.

La question des liens épicurisme / école cyrénaïque fait débat depuis longtemps. Pour Krokiewicz, Mannebach et Steckel (Winiarczyck **30**, n. 69, p. 79), l'épicurisme exerça une influence sur la philosophie cyrénaïque. Pour von Fritz, le système cyrénaïque serait né uniquement sous l'influence de l'épicurisme. En revanche **84** E. Schwartz, *Ethik der Griechen,* herausgegeben von W. Richter, Stuttgart 1951, p. 181-182, nie qu'il ait pu y avoir une polémique Épicure / cyrénaïques, au motif qu'il n'y a pas de trace de cette polémique dans les écrits d'Épicure, et que ce seraient les doxographes qui auraient comparé les deux écoles et fait ressortir leurs différences (ex. D. L. II 89; X 136). Mais Giannantoni **33**, p. 223, maintient qu'une polémique a bel et bien existé entre épicurisme et cyrénaïques et qu'elle portait sur le plaisir cinétique et le plaisir catastématique. Winiarczyck **30** quant à lui trouve l'hypothèse de Schwartz peu convaincante, car il est difficile d'imaginer qu'Épicure aurait pu laisser sans contradiction la critique adressée par les cyrénaïques à l'ἡδονὴ καταστηματική épicurienne traitée de νεκροῦ κατάστασις à en croire Clément d'Alexandrie, *Strom.* II 21, 130, 8 : « Ces cyrénaïques rejettent la définition donnée par Épicure du plaisir, comme suppression de ce qui cause de la douleur, la traitant d'état de cadavre (νεκροῦ κατάστασις), sous prétexte que nous nous réjouissons non seulement des plaisirs, mais aussi des rencontres avec les autres et des honneurs ; Épicure, lui, pense que toute joie de l'âme dépend d'une première affection de la chair ». Il rappelle par ailleurs que l'élève d'Épicure, Colotès (➼C 180), a critiqué la théorie de la connaissance cyrénaïque (*Adv. Col.* 24, 1120 B-F). Il est donc vraisemblable selon Winiarczyck qu'Épicure a lui-même polémiqué contre les cyrénaïques, une position adoptée par de nombreux chercheurs qu'il cite dans sa note 69.

5) *Variantes doctrinales entre Théodore / Aristippe, Annicéris et Hégésias ?*

Théodore rejette le plaisir ponctuel suscité par la stimulation corporelle, qu'avait prôné Aristippe, pour introduire à sa place l'état durable de la joie qui dépend seulement de la φρόνησις, qui est indépendant des circonstances extérieures conditionnant d'ordinaire les joies et les peines de l'homme. Le sage théodoréen réussit de la sorte à protéger sa liberté intérieure, puisque son bonheur ne dépend que de lui-même et que ce ne sont pas les circonstances qui lui dictent ce qu'il a le droit de faire.

Annicéris reconnaissait à côté du plaisir sensible un plaisir de l'âme complètement indépendant du plaisir des sens. Mais Théodore va plus loin, accordant la plus haute place à la joie constante de l'âme, la χαρά, fondée sur la φρόνησις, et la place la plus basse à son contraire la λύπη, fondée sur l'ἀφροσύνη, et faisant de ces deux notions des τέλη (D. L. II 98 = T 21).

Sur les deux sens de τέλος, le bien le plus grand, par exemple τὸ ἡδέως ζῆν (cf. Aristoclès, dans Eusèbe, *P. E.* XIV 18, 31), mais aussi le terme le plus extrême, le plus intense, en matière de bien et de mal, par exemple ἡδονή et πόνος (cf. Sextus, *A. M.* VII 199), voir **85** G. Lieberg, « Aristippo e la scuola cirenaica », *RCSF* 13, 1958, p. 3-11, notamment p. 4-6.

Quant à ἡδονή et πόνος, qui étaient les deux grands principes pour Aristippe, ils ne sont plus que des intermédiaires entre les biens de l'âme d'un côté (joie, sagesse, justice) et les maux de l'âme de l'autre (chagrin, démence, injustice), comme s'ils étaient en quelque sorte devenus neutres. Dans la mesure où il a relégué les plaisirs corporels nettement derrière les plaisirs psychiques, Théodore est allé beaucoup plus loin que son maître Annicéris, franchissant un pas de plus dans le sens de la systématisation. Le plaisir suprême comme la souffrance suprême relèvent chez lui de l'âme et non plus du corps. Il est possible, comme le soutient von Fritz **19**, que si Théodore inclut ἡδονή et πόνος parmi les μέσα, ce soit pour éviter certaines difficultés théoriques suscitées par l'affrontement avec Épicure.

Sur le plan éthique les théodoréens se rapprochent plus des hégésiaques que des annicériens. Comme les hégésiaques et à la différence des cyniques, Théodore rejette l'amitié parce que chez les insensés elle disparaît lorsque l'avantage qu'ils en tirent est éliminé et parce que chez les sages, qui sont auto-suffisants (αὐτάρ-κεις), les amis sont inutiles (D. L. II 98 = T 24). Quand les annicériens trouvent positif de se dévouer à sa patrie (D. L. II 96), les théodoréens jugent inutile de mourir pour celle-ci, car à leurs yeux les insensés ne méritent pas que le sage fasse pour eux un tel sacrifice (D. L. II 98 = T 23). Sur la façon de comprendre καὶ... τε dans ce témoignage, voir **86** A. Grilli, « Cyrenaica », *SIFC* 32, 1960, p. 200-214, notamment p. 206.

Il faut encore signaler que Théodore et Bion subirent l'influence de la pensée de Pyrrhon (⟶P 327) et jouèrent un rôle d'intermédiaires entre le pyrrhonisme des origines et la philosophie d'Arcésilas (⟶A 302). Voir **87** A. Brancacci, « Teodoro l'Ateo e Bione di Boristene fra Pirrone e Arcesilao », *Elenchos* 3, 1982, p. 55-85, qui explique que les trois philosophes : Pyrrhon, Théodore et Bion se trouvaient à Athènes dans les années 314-313, établit une succession Pyrrhon - Théodore - Bion, et suggère une origine pyrrhonienne commune à l'hédonisme sceptique de l'école cyrénaïque tardive et à la doctrine bionéenne de l'adaptation aux circonstances.

Théodore le sophiste : un immoralisme extrême ?

La qualification sophistique de l'enseignement de Théodore est bien attestée. Diogène Laërce (IV 52 = T 52) présente ainsi Théodore: lorsque Bion l'écouta, il était « habile dans tous types de discours » : κατὰ πᾶν εἶδος σοφιστεύοντος. Métroclès le traitait de « sophiste » (D. L. II 102 = T 2). Ses conférences lui amenèrent baucoup d'élèves (συχνοὺς μαθητάς en D. L. II 102 = T 2).

La tradition rapporte au moins trois témoignages qui prouvent que Théodore maniait habilement les raisonnements sophistiques (Plutarque, *Phocion* 38, 759 B-C = T 57), notamment les raisonnements par interrogation : λόγους ἐρωτᾶν (Diogène Laërce II 99-100 = T 58 et D. L. 101 = T 59). C'est aussi à cet aspect sophistique qu'on a voulu rattacher l'idée de Théodore selon laquelle la δόξα ne sert qu'à retenir les insensés. L'idée avait déjà été exprimée dans le drame *Sisyphe* attribué tantôt à Critias, tantôt à Euripide (DK 88 B 25 = *TrGF* 43 F 19, p. 180-182) et dont un passage est rapporté par Sextus, *A. M.* IX 54 (un homme astucieux aurait inventé la crainte des dieux afin que les hommes n'osent pas, même en cachette, faire le mal). Un même courant de pensée s'était également exprimé chez Archélaos [⟶A 308] (DK 60 A 1 : « Le juste est, ainsi que le honteux, non par nature mais par convention » et dans les *Dissoi Logoi* II 19 (DK 90) qui citent ces vers : « Rien n'est parfaitement beau, rien n'est parfaitement laid; mais l'occasion se saisit des mêmes choses, les rend laides puis les change et les rend belles »).

Von Fritz suggère que l'amoralisme rude de Théodore dont fait état par exemple D. L. II 99 appartenait peut-être à la période athénienne et qu'il a pu par la suite s'adoucir. C'est ainsi par exemple que la conception théodoréenne de l'amitié, bassement utilitaire, s'harmonise mal avec la prééminence de la φρόνησις. Mais Winiarczyk **29**, p. 76, fait remarquer que la tradition antique n'a transmis aucun exemple d'une conduite immorale de Théodore et qu'en fait les témoignages évoquent seulement son audace (θρασύτατος en D. L. II 116 = T 62).

L'interprétation de l'immoralisme de Théodore dépend beaucoup de l'interprétation que l'on donne de la formule ἐν καίρῳ en D. L. II 99. On peut la comprendre comme le *ex tempore* de Cicéron dans *De officis* II 29- 31, comme le *nonnumquam* du même Cicéron dans les *Paradoxes* III 24, ou encore comme le κατὰ περίστασιν de D. L. VII 121. On peut dans la même ligne le rapprocher de la formule rapportée à Ariston de Chios (➠A 397) par Sextus, *A. M.* XI 65-67 : παρὰ τὰς διαφόρους τῶν καιρῶν περιστάσεις. Dans ce cadre l'immoralisme de Théodore ne serait pas un immoralisme extrême ni même un immoralisme. Tout comme le sage cynique qui est prêt à admettre tous les actes naturels que posent les animaux et les peuples étrangers et qui sait ce qu'il faut dire et ce qu'il faut faire dans les différentes circonstances de la vie (cf. Élien, *Histoire variée* X 11), le sage théodoréen est seul à même d'apprécier si dans certaines circonstances précises il peut poser des actes que l'opinion d'ordinaire condamne. Il rejoint tout à fait le sage cynique, qui « mange des chairs humaines en certaines circonstances » (D. L. VI 121) ou encore pratique l'inceste si c'est la condition pour éviter la perte du genre humain (Origène, *Contre Celse* IV 45 = *SVF* III 743). Mais en même temps il se situe dans la droite ligne de la position que soutenait déjà Aristippe, à savoir que : « Rien n'est par nature juste, beau ou laid, mais ce l'est par convention et par coutume » (D. L. II 93). Il faut donc se méfier d'un témoignage comme celui du chrétien Épiphane au IVe s. qui ne présente pas sous un juste éclairage les positions de Théodore (*De fide* 9, 28 = T 27; voir *supra*, « Son athéisme »).

MARIE-ODILE GOULET-CAZÉ.

62 THÉODORE LE MÉCANICIEN *RE* 41 *PLRE* II :29   M V

Ingénieur qui soumit à Proclus une question sur la providence et la fatalité. La réponse de Proclus qui fait l'objet du traité *De providentia et fato et eo quod in nobis* n'est conservée que dans la traduction latine de Guillaume de Moerbeke. Voir C. Luna et A. Segonds, notice « Proclus », P 292, *DPhA* V b, p. 1317.

Sur la culture et les positions philosophiques fortement déterministes de Théodore, voir C. Steel, « The Philosophical Views of an Engineer. Theodorus' Arguments against Free Choice and Proclus' Refutation », dans M. Bonazzi et V. Celluprica (édit.), *L'eredità platonica. Studi sul platonismo da Arcesilao a Proclo*, coll. « Elenchos » 45, Napoli 2005, p. 277-310, notamment p. 279-281.

RICHARD GOULET.

63 THÉODORE PRODROME   (ca 1100 - après 1160/1170)

Érudit byzantin, qui a également commenté Aristote.

La notice qui suit est divisée en trois parties ; après avoir brièvement mentionné (I) les problèmes d'ordre prosopographique que pose l'étude de la vie et de l'œuvre de Théodore Prodrome et qui doivent être pris en compte dans la présente notice, nous présenterons une description sommaire de ses ouvrages philosophiques (II), en mettant également l'accent sur la manière dont ceux-ci s'insèrent dans la littérature philosophique d'orientation exégétique à Byzance ; en dernier lieu, nous fournirons quelques indications (III) sur leur postérité à Byzance.

I. LE DOSSIER PROSOPOGRAPHIQUE : DILEMMES ET POSITIONS

L'établissement de la biographie de Théodore Prodrome a posé de multiples problèmes d'ordre prosopographique que la recherche actuelle n'a pas (encore) entièrement résolus. Ce constat est d'autant plus étonnant que, contrairement à la plupart des auteurs byzantins de son époque (ou même des périodes suivantes), Prodrome a fréquemment inséré dans ses œuvres, en particulier dans les poèmes et épîtres qu'il a écrits, des éléments biographiques d'ordre purement personnel, ce qui se produisait plutôt rarement à Byzance. De plus, parmi ses poèmes, plusieurs sont circonstanciés et ont été rédigés à l'occasion d'événements historiques précis.

A. *Problèmes de prosopographie, problèmes de datation et de carrière.* Même si Prodrome a vécu sans conteste possible au XIIe s. (en attestent plusieurs éléments d'ordre historique parmi ceux qui sont compris dans ses œuvres), les dates exactes de sa vie et, par conséquent, l'établissement précis de sa biographie restent relativement controversés ; a-t-il vu le jour, comme on l'a cru pendant longtemps, vers 1070-1080, pour commencer sa carrière de poète de la cour impériale sous le règne d'Alexis Ier Comnène (1081-1118), la continuer sans interruption sous celui de Jean II Comnène (1118-1143), fils d'Alexis, et finalement mourir vers 1150 ? est-ce que, contrairement à l'option précédente, l'on devrait placer sa naissance une génération plus tard, vers 1100 et, en conséquence, situer les prémices de sa carrière vers la fin du règne d'Alexis Ier Comnène, voire même dans les années qui ont de peu précédé la mort de cet empereur ? il serait alors avant tout un poète du règne de Jean II, mais, dans ce cas, il aurait également pu connaître le règne de Manuel Ier Comnène (1143-1180), successeur du dernier. Les témoignages que Prodrome lui-même a fournis, fréquemment « codés », ont été interprétés suivant l'option chaque fois adoptée.

Il n'est certes pas question de reprendre, dans ce contexte, les données concernant ces problèmes d'ordre prosopographique, encore moins de nous attarder sur les interprétations proposées ; contentons-nous de signaler que, dans la recherche actuelle, on place la naissance de Prodrome vers 1100 ; il aurait tout d'abord fait ses armes à la cour d'Irène Doukaina, sans doute aussi celle d'Anne Comnène, qui, après le décès d'Alexis Ier (époux de la première et père de la seconde), auraient réuni autour d'elles un cercle de lettrés. Prodrome aurait probablement fréquenté de manière plus particulière la cour d'Irène Doukaina jusqu'à la mort de cette dernière, survenue vers 1130/1132 et, à partir de cette date, il aurait entamé une brillante carrière comme poète officiel de la cour impériale de Jean II Comnène ; il l'aurait continuée sous Manuel Ier, probablement sans jouir du même renom. Devenu moine à l'église des Saints-Pierre-et-Paul (de l'Orphélinat), il y aurait rendu son dernier souffle à une date qu'il est difficile de préciser. Il a partagé avec Isaac Sevastokratôr un intérêt commun pour Platon et Proclus (voir le Supplément de la notice, p. 982-983).

a. À propos de Théodore Prodrome. Sur la bibliographie, extrêmement abondante, concernant Prodrome et, notamment, les problèmes généraux évoqués, nous nous contenterons de renvoyer aux deux études qui nous semblent les plus représentatives (des suppléments bibliographiques sont fournis dans la suite de notre présentation, à l'occasion des deux problèmes spécifiques qui seront cités) : **1** W. Hörandner (édit.), *Theodoros Prodromos, Historische Gedichte*, coll. « Wiener Byzantinistische Studien » 11, Wien 1974, p. 22-32 (biographie) et, en particulier, p. 22-23 (dates proposées pour la naissance de Prodrome, que Hörandner **1** situe en 1100±4), 26-27 (carrière du poète auprès des Comnènes), 27-28 et 31-32 (présence de Prodrome à l'église des Saints-Pierre-et-Paul), 32 (décès qui doit sans doute être placé entre 1156 et 1158) ; **2** A. Kazhdan en collaboration avec S. Franklin, « Theodorus Prodromus : a reappraisal », dans *Studies on Byzantine Literature of the Eleventh and Twelfth Centuries*, Cambridge/Paris 1984, p. 87-114 ; cf. **2bis** P. Magdalino, *The Empire of Manuel I Comnenos, 1143-1180*, Cambridge University Press, Cambridge 1993 (réimpr. 1997), p. 344-345, 349-351, 439-445, 451-453. Une liste comprenant les œuvres de Théodore Prodrome est fournie dans Hörandner **1**, p. 37-72, et une bibliographie exhaustive (jusqu'en 1974) figure *ibid.*, p. 557-565.

b. Sur les personnages byzantins cités. Pour Alexis Ier Comnène, Irène Doukaina, Anne Comnène, Jean II Comnène, nous nous contenterons de renvoyer aux aperçus bio(biblio)graphiques fournis par **3** K. Varzos, Ἡ Γενεαλογία τῶν Κομνηνῶν, coll. « Βυζαντινὰ κείμενα καὶ μελέται » 20a, Thessalonique 1984, n° 15 (Alexis Ier Comnène), t. I, p. 87-113 ; n° 32 (Anne Comnène), *ibid.*, p. 176-197 ; n° 34 (Jean II Comnène), p. 203-228 ; **4** B. Skoulatos, *Les personnages byzantins de l'Alexiade. Analyse prosopographique et synthèse*, coll. « Université de Louvain. Recueil de travaux d'histoire et de philologie », 6e série, fasc. 20, Louvain-la-Neuve/Louvain 1980, n° 83 (Irène Doukaina), p. 119-124 ; suivant la date rapportée dans Skoulatos **4**, p. 122 n. 24, la mort d'Irène Doukaina se situerait le 19 février 1133 (avec bibliographie) ; *cf.* toutefois Hörandner **1**, p. 188 n. 23, et Kazhdan **2**, p. 97-98.

B. *Problèmes de prosopographie, problèmes d'identité et d'attribution.* À ce premier problème d'ordre prosopographique viennent s'ajouter deux autres.

1. Le premier problème est lié à l'existence d'un groupe de poèmes anonymes qui ont été copiés, dans certains manuscrits (notamment dans le *Marc. gr.* XI, 22), en même temps que ceux de Prodrome, alors que les éléments biographiques (historiques et chronologiques) qu'ils comprennent ne semblent pas concorder, malgré les nombreuses similitudes, avec les éléments historiques que l'examen de la carrière et de la production de Prodrome a permis de lui attribuer ; ainsi, bien que ce (pseudo-)Prodrome fût, lui aussi, un poète de la cour impériale sous les Comnènes, il a été moine au monastère de Saint-Georges au quartier des Manganes, ce qui le différencie du vrai Prodrome.

Dans la recherche actuelle, la distinction entre les deux Prodromes continue à être appliquée, mais l'on est à peu près unanime sur le fait qu'il s'agissait de deux personnes distinctes, la seconde étant désignée par commodité, depuis longtemps déjà, comme *Pseudo-Prodrome* ou *Manganeios Prodromos*. Les poèmes, de plusieurs types, que ce dernier a composés constituent un corpus au sein duquel plusieurs sont consacrés ou se rapportent à la Sevastokratorissa Irène, épouse à partir de 1124-1125 d'Andronic (frère aîné de Manuel Ier Comnène), mort prématurément en 1142. Manganeios Prodromos a été son fidèle admirateur, mais d'autres poètes ont également fréquenté le même milieu, tel Iakôvos le moine, Jean Tzetzès (*ca* 1110 – *ca* 1180/1185), Constantin Manassès (*ca* 1130 – *ca* 1187), sans oublier (le vrai) Théodore Prodrome. Puis, à partir de 1151/1152, il semblerait que Manganeios se soit mis au service de Manuel.

À *propos du Manganeios Prodromos.* Sur ce personnage, voir Hörandner **1**, p. 21-22 ; Kazhdan **2**, p. 88-90 et 102-104. On peut y ajouter à titre indicatif : **5** J.C. Anderson et M.J. Jeffreys, «The Sevastokratorissa's Tent», *Byzantion* 64, 1994 (Hommage à la mémoire de Simone Van Riet), p. 8-18 et, en particulier, p. 8-9, 13, **6** M. et E. Jeffreys, «Who was Eirene the Sevastokratorissa ? », *ibid.*, p. 40-68, notamment p. 40-41, et Magdalino **2bis**, surtout Appendix One, «The poems of "Manganeios Prodromos"», p. 494-500 (144 poèmes cités), sans oublier de signaler les nombreuses mentions, particulièrement documentées, que comprend Varzos **3**. Une édition (critique) partielle des poèmes du Manganeios Prodromos a été effectuée par **7** S. Bernardinello, *De Manganis*, coll. «Università di Padova, Studi bizantini e neogreci» 4, Padova 1972. Nouvelle édition en préparation par E. M. et M. J. Jeffreys. Sur la Sevastokratorissa Irène et la riche bibliographie qui lui est consacrée, voir, entre autres, le dossier établi par Varzos **3**, n° 76, t. I, p. 357-379 [Andronikos Komnènos, n° 76], en particulier p. 361-379 [pages spécifiquement consacrées à Irène] ; Anderson et Jeffreys **5** et M. et E. Jeffreys **6** (avec bibliographie dans les deux cas). Varzos **3**, t. I, p. 364 n. 42, qui se fonde sur la bibliographie antérieure, signale que le Manganeios Prodromos est probablement resté auprès d'Irène et de son mari de 1140 à 1152 ; Anderson et Jeffreys **5**, p. 13 et n. 19, situent cette présence dans les années 1143-1151, alors que Kazhdan **2**, p. 102-104, la place, avec des réserves, dans les années 1134-1146.

2. La recherche a longtemps été préoccupée par la présence, dans la tradition, d'un ensemble de poèmes, attribués à un Πτωχοπρόδρομος («Prodrome le pauvre et misérable»), dont la conception, la langue et le style se distinguent nettement ds autres œuvres de Prodrome. En effet, ces poèmes étaient écrits dans la langue «vulgaire» (parlée par le peuple) de son époque et non pas dans la langue artificielle dont les lettrés byzantins se sont systématiquement servi pendant toute l'existence millénaire de l'empire, et qui était calquée sur la langue grecque ancienne et, plus particulièrement, sur le dialecte attique ; de plus, la liberté de style, la franchise dans l'expression et le ton quémandeur souvent adopté par le Ptochoprodrome sont incompatibles avec les règles systématiquement appliquées dans le poésie byzantine érudite. Pour ces raisons, on a pendant longtemps hésité – et on hésite parfois encore – à identifier ce poète populaire avec le fin lettré qu'était son homonyme Prodrome.

Toutefois, il est désormais admis dans la recherche qu'un poète byzantin pouvait composer ses œuvres en ayant recours à deux niveaux de langue et de conception entièrement différents, voire même opposés : suivant le public auquel il s'adressait, il pouvait utiliser la langue «élevée», qui était officiellement pratiquée dans la littérature (au sens large) érudite byzantine, mais il pouvait aussi avoir recours, à titre exceptionnel, à la langue «vulgaire» de son époque : c'est le cas des poèmes ptochoprodromiques, qui, truffés de mots et d'expressions populaires, ont nourri, depuis leur publication, les lexiques de grec démotique.

Au sujet des poèmes ptochoprodromiques. L'érudit intrépide A. Koraïs a été le premier à étudier les poèmes ptochoprodromiques, dont il a présenté une édition partielle (**8** A. Koraïs, Ἄτακτα, t. I, Paris 1829, deux poèmes). Quarante-cinq ans plus tard, E. Miller et É. Legrand présentaient une nouvelle édition partielle (trois poèmes au total) accompagnée d'une traduction : **9** E. Miller et É. Legrand, « Trois poëmes en grec vulgaire de Théodore Prodrome, publiés pour la première fois avec une traduction française », *RA* n. s. 28, 1874, p. 361-376 ; 29, 1875, p. 58-67, 183-193, 254-261. Depuis, ces poèmes n'ont cessé d'attirer l'attention de la recherche et plusieurs éditions ont vu le jour. Sans les passer en revue, nous signalerons que la dernière a été effectuée par **10** H. Eideneier (édit.), *Ptochoprodromos. Einführung, kritische Ausgabe, deutsche Über-setzung, Glossar,* coll. « Neograeca Medii Aevi » 5, Köln 1991 [les p. 5-7 comprennent des indications bibliographiques sur les éditions existantes]. Quant à la question de l'identité du Ptocho-prodrome et, notamment, de son identification possible avec le poète Théodore Prodrome, elle a été tranchée pour la première fois en faveur de l'identité par **11** A. Papadopoulos-Kerameus, Εἷς καὶ μόνος Θεόδωρος Πρόδρομος, Odessa 1899, en particulier, p. 8, 11-12. Toutefois, cette identification n'est pas admise de manière unanime ; voir l'aperçu présenté par Hörandner **1**, p. 65-67, et Kazhdan **2**, p. 90-91 ; des précisions ultérieures sur certains termes ptochoprodro-miques ont été apportées, entre autres, dans **12** W. Hörandner, « Autor oder Genus ? Diskussions-beiträge zur "Prodromischen Frage" aus gegebenem Anlass », *ByzS* 54, 1993, p. 314-324.

II. LES OUVRAGES PHILOSOPHIQUES DE PRODROME :
DES HAVRES DE L'EXÉGÈSE SÉLECTIVE DE L'*ORGANON*
AUX ÉCUEILS DE LA TRANSMISSION MANUSCRITE

La tradition manuscrite attribue à Théodore Prodrome trois ouvrages philo-sophiques, dont le premier porte sur les cinq Voix (prédicables) de Porphyre, le second sur un passage des *Catégories* d'Aristote et le troisième sur les *Seconds Analytiques*, livre II, du Stagirite. Nous donnerons dans la suite (A) un aperçu sur les titres respectifs de ces ouvrages dans la tradition manuscrite, en signalant également les éditions que ces trois œuvres – dont une nouvelle édition est actuel-lement en cours par nos soins – ont connues, pour mentionner dans la suite (B) les problèmes de titre et d'attribution que pose de manière plus particulière le commentaire de Prodrome aux *Seconds Analytiques*, livre II. Après avoir donné quelques indications sur le contenu exégétique des œuvres philosophiques de Prodrome (C), nous évoquerons brièvement les rapports qui les unissent avec la tradition byzantine de l'*Organon* ; plus précisément, les quelques éléments que nous fournirons sur les acquis du mouvement exégétique à Byzance juste avant Prodrome nous permettront de mieux situer l'œuvre de ce dernier. En effet, Michel d'Éphèse (➠M 163, dans les compléments du t. VII), suivant une position que nous avons soutenue à propos de son œuvre, a été le premier Byzantin à avoir doté la tradition exégétique byzantine d'un corpus de commentaires consacrés à la totalité (ou presque) du *Corpus aristotelicum* ; étant donné que Prodrome a vécu peu après l'achèvement de cette entreprise, il était normal qu'il tienne compte des acquis obtenus par son prédécesseur.

(1) Le premier ouvrage est intitulé dans la tradition manuscrite Ξενέδημος ἢ φωναί, et a été édité par **13** J. A. Cramer, Ξενέδημος ἢ φωναί, dans ses *Anecdota græca e codicibus manuscriptis Biblioth. Oxoniensium*, t. III, Oxford 1836, p. 204-215 (il correspond au n° 135 [p. 48] de la liste des œuvres de Prodrome recensées par Hörandner **1** ; nouvelle édition en cours, voir *supra*).

(2) Le deuxième porte, dans la tradition manuscrite, le titre évocateur : *Περὶ τοῦ μεγάλου καὶ τοῦ μικροῦ καὶ τοῦ πολλοῦ καὶ τοῦ ὀλίγου, ὅτι οὐ τῶν πρός τί εἰσιν, ἀλλὰ τοῦ ποσοῦ, καὶ ἐναντία* (*Sur le grand et le petit, le beaucoup et le peu : qu'ils ne relèvent pas des relatifs, mais de la quantité, et qu'ils sont contraires*) [titre reproduit par nos soins d'après le *Paris. gr.* 1932, un des manuscrits de ce texte, étudié dans **16**]. Il a été édité pour la première fois par **14** P. Tannery, « Sur le Grand et le Petit (À Italikos). Texte grec inédit et notice », *AAEEG* 21, 1887, p. 104-110 [notice], p. 111-119 [édition du texte] (n° 136 [p. 48] de la liste des œuvres de Prodrome recensées par Hörandner **1** ; voir aperçu sur ce texte dans **15** M. Cacouros, Rapport de conférences, publié dans *Livret-Annuaire de l'École Pratique des Hautes Études, Sciences Historiques et Philologiques*, 14, 1998-1999 (paru en 2000), p. 69-72, et, en particulier, p. 69-70 ; *cf.* **16** *Id.*, « Georges Scholarios et le *Paris. gr.* 1932 : Jean Chortasménos, l'enseignement de la logique, le thomisme à Byzance. Contribution à l'histoire de l'enseignement à Byzance », dans *Η ελληνική γραφή κατά τους 15ο και 16ο αιώνες*, Athènes, 18-20 octobre 1996, sous la direction de N. Oikonomidès (Congrès) et de S. Patoura (Actes), coll. « International Symposium » 7, Athènes 2000, p. 397-442, et, en particulier, p. 403 et 423, et **17** *Id.*, « Le lexique des définitions relevant de la philosophie, du *Trivium* et du *Quadrivium* compilé par Néophytos Prodromènos, son activité lexicographique et les corpus de textes philosophiques et scientifiques organisés par lui au monastère de Pétra à Constantinople », dans P. Volpe-Cacciatore (édit.), *L'erudizione scolastico-grammaticale a Bisanzio. Atti della VII Giornata di Studi Bizantini* (Università degli Studi di Salerno, Dipartimento di Scienze dell'Antichità et l'Associazione Italiana di Studi Bizantini, Salerno, 11-12 aprile 2002), Napoli 2003, p. 165-220, et, en particulier, p. 201 et n. 108 ; une nouvelle édition de cet opuscule est en cours, voir *supra*).

(3) Quant au dernier ouvrage, il correspond au n° 134 [p. 48] de la liste des œuvres de Prodrome fournie par Hörandner **1** ; il a été édité (édition *princeps*) par **18** M. Cacouros, *Le commentaire de Théodore Prodrome au second livre des Analytiques postérieurs d'Aristote*, editio princeps du texte, étude de la tradition manuscrite et des sources de Prodrome, Université Paris IV-Sorbonne, Paris 1992. Depuis l'achèvement de ce travail, il nous a été possible d'une part d'enrichir la tradition directe avec de nouveaux témoins, d'autre part, de nous pencher davantage sur la tradition indirecte, qui est particulièrement riche et complexe (voir suite, Section III). La (nouvelle) édition du commentaire de Prodrome **18bis** en tient compte, de même que la monographie **18ter** (voir le Supplément de la notice, p. 983).

B. LE COMMENTAIRE DE PRODROME :
DES PROBLÈMES DE TITRE AUX QUESTIONS D'ATTRIBUTION

Le titre des deux premiers opuscules ne présente que quelques divergences mineures dans la tradition manuscrite directe ; de plus, ils sont de manière générale attribués à Théodore Prodrome. La situation est un peu différente pour ce qui concerne le commentaire aux *Seconds Analytiques*, livre II.

Tout d'abord, le terme employé pour désigner le commentaire en question présente des variations assez marquées en fonction du copiste et, surtout, de la branche de la tradition à laquelle se rattachent les manuscrits envisagés. Les *Suppl. gr.* 1161 et 655 correspondent aux deux parties, actuellement séparées, d'un même et unique manuscrit, le commentaire prodromien ayant été, lui aussi, partagé en deux entre ces témoins, qui semblent correspondre au manuscrit le plus ancien du commentaire de Prodrome. Toutefois, dans le titre donné par le copiste en tête du commentaire, aucun terme spécifique n'est employé pour désigner ce dernier, mais l'on donne directement le nom de l'ouvrage commenté, en le faisant précéder de la préposition εἰς (qui indique, dans ce cas, le caractère interprétatif du texte qui suit) : Εἰς τὰ ὕστερα τῶν ὑστέρων Ἀναλυτικῶν Ἀριστοτέλους. En revanche, dans d'autres témoins d'environ la même époque ou, plutôt, de peu postérieurs, le texte est désigné comme une παράφρασις (ou, suite à une faute dans la résolution de l'abréviation, περίφρασις). Quant au terme d'ἐξήγησις, il se rencontre uniquement dans la version «mixte» de ce texte (voir la suite), au sein de laquelle il constitue le terme le plus fréquemment employé : l'archétype de cette version est peut-être dû à Jean Chortasménos (*infra*, Chap. III, B), ou, plus probablement, à Néophytos Prodromènos (*infra*, Chap. III, A). En revanche, le terme d'ὑπόμνημα n'a pas été employé dans la tradition de ce commentaire.

Ainsi, on constate qu'il y a eu une certaine fluctuation dans la manière dont on le désignait. Si l'on en juge par le titre qu'a transmis le *Suppl. gr.* 1161, il semblerait que l'archétype de la tradition prodromienne, *en tout cas celui que les manuscrits conservés permettent de reconstituer*, ne portait pas de terme spécifique servant à désigner la composition en question. Pour des raisons qui seront présentées dans la suite, il n'est pas sûr que cet archétype remonte directement à l'original de l'auteur, ou même à l'archétype de la tradition prodromienne antérieur à 1204 ; par conséquent, on ne peut pas savoir de manière certaine la façon dont Prodrome avait désigné l'ouvrage qu'il avait composé (si, bien entendu, il lui avait attribué un titre) ; quant au titre que fournit le *Suppl. gr.* 1161, il représente sans doute celui de l'archétype de la tradition prodromienne *après 1204*, mais, à en juger par la concision extrême dont il témoigne, il s'agit probablement d'un titre «recomposé», que les scribes ultérieurs ont voulu enrichir en ajoutant différents termes (παράφρασις, ἐξήγησις) afin de spécifier la nature de l'ouvrage qu'ils copiaient.

Cette fluctuation va de pair avec une autre, elle aussi particulièrement significative. Le commentaire est en règle générale mis sous le nom de Théodore

Prodrome. Toutefois, dans le *Paris. gr.* 1917, il est attribué au Ptochoprodrome, alors que, dans le *Laur.* 85, 1, surnommé l'«Océan» (nous l'avons daté des années 1265-1270, voir **29** [cité plus loin], p. 301, 308), le nom de l'auteur et le titre de l'ouvrage faisaient défaut, mais ont été complétés dans la marge par un lecteur, que nous avions identifié avec Jean Chortasménos (Chap. III, B). Ces manuscrits, sur lesquels nous avions été le premier à attirer l'attention, témoignent, suivant la démonstration effectuée dans **29**, de l'essor qui a caractérisé les dernières années de l'empire de Nicée et les premières années après le retour à Constantinople en 1261. Le fait que le nom de l'auteur soit erroné dans l'un et qu'il fasse défaut dans l'autre montre probablement que, pendant cette période, la transmission du commentaire de Prodrome était encore hésitante (voir Chap. III, A) et que, pratiquement, le seul témoignage «ancien» établissant l'attribution du commentaire à Prodrome est celui du *Suppl. gr.* 1161. Quant à la version «mixte» de ce commentaire, elle se caractérise – d'où le nom que nous avons utilisé – par le fait que ce dernier est segmenté en sections qui, clairement définies, alternent régulièrement avec les sections correspondantes du commentaire de Jean Philopon jusqu'aux *Seconds Analyt.* II 5, 91 b 39 (à partir de ce passage, seul le dernier est employé); pour cette raison, un second nom d'auteur a été ajouté dans la partie finale du titre (de manière plutôt malhabile) et devant les extraits concernés : toutefois, au lieu de trouver le nom de Philopon, on rencontre celui de Léon Magentinos (prob. XIIIᵉ s.), métropolite de Mitylène.

Ainsi, bien que la tradition manuscrite actuellement disponible attribue en général le commentaire à Théodore Prodrome (on dirait, à tort, une tradition «facile» pour l'éditeur), on constate qu'il existe des zones troubles qui concernent, plus précisément, d'une part la transmission de ce commentaire jusqu'au milieu environ du XIIIᵉ siècle, d'autre part sa «réapparition» pendant cette période.

1. Si la présence de ces zones est en partie due à la diffusion qu'a connue le commentaire de Prodrome durant les premières décennies qui ont suivi sa rédaction, elle est aussi liée, de manière certaine, à la destruction massive des manuscrits qui a suivi la prise de Constantinople en 1204 par les armées de la Quatrième croisade : lors de la mise à sac de la capitale, une partie importante du patrimoine culturel byzantin a disparu et cette remarque s'applique également aux textes de la production philosophique à Byzance.

2. Or, si cette destruction explique le silence de la tradition manuscrite pendant un siècle, elle ne nous éclaire pas sur la manière dont a été assurée la «réapparition» de ce commentaire vers la fin de l'empire de Nicée (1204-1261). En effet, si les manuscrits du commentaire prodromien de la seconde moitié du XIIIᵉ s. témoignent d'une hésitation dans le titre, celle-ci va de pair avec des remaniements du texte du commentaire qui correspondent à ceux qu'on trouve d'habitude dans les «éditions» paléologues et qui comportent la correction des fautes de copie, l'ajout d'excellentes leçons, qui ne figuraient pas nécessairement dans l'original... Sur les «éditions» paléologues, en particulier celles des textes philosophiques, voir l'aperçu général présenté dans **19** M. Cacouros, «La philosophie et les

sciences du *Trivium* et du *Quadrivium* à Byzance de 1204 à 1453 entre tradition et innovation : les textes et l'enseignement, le cas de l'école du Prodrome (Pétra) », dans **20** M. Cacouros et M.-H. Congourdeau (édit.), *Philosophie et Sciences à Byzance de 1204 à 1453. Les textes, les doctrines et leur transmission. Actes de la Table Ronde organisée* [par...] *au XXe Congrès International d'Études Byzantines (Paris, 2001)*. Introduction de † Jean Irigoin, coll. « Orientalia Lovaniensia Analecta » 146, Leuven/Paris/Dudley 2006, p. 1-51, notamment p. 34-36 ; des cas précis de ce type sont étudiés par **21** C. Steel et C. Macé, « Georges Pachymère philologue : le *Commentaire* de Proclus au *Parménide* dans le manuscrit *Parisinus gr.* 1810 », dans Cacouros et Congourdeau **20**, p. 77-99, et Cacouros **23**, p. 180-183.

Les constats formulés sur la diffusion du commentaire prodromien sont consolidés par la consultation des *pinakes* conservés des commentaires aristotéliciens.

1. Le *Pinax Hierosolymitanus*. Ce *Pinax* correspond à une liste qui, introduite par l'indication Τὰ ἀριστοτελικὰ βιβλία καὶ οἱ ἐξηγηταί εἰσιν οὗτοι, comporte une énumération des ouvrages d'Aristote et des commentaires correspondants. Édité par **22** P. Wendland (édit.), *Alexandri Aphrodisiensis In librum De sensu commentarium*, coll. CAG III 1, Berolini 1901, p. XVII-XIX, ce *Pinax* couvre, si l'on en juge par les commentaires mentionnés, la période correspondant à la seconde moitié du XIIe siècle et, plus probablement, celle qui va jusqu'en 1204, peut-être même aux premières années de l'empire de Nicée (voir, à présent, **23** M. Cacouros, « Τὸ ἀριστοτελικὸ ὑπόμνημα στὸ Βυζάντιο καὶ οἱ μὴ εὐρέως γνωστὲς πλευρές του : χαρακτηριστικά, τάσεις καὶ προοπτικές » [« Le commentaire d'Aristote à Byzance et ses aspects peu connus : caractéristiques, tendances et perspectives »], *Ὑπόμνημα στη φιλοσοφία* 4, 2006/2, p. 155-190, notamment p. 174-175 ; une étude de ce *Pinax* et, aussi, des autres *pinakes* de ce type est comprise dans l'ouvrage que nous consacrons à l'exégèse d'Aristote à Byzance, en préparation avancée, **24** [voir le Supplément de la notice, p. 983, sur cet ouvrage désormais terminé, qui comprend effectivement l'édition et l'étude de ce *Pinax* et du suivant]). Si les commentaires aux *Analytiques* ne font pas défaut dans ce *Pinax*, le nom de Prodrome n'y est pas cité (l'affirmation dans **23**, p. 175, doit être rectifiée), contrairement à ceux de Philopon et de Michel d'Éphèse.

2. Le nom de Prodrome est toutefois mentionné dans un second *Pinax*, qui a été copié dans trois manuscrits du XIIIe-XIVe s., respectivement conservés (par ordre alphabétique du fonds concerné) à la *Biblioteca Angelica*, la *Marciana* et la *Vaticana*. En nous fondant sur leur témoignage, nous avons reconstitué l'archétype de la tradition de ce *Pinax*, que nous avons appelé, en tenant compte des rapports unissant les textes copiés dans les trois manuscrits, *Pinax Vatic.(Angel.)-Marcianus* (éléments fournis dans **23**, p. 174-177 ; étude et première édition critique dans **24** [voir le Supplément de la notice, p. 983]). Ajoutons que le texte du *Marcianus* avait été édité par **24bis** H. Usener, « Interpreten des Aristoteles », *RhM* 20, 1865, p. 133-136 [et repris dans **25** *Id., Kleine Schriften*, t. III 5, Leipzig/Berlin 1914, p. 3-6], et celui du *Vaticanus* avait été publié, indépendamment de l'autre,

dans **26** M. Hayduck (édit.), *Stephani In Aristotelis librum De interpretatione commentarium*, coll. *CAG* XVIII 3, Berolini 1895, p. V.

Introduit par l'indication Τίνες εἰσὶν ἐξηγηταὶ τῶν ἀριστοτελικῶν βιβλίων (d'après le *Vatic. gr.* 241 [sigle V dans notre édition], car les deux autres manuscrits, le *Marc. gr.* 203 [sigle M] et l'*Angel.* C. III.13 (42) [sigle A], présentent des leçons différentes), le *Pinax Vatic.(Angel.)-Marcianus* comporte une énumération des ouvrages d'Aristote et des commentaires correspondants. Au sein de la rubrique consacrée à l'*Organon* (Εἰς τὸ Ὄργανον M, Τοῦ Ὀργάνου VA), le *Pinax* fournit l'indication suivante à propos des *Seconds Analytiques* : <6> Εἰς τὴν Ἀποδεικτικήν, Φιλόπονος, Θεμίστιος καὶ ὁ Πτωχοπρόδρομος. Ainsi, parmi les commentaires consacrés aux *Seconds Analytiques*, figurent celui de Philopon et de Thémistius, mais aussi celui de Théodore Prodrome (livre II), dont l'auteur est désigné comme le Ptochoprodrome (voir Chap. I, Second problème).

Étant donné la datation du *Pinax Vatic.(Angel.)-Marcianus*, son témoignage concorde chronologiquement avec celui du *Laur.* 85, 1 et du *Paris. gr.* 1917. De plus, le terme de Ptochoprodrome utilisé dans ce *Pinax* correspond à celui qui figure en tête du *Paris. gr.* 1917. En se fondant sur ces données, on aurait sans doute pu déduire que le *Pinax* permet de cerner, indépendamment des deux manuscrits et au même titre qu'eux, la diffusion du commentaire prodromien, alors attribué au Ptochoprodome. En vérité, la situation est plus complexe, car, ainsi que nous avons pu l'établir, le *Pinax* et les deux manuscrits sont liés de manière particulièrement étroite. En effet, « les commentaires cités dans le *Pinax* se trouvent presque tous copiés, dans la plupart des cas suivant le même ordre », dans le *Laurentianus* et *vice versa* (voir Cacouros **23**, p. 176, et *Id.*, **24** ; de même, dans la partie du *Pinax* correspondant à la logique se trouvent cités les titres des commentaires qui sont copiés à pleine page ou dans la colonne principale du *Parisinus* (dans le dernier cas, une seconde colonne est occupée par des scholies). Si ces constats, sur lesquels nous ne nous attarderons pas davantage dans ce contexte (voir éléments fournis dans **23** et développement dans **24** ; à titre d'exemple, dans plusieurs cas, les écarts remarqués entre le *Laur.* 85, 1 et le *Pinax* doivent être attribués à l'état du *Laurentianus* après les dégâts qu'il a subis), empêchent d'employer d'une part le *Pinax*, d'autre part les deux manuscrits du commentaire de Prodrome comme autant de témoignages indépendants, ils permettent en revanche d'avoir une idée beaucoup plus précise sur l'importance qu'a eue ce texte à l'époque envisagée. En effet, ces éléments ont été tous réalisés dans le même milieu, qui était sans doute celui de l'École patriarcale à Constantinople, et, plus précisément, ils étaient très probablement dus à l'activité de l'érudit byzantin Georges Pachymère (voir **23**, p. 173-176 ; **24** et *infra*, Chap. III, A). Ainsi, celui-ci aurait veillé à la vaste entreprise qui consistait à copier, à faire copier, et peut-être aussi – et surtout – à organiser le corpus des commentaires aristotéliciens qui, couvrant l'ensemble du *Corpus Aristotelicum*, figure actuellement dans le *Laurentianus* (**23**, p. 171 et 173). C'est dans ce contexte qu'il faudra placer, à notre avis, la « réactivation » du commentaire de Prodrome : sans doute effectuée vers la fin de la dynastie lascaride, elle aurait été maintenue et amplifiée sous les Paléologues peu après la réinstallation des Byzantins à Constantinople ; la « réédition » du commentaire prodromien, qui a été effectuée pendant cette période sous une forme corrigée et dans le cadre de ce corpus de commentaires aristotéliciens, montre le rôle que l'on accordait désormais à ce texte, remplaçant celui d'Eustrate pour l'interprétation du livre II des *Seconds Analytiques* (**23**, p. 172) ; des renseignements plus amples sont fournis dans la nouvelle édition de ce texte **18bis** et son étude **18ter**.

    a. Sur la tradition manuscrite du commentaire de Théodore Prodrome.

    i. *Exposé général sur le texte (version simple ; version mixte).* Voir **18**, t. I, fasc. A, p. 6-60 ; aussi, dans nos contributions **27** M. Cacouros, « Recherches sur le commentaire inédit de Théodore Prodrome au second livre des *Analytiques Postérieurs* d'Aristote », *AAP* n. s. 38, 1989, p. 313-338, notamment p. 320-323 ; **28** *Id.*, « La tradition du commentaire de Théodore Prodrome au deuxième livre des *Seconds Analytiques* d'Aristote : quelques étapes dans l'enseignement de la logique à Byzance », dans *Μνήμη Bruno Lavagnini*, Δίπτυχα 6, 1994-1995, p. 329-354 et 4 planches, notamment p. 330-332, 339-340 et 349-350 ; *Id.* **54** [cité plus loin], p. 49-52.

    ii. *Nouveaux manuscrits du texte prodromien que nous avons pu localiser après ces travaux.* – [Pour le texte simple] le *Laur.* 85, 1 ; voir surtout **29** *Id.*, « Le *Laur.* 85, 1 témoin de l'activité conjointe d'un groupe de copistes travaillant dans la seconde moitié du XIIIe siècle », dans G. Prato (édit.), *I manoscritti greci tra riflessione e dibattito. Atti del V Colloquio Internazionale di Paleografia Greca (Cremona, 4-10 ottobre 1998)*, coll. « Papyrologica Florentina » 31, Firenze 2000, p. 295-310 et 3 planches, notamment p. 299, et n. 15, 302-303, et n. 24, 305 ; *cf.* **30** *Id.*, « Jean Chortasménos restaurateur du *Laur.* 85, 1, manuscrit de l'Océan », résumé d'une communication faite dans le XIXe Congrès International d'Études byzantines, Copenhague, 18-24 août 1996, paru dans les *Abstracts* des *Actes*, n° 8125, et nos recherches ultérieures sur ce témoin, notamment **23**, p. 173-177, et **19**, p. 20]. – [Pour la version « mixte »] le *Lovaniensis* : voir surtout **31** *Id.*, « Un manuel de logique organisé par Jean Chortasménos et destiné à l'enseignement. Catalogage du manuscrit », *REByz* 54, 1996, p. 67-106, notamment p. 92-96 ; **54**, p. 51-53.

    b. Sur les titres et les noms d'auteur attestés dans la tradition manuscrite. – Étude de ces sujets effectuée dans les contributions **18**, **27-28** (références fournies dans le développement précédent). – Sur le titre du commentaire dans le *Paris. gr.* 1917 [sigle P dans notre édition], voir **18**, t. I, fasc. D, p. 444 ; *cf.* t. I, fasc. A, p. 13-14 ; **28**, p. 336 n. 6 et 9 ; sur le titre dans le *Lovaniensis*, voir **31**, p. 92.

C. *CONTENU EXÉGÉTIQUE DES ŒUVRES PHILOSOPHIQUES DE PRODROME*

    Le premier opuscule est consacré, ainsi que l'indique la seconde partie du titre (... ἢ φωναί), aux [cinq] *Voces*, autrement dit aux cinq prédicables dont Porphyre a traité dans l'*Eisagôgè*. Le deuxième ouvrage, Περὶ τοῦ μεγάλου καὶ τοῦ μικροῦ..., porte, ainsi que l'indique – cette fois aussi – le titre, qui est particulièrement détaillé, sur un problème spécifique de l'exégèse des *Catégories* (6, 5 b 11 - 6 a 11) ; il s'agit, plus précisément, du statut qu'il faut véritablement attribuer au beaucoup et au peu, au grand et au petit, afin de savoir s'ils appartiennent à la catégorie des relatifs, comme l'avait soutenu Aristote, ou à celle des contraires. Quant au troisième ouvrage, il s'agit d'une exégèse des *Seconds Analytiques*, livre II, qui se caractérise par la continuité de l'acte exégétique ; ainsi, il peut être défini comme commentaire « perpétuel ».

Le premier constat à formuler après ce bref descriptif est que ces trois œuvres portent, dans leur ensemble, sur l'*Organon*. En effet, ce dernier était systématiquement introduit, depuis le néoplatonisme, par l'*Eisagôgè* de Porphyre et les Byzantins avaient prolongé cette tradition. En même temps, ils avaient également adopté l'usage néoplatonicien suivant lequel les traités de logique composés par le Stagirite (et introduits, comme il vient d'être signalé, par l'*Eisagôgè* de Porphyre) devaient servir d'instrument et d'outil méthodologique (ὄργανον). Et c'est à ce titre que les Byzantins, en prolongeant la tradition néoplatonicienne, qui faisait de ces traités un véritable *Organon*, l'avaient solidement implantée dans leur enseignement en la dotant du support exégétique nécessaire.

Sur Byzance et le néoplatonisme. B. Tatakis avait déjà souligné l'importance du legs néoplatonicien pour Byzance (**32** B. Tatakis, *La philosophie byzantine*, dans É. Bréhier, *Histoire de la philosophie*, Deuxième fascicule supplémentaire, Paris [¹1949] ²1959 [plusieurs références éparses, concernant des auteurs précis] ; trad. en grec : **33** B.N. Tatakès, *Ἡ Βυζαντινὴ φιλοσοφία*, trad. de l'édition française par E. Kalpourtzè, mise à jour bibliographique par L. G. Benakès, coll. « Βιβλιοθήκη Γενικῆς Παιδείας » 5, Athènes 1997). Sur l'emploi du legs néoplatonicien par les Byzantins, le classement thématique du *Corpus aristotelicum* et, aussi, l'usage que les Byzantins avaient réservé à l'*Organon*, voir, en dernier lieu Cacouros **23**, p. 171-177, et **34** M. Cacouros, « Survie culturelle et rémanence textuelle du néoplatonisme à Byzance. Éléments généraux – éléments portant sur la Logique », dans **35** C. D'Ancona (édit.), *The Libraries of the Neoplatonists*. Proceedings of the Meeting of the European Science Foundation Network "Late Antiquity and Arabic Thought. Patterns in the Constitution of European Culture" held in Strasbourg, March 12-14, 2004, under the impulsion of the Scientific Committee composed by M. Baltes (†), M. Cacouros, C. D'Ancona, T. Dorandi, G. Endress, Ph. Hoffmann, H. Hugonnard-Roche, coll. « Philosophia antiqua » 107, Leiden 2007, p. 177-210 [l'ensemble] ; voir le Supplément de la notice, p. 982-983, en particulier **72** [titre donné *ibidem*], p. 21*-28*.

Ainsi, Théodore Prodrome, en composant ces trois ouvrages, s'est aligné sur la tradition byzantine, qui était à la fois d'ordre exégétique, éducative et culturelle. En vérité, les choix dont témoignent les trois œuvres philosophiques de Prodrome dépendaient de l'état dans lequel se trouvait le mouvement exégétique byzantin à son époque, mais, aussi, des tendances littéraires qui le traversaient et qui étaient à l'origine des différentes formes proposées et adoptées pour l'écrit philosophique. Étant donné que ces aspects dépassent le cadre de cette contribution (ils sont passés en revue dans l'ouvrage **24**, entre-temps terminé et, aussi, soutenu dans le cadre de notre Habilitation, voir lesupplément de la notice, p. 983 ; on peut aussi consulter l'aperçu présenté dans **23**, p. 157-171, où se trouvent récapitulés les aspects essentiels), nous nous contenterons de relever les traits principaux des ouvrages prodromiens, qui offrent une variété de formes sur un fonds commun, l'étude de la logique, qui était plutôt traditionnel à Byzance.

1. *Variété des formes exégétiques*. Tout d'abord, les trois traités varient nettement du point de vue de la forme adoptée et du genre exégétique.

a. Le premier opuscule se présente sous la forme d'un dialogue platonicien. En atteste le titre, *Ξενέδημος ἢ φωναί*, calqué sur le modèle des titres introduisant les dialogues socratiques (tels *Euthydème* ou *Ménéxène*), mais, également, le contenu. En effet, l'opuscule comporte un premier dialogue (Cramer **13**, p. 204, 2 - 206, 11) qui se produit entre deux interlocuteurs, Xénédème (Ξενέδημος) et Musée (Μουσαῖος) à propos de Théoklès (Θεοκλῆς), un philosophe et *didaskalos* qui venait de décéder en automne (p. 204, 18 : ὃς περὶ τὴν τρύγα [à l'époque de la vendange : au début de l'automne] μὲν ἐξέφυ τοῦ βίου) et qui avait fait de manière unanime la gloire de Byzance. A la demande instante de son interlocuteur et ami, Xénédème est amené à reproduire le dialogue qui avait eu lieu entre Théoklès et lui-même à propos de l'*Eisagôgè* de Porphyre (Cramer **13**, p. 206, 20 - p. 215, 19) ; le premier, détenteur de la vérité, s'y applique, suivant la méthode platonicienne, à convaincre Xénédème du mal fondé des propositions qu'un autre maître, Hermagoras (Ἑρμαγόρας), tourné en ridicule, lui avait enseignées. Ainsi, le dialogue entre Xénédème et Musée sert de prélude et de subterfuge littéraire menant, comme il se produit dans certains dialogues platoniciens, au véritable dialogue, qui, déroulé entre Théoklès (Socrate / Platon) et Xénédème (leur futur disciple), est destiné à révéler la vérité au sujet des prédicables et des catégories. Les ressemblances avec les dialogues platoniciens, notamment ceux qui présentent une structure analogue, sont particulièrement nombreuses et ne sont pas présentées dans ce contexte, mais dans l'étude qui leur est consacrée.

Théodore Prodrome ne révèle pas entièrement l'identité de ce Platon byzantin, mais il fournit suffisamment d'éléments pour montrer de qui il s'agit. Il donne à son propos quelques indices d'ordre biographique, tout en précisant également que c'est un Byzantin originaire d'Italie (Cramer **13**, p. 205, 30-32). Même si cette identification est passée, nous semble-t-il, inaperçue, il n'est pas difficile de reconnaître, sous ces termes, Michel Italikos, qui, né dans la dernière décennie du XIe s., était maître, ami et correspondant de Théodore Prodrome. **36** S. D. Papadimitiu, *Feodor Prodrom*, Odessa 1905, p. 110 *sq.* et 245, avait proposé d'identifier Théoklès avec l'ὕπατος τῶν φιλοσόφων Michel Psellos et Hermagoras avec Théodore de Smyrne, qui avait exercé la même fonction (critique de cette thèse reprise dans Kazhdan **2**, p. 94 et n. 32).

Professeur de rhétorique et de philosophie (sans oublier la médecine), Michel Italikos avait enseigné (à partir de Noël 1142) comme *didaskale* des évangiles à l'École patriarcale à Constantinople ; élu métropolite de Philippopoli après septembre 1143, il a été obligé d'y séjourner dans des conditions qui étaient parfois particulièrement difficiles, notamment quand il a protégé avec efficacité ses concitoyens contre les exactions auxquelles avaient commencé à se livrer les croisés de Conrad, empereur d'Allemagne, lors de leur passage par Philippopoli vers la fin août 1147. En 1157 il n'était sans doute plus en vie. Ainsi, sa mort doit se situer entre 1147 et 1157.

Ces dates nous permettent de dater le dialogue *Xénédème* de manière relativement précise. Ainsi qu'il a été signalé, Xénédème, en s'adressant à Musée, qui désirait faire la connaissance de Théoclès, lui signale que ce dernier venait de décéder, mais que ses ouvrages étaient, eux, toujours vivants. Par conséquent, à moins d'admettre que cet indice ne constitue qu'une simple réminiscence de la mise à mort de Socrate décrite par Platon, la rédaction du dialogue a suivi, sans doute de peu, le décès d'Italikos. Ainsi, cette œuvre est postérieure à l'opuscule suivant ; ce dernier a été rédigé à l'occasion de la promotion d'Italikos au poste de *didaskale* des évangiles et, par conséquent, il est de peu postérieur à Noël 1142.

Italikos avait fréquenté les mêmes milieux que Prodrome, qui étaient ceux d'Irène Doukaina, de Jean II et de Manuel Ier. Prodrome le présente comme un autre Platon non pas uniquement au sein du dialogue *Xénédème*, mais ailleurs aussi (voir également les renseignements fournis dans la suite à propos du second opuscule). À titre d'exemple, dans l'oraison funèbre qu'il a composée pour un membre de la famille des Comnènes, Prodrome (ou le Manganeios Prodromos, d'après Magdalino **2bis**, p. 333) cite Italikos parmi les rhéteurs qui avaient prononcé un discours lors des derniers honneurs accordés au défunt. C'est à cette occasion qu'il le désigne comme : « le grand Italikos, l'imitateur de Platon et le second Platon » (**37** E. Miller, « Ex Theodori Prodromi carminibus ineditis », dans *Recueil des Historiens des Croisades, Historiens Grecs*, t. II, Paris 1881, p. 771, v. 342-343 : « Ἰταλικὸς ὁ πάνυ, | ὁ μιμητὴς τοῦ Πλάτωνος καὶ μετ' ἐκεῖνον Πλάτων » ; *cf.* **38** P. Gautier [édit.], Michel Italikos, *Lettres et Discours*, édités par P. G., coll. *AOC* 14, Paris 1972, p. 17 et 28).

Les éléments biographiques sur Italikos mentionnés *supra* proviennent de Gautier **38**, p. 14 *sq*. [l'origine italienne de Michel Italikos attestée par l'opuscule de Prodrome n'est pas prise en compte dans cette étude, *ibid*., p. 14 : « On ne saurait donc dire si Italikos était originaire de Constantinople ou d'une province de l'empire » : la cause en est que, dans ce dialogue, l'identification de Théoklès avec Italikos a échappé, nous semble-t-il, à l'attention de la recherche [voir *supra*], y compris celle qui a été consacrée à Prodrome]. Sur Italikos, voir aussi **39** R. Browning, « Unpublished Correspondence between Michael Italicus, Archbishop of Philippopolis, and Theodore Prodromos », *Byzantino-Bulgarica* 1, 1962, p. 279-297 [repris dans **40** *Id*., *Studies on Byzantine History, Literature and Education*, coll. « Collected Studies » 59, London 1977, n° VI] ; Hörandner **1**, p. 25-26 ; plusieurs mentions dans Magdalino **2bis**.

b. Le deuxième opuscule se situe à la jonction de trois genres différents, ceux du dialogue, de la diatribe philosophique et de l'épître exégétique, savamment mélangés. En effet, il se présente comme un traité que Prodrome adresse à son maître et ami Michel Italikos, précédemment mentionné, à l'occasion de la promotion de ce dernier au poste de *didaskale* des évangiles (voir Gautier **38**, p. 24 n. 29, reposant sur une indication fournie dans l'édition Tannery **14**, p. 111, 25-29). Par conséquent, cet opuscule est de peu postérieur à Noël 1142 et il est antérieur de cinq à quinze ans au dialogue *Xénédème*.

Dans le traité *Peri tou megalou*, après avoir exalté les qualités rhétoriques et philosophiques d'Italikos (Tannery **14**, p. 111, 4 - 112, 6), dont les unes le rapprochent de Démosthène et d'Aélius Aristide et les autres de Platon, Prodrome signale (p. 112, 9-10) qu'il abordera une question spécifique que soulève le texte des *Catégories*. Il s'agit notamment « du passage où le grand et le petit et le beaucoup, et, de plus, le peu, étaient classés parmi les relatifs [autrement dit : la catégorie des relatifs] plutôt que dans [la catégorie de] la quantité », alors que « sur ce point, il lui serait difficile de se mettre d'accord avec le Philosophe [*scil*. Aristote] » (p. 112, 11-14). En adoptant un style rhétorique, Prodrome souligne tout d'abord le respect que l'on doit à Aristote (p. 113, 3-4), puis, il présente en détail le passage concerné (p. 113, 5-18) et avance une série d'arguments (p. 113-118), fréquemment introduits par l'adverbe ἔτι (« de plus »), qui vont à l'encontre de la position soutenue par le Stagirite.

c. Dans le troisième cas, celui du commentaire consacré aux *Seconds Analytiques*, livre II, la forme est assez différente. Il s'agit d'une exégèse continue, dans laquelle les développements ponctuels, consacrés à des mots ou à des phrases du texte aristotélicien, alternent avec les approches synthétiques d'ordre plus général. Le style reste, dans ce cas aussi, rhétorique : les apostrophes adressées à Aristote, comportant une critique – vraie ou simulée – des théories qu'il avait formulées, succèdent aux remarques au sein desquelles le Stagirite est cité à la troisième personne. La présence de ces deux éléments, autrement dit de l'association systématique de l'approche ponctuelle à la synthèse générale, et l'emploi d'une rhétorique fine et efficace, permettant la lecture de ce texte de manière agréable et instructive, montrent que ce commentaire correspond à une forme déjà mûre de l'exégèse byzantine.

En même temps, on constate que Prodrome exploite de manière systématique et récurrente le tréfonds exégétique qui lui était antérieur, sans négliger l'innovation personnelle, ou, en tout cas, ce qui, dans l'état actuel de nos connaissances doit être considéré comme tel : nos recherches sur l'histoire de l'exégèse des *Analytiques* nous ont permis de définir avec une relative certitude lesquelles, parmi les présumées « innovations », devaient être vraiment considérées comme telles, et de les différencier de celles qui correspondaient, tout simplement, à une exégèse déjà existante mais peu connue.

Pour ce qui concerne le « tréfonds », nous avons constaté que, malgré l'emploi, discret mais assez systématique, du commentaire d'Eustrate (⇒E 163) ou de celui de Philopon (⇒P 164), Théodore Prodrome reproduit, dans plusieurs cas, la version exégétique communément admise à son époque, pour la plus grande partie constituée d'un ensemble de « lieux communs » : ceux-ci étaient en principe empruntés à un vaste « réservoir interprétatif », que nous avons désigné, dans d'autres contextes, par le terme « amas exégétique ». À l'époque de Prodrome, ce « réservoir » restait disponible, ouvert et exploitable, permettant l'enrichissement exégétique des commentaires qui étaient alors composés, ainsi qu'en témoignent le cas d'Eustrate de Nicée et celui de Théodore Prodrome. Quant à l'innovation, l'enrichissement des commentaires, y compris celui de Prodrome, était obtenu grâce à l'invention personnelle d'unités exégétiques, qui étaient conçues et développées suivant le système des lieux communs. Ainsi, l'« amas exégétique » pouvait être enrichi à long terme grâce à l'ajout de ces nouvelles unités exégétiques, qui étaient susceptibles de transiter à partir des commentaires au sein desquelles elles avaient été conçues vers l'« amas exégétique ».

i. *Sur Eustrate*. Sur cet exégète et les commentaires qu'il a rédigés, voir notre notice « Eustrate », E 163, *DPhA*, t. III, 2000, p. 378-388 (avec bibliographie). Contentons-nous de mentionner l'édition critique existante de son commentaire aux *Seconds Analytiques*, livre II : M. Hayduck (édit.), *Eustratii In Analyticorum posteriorum librum secundum commentarium*, coll. *CAG* XXI 1, Berolini 1907. Eustrate a utilisé le commentaire perdu d'Alexandre d'Aphrodise à cet ouvrage d'Aristote. Des extraits de ce dernier ont également été repris dans un compendium anonyme byzantin, qui a été édité à la fin de **41** M. Wallies (édit.), *Ioannis Philoponi In Aristotelis Analytica posteriora commentaria cum anonymo in librum II*, coll. *CAG* XIII 3, Berolini 1909 ; voir, sur ces questions, **42** P. Moraux (édit.), *Le commentaire d'Alexandre d'Aphrodise aux « Seconds Analytiques d'Aristote »*, coll. « Peripatoi » 13, Berlin 1979, p. 5-6, 81 *sq*.

    ii. *Sur la tradition grecque des Seconds Analytiques, livre II*. L'étude de la tradition de ce livre et de l'exégèse, textuelle et figurative, qui lui a été consacrée en grec (Antiquité, Byzance, après-Byzance) et en arabe, avec un regard vers la tradition latine, fait partie de notre programme de recherche sur la tradition et l'exégèse, textuelle et figurative, de l'*Organon*. Pour cette raison, parmi nos travaux, plusieurs sont consacrés à ce sujet ; contentons-nous de renvoyer à l'aperçu présenté dans **43** M. Cacouros, « Les préfaces des commentaires grecs antiques et byzantins aux *Seconds Analytiques*, livre II. Notes sur la tradition exégétique des *Seconds Analytiques* d'Aristote », dans J.-D. Dubois et B. Roussel (édit.), *Entrer en matière. Les prologues*, coll. « Patrimoines – Religions du Livre », Paris 1998, p. 247-269, notamment p. 249-250. Les résultats de ces recherches sont régulièrement publiés dans nos Rapports d'activités, au sein du *Livret-Annuaire de l'École Pratique des Hautes Études, Sciences Historiques et Philologiques*.

    iii. *Sur les sources du commentaire de Prodrome et l'influence du commentaire d'Eustrate.* Voir l'aperçu dans Cacouros **18**, p. 503-507 [et apparat des sources, dans t. I, fasc. C] ; *Id.* **27**, p. 327-338.

    iv. *Sur l'« amas exégétique » et les « lieux communs »*. Il s'agit de deux concepts que nous avons instaurés et utilisés, pour la première fois dans le cadre de l'étude de l'exégèse des *Seconds Analytiques* : voir **18**, t. II, notamment p. 500-503 ; **43**, p. 252 *sq*. et, surtout, dans notre contribution **44** « Exégèse grecque et problèmes éditoriaux dans le commentaire moyen d'Averroès aux *Seconds Analytiques* (livre II, chap. 1-10) », dans Actes du Congrès International pour le VIIIe Centenaire d'Averroès, session de Cordoue, *La obra de Averroes. El pensamiento filosófico y científico de Averroes en su tiempo*, Cordoue, 9-11 décembre 1998 (les Actes, qui étaient sous presse, ont été publiés depuis la rédaction de la notice, voir le Supplément de la notice, p. 984). Nous avons également eu l'occasion d'appliquer ces concepts de manière plus générale à l'ensemble de l'exégèse grecque, en particulier l'exégèse byzantine : voir **45** M. Cacouros, Rapport de conférences, dans *Livret-Annuaire de l'École Pratique des Hautes Études, Sciences Historiques et Philologiques*, 20, 2004-2005, p. 93-100, notamment p. 104-106, et **24**, en préparation (cet ouvrage a été entretemps achevé et, aussi, soutenu dans le cadre de notre Habilitation, voir le Supplément de la notice, p. 983).

    2. *Complémentarité exégétique ?* Ainsi, Prodrome a adopté, pour chaque opuscule, un genre exégétique différent, en passant du dialogue platonicien à l'épître exégétique, pour aboutir à l'exégèse continue. Le champ exégétique que recouvre chaque œuvre est, lui aussi, différent. En effet, si les trois œuvres relèvent, comme il a été signalé plus haut, de l'*Organon*, reste à savoir quelles parties de ce dernier y ont été abordées.

    Le premier opuscule porte sur les cinq Voix, autrement dit sur les cinq prédicables de Porphyre. Précisons que, même si Prodrome se rapporte surtout à l'*Eisagôgè* de Porphyre, il aborde également, pour des raisons qui sont faciles à comprendre, des questions liées à l'étude des *Catégories* (par exemple la question fondamentale dans l'exégèse : que sont les dix catégories ?). Dans l'enseignement byzantin, l'étudiant qui s'engageait dans le cycle « intermédiaire » (celui-ci constituait, à partir du Xe-XIe siècle, un cycle préliminaire au cursus supérieur, voir l'aperçu bibliographique qui suit) devait apprendre les rudiments de la logique grâce à l'étude simplifiée de l'*Eisagôgè* de Porphyre et des *Catégories* d'Aristote, et, parfois aussi, des concepts de base du *De l'interprétation* et de la syllogistique.

Cet apprentissage reposait en principe sur un choix thématique : autrement dit, l'étudiant byzantin abordait des unités thématiques à part entière qui ne correspondaient pas à l'ordre que Porphyre et Aristote avaient adopté dans leurs textes respectifs. C'est dire que, si l'opuscule de Prodrome correspondait, du point de vue du contenu, à l'enseignement « intermédiaire », en revanche, l'approche critique choisie par l'auteur, sans oublier la forme du dialogue que Prodrome lui avait donnée, le destinaient de préférence à un public érudit, mieux formé pour goûter les subtilités du discours philosophique et la rhétorique fine déployée par Prodrome, qui voulait rivaliser avec Michel Italikos.

La même remarque s'applique aussi au second opuscule, dont la forme est moins sophistiquée que celle du premier (il lui est par ailleurs antérieur, voir *supra*, 1) et mieux adaptée à l'enseignement. En effet, la partie exégétique de cette lettre, composée d'une série d'arguments clairement définis et différenciés par l'emploi de ἔτι, pouvait mieux introduire les étudiants à la méthode exégétique. Cette méthode d'apprentissage, systématiquement pratiquée par les Byzantins dans le cadre du cursus supérieur, a également été appliquée, avec beaucoup de dextérité, au sein du commentaire au livre II des *Seconds Analytiques* de Prodrome.

Ainsi, on constate que, si, dans les trois œuvres de Prodrome, la variété des formes, d'approche et de contenu renvoie à une même lecture ou à un même apprentissage, celui de la logique, cette lecture aussi bien que cet apprentissage étaient assurés de différentes manières suivant la pluralité des niveaux auxquels correspondaient les lecteurs (ou les étudiants) concernés.

i. *Sur le cursus intermédiaire.* Sur la présence d'un cursus intermédiaire, que la recherche actuelle désigne comme moyen ou secondaire, voir l'aperçu sommaire présenté par **46** A. Ducellier, *Les Byzantins. Histoire et culture.* Édition mise à jour, coll. « Histoire », Paris 1988, p. 202-203 (forme entièrement mise à jour de **47** *Id.*, *Les Byzantins*, coll. « Le temps qui court », Paris 1963) ; **48** B. Flusin, « La culture écrite », dans C. Morrisson (édit.), *Le monde byzantin*, t. I : *L'Empire romain d'Orient (330-641)*, coll. « Nouvelle Clio », Paris 2004, p. 260-261, et **49** B. Flusin, « L'enseignement de la culture écrite », dans J.-Cl. Cheynet (édit.), *Le monde byzantin*, t. II : *L'Empire byzantin (641-1204)*, coll. « Nouvelle Clio », Paris 2007, p. 357-358, 363.

ii. *Sur l'enseignement de la logique assuré au sein du cursus intermédiaire.* Toutefois, le fait que ce cursus intermédiaire était également – et surtout – consacré à inculquer à l'écolier byzantin les rudiments de logique nous semble avoir échappé à l'attention : voir **50** M. Cacouros, « L'enseignement des disciplines littéraires (*Trivium*), mathématiques (*Quadrivium*) et de la philosophie à Byzance : conception et organisation, pratiques de l'oral et techniques de l'écrit », dans les Actes du Colloque Historique International *De l'Antiquité à nos jours : histoire et méthodes de l'enseignement*, organisé par M.-O. Munier, Abbaye-École de Sorèze, 26-27 octobre 2006, publiés sous la direction de M.-O. Munier aux Presses du Centre Universitaire Champollion, p. 1-83 [il correspond à la totalité du t. II des Actes] et, en particulier, p. 6-7, 31-32, 33-46 (p. 44-46 pour le cas des *Seconds Analytiques*) ; voir le Supplément de la notice, p. 984.

3. *Une non-complémentarité inquiétante ou naturelle ? le parcours exégétique à Byzance de Michel d'Éphèse à Prodrome.* Il est facile de constater que, indépendamment de la différence d'approche, certaines parties de l'enseignement de la logique n'étaient certainement pas couvertes par les trois œuvres de Prodrome : en effet, il s'agissait d'une partie du *De l'interprétation*, des deux livres des *Premiers*

Analytiques et du premier livre des *Seconds*, sans oublier les *Topiques* et les *Réfutations sophistiques*. Nous pensons à cet égard que, lorsque Prodrome rédigeait ses ouvrages, il n'était pas (ou, mieux : il n'était *plus*) nécessaire de combler ces parties : d'une part, les Byzantins disposaient de l'exégèse néoplatonicienne, qu'ils connaissaient et utilisaient amplement (voir *supra*, C, Introduction) ; ainsi, pour les *Premiers Analytiques*, ils pouvaient employer le commentaire de Jean Philopon ; d'autre part, pour certaines parties de l'*Organon*, il existait déjà des exégèses byzantines, en commençant par celles de Michel d'Éphèse, que l'on lisait et utilisait dans les milieux érudits ou dans l'enseignement.

C'est dans le cadre du second volet (existence d'une exégèse byzantine voulant se défaire de l'ombre néoplatonicienne et devenir autonome par rapport à elle) que, suivant la thèse que nous avions formulée en 2000-2005, Byzance disposait déjà depuis les années 1120, et très probablement avant cette date, d'un corpus exégétique *byzantin* consacré à l'ensemble – ou presque – de l'œuvre d'Aristote : il s'agissait du corpus élaboré par Michel d'Éphèse, qui a été *in extremis* complété par Eustrate de Nicée. En effet, dans l'étude que nous avons consacrée à Michel, il a été possible de montrer que ce dernier a commenté la presque totalité du *Corpus aristotelicum*. Ce faisant, il obéissait sans doute aux ordres de la princesse porphyrogénète Anne Comnène ; suivant R. Browning, c'était Anne Comnène qui avait « réquisitionné » Michel d'Éphèse à son service ; il en était de même, suivant le même érudit, pour Eustrate de Nicée, qui a composé ses commentaires en travaillant dans le même milieu.

Or, d'après nous, le travail de Michel d'Éphèse était destiné à constituer un corpus exégétique byzantin pour l'ensemble de l'œuvre aristotélicienne, et ce proabablement déjà avant l'intervention d'Anne Comnène ; en conséquence, la théorie de R. Browning doit être élargie, étayée davantage mais, aussi, quelque peu modifiée. En effet, d'après notre thèse, Eustrate a été introduit dans ce milieu à une période où Michel d'Éphèse, âgé et pratiquant un type d'exégèse qui n'était plus du goût de la princesse, devait être secouru dans sa tâche afin que le projet éphésien initial d'un corpus exégétique byzantin puisse aboutir. C'est pour cette raison qu'il a complété le travail que Michel ne pouvait plus effectuer pour des raisons de santé, probablement aussi d'âge et de divergence dans la méthode exégétique adoptée. En effet, répondant aux nouvelles exigences concernant la mise en forme de l'écrit exégétique, Eustrate a donné à ses commentaires une forme plus « rédigée », qui tranchait de manière assez nette avec celle qu'avait adoptée Michel d'Éphèse et qui se rapprochait davantage de celle qu'on rencontre dans les recueils de scholies. Ce dernier avait déjà dû reprendre, probablement pendant cette période, le texte de certaines exégèses parmi celles qu'il avait déjà composées, pour les adapter aux nouvelles exigences ; la présence de formes rédactionnelles parallèles pour certaines exégèses éphésiennes tient sans doute, aussi, à ce facteur.

Quant à Prodrome, comment expliquer le fait qu'il a composé un commentaire au livre II des *Seconds Analytiques* quelques années à peine après celui d'Eustrate ? Deux hypothèses semblent probables. La première est que Prodrome envisageait sans doute de composer un commentaire dont la forme aurait été plus littéraire et rhétorique que celle qu'avait adoptée Eustrate. Ainsi, il escomptait sans doute répondre aux longs développements d'ordre philosophique dont Eustrate avait garni son commentaire par un appel à l'élégance et à la noblesse de style byzantines. La seconde raison pourrait tenir à l'éventuelle rivalité qui existait sans doute entre les membres du « salon littéraire » que tenait Irène Doukaina (c'est à ce milieu qu'appartenait Prodrome, aussi bien que Jean Tzetzès, autre érudit byzantin bien connu qui a vécu à cette époque) et celui d'Anne Comnène, fille d'Irène. En effet, les deux dames, après leur éloignement du trône suite à la mort d'Alexis et le coup d'État avorté qu'Anne Comnène a tenté contre son frère, le futur Jean II, ont dû passer le reste de leurs jours avec, comme seul plaisir, les préoccupations littéraires. Ainsi, il n'est pas impossible qu'Eustrate, ayant composé son commentaire dans le cercle d'Anne Comnène, ait eu comme rival et émule Prodrome, son cadet, qui appartenait, lui, au milieu d'Irène Doukaina. Quoi qu'il en soit, le manque d'un véritable titre en tête du commentaire prodromien et, surtout, l'absence de toute dédicace au sein de celui qui est actuellement conservé ne permettent pas d'aller au-delà des hypothèses formulées.

Sur Michel d'Éphèse et ses rapports avec Anne Comnène. Ces rapports ont été clarifiés grâce aux éléments compris dans l'oraison funèbre que Georges Tornikès a composée pour Anne Comnène vers 1153-1155. Nous nous contenterons de renvoyer aux études suivantes : **51** R. Browning, « An unpublished funeral oration on Anna Comnena », *PCPhS* 188, n. s. 8, 1962, p. 1-12, en particulier p. 6-8 (étude), 11-12 (quatre extraits) = Browning **40**, étude n° VII (même pagination que l'original) = *Id.*, n° 17, dans **52** R. Sorabji (édit.), *Aristotle Transformed : The ancient commentators and their influence*, London 1990, p. 399-401 (étude) et 404-406 (trad. en anglais des quatre extraits) ; **53** J. Darrouzès (édit.), *Georges et Dèmètrios Tornikès, Lettres et Discours*, introduction, texte, analyse, traduction et notes par J.D., coll. « Le monde byzantin », Paris 1970, Discours n° 20, p. 7-20 (étude), 220-323 (texte et trad., en particulier, p. 283, 9-12) ; voir le Suppl. de la notice, p. 983-984.

III. LA POSTÉRITÉ DE L'ŒUVRE PHILOSOPHIQUE DE PRODROME DANS LA TRADITION EXÉGÉTIQUE BYZANTINE

Ainsi que nous l'avons souligné dans d'autres contextes, l'exégèse que Prodrome a consacrée au livre II des *Seconds Analytiques* est devenue, à partir de sa réapparition au XIIIᵉ siècle, le commentaire canonique pour ce livre d'Aristote ; elle l'est restée jusqu'à la prise de Constantinople en 1453 (et même après cette date). En témoigne, tout d'abord, l'étude de la tradition manuscrite de cet ouvrage, qui a montré que ce texte a été utilisé, à partir de cette période, de manière durable dans l'enseignement supérieur à Byzance. En témoigne aussi sa tradition indirecte, qui suggère fortement que ce commentaire, devenu une sorte de « texte-pilote », a été lu et utilisé, mais, aussi, reproduit sous forme d'extraits intégrés dans d'autres ouvrages, qui constituaient des textes d'école dont la lecture était plus facile que celle du commentaire prodromien. Quant aux deux opuscules de Prodrome cités plus haut, ils ont, eux aussi, attiré l'attention des érudits byzantins et ont parfois été copiés – surtout, pour les raisons déjà évoquées, la diatribe sur le grand et le petit – dans les mêmes manuscrits que le commentaire, mais leur forme respective (dialogue-épître) les rendait moins aptes à l'enseignement, et, pour cette raison, ils n'ont pas connu le même succès.

Étant donné que nous avons eu l'occasion de présenter récemment une synthèse sur la postérité byzantine du commentaire prodromien (**54** «Jean Chortasménos, Théodore Prodrome et le Recueil de " définitions " consacrées aux *Seconds Analytiques*, livre II. Contribution à l'étude de la tradition exégétique des *Analytiques* à Byzance», dans *Με τους τρόπους του Ντίνου Γεωργούδη [Hommage à D. Georgoudis]*, Athènes 2007, p. 43-70), et que les éléments que nous n'avons pas encore publiés sur ce sujet sont intégrés dans l'*editio major* de ce texte **18bis** et l'étude **18ter**, nous avons jugé bon de signaler, dans le cadre de la présente notice, les principaux jalons dans l'utilisation du commentaire prodromien pendant la période qui va jusqu'en 1453 : en effet, étant donné le caractère canonique de ce commentaire, il nous semble qu'il reflète de manière fidèle les grandes lignes qu'a connues, pendant cette période, l'enseignement de la philosophie dans le cursus supérieur à Byzance.

A. LE COMMENTAIRE DE PRODROME ET L'ÉCOLE PATRIARCALE

Dès sa réapparition, le commentaire de Prodrome semble avoir été utilisé dans l'enseignement assuré au sein de l'École patriarcale. Sans doute, il s'agissait d'une tradition qui remontait à Prodrome lui-même ; en effet, celui-ci a probablement enseigné au sein de cette institution et, par conséquent, son commentaire pourrait avoir été utilisé dans celle-ci dès qu'il en eut achevé la rédaction. Quoi qu'il en soit, ainsi qu'il a été précédemment signalé, le *Laur.* 85, 1 et le *Paris. gr.* 1917, sans oublier le *Pinax Vatic.-Marcianus,* ont été très probablement réalisés dans ce même milieu, qui a été marqué par l'activité et l'enseignement de Georges Pachymère. En effet, suivant l'analyse que nous avons consacrée à l'activité de cet érudit, il s'est avéré que ses ouvrages portant sur la philosophie, les disciplines littéraires et mathématiques, en un mot sur l'enseignement circulaire byzantin (ἐγκύκλιος παιδεία), correspondaient probablement à des cours qu'il avait assurés ; il s'est également avéré que c'était sans doute au sein de l'École patriarcale que ces derniers avaient eu lieu (**19**, p. 13-17, 20-23, 41, avec bibliographie). Quant à l'existence d'un enseignement de ce type au sein de cette institution patriarcale, elle ne devrait pas étonner, étant donné que des traces d'un tel enseignement ont été identifiées dans cette École longtemps avant cette période (voir *ibid.*, p. 6-16 ; *Id.*, **50**, p. 55-58).

Ainsi, le commentaire de Prodrome, destiné à l'apprentissage du livre II des *Seconds Analytiques*, était enseigné, sans doute à partir d'une date qui doit se situer dans la seconde moitié du XIIIe siècle, dans l'enseignement circulaire (ἐγκύκλιος παιδεία) assuré au sein de l'École patriarcale et, plus précisément, au niveau supérieur de celui-ci.

Dans la seconde moitié du XIVe siècle, la situation concernant son emploi comme texte canonique était la même et c'est sans doute pour cette raison que Néophytos Prodromènos l'a, lui aussi, intégré dans les corpus de philosophie aristotélicienne qu'il a organisés. Par exemple, le commentaire de Prodrome encadre le texte du livre II des *Seconds Analytiques* dans le *Sancti Sepulcri* 150 (*nunc Atheniensis*), manuscrit d'un premier corpus (localisé avant nos travaux), que nous avons attribué, en même temps que les autres manuscrits de ce corpus, à l'initiative et au calame de Néophytos. Autre exemple : la « version mixte » du commentaire de Prodrome remonte peut-être à Néophytos ; ce dernier l'aurait intégrée dans un autre corpus que nous lui avons attribué, le *Corpus logicum prodromenianum* (*CLP*), mais la partie consacré aux *Seconds Analytiques* n'a pas été conservée dans l'original de Néophytos. À l'époque de cet érudit, l'enseignement de la philosophie était probablement assuré dans le monastère de Saint-Jean-le-Précurseur (Ἁγίου Ἰωάννου τοῦ Προδρόμου), au quartier de Pétra à Constantinople, et au xénôn du Kralj, une annexe du monastère. Ce dernier connaissait alors un essor considérable, qui était aussi lié au fait qu'on y gardait les reliques sacrées, y compris celles de la Passion du Seigneur.

a. *Sur l'identification de Néophytos Prodromènos comme copiste et responsable de certains corpus philosophiques et (ou) scientifiques.* Depuis les travaux de J. Heiberg, J. Mogenet et D. Harlfinger et grâce à ceux-ci, on considérait que certains manuscrits faisaient partie d'un corpus philosophico-scientifique, qui était sans doute dû à l'activité de Nicéphore Grégoras. Dans notre contribution **55** « Néophytos Prodromènos copiste et responsable (?) de l'édition *Quadrivium – Corpus aristotelicum* du 14e siècle », *REByz* 56, 1998, p. 193-212, il nous a été possible d'une part d'identifier Néophytos comme le copiste de ces témoins, d'autre part d'établir qu'il était sans doute le maître d'œuvre de cette entreprise : en témoigne le fait qu'il est fréquemment revenu sur ces manuscrits pour corriger, améliorer et enrichir les textes qu'il y avait inclus. De plus, dans cette même publication, il nous a été possible d'enrichir le nombre des manuscrits qui faisaient partie de ce corpus et, aussi, de distinguer les orientations majeures qu'avait revêtues son travail. Des éléments supplémentaires sur ces corpus ont été fournis dans **23**, p. 187-189. Pour les travaux que nous avons consacrés depuis à ce sujet et afin de ne pas alourdir cette notice, nous nous contenterons de renvoyer aux références fournies dans **19** p. 31-32, 34 ; **34**, p. 186-187 et n. 29-37, et p. 186-187. L'identification de la main de Prodromènos et, également, la reconnaissance de son rôle comme maître d'œuvre de cette entreprise ont été favorablement admises par la recherche ; cf. **56** C. Luna, « Mise en page et transmission textuelle du commentaire de Syrianus sur la *Métaphysique* », dans D'Ancona **35**, p. 121-133, notamment p. 125 n. 1). Quant au *Corpus logicum prodromenianum*, dont nous avons découvert l'existence, voir surtout nos publications : **17**, p. 187-200 ; **19**, p. 32-34 ; **34**, p. 186-187 et n. 30 ; cf. le Supplément de la notice, notamment les contributions **67**, p. 616-617, et **72**, p. 40*-42*.

b. *À propos du monastère du Prodrome.* – i. *Emplacement.* Voir **57** R. Janin, *La géographie ecclésiastique de l'Empire byzantin*, première partie : *Le Siège de Constantinople et le Patriarcat Œcuménique*, t. III : *Les églises et les monastères*, coll. « Publications de l'Institut français d'Études byzantines », Paris ²1969, *s.v.* Προδρόμου (Μονὴ τοῦ) ἐν τῇ Πέτρᾳ, p. 421-429 ; voir aussi nouveaux éléments et bibliographie sur la topographie du monastère fournies dans **19**, p. 36-37. – ii. *Reliques et rôle politique.* Sur les reliques de la Passion qui étaient miraculeusement gardées à Pétra, alors qu'elles avaient déjà été vendues à Louis IX, voir **58** M. Cacouros, « Un patriarche à Rome, un *katholikos didaskalos* au Patriarcat et deux donations trop tardives de reliques du Seigneur : Grégoire III Mamas et Georges Scholarios », dans A. Avramea, A. Laiou et E. Chrysos (édit.), *Byzantium State and Society. In Memory of Nikos Oikonomides*, coll. « Institute for Byzantine Studies », Athènes 2003, p. 71-124. Sur le rôle des reliques comme arme diplomatique sous les Paléologues, voir **59** S. Mergiali-Sahas, «Byzantine emperors and holy relics. Use, and misuse, of sanctity and authority», *JÖB* 51, 2001, p. 41-60. Aperçu sur le rôle politique de ce monastère sous les Paléologues (avec bibliographie) dans Cacouros **19**, p. 37-40 (avec bibliographie).

Vers la fin du XIVe siècle, le Patriarcat se trouvait de nouveau face aux difficultés que suscitait l'avancée turque ; c'est pendant cette période trouble que l'on voit paraître pour la première fois un titre, celui de *katholikos didaskalos*. En effet, suivant les études que nous avons consacrées au *katholikos didaskalos*, le titre utilisé correspondait à une charge d'enseignement qui était censée au départ couvrir à la fois la théologie, la philosophie et les disciplines rhétoriques et scientifiques. Dans la pratique, et à partir de Jean Chortasménos, qui a été, lui aussi, *katholikos didaskalos*, ce sont les trois dernières matières qui ont été enseignées par les *katholikoi didaskaloi*, dont nous avons pu établir la liste jusqu'en 1453. Sous ces *didaskales*, qui, en utilisant le titre de *katholikoi*, prolongeaient pratiquement l'enseignement assuré depuis longtemps au sein de l'École patriarcale, le texte de Prodrome n'a rien perdu de son importance. Toutefois, l'ardeur de la récupération du patrimoine culturel qui avait suivi la reprise de Constantinople en 1261 s'est estompée pendant la période qui a précédé la chute de Byzance ; c'est sans doute pour cette raison que, probablement déjà depuis les dernières décennies du XIVe siècle, le texte de Prodrome était considéré comme trop long et trop aride pour être enseigné dans sa totalité. En conséquence, on l'avait utilisé dans le cadre de la composition de textes d'école ; quoique d'une valeur moindre par rapport au modèle utilisé, ceux-ci étaient plus facilement assimilés par les étudiants. Ces formes à usage scolaire, qui circulaient sans doute dès les dernières décennies du XIVe siècle, ont été systématiquement utilisées à partir de 1400-1410.

À propos du "katholikos didaskalos". Sur cette charge d'enseignement, qui avait presque entièrement échappé à l'attention de la recherche, voir notre étude – la première qui lui fût consacrée – : **60** «Jean Chortasménos *katholikos didaskalos*. Contribution à l'histoire de l'enseignement à Byzance», dans U. Criscuolo et R. Maisano (édit.), *Synodia. Studia humanitatis Antonio Garzya septuagenario ab amicis atque discipulis dicata*, coll. «Collectanea» 15, Napoli 1997, p. 83-107, notamment p. 95-98. De nouveaux éléments sur cette charge et, notamment, sur la manière dont elle a été occupée jusqu'à la chute de Constantinople, ont été apportés dans nos contributions : **55**, p. 43 *sq.* ; **62** [titre dans la suite ; l'ensemble] ; **58**, p. 108-122 ; cf. *Id.*, **19**, p. 16-18, 40-49 ; **34**, p. 188-190 ; **23**, p. 180-183 ; le supplément de la notice, p. 984-985, en particulier les titres **71-72**.

B. JEAN CHORTASMÉNOS
UTILISATEUR DU COMMENTAIRE DE PRODROME À L'ÉCOLE PATRIARCALE

Jean Chortasménos (*ca* 1370-1431), érudit byzantin qui a été le maître de Georges Scholarios et de Bessarion, a été notaire au patriarcat de Constantinople. De plus, ainsi qu'il nous a été possible de le démontrer grâce à une note autographe que nous avons eu la chance de localiser dans un manuscrit parisien, il a été *katholikos didaskalos* à l'École patriarcale, sans doute entre 1405/1410 et 1425/1430. Son activité d'enseignant et d'exégète de l'*Organon* d'Aristote, ainsi que nous l'avons également pu le démontrer, se situe dans le prolongement de celle que Néophytos Prodromènos a déployée au sein de la même institution, au xénôn du

Kralj. Chortasménos a probablement consulté les autographes de Néophytos comprenant le *Corpus logicum* de ce dernier dans la bibliothèque du xénôn. C'est très probablement pendant cette période et pour les raisons signalées plus haut qu'il s'est vivement intéressé au commentaire de Prodrome. Parmi les différents aspects qu'avait revêtus son activité, et qui sont développés dans **54**, nous nous contenterons d'en mentionner brièvement deux : ils permettent de mettre en relief le travail de sélection auquel a été soumis le commentaire prodromien pour approvisionner, sous forme d'extraits, les textes d'école qui seront mentionnés dans la suite.

À *propos de Jean Chortasménos*. La biographie de Chortasménos a été tracée par H. Hunger en 1969 : **61** H. Hunger, *Johannes Chortasmenos (ca. 1370-ca. 1436/37). Briefe, Gedichte und kleine Schriften. Einleitung, Regesten, Prosopographie, Text*, coll. « Wiener byzantinistische Studien » 7, Wien 1969, p. 54-63 (nouvelle monographie en préparation par nos soins). À l'époque, on ignorait que Chortasménos avait été *katholikos didaskalos*, ce qui a été signalé (pour la première fois) dans nos contributions **60** [l'ensemble] et **62** « Jean Chortasménos *katholikos didaskalos*, annotateur du *corpus logicum* dû à Néophytos Prodromènos », dans S. Lucà et L. Perria (édit.), Ὀπώρα. *Studi in onore di mgr P. Canart per il LXX compleanno*, t. II = *BBGG* n. s. 52, 1998, p. 185-225, voir le précédent développement bibliographique.

a. La *Métaphrasis* aux *Seconds Analytiques*, livre II

Chortasménos a probablement composé une *métaphrasis*, autrement dit un exposé paraphrastique, sur les *Seconds Analytiques*, livre II. Cet ouvrage, qui est anonyme dans les témoins conservés, mais qui a, en toute probabilité, été composé (ou plutôt compilé) par lui, repose sur l'utilisation systématique du commentaire de Théodore Prodrome à ce livre d'Aristote : en effet, plus de 75 % de la *Métaphrase* provient du commentaire prodromien, les emprunts étant littéraux ou légèrement remaniés par rapport au texte de départ.

À *propos de la* Métaphrase. Sur ce texte (tradition manuscrite, contenu et sources), on peut consulter nos contributions **63** « Un commentaire byzantin (inédit) au deuxième livre des *Seconds Analytiques* d'Aristote, attribuable à Jean Chortasménos », *RHT* 24, 1994, p. 149-198, notamment p. 188-196 ; **28**, p. 348-352 ; **62**, p. 202 ; **64** M. Cacouros, Rapport de conférences, *Livret-Annuaire de l'École Pratique des Hautes Études, Sciences Historiques et Philologiques*, 15, 1999-2000 (paru en 2001), p. 84-85 ; **54**, p. 53-54 ; *cf.* **34**, p. 188-190 ; voir le Suppl. de la notice, p. 984-985. L'édition critique de cet ouvrage, qui a également été traduit en latin, est en cours dans le cadre de la publication des ouvrages de Chortasménos.

b. Les *Horoi Kephalaiôdeis* aux *Seconds Analytiques*, livre II

Cet opuscule, qui avait presque entièrement échappé à l'attention de la recherche, est conservé dans l'autographe de Chortasménos et dans des copies effectuées par ses élèves, sous forme de deux versions différentes. La première, conservée dans l'autographe de Chortasménos, est intitulée : Ὅροι κατ᾽ ἐπιτομὴν κεφαλαιώδεις τῶν ἐμπεριεχομένων τῷ δευτέρῳ βιβλίῳ τῆς ἀποδεικτικῆς Ἀριστοτέλους τοῦ φιλοσόφου, alors que la seconde est introduite l'indication : Εἰς τὸ δεύτερον (βιβλίον) τῆς Ἀποδεικτικῆς.

L'examen de ce texte, effectué dans **54**, a montré qu'il est majoritairement composé, lui aussi, d'extraits provenant du commentaire de Théodore Prodrome. Les emprunts effectués sont de différents types, allant de la reproduction littérale, qui est parfois particulièrement étendue, à l'emprunt de mots isolés, sans oublier la paraphrase. La méthode la plus habituellement appliquée par l'excerpteur est celle du collage, lui permettant d'intégrer dans son récit des extraits prodromiens qui ne constituaient pas des phrases autonomes ou des propositions entières. La quantité de ces emprunts varie du début à la fin des *Horoi* et elle est particulièrement importante dans le cas des développements consacrés aux chap. 8-13 et 19 de l'édition d'Imm. Bekker.

Dans l'autographe de Chortasménos, l'*incipit* aristotélicien reproduit en tête de chaque développement est parfois en décalage par rapport au développement qui suit. Cet élément, combiné à la médiocre qualité du texte dans ce témoin, suggèrent que Chortasménos n'est pas nécessairement l'auteur de ce recueil. Il se peut qu'il l'ait emprunté directement au *Corpus prodromenianum*, au sein duquel il aurait figuré en tant que texte scolaire utilisé dans le cadre de l'enseignement assuré au monastère de Pétra à Constantinople.

À *propos des* Horoi. Les éléments cités plus haut ont été empruntés à Cacouros **23**, p. 180-183, et, surtout, à l'étude qui figure dans **54**, p. 57-70 ; voir le Suppl. de la notice.

[Notice remise en 2007.]

MICHEL CACOUROS.

Supplément à la notice. La mise en page finale de la notice sur Prodrome datant d'avril 2008, il m'a semblé nécessaire d'ajouter à cette dernière, en vue de sa publication en 2015 et avec l'accord de l'éditeur, deux brèves remarques sur les grands axes autour desquels s'organise à Byzance l'œuvre philosophique de Théodore Prodrome : la réception de Platon et l'histoire de l'exégèse d'Aristote, surtout celle du commentaire aristotélicien ; quelques mises au point bibliographiques extrêmement brèves, effectuées à titre sélectif et ponctuel, m'ont également semblé nécesssaires.

I. *Sur l'intérêt de Prodrome pour Platon et Proclus*. L'imitation du modèle platonicien dans le dialogue *Xénédème* (*supra*, p. 964, 970-972) témoigne de l'intérêt de Prodrome pour Platon. Il est lié à la réception, ambiguë mais pérenne, de Platon à Byzance et dépasse largement la rédaction de ce dialogue. À titre d'exemple, dans la satire Φιλοπλάτων ἢ σκυτοδέψης, Prodrome fait l'éloge de Platon ; il critique avec virulence un Byzantin qui faisait semblant de connaître l'œuvre du philosophe athénien, ce qui montre que l'œuvre de ce dernier était l'objet d'un important engouement. Si l'on en juge par le discours de Prodrome à Sevastokratôr Isaac, le poète était en bons rapports avec ce prince, qui avait été son élève. Or, l'Isaac en question, pour lequel trois identifications ont été proposées, constitue un maillon important dans la transmission de Proclus à Byzance ; en effet, il a paraphrasé, en les christianisant, les trois opuscules de Proclus sur la providence. À en juger par le discours de Prodrome (qui n'avait pas été exploité de ce point de vue ; article en préparation sur ce sujet, sur la formation et les goûts d'Isaac en philosophie, lettres et sciences), la deuxième identification proposée me semble s'imposer : selon celle-ci, l'Isaac en question (1093 – après 1152 ;

Varzos **3**, n° 36, p. 67-79) est le troisième fils d'Alexis Ier Comnène et d'Irène Doukaina et frère cadet de Jean II.

◊ Édition de la satire Φιλοπλάτων par **65** G. Podestà, « Le satire lucianesche di Teodoro Prodromo », *Aevum* 19, 1945, p. 239-252 ; 20, 1947, p. 3-25, en particulier p. 4-10. Édition du discours de Prodrome à Isaac par **66** Ed. Kurtz, « Unedierte Texte aus der Zeit des Kaisers Johannes Komnenos », *BZ* 16, 1907, p. 69-119, en particulier p. 112-117. Sur la réception de Platon à Byzance, voir développements et bibliographie dans **67** M. Cacouros, « Deux épisodes inconnus dans la réception de Proclus à Byzance aux XIIIe-XIVe siècles : la philosophie de Proclus réintroduite à Byzance grâce à l'*Hypotypôsis* ; Néophytos Prodromènos et Kôntostéphanos (?) lecteurs de Proclus (avant Argyropoulos) dans le *xénôn* du Kralj », dans A.-Ph. Segonds et C. Steel (édit.), *Proclus et la Théologie platonicienne*. Actes du Colloque international de Louvain (13-16 mai 1998) en l'honneur de H. D. Saffrey et L. G. Westerink (†), Leuven/Paris 2000, p. 589-627 (p. 592-595 pour la réception de Platon jusqu'en 1204) ; *Id.*, **24** [cité plus loin], p. 144-151, p. 222-246, 555-582, p. 765-774, 784-785, 827-833, p. 912-918). La bibliographie sur l'activité et l'œuvre d'Isaac étant particulièrement riche, je me contenterai de renvoyer à **68** D. Isaac (édit., trad.), Proclus, *Trois études sur la providence*, t. I-III. Texte établi et traduit par D. I., *CUF*, Paris 1977, 1979, 1982, surtout t. I, p. 26-27 ; note additionnelle par C. Steel, « Quatre fragments de Proclus dans un florilège byzantin », *ibid.*, p. 201-207.

II. *Le commentaire de Prodrome et la tradition exégétique antérieure.* Derrière les problèmes que pose le commentaire de Prodrome (*supra*, p. 965-969, 973-977) se trouvent deux questions de taille, liées à l'histoire du commentaire à Byzance : l'évolution de ce dernier en tant que forme exégétique à partir de la fin du XIe s. – début du XIIe grâce à Michel d'Éphèse, puis à Eustrate ; la rupture provisoire que sa diffusion a connue (de même que celle des autres catégories de textes) dans la période qui a suivi la prise de Constantinople en 1204. Si le premier sujet est lié aux spécificités exégétiques du commentaire de Prodrome, le second concerne sa transmission. L'histoire de ce commentaire et de sa transmission, notamment par rapport à l'histoire de la logique et de l'exégèse d'Aristote à Byzance, constituent l'objet d'une monographie (en prép. avancée, voir *supra*, **18ter**). Quant au commentaire byzantin, certains éléments très brièvement présentés (étant donné les impératifs éditoriaux) dans la notice de 2007 se rapportaient à sa naissance, que j'avais attribuée à Michel d'Éphèse ; à la création du premier corpus complet d'exégèses byzantines, que j'avais appelé *Corpus ephesianum* et que je lui avais également attribuée ; à l'évolution du commentaire byzantin sous Eustrate et à la manière dont Prodrome a su tirer profit de l'évolution en question pour apporter un certain nombre de modifications novatrices supplémentaires.

◊ Ces sujets, étudiés dans Cacouros **23**, ont été développés dans *Id.*, **24** (dont l'achèvement était annoncé à quelques reprises dans la notice, *supra*, p. 967-968, 970, 974) : *Id.*, *L'Aristotélisme à Byzance. Tradition exégèse et enseignement du* Corpus aristotelicum. En Annexe. *Michel d'Éphèse, auteur du premier corpus exégétique byzantin portant sur l'ensemble de l'œuvre aristotélicienne* (1059 pages ; cet ouvrage compend la synthèse de mes recherches sur l'Aristotélisme à Byzance, que j'ai entamées en 1986 et qui sont, à partir de 1996, au centre de mon enseignement à l'EPHE ; il a constitué le travail de recherche faisant partie de mon Dossier d'habilitation à diriger des recherches, soutenu en 2014, Paris, EPHE, avec le titre : *L'Aristotélisme grec, de l'antiquité tardive à l'époque moderne : tradition, exégèse et enseignement, prolongements aux mondes arabe et latin*). Plusieurs éléments de la notice de 2007 ont reçu un éclairage supplémentaire dans ce travail de recherche, dont la publication est annoncée pour 2017 ; c'est le cas, par exemple, des *Pinakes* (*supra*, p. 967-969, désormais édités à nouveaux frais et étudiés dans **24**, p. 832-857), de la présence de Michel d'Éphèse dans ceux-ci et de leurs rapports avec le *Laur.* 85, 1, et Pachymère (*ibid.*, p. 857-885), des paraphrases/ métaphrases, y compris celle de Chortasménos, et des recueils de *Horoi* comme genres exégétiques à Byzance (*supra*, p. 981-982, et **24**, p. 431-511, 513-629) et autres.

La thèse que j'avais formulée dans les années 2000-2005 (bibliogr. *infra*, en dernier lieu **24**) se résume comme suit. Michel d'Éphèse avait entamé la réalisation de ce projet exégétique depuis la fin du XIe s. et c'est uniquement *in extremis* (à partir des années 1118-1120) qu'il a dû en poursuivre l'exécution en collaborant avec Eustrate, à la demande et sous le contrôle de la princesse porphyrogénète Anne Comnène. En témoigne le fait que la conception et l'organisation du commentaire par Eustrate ne sont pas les mêmes auprès de Michel d'Éphèse, ce qui signifie qu'il a dû revoir son travail exégétique et en adapter l'exécution après avoir été « incité » par elle à collaborer avec Eustrate. Cette thèse modifie et corrige celle de R. Browning (*supra*, p. 975-977) ; elle complète certaines critiques déjà formulées sur cette dernière.

Prodrome se situe dans le prolongement de la conception du commentaire développée par Michel et, surtout, par Eustrate. Les commentaires de Michel, composés d'une série de scholies et de gloses (alternant parfois avec des remarques personnelles) que l'auteur juxtaposait sans se soucier des transitions, correspondent à un type exégétique que j'ai désigné comme « commentaire à scholies ». La forme plus « rédigée » (voir notice *supra*, *ibid*.) du commentaire d'Eustrate reposait sur l'interprétation générale du texte aristotélicien, section par section, suivie de l'explication littérale de chaque section, d'après le modèle exégétique antique, en particulier néoplatonicien. Le commentaire de Prodrome correspond à la troisième étape de cette évolution et repose sur une présentation mieux structurée et mieux adapté à l'enseignement et à la systématisation exégétique de l'œuvre du Stagirite.

◊ Sur ces sujets, voir mes contributions : **69** « Naissance et évolution du commentaire aristotélicien à Byzance : des prôto-commentaires aux commentaires de Michel d'Éphèse, d'Eustrate de Nicée et de Théodore Prodrome », Rapport d'enseignement dans *Livret-Annuaire de l'EPHE, Sciences Historiques et Philologiques,* 140e année, 2007-2008, p. 92-101 ; **23**, p. 179-180 ; **24**, p. 993-1059 (étude et reconstitution du *Corpus ephesianum*). Communication : **70** « L'exégèse byzantine de la logique et, plus généralement, du *Corpus aristotelicum* entre tradition et innovation, le cas de Michel d'Éphèse », dans la Table ronde *" La pensée philosophique à Byzance : enjeux et équilibres dans la connaissance de ses limites "*, XXIIe Congrès International des Études byzantines, Sofia 22-27 août 2011.

Suivent quelques remarques, surtout bibliographiques, sur la notice de 2007.

◊ *Sur l'« amas exégétique » et les « lieux communs »* (*supra*, p. 974). Le n° **44** a été publié dans A. Hasnawi (édit.), *La lumière de l'intellect. La pensée scientifique et philosophique d'Averroès dans son temps,* Louvain 2011, p. 213-243 ; plusieurs développements sur ces concepts, que j'ai dû établir afin de mieux saisir la structure du commentaire byzantin, sont compris dans **24**, p. 725-739, 778-795, 801-805.

◊ *Sur la complémentarité exégétique* (*supra*, p. 974-975). Si la partie de l'*Organon* allant de l'*Eisagôgê* de Porphyre au *De l'interprétation* et, mieux, aux *Premiers Analytiques*, livre I 7, 29 b 28, était, sous différentes formes, souvent reléguée dans le cursus intermédiaire, l'enseignement des autres parties de l'*Organon*, plus difficile et reposant sur la lecture des exégèses correspondantes, était assuré dans le cursus supérieur ; il devait être peu pratiqué à l'époque d'Eustrate et de Prodrome, ce qui explique, au moins en partie, leur intervention en faveur des *Seconds Analytiques*, livre II. Sur ces questions et les découpages effectués dans cet enseignement, voir **24**, p. 264-283, 840-841, 919-928.

◊ *Sur les* katholikoi didaskaloi *et Chortasménos comme exégète* (*supra*, p. 980-981). Voir aussi les éléments compris dans les *Essais liminaires* II et VII-VIII, qui introduisent (avec corrections et enrichissements) la réimpression (Athènes 2009-2014) des tomes correspondants des *Œuvres complètes* de Georges Scholarios par L. Petit, X. A. Sidéridès et M. Jugie, Paris 1928-1936. Il s'agit de : **71** *Essai II. Les trois Traités de Georges Scholarios sur la Procession du Saint-Esprit : éléments préliminaires, présentation critique de l'Introduction de Martin Jugie et trois Études sur l'histoire de la transmission du texte des trois Traités.* Athènes 2010, p. 19*, 101*-103* ; — **72** *Essai VII-VIII. Scholarios exégète d'Aristote et traducteur d'exégèses latines consacrées au Stagirite : première approche.* Avec développement du sujet : «Scholarios utilisateur de la paraphrase de Métochite aux traités physiques d'Aristote», p. 35*-41* (publication autonome de l'*Essai VII-VIII*, **73** même titre et même pagination, avec quatre index, 380 p., Athènes 2015 [sous presse]).

MICHEL CACOUROS.

64 THEODORUS (FLAVIUS MALLIUS –) *RE* 70 *PLRE* I :27   IV

Son nom apparaît également sous la forme Flavius Manlius Theodorus. Il fut sénateur, *magister memoriae*, *comes rerum privatarum* ou *comes sacrarum largitionum* en 380, *praefectus praetorio Galliarum* en 382, *praefectus praetorio Illyrici, Italiae et Africae* en 397-399 et probablement à nouveau en 408-409, enfin consul en 399. Claudien, *Panegyricus dictus Mallio Theodoro consuli* (v. 21-61, 161, 256) décrit sa carrière. Voir **1** W. Simon (édit.), *Claudiani panegyricus de consulatu Manlii Theodori (Carm. 16 und 17)*, eingeleitet, herausgegeben, übersetzt und erklärt, Berlin 1975, 292 p. ; **2** J. B. Hall (édit.), *Claudii Claudiani carmina*, Leipzig 1985, p. 128-142.

Il était peut-être originaire de Milan et était d'origine modeste, car Claudien dans le panégyrique mentionné plus haut en honneur de son consulat ne fait pas état de sa famille ou de ses ancestres (ce que l'on aurait attendu dans un pareil contexte). Il était un correspondant de Q. Aurelius Symmachus (➨S 177) (il est au moins le destinataire des *Epist*. V 4, 7-8, 12-14 et 16) ; sur la correspondance, voir **3** O. Seeck (édit.), *Q. Aurelii Symmachi quae supersunt*, coll. *MGH, Auctores antiquissimi*, VI 1, 1883, p. CXLVIII-CLII.

Il se retira de la vie politique pendant quelques années afin de consacrer son temps à la philosophie (Claudien, *Panegyricus* v. 61-66). Selon Claudien, il étudia l'histoire de la philosophie et écrivit sur ce sujet (*Panegyricus*, v. 67-68, 93-94), ainsi que sur la physique, l'astronomie et la cosmologie (v. 100-112, 253-255, 273), sur l'éthique (v. 95-99) de même que sur les parties de l'âme (v. 254). De plus, il aurait scruté les secrets de la philosophie grecque (v. 67-68, 84-85) : *Omnia Cecropiae relegis secreta senectae,* / *discutiens quod quisque novum mandaverit aevo ; /... / Graiorum obscuras Romanis floribus artes / inradias.* Sur les activités philosophiques de Theodorus, voir **4** P. Courcelle, *Les lettres grecques en Occident de Macrobe à Cassiodore*, Paris 1948, p. 122-123. Il est l'auteur d'un traité *De metris* qu'il dédia à son fils Theodorus. Le traité *De metris* édité par **5** H. Keil, *Grammatici Latini*, t. VI, *Scriptores artis metricae*, Hildesheim 1961, p. 585-601, est probablement de lui : «De ipso scriptore probabilis, non certa tamen opinio est, Flavium Mallium Theodorum... » (Keil p. 583).

Augustin lui dédia son *De beata vita* en 386, le présentant comme un fervent admirateur de Plotin (I 4). Plus tard, dans ses *Retractationes* (I 2) Augustin regretta cette dédicace à Theodorus, parce que «bien qu'il ait été un savant et un chrétien, je lui avais porté une estime exagérée» *(quamvis doctor et Christiano viro, plus tribui quam deberem)*. Sur le néoplatonisme chrétien du cercle de Mallius Theodorus à Milan, voir Courcelle **4**, p. 119-129, et **6** A. Cameron, « Paganism and literature in late fourth century Rome», dans M. Fuhrmann (édit.), *Christianisme et formes littéraires dans l'antiquité tardive en Occident*, coll. « Entretiens sur l'antiquité classique» 23, Genève 1977, p. 20-21. Il est possible que «l'homme d'une monstrueuse vanité» qui fit connaître à Augustin un certain nombre de «livres platoniciens» (Augustin, *Confessiones* VII 9, 13 : *per quendam hominem inmanissimo tyfo turgidum quosdam Platonicorum libros ex graeca lingua in latinam versos*) ait été Theodorus (**7** P. Courcelle, «Le Typhus, maladie de l'âme d'après Philon et d'après saint Augustin», dans *Corona Gratiarum. Miscellanea patristica, historica et liturgica Eligio Dekkers O. S. B. XII lustra complenti oblata*, t. I, coll. « Instrumenta patristica » 10, Brugge 1975, p. 245).

Notice traduite de l'anglais par Richard Goulet.

MAIJASTINA KAHLOS.

65 THÉODORET DE CYR *RE* 1   393-*ca* 460

Théologien et commentateur de l'Écriture, auteur d'un ouvrage d'apologétique chrétienne intitulé Ἑλληνικῶν θεραπευτικὴ παθημάτων *(Thérapeutique des maladies helléniques)* = *CPG* 6210, ainsi que de *Dix discours sur la Providence* = *CPG* 6211.

Éditions: (1) **1** P. Canivet (édit.), *Théodoret de Cyr, Thérapeutique des maladies helléniques*. Texte critique, introduction, traduction et notes de P. C., coll. *SC* 57, Paris 1958, 522 p. en 2 vol. Une édition revue et corrigée est parue en 2000-2001. Cette édition s'appuie assez largement sur l'édition antérieure de **2** H. Raeder (édit.), *Theodoreti Graecarum affectionum curatio ad codices optimos denuo collatos recensuit Ioannes Raeder*, coll. *BT*, Leipzig 1904, IX-340 p.

Sur l'histoire du texte, voir **3** M. Morani, « La tradizione manoscritta della *Graecarum affectionum curatio* di Teodoreto di Ciro», *RSC* 27, 1979, p. 225-246.

Cf. **4** C. Roos, *De Theodoreto Clementis et Eusebii compilatore*, Diss. Halle 1883; **5** J. R. Asmus, «Theodorets *Therapeutik* und ihr Verhältnis zu Julian», *ByzZ* 3, 1894, p. 116-145; **6** H. Raeder, *De Theodoreti Graecarum affectionum curatione quaestiones criticae*, Diss. Halle 1900; **7** J. Schulte, *Theodoret von Cyrus als Apologet*, coll. «Theologische Studien der Leo-Gesellschaft» 10, Wien 1904; **8** *Id.*, «Das Verhältnis von Theodorets *Therapeutik* zu den Schriften Kaiser Julians», *ThQ* 88, 1906, p. 349-356 (contre la thèse d'Asmus **5**); **9** L. Kösters, «Zur Datierung von Theodoret Ἑλληνικῶν θεραπευτικὴ παθημάτων», *ZKT* 30, 1906, p. 349-356; **10** M. Richard, «L'activité littéraire de Théodoret avant le concile d'Éphèse», *RSPT* 24, 1935, p. 83-106, repris dans *Opera minora*, Turnhout/Leuven 1977, t. II, n° 45; **11** P. Canivet, «Précisions sur la date de la *Curatio* de Théodoret de Cyr», *RecSR* 36, 1949, p. 585-593; **12** P. Canivet, *Histoire d'une entreprise apologétique au Vᵉ siècle*, coll. «Bibliothèque de l'histoire de l'Église», Paris [1957], XXIV-384 p.; **13** Y. Azéma, «La date de la mort de Théodoret de Cyr», *Pallas* 31, 1984, p. 137-155 et 192-193; **14** J.-N. Guinot, *L'exégèse de Théodoret de Cyr*, coll. «Théologie historique» 100, Paris 1995, 880 p.; **15** *Id.*, «Foi et raison dans la démarche apologétique d'Eusèbe et de Théodoret», dans B. Pouderon et J. Doré (édit.), *Les Apologistes chrétiens et la culture grecque*, coll. «Théologie historique» 105, Paris 1998, p. 383-402; **16** Y. Papadoyannakis, *Christian Therapeia and Politeia. The Apologetics of Theodoret of Cyrrhus Against the Greeks*, PhD, Princeton University, 2004, 280 p.; **17** F. R. Prostmeier, «Christliche Paideia. Die Perspektive Theodorets von Kyrrhos», *RQA* 100, 2005, p. 1-29.

(2) **18** Y. Azéma (édit.), *Discours sur la Providence*. Traduction, introduction et notes, «Collection d'Études anciennes», Paris 1954, 353 p.

Bibliographies. Canivet **12**, p. IX-XXIV; **19** J. Quasten, *Initiation aux Pères de l'Église*. Traduction de l'anglais par J. Laporte, t. III, Paris 1962, p. 750-774.

Biographie. Voir **20** Card. J. H. Newman, *Historical Sketches*, t. II, London 1876, 3. *The trials of Theodoret*, p. 303-362, en français dans *Textes newmaniens*, t. III: *Esquisses patristiques. Le siècle d'or*. Introduction, traduction et notes par Denys Gorce, [s.l.] 1962, p. 407-468, avec les notes p. 511-515.

Né à Antioche en 393, il se retira à l'âge de 23 ans dans un monastère de Nicerte près d'Apamée. En 423, il fut nommé à son corps défendant évêque de Cyr (ou Cyrrhe). Il évoque dans sa correspondance les travaux de génie civil qu'il prit à sa charge: portiques, deux ponts, des bains publics, un aqueduc... Il prit parti pour le patriarche de Constantinople Nestorius contre le patriarche Cyrille d'Alexandrie qui avait rédigé contre Nestorius douze anathèmes et le défendit même après sa condamnation par le Concile d'Éphèse en 431. Dans ce conflit entre les traditions christologiques antiochienne et alexandrine, chacun lisait les positions de l'autre en fonction des conséquences hérétiques que l'on pourrait en déduire. Nestorius refusait ainsi de donner à Marie le titre de mère de Dieu (θεοτόκος), parce qu'il y voyait un possible relent d'arianisme ou d'apollinarisme. Pour Cyrille une distinction trop nette des deux natures divine et humaine pouvait au contraire introduire une dualité insurmontable en christologie. Il fut ensuite mêlé aux querelles entraînées par les doctrines d'Eutychès qui affirmait l'existence d'une seule nature dans le Christ après l'incarnation. Théodoret fut déposé et exilé à l'occasion du «Brigandage d'Éphèse» en 449 qui marqua la victoire temporaire du parti alexandrin. Grâce à l'appui du pape Léon Ier, il put revenir à Cyr l'année suivante. Au Concile de Constantinople en 451 il accepta de souscrire à l'anathème contre Nestorius et put retrouver officiellement son siège épiscopal.

Selon Richard **10**, la *Thérapeutique* aurait été composée avant le Concile d'Éphèse (431); selon Canivet **1**, p. 28-31, il faudrait la situer «probablement au début de la carrière littéraire de Théodoret et peut-être avant son accession au siège épiscopal de Cyr» (en 423). Pour la date de sa mort (460), voir Azéma **13**.

Après une brève préface (προθεωρία) dans laquelle il présente le plan de son ouvrage (*cf.* **21** O. Schissel, «Die προθεωρία des Theodoretos von Kyrrhos zur Ἑλληνικῶν θεραπευτικὴ παθημάτων», *ByzZ* 30, 1906, p. 18-22) et justifie le titre qu'il lui a donné (en indiquant un titre alternatif: Εὐαγγελικῆς ἀληθείας ἐξ Ἑλληνικῆς φιλοσοφίας ἐπίγνωσις, «Reconnaissance de la vérité évangélique à partir de la philosophie hellénique»), Théodoret fait se succéder dix livres qu'il désigne par le terme de διάλεξις («entretien»), dont plusieurs reprennent des intitulés philosophiques traditionnels. Le plan général est le suivant:

A. Introduction.
  Livre I: Sur la foi.
B. Questions doctrinales:
  Livre II: Sur le (premier) principe.
  Livre III: Sur les anges, les prétendus dieux et les mauvais démons.
  Livre IV: Sur la matière et le monde.
  Livre V: Sur la nature de l'homme.
  Livre VI: Sur la Providence divine.
C. Questions d'ordre éthique.
  Livre VII: Sur les sacrifices.
  Livre VIII: Sur le culte des martyrs.
  Livre IX: Sur les lois.
  Livre X: Sur les vrais oracles et les faux.
  Livre XI: Sur la fin et le jugement.
D. Conclusion.
  Livre XII: Sur la vertu pratique.

Pour une analyse détaillée, voir le «Sommaire analytique» dégagé par Canivet 1, p. 91-99.

Reprenant l'avis d'historiens antérieurs, notamment celui de 22 K. J. Neumann, *Juliani (apostatae) imperatoris librorum contra christianos quae supersunt,* Leipzig 1880, p. 88-91, Asmus 5 a cherché à montrer que la *Thérapeutique* était sur le fond une réponse aux attaques de l'empereur Julien *Contre les Galiléens,* même si Julien n'est pas mentionné lorsque Théodoret évoque les adversaires du christianisme. Il prend en considération non seulement les fragments conservés de l'ouvrage de Julien, mais également les témoignages dont nous disposons concernant l'arrière-plan de la loi scolaire de l'empereur. (Ces témoignages ont été regroupés et commentés récemment dans 23 R. Goulet, «Réflexions sur la loi scolaire de Julien», dans H. Hugonnard-Roche, *L'enseignement supérieur dans l'Antiquité,* Paris 2008, p. 175-200.) On a par la suite beaucoup relativisé l'importance de ces rapprochements qui portent sur des points classiques de la confrontation entre l'hellénisme et le christianisme. Voir notamment Raeder 6, p. 98-102, et Canivet 12, p. 113-114. Selon Canivet, non seulement Théodoret n'aurait pas voulu réfuter Julien, mais il ne l'aurait probablement même pas lu, ce qui est peut-être une conclusion excessive au vu du grand nombre de rapprochements avancés par Asmus et des liens qu'entretenait Théodoret avec le milieu antiochien où la critique de Julien avait préoccupé des auteurs comme Diodore de Tarse et Jean Chrysostome.

Sur l'ensemble des douze livres de la *Thérapeutique,* les passages où sont mentionnées des attaques antichrétiennes ne sont pas très nombreux et leur caractère général ne permet pas de les attribuer à l'un ou l'autre des adversaires connus du christianisme. Théodoret commence par évoquer les railleries adressées contre la foi chrétienne par des païens attachés à la mythologie grecque. Ils reprochent à l'enseignement chrétien de reposer sur la foi et dénoncent l'inculture des apôtres, barbares ignorant le beau langage. Ils ridiculisent par ailleurs le culte des martyrs, considérant « absurde que les vivants cherchent secours auprès des morts » (I 1, trad. Canivet). L'ouvrage n'est cependant pas dédié à ces adversaires, mais aux gens simples qui sont facilement trompés par de telles accusations. Des accusations antichrétiennes sont ensuite prêtées à des adversaires ici et là dans l'ouvrage. En II 56, il est reproché aux chrétiens d'adorer une trinité et non l'unicité divine enseignée par Moïse et les prophètes. En III 87, les adversaires justifient le culte rendu aux dieux secondaires – subordonnés à l'unique Dieu éternel – décriés par les chrétiens en les identifiant aux puissances invisibles que les chrétiens appellent anges, archanges, etc. C'est parfois dans l'insistance ironique de Théodoret à reprendre des termes dépréciatifs qu'on devine qu'ils faisaient l'objet des critiques païennes. Ainsi en est-il des termes pêcheur (Pierre et les apôtres), publicains (Matthieu) et corroyeur (Paul) qui apparaissent en plusieurs développements (par exemple V 61, VIII 4, IX 15, 35 et 57, etc.). On peut en dire de même de l'expresion « Galiléens » (IX 34) qui reprend la dénomination habituelle des chrétiens chez Julien. En V 64, on évoque les moqueries des païens à l'égard des noms des apôtres et des prophètes qu'ils trouvent barbares à cause de leur langue. En VI 82, Théodoret rappelle que ses adversaires refusent de croire en l'incarnation du Fils Unique de Dieu. Ils s'en prennent également au caractère historique de l'incarnation : « Pourquoi donc le Créateur de l'Univers n'a-t-il pas pris ces dispositions dès l'origine ? » (II 85, trad. Canivet). En VII 16, les païens justifient les sacrifices traditionnels en rappelant les lois sacrificielles de l'Ancien Testament. VIII 11 : les païens critiquent le culte des martyrs et considèrent « comme une souillure d'approcher de leurs tombeaux ». Certaines objections ne sont pas explicitement attribuées à des païens, ainsi celle de IX 30, qui envisage que « c'est la piété des empereur qui a confirmé la doctrine des pêcheurs » ou que le développement de la puissance chrétienne « est l'effet du pouvoir impérial ».

Pour l'historien de la philosophie, la *Thérapeutique* offre un ensemble d'environ « 350 citations littérales d'auteurs anciens, dont près de 150 de Platon » (Canivet **1**, p. 75). Au terme d'une analyse méthodique de l'ensemble de la documentation, Canivet **12** a conclu que la plupart de ces extraits étaient empruntés aux *Stromates* de Clément d'Alexandrie, que Théodoret ne cite jamais, et à la *Préparation évangélique* d'Eusèbe de Césarée, qu'il ne cite qu'une fois (II 97). La séquence de certains extraits ne s'explique que par des emprunts inavoués à Eusèbe, tout comme certaines attributions erronées de texte proviennent d'une incompréhension de divers passages d'Eusèbe.

En III 56-57, un extrait du *De Iside et Osiride* 25 de Plutarque est présenté comme tiré du *De Defectu oraculorum*. Il faut se reporter à la *Préparation évangélique* V 5, 1, pour comprendre l'origine de cette erreur. Théodoret cite de même des extraits du *De abstinentia* de Porphyre comme des passages de sa *Lettre à Anébon* ou de sa *Philosophie des oracles*. Ces passages sont empruntés à la *Préparation évangélique* d'Eusèbe (III 4, 10-11 et IV 22, 1-12), où ils sont correctement attribués au *De abstinentia*, mais immédiatement précédés d'un extrait de la *Lettre à Anébon* ou suivis d'extraits du *De philosophia* qui cite également Théodoret dans la foulée. Le même phénomène s'observe en X 4-17, où un fragment du *De abstinentia* est à nouveau introduit entre deux citations du *De philosophia* comme provenant du même ouvrage. Pour d'autres exemples, voir Canivet **12**, p. 266. Sur les conclusions erronées qu'on a pu tirer de ces fausses références de Théodoret, voir **24** R. Goulet, « Hypothèses récentes sur le traité de Porphyre *Contre les Chrétiens* », dans M. Narcy et É. Rebillard (édit.), *Hellénisme et christianisme*, coll. « Mythe, Imaginaires, Religions », Villeneuve-d'Ascq 2004, p. 61-109, notamment p. 94-97.

En revanche, ce n'est pas chez Clément ou Eusèbe que Théodoret a trouvé ce qu'il cite de l'*Histoire philosophique* (livre III cité en I 27-29 ; l'ouvrage est également mentionné ou cité en II 95 ; IV 2 ; IV 31 ; V 16 ; XII 64-68) et de la *Vie de Pythagore* (que Canivet retrouve à l'arrière-plan de passages comme I 14 et 25 ; VIII 1, mais qui n'est pas explicitement mentionnée) de Porphyre, ni les extraits du traité de Plotin sur la Providence (*Enn.* III 2, cité en VI 59 et 62-72), plusieurs passages tirés des *Placita* d'Aetius (⁑⁺A 27), nommément cité en II 95, IV 31 et V 16, même si ce texte était par ailleurs connu par Eusèbe et par Théodoret lui-même (*ibid.*) dans sa version du Pseudo-Plutarque. En ce qui concerne les citations de Plotin, voir **25** P. Henry, *Études Plotiniennes*, t. I : *Les états du texte de Plotin*, Paris 1938, p. 141-154.

Pour compléter ce tableau des sources directes de Théodoret Canivet postule l'existence d'une source "X" qui serait un florilège de textes de Platon (essai de reconstitution dans Canivet **12**, p. 275-297). L'une des sources envisageables pour tout ce matériel était un ouvrage perdu d'Origène intitulé comme celui de (Plutarque et de) Clément *Stromates*, dans lequel, selon Jérôme, *Epist. ad Magnum* 70, 4 (*CSEL* 54, p. 706), Origène essayait de montrer l'accord du dogme chrétien avec l'enseignement de Platon, d'Aristote, de Numénius et de Cornutus. **26** S. Morlet, « Plutarque et l'apologétique chrétienne : la place de la "Préparation évangélique" d'Eusèbe de Césarée », *Pallas* 67, 2005, p. 115-138, a récemment suggéré qu'Eusèbe pourrait avoir emprunté ses extraits de Plutarque à ces *Stromates* perdus d'Origène. Sur le témoignage de ces citations concernant l'histoire de la conservation des textes philosophiques dans l'antiquité, voir **27** R. Goulet, « La conservation et la transmission des textes philosophiques grecs », dans C. D'Ancona (édit.), *The Libraries of the Neoplatonists*, coll. « Philosophia Antiqua » 107, Leiden 2007, p. 29-61, notamment p. 38-43.

Autres ouvrages

On a attribué à Théodoret les *Quaestiones et responsiones ad orthodoxos* (*CPG* 6285) du Pseudo-Justin qui abordent 61 questions « historiques, dogmatiques, morales et exégétiques » (Quasten), où l'on a cru retrouver en certains points la critique du traité de Porphyre *Contre les Chrétiens*. Voir la question 153 (fr. 53 B Harnack), concernant l'indifférence du Christ à l'égard des membres de sa famille (Εἰ τὸ τοὺς γονέας ἀθετεῖν ἀπηγόρευται, πῶς ὁ Χριστὸς τοὺς ἑαυτοῦ γονέας ἀθετήσας ἀναμάρτητος δείκνυται ;).

Cf. **28** J. C. T. Otto, *Corpus apologetarum Christianorum saeculi secundi*, vol. V, 3ᵉ éd. Iena 1881 (réimpr. 1969), p. 2-246 ; **29** A. Papadopoulos-Kerameus, *Sapiski istora-fil. fakultete imper. S. Petersburg Universitet* 36, 1895 / A. Papadopoulos-Kerameus, Θεοδωρήτου ἐπισκόπου πόλεως Κύρρου πρὸς τὰς ἐπενεχθείσας αὐτῷ ἐπερωτήσεις παρά τινος τὸν ἐξ Αἰγύπτου ἐπίσκοπον ἀποκρίσεις, St. Petersburg 1895, p. 1-150 (dans le manuscrit du Metochion du Saint-Sépulcre à Constantinople n° 452, du Xᵉ siècle, les *Quaestiones* dans leur version la plus complète sont attribuées à Théodoret) ; **30** A. Harnack, *Diodor von Tarsus. Vier pseudojustinische Schriften als Eigentum Diodors nachgewiesen*, coll. *TU* 21, 4, Leipzig 1901, p. 69-160, les avaient attribuées à Diodore, mais cette identification n'est plus retenue depuis **31** F. X. Funk, « Le Pseudo-Justin et

Diodore de Tarse», *RHE* 1902, p. 947-971 ; **32** *Id., Pseudo-Justin und Diodor von Tarsus,* coll. «Kirchengeschichtliche Abhandlungen und Untersuchungen» 3, Paderborn 1907, p. 323-350. Voir **33** Chr. Riedweg, art. «Iustinus Martyr II (Pseudo-justinische Schriften)», *RAC* XIX, 1998, col. 868-869. **34** Y. Papado-yannakis, «Defining Orthodoxy in Pseudo-Justin's *Quaestiones et Responsiones ad Orthodoxos*», dans Ed. Iricinschi et H. M. Zellentin (édit.), *Heresy and Identity in Late Antiquity.* Papers from a conference held January 2005, Princeton University, coll. «Texts and studies in Ancient Judaism» 119, Tübingen 2008, p. 115-127.

Trois autres ensembles de questions du Pseudo-Justin contiennent un matériel similaire. *Quaestiones gentilium ad Christianos* (*CPG* 1088), éd. par **35** J. C. T. Otto, *Corpus apologetarum Christianorum saeculi secundi,* vol. V, 3ᵉ éd. Iena 1881 (réimpr. 1969), p. 326-366 ; *Quaestiones Christianorum ad gentiles* (*CPG* 1087), éd. par **36** J. C. T. Otto, *Corpus apologetarum Christianorum saeculi secundi,* vol. V, 3ᵉ éd. Iena 1881 (réimpr. 1969), p. 246-326 ; *Confutatio dogmatum quorundam Aristotelicorum* (*CPG* 1086), éd. par **37** J. C. T. Otto, *Corpus apologetarum Christianorum saeculi secundi,* t. IV, 3ᵉ éd. Iena 1880 (repr. 1969), p. 100-222. Ces quatre collections pourraient provenir d'un même auteur vivant en Syrie au début du Vᵉ siècle (perspective de l'école antiochienne) et on a pensé à Diodore de Tarse ou Théodoret de Cyr. Harnack a attribué à Porphyre deux objections qu'on trouve dans les *Quaestiones gentilium ad Christianos* (questions 14-15). *Cf.* le fr. 93 Harnack (Otto, *Corp. Apol.* V, 1850, p. 320 et Harnack, *TU* 21, 4, 1901, p. 162 *sq.*) concernant la destruction du monde et la résurrection des hommes dont le corps a été assimilé par des animaux qui ont été eux-mêmes mangés par d'autres hommes.

RICHARD GOULET.

66 THÉODORIDAS DE LINDOS I/II

Épicurien, ami de Diogène d'Oinoanda (➡D 146) qui le mentionne dans une lettre adressée à Antipatros [➡A 202a] (fr. 63, col. IV 4 Smith).

TIZIANO DORANDI.

67 THÉODOSE *RE* 3 II

Philosophe sceptique et médecin empirique de la seconde moitié du IIᵉ siècle de notre ère.

Cf. **1** V. Brochard, *Les sceptiques grecs,* Paris 1887 (1923²), p. 240, n. 3 ; **2** K. Deichgräber, *Die griechische Empirikerschule,* Berlin 1930 ; réimpr. augmentée, Berlin/Zürich 1965 ; **3** K. von Fritz, art. «Theodosios» 3, *RE* V A 2, 1934, col. 1929-1930 ; **4** R. Walzer et M. Frede (édit.), *Galen. Three treatises on the Nature of Science,* Indianapolis 1985 ; **5** P. Pellegrin *et alii* (édit.), *Galien. Traités philosophiques et logiques,* coll. GF, Paris 1998 ; **6** L. Perilli, *Menodoto di Nicomedia. Contributo a una storia galeniana della medicina empirica,* München/Leipzig 2004, p. 198-200.

Sources anciennes

(1) *Cod. Hauniensis Lat.* 1653 f. 73 r [= fr. 7 c Deichgräber **2**, p. 41, 2 ; T 25 Perilli, p. 102] nous a conservé une liste de noms de médecins empiriques comprenant Sérapion, Héraclide (➡H 58 ou 54), Glaucias (➡G 18), Ménodote (➡M 133), Teudas *(sic)* [*cf.* Théodas de Laodicée, ➡T 44] et Théodose : *emperici autem Serapion, Heraclides, Glaucias, Menodotus, Teudas et Theodosius.*

(2) Galien, *Sur l'expérience médicale* chap. II [= Deichgräber **2**, p. 401, 6 *addendum ad* p. 101, 1 ; Walzer **4**, p. 87, 13 ; Pellegrin **5**, p. 130] : « Le second argument sera avancé par un représentant des empiriques, Ménodote, si vous voulez, Sérapion ou Théodose ».

(3) Diogène Laërce IX 70 [= fr. 308 Deichgräber **2**, p. 219, 6 ; trad. française, sous la direction de M.-O. Goulet-Cazé, Paris 1999, p. 1108]. « Les pyrrhoniens ont tiré leur nom de Pyrrhon. Mais Théodose dans ses *Sceptica Kephalaia (Résumés sceptiques)* dit qu'il ne faut pas appeler pyrrhonienne la philosophie sceptique ».

(4) *Souda*, *s.v.* Θεοδόσιος, Θ 142, t. II, p. 693 Adler [= fr. 307 Deichgräber **2**, p. 219, 3]· Θεοδόσιος, φιλόσοφος. ἔγραψε Σφαιρικὰ ἐν βιβλίοις γ′, Ὑπόμνημα εἰς τὰ Θευδᾶ κεφάλαια, Περὶ ἡμερῶν καὶ νυκτῶν δύο, Ὑπόμνημα εἰς τὸ Ἀρχιμήδους Ἐφόδιον, Διαγραφὰς οἰκιῶν ἐν βιβλίοις τρισί, Σκεπτικὰ κεφάλαια, Ἀστρολογικά, Περὶ οἰκήσεων.

Date. Après von Fritz **3** qui situait déjà le *floruit* de Théodose à la fin du IIe siècle de notre ère (*vs* Deichgräber **2**, p. 219, qui le situe après 200), Perilli **6**, p. 199, a récemment attiré l'attention sur la difficulté de concilier une date trop tardive avec la mention du même Théodose figurant au début du *Sur l'expérience médicale* de Galien (texte n° 2), un traité traditionnellement considéré comme antérieur à 151. Aussi Perilli, après avoir posé la question de l'authenticité du *Sur l'expérience médicale*, sans oser la remettre en doute, propose-t-il la solution suivante : le nom de Théodose a très bien pu être inséré par Galien lors d'une révision ultérieure de son traité ; cette révision a certes pu avoir lieu assez tard, mais nécessairement avant 216, date aujourd'hui admise pour la mort de Galien ; le *floruit* de Théodose se situerait donc en réalité non dans la première moitié du IIIe siècle, mais dans la seconde moitié du IIe siècle, environ une génération après Ménodote et Théodas, aux côtés desquels Théodose figure dans d'autres sources (texte n° 1). En outre, on sait par la *Souda* (texte n° 4) que Théodose écrivit un commentaire aux *Résumés (Kephalaia)* de Théodas, œuvre elle-même datée de la première moitié du IIe siècle. Or, le fait que Galien, vraisemblablement dans les premières années du IIIe siècle, décide de rajouter le nom de Théodose aux côtés de ceux de Ménodote et Sérapion dans le *Sur l'expérience médicale*, suppose que Théodose, à cette date, faisait figure d'empirique confirmé et devait déjà avoir écrit son principal ouvrage, les *Résumés sceptiques* (Σκεπτικὰ κεφάλαια).

Œuvres. Dans cet ouvrage, Théodose développait, entre autres, l'idée qu'il ne fallait pas appeler pyrrhonienne la philosophie sceptique (texte n° 2). Son argumentation, telle qu'elle se laisse reconstruire d'après le témoignage de Diogène Laërce, semble avoir été la suivante : s'il est vrai que la pensée d'autrui est impossible à saisir, nous ne pouvons saisir celle de Pyrrhon et, ne la connaissant pas, il faut renoncer à s'appeler pyrrhoniens. Tout au plus, selon lui, peut-on appeler pyrrhoniens ceux qui vivent à la façon de Pyrrhon. En outre, l'affirmation rapportée par Diogène Laërce selon laquelle Pyrrhon n'a pas été le premier inventeur de la philosophie sceptique semble traduire la volonté de Théodose de faire remonter l'histoire de l'école au-delà de Pyrrhon.

Notons enfin que la *Souda* (texte n° 4) attribue, à tort, à Théodose plusieurs ouvrages mathématiques qui sont en réalité l'œuvre du mathématicien et astronome homonyme, Théodose de Bithynie (*RE* 5), qui vécut aux IIe-Ier siècles avant notre ère.

VÉRONIQUE BOUDON-MILLOT.

68 THÉODOSIUS *RE* 4 III

Disciple d'Ammonius (☞A 140), le maître de Plotin (☞P 205) à Alexandrie, et beau-père du médecin et homme politique Zéthus l'Arabe (☞Z 27) qui fut lui-même disciple de longue date de Plotin (Porphyre, *Vie de Plotin* 2, 19 ; 7, 17-24 et 28-29). C'est dans un domaine de Zéthus, alors décédé, situé à six milles avant Minturnes, sans doute sur la Via Appia en Campanie (*Ibid.*, 2, 17-23 ; 7, 22-23), que se retira Plotin en 269. Cette propriété avait auparavant appartenu à Firmus Castricius (☞F 13), un autre disciple de Plotin (*Ibid.*, 7, 24), qui possédait toujours des propriétés à Minturnes même (*Ibid.*, 2, 22-23).

RICHARD GOULET.

69 THÉODOSIUS *PLRE* II:3 D V

Grammairien, membre du cercle d'Hypatie à Alexandrie et ami de Synésius de Cyrène.

Dans la lettre 5 (*olim* 4) à son frère (Euoptios), long récit d'un périlleux voyage en mer, Synésius de Cyrène (☞S 179) le prie de saluer la philosophe Hypatie (☞H 175), ainsi que le « chœur bienheureux » qui bénéficie de son enseignement inspiré, et « parmi tous en particulier le très saint père Théotecnos (☞T 107), ainsi que notre compagnon Athanasius (☞A 471) ». Il mentionne ensuite un certain Gaius (☞G 2a, dans les compléments du tome VII), puis « l'admirable grammairien Théodose ». Ce dernier ayant choisi de ne pas participer à ce voyage, Synésius s'amuse à penser qu'il avait anticipé ce qui allait se passer sans révéler à ses amis les conclusions de sa divination : « même s'il était devin il nous a dissimulé (ce qu'il savait) ».

1 Henriette Harich-Schwarzbauer, *Hypatia. Die spätantike Quellen. Eingeleitet, kommentiert und interpretiert*, coll. « Sapheneia – Beiträge zur klassischen Philologie » 16, Bern 2011, p. 130, hésite à faire de Théodosius un disciple d'Hypatie du fait que Synésius le mentionne « avec les autres » (μετ' ἐκείνων), mais le souhait de Synésius de saluer tous les membres du « chœur bienheureux » suggère fortement que tous les amis mentionnés appartenaient au même cercle, comme le suppose **2** Maria Dzielska, *Hypatia of Alexandria*. Translated by F. Lyra, coll. «Revealing Antiquity» 8, Cambridge, Mass. 1995, p. 37, même si tous les membres n'étaient pas philosophes de profession.

Pour le grammairien Théodosius, une identification a été envisagée avec le grammarien (*RE* 6) auteur des Εἰσαγωγικοὶ κανόνες περὶ κλίσεως ὀνομάτων καὶ ῥημάτων (*Gramm. gr.*, t. IV 1, p. 3-99 Hilgard). Voir **4** R. Volkmann, *Synesius von Cyrene*, Berlin 1869, p. 89 n. 2, et **5** *Synésios de Cyrène*, t. II: *Correspondance, Lettres I-LXIII*. Texte établi par A. Garzya, traduit et commenté par D. Roques, *CUF*, 2000, p. 19 n. 94 (p. 107).

Cf. **6** R. A. Kaster, *Guardians of Language. The Grammarian and Society in Late Antiquity*, Berkeley/London 1988, *s.v.* «Theodosios», 151.

RICHARD GOULET.

THÉODOSIUS → MACROBIUS (AMBROSIUS THEODOSIUS –)

70 THÉODOTOS (ou THÉODOROS ?) LE PYTHAGORICIEN *RE*

Ce personnage par ailleurs inconnu est porté à notre connaissance grâce à Clément d'Alexandrie (*Stromates* IV 8, 56, 1-2, p. 274, 7-9 Stählin; repris par Théodoret de Cyr, *Thérapeutique* VIII 58, p. 331 Canivet [*SC* 57, 2]), qui préserve à son sujet le double témoignage de Timothée de Pergame (➤T 167) – un auteur également inconnu par ailleurs (peut-être identique à Timothée d'Athènes [➤T 166], auteur d'un Περὶ βίων cité par Diogène Laërce; *cf.* Radicke 2 [*infra*], p. 250) –, et du péripatéticien Achaïcos (➤A 6). Le premier mentionnait Théodotos dans son ouvrage *Sur le courage* (ἀνδρεία) *des philosophes* (*FGrHist* [*contin.*] 1117 F 1 = *FHG* IV, p. 423 Müller), et le second dans son *Éthique* (Ἠθικά), pour s'être coupé la langue et l'avoir crachée à un tyran qui le forçait à dévoiler quelque secret. Voir **1** W. Capelle, art. «Theodotos» 19, *RE* V A 2, 1934, col. 1958; **2** J. Radicke, dans F. Jacoby, *Die Fragmente der griechischer Historiker continued*. Part four: *Biography and antiquarian literature*, édit. G. Schepens, IV A: *Biography*, fasc. 7: *Imperial and undated authors*, Leiden 1999, p. 464-467 (texte, trad. et comm.). Le personnage est dûment répertorié par **2bis** H. A. Brown, *Philosophorum Pythagoreorum collectionis specimen*, p. XXIV.

L'attitude de Théodotos rappelle celle de la pythagoricienne Timycha (➤T 169), telle qu'elle nous est racontée par Jamblique (*V. pyth.* 189-194, notamment p. 106,25 - 107,8 Deubner). Pour plus de détails, voir **3** Br. Centrone, notice «Myllias de Crotone», *DPhA* IV, 2005, p. 574-575 (comportant des compléments de C. Macris) et **4** C. Macris, notice «Timycha de Lacédémone (Sparte)».

Par ailleurs, Clément évoque dans le même contexte le supplice analogue de Zénon d'Élée (➤Z 19), de Praÿlos (➤P 275; Παῦλος *codd.*), le disciple de Lacydès (➤L 11), et d'Anaxarque d'Abdère (➤A 160), ainsi que le cas un peu différent du Romain Postumus, en nous rappelant ainsi que des anecdotes illustrant l'attitude courageuse du philosophe face au tyran étaient très connues et très populaires dans l'Antiquité, ayant différents philosophes ou hommes de vertu comme protagonistes. Pour une première collection de ces anecdotes, voir **5** T. Dorandi, « De Zénon d'Élée à Anaxarque : fortune d'un *topos* littéraire », dans L. Jerphagnon, J. Lagrée et D. Delattre (édit.), *Ainsi parlaient les Anciens. In honorem Jean-Paul Dumont*, Lille 1994, p. 27-37.

On pourrait se demander s'il n'y a pas lieu de rapprocher le Théodotos mentionné par Clément du pythagoricien tarentin Théodore (⟶T 59), qui ne nous est connu que par le *Catalogue* de Jamblique (*cf.* Radicke **2**, p. 466, avec la n. 3). L'identification des deux personnages ne s'impose pas, évidemment (elle est refusée, par ex., par Capelle **1**), mais le rapprochement méritait, nous semble-t-il, d'être signalé ici.

Écrire Θεόδωρος au lieu de Θεόδοτος (ou l'inverse), est en fait, en grec ancien, une erreur qui, en dépit de la graphie très différente de ΩΡ et de ΟΤ en onciale, peut se produire facilement aussi bien en dictée que, surtout, *sensu* (les deux noms ayant à peu près le sens du nom français "Dieudonné") ; *cf.* Radicke **2**, *ibid.* : « this would imply an easy corruption of the name ».

CONSTANTINOS MACRIS.

71 THÉODOTOS *PIR*² T 170   I

Dédicataire du *Quod omnis probus liber sit* (« *Que tout homme vertueux est libre* ») de Philon d'Alexandrie, traité qui faisait suite à un ouvrage perdu : *Que tout méchant est esclave* (*Probus* 1).

Voir *Philon d'Alexandrie, Quod omnis probus liber sit*. Introduction, texte, traduction et notes par Madeleine Petit, coll. *OPA* 28, Paris 1974, p. 136 n. 2, qui rappelle que A. Rivaud, *Histoire de la philosophie*, Paris 1948, t. I, p. 477, voyait en ce dédicataire un disciple de Philon.

Absent de la *RE*.

RICHARD GOULET.

72 THÉODOTOS *RESuppl* VIII : 19a   M III

A. Philosophie platonicien, du milieu du IIIᵉ siècle que Longin, dans la Préface de son livre *Sur la fin* cité par Porphyre (*Vita Plotini* 20, 39), classe parmi ceux qui n'ont rien écrit de significatif. Théodote est qualifié de διάδοχος, ce qui signifie probablement non pas un rapport institutionnel avec l'Académie ancienne, mais le fait d'être titulaire à Athènes d'une chaire officielle de philosophie platonicienne, plus probablement impériale que municipale.

Le nom de ce diadoque athénien est Théodoulos dans les manuscrits de la famille y.

B. Priscien, dans ses *Solutiones ad Chrosroem* 42, 15-16, fait allusion à une *Collectio Ammonii scholarum* compilée par un certain Théodote. E. R. Dodds, « Numenius and Ammonius », dans *Les sources de Plotin*, coll. « Entretiens sur l'Antiquité classique » 5, Vandoeuvres-Genève 1960, p. 25, et H. Dorrie, art. « Theodotos » 19a, *RESuppl.* VIII, 1956, col. 853, pensaient que l'Ammonius en question était l'Ammonius, fils d'Hermias du Vᵉ siècle, alors que W. Theiler, *Forschungen zum Neuplatonismus*, Berlin 1966, p. 37-39, et G. Fowden, « The Platonist philosopher and his circle in late antiquity », *Philosophia* 7, 1977, p. 325

n. 65, estiment qu'il s'agit d'Ammonius (Saccas) ; dans ce cas, il pourrait s'agir de notre Théodote.

Cf. Brisson, *Prosopographie*, *PVP* I, *s.v.*

LUC BRISSON.

73 THÉODOTOS *RE* 18 *PLRE* II :10 V/VI

La vie de ce philosophe, en trois livres, avait été écrite par Tribonianus de Sidé (➤‍T 174), juriste et conseiller de l'empereur Justinien, selon la *Souda* T 957, t. IV, p. 588, 16-24 Adler. Ce philosophe est inconnu par ailleurs.

Cf. B. Kübler, art. « Tribonianus » 1, *RE* VI A 2, 1937, col. 2419-2426.

PIERRE MARAVAL.

74 THÉODOTOS VI

P. Courcelle, *Les lettres grecques*, p. 268, mentionne comme élèves d'Ammonius, fils d'Hermias, à Alexandrie : Damascius, Simplicius, Asclépius, Olympiodore, *Théodote* et Jean Philopon. Qui est ce Théodote ? Dans sa note 9, il renvoie pour cette génération à Ed. Zeller, *Die Philosophie der Griechen*, III 2, 2, p. 829 et suiv. = III 2, 2, 2e éd., 1868, p. 751 n. 1 (même liste sans référence).

Il pourrait s'agir du Théodote 72 B, qui compila des cours d'Ammonius, un philosophe dont l'identité reste incertaine : soit le fils d'Hermias (VIe s.), soit le maître de Plotin (IIIe s.).

RICHARD GOULET.

75 THÉODOTOS Va

Mentionné par Socrate (Platon, *Apol.* 33 e 5) comme l'un des jeunes gens qui l'ont fréquenté et dont il affirme que, s'il les avait corrompus, eux-mêmes ou leurs parents présents au procès pourraient témoigner contre lui : Théodote est mort mais son frère Nicostrate est présent et, fait valoir Socrate, s'il veut se joindre à l'accusation, son frère n'est justement plus là pour l'en empêcher.

1 E. De Strycker, *Plato's Apology of Socrates*, Leiden 1994 (S. R. Slings éd.), p. 174-175, a souligné que, si Théodote n'est connu que par ce seul passage, sa mention est cependant significative du point de vue de la défense de Socrate : le père de Nicostrate et de Théodote, Théozotidès, dont le nom est également mentionné, était un démocrate avéré, qui n'aurait à coup sûr pas laissé son fils s'attacher à Socrate si ce dernier s'était fait connaître pour ses sympathies oligarchiques.

MICHEL NARCY.

THÉODOULOS → THÉODOTOS

76 THÉOGEITÔN DE TRAGIE *RE* F IVa

« Péripatéticien, élève d'Aristote », mentionné comme originaire de l'île (ou de l'archipel) de Tragie ou Tragies par Stéphane de Byzance (p. 630, 6-7 Meineke).

Sur cette île, au large de Milet et au sud de Samos, voir R. Herbst, art. «Tragia(i)» 1, *RE* VI A 2, 1937, col. 1895. Le nom est bien attesté, mais Théogeitôn de Tragie ne semble pas figurer dans *LGPN* I (The Aegean Islands) ou V A (Coastal Asia minor), où il aurait dû être répertorié.

RICHARD GOULET.

77 THÉOGNIS *RE* 4   F IV-III

Une des cinq filles du philosophe mégarique Diodore Cronos (☛D 124), dont Philon (☛P 156), le disciple ou le condisciple de Diodore, rapporte qu'elles étaient à la fois dialecticiennes et d'une grande pureté de mœurs. Voir Döring, *Die Megariker*, fr. 101 et 102 (= fr. II F 6 Giannantoni) ; commentaire p. 125-126. Témoignages traduits par R. Muller, *Les Mégariques*, p. 38-39, et commentés p. 128-129. Les sœurs de Théognis se nommaient Argeia, Artémisia, Ménexénè et Pantacleia. «Théognis» est ordinairement un prénom masculin, mais un tel choix ne surprend pas de la part de Diodore quand on connaît sa conception de la signification arbitraire des mots (fr. 111-115 Döring) : selon d'autres témoignages, en effet, il aurait même donné à ses enfants (ou à ses jeunes esclaves, παῖδες) les noms des particules Μέν et Δέ (fr. 114), ou encore appelé un de ses serviteurs Ἀλλὰ μήν, «Mais Vraiment» (fr. 112-113).

ROBERT MULLER.

78 THÉOGNOSTOS LE DÉMOCRITÉEN   I ?

Alexandre de Tralles, *Therap.*, t. I, p. 569-570 (éd. T. Puschmann, *Alexander von Tralles*, 2 vol., Wien 1878-1879 [réimpr. Amsterdam 1963]), raconte que le jeune Dèmocratès d'Athènes, qui souffrait d'épilepsie, consulta la Pythie et qu'il en rapporta un oracle qu'il soumit à Théognoste le Démocritéen, alors âgé de 98 ans, pour qu'il lui en expliquât le sens et en déduisît un traitement approprié.

Si le récipiendaire de l'oracle est le médecin Damocratès d'Athènes (*RE* 8), auteur d'un Πυθικός, connu par Galien (t. XII, p. 889 *sq.* Kühn), d'où pourrait provenir le témoignage, il faudrait situer Théognostos dans la première moitié du Ier siècle de notre ère.

Absent de la *RE*.

RICHARD GOULET.

79 THÉOMANDROS DE CYRÈNE   IV[a]

Théophraste (☛T 97), dans son traité *Sur le bonheur* (Περὶ εὐδαιμονίας, fr. 80 Wimmer = fr. 489 Fortenbaugh), rapportait que ce personnage, par ailleurs inconnu, circulait en s'engageant à enseigner le succès (εὐτυχία). Le témoignage est rapporté par Cynulcus (☛T 60) dans Athénée, *Deipnosophistes* XIII, 566 b. Voir aussi, en dépendance d'Athénée, Eustathe, *Comm. ad Homeri Iliadem*, t. IV, p. 946, 8 M. Van der Valk. Ce nom est absent de la *RE*. Voir Croenert, *Kolotes und Menedemos*, p. 95.

RICHARD GOULET.

THÉOMBROTE → CLÉOMBROTE D'AMBRACIE

80 THÉOMBROTOS *RE* 1   IV-III

Diogène Laërce VI 95 cite, à la suite de la vie de Métroclès de Maronée
(☞M 142), une liste de disciples (μαθηταὶ δ᾽ αὐτοῦ) qui pourrait, malgré les appa-
rences, se rapporter non pas à Métroclès, mais à son maître Cratès de Thèbes
(☞C 205). Voir l'argumentaire en faveur de cette hypothèse dans M.-O. Goulet-
Cazé, « Une liste de disciples de Cratès le cynique en Diogène Laërce 6, 95 »,
Hermes 114, 1986, p. 247-252.

Dans cette liste de disciples Théombrote figure aux côtés de Cléomène
(☞C 163). Diogène Laërce prête à Théombrote lui-même un disciple : Démétrios
d'Alexandrie (☞D 46), mais il précise qu'Échéclès d'Éphèse (☞E 3), disciple de
Cléomène, écouta lui aussi Théombrote, auquel cas Théombrote et Cléomène, les
deux disciples de Cratès, auraient eu un disciple en commun : Échéclès qui, à son
tour, fut le maître de Ménédème (☞M 119).

Cf. Anneliese Modrze, art. « Theombrotos » 1, *RE* V A 2, 1934, col. 2033-
2034.

                                                  MARIE-ODILE GOULET-CAZÉ.

81 THÉOMNESTOS *RE* 12

Théomnestos est l'un des dix cyniques mentionnés dans la seconde partie du
Prooemium perdu de Stobée selon Photius, *Bibl. cod.* 167, p. 114 b 25. Voir par
exemple la notice « Polyzélos » (☞P 251).

Cf. Anneliese Modrze, art. « Theomnestos » 12, *RE* V A 2, 1934, col. 2036.

                                                  MARIE-ODILE GOULET-CAZÉ.

82 THÉOMNESTOS DE NAUCRATIS *RE* 13   M Iᵃ

A. Académicien, maître de Brutus (☞B 63) à Athènes lorsque celui-ci y
séjourna 44ᵃ (Plut., *Brutus* 24, 1) après l'assassinat de César. Le jeune homme
suivait également les leçons de Cratippe de Pergame (☞C 208). Il ne s'agissait pas
comme tel d'un séjour d'études et Plutarque rappelle qu'en réalité Brutus préparait
la guerre contre Marc-Antoine (24, 2).

Dans 1 Überweg-Prächter, *Grundriss der Geschichte der Philosophie*, t. I:
Grundriss der Geschichte der Philosophie des Altertum[11], Berlin 1920, p. 689,
« Tabelle über die Sukzession der Scholarchen in Athen » [I, p. 664 dans la
douzième édition], Théon est présenté comme un successeur d'Aristos d'Ascalon
(☞A 406) à la tête de l'Académie. Mais 2 J. Glucker, *Antiochus*, p. 114-115,
considère que Théomneste ne fut sans doute scholarque ni de l'Ancienne Académie d'Antiochus (☞A 200) et d'Aristos (☞A 406) d'Ascalon, ni de l'Académie de
Philon de Larissa (☞P 155). La même année, Cicéron envoya son fils Marcus
(☞C 124) étudier avec Cratippe, sans qu'aucune mention ne soit faite de Théomneste dans les témoignages. Il est donc étrange qu'il n'ait pas encouragé son fils
à étudier avec le scholarque de l'Académie (dont il avait adopté les points de vue
philosophiques) ou le successeur d'Antiochus et d'Aristos (à « l'Ancienne Acadé-

mie») si Théomneste avait détenu l'un ou l'autre statut. Théomneste aurait plutôt, selon Glucker **2**, p. 115, enseigné à titre privé.

Glucker **2**, p. 112, date ce séjour de Brutus à Athènes de 45ᵃ. A la p. 114, il date ce séjour d'études chez « le mystérieux » Théomneste de 44ᵃ.

B. Selon Philostrate, *V. Soph.* I 6, p. 486 Ol., l'ampleur de ses discours (ἡ περιβολὴ τῶν λόγων) fit ranger le philosophe Théomneste de Naucratis parmi les sophistes.

L'identification du maître de Brutus avec Théomneste de Naucratis, que Philostrate ne semble pas rattacher à Athènes et dont il ne précise pas l'école d'appartenance, reste conjecturale.

Cf. **3** Anneliese Modrze, art. «Theomnestos» 13, *RE* V A 2, 1934, col. 2036.

RICHARD GOULET.

83 THÉON MF IIIᵃ

Stoïcien, disciple de Chrysippe [⟹C 121] (Philod., *Stoic. hist.*, col. 47, 1, p. 98 Dorandi): Θ[έ]ων.

TIZIANO DORANDI.

84 THÉON *RE* 10 *PIR*² T 160 I-II

Philosophe platonicien, ami proche de Plutarque et probablement son assistant dans son école. Il intervient très souvent dans l'œuvre de l'écrivain, dont il apparaît en quelque sorte comme la doublure (*cf.* D. Babut, *Plutarque et le stoïcisme*, Paris 1969, p. 244-245): *Quaest. Conv.* I 4; IV 3; VIII 6; *De E delph.; De Pyth. or.; Non posse suaviter.* Son authenticité, parfois contestée, trouve pourtant une évidente confirmation dans certaines allusions de Plutarque, qui évoquent manifestement des souvenirs familiaux très précis (*Quaest. Conv.* VIII 6; *Cons. ad uxorem*, 610 C). Il semble avoir été présent dans l'entourage de Plutarque à toutes les époques de sa vie: il était probablement Béotien ou Phocidien, comme le suggère aussi le nom de Caphisias qu'il avait donné à l'un de ses fils.

Cf. **1** K. Ziegler, art. «Plutarchos», *RE* XXI 1, 1951, col. 686; **2** *Id.*, art. «Theon» 10, *RE* V A, 1934, col. 2059-2060: B. Puech, «Prosopographie des amis de Plutarque», dans *ANRW* II 33, 6, Berlin 1992, p. 4886.

BERNADETTE PUECH.

85 THÉON D II

Auteur d'une lettre adressée à son compagnon (ἑταιρῷ) le «philosophe» Héraclide [⟹H 51], dans laquelle il énumère plusieurs traités de philosophie morale (ceux de Boèce de Sidon [⟹B 47], Diogène de Babylonie [⟹D 146], Chrysippe de Soles [⟹C 121], Antipatros de Tarse [⟹A 205] et Posidonius d'Apamée [⟹P 267]) qu'il lui fait parvenir par l'intermédiaire de son serviteur Achillas (*PMilVogliano* I 11 [aujourd'hui perdu] = *CPF* I*, n° 6, p. 110-114 [A. Linguiti]; photographie du verso: IV 2, 2002, n° 119). Il est précisé (par une autre main) que la lettre ou les écrits ont été écrits à Alexandrie et c'était sans doute la cité d'origine de Théon. La lettre commence par la formule platonicienne εὖ πράττειν (cf. D. L. III 61 ; Lucien, *Laps.* 4).

RICHARD GOULET.

86 THÉON D'ALEXANDRIE *RE* 13 F Iᵃ/D I

« Philosophe stoïcien, qui a vécu sous Auguste [mort en 14], après Arius [Didyme]. Il a écrit

(1) un *Commentaire de l'Introduction à la Physique d'Apollodore* [de Séleucie, ⱽ⁺A 250] (τῆς Ἀπολλοδώρου Φυσιολογικῆς Εἰσαγωγῆς ὑπόμνημα),

(2) *Sur les arts rhétoriques en trois livres* (Περὶ τεχνῶν ῥητορικῶν βιβλία τρία)», *Souda* (Hésychius) Θ 203 ; t. II, p. 702, 5-7 Adler.

Selon Diels, *Doxogr. Gr.*, p. 84-85, le Théon de la *Souda* aurait remplacé Arius Didyme comme philosophe personnel d'Auguste. Susemihl, *GGLA*, t. II, p. 253 n. 107, tient cette suggestion pour possible et même probable, même si le témoignage ne l'affirme pas, explicitement.

Zeller, III 1, p. 607 n. 1, a cru retrouver ce philosophe dans un passage de l'*Ind. Stoic. Herc.*, col. 79, 1-2 (p. 128 Dorandi), où est mentionné un disciple alexandrin de Stratoclès de Rhodes (ⱽ⁺S 168), l'élève de Panétius de Rhodes [ⱽ⁺P 26] (mort vers 110ᵃ), mais la chronologie ne semble pas autoriser le rapprochement. Plutôt que [Θέ]ων, Comparetti et Traversa proposent d'ailleurs de lire [Δί]ων dans le passage en question. Dorandi (p. 172) laisse la lacune ouverte, considérant, comme Bücheler, que de nombreuses restitutions sont possibles : [Λέ]ων, [Βί]ων, [Φά]ων...

Selon G. W. Bowersock, *Augustus and the Greek World*, Oxford 1965, p. 37-38, et M. Haake, « Philosopher and priest. The image of the intellectual and the social practice of the elites in the Eastern Roman Empire (first to third centuries AD)», dans B. Dignas et K. Trampedach (édit.), *Practitioners of the Divine. Greek Priests and Religious Officials from Homer to Heliodorus*, coll. « Hellenic Studies » 30, Cambridge, Mass./London 2008, p. 145-165, notamment p. 149 et n. 13, il faut identifier ce Théon avec Caius Iulius Théon d'Alexandrie (*Prosopographia Ptolemaica* VI 3, A 4 B, n° 16763), grand-prêtre du culte impérial à Alexandrie et dans toute l'Égypte, mentionné dans *POxy* XII, 1916, n° 1434. Le rapprochement avec le philosophe stoïcien n'est cependant pas fait par Grenfell et Hunt. L'empereur Auguste lui aurait accordé la citoyenneté romaine, ainsi que des terres en Égypte. Une liste de 18 Alexandrins portant le nom de Théon à cette époque a été dressée par H. A. Musurillo (édit.), *The Acts of the Pagan Martyrs. Acta Alexandrinorum.* Edited with commentary, Oxford 1954, p. 103-104. Le nom de Théon étant extrêmement répandu en Égypte (le propre fils du grand-prêtre Théon portait lui aussi ce nom), l'identification avec le philosophe stoïcien de la *Souda* ne s'impose que si l'on comprend qu'une datation « sous Auguste et après Arius » signifie une appartenance à la cour et à l'entourage d'Auguste.

RICHARD GOULET.

87 THÉON (AELIUS –) (D'ALEXANDRIE ?) *RE* 5 *PIR*² T 161 I-II ?

Rhéteur et grammairien grec, auteur du plus remarquable des quatre traités de *progymnasmata* (exercices préparatoires de rhétorique) que nous ayons conservé. Par comparaison avec les autres témoins de cette tradition (le Ps.-Hermogène, Aphthonios et Nicolaos de Myra) qui se bornent à donner des définitions et des

exemples, Théon s'explique longuement sur la raison d'être et les principes pédagogiques et éducatifs de ce cycle complet de formation, intermédiaire entre l'enseignement du *grammatikos* et celui du rhéteur, et visant à rendre l'élève (un adolescent) progressivement maître de toutes les structures discursives fondamentales
permettant d'aborder le traitement d'une cause, soit, dans l'ordre : chrie, fable,
récit, lieu commun, description, prosopopée, éloge et blâme, parallèle, thèse, examen de lois. Il est aussi le seul à renseigner précisément sur les exercices d'accompagnement, pratiqués tout au long du cycle : lecture, audition, paraphrase, élaboration et contradiction. Étant donnés l'ancrage de cette formation dans les textes
classiques, qui lui donnent sa substance, l'importance considérable revêtue par les
progymnasmata dans la formation des élites post-classiques, à un stade antérieur
au choix d'un mode de vie et à un éventuel rejet de la rhétorique, la continuité
entre le versant grec et le versant latin de cette tradition (Quintilien, I 9 ; Suétone,
De Grammaticis et rhetoribus 4, 7), le traité de Théon fait partie des lectures
indispensables à tout curieux de la culture et de la civilisation antiques.

Cela dit, une identification et une datation précises de l'auteur de ce traité se
heurtent à la contradiction des données disponibles.

1) La *Souda* (Θέων, p. 206 Adler), d'après Hésychius, évoque un certain Aelius
Théon d'Alexandrie, « sophiste » auteur de divers traités de rhétorique : outre un
Traité de progymnasmata, un *Commentaire sur Xénophon, sur Isocrate, sur
Démosthène*, il aurait produit un recueil de *Causes rhétoriques*, des *Recherches sur
la syntaxe du discours* et plusieurs autres ouvrages. Sans même parler de la conver-
gence des centres d'intérêt, cette indication concorde avec le titre, *Progymnasmata*,
et le nom d'auteur, Théon, présentés par les deux principales traditions manuscrites
– l'une en grec, l'autre en arménien – du traité conservé, et qui remontent par
conséquent à l'archétype, antérieur, selon l'édition de référence (**1** M. Patillon et
G. Bolognesi [édit.], *Aelius Théon, Progymnasmata*, texte établi et traduit par
M. P., avec l'assistance, pour l'Arménien, de G. B., *CUF*, Paris 1997, p. VII), aux
V-VIᵉ siècles. De plus, la *Souda* précise que Théon « prit le titre d'Aelius »
(ἐχρημάτισεν Αἴλιος) : il y a là un possible indice chronologique et une invitation
à situer ce personnage sous le règne d'Hadrien (117-138), puisque l'usage voulait
que l'on reçût, avec la citoyenneté romaine, le gentilice de l'empereur régnant. Ce
qui pourrait renforcer cette hypothèse est l'existence d'une lettre familière sur
papyrus (éditée dans **2** E. W. Handley *et al., The Oxyrhynchus Papyri*, vol. LIX,
London 1992, n° 3992, p. 129-132), rédigée et calligraphiée à la perfection, visiblement par un lettré (à noter, ce qui est rarissime dans ce type de contexte, un
accent circonflexe sur un ω, li. 27, pour indiquer une première personne du sub-
jonctif), et émanant d'un certain Aelius Théon. Or cette lettre provient probablement, en raison d'un proscynème à Sarapis, d'Alexandrie et elle est datable par
l'écriture du IIᵉ siècle. Le rapprochement avec l'auteur des *Progymnasmata* a été
fait par H. G. Ioannidou, l'éditrice de la lettre dans le recueil de Handley (**2**,
p. 131), et a reçu l'approbation d'un autre spécialiste de papyrologie, **3** Jean-Luc

Fournet, dans sa recension de l'édition Patillon-Bolognesi (*REG* 112, 1999, p. 318-320).

2) Une seconde piste est ouverte par Jean de Sardes (1re moitié du IXe s.), qui utilise le traité de Théon dans son commentaire aux *Progymnasmata* d'Aphthonios (**4** H. Rabe [édit.], *Ioannis Sardiani Commentarium in Aphthonii Progymnasmata*, Leipzig 1928) et cite son nom à plusieurs reprises. Or, à l'occasion de l'une de ces citations (p. 218, 3 Rabe), Jean précise : « Théon le Platonicien ». Mais, comme le suppose à juste titre M. Patillon **1**, p. VII n. 2, il s'agit sans doute d'une confusion, soit avec Théon (d'Alexandrie) le Mathématicien (➙T 88) soit, plus vraisemblablement, avec Théon de Smyrne (➙T 90).

Les autres données du problème sont 3) une citation par Théon du *Démosthène* de Denys d'Halicarnasse (œuvre datée communément des dernières années du Ier s. av. J.-C.). Le passage où figure la citation n'est conservé que dans la traduction arménienne (*cf.* M. Patillon et G. Bolognesi **1**, p. 106 et ci-dessous). Le nom de Denys y est accompagné d'un démonstratif qui peut être interprété soit comme une marque de proximité soit comme une simple emphase (*cf.* Patillon **1**, p. 168-169, n. 546). En réalité, le seul apport sûr de cette citation est un *terminus a quo*.

4) Un indice plus incertain encore, mais qui fournirait un *terminus ante quem* cohérent avec la datation sur des critères doctrinaux (voir ci-dessous), est une possible double allusion à notre auteur, chez Quintilien. Un *Theo stoicus* (réfection très plausible de **5** C. Halm [édit.], *Institutio oratoria*, Leipzig 1868-1869 à partir du *cheostolcus* des manuscrits) est en effet cité en IX 3, 76, à propos d'une figure de style. À la vérité, si les liens de l'auteur des *Progymnasmata* avec la doctrine stoïcienne sont réels, ils sont ténus, et la mention vise plus sûrement un autre Théon d'Alexandrie, de l'époque d'Auguste, identifié comme stoïcien par la *Souda* (p. 203 Adler, ➙T 86) et qui s'est occupé de technique rhétorique. C'est le même personnage que vise, probablement, le Théon cité en compagnie de Caecilius de Calè-Actè au livre III (6, 48), pour un débat terminologique relatif à la théorie naissante des *staseis* : les stoïciens sont connus pour s'être intéressés à cette théorie, qui s'inscrit dans un courant rationaliste et encyclopédique typique de la rhétorique gréco-romaine du Ier s. av. J.-C., *cf.* **6** J. Connolly, « The New World Order : Greek Rhetoric in Rome », dans **7** I. Worthington (édit.), *A Companion to Greek Rhetoric*, Malden/Oxford/Victoria 2007, p. 151.

Surtout, 5) l'examen de la doctrine du traité (*cf.* Patillon **1**, p. VIII-XVI) rend probable son antériorité par rapport non seulement aux autres traités écrits sur le sujet à partir du IIe siècle (Ps.-Hermogène, etc.), mais aussi aux descriptions antérieures de ce cycle pédagogique, à commencer par celle de Quintilien (I 9).

En somme, si l'on admet que l'auteur des *Progymnasmata* est l'Aelius Théon mentionné par la *Souda*, il peut s'agir soit d'un rhéteur devenu citoyen romain sous Hadrien et qui aurait été particulièrement conservateur, soit d'un homonyme à situer au début de la période impériale (c'est l'hypothèse qui a la préférence de Patillon **1**, p. XVI). L'hypothèse d'une *gens* des *Aelii* anciennement implantée à Alexandrie prend corps si l'on songe qu'un *Aelius* Gallus fut préfet d'Égypte à la fin du Ier siècle av. J.-C. (*cf.* **8** U. von Wilamowitz-Möllendorf, «Asianismus und Atticismus», *Hermes* 35, 1900, p. 6 n. 2, cité par Patillon **1**, p. VIII n. 4). L'argument de la lettre sur papyrus (voir ci-dessus), n'a pas convaincu M. Patillon, car son contenu n'a aucun rapport avec les *Progymnasmata*, *cf.* **9** M. Patillon (édit.), *Corpus rhetoricum*, *CUF*, Paris 2008, p. 6 n. 12. Dans ce même ouvrage, M. Patillon récuse aussi comme paradoxale l'hypothèse de **10** M. Heath («Theon and the History of the *Progymnasmata*», *GRBS* 43, 2002-2003, p. 129-160), qui propose de situer Théon au Ve siècle.

Quoi qu'il en soit de l'identité et de la date de leur auteur, la connaissance des *Progymnasmata* d'Aelius Théon a connu récemment une véritable révolution, grâce à l'exploitation méthodique d'une traduction arménienne ancienne (V[e]-VIe s.). Nous avons désormais accès à ce texte par trois voies : une voie directe conventionnelle en grec, une tradition indirecte en grec également, et cette traduction.

En grec, le texte de Théon est accessible par huit témoins directs (voir Patillon **1**, p. CXV *sq.* et les importants travaux antérieurs de **11** I. Lana, *I «Progimnasmi» di Elio Teone I. La storia del testo*, Torino 1959, et de **12** J. R. Butts, *The Progymnasmata of Theon : A New Text with Translation and Commentary*, Ph. D. diss., Claremont Graduate School [California] 1986), dont seuls trois sont à prendre en compte pour l'édition (*Laurentianus* plut. 55, 10, saec. XIII = L ; *Parisinus gr.* 2918, saec. XIV ex.= P ; *Mutinensis Atestinus* 116, saec. XV = M). Le modèle (direct pour L, indirect pour P et M) commun à cette branche de la tradition est un exemplaire translittéré après 850 (voir ci-dessous).

La tradition indirecte est représentée pour l'essentiel (voir Patillon **1** p. CXX-CXXVI) par le commentaire de Jean de Sardes (Rabe **4**). Les citations de Théon y sont abondantes et le plus souvent littérales. Elles permettent d'identifier une source manuscrite issue d'un même hyparchétype (ce qu'attestent des fautes communes) mais indépendant de la tradition directe : c'est dire l'importance de cette autre branche de la tradition.

En arménien, les trois manuscrits constituent une tradition unitaire, comme l'attestent leurs divergences communes par rapport à la tradition grecque : présence des cinq derniers chapitres, intégrité du dernier des chapitres conservé mutilé en grec, ordre originel des chapitres (réorganisé en grec pour coïncider avec l'ordre des exercices dans le traité «canonique» d'Aphthonios, disponible désormais dans Patillon **9**, p. 112-162), meilleur état général du texte, au prix d'une confrontation minutieuse avec le grec et d'un travail délicat de rétroversion, car la traduction arménienne est par elle-même extrêmement difficile à comprendre.

Ces trois manuscrits (*cf.* G. Bolognesi dans **1**, p. CXXXVI *sq.*) sont les codd. Erevan, *Matenadaran*, mélanges, papier, n° 8371, XVIIe s. = A ; 3466, XIIIe s. = B ; 9826 XVIIe s. = C. Le cod. A a été édité par **13** H. Manandyan, coll. «Institutum Historiae et Litterarum SSR. Armeniae. Opera Auctorum Veterum» I, Erevan 1938. Les deux autres ont été découverts respectivement en 1968 et en 1985 par G. Bolognesi et demeuraient inédits avant la publication de Patillon-Bolognesi **1**. Ces trois témoins sont proches au point de reproduire (par la même main que celle qui a copié le texte principal) des corrections marginales pertinentes ou non. Le déplacement de quelques folios dans B, se reflétant dans le texte de A et de C, prouve que B est le modèle commun des deux manuscrits plus récents.

En somme, l'examen de l'ensemble des témoins grecs montre qu'ils remontent à un hyparchétype commun à la tradition directe et à la tradition indirecte. Cet hyparchétype, confronté à la traduction arménienne, permet d'accéder à l'archétype, antérieur à l'époque de la traduction, soit le Ve ou le VIe siècle. Des fautes communes à l'ensemble de la tradition montrent que cet archétype n'est pas l'original. Mais, pour une petite partie du texte, on a pu, depuis la publication de Patillon-Bolognesi **1**, remonter plus haut encore. **14** U. Schindel (*Ein unidentifiziertes "Rhetorik-Exzerpt" : der lateinische Theon, NAWG* 1999 Nr. 2) a identifié parmi les *Excerpta Rhetorica* publiés par **15** C. Halm (édit.), *Rhetores latini minores*, Leipzig 1953, réimpr. New York 1974, n° XX, p. 585-589, un fragment d'une traduction latine très ancienne (antérieure à 300) des *Progymnasmata* de Théon, découverte exploitée ensuite pour une amélioration du texte... latin (**16** M. Deufert, «Theon Latinus ex Graeco emendatus», *GFA* 3, 2000, p. 33-37).

Il faut mentionner enfin une série de onze scolies, qui accompagnent le texte dans les codd. LPM et dans le *Marcianus gr.* X, 1. Ce sont des reprises de commentaires à d'autres textes (celui de Jean de Sardes à Aphthonios, les *Prolégomènes* d'Athanasios au Περὶ στάσεων d'Hermogène, quelques commentaires anonymes, *cf.* Patillon **1**, p. CXIX-CXX), dépourvues d'intérêt sur le plan textuel, sinon qu'elles permettent de situer le modèle de la tradition directe à une date postérieure à Jean de Sardes.

Bibliographie

L'édition de référence, pour les raisons exposées ci-dessus, est désormais celle de Patillon et Bolognesi **1**. Elle a rendu obsolètes les éditions plus anciennes de **17** C. Walz, *Rhetores graeci*, t. I, Stuttgart/Tübingen 1832, réimpr. Osnabrück 1968, p. 137-262 ; **18** C. Finckh, *Theonis sophistae Progymnasmata*, Stuttgart 1834 ; **19** L. Spengel, *Rhetores graeci*, t. II, Leipzig 1854, p. 57-130. Cela dit, l'édition Spengel conserve son rôle de référence pour les renvois au texte de Théon. Surtout, l'histoire des éditions des *Progymnasmata*, permettant de suivre la réception d'un ouvrage qui, dès l'édition *princeps* (Angelo Barbato, Roma 1520), a été considéré comme un instrument pédagogique toujours valide, demeure extrêmement intéressante (*cf.* Patillon-Bolognesi **1**, p. CXXX-CXXXVI) et pourrait être approfondie. L'édition de 1997 n'a pas été supplantée par la simple traduction anglaise, sommairement commentée, publiée par G. A. Kennedy, où le traité de Théon voisine avec les trois autres traités conservés et le commentaire de Jean de Sardes (**20** *Progymnasmata*, transl. into English, with introduction and notes, Fort Collins 1999 ; réimpr. Leiden/Boston 2003).

La publication de l'édition Patillon-Bolognesi **1**, si elle ne les a pas causés, a coïncidé avec un regain d'intérêt pour l'éducation dans la période hellénistique et romaine et avec la remise en cause de certains jugements à l'emporte-pièce jadis portés par H.-I. Marrou sur la pédagogie antique : signalons, pour la seule année 2001, **21** R. Cribiore, *Gymnastics of the Mind : Greek Education in Hellenistic and Roman Egypt*, Princeton, N. J. 2001 (ouvrage précieux, en particulier par l'exploitation conjointe des ressources des traités et d'une très riche documentation d'origine archéologique : *papyri, ostraka,* tablettes) ; **22** R. Webb, « The *Progymnasmata* as Practice », dans Y. L. Too (édit.), *Education in Greek and Roman Antiquity*, Leiden 2001, p. 286-316 ; voir aussi l'étude d'orientation de **23** Teresa Morgan, « Rhetoric and Education », dans Worthington **7**, p. 303-319.

Toujours est-il que la recherche sur les *Progymnasmata* de Théon est depuis une vingtaine d'années très active, suivant plusieurs courants, dont voici les principaux.

La rétroversion de l'arménien au grec opérée dans Patillon et Bolognesi **1** a contribué à enrichir la connaissance du lexique des anciennes traductions arméniennes d'auteurs classiques, *cf.* **24** R. B. Finazzi et P. Pontani, « Il lessico delle antiche traduzioni armene di testi greci e un nuovo strumento di lavoro », dans R. B. Finazzi (édit.), *Del tradurre : da Occidente verso Oriente come incontro di lingue e culture*. Atti della giornata di studio su « Traduzioni orientali e testi classici : lo stato della ricerca », Brescia, 8 ottobre 2004, Milano 2005, p. 79-173.

Une piste particulièrement passionnante à suivre est la comparaison des exercices décrits par Théon avec des productions littéraires ou philosophiques probablement contemporaines, ou à peu près, comme le traité des *Moralia* de Plutarque qui porte le n° 199 dans le catalogue de Lamprias et dont Amyot (II, n° 60) a traduit le titre ainsi : *Lequel est le plus utile, le feu ou l'eau, cf.* **25** A. Vicente Sánchez, « Plutarco, "Sobre si es más útil el agua o el fuego" : una tesis "progymnasmatica" », dans M. Jufresa *et al.* (édit.), *Plutarc a la seva època : paideia i societat.* Actas del VIII simposio español sobre Plutarco (Barcelona, 6-8 de noviembre de 2003), Barcelona 2005, p. 507-515. De même pour le genre romanesque, *cf.* **26** L. Rojas Álvarez, « Principios retóricos en la novela erótica griega : la descripción de personajes », *REC* 39, 2012, p. 145-156 ; ou encore pour certaines productions de la seconde sophistique, *cf.* **27** F. Mestre, « Filóstrato y los "progymnasmata" », dans J. A. Fernández Delgado, F. Pordomingo et A. Stramaglia (édit.), *Escuela y literatura en Grecia antigua.* Actas del simposio internacional, Universidad de Salamanca, 17-19 noviembre de 2004, Cassino 2007, p. 523-556.

La confrontation peut être d'ordre théorique : quand Théon (p. 96 Spengel) évoque comme modèle d'exercice le péripatéticien Palaiphatos (➳P 7) et son interprétation rationalisante des mythes, il semble isolé parmi les auteurs de *progymnasmata, cf.* **28** C. A. Gibson, « Palaephatus and the *progymnasmata* », *ByzZ* 105, 2012, p. 85-92. Les liens entre le traité de Théon – notamment dans sa nouvelle version – et des sources traditionnelles aussi importantes que l'*Institution oratoire* de Quintilien n'ont pas manqué non plus d'attirer l'attention, *cf.* **29** M. Winterbottom, « Something new out of Armenia » *LCláss* 8, 2004, p. 111-128 ; **30** S. Querzoli, « "Materia" e "officia" nell'insegnamento della retorica nel libro II dell'"Institutio oratoria" », *Ostraka* 10, 2001, p. 105-115.

Dans le domaine prosopographique, la traduction arménienne a tranché défini-tivement la question de ce cordonnier, qu'Aelius Théon (p. 111 Spengel) associe à la courtisane Léontion (➤L 43), tous deux exemples de personnages qui se sont illustrés dans la philosophie malgré leur condition sociale très modeste. S'appuyant sur le texte des manuscrits grecs *(Héron)*, **31** H. von Arnim (art. «Heron» 3, *RE* VIII 1, 1912, col. 992) a cru pouvoir identifier ce personnage à l'ingénieur Héron d'Alexandrie. Mais les sources anciennes ne présentent jamais ce dernier comme un philosophe – ni d'ailleurs comme un ancien cordonnier. Il s'agit en fait d'un autre cordonnier: Simon, le disciple de Socrate. Or la conjecture, déjà faite par Meineke, a été confirmée par la traduction arménienne, dossier instruit par **32** R. Goulet, «Trois cordonniers philosophes», dans M. Joyal (édit.), *Studies in Plato and the Platonic tradition. Essays Presented to John Whittaker*, Aldeshot, Brookfield 1997, p. 119-125, repris dans **33** R. Goulet, *Études sur les Vies de Philosophes dans l'Antiquité tardive. Diogène Laërce, Porphyre de Tyr, Eunape de Sardes*, Paris 2001, p. 145-149.

Le texte de Théon est parfois étudié en lui-même pour ses arrière-plans philo-sophiques (**34** E. Ruiz Yamuza, «Aproximación a la influencia de gramáticos y filósofos en la retórica: los *Progymnasmata*», *Habis* 21, 1990, p. 71-78) ou encore sa méthode, son économie interne et les liens des divers exercices entre eux ou avec le discours final. Sur les premiers exercices, on citera **35** A. González et C. Luz, «Los tres primeros ejercicios de los *Progymnasmata* de Elio Teón: μῦθος, διήγημα, χρεία», *Habis* 25, 1994, p. 309-321; sur la flexion de la chrie, voir **36** A. Wouters, «Between the grammarian and the rhetorician: the κλίσις χρείας», dans V. Coroleu Oberparleiter, I. Hohenwallner et R. E. Kritzer (édit.), *Bezugsfelder*. Festschrift für Gerhard Petersmann zum 65. Geburtstag, Horn 2007, p. 137-154.

Il ne manque pas d'études centrées sur tel ou tel exercice, dans lesquelles le texte de Théon est traité en témoin d'une étape importante de sa théorie et de sa pratique, ainsi **37** M. Alexandre Jr., «Importância da cria na cultura helenística», *Euphrosyne* 17, 1989, p. 31-62.

Aelius Théon représente aussi, parfois, une étape dans l'histoire des représen-tations, par exemple celle d'Éros, voir **38** P. Laurens, «Eros Apteros ou la descrip-tion impertinente», *REG* 101, 1988, p. 253-274.

Par ailleurs, la recherche se poursuit sur l'apport des traductions anciennes en arménien à la tradition indirecte des auteurs cités par Théon, *cf.* **39** R. Pane, «Elio Teone testimone di Archil. fr. 131 W.», *Eikasmos* 8, 1997, p. 11-12; **40** *Id.* «Il fr. 153 Jacoby di Teopompo alla luce della versione armena di Teone», dans A. Valvo (édit.), *La diffusione dell'eredità classica nell'età tardoantica e medie-vale: forme et modi di trasmissione*, Alessandria 1997, p. 153-158; **41** G. Uluhogian, «La versione armena dei *Progymnasmata* di Teone», *Eikasmos* 9, 1998, p. 219-224; **42** V. Calzolari, «Tradizione indiretta di autori greci nella versione armena dei "Progymnasmata" di Teone: Menandro, frr. 129 e 255 Kassel-Austin = 152 e 294 Koerte», *Lexis* 17, 1999, p. 247-258; **43** A. Capone et

C. Franco, « Teopompo di Chio nei "Progymnasmata" di Elio Teone : note esege-
tiche », *QS* 59, 2004, p. 167-182 ; **44** A. Lorenzoni, « Teone (Progymn. 120, 5-8) e
la traduzione armena : a proposito di Herodot. 2, 76 », dans F. Benedetti et
S. Grandolini (édit.), *Studi di filologia e tradizione greca in memoria di*
A. Colonna, Perugia 2003, p. 457-460 ; **45** F. G. Hernandez Muñoz, « Las citas de
Demóstenes y Esquines en el rétor Teón : valoración literaria y textual », dans I.
J. García Pinilla et S. Talavera Cuesta (édit.), *Charisterion, Francisco Martín*
García oblatum, Cuenca 2004, p. 167-174 ; **46** G. Uluhogian, « Ricerche filolo-
gico-linguistiche su antiche traduzioni armene di testi greci : fra "archeologia" e
attualità », *Lexis* 18, 2000, p. 181-192 ; **47** L. Miletti, « "Calamitosa cosa è lo
homo" : interpretazioni antiche e moderne di Erodoto 1, 32, 4 », *ARF* 7, 2005, p. 9-
23, *etc.*

D'autres travaux utilisent le traité – et le reste de la tradition des *progym-*
nasmata – pour connaître de l'intérieur les modalités de la transmission des savoirs
et de la culture à l'époque impériale. Ainsi, pour le recours à la littérature,
48 M. Patillon, « Les modèles littéraires dans l'apprentissage de la rhétorique »,
dans J. A. Fernández Delgado, F. Pordomingo et A. Stramaglia (édit.), *Escuela y*
literatura en Grecia antigua. Actas del simposio internacional, Universidad de
Salamanca, 17-19 noviembre de 2004, Cassino 2007, p. 511-521 ; sur l'enseignement de l'histoire et ses répercussions sur l'historiographie, voir **49** G. A. Gibson,
« Learning Greek History in the Ancient Classroom : The Evidence of the Treatises
on *Progymnasmata* », *CPh* 99, 2004, p. 103-129 ; **50** L. Miletti, « Herodotus in
Theon's "Progymnasmata" : the confutation of mythical accounts », *MH* 65, 2008,
p. 65-76.

D'autres enfin utilisent le traité dans une perspective rhétorico-littéraire, pour
une analyse plus fine des formes et des genres pratiqués à l'époque impériale (ainsi
la fable et le mythe dans **51** A. Gangloff, « Mythes, fables et rhétorique à l'époque
impériale », *Rhetorica* 20, 2002, p. 25-56 ; l'éthopée, dans **52** Chr. Heusch, « Die
Ethopoiie in der griechischen und lateinischen Antike : von der rhetorischen
Progymnasma-Theorie zur literarischen Form », dans E. Amato et J. Schamp
(édit.), *ÈTHOPOIIA. La représentation de caractères entre fiction scolaire et*
réalité vivante à l'époque impériale et tardive, coll. « Cardo » 3, Salerno 2005,
p. 11-33, et d'autres contributions de ce recueil ; l'*ekphrasis* dans **53** C. M. Chinn,
« Before your very eyes : Pliny Epistulae 5.6 and the ancient theory of *ekphrasis* »,
CPh 102, 2007, p. 265-280.

Il ne manque pas, enfin, de rhétoriciens ou d'humanistes, qui – non sans
fondement – pensent trouver dans la pédagogie des *progymnasmata* un remède au
désastre actuel de l'enseignement des lettres.

Cf. **54** W. Stegeman, art. « Theon » 5, *RE* V A, 2, 1934, col. 2037-2054.

PIERRE CHIRON.

88 THÉON D'ALEXANDRIE *RE* 15 *PLRE* I:3   MF IV

Mathématicien et professeur de mathématiques, il est l'auteur de commentaires sur deux ouvrages d'astronomie écrits par Ptolémée (➲P 315), l'*Almageste* et les *Tables faciles*. Il assura également une nouvelle édition des *Éléments* et des *Data* d'Euclide (➲E 80), textes dont il existe dans les manuscrits des versions antérieures à Théon et d'autres qui lui sont postérieures. Tous ces textes ont eu une certaine influence sur l'étude des mathématiques au cours de l'Antiquité tardive et jusqu'au Moyen-Âge.

Biographie et datation. Dans son commentaire sur le livre VI de l'*Almageste*, Théon fait référence à deux éclipses observées à Alexandrie au cours de l'année 364 de notre ère : l'éclipse du soleil du 16 juin et l'éclipse de la lune du 26 novembre. D'autres références chronologiques permettent de dater son activité des années 360 et 380 : le *Petit commentaire sur les Tables faciles de Ptolémée* présente des exemples de calculs qui correspondent au 15 juin 360 et au 17 novembre 377. La *Souda* (Θ 205), une encyclopédie qui date du Xe siècle, rapporte que Théon, « philosophe égyptien », vivait, comme « son contemporain » Pappus (➲P 36), sous le règne de l'empereur Théodose Ier (379-395), et qu'il était membre du Musée d'Alexandrie (ὁ ἐκ τοῦ Μουσείου). Théon est le dernier membre connu du Musée, institution qui était à l'époque en déclin, si vraiment elle existait encore, et on ne peut être sûr que Théon en faisait partie. Des doutes sur l'historicité de cette information ont toutefois été soulevés par **1** Claudio Schiano, «Teone e il Museo di Alessandria», *QS* 28, 2002, p. 129-143.

Jean Malalas, un chroniqueur du VIe siècle, écrit que le philosophe Théon (ὁ σοφώτατος φιλόσοφος) écrivit un commentaire des écrits d'Hermès Trismégiste et d'Orphée (*Chronographia* XIII 36, 4-6), mais on ne trouve aucune allusion à de tels commentaires dans son œuvre conservée et on ignore quel pouvait être le contenu de ces commentaires, s'il en fut réellement l'auteur. Théon est peut-être mieux connu comme étant le père de la philosophe Hypatie (➲H 175), qui fut tuée par la populace chrétienne à Alexandrie en 415 de notre ère. Comme Théon n'est pas mentionné dans les récits relatifs au meurtre d'Hypatie, il est peu probable qu'il ait encore été en vie à cette époque. Dans la notice que la *Souda* consacre à Hypatie (Y 166), la philosophe est présentée comme la fille de Théon le géomètre (ἡ Θέωνος τοῦ γεωμέτρου θυγάτηρ).

Œuvres

(1) *Commentaria in Ptolemaei syntaxin mathematicam (Commentaire sur l'Almageste de Ptolémée).*

Le commentaire est dédié à son fils ou plutôt son disciple (τέκνον) Épiphanios [➲E 43a, dans les compléments du tome VII] (τέκνον Ἐπιφάνιε, t. II, p. 317, 4 Rome).

Une note dans un manuscrit du commentaire nous apprend qu'Hypatie avait collaboré à l'édition du texte de Ptolémée commenté par son père. Sur cette collaboration et d'autres traces possibles d'une intervention d'Hypatie dans des écrits scientifiques de l'époque, voir **1a** H. D. Saffrey, notice «Hypatie d'Alexandrie», H 175, *DPhA* III, 2000, p. 814-817, notamment p. 815.

Éditions: **2** A. Rome (édit.), *Commentaires de Pappus et de Théon d'Alexandrie sur l'Almageste*, coll. « Studi e testi » 54, 72, 106, Roma, Biblioteca Apostolica Vaticana, 1931-1943, 3 vol., LXX-1085 p. [le Commentaire de Théon est édité et annoté dans les tomes II et III]; **3** S. Grynaeus et J. Camerarius (édit.), *Claudii Ptolemaei Magnae Constructionis, idest Perfectae caelestium motuum pertractionis lib. XIII. Theonis Alexandrini in eosdem Commentariorum lib. XI*. Basel 1538.

Études principales: **4** Anne Tihon, « Le livre V retrouvé du *Commentaire à l'Almageste* de Théon d'Alexandrie », *AC* 56, 1987, p. 201-218. [Ce livre (*ca* 364 apr. J.-C.) était considéré comme perdu à l'exception de quelques chapitres. Sa presque totalité a été retrouvée en marge de l'*Almageste* dans le *Vaticanus gr.* 198.]; **5** D. Pingree, « The Teaching of the *Almagest* in Late Antiquity », dans T. D. Barnes (édit.), *The Sciences in Greco-Roman Society* = *Apeiron* 27, 1994, p. 75-98; **6** A. Bernard, « The significance of Ptolemy's *Almagest* for its early readers », *RRS* 131, n° 4, déc. 2010, p. 495-521; **7** *Id.*, « In what sense did Theon's commentary on the *Almagest* have a didactic purpose ? », dans A. Bernard et C. Proust (édit.), *Scientific Sources and Teaching Contexts Throughout History: Problems and Perspectives*, coll. « Boston studies in the philosophy and history of science » 301, Dordrecht 2014, p. 95-121.

(2) Ὑπόμνημα εἰς τοὺς προχείρους Πτολεμαίου κανόνας (*commentarium magnum*)

Le commentaire est à nouveau dédié à Épiphanios (τέκνον Ἐπιφάνιε, p. 199, 3 Mogenet et Tihon).

Éditions: **8** J. Mogenet et A. Tihon (édit.), *Le 'Grand commentaire' de Théon d'Alexandrie aux 'Tables faciles' de Ptolémée*, coll. « Studi e Testi » 315, 340, 390, Città del Vaticano, Biblioteca Apostolica Vaticana, livre I: 1985; livres II-III: 1991; livre IV: 1999.

Études principales : **9** A. Tihon, « Théon d'Alexandrie et les 'Tables faciles' de Ptolémée », *AIHS* 35, 1985, p. 106-123; **10** A. Tihon, « Theon of Alexandria and Ptolemy's *Handy Tables* », dans N. M. Swerdlow (édit.), *Ancient Astronomy and Celestial Divination*, Cambridge, MA 1999, p. 357-369.

(3) Εἰς τοὺς προχείρους κανόνας (*commentarium parvum*)

Le commentaire est dédié à ses disciples Eulalios et Origène (<ἐ>μοὶ ἑταῖροι Εὐλάλιέ τε καὶ Ὠρίγενες, p. 93, 5-6 Tihon). Ces deux disciples sont absents de la *PLRE*. Eulalius [➤E 112] (var. Eulamius) est le nom d'un des philosophes qui accompagnèrent Damascius (➤D 3) chez Chosroès (➤C 113) au début du VIᵉ s., mais il n'a pas pu être un disciple de Théon, mort sans doute avant la fin du IVᵉ s.

Édition: **11** A. Tihon (édit.), *Le Petit Commentaire de Théon d'Alexandrie aux Tables faciles de Ptolémée. Histoire du texte, édition critique, traduction*, coll. « Studi e Testi » 282, Città del Vaticano, Biblioteca Apostolica Vaticana, 1978.

(4) Édition des *Éléments* d'Euclide.

Études principales: **12** J. L. Heiberg, *Litterargeschichtliche Studien über Euklid*, Leipzig 1882, p. 174-180; **13** J. L. Heiberg, *Elementorum qui feruntur libri*

XIV-XV et scholia in Elementa [graece] cum prolegomenis criticis et appendicibus = *Euclidis Opera omnia*, t. V, Leipzig 1888, p. LI-LXXVI ; **14** W. R. Knorr, « The Wrong Text of Euclid : On Heiberg's Text and its Alternatives », *Centaurus* 38, 1996, p. 208-276.

(5) Édition des *Data* d'Euclide.

Étude : **15** H. Menge, *Data cum commentario Marini et scholiis antiquis* = *Euclidis Opera omnia*, t. VI, Leipzig 1896, p. XXXII-XLIX.

Traités non conservés. Quatre traités perdus de Théon sont attestés par la *Souda* Θ 205.

(6) Εἰς τὸν μικρὸν ἀστρόλαβον ὑπόμνημα *(Commentaire – ou Mémoire ? – sur le petit astrolabe)*.

Étude : **16** O. Neugebauer, « The Early History of the Astrolabe », *Isis* 40, 1949, p. 240-256, repris dans *Astronomy and History : Selected Essays*, New York 1983, p. 278-294. Sur l'utilisation possible de cet ouvrage par Jean Philopon (➤P 164, notamment p. 499-501) dans son propre traité *Sur l'astrolabe*, ainsi que dans le traité de Sévère Sebokht [➤S 60] (VIIe s.), voir **17** [A. Ph. Segonds], *Jean Philopon, Traité de l'astrolabe*, coll. « Astrolabica » 2, Paris 1981, p. 16-17 et 31-32.

(7) Περὶ σημείων καὶ σκοπῆς ὀρνέων καὶ τῆς κοράκων φωνῆς *(Sur les signes et l'observation de la voix des oiseaux et des corbeaux)*.

(8) Περὶ τῆς τοῦ κυνὸς ἐπιτολῆς *(Sur le lever de l'étoile du Chien [Sirius])*.

(9) Περὶ τῆς τοῦ Νείλου ἀναβάσεως *(Sur la crue du Nil)*.

Œuvres faussement attribuées à Théon.

(10) Édition de l'*Optique* d'Euclide.

Études : Heiberg **11**, p. 138-148.

(11) Édition de la *Catoptrique* faussement attribuée à Euclide.

Études : Heiberg **11**, p. 148-153 ; **18** J. L. Heiberg (édit.) *Optica. Opticorum recensio Theonis ; Catoptrica, cum scholiis antiquis* = *Euclidis Opera omnia*, t. VII, Leipzig 1895, p. XLIX-L ; **19** A. Lejeune, *Recherches sur la catoptrique grecque*, coll. « Mémoires de l'Académie royale de Belgique, Classe des lettres » 52, Bruxelles 1957, p. 112-151.

(12) *Epigrammata*

Édition : **20** H. Beckby (édit.), *Anthologia Graeca*², München 1965-1968 : VII 292 ; IX 41 et 491.

Aucun détail dans ces trois épigrammes ne suggère que ce poète Théon d'Alexandrie ait été le mathématicien, père d'Hypatie. Voir Ziegler **27** [cité plus loin], col. 2080.

(13) Scholies sur les *Phénomènes* d'Aratus.

Édition : **21** E. Maass (édit.), *Commentariorum in Aratum, reliquiae, collegit, recensuit prolegomenis indicibusque instruxit E. M.*, Berlin 1898, p. 146-151.

Étude: **22** B. Hemmerdinger, «Théon d'Alexandrie et le *Commentaire des Phénomènes d'Aratos*», *REG* 70, 1957, p. 239 (favorable à une attribution à Théon, il rejette l'attribution de ce commentaire à un grammairien homonyme du Ier s. av. J.-C. (*RE* 9) proposée par Ziegler **27** [cité plus loin], col. 2079-2080, et par **23** J. Martin, *Histoire du texte des* Phénomènes *d'Aratos*, Paris 1956, p. 196-204).

(14) Ouvrage sur la construction d'une *éphéméride* astronomique.

Édition: **24** N. Halma, *Tables manuelles astronomiques de Ptolémée et de Théon III*, Paris 1825, p. 38-42.

Étude: **25** J.-B.-J. Delambre, *Histoire de l'astronomie ancienne*, t. II, Paris 1817, p. 635-638.

Principales études d'orientation. 26 H. Usener, «Vergessenes», dans *Arbeiten zur griechischen Literaturgeschichte. Geschichte der Wissenschaften. Epigraphik. Chronologie = Kleine Schriften*, t. III, Leipzig 1914, p. 21-23; **27** K. Ziegler, art. «Theon von Alexandrien» 15, *RE* V A 2, 1934, col. 2075-2080; **28** A. Rome, «The Calculation of an Eclipse of the Sun According to Theon of Alexandria», dans *Proceedings of the International Congress of Mathematicians*, Cambridge, Mass. 1950, t. I (Providence, R. I. 1952), p. 209-219; **29** G. J. Toomer, art. «Theon of Alexandria», *DSB* XIII, 1976, p. 321-325; **30** A. Tihon, «Le Calcul de l'éclipse de Soleil du 16 juin 364 p. C. et le "Petit Commentaire" de Théon», *BIBR* 46-47, 1976-1977, p. 35-79; **31** D. Pingree, «An Illustrated Greek Astronomical Manuscript. Commentary of Theon of Alexandria on the *Handy Tables* and Scholia and Other Writings of Ptolemy concerning Them», *JWCI* 45, 1982, p. 185-192; **32** A. Cameron, «Isidore of Miletus and Hypatia: On the Editing of Mathematical Texts», *GRBS* 31, 1990, p. 103-127; **33** A. Tihon, «Propos sur l'édition de textes astronomiques grecs des IVe et Ve siècles de notre ère», dans J. Hamesse (édit.), *Les problèmes posés par l'édition critique des textes anciens et médiévaux*, Louvain-la-Neuve, Université catholique de Louvain, 1992, p. 113-137; **34** J. Mansfeld, «Pappus and Theon on the *Mathèmatikè Suntaxis* and *Handy Tables*», dans *Prolegomena Mathematica. From Apollonius of Perga to Late Platonism*, Leiden 1998, p. 76-79; **35** A. Jones, «Uses and Users of Astronomical Commentaries in Antiquity», dans G. W. Most (édit.), *Commentaries – Kommentare*, coll. «Aporemata: Kritische Studien zur Philologiegeschichte» 4, Göttingen 1999, p. 147-172; **36** M. Folkerts, art. «Theon von Alexandria [8]», *NP* XII 1, 2002, p. 376-378; **37** I. Hadot, *Arts libéraux et philosophie dans la pensée antique* [1984]. *Contribution à l'histoire de l'éducation et de la culture dans l'Antiquité*. Seconde édition revue et considérablement augmentée, coll. «Textes et traditions» 11, Paris 2005, p. 252-261 («Rapports entre l'enseignement des sciences et des mathématiques et l'enseignement de la philosophie», notamment, sur Théon, p. 259; voir aussi sur les auditeurs de Théon, p. 403-404 et 421-422; sur les œuvres de Théon, p. 446-447); **38** A. Bernard, «The Alexandrian school. Theon of Alexandria and Hypatia», dans *CHPLA*, Cambridge 2010, p. 417-436; **39** A. Jones, «Ancient Rejection and Adoption of Ptolemy's Frame of Reference for Longitudes », dans A. Jones (édit.), *Ptolemy in Perspective : Use and Criticism of his Work from Antiquity to the Nineteenth Century*, Dordrecht 2010, p. 11-44 ; **40** *Id.*, « Theon of Alexandria's Observation of the Solar Eclipse of A. D. 364 June 16.», *JHA* 43, 2012, p. 117-118.

Théon et la philosophie. Théon fut d'abord et surtout un professeur de mathématiques. Il écrivit des commentaires sur l'*Almageste* et les *Tables faciles* de Ptolémée pour répondre aux difficultés rencontrées par ses élèves dans l'étude de ces textes. Dans l'introduction de son commentaire sur l'*Almageste,* Théon assigne deux objectifs à la composition de ces ouvrages : la formation des astronomes et le soutien et l'encouragement apporté aux étudiants des mathématiques. Ces deux objectifs font référence à deux types d'étudiants. Le premier groupe peut être composé par des astrologues, alors que Alexander Jones suggère que le second groupe, constitué par « ceux qui ont été instruits dans les éléments », pourrait être formé par des élèves qui ont déjà terminé l'étude des *Éléments* d'Euclide et qui s'apprêtent à affronter un niveau plus avancé des mathématiques, concrètement l'étude de l'*Almageste* de Ptolémée (Jones **37**, p. 61).

Théon ne se propose pas seulement d'expliquer le texte de Ptolémée à ces deux catégories d'étudiants, mais également de remplir l'objectif propre au mathématicien qui est, selon lui, de prendre en compte la dimension démonstrative des textes mathématiques. Dans l'introduction de son *Commentaire sur l'Almageste,* Théon cite l'engagement de Ptolémée à « tout démontrer de façon géométrique », faisant ainsi référence à un passage de l'*Almageste* (I 9), où Ptolémée fait la transition entre une discussion générale des hypothèses et l'élaboration des démonstrations particulières (Bernard **7**, à paraître). Dans son effort pour fournir des démonstrations géométriques, Théon considère qu'il s'inscrit dans la même démarche que Ptolémée. En conséquence il critique des commentateurs plus anciens qui n'ont pas suffisamment mis en œuvre un tel objectif. Il prétend que les commentateurs antérieurs ont ignoré les points les plus difficiles, alors que lui-même n'en a négligé aucun et, de plus, qu'il a apporté le plus grand soin à tout examiner au moyen de preuves géométriques.

Pour Théon, cet objectif du mathématicien est noble et divin et, peut-être parce que la tâche est élevée, il fait preuve d'humilité dans la mise en œuvre de son entreprise. Après avoir déclaré qu'il va examiner les points réputés difficiles dans l'*Almageste*, il reconnaît ne pas être de la sorte de mathématiciens qui traite habituellement de ces questions. Théon affiche peut-être ici sa familiarité avec une autre catégorie, plus avancée, de mathématiciens. De plus, Théon dit espérer que d'autres commentateurs après lui seront capables de corriger son ouvrage – un souhait qu'il reprend dans la préface de son grand *Commentaire sur les Tables faciles de Ptolémée* – reconnaissant ne pas être lui-même du nombre de ceux qui peuvent traiter de tous les éléments de la preuve de façon irréfutable. En reconnaissant ces limites dans son *Commentaire sur l'Almageste,* Théon fait allusion à *Almageste* IV 9, où Ptolémée réfléchit sur la nécessité de corriger des théories anciennes pour améliorer leur exactitude (Bernard **7**). Alors que Ptolémée vise une plus grande précision et la correction des hypothèses pour les rendre plus conformes aux observations, Théon semble entièrement coupé de l'observation astronomique. Son objectif comme mathématicien est d'élaborer des démonstrations géométriques, de les ajouter là où elles faisaient défaut et de les améliorer de façon à pouvoir présenter chaque point d'une manière irréfutable.

Théon reconnaît ne porter qu'un intérêt limité aux sujets philosophiques et aux discours des philosophes. Il traite des discours philosophiques uniquement dans la mesure qui lui paraît nécessaire pour expliquer l'introduction de Ptolémée à l'*Almageste*. Au début de son commentaire sur *Almageste* I 1, Théon déclare qu'il n'entrera pas dans une discussion des longs discours de la philosophie (τὰς ἐκ φιλοσοφίας μακρολογίας, p. 319, 13-14), mais uniquement de ceux qui sont plus courts ; il ne discutera des discours philosophiques que dans la mesure où cela est nécessaire pour expliquer mot à mot *Almageste* I 1 et en rapport avec l'enseignement général du passage (κατά τε τὴν λέξιν καὶ τὴν ὅλην διάνοιαν, p. 319, 15). Théon considère que les idées avancées dans *Almageste* I 1 sont articulées de façon claire et peuvent être comprises sans difficulté. De la même façon, prétend Théon, que Ptolémée a interprété les idées philosophiques de façon simple et qu'il n'a pas entraîné ses élèves dans l'abîme des questions soulevées par les philosophes (εἰς τὰ παρὰ τοῖς φιλοσόφοις βαθέα ζητήματα, p. 319, 22), de même son lecteur doit interpréter son texte de façon simple et examiner les discours philosophiques de la façon la plus brève qui convienne. Théon justifie son choix de ne pas discuter extensivement des propositions philosophiques en citant la remarque de Ptolémée à la fin d'*Almageste* I 1 selon laquelle il traitera de la question de façon à pouvoir être compris par ceux qui ont déjà fait quelques progrès dans ce domaine d'études. Théon comprend que la déclaration de Ptolémée ne porte pas sur les hypothèses astronomiques qui suivent dans la suite de l'*Almageste,* mais sur la discussion philosophique développée en *Almageste* I 1. Selon Bernard **39**, p. 427, il pourrait avoir considéré que l'*Almageste* et l'astronomie en général relevaient d'un domaine d'études qui venait à la suite et prolongeait les discussions philosophiques.

Théon considère que l'enseignement général d'*Almageste* I 1 relève de l'éthique, visant à ce que l'être humain qui mène une bonne vie connaisse une condition belle et bien ordonnée (τὸν εὐζωοῦντα ἄνθρωπον ἀεὶ δεῖ τῆς καλῆς καὶ εὐτάκτου ἔχεσθαι καταστάσεως, p. 320, 2-3). Ptolémée expose son point de vue éthique vers la fin d'*Almageste* I 1 et Théon met à contribution l'interprétation qu'il en donne pour expliquer pourquoi Ptolémée commence l'*Almageste* de cette façon. Théon déclare que la condition bien ordonnée comprend deux aspects : la vie bonne implique à la fois contemplation et action. Pour cette raison, explique Théon, Ptolémée approuve cette division lorsqu'il déclare que les philosophes authentiques ont eu raison de distinguer entre les parties théorique et pratique de la philosophie. Cette distinction, préalablement envisagée par Platon est clairement articulée dans le corpus aristotélicien, mais Ptolémée ne l'attribue pas à Aristote, ni d'ailleurs à aucun philosophe ou aucune école philosophique en particulier. Il cite Aristote quand il expose la division de la philosophie théorétique – en physique, mathématiques et théologie –, mais Théon considère que Ptolémée fait référence à Aristote quand il parle de la distinction entre les parties théorique et pratique de la philosophie, et que les philosophes authentiques auxquels Ptolémée attribue cette distinction étaient les disciples d'Aristote, les péripatéticiens.

Comme il suppose que Ptolémée fait référence à Aristote lorsqu'il distingue entre les parties théorique et pratique de la philosophie, Théon met à profit la façon dont il comprend la philosophie péripatéticienne pour expliquer comment Ptolémée par la suite présente cette distinction. Bien que Ptolémée ne dise pas que chacune des deux parties a un but différent, Théon affirme que pour les péripaticiens il faut distinguer deux buts. Pour la contemplation, que Théon identifie avec la philosophie théorétique, le but est la vérité ; pour l'action, que Théon identifie avec la philosophie pratique, le but est d'assurer le bonheur et une bonne valeur morale (τὴν εὐδαιμονίαν καὶ τὴν τοῦ ἤθους καλοκἀγαθίαν, p. 320, 10-11). Le but contemplatif de Théon remonte à *Métaphysique* II, 993 b 19-21, où Aristote soutient que la fin de la philosophie théorétique est la vérité et que la fin de la philosophie pratique est l'action. Ayant identifié l'action avec la philosophie pratique, Théon ne pouvait pas présenter l'action comme la fin de l'action. Il a plutôt recours pour la philosophie pratique et, par extension, pour l'action en général, à la fin assignée par Aristote à la science politique qui est une des sciences pratiques. Il en résulte que pour Théon la fin de l'action est le bonheur aussi bien que la noblesse morale.

Sur les rapports entre les parties théorique et pratique de la philosophie, Théon cite Ptolémée : « il se trouve que la partie pratique, avant d'être pratique, est théorique ». Théon comprend que la pratique requiert sans doute une réalisation préalable et que la compréhension de ce qu'il faut accomplir aussi bien que des moyens pour y parvenir nécessite qu'on ait atteint une disposition adéquate à l'égard de la vérité et de la théorie. Il examine ensuite la grande différence que Ptolémée établit entre le théorique et le pratique. Théon explique que, tandis que la contemplation de l'univers repose sur l'instruction, il est possible d'accroître certaines des vertus morales sans instruction, et que, tandis que le progrès dans le domaine théorique nécessite un effort et un progrès dans le domaine de la théorie, un bienfait dans le domaine pratique provient de l'action. Théon considère que toutes les vertus morales, sauf la prudence, proviennent de l'habitude (ἐξ ἔθους, p. 320, 18) et que ces vertus incluent la modération, le courage, la libéralité, la justice et la douceur (σωφροσύνη, ἀνδρεία, ἐλευθεριότης, δικαιοσύνη, πραότης, p. 320, 21).

Ptolémée ne donne pas de liste des vertus dans *Almageste* I 1, mais il ramène la distinction, élaborée par Aristote dans l'*Éthique à Nicomaque* II, 1103 a 14-18, entre les vertus intellectuelles et morales à celle qui existe entre les parties théorique et pratique de la philosophie. Cela n'implique pas que Ptolémée identifiait les vertus morales et pratiques ; il ne dit nulle part que les vertus morales sont identiques aux vertus de la philosophie pratique. A propos de la prudence, dans ses *Harmoniques* III 5, Ptolémée la présente comme la vertu qui concerne le domaine pratique, ce qui correspond à la description qu'Aristote donne de la prudence dans l'*Éthique à Nicomaque* comme une vertu intellectuelle qui est pratique. Théon, peut-être en se méprenant sur la philosophie péripatéticienne, range la prudence comme une vertu morale à côté des vertus qu'Aristote présente comme morales. De plus, l'explication que donne Théon de la thèse de Ptolémée selon laquelle « il se trouve que la partie pratique, avant d'être pratique, est théorique » pourrait reposer sur une réinterprétation des rapports exposés par Aristote entre la prudence et les vertus morales. Tout comme Aristote, dans l'*Éthique à Nicomaque* VI, 1144 a 6-9, enseigne que les vertus morales assurent qu'une fin est correcte et que la prudence fournit les moyens d'y parvenir, Théon soutient qu'avant la pratique la théorie fait connaître la fin aussi bien que les moyens d'y parvenir.

Concernant la philosophie théorique, Théon met en rapport la division tripartite qu'en fait Ptolémée – en physique, mathématiques et théologique – avec la division ultérieure des constituants de tous les êtres existants en matière, forme et mouvement. Selon Théon, il est normal que la philosophie théorique soit tripartite dans la mesure où les constituants des choses existantes sont au nombre de trois. Théon en vient ensuite à associer chacune des sciences théoriques avec la matière, la forme ou le mouvement. Selon Théon, la théologie est en rapport avec le mouvement, dans la mesure où dieu, sans doute en tant que premier moteur, est la cause du mouvement premier de l'univers qui est pour Théon le mouvement du lever au coucher. Peut-être parce que l'auditoire de Théon consiste en étudiants des mathématiques, Théon présente la théologie de façon analogue aux mathématiques. Tout comme l'une abstrait la surface du solide et la ligne de la surface, de même on peut abstraire du mouvement de l'univers sa cause qui est dieu. Tout comme la théologie rend compte du mouvement, la physique rend compte de la matière et les mathématiques de la forme.

Dans son *Almageste* I 1, Ptolémée traite des mathématiques en général aussi bien que de l'astronomie et de ce qu'il présente comme les méthodes irréfutables des mathématiques, c'est-à-dire l'arithmétique et la géométrie. Il ne fournit pas une présentation détaillée des différents domaines des mathématiques. Théon pour sa part tente d'identifier les différentes espèces des mathématiques et leur domaine propre. Après avoir signalé le choix de Ptolémée de consacrer la plus grande partie de ses loisirs à la philosophie théorique et notamment aux mathématiques, Théon divise les mathématiques en géométrie, arithmétique, musique et astronomie. Après avoir résumé la définition donnée par Ptolémée des mathématiques – en tant qu'elle étudie les formes, les mouvements locaux, la figure, le nombre, la dimension, le lieu, le temps, etc. –, Théon définit la forme comme la limite et la surface, la qualité de la forme comme une figure, comme le triangulaire et le quadrangulaire, la dimension comme le domaine de la métrique, la quantité comme le domaine de l'arithmétique, le lieu et le temps comme le domaine de l'astronomie, dans la mesure où elle se propose d'établir qu'un astre se trouve en un certain lieu à un moment déterminé.

Par conséquent, Théon traite des remarques philosophiques de Ptolémée de façon simple et brève en se rapportant aux concepts péripatéticiens et cela dans le but de définir les mathématiques, leurs diverses branches et leurs domaines d'étude. Dans le reste de son œuvre Théon poursuit l'objectif d'un mathématicien soucieux de clarifier pour ses élèves les textes mathématiques et de contribuer à la tradition mathématique dont Ptolémée est une figure exemplaire, d'élaborer et de perfectionner des démonstrations géométriques et numériques, ainsi que des méthodes de calcul.

Traduit de l'anglais par Richard Goulet.

JACQUELINE FEKE.

89 THÉON D'ANTIOCHE (à Daphné) *RE* 12

« Philosophe stoïcien ; il écrivit une *Apologie de Socrate* », *Souda* (Hésychius), Θ 204 ; t. II, p. 702, 8-9 Adler.

RICHARD GOULET.

90 THÉON DE SMYRNE *RE* 14 *PIR*² T 162   *fl.* 100-125

L'activité de ce philosophe platonicien se situait à Smyrne au début du IIe siècle apr. J.-Chr. Il est l'auteur de l'*Expositio rerum mathematicarum ad legendum Platonem utilium*, qui est la seule de ses œuvres qui ait été conservée.

Études d'orientation. 1 T. H. Martin, *Theonis Smyrnaei platonici Liber de Astronomia cum Sereni fragmento*. Textum primus edidit, latine vertit descriptionibus geometricis, dissertatione et notis illustravit Th. H. Martin, Paris 1849, p. 1-132 (bien que fort ancienne, la longue *dissertatio* introductive qui précède l'édition fut jusqu'à récemment l'unique monographie consacrée à Théon et elle fut la base de toute la recherche contemporaine, notamment en ce qui concerne les différentes identifications possibles de Théon [p. 6-10], sa datation [p. 10-12], l'état complet ou lacunaire de l'*Expositio* et la tradition du texte [p. 12-21]) ; **2** T. Heath, *A History of Greek Mathematics*, Oxford 1921, t. II, p. 238-244 ; **3** G. Sarton, *Introduction to the History of Sciences*, Baltimore 1927, t. I, p. 272 ; **4** K. von Fritz, art. « Theon » 14, *RE* V A 2, 1934, col. 2067-2075 ; **5** J. Dillon, *The Middle Platonists*, London 1977, p. 397-399 ; **6** L. Richter, art. « Theon of Smyrna », dans S. Sadie (édit.), *The New Grove Dictionary of Music and Musicians*, t. XXV, London 2001, p. 356-357 ; **7** F. M. Petrucci, « Riargomentare il platonismo : l'esegesi di Platone nell'*Expositio* di Teone di Smirne », *Elenchos* 30, 2009, p. 293-328 ; **8** J. Delattre-Biencourt (édit.), *Théon de Smyrne, Lire Platon. Le recours au savoir scientifique, Arithmétique, Musique, Astronomie*. Texte présenté, annoté et traduit du grec par J. D.-B., Préface de L. Brisson, Postface de R. Bkouche, coll. « Essais », Toulouse 2010, 490 p., p. 19-76 (contient, en plus de l'introduction, une traduction française annotée : p. 107-337 – et quelques annexes : p. 347-431) ; **9** F. M. Petrucci (édit.), *Teone di Smirne. Expositio rerum mathematicarum ad legendum Platonem utilium. Introduzione, traduzione, commento*, Sankt Augustin 2012, 609 p., p. 9-62 (contient, en plus de l'introduction, une "Nota testuale" : p. 63-101, la reproduction du texte de l'édition Teubner : p. 102-198, une traduction italienne : p. 199-285, un commentaire continu : p. 286-513, et trois appendices : p. 514-541).

Bibliographie. 10 L. Deitz, « Bibliographie du platonisme impérial antérieur à Plotin : 1926-1986 », dans *ANRW* II 36, 1, Berlin 1986, p. 162.

Cf. **11** P. Tannery, *Mémoires scientifiques*, t. II, Paris 1995-1996 (réimpr. de l'édition de Paris 1912), p. 455-469 ; **12** W. H. Stahl, *Roman Science*, Madison 1962, p. 53-58 ; **13** G. E. R. Lloyd, « Saving the Appearances », *CQ* 28, 1978, p. 202-222 ; **14** I. Hadot, *Arts liberaux et philosophie dans la pensée antique*, Paris 1984 (« seconde édition revue et considérablement augmentée », Paris 2005), p. 69-73 ; **15** A. Barker, *Greek Musical Writings*, t. II : *Harmonic and Acoustic Theory*, Cambridge 1989, p. 209-211 ; **16** H. Dörrie et M. Baltes, *Der Platonismus in der Antike*, t. III : *Der Platonismus im 2. und 3. Jahrhundert nach Christus*, Stuttgart/ Bad Cannstatt 1993, p. 204-205 (sur les ὑπομνήματα à la *République* de Platon), 268-269 (sur l'*Expositio* en général) et 340-341 ; **17** H. Tarrant, *Thrasyllan Platonism*, Ithaca/London 1993, p. 58-72 et 98-103 ; **18** H. Dörrie et M. Baltes, *Der Platonismus in der Antike*, t. IV : *Die philosophische Lehre des Platonismus : Einige grundlegende Axiome, Platonische Physik I*, Stuttgart/Bad Cannstatt 1996, p. 250-253 (sur *Exp.*, p. 14, 8-16, 2 Hiller) ; **19** J. Delattre-Biencourt, « Théon de Smyrne : modèles mécaniques en astronomie », dans G. Argoud et J.-Y. Guillaumin (édit.), *Sciences exactes et sciences appliquées à Alexandrie, Actes du colloque international de Saint-Étienne (6-8 juin 1996)*, Saint-Étienne 1998, p. 371-395 ; **20** J. Delattre-Biencourt et D. Delattre, « La théorie de la musique et de l'astronomie d'après Théon de Smyrne », dans C. Levy, B. Besnier et A. Gigandet (édit.), *Ars et Ratio. Sciences, art et métiers dans la philosophie hellénistique et romaine, Actes du Colloque international organisé à Créteil, Fontenay et Paris du 16 au 18 octobre 1997*, Bruxelles 2003, p. 243-258 ; **21** L. Simeoni, « Teone di Smirne e le scienze esatte », *Elenchos* 21, 2000, p. 271-302 ; **22** F. Ferrari, « I commentari specialistici alla matematica del Timeo », dans A. Brancacci (édit.), *La filosofia in età imperiale*, Napoli 2000, p. 169-224 ; **23** J. Delattre-Biencourt et D. Delattre, « La *phantasía* des planètes dans la moyenne Antiquité », dans L. Cristante (édit.), *Incontri triestini di filologia classica*, t. IV, coll. « Polymnia : studi di filologia classica » 6, Trieste 2004-2005, p. 315-334 ; **24** F. M. Petrucci, « Se per Platone 9/8 non è un rapporto epimore. Su una curiosa esegesi tecnica del *Timeo* (Theon Smyrn. *Exp.* 75, 15-25) », *Elenchos* 31, 2010, p. 319-330 ; **25** *Id.*, « La tradizione indiretta dell'ultima pagina dell'*Epinomide* (991 d 5 - 992 b 1) : Nicomaco, Teone, Giamblico, Elia, Davide, Pseudo-Elia », dans F. Alesse et F. Ferrari (édit.), *Epinomide. Studi sull'opera e la sua ricezione*, Napoli 2012, p. 295-340 ; **26** *Id.*, « Il *Commento al Timeo* di Adrasto di Afrodisia », *DSTFM* 23, 2012, p. 1-33 ; **27** *Id.*, « Ascoltare l'anima cosmica : riargomentazione ed esegesi tecnica κατὰ ζητήματα della *divisio animae* platonica », dans C. Helmig et C. Markschies (édit.), *The World Soul and Cosmic Space. New Readings on the Relation of Ancient Cosmology and Psychology*, Berlin 2016 (sous presse) ; **28** *Id.*, « L'esegeta e il cielo del *Timeo* : riargomentazione ed esegesi astronomica κατὰ ζητήματα nel medioplatonismo », *Athenaeum* 104, 2016 (à paraître).

Éditions. 29 I. Boulliau (édit.), *Theonis Smyrnaei Eorum, quae in mathematicis ad Platonis lectionem utilia sunt*, Paris 1644 (première édition des deux premières parties de l'œuvre, p. 1,1-119,21 Hiller; comprend une traduction latine); **30** J. De Gelder (édit.), *Specimen academicum inaugurale, exhibens Theonis Smyrnaei Arithmeticam, Bullialdi versione, lectionis diversitate et annotatione auctam*, Lugduni Batavorum [Leiden] 1827; Martin **1**, p. 139-340 (première édition de la troisième partie de l'ouvrage – p. 120,1-205,6 Hiller –, fondée sur des manuscrits qui ne peuvent être considérés comme des témoins primaires du texte; comprend une traduction latine); **31** E. Hiller (édit.), *Theonis Smyrnaei Expositio rerum mathematicarum ad legendum Platonem utilium*, Leipzig 1878 (cette première édition complète de l'œuvre – devenue édition de référence – est également la première qui soit fondée sur une large recension des manuscrits et une critique rigoureuse, même s'il faut compter avec plusieurs choix discutables; des corrections ont été proposées par Tannery **11**, p. 455-469, par **32** J. G. Smyly, «Notes on Theon of Smyrna», *Hermathena* 14, 1907, p. 261-279, et par Petrucci **9**, p. 63-101.

Traductions. 33 J. Dupuis, *Théon de Smyrne. Exposition des connaissances mathématiques utiles pour la lecture de Platon*, Paris 1892 (le texte grec, qui reprend celui de l'édition de Hiller en le modifiant en certains passages et souvent de façon erronée, est dépourvu de véritable apparat critique et de solides bases philologiques; la traduction est parfois erronée et de façon générale inadéquate; l'ouvrage comprend quelques notes sur le texte, ainsi qu'un appendice intitulé *Le nombre de Platon*); **34** R. Lawlor et D. Lawlor (édit.), *Mathematics useful for understanding Plato by Theon of Smyrna*, coll. «Secret Doctrine Reference Series», San Diego 1979 (l'ouvrage, sans texte grec, est entièrement fondé sur Dupuis **33**, dont il reprend un choix de traductions, les notes et l'appendice); Barker **15**, p. 211-213 (= p. 46,20-49,4 Hiller, considéré comme un fragment de Thrasylle [➤T 127] sur les concepts fondamentaux de l'harmonie), 213-220 (= p. 49,6-62,4 Hiller, considéré comme un fragment d'Adraste [➤A 24]), 220-225 (= p. 63,25-72,20 Hiller, considéré comme un fragment d'Adraste), 226-227 (= p. 87,4-90,1 Hiller, considéré comme premier fragment de la division du canon de Thrasylle), 227-229 (= p. 90,22-93,9 Hiller, considéré comme second et ultime fragment de la division du canon de Thrasylle); **35** J.-P. Levet (édit.), «Théon de Smyrne, De l'utilité des mathématiques, Arithmétique», dans *Cahiers d'Histoire des Mathématiques et d'Épistémologie*, «Collection de Textes Mathématiques de l'Antiquité et du Moyen-Age», [Poitiers] 1997-1999 (fasc. 1, 2, 3) (sont traduites les p. 1,1-46,20 Hiller d'après l'édition de Dupuis – dont certaines erreurs de traduction sont reproduites – avec de brèves et rares annotations); Delattre-Biencourt **8**, p. 107-337; Petrucci **9**, p. 199-285.

Informations biographiques et appartenance à la tradition médio-platonicienne. Le fait que Théon de Smyrne fut un platonicien est confirmé par d'évidents traits doctrinaux et par le type d'ouvrage qu'il composa, mais aussi par l'indication explicite d'un des témoins primaires de l'*Expositio* qui fait référence à l'ouvrage de θέωνος σμυρναίου πλατωνικοῦ. Dans l'*Expositio* Théon fait constamment référence à Platon en tant qu'autorité philosophique et à sa philosophie comme source de béatitude et de connaissance ; de façon générale, on reconnaît une constante inspiration platonicienne dans les doctrines proposées dans cet ouvrage. La nature de l'autre œuvre qui peut lui être attribuée de façon certaine, les ὑπομνήματα à la *République* de Platon (*cf. infra*), confirme le caractère nettement platonicien de la philosophie de Théon. Le rattachement de Théon à Smyrne est en premier lieu établi par la tradition médiévale : les deux témoins primaires de l'*Expositio* attribuent l'ouvrage à un θέων σμυρναῖος. Smyrne fut du reste un centre de grande richesse et de culture jusque dans le dernier quart du IIe s. apr. J.-Chr. (peut-être jusqu'en 178), lorsqu'un très violent tremblement de terre la frappa (*cf.* **36** C. J. Cadoux, *Ancient Smyrna. A History of the City from the Earliest Times to 324 A. D.*, Oxford 1938, p. 228-272, et **37** C. Franco, *Elio Aristide e Smirne*, coll. «Atti della Accademia nazionale dei Lincei», 152, Roma 2005, p. 471-478) ; c'est dans cette cité en outre qu'enseignait Albinus [➨A 78] (Galien, *De anim. morb.* 8 ; *De propr. libr.* 2). On a également retrouvé à Smyrne un buste (*IGR* IV 1449, aujourd'hui conservé dans la «Salle des philosophes» du Museo Capitolino à Rome), de l'époque d'Hadrien ou d'une époque légèrement ultérieure, qu'un prêtre du nom de Théon a dédié à son propre père, le philosophe platonicien Théon (le buste porte l'inscription θέωνα πλατωνικὸν φιλόσοφον ὁ ἱερεὺς θέων τὸν πατέρα ; pour la description et la datation du buste, *cf.* **38** M. A. H. Stuart Jones, *A Catalogue of the Ancient Sculptures preserved in the Municipal Collections of Rome. The Sculptures of Museo Capitolino*, Oxford 1912, réimpr. anastatique Roma 1969, p. 229-230), qui, selon toute probabilité, devrait être Théon de Smyrne. Il en résulte que la tradition médiévale a transmis une information correcte, à savoir que Théon a vécu et exercé son activité à Smyrne.

La tradition ne transmet pas d'information explicite concernant la datation de l'activité de Théon. Toutefois, de l'unique œuvre conservée on peut clairement dégager un *terminus post quem* pour son *floruit* : les plus récents auteurs cités par Théon sont Thrasylle (➨T 127) et Adraste (➨A 24), ce dernier étant en activité dans la première moitié du IIe siècle apr. J.-Chr. (datation qui toutefois ne doit pas être conçue de façon trop rigide) ; l'*Expositio* ne peut donc pas être datée avant le premier quart du IIe siècle. En revanche, la déduction traditionnelle (depuis Boulliau **29**, p. 8) d'un *terminus ante quem* à partir du fait que Ptolémée n'est pas mentionné dans la partie de l'*Expositio* consacrée à l'astronomie, un ouvrage pourtant consacré à l'astronomie, n'est pas très concluante (*cf.* Petrucci **9**, p. 10). Il faut tout d'abord souligner qu'on ne trouve pas dans l'*Expositio* de doctrines qui d'une façon ou d'une autre se rattacheraient au néoplatonisme, alors que l'attention particulière qui est réservée au *Timée* et à l'*Épinomis* (*cf.* Petrucci **9**, p. 45-62) renvoie explicitement au médio-platonisme. Ces observations permettent déjà de situer Théon avant le milieu du IIIe siècle apr. J.-Chr. En outre, son activité à Smyrne a dû s'exercer avant le désastreux tremblement de terre de 178. La datation peut ensuite être précisée par le buste dédié à Théon, qui provient de l'époque d'Hadrien. Pour ces diverses raisons le *floruit* de Théon doit être situé dans le premier quart du IIe siècle.

Si l'on considère que l'activité philosophique médio-platonicienne est d'un caractère nettement scolaire et que Smyrne fut certainement le siège de l'école platonicienne où enseignait Albinus (➨A 78), il est extrêmement probable que Théon fut un professeur de philosophie platonicienne et qu'il fut reconnu comme tel par sa cité (comme le montre le buste qui lui fut dédié).

Informations biographiques dans les sources anciennes et tentatives d'identification. C'est probablement à Théon que fait référence Proclus, lorsque dans son *Commentaire sur le Timée* (t. I, p. 82, 14-15 Diehl) il rapporte que « d'autres, comme Théon le Platonicien, disent que Critias et Glaucon étaient des fils de Callaischros » (ἄλλοι δὲ Καλλαίσχρου Κριτίαν καὶ Γλαύκωνα παῖδας λέγουσιν, ὥσπερ καὶ θέων ὁ πλατωνικός), de même que la *Souda* (Θ 204) qui parle d'un θέων σμυρναῖος, φιλόσοφος.

Reprenant une suggestion de Boulliau **29**, p. 8, Dupuis **33**, p. V-VI, formule l'hypothèse que Théon de Smyrne serait à identifier avec un personnage qui apparaît dans certaines œuvres de Plutarque (*De E apud Delphos*, *De facie in orbe Lunae*, *Quaestiones convivales*, *De Pythiae oraculis* et *Non posse suaviter vivi secundum Epicurum*), lequel semble être un personnage historique que Plutarque considère comme son propre ἑταῖρος et qu'il situe dans un environnement égyptien et phocidien (➨T 84). Une telle identification (qui semble encore soutenue par Delattre-Biencourt **19**, p. 371, mais contre laquelle s'élevait déjà avec de bons arguments Martin **1**, p. 6-7) est tout à fait inconcevable, dans la mesure où elle est difficilement compatible avec la datation de Théon et surtout parce qu'il n'y a aucune raison pour que Plutarque (à supposer qu'il connût ou pût connaître Théon) eût attribué ses propres opinions à un professeur de philosophie plus jeune que lui et exerçant sa propre activité philosophique et exégétique.

Mieux fondée pourrait être l'identification (proposée par Boulliau **29**, p. 8, et reprise par Dupuis **33**, p. V-VI) avec l'astronome Théon cité par Ptolémée (➨P 315). A propos de la mesure de l'élongation de Mercure dans l'*Almageste* (IX 9 ; X 1 et 2) Ptolémée cite un Théon qui avait effectué des observations sur les planètes en l'année 127, 129 et 132 apr. J.-Chr. (et qui avait probablement été son maître). Théon d'Alexandrie commente ce passage en faisant référence à Théon ὁ παλαιός et ὁ μαθηματικός. Un premier problème pour l'identification de ce Théon avec Théon de Smyrne vient de l'évaluation de l'élongation maximale de Mercure, laquelle pour Théon de Smyrne est de 20 degrés (*cf. Exp.* p. 137, 3 et 186, 17 - 187, 13), tandis que selon le Théon de Ptolémée elle est, de façon beaucoup plus exacte, de 26 degrés et 15 secondes. Martin **1**, p. 8-10, a mis en évidence la discordance dans les données et – en adoptant un préjugé général sur l'incompétence de Théon de Smyrne – a réfuté l'identification, tandis que von Fritz **4**, col. 2068, (comme déjà Heath **2**, p. 339, **39** J. L. Heiberg, *Geschichte der Mathematik und Naturwissenschaften im Altertum*, coll. « Handbuch der Altertumswissenschaft» 5, 1.2, München 1925, p. 58, et Sarton **3**) acceptent l'identification – depuis lors devenue canonique – à cause de la coïncidence des noms, de la correspondance chronologique et de l'intérêt partagé par Théon de Smyrne pour les mathématiques; il explique le désaccord dans les données transmises par le fait que le chiffre fourni par l'*Expositio* – qui est effectivement problématique – aurait été emprunté aux observations antérieures d'Adraste et que Théon l'aurait ensuite corrigé sur la base d'une observation indépendante (*cf.* également Simeoni **21**, p. 273-275). Mais l'identification entre les deux homonymes n'est probablement pas justifiée: selon la tradition antique Théon était un philosophe platonicien, non pas un astronome ni un mathématicien; il est difficile de penser que Ptolémée – à supposer qu'il le connaissait – ait pu le citer dans son *Almageste* ou que Théon d'Alexandrie (➠T 88) l'ait considéré comme «mathématicien». En outre, Théon de Smyrne ne manifeste pas d'intérêt pour les observations astronomiques de détail.

Œuvres.

1) L'*Expositio rerum mathematicarum ad legendum Platonem utilium* (*Exposition des connaissances mathématiques utiles pour la lecture de Platon*) comprend une introduction et trois parties thématiques consacrées à l'arithmétique, la théorie musicale et l'astronomie.

Dans l'introduction (p. 1,1 - 17,28 Hiller), grâce notamment à de nombreuses citations des dialogues platoniciens (fort utiles pour la connaissance de la tradition indirecte), on insiste sur l'importance des mathématiques pour l'ontologie, la cosmologie et l'éthique. Dans la partie sur l'arithmétique (p. 18,3 - 46,20 Hiller), après avoir établi une correspondance structurale typiquement platonicienne entre les nombres intelligibles et les nombres immanents, l'auteur met en évidence des classifications et des normes de structuration propres aux nombres. La partie sur la musique (p. 46,21 - 119,21 Hiller), bien qu'elle soit initialement construite comme un traité de musicologie, se concentre surtout sur les rapports et les proportions propres aux consonances, en les appliquant également à une division du canon harmonique qui rappelle la division de l'âme du monde dans le *Timée*. La partie sur l'astronomie (p. 120,1 - 205,6 Hiller) est en grande partie dédiée à l'explication des anomalies dans le mouvement des planètes en fonction des modèles géométriques de l'épicycle et de l'excentrique, dans le but de démontrer la régularité absolue des mouvements astraux.

L'*Expositio* est transmise par un nombre important de manuscrits médiévaux (pour une liste complète voir **40** R. E. Sinkewicz, *Manuscript Listings for the Authors of the Classical and Late Antiquity*, coll. «Greek Index Project Series» III, Toronto 1989, *s.v.* «Theon Philosophus») que l'on peut rattacher à deux témoins primaires: un manuscrit plus ancien (A), le *Marc. gr.* 307 (XIIe s., sur parchemin), contient seulement le texte de Théon et conserve l'introduction, la partie sur l'arithmétique et celle consacrée à la musique (p. 1,1 - 119,21 Hiller), tandis qu'un second manuscrit (B), le *Marc. gr.* 303 (première moitié du XVe s., sur papier), transmet le reste de l'ouvrage, c'est-à-dire la partie sur l'astronomie (p. 120,1 - 205,6 Hiller). Pour d'autres renseignements sur la tradition manuscrite, *cf.* Hiller **27**, p. V-VIII. En outre, le début de la partie consacrée à la musique (p. 46,20 - 57,6) est transmis par une nombreuse famille de manuscrits (*Marc. gr.* 512, *Riccard. gr.* 41, *Neapol. gr.* 260, *Vat. gr.* 221, *Vat. Urb. gr.* 77, *Vat. Barb.* 265) issus d'un unique sub-archétype (Z) indépendant de A. Pour d'autres rensei-gnements sur la tradition manuscrite, *cf.* Hiller **31**, p. V-VIII, et Petrucci **9**, p. 17-18. Par conséquent aucun manuscrit ne conserve à la fois (intégralement ou partiel-lement) les deux parties du texte, lesquelles ont donc eu probablement une tradition dans une certaine mesure indépendante depuis une époque relativement ancienne. Toutefois, une nouvelle recherche approfondie sur la tradition manuscrite serait très souhaitable.

Une *vexata quaestio* est celle qui concerne l'état de conservation de l'ouvrage : certains auteurs (depuis Boulliau **29**, p. 7, Dupuis **33**, p. VI, Sarton **3**, jusqu'à Dillon **5**, p. 398, et Barker **15**, p. 209) ont considéré qu'il était incomplètement conservé, du fait qu'il ne correspondait pas au contenu du programme éducatif platonicien, mentionné par Théon dans son introduction, lequel comprenait cinq sciences mathématiques (*cf.* Platon, *Resp.* VII, 521 c 1-531 c 8) ; ces auteurs sup-posent, à cause de la tradition manuscrite particulière de l'*Expositio*, que des sections intermédiaires entre la partie sur la musique et la partie sur l'astronomie ont disparu. On a cependant avancé des arguments, portant sur la forme, sur le contenu et sur des données philologiques, pour expliquer ou nier de différentes façons la présence de ces anomalies apparentes : il faut donc considérer que l'ouvrage a été intégralement conservé. Sur ce problème et sur les arguments avancés en faveur de cette seconde thèse, voir Tannery **9**, p. 457, Heath **2**, p. 239-240, Petrucci **9**, p. 37-40.

L'*Expositio* est généralement considérée comme un manuel mal construit de notions mathématiques (*cf.* par exemple Heath **2**, p. 339, et Dillon **5**, p. 399). Il est souvent utilisé comme un simple dépositoire d'informations ou de fragments relatifs à d'autres auteurs, notamment Thrasylle et Adraste (c'est le cas de Barker **13**). Une approche critique différente a été suivie par Delattre-Biencourt **19** (repris et approfondi dans d'autres contributions comme Delattre-Biencourt et Delattre **20**, Delattre-Biencourt **8**), selon qui Théon fut un bon connaisseur des mathématiques à la recherche de méthodes scientifiques et surtout de modèles mécaniques suscep-tibles d'assurer la félicité et la sérénité. Simeoni **21** est davantage attentif à la tradition antique qui voyait en Théon un philosophe platonicien : il tente d'esquis-ser les traits particuliers du platonisme de Théon en rapport avec l'aspect socratico-eudémoniste de l'étude des mathématiques. Une contribution fondamentale pour la compréhension de l'*Expositio*, même si elle porte surtout sur Adraste qui en consti-tue une source, est ensuite celle de Ferrari **22**, qui souligne le caractère exégétique – en rapport principalement avec le *Timée* de Platon – de certaines sections scienti-fiques de l'ouvrage.

Le point de départ fondamental dans l'interprétation générale de l'*Expositio* est celui de la tradition antique qui voit en Théon un philosophe platonicien ; la justes-se de cette image est confirmée par le fait indiscutable que Théon a composé au moins un ouvrage de caractère nettement exégétique sur le *République* de Platon et par son appartenance probable à une école platonicienne. Dans l'*Expositio*, outre le fait qu'on y reconnaît le χωρισμός ontologique médio-platonicien entre les intelli-

gibles transcendants et les intelligibles immanents (*cf. Exp.* p. 18,3 - 21,19), chacune des sections techniques peut-être rattachée, directement ou indirectement, aux
œuvres de Platon et en particulier au *Timée* (avec une référence particulière à la
doctrine de l'âme du monde) et à l'*Épinomis* (principalement en relation avec
l'idée d'une ordonnance numérique du cosmos), textes qui semblent avoir constitué à cette époque une inspiration constante et avoir fait l'objet d'exégèse, de
λύσις et de nouvelles argumentations. De cette façon, en conformité avec la
tradition antique, l'*Expositio* dans sa totalité peut être considérée comme une
exégèse médio-platonicienne des textes du maître, une exégèse qui développe des
éléments techniques et philosophiques pour démontrer l'existence d'un ordre
mathématique intrinsèque dans la structure ontologique du cosmos. Pour une plus
ample discussion, *cf.* Petrucci **9**, p. 43-62.

Si les deux sources directes les plus importantes de Théon sont Thrasylle et Adraste, il faut
considérer certainement comme fondamentale dans l'*Expositio*, d'un point de vue technique, la
présence de doctrines euclidiennes (tirées non seulement des *Éléments* d'Euclide [➙D 80], mais
aussi des *Phénomènes*, de la *Sectio canonis* et des *Data*), de traits caractéristiques de l'arithmétique et de la musique pythagoriciennes traditionnelles et de notions remontant à la tradition
d'Aristoxène (➙A 417) ; une importance fondamentale, pour finir, doit être accordée aux
modèles astronomiques de l'épicycle et de l'excentrique (pour des informations plus approfondies
sur les sources techniques de Théon, *cf.* Martin **1**, p. 40-82, Barker **15**, Simeoni **21**, Petrucci **9**,
p. 40-43). Une tradition historiographique importante a placé Théon sous la dépendance de
Posidonius [➙P 267] à travers l'intermédiaire d'Adraste [➙A 24] (*cf.* Stahl **12**, et, de façon plus
prudente, **41** P. Moraux, *Der Aristotelismus bei den Griechen*, coll. « Peripatoi » 6, t. II, Berlin
1984, p. 294-313). Cette thèse rencontre cependant des difficultés si l'on compare le texte de
Théon avec celui des *Caelestia* de Cléomède, lequel doit certainement beaucoup à Posidonius (*cf.*
42 R. Goulet, *Cléomède, Théorie Élémentaire*, Paris 1980, p. 5-15, et **43** A. C. Bowen et R. B.
Todd, *Cleomedes' Lectures on Astronomy*, Berkeley/Los Angeles/London 2004, p. 15-17) : les
deux textes présentent certaines doctrines voisines (bien qu'extrêmement répandues), mais aussi
de sensibles divergences thématiques et terminologiques (par exemple le vif intérêt porté au
modèle de l'épicycle et les termes ἐπίκυκλος et ἔγκεντρος qui y sont rattachés ne se trouvent
pas dans les *Caelestia* et, inversement, on ne trouve pas dans l'*Expositio* de développement sur le
calcul de la circonférence terrestre élaboré par le stoïcien dans les *Caelestia* I 10). En ce qui
concerne la section ontologique de l'*Expositio* (p. 18,3 - 21,18 Hiller), de nombreux parallèles
invitent à y retrouver des traces de la tradition pythagoricienne développée au sein de l'Académie
et en particulier par Xénocrate [➙X 15] (principalement en rapport avec l'identification de l'unité
comme principe élémentaire et atomique et comme instance de la catégorie de la ταυτότης),
même si Théon semble ensuite insister sur un aspect typiquement médio-platonicien, à savoir la
correspondance entre intelligibles transcendants et intelligibles immanents. Il est probable
(*cf.* notamment Modératus, *apud* Stob., *Anth.* I 8, 1 et I 9, 1) que la source intermédiaire de Théon
était Modératus (➙M 186), dont dépendent vraisemblablement plusieurs des notions arithmétiques et les pages arithmologiques de l'*Expositio* (p. 93, 17-106, 10 Hiller) ; sur cette question
voir Petrucci **9**, p. 40-41, 312-314, 410.

2) Les ὑπομνήματα sur la *République* sont aujourd'hui perdus, mais une auto-
citation de Théon (*Exp.* p. 146, 3-4 Hiller) nous assure qu'il les a écrits. C'est peut-
être dans cet ouvrage précisément que Théon exposait sa propre généalogie de
Platon, généalogie dont on trouve la trace dans le témoignage de Proclus déjà cité.
Si l'on compare avec les autres commentaires médio-platoniciens, les ὑπομνήματα
ne couvraient sans doute pas la totalité du dialogue : il ne s'agissait peut-être que

d'un commentaire sur le livre X ou encore sur le mythe d'Er (à propos duquel Théon le cite; il faut cependant noter que Théon ne figure pas sur la liste des commentateurs du mythe d'Er fournie par Proclus dans son *Commentaire sur la République*, t. II p. 96, 10 Kroll; *cf.* Dörrie et Baltes **16**, p. 268). Il est également possible que cet écrit ait été un commentaire thématique des sections mathématiques du dialogue (sur le modèle du *Commentaire aux parties médicales du Timée* composé par Galien [≫G 3]; *cf.* Petrucci **9**, p. 11-12). Puisque Ficin et Bessarion déjà ne connaissent Théon que comme un mathématicien, il est probable que les ὑπομνήματα furent perdus et oubliés bien avant le XVe siècle.

En se fondant sur la tradition arabe (en particulier sur les notices consacrées à Platon et à Théon dans le *Kitāb al-fihrist* d'Ibn al-Nadīm, ainsi que sur les sections consacrées à Platon dans le *Ta'rīḫ al-ḥukamā'* d'Ibn al-Qifṭī, de *'Uyūn al-anbā' fī ṭabaqāt al-aṭibbā'* d'Ibn Abī Uṣaybi'a et de la *Chronographica syriaca* de Barhebraeus), **44** J. Lippert, *Studien auf dem Gebiete der griechisch-arabischen Übersetzungslitteratur*, Braunschweig 1894, p. 45-50, puis **45** F. Rosenthal et R. Walzer, *Corpus Platonicum Medii Aevi : Plato Arabus*, t. II : *Alfarabius De Platonis philosophia*, London 1943, p. XV-XVI (sur la base de cette œuvre d'al-Fārābī et de l'étude antérieure de Lippert) ont soutenu que Théon avait également composé une œuvre intitulée *De Platonis lectionis ordine et de inscriptionibus librorum quos composuit*, ouvrage perdu en Occident, mais conservé dans la tradition arabe (thèse reprise par Tarrant **17**, p. 58-72). Cette thèse reste cependant problématique à cause de plusieurs désaccords aussi bien entre ces mêmes notices de la tradition arabe qu'entre ces notices et les informations fournies par les textes antiques; *cf.* Petrucci **9**, p. 12-15.

Théon à Byzance et à la Renaissance. L'*Expositio* connut probablement une certaine fortune après l'antiquité tardive en Occident et dans le monde grec. Il a été suggéré (*cf.* **46** N. G. Wilson, *Scholars of Byzantium*, London 1983, p. 83-84) que Léon le philosophe (IXe s.) en lisait au moins certains passages, tandis que certaines traces peuvent être présentes dans le manuel, daté de 1008 et intitulé *Logica et quadrivium* dédié à la logique aristotélicienne, l'astronomie, la géométrie et l'arithmétique, ouvrage jadis attribué à Michel Psellos [XIe s., ≫P 312] (*cf.* Wilson **46**, p. 21, Boulliau **29**, p. 7, et Martin **1**, 17-21, qui attribue encore l'ouvrage à Psellos). On a également montré que Jean Italos avait lui aussi utilisé l'*Expositio* (*Quaestiones quodlibetales* 133; *cf.* **47** D.J. O'Meara, «Empédocle fragment 143 : un nouveau témoignage chez Jean Italos», *REG* 123, 2010, p. 877-879). Les évocations de l'*Expositio* sont encore plus nettes dans un ouvrage de Geoges Pachymère (XIIIe s.) sur les sciences mathématiques du *quadrivium* (*cf.* Martin **1**, p. 391-398; **48** P. Tannery [édit.], *Quadrivium de Georges Pachymère*, coll. «Studi e Testi» 94, Città del Vaticano 1940). Il est donc probable que l'*Expositio* fut l'un des textes antiques – certainement pas parmi les plus fondamentaux – qui furent utilisés pour l'enseignement du *quadrivium* au cours du moyen-âge byzantin.

D'autres utilisations possibles de Théon dans des écrits byzantins sur la rhétorique ont été signalées par Martin **1**, p. 7-8, lequel cependant restait sceptique sur l'identité réelle du Théon cité dans ces passages.

Grégoire de Corinthe (*in Hermog.*, p. 1127, 20-23 Walz) rapporte une opinion trouvée ἐν τοῖς τοῦ Θέωνος ὑπομνήμασιν à propos des intervalles musicaux de δὶς διὰ πέντε et δὶς διὰ τεσσάρων. Il existe certainement des raisons pour identifier cet auteur avec Théon de Smyrne, notamment le fait que l'*Expositio* était certainement connue à Byzance et qu'elle fut utilisée en tant qu'ouvrage technique ; toutefois le caractère indéchiffrable de la référence à des ὑπομνήματα (qui reflète probablement un emploi scolastique impossible à décoder) et l'absence dans l'*Expositio* même de doctrines parallèles susceptibles de justifier une telle référence (dans l'*Expositio* Théon ne mentionne l'intervalle de δὶς διὰ πέντε qu'une seule fois – p. 90, 12 Hiller – et cela de façon incidente, tandis que l'intervalle de δὶς διὰ τεσσάρων n'apparaît pas dans l'ouvrage) ne peuvent que rendre le renvoi extrêmement incertain : il s'agirait d'une construction arbitraire à partir du texte de l'*Expositio* ou bien d'un renvoi aux ὑπομνήματα perdus sur la *République*. Il faut également envisager la possibilité que le passage fasse référence à Théon d'Alexandrie qui, pour les Byzantins, était un auteur de plus grande importance que Théon de Smyrne dans le domaine des mathématiques ; on ne peut enfin exclure par principe que le passage renvoie à l'un des ὑπομνήματα perdus d'Aelius Théon (**→T 87**). L'identification de ce Théon avec Théon de Smyrne, tout en étant plausible, ne peut donc en aucune façon être démontrée.

Jean de Sicile (Σχόλια εἰς Ἑρμογένους ἰδεῶν β', p. 456, 1-2 Walz) cite un certain Théon en même temps que Sôpatros comme partisan de l'existence de quatre genres à l'intérieur de la rhétorique, contrairement à la tripartition canonique généralement attribuée à Platon et à Aristote. Une telle position, dont on ne possède que quelques traces – par exemple chez Syrianus (*in Hermog.*, t. II, p. 11, 16-17 Rabe) et chez Rufus (*Rhet.*, p. 399, 3-7 Spengel) ; *cf.* **49** M. Patillon [édit.], *Rufus, Art Rhétorique*, Texte établi et traduit par M. P., CUF, Paris 2001, p. 247-248 –, ne peut pas être attribuée à Aelius Théon ; ici encore toutefois il faut réitérer les réserves générales que nous avons faites sur la possibilité d'attribuer à Théon de Smyrne des ouvrages ou des jugements rhétoriques assez importants pour être cités dans des œuvres érudites sur des sujets particuliers (ici en association directe avec Sôpatros). Une attribution erronée à Aelius Théon de ces idées peut facilement être le fait de la source de Jean et l'*onus probandi* incombe certainement à ceux qui souhaitent attribuer cette prise de position à Théon de Smyrne.

Jean Doxapatrès (Ὁμιλίαι εἰς Ἀφθόνιον, p. 513, 25 Walz ; une référence semblable est présente également dans les *excerpta* du *Commentaire sur le Περὶ εὑρέσεως* d'Hermogène, p. 168, 20-21 Cramer, du même auteur) cite, parmi les παλαιοί, οἱ περὶ τὸν Θέωνα τὸν πλατωνικόν comme des auteurs qui soutiennent que l'ἔκφρασις rhétorique doit également considérer le τρόπος. La possibilité ici que le passage fasse référence à Aelius Théon, écartée sans preuve par Martin **1**, p. 7 (plausible de façon générale, étant donné le caractère rhétorique de la théorie en question), est en revanche correcte selon toute probabilité : elle pourrait être confirmée par un passage des *Progymnasmata* (p. 118, 22-27 Spengler) où est exposée une théorie analogue. Par conséquent, d'un côté l'attribution de cette opinion à Théon de Smyrne est totalement infondée, de l'autre côté il existe de bonnes raisons (le sujet rhétorique et un passage parallèle) pour rattacher la référence à Aelius Théon. La désignation de ce dernier comme platonicien n'apparaît pas seulement dans ce passage, mais également chez Jean de Sardes (p. 218, 3 Rabe), qui lisait probablement un texte des *Progymnasmata* attribué à « Théon le Platonicien » (la même attribution était probablement présente dans une copie de cet ouvrage traduite en arménien) ; la confusion entre les deux personnages appartient donc à la tradition du texte d'Aelius Théon et explique l'erreur d'identification commise par Jean Doxapatrès (*cf.* **50** M. Patillon, *Aelius Théon, Progymnasmata*, Texte établi et traduit par M. P. avec l'assistance pour l'arménien de G. Bolognesi, CUF, Paris 1997, p. VII-VIII).

Il n'y a donc pas d'élément probant invitant à rattacher ces passages à Théon de Smyrne : s'il reste cependant plausible que Grégoire de Corinthe se réfère à Théon, il est en revanche absolument improbable que Théon se soit exprimé sur des sujets relevant de la rhétorique (ou même qu'on lui ait prêté de telles vues). On peut donc affirmer avec une certaine part de certitude que selon la tradition byzantine Théon de Smyrne fut un mathématicien.

Par conséquent on comprend facilement pourquoi à la Renaissance Marsile Ficin et le cardinal Bessarion ont faire référence à Théon comme à un grand mathématicien platonicien.

Dans l'*argumentum* de son *Commentaire au livre VIII de la République*, Marsile Ficin cite Théon comme étant un grand connaisseur des mathématiques platoniciennes – *Theonem Smyrnaeum, mathematicae imprimis Platonicae professorem* – (en compagnie de Nicomaque et Jamblique), notant cependant qu'il ne s'appliqua pas à expliquer la doctrine du nombre dit nuptial (Platon, *Resp.* VIII, 546 b 2) ; *cf.* **51** M. J. B. Allen, *Nuptial Arithmetic : Marsilio Ficino's Commentary on the Fatal Number in Book VIII of Plato's Republic*, Berkeley/Los Angeles/ Oxford 1994, p. 5-43. Ficin lisait l'*Expositio* dans le *Laurentianus*, plut. 85, 9 – qui ne contenait que les parties sur l'arithmétique et la musique – manuscrit à partir duquel il prépara sa traduction intitulée *De locis mathematicis* et d'où il tira certaines notions qu'il réemploya dans son *Expositio circa numerum nuptialem in octavo de Republica* ; *cf.* **52** P. O. Kristeller, « Marsilio Ficino and his Work after five hundred years », dans G. C. Garfagnini (édit.), *Marsilio Ficino e il ritorno di Platone I*, Firenze 1986, p. 88 et 150, et **53** P. O. Kristeller, *Supplementum Ficinianum I*, Firenze 1937, p. CXLVI-CXLVII. Il est également possible de conjecturer, à cause de la présentation de Théon comme mathématicien platonicien, à cause de la disponibilité attestée de la section consacrée à la musique et à cause de nombreuses analogies – qui concernent toutefois des notions fort répandues – que Théon fut également une des sources de Ficin concernant la musique (par exemple dans la lettre *De rationibus musicae* adressée à Domenico Benevenio ; *cf.* Kristeller **53**, p. 51-56).

Bessarion pour sa part pouvait certainement lire l'*Expositio* telle qu'elle est encore aujourd'hui transmise. Les témoins primaires du texte font partie du fonds Bessarion de la Marcienne et les deux manuscrits furent acquis dans le cadre du premier acte de donation de 1468 sous les cotes 241 (= 307) et 257 (= 303) ; dans ces deux manuscrits on trouve également des annotations qu'on peut attribuer à la main de Bessarion ; *cf.* **54** E. Mioni, *Bessarione scriba e alcuni collaboratori*, in *Miscellanea marciana di studi bessarionei*, coll. « Medioevo e umanesimo » 24, Padova 1976, p. 287, et **55** L. Labowsky, *Bessarion's Library and the Biblioteca Marciana*, coll. « Sussidi eruditi » 31, Roma 1979, p. 23-34 et 167 ; sur le *Marc. gr.* 303, large recueil de traités mathématiques contenant des ouvrages d'Euclide, Hipparque, Ptolémée, Pappus et Théon d'Alexandrie pour un total de dix-sept sections, *cf.* **56** E. Hiller, « Der *Codex Marcianus 303* », *Philologus* 31, 1872, p. 172-181, et **57** E. Mioni, *Codices Graeci Manuscripti Bibliothecae Divi Marci Venetiarum*, t. II : *Thesaurus antiquus, codices 300-625, recensuit Elpidius Mioni*, coll. « Indici e cataloghi », serie VI, Roma 1985, p. 9-12 ; sur le *Marc. gr.* 307, contenant seulement l'introduction et les parties de l'*Expositio* sur l'arithmétique et la musique, *cf.* Mioni **57**, p. 14-15, lequel signale la présence d'annotations de Bessarion aux fol. 26^r, 27^r, 33^v, 35^v. Ce fait confère de la valeur à la mention que Bessarion fait de Théon dans le chapitre VIII de son *In calumniatorem Platonis* en tant que *summus ille mathematicus : opus de quatuor mathematicis disciplinis edidisset* : seule l'*Expositio* a été transmise par la tradition et c'est pour cette raison que l'image de Théon philosophe platonicien fut rapidement déformée en celle de Théon mathématicien.

Notice traduite de l'italien par Richard Goulet.

FEDERICO M. PETRUCCI.

ICONOGRAPHIE

À l'époque romaine, ce sont en règle générale les portraits des grands penseurs du passé qui étaient représentés. Le portrait de Théon de Smyrne est au contraire l'un des rares exemples de représentations d'un philosophe contemporain. Le buste provient de la collection du cardinal Albani à Rome, qui le vendit au pape Clément XII, fondateur du Musée du Capitole. Il s'y trouve encore aujourd'hui (Sala dei Filosofi Inv. 529 : **1** H. Stuart Jones, *The Sculptures of the Museo Capitolino*, Oxford 1912, p. 229, n° 25, pl. 57). Même si le lieu précis de sa découverte n'est pas connu, l'œuvre provient fort probablement d'Asie mineure, dans la mesure où elle fut achetée à Smyrne au XVIIe siècle (**2** J. Spon, *Miscellanea eruditae antiquitatis IV*, Lyon 1685, p. 135 *sq.* avec fig.). Son état de conservation est bon dans l'ensemble. Le buste n'est endommagé qu'à quelques endroits, la moitié inférieure du nez, ainsi que les oreilles gauche et droite jusqu'au haut du cou, ayant été reconstituées.

Le buste, nu, repose sur un socle circulaire grossièrement taillé où se trouve une inscription grecque. La base est étroite et le départ des bras est nettement marqué. Un manteau est jeté sur les épaules, rabattu de l'arrière sur l'épaule droite. Il couvre l'ensemble du dos et la partie gauche du buste, laissant le côté droit découvert. Le cou est étroit et la tête, allongée, est nettement tournée vers la droite. Le visage laisse voir, au niveau des tempes et des joues, les marques d'un âge avancé, malgré un grain de peau qui reste lisse dans l'ensemble. Trois rides marquées traversent le front. Les yeux, fortement globuleux, sont soulignés par des poches. Les joues sont tirées vers le bas par des sillons naso-labiaux. L'expression la plus nette se trouve dans la contraction des sourcils qui part dès la racine du nez. Le portrait témoigne du grand soin porté à la chevelure et à la barbe. Les cheveux, légèrement bouclés, sont coupés court et rayonnent du sommet de la tête vers l'occiput. Partant de la calotte, les cheveux deviennent plus fins vers l'avant du crâne. Ils forment à cet endroit une pointe légèrement décalée par rapport à l'axe de la tête situé au milieu d'un front dégarni. Sur la tempe droite, des boucles partent dans différentes directions, sous la forme de spirales constituées généralement de trois mèches de cheveux. Sur le côté gauche, les mèches de cheveux sont peignées de l'oreille vers l'arrière de la tête. À la différence de la chevelure, la barbe est constituée de mèches plus longues qui tombent en boucles de façon parallèle. Les différentes mèches sont séparées les unes des autres par des trous profonds. La forme du buste et le style général du travail suggèrent une datation à l'époque d'Hadrien (comme l'a établi de façon convaincante K. Fittschen dans

3 J. Inan et E. Alföldi-Rosenbaum, *Römische und frühbyzantinische Porträtplastik aus der Türkei. Neue Funde*, Mainz 1979, p. 162-164 n° 115 pl. 95; 105, 2. 4.

En ce qui concerne l'identité du personnage représenté, l'inscription gravée sur le socle ne laisse aucun doute: ΘΕΩΝΑ ΠΛΑΤΩΝΙ | ΚΟΝ ΦΙΛΟΣΟΦΟΝ | Ο ΙΕΡΕΥΣ ΘΕΩΝ | ΤΟΝ ΠΑΤΕΡΑ («Le prêtre Théon [a honoré] son père le philosophe platonicien Théon»). Le nom de la personne honorée est à l'accusatif: le philosophe Théon de Smyrne. L'œuvre aurait été élevée par le prêtre Théon, fils du philosophe. Il s'agit donc d'un hommage privé, dont la localisation et la datation exactes restent cependant indéterminées. Il est plausible qu'il faille y voir une initiative privée plutôt que publique, à cause de l'adoption du buste comme forme de consécration, ainsi que le propose **4** B. Borg, «Das Bild des Philosophen und die römischen Eliten», dans H.-G. Nesselrath (édit.), *Dion Chrysostomos. Der Philosoph und sein Bild*, Tübingen 2009, p. 212 n. 2. Il est néanmoins difficile de le démontrer en l'absence d'un contexte précis de découverte.

Dans la conception du portrait, l'insistance n'est pas portée sur l'appartenance à l'école des platoniciens. On cherche en vain une référence à la tradition des portraits de Platon. À cause de la coupe de cheveux courts et de la barbe, il se rattache plutôt au genre des portraits de philosophes grecs de l'époque tardo-antique et montre par là des références typologiques aux représentations contemporaines des cosmètes attiques.

Cf. **5** E. Q. Visconti, *Iconographie grecque ou recueil des portraits authentiques des empereurs, rois, et hommes illustres de l'antiquité I*, Milano 1824, p. 240-242, pl. XIX, 3. 4; **6** P. R. Schuster, *Über die erhaltenen Porträts der griechischen Philosophen*, Leipzig 1876, p. 26 n° 20 pl. 2, 6; **7** J. J. Bernoulli, *Griechische Ikonographie mit Ausschluß Alexanders und der Diadochen II*, München 1901, p. 202 sq. pl. XXIX; **8** A. Hekler, «Philosophen- und Gelehrten-bildnisse der mittleren Kaiserzeit», *Die Antike* 16, 1940, p. 124 sq., fig. 3; **9** A. Giuliano, «La ritrattistica dell'Asia Minore dall'8 9 a. C. al 211 d. C», *RIASA* 8, 1959, p. 195, f. n° 7; **10** Richter, *Portraits III*, p. 285, fig. 2038; **11** W. Helbig, *Führer durch die öffentlichen Sammlungen klassischer Altertümer in Rom. Die Städtischen Sammlungen. Die Staatlichen Sammlungen II*, Tübingen 1966⁴, p. 166 sq., n° 1346; **12** E. Lattanzi, *I ritratti dei Cosmeti nel Museo nazionale di Atene*, Roma 1968, p. 40; **13** P. Zanker, *Die Maske des Sokrates. Das Bild des Intellektuellen in der antiken Kunst*, München 1995, p. 227-229, fig. 133; **14** Schefold, *Bildnisse* p. 328 *sq.*, fig. 207; **15** J. M. Barringer et J. M. Hurwitt, *Periklean Athens and its Legacy. Problems and Perspectives*, Austin 2005, p. 210 *sq.*, fig. 17, 5.

Notice traduite de l'allemand par Richard Goulet.

JÖRN LANG.

91 THÉON DE TITHORÉE (en Phocide) *RE* 11   II^a?

Philosophe stoïcien de l'époque hellénistique, somnambule «qui se promenait endormi pendant son sommeil». Il est cité comme un cas remarquable dans la liste des dix tropes sceptiques conservée par Diogène Laërce IX 82. Par comparaison avec Sextus Empiricus (*Pyrrh. Hypot.* I 36-163), on les attribue généralement à Énésidème (☛E 24).

RICHARD GOULET.

92 THÉOPHÉIDÈS   III^a

Épicurien inconnu dédicataire d'un ἐπιστολικόν (traité sous forme épistolaire) d'Hermarque (☛H 75) et daté de façon précise de 267/6. Voir F. Longo Auricchio, *Ermarco. Frammenti*, Edizione, traduzione e commento, coll. «La Scuola di Epicuro» 6, Napoli 1988, fr. 35-46 ; voir aussi fr. 37-39. L'ἐπιστολικόν contient une polémique d'Hermarque contre le philosophe mégarique Alexinos d'Élis (☛A 125).

TIZIANO DORANDI.

93 THÉOPHILA *RE PIR*² T 175   F I

Martial, *Epigr.* VII 69 (publié en 92), célèbre cette femme dont le jugement poétique et le savoir sont exceptionnels. Théophila jouissait d'une formation hellénique (*Cecropia... dote*) qui aurait pu lui ouvrir les cercles philosophiques : «A bon droit le jardin du glorieux vieillard d'Athènes [plus probablement Épicure que Platon] la réclamerait, | et le groupe des stoïciens ne voudrait pas avec moins de force la compter parmi ses adeptes» (trad. Izaac). Elle est par ailleurs une critique hors-pair : «Il est sûr de vivre, tout ouvrage que tu auras fait passer par son oreille : tellement son jugement est au-dessus de son sexe et du vulgaire» et est présentée comme une chaste poétesse égale par son talent à Pantaenis, la moins chaste (*cf. castior*) amie de Sappho.

Cf. G. Galán Vioque, *Martial, book VII. A Commentary*. Translated by J. J. Zoltowski, coll. «Mnemosyne Supplementa» 226, Leiden 2002, p. 395-401 : «The description of a *docta puella* is in the style of the elegists. The one praised by Martial speaks Greek (l. 2), is knowledgeable in philosophical matters (ll. 3-4), endowed with an exceptional memory (ll. 5-6) and composes poetry worthy of Sappho herself (ll. 7-9)» (p. 395).

Les premiers mots («Haec est illa tibi promissa Theophila, Cani») font supposer à Izaac et aux autres commentateurs que l'épigramme accompagnait un portrait de Théophila envoyé à son fiancé Canius <Rufus (III 20)> de Gadès (I 61, 9). Pour d'autres exemples Galán Vioque, p. 395, renvoie à I 109 (portrait de la petite chienne Issa) ; VII 45 (portrait de Caesonius Maximus envoyé à son ami Ovidius) ; IX 76 (portrait de Camonius) et X 32 (portrait de Marcus Antonius Primus).

Cf. E. Groag, art. «Canius», *RE* III 2, 1899, col. 1483, et A. Stein, art. «Theophila», *RE* V A 2, 1934, col. 2134.

RICHARD GOULET.

94 THÉOPHILE D'ANTIOCHE *RE* 17   MF II

Théophile d'Antioche est très vraisemblablement un païen converti, de culture grecque et ignorant l'hébreu, à ce qu'il semble, sans doute un Syrien hellénisé né ou installé à Antioche dont il est devenu le sixième évêque – vers 169, selon Eusèbe. Son acmé est à situer sous Marc Aurèle, puisque la chronologie qu'il fournit dans le troisième livre À *Autolycos* s'arrête à l'accession de Commode à l'Empire, en 180. Quant à sa mort, nécessairement postérieure à 180, elle doit être située avant 190/191, date assurée de l'élection de son second successeur sur le siège d'Antioche, Sérapion, et peut-être plus précisément vers 188, qui est la date la plus probable d'accession à l'épiscopat de son premier successeur, Maximin.

Les Trois livres à Autolycos

De Théophile, nous n'avons conservé que les trois livres À *Autolycos*, rédigés sous le règne de Commode, c'est-à-dire dans une période de calme relatif pour les chrétiens. L'ouvrage se présente comme la réponse de l'évêque aux interrogations d'un ami païen, dénommé Autolycos, qui n'est pas autrement connu. Le débat n'est pas mis en scène, et c'est à peine si Théophile y fait allusion dans quelques formules évoquant un ou plusieurs entretiens. Le livre I résume la réponse de Théophile, élargie à la question de la résurrection, tandis que le second est censé la prolonger quelques jours plus tard, à propos de la supériorité de la doctrine chrétienne sur la religion et la philosophie païennes. Le troisième livre est consacré essentiellement à la question de l'antiquité du christianisme; il se distingue des deux autres en ce qu'il prend la forme d'une composition nouvelle, en forme de lettre. Le débat se termine sans vainqueur, par une simple exhortation de Théophile à son ami, pour l'inciter à lire les livres des chrétiens.

La polémique, si elle est assez violente, occupe relativement peu de place chez Théophile. La réfutation des trois griefs, athéisme, anthropophagie, inceste, qui sous-tend visiblement les critiques adressées à la religion des poètes (immoralité des dieux, anthropomorphisme) et aux dépravations de la société païenne, ne commande pas la structure de l'écrit. Les critiques de Théophile entrent plutôt dans le cadre de l'examen de la supériorité de la doctrine chrétienne, religion et morale confondues, qu'elles font apparaître par contraste. Quant à la polémique anti-philo-sophique, si l'on excepte l'habituel relevé des contradictions des philosophes, elle s'en tient bien souvent à une série d'attaques personnelles devenues tout à fait traditionnelles au sein de la polémique entre les différentes écoles, et dont le manque d'élévation ne fait pas honneur à l'esprit critique de leur auteur. En fait, Théophile s'est plutôt appliqué à développer une argumentation positive: supériorité de la doctrine des chrétiens, ancienneté de leur religion. Aussi ne s'étonnera-t-on pas que les récits et les préceptes bibliques occupent la majeure partie de l'ouvrage, puisque aussi bien l'*Ad Autolycum* nous livre le tout premier commentaire continu de l'hexaméron (II 10-27). Plus généralement, l'omniprésence des textes bibliques donne à penser que Théophile reçut une formation scripturaire approfondie; et s'il paraît difficile de soutenir que c'est parce qu'il fut juif de religion et élève des rabbins avant sa conversion au christianisme, puisqu'il fait une claire allusion à sa découverte des textes sacrés en *Ad. Autol.* I 14, 1, du moins peut-on penser qu'il a été formé par des judéo-chrétiens, et non par des chrétiens venus du paganisme.

À ce commentaire de type catéchétique correspondent dans le livre III deux chronologies, l'une menée depuis la sortie d'Égypte jusqu'au dernier des prophètes, Zacharie ; l'autre depuis la création du monde jusqu'à la mort de Marc Aurèle – formant ainsi la première chronologie universelle du christianisme. Elles permettent entre autres à Théophile de démontrer l'antiquité du peuple juif et l'ancienneté de ses écritures, garante de leur autorité et même de leur véracité, et de corroborer par une argumentation incontestable la primauté de Moïse sur Homère et la supériorité de la sagesse hébraïque, dont les chrétiens sont les héritiers, sur la sagesse grecque. En revanche, elle ne tient pas compte de la naissance du Christ, mais, pour la dernière période, n'utilise que les données de la chronologie romaine : la fin de la république, la succession des différents empereurs, de Jules César à Marc Aurèle.

La théologie de Théophile

L'exposé théologique de Théophile paraît ne se distinguer en rien de celui des autres Apologistes : affirmation de l'unicité de Dieu et de sa transcendance, définition de Dieu comme Créateur et Père, démonstration de son existence par l'argument de l'harmonie du monde et foi en son activité providentielle. En fait, Théophile est plus proche de la Bible, moins « grec » que ses prédécesseurs : son Dieu est un Dieu personnel, celui d'Abraham et de Moïse, et non celui des philosophes. Ainsi, l'activité créatrice de Dieu n'est pas présentée en référence à la doctrine platonicienne, mais au récit de la Genèse. Et si ce sont les épithètes apophatiques chères à la philosophie médio-platonicienne qui servent à le définir, ne figurent parmi elles ni celle d'ἀόρατος (« invisible »), ni celle d'ἀπαθής (« impassible ») – eu égard, d'une part aux différentes théophanies de l'Ancien Testament, d'autre part aux « passions » qu'attribuent à Dieu les écrits bibliques : jalousie et colère en particulier.

Les tentatives de Théophile pour définir les relations au sein de la triade divine et pour distinguer et situer l'une par rapport à l'autre chacune des entités qui la composent doivent retenir pleinement l'attention. C'est chez lui que se trouve exprimée pour la première fois la distinction – d'origine stoïcienne – du Verbe contenu (λόγος ἐνδιάθετος) et du Verbe proféré (λόγος προφορικός), qui permet de concilier l'éternité du Verbe avec son engendrement, comme « premier-né » de toute la création. Ainsi, avant son engendrement, le Verbe est en Dieu, dans son sein (σπλάγχνα), c'est-à-dire non distinct de lui, sans doute, dans une perspective strictement monothéiste. C'est encore chez lui qu'apparaît pour la première fois le mot « trinité » ou « triade » (τριάς) pour évoquer le Dieu trine, le Père, le Verbe qui est aussi son Fils et la Sagesse, qu'il faut sans doute identifier ici à l'Esprit. De même, c'est peut-être chez lui que l'on trouve le premier emploi du mot πρόσωπον dans une acception proche de celle de «personne» trinitaire. Certes, l'expression πρόσωπον τοῦ θεοῦ, pour désigner Dieu dans les théophanies, est banale dans le judaïsme hellénistique; néanmoins, il semble que l'usage qu'en fait Théophile dépasse ce cadre strict, puisqu'il identifie au moins une fois, et tout à fait implicitement, le «visage» ou la «figure de Dieu» au Verbe, comme étant l'instrument que Dieu utilise pour parler à Adam.

L'homme, le péché, la mort et le salut

L'anthropologie de Théophile est clairement dualiste: l'homme est dit composé d'un corps, mortel, et d'une âme dont l'immortalité ne tient pas à sa nature propre, mais à la volonté de Dieu: octroyée à Adam avant le péché, puis perdue par sa propre faute, elle sera de nouveau le lot de l'homme juste dans l'autre monde. Dans le phénomène de salut, la passion du Christ semble ne jouer aucun rôle: c'est par ses propres œuvres, son propre repentir, que le chrétien s'octroie la vie éternelle, et non par la grâce salvatrice de la passion – une formulation de la doctrine qui peut s'expliquer par le public auquel est destiné l'ouvrage.

Entre judaïsme et hellénisme : l'univers culturel de Théophile

Élevé dans la culture grecque, Théophile appartient à la couche des *pepaideumenoi*, les «hommes éduqués». Toutefois, sa culture, assez large (histoire, littérature, philosophie), paraît de seconde main et peu sûre. Il ne témoigne d'ailleurs d'aucun attrait pour la littérature, les sciences et la philosophie, et raille volontiers les poètes pour l'inanité de leurs écrits, les naturalistes pour leurs théories, les philosophes pour leurs contradictions. On ne trouve donc pas chez lui cette sympathie profonde que manifestent un Justin (⟶I 51) ou un Athénagore (⟶A 475) envers les matières intellectuelles en général, et la philosophie en particulier – plutôt une influence diffuse, celle du «fonds commun» de la pensée philosophico-religieuse: définition apophatique de Dieu, doctrine du Logos-Verbe et Raison cosmique dérivée du stoïcisme, anthropologie dualiste, etc. Son goût semble l'avoir plutôt porté vers des sciences plus concrètes, comme la chronographie et l'histoire. Son style, clair, d'une terne élégance, désigne en lui, selon la formule de G. Bardy, un «disciple studieux des rhéteurs».

Éditions et traductions. 1 G. Bardy et J. Sender (édit.), *Théophile d'Antioche. Trois livres à Autolycus*. Texte établi par G. B., trad. de J. S, notes de G. B, coll. *SC* 20, Paris 1948, 285 p. [texte grec, traduction française]; **2** R. M. Grant (édit.), *Theophilus of Antioch. Ad Autolycum*, coll. «Oxford Early Christian Texts», Oxford 1970, XXIX-153 p. [texte grec, traduction anglaise]; **3** M. Marcovich (édit.), *Tatiani Oratio ad Graecos; Theophili Antiocheni Ad Autolycum*, coll. «Patristische Texte und Studien» 43-44, Berlin/New York 1995, 2 vol., XII-117 et X-192 p. [texte grec]; **4** J. P. Martin (édit.), *Teófilo de Antioquía, A Autólico*. Introducción, texto griego, traducción y notas, coll. «Fuentes patrísticas» 16, Madrid 2004, 334 p. [introduction, texte grec, traduction espagnole et notes].

Cf. **5** R. M. Grant, *Greek Apologists of the Second Century*, Philadelphia 1988, 256 p., notamment p. 140-174 ; **6** F. Loofs, *Theophilus von Antiochien Adversus Marcionem und die andere theologischen Quellen bei Irenaeus*, coll. *TU* 46, 2a, Leipzig 1930, X-462 p. ; **7** B. Pouderon, *Les Apologistes grecs du second siècle*, Paris 2005, 355 p., notamment p. 241-267 [avec bibliographie p. 344-345] ; **8** R. Rogers, *Theophilus of Antioch. The Life and thought of a second-century bishop*, Lanham (Md.) 2000, 192 p. ; **9** D. S. Wallace-Hadrill, *Christian Antioch. A Study of Early Christian Thought in the East*, Cambridge 1982, VIII-218 p.

BERNARD POUDERON.

95 THÉOPHILE LE PHILOSOPHE *RE* 11(2)

Sous ce nom a été transmise en grec une sentence par Fulgence, *Myth.* II 14 : *Credo enim quod Theophili philosophi sententiam legerat, dicentis* : μίμος ὁ βίος, *id est : mimus vita* (= *FHG* IV, p. 515-517, fr. 7a Müller, où plusieurs Théophile sont sans doute confondus). Mais dans son édition R. Helm (*Fabii Planciadis Fulgentii V. C. Opera*, coll. *BT*, Leipzig 1898, p. 56), a édité le nom du sage Cléoboulos : *credo enim quod Cleobuli philosophi* etc. Cette maxime cependant («la vie est un mime») ne figure pas dans les autres témoignages sur ce sage. L'apparat de Helm signale diverses leçons, mais on n'y trouve pas le nom de Théophile.

Voir la traduction anglaise de L. G. Whitbread, *Fulgentius the Mythographer The mythologies ; The exposition of the content of Virgil according to moral philosophy ; The explanation of obsolete words ; On the ages of the world and of man ; On the Thebaid / Fulgentius the mythographer ; translated from the Latin, with introductions*, Columbus (Ohio) 1971, X-258 p.

R. Laqueur, art. «Theophilos» 11, *RE* V A 2, 1934, col. 2137-2138, propose de lui attribuer également le fr. 6, tiré d'Athénée, *Deipnosophistes* I, 6 b, qui concerne le poète du IVe siècle av. J.-C. Philoxène <de Cythère> (*RE* 23), réputé pour sa gourmandise.

RICHARD GOULET.

96 THÉOPHRASTE D'ATHÈNES   F V

Personnage principal, sans doute fictif, du dialogue *Théophraste* d'Énée de Gaza (➛A 64). Il expose à l'intention d'Euxithéos de Syrie (➛E 182a, dans les complément du tome VII) et d'Aigyptos d'Alexandrie (➛A 59a, dans les compléments du tome VII), ancien disciple de Hiéroclès d'Alexandrie (➛H 126), les vues philosophiques anciennes ou récentes qui ont cours à Athènes.

RICHARD GOULET.

97 THÉOPHRASTE D'ÉRÈSE *RE* 3 372/1 ou 371/0^a-288/7 ou 287/6^a

Philosophe péripatéticien, disciple et collaborateur d'Aristote, auquel il succéda à la tête du Lycée.

PLAN DE LA NOTICE

VIE ET ŒUVRES

VIE

Depuis une trentaine d'années, les études théophrastiennes ont progressé de façon significative. Une équipe internationale réunie autour de W. W. Fortenbaugh travaille depuis 1979 au "Project Theophrastus", dont le but est de fournir des éditions scientifiques avec traductions et commentaires des fragments et témoignages ainsi que des opuscules de l'Érésien. Une part importante de ce travail, édité chez Brill, est déjà accomplie. Parallèlement à la publication de ce matériel, paraissent régulièrement des recueils d'articles concernant de près ou de loin Théophraste, publiés dans la série des *Rutgers University Studies in Classical Humanities (RUSCH)*. Il va de soi que la présente notice s'appuiera avant tout sur les résultats de cette immense entreprise. Mais il faut préciser aussi que nombre de travaux antérieurs restent importants, voire nécessaires. D'une façon générale, on ne reprendra pas ici toute la littérature ancienne, en particulier les éditions et les monographies publiées au XIXᵉ siècle, qu'on trouvera facilement dans les bibliographies, souvent abondantes, des ouvrages cités.

Études d'orientation

1 O. Regenbogen, art. « Theophrastus » 3, *RESuppl.* VII, 1940, col. 1354-1562 ; **2** K. O. Brink, art. « Peripatos », *RESuppl.* VII, 1940, col. 899-949 ; **3** P. Moraux, *Les listes anciennes des ouvrages d'Aristote*, Louvain 1951 ; **4** P. Steinmetz, *Die Physik des Theophrastos von Eresos*, coll. « Palingenesia » 1, Bad Homburg/Berlin/Zürich 1964 (avec le compte rendu critique de **5** H. B. Gottschalk, *Gnomon* 39, 1967, p. 17-26) ; **6** J. P. Lynch, *Aristotle School*, Berkeley 1972 ; **7** W. Burnikel, *Textgeschichtliche Untersuchungen zu neun Opuscula Theophrasts*, coll. « Palingenesia » 8, Wiesbaden 1974 (bibliographie des éditions anciennes p. XVII-XVIII) ; **8** J. B. McDiarmid, art. « Theophrastus », *DSB* XIII, 1976, p. 328-334 ; **9** K. Gaiser, *Theophrast in Assos. Zur Entwicklung der Naturwissenschaft zwischen Akademie und Peripatos*, coll. « Abhandlungen der Heidelberger Akademie der Wissenschaften, Philosophisch-historische Klasse » 1985, 3, Heidelberg 1985 ; **10** W. W. Fortenbaugh (édit.), *Theophrastus of Eresus, On his life and work*, edited by W. W. F. together with P. M. Huby and A. A. Long, coll. RUSCH 2, New Brunswick, NJ/Oxford 1985 ; **11** W. W. Fortenbaugh et R. W. Sharples (édit.), *Theophrastean Studies. On natural science, physics and metaphysics, ethics, religion, and rhetoric*, coll. RUSCH 3, New Brunswick, NJ/Oxford 1988 ; **12** W. W. Fortenbaugh et P. Steinmetz (édit.), *Cicero's knowledge of the Peripatos*, coll. RUSCH 4, New Brunswick, NJ/London 1989 ; **13** M. G. Sollenberger, « The lives of the Peripatetics : an analysis of the contents and structure of Diogenes Laertius' *Vitae philosophorum* book 5 », dans *ANRW* II 36, 6, Berlin 1992, p. 3793-3879 ; **14** W. W. Fortenbaugh et D. Gutas (édit.), *Theophrastus. His psychological, doxographical and scientific writings*, coll. RUSCH 5, New Brunswick, NJ/London 1992 ; **15** W. W. Fortenbaugh et D. C. Mirhady (édit.),

Peripatetic rhetoric after Aristotle, coll. *RUSCH* 6, New Brunswick, NJ/London 1994; **16** J. M. van Ophuijsen et M. van Raalte (édit.), *Theophrastus. Reappraising the sources*, coll. *RUSCH* 8, New Brunswick, NJ/London 1998; **17** R. W. Sharples, «The Peripatetic school», dans **18** D. Furley (édit.), *Routledge history of philosophy*, t. II : «From Aristotle to Augustine», London/New York 1999, p. 147-187 (bibliographie sur Théophraste, p. 173-178); **19** D. Gutas, «The life, works, and sayings of Theophrastus in the arabic tradition», dans Fortenbaugh, Huby et Long **10**, p. 63-96 (= **20** *Id.*, *Greek philosophers in the arabic tradition*, Aldershot 2000, p. 63-102 [n° VII]); **21** W. W. Fortenbaugh et J. M. van Ophuijsen, art. «Theophrastos», *NP* XII 1, 2002, col. 385-393 (la partie concernant la musique est réalisée par R. Harmon, *ibid.*, col. 393); **22** W. W. Fortenbaugh et G. Wöhrle (édit.), *On the* Opuscula *of Theophrastus*, Akten der 3. Tagung der Karl-und-Gertrud-Abel-Stiftung vom 19.-23. Juli 1999 in Trier, coll. «Philosophie der Antike» 14, Stuttgart 2002; **23** W. W. Fortenbaugh, *Theophrastean Studies*, coll. «Philosophie der Antike» 17, Stuttgart 2003; **24** H. Flashar, «Aristoteles» dans *GGP*, *Antike* 3, 2ᵉ éd. 2004, p. 167-492; **25** F. Wehrli†, G. Wöhrle et L. Zhmud, «Der Peripatos bis zum Beginn der Römischen Kaiserzeit», dans *GGP*, *Antike* 3, 2ᵉ éd. 2004, p. 506-557 (p. 643-651 Bibliographie); cité dorénavant Wehrli † **25**; **26** J. Mansfeld et D. T. Runia, *Aëtiana. The method and intellectual context of a doxographer*, t. III : *Studies in the doxographical traditions of ancient philosophy*, Leiden 2010 (il s'agit d'un recueil d'articles des deux auteurs).

Œuvres complètes

27 F. Wimmer (édit.), *Theophrasti Eresii Opera quae supersunt omnia*, coll. *BT*, 3 vol. Leipzig 1854 (t. I-II)-1862 (t. III) (t. I : *Historia plantarum*; t. II : *De causis plantarum*; t. III : *Fragmenta*); le texte a été repris en un volume avec traduction latine chez Firmin Didot: **28** *Id.*, *Theophrasti Eresii Opera quae supersunt omnia*, Graeca recensuit, Latine interpretatus est, indices rerum et verborum absolutissimos adjecit F. W., Paris 1866 (réimpr. Frankfurt am Main 1964).

Collection complète des témoignages et des fragments

29 W. W. Fortenbaugh, P. Huby, R. Sharples et D. Gutas (édit.), *Theophrastus of Eresus, Sources for his life, writings, thought and influence*, coll. «Philosophia Antiqua» 54, 2 vol., Leiden 1992 (réimprimé en 1993 avec des corrections); on trouvera des concordances (p. 619-628) avec l'édition de Wimmer **28** et diverses éditions partielles des fragments mentionnées ci-dessous, Graeser **87** (logique), Repici **88** (logique), Diels **82** (doxographie), Barbotin **194** (noétique), Fortenbaugh **266** (éthique), Pötscher **313** (*De pietate*), Szegedy-Maszak **321** (politique); cet ouvrage sera cité "Fortenbaugh *et alii* **29**" et les 741 "sources" seront indiquées, par commodité, comme fragments de Théophraste et recevront le numéro de cette édition suivi de la lettre "F" (exemple: fr. 18 F); on renverra aux neuf textes donnés en appendices par la formule, par exemple, "*Appendix* n° 2 F" (les appendices 1-4 figurent dans le vol. I; 5-9 dans le II). Les volumes de commentaires parus (janvier 2015) sont les suivants :

30 P. Huby, *Theophrastus of Eresus, Sources for his life, writings, thought and influence. Commentary volume 2 : Logic [texts 68-136]*, with contributions on the arabic material by D. Gutas, coll. « Philosophia antiqua » 103, Leiden 2007 ; **31** R. W. Sharples, *Theophrastus of Eresus, Sources for his life, writings, thought and influence. Commentary volume 3.1 : Sources on physics (texts 137-223)*, with contributions on the arabic material by D. Gutas, coll. « Philosophia antiqua » 79, Leiden 1998 ; **32** P. Huby, *Theophrastus of Eresus, Sources for his life, writings, thought and influence. Commentary volume 4 : Psychology (texts 265-327)*, with contributions on the arabic material by D. Gutas, coll. « Philosophia antiqua » 81, Leiden 1999 ; **33** R. W. Sharples, *Theophrastus of Eresus, Sources for his life, writings, thought and influence. Commentary volume 5 : Sources on biology (human physiology, living creatures, botany : texts 328-435)*, coll. « Philosophia antiqua » 64, Leiden 1995 ; **34** W. W. Fortenbaugh, *Theophrastus of Eresus, [Sources for his life, writings, thought and influence.] Commentary volume 6.1 : Sources on ethics [texts 436-579]*, with contributions on the arabic material by D. Gutas, coll. « Philosophia antiqua » 123, Leiden 2011 ; **35** W. W. Fortenbaugh, *Theophrastus of Eresus, Sources for his life, writings, thought and influence. Commentary volume 8 : Sources on rhetoric and poetics (texts 666-713)*, coll. « Philosophia antiqua » 97, Leiden/Boston 2005 ; **35bis** W. W. Fortenbaugh, *Theophrastus of Eresus, Sources for his life, writings, thought and influence. Commentary volume 9.2 : Sources on Discoveries and Beginnings, Proverbs et al. (texts 727-741 [Miscellaneous items])*, with contributions on the Arabic material by D. Gutas, coll. « Philosophia antiqua » 136, Leiden 2014.

Sont *à paraître* les volumes de commentaires suivants : vol. 1 : biographie, textes 1-67 (Ch. George) ; vol. 3.2 : doxographie sur la physique, textes 224-245 (H. Baltussen) et métaphysique, théologie, mathématiques, textes 246-264 (P. Huby) ; vol. 6.2 : religion, textes 580-588 (S. Schorn) ; vol. 7 : politique, textes 589-665 (D. Mirhady) ; vol. 9.1 : musique, textes 714-741 (M. Raffa).

Pour les fragments papyrologiques, *cf. CPF* 1*** n° 103, p. 828-871, et IV 2 fig. 81 et 134.

Biographies anciennes

1. Hermippe de Smyrne (☞H 86). Dans sa vie de Xénophon, Diogène Laërce mentionne une vie de Théophraste de ce biographe d'époque hellénistique ("Ερμιππος ἐν τῷ Περὶ Θεοφράστου II 55) ; Hermippe aurait signalé dans cette *Vie* que l'orateur Isocrate (☞I 38) avait, comme d'autres, écrit un éloge de Gryllos, le fils de Xénophon (☞X 19), mort au combat. Pour les maigres fragments conservés de cette *Vie, cf.* **36** F. Wehrli (édit.), *Hermippos der Kallimacheer*, coll. « Die Schule des Aristoteles » *Supplementband* 1, Basel/Stuttgart 1974, fr. 51-55, commentaire p. 77-79). Wehrli † **25**, p. 510, considère que cette *Vie* d'Hermippe est, de façon indirecte, à la base de celle de Diogène Laërce. On a pensé que cette vie comprenait le catalogue des œuvres de Théophraste, sur lequel se fonde celui que Diogène Laërce (dorénavant D. L.) nous a transmis dans sa vie de Théophraste ; mais *cf.* Fortenbaugh **35bis**, p. 68-69.

2. Andronicos de Rhodes (⧮⁺A 181). On peut supposer que dans ses catalogues (fr. 38 F: πίνακες) des œuvres d'Aristote et de Théophraste "en cinq livres au moins", Andronicos avait aussi réuni du matériel biographique.

3. Diogène Laërce (fr. 1 F; cf. ci-dessous sous "Biographie"). La Vie que D. L. consacre à Théophraste est fort brève; si l'on fait abstraction des deux documents essentiels que sont la liste des œuvres et le testament, les considérations sur la vie elle-même occupent trois pages dans l'édition du fr. 1 F, à peine plus que le testament lui-même. De plus, D. L. ne dit rien de la doctrine et, en dehors d'informations factuelles précieuses, se cantonne à reprendre quelques anecdotes plus ou moins suspectes. Cf. 37 J. Mejer, « A life in fragments: the Vita Theophrasti », dans Ophuijsen et Raalte 16, p. 1-28; 38 T. Dorandi, « Qualche aspetto della vita di Teofrasto e il Liceo dopo Aristotele », dans Ophuijsen et Raalte 16, p. 29-38.

On a aussi supposé qu'avant Hermippe, Ariston de Céos (⧮⁺A 396), à qui D. L. rapporte explicitement le testament de Straton (V 64), avait écrit des biographies des premiers scholarques du Péripatos (cf. Regenbogen 1, col. 1356, 52-57 avec les références; 39 M. Gigante, « Aristone di Ceo biografo dei filosofi », SCO 46, 1996 [1998], p. 17-23, en particulier p. 18).

Notons que la Souda (Θ 199 Adler) consacre une courte notice à Théophraste largement dépendante de D. L.; celle-ci nous a conservé quelques informations qui ne se trouvent pas chez Diogène (fr. 2 F).

Biographie

Les informations les plus complètes sur la vie de Théophraste se trouvent dans la notice que Diogène Laërce a consacrée à l'Érésien dans le livre V de ses Vies et doctrines des philosophes illustres (V 36-57). On utilisera de préférence le texte critique mis au point par Sollenberger, accompagné d'une traduction en anglais, et publié dans Fortenbaugh et alii 29, p. 20-47 (fr. 1 F); on consultera aussi l'édition antérieure du même auteur, qui comporte une introduction, des notes et des remarques textuelles: Sollenberger 56 (ci-dessous), p. 1-62. Pour une bonne traduction française, on lira 40 M. Narcy, « Livre V, introduction, traduction et notes », dans 41 M.-O. Goulet-Cazé (édit.), Diogène Laërce, Vies et doctrines des philosophes illustres, traduction française sous la direction de M.-O. G.-C., Paris 1999, p. 540-653. L'ensemble des témoignages et fragments sur la vie et les œuvres de Théophraste, y compris la tradition arabe, qui n'ajoute d'ailleurs rien de significatif, figure dans Fortenbaugh et alii 29, p. 20-113 (fr. 1-67 F); le volume correspondant de commentaire n'a pas encore paru (il s'agira du Commentary volume 1 [Ch. George]). Cf. Regenbogen 1, col. 1355-1361.

Théophraste, fils de Mélantas (ou, "selon d'autres, de Léôn", Souda), un foulon, était originaire d'Érésos sur l'île de Lesbos. En fait, son vrai nom était Tyrtamos (Τύρταμος), qu'Aristote aurait changé en Théophraste (Θεόφραστος) – après que ce nom eut été changé en Εὔφραστος selon la Souda –, « parce qu'il s'exprimait de façon divine » (διὰ τὸ τῆς φράσεως θεσπέσιον, D. L. V 38; cf. Souda Θ 199, 4: διὰ τὸ θεῖον τῆς φράσεως; même formule encore chez Olympiodore, *in Alc*. 2, 42 Westerink) ; Strabon précise qu'Aristote voulait indiquer par là « la finesse de son expression », afin d'éviter aussi la consonance désagréable (pour des oreilles grecques) de son nom d'origine (ἅμα μὲν φεύγων τὴν τοῦ προτέρου ὀνόματος κακοφωνίαν, ἅμα δὲ τὸν τῆς φράσεως αὐτοῦ ζῆλον ἐπισημαινόμενος (Strab. XIII 2, 4 ; fr. 5a F) ; de fait, Tyrtamos n'est pas un nom grec et ne semble pas attesté dans les inscriptions (selon le grammairien Aélius Hérodianus, les Cariens appellent Hermès, Tyrtamos [*De prosodia catholica*, p. 171, 6 Lentz]). Ses maîtres furent, à Érésos, Alcippos (➳A 96 ; et non Leucippe comme on le lit encore parfois, suivant la leçon d'un manuscrit) – inconnu par ailleurs –, puis, à Athènes, Platon et Aristote, son aîné d'une douzaine d'années (D. L. V 36). Notons que, dans sa vie de Platon (III 46), D. L. signale que « certains affirment que Théophraste aussi fut son (*scil*. Platon) auditeur », alors qu'il est tout à fait affirmatif dans sa vie de Théophraste (V 36 : « après avoir été l'auditeur de Platon, … ») ; invoquant les hésitations de D. L. et le silence des autres sources, les modernes ont parfois mis en doute ce témoignage et suggéré que Théophraste avait seulement rejoint Aristote – à l'âge d'environ 25 ans –, à Assos, cité de Troade située en face de l'île de Lesbos (*cf*. **42** W. Jaeger, *Aristoteles. Grundlegung einer Geschichte seiner Entwicklung*, Berlin 1955² [1923], p. 116, n. 1 ; Flashar **24**, p. 216). Si l'on retient le témoignage de D. L., on admettra qu'après la mort de Platon (347ᵃ) Théophraste suivit Aristote accompagné sans doute de Xénocrate (➳X 10 ; *cf*. Str. XIII 1, 57), et peut-être de Callisthène (➳C 36, p. 185-186) en Asie Mineure, à Atarnée – puis à Assos – chez le dynaste Hermias (➳H 80), qui avait sans doute fréquenté l'Académie. Là, le petit groupe de philosophes issus de l'Académie retrouva deux anciens disciples de Platon, Érastos (➳E 49) et Coriscos (➳C 187), le père de Nélée (➳N 15), tous deux de Scepsis, et y demeura jusqu'en 345ᵃ, dans la pratique commune de la philosophie. Ensuite, il accompagna Aristote pendant deux ou trois ans à Mytilène dans son île de Lesbos (*cf*. *DPhA*, t. I, p. 417), où les deux philosophes consacrèrent leurs loisirs à des observations zoologiques et botaniques (345-343) ; *cf*. Gaiser **9**. Quand Aristote fut invité à Pella – en fait il résidera à Miéza – par Philippe II de Macédoine pour l'éducation du jeune Alexandre (343/2 : Alexandre a 14 ou 15 ans), on ne sait précisément ce que fit Théophraste, mais on le retrouve peut-être quelques années plus tard à Stagire – qui avait été détruite vers 349ᵃ par Philippe II, mais rapidement reconstruite –, où il semble avoir continué ses recherches (*cf*. l'allusion au Μουσεῖον de Stagire en *Historia plantarum* [dorénavant *HP*] IV 16, 3). En 335ᵃ, il retourna à Athènes avec son maître, où, selon l'opinion traditionnelle, ce dernier ouvrit sa propre école (*cf*. *DPhA*, t. I, p. 422). Quand Aristote se retira à Chalcis, après la mort d'Alexandre le Grand (323ᵃ), Théophraste demeura à Athènes. Peu de temps après, à la mort d'Aristote en 322ᵃ, il succéda à son maître à la tête du Lycée.

Sa réputation était excellente, aussi bien auprès des grands (Cassandre, Ptolémée [Sôter]) que du peuple athénien (D. L. V 37). Avec le témoignage de D. L. (V 39), on admet généralement que c'est grâce à ses relations avec le péripatéticien

Démétrios de Phalère (⟶D 54), qui dirigea Athènes sous la protection des Macédoniens de 317 à 307, que Théophraste put acquérir un terrain – précisément un jardin (κῆπος) – à Athènes, malgré son statut de métèque (*cf.* Lynch **6**, p. 98-99; **43** C. Habicht, *Athènes hellénistique. Histoire de la cité, d'Alexandre le Grand à Marc Antoine*, traduit par M. et D. Knoepfler, Paris, 2006² (2000), p. 72); comme propriétaire d'un terrain et de bâtiments, Théophraste figure comme «le fondateur du Péripatos en tant qu'institution» (**44** H. B. Gottschalk, «Notes on the wills of the Peripatetic scholarchs», *Hermes* 100, 1972, p. 314-342, en particulier p. 329). Au cours de sa carrière, le philosophe dut quitter Athènes, pendant une courte durée, avec les autres philosophes, quand un certain Sophoclès, fils d'Amphicléidès, eut déposé un projet de loi – accepté par l'Assemblée – selon lequel aucun philosophe ne pouvait diriger une école sans l'assentiment du Conseil et de l'Assemblée, sous peine de mort; mais, un ancien élève d'Aristote, Philon (⟶P 151), intenta contre Sophoclès une action en illégalité et les Athéniens votèrent le retour des philosophes et condamnèrent Sophoclès. L'affaire devait viser particulièrement les péripatéticiens, en 307 ou 306, au moment du renversement du gouvernement promacédonien de Démétrios de Phalère (⟶D 54), ancien élève d'Aristote et, peut-être, de Théophraste lui-même, par Démétrios Poliorcète. Sur cet événement, on verra Lynch **6**, p. 103-104; **45** C. Habicht, *Athen in Hellenistischer Zeit. Gesammelte Aufsätze*, München 1994, p. 231-247 et 357-358; Habicht **43**, p. 90-92; Sollenberger **13**, p. 3820-3822; **46** M. Haake, *Der Philosoph in der Stadt*, p. 16-43; **47** *Id.*, «Das "Gesetz des Sophokles" und die Schliessung der Philosophenschulen in Athen unter Demetrios Poliorketes», dans **48** H. Hugonnard-Roche (édit.), *L'enseignement supérieur dans les mondes antiques et médiévaux. Aspects institutionnels, juridiques et pédagogiques*, coll. «Textes et traditions» 16, Paris 2008, p. 89-112. Selon D. L., Théophraste mourut à quatre-vingt-cinq ans (V 40; la mention des quatre-vingt-dix-neuf ans dans la préface des *Caractères* n'est pas à prendre en considération, cette préface étant apocryphe). Sa popularité était telle que les Athéniens suivirent en foule le cortège funèbre (*ibid.*). Son successeur, Straton de Lampsaque (⟶S 171), prit la tête du Lycée en 288/7 ou 287/6. La date de naissance de Théophraste doit donc remonter à 372/1 ou 371/0 (Regenbogen **1**, col. 1357).

Les témoignages sur l'activité politique de Théophraste sont divergents (*cf.* fr. 24-33 F). Les uns le présentent comme étranger aux affaires de la cité, ce qui correspond à son statut de métèque (fr. 27 F), les autres mentionnent, sans détails, son activité politique en rapport avec sa cité d'Érésos aux côtés de son compatriote Pha(i)nias (⟶P 90), avec qui il aurait contribué à libérer celle-ci de la tyrannie (fr. 33a; *cf.* 33b où Théophraste est dit avoir libéré deux fois sa patrie de la tyrannie); sur cette question, *cf.* **49** F. Wehrli, *Phainias von Eresos, Chamaileon, Praxiphanes*, coll. «Die Schule des Aristoteles» 9, Basel/Stuttgart 1969², p. 28 (commentaire sur le fr. 7); il est difficile de dater précisément ces événements, puisqu'on mentionne des troubles dans l'île, avec l'installation de tyrannies pro-perses, de 350ᵃ environ à l'arrivée d'Alexandre (334ᵃ). On peut encore ajouter l'intercession réussie de Théophraste en 292ª auprès de Démétrios Poliorcète en faveur des partisans de Cassandre exilés après 307ª (*cf.* Habicht **43**, p. 106-107 ; 126 ; 135).

Pour les jugements anciens, favorables ou non, sur Théophraste, *cf.* fr. 56-65 F.

Disciples

Diogène Laërce note (V 37) qu'«environ deux mille (πρὸς δισχιλίους) élèves ("plus de deux mille", selon Stobée, fr. 2 F) fréquentèrent son école» (sur la diversité de ce public et le manque de cohésion entre les élèves ou auditeurs, *cf.* fr. 15 F et les remarques de **50** J. Glucker, «Theophrastus, the Academy, and the Athenian philosophical atmosphere», dans Ophuijsen et Raalte **16**, p. 299-329, en particulier p. 300-302. On trouvera une liste alphabétique (très partielle) de vingt de ces disciples, avec les références, dans Fortenbaugh *et alii* **29**, p. 66-71 (fr. 18 F), à laquelle il faut en tout cas ajouter Douris de Samos (⟹D 226) et Nélée de Scepsis (⟹N 15 ; Nélée est mentionné dans le testament de Théophraste comme l'héritier de la bibliothèque du scholarque [τὰ βιβλία πάντα]). Je reprends la liste, avec, pour chacun, la référence à la notice du *DPhA* qui discute, le cas échéant, du degré de vraisemblance de la relation à Théophraste :

Ainésias (⟹A 66 ; fr. 18 n° 1 F).

Arcésilas de Pitane, le futur académicien (⟹A 302 ; fr. 18 n° 2 F ; *cf.* Glucker **50**, p. 302-309).

Bion de Borysthène (⟹B 32 ; fr. 18 n° 3 F).

Démarate ou Damarate (⟹D 35 ; fr. 18 n° 4 F ; un des deux fils – avec Proclès – de la fille d'Aristote, Pythias [⟹P 335], et de son deuxième mari, Proclès ; (un autre fils, nommé Aristote [⟹A 408], que Pythias eut avec son troisième mari, le médecin Métrodore [les mss. de D. L. ont Μειδίας ou Μήδιος, au génitif], est encore trop jeune pour s'adonner à la philosophie avec Théophraste, mais ce dernier donne dans son testament des recommandations aux aînés pour garantir à l'enfant une formation philosophique et une participation à la "communauté", s'il le souhaite [D. L. V 53]) ; on trouvera un stemma de la famille d'Aristote dans *DPhA* t. I, p. 421.

Démétrios de Phalère (⟹D 54 ; ajouter Habicht **45**, p. 71-84 ; fr. 18 n° 5 F ; pour une opinion critique sur cette filiation, *cf.* Haake **47**, p. 70-72).

Démoclès, qui deviendra peut-être orateur (⟹D 65 ; fr. 18 n° 6).

Dinarque de Corinthe, le futur orateur promacédonien (⟹D 25 ; fr. 18 n° 7 F ; Théophraste obtint en 292ª de Démétrios son retour d'exil, avec d'autres partisans de Cassandre [*cf.* Habicht **45**, p. 106, 126 ; 135]).

Érasistrate de Ioulis, sur l'île de Céos, qui deviendra médecin (fr. 18 n° 8 ; D. L. V 57 : «certains affirment qu'Érasistrate aussi fut son auditeur» ; *cf.* Glucker **50**, p. 309-310).

Hippolochos (⟹H 153a, dans *DPhA* IV, 2005, p. 872-873 ; fr. 18 n° 9 F et 76 F).

Lyncée de Samos (☛⁺L 91 ; fr. 18 n° 10 F).

Lysimaque (☛⁺L 97 ; fr. 18 n° 11 F).

Ménandre, le poète de la comédie nouvelle (☛⁺M 102 ; fr. 18 n° 12).

Métroclès de Maronée, philosophe cynique (☛⁺M 142 ; fr. 18 n° 13 F).

Métrodore dit le Théoricien (☛⁺M 156 ; fr. 18 n° 14 F ; il serait passé de Théophraste au mégarique Stilpon [☛⁺S 163]).

Nicomaque, le fils d'Aristote (☛⁺N 51 ; fr. 18 n° 15 F ; D. L. V 39).

Polystratos (☛⁺P 248 ; fr. 18 n° 16 F).

Praxiphane de Mitylène (☛⁺P 277 ; cf. ☛⁺276 ; fr. 18 n° 17 F ; voir maintenant **51** A. Martano, E. Matelli et D. Mirhady [édit.], *Praxiphanes of Mytilene and Chamaeleon of Heraclea*, text, translation, and discussion, coll. *RUSCH* 18, New Brunswick, NJ/London 2012, *Praxiphanes*, fr. 4a-c, p. 49).

Proclès, petit-fils d'Aristote (☛⁺P 286 ; fr. 18 n° 18 F ; cf. *supra* Démarate).

Straton de Lampsaque, successeur de Théophraste (☛⁺S 171 ; fr. 18 n° 19 F).

Timagoras de Géla (☛⁺T 135 ; fr. 18 n° 20 ; comme Métrodore, ce philosophe, inconnu par ailleurs, serait passé de Théophraste au mégarique Stilpon [☛⁺S 163] selon D. L. II 113).

A cette liste, on peut sans doute ajouter les noms des dix amis (φίλοι) que Théophraste mentionne dans son testament comme héritiers communs de la propriété – ils sont appelés οἱ κοινωνοῦντες, *les associés* ou *la communauté* (les plus anciens ont encore fréquenté Aristote) ; le texte dit précisément : « Je lègue le jardin, la promenade (περίπατος) et tous les bâtiments attenants au jardin à ceux des amis mentionnés qui souhaitent s'y consacrer ensemble à l'étude et à la philosophie de façon permanente, puisqu'il n'est pas possible à tous d'y résider de façon permanente », Τὸν κῆπον καὶ τὸν περίπατον καὶ τὰς οἰκίας τὰς πρὸς τῷ κήπῳ πάσας δίδωμι τῶν γεγραμμένων φίλων ἀεὶ τοῖς βουλομένοις συσχολάζειν καὶ συμφιλοσοφεῖν ἐν αὐταῖς, ἐπειδήπερ οὐ δυνατὸν πᾶσιν ἀνθρώποις ἀεὶ ἐπιδημεῖν (D. L. V 52-53 ; sur le sens ici de περίπατος comme promenade bordée d'arbres, *cf.* Gottschalk **44**, p. 333-335). Cette liste, établie peut-être par ordre d'âge (Gottschalk **44**, p. 319 n. 1), comprend les noms des dix personnages suivants, dont l'activité philosophique nous est inconnue, à l'exception peut-être du premier d'entre eux (*cf.* la notice du *DPhA* qui lui est consacrée) : 1. Hipparque (☛⁺H 143), qui apparaît principalement comme l'intendant de la fortune du testateur ; 2. Nélée de Scepsis (☛⁺N 15) qui est le fils du Coriscos disciple de Platon et ami d'Aristote (☛⁺C 187) ; 3. Straton de Lampsaque (☛⁺S 171), le successeur de Théophraste ; 4. Callinos (☛⁺C 26) qui hérite personnellement du domaine (χωρίον) que possède Théophraste à Stagire (il s'agit peut-être de la maison familiale d'Aristote ; *cf.* Gottschalk **44**, p. 324 et n. 4 et 5) et trois mille drachmes ; 5. Démotimos (☛⁺D 80) ; 6. Démarate (☛⁺D 35), le petit-fils d'Aristote déjà mentionné ; 7. Callisthène (☛⁺C 34), peut-être de la famille de Callisthène d'Olynthe (☛⁺C 36), le parent d'Aristote ; 8. Mélantès (☛⁺M 85) et son frère 9. Pancréôn (☛⁺P 24), fils de Léon (*cf.* Gottschalk **44**, p. 318 n. 2), qui héritent à eux deux de toutes les possessions du scholarque à Érèse (οἴκοι) et d'un talent chacun ; 10. Nicippos (☛N 42). Six d'entre eux sont aussi nommés exécuteurs testamentaires (ἐπιμελη-ταί) : Hipparque, Nélée, Straton, Callinos, Démotimos, Callisthène ; à ceux-ci s'ajoute un septième personnage, Ctésarque (D. L. V 56). Le testament mentionne encore deux affranchis de longue date, vivant semble-t-il en couple, Pompylos (☛P 259) et Threptè, à qui Théophraste lègue deux mille drachmes et deux escla-ves (Sômatalè et [καί] une petite esclave ou seulement "la petite esclave Sôma-talè", si on supprime le καί [D. L. V 54]) ; quant à Pompylos, habitant sur place, il continuera de s'occuper de « l'entretien du sanctuaire (τὸ ἱερόν), du tombeau (*scil.* de Théophraste), du jardin et de la promenade » (D. L. V 54), et recevra une partie des biens mobiliers (τὰ οἰκηματικὰ σκεύη). Si le testament ne permet pas d'attri-buer à l'affranchi une activité philosophique, deux sources mentionnent Pompylos comme un esclave devenu philosophe : D. L. V 36 (selon Myrônianos d'Amastrée [☛M 207]) et Aulu-Gelle, *Nuits attiques* II 18 (le chapitre traite d'esclaves deve-nus philosophes), 8 (l'auteur précise qu'il ne fut pas sans notoriété [*non incele-ber*]). Enfin, un témoignage isolé et suspect du ps.-Lucien (*Éloge de Démosthène* 12), indique que l'orateur antimacédonien Démosthène, mort la même année qu'Aristote, aurait fréquenté Théophraste aussi bien qu'Aristote, Xénocrate et Platon.

Testament

Le testament de Théophraste qui nous est transmis dans la *Vie* de Théophraste de D. L. (V 51-57) est généralement considéré comme authentique. On possède en outre deux témoignages ponctuels sur ce testament, qui ne correspondent pas au document transmis par D. L. (fr. 35-36 F ; *cf.* Gottschalk **44**, p. 316-317). Les testa-ments des péripatéticiens (Aristote, Théophraste, Straton, Lycon) remontent sans doute à Ariston de Céos (☛A 396) ; de fait, celui de Straton, Diogène Laërce V 64 le rapporte explicitement à Ariston ; *cf.* Brink **2**, col. 912 ; Gottschalk **44**, p. 314-315 ; Mejer **37**, p. 24-25 ; Sollenberger **13**, p. 3859-3876, en particulier 3860 ; Sharples **17**, p. 150 ; *cf.* fr. 16 avec la n. 2 dans la nouvelle édition des fragments d'Ariston dans **52** W. W. Fortenbaugh et S. A. White (édit.), *Aristo of Ceos*, text, translation, and discussion, coll. *RUSCH* 13, New Brunswick, NJ/London 2006, p. 55). Pour les questions juridiques concernant les successions dans le droit athé-nien, on verra **53** A. R. W. Harrison, *The laws of Athens*, t. I : *The family and pro-perty*, Oxford 1968, p. 122-162, et la bibliographie donnée par Gottschalk **44**, p. 314 n. 2. *Cf.* Regenbogen **1**, col. 1361-1363. Sur le sort de la bibliothèque de Théophraste (incluant celle d'Aristote) léguée en propre à Nélée de Scepsis, *cf.* la bibliographie donnée dans **54** J.-P. Schneider, notice « Néleus de Scepsis » N 15, *DPhA*, t. IV, p. 617-620 (ajouter Mejer **37**, p. 25-27) ; on trouvera les témoignages dans les fr. 37 F (Strabon), 38 (Plutarque), 39 (Porphyre), 40 (Athénée), 41 (al-Fārābī). Dans son testament, Théophraste ne choisit pas de successeur personnel, mais, comme on l'a vu, un groupe d'amis héritant en commun de sa propriété à

Athènes. On peut penser qu'il revenait à eux de choisir le futur scholarque. On a parfois vu dans le legs de la bibliothèque à Nélée une indication sur le choix du futur scholarque (*cf.* Gottschalk **44**, p. 336, qui présente cette hypothèse comme plausible, mais préfère voir en Nélée "l'exécuteur littéraire" de Théophraste, p. 337). Le testament révèle la grande aisance matérielle de son auteur et l'absence d'héritier direct – Théophraste n'a jamais été marié et n'a pas réalisé le vœu d'Aristote qui prévoyait dans son testament (D. L. V 13) que sa fille Pythias (☞P 335) lui soit donnée en mariage, au cas où Nicanor de Stagire (*cf.* Gottschalk **44**, p. 322), à qui elle était destinée en premier, viendrait à mourir; or, si elle épousa bien Nicanor en premières noces, son second mari fut Proclès.

Il ressort des dispositions prises par Théophraste dans son testament que plusieurs bâtiments concernant l'école, sise à l'extérieur des murs de la ville – particulièrement, semble-t-il, les bâtiments publics liés à celle-ci – avaient subi certains dégâts : sans doute le temple des Muses (τὸ Μουσεῖον) et les statues des déesses (les Muses), certainement le sanctuaire ou le temple (τὸ ἱερόν; celui des Muses ou celui d'Apollon Lycéios?) avec l'effigie d'Aristote et les autres offrandes (ἀναθήματα), la petite stoa (τὸ στωίδιον) attenante au Mouséion, les cartes géographiques (οἱ πίνακες ἐν οἷς αἱ τῆς γῆς περίοδοί εἰσιν) apposées sur les murs de la stoa inférieure (ἡ κάτω στοά), l'autel (D. L. V 51-52; notons que la géographie des lieux, la fonction des bâtiments et leur statut – public ou privé – sont loin d'être clairs; *cf.* Lynch **6**, p. 9-31 et 99-103, et le compte rendu de l'ouvrage par **55** H. B. Gottschalk, *CR* 90, 1976, p. 70-72). Si l'on admet raisonnablement que le testament a été rédigé au moment où Théophraste sentait la fin proche et où les réparations s'avéraient pressantes, on supposera que les événements politiques responsables des déprédations avaient précédé de peu la mort du scholarque. Il peut s'agir du fameux blocus de la ville par le roi Démétrios Poliorcète en 295[a] (*cf.* Habicht **43**, p. 101-102; Gottschalk **44**, p. 320, penche pour cet événement) ou d'un événement plus récent, l'insurrection d'Athènes contre le même Démétrios au printemps 287[a] (*cf.* Habicht **43**, p. 112 : les hostilités cessent en juillet). S'il s'agissait du soulèvement de 287, la date du testament et celle de la mort du scholarque pourraient être fixées à 287/286.

ŒUVRES

A. Listes des œuvres

I. Liste des œuvres de Théophraste
conservée par Diogène Laërce (D. L. V 42-50)

56 H. Usener, *Analecta Theophrastea*, Diss. Bonn, Leipzig 1858, p. 1-48 (sur le catalogue); réimpr. dans **57** *Id.*, *Kleine Schriften*, t. I, Leipzig/Berlin 1912, p. 50-90 (I. *De Theophrasti librorum tabula laertiana* [p. 50-70]; II. *Theophrasti De physicorum opinionibus reliquiae* [p. 71-87]; dans la suite les références seront à cette édition qui reproduit la pagination originale); **58** H. J. Drossaart-Lulofs,

Nicolaus Damascenus, On the Philosophy of Aristotle. Fragments of the first five books translated from the Syriac with an introduction and commentary, Leiden 1969 (1965[1]); **59** M. G. Sollenberger, «Diogenes Laertius 5.36-57: The *Vita Theophrasti*», dans Fortenbaugh, Huby et Long **10**, p. 10-43 et p. 60 n. 32; **60** P. Moraux, «Diogène Laërce et le *Peripatos*», dans *Diogene Laerzio storico del pensiero antico* (Actes du colloque de 1985) = *Elenchos* 7, 1986, p. 247-294; **61** M. G. Sollenberger, «A note on the lives of Theophrastus and Strato in Diogenes Laertius 5. 57-58», *CPh* 82, 1987, p. 228-230; **62** S. White, «Opuscula and opera in the catalogue of Theophrastus' works», dans Fortenbaugh et Wöhrle **22**, p. 9-37 (bibliographie p. 35-37).

Sur le catalogue des œuvres de Théophraste, on lira avant tout Regenbogen **1**, col. 1363-1370; pour les catalogues des œuvres du livre V de D. L., *cf.* Sollenberger **13**, p. 3849-3855; voir aussi Mejer **37**, p. 22-24.

Le long catalogue des œuvres de Théophraste (224 titres dans l'édition de Sollenberger), que nous a transmis D. L. dans sa *Vie de Théophraste*, comporte une structure singulière. On peut y distinguer cinq listes d'ouvrages, arrangées pour la plupart selon l'ordre alphabétique d'après le mot le plus important (*cf.* Sollenberger **13**, p. 3852; Regenbogen **1**, col. 1364, qui reprend une ancienne division en quatre parties, prenant ensemble les quatrième et cinquième listes): 1. une première liste alphabétique (n° 1-109); 2. une seconde liste alphabétique (n° 110-175); 3. une liste sans ordre apparent (n° 176-202); 4. une troisième liste alphabétique (n° 203-217); 5. une courte liste alphabétique, à l'exception des deux derniers titres (n° 218-224). On a émis l'hypothèse que chacune des cinq listes représenterait un nouveau lot d'ouvrages acquis par la bibliothèque d'Alexandrie, où les ouvrages seraient entrés (*cf.* Fortenbaugh **35**, p. 49-50 et n. 5 pour la littérature antérieure, et n. 7 pour les opinions dissidentes; Fortenbaugh **34**, p. 122). Le catalogue est d'ailleurs certainement incomplet et comporte des additions (Fortenbaugh **34**, p. 122-124). Depuis Usener **57**, p. 68-70, on admet en général que ce catalogue remonte ultimement à Hermippe (Brink **2**, col. 912; Moraux **3**, p. 246; Moraux **60**, p. 251), qui est l'auteur d'une vie de Théophraste (pour la bibliographie sur la question, *cf.* **63** P. Moraux, *Der Aristotelismus bei den Griechen*, t. I, p. 4, n. 2). Pour l'attestation d'un catalogue d'Hermippe (⇒H 86), voir les deux scholies à la fin de la *Métaphysique* de Théophraste et du livre VII de l'*Historia plantarum* (*cf.* Hermippe, fr. 54 et 55 Wehrli; fr. 384 n° 1k F; Drossaart-Lulofs **58**, p. 27-29 et n. 11); dans la scholie à la *Métaphysique*, on apprend que ni Andronicos ni Hermippe ne connaissaient cet ouvrage – en tout cas sous le nom de Théophraste – «parce qu'ils n'en font aucune mention dans leur catalogue (ἐν τῇ ἀναγραφῇ) des œuvres de Théophraste»; sur cette question, voir aussi Regenbogen **1**, col. 1366-1370. Pour l'existence d'un catalogue (πίνακες) des œuvres de Théophraste par Andronicos, voir, en plus de la scholie à la *Métaphysique*, Plut., *Sylla* 26 (fr. 38 F) et Porph., *V. Plot.* 24 (fr. 39 F). Notons que les cinq premiers titres du catalogue de D. L. sont aussi les cinq premiers des neuf titres mentionnés dans la notice de la *Souda* sur Théophraste (fr. 2 F); les quatre autres sont: Περὶ λίθων (n° 59 D. L.), Περὶ φυτῶν (*cf.* n° 105 et 106), Περὶ μετάλλων (n° 64), Περὶ ὀδμῶν (n° 72).

Je donne le texte établi par Sollenberger **59**, p. 16-39, et repris (sans les remarques sur les problèmes textuels) dans Fortenbaugh *et alii* **29**, p. 26-40. Grâce à l'obligeance de T. Dorandi, j'ai pu consulter, pour certains titres douteux, sa nouvelle édition de D. L: **64** T. Dorandi (édit.), *Diogenes Laertius, Lives of eminent philosophers*, coll. « Cambridge classical texts and commentaries » 50, Cambridge 2013. La liste comprend 224 entrées, en comptant tous les titres, même ceux qui reviennent manifestement deux fois, voire trois (Περὶ διαβολῆς n° 122, 185, 208). Quand un même titre figure deux fois dans deux listes distinctes du catalogue, par exemple le *Protreptique* (n° 195 et 217 D. L.), il ne s'agit pas d'une erreur du copiste, mais sans doute de lots d'ouvrages distincts entrés dans la bibliothèque d'Alexandrie à des moments différents (*cf.* Fortenbaugh **34**, p. 232 ; Fortenbaugh **35**, p. 49-50 et 96). Dans la liste ci-dessous, j'ai numéroté les titres pour pouvoir les reprendre dans la suite avec leur numéro d'ordre ; les numéros entre parenthèses carrées indiquent les paragraphes de D. L.

1. Première liste alphabétique

(1) [42] Ἀναλυτικῶν προτέρων α' β' γ', *Analytiques premiers*, livres I, II, III.

(2) Ἀναλυτικῶν ὑστέρων α' β' γ' δ' ε' ϛ' ζ', *Analytiques seconds*, livres I, II, III, IV, V, VI, VII.

(3) Περὶ ἀναλύσεως συλλογισμῶν α', *Sur l'analyse des syllogismes*, un livre.

(4) Ἀναλυτικῶν ἐπιτομὴ α', *Abrégé des* Analytiques, un livre.

(5) Ἀνηγμένων τόπων α' β', *Lieux réduits [en syllogismes]*, livres I, II.

(6) Ἀγωνιστικῶν <ἢ> τῆς περὶ τοὺς ἐριστικοὺς λόγους θεωρίας, *Polémiques <ou> théorie des raisonnements éristiques*.

Pour la forme du titre, *cf.* Sollenberger **59**, p. 49-50.

(7) Περὶ αἰσθήσεων α', *Sur les sensations*, un livre.

(8) Πρὸς Ἀναξαγόραν α', *Contre Anaxagore*, un livre.

(9) Περὶ τῶν Ἀναξαγόρου α', *Sur les [doctrines] d'Anaxagore*, un livre.

(10) Περὶ τῶν Ἀναξιμένους α', *Sur les [doctrines] d'Anaximène*, un livre.

(11) Περὶ τῶν Ἀρχελάου α', *Sur les [doctrines] d'Archélaos*, un livre.

(12) Περὶ ἁλῶν, νίτρου, στυπτηρίας α', *Sur le sel, le nitre, l'alun*, un livre.

(13) Περὶ τῶν αἰθομένων α' β', *Sur les [pierres] qui brûlent*, livres I, II.

Usener **57**, p. 52 : Περὶ τῶν ἀπολελιθωμένων ; Regenbogen **1**, col. 1418 repris par Long et par Dorandi **64** : Περὶ τῶν <ἀπο>λιθουμένων, *Sur les choses transformées en pierre* ; Marcovich : Περὶ τῶν λιθουμένων (leçon de deux manuscrits).

(14) Περὶ τῶν ἀτόμων γραμμῶν α', *Sur les lignes insécables*, un livre.

(15) Ἀκροάσεως α' β', *Leçon*, livres I, II.

(16) Περὶ ἀνέμων α', *Sur les vents*, un livre.

(17) Ἀρετῶν διαφοραὶ α', *Différences des vertus*, un livre.

(18) Περὶ βασιλείας α', *Sur la royauté*, un livre.

(19) Περὶ παιδείας βασιλέως α', *Sur l'éducation du roi*, un livre.

(20) Περὶ βίων α' β' γ', *Sur les genres de vies*, livres I, II, III.

(21) [43] Περὶ γήρως α', *Sur la vieillesse*, un livre.

(22) Περὶ τῆς Δημοκρίτου ἀστρολογίας α', *Sur l'astronomie de Démocrite*, un livre.

(23) Τῆς μεταρσιολεσχίας α', *Météorologie*, un livre.

(24) Περὶ τῶν εἰδώλων α', *Sur les images*, un livre.

(25) Περὶ χυμῶν, χροῶν, σαρκῶν α', *Sur les saveurs, les couleurs, les chairs*, un livre.

(26) Περὶ τοῦ διακόσμου α', *Sur l'ordre cosmique*, un livre.

(27) Περὶ τοῦ Περὶ ἀνθρώπων α', *Sur l'[ouvrage intitulé]* Sur les hommes, un livre.

Long : Περὶ τῶν ἀνθρώπων α', *Sur les hommes*, un livre.

(28) Τῶν Διογένους συναγωγὴ α', *Recueil des [doctrines] de Diogène*, un livre.

(29) Διορισμῶν α' β' γ', *Définitions*, livres I, II, III.

(30) Ἐρωτικὸς α', *[Discours] sur l'amour*, un livre.

(31) Ἄλλο Περὶ ἔρωτος α', Autre ouvrage *Sur l'amour*, un livre.

(32) Περὶ εὐδαιμονίας α', *Sur le bonheur*, un livre.

(33) Περὶ εἰδῶν α' β', *Sur les formes*, livres I, II.

Quelques manuscrits ont Περὶ εἰδώλων, *Sur les images*, mais ce titre (en un livre) figure déjà dans la même section (n° 24).

(34) Περὶ ἐπιλήψεως α', *Sur l'épilepsie*, un livre.

(35) Περὶ ἐνθουσιασμοῦ α', *Sur l'inspiration (divine)*, un livre.

(36) Περὶ Ἐμπεδοκλέους α', *Sur Empédocle*, un livre.

Usener **57**, p. 53, propose de lire Περὶ <τῶν> Ἐμπεδοκλέους.

(37) Ἐπιχειρημάτων α' β' γ' δ' ε' ϛ' ζ' η' θ' ι' ια' ιβ' ιγ' ιδ' ιε' ιϛ' ιζ' ιη', *Épichérèmes* (scil. *Arguments dialectiques*), livres I, II, III, IV, V, VI, VII, VIII, IX, X, XI, XII, XIII, XIV, XV, XVI, XVII, XVIII.

(38) Ἐνστάσεων α' β' γ', *Objections*, livres I, II, III.

(39) Περὶ ἑκουσίου α', *Sur le volontaire*, un livre.

(40) Ἐπιτομὴ τῆς Πλάτωνος Πολιτείας α' β', *Abrégé de la* République *de Platon*, livres I, II.

(41) Περὶ ἑτεροφωνίας ζώων τῶν ὁμογενῶν α', *Sur les divers sons émis par les animaux de même espèce*, un livre.

(42) Περὶ τῶν ἀθρόον φαινομένων αʹ, *Sur les [animaux] qui apparaissent en masse*, un livre.

(43) Περὶ δακέτων καὶ βλητικῶν αʹ, *Sur les [animaux] qui mordent et qui frappent (ou piquent)*, un livre.

(44) Περὶ τῶν ζῴων ὅσα λέγεται φθονεῖν αʹ, *Sur les animaux qu'on dit jaloux*, un livre.

(45) Περὶ τῶν ἐν ξηρῷ διαμενόντων αʹ, *Sur les [animaux] qui demeurent sur la terre ferme*, un livre.

(46) [44] Περὶ τῶν τὰς χρόας μεταβαλλόντων αʹ, *Sur les [animaux] qui changent de couleur*, un livre.

(47) Περὶ τῶν φωλευόντων αʹ, *Sur les [animaux] qui hibernent (ou se retirent dans des trous)*, un livre.

(48) Περὶ ζῴων αʹ βʹ γʹ δʹ εʹ ϛʹ ζʹ, *Sur les animaux*, livres I, II, III, IV, V, VI, VII.

(49) Περὶ ἡδονῆς ὡς Ἀριστοτέλης αʹ, *Sur le plaisir*, comme celui d'Aristote, un livre.

(50) Περὶ ἡδονῆς ἄλλο αʹ, *Sur le plaisir* (autre ouvrage), un livre.

(51) Θέσεις κδʹ, *Thèses*, 24 livres.

Cf. n° 181.

(52) Περὶ θερμοῦ καὶ ψυχροῦ αʹ, *Sur le chaud et le froid*, un livre.

(53) Περὶ ἰλίγγων καὶ σκοτώσεων αʹ, *Sur les vertiges et les étourdissements*, un livre.

(54) Περὶ ἱδρώτων αʹ, *Sur les (types de) sueur*, un livre.

(55) Περὶ καταφάσεως καὶ ἀποφάσεως αʹ, *Sur l'affirmation et la négation*, un livre.

(56) Καλλισθένης ἢ Περὶ πένθους αʹ, *Callisthène ou Sur le deuil*, un livre.

(57) Περὶ κόπων αʹ, *Sur les (types de) fatigue*, un livre.

(58) Περὶ κινήσεως αʹ βʹ γʹ, *Sur le mouvement*, livres I, II, III.

(59) Περὶ λίθων αʹ, *Sur les pierres*, un livre.

(60) Περὶ λοιμῶν αʹ, *Sur les épidémies*, un livre.

(61) Περὶ λειποψυχίας αʹ, *Sur la perte de conscience*, un livre.

(62) Μεγαρικὸς αʹ, *[Discours] mégarique*, un livre.

(63) Περὶ μελαγχολίας αʹ, *Sur la mélancolie*, un livre.

(64) Περὶ μετάλλων αʹ βʹ, *Sur les métaux* (plutôt que *Sur les mines*), livres I, II.

(65) Περὶ μέλιτος αʹ, *Sur le miel*, un livre.

(66) Περὶ τῶν Μητροδώρου συναγωγῆς αʹ, *Sur les [doctrines] de Métrodore, Recueil*, un livre.

(67) Μεταρσιολογικῶν α′ β′, *Météorologiques*, livres I, II.

(68) Περὶ μέθης α′, *Sur l'ivresse*, un livre.

(69) Νόμων κατὰ στοιχεῖον κδ′, *Lois*, par ordre alphabétique, 24 livres.

(70) Νόμων ἐπιτομῆς α′ β′ γ′ δ′ ε′ ς′ ζ′ η′ θ′ ι′, *Abrégé des* Lois, livres I, II, III, IV, V, VI, VII, VIII, IX, X.

(71) [45] Πρὸς τοὺς ὁρισμοὺς α′, *Pour les définitions*, un livre.

(72) Περὶ ὀδμῶν α′, *Sur les odeurs*, un livre.

(73) Περὶ οἴνου καὶ ἐλαίου, *Sur le vin et l'huile (d'olive)*.

(74) Πρώτων προτάσεων α′ β′ γ′ δ′ ε′ ς′ ζ′ η′ θ′ ι′ ια′ ιβ′ ιγ′ ιδ′ ιε′ ις′ ιζ′ ιη′, *Prémisses premières*, livres I, II, III, IV, V, VI, VII, VIII, IX, X, XI, XII, XIII, XIV, XV, XVI, XVII, XVIII.

(75) Νομοθετῶν α′ β′ γ′, *Législateurs*, livres I, II, III.

(76) Πολιτικῶν α′ β′ γ′ δ′ ε′ ς′, *Politiques*, livres I, II, III, IV, V, VI.

(77) Πολιτικῶν πρὸς τοὺς καιροὺς α′ β′ γ′ δ′, *[Questions] politiques, par rapport aux situations de crise*, livres I, II, III, IV.

(78) Πολιτικῶν ἐθῶν α′ β′ γ′ δ′, *Mœurs politiques*, livres I, II, III, IV.

(79) Περὶ τῆς ἀρίστης πολιτείας α′, *Sur la meilleure constitution*, un livre.

(80) Προβλημάτων συναγωγῆς α′ β′ γ′ δ′ ε′, *Recueil de problèmes*, livres I, II, III, IV, V.

Cf. n° 159 (même titre, en 1 livre).

(81) Περὶ παροιμιῶν α′, *Sur les proverbes*, un livre.

(82) Περὶ πήξεων καὶ τήξεων α′, *Sur la solidification et la liquéfaction*, un livre.

(83) Περὶ πυρὸς α′ β′, *Sur le feu*, livres I, II.

(84) Περὶ πνευμάτων α′, *Sur les souffles*, un livre.

(85) Περὶ παραλύσεως α′, *Sur la paralysie*, un livre.

(86) Περὶ πνιγμοῦ α′, *Sur la suffocation*, un livre.

(87) Περὶ παραφροσύνης α′, *Sur le dérangement mental*, un livre.

(88) Περὶ παθῶν α′, *Sur les passions*, un livre.

(89) Περὶ σημείων α′, *Sur les signes*, un livre.

(90) Σοφισμάτων α′ β′, *Sophismes*, livres I, II.

(91) Περὶ συλλογισμῶν λύσεως α′, *Sur la solution des syllogismes*, un livre.

(92) Τοπικῶν α′ β′, *Topiques*, livres I, II.

(93) Περὶ τιμωρίας α′ β′, *Sur le châtiment*, livres I, II.

(94) Περὶ τριχῶν α′, *Sur les poils*, un livre.

(95) Περὶ τυραννίδος α′, *Sur la tyrannie*, un livre.

(96) Περὶ ὕδατος α′ β′ γ′, *Sur l'eau*, livres I, II, III.

(97) Περὶ ὕπνου καὶ ἐνυπνίων α', *Sur le sommeil et les rêves*, un livre.

(98) Περὶ φιλίας α' β' γ', *Sur l'amitié*, livres I, II, III.

(99) [46] Περὶ φιλοτιμίας α' β', *Sur l'ambition*, livres I, II.

(100) Περὶ φύσεως α' β' γ', *Sur la nature*, livres I, II, III.

(101) Περὶ φυσικῶν α' β' γ' δ' ε' ϛ' ζ' η' θ' ι' ια' ιβ' ιγ' ιδ' ιε' ιϛ' ιζ' ιη', *Sur la physique* (ou *Sur les physiciens*), livres I, II, III, IV, V, VI, VII, VIII, IX, X, XI, XII, XIII, XIV, XV, XVI, XVII, XVIII.

(102) Περὶ φυσικῶν ἐπιτομῆς α' β', *Abrégé sur la* Physique, livres I, II.

(103) Φυσικῶν α' β' γ' δ' ε' ϛ' ζ' η', *Physiques*, livres I, II, III, IV, V, VI, VII, VIII.

(104) Πρὸς τοὺς φυσικοὺς α', *Contre les physiciens*, un livre.

(105) Περὶ φυτικῶν ἱστοριῶν α' β' γ' δ' ε' ϛ' ζ' η' θ' ι', *Recherches sur les plantes*, livres I, II, III, IV, V, VI, VII, VIII, IX, X.

Φυτικῶν est une correction de Casaubon acceptée par Dorandi ; mss.: φυσικῶν.

(106) Φυτικῶν αἰτιῶν α' β' γ' δ' ε' ϛ' ζ' η', *Causes des plantes*, livres I, II, III, IV, V, VI, VII, VIII.

Φυτικῶν est une correction de Casaubon acceptée par Dorandi ; mss : Φυσικῶν.

(107) Περὶ χυλῶν α' β' γ' δ' ε', *Sur les sucs* (ou *les saveurs*), livres I, II, III, IV, V.

(108) Περὶ ψεύδους ἡδονῆς α', *Sur le faux plaisir*, un livre.

(109) Περὶ ψυχῆς θέσις α', *Thèse sur l'âme*, un livre.

2. *Deuxième liste alphabétique*

(110) Περὶ τῶν ἀτέχνων πίστεων α', *Sur les preuves non techniques*, un livre.

(111) Περὶ τῶν ἁπλῶν διαπορημάτων α', *Sur les apories simples*, un livre.

(112) Ἁρμονικῶν α', *Harmoniques*, un livre.

(113) Περὶ ἀρετῆς α', *Sur la vertu*, un livre.

(114) Ἀφορμαὶ ἢ ἐναντιώσεις α', *Points de départ* ou *Controverses*, un livre.

(115) Περὶ ἀποφάσεως α', *Sur la négation*, un livre.

(116) Περὶ γνώμης α', *Sur la maxime*, un livre.

(117) Περὶ γελοίου α', *Sur le comique*, un livre.

(118) Δειλινῶν α' β', *[Propos] de l'après-midi*, livres I, II.

(119) Διαιρέσεις α' β', *Divisions*, livres I, II.

(120) Περὶ τῶν διαφορῶν α', *Sur les différences*, un livre.

(121) Περὶ τῶν ἀδικημάτων α', *Sur les injustices* (ou *les délits*), un livre.

(122) Περὶ διαβολῆς α', *Sur la calomnie*, un livre.

Cf. n° 185 et 208.

(123) Περὶ ἐπαίνου α′, *Sur l'éloge*, un livre.

(124) Περὶ ἐμπειρίας α′, *Sur l'expérience*, un livre.

(125) Ἐπιστολῶν α′ β′ γ′, *Lettres*, livres I, II, III.

(126) Περὶ τῶν αὐτομάτων ζῴων α′, *Sur les animaux à génération spontanée*, un livre.

(127) Περὶ ἐκκρίσεως α′, *Sur la sécrétion*, un livre.

(128) [47] Ἐγκώμια θεῶν α′, *Éloges de(s) dieux*, un livre.

(129) Περὶ ἑορτῶν α′, *Sur les fêtes*, un livre.

(130) Περὶ εὐτυχίας α′, *Sur la bonne fortune*, un livre.

(131) Περὶ ἐνθυμημάτων α′, *Sur les enthymèmes*, un livre.

(132) Περὶ εὑρημάτων α′ β′, *Sur les inventions*, livres I, II.

(133) Ἠθικῶν σχολῶν α′, *Leçons sur l'éthique*, un livre.

(134) Ἠθικοὶ χαρακτῆρες α′, *Caractères éthiques*, un livre.

Cf. n° 174.

(135) Περὶ θορύβου α′, *Sur les vociférations*, un livre.

(136) Περὶ ἱστορίας α′, *Sur l'histoire* (ou *Sur la recherche*), un livre.

(137) Περὶ κρίσεως συλλογισμῶν α′, *Sur la distinction des syllogismes*, un livre.

(138) Περὶ θαλάττης α′, *Sur la mer*, un livre.

(139) Περὶ κολακείας α′, *Sur la flatterie*, un livre.

(140) Πρὸς Κάσανδρον περὶ βασιλείας α′, *A Cassandre, sur la royauté*, un livre.

(141) Περὶ κωμῳδίας α′, *Sur la comédie*, un livre.

(142) Περὶ μετεώρων α′, *Sur les [phénomènes] célestes*, un livre.

(143) Περὶ λέξεως α′, *Sur le style*, un livre.

Usener **57**, p. 57, corrige le nombre de livres en δ′ (quatre livres).

(144) Λόγων συναγωγὴ α′, *Recueil d'arguments*, un livre.

(145) Λύσεις α′, *Solutions*, un livre.

(146) Περὶ μουσικῆς α′ β′ γ′, *Sur la musique*, livres I, II, III.

(147) Περὶ μέτρων α′, *Sur les mètres*, un livre.

(148) Μεγακλῆς α′, *Mégaclès*, un livre.

(149) Περὶ νόμων α′, *Sur les lois*, un livre.

(150) Περὶ παρανόμων α′, *Sur les [actes] d'illégalité*, un livre.

(151) Τῶν Ξενοκράτους συναγωγῆς α′, *Recueil des [doctrines] de Xénocrate*, un livre.

(152) Ὁμιλητικὸς α′, *[Discours] sur les relations sociales*, un livre.

(153) Περὶ ὅρκου α', *Sur le serment*, un livre.

(154) Παραγγέλματα ῥητορικῆς α', *Préceptes de rhétorique*, un livre.

(155) Περὶ πλούτου α', *Sur la richesse*, un livre.

(156) Περὶ ποιητικῆς α', *Sur la poétique*, un livre.

(157) Προβλήματα πολιτικά, φυσικά, ἐρωτικά, ἠθικὰ α', *Problèmes politiques, physiques, érotiques, éthiques*, un livre.

(158) [48] Προοιμίων α', *Prologues*, un livre.

(159) Προβλημάτων συναγωγῆς α', *Recueil de problèmes*, un livre.

Cf. n° 80 (même titre, en cinq livres).

(160) Περὶ τῶν προβλημάτων φυσικῶν α', *Sur les problèmes physiques*, un livre.

(161) Περὶ παραδείγματος α', *Sur l'exemple*, un livre.

(162) Περὶ προθέσεως καὶ διηγήματος α', *Sur la "proposition" et la narration*, un livre.

(163) Περὶ ποιητικῆς ἄλλο α', *Sur la poétique* (autre ouvrage), un livre.

(164) Περὶ τῶν σοφῶν α', *Sur les sages*, un livre.

(165) Περὶ συμβουλῆς α', *Sur le conseil*, un livre.

(166) Περὶ σολοικισμῶν α', *Sur les solécismes*, un livre.

(167) Περὶ τέχνης ῥητορικῆς α', *Sur l'art rhétorique*, un livre.

(168) Περὶ τεχνῶν ῥητορικῶν εἴδη † ξα', *Sur les formes des arts rhétoriques*, † soixante et un livres.

Long: ιζ' (17); Marcovich: Περὶ τεχνῶν ῥητορικῶν <κατ'> εἴδη ιζ'; Dorandi **64**: Περὶ τεχνῶν ῥητορικῶν †εἴδη ξα'†.

(169) Περὶ ὑποκρίσεως α', *Sur l'action oratoire*, un livre.

(170) Ὑπομνημάτων Ἀριστοτελικῶν ἢ Θεοφραστίων α' β' γ' δ' ε' ϛ', *Mémoires aristotéliciens et théophrastiens*, livres I, II, III, IV, V, VI.

(171) Φυσικῶν δοξῶν α' β' γ' δ' ε' ϛ' ζ' η' θ' ι' ια' ιβ' ιγ' ιδ' ιε' ιϛ', *Opinions des physiciens* (φυσικῶν δόξαι) ou, plus probablement, *Opinions physiques* (φυσικαὶ δόξαι), livres I, II, III, IV, V, VI, VII, VIII, IX, X, XI, XII, XIII, XIV, XV, XVI.

(172) Φυσικῶν ἐπιτομῆς α', *Abrégé des* [Questions] *de physique*, un livre.

(173) Περὶ χάριτος α', *Sur la reconnaissance*, un livre.

(174) Χαρακτῆρες ἠθικοί, *Caractères éthiques*.

Cf. n° 134.

(175) Περὶ ψεύδους καὶ ἀληθοῦς α', *Sur le vrai et le faux*, un livre.

3. Liste ne comportant pas d'ordre apparent

(176) Τῶν περὶ τὸ θεῖον ἱστορίας α' β' γ' δ' ε' ϛ', *Histoire des [ou Recherche sur les] [doctrines] relatives au divin*, livres I, II, III, IV, V, VI.

(177) Περὶ θεῶν α' β' γ', *Sur les dieux*, livres I, II, III.

(178) Ἱστορικῶν γεωμετρικῶν α' β' γ' δ', *Histoire des [ou Recherches sur les] [doctrines] géométriques*, livres I, II, III, IV.

(179) [49] Ἐπιτομῶν Ἀριστοτέλους Περὶ ζῴων α' β' γ' δ' ε' ς', *Abrégés d'Aristote, Sur les animaux*, I, II, III, IV, V, VI.

(180) Ἐπιχειρημάτων α' β', *Épichérèmes (scil. Arguments dialectiques)*, livres I, II.

(181) Θέσεις γ', *Thèses*, 3 livres.

Cf. n° 51.

(182) Περὶ βασιλείας α' β', *Sur la royauté*, livres I, II.

(183) Περὶ αἰτιῶν α', *Sur les causes*, un livre.

(184) Περὶ Δημοκρίτου α', *Sur Démocrite*, un livre.

(185) Περὶ διαβολῆς α', *Sur la calomnie*, un livre.

Cf. n° 122 et 208.

(186) Περὶ γενέσεως α', *Sur la génération*, un livre.

(187) Περὶ ζῴων φρονήσεως καὶ ἤθους α', *Sur l'intelligence et le caractère des animaux*, un livre.

(188) Περὶ κινήσεως α' β', *Sur le mouvement*, livres I, II.

(189) Περὶ ὄψεως α' β' γ' δ', *Sur la vision*, livres I, II, III, IV.

(190) Πρὸς ὅρους α' β', *Pour les définitions (ou les termes)*, livre I, II.

(191) Περὶ τοῦ δεδόσθαι α', *Sur le fait que [quelque chose] est accordé*, un livre.

(192) Περὶ μείζονος καὶ ἐλάττονος α', *Sur le " plus grand" et le "plus petit"*, un livre.

(193) Περὶ τῶν μουσικῶν α', *Sur les musiciens*, un livre.

(194) Περὶ τῆς θείας εὐδαιμονίας πρὸς τοὺς ἐξ Ἀκαδημείας α', *Sur le bonheur divin contre les Académiciens*, un livre.

Plusieurs éditeurs récents (Hicks, Long, Marcovich) font deux titres, Περὶ τῆς θείας εὐδαιμονίας α' et Πρὸς τοὺς ἐξ Ἀκαδημ(ε)ίας α'.

(195) Προτρεπτικὸς α', *Protreptique*, un livre.

Cf. n° 217.

(196) Πῶς ἄριστ' ἂν πόλεις οἰκοῖντο ὑπομνήματα α', *Mémoires [sur la question de savoir] comment les cités pourraient être administrées au mieux*, un livre.

Long, Marcovich et Dorandi font deux titres avec Ὑπομνήματα α', *Mémoires*, un livre.

(197) Περὶ ῥύακος τοῦ ἐν Σικελίᾳ α', *Sur l'écoulement de lave en Sicile*, un livre.

(198) Περὶ τῶν ὁμολογουμένων α', *Sur les [prémisses] admises*, un livre.

(199) Περὶ τῶν προβλημάτων φυσικῶν α', *Sur les problèmes physiques*, un livre.

(200) Τίνες οἱ τρόποι τοῦ ἐπίστασθαι α', *Quels sont les modes de connaissance*, un livre.

(201) Περὶ τοῦ ψευδομένου α' β' γ', *Sur le [paradoxe] du "menteur"*, livres I, II, III.

(202) [50] Τὰ πρὸ τῶν τόπων α', *Préliminaires aux* Topiques, un livre.

4. *Troisième liste alphabétique*

(203) Πρὸς Αἰσχύλον α', *Contre Eschyle* (ou *Aischylos*), un livre.

(204) Ἀστρολογικῆς ἱστορίας α' β' γ' δ' ε' ϛ', *Recherche d'astronomie*, livres I, II, III, IV, V, VI.

(205) Ἀριθμητικῶν ἱστοριῶν περὶ αὐξήσεως α', *Recherches arithmétiques sur l'accroissement*, un livre.

(206) Ἀκίχαρος α', *Akicharos*, un livre.

(207) Περὶ δικανικῶν λόγων α', *Sur les discours judiciaires*, un livre.

(208) Περὶ διαβολῆς α', *Sur la calomnie*, un livre.
Cf. n° 122 et 185.

(209) Ἐπιστολαὶ αἱ ἐπὶ τῷ Ἀστυκρέοντι, Φανίᾳ, Νικάνορι, *Lettres à Astycréon, Phanias, Nicanor*.

(210) Περὶ εὐσεβείας α', *Sur la piété*, un livre.

(211) Εὐιάδος α', *La bacchante*, un livre.

(212) Περὶ καιρῶν α' β', *Sur les situations de crise*, livres I, II.

(213) Περὶ οἰκείων λόγων α', *Sur les arguments appropriés*, un livre.

(214) Περὶ παίδων ἀγωγῆς α', *Sur l'éducation des enfants*, un livre.

(215) Ἄλλο διάφορον α', *Un autre ouvrage [avec le même titre]*, *différent*, un livre.

(216) Περὶ παιδείας ἢ περὶ ἀρετῶν ἢ περὶ σωφροσύνης α', *Sur l'éducation* ou *Sur les vertus* ou *Sur la modération*, un livre.

(217) Προτρεπτικὸς α', *Protreptique*, un livre.
Cf. n° 195.

5. *Quatrième liste alphabétique (avec ajout de deux titres)*

(218) Περὶ ἀριθμῶν α', *Sur les nombres*, un livre.

(219) Ὁριστικὰ περὶ λέξεως συλλογισμῶν α', *[Questions] de définition sur la formulation des syllogismes*, un livre.

(220) Περὶ οὐρανοῦ α', *Sur le ciel*, un livre.

(221) Πολιτικοῦ α' β', *[Discours* ou *Dialogue] sur la politique*, livres I, II.

Certains manuscrits secondaires ont πολιτικά, πολιτικῶν ou même πολιτικός.

(222) Περὶ φύσεως, *Sur la nature*.

(223) Περὶ καρπῶν, *Sur les fruits*.

(224) Περὶ ζώων, *Sur les animaux*.

La liste des œuvres est suivie, comme celles d'Aristote et de Straton, d'une note stichométrique : ἃ γίνονται στίχων μχγ βων' : « ce qui fait 232 850 lignes » ; sur ces notations, qui sont sujettes à caution, *cf.* Sollenberger **13**, p. 3852-3853 (pour la bibliographie, *cf.* n. 300 et 304).

II. Autres titres attestés

Je ne reprends pas ici tous les titres qui n'apparaissent pas dans D. L., en particulier ceux qui se présentent comme de simples variantes. Dans la présentation des ouvrages par domaines, les titres étrangers à la liste de D. L., qui ne figurent pas ci-dessous, sont précédés de parenthèses sans numéro (–).

(1*) Κατηγορίαι, *Catégories*.

Philop., *in Cat.* 7, 21 ; Olymp., *in Cat.* 13, 24 ; 24, 13, etc. *Cf. infra* "Logique".

(2*) Ὑπόμνημα εἰς τὰς οἰκείας Κατηγορίας, *Commentaire sur ses propres Catégories*.

Olymp., *in Cat. proleg.* 13, 30. Il s'agit d'une description plutôt que d'un titre véritable.

(3*) Περὶ ἑρμηνείας, *Sur l'interprétation*.

Philop., *in Cat.* 7, 21-22 ; *cf.* (1*).

(4*) (ἐν τῷ) Περὶ τῶν ποσαχῶς (*scil.* λεγομένων), *Sur ce qui [se dit] en plusieurs [sens]*, un livre ?

Alex., *in Top.* 154, 16. *Cf. infra* sous la rubrique "Logique".

(5*) Ἀνηγμένων λόγων εἰς τὰ σχήματα β', *Arguments réduits aux figures*, deux livres.

Alex., *in An. pr.* 340, 15 = fr. 97 F. *Cf.* Ἀνηγμένων τόπων α' β' (n° 5 D. L.). *Cf. infra* sous la rubrique "Logique".

(6*) Τὰ περὶ (*var. lect.* παρὰ) τὴν λέξιν, *[Questions] concernant le langage* ou *l'expression*.

Simpl., *in Cat.* 65, 5-6. Il s'agit d'un ὑπόμνημα (*mémoire*). *Cf. infra* sous la rubrique "Rhétorique".

(7*) (ἐν τῷ) Περὶ τῶν τοῦ λόγου στοιχείων, *Sur les éléments du discours*, un livre ?

Simpl., *in Cat.* 10, 24.

(8*) (ἐν τῷ) Περὶ τῆς τῶν στοιχείων γενέσεως, *Sur la génération des éléments*, un livre ?

Simpl., *in De cael.* IV 3, 700, 7.

(9*) Θεοφράστου τῶν μετὰ τὰ φυσικά, (*Essai sur la*) *métaphysique*. Sur le titre, *cf. infra*.

Cf. infra sous la rubrique "Métaphysique".

(10*) Περὶ ψυχῆς, *Sur l'âme*, deux livres ?

Themist., *in De an*. 108, 11 Heinze.

(11*) Περὶ συμβολαίων, *Sur les contrats* (ou *les transactions*), plusieurs livres ?

Cf. fr. 689 n° 21 F.

(12*) Περὶ Τυρρηνῶν, *Sur les Étrusques*, un livre ?

Cf. fr. 689 n° 23 F.

Dans un ouvrage de Galien récemment découvert et édité (Περὶ ἀλυπησίας, *Sur l'absence de chagrin = De indolentia*), on lit, à propos des œuvres de Théophraste, une remarque intéressante, mais peu claire (*cf*. **65** V. Boudon-Millot et J. Jouanna [édit.], *Galien, Ne pas se chagriner*, texte établi et traduit par V. B.-M. et J. J. avec la collaboration de A. Pietrobelli, *CUF*, Paris 2010). Après avoir signalé que les ouvrages scientifiques de l'Érésien, dont les deux traités sur les plantes, étaient entre toutes les mains, Galien continue en disant, selon l'édition de la *CUF* (§ 17) : ἡ δὲ Ἀριστοτέλ(ει) σύναρμος ἀκριβῶς ἦν εὑρεθεῖσά μοι..., ce que les auteurs traduisent « il y avait le traité exactement en accord avec Aristote, que j'avais découvert... ». Dans la note au passage, les auteurs déplorent que Galien ne mentionne pas l'ouvrage en question. Il est étrange qu'une découverte dont Galien semble fier ne reçoive pas toute la précision que le lecteur est en droit d'attendre. On pourrait alors envisager de lire : ἡ δὲ Ἀριστοτέλ(ους) σύναρμος ἀκριβῶς ἦν εὑρεθεῖσά μοι..., et comprendre « le traité d'Aristote qui est exactement en accord [avec les deux traités sur les plantes de Théophraste] a été découvert par moi... » Il s'agirait alors du *De plantis* dont Alexandre notait à la même époque que, contrairement au traité de Théophraste (*Historia plantarum*), celui d'Aristote n'existait plus (Alex., *in De sensu* 87, 10-12 Wendland). M. Rashed est arrivé à la même conclusion, avec d'autres corrections sur tout le passage, dans **66** « Aristote à Rome au IIe siècle : Galien, *De indolentia*, §§ 15-18 », *Elenchos* 32, 2011, p. 55-77, en particulier p. 62-65 (l'auteur corrige σύναρμος, très rare, en συναρμόττουσα et pense qu'il s'agit d'une conformité avec "l'*usus scribendi* du Stagirite" [p. 65] ; on trouvera le texte corrigé des paragraphes 15-18, avec traduction, aux p. 72-73).

III. Dubia

On pourrait allonger la liste ci-dessous, en particulier avec certains des *Problemata* transmis dans le corpus d'Aristote (*cf*. Flashar **24**, p. 273-274). Dans les commentaires ci-dessous sur les œuvres de Théophraste, on trouvera certains rapprochements avec les *Problèmes*. On mentionnera encore pour mémoire la thèse, isolée dans sa radicalité, de **67** J. Zürcher, *Aristoteles' Werk und Geist*, untersucht und dargestellt von J. Z., Paderborn 1952, selon laquelle le corpus aristotélicien, tel que nous le possédons, est le fruit du travail de révision en profondeur de l'Érésien (p. 17-19). Par ailleurs, on a parfois attribué à Théophraste le livre IX et une partie du VIII de l'*Histoire des animaux* (ou *Recherche sur les animaux*) ; *cf*. les critiques de cette thèse par **68** D. M. Balme, *Aristotle, Historia animalium*, vol. 3, Books VII-X, edited and translated by D. M. B. [† 1989], prepared for publication by A. Gotthelf, coll. *LCL*, Cambridge Mass./London 1991, p. 1-30 ; **69** P. Huby, « Theophrastus in the Aristotelian corpus, with particular reference to biological problems », dans **70** A. Gotthelf (édit.), *Aristotle on nature and living things. Philosophical and historical studies, presented to D. M. Balme on his*

seventieth birthday, Pittsburg/Bristol 1985, p. 313-325 ("it is a reasonable suggestion that some of Theophrastus' works were used in compiling the *Historia animalium*", p. 323).

(1) Περὶ σημείων ὑδάτων καὶ πνευμάτων, *Sur les signes [annonçant] pluies
et vents* (*De signis*).

71 D. Sider et C. W. Brunschön (édit.), *Theophrastus of Eresus, On weather signs*, coll.
«Philosophia antiqua» 104, Leiden 2007 (bibliographie, p. 227-246 ; on trouvera une liste raisonnée des textes antiques traitant de prévisions météorologiques, p. 5-29). Pour les auteurs,
l'opuscule transmis par la tradition manuscrite et souvent attribué par celle-ci à Aristote est un
abrégé – avec certaines adjonctions – du *De signis* de Théophraste, qui lui-même incorporait un
abondant matériel antérieur, emprunté en particulier à Aristote (p. 4-5 et 40-43, avec une revue
des opinions antérieures). L'opuscule a été traduit par Bartholomée de Messine (XIIIe s.) sous le
nom d'Aristote ; il circule en Occident sous l'appellation *De signis* ou *De astrologia navali*
(*cf.* **72** W. Kley, *Theophrasts metaphysisches Bruchstück und die Schrift* Περὶ σημείων *in der
lateinischen Übersetzung des Bartholomaeus von Messina*, Würzburg 1936).

Cf. **73** D. Sider, « On *On signs* », dans Fortenbaugh et Wöhrle **22**, p. 99-111.

74 P. Cronin, «The authorship and sources of the Περὶ σημείων ascribed to Theophrastus»,
dans Fortenbaugh et Gutas **14**, p. 307-345 (dans sa forme actuelle, l'ouvrage, truffé par ailleurs
d'interpolations, est celui d'un membre du Lycée, élève de Théophraste, qui s'est inspiré
d'Aristote et de Théophraste, des traditions populaires et de sa propre expérience ; bibliographie
sur la question, p. 311 n. 5). *Cf.* Sharples **31**, p. 19 et 144-167 (sur la météorologie).

(2) Περὶ χρωμάτων, *Sur les couleurs* (*De coloribus*).

Cf. Regenbogen **1**, col. 1543-1544 ; Flashar **24**, p. 272 ; **75** H. B. Gottschalk, «The *De
coloribus* and its author», *Hermes* 92, 1964, p. 59-85 (l'opuscule reflète l'enseignement de Théophraste et a pu être écrit par Théophraste lui-même) ; **76** G. Wöhrle (édit.), *Aristoteles, De coloribus*, coll. «Aristoteles Werke in deutscher Übersetzung» 18, 5, Berlin 1999, p. 45-51 (l'auteur est
peut-être Straton de Lampsaque) ; voir aussi la reprise modifiée de l'introduction de l'ouvrage
précédent par son auteur **77** *Id.*, «Ps.-Aristoteles *De coloribus* – A Theophrastean Opusculum?»,
dans Fortenbaugh et Wöhrle **22**, p. 91-97 (comme pour le *De audibilibus* [Περὶ ἀκουστῶν], on
peut envisager un éditeur anonyme qui a réuni des idées empruntées à Aristote, Théophraste et
Straton). La doctrine du *De coloribus* s'écarte sur plusieurs points de la théorie aristotélicienne
exposée en *De sensu* 3. *Cf.* Straton (➤S 171), œuvres n° 21 : Περὶ χρωμάτων.

(3) Περὶ Μελίσσου, περὶ Ξενοφάνους, περὶ Γοργίου, *Sur Mélissos, Xénophane, Gorgias* (*De Melisso, Xenophane, Gorgia*).

Cf. Regenbogen **1**, col. 1544-1545 ; Flashar **24**, p. 274 (la matière de cet écrit remonte à
Théophraste) ; **78** N.-L. Cordero, «Simplicius et l'"école" éléate», dans **79** I. Hadot (édit.), *Simplicius : sa vie, son œuvre, sa survie*, Actes du colloque international de Paris (28 sept. - 1er oct.
1985), coll. «Peripatoi» 15, Berlin 1987, p. 166-182, en particulier p. 170-171 ; Sharples **31**,
p. 11 et n. 48) ; **80** B. Cassin dans *DPhA*, t. I, p. 534-537. Dans les manuscrits, l'opuscule est
attribué généralement à Aristote ; toutefois, le nom de Théophraste figure dans l'un d'eux, et cette
attribution a été acceptée, avec des nuances diverses, par quelques savants modernes dont
Steinmetz **4**, p. 350 n. 4 (l'opuscule doit être un extrait des Φυσικῶν δόξαι) ; *cf.* Cassin **80**, p. 536.

(4) Περὶ τῆς τοῦ Νείλου ἀναβάσεως, *Sur la crue du Nil* (*De inundatione Nili*).

L'ouvrage était encore à disposition d'Alexandre d'Aphrodise qui l'attribue à Aristote (*in
Meteor.*: 53, 15-16 ἐν τοῖς Περὶ τῆς τοῦ Νείλου ἀναβάσεως) ; mais Steinmetz **4**, p. 290-291,
voit dans cette référence une glose. Pour les fragments, *cf.* **81** O. Gigon (édit.), *Aristotelis Opera.
Librorum deperditorum fragmenta*, collegit et adnotationibus instruxit O. G., Berlin 1987, fr. 686-

695. Il figure dans l'*appendix* du catalogue des œuvres d'Aristote d'Hésychius (Περὶ τῆς τοῦ Νείλου ἀναβάσεως; *DPhA*, t. I, p. 430 n° 159) et dans le catalogue de Ptolémée (<Περὶ τοῦ Νείλου γ'>; *DPhA*, t. I, p. 430, n° 25). L'opuscule très bref, conservé dans une traduction latine qu'on peut attribuer à Guillaume de Moerbeke, sous le titre *De inundacione Nili* (= *Liber de Nilo*) serait au mieux un compendium ou un fragment de l'ouvrage original (Gigon **81**, fr. 695, auquel il faut maintenant ajouter le témoignage de *POxy* 4458). **82** H. Diels, *Doxographi Graeci*, p. 226-227, attribue l'ouvrage à Théophraste. Steinmetz **4**, p. 278-296 (avec une revue des positions antérieures, p. 278-279), argumente contre une attribution du fragment à Aristote, au profit de Théophraste; il s'agirait d'un fragment du Περὶ ὑδάτων (p. 288); *cf.* Gottschalk **5**, p. 21-22. Voir encore W. Spoerri, notice « Callisthène d'Olynthe », C 36, *DPhA* II, 1994, p. 197-206; Flashar **24**, p. 268-269; Moraux **3**, p. 253-254. Voir ci-dessous, sous la rubrique "Physique", les remarques au Περὶ ὕδατος γ' (n° 96 D. L.). Sur ce texte, on verra maintenant **83** J.-J. Aubert, « Aristoteles » (646), *Brill's New Jacoby (Online)* 2012; **84** P. Beullens, « De overstroming van de Nijl. Een vergeten Traktaat van Aristoteles », *TF* 73, 2011, p. 513-534 (le texte latin conservé dérive en dernière analyse d'Aristote).

(5) Περὶ θαυμασίων ἀκουσμάτων, *Récits merveilleux (Mirabilia)*.

Cf. Flashar **24**, p. 273. Des cinq groupes en lesquels se répartissent les 178 chapitres de l'ouvrage, le premier (1-77) est presque exclusivement formé d'extraits remontant à Théophraste, de même que le quatrième (139-151), traitant des animaux qui mordent et piquent (*cf. supra* le titre n° 43 D. L.: Περὶ δακέτων καὶ βλητικῶν, *Sur les [animaux] qui mordent et qui frappent [ou piquent]*). La collection semble remonter pour l'essentiel au IIIᵉ s. av. J.-C (*cf.* Flashar **24**).

(6) Οἰκονομικός, *Économique (ou [Discours] sur l'administration du domaine)*.

Cf. Flashar **24**, p. 275. En s'appuyant sur un témoignage de Philodème (➤P 142) qui cite des passages du livre I de l'*Économique* sous le nom de Théophraste (fr. 659 F; *cf.* 660 F), on a parfois attribué ce traité à l'Érésien (*cf.* la notice et les notes de V. Tsouna et D. Delattre à leur traduction du fragment du livre IX [*L'économie*] du *Sur les vices [et les vertus qui leur sont opposées]* de Philodème, dans **85** D. Delattre et J. Pigeaud [édit.], *Les Épicuriens*, Paris 2010, p. 1260-1269: les auteurs parlent constamment de l'*Économique* de Théophraste; *cf.* **85bis** V. Tsouna [édit.], *Philodemus, On property management*, translated with an introduction and notes by V. T., coll. « Writings from the greco-roman world » 33, Atlanta 2012: l'auteur ne prend pas position sur l'attribution de l'ouvrage, p. XII n. 6); *cf.* Regenbogen **1**, col. 1521-1522. Des trois livres de l'*Économique* pseudo-aristotélicien, les deux premiers peuvent remonter à la fin du IVᵉ siècle, mais doivent être l'œuvre de deux auteurs distincts; le troisième, conservé dans des traductions latines médiévales, peut dater du IIᵉ ou Iᵉʳ s. av. J.-C., ou plus tard. *Cf.* **86** M. Gigante, *Kepos e Peripatos. Contributo alla storia dell'Aristotelismo antico*, Napoli 1999, p. 91-93.

IV. Œuvres conservées (complètement ou partiellement)

En dehors de la tradition indirecte des "fragments" issus de citations d'auteurs, plusieurs ouvrages de Théophraste nous sont parvenus transmis, en entier ou partiellement, directement par la tradition manuscrite. On en traitera plus en détails ci-dessous dans la présentation des œuvres par domaines. Il s'agit de deux ouvrages de botanique en plusieurs livres, les *Recherches sur les plantes (Historia plantarum)* et *Sur les causes des plantes (De causis plantarum)*, ainsi que de neuf opuscules souvent contenus ensemble dans le même manuscrit, en général dans l'ordre suivant: *Sur le feu (De igne)*, *Métaphysique*, *Sur les pierres (De lapidibus)*, *Sur les [types de] sueur (De sudoribus)*, *Sur les vertiges (De vertiginibus)*, *Sur la fatigue (De lassitudine)*, *Sur les poissons (De piscibus)*, *Sur les vents (De ventis)*,

Sur les odeurs (De odoribus); *cf.* Burnikel **7**, p. XXVIII-XXXV. A cela il faut ajouter les fameux *Caractères* dont la tradition manuscrite est indépendante. Un cas particulier est la transmission d'extraits et de résumés de neuf opuscules conservés dans le codex 278 de la *Bibliothèque* de Photius dans l'ordre suivant : *Sur les animaux qui changent de couleur, Sur la paralysie, Sur l'évanouissement, Sur les vertiges, Sur les [types de] fatigues, Sur les animaux qui apparaissent en masse, Sur les animaux qu'on dit jaloux, Sur les [types de] sueurs, Sur les [types de] miels*. L'auteur byzantin a certainement lu ces textes dans un même manuscrit, sans doute dans cet ordre. Le codex 278 contient des extraits de trois opuscules que nous connaissons par la tradition manuscrite directe (*Sur les vertiges* [ἐκ τοῦ Περὶ ἰλίγγων], *Sur les [types de] fatigues* [ἐκ τοῦ Περὶ κόπων], *Sur les [types de] sueurs* [Περὶ ἱδρώτων]) et de six autres qui ne nous sont pas parvenus directement : *Sur les animaux qui changent de couleur* (ἐκ τῶν [pl.] Περὶ τῶν μετα-βαλλόντων τὰς χροάς), *Sur la paralysie* (ἐκ τοῦ Περὶ παραλύσεως), *Sur l'évanouissement* (ἐκ τοῦ Περὶ λειποψυχίας), *Sur les animaux qui apparaissent en masse* (ἐκ τοῦ Περὶ τῶν ἀθρόως φαινομένων ζώων), *Sur les animaux qu'on dit jaloux* (ἐκ τοῦ Περὶ τῶν λεγομένων ζώων φθονεῖν), *Sur les [types de] miels* (ἐκ τοῦ Περὶ μελίτων) ; *cf.* Burnikel **7**, p. 130-142.

B. Œuvres réparties par domaines

La division des domaines d'étude reprend ici l'ordre adopté par Fortenbaugh *et alii* **29** :

1. Logique
2. Physique
3. Métaphysique
4. Théologie
5. Mathématiques
6. Psychologie
7. Biologie
    a. Physiologie humaine
    b. Zoologie
    c. Botanique
8. Éthique
9. Religion
10. Politique
11. Rhétorique et poétique
12. Musique
13. *Miscellanea*.

Pour les listes particulières des œuvres réparties par domaines, j'ai en général suivi celles qui figurent dans les volumes de commentaires aux fragments, où certains titres ont parfois été éliminés, parce que leur lien avec le domaine n'a plus été jugé pertinent. J'ai mis au nominatif les titres exprimés au génitif dans le catalogue de D. L., dépendant de βιβλίον / βιβλία sous-entendu. Les ouvrages conservés sont discutés après la liste des œuvres qui ne nous sont pas parvenues. Les titres sont toujours précédés de leur numéro d'ordre dans le catalogue de D. L. Rappelons encore que l'ordre alphabétique de quatre des listes données par D. L. ne permet pas en général d'inférer du contexte le domaine auquel appartient tel titre particulier. On notera qu'une question récurrente est celle de déterminer si tel titre particulier – en général celui d'un opuscule en un livre –, appartient ou non à un ensemble plus volumineux dont le titre figure aussi dans l'une des listes.

1. Logique (fr. 68-136 F; commentaire dans Huby **30**; *cf.* Regenbogen **1**, col. 1380-1389).

87 A. Graeser (édit.), *Die logischen Fragmente des Theophrast*, herausgegeben und erläutert von A. G., coll. « Kleine Texte für Vorlesungen und Übungen » 191, Berlin 1973; **88** L. Repici, *La logica di Teofrasto. Studio critico e raccolta dei frammenti e delle testimonianze*, Bologna 1977 (bibliographie, p. 227-231).

Cf. **89** C. Prantl, *Geschichte der Logik im Abendlande*, Leipzig 1855, réimpr. Graz 1955, t. I, p. 347-400; **90** I. M. Bocheński, *La Logique de Théophraste*, coll. « Collectanea Friburgensia », n. s. 32, Fribourg 1947 (réimpr. New York/London 1987); **91** *Id.*, *Ancient formal logic*, coll. « Studies in logic and the foundations of mathematics », Amsterdam 1951 (réimpr. 1968), p. 72-76 (Theophrastus and Eudemus); **92** *Id.*, *Formale Logik*, coll. « Orbis academicus » 3.2, Freiburg i. Br./ München 1956 (en particulier p. 114-120); **93** W. et M. Kneale, *The development of logic*, Oxford 1962; 1975 (with corrections); **94** M. Mignucci, « Per una nuova interpretazione della logica modale di Teofrasto », *Vichiana* 2, 1965, p. 3-53; **95** J. Brunschwig (édit.), *Aristote, Topiques*, texte établi et traduit par J. B., *CUF*, t. I (livres I-IV), Paris 1967; **96** J. Brunschwig, « "Indéterminé" et "indéfini" dans la logique de Théophraste », *RPhilos* 172, 1982, p. 359-370; **97** J. Barnes, « Terms and sentences: Theophrastus on hypothetical syllogisms », *PBA* 69, 1983, p. 279-362; **98** J. Barnes, « Theophrastus and hypothetical syllogistic », dans Fortenbaugh, Huby et Long **10**, p. 125-141 (= **99** J. Wiesner [édit.], *Aristoteles Werk und Wirkung*, t. I, Berlin 1987, p. 557-576); **100** M. Mignucci, « Theophrastus' logic », dans van Ophuijsen et van Raalte **16**, p. 39-65; **101** W. W. Fortenbaugh, « Theophrastus, no. 84 FHS&G. There's nothing new here! », dans **102** L. Ayres (édit.), *The passionate intellect. Essays on the transformation of classical traditions*, presented to professor I. G. Kidd, coll. *RUSCH* 7, New Brunswick, NJ/London 1995, p. 161-176 (sur le fr. 84 F, à propos d'une soi-disant quantification du prédicat), repris dans Fortenbaugh **23**, p. 22-34; **103** J. Barnes, « Aristotle and Stoic logic », dans **104** K. Ierodiakonou (édit.), *Topics in stoic philosophy*, Oxford 1999, p. 23-53; **105** M. Mignucci, « La critica di Teofrasto alla logica aristotelica », dans **106** C. Natali et S. Maso (édit.), *Antiaristotelismo*, « Supplementi di Lexis » 6, Amsterdam 1999, p. 21-39; **107** P. M. Huby, « Did Aristotle reply to Eudemus and Theophrastus on some logical issues? », dans **108** I. Bodnár et W. W. Fortenbaugh (édit.), *Eudemus of Rhodes*, coll. *RUSCH* 11, New Brunswick, N. J./London 2002, p. 85-106.

Index verborum (termes techniques): Bocheński **90**, p. 136; Graeser **87**, p. 116; Huby **30**, p. 181-193.

Ouvrages sur la logique (fr. 68 n° 1-37 F).

La liste des ouvrages concernant la logique donnée dans Fortenbaugh *et alii* **29**, p. 114-123, diffère sur plusieurs points de celle commentée par Huby **30**, p. 6-12 (*cf.* aussi Regenbogen 1, col. 1380-1389, qui donne une liste légèrement différente). Je suis globalement Huby **30**. Parmi les titres figurant dans la section "logique" des fragments, les fr. 68 n° 25 (Ἀφορμαὶ ἢ ἐναντιώσεις, n° 114 D. L.) ; n° 27 (Περὶ οἰκείων λόγων, n° 213 D. L.), n° 28 (Περὶ τῶν ὁμολογουμένων, n° 198 D. L.), n° 29 (Περὶ τοῦ δεδόσθαι, n° 191 D. L.) et n° 31 (Σοφίσματα, n° 90 D. L.) ne sont pas repris dans la liste des ouvrages de logique du volume de commentaires (Huby **30**, p. 10-11).

(1*) Κατηγορίαι, *Catégories* (fr. 68 n° 1 F).

Ce titre ne figure pas dans la liste de D. L. *Cf.* Philop., *in Cat.* 7, 20-22 Busse : οἱ γὰρ μαθηταὶ αὐτοῦ (*scil.* Ἀριστοτέλους) Εὔδημος καὶ Φανίας καὶ Θεόφραστος κατὰ ζῆλον τοῦ διδασκάλου γεγράφασι Κατηγορίας καὶ Περὶ ἑρμηνείας καὶ Ἀναλυτικά (*cf.* n° 1 et 2 D. L.). Nous ne possédons aucun fragment d'un ouvrage intitulé Κατηγορίαι. Tous les témoignages relatifs à un tel ouvrage, attribué à Théophraste et à Eudème, sont tardifs et proviennent essentiellement de l'école d'Ammonius (VIᵉ siècle) ; ils font partie des introductions à des commentaires sur les *Catégories* ou de commentaires sur l'*Isagoge* de Porphyre (fr. 71b-c et 71e-f ; *cf.* 71a F). Nous pouvons également mettre en doute la déclaration isolée d'Olympiodore, *in Cat. proleg.* 13, 30 (= fr. 71f F), selon laquelle Théophraste aurait écrit un commentaire (ὑπόμνημα) sur ses propres *Catégories* (*cf.* le titre suivant). Par ailleurs, la tradition arabe mentionne (71i et fr. 3a-b F [avec des doutes]) un commentaire "attribué à Théophraste" sur les *Catégories* (*scil.* d'Aristote). *Cf.* Huby **30**, p. 22-23 et la bibliographie p. 14.

(2*) Ὑπόμνημα εἰς τὰς οἰκείας Κατηγορίας, *Commentaire sur ses propres Catégories* (fr. 68 n° 2 F).

L'ouvrage ne figure pas dans la liste de D. L. Le témoignage unique d'Olympiodore est suspect (fr. 71f F).

(55) Περὶ καταφάσεως καὶ ἀποφάσεως αʹ, *Sur l'affirmation et la négation*, 1 livre (fr. 68 n° 3abd F).

Cf. DPhA Suppl. p. 140-142. L'ouvrage, qui se rattachait par son contenu au *De interpretatione* (*cf.* fr. 72a et 71g), est aussi appelé simplement Περὶ καταφάσεως par Alexandre d'Aphrodise (*cf.* fr. 68 n° 3c F). Voir aussi ci-dessous le n° 115 : Περὶ ἀποφάσεως αʹ. Pour une description formelle du contenu, qui marque bien la nature du travail de l'Érésien, *cf.* Boèce (*De Int.*², p. 12, 10-12 Meiser) : *leviter ea tangit, quae ab Aristotele dicta ante* [*scil.* dans le *De int.*] *cognovit, alias vero diligentius res non ab Aristotele tractatas exsequitur*, « (Théophraste) a traité rapidement les points qu'il a considérés comme déjà discutés par Aristote, mais il a développé plus longuement les sujets qu'Aristote n'a pas traités » (fr. 72a F ; *cf.* **109** A. Smith, *Boethius, On Aristotle On interpretation 1-3*, translated by A. S., coll. *ACA*, London 2010, p. 20 ; Fortenbaugh **35**, p. 123, n. 224). Galien en avait rédigé un commentaire (perdu) en six livres (*Sur ses propres livres* XVII 2 = fr. 73 F), qu'il ne destinait pas à la publication (*Ibid.* XIV 14). Le Περὶ καταφάσεως mentionné à plusieurs reprises par Alexandre (*in An. pr.* 11, 14-15 ; 66, 7 ; etc.) doit renvoyer au même ouvrage (fr. 68.3c). *Cf.* Sollenberger **59**, p. 49-50.

(3*) Περὶ ἑρμηνείας, *Sur l'interprétation* (fr. 68 n° 3e F).

L'ouvrage ne figure pas dans la liste de D. L. L'unique référence à un *De interpretatione* de Théophraste provient de Philopon (fr. 71e F ; *cf.* fr. 71a F) ; le commentateur renvoie (*in Cat.* 7, 21-22) de façon très générale aux élèves d'Aristote, Eudème, Phanias et Théophraste qui « ont écrit des *Catégories*, des *De interpretatione* et des *Analytiques* par désir d'émulation avec leur maître » (fr. 71e). Il se peut que ce titre et le précédent renvoient au même ouvrage. Quoi qu'il en soit, l'existence d'un Περὶ καταφάσεως καὶ ἀποφάσεως α' (n° 55 D. L.) rend la composition d'un Περὶ ἑρμηνείας indépendant peu probable (*cf.* fr. 71g F).

(115) Περὶ ἀποφάσεως α', *Sur la négation*, 1 livre (fr. 68 n° 4 F).

Usener **57**, p. 62 envisage la possibilité de lire Περὶ ἀποφάνσεως, *Sur l'énoncé déclaratif*, un titre embrassant, comme genre, à la fois l'affirmation et la négation, et sans doute identique au Περὶ καταφάσεως καὶ ἀποφάσεως. *Cf.* Sollenberger **59**, p. 49-50, et le commentaire de Huby **30** au fr. 72 F.

(74) Πρῶται προτάσεις ιη', *Prémisses premières*, 18 livres (fr. 68 n° 5 F).

Brunschwig **95**, p. CIII, n. 3, pense, à partir de ce que dit Aristote en *Top.* I 14, 105 a 34 - b 18, que cet ouvrage volumineux pouvait contenir un catalogue de prémisses.

(1) Ἀναλυτικὰ πρότερα γ', *Analytiques premiers*, 3 livres (fr. 68 n° 6 F).

Alexandre et Simplicius inversent les termes : Πρότερα ἀναλυτικά et ne citent que le premier livre (fr. 100b ; 104 ; 112bc ; 113b). Sur la forme du titre, *cf.* Huby **107**, p. 89-90 ; pour Aristote, *cf. DPhA*, t. I, p. 494-495.

(2) Ἀναλυτικὰ ὕστερα ζ', *Analytiques seconds*, 7 livres (fr. 68 n° 7 F).

Alexandre se réfère à l'ouvrage en inversant les termes : Ὕστερα ἀναλυτικά (fr. 117 F) ; Galien a Δεύτερα ἀναλυτικά, *Seconds analytiques* (fr. 114 F). *Cf.* aussi fr. 285 F (témoignage médiéval peu clair).

(4) Ἀναλυτικῶν ἐπιτομή α', *Abrégé des* Analytiques, 1 livre (fr. 68 n° 8 F).

La *Souda* mentionne aussi ce titre (fr. 2 F).

(3) Περὶ ἀναλύσεως συλλογισμῶν α', *Sur l'analyse des syllogismes*, 1 livre (fr. 68 n° 9a F).

La *Souda* donne le titre sous la forme Ἀνάλυσις συλλογισμῶν (fr. 2 F). *Cf.* fr. 97 F : la méthode d'analyse des syllogismes est opposée à la méthode de réduction exposée en Ἀνηγμένοι λόγοι εἰς τὰ σχήματα (n° 5* *infra*).

(91) Περὶ συλλογισμῶν λύσεως α', *Sur la solution des syllogismes*, 1 livre (fr. 68 n° 9c F).

Il pourrait s'agir du même ouvrage que le précédent ; mais comme ils figurent tous deux dans la même section alphabétique, Huby **30**, p. 7, pense à deux textes différents. *Cf.* aussi n° 145 D. L. (Λύσεις) et les hypothèses de Graeser **87**, p. 53 = Regenbogen **1**, col. 1382 : à rapprocher de Arist., *Solutions éristiques*, 4 livres (D. L. V 22 : Λύσεις ἐριστικαὶ δ').

Les sept titres suivants (fr. 68 n° 10-16) ne nous sont connus que par D. L.

(137) Περὶ κρίσεως συλλογισμῶν α', *Sur la distinction des syllogismes*, 1 livre (fr. 68 n° 10 F).

(219) Ὁριστικὰ περὶ λέξεως συλλογισμῶν α', *[Questions] de définition sur la formulation des syllogismes*, 1 livre (fr. 68 n° 11 F).

Cf. Bocheński **90**, p. 28.

(29) Διορισμοί γ', *Définitions*, 3 livres (fr. 68 n° 12 F).

(71) Πρὸς τοὺς ὁρισμούς α', *Pour les définitions*, 1 livre (fr. 68 n° 13 F).

(190) Πρὸς ὅρους β', *Pour les définitions* (ou *les termes)*, 2 livres (fr. 68 n° 14 F).

Sur les sens de ὅρος chez Théophraste, *cf.* Huby **30**, p. 8 (terme, définition, voire prémisse).

(119) Διαιρέσεις β', *Divisions*, 2 livres (fr. 68 n° 15 F).

(120) Περὶ τῶν διαφορῶν α', *Sur les différences*, 1 livre (fr. 68 n° 16 F).

White **62**, p. 13, n. 15, pense que ce titre ne relève pas de la logique, mais de la zoologie, et désigne le même ouvrage que Περὶ ἑτεροφωνίας ζῴων τῶν ὁμογενῶν α', *Sur les divers sons émis par les animaux de même espèce*, un livre (n° 41 D. L.).

(92) Τοπικά β', *Topiques*, 2 livres (fr. 68 n° 17 F).

L'ouvrage, qui porte le même titre que celui d'Aristote, est cité par Alexandre (fr. 124a; 127b [livre I]; 131 [livre II]) et Simplicius (fr. 127a); pour la tradition arabe, *cf.* fr. 126 et 132 F (Averroès).

(5) Ἀνηγμένοι τόποι β', *Lieux réduits [en syllogismes]*, 2 livres (fr. 68 n° 18a F).

Cf. Narcy **40**, p. 601 n. 1; *The reduction of topics* Huby **30**, p. 9. Il peut s'agir du même ouvrage que le suivant. *Cf.* **110** F. Solmsen, «Dialectic without the forms», dans **111** G. E. L. Owen (édit.), *Aristotle on dialectic: the Topics*, Proceedings of the third Symposium aristotelicum, Oxford 1968, p. 65 n. 1: l'auteur met en rapport avec ce titre et le suivant le fragment de papyrus de Florence (Fortenbaugh *et alii* **29**, *Appendix* n° 2 F).

(5*) Ἀνηγμένοι λόγοι εἰς τὰ σχήματα β', *Arguments réduits aux figures*, 2 livres (fr. 68 n° 18b F).

L'ouvrage ne figure pas sous cette forme dans la liste de D. L. Ce titre est cité par Alexandre (fr. 97 F).

(202) Τὰ πρὸ τῶν τόπων α', *Préliminaires aux* Topiques, 1 livre (fr. 68 n° 19 F).

Il s'agit peut-être d'une introduction à la dialectique. Un même titre figure parmi les œuvres d'Aristote (n° 59, *DPhA*, t. I, p. 426), que certains anciens attribuaient aux *Catégories* ou au livre I des *Topiques*; pour les détails, *cf.* Huby **30**, p. 9. Ce titre n'est pas mentionné en dehors de D. L.

(4*) Περὶ τῶν ποσαχῶς (*scil.* λεγομένων), *Sur ce qui [se dit] en plusieurs [sens]*, 1 livre? (fr. 68 n° 20 F).

Ce titre ne figure pas dans la liste de D. L. Alexandre cite cet ouvrage sous cette forme (fr. 133 F) et sous la forme Περὶ τοῦ πολλαχῶς (*var. lect.* ποσαχῶς) en *in Top.* 378, 27 (fr. 134 F); Galien (➜G 3) cite cet ouvrage (fr. 73 F) sous la forme Περὶ τοῦ ποσαχῶς, pour lequel il a rédigé trois livres de commentaires (*De suis propriis libris* XVII 2, p. 171, 14 Boudon-Millot [l'éditrice de l'ouvrage de Galien dans la *CUF* reprend la traduction erronée de ce titre: "Sur la quantité", qui figure déjà dans sa notice du *DPhA*, t. III, p. 465, n° 103]); dans le même texte de Galien (XIV 23), le titre figure encore sous la forme Περὶ τῶν πολλαχῶς λεγομένων, dans un passage supprimé dans les éditions modernes (Müller et Boudon-Millot). Il semble bien que le titre Περὶ τῶν ποσαχῶς λεγομένων du catalogue des œuvres d'Aristote (*cf.* *DPhA*, t. I, p. 425 n° 36) renvoie au livre Δ de la *Métaphysique*, auquel Aristote lui-même se réfère avec l'expression τὰ περὶ τοῦ ποσαχῶς (Z 1, 1028 a 11).

Les treize titres suivants (fr. 68 n° 21-33) ne nous sont connus que par D. L.

(145) Λύσεις α', *Solutions*, 1 livre (fr. 68 n° 21 F).

Cf. supra n° 91 D. L. Περὶ συλλογισμῶν λύσεως.

(37) Ἐπιχειρήματα ιη′, *Épichérèmes* (scil. *Arguments dialectiques)*, 18 livres (fr. 68 n° 22 F).

Ce titre, comme les deux suivants, relève de la rhétorique selon Regenbogen **1**, col. 1381. Il peut s'agir d'une collection d'exemples à usage scolaire.

(180) Ἐπιχειρήματα β′, *Épichérèmes* (scil. *Arguments dialectiques)*, 2 livres (fr. 68 n° 23 F).

(38) Ἐνστάσεις γ′, *Objections*, 3 livres (fr. 68 n° 24 F).

(114) Ἀφορμαὶ ἢ ἐναντιώσεις α′, *Points de départ* ou *Controverses*, 1 livre (fr. 68 n° 25 F).

(6) Ἀγωνιστικὰ <ἢ> ἡ περὶ τοὺς ἐριστικοὺς λόγους θεωρία, *Polémiques <ou> théorie des raisonnements éristiques* (fr. 68 n° 26 F).

Le nombre de livres n'est pas précisé.

(213) Περὶ οἰκείων λόγων α′, *Sur les arguments appropriés*, 1 livre (fr. 68 n° 27 F).

(198) Περὶ τῶν ὁμολογουμένων α′, *Sur les [prémisses] admises*, 1 livre (fr. 68 n° 28 F).

(191) Περὶ τοῦ δεδόσθαι α′, *Sur le fait que [quelque chose] est accordé*, 1 livre (fr. 68 n° 29 F).

(192) Περὶ μείζονος καὶ ἐλάττονος α′, *Sur le" plus grand" et le "plus petit"*, 1 livre (fr. 68 n° 30 F).

L'ouvrage pouvait traiter des termes du syllogisme (*cf.* Arist., *An. pr.* I 5, 26 b 34-38).

(90) Σοφίσματα β′, *Sophismes*, 2 livres (fr. 68 n° 31 F).

Cf. Huby **30**, p. 10 (le titre est absent de sa liste des œuvres).

(111) Περὶ τῶν ἁπλῶν διαπορημάτων α′, *Sur les apories simples*, 1 livre (fr. 68 n° 32 F).

Pour le terme διαπόρημα, *cf.* Arist., *An. post.* II 8, 93 b 20.

(201) Περὶ τοῦ ψευδομένου γ′, *Sur le [paradoxe] du "menteur"*, 3 livres (fr. 68 n° 33 F).

On rapporte généralement le paradoxe du Menteur au dialecticien Euboulidès de Milet (➤E 71) ; Aristote semble le mentionner en *Soph. elench.* 25, 180 b 2 (*cf.* **112** L.-A. Dorion, *Aristote, Les réfutations sophistiques*. Introduction, traduction et commentaire par L.-A. D., coll. « Histoire des doctrines de l'Antiquité classique » 18, Paris 1995, p. 385-386) ; Barnes **103**, p. 37-38, fait l'hypothèse d'une réaction de Chrysippe (➤C 121) à l'ouvrage de Théophraste. Sur le Menteur, voir aussi **113** M. Mignucci, « The liar paradox and the stoics », dans Ierodiakonou **104**, p. 54-70 (l'auteur ne mentionne pas Théophraste).

(175) Περὶ ψεύδους καὶ ἀληθοῦς α′, *Sur le vrai et le faux*, 1 livre.

Il s'agit plutôt d'un ouvrage relevant de la logique que de la métaphysique ; il figure toutefois parmi les titres de métaphysique, fr. 246 n° 5 F (*cf.* Huby **30**, p. 12). Ce titre n'est pas mentionné en dehors de D. L.

(51) Θέσεις κδ′, *Thèses*, 24 livres (fr. 68 n° 34 F).

Dans ses *Exercices préparatoires (Progymnasmata)*, Aélius Théon [➤T 87] (Ier ou IIe siècle ap. J.-C.) signale que « nombreux sont leurs ouvrages (*scil.* d'Aristote et de Théophraste) qui portent le titre de *Thèses* » (fr. 74 F) ; pour Aristote, *cf. DPhA*, t. I, p. 426-427 et 433. *Cf.* aussi fr. 75-76 et 135 F. Un exemple de thèse pourrait être représenté par le fr. 486 F traitant du mariage, à propos de la question : le sage doit-il se marier ? (*cf.* Fortenbaugh **34**, p. 178-181 et 408-418). *Cf.* **114** W. W. Fortenbaugh, « Theophrastus, the *Characters* and Rhetoric », dans Fortenbaugh et Mirhady **15**, p. 23-24. Ce titre et les deux suivants sont discutés parmi les ouvrages de rhétorique (Fortenbaugh **35**, p. 83-87).

(181) Θέσεις γ', *Thèses*, 3 livres (fr. 68 n° 35 F).

Fortenbaugh **35**, p. 83-87.

(109) Περὶ ψυχῆς θέσις α', *Thèse sur l'âme*, 1 livre (fr. 68 n° 36 F).

Fortenbaugh **35**, p. 83-87. Ce titre n'est pas mentionné en dehors de D. L.

(144) Λόγων συναγωγή α', *Recueil d'arguments*, 1 livre (fr. 68 n° 37 F).

Titre dont le contenu pourrait relever de la logique (Huby **30**, p. 11-12). Ce titre n'est pas mentionné en dehors de D. L.

(170) Ὑπομνήματα Ἀριστοτελικὰ ἢ Θεοφράστια ς', *Mémoires aristotéliciens ou théophrastiens*, 6 livres.

Cf. infra sous la rubrique "*Miscellanea*".

(183) Περὶ αἰτιῶν α', *Sur les causes*, 1 livre (*cf.* fr. 137 n° 9 F).

Cf. Regenbogen **1**, col. 1383.

(124) Περὶ ἐμπειρίας α', *Sur l'expérience*, 1 livre (*cf.* fr. 265 n° 10 F).

Cf. Regenbogen **1**, col. 1380.

(200) Τίνες οἱ τρόποι τοῦ ἐπίστασθαι α', *Quels sont les modes de connaissance*, 1 livre (*cf.* fr. 265 n° 7 F).

Cf. infra sous la rubrique "Psychologie".

(62) Μεγαρικός α', *[Discours] mégarique*, 1 livre (*cf.* fr. 511 F).

Sur cet opuscule, *cf.* les hypothèses de Huby **30**, p. 12. *Cf. infra* sous la rubrique "Éthique".

(162) Περὶ προθέσεως καὶ διηγήματος α', *Sur la "proposition" et la narration*, 1 livre.

Les deux thèmes de cet opuscule sont discutés par Aristote dans sa *Rhétorique* (III 13 et 16) ; le titre sera discuté ci-dessous sous la rubrique "Rhétorique".

(7*) Περὶ τῶν τοῦ λόγου στοιχείων, *Sur les éléments du discours*, 1 livre ?

L'ouvrage ne figure pas dans la liste de D. L. *Cf.* fr. 666 n° 17b F (rhétorique et poétique) et le commentaire de Fortenbaugh **35**, p. 124-126.

Comme on admet généralement que dans le domaine de la logique Théophraste (souvent en association avec Eudème) a complété et prolongé les recherches d'Aristote, je donne une liste de ses principales contributions à la logique :

(1) Les cinq nouveaux modes de la première figure du syllogisme catégorique, arrangés systématiquement à partir de passages dispersés d'Aristote (fr. 17 et 18 Graeser ; 23 Repici ; fr. 91 F ; *cf.* Huby **30**, p. 56-60). *Cf.* Bocheński **90**, p. 56-65

(pour l'auteur, ces cinq nouveaux modes «constituent une évolution de la logique aristotélicienne dans la direction du formalisme», *Ibid.*, p. 64).

(2) Un nouveau système de syllogistique modale (fr. 11; 14-16 et 24-27 Graeser; 17; 20-22 et 29-31 Repici; fr. 98-109 F; *cf.* Huby **30**, p. 72-131, avec la bibliographie p. 72 et n. 101 et *passim*). Pour une interprétation différente, voir Mignucci **94**, p. 3-53. Les fragments traitant de logique modale abordent les sujets suivants: nature de l'énoncé assertorique, existentiel ou "actuel" – ὑπάρχουσα πρότασις (fr. 98a-g F; sources uniquement arabes); l'énoncé problématique ou possible (fr. 99; Avicenne); la nécessité (fr. 100a-d); relation entre nécessité, "actualité" et possibilité (fr. 101 Boèce); conversion des énoncés universels négatifs problématiques (fr. 102a-c et 103a-d); classement logique des syllogismes (fr. 104 Alexandre); questions liées aux syllogismes à prémisses mixtes (fr. 105-109). Sur la logique modale de Théophraste, voir encore Bocheński **90**, p. 67-102.

(3) Les syllogismes hypothétiques (fr. 28-30 Graeser; 32-34 Repici; fr. 111-113 F; *cf.* Huby **30**, p. 135-154). Sur la question des syllogismes hypothétiques chez Théophraste, il faut consulter en particulier Barnes **97** et **98**. Bocheński **90**, p. 103-120 reste important.

(4) Les énoncés et les syllogismes κατὰ πρόσληψιν (fr. 10 Graeser; 16, 3-5 Repici; fr. 110a-d F; *cf.* Huby **30**, p. 131-135 avec la bibliographie p. 131). L'énoncé "prosleptique" a la forme: «de ce dont on prédique universellement *A*, on prédique aussi universellement *B*» (καθ' οὗ τὸ Β παντός, κατ' ἐκείνου καὶ τὸ Α παντός; fr. 110a F Alexandre), qui sous-entend l'existence d'un troisième terme. *Cf.* Arist., *An. pr.* I 41. Voir Kneale et Kneale **93**, p. 106-109 et **115** *Id.*, «Prosleptic propositions and arguments», dans **116** S. M. Stern, A. Harrani et V. Brown (édit.), *Islamic Philosophy and the Classical Tradition, Essays presented to Richard Walzer*, Oxford 1972, p. 189-207 (les auteurs suivent l'histoire de ce type de syllogisme dans l'Antiquité); Bocheński **90**, p. 48-51.

(5) Des modifications aux *Topiques* (fr. 38 et 39 Graeser; 54b et 55 Repici; fr. 122a-b et 123 F avec le commentaire de Huby **30**, p. 161-165).

On pourait ajouter:

(6) L'énoncé indéterminé et indéfini – sans quantification (fr. 4, 5 et 12 Graeser; 10, 11 et 18 Repici; fr. 82a-e; 83 et 89 F et le commentaire de Huby **30**, p. 36-42 et 52-53). Voir Brunschwig **96**.

(7) La théorie de l'énoncé κατὰ μετάθεσιν ou ἐκ μεταθέσεως, "par transposition" (fr. 8 Graeser; 14 Repici; fr. 87a-f F avec le commentaire de Huby **30**, p. 46-51). Voir **117** F. W. Zimmermann (édit.), *Al-Farabi's Commentary and Short treatise on Aristotle's De Interpretatione,* translated with an introduction and notes by F. W. Z., coll. «Classical and medieval logic texts» 3, Oxford 1981, p. LXIII-LXV. *Cf.* Bocheński **90**, p. 46-48 (il s'agit de «propositions formées par une substitution dans la formule "S est non-P"»).

On notera quelques conjectures intéressantes:

(1) **118** K. Dürr, *The propositional logic of Boethius*, coll. « Studies in Logic and the Foundations of Mathematics », translated by R. Martin, Amsterdam 1951, p. 6-9, croit que Boèce a suivi la syllogistique hypothétique de Théophraste ; *cf.* Huby **30**, p. 138-139.

(2) **119** L. M. de Rijk, *Logica Modernorum. A contribution to the history of early terminist logic*, t. I : « On the twelfth century theories of fallacy », Assen 1962, p. 39, suggère que les six modes des sophismes de Boèce (*De interpr.*[2], 132,21 - 134,7 Meiser ; *cf.* Smith **109**, p. 87-88) « remontent à Théophraste et à l'Aristote tardif ».

(3) Pour Théophraste comme source commune des *Topiques* de Cicéron et de la *Paraphrase* de Thémistius sur les *Topiques*, voir **120** S. Ebbesen, *Commentators and Commentaries on Aristotle's* Sophistici Elenchi. *A study of post-Aristotelian ancient and medieval writings on fallacy*, t. I : « The Greek tradition », Leiden 1981, p. 111-112.

A propos de questions de logique, plusieurs sources anciennes mentionnent simplement les ἑταῖροι (compagnons ou collaborateurs) d'Aristote. Souvent aussi, comme on l'a vu, les noms de Théophraste et d'Eudème sont associés. On admettra volontiers que ceux-ci figurent parmi ces ἑταῖροι ou même sont simplement ces compagnons ; pour une vue contraire, voir Mignucci **94**, p. 18-20. En tout cas, plusieurs passages attribuent à Théophraste et Eudème ensemble des vues identiques sur la logique modale, et chacun a développé la théorie des syllogismes hypothétiques. Voir **121** F. Wehrli (édit.), *Eudemos von Rhodos*, coll. « Die Schule des Aristoteles » 8, Basel/Stuttgart 1969[2], p. 11-20 (fragments sur la logique) ; **122** H. B. Gottschalk, « Eudemus and the Peripatos », dans Bodnár et Fortenbaugh **108**, p. 25-37, en particulier p. 30 ; Bocheński **90**, p. 125 (Théophraste et Eudème) ; le même auteur formule une hypothèse pour expliquer l'accord entre les deux disciples d'Aristote sur certains points de logique : c'est que tous les deux présentent des idées aristotéliciennes « jetées (par Aristote) dans les leçons, discutées devant les étudiants, mais (qui) ne furent jamais rédigées par écrit » (*Ibid.*). On peut aussi tout simplement penser qu'ils collaboraient sur des idées nouvelles à Athènes pendant la vie d'Aristote. Après cela, Eudème est parti pour Rhodes. En tout cas, il est vraisemblable que les « commentaires » de Théophraste sur les œuvres logiques d'Aristote ont été écrits après la mort de celui-ci en 322[a].

La partie sur la logique a intégré certains éléments d'un travail préparatoire pour le *DPhA* dû à P. Huby.

2. Physique (fr. 137-245 F ; commentaire dans Sharples **31** [fr. 137-223 F] ; commentaire sur la doxographie physique [fr. 224-245 F], *à paraître* dans *Commentary volume 3.2* [H. Baltussen]).

Cf. **123** I. Düring (édit.), *Naturphilosophie bei Aristoteles und Theophrast*, Verhandlungen des 4. Symposium Aristotelicum veranstaltet in Göteborg, August 1966, Heidelberg 1969 ; **124** R. Sorabji, « Theophrastus on place », dans Fortenbaugh et Sharples **11**, p. 139-166 ; **125** J. Vallance, « Theophrastus and the study of the intractable: Scientific method in the *De lapidibus* and *De igne*», dans Forten-baugh et Sharples **11**, p. 25-40; **126** K. Algra, «Place in context», dans Forten-baugh et Gutas **14**, p. 141-165; **127** D. Sedley, «Theophrastus and epicurean physics», dans van Ophuijsen et van Raalte **16**, p. 331-354; **128** A. Laks, «Le début d'une physique: ordre, extension et nature des fragments 142-144a-b de Théophraste», dans Ophuijsen et Raalte **16**, p. 143-169, repris, avec des correc-tions, dans **129** A. Laks, *Histoire, doxographie, vérité. Études sur Aristote, Théo-phraste et la philosophie présocratique*, coll. «Aristote, traduction et études», Leuven 2007, p. 133-157 (intitulé ici «Sur le premier livre de la *Physique* de Théophraste: ordre, extension et nature des fragments 142-144 FHS&G»); **130** F. de Haas, «Philoponus on Theophrastus on composition in nature», dans Ophuijsen et Raalte **16**, p. 171-189.

Sur la physique de Théophraste, *cf.* l'ouvrage important de Steinmetz **4**, avec le compte rendu critique de Gottschalk **5**, p. 17-26.

Ouvrages sur la physique (fr. 137 n° 1-43 F).

(103) Φυσικά η′, *Physique*, 8 livres.

L'ouvrage mentionné par Priscien dans sa préface aux *Solutiones ad Chosroem*, p. 42, 5 Bywater, *Naturalis auditus*, doit renvoyer au même traité; le titre grec donné par Priscien est certainement <Φυσικὴ ἀκρόασις>, comme celui du traité d'Aristote. Le livre III était identique au Περὶ οὐρανοῦ, comme le note Simplicius (fr. 176 F); de même que les livres IV et V correspondaient au Περὶ ψυχῆς, 2 livres? (n° 10* *supra*; *cf.* fr. 265 n° 1 F, dans la liste des ouvrages de psychologie). On a fait l'hypothèse que les livres I-III étaient identiques au Περὶ κινήσεως, 3 livres (n° 58 D. L.); *cf.* les remarques ci-dessous. Sur le contenu des huit livres, *cf.* Sharples **31**, p. 2-5, avec la discussion des diverses interprétations.

(220) Περὶ οὐρανοῦ α′, *Sur le ciel*, un livre.

L'ouvrage correspond au livre III des Φυσικά (ci-dessus).

(58) Περὶ κινήσεως γ′, *Sur le mouvement*, 3 livres.

Sur les tentatives d'identifier cet ouvrage à la fois avec le Περὶ φύσεως en trois livres (ci-dessous) et avec les trois premiers livres de la *Physique*, *cf.* Sharples **31**, p. 6. *Cf.* le titre n° 188: Περὶ κινήσεως, 2 livres.

(100) Περὶ φύσεως γ′, *Sur la nature*, 3 livres.

Il est possible que cet ouvrage corresponde aux trois premiers livres des Φυσικά (*cf.* Sharples **31**, p. 7).

(101) Περὶ φυσικῶν ιη′, *Sur la physique* ou *Sur les physiciens*, 18 livres.

Alexandre d'Aphrodise cite un passage doxographique extrait du premier livre du Περὶ τῶν φυσικῶν, où Théophraste résume la doctrine des deux voies de Parménide (fr. 227c F). A cause de l'ambiguïté du titre, les interprètes modernes hésitent à compter ce traité parmi les ouvrages théoriques ou doxographiques (*cf.* Sharples **31**, p. 7-8).

(–) Φυσικὴ ἱστορία, *Recherche sur la physique* (en plusieurs livres).

Le titre ne figure pas dans le catalogue de Diogène; on le trouve mentionné sous cette forme à deux reprises dans le *Commentaire sur la* Physique de Simplicius (fr. 234 [ἐν τῷ πρώτῳ] et 228b F), et sous une forme abrégée, Ἱστορία (fr. 226b F). Le même titre est mentionné par son contemporain Priscien (*Naturalis historia*) dans sa préface aux *Solutiones ad Chosroem* (p. 42, 5

Bywater), à côté du *Naturalis auditus* (*cf.* ci-dessus). Sur la nature de cet ouvrage et les identifications possibles avec d'autres traités, *cf.* Sharples **31**, p. 8-10.

(171) Φυσικῶν δόξαι ις', *Opinions des physiciens* ou, plus probablement, Φυσικαὶ δόξαι, *Opinions physiques* ou *sur la physique*, 16 livres.

Cf. fr. 224-245 F (le commentaire de ces fragments doxographiques est à paraître dans le *Commentary volume* 3.2). Sur la forme du titre, *cf.* **131** J. Mansfeld, «*Physikai doxai and Problêmata physika* in philosophy and rhetoric: from Aristotle to Aëtius (and beyond)», dans Mansfeld et Runia **26**, p. 33-97, en particulier p. 5 et 34-37. Diels **82**, p. 473-495, édite 23 fragments doxographiques; il intitule la section: Θεοφράστου Φυσικῶν δοξῶν βιβλίων ιη' ἀποσπασμάτια (*Fragments des dix-huit livres des* Opinions des philosophes de la nature *de Théophraste*; Diels compte 18 livres, parce qu'il identifie ce titre avec le n° 101 Περὶ φυσικῶν en 18 livres (Diels **82**, p. 102). Il semble que depuis l'article de Mansfeld **131**, paru sous une forme légèrement différente dans Fortenbaugh et Gutas **14**, p. 63-111, l'interprétation du titre comme Φυσικαὶ δόξαι s'est imposée (pour la bibliographie, *cf.* Sharples **31**, p. 10-12 avec les notes). Il ne semble pas que le titre soit cité directement après Diogène Laërce (Sharples **31**, p. 11-12). Il se peut que les auteurs postérieurs, comme Simplicius, aient connu l'ouvrage sous un autre titre, comme la *Recherche sur la physique* mentionné ci-dessus (Sharples **31**, p. 12). Sur la question de l'appartenance de l'opuscule *Sur les sensations* ou *Sur la sensation* (fr. 265 n° 4 F) à l'ouvrage doxographique, *cf.* Sharples **31**, p. 11 et n. 47 avec la bibliographie (rappelons que Diels **82** édite le *De sensibus* dans ses *Doxographi Graeci*, p. 497-527).

Cf. **132** J. B. McDiarmid, «Theophrastus on the Presocratic causes», *HSPh* 61, 1953, p. 85-156 (notes, p. 133-156); **133** O. Gigon, «Die ἀρχαί der Vorsokratiker bei Theophrast und Aristoteles», dans Düring **123**, p. 114-123; **134** D. T. Runia, «Xenophanes or Theophrastus», dans Fortenbaugh et Gutas **14**, p. 112-140.

(102) Περὶ φυσικῶν ἐπιτομή β', *Abrégé sur la* Physique (ou *sur des questions de physique*), 2 livres.

D. L. mentionne aussi une Φυσικῶν ἐπιτομή en un livre (n° 172) et Galien des Φυσικῶν δοξῶν ἐπιτομαί, *Abrégés des opinions sur les physiciens* ou *sur la physique* (fr. 231 F, à propos de Xénophane). En IX 21, D. L. donne une référence à un ouvrage de Théophraste, à propos de la filiation entre Anaximandre et Xénophane (ou Parménide), sous la forme ἐν τῇ Ἐπιτομῇ (fr. 227d F). S'agit-il alors d'un abrégé des Φυσικαὶ δόξαι, ou des Φυσικά en huit livres, ou encore d'un *compendium* d'opinions sur la physique? *Cf.* la revue des diverses opinions dans Sharples **31**, p. 12-13.

(104) Πρὸς τοὺς φυσικούς α', *Contre les physiciens*, 1 livre.

Il s'agit d'un ouvrage polémique, comme le montre le témoignage de Plutarque (fr. 245 F), à propos de critiques adressées à Platon sur des questions physiques.

(183) Περὶ αἰτιῶν α', *Sur les causes*, 1 livre.

Le titre n'est pas attesté en dehors de D. L. *Cf.* fr. 503 F et le commentaire de Fortenbaugh **34**, p. 463-469.

(186) Περὶ γενέσεως α', *Sur la génération*, 1 livre.

On a parfois considéré ce titre comme relevant de la zoologie (Regenbogen **1**, col. 1397). Simplicius mentionne un Περὶ τῆς τῶν στοιχείων γενέσεως, *Sur la génération des éléments* (fr. 171 F), que Steinmetz **4**, p. 12, proposait d'identifier au livre VI des Φυσικά.

(52) Περὶ θερμοῦ καὶ ψυχροῦ α', *Sur le chaud et le froid*, 1 livre.

Galien mentionne ce titre (fr. 172 F; *cf.* aussi 173-175 F).

(83) Περὶ πυρός β', *Sur le feu*, 2 livres.

L'opuscule que la tradition manuscrite a conservé est en un seul livre (*cf. infra*).

(82) Περὶ πήξεων καὶ τήξεων α', *Sur la solidification et la liquéfaction*, 1 livre.

Cf. **135** H. B. Gottschalk, « The authorship of *Meteorologica* Book IV », *CQ* 11, 1961, p. 78, qui propose de voir dans Arist., *Meteor.* IV 8-9 des extraits du traité de Théophraste (notons toutefois que les chapitres 5-7 portent sur le même sujet).

(67) Μεταρσιολογικά β', *Météorologiques*, 2 livres.

Le titre doit correspondre aux Μετεωρολογικά d'Aristote. On a conservé une version arabe et syriaque partielle d'un ouvrage de Théophraste sur les phénomènes météorologiques qui pourrait correspondre à ce titre (*cf. infra* "Météorologie"). Peut-être le premier livre traitait-il des phénomènes météorologiques au sens propre (phénomènes qui se produisent au-dessus de la terre), le second des tremblements de terre. On a souvent vu une allusion à ce traité dans le *Sur les vents (De ventis)* 1 et dans *Sur le feu (De igne)* 1 (Sharples **31**, p. 18 et n. 61). Pour la mention d'un ouvrage sur les phénomènes météorologiques dans la tradition arabe, *cf.* fr. 3a et 3b F. Plutarque mentionne un Περὶ μεταρσίων dont il cite le livre 4 (fr. 192 F ; on a pensé que le numéro du livre était erroné, *cf.* Sharples **31**, p. 18). Les fragments sur la météorologie vont de fr. 186-194 F (pour les commentaires, *cf.* Sharples **31**, p. 144-163). Le titre suivant doit désigner le même ouvrage, ou une partie de celui-ci.

(142) Περὶ μετεώρων α', *Sur les [phénomènes] célestes*, 1 livre.

Olympiodore mentionne de Théophraste des Μετέωρα (fr. 186b F). *Cf.* le titre précédent.

(16) Περὶ ἀνέμων α', *Sur les vents*, 1 livre.

L'opuscule est conservé par la tradition manuscrite (*cf. infra*). Il est mentionné par Alexandre, *in Meteor.* 97, 11 Hayduck (Θεόφραστος ἐν τῷ Περὶ ἀνέμων) et par Priscien, *Solut. ad Chosr.* 42, 6 Bywater *(De ventis)*. On a parfois pensé que le traité Περὶ πνευμάτων (fr. 328 n° 15 F) était identique au *De ventis* (Sharples **31**, p. 18 ; *Id.* **33**, p. 7-8).

(89) Περὶ σημείων α', *Sur les signes (météorologiques)*, 1 livre.

On admet généralement aujourd'hui que ce titre correspond au Περὶ σημείων ὑδάτων καὶ πνευμάτων conservé dans quelques manuscrits sous le nom d'Aristote. Il s'agirait donc, non d'un ouvrage de logique (malgré Repici **88**, p. 36 et 218), mais de météorologie. *Cf. supra* "Dubia". On admet aussi qu'il ne s'agit pas du texte original de l'Érésien (ni *a fortiori* d'Aristote), même s'il intègre des matériaux provenant de Théophraste.

(96) Περὶ ὕδατος γ', *Sur l'eau*, 3 livres.

Cf. fr. 210-221 F. Le titre est cité par Alexandre (fr. 212 F : ἐν τοῖς Περὶ ὕδατος). L'ouvrage est aussi cité au pluriel Περὶ ὑδάτων (fr. 213a [= *CPF* I 1***, p. 852-853] ; 214a F) et Théophraste lui-même, dans le *De ventis* 5, renvoie à un autre ouvrage (ἐν ἑτέροις) pour une discussion détaillée περὶ ὑδάτων ("sur les eaux [de pluie]"). Le fr. 216 F (Sénèque), s'il se rapporte bien à cet ouvrage, permet de proposer une date postérieure à 310ᵃ (campagne de Cassandre en Thrace ; *cf.* Sharples **31**, p. 211). Steinmetz **4**, p. 288, fait l'hypothèse que le traité *Sur le Nil (Liber de Nilo)*, conservé en traduction latine seulement et attribué, selon lui, faussement à Aristote, serait en fait un extrait de cet ouvrage (*cf.* fr. 211 F et les commentaires de Sharples **31**, p. 197-198). Voir aussi le titre suivant.

(138) Περὶ θαλάττης α', *Sur la mer*, 1 livre.

Aucun témoignage ne se rapporte explicitement à cet ouvrage. *Cf.* fr. 220 F qui traite de la question de la salinité de la mer, et aussi l'*Appendix* n° 4 de Fortenbaugh *et alii* **29** et *CPF* I 1***, p. 844-851, où les restes du papyrus sont édités sous le titre *De aquis* (?).

(64) Περὶ μετάλλων β', *Sur les métaux* (plutôt que *Sur les mines*), 2 livres.

Cf. **136** A. Mottana, « Il pensiero di Teofrasto sui metalli secondo i frammenti delle sue opere e le testimonianze greche, latine, siriache ed arabe », *Rendiconti della classe di scienze fisiche e naturali dell'Accademia dei Lincei*, ser. 9, 12, 2001, p. 133-241 (bibliographie, p. 232-241). Il se pourrait bien que le dernier paragraphe du *De odoribus* (§ 71), fragmentaire et difficilement compréhensible par ailleurs, fît partie de cet ouvrage (*cf.* ci-dessous Wöhrle **265**, n. 12, p. 12, selon une suggestion de R. W. Sharples). Le même titre est mentionné dans la notice « Théophraste » de la *Souda* (fr. 2 F), sans le nombre de livres, et ailleurs, parfois sous le nom d'Aristote (Philopon, *in De gen. et corr.* 2, 18 Vitelli [ἐν τοῖς Περὶ τῶν μετάλλων] ; *in Phys.* 2, 1 Vitelli [Περὶ μετάλλων]) ; dans les deux cas Philopon attribue l'ouvrage à Aristote en précisant que la matière avait aussi été traitée dans le quatrième livre des *Météorologiques*) ; sur cette hésitation dans l'attribution, *cf.* Sharples **31**, p. 167-169. Le sens de "métaux" pour μέταλλα plutôt que "mines" est postérieur à Théophraste et fournit un indice sur le caractère tardif de cette forme du titre (*cf. LSJ* s.v. II). Étrangement, Olympiodore (fr. 197c F) parle d'une μονόβιβλος). Le même ouvrage, sans doute, est mentionné sous des titres divers. (a) Περὶ τῶν μεταλλευομένων, *Sur les choses extraites des mines* chez Alexandre (fr. 197a F) ; Théophraste dans son opuscule *Sur les pierres* 1 (Περὶ λίθων, n° 59 D. L.) renvoie par ce titre à un de ses propres ouvrages ; c'est donc sans doute là le titre original. (b) Μεταλλικόν, *[Livre] des métaux* (ou *des mines*) dans le *Lexique* d'Hésychius : ἐν (τῷ) μεταλλικῷ dans fr. 199 F ; *cf.* 202 et 203 F, et l'*Onomasticon* de Pollux (fr. 198 F). *Cf.* **137** R. Halleux, *Le problème des métaux dans la science antique*, coll. « Bibliothèque de la Faculté de philosophie et lettres de l'Université de Liège » 209, Paris 1974, p. 171-177 (« Le Traité des métaux de Théophraste ») et p. 115-122. Les fragments 197-205 F réunissent les témoignages sur les métaux ; *cf.* aussi l'*Appendix* n° 3 F (à propos du trempage de l'acier, mais sans mention du nom de Théophraste).

(59) Περὶ λίθων α', *Sur les pierres*, 1 livre.

Cf. fr. 206-209 F. L'ouvrage figure aussi, sans le nombre de livres, dans la liste de la *Souda* (fr. 2 F). Sur le *Livre des pierres* que la tradition arabe attribue à Théophraste, *cf.* les remarques de D. Gutas dans Sharples **31**, p. 22. Sur l'opuscule conservé, *cf. infra*.

(13) Περὶ τῶν αἰθομένων β', *Sur les [pierres] qui brûlent*, 2 livres.

Les leçons des manuscrits ne sont pas satisfaisantes (λιθουμένων "choses changées en pierre"; αἰθουμένων). Dans l'ordre alphabétique de la liste de Diogène, il faut un titre commençant par α, et αἰθουμένων est une forme non attestée (il n'existe pas de verbe *αἰθέω ou *αἰθόω). Les corrections proposées ἀπολιθουμένων ou ἀπολελιθωμένων pourraient aussi convenir, pour la forme et pour le sens. Théophraste discute de pierres qui brûlent en *De lapidibus* 4 et s'intéresse à la vulcanologie (*cf.* fr. 196 F et le titre suivant n° 197 D. L.). Il discute aussi de pétrification en *De lapidibus* 4 (ἀπολιθοῦν) et 38 (ἀπολελιθωμένος) et en *HP* IV 7. 2 (à propos d'un végétal des bords de mer) ; on a aussi pensé à la formation de stalactites, en se référant aux *Mirabilia* pseudo-aristotéliciens (59, 834 b 31-34) ; *cf.* Halleux **137**, p. 177, n. 27. Pour le détail des arguments, *cf.* Sharples **31**, p. 23-24.

(197) Περὶ ῥύακος τοῦ ἐν Σικελίᾳ α', *Sur l'écoulement de lave en Sicile*, 1 livre.

Le titre n'est pas attesté en dehors de D. L. En *De lapidibus* 22, on trouve une formule identique, mais qui n'est pas un titre.

(12) Περὶ ἁλῶν, νίτρου, στυπτηρίας α', *Sur le sel, le nitre, l'alun*, 1 livre.

Cf. fr. 222-223 F (Pline l'Ancien) et le commentaire de Sharples **31**, p. 220-226. Voir aussi le texte de l'*Appendix* n° 4 F, traitant de l'origine de la salinité de la mer en développant la doctrine de Démocrite qui comparait le phénomène avec la production de nitre, d'alun, etc. (*cf. CPF* I 1***, p. 844-851 [M. S. Funghi et M. M. Sassi] ; les auteurs préfèrent attribuer ce texte au Περὶ ὑδάτων [p. 850 ; *cf. supra* n° 96 et 138]).

(160) Περὶ τῶν προβλημάτων φυσικῶν α', *Sur les problèmes physiques*, 1 livre.

La tradition arabe connaît ce titre (fr. 3a n. 2 ; 183 F). *Cf.* aussi les titres suivants : Προβλη-μάτων συναγωγή ε', *Recueil de problèmes*, 5 livres (n° 80 D. L.) et Προβλήματα πολιτικά, φυσικά, ἐρωτικά, ἠθικά α', *Problèmes politiques, physiques, érotiques, éthiques*, 1 livre (n° 157 D. L.). Sur la notion péripatéticienne de πρόβλημα, *cf.* **138** P. Louis (édit.), *Aristote, Problèmes*, texte établi et traduit par P. L., *CUF*, t. I, Paris 1991, p. XX-XXIII.

(10) Περὶ τῶν Ἀναξιμένους α', *Sur les [doctrines] d'Anaximène* (➡A 168), 1 livre.

Il faut sans doute rapprocher ce titre et les suivants du travail doxographique de Théophraste réalisé dans les *Opinions sur la physique* (n° 171 D. L.).

(36) Περὶ Ἐμπεδοκλέους α', *Sur Empédocle* (➡E 19), 1 livre.

Il n'est pas nécessaire d'accorder ce titre avec le précédent et le suivant en ajoutant "τῶν", comme c'est le cas au fr. 137 n° 28 F (Περὶ <τῶν> Ἐμπεδοκλέους), contrairement à l'édition du texte de Diogène au fr. 1.

(9) Περὶ τῶν Ἀναξαγόρου α', *Sur les [doctrines] d'Anaxagore* (➡A 158), 1 livre.

Autre forme du titre : Περὶ Ἀναξαγόρου, fr. 235 F ; Simplicius, qui cite le deuxième livre, pouvait avoir une édition qui réunissait ce titre et le suivant (Usener **57**, p. 66).

(8) Πρὸς Ἀναξαγόραν α', *Contre Anaxagore*, 1 livre.

Cf. le précédent.

(11) Περὶ τῶν Ἀρχελάου α', *Sur les [doctrines] d'Archélaos* (➡A 308), 1 livre.

Archélaos est un disciple d'Anaxagore.

(184) Περὶ Δημοκρίτου α', *Sur Démocrite* (➡D 70), 1 livre.

Comme Aristote, Théophraste semble avoir pris très au sérieux la philosophie de Démocrite, si, en plus du travail doxographique des Φυσικαὶ δόξαι (n° 171 D. L.) et du Περὶ αἰσθήσεων (n° 7 D. L.), il a bien consacré plusieurs monographies à l'Abdéritain (n° 184 et 22-27 ; dans *DPhA*, t. II, p. 694, on pourrait allonger la liste des ouvrages de Théophraste consacrés à Démocrite).

(22) Περὶ τῆς Δημοκρίτου ἀστρολογίας α', *Sur l'astronomie de Démocrite*, 1 livre.

Les cinq titres suivants (n° 23, 24, 25, 26, 27 D. L.), qui échappent à l'ordre alphabétique de la liste, sont considérés généralement comme traitant de points particuliers de la philosophie de Démocrite (*cf.* Sharples **31**, p. 27).

(23) Τῆς μεταρσιολεσχίας α', *Météorologie*, 1 livre (au nominatif, le titre serait : Ἡ μεταρσιολεσχία).

Suivant la leçon du fr. 137 n° 34 – différente de celle adoptée dans le texte de Diogène publié dans le fr. 1 F – Sharples **31**, p. 27, traduit le titre avec la correction ancienne d'Usener : <Περὶ> τῆς μεταρσιολεσχίας, *Sur la météorologie* (*scil.* celle de Démocrite). Une *Météorologie* n'est pas attestée parmi les œuvres de Démocrite, mais plusieurs Αἰτίαι, *Causes*, traitaient de questions relevant de la météorologie (au sens large) : Αἰτίαι ἀέριοι, Αἰτίαι ἐπίπεδοι, peut-être aussi Αἰτίαι οὐράνιαι (D. L. IX 47).

(24) Περὶ τῶν εἰδώλων α′, *Sur les images* (ou *simulacres*), 1 livre.

Sur les εἴδωλα chez Démocrite, images ou simulacres composés d'atomes et responsables de la perception sensible, *cf.* l'opuscule de Théophraste *Sur les sensations* 51 (doxographie critique). Dans la liste des ouvrages de Démocrite, figure, parmi les titres de physique, un Περὶ εἰδώλων ἢ Περὶ προνοίας (D. L. IX 47).

(25) Περὶ χυμῶν, χροῶν, σαρκῶν α′, *Sur les saveurs, les couleurs, les chairs*, 1 livre.

Dans la liste des ouvrages de Démocrite, figurent précisément les trois titres suivants : Περὶ χυμῶν, Περὶ χροῶν et Περὶ σαρκός, titre alternatif du Περὶ ἀνθρώπου φύσιος (D. L. IX 46). Plutarque (*Adv. Colotem*, 1110 c = fr. 280 F) mentionne un ouvrage d'Épicure *Contre Théophraste* (Πρὸς Θεόφραστον), en au moins deux livres, à propos de la couleur (➨E 36, œuvres n° 54) (*cf.* aussi l'opuscule théophrastien *De sensibus* 72-82 [sur la couleur]) ; voir le commentaire de ce fragment dans Huby **32**, p. 66-67, et la note 4 de Fortenbaugh **35bis**, p. 8.

(26) Περὶ τοῦ διακόσμου α′, *Sur l'ordre cosmique*, 1 livre.

D. L. mentionne deux titres apparentés parmi les œuvres de Démocrite : Μέγας διάκοσμος, *Grand système du monde*, et Μικρὸς διάκοσμος, *Petit système du monde* (sur ces titres, *cf.* **139** D. O'Brien, notice « Démocrite d'Abdère », D 70, *DPhA*, t. II, 1994, p. 649-715, en particulier p. 690-693).

(27) Περὶ τοῦ Περὶ ἀνθρώπων α′, *Sur l'[ouvrage intitulé] Sur les hommes*, 1 livre.

Cf. Démocrite Περὶ ἀνθρώπου φύσιος, *Sur la nature de l'homme* (D. L. IX 46).

(28) Τῶν Διογένους συναγωγή α′, *Recueil des [doctrines] de Diogène*, 1 livre.

Il s'agit de Diogène d'Apollonie (➨D 139).

(66) Περὶ τῶν Μητροδώρου συναγωγή α′, *Sur les [doctrines] de Métrodore, Recueil*, 1 livre.

Il s'agit vraisemblablement de Métrodore de Chios (➨M 149), un "disciple" de Démocrite.

(151) Τῶν Ξενοκράτους συναγωγή α′, *Recueil des [doctrines] de Xénocrate* (➨X 10), 1 livre.

(203) Πρὸς Αἰσχύλον α′, *Contre Eschyle*, 1 livre.

Il s'agit vraisemblablement d'Aischylos (➨A 74), disciple d'Hippocrate de Chios (➨H 151), dont Aristote critique dans ses *Météorologiques* les théories sur les comètes.

(204) Ἀστρολογικὴ ἱστορία ς′, *Recherche d'astronomie*, 6 livres.

Comme Simplicius, qui cite le deuxième livre de cet ouvrage, plusieurs auteurs anciens rapportent cette œuvre au condisciple de Théophraste, Eudème de Rhodes (➨E 93) (avec des variantes dans la formulation du titre : Ἀστρολογικαὶ ἱστορίαι [Clément d'Alexandrie], Ἀστρολογίαι [Théon de Smyrne], Περὶ τῶν ἀστρολογουμένων ἱστορία [D. L. I 23]). Aucun auteur, en dehors de D. L., n'attribue ce titre explicitement à Théophraste.

Œuvres conservées

1. Περὶ πυρός, *Sur le feu (De igne)*.

Cf. n° 83 D. L. : Περὶ πυρός β′, *Sur le feu*, 2 livres.

140 V. Coutant (édit.), *Theophrastus, De igne. A post-Aristotelian view of the nature of fire*, Assen 1971 (sur les éditions antérieures, p. XX-XXI ; *cf.* aussi les remarques critiques sur la tradition manuscrite, dans Burnikel **7**, p. 170-172) ; **141** K. Gaiser, « De igne 1-10a und 44 », dans *Id*. **9**, p. 37-41 (traduction de 1-10a et 44 du *De igne*) ; **142** A. M. Battegazzore (édit.), *Teofrasto, Il fuoco : il trattato De igne*, prima traduzione italiana a cura di A. M. B., presentazione di P. Meloni, nota introduttiva di W. Lapini, coll. «Quaderni di Sandalion» 12, Sassari 2006 (l'ouvrage comporte en annexe [p. 51-189] cinq articles publiés par l'auteur sur l'opuscule de Théophraste, dont les deux mentionnés ci-dessous).

Cf. **143** A. M. Battegazzore, «Aristotelismo e anti-Aristotelismo del *De igne* Teofrasteo», *Elenchos* 5, 1984, p. 45-102 ; **144** *Id*., «Spigolature filologiche e note esegetiche al *De igne* Teofrasteo», *Sandalion* 10-11, 1987-1988, p. 49-66 ; **145** I. M. Bodnár, «Theophrastus *De igne* : orthodoxy, reform and readjustment in the doctrine of elements», dans Fortenbaugh et Wöhrle **22**, p. 75-90.

En plus de la littérature mentionnée ci-dessus, on pourra se référer à Steinmetz **4**, p. 111-147 (complet, mais parfois discutable, *cf.* Coutant **127**, p. XVII-IX) ; Gaiser **9**, p. 36-60 ; Vallance **113** (sur la méthode).

L'opuscule *Sur le feu* qui nous a été transmis par la tradition manuscrite ne comporte qu'un livre. La question du second livre, mentionné dans le catalogue de D. L., a reçu des solutions diverses. On s'est demandé en particulier à quel texte pouvaient renvoyer les derniers mots de l'opuscule : « Sur ces questions, on en a dit assez jusqu'ici, mais nous reprendrons le sujet ailleurs (ἐν ἄλλοις) avec plus de détails » (*De ign.* 76) ; pour les diverses hypothèses, *cf.* Sharples **31**, p. 15-16 ; Coutant **139**, p. X, n. 6 envisage la possibilité que l'expression de Théophraste soit la source de l'attribution erronée d'un second livre au *De igne* (faudrait-il alors penser que l'erreur remonte au catalogage même des œuvres de Théophraste ?). Pour la date de l'opuscule, les commentateurs modernes remontent en général assez haut, même à la période d'Assos (Sharples **31**, p. 15). La composition de l'œuvre est assez lâche. On a pensé à une collection de notes de cours ou de remarques décousues (Coutant **139**, p. IX-X). Quant à la méthode, elles est plutôt empirique et s'appuie sur l'expérience personnelle et sur des informations externes. L'explication des phénomènes recourt naturellement à des concepts aristotéliciens (par exemple : ἀναθυμίασις [*exhalaison* chaude ou humide], ἀντιπερίστασις [concentration d'une chose sous la pression d'une autre, *cf. De ign.* 12-18 et fr. 173 F ; Halleux **137**, p. 121 et n. 29 ; **146** M. Federspiel, «Le soleil comme *movens repellens* dans le *De ventis* de Théophraste et la double antipéristase», dans **147** C. Cusset (édit.), *La météorologie dans l'Antiquité : entre science et croyance. Actes du colloque international interdisciplinaire de Toulouse, 2-4 mai 2002*, coll. «Centre Jean Palerne, Mémoires» 25, Saint-Étienne 2003, p. 415-436] et l'interaction des contraires) ; *cf.* Coutant **140**, p. XIV-XVI. Théophraste n'hésite pas à se référer à des phénomènes liés aux activités de la technique. La question d'un prétendu atomisme (autour des notions de particules, de "vide" ou de pores) est discutée de façon critique par Coutant **140**, p. XVII-XVIII (contre Steinmetz **4**, p. 170-171) ; *cf.* McDiarmid **8**, p. 330, et **147bis** D. Lehoux, «All voids large and small, being a discussion of place and void in Strato of Lampsacus's matter theory», *Apeiron* 32, 1999, p. 1-36, en particulier p. 3 ; 11 ; 34. Un problème intéressant est celui du comportement particulier du feu (dans le monde sublunaire en tout cas), différent de celui des trois autres éléments. En effet, le feu peut s'engendrer lui-même et se détruire (*De ign.* 1), et surtout, il a besoin d'un substrat (ὑποκείμενον) qui le nourrisse, c'est-à-dire d'un combustible (*De ign.* 3-4) ; cette dernière caractéristique semble conduire Théophraste à envisager que l'élément-principe n'est pas le feu mais le chaud (θερμόν, *De ign.* 6). Pour une évaluation modérée du rapport entre Aristote (surtout *Meteor.* et *De cael.*) et Théophraste *(De ign.)*, *cf.* Coutant **140**, p. XVII-XX.

2. Περὶ λίθων, *Sur les pierres (De lapidibus)*.

Cf. Περὶ λίθων α', *Sur les pierres*, 1 livre, n° 59 D. L. Les témoignages anciens sur cet opuscule sont énumérés dans le fr. 209 n° 1-14 F.

148 E. R. Caley et F. C. Richards (édit.), *Theophrastus, On stones*. Introduction, Greek text, English translation and commentary, Columbus (Ohio) 1956 ; **149** D. E. Eichholz (édit.), *Theo-*

phrastus, De lapidibus, edited with introduction, translation and commentary, Oxford 1965 (bibliographie des éditions antérieures p. 51 ; dans un *Appendix*, l'auteur reprend un article intitulé «Aristotle's theory of the formation of metals and minerals», p. 38-47 = *CQ* 43, 1949, p. 141-146) ; **150** H. Takahashi, «Syriac fragments of Theophrastean meteorology and mineralogy. Fragments in the Syriac version of Nicolaus Damascenus, *Compendium of Aristotelian philosophy* and the accompanying scholia», dans Fortenbaugh et Wöhrle **22**, p. 189-224 (texte syriaque et traduction anglaise, p. 206-222) ; **151** A. Mottana et M. Napolitano (édit.), «Il libro *Sulle pietre* di Teofrasto. Prima traduzione italiana con un vocabolario dei termini mineralogici», *Rendiconti della classe di scienze fisiche e naturali dell'Accademia dei Lincei*, ser. 9, 8, 1997, p. 151-234.

En plus de la littérature mentionnée ci-dessus, on pourra se référer à Steinmetz **4**, p. 80-111 ; Vallance **125** (sur la méthode).

A la fin du livre III des *Météorologiques* (378 a 15 sqq.), Aristote traite rapidement des minéraux (τὰ ὀρυκτά) et des métaux (τὰ μεταλλευτά), annonçant une étude détaillée. On a l'impression que cette étude c'est Théophraste qui va la réaliser dans le *De lapidibus* et peut-être aussi dans l'ouvrage mentionné par D. L. (n° 64) Περὶ μετάλλων β', *Sur les métaux*, 2 livres. La date de composition doit se situer entre 315 et 305 selon l'argumentation de Eichholz **149**, p. 8-12. L'opuscule ne peut être considéré raisonnablement comme un fragment, mais la question se pose de savoir s'il est composé d'extraits. La réponse semble négative, même si l'on peut conjecturer telle ou telle lacune (par exemple, par rapport à la citation explicite d'Athénée III, 93 a-b à propos des perles ; *cf.* Eichholz **149**, p. 13-15). Dans ce travail, Théophraste s'intéresse à la formation naturelle des métaux et des minerais (ou des "terres"), mais aussi à leur usage. S'il est loin d'être exhaustif et systématique, le traité est simple dans sa composition. D'après Eichholz **149**, p. 54, on peut en indiquer rapidement la matière, en notant les paragraphes en chiffres arabes :

A. 1-3 : Formation des pierres et des terres minérales.

B. 3-47 : *Les pierres*

    (a) 3-22 : leurs propriétés (en particulier par rapport au feu, 9-19) ;

    (b) 23-40 : les pierres précieuses et leurs propriétés (excursus sur l'émeraude, 23-24) ;

    (c) 41-47 : propriétés des pierres par rapport au travail de l'artisan (remarques sur les combustibles minéraux, 16 ; la perle, 36 ; la pierre de touche, 45-47 ; le plomb, 56).

C. 48-69 : *Les "terres"*

    (a) 48-50 : leurs propriétés (essentiellement la couleur) ;

    (b) 50-60 : les terres découvertes en association avec des métaux ; préparation des pigments ;

    (c) 61-69 : les terres extraites de fosses et leur usage.

L'information de Théophraste s'appuie sur des observations, mais dépend aussi de sources littéraires et orales. Il s'attarde peu sur le fantastique (*cf.* la mention d'une pierre formée à partir de l'urine de lynx [τὸ λυγγούριον], 28). On a pu dire que c'était «la première étude méthodique de minéralogie» (McDiarmid **8**, p. 331).

3. Περὶ ἀνέμων, *Sur les vents* (*De ventis*).

Cf. Περὶ ἀνέμων α', n° 16 D. L. et, peut-être, Περὶ πνευμάτων α', *Sur les souffles*, 1 livre, n° 84 D. L.

152 O. Gigon (édit.), *Theophrastos, Über die Winde*. Text, Kommentar und Einleitung von O. G., Thèse d'habilitation inédite, *s. d. s. l.* (*non vidi*) ; **153** V. Coutant et V. L. Eichenlaub (édit.), *Theophrastus, De ventis*, Notre Dame, Ind./London 1975 (*cf.* p. XV pour les éditions et commentaires antérieurs ; p. LV-LVIII pour la bibliographie) ; **154** M. W. Haslam (édit.), «*De ventis 4-7*» (*POxy* 3721), dans *CPF* I 1***, p. 836-843 (ce fragment de papyrus de la seconde moitié du IIe s. ap. J.-C., édité pour la première fois en 1986 dans les *POxy* LIII, p. 172-178 (par M. W. H.), n'a pu être utilisé dans l'édition Coutant-Eichenlaub).

Cf. **155** J.-P. Levet, «Anémologie et philosophie dans le traité *De ventis* de Théophraste», dans Cusset **147**, p. 331-343 ; Federspiel **146**.

En plus de la littérature mentionnée ci-dessus, on pourra se référer à Steinmetz **4**, p. 25-80.

L'opuscule *Sur les vents* peut être daté vers 300 ou un peu avant. Il est postérieur au traité *Sur les eaux*, si c'est bien cet ouvrage qui est visé au chapitre 5 (περὶ ὑδάτων ἐν ἑτέροις εἴρηται διὰ πλειόνων, «sur les eaux [de pluie] on a parlé plus longuement ailleurs»), et peut-être à la *Météorologie* (Steinmetz **4**, p. 25), si c'est l'ouvrage qui est désigné au tout début du texte par la formule «Nous avons étudié précédemment la nature des vents, leur formation, leur mode d'être et leurs causes». L'ouvrage se présente sous la forme de notes de cours. Le sujet relève de la météorologie et peut être rapproché d'autres traités plus généraux figurant dans le catalogue de D. L. (*cf.* supra Μεταρσιολογικά β′, n° 67 ; Περὶ μετεώρων α′, n° 142 ; Τῆς μεταρσιολεσχίας α′, n° 23 D. L.). Comme toujours, Théophraste marche sur les pas d'Aristote en utilisant les concepts élaborés par son maître ; ce dernier traitait assez longuement des vents en *Meteorol.* II 4-6 (περὶ πνευμάτων 359 b 26; περὶ ἀνέμων 365 a 11) et, plus brièvement, en IV 4 6 (à supposer que le livre IV soit bien du Stagirite). Dans son opuscule, l'Érésien utilise la même méthodologie que dans ses autres traités physiques, recourant à la littérature antérieure (qu'il utilise et critique), à des informateurs qualifiés, à l'observation (pour la Grèce et l'Égée) et au raisonnement – en particulier au raisonnement analogique. On comparera avec l'opuscule de Théophraste le traitement des vents des *Problèmes physiques* XXV (Ὅσα περὶ τὸν ἀέρα, *[Questions] concernant l'air*) et XXVI (Ὅσα περὶ τοὺς ἀνέμους, *[Questions] concernant les vents*) ; *cf.* Steinmetz **4**, p. 60-68, avec la bibliographie, p. 60, n. 2 (l'auteur des deux problèmes a beaucoup emprunté à Théophraste) ; Louis **138**, t. II (1993), p. 196-199 (Aristote est l'auteur du *Problème* XXVI et Théophraste en est "l'imitateur, sinon le plagiaire", p. 197 ; le *Problème* XXV n'est pas d'Aristote et l'auteur anonyme a utilisé le *De ventis* de Théophraste, p. 185). Sur les rapports entre cet opuscule et la *Météorologie* conservée en arabe et en syriaque (voir ci-dessous), *cf.* Steinmetz **4**, p. 53-60.

4. *Traité sur les phénomènes météorologiques*

On trouvera l'édition critique des fragments et paraphrases syriaques ainsi que de la version arabe complète d'Ibn al-Ḥammār (Xe s.) accompagnée d'une traduction anglaise et d'un commentaire dans **156** H. Daiber (édit.), «The *Meteorology* of Theophrastus in Syriac and Arabic translation», dans Fortenbaugh et Gutas **14**, p. 166-293 (sur les éditions antérieures, *cf.* p. 166-167).

Cf. **157** H. Strohm, «Zur Meteorologie des Theophrast», *Philologus* 92, 1937, p. 249-268 ; 401-428 ; **158** I. G. Kidd, «Theophrastus' *Meteorology*, Aristotle and Posidonius», dans Fortenbaugh et Gutas **14**, p. 294-306 ; **159** J. Mansfeld, «A Theophrastean excursus on God and nature and its aftermath in Hellenistic thought», *Phronesis* 37, 1992, p. 314-335 ; **160** L. Taub, *Ancient meteorology*, London/New York 2003 (en particulier p. 115-124). Voir aussi Wehrli † **25**, p. 516.

Le texte assez bref d'un traité (18 pages en arabe) de Théophraste sur les phénomènes météorologiques, conservé en traductions gréco-syriaques (partielles) et syro-arabes (partielle et complète), mais perdu en grec, n'est apparemment pas une version fragmentaire d'un original grec plus complet (pour une position contraire, *cf.* Mansfeld **159**, p. 314-316) ; le texte grec perdu était sans doute lui-même complet (Daiber **156**, p. 284). Le texte critique complet d'Ibn al-Ḥammār est édité pour la première fois par Daiber **156**, p. 228-261 (1992). On a par ailleurs longtemps débattu pour savoir s'il s'agissait d'un extrait des Φυσικαὶ δόξαι ; il s'agit plus vraisemblablement de notes de cours et non d'un texte doxographique (*cf.* Mansfeld et Runia **26**, p. 238, n. 4 pour la bibliographie d'ensemble). Théophraste y traite, d'un point de vue étiologique, des phénomènes comme le tonnerre, l'éclair, la foudre, la formation des nuages, les pluies, la neige, la grêle, la rosée, la gelée blanche, les vents, le halo autour de la lune, mais aussi les différents types de tremblements de terre. On a souvent relevé le rôle des explications multiples des phénomènes et souligné l'influence de cette méthode sur la littérature météorologique postérieure (*cf.* Taub **160**,

p. 117; 122; 124; 130-134 [épicurisme]; 180 [Pline l'Ancien]; Mansfeld **159**, p. 324-327 [« Epicurus and Theophrastus »]; p. 331-333 [« Strato and Theophrastus »]; p. 315 n. 5 [bibliographie sur l'influence de Théophraste sur la *Lettre à Pythoclès* d'Épicure]; Gigante **86**, p. 54-55). Il est vraisemblable que cet enseignement soit à rattacher d'une façon ou d'une autre aux Μεταρσιολογικά β′ (n° 67 D. L.) qui pourraient en être un développement; *cf.* Daiber **156**, p. 285-286. Sur l'influence de la *Météorologie* de Théophraste dans l'Antiquité, *cf.* aussi Daiber **156**, p. 293 et n. 288; Mansfeld **159**.

3. Métaphysique (fr. 246-250 F; commentaire *à paraître* dans *Commentary volume 3.2* [P. Huby]).

Ouvrages concernant la métaphysique (fr. 246 n° 1-5).

(9*) Τὰ μετὰ τὰ φυσικά, *Métaphysique*, (1 livre).

L'opuscule ne figure pas dans le catalogue de D. L. Il est mentionné dans la tradition arabe, en particulier dans l'*Index* d'Ibn al-Nadīm (fin Xᵉ s.), avec la précision "un livre" (fr. 3a F; *cf.* aussi 3b F). Sur l'ouvrage, conservé dans la tradition manuscrite et la question du titre, *cf.* ci-dessous.

(33) Περὶ εἰδῶν β′, *Sur les formes*, 2 livres.

Le titre n'est attesté que par D. L, avec une variante dans les manuscrits (Περὶ εἰδώλων, *Sur les images* ou *Sur les simulacres*). Ainsi, on ne sait si Théophraste y traitait des formes platoniciennes.

(175) Περὶ ψεύδους καὶ ἀληθοῦς α′, *Sur le vrai et le faux*, 1 livre.

L'ouvrage ne figure que dans le catalogue de D. L. Il pouvait traiter de questions logiques ou ontologiques.

On pourrait à la rigueur aussi rattacher à la métaphysique les deux titres suivants :

(111) Περὶ τῶν ἁπλῶν διαπορημάτων α′, *Sur les apories simples*, 1 livre.

Cf. fr. 68 n° 32 (logique); on ne voit pas clairement ce que signifie ici "simples" ; *cf.* Huby **30**, p. 11.

(183) Περὶ αἰτιῶν α′, *Sur les causes*, 1 livre.

Cf. fr. 137 n° 9 (physique). Sharples **31**, p. 14, renvoie en outre au fr. 414 F où Περὶ αἰτιῶν fait référence aux *Causes des plantes*.

Spuria

Dans la tradition médiévale, plusieurs auteurs attribuent à Théophraste le livre A de la *Métaphysique* aristotélicienne (fr. 246 n° 2 F); *cf.* fr. 247 (Albert le Grand, qui ne fait que rapporter une tradition) et 248 F (Siger de Brabant, rapportant une tradition qui remonterait aux commentateurs grecs). Sur la question du livre A de la *Métaphysique* et l'accident qui a induit l'attribution erronée tardive de ce livre à Théophraste, *cf.* **161** G. Vuillemin-Diem, « Anmerkungen zum Pasikles-Bericht und zu Echtheitszweifeln am grösseren und kleineren Alpha in Handschriften und Kommentaren », dans **162** P. Moraux et J. Wiesner (édit.), *Zweifelhaftes im Corpus Aristotelicum. Studien zu einigen Dubia*, Akten des 9. Symposium Aristotelicum (Berlin 7.-16. September 1981), coll. « Peripatoi » 14, Berlin 1983, p. 157-192, en particulier p. 172-173 et n. 41 pour la bibliographie; *cf.* aussi **163** J.-P. Schneider, notice « Pasiclès de Rhodes », P 47, *DPhA*, t. Va, 2012, p. 170-172.

Par ailleurs, selon un commentaire anonyme médiéval sur le *Liber de causis*, certains affirmaient que Théophraste était l'auteur de cet opuscule et qu'il avait réuni dans cet ouvrage «aussi bien les propositions d'Aristote que celles de Platon» (fr. 249a F; 246 n° 3 F); *cf.* **164** C. D'Ancona et R. C. Taylor, «*Liber de causis*», dans *DPhA Suppl.*, p. 599-647, en particulier, p. 606 (un seul manuscrit médiéval latin attribue à Théophraste la partie commentaire de l'ouvrage, les lemmes étant rapportés à Aristote).

Un ouvrage latin du XIVe s. (*Lumen animae*; *cf.* sur cet ouvrage Fortenbaugh **34**, p. 105-107) rapporte, dans un chapitre sur "la séparation", une thèse métaphysique au "commentateur Théophraste" dans son livre *De quattuor transcendentibus, Sur les quatre choses transcendantes*: «De deux choses dont l'être est un, l'une n'est pas séparée de l'autre, ni de la corruption de cette dernière» (fr. 250 F). A défaut d'autres témoignages, il est difficile de se fier à cette mention tardive et souvent considérée comme suspecte.

Œuvre conservée

(9*) Τὰ μετὰ τὰ φυσικά, *Métaphysique*. Sur le titre, *cf. infra*.

165 H. Usener (édit.), *Theophrasti De prima philosophia libellus*, dans *Index scholarum (...) in Universitate Fridericia Guilelmia Rhenana (...) anni 1890-1891*, Bonn 1890, p. III-XII (les travaux postérieurs se réfèrent à la pagination du texte grec [page, colonne a/b, ligne] de cette première édition vraiment critique [p. 4 a 2 - 12 b 5]); **166** W. D. Ross et F. H. Fobes (édit.), *Theophrastus, Metaphysics*, with translation, commentary and introduction by W. D. R. and F. H. F., Oxford 1929 (réimpr. Hildesheim 1982); l'introduction – sauf la partie sur la tradition textuelle –, le texte – sans l'apparat critique –, la traduction et le commentaire sont de W. D. Ross; la version arabe n'était pas encore disponible; **167** A. Laks et G. W. Most (édit.), *Théophraste, Métaphysique*. Texte édité, traduit et annoté par A. L. et G. W. M., avec la collaboration de Ch. Larmore et E. Rudolph et, pour la traduction arabe, de M. Crubellier, *CUF*, Paris 1993 (bibliographie p. LXXXI-LXXXVIII; index des termes significatifs p. 91-101); **168** M. van Raalte (édit.), *Theophrastus, Metaphysics*, with an introduction, translation and commentary by M. van R., coll. «Mnemosyne, Supplement» 125, Leiden 1993 (bibliographie p. 588-597; le texte grec, sans apparat critique, est essentiellement celui de Laks et Most **167**; les questions textuelles sont discutées dans les notes; sur les échanges avant publication avec l'édition Laks-Most, *cf.* Laks et Most **167**, p. VIII, n. 1); **169** J. Henrich (édit.), *Die Metaphysik Theophrasts*. Edition, Kommentar, Interpretation von J. H., coll. «Beiträge zur Altertumskunde» 139, München/Leipzig 2000 (bibliographie p. 335-344; sur l'établissement du texte grec, fondé sur celui de Usener **165**, et de l'apparat constitué à partir des éditions modernes, *cf.* p. 39; commentaire philosophique, p. 160-297); **170** D. Gutas (édit.), *Theophrastus On first principles (known as his Metaphysics)*. Greek text and medieval Arabic translation, edited and translated with introduction, commentaries and glossaries, as well as the medieval Latin translation, and with an excursus on Graeco-Arabic editorial technique, coll. «Philosophia antiqua» 119, Leiden 2010 (texte grec – avec un utile apparat des passages parallèles – et traduction anglaise p. 110-159; commentaire p. 247-399; texte arabe critique avec traduction anglaise, p. 168-225; texte latin "diplomatique" de Bartholomée de Messine, p. 233-243; bibliographie p. 481-490); **171** G. Damschen, D. Kaegi et E. Rudolph (édit.), *Theophrast, Metaphysik*, übersetzt und mit Anmerkungen herausgegeben von G. D., D. K. und E. R., Hamburg 2012 (le texte grec est celui de l'édition Laks et Most **167**); **172** L. Repici (édit.), *Teofrasto, Metafisica*,. Introduzione, traduzione e commento di L. R., Roma 2013 (le texte grec est celui de Laks et Most **167**; commentaire p. 75-319; bibliographie p. 321-330). On mentionnera les traductions annotées suivantes: **173** J. Tricot, *Théophraste, la Métaphysique*. Traduction et notes par J. T., Paris 1948; **174** G. Reale, *Teofrasto e la sua aporetica metafisica. Saggio* di ricostruzione e di interpretazione storico-filosofica con traduzione e commento della *"Meta-fisica"*, Brescia 1964; la traduction annotée est reprise dans la quatrième édition de **175** *Id.*, *Il concetto di filosofia prima e l'unità della* Metafisica *di Aristotele*, Milano 1984, p. 381-423.

Cf. **176** A. M. (= A. J.) Festugière, «Le sens des apories métaphysiques de Théophraste», *RNeosc* 33, 1931, p. 40-49, repris dans **177** *Id.*, *Études de philosophie grecque*, Paris 1971, p. 357-366; **178** J. B. Skemp, «The *Metaphysik* of Theophrastus in relation to the doctrine of κίνησις in Plato's later dialogues», dans Düring **123**, p. 217-223; **179** D. Frede, «Theophrasts Kritik am unbewegten Beweger des Aristoteles», *Phronesis* 16, 1971, p. 65-79; **180** J. G. Lennox, «Theophrastus on the limits of teleology», dans Fortembaugh, Huby et Long **10**, p. 143-163; **181** D. T. Devereux, «The relation between Theophrastus' *Metaphysics* and Aristotle's *Metaphysics Lambda*», dans Fortenbaugh et Sharples **11**, p. 167-188; **182** J. Ellis, «The aporematic character of Theophrastus' *Metaphysics*», dans Fortenbaugh et Sharples **11**, p. 216-223; **183** A. Laks, G. W. Most et E. Rudolph, «Four notes on Theophrastus' *Metaphysics*», dans Fortenbaugh et Sharples **11**, p. 224-256 (il s'agit de quatre études préparatoires en vue de l'édition Laks et Most **167**); **184** M. van Raalte, «The idea of the cosmos as an organic whole in Theophrastus' *Metaphysics*», dans Fortenbaugh et Sharples **11**, p. 189-215 (sur l'interprétation organiciste, *cf.* les critiques de Henrich **169**, p. 269-272); **185** L. Repici, «Limits of teleology in Theophrastus' *Metaphysics*?», *AGPh* 72, 1990, p. 182-213; **186** B. Botter, «Teofrasto e i limiti della teleologia aristotelica», dans Natali et Maso **106**, p. 41-62; **187** J. Dillon, «Theophrastus' critique of the Old Academy in the *Metaphysics*», dans Fortenbaugh et Wöhrle **22**, p. 175-187.

Longtemps, celui ou celle qui voulait aborder la *Métaphysique* de Théophraste n'avait à sa disposition que l'édition Ross-Fobes **166** (1929) et, pour le monde francophone, la traduction de Tricot **173**. Depuis la nouvelle édition de Laks et Most **167** (1993), la situation a radicalement changé, avec la publication de commentaires volumineux sur un texte court (moins de vingt pages dans l'édition Ross-Fobes), mais d'interprétation difficile (principalement, van Raalte **168** [518 pages de commentaires philologiques et philosophiques]; Henrich **169**; Damschen, Kaegi et E. Rudolph **171**). Plus récemment (2010), l'édition de Gutas **170**, s'inscrivant dans le cadre du *Theophrastus Project*, présente un texte grec nouveau, tenant compte de façon exhaustive de la traduction gréco-arabe vraisemblablement due à Isḥāq b. Ḥunayn († 910/911), réalisée à partir d'un manuscrit grec du IXᵉ s. ou antérieur, distinct des manuscrits de la tradition directe (p. 51-54), et de la traduction gréco-latine de Bartholomée de Messine (sur le manuscrit grec utilisé par Bartholomée, *représentant une branche indépendante*, *cf.* p. 57-63; *cf.* le *stemma codicum*, p. 65). La littérature secondaire sur l'opuscule de Théophraste est aujourd'hui très volumineuse; on se référera aux bibliographies des monographies récentes mentionnées ci-dessus.

Le titre. Le titre *Métaphysique* n'est évidemment pas de Théophraste, mais se trouve solidaire de l'ouvrage homonyme d'Aristote. Les plus anciens manuscrits portent comme titre Θεοφράστου τῶν μετὰ τὰ φυσικά, repris par la fameuse scholie figurant dans la majeure partie (14 manuscrits sur 18) de la tradition du texte grec (*cf.* Laks et Most **167**, p. XI-XII et p. 23; van Raalte **168**, p. 7-8; Gutas **170**, p. 10-11 et n. 13 pour la bibliographie; commentaire p. 395-399). Le génitif (τῶν) peut être compris comme un partitif (= ἐκ τῶν), signifiant que le texte est un extrait d'un ensemble plus vaste – mais aujourd'hui, on admet généralement que le texte est complet (van Raalte **168**, p. 7; Ross et Fobes **176**, p. X); cet ensemble est ou bien un ouvrage de Théophraste, dont on n'aurait par ailleurs aucune trace ("tiré de la *Métaphysique* de Théophraste", Laks et Most **167**, p. 2 [titre]) ou bien la *Métaphysique* d'Aristote ("partie de la *Métaphysique*, due à Théophraste") ; cette dernière hypothèse se comprend mieux si l'on admet que l'opuscule figurait depuis l'édition d'Andronicos [☞A 181] (au moins) en préambule ou en annexe à la *Métaphysique* aristotélicienne, comme œuvre du Stagirite (mais on comprend mal alors que les commentateurs grecs de la *Métaphysique* d'Aristote n'en fassent pas mention). Une autre hypothèse serait de prendre le génitif comme dépendant d'un βιβλίον sous-entendu ("livre de la métaphysique" ; *cf.* par exemple, le Εὐιάδος α′ n° 211 D. L.). Pour les détails et d'autres hypothèses, *cf.* Laks et Most **167**, p. IX-XVIII ; van Raalte **168**, p. 9-12 ; Henrich **169**, p. 15-16 ; résumé des interprétations dans Gutas **170**, p. 20-21, qui propose de comprendre l'expression non comme un titre, mais comme une indication de la place du traité dans le manuscrit: "des livres qui viennent après la *Physique*, celui de Théophraste" (p. 23). Quoi qu'il en soit, si, comme l'affirme la scholie, c'est Nicolas de Damas (☞N 45) qui aurait le premier attribué la paternité de l'opuscule à Théophraste, on comprend que ni Hermippe (☞H 86) ni Andronicos (☞A 181) ne pouvaient le mentionner dans leur catalogue. Dans ce cas, le petit écrit de Théophraste n'apparaît plus nécessairement comme un fragment et ne mérite plus le titre anachronique de *Métaphysique*. Ainsi, Laks et Most **167**, p. XVII-XVIII, peuvent envisager comme titre – à supposer que l'opuscule en ait eu un à l'origine – Περὶ ἀρχῶν, *Sur les principes*, retrouvant le titre de la traduction latine de Bartholomée de Messine (XIIIe s.): *De principiis*, attribué à Aristote (dans l'hypothèse où le manuscrit grec de Bartholomée aurait conservé seul le titre original, on ne voit pas bien quelle explication en donner, même avec le *stemma* proposé par Gutas **170**, p. 65 ; *cf.* toutefois les remarques de l'auteur, p. 61-62 ; comme le début du texte manque dans la traduction arabe, celle-ci n'est d'aucune aide pour la question du titre) ; de son côté, Gutas **170**, p. 25-32, défend ce titre dans une argumentation serrée, au point de l'introduire dans l'édition même du texte grec: Θεοφράστου <Περὶ ἀρχῶν> (l'auteur rend justice à l'hypothèse anticipatrice de **188** V. Rose, *Aristoteles pseudepigraphus*, Leipzig 1863, p. 183). Sur la question du titre, *cf.* aussi la discussion dans Repici **172**, p. 73-82 (la meilleure *description* du contenu de l'opuscule serait "problèmes de philosophie théorétique" [p. 81] ; finalement, l'auteure termine sur un *non liquet*).

La date. Il est souvent apparu comme une évidence que l'opuscule de Théophraste était postérieur à la *Métaphysique* aristotélicienne à laquelle il est associé (*cf.* par exemple Burnikel **7**, p. 127 n. 44 et p. 39 n. 54) ou à la mort du Stagirite (pour une revue des opinions, *cf.* van Raalte **168**, p. 23-24 [l'auteure défend une date "postérieure aux œuvres d'Aristote", p. 25] ; voir aussi Gutas **170**, p. 4 n. 6 avec la bibliographie). Si les apories sur le premier moteur semblent présupposer l'enseignement contenu dans le livre Λ – en particulier Λ 8 – de la *Métaphysique*, il n'y a pas de nécessité à ce que l'ensemble de ce que nous connaissons comme la *Métaphysique* d'Aristote ait déjà été élaboré (*cf.* Gutas **170**, p. 5-6 ; il se peut que *Metaph.* A et B – qui soulignent l'importance de la méthode aporématique [B 1,

995 a 24 - b 4] – soient aussi antérieurs à l'opuscule, p. 31). La rédaction de
l'opuscule peut donc être antérieure à la mort du Stagirite et trouver sa place dans
le cadre des discussions entre Aristote et ses disciples (en tous les cas l'opuscule
relève d'une production qu'on peut dire "ésotérique" et consiste sans doute en une
sorte de document de travail interne destiné peut-être au groupe de philosophes
issus de l'Académie et restés attachés à Aristote). Plusieurs études récentes envisagent ainsi une date haute, même antérieure au retour d'Aristote à Athènes (335^a);
cf. Laks et Most **167**, p. XIX et n. 4; p. XX; XXI et n. 11 (peut-être antérieur à
335^a); Laks, Most et Rudolph **183**, p. 224-233 (notice due à G. W. Most: l'auteur
situe l'opuscule par rapport aux ouvrages d'Aristote sur la zoologie; il est antérieur
au *De gen. et corr.* et *De part. an.* et peut être daté des années 330^a); Devereux
181, p. 182-184 ("a relatively early date"); Gutas **170**, p. 3-9 (la rédaction de
l'opuscule date sans doute de la période d'Assos [347-345], p. 9, ou plus largement
de la période allant de l'établissement à Assos au retour à Athènes [347-335 ou
334], p. 8 et 249). Notons que la datation de l'opuscule n'est pas qu'une affaire
d'érudition, mais engage singulièrement l'interprétation de l'ouvrage et son sens.

Les caractères généraux de l'opuscule. Sur l'intention et les "caractères généraux" de la *Métaphysique* de Théophraste, on lira les pages synthétiques et éclairantes de Laks et Most **167**, p. XVIII-XXVII, avec Gutas **170**, p. 38-43. Une fois
admise la date haute de l'opuscule – en tout cas de l'époque de la collaboration
avec Aristote –, le caractère aporétique de l'ouvrage se comprend davantage
comme tentative de poser les points de départ de recherches ultérieures que de
dessiner les grandes lignes d'une critique plus ou moins dévastatrice (pour une
distinction générale des fonctions de l'ἀπορία, *cf.* Laks et Most **167**, p. XVIII-XIX:
l'aporie peut être critique, exégétique – liée à la fonction propre du commentaire –,
zététique – l'ἀπορία est orientée vers l'εὐπορία –, et peut-être hyperbolique
[p. XIX]). Pour Gutas **170**, la structure de l'ouvrage s'articule en vingt-cinq apories
et leurs développements (p. 248-395; sur la méthode aporétique ou "diaporétique"
en contexte aristotélicien, *cf. Id.* **170**, p. 32-36, et Repici **172**, p. 16-29; **189** M.
Crubellier et A. Laks, « Introduction », dans **190** *Id.* (édit.), *Aristotle :* Metaphysics
Beta, 16th Symposium Aristotelicum, Lille, 20-24 August 2002, Oxford 2009, p. 1-
23, en particulier p. 3-13 [sur l'aporie comme instrument dialectique et la forme
des apories de *Metaph.* B]). Les apories sur le(s) principe(s) premier(s) (4 a 2 -5 a 5)
et particulièrement sur le premier moteur immobile, comme objet de désir (5 a 5 -
6 a 14), sur les divers modes de connaissance des réalités (8 a 21 - 10 a 21) et sur la
téléologie (10 a 22 jusqu'à la fin) vont sans doute ouvrir des réflexions – qui ne
sortent pas de l'aristotélisme – sur le rapport entre un ou des principes déterminants et l'irréductible diversité du sensible et du contingent; la question centrale de
la dérivation à partir des principes (ἀρχαί) s'exprime dans la notion de
"connexion" ou de "continuité" (συναφή, συνάπτειν; *cf.* Laks et Most **167**, p. XII
et XXV; Henrich **169**, p. 259-262; Gutas **170**, p. 41 et 249). Dans la nature, la
question de la téléologie (τὸ ἕνεκά του) se pose par rapport à plusieurs phénomènes qui semblent bien lui échapper: les marées, les mamelles des mâles, les cornes

des cerfs, etc. (10 a 28 - b 16) ; il existe donc des phénomènes vains (μάταια) et des limites (ὅροι) au principe du meilleur (cf. Gutas **170**, p. 380-387 ; pour une compréhension différente de ὅροι, *définitions*, cf. Repici **185**, p. 194-196) ; cf. **191** M. R. Johnson, *Aristotle on teleology*, Oxford 2005, en particulier p. 35-39 (l'auteur insiste sur la continuité entre Théophraste et Aristote). On pourra aussi comparer cette problématisation méthodologique, dans son esprit en tout cas, avec la discussion sur la génération spontanée, tournée vers un problème relevant largement de l'empirie, en *HP* et *CP* (cf. Balme **243** [ci-dessous], p. 102-104, avec les références aux traités botaniques). On peut voir là un appel à la recherche aussi bien théorique qu'empirique. Évidemment, une lecture rétrospective de l'histoire n'aurait pas trop de mal à redessiner une évolution, à travers le successeur de Théophraste, Straton, vers les philosophies hellénistiques (cf. Laks et Most **167**, p. XXVI, n. 39 ; voir aussi Sedley **127** et **192** A. A. Long, «Theophrastus and the Stoa», dans Ophuijsen et Raalte **16**, p. 355-383).

[Une traduction latine de Bartholomée de Messine a été publiée dans une édition diplomatique fondée sur l'unique manuscrit conservé (Padoue, *Antoniana* XVII 370, ff. 62ʳ-64ʳ) par Kley **72**. Quelques erreurs de transcription ont été signalées par **192bis** G. Most, «Three Latin Translations of Theophrastus' *Metaphysics*», *RHT* 18, 1988, p. 169-200. Le texte de l'édition de Kley, avec les corrections proposées par Most, a été repris par Gutas **170**, p. 229-243, qui examine, p. 57-63, le problème de l'exemplaire grec utilisé pour la traduction. La traduction de Bartholomée et son importance ont également été étudiées par **192ter** D. Gutas, «The Translation of *De Principiis* (Theophrastus) by Bartholomew of Messina», dans Pieter De Leemans (édit.), *Translating at the Court. Bartholomew of Messina and Cultural Life at the Court of Manfred, King of Sicily*, Leuven 2014, p. 331-335. Sur deux autres traductions latines, voir Most **192bis**.   D.G.]

Sur la tradition arabe, cf. les remarques de D. Gutas dans Huby **32**, p. 9, Gutas **170**, p. 75-92, et la notice du même auteur ci-dessous.

4. Théologie (fr. 251-263 F ; commentaire *à paraître* dans *Commentary volume 3.2* [P. Huby]).

Sur la notion de dieu ou du divin, les témoignages sont minces, imprécis et tardifs. Plusieurs auteurs médiévaux semblent se référer à la *Métaphysique* de Théophraste (fr. 255 ; 260 F) ou au *Liber de causis* (fr. 255 ; 258 F). Quelques textes mentionnent les diverses identifications de dieu avec l'intellect, le ciel ou les astres (fr. 252a-b), l'éternité de dieu (fr. 254a-b), et son activité providentielle (fr. 261 ; 262).

Ouvrages concernant la "théologie" (fr. 251 n° 1-3).

(176) Τῶν περὶ τὸ θεῖον ἱστορία ς′, *Histoire des [doctrines] relatives au divin*, 6 livres.

L'ouvrage n'est pas mentionné en dehors de D. L.

(177) Περὶ θεῶν γ′, *Sur les dieux*, 3 livres.

L'ouvrage n'est pas mentionné en dehors de D. L.

(194) Περὶ τῆς θείας εὐδαιμονίας πρὸς τοὺς ἐξ Ἀκαδημείας α΄, *Sur le bonheur divin contre les Académiciens*, 1 livre.

Cf. fr. 436 n° 13 "Éthique"; 580 F "Religion".

(128) Ἐγκώμια θεῶν α΄, *Éloges des dieux*, 1 livre (fr. 580 n° 1 "Religion").

(210) Περὶ εὐσεβείας α΄, *Sur la piété*, 1 livre (fr. 580 n° 3 "Religion").

Spuria

(–) *Sur l'attribution de l'unité (à dieu), à Démocrite* [➻D 70] (fr. 251 n° 3 "Éthique").

Le titre n'est connu que de la tradition arabe; *cf.* fr. 3a (dans l'apparat) F.

5. Mathématiques (fr. 264 F; commentaire *à paraître* dans *Commentary volume 3.2* [P. Huby]).

En dehors des titres mentionnés par D. L. dans son catalogue, il n'y a pas de témoignages ou de fragments conservés des ouvrages mathématiques de Théophraste. Plusieurs titres sont rapportés aussi à d'autres philosophes du Péripatos, Eudème de Rhodes (➻E 93) ou Aristote lui-même.

Ouvrages concernant les mathématiques (fr. 264 n° 1-4).

(218) Περὶ ἀριθμῶν α΄, *Sur les nombres*, 1 livre.

Meursius (1640) proposait de corriger le texte de D. L. en Περὶ ῥυθμῶν (*cf.* fr. 666 et 714 F).

(205) Ἀριθμητικαὶ ἱστορίαι περὶ αὐξήσεως α΄, *Recherches arithmétiques sur l'accroissement*, 1 livre.

Il est possible que nous ayons ici deux titres: Ἀριθμητικαὶ ἱστορίαι <α΄> et Περὶ αὐξήσεως α΄ (*cf.* l'apparat du fr. 1 F, ligne 272). Une Ἀριθμητικὴ ἱστορία, *Recherche* (ou *Histoire*) *arithmétique* est attribuée à Eudème de Rhodes (fr. 142 Wehrli). Le terme αὔξησις peut signifier "multiplication"; mais si on divise le titre en deux, un Περὶ αὐξήσεως pourrait traiter de l'amplification et relever de la rhétorique, ou de la croissance et relever de la biologie (*cf.* Straton de Lampsaque [➻S 171], œuvres n° 31: Περὶ τροφῆς καὶ αὐξήσεως).

(178) Ἱστορικὰ γεωμετρικά δ΄, *Histoire des [doctrines] géométriques*, 4 livres.

Il s'agit peut-être d'une œuvre d'Eudème de Rhodes (*cf.* fr. 134 [Γεωμετρικαὶ ἱστορίαι]; 139 [Γεωμετρικὴ ἱστορία]; 140 [Γεωμετρικὴ ἱστορία] Wehrli).

(14) Περὶ τῶν ἀτόμων γραμμῶν α΄, *Sur les lignes insécables*, 1 livre.

L'opuscule (*De lineis insecabilibus*) est conservé dans le corpus aristotélicien (968 a - 972 b Bekker); *cf.* Regenbogen 1, col. 1542-1543; Flashar 24, p. 274. Le titre figure aussi, en 3 livres, dans la liste des ouvrages d'Aristote de Ptolémée al-Garīb (*cf.* DPhA, t. I, p. 432 n° 11: Περὶ ἀτόμων γραμμῶν γ΄); *cf.* Moraux 3, p. 294 (le nombre de livres est, dans la liste de Ptolémée, une erreur de chiffre). Simplicius l'attribue une fois à Aristote (*in Phys.* 423, 3-4), mais ailleurs mentionne que «certains le rapportent à Théophraste» (*in De cael.* 566, 25-26); la même hésitation figure chez Thémistius et Philopon (*cf.* fr. 264 n° 4a-b). *Cf.* **193** M. Timpanaro Cardini (édit.), *Pseudo-Aristotele, De lineis insecabilibus*. Introduzione, traduzione e commento a cura di M. T. C., Milano 1970.

6. Psychologie (fr. 265-327 F ; commentaire dans Huby **32**).

194 E. Barbotin (édit.), *La théorie aristotélicienne de l'intellect d'après Théophraste*, coll. « Aristote, traductions et études », Louvain/Paris 1954 (édition et traduction des fragments de Théophraste relatifs à l'intellect, p. 247-273) ; voir le compte rendu de **195** V. Goldschmidt, *REG* 69, 1956, p. 195-198.

Cf. **196** G. Movia, *Anima e intelletto. Ricerche sulla psicologia peripatetica da Teofrasto a Cratippo*, Padova 1968 (Parte I : « Le aporie di Teofrasto sull'intelletto "attivo" », p. 35-67) ; **197** D. Devereux, « Theophrastus on the intellect », dans Fortenbaugh et Gutas **14**, p. 32-43 ; **198** M. Gabbe, « Theophrastus and the intellect as mixture », *Elenchos* 29, 2008, p. 61-90.

Ouvrages concernant la psychologie (fr. 265 n° 1-7).

(10*) Περὶ ψυχῆς, *Sur l'âme*, 2 livres ?

Le titre ne figure pas dans le catalogue de D. L., sans doute parce qu'il formait les livres IV et V (en tout cas) des Φυσικά. Il est mentionné par Thémistius, *in De an.* 108, 11 Heinze (fr. 307a F). Le commentateur note que le deuxième livre du *De anima* (τὰ Περὶ ψυχῆς) de Théophraste correspondait au cinquième livre de son ouvrage sur la *Physique* (τὰ Φυσικά ; n° 103 D. L. ; fr. 137 n° 1a F ; *cf. supra* sous la rubrique "Physique"). L'ouvrage est perdu, mais on a conservé, partiellement, une paraphrase (μετάφρασις) de cet ouvrage par le néoplatonicien tardif Priscien de Lydie (❋→P 280) ; on trouvera le texte dans **199** I. Bywater (édit.), *Prisciani Lydi quae extant : Metaphrasis in Theophrastum et Solutionum ad Chosroem liber*, edidit I. B., *Suppl. Arist.* I 2, Berlin 1886 (la *Metaphrasis* occupe les pages 1 à 37) ; une traduction annotée en anglais de P. Huby figure dans **200** P. Huby et C. Steel (édit.), *Priscian, On Theophrastus On sense-perception*, translated by P. H., with 'Simplicius', On Aristotle, On the soul 2.5-12, translated by C. S. in collaboration with J. O. Urmson, notes by P. Lautner, coll. *ACA*, London 1997, p. 3-101 (traduction, p. 9-48). La partie du texte conservée comprend trois sections : sur la perception sensible (περὶ αἰσθήσεως, 1-22 Bywater), sur la représentation (περὶ φαντασίας, 23, 1 - 25, 26 suivi d'une lacune) et, sans doute, sur l'intellect (<περὶ νοῦ> ; le titre et le début manquent, 25, 27 - 37, 34).

Cf. **201** M. Perkams, art. « Priscien de Lydie », P 280, *DPhA*, t. Vb, 2012, p. 1514-1521, en particulier p. 1516-1517 ; **202** P. Moraux, « Le *De anima* dans la tradition grecque. Quelques aspects de l'interprétation du traité, de Théophraste à Thémistius », dans **203** G. E. R. Lloyd et G. E. L. Owen (édit.), *Aristotle on mind and the senses*. Proceedings of the seventh Symposium aristotelicum, Cambridge 1978, p. 281-324, en particulier p. 283-284.

La paraphrase conservée doit porter sur le second livre du *De anima* de Théophraste (= livre V de sa *Physique*) ; *cf.* Prisc., *Metaphr.* 22, 34). Dans sa *Paraphrase du De anima*, Thémistius a conservé partiellement les apories que soulevait Théophraste à propos de l'intellect agent dont Aristote traitait en *De an.* III 5 (Thém., *in De an.* 102, 24-29 et 108, 18 - 109, 1 [= fr. 320 a-b F]). Sur les fragments de Théophraste concernant la noétique, on se référera aux commentaires de Huby **32**, p. 114-208. Pour la partie de la paraphrase de Thémistius sur le *De anima* concernant Théophraste (sur l'intellect), on trouvera une traduction anglaise avec commentaire par D. Gutas de la traduction arabe de Isḥāq b. Ḥunayn dans Huby **32**, p. 209-217 (*Appendix*).

On a pensé que le Περὶ κινήσεως en 3 livres (n° 58 D. L. ; fr. 137 n° 2 F) formait les trois premiers livres de la *Physique* et que le témoignage de Simplicius sur la psychologie qui se rapporte à cet ouvrage pouvait figurer au premier livre (fr. 271 F).

Dans la tradition arabe, Ibn al-Nadīm connaît un traité *Sur l'âme* en un livre (fr. 3a F ; *cf.* fr. 266 F ; *cf.* D. Gutas dans Huby **32**, p. 8-10 et 13-16).

Pour le Περὶ ψυχῆς θέσις α′, *Thèse sur l'âme* (n° 109 D. L.; fr. 68 n° 36 F, classé parmi les œuvres de logique), *cf. supra* sous la rubrique "Logique" et *infra* sous "Rhétorique". *Cf.* sur la sensation, fr. 273-296 F; sur l'imagination, fr, 297-300 F; sur l'intellect, fr. 307-327 F.

(7) Περὶ αἰσθήσεων α′, *Sur les sensations*, 1 livre.

L'opuscule est conservé par quelques manuscrits. *Cf. infra.*

Les trois titres suivants traitaient de questions relatives à la théorie de la connaissance (*cf.* fr. 301-306 F). Ils ne sont attestés que par le catalogue de D. L.

(189) Περὶ ὄψεως δ′, *Sur la vision*, 4 livres.

(124) Περὶ ἐμπειρίας α′, *Sur l'expérience*, 1 livre.

(200) Τίνες οἱ τρόποι τοῦ ἐπίστασθαι α′, *Quels sont les modes de connaissance*, 1 livre.

Ouvrage conservé

Περὶ αἰσθήσεων, *Sur les sensations* (*De sensibus*).

Cf. D. L. n° 7 Περὶ αἰσθήσεων α′; quelques manuscrits de D. L. portent la leçon Περὶ αἰσθήσεως, *Sur la sensation*. La tradition arabe mentionne un ouvrage intitulé *Sur la sensation et le sensible* en 4 livres (fr. 3a et 3b F; Gutas dans Huby **32**, p. 11-12). Un manuscrit de l'opuscule donne le singulier dans la souscription. Rappelons que le *De sensu* aristotélicien porte généralement le titre Περὶ αἰσθήσεως καὶ αἰσθητῶν, *Sur la sensation et les sensibles*. *Cf.* Straton (➤S 171), œuvres n° 19: Περὶ αἰσθήσεως.

204 G. M. Stratton (édit.), *Theophrastus and the Greek physiological psychology before Aristotle*, London/New York 1917, réimpr. Amsterdam 1964 (édition et traduction du *De sensibus* avec des notes; le texte grec est essentiellement celui de Diels **82**); *cf.* la critique de cette édition dans Baltussen **210** (ci-dessous), p. 2 n. 8 et 9. Pour le texte grec, l'édition de Diels **82**, p. 497-527, fait encore autorité. On trouvera une traduction française ancienne, faite sur le texte de Diels **82**, dans **205** P. Tannery, *Pour l'histoire de la science hellène. De Thalès à Empédocle*, deuxième édition par A. Diès, Paris 1930² (1887), p. 348-380 (réimpr. Sceaux 1990).

Cf. **206** J. B. McDiarmid, «The manuscripts of Theophrastus' *De sensibus*», *AGPh* 44, 1962, p. 1-32; **207** M. M. Sassi, *Le teorie della percezione in Democrito*, Firenze 1978 [étude détaillée du *De sensibus*]; **208** H. Baltussen, «Peripatetic dialectic in the *De sensibus*», dans Fortenbaugh et Gutas **14**, p. 1-19; **209** D. N. Sedley, «Empedocles' theory of vision and Theophrastus' *De sensibus*», dans Fortenbaugh et Gutas **14**, p. 20-31; **210** J. N. M. (= H.) Baltussen, *Theophrastus on theories of perception. Argument and purpose in the* De sensibus, Diss. Utrecht, coll. «Quaestiones infinitae» 6, Utrecht 1993 (bibliographie sur le *De sensibus*, p. 285-290); **211** J. Mansfeld, «Aristote et la structure du *De sensibus* de Théophraste», *Phronesis* 41, 1996, p. 158-188, repris dans Mansfeld et Runia **26**, p. 203-235 (je cite cette édition); **212** H. Baltussen, «The purpose of Theophrastus' *De sensibus* reconsidered», *Apeiron* 31, 1998, p. 167-199; **213** *Id.*, *Theophrastus against the Presocratics and Plato. Peripatetic dialectic in the "De sensibus"*, coll. «Philosophia antiqua» 86, Leiden 2000; **214** *Id.*, «Theophrastean echoes? The *De sensibus* in the Platonic and Aristotelian tradition», dans Fortenbaugh et Wöhrle **22**, p. 39-58; **215** P. Huby, «Arabic evidence about Theophrastus' *De sensibus*», dans Fortenbaugh et Wöhrle **22**, p. 59-63.

Tel que nous le possédons, le *De sensibus* est un ouvrage doxographique et critique, traitant principalement des théories sur la perception des philosophes présocratiques, mais aussi de celle de Platon. Les philosophes étudiés sont, dans l'ordre chronologique que Théophraste subordonne à l'exposé systématique: Parménide, Alcméon, Héraclite, Empédocle, Anaxagore, Clidème («Cleidémos» ➤C 143), Démocrite, Diogène d'Apollonie, Platon. On y distingue deux parties, l'une sur la sensation (*De sens.* 1-58), l'autre sur les sensibles (*Ibid.* 59-91).

7. Biologie

(a) Physiologie humaine (fr. 328-349 F; commentaire dans Sharples **33**, p. 1-31).

Ouvrages concernant la physiologie (fr. 328 n° 1-15 F).

Les opuscules conservés dans la tradition manuscrite seront discutés dans la suite. Certains titres, ci-dessous, peuvent relever plutôt de l'éthique (n° 63; 87; 35 D. L.) comme le signale Sharples **33**, p. 4-5.

(53) Περὶ ἰλίγγων καὶ σκοτώσεων α', *Sur les vertiges et les étourdissements*, 1 livre.

Il doit s'agir du même ouvrage que celui dont Photius nous a conservé un extrait sous le titre Περὶ ἰλίγγων (*Bibl.*, *cod.* 278, 526 a 32 - 527 a 23). Un titre similaire (corrigé) figure dans la liste des œuvres de Straton de Lampsaque (D. L. V 59; ►◄S 171 n° 27). L'opuscule nous a été aussi transmis par la tradition directe (*cf. infra*).

(61) Περὶ λειποψυχίας α', *Sur la perte de conscience*, 1 livre.

Un extrait de cet opuscule a été conservé par Photius (*Bibl.*, *cod.* 278, 525 b 34 - 526 a 31 = fr. 345 F). La perte de conscience s'explique par une privation ou un refroidissement (κατάψυξις) de la chaleur dans la région où a lieu la respiration. Ce phénomène est dû à l'action du froid ou du chaud. Le chaud peut provoquer une suffocation (πνῖγος) ou un évanouissement (ἔκλυσις), aux bains par exemple ou par application de cataplasmes chauds. Les hémorragies, la fatigue, les plaisirs et les peines peuvent provoquer l'évanouissement par refroidissement interne.

(86) Περὶ πνιγμοῦ α', *Sur la suffocation*, 1 livre (*cf.* fr. 347 F).

Pour ce titre, Sharples **33**, p. 4, propose *On Choking* ou *On Suffocation*. L'opuscule est cité par Athénée (fr. 347a F).

(85) Περὶ παραλύσεως α', *Sur la paralysie*, 1 livre.

Un très court extrait de cet opuscule nous a été conservé par Photius (*Bibl.*, *cod.* 278, 525 b 22-33 = fr. 346 F). La cause de la paralysie ou plutôt de l'engourdissement est à chercher dans l'abaissement de la température du corps (κατάψυξις) dû au souffle ou à la privation du souffle.

(34) Περὶ ἐπιλήψεως α', *Sur l'épilepsie*, 1 livre.

L'ouvrage de Théophraste est cité par Apulée dans l'*Apologie (De magia)* 51, sous le titre *Liber De caducis* (fr. 362b F), à côté des *Problemata* d'Aristote (mais la référence ne se trouve pas dans les *Problèmes* que nous possédons); sur le même sujet, Apulée ajoute une référence à un autre opuscule, *De invidentibus animalibus* (= n° 44 D. L.), à propos des mues de reptiles utilisées comme remèdes contre l'épilepsie (fr. 362b F). *Cf.* les fr. 362 a-d F où sont mentionnés des remèdes contre ce mal tirés de l'opuscule Περὶ τῶν ζῴων ὅσα λέγεται φθονεῖν (n° 44 D. L.; fr. 350 n° 7 F) et le fr. 726 a où l'effet thérapeutique de la musique sur l'épilepsie était mentionné dans le Περὶ ἐνθουσιασμῶν, *Sur les [types d']enthousiasmes* (*cf. infra* n° 35 D. L.).

(60) Περὶ λοιμῶν α', *Sur les épidémies*, 1 livre.

L'ouvrage n'est pas mentionné en dehors de D. L.

(63) Περὶ μελαγχολίας α', *Sur la mélancolie* (ou *Sur la bile noire*), 1 livre.

L'ouvrage n'est pas mentionné en dehors de D. L. On a parfois supposé que le *Problème* XXX 1 transmis sous le nom d'Aristote pouvait être un extrait de cet ouvrage (*cf.* Wehrli † **25**, p. 522 et Sharples **33**, p. 5, avec la bibliographie). L'opuscule peut aussi relever de l'éthique et plus précisément de l'étude des caractères.

(87) Περὶ παραφροσύνης α', *Sur le dérangement mental*, 1 livre.

Cf. Sharples **33**, p. 6. L'ouvrage n'est pas mentionné en dehors de D. L.

(35) Περὶ ἐνθουσιασμοῦ α', *Sur l'inspiration [divine]*, 1 livre.

Athénée cite cet opuscule à propos d'un effet thérapeutique de la musique (fr. 726 b F). Le paradoxographe Apollonios cite l'ouvrage au pluriel, Περὶ ἐνθουσιασμῶν, *Sur les [types d']enthousiasmes*, dans un contexte semblable à celui d'Athénée (fr. 726 a F). *Cf. infra*, sous la rubrique "Musique". *Cf.* Straton (➡S 171), œuvres n° 29 : Περὶ ἐνθουσιασμοῦ.

(57) Περὶ κόπων α', *Sur les [types de] fatigues*, 1 livre.

Cf. fr. 341 F. Nous connaissons cet opuscule par la tradition directe (*cf. infra*) et par un bref extrait de Photius (*Bibl.*, *cod.* 278, 527 a 24 - b 10). Galien semble se référer à cet ouvrage en *De sanitate tuenda* III 5, 2 (t. VI, p. 190, 2-5 Kühn). *Cf.* aussi [Arist.], *Probl.* V intitulé Ὅσα ἀπὸ κόπου, *Les conséquences de la fatigue*.

(97) Περὶ ὕπνου καὶ ἐνυπνίων α', *Sur le sommeil et les rêves*, 1 livre.

L'ouvrage est cité par Priscien, *Solutiones ad Chosroem* 42, 5-6 Bywater (*De somno et somniis*) ; *cf.* fr. 341 F et le commentaire de Sharples **33**, p. 20-22.

(54) Περὶ ἱδρώτων α', *Sur les [types de] sueurs*, 1 livre.

Nous connaissons cet opuscule par la tradition directe (*cf. infra*) et par un extrait de Photius (*Bibl.*, *cod.* 278, 528 b 28 - 529 b 10). *Cf.* aussi [Arist.], *Probl.* II intitulé Ὅσα περὶ ἱδρῶτα, *[Questions] relatives à la sueur*.

(94) Περὶ τριχῶν α', *Sur les poils*, un livre.

Cf. Arist., *Hist. an.* III 10-12. L'ouvrage n'est pas mentionné en dehors de D. L. *Cf.* **216** R. W. Sharples, «Evidence for Theophrastus *On hair, On secretion, On wine and olive-oil?* », *BICS* 47, 2004, p. 141-151, en particulier p. 146-148.

(127) Περὶ ἐκκρίσεως α', *Sur la sécrétion*, 1 livre.

L'ouvrage n'est pas mentionné en dehors de D. L. Le thème serait en partie commun à celui de l'opuscule *Sur [les types] de sueurs*. *Cf.* Sharples **216**, p. 148-149. On pourrait aussi se demander s'il ne s'agit pas ici d'exhalaison au sens de la météorologie (*cf.* Arist., *Meteor.* III 6, 378 a 12).

(84) Περὶ πνευμάτων α', *Sur les souffles*, 1 livre.

L'ouvrage n'est pas mentionné tel quel en dehors de D. L. Il peut s'agir d'un titre alternatif au Περὶ ἀνέμων α' (n° 16 D. L. ; fr. 137 n° 16 a F), qui est conservé par la tradition manuscrite ; *cf. infra* "Physique". On a discuté du rapport entre cet opuscule et le Περὶ πνεύματος pseudo-aristotélicien (*cf.* Regenbogen **1**, col. 1545-1546 ; Moraux **3**, p. 294 ; Sharples **33**, p. 7-8 et 27-29 [fr. 346 F]).

(21) Περὶ γήρως α', *Sur la vieillesse*, 1 livre.

L'opuscule est rangé parmi les ouvrages relevant de l'éthique (fr. 436 n° 18 F ; cf *infra* sous la rubrique "Éthique"). Parmi les *Parva naturalia* d'Aristote, l'opuscule Περὶ γήρως καὶ νεότητος, *Sur la vieillesse et la jeunesse*, traite de questions physiologiques ; on trouvera un traitement rhétorique, mais non moral de la vieillesse en *Rhet.* II 13, 1389 b.

Opuscules conservés

217 W. W. Fortenbaugh, R. W. Sharples et M. G. Sollenberger (édit.), *Theophrastus of Eresus, On sweat, On dizziness and On fatigue*, coll. «Philosophia antiqua» 93, Leiden 2003.

1. Περὶ ἰλίγγων, *Sur les vertiges* (*cf.* Περὶ ἰλίγγων καὶ σκοτώσεων α', n° 53 D. L.).

Texte, traduction et commentaire : **218** R. W. Sharples (édit.), « Theophrastus, *On dizziness* », dans Fortenbaugh, Sharples et Sollenberger **217**, p. 169-249.

Cf. **219** S. Vogt, « Theophrast, *De vertigine* », dans Fortenbaugh et Wöhrle **22**, p. 141-161. Voir aussi Wehrli † **25**, p. 521-522 (*De vertiginibus et obtenebrationibus*). C'est le seul traité ancien conservé traitant des questions physiologiques relatives aux vertiges.

2. Περὶ κόπων, *Sur la fatigue* (*cf.* Περὶ κόπων α', n° 57 D. L.).

Texte, traduction et commentaire : **220** M. G. Sollenberger (édit.), « Theophrastus, *On fatigue* », dans Fortenbaugh, Sharples et Sollenberger **217**, p. 251-324.

Cf. **221** R. A. H. King, « Nutrition and fatigue : some remarks on the status of Theophrastus' Περὶ κόπων », dans Fortenbaugh et Wöhrle **22**, p. 113-121. Voir Wehrli † **25**, p. 522 (*De lassitudine*).

L'opuscule est la source principale du *Problème* V pseudo-aristotélicien ("Οσα ἀπὸ κόπου). Théophraste y traite de la fatigue dans une perspective physiologique.

3. Περὶ ἱδρώτων, *Sur les [types de] sueur* (*cf.* Περὶ ἱδρώτων α', n° 54 D. L.).

Texte, traduction et commentaire : **222** W. W. Fortenbaugh (édit.), « Theophrastus, *On sweat* », dans Fortenbaugh, Sharples et Sollenberger **217**, p. 1-167.

Cf. **223** A. Debru, « La sueur des corps : le *De sudore* de Théophraste face à la tradition médicale », dans Fortenbaugh et Wöhrle **22**, p. 163-174 ; **224** W. Lapini, « Due note sul *De sudoribus* di Teofrasto (capitoli 10 e 14) », dans **225** W. Lapini, L. Malusa et L. Mauro (édit.), *Gli antichi e noi. Scritti in onore di Antonio Mario Battegazzore*, Genova 2009, t. I, p. 173-178 ; **226** W. Lapini, « Note teofrastee : *De sudoribus* 9, 14, 15, 19 », *SCO*, 56, 2010, p. 23-30. Voir aussi Wehrli † **25**, p. 522-523 (*De sudore*). L'opuscule est peut-être fragmentaire. Il se divise en deux parties : 1. considérations physiologiques et médicales (1-24) ; 2. sur la gymnastique et les exercices physiques (25-40). L'opuscule est la source principale du *Problème* II pseudo-aristotélicien.

(b) Zoologie (fr. 350-383 F ; commentaire dans Sharples **33**, p. 41-123).

Ouvrages concernant la zoologie

Titres des ouvrages concernant les animaux : fr. 350 n° 1-12 F. Bibliographie dans Sharples **33**, p. 41. *Cf.* en particulier Huby **69**.

Sur les sources anciennes, on lira les remarques de Sharples **33**, p. 32-38. Une question importante, concernant la zoologie, est celle de la confusion dans nos sources entre Aristote et Théophraste ; *cf. Ibid.*, p. 33-34 et n. 85.

(48) Περὶ ζῴων ζ', *Sur les animaux*, 7 livres.

Il est raisonnable de penser que le dernier titre de la liste de Diogène, Περὶ ζῴων (n° 224 D. L.), sans mention du nombre de livres, renvoie au même ouvrage. On a souvent considéré que les sept opuscules suivants, énumérés par Diogène à la suite les uns des autres, composaient les sept livres du traité *Sur les animaux* : *Sur les divers sons émis par les animaux de même espèce* (n° 41 D. L.) ; *Sur les [animaux] qui apparaissent en masse* (n° 42 D. L.) ; *Sur les [animaux] qui mordent et qui frappent* (n° 43 D. L.) ; *Sur les animaux qu'on dit jaloux* (n° 44 D. L.) ; *Sur les [animaux] qui demeurent sur la terre ferme* (n° 45 D. L.) ; *Sur les [animaux] qui changent de couleur* (n° 46 D. L.) ; *Sur les [animaux] qui hibernent* (n° 47 D. L.). Pour les arguments avancés pour et contre cette hypothèse, *cf.* Sharples **33**, p. 41-42.

(179) Ἐπιτομῶν Ἀριστοτέλους Περὶ ζῴων ϛ', *Abrégés d'Aristote, "Sur les animaux"*, 6 livres.

Il se peut que περὶ ζῴων ne désigne pas précisément le traité d'Aristote *(Hist. an.)*, mais soit ici simplement descriptif, visant ce qu'Aristote a dit en général sur les animaux.

(41) Περὶ ἑτεροφωνίας ζῴων τῶν ὁμογενῶν α', *Sur les divers sons émis par les animaux de même espèce*, 1 livre.

Athénée cite l'opuscule sous la forme Περὶ ἑτεροφωνίας τῶν ὁμογενῶν (fr. 355 b F). On a pensé que ce titre renvoyait à une section de l'ouvrage suivant, puisque Théophraste rattache les différences dans les sons émis par les animaux aux différences de lieux (Sharples **33**, p. 43).

(–) Περὶ τῶν κατὰ τόπους διαφορῶν, *Sur les différences concernant les lieux*.

Ce titre ne figure pas dans la liste de Diogène, mais est attesté seulement par Athénée IX 43, 390 a (= fr. 365 b F).

(42) Περὶ τῶν ἀθρόον φαινομένων α', *Sur les [animaux] qui apparaissent en masse*, 1 livre.

Photius a conservé un extrait de cet ouvrage sous le titre Περὶ τῶν ἀθρόως φαινομένων ζῴων *(Bibl., cod.* 278, 527 b 11 - 528 a 39 = fr. 359 a F). Théophraste y traitait, entre autres, des mouches, des escargots, de certaines grenouilles, des sauterelles, des serpents et des rats qui apparaissent en masse dans certaines conditions. La question de la génération spontanée y était aussi discutée *(cf.* le titre suivant).

(126) Περὶ τῶν αὐτομάτων ζῴων α', *Sur les animaux à génération spontanée*, 1 livre (fr. 350.5 c F).

On a voulu identifier ce titre avec le précédent (Sharples **33**, p. 43-44) ; mais, dans ce dernier, la génération spontanée n'est qu'un cas particulier. Sur la question de la génération spontanée, chez les animaux ou les végétaux, *cf.* Balme **243**, p. 102-104.

(43) Περὶ δακέτων καὶ βλητικῶν α', *Sur les [animaux] qui mordent et qui frappent* (ou *piquent)*, 1 livre.

Cf. fr. 360 ; 361 et 369 (ἐν τῷ Περὶ τῶν δακέτων καὶ βλητικῶν ; Athénée mentionne le cas de la torpille [νάρκη] dont la décharge électrique atteint le pêcheur à travers le trident ; *cf.* Halleux **137**, p. 120 et n. 22) F. On trouvera dans l'apparat du fragment 361 un renvoi aux *Mirabilia* pseudo-aristotéliciens (141, 845 a 1-9 Bekker) ; *cf. supra* sous la rubrique "Dubia" n° 5.

(44) Περὶ τῶν ζῴων ὅσα λέγεται φθονεῖν α', *Sur les animaux qu'on dit jaloux*, 1 livre.

Cf. fr. 362 F. Il faut comprendre "jaloux" au sens d'avare ou égoïste. Un court extrait de cet ouvrage nous a été conservé par Photius sous le titre Περὶ τῶν λεγομένων ζῴων φθονεῖν *(Bibl., cod.* 278, 528 a 40 - b 27 = fr. 362 a F). L'Érésien y traitait des animaux qui semblent refuser le don d'une partie d'eux-mêmes, qui peut être d'une certaine utilité pour l'homme ; par exemple, le lézard avale sa mue qui est un remède contre l'épilepsie. Mais «les animaux ne font pas cela par jalousie : ce sont les hommes qui leur imputent cette accusation à partir de leur propre façon de penser». Il faut ainsi dans chaque cas chercher une explication naturelle aux comportements.

(45) Περὶ τῶν ἐν ξηρῷ διαμενόντων α', *Sur les [animaux] qui demeurent sur la terre ferme*, 1 livre.

Cf. fr. 363-364 F. Cet opuscule est cité, semble-t-il, sous des titres légèrement différents par Athénée : Περὶ τῶν ἐν τῷ ξηρῷ διαιτωμένων *(Sur les [animaux] vivant sur la terre ferme* VII, 312 b, sur l'anguille et la murène) et Περὶ τῶν ἐν τῷ ξηρῷ διατριβόντων ζῴων *(Sur les animaux passant leur vie sur la terre ferme* VII, 317 f, sur les poulpes). L'ouvrage est sans doute identique à l'opuscule qui nous est parvenu sous le titre Περὶ ἰχθύων ; *cf. infra.*

(46) Περὶ τῶν τὰς χρόας μεταβαλλόντων α', *Sur les [animaux] qui changent de couleur*, 1 livre.

Cf. fr. 365 F. Photius a conservé un extrait de cet opuscule (*Bibl*., *cod*. 278, 525 a 31 - 525 b 21 = fr. 365 a F) ; l'expression utilisée par Photius, ἐκ τῶν Περὶ τῶν μεταβαλλόντων τὰς χρόας, pourrait laisser supposer que l'ouvrage comprenait plus d'un livre, mais Athénée renvoie à l'ouvrage par la formule ἐν τῷ Περὶ τῶν μεταβαλλόντων τὰς χρόας (VII, 317 f, à propos du poulpe). Théophraste y parlait du poulpe, du caméléon et du cas étrange du renne (ὁ τάρανδος), dont les poils longs changent de couleur. Pour les animaux dont la peau change de couleur, l'explication du phénomène repose sur l'altération de l'humidité interne, de nature sanguine ou autre et, pour le caméléon, sur le souffle et sa diffusion à l'intérieur du corps.

(47) Περὶ τῶν φωλευόντων α', *Sur les [animaux] qui hibernent (*ou *se retirent dans des trous)*, 1 livre.

Cf. fr. 366-370 F. Théophraste mentionnait, entre autres, le cas des escargots, du thon, de la torpille, des ours. L'opuscule apparaît, sans doute par erreur, dans la liste des ouvrage d'Aristote établie par Ptolémée ; *cf*. Moraux **3**, p. 295 ("il doit être restitué à Théophraste").

(187) Περὶ ζῴων φρονήσεως καὶ ἤθους α', *Sur l'intelligence et le caractère des animaux*, 1 livre.

Sur les diverses interprétations de la relation entre Arist., *Hist. an*. IX, ps.-Arist., *Mirabilia* 1-15, et Théophraste, *cf*. Sharples **33**, p. 45-47. Sur la question de l'intelligence animale, – Théophraste admet une forme de rationalité (λογισμός) animale (*cf*. Porph., *De abst*. III 25 = fr. 531 F) –, *cf*. **227** E. Browning Cole, «Theophrastus and Aristotle on animal intelligence», dans Fortenbaugh et Gutas **14**, p. 44-62 ; **228** W. W. Fortenbaugh, «Theophrastus and Strato on animal intelligence», dans **229** M.-L. Desclos et W. W. Fortenbaugh (édit.), *Strato of Lampsacus*. Text, translation and discussion, coll. *RUSCH* 16, New Brunswick, NJ/London 2010, p. 399-412.

(–) *De modis et moribus et habitationibus*, *Sur les modes (de vie), les caractères et les habitats*.

Le titre est cité par Priscien, parmi ses sources, dans sa préface aux *Solutiones ad Chosroem*, p. 42, 6-7 Bywater. Le titre grec est certainement <Περὶ τρόπων καὶ ἠθῶν>, avec le double sens de ἤθη (dispositions et habitats), comme le suggère V. Nutton dans Sharples **33**, p. 47 n. 154.

(186) Περὶ γενέσεως α', *Sur la génération*, 1 livre.

J. Meursius (1640) avait proposé la correction Περὶ <ζῴων> γενέσεως α', *Sur la génération <des animaux>*, ce qui ferait de cet opuscule un ouvrage relevant de la zoologie (*cf*. Regenbogen **1**, col. 1431). *Cf*. 137 n° 10 b (liste des ouvrages de physique).

Opuscule conservé

Περὶ ἰχθύων, *Sur les poissons*.

230 R. W. Sharples (édit.), «Theophrastus, *On fish*», dans Fortenbaugh et Gutas **14**, p. 347-385 (texte critique avec traduction anglaise, p. 360-367 ; commentaire, p. 368-382 ; bibliographie, p. 383-385).

Sharples **33**, p. 348, n. 1, considère l'opuscule comme "essentiellement complet" ; il semble être identique au Περὶ τῶν ἐν ξηρῷ διαμενόντων α' mentionné par D. L. (n° 45) ; *Id*. **33**, p. 348. Le bref opuscule commence en effet par l'expression τῆς τῶν ἰχθύων ἐν τῷ ξηρῷ διαμονῆς, suivie d'une lacune («la résidence des poissons sur la terre ferme»). Il traite du comportement étonnant (θαυμασιώτατον [§ 1], θαυμαστόν [§ 2-4]) de certains poissons – au sens large – d'eau douce ou d'eau salée : ceux qui peuvent sortir de l'eau et ingérer de l'air, ceux qui peuvent survivre hors de l'eau sans ingérer d'air, ceux qui vivent sur terre, en s'enterrant, et ceux qui naissent sous terre, d'un œuf ou par génération spontanée à partir du non-vivant, et y poursuivent leur vie.

(c) **Botanique** (fr. 384-435 F; commentaire dans Sharples **33**, p. 128-210).

231 A. Hort (édit.), *Theophrastus, Enquiry into plants, and minor works On odours and weather signs*, with an English translation by A. H., coll. *LCL*, 2 vol., Cambridge, Mass./London 1916 (I-V), 1926 (VI-IX + *De odoribus* et *De signis*); le texte grec est essentiellement celui de Wimmer **28**; notons que IX 18. 9, qui traite des effets aphrodisiaques d'une plante indienne, ne figure pas dans cette édition; **232** R. E. Dengler (édit.), *Theophrastus, De causis plantarum, book one*. Text, critical apparatus, translation and commentary, Diss. Univ. Pennsylvania, Philadelphia 1927 (le commentaire se limite aux notes en bas de pages); **233** S. Amigues (édit.), *Théophraste, Recherches sur les plantes*, Texte établi et traduit par S. A., *CUF*, 5 vol., Paris 1988 (I-II), 1989 (III-IV), 1993 (V-VI), 2003 (VII-VIII); 2006 (IX, avec les index des noms des plantes et des noms propres); sur les éditions antérieures, *cf. Ibid.* t. I, p. XLIX-L; la traduction, richement illustrée, est reprise dans **234** *Ead., Théophraste, Recherche sur les plantes. A l'origine de la botanique*, Préface de P. Bernard, Paris 2010; **235** B. Einarson et G. K. K. Link (édit.), *Theophrastus, De causis plantarum*, with an English translation by B. E. and G. K. K. L., coll. *LCL*, 3 vol., Cambridge, Mass./London 1976 (I-II), 1990 (III-IV et V-VI); **236** S. Amigues (édit.), *Théophraste, Les causes des phénomènes végétaux*. Texte établi et traduit par S. A., *CUF*, t. I (I-II), Paris 2012; t. II (III-IV), Paris 2015.

Cf. **237** G. Senn, *Die Entwicklung der biologischen Forschungsmethode in der Antike und ihre grundsätzliche Förderung durch Theophrast von Eresos*, coll. « Veröffentlichungen der Schweizerischen Gesellschaft für Geschichte der Medizin und der Naturwissenschaften » 8, Aarau/Leipzig 1933; **238** O. Regenbogen, « *Theophrast-Studien I. Zur Analyse der* Historia Plantarum », *Hermes* 69, 1934, p. 75-105 (sur *HP* I) et 190-203 (sur *HP* II et III); **239** R. Strömberg, *Theophrastea. Studien zur botanischen Begriffsbildung*, Göteborg 1937; **240** G. R. Thompson, *Theophrastus On plant flavours and odours. Studies on the philosophical and scientific significance of* De causis plantarum *VI*, accompanied by translation and notes, Diss. [non publiée], Princeton 1941 (*non vidi*); **241** W. Capelle, « Theophrast in Kyrene ? », *RhM* 97, 1954, p. 169-187; **242** G. Senn, *Die Pflanzenkunde des Theophrast von Eresos. Seine Schrift über die Unterscheidungsmerkmale der Pflanzen und seine Kunstprosa*, herausgegeben und eingeleitet von O. Gigon, Basel 1956; **243** D. M. Balme, « Development of biology in Aristotle and Theophrastus: Theory of spontaneous generation », *Phronesis* 7, 1962, p. 91-104; **244** J. J. Keaney, « The early tradition of Theophrastus' *Historia Plantarum* », *Hermes* 96, 1968, p. 293-299; **245** G. Wöhrle, *Theophrasts Methode in seinen botanischen Schriften*, coll. « Studien zur antiken Philosophie » 13, Amsterdam 1985; **246** M. G. Sollenberger, « Identification of titles of botanical works of Theophrastus », dans Fortenbaugh et Sharples **11**, p. 14-24; **247** A. Gotthelf, « *Historiae* I: *Plantarum* et *Animalium* », dans Fortenbaugh et Sharples **11**, p. 100-135, repris dans **248** A. Gotthelf, *Teleology, first principles, and scientific method in Aristotle's biology*, Oxford 2012, p. 307-342, en particulier p. 324-342; **249** S.

Amigues, *Études de botanique antique*, préface de P. Quézel, coll. « Mémoires de l'Académie des Inscriptions et Belles-Lettres » 25, Paris 2002.

Ouvrages concernant la botanique (fr. 384-435 F).

Dans la liste des œuvres de Théophraste transmise par D. L., les titres suivants relèvent de la botanique (fr. 384 n° 1-5 F).

(105) Περὶ φυτικῶν ἱστορίαι ι′, *Recherches sur les plantes (Historia plantarum = HP)*, 10 livres (fr. 384 n° 1c F).

La *Souda* mentionne un Περὶ φυτῶν, sans préciser le nombre de livres (fr. 2 F) ; ce titre pourrait aussi convenir au suivant. Sur les différentes façons de désigner l'ouvrage complet, *cf.* fr. 384 n° 1 a-j F : Περὶ φυτῶν ἱστορία (a), Φυτῶν ἱστορία (b), Περὶ φυτικῶν ἱστοριῶν (c), Φυτικὴ ἱστορία (d), Ἱστορία *scil.* φυτική (e), Ἱστορίαι (f ; Théophraste utilise cette forme dans *CP* pour renvoyer à *HP*), Περὶ φυτῶν (g), Φυτικά (h), Φυτά (i), Φυτικῶν πραγματεία (j). Notons que Galien, dans un traité découvert récemment, le Περὶ ἀλυπησίας, *Sur l'absence de chagrin* (§ 16-17), mentionne, parmi les traités scientifiques que "tout le monde possède", les deux traités (πραγματεῖαι) étendus περὶ φυτῶν, *sur les plantes*, de Théophraste (*cf.* Boudon-Millot et Jouanna **65**). Tous ces titres désignent l'ouvrage que la tradition manuscrite a conservé sous le titre Περὶ φυτῶν ἱστορία (sg.), en 9 livres ; *cf. infra*.

(106) Φυτικαὶ αἰτίαι η′, *Causes des plantes (De causis plantarum = CP)*, 8 livres (fr. 384 n° 2 a F).

Les auteurs anciens se réfèrent à cet ouvrage par des titres variables (fr. 384 n° 2a-d) : Φυτικαὶ αἰτίαι (a-b) ; Φυτικὰ αἴτια (c), Αἴτια *scil.* φυτικά (d). Il s'agit de l'ouvrage que la tradition manuscrite a conservé sous le titre Περὶ φυτῶν αἰτιῶν (ou αἰτίων), en 6 livres ; *cf. infra*.

(73) Περὶ οἴνου καὶ ἐλαίου, *Sur le vin et l'huile d'olive*, sans mention du nombre de livres (fr. 384 n° 2 f F).

Marcovich ajoute <α′> ; dans le fr. 384 n° 2 f F, le chiffre est ajouté sans explication. Cet opuscule pourrait bien être identique au livre VII de *CP* ; *cf.* Einarson et Link **235**, t. III, p. 459-460. *Cf.* Sharples **216**, p. 149-150.

(72) Περὶ ὀδμῶν α′, *Sur les odeurs*, 1 livre (fr. 384 n° 2 g F).

Cf. fr. 430-434 F avec le commentaire dans Sharples **33**, p. 202-208). Le titre, sans le nombre de livres, figure aussi dans la notice de la *Souda* (fr. 2 F). Cet opuscule pourrait bien être identique au livre VIII de *CP* (*cf.* Sharples **33**, p. 132-133). Pour le détail, voir *Infra*.

(107) Περὶ χυλῶν ε′, *Sur les sucs (ou les saveurs)*, 5 livres (fr. 384 n° 3 a F).

Il s'agit plutôt des sucs que des saveurs, *cf.* Sharples **263** (mentionné ci-dessous), p. 184 ; Amigues **236**, p. XIV n. 14. Théophraste annonce un traité *Sur les sucs* en *HP* I 12. 2 (ἐν τοῖς Περὶ χυλῶν). Galien mentionne le titre au singulier, Περὶ χυλοῦ (fr. 418 F). Notons que l'opuscule Περὶ χυμῶν, χροῶν, σαρκῶν α′, *Sur les saveurs, les couleurs, les chairs*, en un livre (n° 25 D. L.), est rangé sous la rubrique "Physique" (fr. 137 n° 36 F).

(223) Περὶ καρπῶν, *Sur les fruits*, sans mention du nombre de livres (fr. 384 n° 4 F).

Il s'agit peut-être du livre V de *CP* (Einarson et Link **235**, t. III, p. 459-460) ; mais, *cf.* Sharples **33**, p. 134-135.

(65) Περὶ μέλιτος α′, *Sur le miel*, 1 livre (fr. 384 n° 5 F).

Il doit s'agir du même opuscule que le Περὶ μελίτων (pl.) dont Photius nous a conservé un bref résumé (*Bibl.*, *cod.* 278, 529 b 11-23 = fr. 435 F). Théophraste y traitait des miels d'origines diverses : celui qui provient des fleurs, celui qui vient de l'humidité de l'air soumise à un processus de coction sous l'effet du soleil (ὑγρὸν ὑπὸ τοῦ ἡλίου συνεψηθέν), qu'on aperçoit surtout sur les feuilles du chêne et du tilleul (*cf. HP* III 7. 6 avec la n. 23, p. 143 dans Amigues **233**, t. II), et celui qui est "dans les roseaux" (ἐν τοῖς καλάμοις ; s'agit-il de la canne à sucre ? mais, *cf.* Sén., *Ad Lucil.* XI 84, 4 *in arundinum foliis*). *Cf.* Sharples **33**, p. 208-210.

Traités conservés

Les deux traités sur les plantes, qui nous sont parvenus par transmission directe, sont les suivants :

1. *Recherche sur les plantes* (Περὶ φυτῶν ἱστορία, 9 livres). On trouvera la liste de 115 passages de *HP* auxquels se réfèrent les auteurs postérieurs, avec mention du nom de Théophraste, dans le fr. 413 F (*cf.* aussi fr. 392-412 F), avec les commentaires de Sharples **33**, p. 160-183.

Le titre de cet ouvrage figure dans les manuscrits sous la forme Περὶ φυτῶν ἱστορία (sg.) – rappelons que l'ouvrage analogue d'Aristote sur les animaux s'intitule Περὶ ζῴων ἱστορίαι (pl.). L'ouvrage est cité dans la littérature ancienne sous plusieurs formes différentes, parfois chez le même auteur : comme dans les manuscrits (ἡ) Περὶ φυτῶν ἱστορία (Galien, Athénée) ; Φυτῶν ἱστορία (Athénée) ; Περὶ φυτῶν (le parémiographe Apollonius, Harpocration, Galien, Athénée, la *Souda* etc.) ; Περὶ φυτικῶν ἱστορίαι (n° 105 D. L.) ; (ἡ) Φυτικὴ ἱστορία (Athénée) ; (τὰ) Φυτικά (Athénée, la *Souda* etc.). Dans *CP*, Théophraste renvoie régulièrement à *HP* sous la forme simple ἐν ταῖς ἱστορίαις (*cf.* I 1, 1 ; I 1, 2 etc. ; *cf.* Amigues **233**, p. XVII n. 26 [ajouter II 17, 9]). Le terme ἱστορίαι distingue en effet sans ambiguïté cet ouvrage de *CP* : Théophraste s'y propose de mener une vaste enquête sur les végétaux, où la part descriptive l'emporte sur l'approche spéculative (sur les sens de ἱστορία, *cf.* Amigues **233**, t. I, p. XVII-XVIII ; **250** J. Mejer, « Eudemus and the history of science », dans Bodnár et Fortenbaugh **108**, p. 243-261, en particulier p. 244-248 ; Sharples **31**, p. 10). Son étude porte sur la flore de la Grèce continentale, de la Macédoine, de l'Asie Mineure, de la Perse, d'une partie de l'Inde, de l'Égypte et de l'Afrique du nord. La description des diverses espèces repose souvent clairement sur une observation personnelle directe (*cf.* Amigues **233**, t. V, p. XV-XVI : Troade, Lesbos, Macédoine, Stagire) ; mais aussi sur les comptes rendus d'informateurs comme celui de Satyros (➙S 23) mentionné à propos de l'Arcadie en III 12, 4, ou encore, pour la flore indienne, perse et arabique, sur les rapports fournis par les explorateurs et les "savants" de l'entourage d'Alexandre le Grand (Androsthène, Callisthène [➙C 36, p. 196-197 en particulier] ; *cf.* IV 7, 3 et Amigues **233**, t. I, p. XXII-XXX ; *cf.* aussi **251** *Ead.*, « L'expédition d'Anaxicrate en Arabie occidentale », *Topoi : Orient, Occident* 6, 1996, p. 671-677, repris dans *Ead.*, **249**, *Études*, p. 57-62). On admet généralement qu'il s'agit des notes d'un cours repris régulièrement, augmenté et modifié (Amigues **233**, t. I, p. XII ; XIX ; XXX).

Dans la liste des titres transmise par D. L., cet ouvrage figure sous le titre Περὶ φυτικῶν ἱστορίαι (pl.), en dix livres, tandis que les manuscrits en ont transmis neuf. Pour une discussion sur l'ordre des livres, *cf.* Regenbogen **238**, p. 202-203, et *Id.* **1**, col. 1373, avec les critiques de Keaney **244**, p. 295 ; *cf.* Amigues **233**, t. I, p. XXXV-XXXVI ; pour une revue des nombreuses hypothèses, *cf.* Sharples **33**, p. 128-130. Les sujets discutés sont variés ; on peut en donner un aperçu général, selon les neuf livres.

Livre I. Exposition des principes de classification reposant sur les distinctions suivantes qui se recoupent partiellement : (a) les parties de la plante : racines, tige / tronc, branches, rameaux, feuilles, fleurs, fruits ; (b) les types de plantes : arbres (δένδρα), arbrisseaux (θάμνοι), sous-arbrisseaux (φρύγανα), plantes herbacées (πόαι) ; (c) espèces domestiques et sauvages ; (d) espèces terrestres et aquatiques (*cf.* Amigues **233**, t. I, p. XXXI). La suite du livre traite de morphologie végétale.

Livre II. Culture des arbres.

Livre III. Espèces sauvages d'arbres et d'arbrisseaux; au ch. 1, 4, Théophraste aborde la question de la génération spontanée (αὐτόματοι γενέσεις; *cf.* déjà II 1, 1). Dans le manuscrit principal (U), le livre III est intitulé Περὶ ἀγρίων δένδρων, *Sur les arbres sauvages* (fr. 384, 1 [lettre l] F).

Livre IV. Questions écologiques: rapport entre la plante et son milieu. Les plantes exotiques traitées dans les chapitres 4 et 7 ont été discutées en particulier par **252** H. Bretzl, *Botanische Forschungen des Alexanderzuges*, Leipzig 1903.

Livre V. Le bois des arbres envisagé sous un angle botanique et utilitaire.

Livre VI. Sous-arbrisseaux sauvages; plantes utilisées pour les couronnes.

Livres VII et VIII. Plantes herbacées (potagères et céréales). On apprend par une scholie placée dans certains manuscrits sous la souscription du Livre VII que Hermippe (**➤**H 86) intitulait le livre – lequel précisément? le VII ou le VIII, ou les deux, ou un groupe embrassant VI-VIII? – «*Sur les sous-arbrisseaux et les plantes herbacées*» (Ἕρμιππος δὲ περὶ φρυγανικῶν καὶ ποιωδῶν) et Andronicos (**➤**A 181) «*Recherches sur les plantes* (Ἀνδρόνικος δὲ περὶ φυτῶν ἱστορίας); *cf.* Amigues **233**, t. IV, p. 169 n. 11, et **253** *Ead.*, «Problèmes de composition et de classification dans l'*Historia plantarum* de Théophraste», dans van Ophuijsen et van Raalte **16**, p. 191-201, repris dans *Ead.* **249** *Études*, p. 45-54; *cf.* fr, 384 1k F et Sharples **33**, p. 131-132, avec la bibliographie.

Livre IX. Étude des produits végétaux aromatiques (les sucs) et des plantes médicinales. Ce livre comporte certaines singularités: il porte parfois un titre propre pour les chap. 1 à 7: Περὶ φυτῶν ὀπῶν (*Sur les sèves des plantes*) et, à partir du chap. 8, Περὶ δυνάμεως ῥιζῶν (*Sur les vertus des racines* ou *des simples*; sur le sens de ῥίζα, *cf.* Amigues **233**, t. V, p. XXIII); la seconde partie (chap. 8-19, sans le 20) apparaît sous deux rédactions différentes dans le manuscrit principal, la seconde formant un dixième livre (*cf.* Amigues **233**, t. V, p. XXII et XL; Sharples **33**, p. 129). Or, bien que l'Antiquité n'ait jamais contesté à Théophraste la paternité de cette partie de l'œuvre (livre IX), les modernes l'ont souvent considérée, en tout ou en partie, comme apocryphe (Amigues **233**, t. V, p. VIII-IX, avec la bibliographie à la n. 8). Cependant, un passage du livre IV évoque un sujet traité dans le livre IX (les plantes à parfum exotiques, chap. 4-7) en précisant que c'est là une question "qui a été traitée ailleurs plus longuement" (IV 4, 14); de même, en VII 9, 3, une formule analogue semble renvoyer à la seconde partie du livre IX (chap. 8-20) comme à un écrit indépendant antérieur. Amigues **233**, t. V, p. XIII, en conclut que «les deux parties du livre IX de l'*Historia* correspondent à deux opuscules authentiques et antérieurs aux livres I-VIII» (*cf.* les hypothèses très spéculatives de l'auteur sur l'adjonction par Nélée de Scepsis (**➤**N 15) de ce matériel aux huit livres de *HP*, Amigues **233**, t. V, p. XLI-LVII). Sur les plantes médicinales traitées dans le livre IX, le rapport de ce livre théophrastien authentique avec le médecin Dioclès de Carystos (**➤**D 113) comme une des sources de Théophraste, à côté des herboristes (ῥιζοτόμοι) et des marchands de drogues, *cf.* **254** J. Scarborough, «Theophrastus on herbals and herbal remedies», *JHB* 11, 1978, p. 353-385.

On notera que Théophraste mentionne en passant certains champignons (μύκητες, *champignons à stipe*; ὕδνον, *truffe*; πύξος, *morille*?), dont il traite comme de plantes "minimales", sans racine, sans branche, sans fleur, etc. – ce qui illustre la difficulté à définir la plante en termes généraux (*cf. HP* I 1, 11; 5, 3; 6, 5; 6, 9; III 7, 6); *cf.* **255** R. W. Sharples et D. W. Minter, «Theophrastus on fungi: inaccurate citations in Athenaeus», *JHS* 103, 1983, p. 154-156.

Index des noms de plantes. Amigues **233**, t. V, p. 263-347 (grec-français); p. 351-361 (termes scientifiques latins); p. 363-370 (français-grec).

2. *Sur les causes des plantes* (Περὶ φυτῶν αἰτιῶν, 6 livres ; *De causis planta-rum*).

On trouvera dans le fr. 417 F, avec les commentaires de Sharples **33**, p. 187-192, la liste commentée de 22 passages de *CP* auxquels se réfèrent, avec le nom de Théophraste, des auteurs postérieurs.

Dans la liste de Diogène Laërce, l'ouvrage figure sous le titre Φυτικῶν αἰτιῶν – qu'il faut interpréter comme Φυτικαὶ αἰτίαι plutôt que Φυτικῶν αἰτίαι –, en huit livres (n° 106 D. L.) ; sur les diverses hypothèses justifiant la différence entre le nombre de livres de la tradition directe et celui indiqué par D. L., *cf.* Sharples **33**, p. 132-133, avec la bibliographie. Sur *CP* VII, peut-être identique à l'opuscule intitulé Περὶ οἴνου καὶ ἐλαίου (n° 73 D. L.), *cf.* Einarson et Link **235**, t. III, p. 459-463 (*Appendix* I). La matière de l'ouvrage se répartit dans les six livres de la façon suivante.

Livre I. Les divers modes de reproduction et de fructification des végétaux. Des cas de géné-rations spontanées, envisagés dans le ch. 1, 2 et en *HP* II 1, 1, sont discutés dans le chap. 5 (*cf.* Amigues **236**, p. 126, n. 2).

Livre II. Les effets de l'environnement naturel (φύσις) – climats et sols – sur les plantes.

Livre III. Les effets de la culture (c'est-à-dire de l'art ou τέχνη).

Livre IV. Diverses questions concernant les semences et la germination.

Livre V. L'altération, la dégénérescence et la mort des plantes.

Livre VI. Les saveurs et les odeurs des végétaux.

Pour les questions de classification des plantes, on verra Amigues **233**, t. I, p. XXXVI-XXXVIII. On soulignera que l'opposition entre la nature et l'art est opérante dans les deux traités sur les plantes ; *cf.* les remarques de Einarson, dans Einarson et Link **235**, p. XIV-XIX. Sur la génération spontanée, *cf. De igne* 18 et les remarques de Coutant **140**, p. XVII ; voir aussi Balme **243**, p. 102-104 ; **256** G. E. R. Lloyd, *Greek science after Aristotle*, London 1973, chap. 2 = **257** *Id.*, *La science grecque après Aristote*, traduit de l'anglais par J. Brunschwig, Paris 1990, p. 25-27.

La question de la place de la finalité dans l'ordre de la nature reçoit une réponse nuancée ; si la « nature ne fait rien en vain » selon la formule aristotélicienne reprise par Théophraste (*CP* I 1, 1 ; II 1, 1), les limitations de cette "loi" téléologique orientée vers le meilleur sont nombreuses. Des phénomènes comme la présence de mamelles chez les mâles, des cornes encombrantes chez le cerf sont des exemples de cette limitation ; *cf.* Einarson et Link **235**, p. XVIII-XIX ; Amigues **236**, t. I, p. 119, n. 3 ; Lennox **180**, p. 143-163 ; *cf.* aussi la conclusion de la *Métaphysique* de Théophraste (11 b 24 - 12 a 2).

La langue et le style de *CP* sont appréciés différemment par Einarson, dans Einarson et Link **235**, p. XXII-XLVI, qui relève longuement tous les traits caractéristiques d'une prose d'art (*Kunst-prosa*), et par Amigues **236**, t. I, p. XX-XXIII, qui insiste plutôt sur les limitations de celle-ci. Mais les deux éditeurs s'accordent, semble-t-il, pour affirmer que, comme *HP*, il ne s'agit pas d'un ouvrage destiné proprement à la publication, mais d'une recherche en devenir liée à l'enseigne-ment (Einarson et Link **235**, p. IX et Amigues **233**, t. I, p. XII ; XIX ; XXX).

L'authenticité des deux traités est bien attestée depuis l'Antiquité. De très nom-breuses citations et allusions montrent que les auteurs anciens avaient à leur dispo-sition au moins le corpus que nous connaissons. Il est même certain qu'ils avaient des textes plus importants que les nôtres : ainsi sommes-nous sûrs que *CP* possé-dait un septième livre, selon le découpage traditionnellement accepté, qui traitait des goûts et des odeurs.

Voici quelques-unes des références antiques aux œuvres botaniques de Théophraste parmi les plus intéressantes :

– Pline l'Ancien (➳P 204) mentionne souvent Théophraste parmi ses sources et le cite nommément une cinquantaine de fois ; treize de ces références se rapportent aux traités botaniques, mais n'épuisent pas, de loin, les références implicites (en particulier dans les livres XII à XIX consacrés à la botanique). Pline ne mentionne aucun titre, si bien qu'on ne peut décider s'il avait le corpus botanique théophrastien en un ou deux traités. Pour *HP*, *cf.* au fr. 413 F les numéros 4, 13, 41, 52, 55, 59, 79, 83, 84, 107, 110 (Sharples **33**, p. 160-183) ; pour *CP*, *cf.* fr. 417, n° 4 F (= *Nat. hist.* XV 10). La quasi-totalité des textes auxquels Pline fait allusion se trouvent donc dans *HP*. Selon Regenbogen **1**, col. 1441-1442, Pline tantôt a consulté Théophraste directement, tantôt a eu recours à des sources intermédiaires. *Cf.* **258** A. G. Morton, « Pliny on Plants : his place in the history of botany », dans **259** R. French et F. Greenaway (édit.), *Science in the early Roman empire : Pliny the Elder, his sources and influence*, London/Sydney 1986, p. 86-97 (pour la botanique, Pline a reconnu Théophraste comme l'autorité suprême, p. 89).

– Athénée (➳A 482), par contre, dans les 68 références, explicites ou non, aux œuvres botaniques, semble bien distinguer *HP* et *CP*. Ainsi parle-t-il quatre fois des φυτικὰ αἴτια (II, 55 e ; III, 74 a ; 77 c ; 77 f), ces quatre références renvoyant à des passages repérables dans le *De causis plantarum*. Par ailleurs il cite *HP* sous plusieurs titres : ἡ περὶ φυτῶν ἱστορία, φυτικὰ ἱστορία, ἱστορία, περὶ φυτῶν, ou simplement φυτικά avec souvent l'indication d'un numéro de livre. Mais il faut aussi noter qu'à plusieurs reprises, Athénée cite *HP* pour des passages qui ne se retrouvent pas dans notre texte (61 e ; 61 f ; 77 a ; 77 f ; 82 e ; 651 b ; *cf.* Amigues **233**, t. I, p. XXX, n. 65). *Cf.* Regenbogen **1**, col. 1443-1444 (Athénée aurait utilisé une compilation, peut-être le *Pré* [Λειμών] du grammairien Pamphile) et Sharples **33**, p. 124-125.

– Le paradoxographe Apollonius (IIᵉ siècle av. J.-C. ; sur cet auteur, *cf.* Fortenbaugh **34**, p. 12-16) dans ses *Historiae mirabiles* (ἱστορίαι θαυμάσιαι, éd. Giannini) fait dix fois référence à *HP* ; en fait, il y a peut-être même une onzième référence, si l'on compte celle du chapitre 34 qui semble devoir être rapportée au même livre de *HP*, cité au chapitre précédent. Apollonius cite *HP* sous les titres : ἡ Περὶ φυτῶν πραγματεία ou Περὶ φυτῶν : ἐν τῇ Περὶ [τῶν] φυτῶν πραγματείᾳ (16) ; ἐν τῇ Περὶ φυτῶν πραγματείᾳ (29) ; ἐν τῷ Περὶ φυτῶν (31 ; 32 ; 43 ; 47 ; 48) ; ἐν τῷ ζ′ Περὶ φυτῶν (33 ; 41) ; ἐν τῷ Περὶ φυτῶν, ἐν τῇ ἐσχάτῃ τῆς πραγματείας (50). On trouve aussi une référence à *CP* sous la forme : ἐν τῇ ε′ τῶν Φυτικῶν αἰτιῶν (46).

– Galien cite plusieurs fois *HP* ; dans son *De alimentorum facultatibus* avec mention du numéro du livre : ἐν τῷ ὀγδόῳ Περὶ φυτῶν ἱστορίας (t. VI, 542, 9-10 Kühn) et ἐν τῷ ἑβδόμῳ Περὶ φυτῶν (t. VI, 516, 2 Kühn) ; dans *in Hippocratis librum VI epidemiarum commentarii* : ἐν τῷ πρώτῳ τῶν Περὶ φυτῶν (t. XVII b, 38, 8 Kühn) ; dans *Linguarum seu dictionum exoletarum Hippocratis explicatio* : ἐν τῷ πρώτῳ Περὶ φυτῶν (t. XIX, 91, 10 Kühn).

Les éditions anciennes qui circulaient étaient donc divisées en livres. Keaney **244** a tenté de repérer, notamment à travers les différentes citations qui en ont été faites dans l'Antiquité, la trace de plusieurs éditions successives de *HP*. Ainsi une première édition (ce serait celle que cite le paradoxographe Apollonius) aurait circulé jusqu'à Andronicos de Rhodes qui aurait réédité l'œuvre avec une nouvelle division en livres, à la suite sans doute de son édition des œuvres d'Aristote.

Des recherches identiques s'avéreraient beaucoup plus difficiles pour le *CP* du fait qu'il est bien plus rarement cité par les auteurs anciens.

Problèmes de chronologie relative. Rien n'est sûr quant aux chronologies relative et interne de nos traités botaniques. Il semble néanmoins que leur rédaction ait été échelonnée sur une vaste période de la vie de Théophraste. Le montrent notamment les passages où l'auteur déclare qu'il lui faut un complément d'information, qui semble avoir été acquis par la suite. D'autre part, *CP* sous la forme que nous lui connaissons aujourd'hui se place explicitement après *HP* (cf. I 9, 1 ; II 3, 3 ; III 6, 7).

Parmi les tentatives de datation différentielle des écrits botaniques de Théophraste, il faut surtout signaler celles de Senn **243** et **237**. L'auteur pense pouvoir repérer deux moments principaux dans la rédaction des traités théophrastiens : Théophraste serait d'abord resté fidèle à l'étiologie aristotélisante, avant de l'abandonner sous la pression des nécessités de l'observation et de la recherche. Dans cette dernière phase le mot αἰτία lui-même disparaîtrait du vocabulaire de Théophraste. Les traités tels que nous les avons ne seraient donc qu'une reconstruction postérieure faite à partir de matériaux d'époques différentes. Mais cette conception d'une marche des penseurs anciens vers ce que nous appelons la connaissance objective risque bien de n'être que l'effet de la projection dans le passé de critères épistémologiques contemporains.

Le jardin dont parle D. L. en V 39 et dans le testament a parfois été interprété comme une sorte de jardin botanique, où Théophraste et ses collaborateurs faisaient leurs expériences ; *cf.* Amigues **233**, t. I, p. XV ; McDiarmid **8**, 333 (très sceptique).

3. Περὶ ὀδμῶν α′, *Sur les odeurs* (*De odoribus* ; n° 72 D. L. ; fr. 384 n° 2 g F).

260 U. Eigler et G. Wöhrle (édit.), *Theophrast, De odoribus*. Edition, Übersetzung, Kommentar von U. E. und G. W., mit einem botanischen Anhang von B. Herzhoff, coll. « Beiträge zur Altertumskunde » 37, Stuttgart 1993 ; **261** F. Focaroli (édit.), *Teofrasto, I profumi*, a cura di F. F., prefazione di S. Beta, Milano 2009 (le texte grec est celui de Eigler et Wöhrle **260** ; index des plantes aromatiques p. 163-169) ; **262** G. Squillace, *Il profumo nel mondo antico, con la prima* [!] *traduzione italiana del* Sugli odori *di Teofrasto*, prefazione di L. Villoresi, coll. « Biblioteca dell' Archivium romanicum » 372, Firenze 2010 (le texte grec est celui de Eigler et Wöhrle **260** ; bibliographie p. 243-250).

Cf. **263** R. W. Sharples, « Theophrastus on tastes and smells », dans Fortenbaugh, Huby et Long **10**, p. 183-207 ; **264** D. N. Sedley, « Three notes on Theophrastus' treatment of tastes and smells », dans Fortenbaugh, Huby et Long **10**, p. 205-207 ; **265** G. Wöhrle, « The structure and function of Theophrastus' treatise *De odoribus* », dans Fortenbaugh et Sharples **11**, p. 3-13 (le livre VI de D. L. n° 106 = *CP* VI ; le VII = Περὶ οἴνου καὶ ἐλαίου ; le VIII = Περὶ ὀδμῶν α′ ; thèse reprise par Sollenberger **246**, p. 18).

Selon Amigues **236**, p. XVI, « il apparaît que le *De odoribus* (...) présente de nombreuses imperfections : sinuosité du plan, redites et pour finir (§70-71) de simples notes hors sujet » ; relevons que les deux derniers paragraphes (§ 70-71) sont considérés comme n'appartenant pas à l'opuscule par Wöhrle **265**, p. 5 et n. 12, et Eigler et Wöhrle **260**, p. 14. Sur les odeurs, dans l'opuscule et dans les témoignages, *cf.* aussi Sharples **10**, p. 193-197.

La partie sur la botanique a intégré certains éléments d'un travail préparatoire pour le DPhA dû à P. Pellegrin.

8. Éthique (fr. 436-579 F ; commentaire volumineux de 879 pages dans Fortenbaugh **34** [fr. 436-579], avec une longue présentation, fort utile, des sources, p. 9-120, et une importante bibliographie, p. 751-767, dont les très nombreux articles de Fortenbaugh concernant l'éthique, p. 754-757).

266 W. W. Fortenbaugh (édit.), *Quellen zur Ethik Theophrasts*, coll. « Studien zur antiken Philosophie » 12, Amsterdam 1984 (le commentaire mentionné ci-dessus ne remplace pas complètement cet ouvrage plus ancien).

Cf. **267** F. Dirlmeier, « Die *Oikeiosis*-Lehre Theophrasts », coll. « Philologus Suppl. » 30, 1, Leipzig 1937 ; **268** C. O. Brink, « *Oikeiôsis* and *oikeiôtês* : Theophrastus and Zeno on nature in moral theory », *Phronesis* 1, 1956, p. 123-145 ; **269** H. Görgemanns, « *Oikeiôsis* in Arius Didymus », dans **270** W. W. Fortenbaugh (édit.), *On stoic and peripatetic ethics. The work of Arius Didymus*, coll. *RUSCH* 1, New Brunswick, NJ/London 1983 (réimpr. 2002), p. 165-189 (revue des positions antérieures sur une origine péripatéticienne de la doctrine de l'οἰκείωσις, p. 166-168) ; *cf.* le "commentaire" sur cet article de B. Inwood, *Ibid.* **270**, p. 190-201 ; **271** W. W. Fortenbaugh, « Arius, Theophrastus and the *Eudemian Ethics* », dans Fortenbaugh **270**, p. 203-223, repris dans Fortenbaugh **23**, p. 109-130 ; **272** *Id.*, « Theophrastus on emotion », dans Fortenbaugh, Huby et Long **10**, p. 209-229, repris dans Fortenbaugh **23**, p. 71-90 ; **273** O. Gigon, « The Peripatos in Cicero's *De finibus* », dans Fortenbaugh et Sharples **11**, p. 259-271 ; **274** W. W. Fortenbaugh, « ΠΑΡΑΙΝΕΣΙΣ : Isocrates and Theophrastus », *Hyperboreus* 15, 2009, p. 251-262 (sur le fr. 523 F).

L'éthique de Théophraste est étroitement liée à l'*Éthique à Eudème*, *cf.* Fortenbaugh **35**, p. 141 n. 264, citant Fortenbaugh **271**.

Ouvrages concernant l'éthique (fr. 436 n° 1-33 F).

Étant donné l'abondance et la richesse du commentaire de Fortenbaugh **34** sur les fragments éthiques, nous renvoyons d'une façon générale le lecteur à cet ouvrage pour les détails d'interprétation et les références complémentaires.

(–) Περὶ ἠθῶν, *Sur les dispositions* (plusieurs livres).

Le titre ne figure pas dans la liste de D. L. Il est mentionné dans un commentaire – en fait une collection de scholies – anonyme sur l'*Éthique à Nicomaque* (= *EN*), datant sans doute de la fin du IIᵉ s. ap. J.-C. (fr. 516 [ἐν τοῖς Περὶ ἠθῶν] et 529 a ["dans le livre I"] F), chez Athénée (fr. 437 F), dans le commentaire sur l'*EN* de Michel d'Éphèse du XIIᵉ s. (fr. 529 b ["dans le livre I"]), et dans une scholie à l'*EN* ; ces deux derniers témoignages dépendent sans doute du commentaire anonyme. Par le passage d'Athénée, on apprend qu'Adraste (⇒+A 24) avait écrit 5 livres intitulés Περὶ τῶν παρὰ Θεοφράστῳ ἐν τοῖς Περὶ ἠθῶν καθ᾽ ἱστορίαν καὶ λέξιν ζητουμένων, *Sur les recherches historiques et stylistiques figurant chez Théophraste dans ses livres* Sur les dispositions (fr. 437 F = Ath., XV, 673 e-f). *Cf. infra* la rubrique "Commentaires anciens sur des œuvres de Théophraste".

(–) Ἠθικά, *Éthique* (plusieurs livres).

Le titre ne figure pas dans la liste de D. L. Il est mentionné dans le commentaire anonyme sur l'*EN* (fr. 529 a ["dans le livre I"] F ; *cf.* 529 b), chez Aspasius (*in EN* 156, 17 = fr. 555 F), chez Plutarque (fr. 463 F) et chez Fulgence (fr. 468 F [*Moralia*]). La relation de ce titre avec le suivant est peu claire.

(133) Ἠθικαὶ σχολαί α', *Leçons sur l'éthique*, 1 livre.

Aucun témoignage en dehors de D. L. ne mentionne ce titre.

(134) Ἠθικοὶ χαρακτῆρες α', *Caractères éthiques*, 1 livre.

Le même ouvrage figure plus loin dans le catalogue de D. L. (n° 174), sous la forme inversée Χαρακτῆρες ἠθικοί. L'ouvrage est conservé par la tradition manuscrite sous le titre Χαρακτῆρες. Comme l'ouvrage intéresse aussi la rhétorique, *cf.* les commentaires sur les fragments rhétoriques dans Fortenbaugh **35**, p. 87-92. Voir *infra*, "œuvres conservées".

(88) Περὶ παθῶν α΄, *Sur les passions* (ou *les émotions*), 1 livre.

Le titre est mentionné par Simplicius (*cf.* 438 F ἐν τῷ Περὶ παθῶν). Sur les passions, *cf.* Fortenbaugh **34**, p. 245-297 et *Id.* **272**.

(39) Περὶ ἑκουσίου α΄, *Sur le volontaire*, 1 livre.

Un titre identique, en un livre, est attribué à Aristote (*DPhA*, t. I, p. 426 n° 68 [D. L.]) et la question se pose du rapport entre les deux ouvrages.

(17) Ἀρετῶν διαφοραί α΄, *Différences des vertus* (ou *Variétés de vertus*), 1 livre.

Sur les vertus et les vices, *cf.* Fortenbaugh **34**, p. 297-351. Ce titre et le suivant peuvent renvoyer au même ouvrage,

(113) Περὶ ἀρετῆς α΄, *Sur la vertu*, 1 livre.

Cf. le titre précédent.

(216) Περὶ παιδείας ἢ περὶ ἀρετῶν ἢ περὶ σωφροσύνης α΄, *Sur l'éducation* ou *Sur les vertus* ou *Sur la modération*, 1 livre.

La tradition arabe connaît un opuscule *Sur l'éducation*, en un livre (fr. 3a et 3b F). Dans un papyrus de Saint-Pétersbourg (IIIᵉ s. ap. J.-C.) on trouve le titre Περὶ σωφροσύνης attribué à Théophraste (*cf.* fr. 436.9 c F).

(214) Περὶ παίδων ἀγωγῆς α΄, *Sur l'éducation des enfants*, 1 livre.

Ce titre et le suivant ne sont attestés que par le catalogue de D. L.

(215) Ἄλλο διάφορον α΄, *Un autre ouvrage* [avec le même titre], différent, 1 livre.

(32) Περὶ εὐδαιμονίας α΄, *Sur le bonheur*, 1 livre.

Cf. fr. 475-485 F et Fortenbaugh **34**, p. 377-408. Le titre figure deux fois chez Athénée (fr. 552 b et 489 F ἐν τῷ Π. εὐ.) ainsi que dans le lexique appelé l'*Antiatticiste* (494 a [IIᵉ s. ap. J.-C.]). Cicéron le mentionne sous la forme *(liber) De beata vita* (fr. 498 ; 496 ; *cf.* 493 F).

(194) Περὶ τῆς θείας εὐδαιμονίας πρὸς τοὺς ἐξ Ἀκαδημείας α΄, *Sur le bonheur divin contre les Académiciens*, 1 livre.

Hicks, Long et Marcovich éditent deux titres : Περὶ τῆς θείας εὐδαιμονίας α΄ et Πρὸς τοὺς ἐξ Ἀκαδημ(ε)ίας α΄ (*Contre les Académiciens*). *Cf.* Fortenbaugh **34**, p. 162.

(130) Περὶ εὐτυχίας α΄, *Sur la bonne fortune*, 1 livre.

Le titre n'est attesté que par D. L.

(56) Καλλισθένης ἢ Περὶ πένθους α΄, *Callisthène* ou *Sur le deuil*, 1 livre.

Cf. fr. 502-506 et 493 F. *Cf.* **275** S. A. White, «Theophrastus and Callisthenes», dans **276** D. C. Mirhady (édit.), *Influences on peripatetic rhetoric. Essays in honor of W. W. Fortenbaugh*, coll. «Philosophia antiqua» 105, Leiden 2007, p. 211-230 (l'auteur utilise aussi Vitruve, *De architectura* VI *praef.* 2 = fr. 491 F) ; **277** W. W. Fortenbaugh, «Biography and the aristotelian Peripatos», dans **278** M. Erler et S. Schorn (édit.), *Die griechische Biographie in hellenistischer Zeit, Akten des internationalen Kongresses vom 26.-29. Juli in Würzburg*, coll. «Beiträge zur Altertumskunde» 245, Berlin/New York 2007, p. 45-78, en particulier p. 55-58. Alexandre [?], en *De an. mant.* chap. XXV (Περὶ εἱμαρμένης, *Sur le destin*), 186, 28-31 Bruns (= fr. 504 F), note que Théophraste, dans son *Callisthène* (ἐν τῷ Καλλισθένει), et un certain Polyzèlos (➙P 250), dans son Περὶ εἱμαρμένης, avaient identifié comme lui τὸ καθ᾽ εἱμαρμένην ("ce qui est conforme au destin") et τὸ κατὰ φύσιν ("ce qui est conforme à la nature [individuelle]") ; *cf.* **279** W. W. Fortenbaugh, «Theophrastus on fate and character», dans Fortenbaugh **23**, p. 146-149 (l'article date de 1979); Fortenbaugh **262**, p. 55-56. Cicéron mentionne lui aussi le titre sous sa forme abrégée (fr. 493 F *Callisthenes*). L'ouvrage pouvait relever du genre de la consolation. La question de la τύχη (fortune) dans les affaires humaines semble y avoir joué un rôle important (*cf.* White **275**, p. 219-229; voir aussi le fr. 498 F). On a pensé qu'il s'agissait d'un dialogue (Fortenbaugh **34**, p. 174 et n. 145, et White **275**, p. 216; pour Théophraste comme auteur de dialogues, *cf.* fr. 43 et 44 F). Sur la question des doubles titres, *cf.* Fortenbaugh **34**, p. 126. Sur Callisthène, assassiné par Alexandre en 327, *cf.* **280** W. Spoerri, notice « Callisthène d'Olynthe », C 36, *DPhA*, t. II, 1994, p. 183-221, en particulier p. 215-217 sur l'ouvrage de Théophraste.

(20) Περὶ βίων γ', *Sur les genres de vies*, 3 livres.

Il ne s'agit sans doute pas d'une collection de biographies, mais d'une approche théorique sur les genres de vies: vie politique, philosophique ou de plaisir.

(–) <Περὶ γάμου>, *Sur le mariage*.

Jérôme mentionne un *De nuptiis*, *Sur le mariage* (fr. 486 F), qu'il qualifie d'*aureolus liber* ("petit livre d'or"); l'ouvrage est cité, sous une forme ou une autre, par plusieurs auteurs médiévaux (*cf.* fr. 436 17 a-c F). Selon Jérôme, Théophraste discutait dans son ouvrage la question de savoir si le sage devait se marier. La réponse, reposant sur une argumentation qui puise dans le réservoir des préjugés traditionnels sur le sexe féminin, était négative, dans la mesure où le mariage pouvait être un obstacle à la vie philosophique; on se demandera si le long passage que cite Jérôme traduit l'original ou, plus vraisemblablement, s'il paraphrase le texte de Théophraste. Pour une interprétation plus favorable du mariage et de la vie pratique chez Théophraste, *cf.* Fortenbaugh **271**, p. 214-216. On s'est demandé à juste titre si cet ouvrage, qui ne figure pas dans le catalogue de D. L., ne faisait pas partie d'un autre traité plus vaste dont il aurait été extrait. On a envisagé entre autres l'*Éthique* ou *Sur le bonheur*, ou, plus probablement, le traité *Sur les genres de vies*. Notons que D. L. mentionne un Περὶ γάμου en un livre parmi les ouvrages de Démétrios de Phalère (➡D 54, n° 29).

(21) Περὶ γήρως α', *Sur la vieillesse*, 1 livre.

Le titre n'est pas mentionné en dehors du catalogue de D. L. L'ouvrage pouvait aussi relever de la physiologie (*cf. supra* sous la rubrique "Physiologie"). Aristote avait dressé un portrait au vitriol du caractère (ἦθος) du vieillard, dans une perspective plus rhétorique que morale, en *Rhet.* I 13. Un Περὶ γήρως en un livre figure aussi parmi les ouvrages de Démétrius de Phalère (➡D 54 n° 42) et, sans doute, d'Ariston de Céos (➡A 396, p. 399-400); dans son *Cato Maior de senectute* 3, Cicéron se réfère en effet à un ouvrage d'Ariston (de Céos?) sur la vieillesse, peut-être un dialogue dont le personnage principal devait être Tithonos (Τιθωνός, qui reçut d'Aurore l'immortalité, mais non l'éternelle jeunesse); *cf.* Fortenbaugh et White **52**, fr. 7 n° 3 et 18, p. 63-65 (Cic., *Cat. Mai.* I 3); **281** W. Görler, « Cicero und die "Schule des Aristoteles" », dans Fortenbaugh et Steinmetz **12**, p. 250-251; **282** J. G. F. Powell (édit.), *Cicero, Cato Maior, De senectute*, edited with introduction and commentary by J. G. F. P., Cambridge 1988, p. 24-30: « Old age in the philosophic tradition ». On a parfois supposé que l'opuscule de Théophraste aurait aussi figuré parmi les sources du *Cato Maior* (Fortenbaugh **34**, p. 182; l'auteur envisage la possibilité qu'il s'agissait d'un dialogue).

(155) Περὶ πλούτου α', *Sur la richesse*, 1 livre.

L'opuscule est cité avec le Περὶ ἠθῶν dans le commentaire anonyme sur l'*EN* déjà mentionné (fr. 516 F). Dans son *De officiis*, Cicéron s'y réfère sous le titre *De divitiis* (fr. 514 F). Un Περὶ πλούτου figure parmi les œuvres d'Aristote (*DPhA*, t. I, p. 425 n° 11 [D. L.]). Il s'agissait peut-être, comme pour Aristote, d'un dialogue.

(62) Μεγαρικός α', *[Discours] mégarique*, 1 livre.

D. L. VI 22 mentionne encore cet ouvrage à propos d'une anecdote sur Diogène le Cynique [➡D 147] (ἐν τῷ Μεγαρικῷ = fr. 511 F). Fortenbaugh **34**, p. 186-187, défend par hypothèse l'identité de cet opuscule (un dialogue selon lui) avec le précédent *(Sur la richesse)*, arguant de la réputation des Mégariens dans leur rapport à l'argent. Huby **30**, p. 12, avait envisagé un ouvrage traitant entre autres de questions de logique en rapport avec l'école dialectique dite "de Mégare".

(99) [46] Περὶ φιλοτιμίας β′, *Sur l'ambition*, 2 livres.

Cicéron demande à son ami Atticus de lui apporter cet ouvrage de Théophraste *(Ad Att.* II 3, 4 ; le titre est le résultat d'une correction).

(93) Περὶ τιμωρίας β′, *Sur le châtiment*, 2 livres.

Tirant argument du fr. 584 a, l. 195-198 (Porphyre, *De abstinentia* II 22), Fortenbaugh **34**, p. 193, estime que Théophraste défendait entre autres la peine de mort.

(121) Περὶ τῶν ἀδικημάτων α′, *Sur les délits*, 1 livre.

L'ouvrage est discuté dans la section "rhétorique" (fr. 666 n° 10). Mais, comme le relève Fortenbaugh **34**, p. 194, il pouvait traiter de questions d'éthique ou de politique.

(98) Περὶ φιλίας γ′, *Sur l'amitié*, 3 livres.

Cf. fr. 532-546 F. Aulu-Gelle (fr. 534 ["dans le livre I"] ; *cf.* 543 F) et Jérôme (fr. 532 F [*tria De amicitia volumina*]) citent cet ouvrage sous le titre *De amicitia*. En plus des longues discussions dans ses *Éthiques*, Aristote a consacré un ouvrage en un livre – peut-être un dialogue – à l'amitié (Περὶ φιλίας ; *cf. DPhA*, t. I, p. 425 n° 24 [D. L.]) et écrit deux livres de *Thèses sur l'amitié* (Θέσεις φιλικαί ; *cf. Ibid.*, p. 426 n° 72 [D. L.]). Sur le rapport entre le *De amicitia* de Cicéron et l'opuscule de Théophraste, que Cicéron ne mentionne pas, *cf.* Fortenbaugh **34**, p. 197-200. Sur le fr. 534 F (Aulu-Gelle, *Noct. Att.* I 3), *cf.* **283** W. W. Fortenbaugh, « Theophrastus, fr. 534 FHS&G on assisting a friend contrary to the law », dans Fortenbaugh **23**, p. 150-161 (article de 1990).

(173) Περὶ χάριτος α′, *Sur la reconnaissance*, 1 livre.

La question s'est souvent posée de savoir s'il s'agissait d'un ouvrage d'éthique ou de rhétorique, la notion de χάρις pouvant être traitée dans les deux domaines. *Cf.* Fortenbaugh **34**, p. 200-204 et *Id.* **35**, p. 49 et 126-130.

(139) Περὶ κολακείας α′, *Sur la flatterie*, 1 livre.

Le titre est mentionné par Athénée (fr. 547 F ; *cf.* 548 F). *Cf.* le deuxième portrait des *Caractères* de Théophraste, intitulé Κολακείας (voir **284** S. Schorn, *Satyros aus Kallatis. Sammlung der Fragmente mit Kommentar,* Basel 2004, p. 418 et n. 1202).

(49) Περὶ ἡδονῆς ὡς Ἀριστοτέλης α′, *Sur le plaisir*, comme celui d'Aristote, 1 livre.

Sur le plaisir, *cf.* fr. 549-556 F. L'auteur du catalogue a pu penser à l'un des deux Περὶ ἡδονῆς α′ figurant dans la liste des œuvres d'Aristote chez D. L. (*cf. DPhA*, t. I, p. 425 n° 16, plutôt n° 66 [*cf.* Fortenbaugh **34**, p. 208, n. 234]). Il pourrait s'agir chez les deux philosophes d'un dialogue. Mais Fortenbaugh **34**, p. 208-210, envisage la possibilité qu'il s'agisse d'un ouvrage ésotérique, parallèle au traitement du plaisir dans les *Éthiques* aristotéliciennes. *Cf.* le titre suivant.

(50) Περὶ ἡδονῆς ἄλλο α′, *Sur le plaisir* (autre ouvrage), 1 livre.

Athénée cite à quatre reprises un traité de Théophraste intitulé Περὶ ἡδονῆς (fr. 549 ; 551 ; 550 ; 553 F) ; dans les deux derniers fragments, il hésite à attribuer l'ouvrage à Théophraste ou à Chamailéon du Pont (fr. 550 et 553 F ; pour Chamailéon, *cf.* ➤C 93 et Martano, Matelli et Mirhady **51**, fr. 8-9, p. 199-201). Sur le dialogue intitulé Περὶ ἡδονῆς de Héraclide du Pont (➤H 60) et Théophraste, *cf.* Fortenbaugh **34**, p. 211-212 ; sur le contenu de ce dialogue, *cf.* **285** E. Schütrumpf, « Heraclides, *On Pleasure* », dans **286** W. W. Fortenbaugh et E. Pender (édit.), *Heraclides of Pontus. Discussion*, coll. *RUSCH* 15, New Brunswick, NJ/London 2009, p. 69-91.

(108) Περὶ ψεύδους ἡδονῆς α', *Sur le faux plaisir*, 1 livre.

L'ouvrage n'est pas mentionné en dehors du catalogue de D. L. Sur le rapport avec le *Philèbe* de Platon, *cf.* Fortenbaugh **34**, p. 210-212.

(30) Ἐρωτικός α', *[Discours] sur l'amour*, 1 livre.

L'ouvrage est mentionné par Athénée à propos d'anecdotes (fr. 559; 561; 567a F). Sur les ouvrages nombreux concernant l'amour au sein du Péripatos – à la suite d'Aristote (*cf. DPhA*, t. I, p. 425 n° 9 [Ἐρωτικός α'] D. L.; *cf.* n° 71 [Θέσεις ἐρωτικαὶ δ']) –, *cf.* Fortenbaugh **34**, p. 213-215.

(31) Ἄλλο Περὶ ἔρωτος α', Autre ouvrage *Sur l'amour*, 1 livre.

Le titre figure dans Strabon (fr. 560 F ἐν τῷ Περὶ ἔρωτος λόγῳ). Théophraste traitait aussi de l'amour dans un recueil de *Problèmes* divers: Προβλήματα πολιτικά, φυσικά, ἐρωτικά, ἠθικά α', *Problèmes politiques, physiques, érotiques, éthiques*, 1 livre (n° 157 D. L.; fr. 727 n° 4 [sous la rubrique *Miscellanea*]); *cf.* Fortenbaugh **34**, p. 218-222.

(68) Περὶ μέθης α', *Sur l'ivresse*, 1 livre.

Cf. fr. 569-579. Athénée cite l'ouvrage sept fois (fr. 569-570; 572-576). Il s'agit peut-être d'un dialogue où Théophraste jouait un rôle (*cf.* fr. 576). Athénée cite à plusieurs reprise un Περὶ μέθης d'Aristote, qui ne figure pas dans les catalogues de ses œuvres; on a pensé que cet ouvrage était identique au *Banquet* (*cf. DPhA*, t. I, p. 425 n° 10 Συμπόσιον α'). Pour les autres ouvrages homonymes chez les péripatéticiens anciens, *cf.* Fortenbaugh **34**, p. 223-226.

(152) Ὁμιλητικός α', *[Discours] sur les relations sociales*, 1 livre.

Narcy **40**, p. 608, considère que le masculin désigne une personne: *L'homme de bonne compagnie*. Le titre n'est pas mentionné en dehors de D. L. Fortenbaugh **34**, p. 227, suppose que l'ouvrage (un dialogue?) discutait principalement «des traits de caractère qui se manifestent dans les rapports quotidiens (ὁμιλία)».

(195) Προτρεπτικός α', *Protreptique*, 1 livre.

Le même titre figure vers la fin du catalogue (n° 217 D. L.). L'ouvrage n'est jamais mentionné en dehors de D. L. On a conservé quelques maigres "fragments" attribués explicitement au *Protreptique* d'Aristote, auxquels les éditions modernes ajoutent de longs passages tirés du *Protreptique* de Jamblique (**➤**I 3). Les protreptiques forment un genre dans la mesure où chacun exhorte à la pratique d'une vertu, d'un art ou d'une science particuliers. Celui d'Aristote est une exhortation à la pratique de la philosophie, et c'est peut-être aussi le cas de celui de Théophraste. Dans la tradition aristotélicienne ancienne, un *Protreptique* est attesté pour Démétrios de Phalère [**➤**D 54] (D. L. V 81), pour Chamaileon [**➤**C 93] (Athénée IV, 84, 184d; *cf.* fr. 3-6 Wehrli) et peut-être pour Ariston de Céos (**➤**A 396, Προτρεπτικῶν β'; si on admet qu'il y a eu confusion avec le stoïcien Ariston de Chios [**➤**A 397]). *Cf.* **287** H. Görgemanns, art. «Protreptik», *NP* X, 2001, col. 468-471, et les commentaires au chapitre intitulé «Education, exhortation and censure» dans Fortenbaugh **34**, p. 351-377 (sur les fr. 465-474; 661-662; 720-721).

Œuvre conservée

Χαρακτῆρες, *Caractères* (*cf.* Ἠθικοὶ χαρακτῆρες α', *Caractères éthiques*, 1 livre, n° 134 D. L. (fr. 436 n° 4 F ["Éthique"] et 666 n° 7 F ["rhétorique"]), ou, avec l'inversion des deux termes, n° 174 D. L.). Sur le titre, *cf.* ci-dessous Steinmetz **290**, t. II, p. 7-8.

288 O. Navarre, *Théophraste, Caractères*. Texte établi et traduit par O. N., CUF, Paris 1931[2] (1921); l'ouvrage est un peu vieilli; **289** R. G. Ussher (édit.), *The Characters of Theophrastus*, London, 1960; **290** P. Steinmetz (édit.), *Theophrast, Charaktere*, herausgegeben und erklärt von P. S., coll. «Das Wort der Antike» 7, t. I (Texgeschichte und Text) et II (Kommentar und

Übersetzung), München 1960-1962; **291** J. Rusten (édit.), «Theophrastus, Characters», dans **292** J. Rusten et I. C. Cunningham (édit.), *Theophrastus, Characters; Herodas, Mimes; Sophron and other mime fragments*, edited and translated by J. R. and I. C. C., *LCL*, Cambridge, Mass./ London 2002² (1993); **293** J. Diggle, *Theophrastus, Characters*, edited with introduction, translation and commentary by J. D., coll. «Cambridge classical texts and commentaries» 43, Cambridge 2004.

Cf. 294 O. Navarre, *"Caractères" de Théophraste. Commentaire exégétique et critique*, précédé d'une introduction sur l'origine du livre, l'histoire du texte et le classement des manuscrits, Paris 1924 (avec un index grammatical fort utile, p. 229-239); **295** D. J. Furley, «The purpose of Theophrastus' *Characters*», *SO* 30, 1953, p. 56-60; **296** P. Steinmetz, «Menander und Theophrast. Folgerungen aus dem *Dyskolos*», *RhM* 103, 1960, p. 185-191; **297** W. W. Fortenbaugh, «The *Characters* of Theophrastus: behavioral regularities and aristotelian vices», dans Fortenbaugh **23**, p. 131-145 (la version originale, en allemand, est parue dans *RhM* 118, 1975, p. 62-82); **298** R. G. Ussher, «Old comedy and "Character": some aspects», *G&R* 23, 1976, p. 71-79; **299** W. W. Fortenbaugh, «Theophrast über den komischen Charakter», *RhM* 124, 1981, p. 245-260 (= **300** *Id.*, «Theophrastus on comic character», dans Fortenbaugh **23**, 295-306; je citerai cette édition); **301** M. Stein, *Definition und Schilderung in Theophrasts Charakteren*, coll. «Beiträge zur Altertumskunde» 28, Stuttgart 1992 (*cf.* le compte rendu de **302** W. W. Fortenbaugh dans *Gnomon* 68, 1996, p. 453-456); **303** W. W. Fortenbaugh, «Theophrastus, the *Characters* and rhetoric», dans Fortenbaugh et Mirhady **15**, p. 15-35, repris dans Fortenbaugh **23**, p. 224-243; **304** P. Millett, *Theophrastus and his world*, dans *Cambridge Classical Journal*, Proceedings of the Cambridge Philological Society, Suppl. vol. 33, Cambridge 2007 (l'auteur étudie en historien les *Caractères* de Théophraste en les replaçant dans le cadre de la vie athénienne contemporaine); **305** G. Ranocchia, «Natura e fine dei *Caratteri* di Teofrasto. Storia di un enigma». *Philologus* 155, 2011, p. 69-91.

On trouvera la bibliographie plus ancienne dans Wehrli † **25**, p. 649.

Les *Caractères* de Théophraste sont certainement l'ouvrage le plus célèbre de l'Érésien et le plus traduit (on rappellera la "belle infidèle" de La Bruyère, publiée en 1688; sur la réception moderne des *Caractères*, *cf.* Diggle **293**, p. 26-27 avec la bibliographie). Pourtant, il conserve une part de mystère. Les savants qui se sont penchés sur le traité ont peine à s'accorder sur la nature exacte de l'ouvrage et les intentions de son auteur (pour une revue des opinions, *cf.* Navarre **294**, p. VII-XII; Diggle **293**, p. 12-16; Fortenbaugh **266**, p. 93-96; Fortenbaugh **34**, p. 140-141). Dans la grande collection des *Sources* de Théophraste, les auteurs (Fortenbaugh *et alii* **29**) ont classé l'ouvrage dans la catégorie "Éthique" (fr. 436 n° 4), en le mentionnant aussi sous la rubrique "Rhétorique et poétique" (fr. 666, sous le n° 7). De fait, on relève certaines analogies avec le traitement scientifique des types moraux décrits dans l'*Éthique à Nicomaque*, l'*Éthique à Eudème* et la *Rhétorique* (*Cf.* Diggle **293**, p. 6-8; pour une justification d'un usage rhétorique des *Caractères*, *cf.* Fortenbaugh **34**, p. 141, et Fortenbaugh **35**, p. 90-92; *cf.* Diggle **293**, p. 13 et n. 41). Par ailleurs le texte transmis par les manuscrits est souvent fautif, au point qu'on a pu dire, avec quelque exagération, qu'aucun texte antique ne nous était parvenu dans un état aussi lamentable (affirmation de Cobet, reprise dans Navarre **294**, p. 28; Diggle **293**, p. 20). On y trouve les courts portraits de trente types humains plus ou moins vicieux – insérés dans le cadre urbain de la vie sociale athénienne –, précédés d'un prologue manifestement apocryphe et tardif; les conclusions moralisantes des portraits I-III, VI, VIII, X, XXVI, XXVII, XXIX sont elles aussi tardives (*cf.* Navarre **294**, p. XXIII-XXV; Diggle **293**, p. 17; Steinmetz **290**, t. II, p. 31-32, qui propose, pour ces interpolations comme pour le prologue, le Vᵉ siècle environ après J.-C.). De plus on reconnaît que la partie narrative du texte a reçu des additions postérieures et comporte des lacunes (Diggle **293**, p. 17-19); en particulier, les caractères V et XIX sont formés chacun de deux parties dont la seconde est empruntée à un caractère distinct (*cf.* Diggle **293**, p. 222-223 et 386). Les titres figurant dans les principaux manuscrits désignent, au génitif, le vice qu'exemplifie le vicieux dont Théophraste va dresser le portrait (par exemple, Δεισιδαιμονίας ις', *La superstition* 16ᵉ <caractère>); dans son édition, Diggle **293** remplace le nom abstrait par celui du personnage illustrant le vice (Δεισιδαίμων, *Le superstitieux*), ce qui doit s'expliquer par la suppression de la définition du vice, avec laquelle commence chaque caractère dans les manuscrits. La structure des trente portraits types est toujours la même : une brève définition du caractère, suivie de la description des attitudes et comportements singuliers de l'homme qui illustre ce caractère abstrait, agrémentée souvent de brèves amorces de dialogue avec un intervenant fictif, à la manière des *Entretiens* d'Épictète. Il y a chance pour que les définitions, qui ne sont pas toujours adéquates, soient postérieures à la rédaction de l'ouvrage, mais antérieures à Philodème qui les connaît (*cf.* Stein **301** ; Diggle **293**, p. 17 et 182 ; Fortenbaugh **34**, p. 139 et n. 51, soulignant toutefois que ces définitions s'accordent avec les descriptions en ce qu'elles ne mentionnent en général pas le motif ou la croyance rendant compte du comportement, à l'exception de *Char.* II et XVIII ; Steinmetz **290**, t. II, p. 8-16 admet leur authenticité ; Navarre **294**, p. XXV-XXVIII en admet l'origine théophrastienne). Contrairement aux vertus morales, les comportements vicieux sont décrits dans les *Caractères* comme des "régularités comportementales superficielles", sans connexion avec des choix propres fondés sur des motifs déterminés ; *cf.* Fortenbaugh **297** ; Fortenbaugh **35**, p. 88-89 ; Fortenbaugh **34**, p. 139.

Sur le rapport entre cet ouvrage et la comédie – en particulier celle de Ménandre –, *cf.* Steinmetz **296** ; Fortenbaugh **34**, p. 141-142 ; Fortenbaugh **35**, p. 89-90, avec un renvoi à Fortenbaugh **300** ; voir aussi Schorn **284**, p. 437 n. 1291, Diggle **293**, p. 8 n. 26, et **305bis** V. Cinaglia, *Aristotle and Menander on the ethics of understanding*, coll. « Philosophia antiqua » 138, Leiden/Boston 2014, p. 4-8.

Après Théophraste, plusieurs péripatéticiens ont écrit des ouvrages inspirés par la caractérologie théophrastienne, comme Lycon (➔L 83 ; fr. 26 Wehrli), Satyros de Callatis (➔S 23 ; l'ouvrage semble s'être intitulé Περὶ χαρακτήρων, fr. 27 Schorn **284**) et peut-être Ariston de Céos (*cf.* **306** F. Caujolle-Zaslawsky et R. Goulet, notice « Ariston de Céos », A 396, *DPhA*, t. I, 1989, p. 399 ; Wehrli † **25**, p. 617 ; Fortenbaugh **34**, p. 140 et n. 55 ; mais on a récemment remis en cause l'identité de cet Ariston et défendu l'appartenance des passages cités par Philodème au stoïcien plus ou moins dissident, Ariston de Chios [➔A 397] ; *cf. DPhA*, t. I, 1989, p. 399, à quoi il faut ajouter maintenant **307** G. Ranocchia, « L'autore del Περὶ τοῦ κουφίζειν ὑπερηφανίας : Un problema riaperto », dans Fortenbaugh et White **52**, p. 239-259, et **308** *Id.*, *Aristone, Sul modo di liberare dalla superbia nel decimo libro* De vitiis *di Filodemo*, Firenze 2007, p. 67-207). On trouvera encore plusieurs travaux consacrés à la question dans Fortenbaugh et White **52** ; les fragments du Περὶ τοῦ κουφίζειν ὑπερηφανίας d'Ariston (*Sur la façon de libérer de l'orgueil*) tirés du dixième livre intitulé Περὶ ὑπερηφανίας, *Sur l'orgueil*, du Περὶ κακιῶν, *Sur les vices*, de Philodème sont classés sous la rubrique "Amphisbetoumena" (*fragments disputés*) : fr. 21 a-o ; notons que dans le résumé ou la paraphrase que donne Philodème (➔P 142) des thèses d'Ariston il n'y a sans doute pas lieu de distinguer des emprunts à deux ouvrages distincts d'Ariston (*cf.* Ranocchia **308**, p. 21-22).

Sur les passages des *Caractères* cités ou utilisés par Philodème, *cf.* fr. 450 n° 1-4 F et le commentaire de Fortenbaugh **34**, p. 319-322 ; *cf.* aussi Gigante **86**, p. 93-95. Le caractère 5 (Ἀρέσκεια, *Désir de plaire*) est cité en entier – mais la définition tombe dans une lacune –, avec quelques variantes intéressantes, dans le Περὶ κακιῶν, *Sur les vices*, livre VII (sous-titré Περὶ κολακείας, *Sur la flatterie*) ou livre VIII (<Περὶ ἀρεσκείας>?) de Philodème (*cf.* **309** T. Dorandi et M. Stein, « Das älteste Textzeuge für den ΑΡΕΣΚΟΣ des Theophrast », *ZPE* 100, 1994, p. 1-16 ; Diggle **293**, p. 50 avec la bibliographie ; *cf. DPhA*, t. Va, 2012, p. 348-349, où le livre *Sur la flatterie* est le livre I). Deux autres papyrus ont conservé quelques fragments des *Caractères* (*CPF* I 1*** n° 103, 1 [papyrus de la fin du IIᵉ s. av. J.-C. contenant sur deux colonnes *Char.* 7, 6 - 8, 3] ; 103, 2 [papyrus de la fin du IIᵉ s. ap. J.-C. contenant *Char.* 25, 6 - 26, 2 (épitomé) ; *cf. CPF* IV 2 fig. 81 et 134]).

La date de rédaction des *Caractères* est impossible à établir avec certitude : les portraits VIII et XXIII font allusion à des personnages et des événements historiques qui rendent vraisemblable une rédaction peu après 319ᵃ. Cependant on a pensé que Théophraste a continué de rédiger ses portraits pendant toute sa carrière ; mais, avec de bonnes raisons, Habicht **43**, p. 141, propose une fourchette allant de 324ᵃ, du vivant d'Aristote, à 315ᵃ... On ne sait pas si l'ouvrage a été publié du vivant de l'auteur; *cf.* l'examen des données et les hypothèses dans Diggle **293**, p. 27-37.

Notons que l'on mentionne parfois un trente et unième caractère: Φιλολογία, *Philologie*; il s'agit en réalité d'un pastiche composé par des savants allemands de Leipzig à la fin du XIXᵉ s. (*cf.* **310** M. Marcovich, «*Characters* 31 : the new papyrus», *ZAnt* 24, 1974, p. 132 [texte grec seul, daté du 1ᵉʳ avril !] ; on en trouvera le texte avec traduction et commentaire dans **311** W. W. Fortenbaugh, «The thirty-first character sketch», *CW* 71, 1978, p. 333-339, repris dans Fortenbaugh **23**, p. 319-326.).).

9. Religion (fr. 580-588 F ; commentaire *à paraître* dans le *Commentary volume 6.2* [S. Schorn]).

312 J. Bernays (édit.), *Theophrastos' Schrift Über Frömmigkeit, mit kritischen und erklärenden Bemerkungen zu Porphyrios' Schrift Über Enthaltsamkeit*, Berlin 1866; **313** W. Pötscher (édit.), *Theophrastos, ΠΕΡΙ ΕΥΣΕΒΕΙΑΣ*, griechischer Text, herausgegeben, übersetzt und eingeleitet von W. P., coll. «Philosophia antiqua» 11, Leiden 1964; **314** G. Ditadi (édit.), *Teofrasto, Della pietà*, a cura di G. D., Este (Padova) 2005 (introduction, traduction annotée, sans texte grec; *cf.* le compte rendu de W. W. Fortenbaugh, *JHS* 127, 2007, p. 247).

Cf. **315** W. Pötscher, *Strukturprobleme der aristotelischen und theophrastischen Gottesvorstellung*, coll. «Philosophia antiqua» 19, Leiden 1970.

Ouvrages concernant la religion (fr. 580 n° 1-4 F).

La distinction entre théologie et religion est quelque peu artificielle. Elle s'appuie sur la distinction entre deux types d'approches du religieux : une visée théorique ou métaphysique et une visée plus empirique. Cette dernière s'intéressera aux pratiques réelles dans une perspective plus historique. Je suis ici la classification proposée par Fortenbaugh *et alii* **29**, p. 400 (fr. 580 F).

Deux ouvrages généraux sur le divin et les dieux, classés sous la rubrique "Théologie" (fr. 251), devaient contenir aussi des éléments empruntés aux religions positives : Τῶν περὶ τὸ θεῖον ἱστορία ϛ′, *Histoire des [doctrines] relatives au divin*, 6 livres (n° 176 D. L.), et Περὶ θεῶν γ′, *Sur les dieux*, 3 livres (n° 177 D. L.). Dans les quatre ouvrages suivants, l'accent devait porter davantage sur l'histoire et les pratiques réelles ; ce qui n'exclut pas une visée normative (*cf.* le *De pietate* ci-dessous).

(128) Ἐγκώμια θεῶν α′, *Éloges des dieux*, 1 livre (*cf.* fr. 251 "Théologie", et la rubrique "Rhétorique et politique").

Sur cet ouvrage, *cf.* les remarques et les hypothèses de Fortenbaugh **35**, p. 106-108 (il s'agit peut-être d'une collection d'éloges adressés aux divinités). L'ouvrage est peut-être mentionné par Philodème (sans le nom de Théophraste) dans son livre sur la *Piété* (fr. 581 F ἐν τοῖς Ἐγκωμίοις τῶν θεῶν). *Cf.* Gigante **86**, p. 90-91.

(129) Περὶ ἑορτῶν α′, *Sur les fêtes*, 1 livre.

L'ouvrage n'est pas attesté en dehors de D. L.

(210) Περὶ εὐσεβείας α΄, *Sur la piété* (*De pietate*), 1 livre (*cf.* fr. 251 "Théologie").

Le titre figure dans une scholie aux *Oiseaux* d'Aristophane, mais attribué (faussement, sans doute) à Théopompe (fr. 584a dans l'apparat, p. 416). Pour les fragments traitant de la piété, *cf.* fr. 584-588 F; la majeure partie vient du deuxième livre du *De abstinentia* de Porphyre (fr. 584 F). Après Bernays **312**, les fragments ont été réunis et commentés dans Pötscher **313**: fr. 1-20* [pour le fr. 20* attribué parfois au Περὶ ζῴων φρονήσεως καὶ ἤθους (n° 187 D. L.), *cf.* p. 95-99], p. 146-185; à part le fr. 10 tiré de Stobée et le fr. 20* extrait du livre III du *De abst.*, tous les fragments proviennent du *De abstinentia* II de Porphyre. On lira aussi l'introduction de J. Bouffartigue au livre II du *De abstinentia*, dans **316** J. Bouffartigue et M. Patillon (édit.), *Porphyre, De l'abstinence*. Texte établi et traduit par J. B. et M. P., *CUF*, Paris 1979, p. 3-71, en particulier p. 17-29; l'auteur discute de la question délicate de la délimitation des passages théophrastiens de Porphyre et donne un tableau comparatif des solutions de Bernays **312** et de Pötscher **313**. Une des thèses de l'ouvrage était qu'il n'est pas conforme à la piété de sacrifier aux dieux des êtres animés: c'est là une faute (πλημμέλεια), une pratique illégitime (παρανομία). L'argumentation s'appuie sur l'histoire (une archéologie de l'humanité), sur l'ethnologie (pratiques des Égyptiens et des Juifs, par exemple), sur l'étymologie et sur l'interprétation de certains rites (les *Bouphonia* à Athènes). Elle s'appuie aussi sur la notion de parenté ou d'"appropriation" (οἰκειότης) entre les hommes, les animaux et les dieux, et de justice dans leurs rapports mutuels. *Cf.* **317** R. Sorabji, *Animal minds and human morals. The origins of the western debate*, London 1993, p. 175-178 (l'auteur précise que l'attaque contre les sacrifices animaux porte aussi contre le fait de manger de la viande); **318** W. W. Fortenbaugh, «Theophrastus: piety, justice and animals», dans Fortenbaugh **23**, p. 173-192. Sur Hécatée d'Abdère (➡H 12) comme source possible des faits juifs, *cf.* W. Spoerri, art. «Hekataios von Abdera», *RAC* XIV, 1988, col. 275-310, en particulier 281-282; voir aussi la notice «Hécatée d'Abdère», dans *DPhA* III, 2000, p. 510.

(211) Εὐιάς α΄, *La bacchante*, 1 livre.

Pour ce titre, D. L. est notre seul témoin. Usener **57**, p. 59, place une *crux* devant le titre et suggère de lire Θυιάδες *(Les bacchantes)*. Le titre des manuscrits Εὐιάδος α΄ (avec quelques variantes orthographiques), au génitif, est quelque peu étrange (litt. "le livre *De la bacchante*"); sur ce nom, *cf.* Chantraine, *DELG s. v.* εὐάζω. On pourrait rapprocher ce titre du Περὶ ἐνθουσιασμοῦ α΄ (n° 35 D. L., ci-dessous).

Les trois ouvrages suivants pouvaient contenir des considérations sur la pratique réelle de la religion:

(35) Περὶ ἐνθουσιασμοῦ α΄, *Sur l'inspiration [divine]*, 1 livre (ou Περὶ ἐνθουσιασμῶν, *Sur les [types d'] enthousiasmes*).

L'ouvrage est classé sous la rubrique "Physiologie" (fr. 328 n° 9 F); cf aussi *infra* sous la rubrique "Musique".

(194) Περὶ τῆς θείας εὐδαιμονίας πρὸς τοὺς ἐξ Ἀκαδημείας α΄, *Sur le bonheur divin contre les Académiciens*, 1 livre (fr. 436 n° 13 F "Éthique"; 251 F "Théologie").

(12*) Περὶ Τυρρηνῶν, *Sur les Étrusques*, 1 livre? (fr. 589 n° 23 F "Politique").

La question des sacrifices humains à Carthage dont parle le fr. 586 F peut être rapprochée d'un passage du *De pietate* (fr. 584a F, lignes 283-284 = Porph., *De abst.* II 27, 2); mais la référence à une même pratique dans deux textes n'est pas suffisante pour affirmer une identité de sujet.

10. Politique (fr. 589-665 F; commentaire *à paraître* dans le *Commentary volume 7* [D. Mirhady]; en attendant, on utilisera la thèse du même auteur, qui donne le texte des fragments sur la politique tel qu'il figure dans Fortenbaugh *et* *alii* **29**, avec des commentaires : **319** D. C. Mirhady (édit.), *The political thought of Theophrastus*. A critical edition of the named texts with translations and commentary by D. C. M., (Thesis [Ph. D.], State University of New Jersey), New Brunswick, N.J. 1992 ; bibliographie, p. 325-335).

320 W. Aly (édit.), *Fragmentum Vaticanum De eligendis magistratibus e codice bis rescripto Vat. Gr. 2306*, coll. « Studi e testi » 104, Città del Vaticano 1943 (avec traduction latine et quatre planches) ; **321** A. Szegedy-Maszak (édit.), *The* Nomoi *of Theophrastus*, (Thesis [Ph. D.], Princeton 1976), New York 1981 (bibliographie, p. 158-166).

Cf. **322** A. J. Podlecki, « Theophrastus on history and politics », dans Fortenbaugh, Huby et Long **10**, p. 231-249 ; **323** T. Saunders, « Theophrastus in the tradition of Greek casuistry », dans Ophuijsen et Raalte **16**, p. 81-95 (principalement sur le fr. 534 F).

Ouvrages concernant la politique (fr. 589 n° 1-23 F).

(76) Πολιτικά ϛ′, *Politiques*, 6 livres.

Le titre est mentionné dans le lexique d'Harpocration (fr. 627 F [avec renvoi au livre IV]) à propos de la responsabilité d'Aspasie dans le déclenchement de deux guerres ; ce genre d'anecdote rapproche ce texte du n° 77 D. L. (ci-dessous), également cité par Harpocration (fr. 633 F). Dans le catalogue des œuvres d'Aristote chez Diogène, on trouve mention d'un ouvrage intitulé Πολιτικῆς ἀκροάσεως ὡς ἡ Θεοφράστου α′ - η′, *Leçon(s) sur la politique, comme celle de Théophraste*, livres I-VIII (*cf. DPhA*, t. I, p. 427 n° 75) ; pour une autre interprétation de ce titre, *cf.* la remarque à la fin de cette rubrique et Narcy **40**, p. 580 n. 1.

(221) Πολιτικός (-όν ?) β′, *[Discours ou Dialogue] sur la politique*, 2 livres.

Le titre n'est attesté que par D. L. Il est préférable de considérer que le génitif singulier donné par les meilleurs manuscrits recouvre un masculin ; il s'agit alors d'un λόγος πολιτικός, discours ou dialogue ("political [dialogue]" dans Fortenbaugh *et alii* **29**, fr. 598 n° 2). On pourrait aussi comprendre *Le politique*, comme pour le dialogue platonicien (Πολιτικός). Dans son catalogue des œuvres d'Aristote, D. L. mentionne un ouvrage en deux livres intitulé Περὶ πολιτικοῦ (ou Πολιτικοῦ) α′ β′ (fr. 33-36 Gigon ; *cf. DPhA*, t. I, p. 424 n° 4 et les commentaires de **324** R. Laurenti dans *DPhA Suppl.*, p. 410-414).

(78) Πολιτικὰ ἔθη δ′, *Mœurs politiques*, 4 livres.

Le titre n'est attesté que par D. L. On peut penser que des questions du même type étaient aussi discutées, plus rapidement, dans les Προβλήματα πολιτικά, φυσικά, ἐρωτικά, ἠθικά α′, *Problèmes politiques, physiques, érotiques, éthiques*, 1 livre (n° 157 D. L.).

(77) Πολιτικὰ πρὸς τοὺς καιρούς δ′, *[Questions] politiques, par rapport aux situations de crise*, 4 livres.

L'ouvrage est mentionné dans le lexique d'Harpocration à propos d'Aspasie (fr. 633 F [dans le livre I]). Il est cité comme source sous une forme apparemment abrégée, Πρὸς τοὺς καιρούς, par Parthénios, à deux reprises (fr. 625 [avec renvoi au livre I] ; 626 [livre IV] F). Philodème mentionne dans sa *Rhétorique* (fr. 594 F) τὰ Πρὸς τοὺς καιρούς, avec d'autres collections réunies par Aristote avec son élève (Théophraste) : les *Lois*, les *Constitutions*, les *Revendications* territoriales des cités (*cf. DPhA*, t. I, p. 428-429, n° 140 D. L. [Νόμοι] ; 143 D. L. [Πολιτεῖαι πόλεων] ; n° 129 D. L. et 120 Hésych. [Δικαιώματα (πόλεων)]) ; *cf.* **325** I. Düring, *Aristoteles in the ancient biographical tradition*, Göteborg 1957, p. 301 (texte), p. 306-307 (l'auteur traduit étrangement τὰ Πρὸς τοὺς καιρούς par « the *laws* enacted at critical times »). Dans le catalogue (πίναξ) dit de Lamprias des œuvres de Plutarque [➡P 210] (n° 53), figure un Περὶ Θεοφράστου ‹πολιτικῶν› πρὸς τοὺς καιρούς (la correction est de K. Ziegler [on pourrait aussi envisager

Περὶ <τῶν> Θεοφράστου Πρὸς τοὺς καιρούς] ; elle est reprise dans l'édition du catalogue publiée par J. Irigoin dans **326** Plutarque, *Œuvres morales*, *CUF*, t. I, 1ʳᵉ partie, Paris 1987, p. CCCXII). Sur la notion de καιρός dans la théorie politique, *cf.* Mirhady **319**, p. 308-324. Voir aussi **327** D. C. Mirhady, «Plutarch's use of Theophrastus' Πρὸς τοὺς καιρούς», dans **328** I. Gallo et B. Scardigli (édit.), *Teoria e prassi politica nelle opere di Plutarco. Atti del V convegno plutarcheo (Certosa di Pontignano, 7-9 giugno 1993)*, Napoli 1995, p. 269-273. *Cf.* le titre suivant.

(212) Περὶ καιρῶν β', *Sur les situations de crise*, 2 livres.

Le titre est mentionné par la *Souda* en dehors de l'article sur Théophraste (fr. 609 F) ; le lexicographe donne de cet ouvrage une citation tirée du livre II : les tyrans et les souverains dépensent l'argent de leurs sujets en constructions monumentales pour ne pas leur laisser les moyens de se rebeller. Le titre se lit encore dans un papyrus d'Oxyrhynchus (fr. 611 F ; il faut plutôt prendre le texte dans *CPF* I 1***, p. 854 [E. Montanari]), à propos de l'arbitrage de Thémistocle dans un conflit politique entre Corcyre et Corinthe (*cf.* Plut., *Thémist.* 24. 1). Dans les deux passages, le contexte est historico-politique. La *Souda* attribue à Théophraste l'affirmation que Thésée fut le premier Athénien à être ostracisé (fr. 638 F) ; le lexicographe semble se référer à un ouvrage en précisant ἐν τοῖς πρώτοις καιροῖς, «dans le premier livre des *Situations de crises*» ; mais la formulation est étrange (on attendrait ἐν τῷ πρώτῳ τῶν καιρῶν). Pour d'autres anecdotes concernant l'ostracisme, *cf.* fr. 639-640 F ; dans le fr. 640 a F, l'anecdote est rapportée explicitement au Περὶ νόμων (sur l'ostracisme, *cf.* Arist., *Pol.* III 13, § 15-25). Le Περὶ καιρῶν ou Καιροί pourrait bien être le même ouvrage que le précédent (n° 77 D. L.). Pour l'orientation du traité, on peut citer l'affirmation suivante de Cicéron (fr. 590 F) : «Théophraste a développé davantage (*scil.* qu'Aristote) la question suivante : Quels sont dans l'État les changements du cours des choses et les moments critiques (*momenta temporum*) qu'il faut gérer comme l'exige la situation ?».

(79) Περὶ τῆς ἀρίστης πολιτείας α', *Sur la meilleure constitution*, 1 livre.

Comme pour les deux titres suivants dont la thématique est proche, cet ouvrage n'est mentionné que par D. L. Dans le fr. 590 F, Cicéron mentionne Théophraste avec Aristote comme les auteurs qui ont décrit «qu'elle était la condition la meilleure de l'État» (*qui esset optimus rei publicae status*, Cic., *De fin.* V 11). *Cf.* Arist., *Pol.* VII-VIII ; les deux derniers livres de la *Politique* forment un ensemble traitant de la constitution politique parfaite, annoncée dès l'ouverture par l'expression Περὶ δὲ πολιτείας ἀρίστης ... (*Pol.* VII 1323 a 14) ; *cf.* Mirhady **319**, p. 88.

(196) Πῶς ἄριστ' ἂν πόλεις οἰκοῖντο ὑπομνήματα α', *Mémoires [sur la question de savoir] comment les cités pourraient être le mieux administrées*, 1 livre.

Pour la forme de ce titre, *cf.* la question posée à Solon dans Stobée, *Anth.* IV 1, 89 : Σόλων ὁ νομοθέτης ἐρωτηθεὶς ὑπό τινος, πῶς ἄριστα αἱ πόλεις οἰκοῖντο, ἔφη· «Ἐὰν οἱ μὲν πολῖται τοῖς ἄρχουσι πείθωνται, οἱ δὲ ἄρχοντες τοῖς νόμοις.» «Comme on demandait au législateur Solon comment les cités étaient le mieux administrées, il répondit : "Si les citoyens obéissent aux gouvernants et les gouvernants aux lois"». C'est à cet ouvrage que Aly **320**, p. 49 voulait attribuer les deux fragments du palimpseste du Vatican (*Appendix* n° 6 et 7 F) ; mais l'appartenance de ces fragments au grand traité sur les *Lois* (n° 69 D. L.) est plus vraisemblable (*cf.* ci-dessous).

(40) Ἐπιτομὴ τῆς Πλάτωνος Πολιτείας β', *Abrégé de la* République *de Platon*, 2 livres.

Dans le catalogue des œuvres d'Aristote, D. L. mentionne Τὰ ἐκ τῆς Πολιτείας, *Les [doctrines] de la* République, en deux livres (*DPhA*, t. I, p. 425 n° 22 ; *cf.* fr. 595 F).

(182) Περὶ βασιλείας β', *Sur la royauté*, 2 livres.

Denys d'Halicarnasse (fr. 631 F ἐν τοῖς Π. β.) et Plutarque (fr. 612 F ἐν τοῖς Π. β.) citent l'ouvrage à propos de "tyrans". Un papyrus d'Oxyrhynchus mentionne le livre II (fr. 600 F ; il faut prendre le texte dans *CPF* I 1***, p. 860 [E. Montanari]) où Théophraste semble opposer, à propos du Lapithe Cénée (Καινεύς), les rois qui exercent leur pouvoir par la lance et ceux qui règnent par le sceptre ; mais l'interprétation du fragment est délicate ; *cf.* pour la bibliographie et le commentaire exégétique E. Montanari dans *CPF* I 1***, p. 860-867.

(18) Περὶ βασιλείας α', *Sur la royauté*, 1 livre.

Il s'agit peut-être d'un des deux livres de l'ouvrage précédent. *Cf.* fr. 602 F ἐν τῷ Π. β. (à propos de la *kitaris* qui n'est pas identique à la tiare royale perse, mais provient de Chypre). Notons que D. L. mentionne un ouvrage du même titre en un livre dans le catalogue des œuvres d'Aristote (*DPhA*, t. I, p. 425 n° 18 ; sur la royauté, *cf.* aussi Arist., *Pol.* III 14-17).

(140) Πρὸς Κάσανδρον περὶ βασιλείας α', *A Cassandre, sur la royauté*, 1 livre.

Athénée cite cet ouvrage (fr. 603 F) sous le nom de Théophraste, en précisant que nombreux sont ceux qui l'attribuent au Laconien Sosibios (IIIᵉ-IIᵉ s. ; il est entre autres l'auteur d'un Περὶ ἐθῶν, *Sur les mœurs*) ; l'extrait traite de la vie sensuelle (τρυφή) des rois perses.

(19) Περὶ παιδείας βασιλέως α', *Sur l'éducation du roi*, 1 livre.

L'ouvrage n'est pas mentionné en dehors du catalogue de D. L. A la rigueur, le titre pourrait aussi signifier *Sur l'éducation du Grand Roi*, c'est-à-dire du roi de Perse ; on pensera alors à la *Cyropédie* de Xénophon.

(95) Περὶ τυραννίδος α', *Sur la tyrannie*, 1 livre.

L'ouvrage n'est pas mentionné en dehors du catalogue de D. L. Sur les rois et les tyrans, *cf.* les fr. 600-609 F.

(148) Μεγακλῆς α', *Mégaclès*, 1 livre.

L'ouvrage n'est pas mentionné en dehors du catalogue de D. L. Il doit s'agir de l'Alcméonide qui entretint des relations conflictuelles avec le tyran Pisistrate.

(75) Νομοθέται γ', *Législateurs*, 3 livres.

L'ouvrage n'est pas mentionné en dehors du catalogue de D. L. *Cf.* fr. 598 b-c (à propos de Zaleucos (➡️Z 2), le législateur des Locriens Épizéphyriens de Grande Grèce) et 630 F. Hermippe est aussi l'auteur d'un Περὶ (τῶν) νομοθετῶν (➡️H 86, œuvres n° 9). *Cf.* Arist., *Pol.* II, chap. 12, 1273 b *sqq.* (sur la place et la nature de ce dernier chapitre du livre II, *cf.* la note de Aubonnet dans la *CUF*, *Aristote, Politique*, t. I, p. 171 n. 1 *ad* p. 92).

(69) Νόμοι κατὰ στοιχεῖον κδ', *Lois, par ordre alphabétique*, 24 livres.

En attendant la parution du commentaire sur les fragments concernant la politique, il faut recourir à Szegedy-Maszak **321** ; l'auteur édite les fragments relatifs à cet ouvrage, avec traduction et commentaire. De cet ouvrage monumental, de nombreux témoignages nous sont parvenus sous les titres de Νόμοι ou Περὶ νόμων (*cf.* fr. 589 n° 17 a-c F). Les livres cités sont les suivants (tous par des lexicographes) : I (fr. 636 a F), III (632), IV (635 ; 636 b), V (636 c), VII (637), X (653 ; 655), XI (656), XIII (641 ; 642), XV (643), XVI (644 ; 645), XVIII (650), XX (657 ; 658). Les témoignages portent sur des magistratures, des procédures judiciaires, des institutions particulières, décrites du point de vue de leur fonction et dans une perspective historique ; le plus souvent ils traitent de faits athéniens ; il faut dire que la majeure partie d'entre eux nous est parvenue par le *Lexique des dix orateurs attiques* d'Harpocration [IIᵉ s. ap. J.-C. ; *cf. DPhA*, t. III, p. 502]). Mais les lois étrangères à Athènes devaient y être aussi considérées (*cf.* 648 F [Josèphe], à propos d'une loi des Tyriens ; peut-être aussi le fr. 598 b-c F à propos des lois des Locriens) ; dans le fr. 590 F, Cicéron (*De fin.* V 11) cite le travail de Théophraste sur les lois *(leges)*, en complément de celui d'Aristote sur « les coutumes *(mores)*, les institutions et les systèmes politiques non seulement des Grecs mais aussi des barbares ». *Cf.* aussi l'*Appendix* n° 6 F (sans mention du nom de Théophraste), à propos de certaines procédures judiciaires à Sparte, et l'*Appendix* n° 7 F, sur le choix des magistrats ; ces deux fragments conservés dans un palimpseste du Vatican ont été généralement attribués à Théophraste ; sur ces deux textes, *cf*. Aly **320** ; les deux parties ont été reprises par **329** J. J. Keaney, « Theophrastus on Greek judicial procedure [fragment A] », *TAPhA* 104, 1974, p. 179-194 (l'auteur suggère que ces fragments appartiennent aux Νόμοι [p. 181]) ; **330** J. J. Keaney et A. Szegedy-Maszak, « Theophrastus' *De eligendis magistratibus* : Vat. gr. 2306, fragment B », *TAPA* 106, 1976, p. 227-240 ; Szegedy-Maszak **321**, p. 91-115. Notons que l'expression κατὰ στοιχεῖον dans le titre n'est pas claire. Il ne semble pas que l'ordre alphabétique en question soit celui des sujets traités (il ne s'agissait sans doute pas d'un lexique des institutions juridiques) ; *cf*. toutefois la remarque *infra* à propos du Περὶ συμβολαίων (n° 11*) ; on pourrait aussi penser que l'auteur du catalogue voulait désigner par là le fait que les rouleaux étaient marqués par les vingt-quatre lettres de l'alphabet (κδ'), mais cela n'est pas confirmé par les citations des lexicographes qui utilisent le système numérique (sur cette question, *cf*. Regenbogen **1**, col. 1519-1520 ; Szegedy-Maszak **321**, n. 186, p. 148-149, avec la bibliographie).

(70) Νόμων ἐπιτομή ι', *Abrégé des* Lois, 10 livres.

L'ouvrage n'est pas mentionné en dehors du catalogue de D. L. Il s'agit probablement d'un abrégé de l'ouvrage précédent. Le nombre de livres semble trop grand pour un abrégé des *Lois* de Platon (XII livres) ; dans le catalogue des œuvres d'Aristote, D. L. mentionne sans ambiguïté Τὰ ἐκ τῶν Νόμων Πλάτωνος, *Extraits tirés des* Lois *de Platon*, en 3 livres, *DPhA*, t. I, p. 425 n° 21.

(149) Περὶ νόμων α', *Sur les lois*, 1 livre.

Il se pourrait que cet ouvrage en un seul livre fasse partie du n° 69 D. L. ci-dessus.

(150) Περὶ παρανόμων α', *Sur les actes d'illégalité*, 1 livre.

L'ouvrage n'est pas mentionné en dehors du catalogue de D. L.

(11*) Περὶ συμβολαίων, *Sur les contrats* (ou *les transactions*), plusieurs livres ?

Stobée donne un assez long extrait de cet ouvrage qui ne figure pas dans le catalogue de D. L. (fr. 650 F ἐκ τῶν Θεοφράστου Π. σ.). L'extrait traite des conditions, diverses selon les cités (Athènes, Cyzique, Thourioi, Ainos), pour qu'une vente (de propriété foncière) soit conforme aux lois. On peut se demander s'il s'agit ici d'un traité indépendant ou plutôt d'une partie du gros traité sur les *Lois* (n° 69 D. L.) ; comme le fr. 649, mentionnant le livre XVIII des *Lois*, traite de lois sur la propriété, on a pu faire l'hypothèse que le Περὶ συμβολαίων (σ' = 18) formait le livre 18 des *Lois* ; mais cela présuppose que l'ordre alphabétique des *Lois* soit celui des sujets (*cf*. **331** H. Usener, « Theophrasts Bücher über die Gesetze » [1861], dans Usener **57**, p. 114-116).

(153) Περὶ ὅρκου α', *Sur le serment*, 1 livre.

L'ouvrage n'est pas mentionné en dehors du catalogue de D. L. L'opuscule pourrait aussi bien concerner la religion que la rhétorique (*cf*. Mirhady **319**, p. 95).

(12*) Περὶ Τυρρηνῶν, *Sur les Étrusques*, 1 livre ?

L'ouvrage, qui ne figure pas dans D. L., est mentionné dans une scholie à Pindare (fr. 586 F ἐν τῷ Π. Τ.) ; il s'agit des sacrifices humains pratiqués à Carthage, auxquels Gélon, tyran de Syracuse (485-478), aurait mis un terme (Szegedy-Maszak **321**, p. 89, a tort de laisser entendre qu'il s'agit des Étrusques). Le fr. 586 F est classé dans la section "Religion", dans la mesure où le passage a quelque rapport avec un extrait du Περὶ εὐσεβείας, *Sur la piété*.

Dans le domaine de la philosophie politique, on peut encore signaler une entreprise éditoriale (hypothétique) de l'Érésien. En effet, Jaeger, dans **332** W. Jaeger, *Studien zur Entstehungs-geschichte der Metaphysik des Aristoteles*, Berlin 1912, p. 157, a supposé que Théophraste avait donné une édition de la *Politique* d'Aristote, en se fondant sur le titre n° 75 de la liste des œuvres d'Aristote de D. L. (*DPhA*, t. I, p. 427) : Πολιτικῆς ἀκροάσεως ὡς ἡ Θεοφράστου η', *Leçon(s)* *sur la politique*, conformément (?) à l'[édition] de Théophraste, 8 livres (l'auteur sous-entend ἔκδοσις) ; *cf.* **333** J. Barnes, « Roman Aristotle », dans **334** J. Barnes et M. Griffin (édit.), *Philosophia togata*, t. II : *Plato and Aristotle at Rome*, Oxford 1997, p. 64 ("perhaps... there was a Theophrastan edition of *Pol.*").

11. Rhétorique et poétique (fr. 666-713 F ; commentaire dans Fortenbaugh **35**).

Cf. **335** F. Solmsen, « Demetrios *ΠΕΡΙ ΕΡΜΗΝΕΙΑΣ* und sein Peripatetisches Quellenmaterial », *Hermes* 66, 1931, p. 241-267 ; **336** A. Mayer (édit.), *Theophrasti ΠΕΡΙ ΛΕΞΕΩΣ libri fragmenta, collegit, disposuit prolegomenis instruxit A. M.*, coll. *BT*, Leipzig 1910 ; **337** G. M. A. Grube, « Theophrastus as literary critic », *TAPhA* 83, 1952, p. 176-179 ; **338** A. Dosi, « Sulle tracce della poetica di Teofrasto », *RIL* 94, 1960, p. 599-672 ; **339** W. W. Fortenbaugh, « Theophrastus on delivery », dans Fortenbaugh, Huby et Long **10**, p. 269-288, repris dans Fortenbaugh **23**, p. 253-271 ; **340** D. Innes, *Theophrastus and the theory of style*, dans Fortenbaugh, Huby et Long **10**, p. 251-267 ; **341** W. W. Fortenbaugh, « Cicero, *On invention* I 51-77 : Hypothetical syllogistic and the early Peripatetics », *Rhetorica* 16, 1998, p. 25-46, repris dans Fortenbaugh **23**, p. 51-67 ; **342** *Id.*, « Theophrastean titles and book numbers. Some reflections on titles relating to rhetoric and poetics », dans **343** W. Burkert *et alii* (édit.), *Fragmentsammlungen philosophischer Texte der Antike*, coll. « Aporemata » 3, Göttingen 1998, p. 182-200 (= Fortenbaugh **23**, p. 195-212) ; **344** *Id.*, « Teofrasto di Ereso : Argomentazione retorica e sillogistica ipotetica », *Aevum* 74, 2000, p. 89-103, repris en anglais sous le titre « Theophrastus of Eresus : Rhetorical argument and hypothetical syllogistic » dans Fortenbaugh **23**, p. 35-50 ; **345** G. Calboli, « The metaphor after Aristotle », dans Mirhady **269**, p. 123-150.

Ouvrages concernant la rhétorique et la poétique (fr. 666 n° 1-24 F).

Le commentaire de Fortenbaugh **35** est très complet. On s'y reportera pour les discussions sur les interprétations des modernes et sur la bibliographie qui s'y rapporte ; les sources anciennes sont présentées et discutées en détails (p. 5-48). Il est notable que tous les titres concernant la rhétorique, sauf un (n° 207 D. L.), figurent (au moins) dans la deuxième liste alphabétique de D. L.

(167) Περὶ τέχνης ῥητορικῆς α', *Sur l'art rhétorique*, 1 livre.

Le titre n'est pas attesté en dehors du catalogue de D. L.

(168) Περὶ τεχνῶν ῥητορικῶν εἴδη † ξα', *Sur les formes des arts rhétoriques*, † 61 livres.

Dans quelques manuscrits secondaires, on trouve la correction ιζ' (17) adoptée par la plupart des éditeurs récents (Hicks, Long, Marcovich) ; *cf.* Sollenberger **59**, p. 52-53. Sur les différentes interprétations de ce titre et les hypothèses des savants modernes, *cf.* Fortenbaugh **35**, p. 58-64 (et 83-85), avec la bibliographie. Il n'est pas attesté en dehors de D. L.

(–) Τέχναι, *Arts* (fr. 666 n° 2b F).

Le titre ne figure pas dans le catalogue de D. L. Il est donné par Jean de Sardes (vers 800 ap. J.-C. ?) dans son *Commentaire sur les* Progymnasmata *d'Aphthonios* (fr. 678 F), à propos d'une distinction établie par Théophraste entre un aspect qualitatif de l'éloge (ἐγκώμιον) et un aspect quantitatif (*scil.* la comparaison avec d'autres personnes) ; *cf.* fr. 677 ; 678 ; et 693 F (extraits du commentaire de Jean de Sardes). Théophraste a traité de l'éloge dans un opuscule, le Περὶ ἐπαί-νου (n° 123 D. L.).

(154) Παραγγέλματα ῥητορικῆς α', *Préceptes de rhétorique*, 1 livre.

Le titre n'est pas attesté en dehors de D. L.

(–) Περὶ εὑρήσεως, *Sur l'invention*.

Le byzantin Georges Choeroboscos (début IXe s.) attribue ce traité (σύγγραμμα) à Théo-phraste (fr. 666 n° 4 F ; on trouvera le passage dans Fortenbaugh **35**, p. 69). Il s'agit peut-être du même ouvrage que le Περὶ εὑρημάτων β', *Sur les inventions*, 2 livres (n° 132 D. L.), classé dans la rubrique *Miscellanea* (fr. 727 n° 11 F). Sur l'invention en rhétorique, *cf.* les fr. 672-680 F.

(161) Περὶ παραδείγματος α', *Sur l'exemple*, 1 livre.

Le titre n'est pas attesté en dehors de D. L. Sur l'exemple comme moyen de preuve (πίστις) en rhétorique, *cf.* Arist., *Rhet.* II 20.

(131) Περὶ ἐνθυμημάτων α', *Sur les enthymèmes*, 1 livre.

Le titre est aussi mentionné dans une préface (de Marcellinus ?) au Περὶ στάσεων d'Hermo-gène (fr. 673b ; *cf.* 673a F). Sur les enthymèmes comme moyens de preuve en rhétorique, *cf.* Arist., *Rhet.* II 22.

(116) Περὶ γνώμης α', *Sur la maxime*, 1 livre.

Le titre n'est pas attesté en dehors de D. L. Il s'agit sans doute d'un sujet concernant la rhéto-rique. Aristote traite de la maxime (γνώμη) en *Rhet.* II 21, entre l'exemple et l'enthymème. Pour la définition théophrastienne de la maxime, *cf.* fr. 676, 7 F : « une maxime est un énoncé général dans le domaine pratique ». *Cf.* **346** W. W. Fortenbaugh, « Theophrastus, fragment 70 d Wimmer : less, not more. N° 676 FHS&G : Theophrastus' definition of the maxim », dans Fortenbaugh **23**, p. 213-218 (article de 1986).

Les trois titres suivants contenaient certainement aussi des thèses destinées à la formation rhétorique des étudiants (Fortenbaugh **35**, p. 83-87).

Θέσεις κδ', *Thèses*, 24 livres (ou *Vingt-quatre thèses*) (n° 51 D. L. ; fr. 68 n° 34 F, parmi les œuvres de logique).

Θέσεις γ', *Thèses*, 3 livres (ou, moins probablement, *Trois thèses*) (n° 181 D. L. ; fr. 68 n° 35 F, parmi les œuvres de logique).

Περὶ ψυχῆς θέσις α', *Thèse sur l'âme*, 1 livre (ou *Une thèse sur l'âme*) (n° 109 D. L. ; fr. 68 n° 36 F, parmi les œuvres de logique).

L'ouvrage suivant, présenté *supra* parmi les textes relevant de l'éthique (Fortenbaugh **34**, p. 137-143), présente aussi un aspect intéressant la rhétorique (*cf.* Fortenbaugh **35**, p. 87-92, en particulier p. 90-92) :

Ἠθικοὶ χαρακτῆρες α', *Caractères éthiques*, 1 livre (n° 134 D. L. ; fr. 436 n° 4 F, parmi les ouvrages sur l'éthique).

Sur le rapport entre cet ouvrage et la comédie, *cf.* Fortenbaugh **35**, p. 89-90, avec un renvoi à Fortenbaugh **300**. *Cf. supra* sous la rubrique "Éthique".

(110) Περὶ τῶν ἀτέχνων πίστεων α', *Sur les preuves non techniques*, 1 livre.

Le titre n'est pas attesté en dehors de D. L.

(207) Περὶ δικανικῶν λόγων α', *Sur les discours judiciaires*, 1 livre.

Le titre n'est pas attesté en dehors de D. L. Les trois genres oratoires fondamentaux, judiciaire, délibératif et épidictique (Arist., *Rhet.* I 3), ont peut-être été traités par Théophraste dans trois monographies: *Sur les discours judiciaires*, *Sur le conseil* (n° 165 D. L.) et *Sur l'éloge* (n° 123 D. L.).

(121) Περὶ τῶν ἀδικημάτων α', *Sur les injustices* (ou *les délits*), 1 livre.

Le titre n'est pas attesté en dehors de D. L. Sur les délits traités d'un point de vue rhétorique, *cf.* Arist., *Rhet.* I 13-14. L'ouvrage devait aussi contenir des considérations relevant de l'éthique.

(165) Περὶ συμβουλῆς α', *Sur le conseil*, 1 livre.

Cf. supra n° 207. Le titre n'est pas attesté en dehors de D. L., mais le fr. 694 F (Quintilien) pourrait se rapporter à cet ouvrage.

(123) Περὶ ἐπαίνου α', *Sur l'éloge*, 1 livre.

Cf. supra n° 207. Le titre n'est pas attesté en dehors de D. L.

Fortenbaugh **35** ajoute le titre suivant ici « parce qu'une collection d'*encomia* de divinités peut fournir des modèles utiles aux étudiants, aussi bien en prose qu'en poésie » (p. 108):

Ἐγκώμια θεῶν α', *Éloges des dieux*, 1 livre (n° 128 D. L.; fr. 580 n° 1 F, dans la liste des ouvrages concernant la religion).

(122) Περὶ διαβολῆς α', *Sur la calomnie*, 1 livre.

Ce titre figure trois fois dans le catalogue de D. L., dans trois listes différentes (n° 122; 185; 208). Sur la calomnie en rhétorique, *cf.* Arist., *Rhet.* III 15. Notons que la notion de διαβολή est plus large que celle de calomnie ou diffamation, dans la mesure où elle embrasse aussi des accusations qui ne sont pas fausses (Fortenbaugh **35**, p. 109-110). L'ouvrage pouvait aussi contenir des considérations relevant de l'éthique ou de la politique.

(135) Περὶ θορύβου α', *Sur les vociférations*, 1 livre.

Le titre n'est pas attesté en dehors de D. L. Pour le sens du terme en contexte rhétorique, marquant les réactions des auditeurs, *cf.* Plat., *Ap. Socr.* 17 d 1 et 30 c 2-4.

(158) Προοίμια α', *Prologues*, 1 livre.

Le titre n'est pas attesté en dehors de D. L. Si on refuse la correction d'Usener **57**, p. 67 (<Περὶ> προοιμίων au lieu de Προοιμίων α'), Théophraste devait proposer une série d'exemples de prologues, écrits par lui ou plutôt empruntés, destinés principalement aux étudiants. Pour avoir une idée de l'ouvrage, on pourra consulter le recueil d'exordes intitulé Προοίμια ou Προοίμια δημηγορικά, transmis sous le nom de Démosthène.

(162) Περὶ προθέσεως καὶ διηγήματος α', *Sur la "proposition" et la narration*, 1 livre.

Le titre n'est pas attesté en dehors de D. L. Aristote discute de la "proposition", c'est-à-dire de la position préliminaire de la question à discuter, en *Rhet.* III 13 et de la narration en III 16. Sur le rapport entre les deux notions chez Aristote, *cf.* Fortenbaugh **35**, p. 117-119.

(143) Περὶ λέξεως α', *Sur le style*, 1 livre.

Sur les questions d'expression, *cf.* fr. 681-704 F; *cf.* aussi *Appendix* n° 9 et les remarques de Calboli **336**, p. 137-146 (sur la métaphore). L'ouvrage est cité deux fois par Denys d'Halicarnasse sur des questions de stylistique littéraire (fr. 688 [ἐν τοῖς Π. λ.] et 692 F; *cf.* 71g F). La question du style relève traditionnellement de la rhétorique et de la poétique (choix des mots, diction, composition, métaphore, rythme, périodes, etc. y sont discutés). Mais Fortenbaugh **35**, p. 122-

124, suggère que l'ouvrage pouvait aussi traiter de questions en rapport avec la logique, en particulier avec les syllogismes hypothétiques; cf. l'ouvrage intitulé Ὁριστικὰ περὶ λέξεως συλλογισμῶν α´, *Questions de définition sur la formulation des syllogismes*, 1 livre (n° 219 D. L.; cf. 68 n° 11 F); cf. encore **347** W. W. Fortenbaugh, « What was included in a peripatetic treatise Περὶ λέξεως? », dans **348** B. Amden *et alii, Noctes atticae. 34 articles on Greco-Roman antiquity and its Nachleben. Studies presented to J. Mejer on his sixtieth birthday, March 18, 2002*, Copenhagen 2002, p. 93-102. Le Περὶ λέξεως d'Eudème de Rhodes (➡E 93), en au moins 2 livres, traitait entre autres de l'interrogation dialectique, du statut du verbe "être" et de l'argument du troisième homme (fr. 25-29 Wehrli); cf. **349** W. W. Fortenbaugh, « Eudemus' work *On expression* », dans Bodnár et Fortenbaugh **108**, p. 59-83. On signalera finalement le témoignage d'un commentaire anonyme sur le *De interpretatione* (fr. 71 g F), qui identifie la matière traitée dans un ouvrage intitulé Περὶ λέξεως avec celle des Κατηγορίαι.

(6*) Τὰ περὶ (*var. lect.* παρὰ) τὴν λέξιν, *[Questions] concernant le langage* (ou *l'expression)* (Simpl., *in Cat.* 65, 5-6 Kalbfleisch).

Il s'agit d'un ὑπόμνημα mentionné comme étant d'Aristote et que certains anciens jugeaient apocryphe, mais que Simplicius considère comme une œuvre appartenant en tout cas à l'école péripatéticienne (*Ibid.*, 65, 6-7); cf. Huby **30**, p. 23-24. On apprend par Simplicius qu'Aristote – ou un autre péripatéticien – y traitait des inflexions des mots (πτώσεις; sur le sens du mot, cf. Huby **30**, p. 23 n. 33). Il se pourrait que ce titre soit en rapport avec le suivant (Huby **30**, p. 24). *Cf.* Fortenbaugh **35**, p. 123.

(7*) Περὶ τῶν τοῦ λόγου στοιχείων, *Sur les éléments du discours*, 1 livre?

L'ouvrage n'est mentionné que par Simplicius, *in Cat.* 10, 24 Kalbfleisch (= fr. 683 F). Selon certains, cet ouvrage pourrait être identique au Περὶ λέξεως (n° 143 D. L.). Il traitait des mots simples (αἱ ἁπλαῖ φωναί) en tant qu'expressions (καθὸ λέξεις) et non pas en tant que signifiants (καθὸ σημαντικαί). Fortenbaugh **35**, p. 125, y voit plutôt une recherche relevant de la logique. *Cf.* Huby **30**, p. 24.

Περὶ χάριτος α´, *Sur la reconnaissance*, 1 livre (n° 173 D. L.; fr. 436 n° 24 F).

Les sens divers de χάρις (amabilité, reconnaissance) permettent de classer ce titre parmi les ouvrages d'éthique, voire de politique. Mais le terme peut aussi désigner une qualité du style – la grâce –, d'un point de vue rhétorique et poétique. *Cf.* Solmsen **335**, p. 262-263; Fortenbaugh **35**, p. 126-130.

(166) Περὶ σολοικισμῶν α´, *Sur les solécismes*, 1 livre.

Le titre n'est pas attesté en dehors de D. L.

Περὶ ἀριθμῶν α´, *Sur les nombres*, 1 livre (n° 218 D. L.; fr. 264 n° 1 F). Usener **57**, p. 60, après J. Meursius (1640), corrige en Περὶ ῥυθμῶν, *Sur les rythmes*. Fortenbaugh **35**, p. 131-133, pense qu'il n'y a pas de raison de renoncer à la leçon des manuscrits et que l'ouvrage relève des mathématiques.

(147) Περὶ μέτρων α´, *Sur les mètres*, 1 livre.

Le titre n'est pas attesté en dehors de D. L. L'ouvrage relève certainement de la poétique.

(156) Περὶ ποιητικῆς α´, *Sur la poétique*, 1 livre.

Sur les genres poétiques, *cf.* fr. 708-709 F. Le titre n'est pas attesté en dehors de D. L. Le grammairien latin Diomède (IVᵉ s. ap. J.-C.) a conservé une "définition" (en grec) de la tragédie, qu'il attribue à Théophraste et qui pourrait appartenir à cet ouvrage ou au suivant: « la tragédie est le renversement (περίστασις) d'une fortune héroïque » (fr. 708 F; *cf.* le commentaire de Fortenbaugh **35**, p. 354-356).

(163) Περὶ ποιητικῆς ἄλλο α', *Sur la poétique*, un autre [ouvrage], 1 livre.

Le titre n'est pas attesté en dehors de D. L.

Πρὸς Αἰσχύλον α', *Contre Eschyle*, 1 livre (n° 203 D. L.; fr. 137 n° 42 F).

Il doit s'agir plutôt de l'astronome Eschyle (Aischylos ➤A 74), un disciple d'Hippocrate de Chios (➤H 151), mentionné et discuté par Aristote en *Meteor.* I 6, 343a1 *sqq.*, que du poète tragique.

(141) Περὶ κωμῳδίας α', *Sur la comédie*, 1 livre.

L'ouvrage est cité par Athénée à propos d'une anecdote (fr. 709 F). La définition de la comédie conservée par Diomède (fr. 708 F) pourrait être empruntée à Théophraste – elle est attribuée aux Grecs: «la comédie est une histoire (περιοχή) d'affaires privées qui ne présente pas de dangers». *Cf.* Fortenbaugh **300**.

(117) Περὶ γελοίου α', *Sur le comique*, 1 livre.

L'ouvrage est cité par Athénée pour une anecdote (fr. 710 F). *Cf.* aussi fr. 711; 453 et 31 F. Aristote traite brièvement du rire dans la *Rhétorique* (III 18, 1419b3-10), en renvoyant à la *Poétique* (sans doute la partie perdue sur la comédie). *Cf.* Solmsen **335**, p. 263,

(169) Περὶ ὑποκρίσεως α', *Sur l'action oratoire*, 1 livre.

Le titre n'est pas attesté en dehors de D. L., mais les fr. 712 (le rhéteur Athanase, IVe-Ve s. ap. J.-C.) et 713 F (Cicéron) peuvent s'y rapporter. L'action oratoire ne semble pas avoir été traitée séparément avant Théophraste (*cf.* les remarques d'Aristote, *Rhet.* III 1, 1403b22 *sqq.*). Sur le rapport entre Théophraste et Cicéron dans son traitement de l'action oratoire (*De or.* III 213-227 et *Or.* 55-56), *cf.* les remarques assez critiques de Fortenbaugh **35**, p. 147-149. Pour l'ensemble de la question de l'action oratoire, *cf.* Fortenbaugh **35**, p. 145-150 et 397-415, et *Id.* **339**.

Δειλινά (de Δειλινῶν) β', *[Propos] de l'après-midi*, 2 livres (n° 118 D. L.; fr. 727 n° 2 F).

Aucun témoignage en dehors de D. L. ne mentionne ce titre. Plusieurs sources indiquent qu'Aristote enseignait la rhétorique de préférence l'après-midi (Fortenbaugh **35**, p. 150). On a donc pensé que la matière de cet écrit était rhétorique.

12. Musique (fr. 714-726 F; commentaire *à paraître* dans le *Commentary volume 9.1* [M. Raffa]).

Cf. **350** R. Harmon, art. «Theophrastos», *NP* XII 1, 2002, col. 393 («Musik»); **351** I. Düring (édit.), *Porphyrios' Kommentar zur Harmonielehre des Ptolemaios*, herausgegeben von I. D., Göteborg 1932; **352** I. Düring (édit.), *Ptolemaios und Porphyrios über die Musik*, übersetzt und herausgegeben von I. D., Göteborg 1934 (réimpr. Hildesheim 1987), p. 160-168; **353** W. Anderson, «Musical developments in the School of Aristotle», dans *RMARC* 16, 1980, p. 92-97; **354** A. Barker, «Theophrastus on pitch and melody», dans Fortenbaugh, Huby et Long **10**, p. 289-324; **355** A. Barker, *Greek musical writings*, t. I: «The musician and his art», t. II: «Harmonic and acoustic theory», Cambridge 1984-1989; **356** E. Matelli, «Testo e contesto di un frammento: tre casi relativi a Teofrasto, *Sulla musica*», dans Burkert *et alii* **343**, p. 201-229 (avec, en appendice, les textes étendus et annotés des fr. 716; 719a; 719b F); **357** E. Matelli, «Musicoterapia e catarsi in Teofrasto», *BICS* 47, 2004, p. 153-174; **358** A. Barker, *The science of harmonics in classical Greece*, Cambridge 2007; **359** C. M. J. Sicking, «Theophrastus on the nature of music», dans van Ophuijsen et van Raalte **16**, p. 97-142.

Dans l'édition des fragments, Fortenbaugh *et alii* **29** adoptent les divisions suivantes : Harmonie (fr. 715-717) ; Musiciens (fr. 718) ; Musique et âme (fr. 719-725) ; Musique et corps humain (fr. 726).

Ouvrages concernant la musique (fr. 714 n° 1-3).

(146) Περὶ μουσικῆς γ′, *Sur la musique*, 3 livres.

Le titre est attesté par Porphyre dans son *Commentaire sur les* Harmoniques *de Ptolémée* (fr. 716 F [ἐν τῷ β′] ; *cf.* 719 a [περὶ μουσικῆς est peut-être d'abord une description plutôt qu'un titre, mais l'interlocuteur du dialogue de Plutarque pense bien à un ouvrage en continuant par τὸ βιβλίον ἀνέγνων, «j'ai lu le livre»]). Dans une longue argumentation conservée par Porphyre, Théophraste défendait la thèse selon laquelle la différence entre l'aigu et le grave n'est pas quantitative – elle ne se réduit pas à un rapport mathématique –, mais qualitative (*cf.* Barker **355**, t. II, p. 110-118 ; *Id.* **358**, p. 411-436 ; **448**). Plutarque (fr. 719 a F ; *cf.* aussi l'apparat) mentionne les trois sources (ἀρχαί) subjectives de la musique (vocale) selon Théophraste : la douleur (λύπη), le plaisir (ἡδονή), l'enthousiasme (ἐνθουσιασμός) ; la musique induit (chez l'auditeur) plaisir, colère et enthousiasme (fr. 719b) ; *cf.* **360** Z. Ritoók, «Theophrastus on the origin of music», *ACD* 40/41, 2004/2005, p. 33-36. Les fr. 726 a-b soulignent l'effet thérapeutique de la musique, non seulement sur l'âme (*cf.* fr. 721 a-b), mais aussi sur le corps (par exemple, la sciatique [ἰσχιάς] et l'épilepsie). Il faut noter que les fr. 726 a et b tirent leur témoignage du Περὶ ἐνθουσιασμῶν (*Sur les [types] d'enthousiasmes*) ou Περὶ ἐνθουσιασμοῦ (*Sur l'enthousiasme*, en 1 livre) de Théophraste (n° 35 D. L. ; le titre est classé sous "Biologie") ; la musique devait y jouer un rôle important. Un Περὶ μουσικῆς, en un livre, figure dans le catalogue de D. L. parmi les ouvrages d'Aristote (*cf. DPhA*, t. I, p. 428, n° 116 et 132). Un même titre, en au moins quatre livres, est aussi attesté pour un autre disciple d'Aristote, le μουσικός par excellence, Aristoxène de Tarente (⟶A 417 ; fr. 80 et 89 Wehrli). Sur la polémique entre Philodème et Théophraste dans le domaine de la musicologie, *cf.* Gigante **86**, p. 89-90.

(193) Περὶ τῶν μουσικῶν α′, *Sur les musiciens*, 1 livre.

Cf. Šahrastānī fr. 4 b F ("about the musician" n'est sans doute pas à proprement parler un titre). Le fr. 718 F, qui mentionne l'aulète Andron de Catane, pourrait provenir de cet ouvrage.

(112) Ἁρμονικά α′, *Harmoniques*, 1 livre.

Le titre n'est attesté que par D. L. On pourra consulter le *Problème* XIX des Φυσικὰ προβλήματα (*Problèmes physiques*) pseudo-aristotéliciens, intitulé Ὅσα περὶ ἁρμονίας, *[Problèmes] concernant l'harmonie*. Rappelons encore que le contemporain de Théophraste et son rival à la succession d'Aristote, Aristoxène de Tarente, est l'auteur d'un traité sur la science de l'harmonie, les Ἁρμονικὰ στοιχεῖα, *Éléments d'harmonie*, partiellement conservés (*cf.* **361** B. Centrone, notice «Aristoxène de Tarente», A 417, *DPhA*, t. I, p. 590-593 ; **362** A. Bélis, *Aristoxène de Tarente et Aristote : le Traité d'harmonique*, coll. «Études et commentaires» 100, Paris 1986).

Notons que l'ouvrage intitulé Περὶ ἀριθμῶν α′, *Sur les nombres*, 1 livre (n° 218 D. L. ; fr. 264 n° 1), rangé sous la rubrique "Mathématique", devrait figurer ici si on admettait la correction ancienne de Meursius (1640) en Περὶ ῥυθμῶν α′, *Sur les rythmes*, 1 livre. *Cf.* aussi *supra* la rubrique "Rhétorique et poétique".

On notera un passage intéressant de l'*Historia plantarum* (IV 11. 1-7) où Théophraste décrit la fabrication des anches à partir d'un roseau du lac Copaïs (*cf.* Barker **355**, t. I, p. 186-189).

13. *Miscellanea* (fr. 727-741 F ; commentaire dans Fortenbaugh **35bis**.

Ouvrages au contenu mêlé (fr. 727 n° 1-16 F).

(15) Ἀκρόασις β', *Leçon*, 2 livres.

Ce titre n'est attesté que par D. L. Au lieu de Ἀκροάσεως β', Usener **57**, p. 52, propose de lire le pluriel Ἀκροάσεων, *Leçons*.

(118) Δειλινά β', *[Propos] de l'après-midi*, 2 livres.

Ce titre n'est attesté que par D. L. Fortenbaugh **35**, p. 150-151, a supposé que le contenu de cet ouvrage était rhétorique (*cf*. ci-dessus, à la fin de la rubrique "Rhétorique et poétique").

(80) Προβλημάτων συναγωγή ε', *Recueil de problèmes*, 5 livres.

Cf. n° 159 D. L. (même titre, en 1 livre).

(157) Προβλήματα πολιτικά, φυσικά, ἐρωτικά, ἠθικά α', *Problèmes politiques, physiques, érotiques, éthiques*, 1 livre.

Ce titre n'est attesté que par D. L. Deux sources arabes mentionnent les *Problèmes* par Théophraste (fr. 727 n° 5 F) ; l'arabe rend sans doute le grec Προβλήματα.

(170) Ὑπομνήματα Ἀριστοτελικὰ ἢ Θεοφράστια (-εια) ς', *Mémoires* (ou *Carnets de notes) aristotéliciens ou théophrastiens*, 6 livres.

Dans les fr. 587 et 373 F, Athénée cite des Ὑπομνήματα attribués à «Aristote ou Théophraste», à propos d'une coutume des Magnésiens du Méandre (587 F) et du faisan (373 F). Sur le sens d'ὑπόμνημα, *cf*. Huby **30**, p. 11-12 et 19 n. 23 (mais il ne peut s'agir d'un "commentaire" exégétique). Un ouvrage médiéval intitulé *Lumen animae* (XIVᵉ s.) mentionne à plusieurs reprises un *Liber commentorum* ou *commentatorum*, *Livre des commentaires*, en au moins 3 livres (fr. 727 n° 9a F). Le titre latin doit correspondre à Ὑπομνήματα. On se référera aux fragments suivants : 168 ; 178 ; 180 ; 190 ; 284 ; 286 ; 290 ; 291 ; 292 ; 342 ; 343 (livre III) ; 344 ; 448 ; *cf*. 287 F ; sur le *Lumen animae*, composé de trois compilations d'*exempla* destinés à la composition de sermons, peu fiable pour l'identification de sources antiques, *cf*. Fortenbaugh **34**, p. 105-107.

(136) Περὶ ἱστορίας α', *Sur l'histoire* (ou *Sur la recherche*), 1 livre.

Ce titre n'est attesté que par D. L. Une scholie à Apollonius de Rhodes cite des Ἱστορικὰ ὑπομνήματα, *Mémoires historiques* ou *de recherche* (fr. 182a F, à propos d'un phénomène volcanique en Sicile).

(–) Πέπλος (*Peplus*), *Péplos*.

Le titre est cité dans des commentaires médiévaux sur Martianus Capella et des glossaires du IXᵉ s., à propos d'inventions (735 [invention des lettres] ; 736a-c F [invention de la rhétorique]) et de l'explication de l'expression "le prophète pythien", désignant Apollon (fr. 582 F). Sur ce titre, *cf*. Fortenbaugh **35bis**, p. 101-106.

(132) Περὶ εὑρημάτων β', *Sur les inventions*, 2 livres.

Clément d'Alexandrie mentionne une série d'auteurs, parmi lesquels Aristote, Théophraste et Straton (fr. 145 Wehrli), qui ont parlé des inventeurs de divers arts (*cf*. le titre précédent) ; il semble leur attribuer en bloc des ouvrages intitulés Περὶ εὑρημάτων (fr. 728 F avec l'apparat). Le titre figure aussi dans des scholies (fr. 730 [ἐν τῷ Π. εὑ.] ; 734 F). *Cf*. le Περὶ εὑρήσεως (fr. 666 n° 4 F, sous la rubrique "Rhétorique et poétique"). Sur les découvertes ou inventions, *cf*. Fortenbaugh **35bis**, p. 135-195.

(164) Περὶ τῶν σοφῶν α', *Sur les sages*, 1 livre.

Marcovich, à la suite d'une suggestion d'Usener **57**, p. 58, corrige le texte de D. L. en Περὶ τῶν <ζ'> σοφῶν α', *Sur les sept sages*, 1 livre. Ce titre n'est attesté que par D. L.

(206) Ἀκίχαρος α′, *Akicharos*, 1 livre.

Ce titre n'est attesté que par D. L. Sur ce personnage, peut-être le Babylonien Achîkâr, *cf.* Regenbogen **1**, col. 1541, et Narcy **40**, p. 611 n. 3 avec les références. *Cf.* Fortenbaugh **35bis**, p. 119-124.

(81) Περὶ παροιμῶν α′, *Sur les proverbes*, 1 livre.

L'ouvrage est cité par Stobée (fr. 738 F ἐν τῷ Π. π.) et par Harpocration (fr. 737 F ἐν τῷ <Περὶ> παροιμῶν; Théophraste est associé à Aristote [*EN* V 1, 1130 a 1-2]). Des ouvrages similaires sont attribués à Aristote (Παροιμίαι α′, *DPhA*, t. I, p. 429 n° 138), Cléarque de Soles (Παροιμίαι, *DPhA*, t. II, p. 419 n° 10 ; fr. 63-83 Wehrli) et Dicéarque de Messine (Παροιμίαι ou Περὶ παροιμῶν?, *DPhA*, t. II, p. 761 n° 5 ; fr. 100-103 Wehrli) ; *cf.* Fortenbaugh **35bis**, p.195-235.

(125) Ἐπιστολαί γ′, *Lettres*, 3 livres.

Cf. fr. 588 F (ἐν Ἐπιστολαῖς), un passage du *codex* 190 de la *Bibliothèque* de Photius, où le Byzantin résume l'*Histoire nouvelle* de Ptolémée Chennos (Iᵉʳ-IIᵉ s. ap. J.-C.), suspect à bien des égards dans son utilisation des sources.

(209) Ἐπιστολαὶ αἱ ἐπὶ τῷ Ἀστυκρέοντι, Φανίᾳ, Νικάνορι, *Lettres à Astycréon, Phanias, Nicanor.*

D. L. V 37 (fr. 1 F) cite un passage de «la lettre à Phanias le péripatéticien» (fr. 4 Wehrli ; Phainias d'Érèse, ➡P 90). Même référence à «la lettre à Phanias» dans une scholie à Apollonius de Rhodes à propos de l'utilisation du nom ὄνος pour désigner le cloporte (ἴουλος) (fr. 374 F avec l'apparat). Nicanor est peut-être le personnage mentionné à plusieurs reprises dans le testament d'Aristote ; conformément aux vœux d'Aristote, il deviendra le premier mari de sa fille Pythias (sur diverses hypothèses et témoignages concernant Nicanor, *cf.* Narcy **40**, p. 648-649). Sur Astycréon, nous ne savons rien de sûr ; *cf.* Fortenbaugh **35bis**, p. 130-132.

C. Commentaires anciens sur des œuvres de Théophraste

On a déjà parlé sous la rubrique "Psychologie", à propos du Περὶ ψυχῆς (10*), de la paraphrase (μετάφρασις) du néoplatonicien Priscien de Lydie (➡P 280) portant sur la partie du *De anima* de Théophraste – livre II – qui traite de la perception sensible (le texte grec figure dans Bywater **199** et une traduction en anglais dans Huby et Steel **200**). Le titre adopté par Bywater est Μετάφρασις τῶν Θεοφράστου περὶ αἰσθήσεως. Contrairement à l'affirmation de Perkams **201**, p. 1517 : «L'ouvrage (*scil.* de Priscien) est, dans la tradition exégétique antique, le seul commentaire d'un ouvrage de Théophraste», on peut mentionner deux commentaires de Galien : Εἰς τὸ Περὶ καταφάσεως καὶ ἀποφάσεως Θεοφράστου ὑπομνήματα ἕξ, *Commentaires sur l'ouvrage de Théophraste "Sur l'affirmation et la négation", en six livres*, et Εἰς τὸ Περὶ τοῦ ποσαχῶς τὰ ὑπομνήματα τρία, *Commentaires sur l'ouvrage "Sur combien de [sens]", en trois livres* (le second ouvrage commenté n'est pas rapporté explicitement à Théophraste, mais doit correspondre au n° 4* [*cf. supra* sous "Logique"] ; *cf.* Galien, *Sur ses propres livres* 17, 2 ; **363** V. Boudon, notice «Galien de Pergame», G 3, *DPhA*, t. III, 2000, œuvres n° 102 et 103 ; fr. 73, 5-7 F). Par ailleurs, Porphyre est mentionné comme l'auteur de *Commentaria in Theophrastum*, à propos de l'affirmation et de la négation (cf. Boèce, *De interpr.*², p. 17, 24-27 Meiser [fr. 80 F]). On notera encore une étude d'Alexandre (➡A 112) sur les syllogismes à prémisses mixtes, modale et non modale (Huby **30**, p. 19 et 74) ; *cf. DPhA*, t. I, p. 138, œuvres d'Alexandre

n° 40 : ἐν τοῖς Περὶ τῆς κατὰ τὰς μίξεις διαφορᾶς (*vel* διαφωνίας) Ἀριστοτέλους τε καὶ τῶν ἑταίρων αὐτοῦ γεγραμμένοις, cité plusieurs fois dans Alex.,
in An. pr. 125, 30-31 (διαφορᾶς) ; 249, 38 - 250, 1 (διαφωνίας). De plus, le péripatéticien Adraste (☞A 24) est mentionné par Athénée (XV, 673 e-f) comme l'auteur
de cinq livres intitulés Περὶ τῶν παρὰ Θεοφράστῳ ἐν τοῖς Περὶ ἠθῶν καθ᾽ ἱστορίαν καὶ λέξιν ζητουμένων, *Sur les recherches historiques et stylistiques figurant
chez Théophraste dans ses livres* Sur les dispositions (*cf.* Fortenbaugh **34**, p. 131-
132 et 235-242, et **364** P. Moraux, *Der Aristotelismus bei den Griechen*, t. II,
p. 323-330).

Dans le catalogue de Lamprias des œuvres de Plutarque (n° 53), figure un Περὶ
Θεοφράστου <πολιτικῶν> πρὸς τοὺς καιρούς, *Sur les <Questions politiques>
par rapport aux situations de crise de Théophraste* (le commentaire porte sur D. L.
n° 77 ; la correction de K. Ziegler est reprise par Irigoin **326**, p. CCCXII).

Dans son commentaire sur le *De anima*, Simplicius ou Priscien (?) renvoie à un
épitomé de la *Physique* de Théophraste dont il serait l'auteur (*in De an.* 136, 29
Hayduck = fr. 279 F) : σαφέστερόν μοι ταῦτα ἐν τῇ ἐπιτομῇ τῶν Θεοφράστου
Φυσικῶν διώρισται (« ces questions [concernant la perception sensible de la cou-
leur] je les ai traitées avec plus de précisions dans mon épitomé de la *Physique* de
Théophraste »). Steinmetz **4**, p. 10 n. 4, corrige le texte pour lui faire dire que
Simplicius (?) aurait écrit un commentaire sur l'épitomé que Théophraste a donné
de sa *Physique* selon D. L. n° 102 (Περὶ φυσικῶν ἐπιτομῆς α′ β′) ou n° 172
(Φυσικῶν ἐπιτομῆς α′) : ἐν <τοῖς εἰς> τὴν ἐπιτομὴν τῶν Θεοφράστου Φυσικῶν,
« dans mon [commentaire] sur l'épitomé de la *Physique* de Théophraste » ; selon
l'auteur, l'ouvrage épitomisé serait de nature théorique et non doxographique. Voir
les doutes émis par Sharples **31**, p. 8 et 13, et Huby **32**, p. 65 (mais Huby a tort
d'affirmer qu'il n'y a aucun indice de l'existence d'un tel épitomé de Théophraste).

On peut encore mentionner un traité polémique consacré à Théophraste : Plutarque (*Adv. Colotem* 1110 c = fr. 280 F) mentionne, à propos d'une question concernant la couleur, un ouvrage d'Épicure *Contre Théophraste* (Πρὸς Θεόφραστον),
en au moins deux livres (☞E 36, œuvres n° 54) ; *cf.* Gigante **86**, p. 52-53 (étant
donné qu'Épicure comme Théophraste polémiquent contre Démocrite (☞D 70,
l'auteur envisage la possibilité de traduire le titre épicurien par *A Théophraste*). Par
ailleurs, une hétaïre *(meretricula)* liée à Épicure, nommée Léontion (Λεόντιον ;
☞L 43), serait l'auteure d'un écrit polémique contre Théophraste (Cic., *De nat.
deor.* I 93 = fr. 61a F ; *cf.* fr. 61b) ; *cf.* Gigante **86**, p. 51-53.

Pour terminer, on signalera encore un dialogue de la fin du Ve siècle du sophiste (professeur
de rhétorique) chrétien Énée de Gaza (☞A 64 « Aineas de Gaza »), élève, semble-t-il, de
Hiéroclès d'Alexandrie (☞H 126), intitulé *Théophraste*. La référence à Théophraste (Θεόφραστος Ἀθηναῖος) ne vise pas Théophraste d'Érésos en tant que tel, mais seulement un représentant typique du paganisme – en fait, un platonicien –, face à son interlocuteur chrétien
Euxithéos [☞E 182a, dans les compléments du tome VII] (= Énée lui même) qui conduira le
païen à la conversion. Le dialogue traite de la destinée de l'âme humaine, avant la naissance et
après la mort, de la résurrection et de l'éternité du monde. *Cf.* **365** M. E. Colonna, *Enea di Gaza,
Teofrasto*, Napoli 1958 (édition très critiquée dans la notice mentionnée de A.-Ph. Segonds du
DPhA) ; **366** S. Gertz, J. Dillon et D. Russell (édit.), *Aeneas of Gaza, Theophrastus, with*

Zacharias of Mytilene, Ammonius, coll. ACA, London 2012 (la traduction est faite sur Colonna **365**, avec une trentaine de leçons divergentes (p. 54).

Avec la publication complète des commentaires sur l'ensemble des fragments et des opuscules, le moment sera venu d'une synthèse d'ensemble sur Théophraste, qui donnera à l'Érésien toute sa signification théorique et historique (pour une première évaluation, cf. **367** R. Sorabji, « Is Theophrastus a significant philosopher ? », dans Ophuijsen et Raalte **16**, p. 203-221). D'ores et déjà, des évaluations partielles marquent plus justement l'importance du philosophe, à la fois comme continuateur des travaux du Stagirite et comme innovateur (cf. **368** R. W. Sharples, « Theophrastus as philosopher and aristotelian », dans Ophuijsen et Raalte **16**, p. 267-280 ; **369** H. B. Gottschalk, « Theophrastus and the Peripatos », dans Ophuijsen et Raalte **16**, p. 281-298 ; Mansfeld **26**, p. 204, n. 5 [bibliographie]).

JEAN-PIERRE SCHNEIDER.

TRADITION ARABE

En tant qu'un des principaux philosophes péripatéticiens Théophraste est une figure relativement bien connue dans la tradition arabe, laquelle accordait à l'école aristotélicienne une importance particulière par rapport aux autres écoles philosophiques. Plusieurs de ses œuvres furent traduites en arabe et semblent avoir initialement bénéficié d'une grande diffusion, même si elle ne dura qu'un certain temps, si bien qu'en définitive ces écrits ne survécurent que difficilement, à cause de l'immense popularité d'Avicenne (mort en 1037). Comme ce dernier était le plus important philosophe airstotélicien de la littérature arabe, ses œuvres monopolisèrent largement l'attention des cercles philosophiques, ce qui entraîna une négligence relative des œuvres des autres figures anciennes de cette tradition par les savants et les scribes. Théophraste qui, de toute manière, était toujours perçu dans l'ombre d'Aristote, comme cela avait été déjà le cas dans la tradition grecque où il apparaissait comme son disciple et son successeur, ne pouvait que difficilement conserver dans la tradition arabe une position prééminente dans l'ombre supplémentaire projetée par Avicenne. Deux de ses œuvres seulement ont été entièrement conservées dans des traductions arabes, la *Météorologie* et le traité de caractère aporétique *Sur les premiers principes* (désigné généralement sous le titre de *Métaphysique*). Il faut par ailleurs prendre en compte un nombre considérable de dits conservés dans les *gnomologia*, ainsi que certains vestiges préservés comme citations dans des ouvrages plus récents. En plusieurs cas, ces citations chez les auteurs arabes ne sont pas tirées elles-mêmes d'ouvrages de Théophraste intégralement traduits en arabe, mais de citations du philosophe transmises par les traductions d'auteurs grecs importants. Averroès ne connut et ne cita apparemment des passages de Théophraste qu'à travers les extraits qu'en citait Thémistius (voir **370** D. Gutas, « Averroes on Theophrastus, through Themistius », dans G. Endress et J. A. Aertsen (édit.), *Averroes and the Aristotelian Tradition*, Leiden 1999, p. 125-144).

Grâce aux recherches sur Théophraste menées au cours des trente dernières années (voir la section principale de cette notice), les fragments arabes et les dits ont été rassemblés avec le matériel grec et latin dans Fortenbaugh *et alii* **29**, et les deux œuvres qui ont bénéficié d'une tradition indépendante en été éditées. On trouvera ici seulement quelques détails sur ces vestiges, avec certaines références bibliographiques.

Biographie. Le peu d'informations concernant la vie de Théophraste que l'on trouve en arabe montre qu'elles ne proviennent pas de la traduction d'une *Vie de Théophraste*, mais qu'elles furent rassemblées par les bio-bibliographes arabes à partir de divers renseignements dispersés. La documentation que l'on peut tirer de ces sources a été traduite et commentée dans Gutas **19**, p. 73-80, et reprise dans Fortenbaugh *et alii* **29** p. 20-113.

Œuvres. On relève des références, directes ou indirectes, à onze œuvres de Théophraste en arabe, ainsi qu'à deux autres titres qui sont manifestement pseudépigraphes (Gutas **19**, p. 81-82). En voici la liste (les numéros indiqués entre parenthèses font référence à la liste des œuvres fournie dans la section principale de la notice):

Logique. Quatre œuvres. *Catégories* (1*), *De l'interpretation / Sur les propositions affirmatives et négatives* (3*, 55), *Premiers analytiques* (1), et *Topiques* (92). Voir sur ces titres plus haut, p. 1060-1067, et, pour une analyse approfondie, le commentaire de Huby **30**. Voir également **371** H. Daiber, « A Survey of Theophrastean Texts and Ideas in Arabic: Some New Material », dans Fortenbaugh, Huby et Long **10**, p. 110.

Météorologie. Édité par Daiber **156** (4). Voir aussi Daiber **371**, p. 107.

Doctrine de l'âme. Deux œuvres. *De anima* (10*) et *De sensu et sensato* (7). Voir sur ces ouvrages Huby **32** et Daiber **371**, p. 106-107.

Botanique. De causis plantarum (Botanique 2); voir également Daiber **371**, p. 107-108.

Problemata (157); voir également Daiber **371**, p. 108-110.

Métaphysique. Sur les premiers principes (9*), édité par Gutas **170**; voir aussi Daiber **371**, p. 105-106.

Sur l'éducation (216).

Dits. Sur la base de certains recueils gnomologiques grecs, on peut rapporter à Théophraste vingt-neuf dits dans la tradition arabe; ils ont été édités, traduits et commentés dans Gutas **19**, p. 83-102. D'autres remarques sur des dits particuliers se trouvent dans les volumes de commentaire du projet Théophraste (voir plus haut n[os] **30-35**). Ceux qui concernent la musique en particulier ont été étudiés dans Gutas **19**, p. 97-99; voir également Daiber **371**, p. 104-105.

Section traduite de l'anglais par Richard Goulet.

DIMITRI GUTAS.

ICONOGRAPHIE

Aucun témoignage littéraire concernant le portrait de Théophraste n'est conservé, mais son type iconographique est connu par quatre répliques en ronde-bosse (liste des répliques actuellement connues dans **1** Richter, *Portraits*, t. II, p. 176-178 fig.; **2** R. von den Hoff, *Philosophenporträts des Früh- und Hoch-hellenismus*, München 1994, p. 53-57, avec une longue liste de copies). L'identification du personnage représenté sur ces copies est assurée par un hermès de la Villa Albani à Rome (Inv. 1034) qui porte l'inscription ΘΕΟΦΡΑΣΤΟΣ ΜΕΛΑΝΤΑ ΕΡΕΣΙΟΣ (**3** P. C. Bol, [édit], *Forschungen zur Villa Albani. Katalog der Bild-werke*, t. I, Berlin 1989, p. 463-466, n° 152, pl. 268 et 269; en revanche les autres inscriptions mentionnées par **4** J. J. Bernoulli, *Griechische Ikonographie, mit Ausschluss Alexanders und der Diadochen*, München 1901, t. II, p. 100 *sq.*, sont d'époque moderne).

Le portrait légèrement tourné vers la droite qui se trouve sur presque toutes les répliques présente un homme avec une courte barbe soignée et des cheveux courts. La chevelure s'avance vers l'avant depuis le vertex derrière la tête en vagues régulières et laisse voir de hautes tempes. La mimique dans le mouvement du visage est contenue et est restreinte à la contraction des sourcils et à deux rides sur le front. Un mouvement additionnel est produit notamment par des signes caracté-ristiques de la vieillesse, des plis au niveau des yeux et de la zone du nez et des lèvres, tout comme par différentes asymétries dans la composition. Elles se mani-festent, par exemple dans l'emplacement de la pointe du nez ou de la bouche qui est en dehors de l'axe central du visage. De par sa conception, à cause de cette courte barbe soignée, d'une mimique similairement détendue et d'une chevelure se déployant vers l'avant depuis le sommet de la tête, le portrait atteste des emprunts à celui du fondateur de l'école, Aristote (ce qu'a établi de façon convaincante **5** R. von den Hoff, «Die Plastik der Diadochenzeit», dans P. C. Bol [édit.], *Die Geschichte der griechischen Bildhauerkunst*, t. III: *Hellenistische Plastik*, Mainz 2007, p. 33 *sq.*, fig. 38a et b).

En raison du contour fermé et rectangulaire de la structure de la tête, de la disposition aplatie du visage qui se recourbe de façon marquée autour des tempes, et de la forte répartition du visage avec le front en retrait, l'époque de production de l'original peut être fixée vers la fin du IVe s. av. J.-C., vers 310-300, de sorte que le portrait dut être réalisé du vivant de Théophraste (von den Hoff **2**, p. 55-57; une datation plus récente – vers 300-290 av. J.-C. – a été soutenue par **6** D. Piekarski, *Anonyme griechische Porträts des 4. Jhs. v. Chr. Typologie und Chro-nologie*, Rahden 2004, p. 41).

Il est impossible de se représenter l'aspect de la statue originelle dont dépen-dent toutes les répliques en ronde-bosse, du fait que la disposition de la tête par elle-même ne fournit aucune indication valable (von den Hoff **2**, p. 55). Outre les portraits en ronde-bosse, le type iconographique de Théophraste est connu par une seule contorniate de l'antiquité tardive. Certes, celle-ci est explicitement identifiée grâce à l'inscription ΘΕΟΦΡ–ΑCΤΟC gravée de façon circulaire, mais l'état de conservation ne permet pas de savoir si le portrait tardif de la contorniate se rapporte au même modèle que celui des copies en ronde-bosse (**7** A. Alföldi et E. Alföldi, *Die Kontorniat Medaillons 2*, Mainz 1990, p. 97, n° 84a, pl. 214, 9 ; **7** P. F. Mittag, *Alte Köpfe in neuen Händen*, Bonn 1999, p. 116 et 123, pl. 4).

Cf. **8** G. M. A. Richter, *The Portraits of the Greeks*, éd. abrégée par R. R. R. Smith, Oxford 1984, p. 212 *sq.* ; **9** K. Fittschen (édit), *Griechische Porträts*, Darmstadt 1988, pl. 122 et 123 ; **10** R. R. R. Smith, *Hellenistic Sculpture*, Oxford 1991, p. 35, fig. 28 ; **11** M. Flashar et R. von den Hoff, « Die Statue des sog. Philosophen Delphi im Kontext einer mehrfigurigen Stiftung », *BCH* 117, 1993, p. 417, fig. 16, et p. 424 ; **12** P. Zanker, *Die Maske des Sokrates*, München 1995, p. 73 et 75, fig. 43 ; **13** Schefold, *Bildnisse* p. 202 *sq.*, fig. 102 ; **14** R. von den Hoff, « Naturalism and Classicism », dans P. Schultz et R. von den Hoff (édit), *Early hellenistic portraiture. Image, style, context*, Cambridge 200, p. 55 *sq.*, fig. 43.

Notice traduite de l'allemand par Richard Goulet avec la collaboration de l'auteur.

JÖRN LANG.

98 THÉOPHRIS DE CROTONE   V-IV

Père de la pythagoricienne Philtys (☞P 168) selon le *Catalogue* des femmes qui clôt le traité *Sur le mode de vie pythagoricien* de Jamblique (§ 267, p. 146, 18-19 Deubner = **1** DK 58 A, t. I, p. 448, 8), et probablement – mais pas forcément – pythagoricien lui aussi, si l'on tient compte de la transmission de père en fils souvent attestée pour d'autres figures de l'ancien pythagorisme, même si cela n'est pas dit explicitement ici. Quoi qu'il en soit, ce Théophris est *absent* de la liste des hommes pythagoriciens du même catalogue.

Le nom de Θέοφρις a été dûment répertorié dans le **2** *LGPN*, t. III A, p. 207, où Fraser et Matthews proposent – sans fondement particulier – une datation au IVe siècle, ainsi que dans **3** W. Pape et G. Benseler, *Wörterbuch der griechischen Eigennamen*, t. I, p. 496 (orthographié Θεόφρυς). En revanche, ce nom dont Jamblique nous donne la seule et unique occurrence ne semble pas avoir été repéré par **4** Fr. Bechtel, *Die historischen Personennamen* (on l'aurait attendu p. ex. à la p. 205 [composés de Θεο-] ou à la p. 480 [composés dérivant de ὀφρύς]).

De la lecture du texte de Jamblique tel qu'il est édité par L. Deubner on devrait déduire que Théophris serait aussi le père d'un certain Byndacos (☞B 70), le frère de Philtys. Or cela ne semble pas être le cas : dans le texte corrompu des mss il faudrait lire en réalité le nom d'une femme, Byndacô, ou plutôt Rhyndacô (☞R 18, dans les compléments du tome VII), sœur des Lucaniens Occélos (☞O 5) et Eccélos (☞E 1), qui viennent juste après dans le texte. Par conséquent : (a) il semblerait qu'un personnage du nom de Byndacos n'a jamais existé (il devrait donc être rayé du *DPhA* II, 1994, p. 144 [notice due à Br. Centrone]) ; (b) Rhyndacô n'aurait aucun rapport de parenté avec Philtys, ni avec Théophris. Voir plus en détail **5** O. Masson, « Sur quelques noms de philosophes grecs : à propos du *Dictionnaire des philosophes antiques*, vol. II », *RPh* 68, 1994, p. 231-237, aux p. 233-234 [repris dans **5a** *Id.*, *Onomastica graeca selecta*, t. III, coll. « École Pratique des Hautes Études. IVe Section, Sciences historiques et philologiques. III. Hautes études du monde gréco-romain » 28, Genève 2000, p. 218-224, aux

p. 220-221] ; **6** Br. Centrone et R. Goulet, notice « Eccélos de Lucanie », E 1, *DPhA* III, 2000, p. 51-52 ; **7** R.W.B. Salway, c.r. de *LGPN* **2**, t. III A, *BMCR* 2000.02.40 (comportant un développement très substantiel sur le passage corrompu de la *V. pyth.* discuté ici) ; **8** Br. Centrone et C. Macris, notice « Occelô », O 5, *DPhA* IV, 2005, p. 743-746 ; **9** C. Macris, notice « Philtys de Crotone » P 168, *DPhA* Va, 2012, p. 577-578. Salway **7** propose de rétablir le texte comme suit : Φιντὺς θυγάτηρ <Καλλικράτους τοῦ x [*ethnique*], y [*nom de femme*] θυγάτηρ> Θεόφριος τοῦ Κροτωνιάτου, Βυνδακὼ ἀδελφή..., en insérant le patronyme de Phintys tel qu'il a été conservé dans l'*Anthologie* de Stobée, et en supposant que Théophris serait le père d'une autre pythagoricienne dont le nom aurait sauté au cours de la transmission. C'est une suggestion intéressante et digne d'être notée, qui présuppose néanmoins une perte de texte assez considérable dont on ne peut aucunement être sûr.

CONSTANTINOS MACRIS.

99 THÉOPHRONIUS DE CAPPADOCE *RE* 2   F IV

Formé à l'éristique, selon Socrate, *H. E.* V 24, 2-5, par Eunome de Cyzique (**☛**E 122), en compagnie duquel il fut condamné par le synode de Constantinople en 360, « il avait grossièrement (παχυμερῶς) assimilé les *Catégories* et *Le traité sur l'interprétation* d'Aristote, puis composé des livres intitulés *Sur l'exercice de l'intelligence* (Περὶ γυμνασίας νοῦ) » (trad. Périchon et Maraval, *SC* 505). Il fut à l'origine d'un schisme à l'intérieur du parti des Eunomiens. Ses disciples étaient appelés les « Eunomiothéophroniens ». Sozomène, *H.E.* VII 17, 2, précise : « comme il avait assez bien (μετρίως) parcouru tous les enseignements d'Aristote, il laissa une introduction commode pour la compréhension des syllogismes aristotéliciens qu'il intitula *Sur l'exercice de l'intellect* » (trad. Festugière et Grillet, *SC* 516). *Cf.* M. Frede, « Les *Catégories* d'Aristote et les Pères Grecs », dans O. Bruun et L. Corti, *Les Catégories et leur histoire*, Paris 2005, p. 135-174, à la p. 153-154. « Se livrant à des recherches indiscrètes à partir même des termes qui se trouvent dans les Saintes Écritures, il cherchait à prouver que, comme Dieu prévoit ce qui n'est pas, connaît ce qui est, se rappelle ce qui a été, il ne reste pas identiquement le même puisqu'il change de connaissances eu égard à l'avenir et au présent et au passé. En raison de telles opinions, il ne parut plus supportable même aux eunomiens, fut chassé de leur église et donna naissance à ceux qu'on appelle les théophroniens » (*ibid.* VII 12, 3 ; trad. Festugière et Grillet).

Il ne faut pas le confondre avec Théophronius, évêque de Tyane, qui participa au Synode de la dédicace d'Antioche en 341 (*RE* 1), et dont Athanase, *De synodis Arimini in Italia et Seleuciae in Isauria* 24, 1, rapporte une confession de foi orthodoxe. Voir à ce sujet M. Tetz, « Die Kirchweihsynode von Antiochien (341) und Marcellus von Ancyra. Zu der Glaubenserklärung des Theophronius von Tyana und ihren Folgen », dans D. Papandreou, W. A. Bienert et K. Schäferdiek (édit.), *Oecumenica et patristica. Festschrift für Wilhelm Schneemelcher zum 75. Geburtstag*, Stuttgart/Berlin/Köln 1989, p. 199-217.

RICHARD GOULET.

100 THÉOPOMPE *RE* 13 *PLRE* I:4   IVª

Philosophe mentionné par Libanius en 365, dans une lettre de recommandation en sa faveur (*Lettre* 1498).

PIERRE MARAVAL.

101 THÉOPOMPE DE CHÉRONÉE III

« Philosophe » dont le *floruit* se situerait sous le règne de Philippe l'Arabe (244-249), d'après Georges le Syncelle, *Chronographie*, p. 443, 18 Mosshammer : Θεόπομπος φιλόσοφος ἐν Χαιρωνείᾳ ἤκμαζε. Voir également *The Chronography of George Synkellos. A Byzantine Chronicle of Universal History from the Creation*. Translated with Introduction and Notes by W. Alder and P. Tuffin, Oxford University Press, 2002, p. 523.

Ce nom est absent de la *RE*.

RICHARD GOULET.

102 THÉOPOMPE DE CHIOS *RE* 9 IV^a ?

Rhéteur et historien, disciple à Athènes d'Isocrate (➤I 38). Dans son *Contre l'école de Platon* (Κατὰ τῆς Πλάτωνος διατριβῆς), dont Athénée, *Deipnosophistes* XI, 508 c-d (*FGrHist* 115 F 259) cite un extrait, il déclarait les dialogues de Platon (➤P 195) inutiles et faux (ἀχρείους καὶ ψευδεῖς) et prétendait qu'ils étaient empruntés aux diatribes d'Aristippe (➤A 356), d'Antisthène (➤A 211) et de Bryson d'Héraclée (➤B 68). Antisthène était le seul socratique dont il faisait l'éloge (Diogène Laërce VI 14). Selon Arrien, *Entretiens d'Épictète* II 17, 6, le rhéteur Théopompe reprochait à Platon de vouloir définir chacun des termes : « Personne parmi nous n'a parlé avant toi de bon ou de juste ? Ou serait-ce sans comprendre la signification de chacun de ces termes que nous prononçons des mots obscurs et vides de sens ? » (trad. Souilhé). Épictète lui répond (§ 7) que nous avons des idées naturelles et des prénotions (ἐννοίας ... φυσικὰς καὶ προλήψεις) de ces termes, mais qu'« il est impossible d'adapter les prénotions aux réalités correspondantes avant de les avoir bien organisées et d'avoir examiné avec précision quelle réalité il faut mettre sous chacune de ces prénotions ». Les attaques de Théopompe contre Platon à la cour de Macédoine sont également évoquées dans la lettre (sans doute pseudépigraphe) de Speusippe à Philippe (*Lettres des socratiques* 30, 12 = *Lettre* 28 dans A. J. Malherbe, *The Cynic Epistles. A Study edition*, coll. « Sources for Biblical Study » 12, Missoula, Montana 1977, p. 284-195, à la p. 292-293, avec une traduction anglaise due à D. R. Worley).

L'ouvrage cité par Athénée pourrait correspondre à la Καταδρομὴ τῆ[ς Πλάτωνος] | διατριβῆ[ς], mentionnée dans une liste d'ouvrages de Théopompe retrouvée dans une inscription de Rhodes (Ier s. av. J.-C.), publiée par Amedeo Maiuri, *Nuova silloge epigrafica di Rodi e Cos*, Firenze 1925, n° 11, col. I 13-27 (*FGrHist* 115 T 48).

Cf. R. Laqueur, art. « Theopompos aus Chios », *RE* V A 2, 1934, col. 2176-2223.

RICHARD GOULET.

103 THÉOPOROS F III^a

Dédicataire d'un ouvrage de Chrysippe de Soles (➤C 121) signalé dans la liste des ouvrages du philosophe conservée par Diogène Laërce (VII 199) : Ὑπογραφὴ τοῦ <ἠθικοῦ> λόγου [τοῦ] πρὸς Θεόπορον, α', *Esquisse du traité <éthique> à Théoporos, en un livre* (traduction empruntée à la liste des œuvres de Chrysippe commentée par P. Hadot, *DPhA* II, 1994, p. 352). Ce traité est cité par Stobée, *Anthol.* II 7, 12, t. II, p. 116, 13-14 Wachsmuth, sous le titre ἐν τῇ ὑπογραφῇ τοῦ λόγου, ce qui amène P. Hadot à s'interroger sur la nécessité de l'ajout proposé par Arnim (il est rejeté par Dorandi): la qualificatif éthique pouvait être sous-entendu ou bien λόγου pouvait signifier le discours rationnel. En faveur de cette dernière solution, on peut citer une référence semblable chez Stobée II 7, 10a, t. II, p. 89, 14-15 Wachsmuth: ἐν τῇ τοῦ πάθους ὑπογραφῇ.

W. Croenert, *Kolotes und Menedemos*, p. 81, a proposé de corriger le nom de Théoporos (qui n'est pas attesté pour l'instant dans les volumes parus du *LGPN*) en Théomoros (qui n'y est pas attesté non plus).

C'était probablement un disciple de Chrysippe ou bien son collègue dans l'école stoïcienne.

Absent de la *RE*.

RICHARD GOULET.

104 THÉÔRIDÈS DE MÉTAPONTE V-IVᵃ

Personnage inconnu par ailleurs, mentionné par Jamblique (*V. pyth.* 36, 266, p. 143, 7-10 Deubner) – à côté d'Eurytos (➤E 150), également actif à Métaponte, d'Archytas (➤A 322) à Tarente, et de Cleinias (➤C 145) et Philolaos (➤P 143, dans les compléments du tome VII) à Héraclée [de l'Italie du Sud] – parmi les ζηλωταὶ τῶν ἀνδρῶν, à savoir les disciples fervents, les adeptes zélés des pythagoriciens (ou, plus librement traduit, parmi les *vrais* pythagoriciens, les pythagoriciens « confirmés » [selon la trad. de Brisson et Segonds **9**, citée *infra*]), qui y sont soigneusement distingués des « auditeurs externes » (ἔξωθεν ἀκροαταί) tels Épicharme (➤E 29).

Sur l'opposition ζηλωταί *versus* ἀκροαταί, devenue canonique dans les écoles philosophiques de l'époque impériale et de l'Antiquité tardive, mais n'apparaissant probablement pas avant l'époque hellénistique (on aurait donc ici clairement un cas de rétro-projection de la part de Jamblique ou de sa source), voir **1** Marie-Odile Goulet-Cazé, « L'arrière-plan scolaire de la *Vie de Plotin* », dans *PVP* I, p. 229-327, aux p. 233-234, avec les n. 2-3 ; **2** C. Macris, *Le Pythagore des néoplatoniciens : recherches et commentaires sur "Le mode de vie pythagoricien" de Jamblique*, Thèse de Doctorat, École Pratique des Hautes Études - Section des Sciences religieuses, Paris 2004 [dir. Ph. Hoffmann], t. II, p. 251-252. Et sur le terme ζηλωτής, *cf.* le dossier très complet constitué par **3** J. Fr. Kindstrand, *Bion of Borysthenes : a collection of the fragments with introduction and commentary*, coll. « Acta Universitatis Upsaliensis. Studia Graeca Upsaliensia » 11, Uppsala 1976, p. 79-80.

Pour une expression similaire, voir aussi Polyainos, *Stratagèmes* V 2, 22 : ζηλωταὶ Πυθαγορείων λόγων (passage discuté dans la notice sur Timésianax de Paros [➤T 148]).

À la lumière de cet arrière-plan, il semble très peu probable que l'on puisse entendre la phrase ζηλωτὰς δὲ γράφειν γενέσθαι τῶν ἀνδρῶν ... Θεωρίδην κτλ. (avec M. von Albrecht et J. Dillon - J. Hershbell, dans leurs traductions respectives de la *V. pyth.*, **4** Br. Centrone, dans sa notice « Cleinias de Tarente », *DPhA* II, 1994, p. 421, et **5** Ph. S. Horky, *Plato and Pythagoreanism*, Oxford 2013, p. 116 et

127-129) comme voulant dire que, parmi les pythagoriciens, ceux qui sont cités par la suite – dont Théôridès – étaient des «champions de l'écriture» (ζηλωτὰς … γράφειν), ou qu'ils s'étaient consacrés à la composition d'œuvres écrites sur les pythagoriciens (γράφειν … τῶν ἀνδρῶν [!]). L'absence d'article avant l'infinitif γράφειν rend même une telle construction impossible (cf. **6** W. Burkert, c.r. de la trad. de von Albrecht, dans *Gnomon* 37, 1965, p. 24-26, à la p. 25 : «sprachlich unmöglich»). Par conséquent, la recherche de «evidence for "writings" [de Théôridès etc.] concerning the Pythagorean men who came before them» (Horky **5**, p. 128-129) ne peut que s'avérer vaine, puisqu'elle prend son point de départ dans une mauvaise compréhension de la phrase déjà citée en grec par Dillon et Hershbell (qui avaient traduit : «Theorides etc. devoted themselves to writing about the men»). Il n'est pas possible non plus de mettre dans le même sac l'ἔξωθεν ἀκροατής Épicharme et les cinq ζηλωταί évoqués avant lui, en pensant qu'ils sont tous «distinguished from the figures listed before [*scil.* Arésas de Lucanie et Diodore d'Aspendos] as deviant followers of Pythagoras» (Horky **5**, p. 128 n. 6) : en faisant cela on transgresse des distinctions qui sont fondamentales pour le rédacteur de ce passage (Jamblique ou sa source).

Cela dit, la page du *Laurentianus* (le ms. florentin qui constitue la base de l'édition de la *V. pyth.*) contenant le passage qui nous intéresse ici présente des problèmes textuels qui en rendent la compréhension problématique, entraînant de fausses traductions et des interprétations non justifiées. Par exemple, dans ζηλωτὰς δὲ γράφειν γενέσθαι …, quel est le sujet de γράφειν (et donc la source ultime du renseignement sur Théôridès et les autres) ? Et pourquoi le verbe est-il à l'infinitif ? Le dernier éditeur de la *V. pyth.*, **7** L. Deubner, a préféré conserver le γράφειν des mss, étant donné que le récit au discours indirect commencé à peu près une page plus haut (p. 142, 10) et déployé à travers une longue série de verbes à l'infinitif, continue naturellement après la relative incise de la p. 143, 6-7. L'éditeur remarquait à juste titre que, même si l'on accepte la correction γράφει proposée par Cobet **17** (voir *infra*) – apparemment pour éliminer le passage brutal du discours direct au discours indirect –, le sujet du verbe ne peut être que Diodore d'Aspendos (➡D 128), cité juste avant (οὗτος … διέδωκε τὰς Πυθαγορείους φωνάς) ; voir **8** L. Deubner, *Bemerkungen zum Text der* Vita Pythagorae *des Iamblichos*, Berlin 1935, p. 76 [= *SPAW* 1935 / 19, p. 612-690 + 824-827, à la p. 685 ; repris dans *Id., Kleine Schriften zur klassischen Altertumskunde*, édit. O. Deubner, coll. «Beiträge zur klassischen Philologie» 140, Königstein 1982, p. 471-555, à la p. 544), ainsi que **9** L. Brisson et A.-Ph. Segonds (introd., trad. et notes), *Jamblique. Vie de Pythagore*, coll. «La Roue à livres» 29, Paris 2011² [1996¹], p. 142. Cela posait problème à **10** E. Rohde («Die Quellen des Jamblichus in seiner Biographie des Pythagoras», *RhM* 26, 1871, p. 554-576, et 27, 1872, p. 23-61, à la p. 60 [repris dans *Id., Kleine Schriften*, t. II : *Beiträge zur Geschichte des Romans und der Novelle, zur Sagen-, Märchen- und Althertumskunde*, édit. F. Schöll, Tübingen/Leipzig 1901 (réimpr. Hildesheim 1969), p. 102-172, à la p. 172]) et à **11** A. Nauck (dans son édition critique de la *V. pyth.*, Saint-Pétersbourg 1884 [réimpr. Amsterdam 1965], p. LXXXIII [*addenda*]), puisqu'il n'est jamais dit dans la tradition que ce Diodore avait laissé des écrits. C'est pourquoi d'ailleurs **12** P. Corssen («Die Sprengung des pythagoreischen Bundes», *Philologus* 71, 1912, p. 332-352, à la p. 351) acceptait la correction de Cobet, mais en supposant que le sujet de γράφει devait être une autre personne, dont le nom serait omis par la source de Jamblique, par Jamblique lui-même ou par les copistes de la *V. pyth.* Cela est en effet probable, mais d'autre part on ne voit pas pourquoi on devrait être choqué par l'existence d'une tradition attribuant (à tort ou à raison) une activité d'écrivain à Diodore ; *cf.* Burkert **6**, p. 25 ; Horky **5**, p. 128 n. 6.

Sur ce personnage, voir la brève discussion, avec orientation bibliographique, dans **13** Br. Centrone, notice « Diodoros d'Aspendos », D 128, *DPhA* II, 1994, p. 783, et dans Macris **2**, t. III, p. 126-128.

Malgré sa mention honorable parmi les « vrais » pythagoriciens, Théôridès ne fait qu'une apparition furtive et passagère dans la *V. pyth.*, puisque – contrairement aux quatre autres ζηλωταί – il ne figure pas dans le *Catalogue* final des pythagoriciens reproduit par le même Jamblique (*V. pyth.* 267) d'après Aristoxène de Tarente (➩A 417).

Ce n'est donc pas une surprise si son nom a échappé à la vigilance des rédacteurs de la *RE* et du **14** *LGPN*, t. III A, et s'il manque aussi chez **15** Fr. Bechtel, *Die historischen Personennamen*, là où on l'aurait attendu (p. 209 et 516). En revanche, il est dûment répertorié dans **16** W. Pape et G. Benseler, *Wörterbuch der griechischen Eigennamen*, t. I, p. 504 (occurrence unique). *Cf.* aussi **17** H. A. Brown, *Philosophorum Pythagoreorum collectionis specimen*, p. XVIII.

Il serait tentant de corriger ce Θεωρίδης par ailleurs inconnu en Θεαρίδας (forme dorienne, mais pas du même nom), dont Clément d'Alexandrie cite un très court fragment en dorien tiré d'un traité (apocryphe) Περὶ φύσεως (voir plus haut, la notice « Théaridas », T 30). La paternité de cette idée revient à **18** C. G. Cobet (*Collectanea critica quibus continentur observationes criticae in scriptores graecos*, Lugduni Batavorum [Leiden] 1878, p. 305-449, à la p. 448 [1re publication : « Observationes criticae et palaeographicae ad Iamblichi *Vitam Pythagorae* », *Mnemosyne* 5, 1877, p. 338-384]). Mais sa correction est loin d'être assurée. C'est pourquoi Deubner **7** ne fait que la mentionner dans son apparat critique *ad loc.* (*ad V. pyth.*, p. 143, 9), sans l'adopter. L'identification des deux personnages, Θεωρίδης et Θεαρίδας, est évoquée également comme simple possibilité par Horky **5**, p. 129 n. 10. En revanche, **19** H. Thesleff, *The Pythagorean texts*, p. 201, 11-12, la partage implicitement, puisqu'il reproduit le passage de la *V. pyth.* discuté ici sous "Thearidas"; même attitude dans Brisson et Segonds **9**, p. 218 n. 3 au § 266.

CONSTANTINOS MACRIS.

105 THÉOSÉBIOS *PLRE* II :1   MF V

Philosophe vraisemblablement originaire d'Alexandrie, connu par quelques passages de la *Vie d'Isidore* de Damascius. Il fut le disciple de Hiéroclès d'Alexandrie (➩H 126), dont il nota, à deux reprises, le commentaire oral (ἐξήγησις) sur le *Gorgias* de Platon, constatant que la seconde version était totalement différente de la première, tout en respectant au mieux dans chaque cas le sens voulu (προαίρεσις) par Platon (*Epit. Phot.* 54, p. 80, 5-11 Zintzen = n° 45 A Athanassiadi). Sans connaître la magie et sans avoir étudié aucune pratique théurgique (θεουργίασμα), il chassa un démon récalcitrant d'une femme en invoquant les rayons du soleil et le dieu des Hébreux (*Epit. Phot.* 56, p. 82, 2-6 Zintzen = n° 46 B Athanassiadi). Plus que tout autre, il était capable de voir à l'intérieur des âmes (fr. 106, p. 83, 1-2 Zintzen = n° 45 B Athanassiadi). Admirateur et imitateur des admonestations (νουθετήσεις) d'Épictète dans ses écrits, mettant tout en œuvre (*cf. Epit. Phot.* 57) pour améliorer les mœurs de ses contemporains, au point que

Damascius le présente comme l'Épictète de son temps (ὁ τοῦ καθ' ἡμᾶς χρόνου Ἐπίκτητος), il ne se considérait pourtant pas comme stoïcien, mais bien comme platonicien (fr. 109, p. 85, 14 - 87, 17 = n° 46 D Athanassiadi). En plus de ses écrits moraux, il composa un petit livre sur les finesses de la grande *République* (μικρὸν βιβλίδιον περὶ τῶν ἐν Πολιτείᾳ μεγάλῃ κεκομψευμένων). Ses préférences philosophiques se portaient vers la *théosophie* enseignée par les dieux, peut-être à travers les *Oracles chaldaïques*, dont il devait, comme d'autres néoplatoniciens, enseigner l'accord avec la philosophie de Platon. Mais il se distinguait moins par la science (ἐπιστήμη) que par l'attention qu'il portait, comme Socrate et Épictète, aux enseignements moraux, sans s'engager dans la vie publique. Ne pouvant avoir d'enfants, il proposa à son épouse de remplacer leur anneau de mariage par un anneau de continence et le couple vécut, grâce à ce talisman (φυλακτήριον), sans avoir d'union charnelle (fr. 110, p. 87, 19 - 89, 4 Zintzen = n° 46 E Athanassiadi). Voir la traduction de ces passages dans P. Athanassiadi, *Damascius, The philosophical history*, sect. 45-46.

Sur la place de Théosébius dans le cadre du néoplatonisme alexandrin, voir I. Hadot, *Athenian and Alexandrian Neoplatonism and the Harmonization of Aristotle and Plato*. Translated by Michael Chase, coll. «Studies in Platonism, Neoplatonism, and the Platonic Tradition» 18, Leiden/Boston 2015, p. 3-5.

RICHARD GOULET.

106 THÉOSOPHIE DITE DE TÜBINGEN (Θεοσοφία) V-VI

Œuvre anonyme chrétienne rédigée en milieu alexandrin vers la fin du ve ou au début du VIe siècle. Le titre « Théosophie de Tübingen » s'explique par le lieu de conservation du manuscrit le plus complet (Tubing. Mb 27, XVIe s.). La *Théosophie* se présente comme une compilation de citations de prophéties et d'oracles païens commentés. L'œuvre originale, qui portait le titre *Theosophia* (Θεοσοφία), n'a pas été conservée et nous est connue par le biais d'un résumé rédigé au VIIIe siècle, dans lequel il est précisé que la *Théosophie* était le supplément d'un traité, aujourd'hui perdu, *Sur la foi droite* (Περὶ τῆς ὀρθῆς πίστεως) composé de sept livres.

Éditions. 1 H. Erbse (édit.), *Fragmente griechischer Theosophien*. Herausgegeben und quellenkritisch untersucht von H. E., coll. « Hamburger Arbeiten zur Altertumswissenschaft» 4, Hamburg 1941 ; **2** *Id.* (édit.), *Theosophorum Graecorum Fragmenta*. Iterum recensuit H. E., coll. *BT*, Stuttgart/Leipzig 1995 ; **3** P. F. Beatrice, *Anonymi Monophysitae Theosophia. An Attempt at Reconstruction*, coll. « Supplements to Vigiliae Christianae » 56, Leiden 2001.

Traduction. 4 H. van Kasteel, « La *Théosophie* de Tübingen », dans *Id.* (édit.), *Oracles et prophétie*, Grez-Doiceau 2011, p. 249-301 (traduction française de l'édition Erbse **2**).

Structure et contenu

Dans son introduction, le compilateur byzantin fournit le plan de la *Théosophie*, que l'on peut répartir en cinq livres comme suit :

– Préface (προοίμιον)

– I : « Oracles des dieux grecs » (χρησμοὶ τῶν Ἑλληνικῶν Θεῶν)

– II : « Théologies des sages grecs et égyptiens » (θεολογίαι τῶν παρ᾽ Ἕλλησι καὶ Αἰγυπτίοις σοφῶν)

– III : Oracles des Sibylles (fragments originaux conservés)

– IV : Oracles d'Hystaspe

– V : Chronique universelle d'Adam au règne de Zénon (perdue).

Le but de l'auteur était de montrer que les oracles et prophéties des dieux et sages païens étaient en accord avec les doctrines chrétiennes et que c'était Dieu qui les avait inspirés.

La majorité des spécialistes situent la composition de la *Théosophie* durant le règne de Zénon (474-491), à Alexandrie, notamment en raison de la présence de citations bibliques provenant de la recension alexandrine de la Septante : voir notamment **5** K. Buresch, *Klaros : Untersuchungen zum Orakelwesen des späteren Altertums : Nebst Einem Anhange, Das Anecdoton ΧΡΗΣΜΟΙ ΤΩΝ ΕΛΛΕΝΙΚΩΝ ΘΕΩΝ enthaltend*, Leipzig 1889, p. 91 ; **6** T. Sardella, « Oracolo pagano e rivelazione cristiana nella Theosophia di Tubinga », dans **7** C. Giuffrida et M. Mazza (édit.), *Le trasformazioni della cultura nella Tarda Antichità*, t. II, Roma 1985, p. 545-573 (p. 545-549) ; Erbse **2**, p. XIII-XIV ; **8** C. Mango, « The Conversion of the Parthenon into a Church : the Tübingen Theosophy », *DeltChAE* 18, 1995, p. 201-203 ; **9** P. Athanassiadi (édit.), *Damascius. The Philosophical History*. Edited and translated by A. P., Athens 1999, p. 353-356 (qui replace la rédaction de la *Théosophie* dans le cadre de la polémique au sein de l'école d'Horapollon [➣+H 165]). Quant à P. F. Beatrice, il situe la rédaction entre 496 et 503, et plus précisément en 502/503, dans un courant millénariste et monophysite, et propose de rapprocher l'auteur de la *Théosophie* de Sévère de Sozopolis, patriarche d'Antioche de 512 à 518 (voir dernièrement Beatrice **3**, p. XXXIV-L), hypothèse rejetée par **10** F. Alpi et A. Le Boulluec, « La reconstruction de la *Théosophie* anonyme proposée par Pier Franco Beatrice. Note critique », *Apocrypha* 15, 2004, p. 293-305.

La *Théosophie*, dont on n'a pas identifié la source principale, pourrait être une tentative chrétienne, dans la continuité de Lactance, du Pseudo-Justin et de Cyrille d'Alexandrie, de répondre à la méthode développée par Porphyre dans la *Philosophie tirée des oracles*, qui avait attribué aux oracles païens le statut de révélations divines capables de transmettre un enseignement philosophique. Voir Beatrice **3**, p. XXV-XXX ; **11** A. Busine, « Des *logia* pour philosophie. À propos du titre de la *Philosophie tirée des oracles* de Porphyre », *PhilosAnt* 4, 2004, p. 149-166 ; voir également **12** *Ead.*, notice « Porphyre de Tyr », P 263, *DPhA* Vb, 2012, p. 1394-1397.

Intérêt pour l'étude des philosophes antiques

Une quinzaine d'extraits de la *Théosophie* sont attribués à des philosophes grecs. Il s'agit de citations, souvent authentiques et connues autrement, d'Antisthène (§ 90 Erbse, vers inspiré d'Euripide, *TGF* fr. 19 Nauck); de Diogène de Sinope (§ 70 Erbse = (Diagoras) II 18 Beatrice, *cf.* Clément, *Protr.* II 24, 4); d'Héraclite d'Éphèse (§ 67-68-69-74 Erbse = II 15, 16, 17, 22 Beatrice = DK 22 F B 34, 5, 127, 128); de Jamblique (§ 66 Erbse = II 14 Beatrice, seule l'introduction a été conservée), de Platon (§ 40 Erbse = II 7 Beatrice = *Alcibiade Sec.* 143a 1-2; § 60 Erbse = II 8 Beatrice, maxime attribuée à Diogène le Cynique par Diogène Laërce VI 39; § 63 Erbse = II 11 Beatrice = *Ep.* 2, 312d); de Socrate (§ 62 Erbse = II 10 Beatrice, *cf.* Platon, *Apologie* 21d 6); de Timon de Phlionte (§ 91 Erbse = II 31 Beatrice = fr. 784 et 485 *Suppl. Hell.*) et de Syrianus (§ 50 Erbse = I 51 Beatrice = *fr. ex opere incerto* 169 Kern).

Par ailleurs, l'auteur de la *Théosophie* reproduit et commente des extraits inédits de Porphyre, à savoir trois oracles de la *Philosophie tirée des oracles* (§ 27, 29, 30 Erbse = I 24, 26, 27 Beatrice = F 325, 325 a Smith), voir **13** A. Busine, *Paroles d'Apollon. Pratiques et traditions oraculaires dans l'Antiquité tardive (IIe-VIe siècles)*, coll. «Religions in the Graeco-Roman world» 156, Leiden 2005, p. 198-199; **14** L. M. Tissi, «Un oracolo tratto da Porfirio nella *Teosofia di Tubinga* (§ 27 Erbse = I 24 Beatrice)», dans D. Gigli et E. Magnelli (édit.), *Studi di poesia tardoantica*, Firenze 2013, p. 37-64; ainsi qu'un extrait sur l'inconnaissance de Dieu très semblable à un passage du *Commentaire au Parménide* de l'anonyme de Turin (§ 65 Erbse = II 13 Beatrice = IX 1 – X 35 Hadot). Sur ce commentaire, voir **15** M. Chase, notice «Porphyre de Tyr», P 263, *DPhA* Vb, 2012, p. 1358-1371. Voir **16** H. D. Saffrey, «Connaissance et inconnaissance de Dieu: Porphyre et la *Théosophie de Tübingen*» [1988], dans *Id., Recherches sur le néoplatonisme après Plotin*, <t. I>, Paris 1990, p. 11-30.

La liste des prophéties théosophiques attribuées aux philosophes grecs s'allonge si on prend en compte les «Thesauri minores» publiés par Erbse **2**, p. 91-135 en appendice de son édition de la *Théosophie de Tübingen*. Sur ces collections mal connues, voir **17** A. Delatte, «Le déclin de la Légende des VII Sages et les Prophéties théosophiques», *MusB* 27, 1923, p. 97-111; **18** *Id.*, «Prophéties théosophiques», dans *Id., Anecdota atheniensia*, t. I: *Textes grecs inédits relatifs à l'histoire des religions*, coll. «Bibliothèque de la Faculté de Philosophie et Lettres de l'Université de Liège» 36, Paris/Liège 1927, p. 324-332; Erbse **2**, p. XXIV-XLVIII; Beatrice **3**, p. LII-LVI.

Dans ces collections, les prophéties, attribuées de façon aléatoire à diverses figures de révélation, sont soit des oracles théologiques, dont l'origine est vraisemblablement païenne et peut-être même oraculaire, voir **19** A. D. Nock, «Oracles théologiques», *REA* 30, 1928, p. 280-290 (repris dans *Id., Essays on Religion and the Ancient World*, t. I, Oxford 1972, p. 160-168); **20** L. Robert, «Trois oracles de la *Théosophie* et un prophète d'Apollon», *CRAI* 112, 1968, p. 568-599; Busine **13**,

p. 195-221); soit des oracles chrétiens *ex eventu*, qui annoncent l'avènement du Christ et incitent à la foi chrétienne, voir **21** P. Batiffol, « Oracula hellenica », *RBi* 13, 1916, p. 177-199 ; Busine **13**, p. 362-431. Les collections qu'Erbse note ω, χ et τ attribuent ces deux types de prophéties à Aristote (ω5, χ4, τ10), Platon (ω4, ω15, χ11, χ12, τ5) et Porphyre (ω3). Quant aux collections qu'Erbse note π, μ et Δ, elles mettent en scène la réunion à Delphes des Sept Sages, qui interrogèrent Apollon sur la destinée de son temple. Aristote (μ5, Δ6) et Platon (π7, μ6, Δ5) y sont encore présentés comme des auteurs prophétiques, mais ici en raison de leur inclusion dans le groupe des Sept, voir **22** A. Busine, « Les Sept sages prophètes du christianisme. Tradition gnomique et littérature théosophique », dans H. Seng (édit.), *Theologische Orakel in der Spätantike*, coll. « Bibliotheca Chaldaica » 5, Heidelberg (sous presse).

AUDE BUSINE.

107 THÉOTECNOS   D V

Membre éminent du cercle philosophique d'Hypatie d'Alexandrie (➨H 175).

Le « père Théotecnos » est mentionné dans deux lettres de Synésius de Cyrène [➨S 179]. Dans la lettre 16 (p. 37, 4 Garzya) adressée (vers 413 ?) à Hypatie, Synésius demande à la philosophe de « saluer les bienheureux compagnons en commençant par le père Théotecnos et le frère Athanasius (➨A 471), et tous les autres ensuite » (ἄσπασαι τοὺς μακαρίους ἑταίρους, ἀπὸ τοῦ πατρὸς Θεοτέκνου καὶ ἀπὸ τοῦ ἀδελφοῦ Ἀθανασίου ἀρξαμένη, πάντας ἑξῆς). Dans la lettre 5 (*olim* 4 ; p. 26, 2 Garzya) adressée (vers 400 ?) à son frère (Euoptios, ➨E 122a dans les compléments du tome VII), long récit d'un voyage en mer périlleux, Synésius prie ce dernier de saluer Hypatie, ainsi que le « chœur bienheureux » qui bénéficie de son enseignement inspiré, et « parmi tous en particulier le très saint père Théotecnos, ainsi que notre compagnon Athanasius » (τὸν ἱερώτατον πατέρα Θεότεκνον καὶ τὸν ἑταῖρον ἡμῶν Ἀθανάσιον).

Théotecnos appartenait donc au « chœur » des disciples d'Hypatie d'Alexandrie et il est désigné comme « très saint ». La lettre 5 mentionne à la suite de Théotecnos et Athanasios deux autres membres du « chœur » de la philosophe : un certain Gaius (➨G 2α, dans les compléments du tome VII) et le « grammairien » Théodosius (➨T 69), ce qui laisse entendre que tous les membres de ce cercle n'étaient pas des philosophes professionnels. Athanasius pourrait de même être un rhéteur. Voir **1** P. Maraval, notice « Athanasius », A 471, *DPhA* I, 1989, p. 639.

Le contexte ne permet pas de déterminer le sens des mots père et frère attribués aux deux « bienheureux compagnons » mentionnés en tête des disciples. Il pourrait s'agir du père et d'un frère de Synésius, mais son père s'appelait en fait Hésychius [absent de la *PLRE* ; *cf.* **2** P. Maas, « Hesychios, Vater des Synesios von Kyrene », *Philologus* 72, 1913, p. 450-451, à partir de Syn., *Hymn.* 7, v. 31])

On a compris également que ce père Théotecnos et ce frère Athanasios pouvaient être les véritables père et frère d'Hypatie, destinataire de la lettre 16 et évoquée dans la lettre 5. Voir en ce sens **3** D. Roques, « La famille d'Hypatie, *REG* 108, 1995, p. 128-149 ; **4** Henriette Harich-Schwarzbauer, *Hypatia. Die spätantike Quellen. Eingeleitet, kommentiert und interpretiert*, coll. « Sapheneia – Beiträge zur klassischen Philologie» 16, Bern 2011, p. 79-80 et p. 129, a tendance à accepter ces identifications. Mais le père d'Hypatie était le philosophe et astronome Théon d'Alexandrie (➤T 88), qui fut également le maître de la philosophe. Roques 3, p. 138-139 (voir aussi dans l'éd. de la *CUF*, p. 18 n. 93 [p. 107]), a donc envisagé que Théoctenos ait été un pseudonyme donné à ce Théon ou plus probablement que Théon était une diminution hypocoristique de Théotecnos, mais Théon, s'il était encore vivant, était sans doute un homme déjà très âgé à l'époque de la rédaction de ces lettres, et cela surtout s'il faut croire Jean Malalas lorsqu'il présente la philosophe au moment de sa mort comme une femme âgée. Pouvait-il être désigné comme un des compagnons d'Hypatie, fût-ce le premier et le plus saint ? Voir les objections de **5** H. D. Saffrey, notice « Hypatie », H 175, *DPhA* III, 2000, p. 814, et **6** T. Schmitt, *Die Bekehrung des Synesios von Kyrene. Politik und Philosophie, Hof und Provinz als Handlungsräume eines Aristokraten bis zu seiner Wahl zum Metropoliten von Ptolemais*, coll. « Beiträge zur Altertumskunde » 146, München/Leipzig 2001, p. 30 n. 66, et p. 209 n. 265. Henriette Harich-Schwarzbauer **4**, p. 79, signale elle-même que le terme *père* est employé dans le sens d'une paternité spirituelle dans l'*Ep.* 129 (p. 263, li. 38-39 Garzya-Roques) à propos d'un ami de Synésius du nom de Proclus [*PLRE* II :2] (παρὰ τοῦ θαυμασιωτάτου πατρὸς Πρόκλου ; voir également *Ep.* 70, p. 191, li. 8 : τῆς πατρικῆς σου κεφαλῆς ; *Ep.* 134, p. 273, li. 23 : ὁ πατὴρ Πρόκλος ; *ibid.*, li. 37 : τῷ πατρὶ Πρόκλῳ). Synésius qualifie de même Hypatie de mère et de sœur (*Epist.* 16), ce qu'elle n'était pas pour lui.

Contre l'identification de Théoctène à Théon, **7** O. Masson, « Θεότεκνος "fils de Dieu" », *REG* 110, 1997, p. 618-619 [repris dans ses *Onomastica graeca selecta*, t. III, coll. « Hautes études du monde gréco-romain » 28, Genève 2000, p. 283-284], a soutenu que ce nom de Théoctène (« fils de Dieu ») serait « manifestement » d'origine chrétienne, conclusion remise en cause par **8** D. Roques, « Théoteknos "fils de Dieu" », *REG* 111, 1998, p. 735-756 (qui fournit un catalogue d'une soixantaine de personnages de ce nom).

9 Maria Dzielska, *Hypatia of Alexandria*. Translated by F. Lyra, coll. « Revealing Antiquity » 8, Cambridge, Mass. 1995, p. 37 n. 23, propose d'identifier l'ami de Synésius avec le rhéteur Théotecnos mentionné par Libanius, *Epist.* 910 (en 388) (= *RE* 5 ; *PLRE* I :3) mais qui ne semble pas rattaché à Alexandrie. Si on ne retient pas cette identification, le compagnon d'Hypatie est absent de la *RE* et de la *PLRE*.

On a vu également dans le « frère Athanasios » un frère d'Hypatie et on a même proposé de voir dans ce nom un surnom d'Épiphanios (➤E 43a, dans les compléments du tome VII) connu comme frère d'Hypatie : Théon d'Alexandrie dédie en fait à Épiphanios (*PLRE* I :4), son « fils » (τέκνον Ἐπιφάνιε), le premier livre de son Commentaire sur la *Mathematikè Syntaxis (Almageste)* de Ptolémée et le second livre de la seconde édition du Commentaire sur les *Tables faciles* de Ptolémée (voir Roques 3, p. 142). Mais **10** P. Athanassiadi, *Damascius. The Philosophical history*, p. 123 n. 83, considère qu'il pourrait s'agir ici aussi d'une filiation spirituelle de disciple à maître. En faveur de réels liens de parenté avec la famille d'Hypatie, voir Roques **3**, p. 144, **11** Gemma Beretta, *Ipazia d'Alessandria*, coll. « Gli Studi » 70, Roma 1993, p. 34-35, Harich-Schwarzbauer **4**, p. 79 et 251. Athanasios, compagnon de Synésius, pourrait de même être son frère spirituel, plutôt qu'un frère réel d'Hypatie ou de Synésius lui-même. Voir Dzielska **9**, p. 37 : « Synesius is surely referring to Hypatia's circle of students as a family ».

RICHARD GOULET.

THÉOTIMOS → DIOTIMOS

108 THÉOTIMOS (POPILLIUS –)   I-II

C'est à la requête de ce scholarque épicurien d'Athènes que Plotine, en 121, avait sollicité d'Hadrien le droit pour le chef de l'école épicurienne de tester désormais en grec et de choisir pour successeur un pérégrin: *IG* II² 1099; J. H. Oliver, *Greek Constitutions of Early Roman Emperors*, Philadelphia 1989, p. 174-180, n° 73. Il n'est pas impossible que ce problème juridique, pour lequel Hadrien accorda l'autorisation demandée, se soit accompagné de quelques rivalités personnelles relatives à la succession de Théotimos: dans sa lettre à la communauté épicurienne, Plotine insiste fortement sur le devoir fait au scholarque de choisir pour successeur le plus digne, en oubliant ses sympathies personnelles. La succession de Théotimos devait intervenir peu de temps plus tard: en 125, c'est Hèliodoros (➡H 28), un proche d'Hadrien, qui était à la tête du Jardin: voir S. Follet, « Lettres d'Hadrien aux Épicuriens d'Athènes », *REG* 107, 1994, p. 158-171, et, sur l'ensemble du dossier, T. Dorandi, « Plotina, Adriano e gli Epicurei di Atene », dans « Epikureismus in der späten Republik und der Kaiserzeit », coll. « Philosophie der Antike » 11, Stuttgart 2000, p. 137-148, ainsi que F. Kirbihler, notice « Plotina (Pompeia –) », P 206, *DPhA* V b, 2012, p. 1071-1075.

BERNADETTE PUECH.

109 THÉOXÉNOS   IVᵃ ?

Lucien dans *Le Scythe* (§ 8) dit qu'Anacharsis (➡A 155) fut le seul des Barbares à avoir été initié aux Mystères d'Éleusis, « s'il faut en croire Théoxène qui à son sujet donne également cette information ». Himérius, un sophiste du IVᵉ s., au tout début de son discours Εἰς τὸν Πριβᾶτον ῾Ρωμαῖον, reprend, sans indiquer sa source, l'information selon laquelle Anacharsis le Scythe s'est fait initier aux Mystères d'Éleusis: ἤγαγε δὲ ἄρα ὁ τοῦ πυρὸς τοῦ κατ᾽ Ἐλευσῖνα πόθος καὶ Ἀνάχαρσιν τὸν Σκύθην ἐπὶ μυστήρια (*Discours* XXIX dans l'édition des *Declamationes et orationes* d'Himerius par A. Colonna, Rome 1951, p. 80-81, et traduction commentée de R. J. Penella, *Man and the word. The orations of Himerius. Translated, annotated, and introduced*, coll. « The transformation of the classical heritage » 43, Berkeley 2007, p. 80-81 et n. 38).

A partir de ces deux témoignages et à la suite de **1** R. Heinze, « Anacharsis », *Philologus* 50, 1891, p. 458-468 – dont l'opinion, selon laquelle un écrit cynique sur Anacharsis aurait existé dès avant les dernières décennies du IVᵉ s. av. J.-C., fut approuvée par **2** K. Praechter, « Zur Frage nach Lukians philosophischen Quellen », *AGPh* 11, 1898, p. 505-516, notamment p. 513-515 –, **3** A. Colonna, *Scripta Minora*, Brescia 1981, p. 127-129, suggère de voir en Théoxène un philosophe cynique, du milieu ou de la fin du IVᵉ siècle av. J.-C., qui aurait écrit un ouvrage sur Anacharsis qu'auraient pu utiliser Lucien et plus tard Himérius: « Ce Théoxène écrivit donc, avant l'époque de Lucien, un petit ouvrage par lequel il fait l'éloge du caractère d'Anacharsis et le récit des événements de sa vie, ce qui s'accorde admirablement avec l'opinion du savant R. Heinze qui, en mettant à profit de façon fine et subtile le témoignage de Lucien, a pensé qu'au milieu ou vers la fin du IVe s. il existait un ouvrage écrit avec esprit par un philosophe cynique, où étaient contenus les événements de la vie d'Anacharsis en terre grecque, réduits la plupart du temps à la légende» (p. 128). Malgré les efforts déployés par des savants comme **4** R. Helm, «Lucian und die Philosophenschulen», *JKPh* 9, 1902, p. 351-369, notamment p. 365-367, ou encore davantage par **5** P. von der Mühll, «Das Alter der Anacharsislegende», dans *Festgabe für H. Blümner*, Zürich 1914, p. 425-433, repris dans B. Wyss (édit.), *Ausgewählte kleine Schriften von Peter von der Mühll*, coll. «Schweizerische Beiträge zur Altertumswissenschaft» 12, Basel 1975, p. 473-481, pour essayer de prouver que le personnage d'Anacharsis, tel qu'imaginé par Lucien, ne sent quasiment pas l'officine cynique, mais revient à la description plus ancienne d'Hérodote, Colonna estime (p. 128) que leurs discussions ne sont pas parvenues à enlever la confiance qu'on peut accorder à l'opinion de Heinze. Selon lui, les débuts de la narration légendaire à propos d'Anacharsis, les fondements en quelque sorte, se trouvent chez Hérodote, mais toute la vie du barbare scythe a été empruntée telle quelle à l'esprit et au style d'un philosophe cynique du milieu du IVe s. Dans l'ouvrage de Théoxène les événements de la vie d'Anacharsis rapportés par Hérodote auaient été, selon lui, mêlés à de nouvelles légendes sur la supériorité d'Anacharsis, sur ses comportements adaptés au genre de vie selon la nature, sa piété envers les dieux et ses autres vertus naturelles. La question aujourd'hui reste ouverte.

A. Colonna signale également, sans prétendre qu'il s'agisse du même Théoxène, mais sans l'exclure non plus, une scholie sur Théocrite 1, 3-4 (p. 32, 1 Wendel) où l'on peut lire: Θεόξενος δὲ οὐράνιον τὸν Πᾶνά φησιν, «Théoxène dit que Pan est un être céleste» (p. 129). Wendel écrit dans son apparat *ad loc.*: «De Theoxeno nihil scimus».

MARIE-ODILE GOULET-CAZÉ.

110 THÉOXÉNOS DE PATRAS   III

Théoxénos, fils d'Achille, de Patras, était stoïcien, mais n'a pas eu le temps de laisser d'autre souvenir que son épitaphe, qui déplore sa mort prématurée à Athènes: *IG* II^2 10046a (*GVI* 393; A.D. Rizakis, *Achaïe I. Sources textuelles et histoire régionale*, coll. «Mélétèmata» 20, Athènes 1995, p. 390, n° 750).

BERNADETTE PUECH.

111 THÉRIS D'ALEXANDRIE   F III^a

Académicien inconnu disciple de Téléclès de Phocée [➤+T 11] (Philod., *Acad. hist.*, col. N 16, p. 158 Dorandi).

TIZIANO DORANDI.

112 THESMOPOLIS   II

Ce philosophe stoïcien, vraisemblablement fictif, est mis en scène par Lucien dans son traité *Sur ceux qui sont aux gages des grands* (*De mercede* 33-34). Lucien raconte qu'habitant chez une dame riche, ce philosophe fit un jour un voyage un peu mouvementé, car il était assis à côté d'un débauché haut en couleurs, que la dame tenait en haute estime. Il raconte aussi qu'un autre jour la dame demanda à Thesmopolis un service. Elle souhaitait qu'il prît dans sa voiture sa chienne, laquelle attendait des petits, et qu'il veillât à ce qu'elle ne manquât de rien. Sur les instances pressantes de la dame, Thesmopolis accepta. Mais au cours du voyage, la chienne le mouilla, aboya, lécha sa barbe et fit même ses petits dans son manteau. Un jour, dans la salle à manger, le débauché qui s'était assis précédemment à côté de lui se moqua des autres convives et, quand arriva le tour de Thesmopolis, il fit la plaisanterie suivante : « A propos de Thesmopolis, tout ce que je puis dire, c'est que notre stoïcien est devenu désormais cynique ».

MARIE-ODILE GOULET-CAZÉ.

113 THESPÉSION   I

D'après Philostrate, Thespésion était le doyen des Gymnosophistes, c'est-à-dire des « sages nus », d'Égypte (*V. Apoll.* VI 10), auxquels Apollonius de Tyane (➾A 284) rendit visite.

Études d'orientation. 1 R. Reitzenstein, *Hellenistische Wundererzählungen*, Leipzig, 2ᵉ éd. 1906, p. 42-45 ; **2** P. Robiano, « Les gymnosophistes éthiopiens chez Philostrate et chez Héliodore », *REA* 94, 1992, p. 413-428 ; **3** Claire Muckensturm-Poulle, notice « Gymnosophistes », G 35, *DPhA* III, 2000, p. 494-496.

A noter que Philostrate réserve l'appellation « gymnosophistes » aux sages d'Égypte, et non aux sages de l'Inde appelés « Gymnosophistes » (➾G 35) par la tradition, et qu'il recourt parallèlement à d'autres dénominations (« sages égyptiens », « Égyptiens », « Éthiopiens »). Sur ce point, *cf.* Robiano 2, p. 415-417.

Philostrate, *V. Apoll.* I 2 mentionne des *Lettres* d'Apollonius aux Égyptiens, en d'autres termes aux Gymnosophistes.

Réutilisant l'apologue de Prodicos (➾P 325), Thespésion prêchait un idéal de simplicité et d'endurance. Conservateur, il s'affirmait défenseur de la zoolâtrie et du maintien des coutumes, notamment des coutumes religieuses, et il attachait une grande importance à la justice ; au sujet de l'âme, il aurait professé une doctrine proche de celle de Platon dans le *Timée* (*V. Apoll.* VI 19-21). Il revendiquait la supériorité de la sagesse égyptienne par rapport à la sagesse indienne, ce que contestait Apollonius de Tyane ; d'ailleurs, selon ce dernier, les Gymnosophistes avaient une origine indienne, qu'ils niaient (*V. Apoll.* VI 10-11).

Orientation philosophique. Reitzenstein 1, p. 42-45, affirme que les Gymnosophistes « professent un cynisme pur » et ont donc dégénéré par rapport à leurs ancêtres, les Indiens qui, eux, restent pythagoriciens. Cette thèse est contestée par Robiano 2, p. 422-425, malgré l'écho qu'elle a rencontré.

PATRICK ROBIANO.

114 THESPIS   II^a

Épicurien. Il était intervenu avec Basilide (➤B 16), dans un débat sur la colère
en attaquant les positions de Nicasicratès (➤N 24) et de Timasagoras (➤T 140).
Cf. Philodème, *De ira*, col. V 17-25 = . G. Indelli [édit.], *Filodemo, L'ira*, Napoli
1988, p. 149-151. Dans la *Vita Philonidis* (*PHerc.* 1044, fr. 11), il est cité avec
Basilide comme maître de Philonidès [➤P 159] (sur ce passage difficile, voir en
dernier lieu : **1** T. Dorandi, *ZPE* 45, 1982, p. 50-52, et *contra* **2** I. Gallo, *ibid.*, 51,
1983, p. 51-54).

Cf. M. Erler, *GGP*, Antike 4, 1, 1994, p. 280.

2 M. Haake, *Der Philosoph in der Stadt*, München 2007, p. 300 («Ein athenisches Zeugnis
für den Epikureer Thespis?»), signale une inscription funéraire qui pourrait faire mention de
Thespis : Εὐπορία Θέσπιδος, Ἀριστομένου Λαοδικέως γυνή. Voir également **3** Renée Koch,
Comment peut-on être dieu? La secte d'Épicure, coll. «L'Antiquité au présent», Paris 2005,
p. 230. Mais l'inscription est datée du IIIe s. av. J.-C. plutôt que du IIe et ne concernerait pas le
maître de Philonidès.

4 É. Perrin-Saminadayar, *Éducation, culture et société à Athènes*, p. 134 et 566, signale pour
ce philosophe une notice dans la *RE* que nous n'avons pu retrouver : «*RE*, 33/3 (1972), 122».

TIZIANO DORANDI.

115 THESSALOS DE TRALLES *RE* 6   I^p

Médecin originaire de Tralles en Asie Mineure et principal représentant de
l'école méthodique.

Cf. **1** Th. Meyer-Steineg, «Thessalos von Tralles», *AGM* 4, 1910/1911, p. 89-
118 ; **2** F. Cumont, «Écrits hermétiques», t. II : «Le médecin Thessalus et les
plantes astrales d'Hermès Trismégiste», *RPh* 42, 1918, p. 85-108 ; **3** A. J.
Festugière, «L'expérience religieuse du médecin Thessalos», *RBi* 48, 1939, p. 45-
77, repris dans *Hermétisme et mystique païenne*, Paris 1967, p. 141-180, trad. it.
par L. Maggio, *Ermetismo e mistica pagana*, Genova 1991 ; **4** H. Diller, art.
«Thessalos» 6, *RE* VI A 1, 1936, col. 168-182 ; **5** H. V. Friedrich, *Thessalos von
Tralles griechisch und lateinisch*, coll. «Beiträge zur klassischen Philologie» 28,
Meisenheim am Glan 1968 ; **6** F. Kudlien, art. «Thessalos» 6, *KP* 5, 1974,
col. 763-764 ; **7** M. Frede, «The Method of the so-called Methodical School of
Medicine», dans J. Barnes, J. Brunschwig, M. Barnyear et M. Schofield (édit.),
Sciences and Speculation. Studies in Hellenistic Theory and Practice, Cambridge/
Paris 1982, p. 1-23 ; **8** D. Gourevitch, «La pratique méthodique : définition de la
maladie, indication et traitement», dans **9** Ph. Mudry et J. Pigeaud (édit.), *Les
écoles médicales à Rome*, Genève 1991, p. 51-81 ; **10** J. A. Lopez Férez, «Le
témoignage de Galien sur les Méthodiques à Rome», dans Mudry et Pigeaud **9**,
p. 187-201 ; **11** J. Pigeaud, «Les fondements théoriques du méthodisme», dans
Mudry et Pigeaud **9**, p. 7-50 ; **12** *Id.*, «L'introduction du méthodisme à Rome»,
dans *ANRW* II 37, 1, Berlin 1993, p. 587-599 ; **13** S. Sconocchia, «Il *De plantis
duodecim signis et septem planetis subiectis* attribuito a Tessalo di Tralle : il testo
greco e le traduzioni latine tardo-antica e medioevale», dans A. Garzya et

J. Jouanna (édit.), *Storia e ecdotica dei testi medici greci,* Atti del II Convegno
Internazionale (Parigi 24-26 maggio 1994), Napoli 1996, p. 389-406; **14** V.
Nutton, «Thessalos von Tralleis», *NP* XII 1, 2002, col. 455 *sqq.*; **15** M. Tecusan,
The Fragments of the Methodists. Methodism outside Soranus, t. I: *Text and
Translation,* Leiden 2004; **16** C. Oser-Grote, «Thessalos v. Tralles [1]», dans
K. H. Leven (édit.), *Antike Medizin, Ein Lexikon,* München 2005, col. 862.

Il convient de distinguer le médecin Thessalos, contemporain de Néron (54-68)
et originaire de Tralles, auquel est consacré cette notice, des médecins homonymes
suivants:

– le fils du médecin Hippocrate de Cos (➙H 152), cité dans les *Lettres* et censé
avoir prononcé le *Presbeutikos* ou *Discours d'ambassade,* et auquel Galien
(➙G 3) attribue la rédaction d'une partie des *Épidémies.*

– l'auteur d'une lettre astrologico-médicale (éditée pour la première fois par
17 Ch. Graux, *RPh* 42, 1918, p. 85-108) qui sert de préface à deux traités de botanique astrologique mentionnant une révélation d'Asclépios dans le milieu égyptien. Cette lettre est attribuée en grec à Harpocration d'Alexandrie (➙H 8), l'auteur
des *Cyranides,* mais Cumont **2,** après avoir noté que l'auteur de la lettre se décrivait lui-même comme originaire non pas d'Alexandrie, mais d'Asie, a proposé de
l'identifier au médecin méthodiste Thessalos de Tralles, sur la foi notamment de la
subscription conservée dans la traduction latine antique *(Explicit liber Thessali
philosophi de virtutibus 19 herbarum).* Cette identification a été reprise par
Festugière **3** et Friedrich **5,** mais réfutée par Diller **4,** col. 180, avec de bons
arguments (notamment l'absence d'allusions à l'activité d'astrologue de Thessalos
chez Pline et surtout Galien qui ne se serait pas privé de reprocher ce point à son
pire ennemi). Diller a depuis été suivi par Kudlien **6,** Nutton **14,** Tecusan **15** et
Oser-Grote **16,** qui distinguent tous l'auteur de la lettre astrologico-médicale du
médecin méthodiste, à l'exception de Sconocchia **13** qui penche encore pour leur
identité, sans toutefois trancher nettement en faveur de cette thèse.

Vie et œuvre. Thessalos est considéré comme un des plus importants représentants du méthodisme, aux côtés de Thémison de Laodicée (Iᵉʳ siècle av. J.-C.)
auquel on attribue couramment sa fondation. Son œuvre dont il ne reste que des
fragments nous est connue par des citations de Galien et Caelius Aurelianus.
Galien (*Sur les crises* II 3, t. IX, p. 657 Kühn; *Sur la méthode thérapeutique* I 2,
t. X, p. 10 Kühn) dénonce la basse extraction de Thessalos qui était le fils d'un
fileur de laine et qui avait été élevé par des femmes. Il critique violemment son
manque d'éducation, son ignorance des doctrines d'Hippocrate et dénonce sa prétention à enseigner la médecine aux premiers venus (cordonniers, charpentiers,
teinturiers, forgerons) en seulement six mois (*Sur la méthode thérapeutique* I 1,
t. X, p. 5 Kühn; *Contre Julianos* 5, t. XVIII A, p. 269-272 Kühn). Selon Pline
(*Histoire naturelle* XXIX 5, 9), Thessalos «réfutait toutes les doctrines et invecti-
vait furieusement les médecins de tous les siècles». Il avait fait graver sur son
tombeau de la voie Appia le titre d'*iatronice* (vainqueur des médecins).

Les fragments de l'œuvre de cet auteur polygraphe ont été récemment rassemblés par Tecusan **15**. Thessalos était notamment l'auteur d'un *Canon* (Tecusan **16**, fr. 180 et 206) qui, si l'on suit Diller **4**, col. 179, doit peut-être être identifié avec son ouvrage intitulé *Sur les communautés* (Περὶ τῶν κοινοτήτων, fr. 156) consacré à un des concepts phares de la doctrine méthodique, d'un *Commentaire aux Aphorismes d'Hippocrate* (fr. 111 et 156), d'une *Lettre à Néron* (fr. 156), d'un traité *Sur les médicaments* (fr. 180), d'une *Méthode* (fr. 166), d'un *Régime* en deux livres au moins (fr. 46, 50, 62, 65, 67, 71, 77, 79, 81, 84, 85 et 95), d'une *Chirurgie* (fr. 67 et 180) et de *Syncritica* (fr. 156).

Doctrine. L'enseignement de Thessalos s'inscrit dans le cadre du méthodisme hérité de Thémison de Laodicée, médecin du temps d'Auguste et inventeur de la notion de « communautés » des maladies (sur cette notion complexe, à la fois physiologique et logique, voir Pigeaud **11**). Depuis l'article fondateur de Meyer-Steineg **1**, il reste cependant toujours aussi difficile de faire la part, au sein du méthodisme, entre les apports respectifs de Thémison et de Thessalos. Le Ps.-Galien de l'*Introduction* 4 (t. XIV, p. 684 Kühn) juge ainsi que « Thémison de Laodicée de Syrie prit la tête de l'école méthodique, en prenant ses provisions de route chez Asclépiade le logique (➤A 450) pour la découverte de l'école méthodique, dont l'accomplissement fut mené par Thessalos de Tralles ». Selon Sextus Empiricus (*Esquisses pyrrhoniennes* I 241), l'école méthodique, plus encore que l'école empirique, entretient des liens particulièrement étroits avec le scepticisme. En effet, les méthodiques s'accordent avec les empiriques pour condamner l'inférence des causes cachées à partir des états visibles, mais sans aller comme ces derniers jusqu'à nier la réalité de ces causes cachées. Les méthodiques préfèrent la suspension du jugement en arguant que, réelles ou non, ces causes sont de toute façon inutiles au médecin. De même, les méthodiques refusent de considérer les natures particulières des individus, estimant qu'il existe un traitement commun pour tous les hommes. Ils distinguent les maladies qui relèvent du régime de celles qui relèvent de la chirurgie et de la pharmacie (Galien, *Sur les écoles* 6, t. I, p. 82 Kühn). En outre, et à la différence des médecins empiriques, les méthodiques ne pensent pas que les médicaments puissent être trouvés par l'expérience. Ils estiment au contraire que l'affection est elle-même indicative du traitement, comme par exemple la soif ou la faim qui sont elles-mêmes indicatives de leur traitement par la boisson ou la nourriture. Cette conception repose sur un concept universel applicable à tous les individus, celui des « communautés apparentes ». Selon cette doctrine, il existe trois communautés (κοινότητες) : le resserré *(stegnon),* le relâché *(roôdes)* et le mixte *(epiplokê).* Tout état pathologique peut ainsi s'expliquer par un état du corps resserré, relâché ou mixte (c'est-à-dire vraisemblablement resserré en un endroit et relâché en un autre). Le traitement consistera à resserrer ce qui est relâché et à relâcher ce qui est resserré, et dans les états mixtes, à parer au plus pressé, commente un peu ironiquement le Ps.-Galien (*Introduction* 3, t. XIV, p. 680 Kühn). La conséquence, à nos yeux peut-être la plus étrange, est qu'une affection semblable n'appellera pas nécessairement un traitement semblable, non plus qu'une affection différente un traitement différent. En effet, dans la mesure où deux maladies dissemblables peuvent provenir d'un même état, elles recevront le même traitement; mais si deux maladies semblables proviennent de deux états différents, elles recevront également un traitement différent. Le Ps.-Galien dans *Sur la meilleure école* 21 (t. I, p. 163 Kühn) explique ainsi qu'«il ne faut pas employer le même traitement dans le cas de la *phrénitis* pour celle qui vient du resserrement et pour celle qui vient du relâchement», alors qu'il conviendra d'employer un traitement identique pour la *pleuritis* et la *phrénitis* si elles proviennent toutes deux d'un état de resserrement. Dans la mesure où ces «communautés apparentes» ne peuvent ni être saisies par les sens, ni rationnellement établies à partir de signes indicatifs, le méthodisme a en particulier été très vivement critiqué par un médecin rationnel comme Galien.

L'enseignement de Thessalos suscita de vives polémiques, y compris au sein de l'école méthodique et jusque parmi les Thessaliens. Thessalos paraît avoir développé le concept de «communautés» en gauchissant l'enseignement de Thémison. Pour Thessalos, à la différence de ses prédécesseurs, les communautés ne sont pas saisies directement et spontanément, en elles-mêmes et par elles-mêmes, mais il existe des moyens de reconnaissance des communautés en relation avec des changements intervenus dans les plus petites parties du corps ou pores. Ainsi, les communautés n'indiquent pas en elles-mêmes, mais parce que par exemple le corps transpire. Selon **18** M. Wellmann, «Der Verfasser des *Anonymus Londinensis*», *Hermes* 57, 1922, p. 401 et 405, et Diller **4**, col. 175, Thessalus serait en particulier l'inventeur des «communautés chirurgicales» qui visent à l'éradication de ce qui est étranger par extraction (Ps.-Galien, *Introduction* 3, t. XIV, p. 681-682 Kühn, et Galien, *Sur la méthode thérapeutique* IV 5, t. X, p. 285 Kühn).

Une deuxième innovation attribuable à Thessalos concerne l'introduction de la notion de *métasyncrisis*. Selon Galien (*Sur la méthode thérapeutique* IV 4, t. X, p. 268 Kühn), les sectateurs de Thessalos considéraient les corps comme des agrégats (συγκρίματα), susceptibles de se décomposer en éléments (διακρί-νεσθαι), que ceux-ci soient des corpuscules et des pores (ὄγκους et πόρους), ou bien des atomes et du vide, ou bien enfin des éléments premiers qui ne subissent ni ne s'altèrent. Toujours selon Galien, Thessalos ne se serait pas contenté, comme Asclépiade, de définir la santé comme une bonne proportion des pores et la maladie comme une mauvaise proportion des pores, mais aurait considéré que l'une et l'autre dépendaient de l'ouverture des pores, la *métasyncrisis* ou modification des pores consistant à opérer un retour à la santé qui n'est pas le retour à l'état initial, mais un changement de tout le composé qui parvient ainsi à un nouvel état de santé. Ce changement des pores du corps est obtenu à l'aide de médicaments dont Thessalos allait jusqu'à prétendre qu'un seul puisse convenir pour toutes les parties (Galien, *Sur la méthode thérapeutique* III 9, t. X, p. 220 Kühn). Galien (*Sur les facultés des médicaments simples* V 25, t. XI, p. 781-783 Kühn) a reproché à Thessalos de se contredire puisque les Méthodiques professaient de ne s'intéresser ni aux causes ni aux éléments premiers, c'est-à-dire à des choses cachées qui appartiennent à une vision dogmatique de la nature et qui, selon eux, doivent donc être bannies.

En conclusion, le méthodisme se présente comme un courant de pensée dans lequel la vision philosophique était susceptible d'avoir des conséquences considérables sur la pratique de l'art médical. Les fameuses communautés sur lesquelles repose le méthodisme, en révélant la vanité des concepts de santé et de maladie, aboutissent en effet à la ruine des notions mêmes de médecine et de physiologie.

VÉRONIQUE BOUDON-MILLOT.

116 THESTOR DE POSEIDÔNIA (Paestum) V-IV

Pythagoricien ancien dont le nom est connu grâce à une anecdote illustrant son mode de vie conforme aux principes du pythagorisme.

Absent de la liste des Ποσειδωνιᾶται figurant dans le *Catalogue* de Jamblique (*V. pyth.* 267), qui remonte en grande partie à Aristoxène de Tarente (➙A 417), ainsi que de la *RE*, son nom a été dûment répertorié dans le **1** *LGPN*, t. III A, p. 208 (où Fraser et Matthews proposent – sans fondement particulier – une datation au VIᵉ siècle), ainsi que dans **2** W. Pape et G. Benseler, *Wörterbuch der griechischen Eigennamen*, t. I, p. 502 (n° 5). *Cf.* aussi **3** H. A. Brown, *Philosophorum Pythagoreorum collectionis specimen*, p. XVII.

Sur la forme du nom, qui est aussi attesté en Thrace (*cf. LGPN* 1, t. IV, p. 168), voir **4** Fr. Bechtel, *Die historischen Personennamen*, p. 208.

Voici l'anecdote dont Thestôr est le protagoniste, telle qu'elle est transmise par Jamblique (*V. pyth.* 239, p. 128, 18-23 Deubner) : « On raconte que Thestôr de Poseidônia, qui ne savait que par ouï-dire que Thymaridès de Paros (➙T 132) était un pythagoricien, n'hésita pas, quand ce dernier tomba dans le besoin après avoir été très riche, à faire voile vers Paros, et, après avoir réuni une importante somme d'argent, à le rétablir dans ses possessions » (trad. **5** L. Brisson et A.-Ph. Segonds [introd., trad. & notes], *Jamblique. Vie de Pythagore*, coll. « La Roue à livres » 29, Paris 2011² [1996¹], p. 128).

Une histoire semblable illustrant la solidarité des pythagoriciens entre eux (constituant donc un φιλίας τεκμήριον comme l'appelle Jamblique) était racontée aussi à propos de Cleinias de Tarente (➙C 145) et Prôros de Cyrène (➙P 299), dont le premier se serait déplacé exprès pour aider le second d'une façon substantielle sans le connaître (*V. pyth.* 239, p. 128, 12-18 Deubner ; *cf.* **6** C. Macris, notice « Prôros de Cyrène », *DPhA* Vb, 2012, p. 1696-1700). Dans le même contexte (*V. pyth.* 237-238, p. 127, 18 - 128, 11 Deubner) Jamblique raconte une troisième anecdote, dont les protagonistes restent anonymes, censée illustrer également que « même lorsqu'ils ne se connaissaient pas les uns les autres, les pythagoriciens cherchaient à rendre des services d'ami (φιλικὰ ἔργα) en faveur de ceux qu'ils n'avaient jamais vus auparavant, pourvu qu'ils eussent la preuve qu'ils partageaient les mêmes doctrines » *cf.* aussi Diodore de Sicile X, fragm. 5-6 [édit. A. Cohen-Skalli, *CUF*]) ; car selon une sage parole (λόγος) d'origine indéterminée « [l]es hommes de bien, même s'ils habitent aux deux bouts de la terre, sont déjà des amis, avant même de se connaître et de s'adresser la parole » (*V. pyth.* 237, p. 127, 11-18 ; le scholiaste antique *ad loc.*, p. 149, 20-21 Deubner, « a cru reconnaître ici une allusion à une tragédie d'Euripide : "L'homme juste (ἐσθλόν), même s'il habite au bout de la terre, même si je ne l'ai jamais vu de mes yeux, je le regarde en ami" [fr. 902 Nauck² = 902 Van Looy-Jouan, t. VIII/4, p. 25] » [Brisson et Segonds **5**, p. 211-212, § 237, n. 2]).

Sur les pratiques d'amitié et de solidarité des pythagoriciens, qui semblent aller au-delà de celles, traditionnelles, employées au sein de la cité entre familles aristocratiques, en constituant, par le biais des *hétairies* pythagoriciennes locales, de véritables *réseaux* d'amis à travers l'ensemble du monde grec, voir **7** W. Burkert, « Craft versus sect : the problem of Orphics and Pythagoreans », dans B. F. Meyer et E. P. Sanders (édit.), *Jewish and Christian self-definition*, t. III : *Self-definition in the Greco-Roman world*, Philadelphia 1982, p. 1-22 + 183-189 [repris dans **8** *Id.*, *Kleine Schriften*, t. III : *Mystica, Orphica, Pythagorica*, édit. Fr. Graf, Göttingen 2006, p. 191-216] ; **9** G. Cornelli, « Una città dentro le città : la politica pitagorica tra i *logoi* di Pitagora e le rivolte antipitagoriche », dans G. Cornelli et G. Casertano (édit.), *Pensare la città antica : categorie e rappresentazioni*, Napoli 2010, p. 21-38. *Cf.* aussi **10** C. Macris, notice « Phintias de Syracuse », P 169, *DPhA* Va, 2012, p. 578-580).

CONSTANTINOS MACRIS.

117 THEUDIOS DE MAGNÉSIE *RE* M IV^a

D'après un fragment du Περὶ Πλάτωνος *(Sur Platon)* de Philippe d'Oponte (20 F 15^b Lasserre), transmis par Géminus et conservé dans le Commentaire de Proclus sur le premier livre des *Éléments* d'Euclide (p. 67, 12-16 Friedlein), « Theudios de Magnésie semble s'être illustré autant en mathématiques que dans les autres disciplines de la philosophie (κατὰ τὴν ἄλλην φιλοσοφίαν). En effet, il composa d'excellents *Éléments* et rendit plus généraux nombre de raisonnements particuliers » (trad. F. Lasserre, *De Léodamas de Thasos à Philippe d'Oponte. Témoignages et fragments*, coll. « La scuola di Platone » 2, Napoli 1987, § 14 T 1, p. 133 et p. 343, avec le commentaire, p. 567-571). Selon Lasserre, cet académicien aurait été un contemporain de Ménechme (➤M 101) et de Dinostrate (➤D 33). Étant donné que Theudios apparaît chez Proclus comme le dernier auteur d'*Éléments* avant Euclide, on a émis l'hypothèse (Heiberg, Heath, Mugler) que les connaissances d'Aristote en mathématiques (rassemblées dans Lasserre § 21) ont été empruntées à ce mathématicien. Voir la discussion dans le commentaire de Lasserre, p. 567-570.

RICHARD GOULET.

118 THIBR[ON] II^a

Stoïcien inconnu disciple de Panétius [➤P 26] (Philod., *Stoic. hist.*, col. LXXVI 6, p. 124 Dorandi).

TIZIANO DORANDI.

THORIUS BALBUS → BALBUS (L. THORIUS –)

119 THRASEA PAETUS (P. CLODIUS –) *RE* C 58 *PIR*^{2} C 1187 I

Sénateur romain, originaire de Padoue, opposant à Néron qui lui ordonna de se donner la mort.

Cf. **1** H. Kunnert, art. « P. Clodius Thrasea Paetus » 58, *RE* IV 1, 1900, col. 100-103.

D'après la *Vita Persi* 5, attribuée à Valerius Probus, le poète Perse, disciple du stoïcien Annaeus Cornutus (➤C 190), entretint une longue amitié avec Thrasea Paetus et son épouse Arria la Jeune (➤A 422), qui était sa parente. Ensemble ils firent des voyages. Perse écrivit des vers à la louange d'Arria mère (☞A 421), la belle-mère de Thrasea, qui s'était donné la mort avant son époux Aulus Caecina Paetus en 42 (*cf.* Pline, *Letres* III 16, 2.6.9.13), mais Cornutus conseilla à la mère du poète de détruire ces vers (*Vita* 7).

Thrasea écrivit une *Vie de Caton d'Utique* (☞C 58), le défenseur stoïcien de la république. Cette biographie qui mettait à profit les souvenirs *(memorabilia)* de Munatius Rufus (*RE* M 37), un ami de Caton, a été utilisée par Plutarque dans sa propre *Vie de Caton* (*Cato min.* 25, 2 et 37, 1). *Cf.* **2** J. Geiger, « Munatius Rufus and Thrasea Paetus on Cato the Younger », *Athenaeum* 57, 1979, p. 48-72. Ce faisant Thrasea se plaçait dans les pas de M. Iunius Brutus (☞B 190) et d'autres hommes politiques opposés au pouvoir monarchique de César (☞C 8) : les éloges de Caton étaient une forme de résistance.

Sa carrière politique n'est pas beaucoup détaillée par Tacite. Dans les *Ann.* XIII 49, sous Néron, il propose un amendement sur une affaire futile (un sénatus-consulte permettant à Syracuse de dépasser dans les jeux le nombre fixé de gladiateurs) pour montrer que le Sénat ne fermerait pas les yeux sur des affaires plus importantes. Après l'assassinat d'Agrippine ordonné par Néron, Thrasea manifeste son opposition aux adulations du Sénat et du peuple à l'endroit de Néron en quittant l'assemblée (*ibid.* XIV 12 ; Dion Cassius LXII 15, 2-3). Lui seul refusa de participer aux acclamations lancées par un corps spécial de 5000 « augustéens » créé pour soutenir Néron (Dion Cassius LXII 20, 4). Il déclarait en bon stoïcien : « Néron a le pouvoir de me tuer, mais non pas de me faire du tort » (Dion Cassius LXII 15, 4). Plutarque, *Praecepta gerendae reipublicae* 14, 810 a, rapporte que Néron aurait dit à propos de Thrasea : « Je voudrais qu'il m'aimât autant qu'il est excellent juge ! » (trad. J.-C. Carrière). En 62, il recommande au Sénat, après avoir fait un éloge de l'empereur, de ne pas condamner à mort le préteur Antistius (Sosianus) qui avait composé des vers satiriques contre Néron (*Ann.* XIV 48-49). Il aurait proposé une loi stipulant que la peine maximale qui pouvait être imposée à un sénateur était l'exil (Dion Cassius LXII 17, 1ᵃ). Bien que, selon Dion Cassius (LXV 12, 3), Thrasea n'ait jamais laissé son opposition à l'empereur revêtir la forme de l'insulte, contrairement à la pratique de son gendre Helvidius Priscus, l'inimitié de Néron qui voit en lui l'instigateur d'une révolution ne fait que croître : en 63 Thrasea n'est pas invité à Antium pour des cérémonies en l'honneur de la naissance de la fille de Néron et de Poppée (*Ann.* XV 23). Dion Cassius (LXII 26, 1 et 3-4) affirme que Thrasea ne fut pas condamné comme conjuré, mais uniquement pour ce qu'il n'avait pas fait, parce que ses absences au Sénat (il n'y avait pas mis les pieds pendant trois ans : XVI 22) signifiaient sa réprobation des mesures prises par l'empereur et parce qu'il refusait d'applaudir Néron quand il chantait ou jouait de la lyre, ou d'offrir un sacrifice à la Voix Divine de l'empereur ou pour la santé du Prince (XVI 22). A la demande de l'empereur, il est convoqué par le Sénat. En présence du jeune stoïcien L. Iunius Arulenus Rusticus (☞R 15), tribun de la plèbe, ses amis discutent de l'opportunité de s'y rendre. Thrasea dissuade Rusticus d'opposer son véto à un sénatus-consulte (XVI 24-26). Dans le temple de

Vénus Mère entouré par deux cohortes prétoriennes en armes, après la lecture par le questeur d'un message de l'empereur aux sénateurs, des accusations sont lancées par Cossutianus (Capito) que Thrasea avait fait condamner pour péculat en soutenant les ambassadeurs siciliens (XIII 33 ; XVI 21), puis par Marcellus, contre Thrasea, accusé d'être un ennemi de Rome, ainsi que contre Helvidius Priscus, (Q.) Paconius Agrippinus (➳A 52) et Curtius Montanus (XVI 28-29). D'autres accusations lancées par Ostorius Sabinus visent Barea Soranus (➳S 112) et sa fille Servilia.

Alors que Thrasea discute avec Demetrius (➳D 43), « un maître de l'école cynique », sur la nature de l'âme et la séparation de l'esprit et du corps, leur ami Domitius Caecilianus annonce à Thrasea l'arrivée du questeur qui apporte le sénatus-consulte décrétant sa condamnation (*Ann.* XVI 34-35). On laisse à Thrasea Paetus, Barea Soranus et Servilia, la fille de ce dernier, le choix de leur propre mort (*Ann.* XVI 33). L'épouse de Thrasea, Arria [➳A 422] (fille de Caecina Paetus et d'Arria maior [➳A 421]), veut suivre sont époux dans la mort comme l'avait fait sa mère, mais Thrasea l'en dissuade pour ne pas priver leur fille Fannia (➳F 5), épouse d'Helvidius Priscus (➳H 39), de son unique soutien. Il s'ouvre les veines en présence d'Helvidius et de Demetrius, Selon Tacite, *Ann.* XVI 35 et Dion Cassius LXII 26, 4, il aurait dit avant de mourir : « Nous t'offrons cette libation (de sang), ô Jupiter Libérateur ». La suite des *Annales* qui devait raconter la mort de Barea et de Servilia, est perdue.

La chute de Thrasea entraîna l'exil d'Helvidius Priscus son gendre qui imitait la *parrhèsia* de Thrasea de façon parfois inopportune (Dion Cassius LXV 12) : mais, « quand il revint, sous le principat de Galba, il entreprit d'accuser Marcellus Eprius, délateur de Thrasea » (Tac., *Hist.* IV 6, 1).

Selon Tacite, *Annales* XVI 21-22, en s'en prenant à la personne de Thrasea Paetus et de Barea Soranus, c'est la vertu elle-même que Néron se proposait d'exterminer. Selon Suétone, *Néron* 37, Néron aurait fait périr Thrasea au prétexte qu'il gardait la mine renfrognée d'un pédagogue. Pline rapporte une maxime qu'aimait utiliser Thrasea, « cet homme si doux et par là même si grand » : « Qui hait les vices hait les hommes » (trad. A.-M. Guillemin). Marc-Aurèle associe Thrasea à Helvidius, Caton, Dion (de Syracuse ?) et Brutus comme promoteurs d'un État « dans lequel la loi est égale pour tous, administré selon le principe de l'égalité et du droit égal à la parole, et d'une monarchie qui respecte par-dessus tout la liberté des sujets » (I 14, 2 ; trad. P. Hadot). Pour une mise en rapport de l'attitude politique de Thrasea avec les principes du stoïcisme, voir **2** P. A. Brunt, « Stoicism and the Principate », *PBSR* 43, 1975, p. 7-35, notamment p. 26-28.

On a présenté Thrasea comme le représentant de la tradition stoïcienne d'époque républicaine (voir ainsi J. M. K. Martin, « Persius – Poet of the Stoics », *G&R* 8, 1939, p. 172-182, à la p. 175). J. M. C. Toynbee, « Dictators and Philosophers in the First Century A. D. », *G&R* 13, n° 38/39, 1944, p. 43-58, à la p. 49, écrit : « Most significant of all for the study of the philosophic opposition under Nero are the "passions" of the two "arch-martyrs", Thrasea Paetus and Barea Soranus ».

Mais l'attachement de Thrasea Paetus à la philosophie ne peut se déduire qu'indirectement de son comportement. On insiste plutôt sur ses sentiments républicains (défense des prérogatives du Sénat), sur son esprit d'indépendance et de franchise, mais, à la différence d'Helvidius Priscus, Tacite ne rattache pas son comportement à des principes philosophiques. C'est d'Helvidius que Tacite, *Hist.* IV 5, 2, écrit qu'il était disciple des stoïciens « qui estiment qu'il n'est d'autre bien que ce qui est moralement beau, d'autre mal que ce qui est moralement laid, et ne comptent ni parmi les biens ni parmi les maux le pouvoir, la noblesse et tout ce qui est extérieur à l'âme » (trad. Hellegouarc'h). Mais la discussion finale avec deux philosophes montre qu'il meurt en philosophe, comme Socrate.

Épictète, *Entretiens* I 1, 26, rapporte un propos que Thraséa aimait tenir : « J'aime mieux être mis à mort aujourd'hui que banni demain » (trad. Souilhé), attitude que semble critiquer Musonius Rufus (§ 27). Peut-être voulait-il dire qu'il préférait mourir en respectant les principes de sa vie entière (*Ann.* XVI 26) que d'être privé de son influence politique et morale par l'exil.

Cossutianus, un des accusateurs de Thrasea, rattache implicitement la liberté de son adversaire à la tradition stoïcienne qui a produit les Tubéron (Q. Aelius, ➾T 181 ?), les Favonius (➾F 8) et les Brutus (➾B 190) : « Il méprise la religion, il détruit les lois. (…) Rallions-nous à ses maximes, si elles sont préférables, ou bien enlevons aux amateurs de nouveautés leur chef responsable. Cette secte a produit les Tubéron et les Favonius, noms peu goûtés même de l'ancienne république. Pour renverser le pouvoir, ils mettent en avant la liberté ; le pouvoir une fois renversé, ils s'en prendront à la liberté elle-même. Vainement tu as écarté Cassius (C. Cassius Longinus, ➾C 190), si tu dois souffrir que les émules des Brutus grandissent en vigueur » (Tac., *Ann.* XVI 22 ; trad. Goelzer). Selon Juvénal, *Satire* V 36-37, Thrasea et Helvidius buvaient du vin, « couronnés de fleurs, à l'anniversaire de Brutus et de Cassius » (trad. de Labriolle et Villeneuve).

Sous Domitien, en 94, le philosophe L. Iunius Arulenus Rusticus (➾R 15), qui avait pensé s'opposer, comme tribun de la plèbe, au sénatus-consulte dirigé contre Thrasea (Tac., *Ann.* XVI 24-26), fut mis à mort parce qu'il parlait de Thrasea comme d'un saint homme (ἱερόν, Dion Cassius LXVII 13, 2 ; voir aussi Suétone, *Domitien* 10). Ce livre que l'on condamna au bûcher était, selon Tacite, *Agricola* 2, une louange de Thrasea, peut-être sous forme d'une biographie.

Thémistius, *Orat.* 17, 215 a-c (t. I, p. 308, 2-5 Schenkl-Downey), et *Orat.* 34, 8 (t. II, p. 219, 1-4 Schenkl-Downey-Norman), cite Thrasea et (son gendre Helvidius) Priscus comme exemples de philosophes romains qui ont assumé des responsabilités politiques.

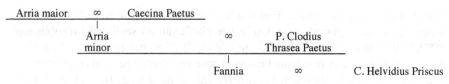

Arbre généalogique de la famille de Thrasea Paetus

RICHARD GOULET.

120 THRASÉAS DE MÉTAPONTE   V-IV[a]

Pythagoricien ancien dont le nom figure dans le *Catalogue* de Jamblique (*V. pyth*. 36, 267, p. 144, 4 Deubner), qui remonte en grande partie à Aristoxène de Tarente (☛A 417).

Son nom a été répertorié dans le **1** *LGPN*, t. III A, p. 211, où Fraser et Matthews proposent une datation plausible au IVe siècle ; *cf.* aussi **2** H. A. Brown, *Philosophorum Pythagoreorum collectionis specimen*, p. VI.

Mais en réalité la forme Θρασέας éditée par le dernier éditeur de la *V. pyth*., est le résultat d'une correction proposée par Ed. Schwyzer et adoptée par L. Deubner (voir son apparat *ad loc.*) : le ms F (*Laurentianus*, principal manuscrit de la *V. pyth.*) porte Θράσεος (forme problématique, non attestée par ailleurs, mais retenue par Diels : voir **3** DK 58 A, t. I, p. 446, 18), que **4** E. Rohde (« Zu Iamblichus *De vita Pythagorica* », *RhM* 34, 1879, p. 260-271, à la p. 271) avait proposé de corriger en Θράσιος (forme attestée à Naxos [*LGPN* **1**, t. I, p. 226], en Achaïe [*LGPN* **1**, t. III A, p. 212] et en Phocide [*LGPN* **1**, t. III B, p. 201]). **5** W. Pape et G. Benseler, quant à eux (*Wörterbuch der griechischen Eigennamen*, t. I, p. 516), optaient pour Θρασεύς (une forme par ailleurs non attestée dans les nombreux volumes du *LGPN* **1**, et absente de **6** Fr. Bechtel, *Die historischen Personennamen*).

La correction en Thraséas semble en effet être une bonne solution, étant donné non seulement sa proximité paléographique avec la leçon du *Laurentianus*, suffisante pour expliquer la genèse de la faute, mais aussi le fait qu'elle est abondamment attestée en général (*LGPN* **1**, t. I, p. 226 ; t. II, p. 227 ; t. III B, p. 201 ; t. IV, p. 169 ; t. V A, p. 219-220 ; t. V B, p. 201-202), et en Italie du Sud en particulier (*LGPN* **1**, t. III A, p. 211 ; voir p. ex. à Thourioi, à la fin du Ve siècle : **7** L. Dubois, *Inscriptions grecques dialectales de Grande Grèce*, t. II : *Colonies achéennes*, coll. « École Pratique des Hautes Études, sciences historiques et philologiques. 3. Hautes études du monde gréco-romain » 30, Genève/Paris 2002, p. 50, n° 16).

On pourrait envisager également Θρασίας (forme attestée p. ex. à Rhégium, Sybaris, Pompéi et Sicile, mais plus tard ; voir *LGPN* **1**, t. III A, p. 211-212 ; *cf.* encore t. V B, p. 202 [Korykos en Cilicie]), Θρασείας (attesté à Athènes : *LGPN* **1**, t. II, p. 227), Θρασύας (p. ex. en Arcadie : *LGPN* **1**, t. III A, p. 212), Θρασυέας (en Bithynie : *LGPN* **1**, t. V A, p. 220) ou encore Θράσυς (attesté à Rhégium, à Hyele/Velia et en Sicile : voir *LGPN* **1**, t. III A, p. 213 ; **8** Federica Cordano, *Le tessere pubbliche dal tempio di Atena a Camarina*, Roma 1992, n°s 2 et 6, aux p. 33 et 34-35 ; **9** R. Arena, *Iscrizioni greche arcaiche di Sicilia e Magna Grecia*, t. II. *Iscrizioni delle colonie euboiche*, Pisa 1994, n° 63, p. 71-72 ; **10** L. Vecchio, *Le iscrizioni greche di Velia*, coll. « Velia Studien », 3, Wien 2003, n°s 38 et 41, aux p. 116-119 ; **11** L. Dubois, *Inscriptions grecques dialectales de Sicile*, t. II, coll. « École Pratique des Hautes Études, sciences historiques et philologiques. 3. Hautes études du monde gréco-romain » 40, Genève 2008, n°s 40 [col. V 8], 45 et 47, aux p. 94-96 [à la p. 95], 102 et 114-116 ; *cf.* aussi **12** O. Masson, *Onomastica graeca selecta*, t. I, Paris/Nanterre 1990, p. 132 [Attique et Delphes]. Sur la diffusion de ce nom en Sicile et en Grande-Grèce, voir **13** Federica Cordano, « Tre note sui nomi di persona », dans *Miscellanea greca et romana XVIII*, Roma 1994, p. 65-79, aux p. 73 *sq.*). Sur la forme du nom, voir Bechtel **6**, p. 202.

CONSTANTINOS MACRIS.

121 THRASON LÉON DE STRATONICÉE   II

Comme son cadet Léon Thrason (➣►L 37), Thrason Léon, fils d'Hiéroclès, avait été introduit dès que possible dans la vie civique par son évergète de père, qui l'avait associé à ses fonctions de grand-prêtre du culte impérial et de prêtre de Zeus de Panamara : *IK* 22 1028. Son frère et lui étaient encore à l'âge des études, ce qui leur vaut d'être désignés, dans le décret par lequel la cité honore toute la famille, comme des « fils philosophes ».

BERNADETTE PUECH.

122 THRASYALCÈS DE THASOS *RE DK* 35   Vᵃ-IVᵃ ?

« Ancien physicien » présocratique, ou en tout cas préaristotélicien, dont les vues ne sont connues que par deux passages de Strabon qui tient peut-être son information de Posidonius (fr. 5 et 63 Theiler). Le premier concerne les explications de la crue du Nil (XVII 1, 5, p. 790 C. = 35 A 1), laquelle serait causée par les pluies entraînées en Éthiopie par des masses de nuages poussées par les vents étésiens. Aristote, selon Strabon, aurait adopté les vues de ce penseur sur ce point, peut-être dans son traité perdu *Sur la crue du Nil* (*FGrHist* 646, T 2 b). Sur ce problème, voir D. Bonneau, *La crue du Nil, divinité égyptienne, à travers mille ans d'histoire (332 av. – 641 ap. J. C.)*, coll. « Études et Commentaires » 52, Paris 1964, p. 157 et n. 2 et p. 201. Il faut ajouter au témoignage de Diels-Kranz : Jean Lydus, *De mens.* IV 107, p. 146, 16 Wünsch (*FGrHist* 646, T 2 d).

Le second passage concerne l'identification et la nomenclature des vents principaux (I 2, 21, p. 29 C. = 35 A 2) : il ne retenait que deux vents dominants : les vents du nord et du sud, considérant que les autres n'en étaient que de légères déviations.

Deux nouveaux témoignages fragmentaires ont été retrouvés dans *POxy* 3659, li. 4-8 et *POxy.* 4458, col. II, li. 23, réédités dans *CPF* I 1***, n° 104. *Cf. Eirene* 32, 1996, p. 96-97.

Cf. W. Capelle, art. « Thrasyalkes von Thasos », *RE* VI A 1, 1936, col. 565-567.

RICHARD GOULET.

123 THRASYBOULOS   II

Jeune philosophe dédicataire d'un traité de Galien (➣►G 3).

Le nom de Thrasyboulos apparaît dans le titre du traité galénique *Si l'hygiène relève de la médecine ou de la gymnastique* (Θρασύβουλος πότερον ἰατρικῆς ἢ γυμναστικῆς ἔστι τὸ ὑγιεινόν, t. V, p. 806-898 Kühn = G. Helmreich [édit.], *Claudii Galeni Pergameni Scripta Minora* III, coll. *BT*, Leipzig 1893, p. 33-100), mais aussi dans celui du traité *Sur la meilleure école* (t. I, p. 106-132 Kühn), cependant considéré comme apocryphe (voir I. Müller, « Über die dem Galen zugeschriebene Abhandlung Περὶ τῆς ἀρίστης αἱρέσεως », *SBAW* 1898, p. 53-162, et D. Béguin, *Introduction, édition, traduction et commentaire du De sectis ad* introducendos *de Galien et du* De optima secta *du pseudo-Galien*, thèse de doctorat, Université de la Sorbonne-Paris IV, mai 1989, fasc. 3, p. 487-493). De plus, le nom de Thrasyboulos, mentionné uniquement dans le titre du *Sur la meilleure école* (Θρασύβουλος ἢ περὶ ἀρίστης αἱρέσεως comme on peut le lire dans l'unique manuscrit qui nous a transmis le traité, le *Laurentianus*, plut. 74, 3 et non Πρὸς Θρασύβουλον περὶ ἀρίστης αἱρέσεως comme on le lit abusivement dans l'édition *princeps*, l'Aldine de 1525), est ensuite complètement absent du reste du texte. On ne traitera donc pas ici de ce dernier traité, ni davantage de la question de savoir s'il s'agit du même personnage dans les deux cas, question au demeurant difficile à trancher, mais on se limitera à la présentation du seul Thrasyboulos mentionné dans le *Si l'hygiène relève de la médecine ou de la gymnastique*, dont J. Ilberg, « Über die Schriftstellerei des Klaudios Galenos », *RhM* 51, 1896, p. 195, date la rédaction du second séjour de Galien à Rome, sous le règne de Marc Aurèle, entre 169 et 180.

L'hypothèse selon laquelle Thrasyboulos serait un personnage fictif mérite en revanche d'être examinée (voir sur ce point L. Englert, *Untersuchungen zu Galens Schrift "Thrasybulos"*, coll. « Studien zur Geschichte der Medizin » 18, Leipzig 1929, p. 32). Bien que là encore il soit difficile d'atteindre une certitude absolue, les éléments dont nous disposons semblent plutôt plaider en faveur de l'existence d'un Thrasyboulos qui trouve assez naturellement sa place aux côtés des autres dédicataires des traités de Galien, notamment Glaucon (⇒G 20), dédicataire du *A Glaucon, Sur la méthode thérapeutique* (Τῶν πρὸς Γλαύκωνα θεραπευτικῶν βιϐλία β′, t. XI, p. 1-146 Kühn) et Patrophile, dédicataire du *A Patrophile, Sur la constitution de la médecine* (Πρὸς Πατρόφιλον περὶ συστάσεως ἰατρικῆς, t. I, p. 224-304 Kühn = éd. S. Fortuna, coll. *CMG* V 1, 3, Berlin 1997) et tous deux disciples et amis du médecin de Pergame. Encore convient-il de remarquer que Thrasyboulos occupe une place de choix dans cette distribution, puisqu'il n'est pas seulement le dédicataire d'un traité, mais qu'il lui a en outre donné son nom, le traité ayant en réalité comme titre dans le manuscrit le plus ancien (le *Laurentianus*, plut. 74, 3) Thrasyboulos, et comme sous-titre *Si l'hygiène relève de la médecine ou de la gymnastique* (Θρασύβουλος πότερον ἰατρικῆς ἢ γυμναστικῆς ἔστι τὸ ὑγιεινόν), sous-titre que le dernier éditeur en date du traité, G. Helmreich dans les *Scripta Minora*, t. III, p. 33, a placé entre crochets droits, le considérant apparemment comme une glose. Il est vrai que le nom de Thrasyboulos est cité par Galien dans trois passages de son vaste ouvrage d'hygiène et qu'il désigne à chaque fois le traité éponyme (ἐπιγράφεται δὲ Θρασύβουλος, t. VI, p. 12, 16 Kühn ; ὁ Θρασύβουλος ἐπιγράφεται, p. 136, 7 ; ὃ Θρασύβουλον ἐπιγράφομεν, p. 143, 14-15).

Selon le récit qu'en fait Galien dans les premières lignes, le traité serait né d'une question que Thrasyboulos avait posée au médecin de Pergame et à laquelle celui-ci avait d'abord répondu oralement, avant d'en fixer ici par écrit les principales articulations. Interrogé par Thrasyboulos qui désire savoir si l'hygiène relève de la médecine ou de la gymnastique, Galien insiste avant toute chose sur la nécessité de procéder avec méthode et de définir chacun des termes de la question, en invitant son jeune ami à ne pas se limiter à la notion *(ennoia)*, mais à examiner aussi l'essence *(ousia)* des choses recherchées. Comme Thrasyboulos reste muet, Galien interpelle un spécialiste de logique survenu par hasard qui résout toutes les questions de façon satisfaisante. Mais Thrasyboulos ne se satisfait pas de ce dénouement et, plus tard, poursuivant encore Galien de ses prières incessantes, il le presse de mettre par écrit la méthode logique qui avait permis d'aboutir à la solution du problème. Galien y consent finalement, malgré la foule de ses autres occupations, dans le but de fournir un exemple pour tous les autres problèmes de ce type et d'être non seulement utile à Thrasyboulos lui-même, mais aussi et plus généralement au cercle d'amis dont il faisait partie et qui avait, semble-t-il, l'habitude de se réunir autour du médecin de Pergame.

VÉRONIQUE BOUDON-MILLOT.

124 THRASYBULE DE NAUCRATIS I

Se fondant sur Damis (⇒⁺D 9), Philostrate, *V. Apoll.* VI 7, rapporte qu'Euphratès (⇒⁺E 132), pour calomnier Apollonius de Tyane (⇒⁺A 284), envoya Thrasybule de Naucratis chez les Gymnosophistes d'Égypte, c'est-à-dire d'Éthiopie (⇒⁺G 35). Ces derniers l'auraient accueilli, bien qu'il fût un philosophe médiocre (*V. Apoll.* VI 9), parce qu'il s'était recommandé d'Euphratès.

Thrasybule aurait prétendu qu'Apollonius était imbu de sa sagesse, qu'il trouvait même supérieure à celle de ses maîtres, les sages indiens, et que c'était un sorcier ; les Gymnosophistes d'Égypte n'avaient donc rien de bon à attendre de lui.

PATRICK ROBIANO.

125 THRASYDAMOS D'ARGOS V-IVᵃ

Pythagoricien ancien dont le nom figure dans le *Catalogue* de Jamblique (*V. pyth.* 36, 267, p. 145, 14-15 Deubner = **1** DK 58 A, t. I, p. 447, 8), qui remonte en grande partie à Aristoxène de Tarente (⇒⁺A 417).

Absent de la *RE*, son nom est répertorié dans le **2** *LGPN*, t. III A, p. 212 (où Fraser et Matthews proposent une datation plausible aux Vᵉ-IVᵉ siècles), ainsi que dans **3** W. Pape et G. Benseler, *Wörterbuch der griechischen Eigennamen*, t. I, p. 517. *Cf.* aussi **4** H. A. Brown, *Philosophorum Pythagoreorum collectionis specimen*, p. VII. Ce personnage n'est qu'un simple nom pour nous.

Sur la forme du nom, voir **5** Fr. Bechtel, *Die historischen Personennamen*, p. 211.

CONSTANTINOS MACRIS.

126 THRASYLLOS *RE* 6 IVᵃ

Plutarque, dans son ouvrage *Regum et Imperatorum Apophthegmata*, Antigonus 15, 182 e, rapporte une anecdote qui met en scène Antigone le Borgne (*ca* 382-301), un des successeurs d'Alexandre, et le cynique Thrasylle. La même anecdote se retrouve dans le *De vitioso pudore* 7, 531 f, et elle était déjà chez Sénèque, *De beneficiis* II 17, 1, mais sans que le nom du cynique soit précisé.

Alors que Thrasylle demande à Antigone une drachme, celui-ci répond que le présent n'est pas digne d'un roi. Mais quand Thrasylle, devant la réponse qui lui est faite, réclame un talent (le talent d'argent valait 6000 drachmes et le talent d'or 10 talents d'argent), Antigone rétorque que la somme n'est pas digne d'un cynique. Les paroles de Thrasylle s'inscrivent dans le cadre de la *parrhèsia* cynique, tandis que celles d'Antigone rappellent au cynique le mépris de l'argent pratiqué normalement par les philosophes de son mouvement.

Cf. Anneliese Modzre, art. « Thrasyllos » 6, *RE* VI A 1, 1936, col. 581.

MARIE-ODILE GOULET-CAZÉ.

127 THRASYLLOS *RE* 7 *PIR*² T 190 I

Philosophe platonicien que l'on identifie habituellement à l'astrologue homonyme de l'empereur Tibère (Tiberius Claudius Thrasyllos), mort en 36.

Témoignages. 1 H. Tarrant, *Thrasyllan Platonism*, Ithaca/London 1993, XII-260 p.: une cinquantaine de *testimonia* sont rassemblés p. 215-249, auxquels on pourrait ajouter plusieurs passages parallèles chez les historiens byzantins ou dans des textes astrologiques tardifs. Voir aussi Müller, *FHG* III, p. 501-505.

Bibliographie. Tarrant **1**, p. 250-254.

Comme l'identification, ainsi que nous le verrons, ne repose pas sur des bases incontestables, il importe de laisser une certaine autonomie à chaque bloc de la documentation: A. Tiberius Claudius Thrasyllos; B. Thrasylle philosophe platonicien; C. Thrasylle de Mende, auteur d'histoire naturelle; D. Thrasylle, auteur d'écrits astrologiques. S'il fallait refuser cette identification, il faudrait sans doute situer le platonicien à une époque un peu plus récente, peut-être au début du IIᵉ s. comme plusieurs des philosophes auxquels il est associé dans nos sources.

A. Tiberius Claudius Thrasyllos.

Cf. **2** W. Gundel, art. « Thrasyllos » 7, *RE* VI A 1, 1936, col. 581-584; **3** F. H. Cramer, *Astrology in Roman Law and Politics*, coll. « Transactions of the American Philosophical Society » 37, Philadelphia 1954, p. 81-146, avec stemma p. 95 et 136; **4** H. G. Gundel et W. Gundel, *Astrologumena. Die astrologische Literatur in der Antike und ihre Geschichte*, coll. « Sudhoffs Archiv. Vierteljahrsschrift für Geschichte der Medizin und der Naturwissenschaften der Pharmazie und der Mathematik » Beihefte 6, Wiesbaden 1966, p. 148-151; **5** T. P. Barton, *Power and Knowledge. Astrology, Physiognomics, and Medicine under the Roman Empire*, Ann Arbor 1994, p. 51-56 et notes p. 196-197; **6** *Id.*, *Ancient Astrology*, London/New York 1994, p. 41-49 et 208.

Trois historiens mentionnent Thrasylle et son fils, savants astrologues, à propos de divers épisodes des vies des empereurs Auguste et Tibère. A Rhodes, Thrasylle fut le maître de Tibère (qui s'y était volontairement exilé en 6ᵃ) et sortit vainqueur de l'épreuve que Tibère lui imposa (Suétone, *Tib.* 14; Tacite, *Ann.* VI 21, 1-3; Dion Cassius LV 11). Ayant dès lors confiance en lui, Tibère, à qui il avait prédit l'empire, l'admit dans son intimité: ils se voyaient quotidiennement et Thrasylle enseigna l'astrologie au futur empereur, qui l'emmena à Rome quand son exil volontaire à Rhodes prit fin en l'an 2 de notre ère (Dion Cassius LVII 15, 7).

Tacite raconte que Tibère aimait consulter des astrologues à l'étage supérieur d'une maison qui dominait des rochers. A la sortie, un affranchi illettré mais costaud précipitait le devin du haut d'un sentier abrupt dans la mer pour peu que Tibère le soupçonnât de charlatanisme ou qu'il souhaitât simplement garder secrètes les révélations obtenues sur son avenir. Thrasylle qui avait prédit à Tibère qu'il accéderait à l'empire était donc dans une situation délicate lorsque le futur empereur lui demanda de tirer son propre horoscope pour l'année à venir et pour le jour même : il faut comprendre que s'il ne pouvait pas deviner qu'il risquait de mourir, ses compétences seraient remises en cause. Thrasylle effectua donc ses calculs et, plein de crainte et de tremblement, il se déclara sous la menace de la dernière extrémité. Constatant le bien-fondé de ses prédictions ou à tout le moins son habileté Tibère en fit son intime compagnon.

Selon Suétone (*Tib.* 14) et Dion Cassius (LV 11, 3), la veille du rappel de Tibère par Auguste à Rome, l'astrologue Thrasylle, *sapientiae professor*, lui aurait prédit que le navire qu'on apercevait au large de Rhodes serait porteur de bonnes nouvelles. Tibère dont la situation empirait contrairement aux prédictions déjà faites par son ami, regrettait de lui avoir confié ses secrets et il aurait reçu cette nouvelle prédiction au moment où il avait décidé de le précipiter dans la mer au cours de la promenade.

Sur les différentes versions de cet épisode et ses sources romanesques possibles, voir **7** A. H. Krappe, « Tiberius and Thrasyllus », *AJPh* 48, 1927, p. 359-366.

Malgré l'expression employée par Suétone, *sapientiae professor*, ce n'est pas la philosophie que Thrasylle enseigna à Tibère, mais plutôt l'astrologie (*scientia Chaldaeorum artis*, Tac., *Ann.* VI 20, 2 ; voir aussi Dion Cassius LV 11, 1 ; LVII 15, 7). Les *sapientis et doctos uiros* dont parle Suétone dans sa vie de *Néron* 23, 1 sont des juges.

Peu avant sa mort (en l'an 14), alors qu'il passait quatre jours à Caprée (Capri), Auguste mit lui aussi Thrasylle à l'épreuve en lui demandant qui était l'auteur de deux vers qu'il venait d'improviser ; Thrasylle, « compagnon de Tibère », éluda en affirmant seulement que, quel qu'en fût l'auteur, les vers étaient excellents (Suét., *Aug.* 98).

Tibère qui craignait que son petit-fils homonyme, le fils de Drusus, ne puisse lui succéder et voyait dans Gaius (Caligula) une menace, aurait été rassuré par Thrasylle qui lui révéla que « Gaius n'avait pas plus de chance d'être empereur que de traverser à cheval la baie de Baïes » (Suét., *Gaius* 19, trad. Ailloud). Le grand-père de Suétone aurait appris à ce dernier qu'on rapportait à la cour que c'était pour faire mentir cette prédiction et non pour imiter Darius qui avait fait la même chose sur l'Hellespont que Caligula fit construire un double pont de navires entre Baïes et la digue de Pouzzoles sur la baie de Naples et qu'il y fit des allers-retours pendant deux jours à cheval ou sur un char.

En 36 apr. J.-C., Thrasylle sut prédire le jour et l'heure de sa propre mort et de celle de Tibère, mais il laissa croire à l'empereur qu'il vivrait encore dix ans de façon à calmer l'empressement de Tibère à supprimer des conjurés (Suétone, *Tib.* 62) ; en fait Thrasyllos mourut à la fin de 36 et Tibère en février 37 (Dion Cassius LVIII 27, 1-3 et 28, 1). Voir Gundel **4**, col. 582 ; **8** W. M. Hayes, « Tiberius and the future », *CJ* 55, 1959, p. 2-8, à la n. 45 ; Cramer **3**, p. 95 ; 106 *sq.* ; Tarrant **1**, T7a-7d, p. 219.

Krappe **7**, p. 361, soutient pour sa part que c'est Thrasylle (qu'il fait mourir en 37) qui aurait survécu à Tibère. Dion Cassius LVIII 27, 1, précise bien que l'empereur mourut après Thrasylle (mort en 36 sous les consuls Sextus Papinius et Quintus Plautius), au printemps de l'année 37 (sous les consuls Gnaeus Proculus et Pontius Nigrinus).

Dans son article Hayes **8** met l'attachement de Tibère à l'astrologie en rapport avec son profil psychologique et ses problèmes de vision. Il montre que la connaissance de l'avenir ne profita pas beaucoup à Tibère dans le déroulement de sa carrière.

Pour une reconstitution fortement imaginative de l'arrière-plan psychologique du récit de Tacite, voir **8bis** R. P. Oliver, « Thrasyllus in Tacitus, Ann. 6.21 », *ICS* 5, 1980, p. 130-148.

Grâce à l'enseignement de Thrasylle dans « l'art des Chaldéens » qu'il avait reçu à Rhodes, Tibère sut également prédire à Servius Galba, un des empereurs éphémères de 69, alors consul (en 33), qu'il « goûterait » brièvement à l'empire (Tacite, *Ann.* VI 20, 2 ; Suétone, *Galba* 4 [qui attribue la prédiction à Auguste] ; Dion Cassius LVII 19, 4 ; Flavius Josèphe, *Ant. juives* XVIII 6, 9 [216]).

L'astrologue Scribonius avait déjà prédit à Tibère, alors qu'il était encore un enfant, qu'il régnerait un jour, mais sans les insignes de la royauté (Suétone, *Tib.* 14). « Indifférent à l'égard des dieux et de la religion, Tibère s'adonnait à l'astrologie *(addictus mathematicae)* et croyait fermement que tout obéit à la fatalité » (Suétone, *Tib.* 69, trad. Ailloud). « Il voulut aussi bannir les astrologues *(mathematicos)*, mais devant leurs supplications et sur la promesse qu'ils renonceraient à leur art, il leur fit grâce » (*ibid.* 36). Selon Dion Cassius LVII 15, 8-9, il aurait fait exécuter les astrologues et les magiciens d'origine étrangère et banni de Rome ceux qui avaient droit de cité s'ils ne renonçaient pas à leur art. L'astrologie était pour Tibère un instrument politique dont il usait selon ses intérêts (voir Dion Cassius LVII 15, 7 ; Josèphe, *Antiq. Juives* XVIII 6, 9 [211-218]).

Il est possible que Thrasylle ait été marié à une princesse de Commagène du nom d'Aka. Voir **9** C. Cichorius, « Der Astrologe Thrasyllos und sein Haus », dans *Römische Studien. Historisches, epigraphisches, literargeschichtliches aus Vier Jahrhunderten Roms*, Leipzig/Berlin 1922, p. 390-398 ; **10** E. Honigmann, « Zu *CIG* 4730 », *Hermes* 59, 1924, p. 477-478, et **11** C. Cichorius, « Der Astrologe Ti. Claudius Balbillus, Sohn des Thrasyllus », *RhM* 76, 1927, p. 102-105. Voir les arbres généalogiques dans Gundel et Gundel **5**, p. 151, et Cramer **4**, p. 95.

Son fils était, comme lui, un brillant astrologue, qui prédit l'avènement de Néron (Tacite, *Ann.* VI 22, 4 ; la prédiction aurait été faite à Agrippine par des Chaldéens selon *Ann.* XIV 9). On l'identifie généralement à Tiberius Claudius Balbillus (➞B 6) qui bénéficia de la faveur d'Agrippine avant de devenir l'astrologue de Néron (Suétone, *Néron* 36 ; Dion Cassius LXVI [LXV] 9, 2) : il fit une brillante carrière, dont les étapes sont bien connues (*PIR*^{2} B 38 et C 812-813). Il fut procurateur de l'empereur, puis préfet d'Égypte.

Une inscription bilingue de Smyrne honorant (vers 54-59) Néron et Agrippine présente Tiberius Claudius Balbillus, de la tribu Quirina, comme le fils de Tiberius Claudius Thrasyllus. **12** G. Petzl, *Die Inschriften von Smyrna*, t. II, coll. *IK* 24/1, Bonn 1987, n° 619, p. 113-114 (*CIL* III Suppl. 7107 = *IGR* IV 1392 = Tarrant **1**, T 8, p. 219-220, *cf.* Gundel **2**. p. 582). Voir **13** R. Merkelbach, « Ephesische Parerga, 21 : Ein Zeugnis für Ti. Claudius Balbillus aus Smyrna », *ZPE* 31, 1978, p. 186-187. On peut restituer le nom de Balbillus dans deux inscriptions similaires d'Éphèse : **14** R. Meriç, R. Merkelbach *et alii*, *Die Inschriften von Ephesos*, t. VII 1 : *Nr. 3001-3500 (Repertorium)*, coll. *IK* 17/1, Bonn 1981, n°s 3041 et 3042, p. 40-43.

Cf. **15** A. Piganiol, « Balbillus », dans *Mélanges Gustave Glotz*, t. II, Paris 1932, p. 723-730, surtout p. 724-725 ; **16** B. Puech, notice « Balbillus (Tib. Claudius –) », B 6, *DPhA* II, 1994, p. 49-53.

L'identification du fils de Thrasylle avec Balbillus a toutefois été remise en cause par **17** J. Gagé, *Basileia, Les Césars, les rois d'Orient et les "mages"*, Paris 1968, chap. II : « De Thrasyllus à Balbillus : Tibère contre les rois ; l'"astrologie royale" au service de Néron », p. 75-124, notamment p. 76-77, et Tarrant **1**, p. 10.

La petite-fille de Thrasylle, Ennia Thrasylla (*PIR*² E 65), peut-être fille du chevalier romain L. Ennius défendu par Tibère en 22 apr. J.-C. alors qu'il était accusé devant le Sénat, devint l'épouse du préfet du prétoire Naevius Sertorius Macro et, selon certains bruits, la maîtresse de Caligula (Tacite, *Ann.* VI 45, 3 ; Dion Cassius LVIII 28, 4) ; elle fut contrainte par l'empereur de se donner la mort en 38 avec son mari (Suétone, *Caligula* 12 et 26 ; Dion Cassius LIX 10, 6).

SIMONE FOLLET, RICHARD GOULET et MICHAEL CHASE.

B. On identifie généralement à l'astrologue de Tibère un philosophe platonicien homonyme connu par divers témoignages à partir du IIe siècle (Théon de Smyrne et Albinus), voire du Ier si Pline l'Ancien parle du même personnage. Une scholie sur Juvénal, *Sat.* VI 576 (où l'on évoque des femmes éprises d'astrologie qui n'oseraient pas agir sans consulter les calculs de Thrasylle), peut justifier l'identification :

> *Thrasyllus multarum artium scientiam professus postremo se dedit Platonicae sectae ac deinde mathes<i>, in qua praecipue viguit apud Tiberium, cum quo sub honore eiusdem artis <in> familiaritate vixit. Quem postea Tiberius in insula R<h>odo praecipitare voluit in pelagum quasi conscium promissae dominationis, quem dolum cum praesensisset, fugit.* (p. 111, 15-21 Wessner).

« Thrasylle qui professait détenir la science en de nombreuses disciplines se donna *finalement* à l'école platonicienne, *puis* à l'astrologie : c'est dans ce domaine qu'il excella principalement auprès de Tibère, avec lequel il vécut en toute intimité sous les auspices de cette même discipline. Tibère voulut *par la suite* sur l'île de Rhodes le précipiter dans la mer du fait qu'il était informé de l'empire qui lui avait été promis. Comme Thrasylle avait pressenti cette manœuvre, il s'enfuit. »

Cf. **18** K. F. Hermann, *De Thrasyllo grammatico et mathematico*, Göttingen 1853, 18 p. (le grand éditeur de Platon rassemble déjà dans cette *disputatio* d'accès difficile en une quinzaine de pages bien serrées toute la documentation et aborde tous les problèmes avec maîtrise) ; **19** H. Dörrie, « Der Platonismus in der Kultur- und Geistesgeschichte der frühen Kaiserzeit », étude jusque-là inédite parue dans ses *Platonica minora*, coll. « Studia et testimonia antiqua » 8, München 1976, p. 166-210, notamment p. 182-183 ; **20** J. Dillon, *The Middle Platonists. A Study of Platonism 80 B.C. to A.D. 220*, London 1977, 2e éd. 1996, p. 184-185, 304-306, 352, 397 ; **21** J. Glucker, *Antiochus and the Late Academy*, coll. « Hypomnemata » 56, Göttingen 1978, p. 121-124 et 206 ; **22** J. Mansfeld, *Prolegomena. Questions to be settled before the study of an author, or a text*, coll. « Philosophia Antiqua » 61, Leiden 1994, p. 58-116. Voir aussi **23** Dörrie et Baltes, *Platonismus*, t. II, Stuttgart/ Bad Cannstatt 1990, Baustein 48, 1, p. 86 ; 338.

Thémistius, *Or.* 8, 108 b (= test. 2 b Tarrant) présente Thrasylle comme un philosophe à la cour d'Auguste, sur le même plan qu'Arius (➤A 324). Julien,

Epist. ad Themistium 265 b-d (= test. 3) associe Thrasylle à des philosophes comme Arius, Nicolas (de Damas, ➡N 45) et Musonius (Rufus, ➡M 198) qui n'assumèrent pas de responsabilités politiques. Julien semble considérer que dans le cas de Thrasylle la fréquentation intime de Tibère l'aurait condamné «jusqu'à la fin des temps à une honte indélébile s'il ne s'en était lavé grâce aux ouvrages qu'il avait rédigés pour montrer ce qu'il était en réalité» (trad. Rochefort). Ce témoignage montre que déjà au IVe s. une identification était établie entre le philosophe et l'astrologue (peu glorieux) de Tibère. Autres rapprochements similaires chez Thémistius, *Orat.* 5, 63 d (Jovien honore le philosophe Thémistius comme Auguste honora Arius, Tibère Thrasylle, Trajan Dion Chrysostome et Antonin le Pieux et Marc-Aurèle Épictète); 34, 31 d - 32 a (Auguste n'a pas réussi à entraîner Arius dans l'arène politique, pas plus que Scipion ne le put pour Panétius ou Tibère pour Thrasylle) et 11, 173 b (nouvelle liste de rapports entre hommes d'État et philosophes : Philippe et Aristote, Alexandre et Xénocrate, Auguste et Arius, Trajan et Dion et enfin Tibère et Thrasylle) = test. 4 a-c Tarrant.

Indépendamment du témoignage de la scholie sur Juvénal ou de ceux de Thémistius et de Julien, les fragments astrologiques attribués à Thrasylle (y compris par Vettius Valens au IIe s. et Porphyre au IIIe s.) rendent l'identification entre le platonicien et l'astrologue défendable. On ne peut toutefois la tenir pour assurée, étant donné la fréquence du nom et le fait qu'aucun historien des trois premiers siècles ne qualifie l'astrologue de Tibère de philosophe, la formule *sapientiae professor* employée par Suétone ne pouvant pas avoir ce sens, ainsi que nous l'avons vu. Inversement les témoignages relatifs à un Thrasylle platonicien, même si on lui attribue les fragments astrologiques, ne le décrivent jamais comme un astrologue qui aurait pu être actif à Rome à l'époque et dans l'entourage de Tibère. Les autres informations douteuses transmises par la scholie : la séquence des événements, la fuite de Thrasylle ou le passage de la philosophie platonicienne à l'astrologie, permettent également de douter de la pleine validité de ce témoignage sans doute tardif (on fait généralement remonter les scholies anciennes sur Juvénal à un commentaire de la fin du IVe s. : voir **23bis** *Scholia in Iuvenalem vetustiora collegit, recensuit, illustravit* P. Wessner, coll. *BT*, Leipzig 1931, *Praefatio*, § 8 : «De vetusti in Iuvenalis Satiras commenti origine et natura», p. XXXVI-XLIII). Contre l'identification, voir **24** H. Furneaux, *The Annals of Tacitus edited with introduction and notes*, Oxford 1883, 2e éd. 1896, t. I, p. 621, note à VI 20.

Un témoignage important est fourni par l'*Introduction* de Porphyre *à l'Apotélesmatique de Ptolémée* (*CCAG* V 4, p. 212, 14-17) : «En effet, Apollinaire (*RE* Apollinaris 12 ?) dans sa *Disposition des frontières* (?) est en désaccord avec Ptolémée et l'un et l'autre le sont avec Thrasylle, Pétosiris et les autres auteurs anciens» (καὶ γὰρ Ἀπολλινάριος ἐν τῇ τῶν ὁρίων διατάξει διαφωνεῖ πρὸς Πτολεμαῖον καὶ ἀμφότεροι πρὸς Θράσυλλον καὶ Πετόσιριν καὶ τοὺς ἄλλους τῶν πρεσβυτέρων). Ce passage montre que Thrasylle était bien un auteur d'ouvrages d'astrologie postérieur à Pétosiris (IIe s. av. J.-Chr ?) et antérieur à Ptolémée (IIe s. apr. J.-Chr.) et Apollinaire. Un passage antérieur (p. 203, 4-5) avait présenté ses vues sur l'ἀκτινοβολία (le « rayonnement » ?). Reste à savoir si l'astrologue de Tibère mort en 36, l'auteur d'ouvrages d'astrologie antérieur à Ptolémée connu par Vettius Valens et Porphyre, et le philosophe platonicien connu par Nicomaque de Gérase, Théon de Smyrne puis Porphyre, se laissent identifier en une seule personne.

Avec toute la prudence requise et de façon tout à fait hypothétique, une identification différente du platonicien pourrait être envisagée avec Thrasylle, le fils de M. Annius Ammonios des Colléides (➡A 138), le maître de Plutarque de Chéronée. Il intervient (Θράσυλλος ὁ Ἀμμωνίου υἱός), dans la maison de son père, dans les *Discours de table* (VIII 3, 5, 732 c) dans un passage dont la date dramatique se situe vers l'an 80. Il n'est pas présenté comme un philosophe, mais cite Démocrite, un auteur auquel, comme nous le verrons, Thrasylle le platonicien portait le plus grand intérêt. *Cf.* **25** C. P. Jones, « The Teacher of Plutarch », *HSCPh* 71, 1967, p. 205-213, notamment p. 207 où est citée une inscription d'Éleusis mentionnant Thrasyllus, fils d'Ammonios, du dème des Colléides, présenté comme le héraut de l'Aréopage. Il avait élevé une statue en l'honneur de sa mère, qui s'appelait probablement Flavia Laodamia. **26** B. Puech, « Prosopographie des amis de Plutarque », dans *ANRW* II 33, 6, Berlin 1992, p. 4886-4889, reconnaît en lui l'archonte éponyme de l'an 61 (*IG* II², 1990) et propose un stemma de la descendance d'Ammonios (p. 4888).

Il faut reconnaître à H. Tarrant **1** le mérite d'avoir montré l'importance de Thrasylle dans l'histoire du médio-platonisme : « Thrasyllus has been found to be a figure with a philosophy of his own, with interpretations of his own, and with a considerable influence upon how generations have interpreted Plato after him » (p. 207-208). C'est à cette étude que sont empruntées beaucoup des informations regroupées dans la présente notice, même si elles sont volontairement isolées des spéculations dont elles sont entourées dans l'ouvrage.

C'est la plus importante monographie qui ait été consacrée à Thrasylle. On y trouvera des chapitres consacrés à la vie et l'œuvre de Thrasylle (p. 1-10), à son activité comme organisateur du *Corpus Platonicum* (p. 17-107), à l'excursus philosophique préservé dans le *Commentaire sur l'Harmonique de Ptolémée* par Porphyre (p. 108-147) ; et aux éventuelles interventions éditoriales de Thrasylle (p. 178-206). Le volume donne en appendice (p. 215-249), un précieux recueil des « Testimonia of Thrasyllus », avec textes grecs et latins, malheureusement sans traduction. Indispensable par sa documentation mais très spéculatif pour ce qui est de l'analyse et de l'interprétation des écrits (qu'ils soient sûrement attestés ou seulement envisageables) de Thrasylle, l'ouvrage de Tarrant est à utiliser avec précaution. En effet, pour cet auteur, Thrasylle, identique au « Philosophe de Rhodes » dont parle Proclus (Proclus, *in Parm.* VI, p. 1057, 5 *sqq.* Cousin) est non seulement le détenteur d'un système philosophique complet et sophistiqué, comprenant une théorie innovatrice du *logos* et une interprétation du *Parménide*, mais il serait intervenu de manière importante dans le texte du *Corpus Platonicum*, entre autres comme faussaire. Nous serons amenés à revenir plusieurs fois sur ces hypothèses de Tarrant au cours de cet article.

Thrasylle est principalement connu en tant qu'organisateur de deux *corpora* d'écrits philosophiques : celui de Démocrite (➡D 70), que Thrasylle considère comme pythagoricien, en treize tétralogies, et surtout celui des *Dialogues* de Platon en neuf tétralogies. En effet, c'est au moins à Thrasylle, si ce n'est pas avant lui, que remonte la division du *Corpus Platonicum* en neuf tétralogies qui figure dans les manuscrits médiévaux et dans nos éditions modernes de Platon.

(1) Diogène Laërce IX 37-38 emprunte à des *Préliminaires à la lecture des livres de Démocrite* (Τὰ πρὸ τῆς ἀναγνώσεως τῶν Δημοκρίτου βιβλίων) de

Thrasylle plusieurs renseignements de sa *Vie de Démocrite* et il rapporte (IX 45-48) la liste des œuvres de ce philosophe qu'avait dressée Thrasylle en l'ordonnant par tétralogies «comme les livres de Platon». On y distingue diverses sections regroupant les livres d'éthique, de physique (avec une liste complémentaire d'ouvrages ἀσύντακτα «restés en dehors de la liste ordonnée»), de mathématiques, de musique, de technique. Cette liste est citée et commentée par **27** D. O'Brien, notice «Démocrite d'Abdère», D 70, *DPhA* II, 1994, p. 680-690. Elle est également commentée par Tarrant **1**, p. 85-89. O'Brien **27**, p. 699-703, rappelle que Callimaque (➙C 22) avait déjà constitué un répertoire des œuvres de Démocrite.

Thrasylle reconnaissait Démocrite dans l'interlocuteur polymathe anonyme de Socrate dans les *Rivaux* («si [ou, selon Mansfeld **22**, p. 100 n. 161: *Puisque*, εἴπερ] *Les Rivaux* sont de Platon») qui compare le philosophe à un pentathlonien (135 e) qui arrive second dans toutes les épreuves par rapport aux spécialistes de chaque discipline (D. L. IX 37 = test. 18 c Tarrant). Cette thèse pouvait servir à confirmer que le silence de Platon qui mentionne tous les anciens philosophes sauf Démocrite était une *damnatio memoriae* volontaire. D'autres sources rapportaient que Platon aurait souhaité faire brûler tous les écrits de Démocrite (voir D. L. IX 40). Mansfeld **22**, p. 100-101, fait observer que les cinq disciplines qui sont ensuite prêtées à Démocrite (D. L. IX 38) comme penthathlonien, correspondent aux divisions du classement tétralogique: «Et c'est bien vrai qu'il était un pentathlonien en philosophie: il <pratiquait> (1) la physique [tétralogies III-VI + neuf traités non classés] et (2) l'éthique [tétralogies I-II], mais aussi (3) les mathématiques [tétralogies VII-IX] et (4) la culture traditionnelle, τοὺς ἐγκυκλίους λόγους [tétralogies X-XI: μουσικά], et il avait une expérience approfondie des arts et métiers, τέχναι [tétralogies XII-XIII]» (trad. J. Brunschwig).

Thrasylle soulignait les liens au moins doctrinaux qui rattachaient Démocrite à Pythagore (IX 38 = test. 18 b Tarrant). Selon Mansfeld **22**, p. 98-99, ce témoignage expliquerait l'intérêt que portait Thrasylle, platonicien et pythagoricien, à Démocrite. Mansfeld rappelle que le rattachement de Démocrite à Pythagore, à travers divers maîtres, est ancien (p. 99) et que le premier traité de la première tétralogie définie par Thrasylle était un *Pythagore* (p. 100).

Thrasylle situait la naissance de Démocrite en Ol. 77,3 (470/69), soit, selon lui, un an avant celle de Socrate (IX 41 = test. 18 a Tarrant). Sur la question voir O'Brien **27**, p. 663-674. C'est apparemment lui encore qui rapprochait comme des contemporains Démocrite, Archélaos, Oinopidès, Parménide et Zénon (d'Élée), ainsi que Protagoras d'Abdère (IX 41-42). Si d'autres éléments de la biographie de Diogène Laërce lui sont empruntés ils ne sont pas identifiés.

(2) Diogène avait déjà rapporté (IX 56-61 = test. 22 Tarrant) un classement semblable des dialogues *authentiques* de Platon en tétralogies (III 57-61) sur le modèle, soutenait-il, des quatre pièces des concours dramatiques («aux Dionysies, aux Lénéennes, aux Panathénées et aux Chrytries»). Neuf tétralogies regroupaient trente-six dialogues (et non cinquante-six) en comptant la *République* (en dix livres) et les *Lois* (en douze livres) pour un dialogue chacun. C'est aussi ce qu'il faut supposer pour les treize lettres à la fin de la neuvième tétralogie. Mansfeld **22**, p. 67, note que dans les trilogies d'Aristophane de Byzance (voir plus bas), la *République* et les *Lois* comptaient de même pour un unique élément de leur trilogie.

Hermann **18**, p. 18, envisage que le nombre final de 36 textes ait été choisi pour des raisons numérologiques (produit des carrés du premier nombre pair et du premier nombre impair: $2^2 \times 3^2$, ou carré de la somme des trois premiers nombres: $(1+2+3)^2$, ou somme des huit premiers nombres...), comme l'âge de 81 ans de Platon à sa mort (carré du carré du nombre parfait 3: $(3^2)^2$).

Dans cette liste de Diogène Laërce chaque dialogue est identifié par deux titres (III 58) : « le premier reprenant le nom du personnage principal, le second d'après le sujet » (τῇ μὲν ἀπὸ τοῦ ὀνόματος, τῇ δὲ ἀπὸ τοῦ πράγματος).

Selon **28** R. G. Hoerber, « Thrasyllus' Platonic Canon and the Double Titles », *Phronesis* 2, 1957, p. 10-20, les sous-titres des dialogues n'auraient pas été définis par Thrasylle, mais seraient attestés à une époque beaucoup plus ancienne. Mansfeld **22**, p. 72-73, signale que plusieurs dialogues avaient reçu des seconds titres bien antérieurement à Thrasylle, mais il pense que ce dernier a pu en généraliser l'emploi.

Le premier dialogue de la première tétralogie est l'*Euthyphron* ou *Sur la piété*. La liste est complétée par le *type* de dialogue dont relève chaque dialogue. Diogène ne précise pas que les informations sur le titre secondaire et le genre du dialogue faisaient partie de la division originale de Thrasylle. D. L. III 61 conclut la division de Thrasylle en précisant qu'elle était également adoptée par d'autres, puis il expose une division des dialogues en trilogies préférée par des savants comme Aristophane de Byzance [➨A 405] (III 61-62 = fr. 403 Slater = Dörrie et Baltes **23**, p. 334-337 ; *cf.* Mansfeld **22**, p. 62 ; 69).

Sur ce classement de Thrasylle, voir **29** Fr. Susemihl, « Über Thrasyllos. Zu Laert. Diog. III 56-62 », *Philologus* 54, 1895, p. 567-574 ; **30** H. Alline, *Histoire du texte de Platon*, Paris 1915, p. 112-134 ; **31** E. Bickel, « Das platonische Schriftenkorpus der 9 Tetralogien und die Interpretationen im Platontext », *RhM* 92, 1943-1944, p. 94-96 ; **32** M. Dunn, « Iamblichus, Thrasyllus, and the reading order of the Platonic dialogues », dans R. B. Harris (édit.), *The significance of Neoplatonism*, coll. « Studies in Neoplatonism, Ancient and Modern » 1, Norfolk 1976, p. 59-80 ; **33** C. M. Lucarini, « Osservazioni sulla prima circolazione delle opere di Platone e sulle "Trilogiae" di Aristofane di Bizanzio (D. L. 3, 56-66) », *Hyperboreus* 17-17, 2010-2011, p. 346-361.

Démocrite et Platon ne sont pas les seuls auteurs non dramatiques dont les œuvres furent classées en tétralogies. Les discours d'Antiphon ont été également transmis dans le cadre d'une telle structure. Selon **34** R. Sealey, « The Tetralogies ascribed to Antiphon », *TAPhA* 114, 1984, p. 71-85, cette structure ne serait pas attestée avant le Iᵉʳ siècle de notre ère. Serait-il légitime d'envisager à nouveau l'œuvre de Thrasylle ? A la différence de Démocrite et de Platon Antiphon le rhéteur était moins susceptible d'intéresser un philosophe comme Thrasylle, mais il existe de nombreux spécialistes qui identifient ce rhéteur avec le sophiste. Voir **35** M. Narcy, notice « Antiphon d'Athènes », A 209, *DPhA* I, 199, p. 225-244. Pour un regroupement semblable de certains discours de Démosthène en tétralogies, voir Alline **30**, p. 114-115, Carlini **43** (cité plus loin) p. 47 n. 25, avec les réserves de Mansfeld **22**, p. 64-65 n. 111.

Voici sous forme de tableau le classement de Thrasylle (d'après la traduction de **36** L. Brisson dans M.-O. Goulet-Cazé [édit.], *Diogène Laërce, Vies et doctrines des philosophes illustres*, Paris 1999).

Tétralogie	Titre	Thème	Caractère
I	*Euthyphron*	*Sur la piété*	critique
	Apologie de Socrate		éthique
	Criton	*Sur ce qu'il faut faire*	éthique
	Phédon	*Sur l'âme*	éthique
II	*Cratyle*	*Sur la justesse des termes*	logique
	Théétète	*Sur la science*	critique
	Sophiste	*Sur l'être*	logique
	Politique	*Sur la royauté*	logique
III	*Parménide*	*Sur les formes*	logique
	Philèbe	*Sur le plaisir*	éthique
	Banquet	*Sur le bien*	éthique
	Phèdre	*Sur l'amour*	éthique
IV	*Alcibiade*	*Sur la nature de l'homme*	maïeutique
	Second Alcibiade	*Sur la prière*	maïeutique
	Hipparque	*L'amoureux du gain*	éthique
	Rivaux	*Sur la philosophie*	éthique
V	*Théagès*	*Sur la philosophie*	maïeutique
	Charmide	*Sur la modération*	critique
	Lachès	*Sur le courage*	maïeutique
	Lysis	*Sur l'amitié*	maïeutique
VI	*Euthydème*	*L'Éristique*	réfutatif
	Protagoras	*Les sophistes*	probatoire
	Gorgias	*Sur la rhétorique*	réfutatif
	Ménon	*Sur la vertu*	critique
VII	*Hippias majeur*	*Sur le beau*	réfutatif
	Hippias mineur	*Sur l'erreur*	réfutatif
	Ion	*Sur l'Iliade*	critique
	Ménexène	*L'Oraison funèbre*	éthique
VIII	*Clitophon*	*Protreptique*	éthique
	République	*Sur le juste*	politique
	Timée	*Sur la nature*	physique
	Critias	*L'Atlantique*	éthique
IX	*Minos*	*Sur la loi*	politique
	Lois	*Sur la législation*	politique
	Épinomis	*Le Conseil nocturne ou Le philosophe*	politique
	Treize lettres		éthique

La division (D. L. III 57-61) doit être rapprochée d'une division antérieurement exposée (III 49-51) des dialogues selon leur type ou leur caractère (voir un tableau semblable dans Nüsser **44** [cité plus loin], Appendix D, p. 243) :

		Caractères	**Exemples**
	θεωρηματικός	φυσικός	*Timée*
		λογικός	*Politique, Cratyle, Parménide, Sophiste*
ὑφηγητικός			
		ἠθικός	*Apologie, Criton, Phédon, Phèdre, Banquet, Ménexène, Clitophon, Lettres, Philèbe, Hipparque, Rivaux*
διάλογος	πρακτικός		
		πολιτικός	*République, Lois, Minos, Épinomis, Atlantique* (= *Critias*)
		μαιευτικός	*Alcibiade I, Alcibiade II, Théagès, Lysis, Lachès*
	γυμναστικός		
		πειραστικός	*Euthyphron, Ménon, Ion, Charmide, Théétète*
ζητητικός			
		ἐνδεικτικός	*Protagoras*
	ἀγωνιστικός		
		ἀνατρεπτικός	*Euthydème, Gorgias, Hippias majeur et mineur*

On constate dans cette *diairesis* que les « caractères » et les exemples (49-51) correspondent à ceux de la classification des dialogues en tétralogies proposée par Thrasylle. Mansfeld **22**, p. 91, fait remarquer que les deux tableaux comportent exactement trente-six titres. Tous les exemples de dialogues du tableau des « caractères » sont les dialogues de la liste de Thrasylle. On constate seulement que le *Critias* (cette fois appelé l'*Atlantique*) est qualifié d'éthique dans la liste et est donné comme exemple de dialogue politique dans le schéma des « caractères ». Mansfeld **22**, p. 91-92, suppose que le concepteur de la division systématique a pris le second titre du *Critias* dans le tableau tétralogique comme le titre du dialogue dans sa division et que celui qui a ajouté les "caractères" pour compléter la liste des tétralogies a confondu le *Crit(ias)* et le *Crit(on)* et a ainsi qualifié le premier d'éthique et non de politique. Mansfeld **22**, p. 67-68 n. 116 et 91, considère que les caractères n'étaient pas originellement liés au tableau des tétralogies et que la classification par type a porté sur le *canon* des 36 dialogues du classement en tétralogies. Bien que les caractères soient indiqués dans le tableau des tétralogies, il est manifeste qu'ils ne jouent aucun rôle dans la répartition des dialogues dans chaque tétralogie : ils relèvent d'un effort de systématisation d'inspiration fort différente.

Cette classification en tétralogies a une importance historique exceptionnelle dans la mesure où elle constitue encore, avec quelques modifications, la structure de plusieurs manuscrits médiévaux et de nos éditions modernes de Platon (cette disposition suivie par Burnet a été adoptée pour la première fois par K. F. Hermann : **36 bis** *Platonis Dialogi secundum Thrasylli tetralogias dispositi. Ex recognitione Caroli Friderici Hermanni*, coll. *BT*, Leipzig 1851-1853) et qu'elle a pu être liée à une *édition* des dialogues dont dépendrait la tradition manuscrite postérieure. Plusieurs questions se posent à son sujet. La liste des trente-six œuvres de Platon implique-t-elle que toutes étaient considérées comme authentiques ? Implique-t-elle que tous les dialogues non inclus étaient considérés comme inauthentiques ? A quel titre les treize *lettres* de Platon sont-elles prises en compte dans un classement des *dialogues* ? Quels sont les principes ayant présidé à ce classement ? Peut-on dégager pour chaque tétralogie un thème commun, comme cela est dit pour la première (κοινὴ ὑπόθεσις, III 57) ? Puisque certains dialogues sont dits « commencer » une série, doit-on supposer à l'intérieur de chaque tétralogie un ordre significatif ? L'analogie avec les quatre drames des concours dramatiques implique-t-elle qu'un des dialogues (le dernier dans la série ?) est conçu comme un équivalent du drame satirique ? Puisqu'une importance est accordée au fait que la première tétralogie entend montrer les caractéristiques de la vie philosophique illustrée par Socrate, faut-il supposer d'une tétralogie à l'autre une progression, soit thématique, soit fonctionnelle (dans le cadre d'un projet pédagogique) ? Quelles étaient alors les étapes de ce parcours intellectuel ou pédagogique mettant à profit la lecture des dialogues ? Les titres secondaires des dialogues étaient-ils traditionnels ou ont-ils été définis par Thrasylle lui-même en rapport avec la structure thématique générale de la liste ? Les « caractères » définis pour chaque dialogue, qui correspondent à la typologie dégagée en D. L. III 49-51, ont-ils été originellement conçus par Thrasylle ou ont-ils été appliqués après coup aux dialogues de la liste à partir d'une typologie des caractères indépendante ? La division en tétralogies des dialogues de Thrasylle, si elle a été conçue par lui, est-elle une critique et un développement de la division en trilogies plus anciennement proposée par Aristophane de Byzance (dont parle également Diogène Laërce) ? Ce classement des œuvres de Platon était-il lié à une édition ? On peut enfin se demander si le travail de Thrasylle sur le corpus platonicien entendait rivaliser avec le travail semblable effectué par Andronicos de Rhodes (➤A 181) sur le corpus d'Aristote et de Théophraste au moins un siècle plus tôt.

Selon Alline **30**, p. 114-115, le classement tétralogique serait un développement absurde du classement antérieur en trilogies : « pour former des tétralogies, on prit tout d'abord les trilogies d'Aristophane, et on les transposa, puis on les compléta, en cherchant à les bouleverser le moins possible : le nouveau classement n'est, en somme, qu'un élargissement de l'ancien ».

L'ouvrage de Tarrant aborde ces multiples questions et propose des solutions qui s'appuient sur des hypothèses toujours astucieuses. L'hypothèse sans doute la plus intéressante est la mise en rapport de la succession des neuf tétralogies avec les étapes de la vie philosophique que Théon de Smyrne (➤T 90) avait rapprochées des cinq étapes de l'initiation aux mystères (*Sur les connaissances mathématiques utiles pour la lecture de Platon*, p. 14, 18 - 16, 2 Hiller).

Sur ce passage célèbre, voir le commentaire de **37** F. M. Petrucci, *Teone di Smirne. Expositio rerum mathematicarum ad legendum Platonem utilium. Introduzione, traduzione, commento*, coll. « Studies in Ancient Philosophy » 11, Sankt Augustin 2012, p 302-305.

A l'arrière-plan de cette construction se cacherait selon Tarrant la carrière des gardiens de la république telle qu'analysée au livre VII de la *République*. La lecture des dialogues pouvait servir à la formation du platonicien depuis une purification initiale par la dialectique jusqu'à l'assimilation à la divinité en prenant en compte les responsabilités pédagogiques et politiques du philosophe dans la cité. Selon Tarrant **1**, p. 98-103, c'est ce schéma platonicien qui se cacherait derrière l'organisation des neuf tétralogies.

On a envisagé la possibilité que le classement en tétralogies ait été conçu à une époque antérieure à Thrasylle et on a remis en question le lien entre ces tétralogies et les sous-titres et les "caractères" prêtés à chaque dialogue.

Selon H. Tarrant, c'est l'activité éditoriale de Thrasylle qui aurait déclenché le foisonnement d'ordres de lecture du *Corpus Platonicum* dont témoignent par exemple Albinus (Prol., IV, p. 149, 1-13) et Diogène Laërce. Cependant, la plupart des chercheurs ont accueilli avec scepticisme l'affirmation par Tarrant de la paternité thrasylléenne de la division tétralogique des dialogues de Platon. Ainsi, pour Dörrie et Baltes (**23**, p. 339; *cf.* Dörrie **70** [cité plus loin], p. 141), cette division daterait d'une ou de deux générations avant Thrasylle, tandis que **38** M. Erler; *GGP, Antike 2, 2*, Basel 2007, p. 12, estime, en suivant notamment **39** C. W. Müller, *Die Kurzdialoge der Appendix Platonica. Philologische Beiträge zur nachplatonischen Sokratik*, coll. « Studia et testimonia antiqua » 17, München 1974, qu'on peut dire « mit Sicherheit » qu'une édition tétralogique des dialogues de Platon a existé avant Thrasylle (voir cependant Sedley **69** [cité plus loin], p. 68, pour qui Thrasylle « was almost certainly the originator of tetralogical arrangements of the Platonic corpus »). La question dépend entre autres de l'interprétation du témoignage de Varron, *De lingua latina* VII 37 = Dörrie et Baltes **23**, Baustein 43, qui désigne le *Phédon* comme « *Plato in IIII de fluminibus apud inferos quae sint* ». On a soutenu (**40** J. A Philip, « The Platonic corpus », *Phronesis* 24, 1970, p. 296-308, à la p. 296; Dunn **31**; Dillon **20**, p. 184; Mansfeld **22**, p. 66) que cela indiquait que Varron connaissait déjà, vers 43 av. J.-Chr., une division tétralogique des dialogues. Mais l'interprétation du passage est délicate; aussi Tarrant **1**, p. 13, a-t-il vraisemblablement raison de mettre en doute la portée de ce témoignage. En fait, comme le souligne Erler **39**, p. 13, tout ce que les textes nous permettent d'affirmer avec certitude, c'est que Thrasylle a soit ordonné les dialogues de Platon d'une manière particulière, soit donné son approbation à un certain arrangement tétralogique de ces dialogues. Pour Mansfeld **22**, p. 59-98, enfin, l'ordre tétralogique de Thrasylle indique, dans le cas des ouvrages de Démocrite (*contra*: Dunn **31** p. 62) comme pour les dialogues de Platon, un ordre de lecture destiné aux étudiants désireux de s'imprégner de la philosophie de Platon. Envisagé comme correction du système trilogique d'Aristophane de Byzance, cet ordre tétralogique sera sensiblement modifié au cours de moyen-platonisme, notamment dans les différents schémas du *Prologus* d'Albinus. Ce sont ces schémas – et non pas le schéma thrasylléen, destiné pour sa part à exercer une grande influence sur la littérature arabe – qui seront repris, avec des modifications ultérieures, dans le fameux canon de douze dialogues platoniciens inauguré par Jamblique: *Alcibiade, Gorgias, Phédon, Cratyle, Théétète, Sophiste, Politique, Phèdre, Banquet, Philèbe*, puis les deux dialogues "parfaits": *Timée* et *Parménide* (voir Anon., *Prolégomènes à la philosophie de Platon* [10,] 26, p. 39, 15 - 40, 44 Westerink-Trouillard-Segonds).

Sur les diverses tentatives, plus ou moins convaincantes, pour faire remonter le classement tétralogique à une époque antérieure à Thrasylle et peut-être à Dercyllide, voir Tarrant **1**, p. 13-17, et p. 72-84; **41** J. Dillon, notice « Dercyllidès », D 87, *DPhA* II, 1994, p. 747-748; **42** O. Regenbogen, art. « Πίναξ », *RE* XX 2, 1950, col. 1408-1482 (lire surtout col. 1441-1442); **43** A. Carlini, *Studi sulla tradizione antica e medievale del « Fedone »*, coll. « Bibliotheca Athena » 10, Roma 1972, p. 24-27 (l'ordre tétralogique, révisé en ordre trilogique par Aristophane, remonterait à l'Académie d'Arcésilas). **43bis** A. H. Chroust, « The organisation of the *Corpus Platonicum* in Antiquity », *Hermes* 93, 1965, p. 34-46, en particulier p. 44-46, a envisagé une division tétralogique du *Corpus Platonicum* encore plus ancienne, par Tyrannion (➭T 185).

Pour Tarrant (**1**, p. 17-30; 46-57; 76-78; 89-97), c'est Thrasylle qui est responsable aussi bien des deuxièmes titres que des descriptifs par « caractère »; hypothèse considérée comme possible par Dörrie et Baltes **23**, p. 339. Mansfeld (**22**, p. 76; 93-94), pour sa part, estime que même si les éléments correspondants dans le catalogue des ouvrages de Démocrite proviennent de Thrasylle, dans le cas de Platon Thrasylle serait responsable des deuxièmes titres (qu'il a peut-être adaptés à partir d'une source antérieure), mais non des descriptifs par « caractère ». En effet, ces descriptifs, difficilement conciliables avec la division tétralogique de Thrasylle, seraient le signe d'une systématisation de l'arrangement thrasylléen, systématisation dont on ignore l'auteur, mais qu'il faut situer entre l'époque de Thrasylle et celle de Diogène Laërce.

La classification des dialogues par Thrasylle est également connue par Albinus (➠A 78), *Prologue* 4, p. 149, 5-14 Hermann (= test. 20 Tarrant), qui rapporte l'explication qui était fournie du contenu et de l'ordre de la première tétralogie. Dans ce passage, le nom de Thrasylle est précédé de celui de Dercyllide (➠D 87) qui semble avoir adopté le même classement que Thrasylle, avant, après ou indépendamment de lui, on ne sait pas. Sur le classement de Théon que l'on peut reconstituer à partir des témoignages arabes, voir **44** O. Nüsser, *Albins Prolog und die Dialogtheorie des Platonismus*, coll. «Beiträge zur Altertumskunde» 12, Stuttgart 1991, p. 144-159; sur le classement d'Albinus et les altérations qu'il a pu subir, voir *ibid.*, p. 160-161 et l'Appendice A, p. 224-235 («Zu Freudenthals und Schissels Rekonstruktionsversuchen bezüglich Albin. Prolog c. 3»). Important compte rendu par **44bis** J. Opsomer, dans *Mnemosyne* 48, 1995, p. 608-616, qui examine les vues de Nüsser en tenant compte des positions de Tarrant **1**.

Pour la division similaire mais différente des dialogues selon leur caractère par Albinus, chap. 3 (p. 31-32 Nüsser), et une comparaison systématique avec la liste de Diogène Laërce, voir Mansfeld **22**, p. 76-81, qui y voit une «mutilated version». On remarquera que les huit types de dialogues ne sont pas rattachés de façon explicite aux deux espèces principales. Le type ἐνδεικτικός est remplacé par l'ἐλεγκτικός. On ne trouve pas le troisième niveau de la division (θεωρηματικός, πρακτικός, etc.). L'ordre n'est pas non plus identique et les exemples sont moins nombreux et en partie différents. Pour des essais de reconstitution (fort hypothétiques), voir **45** J. Freudenthal, *Hellenistische Studien*, Heft III: *Der Platoniker Albinos und der falsche Alkinoos*, Berlin 1879, p. 241-326; **46** O. Schissel von Fleschenberg, «Zum Πρόλογος des Platonikers Albinos», *Hermes* 66, 1931, p. 215-226. Le tableau d'ensemble a été reconstitué par Dörrie et Baltes **23**, p. 513-520, suivis par Mansfeld **22**, p. 77 (qui semble avoir oublié le *Politique* dans son tableau). Dans la mesure où Dörrie et Baltes n'ont pas donné une mise en forme finale au tableau qu'ils ont reconstitué (Baustein 48, 2), il peut être utile d'en fournir ici une représentation pour faciliter la comparaison avec le tableau de D. L. III 49-51.

		Caractères	**Exemples**
διάλογος	ὑφηγητικός	φυσικός	Τίμαιος
		λογικός	Κρατύλος, Σοφιστής, Πολιτικός, Παρμενίδης
		πολιτικός	Πολιτεία, Μίνως, Νόμοι, Ἐπινομίς
		ἠθικός	Ἀπολογία, Κρίτων, Φαίδων, Συμπόσιον, Ἐπιστολαί, Μενέξενος, Κλειτοφῶν, Φίληβος
	ζητητικός	πειραστικός	Εὐθύφρων, Μένων, Ἴων, Χαρμίδης
		μαιευτικός	Ἀλκιβιάδης, Θεάγης, Λύσις, Λάχης
		ἐλεγκτικός	Πρωταγόρας
		≈	
		ἐνδεικτικός?	
		ἀνατρεπτικός	Ἱππίας, Εὐθύδημος, Γοργίας

Encore une fois, il reste peu probable que cette *diairesis* des dialogues en fonction de leur caractère soit originellement liée au classement des dialogues par tétralogies élaboré par Thrasylle.

Avant d'étudier le classement de Thrasylle des œuvres de Démocrite et de Platon (chap. 4, p. 85-107), Tarrant **1**, étudie d'autres classements attestés, non tétralogiques (celui d'al-Fārābī, peut-être en dépendance de Galien [⬥⁺G 3], et celui d'Albinus dont nous venons de parler) ou tétralogiques (Ibn al-Nadīm qui fournit une liste de dialogues que Tarrant interprète comme ayant été originellement tétralogique et sans doute empruntée à Théon de Smyrne): chap. 2-3, p. 31-84. Sur la réélaboration du classement dichotomique des dialogues par Théon, voir aussi **47** M. R. Dunn, *The Organization of the Platonic Corpus between the First Century B.C. and the Second Century A.D.*, Thèse de l'Université de Yale (microfilm) 1974, chap. IV [*non uidi*], et Nüsser **44**, p. 144-159. La structure de la liste que Tarrant rattache à Théon reproduirait une division de la philosophie caractéristique de Philon de Larissa [⬥⁺P 155] (p. 65-68). Voir Stobée, *Anthol.* II 7, p. 39, 20-41, 1 Wachsmuth = Philon, fr. XXXII Brittain. Un ouvrage de Théon, intitulé « Séquence de la lecture des livres de Platon, avec les titres de ses compositions » (al-Nadīm, *Fihrist*, p. 255, 12 *sq.* Flügel = t. II, p. 591-594; 614 dans la traduction de Dodge) est attesté et utilisé par la tradition arabe. Il s'agit vraisemblablement de Théon de Smyrne, même si **48** J. A. Notopoulos, « Porphyry's life of Plato », *CPh* 35, 1940, 284-293, l'identifie à un Théon d'Alexandrie dont on ne sait rien par ailleurs. Voir **49** J. Lippert, *Studien auf dem Gebiete der griechischarabischen Übersetzungslitteratur*, Braunschweig 1894, p. 45-50, et **50** F. Rosenthal et R. Walzer, *Corpus Platonicum Medii Aevi : Plato Arabus*, t. II : *Alfarabius De Platonis philosophia*, London 1943, p. XV-XVI.

Thrasylle dans le livre III de Diogène Laërce

Comme c'était le cas pour Démocrite, la contribution de Thrasylle portait sur d'autres détails de la vie de Platon. Il faisait ainsi remonter les origines familiales de Platon à Poséidon (III 1 = test. 21 Tarrant). Selon Tarrant **1**, p. 19, c'est tout le paragraphe III 1 qui pourrait remonter à Thrasylle dans la mesure où les mêmes informations se retrouvent chez Ibn al-Qiftī qui dépend de Théon de Smyrne, un auteur qui connaissait les œuvres de Thrasylle (voir test. 13 et 14a Tarrant).

Pour une analyse de l'ensemble du livre III, voir **51** L. Brisson, « Diogène Laërce, "Vies et doctrines des philosophes illustres", Livre III : Structure et contenu », dans *ANRW* II 36, 5, Berlin, 1992, p. 3619-3760.

L'ouvrage de Thrasylle sur Platon associait donc éléments biographiques et éléments bibliographiques. Il pouvait s'intituler, sur le modèle du titre transmis pour son travail parallèle sur Démocrite: Τὰ πρὸ τῆς ἀναγνώσεως τῶν Πλάτωνος διαλόγων.

Voir Mansfeld **22**, p. 98, qui suppose qu'on y trouvait traitées déjà plusieurs des questions préliminaires à l'étude d'un philosophe qui caractériseront les commentaires néoplatoniciens, du début du IVe siècle de notre ère jusqu'à la fin de l'Antiquité: l'authenticité des dialogues, leur division en parties, l'ordre de leur lecture (*cf.* Dunn **31**), par quel ouvrage faut-il commencer la lecture de Platon, le but (*skopos*) de chaque dialogue, et la raison du choix du titre.

Tarrant **1**, p. 19-22, a envisagé que d'autres sections du livre III de Diogène Laërce soient empruntées à Thrasylle. Selon lui, une grande partie des thèmes abordés en III 48-66b peuvent se rapporter à une « Introduction à la lecture de Platon » comme celle de Thrasylle, ou au moins à une « Introduction aux écrits de Platon », ainsi que l'a compris **52** O. Gigon, « Das dritte Buch des Diogenes

Laertios», *Elenchos* 7, 1986, p. 133-182, notamment p. 136-137. Tarrant montre que dans tous ces paragraphes, un intérêt pour le dogmatisme de Platon (et secondairement pour l'ésotérisme de son enseignement) est omniprésent (p. 21-22).

Notons en passant que si l'on pouvait établir que l'ensemble de cette section remontait à Thrasylle, c'est dans le cercle de ce dernier, et non dans celui de Diogène lui-même, qu'il faudrait chercher l'amie de Platon à laquelle il est promis, en III 47 où elle est interpelée, un exposé sommaire sur *la nature des dialogues de Platon, leur ordre (de lecture), la méthode inductive et peut-être ses doctrines*. Mais selon Mansfeld **22**, p. 106 n. 177, Diogène Laërce n'aurait connu Thrasylle qu'à travers une source platonicienne intermédiaire.

Voici les thèmes abordés dans cette section du livre III :

48 Qui a inventé le dialogue ? Définition du dialogue et de sa perspective dialectique.

49 Les deux types (χαραϰτῆρες) principaux de dialogues platoniciens et leurs espèces (avec les exemples fournis en 50-51). (Voir le tableau reproduit plus haut.)

50 Autre division, inspirée par la poésie tragique, en drames, récits et formes mixtes (δραματιϰοί, διηγηματιϰοί, μειϰτοί). La distinction porte sur les dialogues qui exposent directement un entretien et ceux qui racontent, parfois à travers plusieurs intermédiaires, un entretien passé.

51-52 En quel sens les dialogues exposent-ils des doctrines ?

53-55 Les modes de l'induction (ἐπαγωγή) mise en œuvre par Platon dans les dialogues.

56 Platon a conduit la philosophie à sa perfection en introduisant la dialectique (par rapport à la physique originelle et à l'éthique déjà ajoutée par Socrate). Analogie avec l'histoire de la tragédie qui ne faisait intervenir à l'origine que le chœur : Thespis ajouta un acteur, Eschyle un deuxième et Sophocle un troisième.

56-61 Répartition par Thrasylle des dialogues en neuf tétralogies sur le modèle des tragédies. (Voir le tableau dressé plus haut.)

61-62 Classement par trilogies.

62a Par quel dialogue commencer la lecture ?

62b Authenticité des dialogues.

63-64 Ambiguïtés liées au lexique employé par Platon. Sur ce paragraphe, voir Tarrant **1**, p. 180-181.

65 Trois étapes de l'interprétation des dialogues. Sur ce paragraphe, voir Tarrant **1**, p. 181-182.

66 Explication des signes qui accompagnent le texte des dialogues. Sur ce paragraphe, voir Alline **30**, p. 85-94 (qui ne le rapporte pas à Thrasylle), et Tarrant **1**, p. 182-183. De telles explications sont destinées au lecteur de l'édition qui est introduite : « it is very likely that the signs here are being adopted by Thrasyllus for his own complete collection of texts ».

Tarrant **1**, p. 183 n. 14, envisage qu'un papyrus de Florence qui présente un ensemble encore plus riche de signes diacritiques ne se rapporte pas à une Vie de Zénon par Antigone de Caryste (➡A 193) comme on l'a cru, mais plutôt à l'Introduction à Platon de Thrasylle. Voir sur ce fragment papyrologique **53** V. Bartoletti, « Diogene Laerzio III 65-66 e un papiro della raccolta fiorentina », dans *Mélanges E. Tisserant*, t. I : *Écriture sainte. Ancien Orient*, coll. « Studi e Testi » 231, Vatican 1964, p. 25-30, repris dans *Scritti 1933-1976*, t. I 2, Pisa 1992, p. 525-530 ; **54** M. Gigante, « Biografia e dossografia in Diogene Laerzio », *Elenchos* 7, 1986, p. 9-102, notamment p. 67-71. Dorandi, dans son édition récente, cite également pour ce paragraphe sur les signes diacritiques **55** M. Stein, art. « Kritische Zeichen », *RAC* XXII, 2007, p. 133-163 ; **56** F. Schironi, « Plato at Alexandria », *CQ* 55, 2005, p. 423-434 ; **57** *Antigone de Caryste, Fragments*. Texte établi et traduit par T. Dorandi, *CUF*, Paris 1999, p. LXXI-LXXIV ; **58** M. J. Luzzatto, « Emendare Platone nell'Antichità. Il caso del Vaticanus gr. 1 », *QS* 68, 2008, p. 29-87.

Thrasylle éditeur de Platon? Le classement de Thrasylle était-il lié à une édition de Platon? Une phrase de Diogène Laërce en III 56 pourrait le laisser penser : Θράσυλλος δέ φησι καὶ κατὰ τὴν τραγικὴν τετραλογίαν ἐκδοῦναι αὐτὸν τοὺς διαλόγους. L. Brisson a traduit : «Thrasylle dit qu'*il* a publié les dialogues en prenant modèle sur le classement des tragédies en tétralogies». Selon Brisson **51**, p. 3709, Thrasylle voudrait dire qu'il a lui-même (le premier ou à la suite d'autres) publié ou édité les dialogues de cette façon. Thrasylle n'aurait pas seulement classé les dialogues, mais les aurait édités, ce qu'il ne semble pas avoir fait toutefois pour les écrits de Démocrite qu'il a répertoriés selon le même système des tétralogies. D'autres traducteurs, dont Tarrant, comprennent que, selon Thrasylle, c'est Platon lui-même qui aurait publié ou produit ses dialogues sur ce modèle des tragédies. Dans le contexte αὐτόν renvoie en effet plutôt à Platon dont on venait de parler. C'est dans ce sens que la *Souda* T 395, t. IV, p. 530, 20-21 Adler, a paraphrasé la phrase de Diogène Laërce : κατὰ τὴν τραγικὴν τετραλο-γίαν ἐξέδωκε *Πλάτων* τοὺς διαλόγους. Selon Tarrant **1**, p. 12 et 90, Platon, autrefois chorège à Athenes (III 3), aurait publié ou produit (ἐκδοῦναι) ses dialo-gues sur le modèle de la tétralogie tragique. Voir en ce sens Mansfeld **22**, p. 60-61.

Alline **30**, p. 114, rappelle que «le principe tétralogique remonte à Platon lui-même, qui avait conçu et annoncé, mais sans les réaliser entièrement, les deux tétralogies *République – Timée – Critias – Hermogène* et *Théétète – Sophiste – Politique – Philosophe*». Selon Dörrie **19**, p. 183 n. 55, le témoignage de Diogène Laërce ne prouverait pas que Thrasylle avait lui-même ordonné les dialogues par tétralogies, mais qu'il connaissait un tel ordre comme remontant à Platon et aurait seulement établi un rapprochement avec les tétralogies des poètes tragiques. Dans l'inter-prétation de Tarrant (**1**, p. 90-91), Thrasylle aurait attribué à Platon la publication de ses dialogues par groupes de quatre, sur le modèle des tragédies antiques, mais cela n'impliquerait pas que l'ordre des tétralogies proposé par Thrasylle soit celui de Platon.

Faut-il comprendre que Thrasylle présentait ses tétralogies comme l'ordre dans lequel Platon avait produit ses dialogues? Il semble bien toutefois que Diogène Laërce tienne Thrasylle pour l'auteur du classement («Thrasylle met donc en premier la tétralogie...») ou à tout le moins de l'ordre des tétralogies si elles préexistaient et, s'il l'oppose à la division en trilogies d'Aristophane de Byzance (III 61), c'est sans doute parce qu'elle ne jouissait pas de l'autorité de Platon. Il conclut d'ailleurs la présentation des tétralogies en écrivant : καὶ οὗτος μὲν (*scil.* Θράσυλλος) οὕτω διαιρεῖ καί τινες (III 61).

Le fait que Thrasylle a utilisé la même structure tétralogique pour classer les ouvrages de Démocrite suggère également que c'est lui qui a conçu ce système bibliographique et que la référence à la tragédie servait à justifier ce mode de classement, sans que nécessairement il ait déjà été adopté par Platon dans l'esprit de Thrasylle. La présence de dialogues pseudépigraphes dans la liste (*Second Alcibiade, Rivaux, Hipparque)* pourrait également faire douter de l'origine platonicienne, fût-elle fictive, de ces tétralogies s'il l'on pouvait être sûr que Thrasylle rejetait déjà ceux qui ont finalement été considérés comme pseudépigraphes. Il fait une place aux *Rivaux* dont il envisageait au moins le caractère pseudépigraphe (IX 37). Or, selon Diogène Laërce, ces tétralogies regrouperaient les dialogues *authentiques*.

Quoi qu'il en soit de cette phrase ambiguë, Tarrant **1**, p. 12 et 90, considère que Thrasylle a de fait édité les dialogues et que son édition est à la source de la tradition manuscrite médiévale (voir chap. 7, p. 178-185). Dillon **20**, p. 184, écrit de même : « he produced a new edition of Plato's dialogues ».

L'activité éditoriale de Thrasylle n'était donc sans doute pas limitée à la sélection et au classement des dialogues ; le système de signes diacritiques décrit par Diogène Laërce, s'il remonte à Thrasylle, montre qu'il a établi le texte. Tarrant envisage même qu'il soit intervenu dans certains passages pour en redresser ou accentuer la portée philosophique dans le sens qu'il l'entendait. Il donne (p. 185-201) des exemples tirés du *Ménon* (75 d 7 - 76 a 7 ; 81 c 9 - d 4 ; 98 a) et du *Timée* (30 a 1 ; 30 b 3 ; 31 b 2-3 ; 40 c 9 - d 1), mais il propose également d'attribuer à Thrasylle ou à quelqu'un de sa mouvance les digressions épistémologiques des *Lettres* II et VII (voir déjà **59** H. Tarrant, « Middle Platonism and the *Seventh Epistle* », *Phronesis* 28, 1983, p. 75-103), et peut-être la prière finale de la *Lettre* VI. Selon lui, la réalité d'interventions doctrinalement motivées dans le texte platonicien, qu'elles doivent être attribuées à Thrasylle ou à d'autres auteurs, peut être établie par un certain nombre de passages qui se présentent différemment du texte traditionnel dans la traduction latine que Cicéron avait antérieurement faite du *Timée*. Voir Tarrant **1**, p. 7, avec des exemples dans les notes 9 et 10. De manière générale, la critique a reçu avec réserves ces spéculations ; voir par exemple **60** L. Gerson, *BMCR* 94.03.07 ; **61** G. Striker, *PhR* 104, 1995, p. 263-265 ; **62** J. Glucker, « Whose Plato ? », *SCI* 16, 1997, p. 271-278.

Thrasylle philosophe platonicien

Thrasylle est cité à plusieurs reprises par Théon de Smyrne (➤→T 90) dans son traité *Sur les connaissances mathématiques utiles pour la lecture de Platon (Expositio rerum mathematicarum ad legendum Platonem utilium)* dans des développements relatifs à l'harmonie musicale. Voir p. 47, 18 - 49, 5 Hiller = test. 13 Tarrant ; p. 85, 8 - 93, 11 Hiller = test. 14 a Tarrant (ἡ κατατομὴ τοῦ κανόνος proposée par Thrasylle est mentionnée p. 93, 8-9) ; p. 204, 22 - 205, 6 Hiller = test. 16 a Tarrant et le commentaire de Petrucci **37** sur ces passages. Il est possible que ces développements soient tirés du Περὶ τοῦ ἑπταχόρδου (*Sur l'heptacorde*) de Thrasylle, dont le titre est connu par Porphyre (voir les références dans **63** Dörrie et Baltes, *Der Platonismus*, t. III, Stuttgart/Bad Cannstatt 1993, p. 267) ; c'est peut-être dans le cadre de ce travail qu'il appliquait ses analyses harmoniques à la « musique du cosmos » (Théon de Smyrne, p. 204, 23 - 205, 6 Hiller = Tarrant **1**, T16a, p. 227-228). A propos de semblables théories musicales, le nom de Thrasylle apparaît encore chez Nicomaque de Gérasa (➤→N 50), *Harm. Ench.*, p. 260, 12-17 Jan = test. 14 c ; Porph., *in Ptol. Harm.*, p. 91, 11-28 Düring et p. 96, 16-25 Düring = test. 15 b. Les passages de Thrasylle chez Théon de Smyrne sont traduits en anglais dans **64** A. Barker, *Greek Musical Writings*, t. II : *Harmonic and Acoustic Theory*, coll. « Cambridge Readings in the Literature of Music », Cambridge University Press 1989, p. 211-213 = n° 9.1 (p. 46, 20 - 49, 4 Hiller) ; p. 227-229 = n° 9.5 (p. 90, 22 - 93, 9). Voir également **65** A. Barker, *The Science of Harmonics in Classical Greece*, Cambridge University Press 2007, p. 395-398 et 401-403 (sur la division du *canon*). Selon **66** A. Barker, « Early Timaeus commentaries and

Hellenistic musicology», dans **67** R. W. Sharples et A. Sheppard (édit.), *Ancient approaches to Plato's Timaeus*, London 2003, p. 73-87, Thrasylle, comme d'autres théoriciens de la musique de l'époque hellénistique, dépendrait pour ses doctrines de l'exégèse du *Timée* telle que pratiquée notamment par Ératosthène (➤E 52). Susemihl **28**, p. 574, rattachait déjà ces fragments à un *Commentaire* de Thrasylle *sur le Timée* de Platon.

Porphyre, *V. Plot.* 20, li. 71-76 (= test. 19a Tarrant), cite un passage du Περὶ τέλους perdu de Longin présentant l'exégèse offerte par Plotin (➤P 205) des «principes (ἀρχαί) pythagoriciens et platoniciens» comme plus claire que celle que l'on trouve dans les ouvrages de Numénius (➤N 65), de Cronius (➤C 223), de Modératus (➤M 186) et de Thrasylle (voir aussi le commentaire de Porphyre en *V. Plot.* 21, li. 1-9 = test. 19 b Tarrant). Dörrie **19**, p. 183, attribue en conséquence à Thrasylle un Περὶ τέλους, où Longin aurait pu trouver les informations dont il fait état dans son traité homonyme. On voit donc que Thrasylle est rattaché par Porphyre à ce courant assez nébuleux de la fin de la période hellénistique que nous connaissons sous le nom de néopythagorisme.

Tarrant **1**, chap. VI, p. 148-177, fonde sur ce témoignage de Porphyre et sur la position et le sous-titre du *Parménide* dans le classement de Thrasylle, l'attribution à ce platonicien d'une contribution originale à l'exégèse du *Parménide*, d'inspiration pythagoricienne, antérieure au néoplatonisme et antérieure à Modératus de Gadès (➤M 186) qui aurait développé sa propre exégèse en réaction contre elle. Il en vient à envisager une identification du «philosophe de Rhodes» (Proclus, *in Parm.* VI, p. 1057, 6 Cousin) non pas à Théodore d'Asiné (➤T 54) comme l'ont proposé Saffrey et Westerink, mais à Thrasylle dont les liens avec Rhodes sont attestés (si toutefois l'on accepte l'identification du platonicien et de l'astrologue de Tibère).

Ce philosophe de Rhodes, qui a fortement influencé Plutarque d'Athènes (➤P 209), interprète les cinq premières hypothèses du *Parménide* comme correspondant à l'Un, à l'Intellect, aux *dianoêta* ou à l'Âme, aux formes corporelles, et au "réceptacle" du *Timée*, c'est-à-dire, à la matière. Après avoir attribué au néopythagoricien Modératus de Gadès une exégèse du *Parménide* à huit niveaux, identique à celle qui est attribuée à Amélius (➤A 136), Tarrant suggère que Modératus, à son tour, ne faisait que réagir à la position de Thrasylle, position qu'il serait possible de reconstituer à partir de l'interprétation attribuée au «Philosophe de Rhodes». Cette identification est rejetée par **68** J. Dillon, «Thrasyllus and the Logos», *Apeiron* 29, 1996, p. 99-103, à la p. 102.

69 D. Sedley, «A Thrasyllan interpretation of Plato's *Theaetetus*», *POxy* 73, 2009, p. 70-71, propose de retrouver dans *POxy* 4941 un commentaire du *Théétète* qu'il faudrait attribuer à Thrasylle.

Porphyre cite encore Thrasylle dans son *Commentaire sur les "Harmoniques" de Ptolémée*, p. 12, 21 Düring (= test. 23 Tarrant) à propos de ce qu'il appelle ὁ τῶν εἰδῶν λόγος. Sur ce passage, voir **70** H. Dörrie, «La manifestation du logos dans la création. Quelques remarques à propos d'une contribution du platonicien

Thrasyllos à la théorie des idées», dans *Néoplatonisme. Mélanges offerts à Jean Trouillard*, coll. «Cahiers de Fontenay» 19-22, Fontenay-aux-Roses 1981, p. 141-157.

Selon Tarrant **1**, chap. V, p. 108-147, qui traduit et commente le passage, l'enseignement de Thrasylle se retrouverait dans tout le passage (p. 11-15 Düring) sur la théorie platonicienne de la connaissance. Cet excursus philosophique nous fournirait le témoignage le plus important sur la pensée philosophique de Thrasylle Mais l'étendue exacte de la citation de Thrasylle reste difficile à déterminer. Selon l'éditeur Düring, suivi par exemple par Dörrie **70**, p. 143, cette citation de Thrasylle par Porphyre ne s'étendrait que sur quelques lignes (p. 12, 22-28 Düring), mais Tarrant **1**, p. 108-147, consacre un chapitre de son ouvrage à réclamer pour Thrasylle (avec d'éventuelles interventions de la part de Porphyre), l'ensemble du passage. On y trouve une théorie du *logos* comme agent responsable pour l'insertion, au moyen d'un processus de calcul quasiment mathématique, de la forme dans la matière, processus qu'imitent les facultés rationnelles humaines. En effet, Porphyre y parle d'un processus cognitif qui comprend comme autant d'étapes : l'appréhension sensorielle (*antilêpsis*), la supposition (*hupolêpsis*), l'imagination (*phantasia*), le concept (*ennoia*), la science (*epistêmê*), et, enfin, dans un développement faisant écho à la *Lettre VII* de Platon (341 c-d), l'intellect (*nous*), soudainement généré dans l'âme comme la lumière à partir d'une flamme (ὥσπερ ἀπὸ πυρὸς πηδήσαντος ἐξαφθὲν φῶς ὁ νοῦς ἀναφαίνεται, Porphyre, *in Ptol.*, p. 14, 4-5 Düring). Au cours de ce processus, les différentes facultés cognitives interviennent pour extraire la forme de la matière – inversant de ce fait le processus par lequel le *logos* démiurgique insère la forme dans la matière – jusqu'au point d'emmagasiner la forme, une fois complètement dématérialisée, dans l'âme, comme un concept (*ennoia*).

Bien que le développement n'établisse pas de lien étroit avec les problèmes de l'harmonie, la source pourrait être, selon Tarrant, un chapitre *Sur l'heptacorde* (Περὶ τοῦ ἑπταχόρδου), cité par Porphyre p. 91, 13 (= test. 15 a Tarrant) et 96, 16 (= test. 15 b Tarrant), et peut-être tiré d'un ouvrage plus général de Thrasylle *Sur l'harmonie* (Tarrant **1**, p. 110 ; mais Dörrie **70**, p. 154, propose comme origine de cette citation un ouvrage de Thrasylle, autrement inconnu, intitulé Περὶ ἀρχῶν). La définition de l'harmonie donnée par Thrasylle est d'ailleurs citée p. 96, 23-25 Düring : ἁρμονία δὲ κατὰ Θράσυλλον «τὸ συνεστηκὸς ἐκ δυεῖν τινων ἢ πλειόνων συμφώνων διαστημάτων καὶ ὑπὸ συμφώνου περιεχόμενον» (= test. 15 b Tarrant).

Selon H. Tarrant, aussi bien le vocabulaire de ce passage, qui diffère de celui de Porphyre, que le contenu (épistémologie caractéristique de la période hellénistique), induisent à l'attribuer, dans sa quasi-totalité, à Thrasylle. Cependant, d'autres historiens ne trouvent rien dans ce passage qui soit incompatible avec la pensée de Porphyre (*cf.* le compte rendu de l'ouvrage de Tarrant par **71** I. Mueller, *AncPhil* 16, 1996, p. 246-255, pour qui le texte en question «strikes me as unproblematically Porphyrian»), et tendent par conséquent à réduire à son extension minimale la citation de Thrasylle. Ainsi **72 M**. Chase, «Porphyry on the Cognitive Process», *AncPhil* 30, 2010, p. 383-405, compare à cette énumération des étapes du processus cognitif plusieurs textes de Platon et de Porphyre. Selon cet auteur, l'ensemble de la description de ce processus présente une forte ressemblance avec un développement de Sextus Empiricus sur l'épistémologie de Théophraste (fr. 301A Fortenbaugh *et al*. = Sextus Empiricus, *Adv. math.* VII 216); or, rien ne suggère que pour s'inspirer de Théophraste, Porphyre, qui plagie allègrement le philosophe d'Érèse ailleurs dans son œuvre, ait dû passer par l'intermédiaire de Thrasylle, ce philosophe néo-pythagoricien dont les affinités avec le péripatétisme restent entièrement hypothétiques et *à priori* plutôt peu vraisemblables. Sur le contexte proprement porphyrien de l'ensemble de la réflexion, voir également **73 R**. Chiaradonna, notice «Porphyre de Tyr», P 263, *DPhA* V, 2012, p. 1376-1381, avec de nombreuses indications bibliographiques.

Il n'est certainement pas impossible que cette doctrine des facultés psychologiques remonte à Thrasylle, mais on ne voit pas de raison pour le supposer non plus. Il en va autrement du passage qui précède immédiatement la citation explicite de Thrasylle (p. 12, 21-28 Düring; pour une analyse voir Dörrie **70**), où il est question d'un *logos* qui installe la forme dans la matière. Il s'agit, nous dit Porphyre, d'un processus par lequel la matière est «énumérée et résumée», processus caractérisé par la mise en coordination des affections et des dispositions qui y adviennent selon leurs relations et leur accord mutuels. Cette doctrine insolite, selon laquelle la matière serait informée par une opération qui semble relever d'une sorte de comptabilité divine (*cf.* les termes techniques *sumpsêphismos*, *sunkephalaiôsis*, *kephalaioumenê*; avec le passage parallèle chez Origène, *in Ephes.*, 6, p. 241 Gregg) sous la férule de l'harmonie universelle, peut très bien remonter à Thrasylle, qui parle, dans le passage qui lui est explicitement attribué, d'un *logos* des formes, présent sous forme comprimée et cachée dans les semences, mais qui se développe selon les activités propres de chaque être. Ce *logos* se trouve aussi par imitation dans les constructions humaines techniques et théoriques, ainsi que dans le domaine pratique de la prudence discursive et des calculs de la sagesse.

La prudence semble donc conseiller de n'attribuer à Thrasylle que le texte p. 12, 6-28 Düring, et non la totalité des p. 11-15 que Tarrant **1**, p. 237-242, consigne comme son fragment T23. Le reste de ce texte représente sans doute la pensée de Porphyre, qui l'aura élaborée, selon son habitude, à partir d'une pléthore de sources hellénistiques, dont Thrasylle.

Thrasylle est associé à Adraste d'Aphrodise (⇒**A 24**) comme auteur ayant traité de la forme du soleil, selon Achille, *Introd. à Aratos* 19, p. 46, 12-31 Maass = test. 17 Tarrant. Il est également associé à Aratos, Ératosthène, Hypsiclès et Adraste au § 16 du même ouvrage, p. 43, 9 Maass.

74 I. D. Repath, «The Naming of Thrasyllus in Apuleius' *Metamorphoses*», *CQ* 50, 2000, p. 627-630, retrouve une allusion au philosophe Thrasylle dans le choix de ce nom pour un personnage des *Métamorphoses* d'Apulée (VIII 8).

C. Seule l'homonymie peut inviter à rapporter au platonicien des travaux sur l'histoire naturelle mis sous le nom de Thrasylle de Mende (en Égypte plutôt que la ville homonyme de Carie).

Un Thrasylle apparaît à quatre reprises parmi les sources dites "externes", c'est-à-dire non latines, de l'*Histoire naturelle* de Pline l'Ancien (voir dans le premier livre les index des livres II, IX et XXXI et XXXII).

On ne trouve en réalité qu'un seul passage rapportant une information de Thrasyle : *Thrasyllus auctor est nihil aeque adversari serpentibus quam cancros ; sues percussas hoc pabulo sibi mederi ; cum sol sit in cancro, serpentes torqueri*. « Thrasylle affirme que rien n'est contraire aux serpents comme les écrevisses ; que les cochons qui ont été mordus en mangent pour se guérir ; que les serpents sont au supplice quand le soleil est dans le signe du Cancer » (trad. E. de Saint-Denis) (XXXII 5, 19 = test. 10 a Tarrant).

Le *De fluviis* du pseudo-Plutarque (16, 2, p. 70, 8-9 Hercher) cite, à propos des vertus de certains pierres, les Αἰγυπτιακά d'un certain Thrasylle (fr. 2 Müller). Voir également l'extrait conservé dans Stobée IV 36, 18. Le troisième livre d'un Περὶ λίθων *(Sur les pierres)* de Thrasylle de Mende est cité dans le même ouvrage (11, 4, p. 62, 7-8 Hercher) à propos de pierres aux propriétés étonnantes dans les monts Rhodope et Haemos (fr. 1 Müller = test. 11a Tarrant). Il est dit ensuite que le sujet est traité plus amplement dans les Θρακικά (μέμνηται δὲ τούτων ἀκρι-βέστερον ἐν τοῖς Θρακικοῖς), mais on ne peut être sûr qu'il s'agisse encore d'un ouvrage du même Thrasylle. Voir Gundel et Gundel **4**, p. 150, et Cramer **3**, p. 92. Voir l'édition de R. Hercher, *Plutarchi libellus de fluviis, recensuit et notis instruxit R. H,* Leipzig 1851, notamment p. 17-24 («Historiarum testes») où l'authenticité de cette multitude d'auteurs et d'ouvrages érudits cités (avec un numéro de livre qui dépasse rarement le quatrième) dans le *De fluviis* est mise en question. Hercher attribue au même pseudépigraphe la composition des *Parallela minora* du Pseudo-Plutarque, où l'on retrouve en partie les mêmes sources documentaires douteuses. Le texte est également édité et traduit en latin dans K. Müller, *Geographi Graeci minores,* t. II, Paris 1861, p. 637-665.

Il n'est pas sûr que ce soit au même auteur (fr. 3 Müller) qu'il faille rapporter un développement chronographique conservé par Clément d'Alexandrie, *Stromates* I 21, 136, 3 - 137, 4 Stählin = test. 12 Tarrant (p. 221) :

« Du déluge [de Deucalion] jusqu'à l'incendie de l'Ida et la découverte du fer et les dactyles Idéens (il faut compter) soixante-treize ans, comme le dit Thrasylle. Et de l'incendie de l'Ida jusqu'au rapt de Ganymède soixante-cinq ans. De là jusqu'à l'expédition de Persée, lorsque de plus Glaucos institua les Jeux isthmiques en l'honneur de Mélicerte, (il faut compter) quinze ans. De l'expédition de Persée jusqu'à la fondation de Troie trente-quatre ans » (ἀπὸ δὲ τοῦ κατακλυσμοῦ ἐπὶ τὸν Ἴδης ἐμπρησμὸν καὶ τὴν εὕρεσιν τοῦ σιδήρου καὶ Ἰδαίους δακτύλους ἔτη ἑβδομήκοντα τρία, ὥς φησι Θράσυλλος. καὶ ἀπὸ Ἴδης ἐμπρησμοῦ ἐπὶ Γανυμήδους ἁρπαγὴν ἔτη ἑξήκοντα πέντε. ἐντεῦθεν δὲ ἐπὶ τὴν Περσέως στρατείαν, ὅτε καὶ Γλαῦκος ἐπὶ Μελικέρτῃ τὰ Ἴσθμια ἔθηκεν, ἔτη πεντεκαίδεκα. ἀπὸ δὲ Περσέως στρατείας ἐπὶ Ἰλίου κτίσιν ἔτη τριάκοντα τέσσαρα).

Il est difficile de déterminer si l'autorité de Thrasylle porte sur tous ces détails chrono-logiques ou uniquement sur le synchronisme entre l'incendie de l'Ida et la découverte du fer attribuée aux Ἰδαῖοι δάκτυλοι, des petits poucets de la forêt au service de la Mère des dieux sur l'Ida en Phrygie. Voir déjà Diodore de Sicile XVII 7, 5. *Cf.* **75** O. Kern, art. « Daktyloi », *RE* IV

2, 1901, col. 2018-2020. Hermann **18**, p. 8-9, signale toutefois que de semblables préoccupations chronographiques sont attestées chez Thrasylle puisqu'il rapportait que Démocrite disait avoir composé son *Petit système du monde* 730 ans après la chute de Troie (D. L. IX 41).

D. Les fragments concernant l'astrologie qui peuvent être attribués à l'astrologue de Tibère ou au platonicien s'il ne s'agit pas de la même personne, sont regroupés par Tarrant **1**, p. 242-249 sous les numéros de fragments 24-29. On s'y reportera pour l'identification des textes,

Un Thrasylle est l'auteur d'un *compendium* astrologique intitulé vraisemblablement *Pinax*, dédié à un certain Hiéroclès (voir Cramer **3**, p. 92-112). Il nous en reste la table des matières, fournie par un *epitomator* anonyme byzantin dans sa Συγκεφαλαίωσις τοῦ πρὸς Ἱεροκλέα Θρασύλλου πίνακος (ed. P. Boudreaux, *CCAG* VIII 3, p. 99-101) conservée dans le *Parisinus graecus* 2425 (*cf. CCAG* VIII 4, p. 38 fol. 226ᵛ = *Parisinus graecus* 2317) = test. 27 Tarrant (p. 244-246). S'appuyant entre autres sur Hermès Trismégiste et Néchepso et Pétosiris, Thrasylle y traitait de la nature des signes zodiacaux, des rapports du zodiaque aux vents et aux planètes, des périodes des mouvements astraux, de l'*heptazonos*, de la nature des planètes et de leur rapport au zodiaque, du *thema mundi*, et de la doctrine du *dodekatopos*, les douze lieux ou domiciles de l'horoscope. Traduction anglaise du Sommaire : **76** R. H. Schmidt, *Antiochus, with Porphyry, Rhetorius, Serapio, Thrasyllus, Antigonus et al., Definitions and Foundations* Cumberland, MD 2009, p. 341-345.

C'est à tort que Gundel et Gundel **4**, p. 149, rapportent que Thrasylle aurait été désigné comme « Petosiris alter » dans une *Schol. in Iuv. Sat.* VI 581, p. 112, 1-2 Wessner. En réalité, la scholie sur ce vers de Juvénal présente simplement le Petosiris du verset commenté comme *un second* auteur d'ouvrages astrologiques, par rapport à Thrasylle mentionné dans la scholie sur VI 576 (*Petosiris : alter auctor mathematices*, d'après le texte de l'édition Wessner). Le lien qu'ils établissent entre Hiéroclès et Rhodes, où Thrasylle aurait pu rédiger son ouvrage, est également fragile, car ce nom est attestée plusieurs centaines de fois dans les volumes parus du *LGPN* et cela dans toutes les régions du monde grec.

Le nom de Thrasylle est lié à deux textes exposant des méthodes d'onomatomancie arithmétique. Tout d'abord la *Lettre à Amma (?)*, petit traité publié comme une lettre de Pythagore à Télaugès par P. Tannery, mais attribué à Thrasylle dans deux manuscrits de la Bodléienne : le *Baroccianus* 95 fol. 307 et *Codex Auct.* fol. 4, 14 = test. 29 a Tarrant (p. 246-248). Voir **77** P. Tannery, *Notices et extraits des manuscrits de la Bibliothèque nationale et autres bibliothèques* 31, 2 1886, p. 231-260, fr. I (texte grec et traduction française), p. 248-252. La méthode permettrait de déterminer entre deux concurrents le vainqueur dans un procès ou un combat.

On ne sait trop si la mention de « notre aîné très savant Thrasylle » (τοῦ πολυμαθοῦς ... καὶ τοῦ πρεσβυτέρου ἡμῶν Θρασύλλου) dans un manuscrit d'onomatomancie arithmétique publié par Tannery **77**, fr. III (texte grec et traduction française), p. 255-263 = test. 29b Tarrant (p. 249) indique un écrit sur ce sujet de la part de Thrasylle ; mais l'existence de *numeri Thrasylli*, sorte de méthode de calcul astrologique en vogue chez les dames de la société au IIᵉ siècle (Juvénal, *Sat.* IV 576) rend la chose plausible, malgré le scepticisme des Gundel (**4**, p. 159) qui se refusent à attribuer à Thrasylle des pratiques aussi futiles. Notons que certains détails du passage (§ 10) sont dits destinés « à ceux des philosophes qui sont astronomes » (p. 258).

La méthode permet d'identifier le coupable d'un vol dans une liste de suspects, de savoir si un mariage sera avantageux pour l'homme ou la femme, si un voyage en telle ville sera ou non profitable, ou de savoir si un malade triomphera de la maladie. La technique mathématique utilisée qui consiste à attribuer des valeurs numériques aux lettres de l'alphabet, puis de les simplifier et finalement de les comparer est décrite en détail dans la *Refutatio omnium haeresium* d'Hippolyte (IV 13-15). Le passage est traduit par Tannery **77**, p. 232-236.

MICHAEL CHASE et RICHARD GOULET.

128 THRASYMAQUE DE CHALCÉDOINE *RE* 1   V[a]

Mis à part le fait que plusieurs de nos sources s'accordent à le dire originaire de Chalcédoine, et qu'il y est probablement mort puisque, au dire d'Athénée (X, 454 F = DK 85 A8), c'est là que se trouvait sa tombe, la biographie de Thrasymaque nous est entièrement inconnue. Un fragment de discours en faveur des Larissiens rapporté par Clément d'Alexandrie (DK 85 B 2) indique qu'il était actif en 400/399[a], quand Archélaos de Macédoine, appelé par les Aleuades, s'empara de Larissa, mais ne nous dit rien sur la date de sa mort.

Pour sa naissance, on retient généralement une datation haute, fournie par un fragment des *Convives* d'Aristophane (DK 85 A 4 = *PCG* 205), représentés en 427[a], l'année même de la fameuse ambassade de Gorgias (➤G 28) à Athènes : vu la rareté du nom Θρασύμαχος à Athènes, on conclut que l'apostrophe ὦ Θρασύμαχε par laquelle, dans ce fragment, un père réplique à son fils fait allusion au Chalcédonien, qui dès cette date aurait donc non seulement été présent à Athènes mais y aurait gagné par son activité d'orateur une notoriété suffisante pour être la cible d'un auteur comique. Cette hypothèse, qui conduit à placer sa naissance vers 460[a] au plus tard, implique également que c'est à lui qu'aurait été due l'introduction de la rhétorique à Athènes, ce qui entre en contradiction avec les auteurs (Diodore de Sicile XII 53, 2 = DK 82 A 4 ; Quintilien III 1, 8) qui font de Gorgias le premier inventeur des arts oratoires, et avec Platon qui, dans le *Phèdre* (261 c), donne à Gorgias une antériorité chronologique sur Thrasymaque analogue à celle de Nestor sur Ulysse dans l'*Iliade*.

De fait, Denys d'Halicarnasse (*Lysias* 6) tient Thrasymaque pour plus jeune que Lysias (➤L 94), et donc *a fortiori* que Gorgias. Même si Denys se trompe en datant la naissance de Lysias de 459[a] (*cf.* **1** K. J. Dover, *Lysias and the* Corpus Lysiacum, Berkeley 1968, p. 28-46, qui la place vers 444[a]), son témoignage, conforté par le *Phèdre* de Platon où Thrasymaque est à deux reprises associé à Lysias (266 c, 269 d) et présenté comme son contemporain, rend peu concevable que dès 427[a] le Chalcédonien ait pu donner matière à Aristophane de le brocarder.

S'appuyant sur un examen du contexte où apparaît, dans le fragment d'Aristophane, le nom de Thrasymaque, **2** I. C. Storey, « Thrasymachos at Athens : Aristophanes fr. 205 ("Daitales") », *Phoenix* 42, 1988, p. 212-218, tient pour peu vraisemblable qu'il s'agisse du sophiste et pense que ce nom est plus probablement celui d'un personnage de la pièce, forgé d'après son caractère (« fort au combat ») ; il situe le *floruit* de Thrasymaque aux environs de 410[a], après une arrivée à Athènes postérieure à 418[a]. **3** S. White, « Thrasymachus the Diplomat », *CPh* 90, 1995, p. 307-327, voit dans le fragment de discours rapporté par Denys d'Halicarnasse (*Démosthène* 3 = DK 85 B 1) un plaidoyer prononcé par Thrasymaque en faveur de sa cité natale quand cette dernière, passée un moment dans le camp spartiate, dut négocier son retour en grâce auprès d'Athènes. Selon lui, c'est cette négociation, qui eut lieu en 407ᵃ, qui aurait été l'occasion de la venue de Thrasymaque à Athènes ; à l'appui de cette conjecture, il considère la même année comme la date dramatique la plus probable de la *République*, dont le livre I met en scène l'affrontement de Thrasymaque et de Socrate (White **3**, p. 324-326). **4** H. Yunis, « Thrasymachus B1 : Discord, Not Diplomacy », *CPh* 92, 1997, p. 58-66, a invalidé l'hypothèse de White **3** sur la nature du discours attribué à Thrasymaque, mais cette réfutation ne touche pas à la date dramatique de la *République*, laquelle, si l'on suit l'analyse convaincante de White **3**, plaide en faveur d'une datation basse de la naissance du sophiste.

Nos sources présentent Thrasymaque sous deux aspects qu'il n'est pas toujours facile de concilier : d'une part, de Platon à Quintilien, il est présenté comme un maître de rhétorique ; d'autre part, Platon, au livre I de la *République*, lui fait soutenir face à Socrate une discussion sur les valeurs respectives de la justice et de l'injustice, lui donnant ainsi un rôle de penseur politique, voire de moraliste.

La *Souda*, (Θ 462 = DK 85 A 1) donne sous le nom de Thrasymaque une liste d'ouvrages qu'il aurait écrits, liste que l'on peut compléter à partir d'autres mentions éparses dans les sources : des discours délibératifs (συμβουλευτικοί) ; une Τέχνη ῥητορική (peut-être identique à la Μεγάλη Τέχνη mentionnée par une scholie aux *Oiseaux* d'Aristophane [DK 85 B 3]) ; des παίγνια (probablement des éloges paradoxaux analogues à ceux composés par d'autres orateurs du Vᵃ, à commencer par l'*Éloge d'Hélène* de Gorgias) ; des « points de départ rhétoriques », Ἀφορμαὶ ῥητορικαί (sans doute identiques aux exordes [προοίμια] signalés par Athénée X 9 = DK 85 B 4). À quoi s'ajoutent des *Appels à la pitié* (Ἔλεοι) mentionnés par Aristote (*Rhét.* III 1, 1404 a 15 = DK 85 B 5) et des *Arguments victorieux* (Ὑπερβάλλοντες) cités par Plutarque en même temps que les *Topiques* d'Aristote (*Propos de table*, 616 D = DK 85 B 7). Rien n'indique bien entendu qu'on ait là autant de titres d'ouvrages distincts ; surtout, s'il est vrai, comme le rapporte Aristote (*Réf. soph.*, 183 b 38 - 184 a 4), que les anciennes τέχναι étaient composées d'arguments-types susceptibles d'être repris dans différents contextes, il est vraisemblable qu'exordes (« points de départ rhétoriques »), appels à la pitié et arguments victorieux aient tous appartenu au manuel de rhétorique ou τέχνη rédigé par Thrasymaque. Ce peut être aussi le cas des « discours délibératifs » mentionnés en premier par la *Souda* : selon Métrodore (⟶M 152), cité par Philodème de Gadara (*Rhét.* II 49 Sudhaus, Suppl. p. 43 = DK 85 B 7a), Thrasymaque ne mettait pas en pratique la technique oratoire dont il faisait profession, ce qui porte à croire que les discours en question étaient des modèles destinés à la formation de futurs orateurs plutôt que des interventions publiques ; ce que confirme Denys d'Halicarnasse (*Isée* 20 = DK 85 A 13), selon qui Thrasymaque, « tout entier dans ses traités et ses discours épidictiques, n'a pas laissé de discours judiciaires ou délibératifs ».

Aucun de ces discours ne nous est parvenu, à l'exception du fragment déjà cité (DK 85 B 1). Dans ce passage, un orateur s'adresse à une assemblée politique («le peuple») alors qu'en d'autres temps, dit-il, sa jeunesse lui aurait commandé de laisser parler ses aînés; s'il déroge à cette règle, c'est que les dangers de la situation présente démontrent l'impéritie de ces derniers et font un devoir de parler à quiconque sait comment mettre un terme aux malheurs présents: en l'occurrence, faire prendre conscience aux parties en présence que ce sur quoi elles se divisent, à savoir la constitution des ancêtres *(patrios politeia)*, est au contraire ce qu'il y a de plus facile à connaître et de plus commun à tous les citoyens. De ce court fragment, le seul échantillon qui nous soit parvenu de la prose de Thrasymaque, de nombreux interprètes ont tenté de déduire sa position politique, pour n'aboutir cependant qu'à des conclusions contradictoires; un bon état de la question a été dressé par 5 D. Betti, «The Search for the Political Thought of the Historical Thrasymachus», *Polis (Leiden)* 28, 2011, p. 33-44. On peut retenir les points suivants: à la fin du ve siècle, la *patrios politeia* pouvait être invoquée par les démocrates aussi bien que par les partisans de l'oligarchie, de sorte que son évocation ne permet pas de situer Thrasymaque sur l'échiquier politique; sa qualité d'étranger lui interdisant de prendre la parole devant une assemblée athénienne, ce discours, s'il fut réellement prononcé, ne put l'être que par un Athénien pour qui Thrasymaque aurait fait œuvre de logographe, à moins que, suivant l'hypothèse de White 3, Thrasymaque ne l'ait prononcé lui-même en tant qu'ambassadeur de sa cité: cette dernière hypothèse a été rejetée par Yunis 4 qui, sans exclure la première, tient pour tout aussi probable que le fragment en question, qui ne figure dans le traité de Denys d'Halicarnasse que pour illustrer le style de Thrasymaque, ne soit autre que l'un des exordes dont ce dernier avait composé un recueil.

Pratiquée ou enseignée, la rhétorique de Thrasymaque paraît avoir fait parmi les anciens l'objet de jugements convergents. Platon, dans le *Phèdre* (267 c = DK 85 B 6) évoque la capacité qu'avaient ses discours d'émouvoir les foules, soit de pitié, soit de colère, aussi bien que de les apaiser; capacité qu'Aristote range sous le chef de l'action oratoire (ὑποκριτική), que Thrasymaque aurait, l'un des premiers, cherché à théoriser justement dans ses *Appels à la pitié (Rhét.* III 1, cité *supra).* Plutôt qu'à son jeu d'acteur, c'est cependant au style (λέξις) de Thrasymaque que Denys d'Halicarnasse, dans le passage déjà cité (DK 85 B 1), attribue cette capacité; style qu'il décrit, comme pour illustrer l'analyse de Platon, comme un mixte de celui de Thucydide, travaillé de manière à frapper les esprits, et de celui de Lysias, visant par sa simplicité à les faire se ressaisir. À la pureté et finesse de style, à la capacité d'invention, le même Denys ajoute dans son jugement de Thrasymaque la concision de la pensée et la précision de l'expression, qualités, écrit-il *(Lysias* 6 = DK 85 A 3), «appropriées et nécessaires aux discours judiciaires et à tout véritable débat», bien qu'ailleurs il affirme, on l'a vu *(Isée* 20, cité *supra),* que Thrasymaque n'a pas laissé de tels discours.

L'indication de la *Souda*, que Thrasymaque aurait le premier enseigné l'usage de la période et de ses articulations, trouve peut-être une confirmation chez

Aristote (*Rhét.* III 8, 1409 a 2-3 = DK 85 A 11), qui loue Thrasymaque d'avoir introduit dans la prose oratoire un rythme (le péan) également éloigné du style poétique (que reproche le Stagirite à Gorgias, *Rhét.* III 1, 1404 a 24-28), de la prose héroïque et de la cadence spontanée de la conversation. À la prose de Thrasymaque et de Gorgias, premiers inventeurs du rythme en prose, Cicéron (*Or.* 13, 40 = DK 85 A 11) reprochera plus tard d'être encore trop hachée, et lui préférera la période ample d'Isocrate (➡I 38). Mais la préférence marquée par Aristote pour Thrasymaque plutôt que pour Gorgias explique peut-être l'étrange absence de ce dernier dans la séquence Tisias-Thrasymaque-Théodore par laquelle le Stagirite résume, à la fin des *Réfutations sophistiques* (34, 183 b 29-33 = DK 85 A 2), les débuts de la rhétorique.

L'affirmation de Cicéron (*De or.* III 32, 128 = DK 85 A 9) que Thrasymaque, comme Prodicos (➡P 296) et Protagoras (➡P 302), aurait écrit sur la nature, reste complètement isolée.

Même si Thrasymaque n'a jamais cessé d'être mentionné parmi les pionniers de la rhétorique, il doit l'essentiel de sa notoriété à Platon, qui a fait de lui l'un des personnages de sa *République*. Face à Socrate qui soutient qu'« en aucun cas il n'est juste de faire du mal à quelqu'un », Thrasymaque objecte que « ce qui est juste (τὸ δίκαιον), c'est ce qui profite (τὸ συμφέρον) au plus fort » (*Rép.* 338 c 1-2). Au vu de cette déclaration, on assimile fréquemment la position de Thrasymaque à l'affirmation par Calliclès (➡C 17) du droit du plus fort. À l'encontre cependant de Calliclès, aux yeux de qui le droit naturel du plus fort est bafoué par les lois, faites pour protéger les faibles, Thrasymaque voit dans la loi non pas une protection contre la force, mais son instrument : chaque gouvernement, quelle qu'en soit la forme, légifère à son avantage (πρὸς τὸ αὑτῇ συμφέρον, *Rép.* 338 e 1), de sorte que la loi est toujours faite, et par conséquent la justice définie, par les plus forts ; c'est en ce sens que Thrasymaque accepte de se reconnaître dans la thèse que lui prête Socrate, qu'« il est juste d'obéir aux gouvernants (τοῖς ἄρχουσιν) » (*Rép.* 339 b 9-10). On n'assimilera cette fois Thrasymaque ni à Antiphon (➡A 209), pour qui « la justice, c'est de ne pas transgresser les lois de la cité à laquelle on appartient » (DK 87 B 44, col. I, 6-11), ni à Socrate qui soutient face à Hippias que « légal et juste, c'est la même chose » et que « celui qui se conforme aux lois (ὁ νόμιμος) est juste » (Xénophon, *Mém.* IV 4, 12-13). Pour Antiphon, en effet, c'est seulement si l'on est en présence de témoins, qu'il est avantageux de respecter les lois (DK 87 B 44, col. I, 12-20) ; la position de Socrate, elle, s'éclaire à la lumière précisément de sa discussion avec Thrasymaque, où il soutient que gouverner avec compétence implique de prendre soin des gouvernés. Pour Thrasymaque, au contraire, la justice, définie précédemment comme l'obéissance aux gouvernants, c'est-à-dire aux plus forts, n'est donc avantageuse (συμφέρον) qu'à ces derniers, cependant que ceux qui doivent leur obéir et les servir ne le font qu'à leur propre détriment (οἰκεία βλάβη, *Rép.* 343 c 4-5) : si la justice est un bien, ce n'est pas pour celui qui la pratique, mais pour autrui (ἀλλότριον ἀγαθόν, 343 c 3), conclusion qui amène Thrasymaque à soutenir qu'en définitive et sauf incapacité d'imposer à autrui sa propre loi, l'injustice est plus avantageuse que la justice (*cf. Rép.* 343 d - 344 c).

Malgré le détail dans lequel elle est exposée et l'éloquence prêtée à son auteur, la position de Thrasymaque donne matière à des interprétations très divergentes. Si l'on écarte le parti consistant à dénier toute cohérence à Thrasymaque, poussé dans des retranchements successifs par les objections de Socrate, ainsi que la confusion entre la défense par Calliclès du droit naturel du plus fort et la dénonciation par Thrasymaque du dommage subi par le juste, on peut identifier quatre interprétations : (a) parce qu'il déclare qu'il est juste d'obéir aux gouvernants, Thrasymaque soutiendrait une position légaliste, identifiant la justice au droit positif en vigueur dans chaque cité : cette interprétation s'accorde mal avec sa péroraison sur l'avantage qu'il y a en toute occasion à être injuste, soit qu'on impose sa loi quand on en a le pouvoir ou qu'on la contourne ; (b) parce qu'il montre que la justice se réduit dans les faits à l'intérêt des puissants, il adopterait en matière éthique une position nihiliste, dénonçant le caractère illusoire et trompeur de toute notion de justice ; (c) parce qu'il met en lumière les avantages dont jouit l'injuste et qu'il laisse entendre que le juste n'y renonce que sous la contrainte, il soulignerait la normalité du primat de l'égoïsme parmi les motivations de l'action humaine ; (d) parce que, bien loin de remettre en cause l'acception usuelle des termes « juste » et « injuste », son tableau des avantages de l'injustice comporte des exemples de justice qui ne sont pas directement contraints (le magistrat qui, non seulement ne tire pas profit de sa fonction, mais se consacre à cette dernière au point de négliger ses affaires personnelles), le plaidoyer de Thrasymaque serait en réalité une protestation contre les abus dont sont victimes les justes.

À l'appui de cette dernière hypothèse, on a pu invoquer le propos rapporté par Hermias (Hermias Alexandrinus, *In Platonis Phaedrum Scholia* ed. C. M. Lucarini et C. Moreschini, coll. *BT*, Berlin 2012, p. 251, 21 - 252, 2 [= p. 239, 21-24 Couvreur] = DK 85 B8) : « Les dieux ne prennent pas garde aux affaires humaines : en effet, ils n'auraient pas négligé le plus grand bien parmi les hommes, la justice ; or nous constatons que les hommes ne la pratiquent pas. » Mais **6** M. Vegetti, *Platone, La Repubblica*, trad. et comm., t. I : *Libro I*, coll. « Elenchos » 28, 1, Napoli 1998 p. 236, a raison d'observer que, postérieur d'un millénaire au sophiste, ce témoignage est certainement dépendant de la tradition intermédiaire.

L'absence de témoignage indépendant sur la pensée politique ou éthique de Thrasymaque empêche aussi bien de trancher entre ces diverses options que de savoir dans quelle mesure le Thrasymaque dépeint par Platon est fidèle au Thrasymaque historique. Selon Vegetti **6**, p. 237, Platon aurait fait de Thrasymaque le porte-parole de thèses répandues dans les milieux intellectuels athéniens de l'époque, de sorte qu'il faut se garder de croire avoir affaire, dans le personnage de Platon, au Thrasymaque de l'histoire. Il est cependant peu vraisemblable que Platon, dont le témoignage sur le rhéteur Thrasymaque est corroboré, on l'a vu, par des sources externes, ait campé sous le même nom, dans la *République*, un personnage en grande partie imaginaire.

Éditions. DK 85 ; **7** M. Untersteiner, *Sofisti. Testimonianze e frammenti*, fasc. terzo, Firenze 1954, p. 2-37.

Traductions. 8 Th. Schirren et Th. Zinsmaier (trad.), *Die Sophisten. Ausgewählte Texte*. Griechisch/Deutsch, Stuttgart 2003, p. 248-259 ; **9** Fr. E. Sparshott, dans R. K. Sprague (édit.), *The Older Sophists*, Indianapolis/Cambridge 1972 (réimpr. 2001), p. 86-93 ; **10** J. Dillon et T. Gergel (trad.), *The Greek Sophists*, London 2003, p. 203-216 ; **11** J.-P. Dumont (trad.), *Les Sophistes. Fragments et témoignages*, coll. « Les Grands Textes », Paris 1969, chap. VII, p. 131-140 ; **12** J.-L. Poirier (trad.), dans J.-P. Dumont (édit.), *Les Présocratiques*, coll. « Bibliothèque de la Pléiade », Paris 1988, p. 1070-1077 ; **13** A. Macé, dans J.-F. Pradeau *et al.*, *Les Sophistes : Fragments et témoignages*, t. II : *De Thrasymaque aux Discours doubles*, coll. GF 1433, Paris 2009, p. 13-32 ; Untersteiner **7** ; **14** M. Timpanaro Cardini dans G. Giannantoni (édit.), *I Presocratici. Testimonianze e frammenti*, coll. « Biblioteca Universale Laterza », Roma/Bari 2002, p. 963-970.

Bibliographies. 15 *GGP, Antike* 2, 1, p. 127-128 ; Macé **13,** p. 235-236.

Complément bibliographique. 16 H.-G. Schmitz, « Physis versus Nomos. Platons politiktheoretische Auseinandersetzung mit Kallikles, Thrasymachos und Protagoras », *ZPhF* 42, 1988, p. 570-596 ; **17** G. Michaelides-Nouaros, *An Essay on the philosophy of history and another two on the social philosophy of the Ancient Greek philosophers (Socrates, Thrasymachus, Plato, Aristotle)*, Athènes 1992 ; **18** K. Döring, « Platons Darstellung der politischen Theorien des Thrasymachos und des Protagoras », *AU* 36, 1993, p. 13-26 ; **19** W. Ambler, « Aristotle and Thrasymachus on the common good », dans R. C. Bartlett et S. D. Collins (édit.), *Action and Contemplation. Studies in the Moral and Political Thought of Aristotle*, coll. « SUNY Series in Ancient Greek Philosophy », Albany, N. Y. 1999, p. 249-271 ; **20** J. Dow, « A supposed contradiction about emotion-arousal in Aristotle's *Rhetoric* », *Phronesis* 52, 2007, p. 382-402 ; **21** A. Macé, « Un monde sans pitié : Platon à l'école de Thrasymaque de Chalcédoine », *PhilosAnt* 8, 2008, p. 33-60 ; **22** M. Bonazzi, « Thrasymaque, la *polis* et les dieux », *PhilosAnt* 8, 2008, p. 61-84.

MICHEL NARCY.

129 THRASYMAQUE DE CORINTHE *RE* 2   MF IV^a (?)

Philosophe mégarique, élève d'Ichthyas (☞I 12) et un des maîtres de Stilpon (☞S 163). Il est cité une seule fois, dans un passage de Diogène Laërce (II 113) emprunté à Héraclide. Voir K. Döring, *Die Megariker*, fr. 147 et p. 140.

ROBERT MULLER.

130 THRASYMÉDÈS DE MÉTAPONTE   V-IV^a

Pythagoricien ancien dont le nom figure dans le *Catalogue* de Jamblique (*V. pyth.* 36, 267, p. 144, 5-6 Deubner = **1** DK 58 A, t. I, p. 446, 19), qui remonte en grande partie à Aristoxène de Tarente (☞A 417).

Absent de la *RE*, son nom est répertorié dans le **2** *LGPN*, t. III A, p. 213 (où Fraser et Matthews proposent une datation plausible au IVe siècle), ainsi que dans **3** W. Pape et G. Benseler, *Wörterbuch der griechischen Eigennamen*, t. I, p. 518 (n° 6) ; *cf.* aussi **4** H. A. Brown, *Philosophorum Pythagoreorum collectionis specimen*, p. VI.

Ce personnage n'est qu'un simple nom pour nous.

Sur la forme du nom, voir **5** Fr. Bechtel, *Die historischen Personennamen*, p. 212 et 314.

CONSTANTINOS MACRIS.

131 THRASYS *RE* S8   III-II

Académicien inconnu disciple de Lacydès [➩L 11] (Philod., *Acad. hist.*, col. XXVII 8, p. 164 Dorandi).

Cf. J. Schmidt, art. « Thrasys » 8, *RE* S 8, 1956, col. 857.

TIZIANO DORANDI.

132 THYMARIDAS/-ÈS DE PAROS ou de TARENTE *RE* 1-4   IV^a ?

Nom d'un (ou plusieurs) pythagoricien(s) de date incertaine que l'on connaît grâce à Jamblique. Il est intéressant pour la reconstitution de certains aspects du mode de vie pythagoricien et pour sa contribution aux mathématiques.

Études d'orientation. 1 P. Tannery, « Sur l'âge du pythagoricien Thymaridas », dans **2** *Id.*, *Mémoires scientifiques*, édit. J.-L. Heiberg et H.-G. Zeuthen, t. I : *Sciences exactes dans l'Antiquité, 1876-1883*, Toulouse/Paris 1912 [réimpr. Paris 1995], p. 106-110 [1re publ. dans *AFLBordeaux* 3, 1881, p. 101-104] ; **3** *Id.*, « Sur l'arithmétique pythagoricienne », dans Tannery **2**, t. II : *Sciences exactes dans l'Antiquité, 1883-1898*, p. 179-201, aux p. 192-195 [1re publ. dans *BullScMath*, 2e série, 9, 1885, p. 69-88] ; **4** *Id.*, *Pour l'histoire de la science hellène : de Thalès à Empédocle*, édit. A. Diès, Paris 1930^2 [1887^1 ; réimpr. 1990], p. 396-400 ; H. Diels, *ad* **5** DK, t. I, p. 447, 3 (longue et précieuse note) ; **6** P.-H. Michel, *De Pythagore à Euclide : contribution à l'histoire des mathématiques préeuclidiennes*, Paris 1950, p. 283-286 ; **7** K. Ziegler, art. « Thymaridas [1-4] », *RESuppl.* IX, 1962, col. 1393-1394 ; **8** D. Najock, art. « Thymaridas », *KP* V, 1975, col. 805-806 ; **9** M. Folkerts, art. « Thymaridas », *NP* XII 1, 2002, col. 520-521 = *Brill's New Pauly* XIV, 2009, col. 645-646 ; **10** I. Mueller, art. « Thumaridas (of Paros ?) », dans P. T. Keyser et G. L. Irby-Massie (édit.), *The Encyclopedia of ancient natural scientists : the Greek tradition and its many heirs*, London/New York 2008, p. 808-809 ; **11** L. Zhmud, *Pythagoras and the early Pythagoreans*, Oxford 2012, p. 130-131.

Les **témoignages** concernant Thymaridas ont été commodément rassemblés par **12** M. Timpanaro Cardini (édit.), *I Pitagorici : testimonianze e frammenti*, t. II : *Ippocrate di Chio, Filolao, Archita e Pitagorici minori*, Firenze 1962, p. 444-455 [= réimpr. **12a** *Pitagorici antichi : testimonianze e frammenti. Testi greci a fronte*, presentazione di G. Reale ; realizzazione editoriale, aggiornamento bibliografico e indici di G. Girgenti, Milano 2010, p. 676-687], qui en propose aussi une traduction italienne richement annotée. Pour les textes en grec uniquement, *cf.* aussi **13** H. Thesleff, *The Pythagorean texts*, p. 201, 19 - 202, 18. En revanche, Thymaridas est injustement et scandaleusement absent des *Fragmente der Vorsokratiker* de Diels-Kranz, où il aurait certainement dû figurer parmi les pythagoriciens mineurs au moins en raison des anecdotes racontées sur lui (remontant probablement à Aristoxène de Tarente [➾A 417]; voir *infra*), même si on ne peut pas exclure que certaines des *doxai* mathématiques qui lui sont attribuées, notamment ledit *épanthème* (voir *infra*), peuvent effectivement dériver de pseudépigraphes néopythagoriciens – c'était en tout cas la conviction de H. Diels.

Tous ces témoignages proviennent de Jamblique – ce qui est sans doute significatif de sa bonne connaissance de la tradition pythagoricienne, y compris dans ses aspects mathématiques, nourrie par l'accès à une bibliothèque riche en anthologies et/ou en ouvrages pythagoriciens, anciens *et* récents, authentiques *et* apocryphes; *cf.* **14** C. Macris, «Jamblique et la littérature pseudo-pythagoricienne», dans S. C. Mimouni (édit.), *Apocryphité : histoire d'un concept transversal aux Religions du Livre*, coll. «Bibliothèque de l'École des Hautes Études. Section des sciences religieuses» 115, Turnhout 2002, p. 77-129, en partic. p. 96-97, avec la n. 73.

Étant donné les divergences, voire les contradictions, que l'on peut observer entre les *testimonia* à notre disposition, il convient de les diviser en deux sous-ensembles: (a) biographiques et (b) doxographiques, et de les discuter séparément les uns après les autres.

a. *Biographica*: ils proviennent tous du traité de Jamblique *Sur le mode de vie pythagoricien* (*V. pyth.*).

1. *V. pyth.* 23, 104, p. 60, 1-9 Deubner: Thymaridas (*sans ethnique*) y est mentionné en dernier lieu – après Philolaos, Eurytos, Charondas, Zaleucos, Bryson, Archytas l'ancien [*sic*], Aristée, Lysis, Empédocle, Zalmoxis, Épiménide, Milon, Leucippe, Alcméon et Hippase (cités dans cet ordre) – dans une liste des pythagoriciens les plus anciens (μάλιστα παλαιότατοι) *dont des écrits ont été conservés*: des contemporains de Pythagore, qui, dans leur jeunesse, auraient été disciples directs du maître lui-même, déjà vieux. Cette précision nous obligerait à dater Thymaridas dans la première moitié du Ve s. av. J.-C. Mais il semble plus prudent de suivre la suggestion tentante de Tannery **1**, p. 108, selon qui «[i]l y a eu évidemment là, de la part de Jamblique, une inadvertance de rédaction, et la liste comprend l'ensemble des *sommités* de l'ancienne école pythagoricienne» (sans donc que le rapport immédat avec Pythagore soit nécessairement vrai pour toutes les personnes de la liste; cela serait de toute façon «une thèse insoutenable pour une liste qui commence par Philolaos»).

2. *V. pyth.* 28, 145, p. 81, 9-20 Deubner: Jamblique reproduit ici une anecdote sur Thymaridas *de Tarente*, qui était racontée par Androcyde (➾A 173) dans son traité *Sur les σύμβολα pythagoriciens*. Le récit d'Androcyde était censé confirmer la conviction pythagoricienne que «rien n'arrive par hasard (ἐκ ταὐτομάτου) ou par chance (ἀπὸ τύχης), mais au contraire que tout vient de la providence divine (κατὰ θείαν πρόνοιαν), en particulier pour les meilleurs et les plus pieux (εὐσεβεῖς) parmi les hommes». Voici l'histoire de Thymaridas: «Comme il devait prendre la mer pour s'en aller à cause d'une certaine circonstance, ses compagnons l'entouraient pour lui dire adieu et l'accompagner à son départ. Et l'un d'entre eux, alors qu'il était déjà monté sur le bateau, lui dit: "Que les dieux t'envoient tout ce que tu veux, Thymaridas". Et lui, de répartir: "Silence (εὐφημεῖν)! J'aimerais mieux vouloir tout ce qui me vient de la part des dieux". Il regardait, en effet, comme plus sage et plus raisonnable de ne pas s'opposer et de ne pas résister à la providence divine» (trad. **15** L. Brisson et A.-Ph. Segonds [introd., trad. et notes], *Jamblique. Vie de Pythagore*, coll. «La Roue à livres» 29, Paris 2011² [1996¹], p. 81). Pour un commentaire, voir **16** Maria Laura Gemelli Marciano, «The Pythagorean way of life and Pythagorean ethics», dans **17** C. Huffman (édit.), *A History of Pythagoreanism*, Cambridge 2014, p. 131-148, à la p. 136. Tannery **1**, p. 109, reconnaissait une «couleur stoïcienne marquée» dans ce mot de Thymaridas, qui pouvait donc «appartenir à une époque postérieure» (le *terminus ante quem* se situant dans tous les cas autour de 200 av. J.-C., date qu'on accepte habituellement pour Androcyde; voir **18** W. Burkert, *Lore and science*, p. 167 n. 10). Dans le même sens, on pourrait évoquer comme parallèle un précepte tiré dudit *tripartitum*, un traité apocryphe tardif attribué à Pythagore (*ap.* Diog. L. VIII 9): «[Pythagore] interdit de prier pour soi-même, du fait que nous ignorons ce qui nous est utile».

Le parallèle ne suffit pas à prouver pour autant qu'Androcyde serait aussi la source de Diogène Laërce pour ce précepte, et pour les autres qui suivent en VIII 9 (voir la discussion de **19** J.-F. Balaudé dans M.-O. Goulet-Cazé [édit.], *Diogène Laërce*, p. 948 n. 1, qui juge pareille hypothèse gratuite); ni non plus que son ouvrage *Sur les symboles* serait inspiré du traité tripartite pseudo-pythagoricien, comme semble le suggérer Burkert **18**, p. 442 n. 92 (*cf.* aussi *ibid.*, p. 167 n. 10 pour les coïncidences et les rapprochements entre Androcyde et le *tripartitum*, ainsi que pour l'aveu d'impuissance quant à définir dans quel sens irait la priorité chronologique: «here the priority is not ascertainable with certainty»).

L'arrière-plan *ancien* de l'anecdote sur Thymaridas et du précepte que l'on vient de citer est pourtant clair, et nous renvoie au moins au pythagorisme du temps de Platon et d'Aristoxène de Tarente: voir p. ex. les réflexions pythagoriciennes sur la chance ou sur la nécessité d'accepter la volonté divine, contenues dans les Πυθαγορικαὶ ἀποφάσεις, avec **20** C. A. Huffman, «Aristoxenus' *Pythagorean precepts*: a rational Pythagorean ethics», dans M. M. Sassi (édit.), *La costruzione del discorso filosofico nell'età dei Presocratici / The construction of philosophical discourse in the age of the Presocratics*, Pisa 2006, p. 103-121; **21** *Id.*, «*The Pythagorean precepts* of Aristoxenus: crucial evidence for Pythagorean moral philosophy», *CQ* 58, 2008, p. 104-119 (spéc. p. 115 *sq.*); Gemelli Marciano **16**, p. 132-133 et 136 *sq.*

Des anecdotes comme celle-ci, provenant explicitement d'un ouvrage consacré aux σύμβολα, nous inviteraient à penser qu'à partir d'un certain moment on aurait commencé à illustrer les préceptes éthiques contenus dans les symboles (ou *acousmata*) pythagoriciens par des anecdotes mettant en scène d'illustres pythagoriciens (parfois aussi des anonymes) ayant vécu selon les règles du mode de vie de la secte ; ainsi ces préceptes se trouvaient "incarnés" concrètement, littéralement "animés" par des hommes et des femmes en chair et en os, ce qui les rendait beaucoup plus vivants et plus parlants. Ce lien étroit entre préceptes de vie et anecdotes biographiques a peut-être été établi pour la première fois par Aristoxène, mais étant donné que ce dernier se souciait peu des symboles traditionnels (souvent superstitieux) et préférait suivre plutôt les *apophaseis* pythagoriciennes plus récentes (et plus rationnelles), on peut imaginer que l'établissement de ce lien avec les *acousmata* fut peut-être surtout le fait d'Androcyde.

À notre grande surprise ce Thymaridas-modèle de la piété pythagoricienne est *absent* de la liste des pythagoriciens de Tarente figurant dans le *Catalogue* de Jamblique (*V. pyth.* 267).

Son nom est toutefois répertorié dans le **22** *LGPN*, t. III A, p. 213 (où Fraser et Matthews proposent une datation plausible au IVe siècle av. J.-C.), ainsi que dans **23** W. Pape et G. Benseler, *Wörterbuch der griechischen Eigennamen*, t. I, p. 522 (n° 2). En revanche, il est absent dans **24** Fr. Bechtel, *Die historischen Personennamen*, là où on l'aurait attendu (p. 592 *sq.*).

Serait-il alors identique au Thymaridès *de Paros* figurant plus loin dans la *V. pyth.*, ainsi que dans le *Catalogue* final ?

3. En effet, ce dernier apparaît en *V. pyth.* 33, 239, p. 128, 18-23 Deubner, dans une anecdote biographique qui pourrait provenir d'Aristoxène (voir Meiners, cité par Tannery **1**, p. 109 ; Diels, note *ad* DK **5**, t. I, p. 447, 3), censée illustrer la solidarité liant les pythagoriciens entre eux, même quand ils ne se connaissaient pas. L'anecdote est reproduite et discutée *supra*, dans la notice sur « Thestôr de Poseidônia » [➤T 116]).

Le nom de Thymarid-ès/-as de Paros a été répertorié dans le *LGPN* **22**, t. I, p. 228 (où Fraser et Matthews proposent, incertains, une datation sans doute trop haute, au VIe siècle av. J.-C.), ainsi que dans Pape et Benseler **23**, t. I, p. 522 (n° 1).

4. Moyennant une correction assez évidente, on peut même reconnaître le nom de ce Thymaridès parien dans le *Catalogue* des pythagoriciens de Jamblique (*V. pyth.* 36, 267, p. 145, 5-6 Deubner = DK **5**, 58 A, t. I, p. 447, 3), qui semble remonter aussi pour une grande part à Aristoxène.

Dans le *Laurentianus* (= F, le manuscrit principal de la *V. pyth.*) on lit en réalité Εὐμαρίδας (un nom bien attesté par ailleurs, p. ex. en Crète et à Délos, en Arcadie et en Messénie, en Béotie et en Phocide ; voir *LGPN* **22**, t. I, p. 179 ; t. III A, p. 169 et t. III B, p. 159 respectivement), mais la mention du Θυμαρίδης Πάριος (n° 3 *supra*) et les autres occurrences du nom Θυμαρίδας (forme dorienne de Θυμαρίδης) dans la *V. pyth.* (n°s 1-2 *supra*) et dans le traité de Jamblique *Sur l'arithmétique de Nicomaque* (voir *infra*, *sub* [b], *Doxographica*) rendent la correction de Εὐμαρίδας en Θυμαρίδας quasiment certaine : elle a été adoptée en tout cas dès Reinesius, Kuster et Westermann, qui ont été suivis sans trop d'hésitations par A. Nauck, H. Diels et L. Deubner, entre autres. Il faut noter toutefois que dans la *V. pyth.* Thymaridas est présenté une fois comme originaire de Tarente (n° 2 *supra*), et non pas de Paros, et que dans l'*in Nicom.* il apparaît sans ethnonyme du tout.

L'examen combiné des témoignages biographiques ci-dessus montre qu'il n'y a pas de raisons fortes nous obligeant à multiplier inutilement les "entités ontologiques" ayant porté le nom de Thymaridas, comme l'a fait par exemple, par souci de clarté et afin de bien distinguer les choses, Ziegler **7**, en distinguant non moins de quatre (!) homonymes (*cf.* aussi Tannery **1**, p. 108, qui pensait que l'identification des deux Thymaridas, Tarentin et Parien, n'est pas assurée). Bien au contraire (*cf.* Michel **6**, pour qui cette identification est «possible et même probable»), il semble tout à fait envisageable: (a) que la datation de Thymaridas (n° 1) au temps de Pythagore soit une exagération rhétorique ou une inexactitude de la part de Jamblique – ce qui ouvre la fourchette chronologique de sa datation sur l'ensemble du Ve et du IVe siècle, comme c'est le cas pour la plupart des autres pythagoriciens du *Catalogue*; et (b) que la même personne ait été désignée différemment par deux sources différentes, Aristoxène et Androcyde, ou qu'elle ait été enregistrée en deux endroits (peut-être parce que Paros était sa patrie d'origine et Tarente sa terre d'adoption; *cf.* Michel **6**). Le double enregistrement est de toute façon récurrent dans le *Catalogue*.

Ce double enregistrement est d'ailleurs un phénomène qui mériterait d'être abordé par les historiens du pythagorisme de manière plus systématique, en tenant compte du fonctionnement des *réseaux* dans le monde grec: ceux qui lient colonies et métropole, cités alliées entre elles, groupes aristocratiques de *philoi*, etc. La *network approach* est de plus en plus employée dans l'histoire de l'Antiquité et les études classiques, mais pas encore à propos des pythagoriciens.

Sur les rapports liant l'île de Paros à des cités de l'Italie du Sud comme Crotone, Métaponte et Rhégion, voir l'*excursus* inclus dans la notice sur Timésianax de Paros, *infra* [➙T 148]. On devrait peut-être ajouter Tarente à ces trois cités à la lumière des témoignages sur Thymaridas examinés ici.

En revanche, l'appartenance du *mathématicien* Thymaridas, dont le nom apparaît uniquement dans des témoignages doxographiques, aux Ve-IVe siècles reste fort débattue (*cf.* à titre indicatif Mueller **10**, qui donne une datation on ne peut plus vague, allant de 400 avant à 200 après J.-C.). Pendant un moment la tendance générale a même été de le dater aussi tard que le IIe siècle apr. J.-C., au temps de Théon de Smyrne (➙T 90) – ce qui ferait de lui un autre personnage: un néopythagoricien, ou plutôt le nom d'emprunt pour un auteur de pseudépigraphes à contenu mathématique; *cf.* Diels, pour qui toutes les *doxai* mathématiques attribuées à Thymaridas «sind für einen alten Pythagoreer ... unmöglich» (note *ad* DK **5**, t. I, p. 447, 3). Quant à savoir «how tradition and legend got connected with a specific mathematical problem» [celui de l'*épanthème*; voir *infra*, b.3], cela reste un mystère (Burkert **18**, p. 442 n. 92). Néanmoins, il y a toujours eu aussi des défenseurs plus ou moins fervents de l'antiquité de Thymaridas (qui sont devenus encore plus nombreux suite aux arguments déployés par Tannery **1, 3** et **4**), soutenant que les doctrines reproduites – et probablement récrites et complétées – par Jamblique peuvent très bien remonter, sinon au Ve, du moins au IVe siècle av. J.-C., et rendant ainsi possible l'identification du Thymaridas des biographes à celui de la doxographie.

b. Doxographica: ils proviennent tous du traité *Sur l'arithmétique de Nicomaque* (cf. **25** *Iamblichi in Nicomachi arithmeticam introductionem liber*, édit. H. Pistelli [1894], avec *addenda et corrigenda* de U. Klein, coll. *BT*, Stuttgart 1975; **26** Jamblique, *In Nicomachi Arithmeticam*. Introd., texte critique, trad. fr. et notes de comm. par N. Vinel, coll. «Mathematica graeca antiqua» 3, Pisa/Roma 2014) et concernent les contributions de Thymaridas – qui n'y est pas explicitement qualifié de pythagoricien – aux mathématiques.

N.B. À l'origine, ces témoignages ne figuraient *pas* dans le texte de l'*Introduction arithmétique* de Nicomaque ; ce sont des additions de Jamblique provenant d'autres sources (*cf.* **27** M. L. D'Ooge [trad. angl. et notes], *Nicomachus of Gerasa. Introduction to arithmetic, with studies in Greek arithmetic* by F. E. Robbins & L. Ch. Karpinski, coll. « University of Michigan Studies. Humanistic Series » 16, New York 1926, p. 127-132, spéc. p. 131), dans ce qui est non pas un commentaire, mais une sorte de « deuxième édition revue et augmentée » du traité nicomachéen ; *cf.* Macris **14**, p. 89 et n. 53.

Voici en quoi consisteraient ces contributions :

(1) Dans le contexte d'un passage à caractère doxographique où est proposée une série de définitions de la monade – dues à des νεώτεροι (= Euclide), des Χρυσίππειοι (= les stoïciens), τινὲς τῶν Πυθαγορείων, et encore à d'autres τινές – Thymaridas est évoqué *en premier lieu* pour avoir défini l'unité (μονάς), c'est-à-dire l'un qui génère tous les nombres naturels, comme « quantité limitante » (περαίνουσα ποσότης ; Jambl., *in Nicom.*, p. 11, 2-5 Pistelli = II § 8 Vinel ; Tannery traduisait « quotité limite » ; sur le sens de cette expression, voir Fr. Romano *ad loc.* : « *sc.* che rappresenta il "limite" minimo, ovvero la prima quantità numerica, della serie dei numeri » [dans **28** *Giamblico. Il numero e il divino : la 'Scienza matematica comune', l''Introduzione all'aritmetica di Nicomaco', la 'Teologia dell'aritmetica'.* Testo greco a fronte. Introduzione, traduzione, note e apparati di Fr. Romano, coll. « Il Pensiero Occidentale », Milano 1995, p. 366, n. 52]). Timpanaro Cardini **12**, p. 446-447 = réimpr. **12a**, p. 678-679 (n. *ad* test. 2), a essayé d'établir un lien entre cette expression et des doctrines attestées du pythagorisme ancien (p. ex. de Philolaos). Rien ne s'y opposerait, en effet, et Tannery **3** (p. 193) et **4** avait raison de souligner que l'évocation du nom de Thymaridas *avant* les νεώτεροι semble garantir son appartenance à la période pré-euclidienne des mathématiques grecques (même conviction chez Michel **6**).

(2) Plus loin, on apprend que Thymaridas aurait appelé les nombres impairs premiers et non composés « rectilinéaires » (εὐθυγραμμικοί) plutôt qu'« euthymétriques » (*ibid.*, p. 27, 4-5 Pistelli = II § 90 Vinel), indiquant ainsi que, si l'on veut les représenter à l'aide de tessons, de galets ou de points, ceux-ci ne peuvent être disposés que sur une seule dimension, celle de la longueur (c'est le sens de la phrase ἀπλατὴς γὰρ ἐν τῇ ἐκθέσει ἐφ᾽ ἓν μόνον διιστάμενος, qui peut être éclairée grâce aux expressions voisines ἐπὶ μίαν διάστασιν προβήσεται et γραμμικῶς εὐθυμετρεῖσθαι employées dans un contexte proche [*ibid.*, p. 27, li. 2 et 19-20 Pistelli = II §§ 89 et 93 Vinel]). Voir Tannery **1**, p. 109-110 ; Timpanaro Cardini **12**, p. 446-449 = réimpr. **12a**, p. 678-681 (n. *ad* test. 3) ; **29** W. R. Knorr, *The evolution of the Euclidean* Elements *: a study of the theory of incommensurable magnitudes and its significance for early Greek geometry*, Dordrecht/ Boston 1975, p. 173, avec les notes, reportées aux p. 203-204 (*cf.* encore p. 186 + n. 32, à la p. 206) ; Vinel **26**, p. 222, n. 102. Tannery **1** expliquait déjà que le terme εὐθυγραμμικός « se rapporte [...] à une figuration des nombres suivant des points représentant les unités. Si un nombre est composé, ces points peuvent être rangés suivant des droites parallèles, et figurer dans leur ensemble un rectangle, alors le nombre est considéré comme plan (ἐπίπεδος). Mais s'il s'agit d'un nombre premier, on ne peut obtenir aucune figure régulière, et il faut se contenter de ranger les points suivant une ligne droite ». C'est d'ailleurs ce qu'indiquait aussi un autre terme, γραμμικός, employé déjà par Speusippe (➣S 142) dans son ouvrage *Sur les nombres pythagoriciens* (fr. 4 Lang = fr. 28 Tarán = fr. 122 Isnardi Parente = [Jamblique], *Théologoumènes de l'arithmétique*, p. 82, 10-20 De Falco, spéc. li. 15-16) et repris par des auteurs pythagorisants du II⁰ siècle de notre ère comme Nicomaque de Gérase (➣N 50) et Théon de Smyrne. (Selon les *Théologoumènes* l'ouvrage de Speusippe était basé sur « des écrits [συγγράμματα] de Philolaos » [44 A 13 DK], mais le degré de dépendance de Speusippe à l'égard de Philolaos, et même l'exactitude de ce renseignement, restent contestés ; voir **30** C. A. Huffman, *Philolaus of Croton, Pythagorean and Presocratic : a commentary on the fragments and testimonia with interpretative essays*, Cambridge 1993, p. 359-363. Par conséquent, on n'est pas autorisé à faire remonter avec certitude le terme γραμμικός jusqu'à Philolaos). Ce parallèle, signalé déjà par Tannery, semble garantir l'antiquité contestée de Thymaridas, étant donné qu'aussi bien le terme employé que la méthode de figuration géométrique par des points ou ψῆφοι qui est présupposée sont bien attestés pour le pythagorisme ancien (p. ex. pour Eurytos [➣E 150]). Tannery insiste même (p. 110) que « comme cette figuration ne s'est jamais faite d'ailleurs que suivant des lignes droites, il est clair que le mot propre est εὐθυγραμμικοί ».

(3) L'*épanthème*. Enfin (et surtout), notre mathématicien pythagoricien aurait donné une résolution originale et élégante, appelée justement *épanthème* ou « effloraison » *de Thymaridas* (θυμαρίδειον ἐπάνθημα ; Vinel **26** traduit plus platement par « supplément » : voir ses explications à la p. 239), à un système complexe d'équations du premier degré (*in Nicom.*, p. 62, 18 - 68, 26 Pistelli = IV § 31-57 Vinel) – ce qui est d'un intérêt évident pour la préhistoire de l'*algèbre* (comme le souligne Michel **6**). Selon Timpanaro Cardini **12**, p. 456 [= réimpr. **12a**, p. 687], le terme rare ἐπάνθημα (dérivant du verbe ἐπ-ανθεῖν) devrait signifier, dans un contexte mathématique, « una concatenazione, o germogliazione in serie, di risultati, o come conseguenza ed estensione di un risultato iniziale, il quale poteva rappresentare un caso particolare, il cui sviluppo consisteva in una generalizzazione progressiva, o come sviluppo in varie direzioni di un risultato raggiunto ». C'est à **31** G. H. F. Nesselmann, *Die Algebra der Griechen*, Berlin 1842, p. 232-233, que revient, semble-t-il, l'honneur d'avoir, le premier, réussi à interpréter le texte difficile de Jamblique, qui est en partie corrompu ; mais Bouillaud le connaissait déjà selon **32** J. É. Montucla, *Histoire des mathématiques*, Paris, an VII, nouv. éd. par J. F. Montucla, 1799-1802, p. 317 (renseignement recueilli dans Federspiel **43** [voir *infra*], p. 342).

Pour des approfondissements ultérieurs et des discussions sur la datation de l'*épanthème* et sur son attribution ou non au Thymaridas du IV⁰ siècle av. J.-C., voir **33** M. Cantor, *Vorlesungen über die Geschichte der Mathematik*, t. I, Leipzig 1880¹, p. 370-371 ; **34** *Id.*, *ibid.*, 1894², 1897³, p. 147-148 et *passim* (voir son index, *s.v.* "Thymaridas") ; Tannery **1**, p. 106-107 ; **35** G. Loria, *Le scienze esatte* *nell'antica Grecia*, Milano 1914, p. 807-809 ; **36** H. G. Zeuthen, « Sur l'origine de l'algèbre », *Det Kgl. Danske Videnskabernes Selskab., Mathematisk-fysiske Meddelelser* II 4, 1919, p. 27-28, avec la n. 1 ; Diels, note *ad* DK **5**, t. I, p. 447, 3 ; **37** Th. L. Heath, *A History of Greek mathematics*, t. I, Oxford 1921 (Dover edition 1981), p. 69, 72 et 94-96 ; **38** *Id.*, *A Manual of Greek mathematics*, Oxford 1931 [réimpr. New York 1963], p. 40 et 57-60 ; **39** I. Thomas, *Selections illustrating the history of Greek mathematics*, t. I : *From Thales to Euclid*, Cambridge, Mass./ London 1939, p. 138-141 ; **40** B. L. van der Waerden, *Erwachende Wissenschaft*, t. I : *Ägyptische, babylonische und griechische Mathematik*, trad. H. Habicht, Basel 1966² [1956¹], p. 190 [original néérlandais **40a** *Ontwakende wetenschap : Egyptische, babylonische en griekse wiskunde*, Groningen 1950 ; **40b** trad. angl. A. Dresden, *Science awakening*, t. I : *Egyptian, Babylonian and Greek mathematics*, Groningen 1954, réimpr. New York 1961 ; Leyden/New York 1974, 1988, p. 116] ; **41** E. S. Stamatis, « Τὸ θυμαρίδειον ἐπάνθημα », *Platon* 4, 1952, p. 123-142 [réimpr. dans **41a** *Id.*, Ἐπιστημονικαὶ ἐργασίαι – Ἄρθρα, Athènes 1972, t. I, p. 155-174] ; Timpanaro Cardini **12**, p. 448-455 = réimpr. **12a**, p. 680-687 (n. *ad* test. 4) ; **42** O. Becker, *Das mathematische Denken der Antike*, Göttingen 1966², p. 43 *sq.* ; Burkert **18**, p. 442 n. 92 ; **43** M. Federspiel, « Sur l'"épanthème de Thymaridas" (Jamblique, *In Nic.*, éd. Pistelli, p. 62, 18 - 68, 26) », *LEC* 67, 1999, p. 341-360 ; Zhmud **11**, p. 131 ; Vinel **26**, p. 239-240.

Federspiel **43**, *passim* (avec récapitulation p. 359-360) et Vinel **26**, p. 132-139 + 239-240, ont apporté plusieurs émendations au texte de Jamblique, qui par endroits restait encore incompréhensible, en dépit des corrections antérieures de Pistelli et de Vitelli.

La vaste majorité des études citées (à l'exception notable de Diels, dans DK **5**, de Burkert **18** et de Vinel **26** ; mais voir aussi avant eux Nesselmann **31** ; Th.-H. Martin ; Cantor **33** [qui a changé d'avis dans Cantor **34**] ; **44** P. Brunet et A. Mieli, *Histoire des sciences, Antiquité*, Paris 1935, p. 1153 [cités par Michel **6**]) penchent pour une *datation haute* de Thymaridas, à l'époque d'Archytas et de Platon (voire un peu plus tôt), ou en tout cas avant Aristoxène : selon Zhmud **11**, p. 131, « Thymaridas probably belonged to the Tarentine mathematicians of Archytas' time » (ce qui ne serait pas du tout étonnant si l'on tient compte du fait qu'Archytas [➙A 322] fut la figure centrale du « first network of Greek mathematics » selon **45** R. Netz, « The problem of Pythagorean mathematics », dans Huffman **17**, p. 167-184, aux p. 167-171), tandis que Federspiel **43**, p. 354, verrait bien en lui « un contemporain d'Eudoxe » (➙E 98), « à qui l'on doit la substance du Livre V des *Éléments* » (d'Euclide ➙E 80) – ce qui ferait de lui « the coeval of Aristoxenus himself, who included the generation of his own teachers among 'the last Pythagoreans' », et le daterait de la 1ʳᵉ moitié du IVᵉ siècle av. J.-C. (Zhmud **11**, *ibid.*) ; *cf.* aussi **46** H. Thesleff, *An introduction to the Pythagorean writings*, p. 23, 29 et surtout 112-113 (« middle fourth century ») ; Thesleff **13**, note *ad* p. 202, li. 10 (« the doctrines may be authentic and pre-Hellenistic »).

Selon Vinel **26** en revanche (p. 239), «il y a fort peu de chances qu'il s'agisse [d'un] contemporain de Platon»; «l'auteur du "supplément de Thymaridas" (que ce soit son vrai nom ou pas) pourrait être un auteur contemporain de Nicomaque ou légèrement postérieur, ce qui expliquerait que sa "méthode" ne semble pas connue du Gérasénien, pas plus que de Théon de Smyrne». S'appuyant sur l'emploi jambliquéen des expressions ἐπανθήματα (au pluriel) τῆς Ἀριθμητικῆς εἰσαγωγῆς [*scil.* de Nicomaque] (*in Nicom.*, p. 39, 8-9 Pistelli) ou ἀριθμητικὰ ἐπανθήματα (*ibid.*, p. 68, 24-26 Pistelli), pour désigner «des textes mathématiques adjoints au texte de Nicomaque», des sortes d'«appendices», de «suppléments arithmétiques», Vinel **26** (p. 240) trouve «difficile de croire que Jamblique lui-même puisse voir dans cet ἐπάνθημα un vestige authentique du pythagoricien Thymaridas de Paros»; selon lui, les deux idées de «hors sujet» (ἔξωθεν) et de «bavardage» (παρηδολεσχείσθω) qui accompagnent la seconde évocation des ἐπανθήματα dans l'*in Nicom.* laissent même penser que Jamblique considérait l'ἐπάνθημα «comme une création relativement récente, peut-être même postérieure à Nicomaque». Le fondement de cette dernière affirmation semble toutefois fragile : d'une part, on sait par ailleurs que Jamblique croyait "dur comme fer" à l'antiquité et à l'authenticité de toutes sortes d'idées et de textes (souvent apocryphes) du pythagorisme tardif (*cf.* Macris **14**, *passim*, spéc. p. 118-123); d'autre part, le fait de reléguer l'ἐπάνθημα en appendice ne signifie pas forcément que Jamblique le considérait comme tardif : certains développements (comme p. ex. ceux concernant les πλινθίδια divinatoires : *in Nicom.*, p. 39, 7-8 Pistelli) ont dû prendre la forme de suppléments uniquement parce que leur contenu était éloigné de celui de l'*Introduction arithmétique* (qui plus est, les idées d'ἔξωθεν et de bavardage relèvent, dans une certaine mesure, de la coquetterie rhétorique).

Il serait donc peut-être plus prudent de penser, avec **47** A. Heeffer, «The reception of ancient Indian mathematics by Western historians», dans B. S. Yadav et M. Mohan (édit.), *Ancient Indian leaps into mathematics*, New York etc. 2011, p. 135-152, aux p. 143-149, que l'*épanthème* de Thymaridas «is *an old problem, revived and extended in an algebraic context*» (p. 148); autrement dit, «we should consider Iamblichus's discussion of the method as a late interpretation of Pythagorean number theory» (146). Car, d'une part, les premiers pythagoriciens «were concerned with the properties of numbers and with the relations between numbers. Lacking any further evidence, we cannot attribute an algebraic interpretation to Pythagorean number theory» (148); d'autre part, «the formulation of the rule with determined and unknown quantities suits the context of third century Greek analysis better» (147): «an algebraic reading is warranted» «in the context of the late Greek period of Diophantus and Iamblichus» (148).

Heeffer **47** (spéc. p. 147-148) examine également l'hypothèse (lancée déjà par Cantor **34**, p. 148, et reprise par d'autres, comme Kaye et Tropfke) concernant l'influence de l'*épanthème* de Thymaridas sur les mathématiques *indiennes* – hypothèse fondée sur certaines ressemblances avec les problèmes traités p. ex. par Aryabhata –, pour y répondre par la négative : «All the suppositions of the Greek

influence are based solely on the alleged resemblance of the problems. [...]
Aryabhata's rule is very different from the *Epanthema*. The argument that both are
equivalent is plainly false. The suggestion that the *Epanthema* provides evidence
of an influence of Greek mathematics on Hindu algebra has very little substance.
Instead, it seems that the argument is biased by normative beliefs about the supe-
riority of Greek culture».

Pour revenir à Thymaridas : à en juger par le fait que le patriarche byzantin
Photius (*Bibliothèque*, *cod.* 167, 115 b 12-13, t. II, p. 159 éd. **48** P. Henry [*CUF*])
mentionne un Θυμαρίδης (sans autres précisions, mais il s'agit vraisemblablement
du même personnage) dans sa liste des auteurs dont Stobée (**➤J 2**) donnait des
extraits (renseignement repéré déjà par Ziegler **7** [n° 4]), il est fort probable qu'au
moins un ouvrage a circulé sous son nom (c'est ce que supposait Tannery **3** et **4**,
mais sans référence à Photius) – à moins qu'il ne s'agisse de *placita* (*mathematica*?) recopiés d'un recueil antérieur. Ce Thymaridès apparaît actuellement parmi
«les orateurs, les historiens, les rois et les généraux», mais Henry **48** a remarqué
(dans la longue note 2 de la p. 155, qui continue jusqu'à la p. 159, spéc. p. 157-
158), à la suite de **49** A. Elter, *De Ioannis Stobaei codice Photiano*, Bonnae 1880,
qu'en réalité à partir de 115 b 6 vient dans Photius une autre série de noms, «sans
solution de continuité avec la précédente» (mais clairement distincte puisqu'on
reprend de nouveau l'ordre alphabétique), «dans laquelle figurent plusieurs
médecins, et que le rédacteur de la table a dû mettre à part [...], parce qu'ils ne
convenaient à aucune des listes précédentes». C'est à cette dernière série qu'appartient Thymaridas – quoi que cela puisse indiquer pour le contenu de son ouvrage.
En tout cas les extraits transcrits sous son nom n'ont pas été conservés par les mss
ayant transmis l'*Anthologie* de Stobée.

Le fait que Stobée citait apparemment des extraits de (ce ?) Thymaridas cher à Jamblique et
connu uniquement grâce à lui est un indice supplémentaire (s'il en fallait un !) des affinités
néoplatoniciennes, et proprement jambliquéennes, de ce compilateur byzantin, qui semble
«disposer d'une riche documentation provenant de l'école de Jamblique (extraits de sa correspondance, de ses traités)» (**50** D. O'Meara, «Lectures néoplatoniciennes du *Philèbe* de Platon», dans
M. Dixsaut [édit.], *La fêlure du plaisir : études sur le* Philèbe *de Platon*, t. II : *Contextes*, Paris
1999, p. 191-201, à la p. 196, n. 3) et partager les mêmes goûts pour les sentences éthiques et les
"textes de sagesse" (*Orphica*, *Hermetica*, *"Pythagorica"*) ; voir **51** P. Athanassiadi, «The œcu-
menism of Iamblichus : latent knowledge and its awakening», *JRS* 85, 1995, p. 244-250, à la
p. 246 ; **52** J. Mansfeld et D. T. Runia, *Aëtiana : the method and intellectual context of a doxographer*, t. I : *The sources*, coll. «Philosophia antiqua» 73, Leiden 1997, p. 209 et 237-238 ;
Macris **14**, p. 97 ; *cf.* encore **53** *Giamblico. I frammenti dalle epistole. Introduzione, testo, traduzione e commento* a cura di D. P. Taormina et R. M. Piccione, Napoli 2010, p. 429-430.

                                                    CONSTANTINOS MACRIS.

133 TIBERIANUS *RE* 1 *PLRE* I:1   D IV ?

Auteur de quelques poèmes, notamment d'un hymne monothéiste au Dieu
Tout-Puissant (32 hexamètres) où l'on a reconnu des accents (néo)platoniciens,
mis en relief par **1** J. Quicherat, «Invocation à l'Éternel, traduite du grec par Tibé-

rianus», *BEC* 4, 1843, p. 267-272. Voir également **2** E. Norden, *Agnostos Theos*. *Untersuchungen zur Formengeschichte religiöser Rede*, Leipzig/Berlin 1913, p. 78 n. 1 et p. 155 n. 1;   **3** P. Hadot, *Porphyre et Victorinus*, Paris 1968 t. I, p. 83 («Grâce à l'œuvre poétique de ce personnage, nous entrevoyons la persistance des préoccupations philosophiques et religieuses dans l'aristocratie romaine»). Il s'agirait, selon **4** J. Lewy, «A Latin Hymn to the Creator ascribed to Plato», *HTR* 39, 1946, p. 243-258, de la traduction en vers latin d'un hymne emprunté à la *Philosophie des oracles* de Porphyre (➤P 263).

Le poème est précédé dans un manuscrit des mots : *Versus Platonis a quodam Tiberiano de graeco in latinum translati*. Un *liber de Socrate* (ou *de <deo> Socratis* selon Helm) est mentionné par Fulgence [➤F 23], dans son *Expositio Virgilianae Continentiae* (*cf.* **5** R. Helm, *Fabii Panciades Fulgentii Opera*, Leipzig 1898, p. 97, 5-10 = test. IV, p. 28 Baehrens **6** = test. 6, p. 62 Mattiacci **11** : *At uero aureum quod diximus, claritatem facundiae designare uoluimus memores Platonis sententiam, cuius hereditatem Diogenes Cinicus inuadens nihil ibi plus <nisi> auream linguam inuenit, ut Tiberianus in libro de Socrate memorat*.).

Jérôme, dans sa *Chronique* (an. 2352), qualifie un certain Tiberianus de *vir dissertus* et le présente comme Préfet du prétoire des Gaules en 335 (= *PLRE* I :4). Il n'est toutefois pas sûr qu'il s'agisse du poète.

Pour le texte, voir **6** E. Baehrens, *Unedierte lateinische Gedichte*, Leipzig 1877, p. 27-39 ; **7** *Id.*, *Poetae latini minores. Recensuit et emendavit Aem. Baehrens*, coll. *BT*, Leipzig 1881, t. III, p. 263-269 ; **8** J. W. Duff et A.M. Duff (édit.), *Minor Latin Poets with Introductions and English Translations*, coll. *LCL*, London/Cambrige, Mass. 1934, p. 555-569, pour l'hymne philosophique p. 564-567 ; **9** T. Agozzino, «Una preghiera gnostica pagana e lo stile lucreziano del IV secolo», dans *Dignam dis, a Giampaolo Vallot (1934-1966). Silloge di studi suoi e dei suoi amici*, Venezia 1972, p. 169-210 ; **10** Ugo Zuccarelli (édit.), *Tiberiano. Introduzione, testo, traduzione e commento*, Napoli 1987, 130 p. ; **11** Silvia Mattiacci (édit.), *I carmi e i frammenti di Tiberiano. Introduzione, edizione critica, traduzione e commento*, coll. «Accademia Toscana di Scienze e Lettere "La Colombaria". Studi» 98, Firenze 1990, IV-230 p. (bibliographie, p. 45-50).

Cf. **12** Fr. Lenz, art. «Tiberianus» 1, *RE* VI A 1, 1936, col. 766-777.

RICHARD GOULET.

TIBERIUS → ALEXANDER (TIBERIUS CLAUDIUS –)

TIBERIUS → ALEXANDER (TIBERIUS IULIUS –)

TIBERIUS → ARISTOCLÈS DE PERGAME (TIBERIUS CLAUDIUS –)

TIBERIUS → BALBILLUS (TIBERIUS CLAUDIUS –)

TIBERIUS → CAELIANUS (T. VARIUS –)

TIBERIUS → CLAUDIUS (TIBERIUS –)

TIBERIUS → GRACCHUS (TIBERIUS SEMPRONIUS –)

TIBERIUS → PAULINUS (TIBERIUS CLAUDIUS –)

TIBERIUS → RUFUS (TIBERIUS IULIUS –)

TIBERIUS → SOSPIS (TIBERIUS CLAUDIUS –)

TIBERIUS → THRASYLLUS (TIBERIUS CLAUDIUS –)

134 TIBERIUS *RE* 2   III

« Philosophe et sophiste » dont plusieurs œuvres de caractère rhétorique ont été répertoriées par la *Souda* T 550, t. IV, p. 545, 4-9 Adler : Περὶ ἰδεῶν λόγου βιβλία γ΄, Περὶ παρασκευῆς, Περὶ μεταποιήσεως, Περὶ ἱστορίας, Περὶ λόγου τάξεως καὶ συνθέσεως, Περὶ διαιρέσεως λόγου, Περὶ μεταβολῆς λόγου πολιτικοῦ, Περὶ λόγων ἐπιδεικτικῶν, Περὶ προλαλιῶν καὶ προοιμίων, Περὶ ἐπιχειρημάτων, Περὶ Δημοσθένους καὶ Ξενοφῶντος, Περὶ Ἡροδότου καὶ Θουκυδίδου. Un traité *Sur les figures employées par Démosthène* (Περὶ Δημοσθένους σχημάτων) est conservé (Ch. Walz, *Rhetores Graeci*, Stuttgart/Tübingen 1835, t. VIII, p. 520-577) ; son nom apparaît également dans les scholies à Hermogène.

Cf. F. Solmsen, art. « Tiberius » 2, *RE* VI A 1, 1936, col. 804-807. Voir aussi M. Heath, « Platonists and the Teaching of Rhetoric in Late Antiquity », dans P. Vassilopoulou et S. R. L. Clark (édit.), *Late antique epistemology. Others way to truth*, Basingstoke/New York 2009, p. 143-159, notamment p. 144, qui constate que le qualificatif de philosophe attribué par la *Souda* ne correspond guère au contenu de ses écrits : « nothing in his wide-ranging, but exclusively rhetorical, bibliography or in his fragments would lead us to identify him as a philosopher ».

RICHARD GOULET.

TIMAGORAS → TIMASAGORAS

135 TIMAGORAS DE GÉLA *RE* 4   F IV-D III (?)

Philosophe mégarique (?). Son nom figure dans un passage de Philippe de Mégare [**P 125] (cité par Diogène Laërce II 113) qui énumère ceux que le mégarique Stilpon (**S 163) a enlevés à d'autres maîtres (en l'occurrence à Théophraste [**T 97]) et s'est attachés comme disciples. Voir K. Döring, *Die Megariker*, fr. 164 A et p. 144-145.

ROBERT MULLER.

TIMARATOS DE LOCRES → TIMARÈS DE LOCRES

136 TIMARÈS DE LOCRES

Voir dans les compléments du présent tome.

137 TIMARQUE *RE* 11   III[a]

Épicurien inconnu. Élève et correspondant de Métrodore (➤M 152). Plutarque
(*Adv. Col.* 17, 1117 e) cite un passage d'une lettre que Métrodore (fr. 38 Körte) lui
avait adressée, et qui contient probablement une allusion aux mystères. Voir
B. Einarson et Ph. H. De Lacy (édit.), *Plutarch's Moralia,* XIV (*Reply to Colotes
in Defence of Other Philosophers*), coll. *LCL,* London/Cambridge, Mass. 1967,
p. 248 n. c-d. On ne peut rien tirer de la lettre de Léontion (➤L 43) à Lamia, la
courtisane aimée de Démétrios Poliorcète, inventée par Alciphron (*Epist.* II 2) et
dans laquelle on trouve quelques faux renseignements sur le jeune Timarque.

Cf. R. Philippson, art. « Timarchos » 11, *RE* VI A 1, 1936, col. 1238.

                                                            TIZIANO DORANDI.

138 TIMARQUE D'ALEXANDRIE *RE* 9   III[a]

Philosophe cynique.

Cf. **1** W. Nestle, art. « Timarchus » 9, *RE* VI A 1, 1936, col. 1238.

1. Selon Diogène Laërce VI 95, Timarque d'Alexandrie fut, de même qu'Échéclès d'Éphèse (➤E 3), le disciple de Cléomène (➤C 163), ce dernier étant sans
doute un disciple de Cratès (➤C 205) plutôt que de Métroclès (➤M 142). [Voir
l'argumentaire en faveur de cette hypothèse dans **2** M.-O. Goulet-Cazé, « Une liste
de disciples de Cratès le Cynique en Diogène Laërce 6, 95 », *Hermes* 114, 1986,
p. 247-252.] Timarque est donc un philosophe cynique. Selon qu'on fait de Cléomène un disciple de Cratès ou un disciple de Métroclès, on doit situer Timarque
plus ou moins tôt au cours du IIIe s.

2. Faut-il identifier ce Timarque d'Alexandrie avec l'auteur d'un commentaire
sur l'*Hermès* d'Ératosthène dont Athénée, *Deipnosophistes* XI, 501 E (= fr. 59
Powell) mentionne le quatrième livre ? Voir **3** P.P. Fuentes González, notice
« Ératosthène de Cyrène », E 52, *DPhA,* t. III, 2000, p. 231. S'appuyant sur des
exemples de confusions Τιμαχίδας / Τίμαρχος et Τιμαχίδας / Τιμοκράτης, **4** F.
Susemihl, *GGLA,* t. I, p. 428 n. 93, a suggéré d'écrire, dans le passage d'Athénée,
« Timachidas » plutôt que Timarchos, car Timachidas de Rhodes, auteur d'un
Δεῖπνον, est cité à plusieurs reprises dans les *Deipnosophistes.* Susemihl signale
également la mention d'un Timarque, contemporain d'Ératosthène, dans la *Souda,*
s.v. Ἀπολλώνιος, A 3419, t. I, p. 37, 8 Adler (= Callimaque, T 12, t. II, p. 96
Pfeiffer). De son côté, **5** U. von Wilamowitz, *Hellenistische Dichtung in der Zeit
des Kallimachos,* Berlin 1924, réimpr. 1973, t. I, p. 176 n. 2, propose d'identifier
le Timarque d'Athénée au philosophe cynique de Diogène Laërce. Compte tenu
des dates d'Ératosthène (*ca* 276 - *ca* 195), cette hypothèse serait plus difficile à
défendre chronologiquement, sans être toutefois impossible, si son maître Cléomène était le disciple de Cratès, plutôt que le disciple de Métroclès, lui-même
disciple de Cratès. **6** P. M. Fraser, *Ptolemaic Alexandria,* Oxford 1972, t. I, p. 482
et t. II, p. 696 n. 26, se montre sceptique quant à la correction de Susemihl et
considère comme peu vraisemblable l'identification proposée par Wilamowitz du
Timarque d'Athénée avec celui de Diogène Laërce.

3. Un Timarque, fils de Pausanias, de la tribu Ptolémaïde, est mentionné dans une épigramme de Callimaque (*Épigramme* 10, t. II, p. 83 Pfeiffer) transmise par *Anth. Pal.* VII 520 : « Si tu cherches Timarchos dans l'Hadès, afin d'apprendre soit quelque chose sur l'âme, soit comment tu vivras de nouveau (ἢ παλι πῶς ἔσεαι), cherche le fils de Pausanias, de la tribu Ptolemaïde : et tu le trouveras parmi les gens pieux » (trad. Waltz *et alii*). Wilamowitz **5**, t. I, p. 176 n. 2 propose d'identifier le Timarque d'Alexandrie de Diogène Laërce également avec celui de Callimaque : « Es ist ganz windig auf den Namen hin in diesem Timarchos den alexandrinischen Enkelschüler des Metrokles zu finden, der auch Alexandriner heißt, Diogenes Laert. VI 95. Der hat den Kallimachos überlebt und einen Kommentar zum Hermes des Eratosthenes geschrieben». Dans son édition, **7** H. Beckby, *Anthologia graeca*, München 1965², t. II, p. 308 et note p. 598, procède, sans plus d'explications, à la même identification. Mais **8** P. Waltz et les traducteurs de l'*Anthologie grecque* dans la *CUF* (1960²), t. V, p. 77 n. 1, ne partagent pas ce point de vue : « Il est impossible que ce Timarchos soit celui dont parle Diogène Laërce (VI 95) : l'auteur d'un commentaire sur l'*Hermès* d'Ératosthène, qui survécut à Callimaque. Celui dont il s'agit ici avait sans doute écrit un ouvrage "pour expliquer (πῶς, v. 2)" la palingénésie », et ils ajoutent, concernant la tribu Ptolemaïde dont est issu le Timarque de l'*Anthologie*, que Meineke supposait, non sans quelque vraisemblance, qu'il s'agissait non point de la tribu attique qui portait ce nom en l'honneur de Ptolémée Philadelphe ou de Ptolémée Évergète, mais d'une tribu alexandrine homonyme. Fraser **5**, t. I, p. 482, refuse également l'identification : « There seems no good reason for identifying Timarchus with the inquiring Timarchus who is the subject of Callimachus' epitaph, *Epigr.*, 10 », et il ajoute, t. II, p. 113 n. 8, cette précision concernant la tribu Ptolemaïde : « There is no reason to doubt that the reference is to the Alexandrian tribe Πτολεμαίς, and not to the city of Ptolemais Hermiou, which was also Πτολεμαίς : see the contemporary *OGIS* 40, line 15 ».

Fraser **5** conclut, t. II, p. 696 n. 26 : « The identification of the Cynic with the author of the commentary on Eratosthenes is very uncertain. All that is certain is that the Timarchus of the epigramm cannot be the author of the commentary ; the Cynic could chronologically be so (three generations after Theophrastus), but the name is common, and a later person of the same name is equally possible. »

Enfin **6** P. Bonnechere, « Notes trophoniaques. II, La dixième épigramme de Callimaque : Timarque de Chéronée (Plutarque, « De genio Socratis », 589f-592f) et les croyances sur l'Hadès ? », *Hermes* 136, 2008, p. 153-166, notamment p. 159, suggère que le Timarque de Callimaque, plutôt que d'être le Timarque cynique de Diogène Laërce, pourrait être Timarque de Chéronée, un personnage sans doute fictif du *De genio Socratis* (⇒T 139).

MARIE-ODILE GOULET-CAZÉ.

139 TIMARQUE DE CHÉRONÉE F Vᵃ

Personnage sans doute fictif, inventé par Plutarque, qui rapporte dans *Le Démon de Socrate* 21-22 le récit qu'il avait fait à ses amis, Cébès et Simmias, d'un songe ou d'une vision obtenu à Lébadée. Ce récit, présenté comme un mythe, expose « une démonologie et une eschatologie des âmes », comme l'explique Jean Hani, qui a édité, traduit et commenté ce passage (**1** *Plutarque, Œuvres morales*, t. VIII : Traités 42-45 : *Du destin, Le Démon de Socrate, De l'exil, Consolation à sa femme, CUF*, Paris 1980).

Ce jeune homme de bonne naissance « qui goûtait depuis peu à la philosophie », ami de Lamproclès, le fils aîné de Socrate, aurait demandé au philosophe à être enterré auprès de son fils, mort quelques jours auparavant. J. Hani rappelle que cette mort prématurée de Lamproclès contredit les données historiques, puisque les deux fils de Socrate étaient vivants lors du procès de leur père. Afin de connaître la nature du démon de Socrate, Timarque serait descendu dans l'antre de Trophonios pour consulter l'oracle. Revenu à Athènes, il serait mort deux mois plus tard.

Il est possible que la figure de Timarque ait déjà été mise en rapport avec l'oracle de Trophonios à l'époque hellénistique. Voir **2** P. Bonnechere, « Notes trophoniaques. 2, La dixième épigramme de Callimaque : Timarque de Chéronée (Plutarque, "De genio Socratis", 589f-592f) et les croyances sur l'Hadès ? », *Hermes* 136, 2008, p. 153-166. Le Timarque de l'épigramme de Callimaque ne serait pas Timarque d'Alexandrie (➡T 138) le cynique, comme on l'a parfois supposé (voir Bonnechere **2**, p. 154 n. 7), mais le personnage, « cité ou inventé dans le giron d'une école philosophique du IVᵉ ou IIIᵉ siècle avant J.-C. (voire avant) », dont parle Plutarque (Bonnechere **2**, p. 159).

Cf. **3** G. Méautis, « Le mythe de Timarque », *REAnc* 52, 1950, p. 201-211 ; **4** J. Hani, « Le mythe de Timarque chez Plutarque et la structure de l'extase », *REG* 88, 1975, p. 105-120 ; **5** Y. Vernière, *Symboles et mythes dans la pensée de Plutarque. Essai d'interprétation philosophique et religieuse des Moralia*, « Collection d'Études mythologiques » 11, Paris 1977, XVI-375 p. ; **6** J. Boulogne, « Les couleurs du ciel ou La réécriture par Plutarque des mythes eschatologiques de Platon », *Euphrosyne* 27, 1999, p. 19-29 ; **7** I. Gallo, « Funzione e significato dei miti nei dialogui "morali" di Plutarco », dans J. A. López Férez (édit.), *Mitos en la literatura griega helenística e imperial*, coll. « Estudios de filología griega » 8, Madrid 2003 (impr. 2004), p. 197-208.

RICHARD GOULET.

140 TIMASAGORAS DE RHODES IIᵃ

Philosophe épicurien, originaire probablement de l'île de Rhodes.

Cf. **1** F. Bücheler, « Der Philosoph Nikasikrates », *RhM* 43, 1888, p. 151-153 ; **2** R. Philippson, « Der Epikureer Timasagoras », *BPhW* 38, 1918, col. 1072-1073 ; **3** *Id.*, art. « Nikasikrates und Timasagoras », *RE* XVII 1, 1936, col. 281-283 ; **4** F. Longo Auricchio et A. Tepedino Guerra, « Chi è Timasagora ? », dans *La* *regione sotterrata dal Vesuvio : Studi e prospettive*, Napoli 1982, p. 405-413 ; **5** F. Longo Auricchio et A. Tepedino Guerra, « Aspetti e problemi della dissidenza epicurea », *CronErc* 11, 1981, p. 25-40 ; **6** M. Erler, « Dissidenten », *GGP*, *Antike* 4, p. 283-286 ; **7** D. Sedley, « Philodemus and the Decentralisation of Philosophy », *CronErc* 33, 2003, p. 31-41 ; **8** F. Verde, « Ancora su Timasagora epicureo », *Elenchos* 31, 2010, p. 285-317.

Il faut abandonner l'hypothèse que Timasagoras était un philosophe péripatéticien (**9** W. Crönert, *Kolotes und Menedemos*, p. 90-91 et 195 ; **10** C. Wilke, *Philodemi Epicurei De ira liber*, Lipsiae 1914, p. XXI-XXVI) ou stoïcien, comme on pourrait le croire (*cf.* Philippson **3**, col. 282) si la doctrine de Timasagoras était la même que celle de Nicasicratès (**☞**N 35), et si l'on faisait de ce dernier un stoïcien, selon une hypothèse de Bücheler **1**, p. 153. Il faut également signaler la position de **11** E. Asmis, « Philodemus' Epicureanism », dans *ANRW* II 36, 4, Berlin 1990, p. 2369-2406, notamment p. 2396-2398, selon laquelle Timasagoras, chez qui elle relève une allusion à la doctrine péripatéticienne du μετρίως παθεῖν, pourrait être considéré comme un philosophe péripatéticien en activité sous le scholarcat de Basilide (**☞**B 16), tandis que Nicasicratès « may be a Stoic ; more likely, he is an Academic » (p. 2398), dans la mesure où il aurait accepté l'existence de la colère naturelle seulement dans une perspective dialectique.

On peut tirer quelques renseignements sur la datation de Timasagoras d'un passage du traité *Sur la colère* de Philodème (*PHerc.* 182, col. V 17-25 Indelli), où le philosophe est vraisemblablement mentionné avec le syrien Basilide, scholarque du Jardin entre 200 et 201 av. J.-C., et Thespis (**☞**T 114), peut-être le successeur de Basilide à la direction de l'École d'Athènes (*cf.* **12** T. Dorandi, *Ricerche sulla cronologia dei filosofi ellenistici*, Stuttgart 1991, p. 51, et **13** M. Haake, *Der Philosoph in der Stadt. Untersuchungen zur öffentlichen Rede über Philosophen und Philosophie in den hellenistischen Poleis*, München 2007, p. 300). En se fondant sur sa reconstruction d'un fragment de la *Vita Philonidis* (*PHerc.* 1044, fr. 34, li. 5-6), **14** I. Gallo, *Frammenti biografici da papiri*, t. II : *La biografia dei filosofi*, Roma 1980, p. 89 et 161-162, suggère que Philonidès de Laodicée-sur-Mer (**☞**P 159) aurait été en contact avec Timasagoras à Athènes, adhérant peut-être à sa doctrine philosophique et s'éloignant donc de l'école de Basilide et de Thespis. Du même passage, **15** J. Procopé, *Epicureans on Anger*, dans G. W. Most, H. Petersmann et A. M. Ritter (édit.), *'Philanthropia kai Eusebeia'. Festschrift für Albrecht Dihle zum 70. Geburtstag*, Göttingen 1993 (repris dans J. Sihvola et T. Engberg-Pedersen [édit.], *The Emotions in Hellenistic Philosophy*, Dordrecht/Boston/London 1998, p. 171-196), p. 379, tire la conséquence ultérieure que Timasagoras « may have headed some sort of school at Athens ». Si cette reconstitution s'avérait juste, il serait alors possible de dater l'activité de Timasagoras en fonction de la chronologie de Basilide et donc de la placer vers les années 200 av. J.-Chr. Cela signifie que Timasagoras devrait être situé au moins deux générations avant Zénon de Sidon, et par conséquent avant Philodème lui-même (*cf.* Procopé **15**, p. 379). Le problème est plus complexe dans le cas de Nicasicratès ; alors qu'on a tendance à rapprocher la chronologie de Timasagoras de celle de Nicasicratès, Procopé **15**, p. 382 et n. 79, émet l'hypothèse que Nicasicratès aurait été le contemporain de Philodème (ce qui amènerait à considérer que Nicasicratès était plus jeune que Timasagoras de deux générations), dans la mesure où Philodème dans son *De ira* s'exprime au présent quand il parle de Nicasicratès et, au moins en un passage (V 22 Indelli), au passé lorsqu'il fait référence à Timasagoras.

Il revient à Crönert **9**, p. 91, d'avoir reconnu l'origine rhodienne des noms Nicasicratès et Timasagoras. Ce dernier (avec Nicasicratès) a été une figure importante de l'école de Rhodes (Sedley **7**, p. 33), dont le chef était probablement Nicasicratès (voir *PHerc*. 1746, fr. II^b, li. 3-4, dans Crönert **9**, p. 92). Pour le *status quaestionis* de l'"affiliation philosophique" de Timasagoras, voir **16** E. Kondo, « Per l'interpretazione del pensiero filodemeo sulla adulazione nel *PHerc*. 1457 », *CronErc* 4, 1974, p. 55, et **17** A. Monet, « [Philodème, *Sur les sensations*] *PHerc*. 19/698 », *CronErc* 26, 1996, p. 58 n. 126.

Le fait qu'à Rhodes (comme à Cos) il y avait une communauté épicurienne active dotée d'une autonomie propre par rapport à l'École d'Athènes, est confirmé par Philodème au livre II de la *Rhétorique* (*PHerc*. 1674, col. LII 11-LIII 33 Longo Auricchio). Philodème critique un épicurien anonyme de Rhodes qui enseignait que la rhétorique n'est pas une τέχνη, alors que le chef de l'École d'Athènes, Zénon de Sidon (⮞Z 24), en défendait la technicité (*cf.* **18** D. Sedley, *Philosophical Allegiance in the Greco-Roman World*, dans M. Griffin et J. Barnes (édit.), *Philosophia Togata. Essays on Philosophy and Roman Society*, <t. I,> Oxford 1989, p. 97-119, notammant p. 107-117). Bien que Strabon (XIV 2, 13), lorsqu'il passe en revue les Rhodiens illustres, ne cite aucun épicurien, la continuité de la communauté épicurienne de Rhodes est probablement attestée par Diogène d'Œnoanda (fr. 62 II, li. 10 – *Lettre à Antipatros* – et fr. 122 III, li. 2 – *Lettre à Mennéas* – Smith) ainsi que, peut-être, par l'inscription bilingue du philosophe épicurien Eucratidès de Rhodes (⮞E 85) (*ILS* 7780 = *Syll.*^{3} 1227 = *CIL* IX 48 = *IGR* I 466 = *IG* XIV 674, ici seulement le texte grec) retrouvée à Brindisi (*cf.* **19** K. Bringmann, « Rhodos als Bildungszentrum der hellenistischen Welt », *Chiron* 32, 2002, p. 75, et Haake **13**, p. 235-236).

Le nom de Timasagoras n'est pas cité que dans les papyrus d'Herculanum, il apparaît aussi dans d'autres sources (Cicéron et Aétius). En ce qui concerne les textes d'Herculanum, Philodème mentionne Timasagoras dans son traité intitulé *Sur la colère* (col. VII 7 Indelli) et dans le livre (dont il est probablement l'auteur) intitulé Περὶ αἰσθήσεων (*PHerc*. 19/698, col. XXII A 2-3 Monet = *Polyaen.*, fr. 20 Tepedino Guerra). Si l'on accueille la reconstitution proposée par **20** M. Capasso, M. G. Cappelluzzo, A. Concolino Mancini, N. Falcone, F. Longo Auricchio et A. Tepedino, « In margine alla *Vita di Filonide* », *CronErc* 6, 1976, p. 57 et n. 21, son nom apparaîtrait aussi dans l'ouvrage anonyme intitulé *Vita Philonidis* (*PHerc*. 1044, fr. 34, li. 5-6 Gallo). Alors que dans les textes d'Herculanum on retrouve la forme Τιμασάγορας, dans les passages de Cicéron et d'Aétius le philosophe est mentionné sous la forme latine de *Timagoras* (Cic., *Acad*. II 80) et en tant que

Τιμαγόρας (Aétius, *Plac*. IV 13, 6, p. 403, 22 Diels). Philippson **2**, col. 1072, et **3**, col. 283, a considéré Τιμαγόρας comme la forme abrégée de Τιμασάγορας. On a aussi supposé qu'il s'agissait d'une erreur dans la transmission de ces deux textes (*cf.* **21** G. Indelli, *Filodemo. L'ira*, Napoli 1988, p. 154) ; il est cependant difficile de croire que la même confusion entre les deux noms se soit produite en trois lieux différents, deux en grec et un en latin (voir **22** M. Gigante et G. Indelli, « Bione e l'epicureismo », *CronErc* 8, 1978, p. 128). À part cela, il est plausible que le nom du philosophe mentionné dans les papyrus d'Herculanum soit Timasagoras et non Timagoras (voir Philippson **2**, col. 1073, et Philippson **3**, p. 283). Il est, en effet, probable que le nom de Timagoras, qu'on lit dans le fr. 1, li. 6 et 11, du *PHerc*. 223 (qui transmet les restes d'un livre du Περὶ κολακείας de Philodème, voir Gigante et Indelli **22**, p. 127) ne soit pas celui du philosophe épicurien, mais celui d'un ambassadeur envoyé par les Athéniens chez les Perses en 367 av. J.-C. et qui, après son retour à Athènes, avait été mis à mort à cause de la trop grande flatterie qu'il avait témoignée (pour plus de détails, voir **23** L. Piccirilli, *L'invenzione della diplomazia nella Grecia antica*, Roma 2002, p. 40-41, et Erler **6**, p. 285).

Longo Auricchio et Tepedino Guerra **4**, p. 405-413, et **5**, p. 35-38 ainsi qu'Erler **6**, p. 283-286, à la suite de **24** H. Ringeltaube, *Quaestiones ad veterum philosophorum de affectibus doctrinam pertinentes*, Gottingae 1913, p. 40-46, et Philippson **2**, col. 1073, et **3**, col. 283 (voir aussi **25** D. Delattre et A. Monet, *Philodème, La Colère, Notice*, dans D. Delattre et J. Pigeaud (édit.), *Les Épicuriens*, Paris 2010, p. 1249), considèrent Timasagoras comme un épicurien dissident attaqué par Philodème (mais, sur le caractère problématique de cette attribution voir **26** A. Angeli, *Filodemo. Agli amici di scuola* (PHerc. *1005*), Napoli 1988, p. 92 n. 51, et Verde **8**, p. 315-317 ; sur le concept de "dissidence épicurienne" voir aussi **27** D. Delattre, « Philodème, témoin des discussions doctrinales entre épicuriens grecs aux IIᵉ-Iᵉʳ siècles avant notre ère », dans F. Le Blay (édit.), *Transmettre les savoirs dans les mondes hellénistique et romain*, Rennes 2009, p. 31-46).

Pour la reconstruction de la pensée de Timasagoras, la source principale demeure le *De ira* de Philodème. Alors que Philodème accepte une forme particulière de colère, la "naturelle" (φυσικὴ ὀργή). Voir, par exemple, Philod., *De ira*, coll. XXXVII 39-XXXVIII 34 Indelli. *Cf.* **28** V. Tsouna, « Philodemus on Emotions », dans **29** R. Sorabji et R. W. Sharples [édit.], *Greek and Roman Philosophy 100 BC – 200 AD*, London 2007, t. I, p. 221-222), Nicasicratès et Timasagoras semblent soutenir — mais dans des positions non identiques (*cf.* Indelli **21**, p. 154 et 224 ; *contra* Philippson **3**, p. 282 ; voir aussi Asmis **11**, p. 2396-2398, et Procopé **15**, p. 377-386, **30** V. Tsouna, « Philodemus and the Epicurean Tradition », dans A. M. Ioppolo et D. Sedley [édit.], *Pyrrhonist, Patricians, Platonizers : Hellenistic Philosophy in the Period 155-86 BC*, Napoli 2007, p. 366 n. 55, **31** *Ead.*, *The Ethics of Philodemus*, Oxford 2007, p. 202-209, et **32** D. Armstrong, « "Be Angry and Sin Not" : Philodemus versus the Stoics on Natural Bites and Natural Emotions », dans J. T. Fitzgerald [édit.], *Passions and Moral Progress in Greco-*

Roman Thought, London/New York 2008, p. 79-121, notamment, p. 113) — que la colère est dans tous les cas un πάθος, et donc, comme telle, à fuir absolument, excluant probablement ainsi aussi la colère naturelle, défendue au contraire par Philodème. Dans les colonnes du même ouvrage (Philod., *De ira*, col. VI 26-VII 26 Indelli), il est possible de discerner un autre point sur lequel Philodème se démarque ouvertement de Timasagoras. Philodème défend contre les critiques de Timasagoras la technique thérapeutique du τιθέναι πρὸ ὀμμάτων (*De ira*, col. I 23 Indelli), le "porter devant les yeux", à savoir la description directe et vive des conséquences de la colère (voir Indelli **21**, p. 145 et 150-151, et, plus spécifiquement, **33** V. Tsouna, « "Portare davanti agli occhi" : Una tecnica retorica nelle opere "morali" di Filodemo», *CronErc* 33, 2003, p. 246-247). En ce qui concerne le témoignage du *PHerc*. 19/1968, l'auteur rapporte le désaccord de Timasagoras avec Polyen (➡P 242) et, bien avant, (πολὺ πρότερον) avec Épicure ; Timasagoras est accusé d'arrogance (ἀλαζόνεια) par certains, vraisemblablement des épicuriens (*cf*. **34** A. Tepedino Guerra, *Polieno. Frammenti*, Napoli 1991, p. 165), pour avoir fait passer comme siennes les idées des Maîtres du Jardin (τὰ τῶν ἀνδρῶν ; sur ce passage, *cf*. Monet **17**, p. 58-59), ce qui toutefois n'établit pas de façon certaine la dissidence de Timasagoras (*cf*. Angeli **25**, p. 92 n. 51, et Monet **17**, p. 59). Il est très significatif que Timasagoras soit mentionné dans un traité sur la sensation. L'idée que Timasagoras ait écrit un traité Περὶ αἰσθήσεων est assez répandue parmi les savants (voir Philippson **2**, col. 1072, et **35** R. Philippson, art. «Timagoras», *RE* VI A 1, 1936, col. 1074) ; de ce traité pourraient dériver (Gigante et Indelli **22**, p. 127) les témoignages de Cicéron et d'Aétius (voir Verde **8**). Cicéron rapporte que Timagoras *Epicureus* (peu après défini de façon significative en tant que *maiorum similis*) nie que, après qu'il se soit frotté les yeux, lui soient jamais apparues deux flammes de la lampe ; l'erreur provient en fait de l'opinion et non des yeux (*opinionis* [...] *mendacium non oculorum*). On lit au contraire dans Aétius que "Timagoras", un de ceux qui ont contrefait (εἷς τῶν παραχαραξάντων) sur beaucoup de points l'école épicurienne, préfère utiliser le mot ἀπόρροια à la place de εἴδωλα. Les deux témoignages, bien qu'ils concernent des phénomènes perceptifs, sont difficilement compatibles. Cicéron semblerait rapporter une position qui demeure fidèle à la philosophie d'Épicure, non seulement parce que, sur la base de la *Lettre à Hérodote* 50-51, l'erreur n'est pas imputable à l'organe sensible, mais à ce qui est ajouté par l'opinion, mais aussi pour des motifs liés au contexte dans lequel ce témoignage apparaît dans les *Academica* (pour un avis différent, voir **36** W. G. Englert, art. «Timagoras», dans P. T. Keyser et G. L. Irby-Massie [édit.], *The Encyclopedia of Ancient Natural Scientists. The Greek Tradition and Its Many Heirs*, London/New York 2008, p. 810, ainsi que A. Bächli et A. Graeser, *Kommentierende Anmerkungen*, dans **37** C. Schäublin, A. Graeser et A. Bächli [édit.], *Marcus Tullio Cicero. Akademische Abhandlungen, Lucullus*, Hamburg 1995, p. 249 n. 222-223). Chez Aétius, l'utilisation forte du verbe παραχαράσσω (indiquant l'action de battre de la fausse monnaie ; *cf*. Tepedino Guerra **34**, p. 164) est le signe de la falsification opérée par

Tima<sa>goras sur les doctrines épicuriennes. Cependant, "falsification" n'équivaut pas en tout cas à "dissidence" et, en outre, la source d'Aétius aurait pu être hostile ou du moins peu objective à l'égard de Tima<sa>goras. La contrefaçon de la part de Tima<sa>goras ne concerne pas un simple "échange terminologique" (dans la *Lettre à Hérodote* 46 aussi, Épicure utilise ἀπόρροια), mais peut-être le témoignage d'Aétius est-il l'indice d'une sorte de "fusion" opérée par Tima-<sa>goras de certains aspects de la théorie visuelle d'Empédocle (➙E 19) et de Démocrite (➙D 70) avec les principes de la doctrine d'Épicure. Aussi bien Empédocle que Démocrite retiennent en fait que l'exactitude de l'activité perceptive dépend, au moins en partie, des conditions du sujet : si l'organe visuel est altéré, le flux de feu qui sort de l'œil (Empédocle) et l'empreinte que le sujet percepteur imprime entre lui et l'objet vu (Démocrite) se révéleront aussi altérés l'un que l'autre. En ce sens, la doctrine de la perception de Tima<sa>goras pourrait être voisine de celle d'Empédocle. Ce qui ne pose pas de problèmes si l'on tient compte du fait que la circulation et la présence des œuvres d'Empédocle à l'intérieur du Κῆπος ainsi que dans la tradition épicurienne est très probable (voir **38** G. Leone, « Epicuro ed Empedocle », et **39** G. M. Rispoli, « Empedocle nelle testimonianze ermarchee », dans G. Casertano (édit.), *Empedocle tra poesia, medicina, filosofia e politica*, Napoli 2007, p. 221-240 et 241-269 ; **40** A. Martin, « Empédocle, Fr. 142 D.-K. Nouveau regard sur un papyrus d'Herculanum », *CronErc* 33, 2003, p. 43-52), et cela jusqu'à Lucrèce (voir au moins **41** D. Sedley, *Lucretius and the Tranformation of Greek Wisdom*, Cambridge 1998, chap. 1, et **42** D. Sedley, *Creationism and Its Critics in Antiquity*, Berkeley/Los Angeles/London 2007, p. 37-38, et 72-74 ; **43** S. Trépanier, « The Didactic Plot of Lucretius, *De rerum natura*, and Its Empedoclean Model », dans Sorabji et Sharples **29**, t. I, p. 243-282). Concernant la position philosophique de Timasagoras sur la colère voir encore **44** G. Ranocchia, « Filodemo e l'etica stoica : Per un confronto fra i trattati *Sulla superbia* e *Sull'ira* », *WJA*, n. F. 31, 2007, p. 147-168, et **45** V. Tsouna, « Philodemus, Seneca and Plutarch on Anger », dans J. Fish et K. Sanders (édit.), *Epicurus and the Epicurean Tradition*, Cambridge 2011, p. 183-210.

     Notice traduite de l'italien par Tiziano Dorandi.

FRANCESCO VERDE.

141 TIMASION DE NAUCRATIS   I

     Ce personnage, connu seulement par la *Vie d'Apollonius de Tyane*, serait originaire de Naucratis. Pour échapper aux avances de sa belle-mère, il devint batelier sur le Nil, s'établissant à Memphis. C'est ainsi qu'il fit descendre le fleuve à Thrasybule (➙T 124) venu, sur ordre d'Euphratès (➙E 132), calomnier Apollonius (➙A 284) auprès des Gymnosophistes d'Égypte, dont Thespésion (➙T 113) était le doyen, et qu'il rencontra Apollonius qui se rendait chez ces mêmes Gymnosophistes (*V. Apoll.* VI 3 ; 9). Apollonius accepta immédiatement ce jeune homme passionné de philosophie qui le conduisit aux sources du Nil (*V. Apoll.* VI 22).

PATRICK ROBIANO.

142 TIMASIOS DE SYBARIS *RE*   V-IV[a]

Pythagoricien ancien dont le nom figure dans le *Catalogue* de Jamblique
(*V. pyth.* 36, 267, p. 145, 1 Deubner = **1** DK 58 A, t. I, p. 447, 1), qui remonte en
grande partie à Aristoxène de Tarente (➣A 417). Voir **2** A. Demandt, art.
« Timesios » 2, *RESuppl.* XIV, 1974, col. 796 (simple mention).

Son nom est répertorié dans le **3** *LGPN*, t. III A, p. 429 (où Fraser et Matthews
proposent une datation plausible au Ve siècle av. J.-C.), ainsi que dans **4** W. Pape et
G. Benseler, *Wörterbuch der griechischen Eigennamen*, t. II, p. 1527.

Sur la forme du nom, voir **5** Fr. Bechtel, *Die historischen Personennamen*, p. 431.

La *RE* a préféré enregistrer la version ionienne-attique du nom, Τιμήσιος (attestée p. ex. à
Péparèthos et Théra [*LGPN* **3**, t. I, p. 440], à Athènes [*LGPN* **3**, t. II, p. 429], en Argolide [*LGPN*
3, t. III A, p. 429], en Macédoine et en Thrace [*LGPN* **3**, t. IV, p. 331] et à Clazomènes [*LGPN* **3**,
t. V A, p. 430] ; *cf.* Pape et Benseler **4**, t. II, p. 1528), mais il n'y a aucune raison de la suivre.
Également, dans son apparat critique *ad loc.* de la *V. pyth.*, A. Nauck conjecturait Τιμασίθεος,
sans raison non plus : la forme du nom telle qu'elle a été transmise par les mss ne pose en réalité
aucun problème ; elle n'est rien de plus que la forme dorienne bien attestée par ailleurs d'un nom
également attesté en ionien. En effet, le *LGPN* **3** a répertorié des Τιμάσιος à Lesbos (t. I, p. 439),
en Locride (t. III B, p. 406) et en Lycie (t. V B, p. 408).

                                                CONSTANTINOS MACRIS.

143 TIMÉE DE CROTONE *RE* 5   V-IV[a]

Pythagoricien ancien dont le nom figure dans le *Catalogue* de Jamblique
(*V. pyth.* 36, 267, p. 143, 21 Deubner = **1** DK 58 A, t. I, p. 446, 11), qui remonte en
grande partie à Aristoxène de Tarente (➣A 417). Voir **2** K. von Fritz,
art. « Timaios [5] », *RE* VI A 1, 1936, col. 1226 (simple mention).

Son nom a échappé à la vigilance des rédacteurs du **3** *LGPN* (on l'aurait
attendu dans le t. III A, à la p. 427). **4** W. Pape et G. Benseler, quant à eux (*Wörterbuch der griechischen Eigennamen*, t. II, p. 1526 [n° 2]), identifiaient Timée le
Crotoniate, qui n'est pas attesté en dehors du *Catalogue*, à Timée de Locres
(➣T 144), rendu célèbre grâce à Platon. C'est une identification possible en effet,
mais qui est loin de s'imposer. Il serait peut-être plus plausible d'identifier Timée
de Crotone à Timée de Paros ➣T 146), sur la base notamment des rapports qui ont
pu exister dans l'Antiquité entre les oligarchies crotoniate et parienne (voir sur ce
point la notice sur Timésianax de Paros [➣T 148], *supra*), mais là encore des
doutes persistent quant à l'existence même d'un Timée parien.

                                                CONSTANTINOS MACRIS.

144 TIMÉE DE LOCRES

145 TIMÉE DE LOCRES (PSEUDO-TIMÉE)

Voir ces deux notices dans les compléments du tome VII.

146 TIMÉE DE PAROS *RE* 6   V-IV[a]

Pythagoricien ancien dont le nom figure dans le *Catalogue* de Jamblique
(*V. pyth.* 36, 267, p. 145, 5 Deubner = **1** DK 58 A, t. I, p. 447, 3), qui remonte en

grande partie à Aristoxène de Tarente (➤A 417). Voir **2** K. von Fritz, art. «Timaios [6]», *RE* VI A 1, 1936, col. 1226 (simple mention).

Son nom a été répertorié dans le **3** *LGPN*, t. I, p. 436, où Fraser et Matthews proposent – sans fondement particulier – une datation au VIe siècle, ainsi que dans **4** W. Pape et G. Benseler, *Wörterbuch der griechischen Eigennamen*, t. II, p. 1526 (n° 3). *Cf.* aussi **4a** H. A. Brown, *Philosophorum Pythagoreorum collectionis specimen*, p. VII et n. 3.

Il est assez curieux de rencontrer dans le *Catalogue* deux pythagoriciens dénommés "Timée", inconnus par ailleurs, originaires de Crotone et de Paros respectivement, et de ne pas y retrouver Timée de Locres (➤T 144), le fameux interlocuteur de Socrate dans le dialogue éponyme de Platon, et en qui la *communis opinio* de l'Antiquité voyait clairement un pythagoricien (*cf.* **5** W. Burkert, *Lore and science*, p. 105 n. 40 : «[a m]ost surprising omission»). C'est pourquoi, en tenant compte du fait que dans le *Catalogue* de Jamblique la liste des pythagoriciens de Locres vient immédiatement après celle de Paros, on a été tenté de songer, depuis Reinesius et Diels (dans **6** DK, t. I, p. 447, 3), à une erreur dans la tradition manuscrite : le nom de Timée, qui devait figurer initialement parmi les Locriens, aurait été malencontreusement recopié à un moment donné sous la rubrique "Pariens", et la faute se serait perpétuée par la suite ; la suggestion de Diels a été approuvée par **7** R. Harder, art. «Timaios» 4, *RE* VI A 1, 1936, col. 1203-1226, à la col. 1204, et suivie également par **8** Th. Ebert (trad. & comm.), *Platon. Phaidon*, Göttingen 2004, p. 115 n. 35 ; *cf.* aussi **9** L. Deubner, *apparatus* de la *V. pyth.*, *ad* p. 145, 5 + *index nominum*, *s.v.* Τίμαιος (*immo Locrensis*) ; **10** W. Marg (introd., éd., trad. all.), *Timaeus Locrus. De natura mundi et animae*, coll. «Philosophia antiqua» 24, Leiden 1972, p. 84-85 (T 4a) ; **11** L. Lampert et Chr. Planeaux, «Who's who in Plato's *Timaeus - Critias* and why», *RMetaph* 52, 1998, p. 87-125, aux p. 91-95 (spéc. p. 92). Cela est d'autant plus probable que l'apocryphe pythagoricien qui circulait sous le nom de Timée de Locres (➤T 145), et qui, à partir de l'époque impériale, était considéré comme la source du dialogue platonicien, était bien connu de Jamblique, qui croyait fermement en son authenticité (voir *in Nicom. Arithm.*, p. 105, 11-22 Pistelli = T 11a Marg **10** ; *cf.* **12** C. Macris, «Jamblique et la littérature pseudo-pythagoricienne», dans S. C. Mimouni [édit.], *Apocryphité : histoire d'un concept transversal aux religions du Livre. En hommage à Pierre Geoltrain*, coll. «Bibliothèque de l'École des Hautes Études. Section des Sciences religieuses» 113, Turnhout 2002, p. 77-129, aux p. 95, avec la n. 71, et 107) : on pourrait donc aisément imaginer que, à la limite, même si le Locrien n'avait pas été inclus par Aristoxène dans le *Catalogue* originel, Jamblique aurait été tout à fait enclin à y ajouter lui-même son nom.

Il en a peut-être fait autant avec les noms de figures semi-mythiques comme Abaris, Aristéas et Zalmoxis, ou de présocratiques majeurs comme Empédocle, Parménide et Mélissos, entre autres ; voir **13** L. Zhmud, *Wissenschaft, Philosophie und Religion im früher Pythagoreismus*, Berlin 1997, p. 68-69 ; **14** *Id.*, «Pythagorean communities : from the individuals to a collective portrait», *Hyperboreus* 16-17, 2010-2011, p. 311-327, aux p. 321-322 [**14a** réimpr. dans D. Obbink et D. Sider (édit.), *Doctrine and doxography : studies on Heraclitus and Pythagoras*, Berlin 2013, p. 33-52, aux p. 44-45] ; **15** *Id.*, *Pythagoras and the early Pythagoreans*, Oxford

2012, p. 114-115; **16** C.A. Huffman, «Two problems in Pythagoreanism», dans P. Curd et D. W. Graham (édit.), *The Oxford handbook of Presocratic philosophy*, Oxford 2008, p. 284-304, aux p. 292 *sq.*, notamment p. 298-299.

Mais évidemment il ne s'agit que d'une simple hypothèse, intelligente et commode certes, mais invérifiable dans l'état actuel de notre documentation; voir à cet égard les protestations de **17** O. Rubensohn, art. «Paros», *RE* XVIII 4, 1949, col. 1781-1872, à la col. 1869, li. 64-68. De même Burkert **5**, p. 105 n. 40 jugeait la conjecture de Diels arbitraire. *Cf.* aussi **18** H. Thesleff, *The Pythagorean texts*, p. 202 n. *ad* li. 24: «The Parian Timaios in Iamblichus' catalogue is probably irrelevant».

Alternativement, Timée de Paros pourrait être identifiable à Timée de Crotone (⇒T 143), qui apparaît un peu plus haut dans le *Catalogue* de Jamblique (*V. pyth.* 36, 267, p. 143, 21). Les doublons de ce genre, indiquant vraisemblablement un double "enregistrement" des mêmes personnes à deux endroits – peut-être suite à une émigration? –, et n'étant pas le signe d'une erreur, négligence ou confusion d'Aristoxène, comme on le pense parfois, sont récurrents dans ce *Catalogue*. – Qui plus est, des liens concrets, vraisemblablement politiques, sont attestés entre les pythagoriciens de Crotone et de Paros; voir *infra*, l'appendice sur les pythago-riciens pariens qui figure à la fin de la notice «Timésianax de Paros» (⇒T 148).

CONSTANTINOS MACRIS.

147 TIMÉE LE SOPHISTE *RE* 8 *PIR*² T 211 ép. imp.?

Lexicographe de Platon, peut-être auteur également d'un ouvrage de contenu rhétorique (voir J. Barnes dans **1** *Timée le Sophiste : lexique platonicien*. Texte, traduction et commentaire de M. Bonelli, introduction de J. Barnes, coll. «Philo-sophia Antiqua», 108, Leiden 2007, p. 16 n. 45).

Éditions: **2** D. Ruhnken (édit.), *Timaei Sophistae Lexicon Vocum Platonica-rum. Ex Codice MS. Sangermanensi nunc primum edidit, atque animadversionibus illustravit David Ruhnkenius*, Lugduni Batavorum (Leiden) 1754. Deux autres éditions de Ruhnke ont été publiées, l'une en 1789 («Editio secunda, multis parti-bus locupletior», toujours à Leiden) et l'autre en 1828 («Editio nova curavit G. A. Koch», à Leipzig). Cette dernière, la plus connue et la plus utile, est une réim-pression du texte et du commentaire de la deuxième édition, à laquelle G. A. Koch a ajouté quelques notes nouvelles entre crochets. Une autre édition ancienne est celle de **3** J. G. Baiter, J. K. Orelli et A. W. Winckelmann, *Platonis opera quae feruntur omnia*, publiée à Zurich en 1839. Il s'agit d'un ouvrage intéressant, car les auteurs ne se sont pas limités à présenter une nouvelle édition du lexique, mais ils sont intervenus dans le texte en rangeant les lemmes dans un ordre strictement alphabétique. De plus, ils ont ajouté d'autres entrées platoniciennes ne dérivant pas de notre lexique, pour en faire un outil de lecture des dialogues. Une édition récente, accompagnée de la première traduction en une langue moderne (français), avec une bibliographie très complète, a été publiée par Bonelli **1**. Une nouvelle édition a paru depuis: **4** S. Valente, *I lessici a Platone di Timeo Sofista e Pseudo-Didimo*, Berlin/Boston 2012.

La seule référence antique au lexique se trouve chez Photius. Il écrit : « on a lu Timée, à Gentien (Getianos), un petit travail bref en un seul livre à propos des expressions chez Platon, dans l'ordre alphabétique » (*Bibl.*, *cod.* 151, 99 b 16-19). Il dit ensuite : « on a lu dans le même volume un recueil d'expressions platoniciennes de Boéthus (➡B 44), organisé alphabétiquement, bien plus utile que le recueil de Timée » (*Bibl.*, *cod.* 154, 100 a 14-16). La description donnée par Photius correspond à notre lexique : il s'agit effectivement d'un petit texte de 468 termes, accompagnés d'explications (parfois de simples synonymes, parfois des étymologies et/ou des explications socio-politiques) et précédés d'une dédicace à Gentien (voir Gétianus, ➡G 17), un Romain tout à fait inconnu (pour le problème du nom et de ses formes grecques chez Timée et Photius, voir Barnes **1**, p. 3 ; 13). Photius n'a pas tort non plus pour ce qui est du manque d'utilité : le lexique de Timée, du moins dans la version que nous possédons, n'est pas utile pour lire Platon, car il est dépourvu de références aux dialogues, excepté dans trois cas. Les termes, rangés dans un ordre alphabétique assez large (qui se limite aux deux ou trois premières lettres de l'alphabet), ou bien se trouvent une seule fois chez Platon, ou bien se trouvent dans plusieurs dialogues avec des sens différents, dont souvent Timée ne mentionne qu'un seul : dans les deux cas, l'absence de références aux dialogues concernés rend l'utilisation du lexique peu profitable (sur ces problèmes voir **5** M. Bonelli, « La lexicographie philosophique antique », dans C. Darbo-Peschanski [édit.], *La citation dans l'antiquité*. Actes du colloque PARSA Lyon, 6-8 novembre 2002, Grenoble 2004, p. 85-93). Il n'est pas sûr toutefois que la version lue par Photius coïncide avec la nôtre ; d'autre part on peut être assuré que la version que nous possédons n'est pas la version originelle, laquelle présentait peut-être les références aux dialogues (voir Barnes **1**, p. 88-94).

On ne sait rien de l'auteur. Le seul manuscrit ancien du lexique, le *Coislinianus* 345 (Xe siècle), qui se trouve à la bibliothèque nationale de Paris, identifie l'auteur du *Lexique* à 'Timée le Sophiste'. De prime abord, il semble paradoxal qu'un lexique platonicien ait été écrit par un sophiste, le mépris de Platon pour les sophistes étant bien connu. Mais contre cela, on peut remarquer que, depuis le Ier siècle après J.-C., le terme 'sophiste' s'appliquait aux grands personnages du monde intellectuel sans aucun mépris. On pensera au phénomène de la 'Seconde Sophistique', qui s'est développé à l'époque impériale, et qui était relié à la rhétorique : et on peut raisonnablement supposer que Timée a appartenu à ce mouvement (voir Barnes **1**, p. 19-21, et **6** M. Bonelli, « La lessicografia filosofica nell'antichità : il lessico platonico di Timeo Sofista », *Elenchos* 18, 1997, p. 42-45).

Rien ne nous permet de dater de façon précise le lexique : on peut seulement constater que dans la lettre de dédicace qui précède le lexique, Timée explique qu'il a écrit un lexique sur Platon parce que l'on trouve chez le philosophe des mots qui sont obscurs non seulement pour les Romains (tel que Gentien), mais aussi pour les Grecs : un autre signe en faveur d'une datation à l'époque impériale.

Le lexique présente des anomalies, dont les plus frappantes sont les suivantes. Tout d'abord, il ne contient aucun terme philosophique : on trouve là surtout des termes juridiques, mais aussi socio-politiques, grammaticaux, géographiques, etc.

Deuxièmement, le lexique contient une centaine de termes qui ne sont pas platoniciens, mais qu'on trouve chez Hérodote, Aristophane, Thucydide, etc. La première anomalie s'explique encore une fois par la probable appartenance de Timée
à la seconde sophistique, qui souvent lisait Platon comme exemple de pur style
littéraire attique. La deuxième anomalie s'explique par un caractère typique des
lexiques anciens : ils étaient en effet des « œuvres ouvertes », dont on a fait des
versions parfois fort modifiées selon les intérêts du lecteur (sur cela voir **7** R. Tosi,
« La lessicografia e la paremiografia in età alessandrina ed il loro sviluppo succes-
sivo », dans Franco Montanari [édit.], *La philologie grecque à l'époque hellénistique et romaine*, coll. « Entretiens sur l'antiquité classique » 40, Vandoeuvres-
Genève 1993, p. 143).

MADDALENA BONELLI.

148 TIMÉSIANAX DE PAROS

Pythagoricien ancien dont le nom figure dans le catalogue de Jamblique
(*V. pyth.* 36, 267, p. 145, 5 Deubner = **1** DK 58 A, t. I, p. 447, 3), qui semble
remonter en grande partie à Aristoxène de Tarente (➤A 417). Son nom est
répertorié dans **2** W. Pape et G. Benseler, *Wörterbuch der griechischen Eigennamen*, t. II, p. 1528 (n° 1), dans le **3** *LGPN*, t. I, p. 440 (où Fraser et Matthews
proposent – sans fondement particulier – une datation au VIᵉ siècle), ainsi que dans
4 Danièle Berranger-Auserve, *Paros II. Prosopographie générale et étude historique du début de la période classique jusqu'à la fin de la période romaine*,
Clermont-Ferrand 2000, p. 74. *Cf.* aussi **4a** H. A. Brown, *Philosophorum Pythagoreorum collectionis specimen*, p. VII.

Sur la forme de son nom, *cf.* **5** Fr. Bechtel, *Die historischen Personennamen*, p. 47 et 431. Ce
nom est également attesté en Ionie (7 occurrences dans le *LGPN* **3**, t. V A, p. 430), en Chalci-
dique et au Bosphore (*LGPN* **3**, t. IV, p. 331) et à Athènes (*LGPN* **3**, t. II, p. 429).

Ce personnage n'est qu'un simple nom pour nous.

***Excursus* sur les pythagoriciens de Paros.** Synthèses d'orientation :
6 O. Rubensohn, art. « Paros », *RE* XVIII 4, 1949, col. 1781-1872, aux col. 1811-
1812, 1818 et 1869-1870 (liste) ; **7** Danièle Berranger, *Recherches sur l'histoire et
la prosopographie de Paros à l'époque archaïque*, Clermont-Ferrand 1992, p. 325-
328 (« Paros centre philosophique »). – Dans le *Catalogue* des pythagoriciens de
Jamblique (remontant en grande partie à Aristoxène) figurent les noms de non
moins de dix Pariens : Αἴήτιος, Ἀλκίμαχος, Δείναρχος, Δεξίθεος, Εὔμοιρος,
Θυμαρίδας, Μέτων, Τίμαιος, Τιμησιάναξ et Φαινεκλῆς (➤A 58, A 89, D 26,
D 89, E 120, M 140a [dans les compléments du tome VII], P 89, T 143 et T 148 ;
cf. Berranger-Auserve **4**, p. 28, 29, 37, 44, 51, 58, 74 et 75 respectivement). Ce
nombre élevé de membres de la secte locale (comparable à celui des
pythagoriciens de Locres Épizéphyriens en Italie du Sud) fait de Paros *le centre le
plus important du pythagorisme en Grèce métropolitaine*, nettement devant Argos
(8 = 6 hommes + 2 femmes) et Laconie (7 = 3 hommes + 4 femmes) ; le fait a été
relevé pertinemment par Rubensohn **6**, col. 1812, et Ebert **10** (voir *infra*), p. 428. –
Le rhéoricien Polyainos (*Stratagèmes* V 2, 22) mentionne même des Πάριοι

ζηλωταὶ Πυθαγορείων λόγων vivant en différents endroits de l'Italie (διῆγον ἐν τοῖς περὶ Ἰταλίαν χωρίοις), notamment à Métaponte et/ou à Rhégium. L'un d'eux, Euêphénos (Εὐήφενος, ⇒E 105b, dans les compléments du tome VII), menait une propagande anti-tyrannique serrée contre Denys Ier (qui devint tyran à Syracuse en 406/405[a]), en conseillant aux jeunes gens (désignés comme φοιτῶντες νέοι, φίλοι, μαθηταί), ainsi qu'à leurs pères, de ne jamais faire confiance à un tyran (μηδαμῶς τυράννῳ πιστεύειν) – ce qui en l'occurrence devait se traduire par le refus des propositions d'amitié (politique) formulées officiellement par Denys et diffusées « auprès des Métapontins et des autres Italiotes ». L'histoire qui suit, sur la captivité d'Euêphénos suite à l'ordre du tyran enragé et sur la mise à l'épreuve de lui et de son ami (pythagoricien) Eucritos (⇒E 85a, dans les compléments du tome VII), est quasiment identique à la légende qui, dans d'autres sources, a comme protagonistes les couples Damon-Phintias ou Sélinountios-Moérus (⇒D 15, P 169 et S 40). Euêphénos et Eucritos, inconnus par ailleurs (cf. Rubensohn 6, col. 1818 et 1869 ; Berranger-Auserve 4, p. 44), devraient donc venir s'ajouter aux pythagoriciens de Paros (ils ont tous les deux échappé à la vigilance des rédacteurs de la RE). Pour Εὐήφενος, qui constitue un hapax onomastique, Patakis avait proposé la conjecture Εὐηνός (sur lequel voir infra), tandis que l'éditeur Melbert de la Teubneriana (reproduite dans 8 P. Krentz et E. L. Wheeler [trad.], Polyaenus. Stratagems of war, Chicago, Ill. 1994, t. I, p. 468, app. ad li. 4), rappelait la présence d'un Εὔφημος et d'un Εὐρύφημος dans le Catalogue de Jamblique (V. pyth. 267), parmi les pythagoriciens de Métaponte, suggérant ainsi indirectement que l'Εὐήφενος de Polyainos, actif lui aussi à Métaponte, pourrait être identique à l'un des deux Métapontins du Catalogue. C'est un rapprochement qui mérite d'être signalé certes, mais on doit avouer qu'en fait on ne sait rien sur sa pertinence. Selon Ebert 10 (cité infra) en tout cas (p. 429 n. 9 ad finem), « although Εὐήφενος is attested nowhere else, the word seems to be correctly formed from εὐ- together with (τὸ) ἄφενος (wealth, riches) with a lengthening of the α to an η ».

Le rapport étroit entre Paros et l'Italie du Sud ne devrait pas nous étonner : selon Jamblique (V. Pyth. 35, 257, p. 138,20-139, 8 Deubner), vers le milieu du Ve siècle, trois pythagoriciens dont les noms sont identiques à ceux de trois des Pariens du Catalogue final, à savoir Alcimaque, Deinarchos et Métôn, se joignirent au Crotoniate Démocédès (⇒D 64) pour défendre la constitution ancestrale (oligarchique) de Crotone face aux propositions de modification avancées par le courant démocratique. Voir plus en détail supra, la notice sur Théagès de Crotone (⇒T 27). Quant aux trois Pariens, leur opposition aux démocrates semble tout à fait conforme à la forte prédominance de l'oligarchie caractérisant la vie politique de leur île pendant les époques archaïque et classique. Une prédominance que Rubensohn 6 expliquerait volontiers par l'influence continue de la pensée politique du pythagorisme. – Le témoignage de Jamblique confirme de manière indépendante la présence de Pariens (Πάριοι) en Italie méridionale attestée par Polyainos, et rend peu crédible qu'il s'agirait en fait de Παριανοί originaires de Parion, situé en Mysie, près de Lampsaque, comme le suggérait Melbert (cf. Krentz et Wheeler

8, p. 468, *app. ad* li. 1 et 16). D'ailleurs Polyainos lui-même emploie pour les originaires de Parium l'adjectif Παριανοί, et non pas Πάριοι, en *Stratag*. VI 24. Il semble plus probable que la sœur non mariée qu'aurait Euêphénos ἐν Παρίῳ (selon le ms. F) ait vécu en réalité ἐν Πάρῳ (ms. W) (ainsi déjà Rubensohn **6**, col. 1818), et que la leçon du ms. F à cet endroit ait été contaminée par le parallèle de *Stratagèmes* VI 24, où il est effectivement question de la petite localité située en Mysie, près de l'Hellespont (mais avec d'autres protagonistes et sans aucun rapport avec l'histoire racontée en V 2, 22).

Un ajout supplémentaire à la liste des pythagoriciens pariens, celui du sophiste et poète élégiaque Euênos (Εὔηνος; absent du *DPhA*, peut-être identifiable à l'Εὐήφενος mentionné plus haut?), originaire lui aussi de Paros [➩E 105a dans les compléments du tome VII] (*cf.* **9** R. Reitzenstein, art. «Euenos [7]», *RE* VI 1, 1909, col. 976), a été suggéré par **10** Th. Ebert, «Why is Evenus called a philosopher at *Phaedo* 61 c?», *CQ* 51, 2001, p. 423-434; **11** *Id.* (trad. & comm.), *Platon. Phaidon*, Göttingen 2004, p. 115, avec la n. 35. – En revanche, on pourrait se demander si un certain Timée par ailleurs inconnu figurant actuellement dans la liste parienne de Jamblique est vraiment à sa place, étant donné que le célèbre Timée de Locres (➩T 145) du dialogue platonicien éponyme est curieusement absent de la liste des Locriens, qui suit immédiatement après dans le *Catalogue*. Le "saut" d'un groupe à l'autre au cours de la transmission du texte est donc tout à fait possible; voir la discussion *supra*, notice «Timée de Paros» (➩T 146). – Enfin, le Déxithéos (➩D 89) figurant parmi les Pariens du *Catalogue* pourrait être identifiable au pythagoricien Euxithéos (➩E 180) mentionné par Cléarque de Soles (fr. 38 Wehrli, *ap*. Athénée IV, 157 c-d; *cf.* **12** E. Wellmann, art. «Euxitheos [5]», *RE* VI 2, 1909, col. 1539).

CONSTANTINOS MACRIS.

149 TIMOCLÈS *RE* 7   II

Philosophe stoïcien, personnage fictif du *Jupiter tragédien* de Lucien (§ 4 et 42).

A Athènes, au portique Pœcile, devant un public nombreux et de qualité, il soutient contre le philosophe épicurien Damis (➩D 8) la thèse stoïcienne de la providence divine (§ 4). La dispute entre les deux philosophes, entrecoupée par les commentaires des dieux, inquiets de la faiblesse de leur champion, occupe les § 34 à 52 du dialogue: Timoclès s'avère, effectivement, incapable de prouver l'existence des dieux; son mauvais usage du syllogisme déclenche l'hilarité de Damis (§ 51) et conduit à l'ajournement du débat; le public penche très largement en faveur de Damis.

PATRICK ROBIANO.

150 TIMOCLÈS DE CNOSSOS OU DE CNIDE   IIᵃ

Stoïcien inconnu, disciple de Panétius [➩P 26] (Philod., *Stoic. hist.*, col. LXXVI 2, p. 124 Dorandi : Τιμοκλῆς Κνώσιος ἢ Κνίδιος).

TIZIANO DORANDI.

151 TIMOCLÈS DE SYRACUSE *RE* 5

Dans son article Ὀρφεύς (O 654), la *Souda* (t. III, p. 565, 3 Adler) attribue soit à Timoclès de Syracuse soit à Persinus de Milet (☛P 85) la rédaction du poème orphique intitulé Σωτήρια. Comme son titre l'indique, ce poème devait être un recueil de prières à usage rituel, destinées à assurer le salut. On ne sait rien ni sur ce recueil ni sur son auteur.

O. Kern, *Orphicorum fragmenta*, Berlin 1922, réimpr. Dublin/Zürich 1972, test. 178, 201, 223d, et p. 315 n° 28 (Σωτήρια) = voir A. Bernabé, *Poetae Epici Graeci. Testimonia et fragmenta*, Pars II : *Orphicorum et Orphicis similium testimonia et fragmenta*, coll. *BT*, München/Leipzig 2004-2007, 1105 T.

Cf. M. L. West, *The Orphic poems*, Oxford 1983, p. 28 n. 79

LUC BRISSON.

152 TIMOCRATÈS   F III^a

Dédicataire d'un traité de Chrysippe de Soles (☛C 121) signalé dans la liste des ouvrages du philosophe conservée par Diogène Laërce (VII 194) : Λογικὰ συνημμένα πρὸς Τιμοκράτη καὶ Φιλομαθῆ· εἰς τὰ περὶ λόγων καὶ τρόπων α', *Collections de matériaux logiques, à Timocrate et Philomathès : pour une introduction à la théorie des arguments et des figures (de raisonnement), en un livre* (traduction empruntée à la liste des œuvres de Chrysippe commentée par P. Hadot, *DPhA* II, 1994, p. 346). Philomathès (☛P 145) est le dédicataire de trois autres traités dans la liste.

C'était probablement un disciple de Chrysippe ou bien son collègue dans l'école stoïcienne.

Absent de la *RE*.

RICHARD GOULET.

153 TIMOCRATÈS

Auteur, selon Diogène Laërce VII 2, d'un *Dion* (de Syracuse ? [☛D 167]) dans lequel il rapportait que Zénon de Citium (☛Z 20) avait été l'élève de Stilpon (☛S 163) et de Xénocrate (☛X 10) pendant dix ans, après avoir été celui de Cratès de Thèbes (☛C 205). Voir *FGrHist* 563. On a envisagé de l'identifier avec Timonidès de Leucade, (☛T 163) ou Timocratès d'Héraclée (☛T 155).

Absent de la *RE*.

RICHARD GOULET.

154 TIMOCRATÈS D'ATHÈNES *RE* 13 *PA* 13783   D III^a

Timocratès, fils de Démétrius, du dème attique de Potamos, fut avec Amyno-maque (☛A 151), fils de Philocratès, du dème de Batè, héritier des biens d'Épicure [☛E 36] (mort en 272/1), d'après les termes du testament de ce dernier, conservé par Diogène Laërce X 16. Les deux Athéniens sont mentionnés à plusieurs reprises dans le testament (X 17, 18, 19, 20, 21), ainsi que par Cicéron, *De finibus* II 31, 101.

Jamais les deux héritiers ne sont présentés comme des disciples d'Épicure. C'étaient probablement des sympathisants athéniens de l'école qui acceptaient de servir de gérants pour assurer la continuité matérielle de l'institution.

Il ne faut pas le confondre avec Timocratès de Lampsaque (☛T 156), frère de Métrodore (☛M 152), qui a appartenu un temps au Jardin.

RICHARD GOULET.

155 TIMOCRATÈS D'HÉRACLÉE *RE* 14 *PIR*² T 218   I-II

Philosophe stoïcien et sophiste.

Cf. 1 W. Capelle, art. « Timokrates aus Herakleia Ποντική » 14, *RE* VI A 1, 1936, col. 1270-1271 ; 2 K. Aulitzky, art. « Lesbonax » 3, *RE* XII 2, 1925, col. 2104.

Datation. Le fait que Timocrate eut pour maître Euphratès de Tyr (☛E 132), philosophe stoïcien, mort en 119 ou 121, et pour élèves, entre autres, le philosophe cynique Démonax [☛D 74] (*ca* 70-170) et le sophiste Polémon de Laodicée [☛P 218] (*ca* 88 - *ca* 144), dont la *Souda*, *s.v.* Πολέμων, Λαοδικεύς, Π 1889, t. IV, p. 158, 21-23 Adler, précise qu'il vécut sous et après Trajan (lequel a régné de 98 à 117), permet de le dater de la fin du Iᵉʳ siècle et de la première moitié du IIᵉ.

Formation à la médecine et à la philosophie stoïcienne. Philostrate, notre principale source sur Timocrate, donne le concernant un certain nombre de détails importants (*Vies des sophistes* I 25, 536 Ol.). Sur ses origines tout d'abord : « Cet homme venait du Pont ; il était né à Héraclée, dont les habitants admiraient tout ce qui était grec », mais aussi sur sa double formation, d'abord médicale, puis philosophique : « Au début il s'adonna à l'étude des écrits médicaux et il était bien au fait des théories d'Hippocrate et de Démocrite ; mais lorsqu'il eut écouté Euphratès de Tyr, il s'élança à pleines voiles vers la philosophie de ce dernier »; sur son caractère : « Il était colérique au-delà de la mesure au point que, lorsqu'il argumentait, sa barbe et ses cheveux se dressaient sur sa tête, comme c'est le cas des lions lorsqu'ils s'élancent » ; également sur ses qualités d'orateur : « Sa langue était forte, vigoureuse et prompte. C'est pourquoi il était le meilleur aux yeux de Polémon qui aimait tant l'impétuosité de son discours ».

Maître du philosophe Démonax, du sophiste Polémon (et peut-être du rhéteur Lesbonax). Timocrate est, comme Agathobule (☛A 36), Démétrios de Sounion (☛D 56) et Épictète (☛E 33), un des maîtres du philosophe cynique Démonax (☛D 74), lui-même maître de Lucien. C'est ce qu'affirme Lucien qui décrit Timocrate comme « un homme savant, remarquablement paré quant à la voix et à la pensée » (*Démonax* 3). Quand il veut traîner en justice Alexandre d'Abonotique (☛A 110) qu'il présente comme un charlatan, Lucien reçoit le soutien d'autres plaignants issus notamment de l'école de Timocrate d'Héraclée (*Alexandre ou le faux devin* 57).

De son côté Philostrate présente Timocrate comme le maître du sophiste Polémon (☛P 128) et il attribue à la fréquentation de Timocrate pendant quatre ans l'arrogance et la prétention du sophiste [I 25, 535 Ol.] (voir **3** A.-M. Favreau-Linder, notice « Polémon », P 218, *DPhA* V b, 2012, p. 1194-1205, notamment p. 1202). La *Souda*, *s.v.* Πολέμων, Λαοδικεύς, Π 1889, t. IV, p. 158, 21-23 Adler, confirme également que « Polémon, qui vivait sous et après Trajan, fut le disciple de Timocrate, le philosophe d'Héraclée du Pont, et du sophiste Scopélien [➩S 29] ». Timocrate n'était pas seulement un philosophe mais aussi un rhéteur, comme le souligne Capelle **1**, col. 1270) : « Er ist dann aber durchaus "Sophist" geworden (im Sinne der "zweiten" Sophistik, wobei oft die Grenzen zwischen Sophist [bzw. Rhetor] und Philosoph ineinander verschwimmen (…) und gehört offenbar zu den "unverfälschten" Asianern (…) und hat augenscheinlich auf seinen Schüler Polemon auf das stärkste in dieser Richtung gewirkt ».

Philostrate donne encore des précisions d'ordre psychologique sur les relations entre Polémon et son maître. Au moment où éclata une querelle entre Timocrate et le sophiste Scopélien de Clazomènes auquel Timocrate reprochait de s'épiler – querelle qui divisa la jeunesse de Smyrne, les uns prenant parti pour Scopélien, les autres pour Timocrate –, Polémon, « qui était l'élève des deux, devint membre de la faction de Timocrate qu'il appelait "le père de sa propre éloquence" » (*Vies des soph.* I 25, 536 Ol.). On sait aussi que face à Timocrate son maître, Polémon, quand il se défendit pour les discours qu'il avait prononcés contre Favorinus d'Arles (➩F 10) son rival, se comporta « comme les enfants qui craignent les coups de leurs maîtres quand ils ont désobéi », cachant ses sentiments par crainte et par soumission. Philostrate rapporte une anecdote où le maître et l'élève ne ménagent pas Favorinus âgé : « Lorsque le philosophe Timocrate lui fait remarquer que Favorinus était devenu un moulin à paroles, Polémon dit avec esprit "comme toute vieille femme", se moquant de ce qu'il était eunuque » (*Ibid.*, I 25, 541 Ol.). Sur Timocrate, Polémon et Favorinus, voir Favreau-Linder **3**, p 1203-1204.

Timocrate pourrait avoir été aussi le maître du rhéteur Lesbonax de Mytilène (➩L 50), si du moins il faut identifier à Timocrate d'Héraclée le Timocrate du *De saltatione* 69 du Ps.-Lucien, qui est présenté comme le maître de « Lesbonax de Mytilène » et qui, voyant un danseur en train de danser, s'exclama : « De quel spectacle mon respect pour la philosophie m'a privé ! » (cf. **4** E. Rohde, *Der griechische Roman und seine Vorläufer*, Leipzig 1876, p. 341 n. 3, qui veut faire de Lesbonax un philosophe comme son maître, ce que refuse Aulitzky **2**, col. 2104, qui, en revanche, comme Rohde, identifie le Timocrate du Ps.-Lucien à Timocrate d'Héraclée).

MARIE-ODILE GOULET-CAZÉ.

156 TIMOCRATÈS DE LAMPSAQUE *RE* 11   IV-III

Disciple d'Épicure (➩E 36), frère de Métrodore (➩M 152), qui quitta le Jardin et en devint un farouche adversaire.

Cf. **1** A. Angeli, « Frammenti di Lettere di Epicuro nei papiri d'Ercolano », *CErc* 23, 1993, p. 11-27 ; **2** *Ead.*, *Filodemo. Agli amici di scuola (PHerc. 1005)*, coll. « La scuola di Epicuro » 7, Napoli 1988 ; **3** *Ead.* « La scuola epicurea di Lampsaco nel *PHerc*. 176 (fr. 5 coll. I, IV, VIII-XXIII)», *CErc* 18, 1988, p. 27-51 ; **4** *Ead.*, «Verso un'edizione dei frammenti di Leonteo di Lampsaco», dans M. Capasso, G. Messeri Savorelli et R. Pintaudi (édit.), *Miscellanea Papyrologica in occasione del bicentenario dell'edizione della Charta Borgiana*, Firenze 1990 ; **5** G. Arrighetti, *Epicuro. Opere*, Torino 1973² ; **6** E. Bignone, *L'Aristotele perduto e la formazione filosofica di Epicuro*, I-II, Firenze 1973² ; **7** M. Capasso, *Carneisco. Il secondo libro del Filista (PHerc. 1027)*, coll. «La scuola di Epicuro» 10, Napoli 1988 ; **8** W. Crönert, *Kolotes und Menedemos*, Leipzig 1906, réimpr. Amsterdam 1965 ; **9** C. Diano, «Lettere di Epicuro agli amici di Lampsaco a Pitocle a Mitre», *SIFC* N. S. 23, 1948, p. 59-68 ; **10** T. Dorandi, «Filodemo. *Gli Stoici (PHerc. 155 e 339)*», *CErc* 12, 1982, p. 91-133 ; **11** M. Gigante, *Diogene Laerzio. Vite dei filosofi*, Roma/Bari 1987⁴ ; **12** G. Indelli, *Filodemo. L'ira*, coll. «La scuola di Epicuro» 5, Napoli 1988 ; **13** A. Körte, «Metrodori Epicurei fragmenta», coll. «*JKPh - Suppl.*» 17, Leipzig 1890, p. 531-597 ; **14** W. Liebich, *Aufbau, Absicht und Form der Pragmateiai Philodems*, Berlin 1960 ; **15** C. Militello, *Filodemo, Memorie Epicuree* (PHerc. *1418 e 310*), coll. «La scuola di Epicuro» 16, Napoli 1997 ; **16** A. Momigliano, «Su alcuni dati della vita di Epicuro», *RFIC* 63, 1935, p. 302-316, repris dans *Id.*, *Quinto contributo alla storia degli studi classici e del mondo antico*, Roma 1975 ; **17** R. Philippson, c.r. de Vogliano, *Nuove lettere*, dans *Gnomon* 4, 1928, p. 384-395 ; **18** *Id.*, «Neues über Epikur und seine Schule», *NGG* 1930, p. 1-32, repris dans R. Philippson, *Studien zu Epikur und den Epikureern*, hrsg. von C. J. Classen, Hildesheim 1986, p. 192-223 ; **19** *Id.*, art. «Timokrates» 11, *RE* VI A 1, 1936, col. 1266-1270 ; **20** F. Sbordone, «Per la storia dell'epistolario di Epicuro», dans *Miscellanea di studi alessandrini in memoria di A. Rostagni*, Torino 1963, p. 26-39 ; **21** D. Sedley, «Epicurus and his Professional Rivals», dans *Cahiers de Philologie* publ. par le Centre de Recherche Philol. de l'Univ. de Lille III, t. I : *Études sur l'Épicurisme antique*, Lille 1976 ; **22** L. Spina, «Il trattato di Filodemo su Epicuro e altri (PHerc. 1418)», *CErc* 7, 1977, p. 43-84 ; **23** H. Steckel, art. «Epikuros», *RESuppl.* XI, 1968, col. 579-652 ; **24** A. Tepedino Guerra, «L'opera filodemea *Su Epicuro* (PHerc. 1232, 1289 β)», *CErc* 24, 1994, p. 5-53 ; **25** A. Tepedino Guerra, Osservazioni su alcuni frammenti del II libro dell'opera filodemea *Su Epicuro*, dans *PLup* 1 = M. Capasso (édit.), *Papiri letterari greci e latini*, Lecce 1992, p. 165-178 ; **26** *Ead.*, *Polieno. Frammenti*, coll. «La scuola di Epicuro» 11, Napoli 1991 ; **27** H. Usener, *Epicurea*, Leipzig 1887, réimpr. Roma 1963 et Stuttgart 1966 ; **28** A. Vogliano, «Nuovi testi storici», *RFIC* 54, N. S. IV, 1926, p. 310-331 ; **29** *Id.*, «Epicurea I, la lettera di Epicuro a Mitre», *Acme* 1, 1948, p. 95-119 ; **30** *Id.*, «Dall'epistolario di Epicuro e dei primi scolari (papiro ercolanese Nr. 176)», *Prolegomena* 1, 1952, p. 43-60 ; **31** *Id.*, «Nuove lettere di Epicuro e dei suoi scolari tratte dal papiro Ercolanese n. 176», *AFLC* 1-2, 1926-1927, p. 385-424 ; **32** *Id.*, *Epicuri et Epicureorum Scripta in Herculanensibus papyris servata*, Berlin 1928 ; **33** A. Vogliano et L. Salvestroni, «Philodemea», *Prolegomena* 1, 1952, p. 71-87.

Biographie. Le nom de Timocratès a été connu par la tradition non pas à cause de sa contribution dans le domaine de la philosophie, mais à cause de la campagne de diffamation qu'il mena contre l'école épicurienne, après qu'il s'en fut détaché. Il naquit à Lampsaque. Son père s'appelait Timocratès ou Athénaios et sa mère Sandè (*cf.* Diogène Laërce X 22). Il était le frère aîné de Métrodore, l'élève de prédilection d'Épicure, qui suivit le maître à son retour à Athènes (*cf.* Philodème, *PHerc.* 1418, col. XIV 2 Militello **15**, *Id.*, *Epic. II*, col. XXVII 2 *sq.* Tepedino **24**, p. 44, D. L. X 6, 23, Cicéron, *De nat. deor.* I 33, 93, Plutarque, *Adv. Col.* 1126 c = Usener, p. 123, 20, 24 = Körte **13**, p. 555). Il était plus jeune que son autre frère Mentoridès (Philod., *Ir.*, col. XII 26-30 Indelli **12** = Métrodore, fr. 30 Körte). Lorsqu'Épicure vint à Lampsaque en 310/309 av. J.-Chr., Timocratès avait déjà plus de vingt ans, puisque c'est l'âge qu'avait à l'époque Métrodore, dont nous savons qu'il mourut à 53 ans en 277[a] (D. L. X 23). Timocratès naquit donc avant 330[a]. Nous ignorons la date de sa mort. Son lien avec le cercle épicurien de Lampsaque fut initialement marqué par un enthousiasme pour les leçons d'Épicure, enthousiasme qu'il devait partager avec son frère Métrodore et sa sœur Batis (➤B 23), laquelle allait épouser Idoménée (➤I 14), qui fut mis par Épicure, avec Léonteus (➤L 40), à la tête de l'école de Lampsaque. Timocratès avait un caractère colérique, comme nous l'apprend Philodème, qui prend son exemple pour illustrer les effets délétères de la colère : les gens irascibles sont aigris par le *pathos* dont ils se laissent accabler, ils prononcent des phrases dépouvues de signification, lancent même des pierres, en viennent aux mains avec des gens plus forts qu'eux, « comme Métrodore dit que le faisait Timocratès avec Mentoridès, le plus âgé des frères » (*Ir.*, *loc. cit.*, d'après la trad. d'Indelli **12**, p. 115). Timocratès vécut dans un rapport conflictuel avec Métrodore, oscillant entre l'amour et la haine : lui-même « disait aimer son frère comme personne (ne peut aimer) et le haïr comme personne » (Philod., *Lib. dic.*, col. XX b 3-6). Son caractère colérique et jaloux influait grandement sur ces rapports conflictuels (*cf.* Philod., *Epic. II*, col. XXVII 1-6).

Le schisme. Le « dossier Timocratès » est enveloppé d'un brouillard d'incertitudes. Aucune source ne nous informe sur la date à laquelle il s'est détaché de l'école et les motifs de cette dissension sont de même controversés. Les incertitudes se sont ensuite multipliées à cause du caractère lacunaire des deux sources importantes relatives à cet événement qui bouleversa le premier Jardin : *PHerc.* 176 et 1418, qui conservent deux œuvres « biographiques » (mais des objections ont été soulevées par Militello **15**, p. 47 *sq.* sur cette caractérisation), dont la première, sans titre, a été datée du IIe s. av. J.-Chr. (*cf.* **34** G. Cavallo, *Libri scritture scribi a Ercolano*, coll. « I Suppl. a CErc » 13, Napoli 1983, p. 44, 57, 60), et la seconde conserve la souscription Φιλοδήμου ǀ πε[ρὶ] τῶν [Ἐ]π[ι]κ[ο]ύ[ρου - - -] ǀ καί τινων ἄλλω[ν - - -] ǀ πραγματεῖαι μνημ[- - -. La similitude structurelle entre ces deux sources a été mise en évidence déjà dans Angeli **4**, p. 59 *sq.*

L'une et l'autre sont organisées en sections et chacune des deux concerne un personnage, dont on décrit le caractère au moyen d'extraits de lettres des maîtres de l'école, des premiers épicuriens, ou encore de personnages extérieurs à l'école mais cependant en sympathie avec elle. De ces documents épistolaires, il ne reste malheureusement très souvent que des bouts de phrases ou des passages plus longs insérés dans un contexte qui est cependant lacunaire, où sont perdus le nom de l'envoyeur, celui du destinataire, ou les deux. La difficile utilisation de ce riche matériel a été bien mise en lumière par Vogliano **28** à propos de *PHerc.* 1418, où le savant signale la difficulté que l'on rencontre pour restaurer des textes qui ne présentent pas une ligne de développement continue, mais qui se déroulent en une succession d'extraits de lettres «liées par une trame textuelle très ténue» (Vogliano **28**, p. 312). Face à une telle difficulté objective, les critiques ont réagi, en vérité, avec peu de prudence, restituant le texte en fonction de la paternité «épicurienne» présupposée de l'immense majorité des extraits épistolaires et rattachant à Timocratès des colonnes ou des sections entières de *PHerc.* 176 et 1418 (*cf.* Vogliano **31**, p. 411-416, 419 *sq.*; Vogliano **32**, p. 109, 11 *sq.*, 114, 123-125; Philippson **17**, p. 386, 388-392; Philippson **18**, p. 22, 26; Philippson **19**, col. 1266-1270; Diano **9**, *passim*; Vogliano **29**, p. 104 *sqq.*; Vogliano **30**, p. 45 *sqq.*; Liebich **14**, p. 103 *sq.*; Sbordone **20**, p. 30-33, 38; Bignone **6**, t. I, p. 413-579, t. II, p. 275 *sqq.*), qui se sont révélées étrangères au personnage ou qui le concernaient autrement qu'on ne l'avait supposé (*cf.* Angeli **4**, p. 64). L'article «Timokrates» rédigé par Philippson pour la *Realenzyklopädie* représente précisément un cas limite de délimitation arbitraire, dans les vestiges de *PHerc.* 176, de passages faisant référence à Timocratès. Or, la reconstitution de ce conflit aussi bien que celle de l'histoire du premier épicurisme ne peuvent faire abstraction d'une analyse de la structure des deux sources papyrologiques. D'où ma tentative pour définir, à partir des sections les mieux conservées de *PHerc.* 176 et 1418, la disposition des deux œuvres susceptible de fournir des indications utiles pour rapporter des extraits épistolaires aux personnes qu'ils concernent réellement (*cf.* Angeli **4**, p. 60 *sqq.* et Angeli **3**, p. 27 *sqq.*). Cette approche me semble encore aujourd'hui parfaitement justifiée et c'est celle que je suivrai pour avancer sur le terrain miné de la reconstitution de la dissidence de Timocratès.

Nous pouvons partir de la datation du schisme. Sur ce point également la critique n'est pas parvenue à une position unanime: Bignone **6**, t. I, p. 474 *sqq.*, et Philippson **19**, col. 1266, situent l'apostasie avant 306[a], Vogliano et Salvestroni **33**, p. 85, supposent que Timocratès a fréquenté plus longtemps le cercle épicurien, datant le départ de l'école d'une époque où il n'était plus très jeune, Liebich **14**, p. 8-14, propose comme *terminus ante quem non* et *post quem non* les années 301[a] et 281[a], Sbordone **20**, p. 30 *sqq.*, place la rupture en 301[a], Steckel **23**, col. 589, dans les années 290-288. La solution du problème est directement liée à un passage de l'*Adversus Colotem* de Plutarque, où l'on parle d'un voyage fait par certains épicuriens en Asie pour chasser de la βασιλικὴ αὐλή Timocratès, qui était en désaccord avec Métrodore (*Adv. Col.*, 1126 c). Momigliano **16**, p. 306 (p. 550 *sq.*) fait remarquer que la «cour royale» n'était pas celle de Lysimaque, mais celle d'Antigone le Borgne et de son fils Démétrios, qui détenaient le titre de roi en 306[a] et avaient établi leur résidence en Asie mineure. Or la cité de Lampsaque fut au pouvoir des Antigonides de 310 à 303, pour ensuite être soustraite au pouvoir de Lysimaque par Démétrios à l'été ou à l'automne de 302[a], lequel maintint son pouvoir sur la cité et les autres centres d'Asie mineure jusqu'en 294[a]. Puisqu'Épicure écrivit à Idoménée pour qu'il intervienne auprès de la cour royale (*cf. PHerc.* 176, fr. 5, col. XV 1-5), du fait que ce dernier en était un dignitaire au cours de la période immédiatement postérieure à 306, mais pas après 301 (*cf.* **35** A. Angeli, «I frammenti di Idomeneo di Lampsaco», *CErc* 11, 1981, p. 41-101, notamment p. 45), et puisqu'une telle intervention eut lieu alors qu'Idoménée était déjà à la tête du cercle de Lampsaque – par conséquent tout de suite après son retour au sein de l'école de Lampsaque (*cf. infra*) –, il faut situer le point de non retour dans l'affrontement entre Timocratès et Épicure au cours du règne des Antigonides en Asie mineure dans la période immédiatement postérieure au retrait d'Idoménée de la vie politique, qui précède l'année 301. Cela ne signifie pas toute-fois que Timocratès n'avait pas déjà manifesté son dissentiment dans les années précédentes, mais, dans un premier temps, ses critiques ont dû alimenter un débat serein à l'intérieur de l'école d'Épicure où l'on cherchait de diverses façons à ramener le disciple à proclamer sa fidélité au système philosophique de l'école. Il importe de prendre en compte Philod., *Epic. II*, col. XXVII, où il est dit que Timocratès, lorsqu'il était encore jeune (νέος), se mit à fréquenter certains sophistes. Comme le terme νέος correspond à un jeune homme de moins de trente ans et puisque Timocratès est né avant 330[a], celui-ci n'a pu fréquenter des milieux philosophiques extérieurs au Jardin qu'en 301[a] ou peu avant.

En ce qui concerne la reconstitution des rapports entre Timocratès et Épicure et celle des raisons du schisme qui constitua pour l'école épicurienne d'Athènes et ses filiales en Asie mineure un moment de crise grave, je chercherai à dégager la suite des événements à la lumière de l'analyse structurelle que j'ai faite du traité sans titre sur Hermarque (⇒H 75) et les premiers épicuriens (*PHerc.* 176), et des *Mémoire épicuriens* (*PHerc.* 1418, *cf.* Angeli **3**, p. 27-51, et Angeli **4**, p. 59-69), en laissant de côté des textes trop lacunaires comme *PHerc.* 1418, col. IX 12 Militello **15**, où le nom de Timocratès apparaît dans un contexte extrêmement fragmentaire.

Épicure, lorsqu'il arriva à Lampsaque en 310/309, rassembla autour de lui un groupe d'élèves enthousiastes : Idoménée (⇒I 14), Léonteus (⇒L 40), Métrodore (⇒M 152), Colotès (⇒C 180), Thémista (⇒T 36), Batis (⇒B 23), Timocratès. Sous l'archontat d'Anaxicratès (307/306), il revint à Athènes, ramenant avec lui Métrodore qui ne s'éloigna plus jamais de lui sinon pendant une période de six mois lorsqu'il retourna à Lampsaque, on ne sait en quelle année (D. L. X 22 = Körte **13**, p. 565). Timocratès resta, avec les autres, dans sa ville natale, où il s'efforça de diffuser la doctrine du maître avec Idoménée et Hérodote (⇒H 102), le destinataire de la lettre-épitomè sur la physique conservée par Diogène Laërce (X 35-83). Ce renseignement est fourni par le livre X des *Vies des philosophes*, justement au § 5, dans la fameuse section où sont recueillies les attaques formulées contre Épicure par ses détracteurs (X 4-8). Deux faits dans ce passage nous intéressent pour l'instant : selon ces adversaires, Timocratès et Hérodote, dans son livre *Sur l'éphébie d'Épicure*, auraient soutenu que le maître n'était pas un citoyen athénien légitime (D. L. X 4) et qu'Épicure n'aurait pas ménagé ses louanges et marques d'adulation à l'égard d'Idoménée, Hérodote et Timocratès, parce que ceux-ci avaient divulgué ses doctrines ésotériques (*ibid.*). Dans les deux passages l'association de Timocratès avec des élèves qui restèrent fidèles à Épicure invite à placer les deux témoignages dans la première phase de l'activité philosophique de Timocratès, quand il agissait en accord avec le maître et ses *contubernales*, collaborant avec eux à la diffusion de la pensée d'Épicure. Quant à la négation de la légitimité de la citoyenneté athénienne, elle était tirée de la source mentionnée par Diogène grâce à une opération de manipulation textuelle. C'est à cette première phase de la fréquentation de l'épicurisme par Timocratès qu'appartient vraisemblablement un extrait d'une lettre de Métrodore à son frère conservée par Plutarque (*Contra Epic. beat.*, 1098 c = Métrodore, fr. 41 et 42 Körte) :

« Il ne faut pas chercher à sauver les Grecs, ni à obtenir d'eux des couronnes en récompense de la sagesse, mais plutôt à manger et boire du vin, mon cher Timocratès, de façon à ce que le corps en tire plaisir sans dommage... Je suis rempli de joie et de fierté du fait que j'ai appris d'Épicure à satisfaire mon ventre comme il convient... C'est dans le ventre, mon cher Timocratès, toi qui aime étudier la nature (ὦ φυσιολόγε Τιμόκρατες), que réside le bien ».

Une bonne interprétation du fragment ne doit pas être influencée par le contexte polémique de la citation : Plutarque et Timocratès lui-même qui est sa source selon Sedley **21**, p. 129, ont conféré des valeurs négatives à des expressions qui, dans leur contexte originel, faisaient référence à des idées différentes. Métrodore dans sa lettre voulait expliquer à son frère en quel sens l'ἡδονή représentait pour Épicure la fin de la vie : le plaisir consistait non pas dans une œuvre de salut politique des Grecs, ni dans des honneurs publics obtenus pour des actes héroïques en faveur de l'État, mais dans le fait d'éloigner du corps la faim, la soif et le froid, donc dans le plaisir catastématique de l'*aponia*. Dans l'emploi du terme *physiologos,* je ne vois aucune ironie et je ne partage pas l'avis de Philippson **19**, col. 1269, qui date la lettre après la rupture de Timocratès avec le Jardin. Je crois au contraire que l'apostrophe affectueuse qu'il emploie, la désignation de son frère comme *physiologos* et, de façon générale, l'exposition sereine des arguments invitent à dater la lettre de Métrodore avant la rupture avec Timocratès. Ce n'est que lorsqu'il se détacha de l'école que ce dernier déforma volontairement le sens du message de son frère, afin de démontrer que le plaisir épicurien ne consistait en rien d'autre qu'en la satisfaction des désirs honteux.

On peut rattacher à la période où Timocratès était encore membre du Jardin un autre extrait de lettre envoyée à Timocratès peut-être par Léonteus (ainsi Angeli **4**, p. 66). Ce passage est contenu dans la col. XII des *Mémoires épicuriens* de Philodème, où Timocratès est exhorté à venir au secours de certaines personnes au nom de son οἰκειότης et de leur ἦθος, de façon à ce qu'elles ne manquent de rien. La demande permet de situer l'extrait épistolaire dans la phase qui précéda l'apostasie, et, s'il n'est pas trop hasardeux d'identifier les personnages que doit secourir Timocratès à Métrodore et à Batis (*cf.* Angeli **4**, p. 66, Angeli **1**, p. 14 ; pour une histoire de la recherche sur cette question, *cf.* Militello **15**, p. 212-215), dans une période où manifestement les rapports avec Métrodore commençaient déjà à se gâter au point de nécessiter une médiation.

Après une adhésion initiale de Timocratès à l'épicurisme sont venus des épisodes où il contesta la validité du choix éthique d'Épicure, épisodes qui ne dégénérèrent pas immédiatement en rupture, mais poussèrent Épicure et ses disciples à essayer de résoudre un désaccord qui au début ne semblait impliquer que Timocratès et Métrodore. Ces tentatives de médiation sont perceptibles dans certains fragments de lettres d'Épicure et de Léonteus, à qui l'on confia dans cette dispute le rôle de médiateur. Dans la lettre suivante (*PHerc.* 176, fr. 5, col. X 1-8 Angeli **3**,

p. 33 = [70] Arrighetti), Épicure informait Idoménée de l'impartialité de Léonteus, qui, après avoir tenté d'obtenir un apaisement de la situation par ses lettres, à la fin renonça à écrire, sans toutefois formuler d'accusations contre l'un ou l'autre des deux partis (*cf.* Angeli **1**, p. 14) : « Tu sais en vertu de la commune justice que tu dois à chacun que Léonteus, qui a certainement écrit d'autres lettres à ce propos, n'a plus écrit à aucun d'eux et n'accuse aucun d'eux... ». A l'équitabilité du Lampsaquéen correspond le jugement encore modéré d'Épicure, qui fut animé d'un sens de la justice aussi bien à l'égard de Métrodore qu'à l'égard de Timocratès (*cf.* Angeli **3**, p. 37). Un extrait épistolaire transmis par Philodème, *Epic.* (*PHerc.* 1232), col. XVII Tepedino **24**, se rattache peut-être à ce contexte :

> « un de ceux-ci a été débiteur de ce que nous possédons. Était à nous en effet également cet enseignement d'une aide réciproque (συμ[βοηθεί]ας) tel que nous pouvons l'apprendre du Maître. Par conséquent, cher Léonteus, il ne conviendrait pas pour moi de railler et d'exagérer vainement en rappelant de telles choses, et cela alors qu'Épicure a compris ces circonstances (...) qui pour un chercheur authentique de la nature (...) la bonne condition de la chair (...) » (d'après la trad. d'Angeli **1**, p. 14 n. 50 ; Tepedino **24**, p. 30, suppose pour sa part que l'auteur de la lettre était Mithrès [➙M 173]).

> [ἐκε]ίνων τις ὠφείληκεν ὅπερ ἡμῖν ὑπῆρξεν· τοῦτο γὰρ ἦν ἡμῶν κα[ὶ] τὸ δίδαγμα συμ[βοηθεί]ας ο[ἷ]ον ἂν μ]αθῶ[μεν τἀνδρός]· οὐκ ἂν οὖν, ὦ [Λε]ον[τ]ε[ῦ], πρέποι μοι μωκᾶσθα[ι] καὶ στομφοῦν κενῶς μνήμην ποιουμέν[ωι τῶν] τ[οι]ούτων καὶ ταῦτα καιρῶν Ἐπικούρου [συ]λλαμ[βάν]οντ[ος] (...) ὡς πρ[ὸς] τὸν [γν]ήσιον [φυσιο]λόγον (...) [ε]ὐσαρ-κία.

Si vraiment cette lettre était adressée par Métrodore à Léonteus à l'occasion de la controverse avec Timocratès, elle confirme la médiation exercée par Léonteus, le peu de considération de Timocratès pour l'idéal de συμβοήθεια de Métrodore et des autres épicuriens, la décision de Métrodore, désormais conscient de la rupture irréparable avec son frère, de ne pas adopter une attitude d'ironie moqueuse et de vantardise, mais de se comporter selon le modèle du γνήσιος φυσιολόγος défini par Épicure.

Léonteus abandonna son rôle de juge impartial lorsque Timocratès montra indubitablement qu'il ne manifestait aucune bienveillance envers ses compagnons dans l'école (*cf.* Angeli **4**, p. 64 *sq.*, où j'ai supposé que Léonteus était le rédacteur de la lettre de *PHerc.* 1418, col. XIV 2-11. Je ne crois pas que mon interprétation soit remise en cause par les nouvelles leçons qu'en a proposées Militello **15**, p. 125 *sq.*, 217 : l'auteur de la lettre déclare en effet que le frère de Métrodore, Timocratès, même en faisant des efforts, ne saurait se montrer bienveillant, manifeste-ment à l'égard des membres du *Kepos*, tout en ayant su prendre soin d'eux. Les participes σῴζων et γνούς ont une valeur instrumentale ou modale et indiquent de quelle façon Timocratès, malgré tout effort hypothétique de sa part, est incapable de montrer aucune bienveillance envers l'auteur de la lettre lui-même et ses com-pagnons dans l'école. Il est évident que l'auteur a définitivement pris conscience de l'éloignement de Timocratès par rapport à l'école. D'où le commentaire ajouté par Philodème aux lignes 8-11 : « Il ne fait aucun doute qu'il y a eu de sa part de la sollicitude envers les disciples d'Épicure ». Je ne crois pas que Militello **15**, p. 217, a raison d'affirmer que l'expression rapportée à Léonteus contredit le fait qu'il est nommé parmi les ἐλλόγιμοι μαθηταί, si l'on considère le rôle d'arbitre qu'il avait assumé dans le cadre de cette controverse, rôle qui l'avait protégé, d'une certaine manière, des attaques dirigées par Timocratès).

La sortie de Timocratès de l'école donna le coup d'envoi à la campagne de diffamation contre la pensée et le mode de vie des épicuriens, campagne qui plongeait des racines profondes dans des milieux philosophiques et culturels antagonistes. Pour neutraliser les intrigues menées par Timocratès auprès des Antigonides, Épicure envoya des lettres privées et publiques, exhortant Idoménée à mettre à profit toutes ses relations à la cour royale, dont il était devenu peu auparavant un des dignitaires, comme en témoigne *PHerc.* 176, fr. 5, col. XV 1-15 :

> «ainsi que je leur ai écrit soit publiquement soit en particulier. Par conséquent, tu es en mesure de te recommander toi-même auprès d'eux. Mais, moi aussi, j'ai établi clairement, grâce à mes lettres, pour quel motif principalement il avait accepté cela, après nous avoir calomnié. En effet, il faut en vérité par tous les moyens qu'il advienne pour eux un avantage grâce à toi et pour toi grâce à eux. Et à Aristobule (...)» (*cf.* Angeli **3**, p. 39, Angeli **1**, p. 15, Epic. [59], [44] Arrighetti).

καθάπ[ερ ἐ]κείνοις καὶ [κ]οινῆι [κ]αὶ ἰδ[ί]αι γέ[γ]ραφα· ἱκανὸς μὲν οὖν [κ]αὶ [σ]εαυτὸν ἀποσυνιστὰς αὐτοῖς [ε]ἶ· πεποίηκα δὲ κ[ἀ]γὼ δ[ι]ὰ τῶν ἐπιστολῶν ἀ[π]όδηλ[ον] δι' οὖ μ[ά]λιστα συκοφα[ν]τή[σ]ας α[ὐτὸ] δέξαιτο· πάσ[ηι] γὰ[ρ] ὡς ἀ[λ]ηθῷ[ς] τέχνηι κἀκείνοι[ς δ]ιὰ σ[οῦ] καὶ σοὶ δι' ἐκείνων δε[ῖ] τὸ συμφέρον γείνεσθαι. καὶ πρὸς Ἀριστόβουλον...

Et à cette occasion, comme on l'a déjà dit, Épicure organisa et envoya également une ambassade à la cour du roi. En se défendant soi-même et en défendant son école, il s'abstint cependant de toute calomnie, entendant combattre l'adversaire sur le terrain de la philosophie afin de mettre à nu sa déraison et sa folie (Philod., *Epic. II*, col. XXVI Tepedino **24**, p. 44). Les efforts d'Épicure, s'ils ne purent annuler les effets dévastateurs de la propagande menée par Timocratès, consolidèrent dans la communauté philosophique la dévotion réciproque : Léonteus prie le destinataire inconnu de l'une de ses lettres de faire connaître la sollicitude et la vénération des amis de Lampsaque pour le maître (*PHerc.* 176, fr. 5, col. XI 8-13, *cf.* Angeli **1**, p. 15 et n. 57). Nous apprenons grâce à une autre lettre de Léonteus qu'il fit avec d'autres le voyage de Lampsaque à Athènes auprès d'Épicure, salué comme κράτιστος, θεῖος et σωτήριος ἀνήρ (*PHerc.* 176, fr. 5, col. XII 10-13 Angeli **3**, p. 34 *sq.*, 37 *sq.* = Épicure [142] Arrighetti). On ignore s'il s'agit du même voyage auquel il est fait allusion dans la lettre à Polyen (☛P 242), dans laquelle Épicure, alors que Léonteus était auprès de lui, déclare confier à Idoménée la tâche de diriger le centre de Lampsaque (*PHerc.* 176, fr. 5, col. IX 1-4 Angeli **3**, p. 33, Angeli **1**, p. 15 = Polyen, fr. 56, *cf.* Angeli **3**, p. 34-37, et Tepedino **26**, p. 203 *sq.*). L'insertion de cette lettre dans le dossier Timocratès est rendue probable par la référence à des personnes qui ont commis une faute envers Épicure et les siens. L'emploi du terme technique καθηγεῖσθαι à propos d'Idoménée va en faveur de la thèse de l'antériorité du retour de ce dernier à la philosophie par rapport à l'apostasie de Timocratès. Dans le dossier Timocratès pourrait également entrer la colonne XV 9-13 des *Mémoires épicuriens* de Philodème, où Timocratès est cité à la ligne 5 : toutefois, l'édition de Militello **15**, p. 126, qui est certainement plus proche de l'original que celle de Spina **22**, p. 54, est tellement fragmentaire qu'on ne peut établir avec certitude le lien entre la citation de Timocratès et l'éloge que l'auteur de la lettre, probablement Épicure, formule à l'égard du destinaire.

Les Εὐφραντά et l'archétype timocratéen de la propagande antiépicurienne. La défection de Timocratès constitua un thème récurrent dans la correspondance entre les épicuriens d'Athènes et de Lampsaque. Elle fut d'ailleurs accompagnée par la publication de traités polémiques (*cf.* Cicéron, *De nat. deor.* I 33, 93 = Épicure, fr. 235 Us., Plutarque, *in Hesiodi Op.* 286 = Körte **13**, p. 554, et Plut., *Contra Epic. beat.*, 1098 b = Körte **13**, p. 555 *sq.*). Timocratès écrivit en effet les Εὐφραντά à une date postérieure à 290ª (*cf.* D. L. X 6-8. Sur le caractère neutre de l'intitulé, *cf.* Susemihl, *GGLA*, I, 1891, p. 105, et Sedley **21**, p. 152 n. 26, qui s'oppose à Philippson **19**, col. 1266, qui préférait le titre Εὐφρανταοί, *Die Vergnüglinge*). Une telle chronologie n'est qu'indicative et on peut la déduire du fait que dans ces *Délices* étaient cités les 37 livres du Περὶ φύσεως d'Épicure, dont nous savons que le 28ᵉ livre a été écrit sous l'archontat de Nicias en 296/5 av. J.-Chr. (D. L. X 7, *cf.* Sedley **21**, p. 152 n. 27). Dans le catalogue des œuvres d'Épicure conservé par Diogène Laërce (X 28) sont cités les ouvrages Περὶ παθῶν δόξαι πρὸς Τιμοκράτην et Τιμοκράτης en trois livres (voir également *ibid.* 24, et Philod., *Stoic.* col. III 2-5 Dorandi **10**, p. 99, *PHerc.* 1111, fr. 44, Usener **27**, p. 123 *sq.*). Selon Crönert **8**, p. 24 n. 136 (*cf.* Dorandi **10**, p. 111 et n. 86), ces titres se rapporteraient à un seul et même traité. De ces deux traités Philippson **19**, col. 1268, mentionne seulement le Τιμοκράτης, auquel il rapporte l'expression de Cicéron : « …alors qu'Épicure (…) a écrit des livres entiers pour écraser Timocratès, le frère de son compagnon Métrodore.» *Cum Epicurus… Metrodori sodalis sui fratrem Timocraten… totis voluminibus conciderit* (*De nat. deor.* I 33, 93, trad. C. Auvray-Assayas = fr. 235 Usener = [19.5] Arrighetti), et il rejette l'hypothèse d'Usener **27**, selon laquelle le premier livre de cet ouvrage aurait traité de la nature des dieux et de la piété. En réalité, on ne voit pas à partir de quels éléments Usener a ainsi défini le contenu du premier livre du *Timocratès* ni encore pour quelle raison il rapporte à cet ouvrage des témoignages aussi généraux que le passage cité de Cicéron ou Plutarque, *Adv. Col.*, 1126 c (= Usener **27**, p. 123, 22 *sq.*), où à la suite du passage sur le voyage en Asie de certains épicuriens dans le but d'obtenir l'exclusion de Timocratès de la cour royale l'auteur ajoute ταῦτα ἐν τοῖς βιβλίοις γέγραπται τοῖς ἐκείνων.

Usener **27**, p. 108 n. XXXVII et 123 n. XLVI, cependant, privilégie le catalogue laertien, où le Περὶ παθῶν δόξαι πρὸς Τιμοκράτην et le Τιμοκράτης restent distincts et, en ce qui concerne le second ouvrage, il signale la division en trois livres. Il s'agirait donc de deux ouvrages distincts, pour lesquels on peut envisager trois moments de rédaction différents : ils furent composés ou bien à l'époque où Épicure était d'accord avec son élève, ou bien après l'apostasie et dans cette perspective ils auraient eu un contenu polémique (ainsi Usener **27**, p. 418 *sq.,* et Capasso **7**, p. 40 n. 19), ou bien encore quelque temps plus tard, l'écrit plus tardif reflétant les nouveaux rapports qui s'étaient instaurés avec Timocratès. Dans ce dernier cas, si le Περὶ παθῶν δόξαι πρὸς Τιμοκράτην est antérieur, il faut comprendre πρός au sens de *ad*, de la même manière que dans les traités Νεοκλῆς πρὸς Θεμίσταν, Εὐρύλοχος πρὸς Μητρόδωρον (D. L. X 28). Si, en revanche, c'est le Τιμοκράτης qui fut écrit en premier, le πρός dans le titre Περὶ παθῶν δόξαι πρὸς Τιμοκράτην signifierait que l'ouvrage avait pour but d'expliquer la conception épicurienne des πάθη pour défendre cette partie de la canonique contre les mystifications de Timocratès. Quel que fût le contenu des deux ouvrages d'Épicure, la restitution proposée par Crönert pour les lignes 6-9 du fr. 44 de *PHerc.* 1111 (χἀν τῶι] | πρώτω[ι τῶν Πρὸς] | Τιμοκρ[άτη) ne peut être acceptée, ne serait que parce que la référence au premier livre ne peut que renvoyer, sans l'ombre d'un doute, au traité d'Épicure intitulé Τιμοκράτης (*cf.* Angeli **1**, p. 16 n. 72).

Diogène Laërce attribue également à Métrodore aussi bien un Τιμοκράτης (*cf.* D. L. X 136 = Métrodore, fr. 29 Körte **13**, p. 554) qu'un Πρὸς Τιμοκράτην (D. L. X 24 = Métrodore, fr. 30, 39-42 Körte **13**, p. 554 *sq.*, 558 *sq.*). Du premier ouvrage nous possédons un seul fragment, transmis en D. L. X 136, qui distingue le plaisir cinétique et le plaisir catastématique. Dans le court extrait rien ne suggère une utilisation bienveillante ou hostile de l'ouvrage. Le Πρὸς Τιμοκράτην avait, selon Körte **13**, p. 554 sq. et 558 *sq.*, un caractère épistolaire et fut dirigé par Métrodore contre son frère. A cet ouvrage le savant rapporte les treize passages suivants répartis entre *testimonia* et *fragmenta* :

(1) Plut., *in Hesiodi Op.* 284, où est mentionné l'inimitié entre Timocratès et Métrodore, qui entraîna la publication de κατ᾽ ἀλλήλων συγγράμματα ;

(2) *Id., Contra Epic. beat.*, 1098 b, où Plutarque, de façon ironique, oppose à la joie de la mère d'Épaminondas qui avait triomphé à Leuctres, le bonheur de la mère et de la sœur de Métrodore pour les répliques (ἀντιγραφαί) adressées par celui-ci à son frère Timocratès ;

(3) *Id., Adv. Col.*, 1126 c (sur ce passage, *cf. supra*), dont la source se trouverait ἐν τοῖς βιϐλίοις ... τοῖς ἐκείνων ;

(4) Philod, *Ir.*, col. XII 26-30, *cf. supra* ;

(5) Athénée, *Deipnosophistes* VII, 279 e-280 a, où est conservé un fragment de Métrodore qui, en appelant Timocratès φυσιολόγος, indique la valeur qu'il faut attribuer au plaisir du "ventre" ;

(6) *Ibid.*, XII, 546 f, où est repris le même fragment, mais cette fois avec une précision sur son origine : les lettres de Métrodore ;

(7) Plut., *Contra Epic. beat.*, 1098 d, qui est emprunté à la même source que les nᵒˢ 10 et 13, et qui situe le bien dans l'*aponia* (*cf.* § 1098 c-d discuté *supra*) ;

(8) *Id., Adv. Col.*, 1108 c, où l'on ne trouve pas de trace ni de Métrodore ni de Timocratès : Plutarque présente de façon déformée le concept épicurien d'*aponia*, la restreignant à la basse satisfaction du "ventre", ainsi que la valeur attribuée par Épicure à la vertu et au plaisir ;

(9) Cicéron, *De nat. deor.* I 40, 113, où le mot "ventre" réapparaît dans l'accusation dirigée par Métrodore contre Timocratès qui avait douté du fait que le ventre pouvait être un critère d'évaluation de la vie heureuse ;

(10) Plut., *Contra Epic. beat.*, 1098 c, qui transmet le fragment, tiré peut-être d'une lettre et déjà discuté plus haut, sur l'opportunité de choisir comme fin de la vie ou bien le salut des Grecs ou bien le plaisir catastématique ;

(11) *Ibid.*, 1100 d, qui reprend le fragment précédent en en attribuant la pensée aux épicuriens en général ;

(12) Plut., *Adv. Col.*, 1125 c, où revient avec certaines variantes, le fragment cité en 1098 c (*cf. supra*) ;

(13) *Id.*, *Contra Epic. beat.*, 1098 c ; sur ce passage *cf. supra*.

Par conséquent, selon Körte **13**, p. 555, il est très vraisemblable que Métrodore avait raconté « cette querelle puérile » dans son Πρὸς Τιμοκράτην. Mais en aucun de ces treize passages n'est cité comme source le Πρὸς Τιμοκράτην : dans les n°s 1, 2 et 3 on parle de façon générale respectivement de traités (συγγράμματα) dirigés par l'un contre l'autre des frères, de répliques (ἀντιγραφαί) de Métrodore contre Timocratès, et de βιϐλία ; nous ne trouvons aucune référence à Métrodore et à Timocratès dans les n°s 8, 11, simples témoignages de l'attitude anti-épicurienne de Plutarque ; dans le n° 4 on ne précise pas la source de la remarque de Métrodore sur le caractère de son frère : il pouvait s'agir d'une lettre, tout comme proviennent sûrement de lettres les extraits cités dans les n°s 5, 6, et fort probablement ceux transcrits dans les n°s 7, 10, 13, qui proviennent des mêmes γράμματα ("lettres", mais aussi "écrits"). Enfin, si chez Cicéron (n° 9) on parle de livres qui pourraient être montrés pour soutenir l'authenticité de la thèse que Métrodore exposa non pas une seule fois, mais *saepius*, le fragment du n° 9 est introduit par une formule générale : καὶ ταῦτα πρὸς ἐκείνοις γράφοντες.

Quand Plutarque parle de « traités » polémiques, il ne fait pas de doute qu'il fait également allusion aux Εὐφραντά de Timocratès. Mais rien ne permet d'inclure dans cet ouvrage le Πρὸς Τιμοκράτην de Métrodore, lequel, tout comme le Τιμοκράτης, soulève le même problème que celui qui est posé par les titres d'ouvrages d'Épicure déjà étudiés et le bref fragment que Diogène Laërce tire du second ouvrage de Métrodore n'aide pas à résoudre de façon incontestable la question : « Le plaisir est conçu de deux façons : le plaisir "en mouvement" et le plaisir "stable" ». Nous avons vu que le thème du plaisir avait été abordé par Métrodore dans une lettre à son frère à une époque où l'apostasie n'était pas envisagée. On pourrait retrouver le ton apaisé de la lettre également dans cette distinction entre plaisir cinétique et plaisir catastématique, mais nous nous trouvons en présence d'une simple prise de position qui pourrait avoir été située dans un contexte amical aussi bien qu'hostile. On ne peut toutefois exclure la possibilité que seul le Πρὸς Τιμοκράτην ait eu un caractère polémique.

Sur le contenu des *Délices* de Timocratès nous sommes éclairés par un long passage de Diogène Laërce que Sedley **21** a eu le mérite de distinguer des incrustations interprétatives dont il était depuis longtemps grevé (X 6-8) :

« En outre, Timocratès, frère de Métrodore et disciple d'Épicure, après avoir abandonné l'école, rapporte dans un ouvrage intitulé *Délices* qu'Épicure était tellement porté à une vie dissolue qu'il vomissait deux fois par jour et il raconte que lui-même avec peine a réussi à fuir ces soirées philosophiques et cette association d'initiés. Il dit encore qu'Épicure avait de graves lacunes dans ses connaissances scientifiques, mais qu'il montrait une ignorance encore plus grande dans les questions de la vie quotidienne, que sa condition physique était tellement pitoyable que pendant plusieurs années il ne put se lever de sa litière ; qu'il dépensait chaque jour une mine pour la table, comme lui-même l'écrivit dans une lettre à Léonteus et dans l'autre lettre adressée *Aux philosophes de Mytilène*. Il dit que vivaient avec lui et avec Métrodore plusieurs courtisanes, dont Mammarion (☛M 16), Hédeia (☛H 14), Érotion (☛E 55) et Nicidion (☛N 40). Que dans les trente-sept livres *Sur la nature* Épicure répète souvent les mêmes choses et polémique continuellement contre les autres, notamment contre Nausiphane (➤+N 8), comme le montre la citation textuelle suivante : "Qu'ils aillent au diable ! Lorsqu'il fait publier quelque chose, comme dans les douleurs de l'enfantement, il laisse sortir de ses lèvres les vantardises sophistiques, comme tant d'autres esclaves imbéciles". Il dit encore qu'Épicure lui-même dans ses *Lettres* parle ainsi de Nausiphane : "A cause de cela il tomba dans un tel délire qu'il m'injuria avec âpreté et se proclama mon maître". Épicure avait coutume d'appeler Nausiphane "poumon marin" (un mollusque), "illettré", "fraudeur", "putain" ; il appelait les platoniciens "adulateurs de Denys" et Platon lui-même "homme d'or" et Aristote un "dilapidateur", qui après avoir dévoré son patrimoine s'était consacré à la vie militaire et à la vente de rémèdes ; il appelait Protagoras (➤+P 302) "porte-faix" et "scribe de Démocrite", ainsi que "maître d'école dans les villages", Héraclite (➤+H 64) "perturbateur", Démocrite (➤+D 70) "Lérocrite" (ou "trafiquant de bagatelles"), et Antidoros (➤+A 191) "Sannidore" (ou "corrupteur des mœurs") ; il appelait ceux de Cyzique "ennemis de la Grèce", les dialecticiens des gens "funestes" et Pyrrhon (➤+P 327) un homme "ignorant et sans culture" » (d'après la trad. de Gigante).

Le premier problème que soulève le passage de Diogène Laërce est celui de la délimitation exacte du témoignage de Timocratès. Selon Crönert **8**, il s'arrête à τὴν μυστικὴν ἐκείνην συνδιαγωγήν, selon Sedley **21**, p. 151 n. 26, il couvre tout le § 8, et le passage du discours indirect (accusatif et infinitif) à l'indicatif (πλεύμονά τε αὐτὸν ἐκάλει...) se justifie par la nécessité d'éviter une confusion entre les infinitifs λοιδορεῖσθαι et ἀποκαλεῖν qui apparaissent dans la citation des *Lettres* d'Épicure que l'on trouvait dans les Εὐφραντά de Timocratès. Il n'est pas exclu cependant que le changement de registre dans l'exposé de Diogène marque la fin de la section empruntée à l'ouvrage de Timocratès : Diogène expose tout d'abord les vives critiques adressées à Épicure par les gens qui le dénigraient : le stoïcien Posidonius (➤+P 267) et son école, Nicolas (➤+N 43), Sotion (➤+S 138 ?), Denys d'Halicarnasse, Théodore (➤+T 48), Épictète [➤+E 33] (4-6), Timocratès (6-7), et il conclut la section sans indiquer, cette fois, la source des calomnies, qui était évidemment un répertoire commun à tous les auteurs nommés antérieurement. Ce n'est que dans le § 9 que Diogène met un terme à la section anti-épicurienne en formulant son propre jugement : « Mais la folie de ces critiques est évidente » (d'après la trad. de Gigante). A partir de la synthèse offerte par Diogène du contenu des Εὐφραντά, il est manifeste que la critique de Timocratès s'appuyait sur la conception épicurienne du plaisir, identifié de façon arbitraire avec la forme la plus vulgaire de l'hédonisme : la τρυφή est décrite sous la forme d'un individu qui rejette de sa bouche l'excès de nourriture ingurgitée, tandis que Timocratès se présente lui-même comme la victime qui a réussi à préserver sa bonne foi et sa dignité en s'éloignant péniblement de l'école, définie comme une association d'initiés qui s'adonnent à des séances nocturnes. L'accusation d'ignorance, qui porte sur le manque de préparation scientifique et l'incapacité à affronter avec convenance et dignité les problèmes de la vie quotidienne, trahit la volonté de déprécier aussi bien les fondements véritables de la critique qu'adressait Épicure à la culture encyclopédique que la volonté du philosophe de présenter son système comme le seul susceptible d'assurer la fin ultime de la vie : l'*aponia* et l'*ataraxia*.

De là les différentes pièces de cette mosaïque d'injures : Épicure décrit comme un homme physiquement détruit par son intempérance dans la satisfaction des plaisirs corporels, réduit à ne pas quitter pendant plusieurs années sa litière, prêt à dépenser une mine par jour pour la table, content de partager avec Métrodore la fréquentation de plusieurs courtisanes. Il apparaît comme un personnage de réputation réprésensible, qui s'en prend par ailleurs aux plus grands philosophes et, privé qu'il est d'arguments scientifiques, fonde ses critiques sur des attaques infâmes, se montant ingrat envers son maître Nausiphane. Pour donner de la crédibilité à ses invectives contre Épicure Timocratès procède, dans ses *Délices*, de façon astucieuse en citant les sources épicuriennes, dont il avait extrait des phrases et des idées susceptibles de soutenir sa thèse de fond totalement opposée à la vérité historique dans une opération de "remontage" grâce à laquelle des détails singuliers de la pensée sont rattachés les uns aux autres et systématisés dans un cadre d'argumentation qui non seulement ne conservait rien des contextes originels mais visait à transmettre des messages absolument déformés par rapport à leur formulation première. Parmi les sources utilisées par Timocratès pour contruire son écrit polémique, Diogène Laërce mentionne une *Lettre à Léonteus*, une autre *Aux philosophes de Mytilène*, les trente-sept livres du traité *Sur la nature*, et d'autres lettres dont il ne mentionne pas les destinataires.

La longue série d'appellations imaginée par Épicure pour Nausiphane, les platoniciens, Platon, Aristote, Protagoras, Héraclite, Démocrite, Antidore, les Cyzicéniens, les dialecticiens et Pyrrhon, aurait été tirée, selon Crönert **8**, p. 16-24, d'une source unique, la *Lettre aux philosophes de Mytilène*, et, puisque Sextus Empiricus également (*Adv. Math.* I 4 = fr. 114 Usener = [103] Arrighetti), à propos des réflexions d'Épicure sur ses études chez Nausiphane « le mollusque », rapporte un fragment de cette lettre dans laquelle Épicure soutenait que Nausiphane s'était occupé de choses qui empêchaient d'arriver à la σοφία (ἐπιτετηδευκὼς τοιαῦτα ἐξ ὧν οὐ δυνατὸν εἰς σοφίαν ἐλθεῖν), le savant identifie la *Lettre aux philosophes de Mytilène* avec la *Lettre sur les occupations* (Περὶ ἐπιτηδευμάτων, *cf.* Athénée VIII, 354 b-c = fr. 171, 172 Usener = [102] Arrighetti), expliquant les deux titres différents par le fait que dans le premier cas il serait fait référence aux destinataires, dans le second au contenu. Il conclut que le ton de dénigrement de cet écrit pourrait servir à établir son inauthenticité : la lettre serait l'œuvre d'un falsificateur qui entendait salir l'image d'Épicure (sur ce problème, voir Sedley **21**, p. 150 n. 11). La distinction établie par Usener entre les deux lettres a été remise en valeur par Sedley qui, contre Crönert, a défendu la spécificité de la lettre Περὶ ἐπιτη-δευμάτων, dont le thème était indépendant des attaques lancées par Épicure contre Nausiphane et les autres philosophes. Dans cette optique, selon Sedley, il faut également rejeter la position de Bignone **6**, t. I, p. 95 *sqq.*, qui, développant l'argument de Crönert, rattachait toute une série de fragments à une seule lettre intitulée *Lettre aux philosophes de Mytilène concernant les occupations dignes d'un philosophe* et voyait dans cette lettre un manifeste de la critique épicurienne contre un ensemble hétérogène de philosophes et en particulier contre les « platonico-péripatéticiens ». Sedley **21**, p. 124 *sq.*, a fait remarquer à juste titre que l'hétérogénéité des épithètes appliqués aux différentes personnalités énumérées par

Diogène Laërce montre que ceux-ci ont été empruntés à une pluralité de sources, acquérant dans le cadre de leur réutilisation par Timocratès une acception négative qu'ils n'avaient pas en réalité dans leur contexte originaire. Le savant a cependant tenté de réinterpréter, avec des arguments convaincants, quelques-uns des surnoms rassemblés par Timocratès et la filière antiépicurienne, en les dépouillant de la charge injurieuse supplémentaire pour les replacer dans la perspective épicurienne dont l'analyse portait sur l'information relative aux occupations auxquelles s'étaient adonnés les philosophes sélectionnés par Épicure dans sa lettre. Afin de montrer le succès obtenu par la contamination de la tradition biographique épicurienne effectuée par Timocratès, Sedley **21**, p. 127 *sqq*., fait appel à Cicéron, *De nat. deor.* I 33, 93, où Cotta (➭C 193), pour réfuter la théologie épicurienne, se plaint de l'hostilité injurieuse nourrie par les épicuriens à l'égard des autres philosophes :

« ... alors qu'Épicure a malmené Aristote outrageusement, a honteusement dénigré Phédon, le disciple de Socrate, a écrit des livres entiers pour écraser Timocratès, le frère de son compagnon Métrodore, à cause de je ne sais quelle controverse philosophique, s'est montré ingrat envers Démocrite lui-même, qu'il a suivi, a traité si indignement son maître Nausiphane, qui ne lui avait rien appris ! » (trad. C. Auvay-Assayas)

Cum Epicurus Aristotelem vexarit contumeliosissime, Phaedoni Socratico turpissime male dixerit, Metrodori sodalis sui fratrem Timocratem, quia nescio quid in philosophia dissentiret, totis voluminibus conciderit, in Democritum ipsum quem secutus est fuerit ingratus, Nausiphanem magistrum suum, a quo <non> nihil didicerat, tam male acceperit.

Sedley a souligné (a) l'identité de cette liste avec celle fournie par Diogène Laërce, en ce qui concerne Aristote, Démocrite et Nausiphane, (b) l'apparition dans ce passage seulement de l'accusation diffamatoire contre Phédon (➭P 102), qui, avant de devenir disciple de Socrate, avait été un esclave et s'était prostitué (*cf.* Sedley 21, p. 152 n. 31), (c) l'inclusion dans la liste de Cicéron d'une attaque contre Timocratès lui-même.

Or, fait observer Sedley, la présence de Timocratès aux côtés de personnalités comme Aristote, Phédon, Nausiphane et Démocrite, ne s'explique que par le fait qu'il était la source non seulement de Diogène Laërce, mais aussi de Cicéron : à la dénonciation dont il avait fait l'objet de la part d'Épicure, Timocratès répondit en incluant son nom parmi les philosophes dont Épicure avait parlé, cela pour démontrer que les flèches épicuriennes avaient frappé non seulement lui-même, mais aussi les plus grands penseurs et que, par conséquent, il était « en bonne compagnie ». En guise de confirmation de cette ligne interprétative du passage cicéronien, Sedley rappelle la seconde référence que Cotta fait à Timocratès dans la suite de la discussion avec l'épicurien Velleius (*De nat. deor.* I 40, 113) :

« Notre maître Philon, lui aussi, ne pouvait supporter le mépris des épicuriens pour les plaisirs sensuels et voluptueux, car son excellente mémoire lui permettait de citer textuellement un grand nombre de maximes d'Épicure. Il citait aussi des textes encore plus impudents de Métrodore, le confrère d'Épicure en sagesse ! Métrodore accusait son frère Timocratès d'hésiter à faire du ventre le critère de tout ce qui contribue à la vie heureuse, et cela, il ne le dit pas une fois mais bien souvent. Je vois que tu es d'accord, tu connais les textes. Si tu contestais, j'apporterais les livres » (trad. C. Auvray-Assayas).

Nam etiam Philo noster ferre non poterat aspernari Epicureos mollis et delictatas voluptates. summa enim memoria pronuntiabat plurimas Epicuri sententias is ipsis verbis quibus erant scriptae. Metrodori vero, qui est Epicuri collega sapientiae, multa inpudentiora recitabat ; accusat enim Timocratem fratrem suum Metrodorus, quod dubitet omnia quae ad beatam vitam pertineant ventre metiri, neque id semel dicit sed saepius, adnuere te video, nota enim tibi sunt ; proferrem libros se negares.

Ici encore, comme dans le passage précédent, Timocratès apparaît comme la victime innocente de la persécution épicurienne, ce qui confirme que les deux passages « du discours de Cotta remontent à une même source académicienne, probablement Philon de Larisse (➥P 155), le premier maître de Cicéron » ; les informations de Philon auraient été tirées des écrits anti-épicuriens de Timocratès (Sedley **21**, p. 128). Le rôle de victime innocente est joué par Timocratès également chez Plutarque : dans le *Non posse suaviter vivi secundum Epicurum*, 1097 d-e, le caractère dispendieux du train de vie du Jardin, que fréquentaient des courtisanes, évoque les *Délices* de Timocratès mentionnées en D. L. X 7 ; dans le même ouvrage de Plutarque (1126 c), c'est de Timocratès que, selon Sedley **21**, p. 153 n. 34), proviendrait l'opposition entre Platon qui incitait ses élèves à sortir des murs de l'Académie pour réformer les constitutions, et Épicure qui envoyait ses disciples en Asie pour diffamer Timocratès à la cour du roi, de même qu'en 1098 c-d l'attaque de Métrodore contre son frère qui avait mis en doute que le bien se trouvât dans le ventre. D'une façon similaire, Timocratès est la source d'Athénée en VII, 279 f. En amont de tous les témoignages antiques qui offrent une parodie malveillante de la théorie épicurienne du plaisir on trouve la propagande de Timocratès contre l'école à laquelle il avait appartenu. Épicure avait évidemment pressenti le danger d'une telle campagne quand, dans la *Lettre à Ménécée* (D. L. X 130-132), il expliquait la distance qui séparait sa propre doctrine de la débauche. Son intuition n'était pas vaine. Sedley **21** retrouve les échos que l'anti-épicurisme de Timocratès a provoqués dans la tradition antique : non seulement le sceptique Timon de Phlionte (➥T 160) dans le troisième livre de ses *Silles* décrit Épicure comme γαστρὶ χαριζόμενος, τῆς οὐ λαμυρώτερον οὐδέν, « gratifiant son ventre, dont il n'est rien de plus vorace » (Athénée VII, 279 f = Tim., fr. 7 Diels), mais la comédie nouvelle du IIIᵉ s. av. J.-Chr. a représenté le philosophe comme le grand-prêtre de la gloutonnerie (voir les passages rassemblés par Sedley **21**, p. 130 *sq*.). Encore dans la lettre qu'Alciphron imagine avoir été écrite par Léontion, la maîtresse d'Épicure, à Lamia, compagne de Démétrios Poliorcète, la courtisane confie ses peines à son amie, se plaignant d'être contrainte à vivre avec « un hypocondriaque, méfiant, vieux libertin injurieux » :

« Tu ne peux imaginer, Lamia, combien de fois je l'ai pris à part pour lui dire : "Que fais-tu Épicure ? Ne sais-tu pas que Timocratès, frère de Métrodore, tourne ton attitude en ridicule dans les assemblées, les théâtres et auprès des autres sophistes ?" Mais que peut-on faire avec cet homme ? Il étale son amour sans pudeur » (Alciphron, *Epist. amat.* IV 17, 10 ; trad. A.-M. Ozanam).

ποσάκις οἴει με, Λάμια, πρὸς αὐτὸν ἰδίᾳ παραγενομένην εἰπεῖν "τί ποιεῖς Ἐπίκουρε ; οὐκ οἶσθα ὡς διακωμῳδεῖ σε Τιμοκράτης ὁ Μητροδώρου ‹ἀδελφὸς› ἐπὶ τούτοις ἐν ταῖς ἐκκλησίαις, ἐν τοῖς θεάτροις, παρὰ τοῖς ἄλλοις σοφισταῖς"; ἀλλὰ τί ἔστιν αὐτῷ ποιῆσαι ; ἀναίσχυντός ἐστι τῷ ἐρᾶν.

Pour Sedley la bonne connaissance de la littérature du IVe et du IIIe siècles av. J.-Chr. qu'avait acquise Alciphron, un auteur du IIe ou du IIIe s. de notre ère, nous assure qu'il y avait un noyau de véridicité dans la parodie mise en œuvre par Timocratès, auquel on doit probablement l'acception moderne du terme "épicurien".

Comme cause de la désertion de Timocratès certaines sources avancent des divergences personnelles avec Métrodore et insistent sur le caractère particulièrement difficile et irascible de Timocratès (*cf.* Philod., *Ir.*, col. XII 20 *sqq.*, déjà cité, *Lib. dic.*, déjà cité, *Epic.* II, col. XXVII, déjà cité = Epic. [139] Arrighetti, Plut., *Adv. Col.*, 1126 c = Usener, p. 123, 22 = Körte **13**, p. 555, D. L. X 23 = Körte **13**, p. 566). D'autres sources en revanche parlent d'un désaccord sur la doctrine de l'ἡδονή en tant que fin de la vie (Cic., *De nat. deor.* I 40, 113 = Körte **13**, p. 559, mais voir également *ibid.* I 33, 93), manifestement à cause de la récurrence du thème de l'*aponia* dans les fragments de lettres de Métrodore à Timocratès (*cf.* Körte **13**, p. 448 *sq.*). Dans la *Lettre à Ménécée* (D. L. X 131) Épicure lui-même explique la valeur qu'il attribuait à l'ἡδονή :

> « Ainsi donc, lorsque nous disons que le plaisir est la fin, nous ne voulons pas parler des "plaisirs des fêtards" ni des "plaisirs qui se trouvent dans la jouissance", comme le croient certains qui, par ignorance, sont en désaccord avec nous ou font à nos propos un mauvais accueil, mais de l'absence de douleur en son corps, et de trouble en son âme » (trad. J.-F. Balaudé).

> Ὅταν οὖν λέγωμεν ἡδονὴν τέλος ὑπάρχειν, οὐ τὰς τῶν ἀσώτων ἡδονὰς καὶ τὰς ἐν ἀπολαύσει κειμένας λέγομεν, ὥς τινες ἀγνοοῦντες καὶ οὐχ ὁμολογοῦντες ἢ κακῶς ἐκδεχόμενοι νομίζουσιν, ἀλλὰ τὸ μήτε ἀλγεῖν κατὰ σῶμα μήτε ταράττεσθαι κατὰ ψυχήν.

Manifestement Épicure voulait défendre son éthique contre les interprétations déviantes mises en circulation par les ignorants, soit par ceux qui n'étaient pas d'accord avec lui, soit par ceux qui comprenaient mal le sens de sa position. Parmi ces derniers Épicure rangeait certainement Timocratès, dont la tentative de dénigrement était en train de fausser ou avait déjà faussé le jugement porté par les courants philosophiques et culturels adverses. Le passage de la lettre devient encore plus éloquent s'il est comparé avec un passage du second livre du traité de Philodème *Sur Épicure* (col. XXVI Tepedino **24**, p. 44) :

> « En effet, (Épicure disait) de ne pas infliger de dommage à la chair, mais il n'en serait pas non plus préoccupé ; il ne se vengea pas d'eux par suite d'un trouble personnel ni d'une calomnie qui le contamina, lui et toute son école, mais, avec les raisonnements philosophiques qu'il avait coutume de pratiquer avec méthode, il les accusa d'illogicité ou plutôt de folie ».

> οὐ γὰρ εἰς σάρκα πημα[ί]νειν ἀλλ' οὐδὲ μελή[σε]ιν οὐδ' ἀπὸ ταραχῆς ἰδίας οὐδὲ συν-μολ[υ]νούσης ἑαυτ[ό]ν τε καὶ τ[ὴ]ν αἵ[ρ]εσιν ὅλην βλασφημίας μ[ε]τῆλθεν αὐτούς, ἀλλ' οἷς μεθώδευεν λόγοις τὴν ἀλ[ο]γίαν μᾶλλον δ[ὲ] μαν[ία]ν ἐπεκά[λεσ]αν [ο]ἳ συνή[ι]σ[θ]οντο.

Philodème rappelle l'autonomie qu'Épicure avait accordée à la sphère psychique par rapport à la sphère physique et que lui seul avait réussi à démontrer que le sage peut maintenir son *ataraxia* même en l'absence de l'*aponia*. Au nom de ce principe fondamental de l'éthique épicurienne qui l'écartait de la réduction, pratiquée par Timocratès, du plaisir épicurien à la satisfaction irrationnelle des désirs, même les plus ignobles, le Gadarénien sentait le besoin d'affirmer que le fondateur du

Jardin, dans la polémique qu'il devait affronter contre son ancien disciple et contre tous ceux qui avaient voulu partager ses déductions, ne fut animé par aucun sentiment de vengeance et qu'il n'eut pas recours, comme ses adversaires, à la calomnie, mais qu'il confia sa défense simplement à la méthode philosophique, sur laquelle il avait fondé sa propre doctrine, montrant quelle folie se trouvait à la base des diffamations mises en œuvre pour lui faire du tort. C'est justement cette déclaration de Philodème sur le refus d'Épicure de recourir à la βλασφημία dans l'élaboration et le développement de ses contre-arguments qui explique l'absence totale de polémique dans le passage de la *Lettre à Ménécée* cité plus haut, où l'auteur prend ses distances par rapport aux ignorants et à ceux qui étaient en désaccord avec lui, parce qu'ils avaient délibérément modifié le sens de ses affirmations : il suffit pour Épicure d'expliquer au destinataire de sa lettre que le plaisir que recherche l'homme pour réaliser son bonheur n'a rien de commun avec les plaisirs des débauchés ni avec les jouissances sensuelles, comme veulent le faire comprendre certains par ignorance ou parce que, dans leur désaccord, ils modifient la signification véritable des axiomes épicuriens. Le rapport entre *Ep. Men.* 131 et Philod., *Epic. II,* col. XXVI, devient encore plus net à la lumière du contenu de la col. XXVII du même ouvrage de Philodème (*cf.* Tepedino **24**, p. 44) :

« l'avertissant, lui qui changea d'attitude à cause de la jalousie à l'égard de son frère cadet et de sa folie congénitale. Et en effet quand il était encore jeune et avait besoin de recommandation, il se mêlait avec des gens de l'extérieur, bavardant et se tournant vers certains des sophistes ».

φρενῶ[ν αὐ]τὸν [α]ῦ διὰ τὴν π[ρὸ]ς τὸν νεώτερον ἀδε[λ]φὸν ζηλοτυπ[ί]αν καὶ τὴν [σ]ύμφυτον πα[ρα]κοπ[ὴ]ν τραπέντα. καὶ δὴ γὰρ ε[ἰ]σέτι νέο[ς] καὶ συστάσεως ἐνδεόμ[ε]νος ἐπεμείγν[υ]τ[ο το]ῖς ἔξωθεν, λαλῶν [κα]ὶ τινας τῶ[ν] σοφιστῶν ἀποθεω[ρ]ῶν.

On ne peut déterminer de façon certaine quelle orientation philosophique Timocratès adopta après avoir abandonné l'épicurisme. Philodème parle en termes généraux de « sophistes » (*cf.* également Philod., *Epic. II,* col. XXVII 10 *sq.* Tepedino **24**, p. 44, et Alciphr., *Ep. am.* IV 17, 10, passage sur lequel il faut lire Bignone **6**, t. I, p. 413 n. 75, et 493-501, Sedley **21**, p. 131, Tepedino **25**, p. 173). Bignone **6**, t. I, p. 473 *sq.* les identifie avec l'école platonico-aristotélicienne, Philippson **19**, col. 1268 *sq.*, sur la base des trois noyaux doctrinaux sur lesquels il fait porter le désaccord : la conception du plaisir, la participation du sage à la politique et le concept de *physiologia*, pense à l'école de Nausiphane. Tepedino **25**, p. 173-178, a proposé de voir dans les σοφισταί les représentants de l'école eudoxienne de Cyzique, avec lesquels nous savons que le centre épicurien de Lampsaque entra en compétition (sur les rapports entre l'école épicurienne de Lampsaque et l'école de Cyzique, voir Angeli **35**, p. 48-55). Le terme σοφιστής, qui est récurrent déjà chez Épicure dans le sens péjoratif de « sophiste », ainsi que l'emploie normalement Platon, a une connotation trop générique pour que l'on puisse le rattacher à une tendance philosophique spécifique. Ce qui est certain, c'est que les sophistes auxquels Timocratès se serait joint selon Philodème et Alciphron n'ont rien à voir avec les épicuriens dissidents désignés comme σοφισταί chez Diogène Laërce (*cf.* Angeli **2**, p. 91).

Notice traduite de l'italien par Richard Goulet.

ANNA ANGELI.

157 TIMOLAOS DE CYZIQUE *RE* 1 IV^a

Académicien, disciple de Platon (D.L. III 46 et Philod., *Acad. hist.*, col. VI 1a).

Cf. 1 K. von Fritz, art. «Timolaos» 1, *RE* VI A 1, 1936, col. 1273 ; 2 A. Wörle, *Die politische Tätigkeit der Schüler Platons*, Darmstadt 1981, p. 159-160 ; 3 K. Trampedach, *Platon, die Akademie und die zeitgenössische Politik*, Stuttgart 1994, p. 62-64.

Selon Démocharès dans son plaidoyer pour l'interdiction des écoles de philosophie (fr. 1 Marasco, *ap*. Ath. XI, 509 a. *Cf.* aussi Diod. XVIII 51), Timolaos aurait tenté de s'emparer du pouvoir à Cyzique avec le concours du satrape de la Phrygie hellespontique Arrhidaios. Le texte des manuscrits d'Athénée : Τιμαῖος a été corrigé en Τιμόλαος (*cf.* von Fritz 1, col. 1273, 4 H. Berve, *Die Tyrannis bei den Griechen*, München 1967, t. II, p. 719, et Wörle 2, p. 161). La tyrannie de Timolaos doit être datée en 319^a. La chronologie de Timolaos demeure incertaine ; il était probablement né en 370^a (Wörle 2, p. 161).

TIZIANO DORANDI.

158 TIMOLAOS DE LARISSA *RE* 6 IV^a

Rhéteur, disciple d'Anaximène de Lampsaque et considéré par erreur comme cynique.

Timolaos est présenté ainsi par la *Souda, s.v.* Τιμόλαος, T 626, t. IV, p. 558, 10-11 Adler : Τιμόλαος, Λαρισσαῖος ἐκ Μακεδονίας, ῥήτωρ, Ἀναξιμένους τοῦ Λαμψακηνοῦ μαθητής. Eustathe, *in Od.* λ 521, p. 1697, 57 Stallbaum, le désigne comme Τιμόλαος ὁ Μακεδών, et dans *in Od., Prooem.* p. 1379, 48-49 Stallbaum, on lit : εἰ καί τις Τιμόλαος, ὁ εἴ τε Λαρισσαῖος εἴ τε Μακεδὼν εἴ τε καὶ ἄμφω. On peut donc supposer que ce rhéteur vécut à Larissa, ville de Thessalie, mais qu'il était originaire de Macédoine. Il eut pour maître le rhéteur Anaximène de Lampsaque (➡A 167), que la *Souda, s.v.* Ἀναξιμένης, A 1989, t. I, p. 179, 10-11 Adler, présente comme un disciple de Diogène de Sinope (➡D 147) et de Zoïlos d'Amphipolis (➡Z 32).

Par erreur W. Crönert, *Kolotes und Menedemos*, 1906, rp. Amsterdam, 1965, p. 11, n. 43^a, fait de Timolaos un «partisan» de Diogène le cynique. Signalant en effet les études poétiques de quelques «Anhänger» de Diogène, il cite : Zoïlos Homeromastix, Menandros Drumos (➡M 104), Timolaos de Larissa, et renvoie à F. Dümmler, *Kleine Schrifen*, t. I : *Zur griechischen Philosophie*, Leipzig 1901, p. 76. Mais voici ce que dit Dümmler à et endroit : «In Homeri interpretatione data opera non videtur elaborasse Diogenes cum grammaticorum studia despiceret, quamvis ex ejus institutione prodierint Zoilus Homeromastix, Menander ὁ ἐπικαλούμενος Δρῦμος θαυμαστὴς Ὁμήρου (Laert. Diog. VI 84), Aximenes, qui non solum ipse poetae operam dedit sed etiam discipulo Timolao Larissaeo studii Homerici auctor erat (cf. Usener Quaest. Anax. p. 17)». Dümmler dit seulement qu'Anaximène poussa son disciple Timolaos de Larisse à étudier Homère [cf. J. Brzoska, art. «Anaximenes» 3, *RE* I 2, 1894, col. 2086-2098, notamment col. 2097 : « A. seinerseits scheint seinen Schüler Timolaos für Homer interessiert zu haben, den Herausgeber von Τρωιχά, in denen er nach jedem Verse der Ilias einen eigenen einfügte (Suid. s. Τιμόλαος)] ». Timolaos est de fait l'auteur d'un ouvrage intitulé Τρωϊχόν dans la *Souda* (Τρωϊχά chez Eustathe, *in Od., Prooem.* p. 1379, 51 Stallbaum), où il insérait après chaque vers de l'*Iliade* un vers de son propre cru (*Souda, s.v.* Τιμόλαος, T 626, t. IV, p. 558, 11-12 Adler : παρενέβαλε τῇ Ἰλιάδι στίχον πρὸς στίχον καὶ ἐπέγραψε τὸ σύνταγμα Τρωϊχόν), ce qui fait dire à Eustathe, *in Od., Prooemium,* p. 1379, 54 Stallbaum qu'« il engraissait l'*Iliade* d'Homère en quelque sorte en la farcissant ». La *Souda, s.v.* Τιμόλαος, T 626, t. IV, p. 558, 12-16, cite six vers de l'ouvrage et indique que Timolaos avait à son actif d'autres écrits : ἔγραψε καὶ ἄλλα τινά. Sur Timolaos de Larisse et son Τρωϊχόν, voir Susemihl, *GGLA,* t. II, p. 462 et note 35ᶜ - 463 et note 35ᵈ.

Au total, aucun élément, en dehors de l'affirmation erronée de Crönert, ne permet de dire que Timolaos était un philosophe.

MARIE-ODILE GOULET-CAZÉ.

159 TIMON DE CHÉRONÉE *RE* 10 *PIR*² T 216   I-II

C'est sans fondement que K. Ziegler, « Plutarchs Ahnen », *Hermes* 82, 1954, p. 499-501, a supposé que Timon, présenté par Plutarque comme son frère et présent dans plusieurs passages de ses *Œuvres Morales,* était en réalité un demi-frère du philosophe. Certes, celui-ci a recours à la deuxième personne du pluriel, interpellant Timon et Patrocléas (qui faisait donc partie du même *génos*), lorsqu'il évoque les privilèges auxquels la famille, parce qu'elle est issue d'Opheltas et de Daiphantos, peut prétendre en Béotie et en Phocide (*Sur les délais de la justice divine,* 558 B) ; mais il répond simplement par là au réquisitoire que Timon vient de développer contre l'idée de la solidarité familiale, sur plusieurs générations, devant la faute : il veut suggérer à Timon que cette thèse remettrait en cause des droits auxquels lui-même, Timon, ne songerait pas à renoncer ; cela n'implique nullement que Plutarque, pour sa part, ne les revendique pas ni n'induit aucune critique de ces prétentions. Et si l'écrivain, lorsqu'il raconte, au début de la biographie de Cimon (*Vie de Cimon* 1-2), un épisode de l'histoire des Opheltiades de Chéronée, s'abstient de rappeler son appartenance à cette famille, c'est vraisemblablement parce que le rôle joué par le personnage en question a été catastrophique pour la cité. L'interpellation de Timon est justifiée aussi par sa récente prise de position sur une question analogue, lorsqu'il a soutenu Plutarque qui défendait une requête des Lycormiens et des Satiliens : il s'agit certainement d'une séance du Conseil Amphictionique, ce qui permet de conclure que Timon était hiéromnémon. Il n'y a donc pas lieu de douter de la relation de parenté entre Plutarque et Timon et l'on peut à peu près sûrement préciser, avec J. Sirinelli, *Plutarque,* Paris 2000, p. 30, que Timon était plus jeune que l'écrivain : le passage du traité *Sur l'amour fraternel* (487 D) où Plutarque exprime avec chaleur l'affection qui le lie à son frère s'inscrit dans un développement traitant de l'influence des aînés sur leurs cadets. On n'est donc pas surpris de voir, au fil des *Œuvres Morales*, Timon marcher sur les traces de son frère. S'il se montre un interlocuteur cultivé, sans plus, dans l'atmosphère familiale des *Propos de Table* I 2, 3 et 5, ses interventions ont un contenu plus philosophique dans le traité *Sur les délais de la justice divine* et il était présent aussi, comme le montre le fragment conservé par Stobée (*De anima*, 177 et 178), dans le traité *Sur l'âme*. En dehors de l'œuvre de Plutarque, on a peut-être une mention de Timon dans une lettre de Pline le Jeune (I 5, 5) : c'est sur recommandation d'Arulenus Rusticus (➠R 15) que celui-ci avait assisté dans un procès une certaine Arrionilla, femme de Timon ; or Plutarque était bien connu d'Arulenus Rusticus.

BERNADETTE PUECH.

160 TIMON DE PHLIONTE *RE* 13 ca 325ª-235ª

Poète et philosophe sceptique, disciple de Pyrrhon d'Élis (➠P 327).

Témoinages et fragments

Éditions critiques : **1** H. Diels, *Poetarum Philosophorum Fragmenta*, Berlin 1901, p. 182-206 ; **2** H. Lloyd-Jones et P. Parsons (édit.), *Supplementum Hellenisticum*, coll. « Texte und Kommentare » 11, Berlin/New York 1983, p. 368-395 (= fr. 775-848, abrévié *SH*) ; **3** H. Lloyd-Jones (édit.), *Supplementum Supplementi Hellenistici*, coll. « Texte und Kommentare » 26, Berlin/New York 2005, p. 97-103 (= fr. 775-848).

Texte avec commentaire en latin : **4** C. Wachsmuth, *Sillographorum Graecorum Reliquiae*, Leipzig 1885, p. 86-187.

Texte, traduction italienne et commentaire : **5** M. Di Marco (édit.), *Timone di Fliunte, Silli*. Introduzione, edizione critica, traduzione e commento, Roma 1989 ; **6** F. Decleva Caizzi, *Pirrone Testimonianze*, coll. « Elenchos » 5, Napoli 1981, contient 21 fragments déjà présents dans Diels **1** (voir la table de correspondance, p. 294-295).

Fragments choisis avec traduction en anglais et commentaire : **7** A. Long et D. Sedley, *The Hellenistic Philosophers*, Cambridge 1987, contient les fr. 775, 779, 785, 802, 808, 810, 812, 818, 819, 820, 825 *SH*, t. I, p. 22-24 (traductions), t. II, p. 13-17 (textes).

Bibliographies. La seule bibliographie détaillée consacrée exclusivement à Timon est celle de Di Marco **5**, p. 59-64. Pour des références importantes incorporées dans des bibliographie générales sur Pyrrhon et l'ancien scepticisme, voir **8** R. Bett, *Pyrrho, his Antecedents and his Legacy*, Oxford 2000, p. 241-248 ; **9** L. Ferraria et G. Santese, « Bibliografia sullo scetticismo antico, 1880-1978 », dans **10** G. Giannantoni (édit.), *Lo scetticismo antico : Atti del convegno organizzato dal Centro di Studio del Pensiero Antico del CNR, Roma 5-8, Novembre 1980*, coll. « Elenchos » 6, Napoli 1981, t. II, p. 753-850, notamment p. 761 et 850 ; Decleva Caizzi **6**, p. 17-26 ; Long et Sedley **7**, t. II, p. 478-480 ; **11** M. Dal Pra, *Lo Scetticismo greco*, Roma/Bari 1950, 1975², t. II, p. 549-563 ; **12** M. Conche, *Pyrrhon ou l'apparence*, Paris 1994, p. 307-317.

Sources biographiques anciennes

A. Sources conservées : (1) Diogène Laërce (☞D 150), IX 109-116 = T 1 M. Di Marco **5**, p. 67-68 ; (2) la *Souda* (☞S 141) *s.v.* Τίμων, T 631, t. IV, p. 558, 26-28 Adler = T 4 Di Marco **5**, p. 69 = 49 A Decleva Caizzi **6**, p. 53.

B. Sources perdues citées par Diogène Laërce : (3) Apollonidès de Nicée (☞A 259) dans le premier livre de son commentaire Εἰς τοὺς Σίλλους, D. L. IX 109 ; **13** J. Barnes, « Diogenes Laertius IX 61-116 : The Philosophy of Pyrrhonism », dans *ANRW* II 36, 6, Berlin 1992, p. 4243-4244 ; (4) Sotion <d'Alexandrie> (☞S 139), qui rédigea également un commentaire sur les *Silles*, D. L. IX 110, 112 et 115 ; Athénée, *Deipnosophistes*, 336 D = Fr. 31-33 dans **14** F. Wehrli, *Die Schule des Aristoteles*, Suppl. 2, Basel/Stuttgart 1978, p. 29 (texte) et p. 63-64 (commentaire) ; (5) Antigone <de Caryste> (☞A 193), D. L. IX 110-112 = **15** T. Dorandi (édit.), *Antigone de Caryste : Fragments*, *CUF*, Paris 1999, Test. 5-7, p. 6 (texte) et p. LII-LIII (commentaire), **16** U. von Wilamowitz-Moellendorff, *Antigonos von Karystos*, coll. « Philologische Untersuchungen » 4, Berlin 1881, réimpr. Berlin/Zürich 1965, p. 41-44 ; (6) Hiéronymos <de Rhodes>, « le Péripatéticien » (☞H 129), D. L. IX 112 = fr. 7 dans F. Wehrli **14**, t. X, 1959, 1969[2], p. 10 (texte) et p. 30 (commentaire) ; (7) Ménodote <de Nicomédie> (☞M 133), D. L. IX 115 = *FGrHist* 541 F 4, t. III B, p. 526 (texte), t. III b, p. 272-274 (commentaire) ; **17** V. Brochard, *Les Sceptiques grecs*, Paris 1887, 1923[2], p. 311-313 et 365-369 ; **18** K. Deichgräber, *Die griechische Empirikerschule : Sammlung und Darstellung der Lehre*, Zürich 1930, 1965[2], p. 18-19, 212-214, 264-265 ; (8) Hippobote (☞H 148), D. L. IX 115 = Fr. 22 dans **19** M. Gigante, « Frammenti di Ippoboto. Contributo alla storia della storiografia filosofica », dans A. Mastrocinque (édit.), *Omaggio a Piero Treves*, Padova 1983, p. 193.

Chronologie. Les dates exactes de la naissance et de la mort de Timon sont inconnues et celles qui ont été données dans l'intitulé de la présente notice (*ca* 325[a]-235[a]), habituellement retenues par les historiens (Brochard **17**, p. 79 ; **20** A. Goedeckemeyer, *Die Geschichte des griechischen Skeptizismus*, Leipzig 1905, p. 19-22 ; **21** L. Robin, *Pyrrhon et le scepticisme grec*, Paris 1944, p. 27-28 ; Dal Pra **11**, t. I, p. 87-93), sont fondées sur deux présupposés : le premier que Timon vécut presque 90 ans (D. L. IX 112), le second qu'il survécut à Arcésilas de Pitane (☞A 302, mort en 241[a]) pour qui il écrivit un poème intitulé le *Banquet funèbre d'Arcésilas* (τὸ Ἀρκεσιλάου περίδειπνον, D. L. IX 115). Cette datation rend compte de ses études auprès de Pyrrhon (mort vers 275-270[a]) ainsi que des rapports qu'il entretenait avec Antigone Gonatas (☞A 194, roi de Macédoine 283-239) et Ptolémée II Philadelphe (roi d'Égypte 285-246). Certains historiens, à la suite de Wachsmuth **4**, p. 13, situent la mort de Timon un peu plus tard de façon à ce qu'elle soit postérieure à la mort de Cléanthe (☞C 138, mort en 230/229) qu'il mentionne dans ses *Silles* (fr. 815 *SH* = 41 Diels). Voir Di Marco **5**, p. 4.

Données biographiques. Nous devons à Diogène Laërce de connaître les principaux événements de la vie de Timon (D. L. IX 109-116). Il était originaire de Phlionte au nord-est du Péloponnèse. Son père s'appelait Timarque. S'étant retrouvé orphelin dès son plus jeune âge, il fut employé comme danseur dans un chœur avant de partir étudier avec le philosophe Stilpon (➨S 163) à Mégare. Sur le chemin de Delphes, il rencontra Pyrrhon d'Élis, le premier philosophe sceptique, et eut l'inspiration de devenir son élève (Aristoclès *apud* Eusèbe, *Praep. Evang.* XIV 18, 15). Il déménagea avec sa femme et ses enfants à Élis, mais par la suite il partit pour gagner sa vie comme un sophiste itinérant (dans l'Hellespont et en Propontide), avant finalement de s'établir à Athènes. Il fut en rapport avec plusieurs personnalités importantes de son époque, notamment des rois (Antigone Gonatas et Ptolémée II, D. L. IX 110), des philosophes, dont Arcésilas de Pitane (➨A 302), fondateur de l'Académie "sceptique" (D. L. IX 114-115) et son successeur Lacydès [➨L 11] (Athénée, *Deipnosophistes*, 438 A), ainsi que des figures littéraires comme l'orateur Zopyre (D. L. IX 114), les poètes tragiques Alexandre (d'Étolie) et Homère (de Byzance) avec lesquels il partagea des sujets de tragédie, et le poète Aratos de Soles (➨A 298) qu'il conseilla dans le choix d'un texte fiable d'Homère (D. L. IX 113). Diogène rapporte qu'il n'avait qu'un seul œil puisqu'il s'appelait lui-même un « Cyclope » (D. L. IX 112), mais il pourrait s'agir d'une interprétation trop littérale d'un trait d'esprit de Timon (mais voir aussi D. L. IX 114). Diogène (IX 115) fait également état d'un désaccord de la tradition concernant les élèves de Timon : Ménodote aurait prétendu qu'il n'en avait eu aucun, tandis qu'Hippobote et Sotion lui en prêtaient quatre : Dioscouridès de Chypre (➨D 203), Nicolochos de Rhodes (➨N 48), Euphranor de Séleucie (➨E 130) et Praÿlos de Troade (➨P 275).

Œuvres

Prose :

(1) Περὶ αἰσθησέων, *Sur les sens,* dont un fragment est conservé : « Je n'affirme pas que le miel est doux, mais je reconnais qu'il semble l'être » (D. L. IX 105 = 74 Diels) ; **22** F. Decleva Caizzi, « Timon di Fliunte : I frammenti 74, 75, 76 Diels », dans *La storia della filosofia come sapere critico : Studi offerti a Mario Dal Pra,* Milano 1984, p. 92-105.

(2) Πρὸς τοὺς φυσικούς, *Contre les physiciens,* qui contenait apparemment une discussion à propos des arguments tirés d'hypothèses (Sextus Empiricus, *A. M.* III 1-2 = 75 Diels), mais dont ne subsiste aucun fragment. Wachsmuth **4**, p. 29, a suggéré qu'une déclaration énigmatique à propos de l'indivisibilité du temps (Sextus Empiricus, *A. M.* X 197 = 76 Diels) provenait également de cet ouvrage, mais l'attribution ne peut être démontrée. Voir Decleva Caizzi **22**.

(3) Τὸ Πύθων, *Le Python,* dans lequel Timon raconte sa première rencontre avec Pyrrhon (77-81 Diels), décrit l'« admirable disposition de son maître (D. L. IX 67) et explique l'un de ses principaux arguments, connu sous la formule οὐδὲν μᾶλλον, « rien de plus (en ceci qu'en cela) », ce qui signifierait, selon Timon, « ne prononcer aucun jugement et ne pas donner son assentiment » (D. L. IX 76 = 80 Diels et T 54 Decleva Caizzi **6**, p. 55 (texte) et p. 234-236 (commentaire)) ; **23** P. De Lacy, « Οὐ μᾶλλον and the Antecedents of Ancient Scepticism », *Phro-*

nesis 3, 1958, p. 59-71. Un court compte rendu hostile du *Python* est donné par le péripatéticien Aristoclès de Messine (➙A 369) dans le huitième livre de son ouvrage *Sur la philosophie*, dont des extraits sont conservés dans la *Préparation Évangélique* d'Eusèbe de Césarée (➙E 156), XIV 18, 14-15 = T 52 Decleva Caizzi **6**, p. 54 avec un commentaire p. 216-218 = F 4, 14-15, **24** M. Chiesara (édit.), *Aristocles of Messene : Testimonia and Fragments*, edited with translation and commentary, Oxford 2001, p. 24-25 (texte) et p. 125-127 (commentaire). Aristoclès fournit également en résumé la présentation que donnait Timon des idées de Pyrrhon concernant l'état d'esprit nécessaire pour parvenir au bonheur ou à l'*eudaimonia* (Aristoclès *apud* Eusèbe, *Praep. Evang.* XIV 18, 1-4 = T 53 Decleva Caizzi **6**, p. 54-55 (texte) et p. 218-234 (commentaire) ; F 4, 1-4 Chiesara **24**, p. 20 (texte) et p. 87-109 (commentaire), mais il n'est pas certain que ces développements soient empruntés au *Python*. Le passage est longuement discuté dans Bett **8**, p. 14-29, et dans **38** C. Beckwith, « Pyrrho's Logic : A Re-examination of Aristocles' Record of Timon's Account », *Elenchos* 32, 2011, p. 287-327.

(4) τὸ Ἀρκεσιλάου περίδειπνον, *Le banquet funèbre d'Arcésilas* (D. L. IX 115) écrit pour ou à propos d'Arcésilas de Pitane (➙A 302), fondateur de la Moyenne Académie et familier de Timon. Aucun fragment n'est conservé.

Poésie :

Trente comédies, soixante tragédies, des poèmes épiques, des drames satyriques et des *cinaedi* (D. L. IX 110), le tout entièrement disparu.

(5) Ἰνδαλμοί, *Images*. Sur la signification du titre, voir **25** J. Brunschwig, « Le titre des "Indalmoi" de Timon : d'Ulysse à Pyrrhon », dans *Hommage à Henry Joly = RechPhilosLang* 12, 1990, p. 83-99, repris dans *Études sur les philosophies hellénistiques. Épicurisme, stoïcisme, scepticisme*, Paris 1995, p. 271-287, et, en version anglaise, sous le titre « The title of Timon's *Indalmoi* : from Odysseus to Pyrrho », dans *Papers in Hellenistic Philosophy*, translated by Janet Lloyd, Cambridge 1994, p. 212-223. Il s'agissait peut-être d'une collection d'images de Pyrrhon illustrant la philosophie sceptique dans la pratique. Trois fragments en vers élégiaques sont conservés. Dans l'un des passages, quelqu'un, peut-être Timon, demande à Pyrrhon comment il maintient sa tranquilité d'esprit digne des dieux (841 *SH* = 67 Diels = T 61 A-D Decleva Caizzi **6**, p. 58-60 avec un commentaire p. 252-255). Un second fragment semble correspondre au début de la réponse de Pyrrhon (842 *SH* = 68 Diels = T 62 Decleva Caizzi **6**, p. 60-61 (texte) et p. 255-262 (commentaire). Pour un examen du passage, voir **26** M. Burnyeat, « Tranquillity without a Stop : Timon, Frag. 68 », *CQ* n.s. 30, 1980, p. 86-93. Un troisième fragment concerne le pouvoir des apparences (843 *SH* = 69 Diels = T 63A Decleva Caizzi **6**, p. 61 (texte) et p. 262-264 (commentaire). Sur « l'atmosfera ieratica e sapienziale » des rencontres entre Timon et Pyrrhon, voir **27** G. Ferrari, « L'immagine dell' equilibrio », dans Giannantoni **10**, p. 337-370.

(6) Σίλλοι, *Silles* (775-840 *SH* = 1-66 Diels), une parodie en trois livres dont 65 fragments (133 hexamètres) sont conservés. Sur l'étymologie du titre, voir Di Marco **5**, p. 15-17. Selon Diogène Laërce IX 111, Timon est lui-même le narra-

teur du premier livre, alors que dans le deuxième et le troisième il se met en scène interrogeant Xénophane de Colophon (**➤+X 15**) à propos de différents philosophes. Sur l'utilisation de Xénophane par Timon voir **28** E. Vogt, « Des Timon von Phleius Urteil über Xenophanes », *RhM* 107, 1964, p. 295-298. **29** A. Meineke, *Philologicarum exercitationum in Athenaei Deipnosophistas specimen primum*, Berlin 1843, p. 6, fut le premier à remarquer qu'une partie du poème, sinon sa totalité, se situait dans les Enfers et qu'il s'agissait d'une sorte de *nekyia* dans laquelle Timon et Xénophane voyaient les fantômes de philosophes décédés et parfois s'entretenaient avec eux (Wachsmuth **4**, p. 39-42). Sur les antécédents homériques et le développement de la *nekyia* dans les *Silles*, voir **30** W. Ax, « Timons Gang in die Unterwelt. Ein Beitrag zur Geschichte der antiken Literaturparodie », *Hermes* 119, 1991, p. 177-193. Le poème semble avoir été organisé en diverses scènes, dont l'une représentait les philosophes en train de se battre entre eux comme le faisaient les héros homériques, une autre dans laquelle ils vendaient leurs théories philosophiques sur la place du marché et une troisième où les philosophes apparaissaient comme des poissons (interprétation réfutée toutefois par **31** M. Billerbeck, « Faule fische. Zu Timon von Phleius und seiner Philosophensatire », *MH* 44, 1987, p. 127-133). Aucun des grands noms philosophiques antérieurs à ou contemporains de Timon n'échappe à son esprit satirique, mais voir **32** A. Long, « Timon of Phlius : Pyrrhonist and Satirist », *PCPhS* n.s. 24, 1978, p. 68-91, notamment p. 78-83, sur le subtil dosage du venin de Timon. Le poème dans son ensemble offre un point de vue authentiquement sceptique sur la philosophie et le débat philosophique. Des commentaires sur les *Silles* ont été écrits dans l'antiquité par Apollonidès de Nicée (D. L. IX 109), qui avait dédié son ouvrage à l'empereur Tibère, et par Sotion (Wehrli **14**, Suppl. II, fr. 31-33, p. 29 ; comm. p. 63-64). Aucun des deux n'a été conservé.

Études d'orientation. Sur Timon : **33** W. Nestle, art. « Timon » 13, *RE* XII 2, 1937, col. 1301-1303 ; Long **32** ; De Marco **5**, Introduzione, p. 1-56 ; Dal Pra, **11**, p. 83-111 ; **34** G. Voghera, *Timone di Fliunte e la poesia sillografica*, Padova/ Verona 1904. Sur Pyrrhon et le scepticisme originel, avec des références ponctuelles à Timon : **35** G. Ferrari, « Due fonti sullo scetticismo antico (Diog. Lae. IX, 66-108 ; Eus., *Praep. Ev.*, XIV, 18, 1-20) », *SIFC* 40, 1968, p. 200-224 ; Barnes **13**, p. 4241-4301 ; Bett **8** ; Brochard **17** ; Conche **12** ; Decleva Caizzi **6** ; **36** J.-P. Dumont, *Le Scepticisme et le phénomène*, Paris 1985 ; Giannantoni **10** ; Goedeckemeyer **20** ; Long et Sedley **7** ; Robin **21** ; **37** Dee L. Clayman, *Timon of Phlius. Pyrrhonism into poetry*, coll. « Untersuchungen zur antiken Literatur und Geschichte » 98, Berlin 2009, X-261 p.

Traduit de l'anglais par Richard Goulet.

DEE L. CLAYMAN.

161 TIMON LE MISANTHROPE *RE* 12   Vᵃ-IVᵃ

Timon d'Athènes, le misanthrope, philosophe à en croire la *Souda*, contemporain de Platon, que l'ingratitude de ses concitoyens amena à se détourner de toute école philosophique, est devenu peu à peu un personnage de légende incarnant le type même du misanthrope.

Datation. Selon Plutarque, *Vie d'Antoine* 70, 1 : « Timon était un Athénien qui vécut en gros au temps de la guerre du Péloponnèse ([ὃς] καὶ γέγονεν ἡλικίᾳ μάλιστα κατὰ τὸν Πελοποννησιακὸν πόλεμον), comme on peut en juger à partir des pièces d'Aristophane et de Platon ». Timon fut de fait un sujet de prédilection pour les auteurs comiques des Vᵉ et IVᵉ siècles : Phrynichos dans son *Monotropos*, Aristophane dans les *Oiseaux* et *Lysistrata*, Platon le comique mais aussi Antiphane (1ʳᵉ moitié du IVᵉ s.), qui, une cinquantaine d'années après la mort du philosophe, écrivit un *Timon*, à ce que rapporte Athénée, *Deipnosophistes* VII, 309 D.

Vie et légende

La question de l'authenticité des témoignages sur Timon soulève de grandes difficultés. En effet le chœur des femmes dans *Lysistrata* (vv. 809-820) semble envisager Timon comme un personnage de légende. On y relève la formule : Τίμων ἦν τις et le fait que le chœur veut raconter μῦθόν τινα, une histoire. C'est comme si Timon était déjà pour la comédie ancienne un personnage du passé, qui commençait à devenir une « typische Figur » (cf. **1** F. Bertram, *Die Timonlegende. Eine Entwicklungsgeschichte des Misanthropentypus in der antiken Literatur*, Heidelberg 1906, p. 7-8). Dès l'époque d'Aristophane il était en fait devenu matière à proverbe (cf. l'expression, dans la bouche de Prométhée, *Oiseaux*, v. 1549 : Τίμων καθαρός, « un pur Timon ») [cf. **2** Th. Lenschau, art. « Timon » 12, *RE* VI A 2, 1938, col. 1300].

Timon était le fils d'Échécratidès du dème de Kollytos (Lucien, *Timon* 7 et 50 ; Alciphron, *Lettres* II 32 ; *Souda, s.v.* Κολυτεύς, K 1978 ; t. III, p. 148, 11-12 Adler), le dème d'où était peut-être originaire Platon (Diogène Laërce III 3) [Bertram **1**, p. 61-62, estime que ces détails ont été inventés par Lucien]. En raison de l'ingratitude de certains de ses concitoyens qui avaient reçu de lui des bienfaits mais s'étaient néanmoins montrés méchants à son endroit (cf. Aristophane, *Lysistrata*, v. 815 : ἀνδράσι πονηροῖς ; Alciphron II 32 : ἐκ φιλανθρώπου μισάνθρωπος ἐγένετο ; Lucien, *Timon* 8), Timon choisit de s'enfuir dans la solitude devant les portes d'Athènes. Le chœur des femmes dans *Lysistrata*, vv. 809-811, le présente ainsi : « Il y avait un certain Timon, sans domicile, bien entouré de piquants qui le rendaient inaccessible à la vue, un rejeton des Érinyes ».

La *Vie* anonyme *de Platon* (p. 7, 53 - 8, 5 dans l'appendice, par A. Westermann, à *Diogenis Laertii De clarorum philosophorum vitis, dogmatibus et apophthegmatibus libri decem*, recensuit C. G. Cobet, Paris 1850) indique en outre que Platon installa son école près du lieu où séjournait Timon, lequel, malgré sa misanthropie, acceptait volontiers la compagnie du philosophe. On trouve un récit identique dans les *Prolégomènes à la philosophie de Platon*, 4, 18-22, p. 7 Westerink. Voir aussi Olympiodore (1re moitié du VIe s.) commentant le *Premier Alcibiade* de Platon, *in Alc.* 2, 147, p. 5 Westerink (μόνῳ τῷ Πλάτωνι ἐνταῦθα Τίμων ὁ μισάνθρωπος συνῆν).

Mais un jour, selon Néanthe de Cyzique [➭N 10], (dans son Περὶ ἐνδόξων ἀνδρῶν?) cité par la *Souda*, *s.v.* Ἀπορρῶγας, A 3508, t. I, p. 317, 4-5 Adler, et par un scholion à *Lysistrata*, v. 808, Timon tomba d'un poirier et devint boîteux. Il mourut, car il ne voulut laisser aucun médecin s'approcher de lui, alors que ses chairs se décomposaient. Selon Bertram **1**, p. 32, cette fin légendaire est fondée uniquement sur la personnalité particulière de Timon et le fait d'être boîteux serait un trait typique de la figure du misanthrope (p. 35). On pourrait penser en effet que si Timon avait été réellement boîteux, les comiques contemporains auraient fait allusion à cette infirmité ; or ce n'est pas le cas.

Selon Plutarque (*Vie d'Antoine* 70, 6-7), il fut enterré à Halai, un dème attique, près de la mer (Néanthe, cité dans le scholion à *Lysistrata*, v. 808, précise que son tombeau était sur la route qui va du Pirée à Zôster et Sounion), mais « la partie du rivage qui formait saillie s'éboula et les flots entourèrent le tombeau, qui fut ainsi isolé et devint inaccessible. On y lisait cette inscription : "Ici je repose, l'âme brisée sous un lourd destin. Vous ne saurez pas mon nom. Puissiez-vous, misérables que vous êtes, périr misérablement" » (trad. Flacelière et Chambry). La *Souda*, *s.v.* Τίμων, T 632, t. IV, p. 558,30-559,5 Adler, reprend également tous les détails concernant la mort de Timon et son tombeau.

Autour du personnage se sont greffées un certain nombre d'anecdotes, par exemple ses démonstrations de sympathie envers Alcibiade (Plutarque, *Vie d'Antoine* 70, 2 ; *Vie d'Alcibiade* 16, 9), son repas avec Apémantos, qui lui ressemblait et imitait son genre de vie (*Vie d'Antoine* 70, 3 ; voir aussi D. L. I 107 qui associe Timon et Apémantos en tant que misanthropes) ou sa déclaration devant l'Assemblée des Athéniens (*Vie d'Antoine* 70, 4-5).

C'est chez Callimaque, *Épigrammes* 3 et 4, qu'apparaît pour la première fois le qualificatif de « misanthrope » auquel fera écho bien plus tard la formule de Cicéron : *odium generis humani* (*Tusc.* IV 27) qu'on retrouve chez Pline l'Ancien, quand celui-ci donne une liste de philosophes qualifiés par les Grecs d'ἀπαθεῖς : « Diogenem Cynicum, Pyrrhonem, Heraclitum, Timonem, hunc quidem etiam in totius odium generis humani evectum » (*H.N.* VII 19).

Timon eut au moins deux émules : un contemporain, Apémantos, cité par Plutarque (*Vie d'Antoine* 70, 3), et Antoine lui-même qui, après Actium (31 av. J.-C.), se fit construire à Pharos en Égypte un Τιμώνιον, dans lequel il voulut mener une vie à la Timon, à l'écart de ses faux amis (Strabon XVII 9).

On apprend par Pausanias I 30, 4, qu'il y avait à son époque, c'est-à-dire au second siècle de notre ère, une vieille tour à proximité de l'Académie, qu'on considérait comme la tour de Timon (Aristophane, *Grenouilles*, v. 130, évoquait une haute tour près du Céramique – là où se trouve la Porte de Dipylon par où passe la route qui conduit à l'Académie. Mais selon Bertram **1**, p. 57, cette tour ne peut avoir été construite par Timon. Par conséquent si elle existait en 405[a], date des *Grenouilles*, elle n'était pas encore mise en relation avec Timon).

Misanthropie

Cf. **3** P. Photiadès, « Le type du misanthrope dans la littérature grecque », *CE* 34, 1959, p. 305-326, qui analyse le type historique de Timon et le type idéal de Cnémon dans le *Dyskolos* de Ménandre, leurs ressemblances et leurs divergences, leur développement et leur contamination plus tardive ainsi que leurs adaptations postérieures ; **4** W. Schmid, « Menanders Dyskolos und die Timonlegende », *RhM* 102, 1959, p. 157-182, qui montre que Lucien a beaucoup utilisé dans son *Timon* le *Dyskolos* de Ménandre, et son personnage de misanthrope : Cnémon.

Les premières attestations de la misanthropie de Timon remontent à la comédie ancienne. Phrynichos, dans sa comédie *Monotropos* (Ol. 91,2 = 415/414), fait parler ainsi son héros (Kock, p. 575 ; Meineke, p. 587) : ζῶ δὲ Τίμωνος βίον, | ἄγαμον, ἄδουλον, ὀξύθυμον, ἀπρόσοδον, | ἀγέλαστον, ἀδιάλεκτον, ἰδιογνώμονα, « Je vis une vie de Timon : | je ne suis pas marié, je n'ai pas d'esclave, je suis prompt à la colère, je ne me laisse pas aborder, | je ne ris pas, je ne parle avec personne, je m'en tiens à mes propres opinions ». La même année furent représentés les *Oiseaux* d'Aristophane, où la formule Τίμων καθαρός, « un pur Timon », confirme que le personnage était déjà devenu proverbial. Sa misanthropie était faite de méfiance, d'aigreur, de misogynie, de goût pour l'isolement et d'agressivité envers les autres.

L'auteur de la *Lettre* 24 des Socratiques, attribuée à Platon, p. 626 Hercher, et mentionnée par Bertram **1**, p. 15, explique que la philosophie l'a conduit à haïr le contact de la foule et à adopter le comportement qui fut celui de Timon : « c'est pourquoi je me suis éloigné de la cité, comme d'une prison de bêtes sauvages, et je vis non loin d'Iphistiadès et de ses alentours ; j'ai compris que Timon n'était pas un misanthrope, mais ne trouvant pas d'hommes, il ne pouvait aimer des bêtes ; aussi vivait-il seul avec lui-même ». Il est possible qu'au départ la misanthropie de Timon ait été limitée, avec une cause précise, mais que peu à peu pour les générations qui suivirent, Timon soit devenu le misanthrope absolu, ennemi de l'humanité en général, qui n'habitait plus à Athènes ou aux portes d'Athènes comme chez Aristophane mais qui s'était éloigné de la cité. La légende de sa misanthropie absolue s'est sans doute construite progressivement, le personnage historique devenant peu à peu un être mythique incarnant le type du misanthrope. Cicéron, *De amicitia* 87, parle à son propos d'*asperitas*, « âpreté », et d'*immanitas*, « sauvagerie ». Favorinus rapporte de lui ce dit qui illustre sa profonde misanthropie : « Timon le misanthrope à qui l'on demandait : "pourquoi hais-tu à ce point tous les hommes ?" répondit : "Parce qu'il est raisonnable que je haïsse les méchants ; quant aux autres, je les hais parce qu'ils ne haïssent pas les méchants" » (*Corpus Parisinum* 371 Elter = fr. 118 Barigazzi). L'auteur de la *Vie anonyme de Platon*, p. 8, 6-10 Westermann, et les *Prolégomènes à la philosophie de Platon*, p. 7, 22-

28 Westerink, citent en outre deux épigrammes qui étaient sur la tombe de Timon et témoignaient également de sa misanthropie (on les retrouve dans *Anth. Pal.* VII 313 et 316).

A lire Aristophane, on pourrait croire que Timon, ennemi des hommes, était devenu en sus ennemi des dieux. En effet, dans les *Oiseaux*, vv. 1547-1549, quand Prométhée se présente comme celui qui hait tous les dieux et qui est haï des dieux, il se définit comme un « pur Timon ». Cependant un *scholion* au v. 1548 invite, sans doute avec raison, à comprendre différemment le vers qu'il commente : Prométhée hait les dieux tout comme Timon hait les hommes (*cf.* Bertram **1**, p. 4-5).

Un philosophe sans école

Selon la *Souda*, *s.v.* Τίμων, T 630, t. IV p. 558, 24-25 Adler, Timon était un philosophe qui s'était détourné de toute école : Τίμων ὁ μισάνθρωπος, καὶ αὐτὸς φιλόσοφος, ἀποστρεφόμενος πᾶσαν αἵρεσιν. Le fait qu'il ait été seul aux côtés de Platon lorsque ce dernier fonda l'Académie invite à penser qu'il fut au départ proche de Platon (*cf.* Olympiodore, *in Alc.* 2, 147, p. 5 Westerink).

Peu à peu cependant il semble qu'on ait voulu faire de lui un philosophe cynique. **5** E. Piccolomini, *Sulla leggenda di Timone il Misantropo*, dans *Studi di filologia greca*, Torino 1882, t. I 3, p. 280-281, qui s'appuie sur **6** W. Binder, *Über Timon den Misanthropen*, Ulm 1856, p. 3, suppose que dans le passage de Pline, *H.N.* VII 19, qui range Timon aux côtés de Diogène (➤D 147), Pyrrhon (➤P 327) [dont Timon fut l'élève] et Héraclite (➤H 64) parmi les Grecs ἀπαθεῖς, il y a une confusion entre Timon de Phlionte le sceptique [➤T 160] (325-235) et Timon le misanthrope, et que suite à cette confusion on aurait fait de Timon un philosophe, une qualification qui n'est pas attestée dans les témoignages les plus anciens sur le personnage. De fait il était facile de confondre les deux Timon, comme le montrent certains traits de la vie de Timon de Phlionte dans Diogène Laërce IX 110 (il est présenté comme privé de ressources et comme ayant exercé ses talents de sophiste [σοφιστεύων] à Chalcédoine) et 113 (selon le péripatéticien Hiéronymos, il fait partie de ceux qui vont à la chasse aux élèves en les fuyant). Enfin il vécut longtemps à Athènes où il mourut de même que son homologue.

Bertram **1**, p. 38-43, présente une autre explication pour le Timon cynique : peu de temps après la mort de Timon, Antisthène (➤A 211) fonda l'école cynique, qui introduisit à Athènes des gens portant le petit manteau du philosophe et adoptant un comportement proche de celui de Timon à l'égard des normes et de la misanthropie. Il cite Stobée III 10, 53 ; t. III, p. 421, 15-17 Hense, où Timon dit que les sources des maux sont l'ἀπληστία, le « désir insatiable », et la φιλοδοξία, l'« amour de la gloire », une opinion qui aurait bien convenu à un représentant de la sagesse cynique. Il cite également Sénèque, *Ep. ad Lucilium* 18, 7, lequel invite Lucilius à imiter tous les mois la pauvreté afin d'être prêt, grâce à cet apprentissage répété et préventif, à affronter la vraie pauvreté si un jour elle se présente. Sénèque précise qu'il ne pense pas aux « Timoneae cenae », aux « repas à la Timon » ni aux « pauperum cellae », les « cellules des pauvres », qu'il semble assimiler à des amusements de riches, mais à une épreuve véritable. Bertram voit dans l'évocation de ces «repas à la Timon» le signe d'un transfert sur Timon des caractéristiques du philosophe cynique. Il trouve une confirmation de son hypothèse dans *Anth. Pal.* VII 319, où Timon apparaît comme un chien prêt à mordre Cerbère, le chien des Enfers. Bertram a raison de penser que Timon, philosophe cynique, est une construction qui ne correspond pas à la réalité, ce qui d'ailleurs n'enlève pas toute valeur au témoignage de la *Souda* qui fait de Timon un philosophe sans école.

Réception

Lucien a écrit son dialogue *Timon ou le Misanthrope* pendant sa période ménippéenne; toutefois on ne range pas le *Timon* dans cette série même si la couleur ménippéenne du dialogue ne fait pas de doute (cf. **7** Helm, *Lucian und Menipp*, Leipzig 1906, p. 182-190). Lucien y est influencé par la Comédie ancienne, notamment par le *Ploutos* d'Aristophane avec l'opposition Ploutos/Pénia, mais aussi par la Comédie nouvelle telle qu'on la rencontre chez Philémon ou Ménandre (cf. **8** J. Schwartz, *Biographie de Lucien de Samosate*, coll. «Latomus», 83, Bruxelles 1965, p. 37-47). **9** J. Bompaire dans son édition, *Œuvres, Opuscules 21-25*, *CUF*, Paris 2003, p. 260, écrit : « On notera cependant que le *Timon* de Lucien n'a pas une réelle personnalité et est une sorte de cynique lui-même. Il affiche encore après la découverte du trésor "rudesse, grossièreté, colère, ἀπανθρωπία", voire une réelle cruauté. Il veut vivre seul comme les loups (42-44). C'est conforme à une évolution générale vers l'annexion du personnage de Timon par les cyniques (F. Bertram, *Die Timonlegende*, p. 39 *sq*.) ; une épigramme alexandrine en fait même un chien qui peut mordre Cerbère ». Sur l'influence du *Timon* de Lucien, voir Bompaire **9**, p. 266-269, qui fournit une bibliographie sur cet ouvrage et son influence, p. 274-275.

Au milieu du IVe s., Libanios proposa l'exercice rhétorique (μελέτη) suivant : Τίμων ἐρῶν Ἀλκιβιάδου ἑαυτὸν προσαγγέλλει, «Timon s'accuse d'aimer Alcibiade» (*Déclamations* XII). Dans un même personnage se retrouvent ainsi paradoxalement mêlés la misanthropie poussée jusqu'à la caricature et l'amour pour Alcibiade (➙A 86), lequel refuse cet amour. Objet de moqueries, Timon chez Libanios estime mériter la mort à cause de son inconséquence.

Parmi les œuvres centrées sur le personnage de Timon (cf. **1** *Bibliothèque universelle ancienne et moderne*, t. 46, Paris 1826, notice «Timon le misanthrope», p. 83-86, notamment p. 86), la plus célèbre est sans aucun doute le drame de Shakespeare : *The Life of Timon of Athens* (1605/1608 ?) qui s'appuie sur la *Vie d'Antoine* de Plutarque et sur le dialogue de Lucien.

MARIE-ODILE GOULET-CAZÉ.

162 TIMONAX   F III[a]

Dédicataire d'un traité de Chrysippe de Soles (➙C 121) signalé dans la liste des ouvrages du philosophe conservée par Diogène Laërce (VII 201): Πρὸς τὰς ἀναζωγραφήσεις πρὸς Τιμώνακτα α′, *Contre les représentations imaginatives, à Timonax, en un livre* (traduction empruntée à la liste des œuvres de Chrysippe commentée par P. Hadot, *DPhA* II, 1994, p. 354).

C'était probablement un disciple de Chrysippe ou bien son collègue dans l'école stoïcienne.

Absent de la *RE*.

RICHARD GOULET.

163 TIMONIDÈS DE LEUCADE *RE* M IV[a]

Philosophe, « ami et compagnon d'armes de Dion » de Syracuse (➽D 167), qui participa à l'expédition de Dion contre Denys le Jeune (➽D 84) en 357[a] et en fit un récit, dans une lettre adressée « au philosophe Speusippe » (➽S 142). La lettre fut utilisée par Plutarque dans sa *Vie de Dion*, qui cite Timonidès en 22, 5 ; 30, 10 et 35, 4.

Ces témoignages sont rassemblés dans **1** *FHG* II, p. 83-84 Muller et dans **2** *FGrHist* 561. **3** K. J. Beloch, *Gr. Gesch.*[2], t. III, 2, p. 105, contestait la valeur historique du récit de Timonidès. Selon **4** R. Flacelière, *Plutarque, Vies*, t. XIV : *Dion – Brutus, CUF*, Paris 1978, p. 10 n. 1, « tous les détails, parfois insignifiants, que Plutarque emprunte à Timonidès portent la marque du témoin oculaire ». En 31, 3 et 35, 4-7, Plutarque accorde au mémorialiste Timonidès ses préférences en rejetant les versions des historiens Timée de Tauroménion et Éphore de Cumes. Sur l'utilisation de Timonidès par Plutarque, voir **5** G. A. Lehmann, « Dion und Herakleides », *Historia* 19, 1970, p. 401-406 ; **6** E. Manni, « Timonide e la vita plutarchea di Dione », *AION(filol)* 11, 1989, p. 75-79 ; **7** F. Muccioli, « Osservazioni sull'uso di Timonide nella *Vita di Dione* di Plutarco », *AncSoc* 21, 1990, p. 167-187.

La nature épistolaire du récit historique de Timonidès n'est toutefois pas sans rappeler la correspondance réelle ou fictive qu'auraient échangée des personnages comme Speusippe (D. L. IV 5 : à Dion, Denys et Philippe), Denys (D. L. IV 2 : à Speusippe), Platon (*Lettre* 1-3 et 13 : à Denys ; 4 à Dion : 7-8 : aux amis de Dion ; 9 et 12 : à Archytas), Archytas (D. L. III 22 : à Denys, VIII 79 : à Platon) et Dion. La collection des *Lettres des socratiques* contient également des lettres échangées par Platon (voir aussi D. L. III 9 : à Dion), Speusippe, Xénocrate et Denys. Mais, à la différence des autres correspondants, Timonidès n'était peut-être pas une figure assez connue pour susciter une littérature pseudépigraphe.

C'est à la suite d'un rapport de Speusippe qui l'assurait que les Syracusains étaient prêts à le soutenir contre Denys que Dion recruta une armée de huit cents mercenaires réunis sur l'île de Zacynthe : « Beaucoup d'hommes politiques et de philosophes le secondèrent, entre autres Eudèmos de Chypre (➽E 91), dont la mort inspira à Aristote son dialogue *Sur l'âme*, et Timonidès de Leucade » (22, 5, trad. Flacelière). S'adjoignit à eux Miltas de Thessalie (➽M 167), un devin « qui avait pris part aux entretiens de l'Académie » (22, 6).

En l'associant à Eudème de Chypre, Plutarque présente vraisemblablement Timonidès comme un des philosophes engagés aux côtés de Dion. Qu'il ait été membre de l'Académie peut se déduire de l'origine de l'expédition, justifiée par un rapport de Speusippe ou des gens de son cercle (οἱ περὶ Σπεύσιππον, Plut., *Dion* 22, 2-4), et du destinataire de la lettre dans laquelle il racontait les événements : à nouveau Speusippe. Elle n'est cependant pas indiquée explicitement dans les sources anciennes.

Timonidès intervient à la tête des soldats pour repousser un assaut des mercenaires barbares de Denys contre Syracuse (30, 10).

Après avoir donné une liste des œuvres de Speusippe, Diogène Laërce IV 5 (*FGrHist* 561 T 3b), écrit : « c'est à lui que Timonidès a raconté par écrit ses récits historiques (πρὸς τοῦτον γράφει... τὰς ἱστορίας), dans lesquels il a mis en ordre (κατέταξε) les hauts faits de Dion », où toutefois « Timonidès » est une correction de Westermann et d'autres éditeurs pour le « Simonidès » des manuscrits.

Cf. **8** W. Capelle, art. « Timonides von Leukas », *RE* VI A 2, 1937, col. 1305-1306. ; **9** J. H. Thiel, *Rond het Syrakusaansche experiment*, coll. « Mededeel. Nederl. Akad. van Wetensch., Afd. Letterkunde » IV, 5, Amsterdam 1941, p. 163 *sqq.* ; **10** H. Berve, *Dion*, coll. *AAWM/GS*, Jahrgang 1956, 10, Wiesbaden, 1957, 141 p. ; **11** *Id.*, *Die Tyrannis bei den Griechen*, 2 vol., München 1967, p. 14 et 67 *sqq.* ; **12** K. Trampedach, *Platon, die Akademie und die zeitgenössische Politik*, coll. « Hermes Einzelschriften » 66, Stuttgart 1994, p. 103-104. Trampedach (p. 112 *et passim*) a tendance à relativiser, contrairement à Berve, les motivations philosophiques et académiciennes de la carrière politique de Dion. **13** L. J. Sanders, *The Legend of Dion*, Toronto 2008, 320 p.

On a proposé de reconnaître cet historien dans le Timocratès [☛T 153] (*FGrHist* 563), auteur d'un *Dion,* où étaient évoquées les études de Zénon de Citium (☛Z 20) auprès de Stilpon et de Xénocrate (Diogène Laërce VII 2). Voir la notice de J.-B. Gourinat sur Zénon dans le tome VII. Mais, comme l'arrivée de Zénon à Athènes n'est pas antérieure à 312[a], les événements traités par l'historien seraient dans cette hypothèse séparés par plusieurs décennies.

RICHARD GOULET.

164 TIMOSTHÉNÈS D'ARGOS　　　　　　　V-IV[a]

Pythagoricien ancien dont le nom figure dans le *Catalogue* de Jamblique (*V. pyth.* 36, 267, p. 145, 14 Deubner = **1** DK 58 A, t. I, p. 447, 8), qui remonte en grande partie à Aristoxène de Tarente (☛A 417).

Son nom a échappé à la vigilance des rédacteurs de la *RE*, mais il a été dûment répertorié dans le **2** *LGPN*, t. III A, p. 432 (où Fraser et Matthews proposent une datation probable aux Ve-IVe siècles), ainsi que dans **3** W. Pape et G. Benseler, *Wörterbuch der griechischen Eigennamen*, t. II, p. 1531 (n° 5). *Cf.* aussi **4** Helen Ann Brown, *Philosophorum Pythagoreorum collectionis specimen*, p. VII.

Ce personnage n'est qu'un simple nom pour nous.

Sur la forme du nom, *cf.* **5** Fr. Bechtel, *Die historischen Personennamen*, p. 400 et 427.

CONSTANTINOS MACRIS.

165 TIMOSTRATOS   F III[a]

Stoïcien disciple de Chrysippe de Soles (⇒C 121), mentionné dans l'*Ind. Stoic. Herc.* col. 47, 2-3, p. 98 Dorandi : [Τι]μόστρα|τ[ος].

Il est le dédicataire d'un traité de Chrysippe de Soles (⇒C 121) signalé dans la liste des ouvrages du philosophe conservée par Diogène Laërce (VII 194) : Πρὸς τὸ περὶ τρόπων Φίλωνος πρὸς Τιμόστρατον αʹ, *Contre le traité « Sur les modes » de Philon, à Timostrate, en un livre* (traduction empruntée à la liste des œuvres de Chrysippe commentée par P. Hadot, *DPhA* II, 1994, p. 346). Il s'agirait, selon P. Hadot, d'un traité de Philon de Mégare (⇒P 156) dont on pourrait retrouver quelques éléments chez Sextus Empiricus.

C'est à tort que É. Perrin-Saminadayar, *Éducation, culture et société à Athènes*, p. 120 n. 11, déplore l'absence de ce nom (n° 74 dans son répertoire) dans la liste des disciples et dédicataires d'ouvrages de Chrysippe que nous avons donnée dans la notice « Chrysippe de Soles », C 121, *DPhA* II, 1994, p. 334-335. On y trouve bien *[Ti]mostrat[os]* et *Timostratos*. En revanche Diaphanès de Temnos (⇒D 93 = D 32 Perrin-Saminadayar), Diogène de Babylonie (⇒D 146 = D 33 P.-S.) et Hyllos de Soles (⇒H 174 = D 75 P.-S.) manquent effectivement dans cette liste. Il faut également enlever de la liste, comme le précise Perrin-Saminadayar, le nom d'Agathon (⇒A 41) qui est sans doute visé par un ouvrage de Chrysippe et n'en est pas le dédicataire.

Absent de la *RE*.

RICHARD GOULET.

166 TIMOTHÉE D'ATHÈNES   *RE* 15a   II-III ?

Cinq passages de son traité *Sur les genres de vie* (Περὶ βίων) sont cités par Diogène Laërce. Voir *FHG* IV, p. 523 Müller ; *FGrHist Cont.* 1079. On sait, grâce à lui, que Platon avait une voix grêle (III 5), que le corps de Speusippe avait fini par perdre toute consistance (IV 4), qu'Aristote avait un cheveu sur la langue (V 1) et que Zénon portait la tête penchée sur le côté (VII 1). Il est possible que Diogène ait réparti dans quatre de ses vies un même passage où Timothée avait rapporté ces particularités physiques de certains grands philosophes.

J. Radicke, *FGrHist Cont.*, t. IV A 7, p. 250, envisage la possibilité qu'il soit identique à Timothée de Pergame (⇒T 167).

Cf. [R. Laqueur], art. « Timotheos » 15, *RE* VI 2, 1937, col. 1338-1339 ; E. Mensching, « Timotheos von Athen, Diogenes Laertios und Timaios », *Hermes* 92, 1964, p. 382-384.

RICHARD GOULET.

167 TIMOTHÉE DE PERGAME   *RE* 15b

Auteur d'un ouvrage *Sur le courage des philosophes* (Περὶ τῆς τῶν φιλοσόφων ἀνδρείας), dans lequel il évoquait des actes de courage de Théodote le Pythagoricien (⇒T 70) et de Praÿlos [mss Παῦλος] (⇒P 275), le disciple de Lacydès (⇒L 11) (Clément d'Alexandrie, *Strom.* IV 8, 56, 2, où on lit par erreur "Laxydès" dans la traduction française de A. Van den Hoek et C. Mondésert, *SC* 463, Paris 2001, p. 151). Voir aussi en dépendance de Clément, Théodoret, *Thérapeutique* VIII 58, où l'on trouve la forme Παῦλος comme chez Clément.

Voir *FGrHist Cont*. 1117.

J. Radicke, *FGrHist Cont*., t. IV A 7, p. 250, envisage la possibilité qu'il soit identique à Timothée d'Athènes (*FGrHist Cont*. 1079 ; ➙T 166).

                                                    RICHARD GOULET.

168 TIMOTHÉE PATRION ou PAPARION DE SINOPE *RE* 17

Ce « philosophe » (Τιμόθεον τὸν Πατρίωνα ou Παπαρίωνα), d'époque inconnue, est cité avec Diogène le cynique (➙D 147) comme célébrité de la cité de Sinope par Strabon XII 3, 11, qui mentionne encore le poète comique Diphilos et l'historien Bâton, auteur d'un ouvrage *Sur la Perse* (*FGrHist* 268). Dans son édition de Strabon, F. Lasserre (*CUF*, Paris 1981, t. IX, p. 161), retient la leçon "Paparion" et rappelle que selon L. Robert (*Études anatoliennes*, Paris 1937, p. 469), ce nom est attesté dans l'épigraphie des « régions les plus diverses de l'Asie Mineure ».

Voir *LGPN* V A, n° 115. La datation proposée (« ? IV-III ») est peut-être déduite de celle des autres sinopéens cités avec Timothée.

Cf. W. Capelle, art. « Timotheos Patrion », *RE* VI A 2, 1937, col. 1339.

                                                    RICHARD GOULET.

169 TIMYCHA DE LACÉDÉMONE (SPARTE) *RE*   IVᵃ

Femme pythagoricienne rendue célèbre pour sa fidélité aux principes du pythagorisme et pour son attitude héroïque face au tyran.

Voir **1** K. Ziegler, art. « Timycha », *RE* VI A 2, 1937, col. 1371 ; **2** Chr. Riedweg, art. « Timycha », *NP* XII 1, 2002, col. 602-603 = *Brill's New Pauly* XIV, 2009, col. 714.

Le nom de Timycha – un *hapax* onomastique – a été répertorié dans le **3** *LGPN*, t. III A, p. 433, où Fraser et Matthews proposent à juste titre une datation au IVᵉ siècle, dans **4** W. Pape et G. Benseler, *Wörterbuch der griechischen Eigennamen*, t. II, p. 1531, ainsi que dans le répertoire de **5** P. Poralla, *Prosopographie der Lakedaimonier bis auf die Zeit Alexanders des Großen*, Diss. Breslau, 1913, cité d'après sa **5a** "second edition, with an inroduction, *addenda & corrigenda* by Alfred S. Bradford", *A prosopography of Lacedemonians from the earliest times to the death of Alexander the Great (X-323 B.C.)*, Chicago 1985, n° 702 (p. 118). Elle est en revanche absente de **6** Fr. Bechtel, *Die historischen Personennamen*, là où on l'aurait attendue (aux p. 426-431 : noms dérivés de τιμή).

Ce nom rare est probablement une forme dorienne au féminin (avec légère déformation) de τιμοῦχος, terme employé au départ comme épithète pour qualifier des divinités « honorables », « dignes d'honneur(s) », devenu par la suite un terme technique pour désigner une personne tenue en honneur, titulaire d'une position honorifique ou d'une magistrature civique (y compris en Messénie près du lieu d'origine de Τιμύχα) ; *cf*. **7** K.-W. Welwei, art. « Timouchos », *Brill's New Pauly* XIV, 2009, col. 712-713.

Sources. Épouse du pythagoricien Myllias de Crotone (➙M 203), Timycha figure en première place dans le catalogue des pythagoriciennes les plus renommées (ἐπιφανέσταται) qui clôt le traité de Jamblique *Sur le mode de vie pythagoricien* (§ 267, p. 146, 17-18 Deubner = **8** DK 58 A, t. I, p. 448, 7-8). Comme le

Catalogue des hommes pythagoriciens qui précède chez Jamblique semble provenir en grande partie d'Aristoxène de Tarente (➤A 417), on pourrait penser qu'il en
est de même pour celui des femmes. Cependant, il est possible, comme le suggèrent **9** W. Burkert, *Lore and science*, p. 105 n. 40, et Riedweg **2**, que la liste des
pythagoriciennes dérive en dernière analyse de l'atthidographe Philochoros
(➤P 138), auteur du IIIᵉ siècle av. J.-C. ayant rédigé un *Recueil d'héroïnes ou bien
de femmes pythagoriciennes* (Συναγωγὴ ἡρωίδων ἤτοι Πυθαγορείων γυναικῶν).
L'acte héroïque attribué à Timycha (voir *infra*) nous y inviterait tout particulièrement.

Voir aussi la *short list* de Proclus (*in Remp.*, t. I, p. 248, 24-27 Kroll), où sont
évoquées les pythagoriciennes Théano (➤T 28), Timycha et ... Diotima (➤D 204)
comme une triade emblématique de femmes rares capables de vivre la vertu (ou : la
vie vertueuse [trad. Festugière]) des hommes (τὴν ἀνδρῶν ἀρετήν), auxquelles
aurait pensé spontanément, en tant que pythagoricien, même ce Timée de Locres
(➤T 145) qui, dans son discours cosmologique du *Timée* de Platon (42 b 5 *sq.*),
considérait que l'incarnation de l'âme humaine dans un corps de femme est
inférieure à celle qui a lieu dans un corps d'homme (elle vient juste avant l'incarnation dans un corps de bête...).

Sur les catalogues de femmes, *cf.* **10** Glenda McLeod, *Virtue and venom : catalogs of women
from Antiquity to the Renaissance*, Ann Arbor 1991, notamment p. 11-34 (« A fickle thing is
woman »). – **11** Sarah B. Pomeroy, *Spartan women*, New York 2002, p. 10-11, a fait remarquer
que presque un tiers des pythagoriciennes du *Catalogue* de Jamblique sont d'origine spartiate ou
laconienne, tandis que parmi les hommes on n'en retrouve que trois originaires de Sparte.

Timycha représente une sorte de *martyre* du pythagorisme face aux tyrans de
Syracuse. L'histoire horrible racontée à propos d'elle et de son mari Myllias n'est
conservée, dans l'état actuel de notre documentation, que par le seul Jamblique,
V. pyth. 31, 189-194, p. 104, 24 - 107, 9 Deubner, en partic. p. 104, 24-27 et p. 106,
7 *sq.*, qui donne tous les détails sanglants (*cf.* aussi la brève évocation en *V. pyth.*
32, 214, p. 116, 6-9 Deubner). Initialement l'anecdote figurait aussi déjà dans la
Vie de Pythagore de Porphyre, mais la partie finale de ce texte manque dans les
mss à notre disposition, qui sont tous mutilés : ils s'arrêtent brusquement au milieu
d'une phrase qui ne fait qu'amorcer le thème du martyre en donnant juste les noms
des protagonistes et des sources utilisées (§ 61, p. 66, 17 *sq.* Des Places).

12 Gr. Staab, *Pythagoras in der Spätantike. Studien zu ‚De vita pythagorica' des Iamblichos
von Chalkis*, coll. « Beiträge zur Altertumskunde » 165, München/Leipzig 2002, p. 124, avec la
n. 297, pense que les derniers paragraphes conservés de la *VP* (§§ 59-61) – et donc aussi la suite
perdue du texte – seraient un ajout dû à un copiste tardif, mais son hypothèse n'est pas probante ;
voir la discussion proposée dans **13** Br. Centrone, notice « Myllias de Crotone », M 203, *DPhA*
IV, 2005, p. 574-575 (complément de C. Macris).

Les sources que citent – de pair, et de façon identique – les deux néoplatoniciens sont Néanthe (*FGrHist* 84 F 31a-b) et Hippobotos (*Index des philosophes*
[Φιλοσόφων ἀναγραφή], fr. 18-19 de l'édition de **14** M. Gigante, « Frammenti di
Ippoboto : contributo alla storia della storiografia filosofica », dans A. Mastrocinque [édit.], *Omaggio a Piero Treves*, Padova 1983, p. 151-193, aux p. 188-191
[avec trad. ital.] + comm., p. 176, avec la n. 179). Cela est vraisemblablement le

signe d'un emboîtement de références : Néanthe (➡N 10) doit avoir été cité par
Hippobotos (➡H 148), et le témoignage de ce dernier a pu être relayé à son tour
par Nicomaque de Gérase (➡N 50), source commune à Porphyre et à Jamblique ;
voir Burkert **9**, p. 98 et n. 6. Des petits détails dans le récit (comme p. ex. la
mention d'une localité appelée Φάναι, inconnue par ailleurs) montrent que la
source originelle (= Néanthe et la tradition orale transcrite par lui) était bien au fait
des *realia* locaux de l'Italie du Sud (ainsi Schorn **22** [*infra*], p. 126), et que la
transmission jusqu'à Jamblique s'est faite sans beaucoup de pertes, même si l'on
doit s'attendre à ce que la version en notre possession comporte des élaborations
successives difficilement détectables, dues à telle ou telle des différentes sources
intermédiaires (Hippobotos, Nicomaque, Jamblique).

Voici, en bref, comment on en est arrivé à l'acte héroïque de Timycha : Les
pythagoriciens se méfiaient du caractère « dominateur et porté à violer les lois » de
Denys et lui refusaient leur amitié. Offensé, le tyran envoya ses hommes pour
tendre une embuscade à un groupe de pythagoriciens qui accomplissaient leur
déplacement saisonnier de Tarente à Métaponte. Ceux-ci furent bloqués puis tués
devant un champ de fèves en pleine floraison qu'ils ne pouvaient traverser, car il
leur était défendu de toucher aux fèves. Myllias et Timycha y ayant échappé – car
ils avaient été laissés en arrière en raison de la grossesse avancée de la femme, qui
l'obligeait à marcher lentement –, ils se firent prisonniers et le tyran voulut en
profiter pour savoir pourquoi leurs compagnons avaient préféré mourir, plutôt que
de marcher sur les fèves. Quant Myllias répondit qu'il préférait, quant à lui,
marcher sur des fèves plutôt que de révéler la cause du tabou, il fut exécuté. Et le
tyran, misant sur la faiblesse de la nature féminine, ordonna que l'on soumette à la
torture Timycha – qui en plus était enceinte et veuve –, afin de lui extorquer la
réponse. Alors, « cette femme courageuse, serrant ses dents sur sa langue, la coupa
et la cracha au visage du tyran » (trad. Brisson et Segonds **17** [voir *infra*]).

Pour des **commentaires** sur cet épisode, voir **15** I. Lévy, *La légende de
Pythagore de Grèce en Palestine*, coll. « Bibliothèque de l'École des Hautes
Études. Sciences historiques et philologiques » 250, Paris 1927, p. 68-72 ; Burkert
9, p. 117 n. 47 et p. 183-184, avec la n. 130 ; **16** *Id.*, « Craft versus sect : the
problem of Orphics and Pythagoreans », dans B. F. Meyer et E. P. Sanders (édit.),
Jewish and Christian self-definition, t. III. *Self-definition in the Greco-Roman
world*, Philadelphia 1982, p. 1-22 + 183-189, à la p. 17 [repris dans **16a** *Id.*, *Kleine
Schriften*, t. III : *Mystica, Orphica, Pythagorica*, édit. Fr. Graf, Göttingen 2006,
p. 191-216, à la p. 210] ; **17** L. Brisson et A.-Ph. Segonds (introd., trad. & notes),
Jamblique. Vie de Pythagore, coll. « La Roue à livres » 29, Paris 2011² [1996¹],
p. 204-206 (notes aux §§ 189-194) ; **18** J. Bollansée, *F. Jacoby, Die Fragmente der
Griechischen Historiker continued*, t. IV : *Biography and antiquarian literature*
(édit. G. Schepens), t. IV A : *Biography*, fasc. 3 : *Hermippos of Smyrna [Nr. 1026]*,
Leiden/Boston/Köln 1999, p. 276-285, spéc. p. 281-282 (comm. à F 25 = Diog. L.
VIII 40, édité et traduit aux p. 34-35) ; **19** C. Macris, dans Πορφυρίου. Πυθαγόρου
βίος, εισαγωγή - μετάφραση - σχόλια K. Μακρής, Athènes 2001, p. 377-381

(n. 207) ; **20** F. Muccioli, « Pitagora e i Pitagorici nella tradizione antica », dans R. Vattuone (édit.), *Storici greci d'Occidente*, Bologna 2002, p. 341-409, à la p. 395 ; **21** Chr. Riedweg, *Pythagoras : Leben, Lehre, Nachwirkung. Eine Einführung*, München 2007² [2002¹], p. 56-58 + 60 (= trad. angl. St. Rendall, **21a** *Pythagoras : his life, teaching, and influence*, Ithaca/London 2008² [2005¹], p. 38-39 + 41) ; Centrone **13** ; **22** St. Schorn, « "Periegetische Biographie", "Historische Biographie" : Neanthes von Kyzikos (*FGrHist* 84) als Biograph », dans **23** M. Erler et St. Schorn (édit.), *Die griechische Biographie in hellenistischer Zeit. Akten des internationalen Kongresses vom 26.-29. Juli 2006 in Würzburg*, Berlin 2007, p. 115-156, aux p. 124-126 ; **24** J. Engels, « Philosophen in Reihen : die Φιλοσόφων ἀναγραφή des Hippobotos », dans Erler et Schorn **23**, p. 173-194, à la p. 186, avec la n. 24 ; **25** Sarah B. Pomeroy, *Pythagorean women : their history and writings*, Baltimore 2013, p. 1, 5 et 10-11.

Selon Muccioli **20**, p. 395, cette histoire dramatique, qui peut facilement rester gravée dans la mémoire de l'auditeur ou du lecteur, serait conçue pour dépasser, dans une concurrence agonistique, une autre histoire non moins paradigmatique racontée par Aristoxène de Tarente : celle de Damôn (➡D 15) et Phintias (➡P 169). – Selon Burkert **16**, p. 17 (= **16a**, p. 210), même si l'histoire de Myllias et Timycha est inventée, elle indique « how we should see the realities of Pythagorean communities in the 4ᵗʰ century ». Celles-ci, d'un point de vue sociologique, (1) consisteraient en de petits groupes d'une dizaine de personnes qui, (2) en commun, et (3) et en reconnaissant un statut égal aux femmes, (4) vivaient leur propre vie, différente de celle des autres, (5) en encourageant le mariage et la procréation, mais (6) sans être attachés à une cité particulière ; (7) ils effectuaient donc des migrations saisonnières leur permettant d' « attun[e] themselves to the rhythmical changes of the year ».

Sur le tabou pythagoricien des fèves, qui est au cœur de l'anecdote, voir, parmi une bibliographie abondante, **26** A. Delatte, « *Faba Pythagorae cognata* », dans *Serta Leodiensia. Mélanges de philologie classique publiés à l'occasion du centenaire de l'indépendance de la Belgique*, coll. « Bibliothèque de la Faculté de philosophie et lettres de l'Université de Liège » 44, Liège/Paris 1930, p. 33-57 ; **27** M. D. Grmek, « La légende et la réalité de la nocivité des fèves », dans *Id., Les maladies à l'aube de la civilisation occidentale : recherches sur la réalité pathologique dans le monde grec préhistorique, archaïque et classique*, Paris 1983, p. 307-354 [1ʳᵉ publication dans *History and Philosophy of the Life Sciences*, t. II, 1980, p. 61-121] ; **28** Fr. J. Simoons, « The color black in the Pythagorean ban of the fava bean (*vicia faba*) », « Favism and the origin of the Pythagorean ban on fava beans » et « Pythagoras lives : parallels and survivals of his views on beans in modern and pre-modern times », dans *Id., Plants of life, plants of death*, Madison (Wisconsin) 1998, p. 192-215, 216-249 et 250-266.

Sur la pratique pythagoricienne du secret et de l'ἐχεμυθία, consistant à « tenir sa langue » (γλώσσης κρατεῖν), voir Burkert **9**, p. 178-179, avec les notes ; **29** L. Brisson, « Usages et fonctions du secret dans le pythagorisme ancien », dans Ph. Dujardin (édit.), *Le secret*, Lyon 1987, p. 87-101 [repris dans **29a** *Id., Orphée et l'orphisme dans l'Antiquité gréco-romaine*, coll. « Variorum collected studies series » 476, Aldershot 1995, étude n° II] ; **30** J. N. Bremmer, « Religious secrets and secrecy in Classical Greece », dans H. G. Kippenberg et G. G. Stroumsa (édit.), *Secrecy and concealment. Studies in the history of Mediterranean and Near Eastern religions*, coll. « Studies in the history of religions » 65, Leiden/New York/Köln 1995, p. 61-78 (spéc. le § 2 : « The secret of a group : the Pythagoreans », aux p. 63-70). *Cf.* déjà **31** P. Tannery, « Sur le secret dans l'école de Pythagore », *AGPh* 1, 1888, p. 28-36 [repris dans **31a** *Id., Mémoires scientifiques*, t. VII : *Philosophie ancienne, 1880-1904*, Paris 1925, p. 109-119]. L. Zhmud, quant à lui, reste très sceptique quant à la réalité et l'ancienneté d'une telle pratique : voir son **32** *Pythagoras and the early Pythagoreans*, Oxford 2012, p. 150-158 (« Secret teachings »).

Jamblique souligne aussi (comme dans le cas de Damôn et Phintias [voir *infra*] : *V. pyth.* 33, 236, p. 127, 6-9 Deubner) un autre élément qui se dégage de l'histoire de ce couple pythagoricien, à savoir la difficulté, typique de leur secte, avec laquelle ils consentaient à s'engager dans des amitiés avec des gens étrangers à leurs communautés (δυσσυγκατάθετοι πρὸς τὰς ἐξωτερικὰς φιλίας), en ne tolérant aucune exception, même pas pour les souverains (*V. pyth.* 30, 194, p. 107, 8-9 Deubner ; *cf. ibid.*, 189, p. 105, 1-2). L'exclusion, le refus pythagoricien de εἰς τὴν φιλίαν παραδέξασθαι (p. 127, 7 *sq.*), rendait fou le tyran, qui en même temps devait être admiratif de l'importance qu'accordaient les pythagoriciens à la *philia* et à la fidélité : ces valeurs, et surtout les réseaux politiques de *philoi* constitués sur leur base, pourraient devenir en effet un instrument extraordinairement efficace si Denys arrivait à les mettre au service de son pouvoir. – Schorn **22**, p. 125-126, voit dans les efforts insistants du tyran pour obtenir l'amitié des pythagoriciens une « antiplatonische Spitze » de la part de Néanthe, en rappelant que pour Platon c'est exactement l'inverse qui s'est produit : c'est lui en effet qui chercha à se faire accepter comme conseiller philosophique par les deux Denys et à avoir une influence sur eux, sans être gêné par l'idée de contracter une *philia* avec un tyran.

Il vaut la peine de noter que dans la *V. pyth.* l'anecdote sur Myllias et Timycha figure dans le chap. XXXI, sur la maîtrise de soi (σωφροσύνη), avec un bref rappel au début du chap. XXXII, sur le courage (ἀνδρεία), ce qui montre que, selon Jamblique, elle illustrait principalement ces deux vertus. – Schorn **22**, p. 125, reconnaîtrait volontiers dans la définition du courage comme « la science de ce qu'il faut fuir et de ce qu'il faut supporter, selon ce que suggère la droite raison » (p. 105, 19-21 Deubner), très proche de celle du *Lachès* platonicien (194 e 11 *sq.* ; *cf.* aussi 199 a-d ; *Protagoras* 360 d ; *République* IV, 430 b), un effort, qui remonterait à Néanthe, pour montrer que la véritable source de la pensée de Platon en la matière était pythagoricienne. Mais on ne peut pas exclure que cette phrase provienne finalement de Jamblique (*cf.* Engels **24**, p. 186 n. 24, qui sonne l'alarme en soupçonnant a priori une possible « Überarbeitung aller älteren Versionen durch Iamblichos »).

Date. Selon Ziegler **1**, l'histoire de Myllias et Timycha serait à dater entre 390 et 379, au moment où Denys Ier, le tyran de Syracuse, menait une guerre contre Crotone. La datation sous Denys l'Ancien (dit « le Grand », mort en 367) est soutenue également par **33** K. von Fritz, *Pythagorean politics in Southern Italy : an analysis of the sources*, New York 1940 [réimpr. 1977], p. 76 ; **34** H. Berve, « Dion », *AAWM* 10, 1956, p. 740-881, à la p. 758 ; **35** K. F. Stroheker, *Dionysios I. Gestalt und Geschichte des Tyrannen von Syrakus*, Wiesbaden 1958, p. 230 ; Burkert **16**, p. 17 ; **36** F. Muccioli, *Dionisio II : storia e tradizione letteraria*, Bologna 1999, p. 211-228, à la p. 220 n. 605. Mais, étant donné que plusieurs autres histoires similaires étaient racontées au sujet de son fils Denys II (la plus fameuse étant sans doute celle de l'épreuve à laquelle furent soumis Damon et Phintias), il est tout autant possible de dater l'épisode de Myllias et Timycha pendant le règne de Denys II, le Jeune ; c'était p. ex. l'avis initial de **37** K. von Fritz, art. « Myllias », *RE* XVI 1, 1933, col. 1074 ; voir encore récemment Brisson et Segonds **17**, p. 205, n. 3 du § 189 ; Bollansée **18**, p. 281 ; Riedweg **21**, p. 57 (avec point d'interrogation). Plus prudemment peut-être, Schorn **22** laisse ouvertes les deux possibilités.

Une complication supplémentaire d'ordre chronologique viendrait du fait que, selon Aristote déjà (fr. 191 Rose = fr. 174 Gigon, *ap.* Élien, *Histoires variées*, IV 17 ; voir aussi Jamblique, *V. pyth.* 28, 143, p. 80, 11-14 Deubner), Myllias de Crotone serait amené par Pythagore à se souvenir que, dans une vie antérieure, il avait été Midas. Or, il est évidemment impossible qu'un contemporain de Pythagore ait pu vivre jusqu'au IVe siècle, au temps de l'un ou l'autre des deux tyrans siciliens. D'où l'idée, suggérée p. ex. par Muccioli **36**, qu'il s'agirait d'un cas d'homonymie. Mais il est peut-être plus probable que l'on soit ici en présence d'un personnage que la légende a investi de différentes fonctions, sans souci de rigueur ni même de vraisemblance chronologique, et auquel elle a pu attribuer diverses péripéties (ainsi von Fritz 37).

Sur l'opposition de Pythagore puis de ses disciples à la tyrannie (une thématique chère à Aristoxène), voir von Fritz 33, p. 24-25 ; Burkert 9, p. 119. – Sur les rapports des deux Denys, père et fils, avec les pythagoriciens, Muccioli 36, p. 211-228 («Dionisio II, Taranto e i Pitagorici»). – Pour une vue d'ensemble récente sur le règne de ces tyrans fameux, voir les études réunies par 38 N. Bonacasa, L. Braccesi et E. De Miro (édit.), *La Sicilia dei due Dionisî. Atti della settimana di studio, Agrigento, 24-28 febbraio 1999*, Roma 2002.

On doit noter que la datation majoritaire de l'épisode de Damôn et Phintias sous Denys le Jeune (*ca* entre 366 et 357) – voir p. ex. Burkert 16, p. 16 ; Muccioli 36, p. 220 ; 39 C. Macris, notice «Phintias de Syracuse», P 169, *DPhA* Va, 2012, p. 578-580 – n'est pas unanime ; la datation sous Denys l'Ancien a toujours eu ses adeptes, aussi bien chez les anciens (Cicéron, Ambroise) que chez les modernes (ainsi von Fritz 33, p. 21 *sq.* ; 40 *Id.*, art. «Pythagoras 1 A : Pythagoras von Samos», *RE* XXIV 1, 1963, col. 171-209, aux col. 174-175 ; 41 N. Luraghi, «Polieno come fonte per la storia di Dionisio il Vecchio», *Prometheus* 14, 1988, p. 164-180, aux p. 172-179 ; 42 R. Vattuone, *Sapienza d'Occidente : il pensiero storico di Timeo di Tauromenio*, Bologna 1991, p. 140-141, avec la n. 66).

Transferts... Une anecdote analogue était racontée aussi au sujet de Pythagore lui-même, mais sans l'histoire de la langue coupée ; voir Diog. L. VIII 39, p. 136, 5-8 Delatte (source indéterminée) : «Pythagore fut pris en s'enfuyant. Arrivé devant un champ planté de fèves, il s'arrêta pour éviter de le traverser, et déclara qu'il préférait être pris plutôt que de fouler des fèves au pied, et être tué plutôt que de parler ; il fut alors égorgé par ses poursuivants» (trad. J.-Fr. Balaudé, dans 43 M.-O. Goulet-Cazé [édit.], *Diogène Laërce*, p. 971). Ce détail venant s'ajouter à une version différente de la fin de Pythagore – suite à l'incendie de la maison de Milon où il tenait une réunion avec ses disciples – et s'intégrant mal dans le récit, il pourrait être une «adaptation de l'histoire édifiante de Myllias et Timycha» (*ibid.*, n. 4), due à Diogène Laërce ou à sa source directe. Mais Hermippe (fr. 20 Wehrli = *FGrHist [contin.]* 1026 F 25 = Diog. L. VIII 40, p. 137, 7-12 Delatte) racontait déjà que Pythagore fut tué par les Syracusains dans une guerre avec Agrigente, «alors qu'il contournait un champ de fèves» (trad. Balaudé, dans Goulet-Cazé 43, p. 972 ; voir le comm. de Bollansée 18, p. 276-285) ; *cf.*, d'après lui, l'épigramme de Diog. L. (VIII 45, p. 141, 6-10 Delatte).

Tout naturellement se pose donc la question de savoir laquelle des deux versions, celle avec Myllias et Timycha ou celle avec Pythagore, serait la plus ancienne. 44 A. Delatte (édit. et comm.), *La Vie de Pythagore de Diogène Laërce*, coll. « Mémoires de l'Académie royale de Belgique. Classe des lettres et des sciences morales et politiques » 2/17/2, Bruxelles 1922 [réimpr. New York 1979 ; Hildesheim 1988], p. 243 + 244, Lévy 15, p. 68-69, et 45 Fr. Wehrli (édit.), *Hermippos der Kallimacheer*, coll. «Die Schule des Aristoteles», Suppl. I, Basel/Stuttgart 1974, p. 56, pensent que c'est Néanthe qui livre la version originale, tandis que von Fritz 40, col. 196-197, verrait au contraire en elle un développement ultérieur de l'histoire racontée par Hermippe. Burkert 9, p. 117 n. 47, considère quant à lui que «it is hardly possible to determine whether the [...] story of Myllias and Timycha [...] is primary [...] or derivative». Plus récemment,

Engels **24**, p. 186 n. 24, a attiré l'attention sur la «literarische Konkurrenz» d'Hippobotos avec Hermippe, qui aurait éventuellement entraîné un certain degré de réécriture de la version fournie par Néanthe. Bollansée **18**, p. 281-282, offre maintenant un nouvel argument, peut-être décisif, en faveur de la priorité d'Hermippe en faisant remarquer que dans la biographie antique la mort de type *boomerang*, où ce sont ses propres convictions (ici le tabou des fèves) qui se retournent en quelque sorte contre le philosophe en le faisant périr, concerne le chef d'école lui-même et non pas ses disciples – même si le cas des pythagoriciens, avec leur caractère collectif bien marqué, pourrait encore justifier l'exception.

Sur la technique biographique dite du *rebound* ou du boomerang, souvent employée afin de rendre les morts des philosophes signifiantes, voir **46** C. Macris, «Σημαίνοντες θάνατοι φιλοσόφων στον Διογένη Λαέρτιο : μια επανεκτίμηση», *Υπόμνημα στη φιλοσοφία* 9, 2010 [Αφιέρωμα : *Θάνατοι φιλοσόφων στην Αρχαιότητα*], p. 11-52, à la p. 23 (avec bibliographie).

Dans des mentions plus tardives de l'anecdote (*cf.* Delatte **44**, p. 242 n. 2 ; Bollansée **18**, n. 156) la protagoniste est soit Théano (Grég. Naz., *Or.* IV [*Contre Julien*, *1re invective*], 70 [*PG* 35, 592 B 4 = *SC* 309] ; Ps.-Nonnos, *Comm. in Greg. Hist.* 18 [*PG* 36, 993 D ; *cf.* **47** J. Nimmo Smith (édit.), *Pseudo-Nonniani in IV Orationes Gregorii Nazianzeni commentarii*, *CCG* 27 = coll. «Corpus Nazianzenum» 2, Turnhout 1992] ; version syriaque dans le ms *Mingana Syriac* 662 : voir la trad. et le comm. de **47bis** Ute Possekel, «Der "Rat der Theano" : eine pythagoreische Spruchsammlung in syrischer Übersetzung», *Muséon* 111, 1998, p. 7-36, aux p. 15-17] ; David, *Proleg. Philos.* 11, p. 33, 8-14 Busse [*CAG* XVIII 2] ; *cf.* **47ter** G. Ménage, *Historia mulierum philosopharum*, Lyon 1690, p. 107 *sq.*) soit une femme pythagoricienne non précisée (Ambroise, *De virginibus*, I 4, 17-18 ; Olympiodore, *in Plat. Phaed.* I § 8, 29-32, p. 51 Westerink ; Élias, *Proleg. Philos.* 6, p. 14, 29 - 15, 8 Busse [*CAG* XVIII 1]).

48 J. Bernardi (*SC* 309 [1983], p. 182 n. 1) n'a pas été en mesure de détecter en quoi aurait consisté le «mépris de la mort» (θανάτου περιφρόνησις) de Théano auquel fait vaguement et succinctement allusion Grégoire de Nazianze, mais apparemment au IVe siècle la substitution de Théano à Timycha était déjà un fait, au moins dans une partie de la tradition. Le Ps.-Nonnos en tout cas n'a pas eu de problème pour expliquer cette allusion ; voir la trad. du passage signalé plus haut par **49** Jennifer Nimmo Smith, *A Christian's guide to Greek culture : the Pseudo-Nonnus Commentaries on Sermons 4, 5, 39 and 43 by Gregory of Nazianzus*, coll. «Translated texts for historians» 37, Liverpool 2001, p. 14, avec son comm. *ad loc.* (n. 31) : en suivant **50** A. Kurmann (*Gregor von Nazianz, Oratio 4 gegen Julian : ein Kommentar*, coll. «Schweizerische Beiträge zur Altertumswissenschaft» 19, Basel 1988, p. 279), l'auteur suggère que Grégoire «is either referring to an episode in [Theano's] life of which no record has come down to us, or is genuinely mistaken about it or is contemptuously [...] giving her name for that of Timycha» (*cf.* la formulation Θεανοῦς, ἢ οὐκ οἶδα οὕτινος τῶν τὰ ἐκείνου [*scil.* Πυθαγόρου] τετελεσμένων ἢ φιλοσοφησάντων).

Dans son commentaire à Ambroise, **51** P. Dückers (*Ambrosius. De virginibus / Über die Jungfrauen*, coll. «Fontes christiani» 81, Turnhout 2009, p. 130-131 n. 84), en dépit de sa très riche collection de textes parallèles sur le thème de la femme qui se mord la langue et la crache à la figure du tyran, n'identifie pas qui serait cette *Pythagorea quaedam una ex virginibus* à laquelle se réfère l'auteur chrétien de façon anonyme, en focalisant quasi exclusivement son attention sur le cas parallèle de l'*hetaira* Léaina (voir *infra*).

L'assertion de Brisson et Segonds **17**, p. 205, n. 1 du § 194, selon laquelle David et Élias mettent en scène des *stoïciens* est fausse. En réalité le premier parle de Théano et le second, vaguement, d'un Πυθαγόρειον γύναιον. Simplement, ils le font tous les deux dans le cadre d'un développement (que l'on trouve déjà chez Olympiodore) consacré aux cinq (Élias, p. 14,15 - 15,22) ou six (David, p. 32,10 - 33,33) modes de suicide justifié (τρόποι εὐλόγου ἐξαγωγῆς) *selon* les stoïciens, qui sont mis en parallèle avec les raisons pour lesquelles on peut mettre fin à un banquet. Le cas de la femme pythagoricienne est considéré comme une mort volontaire soit δι' αἰσχρορρημοσύνην (Olympiodore), lorsque les tyrans nous forcent ἢ πράττειν αἰσχρὰ ἢ λέγειν τὰ ἀπόρρητα (Élias), soit διὰ περίστασίν τινα ἰδικήν (David). – La transformation qu'a subie l'anecdote au sein même de la tradition néoplatonicienne, entre Jamblique et Olympiodore, est intéressante : (1) Là où, chez Jamblique, la langue coupée montrait clairement que, « même si, sous les tortures, [l]a nature féminine [de Timycha] était vaincue et contrainte de révéler quelque chose de ce qu'elle devait garder secret, du moins avait-elle coupé la partie qui devrait lui servir pour cela » (trad. Brisson et Segonds **17**, p. 105-106), chez les commentateurs néoplatoniciens d'Aristote la langue est coupée ὡς καὶ διαλεκτικὸν καὶ γευστικὸν ὄργανον. Et cela parce que, entre temps, (2) le refus de manger (des fèves) de Myllias et le refus de parler de Timycha furent fusionnés en une seule personne (Théano ou la pythagoricienne anonyme), qui, forcée à révéler pourquoi elle ne touchait pas aux fèves, aurait répondu φάγοιμι ἂν ἢ εἴποιμι (ἄν), puis, forcée à en manger, aurait changé sa réplique en εἴποιμι ἂν ἢ φάγοιμι (ἄν).

On trouve une combinaison intéressante des deux histoires, avec Pythagore et Théano comme protagonistes, dans [Jean de Rhodes, Jean le Moine ou Jean Damascène], *Artemii passio* 29, 10-17.

Voir **52** B. Kotter (édit.), *Die Schriften des Johannes von Damaskos*, t. V : *Opera homiletica et hagiographica*, Berlin/New York 1988, p. 218. *Cf.* Bollansée **18**, p. 282 n. 161, ainsi que **53** S. N. C. Lieu (introd. + notes) et M. Vermes (trad.), « [John the monk], *Artemii passio* (*The ordeal of Artemius*, *BHG* 170-71c, *CPG* 8082) », dans S. N. C. Lieu et D. Montserrat (édit.), *From Constantine to Julian : pagan and Byzantine views. A source history*, London/New York 1996, p. 210-262.

Sur le thème de la langue coupée crachée à la figure du tyran, qui connut une fortune immense dans l'Antiquité, voir **54** T. Dorandi, « De Zénon d'Élée à Anaxarque : fortune d'un *topos* littéraire », dans L. Jerphagnon, J. Lagrée et D. Delattre (édit.), *Ainsi parlaient les Anciens. In honorem Jean-Paul Dumont*, Lille 1994, p. 27-37.

Il s'agit d'une « anecdote errante » (*wandering anecdote*) qui a circulé à propos de personnalités aussi variées et hétéroclites que (1) la courtisane (ἑταίρα) Léaina, maîtresse des tyrannicides Harmodios et Aristogeiton – une contemporaine de Pythagore –, les philosophes (2) Zénon d'Élée (➤Z 19), (3) Anaxarque d'Abdère (➤A 160) et (4) Théodotos le pythagoricien (➤T 70), ou encore (5) des martyrs chrétiens tels saint Nicétas, sans qu'il soit facile de déterminer quel personnage historique a pu servir de modèle. À ce propos Muccioli **20**, p. 395, rappelle que **55** Giacomo Leopardi déjà (dans une note du fameux *Zibaldone* : Recanati, 16 novembre 1826) avait suggéré – en suivant Ménage **47ter** – que l'anecdote sur Myllias et Timycha pourrait être tout simplement une réélaboration et une recontextualisation de celle, plus ancienne, sur Léaina (sur laquelle voir p. ex. Tertullien, *Ad martyras*, IV 7).

CONSTANTINOS MACRIS.

170 TISANDRE D'APHIDNA *RE* Teisandros 4 V-IV

Tisandre, fils de Céphisodore, du dème d'Aphidna (au Nord de l'Attique), est membre d'un cercle de jeunes gens, comprenant aussi Calliclès (➤C 17), Andron (➤A 176) et Nausicydès de Cholarges (➤N 17), dont Socrate évoque positivement (et ironiquement) les débats dans le *Gorgias* (487 c), pour amadouer Calliclès. Le mieux connu de ces représentants de la «jeunesse dorée» d'Athènes, juste assez instruite pour se sentir quitte des scrupules moraux (*cf.* E. R. Dodds [édit.], Plato, *Gorgias*. A revised text with introduction and commentary, Oxford 1959, p. 282, voir aussi M. Canto-Sperber, *Platon, Gorgias*, présentation et traduction par M. C.-S., coll. *GF*, 3e éd., Paris 2007, p. 336), est Andron, fils d'Androtion, qui permet de situer les autres, au moins approximativement, dans la chronologie. Cet Andron en effet est connu pour avoir participé à la révolution oligarchique de 411ᵃ, date à laquelle tous ces jeunes gens devaient donc avoir atteint l'âge adulte. Tisandre d'Aphidna lui-même est cité parmi une série de triérarques sur une inscription (*IG* II² 1929) du début du IVᵉ s. (*cf.* U. Köhler [édit.], *Inscriptiones atticae aetatis quae est inter Euclidis annum et Augusti tempora*, II 2, Berolini 1883, n° 946, p. 361-362 ; voir aussi *Id.* [édit.], *MDAI (A)* VII, 1882, p. 96-102). Il s'agit d'une plaque en marbre du Pentélique, brisée en trois morceaux. Sur l'un de ces morceaux, on lit le nom des remplaçants des notables qui se sont acquittés de leur charge, selon le schéma : «untel *au lieu d'*untel». On ignore qui remplaça Tisandre mais on lit nettement son nom, celui de son père et son dème d'origine (1. 22) :

[ὸ δεῖνα — — — — — — ἀντὶ Τ]εισάνδρο τõ Κηφισοδώρο Ἀφιδν

Ce document confirme que nous avons affaire à un homme riche, membre d'une famille de notables. D'ailleurs, Tisandre est le nom d'un partisan des tyrans, adversaire de Clisthène, de la fin du VIᵉ siècle (*cf.* Aristote [?], *Constitution d'Athènes* XX 1-3 ; Hérodote, *Hist.* V 66-73). Hérodote souligne la distinction de sa famille : οἰκίης... δοκίμου, même si, dit-il, il en ignore l'origine (V 66). Tisandre est aussi le nom de l'archonte éponyme de 508/7 (les deux étant d'ailleurs souvent identifiés, voir *contra* D. J. McCargar, «Isagoras, son of Teisandros, and Isagoras, eponymous archon of 508-7 : A case of mistaken identity», *Phoenix* 28, 1974, p. 275-281). Un autre Tisandre fut archonte un siècle plus tard (*RE* 2), et le nom se rencontre aussi dans l'entourage du fils de Périclès (*RE* 3).

Cf. K. Fiehn, art. «Teisandros» 4, *RE* V A 1, 1934, col. 137 ; D. Nails, *The people of Plato*, p. 294-295.

PIERRE CHIRON.

171 TISIAS *RE* 6   Vᵃ

Rhéteur, le second, voire le premier de tous les rhéteurs, selon les documents. Son histoire est inséparable de celle de Corax (tant et si bien que le recueil de *testimonia* de **1** L. Radermacher, *Artium scriptores (Reste der voraristotelischen Rhetorik)*, Wien 1951, leur dédie une rubrique commune, B II 1-26, p. 28-35), inséparable aussi de la question controversée des débuts de la rhétorique en Grèce. Mais les faits manquent et les reconstructions abondent. En effet, les textes semblent avoir très tôt disparu et l'on a voulu ensuite inscrire dans le destin de l'inventeur (ou des inventeurs) présumé(s) de la rhétorique certains éléments du débat qui a entouré cette discipline tout au long de son histoire dans l'Antiquité : son caractère technique ou naturel, son origine divine ou humaine, ses liens avec la démocratie, son tropisme pour le judiciaire ou le – réputé plus noble – délibératif, sa « neutralité axiologique » ou au contraire son immoralité... Un article de **2** Th. Cole (« Who was Corax », *ICS* 16, 1991, p. 65-84) offre une présentation particulièrement vigoureuse et éclairante de l'ensemble du dossier. On peut en suivre, de manière critique, les grandes lignes : selon ce que l'on pourrait appeler une « vulgate byzantine », représentée par six *Prolégomènes* à divers commentaires et traités de rhétorique échelonnés du Ve (Troilus) au XIIe siècles (Planude) apr. J.-C. (textes réunis dans **3** C. Walz, *Rhetores graeci*, t. II, IV, V-VII, Stuttgart/ Tübingen 1832-1836 ; réimpr. Osnabrück 1968, et **4** H. Rabe, *Prolegomenon sulloge*, coll. *BT*, Leipzig 1931 ; les plus détaillés sont les numéros 4 [anon.] et 17 [Marcellinus ?] dans Rabe **4**, p. 18-43 ; 258-296 ; ce numéro 4 a fait l'objet d'une édition nouvelle, sous le titre : Anonyme, *Préambule à la Rhétorique*, par **5** M. Patillon [édit.], *Corpus rhetoricum*, t. 1, texte établi et traduit par M. P., *CUF*, Paris 2008, p. 1-45), Corax était un Sicilien de Syracuse, qui inventa la rhétorique puis l'enseigna à Tisias. Leur technique, ou leur(s) manuel(s), passèrent ensuite à Athènes, peut-être par l'entremise d'un autre Sicilien, Gorgias de Léontinoi (⯈G 28), lors d'une ambassade menée en 427. L'invention elle-même était liée à un épisode précis de l'histoire de Syracuse : la révolution populaire qui chassa en 466/5 le tyran Thrasybule – le frère du célèbre Hiéron – et instaura la démocratie. L'enseignement de Corax faisait de la rhétorique, qualifiée d'« ouvrière de persuasion » (πειθοῦς δημιουργός), un art (τέχνη) susceptible d'être transmis à d'autres, mêlant la présentation des faits, l'argumentation et l'appel aux affects. Il décrivait et distribuait l'emploi de ces moyens selon l'ordre des parties du discours : exorde, démonstration (précédée ou non d'une narration), épilogue. Cet art aurait permis de guider et de contrôler les premières délibérations du peuple. Comme le note Cole avec humour (**2**, p. 65), guider et contrôler étaient les spécialités de Corax car, avant la révolution, il avait été un conseiller et un proche de Hiéron. Mais le nouvel outil, comme tous les outils, pouvait être mal utilisé : Tisias refusa de payer le tarif convenu pour les leçons de Corax. Ce dernier le poursuivit en justice. Tisias affirma que s'il gagnait le procès, il ne paierait pas, bien sûr, et que s'il le perdait, c'est que les leçons reçues ne valaient rien : il ne paierait pas non plus. Corax rétorqua que s'il gagnait le procès, il recevrait son salaire et que s'il le perdait, la victoire de son élève montrerait assez la valeur de ses leçons. Le jury les renvoya dos-à-dos avec ce commentaire : « à mauvais corbeau (κόραξ), mauvais œuf ».

Lorsque l'on cherche confirmation de ce scénario dans la période qui sépare Corax et Tisias de Troilus (*cf.* Rabe **4**, p. VIII-XI ; Cole **2**, p. 66-67), la récolte est singulièrement décevante : Platon est le premier à évoquer Tisias (*Phaedr.* 273 c), Aristote (*Rhet.*, II 24, 1401 a 17) le premier à parler de Corax et de son traité. Et c'est chez Théophraste semble-t-il que Corax était crédité de l'invention d'un art nouveau (Radermacher **1**, A V 17, p. 18). Il est associé pour la première fois à un rhéteur athénien (Isocrate) chez Denys d'Halicarnasse (Radermacher **1**, B II 4, p. 29 = *Isocr.* 1, 2). Il est possible, sans que ce soit certain, que Cicéron fasse allusion au procès de Corax et à la formule « à mauvais corbeau, mauvais œuf » dans le *De Oratore* (III 81). Mais il faut attendre Sextus Empiricus pour lire un récit circonstancié de l'anecdote (*A. M.* II 96-99), à ceci près que Corax y est confronté non à Tisias mais à un jeune homme anonyme. Chez Hermias, *in Phaedr.* (273 c), p. 251 Couvreur, la relation maître-élève est dûment indiquée, mais à l'envers et c'est Corax qui devient l'élève. La définition de la rhétorique comme « ouvrière de persuasion » n'est attribuée à Corax et Tisias qu'au IVe siècle apr. J.-C., chez Ammien Marcellin (XXX 4, 3). Enfin, l'intérêt des deux compères pour la politique et pour les parties du discours n'est mentionné que dans les *Prolégomènes*.

Ce qui accroît encore le doute est le double fait que certains éléments de la vulgate byzantine soient associés bien plus sûrement à d'autres personnages que Corax et/ou Tisias et que, sur un point essentiel, il existe une version « de rechange » plus plausible des débuts de la rhétorique.

Ainsi, l'épisode du procès entre le maître et l'élève – sans sa formule finale, bien sûr – est attesté avec pour acteurs Protagoras (➨P 302) et Éuathlos [➨E 67 : Euathlos] (Apulée, *Flor.* 18 ; Aulu-Gelle, V 10), version plus crédible que celle des *Prolégomènes* en raison de l'intérêt bien connu du sophiste d'Abdère pour les aspects financiers de son activité : Diogène Laërce (IX 52) fait de lui le premier sophiste à s'être fait payer, et le *Protagoras* de Platon (324 b-c) témoigne du soin avec lequel il fixait les conditions de sa rétribution et prévoyait les différends. Il existe aussi un fragment d'Aristote (fr. 67 Rose), très allusif, certes, mais qui fait état d'un conflit entre Protagoras et Éuathlos. Quant à la définition de la rhétorique comme « ouvrière de persuasion », Platon la met dans la bouche de Gorgias (*Gorg.* 453 a). Cole (**2**, p. 67) enregistre parmi ces alternatives préférables l'attribution de la doctrine des quatre parties du discours à Isocrate (➨I 38) et ses épigones (Radermacher **1** B XXIV 29, p. 160) ou à Théodecte (➨T 45), ami commun d'Isocrate et d'Aristote (fr. 133 Rose) : il est plus difficile de le suivre sur ce point car Platon se moque des raffinements inutiles apportés à cette division par un théoricien du Ve siècle, Théodore de Byzance (*Phaedr.* 266 d), ce qui suppose évidemment qu'elle avait déjà, avant l'ouverture de l'école d'Isocrate, en 390[a], et sans doute depuis longtemps, un caractère canonique, mais nous reviendrons sur ce point.

Cole (**2**, p. 67-68) a raison, en revanche, d'associer la tétrade formée par l'exorde, la narration, la confirmation et l'épilogue avec une autre version des débuts de la rhétorique, qui fait de celle-ci une technique d'origine non pas délibérative mais *judiciaire*. Même si la *Rhétorique à Alexandre* (1438 a 3 *sq.*) évoque une narration propre au genre délibératif, Aristote (*Rhet.*, III 12, 1414 a 36 *sq.*) souligne que cette partie y est rarement nécessaire, dans la mesure où la délibération porte non sur le passé mais sur le futur. Or plusieurs documents affectent à la rhétorique une origine judiciaire : un compte rendu par Cicéron (*Brutus* 36-38 = Aristote, fr. 137 Rose = 125 Gigon) de la *Compilation des Arts*, συναγωγὴ τεχνῶν d'Aristote (sans doute de seconde main, voir **6** M.-P. Noël, « La Συναγωγὴ τεχνῶν d'Aristote et la polémique sur les débuts de la rhétorique chez Cicéron», dans C. Lévy, B. Besnier et A. Gigandet [édit.], *Ars et ratio. Sciences, arts et métiers dans la philosophie hellénistique et romaine*, coll. «Latomus», Bruxelles 2003, p. 113-125) lie l'invention de la rhétorique par Corax et Tisias non aux difficultés politiques de la démocratie balbutiante mais aux conflits provoqués par le retour des propriétaires spoliés par les tyrans et dont les biens avaient été vendus à d'autres. Ce récit s'accorde avec le seul parmi les *Prolégomènes* (Sopater, *cf.* Walz **3**, t. V, p. 5-8) à ne pas affecter à la rhétorique une origine délibérative. Les ressemblances frappantes dans la rédaction des textes de Cicéron et de Sopater, ainsi que d'autres convergences (tous deux présentent une liste de rhétoriciens qui s'arrête à Isocrate, alors que les autres *Prolégomènes* la prolongent par la liste hellénistique des dix orateurs attiques), laissent d'ailleurs penser que les deux documents remontent à la même source, Aristote. Un autre argument fort en faveur d'une naissance judiciaire de la rhétorique est la plainte réitérée des deux plus grands rhétoriciens du IVe siècle, Isocrate (par exemple *Soph.* 19-20 ; *Ant.* 46-49) et Aristote (surtout *Rhet.*, I 1, 1354 b 16 *sq.*), sur le goût de leurs prédécesseurs pour la chicane et leur indifférence pour l'éloquence délibérative ou les grands sujets de « philosophie » politique.

L'ensemble de ces traditions contradictoires pose une autre question : que signifie le fait que la « proto-rhétorique » sicilienne soit incarnée tantôt par Corax, tantôt par Tisias, tantôt par les deux ? N'est-il pas étrange que l'un des deux porte le nom d'un oiseau criard, vorace et de mauvais augure ? Si les sources prosopographiques attestent l'emploi du nom Tisias, elles confirment un fait auquel on pouvait s'attendre : les parents siciliens n'avaient pas l'habitude d'appeler leurs enfants «corbeaux» (Cole **2**, p. 71). D'où la supposition selon laquelle Corax aurait été le *surnom* de Tisias. La mystérieuse formule du *Phèdre* (273 a : δεινῶς γ' ἔοικεν ἀποκεκρυμμένην τέχνην εὑρεῖν ὁ Τεισίας ἢ ἄλλος ὅστις δή ποτ' ὢν τυγχάνει καὶ ὁπόθεν χαίρει ὀνομαζόμενος, «il semble qu'il était rudement bien caché l'art qu'a trouvé Tisias, ou qui que ce puisse être d'autre, et d'où que vienne le nom qu'il aime à recevoir») trouverait ainsi son explication : si elle contient une allusion ironique à la précaution d'usage quand on craint de ne pas prier un dieu sous le nom qui convient, elle peut aussi, comme le dit Cole (**2**, p. 82), receler une plaisanterie sur le goût contre-nature de Tisias pour un surnom infâmant. Ce qui se trouverait éclairé également est le fait étrange que le même cas-type de stratégie rhétorique soit attribué par Platon à Tisias (*Phaedr.* 273 a-c) et par Aristote à Corax (*Rhet.*, II 24, 1402 a 17-24).

Cette hypothèse ingénieuse et d'ailleurs très plausible a reçu depuis 1991 plusieurs renforts, fondés notamment sur le réexamen des témoignages et certains traits de la légende grecque du corbeau, ainsi **7** R. Velardi, «Κακοῦ κόρακος κακὸν ᾠόν: Tisia, Corace e l'"argomento del corvo"», *Lexis* 25, 2007, p. 267-284, et **8** S. O. Gencarella, «The Myth of Rhetoric: Korax and the Art of Pollution», *RSQ* 37, 2007, p. 251-273. Mais elle ne règle pas deux problèmes de fond : pourquoi tant de déformations dans la vulgate byzantine ? Que reste-t-il de celle-ci comme informations fiables et, plus généralement, comment doit-on se représenter la première rhétorique ?

Il ne fait guère de doute que la source des six *Prolégomènes* entendait redorer le blason de la rhétorique : comment mieux faire qu'en prêtant à ses inventeurs les nobles préoccupations de ceux qui, en réalité beaucoup plus tard, en ont fait un instrument politique ? Le mythe véhiculé par des professeurs devait faire la place aussi à l'avertissement : c'est le rôle que joue l'adaptation à Corax et Tisias de l'anecdote du procès entre Protagoras et Évathlos. Cette adaptation a pu être inspirée par l'épiphonème « à mauvais corbeau… » (*cf.* **9** G. Kowalski, *De arte rhetorica*, Lwow 1937, p. 47), il n'y aurait rien là d'étonnant : les rhéteurs tardifs enseignaient, dès les débuts de leurs élèves dans la carrière des *progymnasmata* (exercices préparatoires), toutes sortes de manipulations de ce genre : inventer une fable pour une morale donnée, ou l'inverse, etc. Un autre facteur susceptible de donner à ce mythe un certain nombre de caractères négatifs est son utilisation dans des polémiques où la rhétorique technicienne n'avait pas le beau rôle (voir ci-dessous). Quant à identifier une source commune à ces déviations, cela semble impossible dans l'état actuel des connaissances. Cole (**2**, p. 74) a proposé le nom de Timée de Tauromenium, mais sans donner de source ancienne qui puisse accréditer cette thèse.

Le second problème est plus difficile et requiert beaucoup de précautions. Certains d'ailleurs optent pour le plus total scepticisme. **10** M. Gagarin, « Background and Origins : Oratory and Rhetoric before the Sophists », dans I. Worthington (édit.), *A Companion to Greek Rhetoric*, Malden/Oxford/Victoria 2007, p. 27-36, écrit ceci : « Hard facts about Corax and Tisias are almost entirely (some would say entirely) lacking » (p. 30 ; voir déjà Cole **2**, p. 70). Si l'on accepte néanmoins de poursuivre l'enquête, on dira d'abord que le rôle de Tisias (?) a probablement été exagéré. Aristote lui-même, en dehors du témoignage sur la Συναγωγὴ τεχνῶν transmis et sans doute déformé par Cicéron, évoque certes le traité de Corax (*Rhet.* II 24, 1402 a 17), mais, dans les *Réfutations sophistiques* (183 b 31), il situe Tisias « après les premiers » (μετὰ τοὺς πρώτους). Dans un fragment du dialogue perdu intitulé *Le Sophiste* (fr. 65 Rose), c'est à Empédocle d'Agrigente (☞+E 19) qu'il accorde le titre d'inventeur de l'art (sur cette hypothèse, voir les réserves de **11** D. A. G. Hinks, « Tisias and Corax and the Invention of Rhetoric », *CQ* 34, p. 61-69 ; et en dernier **12** R. Velardi, « La testimonianze di Aristotele sulle origini della rhetorica », *AION* 30, 2008, p. 99-113). Il est possible qu'il pense aussi, pour ces « premiers », à toutes ces figures divines ou semi-divines (Hermès, Nestor, Ulysse) auxquelles on attribuait couramment la découverte de l'éloquence (*cf.* Cole **2**, p. 71 n. 24).

Par la suite, l'apport de Tisias, de préférence associé à Corax, a été adapté à la fonction que pouvait occuper son/leur mythe dans les polémiques sur philosophie et rhétorique. Un cas a été soigneusement documenté récemment (Noël **6**) : l'utilisation par Cicéron de la Συναγωγὴ τεχνῶν, justement. Les informations qu'elle procure sur les débuts de la rhétorique s'inscrivent dans une polémique où se mêlent les influences d'Isocrate, de la Nouvelle Académie et du stoïcisme, et où l'Arpinate – ou ses représentants dans divers dialogues – prend parti contre la *rhétorique technicienne* en faveur d'une *éloquence* (la séparation des deux étant hellénistique) *naturelle*, couplée à l'action, dont le modèle est Homère. Le corbeau criard joue clairement alors un rôle de repoussoir.

Pour le reste, ce qui nous paraît surnager de tout ce matériau composite et déformé, c'est tout simplement ce qu'il y a de commun entre les *testimonia* anciens et les *Prolégomènes*. Ainsi, rien n'empêche d'apporter du crédit à la *rédaction* d'un *premier traité* par Tisias vers 460ᵃ. Qu'Aristote ait pu le compiler dans sa Συναγωγὴ τεχνῶν peut faire penser en effet qu'il avait une forme écrite. L'honneur de tomber en de pareilles mains fut sans doute la raison de la disparition précoce de l'ouvrage, avec les autres traités pré-aristotéliciens. Cicéron (*De invent.* II 6) signale que les qualités du compte rendu d'Aristote, son agrément, sa précision, ont fait que plus personne de son temps n'allait aux textes eux-mêmes, si tant est qu'ils aient encore existé, et que tout le monde se contentait du recueil du Stagirite. Même si la remarque prend une grande partie de son sens dans le cadre des polémiques évoquées ci-dessus, en ce qu'elle contribue à établir la supériorité du philosophe sur les rhéteurs (*cf.* Noël **6**), elle contient sans doute aussi une information d'ordre textuel. Par parenthèse, cette disparition arrangeait bien les faussaires : l'auteur de la lettre dédicatoire apocryphe qui tâche d'expliquer que la *Rhétorique à Alexandre* est à la fois d'Aristote et de Corax (*Rh. Al.*, 1421 b 2) ne s'exposait guère à être démenti, *cf.* **13** P. Chiron, « La lettre dédicatoire apocryphe mise en tête de la *Rhétorique à Alexandre* : un faux si impudent ? » dans S. C. Mimouni (édit.), *Apocryphité : histoire d'un concept transversal aux Religions du Livre*, en hommage à Pierre Geoltrain, coll. « Bibliothèque de l'École des Hautes Études » 113, Turnhout 2002, p. 51-76. Pour une position différente (la mention de Corax considérée comme un « fait brut »), *cf.* **14** M. Patillon, « Aristote, Corax, Anaximène et les autres dans la *Rhétorique à Alexandre* », *REG* 110, 1997, p. 104-125.

Le lieu (la Sicile) et les circonstances (la chute des tyrans) décrites tant dans les *Prolégomènes* que par Aristote sont sans doute aussi à retenir, à ceci prêt que le traité en question enseignait à plaider et non à délibérer. Mais qu'il s'agisse d'assemblées ou de tribunaux populaires, le lien avec la démocratie paraît avéré.

Ajoutons que les préceptes, même centrés sur la vraisemblance – ce qui semble aussi établi –, pouvaient fort bien suivre l'ordre des parties du discours, n'en déplaise à Cole (**2**, p. 72). Ce dernier en effet, développant une réflexion initiée par **11** W. Süß, *Ethos : Studien zur älteren griechischen Rhetorik*, Leipzig/Berlin 1910, p. 74, et prolongée par **16** Fr. Solmsen, art. « Theodorus », *RE* V A 2, 1934, col. 1842-1844, à partir du passage de la *Rhétorique* d'Aristote affirmant que « toute la τέχνη antérieure à Théodore reposait sur l'εἰκός » (*Rhét.* II 24, 1400 b 15-16), en déduit que le premier traité ne contenait que des réflexions d'ordre argumentatif et, par conséquent, ne traitait que d'une seule des quatre parties du discours, la confirmation. Il est vrai que de nombreux indices plaident pour l'ancienneté, la centralité et la permanence de la réflexion des rhéteurs et des sophistes sur la vraisemblance (*cf.* **17** G. H. Goebbel, « Probability in the earliest rhetorical theory », *Mnemosyne* 42, 1989, p. 41-53 ; voir aussi **18** M. Gagarin, « Probability and Persuasion : Plato and Early Greek Rhetoric » dans I. Worthington [édit.], *Persuasion : Greek Rhetoric in Action*, London 1994, p. 46-48). Mais est-ce une raison suffisante pour enlever à la proto-rhétorique sicilienne la paternité de la tétrade ? C'est d'abord, nous semble-t-il, méconnaître et restreindre arbitrairement la portée de l'εἰκός. L'examen de la théorie contenue dans la *Rhétorique à Alexandre* (par exemple cette définition : « le vraisemblable est ce dont, quand on le dit, les auditeurs ont des exemples en tête », 1428 a 25-26) permet de conclure à l'omniprésence de l'εἰκός comme principe général, qui consiste à persuader à partir des inductions spontanées du public, ses attentes, en un mot ses préjugés, et surtout *à postuler la réversibilité de toute argumentation fondée sur le vraisemblable*, afin de fonder une technique professionnelle qui n'est autre que celle de l'avocat (*cf.* Gagarin **10**, p. 32-33). C'est là-dessus d'ailleurs que porte l'essentiel de la critique platonicienne de la rhétorique : celle-ci ne peut rien apprendre puisqu'elle se coule dans les désirs et les valeurs de son public (*cf. Gorgias*, 513 c). Or ce principe de vraisemblance s'applique aussi bien à toutes les parties du discours, même à la narration. Lysias offre ainsi plusieurs exemples de récits qui reconstruisent un idiolecte, orientent la présentation des faits de manière à ménager l'adhésion du public et à accréditer la thèse, avant même toute argumentation : le cas le plus clair est sans doute celui du discours I *Sur le meurtre d'Ératosthène*, où la thèse adverse (règlement de comptes) est ruinée à l'avance par le portrait en acte du meurtrier en Monsieur Tout-le-monde, sympathique, proche des auditeurs, juste coupable d'avoir tiré une juste vengeance, « presque » improvisée, du séducteur de son épouse. La concentration de la fonction argumentative dans une partie spécifique nous semble plus tardive et empreinte de philosophie. De surcroît, en refusant de laisser la tétrade à Tisias, Cole (**2**, p. 72) est contraint d'imputer à Théodore de Byzance à la fois la manie des subdivisions que Platon lui prête et l'invention des quatre divisions de base, ce qui ne laisse pas de paraître étrange.

Mais *quid* du silence des sources anciennes sur l'invention des quatre parties du discours par Tisias, dont on a dit plus haut qu'elle est mentionnée par les seuls *Prolégomènes* ? Il n'est pas impossible d'abord que les *Prolégomènes*, quelles que soient les libertés qu'ils prennent avec les faits, répercutent partiellement une source ancienne, même si l'on ignore laquelle. De plus, à nos yeux, le silence des témoins « classiques » sur la tétrade ne saurait constituer ni un argument, ni *a fortiori* une preuve, tant est triviale cette façon d'aborder la technique : si Platon en parle comme du support de raffinements inutiles, elle apparaît comme principe d'organisation de la troisième partie de la *Rhétorique à Alexandre* (chap. 29-37), de la troisième de la *Rhétorique* d'Aristote (III 13-19), et survit dans plusieurs traités jusqu'à la période impériale (par exemple dans l'*Art rhétorique* d'Apsinès).

Mais quelle était exactement la forme donnée aux préceptes dans le premier traité sicilien : s'agissait-il, comme le suggère Th. Cole (**2**, p. 73), de discours-modèles à la manière des *Tétralogies* d'Antiphon ? ou de cas-types rédigés un peu comme les comptes rendus de la τέχνη de Corax ou Tisias aussi bien par Platon que par Aristote (les passages mentionnés ci-dessus : *Phaedr.* 273 a-c ; *Rhet.* II 24, 1402 a 17-24 ; à rapprocher de *Rh. Al.* 1442 a 27 *sq.*) ? Y avait-il d'autres formules ? Autre question : même si Aristote, semble-t-il, reconnaissait un caractère technique à l'enseignement de ses prédécesseurs en rhétorique (ce qu'il ne fait pas pour la dialectique), quel était le degré exact de cette technicité, le niveau d'abstraction des préceptes, leur précision, leur capacité à expliquer les mécanismes et à rendre compte des échecs ? La réponse à ces questions dépend largement du crédit que l'on accorde à une thèse défendue d'une manière quelque peu extrémiste par **19** E. Schiappa, « Did Plato coin *Rhètorikè* ? », *AJPh* 111, 1990, p. 457-470 ; **20** *Id.*, *The Beginnings of Rhetoric in Ancient Greece*, New Haven 1999, plus prudemment par Cole, **2**, p. 73 ; **21** *Id.*, *The Origins of Rhetoric in Ancient Greece*, Baltimore 1991, et selon laquelle la rhétorique au sens propre du terme, ainsi que le terme grec lui-même, ῥητορική *sc.* τέχνη, seraient apparus avec le *Gorgias* de Platon : en un mot la rhétorique serait née de sa contestation même et serait une création des philosophes.

Sur le plan lexicologique, tout d'abord, si de grosses nuances doivent être apportées à la thèse de Schiappa (*cf.* **22** G. J. Pendrick, « Plato and *Rhètorikè* », *RhM* 141, 1998, p. 10-23), le plus vraisemblable en effet est que l'apparition du terme rhétorique s'inscrit dans une mode reliée à l'activité des sophistes de la fin du Ve siècle (voir **23** M.-P. Noël, « Mots nouveaux et idées nouvelles dans les *Nuées* d'Aristophane », *Ktèma* 22, 1997, p. 173-184). Cela ne signifie pas pour autant que d'autres termes n'aient pas pu auparavant dénoter une approche technicienne de l'éloquence.

Sur le fond, la thèse de Schiappa est acceptable s'il s'agit de dire que les premiers traités systématiques conservés, la *Rhétorique à Alexandre* et la *Rhétorique* d'Aristote doivent beaucoup, quoique de manières différentes (pour la *Rh. Al.* voir **24** P. Chiron, « Rhetoric to Alexander », dans I. Worthington [édit.], *A Companion to Greek Rhetoric*, Malden/Oxford/Victoria 2007, p. 90-106, spécialement p. 100-101), au concept philosophique de τέχνη. Mais s'il s'agit de dénier tout caractère technique, en donnant à ce terme des contours plus flous, à la rhétorique qui s'est développée depuis (peut-être) Tisias jusqu'à Aristote, c'est faire bon marché du témoignage de Platon lui-même et de la preuve de l'existence de préceptes formalisés qu'apporte la récurrence de procédés identiques, aussi bien stylistiques, affectifs qu'argumentatifs, dans des textes variés depuis au moins les années 420 av. J.-C. (*cf.* **25** S. Usher, *Greek Oratory. Tradition and Originality*, Oxford 1999, p. 22-26). En dire plus sur la personnalité de Tisias et sur la quote-part qu'il a versée à la technique rhétorique serait bien imprudent.

Études. La question ayant été renouvelée assez récemment, on n'utilisera pas sans précaution la documentation traditionnelle (antérieure à Cole **2**). De ces études anciennes, on retiendra toutefois (dans l'ordre chronologique) : **26** A. Gercke, « Die alte Τέχνη ῥητορική und ihre Gegner », *Hermes* 32, 1897, p. 344-345 ; **27** O. Navarre, *Essai sur la rhétorique grecque avant Aristote*, Paris 1900 (chap. 1) ; **28** H. Mutschmann, « Die älteste Definition der Rhetorik », *Hermes* 53, 1918, p. 440-443 ; **29** G. Kowalski, *De artis rhetoricae originibus*, Lwow 1933 ; **30** W. Kroll, art. « Rhetorik », *RESuppl*. VII, 1940, col. 1039-1138 (spécialement col. 1046) ; **31** S. Wilcox, « Corax and the 'Prolegomena' », *AJP* 64, 1943, p. 2-23 ; **32** G. A. Kennedy, « The Ancient Dispute over Rhetoric in Homer », *AJPh* 78, 1957, p. 23-35 ; **33** *Id.*, « The Earliest Rhetorical Handbooks », *AJPh* 80, 1959, p. 169-178 ; **34** *Id.*, *The Art of Persuasion in Ancient Greece*, Princeton 1963, p. 58-61. Les contributions de Cole **2**, de Noël **6** et de Gagarin **10** fournissent l'essentiel de la documentation indispensable, respectivement sur Corax et Tisias, sur la Συναγωγὴ τεχνῶν et sur les développements récents de la question. On ajoutera seulement **35** J. Strangas, « Der Korax-Teisias-Prozess betrachtet aus der Sicht des heutigen Rechts- und philosophischen Denkens », dans P. Dimakis (édit.), *Éros et droit en Grèce classique*, Athènes/Paris 1988, p. 75-89.

Cf. W. Stegemann, art. « Teisias » 6, *RE* V A 1, 1934, col. 139-149.

PIERRE CHIRON.

TITIUS → ARISTO (TITIUS –)

TORQUATUS → SILANUS TORQUATUS (C. IUNIUS –)

TORQUATUS → MANLIUS TORQUATUS (L. –) PÈRE

TORQUATUS → MANLIUS TORQUATUS (L. –) FILS

TREBATIUS TESTA (C. –) → TESTA (C. –TREBATIUS)

172 TREBIANUS *RE* M Iᵃ

Chevalier romain, partisan de Pompée, ami de Cicéron. Il est le destinataire de trois lettres : *Lettre* 501 (Rome, fin août-début septembre 46ᵃ) = *Ad fam.* VI 10, 4-6 ; *Lettre* 506 (deuxième quinzaine de septembre 46ᵃ?) = *Ad Fam.* VI 10, 1-3 ; *Lettre* 664 (Tusculum, juin 45ᵃ) = *Ad fam.* VI 11. Voir le commentaire de J. Beaujeu, t. VII, p. 80-81, qui, à la suite de C. Nicolet, envisage de voir en lui un Saufeius Trebianus. Cicéron s'engage à œuvrer auprès de César pour la réhabilitation de Trebianus. Il espère que sa familiarité avec les études l'aident à supporter ses difficultés présentes. C'est un excellent connaisseur « des affaires politiques, des précédents historiques et de tout le passé » (Lettre 101, 4 et 5, trad. Beaujeu). Il semble que les démarches de Cicéron aient obtenu le retour de Trebianus, car l'année suivante Trebianus, dont Cicéron loue « la sagesse et la hauteur d'âme », manifeste une vive reconnaissance envers son soutien. Il est en rapport avec d'autres amis de Cicéron comme Vestorius et l'épicurien Siron [⇒S 93] (présenté comme *nostrum amicum*). Ce n'est que par ce biais qu'on est invité à lui prêter un intérêt pour la philosophie.

Cf. F. Münzer, art. «Trebianus», *RE* VI A 2, 1937, col. 2270 ; C. J. Castner, *Prosopography of Roman Epicureans*, p. 88-89.

RICHARD GOULET.

173 TRIARIUS (C. VALERIUS –) *RE* V 365 Iª

Triarius est l'un des interlocuteurs dans les deux premiers livres du *De finibus* de Cicéron, dont la date dramatique se situe en 50ª. Lucius Manlius Torquatus (➙M 21) et Caius Triarius, «jeune homme sage et instruit entre tous» (*imprimis gravis et doctus adolescens*, I 13, trad. J. Martha), étaient venus rendre visite à Cicéron à Cumes. Après avoir discuté de littérature, sujet «qu'ils aimaient passion-nément tous les deux», l'épicurien Torquatus, disciple comme Atticus (➙A 505) des épicuriens Phèdre (➙P 107) et Zénon (➙Z 24) (I 16), tenta de convaincre Cicéron et Triarius qui ne les partageaient pas (I 14) de la justesse des vues épicu-riennes. Comme Torquatus, Triarius fait de la littérature, étudie l'histoire et les sciences, lit les poètes et en apprend par cœur les vers (I 25 ; voir encore I 72).

Triarius intervient en I 26 pour résumer la critique que Cicéron a faite d'Épicure. Il intervient encore en II 21, et est mentionné en II 74 et 84. En II 119 Cicéron souhaite qu'il se fasse juge du désaccord entre les deux intervenants.

Durant la guerre civile, Triarius commanda une escadre envoyée par les cités d'Asie pour soutenir Pompée et il mourut probablement à Pharsale en 48ª. Dans son *Brutus,* composé au début de 46ª, Cicéron fait un court éloge de Triarius : «J'aimais tout particulièrement à entendre Triarius, dont les discours, malgré sa jeunesse, étaient pleins d'une savante maturité *(plena litteratae senectutis).* Quelle gravité dans sa physionomie ! Quel poids dans ses paroles ! Quelle attention à ne rien laisser sortir de sa bouche qui ne fut réfléchi !» (trad. J. Martha). Cicéron devint le tuteur de ses enfants. Voir *Lettre* 606, 3 (Astura, 24 mars 45ª) à Atticus = *Ad Att.* XII 28, 5 : «J'ai de l'attachement pour le défunt, je suis tuteur de ses enfants, toute sa maison m'est chère» (trad. Beaujeu).

Cf. [H. Volkmann], art. «C. Valerius Triarius», V 365, *RE* VIII A 1, 1955, col. 233-234.

RICHARD GOULET.

174 TRIBONIANUS DE SIDÈ *RE* 1 *PLRE* III :[2-]3 DM VI

Tribonianus de Sidè (en Pamphylie) écrivit, en trois livres, la vie du «philo-sophe» Théodote (➙T 73), selon la *Souda* T 957, t. IV, p. 588, 16-24 Adler. Ce philosophe Théodote est inconnu par ailleurs ou du moins on ne voit pas avec lequel des Théodote connus il faudrait l'identifier.

Cf. **1** B. Kübler, art. «Tribonianus» 1, *RE* VI A 2, 1937, col. 2419-2426 ; **2** A. M. Honoré, *Tribonian,* London 1978, XVII-314 p., notamment p. 67-69 sur le témoignage de la *Souda* ; **3** W. Waldstein, «Tribonianus», *ZRG* 97, 1980, p. 232-255 [sur l'ouvrage d'Honoré].

La *Souda* (T 957) prête à Tribonianus plusieurs autres écrits de genres très divers : un *Com-mentaire en vers épiques sur le "Canon" de Ptolémée* (ἐπικῶς ὑπόμνημα εἰς τὸν Πτολεμαίου

Κανόνα), un *Accord de la disposition cosmique et de la structure harmonique* (Συμφωνίαν τοῦ κοσμικοῦ καὶ ἁρμονικοῦ διαθέματος), *Sur (l'astre) qui gravite et gouverne* (Εἰς τὸν πολεύοντα καὶ διέποντα), *Sur les maisons des planètes et pour quelle raison telle maison est (assignée) à chacun* (Εἰς τοὺς τῶν πλανωμένων οἴκους καὶ διὸ ἑκάστῳ οἶκος ὁ δεῖνα), *Sur les 24 pieds métriques et les 28 rythmiques* (Εἰς τοὺς κδ′ πόδας τοὺς μετρικοὺς καὶ τοὺς κη′ τοὺς ῥυθμικούς), une *Métaphrase du Catalogue des vaisseaux d'Homère* [*Iliade* II 494-759] (Μετάφρασιν τοῦ Ὁμηρικοῦ τῶν νεῶν καταλόγου), un *Dialogue macédonien ou Sur le bonheur* (Διάλογον Μακεδόνιον ἢ περὶ εὐδαιμονίας), un *Discours comme consul* [plutôt qu'un répertoire des consuls comme le comprend Kübler] *en prose à l'empereur Justinien* (Ὑπατικὸν καταλογάδην εἰς Ἰουστινιανὸν αὐτοκράτορα), un *Discours sur la royauté au même empereur* (Βασιλικὸν εἰς τὸν αὐτόν), *Sur l'alternance des mois, en vers épiques* (Περὶ μηνῶν ἐναλλαγῆς, ἐπικῶς).

La *Souda* connaît deux Tribonianus. On ne sait s'il faut identifier cet auteur (T 957) avec Tribonianus (T 956), fils de Macédonianus, réputé pour sa science, juriste et conseiller de l'empereur Justinien (527-565) dont il fut *Quaestor sacri palatii*, ou s'il s'agit d'un homonyme et peut-être d'un parent, originaire de la même ville, qui aurait vécu une génération plus tard. Dans les deux notices de la *Souda*, on a envisagé des confusions : c'est l'auteur qui aurait été un païen et un athée, et le juriste qui aurait pu composer les deux discours relatifs à l'empereur Justinien. Kübler **1** est pour sa part favorable à une identification des deux personnages, connus par la *Souda* à travers des sources différentes.

Selon **4** J. Beaucamp, « Le philosophe et le joueur. La date de la "fermeture de l'École d'Athènes" », dans *Mélanges Gilbert Dagron*, coll. « Travaux et mémoires du Centre de recherche d'histoire et civilisation de Byzance » 14, Paris 2002, p. 21-35, notamment p. 35, « Tribonien, le "dernier juriste" même qui, plus tard à Byzance, passait pour païen et qui fut certainement néoplatonicien », aurait rédigé le texte du décret de Justinien rapporté par Jean Malalas, *Chronique* XVIII 47, p. 379 Thurn, qui prohiba l'enseignement de la philosophie à Athènes en 529. Honoré **2**, p. 67, considère toutefois que le questeur de Justinien n'était pas nécessairement un païen, bien qu'on l'ait accusé de l'être (οὗτος ὁ Τριβωνιανὸς Ἕλλην ὑπῆρχε καὶ ἄθεος, ἀλλότριος κατὰ πάντα τῆς τῶν Χριστιανῶν πίστεως, selon la *Souda*, T 956).

RICHARD GOULET.

TROGUS → POMPEIUS TROGUS

175 TROILOS DE SIDÈ (en Pamphylie) *RE* 3 *PLRE* II : 1   F IV - D V

Sophiste, commentateur des Στάσεις d'Hermogène (*cf.* C. Walz, *Rhetores Graeci*, t. VI, Stuttgart 1834, réimpr. 1968, p. 42-55), professeur à Constantinople, correspondant de Synésius de Cyrène (voir *Lettres* 26 ; 47 ; 73 ; 91 ; 111 ; 118 ; 119 ; 123 ; 129). Voir également *Souda* T 1080, qui lui attribue des discours politiques et sept volumes de lettres (λόγους πολιτικούς, ἐπιστολῶν βιβλία ζ). Les noms de quelques-uns de ses élèves sont connus grâce à Socrate, *Hist. eccl.* (Ablabius [*PLRE* I : 2] : VII 12 ; Silvanos de Philippopolis [*PLRE* II : 2] : VI 37 ; Eusèbe le scholastique [*PLRE* II : 8] : VI 6). Il fut, à cause de sa sagesse et de sa prudence politique (μετὰ τῆς οὔσης αὐτῷ σοφίας καὶ κατὰ τὴν πολιτικὴν φρόνησιν), apprécié par le Préfet du prétoire Anthémius (Socrate, *Hist. eccl.* VII 1).

Il est dit « philosophe » dans plusieurs lettres de Synésius (*Epist.* 47 ; 73 ; 118).

Cf. W. Enßlin et W. Kroll, art. « Troilos aus Side » 3, *RE* VII A 1, 1939, col. 615-616.

RICHARD GOULET.

176 TRYGETIUS DE THAGASTE *RE* 2   F IV

« La matière manque, et c'est dommage, pour écrire un livre sur les étudiants d'Augustin (⇒A 508), comme on a pu le faire sur les étudiants de Libanius » (**1** S. Lancel, *Saint Augustin*, Paris 1999, p. 75). Trygetius fait partie des quelques étudiants ou élèves qui suivirent Augustin en Italie. Il est toujours associé à Licentius (⇒L 55), le fils de Romanianus (⇒R 8), qui était du même âge que lui. Seuls les *Dialogues* de Cassiciacum (386) nous renseignent à son propos. C'est en effet l'un des interlocuteurs des trois dialogues de cette période : le *Contra Academicos*, le *De beata vita* et le *De ordine* – il faut y ajouter « l'allusion collective à Trygetius et à ses compagnons à propos de l'observation d'un mille-pattes dans le *De quant. anim.* 31, 62 » (**2** A. Mandouze [édit.], art. « Trygetius », *PCBE*, t. I, Paris 1982, p. 1117-1119, p. 1117 n. 1).

Les données prosopographiques que ces œuvres nous fournissent sur Trygetius sont assez minces. Originaire de Thagaste et élève d'Augustin comme Licentius (*De beat. vit.* 1, 6), le jeune homme fut hostile aux disciplines libérales, jusqu'à ce que son passage par l'armée fasse de lui un ami très ardent des arts (« illum enim quoque adulescentem quasi ad detergendum fastidium disciplinarum aliquantum sibi usurpasset militia, ita nobis magnarum honestarumque artium ardentissimum edacissimumque restituit ») (*C. Acad.* I 1, 4). Cette indication du *Contra Academicos* est confirmée dans le *De ordine* : « Trygetius nous avait été rendu par l'armée ; comme un ancien soldat, il aimait l'histoire » (« Trygetium item nobis militia reddiderat, qui, tamquam veteranus adamauit historiam ») (*De ord.* I 2, 5). L'indication (qui semble faire allusion à un lieu commun sur la culture des anciens soldats) suggère qu'il avait alors environ dix-sept ans (l'âge du service militaire à Rome). Cependant, on ne voit pas que l'histoire soit chez lui un sujet de préoccupation particulier ; il est simplement précisé qu'il lui arrivait, comme à Licentius, de « se délecter des poèmes de Virgile » (*C. Acad.* III 1, 1).

Peu de temps après l'arrivée à Cassiciacum, Augustin, qui avait déjà fait lire à ses deux élèves l'*Hortensius* de Cicéron pour les gagner à la philosophie (*C. Acad.* I 1, 4), les mit à l'épreuve de la discussion. Dans le livre I du *Contra Academicos* (*cf.* **3** T. Fuhrer, *Augustin* : Contra Academicos (vel de Academicis *Bücher 2 und 3). Einleitung und Kommentar von Therese Fuhrer*, Berlin/New York 1997, p. 11-12 [« 4.4. Trygetius »]), face à Licentius qui défend le point de vue sceptique et prétend que le bonheur réside dans la recherche de la vérité, Trygetius soutient que l'on ne peut être heureux qu'à la condition d'avoir trouvé la vérité (ce qui est la thèse d'Augustin), parce que le bonheur implique que l'on possède ce que l'on désire (*cf. C. Acad.* I 4, 10 *sq.*). « Moins "intellectuel" » que Licentius (Lancel **1**, p. 148), il se montre cependant très combatif, au point qu'Augustin dira de lui qu'il a réponse à tout (*C. Acad.* I 9, 24). Sa contribution à la discussion tient notamment à plusieurs définitions qu'il propose (il dit lui-même qu'il aimerait être maître dans l'art du *definitor* [I 5, 15]) : « La sagesse est le droit chemin de la vie » (*C. Acad.* I 5, 13) ou « le droit chemin qui conduit à la vérité » (I 5, 14) ; « Appelons sagesse la science des choses humaines et divines dans la mesure où elles conduisent au bonheur » (I 8, 23). Dans la deuxième partie du dialogue, il n'apparaît plus qu'en deux passages, où il défend à contrecœur la conception néo-académicienne du vraisemblable (*veri simile*) (II 7, 18 ; II 8, 20).

L'enthousiasme philosophique de Trygetius se perçoit également dans le *De beata vita* : « à la fin du banquet spirituel offert par Augustin à l'occasion de son anniversaire, il formule avec chaleur le souhait de recevoir chaque jour des nourritures de cet ordre » (4, 36) (Mandouze **2**, p. 1117). Durant la deuxième journée du dialogue, « Licentius et Trygetius discutent d'un problème fondamental qui est crucial pour Augustin au temps de sa conversion : non seulement le problème de la nature du bonheur mais la thèse soutenue par beaucoup de philosophes, en incluant aussi bien les platoniciens que les stoïciens, selon laquelle le bonheur est à notre portée, en notre pouvoir. Augustin a espéré et cru qu'avec sa conversion, il atteindrait le port de la philosophie. Si la vérité est atteignable, le bonheur l'est aussi (…). Augustin a pensé qu'il existe un petit groupe (un petit groupe cependant) qui peut atteindre le bonheur parfait dans cette vie » (**4** J. Rist, *Augustine. Ancient thought baptized*, Cambridge 1994, p. 49). Trygetius admet la définition augustinienne du bonheur comme « possession de Dieu » (2, 11) et se réjouit que l'on abandonne la position des académiciens, auxquels il se déclare instinctivement hostile (2, 14).

Enfin, dans le *De ordine*, où Augustin aborde pour la première fois le problème du mal, Licentius soutient que Dieu dirige tout par l'ordre (I 5, 14) et que rien n'existe en-dehors de l'ordre ni ne peut lui être contraire (I 6, 15). Cette thèse affirmée avec une conviction qui force l'admiration d'Augustin est battue en brèche par ce raisonnement de Trygetius : si Dieu aime l'ordre qui procède de lui et si le mal fait partit de l'ordre, comment éviter de conclure que Dieu aime le mal ? Dans la discussion du livre II (à laquelle participent aussi Monique [➤M 188a, dans les compléments du tome VII] et Alypius [➤A 128]), l'intervention la plus marquante de Trygetius (II 4, 11) permet d'introduire l'idée selon laquelle la compréhension du tout ordonné permet de corriger la perception du désordre apparent des parties, une idée qu'Augustin développe longuement et qui l'amène à affirmer qu'une éducation très approfondie dans le domaine des arts libéraux est nécessaire pour parvenir à une intelligence de la croyance dans la providence divine.

À la différence de Licentius, on ne sait rien sur l'évolution ultérieure de Trygetius après le retour d'Augustin en Afrique.

EMMANUEL BERMON.

177 TRYPHON

C'est beaucoup s'aventurer que de vouloir reconnaître un platonicien, comme l'a suggéré J. Baillet, dans le visiteur qui a laissé aux Tombeaux des Rois la signature n° 175 : en réalité, seule la lettre *pi* est identifiable après le nom de ce personnage.

BERNADETTE PUECH.

178 TRYPHON *RE* 24 *PLRE* I :   M III

Philosophe présenté par Porphyre (➣P 263) comme « stoïcien et platonicien ».

Le seul témoignage indiscutable que nous ayons sur ce Tryphon est le suivant : « Comme les gens de la Grèce disaient que Plotin (➣P 205) pillait les doctrines de Numénius (➣N 66), et comme le stoïcien et platonicien Tryphon en faisait part à Amélius (➣A 136), ce dernier écrivit un livre qu'il intitula *Sur la différence doctrinale qui sépare Plotin de Numénius*, et qu'il dédia à Basileus, [c'est-à-dire] à moi » (Porphyre, *Vita Plotini* 17, 1-7).

Cf. Brisson, *Prosopographie*, *PVP* I *s.v.* Absent de *PIR*².

LUC BRISSON.

179 TRYPHON (LUCIUS SEPTIMIUS –) D'ALEXANDRIE   F II-III

L. Septimius Tryphon se définit comme « philosophe alexandrin » dans une inscription de provenance inconnue : *IGR* IV 468. Son origine égyptienne est confirmée par la formule par laquelle il abrège l'énumération de ses noms. Quant à la qualité de philosophe, on est toujours en droit de se demander, lorsqu'il s'agit d'Alexandrie, s'il faut prendre le mot au pied de la lettre ou avec le sens de membre du Musée, lequel regroupait des personnalités de compétences diverses (voir la notice « Asclépiadès d'Alexandrie », A 445). En tout cas, Tryphon appartenait à l'association des technites dionysiaques, dans laquelle il avait accepté les charges de grand-prêtre à vie de Dionysos Kathègèmôn, dont il avait fait restaurer, à ses frais, la statue, et de Caracalla Nouveau Dionysos : il s'agit en effet de cultes propres à l'association dionysiaque, et non de cultes civiques de Pergame, où Caracalla ne recevra le titre de Nouveau Dionysos que plus tard, sous son règne ; d'après la titulature de Septime Sévère, la dédicace de Tryphon date, elle, de la période 198-209. La statue de Dionysos se trouvait vraisemblablement au siège de l'association des technites, à Rome : voir R. Merkelbach, « Eine Inschrift des Weltverbandes der dionysischen Technitai (CIG 6829) », *ZPE* 58, 1985, p. 136-138.

BERNADETTE PUECH.

180 TUBERO (LUCIUS AELIUS –) *RE* Lukios 5 Aelius 150   Iᵃ

Selon Photius, *Bibl.*, *cod.* 212, p. 169 b 32-35 Bekker, qui donne un résumé substantiel de l'ouvrage, Énésidème (➣E 24) avait adressé les huit livres de ses *Discours Pyrrhoniens* (Πυρρωνίων λόγοι η′) à un noble romain du nom de Lucius Tubero qui appartenait comme lui à la secte de l'Académie et avait assumé des charges politiques importantes (Γράφει δὲ τοὺς λόγους Αἰνησίδημος προσφωνῶν αὐτοὺς τῶν ἐξ Ἀκαδημίας τινὶ συναιρεσιώτῃ Λευκίῳ Τοβέρωνι, γένος μὲν Ῥωμαίῳ, δόξῃ δὲ λαμπρῷ ἐκ προγόνων καὶ πολιτικὰς ἀρχὰς οὐ τὰς τυχούσας μετιόντι). On identifie généralement le dédicataire à un ami de longue date de Cicéron (né en 106[a]), L. Aelius Tubero, mentionné dans le *Pro Q. Ligario* 7, 21 (en 46[a]): «*domi una eruditi, militiae contubernales, post adfines, in omni vita familiares; magnum etiam vinculum quod isdem studiis semper usi sumus*», «élevés ensemble à Rome, camarades à l'armée, ensuite parents par alliance, notre vie est une longue intimité dont le lien fut encore resserré par une constante communauté de goûts (ou par les mêmes études)» (trad. Lob). Cicéron qui ne mentionne nulle part Énésidème, ne fait pas état non plus des intérêts philosophiques de Tubero.

Cf. **1** [E. Klebs], art. «L. Aelius Tubero» 150, *RE* I 1, 1893, col. 534-538; **2** W. Capelle, art. «Λεύκιος Τοβέρων» 5, *RE* XIII 2, 1927, col. 1798; **3** D. R. Shackleton Bailey, *Cicero. Epistulae ad Quintum fratrem et M. Brutum*, coll. «Cambridge Classical Texts and Commentaries» 22, Cambridge 1980, p. 149-150; **4** F. Decleva Caizzi, «Aenesidemus and the Academy», *CQ* 42, 1992, p. 176-189; **5** A. Cristofori, «Note prosopografiche su personaggi di età tardorepubblicana», *ZPE* 90, 1992, p. 137-139; **6** C. Lévy, «Lucrèce avait-il lu Énésidème?», dans K. A. Algra, M. H. Koenen et P. H. Schrijvers (édit.), *Lucretius and his intellectual background*, coll. «Koninklijke Nederlandse Akademie van Wetenschappen, Verhandelingen, Afd. Letterkunde. Nieuwe Reeks» 172, Amsterdam 1997, p. 115-124; **7** B. Pérez, notice «Énésidème», E 24, *DPhA* III, 2000, p. 90-99; **8** R. Polito, «Enesidemo e Tuberone: note di lettura a Fozio, "Bibl." cod. 212, 169b 18», *Hyperboreus* 8, 2002, p. 145-158; **9** B. Pérez, *Dogmatisme et scepticisme. L'héraclitisme d'Énésidème*, coll. «Philosophie», Lille 2005, 274 p.

Tubero qui fut légat de Quintus Cicero en Asie de 61 à 58, était historien. Voir Cic., *Ad Q. Fr.* I 1 [30], 3, 10 (début 59[a]). Dans cette lettre adressée à Quintus qui doit prolonger son consulat en Asie une troisième année, Cicéron recommande à son frère de mettre à profit l'expérience de son légat Tubero, «le premier par le rang, par le mérite, par l'âge *(honore et dignitate et aetate)*» (trad. Constans). «En écrivant l'histoire il pourra choisir dans ses annales *(ex suis annalibus)* maints exemples qu'il aura le désir et les moyens d'imiter». Aucun fragment de son œuvre n'est conservé. Voir **10** H. Peter (édit.), *Veterum Historicorum Romanorum Relliquiae. Disposuit, recensuit, praefatus est H. P.*, Leipzig 1870, t. I, p. 309-315; **11** *Id.* (édit.), *Historicorum Romanorum Fragmenta*, coll. *BT*, Leipzig 1883, p. 199.

A son retour d'Asie Aelius Tubero rendit visite à Cicéron, alors exilé, à Thessalonique en 58[a] et lui révéla les projets d'assassinat préparés contre lui s'il se rendait en Asie (Cic., *Pro Cn. Plancio Oratio* 41, 99-100). En 49[a], au moment du déclenchement de la guerre civile, Tubero était en charge comme gouverneur de la province d'Afrique, ce qui implique qu'il dut être (édile, tribun, puis) préteur entre 58 et 50, en 54 selon **12** T. R. S. Broughton, *The Magistrates of the Roman*

Republic, New York 1952, t. II, p. 222. Selon **13** J.-L. Ferrary, *Philhellénisme et impérialisme*, p. 608 n. 74, il aurait dû gouverner l'Afrique en 49 et avait donc exercé la préture au plus tard en 54. La victoire de César ne lui permit pas d'atteindre le consulat et il se retira de la vie politique.

On s'est demandé si le terme συναιρεσιώτης employé par Photius impliquait que Tubero et Énésidème étaient formellement membres de l'Académie, ce qui est douteux dans la mesure où Énésidème était le promoteur d'un pyrrhonisme opposé aux vues des derniers scholarques de l'Académie.

RICHARD GOULET.

181 TUBERO (QUINTUS AELIUS –) *RE* Aelius 155   II^a

Tribun de la plèbe en 129^a, il fut un adepte de la Stoa. Il connaissait et fréquentait Panétius de Rhodes (⇒+P 26), qui lui dédia un bref ouvrage, sous forme épistolaire, sur la façon de supporter la douleur *(de dolore patiendo)*. L'ouvrage est cité par Cicéron, *Tusc. disp.* IV 4, *De fin.* IV 9, 23 et *Acad.* II 44, 135 (Panétius, test. 88, 83 et 89 Alesse). Il fut également le dédicataire du traité *Sur les devoirs* écrit par un autre disciple de Panétius, Hécaton de Rhodes (⇒+H 13), selon Cicéron *De off.* III 63. Il est également mentionné chez Athénée, *Deipnosophistes* VI, 274 c, avec Quintus Mucius Scaevola l'Augure (⇒+S 26) et Rutilius Rufus (⇒+R 17), tous deux également disciples de Panétius.

Il était l'un des personnages du *De Republica* de Cicéron (I 31 ; *ad Att.* IV 16, 2 ; *ad Quint. fr.* III 5, 1). Voir L. Perelli, « L'elogio della vita filosofica in *De re publica*, I, 26-29 », *BStudLat* 1, 1971, p. 389-401. Cicéron, *Brutus* 117-118 tient ses dons oratoires pour négligeables. Aulu-Gelle, *Nuits attiques* II 22, 7, célèbre pour sa part ses connaissances juridiques.

Cf. E. Klebs, art. « Q. Aelius Tubero » 155, *RE* I 1, 1893, col. 535-537 ; I. Kidd, *Posidonius*, t. II : *The Commentary*, Cambridge 1989, p. 912 ; P. Vesperini, *La philosophia et ses pratiques d'Ennius à Cicéron*, coll. BEFAR 348, Roma 2012, p. 244-247.

FRANCESCA ALESSE.

182 TUCCA (PLOTIUS –) *RE* 17a *PIR*^2 P 519   I^a

Critique littéraire, membre du cercle d'Auguste, ami d'Horace, Mécène [⇒+M 10], Varius [⇒+V 4] et Virgile [⇒+V 10] (Hor., *Sat.* I 5, 39-42 ; 10, 80-83), éditeur de Virgile (*cf.* **1** K. Ziegler, art. « Plotius Tucca » 17a, *RE* XXI 1, 1951, *Nachträge*, col. 1266-1267). Il fut chargé par Auguste de réviser et éditer avec Varius Rufus l'épopée inachevée de l'*Énéide* (Donat, *Vita Verg.* 37, 141 ; 40, 155 ; Serv., *ad. Verg. Aen. Prooem.*). **2** Jocelyn Henry David, « The ancient story of the imperial edition of the *Aeneid* », *Sileno* 16, 1990, p. 263-278.

Il aurait peut-être été aussi poète (Hier., *Chron.* Helm, ab Abr. 2000, *ad. Ol.*, 190, 4 = 17 av. J.-C., le mentionne comme poète avec Varius Rufus, mais ce fut peut-être l'année d'édition de l'*Énéide*). **3** J.-P. Boucher, « L'élégie III, 19 de Properce et la *Ciris* », *BFLM* 15, 1987, p. 71-77, a voulu voir en lui l'auteur de la

Ciris, poème de l'*Appendix Vergilianus* déjà publié vers 22-20 av. J.-C. d'après le poème de Properce.

Peut-être originaire de Gaule Cisalpine (*Schol. ad Pers.* 2, 42) comme Virgile, sensiblement du même âge que ce dernier, il étudia durant les années 40 av. J.-C. auprès des philosophes épicuriens de Campanie Siron (➤+S 93) et Philodème (➤+P 142): le *P. Herc. Paris* 2, fr. 279, ouvert en 1988, confirme la lecture [Πλώ]τιε des *P. Herc.* 253, fr. 12, et 1082, fr. 11 (et non ['Ορά]τιε comme le voulait **4** A. Körte, «Augusteer bei Philodem», *RhM* 45, 1890, p. 172-177): Plotius (Tucca) faisait partie des étudiants auxquels s'adressait l'épicurien Philodème, avec Varius (Rufus), Virgile et Quintilius (Varus) [➤+Q 1]. Philodème cite ces noms au vocatif dans ces passages en tant qu'auditeurs ou lecteurs: déjà **5** F. della Corte, «Vario e Tucca in Filodemo», *Aegyptus* 49, 1969, p. 85-88, et **6** *Id.*, «Orazio 'desaparecido'», *Maia* 42, 1990, p. 41-42.

Du séjour campanien date l'amitié avec Virgile (Verg., *Catal.* 1, 1); Plotius Tucca paraît également lié dès 37 avec L. Varius Rufus (Hor., *Sat.* I 5, 39-42), lorsque tous deux vinrent en 37 à Sinuessa à la rencontre du poète Horace en route vers Brindes (Hor., *Sat.* I 5, 39-42), mais cette amitié aussi remonte probablement déjà au séjour campanien des années 40. Il fit en effet partie de tout un cercle épicurien campanien durant les années 40 (*cf.* **7** M. Gigante, «Virgilio e i suoi amici a Ercolano. Letture oraziane», dans G. Bruno [édit.], *Letture oraziane*, Venosa 1993, p. 99-134), puis, élargi à d'autres écrivains de même sensibilité, réuni autour de l'épicurien Mécène (Hor., *Sat.* I 10, 81-82). L'adhésion de l'ami de Virgile à la philosophie épicurienne est donc certaine comme le note **8** C.J. Castner, *Prosopography of Roman Epicureans from the Second Century B.C. to the Second Century A.D.*, Frankfurt am Main 1988, p. 45-46.

Cf. **9** H. Bardon, *La littérature latine inconnue*, t. II, Paris 1956, p. 26; **10** J. Ferguson, «Epicureanism under the Roman Empire», dans *ANRW* II 36, 4, Berlin 1990, p. 2257-2327.

FRANÇOIS KIRBIHLER.

TULLIANOS → DEMETRIOS TULLIANOS

TULLIUS → CICERO (MARCUS TULLIUS –)

TULLIUS → CICERO (MARCUS TULLIUS –) FILS

TULLIUS → CICERO (QUINTUS TULLIUS –)

TULLIUS → CRATIPPOS DE PERGAME (M. TULLIUS –)

TULLIUS → MARCELLUS DE CARTHAGE (M. TULLIUS –) dans les compléments du tome VII

TUTILIUS → HOSTILIANUS DE CROTONE (C. TUTILIUS –)

183 TYNDARÈS DE SPARTE *PIR*² T 446   I-II

Ami de Mestrius Florus (➣→F 16) et de Plutarque (➣→P 210), qui le met en scène dans un banquet des *Propos de Table* (VIII 1 et 2), le Lacédémonien Tyndarès, fils de Zeuxippos (➣→Z 30), appartenait à une famille aristocratique que les inscriptions de Sparte permettent de suivre sur six générations; malgré ses liens avec des Romains influents, elle semble avoir longtemps dédaigné la citoyenneté romaine: voir B. Puech, « Prosopographie des amis de Plutarque », dans *ANRW* II 33, 6, Berlin 1992, p. 4891-4892, et J.-S. Balzat, « Prosopographie des prêtres et prêtresses des Dioscures dans la Sparte d'époque impériale », dans A. Rizakis et C. E. Lepenioti (édit.), *Roman Peloponnese III. Studies on Political, Economic and Socio-cultural History*, coll. « Meletemata » 63, Athènes 2010, p. 344-346. Tyndarès se définissait certainement comme platonicien: le banquet des *Propos de Table*, qui se situe vers le début du IIe siècle, célèbre l'anniversaire de Platon.

BERNADETTE PUECH.

184 TYNDARÈS DE SPARTE   I

L'homonyme que l'un des invités de Sextius Sylla (➣→S 174) à Rome (*Propos de Table*, VIII 8) cite comme source d'information à propos des pratiques pythagoriciennes appartient sans doute à la même famille, mais à une génération antérieure. Il s'agit, selon toute vraisemblance, du personnage qui, dans la *Lettre* 62 d'Apollonios de Tyane (➣→A 284), est à l'origine du décret de Sparte en faveur du philosophe pythagoricien. C. Cichorius, cité par E. Norden, *Agnostos Theos*, Leipzig 1913, p. 342, identifiait le notable lacédémonien à l'homonyme qui apparaît chez Plutarque (➣→T 183). R. J. Penella, *The letters of Apollonius of Tyana*, Leiden 1979, p. 122, trouvait ce rapprochement chronologiquement possible, mais peu fondé. Le rapprochement se justifie bien, mais seulement avec le philosophe évoqué dans le banquet de Sextius Sylla, qu'il ne faut pas confondre avec l'ami de Mestrius Florus: il est évoqué au passé, comme un maître fréquenté autrefois et connu de tous, probablement décédé au moment du banquet. Il pourrait être le grand-père du platonicien fils de Zeuxippos (➣→Z 30), car les inscriptions de Sparte suggèrent que l'alternance des noms Zeuxippos et Tyndarès est régulière dans la famille: voir B. Puech, *ibid*. La rencontre avec le passage de Plutarque confirme que la *Lettre* 62 révèle une bonne connaissance, non seulement des réalités lacédémoniennes, comme l'a noté A. S. Bradford, « The *synarchia* of Roman Sparta », *Chiron* 10, 1980, p. 424-425, mais aussi de l'entourage d'Apollonios.

BERNADETTE PUECH.

185 TYRANNION D'AMISOS *RE* 2   110/100 - 26/5^a?

Grammairien ou philologue lié à l'histoire de la bibliothèque du péripatéticien Nélée, familier de Cicéron et l'un des maîtres du géographe Strabon.

Dans cette notice, on se limitera aux liens (assez ténus) qui rattachent Tyrannion à l'histoire de la philosophie. Pour toutes les questions de fond qui concernent son activité de grammairien, on consultera les commentaires très détaillés de Haas **1** (ci-dessous).

Témoignages et fragments. 1 W. Haas, *Die Fragmente der Grammatiker Tyrannion und Diokles*, coll. *SGLG* 3, Berlin 1977, p. 79-184 (témoignages sur la vie et les œuvres de Tyrannion : T 1-16 ; fragments concernant la doctrine : fr. 1-63 ; les témoignages et les fragments mentionnés avec un astérisque (ex. T 17*) se rapportent à Tyrannion le Jeune ou Dioclès). On trouvera les témoignages concernant Tyrannion en rapport avec l'édition romaine des œuvres d'Aristote dans **2** I. Düring, *Aristoteles in the ancient biographical tradition*, Göteborg 1957, p. 412-413 (T 74 a-d) et p. 394.

Études d'orientation. 3 C. Wendel, art. «Tyrannion» 2, *RE* VII A, 1948, col. 1811-1819 ; **4** R. Pfeiffer, *History of classical scholarship. From the beginnings to the end of the hellenistic age*, Oxford 1968 ; **5** P. Moraux, *Der Aristotelismus bei den Griechen*, t. I, Berlin 1973, p. 33-44 («Tyrannion von Amisos») ; **6** J. Christes, *Sklaven und Freigelassene als Grammatiker und Philologen im antiken Rom*, coll. «Forschungen zur antiken Sklaverei» 10, Wiesbaden 1979, p. 27-38 («L. Licinius Tyrannio aus Amisos [d. Ä.]») ; **7** W. Ax, «*Quadripertita ratio* : Bemerkungen zur Geschichte eines aktuellen Kategoriensystems (*Adiectio - Detractio - Transmutatio - Immutatio*)», dans D. J. Taylor (édit.), *The history of linguistics in the classical period*, Amsterdam/Philadelphia 1987, p. 17-40 ; **8** H. B. Gottschalk, «Aristotelian philosophy in the Roman world from the time of Cicero to the end of the second century AD», dans *ANRW* II 36, 2, Berlin 1987, p. 1083-1088 ; **9** Y. Lehmann, «Varron et le grammairien Tyrannion : l'apport doctrinal de l'aristotélisme», *Ktèma* 13, 1988, p. 179-186 ; **10** J. Barnes, «Roman Aristotle», dans J. Barnes et M. Griffin (édit.), *Philosophia togata*, t. II : *Plato and Aristotle at Rome*, Oxford 1997, p. 1-69 (surtout p. 16-20 et 28-29) ; **11** M. Baumbach, art. «Tyrannion» 1 (aus Amisos), *NP* XII 1, 2002, col. 947 ; **12** *Id.*, art. «Tyrannion» 2 (der Jüngere), *NP* XII 1, 2002, col. 947 ; **13** H. Flashar, «Aristoteles», dans *GGP*, Antike 3, 2ᵉ éd. 2004, p. 180-181 ; **14** F. Wehrli † (revu par G. Wöhrle et L. Zhmud), «Der Peripatos bis zum Beginn der Römischen Kaiserzeit», dans *GGP*, Antike 3, 2ᵉ éd. 2004, p. 632-633.

Biographie. Une notice de la *Souda* (T 1184 = T 1 Haas) nous livre les informations les plus détaillées, qu'il faut compléter par quelques autres sources. Tyrannion (Τυραννίων), de son vrai nom Théophraste (Θεόφραστος), était originaire d'Amisos dans le Pont, sur la côte sud de la Mer Noire (il est piquant de noter que Théophraste d'Érèse porte lui aussi un nom d'emprunt, puisqu'il s'appelait en réalité Tyrtamos). Son père s'appelait Épicratidès et sa mère, d'origine alexandrine – plutôt d'Alexandrie d'Égypte que d'Alexandrie de Troade – Lindia (il s'agit sans doute d'un théonyme emprunté à l'Athéna de Lindos, sur l'île de Rhodes). Parmi ses maîtres, la *Souda* mentionne son compatriote Hestiaios (Ἑστιαῖος), enseignant sans doute à Amisos, qui lui aurait donné le surnom de Tyrannion, parce qu'il accablait d'invectives ses camarades (ὡς κατατρέχων τῶν ὁμοσχόλων). Ensuite, il suivit les leçons du grammairien, formé à l'école d'Aristarque, Denys d'Alexandrie, dit le Thrace, à Rhodes (*cf.* T 3, où il faut en tout cas corriger Ῥώμη en Ῥόδῳ, *cf.* Haas **1**, p. 95 ; Pfeiffer **4**, p. 266, date ce séjour vers 90 av. J.-C.). Il dut retourner dans sa patrie vraisemblablement pour y enseigner, avant d'y être fait prisonnier par L. Licinius Lucullus (117-56) dans la guerre que menaient les Romains contre Mithridate VI, le roi du Pont (l'événement a lieu en 71/70 av. J.-C., pendant la 3ᵉ guerre contre Mithridate [corriger Haas, p. 94 qui semble suivre Pfeiffer **4**, p. 272]). Le légat L. Murena l'aurait réclamé pour lui-même, puis l'aurait affranchi (T 4 et 5) en lui accordant le droit de cité romain (T 5), sans doute après son retour à Rome vers 68 (Moraux **5**, p. 35 et n. 8 ; entre 70 et 65 selon Barnes **10**, p. 17) ; *cf.* Christes **6**, p. 29. Dans la capitale, sa célébrité fut grande et lui permit d'amasser une fortune suffisante pour réunir plus de trente mille livres. Il mourut âgé (γηραιός), de la goutte. Dans la plupart des sources, il est désigné comme γραμματικός (grammairien au sens ancien de philologue érudit). Les indications chronologiques explicites que nous fournit la *Souda* sont déroutantes. Il serait mort dans la troisième année de la 118ᵉ olympiade (= 306/5) ! On admet qu'il faille corriger le chiffre donné par les manuscrits : ριη′ (118) en ρπη′ (188), ce qui place sa mort (à Rome) en 26/25 av. J.-C. (*cf.* Haas **1**, p. 95) ; Christes **6**, p. 32, envisage une autre correction (moins probable) de la date, ρπγ′ correspondant à 46/45, et fait remonter sa naissance à 120-115. Quant à l'indication selon laquelle il aurait vécu « à l'époque de Pompée le Grand et antérieurement » (γεγονὼς ἐπὶ Πομπηΐου τοῦ μεγάλου καὶ πρότερον), elle est trop vague pour être utilisable (*cf.* Haas **1**, p. 95). On peut estimer que, si en 71ᵃ, au moment d'être fait prisonnier, il enseignait à Amisos, il devait avoir au moins trente ans, ce qui fixe sa naissance entre 110 et 100 et en fait un contemporain de Cicéron dont il était un familier. Nous savons qu'il est mort âgé, que la dernière mention de son nom dans les lettres de Cicéron, à propos d'un ouvrage récemment publié, date de mai 45 (*ad Att.* XII 6, 2 = T 15) – et non pas 46 comme l'indique Christes **6**, p. 33 ; la date corrigée de sa mort, vers 80 ans, est donc plausible.

Il semble avoir été actif à Rome dès 68ᵃ, où il entra en contact avec Jules César (T 8 [Γάϊος Καῖσαρ] ; *cf.* Haas **1**, p. 175-176), Atticus et Cicéron (T 9-16). En 56, il devint le précepteur de Quintus, le neveu de Cicéron, dans la maison même de l'orateur (T 10). Parmi ses auditeurs, il faut mentionner l'historien et géographe Strabon d'Amasée (⯈S 164) dans la région du Pont (Strab. XII 3, 16 = T 2 : γραμματικὸς Τυραννίων οὗ ἡμεῖς ἠκροασάμεθα ; *cf.* Pfeiffer **4**, p. 273, qui situe cette rencontre à Rome, après 44, date de la venue à Rome du géographe, peut-être vers 30 av. J.-C. ; *cf.* **15** E. Honigmann, art. « Strabon » 3, *RE* IV A, 1932, col. 76-155, col. 80). Les témoignages anciens ne permettent pas d'en faire le maître des péripatéticiens Andronicos de Rhodes (⯈A 181) et Boéthos de Sidon (⯈B 48), comme l'affirment aussi bien Düring **2**, p. 413 (commentaire sur T 74 d), qui semble s'appuyer sur Honigmann **15**, col. 80 (pour Boéthos de Sidon), que Flashar **13**, p. 181, col. a (pour Andronicos). Un de ses disciples, d'origine phénicienne (Φοῖνιξ), a reçu le nom du maître et nous est connu comme Tyrannion le Jeune (Τυραννίων ὁ νεώτερος par opposition à Τυραννίων ὁ πρότερος ou ὁ πρεσβύτερος, *cf.* T 17*) ; on admet généralement que ce dernier est identique au grammairien Dioclès (*cf.* Wendel **3**, col. 1819, et Haas **1**, p. 96-97).

Quelque temps près la prise d'Athènes (86) au cours de la 1re guerre contre Mithridate, Sylla confia, semble-t-il, à son fils Faustus la bibliothèque d'Apellicon de Téos (➤+A 235), qu'il avait fait transporter à Rome parmi son butin de guerre en 84 (Barnes **10**, p. 16). Parmi les livres de ce bibliophile (φιλόβιβλος selon Strabon, XIII 1, 54 = T 6) se trouvaient, dit Plutarque (*Vita Sull.* 26, 1 = T 7), « la plupart des ouvrages d'Aristote et de Théophraste », que Nélée (➤+N 15) avait hérités de Théophraste et emportés chez lui à Scepsis en Troade après la mort de Théophraste (288/7-287/6). Plutarque (T 7) s'exprime de la façon suivante : « On raconte qu'après que la bibliothèque eut été transportée à Rome, le grammairien Tyrannion en apprêta (ἐνσκευάσασθαι) la plus grande partie et qu'Andronicos de Rhodes, ayant obtenu de lui les copies (τὰ ἀντίγραφα = les manuscrits importés d'Athènes ou des copies réalisées par Tyrannion), les publia et rédigea ce qui circule maintenant comme ses catalogues (πίνακες). » La chronologie de ce passage est malheureusement vague. Il faut en tout cas admettre qu'un certain temps s'était écoulé depuis le transfert à Rome des manuscrits, avant que Tyrannion s'occupât des livres de cette bibliothèque (une vingtaine d'années sans doute). De fait, environ dix ans après la mort de Sylla († 78), son fils Faustus hérita probablement des livres (Moraux **5**, p. 37 ; mais dire, comme Flashar **13**, p. 181, col. a, qu'il chargea Tyrannion de mettre de l'ordre dans ses manuscrits s'accorde mal avec l'affirmation de Strabon (T 6) selon laquelle Tyrannion a dû se ménager les faveurs du bibliothécaire pour accéder aux livres [θεραπεύσας τὸν ἐπὶ τῆς βιβλιοθήκης]). Affirmer encore qu'à la mort de Faustus Sylla, en 46, il fut chargé de s'occuper de la bibliothèque héritée de Sylla, n'est pas soutenu par les témoignages anciens (**16** D. Earl, « Prologue-form in ancient historiography », dans *ANRW* I, 2, Berlin 1972, p. 842-856, en particulier p. 851).

Tyrannion est qualifié par Strabon, qui l'a entendu à Rome, de φιλαριστοτέλης ou « ami d'Aristote » (XIII 1, 54). On ne sait pas au juste ce que recouvre cette épithète appliquée à un savant grammairien du Ier siècle avant J.-C. ; elle peut ne révéler rien de plus que l'admiration avouée de Tyrannion pour le travail d'érudition fourni par le Stagirite et ses disciples au sein du Lycée (notons que l'adjectif, sous la forme φιλοαριστοτέλης, qualifie, avec φιλοπλάτων, le stoïcien Panétius de Rhodes [➤+P 26] dans la *Stoicorum historia* de Philodème, col. LXI 2-3, p. 110 Dorandi).

La nature du travail accompli par Tyrannion sur les livres d'Aristote, distinct de celui des libraires (βιβλιοπῶλαι) qui font faire des copies des textes, est loin d'être claire ; Düring **2**, p. 394, note que dans les manuscrits de Strabon (XIII 1, 54 = T 6) ce travail est décrit généralement par διεχειρίσατο (*scil.* τὴν Ἀπελλικῶντος βιβλιοθήκην ; « had a hand in dealing with the library » Pfeiffer **4**, p. 273 ; « put his hand to it » Barnes **10**, p. 3 ; « unter den Händen haben » Moraux **5**, p. 34 et n. 3) ou, dans quelques manuscrits, par ἐνεχειρίσατο ; dans le premier cas, Tyrannion « manipulait », « organisait », « mettait de l'ordre dans la bibliothèque » (« worked on, revised, dealt with» selon Düring; on pense alors à un autre travail, celui de catalogage et de mise en ordre de la bibliothèque [*designationem* (parfois corrigé en *dissignationem*)... *librorum meorum* (*ad Att.* IV 4a, 1 = T 11); *mihi libros disposuit* (*ad Att.* IV 8, 2 = T 12); *cf. ad Q. fr.* III 4, 5 = T 13] de Cicéron à Antium en 56, à la suite peut-être d'un incendie); dans le second cas, il se serait chargé de la bibliothèque, sans que l'on sache en quoi précisément cela consistait. Selon le témoignage de Plutarque (*Sylla* 26, 1 = T 7), cette activité est désignée par l'expression ἐνσκευάσασθαι τὰ πολλά («he is said to have put ready most things» Pfeiffer **4**, p. 273; «prepared most of it [*scil.* the library]» Barnes **10**, p. 3; «er rüstete sich mit den meisten Werken aus» Moraux **5**, p. 34). Haas **1**, p. 94-95, accepte l'interprétation de Düring, comme Pfeiffer **4**, p. 273. Selon le témoignage de Cicéron encore, Tyrannion s'adonnait peut-être au travail de copiste (*ad Q. fr.* III 4, 5). Quoi qu'il en soit, il est exclu de parler d'une édition d'Aristote due à Tyrannion (Moraux **5**, p. 34). On admettra donc l'existence d'un travail préparatoire de mise en ordre des manuscrits, peut-être de copie de certains textes. Ensuite, selon le témoignage de Plutarque, les documents furent remis à un aristotélicien compétent, Andronicos de Rhodes (➤A 181), travaillant à Athènes, Rome ou Alexandrie (*cf.* **17** R. Blum, *Kallimachos. The Alexandrian library and the origins of bibliography*, translated from the German by H. H. Wellisch, Madison 1991 (l'édition allemande est de 1977), p. 63: l'auteur penche pour Alexandrie). On trouvera commodément réunis les textes du dossier concernant la "redécouverte" de la bibliothèque d'Aristote (en traduction anglaise) dans **18** R. W. Sharples, *Peripatetic philosophy 200 BC to AD 200. An introduction and collection of sources in translation*, with indexes prepared by M. Hatzimichali, Cambridge 2010, p. 24-28 (commentaire, p. 28-30).

En avril 55, une dizaine d'années avant la mort violente de Faustus Cornelius Sylla, gendre et partisan de Pompée (il sera tué après la bataille de Thapsus, en 46), Cicéron pouvait dire à son ami Atticus: *ego hic* [*scil.* à Cumes] *pascor bibliotheca Fausti* (*ad Att.* IV 10, 1): «je me repais ici de la bibliothèque de Faustus»; plusieurs questions se posent, qui restent malheureusement sans réponse: la bibliothèque de Faustus contenait-elle encore les précieux rouleaux de la bibliothèque d'Apellicon? Et ceci se passait-il dans la villa de Faustus? Ou Cicéron avait-il acheté des ouvrages de la bibliothèque – Faustus avait en effet des dettes et dut vendre aux enchères une partie de ses biens comme le relève Plutarque, dans sa *Vie de Cicéron* 27, 6, et comme Cicéron y fait lui-même allusion six ans plus tard, en mars 49 (*ad Att.* IX 11, 4)? *Cf.* Moraux **5**, p. 37; Christes **6**, p. 34 n. 217, parle d'une vente aux enchères qui aurait pu avoir lieu peu après 55 (*cf.* Haas **1**, p. 94, n. 1).

Plutarque (T 7) est le seul auteur à faire le lien entre le travail de Tyrannion sur les volumes de la bibliothèque d'Apellicon et l'activité éditoriale d'Andronicos. On a ainsi pensé que le texte antérieur de Strabon comportait une lacune (Barnes **10**, p. 19) ou que Plutarque procédait à une inférence personnelle en liant les deux faits (Moraux **5**, p. 51-52 et 58-59). Il reste que, même si l'on accepte le texte de

Plutarque, la question de la datation de l'édition andronicienne des traités ésotériques d'Aristote n'est pas pour autant résolue. Pour la défense d'une datation haute, *cf.* principalement Moraux **5**, p. 58 (Andronicos prend la tête du Péripatos à Athènes, vers 80-78, où se situe son activité) et Gottschalk **8**, p. 1096 (à partir des années 60); **19** *Id.*, art. «Andronicos» 4 (aus Rhodos), *NP* I, 1996, col. 694 (Andronicos est scholarque de 70 à 50 environ). La datation basse est défendue, entre autres, par Düring **2**, p. 395 (entre 40 et 30) et p. 421 (entre 40 et 20) et par Barnes **10**, p. 24 (après la mort de Cicéron); pour la littérature antérieure à 1973 favorable à la datation basse, *cf.* Moraux **5**, p. 46 n. 2.

20 A. H. Chroust, «The organisation of the *Corpus Platonicum* in Antiquity», *Hermes* 93, 1965, p. 34-46, en particulier p. 44-46, a argumenté en faveur d'une division par Tyrannion du *Corpus Platonicum* en tétralogies, antérieure à celle de Thrasylle (➤T 127) et, sans doute, à celle de Dercyllidès (➤D 87). L'auteur se fonde sur l'importance de la division quadripartite à laquelle Tyrannion a recours en grammaire et sur une allusion possible de M. Terentius Varron – un contemporain de Tyrannion auquel les travaux philologiques du Romain semblent devoir beaucoup – à une division tétralogique des œuvres de Platon (sur la question de la division quadripartite chez Tyrannion, *cf.* **21** H. Usener, «Ein altes Lehrgebäude der Philologie» [1892], *Kleine Schriften*, t. II, Berlin/Leipzig 1913, p. 265-314; Ax **7**, p. 30-32). L'argumentation est des plus fragiles (*cf.* Wendel **3**, col. 1818).

Œuvres. Les ouvrages de Tyrannion dont les titres sont attestés concernent la philologie, essentiellement grecque, mais aussi latine. Notons que les auteurs anciens semblent souvent confondre les deux Tyrannion et la critique moderne discute de l'attribution de certains titres au Jeune ou à l'Ancien (Haas **1**, p. 97-98).

(1) Περὶ τῆς Ὁμηρικῆς προσῳδίας (*Sur la prosodie homérique*; T 17*; fr. 1-55). La plupart des fragments de Tyrannion proviennent de cet ouvrage.

(2) <Περὶ προσῳδιῶν> (<*Sur les accents*>); T 16; fr. 59). C'est ce titre supposé qu'on voit généralement dans l'allusion faite par Cicéron en *ad Att.* XII 6, 2 (*cf.* Barnes **10**, p. 17-18). L'ouvrage a paru en 46 ou 45 av. J.-C.

(3) Περὶ τοῦ σκολιοῦ μέτρου (*Sur le mètre boiteux*, c'est-à-dire l'amphibraque: ⏑ − ⏑); T 8; *cf.* Haas **1**, p. 175-176.

(4) Περὶ μερισμοῦ <τῶν μερῶν τοῦ λόγου> (*Sur la division* <*des parties du discours*>; fr. 56-58). On mentionne une Ἐξήγησις (*Commentaire*) de cet ouvrage par Tyrannion le Jeune (Dioclès); *cf.* Haas **1**, p. 97 et 177. Le Περὶ τῶν μερῶν τοῦ λόγου (*Sur les parties du discours*; T 17*) est sans doute le même ouvrage (*cf.* Haas **1**, p. 167-168).

(5) Ὀρθογραφία (*Orthographe*; fr. 62).

(6) Περὶ τῆς Ῥωμαϊκῆς διαλέκτου (*Sur la langue des Romains*; fr. 63).

(7) Ὅ τι διαφωνοῦσιν οἱ νεώτεροι ποιηταὶ πρὸς Ὅμηρον (*En quoi les poètes plus récents diffèrent d'Homère*; Haas **1**, p. 177, envisage la possibilité d'attribuer cet ouvrage à Tyrannion le Jeune).

(8) *Commentaire sur Nicandre* (fr. 60).

(9) *Commentaire sur Alcman* (fr. 61).

On attribue à l'élève l'ouvrage suivant :

(10) Διόρθωσις Ὁμηρική (*Correction d'Homère* ; fr. 64*-67*).

L'indication du nombre d'écrits de Tyrannion dans la notice de la *Souda* est corrompue (Haas **1**, p. 98 avec les corrections proposées).

JEAN-PIERRE SCHNEIDER.

186 TYRANNION ... ou DE MESSINE (ou Messène ?) *RE* 1

«Philosophe, auteur d'un traité sur la science des augures en trois livres,. On lui prête également d'autres livres utiles» (Τυραννίων, ... ἢ Μεσσήνιος, φιλόσοφος. Οἰωνοσκοπικὰ ἐν βιβλίοις γ΄. καὶ ἄλλα δὲ τῶν βιβλίων αὐτοῦ φέρεται χρήσιμα, *Souda*, T 1186 ; t. IV, p. 608, 7-8 Adler). Il y est distingué de Tyrannion d'Amisos (⟶T 166 = *Souda*, T 1184) et de son élève homonyme Tyrannion le Phénicien (*Souda*, T 1185).

RICHARD GOULET.

187 TYRSÉNIS DE SYBARIS   V-IV[a]

Femme pythagoricienne, mentionnée dans le catalogue des femmes pythagoriciennes les plus importantes (ἐπιφανέσταται) qui clôt le traité de Jamblique *Sur le mode de vie pythagoricien* (chap. 36, § 267, p. 147, 4 Deubner = **1** DK 58 A, t. I, p. 448, 13).

On devrait sans doute rapprocher cette Tyrsénis de Tyrsénos de Sybaris [⟶T 188] (*V. pyth.*, p. 145, 2 Deubner), dont elle serait la fille ou la sœur (il en est ainsi avec d'autres femmes du *Catalogue* de Jamblique, comme Échécrateia de Phlionte [⟶E 4] ou P(e)isirrhodè de Tarente [⟶P 72] ; *cf.* les remarques de **2** R. Goulet dans la notice consacrée à Échécrateia, *DPhA* III, 2000, p. 53). Par ailleurs, l'orthographe du nom de Tyrsénos nous aide à établir celle de Tyrsénis, dont le nom a été transmis par les mss sous la forme corrompue Τυρσινίς. La correction en Τυρσηνίς, adoptée à juste titre par Deubner, était déjà proposée par Scaliger.

Le nom de Tyrsénis a été répertorié dans le **3** *LGPN*, t. III A, p. 437, où Fraser et Matthews proposent une datation plausible au Ve siècle, ainsi que dans **4** W. Pape et G. Benseler, *Wörterbuch der griechischen Eigennamen*, t. II, p. 1569. En revanche, la pythagoricienne sybarite a échappé à la vigilance des rédacteurs de la *RE*. *Cf.* aussi **5** H. A. Brown, *Philosophorum Pythagoreorum collectionis specimen*, p. VIII.

Sur la forme de son nom, *cf.* **6** Fr. Bechtel, *Die historischen Personennamen*, p. 546 – qui enregistre la forme plus habituelle Τυρρηνίς, attestée p. ex. à Athènes (*LGPN* **1**, t. II, p. 436) ; sur cette *variatio* orthographique (-ρρ- ou -ρσ-), voir plus en détail la notice suivante.

CONSTANTINOS MACRIS.

188 TYRSÉNOS DE SYBARIS   V-IVᵃ

Pythagoricien ancien dont le nom figure dans le *Catalogue* de Jamblique (*V. pyth.* 36, 267, p. 145, 2 Deubner = **1** DK 58 A, t. I, p. 447, 1), qui remonte en grande partie à Aristoxène de Tarente (☛A 417). On ne sait rien d'autre sur lui.

Son nom a échappé à la vigilance des rédacteurs de la *RE*, mais il a été dûment répertorié dans le **2** *LGPN*, t. III A, p. 437, où Fraser et Matthews proposent une datation plausible au Vᵉ siècle, ainsi que dans **3** W. Pape et G. Benseler, *Wörterbuch der griechischen Eigennamen*, t. II, p. 1569 (n° 3); *cf.* aussi **4** H. A. Brown, *Philosophorum Pythagoreorum collectionis specimen*, p. VII. Il serait vraisemblablement d'origine tyrrhénienne.

L'emploi du nom ethnique des Tyrrhéniens / Tyrséniens comme anthroponyme était assez commun dans l'Antiquité; voir **5** Fr. Bechtel, *Die historischen Personennamen*, p. 546 (nom de femme: Τυρρηνίς; voir aussi *LGPN 2*, t. II, p. 436 [Athènes]), **6** O. Masson, « Quelques noms grecs à l'Agora d'Athènes », dans G. Cardona et N. H. Zide (édit.), *Festschrift for H. Hoenigswald on the occasion of his seventieth birthday*, Tübingen 1987, p. 255-259, à la p. 258 [= **6a** *Id.*, *Onomastica graeca selecta*, t. II, Paris/Nanterre 1990, p. 567-571, à la p. 570] (nom d'homme: Τυρσανός attesté à Athènes; *cf. LGPN 2*, t. II, p. 436), ainsi que le *LGPN 2*, t. V A, p. 439 (Τυρρηνός attesté à Éphèse et à Sardes).

Τυρρηνός (version différente du même nom) serait aussi, par ordre décroissant d'âge, le deuxième (μέσος) des frères aînés de Pythagore (après Εὔνοστος [ou Εὔνομος]), selon l'historien Néanthe de Cyzique (*FGrHist* 84 F 29 = Porphyre, *V. Pyth.* 2, p. 37, 4-6 Des Places) et Diogène Laërce (VIII 2, p. 104, 3 Delatte); *cf.* **7** G. Radtke, art. « Tyrrhenos » 4, *RE* VII A.2, 1948, col. 1939. Antonius Diogène (*Les merveilles incroyables d'au-delà de Thulè, ap.* Porphyre, *V. Pyth.* 10, p. 41, 1-3 Des Places) mentionne la même triade de frères, mais sans parler de leurs âges respectifs. Dans ce cas le nom Tyrrhénos est certainement à mettre en rapport avec l'origine tyrrhénienne (étrusque) de Pythagore lui-même, ou plutôt de son père – évoquée explicitement par Néanthe dans le même contexte (*FGrHist* 84 F 29 = Porphyre, *Vie de Pythagore* 2, p. 36, 14-37, 1 Des Places; *cf.* **8** C. Macris [Κ. Μακρῆς] [introd., trad. en grec moderne et notes], *Πορφυρίου. Πυθαγόρου βίος*, Athènes 2001, n. 9, aux p. 159-161). En serait-il de même pour ce pythagoricien par ailleurs inconnu, Tyrsénos de Sybaris?

                                                    CONSTANTINOS MACRIS.

TYRTAMOS → THÉOPHRASTE

S

92 SIMPLICIUS DE CILICIE (Compléments)

P. 346. L'inscription est datée du mois de Péritios 849 <de l'ère des Séleucides> qui commence à l'automne 312 av. J.-Chr. Une 849ᵉ année a dû commencer à l'automne 537, mais, comme le mois de Péritios du calendrier macédonien correspond au mois de janvier dans le calendrier solaire, il faudrait dater l'inscription de 538, en supposant qu'on n'établissait pas, par anté- ou post-datation, un synchronisme avec une année civile du calendrier Julien.

36bis J. Aliquot, « Fin de parcours : une épitaphe d'Émèse et le sort de Damascius au retour de Perse », *Topoi* 18, 2013, p. 283-294, a récemment montré que toute la recherche récente a vu dans l'inscription le texte originel de Damascius repris dans l'*Anthologie Palatine*. De cette hypothèse on a conclu que Damascius avait composé cette épitaphe en Syrie où il s'était donc installé après son retour de Perse et qu'il avait vécu au moins jusqu'à cette date. Si l'inscription n'était qu'une adaptation particulière d'une formule funéraire dont Damascius – dont les talents poétiques sont d'ailleurs bien attestés dès sa jeunesse – serait l'auteur ou même lui aussi un simple adaptateur, c'est toute la chronologie et la biographie de Damascius (et de Simplicius) qui seraient remises en cause. Aliquot reproduit (fig. 1) le fac-similé de l'inscription dans l'*editio princeps* procurée par le Père R. Mouterde, « Mission épigraphique et relevés archéologiques en Syrie (1931) », *MUSJ* 16, 1932, p. 90-91, n° 5.

Page 350. Un des points discutés concerne la portée du terme τὰ παρόντα dans les dernières lignes du commentaire de Simplicius (*in Epict. Ench.*, p. 138, 15-20 Dübner = *Epilogus*, 1-5, p. 454 Hadot **70**). Cameron y voyait une allusion voilée (*code phrase)* au contexte tyrannique – du point de vue des néoplatoniciens d'Athènes – du règne de Justinien (« dans les circonstances présentes ») et il en déduisait une datation du commentaire entre 529 et 531, comme nous l'avons vu. I. Hadot traduisait différemment en référence au contexte littéraire du commentaire (τοῖς παροῦσι *scil.* λόγοις, c'est-à-dire les présents *discours*). **82bis** Ph. Hoffmann, « Un grief antichrétien chez Proclus : l'ignorance en théologie », dans A. Perrot (édit.), *Les chrétiens et l'hellénisme. Identités religieuses et culture grecque dans l'antiquité tardive*, coll. « Études de littérature ancienne » 20, Paris 2012, p. 161-197, notamment p. 170-174, propose d'y relever une allusion à la situation générale de l'Empire chrétien, sans qu'il soit possible d'en déduire une datation plus précise.

RICHARD GOULET.

Page 371. Sur la tradition manuscrite de ce commentaire, il faut ajouter **80bis** Ph. Hoffmann, « Recherches sur la tradition manuscrite du *Commentaire de Simplicius au* De caelo *d'Aristote* », thèse de troisième cycle préparée sous la direction de Jean Irigoin), Université de Paris IV, 1981, deux volumes dactylographiés : t. I (298 p.) et t. II (notes : 193 p.). Cette thèse inédite a été suivie par plusieurs publications qui concernent de près le commentaire de Simplicius : (1) Compte rendu critique de Roxane D. Argyropoulos et Iannis Caras, *Inventaire des manuscrits grecs d'Aristote et de ses commentateurs. Contribution à l'histoire du texte d'Aristote. Supplément,* « Centre de recherches néohelléniques. Fondation nationale de la Recherche scientifique, Grèce » 23, « Collection d'Études anciennes », Paris 1980, 80 p. paru dans *REG* 83, 1981, p. 352-356 ; (2) « Reliures crétoises et vénitiennes provenant de la bibliothèque de Francesco Maturanzio et conservées à Pérouse », *MEFRM* 94, 1982, p.729-757 (avec 6 planches) ; (3) « La collection de manuscrits grecs de Francesco Maturanzio, érudit pérugin (*ca.* 1443-1518) », *MEFRM* 95, 1983, p. 89-147 (avec 13 planches) ; (4) « Un mystérieux collaborateur d'Alde Manuce : l'Anonymus Harvardianus », *MEFRM* 97, 1985, p. 45-143 (dont 13 planches) ; (5) « Autres données relatives à un mystérieux collaborateur d'Alde Manuce, l'Anonymus Harvardianus », *MEFRM* 98, 1986, p. 673-708 ; (6) « Sur quelques manuscrits vénitiens de Georges de Selve, leurs reliures et leur histoire », dans D. Harlfinger et G. Prato (édit.), *Paleografia e codicologia greca. Atti del II Colloquio internazionale (Berlino-Wolfenbüttel, 17-21 ottobre 1983),* coll. « Biblioteca di *Scrittura e civiltà* » 3, Alessandria 1991, t. I, p. 441-462 (texte) et t. II, p. 221-230 (planches).

Page 375. Études concernant le *Corollarium de Loco*. Voir maintenant **119bis** P. Golitsis et Ph. Hoffmann, « Simplicius et le "lieu". À propos d'une nouvelle édition du *Corollarium de loco* », *REG* 127, 2014, p. 119-175 (étude de la tradition manuscrite, analyse générale du texte – avec des extraits – et bibliographie complète des études sur le *corollarium*).

Page 377. Cette nouvelle édition paraîtra dans la série « Commentaria in Aristotelem Graeca Byzantina » publiée sous les auspices de l'Académie des Sciences de Berlin-Brandenburg. Elle est fondée sur deux manuscrits déjà connus de Diels (*Marciani graeci* 227 et 229), mais aussi sur un manuscrit de Moscou (*Mosquensis Muz.* 3649) inconnu de Diels parce qu'il se trouvait au XIXe siècle dans une collection particulière, et qui renouvelle la base manuscrite pour la première moitié du commentaire.

Une édition électronique est disponible en ligne sur le site web du projet *Teuchos*, de l'Université de Hambourg : http://www.teuchos.uni-hamburg.de/sites/teuchos.uni-hamburg.de/files/ Hoffmann-Golitsis-Simplicii_Ciliciensis_Corollarium_ de_loco-rev3b.pdf.

Page 376. Pour les études ponctuelles, ajouter **140bis** Ph. Hoffmann, « Φάος et τόπος. Le fragment 51 (v. 3) des Places (p. 28 Kroll) des *Oracles Chaldaïques* selon Proclus et Simplicius (*Corollarium de loco*) », dans A. Lecerf, L. Saudelli et H. Seng (édit.), *Oracles Chaldaïques. Fragments et philosophie*, coll. « Bibliotheca Chaldaica » 4, Heidelberg 2014, p. 101-152 (traduction et commentaire d'une section du *Corollarium de loco*). Simplicius avait une excellente connaissance des *Oracles chaldaïques*. De ce point de vue son néoplatonisme est dans la tradition de Proclus et de Damascius.

ELISA CODA.

T

28 THÉANO (Compléments)

Page 832. Un autre manuscrit syriaque, provenant du monastère de Sainte Catherine au Sinaï (*Sin. Syr.* 16), contient une gnomologie quasiment identique (aux folios 106 18 - 108 c 30) sous le titre *Enseignement de la philosophe pythagoricienne Théano*; *cf.* **81bis** Nicole Zeegers-Vander Vorst, « Une gnomologie d'auteurs grecs en syriaque », dans *Symposium Syriacum 1976*, coll. « Orientalia christiana analecta », 205, Roma 1978, p. 163-177, à la p. 175, avec la n. 55 ; Possekel **79**, p. 14 et n. 53.

Certaines des maximes contenues dans ces deux gnomologies se retrouvent de manière éparse dans deux autres mss (*cf.* Possekel **79**, p. 14-15) : [a] *B.M. Or. Add.* 14614 (utilisé par Sachau **78** ; cinq dits, attribués à Platon) ; [b] *Borg. Syr.* 17 (quinze dits, attribués aux pythagoriciens ; voir **81ter** G. Levi della Vida, « Sentenze pitagoriche in versione siriaca », *RSO* 3, 1910, p. 595-610, aux p. 600 *sq.* [réimpr. dans *Id.*, *Pitagora, Bardesane e altri studi siriaci* (édit. R. Contini), Roma 1989, p. 1-16]).

CONSTANTINOS MACRIS.

136 TIMARÈS DE LOCRES *RE*   VI-V

Législateur de Locres (épizéphyrienne), qui ne nous est connu que grâce à Jamblique (➤I 3) ; dans le traité de ce dernier *Sur le mode de vie pythagoricien* il fait trois apparitions furtives : deux fois évoqué en compagnie de son ancien compatriote Zaleucos (➤Z 2) parmi les pythagoriciens qui devinrent fameux pour leur législation (ὀνομαστοὶ ... ἐπὶ νομοθεσίᾳ, *V. pyth.* 27, 130, p. 73, 24-26 Deubner), car ils étaient les meilleurs nomothètes de tous (νομοθέται πάντων ἄριστοι, *V. pyth.* 30, 172, p. 96, 22-24 Deubner) ; une troisième fois dans le *Catalogue* des pythagoriciens, parmi les Λοκροί (*V. pyth.* 30, 267, p. 145, 8 Deubner = **1** DK 58 A, t. I, p. 447, 5). *Cf.* aussi **1a** H. A. Brown, *Philosophorum Pythagoreorum collectionis specimen*, p. X.

La forme sous laquelle nous est transmis son nom varie : dans les occurrences n°s 1 et 3 ci-dessus la leçon des mss est Τιμάρης ; dans la n° 2, on lit Τιμάρατος. Mais il est clair qu'il s'agit toujours de la même personne ; voir **2** W. Pape et G. Benseler, *Wörterbuch der griechischen Eigennamen*, t. II, p. 1526 (n° 2), ainsi que les notices de la *RE* signalées plus loin. En revanche, le fait que les deux noms ont été répertoriés séparément dans le **3** *LGPN*, t. III A, p. 428 peut induire en erreur. Fraser et Matthews y proposent d'ailleurs une datation peut-être trop haute, au VIIe (Timaratos) ou aux VIIe-VIe siècles av. J.-C. (Timarès), sans doute en raison du synchronisme avec Zaleucos qu'ils ont pu déduire de la mention commune des deux législateurs en *V. pyth.* 130.

Les deux formes transmises sont parfaitement acceptables d'un point de vue linguistique ; voir **4** Fr. Bechtel, *Die historischen Personennamen*, p. 426. Quant à savoir laquelle des deux serait la forme originelle, correcte de ce nom, **5** K. von Fritz, art. « Timaratos », *RE* VI A 1, 1936, col. 1232-1233, semble avoir opté pour Timaratos, en choisissant cette forme pour le titre de sa notice, alors que sous « Timares » on ne trouve qu'un simple renvoi interne, non signé, à « Timaratos » (*RE* VI A 1, 1936, col. 1239). Mais en réalité c'est plutôt l'inverse qui est vrai : non seulement parce que "Timarès" est répété deux fois par Jamblique, là où de "Timaratos" on n'a qu'une seule occurrence dans son texte, mais aussi parce que c'est la première forme qu'on trouve dans le *Catalogue* final de la *V. pyth.*, qui remonte en grande partie à Aristoxène de Tarente (**☞**A 417). L'argument le plus fort en faveur de la version "Timarès" est toutefois qu'il s'agit apparemment d'une *lectio difficilior* qui, en plus, est attestée indépendamment à Locres – et nulle part ailleurs. En effet, si le nom "Timaratos" est attesté aussi à Rhodes (abondamment ; voir *LGPN* **3**, t. I, p. 437) et à Athènes (au moins une fois ; voir *LGPN* **3**, t. II, p. 428), la forme "Timarès" ne se retrouve qu'à Locres uniquement (sa 2e occurrence datant du IIIe s. av. J.-C. ; voir *LGPN* **3**, t. III A, p. 428). L'apparition de la forme "Timaratos" pourrait alors s'expliquer soit comme un *lapsus calami* de Jamblique ou d'un copiste soit comme une trace tardive de normalisation/ banalisation due à l'attraction d'un nom qui s'avère avoir été beaucoup plus commun et plus familier dans l'Antiquité.

La date de Timarès est incertaine. **7** A. Delatte, *Essai sur la politique pythagoricienne*, Paris 1922 [réimpr. Genève 1979 ; 1999], p. 183 pense toutefois qu'il aurait opéré « une réforme législative à Locres, où étaient en vigueur primitivement les lois de Zaleucos ». Située de façon hypothétique au Ve siècle, l'activité du nomothète locrien serait comparable à (et plus ou moins contemporaine de) celle d'Aristocratès (**☞**A 373), Hélicaôn (**☞**H 24), Phytios (**☞**P 185) et Théoclès (**☞**T 43) à Rhégium : ceux-ci auraient réformé la législation de leur cité, basée auparavant sur les lois de Charôndas de Catane (**☞**C 105).

Timarès est dûment enregistré parmi les anciens législateurs dans **7** C. Hölkeskamp, *Schiedsrichter, Gesetzgeber und Gesetzgebung im archaischen Griechenland*, Stuttgart 1999, p. 28. Pour une contextualisation dans le cadre de l'histoire de la législation de Locres, voir *ibid.*, p. 187-198 ; *cf.* aussi la notice sur « Zaleucos de Locres ».

CONSTANTINOS MACRIS.

Index des noms propres

Cet index contient les noms de tous les personnages historiques mentionnés dans les notices. Les noms des auteurs des sources primaires anciennes ne sont pas pris en compte. En règle générale, nous avons évité d'identifier les personnages homonymes connus par des sources distinctes, lorsque l'identification n'apparaissait pas comme certaine. Une brève caractérisation du personnage n'a été ajoutée que là où elle semblait nécessaire, notamment pour distinguer les homonymes. Il arrive que la translittération des noms propres retenue dans l'index ne soit pas celle qui a été utilisée dans les notices. Comme cet index entend compléter la séquence des notices, lorsque le personnage bénéficie d'une notice dans le présent tome, aucune référence n'est faite à la notice correspondante. Les numéros renvoient aux notices (pour les lettres S et T de l'alphabet) et un seul renvoi est indiqué pour une même notice, même si le nom figure à plusieurs endroits. Toutefois, pour les notices qui comprennent plusieurs pages, on a ajouté un renvoi aux pages où le nom propre apparaît.

Les numéros de notices sont séparés par des points-virgules, les numéros de pages par des virgules. Exemple :

Alcibiade C 16 ; 17 ; 102 ; 174 ; 175 ; 216, p. 516, 520 ; D 13, p. 604 ; 91 ; 195 ; 226, p. 901, 905.

Cette référence doit se lire de la façon suivante : On trouvera le nom d'Alcibiade dans les notices C 16, C 17... C 216, puis D 13, D 91, D 195, D 226. Pour la notice C 216, un renvoi complémentaire est fait aux pages 516 et 520. De même pour D 226 aux pages 901 et 905.

Antigone Gonatas S 143 ; T 13, p. 738 ; 160.

Antigone le Borgne T 126 ; 156.

Antimaque de Colophon S 158 ; T 24.

Antinoüs S 61.

Antiochos de Laodicée, médecin empirique T 44.

Antiochus, roi de Thessalie T 20.

Antiochus d'Ascalon S 41 ; 66 ; 68 ; 129 ; 171, p. 618 ; T 7 ; 27 ; 82.

Antipater (Coelius –) S 162.

Antipatros, hiérope aux Ptolémaia à Athènes S 27, p. 153.

Antipatros, correspondant de Diogène d'Oino-anda T 66.

Antipatros de Cyrène T 61, p. 943.

Antipatros de Macédoine S 53.

Antipatros de Magnésie S 142.

Antipatros de Tarse S 43, p. 192 ; 79 ; 121.

Antipatros de Tyr S 164, p. 604 ; 168.

Antiphon d'Athènes S 98, p. 412 ; T 127, p. 1157 ; 128 ; 171.

Antisthène d'Athènes S 23, p. 143 ; 53 ; 87 ; 98, p. 412, 436 ; 103 ; T 13, p. 755 ; 20 ; 25 ; 30 ; 38, p. 859, 891 ; 61, p. 952, 956 ; 102 ; 106 ; 161.

Antisthène de Rhodes S 23, p. 135 ; T 61, p. 939, 941.

Antisthène l'Héraclitiste S 143.

Antistia, épouse de Rubellius Plautus S 112.

Antistius Sosianus T 119.

Antoine (Marc –) S 25 ; T 82 ; 161.

Antonia Socratikè S 103.

Antonin, fils d'Eustathe de Cappadoce S 124 ; 179, p. 664.

Antonin le Pieux, empereur S 107, p. 461 ; 133, p. 508 ; T 38, p. 886 ; 127.

Antonius (Iullus –) S 66.

Antonius Primus (Marcus –) T 93.

Anysios S 179, p. 658.

Anytos S 98, p. 402, 418, 428, 430.

Apelles, membre du cercle d'Eudocie S 81.

Apellès, hiérope aux Ptolémaia à Athènes S 27, p. 153.

Apellicon de Téos S 164, p. 603 ; T 185.

Apémantos T 161.

Apharée, fils adoptif d'Isocrate T 45.

Aphobius S 65.

Aphtonius, rhéteur T 87.

Aphtonius, sophiste chrétien à Alexandrie S 109, p. 471.

Apollinaire, astrologue T 127.

Apollinaire de Laodicée S 107, p. 459.

Apollodore d'Athènes S 79 ; 98, p. 407-408, p. 427 ; 109, p. 470 ; 119 ; 130 ; 158 ; T 11 ; 19, p. 775 ; 24.

Apollodore de Damas, architecte T 24.

Apollodore de Séleucie S 27, p. 154 ; 79.

Apollodôros, hiérope aux Ptolémaia à Athènes S 27, p. 153.

Apollonidès, stoïcien S 149.

Apollonidès de Nicée S 163 ; T 160.

Apollonios, historien, T 27.

Apollonios, fils de Sotade de Maronée S 133, p. 508.

Apollonios, académicien T 11.

Apollonios [d'Alabanda] ὁ μαλακός S 26.

Apollonios d'Alexandrie, commentateur des Catégories S 92, p. 354.

Apollonios d'Alexandrie, frère de Sotion S 137 ; 138.

Apollonios d'Antioche, médecin empirique S 49 ; 75, p. 274 ; T 44.

Apollonios de Cyrène T 11.

Apollonios de Pergé S 56 ; 74.

Apollonios de Tyr S 109, p. 470-471 ; 163.

Apollonios ὁ καὶ Σακκέας S 107, p. 459.

Apollonius, maître de Marc-Aurèle T 2.

Apollonius, paradoxographe T 97, p. 1096.

Apollonius de Tyane S 29 ; 76 ; 84 ; 135-136 ; 167 ; T 14 ; 27 ; 113 ; 124 ; 141 ; 184.

Apollonius Dyscole, grammairien S 75, p. 274.

Apollonius Molon T 27.

Appien S 27, p. 148.

Appius S 76.

Apsinès de Gadara S 181, p. 681 ; T 171.

Apsinès de Sparte T 40.

Apulée S 70 ; T 127, p. 1169.

Aquila(s) S 181, p. 681 ; T 38, p. 892.

Aquilius, consul en 129ᵃ S 26 ; 27, p. 155.

Aranéola, épouse de Polémius S 76.

Aratos de Sicyone S 143.

Aratos de Soles S 76 ; 97 ; 146 ; 179, p. 652 ; T 38, p. 896 ; 88 ; 127, p. 1169 ; 160.

Araxios T 38, p. 890.

Arcadius, empereur S 179, p. 643, 650, 655.

Arcésilaos, père de Straton de Lampsaque S 171, p. 616.

Callippe de Cyzique S 99.

Callisthène, ami de Théophraste T 97, p. 1042-1043.

Callisthène d'Olynthe T 97, p. 1039, 1042, 1048, 1093, 1099.

Callistô T 28.

Callistrate S 158.

Callistus (C. Iulius –), affranchi et secrétaire de Claude S 30.

Callixène de Rhodes S 109, p. 470.

Calvina (Junia –) S 78.

Cambyse T 25.

Camonius T 93.

Canius Rufus de Gadès T 93.

Caphisias, fils de Théon T 84.

Capito (Titinius –) S 78.

Caracalla, empereur T 179.

Carbo (P. Papirius –) S 27, p. 154.

Carnéade de Cyrène S 14 ; 26 ; 27, p. 150 ; 75, p. 282, 289, 294 ; 118 ; 166 ; T 38, p. 891.

Carponianus S 109, p. 468-469 ; 181, p. 681-682.

Carpos S 74.

Carus, accompagnateur d'Eudocie S 81.

Carus (Mettius –) S 45 ; 77 ; 78 ; 112.

Caryste de Pergame S 133.

Cassandre de Macédoine T 61, p. 938 ; 97, p. 1039, 1041, 1051, 1070, 1109.

Cassius, pyrrhonien S 75, p. 281.

Cassius Longinus (C. –) T 119.

Castus, diacre S 91.

Catherine de Courtenay S 110, p. 474.

Caton d'Utique S 27, p. 156 ; 62 ; 76 (?) ; 78 ; 147 ; 149 ; 164, p. 604 ; T 119.

Caton l'Ancien S 92, p. 351 ; 172 ; 178.

Cébès de Thèbes S 98, p. 427 ; T 139.

Cedrenos (Georges –) S 75, p. 275.

Celer (P. Egnatius –) S 77 ; 78 ; 112.

Celse (Apuleius –), médecin S 30.

Celsinus, ami d'Augustin S 91.

Celsinus de Castabala S 76.

Celsus (Cornelius –), médecin S 30 ; 66 ; 67 ; 111.

Celsus d'Antioche, ami de Libanios T 38, p. 865.

Céphalion S 109, p. 470.

Céphalos de Syracuse S 26 ; 142.

Céphisodore, père de Tisandre d'Aphidna T 170.

Certus (Publicius –) S 77 ; 78.

César (Jules –) S 4 ; 66 ; 68 ; 76 ; 78 ; 122 ; 147 ; 149 ; T 17 ; 82 ; 119 ; 185.

Césarius S 65.

Céthégus S 76.

Chaeremon, maître de Néron S 43, p. 180.

Chamailéon d'Héraclée S 23, p. 139 ; 158 ; T 97, p. 1101-1102.

Charidème T 45.

Charles d'Anjou S 110, p. 474.

Charles de Valois S 110, p. 475.

Charmide S 98, p. 427.

Chéréphon S 98, p. 414, 427 ; T 15.

Chilon S 23, p. 141.

Choirillos S 109, p. 468 ; 181, p. 680.

Choiroboscos (Georges –), grammairien S 152, p. 573.

Chortasménos (Jean –) T 63, p. 965- 966, 980-982.

Chosroès S 92, p. 343-344, 358, 366 ; T 88.

Chrémonidès S 133 ; 143 ; T 13, p. 735-736, 738-739.

Chrestos de Byzance S 126.

Chrysanthe de Sardes S 124 ; T 52.

Chryserme, hérophiléen S 75, p. 277.

Chrysippe, *hiérope* aux Ptolémaia à Athènes S 27, p. 153.

Chrysippe de Cnide S 75, p. 277.

Chrysippe de Soles S 27, p. 154 ; 43, p. 191, 195 ; 76 ; 79 ; 92, p. 355 ; 119 ; 120 ; 133, p. 506 ; 139 ; 143 ; 144 ; 157 ; 164, p. 609 ; T 13, p. 752 ; 16 ; 31 ; 38, p. 890-891, 895 ; 52 ; 61, p. 950 ; 83 ; 97, p. 1064 ; 102 ; 152 ; 162 ; 165.

Chrysipppus (Sergius –), élève de Sergius Paullus S 58.

Chrysostome (Jean –) S 95 ; 98, p. 436 ; T 38, p. 897 ; 65.

Chytron, cynique S 52.

Cicero (Marcus Tullius –) S 4 ; 24 ; 25 ; 26 ; 27, p. 155-156 ; 43, p. 192 ; 76 ; 79 ; 91 ; 93 ; 94 ; 98, p. 436 ; 142 ; 147 ; 148 ; 162 ; 164, p. 603 ; 164, p. 605 ; 171, p. 618 ; 172 ; T 17 ; 19, p. 785-786 ; 61, p. 949, 953 ; 97, 1067, 1101, 1115 ; 127, p. 1166 ; 128 ; 171 ; 172 ; 173 ; 176 ; 180 ; 181 ; 185.

Cicero (Quintus –), neveu de Cicéron T 185.

Énésidème S 17 ; 75, p. 276, 285, 289 ; T 17 ; 180.

Ennius, poète latin S 133 ; 172.

Ennius (L. –), chevalier romain T 127.

Ennodius de Pavie S 91 ; 178.

Épainétos, archonte athénien T 11.

Épaminondas S 27, p. 148 ; 145 ; T 156.

Éphore de Cumes S 158 ; 164, p. 604-605 ; 171, p. 623 ; T 19, p. 775 ; 163.

Éphrem d'Antioche, patriarche S 57.

Éphrem de Nisibe T 4.

Épicharme T 24 ; 30 ; 104.

Épicratès, exécuteur testamentaire S 171, p. 619.

Épicratidès, père de Tyrannion d'Amisos T 185.

Épictète S 10 ; T 13, p. 747, 748, 749, 750 ; 38, p. 886 ; 102 ; 105 ; 119 ; 127 ; 155 ; 156.

Épicure, fils de Thémista de Lampsaque T 36.

Épicure de Samos S 16 ; 43, p. 198 ; 75, p. 293-294 ; 76 ; 114 ; 138 ; 139 ; 147 ; 171, p. 616-617, 630 ; T 7 ; 36 ; 38, p. 900 ; 47 ; 48 ; 52 ; 61, p. 946-948, 953-957 ; 93 ; 97, p. 1073, 1077, 1119 ; 140 ; 154 ; 156 ; 17.

Épigène T 28.

Épiphane de Salamine S 91.

Épiphanios, dédicataire de Théon d'Alexandrie T 88 ; 107.

Épiphanios, élève de Stéphanos S 152, p. 572.

Épiphanios, marchand arabe S 150.

Épitimidès de Cyrène T 61, p. 944.

Érasistrate de Ioulis S 171, p. 617-618, 626 ; T 97, p. 1041.

Érastos T 97, p. 1039.

Ératosthène S 158 ; 164, p. 604-605 ; 171, p. 621 ; T 51 ; 127, p. 1167, 1169.

Érotien S 68.

Érotion T 156.

Eschine, orateur S 76.

Eschine (Ps. –) S 158.

Eschine de Sphettos S 87 ; 103 ; T 8 ; 20.

Eschyle, poète tragique S 23, p. 137, 138 ; 65 ; 133, p. 508 ; T 25.

Esculape S 76.

Étéoclès T 37.

Éuathlos T 171.

Euboulê T 28.

Euboulidès de Milet T 38, p. 891 ; 97, p. 1064.

Eucléia, interlocutrice de la Vie d'Euripide par Satyros S 23, p. 138.

Eucleidès, médecin, correspondant de Théanô T 28.

Euclide, mathématicien S 53 ; 76 ; 92, p. 385 390-394 ; 103 ; 142 ; T 19, p. 791 ; 32 ; 88 ; 90 ; 117 ; 132.

Euclide de Mégare S 163 ; T 7 ; 13, p. 753 ; 15 ; 32.

Eucratidès de Rhodes T 140.

Eucritos T 148.

Eudème de Rhodes S 58 ; 63 ; 92, p. 375-376 ; 123 ; T 19, p. 784-786, 788, 791 ; 32 ; 38, p. 893 ; 97, p. 1061, 1065, 1067, 1073, 1083, 1114.

Eudèmos de Chypre T 163.

Eudocia Macrembolitissa S 135.

Eudocie (Athénaïs) d'Athènes, impératrice S 81.

Eudore d'Alexandrie S 92, p. 355 ; S 137 ; 164, p. 604.

Eudoxe de Cnide S 92, p. 379 ; 103 ; 123 ; 139 ; 146 ; 164, p. 604-605 ; 172 ; T 38, p. 893 ; 132.

Eudoxius (Macrobius Plotinus –) S 178.

Eudrome S 79.

Euênos, poète T 148.

Euêphénos T 148.

Eugénios, correspondant du Ps.-Julien T 38, p. 886.

Eugénios, père de Thémistius T 38, p. 857, 867, 882, 885- 886, 888, 890, 899.

Eulalios, dédicataire de Théon d'Alexandrie T 88.

Eulamius le Phrygien S 92, p. 343 ; T 88.

Eumarès T 15.

Eumène II de Pergame S 172.

Eunape de Sardes S 88 ; 107, p. 459, p. 461 ; 124 ; T 38, p. 885, 898 ; 40.

Eunoios d'Émèse, sophiste S 7.

Eunome de Cyzique, arien S 95 ; 133, p. 505 ; T 99.

Euoptios, frère de Synésius S 179, p. 640, 650, 654 ; T 69 ; 107.

Euphranor de Séleucie T 160.

Euphrastos T 97, p. 1038.

Euphratès de Tyr S 20 ; 29 ; 76 ; 103 ; T 124 ; 141 ; 155.

Eupolis S 98, p. 412.

Gellias d'Agrigente S 53.

Gellius (Lucius –) S 92, p. 350.

Gélon, tyran de Syracuse T 97, p. 1110.

Géminus T 117.

Gennade de Marseille S 91.

Georges, évêque des tribus arabes chrétiennes de Mésopotamie S 60.

Gérard de Crémone S 92, p. 390, 392 ; T 38, p. 872.

Germanicus S 43, p. 180.

Gersonide T 38, p. 871, 876.

Gésios S 153.

Gétianus, dédicataire du *Lexique* de Timée T 147.

Glabrio (M' Acilius –), tribun de la plèbe en 123 ou 122ᵃ S 26.

Glaucias, *hiérope* aux Ptolémaia à Athènes S 27, p. 153.

Glaucias, médecin empirique S 49 ; T 44 ; 67.

Glaucon, conseiller de Ptolémée T 13, p. 738.

Glaucon, médecin T 123.

Glaucon d'Athènes T 90.

Glaucon de Rhégium S 158.

Glaucos de Marathon (T . Flavius –) S 15 ; T 39.

Glycère S 23, p. 143.

Gorgias de Léontinoi S 23, p. 141 ; 29 ; 98, p. 411, 427, 443 ; 148 ; T 38, p. 890 ; 45 ; 97, p. 1057 ; 128 ; 171.

Gorgos, *hiérope* aux Ptolémaia à Athènes S 27, p. 153.

Gorgylos, exécuteur testamentaire S 171, p. 619.

Gracchus (C. –), frère de Tiberius Gracchus S 27, p. 154.

Gracchus (Tiberius Sempronius –) S 27, p. 148, 150 ; 28.

Granius, crieur public S 28.

Gratien, empereur T 38, p. 856.

Gratilla S 45.

Grégoire de Chypre S 181, p. 692-693.

Grégoire de Naziance S 60 ; 75, p. 275 ; 131 ; 133 ; 179, p. 667 ; T 38, p. 883, 888, 893, 897 ; 169.

Grégoire le Thaumaturge S 57.

Grosseteste (Robert –) S 92, p. 372.

Gryllos, fils de Xénophon S 142 ; T 38, p. 860 ; 97, p. 1037.

Guillaume Bernard de Gaillac S 110, p. 474.

Guillaume de Moerbeke S 92, p. 370, 372-373 ; 98, p. 422 ; 152, p. 567 ; 181, p. 694 ; T 38, p. 874 ; 62 ; 97, p. 1058.

Guillaume le médecin S 36, p. 166.

Ǧurǧis al-Yabrūdī T 38, p. 873.

Hadrien, empereur S 12 ; 36 ; 61 ; 78 ; T 108.

Hadrien de Tyr S 63.

Ḥaǧǧī Ḫalīfa, Muṣṭafā.b. 'Abd Allāh Kātib Çelebi S 92, p. 389 ; 98, p. 442-443 ; T 38, p. 875.

Ḫālid ibn Yazīd, Prince Omeyyade S 150.

Harmodios, tyrannicide S 40 ; T 169.

Harpocration, orateur et poète égyptien T 38, p. 884.

Harpocration, rhéteur S 181, p. 681.

Harpocration d'Alexandrie, auteur des *Cyranides* T 115.

Harpocration d'Argos, commentateur de Platon S 56.

Al-Ḥasan al-Baṣrī S 98, p. 445.

Hécatée S 164, p. 604-605.

Hécatée (Ps.–), T 30.

Hécaton de Rhodes S 43, p. 195 ; T 181.

Hédeia T 156.

Hégémon de Thasos S 158.

Hégésandre de Delphes S 133.

Hégésias de Cyrène T 61, p. 943, 951, 953, 955.

Hégésippe de Sounion S 133, p. 505.

Hégias S 181, p. 682 ; 182 ; T 23.

Hélias T 8.

Hélicaon de Rhégium T 34.

Héliodore, philosophe épicurien ami d'Hadrien S 77 ; 78 ; T 108.

Héliodore, stoïcien S 77 ; 78.

Heliodorus (C. Avidius –), sophiste S 77 ; 78.

Hellanicos, père d'Athénodore de Tarse S 9.

Hellanicos, père de Sandon S 9.

Hellanicos de Mytilène S 109, p. 470.

Helvia, mère de Sénèque S 43, p. 178, 192.

Helvidius, théologien S 16.

Helvidius Priscus S 45 ; 62 ; T 119.

Helvidius Priscus fils S 77.

Héracleios, cynique S 52.

Héraclide, ami de Théon T 85.

Héraclide de Tarente, médecin empirique S 17 ; 49 ; 75, p. 282 ; T 67 ; 129.

Léaina T 169.

Léôn, père de Théophraste T 97, p. 1038.

Léon, père de Mélantès et de Pancréôn T 97, p. 1043.

Léon de Narbonne S 76.

Léon Ier, pape T 65.

Léon le philosophe T 90.

Léon Magentinus S 110, p. 474.

Léon Thrason T 121.

Léonidas, père de Cléomène S 143.

Léonteus de Lampsaque T 36 ; 48 ; 156.

Leontichos, *hiérope* aux Ptolémaia à Athènes S 27, p. 153.

Léontichus de Cyrène T 11.

Léontion S 87 ; T 87 ; 97, p. 1119 ; 137 ; 156.

Lepida (Junia –), épouse de C. Cassius Longinus S 77 ; 78.

Lesbonax de Mytilène T 38, p. 853 ; 155.

Leucippe S 92, p. 382 ; T 97, p. 1039.

Libanios S 5 ; 18 ; 65 ; 98, p. 434 ; 103 ; 107, p. 459 ; 108, p. 463-465 ; 109, p. 466-467, 471 ; 124 ; T 18 ; 38, p. 853, 859, 865, 883-884, 890, 892-893 ; 40 ; 100 ; 161.

Liberalis (Aebutius –) S 43, p. 195.

Licentius T 176.

Licinianus (Valerius –) S 45.

Licinius, empereur S 107, p. 460-461.

Limenius de Verceil S 16.

Lindia, mère de Tyrannion d'Amisos T 185.

Livilla (Julia –), sœur de Caligula S 43, p. 180.

Lobon d'Argos T 19, p. 777.

Longin, platonicien S 75, p. 273 ; T 39 ; 72 ; 127, p. 1167.

Longinus (C. Cassius –), juriste S 78.

Longinus (Cassius –), meurtrier de César S 77.

Lucain S 43, p. 179.

Lucien S 2 ; 133, p. 509 ; T 13, p. 748, 752 ; 24 ; 60 ; 109 ; 112 ; 149 ; 155 ; 161.

Lucilius, correspondant de Sénèque S 13 ; 43, p. 183, 191, 197, 198 ; 48 ; 138.

Lucilius, poète satirique S 26 ; 27, p. 155 ; 162.

Lucilla, fille de Marc Aurèle S 63.

Lucius, commentateur des *Catégories* S 92, p. 354, 356.

Lucius, élève de Modératus de Gadès S 174.

Lucius, général S 59.

Lucius, *hiérope* aux Ptolémaia à Athènes S 27, p. 151, 153.

Lucius, disciple de Musonius Rufus T 51.

Lucius Verus, frère de Marc Aurèle S 63 ; 70 ; 107, p. 461 ; T 12.

Lucrèce S 4 ; T 13, p. 748, 755.

Lucullus (L. Licinius –) S 41 ; 94 ; 164, p. 603 ; T 185.

Lycandre de Bithynie S 134.

Lycinos, italiote T 13, p. 735-736, 738.

Lyciscos, *hiérope* aux Ptolémaia à Athènes S 27, p. 153.

Lycon, disciple de Lycon de Troade S 171, p. 619.

Lycon de Troade S 171, p. 616-617, 619 ; T 97, p. 1043, 1104.

Lycophron S 137.

Lycos, médecin empirique S 49.

Lycurgue, législateur spartiate S 23, p. 141 ; 76 ; 143.

Lyncée de Samos T 97, p. 1042.

Lysandre, général spartiate S 158.

Lysiadès, archonte athénien S 27, p. 151, 154.

Lysiadès, père de Claudius Sospis S 126.

Lysias, orateur S 142 ; T 128 ; 171.

Lysimaque, roi de Thrace et de Macédoine S 133 ; 171, p. 624 ; T 61, p. 937-938, 940-941, 951 ; 156.

Lysimaque, ami d'Attale de Pergame T 61, p. 946.

Lysimaque, disciple de Théophraste T 97, p. 1042.

Lysippe, sculpteur S 98, p. 446, 449.

Lysis de Tarente S 98, p. 425 ; 145 ; T 8 ; 27.

Macarios de Magnésie S 56.

Macédonianus, père de Tribonianus le conseiller de Justinien T 174.

Macro (Naevius Sertorius –), préfet du prétoire T 127.

Macrobe S 27, p. 157 ; 177 ; 178 ; 179, p. 674.

Magas, roi de Cyrène T 61, p. 937-938, 941.

Magentinos (Léon –) T 63, p. 966.

Magnence T 38, p. 854.

Magnus, convive du banquet des *Deipnosophistes* T 60.

Magnus de Narbonne, ami de Sidoine Apollinaire S 76.

Maǧrīṭī (Ps. –) S 98, p. 446.

Al-Mahdi, calife abbasside S 152.

Mahomet S 150 ; 152, p. 572.

Rhodopè T 28.

Rhyndacô T 98.

Ricimer S 76.

Rogatianus S 1 ; 84.

Rogus (Tetrilius –) S 41.

Romanianus T 176.

Rufin d'Aquilée S 69 ; 91.

Rufus, historien S 109, p. 470.

Rufus, rhéteur T 90.

Rufus (Munatius –) T 119.

Rufus (Q. Pompeius –), consul en 89ª S 26 ; 162.

Rufus (Rutilius –) S 26 ; 27, p. 155 ; T 181.

Rupilius (P. –) S 27, p. 155.

Rusticiana, fille de Symmachus junior S 178.

Rusticus (L. Iunius Arulenus –) S 45 ; T 119 ; 159.

Rusticus (Q. Iunius –), stoïcien S 62.

Sabinus (Ostorius –) S 112.

Sāǧiyūs de Nābulus S 57.

Al-Šahrastānī, Abū al-Fatḥ Muḥammad b. ʿAbd al-Karīm S 98, p. 442 ; T 38, p. 871, 877 ; 97, p. 1116.

Al-Šahrazūrī, Šams al-Dīn Muḥammad b. Maḥmūd al-Išrāqī S 98, p. 442.

Ṣāʿid ibn Aḥmad al-Qurṭubī, *alias* Ṣāʿid al-Andalusī S 92, p. 385.

Salinus (L. –) S 77.

Salluste, historien S 4 ; 5.

Sallustius (Cn. –), ami de Cicéron S 4.

Sallustius (Flavius –) S 5.

Sallustius Crispus (C.–) S 4.

Salonine, épouse de Gallien S 1.

Saloustios, auteur de *Commentaires sur Démosthène* et *sur Hérodote* S 7.

Saloustios, cynique S 92, p. 351.

Šamlī T 38, p. 877.

Samsigéramus, ancêtre de Théodora T 46.

Sandè, mère de Timocratès de Lampsaque T 156.

Sapor T 38, p. 854.

Sappho S 109, p. 470 ; T 28 ; 38, p. 887, 890 ; 93.

Sarapion, orateur S 12.

Sarapion, stoïcien T 39.

Sarapion, père d'Héraclide Lembos S 139.

Sarapion des Cholléides S 13 ; 48.

Sarpédon, sceptique S 49.

Saturninus (Flavius –), consul en 383 T 38, p. 857.

Saturninus ὁ Κυθηνᾶς S 75, p. 273.

Satyrion S 103.

Satyrôn S 20.

Satyros, collaborateur de Théophraste S 23, p. 135.

Satyros de Callatis S 139 ; T 97, p. 1093, 1104.

Satyros Zèta, disciple d'Aristarque S 23, p. 136.

Saufeius de Préneste (Aelius –) S 25.

Saufeius de Préneste (Lucius –) S 24.

Scaevola (Mucius –) S 148.

Scaevola (P. –), Pontifex maximus S 26.

Scaevola (P. Mucius –), consul en 133ª S 26.

Scaevola (P. Mucius –), consul en 175ª S 26.

Scaevola (Q. Mucius –), consul en 174ª S 26.

Scaevola (Q. Mucius –), grand-père de Q. Mucius Scaevola l'Augure S 26.

Scaevola (Q. Mucius –), préteur en 215ª S 26.

Scaevola (Q. Mucius) l'Augure S 27, p. 155 ; T 181.

Scamônidès T 37.

Scholarios (Georges –) T 63, p. 980.

Scipio Nasica Corculum (P. Cornelius –), grand-père de P. Cornelius Scipio Nasica Serapio S 28.

Scipio Nasica Serapio (P. Cornelius –), père de P. Cornelius Scipio Nasica Serapio S 28.

Scipion (P. Cornelius –) S 27, p. 147.

Scipion l'Africain S 26 ; 43, p. 192 ; 162 ; 172 ; T 127.

Scipion l'Africain l'Ancien S 27, p. 147.

Scopélien de Clazomènes T 155.

Scribonius, astrologue T 127.

Scythinos, poète épigrammatiste S 32.

Secundus (Julius –), père de l'hiérophante Julius S 36.

Secundus de Sphettos (Didius –), archonte athénien S 36.

Secundus dit "La Cheville" S 36.

Seleucos, *hiérope* aux Ptolémaia à Athènes S 27, p. 153.

Séleucos "le théologien" S 39.

Séleucos d'Alexandrie dit l'homérique S 38.

Séleucos le grammairien S 39.

Sélinountios de Rhégium S 175 ; T 148.

Sellis (C. –) S 42.

Sôpatros, sophiste, correspondant d'Énée de Gaza S 109, p. 471.

Sôpatros, commentateur d'Hermogène T 90.

Sôpatros (Ti. Flavius Appius –), fils de Sôpatros (Ti. Flavius Appius –) S 107, p. 462.

Sôpatros (Ti. Flavius Appius –) S 107, p. 461.

Sôpatros d'Apollonia d'Illyrie (Marcus Po[---] –), pythagoricien S 109, p. 471.

Sôpatros I d'Apamée S 108, p. 463-464 ; 109, p. 466-467, 470 ; 181, p. 681.

Sôpatros II d'Apamée, fils de Sôpatros S 107, p. 461-462 ; 109, p. 466 ; 181, p. 681 ; T 38, p. 886.

Sôpatros III sophiste d'Athènes S 23, p. 138 ; 107, p. 462 ; 108, p. 465 ; 109, p. 467, 469 ; 181, p. 681.

Sophocle, poète tragique S 23, p. 137 ; 53 ; 98, p. 436 ; 133, p. 508 ; T 13, p. 748 ; 38, p. 865, 887, 890 ; 127, p. 1164.

Sophoclès de Sounion, fils d'Amphicléidès T 97, p. 1040.

Sophonias, commentateur d'Aristote S 92, p. 358 ; T 38, p. 866, 873, 881.

Sophonias, moine S 110, p. 474-475.

Sophron S 98, p. 402.

Sophronios, élève de Stéphanos S 152, p. 572, 574, 577.

Sophronios, disciple d'Épiphanios S 150.

Sophronisque, père de Socrate S 98, p. 408.

Sophronisque, fils de Socrate S 98, p. 409.

Soranos, médecin T 16 ; 24.

Soranus (Q. Marcius Barea –) S 77 ; 78 ; T 119.

Sosibios, fils de Sosibios de Thessalonique S 116.

Sosibios, père de Sosibios de Thessalonique S 115.

Sosicrate de Rhodes, père du prêtre Teisylos S 119.

Sosigène, maître d'Alexandre d'Aphrodise T 38, p. 893.

Sosigénès, astronome de César S 121.

Sosigénès, dédicataire de Chrysippe S 121.

Sosipatra S 179, p. 664.

Sosus d'Ascalon S 134.

Sôtadès d'Alexandrie S 133, p. 509.

Sotadès de Crète S 133.

Sotadès de Maronée S 130 ; 131.

Sotadès, poète comique athénien S 133, p. 505.

Sôtérichos, chirurgien S 135.

Sôtérichos, diacre de l'église de Constantinople S 135.

Sôtérichos d'Alexandrie S 135.

Sôtérichos d'Oasis S 135.

Sotion, commentateur des Catégories S 92, p. 355.

Sotion, maître de Sénèque S 43, p. 179 ; 43, p. 192 ; 66 ; 68.

Sotion d'Alexandrie S 17 ; 23, p. 135 ; T 156 ; 160.

Sourmoubèlos S 8, p. 108.

Sozomène, historien S 107, p. 460.

Sozomène de Sparte, gouverneur de Lycie S 65.

Speusippe de Myrrhinonte S 92, p. 355 ; T 38, p. 891, 893 ; 102 ; 132 ; 163.

Spintharos, poète tragique S 145.

Spintharos de Tarente T 28.

Spurius, hiérope aux Ptolémaia à Athènes S 27, p. 151, 153.

Stallius, épicurien S 149.

Statillius S 147.

Stéphanos, commentateur de la Rhétorique d'Aristote S 141 ; 152, p. 564.

Stéphanos, père d'Aurelius Stéphanos de Dorylaion S 154.

Stéphanos d'Alexandrie S 92, p. 386 ; 150 ; T 56.

Stéphanos d'Athènes S 150 ; 152, p. 563.

Stéphanos l'alchimiste S 152, p. 563.

Stéphanos l'astrologue S 150.

Stéphanos Niobès S 152, p. 574.

Stésimbrote de Thasos T 25.

Sthénidas de Locres, T 30.

Stilpon de Mégare S 23, p. 135, 143 ; 85 ; 103 ; T 13, p. 737, 745, 747-749, 753 ; 38, p. 891 ; 51 ; 61, p. 936, 939 ; 97, p. 1042 ; 129 ; 135 ; 153 ; 160 ; 163.

Stobée (Jean –) S 53 ; 61 ; 92, p. 360 ; 98, p. 434-435 ; 103 ; 133, p. 508 ; T 7 ; 13, p. 732, 752, 754 ; 28 ; 38, p. 864 ; 50 ; 51 ; 81 ; 132.

Strabax, mercenaire T 45.

Strabo (C. Fannius –) S 27, p. 155.

Strabon d'Amasée S 170 ; T 185.

Stratoclès de Rhodes T 86.

Théodore d'Asiné S 181, p. 699 ; T 50 ; 127, p. 1167.

Théodore de Byzance T 171.

Théodore de Cyrène, mathématicien T 15 ; 27 ; 61, p. 933, 942.

Théodore de Cyrène dit l'Athée S 147 ; T 13, p. 753 ; 15 ; 47 ; 48 ; 51 ; 55 ; 57 ; 59 ; 79.

Théodore de Milet T 79.

Théodore de Tarente T 70.

Théodore dit Cynulcus S 8, p. 112 ; T 61, p. 951.

Théodore Méliténiote S 181, p. 704.

Théodore Métochitès S 75, p. 275 ; T 38, p. 866.

Théodore Priscien S 111.

Théodore Skutariotès S 181, p. 692-693.

Théodoret de Cyr S 98, p. 437.

Théodoric S 178.

Théodôros, gouverneur d'Achaïe T 40.

Théodôros, *hiérope* aux Ptolémaia à Athènes S 27, p. 153.

Théodôros, poète S 133.

Theodorus, fils de Flavius Mallius Theodorus T 64.

Theodorus (Flavius Mallius –) S 91.

Théodose, médecin empirique S 49.

Théodose de Bithynie, mathématicien et astronome T 67.

Théodose Ier, empereur S 177 ; T 18 ; 38, p. 853, 857, 864.

Théodose II, empereur T 38, p. 893.

Theodosius, grammairien T 69 ; 107.

Théodote, gnostique valentinien T 4.

Théodote, philosophe dont la vie fut écrite par Tribonianus de Sidè T 174.

Théodote de Laodicée S 155.

Théodote le Pythagoricien T 166.

Théodoulos T 72.

Théognis T 13, p. 748.

Théoklès, personnage fictif chez Théodore Prodrome T 63, p. 971.

Théomneste de Naucratis T 82.

Théon, astronome antérieur à Ptolémée T 90.

Théon, fils de Théon de Smyrne T 90.

Théon, platonicien, ami de Plutarque T 90.

Théon, traducteur S 92, p. 387.

Théon (Aelius –) S 87 ; T 90 ; 97, p. 1064.

Théon d'Alexandrie, mathématicien S 56 ; 60 ; 179, p. 658 ; 181, p. 704 ; T 87 ; 90 ; 107.

Théon d'Alexandrie, stoïcien T 87.

Théon d'Alexandrie (Caius Iulius –), grand-prêtre du culte impérial T 86.

Théon de Smyrne S 56 ; T 8 ; 87 ; 127, p. 1160, 1163, 1166 ;.

Théophile d'Alexandrie S 91 ; 179, p. 650, 656.

Théophile d'Édesse S 150.

Théophile le Prôtospathaire S 153.

Theophilos, *hiérope* aux Ptolémaia à Athènes S 27, p. 153.

Théophraste, vrai nom de Tyrannion d'Amisos T 185.

Théophraste d'Athènes T 97, p. 1119.

Théophraste d'Érèse S 23, p. 135, 141, 143 ; 92, p. 360, 362, 381, 386 ; 142 ; 164, p. 604 ; 171, p. 616-619, 621, 623-627 ; T 7 ; 19, p. 782 ; 28 ; 38, p. 893 ; 61, p. 946 ; 127, p. 1160, 1169 ; 135 ; 171 ; 185.

Théophronius, évêque de Tyane T 99.

Théophylacte Simocatta S 152, p. 576.

Théopompe de Chios, historien S 142 ; T 97, p. 1106.

Théôridès de Métaponte, T 30.

Théotecnos T 69.

Théozotidès T 75.

Théris d'Alexandrie T 11.

Thèrylos, *hiérope* aux Ptolémaia à Athènes S 27, p. 153.

Thespésion T 141.

Thespis, épicurien T 140.

Thespis, poète T 45 ; 127, p. 1164.

Thessalos, auteur d'une lettre astrologico-médicale T 115.

Thessalos, fils du médecin Hippocrate de Cos T 115.

Thomas d'Aquin S 92, p. 372 ; 181, p. 686 ; T 38, p. 896-897.

Thouro-Chousarthis S 8, p. 108.

Thrasea Paetus (P. Clodius –) S 45 ; 62 ; 78 ; 112.

Thrasippos, *hiérope* aux Ptolémaia à Athènes S 27, p. 153.

Thrasybule de Naucratis T 141.

Thrasybule de Syracuse, tyran T 171.

Thrasylla (Ennia –) T 127.

Thrasylle, fils de M. Annius Ammonios des Colléides T 127.

Index des mots-vedettes figurant
dans les titres d'ouvrages des philosophes

Cet index devrait permettre de retrouver d'après leurs mots principaux les ouvrages attribués aux philosophes qui ont bénéficié d'une notice dans le sixième tome de ce dictionnaire. Un même mot peut renvoyer à plus d'un titre dans la même notice ou la même section de notice. Comme les notices ne rapportent pas toujours en grec le titre des ouvrages, on a complété l'index grec par une liste de mots français ou latins, tels qu'ils apparaissent dans la notice. Tous les titres attribués aux auteurs ne sont pas nécessairement des titres d'ouvrages philosophiques. Les commentaires, traductions et paraphrases sont regroupés sous le nom du philosophe qui fait l'objet de ces travaux érudits. Lorsque la liste des œuvres comporte une numérotation, on renvoie à ces numéros. Pour les notices longues, on renvoie éventuellement à la page où le titre apparaît.

Λακωνικός S 143 (14).
Λυκοῦργος S 143 (15).
Λυσίας S 142 (11, 28).

Μανδρόβολος S 142 (27).
Μεγακλῆς T 97 (148).
Μεγαρικός T 97 (62).
Μέλισσος S 171, p. 625; T 97 (Dubia 3).
Μητρόδωρος T 97 (66).

Νεῖλος T 88 (9); 97 (Dubia 4).
Νικάνωρ T 97 (200).
Νικομηδεύς T 38 (24).

Ξενέδημος T 63, p. 964.
Ξενοκράτης T 97 (151).
Ξενοφάνης S 171, p. 625; T 97 (Dubia 3).

Ὁμηρικός S 181, p. 699.
Ὅμηρος S 12; 181, p. 702; T 9.
Ὀρφεύς S 9; 181, p. 698.
Ὀρφικός S 181, p. 698.
Οὐαλεντινιανός (Valentinianus) T 38 (9).
Οὐάλης (Valens) T 38 (7, 10, 12).

Πανηγυρικός S 12.
Πλάτων S 12; 142 (23); 181, p. 698; T 7, p. 719; 9; 97 (40); 127, p. 1163.
Πυθαγόρας S 181, p. 698; T 28 (1).
Πυθαγόρειος T 28 (4).
Πυθαγορικός S 142 (31).
Πύθων T 160 (3).
Πυρρώνειος S 75, p. 282, 283.

Ῥώμη T 38 (3).

Σατόρνινος T 38 (16).
Σικελία T 97 (197).
Σοφοκλῆς S 23, p. 138.
Σωκράτης S 143 (15).

Τύριος S 8, p. 116, 117.
Τυρρηνός (pl.) T 97 (12*).

Φιλάδελφος T 38 (6).
Φίλιππος [II de Macédoine] S 23, p. 140.
Φοινικικά (pl.) S 8, p. 116.
Φοινικός S 8, p. 116.

ἀγαθός S 87 (2); 171 (3).
ἀγωγή S 75, p. 282; T 97 (214).
ἀγωνιστικός T 97 (6).
ἀδελφός S 108, p. 466; 109, p. 467.
ἀδίκημα T 97 (121).
ἄδικος S 171 (40).
ἄθροος T 97 (42).
αἴθειν T 97 (13).
αἵρεσις S 49, p. 206; T 61, p. 947; 47.
αἴσθησις S 171 (19); T 97 (7); 141, p. 1196; 160 (1).
αἰσθητήριον S 143 (7).
αἰτία S 171 (34); T 97, p. 1095 (106, 183).
αἰτιᾶσθαι T 38 (34).
ἄκουσμα T 97 (Dubia 5).
ἀκουστόν S 171, p. 625.
ἀκρόασις (pl.) S 12; T 97 (15).
ἀλαζονεία S 87 (26).
ἀλή T 97 (12).
ἀληθής T 97 (175).
ἁμαρτάνειν S 12.
ἀμάρτυρος S 142 (22).
ἀμφιβολία S 143 (30).
ἀνάβασις T 88 (9); 97 (Dubia 4).
ἀνάγειν T 97 (5, 5*).
ἀνάγνωσις T 127, p. 1155, 1163.
ἀναγραφή S 23, p. 137, p. 138.
ἀνάλυσις T 97 (3).
ἀναλυτικός T 97 (1, 2, 4).
ἀνδρεία S 87 (7); 171 (9).
ἀνελίττειν S 123 (2).
ἄνεμος T 97 (16).
ἀνήρ T 38 (27).
ἀνθρώπινος S 171 (13).
ἄνθρωπος T 97 (27).
ἀντιλέγειν S 143 (23).
ἀξία S 107, p. 463; 109, p. 467.
ἀξιοῦν T 38 (25).
ἀπάθεια T 13.
ἁπλόος T 97 (111).
ἀπομνημόνευμα (pl.) S 53.
ἀποπέμπειν S 12.
ἀπορεῖν S 171 (32, 35).
ἀπόφασις T 97 (55, 115).
ἀπόφθεγμα (pl.) T 28 (4, 6).
ἀρετή S 87 (6); T 27, p. 818; 28 (2); 38, p. 861 (15); 97 (17, 113, 216).
ἀριθμητικός S 75, p. 283; T 97 (205).

Grégoire le Thaumaturge (Ps. –)

– Λόγος κεφαλαιώδης περὶ ψυχῆς πρὸς Τατιανόν – adaptation syriaque S 57.

Helvia S 43, p. 183.

Héra S 181, p. 700.

Hermogène

– Περὶ ἰδεῶν – Commentaire S 181, p. 702.

– Περὶ στάσεων – Commentaire S 181, p. 702 ; T 175.

– Scholies sur Hermogène S 109, p. 468.

– Τέχνη ῥητορική – Scholies S 92, p. 362.

Hippocrate

– Aphorismes – Commentaire S 153, p. 583 ; T 115, p. 1139.

– De nutrimento – Commentaire S 57.

– Épidémies – Commentaire S 57.

– Fractures – Commentaire S 153, p. 583.

– Prognosticon – Commentaire S 152, p. 576, 577 ; 153, p. 583.

– Περὶ ἀγμῶν – Commentaire S 92, p. 364.

Jamblique

– Sur la secte des Pythagoriciens – Commentaire S 92, p. 362.

Lucilius S 43, p. 183.

Lycurgue S 23, p. 141.

Magnus

– Sur les urines – Commentaire S 153, p. 583.

Maxime T 38, p. 880.

Moschos S 163.

Métroclès S 163.

Nicomaque de Gérasa

– Introductio arithmetica – Scholies S 135.

Paul le Perse

– Élucidation du Peri Hermeneias d'Aristote (en persan) – traduction syriaque S 60, p. 235.

Périclès S 158.

Platon

– Gorgias – Commentaire T 7, p. 720.

– Lois – Livre X – Commentaire S 181, p. 696.

– Parménide – Commentaire S 181, p. 692 ; T 127, p. 1167.

– Phédon – Commentaire S 92, p. 363 ; 181, p. 688.

– Phèdre – Commentaire S 181, p. 689.

– Philèbe – Commentaire S 181, p. 691.

– Politique – Commentaire S 181, p. 689.

– Premier Alcibiade – Commentaire S 181, p. 687.

– République – Commentaire S 181, p. 695 ; T 7, p. 720 ; 90, p. 1023.

– République – livre sur les finesses de cet ouvrage T 105.

– République – ἐπιτομή T 97 (40).

– Sophiste – Commentaire S 181, p. 689.

– Timée – Commentaire S 61 ; 181, p. 691 ; T 7, p. 719 ; 54 ; 58 ; 127, p. 1167.

Porphyre

– Commentaire par questions et réponses sur les Catégories d'Aristote – traduction syriaque S 57.

– Isagogè – Commentaire S 152, p. 571 ; 152, p. 577.

– Isagogè – traduction syriaque S 57.

Ptolémée S 163.

Ptolémée

– Almageste (Syntaxis) – Commentaire T 88 (1).

– Tables faciles – Grand commentaire T 88 (2).

– Tables faciles – Petit commentaire T 88 (3).

– Tables faciles – Commentaire S 152, p. 575.

Pythagore S 23, p. 141.

Sérapion d'Alexandrie

– Πρὸς τὰς αἱρέσεις – Commentaire S 49, p. 206.

Socrate S 23, p. 142 ; T 89.

Stilpon S 23, p. 143.

Thémistocle S 158.

Liste des notices du tome VI

LETTRE S

LETTRE T

Le texte des entrées suivies d'un astérisque sont reportées dans les compléments du tome VII.

TABLE DES MATIÈRES

Achevé d'imprimer en février 2016
sur les presses de CPIbooks

Dépôt légal : février 2016